中国文学家大辞典

明代卷

李时人 编著

中 华 书 局

图书在版编目(CIP)数据

中国文学家大辞典.明代卷/李时人编著.—北京:中华书局,2018.1
ISBN 978-7-101-12543-6

Ⅰ.中… Ⅱ.李… Ⅲ.作家-中国-明代-词典
Ⅳ.K825.6-61

中国版本图书馆 CIP 数据核字(2017)第 117256 号

书　　名	中国文学家大辞典　明代卷	
编 著 者	李时人	
责任编辑	侯笑如	
出版发行	中华书局	
	(北京市丰台区太平桥西里 38 号　100073)	
	http://www.zhbc.com.cn	
	E-mail:zhbc@ zhbc.com.cn	
印　　刷	北京瑞古冠中印刷厂	
版　　次	2018 年 1 月北京第 1 版	
	2018 年 1 月北京第 1 次印刷	
规　　格	开本/850×1168 毫米　1/32	
	印张 56½　插页 2　字数 1600 千字	
印　　数	1-4000 册	
国际书号	ISBN 978-7-101-12543-6	
定　　价	198.00 元	

出版说明

　　一代有一代之文学，而一代之文学乃由为数众多的文学家及其作品所构成。因此，文学家传记和著述资料的整理与研究，无疑是古代文学和文学史研究的基础。如果对文学家没有深入、扎实的个体研究，要对一代文学的发展作整体的、宏观的把握和认识，显然是非常困难的事情。另外，即使要对文学作品进行赏析和借鉴，恐怕也摆脱不了对于文学家生平资料和时代背景资料的依赖。随着文学史研究的深入发展和广大读者文学欣赏水平的提高，势必会要求在文学家传记和著述资料的整理与研究方面不断地推陈出新，更上一层楼。再者，目前虽然已有一些古代文学家辞典及综合性的文学辞典，但所收作家人数过少，材料引证不严，满足不了读者的进一步要求。而国内当前古典文学研究关于作家作品考证的进展甚快，有相当的学术积累，我们应及时反映和总结这方面的成就，鉴于上述原因，为了适应当前学术研究的需要，满足广大读者的愿望，我们特约请国内文学史专家编纂了这部多卷本的《中国文学家大辞典》。

　　作为一部工具书，必须具备科学性和实用性两个基本原则。而《中国文学家大辞典》的科学性和实用性，则表现在选材范围、编纂体例、检索方式等诸多方面。

　　首先，在取材上搜罗十分完备，每一分卷都力求全面反映一个时代的文学风貌。前人编写的文学家辞典，主要依据正史《文苑传》《艺文志》立目，所收资料亦以史传为限。本辞典则不同，条目的设置与编纂，除参照史传外，还博采总集、别集、笔记、方志、金石等书，要求所收作者覆盖面广，所收资料言必有据。至于各卷收录作者的多寡，则根据各个时代的具体情况而定。如宋以前存世文献有限，收录不妨从宽，凡有作品传世并有事迹可考者概予收录，即使作品已佚而史籍载有其文学活动者亦酌予收录。元明清三代，时代相对较近，作家人数较多，作家作品佚失的情况相对较少，因此收录标准比起宋以前略严。近代文学则另有其特殊性，近几年近代文学研究方兴未艾，作家作品的发掘和研究仍处在开创时期，吉光片羽，得之非易，所以近代文学的收录亦宜从宽。这里要说明的是，我们对于"文学家"的定义较为宽泛，不只限于诗文作者，还包括诸子、史论、诗评家，如墨子、陈寿、严羽等在内。他如疑似、伪托和传说中的作者以及外国寄居中国而以汉语写作的作者，如周公、许穆夫人、子夏、晁衡、空海等，亦一并收入，以广见闻。从现已出版的几个分卷来看，所收作家的数量已大大超过前此所有的同类性质的辞典。如《唐五代卷》收录近四千人，超过谭正璧《中国文学家大辞典》唐五代文学家的五倍左右。再如清代文学家，通行的文学史著作，《辞海》文学分册、《中国大百科全书·中国文学卷》等，所举不过数十人，多者也只百余人，而《清代卷》则从二十二种有关清代历史、文学的文献中清理、筛选出三千人，较好地反映出有清一代文学家生活和创作的盛况。

　　其次，《中国文学家大辞典》以"求全""求实"为宗旨，"求全"已如上述，"求实"则要求对每一个作家的生平、著述等做出扎实可信的考辨和判断，力避游谈无根的介绍和主观片面的评论。编纂者在全面占有第一手资料的基础上，仔细推敲和甄辨，去伪存真，纠正史籍舛讹和前人误说。尤其特别注意发掘新材料，并广泛吸收今人的研究成果。仅就已完稿的几个分卷而言，其中有相当一部分文学家，其生平、创作从未有人研究过，是此次新补入的。即使前人曾经有所研究的文学家，此次撰写中，也有新的考证和结论，这对于进一步扩大文学史研究眼界，推进文学史研究向纵深发展，必然具有重要的意义。条目释文先详列作者生卒年、字号、里贯，以下叙及生平仕履、文学活动、文学成就及作品著录、流传、存佚情况。各项叙述均一一标注资料来源，为进一步研究提供线索。

《中国文学家大辞典》收录时限上起先秦，下迄近代"五四运动"时期，按照时代先后依次分为《先秦汉魏晋南北朝卷》《唐五代卷》《宋代卷》《辽金元卷》《明代卷》《清代卷》《近代卷》，共七卷，约计千万字。各卷独立成书，一俟七卷全部编成出齐，则可成为有关中国文学家传记资料与著述资料的集大成之作。

这部《中国文学家大辞典》的编纂工作开始于1984年，由中华书局编辑部发起，并拟定全书统一体例，约请国内文学史研究家分任各卷主编。各卷的具体编写工作则由各卷主编负责统筹规划，组织撰写和定稿。可以说，这部辞典是众多文学史专家集体协作的成果，各卷主编及参加撰稿的专家学者为此付出辛勤的劳动，他们严谨的学风和深厚的功力令人钦敬，在此我们谨向他们表示衷心的感谢。我们相信，这部大型文学家辞典的出版，必将得到中国古代文史专业的专家学者和广大文学爱好者的普遍关注，我们期待着广大读者的宝贵意见，以逐步改正错误，更趋完善。

中华书局编辑部

2017年12月

明代卷总目

前　言

李时人

时间跨度长近 300 年的"明代文学"是中国古代文学的一个重要阶段。

明代文学有几个比较显著的特点：一是诗歌、散文、小说、戏曲（戏剧文学）同时发展，雅俗交融，并行不悖，同时文学人口（作者和读者）大量增加，呈现出一种不同于往古、带有一定"近代气息"的文学景观；二是各种文学创作突出表现出与时代社会生活、社会思潮、社会心理同步的态势，在社会文化体系中所占份额增大，成为时代"文化生态"的重要组成部分，更多地体现出了文学的职能、价值和意义；三是明代出现了文学创作与文学理论探讨齐头并进、相互影响的局面，流派纷出，文学创作的地域性也较为明显，从而更多地表现出文学的自觉和主体意识；四是在中国文学的进程中，明代文学在很大程度上表现出古代文学"终结期"的特色，庞杂却并非无序，陈陈相因却又充满了创造性和指向未来的张力。

正因为明代文学有以上诸般特点，使其成为中国古代文学一个特殊的阶段，值得重视，也值得研究。在中国，现代意义的"明代文学研究"始于 20 世纪初。一百年来，受思想文化流变、社会政治变革等各方面的影响，明代文学研究实际走过了漫长而曲折的道路。

20 世纪初，梁启超首倡"小说界革命"，标举"小说为文学之最上乘"。随后有陈独秀、胡适等倡导"文学革命"，明确提出"白话文学之为中国文学之正宗"，"元明剧本、明清小说，乃近体文学之粲然可观者"。由于"白话文运动"取得决定性的胜利,由王国维《宋元戏曲考》、胡适明清小说的系列考证文章、鲁迅《中国小说史略》等所引领的中国古代小说、戏曲研究很快成为学术的热点,被列入"俗文学"的散曲、讲唱文学亦受到重视。而1917年倡导"文学革命"之初,陈独秀就判定"明之前后'七子'及八家文派之归、方、刘、姚"为中国文学史上的"妖魔"。此后当小说、戏曲研究如火如荼之时,明代的诗文则除了"公安三袁"、晚明小品文因被一些人追溯为"新文学"之源而得到关注外,绝大多数为研究者弃之不顾。当时的文学史著作,亦均重小说、戏曲,轻视诗文,不仅评价不高,而且所给篇幅甚少。

　　1949年中华人民共和国成立以后相当长时间内,虽然我们研究古代文学的指导思想、理论方法和评价标准都发生了变化,但明代文学研究基本延续了以往重小说、戏曲,轻诗文研究的趋势,这不仅表现在文学史评价上,亦表现在学术成果数量上。据有关统计,"文化大革命"前17年(1950－1966),全国共发表明代文学研究论文546篇,其中有关小说研究374篇、有关戏曲研究112篇,而有关明代诗文研究仅50篇,可为明证。"文革十年"由于各方面的原因,严格意义上的学术研究缺席,明代文学研究也没有正面的建树。20世纪70年代末、80年代初,学术研究在新的历史背景下进入了一个新的时期。但最初的十几年,蓬勃开展起来的古代文学研究,思想观念、理论方法主要还是"文革"前17年的回归,故当时的明代小说、戏曲研究,特别是"四大奇书"(《三国演义》《水浒传》《西游记》《金瓶梅》)及有关汤显祖等人的戏曲研究一时成为热点,作为明代文学最大宗的诗文研究仍未引起足够的重视。进入90年代以后,这种情况有所改变,但较之中国古代其他朝代的诗文研究在不少方面仍然有明显滞后的地方。以至2013年还有一位研究明代文学的学者在谈明诗研究的文章中说:"相对于其他朝代的诗歌文献整理,明代可能是最不能令人满意的。至今为止不仅没有《全明诗》的出版,也没有明代诗文别集的目录出版,甚至不知明代究竟有多少诗文作家与诗文别集,学界目前能够使用的还是《列朝诗集》与朱彝尊《明诗综》所记载的诗人数量。"这种情况对明代文学研究的深入开展显然是不利的。

偏重小说、戏曲研究,诗文研究开展的不充分,特别是对作家考察和文献资料整理方面不尽如人意,这是明代文学研究由来已久的问题,不仅反映在 20 世纪有关文学史著作中,在《辞海·文学分册》《中国大百科全书·中国文学卷》等有关工具书,甚至在专门的"文学家辞典"和"文学辞典"的编写中亦有反映。所以,1996 年 8 月,当我收到中华书局的约稿信,接手《中国文学家大辞典·明代卷》的编纂任务时,实际面临着很大的困难。

七卷本《中国文学家大辞典》是中华书局 1984 年开始组织实施的一项文化积累、文化建设工程。按照《中国文学家大辞典》的编纂要求,这部工具书编纂有"科学性和实用性"两大原则。首先,在取材上要求"搜罗十分完备,每一分卷都力求全面反映一个时代的文学风貌。前人编写的文学家辞典,主要依据正史《文苑传》《艺文志》立目,所收资料亦以史传为限。本辞典则不同,条目的设置与编纂,除参照史传外,还博采总集、别集、笔记、方志、金石等书,要求所收作者覆盖面广,所收资料言必有据"。其次,"《中国文学家大辞典》以'求全''求实'为宗旨","要求对每一个作家的生平、著述等做出扎实可信的考辨和判断,力避游谈无根的介绍和主观片面的评论"。按照这些要求,《明代卷》的编纂首先在诗文作家的择选上,即选择哪些作家入编的问题上就遇到了难题。因为根据《中国文学家大辞典》的规划,宋代以前的作家收录从宽,"凡有作品传世并有事迹可考者概予收录",宋代以后收录标准趋严,明、清两代各自限收作家 3 000 人左右。那么,怎样选择这 3 000 人呢? 按照《中国文学家大辞典》"博采总集、别集、笔记、方志、金石等书"的要求,对各种有关历史文献进行全面的调查,应该是工作的第一步。只是这第一

步就很难走,因为有关明代诗文作家的历史文献不仅数量惊人,
而且搜寻十分困难,实际上这也是明代诗文研究在资料整理方
面长期滞后的重要原因。

先说诗文总集(选集)。前面提到的刊行于清顺治九年
(1652)的《列朝诗集》和刊行于康熙四十四年(1705)的《明诗综》
无疑是两部最重要的明诗总集(选集)——中国传统的目录学一
直称这类选录众多作家作品的集子为"总集",但我总觉得,这类
集子实际上还是"选集",也可以相对那些规模较小的选集称为
"大型选集",与《全唐诗》《全上古三代秦汉三国六朝文》等典型
的"总集"相比还是有区别的。《列朝诗集》和《明诗综》的编选,
主体上俱以史为纲、以人立目,诗系于人,且各有详略不一的
诗人小传和评论文字。据我的粗略统计,《列朝诗集》八十一卷
共收诗人 1 743 家、诗 24 060 首,去掉标为无名氏、神鬼、外国
者,实收明诗人 1 685 家;《明诗综》一百卷共收诗人 3 334 家、诗
10 178 首,去掉标为属国、无名氏、神鬼者,实收明诗人 3 155
家。这两部总集(选集)之编选均有以诗存人、以人存史之动机,
又皆以收罗宏富著称。朱彝尊更是宣称其编《明诗综》"意在补
《列朝诗(集)》选本之阙漏"(《曝书亭集》卷三三《答刑部王尚书
论明诗书》),故收录诗家更多,虽然所撰小传简略,每个人收诗
相对较少,但补充了不少《列朝诗集》弃而不选之作家,尤其是增
录了不少明末作家和"遗民"作家。不过,即使如此,我总觉得
《列朝诗集》《明诗综》加起来仍然不能作为本书选录诗文作家的
蓝本,因为由于受到主、客观条件的限制,这两个总集(选集)所
收录的明代有一定成就的诗文作家仍然是有局限的。

明清时所编、以全国为范围的明人诗文总集(选集)目前存
世者有数十种。如《列朝诗集》《明诗综》之前有明嘉靖四年
(1525)刊徐泰编选的《皇明风雅》、嘉靖末至隆庆年间刊俞宪编
选的《盛明百家诗》、万历十九年(1591)刊李腾鹏编选的《皇明诗
统》以及崇祯年间曹学佺编选的《石仓十二代诗选·明诗选》等。

这些总集(选集)虽然较之《列朝诗集》和《明诗综》有这样那样的不足,但所选也有不少《列朝诗集》和《明诗综》未收录的作家。如《皇明诗统》四十二卷收明初至万历初诗人 1 871 家、诗12 317 首,所收诗人中就有 528 家未被《列朝诗集》《明诗综》收录。不仅如此,《列朝诗集》《明诗综》以后仍有一些清人编选的明诗总集(选集)问世。如光绪年间陈田编选之《明诗纪事》,原编十签,已刊出八签一百八十七卷收明诗人 3 054 家、诗 9 789首,其中亦有数百家为《明诗综》所未收。明清人所编各种明文总集(选集)亦不少,大型的明文总集(选集)就有明正德五年(1510)刻程敏政辑编的《皇明文衡》一百卷、嘉靖四十三年(1564)刻张时彻辑编的《皇明文苑》九十六卷以及黄宗羲清康熙三十二年(1693)编成之《明文海》四百八十二卷。与明诗总集(选集)以人系诗不同,明文总集(选集)多采用按文体编排方式,然收录作家亦甚夥。如规模最大的《明文海》收作家 700 余人、各体文 4 700 余篇。

另外,不能忽视的是,明清时代还有 400 余种收录范围有地域限制的诗文总集(选集),即"地方诗文总集(选集)"。这类总集(选集)编刊较早者可举明弘治十八年(1505)莫息、潘继芳辑刻的《锡山遗响》十卷(内卷四至卷一〇收明初至成化间无锡县诗人 96 人、诗 400 首),嘉靖三十八年(1559)陈有守等人辑刻的《徽郡诗》(内收明初至嘉靖时徽州府诗人 146 人、诗 754 首),万历五年(1577)李时渐辑刻的《三台文献录》二十三卷(收唐至明嘉靖台州府作家 316 人,文 351 篇、诗 1 091 首,内明代 137人),万历间宋弘之辑刻的《皇朝四明风雅》四卷(内收明初至嘉靖时宁波府诗人 152 人、诗 1 155 首),崇祯五年(1632)刊贾鸿洙编选《周雅续》十六卷(内收明陕西诗人 81 人、诗 2 712 首)。清代辑编地方诗文集更蔚为风气,如乾隆三十六年(1771)刊宋弼编选《山左明诗钞》三十五卷(内收明山东诗人 460 人、诗 4696 首),嘉庆九年(1804)刊曾燠编选《江西诗征》九十六卷(内收明江西诗人 908 人,诗 4 134 首),同治十年(1871)刊罗汝怀编选《湖南文征》一百九十卷(内收湖南明作家 176 人,文 1 100 篇),清光绪十五年(1889)刊郭柏苍编选《全闽明诗传》五十五卷(内收明福建诗人 945 人,诗 5 529 首)等。至于以府、州、县为范围的地方诗文总集(选集)更多,如清康熙十五年(1676)刊胡文学编选《甬上耆旧诗》三十卷(内收明宁波府鄞县诗人 342 人、诗 3 142 首),乾隆八年(1743)刊姚弘绪编选《松风余韵》五十一卷(内卷五至卷五○及末卷收明松江府诗人 559 人、诗 3 040 首),乾隆三十八年(1773)朱琰等编选《金华诗录》六十卷(内卷二○至卷四四收明金华府诗人 282 人、诗 1 426 首),嘉庆元年(1796)刊顾光旭编选《梁溪诗钞》五十八卷(内收明无锡县诗人 342 人、诗 1 685 首),道光十二年(1832)刊王宝仁等编选《娄水文征》八十卷(内卷二至卷五二收明太仓作家 153 人、文 493 篇)。

根据对明清人辑编的各种诗文总集(选集)和一些方志的调查,我们发现明人有诗文作品存世者至少有 20 000 人。我们这本《明代卷》完成后共收明代作家 3 046 人,其中以小说、戏曲创作为主的作家 205 人,以诗文创作为主的作家 2 841 人。诗文作家中有 882 人见于《皇明诗统》,960 人见于《列朝诗集》,1 654 人见于《明诗综》,1 623 人见于《明诗纪事》,证明了这些诗文总集(选集)对《明代卷》选录诗文作家的重要。特别是有不少诗文作家别集散佚,作品主要靠这些诗文总集(选集)、包括地方诗文总集才得以保留。

但仅仅依赖这些诗文总集(选集)来编纂《明代卷》显然是不行的,也不符合《中国文学家大辞典》编纂强调"第一手资料"的要求。而大量有关明代诗文作家的历史文献,特别是大量明人诗文别集的存世,更是一个不能视而不见的事实。

明代有多少诗文别集,或者说明代有多少人有诗文别集?当然是个很难回答的问题,不过,文献中有几个数字可供我们参考。首先是被列入“二十四史”的张廷玉《明史》之《艺文志》有“别集”一类，注明：“右别集类，一千一百八十八部，一万九千八百九十六卷。”古代公私书目，多以人为目，不管一个人有多少诗文集子，统称为一部，故这里的“一千一百八十八部”，实谓《明史·艺文志》著录了 1 188 人的诗文别集。其次，现藏于国家图书馆的四百一十六卷本《明史》抄本之《艺文志》著录了 2 985 位明人的诗文别集。康熙二十九年(1690)完成的由徐元文监修、万斯同负责审核订正的四百一十六卷本《明史》可视为后来张廷玉《明史》的初稿，因为雍正十三年(1735)成书、乾隆四年(1739)刊行的三百三十二卷张本《明史》是以雍正元年(1723)王鸿绪主持完成的三百一十卷本《明史稿》(有刊本题为《横云山人明史稿》)为底本修订成书的(两者《艺文志》几乎全同，王本《明史稿·艺文志》著录之明人别集亦为 1 188 部)，而王鸿绪《明史稿》就是在这部初稿基础上增损更动编写而成。乾隆间全祖望在谈到王鸿绪《明史稿·艺文志》时说：“考《明史》艺文原志出自黄征君俞邰(黄虞稷)。”(《鲒埼亭集外编》卷四二《移〈明史稿〉帖子一》)曾与黄虞稷同在明史馆共事的朱彝尊在此之前亦说过：“晋江黄虞稷俞邰在明史馆分撰《艺文志》，摭采特详。”(《经义考》卷二九五)据载，黄虞稷康熙二十年(1681)入明史馆，继尤侗之后负责《艺文志》之编纂，完成《艺文志稿》后于二十九年(1690)离去。故国图藏四百一十六卷抄本《明史》之《艺文志》应该就是黄虞稷所编之《艺文志稿》。再次，必须提及的是清乾隆时开始流传、署为黄虞稷编纂的《千顷堂书目》。《千顷堂书目》著录之明人诗文别集较之被收入四百一十六卷本《明史》的《艺文志稿》数量还要多。我查了一下，经过杭世骏、卢文弨、吴骞等人作少量增补的现通行本《千顷堂书目》三十二卷著录的明人诗文别集达 5 252 部，去其外国 23 部、重复 22 部，尚有 5 207 部，也就是说，《千顷堂书目》著录了 5 207 位明人的诗文别集。

以上几份资料所记明人诗文别集数量虽然有较大差异，但相互之间是有关联的。张廷玉《明史·艺文志》著录明人别集不多，因其底本王鸿绪《明史稿·艺文志》本来就是在四百一十六卷抄本《明史》之《艺文志》（即黄虞稷《明史·艺文志稿》）基础上删削而成，不仅删落了一些按当时的情况，在政治上或资格上不适合入选《明史》之人的著述，同时遵循"凡卷数莫考，疑信未定者，宁阙而不详"（王本《明史稿·艺文志序》）的原则，将"卷数莫考，疑信未定"者亦一概去掉，故所著录的别集数量较之黄虞稷《艺文志稿》大大减少。其实，不仅黄虞稷《艺文志稿》中有不少"卷数莫考，疑信未定"者，《千顷堂书目》中也有不少类似的情况。旧说《千顷堂书目》乃黄虞稷家藏书目，《明史·艺文志稿》即据此修撰，显然有误。从各方面看，传世《千顷堂书目》实较《艺文志稿》为后出，是据《艺文志稿》增饰而成者。而且，不管是《艺文志稿》，还是《千顷堂书目》，所记都不可能仅是黄氏的家藏书，甚至不全是现实成书，有不少书目可能是从地方志乘、他人著述中抄撮而来的，也不排除一些口传记录。实际上，这种情况在经过审核的张廷玉《明史·艺文志》中也没有排除。

　　根据以上几份资料，我们虽然不能得出清初时明人诗文别集总数到底有多少的结论，但《千顷堂书目》所载应是当时学人个人所能见到和所知的明人诗文别集数量之上限，只是限于条件，包括钱谦益、黄虞稷、朱彝尊等人，各人所见、所知肯定有所不同。朱彝尊在谈到其编选《明诗综》时曾说："予近录明三百年诗，阅集不下四千部。"（《曝书亭集》卷三九《成周卜诗集序》）如果情况属实，他所见过的明人诗文别集确实是够多的，这"四千部"中可能包括一些诗文总集（选集），但无疑主要应为别集，这比纪昀等四库馆臣所见还要多——根据有关资料统计，四库馆臣可能仅对1 200多位明人的诗文别集进行过审读和处置。

　　那么，钱谦益、黄虞稷、朱彝尊以后，又经过数百年的沧桑变化，包括经历了各种天灾人祸以后，我们还能找到多少明人的诗文别集呢？这对我们来说，当然是最重要的问题。我在接手《明代卷》的编纂任务后不久，就开始了对现存明人著述，特别是诗文别集的调查、核实和检阅工作。经过长期的努力，我们初步核定现在至少还有 3 300 余位明代作家有诗文别集收藏于国内外的图书馆中——在这些人中，有的仅有一种别集，有的可能有多种别集。不过，这里列入统计的仅为有独立诗文别集存世的作家，不管其所存是刊本，还是抄本，也不论其传本时间的先后。至于像《盛明百家诗》等总集（选集）以及各地"家集"汇编所收之作家诗文选本则不作别集计算——如清康熙三十三年（1694）黎延祖刻本《番禺黎氏存诗汇选》二十二卷共辑录了明末清初黎氏 22 人的诗，人各一卷，各有集名，但其中仅黎民表、黎贞、黎密、黎遂球 4 人因有独立的别集传世被列入这一名单，其他人还不能算有别集存世。现存 3 300 家明人诗文别集见于《千顷堂书目》著录的有 1 734 家，张廷玉《明史·艺文志》所记 1 188 家明人诗文别集现存 715 家。

　　现在完成的这部《中国文学家大辞典·明代卷》所收诗文作家，便是以上所列各种明人别集、诗文总集（选集）为基础文献，同时又借助其他各种文献资料编纂而成。也就是说，这部《明代卷》入选的作家，不管是以小说、戏曲创作为主的作家，还是以诗文创作为主的作家，都是在尽可能全面考察各种历史文献基础上，通过对作家的文学成就，包括创作和影响等各方面的综合考量后确定的——也可以说是从 20 000 多位有作品传世的明代作家中遴选出来的。关于本书收录的范围、条目撰写体例，详见本书"凡例"，此不赘述。

　　本书的编纂实在是经历了一个漫长的过程。最初几年，我曾希望能组织较多人力，大家分工合作，尽快地完成这一任务，但试下来效果不当。最终，我还是采用了从基础做起，老老实实地查找各种文献资料，并通过一遍一遍地筛选，一遍一遍地增删修改、反复磨勘的笨方法来完成这一任务，这亦是本书编纂用了二十年时间的重要原因——这里必须感谢古人所没有的现代图书馆设施、现代交通工具以及个人电脑、数码技术和互联网，如果不借助这些条件，即使再多一些时间，个人完成这一工作也是不可能的。

当然，我更应该对二十年来为本书编纂工作提供过各种帮助的人表示感谢。

首先是对为本书编纂提供过直接帮助的学界前辈及学界同仁何满子、章培恒、尹恭弘、吴格、黄仁生等先生表示衷心的感谢——他们或者对《明代卷》的编纂提供过中肯的指导意见，或者提供过最初的选目，或者提供过有关书目和他们的研究成果，《明代卷》的编撰，特别是早期工作，多方面得益于他们的帮助。

其次，我必须对更多从事明代文学研究的学界同仁——不管是前贤先达还是后起之秀——表示我衷心的感谢。20世纪90年代以来，特别是在我接手《明代卷》编撰任务的1996年以后，由于各种原因，如思想的解放、学术观念的更新以及学术中坚力量的变化（"文革"后培养的硕、博士研究生大量进入学术界），明代文学研究逐渐发生了变化，其中最突出的表现是诗文研究开始兴盛。近十年来，可以说已经进入了一个诗文与小说、戏曲研究并举的时代。特别是长期被冷落的诗文研究，由于有大量未被开垦的处女地，因而更呈现出方兴未艾、多元发展的局面。一是对明代诗文作家的个案研究大量出现，不少以往被贬斥、被忽视的作家开始为人们所注意，不仅有关专著和论文陆续出现，而且许多硕、博士的学位论文亦喜欢选择作家个案研究为题。还出现了不少以年谱、诗文集整理为形式的作家个案研究，如中华书局、人民文学出版社、上海古籍出版社等陆续整理出版了一些明代著名作家的诗文集。二是有关明代文学流派研究、文学思潮研究、作家群体研究等成为研究的热点，这些成果较之以往的研究，无论在史料的开掘方面，还是在研究的深度、广度方面，都有相当大的进步，显示出一种学术上的新气象。三是随着研究的进展，不仅出现了一些研究明代诗文与社会政治、制度、思想、经济等交互影响的著作，地域文学研究亦开始引起研究者的注意。所有这些，都注意到了明代诗文的一些特点，从而扩大了研究视野，对明代文学研究有所推进。与此相关的是，明代诗文的基本资料亦陆续出版。特别是由于数码印刷技术的发展，各种大型丛书，如《四库存目丛书》(齐鲁书社，1994)、《四库禁毁书丛刊》(北京出版社，1997)、《四库未收书辑刊》(北京出版社，1997)、《北京图书馆古籍珍本丛刊》(北京图书馆出版社，1997)、《续修四库全书》(上海古籍出版社，2002)等先后辑编出版，总计约1000余种明人诗文别集因此得以通过影印的形式面世。《明代卷》编纂，不仅利用了这些年来影印出版的各种有关明代诗文的文献，同时也借鉴了许多学界同仁的研究成果——当然也包括历来有关明代小说、戏曲作家的研究成果——只是限于本书的体例，未能一一注出，故谨在此向大家表示衷心的感谢。

再次，我要对曾在上海师范大学攻读博士、硕士学位以及从事博士后研究的一些青年学子表示衷心的感谢。从2003年开始，我所指导的"明清文学"研究方向的硕士、博士研究生和博士后，有不少人在"明代作家和明代文学考察研究"的范围内选题撰写学位论文和研究报告。特别是在已经通过答辩的20余篇博士学位论文和40余篇硕士学位论文中，除了作家个案研究、家族作家研究、女性作家研究、诗文总集(选集)研究、结社研究、诗文理论研究外，大多数是按地域划分(分省或分府、分县)的明代作家研究，如《明代山东作家研究》《明代浙江作家研究》《江苏明代作家研究》《明代河南作家研究》《明代福建作家研究》《明代兴化府作家研究》《明代青州府作家研究》《明代无锡作家研究》等，研究的地域范围全面覆盖了明代两京十二省。这些论文，绝大多数都附有其作者撰写的该地区"有作品存世的作家小传"和"现存诗文别集叙录"。例如在研究浙江各府明代作家的几篇硕士学位论文中，《明代宁波府作家研究》附有732人小传及88部存世诗文别集叙录;《明代嘉兴府作家研究》附有725位作家小传和49部存世诗文别集叙录;《明代杭州府作家研究》附有474位作家小传和40部存世诗文别集叙录;《明代金华府作家研究》附有399位作家小传和63部存世诗文别集叙录。总起来说,这些论文篇幅有大小,水平有高低,但作者大多都能抱着求实的态度,从第一手资料入手,努力去完成自己的任务。他们的考察、研究,应该说对编撰《明代卷》有很大帮助。特别是其中有不少人不仅要完成自己的学业,还不辞辛劳地帮助我查阅图书、拍摄资料、核对文献,经常是三五人同时跑上海图书馆,有一位博士生,甚至一年内就帮我专程跑了三趟北京的图书馆。还有的学生专门去海外帮我查书,不辞辛劳地将数千页有关资料和相当数量的孤本明人文集复印件背回来。因人数众多,在此不能一一举出他们对本书的具体贡献,只能列出他们的姓名,以为致谢,他们是:周潇、孙良同、刘廷乾、李精耕、高建旺、郭永锐、李玉栓、芦宇苗、李玉宝、张慧琼、任永安、张清华、吴琼、刘坡、鲁茜、沈云迪、张冬冬、马兴波、张晶晶、马汉卿、秦凤、籍芳丽、李菁、汪如润、刘方、程莉萍、乐万里、杨挺、钱方、谈新艳、刘慧、金玉、刘沉鱼、郁步生、王钦华、张小波、王蓉、单明川、张家波、周晓燕、廖文玲、郭达、徐卫、韩扣兄、李甜、詹明瑜、左永明、汤英、陈波、章婷、陈士洪、王达、程静、顾东静、戴倩、张永恒、吴旭君、谢燕、徐亚、董莉莉、陈奉金、张鹏飞(排名不分先后)。

为这部《明代卷》提供各种帮助的人还有很多,特别是二十年来一直关心、帮助本书编写工作的中华书局徐俊、顾青、俞国林、侯笑如诸位先生,理应得到我的特别感谢。

无疑,所有关心、帮助本书的人都希望这部《中国文学家大辞典·明代卷》能够编好,满足各方面读者的需要,从而为明代文学研究的发展提供帮助,这当然也是我个人的愿望。但由于各方面的原因,包括个人学识的限制,以及其他一些条件的限制,本书不可避免地会有这样那样的错误和不足,特别是还有很多文献未能充分挖掘、充分利用,故本书虽然不得不交付出版,但作为一部工具书,似乎还谈不上最后完成,我真诚地期待大家的批评指正,以便使本书能进一步得到修订、完善和提高。

另外,本书稿撰写后期,在我所供职的上海师范大学被列入"上海高校高峰高原学科建设计划(中国语言文学)"资助项目,同时得到了国家社科基金重大项目《明代作家分省人物志》(13&ZD116)的研究经费资助,特附志于此。

2013 年 4 月初稿,2017 年 4 月修改

凡　例

一、中国传统历史纪年之"明代",一般指自明太祖朱元璋洪武元年(1368)在金陵登基建国,至明思宗朱由检崇祯十七年(1644)在北京自缢国亡的这段历史时间,计 276 年。本书主要收录生活于这一历史时段中的作家,但并不仅限生于和卒于这一时间段中的作家,对跨朝代作家,则按年龄与个人政治态度的双重标准进行取舍。

1.由元入明者,如洪武元年年届五十者,原则上不收;但若曾跟从元末义军反元,或明王朝建立后入仕者,则予以收录。

2.由明入清者,如崇祯十七年已年届五十,一般予以收录,唯按惯例,明季已有功名,入清又仕于新朝者除外;崇祯十七年虽年未满五十,但明亡后自发组织或参与抗清活动,或仕于南明政权,以及入清后以"遗民"自居者,亦一概予以收录,以表示对作家个人意愿之尊敬。

3.鉴于《中国文学家大辞典·辽金元卷》和《中国文学家大辞典·清代卷》此前已正式出版,此两书已收录者,本书不再重复收入。

二、本书使用之"文学"概念,与现代之含义略有不同。按照中国古人对文学之理解,则不仅被今人视为文学的诗歌、文学散文、小说、戏曲(戏剧文学)作品被视为文学,其他诸如哲理散文、历史散文,乃至某些应用文体具有"文学意味"者,也都被视为文学。本书原则上按照古人的这种文学观念来界定作家,但在确定收录作家词目时,并不局限于各类史书《文苑传》《艺文志》的记载,也不以以往任何一种明代文学作品之总集、选集入选作家名录为蓝本。

本书收录的 3 046 位作家,均是在尽可能全面考察各种历史文献基础上,通过对作家的文学成就,包括其文学创作和影响等方面的综合考量后确定的,载籍中虽有记载但无作品传世者均不予立目。

明代文学史上出现过并称或结社的作家中,无作品传世、可资考证的史料不足或文学影响不显著、未达到本书立目标准者不予立目。

三、本书以作家姓名或作品署名立目。条目内容主要包括作家生平与创作的四个方面:生平仕履、文学活动及著述、重要典籍中对作家文学成就之评价和生平事迹主要资料来源。然依据史料情况,并非所有条目都有这四方面的内容,部分内容或有交叉,均依据典籍记载略有归纳、取舍。

四、生平仕履。主要包括对作家生卒年、姓名字号、籍里家世、仕履的介绍。

1.生卒年:本书于词目后括注作家的生卒公元纪年,如生、卒年或有不明者,以"?"号标注,如生卒年均不可考,则标注"生卒年不详",一般不用"约""估计"等模糊说法。

为防止标注作家生卒年因农历、公历换算上产生差错,在可能的情况下尽量在行文中说明作家生卒年月的历史纪年,并加以正确标注,如:"祝允明"条,其生卒年标注为(1461—1527),释文中详细说明了他生卒年的历史纪年:"生于天顺四年十二月初六(1461 年 1 月 17 日)……卒于嘉靖五年十二月二十七(1527 年 1 月 28 日)。"

2. 姓名字号:本书一人一目,作家如有改姓、异名等情况,均在此部分加以介绍,如"以字行",亦于行文中列出其名,均不另立条目,亦不采用互见之法。本书尽可能列出各作家之字、号,如字、号太多时则择其要者。书后设作家姓名字号四角号码综合索引,以便于读者检索查用。

3.籍里家世:本书所列作家籍里,以《明史·地理志》地名标注,州、县以下地名一般不列。其中明代州、县地名与今市、县地名相同者,不再标注今地名,如"丁元荐……浙江湖州府长兴人""于若瀛……山东兖州府济宁人";州、县所属省级行政区划与今行政区划不同,或明代州、县一级地名与今地名不同,则于明代地名后括注今所属行政区划或今地名,如"丁奉……南直苏州府常熟(今属江苏)人""万曰吉……湖广黄州府黄冈(今属湖北)人""王应鹏……浙江宁波府鄞县(今宁波)人""王竑……陕西临洮府河州(今甘肃临夏)人"。

现代地名不加"市""县"等字样,行政区划则以《2012年中华人民共和国行政区划简册》为标准。作家如有迁居、改变隶籍等情况,根据实际情况在行文中尽可能加以介绍,隶于"卫籍"者,亦尽可能加以说明。少数姓氏及籍里不详者用适当形式注出。

4.仕履:尽可能作简明介绍。仕履经历复杂的作家,次要历官适当省略。文字表达上则遵循以下规范:生平履历叙述时涉及时间,标以历史纪年,只标帝号、年号,不标庙号,除特殊情况,一般不使用"干支"纪年。各条目首次出现的历史纪年后括注公元纪年,同条目再出现相同历史纪年,则不再括注公元纪年。涉及职官名称,如对了解作家没有大的影响,一般用简称。仕履介绍涉及的府、州、县名及其他有关历史地名,一般不再注今地名。

五、文学活动及著述。本书在介绍作家文学活动及著述时,以介绍作家的作品创作为主,尽可能列出每位作家的全部著述,包括文学作品以外的经、史著述及笔记、杂著等,作家之有典籍记载但已经散佚之著述,亦适当提及,以增加对作家的全面了解。然重点仍在介绍其文学性较强的著述,包括对作家诗文别集及小说、戏剧文学作品主要内容的介绍,特别是对这些著述刊刻、流传及存、佚情况的介绍。

六、本书编纂以各种历史文献资料为依据,各条目在介绍作家作品时，凡没有"书证"或其他可靠证据的猜想、揣测之说一概不取。行文则以"客观叙述"为原则，前人有关作家作品之各种文献（包括行状、墓志、传记和诗文集序、跋，以及各种方志、家谱）中的夸饰、溢美、诞妄之词，引述时尽量回避；对所涉及的政治、学术、文学等方面的论争，亦以客观介绍为主，一般不做是非判断，更不妄加评论。

七、评价。遵循《中国文学家大辞典》对各位入选作家"文学成就的评价，一般均用旧评成说，若无旧说，可付诸阙如"的编纂要求，本书对各位入选作家文学成就之评价，主要采用引述或概述前人评述的做法。前人评论或褒或贬，本书兼收并存，既有争议，亦不回避，但尽量不做评判，以免误导读者。作品为当时、后世总集、选集或选录者，亦可看出作家之影响，故本书适当加以介绍。

八、本书所引文献资料，只见于某书者，随文括注。若非特别注明，一般据通行本，如所引《四库全书总目》之"提要"文字，皆据清乾隆间武英殿刻本（殿本）。所引古代文献如有缺字或无法辨识之字，以"□"号标识。所引典籍卷数因版本不同有差异者择其一。

作家生平事迹重要资料来源则附记于各条目文字之末。一般先列行状、墓志，其次列当时或后人所撰各种传记，包括正史、方志所载传记，有年谱存世者亦酌情介绍。如非特别需要，一般不再列出行文中已经提及的文学总集、选集之作者小传。传记资料过多者则择其要者。

以下典籍在本书中多次引用，时代、编者名、版别等标注从略：

明李腾鹏《皇明诗统》

明徐泰《皇明风雅》

明焦竑《国朝献征录》

明曹学佺《石仓十二代诗选·明诗选》

明陈子龙等《皇明诗选》

明宋弘之等《四明风雅》

明陈是集《溟南诗选》

明俞宪《盛明百家诗》

文渊阁《四库全书》

清张廷玉等《明史》

清钱谦益《列朝诗集》

清张豫章《御选宋金元明四朝诗》

清沈辰垣等《御选历代诗余》

清黄虞稷《千顷堂书目》

清朱彝尊《明诗综》

清王昶《明词综》

清黄宗羲《明文海》

清陈田《明诗纪事》

清王夫之《明诗评选》

清朱绪曾《金陵诗征》

清王宝仁《娄水文征》

清邵伯英《海虞文征》

清曾燠《江西诗征》

清罗汝怀《湖南文征》

清袁钧《四明文征》

清曾唯《东瓯诗存》

九、本书条目按作家姓名笔画顺序排序。姓名首字笔画数相同者,按首字起笔笔形之横(一)、竖(丨)、撇(丿)、捺(丶)、折(乛)顺序排列;姓名首字相同者,按第二字笔画数和起笔笔形排序,依此类推。笔顺前后参照《现代汉语通用字笔顺规范》有关规定。

十、本书所用字形参照《通用规范汉字表》相关规定,并酌情考虑典籍中有关作家名的惯用字形。本书词目后不标注作家姓名读音。

十一、本书除“目次”外,另附“作家姓名字号四角号码综合索引”“作家人名汉语拼音索引”,以方便读者检索。

目　次

作家人名汉语拼音索引 *

* 重名者不重复列出。

陈柏	831	陈寰	859	陈仁锡	803	陈循	848
陈邦训	808	陈辉	848	陈如纶	815	陈言	819
陈邦彦	808	陈缉	851	陈儒	858	陈尧	811
陈邦瞻	809	陈际泰	822	陈汝言	815	陈尧德	811
陈察	856	陈济生	837	陈汝场	815	陈烨	840
陈昌	823	陈继	840	陈汝元	814	陈一球	795
陈昌积	824	陈继儒	841	陈山毓	800	陈一松	794
陈琛	846	陈价夫	813	陈绍英	829	陈一元	794
陈诚	828	陈荐夫	830	陈师俭	812	陈沂	819
陈崇德	844	陈鉴	853	陈士元	797	陈益祥	839
陈达	810	陈经	830	陈叔刚	823	陈翼飞	860
陈大濩	798	陈敬宗	846	陈叔绍	823	陈懿德	862
陈道复	849	陈九川	795	陈束	816	陈懿典	861
陈德文	857	陈衍	834	陈所闻	825	陈音	835
陈登	851	陈奎	831	陈所有	825	陈有年	810
陈第	844	陈魁文	853	陈所蕴	826	陈有守	810
陈鼎	848	陈雷	853	陈体文	817	陈于陛	796
陈东川	808	陈琏	843	陈霆	854	陈于朝	797
陈铎	838	陈良谟	821	陈完	820	陈于廷	796
陈棐	847	陈亮	834	陈万言	798	陈与郊	798
陈凤	805	陈缵	861	陈娃	840	陈禹谟	833
陈焯	850	陈鎏	861	陈维新	845	陈玉蟾	807
陈皋谟	839	陈龙正	807	陈炜	826	陈玉辉	806
陈公纶	804	陈銮	855	陈文烛	806	陈员韬	817
陈函辉	828	陈履	858	陈吾德	817	陈则	812
陈颢	860	陈鸣鹤	825	陈熙庠	854	陈朝锭	847
陈鹤	857	陈谟	850	陈暹	856	陈政	830
陈宏裔	821	陈黑斋	855	陈宪	837	陈赟	837
陈洪谟	836	陈启相	822	陈献章	851	陈仲进	812
陈洪绶	835	陈芹	816	陈省	832	陈仲完	812
陈鸿	845	陈全	813	陈选	833	陈子龙	801
陈逅	833	陈全之	813	陈勋	832	陈子升	800

H

李时行	485	李以龙	475	**liang**		林环	893
李时勉	486	李荫	499	梁本之	1363	林简	904
李士实	464	李寅	510	梁朝钟	1367	林景清	902
李舜臣	514	李英	491	梁辰鱼	1365	林景旸	902
李嵩	516	李应策	489	梁储	1368	林俊	894
李素甫	501	李应升	487	梁纲	1367	林魁	904
李唐宾	504	李应征	488	梁兰	1363	林燫	906
李堂	509	李裕	515	梁潜	1368	林懋和	906
李棠	512	李元阳	468	梁希渊	1366	林岵	902
李腾芳	517	李元昭	469	梁有誉	1364	林民止	887
李腾鹏	517	李云鸿	469	梁元柱	1363	林敏	899
李廷仪	481	李云鹄	469	梁孜	1367	林铨	898
李桐	503	李云雁	469	**liao**		林如楚	889
李万平	465	李瓒	523	廖道南	1555	林时	890
李万实	465	李璋	518	廖孔说	1554	林时对	890
李为稷	474	李昭祥	500	廖希颜	1554	林时跃	891
李维桢	511	李兆先	482	**lin**		林士元	882
李玮	490	李肇亨	518	林爱民	898	林世璧	886
李文麟	474	李之椿	466	林邦甫	887	林瑭	904
李先芳	480	李之世	465	林弼	903	林烃	897
李贤	492	李质	495	林春泽	894	林廷选	888
李孝谦	484	李贽	501	林埊	896	林廷玉	888
李诩	497	李中	471	林大春	883	林庭棉	896
李循义	513	李衷纯	504	林大辂	884	林庭机	895
李汛	483	李宗城	496	林大钦	884	林庭模	896
李延昰	483	李宗木	495	林大同	883	林文	885
李言恭	487	李宗枢	496	林鹗	905	林文俊	885
李养正	501	理邑和	1284	林富	903	林希元	891
李尧民	480	栗应宏	1123	林光	888	林熙春	905
李晔	503	栗应麟	1123	林瀚	907	林炫	897
李一元	463	**lian**		林璧	906	林尧俞	887
李沂	489	练子宁	1001	林鸿	900	林应亮	892

王宾	106	王衮	105	王克笃	73	王邵	82
王伯稠	79	王厈	52	王爌	142	王绅	92
王材	74	王翰	135	王昆仑	87	王慎中	126
王楗	108	王行	66	王琨	118	王时槐	75
王敞	120	王好问	71	王来	74	王时济	75
王俦	111	王鹤	132	王乐善	54	王士昌	38
王承之	91	王衡	136	王立道	54	王士骐	39
王崇古	110	王弘海	56	王荔	93	王士骓	40
王崇庆	110	王竑	95	王良枢	81	王士性	39
王崇文	110	王洪	96	王亮	95	王世懋	51
王崇献	111	王翊	102	王烈	102	王世贞	48
王崇义	109	王鸿儒	114	王铖	138	王守仁	69
王宠	90	王淮	115	王留	105	王叔承	86
王醇	130	王萱	93	王龙起	52	王叔杲	85
王达	58	王璜	130	王履	133	王叔果	85
王濬	138	王祎	98	王懋明	139	王叔英	84
王道	121	王畿	134	王梅	108	王恕	107
王道行	121	王激	138	王蒙	122	王思任	93
王道通	122	王济	97	王命璿	88	王嗣经	123
王钝	94	王骥德	143	王臬	103	王嗣奭	123
王逢年	104	王家屏	106	王讴	70	王璲	134
王逢元	104	王家彦	105	王磐	131	王太白	45
王凤灵	45	王嘉谟	128	王璞	134	王体复	76
王凤娴	46	王嘉言	128	王圻	73	王天性	41
王绂	91	王健	103	王启茂	81	王田	52
王格	101	王渐逵	115	王樵	136	王廷表	63
王艮	71	王交	67	王翘	119	王廷陈	62
王恭	100	王教	108	王若之	82	王廷乾	65
王珙	100	王景	120	王三接	38	王廷相	63
王光承	59	王九思	36	王三省	38	王廷宰	65
王光鲁	60	王濬初	140	王三阳	38	王庭譔	95
王光美	60	王珂	92	王尚䌹	87	王同轨	61

张天瑞	700	张永明	709	章志宗	1355	赵维寰	1024
张廷臣	715	张宇初	717	**zhao**		赵文华	1006
张廷玉	714	张羽	718	赵邦彦	1009	赵相如	1018
张同敞	713	张琊	760	赵弼	1025	赵彦复	1020
张同德	714	张渊	754	赵秉忠	1017	赵伊	1011
张维	754	张元忭	697	赵炳龙	1020	赵钺	1016
张维机	754	张元凯	698	赵彩姬	1023	赵宦光	1022
张维枢	755	张元谕	699	赵大佑	1005	赵用光	1007
张维新	755	张元祯	698	赵迪	1015	赵用贤	1008
张玮	727	张原	747	赵尔圻	1008	赵贞吉	1009
张位	723	张岳	731	赵汸	1014	赵志皋	1012
张文柱	704	张悦	748	赵辅	1022	赵重道	1019
张五典	700	张泽	735	赵纲	1015	赵宗文	1017
张献翼	761	张正蒙	706	赵峣	1023	**zhen**	
张祥鸢	750	张之奂	696	赵汉	1009	甄伟	1498
张燮	770	张之象	696	赵鹤	1026	**zheng**	
张新	763	张志淳	720	赵怀玉	1015	郑邦祥	975
张诩	737	张治	735	赵涣	1021	郑本忠	975
张旭	715	张治道	736	赵介	1005	郑材	979
张宣	744	张著	752	赵珏	1018	郑赐	988
张萱	757	张子翼	697	赵宽	1021	郑定	984
张选	741	章敞	1357	赵南星	1018	郑二阳	971
张循占	758	章衮	1357	赵谦	1024	郑赓唐	989
张逊业	745	章嘉祯	1358	赵善鸣	1024	郑关	977
张綖	745	章简	1358	赵时春	1013	郑瑾	993
张养蒙	742	章旷	1355	赵士谔	1004	郑国宾	982
张一桂	693	章纶	1355	赵士喆	1004	郑国轩	981
张以诚	705	章懋	1358	赵世显	1006	郑怀魁	980
张以宁	704	章美中	1356	赵廷松	1011	郑纪	978
张意	763	章适	1356	赵同鲁	1010	郑居贞	985
张应锡	725	章玄应	1354	赵统	1020	郑坤	980
张应治	725	章珍	1356	赵完璧	1015	郑洛	985

郑珞	986	郑作	979	周履靖	968	周婴	965
郑满	992	**zhi**		周孟简	957	周瑛	966
郑鄩	991	支大纶	148	周沛	953	周应辰	953
郑明宝	982	支如玉	149	周齐曾	950	周用	945
郑明选	982	**zhong**		周岐凤	955	周佑	952
郑鹏	992	钟芳	1049	周启	954	周元懋	943
郑潜	992	钟梁	1050	周如砥	951	周洀	963
郑如英	978	钟薇	1052	周如锦	952	周之夔	941
郑汝璧	977	钟夏	1050	周如磐	952	周子义	942
郑汝美	977	钟惺	1050	周汝登	950	周祚	964
郑若庸	981	钟羽正	1049	周圣楷	947	**zhu**	
郑善夫	989	钟震阳	1052	周诗	956	朱邦宪	300
郑棠	988	**zhou**		周诗雅	957	朱豹	320
郑廷鹄	975	周炳谟	962	周世选	944	朱长春	296
郑威	985	周朝俊	967	周仕楷	945	朱常淓	322
郑文康	973	周忱	953	周是修	958	朱朝瞡	326
郑晓	987	周道仁	968	周述	954	朱朝瑛	326
郑心材	974	周鼎	967	周顺昌	961	朱诚泳	312
郑学醇	984	周东田	945	周思得	959	朱珵尧	321
郑延	976	周凤翔	944	周思兼	958	朱椿	328
郑琰	987	周复俊	960	周天球	943	朱纯	310
郑一麟	971	周复元	960	周天佐	942	朱存理	304
郑以伟	974	周光镐	948	周廷籥	949	朱奠培	328
郑元勋	973	周广	941	周廷用	948	朱鼎	327
郑瑗	991	周规	954	周文	944	朱鼎臣	327
郑岳	983	周洪谟	963	周闻	962	朱东阳	298
郑允璋	975	周后叔	950	周叙	961	朱多煃	306
郑真	986	周晖	964	周宣	963	朱多炡	306
郑之义	971	周楫	968	周玄	947	朱蒂煌	307
郑之玄	972	周金	955	周旋	965	朱高炽	320
郑之珍	972	周立勋	946	周埙	964	朱公节	297
郑仲夔	976	周伦	949	周怡	956	朱拱樋	315

朱拱梴	314	朱朴	301	朱应登	309	卓敬	914
朱拱橚	315	朱期	325	朱永年	300	卓明卿	913
朱拱摇	314	朱权	302	朱友垓	295	卓人月	912
朱观㤼	307	朱让栩	299	朱有燉	303	**zong**	
朱衮	320	朱荣减	315	朱右	297	宗臣	995
朱国祯	311	朱柔英	318	朱佑	308	宗训	995
朱国祚	311	朱善	327	朱元璋	294	宗谊	996
朱翰	330	朱申鈘	299	朱曰藩	295	**zou**	
朱灏	332	朱申凿	299	朱载璞	319	邹德涵	639
朱衡	331	朱慎钟	330	朱载垍	319	邹德溥	639
朱弘祖	300	朱升	296	朱瞻基	332	邹迪光	634
朱厚烨	315	朱硕熿	322	朱涧	323	邹观光	634
朱厚煜	316	朱橚	331	朱之臣	292	邹缉	637
朱吉	301	朱泰玉	318	朱之蕃	293	邹济	636
朱家法	321	朱恬焌	318	朱之瑜	292	邹亮	635
朱健根	319	朱廷立	305	邴经	928	邹赛贞	638
朱谏	324	朱同	305	诸圣邻	1272	邹守益	633
朱鉴	329	朱维嘉	325	诸万里	1272	邹守愚	633
朱京藩	312	朱隗	325	祝颢	1082	邹维琏	636
朱敬鑨	326	朱吾弼	308	祝淇	1081	邹颐贤	638
朱九经	292	朱显槐	316	祝祺	1081	邹元标	632
朱葵心	326	朱宪㸅	318	祝世禄	1080	邹智	637
朱孟烷	313	朱勋澈	317	祝彦	1081	**zui**	
朱孟震	313	朱彦汰	317	祝以幽	1079	醉西湖心	
朱梦炎	322	朱阳仲	307	祝允明	1079	月主人	
朱弥钳	313	朱曜	332	**zhuang**			1512
朱弥镝	313	朱颐媀	329	庄杲	345	**zuo**	
朱妙端	310	朱谊㵂	321	庄履丰	346	左光斗	204
朱名世	306	朱翊鈙	322	庄起元	346	左国玑	205
朱谋㙔	323	朱胤橪	317	庄天合	345	左懋第	206
朱谋晋	324	朱英	310	**zhuo**		左赞	205
朱睦㮮	329	朱应辰	308	卓发之	912		

二　画

丁一中(1511—1593)　字庸卿，号少鹤。南直镇江府丹阳(今属江苏)人。诸生，以贡入南国子监，嘉靖三十八年(1559)选授浙江青田知县。迁户部主事，以讦误谪延平府通判。隆庆元年(1567)转泉州府同知，值海寇骚扰，奉命筹兵转饷以助平寇官军。历官至南京户部郎中，致仕归。卒于万历二十一年(1593)，年八十三。喜登眺，好吟咏，闽南名山如泉州葵山、崇武龙喉岩、南安九日山、南安龙潭东侧石崖等多有其诗刻。又曾题诗于同安西山，有刘存德等和诗。万历元年曾辑刻《温陵(李贽)留墨》三种四卷。《(光绪)丹阳县志》卷三五记其有《海防策》及《鹤鸣集》，未见传。《盛明百家诗》录其诗十三首为《丁少鹤集》，而摩崖诗刻则均未录。《御选宋金元明四朝诗》录其诗四首，亦不在《盛明百家诗》所录诗中。生平见《(光绪)重修丹阳县志》卷一七。

丁之贤(生卒年不详)　字德举。福建漳州府漳浦人。少厌帖括，刻意学为诗，间涉《左氏春秋》及孙吴之书，以知兵自负。崇祯末挟策入都门，欲献书阙下言兵事。书不果上，遂赍十日粮，短衣匹马，循贺兰山出长城，访求古战阵营垒，日与朔方侪辈画沙聚米，釃酒横槊，以图击李自成。事未就而自成陷西安，破潼关，明社亡，因脱身南归。清初穷老无所聊赖，僦屋城东桃花溪上，客至不簪，清谈而已。殁之日，邑令为之书碑曰“诗人丁布衣之墓”。其崇祯末在关陇时，曾刻诗百余首，后里居家贫，不能具纸笔，所为诗多草于历书纸背，字漫漶几不可识认。清初朱霞辑其诗，后康熙五十四年(1715)邑人何梅合朱国汉诗刻为《绥安二布衣集》二卷，内之贤诗名《丁布衣诗钞》，收诗八十余首，首有毛奇龄、章全人序。徐燉曾谓其诗多“清峭刻露”(《榕荫新检》卷一六《诗话》)。《明诗纪事》辛签卷三一录其诗三首。生平见清何梅《丁布衣小传》(《绥安二布衣集》附)、清徐鼐《小腆纪传》卷五八。

丁元公（生卒年不详）　字原躬。浙江嘉兴府嘉兴人。明末布衣，善画山水人物，又能篆刻，亦能诗。入清后为僧，名净伊，号愿庵。据载，清顺治十四年（1657），石涛至嘉兴，元公曾为其画像，则其时尚在。为僧后，尝遍访历代佛祖高僧，绘为巨册，各识事迹。其传世有罗汉图、山水轴、僧像和自书诗卷等，其中尤以"工笔彩绘水浒人物图"三十六幅最为著名，所画或为陈洪绶《水浒叶子》原作之摹写。诗集现存旧抄本《立承草》一卷，首"海盐友弟姚士粦叔祥"题辞，内收诗一百一十余首，多为题画诗，各篇诗句间有残缺。《明诗综》卷七一录其《题画木芙蓉诗》，亦不见于《立承草》，"诗话"云："原躬负奇，恒与俗龃龉。书画俱入逸品，兼精籀篆，诗亦不屑作庸熟语。"生平见《（光绪）嘉兴府志》卷五一。

丁元荐（1560—1625）　字长孺，号慎所。浙江湖州府长兴人。生于嘉靖三十九年（1560）十二月十一。万历十三年（1585）举人，明年进士，除中书舍人。甫期月，上书言事，极陈时弊，因罪于当道落籍。家居十二年，召为礼部主事，又以得罪移疾去。天启改元，起尚宝少卿，复罢归。天启五年（1625）三月十四卒，年六十六。初学于许孚远，又从顾宪成游，遇事奋前，以慷慨负气节

称。通籍四十年，前后服官不满两载。《千顷堂书目》著录其《尊拙堂文集》，系卒后其子丁琬等辑，现存清顺治十七年（1660）其孙丁世濬刊本《尊拙堂文集》十二卷附录一卷。内卷五有诗三十余首，余皆生平所著策、议、序、传、墓志、行状、尺牍等，附录为高攀龙等人所撰之祭文、墓铭。《四库全书总目》著录其集，"提要"云："元荐受业顾宪成，入东林党籍。当时以节行称，而文章质率，不出讲学家窠臼。"又有《西山日记》二卷，杂录洪武至万历朝野事迹，现存清康熙二十八年（1689）先醒斋刊本及清抄本。《千顷堂书目》另著录其《万历辛亥京察纪事》十卷又《三太宰传》一卷。《明文海》录其文二篇。《明诗综》卷五五录其诗一首。清陆心源《吴兴诗存》四集卷一一录其诗二首。生平见朱国桢《慎所丁公墓志铭》（《尊拙堂文集》附录）、清邹漪《启祯野乘》卷三、清陈鼎《东林列传》卷二二。

丁元复（1525—1609）　字仲心，号玉阳。南直苏州府长洲（今江苏苏州）人。生于嘉靖四年（1525）十一月十五。嘉靖四十年举人，隆庆五年（1571）进士，除山东阳信知县，征为南京监察御史。忤张居正，出为四川按察佥事，补福建分巡道，迁浙江布政司参议，分守温、处等地，因病乞归。家居三十年，卒于万历

三十七年（1609）七月初三，年八十五。著述卒后辑为《片玉斋存稿》二卷，《千顷堂书目》著录，现存明万历间刊本，上卷收古今体诗一百三十余首，多游览酬酢之作，下卷录各体文三十余篇，首有万历四十年申时行序，末附祭祀录、墓铭等。另有清同治抄本及 1940 年铅印本。《明诗综》卷五一录其诗一首。生平见申时行《丁公墓志铭》、朱之蕃《玉阳丁公墓表》（《片玉斋存稿》附）、《（同治）苏州府志》卷八七。

丁自申（1526—1583）　字明岳，号槐江。福建泉州府晋江（今泉州）人。嘉靖二十八年（1549）举人，明年进士，授南工部营缮司主事。三十七年进虞衡司郎中，简放四川顺庆知府，四十四年调梧州知府，因母丧归。服阕，以蜚语落职。性伉直，不协于上官，唯嗜书，尤喜购异书，至数万卷，名其堂曰"希郪"，归后日取藏书读之，自得其乐。卒于万历十一年（1583）六月，年五十八。是时，论文者多崇尚秦汉、鄙薄唐宋，而自申持别调，谓"文之高下，因人而异，不独于时为然"（《与王九难郎中》），因辑《古文披玉编》。所著有《三陵稿》，系其官顺庆时所编，以"集成于嘉陵，金陵、温陵，概所履也"而命名，《千顷堂书目》著录十卷，现存明抄本九卷、近人抄本十四卷。其回乡闲居时，又整理箧中散

稿，复成《三陵续稿》三卷，亦存近人抄本。以文著。《明文海》收其文《希郪堂记》等十二篇，评语云："其《三陵稿》文和绥纤徐，得欧之神，万历间名家也。"清郭柏苍《全闽明诗传》卷二五录其诗二首。生平见李廷机《丁公暨配张氏墓志铭》（《李文节公集》卷二〇）、黄凤翔《丁公墓表》（《田亭草》卷一七）、《（乾隆）泉州府志》卷四八。

丁奉（1480—1543）　字献之，号南湖。南直苏州府常熟（今属江苏）人。正德二年（1507）举人，明年进士，除南吏部文选司主事，九年迁验封司郎中，旋丁母忧归。服阕请致仕，十三年归里家居，卒于嘉靖二十一年十二月（1543 年 1 月），年六十三。喜吟咏，诗淡雅自然。生前曾自编《南湖留稿》，身后又辑有《南湖逸稿》，后其玄孙丁汝宽合二稿汇成一帙，宣城梅守箕据之选为《丁吏部文选》八卷，《千顷堂书目》著录。现存万历三十二年（1604）丁汝宽刊本，首有嘉靖时方鹏、薛应旂、瞿景淳序及万历时蒋以化、瞿汝说、王锡爵序，卷一至卷四收其赋、乐府及古近体诗、词，卷五、卷六为所作史论五十八篇，卷七、卷八收序、记、传、志铭等。又有崇祯补修本及清雍正元年（1723）丁恂增修本。丁祖荫又辑《南湖先生文选补编》，补所佚诗二十七首、词九首。《千顷堂书目》

另著录其《经传臆言》二十八卷、《虞乡三赋》一卷。又曾著《通鉴节要》。《明诗综》卷三三录其诗二首,"诗话"云:"南湖诗不事锻炼,兴酣落笔,往往暗合曩篇。"《四库全书总目》著录《丁吏部文选》八卷,"提要"谓其"诗文皆未成家,史论二卷,亦大半陈因之语"。《海虞文征》录其文五篇、诗六首。《明诗纪事》戊签卷一〇录其诗五首,按语云:"献之诗兴趣天然,颇有山林逸致。"《明词综》卷三录其词一首。生平见薛应旂《南湖留稿序》(《丁吏部文选》卷首)、《(雍正)昭文县志》卷七。

丁绍轼(?—1626)　字文远。南直池州府贵池(今属安徽)人。万历三十一年(1603)举人,三十五年进士,选翰林院庶吉士,丁忧归。服阕授检讨,四十七年被劾妄言议事,罢归。天启二年(1622)起为左春坊左赞善,四年擢右庶子兼侍读,与修《光宗实录》,旋进詹事兼翰林侍读学士,迁礼部右侍郎,天启五年以礼部尚书兼东阁大学士入内阁,次年加太子太保、户部尚书,武英殿大学士,寻卒。以助魏忠贤为东林党人所恶,被列入阉党。能诗文,著述现存天启间刻《丁文远集》二十卷《外集》八卷。前十四卷收序、记、墓志、祭文等,卷一五、卷一六收诗一百六十余首,卷一七至卷二〇为书牍;外集收其馆课、试录、郡志、家乘、疏牍

等;卷首有孔贞运、柯之来、丁绍皋序,天启三年丁文远"自序"。又有崇祯刊本《丁文恪公续集》六卷,丘兆麟题词。生平见《(康熙)贵池县志略》卷六、《(乾隆)池州府志》卷三九。

丁养浩(1451—1528)　字师孟,号集义,又号西轩。浙江杭州府仁和(今杭州)人。成化十三年(1477)举人,二十三年进士,选行人。弘治五年(1492)擢河南道御史,九年巡抚贵州。历四川按察司副使,正德四年(1509)迁广东右参政,后以云南左布政使致仕。卒于嘉靖七年(1528),年七十八。喜诗,所至多有吟咏,还家后与乡梓缙绅二十余人组归田乐会,聚集倡和。《千顷堂书目》著录其《效堂集》十二卷,现存嘉靖八年刻本名《西轩效唐集》,内诗八卷,收诸体诗五百七十余首,近体为主,文四卷,序、铭、祭文等四十余篇。《四库全书总目》著录是集,"提要"云:"其名'效唐'者,盖取法唐人之意,然殊不类唐音。"后清光绪二十一年(1895)钱塘丁氏刊本增补遗一卷。《明文海》收其《跋钱塘夜潮图》一文。清汪森《粤西诗载》录其诗五首。生平见《(雍正)浙江通志》卷一三一、《(乾隆)杭州府志》卷八七。

丁起濬(1571—1638)　名又作"启濬",字亨文,又字哲初,号蓼初。

福建泉州府晋江（今泉州）人。万历十六年（1588）中举，二十年进士，授宝庆府推官，丁外艰归。服阕补杭州府推官，入为户部主事，历郎中，进太常少卿，调南太常少卿，未几告归。崇祯初，诏复原官，旋升太常卿，晋刑部右侍郎，转左，致仕归。卒于崇祯十一年（1638），年六十八。为人沉默有干局，亦能诗文，为乡人所称。著有《平圃文集》《平圃诗集》，现存崇祯十四年序刊《平圃诗集》四卷，收诗五百余首，周维京序。《列朝诗集》丁集中录其《良乡夜泊》诗，"小传"记明季诗人林古度推崇此诗"古驿一灯深"之句。清郭柏苍《全闽明诗传》卷三二、《明诗纪事》庚签卷一七亦录是诗，题为《良乡夜宿》。生平见《（乾隆）福建通志》卷四五、《（乾隆）泉州府志》卷四四。

丁宾（1543—1633）　字礼原，号改亭。浙江嘉兴府嘉善人。嘉靖四十三年（1564）举人，隆庆五年（1571）进士，授句容知县，征为御史，以忤座主张居正去官。万历十九年（1591）起故官，丁忧归。起大理寺丞，累迁南京右佥都御史，提督操江，后由工部右侍郎升南工部尚书致仕。崇祯六年（1633）卒，年九十一，赠太子太保，谥清惠。《千顷堂书目》著录其《丁清惠公遗集》八卷，现存崇祯十一年刊本，内卷一至卷四收其奏疏，卷五收序、记等文，

卷六收传、志、墓表等文，又诗二十一首，卷七至卷八为尺牍。早游王畿之门，崇"良知"之学，故其奏疏一本于忠原宽平之旨，文皆自写其诚，诗篇简牍，则未免老干枯槁而少枝叶。其集清初曾遭禁毁，故其人其文少传。生平见张大复《吴郡人物志》、陈济生《天启崇祯两朝遗诗·小传》《明史》卷二二一。

丁继嗣（1545—1623）　字国云，号禹门。浙江宁波府鄞县（今宁波）人。万历四年（1576）举人，十一年进士，授刑部主事。累迁江西按察副使，分巡湖西，升参政，分守南赣，晋湖广右布政使，官终右副都御史，巡抚福建。卒于天启三年（1623），年七十九。以精于吏事称，亦能诗。《千顷堂书目》著录其《苍虬馆集》，现存《苍虬馆草》三卷，计收诗四百余首，万历三十年（1602）刊本，邹元标序，龚应身跋。清胡文学《甬上耆旧诗》卷二六录其诗一首。清陈宏绪《江城名迹》卷二录其题龙沙亭诗，卷四录其题揽秀楼诗。生平见叶向高《丁公墓志铭》（《苍霞余草》卷一二）、《（雍正）宁波府志》卷二〇。

丁惟恕（生平不详）　字心田。山东青州府诸城县西南村（今属胶南）人，万历时布衣丁綵第四子。承父志趣，雅好词曲。现存崇祯十三年（1640）自刻散曲集《续小令集》不

分卷，计收小令二百零五首，其名盖因其父《小令集》而来。其曲或描摹时令，或述怀写抱，或忧农事，或记交游，用词严谨，少用衬字，无佻达放浪之态，为北曲平实守正之派，惟因辟居乡里，其名不彰，故流传未广。

丁肇亨(1566—1632)　字懋嘉，初名文羙。南直苏州府吴县(今江苏苏州)人，丁元复次子。万历二十二年(1594)举人，官南京大理寺司务，卒于崇祯五年(1632)，年六十七。现存诗文集《白门草》二卷，收诗九十余首、文二十余篇，崇祯三年(1630)其长子丁汝昌刊本，陈仁锡序。又有清康熙四十一年(1702)丁恒瑞重印本及旧抄本。《御选宋金元明四朝诗》录其诗三首。生平见文震亨为其所作墓志铭(清康熙重印本《白门草》附)、《(崇祯)吴县志》卷四九。

丁綵(生卒年不详)　号前溪。山东青州府诸城人。约正德、嘉靖年间与兄丁纬由天台山东之丁家大村移居西南五里之西南村(今皆属胶南)，村有濂溪北来，绕村前入白马河，纬号围溪，綵号前溪，皆因所居而起。綵之三子丁惟精为万历三十二年(1604)进士，纬之子孙又多有科考中式仕宦者，因成当地缙绅。丁綵富甲乡里，传其少年时仗义负气，有古豪侠之风。清初淄川蒲松龄所著《聊斋志异》之《丁前溪》篇即记其传闻，谓其"富有钱谷，游侠好义，慕郭解之为人"。布衣终身，年七十二卒。自弱冠及垂老，雅好散曲，感时触物，皆发之于曲。散曲后人辑为《小令》一卷，现存清刊本，共辑小令一百三十九首，套数一套。有明崇祯十年(1637)同郡进士钟羽正序及清康熙二年(1663)少林丘云蟒序，略叙其生平。后其四子丁惟恕有《续小令集》，亦存于世。

卜世臣(1572—1645)　字孝畬，又字大匡、大荒、长公，号蓝水、兰史，又号大荒逋客。浙江嘉兴府秀水(今嘉兴)人。隆庆六年(1572)二月二十二生，清顺治二年(1645)七月二十六卒，年七十四。曾为嘉兴县学生，以博学多闻、蓄书丰富闻于一郡。其从姑为沈璟母，璟妹又适其从兄卜二南，两家世代联姻，故少从沈璟习曲，曲学深受沈氏影响。撰传奇三种：《冬青记》存万历间原刻本，署"檇李大荒逋客撰"，凡二卷三十六出(有残缺)，演南宋亡，唐玉潜、林景曦收被发宋陵寝骸骨之义举，本事见陶宗仪《南村辍耕录》卷四及郑元祐《遂昌山樵杂录》。吕天成《曲品》列《冬青记》为"上中品"，评语云："悲愤激烈，谁诮腐儒酸也？音律精工，情景真切。吾友张望侯云：'檇李屠宪副于中秋夕，率家乐于虎丘千人石上演此，观者万人，多泣下者。'"《乞麾记》《双串记》二种则散佚。散曲见于冯梦龙《太霞新奏》、张琦等《吴骚合编》诸书,计存小令九首、套数十二套。又著有《挂颊记》《玉树清商》《多识编》《山水合谱》《乐府卮言》《乐府指南》等书,皆未见存。清沈季友《槜李诗系》卷一八录其诗三首。生平见《(康熙)嘉兴府志》卷一四及清刊本《秀水卜氏家谱》等。

卜舜年(1587—1620)　字孟硕,号野水,自署野水头陀。南直苏州府吴江(今属江苏)人,侨寓浙江嘉兴。少为诸生,家贫好客,负才佚荡,振奇好异,不屑与俗同。又雅好点染,以画名,"当月明之夜,往往兀坐树下,想象烟林,达晓不寐。故其运笔磅礴淋漓,仿佛有仙气"(徐崧《百城烟水》)。万历三十八年(1610)尝从吴门艺人张怀仙习昆曲,时登坛歌唱。诗尚崛奇,曾与陈尧德等结社倡和。万历四十四年,闻杜松、刘铤二将丧师,赋长谣千余言以诉杨镐。又以失意不平,仿屈平作《滔滔章》,雪夜身穿红布直裰,科头挽双髻,以一长铁钉簪之,于虎丘千人石上放歌。泰昌元年以发狂死,年三十四。《千顷堂书目》著录其《绿晓斋集》。传世有清抄本《绿晓斋外集》一卷、《杂文》一卷,首凤期子《绿晓斋外集引》:"卜野水有集刻于潘木公氏,外有一、二题咏杂采于单条尺幅间。已而得《卜庄合稿》,大约少时之作,为好事者所传写。中有不足存者,余任手选录,最后得《自选稿》,已矜重有不朽志。至《外集》则率意为之,刻于梅堰徐氏,取而合之,删其重者,题曰《外集》,数年搜索止此矣。"内首录诗六十九首、词三首;又有《良偶集序》,下收其咏古诗四十首;又骚赋十二篇、诗近二百首;《杂文》则收杂著墓铭等八篇。清初刊明末钱继章《人琴集》收其《石林西墅遗稿》一卷。清沈季友《槜李诗系》卷一八录其诗五首。《明诗综》卷七一录其诗四首。清王鲲等《盛湖诗萃》卷二录其诗十三首。《明诗纪事》庚签卷三〇录其诗三首。生平见《绿晓斋外集》所收卜舜年《自为墓志铭》及张志达《卜野水传》。

三　画

[一]

于孔兼（1538—1615）　字元时，号景素。南直镇江府金坛（今属江苏）人。万历八年（1580）进士，授九江府推官。入为礼部主事，迁郎中，十七年曾与陈泰合疏争"三王并封"。二十一年赵南星坐京察削籍，又上疏申救，语侵阁臣，谪安吉判官，遂投劾归。家居二十年，于邑西建志矩堂，筑八卦亭，偕士友讲肆其中，又时过锡山，与顾宪成东林书院讲席。其论学一本程朱，以"致知"为入门，"践履"为实地，诸新说与旧论相盭者，塞耳不欲闻。万历四十三年三月二十八卒，年七十八，天启间赠光禄寺少卿。《千顷堂书目》著录其《浮云山居集》□卷又《江州余草》四卷，现存万历三十一年刻《江州余草》四卷，无诗。万历三十五年刻《于景素先生愿学斋亿语》四卷续一卷，顾宪成、高攀龙序，内文二卷、语录一卷，诗一卷（收诗一百五十余首）。其诗亦多讲学语。又有万历四十年刻《于景素先生山居稿》八卷，文七卷、诗一卷（收诗一百二十余首），钱士宪、吴达可序。生平见过庭训《本朝分省人物考》卷二九、清陈鼎《东林列传》卷二一、《（乾隆）江南通志》卷一六三、《明史》卷二三一。

于若瀛（1552—1610）　字文若，号子步，晚号念东。山东兖州府济宁人，卫籍。生于嘉靖三十一年（1552）十一月二十七。万历十年（1582）举于乡，明年进士，以母病，乞归养，母亡守制。服除，授兵部车驾司主事，移武库司员外郎，进郎中。出为河南按察佥事，分巡磁州，擢南尚宝司少卿，以病乞归。家居六载，起旧职，旋迁南通政司参议，入为太仆寺少卿。三十八年以右佥都御史巡抚陕西，二月初六病卒于途中，年五十九，赠右副都御史，谥襄敏。有诗名，古体爽朗，不入当时流派。《千顷堂书目》著录其《弗告堂集》二十六卷，现存万历三十一年刊本,诗十九卷,文七卷,叶向高、郑汝璧、焦竑、谢陛序。《明诗综》卷五四录其诗九首,"诗话"云:"念东诗格未超,然不屑作软熟语。"《御选宋金元明四朝诗》录其诗八首。清宋弼《山左明诗钞》卷二五录其诗三十三首。《明诗纪事》庚签卷一四上录其诗十四首,按语云:"文若诗不入当时流派,矫健之篇,妙得古人气格。"生平见叶向高《念东于公墓志铭》(《苍霞续草》卷九)、《(雍正)山东通志》卷二八。

于承祖(生卒年不详) 字孟武。南直扬州府江都(今江苏扬州)人。诸生。好古,曾刻宋王黼《博古图录》,万历二十七年(1599)又刻《重修宣和博古图录》。三十一年入中秘为内阁中书,明年奉命西使关陕。喜吟咏,曾于乡开芙蓉社。现存万历间芙蓉社刊本《彀音集》一卷,收其入仕前所作诗体诗二百余首,有万历三十年武之望、黄一正序。黄序谓其"生长黄榜紫标之家……开芙蓉之社……期以盛唐为门户,汉魏为堂皇风雅"。又有万历三十二年刻诗集《长征吟》二卷,其自跋云:"癸卯秋(万历三十一年)幸直黄扉,甲辰(万历三十二年)春奉使紫塞,凡身之所历,意之所感,咸托于吟咏。"所收皆为其出使西秦时所作诗,计一百八十余

首。为之作序、跋之陆荣芳、吴域九等多自署"芙蓉社弟""社弟";又卷末附其友人黄一正、樊思礼等十人关行诗,多为秀才、山人。

于奕正(1594—1636) 初名继鲁,字司直。京师顺天府宛平(今属北京)人。诸生。性孝友,父殁,让财于兄弟,自居荒园读书。平生好古,崇祯五年(1632)编纂《天下金石志》十五卷,有崇祯刊本。又好游名山,每于霜清木老之时,策蹇而往,或攀枯藤坐危石,慨然赋诗,有超世之概。所交皆名士,尤与湖广谭元春、刘侗善,又曾入复社。与刘侗合撰《帝京景物略》八卷,记北京城内外山川风物,列目凡一百二十有九,撷求事迹排纂成文,篇末各系以诗。崇祯八年(1635)书成,后盛传。又两游金陵,谋与刘侗共撰《南京景物略》,崇祯九年书未成而卒于金陵客舍,年四十三。诗学明末幽深孤峭一派,《千顷堂书目》著录其诗集《朴草》,未见传。清陈允衡编顺治澄怀阁刊本《诗慰》二集选录其诗四十二首为《朴草选》,周损序。清王崇简《畿辅明诗》录其诗十六首。《明诗综》卷七六录其诗《太古洞》《经日罗城》二首,"诗话"云:"其诗南学于楚,然燕赵之风骨尚存。"《明诗纪事》辛签卷二五录其诗五首,按语云:"诗学'竟陵',清韵铿

然,盖彼法之铮铮者。"生平见《(雍正)畿辅通志》卷七九、《(光绪)顺天府志》卷九八。

于珉(1507—1562)　字子珍,号册川。山东兖州府东阿人,于慎行父。生于正德二年(1507)正月二十二。嘉靖七年(1528)举人,五上春官不第,二十年谒选,领许州知州,二十二年母丧守制东归。服阕,补陕西静宁知州,考满迁平凉府同知,再升庆阳府知府,三十一年辞官归。四十一年十月十七卒,年五十六。诗文著述有《册川先生集》六卷,万历二十六年(1598)于慎行刊本,残存卷四至卷六。《皇明诗统》卷三九录其诗八首。清宋弼《山左明诗钞》卷一五录其诗十七首。《明诗纪事》戊签卷一六录其诗一首,按语谓其诗"爽慨近工部"。生平见殷士儋《册川于公墓志铭》(《金舆山房稿》卷一〇)、朱赓《于册川先生传》(《朱文懿公文集》卷六)、《(道光)东阿县志》卷一四。

于谦(1398—1457)　字廷益,号节庵。浙江杭州府钱塘(今杭州)人。生于洪武三十一年(1398)四月二十七。永乐十八年(1420)领乡荐,明年联捷进士,宣德初授御史,出按江西,又从征汉王朱高炽。帝嘉其能,五年(1430)超迁兵部右侍郎,巡抚河南、山西,以政绩称。正统十三年(1448)召为兵部左侍郎,次年尚书邝埜从英宗北征,代理部事。土木之变,英宗被俘,谦力排南迁之议,决策守京师,与诸大臣奉郕王即位,以破也先之要挟,拜兵部尚书。瓦剌兵逼京师,谦分兵抗击,身自临战,以退敌功加封少保,总督军务。景泰八年(1457)正月,石亨、曹吉祥等迎接英宗复辟,唆使科道官诬奏谦谋反,正月二十三于崇文门外被杀,年六十,成化二年(1466)平反昭雪,赠太傅,谥肃愍,万历中,改谥忠肃。后人辑其诗文,屡屡传刻,故多异本。现存成化十二年(1476)其子冕刻《节庵存稿》不分卷;嘉靖六年(1527)大梁书院刊《于肃愍公集》八卷附录一卷,其中诗五卷;复有天启元年(1621)其孙昌裔刻《于忠肃公集》十二卷附录四卷。另有万历三十六年(1608)梁溪九松居士尊生斋刻《于肃愍公和梅花百咏七律诗》一卷,胡具庆题记谓其抚梁晋时,和周宪王所作。顾起纶《国雅》卷三录其诗十六首。《皇明诗统》卷一二录其诗十九首。《列朝诗集》乙集录其诗十三首。《明诗综》卷一八下录其诗十三首,"诗话"云:"其诗特多秀句……皆意态自然,不烦雕琢。"清沈德潜《明诗别裁集》录其诗二首。清施何牧《明诗去浮》卷一录其诗五首。《四库全书》收《于忠肃集》十三卷,前十卷《奏议》,以《北伐》《南征》《杂行》分,后诗、杂文各一卷,又附录一卷,《总目》"提要"云:"所载奏疏,明白洞达,切中事机,较史传首尾完整,尤足觇其经世之略。至其诗,风格遒上,兴象深远,虽志存开济,未尝于吟咏求工,而品格乃转出文士上,亦足见其才之无施不可矣。"《明诗纪事》乙签卷一一录其诗五首。清佟世南《东白堂词选》初集卷一三录其词《望海潮·钱塘观潮》一首。《明文海》录其文《祭虾蟆石》文一篇。生平见薛应旂《于肃愍公传》(《方山薛先生全集》卷二四)、耿定向《于肃愍公传》(《耿天台先生文集》卷一五)、《明史》卷一七〇。年谱有于继志《于忠肃公年谱》(清康熙刻《于忠肃公集》附刊)等。

于慎行(1545—1608) 字无可,更字无垢,又字可远,号谷山。山东兖州府东阿人。生于嘉靖二十四年(1545)九月二十九。嘉靖四十年(1561)举人,隆庆二年(1568)进士,选翰林院庶吉士,散馆授编修。万历间历修撰、侍讲、左谕德、侍读学士,升礼部侍郎,改吏部。万历十七年(1589)拜礼部尚书,十八年以累疏早立东宫,触帝怒,严旨诘责,时山东乡试泄题,慎行引咎辞朝。十九年归里,家居十余年,三十五年以廷推,诏加太子少保兼东阁大学士,入参机务。至京方十三日,十一月二十二(1608年1月9日)病卒,

年六十三,赠太子少保,谥文定。平生以笃实正直称。好学不倦,穷年矻矻,以读书为事。在馆阁以明典制、善文词名,与冯琦并称为万历时山东文学之冠。万历三十二年自刻《谷城山馆诗集》二十卷,末卷为赋,旋刻《文集》四十二卷。卒后,周时泰汇刻其著为《谷城山馆全集》六十二卷,有叶向高、陆树声、邢侗序,诸本皆传世。又有万历时于纬刻、清康熙重修《谷城山馆全集》四种九十四卷,内《诗集》二十卷、《文集》四十二卷、《谷山笔麈》十八卷、《读史漫录》十四卷。《千顷堂书目》另著录其《春曹奏议》《经筵讲章》及《兖州府志》五十二卷、《于氏家乘》二卷。论诗反对模拟,所作长于歌行。《皇明诗统》卷三九录其诗二十六首。《皇明诗选》录其诗五首。《列朝诗集》丁集录其诗九十四首,"小传"谓其于诗文"春容宏丽,一时推大手笔"。《明诗评选》录其诗五首。《明诗综》卷五一录其诗六首,"诗话"云:"东阿格律和平,当正声微茫之时,能为是调,即以诗高选,亦堪作相。"《四库全书》收其《谷城山馆诗集》二十卷,《总目》"提要"云:"慎行于李攀龙为乡人,而不沿历城之学……其诗典雅和平,自饶清韵,又不似'竟陵''公安'之学,务反前规,横开旁径。"清宋弼《山左明诗钞》卷二二录其诗五十九首。《明诗纪事》

庚签卷八录其诗十首，按语谓其论诗"洞达古今流变"。《明文海》录其文十篇，评语谓"其文博瞻经世，固是名家，时露方板处"；又谓其诗文"春容宏丽"。清陈元龙《御定历代赋汇》录其《经筵赋》一篇。生平见叶向高《文定于公墓志铭》(《国朝献征录》卷一七)、《明史》卷二一七。

于慎思(1531—1588)　字无妄，号航隐，又号庞眉生。山东兖州府东阿人。生于嘉靖十年(1531)十一月十二。诸生，自少独好古文辞，即勉为举子业，终不能工，故屡试不举。万历十五年(1587)入京师，居其弟慎行处，欲入太学，次年正月初六病卒，年五十八。卒后慎行为其作墓志，称其"善古歌行，尤好为《楚骚》。近体不纯于唐，亦不落宋，至傍人口吻，龋齿效颦，薄不为也"。《千顷堂书目》著录《于仲子集》十六卷，现存万历二十七年慎行刻《庞眉生集》十六卷，内卷一骚类七篇，卷二赋类六篇，卷三至卷四收古体诗五十四首，卷五至卷七收近体诗二百五十首，卷八至卷一五收各体杂文，卷一六附"宋体乐府"(词)二十首、"元体乐府"(曲)十八首，有慎行序。《四库全书总目》著录其集，"提要"云："庞眉生诗文，皆有纵横捭阖之气，而颇涉粗豪。"清初王士禛称其"才情过文定(于慎行)，尤工古赋"(《渔洋诗话》)。《皇明诗统》

卷三九录其诗四首。清宋弼《山左明诗钞》卷二〇录其诗十二首。《明诗纪事》庚签卷八录其诗三首。生平见于慎行《亡兄航隐先生墓志铭》(《谷城山馆文集》卷二四)、(道光)东阿县志》卷一四。

万士和(1516—1586)　字思节，号履庵。南直常州府宜兴(今属江苏)人。嘉靖十九年(1540)举人，明年进士，授礼部仪制司主事。父丧守制，服除，补祠祭司主事，改南兵部。历员外、郎中，出为江西按察金事。历贵州提学副使、湖广参政，又历江西、山东按察使及广东布政使，迁应天府尹，未赴，进右都御史督南京粮储。再迁户部侍郎，总督仓场，改礼部，再改南礼部，召拜礼部尚书，以忤张居正，谢病去。居正殁，起南礼部尚书，不赴，卒于万历十四年(1586)十一月二十，年七十一，赠太子少保，谥文恭。学出唐顺之之门，曾仿其师选唐宋以来七言律绝，编《二妙集》十二卷。《千顷堂书目》著录其《履庵文集》十二卷。现存万历二十年(1592)其子万春刊《万文恭公摘集》十二卷，内卷一至卷三收诗近六百首、词十首，卷四至卷一〇收各体文一百八十余篇，卷一一、卷一二收奏疏四十余篇。首有姜宝序，集后有王升《万文恭公集后语》，谓是集为士和"手自雠阅，盖去者半，留者半"。《盛明百家诗》录其诗三十余首为《万履庵集》一卷，又录十余首为《续万履庵集》一卷。顾起纶《国雅》卷一四录其诗五首。《皇明诗统》卷三二录其诗七首。《明诗综》卷四三录其诗二首，"诗话"谓其"督学贵阳以后，诗另入一格……观其黔南诸作，颇有似柳柳州者"。《四库全书总目》著录《履庵集》，"提要"谓其诗文"过任自然，罕铸词之功"。《明诗纪事》戊签卷二一录其诗四首。近人赵尊岳《明词汇刊》据《万文恭公摘集》辑录其词为《履庵诗余》。《明文海》录其文十篇，评语谓"其文长江大河，盖学于荆川（唐顺之），而上溯阳明（王守仁），故笔气似之。"生平见徐显卿《履庵万公行状》（《天远楼集》卷一九）、王锡爵《万文恭公墓志铭》（《王文肃公文草》卷八）、叶夔《毗陵人品记》卷九、《明史》卷二二〇。

万元吉（1603—1646）　字吉人，又字慎余。江西南昌府南昌人。天启四年（1624）举人，明年进士，除潮州府推官，改归德。崇祯四年（1631）大计，谪永州检校，以荐迁大理右评事、军前监纪，丁忧归。十六年起南吏部主事，进郎中，出知扬州府。福王立于南京，擢太仆少卿，监军江北。唐王时，擢兵部右侍郎总督江西、湖广诸军，加兵部尚书。丙戌（1646）清兵围赣州，坚守近半年，城破投水死，年四十四。桂王时，赠太师、上柱国、建极殿大学士兼吏部尚书，追封进贤伯，谥文烈。著述现存崇祯十七年（1644）刻《墨山草堂初集》十卷，首舒日敬序，文七卷、诗二卷，卷一〇收所作判词、文告等。陈济生《天启崇祯两朝遗诗》卷六录其诗十六首。《明诗综》卷七四录其诗一首。清应麟《江右古文选》卷三〇录其文一篇。《江西诗征》卷六二录其诗二首。《明诗纪事》辛签卷六上录其诗二首。生平见清屈大均《皇明四朝成仁录》卷九、《（雍正）江西通志》卷七〇、《明史》卷二七八。

万日吉（？—1653）　字允康。湖广黄州府黄冈（今属湖北）人。崇祯九年（1636）举人，十三年进士，除昆山知县，投劾去。明社亡，与金声等起兵抗清，南明弘光朝任其为金事，事败，遍走江左以谋起事。清顺治十年（1653）曾至宁波，与高斗枢等游，又之金陵，时杨昆被捕，牵连七十余人，日吉亦被执死难。《千顷堂书目》著录其《东有堂诗》四卷又《戒心诗》一卷，未见传。高宇泰《雪交亭正气录》卷一二录其诗五首。陈济生《天启崇祯两朝遗诗》卷七录其诗二十三首。清初全祖望得其《戒心诗》稿，于《续甬上耆旧诗》卷三二"诸寓公诗"录其诗三十一首。《明诗综》卷七五录其诗五首，称其"五律虽不能尽脱钟谭之习，亦夭矫可爱"。《御选宋金元明四朝诗》录其诗四首。清廖元度《楚风补》卷三四录其诗七首。清高士熙《湖北诗录》录其诗一首。《明诗纪事》辛签卷二一录其诗六首。生平见《(乾隆)鄞县志》卷一八、清末丁宿章《湖北诗征传略》卷一五。

万世德(1536—1603)　字伯修,号丘泽,晚号震泽。山西太原府偏头关千户所(今偏关)人。隆庆四年(1570)中举,五年进士,初授南阳知县。历元城、宝坻,进兵部主事,迁员外郎。以知兵、善骑射名,擢陕西按察司佥事,备兵西宁,因副将兵败罢官,回籍听勘。起为赵州知府,迁山东佥事,备兵辽左,进为副使,备兵怀隆。万历二十五年(1597)日本入侵朝鲜,以其为都察院佥都御史,巡抚天津、登莱、旅顺等地,次年改其经理朝鲜事务,率军挺进釜山,胜日军,晋都察院右副都御史,与李骢勋率三千兵驻戍朝鲜两年。二十八年班师回国,以右副都御史兼兵部右侍郎总督蓟辽,三十一年以疾殁于任,年六十八,赠太子太保、兵部尚书。《四库全书总目》著录其《海防奏议》四卷。现存万历二十一年丁此吕越中刊本《拟塞下曲》一卷、附录一卷,录其边塞之作七十四首,附录《土木驿回銮曲》四首、《送邓中丞开府云中》、《入塞曲》十首,卷首有屠隆、朱多煃序。又有万历刊本《湟中牍》七卷、《家食稿》一卷。

生平见《(雍正)山西通志》卷一二一、《(道光)偏关志》"名宦"卷下。

万节(1392—1455)　字资中。江西吉安府安福人。永乐十九年(1421)进士,除荣昌知县。入为御史,后擢广西按察副使。卒于景泰六年(1455),年六十四。《千顷堂书目》著录其《雪坡集》。现存清光绪三年(1877)重刊本《雪坡文集》十二卷《雪坡独行诗集》八卷《雪坡醉吟诗集》九卷及附刻一卷,有欧阳旦及清人潘子玙序。《雪坡文集》收其表奏五篇、序记等文一百五十余篇;《雪坡独行诗集》收其古近体诗六百余首;《雪坡醉吟诗集》亦收其古近体诗六百余首,附刻再收古近体诗四十五首。《皇明风雅》卷二八录其诗一首。《皇明诗统》卷一一录其诗十一首。《明诗综》卷一八下录其诗一首。清汪森《粤西诗载》录其诗一首、《粤西文载》录其文一篇。《江西诗征》卷四九录其诗五首。《明诗纪事》乙签卷一一录其诗一首。生平见明李时勉《送刘、万二进士序》(《古廉文集》卷五)、《(嘉靖)江西通志》卷二九、《(光绪)江西通志》卷一四七。

万发祥(?—1646)　名养正,字发祥,以字行。江西临江府新喻(今新余)人。崇祯十二年(1639)举人,十六年进士,选翰林院庶吉士,授翰林编修,兼兵科给事中。李自成入北京被执,大顺军退,得间归,寓居吉安，赋《哀哀吟》以见志。唐王立，授编修兼兵科给事中。清顺治三年（1646）清兵下赣州，与杨廷麟、万元吉等同死。《江西诗征》卷六三录其诗十四首。清黄子晋《渝水诗观》卷二二录其诗九十七首、卷三〇录其词三首。《明诗纪事》辛签卷八下录其诗一首。生平见《（雍正）江西通志》卷七四、《（同治）临江府志》卷二六。

万邦孚(生卒年不详)　字汝永，号瑞岩。浙江宁波府鄞县（今宁波）人。广东海防参将万达甫之子、都督佥事万表孙。少为诸生，袭指挥使，迁山东都司佥书，入卫京师，后累迁至左军都督府佥事、福建总兵官。天启末，引疾归，卒于家。曾增刻其祖《灼艾集》《玩鹿亭稿》及其父《皆非集》。袭祖、父遗风，以将家子而好吟咏。《千顷堂书目》著录其《一枝轩稿》。现存《一枝轩吟草》一卷，诗五十余首，附于其父《皆非集》（有清万世标刊本）后。清胡文学《甬上耆旧诗》卷二六录其诗三首。生平见清黄宗羲《万公墓表》（《南雷文定》卷五）、《（雍正）浙江通志》卷一七二。

万达甫(1532—1603)　字仲章，号纯初。浙江宁波府鄞县（今宁波）人，都督佥事表之子。生于嘉靖十年十二月二十二（1532年1月28日）。少为诸生，再试不售。因弃

去，袭世职为指挥佥事，晋浙西运总，以诖误罢。岩居五载，再起备倭，官至广东海防参将。卒于万历三十一年（1603）九月二十二，年七十三。表虽将家子，而笃好词翰，达甫承其渊源，亦善吟咏。《千顷堂书目》著录其《皆非集》二卷，现存清万世标刊本，卷上收诗一百十余首，卷下收诗九十余首，卷首有其行状、墓铭、传记。卷首其表弟屠本畯万历四十五年（1617）序，谓其"情多雅正，故其诗不诡不颇。"集后附其子万邦孚《一枝轩吟草》一卷。存世另有《皆非集》一卷、《法藏碎金》一卷之稿本。清胡文学《甬上耆旧诗》卷二八录其诗十三首。生平见李志《（万公）行状》、陈鸣华《纯初万公暨黄夫人墓志铭》、《万纯初传》（《皆非集》卷首）。

万廷言(生卒年不详)　字以忠，号思默。江西南昌府南昌人，万虞恺长子。嘉靖三十四年（1555）举人，四十一年进士，授礼部主事，历员外郎、郎中，出为湖广佥事，迁四川参议、提学副使，辞官归。师事罗洪先。罢官归家后，杜门三十年，以修学明道为务，曾预南昌正学书院讲会。尝言"心者，人之神明，所以为天地万物万事之主"，故其学以收放心为主，"静摄、默识自心"，"每少有驰散，便摄归正念，不令远去"，"存久自明，何待穷索"

（《明儒学案》卷二一）。著有《易学》《易说》《经世要略》《学易斋集》等。现存万历刊诗文别集《学易斋集》十六卷，有杜斋沐、邓元锡等序。是集文十卷，内书三卷、序二卷、记一卷、《大学私记》一卷、杂著一卷、祭文一卷；诗五卷，收五七古近体诗二百四十余首；后附《易原》四卷《易说》二卷。《千顷堂书目》另著录其《经世要略》二十卷。《明文海》录其文十一篇。生平见清黄宗羲《明儒学案》卷二一、《（同治）南昌府志》卷四三、《（光绪）江西通志》卷一三七。

万衣（1518—1598）　榜姓罗。字章甫，号浅源。江西九江府德化（今九江）人。生于正德十三年（1518）五月二十六。嘉靖十九年（1540）举于乡，明年进士，初授南刑部主事。父殁，守制归，服阕，补北刑部主事。历员外、郎中，出为云南副使，历福建、湖广参政，迁福建按察使，进湖广右布政使，以河南左布政使致仕。卒于万历二十六年（1598）四月十三，年八十一。《千顷堂书目》著录其《草禺子集》，现存万历四十五年刊本《草禺子集》八卷，有万历二十五年自序；又清乾隆二十二年（1757）万氏听瀑轩重刊本改题《万子迁谈》，有其八世孙万相宾附记。是集首内编一卷，通论天地造化之理及古今人事之变；又诸经札记二卷，一卷专

解五经之义，一卷专论律吕；卷四为外编，杂论兵制、屯盐等事；又文三卷，收其所作议、移文、疏、贺表及记、传、序、家训、碑记等；卷七为诗，收诸体诗二百一十余首；末卷收书启三十余篇。《四库全书总目》著录《万子迁谈》，"提要"谓其诗文"皆不过直抒胸臆，不复计其工拙矣"。《明诗综》卷四三、《江西诗征》卷五七、《明诗纪事》戊签卷二一均录其诗一首。清胡大鸿《江右文抄》录其文九篇。生平见李维桢《万浅源先生墓志铭》（《大泌山房集》卷七九）、《（雍正）江西通志》卷九二。

万时华（1590—1639）　字茂先。江西南昌府南昌人。诸生，久负文名，不得一第。与同乡陈弘绪友善。李长庚任江西布政使时，集能文者为"豫章社"于南昌，时华被召入社，与徐世溥等齐名。崇祯十二年（1639）诏举堪守令者，应征北上，抵邳江病卒，年五十。《四库全书总目》著录其《诗经偶笺》十三卷，现存崇祯六年李泰刊本。《千顷堂书目》著录其"《溉园》《东湖》二集"。现存明末刊本《溉园初集》二卷《溉园二集》三卷，收其序、记、传、志等文一百三十余篇。诗集未见传，清陈允衡编顺治澄怀阁刊本《诗慰》初集选其诗二百五十五首为《溉园集选》一卷，附陈弘绪、谭元春、舒曰敬原序。陈济生《启祯遗诗》卷八录其

诗十首。《明诗综》卷七七录其诗五首。《明诗纪事》辛签卷二四录其诗十三首，按语记云："集中七律清婉浏亮，尤为独绝。"近人赵尊岳《明词汇刊》录其词十一首为《溉园诗余》。《明文海》录其文二篇。清应麟《江右古文选》卷二七录其文二篇。生平见《(雍正)江西通志》卷七〇、《(同治)南昌府志》卷四三。

万表（1498—1556）　字民望，号鹿园居士、九沙山人。祖籍凤阳，其先隶宁波卫，表弘治十一年（1498）八月二十二生于卫所，故以寓籍为浙江宁波府鄞县（今宁波）人。十七岁袭父职为宁波卫指挥佥事，正德十四年（1519）武举第一，次年中武进士，授浙江把总，十六年升都指挥佥事兼督漕运。嘉靖四年（1525）晋浙江都指挥使，后历任漕运参将、广东副总兵、左军都督、漕运总兵、南京中军都督府佥事。二十五年因病乞休归里，三十二年应布政使请，散家财，领兵击退侵犯海盐、太仓、嘉兴之海匪，次年复任南京都督府佥事，数击倭寇，俱告捷。三十四年授浙直海防总兵，以病剧辞归，三十五年正月二十六卒，年五十九，葬丁杭州。表家世武职而才兼文事，通经史。嘉靖中，王畿、罗洪先、唐顺之以理学名于时，表与之颉颃，倡阳明之学于浙中，为武臣中罕见。又能诗文，喜编书。《千顷堂书目》著录其《玩鹿亭稿》八卷，卒后其子万达甫辑刊，有嘉靖及万历时刊本，首诗二卷收诗三百四十余首，而后文、柬、杂著、奏议、文移各一卷，末卷为《道经赘言》，又附赠答诗启及行状墓志等。又所著《海寇议》二卷有嘉靖刻《金声玉振》本。曾抄撮六朝以来笔记杂著七十余种为《灼艾集》八卷，存嘉靖二十八年原刊本，万历二十九年（1601）其孙万邦孚刊本又增《新集》二卷。所编《皇明经世文录》四十一卷有嘉靖许氏刊本。《盛明百家诗》录其诗六十余首为《万总戎集》。顾起纶《国雅》卷一〇、《皇明诗统》卷三〇录其诗十四首。《四明风雅》卷四录其诗十九首。《列朝诗集》丁集录其诗四首。清胡文学《甬上耆旧诗》卷一一录其诗十首。《明诗综》卷四九录其诗六首。《四库全书总目》著录《玩鹿亭稿》，"提要"云："万氏世以勋绩显，表独才兼文武，每与唐顺之等讲学。御倭亦有功绩，号为儒将。然其诗文气格稍弱，故终不能与一时文士角逐词坛。"《明诗纪事》己签卷一八录其诗二首。生平见王畿《万公行状》（《龙溪王先生全集》卷二〇）、《鹿原万公墓志铭》（《焦氏澹园集》卷二八）、清黄宗羲《明儒学案》卷一五。

万国钦（生卒年不详）　字二愚。江西南昌府新建（今南昌）人。隆庆六年（1572）中举，万历十一年（1583）进士，授婺源知县。征为御史，言事慷慨，不避权贵，十八年曾劾尚书杨巍、董份等，又以抗疏劾首辅申时行，谪剑州判官。后累官至南京刑部郎中。卒后其侄万尚烈刻其著述为《万二愚先生遗集》六卷，卷一奏疏六、卷二记八、卷三序十二、卷四行状五、卷五杂著三、卷六诗九十余首，有万历三十七年杨春茂《万二愚先生遗集序》，现存清补刊本。所著另有万历刻本《五伦图说》五卷。明末陈氏石云居刻本《国朝大家制义》四十二卷有《万二愚稿》一卷。另《千顷堂书目》著录其《剑州志》。生平见《明史》卷二三〇、《（同治）南昌府志》卷四一、《（光绪）江西通志》卷一三七。

万泰（1598—1657） 字履安，又作履庵，晚号悔庵。浙江宁波府鄞县（今宁波）人，万达甫孙。生于万历二十六年（1598）二月十三。崇祯九年（1636）举人。从学于刘宗周，后入复社，与余姚黄宗羲、无锡顾杲等聚讲于南京，以激扬名节自任，署名《留都防乱揭》，以逐阮大铖。南明时任户部主事，明亡，以遗民自居，避至榆林，衣道士服，后归鄞。清兵下浙，写诗记事，以砺气节。梁以樟来访，约同道者六七人与之倡和，皆怀故国凄楚之音。救援抗清义士尤力，高斗枢、李桐等羁

于狱，均赖其尽力救出。清顺治十四年（1657）十月初六，客死于彭泽舟中，年六十。生八子，皆受业于黄宗羲，称高座弟子，后其子万斯大、万斯同皆有名于清初。平生好史能诗，开清初浙东文学风气。《千顷堂书目》著录其《寒松斋集》又《续骚堂集》，现存清初刻《明州八家选诗》本《续骚堂集》一卷，收诗三百余首。又有清光绪十年（1884）刻《续骚堂集》。清全祖望《续甬上耆旧诗》卷二二录其诗三百八十九首。《明诗综》卷六八录其诗四首，"诗话"谓其诗"多清商变徵之音，《羊城》《旅怀》等作，见者十手传钞"。清沈德潜《明诗别裁集》录其诗一首。清卓尔堪《明遗民诗》录其诗一首。《四明文征》卷九录其序文一篇。生平见清黄宗羲《万悔庵先生墓志铭》《《南雷文定》卷六)。

万恭（1515—1592） 字肃卿，号两溪。江西南昌府新建（今南昌）人。生于正德十年（1515）八月二十三。嘉靖十九年（1540）领乡荐，二十三年进士，授南吏部主事，历考功郎中，迁光禄少卿，改大理少卿。四十二年，边寇逼通州，以兵部左侍郎兼金都御史巡抚山西，甫至，寇犯龙须墩，恭伏兵击却之。滨河州县患寇东掠，恭乃筑边墙四十里，凿冰以防，且教民耕种及用水车法，民大利之。浃岁，以内艰归，

隆庆四年(1570)河决邳州,运道大阻,已遣尚书朱衡经理,六年复起万恭以故官总理河道,恭与衡筑长堤,而高、宝诸河夏秋泛滥,岁议增堤而水益涨,恭因缘堤建平水闸二十余,以时泄蓄,又令浚湖,不复增堤,河遂无患。万历二年(1574)御史劾恭不职,因罢归。十九年十一月二十一(1592年1月5日)卒,年七十七。平生强毅敏达,一时称能臣,治水三年,尤有成效。所著《治水筌蹄》二卷(有明刊本)与刘天和《问水集》、潘季驯《河防一览》并为有明一代治理河运之名著,多为后世《行水金鉴》《居济一得》等所取资。著文多涉经济实务。《千顷堂书目》著录其《洞阳子集》十八卷,为其诗文别集,自万历元年即编纂,现存万历刊本,有于慎行叙。后又陆续刻《续集》七卷《再续集》六卷《三续集》一卷,有文无诗。又有尺牍《洞阳子笺》四卷及《家乘》二卷。《明文海》录其文《钱谷议》《创建坎河石滩记》等七篇。清曾燠辑《江西诗征》卷五七录其诗二首。清胡大鸿《江右文抄》录其文九篇。生平见邓以赞《万公墓志铭》(《邓定宇先生文集》卷四)、《明史》卷二二三。

万惟檀(生卒年不详) 字子馨。山东兖州府曹县人。崇祯间由恩贡授曲阳县令。以"俵马"缺额,降松江府幕,复为湖广保康知县,抵任三月,李自成军陷城,不屈死,一门死节凡十六人。喜词。嘉靖间张綖曾取宋人歌词,择声调合节者一百一十首汇而谱之,各图其平仄于前,而缀词于后,编为《诗余图谱》六卷,后有万历二十七年(1599)谢天瑞补遗本。惟檀取谱重为厘订,各填己作一首,以为示范,词共一百四十八首,其识语自云"但求其律之合,不厌其词之俚媟"。近人赵尊岳《明词汇刊》据崇祯刊本重刊,《图谱》前原有张慎言崇祯十年(1637)序亦附刊于前。跋语则谓其"词非专诣,韵律尤多舛谬,独以订谱,亦复不思之甚。惟所作亦有疏秀处,而大节凛然,更不可没"。清抄本《曹县万氏诗文集六种》有其《乐园遗稿》一卷。生平见《(雍正)山东通志》卷二八之三。

万道光(生卒年不详) 字日章,号景山,又号苍琅子。江西抚州府临川(今抚州)人。诸生,万历间应乡试不举,遂索居于交翠亭,有所得则命笔为诗文。与徐奋鹏交厚,论学亦相近。著述现存清乾隆四年(1739)志学轩重刊本《交翠馆集》十卷,内诗赋五卷,收赋五篇、古近体诗一百六十六首、词十二首,文五卷收其所作《五经约言》《四书全旨》等诸论学之文及序、记文。其卷首有万历三十九年(1611)徐奋鹏《交翠亭诗赋序》、万历四十三年汤显祖评语、万历四十四年万道光《交翠馆自叙》。《四库全书总目》著录《交翠馆集》十卷,"提要"云:"是集诗文皆未入格。其学以金溪为宗,说经诸篇皆疏于考证。"

万虞恺(1505—1588)　字懋卿,号枫潭。江西南昌府南昌人。生于弘治十八年(1505)三月十三。嘉靖十年(1531)举人,十七年进士,除无锡知县。征授南兵科给事中,累迁至山东参议。历福建副使、贵州参政、湖广按察副使,迁福建右布政使,丁忧归。服阕补山东,寻改山西,擢南都察院右佥都御史,提督操江,进右副都御史,总督粮储。寻以南刑部右侍郎改北,致仕归。卒于万历十六年(1588)六月十七,年八十四。敦行谊,不务名,人称长者。著述现存嘉靖四十年刊本《枫潭集钞》,内《诗钞》《文钞》各二卷,谢东山、徐良傅、吴维岳、顾起纶序。《诗钞》不分体,上下两卷共收诗一百四十余首、词一首;《文钞》收奏疏及各体文二十篇。顾起纶《国雅》卷一三、《皇明诗统》卷三一均录其诗十六首。《明诗综》卷四二录其诗二首。清汪森《粤西诗载》卷一八录其诗一首。《江西诗征》卷五七录其诗四首。《明诗纪事》戊签卷二○录其诗一首。生平见邓以赞《万公行状》(《邓定宇先生文集》卷四)、王锡爵《万公墓志铭》(《国朝献徵录》卷四

六)、《(雍正)江西通志》卷六九。

[一]

卫承芳(生卒年不详)　字君大,叔杜,号淇园居士。四川夔州府达州人。隆庆元年(1567)举人,明年进士,万历十年(1582)累迁至温州知府,进浙江按察司副使,谢病归。以荐起山东参政,历南京鸿胪寺卿,转南京光禄寺卿,擢右副都御史,巡抚江西。入为南京兵部右侍郎,就拜户部尚书,卒赠太子太保,谥清敏。有清名于东南,能诗,曾与名士张凤翼等倡和。《千顷堂书目》著录其《漫衍集》十卷,现存万历刊本《漫衍集》十卷。内序一卷,志、碣、表、状等一卷,祭文一卷,记、启二卷,赤牍五卷。所见有卷首二卷,收其辞赋三篇、诸体诗一百三十余首,李维桢《大泌山房集》卷二○有《(卫承芳)淇园诗草序》,此二卷或即《淇园诗草》。生平见《(雍正)四川通志》卷九上、《明史》卷二二一。

习嘉言(1388—1453)　名经,字嘉言,以字行,号寅清居士,晚号寻乐翁。江西临江府新喻(今新余)人。生于洪武二十一年(1388)五月十四。永乐十五年(1417)乡试解元,明年进士,选翰林院庶吉士,以试《黄鹦鹉赋》称旨,授编修。宣德元年(1426)与修成祖、仁宗《实录》,任经筵讲官,升侍讲。正统十四年

(1449)擢太常寺少卿,景泰四年(1453)三月迁詹事府詹事,九月初七卒于官,年六十六。《千顷堂书目》著录其《使西稿》又《寻乐稿》。现存成化间黄仲昭校刊本《寻乐习先生文集》二十卷,刘俨序,为嘉言卒后其子兴化府同知习襄辑其诗文而成。内诗八卷,收诗四百六十余首;文十二卷,收赋七篇、诸体文百余篇。《四库全书总目》著录《寻乐文集》二十卷即此本,"提要"云:"其文结构颇有法,而意境太狭,往往失于枯寂,未可云似澹而腴。诗则七言长句清婉颇似东阳,而他体未能悉称也。"《江西诗征》卷四九录其诗十六首。清黄子晋《渝水诗观》卷一六录其诗一百零七首、卷三〇录其词一首。《明诗纪事》乙签卷一一录其诗一首。《明文海》录其文二篇。生平见陈循《习君墓志铭》(《芳洲文集》卷九)、萧镃《习詹事嘉言传》(《国朝献征录》卷一八)、《(雍正)江西通志》卷七四。

马一龙(1499—1571)　字负图,号孟河,别号玉华子。南直应天府溧阳(今属江苏)人。生于弘治十二年(1499)五月初三。为诸生时,其父马性鲁谪云南寻甸军民府知府,以苗民反叛系狱,囚走京帅伏阙上书,父狱因得解。嘉靖七年(1528)中顺天乡试第一,屡上春官不第,二十六年(1547)中进士,选翰林院庶吉士,以母春秋高,疏乞终养,又以母亡守制。服阕,补国史检讨,擢南国子监少司业,摄司业,乞休。隆庆五年(1571)七月二十一卒于家,年七十三。曾率民夫力行垦田,著《农说》一卷,以为"农为治本,食乃民天",主张力田要"深于农理","上农者,智、力并至",后为《四库全书》所收。性豪侈,能草书,作字悬腕运肘,落管如飞,顷刻满幅,字甚怪奇。亦能诗文,《千顷堂书目》著录其诗文别集《玉华子游艺集》十九卷。现存初刊本《玉华子游艺集》八卷,内《髫年溪上稿》二卷、《弱冠湖上稿》二卷、《读书湖上稿》三卷、《读书江上稿》一卷。又有万历三十二年(1604)其子马震伯等刻二十六卷本,前八卷同刊,新增《读书江上稿》三卷、《读书山中稿》二卷、《秘书馆中稿》四卷、《翰林院中稿》二卷、《林下稿》五卷,各卷诗文杂收,有曾同亨序。顾起纶《国雅》卷一三录其诗七首。《皇明诗统》卷二九录其诗十首,"小传"谓其"诗亦豪隽,大有时誉"。《明诗综》卷四八录其诗二首。《金陵诗征》卷三八"寓贤"录其诗一首。《明诗纪事》己签卷九亦录其诗一首。《明文海》录其文九篇。生平见李春芳《孟河马公一龙墓志》(《国朝献征录》卷七四)、何乔远《名山藏》卷一〇一。

马三才(1516—1582)　字思参,

号松里。浙江杭州府仁和(今杭州)人。嘉靖二十二年(1543)举人,二十六年进士,选翰林院庶吉士,二十八年授监察御史,出按山东,又巡抚正定。三十三年督学京畿,三十七年升太仆寺少卿,三十八年丁母忧归里,遂不复出。三才为华亭徐阶门生,又与礼部尚书兼文渊阁大学士高仪为儿女亲家,为当时杭州著名缙绅,家居优游别业,数与山人沈仕、李奎及致仕官员高冕、沈淮、赵应元等于湖山间结社,分曹赋诗。卒于万历八年(1580)十月十四,年六十五。后二年,茅坤为其作《墓表》,谓其为诗“多萧瑟飘宕之音,其调之工与否不暇计,而其泠然自适处,则万物所不能訾者”。著有《自由堂稿》《玉芝楼集》《三巡奏议》《鹦栖杂录》《诗纪》《经史辨疑》《春游集》《秋社稿》《松里集》等。现存明刊本《自由堂稿存》十一卷,以纪年分卷,首卷收嘉靖四十四年、四十五年诗,以下至万历五年(1577),年各一卷,中缺隆庆元年(1567),计收诗九百余首。《皇明诗统》卷二五录其诗五首。生平见茅坤《明高处士松里马先生墓表》(《茅鹿门先生文集》卷二五)、《(1922)杭州府志》卷一三四。

马之骏(1588—1625) 字仲良、九奎。河南南阳府新野人。万历三十七年(1609)举人,明年与其兄马之骐同举进士,授户部主事,榷浒墅关。历员外、郎中,降广德州同知,移应天通判,改顺天。后复任户部主事,迁员外郎,天启五年(1625)卒于官,年三十八。兄弟俱有才名,而之骏尤为秀发,诗文皆富才情。《千顷堂书目》著录其《妙远堂全集》十二卷。现存万历末刻《妙远堂诗集》十四卷,有四十七年李若讷序。又存天启七年其兄所辑刊《妙远堂全集》四十卷,以《千字文》前四十字为序,诗十四卷,文二十六卷,集前所刻订阅者有钱谦益、张凤翼、阮大铖、杨嗣昌、沈德符、谭元春、汪逸等四十人。又有之骏孙婿彭始抟于清康熙四十八年(1709)编选刊刻之《妙远堂诗钞》五卷,于雍正九年(1731)由彭氏作为“南阳三家诗”之一校订重刻,现存近人重刻本。《列朝诗集》丁集录其诗十八首,“小传”谓其“与钟伯敬(钟惺)同时称诗”,“仲良持论,欲极其才情之所之,恣其意匠之所经营,情景笔墨之所称惬,远救铺陈叫嚣之病,近离凄清寒苦之习,不屑寄伯敬篱下。伯敬以其非同调也,亦推而远之……其最契合者,吴门王留、新安汪逸,相与驰骋角逐,往而不返。以故时调狃出,学古不纯,风格时患乎芜累,波澜未见其老成。天不假年,未见其止,良可惜也”。《明诗综》卷六五录其诗三首,“诗话”云:“仲良才颇纵横,微嫌圭黍未合。"《四库全书总目》著录其集,"提要"云:"万历季年,文体渐变,竟陵钟惺、谭元春倡尖新幽冷之派,以《诗归》一编,易天下之耳目。之骏与钟惺为同年,亦与王穉登之子留造作新声,务以鲜警秀异相倡和,均别派也。钟、谭之名最盛,后来受诟亦至深。之骏与留名不甚盛,故所作亦如花香草媚,不久自萎,谈艺者遂不复抨击。"《明诗纪事》庚签卷二二录其诗二首。生平见《(乾隆)新野县志》卷五。

马元调(1576—1645) 字巽甫,号简堂居士。南直松江府上海人,侨居苏州府嘉定南城。诸生,学于娄坚。乙酉(1645)清兵下江南,与侯峒曾、黄淳耀等同守嘉定,城破殉难死,年七十。喜刻书,曾刻《元氏长庆集》《白氏长庆集》、沈括《梦溪笔谈》、洪迈《容斋五笔》等。亦能著述,《千顷堂书目》著录其《易说》六卷、《诗说》十卷及《横山游记》。《横山游记》现存清丁氏八千卷楼抄本。诗文现存两种清抄本《简堂集》,一不分卷,一分十二卷,收其所作檄、引、说、疏、表、勘语、参辞、揭、呈、题词、小引、跋、驳、书后、古诗、寿文、祭文、告文、神道碑、墓表、行状、墓铭等,计各体文 百二十余篇、诗十首。《明诗综》卷七三录其诗一首。清王辅铭《明练音续集》卷六录其诗三首。生平见清吴山嘉《复社姓氏传略》卷三、《(1918)上海县续志》卷二六。

马中锡(1446—1512) 字天禄,号东田。京师河间府故城(今属河北)人。成化十年(1474)顺天乡试第一,明年联捷进士,授刑科给事中。遇事敢言,两劾万贵妃之弟,皆受杖,濒死不悔。升云南按察佥事,以忧不赴,服阕,除陕西佥事,督粮延绥,改本司提学。弘治五年(1492)入为大理寺右少卿,进之,九年擢右副都御史巡抚宣府,引疾归。家居七年,十八年起抚辽东,正德元年(1506)召拜兵部右侍郎。以劾刘瑾党中冒功传升者,为瑾矫诏,改南工部左侍郎,寻勒致仕,又械系辽东,尽鬻田庐,乃得褫为民。五年瑾诛,起巡抚大同,迁右都御史,进左都御史,进剿刘六、刘七,以诸将怯弱,改用诱降,计无成,言者劾其从贼,下诏狱,凡八阅月,感疾卒,时正德七年五月初二,年六十七。卒后御史卢雍疏其冤,诏复原官。嘉靖十七年(1538)开州知府文三畏刻其诗文为《马东田漫稿》六卷,诗三卷文三卷,孙绪等序。又二十一年刊本题《马东田文集》六卷附录一卷。清康熙四十六年(1707)其乡人贾棠编刻《马东田、孙沙溪(孙绪)两公遗集合编》,内《东田集》十五卷,文五卷,收章疏十八、书简十六,其余诸体文八十余篇,诗十卷,收诸体诗六百八十余首。于诗文有隽才，孙绪为其集作序云："东田诗悯时痛俗，以极于体物尽性而要诸变，雄浑深沉，无急蹙狭小之病。间于闺情幽思、旅怀宫怨以自况，而闲情逸兴，时得之讽诵之外。"《皇明诗统》卷一六录其诗五首。《列朝诗集》丙集录其诗五首。《明诗综》卷二五录其诗三首。清沈德潜《明诗别裁集》录其诗二首。《御选宋金元明四朝诗》录其诗三十余首。《四库全书总目》著录《东田漫稿》六卷、别本《东田集》十五卷，"提要"谓"中锡诗格实出入《剑南集》中，精神魄力尚不能逮梦阳（李梦阳）也"。清王崇简《畿辅明诗》录其诗二十三首。《明诗纪事》丙签卷三录其诗三十六首，按语云："《东田集》句律浑成，有明珠走盘、弹丸脱手之妙。是时茶陵（李东阳）执盟诗坛，东田别派孤行，可谓特立之士。"其文亦疏朗可读，《明文海》录其文四篇。集中所收《中山狼传》为有明一代文言小说之佳制，或谓原出唐人，无据。生平见孙绪《东田先生马公行状》（《沙溪集》卷六）、靳贵《马公中锡墓志铭》（《国朝献征录》卷五四）、清毛奇龄《马中锡传》（《西河文集》卷八二）、《明史》卷一八七。

马文升（1426—1510）　字负图，号约斋，晚号友松道人、三峰居士。河南开封府钧州（万历初以避讳改称禹州）人。景泰二年（1451）进士，授监察御史，历按山西、湖广，累迁至福建按察使。成化元年（1465）晋南大理卿，以父丧归，四年起为右副都御史，巡抚陕西，助项忠守边，升左副都御史。十一年代王越为总制，协调延绥、宁夏、甘肃三边军务，寻回朝任兵部右侍郎，次年整饬蓟门至辽东边备，为中官汪直所陷，谪戍重庆卫。二十年再起，以左副都御史巡抚江东，进右都御史，总督漕运，二十一年拜兵部尚书，旋调南兵部。弘治二年（1489）再拜兵部尚书，十四年改吏部尚书、少师兼太子太师，正德初被劾老衰，因乞归。刘瑾专权，四年将其列入奸党，削秩除名，五年（1510）六月初八卒于家，年八十五，瑾败，戴孝诏复官，赠太师，谥端肃。世称其有文武才，仕五朝，长于应变，朝廷有大事，多待之决，尤有功于边镇，以重气节，亦屡遭谗诉，迄不少贬。《明史·艺文志》著录其《奏议》十六卷《文集》一卷。《四库全书总目》收其《马端肃奏议》十二卷，又著录其《马端肃三记》（《西征石城记》《抚安辽东（东夷）记》《兴复哈密记》），现皆收录于嘉靖间袁氏嘉趣堂刻《金声玉振集》。诗文著述多散佚，万历十八年（1590）其五世孙马悫及其乡人徐衍祚、安九域、王述古等始辑刻其诗为《马端肃公诗集》一卷，收诗三百四十余首、词一首，现仅存孤本。文升诗集流传未广，然多纪边事，未可偏废。《皇明诗统》卷一二、《列朝诗集》丙集、《明诗综》卷二一皆录其诗一首。近人赵尊岳《明词汇刊》录其词［雨中花慢］一首，称《马端肃公词》。生平见王世贞《马文升传》《国朝献征录》卷二四）、清孙奇逢《中州人物考》卷二、《明史》卷一八二。

马世奇（1584—1644）　字君常，号素修。南直常州府无锡（今属江苏）人。万历三十八年（1610）偕姚希孟听讲于东林书院。天启二年（1622）客居嘉定，与侯峒曾同治学。四年乡试中举，崇祯四年（1631）进士，选翰林院庶吉士，授编修。奉敕谕山东、江西、湖广诸藩。十七年迁左春坊左谕德，三月十九日京城破，自缢死，年六十五，福王时，赠礼部侍郎，谥文忠。平生砥砺名节，居馆阁有声，又嗜学有文名。曾辑《宋元诗选》《明诗选》。清康熙初门人王永积等辑其诗文，刻为《澹宁居文集》十卷《诗集》三卷，附马翀《蝶园诗集》一卷、马壬玉《山香集》一卷，行于世。现存乾隆二十一年（1756）刊本，其文分体而列，诗三卷则分为恭纪部、题赠部、专言部、送行部、记游部、咏古部、酬和部、即席部、杂兴部、杂咏部、闺情部、悼亡部。后又有乾隆时修《梁溪马氏三世遗集》

本。陈济生《天启崇祯两朝遗诗》卷三录其诗一百十五首。《明诗综》卷七二录其诗三首。清沈德潜《明诗别裁集》录其诗一首。清顾光旭《梁溪诗钞》卷一三录其诗二十九首。《明诗纪事》辛签卷三录其诗五首。清周有壬《梁溪文钞》卷一八录其文四篇。清王直等《锡山文集》录其文三篇。生平见陈济生《天启崇祯两朝遗诗·小传》、清陈鼎《东林列传》卷八、清邹漪《启祯野乘》卷一二、《明史》卷二六六。

马邦良（1557—？）　字君遂，又字汝莘，号象湖。浙江杭州府富阳人。万历十年（1582）举人，十四年进士，授丹徒知县。迁户科给事中，转礼科左给事中，历福建按察副使、布政司右参议，官至行太仆寺卿。现存万历二十七年（1599）序刊本《公余寄兴草》三卷（缺卷二），内卷一收诗一百余首，卷三收词九十余首。生平见《（光绪）富阳县志》卷一八。

马朴（生卒年不详）　字敦若，号阆风山人。陕西西安府同州（今大荔）人，马自强孙。万历三十四年（1606）举人，选授景州知州，以忧去。服阕，补易州，擢襄阳知府，官至云南按察司副使，告归卒。好著书，能诗词。《千顷堂书目》著录其《日省近言》四卷、《近取譬言》一卷、《圣谕解说》一卷、《客问》九卷又《谭误》四卷又《谭物》三卷又《谭名》三卷又《人鉴编》八卷又《杂录》四卷、《阆风馆全集》六十二卷、《四六雕虫》三十一卷、《七汇》四卷。《四六雕虫》三十一卷有万历三十六年刊本，集班固至刘基、宋濂等人赋记碑敕及障词请启之作。又清同治间刊《马氏丛刻》有《四六雕虫》十卷、《谭误》四卷。崇祯间所刊《阆风馆文集》现存残本二十八卷，内卷五至卷二八收文一百六十篇，卷三三至卷三六收文五十余篇。清同治时刻《关西马氏丛书》有《阆风馆文集选》，录其文二十八篇。近人赵尊岳《明词汇刊》录其词七十七首为《阆风馆诗余》一卷，卷末记云："《阆风馆全集》凡六十二卷，诗赋古文无不毕具。卷二十二为词，而[黄莺儿][玉芙蓉][清江引]等南北小令并厕其间，则编者未暇细为类例也。"则当时尚能见其全集也。生平见《(雍正)陕西通志》卷五七下。

马自强（1513—1578）　字体乾，号乾庵。陕西西安府同州（今大荔）人。嘉靖十九年（1540）陕西乡试第一，三十二年进士，选翰林院庶吉士，授检讨，升修撰、重录《永乐大典》分检官。历国子监司业兼翰林院侍讲，充经筵讲官，迁国子祭酒。累进少詹事兼侍读学士，掌院事。万历初擢礼部右侍郎，升尚书兼翰林院学士，六年（1578）以太子太保

兼文渊阁大学士入阁，甫月余，十月十三卒，年六十六，谥文庄。以仕宦著于乡里，《明史》谓："关中人入阁者，自自强始。其后薛国观继之，终明世，惟二人。"能诗文，《千顷堂书目》著录其《马文庄公集》二十卷。原由其子编次付梓，现未见传。仅存万历四十二年刊《马文庄公文集选》十五卷，文十一卷，内经筵讲章、表、奏疏各一卷，序、记、志铭等诸体文四卷，末四卷为诗，收五七言古近体诗一百六十余首，有王锡爵、王学谟序，盛讷跋。崇祯五年（1632）贾鸿洙《周雅续》卷一〇录其诗八首。清同治时刻《关西马氏丛书》有《马文庄公文集选》，选文四篇。生平见张四维《马公自强墓志铭》《国朝献征录》卷一七）、王锡爵《马文庄公传》《王文肃公文草》卷四）、《明史》卷二一九。

马汝骥（1493—1543）　字仲房，号西玄。陕西延安府绥德人。生于弘治六年（1493）九月十九。正德五年（1510）乡试中举，十二年进士，选翰林院庶吉士，授编修。十四年以谏武宗南巡，杖阙下，调知泽州。世宗即位，复为编修，嘉靖四年（1525）升修撰。母亡，归守制，服阕，起南国子监司业，改北。升南右通政，迁南国子祭酒，十九年晋礼部右侍郎，加侍读学士。二十二年十一月六日以病肺卒于官，年五十一，

赠尚书,谥文简。有诗文名,李梦阳倡诗必宗杜甫,康海倡文必祖马迁,汝骥与王九思、张凤翔、吕柟、韩邦奇、韩邦靖、刘储秀、许宗鲁、赵时春等皆与李、康同趣,故其诗文之旨亦本杜甫、太史公也,惟华整而乏灵性,较少变化。故王世贞《艺苑卮言》云:"马仲房诗如程卫尉屯西营,斥堠精严,甲杖雄整,而士乏乐用之气。"《千顷堂书目》著录其《西玄诗稿》十八卷。现存嘉靖十七年胡缵宗序刊本《西玄诗集》不分卷,后有嘉靖四十一年马逢乾刊本《马文简公集》八卷附录一卷。又有四十二年孙应鳌关中刊本《西玄集》十卷,所收较前两刻有所增益,收诗凡七百四十余首。《盛明百家诗》录其诗六十余首为《马西玄集》一卷,又录其诗十首为《续集》一卷。顾起纶《国雅》卷七录其诗十一首,《国雅品》谓其"优于律,取法初唐,尤多华整,并少性情耳"。《皇明诗统》卷二○录其诗九首。崇祯五年(1632)贾鸿洙《周雅续》卷七录其诗七十七首。《列朝诗集》丙集录其诗十六首。《明诗综》卷三六录其诗三首,"诗话"云:"仲房派沿北地(李梦阳),由其体钝,存滓窾而舍神明,虽与穉钦(于廷陈)齐称,去而千里。"《四库全书总目》著录《西玄集》八卷,"提要"谓其诗"刻意镕炼,务求典重,其长短皆在于是也"。《明诗纪事》戊签卷一三录其诗五首。生平见王维桢《马公汝骥行状》(《国朝献征录》卷三五)、《明史》卷一七九。

马应龙(生卒年不详) 字伯光。山东青州府安丘人。万历十九年(1591)举人,二十年进士,除杞县令,历官礼部主事、员外郎、郎中。《千顷堂书目》著录其《考定古本周礼》六卷、《杞乘》四十八卷、《道德经注解》二卷、《艺林钩微录》二十四卷、《古文参同契》二卷及文集若干卷。清宋弼《山左明诗钞》卷二四录其诗四首。清马良淑《渠风集略》卷五录其诗二十三首。《明诗纪事》庚签卷一七录其诗一首。近人赵愚轩《青州明诗钞》卷三录其诗四首。生平见《(雍正)山东通志》卷二八之三、《(咸丰)青州府志》卷四五。

马闲卿(生卒年不详) 号芷居,乃其所据室名也。南直应天府江宁(今江苏南京)人,嘉靖间名士陈沂继室。陈沂妻杨氏卒,知闲卿贤而有文,遂聘为继室。闲卿书学大苏,能山水白描,皆与陈沂相类。亦能小诗,多为感时咏物之作。《明史·艺文志》著录其《芷居集》一卷,未见。《盛明百家诗》后编录其诗十四首称《马氏芷居集》。顾起纶《国雅》卷一九、《皇明诗统》卷四一据之录。《列朝诗集》闰集录其诗五首,"小传"谓其"年近八旬,尚不废吟咏"。清胡文学《甬上耆旧诗》卷一○

亦于陈沂诗后录其诗五首。《明诗综》卷八六录其《苦雨》诗一首。《金陵诗征》卷四二录其诗四首。清徐树敏等《众香词》礼集录其《柳腰轻·秋闺》一首。生平见周晖《金陵琐事》卷二。

马明衡（生卒年不详）　字子莘，号师山。福建兴化府莆田人，马思聪子。正德八年（1513）举人，九年进士，除太常博士，迁监察御史。嘉靖三年（1524），以昭圣皇太后诞辰事建言，廷杖削籍，遂终身废弃。曾受学于王守仁，王氏学说传于闽中，自明衡始。《四库全书》收其《尚书疑义》六卷。清光绪刻《马忠节父子合集》中存其《侍御马师山先生轶诗》一卷，收诗五十四首。清涂庆澜《莆阳文辑》卷四录其文一篇。清郑王臣《莆风清籁集》卷一六录其诗十二首。清郭柏苍《全闽明诗传》卷一五录其诗六首。《明诗纪事》戊签卷一二录其诗一首。生平见《（乾隆）兴化府莆田县志》卷一三、《明史》卷二〇七。

马佶人（生卒年不详）　字吉甫，一字亘生，又作更生，号斐堂，别署撷芳主人。南直苏州府吴县（今江苏苏州）人。约崇祯时在世。撰传奇五种，合称《餐霞馆传奇五种》，高奕《新传奇品》称其词“如五陵年少，白眼调人”。内《荷花荡》（一名《莲盟记》）存明末刻《十种传奇》本，另有清初刻《玉夏斋传奇十种》本，二卷二十八出，叙李素与傅莲贞才子佳人私会并终成眷属故事，卷首自云“斯传也，从空凿出”。又《十锦塘》存旧抄本，二卷三十三出，演杭州书生和鼎受恶霸水孽所害，历经磨难，后为人所救，又中状元，终于惩恶霸，夫妻重聚，故事亦无所本。另《梅花楼》《借东风》《白鹤图》三种已佚。亦作散曲，清方来馆主人《万锦清音》存其套数二套。生平见《（1933）吴县志》卷七五上。

马治（生卒年不详）　字孝常，一字元素。宜兴（今江苏宜兴）人。善真行书，亦能诗。元至正十三（1353）至十五年，无锡周砥因战乱客于宜兴，马治馆砥于宜兴荆溪之南，为具舟车，同游宜兴山溪之胜，二人随事倡和，积诗一卷，成《荆南倡和集》，同时遂昌郑元佑为之序。后周砥从张士诚，死于兵，而治则先为僧，入明后以荐为内丘知县，迁建昌同知。与高启友善，曾以《荆南倡和集》手录本付启，启为后序，又请徐贲题识，复与吕敏，后仍归马治。成化间治乡人李廷芝携本京师，俾李应祯、张弼校正付梓，遂传于世。《四库全书》所收《荆南倡和诗集》即此本也，《总目》“提要”云：“（周）砥以吟咏擅长，与顾阿瑛往来，《玉山雅集》纪游诸编中，多载所作，格调皆极谐婉。其撰是集，正元末丧乱之际,感时伤事,尤情致缠绵。治诗稍逊于砥,而隽句络绎,工力亦差能相敌。"《千顷堂书目》另著录马治《海渔集》六卷,未见传。《列朝诗集》甲前集录其诗二十四首,又录周砥、马治二人荆南倡和诗五十三首(内治诗二十二首)。《明诗评选》录其诗三首。《明诗综》卷一三录其《张公祠》诗。清顾光旭《梁溪诗钞》卷三录其诗二首。《明诗纪事》甲签卷一九录其诗五首,按语谓"履道(周砥)诗情画才超出流辈,而孝常为之亚,所作俱清粹雅澹,有古作者之意"。生平见《(成化)重修毗陵志》卷二二、《(万历)重修常州府志》卷一五、《明史》卷二八五。

马骈(生卒年不详) 字次甫。南直扬州府江都(今江苏扬州)人。正德八年(1513)举人,选授河南武陟知县。有诗名。《千顷堂书目》著录其《紫泉集》二十卷。现存嘉靖二十二年刊本《紫泉文集》八卷,文五卷,录其各体文二百一十余篇,诗三卷,收其诸体诗三百三十余首,有盛仪序。《明诗综》卷三八录其弟马骈诗二首,"诗话"云:"共甫(马骈)为知泉州府岱之子,与兄骈次甫、騆用甫,并有诗名。骈著《紫泉集》二十卷,今失传。"则其未见马附集,非不选也。《明文海》录其文一篇。

马思聪(1462—1519) 字懋闻,号翠峰。福建兴化府莆田人。生于天顺六年(1462)二月。弘治十四年(1501)举人,十八年进士,初授象山令,旋丁忧,服除,补萍乡令。进为南户部主事,督粮江西。正德十四年(1519)六月江西宁王反,思聪督粮至,被执下狱,不屈死,年五十八。世宗立,赠光禄寺少卿。著述散佚,清郑王臣得其诗三十余首,因于所编《莆风清籁集》卷一五录其诗十一首。清郭柏苍《全闽明诗传》卷一三录其诗八首。清光绪二十四年(1898)莆田刘尚文辑其诗,刊为《忠节马光禄先生轶诗》一卷(收诗二十三首),与其子马明衡《侍御马师山先生轶诗》一卷(收诗五十四首)、马朝龙《马从甫贾余稿》一卷(收诗十二首)合刻,称《马忠节父子合集》。生平见林俊《马君翠峰墓志铭》(《见素续集》卷一○)、黄巩《翠峰先生行状》(马明衡《侍御马师山先生轶文》附录)、佚名《马思聪传》(《国朝献征录》卷三九)、何乔远《闽书》卷一一一、《明史》卷二八九。

马洪(生卒年不详) 字浩澜,号鹤窗。浙江杭州府仁和(今杭州)人。举业不成,乃居塾授徒。自幼好吟咏,与陆昂等师从乡处士刘泰,泰长于诗词,洪得其传,正德、嘉靖间以词擅名东南。所交皆一时名士,每过从出游,衣冠杂集,车从都雅,洪独葛巾草履,高步其前。原有词集《花影集》,未见传。洪为徐伯龄内弟,伯龄《蟫精隽》卷一一录其词三首,谓其"善诗词,极工巧……东溟(许程远)以为可继鄞康伯可,信然。予与鹤窗、清溪(陆昂)借出菊庄(刘泰)之门,而鹤窗能大肆力于学问,既得诗律之正,复臻诗余之妙,人以为与清溪齐名"。杨慎《词品》录马洪词七首,谓其"善吟咏,而词调尤工。皓首韦布,而含珠吐玉,锦绣胸肠,褎然若贵介王孙也"。田汝成《西湖游览志余》卷一二、卷一三录其词二十五首。清初卓回编《古今词汇》录其词九首。《御选历代诗余》录其词六首。去其重复,计存词二十九首。所作多为丽词,杨慎《诗品》卷六曾引其《花影集》自序,谓其作词"四十年仅得百篇"。其词有明一代备受推崇,至清朱彝尊始谓其俗极:"明初作手,若杨孟载(杨基)、高季迪(高启)、刘伯温(刘基)辈,皆温雅纤丽,咀宫含商。李昌祺(李祯)、王达善(王达)、瞿宗吉(瞿佑)之流,亦能接武。至钱塘马浩澜以词名东南,陈言秽语,俗气熏人骨髓,殆不可医。"(《词综·发凡》)过激之辞也。洪亦能诗。《千顷堂书目》著录其《续游仙诗百首》,《西湖游览志余》卷一三谓其仿唐曹唐《游仙诗》而作,录十首。《列朝诗集》乙集录其诗六首,"小传"亦谓其"又有《和曹尧宾游仙诗》百首,一时盛传之"。《明诗纪事》乙签卷二二录其诗一首。生平见《(嘉靖)仁和县志》卷九、徐象梅《两浙名贤录》卷四七《文苑》)。

马卿(1480—1536)　字敬臣,号柳泉。河南彰德府林县(今林州)人。生于成化十五年十二月十二(1480年1月23日)。弘治九年(1496)乡试中举,两上春官不利,十八年进士,选翰林院庶吉士,正德二年(1507)授户科给事中。历工科左给事中,出守大名府。十年迁浙江按察副使,备兵温、处,十二年改山西提学副使,十四年迁参政。嘉靖二年(1523)晋浙江右布政使,坐事左迁云南鹤庆知府,七年升参政,转按察使,擢福建右布政使,转南太仆寺少卿,丁外艰归。十一年服除,擢副都御史,总督漕运,巡抚凤阳,十五年二月九日卒于官,年五十七。《千顷堂书目》著录其《抚漕奏议》二卷及《马氏家藏集》《家集》。现存明三阳书屋刻崇祯九年(1636)赵王府补修本《中丞马先生文集》四卷、《诗集》四卷、《诗余》一卷、《外编》一卷,有万历十六年(1588)张应登《马氏家集序》及崇祯九年其外孙赵王朱厚煜《重刻序》。内《文集》收各体文一百四十余篇,《诗集》收赋三篇、诸体诗五百二十余首,《诗余》收词二十七首。《皇明诗统》卷三四录其诗一首。生平见穆孔晖《马公墓志铭》、崔铣《马公行状》(《中丞马先生文集》外编），又见朱睦㮮《马公卿传》（《国朝献征录》卷五九）。

马继龙（生卒年不详） 字云卿，号梅樵。云南永昌府保山人。嘉靖二十五年（1546）举人，历官至南兵部车驾司员外郎。能诗，有《梅樵集》，未传。清袁文典等《明滇南诗略》卷六录其诗六十八首，称其"五律清稳，七律风流跌宕，一往情深"。《明诗纪事》己签卷八录其诗十一首，按语云："梅樵诗流传仅有抄本，五七言近体，声调流美。有弹丸脱手之妙。保山袁文典辑《滇南诗略》，六诏诗流赖之以传，云卿其一。"近人李根源《永昌府文征》录马继龙诗也据《明滇南诗略》。生平见《（康熙）永昌府志》卷一七。

马理（1474—1556） 字伯循，号溪田。陕西西安府三原人。弘治十一年（1498）举人，春闱不第，游太学，居父母丧归，至正德九年（1514）始中进士，授吏部稽勋司主事。迁员外郎，以谏武宗南巡受廷杖归，设教于乡。嘉靖初，起原官，迁考功郎中，三年以"大礼议"下狱。起历南京通政司右通政，累迁至光禄寺卿，引例乞归。嘉靖三十四年十二月十二子时（1556年1月22日23时至23日1时）关中人地震，与韩邦奇、王维桢同日死，年七十二，谥忠宪。少从王恕游，又曾入正学书院，为杨一清门生。其务为笃实之学，为关

中学者所宗，至名扬海内外，朝鲜使者曾求其文录之以归。所著《溪田文集》十一卷，为其手定，万历十七年（1589）三原知县张泮刊。内文六卷，收奏疏四篇各体文八十三篇，诗五卷，收诸体诗五百余首。后又有清乾隆十七年（1752）补修本及道光时再补本。《四库全书总目》著录《溪田文集》，"提要"云："理少从王恕游，务为笃实之学，故所诂诸经，亦多所阐发。惟其文喜摹《尚书》，似夏侯湛昆弟诰之体，遣词宅句，涂饰雕刻，其为赝古，视李梦阳又甚焉。"《四库总目》另著录其《周易赞义》，原书嘉靖三十五年郑绸刊本十七卷，现残存七卷。《千顷堂书目》另著录其《尚书疏义》《诗经册义》《周礼注解》《春秋备义》《陕西通志》四十卷《马百愚传》一卷及《秦烈妇孟姜女集》一卷。崇祯五年（1632）贾鸿洙《周雅续》卷六录其诗三首。近人柏堃《泾县诗存外编》录其诗十一首，《泾献文存外编》录其文五篇。生平见李开先《溪田马光禄传》（《李中麓闲居集》卷九）、薛应旂《溪田马公理传》（《国朝献征录》卷七一）、黄宗羲《明儒学案》卷六、《明史》卷二八二。

马森（1506 1580） 乡试榜名"裴森"。字孔养，号钟阳。福建福州府怀安（今福州）人。嘉靖七年（1528）举人，十四年进士，授户部主

事，榷九江关。历员外郎、郎中，简放太平知府，迁江西按察副使，历布政司参政、按察使、布政使、擢巡抚、右副都御史。入为刑部右侍郎，改户部，以坐荐宋淳，左迁大理寺卿，历南工部右侍郎，改户部，以右都御史总督漕运，兼巡抚凤阳，升南户部尚书，隆庆元年（1567）改北。三年以母老乞归养，筑别业于钟山，名曰"钟丘园"，屡召不起。万历八年（1580）九月十九卒，年七十五，赠太子少保，谥恭敏。其学以程朱为宗，居官所至有善政，号称明允。《千顷堂书目》著录其诗文著述《马恭敏公集》十卷，为万历十八年其子马燮、马嶽等刻，王穉登序。又有崇祯刻马际明重修《书经敷言》。另有《周易说义》十二卷、《春秋伸义辩疑》二十九卷、《经笔》二卷等。徐㷆《晋安风雅》录其诗一首。《明诗综》卷四二录其诗一首。清郭柏苍《全闽明诗传》卷二一录其诗七首。《明诗纪事》戊签卷一九录其诗一首。《明文海》录其文四篇，评语谓"其文清梗可诵"。生平见王世贞《马公神道碑》（《弇州四部稿续稿》卷一二九）、郭造卿《马公行状》（《海岳山房存稿文》卷七）、屠隆《马大司徒传》（《白榆集》卷一九）、《明史》卷二一四。

马湘兰（1548—1604）　名守真，小字玄儿，字湘兰、月娇，别署湘兰子。南直应天府（今江苏南京）女伎。以写兰著名，有作品传世。稍通笔札，亦涉诗词韵语之作。与王穉登为友。万历三十二年（1604）秋，王七十初度，湘兰自往，置酒为寿，燕饮累日，歌舞达旦，归后未几病逝，年五十七。所著《湘兰子集》二卷，有王穉登万历十九年序，未见传。冒愈昌编万历四十六年刻《秦淮四美人诗》中有《马美人诗》一卷。托名钟惺《名媛诗归》卷二八录其诗七首。《列朝诗集》闰集录其诗七首，"小传"谓其"姿首如常人，而神情开涤，濯濯如春柳早莺，吐辞流盼，巧伺人意，见之者无不人人自失也。所居在秦淮胜处，池馆清疏，花石幽洁，曲廊便房，迷不可出。教诸小鬟学梨园子弟，日供张燕客，揭鼓琵琶声与金缕红牙声相间。性喜轻侠，时时挥金以赠少年，步摇条脱每在子钱家，弗顾也"。《明诗综》卷九八录其诗《自君之出矣》一首。《御选宋金元明四朝诗》录其诗六首。清季娴编《闺秀集》录其诗二首。清徐树敏等《众香词》数集收其词九首。又《名媛诗纬雅集》收其散曲小令一首，套数一套。又曾作传奇《三生传》，有残曲存于胡文焕《群音类选》。生平见王穉登《马湘兰传》（明末心远堂刻本《绿窗女史》）。

马愉（1395—1447）　字性和，号澹轩。山东青州府临朐人。宣德二年（1427）进士第一，授翰林修撰，五年进编修。正统元年（1436）兼经筵讲官，升侍读，与修《宣宗实录》，三年迁侍讲学士，五年入文渊阁预机务，十年进礼部右侍郎兼侍讲学士，十二年九月初六以中风卒，年五十三，赠礼部尚书兼学士。明代北人春闱占首选者自愉始，赠官兼职亦自愉始。状元及第后，三杨（杨士奇、杨荣、杨溥）迎其与榜眼、探花宴之杨荣家，杨士奇名其堂曰"聚奎"，为文以识之，众皆赋诗，自是遂相沿为例。后有明一代馆阁相与宴集，遂称"聚奎宴"。马愉在朝端重简默，门无私议，持论宽厚。殁后诗文散佚，成化间山东参政邢居正命青州知府刘时勉哀集遗亡刊之，成《澹轩集》七卷，凡诗赋四卷杂文三卷，第六卷又杂以歌诗，编次零乱，且前后无序。《四库全书总目》著录此书，"提要"谓"诗多酬应之作"，又云："史称愉端重简默，门无私谒，论事务宽厚。又载其清理滞狱及善处蕃使二事，绝不称及其著作，盖不以文采见也。"现存愉集名《马学士文集》，八卷，嘉靖四十一年（1562）刊本，为其集散佚后乡人都御史迟翔凤购得残本，更于愉家掇拾逸作，补葺刻成，故迟序题为《续刻马学士澹轩文集》，集中标明"续刻"者均为翔凤所补。其集卷一为经筵讲章、颂、应制诗赋，卷二、卷三收诸体诗一百五十余首，卷四为赞、歌、赋、跋，卷五至卷七为序，卷八收墓铭、哀辞，又附挽诗七十余首。《明史·艺文志》著录其《澹轩文集》八卷，即此本也。程敏政《皇明文衡》录其文一篇。《皇明诗统》卷一三录其诗三首。《明诗综》卷二〇录其诗一首。清宋弼《山左明诗钞》卷一录其诗五首。《明诗纪事》乙签卷一六录其诗一首。近人赵愚轩《青州明诗钞》卷一录其诗五首。生平见杜宁《马公行状》（《马学士文集》卷首）、顾祖训《状元图考》卷一、廖道南《殿阁词林记》卷三、《明史》卷一四八。

马銮（生卒年不详） 字伯和。贵州贵阳军民府新贵（今贵阳）人。明末凤阳总督马士英子，福王时马士英执政，阮大铖欲起钩党之狱，伯和曾泣谏。明亡后，卖卜金陵以卒。尝与杜濬倡和，诗亦雅澹清新。清卓尔堪《明遗民诗》卷一二录其诗五十二首。喜咏史，所存诗多以古之女子如西子、息夫人等为题。《金陵诗征》卷四〇"寓贤"录其诗五首。《明诗纪事》辛签卷三〇录其诗二首。

四　画

[一]

丰坊(1494—?)　字存礼,更名道生,字存叔、人翁,号南禺外史,又自署碧玉堂下吏。浙江宁波府鄞县(今宁波)人,翰林学士丰熙子。少好学警敏,正德十四年(1519)举乡试第一,嘉靖二年(1523)进士,除礼部主事。次年随其父谏"大礼",受廷杖,时人多谓丰熙有子。其父论戍,丰坊出为南吏部考功司主事,再谪通州同知,十三年以吏议罢归。十六年其父逝于戍所,家居贫乏,因思效张璁、夏言片言取通显,十七年忽诣阙上书,言当年"议大礼"非父本意,请建明堂,加兴献帝庙号,帝用其言而不录其人。次年又赴京献《卿云颂》,然终无进擢,所为亦为时人所垢。后坐事窜吴中,更名道生,晚年贫病,至寄居萧寺,终以困厄卒,时在隆庆三年(1569)后。丰氏自宋以来即以诗书传家,其万卷楼藏书积十余世,达万卷以上,丰坊嗜碑帖,尽卖祖传田产千余亩购求之,又聚书五万卷,后所藏宋椠及抄本多为门生盗拿,又遭火灾,损失过半,与同里范钦交厚,终以幸存书籍珍帖及月湖住宅,俱售于范。平生读书专精,学博才高,然性格怪戾乖张,狂诞傲僻,目空古今,举止多不合常理,世人多赞其才而恶其行。本邑后辈张时彻为其选集作序,亦谓其:"质禀灵奇,才彰卓诡,论事则谈锋横出,摛词则藻撰立成。盖九流百家,罔不涉其津涯;七步八叉,未足夸其捷丽。是以士林拟之凤毛,艺苑方诸逸骊,芳誉而希下风者皆是也。然而性不谐俗,行或骜中。词组合意,辄出肺肝相唉,睚眦蒙嗔,即援矛戟交刺。"(《丰南禺摘集小序》)首以善书名世,五体俱能,尤长草书,自成风格,心揣手摹,临古碑能乱真,故文征明谓其书"无一点一画不自古人中来",书迹碑刻《砥柱行》等多传世。又善书论,作有《书诀》《淳化帖书评》《帖笺》《辨帖笺》等,冯梦桢因称"本朝知书者,推丰吏部",然又因造古帖为人所诟。

平生专研经书,于诸经皆别为训诂、钩新索异,然其为证己说,又往往制作伪证。其《石经大学》《子贡诗传》《申培诗说》三书,以篆籀写之,谎称祖先得于北宋秘府,世人或为所惑,久之始能辨定。所著《古书世学》六卷、《古易世学》十七卷、《春秋世学》三十三卷、《鲁诗世学》三十二卷及《易辨》一卷等,亦多托言家藏古本,或曰得朝鲜、日本之本,实则皆其以己意为之,故后清黄宗羲谓其"伪造六经","訾毁先儒,放言无忌",全祖望亦谓其"贻笑儒林,欺罔后学"。现诸书多存抄本。诗文著述现存万历末其曾孙丰建刊本《万卷楼遗集》六卷,文两卷,赋、骚、古乐府等一卷,古近体诗三卷,首有万历四十五年(1617)徐时进《刻丰南禺先生遗稿序》。又存稿本《南禺外史诗》一卷。王世贞《艺苑卮言》谓其诗"如沙苑马,驽骏参半,恣情驰骋,中多败蹶"。《皇明诗统》卷二八录其诗三首。《四明风雅》卷四录其诗四十七首。《列朝诗集》丁集录其诗二十九首。清胡文学《甬上耆旧诗》卷一四录其诗二十四首。《明诗综》卷三九录其诗一首。《御选宋金元明四朝诗》录其诗十七首。《明诗纪事》丁签卷一一下录其诗六首,按语谓其诗"亦激宕凌厉,写其牢骚不平之气"。《四明文征》录其文二篇、《四明近体乐府》卷八录其词一首。生

平见《甬上耆旧诗》卷一四李邺嗣所撰小传、《明史》卷一九一。

丰越人(1542—1619)　字正元,号天放野人。浙江宁波府鄞县(今宁波)人,丰坊孙。少遇家难,矛刃起于骨肉间,至三十始娶妻生子。性喜诗,寄情萧散,每杜门散发,翛然于修桐疏竹下,兴到辄索笔直书,破窗颓垣俱满,客时过从,至无从觅巾袜。平生少与人交,惟与杨承鲲、李生寅、沈明臣、屠本畯等数人为诗友。卒于万历四十七年(1619),年七十八。天启七年(1627)其子丰建辑其诗四百余首刻为《丰正元先生诗》四卷,有张维机、钱受益序,后有丰建跋。《千顷堂书目》著录作《天放野人集》,《四库全书总目》著录作《丰正元集》四卷,盖同书也。其诗多写日常感兴。《列朝诗集》丁集录其诗十八首。清胡文学《甬上耆旧诗》卷二三录其诗二十八首,李邺嗣所撰小传记:"性不喜交膴上人以诗应酬,常见一时山人行卷所录诗率为某公寿贺、某公赴官,辄唾之曰:'诗以道性情,岂为汝辈行乞耶?'及见少年人作诗,多杂调谑,更正色相戒'无为风雅罪人'。故时谓先生诗有林泉无朝市,有怀吊无誉颂,有流连无裒慢,足尽洗诗家之陋。其高怀似陶公,而复少《闲情》一赋。"《御选宋金元明四朝诗》录其诗十一首。《明诗纪事》庚签卷二九

录其诗二首。

王一鸣（1567—1598） 字子声，一字伯固，号石廪。湖广黄州府黄冈（今属湖北）人。王廷陈从孙。少以才称，万历十年（1582）乡试中举，十四年进士，除太湖知县，四载改临漳县，罢归，二十六年卒，年三十二。以能诗名于时，曾得汤显祖赏识。族人王同轨寄厚望于一鸣，以其能继廷陈之衣钵。然一鸣负才自放，不为吏道所拘，罢官后遂饮酒近妇人，未能尽其才而早卒。汤显祖曾有《同张了心哭王太湖诗》悼之。《千顷堂书目》著录其《自订稿》一卷。今存明抄本《朱陵洞稿》三十三卷《中州武录》一卷，首有熊宇奇序。前十七卷收诸体诗一千二百余首，卷一八至卷三三收各体文二百余篇，《中州武录》收文三篇。另有清抄本增《伯固公诗拾遗》《拾残》，收其佚诗五十余首、佚文十余篇。《列朝诗集》丁集录其诗二十五首，"小传"谓"师法少陵，每一读辄批评而封识之，其专勤如此"。《明诗评选》录其诗一首。清廖元度《楚风补》卷二四录其诗十三首。清高士熙《湖北诗录》录其诗一首。《明诗纪事》庚签卷一五录其诗二首。黄宗羲《明文海》录其文五篇。生平见王兆云《皇明词林人物考》卷一二、过庭训《本朝分省人物考》卷七六、《（雍正）湖广通志》卷五二、《（乾隆）黄冈县志》卷九。

王九思（1468—1551） 字敬夫，号渼陂，别署紫阁山人。陕西西安府鄠县（今户县）人。弘治二年（1489）举人，九年进士，选翰林院庶吉士，得李东阳赏识，授检讨。武宗即位后充经筵讲官，正德四年（1509）刘瑾当权，凡翰林官悉调部属，以历政务，九思以修《孝宗实录》功独得吏部，初为文选司主事，旋迁考功员外郎，五年转文选郎中。瑾败，被列瑾党，降寿州同知，居一年，言官钩瑾余党，勒致仕。回乡闲居，寄心于山水及诗文词曲者凡四十载，卒于嘉靖三十年（1551），年八十四。有文名于当时，与李梦阳、何景明、徐祯卿、边贡、朱应登、顾璘、陈沂、郑善夫、康海号"弘治十才子"。九思诗文先效李东阳，及康海入京，与李梦阳"兴起古学，排抑长沙（李东阳）"，又弃其所学而从之，因而文风骤变。时人又将其与李梦阳、何景明、徐祯卿、边贡、康海、王廷相并称为"七子"（"前七子"）。与康海同里，交尤厚，其女嫁康海长子，又同因被列入瑾党而致仕，故罢逐后每相聚鄠、杜山水间，挟声伎酣饮，制乐造歌曲，自比俳优，以寄怫郁，士子多有从游者。王世贞《艺苑卮言》云："敬夫名位少亚对山（康海），而才情胜之，倡和章词，流布人间，遂为关西风流领袖。"所著嘉靖十二年刻为《渼陂集》十六卷，二十四年翁万达刊本增《续集》三卷。崇祯十三年(1640)张宗孟递刻重修本《重刻渼陂王太史先生全集》又增《碧山乐府》八卷，计二十七卷。现诸本皆存。九思以曲名世，所著乐府，嘉靖八年首刻为《碧山乐府》二卷《拾遗》一卷，后又续刊《碧山新稿》一卷、《碧山续稿》一卷，计存小令四百四十八首，套数三十八套，其数有明一代仅次于康海、薛论道、陈铎、冯惟敏。王世贞《曲藻》曰："敬夫与康德涵(康海)俱以词曲名一时，其秀丽雄爽，康大不如也。评者以敬夫身价不在关汉卿、马东篱下。"《四库全书总目》著录《碧山乐府》五卷，"提要"云："明人小令，多以艳丽擅长，九思独叙事抒情，宛转妥协，不失元人遗意。其于填曲之四声，杂以带字，不失尺寸，可谓声音文字，兼擅其胜。"又曾作杂剧《杜子美沽酒游春》以言志抒愤。或曰九思为人傲睨多疏脱，其再谪及永锢，皆以李东阳柄国时事，盛年屏弃，无所发怒，作《杜子美游春》杂剧，力诋东阳。又有《中山狼院本》，实为一折短杂剧，盖欲与康海四折《中山狼》相区别。亦有诗名，嘉靖十年作《渼陂集自序》云："予始为翰林时，诗学秾丽，文体萎弱，其后德涵(康海)、献吉(李梦阳)导予易其习焉。献吉改正余诗者，稿今尚在也，而文由德涵改

正者尤多。"故其诗近于李梦阳、康海而不逮。《盛明百家诗》录其诗九十余首为《王渼陂集》。顾起纶《国雅》卷四录其诗二十二首，《国雅品》谓其"才隽思逸，锐于绮丽"。《皇明诗统》卷一八录其诗十二首。崇祯五年(1632)贾鸿洙《周雅续》卷五录其赋一篇，诗三十九首。《石仓十二代诗选·明诗选》录其诗四十八首。《列朝诗集》丙集录其诗二十首，"小传"云："敬夫《渼陂集》粗有才情，沓拖浅率，《续集》尤为冗长。"《明诗综》卷三一录其诗五首，"诗话"云："康、王并以乐府擅长，而诗鲜合作，王差胜康，乐府亦尔。"《御选宋金元明四朝诗》录其诗二十一首。《四库全书总目》著录其《渼陂集》十六卷《续集》三卷，"提要"云："九思为弘治'七子'之一……其平生相砥砺者，在李梦阳、康海二人，故其诗体文格，与二人相似，而诗之富健不及梦阳，文之粗率尤甚于海。盖乐府是其长技，他皆未称其名也。"《明诗纪事》丁签卷三录其诗九首，按语云："敬夫于乐府为当家，诗亦富有才情，惜质地粗漫，未尽脱秦声耳。"其词则多赠贺之作，推崇太白、苏、黄，令词优于长调，婉词优于壮词，然或近诗，或似曲，非宋元风貌。嘉靖三十年宋廷琦捐俸为其刊《碧山诗余》二卷，计存词五十六阕。近人赵尊岳《明词汇刊》录其词为《碧山

诗余》一卷。《明文海》录其文四篇，黄百家《明文授读》卷一九记云："先夫子(黄宗羲)曰：'牧斋(钱谦益)谓渼陂之文粗有才情，沓拖浅率，《续集》尤为冗长。按对山(康海)、渼陂与空同(李梦阳)同变文体，而其文绝不相似。'"生平见李开先《渼陂王检讨传》《康王王唐四子补传》(《李中麓闲居集》卷一〇)，又见《明史》卷二八六。

王三阳(生平不详)　字乾开，号华源。福建泉州府晋江(今泉州)人。隆庆四年(1570)举人，万历八年(1580)进士，授颍上令，转嘉善。入为工部都水司主事，以诖误谪广西灵川，后归里。喜吟咏，诗学汉魏，现存其《拟古闽声》二卷，收所作拟乐府诗一百三十余首，万历间灵川知县李毓秀刊本，有刘继文、庄履丰序、李毓秀跋。清沈季友《槜李诗系》卷四〇录其诗一首。生平见《(乾隆)泉州府志》卷五四。

王三省(生平不详)　字诚甫，号潼谷。陕西西安府朝邑(今大荔)人。正德十四年(1519)举人，嘉靖二年(1523)进士，十年任彰德知府，后又任保定及潞州知府。《千顷堂书目》著录其《潼谷集》十卷，现存万历八年(1580)至十三年其子王嗣美太原刊本，内赋一卷，收赋十一篇，诗六卷，收诗五百余首，词一卷，收词三十一首，文二卷，收各体文五十余篇，王道行、王象蒙、吴同春序，王嗣美、赵兰跋。又曾辑《大明风雅》十卷，亦为《千顷堂书目》著录。《(雍正)陕西通志》卷九七录其词一首。生平见《(万历)续朝邑县志》、《(乾隆)朝邑县志》卷四。

王三接(生卒年不详)　字承恩，号槐溪。山西平阳府洪洞人。嘉靖十三年(1534)举人，二十六年进士，授博兴知县。迁宁国府同知，丁内艰未任，补衮州府。历宁夏金事、辽东参议，官至山东布政司参议。卒后其子王用言辑其诗文为《王槐溪先生文集》五卷，有万历三十六年(1608)其孙王学曾刊本及清雍正八年(1730)后人重修本。其集首有万历三十六年杨巍《槐溪王先生文集序》，末有宋时勋跋。内卷一、卷二收古近体诗近三百首、幛词九首、小令二十八首、对偶三十七联，后三卷收各体文一百一十余篇。生平见《(雍正)山西通志》卷一一一。

王士昌(生卒年不详)　字永叔，号十溟。浙江台州府临海人。万历七年(1579)举顺天乡试，十四年进士，除龙溪知县。擢兵科给事中，改礼科，二十九年以谏册立东宫事触神宗，谪贵州镇远典史。后累迁至大理寺丞，进少卿，官终右金都御史巡抚福建。以风流蕴藉称，能品鉴古物，善山水，嗜诗，与龙膺、潘之恒、丘坦、袁中道、冯时可等名士交。《千顷堂书目》著录其《宣如纪略》一卷、《镜园藏草》又《投荒草》。现存万历刊诗集《镜园藏草》十六卷，按体收其古近体诗一千一百余首、集句三十三首，又补遗十七首，署潘之恒选，其子王立召、立就等校，首万历四十七年冯时可序，又潘之恒序。冯时可序谓其"文入秦先无下格，诗追盛唐有奇篇"，又云其诗"莫不情随境传，体以变合"，也为"七子"未衰而"公安"竞起时之时风也。《明诗综》卷五五录其诗五首。《御选宋金元明四朝诗》录其诗二首。清戚学标《三台诗录》卷二一录其诗四首。生平见朱谋垔《画史会要》卷五、《(康熙)临海县志》卷八、《明史》卷二二三。

王士性（1546—1598）　字恒叔，号太初，又号元白道人。浙江台州府临海人。万历元年（1573）中举，五年进士，除确山知县，九年任满，征授礼科给事中，改吏科。以劾杨巍阿谀辅臣申时行，请召还沈思孝、吴中行，忤旨左迁。后历四川参议、广西参议、河南提学副使、山东参政、太仆少卿，官终南鸿胪寺卿，卒于万历二十六年，年五十四。性喜浏览山水，后人或谓其"无时不游，无地不游，无官不游"，"穷幽极险凡一岩一洞，一草一木之微，无不精订"。除福建外，所游达十四省。

《千顷堂书目》著录其《五岳游草》十二卷又《玉砚集》六卷。现存清康熙三十年（1691）冯苏刊本《五岳游草》十二卷，盖其初令确山，游嵩岳，擢礼科给事中，游泰岳、华岳、恒岳，后又游衡岳，其所游必有图、记及诗，因结为一集，计图、记七卷，诗三卷，杂志二卷。所著存世尚有万历刊本《掖垣稿》二卷、《朗陵稿》二卷、《入蜀稿》三卷、《尺牍》三卷、《燕市稿》二卷及《广游志》二卷、《广志绎》五卷、《杂志》一卷等。《明诗综》卷五三录其诗一首。清汪森《粤西文载》录其文三篇、《粤西诗载》录其诗二首。清戚学标《三台诗录词录》卷二一录其诗六首。《明诗纪事》庚签卷一二录其诗一首。生平见萧彦《掖垣人鉴》卷一六、《(康熙)临海县志》卷九、《明史》卷二二三。

王士骐（1554—？）　字同伯，号濟生。南直苏州府太仓（今属江苏）人，王世贞长子。万历十年（1582）举乡试第一，十七年进士，除礼部制仪主事，改吏部稽勋员外郎。三十一年有匿名书，言倾储事，事连士骐，因削籍归。后屡荐不起，建泌园，家居著述以终。倭患危及东南，士骐倡乡人自卫抗倭，著《皇明驭倭录》九卷《附略》二卷、《寄语略》一卷，现存万历刊本。又三十六年自刊本《晋录》，为其三十一年典试山西时所作序、策论等。又曾辑《诸葛武侯全书》二十卷，有崇祯十一年刊本。《千顷堂书目》另著录其《苻秦书》十五卷、《铨曹纪要》十六卷、《四侯传》四卷、《王司勋代庖录》《宜贞子传》一卷、《醉花庵诗选》五卷。《明文海》录其文《调鹦鹉赋》。《列朝诗集》丁集录其诗五首，"小传"记云："罔伯俶傥轩豁，好结纳海内贤士大夫，勇于为人，不避嫌怨……论诗文，多与弇州（王世贞）异同。"《明诗综》卷五六亦录其诗三首，"诗话"云："罔伯《醉花庵诗》，不拾过庭片语。"生平见陈继儒《祭王罔伯吏部》（《陈眉公先生全集》卷四六）、屠隆《王罔伯制义稿序》（《白榆集》卷二）、《明史》卷二五七。

王士骕（1566—1601）　字房仲，号中弇山人。南直苏州府太仓（今属江苏）人，王世贞次子。少为诸生，以父荫入太学，工制义及古文词，世贞钟爱，为之娶刑部尚书潘季驯女。世贞万历十八年（1590）卒后数年，苏、松一带以倭寇骚扰，士绅大户或组织乡勇自保，世家公子也多学骑射。时世贞长子士骐守制家居，实倡之，士骕则招募健儿，角艺于家。或以诸世家公子招纳亡命谮之，巡抚朱鸿谟得报不察，谓诸人招降纳叛，意图谋反，遂将士骕及赵州平、秦灯等下狱，又抄得士骕所书手札中有"君实有心追季布，蓬门无计作朱家"句以为证，奏于朝廷，请按律处斩。朝中吴、越籍官员多起而救之，且核士骕手书两句实出《拜月亭》戏文（今传本已删），士骕也于狱中作《揭》文及《十辩》诉冤，遂成疑案。后诸公子瘐死狱中者数人，士骕则革籍戍边。卒于二十九年，年三十六。卒后门人张崃集其遗稿刊为《中弇山人稿》五卷，首有三十八年其友人陈懿典《中弇山人遗稿序》，伤其以天年不永而未成大器。《中弇山人稿》首二卷收乐府及古近体诗一百六十八首，卷三、卷四收各体文六十六篇，狱中所作《揭》文及《十辩》俱在，卷五收与诸人书牍。诸诗文均有法制，大略可读。《千顷堂书目》著录其《摄月楼诗草》二卷，未见传。有清抄本《名家制义》收其制义文一卷。《娄水文征》卷三三录其文一篇。生平见《（嘉庆）直隶太仓州志》卷二六。

王与玟（1605—1642）　字文玉。山东济南府新城（今桓台）人。王象丰子、王象春侄，诸生，困于场屋。平生嗜书画古器，善行草，亦能诗。崇祯十五年（1642）战乱，城破死节，年三十七。次年，其友人集其遗稿，辑为《笼鹅馆集》，现存清抄本两种，一为二卷，一为不分卷，署同学荣实颖、华淑编辑，其甥徐元善选，其子王士骥录，又署侄王士祺重订。内收古近体诗一百三首、词十首，杂文十九篇、题跋二篇、论书五篇、诗话五篇、笔记三则、天牍十六篇。有徐元善、荣实颖序。生平见《(道光)济南府志》卷五一。

王与胤(1589—1644)　字百斯，一字永锡。山东济南府新城(今桓台)人，王象晋次子。天启七年(1627)举人，崇祯元年(1628)进士，选翰林院庶吉士，授湖广道监察御史，巡视河东盐课、陕西茶马。迁应天学政，以建言忤阁臣意，左迁光禄寺署正，引疾归。崇祯十七年四月闻京师陷，携妻子登楼自经死，年五十七。《千顷堂书目》著录其《陇首集》，现存清康熙间王士禛刊本，一卷，收其巡视陕西茶马时所作诗四十二首，首陈允衡序、《王侍御遗诗赞》，与胤《自撰圹志》署"甲申四月二十六日绝笔"，附汪琬等所作传、墓表、逸事状。《明诗综》卷七二录其诗二首。《明诗纪事》辛签卷五录其诗二首。生平见清汪琬《侍御王公传并赞》《王公墓表》、清王士禛《世父侍御公逸事状》(《陇首集》附)，又见陈济生《天启崇祯两朝遗诗·小传》、清邹漪《启祯野乘》卷一〇、《明史》卷三四八。

王子一(籍里及生平不详)　明初朱权《太和正音谱》记明初曲家十六人，列王子一为榜首，称其曲如"如长鲸饮海""风神苍古，才思奇瑰，如汉庭老吏判辞，不容一字增减"。张禄《词林摘艳》卷三录其两套[中吕·粉蝶儿]，卷五又录其[双调·新水令·纪梦]，略可见曲词峻拔遒丽之风格。其人其事不详，《太和正音谱》收其散曲五支，内有"目前事业付酕醄，身后功名从落魄。想当日锦衣花帽，铸金蹄都买凤凰箫"等语，或含其身世之叹。《太和正音谱》记其作杂剧《海棠风》《楚台云》《刘阮天台》《莺燕蜂蝶》等四种，现仅存《刘阮天台》一种：嘉靖间刻《改定元贤传奇》本、万历间刻《元曲选》本题《刘晨阮肇误入桃源》，万历间脉望馆抄校《息机子杂剧》本及明刻《古名家杂剧》本题《刘晨阮肇误入天台》，崇祯间刻《新镌古今名剧柳枝集》本题《误入桃源》。剧凡四折，以元明以来"仙道"观念阐释汉晋之"遇仙"故事。所写刘晨、阮肇误入仙境事，原出南朝宋刘义庆《幽明录》，元马致远曾有《刘阮误入桃源洞》杂剧，未知本剧是否与其有承袭关系？剧中有曲云："空一带江山、江山如画，止不过饭囊、饭囊衣架，塞满长安似麻……因此上不事王侯，不求闻达，隐姓埋名做庄稼，学耕稼。"([青哥儿])流露出作者对世事之愤懑。

王天性(1526—1609)　字则衷，号愧轩，晚号半惩。广东潮州府揭阳人，所居后划归澄海，故或称其为澄海(今属汕头)人。嘉靖三十一年(1552)举人，谒选盱眙教谕，迁丰城县令,四十年调上高县令,四十四年迁南昌府通判,称质直疏豁,有干才。隆庆二年(1568)罢归,卒于万历三十七年(1609)。万历二十二年曾主修《澄海县志》。著述有清道光二十六年(1846)刊《半憨集》二卷,文一卷,诗一卷(收诗百余首)。清冯奉初《潮州耆旧集》卷一六选其文二十四篇辑为《王别驾半憨集》。近人翁辉东《潮州文概》卷三录其文二篇。近人温廷敬《潮州诗萃》录其诗七十余首。生平见《(雍正)江西通志》卷五九、清冯奉初《潮州耆旧集》卷一六。

王元功(生卒年不详) 字无功。浙江杭州府钱塘(今杭州)人,王元寿弟。祁彪佳《远山堂曲品》"能品"著录其传奇《检书》《水浒》《保主》《看剑》《灵犀配》《玛瑙簪》《弄珠楼》《种玉》《花亭》九种。内《花亭》系改订阙名《百花记》,《水浒》系改订许自昌《水浒记》,《种玉》为汪廷讷《种玉记》之重订本(已经许自昌改订);《检书》《保主》《看剑》《玛瑙簪》四种未见传本;现存《灵犀配》《弄珠楼》两种:《灵犀配》有天启四年(1624)查味芹抄本,二卷三十五出,演萧凤侣与宝湘灵、梅琼玉二女情爱婚姻故事,事无所本。《弄珠楼》有崇祯间杭州凝瑞堂刻本,二卷三十二出(存本缺末九出),演南宋时毗陵才子阮翰与二女霏烟、柳枝因诗结缘,中经波折,终因科考中式而得成眷属故事。事亦无所本,仅杂采《宋史》所载韩侂胄、赵汝愚事以点缀关目。《远山堂曲品》评语称元功为"今之作手""用调恰当""一以曲折争奇"。也作散曲,冯梦龙《太霞新奏》存其《咏庠水妇》套数,有题"墨憨斋"评语云:"元功才甚捷,词多率意而成,此其最推敲之作也。"

王元寿(? —1640) 字伯彭,又作伯朋、百朋,号湖隐居士。浙江杭州府钱塘(今杭州)人。万历末以岁贡任湖广蓝山知县,在任兴学校,续辑县志(已佚),以文学饰吏治。时有寇警,曾上《议设营兵防御地方文》论防御,以左迁去职。晚年家居,崇祯十年(1637)曾与祁彪佳、顾圤等结雁社,十三年卒。喜为戏曲,与祁彪佳、陈与郊等为友,尤与祁彪佳交密。自万历至崇祯间共撰传奇二十三种,祁彪佳《远山堂曲品》俱列入"能品",称具为"词坛作手"(《异梦》评语)。现存三种:《异梦记》二卷三十二出,演瞿佑《剪灯新话》卷二《渭塘奇遇记》故事,存万历四十六年(1618)兰畹居士序刊本;《红梨花记》二卷三十四出,本事出冯梦龙《情史类略》卷一二《赵汝州》,有万历间杨居案刊本;《石榴花》又名《巧联缘》《景园记》,二卷三十六出,演《艳异编》及《情史类略》

中张幼谦故事,凌濛初《拍案惊奇》卷二九亦述此故事,有旧抄本,题《景园记传奇》。其余《鸳鸯被》仅存散出;《北亭记》《玉马坠》《一轮画》《击筑记》《紫骝马》《将无同》《中流柱》《紫绶记》《莫须有》《宝碗记》《领春风》《郁轮袍》《题燕记》《鸾书错》《灵宝符》《玉扼臂》《空缄记》《紫绮裘》《紫台怨》等十九种全佚。另,祁彪佳辑清抄本《寓山十六景诗余》录其[蝶恋花]词十六首。祁彪佳《寓山注》卷下录其诗一首,《寓山题咏》录其词一首。《(同治)蓝山县志》收其文三篇、诗九首。生平见《(同治)蓝山县志》卷八。

王元翰(1565—1633)　字伯举,号聚洲。云南临安府宁州(今华宁)人,祖籍凤阳。生于嘉靖四十四年(1565)九月初九。万历十六年(1588)中举,二十九年进士,选翰林院庶吉士,在庶常馆五年,三十四年授吏科给事中,转工科右给事中。居谏垣四年,意气凌厉,以谏诤自任,屡屡切谏,指陈朝廷之弊,至言天下"可痛哭者八事",世服其敢言,也因之多有得罪。时朝廷朋党林立,互相攻讦,三十七年有人劾其贪赃,元翰乃尽出其家私行李,筐箧舁置国门,纵吏士简括,恸哭辞朝,携妻孥离京南下。吏部坐擅离职守,谪其为刑部检校,京察又以浮躁名再谪湖广按察司知事。天启三年(1623)赵南星任吏部尚书,起元翰为工部主事,赴任在途,赵已为魏忠贤所罢,元翰亦被指为东林党人,敕其冠带闲住。后流寓南京十余年,崇祯六年(1633)七月二十卒,年六十九,友人范凤翼等为买棺以殓,葬江宁。以奏疏著名,亦能诗文,著有《未焚草》《南岳草》《山海记》《德邻草》等,卒后曾辑刻为一集,未见传。现存清嘉庆五年(1800)其后人王文涣重刊本《王谏议全集》,分类不分卷,内《疏草》收其奏疏二十八篇,附刘宗周等人所作墓表、墓志、传记、行状;《诗集》收其诗三百二十余首,后补遗三十首;《文集》《尺牍》也均有补遗,盖补遗部分均为嘉庆重刊时所补。另有《云南丛书》初编本,题为《凝翠集》。元翰虽出仕三十年,然在职不过十年,余皆流落于山东、南直、湖广等地,所作因多纪游诗,间有可读。清袁文典等《明滇南诗略》卷七录其诗三十一首,《滇南文略》录其文四十二篇。清陈荣昌《滇诗拾遗》卷四录其诗一百三十首。《明诗纪事》庚签卷二○录其诗一首。近人李坤《滇诗拾遗补》卷三录其诗一首。生平见刘宗周《王公墓志铭》、倪元璐《王谏议传》、范凤翼《聚州王公行状》(《王谏议集》附)及《明史》卷二三六。

王韦(1470—1525)　字钦佩,号南原。南直应天府上元(今江苏南京)人,锦衣卫籍,给事中王徽子。弘治十七年(1504)乡试中举,明年进士,选翰林院庶吉士,正德二年(1507)授南吏部考功司主事,五年丁父忧归。八年起兵部车驾司主事,九年迁南礼部仪制司郎中,十四年迁河南提学副使,任满进南太仆寺少卿,丁母忧归。嘉靖四年(1525)卒于家。少以才称,书法清雅有法,尤以诗名,林俊、储巏等引为忘年交,又得李东阳、陆深赏识。成名后与顾璘、陈沂并称"金陵三俊",后宝应朱应登起,又有"四家"之称。然四人论诗实不同,顾璘《国宝新编》记云:"少卿论诗,专主才情……故其诗婉丽多致,隽味难穷。"王世贞《艺苑卮言》则以为王韦诗"如小儿簪花,学作软体"。所著《南原集》七卷,顾璘所编,凡诗三卷、文四卷,前有璘所作小传,有明焦希程刊本,名《南原家藏集》,《千顷堂书目》著录。现仅存卷五序十一篇,卷六序七、记一、哀词一。《盛明百家诗》前编录其诗三十余首为《王太仆集》一卷。顾起纶《续国雅》卷三录其诗三首。《皇明诗统》卷一八录其诗五首,谓其诗"婉曲浓鲜,颇类温李"。《石仓十二代诗选·明诗选》录其诗二十六首。《列朝诗集》丙集录其诗十八首。《明诗综》卷三二录其诗三首,"诗话"云:"钦佩诗其源出于温八叉,比之义山不

合也。"《四库全书总目》著录其《南园集》,"提要"云:"朱、顾皆羽翼北地(李梦阳),共立坛埠。而韦与陈沂独心惩剿袭之非,颇欲自出手眼……然所作多尚秾丽,亦未能突过李、何。"《金陵诗征》卷一七录其诗十八首。《明诗纪事》丁签卷五录其诗一首,按云:"王钦佩、陈鲁南(陈沂)皆善持论,而诗不尽工。"卓人月、徐士俊《古今词统》卷二录其词二首。《明词综》卷三录其词一首。生平见湛若水《南园王公配张氏合葬墓志铭》(《泉翁大全集》卷六〇)、顾璘《王先生韦传》(《国朝献征录》卷七二)、《明史》卷二八六。

王云凤(1465—1517)　字应韶,号虎谷。山西辽州和顺人,南京户部尚书王佐子。生于成化元年(1465)七月二十五。十九年(1483)举人,二十年进士,除礼部主客司主事。弘治四年(1491)进农祭祀司员外郎,九年进郎中,十一年以劾太监李广下狱,谪陕州知州。稍迁陕西提学佥事,历副使,正德二年(1507)升山东按察使,丁母忧归,请致仕。以吏部尚书张彩荐,起国子祭酒,五年张彩因刘瑾案入狱死,言官劾之,乞休,改南京通政司右通政,病归。杨一清主吏部,以其为右佥都御史巡抚宣府,丁父忧归里。服阕,起督两浙盐课,再疏辞,十二年七月二十二卒,年五十二。与晋人乔宇、王琼同

科进士，后皆成名卿，人称"河东三凤"。《千顷堂书目》著录其《订正复古义》十二篇、《虎谷集》二十一卷又《博趣斋稿》二十三卷。现存正德嘉靖间刊本《博趣斋稿》二十三卷，内诗赋十一卷，收赋二篇、辞一篇、古近体诗二百余首；文十卷，收各体文七十余篇；卷二二收邵宝、乔宇、王琼、赵鹤、杭济、何孟春、陈钦、李赟、李贡、强晟、傅潮、彭桓、刘瑞、张志淳等二十四人送其赴陕州之诗及《灵济宫联句》《慈仁寺联句》，卷二三亦收友人之赠别诗及莆田周宣为王云凤所作祭文。平生留意吟咏，诗亦流畅清新。《皇明诗统》卷一四录其诗十一首。《石仓十二代诗选·明诗选》录其诗近百首。《列朝诗集》丙集录其诗三首。《明诗综》卷二五录其诗三首。清沈德潜《明诗别裁集》录其诗一首。《明诗纪事》丙签卷八录其诗五首，按云："河东三凤，白岩（乔宇）品学政绩称最，晋溪（王琼）、虎谷俱以交纳嬖幸为玷。虎谷文采较晋溪差优。如'洮水南分羌部落，铁城西控汉山川''天连瀚海云常惨，风起龙沙客自愁'……皆可诵也。"亦能文，《明文海》录其文九篇，评语谓其"文有师法"。生平见吕柟《虎谷先生于公云凤墓志铭》（《国朝献征录》卷六三）、马卿《虎谷王公传》（《中丞马先生文集》卷三）、王兆云《皇明词林人物考》卷三。

王太白（1532—1592）　字梦先，号耕心子，又号嵩麓山人。河南开封府杞县人。王嘉言长子，少从父学，而三试乡校不果，贡于礼部不第，后以恩贡授登州福山县训导。平生好诗，在福山与致仕之南兵部尚书郭宗皋多有倡和。放归后，日与二弟以诗相娱。著述现存万历四十二年（1614）王孙昌等辑刊本《耕心子漫稿》二十二卷，首有万历十八年太白自叙，内卷一收"拟补遗雅诗"《南陔》等二十一章，卷二收赋四篇，卷三收拟乐府诗二十一首，卷四至卷五收五七言古诗八十八首，卷六至卷一一收近体诗二百九十五首，卷一二收词五首，卷一三为其所拟《演连珠》，卷一四至卷二二收各体文四十八篇。生平见《（乾隆）杞县志》卷一六。

王凤灵（1498—1562）　字应时，号笔峰，又号耕原山人。原从舅氏姓吴，举进士后始复姓王。福建兴化府莆田人。正德十一年（1516），与兄凤仪同中举人，明年进士，授刑部主事。历员外郎、郎中，简放襄阳知府，丁母忧归。起补淮安，五年后擢陕西提学副使，升广西参政，未赴罢归。嘉靖四十一年（1562）死于倭难，年六十五。《千顷堂书目》著录其《笔峰诗文集》十五卷又《淮阳稿》，未见传。其孙辑其所遗，刻为《笔峰存稿》五卷，明末其玄孙又重刻,《四库全书总目》著录,亦未见传。现存明抄本《笔峰文集》不分卷,有文无诗,依次题为"赠送文三十首""叙集文十五首""寿文十五首""祭文三十首"。《明诗综》卷三六录其诗三首。清郑王臣《莆风清籁集》卷一七录其诗十一首,《兰陔诗话》云:"笔峰性亢直,好激论天下事。历官中外咸有声。为文以气胜,诗亦清遒粹美,可比《莆阳居士集》。晚死于倭难,良可叹也。"清郭柏苍《全闽明诗传》卷一六录其诗十首。《明诗纪事》戊签卷一三录其诗二首。生平见佚名《陕西提学副使王凤灵传》《国朝献征录》卷九四)、《(乾隆)福建通志》卷四四。

王凤娴(生卒年不详)　字瑞卿,号文如子。南直松江府华亭(今上海松江)人,解元王献吉姊,进士张本嘉(号孟瑞)妻。夫为宜春令,四十二岁卒于官,凤娴艰辛自誓,抚子女成人。子张汝开举于乡,官怀庆丞。女张引元、张引庆亦皆喜翰藻,原有《焚余草》四卷《续草》一卷,收诗二百七十五首、诗余七首,附《东归记事》一篇,曾为《千顷堂书目》著录,未见传。又母女互相倡和有《贯珠集》,其二女诗集名《双燕遗音》,亦未见传。沈宜修辑《伊人思》录其诗十二首。托名钟惺《名媛诗归》卷三一录其诗十九首。明末周之标《女中七才子兰咳二集》卷五据《焚余草》录其诗五十二首、诗余七首,又《东归记事》一篇及其兄王献吉《焚余草序》,附二女诗四首。《列朝诗集》闰集录其诗《馆娃宫次韵命二女同作》《燕子楼》,皆有引元、引庆和诗,又录其《悲感二女遗物》(四首),由空闺、闲针、剩粉、纱线引起其对女儿的思念。《明诗综》卷八六录其《悲感二女遗物(四首)》中之《空闺》一首。清季娴编《闺秀集》录其诗三首。清姚宏绪《松风余韵》卷末其诗三首。《御选历代诗余》录其词四首。清徐树敏等《众香词》礼集录其词四首。

王文禄(1503—1591)　字世廉,号沂川,更号沂阳子,又自署廉子、海沂子。浙江嘉兴府海盐人。嘉靖十年(1531)举人。居身廉峻,未尝以私干人,户田三百,请编役如民。性戆直,遇不平则叱骂,不避权贵。负奇嗜古,闻人有异书,倾囊购募,得必手校。家有书万轴,年八十余仍吟诵不止,曰"我读来世书耳"。屡上春官不第,拒不谒选,以著书为业。卒于万历十九年(1591),年八十九。平生杂著甚多,曾辑编《明世学山》五十种(后改题《丘陵学山》,增至七十四种),存嘉靖三十三年刊本,内《海沂子》五卷、《文脉》三卷、《廉矩》《医先》《机警》《葬度》《补衍》《龙兴慈记》《求志编》《文昌旅语》《与物传》《庭闻述略》各一卷,皆为文禄自撰。后万历刻《百陵学山》一百种又增收其《广成子疏略》《阴符经疏略》《胎息经疏略》《泰熙录》《周易参同契疏略》《诗的》各一卷,《竹下寱言》二卷,《策枢》五卷。所著瑕瑜互见,多不经之言,惟《文脉》三卷,论古今之文,梳理明代文章流变,尚有可取,为《四库全书总目》著录,"提要"谓其书"品藻古今,颇出别解"。《千顷堂书目》著录其另有《海宁卫志》《海盐县艺文志》,又著录其《王生艺草》十二卷,皆未见传。《明文海》录其《烟雨楼赋》等九篇。清沈季友《檇李诗系》收其诗二首。生平见过庭训《本朝分省人物考》卷四四、《(康熙)海盐县志》卷八、《(雍正)浙江通志》卷一七九。

王心一(1572—1645)　字纯甫,号玄珠、玄渚,又称半禅野叟。南直苏州府吴县(今江苏苏州)人。出身寒素,曾习丹青,以不愿俯首艺事,夜即篝灯读书,以求举业。万历三十七年(1609)领乡荐,四十一年进士,授行人,迁江西道御史,天启间向上疏言客氏之祸,削籍归。崇祯初起原官,历太仆寺少卿,官至刑部左侍郎。崇祯四年(1631)购入园林,名其为"归田园居"(即日后之拙政园)。弘光立,召而未赴。清顺治二年(1645),以牵连明故宗室案,为清吏逮治,死狱中,年七十四。山水仿黄公望,笔墨秀逸。亦能诗,

《千顷堂书目》著录其《归田园诗集》。现存清乾隆十三年(1748)王睿刊本《兰雪堂集》八卷,文六卷、诗二卷,集前有佚名《王心一传》、何士晋《粤西疏草序》、陈元泰《风尘记余序》。又有清抄本《兰雪堂烬余集》十卷,亦诗文兼收。《明诗综》卷六〇录其诗三首。生平见佚名《王心一传》(《兰雪堂集》卷首)、《(乾隆)江南通志》卷一四〇、《明史》卷二四六。

王以旂(1486—1553)　字士招,号石冈。南直应天府江宁(今属江苏南京)人。生于成化二十二年(1486)九月二十四。正德五年(1510)举人,六年进士,除上高知县,征授御史。嘉靖间累官至兵部右侍郎兼金都御史,总理河漕。迁南右都御史,召拜工部尚书,改左都御史。寻为兵部尚书,总督三边,加太子太保,在镇六年,修延绥城堡,筑兰州边城。嘉靖三十二年(1553)闰三月初三卒,年六十八,赠少保,谥襄敏。《千顷堂书目》著录其《石冈集》四卷、《王襄敏公奏议》十卷。《四库全书总目》著录其《漕河奏议》四卷及《襄敏集》四卷。现存万历元年(1573)刊本《王襄敏公集》四卷,其子王钥辑刊,诗二卷收诗一百六十九首,文二卷收各体文三十六篇。以旂以治河、按边名,词章未著。《明诗综》卷三四录其诗一首。《金陵诗征》卷一八录其诗七首。《明诗

纪事》戊签卷一一录其诗一首。生平见徐阶《王公以旂墓志铭》(《皇明名臣墓铭》坤集)、谢少南《石冈王公以旂行状》《国朝献征录》卷五七)、《明史》卷一九九。

王以悟(生卒年不详)　字惺所。河南河南府陕州(今三门峡)人。万历三十二年(1604)进士,授邢台令,进为兵部主事,历员外郎、郎中,天启元年(1621),累官至山西参政,甫三月即告归。少入孟化鲤之门,讲"良知"之学,以无欲为宗,慎独为体,力求躬行,与张信民、吕维祺等人倡明师说,办建正学书院以讲学。所著有《王惺所先生集》十卷,有天启间洛阳王氏刊本,王毓宗、陈大道、张孔训、夏禹英等序。是集序、记、奏疏、书启、墓志、行状等各体文八卷,卷九为讲学日录、答部,卷一〇为各体诗,近百首。另有清初重修本。生平见《(雍正)河南通志》卷六一。

王玉峰(生卒年不详)　南直松江府华亭(今上海松江)人。撰有传奇《焚香记》,有万历间刻《李卓吾评焚香记》,明末刻《新刻玉茗堂焚香记》,又明末汲古阁原刻初印本、汲古阁刻《六十种曲》本。剧有剑啸阁主人(袁于令)序,二卷四十出,演宋状元王魁与妓女敫桂英婚变故事。王魁、桂英故事始见于北宋张师正《括异记》卷三、李献民《云斋广录》卷六,南宋罗烨《醉翁谈录》辛集卷二记当时已有《王魁负约桂英死报》话本。据宋周密《武林旧事》,宋官本杂剧有《王魁三乡题》。佚名《南词叙录》著录《王魁负桂英》戏文,又记云:"南戏始于宋光宗朝,永嘉人所作,《赵贞女》《王魁》二种实首之。"钮少雅《南曲九宫正始》存《王魁负桂英》戏文残曲十八支,注为"元传奇"。元尚仲贤有《海神庙王魁负桂英》杂剧(《录鬼簿》著录,现存残曲一套)。明人传奇自明初杨文奎《王魁不负心》(《录鬼簿续编》著录)、阙名《桂英诬王魁》(《南词叙录》著录)起开始为王魁负心翻案,至此剧则增设众多关目,敷演大团圆结局。周之标《乐府珊珊集》、许宇《词林逸响》、止云居士《万壑清音》等皆收《焚香记》散出。后世昆曲多演《焚香记》中《阳告》《阴告》《明冤》《活捉》等片段。清初佚名《传奇汇考标目》另著录玉峰有传奇《羊觚记》,未详所据。

王世贞(1526—1590)　字元美,号凤洲,又自署弇州山人、弇州生、弇州居士、弇山人、天弢居士、天弢道人。南直苏州府太仓(今属江苏)人。祖父倬,南兵部右侍郎;父忬,以右都御史兼兵部左侍郎总督蓟辽。世贞生于嘉靖五年(1526)十一月初五。二十二年领乡荐,二十六年进士,除刑部主事,历员外、郎中。杨继盛下狱，代其妻草疏，既死，复棺殓之，因为权臣严嵩嫉恨。三十五年出为山东按察司副使，三十八年，其父以滦河战事失利，为嵩所构，诏逮下狱，与弟世懋乞以身代不成，次年杍被戮于市，兄弟持丧归里。穆宗即位，与弟伏阙为父论冤，诏复忤原官。隆庆二年（1568）起补河南按察司副使，三年进浙江左参政，四年再迁山西按察使，旋丁母忧。万历元年（1573）起为湖广按察使，同年迁广西右布政使，擢太仆寺卿，二年九月以右副都御史抚治郧阳，四年除南大理寺卿，未任被劾罢归。六年冬有推补应天府尹之命，又未赴即劾罢。家居沉湎仙道，十二年起南刑部右侍郎，未赴。十五年补南兵部右侍郎，十七年升南刑部尚书，乞归。十八年十一月二十七卒，年六十五，赠太子太保。平生以学博才雄、著述弘富称，又好交游结社，与同道相标榜，因成一时文坛领袖。弱冠登朝，即与李攀龙、谢榛、宗臣、梁有誉、吴国伦、徐中行等结社倡和，承"前七子"诗文复古之论，史称"后七子"。李攀龙逝后，世贞操文柄二十余年，"一时士大夫及山人、词客、衲子、羽流，莫不奔走门下"（《明史·工世贞传》）。诗文著述原有单行本如《伏阙稿》《阳羡诸游稿》《游太和杂稿》等行世；又有隆庆二年刊《凤洲笔记》二十四卷（诗二

卷、文四卷、尺牍二卷、《明诗评》四卷、《名卿续集》四卷、《安南传》二卷、杂编六卷）。万历初辑为《弇州山人四部稿》一百七十四卷，有万历四年世经堂初刊本，另有重印一百八十卷本、一百九十卷本。世贞生前，《弇州山人四部稿续稿》亦在编辑中，现存三十二卷抄本或为其手定，卒后其长子士骐所刊《弇州山人四部稿续稿》则为二百零七卷。《四库全书》收《弇州山人四部稿》及《续稿》，《总目》"提要"论其著述云："考自古文集之富，未有过于世贞者。其摹秦仿汉，与'七子'门径相同，而博综典籍，谙习掌故，则'后七子'不及，'前七子'亦不及，无论广、续诸子也。惟其早年自命太高，求名太急，虚憍恃气，持论遂至一偏。又负其渊博，或不暇检点，贻议者口实。故其盛也，推尊之者遍天下，及其衰也，攻击之者亦遍天下。平心而论，自李梦阳之说出，而学者剽窃班、马、李、杜，自世贞之集出，学者遂剽窃世贞。故艾南英《天佣子集》有曰'后生小子不必读书，不必作文，但架上有前后《四部稿》，每遇应酬，顷刻裁割，便可成篇。骤读之，无不秾丽鲜华，绚烂夺目，细案之，一腐套耳'云云。其指陈流弊，可谓切矣。然世贞才学富赡，规模终大，譬诸五都列肆，百货具陈，真伪骈罗，良楛涌杂，而名材瑰宝亦未尝不错出其

中。"平生首以诗著，"于唐好白乐天，于宋好苏子瞻"(李维桢《弇州集序》)，虽未全脱"前七子"之影响，然注意"捃拾宜博"，以剽窃、模拟为"诗之大病"，强调"一师心匠"，"气从意畅、神与境合"等，持论较李攀龙通达，故其诗不全为复古所囿。《盛明百家诗》录其诗五百余首，编为《王副使集》《续王凤洲集》。顾起纶《国雅》卷一五录其诗二十一首。《皇明诗统》卷二九录其诗十三首。《皇明诗选》录其诗九十八首，赞其诗取材赡博，纵心触象，诸体皆有可取之作。《列朝诗集》丁集录其诗七十首。《明诗评选》录其诗一首。《明诗综》卷四六录其诗四十二首，"诗话"云："嘉靖'七子'中，元美才气十倍于鳞，惟病在爱博。笔削千兔，诗裁两牛，自以为靡所不有，方成大家。一时诗流皆望其品题，推崇过实，谀言日至，箴规不闻，究之千篇一律，安在其靡所不有也。乐府变奇奇正正，易陈为新，远非于鳞(李攀龙)生吞活剥者比。七律高华，七绝典丽，亦未遽出于鳞下。当日名虽'七子'，实则一雄。"清沈德潜《明诗别裁集》录其诗四十首。清施何牧《明诗去浮》卷三录其诗三十一首。《海虞文征》录其诗十六首。《明诗纪事》己签卷一录其诗十四首。其论诗著述《艺苑卮言》八卷、《明诗评》四卷，于诗坛影响甚大。

其词亦为人所重，或以为有明一代仅次于杨慎，后世则有人以为其"不工于词"(李调元《雨村词话》)。《御选历代诗余》录其词十二首。近人赵尊岳《明词汇刊》录其词八十余首为《弇州山人词》。间论曲，见于《艺苑卮言》附录(后摘出单刻称《曲藻》)。以为曲当"体贴人情，委曲必尽；描写物态，仿佛如生；问答之际，了不见扭造"。文亦鸣于世。贺复征《文章辨体汇选》录其文五十三篇。《明文海》录其文十三篇。《海虞文征》录其文十一篇。《娄水文征》录其文三十四篇。或曰敷演当时时事之传奇《鸣凤记》亦为世贞所作，疑不确。又以熟悉当朝掌故、史实称，作《嘉靖以来首辅传》八卷、《觚不觚录》一卷、《读书后》八卷等，皆传于世。后人另辑其杂著《皇明盛世述》《皇明异典述》等十余种为《弇山堂别集》一百卷，万历以来亦有刊本多种。又曾辑编《剑侠传》，收元明以前记剑侠之小说、杂著三十三篇，存隆庆刊本。早年还曾辑编《艳异编》，杂收有关男女、怪异内容之文言小说、杂著，现存四十五卷、四十卷本等不同刊本。另，明季假托王世贞评点、编辑之书如《南华经注》十六卷(有明四色套印本)、《会纂纲鉴历朝正史全编》二十三卷(有万历刻本)甚多。生平见王锡爵《王公世贞墓志铭》《国朝献征录》

卷四五）、陈继儒《王元美先生墓志铭》（《陈眉公先生全集》卷三一）、《明史》卷二八七。清钱大昕有《王弇州山人年谱》（《潜研堂全书》本）、清王瑞国有《琅琊凤麟两公年谱合编》（清缪朝荃《东仓书库丛刻》本）。

王世懋（1536—1588） 字敬美，号麟洲，又号损斋、墙东生。南直苏州府太仓（今属江苏）人，王世贞弟。生于嘉靖十五年（1536）五月二十六。嘉靖三十七年顺天乡试中举，三十八年进士，时其父忬总督蓟辽，恰当年因泺河战事失利入狱，与兄乞以身代不成，次年其父被戮于市，兄弟持丧归里。隆庆元年（1567）兄弟赴阙为父论冤，诏复其父原官，世懋始除南礼部主事，寻改北。迁尚宝寺丞，出为江西参议，迁陕西副使，改福建，迁南太常少卿，移疾归。万历十六年（1588）闰六月十四卒于家，年五十三。其学甚广，善诗文，于诗诸体皆习。著述现存明季单刊本多种。本集《王奉常集》六十九卷，现存万历十九年王氏家刊本，内诗十五卷，收诗一千二百余首、词八首；文五十四卷，其中第五十二卷为《澹思子》、五十三卷为《艺圃撷余》、五十四卷为《经子臆解》，有陈文烛、李维桢、高出、吴国伦序。又有万历十三年刊《王奉常杂著》二十二卷，内《经子臆解》《读书订疑》《窥井外乘》《二酉委谭》《艺圃撷余》《澹思子》《王氏父子却金传》《远壬文》《名山游记》《归田倡酬稿》《闽部疏》《饶南九三府总图说》各一卷，《望崖录内编》一卷外编一卷、《学圃杂疏》二卷拾遗一卷、《纪游稿》二卷。盖本集与《杂著》有《澹思子》《艺圃撷余》《经子臆解》三种重出。诗学早岁服膺李攀龙及其兄，以为"诗家集大成者，昔惟子美，今则吾兄"（《列朝诗集》丁集）。故诗作多学汉魏、盛唐。晚岁论诗，旨趣渐移，颇厌模拟剽窃之风。所著诗话《艺圃撷余》论诗推崇"格调"，然不偏执，故《四库全书》收《艺圃撷余》，《总目》"提要"称其"皆能不为党同伐异之言""未可与'七子'夸谈同类而观也"。《盛明百家诗》录其诗九十余首为《王仪部集》一卷。顾起纶《国雅》卷一五录其诗十八首。《皇明诗统》卷二九录其诗九首。《皇明诗选》录其诗一首。《明诗评选》录其诗二首。《明诗综》卷四七录其诗四首，"诗话"云："敬美才虽不逮哲昆，习气犹未陷溺。"清沈德潜《明诗别裁集》录其诗二首。《四库全书总目》著录《王奉常集》六十九卷，"提要"云："世懋名亚于其兄世贞，而澹于声气，持论较世贞为谨严。厥后《艺苑卮言》为世口实，而《艺圃撷余》论者乃无异议，高明、沉潜之别也。但天姿学力皆不及世贞，故所作未能相抗耳。"《海虞文征》录其诗一首。《明诗纪事》己签卷七录其诗十二首。《御选历代诗余》录其词二首。近人赵尊岳《明词汇刊》录其词八首为《王奉常词》。其文亦畅达,《明文海》录其文达二十篇。《海虞文征》录其文二篇。《娄水文征》录其文十一篇。又,所著志神怪之随笔杂记《二西委谭》亦著名。生平见王世贞《亡弟中顺大夫太常寺少卿敬美行状》(《弇州四部稿续稿》卷一四〇)、王锡爵《麟洲王公世懋墓志铭》(《国朝献征录》卷七〇)、赵用贤《太常王敬美传》(《松石斋集》卷一三)、《明史》卷二八七。年谱有清王瑞国《琅琊凤麟两公年谱合编》(清缪朝荃《东仓书库丛刻》本)。

王斥(1607—1640)　原名泽,字春卿,号王屋。河南开封府兰阳(今兰考)人。天启元年(1621)举人,崇祯四年(1631)进士,次年选滋阳知县,六月二十八日到任,有鲁藩宗人朱寿镕杀人,批滋阳简审,王斥承牒治其狱,鞭寿镕十五,忤鲁王。山东巡按御史因以擅刑室室,激变地方见劾,逮下法司,谪戍睢州卫,时到任不足一月。在戍九年,十三年上书自理,疏上不报,旋因病卒于戍所,年三十四。卒后,其同年张天机刻其遗稿,现存清顺治二年(1645)周亮工等刊本《王王屋文集》三卷、《诗集》一卷,张民表序。又有康熙二十年(1681)其子王顾等刊本《王王屋遗稿》二卷,贾光先序。《千顷堂书目》仅著录《王王屋集》二卷,当为后者。《明诗综》卷六八录其诗二首,"诗话"云:"王屋嗜奇,鞭驱险句,观其《起衅宗藩自理》一疏,辞艰晦而不舒,在纳言难以封进。"(《雍正》河南通志》录其诗、文各一。生平见谈迁《北游录·纪闻上》、《(1935)兰阳县志》卷八。

王龙起(生卒年不详)　字震孟,号鳞长。福建漳州府龙溪(今漳州)人。嘉靖、万历间布衣而好诗者。现存万历龙光堂刊本《王震孟诗集初选》三卷、《文集初选》一卷,卷端题社友黄衮黼、陈士奇等五人同选,有万历四十七年(1619)朱之蕃《王鳞长诗文初稿引》《题王震孟诗文初稿》,计收诗五百二十余首、词四十三首、各体文二十九篇。《皇明诗选》录其诗一首。《御选宋金元明四朝诗》录其诗十八首。

王田(生卒年不详)　字舜耕,号西楼。山东济南府历城(今济南)人。约生活于正德、嘉靖时。"以县佐请老归田,才敏,喜为乐府词,脍炙人口,远近传播。山水学高房山,不失矩度。"(《(道光)济南府志》卷四九)。有散曲集集《西楼乐府》,又称《王舜耕词》,未见传。王骥德《曲律》记云:"今世所传《西楼乐府》有二,一为王磐,字鸿渐;一为王田,字舜耕,济南人,二人俱号西楼。舜耕之词,较鸿渐颇富,然不如鸿渐精炼。"王世贞《艺苑卮言》云:"王舜耕,高邮人。有《西楼乐府》,词颇警健,工题赠,善调谑,而浅于风人之致。"已将二人混淆。《乐府群玉》《词谑》《雍熙乐府》《北曲拾遗》等存此济南王田小令三支、套数七套。又,明代另有一王田,亦字舜耕,山东兖州府单县人,洪武间以才举为济南府训导,永乐时官山阴县令,善水墨,亦能吟咏,生平见《(康熙)绍兴府志》,前人亦多有混淆。此济南王田生平见韩昂《续图绘宝鉴》卷六、《(道光)济南府志》卷四九。

王用宾(1501—1579)　字允兴,号三渠。陕西西安府咸宁(今西安)人。生于弘治十四年(1501)正月初十。正德十四年(1519)乡试中举,明年中会试,以帝南巡,至十六年廷试,赐二甲进士,选翰林院庶吉士,嘉靖元年(1522)丁母忧归。四年制终如京,授编修,七年与修《明伦大典》,书成,晋修撰,充经筵日讲官。迁右春坊右谕德,十七年丁父忧归。二十年升南京国子监祭酒,改北,又升詹事府少詹事兼侍读学士,乞归。寻再起为詹事,二十九年以资深升礼部右侍郎,改吏部左侍郎,三十三年拜礼部尚书兼翰林学士,改南京吏部尚书,四十四年以尚书九年,加太子太保,乞休归。万历七年

(1579)七月初七卒,年七十九,谥文简。现存《三渠先生集》十四卷,最早为万历十二年冯显刻本,后万历二十九年其裔孙王绍贞据冯本重辑,卷前有王鹤万历十二年《三渠先生集序》、万历二十九年周宇《重刻三渠先生集序》,前四卷收各体诗二百四十首,后十卷收诸体文一百零三篇,附录收王鹤、杨兆等人所撰行状、墓志铭。又有天启二年(1622)其孙王绍贞《重刻三渠先生集》十六卷,增来复《重刻太宰王三渠先生集序》、崔尔进《重刻太宰王三渠先生集序》。内前四卷收诗二百余首,卷五为经筵讲章、颂五篇,卷六表二十三,卷七奏疏十三,卷八至卷一四收各体文六十余篇,卷一五收书三十五篇,卷一六为《家乘》九篇,附行状、墓志铭。《千顷堂书目》著录《三渠先生文集》即此本也。《皇明诗统》卷二二录其诗四首。《明诗综》卷三七录其诗《出塞》一首。生平见王鹤《三渠王公行状》、杨兆《三渠王公墓志铭》(《重刻三渠先生集》附录)、《(雍正)陕西通志》卷六〇。

王用章(生卒年不详)　字汝平。河南开封府祥符(今开封)人。嘉靖四十年(1561)举人,四十四年进士,授昆山知县。以民赋繁重,乃定雇役之法,期年而昆山民悦,三年秩满,迁常州同知,治昆山如故。万历三年(1575)入为礼部主客司员外

郎，乞归卒。其令昆山时，县学诸生刻其诗为《松云集》，《盛明百家诗》据之选录三十六首为《王氏松云集》。《千顷堂书目》著录其《诗法源流》三卷。顾起纶《续国雅》卷四录其诗三首。《皇明诗统》卷二六录其诗五首。生平见《（同治）开封府志》卷二六、《（光绪）祥符县志》卷一六。

王乐善（1551—1595）　字存初，又字存甫。京师顺天府霸州（今河北霸县）人。万历七年（1579）举人，二十年进士，除行人。迁吏部主事，升郎中，二十三年卒，年四十五。《千顷堂书目》著录其《鹠适轩诗稿》又《扣角集》。现存万历刻崇祯二年（1629）王铨重修本《王考功鹠适轩诗集》十卷、《文集》四卷、附录一卷，计收赋四篇、诸体诗八百六十余首、词九首、各体文八十篇，卷前有天启元年（1621）仲秋邹元标《题王考功集》，末有王铨《考功集后序》。《皇明诗统》卷三九录其诗十二首。《列朝诗集》丁集录其诗二首，"小传"谓其《扣角集》"多自伤不遇之意"。《明诗综》卷五七录其诗三首。《御选宋金元明四朝诗》据之录。清王崇简《畿辅明诗》录其诗十首。《明诗纪事》庚签卷一七录其诗二首。近人赵尊岳《明词汇刊》辑录其词二首为《鹠适轩词》。《明文海》录其《后长门赋》等四篇赋。生平见《王考功鹠适轩诗集》十卷、《文集》四卷附录萧云

举《墓志铭》、王嘉谟《墓表》。

王立道（1510—1547）　字懋中，号尧衢。南直常州府无锡（今属江苏）人，王表子，唐顺之妹婿。嘉靖十四年（1535）进士，选翰林院庶吉士，授编修。二十六年卒，年三十八。有文才，《千顷堂书目》著录其《具茨集》九卷又《诗集》六卷，现存万历六年（1578）王化弘嘉乐堂刻增修本《校刻具茨先生诗集》五卷、《文集》八卷、《遗稿》一卷附录一卷。《诗集》五卷收诗近六百首、词十首；《文集》收赋六篇，余为试策、表及各体文，卷八为"补遗"，后又有《遗稿》；附录则收唐顺之等所作墓铭、传等。《四库全书》收《具茨诗集》五卷《文集》八卷《遗稿》一卷，删去附录，"提要"云：其诗虽微嫌婉弱，而冲容淡宕，不为奇险之语，犹有中唐钱、刘之遗。文则纵横自喜，颇于眉山为近。其《论文书》有云：'兵无常形，以正胜者什九；文无常体，以奇善者什一。《盘》《诰》之文，则六经之什一耳。效而似者，犹未可为常，而况其万不类也哉！'其言深中当时北地诸人模仿周、秦之弊，即其所为文可识矣。"《盛明百家诗》录其诗十八首为《王翰林集》。《明诗综》卷四二录其诗一首。清顾光旭《梁溪诗钞》卷八录其诗三十四首。《明诗纪事》戊签卷一九录其诗十首，按语谓其"文学欧阳，诗学中唐"。近人赵

尊岳《明词汇刊》录其词八首为《具茨诗余》。生平见唐顺之《王君立道墓志铭》(《具茨集》附录)、王维桢《王太史立道传》(《具茨集》附录、《国朝献征录》卷二一)。

王玄度(1602—1655)　字尊素、元素。南直徽州府歙县(今属安徽)人。少补诸生,有诗文名,与歙西后浒许楚为诗友,工古文辞,游心周秦以远。书法初学颜真卿,后宗二王,间画山水。龚贤曾称程嘉燧、李永昌、方式玉、王玄度、渐江(释弘仁)、吴山涛、汪之瑞、孙逸、程邃、查士标为"天都十子"(《题山水卷》),皆为明末清初能诗善画者。玄度平生放浪诗酒,诙谐跌荡,不善经商,然每有积金辄扶贫济困。卒于清顺治十二年(1655),年五十五。所著有《轩辕阁诗集》,未见传。清初陈允衡编顺治澄怀阁刊本《诗慰》二集自玄度《莱草》选录其诗二十七首,又自《庐山草》选诗四十五首,刊为《王学人遗集选》。清卓尔堪《明遗民诗》录其诗三首。生平见《(1937)歙县志》卷一〇。

王训(生卒年不详)　贵州宣慰使司(今贵阳)人,卫籍。少读书,有抱负,喜兵事,年十八曾上《保边政要策》八篇于朝廷。贵州永乐时置省,始有"三学",洪熙元年(1425)诏令贵州儒生就试湖广,宣德四年(1429)又令附云南乡试,皆定贡士

额一人,至七年云,贵定额总十五名,贵州五名。王训宣德十年中举,即为五人之一也。正统时,授儒学训导,十三年王骥征麓川,辟其佐赞军事。景泰元年(1450)侯琎领兵讨苗叛,亦多参与谋划,升教授。晚以子贵,封武略将军,卒年八十。能诗文,《千顷堂书目》著录其《寓庵文集》三十卷,或以其为贵州人之有文集之始,未见传。方志存其《东坡月潭寺记》《嘉瓜颂》及诗数首,清莫友芝《黔诗纪略》卷一录其诗六首,计存诗十首,内题咏贵州风物诗四首。生平见《(乾隆)贵州通志》卷二八。

王永光(1560—1638)　字有孚。京师大名府长垣(今属河南)人。万历二十年(1592)进士,授中书舍人。二十六年迁吏部主事,检故牍,见建言降谪者二百有奇,察其尤者,请复其官,士论归之。三十年升通政司参议,历右通政,擢右佥都御史,巡抚浙江,四十二年转南大理寺卿。光宗即位,迁工部左侍郎,署部事,拜工部尚书。天启三年(1623)改户部尚书,总督仓场,调掌南京督察院,改南兵部尚书。崇祯元年(1628)复任户部尚书,转吏部尚书,二年被劾罢归,十一年卒,年七十九。永光为人强项,为官敢为,不愿党附,故于明末党争中左右支绌,屡遭物议。《千顷堂书目》著录其《冰

玉堂集》，现存明刊本《冰玉堂诗草》一卷，收诸体诗二百八十余首，诗未分体，亦未分门类，无序跋，可读之作不甚多。卷末其《自赞》云"皤然一叟，强直自遂。忠能结主，戆辄招议"云云，或为其自鉴。清王崇简《畿辅明诗》录其诗一首。生平见《（雍正）畿辅通志》卷七三。

王永积（1600—1660）　字稺实，号崇岩，又号蠡湖野史。南直常州府无锡（今属江苏）人，王立道曾孙。崇祯六年（1633）中举，次年进士，授武定知州。历兵部职方员外郎，中官王之心欲用其弟王之仁为浙江总兵官，永积不肯从，因以推举迟延事获遣。归乡后于五里湖畔筑蠡湖别墅，建怀音堂，隐居不出。入清称遗民，顺治十七年（1660）卒，年六十一。所著《锡山景物略》八卷，有清刊本传世，纪无锡山川名胜，分四正四隅，每记一地，皆首载沿革，次载诗文，永积诗亦往往附载。《四库全书总目》著录《锡山景物略》，"提要"谓其"采录过滥，邀饮联吟之作，动辄盈编，于锡山地志图名泒不相涉，则贪于标榜，未讲体例之过耳"。诗文别集称《心远堂遗集》二十卷，现存清刊本，署"男淑高、洗高同校"，为其生前所编。是集文十四卷，收奏疏五篇、策九篇、诸体文一百四十余篇；诗六卷，收诸古近体诗六百六十余首，末附词四首，无序

跋。清顾光旭《梁溪诗钞》卷一三录其诗九首。清周有壬《梁溪文钞》卷二〇录其文四篇。清王直等《锡山文集》录其文十四篇。近人赵尊岳《明词汇刊》录其词三首为《心远堂词》。生平见《（康熙）常州府志》卷二四。

王弘诲（1542—1615）　字绍传、少传，一字忠铭，自号天池居士。广东琼州府定安（今属海南）人。生于嘉靖二十一年（1542）七月。嘉靖四十年弱冠中举，以丁父忧未赴次年春闱，四十四年中进士，选翰林院庶吉士，隆庆四年（1570）授检讨，晋编修，充会试同考官。万历十年（1582）进春坊谕德，掌南京翰林院事，十一年擢南国子监祭酒，加太子宾客，历南吏部右侍郎，转礼部左侍郎，十七年拜南京礼部尚书，二十七年乞致仕。三十三年在乡创尚友书院，并资助修建澄迈天池书院、文昌玉阳书院，四十三年（1615）五月初七卒，年七十四。弘诲在天南名甚著，或将其与丘濬、海瑞并称。卒后门生区大伦天启四年（1624）为其作传，谓其著有《尚友堂集》《南溟奇甸》《吴越游记》《来鹤轩集》《居乡约言》《天池草》等。《千顷堂书目》著录其《文字谈苑》四卷、《尚友堂稿》又《天池草》二十六卷。所见清刊本题《太子少保王忠铭先生文集天池草重编》，二十六卷，内卷一载诰命、

册文、诏议、表笺等，卷二起为其所作奏议及杂文，卷一〇为《吴越游记》；末六卷为诸体诗，收诗四百六十余首。是集卷首有其门生焦竑序，又有清康熙九年(1670)安定县令杨天绶及康熙二十二年安定县令姜植序，知已经数次刊刻。《四库全书总目》著录其《天池草》二十六卷即此本也，"提要"云："弘海初释褐时，值海瑞廷杖下诏狱，力调护之。张居正当国，又尝作《火树篇》《春雪歌》以讽，为居正所衔，盖亦介特之士也。"1935年刊《海南丛书》所收之《天池草》则与康熙二十二年序刊本略异，所据或为他本。《滇南诗选》录其诗一百一十首。清屈大均《广东文选》录其文四篇、诗三首。清梁善长《广东诗粹》卷四录其诗一首。《明诗纪事》已签卷一五录其诗一首。生平见区大伦《忠铭王先生传》(《王忠铭先生文集》卷首)、《(雍正)广东通志》卷四六。

王邦瑞(1495—1562)　字惟贤，号凤泉。河南河南府宜阳人。生于弘治八年(1495)五月十九。正德十二年(1517)进士，选翰林庶吉士，居父忧，服阕授广德知州，又以祖丧去职。起补滁州，历南刑部员外郎、南吏部郎中，出为陕西按察佥事，升副使，提督学校，迁陕西布政司参政。丁母忧归，服阕升都察院右佥都御史，巡抚宁夏。历南大理寺卿、兵部右侍郎，改吏部右侍郎，转左。俺答

犯都城，督九门，嘉靖二十九年(1550)拜兵部尚书，协理京营戎政。四十年十二月十三(1562年1月17日)卒，年六十七，赠太子少保，谥襄毅。为人严毅有识，服官四十年，以廉能著。《千顷堂书目》著录《王襄敏公奏议》八卷、《王襄毅公集》二十卷。现存隆庆五年(1571)温如春刊本《王襄毅公集》二十卷附录一卷，诗赋八卷，收赋一、颂一、诗三百五十首，文十二卷，收各体文一百十余篇，姚弘谟序，温如春跋。《明诗综》卷四一录其诗一首。生平见郭朴《襄毅王公邦瑞墓志铭》(《国朝献征录》卷三九)、《明史》卷一九九。

王在晋(1564—1643)　字明初，号岵云。原籍大名府濬县(今河南浚县)，侨寓南直苏州府太仓(今属江苏)，遂入籍。万历十三年(1585)应天乡试中举，二十年进士，授中书舍人。迁工部主事，历员外、郎中，出为福建按察佥事。累迁江西左布政使，以右副都御史巡抚山东，进河道总督，又以兵部左侍郎署部事。熊廷弼、王化贞丢失广宁，朝廷大震，天启二年(1622)三月以王在晋代熊廷弼为兵部尚书兼右副都御史，经略辽东、蓟镇、天津、登、莱。在晋提出"抚虏、堵隘"及扩军备、固守山海关之方略。大学士管兵部事孙承宗自请行边，赴山海关，回京后，面奏在晋不足任，"笔舌更自迅

利,然沉雄博大之未能",八月改在晋为南兵部尚书,五年转南吏部尚书,告归。崇祯初召为刑部尚书,就改兵部,坐张庆臻改敕书事,削籍归乡。十六年(1643)卒,年八十。《千顷堂书目》著录其《龙沙会草》又《越镌》二十一卷又《楚编续集》十卷又《兰江集》二十二卷又《辽海集》二卷又《西湖小草》十卷。现存万历二十八年序刊本《兰江集》二十二卷,前八卷收诗八百首,次十二卷收各体文;卷二一、卷二二又题为《楚篇》,卷二一收诗一百三十余首,卷二二收序、记等文七篇。又万历三十九年刊《越镌》二十一卷,诗赋三卷,收赋二,诗二百十二首,文十八卷,有黄汝亨、朱国祯、陈懿典序。又有天启刊本《石渠阁类次王岵云先生集》四十卷(刘钟英等辑)。《千顷堂书目》另著录其《海防纂要》十三卷、《两山崇祀录》一卷、《历代山陵考》二卷《明朝山陵考》二卷、《通漕类编》九卷,均存明刊本。又有清抄本《三朝辽事实录》十七卷《总略》一卷。另有各种疏稿计二十余卷载于《千顷堂书目》,《平辽纪要》《平辽续集》见于清代禁书目录。《明诗综》卷五七录其诗一首。《娄水文征》卷三四录其文三篇。《明诗纪事》庚签卷一七录其诗三首。生平见《明史》卷二五七。

王达(1343—1407)　字达善,号耐轩居士,又号天游道者。无锡(今属江苏)人。少孤贫力学,有风流儒雅之名,元末曾与吴门韩奕、王绂等偕游惠山,汲泉瀹茗,王绂因作《四士图》,黄公望作诗十六韵题其上,遍传于吴中。洪武初举明经,初任训导,后改大同府学教授。建文元年(1399)除国子助教。永乐初,姚广孝荐其为翰林编修,与修《太祖实录》,迁侍读学士,与修《永乐大典》,五年(1407)六月卒。能诗善词,与解缙、王偁、王璲、王洪号"东南五才子",所著有《耐轩》《问津》《南归》《天游》《梅花百咏》诸稿及《景仰撮书》《笔筹》等。曾结为《天游集》十卷、《天游别集》二卷又《天游杂稿》十卷,为《千顷堂书目》著录。现存正统元年(1436)其门人胡滨刻《翰林学士耐轩王先生天游杂稿》(《天游文集》)十卷(翟厚辑),陈琏序,前八卷收各体文二百四十篇,末二卷为《笔筹》。《四库全书总目》著录其《王天游集》十卷即此本,"提要"云:"达所著有《天游小稿》《梅花百咏》《古今孝子赞》,俱已梓行,诗、书二经心法,学者多传之。又有《耐轩杂录》五卷、《问津集》一卷、《南归集》一卷、《通书发明》一卷、《天游诗集》十卷、《文集》三十卷,今皆未见。惟《景仰撮书》一卷、《笔畴》二卷,附于此集之末者,今尚有别本行世,盖即从此集抄出云。"后有清道光二十一年(1841)王芝林养和堂刊本《重刻天游集》十卷、《碎金》一卷。《和中峰和尚梅花百咏》一册则有清乾隆二十二年(1757)刊本。《皇明风雅》卷一八录其诗四首。《盛明百家诗》录其诗七十余首为《王学士集》。顾起纶《国雅》卷三录其诗六首。《皇明诗统》卷八录其诗五首。《列朝诗集》乙集录其诗二首。《明诗综》卷一七录其诗二首，"诗话"谓"其诗太便利，不耐咀嚼"。清顾光旭《梁溪诗钞》卷三录其诗十首。《明诗纪事》乙签卷五录其诗三首，按语谓其七绝"风骨戌削，殊堪矜赏"。吴讷《百家词》录其《耐轩词》一卷，收词二十四首。清沈辰垣《御选历代诗余》录其词[选冠子]一首。清丁丙《善本书室藏书志》评其词曰："工雅韶秀不及眉庵(杨基)、季迪(高启)，然和婉可诵，不失为第二流也。"黄宗羲《明文海》录其文二篇。清周有壬《梁溪文钞》卷五录其文十三篇。清王直等《锡山文集》录其文四篇。其笔记杂俎《景仰撮书》一卷、《笔畴》二卷，《四库全书总目》别为著录，存明单刊本，《广百川学海》等又存其《椒宫旧事》一卷，杂记明初宫廷旧闻。生平见黄佐《翰林侍读学士工达传》《国朝献征录》卷二〇)、廖道南《殿阁词林记》卷四、叶夔《毗陵人品记》卷六。

王贞庆(生卒年不详)　字维善，一字善甫。南直凤阳府定远(今属安徽)人，驸马都尉永春侯王宁之子，怀庆公主所出。生于侯门而能脱纨绔之习，筑别业聚宝山中，桂树环绕其庐，自号金粟主人。折节好士，有诗名，时称"金粟公子"，与刘溥、汤胤勣、苏平、苏正、沈愚、王淮、晏铎、邹亮、蒋忠等合称"景泰十才子"，多所倡和。《千顷堂书目》著录其《茗芋集》，未见传。《皇明风雅》卷一九录其诗一首。《列朝诗集》乙集录其诗三首，"小传"谓其"戚里中以文雅著，尝与姚少师(姚广孝)、释南洲为斗茶之会，有诗流传长安，以为韵事。善甫尤工诗，折节好客，刘原博(刘溥)诸人集中所称'金粟公子'者也。"《明诗综》卷二一录其诗一首。《金陵诗征》卷一四录其诗三首。《明诗纪事》乙签卷二〇录其诗一首。生平见《(乾隆)江南通志》卷一六六、《明史》卷二八六。

王光承(1606—1677)　字玠右，一作砎石。南直松江府华亭(今上海松江)人。明末贡生，有声畿社。福王时被征，知时不可为，佯堕驴伤足，归与弟王烈偕隐，躬耕于上海新场。清初以隐逸征，不起。不入城市三十年，康熙十六年(1677)卒，年七十二。善书法，尤能草书，能诗，与吴中徐枋、金孝章齐名，称高士。《千顷堂书目》著录其《镰山草堂诗集》，实为其与弟王烈诗之合编,现存清嘉庆年间吴省兰辑《艺海珠尘》本,名《镰山草堂诗合钞》二卷,上卷收光承诗一百五十余首,下卷收王烈诗一百一十余首。清卓尔堪《明遗民诗》录其诗三首。《明诗综》卷七七录其诗一首。清沈德潜《明诗别裁集》录其诗一首。清姚宏绪《松风余韵》卷二九录其诗八首。清姜兆翀《松江诗钞》卷六二录其诗四十二首。清冯金伯《海曲诗钞》卷五录其诗四十首。《明诗纪事》辛签卷一七录其诗二首。近人严昌埰《海藻》卷五录其诗八首。生平见清徐鼒《小腆纪传》卷五八、《(乾隆)江南通志》卷一六八。

王光美(1556—1632)　字季中,号玉沧。浙江温州府永嘉(今温州)人,王叔杲子。少从其父游宦南北,万历五年(1577)随父还乡,二十六年,以例贡授鸿胪寺丞,迁署正。二十八年(1600)丁父忧归,遂不出。其间,曾"与何白游燕市三月,与燕客潘庚生、程仲权、黄霞碧、何仁仲结社赋诗"。归后与龙膺、康裕卿、何白、邵少文等文士结白鹿社,或集阳湖、鹅湖,或聚渚浦山雨阁,扬扢风雅,共相倡和。崇祯五年(1632)卒,年七十七。有集数种,后结为《王季中集》十卷,卷一收其游雁荡山所作诗文,序一、记四、诗十三首;卷二《湖上草》,何白序,收诗六十八首;卷三《松鹤斋草》,吴宪甫序,收诗四十五首;卷四《赤城草》,吴稼澂序,收诗三十八首;卷五《白鹿社草》,王穉登序,收诗五十八首;卷六《友声草》,收诗五十四首;卷七《游燕草》,戴宗璠序,收诗五十三首;卷八《趋庭草》,王光蕴序,收诗五十首;卷九《舫斋草》,邵建章序,收诗六十六首;卷一○为附录,收光美为其父所作行状及诸人为其父所作传记、神道碑等。现存明刊本,署龙膺等人校。《东瓯诗存》卷二五录其诗十四首。

王光鲁(生卒年不详)　字汉恭,号款思居士。南直扬州府江都(今江苏扬州)人。明末诸生,居于瓜洲。现存明崇祯间刻本《谭友夏批点想当然传奇》,署"款思居士编次"。剧凡二卷三十八出,据万历时流行之通俗读物《国色天香》《绣谷春容》所载中篇小说《刘生觅莲记》(《刘熙环觅莲记》)增饰,演一男二女之情爱婚姻故事。祁彪佳《远山堂曲品》"逸品"著录《想当然》,谓"相传卢次楩(卢柟)所作……然观其词气,是近时人笔,即批语亦未属谭(谭元春)"。清初周亮工《因树屋书影》云:"予门生邗江王汉恭名光鲁所作《想当然》……托卢次楩之名以行,实出汉恭手。"因知此剧系光鲁所作。光鲁所著另有崇祯十六年(1643)刻《阅史约书》六卷附《碧浙堂诗草》一卷等。生平见《(嘉庆)瓜洲志》卷五。

王同轨（生卒年不详）　字行甫。湖广黄州府黄冈（今属湖北）人。约生于嘉靖中，卒于万历末或天启初年。幼习举业，蹭蹬科场，嘉靖三十一年（1552）以选贡供职于上林苑蕃育司，升江宁县丞，迁南太仆寺主簿。以其叔父廷陈、廷瞻故，得交游王世贞、李攀龙、吴国伦、李维桢、"公安三袁"等名士。能诗，有《苍苍阁稿》《合江亭草》《游燕草》《兰馨集》等，未见传。《列朝诗集》丁集中录其诗四首，"小传"谓其"作诗不多，自有风格，不欲寄诸公篱下"。《明诗综》卷六二录其诗一首。《御选宋金元明四朝诗》录其诗四首。清廖元度《楚风补》卷三七、清高士熙《湖北诗录》录其诗三首。《明诗纪事》庚签卷三〇录其诗一首。《明文海》录其文一篇。喜撰述异闻，撰《耳谈》（一名《赏心粹语》），记其官江宁时与四方学人闲谈议论之奇异鬼怪、市井传闻之事，分类编纂，现存万历三十年（1602）书林余泗泉刊本《新刻耳谈》十五卷，五百四十余则，内多完整故事；又有万历三十一年唐氏世德堂刊本《耳谈类增》五十四卷，据前作增删，首有张文光等人序及作者自序。两书被称为前后《耳谈》，多为后世小说戏曲所取资。生平见《（乾隆）黄冈县志》卷八、《（光绪）黄州府志》卷一九。

王同祖（1497—1551）　字绳武，号五龙山人、飞泉道人。南直苏州府昆山（今属江苏）人。文征明甥，少孤。正德十四年（1519）举人，十六年进士，选翰林院庶吉士，授编修。嘉靖时世宗久居西苑，不视朝，又有宫女杨金英等弑君之事，同祖因疏请还大内、改元诸事，忤旨，夺职放归。久之复原官，兼春坊校书，进南国子司业，三十年（1551）卒，年五十五。善行草，结构润密，波澜焕发。又以博识能诗文称，王世贞尝为其集作序（《弇州四部续稿》卷五二）。《千顷堂书目》著录其《王太史集》六十卷、《东吴水利考》一卷。现存嘉靖刊本《五龙山人集》十卷，内前二卷收奏疏六篇附《辟雍纪事》，卷三至卷六收五七言近体诗二百九十五首，卷七至卷一〇收各体文四十四篇。集为其仲子王逢年辑，后万历间其孙刊本增文征明所作墓志铭为附录。《皇明诗统》卷二二录其诗三首。周复俊编《玉峰诗纂》卷五录其诗十八首。《明诗综》卷三七录其诗一首。《海虞文征》录其诗三首。《明诗纪事》戊签卷一四录其诗二首。钱谷《吴都文粹续编》录其文一篇。《明文海》录其文三篇。《海虞文征》录其文二篇。生平见文征明《王绳武墓志铭》（万历刊《五龙山人集》附录）、《（乾隆）江南通志》卷一四〇。

王廷陈(1493—1551)　字稚钦，号梦泽。湖广黄州府黄冈(今属湖北)人。生于弘治六年(1493)八月二十二。少颖慧，然好逐街市童子戏，蹶不可驯，父每挟扑之，辄呼曰："大人奈何虐海内名士耶？"正德八年(1513)中举，十二年进士，选翰林院庶吉士，授吏科给事中，十四年以谏武宗南巡受杖，谪知裕州。台省监司过州，不出迎，以致相戒莫敢道其州，被劾下狱，削秩归。世宗践阼，前直谏被谪者悉复官，惟吏议不复廷陈官。闲居二十余年，益自放不检，达官贵人来谒，或蓬首赤足，因服应之，或衣红纻窄衫，骑牛啸歌于田野间。嘉靖十八年(1539)诏修《承天大志》，工部尚书顾璘总理其事，乃聘王廷陈、颜木等纂修，俱高名废弃者，欲借此为复出计也。书成，不称旨，赐银币而已。嘉靖二十九年十二月十六(1551年1月22日)卒，年五十八。廷陈以诗文名于当世，王世贞《艺苑卮言》称其诗"如良马走坂、美女舞竿，五言尤自长城"。其自视亦甚高，当世惟推何景明而好薛蕙、郑善夫，余人皆不屑也。著述原有家刊本，嘉靖四十一年其季弟王廷瞻任淮安推官，复刻为《梦泽集》十七卷，凡诗赋十一卷，收诗近六百首，文六卷，收各体文一百十余篇；又三年，侄王同道再刻于吴中，现皆存。又有万历十八年(1590)其孙王追伊刻、三十年王追淳增修本，二十三卷，卷一八辑其佚诗二十余首，卷一九至卷二三为附录，收他人及方志对廷陈之评论二十七则。又有清道光十六年(1836)武昌江汉书院刻《梦泽集摘刊》九卷附录五卷，收各体文一百三十余篇，较十七卷本《梦泽集》增文三十篇。《盛明百家诗》录其诗一百三十余首为《王梦泽集》。顾起纶《国雅》卷七、《皇明诗统》卷一六录其诗十一首。《列朝诗集》甲集录其诗七十九首，"小传"谓其诗"婉丽多风"。《明诗综》卷四一录其诗三十五首，"诗话"云："稚钦逸藻波腾，雕文霞蔚，音高秋竹，色艳春兰。乐府古诗既多精诣，五言近体亦是长城。固以迈后凌前，足称才子。"清沈德潜《明诗别裁集》录其诗三首。清施何牧《明诗去浮》卷二录其诗九首。《御选宋金元明四朝诗》录其诗二十四首。《四库全书》收《梦泽集》二十三卷，《总目》"提要"云："廷陈少年高第，以恃才傲物，致放废终身。其器量殊为浅狭，至其诗，意警语圆，轩然出俗，则不得不称为一时之秀……盖在正、嘉之间，何景明最为俊逸，廷陈之天骨雄秀，抑亦骖乘矣。若杂文则藻采太多，华掩其实。"清廖元度《楚风补》卷二〇录其诗四十五首。清高士熙《湖北诗录》录其诗二首。《明诗纪事》戊签卷三录其诗三十三首，按语云："稗钦格矜复古，意取标新，亮节清音，绵情丽制。大约古体胜于近体，五言胜于七言，固由诣有专精，亦是才分各限。"《明文海》录其文四篇。生平见王追淳《家乘》（《梦泽集》卷二三附录五）、王兆云《皇明词林人物考》卷六、过庭训《本朝分省人物考》卷七六、《明史》卷二八六。

王廷表（1490—1554） 字民望，号钝庵。云南临安府阿迷州（今开远）人。生于弘治三年（1490）三月初五。正德九年（1514）进士，初授台州推官，转刑部主事。历员外郎、郎中，出为四川按察司佥事。以在刑部时勘总兵种勋略中贵事为人所衔，寻衅罢归，时年未满四十。里居三十余年，卒于嘉靖三十三年（1554）五月十二，年六十六。家居寄情山水，读经阅史，著有《钝庵读史》等。亦能诗文，现存著述一为近人辑《云南丛书》所收《桃川剩集》二卷，卷一收其所作杂文八篇，卷二录其诗十四首，末附杨慎为其所撰墓铭；二为近人辑《云南丛书》所收《明杨升庵王钝庵先生点苍倡和百首》二卷，为廷表与杨慎倡和之咏梅诗，各一卷，每卷百首。二集均系据其遗稿所编。滇人吴懋曾将王廷表与张含、杨士云、胡庭禄、李元阳、唐琦等称"杨门六学士"，实廷表与杨慎年龄仅差一岁，且有世谊，廷表父王颖斌为成化间岁贡，弘治十六年起任新都县学教谕，杨慎正德二年入县学，为其座下弟子员，时廷表随父寓居新都，受业于杨慎叔父杨廷瑄，因与慎交。后杨慎谪滇，廷表多次往返戍地探望，又奉父命专程迎慎到阿迷，建状元楼留居数月，其与杨慎倡和甚多，诗亦受慎之影响，然非列其门墙者也。清袁文典等《明滇南诗略》卷三录其诗八首、《滇南文略》录其文三篇。生平见杨慎《王钝庵墓碣铭》（《桃川剩集》附）、《（乾隆）云南通志》卷二一之二。

王廷相（1474—1544） 字子衡，号浚川、平厓。河南开封府仪封（今属兰考）人。成化十年（1474）十月二十五生。弘治八年（1495）举于乡，十五年进士，选翰林院庶吉士，授兵科给事中。正德三年（1508）以言事谪判亳州，改高淳知县，召拜监察御史，巡按陕西，九年被诬下狱，谪赣榆县丞，十一年调宁国知县，升松江府同知。历四川按察佥事、山东提学副使、山东右布政使，迁右副都御史，巡抚四川。嘉靖七年（1528）入为兵部侍郎，迁南兵部尚书，召拜右都御史，加兵部尚书，仍掌院事。二十年因郭勋被劾牵连，革职为民，二十三年（1544）九月初七卒于家，年七十一，隆庆初诏复原官，赠少保，谥肃敏。博通经史，长于议论，以经术称。论学主"思""见闻”及“接习”，又主“元气”说，反对朱熹“理”先于“气”之论，对王守仁之阳明学亦有批评，于当时称大儒。诗名亦籍甚一时，论诗推崇李梦阳，以为“秦汉以来，牢笼百代，独空同一人”，因与李梦阳、何景明、边贡、徐祯卿、康海、王九思合称“七子”，后人则称“前七子”，以别于李攀龙、王世贞之“后七子”。王世贞《艺苑卮言》谓其诗“如外国人投唐，武将坐禅，威仪解悟中不免露抗浪本色”。平生著述甚丰，在翰苑有《沟断集》，为侍御有《台史集》，在赣榆有《近海集》，在松江有《吴中集》，在四川有《华阳稿》，在山东有《泉上稿》，守制时有《家居集》，在湖广有《鄂城稿》，为侍郎有《小司马稿》，在南京有《金陵稿》，后结集为《王氏家藏集》四十一卷，内诗赋二十卷，凡风雅体十六首、古歌体四十六首、辞赋体四十首、乐府体六十七首、五七言古近体诗一千一百余首；文二十一卷，收其各体文、杂著四百五十一篇，有嘉靖十五年唐龙、杜柟、栗应宏序。现存嘉靖至隆庆刊《王氏家藏集》五种六十五卷，内除《王氏家藏集》四十一卷，尚有《慎言》十三卷、《雅述》二卷、《内台集》七卷、《丧礼备纂》二卷。又有清初增刊本《王浚川先生所著书》九种八十三卷，内《家藏集》四十一卷、《内台集》七卷、《浚川内台集》三卷、《慎言》十三卷、《雅述》二卷、《丧礼备纂》二卷、《浚川奏议集》十卷、《浚川公移集》三卷、《浚川驳稿集》二卷。《盛明百家诗》录其诗二百十余首为《王浚川集》。顾起纶《国雅》卷六录其诗十七首。《皇明诗统》卷一八录其诗十五首。万历四十四年赵彦复辑李梦阳、何景明、王廷相、孟洋、薛蕙、高叔嗣、刘绘、张九一、谢榛等人诗刊为《梁园风雅》，内选廷相诗一卷六十五首。《皇明诗选》录其诗九首，评语谓其五言古诗“有沉郁之思，壮丽之色”。《石仓十二代诗选·明诗选》录其诗一百三十余首。《列朝诗集》丙集录其诗三十首，“小传”云：“子衡五七言古诗才情可观，而模拟失真，与其论诗颇相反。今体诗殊无解会，七言尤为笨浊，以骖乘何、李，为之后劲，斯无愧矣。”《明诗综》卷三一录其诗十九首，“诗话”云：“浚川诗格，诸体稍觕，惟五言绝句，颇有摩诘风致，下亦不失为裴十秀才、崔五员外。”清沈德潜《明诗别裁集》录其诗六首。清施可牧《明诗去浮》卷二录其诗七首。《御选宋金元明四朝诗》录其诗五十五首。《明诗纪事》丁签卷三录其诗二十四首。卓人月、徐士俊《古今词统》卷二录其［竹枝］词一首。《御选历代诗余》录其词二首。近人赵尊岳《明词汇刊》录其词六十五首为《内台词》一卷。陈所闻《北宫词纪》尚存其散曲《送康对山太史归田》套数一套。《明文海》录其文七篇，评语云："《家藏集》欲以博洽见长，故于律吕、夏正、深衣、阴阳无所不论，然不能精到，终见疵于专家。"清陈元龙《御定历代赋汇》录其赋四篇。生平见张卤《少保王肃敏公传》（《王氏家藏集》卷首）、于慎行《浚川王公廷相墓表》（《国朝献征录》卷三九）、清黄宗羲《明儒学案》卷五〇、《明史》卷一九四。

王廷宰（？—1648） 字毘翁，号鹿柴，又号姜庵。南直松江府华亭（今上海松江）人。明末补嘉兴县学生，以贡任六安儒学教谕，迁沅江知县。福王立，至金陵，见时事不可为，因归。能诗，曾入嘉兴"鸳水诗社"，《鸳水诗社诗草》辑其诗。清顺治五年（1648）卒。《明史·艺文志》著录其《纬萧斋集》六卷。现存清嘉庆二十二年（1817）刻本《纬萧斋存稿》三卷、《画竟剩稿》不分卷。首嘉庆二十年汪奏云《纬萧斋诗存序》，内卷一、卷二收诗百首，卷三录题、引、记等文四篇。《画竟剩稿》乃廷宰之沅江途中之实纪及图画之题咏。清卓尔堪《明遗民诗》卷一五录其诗一首。《明诗综》卷七〇录其诗二首，"诗话"云："鹿柴先生占籍嘉兴，社名鸳水诗社。乙酉（1645）之春，过余外舅冯翁小饮，余陪末坐……自遭丧乱，不复见先生，并不复见先生之诗。仅从社草中录其一

二。回思知己之言，是亦蒙之李邕、王翰也。"清姚宏绪《松风余韵》卷二九录其诗十五首。《御选宋金元明四朝诗》录其诗二首。清宋莲《海上诗逸》卷一录其诗三十首。清姜兆翀《松江诗钞》卷六一录其诗九首。

王廷乾（生卒年不详） 字维桢，号岩潭。南直宁国府泾县（今属安徽）人。嘉靖十年（1531）举人，明年进士，除行人。迁南刑部主事，改户部，驻浙江。历福建福宁知州、南安知府，仕至九江知府。以诗与吴中皇甫涍兄弟游。所著有嘉靖三十二年（1553）代州张定刻本《岩潭诗集》十二卷，蔡汝楠、皇甫汸序，曾迪跋。内《奉使稿》三卷、《寓闽稿》一卷、《佐台稿》二卷、《留署稿》三卷、《守江稿》一卷、《两浙稿》一卷、《南安稿》一卷，计收诗七百余首。《千顷堂书目》著录《岩潭稿》即此本也。《盛明百家诗》录其诗为八十余首为《王岩潭集》。顾起纶《国雅》卷一二录其诗五首。《皇明诗统》卷三八录其诗四首。《皇明诗选》录其诗一首。《列朝诗集》丁集录其诗二首。《明诗评选》录其诗一首。《明诗综》卷四一录其诗五首。《御选宋金元明四朝诗》录其诗三首。《明诗纪事》戊签卷 八录其诗 首。生平见《（乾隆）江南通志》卷六七。

王伟（1417—1469） 字士英，又作子英。湖广长沙府攸县（今属湖

南)人。年十四,随父谪戍宣府。宣宗巡边,献《安边颂》,补保安州学生。举正统元年(1436)进士,选翰林院庶吉士,授户部主事。土木堡之变后,受命行监察御史事,纠集民壮守广平,于谦荐其为兵部郎中,又擢兵部右侍郎,引为助手。英宗复辟,坐谦党罢归。成化三年(1467)复官,五年病归卒,年五十三。有才略,史称其"喜任智数,既为谦所引,恐嫉谦者己为朋附,尝密奏谦误,冀自解"(《明史》本传)。《四库全书总目》著录其《桐山诗集》十卷,"提要"谓其曾著《诗学正蒙》,已散佚,"其《桐山文集》,繁昌吴琛序刻之,今亦未见。此集凡诗九卷,又以伟《引疾告归疏》及赠行之作为附录一卷,乃其弟杰所录,其子添桢所重刊也……然诗多率意酬应,乏研炼之功,盖才士之文,往往如斯矣"。集未见传。《皇明诗统》卷二七录其诗四首。清廖元度《楚风补》卷一八录其诗五首。清邓显鹤《沅湘耆旧集》明代卷卷五录其诗十七首,卷前识语谓所录诗钞自贺氏《攷輿诗钞》(有清道光十年刊本)。《明诗纪事》乙签卷一六亦录其诗一首。生平见佚名《兵部右侍郎王伟传》(《国朝献征录》卷四〇)、《明史》卷一七〇。

王自超(? —1648)　字茂远。浙江绍兴府会稽(今绍兴)人,王璧子。崇祯十五年(1642)举人,明年进士,选翰林院庶吉士。十七年三月十九京师破,降李自成,自成败,出家为僧。后入南明抗清,顺治五年(1648)自杀。著述现存清初刊本《柳潭遗集》六卷,首有顾予咸序,后依次徐征麟《柳潭遗集序》、苏渊《柳潭遗集序》,卷末又有孙荣旭《柳潭遗集叙》、林必达《柳潭遗集序》,计收诗二百二十余首,多有涉及南明弘光朝之诗。又有稿本《柳潭遗集》不分卷,收序、碑记、疏奏、论表、尺牍、杂著等七十六篇。

王行(1331—1393)　字止仲,号半轩、楮园、淡如居士。吴县(今江苏苏州)人。幼随父于阊门南市药肆卖药,以力学淹贯经史,年未弱冠,辞药店,授徒于城北望齐门,议论踔厉,贯穿今古,而诗文书画皆擅,因称名于一时。好谈兵,喜与释老游,与高启、王彝等倡和,为高启"北郭十友"之一,又称"北郭十子"。洪武初,郡庠延为经师,弟子以《五经》杂进问难,肆应不穷,皆叹服。后应凉国公蓝玉延请,教授其子孙。洪武二十六年(1393),蓝玉被诛,以西塾连坐,并其子皆被杀,年六十三。《千顷堂书目》著录其《半轩集》十二卷补遗一卷又《楮园集》十五卷又《学言稿》十二卷又《四六剟子》二卷。现存弘治四年(1491)刻本《半轩集》十二卷,内文十卷,诗二卷(收诗六十余首、词十五首),后又有补遗一卷、《楮园草》一卷。《四库全书》据之收为《半轩集》十四卷，《总目》"提要"论其诗文云："其文往往踔厉风发，纵横排纂，极其意所驰骋，而不能悉归之醇正，颇肖其为人。诗格亦清刚肃爽，在'北郭十子'之中，与高启称为劲敌。就文论文，不能不推一代奇才也。"《四库全书》另收其所编《墓铭举例》四卷，入诗文评类。《皇明风雅》卷二三录其诗一首。《皇明诗统》卷三录其诗二首。《列朝诗集》甲集录其诗十一首。《明诗综》卷一〇录其诗三首，"诗话"谓"至《墓铭举例》一书，足为学文者津筏，诗非所长也"。《明诗纪事》甲签卷八录其诗一首。清道光劳权抄本《宋元明六家词》收《半轩词》一卷。近人赵尊岳《明词汇刊》录其词十三首为《半轩词》。又有《四六札子》二卷、《通意宜资》十卷及《学言稿》等见于著录。生平见杜琼《王半轩传》(《半轩集》附)、佚名《训导王行传》(《国朝献征录》卷八三)、《王半轩行传》(《国朝献征录》卷一一六)、张昶《吴中人物志》卷九、《明史》卷二八五。

王兆云(生卒年不详) 字元桢，号赤冈。湖广黄州府麻城(今属湖北)人。布衣而好读书著述，筑藏书楼名垂云，交游悉江左名士。万历十二年(1584)夏日，曾与"后七子"之一吴国伦在姑苏谈诗论文。尝作《挥麈诗话》一卷三十九则，以记本朝诗人逸事、诗坛掌故为主，时或称引前贤之诗，述会心之处，时或摘录前人诗句，为品评纠谬，实属随笔札记式之诗话，有《砚云乙编》本。又尝记洪武迄万历文人四百六十七人生平，为《皇明词林人物考》十二卷，存万历刊本。所作杂俎、笔记甚夥，现存万历四十五年(1617)聚奎楼刊《王氏青箱余》十卷，有汤显祖序，内《绿天胜语》《广莫野语》《惊座撼遗》《客窗随笔》《碣石剩谈》各二卷，所记多为杂事遗闻，或诡诞无稽之言。《四库全书总目》著录《王氏杂记》十四卷(内《湖海搜奇》《挥麈新谭》《白醉琐言》《说圃识余》《漱石闲谈》各二卷，《乌衣佳话》四卷)。现《湖海搜奇》二卷、《挥麈新谭》二卷、《白醉琐言》二卷、《说圃识余》二卷，存明徐应瑞刊本；《漱石闲谈》二卷，有清抄本。诸书亦多记新异之事，志怪之说。惟《乌衣佳话》四卷未见传，仅褚人获《坚瓠集》存佚文。生平见《(光绪)黄州府志》卷一九、《(1935)麻城县志前编》卷九。

王交(1496—1570) 字子敬，一字征久，号龙田，晚号同斋。浙江宁波府慈溪人。生于弘治九年(1496)六月初八。嘉靖十九年(1540)举人，二十年进士，历广东新会知县、刑科给事中，累官至南京太仆寺丞。卒于隆庆四年(1570)，年七十五。《千顷堂书目》著录其《绿槐堂稿》二十二卷，现存隆庆五年其子王益荃刊本，吴国伦序，目录后有王交隆庆三年自作识语，谓所居有古槐覆堂，故以名集。其集诗类按天干分卷，计十卷，收古近体诗六百十七首、词四十一首；文类按地支分十二卷，计收各体文二百五十七篇。《四明风雅》卷三录其诗八首。《四明文征》录其文二篇。生平见董份《南京太仆寺丞王子敬先生墓志铭》（《董学士泌园集》卷三七）、萧彦《掖垣人鉴》卷一三、《（光绪）慈溪县志》卷二九。

王问（1497—1576）　字子裕，一字仲山。南直常州府无锡（今属江苏）人。正德十四年（1519）举于乡，嘉靖十一年（1532）进士。及第后归里，读书六年，十七年再赴廷试，除户部湖广司主事，监税徐州，以母忧归。服阕补南职方司主事，历车驾司郎中，擢广东按察司佥事，行至桐江，徘徊不欲去，因赋诗十二章，投劾而归。后读书终老，府部疏荐不起，三十年足迹不一至州城，万历四年（1576）卒，年八十，门人私谥文静先生。善书画，朱谋垔《画史会要》谓其"每登眺，乘兴运笔如飞，最得山水闲趣，但笔墨稍落南路，虽为吴人，不入吴派"。其诗亦萧闲疏放，冲然自得，或谓其过于随意。王锡爵为其所作墓志铭记云："晚年构亭湖滨宝界山，环植花竹木，疏流泉，辇奇石……兴至则为诗文，或行草书数纸，或又时时引纸濡笔，和黛墨，点染山水人物花鸟。诗文书画皆仁兴而发，不务刻削，规矩前人，翛然翰墨蹊径之外，人称先生诗颇类韦苏州……"《千顷堂书目》著录其《仲山诗选》八卷又《只役稿》又《崇文馆稿》又《原箴斋后集》二卷。现存万历刊本《王仲山先生诗选》八卷《文选》一卷，《诗选》计收古近诗千余首，《文选》则仅收记叙之文三十四篇。《盛明百家诗》录其诗一百九十余首为《王金宪集》，又三十五首为《续王金宪集》。顾起纶《国雅》卷一二录其诗二十八首。《皇明诗统》卷二六录其诗二十一首。《列朝诗集》丁集录其诗九十首。《明诗综》卷四二录其诗八首，"诗话"云："仲山兼擅画、书、诗。画多游戏，诗不起草。五言平衍者多，歌行稍觉顿挫，近体亦嫌率易。越缣宣纸，流遍人间。披览手书，或与集中诗有异，由其才多，下笔不能自休，字句转易，皆于俄顷也。"清沈德潜《明诗别裁集》录其诗二首。《御选宋金元明四朝诗》录其诗四十首。清顾光旭《梁溪诗钞》卷八录其诗三十九首。《明诗纪事》己签卷一七录其诗八首。嘉靖刊《（和倪瓒）江南春词集》录其所作［江南春］词三首。陈所闻《南宫词纪》等尚存其小令二十四支。清周有壬《梁溪文钞》卷九录其文四篇。清王直等《锡山文集》录其文三篇。生平见王锡爵《仲山先生王公墓志铭》(《王文肃公文草》卷九)、叶燮《毗陵人品记》卷九、《明史》卷二八二。

王宇(1574—?) 字永启,号支提。福建福州府闽县(今福州)人。万历三十四年(1606)举人,三十八年进士。曾官南兵部员外郎、户部员外郎、山东按察司提学佥事、山东布政司参议。以能诗善文称,与李维桢、谢肇淛、徐𤊻、钟惺等游,尤与谭元春交善,时相倡和。《千顷堂书目》著录其《乌衣集》四卷,现存天启刊本,内文三卷诗一卷(收诗一百三十六首),为其门人罗廷仕校订。李维桢天启四年(1624)序,谓其原出琅琊王氏,筮仕于金陵,又居乌衣巷旧址,因以"乌衣"命其集。又有明刊本《亦园文略》《亦园诗略》,阮汉闻、谭元春选,卷首有《小引》,署"西湖门人刘士镳",谓王宇有《亦园集》,此集经芟汰,故称其文略、诗略。《文略》收其文二十六篇,《诗略》收诗一百二十五首,多有与《乌衣集》重复者,未详二者先后。生平见《(乾隆)福建通志》卷五一。

王守仁(1472—1529) 初名云,字伯安,以其曾筑室阳明洞中,自号阳明子,学者称阳明先生。浙江绍兴府余姚人。生于成化八年(1472)九月三十。弘治五年(1492)浙江乡试举人,两上春官不第,十二年进士,授刑部主事。十七年主山东乡试,改兵部主事。正德元年(1506),以疏救戴铣等,忤权宦刘瑾,下诏狱,杖阙下,谪贵州龙场驿丞,四年主贵阳书院。五年瑾诛,迁庐陵知县,寻入为南刑部主事,六年改吏部,历员外郎、郎中,迁南太仆寺少卿,九年晋南鸿胪寺卿,十一年拜左佥都御史,巡抚南、赣、汀、漳等处,平定大帽山等处民变,设崇义、和平两县,进右副都御史。正德十四年,领兵平宁王朱宸濠之乱,嘉靖初论功擢南兵部尚书,封新建伯,以丁忧归越。嘉靖六年(1527)兼都察院左都御史,总督两广兼巡抚,以病乞归,七年十一月二十九(1529年1月9日)病卒于南安舟中,年五十八,赠侯爵,谥文成。少好言兵,亦究心词章,中年后专意讲学。于宋儒中推重陆九渊,又出入佛、老,受佛学"明心见性"启发,论学主"致良知"之说,以为"心外无理",格物致知,当求诸心,不当求诸物,倡"知行合一""知行并进",成为与程朱之学本质不悖而思想方法不同之儒学新体系。其学说对程朱理学冲击巨大。当时弟子甚众,世称"姚江学派",又称"阳明学"。后世将其学说与宋代陆九渊并论,称"陆王心学"。卒后其学分支众多,二传、三传弟子讲学各地,影响远及海外。然对其指责者也甚多，虽万历十二年(1584)诏命其从祀文庙，其学则始终未能取得朝廷认可，至明末清初更日见式微。守仁诗文于当时亦能卓然自立，为一时名家。著有《居夷集》《阳明先生文录》《阳明先生别录》等，后钱德洪等人辑为《王文成公全书》(或称《阳明全书》)三十八卷，始刻于隆庆六年(1572)，有多种刊本传世。其他选本、辑本甚夥。《明文海》录其文二十一篇，卷五○评语云："茅鹿门(茅坤)云：'八大家而下，予于本朝独爱王文成公诸论学书，及记学、尊经阁等文，程朱所欲为而不能者……'按鹿门此论，知言之选也。予谓有明之文统始于宋(宋濂)、方(方孝孺)，东里(杨士奇)嗣之，东里之后，北归西涯(李东阳)，南归震泽(王鏊)。匏庵(吴宽)、震泽昭穆虽存，渐沦杞宋，至阳明而中兴，为之一振。第自宋以后，文与道分为二，故阳明之门人不欲奉其师为文人，遂使此论不明。可为太息者也。"清陈元龙《御定历代赋汇》录其赋四篇。《盛明百家诗》录其诗百余首为《王阳明集》。顾起纶《国雅》卷四录其诗十首，《国雅品》谓其"诗非所优，然亦有幽逸思致"。《皇明诗统》卷二○录其诗十二首。《石仓十二代诗选·明诗选》录其诗一百八十余首。陈子龙《明诗选》录其诗二首。《列朝诗集》丙集录其诗四十七首，"小传"云："先生在郎署，与李空同(李梦阳)诸人游，刻意为辞章。居夷以后，讲道有得，遂不复措意工拙，然其俊爽之气，往往涌出于行墨之间。"清黄宗羲《姚江逸诗》卷七录其诗六十四首。《明诗综》卷二七录其诗十首。清沈德潜《明诗别裁集》录其诗三首。《御选宋金元明四朝诗》录其诗三十三首。《四库全书》收《王文成全书》三十八卷，《总目》"提要"云："守仁勋业气节，卓然见诸施行。而为文博大昌达，诗亦秀逸有致，不独事功可称，其文章自足传世也。"《明诗纪事》丁签卷一三录其诗十七首。另，胡文焕《群音类选》、陈所闻《南宫词纪》等收散曲套数《归隐》一套，署其名，不在集中，未知是否其作？生平见王世贞《新建伯王文成公传》(《国朝献征录》卷九)、黄宗羲《明儒学案》卷一○、《明史》卷一九五。钱德洪撰有《王文成公年谱》三卷附录二卷，附刻于《王文成公全书》，又有李贽、施邦曜及清人杨希闵、陈澹然等所撰年谱、年纪多种。

王讴(生卒年不详)　字舜夫，号彭衙山人。陕西西安府白水人。正德八年(1513)举人，十二年进士，除工部主事。历刑部员外郎，出为山西按察佥事，镇宣府，引疾归，卒年三十六。工书法，好吟咏。《千顷堂书目》著录其《王彭衙集》九卷，现存嘉靖十四年(1535)陈嘉言、范钦刊本,诗以编年分卷,载其正德十三年至嘉靖五年所作诗,达一千六百余首。其诗浅率者多,间有可诵。王世贞《艺苑卮言》谓其诗:"如败铁网取珊瑚,用力坚深,得宝自少。"《盛明百家诗》录其诗二百六十余首为《王金事集》。顾起纶《续国雅》卷三录其诗三首。《皇明诗统》卷二〇录其诗十一首。崇祯五年(1632)贾鸿洙《周雅续》录其诗四十三首。《列朝诗集》录其诗十五首,"小传"云:"舜夫风神散朗,负气任侠,有高才而无贵仕,故多烦促噍杀之音。五音隐秀,时可寻味,七言专力学杜。古体多率意而乖音节,今体每缠绵而乏神理。然其视关中同时许伯诚(许宗鲁)、马仲房(马汝骥)之伦,则已超乘而上矣。"《明诗综》卷三六录其诗二首,"诗话"讥其为"关中下农",诗如"田甫田种豆成萁"。《御选宋金元明四朝诗》录其诗十首。《明诗纪事》戊签卷一三录其诗十三首,按语以朱彝尊所评为过分,谓其诗"时有俊篇,不愧名家"。生平见《(乾隆)白水县志》卷四。

王艮(1483—1541)　初名银,字汝止。南直扬州府泰州安丰场(今江苏东台)人。成化十九年(1483)六月十六生。父为盐场灶丁,役于官府,艮曾代父役。以布衣谒王守仁,从之学,声名出诸弟子上。为学主顿悟,又谓"百姓日用即道",王学自此有"泰州学派"之称,学者称"心斋先生"。卒于嘉靖十九年十二月初八(1541年1月5日),年五十八。《千顷堂书目》著录其《心斋文集》六卷、《心斋语录》二卷,《四库全书总目》著录其《心斋约言》一卷。现存明刊《重刻心斋王先生语录》二卷、《新刻王心斋先生疏传合编》二卷。又有天启元年(1621)刻崇祯增修本《重镌心斋王先生全集》六卷,系其孙辑其诗文、书牍、语录等而成,内有诗十六题二十五首。清夏荃《海陵文征》卷六录其文四篇。生平见赵贞吉《泰州王心斋艮墓志铭》(《国朝献征录》卷一一四)、袁了凡《王汝止传》(《两行斋集》卷一一)、耿定向《王心斋先生传》(《耿天台先生集》卷一四)、《明史》卷二八三。董燧有《王心斋先生年谱》一卷补余一卷补遗一卷(1911年东台袁承业刊《王心斋先生集》附录)。

王好问(1517—1582)　字裕卿,号西塘。京师永平府乐亭(今属河北)人。嘉靖二十五年(1546)顺天乡试中举,二十九年进士,除太常寺博士。迁御史,历大理寺右少卿,转左,晋太仆寺卿,移南京太常寺卿。入为通政使,进工部右侍郎,改刑部、户部,迁南京右都御史,就迁南户部尚书,万历十年(1582)再疏乞归,归家逾月而卒,年六十六,赠太子少保。有清抄本《王西塘春煦轩集》,残存卷一至卷一一、卷一三、卷一六至卷一八、卷二二,计十六卷,内卷一至卷一〇所收为诗;卷一一及以下各卷所收为记、序、祭文等各体文。清同治刊《止园丛书》收《春煦轩文集》六卷《诗集》二卷。许国为其所作墓志铭及《千顷堂书目》均著录《春煦斋集》三十卷,则传世非完本也。能文,《明文海》录其文三篇。其诗亦清雅。《皇明诗统》卷三八录其诗六首。《明诗综》卷四四录其诗二首。清王崇简《畿辅明诗》录其诗二十首,谓其诗“闲淡得陶、韦遗意”。《明诗纪事》已签卷一〇录诗三首。生平见许国《西塘王公好问墓志铭》《国朝献征录》卷三一)、李维桢《王司徒家传》(《大泌山房集》卷六三)、过庭训《本朝分省人物考》卷六三。

王志庆(1598—1642)　字与游,自称汉阴丈人。南直苏州府昆山(今属江苏)人。提学王志坚、举人王志长之弟。年十二父丧,从二兄学,不喜制义,故年踰冠,犹滞童子科,不得已,入赀为成均弟子,时南国子祭酒顾起元以古学倡导后进,见其文,极赏之,故每试辄冠其曹,然数试乡闱,终不得志,因退归侍母。母丧,服阕再试,天启七年(1627)中举,崇祯元年(1628)、四年试

又连踬于春官。会有诏举贤良,以病辞,茸东郊丙园作终老计。十五年(1642)七月卒于家,年四十五。与二兄皆以著述名。所编类书《古俪府》十二卷收入《四库全书》。所著则仅存稿本《王与游诗稿》不分卷,收其诸体诗五百余首。《娄水文征》卷三六录其文五篇。生平见吴山嘉《复社姓氏传略》卷二。

王志坚(1576—1633)　字弱生,更字淑士、闻修。南直苏州府昆山(今属江苏)人。万历三十一年(1603)中举,三十八年进士,授南兵部主事。历郎中,迁贵州提学金事,未赴。崇祯初起为湖广金事,礼部推为学政第一,崇祯六年(1633)八月初八卒于官,年五十八。平生志于学,束修好古,与李流芳、归昌世齐名于乡里。通籍二十余年,服官仅七载,多谢病于家,卜居吴门古南园旷远之地,杜门读书。所读先经后史,而后子、集,又兼通内典,手写《华严》至再,著《太上感应篇续传》,以辅翼因果之书。平生以箴俗学、杜狂禅自任,又好编书,《千顷堂书目》著录其《读史商语》四卷、《感应篇续传》二卷、《香岩诗草》、《古文澜编》二十卷又《古文续编》三十卷、《四六法海》十二卷等。《四六法海》十二卷被收入《四库全书》,《读史商语》四卷有万历四十七年刊本。诗文著述传世有清初王文谟等抄本

《王闻修先生河渚集》，残存十四卷，为文法唐宋，诗则非所长，聊寄情愫而已。《列朝诗集》丁集录其诗八首，"小传"云其著书"篇章甚富，自定诗才七十余首"。《明诗评选》、《明诗综》卷六〇、《明诗纪事》庚签卷二二均录其诗一首。《娄水文征》卷三六录其文六篇。生平见清钱谦益《王淑士墓志铭》(《牧斋初学集》卷五四)、陈济生《天启崇祯两朝遗诗·小传》《明史》卷二八八。

王圻(1530—1615) 初名堰，字公石，改名后字元翰，号洪洲，又号梅源居士。南直松江府上海人。生于嘉靖九年(1530)正月二十一。四十三年(1564)乡试中举，明年进士，除江西清江知县，改万安。征授云南道御史，以党附徐阶忤时相高拱，出为福建按察金事，又谪邛州判官。迁进贤知县，改曹县，升开州知州，历青州府同知，擢湖广按察金事，陕西参议，致仕归。卒于万历四十三年(1615)闰八月十四，年八十六。平生嗜学，尝筑室淞滨，种梅万树，称梅花源，以为读书著述之地。尤究心文献，耄耋之年，仍燃烛帐中，彻夜不倦，故所著弘富。现存明刊《续文献通考》二百五十四卷、《三才图说》一百零八卷、《东吴水利考》十卷、《两浙盐志》二十四卷、《谥法通考》十八卷、《三才图会》一百零六卷、《稗史汇编》一百七十五卷、《续

定周礼全经集注》十四卷，皆为其编刊。另有《海防志》八卷、《吴淞江议》一卷、《青浦县志》八卷等见于著录。其究心编著，偶为诗，惟意所适，一无蹈袭。《千顷堂书目》著录其别集《洪洲类稿》十六卷《明农稿》四卷。现存万历间王氏家刊本《王侍御类稿》十六卷，首有郭正域、吴国伦、陆应旸序，内奏疏一卷、各体文十二卷，卷一四、卷一五为诗，计收五七言古近体诗约四百首、词五首，卷一六为附录，首《茸城倡和集》，收圻与同邑何三畏、陆应旸、钱龙锡、徐三重等倡和之作，内圻诗九首，后附《生祠记》《德政碑》及墓志、行状、行实等。《明诗综》卷四四录其诗二首。清王昶《青浦诗传》卷一〇录其诗一首。清王辅铭《明练音续集》卷二录其诗六首。清姚宏绪《松风余韵》卷二九录其诗一首。《明诗纪事》己签卷一五录其诗一首。近人严昌埙《海藻》卷五录其诗二首。生平见张恒《王公暨元配陈宜人行状》、顾秉谦《王公暨配诰封宜人陈氏合葬墓志铭》(《王侍御类稿》卷一六)及何三畏《王参知洪洲公传》(《云间志略》卷一八)、《明史》卷二八六。

王克笃(生卒年不详) 字菊逸。山东兖州府东平人。潦倒于诸生间，晚筑自适斋以寄志。有散曲《适暮稿》一卷，存清嘉庆二十一年

(1816)王志超抄本,计小令一百三十五支、套数八套。中有自注云:"余老会至矣,百岁关心,一贫刺骨,刿遭凶年,左右盼顾,实为狼狈。昨把镜照面,茫然良久。古人云:'五十之年,忽焉已过。'因援笔写此,情见乎词。时万历二十二年(1594)正月新正三日书。"因知其明嘉、万时人也。其散曲多世情、咏物、述怀内容,尤愤世嫉俗,如"急煎煎油锅插手,恶狠狠钱眼翻身,恨不能太行山变做了雪花银。"(《中吕·红绣鞋·阅世》)刺贪婪成性,欲壑难平,颇具元代北曲风格。

王材(1508—1584)　字子难,号稚川。江西建昌府新城(今黎川)人。生于正德三年(1508)正月初六。嘉靖七年(1528)举人,二十年进士,选翰林院庶吉士,授检讨,与修《大明会典》,寻丁忧归。三十一年迁南国子监司业,三十六年进南太常少卿,四十年晋南太常卿兼管南国子祭酒事,被劾归。卒于万历十二年(1584)七月二十五,年七十七。《千顷堂书目》著录其《南雍申教录》十五卷又《太学仪节》二卷又《南雍再莅录》一卷又《念初堂集》六十五卷(内《石堂近语》一卷、《诗文》二十三卷、《黎川王氏家谱略》一卷、《外制集》三卷、《南雍申教录》一卷、《南雍日记》六卷、《南雍讲章》四卷、《大学志略》一卷、《南雍再莅录》一卷、《退居集》十三卷、《馆记》一卷、《杂记》一卷、《北田语》一卷、《新城志略》一卷、《念初先生年谱》一卷)。现存清雍正五年(1727)刊本《念初堂集》(又名《王稚川全集》)四十八卷,内《石堂近语》一卷、赋一卷、诗三卷、各体文十七卷、《家谱略》一卷、《外制》三卷、《南雍申教录》十五卷、《太学讲章》二卷、《太学志略》二卷、《南雍再莅略》一卷、《杂记》一卷、《公牍》一卷。集有亢思谦、瞿景淳序。以在南雍讲学为傲,亦能诗,集中诗三卷,收诗五百首、词十二首,《南雍申教录》中另有讲学诗三十余首。又曾辑《新城县志》十卷及地方诗文总集《黎川文绪》四卷。《皇明诗统》卷二六录其诗九首。《江西诗征》卷五七录其诗一首。《明诗纪事》戊签卷二一录其诗二首。《明文海》录其文《梦归赋》等四篇。生平见耿定向《王先生神道碑》(《耿天台先生文集》卷一二)、《明史》卷三○八。

王来(1395—1470)　字原之。浙江宁波府慈溪人。宣德二年(1427)会试乙榜,授江西南昌府新建教谕,六年以荐擢御史,巡按苏、松、常、镇四府,偕巡抚周忱考察属吏。英宗时,以杨士奇荐,擢山西左参政,以杖死县令,逮下狱,当徒。遇赦,调补广东左参政。正统元年(1436)迁河南左布政使,景泰元年

（1450），以左副都御史巡抚河南、湖广，升都御史，督湖广、贵州军务，平瑶民反，三年召还，转南京工部尚书兼大理寺卿。英宗复辟，六尚书皆罢，归里。成化六年（1470）四月卒于家，年七十六。《千顷堂书目》著录其《抑斋集》。现存万历间王福征刊本《王氏绿野堂遗编》二卷，收所作五七言古近体诗近二百首，附《平蛮恩集碑记》，冯若舒序，首又有《慈训堂诗》，录于谦、胡滢、魏骥等十五人赠诗。《四明风雅》卷一录其诗一首。清胡胤瑗等《兰皋明词汇选》卷四录其词一首。清尹元炜等《溪上诗辑》卷三录其诗八首。生平见佚名《南京工部尚书王来传》（《国朝献征录》卷五二）、《明史》卷一七二。

王时济（1532—1594） 字道甫，号龙坞。山西平阳府稷山人。万历十一年（1583）进士，除户部主事。历郎中，十九年出知卫辉府，二十二年卒于官，年六十三。诗文著名于乡里。著述现存万历间刊本《龙坞集》八十四卷，杜华先序。内前五十五卷为诗集，赋二卷（十七篇）、杂骚一卷（七篇）、乐府五卷（六十二首）、四言古诗三卷（十二首）、五七言古近体诗四十二卷（一千二百三十余首）、铭一卷（十一篇）、赞一卷（二十九篇）、箴一卷（六篇）；后二十九卷为文集，内序文六卷，志铭四卷，墓碣、墓表、传、状各一卷，记

三卷，杂议、奏疏各一卷，祭文五卷，启二卷，疏语、引各一卷。是集另有清顺治十七年（1660）王震亨重刊本。《皇明诗统》卷三九录其诗六首。《（雍正）山西通志》录其诗二首。《明诗综》卷五四录其诗一首。生平见何东序《王公墓志铭》（《九愚山房稿》卷四二）、《（嘉庆）稷山县志》卷五。

王时槐（1522—1605） 字子植，号塘南。江西吉安府安福人。嘉靖二十五年（1546）举人，明年进士，授南兵部主事。三十二年进员外郎，旋升南礼部郎中，四十一年除四川按察佥事，四十二年迁尚宝司少卿，次年升尚宝卿。隆庆四年（1570）除光禄寺少卿，五年出为陕西右参政，分守关西道，上疏乞休，准致仕。万历十九年（1591）起贵州参政，十月迁南京鸿胪卿，皆不赴，二十年升南太常寺卿，寻乞归。三十三年（1605）十月初八卒，年八十四。王阳明再传弟子，曾与邹元标等往复讲学于吉安、安福等地书院，又主持庐陵青原讲会，为江右王学重镇。据其《自考录》，其讲学语录及诗文著述单刊行世有十数种。今除《广仁类编》四卷外，多未见传，然收入后之合刊本。《广仁类编》四卷为时槐六十二岁时所作，采集古圣贤亲亲、仁民、爱物之事而类编之，以证孔门求仁为宗之思想，间及因

果报应之说，不尽为儒者之言也。其著述合集先有万历三十八年邹元标序刊《友庆堂存稿》十四卷，系卒后萧近高辑编，除语录、诸体文外，收诗三十二首；后又有《塘南王先生友庆堂合稿》七卷补遗一卷，内卷一、卷二书一百四十五篇，卷三序六篇、记九篇、传二篇、志铭一篇，卷四语录七目，卷五说十篇、跋十二篇、《石经大学略义》十七条，卷六杂著四十四目，卷七古诗二十八首、律诗十四首、绝句十二首、辞一首。是书万历刊本已残，有清光绪三十三年（1907）重刊本。所收语录、诗文均有与《友庆堂合稿》重复者。《四库全书总目》著录《友庆堂合稿》七卷，"提要"谓其"诗词不多作，亦非所长。文皆讲学之语，而兼出入老、庄之间，明季所谓心学者也。"另有清康熙间重刊《王塘南先生自考录》，系时槐所撰《自考录》及其门人贺沚所作《续补自考录》之合刊。《千顷堂书目》另著录其《吉安府志》二十六卷。《江西诗征》卷五七录其诗一首。生平见王时槐《自撰墓志铭》（《友庆堂存稿》卷五）、刘元卿《塘南王公行略》（《刘聘君全集》卷八）、清黄宗羲《明儒学案》卷二〇、《明史》卷二八八。

王体复（1547—1620）　字阳父，号述斋，又号姑射山人。山西平阳府太平（今襄汾）人。嘉靖四十三年（1564）举人，隆庆二年（1568）进士，授工部都水司主事，督殿阁大工及通惠河，调户部。出为陕西兵备副使，迁河南按察使，历陕西右布政使、顺天府尹，晋右副都御史，巡抚贵州，致仕归。归里后设丽泽社，教授子侄及邑中士子，又与修《太平县志》。卒于万历四十八年（1620），年七十四，门人私谥文介。著述现存乾隆四十年（1775）赵熟典刊本《姑射山人吟稿》二卷。孙化龙序，内收诗四百余首。体复历宦三十载，宦辙所至，多大漠边陲，蛮荒瘠弱之地，其诗多有涉及。《（雍正）山西通志》记其所著另有《真知录》《悟心摘言》《史纲名纂》《藏笥纪略》《评诗集》《玩易集》《姑射山人集》。《（雍正）山西通志》卷二二三录其诗一首。生平见《（雍正）山西通志》卷一一一。

王佐[1]（1334—1377）　字彦举。祖籍河东，元季侍父宦南雄，经乱不能返，奉母寓广州，遂占籍广州南海（今广州）。有才名，元末何真开府广州，与孙蕡首被礼聘，辟为书记。洪武三年（1370）随何真归附，六年征至京师，官给事中。九年太祖朱元璋赐宋濂良马，亲作《马歌》，诏诸臣和之，佐斯须而就，以"臣骑黄马当赤心"句为帝所赏，后乞归，帝赐钞放回。归后次年卒，年四十四。《千顷堂书目》著录其《听雨轩集》二卷又《瀛洲集》，未见传。其初与孙蕡等结诗社于广州南园，开抗风轩以延名士，后香山黄佐编《广州人物传》谈及南园诗社，称孙蕡、王佐、李德、黄哲、赵介为"五先生"，谓："佐才思雄浑，体裁甚工，蕡深重之。构辞敏捷，王不如孙，用间沉著，孙不如王"。因以"南园五先生"之一名传后世。现存嘉靖三十六年（1557）王国桢刊本《广中五先生诗集》及清康熙五十九年（1720）刊本《南园五先生诗选》皆收佐《听雨先生诗选》。《盛明百家诗》录其诗十首为《王彦举集》，与孙蕡、黄哲、李德诗合为《广中四杰集》。又佚名辑王佐与黄哲、李德、赵介四人诗为《广州四先生诗》，为《四库全书》所收，《总目》"提要"云："四人……惟佐气骨稍卑，未能骖驾，而介诗所存太少，不足以见所长耳。然粤东诗派数人实开其先，其提倡风雅之功，有未可没者。"所录王佐诗亦仅十四首。《皇明风雅》录其诗四首。顾起纶《续国雅》卷一录其诗一首。《皇明诗统》卷三录其诗十一首。《列朝诗集》甲集录其诗一首。清屈大均《广东文选》卷三〇录其诗二首。《明诗综》卷一〇录其诗五首。清梁善长《广东诗粹》卷三录其诗五首。《明诗纪事》甲签卷九录其诗三首。《明诗综》《明诗纪事》所录佐诗均有不见于《广中四杰集》者，另方志尚有少量佚诗，故王佐存诗约二十余首。生平见黄佐《给事中王佐传》（《国朝献徵录》卷八〇）、萧彦《掖垣人鉴》卷三、《明史》卷二八五。

王佐[2]（1428—1512）　字汝学，号桐乡。广东琼州府临高（今属海南）人。七岁丧父，母勤苦抚养。少受学于乡前辈丘濬，正统十二年（1447）举乡荐，游太学，以屡试不第回乡。成化二年（1466）谒选，授高州府同知，五年以母丧归。十年改福建邵武府同知，弘治二年（1489）改江西临江府同知，以二十年不徙一官，遂弃官归里。卒于正德七年（1512），年八十五。以能诗称于乡里，或谓其诸体皆擅，以"吟绝"之名与海瑞之"忠绝"、丘濬之"读绝"及清代张岳嵩之"写绝"并称"海南四绝"。《千顷堂书目》著录其《琼台外纪》五卷又《珠崖录》《经籍目略》《鸡肋集》等，均未见明、清传本，惟近人辑《海南丛书》有其《鸡肋集》十卷首一卷，收其诗三百零二首、各体文八十二篇。《皇明诗统》卷一四录其诗七首。《滇南诗选》录其诗一百十二首。清屈大均《广东文选》卷三二录其诗一首。《明诗综》卷一九录其诗二首。清梁善长《广东诗粹》卷二录其诗二首。《明诗纪事》乙签卷一八录其诗二首。生平见黄佐《临江府同知王佐传》（《国朝献徵录》卷八七）、过庭训《本朝分省人物考》卷一一二。

王佐[3]（生卒年不详）　字廷用。福建福州府闽县（今福州）人，卫籍。天顺三年（1459）举人，授桐庐训导，改邹平教谕。《千顷堂书目》著录其《三留稿》，清沈德潜《明诗别裁集》谓曾见其《王廷用集》，均未见传。徐𤊻《晋安风雅》录其诗三首。《石仓十二代诗选·明诗选》录其诗二十三首。《明诗综》卷二二、清沈德潜《明诗别裁集》均录其《宫怨》一首，沈德潜以为其诗"写情逼真"。清郭柏苍《全闽明诗传》卷一〇录其诗四首。《明诗纪事》丙签卷四录其诗一首。生平见《（乾隆）福建通志》卷三七。

王佐[4]（生卒年不详）　字仁辅、仁甫，号古直。浙江台州府黄岩人。成化、弘治间布衣。性放诞，善草书，长于诗。多与诸名公往来，卒于谢铎之新馆，谢铎为之棺敛。《千顷堂书目》著录其《古直存稿》四卷，现存弘治十五年（1502）庞元化刊本，首李东阳《王古直传》，后谢铎识语云："掇其所存诗，得六十三首，与诸公之所唱处者又四十九首。"卷四为附录。《盛明百家诗》录其诗二十余首为《王古直集》一卷。李时渐《三台文献录》录其诗二首。顾起纶《续国雅》卷三、《皇明诗统》卷一二录其诗一首。《列朝诗集》丙集录其诗三首，"小传"谓其"旅游京师，客公卿间三十年。不置釜甑，无僮仆。意度率

直，不为厓岸，遇所会意，欣然忘去。李西涯作《王古直传》，又赠诗曰：'长安信脚自来往，醉醒不信东君谁。'其风度可知也"。清李成经《方城遗献》卷五录其诗二首。清戚学标《三台诗录词录》卷一五录其诗四首。生平见李东阳《王古佐传》《国朝献征录》卷一一五）。

王佐[5]（生卒年不详）　字佐之，号樗崖子。浙江嘉兴府嘉善人。崇祯四年（1631）进士，曾官浚县、休宁知县，擢刑部主事，以郎中升高州知府。著述崇祯间刊行于世，内文集《春浮堂初集》二卷，收其各体文，署陈仁锡选，首有崇祯六年吴孔嘉《春浮堂初集序》、项煜题词及杨以任序；又《言行世则钞评》四卷，夏日瑚、杨廷麟序；又《车尘笔记》一卷，毛湛序；又诗集《秋宴草》一卷，收诗一百五十二首，刘同升序；又《公余吟》一卷，收诗五十三首，熊维典序；又《枝吟》一卷收诗七十九首；又《敬胜堂杂语》一卷；附《友声》一卷，系四方友人及诸同社所赠题词汇而成集。清沈季友《槜李诗系》卷二〇录其诗一首。生平见吴山嘉《复社姓氏传略》卷五、《（光绪）重修嘉善县志》卷二四。

王佑（生卒年不详）　字子启。江西吉安府泰和人。洪武三年（1370）举教官，至京师入见，是日太史奏文星见，同时十八人皆擢御

史，佑为其一也。出为广西按察金事，改知崇庆州，坐事谪和州，又坐累免官，邑人请为儒学训导，逾年卒。元末即有诗名，与其兄沂隐居平川山中，与辛敬、万石、杨士弘、刘永之、练高等为诗友。著有《长江万里稿》五卷，见于《千顷堂书目》著录，又与其兄王沂诗合为《二妙集》（萧𪩘辑），均未见传。《皇明风雅》录其诗三首。《皇明诗统》卷二录其诗十二首。韩阳《皇明西江诗选》卷二录其诗三十二首。《石仓十二代诗选·明诗选》录其诗二十九首。《列朝诗集》甲集录其诗一首。《明诗综》卷一三录其诗二首，"诗话"云："王氏二妙，子启诗远逊子与（王沂）。"《江西诗征》卷四四录其诗八首。《明诗纪事》甲签卷一六录其诗二首。生平见杨士奇《崇庆州知州王先生佑传》（《国朝献征录》卷九八）、《明史》卷一四〇。

王伯稠（1542—1614） 字世周。南直苏州府昆山（今属江苏）人。诸生，试不举，沦落不偶，因谢举业，苦心于诗，尽交东南名士以为诗友。卒于万历四十二年（1614），年七十三。王世贞曾将皇甫汸、莫如忠、许邦才、周天球、沈明臣等列为"四十子"，内有伯稠之名，称其为"王山人伯稠"（《弇州四部稿续稿》卷三）。又为其集作序，谓其诗"乐府尤长情事，仿拟之什，翩翩抵掌小

语，冷辞足沁肺腑；古选既不落节，时时独诣；歌行尤自奇逸，的然青莲隆准；七言律绝，潇洒超箸"（《弇州四部稿续稿》卷四三）。伯稠所著《白虹集》（或名《王世周先生诗集》）二十卷，计收乐府诗七十九首、五七言古近体诗一千一百余首，《千顷堂书目》著录。《四库全书总目》著录《王世周集》二十卷，"提要"云："是集卷首有王世贞兄弟序，颇相推许，然考其所作，似过于标榜。"所见万历刊本卷首仅有王世懋万历十二年《白虹集小引》，谓言："读其诗，澹荡豪逸，无所不有，私尝愧叹，以为不及也。"《列朝诗集》丁集中录其诗二十六首。《明诗评选》录其诗三首。《明诗综》卷六三录其诗一首。《御选宋金元明四朝诗》录其诗十二首。《明诗纪事》庚签卷二六录其诗二首。生平见张大复《吴郡张大复先生明人列传稿》。

王希旦（生卒年不详） 字维周，号石溪。福建福州府侯官（今福州）人。正德八年（1513）举人，屡上春官不第，谒选为吏部吏，累迁至礼部祠祭司郎中，以丁忧归，寻卒于家。能诗，交于郑善夫等。《千顷堂书目》著录其《石溪集》八卷，现存天启元年（1621）序刊本，文五卷，诗二卷，附录一卷，王化行、陈仕贤序，有诗一百三十余首。徐𤊹《晋安风雅》录其诗二首。《明诗综》录其诗

一首。清郭柏苍《全闽明诗传》卷一六录其诗十二首。生平见《（乾隆）福建通志》卷四三。

王应鹏（1475—1536）　字天宇，号定斋。浙江宁波府鄞县（今宁波）人。正德二年（1507）中举，明年进士，五年除嘉定知县，得民望，入为御史，巡按山东。擢河南提学副使，迁大理少卿。嘉靖改元，擢金都御史，巡抚顺天，又改抚山西，十年（1531）进右副都御史，协理院事，十二年以上疏失书职名，下诏狱，免归。十五年卒于家，年六十二。少从王守仁学，清慎端方，居官廉介，称能吏，以细故遭无妄之灾，论者惜之。《千顷堂书目》著录其《定斋集》又《闽疏稿》又《东台稿》又《抚畿稿》又《杂著稿》。现存嘉靖三十九年陆激刻《定斋先生诗集》二卷，收诗三百六十余首，首王钫序，末有其婿陆激《叙定斋先生诗后》。又有明抄本《定斋王先生文略》一卷。宋弘之《四明风雅》卷三录其诗十九首。明翟校辑、清王辅铭补辑《练音集补》卷首录其诗七首。清胡文学《甬上耆旧诗》卷八录其诗三十九首，"小传"谓其诗"浑涵高脱"。《明诗综》卷三三录其诗四首。《明诗纪事》戊签卷一〇录其诗二首，按语谓"定斋诗颇有秀句"。《四明文征》卷八录其序文一篇。生平见《（雍正）浙江通志》卷一五九。

王应熊（？—1646）　字非熊，号春石、涵园。四川重庆府巴县人。万历四十一年（1613）进士，选翰林院庶吉士，天启间累官至詹事府詹事，以忧归。崇祯三年（1630），诏拜礼部右侍郎，五年转左。博学多才，熟谙事务，能权变，而性溪刻强狠，人多畏之。六年周延儒、温体仁援以自助，擢其进本部尚书，兼东阁大学士，预机务。因屡为言路所攻，被劾受贿，因乞休，许归田。十七年三月，京师陷，八月，张献忠陷四川，福王立于南京，诏应熊为兵部尚书兼文渊阁大学士，总督川、湖、云、贵军务。时川中诸郡，惟遵义未失，应熊入守之，缟素誓师，传檄讨张。唐王隆武二年（1646），张献忠余部孙可望袭破遵义，应熊遁入永宁山中，病卒于毕节卫，一子阳禧，亦死于兵。有文才，所著有《涵园集》二十卷，未见传。费经虞《蜀诗》卷九录其诗二十六首。《明诗纪事》庚签卷二三录其诗二首，按云："应熊与周延儒、温体仁朋比，相业不足言。国变后，殁于行间，君子犹节取焉。"生平见清佚名《五十辅臣考》卷二、《明史》卷二五三。

王应遴（？—1644）　字董父，号云莱，别署云来居士。浙江绍兴府山阴（今绍兴）人。通历象医术，万历四十六年（1618）恩贡，叶向高荐其入中秘，授中书舍人，与修两朝实录、玉牒，晋大理寺左评事。天启初辑真德秀《大学衍义》，首列"祖宗防近习"一款以献，触怒魏忠贤，廷杖一百，叶向高、韩爌力救之，削籍归。崇祯初，徐光启荐起原职，同修《志历》《会典》诸书，加礼部员外郎。十七年(1644)三月京师破，自杀殉节。曾与徐光启、李之藻等奉敕参修《崇祯历书》。所著有《备书》二十卷、《乾象图说》一卷、《中星图》一卷、《经天该》一卷及《慈无量集》四卷及《首善书院志》等。现存明刊《王应遴杂集》五册，前三册所收《修历书》等文，内容多与天文历法及乡约、医问有关，第四册收《长安灯市诗》《自徵诗倡和》《衍庄新调》《修志疏》。《衍庄新调》又名《逍遥游》，系应遴据庄子故事所撰杂剧，作于天启六年(1626)秋，系作者路过蒙城，读舜逸山人(杜蕙)所撰道情《骷髅叹》后有感而作，多有借鉴《骷髅叹》之处。因此前"冶城老人"有《衍庄》杂剧，此剧故标"新调"。是剧虽未脱度世说法，示人名利皆虚之旧套，然曲词和宾白皆有可称道之处。祁彪佳《远山堂剧品》将其列入"逸品"。据《远山堂曲品》，应遴另有传奇《清凉扇》，未见传。生平见《(康熙)山阴县志》卷二九、《(康熙)绍兴府志》卷五七。

王良枢(1499—1557)　字慎卿，号庚阳。浙江湖州府乌程(今湖州)人。以国子生选授广东布政司司理，嘉靖三十六年(1557)卒，年五十九。诗以气格为主，与黄注、孙良器、宋鉴为诗友。现存嘉靖三十年吴兴王氏原刊本《觳音集》四卷，收其古近体诗四百余首。《皇明诗统》卷三四录其诗四首。《千顷堂书目》著录其《诗牌谱》一卷，收入万历刊《夷门广牍》，又有清光绪十四年(1888)《观自得斋丛书》本。生平见明徐献忠《庚阳王君墓志铭》(《长谷集》卷一五)。

王启茂(生卒年不详)　字天庚。湖广荆州府石首(今属湖北)人。崇祯末岁贡。《(同治)石首县志》卷七著录其《拙修堂集》，内《湘烟集》《檐雨集》《溪上吟》《匡庐草》《灉湖草》《耶许集》《玉兔斋乐府》《茶铛三味》《晒书琐语》《松窗忆录》各一卷，《南窗老人集》二卷，均未见，仅清陈允衡编顺治澄怀阁刊本《诗慰》二集选录其诗五十二首为《渚宫集选》。清廖元度《楚风补》卷二七录其诗二十八首。清高士熙《湖北诗录》录其诗五首，"传略"云："崇祯末以明经荐，不就。兄启京、启遵，弟启崇、启芬皆有才名，人称'五凤'。天庚性独淡素，工诗词，避兵湖南山中，年七十卒。"《明诗纪事》辛签卷二八录其诗四首。生平见《(康熙)荆州府志》卷二六、《(同治)石首县志》卷六。

王孜（生卒年不详）　字彦恒，号平川子。南直太平府芜湖（今属安徽）人。现存嘉靖刊本《振衣亭稿》四卷，卷端题："平川王孜著，洋湖范如冈校正"，首有嘉靖十九年（1540）祝咏《振衣亭稿序》，内收拟歌辞乐府三十九首、拟古体十二首、歌行五首、律诗四十三首。《（乾隆）太平府志》录其诗《吴波秋月》《十女墓》两首。生平见《（乾隆）太平府志》卷四〇。

王邵（？—1641）　字炳黎，号二弥。山西太原府保德人。天启元年（1621）举人，崇祯四年（1631）进士，与杨延麟同出倪元璐之门，选翰林院庶吉士，十年授检讨，以部党兴起，托疾乞归，十六年召为南京国子监司业，未赴。崇祯十四年（1641）卒。著有《庚午守城纪略》《弭盗已试录》《相劝俚言》《迈征斋遗稿》等。现存清康熙八年（1669）序刻本《王太史遗稿》八卷，首引《山西通志·文苑传》，又有太原傅山《太史公遗稿序》、戴廷栻《叙》及王邵孙王恒《纪略》，内收奏疏及各体文三十余篇、古近体诗一百二十余首。又有清康熙十八年（1679）王岱刊本《太原王二弥先生存稿》十卷附《名家赠言》一卷，毕振姬序，《千顷堂书目》著录《王二弥先生存稿》十卷，即此本。是集又有光绪间祁县何遵先刻本，改题《王太史遗集》。生平见清王岱《王二弥先生传》《《太原王二弥先生存稿》附》、《（雍正）山西通志》卷一三九。

王若之（1593—1645）　字湘客。山东青州府益都（今青州）人。南户部尚书王基孙，万历四十五年（1617）以荫除南都前卫都事，改户部员外郎。历郎中，出为河南右参议，告归。崇祯十二年（1639）起南户部郎中，以事罢，因留居金陵。清兵下南京，初避于山，再避于水，三徙三掠，乙酉（1645）被杀于当涂，年五十三。为人潇洒疏诞，好弹琴吹笙，工尺牍，善五言诗，有晋人风致，与邹元标、冯从吾、钟羽正等游。清初王士禛《居易录》谓其："孤情绝照，清谈如晋人。服官留都，放情山水，买舟游武林，穷湖山之胜。三竹奄寺罢官，居金陵，乙酉避乱姑孰，干戈崎岖，独载三代鼎彝、法书、名画，兼两连舳，寝食与俱。其答人书云：'正惟草莽之中，当坚守一之节'……湘客诗清真，无启、祯气习，最工尺牍，单辞词组，逼似晋宋间人。"所著《涉志》一卷、《续诗》一卷、《窳咏》一卷、《燕赋》一卷、《再游草》一卷，皆有明末刊本。卒后，傅敏辑其所著为《佚笈姑存》十卷，内《诗卷》（版心题《王湘客诗卷》）二卷，《疏稿》《津门都启稿》《薄游书牍》（版心题《王湘客书牍》）《续诗卷》《涉志》《往笺》《窳咏》《燕赋》各一卷。另存清初抄本《王湘客书牍附年谱》。陈济生《天启崇祯两朝遗诗》卷一〇录其诗五首。清宋弼《山左明诗钞》卷三二录其诗三十一首。清段松岑《益都先正诗丛抄》附编录其诗八十四首。《金陵诗征》卷四一"寓贤"录其诗一首。《明诗纪事》辛签卷六上录其诗三首。近人赵愚轩《青州明诗钞》卷四录其诗二十二首。生平见清王士禛《池北偶谈》卷九、《(雍正)山东通志》卷二八之一。

王英（1376—1450）　字时彦，号泉坡。江西抚州府金溪人。永乐元年(1403)乡试中举，明年进士，选翰林院庶吉士，与修《太祖实录》，五年授修撰。十四年进侍讲，二十年扈从北征。仁宗即位，进侍讲学士，寻迁右春坊大学士兼翰林侍讲学士。宣德五年(1430)修太宗、仁宗实录成，升詹事府少詹事。正统初，与杨士奇、杨荣并为《宣宗实录》总裁，书成，进礼部左侍郎，乞归，晋南礼部尚书致仕。景泰元年(1450)五月十七卒，年七十五，谥文安，改谥文忠。与王直同年进士，文名亦相似，又皆久在馆阁，朝廷大制作，常出二人之手，因有"东王""西王"之称。《千顷堂书目》著录其《泉坡文集》六卷《诗集》五卷、《明历体略》三卷。现存成化元年(1465)刊《工文安公诗集》五卷，收其五七言古近体诗三百五十余首，有吴节序及陈敬宗《尚书王文安公传》。又有清朴学斋抄本、宋氏荣光楼抄本《王文安公诗文集》十一卷、《诗集》五卷、《文集》六卷，所收诗同成化本。其文春容典赡，为诗亦清朗，未全同于当时台阁诸老。程敏政《皇明文衡》录其文四篇。《皇明风雅》录其诗九首。顾起纶《续国雅》卷二录其诗二首。《皇明诗统》卷八录其诗二十四首。韩阳《皇明西江诗选》卷七录其诗七十首。《石仓十二代诗选·明诗选》录其诗三十五首。《列朝诗集》乙集录其诗二十四首。《明诗综》卷一八录其诗七首，"诗话"云："西王密切谨严，句无浮响，如'别路斜阳京口树，他乡明月洞庭船''挽得珊弓射飞虎，赐将宫锦绣盘螭''旧馆空余秦地月，古坛犹似汉宫秋'，皆琅然清圆，可诵也。"《御选宋金元明四朝诗》录其诗十五首。《江西诗征》卷四七录其诗三十九首。《明诗纪事》乙签卷八录其诗七首，按云："泉坡少结主知，虽陟清华，未及柄用。史称好规人过，故与三杨龃龉不合……诗五言如良玉填粟，迥异当时台阁之体。"生平见魏骥《王公墓志铭》（《魏文靖公摘稿》卷三)、陈敬宗《王公英传》（《国朝献征录》卷三六)、廖道南《殿阁词林记》卷五、《明史》卷　五二。

王直（1379—1462）　字行俭，又作时俭，号抑庵。江西吉安府泰和人。永乐元年(1403)举人，明年联捷进士，选翰林院庶吉士，授修撰。仁宗即位，迁侍读，进侍读学士、右春坊右庶子。宣德初，进少詹事，正统三年（1438）修《宣宗实录》成，进礼部侍郎，寻进尚书，八年，拜吏部尚书。十三年土木堡之变，英宗被俘，与于谦等拥立代宗，加太子少保，进少傅，进太子太师。英宗复辟，以老病乞休，天顺六年（1462）九月二十三卒，赠太保，谥文端。王直方面修髯，仪观甚伟，性情庄重，不苟言笑。其自永乐时即典司制诰，后在翰林二十余年，与金溪王英齐名，有西王、东王之称，朝廷制作常出二人之手，为著名台阁文人。后又秉铨十余年，为朝廷重臣，岿然负一代之望。永乐十二年台阁诸人倡和集《燕山八景图诗》收其诗，然诗词不多作。著述有景泰五年（1454）刊《抑庵集》十三卷，为其长子王稷所辑，收其在朝时所作，萧镃序。成化初其三子王稹复加校订，增原集未录及致仕家居后所作，别为《后集》三十七卷，复有嘉靖间王有霖刊本《重编王文端公文集》四十卷。程敏政《皇明文衡》录其文十三篇。《明文海》录其文三篇。清应麟《江右古文选》卷一六录其文一篇。《皇明风雅》卷四录其诗三首。《皇明诗统》卷八录其诗十六首。《列朝诗集》乙集录其诗二十五首。《明诗综》卷一八上录其诗十六首，"诗话"

谓其诗"未遽出西杨（杨士奇）下"。《四库全书》收《抑庵集》十三卷《后集》三十七卷，《总目》"提要"谓其"诗文典雅纯正，有宋元之遗风"，"萧镃作是集序，称其文'汗漫演迤，若大河长川，沿洄曲折，输写万状'。盖明自中叶以后，文士始好以矫激取名，直当宣德正统间，去开国之初未远，淳朴之习犹未全漓，文章不务胜人，惟求当理，故所作貌似平易，而温厚和平，实非后人所及。虽不能追古作者，亦可谓尚有典型者矣。"《江西诗征》卷四八录其诗五十五首。清王琨《泰和诗征》卷一六录其诗四十首。《明诗纪事》乙签卷八录其诗十五首。近人赵尊岳《明词汇刊》自其集录词十三首为《抑庵诗余》。生平见李贤《王公直神道碑铭》（《国朝献征录》卷二四）、王兆云《皇明词林人物考》卷五、《明史》卷一六九。另《抑庵集》有其《自撰墓志》（《后集》卷三三）。

王叔英（？—1402）　名元采，字叔英，以字行，号静学。浙江台州府黄岩人。少孤，因母改嫁陈氏，曾改姓陈。洪武中与方孝孺、杨大中等并被征，辞还乡。洪武二十年（1387）以荐为仙居训导，改德安教授，三十年任职淮安府学，迁汉阳知县。建文元年（1399）方孝孺欲复井田，贻书立阻之。召为翰林修撰，上《资治八策》。燕兵至淮，奉帝诏募兵,行至广德,闻京城不守,书绝命词,自经于玄妙观,逻捕其家,妻及二女并殉。著述现存清康熙四十九年(1710)刊本《王静学文集》二卷,《明史·艺文志》曾著录,内收序、记等文五十九篇、诗十六首。《四库全书》所收《静学文集》一卷,收文三十篇,仅序、记二体,《总目》"提要"云:"今观是集,大抵皆规模昌黎,稍失之拘,而简朴有度,非漫无裁制者比。所存虽少,已可以见其生平矣。前有黄绾所为传,称其'文章有原本,知时达势,为用世之儒',盖不诬云。"又有清光绪间抄本《王静学先生文集》三卷首一卷末一卷。李时渐《三台文献录》录其诗一首、文十一篇。《明文海》录其文五篇。《列朝诗集》甲集录其诗二首。《明诗综》卷一六录其《绝命词》一首。清李成经《方城遗献》卷三录其诗四首。清戚学标《三台诗录词录》卷一〇录其诗三首。《明诗纪事》乙签卷一录其诗一首。生平见黄绾《静学王公元采传》、郑晓《翰林院修撰王公叔英传》(《国朝献征录》卷二一),又见《明史》卷一四三。

王叔杲(1517—1600)　字阳德,号旸谷。浙江温州府永嘉(今温州)人,叔果弟。生于正德十二年(1517)三月十七。嘉靖二十二年(1543)举人,四十一年进士,除靖江知县,改常熟。四十四年征授兵部

车驾司主事,迁职方司员外郎、武选司郎中,隆庆四年(1570)简放大名知府。万历元年(1573)进湖广副使,三年以备战抗倭有成,进参政,五年被劾请归,起福建参政,未赴。致仕后辟园于湖侧,名阳湖别墅,又名玉介园,茅坤、王世贞等均曾为其园作记。别墅有景二十,皆自作诗咏之。卒于万历二十八年(1600)五月二十三,年八十四。《明史·艺文志》著录其《玉介园稿》二十卷,现存万历二十九年其子王光美刊《玉介园存稿》十八卷,诗七卷、文十一卷、附录四卷,卷首有王世贞、魏允贞、李化龙序。顾起纶《国雅》卷一七录其诗十四首。《皇明诗统》卷三〇录其诗六首。《明诗综》卷四四录其诗一首。《御选宋金元明四朝诗》录其诗九首。《东瓯诗存》卷二二录其诗二十首。《明诗纪事》己签卷一四上录其诗四首,按云:"阳德不以诗名,撷其隽语,可以屏浮嚣之气。"生平见李维桢《王公墓志铭》(《大泌山房集》卷八〇)、王世贞《旸谷王先生生祠记》(《弇州四部稿续稿》卷五七)、《(万历)温州府志》卷一一。

王叔果(1516—1588)　字育德,号西华。浙江温州府永嘉(今温州)人,叔杲兄。生于正德十一年(1516)二月初七。嘉靖十九年(1540)举人,二十九年进士,丁父忧归。三十六年补兵部职方司主事,

三十八年迁员外郎，三十九年进郎中，四十二年出为湖广右参议，分部承天、德安二府，次年调广东按察司副使，乞休不得，归里，遂不复出。卒于万历十六年（1588）三月初四，年七十三。先习性理之学，尝辑《象山语略》，又崇王守仁"良知"之学，晚年则作合一之论。亦能诗文，《明史·艺文志》著录其《半山藏稿》二十卷，现存万历二十八年序刊本，内赋一卷二篇，诗六卷六百四十余首，按岁编，不为类，文十三卷二百余篇，次以类。是集为其子王光蕴等辑编，梅鼎祚校，卷首有李维桢撰《王宪使传》及汤宾尹序、茅坤序。1935年铅印《敬乡楼丛书》第四辑所收《半山藏稿》亦据万历本整理，惟所据底本有残缺。《千顷堂书目》另著录其《永嘉县志》十卷。《皇明诗统》卷三四录其诗七首。《东瓯诗存》卷二二录其诗三十五首。生平见王光蕴《先宪使公行状》（万历本《半山藏稿》附）、王世贞《副使王公叔果墓志铭》（《国朝献征录》卷九九）、李维桢《王宪副家传》（《大泌山房集》卷六七）、《（万历）温州府志》卷一一。

王叔承（1537—1601）　初名光胤，字叔承，既以字行，更字承父，晚又更名灵岳，字子幻，号昆仑山人、梦虚道人。南直苏州府吴江（今属江苏）人。少孤，以家贫赘妇家，复为妇翁所逐，因携妇归奉母，

而贫益甚。早从伯兄习举子业，已而弃去，专治古文辞。曾游吴越、湖湘、闽楚、齐鲁、燕赵等地，所至必有诗文纪。后从辽东总督顾养谦之塞外，无所成就而归，遂不复出。卒于万历二十九年（1601），年六十五。性嗜酒，喜交友，然自以志节重。嘉靖三十八年（1559）曾至彰德，访客居赵康王处之郑若庸，若庸欲荐之赵王，叔承以赵王无下士实意，赋诗辞归，有"壮心欲别逢知己，羞向侯门待晚餐"之句。又尝客大学士李春芳及王锡爵处，皆以不适谢去。《千顷堂书目》著录其《吴越游》十七卷又《后吴越吟》二十一卷。现存万历刊《潇湘编》二卷、《后吴越游》十二卷、《岳色编》二卷。另有《宫词百首》为周履靖《唐宋元明千家宫词》所收。诗名籍籍于时，曾纵观西苑园内之胜，作《汉宫曲》数十阕，流传禁中。所作山水游记，信笔驰骋，即兴抒怀，亦自成风格。卒后故交申时行为其作《墓表》，谓其"为诗触景匠心，抒所自得，不喜为剽窃丑态语，而歌行长篇尤为词家所脍炙"。王世贞将其与皇甫汸、莫如忠、许邦才、周天球、沈明臣等并列为"四十子"（《弇州四部稿续稿》卷三）。顾起纶《续国雅》卷四录其诗三首。《皇明诗统》卷三一录其诗四首。《列朝诗集》丁集中录其诗一百四十三首，内宫词五十首，"小传"云："承

父为诗,豪宕莽苍,天才烂发,最为王元美(王世贞)兄弟所推。"《明诗综》卷五〇录其诗十四首,"诗话"云:"承父才情奔逸,下笔不能自休。其论诗不甚倾心王(王世贞)、李(攀龙),大旨谓'事与景者,天地所自有之物,偶遇而收之。情与意者,吾所本有之物,偶触而发之。彼吾役也,吾不彼役也。'斯言良是,惜其所作,牵率者十九。"《四库全书总目》著录其《壮游编》三卷,"提要"称"盖其气节怀抱,亦非当时山人墨客以诗句为市者比"。《明诗纪事》己签卷一六录其诗十一首。卓人月、徐士俊《古今词统》录其[竹枝]词四首。生平见申时行《王山人子幻墓表》(《赐闲堂集》卷二二)、王世贞《昆仑山人传》(《弇州四部稿续稿》卷七四)、《明史》卷二八八。

王尚䌹(1478—1531) 字锦夫,号苍谷。河南汝州郏县人。弘治八年(1495)举人,十五年进士,除兵部职方主事。正德三年(1508)调吏部稽勋主事,四年升验封员外郎,寻迁稽勋郎中,七年出为山西布政司左参政,引疾还,十三年改四川,不赴。家居十七年,嘉靖初以荐除陕西左参政,迁浙江右布政使,嘉靖十年(1531)卒于官,年五十四。与李梦阳、何景明交,作诗亦追攀李、何。著述有嘉靖四十二年郏城王氏刊本《苍谷集选》一卷,收古体

诗十七首,近体诗五十二首,文则收疏、辩议、书简等十数篇,有李菱、韩邦奇、马理、孙允中、党以平、王崇庆、王世爵、吕颛等序。《千顷堂书目》著录其《苍谷集》十二卷应指清乾隆二十三年(1758)密止堂刊本《苍谷全集》十二卷附录一卷,内赋四篇、诸体诗八百余首、词十二首,又各体文一百四十六篇,原《苍谷集选》诸人序亦存焉。《盛明百家诗》录其诗三十余首为《王方伯集》一卷。顾起纶《续国雅》卷三录其诗一首。《皇明诗统》卷一九录其诗十一首。《石仓十二代诗选·明诗选》录其诗十二首。《列朝诗集》丙集录其诗二首。《明诗综》卷二八录其诗二首,"诗话"云:"苍谷结仲默(何景明)为姻娅,订献吉(李梦阳)、德涵(康海)、子衡(王廷相)、庭实(边贡)、粹夫(何瑭)诸君为矜契。然其诗如入邪径狭巷,未达周行,较之升堂入室之彦尚远。马伯循(马理)序之,止许其能取友,可谓善于立言。"《明诗纪事》丁签卷九录其诗一首,按语云:"锦夫与李、何游,苦意追摹,合作终鲜。"近人赵尊岳《明词汇刊》录其词二首为《苍谷诗余》。《明文海》录其文三篇。生平见薛应旂《苍谷先生传》(《方山薛先生全集》卷二六)、朱睦㮮《王公尚䌹传略》(《国朝献征录》卷八四)。

王昆仑(籍里生平不详) 传为

吴江(今属江苏)人,或为杭州(今属浙江)人,嘉靖、隆庆间布衣,以"山人"游于缙绅间,曾有诗赠王世贞。《盛明百家诗》录其诗一百三十余首,题《王逸人集》,识语云:"昆仑王山人号能诗,予尝一识于陈云浦氏,然未详其名与字也,载览集中,其为逸士无疑。相传吴江人,又似浙人,缘所交游多在浙也。一日施山人向予道其诗,亟往索之,得巨帙。一题曰'王昆仑诗',末注云'庚午夏日立'。盖可传物也。乃取其最惬心者刻而传之。不尽刻者,限于力耳。隆庆四年秋七月望后。"彭孙贻《明诗钞》录其诗一首。《槜李诗系》卷一七有钟鹤龄《答王昆仑》诗,内有"布衣交莫忘,彩笔梦还真"语。其为山人能诗者无疑。

王图(1557—1627)　字则之。陕西西安府耀州(今耀县)人。万历四年(1576)乡试第一,十四年进士,选翰林院庶吉士,授检讨。历右春坊右中允,充东宫讲官,寻以右庶子掌坊事。又四年,升詹事府少詹事,副纂修玉牒,又四年,以詹事充日讲官,又以吏部右侍郎掌翰林院,前后服官,自宫坊历亚卿,皆不出詹翰,累进为吏部右侍郎。与兄王国并有时誉,有入阁之望,万历三十九年京官大计,时朝廷党争激烈,忌者力构之,求去,遂罢。天启二年(1622)以原官起,四年拜礼部尚书兼翰林学

士,协理詹事府事,七年六月十五卒,年七十一,谥文肃。工书法,能诗文。卒后钱谦益为其作行状,称其"生平不事生产,不迩声色,焚膏宿火,老而不倦,有文集、奏议若干卷,《文体颇评》《史记侧》《讲筵日录》《玉堂制草》《颖客偶谈》又若干卷"。著述均未见存。崇祯五年(1632)贾鸿洙《周雅续》卷一四收其诗一百二十一首。生平见清钱谦益《谥文肃王公行状》《牧斋初学记》卷四八)、《启祯野乘》卷一、清陈鼎《东林列传》卷一六、《明史》卷二一六。

王命璿(生卒年不详)　字君衡。福建漳州府龙岩籍,泉州府晋江(今泉州)人。万历二十八年(1600)乡试中举,三十二年进士,授广东新会令,有政绩,征为监察御史,巡抚广东。天启间累官至刑部右侍郎,丁母忧归,崇祯初复为刑部侍郎,告归。明社亡,挈家入万安山中,不知所终。《千顷堂书目》著录其《静观山房诗集》二卷,现存崇祯十三年(1640)序刊本《静观山房诗稿》四卷《赋》一卷,计收赋三篇,拟古乐府、汉郊祀歌二十首,古近体诗九百多首,黄景昉、吴澧序。生平见《(乾隆)福建通志》卷四八。

王泽(生卒年不详)　字叔润,号青霞。浙江台州府天台人,侨寓山阴(今浙江绍兴)之江北里。洪武间官西北华亭县丞。《千顷堂书目》

著录其《青霞集》，未见传。《皇明风雅》录其诗十首。许鸣远《天台诗选》卷二录其诗八首。李时渐《三台文献录》录其诗七首。《皇明诗统》卷四录其诗八首，《石仓十二代诗选·明诗选》录其诗九首。《列朝诗集》甲集录其诗十一首，又补《题方道人壶隐诗》一首，"小传"云："尝为华亭县丞，全室泐公（释宗泐）有《送王叔润》诗云：'平凉来又去，官满复之官。'则叔润任平凉，非松之华亭也。"《明诗综》卷一三录其诗五首，"诗话"云："叔润诗音声嘹亮，亦是作家。"《御选宋金元明四朝诗》录其诗七首。清戚学标《三台诗录词录》卷九录其诗四首。《明诗纪事》甲签卷二七录其《姑苏感事》等六首，按语云："士诚（张士诚）灭后，姑苏感事之作，叔润二诗最为脍炙人口。杜东原（杜琼）《耕余录》、姜明叔（姜南）《墨余钱镈》、蒋一葵《尧山堂外纪》、瞿宗吉（瞿佑）《归田诗话》皆纪之。"生平见《（乾隆）绍兴府志》卷六三。

王悰（生卒年不详） 字内悦。浙江绍兴府山阴（今绍兴）人。正统初曾官溧水知县。与兄王谊（字内敬）并有诗名。《千顷堂书目》著录其《娱清集》，未见传。《皇明风雅》卷二八录其诗四首，顾起纶《续国雅》卷二录其诗一首，《皇明诗统》卷六录其诗九首，《石仓十二代诗选·

明诗选》录其诗二十九首。《列朝诗集》乙集录其诗七首。《明诗综》卷二〇录其诗三首。《明诗纪事》乙签卷七录王谊诗四首、王悰诗三首，按语云："山阴二王，并以诗鸣，内悦诗较丽密。""内敬以事谪戍辽阳，弟悰赋《隔谷歌》云：'兄羁囚，弟露宿。兄弟本连枝，谁令隔山谷。兄受饥寒日困辱，弟欲救之力不足。力不足，可奈何。愿作高飞鸿，衔之出网罗。'哀感动人，弥臻鹡鸰之叹。"生平见《（嘉庆）山阴县志》卷一四。

王宗沐（1523—1592） 字新甫，号敬所。浙江台州府临海人。嘉靖二十二年（1543）乡试中举，明年进士，授刑部主事，进员外郎。二十九年出为广西按察司佥事，三十三年升广东布政司参议，分守惠、潮。三十五年进江西按察副使，提调学校，三十八年迁参政，三十九年升按察使，四十年再进为本省右布政使，转左，旋调山西左布政使，被劾调广西。四十二年乞休，家居五年，隆庆四年（1570）起为山东左布政使，五年以右副都御史总督漕运，兼提督军务，巡抚凤阳等处。万历二年（1574）迁南刑部右侍郎，转左，兼右金都御史，阅视宣、大，四年丁母忧归，九年致仕。家居至万历十九年腊月卒，年六十九，赠刑部尚书，天启初，追谥襄裕。宗沐于时称能吏，师事欧阳德，为王阳明再传弟子,治学以陆、王心学为宗。其提学广西,即修宣成书院,恢复田州学校,在江西,则重建正学书院、怀玉书院,又于白鹿洞书院聚诸生讲学。亦能文学,初官刑部,即入诗社,与李攀龙、王世贞等倡和,有名于当时。《明史·艺文志》著录《王宗沐奏疏》四卷、《文集》三十卷、《江西大志》八卷、《宋元资治通鉴》六十四卷、《南华经别编》二卷、《海运志》二卷。《四库全书总目》著录其《海运详考》一卷、《海运志》二卷、《敬所文集》三十卷。现存万历元年(1573)门人刘良弼序刊本《敬所王先生文集》三十卷,内《内编》十卷,收其所作序、颂、书、启等;《别编》十卷,收其所作诗、论、碑、赋、说、传、书后、约、策问、祭文、行状、铭志、讲义等,内诗四卷,收诗六百余首;《外编》十卷收其所作奏疏、杂著、文移等;有门人刘良弼、贺一桂序。又有《宋元资治通鉴》六十四卷,有隆庆刊本,名《续资治通鉴》。《江西大志》《海运志》亦有明刊本。《列朝诗集》丁集录其诗一首。《明文海》录其文十二篇。清汪森《粤西诗载》录其诗三首,《粤西文载》录其文二篇。清戚学标《三台诗录词录》卷一八录其诗三首。《明诗纪事》已签卷八录其诗一首。生平见其子王士崧《撄宁府君年谱》《章安王氏宗谱》),又见邓以赞《敬所王先生行状》《邓定宇文

集》卷四)、清黄宗羲《明儒学案》卷一五、《明史》卷二二三。

王宠(1494—1533) 字履仁,更字履吉,号雅宜山人。南直苏州府吴县(今江苏苏州)人。生于弘治七年(1494)十一月初八。诸生,八试锁院不举,以年资贡入太学。书法著名于当时,少与兄王守同学于蔡羽,后游文征明之门,时与祝允明、文征明并称"吴中三家",《四有斋丛说》谓文征明以后当推第一。又以诗闻,兼善词曲。平生多交于江南名士,后顾璘将其列入《国宝新编》,以为挚友。尤与唐寅善,寅以女妻其子。善病养疴,栖息虞山之白雀寺者累年,嘉靖十二年(1533)四月三十病逝,年仅四十。卒后其兄王守辑其所著,编为《雅宜山人集》十卷,《明史·艺文志》曾著录。内诗八卷,收所作诸体诗,按体分卷,又于诗题下注以《正德稿》《嘉靖稿》字样,约略编年之意;文二卷,收所作赋及诸体文。是集由上海董宜阳及其门人朱浚明刊于世,卷首有王守嘉靖十五年序,又有嘉靖十八年顾璘序及胡缵宗、袁褒序,末附文征明为其所作墓志铭。袁序谓其诗"初宗李白,既乃宗杜"。嘉靖刊《(和倪瓒)江南春词集》录其所作[江南春]词一首。《盛明百家诗》录其诗一百七十余首为《王履吉集》。顾起纶《国雅》卷八录其诗八首。

《皇明诗统》卷二八录其诗十二首。《石仓十二代诗选·明诗选》录其诗八十首。《皇明诗选》录其诗二首。《列朝诗集》丙集录其诗四十六首。《明诗综》卷三八录其诗三首，"诗话"云："履吉亦中材尔，诸公惜其早亡，誉之未免过实。"清沈德潜《明诗别裁集》录其诗六首，云："履吉圭臬颜、谢，痕迹未融，然尔时吴中诗格以履吉为最。七言律亦颇沈郁。"《四库全书总目》著录《雅宜山人集》，"提要"谓其诗"大抵才力富赡而抑郁之气激为亢厉，亦往往失之过牮，文则非所留意"。《海虞文征》录其诗十三首。《明诗纪事》丁签卷一一录其诗二十首。近人汪正石《木渎诗存》卷一录其诗三首。胡文焕《群音类选》、凌濛初《南音三籁》、陈所闻《南宫词纪》等尚存其散曲小令八首、套数五套。生平见文征明《王履吉墓志铭》（《国朝献征录》卷一一五）、文震孟《姑苏名贤小纪》下、何乔远《名山藏》卷九六、《明史》卷二八七。

王承之（生卒年不详） 字季安。陕西西安府华州（今华县）人。王维桢曾孙，万历三十八年（1610）曾与其兄王承祚共刊王维桢《司成遗翰》四卷，明末刊《槐野先生存笥稿》附其所作《王允宁先生年表》。承之与东荫商、郭宗昌为诗友，曾结南玭社，以诗名于乡里。所著《涧词》十卷，崇祯时刊，今残存四卷，卷一收四言古诗四十三首，卷二收五言古诗二十九首，卷三收七言古诗五十四首，卷四收五言律诗一百四首，所佚六卷所收当为五七言近体。另有集名《水阳秋》，未见。《明诗纪事》辛签卷三四录其诗五首，按语云："季安诗，音调浑雅，具有唐格，关中诗人之秀。"生平见清褚成昌《华州乡土志》。

王绂（1362—1416） 字孟端，号友石生、九龙山人。无锡（今属江苏）人。生于元至正二十二年（1362）五月。少为诸生，洪武十一年（1378）征至京，被累涉难，谴戍山西朔州。居晋十余年，建文二年（1400）放归江南，与友人韩奕隐居九龙山（今惠山）。其间曾随侍驸马某至四川，遨游杭州、扬州。永乐元年（1403）以善书荐，供事文渊阁，十年官中书舍人，次年扈从北京，十四年二月初六病卒于官舍，年五十五。绂为人襟度萧爽，以书画著称。山水师王蒙，风格苍郁；又善墨竹，笔势纵横。画不苟作，有传世品。亦能诗，《千顷堂书目》著录其《友石山房稿》五卷。现存弘治元年（1488）刊本，题《友石先生诗集》，系其长子王默熹辑编，计收诗六百五十九首，首有永乐二十年曾棨序、洪熙元年（1425）王琏序，后附胡广、王洪、章晒如等所作墓表、小传、行状。《四库全书》所收名《王舍人诗集》五卷，《总目》"提要"云："绂博学，工书画，所作山水竹石，风韵潇洒，妙绝一时，说者谓可继其乡倪瓒。其诗虽结体稍弱，而清雅有余，盖其神思本清，故虽长篇短什，随意濡染，不尽计其工拙，而摆落尘氛，自然合度。"《盛明百家诗》录其诗一百六十余首为《王舍人集》。《皇明风雅》录其诗二首。顾起纶《国雅》卷三、《皇明诗统》卷一〇录其诗五首。《列朝诗集》录其诗四十五首。《明诗综》卷一七录其诗十七首。《御选宋金元明四朝诗》录其诗三十五首。清顾光旭《梁溪诗钞》卷四录其诗四十九首。《明诗纪事》乙签卷六录其诗十六首。生平见胡广《王孟端墓表》、王洪《孟端王公行状》（《友石先生诗集》附）及何乔远《名山藏》卷一〇〇、《明史》卷二八六。

王绅（1361—1400）　字仲缙，号继志。浙江金华府义乌人。王祎仲子。明初祎使于云南，招抚蒙元梁王，为梁王所杀，绅年方十三，事母兄尽孝友，为世所称。受业于父执宋濂，与方孝孺为友。以博学为宋濂器之，谓"吾友不亡矣"。洪武二十四年（1391），应蜀献王聘，为成都府文学。建文初，用荐召为国子监博士，与修《太祖实录》，献《大明铙歌鼓吹曲》十二章，二年（1400）卒于官，年四十。《千顷堂书目》著录其《继志斋文集》二十卷。现存《继志斋集》十二卷，邹缉、王达序，附刻于万历三十二年（1604）刊王祎《王忠文公文集》二十四卷后。其集首冠以《铙歌》十二首，次为赋二篇，以下为古今体诗及各体文，末为附录一卷。然编入《四库全书》时已残缺失次，仅存九卷，诗五卷文四卷，第一卷所载《铙歌》即已全佚，其他断简缺文不一而足。《总目》"提要"云："其文演迤丰蔚，不失家法。诗亦有陶、韦风致，无元季纤秾之习。在洪武、建文之时，卓然自为一家，不但行谊之高也。名其斋曰'继志'，可谓无忝所生矣。"阮元声《金华诗粹》录其诗十八首。《列朝诗集》甲集录其诗七首。《明诗综》卷一六录其诗一首。清朱琰编选《金华诗录》卷二四录其诗四首。《明诗纪事》乙签卷二录其诗二首。《明文海》录其文三篇。生平见王汝玉《王公祎墓表》（《皇明名臣墓铭》乾集）、《明史》卷二八九。

王珂（生卒年不详）　字仲鸣，号止一。山西平阳府蒲州（今永济）人。正德十四年（1519）举人，嘉靖五年（1526）进士，授中书舍人，侍经筵，卒于京，年四十五。有《自省编》，未见传。万历二年（1574）无锡俞宪子俞渊继其父刻《盛明百家诗》，录其诗三十首为《王止一集》。彭孙贻《明诗钞》录其诗一首。生平见《(雍正)山西通志》卷一三八。

王莒(?—1586)　字季孺。浙江宁波府慈溪人。万历十一年(1583)进士,选翰林院庶吉士,授编修,十四年持节册封晋藩,报命至潞河卒。方志载其"髫卯时即以词赋倾诸作者""为文意气矫厉""与屠隆相伯仲""所著有《云山日记》《采真编》《季儒诗选》《乔云馆全集》"。《明史·艺文志》另著录其《礼记纂注》四卷。现存万历十七年屠本畯刊本《王太史季孺诗草》一卷,卷前有《叙》,收诗六十八首,卷末附屠本畯、瞿汝稷、潘之恒哀挽诗十余首。《明诗综》卷五四录其诗一首。清陈元龙《御定历代赋汇》录其赋一篇。清尹元炜《溪上诗辑》卷四录其诗三首。《明诗纪事》庚签卷一四上录其诗一首。生平见《(雍正)浙江通志》卷一八〇。

王荔(生卒年不详)　字子岩,号青屏。京师保定府高阳(今属河北)人。嘉靖元年(1522)举人,选授青州府推官,不阿上官意,上官恶之。数年投劾归,筑万水亭,与其弟日相倡和,里中人指其宅曰"诗王家"。其诗现存明万历刊本《王青屏先生诗集》二卷,按休收拟乐府及古近体诗一百二十七首。卷前万历三十二年(1604)遂州郑材序,谓其诗"古体秀爽雄丽,近体俊逸要眇,风骨棱棱,都无玷缺"。《四库全书总目》子部著录其《正音撮言》四卷,"提要"谓是书以等韵分部,列"天对地,日对星,晓燕对春莺"等,乃供村塾对偶选词之书。生平见《(雍正)畿辅通志》卷七九。

王思任(1575—1646)　字季重,号遂东,又号谑庵。浙江绍兴府山阴(今绍兴)人。生于万历三年(1575)七月二十一。二十二年(1594)领乡荐,明年进士,二十四年除兴平知县,甫三月,以母忧归。服阕,改当涂,三十三年迁南刑部主事,被劾降山西按察司知事,三十八年升青浦令,有能声,因与督漕御史彭端吾不睦,四十一年罢归。四年后起补山东布政司照磨,四十六年移袁州府推官,未赴。崇祯元年(1628)补松江府学教授,明年升国子助教,四年进南工部营膳司主事,榷芜湖关。六年晋江西按察佥事,备兵江州。八年以京察罢,归里闲居。清兵南下,马士英与史可法拥立福王于南京,闻马士英将挟太后遁绍兴,因上疏太后请斩之,又致书马士英,斥其专权误国,书有"我越乃报仇雪耻之邦,非藏垢纳污之地"语,一时传诵。乙酉(1645)张国维等迎鲁王朱以海于绍兴就任监国,先后仕思任为太常寺卿、詹事府詹事、礼部右侍郎、礼部尚书,思任以屡疏不报,愤极挂冠。次年五月清军渡钱塘江,鲁王逃海上,六月绍兴城破，思任拒清巡按御史王应昌劝降，弃家入山，于祖墓旁构孤竹庵居之，誓不入城，不薙发。亲朋以利害劝之，不听，积郁成病，因绝饮食，九月二十二卒。思任有隽才，然不事名检，通脱自放，时讽喻时政，或与上官龃龉，故屡经跌宕。以才情过人，为时所称。工书画，为文多诙谐机趣，自成一格，诗亦以新警特出、不拘格范称。著述存崇祯刊本《王季重集》十五卷，卷首有徐时进、陈继儒序，内分《避园拟存》（诗集）、《杂文序》《时文序》《历游纪》《墓志铭》《传》《杂记》《律陶》《庐游杂咏》《游庐山记》《弈律》《游唤》《尔尔集》《读书佳山水》等十四种。又存明刊《及幼草》《王季重庠言》各一卷及明末沈炼刊本《小题怡赠》一卷。另有稿本《王氏书稿》不分卷、《文饭小品》不分卷、《王季重诗文稿》不分卷等存于世。清顺治十五年（1658）王鼎起所刻之《谑庵文饭小品》五卷则为其另一种诗文别集，卷一收赋十五篇及致词、尺牍、启、表、制等一百余篇，卷二收乐府及古近体诗二百八十余首、词二首、歌行十三首，卷三收记二十二篇，卷四收记二十八篇、传七篇，卷五收序、行状、志铭等五十五篇。《明史·艺文志》另著录《王思任文集》三十卷，未见。曾取有明一代议论之文编为《百家论钞》十二卷，为《四库全书总目》著录。

崇祯六年（1633）陆云龙峥霄馆刊本《皇明十六名家小品》选《王季重先生小品》二卷。《列朝诗集》丁集录其诗一首，"小传"谓其"性好谑浪，居恒与狎客纵酒，谈笑大噱。遇达官大吏，疏放绝倒，不能自禁。好以恢谐为文，仿《大明律》，制《弈律》，吾以为必传。枚皋、郭舍人之流也。""季重为诗，才情烂熳，无复持择，入鬼入魔，恶道坌出。"《明诗评选》录其诗一首。《明诗综》卷五八录其诗一首，"诗话"谓其诗"滑稽太甚，有伤大雅"。清王昶《青浦诗传》卷一录其诗三首。《明诗纪事》庚签卷七上录其诗三首，按语谓其诗"扬'竟陵'之余波"。生平见张岱《王谑庵先生传》（《琅嬛文集》）、清翁洲老民《海东逸史》卷四、清邵廷采《明侍郎遂东王公传》（《思复堂文集》卷二）。清初其孙王衮锡、王图锡曾刻《王季重先生自叙年谱》一卷，今存。

王钝（1336—1406）　字士鲁。太康（今属河南）人。元至正二十六年（1366）进士，知猗氏县，旋弃官，教授河汾。洪武十年（1377）征授礼部主事，改湖广长沙府通判，坐事免。复举明经，授北平府通判，入为吏部郎中，升福建布政司右参议，进左，奉使持节抚谕龙川，还升浙江布政使。建文中召为户部尚书，永乐登基，踰城走，为逻者所执，命解户部之务,月给尚书俸之半,后令其往北京、山东抚绥军民,经理屯戍。永乐三年(1405)仍以浙江左布政使职致仕还乡,次年卒,年七十一。《千顷堂书目》著录其《野庄集》六卷,《四库全书总目》亦著录,"提要"则谓其集诗二卷、文四卷,而诗文"皆未能入格",今已不传。《石仓十二代诗选·明诗选》录其诗三十六首。生平见黄淮《王公神道碑》(《黄文简公介庵集》卷一〇)、朱睦㮮《王钝传》(《国朝献征录》卷二八)、林尧俞等《礼部志稿》卷五七、《明史》卷一五一。

王亮(生卒年不详)　字茂宏,改字穉玉,号楼峰。浙江台州府临海人。万历元年(1573)举人,五年进士,释褐江西进贤令。为人阔略不羁,以强项闻,因罪于时相张居正,六年不调,迨居正殁,授兵科给事中,外转湖广金事。丁父忧归,服阕,补四川驿传道,官终福建盐运司同知。居林下十余载,曾讲学于杭州、天津书院,卒于家。《千顷堂书目》著录其《王穉玉文集》,现存万历三十一年刊本,八卷,屠隆编,有文无诗,计收各体文序、记、书、传、墓志铭、通问、条议、启、疏、祭文等一百五十余篇。清抄本《穉玉文集》八卷增《摘钞诗赋》一卷,收诗八十五首、《观海赋》一篇,正文末有识语云:"是集乾隆间犹有刻本,四明屠赤水隆订正。其裔孙锡骆因破裂太损,转录成全,遂将原本弃去,此册从锡骆抄本誊出,序已不可问矣。嘉庆初闻戴雪村学士尚刊于署中,并附其散佚诗稿二卷,亦不知其原集始末之出处。凡藏书旧家或有所存,未尽知也。"生平见清抄本《穉玉文集》附县志本传、《(1935)临海县志稿》卷一九。

王庭谏(1554—1591)　字敬卿,号莲塘、莲堂。陕西西安府华州(今华县)人。生于嘉靖三十三年(1554)二月二十九。隆庆四年(1570)举于乡,年十七。与兄庭诗、庭论同以少年中举闻名。万历八年(1580)进士,一甲第三,授编修,迁修撰,十九年二月二十六病卒,年三十八。《千顷堂书目》著录其《松门稿》八卷,现存万历四十一年汪学海刊本,文六卷,收各体文四十余篇又书启数十篇,诗二卷,收诗一百五十余首,毕懋康、盛以宏、冯琦等序。《四库全书总目》著录其集,"提要"谓其"年未四十而殁,故诗文皆未成就,冯琦序其诗,称其有沉鸷迈往之气,而文以质掩,盖道其实云。"崇祯五年(1632)贾鸿洙《周雅续》卷一四录其诗九首。《明诗纪事》庚签卷一三录其诗　首。生平见萧良有《莲塘王公墓志铭》、冯琦《莲堂王公墓表》(《松门稿》附)。

王竑(1413—1489)　字公度,

号懿庵，致仕后改号休庵。陕西临洮府河州（今甘肃临夏）人，卫籍。正统三年（1438）举人，明年进士，授户部给事中。豪迈负气节，正色敢言，土木之变，郕王摄朝，群臣劾王振误国，王振党锦衣指挥马顺叱言者去，竑奋臂率众将其殴毙，以此名震天下。也先入犯，受命御京城，擢右佥都御史，镇守居庸关，寻督漕运，再抚淮、扬。天顺初左迁浙江参政，八年（1464）累官至兵部尚书，以不合求去。弘治元年十二月初三（1489 年 1 月 14 日）以疾卒于家，年七十六，赠太子少保，谥庄毅。原有集，康海曾为其作《休庵诗集序》（《对山集》卷一三），不传。《（乾隆）甘肃通志》卷四九录其诗一首。近人陈子伟《陇上玉音》卷一录其诗四十首。生平见丘濬《王公神道碑铭》（《琼庵诗文会稿重编》卷二四）、袁褧《王公传》（《国朝献征录》卷三八）、《明史》卷一七七。

王彦泓（1593—1642）　字次回，尝以字行。南直镇江府金坛（今属江苏）人。少为诸生，穷年力学，屡困场屋，以岁贡为华亭训导，崇祯十五年（1642）卒于官，年五十。诗学晚唐，多感慨幽怨，所作艳体诗尤有声于时。《千顷堂书目》著录其《疑雨集》六卷。现存清初五知堂刊本《疑雨集》四卷，计收诗四百四十余首、词三首，按年纪诗，纪年自万

历乙卯（四十三年，1615）至壬午（崇祯十五年）。其集又有清乾隆、光绪、宣统及近人刊本。《列朝诗集》丁集录其诗十五首，"小传"记云："次回，恭简公樨（王樨）诸孙……博学好古，与其叔叔闻（王鏶）为同志。"《明诗综》卷六七录其诗十八首，"诗话"谓其风怀之作"深得唐人遗意……皆饶风韵，诵之感心娱目，回肠荡气"。《御选宋金元明四朝诗》录其诗二十二首。《明诗纪事》辛签卷三二录其诗二首。清邹祗谟、王士禛《倚声初集》录其词八首。《御选历代诗余》录其词二首。

王洪（1379—1420）　字希范，号毅斋。浙江杭州府钱塘（今杭州）人。少尝从胡粹中习《春秋》。洪武二十九年（1396）举人，明年进士，年仅十八，授行人。永乐初，进吏科给事中，调翰林检讨，任《永乐大典》副总裁，考满升修撰，又进侍讲。与胡广不睦，曾密疏胡广之非，帝以为不实。帝颁佛曲于塞外，诏其作序，遂巡不应制，十五年谪礼部仪制司主事，遂不复进用。永乐十八年（1420）三月卒，年四十二。史称其学博才雄，为解缙所重。以诗文称于时，与王偁、王褒、王恭称"词林四王"，又与解缙、王偁、王璲、王达称"东南五才子"。《明史·艺文志》著录其《毅斋集》八卷，现存成化十一年（1475）刊本《毅斋王先生文集》八

卷，内赋一卷、乐府古歌一卷、古近体诗附诗余二卷、文三卷。《皇明风雅》录其诗八首。顾起纶《续国雅》卷二录其诗二首。《皇明诗统》卷八录其诗十二首。《皇明诗选》录其诗一首。《列朝诗集》乙集录其诗十四首，"小传"云："当时词林称'四王'，皆有才名，希范与闽人王偁、王恭、王褒也，而希范蚤入。偁最自负，推重希范，不敢以雁行进。"《明诗综》卷一七录其诗五首，"诗话"云："今诵其诗，率规仿唐人，具体而已，品当在孟扬（王偁）下。"《四库全书》收《毅斋诗文集》八卷附录一卷，《总目》"提要"谓其"杂文皆朴雅，骈体亦工，诗尤具有唐格，而不为林鸿、高棅之钩摹"，"虽名位不昌，要为有明初年屹然一作者"。《金陵诗征》卷一五录其诗二首。《明诗纪事》乙签卷五录其诗二首。近人赵尊岳《明词汇刊》自《毅斋诗文集》卷四录其词八首，题为《毅斋诗余》。生平见胡俨《王洪墓志铭》（《国朝献征录》卷三五）、徐象梅《两浙名贤录》卷四七《文苑》、《王洪传》（《曝书亭集》卷六三）、《明史》卷二八六。

王济（1474—1540）　字伯雨，号雨舟，晚更号白铁道人，又自称紫髯仙客。浙江嘉兴府桐乡人。父为乌镇巨富，曾任苏州卫指挥。济弱冠为诸生，入太学，七上秋闱失利，正德十六年（1521）以贡授广西横州通判，摄知州事，次年，以母老乞归。卒于嘉靖十九年（1540）八月十九，年六十七。曾以横州所见风土人情及方物撰《君子堂日询手镜》（有明刻《顾氏明朝四十家小说》本）。归家后构别墅横山堂，所居称长吟阁、宝峄楼，图史鼎彝，夺目充栋。与祝允明、文征明、黄省曾等为翰墨游。入吴汝秀湖南崇雅社，又与刘麟、孙一元、张寰结岘山诗社。《千顷堂书目》著录其《谷应集》又《水南词》又《和花蕊夫人宫词》，均未见传。褚人获《坚瓠丁集》卷四《王雨舟宫词》引《夷白斋诗话》所录《宫词》，有"蕴籍可喜"之评语。《列朝诗集》丁集录其诗一首。清陆心源《吴兴诗存》四集卷五录其诗十一首。亦作戏曲，有《碧梧馆传奇》三种，仅《连环记》存清钞演出本，二卷三十出。是剧参以《三国志演义》及元人杂剧《锦云堂暗定连环记》，演王允为离间董卓、吕布设连环记故事。生平见刘麟《横州判官王君济墓志铭》、张寰《王公济行状》（《国朝献征录》卷一〇一）。

王祖嫡（1531—1592）　字胤昌，号师竹。河南汝宁府信阳人，卫籍。嘉靖十年（1531）五月初十生于信阳卫署。三十六年乡试中举，数上公车不第。隆庆五年（1571）中进士，选翰林院庶吉士，读书中秘，万历元年（1573）解馆，授检讨。四年与修《大明会典》，十五年迁国子司业，十六年升司经局洗马兼翰林院修撰，十七年迁右春坊右庶子兼翰林院侍读，十八年致仕归，二十年十月二十一卒，年六十二。祖嫡父世袭武职而好诗文，后被诬夺爵，因多年求为父昭雪，时王世贞兄弟亦奔走为父申冤，祖嫡与之交，相与谈榷文事甚洽，遂成知己，终生交往不绝。后祖嫡父冤亦得雪，以其子延世袭爵，王世贞因特为之作《王将军传》。祖嫡亦以诗文名于世，王世贞将其与皇甫汸、莫如忠、许邦才、周天球、沈明臣等列为"四十子"（《弇州四部稿续稿》卷三）。其所著生前未尝结集，多散佚，卒后，其子辑其所遗为《师竹堂集》三十七卷，卷一收为赋、颂、箴、应制铭，卷二至卷六收五七言古近体诗三百五十余首、词四十二首、赞七首；卷七以下所收则为各体文及奏疏、尺牍、对联等，卷首有李维桢序，又天启二年（1622）杨涟序。此即《明史·艺文志》著录之《文集》三十七卷。此本后为近人张凤台《三怡堂丛书》所收。又存世稿本《王司业杂著》三种，内《王先生文集》不分卷、《书疏丛钞》一卷、《家庭庸言》二卷。《千顷堂书目》另著录其《表烈外史》一卷。《明诗纪事》庚签卷一〇录其诗三首，按云："胤昌诗长于咏古。"近人赵尊岳《明词汇刊》据《师竹堂集》录其词为《师竹堂词》。又近人刘海涵刊《龙潭精舍丛刊》曾据其集录《师竹堂尺牍》二卷。生平见其门生陆可教《师竹王公祖嫡行状》（《陆学士先生遗稿》卷一三）、近世刘海涵《王师竹先生年谱》（1929年《龙潭精舍丛刻》）。

王祎（1321—1374）　字子充。浙江金华府义乌人。生于元至治元年（1321）十月十七。元末曾北上上书于时宰，危素、张起岩并荐，不报，因归隐于青岩山著书。朱元璋取婺州，征为中书省掾史，征江西，进《平江西颂》，改江南儒学提举司校理。累迁为侍礼郎兼引进使，寻掌起居注。出为南康府同知，朱元璋将即位，召还议礼，又坐事降漳州通判。洪武元年（1368）上《祈天永命疏》，建言"均徭薄赋""藏富于民"。次年六月诏修《元史》，与宋濂同为总裁官，书成，擢翰林待制，同知制诰兼馆史院编修。未久，奉使土蕃，至兰州，召还。四年四川平，五年与苏成持诏招抚云南，守滇之元宗室梁王巴咱尔斡尔密迟延不决，馆祎于别室，会蒙元嗣君窜于沙漠，遣侍郎脱脱绕道至滇，欲连兵恢复，觇知其事，促梁王杀祎以绝二心，遂于洪武六年十二月二十四（1374年2月5日）遇害，年五十二。后云南平，其仲子王绅往云南求父遗骸，不获，述《滇南恸哭记》以归。建文元年

(1399)赠王祎翰林学士,谥文节,正统六年(1441)改谥忠文。祎长身岳立,屹有伟度,与宋濂、胡翰为友,同师事柳贯、黄溍。朱元璋对其曾有"学问之博,卿不如濂,才思之雄,濂不如卿"之评。平生羡司马迁之文,有志于史。宋吕祖谦曾取《史记》年表所列大事,广征历代史书,撰《大事记》十二卷、《通释》三卷、《解题》十二卷,其书仅至汉武帝征和三年(前88),祎因续之至后周世宗显德六年(959),成《大事记续编》七十七卷,有成化陆渊之刊本,后为《四库全书》所收。又习天文历法、道术等杂学,曾改写元赵友钦《革象新书》五卷为《重修革象新书》二卷,亦为《四库全书》所收。又《青岩丛录》一卷为《四库全书总目》著录。诗文本集原名《华川集》,前后二集各十卷,正统五年义乌丞刘杰合编为《王忠文公集》二十四卷,有正统七年(1442)刊本,诗赋歌曲三卷、文二十一卷,卷端胡翰、胡行简二序原为前集序,宋濂、苏伯衡二序则为后集序,杨士奇序则为合编本作也。后有据正统本翻刻之嘉靖元年(1522)张齐本,《四库全书》即据嘉靖本收录。另有崇祯间刊《王忠文公集》四十六卷附录一卷,诗赋歌曲六卷、文四十卷,诗文较二十四卷本有增益,附录又增刻郑济等所撰行状、传、记等。祎元末明初盛有文名。程敏政

《皇明文衡》录其文十九篇。明末李宾编《八代文钞》收《王子充文抄》一卷。《明文海》录其文二十五篇,黄百家《明文授读》卷二四记云:"先夫子(黄宗羲)曰:'王祎……文欲并驱文宪(宋濂),颇有意于博洽,故考索之功多,非自然也。'"《四库全书总目》云:"祎师黄溍,友宋濂,学有渊源,故其文醇朴宏肆,有宋人轨范。濂序称其文凡三变,初年所作,幅程广而运化宏,壮年出游之后,气象益以沉雄。暨四十以后,乃浑然天成,条理不爽。可谓知祎之深矣。郑瑗《井观琐言》称其文精密而气弱,非笃论也。"亦能诗,刘仔肩《雅颂正音》录其诗七首。《皇明风雅》录其诗二首。《盛明百家诗》录其诗五十余首为《王忠文公集》。阮元声《金华诗粹》录其诗二十五首。《皇明诗统》卷二录其诗八首。《列朝诗集》甲集录其诗七十首。《明诗综》卷三录其诗十一首,"诗话"云:"子充文脱去元人冗沓之病,体制明洁,当在景濂(宋濂)之右,惟诗亦然。"清朱琰编选《金华诗录》卷二一录其诗四十四首。《明诗纪事》甲签卷五录其诗二首。生平见郑济《华川王公祎行状》、郑晓《王忠文公传》(崇祯本《王忠文公集》附录)、廖道南《殿阁词林记》卷六、何乔远《名山藏》卷五八、《明史》卷二八九。

王屋(1595—?)　字孝峙,又字

蕙蘐、鲜民等。初名畹，字兰九。浙江嘉兴府嘉善人。明末布衣，工草隶，善滑稽，作诗词多奇句。少曾曹书，孤贫无家，以山人名托身于郡大姓，邑缙绅皆乐与之交。诸生顾艾介绍于魏大中，得大中激赏，因与魏氏一门群从和酬。清康熙初尚在世。《千顷堂书目》著录其诗集《有学可斋诗笺》，未见传。现存崇祯八年(1635)吴熙等刊《草贤堂词笺》十卷、《蘗弦斋词笺》一卷，共收词六百四十余首，散曲附于其后，计小令八十五支。《倚声初集》《瑶华集》《今词初集》和《柳洲词选》均选录其词。清沈季友《携李诗系》卷二二录其诗二首。《明诗综》卷六七录其诗九首，"诗话"谓其"诗类刘改之，词学辛幼安"，其词多旷达自适。清卓尔堪《明遗民诗》录其诗二首。清沈德潜《明诗别裁集》录其诗二首。《明诗纪事》辛签卷二九录其诗一首。生平见《(光绪)嘉兴府志》卷五五。

王珙(生卒年不详) 字廷珪，号竹居道者。南直苏州府常熟(今属江苏)人。洪武、永乐时布衣。治生富赡，卜宅于虞山北之萧溪，植竹万竿，容与其中，兴之所寄，辄形诸吟咏。《千顷堂书目》著录其《竹居诗集》一卷，现存清嘉庆六年(1801)王氏十万卷楼抄本，收诗一百十余首，有宣德元年(1426)吴郡王进《竹居诗集序》，正德六年(1511)同郡李杰《重刊竹居诗集序》及正德九年其六世孙王卞识记。《皇明诗统》卷三〇录其诗六首。《明诗综》卷一五上录其诗《溪桥晚步》，"诗话"谓其为"华幼武一流也，诗嫌太熟"。《御选宋金元明四朝诗》据之录。《四库全书总目》著录其《竹居集》一卷，"提要"云："其诗多用《洪武正韵》，盖当时功令使然。大致出入于'月泉吟社'一派，亦时有秀句，而边幅单窘，兴象未深，数首以后语意略同。观卷中绝无古体，其根柢可知矣。"《海虞文征》录其诗九首。

王恭(生卒年不详) 字安中，号皆山樵者。福建福州府长乐人。少时家贫，为樵于群山中，凡二十年，后四出游历，曾居郡城，故或称其为闽县(今福州)人。永乐四年(1406)被荐，与修《永乐大典》，年已六十余。三年书成，授翰林典籍，旋投牒归，隐于长乐七岩山，徜徉丘壑以终。有诗文名，在翰林，与王洪、王偁、王褒称"词林四王"。又与同郡高棅齐名，同为以布衣征入翰林者。万历四年(1576)，袁表、马荧选林鸿、郑定、王褒、唐泰、高棅、王恭、陈亮、王偁、周玄、黄玄十人诗，刊为《闽中十子诗》，恭亦因之被列为明初"闽中十子"之一。《明史·艺文志》记其有诗集七卷，《千顷堂书目》著录其《白云樵唱》二卷又《凤台清啸》又《草泽狂歌》五卷，注《凤台清啸》为"在金陵作",则其余两集皆作于田居时。三集均未见明刊本。《四库全书》收《白云樵唱集》四卷附录一卷,《总目》"提要"谓此集所收之诗:"吐言清拔,不染尘俗,得大历十子之遗意。其格韵远在栋上。"又收其《草泽狂歌》五卷,"提要"谓是集为其中年所作,"情思较深"。万历刊《闽中十子诗》选《王典籍诗》五卷,收诗凡五百四十七首。《皇明风雅》录其诗二十一首。《盛明百家诗》录其诗一百八十余首为《王皆山集》。顾起纶《国雅》卷三录其诗十首,《国雅品》谓其诗"思多凄怨,托喻颇深"。《皇明诗统》卷七录其诗三十九首。徐𤊹《晋安风雅》录其诗六十首。《石仓十二代诗选·明诗选》录其诗一百四十五首。《皇明诗选》录其诗二首。《列朝诗集》乙集录其诗五十八首。《明诗评选》录其诗二首。《明诗综》卷一〇录其诗十九首,"诗话"谓其诗"整练不及子羽(林鸿),而风华跌宕,多缥缈之音,固似胜之"。清沈德潜《明诗别裁集》录其诗二首。《御选宋金元明四朝诗》录其诗二十九首。清郭柏苍《全闽明诗传》卷六录其诗七十一首。《明诗纪事》甲签卷一〇录其诗二十首,按语云:"安中诗亦是唐调,设色选声,妙极熔匠,与王虚舟(王偁)可抗行。二人品次,在子羽(林鸿)之下,漫士(高棅)之上。"生平见佚名

《皆山樵者传》《四库全书》本《白云樵唱集》附录)、《明史》卷二三六。

王格(1502—1595)　字汝化,号少泉。湖广承天府京山(今属湖北)人。生于弘治十五年(1502)十月初八。嘉靖四年(1525)中举,五年进士,选翰林院庶吉士,以"大礼议"忤张璁,贬永兴知县。迁刑部主事,改户部。历员外、郎中,出为河南按察司佥事,分巡河北。后以行宫火灾事,逮杖削籍。隆庆初,叙籍耆旧,授太仆寺少卿致仕。里居五十余年,万历二十三年(1595)九月初三卒,寿九十四,楚人惊为神仙。所著现存嘉靖十八年李文芝刊本《少泉诗集》四卷、嘉靖刊本《少泉集》十卷(此即《明史·艺文志》著录之《少泉集》十卷),又有嘉靖时王氏家刊本《少泉诗选》八卷《文选》五卷《文选续》五卷。《四库全书总目》著录《少泉集》三十三卷(凡《诗选》十卷《诗选续》八卷《诗新选》六卷《文选》五卷《文选续》四卷),即诸本之集合也。《盛明百家诗》录其诗一百二十余首为《王少泉集》。顾起纶《国雅》卷九录其诗十首。《皇明诗统》卷三〇录其诗十八首。《皇明诗选》录其诗二首。《列朝诗集》丁集录其诗四首,"小传"云:"嘉靖初,唐应德(唐顺之)、屠文升(屠应埈)辈倡为初唐诗,汝化亦与焉。"《明诗综》卷四〇录其诗一首,"诗话"云:

"少泉矢口信笔,不费推敲,合作者寡,并非洞庭渔人(孙宜)之比,南风自此,继梦泽(王廷陈)而代兴者,鲜矣。"清廖元度《楚风补》卷二一录其诗十首。清高士熙《湖北诗录》录其诗二首。《明诗纪事》戊签卷一六录其诗二首,按云:"汝化盛有时名,诗多率意,不堪留赏。"《明文海》录其文九篇。生平见李维桢《太仆少卿王公行状》(《大泌山房集》卷一一三)、王兆云《皇明词林人物考》卷七、《(康熙)京山县志》卷七、《明史》卷二八六。

王烈(生卒年不详)　字名世。南直松江府华亭(今上海松江)人。明末诸生。入清称遗民,隐居东海,与其兄王光承躬耕于新场镇。能诗,《千顷堂书目》著录王光承《镰山草堂诗集》实为光承与王烈诗之合集。现存清嘉庆年间吴省兰辑《艺海珠尘》本《镰山草堂诗合钞》二卷,上卷收光承诗一百五十余首,下卷收王烈诗一百一十余首。清卓尔堪《明遗民诗》录其诗二首。《明诗综》卷七七录其诗一首。清姚宏绪《松风余韵》卷二九录其诗二首。清王昶《青浦诗传》卷一七录其诗二首。清姜兆翀《松江诗钞》卷六二录其诗五首。《明诗纪事》辛签卷一七录其诗一首。清冯金伯《海曲诗钞》卷五录其诗三首。近人严昌堉《海藻》卷五录其诗二首。生平见《(乾隆)江南通志》卷一六八。

王翃(1602—1653)　字介人,又字翀人,号秋槐。浙江嘉兴府嘉兴人。九岁失母,十三岁罢举子业,十七岁从其尊人经商于市。以诗词鸣于乡里,多与同里文士倡和,亦擅词曲,作传奇。尝客钱塘、游江淮,与王思任、陈洪绶等名士交往。至明末战乱,染业废,又所居不慎失火,仅余小屋二间,一供妇爨,一吟咏其中。清顺治九年(1652)秋南下,投广州知府同族弟王庭,舟次赣州遇盗,赴水仅逃,次年北归,四月病逝于镇江,年五十一。平生遭际,感愤幽思多见之于篇章,所作诗词甚夥,结集为《春槐堂集》《秋槐堂集》,又作杂著、小说四种,《千顷堂书目》仅著录其《秋槐堂集》。清康熙六十一年(1722)刻《梅会诗人遗集》中存《秋槐堂诗集》二卷,有诗三百余首。又存世有康熙抄本《王介人集》三册不分卷,录其古近体诗,王庭序,集有王翃《春槐堂集自序》,自言其诗"取气汉魏,造格两唐"。清沈季友《檇李诗系》录其诗十六首,"小传"记云:"秋槐老人家故业染,一手挟书,一手数钱,与布贩、菜佣相应答。"清朱彝尊尝从翃学诗,其《明诗综》卷八一录其诗三十四首,"诗话"推崇其诗"铸语高华"。清沈德潜《明诗别裁集》录其诗二首。清卓尔堪《明遗民诗》录其诗二首。清李稻塍《梅会诗选》二集卷三、卷四录其古近体诗一百三十六首。《明诗纪事》辛签卷一〇录其诗二十七首。尤以词著，词风冷峻，得陈子龙激赏，或曰其实开清初梅里词之先河。现存王庭选刻《槐堂词存》，存其词一百六十五首。清许灿衡《梅里诗缉》录其词十首，内〔南歌子〕一首不见于《词存》。又曾作传奇五种：《榴巾怨》《词苑春秋》《博浪沙》《纨扇记》已佚；仅存《红情言》二卷四十八出，系据史磐《吐红记》改编，演才子佳人故事，多增曲折，曲词清丽秀雅而宾白多用典，略显滞涩。生平见王庭《王介人传》（抄本《王介人集》卷首）、钱林《文献征存录》卷一〇《王翃小传》《（康熙）嘉兴府志》）。

王晔（生卒年不详）　"晔"或作"烨"。字韬孟，号樗庵。南直镇江府金坛（今属江苏）人。少读书以古人自期，刻苦励行。嘉靖十四年（1535）进士，授吉安府推官，历给事中，仕至山东按察金事。尝劾罢方面官三十九人，直声甚著，以论严嵩罢官。既归，萧然如寒士。《千顷堂书目》著录其《樗庵王先生集》七卷，现存万历元年（1573）刊本，序、记、奏疏、书、杂文、杂著各一卷，卷七收诗一百九十余首，卷八为《目录》，凡一百七十七则，陆师道序。《御选宋金元明四朝诗》录其诗一首。生平

见王樵《樗庵王公传》（《方麓集》卷一〇）、《明史》卷二一〇）。

王臬（1477—1554）　字汝陈，号迟庵。南直镇江府金坛（今属江苏）人。生于成化十三年（1477）十月初九。正德二年（1507）举人，十二年进士，授兵部车驾司主事。武宗欲南狩，臬以职掌车驾，独具疏谏，遭廷杖，以丁外艰归。服阕，补武库司主事，以母老乞南曹，改南户部四川司主事，转南吏部考功司，晋稽勋司郎中，出知东昌府。陈情欲归养，改宁波，仕至山东按察司巡海副使，致仕。嘉靖三十二年十一月三十（1554年1月3日）卒，年七十七。《千顷堂书目》著录其《迟庵集》。现存明刊本《迟庵先生文集》八卷，收其所作各体文，又《诗集》四卷，收赋二、辞二、诸体诗二百余首、词七首。生平见其子王樵所撰《山东副使王公臬传》（《国朝献征录》卷九五）、王樵《王氏家传》（《方麓居士集》卷一〇）。

王健（1502—1550）　字伟纯，号鹤泉。浙江温州府永嘉（今温州）人。王瓒次子，少随父宦游两京。嘉靖七年（1528）中顺天乡试，十七年进士，授刑部主事，改礼部。历祠祭司郎中，转仪制司，迁南光禄寺少卿，二十九年（1550）卒于官，年四十九。《千顷堂书目》著录其《应制录》又《鹤泉集》八卷。现存嘉靖三十五

年孙昭、郑绸刊本《王鹤泉集》八卷，内文四卷，收表疏、序、记、启、碑志、表状、祭文等五十余篇；诗四卷，收诸体诗二百三十余首。卷首孙昭序谓其："诗则惟宗盛唐，余非所向往。视当世作者，李空同（李梦阳）、何大复（何景明）、康对山（康海）、徐迪功（徐祯卿）数子之外，一不入目。"黄宗羲《明文海》录其文二篇。《皇明诗统》卷二一录其诗二首。《明诗综》卷四二录其诗七首。《御选宋金元明四朝诗》录其诗四首。《东瓯诗存》卷二〇录其诗十二首。《明诗纪事》戊签卷二〇录其诗一首。生平见《（万历）温州府志》卷一一、《（雍正）浙江通志》卷一八二。

王逢元（生卒年不详）　字子新，一字贞侯，号吉山。南直应天府上元（今江苏南京）人，王韦子。不应科举，以书画著名，亦能诗词，甚得顾璘推重。顾璘记王韦，有言"生儿贵佳，不必仕宦"语（《南康王先生传》）。嘉靖刊《（和倪瓒）江南春词集》录逢元所作［江南春］词三首。《皇明诗统》卷一八录其诗二首。《列朝诗集》丁集录其诗四首，"小传"谓其："秀爽异常，藻性溢发，博究群籍，妍工词翰。诗学杜，文学六朝。画学赵松雪，疏秀可爱，乞者填户，意所不欲予，虽重购弗顾也。钦佩（王韦）殁，东桥（顾璘）卵翼子新，同于己子，爱其诗画，作《过秦楼》词

以夸之。厅事书室屏障中，必子新之诗与字，以张其名。人有丐文者，辄以润笔资遗子新。子新多狭邪游，缘手付去，赤贫如故。性不羁，工谐讪，人畏而远之。毁垣败屋，蓬蒿满门，不以置意，竟以是终。"《明诗评选》录其诗一首。《金陵诗征》卷二一录其诗一首。《明诗纪事》己签卷一七录其诗一首。生平见周晖《金陵琐事》卷三、《（康熙）江宁县志》卷三四。

王逢年（生卒年不详）　字舜华，号玄阳山人。初名治，字明佐。南直苏州府昆山（今属江苏）人，王同祖子。有才名，以怪戾狂傲称。少为诸生，试经义，多入古文奇字，为有司所黜。曾谒父执袁袠，袠令其代草应制文字，有所改窜，退而上书云："阁下以时文取科，以青词拜相，焉知天下有古文哉？"乃不辞而去。又曾作《五敌》诗，谓"慢世敌嵇康，缀文敌马迁，赋诗敌阮籍，述骚敌屈宋，书法敌二王"，世因以狂生视之。终身未遇，卒年八十。《千顷堂书目》著录其诗集《海岱集》及《文统》一百卷。现存清抄本《海岱集》十二卷。王世贞极赏其人其诗，数赠诗，赞其诗"流丽清圆，殊富风人之致"，又为其集作序，盛相推挹，而逢年则时时指擿王世贞、李攀龙之诗，嗤为俗调，致世贞怒而排之。《列朝诗集》丁集录其诗十七首。《明诗评

选》录其诗三首。《明诗综》卷五〇录其诗一首。清王辅铭《明练音续集》卷九"流寓"录其诗二首。《明诗纪事》已签卷二〇亦录其诗一首。生平见张大复《吴郡张大复明人列传稿》、王世贞《王明佐海岱集序》（《弇州四部稿》卷六五）。

王留（生卒年不详） 字亦房。南直苏州府吴县（今江苏苏州）人，王穉登幼子。十五岁游金陵，作《旧京篇》，诸客皆叹异。其父殁后，不得意于科场，遂肆力为歌诗。与曲周刘荣嗣、南阳马之骏交好。万历末年卒，未满四十。著有《匏叶集》《燕载遗稿》等，未见传。其诗受竟陵钟、谭影响。清钱谦益以为其"生也晚，未能传习其家学，而又浸淫于时调"，故《列朝诗集》丁集仅录其"声调之俊逸者"八首。清陈允衡编《诗慰》初集，自《匏叶集》选三十二首，自《燕载集》（《燕载遗稿》）选三十三首，又自《遗稿》选十六首，辑为《涧上集》。首张慎言《原序》，盖为王留某集之序也。《明诗综》卷七一录其诗一首。《御选宋金元明四朝诗》录其诗三首。《明诗纪事》庚签卷三〇录其诗七首。

王衮（生卒年不详） 字补之，一字幼迁。山东青州府益都（今青州）人。泰昌间选贡。与莱阳宋继澄、赵士喆同为复社成员，后隐于山林。有诗才，所著有《四难轩集》《慧业轩集》等，未见传。清宋弼《山左明诗钞》卷三四录其诗三十一首。清段松岑《益都先正诗丛抄》录其诗五十一首。《明诗纪事》辛签卷二五录其诗七首，按语云："衮之名在复社，诗格崭新，不落当时成派。《大滴水岩》一篇，有玉川子之风。"近人赵愚轩《青州明诗钞》录其诗二十首。生平见吴山嘉《复社姓氏传略》卷一〇。

王家彦（1588—1644） 字开美，号尊五。福建兴化府莆田人。生于万历十六年（1588）四月二十四。天启元年（1621）举于乡，明年进士，除开化知县。改兰溪，擢刑科给事中，转工科，迁户科左给事中，升都给事中，升大理寺丞，进少卿，迁太仆卿，拜户部右侍郎。崇祯十七年（1644）都城被兵，受命协理戎政，守安定门，三月十九城陷，于城楼自缢死，年五十七。福王立，赠太子太保、兵部尚书，谥忠端。《明史·艺文志》著录《王家彦奏议》五卷、《文集》五卷。现存清顺治十六年（1659）其子王赓恭等刻本《王忠端公文集》十一卷，收其奏疏、书启、各体文及殉难遗言等，卷一一收墓志铭及祭文等。文集无诗，清郑王臣《莆风清籁集》卷三四、清郭柏苍等《全闽明诗传》卷四四录其诗二首。《明诗纪事》辛签卷三录其诗一首。清涂庆澜《莆阳文辑》录其文二篇。生平见郑凤来《王公墓志铭》(《王忠端公文集》卷一一)、《明史》卷二六五。

王家屏(1537—1604)　字忠伯，号对南。山西大同府山阴人。生于嘉靖十五年闰十二月初二(1537年1月13日)。嘉靖四十三年乡试中举，隆庆二年(1568)进士，选翰林院庶吉士，四年授翰林编修。万历改元，进修撰，充经筵日讲官，以病告归。复以日讲官召，七年(1579)升洗马，踰月再升庶子，进少詹事兼侍读学士，掌院事，十二年擢礼部右侍郎，数月改吏部左侍郎，又踰月兼东阁大学士，入内阁，参预机务。进礼部尚书、太子少保，十九年为首辅，因请立太子事忤旨，次年引疾归。三十一年十二月二十二(1604年1月22日)卒，年六十八，赠少保，谥文端，再赠太保。《千顷堂书目》著录其《复宿山房集》四十卷，现存万历魏养蒙、徐中元等刊本，首李维桢序，内诗赋二卷、册文奏书诏敕谕诰文等二卷、奏疏二卷、讲章八卷、各体文十八卷、启三卷、书五卷。又有万历时家刻《王文端公诗集》二卷《奏疏》四卷《尺牍》八卷。《明诗综》卷五一录其《恭题文皇帝四骏图》等六首，"诗话"云："文端立朝，侃侃不阿，因一谏官力争去位，风节固不可及，诗亦雍容和雅，不失正始之音。"《御选宋金元明四朝诗》录其诗四首。清陈元龙《御定历代赋汇》录其赋一篇。《明诗纪事》庚签卷九录其诗一首，按语云："《文皇四骏图诗》四篇，在《张太岳集》中，而《诗综》据《馆课集》本，属之文端。余检文端诗集亦无此四诗，则自《馆课集》之讹，未可援以为据也。文端立朝不阿，奏疏侃侃直言，有古大臣风。诗多酬应之作，非其所长。"近人赵尊岳《明词汇刊》辑录其词二首为《复宿山房词》。生平见陶望龄《对南王公行状》(《歇庵集》卷一一)、于慎行《少保王文端公传》(《谷城山馆文集》卷二〇))、沈一贯《对南王公暨配李夫人神道碑》(《喙鸣文集》卷一七)、《明史》卷二一七。

王宾(生卒年不详)　初名国宾。字仲光，号光庵。南直苏州府长洲(今江苏苏州)人。少勤于学，博览群书，尤以精于医道闻名，里巷贫窭及方外士求医者，趋往诊视，施与药饵。一生不娶不宦，制行奇狷怪诞，惟与同里韩奕、姚广孝交善，至老不渝。年七十卒，姚广孝为其作传。为文亦务求奇崛，诗则伤之流易。《千顷堂书目》著录其《光庵集》二卷又《姑苏杂咏》《虎丘(诗)集》二卷又《吴下名迹诗》。现存清初抄本《光庵集》一卷补遗一卷，收其所作各体文一百三十四篇；又清抄本《吴中古迹诗》一卷，收其诗一百三十七首，有吴宽、王鏊、杨循吉、文震孟等人所作王宾像赞。所辑

《虎丘山志》《虎丘诗集》未见传。钱谷《吴都文粹续集》录其诗十二首。《列朝诗集》甲集录其诗六首。《明诗综》卷一一、《御选宋金元明四朝诗》《明诗纪事》甲集卷二三录其诗一首。近人汪正石《木渎诗存》卷一录其诗五首。生平见姚广孝《王宾传》(《吴都文粹续集》卷四四)、文震孟《姑苏名贤小纪》卷上、张昶《吴中人物志》卷九。

王谊(生卒年不详) 字内敬。浙江绍兴府山阴(今绍兴)人。与弟怿并有诗名于乡里。坐事谪戍辽阳,守帅宾礼之,使教诸生。宣德初,待诏翰林,与修国史,寻乞归。后以子佑贵,封工部右侍郎。《千顷堂书目》著其《鉴止集》,未见传。《皇明风雅》录其诗八首。《皇明诗统》卷六录其诗十四首。《石仓十二代诗选·明诗选》录其诗二十首。《列朝诗集》乙集录其诗十首。《明诗综》卷二〇录其诗六首,"诗话"云:"内敬兄弟,皆能远师太白,一时之希声也。"《御选宋金元明四朝诗》录其诗八首。《明诗纪事》乙签卷七录其诗四首,按云:"内敬五言,格意俱高。"生平见《(嘉庆)山阴县志》卷一四。

王恕(1416—1508) 字宗贯,号介庵,又号石渠。陕西西安府三原人。正统十三年(1448)进士,选翰林院庶吉士,授大理评事。升左寺副,出知扬州府。历官至刑部右侍郎、左副都御史,孝宗时进吏部尚书致仕。卒于正德三年(1508),年九十三,谥端毅。扬历中外五十年,刚正清毅,称一时名臣。少治《易》,旁通他经子史,而不喜古文辞。著述有正德元年刊本《玩易意见》二卷、正德刊本《石渠意见》四卷补缺一卷。另有弘治刊本《典籍格言》不分卷。嘉靖三十一年(1552)乔世宁辑其著述为《王端毅公文集》九卷,前六卷为各体文,平实浅显,无所雕饰,第七卷为《玩易意见》,八卷为《石渠意见》,九卷为《意见拾遗》,皆治经之语。此即《明史·艺文志》所著录之《文集》九卷。清嘉庆间补修本增《续集》二卷,收时文及诗。《四库全书》收录《王端毅公奏议》十五卷。《明史·艺文志》另著录其有《历代谏议录》一百卷、《漕河通志》十四卷。崇祯五年(1632)贾鸿洙《周雅续》卷五录其诗四首。生平见王鏊《王公墓志铭》(《王文恪公集》卷二九)、王世贞《吏部尚书王公恕传》(《国朝献征录》卷二四)、清黄宗羲《明儒学案》卷九、《明史》卷一八二。

王教[1](1479—1541) 字庸之,号中川。河南开封府祥符(今开封)人,徙家仪封(今兰考)。少有文名,而数屈于有司,正德十一年(1516)始领乡荐,嘉靖二年(1523)以第二名进士及第,授翰林编修。迁侍读,六年充经筵展读官,十年迁侍读学士,次年摄司经局,充经筵讲官,十三年迁左春坊左谕德兼侍读,掌南翰林院事,十六年升国子祭酒,十九年晋南兵部右侍郎。二十一年由南都入贺,还道病,就医于乡,十一月初五卒于仪封里第,年六十三。嗜诗,曾刻印《全唐诗话》。所著有《中川遗稿》三十三卷,现存嘉靖三十六年祥符王氏清白堂刊本,李濂序,内卷一至卷二收辞赋十二篇;卷三收拟古乐府五十九首、四言古诗十二首;卷四至卷一三收五七言古近体诗五百余首;卷一四收乐章六首、词二十首;卷一五至卷三三收策、奏疏、经筵讲章、表笺及各体文。《明诗纪事》戊签卷一五录其诗一首。生平见佚名《少司马中川王公敩墓志铭》《国朝献征录》卷四三)、李开先《中川王亚卿传》《李中麓闲居记》卷九)、孙奇逢《中州人物考》卷八。

王教[2](1539—1603)　字子修,号秋澄。山东济南府淄川(今淄博)人。嘉靖四十三年(1564)举人,隆庆五年(1571)进士,授户部主事。万历时历官至吏部文选司郎中,以佐尚书陆光澄清吏治,忤首辅申时行,触帝怒,斥为民。万历三十一年(1603)卒于家,年六十五,泰昌初诏复原职,赠太常寺少卿。著述现存万历四十四年河南巡按张至发刊本《铨部王先生集》三卷,内文一卷,收

序、记、墓铭等文二十篇;诗一卷,收古近体诗二百五十余首;卷三则为其修县志之小纪。此本又有崇祯时重刊本,清抄本《秋澄诗集》一卷,实亦从集中钞出。清宋弼《山左明诗钞》卷二一录其诗十七首。《明诗纪事》庚签卷一〇录其诗一首。生平见高举《秋澄王公传》《铨部王先生集》卷首)、《明史》卷二三〇。

王梴(生卒年不详)　字子长,又字同野。浙江宁波府象山人。嘉靖十年(1531)举人,明年进士,授中书舍人。迁兵科给事中,改工部员外郎,十六年进郎中,升江西左参议,督粮储,转山东副使,备兵徐州。二十七年迁湖广参政,以忤巡按御史,被劾免官。梴躬行“知行实践”之学,曾与罗洪先、邹守益、赵时春等反复辩论。《千顷堂书目》著录其有《涉江集》《徐徐集》《同野遗稿》。现存嘉靖四十年刘邦献刊本《王同野集》十六卷,内诗八卷,收诸体诗三百八十余首,文八卷,收各体文九十余篇。又有嘉靖时刻《徐徐集》一卷,1937年张寿镛据明刻本重刻,前有张氏序及《象山县志本传》,后收入《四明丛书》分为二卷,诗一卷,收诗二十一首,文一卷,收文八篇。生平见《(乾隆)宁波府志》卷二二。

王梅(生卒年不详)　字时魁,号柘湖。浙江嘉兴府平湖人。嘉靖十年(1531)乡试中举,明年进士,选

翰林院庶吉士，改刑部主事，坐事谪判滁州，卒于官。有诗才，沈德符《万历野获篇》记云："平湖王梅，嘉靖壬辰选庶常。初进馆，赴阁试《长安新秋感兴》诗……当时以为第一。"其诗学盛唐，在滁，雅抱冲淡，纵情山水，兴会所至，多发为诗歌。殁后五年冯汝弼刻其遗稿，名《王柘湖遗稿》二卷，《千顷堂书目》著录，未传。仅存明抄本《王柘湖遗稿》二卷，收赋一、颂一、古近体诗一百七十余首，杂著十四篇，或抄自刊本。《皇明诗统》卷二一录其诗四首。清沈季友《槜李诗系》卷一二录其诗十四首。《明诗综》卷四一录其诗六首，"诗话"云："柘湖风神韶亮，得无累之神。绝句小诗，尤见清拔。"《御选宋金元明四朝诗》录其诗四首。《明诗纪事》戊签卷一八录其诗四首。《明文海》录其文一篇。清张宪和《当湖诗文逸》卷二〇录其文一篇。清光绪朱壬林《当湖文系初编》录其文四篇。生平见《(雍正)浙江通志》卷一七九。

王野(生卒年不详)　字太古。南直徽州府歙县(今属安徽)人。十岳山人王寅从孙。少入学，亦学诗，后弃举子业，与其兄经商于江淮间，兄死不能归，又极爱吴地梁溪山水，遂家于无锡鸿山之下。《千顷堂书目》著录其《吹剑稿》二卷又《觉非斋诗》又《爨余稿》。现存万历十六年(1588)刊《吹剑稿》二卷。《列朝诗集》丁集录其诗十七首，"小传"记云："游于金陵，不轻谒人。贵人慕其名访之，累数刺，始一报谒。蹇驴造门，称'布衣王野'，投刺径去。自选刻其诗一卷。晚年诗颇为'竟陵'熏染，'竟陵'极称之，为评骘以行世。"《明诗评选》录其诗一首。《明诗综》卷六五录其诗三首。《御选宋金元明四朝诗》录其诗九首。《金陵诗征》卷三九"寓贤"录其诗二首。《明诗纪事》庚签卷二六亦录其诗一首。生平见《(光绪)无锡金匮县志》卷二九《流寓》。

王崇义(生卒年不详)　字子由，号见一山人。山东济南府淄川(今淄博)人。嘉靖十年(1531)举人，十七年进士，授刑部主事。二十一年"壬寅宫变"，宫女杨金英等人谋杀嘉靖帝不成，帝震怒，欲族诛犯者，崇义抗论曰："外家安与知内庭猝发事。律止坐其家长，余可无问也。"全活七十余人。又奉命恤河南狱，录可矜者数百人。累官至宁波知府，月余即自劾归，因前人诗"林下何曾见一人"取"见一"为号，示急流勇退之意，屡征不起。有《见一山人集》《见一笔谈》《见一诗稿》《五经注辨》等，现存其子王晓辑刻《见一诗稿》不分卷，有王晓识语。清宋弼《山左明诗钞》卷一三录其诗九首。《明诗纪事》戊签卷二〇录其诗一首。生平见《(雍正)山东通志》卷二八之三。

王崇文(1468—1520) 字叔武，号兼山。山东兖州府曹县人，右副都御史王珣第三子。弘治二年(1489)领乡荐，六年进士，选翰林院庶吉士，授户部主事。进员外郎、郎中，简放大同知府。历江西按察副使，调四川，迁山西参政，进河南右布政使，迁左布政使，寻升右副都御史，巡抚保定等处，兼提督紫荆关等。以疾归，正德十五年(1520)二月十六卒，年五十三。《千顷堂书目》著录其《兼山遗稿》二卷。现存嘉靖三十二年(1553)曹县刊本，卷上收古近体诗并联句、集句诗凡一百八十余首、词三首；卷下收序、引、记、题跋、赞、祭文、书、杂说、家书等七十余篇；附录行实、墓铭及《家世更阅》《宦游嘉绩》等，杨迥序。《皇明诗统》卷一九录其诗四首。清宋弼《山左明诗钞》卷四录其诗三首。生平见佚名《兼山行实》、贾咏《王公墓志铭》(《兼山遗稿》卷下)、《国朝献征录》卷六一《王公珣传》、《(雍正)山东通志》卷二八之三。

王崇古(1515—1589) 字学甫，号鉴川。山西平阳府蒲州(今永济)人。生于正德十年(1515)四月二十一。嘉靖十六年(1537)举人，二十年进士，除刑部主事。历员外、郎中，简放安庆知府，改汝宁。三十四年晋副使，兵备常、镇，四十一年进陕西按察使，四十三年迁河南右布政使，旋以右金都御史巡抚宁夏。隆庆改元，再迁右副都御史，晋兵部右侍郎，总督陕西、延宁、甘肃军务，加右都御史，改总督宣大、山西军务，加太子少保、兵部尚书，总督如故。在镇五载，以协理京营戎政召，明年加少保，改刑部尚书，万历五年(1577)改兵部，未几告归。家居至十六年十一月十七卒(1589年1月3日)，赠太保，谥襄毅。平生喜谈兵，具知诸边阸塞，身历行阵，以军功著。亦能诗文，《明史·艺文志》著录其《庄浪漫记》八卷、《奏议》五卷、《山堂汇稿》十七卷。现存隆庆二年(1568)刻《公余漫稿》五卷，收其五七言古近体诗二百五十余首，多与王宗沐、孙应鳌、陈凤、萧大亨、马一龙等倡和之作。《盛明百家诗》录其诗五十余首为《王督抚集》。顾起纶《续国雅》卷四录其诗六首。《皇明诗统》卷三一录其诗四首。《明诗综》卷四三录其诗二首，"诗话"谓其"诗格耸高，横槊自喜，然按之不无懦响"。《明诗纪事》戊签卷二一录其诗一首。生平见许国《王公崇古墓志铭》(《许文穆公集》卷五)、夏言《王公神道碑铭》《赐闲堂集》卷一九)、《明史》卷二二二。

王崇庆(1484—1565) 字德征，号端溪。京师大名府开州(今河南濮阳)人。正德二年(1507)乡试中举,三年进士,授户部主事,以建言获罪,下锦衣卫狱,谪广东肇庆寿康驿丞。历常熟令、泌州推官、登州同知,累迁至山西按察使。嘉靖八年(1529)任河南按察使,历四川右布政使,又陆续官南京礼部、户部、吏部尚书,致仕归。嘉靖四十四年(1565)卒,年八十二,赠太子少保。研经史,《明史·艺文志》著录其《五经心义》五卷、《书经说略》一卷、《春秋析义》二卷、《诗经衍义》一卷、《周易议卦》二卷、《礼记约蒙》一卷及《开州志》十卷、《南京户部志》二十卷。亦嗜诗,数十年不废吟咏。《明史·艺文志》著录诗文别集《端溪集》八卷,现存嘉靖三十一年(1552)序刊本《端溪先生集》八卷,内奏疏一卷,序、记、书、志铭等五卷,末二卷收赋八、歌二、古近体诗一千一百余首,陈儒序,孔天胤等跋。《皇明诗统》卷一九录其诗五首。《明诗综》卷三三录其诗二首。《御选宋金元明四朝诗》录其诗十四首。清王崇简《畿辅明诗》录其诗三首。生平见赵时春《王端溪先生诗序》(《赵浚谷文集》卷六)、《(雍正)畿辅通志》卷七三。

王崇献(1470—?) 字季征。山东兖州府曹县人,右副都御史王珣第四子。弘治八年(1495)中举,九年进士,选翰林院庶吉士,改礼部主事,以刘瑾擅权,引疾归,瑾衔之,削籍为民。瑾诛,起兵部主事,进郎中,复引疾归。嘉靖七年(1528)起为南京通政司右参议,晋南太仆寺卿,十二年拜右佥都御史,巡抚宁夏,三疏乞归。《千顷堂书目》著录其《孙子释疑》《双溪诗集》又《韵语拾遗》。现存嘉靖间曹县知事王守身刊本《韵语拾遗》八卷,收诸体诗六百十四首,有嘉靖二十四年王仲玉《韵语拾遗序》,嘉靖三十二年王崇献《韵语拾遗引》。《皇明诗统》卷一九录其诗六首。《(雍正)山东通志》录其诗一首。清宋弼《山左明诗钞》卷五录其诗九首。生平见于慎行《曹南莳塘王先生传》(《韵语拾遗》卷首)、《国朝献征录》卷六一《王公珣传》《(雍正)山东通志》卷二八之三。

王偁(1370—1415) 字孟扬,又作孟昜。其先东阿人,父王翰为元末潮州路总管,流寓闽中,因占籍福建永福(今永泰)。少孤力学,洪武二十三年(1390)弱冠领乡荐,乞归养母,母殁,庐墓六年。永乐初,荐授国史院检讨,侍经筵,充《永乐大典》副总裁。英国公张辅征交趾,出参军事,还守故官。永乐八年(1410)坐解缙党下狱,十三年死于狱中,年四十六。学博才雄,与王洪、王褒、王恭并称"词林四王",又与解缙、王璲、王达、王洪称"东南五才子"。最为《永乐大典》总裁解缙推重,缙序其《虚舟集》云:"永乐初,内外儒臣及四方韦布士,以纂修集阙下数千人,求其博洽幽明、洞彻古今、学博而思深如孟扬者,不一二见。"后万历初袁表、马荧辑刻明初闽中诗人林鸿、郑定、王褒、唐泰、高棅、王恭、陈亮、王偁、周玄、黄玄十人诗为《闽中十子诗集》,偁亦因之被称为"闽中十子"之一。《明史·艺文志》著录其《虚舟集》五卷,现存弘治间王俊刻本,有解缙《虚舟集叙》及弘治六年(1493)桑悦《重刊虚舟集序》。又有嘉靖陈墀补刻本,有嘉靖元年(1522)陈墀《书虚舟集后》。万历刊《闽中十子诗》所选《王检讨诗》五卷,收其诗三百十四首,少于《虚舟集》之四百八十余首。《皇明风雅》录其诗十八首。《盛明百家诗》录其诗一百六十余首为《王翰检集》。顾起纶《国雅》卷三录其诗十九首。《皇明诗统》卷七录其诗二十五首。徐𤊹《晋安风雅》录其诗四十二首。《石仓十二代诗选·明诗选》录其诗五十四首。《皇明诗选》录其诗一首。《列朝诗集》乙集录其诗六十六首。《明诗评选》录其诗一首。《明诗综》卷一〇录其诗七首,"诗话"云:"孟扬才名与解大绅(解缙)相伍,其获罪亦同,然诗格华整,远胜学士。"清沈德潜《明诗别裁集》录其诗一首。《御选宋金元明四朝诗》录其诗四十一首。清汪森《粤西诗载》录其诗十一首。《四库全书》收《虚舟集》五卷,《总目》"提要"云:"偁与解缙友善,其才气学问,约略相似,卒同被谗潜以死。然缙诗颇伤剽直,偁诗恬和安雅,殆为胜之……故集中若《感遇》诸作,规模拾遗;《咏史》数篇,步趋记室;《将进酒》《行路难》等,亦颇出入于太白。虽未必尽合古人,而意度波澜,时复具体,固不比于优孟衣冠也。"清郭柏苍《全闽明诗传》卷四录其诗四十七首。《明诗纪事》甲签卷一〇录其诗二十二首,按云:"孟扬古诗规抚陈黄门、李翰林,在唐调中特为高格。"近人赵尊岳《明词汇刊》自《虚舟集》录词一首。程敏政《皇明文衡》及《明文海》均录其《自述诔》。生平见佚名《王偁传》《国朝献征录》卷二二)、王兆云《皇明词林人物考》卷二、何乔远《名山藏》卷六一、《明史》卷二八六。

王象艮(1564—1642)　字思止,一字伯石,号定宇。山东济南府新城(今桓台)人,王象春兄。万历间贡生,以明经官南京国子监典簿,知颍上、雒南二县,迁姚安府同知。清王士禛《带经堂诗话》记其罢归后,辟"迁园"于南郭,日与诸兄弟象益、象明等倡和其间。卒于崇祯十五年(1642),年七十九。《居易录》云王象艮"诗名远出考功(王象春)下,然谨守唐人矩镬,不失尺寸。如

《咏鲁仲连》云："孤城一飞矢，六国有心人。"又'萧萧两岸柳，怊怅五更鸡，'……皆五言之选。"《千顷堂书目》著录其《迁园诗集》二十四卷。现存崇祯刊本《迁园诗》十二卷，首李维桢、董其昌、公鼐及王象春序，集按"桃红复含宿雨柳绿更带朝烟"分卷，计收古近体诗九百三十首、诗余四首、文二篇、赞三篇。《明诗综》卷六二录其诗二首。清宋弼《山左明诗钞》卷三一录其诗十三首。《明诗纪事》庚签卷八录其诗三首。

王象春（1578—1633）　字季木，号虞求。山东济南府新城（今桓台）人。万历三十一年（1603）举人，三十八年第二人进士及第，授翰林编修。四十年任顺天乡试同考官，以科场受贿案牵连降级归。居五年，补上林苑典簿，又五年，升南大理评事，迁寺正，久之，升南工部营缮司员外郎，历兵部车驾、职方二司，转吏部考功郎中。时党论已成，坐东林削籍归，魏忠贤败，诸隶废籍者皆起，或起而旋逐，独象春一斥不复，崇祯五年十二月卒于家，年五十五。傲岸自负，又负性气，刚肠疾恶，平日扼腕抵掌，抗论士大夫之邪正，虽在邸署，咸指日之，因以败归。清王士禛《池北偶谈》记云："从叔祖季木考功跌宕使气，常引镜自照曰：'此人不为名士，必当作贼。'尝奉使长安，饮于曲江，赋诗云：'韦

曲杜陵文物尽，眼中多少可儿坟。'其傲兀如此。"为诗初服膺"七子派"，尤推重李攀龙，后又与钟惺、钱谦益交，渐弃"七子"而自成一格。《千顷堂书目》著录其《问山亭诗》五卷又《济南百咏》一卷、《李杜诗评》二卷，现存万历刊本《问山亭诗》十卷《济南百咏》一卷。又有清抄王士骥辑《问山亭主人遗诗》正集一卷、《续集》一卷、《齐音》二卷。其诗不随流俗，时出怪诞奇崛之语。《列朝诗集》丁集录其诗三首，"小传"记云："季木于诗文傲睨辈流，无所推逊，独心折于文天瑞（文翔凤），两人学问皆以近代为宗。季木尤以诗自负，才气奔轶，时有齐气，抑扬坠抗，未中声律。"《明诗综》卷六〇录其诗十首，"诗话"云："万历中年，诗派杂出，季木自辟门庭，不循时习，虽引关中文天瑞为同调，然天瑞太支离，未免邪径害田矣，未若季木之无庚群雅也。"清沈德潜《明诗别裁集》录其诗一首。《御选宋金元明四朝诗》录其诗五首。清宋弼《山左明诗钞》卷三一录其诗三十三首。《明诗纪事》庚签卷二二录其诗三首。生平见清钱谦益《王季木墓表》（《牧斋初学集》卷六六）、清邹漪《启祯野乘》卷四。

王象晋（1561—1653）　字子进，一字荩臣，号康宇，又自署明农隐士。山东济南府新城（今桓台）人，

清初王士禛祖父。万历二十二年(1594)乡试中举,三十二年进士,授中书舍人。四十一年调礼部仪制司主事,谪江西按察司知事,稍迁行人司副使,升礼部员外郎,历郎中,以党论罢归。起浙江按察副使,崇祯三年(1630)迁湖广右参政,历河南按察使,八年晋浙江右布政使,十年乞休。以长寿称,卒于清顺治十年(1653),年九十三,卒后乡人私谥康节先生。家居留心农事、园艺,著有《二如亭群芳谱》,分谷、蔬、果、茶、竹、桑麻、葛棉、花卉、鹤鱼等类目,分叙形态、栽培、利用之事及典故、艺文等,存明沙村草堂二十九卷本及清初刊二十八卷本,《御定佩文斋广群芳谱》即据之增广。又辑《群芳诗钞》八卷,有清乾隆二十六年(1761)俞鹏程增选本。杂著有记奇闻异事之《剪桐载笔》一卷。又杂采有关林泉养老、居室清供之语,成《清寤斋欣赏编》一卷。方志记其有《赐闲堂集》二十卷。现存明末刊本《郢封里吟》一卷。又清顺治十年王舆敕等刊本《赐闲堂集》四卷,内文三卷,诗赋一卷,收赋三篇、五七言古近体诗一百四十余首。陈济生《天启崇祯两朝遗诗》卷五录其诗六首。《明诗综》卷五九录其诗一首。清高舆《御定佩文斋咏物诗选》录诗二首。生平见陈济生《天启崇祯两朝遗诗·小传》、清姜宸英《新城王方伯传》(《湛园集》卷五)。

王鸿儒(1459—1519)　字懋学,号凝斋。河南南阳府南阳人。少颖悟,工楷书。家贫,为府衙书佐,郡守段坚见而奇之,留居府中,教以经术,补博士弟子员。成化十九年(1483)乡试第一,二十三年进士,授南户部主事。历员外郎、郎中,弘治九年(1496)出为山西按察佥事,进提学副使,谢病归。正德四年(1509)起为国子祭酒,以父丧归,七年再起南户部右侍郎,十年入为吏部右侍郎,十四年升南户部尚书,疽发于肋,九月初九卒,年六十一,谥文庄。平生以儒学称,学务求理致用。以名德重于一时,偶亦吟咏。卒后,其弟山东右布政使王鸿渐辑其著述,嘉靖十二年(1533)刻为《文庄凝斋集》九卷,集有崔铣序,内赋骚一卷,收赋五、拟骚一,诗一卷,收诸体诗一百二十余首,文七卷,词二十首则附于卷九末,此即《明史·艺文志》著录之本。另有《别集》二卷,文一卷、诗一卷(收诗九十余首)。清光绪三十年(1903)鸿文局石印《续中州名贤文表》所收《凝斋集》八卷则为嘉靖本《文庄凝斋集》九卷《别集》二卷之重辑本。另有《凝斋笔语》一卷,乃其杂论,存隆庆刻《百陵学山》本。《列朝诗集》丙集录其诗十四首。《明诗综》录其诗二首。《明诗纪事》丙签卷九录其诗六首,按语谓其诗"亦清俊不凡"。《明词综》卷三录其词二首。《明文海》录其文一篇。生平见朱睦㮮《王公鸿儒传》（《国朝献征录》卷三一）、清黄宗羲《明儒学案》卷七、《明史》卷一八五。

王渐逵（1498—1559）　字鸿山，一字用仪，号青萝山人、大隐山人。广东广州府番禺（今广州）人。生于弘治十一年二月二十八。正德十一年（1516）举于乡，明年进士，以未聘，归婚娶。十四年授刑部主事，又以母病告归。家居十余年，嘉靖十四年（1535）台省论荐，十五年赴京复为刑部主事，上书言四事，请行帝王之政五，不报，复上疏乞归。家居二十余年，三十七年十二月十三（1559年1月20日）卒，年六十一，隆庆初，追赠光禄少卿。习理学，早年师从湛若水，尊陈白沙之学。又赴绍兴，谒王阳明墓，与其及门弟子论学。《千顷堂书目》著录其《读易记》三卷及《读书记》《读诗记》《读礼乐记》《中庸义略》《大学义略》《春秋集传》《四书迩言》《历年图》《岭南耆旧传》《正学记》一卷又《观水记》一卷。现仅见明刊本《读易记》三卷。亦能诗文，曾与伦以训创立"越山诗社"。《千顷堂书目》著录其《青萝山人集》十六卷。《四库全书总目》著录《青萝文集》二十卷，"提要"记其中有诗十二卷。现存清抄本《王青萝先生诗集》，收诗七百八十余首，

内分《北游》《大隐》《罗浮》《灵洲》《中洞》《樾森》《双鱼》《深明》《洛澄》《越山》《白云》《罗山》十二集，与《四库全书总目》所记略同，因知其应另有文集八卷未见传。其诗间有可读，不全类道学先生之诗。《明诗综》卷三六录其诗一首，"诗话"云："青萝诗无定格，遣兴即题，《铁桥》一绝，直追踪唐许碏《阆苑花前》之作。"清梁善长《广东诗粹》卷四录其诗六首。《明诗纪事》戊签卷一三录其诗一首。《明文海》录其文二十七篇。清陈元龙《御定历代赋汇》录其《游罗浮赋》赋一篇。生平见张时彻《王青萝先生渐逵墓志铭》（《国朝献征录》卷四七）、《（雍正）广东通志》卷四五。

王淮（生卒年不详）　字柏源，号坳斋。浙江宁波府慈溪人。处士。身长美髯，仪观秀整，读书甚博，好作长歌，下笔辄数十韵，造语奇丽，为此擅名江湖间。与刘溥、汤胤勣、苏平、苏正、沈愚、晏铎、邹亮、蒋忠、王贞庆并称"景泰十才子"（《明史》卷）。卒年八十。徐象梅《两浙名贤录》及《千顷堂书目》记其有《大愧稿》，未见传。天顺间刊《士林诗选》二卷（怀悦辑）录其诗二十首。《皇明风雅》卷三〇、《皇明诗统》卷一一均录其诗一首。《四明风雅》卷一录其诗八首。《石仓十二代诗选·明诗选》录其诗七首。《列朝

诗集》乙集录其诗六首。《明诗综》卷二一录其诗二首，"诗话"云："伯原淹博，号行祕书，诗殊浅率。"清尹元炜《溪上诗辑》卷三录其诗六首。《明诗纪事》乙签卷二〇录其诗一首。生平见徐象梅《两浙名贤录》卷四七《文苑》《明史》卷二八六。

王惟俭（生卒年不详）　字损仲，号半庵。河南开封府祥符（今开封）人。万历二十三年（1595）进士，除山东潍县知县，迁兵部职方司主事，二十八年坐叔父富平知县王正志抵制税监、矿监事削籍。家居二十年，天启元年（1621）起为光禄寺丞，又以辩冤罢归。再起，历光禄少卿、顺天府丞、大理少卿，擢右佥都御史巡抚山东，晋擢南兵部右侍郎，未赴。入为工部右侍郎，转左，为魏忠贤党人田景新所构，复落职闲住。平生好读书，家居数十年，腹笥甚丰。时与董其昌并称博物君子，好古书画器物，不惜典衣举息，家藏饕餮周鼎、夔龙夏彝，皆一时名宝。客至，焚香瀹茗，商略经史，赏玩古物，竟日献酬，无一凡俗语。为人疏通轩豁，喜评骘艺文，排击道学，往往机锋侧出，议论有据，人不能堪，亦坐是为仕路侧目，然与其处久，则知其易直无它肠。曾以《宋史》烦芜，因删繁就简，称《宋史记》，当时以抄本流传，现存清抄本，凡二百五十卷。又有万历间刻本《史通训故》二十

卷、《王损仲史抄》十三卷。又《文心雕龙训故》十卷，现存万历三十九年刊本。诗文著述称《王损仲集》，原刻当在万历、天启时，清初周亮工为之重刻更名《遥连堂订王损仲诗甲稿》上下二卷《乙稿》一卷又《王损仲先生文》二卷。所见《遥连堂订王损仲诗乙稿》，收诗八十余首；《王损仲先生文》二卷收各体文二十余篇，诗文皆涉及明末史事。《列朝诗集》丁集录其诗十首，"小传"曰："损仲诗清婉而近于弱。为文求归简质，未脱蹊径。"《明诗综》卷五八录其诗一首，"诗话"谓其"诗颇浏亮"。《明诗纪事》庚签卷一八亦录其诗一首。生平见《明史》卷二八八。

王寅（生卒年不详）　小名淮孺，字仲房，一字亮卿，号十岳山人。南直徽州府歙县（今属安徽）人。其父贾于淮北，生仲房。少为诸生，以文武才自负。曾北走大梁，问诗于李梦阳，不遇。闻少林僧扁囤习兵杖最精，又之少林，学其术，什得五六。归而尽破其产，辞家远游。南历海隅，北走沙漠，周游吴、楚、闽、越名山，求异人，冀得不死之药，卒无验，而家益贫。后客胡宗宪督府，胡败后西行入陕。万历十年（1582）曾与欧大任同游南京莫愁湖，后则不知行止。中年曾习禅，事古峰和尚，古峰曰："吾遍游海内五岳，今将遍历海外五岳，而后出世。"寅闻其语而

悦之,因自号"十岳山人"。诗学"七子"。曾辑乡人之诗为《新都秀运集》。《明史·艺文志》记其有诗文集八卷,现存万历十三年歙县王氏原刊本《十岳山人诗集》四卷,有胡宗宪、陈文烛、方九叙序。又清抄本《西湖八社诗帖》录其诗二十二首,系嘉靖四十一年(1562),其与方九叙、祝时泰、高应冕、刘子伯、童汉臣等结社于杭州西湖时所作。《皇明诗统》卷三〇录其诗十五首。陈有守等《徽郡诗》录其诗三十九首。《列朝诗集》丁集录其诗十二首。《明诗综》卷四九、《御选宋金元明四朝诗》均录其诗二首。《四库全书总目》著录其集,"提要"云:"其诗音节宏亮,皆步趋北地(李梦阳)之派,而铸语未坚,时多累句。"《明诗纪事》己签卷二〇录其诗三首。又喜作散曲,今存万历十三年刊本《王十岳乐府》一卷,凡小令一百六首、套数十九套。内收其《七十自寿》套数,"小序"署"万历乙酉年(十三年,1585)六月朔",因知其生于正德十一年(1516)前,卒年在七十岁以上。生平见《(乾隆)江南通志》卷一六九。

王维桢(1507—1556)　字允宁,号槐野。陕西西安府华州(今华县)人。生于正德二年(1507)十一月初二。嘉靖十年(1531)举于乡,十四年进士,选翰林院庶吉士,授检讨。历修撰、右春坊右谕德,署南京翰林院事,晋南国子监祭酒,以省母归。三十四年十二月十二子时(1556年1月22日23时至23日1时),值关中大地震,与韩邦奇、马理同日死,年四十九。著述存世有刊本多种:嘉靖三十六年郑本立刊本《王氏存笥稿》二十卷,文十六卷诗四卷,又有三十七年、四十年本;万历七年(1579)尹应元刊本《王槐野先生存笥稿》二十卷、《续集》九卷;万历三十四年黄升、王九叙刊本《槐野先生存笥稿》三十八卷,内文二十八卷、诗十卷、附录一卷;崇祯十二年(1639)李嗣京、邓承藩刊本《王允宁先生存笥稿》四十二卷附录一卷(《明史·艺文志》著录其《全集》四十二卷即此本也)。另有万历刻《槐野文选》三十卷《别集》一卷、万历三十八年王承祚、王承之刻《司成遗翰》四卷。明刻陆弘祚编《皇明十大家文选》选其文为《槐野文选》二卷。明末刻李宾编《八代文钞》选《王允宁文抄》一卷。《明文海》选其文四篇。《盛明百家诗》录其诗一百十余首为《王祭酒集》。顾起纶《国雅》卷一三录其诗四首。《皇明诗统》卷二九录其诗十首。崇祯五年(1632)贾鸿洙《周雅续》卷九录其诗四十六首。《列朝诗集》丁集录其诗六首。《明诗综》卷四二录其诗二首,"诗话"云:"王允宁、孙仲可(孙宜)皆学杜而不得其门。允宁自诩七律,然尤懦钝,五言有句无篇。"《四库全书总目》著录《王氏存笥稿》二十卷,"提要"云:"(孙)升序称其'文法司马迁,诗法汉、魏,近体尤宗杜氏'。《静志居诗话》则谓'七律滞钝,五言有句无篇'。今观其集,彝尊之论为允。胡应麟又称其文矫健,胜其诗,亦不尽然。"《御选宋金元明四朝诗》录其诗六首。《明诗纪事》戊签卷一九录其诗六首,按云:"牧斋(钱谦益)搒击崆峒(李梦阳),故于允宁丑诋不遗余力……允宁五律,亦有佳篇。竹垞'有句无篇'之说,亦为牧斋之论所摄耳。"生平见翟景淳《槐野王公行状》、郭朴《王公墓志铭》(万历三十四年本《存笥稿》附录),又见何乔远《名山藏》卷八六、清黄宗羲《明儒学案》卷一二、《明史》卷二八六。

王瑛(生卒年不详)　字汝玉,号石沙山人。南直常州府无锡(今属江苏)人。嘉靖元年(1522)举人,三试礼闱不遇,十一年中进士,授太常博士。历官监察御史,理冀北、山东、河南马政,出按福建。性简亢,善诗文,负气激昂,不能屈意于人,遂讥谤丛生,因告病归。归后恣游山水,家有园林,日召故人,又与乡大夫修复碧山吟社。《千顷堂书目》著录其《石沙溪上集》。《四库全书总目》著录其《王侍御集》(又名《石沙漫稿》)七卷,"提要"谓前两卷为

古体诗,后五卷为近体,今皆未见。仅存嘉靖刊本《秋日纪行杂言》一卷,收诗二百余首,崔铣跋。《盛明百家诗》录其诗二十五首为《王侍御集》一卷。顾起纶《续国雅》卷四录其诗二首。《皇明诗统》卷三一录其诗四首。《明诗综》卷四一、《御选宋金元明四朝诗》录其诗一首。清顾光旭《梁溪诗钞》卷七录其诗二首。生平见欧大任《监察御史王公瑛传》(《国朝献征录》卷六五)、过庭训《本朝分省人物考》卷二八、《(光绪)无锡金匮县志》卷一九。

王琨(生卒年不详)　字友玉,一字世成,号十城,自署海岱闲人、汝南寓客。山东济南府商河人。万历四十三年(1615)乡试中举,明年进士,授真定知县。进礼科给事中,值杨涟大狱,以病乞归。崇祯初转河南参议,兵备汝南,擢湖广参议,镇守襄阳江防道,以病乞归。现存诗集数种:崇祯元年(1628)至四年递修本《林下吟》三卷《箧余集》一卷,收诗二百一十余首,据集中崇祯元年、崇祯四年所作两则自序,则集中之诗为其天启二年(1622)至七年居于林下六年间所作,至崇祯元年游恒岳、汝南时始刻之。另有《南游草》一卷,卷端署"汝南寓客"及《恒游草》一卷、《燕游草》一卷,亦皆为崇祯初所刊。清宋弼《山左明诗钞》卷二七录其诗一首。清李衍孙《武

定明诗钞》卷三录其诗一首。生平见《(1934)商河县志》卷八。

王越（1426—1499） 字世昌。京师大名府浚县（今河南浚县）人。长身多力，善射，又涉书史，有大略。景泰二年（1451）进士，授御史，出按陕西，闻父讣，不俟代辄归，为都御史所劾，帝特原之。天顺初起掌诸道章奏，超拜山东按察使，七年（1463）再超擢右副都御史，巡抚大同、宣府。改左副都御史，旋进右都御史，总督军务，再晋左都御史，三边总制，加太子少保，还掌院事，又进太子太保、兵部尚书、提督军务。成化十六年（1480）出塞，破敌于威宁海，封威宁伯，进太子太傅。十七年佩征西前将军印，改大同总兵官，镇大同、延绥，兵败，夺爵除名，编管安陆，诏复左都御史致仕。弘治七年（1494）又起总制甘、凉，兼制延、宁两镇，经略哈密，以破敌于贺兰，加少保兼太子太傅。弘治十一年十二月初一（1499年1月12日）卒于军，年七十三，赠太傅，谥襄敏。能用兵，三出塞外，有功于边防，然以结交中官为时论所轻。亦能诗，正德三年（1508）杨仪、石椁曾选其诗，刊为《黎阳王太傅诗选》一卷。后有嘉靖九年（1530）刊《黎阳王太傅诗文集》二卷，内收诸体诗四百八十余首、词二十六首，赋二篇，序、记、墓志等各体文二十余篇，吴洪序。又有嘉靖三十二年（1553）中山徐氏刊《黎阳王襄敏公疏议诗文辑略二卷》，内卷一收疏议十篇，卷二收序记等文九篇、赋二篇、辞六首、诸体诗四百二十余首、词十五首。万历间其后人又据上二刻辑刊《黎阳王襄敏公集》四卷，《千顷堂书目》著录。《皇明风雅》录其诗五首。《皇明诗统》卷一四录其诗二十二首。《石仓十二代诗选·明诗选》录其诗九十七首。《皇明诗选》录其诗一首。《列朝诗集》丙集录其诗十五首，"小传"谓其"喜为诗，粗豪奔放，不事雕饰。酒酣命笔，一扫千言，使人有横槊磨盾、悲歌出塞之思"。清王崇简《畿辅明诗》录其诗十首。《明诗综》卷二一录其诗九首。清沈德潜《明诗别裁集》录其诗一首。《四库全书总目》著录《王襄敏集》二卷《续集》一卷，"提要"云："越本魁杰之才，其诗文有河朔激壮之音，而往往伤于粗率。"《明诗纪事》乙签卷一八录其诗三首。近人赵尊岳《明词汇刊》录其词为《黎阳王太傅诗余》。生平见李东阳《襄敏王公墓志铭》（《怀麓堂集》卷八三）、王世贞《威宁伯王公越传》（《国朝献征录》卷一〇）、何乔远《名山藏》卷六六、《明史》卷一七。王昭雍等有《王襄敏公年谱》（万历本《王襄敏公集》附）。

王翘（1505—1572） 字时羽，

又字叔楚，号小竹。南直苏州府嘉定（今属上海）人。少为诸生，试不举，转攻文艺，诗宗孟郊，又善画草虫竹石，然不喜曳裾公卿间，因为乡梓所称。嘉靖倭乱，以饶有机略，曾入幕府赞画军事。隆庆六年（1572）七月二十五卒，年六十八。所著《小竹山人集》三卷，现存清道光二十二年（1842）友兰别墅刻本，卷一收古体诗二十一首，后两卷收近体诗一百五十九首。附《嘉定县志》《宝山县志》所载其传记。《明诗综》卷四九录其诗三首，"诗话"云："叔楚工画竹，予尝睹其真迹，为赋长歌，不知其幕府才雄也。邑人侯大年述其绘草虫更精，惜未得见。《小竹集》一册，中间赠酬诸将诗居多。"《御选宋金元明四朝诗》录其诗一首。清王辅铭《明练音续集》卷二录其诗十五首。生平见徐学谟《王山人墓志铭》（《徐氏海隅集文编》卷一七）、王道通《王翘传》（《简平子集》卷一〇）。

王敞（1453—1515）　字汉英，号竹堂。南直应天府江宁（今江苏南京）人，南京锦衣卫籍。生于景泰四年（1453）。成化十六年（1480）举人，明年第三人进士及第，授刑科给事中，出阅四川诸镇边储，迁工科右给事中。二十三年十二月孝宗即位，以右春坊右庶子兼侍讲董越及王敞为颁诏正、副使，出使朝鲜。回程后，朝鲜政府将二人所留诗文及朝鲜许琮等人诗文一并刻印为《（戊申）皇华集》，收诗作三百八十余首，内董越诗九十四首，王敞诗一百一十余首。弘治四年（1491）进都给事中，迁通政司参议、通政。正德三年（1508）拜兵部左侍郎，晋尚书，以平宁夏功，加太子太保，寻致仕。正德十年卒，年六十三。所著《竹堂诗文集》《王氏家乘》，未见传。《明诗综》卷二五录其诗三首，"诗话"云："宫保与董文僖越同使朝鲜，迭相倡和，而诸诗苍老，颇胜董公。"《御选宋金元明四朝诗》录其诗一首。《金陵诗征》卷一六录其诗八首。生平见靳贵《竹堂王公墓志铭》《国朝献征录》卷三八）、萧彦《掖垣人鉴》卷一〇、《（乾隆）江南通志》卷一三九。

王景（1336—1408）　名景，字景彰，尝以字行，号常斋。浙江处州府松阳人。洪武五年（1372）以浙江布政使安然荐直翰林，制《藩王朝觐仪》，改《赐日本书》，作《乐章》与《京城钟鼓楼记》，擢开州知州。累官山西参政，以事谪戍云南。建文初，召入翰林，擢礼部侍郎兼翰林院侍讲，与修《太祖实录》，充副总裁。成祖即位，进学士，永乐六年（1408）卒，年七十三。博学多才，以古文自名，亦能诗。沐昂编《沧海遗珠》录其诗九首。《皇明风雅》卷三五录其诗一首。《皇明诗统》卷六录其诗一首。《石仓十二代诗选·明诗选》录其诗九首。《列朝诗集》乙集录其诗八首。《明诗综》录其诗一首。《御选宋金元明四朝诗》录其诗五首。《明诗纪事》乙签卷二六录其诗二首。生平见陈琏《常斋王公景墓志铭》(《国朝献征录》卷二〇)、廖道南《殿阁词林记》卷四、《明史》卷一六二。

王道(1487—1547) 字纯甫，号顺渠。山东东昌府武城人。正德二年(1507)举人，六年进士，选翰林院庶吉士，时山东乱，欲奉祖母避地江苏，上疏乞补学职，得应天府学教授。二载升南京仪部司主事，擢春坊左谕德，乞归。起南京国子祭酒，又以病家居十三年，嘉靖二十五年(1546)起为南太常寺卿，未至，迁南京吏部侍郎，改礼部，召掌北雍，任三月，改吏部右侍郎。万历二年(1574)卒于官，年六十一，隆庆初赠礼部尚书，谥文定。为人温恭纯懿，在国学日，诸生翕然，比诸宋讷。以经学著称，亦能诗。《明史·艺文志》著录其《名臣琬琰录》二卷《续录》二卷、《大学亿》一卷、《老子亿》二卷、《周易亿》《春秋亿》四卷及《文集》十二卷。现存万历间武城知县尤麒校刊本《顺渠文录》十二卷，文十卷，诗一卷(收诗七十首)，卷一二为讲章、条规等，附严嵩所撰神道碑。又有《周易亿》二卷、《系辞亿》一卷及《诗经亿》四卷。《皇明诗统》卷一九录其诗二首。《明诗综》卷三四录其诗一首，"诗话"云："顺渠说经，不堕宋人理窟。诗虽无意求工，亦少习气。"清宋弼《山左明诗钞》卷六录其诗四首。《金陵诗征》卷一六录其诗一首。《明诗纪事》戊签卷一一录其诗一首。《明文海》录其文三篇。生平见严嵩《王公道神道碑》(《国朝献征录》卷二六)、何乔远《名山藏》卷七五、黄宗羲《明儒学案》卷四二。

王道行(生卒年不详) 字明辅，号龙池。山西太原府阳曲(今太原)人。嘉靖二十八年(1549)举人，明年进士，除邓州知州。历大名、苏州知府，四十年迁常镇兵备副使，兼管水利。迁陕西右参政，历河南按察使，官至四川布政使。有诗名，与石星、黎民表、朱多煃、赵用贤被王世贞称为"续五子"(《弇州四部稿》卷一四)。《千顷堂书目》著录其《桂子园集》《三吴水利考》二卷。现存万历刊本《王明甫先生桂子园集》二十三卷，诗三卷，收诗三百二十余首，序、记、墓志、书启等文二十卷；又有《近稿》不分卷，收赋一、序记文十余篇，诗百余首，周弘禴、郭子章等序。又有明刊本《三立祠考》。《皇明诗统》卷三九录其诗十二首。《明诗综》卷四七录其诗一首，《御选宋金元明四朝诗》据之录。《(雍正)山西通志》录其诗二十余首、文二篇。《明诗纪事》己签卷五录其诗一首。生平见《(雍正)山西通志》卷一

三六、《明史》卷二八七。

王道通（1566—?）　字晋卿，自号简平子。南直苏州府嘉定（今属上海）人。生于嘉靖四十五年（1566）三月初十。邑诸生，科举不售，遂以文章自命，亦一时名于乡里。著述现存崇祯间古吴张氏集赀刊本《简平子集》十六卷补遗一卷，首崇祯九年（1636）赵洪范《简平子集序》、张德一《刻简平子集序略》，内诗八卷，收拟乐府五十五首、五七言古体诗四十首、五七言近体诗约三百首、诗余九首，卷九收赋四篇，卷一〇至卷一五收传、纪、序、书启、墓铭、哀辞等五十八篇，卷一六收杂著，又有"补遗"收诗文。是集又有清蓝格抄本。《御选宋金元明四朝诗》录其诗四首。清王辅铭《明练音续集》卷六录其诗十二首。近人赵尊岳《明词汇刊》据《简平子集》辑录其词为《简平子诗余》。

王弼（1449—1498）　字存敬，号南郭。浙江台州府黄岩人。生于正统十四年（1449）八月十一。形短不中人，而神观英爽，有才具。成化十年（1474）举人，明年进士，除溧水知县。入为刑部主事，迁员外郎，差谳山东大狱，还拜福建兴化知府。弘治十一年（1498）十月二十四卒于官，年五十。以循吏称，有诗名。《千顷堂书目》著录其《南郭集》八卷。现存正德九年（1514）其子王坊刊本《王南郭诗集》六卷，谢铎、林俊等序，末王坊引语，谓王弼稿多散佚，是集所收盖十之二三。所著另有《尊乡录节要》四卷，有清光绪时刊本。李时渐《三台文献录》录其诗五首。《石仓十二代诗选·明诗选》录其诗七十八首。《列朝诗集》丙集录其诗三十三首，"小传"云："存敬为郎时，与杨君谦（杨循吉）为诗社。君谦称其忠信醇实，神凝目定。早有诗名，才思豪逸，后师山谷，故多拗句，造思甚苦，与初时诗骨格稍不同。"《明诗综》卷二五录其诗一首。《御选宋金元明四朝诗》录其诗十四首。清戚学标《三台诗话词录》卷一五录其诗七首。《明诗纪事》丙签卷九录其诗七首。生平见林俊《王公弼墓志铭》（《见素集》卷一三）、《（雍正）浙江通志》卷一六九。

王蒙（1308—1385）　字叔明，一作叔铭，号黄鹤山樵、香光居士。湖州（今属浙江）人。元末曾官理问，后隐于临平黄鹤山读书、作画三十余年，与倪瓒、黄公望、吴镇、陶宗仪等交往。洪武初，以荐官泰安知州。曾与郭传及释知聪等观画于左丞相胡惟庸家，十八年（1385）九月初十，坐胡党死于狱中，年七十八。以画名，工山水人物，与黄公望、倪瓒、吴镇称"元季四家"。《弇州四部稿》《六砚斋笔记》《清河书画舫》等多记其画事。亦敏于诗文，尤以题画诗著。元末顾瑛《草堂雅集》录其诗五首，《玉山名胜集》录其诗二首。《皇明风雅》录其诗二首。顾起纶《续国雅》卷一录其诗四首。《皇明诗统》卷四录其诗五首。周复俊《玉峰诗纂》卷二录其诗一首。《石仓十二代诗选·明诗选》录其诗四首。《列朝诗集》甲前集录其诗十八首补二首，"小传"谓其"为文章不尚矩度，顷刻数千言可就"。《明诗综》卷一三录其诗三首，"诗话"云："高青丘(高启)云：'叔明为赵文敏外孙，而其画法自立门户，别据一种姿态，与文敏无一笔相似。'其笔格不下文敏，宜矣。盖文敏书、画、诗皆尚工致，而叔明意在活脱，所写溪山林木，或有柯无叶，画家谓之不了树，惟诗亦然，往往不费推敲，而有自然之致。"清沈德潜《明诗别裁集》录其诗一首。清陆心源《吴兴诗存》四集卷三录其诗四十六首。《明诗纪事》甲签卷一八录其诗五首，按云："叔明诗无专集可采，多据墨迹录入。画家赝托者多矣。余所录皆据明以来赏鉴家著录、流传有绪者，庶足存其真耳。"近人朱祖谋《湖州词征》卷二三录其词[忆秦娥]一首。生平见《王蒙传》(《曝书亭集》卷六三)、《明史》卷一八五。

王嗣经(生卒年不详) 字曰常，本姓璩。江西广信府上饶人。布衣，能诗。《千顷堂书目》著录其《偶存诗》一卷，未见传。万历二十六年(1598)闽人曹学佺调任南京大理寺，主盟南都诗坛，游宴白下，诗人云集，"缙绅则臧晋叔(臧懋循)、陈德远(陈邦瞻)为眉目，布衣则吴非熊(吴兆)、吴允兆(吴梦旸)、柳陈父(柳应芳)、盛太古(盛鸣世)为领袖"，嗣经亦得侧身其间(李维桢《大泌山房集》卷二三)。《列朝诗集》丁集录《金陵社集诗》十六人三十二首，内收嗣经诗五首，"小传"谓其"身魁梧，多笑言，吟诗不辍。面圆而紫色，人戏呼为'蟹脐'，王笑而应之。博学多撰述，有《秋吟》八章，一时传之"。又另录其诗十首，内《秋吟》八首在焉。《明诗综》卷六三录其诗二首。《御选宋金元明四朝诗》录其诗七首。《明诗纪事》庚签卷二六录其诗一首。

王嗣奭(1566—1648) 字右仲，号于越，别署郢堂田叟、拙修老人、艰贞居士等。浙江宁波府鄞县(今宁波)人。万历二十八年(1600)举人，四十二年入京谒选，署台州府黄岩教谕。四十七年调宣平教谕，天启五年(1625)迁宿迁知县，左迁建州经历。崇祯元年(1628)知永福县，六年升涪州知州，以忤上司被劾归。后至会稽，师事刘宗周，自谓："吾以罪失官，反以罪得学，可谓失鱼而得熊掌。"明亡，隐居于乡，坚不剃发，戊子(1648)病逝，年八十三。

早岁治《易》，中年喜杜诗，穷四十年之力，撰成《杜臆》十卷，于杜诗意旨，多所阐发，现存稿本附《管天笔记外编》一卷。《千顷堂书目》著录其别集《密娱斋集》十五卷，未见传。现存天启五年刊本《泠然草诗编》二卷、崇祯十五年（1642）自刊本《夷困文编》六卷、明刻《密娱斋稿雁山纪游》一卷《游雁山记》，又有清抄本《密娱斋诗集》九卷《后集》一卷。清全祖望《续甬上耆旧诗》卷四四录其诗一百二十五首。《明诗综》卷五八录其诗二首。《明诗纪事》庚签卷一九录其诗一首。生平见《（雍正）浙江通志》卷一八〇。

王锡爵（1534—1611）字元驭，号荆石。南直苏州府太仓（今属江苏）人。生于嘉靖十三年（1534）七月二十一。三十七年（1558）领乡荐，四十一年（1562）会试第一、廷试第二，授编修。累迁国子监祭酒，万历五年（1577）升詹事府詹事，兼掌翰林院，进礼部右侍郎，忤张居正，乞省亲，家居不出。居正殁，十二年即家拜礼部尚书兼文渊阁大学士，入阁预机务，位在申时行、许国后。十五年晋太子太保、武英殿大学士，十九年以母病请假归里。二十一年诏拜首辅，二十二年晋太子少傅、吏部尚书、建极殿大学士，同年五月连疏辞归。家居十余年，三十八年十二月十九（1611年2月1日）卒，赠太保，谥文肃。锡爵与申时行同郡、同榜，时行性柔而多心机，锡爵则性刚负气。其入内阁，提出"禁诡诿、抑奔竞、戒虚浮、节侈靡、辟横议、简工作"，奏停止江南织造和江西陶器，减云南贡金，出内库钱粮赈济河南饥民，一时甚孚人望，然亦时有意气用事，致召众怒而不可解。晚年又蓄家乐、迷耽道教，为士子侧目。著录存多种明刊本，后其孙王时敏合《王文肃王公奏草》二十三卷、《王文肃公牍草》十八卷、《王文肃公文草》十四卷，刊为《王文肃公全集》五十五卷。《奏草》前有申时行序，《牍草》前有薛三才序，《文草》前有何宗彦序。集后王时敏跋称是编收其文稿不能十之五六，诗稿经年广搜未能成帙，又称其入阁以后，"参军代笔，奉有先命，不敢混入。"故集中无诗。著述另有万历十八年嘉宾堂刊本《春秋左传释义评苑》二十五卷。又曾辑《历代名臣奏疏》六卷，亦有万历刊本。《明文海》录其文十七篇，评语云："荆石笔挟风霜，不可正视。其文过于弇州（王世贞），反为相业所掩。"《海虞文征》录其文五篇。《娄水文征》录文十五篇。《明诗综》卷四七录其诗三首。《明诗纪事》己签卷一四下录诗一首。《御选历代诗余》录词九首。另有散曲小令十二支存于明汪珂玉《珊瑚网书录》。生平见《荆石王先生锡爵行

状》(《国朝献征录》卷一七)、李维桢
《王文肃家传》(《大泌山房集》卷六
四)、冯时可《王文肃公传》(清刊《王
文肃公文草》卷一四)、《明史》卷二
一八。王衡、王时敏有《王文肃公年
谱》(清刊《王文肃公文草》附)。

王微(?—1647) 字修微,号
草衣道人。南直扬州府江都(今江
苏扬州)人。七岁失父,流落金陵为
女妓。长而才情殊众,万历四十二
年(1614)在金陵,与杨宛同侍归安
茅元仪,数年逸去。万历末年居杭
州,交于谭元春,与钟惺、林古度等
游湖。天启初与汪汝谦交厚,三年
(1623)得汪汝谦之助,筑净室于杭
州西湖。性好游,多次扁舟载书,往
来游于吴中、江淮、荆楚等地。以飘
落无所依,常有恨色,遂有参佛向道
之想,因自号草衣道人,布袍竹杖,
溯大江,上匡庐,参释憨山于五乳
峰。崇祯初多往来于吴中与杭州之
间,与董其昌、陈继儒等往来,又与
陆卿子、项兰贞、柳如是、黄媛贞等
为诗友。过吴门,偶为俗子所嬲,乃
依华亭许誉卿。崇祯末许誉卿以抗
节罢官,又逢世乱,二人相依兵刃
间,誓死相殉。明亡后三载,王微以
病卒,年约五十一,誉卿则出家为
僧。微初为名妓,再为侍妾,又称道
人,然以清正著十世,无秽名,故清
钱谦益于《列朝诗集》"小传"中云:
"君子曰:'修微,青莲亭亭,自拔淤

泥,昆冈白璧,不罹劫火,斯可为全
归,幸也!'"尤以能诗词广交文士,
与柳如是齐名。董其昌为其《樾馆
诗选》作序云:"当今闺秀作者,不得
不推草衣道人。"(《蓉台文集》卷一)
清谦益《士女黄皆令集序》曰:"今天
下诗文衰熸,奎璧间光气黯然。草
衣道人与吾家河东君(柳如是),清
文丽句,秀出西泠六桥之间。"(《牧
斋初学记》卷三三)其诗虽以情称,
排调品题,风流可怀,然少粉黛气
息,多质直简约之作。词亦多言情
之作,时有俳调,亦晚明之流习。所
著有《樾馆诗》《宛在篇》《未焚稿》
《选游篇》《间草》《期山草》《浮山亭
草》,另曾辑《名山记》二十卷。现除
《名山记》外,余皆未见传,惟诸选本
颇收其诗词。明末周之标《女中七
才子兰咳二集》卷二据《未焚稿》选
诗三十八首、词十二首,据《远游篇》
选诗三十四首;卷三据《闲草》选
二十五首、词十二首,据《期山草》选
诗三十一首、词十七首。托名钟惺
《名媛诗归》卷三六录其诗九十八
首。《列朝诗集》闰集录其诗六十一
首。《明诗评选》录其诗一首。《明
诗综》卷九八录其诗六首。《御选宋
金元明四朝诗》录其诗三十四首,
清季娴编《闺秀集》录其诗二十一
首。《金陵诗征》卷二八录其诗一
首。去其重复,其存诗约一百四十
首。词以潘游龙《精选古今诗余》录

其词三十首为最多，其余卓人月、徐士俊《古今词统》录其词七首，清周铭《林下词选》录其词十首，《御选历代诗余》录其词八首，《明词综》录其词一首，去其重复，存词约四十余首。生平见陈继儒《微道人生圹记》(《晚香堂集》卷五)、许組《修微道人生志铭》(《女中七才子兰咳二集》卷三)、张大复《梅花草堂集笔谈》卷一四、清徐鼒《小腆纪传》卷六〇。

王猷定(1598—1662)　字于一，号轸石。江西南昌府南昌人。早年耽声伎，爱陆博，好仙怪，及长收敛性情，转而嗜两汉、唐宋八家之文。科考不利，以贡生入太学。南明时于维扬入史可法幕，曾代史可法撰写迎立福王檄文。后流寓江南，晚寓杭州僧舍，与宋琬相投契。清康熙元年(1662)贫病而死，年六十五。友人出资棺殓，其子扶柩归乡。周亮工刻其遗稿《四照堂集》十六卷行于世，内文十二卷、诗四卷(收五七言古近体诗二百五十七首)。卷首康熙元年(1662)周亮工序，称猷定“好读书为诗，尤工古文词，偶有所得，激灪缠绵，浏漓混脱，取抒己意而止，未尝轻为人属笔”。以古文名于一时，其中传记类文字，如《汤琵琶传》《义虎记》等，皆具传奇文笔，一新文坛耳目。《明诗综》卷七七录其诗三首，而“诗话”仅论其文云：“于一以诗古文词自负，对客断断讲论，每举一事，辄原其本末，听之霁心，盖兼有笔札、喉舌之妙者。”《明文海》录其文六篇。诗亦可观，清卓尔堪《明遗民诗》录其诗三十一首。《明诗纪事》辛签卷二四录其诗十首，按语谓其诗“骚情古意，跌宕萧寥。五律一体，尤哀咽动人”。生平见《(雍正)江西通志》卷七〇、《(雍正)浙江通志》卷一九四。

王慎中(1509—1559)　字道思，初号南江，后改遵岩。福建泉州府晋江(今泉州)人。祖父王寰经商于吴越，后携家迁入郡城，令其子王纪改习儒业。慎中为王纪子，生于正德四年(1509)九月二十七。少聪敏，年十四师从蔡清弟子易时中。嘉靖四年(1525)领乡荐，五年联捷进士，年方十八，请归娶，七年还京授户部主事，监兑通州。改礼部祠祭司主事，十年升主客司员外郎，主考广东乡试，进吏部验封司郎中。十三年以上书为右副都御史张衍庆父请封，谪常州府通判，十四年到任，署印江阴县，甫数月，转南户部主事，迁礼部员外郎，进郎中。十五年出为山东佥事，提调学校，十七年进江西布政司参议，一年后升河南参政。二十年罢归，终身不复用，众皆莫知所由，或以为因恃才傲物罪于首辅夏言而遭罢黜。家居十余年，嘉靖三十八年(1559)七月十七卒于出游途中。慎中少习心性之学,后与王畿、聂豹、邹守益、罗洪先等交,亦为阳明学说所染。又有文学名,初与陈束、唐顺之、赵时春、熊过、任瀚、李开先、吕高等同在部曹,相与讲学论文,后被称为"嘉靖八才子"(《明史·文苑传》)。其时为文追随李梦阳,高谈秦汉,谓东京以下无可取,与郎署诸友"竞为奇古诗文"(李开先《后冈陈提学传》)。二十八岁后,尽弃旧作,大力标举唐、宋文,尤推崇欧阳修、曾巩。其文擅于说理思辨,法度谨严,演迤详赡,与唐顺之齐名,称之"王唐"。王世贞论文与其不合,然也称慎中与唐顺之为文"皆一时射雕手也"(《艺苑卮言》卷五),后清钱谦益则称其"蔚为文宗"(《列朝诗集》)。后人或将其与唐顺之等共称为"唐宋派",实慎中之论文,并非弃秦汉仅取唐宋,不过取唐宋文为师古之途径。又曾言:"作为文字法度规矩,一不敢背于古,而卒归于自为之言。"(《与江午坡书一》)既有师古之心,又抒张自我,故其文非专事模拟,亦步亦趋于欧、曾也。著述生前刊本有嘉靖二十九年蔡克廉刊本《玩芳堂摘稿》四卷,仅收诗百首。又有嘉靖三十一年句吴书院刊本《王遵岩家居集》七卷。卒后有嘉靖四十五年刘涤刊本《遵岩先生文集》四十一卷、隆庆五年(1571)严镃刊本《遵岩先生文集》二十五卷(即《四库全书》本之底

本),又有清康熙五十年(1711)闽中同人书社刻《遵岩先生文集》四十二卷等。诸集外另有少量佚文。明陆弘祚编《皇明十大家文选》选其文为《遵岩文选》二卷。清康熙间郘雪书林刻《明八大家集》收《王遵岩先生集选》十卷。《明文海》录其文二十七篇,黄百家《明文授读》卷二一记云:"先夫子(黄宗羲)曰:'……道思初沿北地(李梦阳)之习,后尽弃之,而为曾、王之文,其得文法先于荆川(唐顺之),两人交相引重,故叙荆川之集以之配子游,其待之亦至矣。'"诗名逊于文名。《盛明百家诗》录其诗六十余首为《王参政集》。顾起纶《国雅》卷九录其诗五首。《皇明诗统》卷二四录其诗六首。《列朝诗集》丁集录其诗三十一首,"小传"谓其"诗体初宗艳丽,功力深厚。归田以后,搀杂讲学,信笔自放,颇为词林口实,亦略与应德(唐顺之)相似"。《明诗综》卷四〇录其诗十七首。清沈德潜《明诗别裁集》录其诗三首,按云:"遵岩以古文传,然五言古亦窥颜、谢堂庑,无一浅语滑语。"《御选宋金元明四朝诗》录其诗二十二首。《四库全书》据隆庆五年严镃刊本《遵岩先生文集》收《遵岩集》二十五卷,《总目》"提要"云:"《明诗综》乃谓其'五言文理精密,嗣响颜、谢,而论者辄言文胜于诗,未为知音'。今考集中五言,如《游西山普

光寺》……固皆邃穆简远。七言如'每夜猿声如舍里，四时山色在城中'……亦颇有风调。然综其全集之诗与文相较，则浅深高下，自不能掩，文胜之说，殆不尽诬。"清郭柏苍《全闽明诗传》卷一九录其诗八首。《明诗纪事》戊签卷九录其诗十三首，按语云："道思五律与同时皇甫子安（皇甫涍）、华子潜（华察）辈相较，略无愧色。陈卧子（陈子龙）《明诗选》不录道思一篇，毋亦为弇州（王世贞）、历下（李攀龙）之论所慑欤。"慎中集中有词四十余首。《御选历代诗余》录其词二首。近人赵尊岳《明词汇刊》自其集析词四十三首，辑为《遵岩先生词》。生平见王惟中《王先生慎中行状》《国朝献征录》卷九二）、雷礼《河南参政王遵岩墓表》（黄宗羲《明文海》卷四三七）、李开先《遵岩王参政传》（《李中麓闲居集》卷一〇）、《明史》卷二八七。

王缜（1464—1523） 字文哲，号梧山。广东广州府东莞人。成化二十二年（1486）举人，弘治六年（1493）进士，选翰林庶吉士，授兵科给事中。出使安南，进礼科右给事中，擢工科都给事中。正德元年（1506），出为山西右参政，遇例裁革，改云南。超擢福建右布政使，转左，再进都察院副都御史，巡抚应天苏、松、嘉、杭、兼粮储。丁内艰归，七年服阕，诏起抚治郧阳，调南刑部右侍郎。嘉靖二年（1523）擢户部尚书，旋卒于任，年六十一。为人敦重，寡言笑，能诗文。所著存明刊本《梧山王先生集》二十卷，内奏疏十卷（六十六篇），文三卷（四十三篇），诗四卷（四百零三首附《交南遗稿》七首）。是集另有清乾隆二十九年（1764）刊本及清光绪四年（1878）重刊本。近人张其淦《东莞诗录》卷一〇录其诗二十三首。生平见黄佐《南京户部尚书王公缜传》《国朝献征录》卷三一）、萧彦《掖垣人鉴》卷一一、《明史》卷二〇一。

王嘉言（生卒年不详） 字孔彰，号慎斋。京师河间府东光（今属河北）人。嘉靖三十七年（1558）举人，四十四年进士，选翰林院庶吉士，改浙江道御史。历通州、夔州、蒲州知府，官至尚宝卿。归后悠游林泉二十余年，年七十终于家。所著有《王太史集》，未见传。黄宗羲《明文海》录其文《八阵图记》《瞿唐峡记》《滟滪堆记》《赤甲山记》《草堂集》等十二篇，所记皆为夔州及蜀中景物。《皇明诗统》卷三八录其诗十首，《御选宋金元明四朝诗》录其诗二首。清王崇简《畿辅明诗》录其诗一首。生平见《（康熙）东光县志》卷七。

王嘉谟（1559—1606） 字伯俞，号弘岳。京师顺天府宛平（今属北京）人，卫籍。生于嘉靖三十八年（1559）七月十一。万历七年（1579）

举于乡,十四年进士,除行人。二十年迁礼科给事中,升吏科右给事中,转刑科,二十二年升陕西参议,未上,二十三年改河南,管河道,升按察副使,驻汝州。播州土司杨应龙叛乱,总督李化龙荐嘉谟为四川参政,守川南道。三十四年十一月二十(1606年12月19日)卒,年四十八。以忠直见称,言议侃侃,不畏权贵,曾直呈权珰田义八罪,一时称为朝阳鸣凤,诗文亦著名于京畿。卒后其弟王嘉诏辑其所著,三十五年刊刻为《蓟丘集》四十七卷,盛以弘序,卷末附墓志铭。内赋二卷,收赋十篇,诗二十八卷,收诗一千六百余首,卷三一收族谱,卷三二至卷三四收奏疏十三篇,卷三五至卷四七收各体文一百四十篇。清王崇简《畿辅明诗》录其诗六十一首。《明诗综》卷五五录其诗五首,"诗话"云:"伯俞五言,颇熟《选》体,第北人,用韵恒以入声杂上去读,故不多存。"《御选宋金元明四朝诗》录其诗二十首。《(雍正)畿辅通志》卷一一八录其诗二首。《明诗纪事》庚签卷一五录其诗一首。生平见《弘岳王先生洎配李淑人马淑人行状》《《蓟丘集》附录)、《(光绪)顺天府志》卷九八。

王毓宗(生卒年不详)　字纯孺,号玉盘。四川嘉定州(今乐山)人。万历二十五年(1597)举人,二十六年进士,改翰林庶吉士,授检讨,二

十九年告归。所著有《玉盘山房遗稿》八卷,有天启四年(1624)温皋谟、詹尔达刻本,卷一收疏、颂、馆阁试问等二十篇,卷二、卷三收序及后跋五十篇,卷四收记八、赋二及诸体诗二百二十四首,卷五至卷七收书启、祭文、志铭、行状、传记等文,卷八题为"静学斋识疑录"。生平见《(万历)嘉定州志》卷三。

王毓德(生卒年不详)　字粹夫。福建福州府侯官(今福州)人。万历间布衣。徐𤊹《晋安风雅》录其诗二十四首。《列朝诗集》丁集录其诗八首,"小传"云:"粹夫,万历间老于布衣,里閈中称长者。见人有急难不平,不问识与不识,身为奔救。游金陵,主于友人林古度,其乡有贵人招之,弗肯往,竟去。吟诗最苦,诗成,不喜示人,故传者绝少。"《御选宋金元明四朝诗》录其诗二首。清郭柏苍《全闽明诗传》卷三八录其诗十五首。

王演畴(生卒年不详)　字孟箕。江西九江府彭泽人。万历十九年(1591)举人,明年进士,授宁海县令,历醴陵、大浦、海阳县令,擢南工部郎中,出为广西桂林知府。著述现存明刻本《古学斋文集》十卷,首有万历四十七年焦竑序,谓演畴"素性醇谨,退然若不胜衣,其言呐呐,如不出诸其口"。内卷一至卷六收序、记、志、铭、疏、跋等文七十余篇,

卷七收诗一百一十余首,后三卷收书启、像赞及清言小品、对联等。另有《家训类编》传世。《江西诗征》卷六一录其诗一首。生平见《(雍正)江西通志》卷九二、《(雍正)浙江通志》卷一五四。

王璜(生卒年不详) 字廷实,号大伾子。京师大名府浚县(今河南浚县)人。正德十六年(1521)进士,除陕西道御史,巡按浙江,以忤上官罢归。家居日登大伾、善化诸山,吟咏其间。有《大伾集》三卷,内文二卷,收文一百一十余篇,诗一卷,收诗三百余首,嘉靖三十二年(1553)至三十五年浚县令董世彦所刻,首有大理寺评事大梁陆東《大伾子集序》。《千顷堂书目》著录其《浚县志》。《皇明诗统》卷一九录其诗八首。谈迁《枣林杂俎》尝引其《云中歌》。清王崇简《畿辅明诗》录其诗三首。《明诗综》卷三四录其诗二首。《明诗纪事》戊签卷一四录其诗一首。《明文海》录其《焦义士存庙记》。生平见《(咸丰)大名府志》卷一五。

王醇(生卒年不详) 字先民。南直扬州府江都(今江苏扬州)人。少习诸生业,又长于射箭击技,性情疏放,放浪不羁,挟妓走马,无所不为。后遍游吴越佳山水,受优婆塞戒,归扬州慈云庵为僧,颜其室曰"宝蘂楼",自为清修,老卒于此。弱冠即能诗赋,得陆弼、李维桢等人推重。《千顷堂书目》著录其《宝蘂楼诗》五卷,现存清抄本,不分卷,亦无序跋。《列朝诗集》丁集录其诗六十六首,"小传"谓:"始读其集,深情孤诣,秀句错出,知其人澄怀观道,超然有得,盖隐逸诗人之诗,而非循声问景追嗜逐好者也。"清卓尔堪《明遗民诗》录其诗二首。《明诗综》卷六五录其诗二首。《御选宋金元明四朝诗》录其诗八首。《明诗纪事》庚签卷二六录其诗三首,按云:"先民五律颇近钟、谭,古诗时能颖出。"生平见李维桢《王先民诗序》(《大泌山房集》卷二四)、《(乾隆)江南通志》卷一六八。

王俣(1424—1495) 字廷贵,号思轩。南直常州府武进(今江苏常州)人。正统九年(1444)举人,景泰二年(1451)第三人进士及第,授翰林编修。五年丁父忧归,服阕,仍旧职,迁侍讲。宪宗登基,擢左春坊左庶子,仍充经筵讲官。成化元年(1465)改南京翰林学士,丁母忧,七年起南京国子祭酒,十八年擢南吏部右侍郎,二十三年转户部左侍郎。弘治初进南京户部尚书,寻改吏部,六年请致仕,八年(1495)五月二十二卒,年七十二,赠太子太保,谥文肃。其文质朴自然,诗亦清雅和粹。存世有弘治间刊本《思轩文集》二十三卷附录一卷,首有弘治六年金溪徐琼《思轩文集序》、成化二十年西蜀李本《思轩集序》,附录李东阳《王文肃公传》。又有正德二年(1507)王升刊本《王文肃公集》十二卷,文十卷、诗二卷(收诸体诗一百七首),《明史·艺文志》著录《思轩集》十二卷即此本也。《明史·艺文志》另著录其《毗陵志》四十卷。《皇明诗统》卷一三录其诗九首,谓其"为诗清雅,间出悲壮之音"。《石仓十二代诗选·明诗选》录其诗二十一首。《明诗综》卷二一录其诗一首。《明诗纪事》乙签卷一八录其诗一首。程敏政《皇明文衡》卷三七录其文一篇。《明文海》录其文四篇。生平见黄佐《南吏部尚书王公偁传》《国朝献征录》卷二七)、廖道南《殿阁词林记》卷五、叶夔《毗陵人品记》卷七。

王征(1571—1644) 字良甫,号葵心,别号一道人。陕西西安府泾阳人。天启二年(1622)进士,除广平府推官,丁忧归,服阕,补扬州府,再丁忧归。起为山东按察佥事,监辽海军务。以失登州遣戍,遇赦归。李自成陷西安,胁其效力,不肯。崇祯十七年(1644)闻京师失守,七日不食死,年七十四。习西学,善制器。著有《两理略》《奇器图说》《百子解》《天问辞》《兵约》《元真人传》《历代发蒙辨道说》等。近人卢前辑《饮虹簃所刻曲》中有其《山居咏》一卷,凡散曲套数三套。1925年刊《泾阳文献丛书》收其《王端节公遗集》四卷。1925年刊柏堃《泾献文存》录其文十九篇、《泾县诗存》卷一录其诗四首。生平见陈济生《天启崇祯两朝遗诗·小传》、清邹漪《启祯野乘》卷一一。

王磐(? —1524) 字鸿渐,号西楼。南直扬州府高邮(今属江苏)人。生于富室,好读书而不应科举。筑楼高邮城西,与文士觞咏其间。每风月佳胜,则丝竹觞咏,彻夜忘倦,因以"西楼"为号。所交如庄㫤、储巏、杨一清、陈沂等,多海内名流。卒于嘉靖三年(1524),年约七十以上。能诗,善谐谑,琴弈诗画皆擅,尤善北曲,与金陵陈铎齐名。王骥德《曲律》云:"西楼工短调,翩翩都雅。客问今日词人之冠,余曰:于北词得一人,曰高邮王西楼。俊艳工练,字字精琢,惜不见长篇。"其散曲集称《西楼乐府》,存嘉靖三十年(1551)张守中刊本《王西楼先生乐府》一卷,计小令六十六支,套数九套。清康熙三十三年(1694)王英重修本《高邮王西楼先生全集》三种三卷,亦收《王西楼先生乐府》一卷,另两种为《王西楼先生诗集》一卷、《重订高邮王西楼先生野菜谱》一卷。《诗集》收诗六十余首。《皇明诗统》卷二一录其诗九首。《列朝诗集》丙集录其诗四首,"小传"称其"诗律亦流丽"。生平见《(雍正)扬州府志》

卷三一。

王褒（1363—1416）　字中美，号养静。福建福州府闽县（今福州）人。洪武二十六年（1393）举人，历瑞州、长沙教官，迁永丰知县。永乐初朝京师，与修《太祖实录》，书成擢修撰。又与修《永乐大典》，擢汉王府纪善，永乐十四年（1416）卒于官，年五十四。褒有文名于当时，与王洪、王偁、王恭称"词林四王"。其为林鸿子婿晚辈，性孝友刚直，好汲引士类，同郡陈完、高棅、王恭皆因褒以进。万历初袁表、马荧编刊《闽中十子诗》，收林鸿、郑定、王褒、唐泰、高棅、王恭、陈亮、王偁、周玄、黄玄等十人诗，褒因被称为明初"闽中十子"之一。《千顷堂书目》著录其《养静斋集》十卷。现存成化十年（1474）刊本《三山王养静先生集》十卷，诗七卷记文三卷，蔡翔辑、谢光捐资刊刻。又万历十六年（1588）序刊本《王养静全集》十卷，诗五卷文五卷，王应锺辑，王德沛校，王应锺序，首有杨士奇所撰《墓志铭》。袁表、马荧编刊《闽中十子诗》内有《王翰林诗》二卷，收其诗七十八首。徐熥《晋安风雅》录其诗八首。《石仓十二代诗选·明诗选》录其诗五十七首。《皇明诗统》卷七录其诗七首。《列朝诗集》乙集录其诗二首，"小传"云："中美与孟扬（王偁）、安中（王恭）齐名。其诗殊乏才情，不堪鼎足，或其佳者不传耳。"《明诗综》卷一〇录其诗一首。《御选宋金元明四朝诗》据之录。《明诗纪事》甲签卷一〇录其诗二首。《明文海》录其文四篇。生平见杨士奇《前翰林院修撰王公墓志铭》（万历刊《王养静全集》卷首）、清李清馥《闽中理学渊源考》卷五四。

王鹤（1516—?）　字子皋，号于野。陕西西安府长安（今西安）人。嘉靖十九年（1540）举人，二十三年进士，授行人。二十七年迁工科给事中，二十九年以忧归，三十三年升户科右给事中，三十四年刑科左给事中，寻迁吏科都给事中。三十五年以终养归，遂丁忧，三十九年起复为兵科都给事中，四十年迁太常寺少卿，提督四夷馆，终应天府尹。严嵩柄国时，人争出其门，鹤持正不阿，以介称。亦能诗文。《千顷堂书目》著录其《见薇堂集》八卷，未见存。嘉靖二十五年朝鲜刻《（丙申）皇华集》收王鹤诗作五十九首，盖为二十四年王鹤以行人充副使使于朝鲜时与朝鲜文臣郑士龙、任权等倡和之作，时正使为司礼监太监刘远，故一应诗文皆为鹤作。严从简《殊域周咨录》卷一亦录王鹤在朝鲜所作《湖阴草堂序》《游汉江》《别郑士龙》等诗文。《皇明诗统》卷三三录其诗十三首。崇祯五年（1632）贾鸿洙《周雅续》卷一〇录其诗六十九首。《(雍正)陕西通志》卷九六录其诗二首。生平见萧彦《掖垣人鉴》卷一四、《(雍正)陕西通志》卷六〇。

王履（1332—1391）　字安道，或作道安，号奇翁，又号畸叟。苏州府昆山（今属江苏）人。金华名医朱震亨弟子，明初曾为秦王府医正十余年，卒于洪武二十四年（1391），年六十六。以医名世，尤精于诊治伤寒。医著有《医经泝洄集》一卷、《百病钩玄》二十卷、《医韵统》一百种等。亦擅诗画，山水取法马远、夏圭，诗则多为题画诗。周复俊编《玉峰诗纂》卷二录其诗四首。《列朝诗集》甲集录其诗一百零八首，"小传"记云："洪武十六年秋七月游华山，作图四十幅、记四篇、诗一百五十首。自有华山以来，游而能图，图而能记，记而能诗，穷揽太华之胜，古今一人而已……有问何师，曰：'吾师心，心师目，目师华山。'"赵畸美《赵氏铁网珊瑚》卷一六收《王道安华山图》记四篇、诗一百四十余首。《御选宋金元明四朝诗》录其诗九首。《明诗纪事》甲签卷一九亦录其诗一首。《明诗海》录其游华山记文四篇，评语谓"所著《华山游记》与李五峰之记雁山山川文章，两相映发，所仅见耳"。《娄水文征》卷四录其文十二篇。生平见佚名《王安道履传》（《国朝献征录》卷七八）、李濂《王履传》（《国朝献征录》卷七八）、方鹏《昆

山人物志》卷三、《明史》卷二九九。

王畿[1]（1498—1583）　字汝中，号龙溪。浙江绍兴府山阴（今绍兴）人。正德十四年（1519）乡试中举，寻受业于王守仁。嘉靖五年（1526）礼部中式，不就廷对而归，以守仁卒，守心表三年，至十一年始参加廷试，成进士，授南京兵部主事，后官武选司郎中。龙溪为王守仁重要弟子，广为传播王学，为学主"顿悟"，谓"从心悟人"，便可"大彻大悟"，力倡"现成良知"。夏言斥其为伪学，因谢病归，专心讲学，足迹遍及吴、楚、闽、越等东南各地，弟子甚广，学者称"龙溪先生"。其学引禅学入心学，万历二年（1574）在南京讲学时，李贽深受其影响，现存《卓吾先生批评龙溪王先生语录钞》八卷，即为李贽所刻。卒于万历十一年，年八十六。卒后其子王应斌、王应吉辑其著述为《龙溪先生全集》二十卷。凡语录八卷，书序、杂著、记说等九卷，诗一卷，祭文、志状、表传等二卷，万历十五年其门人萧良乾刊。万历四十三年丁宾、张汝霖刊本又增《大象义续》及传记、祭文、墓志等，重刻为《龙溪先生全集》二十二卷。传世诗约一百九十余首。《明诗综》卷四一录其诗一首，"诗话"云："龙溪学术不纯，诗亦驳杂。"《御选宋金元明四朝诗》录其诗四首。清朱琰《金华诗录》外集卷六录其诗一首。清夏荃

《海陵文征》附录卷二六录其诗一首。生平见赵锦《王先生墓志铭》、徐阶《王先生传》（《龙溪王先生全集》附刻），又见《明史》卷二八三。

王畿[2]（1549—1630）　字翼邑，号慕蓼。福建泉州府晋江（今泉州）人。生于嘉靖二十八年（1549）十月十三。早岁失怙，居荒郊，备尝困苦。塾有书声，壁听而乐之，时辍耕，窃读古人书，年几三十，始蔚然黉序间。万历二十二年（1594）举乡试第一，二十六年进士，授余干县令，不赴，改绍兴府教授。迁国子博士，改户部主事，数转迁，简放杭州知府，擢浙江提学副使，历江西参政，晋按察使，升山西右布政使，道转浙江左布政使。时边事孔亟，兵饷紧缺，屡被严旨督责，会有劾其饷缺额者，遂引疾乞归。崇祯三年（1630）卒于家，年八十二。论学以洛闽为派，近世独服膺薛瑄、蔡清，论文则以韩、欧为的，近世独服膺唐顺之、王慎中。著述辑为《樗全集》七卷附录一卷，又题为《慕蓼王先生全集》。现存清乾隆二十四年（1759）王宗敏重刊本八卷，前七卷为诗文，奏疏、表、策、书启等俱收，内有诗、歌约四十首，赋二篇，卷八《家谱劝戒》二十则，则为原附录。《四库全书总目》著录《樗全集》七卷附录一卷，"提要"云："畿立身居官，矫矫自励，故所为诗文，皆质朴类其

为人。"生平见蒋德璟《慕蓼王公墓志铭》（乾隆本《樗全集》卷首）、《（乾隆）晋江县志》卷九、清李清馥《闽中理学渊源考》卷七七。

王璞（1576—1648）　字无瑕，号连城。山东济南府历城（今济南）人。诸生，乡试不举。慕古好学，以染病误砭，致躯体伛偻，因自号支离子，困于病者四十年，至手缩颤，书字倾漫不可识，仍不废著述。卒于清顺治五年（1648），年七十三。卒后其曾孙王扬宗、王振宗倩同邑王尔歧整理其遗作，得诗五十八首、文十七篇，刊为《王无瑕先生诗集》五卷《文集》三卷，首有顺治九年（1652）其同邑友人邢218谏《连城王先生云来馆集序》及张尔歧《王无瑕先生集序》。

王璲（1349—1415）　字汝玉，以字行，号青城山人。苏州府长洲（今江苏苏州）人。少从杨维桢学，举元至正二十五年（1365）浙江乡试，时年十七。洪武时以荐摄郡学，授应天府学训导，擢翰林五经博士。永乐初进检讨，再进右春坊右赞善，与修《永乐大典》，坐修礼书事，谪戍滇中，宥之，除翰林典籍。进左赞善，十三年（1415）坐解缙案下狱死，年六十七。洪熙初，追赠太子宾客，谥文靖。诗赋有声于永乐间，亦能书画。尝与群臣应制撰《神龟赋》，评第一，解缙次之，为此声名大噪。

与解缙、王达、王偁、王洪，号"东南五才子"。时与解缙、王偁辈互相矜许，遂被轻薄名。著述曾散佚，正统间其孙王镗辑编删定为《青城山人集》八卷，现存正统十二年（1447）华靖刻景泰四年（1453）印本，按五古、七古、五律、五言排律、七律、五绝、七绝分卷（内七古二卷），计收诗五百三十首，有景泰元年萧山魏骥《青城山人集序》。《明史·艺文志》著录其《诗集》八卷，即此本也。沐昂编《沧海遗珠》录其诗二十一首。《皇明风雅》录其诗三首。钱谷《吴都文粹续集》录其诗二十六首。《皇明诗统》卷九录其诗十二首。《列朝诗集》乙集录其诗二十九首。《皇明诗选》录其诗一首。《明诗综》卷一七录其诗五首，"诗话"云："其诗不费冥索，斤斤唐人之调。吴人徐用理集永乐后诗家三百三十人，以汝玉压卷焉。"《四库全书》收《青城山人集》八卷，《总目》"提要"云："今观其诗，音节色泽，皆合古格，诚有拟议而不能变化者，然当元季诗格靡丽之余，能毅然以六代、三唐为楷模，亦卓然特立之士，又不得以王、李流弊，预绳明初人矣。"《明诗纪事》乙签卷五录其诗十首。程敏政《皇明文衡》录其文二篇。《明文海》录其文一篇。瞿佑《乐府遗音》附其词《念奴娇》一首。生平见佚名《春坊赞善王公汝玉传》《国朝献征录》卷

一九）、张昶《吴中人物志》卷七、《明史》卷一五二。

王翰（1344—?）　字时举。先世为祥符（今河南开封）人，元季其父王仲文为夏县（今属山西）令，遂家焉。元末隐居中条山，明洪武间，以明经辟夏县训导，三十一年（1398）改平陆，迁鄢陵教谕，建文三年（1401）告放归田。永乐初擢周王府长史，周王朱橚素骄，有异志，屡谏弗纳，因断指佯狂而归，王败不坐。以荐复起为翰林编修，复以周王事谪广东廉州府学教授，死于当地土族乱中。性偏疏懒，与世无为，家道萧落却屡兴山林之想，故常常陷于饥寒窭困之中。《千顷堂书目》著录其《梁园寓稿》九卷《敝帚集》五卷《山林樵唱》一卷。现存正德十三年（1518）高天锡刊本《梁园寓稿诗集》九卷，为其曾孙王继善所编，收其诸体诗三百七十余首，韩邦奇、吕经序。又有天顺六年（1462）无锡刘弘刻本《敝帚集》五卷。《皇明诗统》卷二录其诗十二首。《石仓十二代诗选·明诗选》录其诗三十八首。《列朝诗集》甲集录其诗十五首。《御选宋金元明四朝诗》录其诗九首。《四库全书》据正德刊本收《梁园寓稿》九卷，《总目》"提要"云："翰始抗骄王，终殉国难，其立身具有本末。发为文章，率具刚劲之气。故古体往往有质直语，然自抒性情，无

元人秾纤之习。七言古体,声调亦颇高朗。朱彝尊辑《明诗综》未录翰诗,当由未睹诗集。"《明诗纪事》甲签卷二二录其诗八首,按云:"时举诗,蕴藉中特饶秀劲之色。"《明文海》录其《闲田赋》一篇。生平见佚名《廉州府教授王翰传》(《国朝献征录》卷一〇〇)、《(乾隆)解州夏县志》卷八。

王樵(1521—1599)　字明逸,号方麓。南直镇江府金坛(今属江苏)人。嘉靖二十六年(1547)进士,授行人,迁刑部员外郎,出为山东佥事,以疾归。万历初起补浙江佥事,擢尚宝卿,改南鸿胪卿,寻罢归。再起南太仆少卿,历光禄卿、大理卿、刑部右侍郎,以右都御史致仕。万历二十七年(1599)卒于家,年七十九,赠太子少保,谥恭简。为人恬淡诚悫,温然长者。治经书,《易》《诗》《春秋》皆有著述。《四库全书》收其《尚书日记》《春秋辑传》十三卷。其余《书帷别记》四卷、《绍闻编》八卷,则有明刊本。《周易私录》《毛诗本义》《读律私笺》等未见。亦能诗文,所著辑编为《方麓居士集》,存世两种,一为万历间刻崇祯八年(1635)补刊本,王锡爵序,十四卷,疏一卷,序、记等各体文十二卷(卷一三有《老子解》),诗一卷,又《戊申笔记》一卷、《紫薇堂箌记》一卷,《明史·艺文志》著录其集即此本也;另一种为

《四库全书》所收十六卷本,序、记等各体文十三卷,诗一卷,卷一五为《戊申笔记》,卷一六为"壁贴"。不以诗著,集中存诗仅八十余首,词一首,然世以为其文可称一时作手。黄宗羲《明文海》录其文十三篇。《明诗综》卷四三录其诗五首,"诗话"云:"方麓研心著书,自言六经毕其四。诗特游艺,然清婉轶伦。"《御选宋金元明四朝诗》录其诗四首。《四库全书总目》论其诗文云:"其文章颇切实际,非模山范水、嘲风弄月之词。其诗虽不能自辟门径,而冲和恬淡,要亦不失雅音。盖当'七子'争驰之日,尤能守成、弘先正之典型焉。"《明诗纪事》己签卷九录其诗一首。生平见《(乾隆)江南通志》卷六三、《明史》卷二二一。

王衡(1562—1609)　字辰玉,号缑山,别署蘅芜室主人。南直苏州府太仓(今属江苏)人,王锡爵子。生于嘉靖四十一年(1562)九月初九。幼颖聪,长而学殖益富,能诗善书,散华落藻,名动海内。王世贞为其父执,对其尤为赏识,其为诸生时,即将其列入"四十子",与皇甫汸、莫如忠、史邦才、周天球、沈明臣等同列(《弇州四部稿续稿》卷三)。万历十六年(1588),举顺天乡试第一,时其父为大学士,因招訾议,以致覆试。二十九年进士第二,授编修,是岁奉使江南,遂请归家养亲。

家居十年，三十七年正月二十九病卒，年四十八。学经世之略而工诗文，故清钱谦益曰："辰玉自以宰相之子，当通达古今治体，讲求经世要务，又欲奋以治科自见，穷日夜之力于斯二者，而以其余力为诗。"（《列朝诗集》丁集）卒后唐时升、娄坚为其刻《缑山先生集》二十七卷，内诗五卷附词曲、文二十二卷，有万历四十年陈继儒、唐时升、娄坚序及四十五年高出序，《明史·艺文志》著录《缑山集》二十七卷，即此本也。另有《春秋纂注》《论语驳议》及《诸子类语》等。又曾为其父作《王文肃公年谱》，稿本尚存。《皇明诗统》卷三八录其诗十九首。《明诗综》卷六四录其诗六首，"诗话"云："缑山才气无前，而韶年相酬和者不过陈仲醇（陈继儒）一流。临终自讼曰：'吾于诗，窥其藩，未造其域。'可谓得失寸心知矣。惜也未尽其蕴。"《御选宋金元明四朝诗》录其诗三十一首。《四库全书总目》著录《缑山集》二十七卷，"提要"谓其"与王世贞虽同里闬，而不蹈其蹊径。然颇染陈继儒之俗格。《明史·隐逸传》称'锡爵招继儒与衡读书支硎山'，其所由来者渐矣。"《明诗纪事》庚签卷二〇录其诗七首。卓人月、徐士俊《古今词统》录其词七首。《御选历代诗余》录其词一首。近人赵尊岳《明词汇刊》录其词十首为《缑山词》。《明文

海》录其文七篇。清陈元龙《御定历代赋汇》录其赋一篇。《娄水文征》录其文十篇。衡亦以杂剧散曲著名，所作杂剧《郁轮袍》（《王摩诘拍醉郁轮袍》）七折，有明万历间刻本、崇祯间沈泰辑刻《盛明杂剧》本，演唐王维科考故事，出唐薛用弱小说《集异记·王维》（《全唐五代小说》卷二八），实为王衡因被忌夺解，自寄愤慨之作；又《没奈何》（《没奈何哭倒长安街》）一折，亦有明万历间刻本，是剧演弥勒佛化身葫芦先生济度众生，然其重点在借葫芦先生与没奈何的问答，将秀才监生、阁老九卿、讲学夫子、高人隐士，一一加以数落，尽道人世之不平；又《真傀儡》（《杜祁公藏身真傀儡》）一折，有《盛明杂剧》本，颂扬宋杜衍不衿富贵，并借其行事揭示世态炎凉，本宋朱彧《可谈》所记杜衍事及唐刘宾客《嘉话录》杜佑事生发，陈继儒记此剧为万历三十三年王衡为其父七十寿诞所作。诸剧均颇得赞誉，祁彪佳《远山堂剧品》列《郁轮袍》入"妙品"；沈德符《顾曲杂言》云："王辰玉太史衡所作《真傀儡》《没奈何》诸剧，大得金元本色，可称一时独步。"另《盛明杂剧》有《再生缘》（北曲四折），演汉武帝李夫人转世故事。署"蘅芜室编"，前人多以为此剧为王衡所作，不确，实其作者为杭人吴仁仲（吴大山），《远山堂剧品》所记不

误，然《剧品》记《真傀儡》为陈继儒作，则为传闻不确。生平见唐时升《太史猴山王公墓志铭》《三易集》卷一七）、陈继儒《太史猴山王公传》（《陈眉公先生全集》卷三九）、《明史》卷二一八。

王錂（生卒年不详）　字剑池。浙江杭州府钱塘（今杭州）人。作有传奇《春芜记》二卷二十九出，杜撰宋玉与相国女之才子佳人故事，又牵合登徒子陷害及宋玉赋《高唐赋》事，现存明末汲古阁原刻初印本、汲古阁刻《六十种曲》本。凌虚子《月露音》卷三、佚名《赛征歌集》卷四录此剧散出。清佚名抄本《传奇汇考标目》据《海澄楼藏书目》著录其另有传奇《双缘舫》，已佚。又曾改编宋元南戏戏文《破窑记》（有万历间刊改编本）为《彩楼记》，现存清内府抄本，二十出，演宋吕蒙正变泰故事，附会《唐摭言》所写唐王播木兰院题诗事于吕蒙正。又改编宋元南戏戏文《教子寻亲记》为《寻亲记》，现存万历间金陵富春堂刻本，明末汲古阁原刻初印本、汲古阁刻《六十种曲》本。剧凡三十四出，演北宋人周羽为人所害，发配广南，二十年后其子瑞隆中进士，闻其父尚在，因弃官寻亲，后一门荣盛云云。事无所本，原作似据民间传闻结撰。原戏文已不存，仅徐文昭《风月锦囊》卷一六收其散出，可资比勘。清李调

元《雨村曲话》记云："《寻亲记》词虽稍俚，然读之可以讽世。又有《后寻亲》，尽收拾前集所未结诸色末。余曾见演者，亦复可观焉。"

王激（1476—1537）　字子扬，又字泓扬，号鹤山。浙江温州府永嘉（今温州）人。正德二年（1507）举人，嘉靖二年（1523）进士，除吉水知县。入为吏部主事，历员外、郎中，七年主广东乡试，迁南通政司右通政，改北，进国子监祭酒，十六年卒，年六十二。在位以调护善类称。《千顷堂书目》著录其《文江集》又《鹤山诗文》二卷。现存隆庆间刊本《王鹤山集》四卷，有隆庆五年（1571）张时彻序。《东瓯诗存》卷二〇录其诗二十六首。清末陈田未见其集，其《明诗纪事》戊签卷一五仅据《温州志》录其诗二首。近人薛钟斗《东瓯词征》卷五录其词七首。生平见罗洪先《王公墓志铭》（万历四十四年刊本《石莲洞罗先生文集》卷二二）《（光绪）永嘉县志》卷一五。

王澹（生卒年不详）　号澹翁、澹居士，别署雪渔。浙江绍兴府山阴（今绍兴）人。少年时曾拜徐渭为师，与同门王骥德交厚。一生贫困潦倒，四处漂泊。万历四十四年（1616）获交湖广沈惟炳，沈中进士后任京郊香河县令，万历四十七年（1619）邀其至香河修县志，并助其刊印诗集《墙东集》。《墙东集》二十

二卷,现存泰昌元年(1620)刊本,有王骥德、谢肇淛、沈惟炳序。以词曲知名,有散曲集《欸乃编》,今佚。曾撰传奇《孝感记》《金桃记》《紫袍记》《双合记》《兰佩记》五种,皆佚。仅存杂剧《樱桃园》(一名《樱桃梦》),演鬼魂报恩事,见于《盛明杂剧》。王骥德《曲律》记云:"澹与史磐,皆自能度曲登场,体调流丽,优人便之,一出而搬演几遍国中。"

王懋明(生卒年不详)　字仅初。南直苏州府长洲(今江苏苏州)人,侨居无锡锡山。以能诗称。嘉靖间与华察、施渐、姚咨相倡和,称"锡山四友"。《盛明百家诗》录其诗六十余首为《王仅初集》。《皇明诗统》卷三一录其诗八首。《列朝诗集》丁集录其诗二十一首,"小传"云:"蚤岁英爽,读书经目辄诵,衷撮旧闻,多所撰述,人称为经笥,为华学士子潜(华察)所知。侨居锡山,华赠诗云:'达人能固穷,朝夕恒晏如。愿言日相过,多闻时起予。'又云:'客予本大雅,主人亦好文。饔飱以养贤,无劳事耕耘。'此足以观仅初矣。"《明诗综》卷五〇录其诗一首。《御选宋金元明四朝诗》录其诗十二首。清顾光旭《梁溪诗钞》卷五五"流寓"录其诗九首。清王宸等《锡山文集》卷九录其序一篇。《明诗纪事》己签卷一九录其诗一首。生平见《(乾隆)长洲县志》卷二三及卷二四、《(同治)苏州府志》卷八六、《(1933)吴县志》卷六七。

王穉登(1535—1613)　字百谷、伯谷、伯固,号玉遮山人。南直苏州府长洲(今江苏苏州)人。生于嘉靖十四年(1535)七月二十二。少有才名,擅书,篆隶皆妙,尤以诗名。嘉靖四十三年(1564),北游太学,阁试《瓶中紫牡丹诗》,以"色借相君袍上紫,香分太极殿中烟"句得大学士袁炜赏识,引为记事,校书秘阁,欲荐于朝,未果。万历间与同邑魏学礼、江都陆弼、黄冈王一鸣同被召修国史,未上而史局罢。王世贞将其与皇甫汸、莫如忠、许邦才、周天球、沈明臣等列为"四十子"(《弇州四部稿续稿》卷三)。晚年以名士主持吴中风雅,声名极盛,同时山人布衣以诗鸣者数十,以穉登为最。沈德符云:"近年词客寥落,惟王百谷巍然鲁灵光。其诗纤秀,为人所爱,亦间受讥弹。"(《万历野获编》卷二二)卒于万历四十年十二月十六(1613年2月5日),年七十八。生平著述颇多,现存明刻诗文单行本有《晋陵集》二卷、《金昌集》四卷、《燕市集》二卷、《青雀集》二卷、《竹箭编》二卷、《明月篇》二卷、《荆溪疏》二卷、《延令繁》二卷、《南有堂诗集》十卷、《谋野集》十卷、《谋野乙集》十卷及《谋野丙集》等。万历四十二年(1614)叶应祖刊本《王百谷集》二十一种四十二卷，计收《晋陵集》二卷、《金昌集》四卷、《燕市集》二卷、《青雀集》二卷、《客越志》二卷、《荆溪疏》二卷、《延令纂》二卷、《采真篇》二卷、《法因集》四卷、《国朝吴郡丹青志》一卷、《虎苑》二卷、《吴社编》一卷、《生圹志》一卷、《苦言》一卷、《竹箭编》二卷、《梅花什》（与陆承宪倡和）一卷、《明月篇》二卷、《雨航纪》一卷、《越吟》二卷、《屠先生评释谋野集》四卷。崇祯时另有《南有堂诗集》十卷，为其别本。《盛明百家诗》录其诗七十余首为《王上舍集》，又四十首为《续王上舍集》。顾起纶《国雅》卷一八录其诗二十三首。《皇明诗统》卷三五录其诗十四首。《列朝诗集》丁集中录其诗二百首，"小传"云："伯谷为人通明开美，妙于书及篆隶。好交游，善结纳，谭论娓娓，移日分夜，听者靡靡忘倦。吴门自文待诏（文征明）殁后，风雅之道未有所归，伯谷振华启秀，嘘枯吹生，擅词翰之席者三十余年。闽粤之人过吴门者，虽贾胡穷子，必蹲门求一见，乞其片缣尺素，然后去。"《明诗评选》录其诗十九首。清沈季友《槜李诗系》卷四〇录其诗八首。《明诗综》卷五〇录其诗十二首，"诗话"云："百谷诗亦华整，第嫌肉胜于骨。至袁文荣所赏'色借相公袍上紫''书生薄命原同妾'等句，媚灶之词，近于卑田乞儿语矣。"清沈德潜《明诗别裁集》录其诗三首。《御选宋金元明四朝诗》录其诗六十四首。《明诗纪事》己签卷一六录其诗二十一首，按云："百谷才情妙绝，弇州《四十子》诗云：'百谷命世才，兴文自绮岁。'赏叹逾恒，顾不录于五子之列，殊不可解。"其文见于贺复征《文章辨体汇选》者三篇。张琦等《吴骚合编》、陈继儒《乐府先春》等辑其散曲小令一、套数四。凌濛初《南音三籁·散曲下》云："百谷与余交，生平未尝为曲。"故尚不能确定为穉登作。生平见李维桢《王百谷先生墓志铭》（《大泌山房集》卷八八）、邹迪光《王征君传》（《石语斋集》卷二〇）、《明史》卷二八八。

王澹初（生卒年不详）　字启哲。山西大同府山阴人。首辅王家屏长子。万历十三年（1585）乡试解元，既而屡困公车，以荫授中书舍人，官至柳州知府。以能诗文名于乡里。万历四十年曾与赵之韩同修《恒岳志》二卷。所著现存明末刊本《薇垣小草》六卷。卷首有澹初《薇垣小草自叙》，内前四卷收各体文一百三十余篇，卷五收书启六十九篇，卷六收古近体诗二百二十首、诗余四首。《（雍正）山西通志》录其文四篇、诗十首，又多次引其文。近人赵尊岳《明词汇刊》录其词四首为《薇垣诗余》。生平见《（雍正）山西通志》卷一三七。

王鏊（1450—1524） 字济之，号守溪，晚号拙叟，学者称震泽先生。南直苏州府吴县（今江苏苏州）人。生于景泰元年（1450）八月十七。父为光化知县，十六岁随父入国子监读书，两试未举。成化十年（1474）乡试解元，次年春闱，会试第一，殿试第三，授翰林编修，九年后升侍讲。弘治二年（1489）进侍讲学士，四年修《宪宗实录》，进右春坊右谕德，充经筵日讲官，升少詹事兼侍读学士，擢吏部右侍郎，转左。正德初，刘瑾专权，大学士刘健、谢迁相继去位，内阁只李东阳一人，刘瑾欲引焦芳入内阁，廷议独推王鏊，因得与焦芳同入内阁，进户部尚书、文渊阁大学士，二年（1506）敕升少傅兼太子太傅，武英殿大学士，以瑾播弄威福，知不可为，四年（1509）请致仕。归里家居十余年，嘉靖三年（1524）三月十一卒，年七十五，赠太傅，谥文恪。博学有识，为官清正，重民生，重边防，然知进退，明哲保身，因处于险境而保全。诗文别集《震泽先生集》三十六卷初刻于嘉靖间，赋及诗词九卷，奏疏三卷，诸体文二十四卷。是集又有万历间震泽王氏三槐堂重刻本，收入《四库全书》，名《震泽集》。又有清顺治十二年（1655）王氏三槐堂刻《杨维斗先生手订王文恪公家藏未刻稿》二卷、《文湛持太史手评王文恪公传世已刻稿》不分卷。所著尚有明刻《震泽纪闻》一卷、《续纪闻》一卷、《震泽长语》二卷、《姑苏志》六十卷及清抄本《守溪笔记》。万历时其玄孙王永熙将《纪闻》《长语》与王鏊孙王禹声所撰《续震泽纪闻》《郢事纪略》合刊，题《震泽先生别集》。另有《奏疏》《春秋词命》《孝宗朝实录》等。以工于时文称，与唐顺之、薛应旂、瞿景淳称"时文四大家"。亦以古文名，为文崇尚韩愈、王安石，《明文海》录其文十七篇，评其文曰："孝宗文治之盛，由长沙（李东阳）与公主持馆阁也。文虽不一辙，然清而不薄，详而不芜，皆正宗也。"《明史》本传亦称其"文章尔雅，议论明畅"。其诗不拘唐宋而学，评古人诗尝言："唐以格高，宋以学胜。"（《震泽集》卷三五《题元人书》），称"师其意，不师其词"（《震泽长语》卷下《文章》），尤以七言近体为胜。卒后邵宝为其作墓志，谓其诗"萧散清逸，有王、岑风致"。《列朝诗集》"小传"谓其诗"不专法唐，于北宋似梅圣俞，于南宋似范致能，峭直疏放，于先正格律之外，自成一家。"明翟校辑、清王辅铭补辑《练音集补》附卷录其诗二首。顾起纶《续国雅》卷三录其诗一首。《皇明诗统》卷一四录其诗八首。《石仓十二代诗选·明诗选》录其诗九十三首。《列朝诗集》丙集录其诗三十八首。《明诗综》卷二五录其诗四首。清沈德潜《明诗别裁集》录其诗一首。《御选宋金元明四朝诗》录其诗十六首。《明诗纪事》丙签卷七录其诗十二首，按云："文恪以文章名一世，集中七言律绝格调风致，竟尔不凡。"近人赵尊岳《明词汇刊》录其词六首为《震泽词》。生平见邵宝《文恪王公墓志铭》《容春堂续集》卷一六)、王守仁《王文恪公传》《王文成公全书》卷二五)、廖道南《殿阁词林记》卷二、何乔远《名山藏》卷七〇、《明史》卷一八一。

王爌（1472—1554）　字存约，号南渠。浙江台州府黄岩人。弘治十一年（1498）举人，十五年进士，授太常博士。迁工科给事中，累迁至刑科都给事中。正德帝游大同不返，疏请回銮，被庭杖，又以救都御史彭泽，忤兵部尚书王琼，谪广东惠州府推官，转广西广信同知。世宗立，复任刑科都给事中，旋擢太仆寺少卿，改太常。嘉靖三年（1524）迁应天府尹，七年迁南刑部右侍郎，次年，以母老乞归养。家居十年，十七年起为南京右都御史，以琐事罪于首辅夏言，谢病归。三十三年卒，年八十三，赠工部尚书。《千顷堂书目》著录其《南渠存稿》，现存嘉靖四十三年刊《南渠存稿》十八卷，诗十卷，收古近体诗八百余首，文六卷，收序、记、祭文、墓铭等各体文一百九十余篇，奏疏二卷三十余篇，题为

《给舍奏稿》《应天奏稿》，有陆深、韩邦奇、李时序。李时渐《三台文献录》录其文四篇、诗九首。清戚学标《三台诗录词录》卷一六录其诗五首。《金陵诗征》卷三八"寓贤"录其诗二首。生平见《国学献征录》卷六四引《京学志传》《明史》卷二〇一。

王彝（1336—1374）　字常宗，自号妫蜼子。其先蜀人，本姓陈，父仕元为昆山教授，遂卜居嘉定（今属上海）。少孤贫，长成有文章，元末明初迁居苏州，与高启、杨基、王行等游，为高启"北郭十友"之一。洪武三年（1370），以布衣召修《元史》，史成，赐金币遣归。寻因荐授翰林编修，以母老，乞归养。洪武七年，苏州知府魏观上梁文事发，彝尝为观作文，因与高启同被害，年三十八。本集原名《三近斋稿》，都穆所编，文三卷诗一卷。后弘治十五年（1502）刘廷璋刊本《王常宗集》四卷增补遗一卷，佚名清抄本又增续补遗一卷。收入《四库全书》之《王常宗集》，即为四卷补遗一卷续补遗一卷。又有明抄本《妫蜼子集》六卷，杂文五卷，末卷收诗一百四十首。另有清康熙三十九年（1700）陆廷粲刻本《王征士集》四卷附录一卷。其学出天台孟梦恂，梦恂学出婺州金履祥，本元真德秀文章正宗之派，故持论甚严。时杨维桢诗文风行东南，彝独作《文妖》一篇诋之，今在集

中。清初王士禛《香祖笔记》尝斥彝云："元敬（都穆）称其古文明畅英发，又或以为吴中四杰之一，以常宗代张来仪（张羽）者。今观其诗，歌行拟李贺、温庭筠，堕入恶道，余体亦不能佳，安能与高、杨相颉颃。"《四库全书总目》则谓彝"其文大致淳谨，诗亦尚不失风格，虽不足以胜张羽，必以为一无可取，则又太过。《香祖笔记》成于士禛晚年，诋诃过厉，时复有之，固未可据为定论矣"。钱谷《吴都文粹续集》录其文三篇、诗一首。顾起纶《续国雅》录其诗十一首。《皇明诗统》卷三录其诗二首。费经虞《蜀诗》卷二录其诗七首。《列朝诗集》甲集录其诗十九首。明翟校辑、清王辅铭补辑《练音集补》卷二录其诗九首。《明诗综》卷六录其诗二首，《御选宋金元明四朝诗》据之录。清沈德潜《明诗别裁集》录其诗一首。《明诗纪事》甲签卷六录其诗一首。《明文海》录其文一篇。生平见方鹏《昆山人物志》卷九、张昶《吴中人物志》卷七、《明史》卷二八五。

王襞（1511—1587） 字宗顺，号东厓，自号天南逸叟。南直扬州府泰州（今属江苏）人。生于正德六年（1511）十月二十六日。九岁随父王艮谒王守仁，从学十余年，后师事王畿、钱洪，研习阳明之学。艮开讲于淮南，襞辅之，艮死，继父讲席，往来各地，以艮学传人有名于当时。卒于万历十五年（1587）十月十一，年七十七。好读书，亦能诗。《千顷堂书目》著录其《东崖遗集》二卷。现存万历刻崇祯重修本《新镌东厓王先生遗集》二卷，是集原为其弟子林讷所辑，上卷为像赞、年谱纪略、语录及同时赠答杂文，下卷为所作诗赋。诗近二百首，五言八句达一百二首，间杂讲学语。附载行状、铭志、祭文、世系门人姓氏等。《明诗综》卷五〇录其诗一首，"诗话"云："诗其余事，然如'一室风过雨，三更月到窗''好雨应宜早，秋花不恨迟'……亦有活脱之趣。"《四库全书总目》著录《东厓遗集》，"提要"谓其诗"终非专门"。清夏荃《海陵文征》卷七录其文三篇。《明诗纪事》已签卷二录其诗一首。生平见《新镌东厓王先生遗集》所载王元鼎《东厓先生行状》《王东厓先生墓铭》、王翘楚《东厓先生年谱纪略》，又见清黄宗羲《明儒学案》卷三二。

王骥德（？—1623） 字伯良，又字伯骏、伯骥，号方诸生，又号鹿阳外史、秦楼外史、玉阳生、玉阳仙史。浙江绍兴府会稽（今绍兴）人。家藏元人杂剧数百种，自幼性嗜歌乐，遂精研词曲，全壮不衰。始师同里徐渭，继与吴江沈璟讨论音律，又从孙鑛、孙如法学习声韵。与当时曲家顾大典、屠隆、史槃、王澹、叶宪祖等相善，尤与吕天成为莫逆。曾北上燕京，浪游维扬、汴梁，献艺于南国子祭酒冯开门下，但终未得功名，因以词曲音律知名当时。卒于天启三年（1623）。万历三十八年（1610）完成《曲律》，所论涉及曲牌宫调、章法句法、宾白科诨等，后又续有增订，成为明季曲学要籍。现存天启五年毛以燧刊本，四卷四十则。又著有《南词正韵》《声韵分合图》，已散佚。工清曲，以婉丽著称。其弟子毛以燧《曲律跋》谓其“最得意则有《方诸馆乐府》二卷，悉散曲与小令”。《方诸馆乐府》原书佚，仅冯梦龙《太霞新奏》等存小令五十八首，套数三十二套。所作杂剧五种，内《两旦双鬟》《金屋招魂》《倩女离魂》《弃官救友》四种佚，存《男王后》（全名《陈子高改妆男后记》），有崇祯间沈泰辑刻《盛明杂剧》本。剧演陈子高貌美，临川王令其女妆，立为王后，王妹以情挑之，后嫁妹于子高。其剧北曲四折，而宾白用南语，其自叙云：“予昔谱《男后》剧，曲用北调而白不纯用北体，为南人设也。已为《离魂》，并用南调。郁蓝生（吕天成）谓‘自尔作祖，当一变剧体’。既遂有相继以南词作剧者。后为穆考功（穆文熙）作《救友》，又于燕中作《双鬟》及《招魂》二剧，悉用南体。”（《曲律》卷四）祁彪佳《远山堂剧品》著录《男王后》入“雅品”，评语

谓“取境亦奇，词甚工美，有大雅韵度”。另作有传奇《题红记》，现有万历间金陵继志斋刻本等刊本，凡二卷三十六出，演“红叶题诗”故事。唐宋时流行“红叶题诗”故事，唐孟棨《本事诗》写男主角为顾况，范摅《云溪友议》谓其为卢渥，宋孙光宪《北梦琐言》又名其为李茵，张实《流红记》小说写男主角名于祐。骥德此剧承《流红记》，于祐中状元、平黄巢等情节，皆为增饰。其《重校题红记例目》云：“传中于生之字祐之，韩夫人之名翠屏，与侍儿之为玉英，皆杂得之元人诸剧中，不敢臆创。”元白朴有《韩翠屏御水流红叶》杂剧，李文蔚有《金水题红怨》杂剧，或为此剧创作时之蓝本也。又其自述，此剧为其秉父命，修改其祖父《红叶记》而成。清佚名抄本《传奇汇考标目》增补本尚著录其有传奇《天福记》《百合记》《题曲记》《裙钗婿》四种，未详所据。曾校注《西厢记》，传世本名《新校注古本西厢记》，有万历四十一年香雪居刊本。又曾编辑《古杂剧》二十卷，有明顾曲斋刊本。诗文集《方诸馆集》未存。郁逢庆《书画题跋记》卷一录其《题宋石门五湖渔图》五言古诗一首。《明文海》、清陈元龙《御定历代赋汇》均录其《千秋绝艳赋》一篇。生平见毛以燧《曲律跋》等。

王瓒（1462—1524）　字思献，

号瓯滨。浙江温州府永嘉人(今温州)人。少贫贱,曾以贩盐为生。弘治八年(1495)领乡荐,次年会试一甲第二,授翰林编修。正德二年(1507)迁侍读,三年除国子司业,五年进南国子监祭酒,十一年升礼部右侍郎,十三年转左。世宗即位,张璁上疏请尊世宗生父兴献王为皇考,王瓒附其议,为首辅杨廷和所恶,调为南京礼部左侍郎,以丁母忧归。嘉靖三年(1524)归家卒,年六十三,谥文定。《千顷堂书目》著录其《温州府志》二十二卷、《游江心寺诗》一卷。近人《敬乡楼丛书》第四辑收其《瓯滨摘稿》一卷补遗一卷附录一卷,《摘稿》有嘉靖九年(1530)江东刘麟序、正德十三年方继学跋,补遗所收诗为编者黄群据抄本过录,附录则为《游江心寺诗》四十二首。《东瓯诗存》卷一九录其诗九首。生平见《(光绪)永嘉县志》卷一四。

王鏊(1577—1646) 字叔闻。南直镇江府金坛(今属江苏)人,侍郎王樵诸孙。明末诸生,数踏省门不得举。中年薄游荆湘,依其叔王有三。之京师,见国事日非,东西交讧,登临吊古,忧时叹世,胸中块垒,发之于诗。归里,益不自聊,屏居郭外,日沉吟自放而已。明亡后,每抠衣循发,以不即死为耻。悲歌流涕,大醉病卧不起。清顺治三年(1646)

十月卒,年七十。著述现存清乾隆七年(1742)清芬楼刻本《王叔闻先生诗钞》,扉题《金坛王叔闻诗》,首清钱谦益序,内《云溪存稿》收赋五篇、诸体诗四十一首;《病余存草》收诸体诗十九首;《楚游草》收诸体诗三十一首;《北征草》收诸体诗七首;又附《罗隐秀才遗稿》,收诗二十四首,末有其四世从孙王霖跋。《千顷堂书目》仅著录《病余存草》,盖原有单本流传。又有稿本《丰蔚堂诗稿》不分卷。《列朝诗集》丁集录其诗九十首,"小传"云:"叔闻生而不见知于人,死而吾党思之,为之傍徨追赏,亦未为不遇也。若夫叔闻之晚节,又当与谢皋羽、郑所南齐名于千载之后,后之君子颂其诗,论其世,将有如吴立夫、程克勤者,采而录之,余又浅之乎知叔闻矣。"《明诗综》八〇录其诗一首。《御选宋金元明四朝诗》等录其诗七首。清邹祇谟、王士禛《倚声初集》卷二〇录其词一首。生平见《(乾隆)江南通志》卷一七八。

王瀹(1389—1462) 字子清,号退翁。河南开封府太康人。建文时礼部尚书王钝子,永乐四年(1406)举进士,帝以其年少,遣归卒业。起为翰林院庶吉士,与修《永乐大典》,以外艰归,服除,迁左春坊左司直。仁宗时任郑王府左长史,宣德四年(1429)郑王就藩,以屡谏不听，乃拟荀子《成相篇》，撰十二章以献，语尤激切，因与王不合，上闻之，六年召还，改户部郎中。累官至户部右侍郎，以老病乞归。卒于天顺六年（1462），年七十四。《千顷堂书目》著录其《退翁集》六卷，为其孙王煦命所刻，现存嘉靖间其玄孙王朝贤重刊本，前有郭绪正德二年（1507）序，书后有王煦、王朝贤后序，顺德府教授李应沾、平乡县学教谕李诩后序。内诗三卷、文三卷，计收诸体诗四百五十余首、赋三篇、各体文一百二十余篇。《明文海》录其文《落魄张传》一篇。生平见朱睦㮮《王公渝传》《国朝献征录》卷三〇、孙奇逢《中州人物考》卷四、《明史》卷一五一。

王铎（1589—1667） 本名资治，后改铎，字子安，号石衲，又号遁樗。浙江绍兴府山阴（今绍兴）人。少孤，由叔父王舜鼎抚养成人。崇祯六年（1633）举人，南明时曾官兵部职方郎中，入清后为僧，号大恨。卒于康熙六年（1667），年七十九。晚而学诗，有《妙远堂诗》《湖霜》《雨游》等集。现存《匣石堂诗》稿本三十一卷，卷首一卷，计三十二卷，铎手自衷定，中有部分补钞，为他人补于雍正后。集前有铎自序，又有杜濬、胡恒、曹学佺、陈洪绶诸人序及张可仕、鲁栗、陶岸生、王轸石、杜濬诸人评。另附王氏《前后自序》《自

题石室游草》《戊子审定旧刻自题》《自题匣石堂诗刻》等。杜濬《匣石堂诗序》序谓其诗"大抵以陶为极致，而出入于少陵、龙标、右丞、嘉州，认为是真得陶之神味者。"存世另有其子王自超抄本《妙远堂诗三集》一卷、《闽游草》一卷，前者署戊寅，即崇祯十五年，后者署己卯，即崇祯十二年。清卓尔堪《明遗民诗》录其诗六首。

云水道人（姓氏籍里及生平不详） 明刊传奇《蓝桥玉杵记》之署名作者。现存万历间浣月轩刻本，题《新镌全像蓝桥玉杵记》，署"云水道人著"，首载万历三十四年（1606）"虎耘山人"之《蓝桥玉杵记叙》，附《裴仙郎全传》《刘仙君传》《裴真妃传》《铁拐先生传》《西王母传》并《凡例》，末又附《蓬瀛真境》散套及《天台奇遇》杂剧。是剧二卷三十六出，以唐人裴铏小说《裴航》（《全唐五代小说》卷六三）为蓝本，情节人物皆有增饰。裴航遇仙故事为戏曲创作喜用之题材：宋官本杂剧有《裴航相遇乐》，元杂剧有庚天锡《裴航遇云英》，明传奇有龙膺、吕天成《蓝桥记》各一本及杨之炯《玉杵记》。吕天成《曲品》"上下品"著录龙膺《蓝桥记》，"下中品"著录杨之炯《玉杵记》。祁彪佳《远山堂曲品》将吕作《蓝桥记》列入"艳品"，又将杨作《玉杵记》列入"能品"，最后将云水道人

《蓝桥玉杵记》列入"具品"，论曰："此出逐壻、溺女，后始会蓝桥之杵，饶舌甚矣。词中往往披沙见宝。而韵曲多讹，几不可读。"然有明演裴航故事之剧本，惟此本存焉。

木公恕（1494—1553） 名公，字公恕，以字行，又字恕卿，号雪山，自署万松、六雪主人、雪山野人。云南丽江军民府世袭土司、知府。其先本唐之摩些诏（"六诏"之一），明洪武间归附，赐姓木，世授丽江知府，七传至公恕。少不与群儿戏，雅好读书赋诗。嘉靖六年（1527）袭职，曾领兵绥宁边疆，得朝廷嘉奖。壮年让爵于其子，隐于玉龙山南，建园筑坞，构亭起楼，以吟咏为事。卒于嘉靖三十二年，年六十。曾以诗质于永昌张志淳，尤与志淳之子张含交厚，又因含得交于谪滇之杨慎。诗多写丽江雪山、玉湖风光及悠游闲适之乐，清丽秀美，平易自然。陆续刻诗集六种，选集一种：嘉靖二年刻《雪山始音》，收五七言诗二百十一首，有张志淳序及评点；六年刻《隐园春兴》，收五言诗百首，有张合序及作者自跋；二十二年刻《庚子稿》，收五七言诗一百九十余首，有李元阳序；二十三年刻《万松吟卷》，收五七言诗一百三十八首，有杨慎序；二十四年、二十五年又刻《玉湖游录》《仙华琼楼》，分别收诗六十二首、九十四首。诸集皆存世。又，嘉靖二十八年杨慎从以上诗集中选诗百余首，编为《雪山诗选》行于世，有张志淳、李元阳、张合、杨慎诸人评点。《雪山诗选》天启间曾重刊，今亦传世。《千顷堂书目》仅著录其《雪江诗选》又《万松吟卷》。《列朝诗集》丙集录诗十三首，"小传"记云："（木公）性好读书赋诗，于玉笼山南十里为园五亩，枕经藉书，哦松咏月，中土贤士大夫无以过也。"《明诗评选》录诗二首。《明诗综》卷九四录诗五首，"诗话"云："张禺山（张含）称其'朗润清越'，李中溪（李元阳）谓其'得乐府音节'，杨升庵（杨慎）许其'体句俱新，写景入绘'。诸公之赏音若是。"清袁文典等《明滇南诗略》录其诗四十六首，《滇南文略》卷二七录其文一篇。近人李坤《滇诗拾遗补》卷二录其诗七首。清赵联元《丽郡诗征》卷一录其诗五十七首。近人李根源《永昌府文征》卷七录其诗二首。

木青（1569—1597） 字长生，一字乔岳，号松鹤，又号长春。云南丽江世袭土司、知府，木公恕曾孙。万历二十四年（1596）袭职，一年后卒，年二十九，赠忠宪大夫。秉承家风，能诗善书。其子木增曾刻其诗为《玉水清音》，《千顷堂书目》著录，今未传。《明滇南诗略》录诗五首。《滇诗拾遗》录其诗一首。《丽郡诗征》录其诗六首。《列朝诗集》丙集录其诗《太素轩》诗一首,"小传"谓其"'轻云不障千秋雪,曲槛偏宜半亩荷''含烟翠篠供诗瘦,啄麦黄鸡佐酒肥''堤柳绿销应有恨,渚莲红褪岂无愁',皆中土诗句也"。《明诗综》卷九四录其诗《移石草亭》,"诗话"云:"松鹤诗不及曾祖,而胜其子增。增篇什虽倍,然非牧斋所云'中土诗'也。"清袁文典等《明滇南诗略》卷五录其诗五首。清陈荣昌《滇诗拾遗》卷六录其诗一首。清赵联元《丽郡诗征》卷一录其诗六首。

木增(1587—1646)　字长卿,号华岳、生白,又自署滇西水月痴人。云南丽江世袭土司、知府,木公恕五世孙,木青之子。万历二十五年(1597)其父病逝,次年袭父职,成为丽江第十九代土司,年方十二。后以捐银助饷及靖边军功,先后授云南布政司右参政、广西右布政使、四川左布政使,年三十余谢职,以其子继之。天启三年(1623)特给诰命,以旌其忠,后南明弘光时封其为太仆寺卿。其在丽江大倡汉文化,家中建有万卷楼,收百家经典。亦崇信佛教,与西藏密宗往来密切,曾主持刊印藏文佛典《甘珠尔》。年少即能吟诗作赋,善书法,喜与文士来往。曾刻其父祖《雪山诗选》《万松吟卷》及其父《玉水清音》等集。木增所著有《芝山云薖集》《山中逸趣》《啸月堂云吟阁集》《光碧楼选草》

《啸月堂空翠居集》等数种。现存崇祯刊本《芝山云薖集》四卷残本;崇祯十年(1637)至十二年刊本《山中逸趣》(收赋两篇、诗一百九十四首,有章台鼎、唐泰等序);抄本《啸月堂空翠居集》(收诗一百五十一首,系杂钞《啸月堂空翠居集》《啸月堂云吟阁集》而成);崇祯十一年木懿乔等刊本《云薖淡墨》八卷(为其随笔摘抄之本,杂有佛典道藏之语,《四库全书总目》曾著录)。诗风略近其祖,清袁文典等《明滇南诗略》录其诗二首,谓其诗"远逊其祖恕卿(木公恕)"。清陈荣昌《滇诗拾遗》卷六录其诗一首附赋一篇。清赵联元《丽郡诗征》卷一录其诗二十七首、《丽郡文征》卷一录其文十四篇。清赵藩《滇词丛录》录其词四首。

支大纶(1534—1604)　字心易,号华平。浙江嘉兴府嘉善人。生于嘉靖十三年(1534)四月初一。四十三年举人,万历二年(1574)进士,观政比部,时张居正柄国,大纶以私议得罪,授南昌府学教授。迁泉州府推官,既三载,巡抚耿定向、巡按敖鲲等以前嫌,议其落职。居正卒,十一年秋补江西布政司理问,迁奉新知县,又以所撰《谈余录》罪于御史张文熙,十四年罢归。家居十数年,卒于三十二年四月二十一,年七十一。以能文称,卒后李维桢为其作墓志,称其"少喜韩昌黎为文。

豫章以还,一意左氏。罢归,则括千古、综百家。本朝则罗景鸣(罗玘)、李献吉(李梦阳)、王元美(王世贞),深所服膺。文在汉魏以上,五七言近体似少陵,歌行绝句似青莲,不得其平则鸣。"虽夸饰之语,也略可见其诗文源流。《四库全书总目》著录其《支子余集》五十二卷,"提要"云:"是编乃大纶自万历丙子(四年)至壬寅(三十年)所撰诗赋杂文,凡《艺余》十四卷、《政余》八卷、《屯余》八卷、《耕余》八卷、《敎余》二卷、《述余》六卷,又《永陵编年史》四卷、《昭陵编年史》二卷……集内酬应之作居多,语亦间涉荒诞。"所列诸集皆曾单刊,现存万历十二年蔡国珍序刊《支子艺余》十四卷、万历十四年汪道昆序刊《支子政余》六卷、万历二十二年郑得书序刊《支子敎余》二卷。大纶五子,万历四十七年诸子辑其著述为《支华平先生集》四十卷,附录一卷,内诗四卷,分体收其所作五七言古近体诗三百三十余首,文三十六卷,卷五至卷一五收序、记、传、墓铭、祭文等,卷一六以后所收入则为奏疏、公移、书牍、杂著、谱牒等;首有邹迪光、李日华、陈继儒等序,原单刊诸集序也附焉;附录则为李维桢等所作墓铭、行状、墓表、传、行述等。贺复征《文章辨体汇选》录其文三篇。《明文海》录其文一篇。清沈季友《槜李诗系》卷一五录其诗四首。《明诗综》卷五二录其诗一首。《明诗纪事》庚签卷一一录其诗一首,按语云:"心易仕宦不达,集中自述,多恩怨之词。"《明词综》卷四录其《山花子》一首。清胡胤瑗等《兰皋明词汇选》卷四录其词《蝶恋花》一首。生平见支如玉《先考华平府君行述》、刘世教《支华平先生行状》、李维桢《华平支公墓志铭》、冯盛世《华平先生传》(《支华平先生集》附录)。

支如玉(生卒年不详)　字宁瑕,号德林。浙江嘉兴府嘉善人,支大纶长子。万历二十八年(1600)举人,曾官监丞。《千顷堂书目》著录其《半衲庵集》,现存崇祯间刊本,名《半衲庵笔语》十二卷,李陈玉、阮汉闻、张民表序。内《诗集》四卷,不分体,收诗四百五十余首,内所咏有唐人小说及明传奇中李亚仙、红拂、莺莺、霍小玉等人物,不多见;《文集》四卷,大略分体,计一百二十余篇;《书牍》四卷,收书一百二十余篇,启八十余篇,多有"代抚台""代按台""代藩司""代都院"之作,皆其为属吏时所作。清沈季友《槜李诗系》卷一六录其诗一首。《明词综》卷五录其词一首。生平见《(光绪)重修嘉善县志》卷一九、《(光绪)嘉兴府志》卷五五。

区大相(?—1614)　字用孺,号海目。广东广州府高明人。其父区益为嘉靖十九年（1540）举人，官温州同知。大相万历元年（1573）与兄大枢同举于乡，十七年与弟大伦同中进士，选翰林院庶吉士，授检讨，与修国史。历赞善、中允，掌制诰，万历二十二年、二十九年两次奉命出京分册藩王，三十三年改南太仆丞，在任三年，以疾归。家居八年，四十二年卒于家。大相立身端庄，有节操，居翰院十五年，与赵志皋、张位、沈一贯等有旧，赵等先后当国，皆引避不轻谒。以诗名于粤，严于格律，力祛浮靡，清初岭南诗皆以其诗为法度，故清王士禛《渔洋诗话》云："粤东诗派，皆宗区海目。"所作原有《前使集》《后使集》《濠上集》等，后辑编为《区太史诗集》二十七卷，存崇祯十六年（1643）刊本，有诗一千五百余首，陈子壮序，《明史·艺文志》著录其《诗集》二十七卷，即此本也。清康熙间刊本又增《文集》十二卷。陈子壮《区太史诗集序》云："区海目先生以太史名粤也，其诗特盛，盖家能诵，人能说矣。文多散轶不备，大都皆辅诗以行者。"《四库全书》收其《百越先贤志》四卷。又有《区子四书翼》六卷存世。清屈大均《广东文选》录其诗九十五首。《明诗综》竭力推崇其诗，卷五六录其诗达四十八首，"诗话"云："海目持律既严，铸词必炼。其五言近体，上自初唐四杰，下至大历十子，无所不

仿，亦无所不合。"又云其"五言律如纯钩初出，拂钟无声，切玉如泥"。清沈德潜《明诗别裁集》录其诗四首。清汪森《粤西诗载》录其诗十一首。《御选宋金元明四朝诗》录其诗十八首。清梁善长《广东诗粹》卷六录其诗四十一首。《明诗纪事》庚签卷一录其诗三十二首，按语云："海目稍晚出，及与欧桢伯（欧大任）、黎惟敬（黎民表）倡和，其天才俊妙，与惟敬略相伯仲。惟敬长于五古，海目长于五律，各有擅场。海目之言曰：'近世求多于古，自用我法，未免恣睢于情之中，而决裂于格之外，按之而不合节，歌之而不成声。'此当为'公安'而发。能自树立者，类不为风气所转移也。"清屈大均《广东文选》录其文十三篇。清陈元龙《御定历代赋汇》录其《感去燕赋》《草虫投灯赋》。生平见《（雍正）广东通志》卷四七。

区元晋（生卒年不详）　字惟康，号见泉。广东广州府新会人，区越子。嘉靖四年（1525）举人，会试不第，后选授云南镇南知州，迁福建兴化府同知。能诗，承其父风，随处吟咏。万历四十四年（1616）刊区越《乡贤区西屏集》十卷后附区元晋《区奉政遗稿》十卷，内文二卷，诗八卷（收诸体诗四百六十余首）。清梁善长《广东诗粹》卷四录其诗一首。清顾嗣协《冈州遗稿》卷三录其诗三

十首。生平见《(道光)广东通志》卷二七四。

区怀瑞（生卒年不详） 字启图。广东广州府高明人，区大相子。天启七年(1627)举人，除当阳知县，以内艰离任。服阕，补直隶平山令，不二年挂冠归里。能诗文，在里时与邑人欧必元、欧主遇、陈子壮、陈子升、黎邦瑊、黎遂球、黄圣年、黄季恒、徐荥、释通岸及其弟区怀年等倡和，号"南园十二子"。《千顷堂书目》著录其《趋庭稿》又《游燕草》《游滁草》。现存天启、崇祯间刊本《琅玕巢稿》四卷，内诗二卷收赋一篇、诗一百零六首，文二卷收各体文二十余篇（多署为"代作"）。又有崇祯刊本《玉阳稿》八卷，诗二卷，收诗一百三十余首，记、序二卷，收文三十余篇，末书三卷，收书启七十余篇。清屈大均《广东文选》录其文三篇、诗四首。清梁善长《广东诗粹》卷八录其诗二首。《明诗纪事》辛签卷一八录其诗二首。生平见《(康熙)高明县志》卷一三。

区越（1468—1554） 字文广，号西屏。广东广州府新会人。弘治八年(1495)举人，十八年进士，授浙江嘉善知县。历户部主事、员外郎，简放建宁知府，转宁国知府，迁浙江按察副使，再迁江西左参政，分守湖东，致仕归。嘉靖三十三年(1535)卒，年八十七。从陈白沙学理学，亦喜吟咏。著述现存嘉靖四十四年刊《区西屏集》十卷，诗五卷，文五卷。又有万历四十四年(1616)重刊本，名《乡贤区西屏集》，附其子区元晋《区奉政遗稿》十卷。清顾嗣协《冈州遗稿》卷三录其诗二十二首。生平见《(万历)广东通志》卷二四、《(乾隆)广州府志》卷三四、《(乾隆)新会县志》卷九)。

车大任（1544—1627） 字子仁，号春涵。湖广宝庆府邵阳（今属湖南）人。隆庆元年(1567)举人，万历八年(1580)进士，除南丰知县，谪平谷卫，迁遵化知县。入为南礼部主事，历员外郎、郎中，简放福州知府，改嘉兴。迁浙江按察副使，分巡浙西道兼整饬嘉湖兵备，晋浙江左参政，三十四年致仕。卒于天启七年(1627)，年八十四。其在南都多年，日常无事，常与邓廷赞、罗洪先、耿定向等讲性命之学。为人平易，官于地方，慎修身，有政绩。亦能诗，山水行踪，人事往来，多所吟咏，在浙多与屠隆等倡和。邵阳车氏称晋武子车胤之后，因名其诗文集为《囊萤阁草》，清徐乾学《传是楼书目》著录《囊萤阁正续集》二十卷，《千顷堂书目》记《车子仁集》二十卷，方志、家乘所载其集名不一，卷数又有三十卷、四十卷之不同，后散佚不传。方志又记其有《归田集》十卷及《归籍草》《画谱说》等。1933年刘粹叔应邵阳车氏后人之请,辑刊车大任以下车氏九世三十五人诗文为《邵阳车氏一家集》四十五卷,辑车大任所遗诗文为《车参政集》十三卷,内诗十二卷收诗七百三十余首,文一卷收文七篇。《明诗综》卷五三录其诗三首,"诗话"云:"子仁见赏于吴明卿(吴国伦),明卿赠之诗曰:'灵均忼慨追三后,太史凭陵陟九疑。'子仁深自喜也。诗颇闲放,无局促态。"清邓显鹤《资江耆旧集》卷二录其诗四十六首,《沅湘耆旧集》卷一九录其诗二十四首。《明诗纪事》庚签卷一三亦录其诗二首。《明文海》录其文三篇,均为《车参政集》所遗。《湖南文征》录其文五篇。生平见冯梦祯《贺郡侯车春涵三年考绩序》(《快雪堂集》卷四)、(《雍正》湖广通志》卷五〇、(《道光》宝庆府志》卷一一九。

车以遵(1598—1680)　字孝则,改字孝思,号劬人、劬园、高霞居士,晚又号禅隐老人、禅痴。湖广宝庆府邵阳(今属湖南)人。车大任次子,贡生。崇祯九年(1636)诏举人才,湖广布政使张天麟荐之,会丁母艰,未果。入清后屡经荐举,力辞不出。卒于康熙十九年(1680),年八十三。弱冠以诗名于楚南,在乡与同志王嗣翰、王嗣乾、刘应祁等结社倡和。谭元春曾为其诗集作序。《千顷堂书目》著录其《高霞堂诗集》,高霞为邵阳名山,以遵取之名堂,方志、家乘或称其有《高霞堂正续集》四十卷及《声香阁草》《镜花阁填词》及《贝叶记》等,均未见传。清乾隆间廖元度《楚风补》卷四七录其诗四十首,仅署"高霞居士",按语云:"逸其姓名……早年与钟、谭齐名,有《高霞堂集》三十卷,屡经辟举不就,亦玩世逸民也。"后道光间邓显鹤《沅湘耆旧集》采其诗七十八首,厘为一卷。1933年刘粹叔应邵阳车氏后人之请,辑刊车大任以下车氏九世三十五人诗文为《邵阳车氏一家集》四十五卷,大任以下即辑车以遵诗文为《车逸民集》十一卷,内诗十卷,收诗六百六十余首,末卷从《湖南文征》等辑得其佚文十二篇。清卓尔堪《明遗民诗》、《明诗综》卷八〇上均录其诗一首。《明诗纪事》辛签卷三一录其诗一首,按云:"孝思楚人,知有钟、谭而已。古诗亦有真气。"《湖南文征》录其文四篇。生平见(《道光》宝庆府志》卷一二五、(《光绪》邵阳县志》卷九。

车任远(生卒年不详)　一名祝齐,字远之,别署舜水遽然子。浙江绍兴府上虞人,邑庠生。尝与徐渭等仿竹林之事,结为社友。性耿介,蔚有才情。万历三十四年(1606)曾参修《上虞县志》。能作戏曲,吕天成《曲品》列其所作《四梦》《弹铗记》为"中上品"。《弹铗记》未传,似演战国时孟尝君门客冯驩故事,吕天成论其剧云:"车君自况,情词俱佳。方诸生(王骥德)以其少天趣,短之。杭人谢天瑞有《狐裘记》,以孟尝君为主,然甚猥琐,不及此。"又评其《四梦》云:"《高唐梦》亦具小境,《邯郸》《南柯》二梦,多工语。至汤海若(汤显祖)二记出,而此觉寥寥。《蕉鹿梦》甚有奇幻意,可喜。"《四梦》实仿沈采《四节记》,将不相干之故事合为一本。现仅《蕉鹿梦》六折存于崇祯时刻沈泰辑编之《盛明杂剧》中。剧演樵夫乌有辰于山中得鹿,藏诸隍中,覆以蕉叶,已而忘其地,以为梦境,鹿为渔翁魏无虞所得,樵夫醒悟,因与渔翁争执不休,一直闹到官府。事据《列子》郑人得鹿失鹿之寓言敷演,作者欲借此讽刺世人贪婪财货。关目、曲词俱平常,惟其中穿插时曲小调,略觉新鲜。祁彪佳《远山堂曲品》于"雅品"中记其尚有杂剧《福先碑(北三折)》,谓其剧"真才人语也",亦未见传。据方志载,任远著述另有《知希堂稿》《萤光楼识林》《濯缨集》《宝义抄存》《笥录》等,亦皆未见。清钱玫《历朝上虞诗集》卷一三录其诗一首。生平见《(嘉庆)上虞县志》卷一〇、《(光绪)上虞县志》卷九等。

戈允礼(生卒年不详) 字敬舆。云南永昌府保山人。万历四十六年(1618)举人,天启二年(1622)进士,授麻城知县,有治绩。入为户科给事中,转吏科,崇祯间官应天知府,升工部侍郎。著有《四书正眼》《知儒管见》等。近人李根源《永昌府文征》"文录"录其文二篇、"诗录"卷八录其诗一百二十五首。生平见《(雍正)湖广通志》卷四三、《(乾隆)云南通志》卷二一之一。

戈镐(生卒年不详) 字仲京。丹徒(今江苏镇江)人。元末隐居不仕,洪武初征授礼部主事,与修《元史》。能诗,《千顷堂书目》著录其《凤台集》,未见传。刘仔肩《雅颂正音》卷四录其诗七首。《皇明风雅》卷三八录其诗一首。《皇明诗统》卷四录其诗六首。《列朝诗集》甲集录其诗九首。清沈季友《槜李诗系》卷三九录其诗一首。《明诗综》卷一二录其诗一首,"诗话"云:"仲京诗原出于温岐。"《御选宋金元明四朝诗》录其诗五首。《金陵诗征》卷三八"寓贤"录其诗一首。《明诗纪事》甲签卷二七录其诗二首,按语云:"仲京诗浓缛中有清气,与专事涂泽者自别。"生平见《(乾隆)江南通志》卷六六。

[丨]

贝琼(1314—1378) 字廷琚,号清江。初名阙,字廷臣。崇德(今浙江桐乡)人。元延祐元年(1314)二月十三生。至正二十一年(1361)

举乡荐，客游江、浙间。张士诚居吴，累征不就，隐居嘉兴殳山。明洪武三年(1370)征修《元史》，史成，赐金帛归，六年以荐除国子助教，八年改中都国子助教，教功臣子弟，十年致仕，次年病卒，年六十五。以博览经史称，诗文亦有名于当时，与张美和、聂铉合称"成均三助"。诗文著述《清江贝先生文集》三十卷《诗集》十卷《诗余》一卷，有洪武刊本，又有清康熙五十八年刊本，《明史·艺文志》著录。《文集》分《海昌集》一卷、《云间集》七卷、《两峰集》三卷、《金陵集》十卷、《中都稿》九卷；《诗集》分体列诗，《词余》收词十五首。《皇明风雅》卷一七录其诗一首。《皇明诗统》卷四录其诗七首。《石仓十二代诗选·明诗选》录其诗七十八首。《列朝诗集》甲集录其诗九十首。清沈季友《槜李诗系》卷七录其诗五十四首。《明诗综》卷六录其诗四十二首，"诗话"云："廷琚从学于杨廉夫，其言曰：'立言不在崭绝刻峭，而平衍为可观；不在荒唐险怪，而丰腴为可乐。'盖学于杨而不阿所好者也。"《四库全书》据康熙本收《清江诗集》十卷《文集》三十一卷，《总目》"提要"云："《静志居诗话》谓其诗'爽豁类汪广洋，整丽如刘基，圆秀胜林鸿，清空近袁凯，风华亚高启，朗净过张羽，繁缛愈孙蕡，足以领袖一时'，乡曲之言，未免过实。然其诗温厚之中自然高秀，虽不能兼有诸人之胜，而驰骤于诸人之间，实固无所多让。其文亦冲融和雅，有一唱三叹之音。"《明诗纪事》甲签卷六录其诗八首。又杨慎《百琲明珠》录其《天净沙》词十二首（咏十二月）。近人赵尊岳《明词汇刊》自《清江集》辑其词为《清江词》。程敏政《皇明文衡》录其文十篇。《明文海》录其文八篇。清陈元龙《御定历代赋汇》录其赋二篇。生平见《贝琼传》（《曝书亭集》卷六二）、《明史》卷一三七。

贝翔（生卒年不详）　字季翔。浙江嘉兴府崇德（今桐乡）人，贝琼三子。洪武间官楚王府纪善。《千顷堂书目》著录其《平澹集》（一作《舒庵集》）十卷，未见传。《皇明风雅》录其诗三首。《皇明诗统》卷四录其诗四首。《列朝诗集》甲集录其诗五首。清沈季友《槜李诗系》卷七录其诗三首，"小传"记云："著有《平澹集》，同官管时敏寄诗云：'花竹临窗笔砚清，初秋一雨便凉生。锦囊平淡诗千首，近日新编几卷成？'今其集不传。"《明诗综》卷一三录其诗二首。《明诗纪事》甲签卷二二录其诗一首。清陈元龙《御定历代赋汇》收其《孔雀赋》。

水佳胤（1582—1651）　原名相胤，字启明，号向若。浙江宁波府鄞县（今宁波）人。生于万历十年(1582)五月初十。万历四十三年领乡荐,天启二年(1622)进士,授大理评事。崇祯三年(1630)升授吏部稽勋主事,旋擢江西道监察御史。四年以监试官收检不严,左迁行人右司,五年迁礼部主客主事,升本司员外郎、郎中,出为湖广按察司佥事,督学政。改福建佥事,兵备建宁,奉令平定白莲教之乱,擒教主王森。调广东佥事,奉令平靖粤寇,以事罢官家居。入清不仕,卒于顺治八年(1651)九月二十一,年七十。现存崇祯刊本《珵美堂集》,收文十三篇,又《沙上集》一卷,收文五篇。又有明末刻清康熙水宝璐重修本《留硕稿》,据目录载,共十册,续附集一卷。现残存二册,第一册首卷收诗九十六首,卷二收文四十四篇(目录与正文题目不尽相同);第二册除开头收录《供石亭记》《佛阁安塔记》两篇游记外,收奏疏九篇、佐议五篇。清全祖望《续甬上耆旧诗》卷四五录其诗十八首。生平见《(康熙)鄞县志》卷一七。清光绪间刻《四明水氏留硕稿》后编有清张杞《向若水公年谱》)。

[丿]

牛谅(生卒年不详) 字士良。山东兖州府东平人。元末流寓湖州。洪武初举秀才,除翰林典簿,随学士张以宁出使安南,还擢工部员外郎,进侍郎,六年(1373)二月拜礼部尚书,七月降主事,八月复为尚书,次年以怠职罢。工书,善画梅,亦能诗。《千顷堂书目》著录其有《尚友斋集》,未见传。刘仔肩《雅颂正音》录其诗四首。《皇明诗统》卷二录其诗五首。《列朝诗集》甲集录其诗四首。清沈季友《槜李诗系》卷六录其诗十首。《明诗综》卷四录其诗三首,"诗话"云:"尚书流寓吴兴,时过槜李,与鲍恂仲孚、丘民克庄、张翟翔南、王纶昌言、闻人麟彦昭、曹睿新民、徐一夔大章、尤存以仁及吕安坦、来志道、周棐、常真、释智宽等,集郭西景德寺,携酒赋诗。其在南京,则与唐肃处敬、林公庆孟善、陈世昌彦博、徐一夔大章、张翟翔南、朱升允升,会饮联句。及同张以宁志道使安南,志道赋长句以赠,有云'更喜清诗慰迟暮',盖当日风雅之林,每屈一指,不徒以功名显也。又在元时中甲午大魁,亦见志道诗句。"清宋弼《山左明诗钞》卷一录其诗七首。清陆心源《吴兴诗存》四集卷三录其诗五首。《明诗纪事》甲签卷四录其诗一首。生平见过庭训《本朝分省人物考》卷九五、《明史》卷一三六。

毛纪(1463—1545) 字维之,号鳌峰逸叟。山东莱州府掖县(今莱州)人。生于天顺七年(1463)七月十七。成化二十二年(1486)举乡试第一,明年联捷进士,选翰林院庶吉士。弘治初授检讨，进修撰，侍东宫，兼经筵讲官，迁侍读。弘治十八年（1505）武宗即位，改左谕德，修《孝宗实录》成，擢侍讲学士。正德五年（1510）进学士，迁户部右侍郎，十年由吏部左侍郎拜礼部尚书，十二年兼东阁大学士，与机务，加太子太保，改文渊阁大学士。武宗南征，辅助杨廷和留守北京，晋少保、户部尚书兼武英殿大学士，武宗崩，与杨廷和等拥立武宗堂弟朱厚熜即位，录定策功，加伯爵，再疏辞免。嘉靖初，帝欲追尊其父，阁臣执奏忤旨，杨廷和、蒋冕相继去国，三年（1524）以纪为首辅，复执如初，帝召纪，委曲谕意，终不从，帝怒，传旨责其要结朋奸、背君报私，因请归，为首辅仅三月。《明伦大典》成，追论夺官。家居二十年，嘉靖二十四年六月初六卒，年八十三，赠太保，谥文简。纪平素尊道守正，居官廉静简重，诗文亦一守格范，平正不逾矩。本集《鳌峰类稿》二十六卷，《明史·艺文志》著录，内文十八卷诗八卷（附词七首），有嘉靖十六年刊本，李廷相、徐缙序。《四库全书总目》另著录其奏议《密勿稿》三卷（有嘉靖十六年刊本）、《辞荣录》一卷及《归田杂识》二卷、《联句私抄》四卷。又曾与修《明会典》一百八十卷，纂《莱州府志》八卷。《明文海》录其文二篇。《皇明诗统》卷一六录其诗十一首。

《列朝诗集》丙集录其诗二首，"小传"云："严分宜作墓志，称其平居手不释卷，老而弥笃。作文浑厚典实，一根于理。"《明诗综》卷二五录其诗一首。清宋弼《山左明诗钞》卷二录其诗二十首。清张彤《掖诗采录》录其诗三十四首。《明诗纪事》丙签卷九录其诗三首。生平见严嵩《毛公神道碑》《国朝献征录》卷一五）、王世贞《嘉靖以来内阁首辅传》卷一、《明史》卷一九○。

毛伯温（1482—1545）　字汝厉，号东塘。江西吉安府吉水人，毛超孙。生于成化十八年（1482）七月初六。正德二年（1507）举人，三年进士，除绍兴府推官，六年入为河南道御史，巡抚福建、河南。嘉靖元年（1522）迁大理寺丞，擢右佥都御史，巡抚宁夏，坐李福达狱，褫职归。十一年用荐起故官，理都察院事，次年进左副都御史，复褫职。十五年起右都御史，协理院事，次年迁工部尚书，又以兵部尚书总督宣大、山西军务，加太子少保兼太子宾客。十八年与仇鸾领兵征安南，以功加太子太保，二十一年还朝复理院事，改兵部尚书，二十三年以蒙古入侵，削籍归。二十四年六月初一卒，年六十四，隆庆初复官赐恤，天启初追谥襄懋。《明史·艺文志》著录其《奏议》二十卷《东塘集》十卷。嘉靖十九年王仪刻本《东塘集》十卷为其自辑诗集，收其所作古近体诗九百余首（卷九有词二首），今存。清乾隆三十七年（1772）其后裔辑刻之《毛襄懋公全集》收罗最全，内有《毛襄懋先生文集》八卷《东塘诗集》十卷《奏议》二十卷《别集》十卷及附录九卷。《明诗综》卷三三录其诗三首，"诗话"云："东塘数与夏公谨（夏言）、李献吉（李梦阳）、方思道（方豪）相酬和，故其诗颇具风格。"《四库全书总目》著录《毛襄懋集》十八卷，"提要"云："（伯温）文格颇疏畅，诗则所造不深，词多浅易。盖伯温北拒蒙古，南服安南，以功名自见于世，文章非所专营。童承叙序称：'正德间李、何首倡，《雅》《颂》复振，嗣响有唐，伯温亦其一'。乃自尊其师之词，非公论也。"《江西诗征》卷五五录其诗六首。《明诗纪事》戊签卷一〇录其诗二首。生平见罗洪先《东塘毛公伯温行状》《国朝献征录》卷三九）、徐阶《毛公墓志铭》（《世经堂集》卷一八）、《明史》卷一九八。伯温次子毛栋有《先公年谱》（《毛襄懋全集》附录）。

毛宪（1459—1535）　字式之，号古庵。南直常州府武进（今江苏常州）人。正德五年（1510）举人，明年进士，授刑科给事中。历兵科给事中，十三年升礼科右给事中。敦行谊，矜名节，在朝屡疏内侍擅权、大臣怙势。时武宗储嗣未建，举朝不敢发，毛宪疏请，不报，因谢病归。家居与同志讲求性理之学，考濂洛关闽诸儒论说异同。知府陈实建道南书院，聘其为师。卒于嘉靖十四年（1535）十月二十九，年七十七。《千顷堂书目》著录其《古庵集》十卷，现存嘉靖四十一年其子所刊《古庵毛先生文集》十卷，内文八卷收诸体文一百四十余篇、书启九十余通，诗二卷收诗二百八十余首、词五首，万士和序，附《毗陵正学编》一卷。1949年毗陵文献征存处铅印本增《毛古庵先生谏垣奏草》四卷。《明诗综》卷三四录其诗一首，"诗话"云："古庵讲学，主道南书院，诗非所长，具体而已。"近人赵尊岳《明词汇刊》据《古庵毛先生文集》录其词为《古庵先生词》。生平见湛若水《古庵先生墓志铭》（《泉翁大全集》卷六〇）、吕柟《毛公宪墓表》（《国朝献征录》卷八〇）、邹守益《古庵子传》（《东廓邹先生文集》卷一一）、叶夔《毗陵人品记》卷九。

毛超（1430—1513）　字仪超，号庄庵。江西吉安府吉水人。年十四而孤，家贫不能自给，尤刻志问学。成化十三年（1477）顺天乡试中举，十七年会试以乙榜授太平府学训导，九年考满，迁南兵部司务，又九年，升本部车驾司员外郎，历郎中，升云南广西府知府，引年乞归。家居以诗文自娱，卒于正德八年

(1513)二月初九，年八十四。所著有《菊庵集》十二卷，现存明嘉靖吉水毛氏家刊本，内前九卷收古近体诗四百余首，余三卷收记、序、杂文、祭文等三十余篇，有嘉靖十四年(1535)其孙毛伯温《敬书菊庵集后》，首有湖广左布政使彭杰《菊庵集叙》。生平见《自撰墓志铭》(《菊庵集》卷一一)、夏言《菊庵毛公神道碑》(《夏桂洲先生文集》卷一六)。

毛澄(1460—1523)　字宪清，号白斋，晚号三江。南直苏州府太仓(今属江苏)人。成化二十二年(1486)举人，弘治六年(1493)进士第一，授翰林修撰，与修《会典》，十六年进右春坊右谕德，与修《通鉴纂要》，充东宫讲读。正德六年(1511)进侍讲学士，署国子监事，明年，升学士，充日讲官，九年进礼部右侍郎，转吏部，十年转左，十二年晋礼部尚书。嘉靖二年(1523)奏议"大礼"不合，致仕归，行至兴济，病卒于舟中，年六十四，赠少傅，谥文简。毛澄端亮有学术，学者称三江先生。端重该博，论言侃侃不挠，弘治、正德两朝虽数忤旨，而恩礼不衰。《千顷堂书目》著录《毛文简公类稿》十八卷又《遗稿》二卷、《圣驾临雍录》一卷又《大礼奏议》，均未见传。《四库全书总目》著录《毛文简集》二卷。现存清抄本《三江遗稿》二卷，首有罗钦顺、李维桢序，有文无诗，与《四库总目》著录本同。盖因其子辑其诗文名《三江集》，未及剞劂而散佚，其从曾孙又搜拾鸠合，然诗已无存，仅杂文二卷。周复俊编《玉峰诗纂》卷三录其诗二首。《娄水文征》卷一五录其文八篇。生平见邵宝《毛公澄行状》(《国朝献征录》卷三四)、汪俊《毛公澄墓志铭》(《三江遗稿》附)、林尧俞等《礼部志稿》卷五三、顾祖训《状元图考》卷二、《明史》卷一九一。

长安道人国清(姓氏籍里及生平不详)　现存明崇祯元年(1628)刊白话小说《警世阴阳梦》十卷四十回，署"长安道人国清编次"。其卷首有"戊辰六月砚山樵元九题于独醒轩"之序，题为《醒言》，内云"长安道人知(魏)忠贤颠末，详志其可羞、可鄙、可畏、可恨、可痛、可怜情事，演作阴阳二梦，并摹其图像以发诸丑，使见者闻者人人惕励其良心。"小说写明熹宗时司礼太监魏忠贤擅权专朝，祸国殃民及死后遭报应故事。然此书实据朱长祚之描写魏党作乱及败亡经过之《玉镜新谭》十卷所记加以想象敷衍，于史实亦有错误处。时以魏忠贤为题之小说另有《魏忠贤小说斥奸书》《皇明中兴圣烈传》《梼杌闲评》，而以《警世阴阳梦》创制最早。未知"长安道人国清"姓氏籍里及生平。

公鼐(1558—1626)　字孝与，

号周庭。山东青州府蒙阴人。万历二十五年（1597）与弟鼒同中举，二十九年进士，选翰林院庶吉士，三十一年授编修。历左谕德、左庶子，任东宫讲官，三十六年引疾归。泰昌元年（1620）召拜国子监祭酒，天启元年（1621）迁詹事府詹事，四年诏为礼部右侍郎兼《光宗实录》副总裁，五年以前曾荐姻亲李三才，为言官所纠，落职。六年卒于家，年六十九。思宗即位，追封礼部尚书，谥文介。鼐出身科举世家，高祖至鼐，五世进士，其父公家臣为隆庆五年（1571）进士，曾官翰林编修，与吴国伦、赵用贤、于慎行等交善，鼐因得先后从吴国伦、赵用贤游，又与邢侗同师事于慎行，且少与冯琦、李若讷为友，均为一时才俊。鼐好学博识，磊落有器识，文名籍于当时，清初王士禛《池北偶谈》曰："吾乡公文介公，万历中为词林宿望，诗文淹雅，绝句尤工。"诗文早年追攀"七子"，有诗云："历下树赤帜，骚坛居上游。"（《读冯侍讲诗》）"一日源流归历下，至今大雅在东方。"（《赠蒋生》）后渐不满模拟之习，倡"齐风"，一时成山左诗坛领袖，然仍未出格调派之樊篱。《明史·艺文志》著录其《问次斋集》三十卷，现存明末刻本《问次斋稿》三十一卷《续稿》五卷《西游稿》七卷，又有后人所藏旧抄本，内收诗二千余首。另有明刊本《国语髓析》二十一卷存世。《列朝诗集》丁集录其诗四首，"小传"谓其"博学多闻，为诗好征引故实，如昔人所谓獭祭鱼者。"《明诗综》卷五九录其诗二十四首，"诗话"云："言诗于万历，则三齐之彦，吾必以公文介为巨擘焉……力攻模拟之非，然观其七律，仍以历下（李攀龙）为宗，故有'文章一代李沧溟'之句。"清沈德潜《明诗别裁集》录其诗一首。清宋弼《山左明诗钞》卷二七录其诗八十六首。《明诗纪事》庚签卷八录其诗十五首。近人赵愚轩《青州明诗钞》卷三录其诗九十三首。生平见清邹漪《启祯野乘》卷四、《明史》卷二一六。

公鼒（1569—1619） 字敬与，号浮来。山东青州府蒙阴人。隆庆三年（1569）九月二十九生。万历二十五年（1597）与兄公鼐同举于乡，后鼐中进士，而鼒屡困公车。谒选授中书舍人，迁工部主事，提督浙杭关务。万历四十七年十月二十一卒，年五十一。以诗名于山左，与王象春、冯琦齐名。《千顷堂书目》著录其《小东园集》，现存天启五年（1625）公襄刊本《浮来先生诗集》十四卷，分体编排，收诗一千二百余首，首有王象春《公浮来小东园诗序》。明中叶山左诗坛，先以"前七子"之边贡为领袖，继以"后七子"巨擘李攀龙为赤帜，万历时于慎行、冯琦及公鼒等追攀乡贤，渐不满模拟之习，复标举"齐风"，倡闳音鸣世。公肃与王象春等皆群起响应，诗虽追攀"七子"，然亦不满"'七子'以大声壮语，笼罩一世，使情人韵士尽作木强"（王象春《公浮来小东园诗序》)，故肃诗亦由重格调至重现实，时有郁怒逍张、峭刻幽峻之作。《明诗综》卷六四录其诗二首。清宋弼《山左明诗钞》卷二九录其诗五十八首。《明诗纪事》庚签卷八录其诗六首，按云："敬与诗，长于近体，与乃兄风格略似。"近人赵愚轩《青州明诗钞》卷三录其诗六十三首。生平见《(乾隆)沂州府志》卷二七、《(宣统)蒙阴县志》卷四。

月榭主人（姓氏籍里及生平不详）　吕天成《曲品》"下中品"著录月榭主人《钗钏记》云："皇甫吟事，非假托者。词简而朗。观此可为密事告友之戒。"现存清康熙、乾隆时两种抄本，二卷三十出，演宋时穷书生皇甫吟与富家女史碧桃情爱婚姻故事。皇甫吟无意间将碧桃约己私会事漏于友人韩时忠，时忠冒其名骗得碧桃钗钏等物，后迭经波澜，致皇甫吟入狱被判死罪，后冤狱平反，有情人终成眷属。吕天成谓其事"非假托者"，盖因平反皇甫吟冤狱事，见于宋王称《东都事略》，惟该书所记平反冤狱之官员为"钱若水"而非此剧之"李若水"。古代小说、戏曲演此类故事者甚夥，如祁彪佳《远山堂曲品》著录佚名《花园记》云："其事大类《钗钏》《风筝》(明周锡珪撰，已佚)。"又著录朱少斋《金钗记》(已佚)，也谓"全效《钗钏》"。《远山堂曲品》将《钗钏记》列入"能品"，谓此剧"词调朗彻，尽是本色，是熟于科诨排场者"。胡文焕《群音类选》卷一六收录此剧十出，葫芦钓叟《醉怡情》卷六收此剧四出。昆曲常演《相约》《讲书》诸出。清乾隆时"花部"各剧种仍演此剧。

乌斯道（1314—?)　字继善，号春草。浙江宁波府慈溪人。洪武二年（1369）召修《元史》，四年被荐授广东石龙知县。八年调江西永新，有治声，坐事谪戍云南定远，寻放还。精书法，善山水，亦工写竹，文尚体要，尤长于诗。《明史·艺文志》著录其《春草斋集》十卷。现存崇祯二年（1629）萧基刊本《春草斋诗集》五卷《文集》六卷附《名公赞春草集歌咏》一卷（乌献明辑）。又有清康熙间乌震刻本《春草斋文集选》六卷《诗集选》一卷《诗集选附录》一卷，此本复有嘉庆七年（1802）重修本。近人张寿镛辑刊《四明丛书》合诗集、文集为《春草斋集》十二卷，卷一二为附录。《四明风雅》卷一录其诗八首。《皇明风雅》卷二、《皇明诗统》卷四、《皇明诗选》均录其诗一首。《列朝诗集》甲集录其诗九首。《明诗综》卷一三录其七首，"诗话"

云:"继善与兄本良性善,并著才名。乡人目性善为'春风先生',继善为'春草先生'。宋学士〈宋濂〉称其文云:'俊洁如明月珠,汹涌如春江涛。'杨布政子器称其诗云:'疏秀若雨后春山,绮丽若云中翠巘。'矜许至矣。"清沈德潜《明诗别裁集》录其诗一首。《四库全书》据崇祯二年本收《春草斋集》十卷(诗五卷文五卷),《总目》"提要"云:"斯道诗寄托深远,吐属清华,能划涤元人繁缛之弊。文亦雅令,不为剑拔弩张之状,夷犹淡宕,颇近自然……史称斯道工古文,兼精书法,不及其诗,殆在当时文尤见重于世欤。"《明诗纪事》甲签卷一九录其诗五首。《明文海》录其文九篇,评语谓"其文质实"。《四明文征》卷一六录其文二篇。生平见徐象梅《两浙名贤录》卷四七《文苑》、清郑梁《乌春草先生传》(近人辑《四明丛书》本《春草斋集》卷一二)、《明史》卷二八五。

〔丶〕

卞荣(1419—1487) 字华伯,号兰堂。南直常州府江阴(今属江苏)人。正统十年(1445)进士,历户部主事、员外郎,升郎中。天顺四年(1460)解职还乡,成化二十三年(1487)卒,年六十九。性旷达,擅书画,世称"卞郎中画"。平生苦心为诗,有名于当时,现存成化十六年刊本《卞郎中诗集》七卷,为其门生吴绖所刊,前六卷收古近体诗一千七百余首,卷七收集句、回文、像赞及杂著十余篇,宁良、夏时正序,朱铺后序,或即《千顷堂书目》所著录《兰棠集》七卷。《皇明诗统》卷一一录其诗二首。《列朝诗集》乙集录其诗五首,"小传"云:"华伯在景泰间盛有诗名。居郎署二十年,朝骑甫归,持牍乞诗者拥塞户限。日应百篇,风驰雨洒。今所传《卞郎中集》,往往率易凡近,叫嚣喽突,但以敏捷为能事,无可讽咏者。国初永、宣后,风尚大都如此。"清沈季友《槜李诗系》卷三九录其诗一首。《明诗综》卷二○录其诗三首。《御选宋金元明四朝诗》录其诗七首。《四库全书总目》著录《卞郎中诗集》七卷,"提要"谓其"盖亦儁才,然所作大半皆酬赠哀挽之章,亦多浅率,盖得之太易也"。《海虞文征》卷二八录其诗一首。《明诗纪事》乙签卷一七录其诗一首。近人顾季慈《江上诗钞》卷一○录其诗一百六十余首。生平见薛章宪《卞公荣墓志铭》(《国朝献征录》卷三○)、叶夒《毗陵人品记》卷七。

文元发(1529—1602) 字子悱,号湘南,晚号清凉居士。南直苏州府长洲(今江苏苏州)人,文征明孙,文彭次子。生于嘉靖八年(1529)十一月三十。隆庆二年(1568)贡士，万历六年(1578)选授浦江令，迁卫辉府同知，不就而归。治室曰学圃斋，徜徉吟啸，以诗书自乐。万历三十年正月初十卒，年七十四。方志记其有《学圃斋随笔》五十卷《续笔》十六卷、《清凉居士集》二十卷等，未见传，现仅存《兰雪斋诗选》二卷，或即《千顷堂书目》著录之《兰雪斋集》二卷。生平见申时行《文子桥先生墓志铭》(《赐闲堂集》卷二四)、《(雍正)浙江通志》卷一五五。

文氏(生卒年不详)　陕西西安府三水(今旬邑)人，文在中女，文翔凤姊。适生员葛大受，早寡，称未亡人者四十年，仅以读书吟诗以消永日。《(雍正)陕西通志》卷七五著录其有《君子堂集》《幽居草》《九骚》。崇祯五年(1632)贾鸿洙《周雅续》录其诗引一篇、诗三十七首。《列朝诗集》闰集录其《九骚》长诗九篇，一曰《感往昔》，二曰《怀湘江》，三曰《望洽阳》，四曰《矢柏舟》，五曰《愀离帏》，六曰《伤落花》，七曰《临云叹》，八曰《待月愁》，九曰《抚玉镜》，以抒悲愤，托情怀。又录其《读书辞》《悼怀篇》。"小传"称其《九骚》"辞义典雅，称其风烈"，又谓其"有《君子亭诗赋》三百余首，手钞书六十卷……盖有赋家之心，未娴声律者也"。《明诗综》卷八六录其《悼怀》一首，"诗话"称其《九骚》"辞义俱雅，有古

人之则。"《御选宋金元明四朝诗》录其《读书辞》《悼怀篇》二首。

文在中(生卒年不详)　字少白，又字法充。陕西西安府三水(今旬邑)人，文翔凤之父。隆庆四年(1570)省试解元，万历二年(1574)进士，授淮安府学教授。迁国子博士，升礼部主事，十年进员外郎，以罪于权宦，十三年谪长沙府通判，寻罢。归里后建乐育书院，讲内圣外王之学，负笈从游者甚众。曾为三水申请减税粮，乡人德之，称其为"关西夫子"。著有《观宇》《观宙》《天经》《天雅》《天典》《天引》《天朔》《天极》等集，未见传。喜吟咏，作诗逾千首，惟崇祯五年(1632)贾鸿洙《周雅续》录其诗三卷，卷一一录三百二十首，卷一二录四十五首又《大鹏篇》七十二解，卷一三录《梅花篇》七十二解及《代翰篇寄赵梦白》。《(雍正)陕西通志》录其《观宇篇巨赋略》。生平见《(雍正)陕西通志》卷六三。

文安之(1592—1659)　字汝止，号铁庵。湖广荆州府夷陵(今湖北宜昌)人。生于万历二十年(1592)五月初四。天启元年(1621)举人，次年进士，选翰林院庶吉士，授翰林检讨。崇祯间，累迁至南京国子祭酒，被谗削籍归。福王时，起詹事，唐王立，召拜礼部尚书，皆因路阻未赴。桂王立，拜东阁大学士，加太子

太保,兼吏、兵二部尚书,总督川湖诸处军务。至东川,联络夔东十三家抗清。南明永历十三年(1659)率军攻重庆,兵败,永历帝逃入缅甸,安之郁郁而卒,时在九月十八,年六十八。《千顷堂书目》著录其《略园集》一卷又《铁庵集》,现存明抄本《铁庵集》一卷,收诗二百二十余首。又存崇祯十二年(1639)刊本《易佣》十四卷、《诸儒传略》一卷、《诸儒著述》一卷。另清末傅氏长恩阁抄本《长恩阁丛书》收其《黔记》一卷。陈济生《天启崇祯两朝遗诗》卷六录其诗九首。《明诗综》卷六六、清高士熙《湖北诗录》《明诗纪事》辛签卷一八均录其诗一首。生平见《(雍正)湖广通志》卷五三、《明史》卷二七九。

文林(1445—1499)　字宗儒,号交木。南直苏州府长洲(今江苏苏州)人,文征明之父。成化四年(1468)举人,八年与文父洪同赴春闱,父得乙榜而林中进士,除永嘉知县,改博平。迁南太仆寺丞,告归,数年又起为温州知州,弘治十二年(1499)六月卒于官,年四十五。能诗,官南都时,与李东阳、吴宽等倡和几百律。清张廷玉等《明史·艺文志》著录其《温州集》十二卷,现存明刊本《文温州集》十二卷,内诗二卷(收诗三百余首)、文九卷,卷一二为附录,收杨循吉、吴宽为其所作墓铭及吴宽、沈周、唐寅、桑悦、徐祯卿等人所作祭文、诔词等。万历十六年(1587)文肇祉刊本《文氏家藏诗集》八种十七卷有《文温州诗》一卷。又有《琅琊漫抄》一卷,有明俞宽甫抄本及《顾氏明朝四十家小说》本,据书后其次子文璧跋语,为作者政事之余信笔所记,后大多散失,弘治十三年始由文璧将残稿辑刻,书中或考证经史,或杂记琐闻逸事。《石仓十二代诗选·明诗选》录其诗三十五首。《列朝诗集》丙集录其诗十首,"小传"云:"宗儒居官廉平,所至见思。在滁及守温,多所条上。好交游,为诗文畅不蹈袭。居乡,与杨君谦(杨循吉)、李贞伯(李应祯)、沈启南(沈周)善。"《明诗综》卷二四录诗三首。清沈德潜《明诗别裁集》录其诗一首。《御选宋金元明四朝诗》录其诗二十一首。《明诗纪事》丙签卷六录其诗二首。生平见杨循吉《文公墓志铭》《文温州集》卷一二)、佚名《温州知府文林传》《国朝献征录》卷八五)、张昶《吴中人物志》卷五。

文征明(1470—1559)　初名璧,以字行。更字征仲,号衡山。南直苏州府长洲(今江苏苏州)人。少学文于吴宽,学书丁李应祯,学画于沈周。又与徐祯卿、祝允明、唐寅切磋学艺,时称"吴中四才子"。正德末,以岁贡荐试吏部,用尚书李充嗣荐,授翰林院待诏。世宗立，侍经筵，乞归，数载始允其还江南。卒于嘉靖三十八年(1559)，年九十，私谥贞献先生。诗文书画诸艺，俱擅胜场，"以清名长德，主吴中风雅之盟者三十余年……诗文书画，约略似赵文敏"(《列朝诗集》小传)。尤以书画名天下。行草学智永，大字学黄庭坚，亦精楷隶。山水师法宋元，笔墨苍润秀雅，草木、人物，亦皆秀出侪辈。学其书画者甚众，后称"吴门派"。诗则以疏淡清雅著称，王世贞《艺苑卮言》云："文征仲诗如仕女淡妆，维摩坐语。又如小阁疏窗，位置都雅，而眼境易穷。"诗文著述存世甚夥。手稿有《文征明诗文稿》不分卷。所刊诗文本集《甫田集》，先有嘉靖间写刊本四卷，收诗六百八十首，起弘治三年(1490)讫正德九年(1514)；又有《文翰林甫田诗选》二卷，初刻于嘉靖二十二年，现存万历刊本，收诗一百九十一首；后又有嘉靖刊《甫田集》三十五卷，诗十五卷文二十卷，收诗七百四十余首、文一百五十余篇，末附其子文嘉《先君行略》一卷，有多种明刊本及清刊本，《明史·艺文志》著录即此本也。又现存《文氏家藏诗集》《文氏五家诗》等均辑其诗。后人辑其诸集诗文，又搜罗其墨迹、稿本等，成《文征明集》三十五卷补辑三十二卷刊行，其中若干诗文真伪或有待于考证。作品流播甚广，尤为选家所重。《盛明百家诗》录其诗八十四首为《文翰诏集》，又八十五首为《续文翰诏集》。顾起纶《国雅》卷八录其诗三十四首。《皇明诗统》卷一三录其诗十五首。《石仓十二代诗选·明诗选》录其诗二百五十余首。《皇明诗选》录其诗二首。《列朝诗集》丙集录其诗八十四首。《明诗评选》录其诗九首。《明诗综》卷三八录其诗十五首。清沈德潜《明诗别裁集》录其诗二首。《四库全书》收《甫田集》三十五卷附录一卷，《总目》"提要"云："征明与沈周皆以书画名，亦并能诗。周诗挥洒淋漓，但自写其天趣，如云容水态，不可限以方圆。征明诗则雅饬之中，时饶逸韵。《静志居诗话》记其告何良俊之言曰：'吾少年学诗，从陆放翁入，故格调卑弱，不若诸君皆唐音也。'此所谓如鱼饮水，冷暖自知，皎然不诬其本志。然周(沈周)天怀坦易，其画雄深而苍莽，诗格如之；征明秉志雅洁，其画细润而潇洒，诗格亦如之。要亦各肖其性情，不尽由于所仿效也。"《明诗纪事》丁集卷一一录其诗三十四首。张琦等《吴骚合编》、陈所闻《南宫词纪》、胡文焕《群音类选》尚存其散曲小令五支，套数四套。《明文海》录其文十七篇。生平见文嘉《先君行略》(《甫田集》附)、王世贞《文先生传》(《弇州四部稿》卷八三)、

《明史》卷二八七。

文俊德（1611—1677）　字士宾，一字秋水。云南云南府呈贡（今昆明）人，文祖尧子。生于万历三十九年（1611）十月初九。诸生，敦品善施，里称善人。有陕人陈国能、蜀人魏正宇者，落魄至呈贡，病且死，俊德怜之，助以医药，周以衣食，病愈，资遣回籍，后陈、魏二人从孙可望入滇，永历丁亥（1647）六月廿四领兵屠呈贡，俊德家获全，且全活邻里数十户，以二人感文氏恩，故报之耳。入清后，仰承先志，隐居不出，吴三桂招之，力辞以免。卒于康熙十六年（1677）七月二十九，年六十七。近人辑《云南丛书》所收赵蕃序刻《呈贡文氏三家集》于其父《明阳山房遗诗、遗文》二卷后收其《余生随咏》及《醉禅草》，前有五七言诗三十五首，后有五七言诗三十二首，前者隐见国亡家破之悲音，后则多抒情、咏物之作。清袁文典等《明滇南诗略补遗》卷一〇录其诗九首。清陈荣昌《滇诗拾遗》卷六录其诗三首。

文洪（1426—1479）　字功大，一作公大，号希素。南直苏州府长洲（今江苏苏州）人，文徵明祖父。本为酒商，后习举子业。补博士弟子员，为经师，从游者甚重。成化元年（1465）举人，再试不第，八年与子文林同上春官，文林中进士，而文洪仅得乙榜，授涞水教谕。在职三载归，十四年卒，年五十四。以子孙屡赠官至太仆寺少卿。能诗，《千顷堂书目》著录其《括囊稿》二卷，现存嘉靖时刊本仅一卷，收诗七十六首，有文洪自序。万历十六年（1587）文肇祉刊本《文氏家藏诗集》八种十七卷收其《文涞水诗》一卷《文涞水遗文》一卷，收诗一百零八首又赋一、记二、序二、墓铭一，有正德六年（1511）王鏊《文涞水诗集序》，正德十年李东阳《文涞水诗叙》。文洪自序云："暇日检前后所作，汰其已甚，得百篇，联录为册，时自展适，不敢示人，因命为《括囊稿》。"因知《诗集》为其手定，而《遗文》则为其后人增补。《石仓十二代诗选·明诗选》录其诗十八首。《明诗综》卷二四录其诗三首。《四库全书》本《文氏五家诗》所收文洪《涞水诗集》一卷《遗文》一卷，全同于《文氏家藏诗集》，《总目》"提要"谓文氏五家诗中"惟征明名最盛。其家学之渊源则自洪始之。如《静志居诗话》所称'野猿窥落果，林蝶恋残花''自得翻书趣，浑忘对客言'诸句，饶有恬淡之致。"《明诗纪事》丙签卷四录其诗一首。生平见《（乾隆）长洲县志》卷二三、《（同治）苏州府志》卷八六。

文祖尧（1590—1661）　字心传，号介石，晚号日月外史。云南云南府呈贡（今昆明）人。其先江西吉水人,洪武时随军入滇,遂留居。生于万历十七年十二月初五(1590年1月14日)。天启元年(1621)以贡生授四川名山县训导,崇祯十六年(1643)迁苏州府太仓州学正。甲申国变,其妻携女赴水死,祖尧遁迹吴郡中峰寺,从中峰苍雪师游,又居昙阳庵,僧服以居,以青乌术自给。为人为文深得娄人敬重,虽居萧寺犹有门人追随,亦有人聘其讲学,与当地陆世仪、陈瑚等士人多有交往。寓吴地十九载,清顺治十八年(1661)归乡,娄之士人争为诗文送行。行至湖南桃源,闻永历帝被执,悲愤不能食,老病交加,八月八日病卒,年七十三。著有《周易阐微》四卷、《春秋析疑》二卷、《南都纪闻》二卷《儒学日程讲义》十四卷等,俱未刊。别集《明阳山房诗文》六卷《离忧集》二卷有刊行,今已无存。所能见者惟近人辑《云南丛书》所收《呈贡文氏三家集》中之《明阳山房遗诗遗文》二卷,原为其孙文化远所辑,近人赵蕃序刻。其集卷一收其所作诸体诗一百三十余首,卷二收其文三篇,后附陆世仪等十余人送其归滇时所作诗文,又附"交游赠挽诗文",收吴伟业等人所赠诗文及挽诗。其诗平易无华,多写亡国之悲及家破之痛。清袁文典等《明滇南诗略补遗》卷九录其诗四十四首,清陈荣昌《滇诗拾遗》录其诗一首,清

袁文典等《滇南文略》录其文三篇。清光绪朱绪曾《金陵诗征》卷二八录其诗一首。《明诗纪事》辛签卷一六录其诗一首。生平见清吴伟业《文先生六十寿序》(《明阳山房遗诗遗文》卷二附)、《(乾隆)云南通志》卷二一之二。

文彭(1498—1573)　字寿承,号三桥。南直苏州府长洲(今江苏苏州)人,文征明长子。以岁贡授秀水训导,擢南国子助教,迁博士。工书画篆刻,能诗。卒于万历元年(1573),年七十六。《明史·艺文志》著录其《博士集》三卷,现存手稿本《文三桥诗稿》不分卷。万历十六年文肇祉刊本《文氏家藏诗集》八种十七卷有《文博士诗》上下二卷,共收诗三百余首,内有《渔父词》九首。另有《印章集说》一卷(《学海类编》本)、《印史》一卷(《豚庵印章丛书》本)。嘉靖刊《(和倪瓒)江南春词集》录其所作《江南春》词三首。《皇明诗统》卷一三录其诗四首。《石仓十二代诗选·明诗选》录其诗一百一十二首。《列朝诗集》丙集录其诗四首,"小传"云:"寿承工书法,讲六书之学。人谓寿承书类待诏(文征明)。二承(文彭、文嘉)皆明经修行,清真远俗,琼枝玉树,真王、谢家子弟也。"清沈季友《槜李诗系》卷三九录其诗一首。《明诗综》卷四五录其诗一首。《四库全书》本《文氏五

家诗》有其《博士诗》二卷,收诗亦三百余首,《总目》"提要"云:"征明诗格不高,而意境自能拔俗。至彭、嘉、肇祉,亦能于耳濡目染之余,力承先绪。所谓谢家子弟,虽复不端正者,亦奕奕有一种风气也。"《明词综》卷四录其《渔父词》二首。《明诗纪事》己签卷一七录其诗六首。另,胡文焕《群音类选》、张琦等《吴骚合编》尚存其散曲套数《途思》一套。生平见《(乾隆)江南通志》卷一六五、《明史》卷二八七。

文森(1462—1525)　字宗严,号白湖。南直苏州府长洲(今江苏苏州)人,文洪次子。成化二十二年(1486)举人,明年进士,初授庆云知县,改郓城,擢浙江道御史。以建言受廷杖,致仕,复起为河南道御史,迁南太仆寺少卿。正德十年(1515)擢右佥都御史巡抚南赣,以病未赴,归家。卒于嘉靖四年(1525)五月,年六十四。《千顷堂书目》著录其《中丞集》一卷。万历十六年(1587)文肇祉刊本《文氏家藏诗集》八种十七卷收其《文中丞诗》一卷,有诗六十九首。《皇明诗统》卷一三录其诗二首。《石仓十二代诗选·明诗选》录其诗二十二首,《明诗综》卷二五、清沈德潜《明诗别裁集》《明诗纪事》丙签卷九均录其诗一首。生平见文征明《右佥都御史文公森行状》(《国朝献征录》卷五六)、《(乾隆)苏州府志》卷二四、《(同治)苏州府志》卷八六。

文翔凤(生卒年不详)　字天瑞,号太青、五岳、东极。陕西西安府三水(今旬邑)人,文在中长子。万历三十八年(1610)进士,除莱阳知县。调伊阳,洛阳,迁南吏部主事。历郎中,出为山西提学副使,入为光禄少卿,未赴归。白皙长身,秀眉飘髯,风神标格,为学为诗,则常别出心裁,时人多以为怪。曾著《太微经》二十卷,以阐发《易》理标榜。又曾作《金陵六赋》,欲与班固《两都赋》、张衡《二京赋》及左思《三都赋》媲美。《四库全书总目》著录其官莱阳令时所作《东极篇》,"提要"云:"诗文率多怪僻。纪梦诗无非自为夸诩,尤狂而近于诞矣。"又著录其《文太青文集》二卷(现存其七世孙文三捷手录本,上卷为诗赋杂著,下卷为讲章)。实翔凤平生所著不仅于此,其先后刻有《东极篇》四卷、《皇极篇》二十七卷、《南极篇》二十二卷,万历刻本皆存,万历四十七年又合刊为《文太青先生全集》五十三卷,有毕懋康序。《东极篇》四卷,前三卷题为《海云集》,收诗三百十五首,末卷题为《日门稿》,收杂文二十一篇;《皇极篇》二十七卷,内《伊川草》四卷,收诗三百六十三首,《汝海稿》五卷,收杂文九十三篇,以下为《南国讲录》三卷、《云梦药溪谈》一卷、

《孔迩录》五卷,又《太紫草》一卷,收诗四十五首,《天津稿》一卷,收杂文三十篇,后为《于迈录》一卷、《于役录》一卷、《太微堂日录》五卷;《南极篇》二十二卷,内《凤台吟》二卷,收诗一百六十四首,《星槎吟》五卷,收诗四百三十四首,《江门稿》三卷,收杂文七十四篇,《一星稿》四卷,收杂文七十四篇,以下为其所作杂著,称《宗篆子》八卷,标目为《象索》《灵囊》等。《列朝诗集》丁集录其诗七首,"小传"云:"其论学以事天为极则,力排西来之教,著《太微》以翼《易》,谓《太玄》《潜虚》,未窥其藩。""以词赋为专门绝学,覃思腐毫,必欲追配古人。""其为诗离奇崒兀,不经绳削,驰骋其才力,可与唐之刘叉、马异角奇斗险。晚作《嘉莲》诗,七言今体至四百余首,亦古未有也。"《明诗综》卷六〇录其诗一首,"诗话"称其"学有异端,诗亦有异端"。《御选宋金元明四朝诗》录其诗八首。《明诗纪事》庚签卷二二录其诗二首。陆云龙崇祯六年(1633)峥霄馆刻《皇明十六名家小品》选其文为《文太青先生小品》二卷。《明文海》录其文五篇。生平见清邹漪《启祯野乘》卷七、《(乾隆)三水县志》卷八。

文肇祉(1519—1587)　原名元肇。字基圣,号雁峰。南直苏州府长洲(今江苏苏州)人,文征明孙,文

彭长子。太学生,十试有司不售,就选上林苑录事,辞官归。工画能诗。《千顷堂书目》著录其《录事集》四卷、《虎丘山图志》四卷,未见传。万历十六年(1587)曾辑刻《文氏家藏诗集》八种十七卷,内收己作三百八十首,题为《文录事诗集》。《四库全书》收《文氏五家诗》十四卷,内亦录肇祉《录事诗集》五卷,《总目》"提要"云:"征明诗格不高,而意境自能拔俗。至彭、嘉、肇祉,亦能于耳濡目染之余,力承先绪。所谓谢家子弟,虽复不端正者,亦奕奕有一种风气矣。"生平见清倪涛《六艺之一录》卷三七〇、清孙岳颁《佩文斋书画谱》卷四三。

文嘉(1501—1583)　字休承,号文水。南直苏州府长洲(今江苏苏州)人,文征明次子。少随父优游各地,后亦遍游大江南北,所传诗、画记其踪迹:嘉靖八年(1535)曾与华云、袁袠同游宜兴;二十三年,追忆宜兴旧游小景,辑《二游洞纪游册》;二十七年自以长诗题其所作《雪林钟馗图》;三十四年和淮安吴承恩《帝京乐诗》;隆庆二年(1568)所编《钤山堂书画记》刊行;万历三年(1575)作《张公洞图》;九年为王世贞书唐何延之记兰亭之文于所藏《萧翼赚兰亭图后》。晚年以岁贡授吉水训导,历乌程教谕、迁和州学正。归后于虎丘构归来堂以养天

年,卒于万历十一年,年八十三。书画篆刻甚有名,诗多山水纪游及题画诗。《明史·艺文志》著录其《和州集》一卷。万历十六年文肇祉刊本《文氏家藏诗集》八种十七卷存其《文和州诗》一卷,计收诗一百四十余首。《四库全书》本《文氏五家诗》亦辑其诗。嘉靖刊《(和倪瓒)江南春词集》录其所作《江南春》词一首。《皇明诗统》卷一三录其诗二首。《石仓十二代诗选·明诗选》录其诗五十余首。《列朝诗集》丙集录其诗三首,"小传"云:"休承以画名。人谓寿承(文彭)书类待诏(文征明),而休承画萧然简远,遇其得意,或反过之。"《明诗综》卷四五录其诗四首。《明诗纪事》己签卷一七录其诗十四首,按云:"《和州集》一卷,乃犹子梦珠搜辑者,张伯起序称存者仅仅十之二三。其集外佚诗散见于书画著录者,较集中为优。"生平见《明史》卷二八七、《(同治)苏州府志》卷八六。

文震亨(1585—1645)　字启美。南直苏州府长洲(今江苏苏州)人,文征明曾孙,震孟之弟。以贡入南国子监,名列东林党人籍。天启五年(1625)选授陇州判,以善琴,崇祯元年(1628)改中书舍人,供奉武英殿。|三年与黄道周同下狱,寻释。甲申国变后,避地阳城,次年呕血死,或云投水死,年六十一。能诗画,《千顷堂书目》著录其《长物志》十二卷、《岱宗游草》一卷又《岱宗拾遗》一卷又《新集》十卷,方志记其有《金门集》一卷、《香草诗集》《前东野语》《琴谱》等。现存天启二年(1622)文氏水嬉堂刊本《秣陵竹枝》一卷(有诗三十五首)、《清溪新咏》一卷(诗二十二首);又崇祯十一年长安借树轩刻十七年采山堂续刻本《文启美诗集》三卷,内《文生小草》有诗一百五十六首,无序跋,仅卷末数行注曰:"右南都诗一帙,计五十四叶,戊寅冬长安借树轩雕本。"则此集当是文震亨崇祯时在南京所作;又《一叶集》收诗三十七首;《斗室倡和诗》录文震亨诗四十首、马思理诗五首、董养河诗十五首、陈天定诗二十五首、黄文焕诗五首、叶廷秀诗十五首。所撰杂著《长物志》十二卷,有明刊本,取《世说新语》中王恭语,分室庐、花木、水石、禽鱼、书画、几榻、器具、位置、衣饰、舟车、蔬果、香茗十二编,记述诸般闲适玩好之事,于此可见当时吴中缙绅之风尚,时此类杂著不少,震亨此作为较为流行者,后为《四库全书》所收。《列朝诗集》丁集录其诗四首,"小传"谓其"风姿韵秀,诗画咸有家风"。《明诗综》卷七〇录其诗一首。陈济生《天启崇祯两朝遗诗》卷八录其诗二十九首。《明诗纪事》辛签卷六下录其诗五首。生平见《(同治)苏州府

志》卷八七。

文震孟（1574—1636）　初名从鼎。字文启，或作文起，号湛持。南直苏州府长洲（今江苏苏州）人，文征明曾孙，元发子。万历二十二年（1594）举于乡，天启二年（1622）第一人进士及第，授翰林修撰。上《勤政讲学疏》，忤魏忠贤，廷杖，调外，辞归，斥为民。崇祯初，以侍读召，历左中允、左谕德、少詹事，崇祯八年（1635）李自成破凤阳，力陈致乱之源，升礼部左侍郎兼东阁大学士，入阁预政。旋因与温体仁不协，落职闲住，九年病卒，年六十三，诏复故官，赠礼部尚书。福王时，追谥文肃。《千顷堂书目》著录其《药园诗稿》。现存明刻《药园文集》仅一卷。其稿本《药园文集》二十七卷现存二十二卷（又有近人铅印本）；又有稿本《文文肃公日记》二卷《北征纪行》一卷、《礨史》三卷。《四库全书总目》著录其《姑苏名贤小记》二卷，有万历四十二年文氏竺坞刊本传世。《明文海》录其文四篇。陈济生《天启崇祯两朝遗诗》卷六录其诗四十六首。《明诗综》卷六六录其诗二首，"诗话"云："文氏自温州守（文林）以来，累叶风流儒雅，为士林所推。相国晚达早归，崇祯五十辅臣，骨鲠称首……诗颇平缓，《拟古》一章，缠绵婉约，庶几屈、宋、唐、景之遗音乎。"清沈德潜《明诗别裁集》录

其诗一首。《明诗纪事》辛签卷一八录其诗二首。近人汪正石《木渎诗存》卷二录其诗一首。生平见顾祖训《状元图考》卷四、陈济生《天启崇祯两朝遗诗·小传》、清汪琬《文文肃公传》（《尧峰文钞》卷三五）、《明史》卷二五一。

文德翼（生卒年不详）　字用昭，自署灯矅道人。江西九江府德化（今九江）人。崇祯三年（1630）顺天中举，七年进士，除嘉兴府推官。入为吏部主事，以父忧归。入清未仕，徜徉于庐山五老二林之间以终。好读书，尝辑《宋史存》二卷，福王时所撰，为针砭时事之作，后为《四库全书》所收。亦能诗文，《千顷堂书目》著录其《鐙岩诗集》《雅似堂文集》十卷《诗集》三卷。现存明末刊本《雅似堂文集》不分卷，首《讼过录》，次《杂著》，以下分别为论、策、说、传、启、铭、题跋、日录、祭文、碑铭，末收诗四百十七首，然不分体，卷首有"灯矅道人"自题序，当为德翼自行编刊。书目著录此本或称《雅似堂文集》十一卷《诗集》一卷《讼过录》一卷，或称十卷，或称八卷。《四库全书总目》著录《雅似堂文集》十卷《诗集》三卷，或亦为此本，盖因原不分卷，故所称卷数有异，"提要"云："德翼人品清逸，而学问未能精邃。所作《佣吹录》之类，大抵以钉饾为工，故诗文亦未能超诣。"《佣吹

录首集》二十卷《次集》二十一卷，实为摘录古人新巧字句之类书。又《读庄小言》一卷，也为《四库全书总目》著录，现存清康熙间刊本。《明文海》录其文十一篇，评语谓其"文时有奇气"。清应麟《江右古文选》卷三〇录其文二篇。清卓尔堪《明遗民诗》、《明诗综》卷六八录其诗一首。《明诗纪事》辛签卷二〇录其诗二首。生平见黄端伯《文用昭稿序》（《瑶光阁文集》卷一）、张溥《文用昭稿序》（《七录斋文集》卷一）、《(雍正)江西通志》卷九二。

亢思谦（1515—1580） 字子益，号水阳。山西平阳府临汾人，父为盐商，贩盐于闽，娶福州闽县郑氏女为继室，正德十年（1515）十月十五生思谦，故又称闽人。嘉靖十二年（1533）自闽归临汾，试为诸生。十三年举山西乡试第一，二十六年进士，二甲第一，简为翰林庶吉士，二十八年授编修。后历河南右参政、陕西按察使、山东右布政使、四川左布政使，四十三年以蜚语中伤，乞致仕。卒于万历八年（1580）五月十六，年六十六。方志记其有《玉堂集》《中州岩耕集》《慎修堂集》。现存万历刻清康熙十五年（1676）重修本《慎修堂集》二十卷，内诗赋三卷，收赋一、颂六、五七言古近体诗二百二十余首，词三首，文十七卷，收各体文二百三十余篇，首詹思虞序，末

何东后序。《御选宋金元明四朝诗》录其诗三首。《(雍正)山西通志》录其诗一首。生平见张四维《亢公墓志铭》（《条麓堂集》卷二六一）、《(雍正)山西通志》卷一一一。

方九功（生卒年不详） 字允治，号新渠。河南南阳府南阳人。嘉靖四十四年（1565）进士，除江都知县。征授吏部主事，历员外、郎中、太常少卿，累迁南工部右侍郎。曾与王篆同续黄养蒙《吏部职掌》。《千顷堂书目》著录其《息机堂稿》。现存万历十年（1582）刊《息机堂稿》十卷，收其五七言古近体诗五百三十余首，有欧大任、范守巳序。《皇明诗统》卷三八录其诗三首。《明诗综》卷四四、《明诗纪事》己签卷一五录其诗一首。生平见周世选《祭南少司空方新渠文》（《衡阳先生集》卷一二）、《(雍正)河南通志》卷六五。

方九叙（生卒年不详） 字禹绩，号十洲。浙江杭州府钱塘（今杭州）人。嘉靖十年（1531）举人，二十三年进士，除兵部主事，守山海关，后知承天府，以忤直罢归，因与李奎等结诗社于湖山之间。《千顷堂书目》著录其《九叙遗箧稿》（一作《十洲集》）九卷，未见传。明末白璧辑方九叙与沈仕诗为《二友诗》，内《沈仕诗》百首，《方九叙诗》九十首，现存清林氏朴学斋抄本。嘉靖四十一年，闽人祝时泰游杭州，邀友人结诗

社于西湖上,九叙与焉,社友尚有高应冕、童汉臣、王寅、刘子伯等,现存清抄本《西湖八社诗帖》,亦九叙序,记是社春、秋两季共聚会倡和二十一次,诗题有《雨后过湖西看桃》《西泠桥西泛》《湖心亭》《玉泉观鱼》等,共录诗一百三十三首,上列名者每人二十二首。《列朝诗集》丁集录其九叙诗二首,"小传"记其"为人高朗,善论事"。《明诗综》卷四三亦录其诗二首。生平见徐象梅《两浙名贤录》卷四七《文苑》。

方于鲁(生卒年不详)　初名大澈,字于鲁,以字行,更字建元。南直徽州府歙县(今属安徽)人。少贫无所依,入制墨名家程大约家,称门客。因尽得大约制墨之法,乃自立门户,所制亦名重万历间。寻与程大约竞,至诬陷大约入狱,事剖白后,大约作文怒斥其所为。学诗,入汪道昆丰干社,然终以制墨名,与罗小华、程大约、邵格之并称为有明一代制墨四大名家。曾著《方氏墨谱》六卷,与程大约《墨谱》斗新角异,有万历方氏美荫堂刊本。《千顷堂书目》著录其《佳日楼诗集》。现存《方建元集》十四卷,内诗辞赋杂体一卷,收赋二杂歌六,诗十卷,收古近体诗七百七十余首,又《佳日楼词》词一卷,收词十一首,又《续集》一卷题曰《师心草》,收诗二十六首文一篇。集为其子方嘉树所编,刻于万历三十四(1606)至三十六年,梅守箕、屠隆、林兆珂等序。《四库全书总目》著录此集题为《方建元诗集》十二卷《续集》二卷。《明诗综》卷六四录其诗二首。近人赵尊岳《明词汇刊》录其词为《佳日楼词》。生平见屠隆《方建元传》(《方建元集》卷首)、李维桢《方于鲁墨谱序》(《大泌山房集》卷一四)、李绍文《皇明世说新语》卷六。

方大任(生卒年不详)　字玉成,一字逢吉,号赤城山人。南直安庆府桐城(今属安徽)人。万历四十四年(1616)进士,除元城知县。擢广西道御史,天启末,魏忠贤营生圹,上疏纠之,削籍归。崇祯初起故官,迁右佥都御史,巡抚山海关,进左副都御史,巡抚顺天。喜吟咏,平生未尝少废。《千顷堂书目》著录其《霞起楼诗草》,未见传。清潘江《龙眠风雅》卷一八录其诗一百六首。清徐璈《桐旧集》卷一录其诗九首。《明诗综》卷六一录其诗三首。清方于谷《桐城方氏诗辑》录其诗五十六首。《金陵诗征》卷四〇"寓贤"录其诗四首。《明诗纪事》庚签卷二三录其诗一首。清李雅等《龙眠古文》卷四奏疏录其文二篇。生平见《(乾隆)江南通志》卷一四六。

方大镇(1561—1631)　字君静,号鲁岳,晚号野同翁。南直安庆府桐城(今属安徽)人,方学渐子。万历十七年(1589)进士,除大名府推官。擢江西道御史,以疾乞归。三十五年再起,巡盐浙江,迁大理寺丞,进少卿。致仕后讲学首善书院,书院毁,归隐白鹿山,集门人讲学。崇祯四年(1631)卒,年七十一。《千顷堂书目》著录其《易意》四卷、《宁澹语》八卷又《由居乙记》四卷、《方侍御二疏》一卷又《宁澹居奏议》六卷及《方大理集》。现存万历三十五年刊《田居乙记》四卷,为杂记古人格言之书。又有明刊本《荷薪义》六卷,内《晤语》二卷、《答问》二卷、《赠言》二卷;崇祯间远心堂刊《宁澹居集》七卷,内杂文五卷,语录二卷。明刻本《荷薪韵》二卷为其诗集,收诗百余首。清于昌翰辑刊《桐城方氏七代遗书》存其《宁澹居遗文》一卷《宁澹居奏议》一卷《宁澹语》二卷。其学沿其父之说,倡"性善"之论,辟"良知"之说,辩儒释之别。清潘江辑《龙眠风雅》卷九录其诗十八首。清徐璈《桐旧集》卷一录其诗五首。《明诗综》卷五五录其诗一首。清方于谷《桐城方氏诗辑》录其诗九首。《金陵诗征》卷三九"寓贤"录其诗三首。《明诗纪事》庚签卷一六录其诗一首。清李雅等《龙眠古文》卷二录其奏疏四篇。生平见陈济生《天启崇祯两朝遗诗·小传》、邹漪《启祯野乘》卷二、《(乾隆)江南通志》卷一六四。

方太古(1471—1547)　字元素,号天蒙子、白云仙、一壶子、寒溪子。浙江金华府兰溪人。年十三学《毛诗》,明年从其乡人章懋受《易》,年十八赴闽,又从林瀚习《春秋》。再试博士弟子员不就,走岭南谒陈献章,归废经生业,专一读书习古诗文。以诗酒遨游四方,南下江门吊献章,泛彭蠡、憩白岳、黄山,纵游金陵,栖迟于吴门。与杨循吉、沈周、文征明、孙一元等结诗酒社。正德初,曾隐于桐庐唐方乾之白云源,嘉靖初,徙金华之解石山,茆山之金笥庵。晚归溪上故里,卒于嘉靖二十六年(1547),年七十七。《千顷堂书目》著录其《寒溪子集》及《易经发明》,未见传。阮元声《金华诗粹》录其诗三十五首。《列朝诗集》丙集录其诗二十首,"小传"谓其"负气慷慨,高自位置。尤迂缓好洁,虽出宿,不假衾裯"。清沈季友《槜李诗系》卷三九录其诗一首。《明诗综》卷二六录其诗四首,"诗话"云其"专力于诗,不苟随时尚。颇近江西诗派,盖特立之士也"。《御选宋金元明四朝诗》录其诗十五首。清黄彬等《金华诗录》卷二九录其诗十六首。《明诗纪事》丁签卷一五亦录其诗八首。生平见王世贞《方元素处士墓志铭》(《弇州四部稿续稿》卷九二)、汪道昆《处士方太古传》(《太函集》卷三二)。

方凤（生卒年不详）　字时鸣，号改亭。南直苏州府昆山（今属江苏）人。少师事其兄方鹏，有文名于乡里。弘治十一年(1498)举人，正德三年(1508)与鹏同榜进士，除行人。迁监察御史，武宗南巡，疏论七事。世宗立，数争"大礼"，出为广东提学佥事，谢病归，卒于家。性逸宕，喜管弦。《千顷堂书目》著录其《改亭存稿》十卷又《续稿》六卷。现存崇祯十七年(1644)其玄孙方士襄重辑本。《存稿》文六卷，收各体文一百五十余篇，诗四卷，收诗四百四十余首；《续稿》六卷，收各体文七十余篇，诗一百四十八首，拟乐府诗二十一首、词三十四首。《存稿》首有嘉靖十七年(1538)其兄方鹏序，又有顾锡畴、姜龙序，陈名夏、方士襄跋，《续稿》有蒋龙序。又有清抄本《改亭奏草》不分卷。《四库全书总目》另著录其《物异考》一卷。周复俊编《玉峰诗纂》卷四录其诗一首。《明诗综》录其诗一首。《明诗纪事》丁签卷一六录其诗六首，按云："改亭诗不事模拟，自饶春色。"近人赵尊岳《明词汇刊》录其词为《改亭词余》一卷。生平见方鹏《寿弟改亭六十序》(《矫亭存稿》卷三)、《(道光)昆新两县志》卷二〇、《(同治)苏州府志》卷九二、《(光绪)昆新两县续修合志》卷二三。

方孔炤（1591—1655）　字潜夫，号仁植。南直安庆府桐城（今属安徽）人，方大镇子。万历四十四年(1616)进士，除嘉定知州，改福宁州。天启初，入为兵部员外郎，历郎中，以忤魏忠贤削籍归。崇祯初，起尚宝卿，十一年(1638)以右佥都御史巡抚湖广。时张献忠掠于湖广，总督熊文灿主抚议，孔炤上八策，极言招抚之误。后与张献忠战，九战八捷，以香油坪之败，为杨嗣昌逮下狱，寻减罪，戍绍兴。崇祯末起故官，屯田山东、河北，兼理军务，命甫下，而京师陷，南奔，以马、阮乱政南京，归隐白鹿山。清顺治十二年(1655)卒，年六十五，门人私谥贞述先生。著述现存崇祯刊本《全边略记》十二卷附《大明神势图》、清顺治十七年刊本《周易时论合编》二十二卷、清抄本《诗经永论》四卷。又有《西库随笔》《职方旧草》《抚楚疏稿》《抚楚公牍》《知生或问》见于清光绪方昌翰辑刊《桐城方氏七代遗书》。乾隆五十三年(1788)《军机处奏准全毁书目》中有其诗文集《中丞集》，未见传。清潘江《龙眠风雅》卷一九录其诗四十三首。清卓尔堪《明遗民诗》录其诗四首。《明诗综》卷六一录其诗四首。《御选宋金元明四朝诗》录其诗七首。清徐璈《桐旧集》卷一录其诗十七首。清方于谷《桐城方氏诗辑》录其诗七十一首。《金陵诗征》卷四〇"寓贤"录其诗一首。《明诗纪事》庚签卷二三录其诗一首。清李雅等《龙眠古文》录其奏疏二篇。生平见《(乾隆)江南通志》卷一四六、《明史》卷二六〇。

方弘静（1517—1611）　字定之，号采山、素园。南直徽州府歙县（今属安徽）人。生于正德十二年（1517）十一月十八。嘉靖二十五年（1546）举人，二十九年进士，除东平知州。迁南户部员外郎，历郎中，出为四川佥事，历江西副使、山东参议、江西副使、广西副使，隆庆四年（1570）晋广东左布政使。万历元年（1573）以右副都御史巡抚浙江，次年中蜚语罢归。十三年起抚郧阳，迁南户部右侍郎，以老乞归。家居二十余年，万历三十九年九月十一卒，年九十五，赠南工部尚书。好诗，弱冠即与乡人王寅、陈有守等结诗社。入仕后又因诗与李攀龙、王世贞、汪道昆、袁宏道等交往，其论诗虽不免宗唐慕古，却不依傍一家之说，其于李攀龙"唐无五言古诗"说尤不赞同。诗作早年多艳体，后则渐沉著清丽，故袁宏道谓其诗"有长庆之实而无其俗，有濂洛之理而无其腐"（《素园存稿引》）。诗文著述结集为《素园存稿》，《千顷堂书目》著录为二十卷。现存万历刊本目录十六卷，诗八卷文八卷，然下又另列三集目录，每集亦按体列诗文：其一为《庠中稿》，注云"十四五窃为

韵语，三十而举于乡所存稿，盖十之二"；其二为《旅中稿》，注云"计偕至抚浙，自抚郧至请政职守责矣，所著者略盖删者十之二"；其三为《山中稿》，注云"自抚浙待命凡十载，自留京归田经廿载，君多暇日，感兴频繁，盖存者十之七八"。故是集确为二十卷，诗八卷，文十二卷。是集卷首有叶向高《素园存稿序》、袁宏道《素园存稿引》、顾起元《素园稿诗选序》、万历三十九年毕懋康《素园存稿叙》。因知弘静原有《庠中》《旅中》《山中》三稿，晚年有合编之举，而《素园存稿》实为其选本矣，虽生前大体编就，但规划又有变，而刊刻已在身后，未遑整理，故有此混乱。《四库全书总目》所著录也为此本。所著又有万历刊本《千一录》二十六卷，分《经解》《子评》《诗释》《客谈》《家训》五目，为其随笔杂俎也。陈有守等《徽郡诗》录其诗二十一首。《皇明诗统》卷三三录其诗十四首。《列朝诗集》丁集录其诗四首。《明诗评选》、《明诗综》卷四四、《明诗纪事》己签卷一〇均录其诗一首。《明文海》录其文七篇。生平见顾起元《方公行状》（《懒真草堂文集》卷二八下）、叶向高《方公墓志铭》（《苍霞续草》卷一一）。

方扬（1540—1583）　字思善，号初庵。南直徽州府歙县（今属安徽）人。生于嘉靖十九年（1540）十

月二十五。隆庆五年（1571）进士，除陕州知州。迁南户部主事，改随州知州，历嘉兴同知，进杭州知府，万历十一年（1583）三月初三卒，年四十四。《千顷堂书目》著录其《初庵集》十六卷。现存其子方时化刊本，题《方初庵先生集》十六卷，系万历四十年其门生贺璨然合其原有《山中稿》《燕中稿》《中州稿》《南署集》《南征草》《浙中稿》而成，内卷一语录，卷二箴论，卷三、卷四收诗一百八十余首，卷五至十六卷收序、记等各体文及策问、书牍、公移等，有焦竑、贺璨然、吴国仕等序。著述又有万历二十四年张蒲刻《重锲初庵方先生书经集解》十卷。《明诗综》卷五一录其诗一首。《四库全书总目》著录《方初庵集》十六卷，"提要"云："其语录、箴论尚皆切实，惟诗文多酬应之作。末附莅官时诸告条，尤为冗杂。"《明诗纪事》庚签卷一〇录其诗一首。生平见王世贞《方先生墓志铭》（《弇州四部稿续稿》卷一一九）、李维桢《方公墓志铭》（《大泌山房集》卷八二）、汪道昆《方思善传》（《国朝献征录》卷八五）等。

方向（生卒年不详）　字与义，号素亭。南直安庆府桐城（今属安徽）人。成化十六年（1480）举人，明年进士，授南户科给事中。弘治初，以弹劾大学士刘吉等下狱，谪多罗驿丞，后历官至广东琼州知府。《千顷堂书目》著录其《素亭集》，未见传。《皇明风雅》录其诗二首。顾起纶《续国雅》卷三录其诗一首。《皇明诗统》卷一二录其诗二首。清潘江《龙眠风雅》卷一录其诗三十四首。《明诗综》卷二五录其诗一首。清徐璈《桐旧集》卷一录其诗十六首。清于谷《桐城方氏诗辑》录其诗十六首。《明诗纪事》丙签卷七录其诗一首。生平见（乾隆）江南通志》卷一四六、《明史》卷一八〇。

方问孝（生卒年不详）　字胥成，号癯丈人。南直徽州府歙县（今属安徽）人。隆、万间布衣，以诗游历南、北二京及塞上、云中等地，交游甚广。著述存万历间蒋之秀刊《苍耳斋诗集》十七卷，所收除四言古诗五首，余皆为五七言古近体诗，达一千四百余首，按诗体分卷，又或注"汉魏晋体""陶体""六朝唐体"等。集有于若瀛《苍耳斋集题辞》，万历十六年（1588）董复亨《方胥成诗集序》。董序云："胥成师心笃古，大历、开元以下一切谢绝，尤不喜为近代人诗。鼓其独力，欲与汉、魏、晋、唐人竞雄千古。"《四库全书总目》著录其集，"提要"云："其诗风华有余，深厚不足，盖亦沿'七子'之派，多浮声而少切响也。"《明诗纪事》庚签卷二九录其诗十二首，按云："胥成近体开朗，雅有唐音。"生平见（乾隆）江南通志》卷一六九。

方汝浩（生卒年不详）　号清溪道人。自称河南开封府荥阳人，曾寓居南京。现存天启间杭州爽阁主人刊白话长篇小说《禅真逸史》（全称《新镌出像批评通俗奇侠禅真逸史》）八卷四十回，署"清溪道人编次"、"心心仙侣评订"。书有十五篇序跋，方汝浩序自署"瀔水方汝浩清溪道人"，古瀔水在河南，入洛河，因知其自称河南人或不虚。是书托言南梁、北魏时事，而侈演仙道神魔、成佛证圣故事：谓林时茂在高欢手下为将时，长刀大戟，杀人无算，后猛自回头，披缁削发，虽逃梁复魏，不免魔障，而内心不损外行不回，终证菩提上果，其部下杜伏威、薛举、张善相等三将也弃位苦修，俱相继霞举。后又有《禅真后史》十卷六十回，接续《禅真逸史》，叙唐武周时，《禅真逸史》中薛举转世为瞿琰，斩佞除奸，征蕃灭寇，诛鬼降魔，因带挈数人修成正果。现存峥霄馆刊本，亦署"清溪道人编次"，首有崇祯二年（1629）翠娱阁主人（陆云龙）序，当亦为方汝浩撰。又明金陵万卷楼刊《扫魅敦伦东度记》（《续证道书东游记》）二十卷一百回，叙"达摩老祖"由印度出发往震旦阐化，自西而东剿除妖魔鬼怪故事。有崇祯八年"世裕堂主人"序，署"荥阳清溪道人著，华山九九老人述"，"荥阳清溪道人"当亦为方汝浩也。如是，则汝浩为晚明书坊白话小说职业作家，活动于江、浙一带，且与陆云龙等有交往。

方孝孺（1357—1402）　字希直，一字希古，号逊志。浙江台州府宁海人。世居缑城里，学者称缑城先生。洪武九年（1376）师从宋濂，先后六年，以明王道、致太平为己任，濂以为其门人"未有若方生者"。洪武二十五年以荐授汉中府学教授，蜀献王聘其为世子师，名其读书之庐曰"正学"，学者因又称其为"正学先生"。建文帝即位，召为翰林博士，进侍讲，值文渊阁，寻升侍讲学士，常承命批答百官所奏事，帝有疑问，不时宣召。修《太祖实录》《类要》诸书，皆为总裁。比定官制，改为文学博士。朱棣起兵南下，廷议讨伐，诏檄皆出其手。建文四年（1402）六月，朱棣师入南京，命方孝孺草诏天下，衰绖至，号哭彻殿陛，谓棣曰："死即死耳，诏不可草。"磔于市，年四十六。诏灭十族，宗族亲友坐诛者八百余人。著述身后遭禁毁，门人王稌冒险收罗其遗稿编为《缑城集》，宣德后始稍传播，黄孔昭、谢铎辑为《逊志斋集》三十卷《拾遗》十卷，正德中顾璘守台州，重刊为二十四卷。今存成化十六年（1480）刻三十卷拾遗十卷附录一卷；又嘉靖二十年（1541）蜀藩刊本二十四卷附录一卷，万历四十年

(1612)递刊本增《外纪》二卷,崇祯十六年(1643)递刊本增《拾补》一卷《年谱》一卷。《明史·艺文志》另著录其《孝经诚俗》《幼仪杂箴》《周礼考次目录》一卷。《四库全书总目》又著录其《杂诚》一卷,见于《百陵学山》等丛书。以文名,《明文海》录文五十六篇,评语云:"正学不欲以文人自命,然其经术之文,固文之至者。尤妙者在书,得子瞻之神髓。叙事也登史迁之堂,惟序记多有庸笔杂之,疑门人掇拾之惧也。"李时渐《三台文献录》录其文四十一篇。《四库全书》收二十四卷本《逊志斋集》,"提要"云:"孝孺学术醇正,而文章乃纵横豪放,颇出入于东坡、龙川之间。盖其志在于驾轶汉唐,锐复三代,故其毅然自命之气,发扬蹈厉,时露于笔墨之间。"诗亦有名,都穆《南濠诗话》曰:"方正学先生集,传之天下,人人知爱诵之,但其中多杂以他人之诗。"《皇明风雅》录其诗十一首。顾起纶《国雅》卷二录其诗四首。《皇明诗统》卷三录其诗八首。李时渐《三台文献录》录其诗七首。《石仓十二代诗选·明诗选》录其诗四十一首。《列朝诗集》甲集录其诗四十五首。《明诗评选》录其诗二首。《明诗综》卷一六录其诗十三首,"诗话"云:"正学先生文昌明博大,开阖自如,虽有小韩之名,实与大苏相埒。说者或谓先生诗非所

长,然五言熟精《选》体,当在潜溪(宋濂)、华川(王祎)之右。"清沈德潜《明诗别裁集》录其诗五首。清施何牧《明诗去浮》卷一录其诗六首。清戚学标《三台诗录词录》卷一〇录其诗十二首。《明诗纪事》乙签卷一录其诗十首。生平见郑晓《文学博士方公孝孺传》《国朝献征录》卷二〇)、卢演《方正学先生年谱》(《逊志斋集》附刊)、清黄宗羲《明儒学案》卷四三、《明史》卷一四一。

方攸跻(生卒年不详) 字君敬,号篆石。福建兴化府莆田人。嘉靖二十八年(1549)举人,选授顺德知县,迁南户部主事,进员外郎。《千顷堂书目》著录其《陈岩草堂诗集》二卷,又曾与其子方沆合刻《桥梓集》,皆未见传。《盛明百家诗》录其诗三十二首为《方员外集》。《皇明诗统》卷三二录其诗九首。清郑王臣《莆风清籁集》卷二三录其诗四首。清郭柏苍《全闽明诗传》卷二五录其诗六首。《明诗纪事》己签卷一〇录其诗一首。生平见陈文烛《寿方篆石七十序》(《二酉园续集》卷八)。

方应选(生卒年不详) 字众甫,号明斋。南直松江府华亭(今上海松江)人。十岁受经于庄允中,万历十一年(1583)进士,三任州县守,十九年任汝州知州,官至福建提学副使,卒于官,年五十四。其为汝州知州时,刻有《汝上诗文》二集,后其子

又辑其著述为《方众甫集》十四卷，《千顷堂书目》著录。现存明万历三十四年序刻本首有董其昌《序汝上集》，次为《闽刻自序》，内诗赋四卷，收赋一、颂一、诸体诗四百六十余首，后为各体文十卷。《千顷堂书目》另著录其《汝州志》四卷。《明文海》录其文二篇。《御选宋金元明四朝诗》录其诗二十二首。清姚宏绪《松风余韵》卷三〇录其诗八首。《四库全书总目》著录《方众甫集》十四卷，"提要"云："其诗古体颇清丽，文笔亦尚健举，而渐染习尚，未尽脱当时风气。"生平见何三畏《方学宪明斋公传》《云间志略》卷二二）、《（崇祯）松江府志》卷四〇。

方沆（1542—1609）　字子及，号讱庵。福建兴化府莆田人。生于嘉靖二十一年（1542）七月二十七。隆庆元年（1567）举人，明年进士，授全州知州。历南户部郎中，改刑部，出为云南提学佥事，谪宁州知州，以湖广佥事致仕，万历三十六年十二月初八（1609 年 1 月 13 日）卒，年六十七。能诗。《千顷堂书目》著录其《猗兰堂集》十六卷，又曾与其父方攸跻合刻《桥梓集》四卷，均未见传。谢肇淛《滇录》录其诗四首。《皇明诗统》卷三六录其诗二首。《明诗综》卷五一录其诗二首。清郑王臣《莆风清籁集》卷二七录其诗十六首，《兰陔诗话》记云："子及少时，避地邵武，学诗于吴明卿（吴国伦）。在南曹日，与陈子野（陈芹）辈结青溪社，诗律益进。"清郭柏苍《全闽明诗传》卷二九录其诗二十首。《明诗纪事》庚签卷九录其诗二首，按云："子及诗音节高朗。"生平见李维桢《方公墓志铭》（《大泌山房集》卷八一）、《（乾隆）福建通志》卷五一。

方良永（1461—1527）　字寿卿，号松崖。福建兴化府莆田人。生于天顺五年（1461）九月十五。弘治二年（1489）举人，三年（1490）与弟良节同中进士，观政户部，授刑部广东司主事。进员外郎，十三年擢广东按察司佥事，历湖广按察副使、广西按察使、山东右布政使、浙江左布政使。世宗朝迁右副都御史，抚治郧阳等处，告归。再起，巡抚应天，中途疾作，以母老乞归养。卒于嘉靖六年（1527），年六十七，时已有诏命除其为南刑部尚书，未及见矣，谥简肃。所著有《私匦类稿》若干卷，后河南按察使郑茂为其编为《方简肃公文集》十卷附录一卷，隆庆四年（1570）其孙山东布政使方攸绩刻，现存万历八年（1580）刊本，内奏疏一卷十一篇，余收各体文百余篇。《千顷堂书目》著录是集。《四库全书》收其集，《总目》"提要"云："其文信笔挥洒，虽不刻意求工而和平坦易，不事钩棘。视后来模拟涂饰之习，转为本色。"《明文海》录其文《崖门吊古记》等三篇。清郑王臣《莆风清籁集》卷一四、清郭柏苍《全闽明诗传》卷一二录其诗一首。生平见彭泽《方公良永墓志铭》（《国朝献征录》卷四八）、雷礼《国朝列卿纪》卷五七、何乔远《名山藏》卷七一、《明史》卷二〇一。

方其义（1620—1649）　字直之，号次公。南直安庆府桐城（今属安徽）人。方以智弟，兄弟之名皆取自《易》之传辞。生于万历四十七年十二月三十（1620年2月5日）。三岁丧母，为寡居归宁的二姑母方维仪抚养，又以兄为师，因通经史，能诗文，博洽多艺，临池篆刻，击剑弹棋，皆能也。崇祯七年（1634）桐城民变，曾移家南京，数年后又归桐城，考为博士弟子员。崇祯十二年其父方孔炤兵败入狱，大姑父兼岳丈张秉文战死济南、大姑母兼岳母方孟式投大明湖殉节，遗三幼子。国变后老父归乡，而自崇祯十三年其兄入京，后又奔波抗清在外，其义不得不独立持家，瞻养老幼。清顺治六年（1649）卒，年三十一。《千顷堂书目》著录其《时术堂集》。现存清康熙刊本《时术堂遗诗》六卷，收其五七言古近体诗二百五十余首，卷首有清吴伟业《西陵杂咏旧叙》、陈名夏《丙戌春夏诗旧序》、陈焯《时术堂遗诗后序》及其侄方中履《时术堂遗诗跋》。清陈允衡编顺治澄怀阁刊

本《诗慰》二集选其诗三十八首为《时术堂集选》。清潘江《龙眠风雅》录其诗五十六首，清卓尔堪《明遗民诗》录其诗十三首。《明诗综》卷八〇录其诗二首。清徐璈《桐旧集》卷二录其诗十九首。清方于谷《桐城方氏诗辑》录其诗一百三十五首。《金陵诗征》卷四〇"寓贤"录其诗一首。《明诗纪事》辛签卷一七录其诗三首。生平见《（康熙）安庆府志》卷一九、《（康熙）安庆府桐城县志》卷五、近人马其昶《桐城耆旧传》卷六。

方若洙（生卒年不详）　字无圣，一字矧生，号莲江，南直安庆府桐城（今属安徽）人，方学渐长孙。崇祯十三年（1640）贡生，廷试道卒，私谥贞隐先生。原本家学，耽嗜书籍，尝评选古今文数千卷。亦好书法，规模钟、王。所交皆一时之名士，游览所至，尽发于诗。所著有《江瑟草》《军城歌》《闽津草》，未见传。清潘江《龙眠风雅》卷二三录其诗四十五首。清徐璈《桐旧集》卷一录其诗七首。清方于谷《桐城方氏诗辑》录其诗十首。生平见《（康熙）安庆府志》卷一九、《（康熙）安庆府桐城县志》卷五、近人马其昶《桐城耆旧传》卷六。

方学渐（1540—1615）　字达卿，号明善，别署本庵。南直安庆府桐城（今属安徽）人。生于嘉靖十九年

(1540)五月十九。嘉靖四十五年入学,七试不举,万历二十六年(1598)岁贡,后以子大镇赠大理寺少卿。以科考不顺,遂潜心儒学,砥砺名节,以诸生主讲席二十余年,与高攀龙、顾宪成善,曾讲学东林。其受学于楚人张绪、耿定理,《明儒学案》将其归阳明学泰州一派,其学以为"心体至善""性定是善",主张"崇实",坚持"究良知而归实",实为泰州学派之别调矣。晚筑桐川会馆,门下士数百人,学者称"明善先生",以堂有枫、杞二树,连理而生,因题堂曰"连理"。万历四十三年卒,年七十六。《四库全书总目》著录其《心学宗》四卷(今存《龙眠丛书》本)、《迩训》二十卷(今存明刊本及清光绪刊《方氏丛书》本)、《桐彝》三卷(今存清抄本三卷续一卷)。清方昌翰辑刊《桐城方氏七代遗书》收其《性善绎》一卷、《东游记》三卷、《庸言》一卷。诗学王世贞、李梦阳,诗文著述《连理堂集》见于《千顷堂书目》著录,未见传。清潘江《龙眠风雅》卷七录其诗四十四首。《明诗综》卷五○录其诗一首,"诗话"云:"方氏门才之盛,甲于皖口,明善先生实浚其源。东南学者,推为职志焉。"清徐璈《桐旧集》卷 录其诗八首。清力于谷《桐城方氏诗辑》录其诗十一首。《明诗纪事》己签卷二○录其诗一首。《(乾隆)江南通志》卷一五录

其赋一篇。清李雅等《龙眠古文》录其文四篇。生平见清黄宗羲《明儒学案》卷三五、清方传理《桐城桂林方氏家谱》(光绪六年刊)。

方承训(生卒年不详) 号郊邺。南直徽州府歙县(今属安徽)人。世力田,父、叔以经商致富,因命承训与兄承浩读书学举业。承训弱冠为博士弟子员,后屡试不举,万历元年(1573)因作《释业告先考文》,自谓"坚决释诸生业,吁吁慕古以成一家之言"。因再为商,然文字积习未忘,十年后自行编刊《方郊邺复初集》三十六卷行于世。传世万历刊本残存三十一卷,卷首有论诗之《原初漫议》,缺自序,下又缺卷一五至卷一九。前十四卷为诗,按体分卷,凡古诗、古歌、琴操、骚体、乐府各一卷,五言古诗、七言古诗各二卷,五言律诗四卷附五言排律、六言诗、杂言诗,七言律诗一卷,计收诗一千八百余首。所缺五卷应为七言律诗、七言排律及五七言绝句,且篇目不在少数,故是集原收诗应在二千首以上。卷二○为赋,以下十六卷为铭、赞、序、碑、记、墓志铭、状、传、讽喻、书、祭文等,收文二百八十余篇。据其诗文,承训所交,除朱睦楔、许国、汪道昆等少数王公缙绅外,多为下层文人及乡里故旧,故其诗文或涉商贾,或涉民间风物,颇有不类于达官、名士诗文之内容。《四库全书

总目》著录《复初集》三十六卷,"提要"云:"集首冠以《原初漫议》七条,大抵扬李、何之余波,而变本加厉。于唐以来诗文,如李、杜、韩、柳,无不排击。然核其所作,乃了不异人。"

方孟式(1582—1639) 字如耀。南直安庆府桐城(今属安徽)人,大理卿方大镇女,同邑张秉文妻。秉文举万历三十八年(1610)进士,与同年孙昌裔、翁为枢俱携家京师,孙妻郑氏、翁妻吴氏,皆谙文墨,孟式得与之往复唱酬。孟式所绘观音大士像,两家均有收藏。崇祯初,秉文官福建参政,郑氏与吴氏为孟式刻集,并为之序。崇祯十一年(1638),秉文任山东布政使,清兵围济南,次年正月初二(1639年1月5日)城破,秉文擐甲与清军巷战死,孟式投大明湖以殉,年五十八,赠一品夫人,赐国祭。《明史·艺文志》著录孟式《纫兰阁集》八卷,《列朝诗集》小传亦记为前、后集八卷。现存清康熙三十四年(1695)其孙张祁度刊本《纫兰阁诗集》十四卷,署其妹方维仪选、弟方孔炤校阅、孙张祁度重辑,首有方维仪、方孔炤、张秉文、陆梦龙等所作新旧序文,又列清钱谦益《小传》,后有蒋秉用跋。沈宜修辑《伊人思》录其诗一首。《列朝诗集》闰集录其诗九首。清潘江《龙眠风雅》卷一五录其诗四十二首。《明诗综》卷八六录其诗三首。《御选宋金元明四朝诗》录其诗三十五首。清徐璈《桐旧集》卷四一录其诗二十一首。清季娴编《闺秀集》录其诗十八首。清方于谷《桐城方氏诗辑》录其诗六首。

方逢时(1523—1596) 字行之,号金湖,别号樗野散人。湖广武昌府嘉鱼(今属湖北)人。嘉靖十九年(1540)举人,明年进士,除宜兴知县,改宁津、曲周。三十二年征授户部主事,改工部,历员外、郎中,简放宁国知府。四十一年迁广东兵备副使,与参将俞大猷平乱,移巡惠州。隆庆初,改巡山西,加右参政,以右金都御史巡抚辽东。隆庆四年(1570)移大同,与王崇古共灭俺答进犯。万历初,张居正荐其代王崇古总督宣大、山西军务,进兵部侍郎,又晋尚书,加太子少保,总督如故。四年(1576)进兵部尚书兼右副都御史,五年协理戎政,回部管事,兼署吏部尚书,六年专理兵部。与张居正议不协,九年乞休,二十四年卒于家,年七十四。才略明练,处置边事,皆协机宜。能著述,喜吟咏。《千顷堂书目》著录其《周易外传》一卷,《平惠州事》一卷又《上谷议略》各一卷、《大隐楼集》十六卷、《督府奏议》六卷。现存清乾隆四十二年(1703)其六世孙方承保刊本《大隐楼集》十七卷,内卷一收赋四篇、拟乐府十六首,卷二至卷九收诸体诗五百余首，卷一〇至一六收杂文，卷一七附录本传、行述等。卷首清毕沅序署"乾隆丙申（四十一年）"，以下陈文烛、吴国伦序，则分别署"万历辛卯（十九年）""万历庚寅（十八年）"，则其集明末已编撰，或未刻印。1921年编印之《崇雅堂丛书》收《大隐楼集》十七卷补遗一卷附《校勘记》一卷，诗文均较乾隆本有所增益。其诗未脱时风，然颇重气韵，间有俊逸之作。《皇明诗统》卷三三录其诗二十八首。《皇明诗选》录其诗一首。清廖元度《楚风补》卷二二录其诗四首。《明诗综》卷四三录其诗一首。清高士熙《湖北诗录》录其诗一首。《明诗纪事》戊签卷二一录其诗十五首，按云："尚书早与吴明卿（吴国伦）谈诗，清婉动人，略无猛厉之音。"《明文海》录其文二篇。生平见佚名《金瀯方公行述》《大隐楼集》卷一七）、《明史》卷二二二、《（同治）嘉鱼县志》卷五。

方授（1627—1653）　字子留，一字季子，自号圃道人。南直安庆府桐城（今属安徽）人。诸生，明亡，雉发为僧，法名入宗，狂走四方。丁亥（1647）至宁波，预浙东抗清事，事败逃归。顺治九年（1652）复来宁波，寓湖上，悒悒呕血，次年自天门山游石浦，疾动而卒，年二十七。少沈静力学，尝与潘江等结文社较艺。国变后漂泊江湖，攻苦食淡，脯糜不

给，一似有重忧者，其诗亦多劳臣怨妇之思。《千顷堂书目》著录其《奉川草》，另有《三奔浙江草》《浙游四集》等，皆未见传。清全祖望《续甬上耆旧诗》卷五八录其诗四十五首。清徐璈《桐旧集》卷二录其诗十五首。清方于谷《桐城方氏诗辑》录其诗五十三首。《金陵诗征》卷四一"寓贤"录其诗二首。《明诗纪事》辛签卷一六录其诗二首。生平见清全祖望《续甬上耆旧诗》卷五八。

方维仪（1585—1668）　字仲贤。南直安庆府桐城（今属安徽）人，大理卿方大镇次女。十七岁适同邑姚孙棨，不二载，姚夭，遂大归，守志于清芬阁，与弟方孔炤之妇吴令仪以文史代织衽，教其侄方以智。后令仪生次子方其义三载卒，孔炤宦于他乡，维仪又抚其义，俨如人师。卒于清康熙七年（1668），年八十四。曾画观音大士像，见清王士禛《池北偶谈》所记。尤以诗名，所作多身世之感。《明史·艺文志》著录其《清芬阁集》七卷，王士禛《香祖笔记》记其另有《尼说七惑》一卷、《宫闺诗评》一卷，皆未见传。沈宜修辑《伊人思》录其诗十三首。《列朝诗集》闰集录其诗二首，"小传"记其曾删刊《古今宫闺诗史》。清潘江《龙眠风雅》卷一六录其诗八十首。《明诗综》录其诗六首，"诗话"云："龙眠闺阁多才，方、吴二门称盛。

夫人才尤杰出,其诗一洗铅华,归于质直。"清沈德潜《明诗别裁集》录其诗三首。《御选宋金元明四朝诗》录其诗十二首。清季娴编《闺秀集》录其诗二十五首。清徐璈《桐旧集》卷四一录其诗二十二首。清方于谷《桐城方氏诗辑》录其诗二十六首。生平见《(乾隆)江南通志》卷一七六。

方献夫(1485—1544)　初名献科,字叔贤,号西樵。广东广州府南海(今广州)人。弘治十八年(1505)进士,选翰林院庶吉士,正德初授礼部主事,又从王守仁问学。改吏部,进员外郎,谢病归西樵山中,与湛若水、霍韬等日夕往还,读书论学十年。嘉靖初还朝,三年(1524)以"议大礼"称旨,进翰林院侍讲学士,四年擢詹事府少詹事,谢病去。六年与同里霍韬同被召,修《明伦大典》,署大理寺事,迁礼部右侍郎,当值经筵日讲,代桂蕚任吏部右侍郎,拜礼部尚书。七年《明伦大典》成,加太子太保,八年改吏部尚书,乞归。未几又起于家,加柱国、少保,兼武英殿大学士,入阁辅政。十三年以连连被劾,乃上疏引疾去,家居十余年,二十三年卒,年六十,赠太保,谥文襄。献夫幼时勤苦力学,平生以清忠自许,无权谋,惟以"议大礼"事骤贵,为士林所垢。《明史·艺文志》著录其《周易约说》十二卷、《西樵稿》五卷,《千顷堂书目》著录其《雷州府志》十五卷、《西樵遗稿》四卷。现存清康熙三十五年(1696)方林鹤刊本《西樵遗稿》八卷,内奏疏三卷,诗一卷,赋、颂、箴、赞等一卷,序、记、墓志等各体文二卷、书一卷。存诗凡二百十余首,词一首,内二十余首为应制诗和恭和圣制诗。清屈大均《广东文选》录其文二篇、诗三首。《明诗综》卷二八录其诗一首。清梁善长《广东诗粹》卷三录其诗一首。《明诗纪事》丁签卷一〇录其诗一首。生平见吕本《方公献夫神道碑铭》(《国朝献征录》卷一六)、何乔远《名山藏》卷七三、《明史》卷一九六。

方鹏(1470—?)　字子凤,亦字时举,号矫亭。南直苏州府昆山(今属江苏)人。弘治十四年(1501)举人,正德三年(1508)与弟凤同中进士,授南礼部主事。改南刑部,历员外、郎中,改南兵部、吏部,出为浙江参议。历山西副使,用荐改右春坊右庶子兼翰林修撰。嘉靖七年(1528)因文字罣误被遣,后又迁南京太常寺卿,十二年因事夺官。家居十余年,与弟同居南溇里,足迹不入城市。《明史·艺文志》著录其《昆山人物志》八卷、《观感录》十二卷、《文集》十八卷《诗》八卷。现《昆山人物志》十卷有嘉靖间刊本;《观感录》十二卷《续观感录》六卷亦存明刊本。诗文别集有嘉靖间刻本《矫亭存稿》十八卷,内文十五卷、诗三卷(收诗三百余首),首有嘉靖十年七月宜兴吴仕《矫亭先生文集序》,末有其弟方凤跋;又有嘉靖间刊本《矫亭续稿》八卷,内文六卷、诗一卷(收诗百余首),卷八则先文后诗,首有嘉靖十八年八月汝南周凤鸣《矫亭续稿序》,卷首目录之末有方鹏自跋。另有史评著述《责备余谈》二卷附录一卷见于清代《知不足斋丛书》第九集。周复俊《玉峰诗纂》卷四录其诗十二首。《皇明诗统》卷二〇录其诗二首。《明诗综》卷三三录其诗十一首,"诗话"云:"矫亭古诗效陶,近体学白,颇饶自得之趣。"《四库全书总目》著录《矫亭存稿》十八卷《续稿》八卷,"提要"谓"是集诗文多应酬之作,所载笔记亦无所发明"。《海虞文征》卷四录其序一篇。《明诗纪事》丁签卷一六录其诗一首。生平见其自撰《矫亭方公鹏生圹志》《国朝献征录》卷七〇)、《(道光)昆新两县志》卷二〇、《(同治)苏州府志》卷九二。

方新(生卒年不详)　字德新,号定溪。南直池州府青阳(今属安徽)人。嘉靖二十八年(1549)举人,三十五年进士,授行人。改山西道监察御史,巡察陕西,四十五年以上书言灾变外患,宜随事自责,痛加修省,触帝怒,斥为民。隆庆元年(1567)起复原官,巡视京营,明年巡按广西,官终湖广参议。现存明定

溪书屋刊本诗集《金台乙丑稿》一卷,收其古近体诗四十首,均为嘉靖四十四年在京所作。《盛明百家诗》曾录其诗七十八首为《方侍御集》一卷。《皇明诗统》卷二七录其诗八首。生平见过庭训《本朝分省人物考》卷三九、《明史》卷二〇七。

方豪(生卒年不详)　字思道,尝以字行,号棠陵。浙江衢州府开化人。正德二年(1507)举人,明年进士,授昆山县令,调沙河。迁刑部主事,以谏武宗南巡,跪阙下五日,受杖几死。起湖广按察佥事,进副使,归里后以诗酒自误。为人为诗,皆有时誉。《千顷堂书目》著录其《韵谱》五卷、《棠陵集》三卷又《养余录》又《老农编》又《洞庭烟雨编》又《珍忆录》又《奉希集》又《棠陵文选》八卷。《四库全书总目》著录其《断碑集》一卷(记沙河重立颜真卿书宋璟神道碑事)及其所编刘春、乔宇等人倡和集《蓉溪书屋》四卷。现存嘉靖刊本《棠陵文集》八卷;又有清康熙十二年(1673)方元启刊本。是集文五卷,收各体文五十七篇,诗二卷,收诗一百五十首,补遗一卷,收文四篇、诗七首。顾起纶《国雅》卷七录其诗十一首。《盛明百家诗》录其诗百余首为《方棠陵集》。《皇明诗统》卷二〇录其诗十三首。《列朝诗集》丙集录其诗四首,"小传"云:"思道负才磊落,旷达不羁,探奇历

胜,与郑善夫同好。归隐棠川,以诗酒自娱。诗多率易,信口急就,似又出善夫之下。"《明诗综》卷三三录其诗六首。《四库全书总目》著录其集,"提要"谓其"与郑善夫友善,集中有《祭郑继之文》,叙交情极为笃挚,而诗则不及善夫远甚"。《明诗纪事》戊签卷一〇录其诗三首。《明文海》录其文三篇,评语云:"棠陵之文苍老奇崛,似不苟作,在山谷伯仲之间。"生平见《(雍正)浙江通志》卷一七〇、《明史》卷二八六。

方震孺(1585—1645)　字孩未,号念道。南直凤阳府寿州(今安徽寿县)人,原籍桐城。生于万历十三年(1585)闰九月十二。万历四十年举人,明年进士,除福建沙县知县,擢湖广道御史。天启初,以巡城忤魏忠贤。后金兵破辽阳,一日十三疏,请增巡抚,通海运,调边兵,易司马,日五鼓挝公卿门,筹画痛哭,而自请犒师。寻以御史巡按辽东,监纪军事,居不庐、食不火者七月,巡抚王化贞弃广宁,而震孺苴前屯严守,又再疏言山海无外卫,宜亟驻兵中前,以为眼目,不省。任满归,魏忠贤等陷其罪,劾其"攘差",又诬以贪赃,拟斩。崇祯初忠贤伏诛,释还归乡,以史可法荐,起广西参议,迁广东按察使,擢右金都御史巡抚广西。甲申(1644)京师陷,勤王南京,马士英惮之,勒还镇,乙酉(1645)

病卒,年六十一。能诗文书画。《千顷堂书目》著录其《辽事颠末》一卷、《按辽奏疏》二卷又《西台奏疏》二卷又《赍邺奏疏》一卷又《几灰草》一卷。现存《方孩未全集》十六卷,有李兆洛等序,其中奏疏五卷,诗文三卷,笔记六卷,杂录、附刊各一卷,有清嘉庆间及同治七年(1868)树德堂重刊本。《明文海》录其文三篇。《明诗综》卷六〇录其诗一首。清徐璈《桐旧集》卷一录其诗六首。《明诗纪事》庚签卷二三录其诗一首。生平见《方孩未先生自撰年谱》(清嘉庆刊《方孩未全集》附录)、清邹漪《启祯野乘》卷三、《明史》卷二四八。

方鲸(1606—1642)　字章斿,号太真,又号金人。福建兴化府莆田人。诸生。天启初,钟惺任福建提学金事,考校兴化、延平、福州三府,鲸得其赏拔,补博士弟子员。后五入棘闱不举,崇祯十五年(1642)年三十七病卒。平生未出闽地,在乡与叶甲、徐闻、林简等结琉璃社,称"四子"。又曾与乡中好诗者结"七子社"。卒后林璟为其作《传》,称其有诗文若干卷、《琉璃说书》六卷、《诗艺》四卷。后其弟方锵编《四子集》三十卷,现存清初刻本,内有方鲸《红琉璃集选》九卷,收序九篇、赋一篇、书五篇、文二篇、传一篇、拟表四篇、论四篇、志一篇、诗三十一首。红琉璃为方鎡读书堂名。清郑王臣《莆风清籁集》卷三六录其诗一首。清郭柏苍《全闽明诗传》卷五二录其诗一首。生平见林璟《方章弢先生本传》《四子集》方鎡《红琉璃集选》附）。

心一山人（姓氏籍里及生平不详） 祁彪佳《远山堂曲品》"具品"著录《玉钗记》传奇。现存明万历金陵富春堂刻本，题《新刻出像音注何文秀玉钗记》，署"心一山人编次"。是剧四卷四十四出，演书生何文秀与太师之女王琼珍婚恋故事，剧中神仙指引、男女私会、后园赠金、二人私奔等一应才子佳人故事情节俱全，又中经各种曲折，终至文秀独占鳌头，一男二女大团圆。剧中有曾铣抚陕西，背景设为嘉靖时，然嘉靖中无王姓太师，亦无状元何文秀者，故此剧故事实为作者臆想。此类故事历来为俗众所喜闻，《远山堂曲品》著录明末又有《凤簪记》传奇亦演何文秀故事，"犹之《玉钗》也"（今佚）。另明末新安陈则清亦作有《何文秀玉钗记》传奇，现存稿本，二卷三十八出。后清人弹词有《说唱义夫节妇何文秀报冤传》，宝卷有《何文秀》（一名《四喜》），均据心一山人《玉钗记》生发。待清乾隆间"花部"兴起，所演《张堂抢亲》《何文秀私行算命》等亦据《玉钗记》敷演，近世越剧、锡剧、闽剧、莆仙戏等地方戏均有演何文秀故事者，溯其源流，皆与心一山人《玉钗记》有关。

［一］

尹台（1506—1579） 字崇基，号洞山。江西吉安府永新人。嘉靖七年（1528）举人，十四年进士，选翰林院庶吉士，授编修。历中允、修撰、谕德、侍讲，迁南国子监祭酒，改北，进少詹事，兼侍读学士，升南吏部侍郎，进南礼部尚书。万历二年（1574）致仕，七年卒，年七十四。平生留意理学而不傍门户，对阳明之学则攻击甚力。严嵩以同乡故善遇之，欲为亲家，竟不许，又以护持杨继盛，颇为清议所归。《千顷堂书目》著录其《永新志》及《洞麓堂集》三十八卷又《思补轩稿》八卷。现存嘉靖四十年莆田林润刊《思补轩漫集》八卷，收其所作诸体诗，有王材序；又万历三十五年黄承玄刊本《洞麓堂集》三十八卷。《四库全书》收《洞麓堂集》十卷，凡文六卷诗四卷，《总目》"提要"云："元标（邹元标）序称'其诗数百首，力推唐雅。制、疏、书、序、记、铭、状、表数百篇，出入汉宋，阐绎名理，不屑绮语'。虽乡曲之词，例皆溢美，今核其所作，尚不尽诬云。"《洞麓堂集》十卷另有明乌丝栏旧抄本及清嘉庆五年（1800）尹启殿等刊本。《盛明百家诗》录其诗六十余首为《尹洞山集》一卷。顾起纶《国雅》卷一二录其诗八首。《皇明诗统》卷二二录其诗十八首。《明诗综》卷四二录其诗二首。《江西诗征》卷五七录其诗三十三首。清尹继隆《永新诗征》卷一〇录其诗三十首。清胡大鸿《江右文抄》录其文八篇。《明诗纪事》戊签卷一九录其诗十二首，按语谓其"不以诗名，撷其佳作，雅质风藻，不愧名家"。生平见胡直《尹洞山先生台传》(《国朝献征录》卷三六)、过庭训《本朝分省人物考》卷六八。

尹伸（1570—1644） 字子求，一字乾范。四川叙州府宜宾人。万历二十六(1598)进士，除承天府推官。入为南兵部主事，历员外、郎中，简放西安知府。历陕西提学副使、苏松兵备参政，投劾归。天启间，起贵州参政，寻解职去。崇祯间起河南右布政使，以失御于李自成，罢归。崇祯十七年(1644)张献忠进四川，避乱山中，被执，授其官不从，至井研县界被杀，年七十五。平生以节义、文章自负，善书能诗。其罢贵州参政归，自辑历来所作诗文为《自偏堂诗集》十二卷《文集》九卷，崇祯间刻本存，《诗集》收古近体诗三百八十首，《文集》收奏疏、序、记、传、墓志、祭文等九十三篇，有陈继儒、王璈序。陈序谓其"诗文不雕镂，不粉黛，而温丽静深，无一字不从自己流出"。王序署崇祯七年，盖其刊行时间也。另有《自偏堂书牍》十八卷，当亦刊于崇祯年间，现存刊本缺卷三。《千顷堂书目》著录其《和雪亭集》□卷又《续集》一卷，未详。费经虞《蜀诗》卷一〇录其诗十一首。《列朝诗集》丁集录其诗十九首，"小传"云："公廉强直，不阿权贵，凡三任皆投劾去……读书汲古，精于鉴赏，日课楷书五百字，寒暑不辍。"《明诗综》卷七二录其诗三首。《明诗纪事》辛签卷二录其诗四首。《明文海》录其文《峨眉后记》一篇。生平见《(雍正)四川通志》卷一二、《明史》卷二九五。

尹直（1427—1511） 字正言，号謇斋，晚更号澄江。江西吉安府泰和人。景泰四年(1453)领乡荐，明年进士，选翰林院庶吉士，与修《寰宇通志》，七年除编修。天顺二年(1458)，与修《大明一统志》，成化三年(1467)升侍读，历侍讲学士，十一年晋礼部右侍郎，二十二年改户部左侍郎兼翰林学士，入内阁，寻加太子少保，升兵部尚书，进华盖殿大学士。尹直明敏博学而躁于进取，性矜忌，不自检饬。因构陷江西巡抚闵珪等，引舆论哗然，孝宗令致仕。家居二十余年，正德六年(1511)十二月初一卒，年八十五。著有《明良交泰录》十八卷(有明抄本)，又《名相赞》五卷(有清曹氏倦圃抄本)、《南宋名臣言行录》十六卷,《四库全书总目》著录。另有《皇朝名臣言行通录》十二卷,存弘治十三年(1500)刊本。《四库全书总目》又著录其《蹇斋琐缀录》八卷,存嘉靖时刊本,所记皆为内阁掌故及见闻。《千顷堂书目》著录其诗文集《澄江集》二十五卷,未见传。《江西诗征》卷五〇录其诗六首。清王琨《泰和诗征》卷二三录其诗十二首。生平见吴俨《尹公直行状》(《国朝献征录》卷一四)、费宏《尹公墓志铭》(《费文宪公摘稿》卷一七)、廖道南《殿阁词林记》卷三、《明史》卷一六八。

尹昌隆(1369—1417)　字彦谦,号讷庵,江西吉安府泰和人。洪武三十年(1397)第二人进士及第,授翰林修撰,改监察御史。建文即位,以地震建言,谪福宁知县。燕兵南下,奏请建文罢兵,举位让之,永乐登基,以是奏得贷死,永乐二年(1404)擢左春坊右中允,辅东宫,改礼部主事,以事逮下狱,遇赦复官。时尚书吕震且入相,昌隆阻之,后数年,谷王谋反事发,辞连昌隆,为吕震所诬,狱具,置极刑,十五年弃市籍族,年四十九,吕震死后昭雪。万历时其八世孙尹应中辑其诗文,刊为《尹讷庵先生遗稿》十卷,内卷一为表、疏等,卷二至卷六收各体文二十七篇,卷七、卷八收诗五十三首,末两卷为附录,载有关诏、敕、行实、序、传等,首有万历二十九年(1601)邹元标序。《四库全书总目》著录《尹讷庵遗稿》八卷附录二卷,即此本也。韩阳《皇明西江诗选》卷五、《皇明诗统》卷六、《明诗综》卷一七均录其诗一首。《江西诗征》卷四五录其诗八首。清王琨《泰和诗征》卷一二录其诗十四首。生平见史鉴《礼部主事尹昌隆传》(《国朝献征录》卷三五)、林尧俞等《礼部志稿》卷五七、唐伯元《中允昌隆传》(《尹讷庵遗集》卷首)、《明史》卷一六二四。

尹耕(1513—?)　字子莘,号朔野山人。山西大同府蔚州(今河北蔚县)人,卫籍。嘉靖十年(1531)中举,明年联捷进士,授藁城知县。入为礼部仪制司主事,十七年升员外郎,历郎中,简放河间知府,擢河南按察司兵备佥事,坐劾成辽左,终身摒弃不复用。回乡后筑九宫山房,读书著述。为人豪宕不羁,性嗜酒,喜谈兵。以生长边陲,知事,痛恨武备废弛、边臣玩愒,因作《塞语》一卷,言及边防房势之要害及捍御塞北诸部之术十一条,嘉靖二十九年刊于世,以告当事者。又撰《两镇三关志》十四卷,以备边防者所用。明刻《名臣宁攘要编》(项德桢编)收其《大同平叛志》《南太纪略》《藤峡纪略》各一卷,亦皆记兵事。《千顷堂书目》著录其《朔野集》,现存崇祯十年(1637)蔚州刊本《朔野山人集》四卷,内文二卷,收序、记、墓志等文三十九篇,诗二卷,收诗三百余首、词二十七首,有林铭球序。《皇明诗统》卷三三录其诗三十五首。《列朝诗集》丁集录其诗六十首,"小传"谓其:"作为歌诗,沉雄历落。《秋兴》《上谷》诸篇,有河朔侠烈之风。"《明诗综》卷四一录其诗十四首,"诗话"云:"李、何诗派并行,曾未几时而学李者渐少,宗何者日多。学李得其风骨者,前有凌溪(朱应登),后有朔野而已。朔野以边才自负,一蹶不振,坎壈而终。诗如晓角秋筚,听者凄楚。"清沈德潜《明诗别裁集》录其诗十首。清施何牧《明诗去浮》卷三录其诗十首。《御选宋金元明四朝诗》录其诗八首。《明诗纪事》戊签卷一八亦录其诗五首。《明文海》录其文六篇。生平见《(雍正)山西通志》卷一三九。

尹襄(1487—1528)　字舜弼,号巽峰。江西吉安府永新人。正德六年(1511)进士,选翰林院庶吉士,授编修,与修《武宗实录》。迁侍讲,进司经局洗马,因病卒于嘉靖六年(1528)秋,年四十二。《千顷堂书目》著录其《巽峰集》。现存嘉靖二十七年(1548)永新尹氏家刊本《巽峰集》十二卷附录一卷,内卷一名《吉士稿》,收其初入翰林时所作诗文,卷二至卷四收古近体诗二百余首,卷五收讲章、阁试、馆课,卷六至

卷一二收序、记、墓志等文。卷首林文俊序,谓其卒年取旧所为稿芟润改窜,手自抄录,付其子祖懋藏之,故是集多其自选,别有藏稿若干卷不在集中。其子尹祖懋题识则谓其集原为十卷,后辑其散佚增益为十二卷。是集后又有清光绪七年(1881)尹襄裔孙桃珠、蟠珠等重刻重刊本。《皇明诗统》卷一六录其诗五首。《四库全书总目》著录《巽峰集》十二卷附录一卷,"提要"云:"其文持论颇纯正,而波澜结构则未造古人。"清应麟《江右古文选》卷二二录其文一篇。清尹继隆《永新诗征》卷九录其诗二十五首。生平见董玘《巽峰尹公墓志铭》、费寀《巽峰尹公墓表》《司经局洗马尹君襄传》(《巽峰集》附录)、《(雍正)江西通志》卷七八。

孔天胤(1505—1581)　字汝锡,号文谷,又号管涔山人。山西汾州府汾阳人。嘉靖十一年(1532)进士第二,故事当授编修,以藩戚,例不得入,外补陕西提学金事,官至浙江布政司右参政,谢政归。归后寄兴山水,与王道行、吕仲和、裴邦奇等结诗社倡和。卒于万历九年(1581),年七十七。好读书,嗜吟咏,数十年不倦。《千顷堂书目》著录其《孔文谷集》十六卷又《诗集》十四卷。现存嘉靖四十一年(1562)洪朝选刻万历续刊本《孔文谷诗集》十

四卷。又有隆庆五年(1571)刻万历增修本《孔文谷文集》十六卷《续集》四卷《诗集》四卷《文谷渔嬉稿》二十卷，内《文集》十六卷，卷一收《嘉靖壬辰科廷试策》，后十五卷收各体文含书信计三百多篇；《续集》收各体文七十余篇；《诗集》四卷，前两卷题为《履霜集》《泽鸣稿》，后两卷题为《渔嬉稿》，计收诗三百四十余首；后《文谷渔嬉稿》二十卷则纪年分卷，始于嘉靖四十年辛酉，结于万历八年庚辰，二十年未间断，计收诗一千九百余首。《四库全书总目》著录《孔文谷诗集》十四卷及《孔文谷文集》十六卷《续集》四卷《诗集》二十四卷；又著录《霞海篇》一卷，"提要"谓是集"乃其督学浙江时按临台州所作，故以霞海为名。凡诗三十四首，力摹三谢而未成"。《千顷堂书目》另著录其《汾州志》八卷。《盛明百家诗》录其诗四十余首为《孔方伯集》。顾起纶《国雅》卷一二录其诗十四首。《皇明诗统》卷二五录其诗九首。《列朝诗集》丁集录其诗八首。《明诗评选》录其诗三首。《明诗综》卷四一录其诗一首，"诗话"云："管涔山人如新调鹦鹉，虽复多言，舌音终是木强。"《明诗纪事》戊签卷一八录其诗四首，按云："文谷刻意摹古，五律亦自清拔。"《明文海》录其文《朱子晚年定论序》等三篇。生平见王兆云《皇明词林人物考》卷八、《(雍正)山西通志》卷一三七。

孔贞运(1576—1644)　字开仲，号玉横，称孔子后人。南直池州府建德(今安徽东至)人，籍隶应天府句容(今属江苏)。万历四十年(1612)举人，四十七年进士，一甲第二，授编修。泰昌元年(1620)与伯兄贞时同修《神宗实录》并《六朝章奏诰敕》，熹宗时又与修《光宗实录》。崇祯元年(1628)晋国子监祭酒，二年升宫詹兼翰林院侍读学士，三年归乡守制，六年起为南京礼部右侍郎，转左，八年改北吏部左侍郎兼翰林院侍读学士，九年入阁，官礼部尚书兼文渊阁大学士，曾代张至发为首辅，十三年以忤帝旨引归。十七年闻甲申之变，恸绝卒，年六十九。《千顷堂书目》著录其《敬事草》五卷又《行余草》十卷。现存崇祯间十竹斋刊本《敬事草》五卷，内多册文诏谕讲章之类，仅卷一有诗十余首。所著又存万历刊本《新刊孔部元法题四六参语》二卷、崇祯七年刊本《皇明诏制》十卷，天启刊本《古今奇文品胜》。《行余草》十卷则未见传。《(乾隆)句容县志》卷一〇录其诗九首。《金陵诗征》卷二八录其诗六首。生平见清佚名《五十辅臣考》卷三、《明史》卷二五三等。

孔贞时(1571—1621)　字中甫，号泰华。南直池州府建德(今安徽东至)人，籍隶应天府句容(今属江苏)。万历三十四年(1606)以句容籍中举,四十一年进士,选翰林院庶吉士,四十六年授检讨。历起居注官,泰昌元年(1620)与从弟孔贞运同纂修《神宗实录》并《六朝章奏诰敕》,天启元年(1621)卒于官,年五十一。现存《在鲁斋文集》五卷,有崇祯四年(1631)建德孔尚豫刊本。内卷一首列其所拟诏书笺册敕谕等,次为诸体诗二百六十余首,文四卷,收各体文二百六十余篇,首有叶灿、曹可明及孔贞运序。其书清初曾列为禁书,故少传于世。生平见《(乾隆)江南通志》卷一三九、《(乾隆)句容县志》卷九。

孔承庆(1425—1455)　字永祚。山东兖州府曲阜人。孔子六十世嫡孙,景泰六年(1455)未袭爵而逝,年三十一。后其子宏绪袭封衍圣公,追封其为衍圣公。喜吟咏,卒后其外祖王惟善为选其遗诗,辑为《礼庭吟稿》三卷刊行,现存清康熙三十九年(1700)六十七代衍圣公孔毓圻重刊本,计收诗一百六十余首,内五言律诗六十八首、七言律诗五十三首、五七言绝句等四十四首,卷首有景泰三年同邑太常卿许彬《礼庭吟稿序》、天顺元年(1457)国子祭酒长洲刘铉《礼庭吟稿序》、景泰六年冬十二月翰林编修刘珝《礼庭吟稿后序》。生平见《(乾隆)兖州府志》卷九引《阙里志》。

邓士亮(生卒年不详)　字寅候。湖广武昌府蒲圻(今属湖北)人。万历十九年(1591)举人,三十二年进士。两任州学正,转肇庆府推官,四十四年任肇庆府海防同知,兼理阳江知县事,曾与教谕邓全慎同修《阳江县志》。历南户部员外郎,榷扬州关税,又简放四川马湖府知府。信佛,崇祯九年(1636)曾铸观音大士铜象立于蒲圻西门外大沙洲。有杂著《屏史》前十七卷、后四卷,现存崇祯八年刻本。卷前有邓士亮自叙两篇,前十七卷为各体诗文杂记,诸卷均有分类,如卷二"元夕、午日、七夕、九日";卷三"品貌、声音、言语、笑、骂、妇女、美人";卷九"饮酒、嗜味";卷一一"鸟赋";卷一七"英雄、豪侠、权智"等,每卷均各有所重。其中独卷一二至卷一四题为《白门剩草》《绵州续草》《龙湖小草》,亦诗文兼收。后四卷专评黄帝至陆九渊诸历史人物。诗文著述另有明末刊本《心月轩稿》十七卷,首有王思任《心月轩稿序》,末龚之祥《心月轩稿跋》,内赋一卷,收赋三篇;诗四卷,收诸体诗三百三十(卷三题为《峡州草》、卷四题为《绵州草》、卷五题为《瑞州草》);以下文八卷,收各体文含书牍凡八十余篇;卷一四题为《麈余》,内家训二十余则,卷一五为《俪语·天妃祠》,卷一六、卷一七各收杂著二篇。生平见《(康熙)武昌府志》卷八、《(道光)蒲圻县志》卷九。

邓子龙(1527—1598) 字云卿，一字武桥。江西南昌府丰城人。嘉靖中应募从军，骁捷善战，累功至广东把总。万历初迁守备，寻擢署都指挥佥事，掌浙江都司，擢参将。十一年(1583)以平缅功进副总兵，后坐事褫官。十八年复副总兵，二十年又被劾罢归。二十六年，当朝鲜用师，起原官，从陈璘援朝鲜击倭寇，督水军为前锋，追敌于釜山阵亡，年七十二，赠都督佥事。善书，喜吟咏。《千顷堂书目》著录《横戈集》一卷，现存清抄本，收诗二百零八首。清应麟《江右古文选》卷一六录其文二篇。《江西诗征》卷六〇录其诗一首。《明诗纪事》庚签卷二四录其诗二首。生平见《(雍正)江西通志》卷六九、《明史》卷二四七。

邓元锡(1529—1593) 字汝极，号潜谷。江西建昌府南城人。生于嘉靖八年(1529)二月二十八。三十四年中举，不上公车，居乡潜心读书，讲学著述。万历二十一年(1593)征授翰林院待诏，有司督促就道，将行，七月十四卒，年六十五，学者私谥"文统先生"。研经学，初游罗汝芳之门，复从邹守益等论学。其学渊源于王守仁，又不尽宗心学之说。时心学谓学惟无觉，一觉无余蕴，元锡力排之。又晚近王学，多

有引禅悦之说入儒，元锡亦辟之。其经学著述有《三礼编绎》二十六卷、《五经绎》十五卷，均有明刊本。史学著述有仿郑樵《通志》所作《函史》，上编八十一卷、下编二十一卷，又《皇明书》四十五卷，亦有明刊本传世。《明史·艺文志》著录其别集《潜学稿》十七卷，实存世诗文集数种，一为万历间活字本《潜学稿》七卷，收其所作杂著、书启、墓志之类，有王材序；二为万历三十五年陶望龄序刊本《潜学编》十二卷，卷一收赋三、辞二、拟乐府歌行四十二首、四言古诗八首，卷二、卷三收五七言古诗二百八十六首，卷四、卷五收五七言近体三百零二首，卷六至卷一二收其所作诸体文及书启等。又有崇祯十二年(1639)邓应瑞刊本《潜学编》十九卷，卷一三以后为赋辞及诸体诗，末卷名《游武夷草》。《四库全书总目》著录《潜学稿》十二卷，无诗，亦为别本，未见传，"提要"谓其"语录力辟心学，在当时尚为笃实，文章则颇为朴僿，未足擅长。"未言其诗也，实其诗古近体皆可称。《明文海》录其文十二篇。清应麟《江右古文选》卷一六录其文二篇。《明诗综》卷四八录其诗六首。《江西诗征》卷五八录其诗二十首。《明诗纪事》己签卷一一录其诗三首，按云："汝极讲学，辟佛甚严，异于姚江之末派。诗亦不入《击壤》窠臼。"生平

见黄浑《潜谷邓先生元锡行略》(《国朝献征录》卷一一四)、何乔远《名山藏》卷九七、黄宗羲《明儒学案》卷二四、《明史》卷二八三。

邓云霄(1566—1632)　字玄度，号虚舟。广东广州府东莞人。父经商，送子读书习举业。万历二十二年(1594)中举，二十六年进士，除长洲知县。征授南户科给事中，出为湖广按察佥事，迁四川参议，改湖广，降陕西佥事，改广西，进参政。卒于崇祯五年(1632)，年七十七。以诗名，有《漱玉斋类诗》三卷，《百花洲集》《燃桂稿》各二卷，《越鸟吟》《秋兴集》《初吟草》《解弢集》各一卷，皆存明刊本。另有《浮湘》《竹浪斋》《紫烟楼》《镜圆》等集及《衡岳志》八卷，亦见于《千顷堂书目》著录，未见传。另存崇祯八年(1635)刊本《邓玄度诗选》十卷，残存《漱玉斋文集》二卷。清屈大均《广东文选》录其诗十首。《明诗综》卷五八录其诗一首。清陈元龙《御定历代赋汇》录其赋三篇。《四库全书总目》著录其《百花洲集》《解弢集》，"提要"云："云霄作《冷邸小言》，论诗以妙悟为宗，以自然为用。故兹集所载，多仿王、孟之音，而醖酿深厚则未及古人。昔严羽作《沧浪诗话》，标举盛唐，而所作乃惟存浮响，云霄所论所作，盖均似之矣。"《冷邸小言》一卷亦为《四库全书总目》著

录，有清道光二十七年(1847)刊本。清梁善长《广东诗粹》卷七录诗四首。《明诗纪事》庚签卷一九录诗一首。近人张其淦《东莞诗录》卷一七录其诗四十四首。生平见(《雍正》广东通志》卷四五。

邓以赞(1542—1599)　字汝德，号定宇。江西南昌府新建(今南昌)人。隆庆元年(1567)举于乡，五年进士，一甲第三，授翰林编修。张居正为相，疏谏不纳，因移疾归。起中允，复以念母返，再起南京国子监祭酒，就迁南礼部侍郎，改吏部，再改北吏部。万历二十七年(1599)居母丧归，以哀病卒，年五十八，赠礼部尚书，谥文洁。未第时曾从王畿游，传王守仁"良知"之学，又以清介为世所重。卒后著述散佚，《千顷堂书目》著录其《邓定宇集》四卷又《邓文洁佚稿》八卷。《四库全书总目》辑录《文洁集》四卷，"提要"云："此本乃吉水邹元标搜辑于断简散帙之中，宜兴吴达可为之付梓。其讲学语仅存数则，余不过奏疏三首与书、序、记、传诸应酬之文耳。中附诗数十首，尤非所长也。"然此本实为其著述较早刊本，后陆续所刻，如万历三十一年刊本《邓定宇先生文集》六卷，文五卷诗一卷，又万历末何三畏校刊本《邓文洁公佚稿》六卷(亦文五卷、诗一卷)皆存于世。后出刻本于诗文均多有增益，以万历间万尚

烈等刊本《邓文洁公佚稿》十卷收罗最富。是集首有左宗郢、陶望龄序，卷一收"语略"，卷二至卷六收各体杂文，卷七、卷八收书启，卷九收诗五十七首，卷一〇收奏疏。《明文海》录其文三篇。《明诗综》卷五一、《江西诗征》卷五九、《明诗纪事》庚签卷一〇均录其诗一首。生平见邹元标《定宇邓公墓志铭》（《愿学集》卷六）、黄宗羲《明儒学案》卷二一、《明史》卷二八三。

邓仪（1524—1602） 字文度，别号山子，晚更号骆泾山人，又称濠南圃佣。南直常州府无锡（今属江苏）人。初习举子业，后弃之而为古文词诗赋，尤工临池。事亲以孝，安贫乐道终其身，万历三十年（1602）卒，年七十九，门人私谥贞乐先生。清高鑅泉《锡山历朝书目考》卷三著录其有《北游记》一卷、《南游记》一卷、《艺圃集》一卷、《旃鹜堂文稿》四卷、《进德斋集》十六卷、《诗余》一卷等，均未见传。嘉靖间俞宪取其诗八十余首辑入《盛明百家诗》，名《邓山人集》，"小传"谓其"居贫而乐"。顾起纶《续国雅》卷四录其诗二首。《皇明诗统》卷三一录其诗八首。

邓迁（1504—1575） 字世乔，号文岩。福建福州府闽县（今福州）人，邓元岳之父。生于弘治十七年（1504）九月初七。嘉靖七年（1528）举人，选授香山县令，迁嘉兴府通判，署嘉善县事。卒于万历三年（1575）十一月三十，年七十二。《千顷堂书目》著录其《山居存稿》十一卷，现存嘉靖刊本。又有天启七年（1627）邓庆寀刊本《别驾集》一卷。徐𤊻《晋安风雅》录其诗五首。《明诗综》卷四八录其诗一首。《（乾隆）福建通志》录其诗二首。清郭柏苍《全闽明诗传》卷二〇录其诗四首。《明诗纪事》戊签卷一六录其诗一首。生平见邓原岳《先考文岩府君行实》（《西楼全集》卷一五）。

邓庆寀（1587—?） 字道协。福建福州府闽县（今福州）人，邓原岳仲子。少以诸生游太学，屡试乙榜，谒选长芦盐运司运判。与徐𤊻、曹学佺等为诗友，结社倡和。现存崇祯元年（1628）刻本《荷薪集》一卷，吴门葛一龙选，黄居中序，收诗一百四十余首，附有甬东薛冈之《荷薪堂记》一篇。又崇祯间刻《尘韵》一卷，前有崇祯元年龚之祥与周应辰、林古度序，收诗一百十余首。又崇祯刊本《还山草》一卷，亦收诗一百十余首，有崇祯元年徐𤊻、曹学佺、陈肇曾之序。又曾补徐𤊻《闽中荔枝通谱》十六卷，有崇祯刊本。清郭柏苍《全闽明诗传》卷四五录其诗十四首。

邓汝相（1510—1589） 字仲弼，号南溪。江西建昌府南丰人。嘉靖十三年（1534）举人，授祁阳知县，升云南宾川知州,谢病归。家居二十余年,万历十七年(1589)卒,年八十。有《南溪集》,现存万历末年南丰邓氏绣椿堂刊本《重刻南溪先生集》四卷附录二卷,卷一、卷二为诸体诗,收诗近二百首,卷三、卷四收记、传、序等杂文七十篇,附录为陈荐所作《墓志铭》及祭文、赠序、书启等,有陈荐、汤宾伊等七人序。生平见陈荐《郑先生墓志铭》(《重刻南溪先生集》附录)、《(雍正)江西通志》卷八四、《(同治)南丰县志》卷二四、《(光绪)建昌府志》卷八。

邓志谟(1559—?) 字景南,又字明甫,号百拙、百拙生、拙生,又号竹溪散人等。江西饶州府安仁(今鹰潭余江)邓埠镇人。少习科举未就,因漫游四方,吟诗会友,乐而忘归。三十余岁失怙,归乡守制,又亡妻丧子,家道中落,因游于闽,入建阳书坊萃庆堂主人余彰德(字泗泉)家为塾师。志谟自少杂学旁收,博闻强记,又性喜著书,因又为书坊编写小说及各种通俗读物,以至乐此不疲,操此业者达二十余年。志谟编著之书多由萃庆堂印行世,内通俗小说有《晋代许旌阳得道擒蛟铁树记》二卷十五回,据道书《旌阳许真君传》等敷演,后冯梦龙《警世通言》之《旌阳宫铁树镇妖》一篇即据此书改编。又《五代萨真人咒枣记》二卷二十四回,叙传说中之五代

道士萨守坚得道事。以上两书皆存万历三十一年(1603)萃庆堂刻本。又有《唐代吕纯阳得道飞剑记》二卷十三回,亦存万历间萃庆堂刻本。其小说均演道教成仙得道、斩妖除怪之事,世俗意味甚浓。又撰戏曲传奇五种,合称《百拙生传奇》,各剧所演全为男女婚恋故事,然情节人物多独出心裁,如《并头花记》二卷四十出,人物全以花草命名,男为"宜男"(萱草),二女称"水仙子""蕉美人",作乱者为"藤花王",坏人则叫"园棘""墙茨";《凤头鞋记》二卷三十八出,人物则全为鸟名,男名"黄鹂鹕",友人叫"秦吉了""孔雀""寒皋"(八哥),女子则乳名鹦哥;《玛瑙簪记》二卷三十三出,其中人名槟榔、红娘子、贝母、云母、慈姑、寄奴、荏子等则全为药名;《八珠环记》二卷三十七出,人物则以骨牌杂色牌中类人名者称之。故其剧作全以调笑为宗旨。《百拙生传奇》现存清玉芷斋抄本,惟阙《玉连环记》。晚明通俗文艺流行,出现一批以"争奇"为名之通俗读物,此类作品以"两物相争"为结构形式,借助各种文艺表现方法,以达调笑戏谑之效果。其渊源可上溯至东汉俗赋《神乌傅(赋)》及唐五代敦煌藏卷《燕子赋》等,至晚明又借鉴某些小说之表现方法,因为粗识文墨者所欢迎。所知这类作品至少有《花鸟争奇》

《山水争奇》《风月争奇》《梅雪争奇》《茶酒争奇》《童婉争奇》《蔬果争奇》等多种。现存《花鸟争奇》三卷、《山水争奇》三卷、《风月争奇》三卷,皆有晚明萃庆堂刻本,可确定为邓志谟所撰,由此又知志谟实为当时此类书之始作俑者也。志谟所编其他通俗读物甚多。如实用类书《故事白眉》(明末清初刻本又题作《锲音注艺林汉故事白眉》《锲音注艺林晋故事白眉》《新刻订补汇解故事白眉》等,有八卷、十卷、十二卷等各种版本)、万历间余氏萃庆堂刻本《精选故事黄眉》十卷、万历三十一年序刊本萃庆堂刻本《锲旁注事类捷录》十五卷、万历四十三年萃庆堂刻《锲旁训古事镜》十二卷、万历四十五年四德堂刊本《新刻四六旁训古事苑》二十三卷(又有明刻二十卷本、十卷本,清康熙间兰雪堂刻本《兰雪堂古事苑定本》十二卷)、天启七年(1627)刊《刻一握坤舆》十三卷、清荣德堂刻《新刻增补翰苑英华事类捷录》十五卷等。又有兼具娱乐性的实用类书,如明刊《新刻酒洒篇》六卷、万历间刻《丰韵情书》六卷、萃庆堂刻《新刻一札三奇》八卷等。另,邓志谟尚有诗文集四种存世。最早者为万历间萃庆堂刊诗集《蝉吟稿》四卷,首吴迁《蝉吟稿引》及邓志谟《百拙生自叙》。集前目录原收诗三百六十九首,以末尾残缺乐府

三首,仅得三百六十六首(内七言绝句一百零五首、五言律诗三十六首、七言律诗一百八十四首、乐府杂录七首)。后又陆续刊刻《得愚集》六卷、《续得愚集》四卷及《鸡肋集》六卷。万历三十六年刊印之《得愚集》六卷仅收书札;万历四十二年刊印之《续得愚集》四卷,其卷一、卷二收柬札,卷三收启,卷四收序、杂文、辩、行状、诗,内收诗凡六十五首,然有五十七首已见于《蝉吟稿》,新增仅八首;后万历末建阳书林积善堂刊本《新锲旁释鸡肋集》六卷亦兼收书札诗文,内收诗凡二百九十一首,内二百七十七首已见《蝉吟稿》、八首已见《续得愚集》,新增仅六首而已。志谟编著之书既多,版刻流传亦广,于明季书坊作家中甚称作手,其有诗文集传世,于明季书坊作家中亦鲜有其例也。其生平略见于《(道光)安仁县志》卷八《隐逸》。

邓林(生卒年不详)　初名彝,字观善。成祖朱棣为改今名,字士齐,号退庵,又号纯素子。广东广州府新会人。洪武二十九年(1396)举人,授浔州府贵县教谕。永乐初入京,与修《永乐大典》,出为南昌府学教授,秩满,试高等,迁吏部验封司主事,后迁稽勋郎中。宣德四年(1429)以言事忤旨,戍保安,与瞿佑交往。正统初(1436)遇赦谪居杭州。工诗,初无所知名,居朝为杨士

奇、李时勉延赏，因有"岭南一代文人"之誉。居杭多湖山之游，虽年未及而予杭州耆老会，与姚肇等人倡和，张震因辑《湖山游咏录》，后田汝成《西湖游览志余》多采之，且谓邓林"诗文为一代所推重"（卷一一）。景泰元年（1450），余姚陈贽为广东布政司左参议，掇拾其遗稿，辑为《退庵遗稿》，序云："手自抄录，得诸体诗四百五十八首，文三百六十六篇，编为二册，题曰《退庵先生遗稿》，仍录二册俾其旧稿"。《千顷堂书目》著录《湖山游咏录》及《退庵集》。现存清抄本《退庵邓先生遗稿》七卷，有陈贽、黄淳序及天顺元年（1457）佚名《后叙》，卷首列敕书四道、遗像、志传等，卷一赋二篇，余则为诸体诗，无文，已非陈贽原抄。《皇明诗统》卷六录其诗五首。《列朝诗集》乙集录其诗二首。清屈大均《广东文选》卷二八录其诗一首。《明诗综》卷一九录其诗一首。《御选宋金元明四朝诗》录其诗二首。清梁善长《广东诗粹》卷二录其诗二首。清顾嗣协《冈州遗稿》卷一录其诗五十六首。《明诗纪事》乙签卷一三录其诗二首。生平见黎贞《纯素子传》（《退庵遗稿》卷首）、黄佐《邓林传》（《广州人物传》卷一三）、《（雍正）广东通志》卷四七。

邓宗龄（1558—?）　字子振。广东雷州府徐闻人。万历四年（1576）举人，十一年进士，选翰林院庶吉士，由吏部左侍郎兼翰林院学士陈经邦、礼部左侍郎兼翰林院侍读学士周子义教习，结业后授检讨，进编修，约四十岁病逝。《雷州府志》谓其"体貌魁伟，有逸人度，谓其有公辅之望，惜啬于年"。所著有《玉堂遗稿》《舟中草》等，现存明刊本《吹剑斋文集》八卷，内诗赋一卷，收赋二篇，诗一百五十首，余为序、记、墓铭、祭文、书启等。《明文海》录其文《候气说》《春王正月辨》《重刻唐文苑英华叙》。生平见《（万历）雷州府志》卷一七。

邓定（生卒年不详）　字子静。福建福州府闽县（今福州）人。明初布衣。洪武初与兄邓诚并征遗佚，诚应聘，定不出，匿迹东郊，结庐竹屿，以著述自娱。与同时名士如王恭、陈亮、陈申相与赓和，年八十余卒。谢肇淛《小草斋诗话》记云："国初邓布衣定题《昭君出塞图》云：'传呼莫射南飞雁，欲寄平安到汉家。'一时传咏，以为绝唱。"《千顷堂书目》著录其《耕隐集》二卷，现存天启七年（1627）邓庆寀刊本为万历间其八世从孙邓原岳所刻。是集卷上收五七言古古诗四十三首，卷下收近体诗一百零九首，卷首有邓原岳序及林古度《重刻耕隐集序》，卷末有邓庆寀题识。徐𤊹《晋安风雅》录其诗十二首。彭孙贻《明诗钞》录其诗一首。清郭柏苍《全闽明诗传》卷四录其诗五首。《明诗纪事》乙签卷一四录其诗三首。生平见《(乾隆)福建通志》卷五三。

邓钦文(生卒年不详) 字征甫、征父,号薇山。南直常州府江阴(今属江苏)人。善小楷,行书得赵孟頫法,又能花卉,诗则学唐。《千顷堂书目》著录《倚竹集》《纪游集》,《(乾隆)江阴县志》记其有《邓山人集》,均未见传。胡应麟《诗薮》记云:"延陵邓钦文诗,素不知名。戊辰(隆庆二年,1568)春,余同黎惟敬(黎民表)诸子游西山,归各赋诗,邓所作一首,特精工,冠一时。"顾起纶《续国雅》卷四、《皇明诗统》卷三一录其诗三首。《明诗综》卷六三、《御选宋金元明四朝诗》《明诗纪事》庚签卷三○上录其诗一首。近人顾季慈《江上诗钞》卷六八录其诗七十三首。生平见《(乾隆)江阴县志》卷一七。

邓庠(1447—1524) 字宗周,号东溪生。湖广郴州宜章(今属湖南)人。成化四年(1468)举人,八年进士,授行人。迁浙江道监察御史,巡抚京仓,按顺天等府,丁内艰归。服阕,补本道御史,升河南按察副使,进按察使,历广东右布政使、广西左布政使,擢都察院左副都御史,总督南京粮储,丁外艰归。召巡抚河南,擢户部右侍郎,督仓场,养病

归。起改左副都御史,巡抚苏松,升南京都察院右都御史,以南户部尚书致仕。卒于嘉靖三年(1524),年七十八。《四库全书总目》著录其诗集《东溪稿》十卷,"提要"谓其集"凡《吟稿》五卷、《入觐联句录》一卷、《续稿》三卷、《别稿》一卷,而以石珤所作《小传》附焉"。现《吟稿》五卷、《入觐联句录》一卷不传,仅见正德间自刊本《东溪续稿》三卷、《别稿》一卷,《续稿》收诗二百五十余首,《别稿》收诗二百二十余首,其中七言律诗最多,总四百八十首诗,七言律诗达四百二十首。首有正德十年(1515)贾咏序,谓其"性雅,耽吟咏,每政暇,辄形诸诗。有稿一帙,号《东溪》,因所筑别业题之。而此编乃续前稿而成……或抚景寄兴,因物写怀,信手拈出,不事雕琢,意新语工,各极其趣",卷后有顾璘《东溪续稿后序》。清廖元度《楚风补》卷一九录其诗二首。清邓显鹤《沅湘耆旧集》卷一一录诗五十一首。《湖南文征》录其文二篇。《明诗纪事》丙签卷六录其诗二首,按云:"尚书无诗名,而五字诗特疏爽。"生平见张璧《郑公庠墓志铭》(《国朝献征录》卷三一)、《(雍正)湖广通志》卷五○。

邓原岳(1555—1604) 字汝高,号翠屏。福建福州府闽县(今福州)人,林春泽婿。万历十三年(1585)举于乡,二十年进士,授户部主事,

监浙税。历员外郎、郎中，出为云南提学佥事，二十九年迁湖广参议，三十二年进副使，命未下已卒，年五十。文采诗名盛于八闽。其中进士后有《搔首集》，谒选时有《北征篇》，任户曹时有《帝京篇》，使浙漕有《于役稿》，参知荆楚后又有《帝京后篇》《碧鸡》《鄂诸》《浮淮》诸集，单行本仅存《碧鸡集》不分卷。卒后其子邓庆寀合诸集汇刻为《西楼全集》，万历三十九年刊本十四卷，诗十卷、文四卷；崇祯元年（1628）刊本十八卷，诗十卷、文八卷，增墓表行状书启等，又有李维桢、翁正春、林古度等序、谢肇淛《邓汝高传》，叶向高、屠隆、邹迪光、王穉登、邹观光等人原为各集所作之序也附焉，其子邓庆寀跋，《千顷堂书目》著录其《西楼存稿》十八卷即此本。徐火勃《晋安风雅》录其诗三十六首。谢肇淛《滇录》录其诗五首。《列朝诗集》丁集录其诗一首，"小传"云："与谢在杭（谢肇淛）并称诗于闽。在杭推之，以为国初有十才子，弘、正有郑善夫，而嘉、隆之后则汝高为之冠。"又云："汝高尝辑《闽诗正声》，以高廷礼（高棅）《唐诗正声》为宗，大率取明诗之声调圆稳、格律整齐者，几以嗣响唐音，而汰除近世叫嚣跳踉之习。然其所谓唐音者，高廷礼《正声》《品汇》之唐，而非唐人之唐也。观其诗论，则汝高之诗可知也。"《明诗综》卷五七录其诗一首。《御选宋金元明四朝诗》录其诗二首。《四库全书总目》著录《西楼集》十八卷，"提要"云："卷首谢肇淛所作小传，谓原岳为诗，初学郑善夫，已又学'七子'，既而一意摹古，要以唐人为宗，末年益复宏肆。今阅其诗，功候颇为不浅，惟未免有模拟之痕也。"清郭柏苍《全闽明诗传》卷三三录其诗十六首。《明诗纪事》庚签卷一七录其诗十一首，按云："汝高诗音节俊爽，长于七律。与谢在杭、徐惟和（徐火勃）辈结社。在抗推为嘉隆后闽人之冠，假借云尔。余衡其才品，当在二人之次。"生平见叶向高《翠屏邓公墓志铭》（《苍霞续草》卷一〇）、谢肇淛《邓汝高传》（崇祯元年刊《西楼全集》卷首）、《明史》卷二八六。

邓森广（生卒年不详） 字柬之，号杲园，又号巅崖、姜斋。南直安庆府桐城（今属安徽）人。崇祯八年（1635）贡生。少负才略，曾入皖抚张亮、黄配玄幕，晚年筑室北山，与李雅、李铨、徐翥方等人觞咏为乐。清康熙初卒，年六十一，私谥文任先生。《千顷堂书目》著录其《杲园集》，又名《杲园诗文集》，三十卷，未见传。清潘江《龙眠风雅》录其诗一百二十一首。《明诗综》卷八一下录其诗一首。清徐璈《桐旧集》录其诗三十四首。清李雅等《龙眠古文》

录其文四篇。生平见《（康熙）安庆府志》卷一九、《（康熙）安庆府桐城县志》卷五、近人马其昶《桐城耆旧传》卷六。

邓渼（1569—1629）　字远游，号箫曲山人。江西建昌府新城（今黎川）人。万历二十年（1592）举人，二十六年进士，除浦江知县，调秀水、内黄。征授河南道御史，巡按云南，迁山东按察副使，改浙江，进参政，再迁山东按察使。历昌平兵备道、通州兵备道，天启四年（1624）擢右佥都御史，巡抚顺天。五年御史林汝翥巡城被权阉家人殴击，邓渼代疏有“宁死金阶，不死奴婢”等语，触魏忠贤怒，将其织入杨涟、左光斗案逮讯，远戍贵州镇远。崇祯初赦还，未及用，二年（1629）卒于家，年六十一。好诗能文，诗略胜于文。《千顷堂书目》著录其《留夷馆集》四卷又《南中集》四卷又《红泉集》四卷、《大旭山房集》《夫蓉楼集》《灞水集》及《南中奏牍》十八卷。现存《留夷馆集》四卷、《红泉馆集》四卷、《大旭山房集》一卷、《南中集》六卷，皆为其生前所刻诗集。卒后其子邓竺、邓管辑诸集，又增其文集《大旭山房文稿》二卷、诗集《甬东集》一卷

《春草楼集》一卷《灞水集》一卷及《蓟门奏牍》六卷《南中奏牍》十六卷等，于崇祯五年一并刊行于世，今皆存。《列朝诗集》丁集录其诗二十四首，“小传”云：“远游当王（王世贞）、李（李攀龙）末流，楚人崛起之会，欲箴砭两家之病，而集其所长，其志则大矣。旋观其诗，体貌丰缛，音节繁会。长篇极意铺陈，而持择未得其领要；今体取材尖巧，而剥搜未脱其皮毛。可与掉鞅时流，或未能方轨先正也。”《明诗综》卷五八录其诗六首，“诗话”云：“远游诗敦琢而出，颇近俞羡长（俞安期）、何无咎（何白）二山人，微嫌郁辖耳，然胜楚人之咻多矣。”《四库全书总目》著录其文集《大旭山房集》一卷，“提要”云：“明板《唐文粹》之首有渼序曰：‘文家法秦、汉非不善也，然模拟工则蹊径太露，构撰富则窠臼转多。至近日肤浅之法，畏难好易，眉山盛而昌黎、河东二氏诎’云云，颇中明季古文两派之病，其自作则未能凌跨一时也。”《江西诗征》卷六一录其诗三十七首。《明诗纪事》庚签卷一九录其诗五首，按云：“远游诗长篇叙事，恻恻动人，有次山、香山遗意。”生平见《（雍正）江西通志》卷八四。

五　　画

[一]

玉峰主人（姓氏籍里及生平不详） 又称"玉峰生"。现存明弘治间刊文言小说《钟情丽集》四卷，题"玉峰主人编辑"，未详其为何许人也。卷首有成化二十三年（1487）"简庵居士"序，谓"余友玉峰生"，又云："弱冠之士，有如是之才华，如是之笔力，其可量乎?"后陶辅《桑榆漫志》、吕天成《曲品》、沈德符《万历野获编》及万历刊《金瓶梅词话》欣欣子序等皆以为此"玉峰主人"为丘濬，未足采信。书叙琼州书生辜辂及其表妹黎瑜娘情爱故事，为沿袭元《娇红记》之才子佳人小说，篇幅曼长，可称文言中篇。其写儿女情态，颇为工致传神，惟穿插诗词骈语甚夥，与《娇红记》同，散文体小说之别格也。后《绣谷春容》《国色天香》《万锦情林》《燕居笔记》《风流十传》等晚明通俗读物皆选录本篇，《金瓶梅词话》《欢喜冤家》等亦曾引用本篇韵文。

甘瑾（生卒年不详） 字彦初。余干（今属江西）人，或作鄱阳人，或作临川人，盖因流寓不定故。由元入明，以诗名，多咏史之作，尚唐音，七律优长。顾起纶《国雅》卷二录其诗三首，《皇明风雅》录其诗十七首，《皇明诗统》卷三录其诗十五首。《石仓十二代诗选·明诗选》录其诗十八首。《列朝诗集》甲集录其诗四十首，"小传"云："元末，张承旨翥侨居云锦山中，与彦初及张可立、甘克敬（甘复）往返甚数。评彦初诗如'美女簪花'，可立如'贞妇守节'。彦初入国朝为严州同知，或云翰林院待制，皆未详也。"《明诗综》录其诗十首，"诗话"云："明初临川诗派专学唐人者，揭孟同（揭轨）、甘彦初也。尚有张可立、甘克敬，惜其诗不多见。"清沈德潜《明诗别裁集》录其诗二首。《江西诗征》卷四一录其诗三十八首。《明诗纪事》甲签卷一七录其诗十三首。生平见《（雍正）江西通志》卷八一。

艾南英（1583—1646） 字千子，

号天佣子。江西抚州府东乡人。少长于八股文，万历末，与同郡章世纯、罗万藻、陈际泰刻四人所作制义行于世，因有“临川四才子”之称。天启四年(1624)举于乡，对策有讥刺权宦魏忠贤语，罚停三科。崇祯初，诏许会试，卒不第，而文誉日高。清军攻占南京，应邀起兵抗击，曾以车战获胜于金溪山谷中，后江西全境为清军所克，唐王立，入闽附之，上“十可忧疏”，授兵部主事，迁御史，丙戌(1646)病卒于延平，年六十四。平生以文章自许，负气陵物，人多惮之。论文径取唐宋，溯源秦汉，文学欧、苏而多模仿痕迹，对李攀龙、王世贞及钟惺、谭元春，均诋之不遗余力，曾曰：“后生小子，不必读书，不必作文，但架上有弇州(王世贞)前后《四部稿》，每遇应酬，顷刻裁割，便可成篇。骤读之，无不秾丽鲜华，绚烂夺目，细按之，一腐套耳。”(《与夏彝仲论文书》)现存文集刊本多种，主要有：明末刻《天佣子集》一卷《续集》一卷；清康熙间王居安刻《新刻天佣子全集》六卷(此即《千顷堂书目》著录本)、康熙间吕氏天盖楼刻《江西五家集》本《艾千子先生全稿》一卷、康熙三十四年(1695)张符骧刻《天佣子集》二十卷、康熙三十八年艾为珑刻《新刻天佣子全集》十卷等。另六安晁氏木活字《学海类编》有其《禹贡图注》不

分卷。清刊《元明八大家古文选本》有《艾东乡文选》二卷。《明文海》录其文二十七篇，据黄百家《明文授读》卷七，《明文海》卷一〇〇《论宋禘袷》下有评语云：“其传者当在论文诸书，他文模仿欧阳，其生吞活剥，亦犹之模仿《史》《汉》之习气也。其于理学，未尝有深湛之思，而墨守时文见解，批判先儒，引后生小子不学而狂妄，其罪大也。”清应麟《江右古文选》卷二五录其文十九篇。生平见《(雍正)江西通志》卷八二、《明史》卷二八八。清张符骧有《天佣子年谱》(道光间艾舟刻《重刻天佣子全集》十卷附)。

艾容(生卒年不详)　字子魏。南直隶应天府上元(今江苏南京)人。诸生。屡试不举，崇祯四年(1631)曾入登州军幕，争机务于督抚，不从弃去。善诗文，喜议论，与袁宏道、钟惺、谭元春、冯梦龙、艾南英等缔交有声。《千顷堂书目》著录其有《微尘阁稿》，实为《微尘闇稿》之误。存世《微尘闇稿》十四卷《豸庐稿》一卷。《微尘闇稿》为其诗文集，诗八卷，不分体，计收诗七百九十余首，文六卷，序、记、表、策、书、杂著计五十三篇，卷首有“华阳社盟弟周鏕”“金陵社弟盛宾”序及艾容自序，所署皆为崇祯七年；《豸庐稿》卷首有东海唐时序及作者崇祯元年自序，又录《冯犹龙(冯梦龙)书》一篇，盖

《豕庐稿》为其论《春秋》之作,冯梦龙选,故录冯梦龙书代为序。据艾容序自署,《豕庐稿》曾单刊于崇祯元年。艾容诗文流传不广,惟《金陵诗征》卷二八录其诗三首。生平见《(道光)上元县志》卷一六。

艾穆(生卒年不详)　字和甫,一字纯卿,号熙亭,又称终太山人。湖广岳州府平江(今属湖南)人。嘉靖四十年(1561)举人,除阜城教谕,入为国子助教。万历初,擢刑部主事,进员外郎。以劾张居正夺情被杖,谪戍凉州,居正死,起户部员外郎,迁四川金事,擢光禄少卿,历南鸿胪卿,召拜太仆寺卿,万历十九年(1591)以右金都御史巡抚四川,病归。有诗名,学杜而长于抒怀。《千顷堂书目》录其《熙亭集》十卷,现存万历间刊本《艾熙亭先生文集》十卷附《诸公赠诗》一卷,内文八卷,卷一奏疏十篇,卷二至卷六收序、记、传、墓志、祭文等各体文七十五篇,卷七、卷八收书牍六十余篇,卷九、卷一〇收五七言近体诗二百余首;《诸公赠诗》收陈文烛、龙膺、赵南星、汤显祖、孙斯亿等与艾穆相关诗歌百余首。是集存万历间不同印本,内容大体相同,惟序及赠诗有多寡,后又有清咸丰时刊本。另清光绪十六年(1890)平江艾氏又刻《艾熙亭先生文集》(《终太山人文集》)八卷,存万历本乔璧星、朱孟震等旧序及光绪十六年张坤《终太山人文集序》,计收各体文一百五十余篇,系据万历刊十卷本《艾熙亭先生文集》录出。《明诗综》录其诗七首,"诗话"云:"西宁之后,诗律颇效空同(李梦阳)。自公而后,南风多死声矣。"《御选宋金元明四朝诗》录其诗二首。清邓显鹤《沅湘耆旧集》卷一八录诗八首。《湖南文征》录其文三十九篇。《明诗纪事》己签卷一三录其诗九首,按语谓其诗"摹杜,特挟奇气"。生平见王兆云《皇明词林人物考》卷一二、《(雍正)湖广通志》卷五六。

左光斗(1575—1625)　字共之、遗直,号浮丘、沧屿。南直安庆府桐城(今属安徽)人。生于万历三年(1575)九月初九。万历二十八年举人,三十五年进士,授中书舍人。迁浙江道御史,擢大理寺丞,进本寺少卿,拜左金都御史。光宗崩,与杨涟议排阉党,扶冲主,为魏忠贤所害,天启五年(1625)七月二十四与杨涟同毙命于狱中,年五十一。崇祯初,赠右都御史,再赠太子少保,福王时,追谥忠毅。《千顷堂书目》著录其《左忠毅公奏疏》三卷、《左忠毅公集》五卷附录一卷。崇祯十六年(1643)序刻本《左忠毅公集》有方震孺、陈子龙、方中履序,内卷一、卷二奏疏,卷三诗(收诗二百余首),卷四尺牍,卷五杂著,附录碑铭、墓表、传、状、祭文等。又有清刊本多种。陈济生《天启崇祯两朝遗诗》卷一录其诗八首。清潘江《龙眠风雅》卷一三录其诗一百六首。《明诗综》卷六〇录其诗一首。《御选宋金元明四朝诗》录其诗九首。清徐璈《桐旧集》卷二六录其诗十七首。清李雅《龙眠古文》录其文七篇。《明诗纪事》庚签卷六录其诗一首。生平见倪元璐《忠毅左公行状》、孙承宗《忠毅左公墓志铭》(《左忠毅公集》附录)，又见清陈鼎《东林列传》卷三、《明史》卷二四四。清左宰有《左忠毅公年谱》二卷(道光间湘乡左辉春刻本)，近人马其昶有《左忠毅公年谱定本》二卷(1925年《集虚草堂丛书》甲集)。

左国玑(1480—1540) 字舜齐，号中川。河南开封府祥符(今开封)人，李梦阳妻弟。嗜酒落拓，不甚中意科考，年近四十，始于正德十一年(1516)举于乡，又累上不第，多有友人欲荐其为官，不应。嘉靖十九年(1540)夏六月，饮南郭水亭，醉归而病，病数日卒，年六十一。善书，尤以能诗称，与田汝稷齐名，人呼为"田左"。《千顷堂书目》著录其《南郭集》七卷，未见传。现存嘉靖三十八年卢嘉庆刊本《左舜齐诗》二卷，收诗三百余首，陆简、李蓘序。《盛明百家诗》录其诗三十余首为《左中川集》，"小传"云："卢工部刻《左中川集》，叙称其'豪纵磊落，为文驰骋踔厉，才藻逸发'，殆信然矣。"顾起纶《续国雅》卷三录其诗三首。《皇明诗统》卷一八录其诗五首。《石仓十二代诗选·明诗选》录其诗六十五首。《皇明诗选》录其诗一首，评语谓"左君跌宕，亦未成家"。《列朝诗集》丙集录其诗十二首，"小传"引黄河水云："国玑诗敏捷，昔有下笔成章之科，斯其人矣。但长于用才，短于用思，进而求之，恐其易尽。"《明诗综》卷三二录其诗四首，"诗话"云："田、左并称，诗皆粗鄙，信鲁卫也。"又录孟洋诗，"诗话"云："左孝廉舜齐，献吉外弟也；孟大理望之(孟洋)，仲默外弟也。左诗近肤，孟诗太浅，比于郎伯，邈若云渊。"《御选宋金元明四朝诗》录其诗十首。《明诗纪事》戊签卷一二录其诗二首。生平见李濂《左舜齐传》(《嵩渚文集》卷八八)、王兆云《皇明词林人物考》卷五、《(雍正)河南通志》卷六五。

左赞(? —1489) 字时翊。江西建昌府南城人。正统十二年(1447)举人，天顺元年(1457)进士，授吏部稽勋司主事，丁内艰归。服阕，改司封主事，升稽勋员外郎，进郎中，迁浙江右参政。成化二十二年(1486)秋升广东右布政使，未赴，以老谢事，优游泉石，弘治二年(1489)卒。善书法，尤精于隶书。

为诗文谨绳尺,崇理致。《千顷堂书目》著录其《桂坡文集》三十卷又《桂坡遇录》一卷又《梅花百咏》一卷。现存正德十六年(1521)刊《桂坡集》五卷《后集》九卷,《桂坡集》五卷所收为诗赋,有何乔新、彭韶序及王华、萧一中跋,内卷一为"乐府、北乐府",其中"乐府"九首将拟古乐府《公无渡河》《杨白花》等与词《关山月》并列,"北乐府"所收如[中吕·朝天子]、[越调·天净沙]等八首则为散曲,卷二至卷四收古近体诗一百五十余首,卷五收赋七篇;《后集》为文集,所收为各体文,含殿试策,惟末卷称"方外稿",收僧传、僧赞、庙记等九篇。《四库全书总目》著录《桂坡集》十五卷,即此本,"提要"云:"赞尝删定李觏集,盖亦颇留心诗、古文者。然所作质朴而不能健,清浅而不能腴,其于古格,仅仅具体云尔。"《皇明诗统》卷一四录其诗二首。《江西诗征》卷五一录其诗三首。《明诗纪事》丙签卷四录其诗二首。生平见何乔新《左公赞墓表》(《国朝献征录》卷九九)、《(雍正)江西通志》卷八四。

左懋第(1601—1645)　字仲及,号萝石。山东登州府莱阳人。崇祯三年(1630)举人,明年进士,除韩城知县。以父丧归守制,十二年考选,补户科给事中,十四年督催漕运,迁刑科左给事中,十六年秋出察江防。南明福王立,进兵科都给事中,擢右金都御史,巡抚应天、徽州诸府,又拜兵部右侍郎,经理河北,联络关东诸军。奉命充通问使至北京,以诸事无成,南回。中途追回,羁于太医院,清廷劝降,以不屈下狱,乙酉(1645)闰六月十二就义,年四十五,随员陈用极、王一斌等五人同被杀。能诗文,《千顷堂书目》著录其《梅花屋诗草》一卷,现存清抄本。所著另有清乾隆四十六年(1781)刊《萝石山房文钞》四卷,乾隆五十八年左彤九刻本《左忠贞公剩稿》四卷。又有乾隆间刊本《左懋第全集》九卷,清道光间左氏咏史斋刻《左氏双忠集》本《左忠贞公集》增为十一卷附录一卷。陈济生《天启崇祯两朝遗诗》录其诗三十三首,谓其"诗文遒劲可观"。《明诗综》卷七三、《御选宋金元明四朝诗》录其诗一首。清宋弼《山左明诗钞》卷三二录其诗十六首。《明诗纪事》辛签卷六上录其诗一首。生平见陈济生《天启崇祯两朝遗诗·小传》《明史》卷二七五。清左辉春有《萝石先生年谱》(道光间《左氏双忠集》本《左忠贞公集》附录)。

石文器(生卒年不详)　字伯重,又字玉完。江西南昌府泸溪(今资溪)人。万历三十七年(1609)顺天乡试中举,四十一年进士,授广东曲江县令。历安庆府经历,摄太湖县令，又历永平司理、建宁府推官，迁大理寺左寺副、右寺正，崇祯初简放河间知府，寻被罢，谪戍。归故里后卒，年七十九。著述有崇祯间自刊本《翠筼亭集》十卷，文七卷、诗三卷，附录一卷，有范景文《翠筼亭集序》。又有清顺治三年（1646）石珂重修本《翠筼亭集》十三卷，文九卷、诗四卷，补遗一卷，增揭重熙序、万象乾序。内卷一记，卷二、卷三序，卷四至卷七收诗，卷八奏疏，卷九启，卷一〇至卷一一书，卷一二祭文，卷一三赞、墓铭等。是本较崇祯本增益颇多，前收诗仅一百七十余首，后者增至四百六十余首。后又有乾隆二年（1737）重刊本。生平见《（乾隆）泸溪县志》卷七。

石可玺（生卒年不详）　字泥涵，号石丈。南直淮安府山阳（今江苏淮安）人，卫籍。诸生，平生郁郁不得志，遂肆力于诗，卒于崇祯末。崇祯十一年（1638）曾与淮上名士靳应升合刻诗集《二子诗初刻》，未见传。清吴玉搢《山阳耆旧诗》录其诗二十三首，"小传"引其诗集自序云："今之作者，未拈韵即思奔突，不臣附于琅琊（王世贞）、北地（李梦阳）之间，则争附于'公安''竟陵'之后列堂庑焉。嗟乎！诗本以位置性情，发他人之滕箧而攘之，犹名之盗，况取他人之性情而私为己有，尚得谓之有廉耻乎！"又谓石可玺诗"绝不傍人

门户，而能自道其所得有如此者。惜其早卒，未见其所得也"。清丁晏《山阳诗征》卷一〇录其诗三十五首。《明诗纪事》辛签卷三四录其诗六首。生平见《（乾隆）淮安府志》卷二二《文苑》。

石存礼（1471—1539）　字敬夫，号来山。山东青州府益都（今青州）人。弘治二年（1489）举人，三年进士，授行人。历南户部郎中，正德四年（1509）简放绍兴知府，九年罢归。家居三十余年，嘉靖十八年（1539）卒，年六十九。嘉靖十四年，在乡与冯裕、黄卿、杨应奎、刘澄甫、陈经、蓝田及澄甫弟刘渊甫等八人，结社于北郭禅林，称"海岱诗社"，持续三年。社中以存礼年最长，方志称其淳厚方刚，不乐治产，每念以清白贻子孙。后冯裕曾孙冯琦辑刻社友所作诗为《海岱会集》十二卷，内收存礼诗四十四首。《四库全书》收《海岱会集》，《总目》"提要"云："八人皆不以诗名，而其诗皆清雅可观，无'三杨'台阁之习，亦无'七子'模拟之弊，故王士禛称其各体皆入格，非苟作者。观其社约中有不许将会内诗词传播，违者有罚一条。盖山间林下，自适性情，不复以文坛名誉为事，故亦不随风气为转移。而八人皆闲散之身，自吟咏外别无余事，故互相推敲，自少疵类。其斐然可诵，良亦有由矣。"清宋弼《山左明诗钞》

卷四录存礼诗十七首。清段松岑《益都先正诗丛抄附编》录其诗十八首。《明诗纪事》丁签卷一四录其诗四首。生平见《(咸丰)青州府志》卷四四、《(光绪)益都县图志》卷三八。

石应岳(1541—1608)　字钟贤，号介峰。福建漳州府龙岩人。生于嘉靖二十年(1541)九月十九。隆庆四年(1570)举人，五年进士，选庶吉士，授户科给事中。转礼科给事中，迁南太仆寺少卿，晋应天府尹，改顺天府尹，迁南京都察院右副都御史，提督操江。晋兵部侍郎，改户部侍郎，疏乞终养归，卒于万历三十六年(1608)十月二十二，年六十七，赠户部尚书。著述现存《石司徒文集》七卷，首奏疏二卷，次诗赋一卷，收赋二、诗七十余首，又文四卷，有许孚远序。另有1920年龙岩石氏铅印本《石司徒文抄》二卷。生平见《(乾隆)福建通志》卷四八。

石沆(生卒年不详)　字潪仲，号白云居士。南直扬州府如皋(今属江苏)人。布衣，性耽吟咏。尝于万历二十年(1592)自订《江门诗》一卷，又有《白云居士集》二卷(《千顷堂书目》著录)，为其殁后万历三十八年友人殷之泽所定，未见传。《列朝诗集》丁集录其诗四十首，"小传"云："其为诗陶冶性情，萧闲疏放，雅以寒山、《击壤》自命，而吾则以为古之香山，今之江门也。读其诗，窥见其志意，糠秕世故，寻仙学佛，超然自远，不可羁继者也……余取潪仲诗冠于近代名士之首。钟记士品陶征士为'隐逸诗人之宗'，余于近代，愿以推潪仲，与知者共定之。"《明诗综》卷六五录诗一首。《御选宋金元明四朝诗》录诗十七首。清汪之珩《东皋诗存》卷七录其诗四十首。清杨廷《五山耆旧集》卷一二录其诗四十八首。《明诗纪事》庚签卷二六录其诗一首。生平见《(乾隆)江南通志》卷一六六。

石英中(？—1525)　字子珍，号见山。南直松江府上海人。嘉靖元年(1522)中举，明年进士，授刑部主事。三年"大礼议"起，杨慎谪戍滇南，英中送之郊野，作歌云"度雨千山鸣匣剑，占星六诏净边埃"。后因事入狱，四年死于狱中。所著现存万历间刻《石比部集》《见山集》八卷，首秦嘉楫《石比部集序》、石应魁《见山先生文集序》，内卷一至卷三收赋三、诗二百一十五首、词二首，卷四收《七宣》《纪梦》二文，卷五为《读书录》，卷六至卷八收书牍及各体文。《四库全书总目》著录《石比部集》八卷，"提要"云："英中在西曹，以受诬被囚，其七言《纪梦》及古乐府等篇，皆狱中所作，颇磊落有气。尝自评其文如赤手捕龙蛇。盖才情俊逸，而未能敛才就法者也。"清冯金伯辑《海曲诗钞》卷三、近人严昌埙《海藻》卷一〇均录其诗一首。生平见石英魁《先仲父见山行状》《石见山集》附录)、《(嘉庆)松江府志》卷五三。

石昆玉（生卒年不详） 字汝重，号楚阳，又称石居士、无著居士。湖广黄州府黄梅（今属湖北）人。万历七年（1579）乡试中举，明年进士，除户部主事，督漕浙江。迁员外郎、郎中，简放饶州知府，改苏州、绍兴，迁山东按察副使，历福建参政、山东按察使，以右佥都御史巡抚大同，以吏部侍郎致仕。著有《龄山堂集》《石苏州集》《石居士集》等。《千顷堂书目》著录《石居士诗删》二卷，现存清活字本《石居士诗删》四卷，首石昆玉《自序》及所著董其昌、邹迪光序，收诗凡四百六十余首。所著又有明刊本《石居士漫游纪事》二卷。董其昌《石居士诗选序》谓其"称诗以唐为范，其论本朝诗以高、杨、张、徐为正，虽与'七子'同世，未尝有所附丽"。清廖元度《楚风补》卷二三录诗五首。《明诗综》卷五三录诗一首。清高士熙《湖北诗录》录诗三首。《明诗纪事》庚签卷一三其诗一首。生平见《(雍正)湖广通志》卷四八、《(光绪)黄州府志》卷二〇、《(光绪)黄梅县志》卷二四。

石星（1538—1599） 字拱辰，号东泉。京师大名府东明（今属山东）人。生于嘉靖十六年十二月十五（1538年1月15日）。嘉靖三十七年举人，明年进士，除行人，进吏科给事中。隆庆初，上疏言内臣恣肆，诏杖黜为民。万历初起故官，迁尚宝司少卿，历大理寺丞，进少卿，出为南太仆寺卿，擢左佥都御史协理院事，进左副都御史。历兵部侍郎，进工部尚书，加太子少保，改户部、兵部，晋太子太保，加少保。日本侵朝鲜，李氏乞援，星力主沈惟敬封贡议，及封事败，夺星职。未几，倭破南原，帝怒，逮星下狱，万历二十七年（1599）九月初七死于狱中，年六十二，天启初复官。与王世贞交善，世贞将其与王道行、黎民表、朱多煃、赵用贤列为"续五子"（《弇州四部稿》卷一四）。《千顷堂书目》著录其《东泉集》，未见传。《皇明诗统》卷二七录其诗六首。《明诗综》卷四七录其诗一首，"诗话"云："少保虽与弇州（王世贞）声应气求，然风雅道远。弇州与阳曲王明甫（王道行）齐进之'续五子'之列，月旦如是，初不为千秋起见，止任一时之爱憎而已。"清王崇简《畿辅明诗》录其诗一首。《明诗纪事》己签卷五录诗一首。生平见赵南星《东泉石公墓志铭》（《赵忠毅公文集》卷一四）、邹元标《石星传》（《(雍正)京畿通志》卷一〇四）。

石珤（1464—1528） 字邦彦，号熊峰。京师真定府藁城（今属河北)人。成化二十二年(1486)中举,次年与兄石玠同举进士,选翰林院庶吉士,授检讨,与修《大明会典》。弘治十八年(1505)迁修撰。正德元年(1506)擢南京侍读学士,历南国子祭酒、升礼部侍郎兼翰林学士,掌院事,十六年拜礼部尚书兼学士,掌詹事府事。嘉靖元年(1522)改吏部尚书,入内阁专典诰敕,三年兼文渊阁大学士,参预机务。进太子太保、武英殿大学士,加少保,上书忤旨,乞归。嘉靖七年卒,年六十五,谥文隐,隆庆初改谥文介。以清廉称,归装橐被仅车一辆。能诗文,《明史·艺文志》著录其《熊峰集》四卷,现存清康熙九年(1670)刊本《熊峰集》十卷,诗七卷、文三卷。《盛明百家诗》录其诗一百余首为《石阁老集》。顾起纶《国雅》卷四录其诗七首。《皇明诗统》卷一三录其诗二十一首。《石仓十二代诗选·明诗选》录其诗六十八首。《列朝诗集》丙集录诗六十三首,"小传"谓"其为诗歌,淹雅清峭,讽谕婉约,有词人之风焉"。《明诗评选》录诗十三首。《明诗综》卷二五录其诗八首,"诗话"谓其"虽位列中台,其诗多塞产而不释。近见东南文士有推少保诗为北方之冠者,又或谓得长沙(李东阳)之指授,皆未尽然,其诗颇类明初西江一派"。清王崇简《畿辅明诗》录诗四十五首。《御选宋金元明四朝诗》选

录诗四十五首。清陈元龙《御定历代赋汇》录赋七篇。《四库全书》据康熙本收《熊峰集》十卷,又著录《别本熊峰集》四卷,《总目》"提要"云:"珤出李东阳之门。东阳每称后进可托以柄斯文者,惟珤一人。珤诗文皆平正通达,具有茶陵之体。"《明诗纪事》丙签卷九录其诗二十首,按语谓其诗"清音亮节,不愧词人"。《明文海》录文七篇。生平见佚名《石文隐公珤传》《国朝献征录》卷一五)、王兆云《皇明词林人物考》卷三、《明史》卷一九〇。

龙瑄(1427—?)　字克温,号半闲居士。祖籍江西袁州府宜春,世袭武职于南京牧马千户所,因为江宁(今江苏南京)人。景泰、天顺间以侠义名。《千顷堂书目》著录其《鸿泥集》二十卷又《燕居集》,未见传。《列朝诗集》丙集录其诗五首,"小传"云:"少警敏,博涉经史,遨游四方,与丘仲深(丘濬)、罗彝正(罗伦)、陈公甫(陈献章)为布衣交。重然诺,尚风义,朋游有急,挥金如土苴。江湖间声称籍甚,曰:'过金陵不识龙克温,犹徒行也。'……克温著作甚富,寓荆南,筑室海子山,有《鸿泥集》,在金陵有《燕居集》。自号半闲居士,东江顾清作《半闲居士传》。"《御选宋金元明四朝诗》录诗九首。《江西诗征》卷五二录其诗五首。《金陵诗征》卷一四录其诗四

首。《明诗纪事》丙签卷一一录其诗二首，按云："克温为景、天间一诗家"。生平见《（乾隆）江南通志》卷一六八、《（雍正）江西通志》卷七二。

龙霓（生卒年不详）　字致仁。祖居江西袁州府宜春，占籍南京牧马千户所，因为江宁（今江苏南京）人，龙瑄子。弘治五年（1492）应天乡试中举，九年进士，官浙江按察佥事，以触忤当路罢之。正德初，侨寓长兴夏驾山，与孙一元、刘麟、吴玩、陆昆结"苕溪诗社"，号"苕溪五隐"。董斯张《吴兴艺文补》卷六三录其词三首。清陆心源《吴兴诗存》四集卷五录其诗六首。《金陵诗征》卷一六录其诗二首。《明诗纪事》丁签卷七录其诗一首。生平见《（雍正）江西通志》卷七二。

龙膺（1560—1622）　字君善，改字君御，号朱陵、九芝、茅龙氏，别署灉公、纶叟，又称纶灉先生、太虚里人、偃骨无学人、灉人、醒翁、洞口渔郎，晚称渔仙长。湖广常德府武陵（今湖南常德）人，陈文烛婿。万历七年（1579）领乡荐，次年进士，除徽州府推官，十四年以"诗酒诖吏议"罢归。十七年授温州府学教授，稍迁国子博士，转礼部祠祭主事，复谪两淮盐运司判官。移巩昌府通判，历同知，二十七年量移南户部员外郎，守制归。三十三年补北，进郎中，出为陕西按察司佥事，备兵甘

州，母卒，三十五年扶榇归。服阕复职，四十年被劾归。四十四年再起云南按察使，改山西参政，分守河东道，驻蒲州，移治宁武。天启初迁南太常寺卿，未上，天启二年（1622）夏卒于家，年六十三。弱冠入仕，慷慨论事，曾上《谏选宫女》《请转题灾异》两疏，几遭祸。后数罢官归田，乃卜筑灉园，逃禅茹素。好吟咏，在徽州时与汪道昆交往甚密，入汪氏所主豜中诗社，又与汪氏及屠隆、沈明臣、吕玉绳等结白榆社。又曾与扬州横山社、温州白鹿社、武陵木奴社。与当时诗坛杰士王世贞、李维桢、三袁、江盈科、钟惺、谭元春皆有往来。论诗主张"吟写性灵，不傍蹊径"（《江蓠馆诗序》），论文也主张"从性灵中出，不著色相，不剿陈言，不逐晚近人口吻"（《与魏肖生宪副》），盖与"公安"之论相近。《千顷堂书目》著录其《太元洞稿》一卷又《渔仙杂著》一卷又《湟中诗》一卷又《纶灉集》八卷、《九芝集选》十二卷。明刊本现存《纶灉集选》十一卷，与《四库全书总目》著录之《九芝集选》十二卷，皆为选刊本。全集现存清光绪十三年（1887）九芝堂重刊本《龙太常全集》（《纶灉全集》），内诗十九卷、文二十七卷又《先集搜遗》二卷、《龙氏外集》三卷。其集诸体文及骚、赋、乐府、古近体诗、诗余、散曲等皆备。《明诗综》卷五三录其

诗一首。清廖元度《楚风补》卷二三录其诗五首。《御选宋金元明四朝诗》录其诗二首。清邓显鹤《沅湘耆旧集》卷二〇录诗五十六首。清应先烈《常德文征》录其文二十三篇、诗一百四十七首。《湖南文征》录其文十八篇。《明诗纪事》庚签卷一三录其诗五首，按云："晚与袁中郎善。其诗不与袁近，才气横溢，长篇不免拉杂，颇近屠纬真（屠隆）一派。"又，吕天成《曲品》著录其传奇《蓝桥记》，谓其词曰"极琢丽"，为母寿也，今不传。自谓另有《金门记》传奇，今亦未传。生平见《（雍正）湖广通志》卷五〇、《（嘉庆）常德府志》卷三八。

平显（生卒年不详）　字仲微，号松雨。浙江杭州府仁和（今杭州）人。洪武间应孝悌，授广西藤县令，降主簿，寻坐事谪戍滇中。镇滇之西平侯沐英请于朝，除其伍籍，聘为塾宾，居云南二十年，与同谪云南之史瑾等人交善。永乐四年（1406）东归，"晚以校职归老"（陈霆《重刻松雨轩诗集序》）。清《列朝诗集小传》谓其卒年七十四，未详何据。其回中原后，子平宣继为西平侯府西席（后以荐升广南府通判），亦能诗。沐昂编《沧海遗珠》录平显诗十九首，仅次于方行三十二首、施敬二十三首、逯昶二十一首，与王汝玉同，因知其在滇诗名甚籍。《明史》卷二八六记云"云南诗人称平、居、陈、郭，显其一也"。然柯暹《东岗集》附录所记之"平、居、陈、郭"之"平"则应指平宣。沐昂《素轩集》有与平显赠答诗八首，皆称"松雨先生"，卷五另有《寄平宣》，则直呼宣名，因知昂尊平显为前辈。《石仓十二代诗选·明诗选》据《沧海遗珠》录诗十九首。《皇明风雅》卷二七、《皇明诗统》卷六录其诗一首，《列朝诗集》乙集、《明诗综》卷一九录诗二首。《明诗纪事》乙签卷一三录诗十八首，按语云："沐景颙录其诗入《沧海遗珠》，选家据此采录，其全集则未之见也。"实平显《松雨轩诗集》八卷初刻于滇南，后其裔孙于嘉靖十九年（1540）改题《松雨轩集》重刊，今尚存。其集五古一卷，七古二卷，五律一卷，七律三卷，五七言绝句一卷，计收诗四百八十八首，后有附录，录《乐耕赋》等四篇及沐昂等赠答诗，有张洪宣德五年（1430）序、柯暹景泰元年（1450）序及陈霆嘉靖十九年（1540）序。后又有清咸丰间影抄本及《武林往哲遗著》本等。《千顷堂书目》著录《松雨集》，盖未见此本也。集多赠答、题画、忆旧诗，以古体为擅，写意抒怀及写山川景物之作往往想象奇丽、纵横盘曲、气韵充沛。张洪为其集作序，以为其诗"变怪莫测，豪放不羁"，得之于远游之助也。生平见徐象梅《两浙名贤录》

卷四七《文苑》《(乾隆)云南通志》卷二三。

东汉(1475—1542) 字希节，号渭川。陕西西安府华州(今华县)人，四川副使东思忠三子。生于成化十一年(1475)五月二十四。弘治十一年(1498)举人，五试有司不售，正德六年(1511)谒礼部选，授池州府同知。九年改镇江，十一年升南户部云南司员外郎，十五年迁河南司郎中。嘉靖三年(1524)简放江西九江知府，六年改南昌，七年晋长芦盐运使，次年始仕归。归后治园城南华山下，与兄弟载酒放歌，二十年十二月二十四(1542年1月9日)卒，年六十七。能诗，多与友朋倡和，然不多作。现存嘉靖刊《渭川诗集》二卷，收诗百余首，有嘉靖三十七年胡缵宗序。《皇明诗统》卷二七录其诗六首。崇祯五年(1632)贾鸿洙《周雅续》卷一○录其诗四首。《明诗综》卷六四录其诗一首。生平见王维桢《渭川东公汉状》《国朝献征录》卷一○四)、过庭训《本朝分省人物考》卷一○四、《(雍正)陕西通志》卷五七上。

东鲁古狂生(姓氏籍里及生平不详) 现存清初刊本短篇白话小说《醉醒石》十五回，每回独立成篇，各有标题，依次为《救穷途名显当官，申冤狱庆流奕世》《恃孤忠乘危血战，仗侠孝结友除凶》《假淑女忆

夫失节，兽同袍冒姓诬妻》《秉松筠烈女流芳，图丽质痴儿受祸》《矢热血世勋报国，全孤祀烈妇捐躯》《高才生傲世失原形，义气友念孤分半俸》《失燕翼作法于贪，堕箕裘不肖惟后》《假虎威古玩流殃，奋鹰击书生仗义》《逞小忿毒谋双命、思淫占祸起一时》《济穷途侠士捐金，重报施贤绅取义》《惟内惟货两存私，削禄削年双结证》《狂和尚妄思大宝，愚术士空设逆谋》《穆琼姐错认有情郎，董文甫枉做负恩鬼》《等不得重新羞墓，穷不了连掇巍科》《王锦衣邺起园亭，谢夫人智屈权贵》。内除《秉松筠烈女流芳，图丽质痴儿受祸》据屠隆《程列女传》改写，《高才生傲世失原形，义气友念孤分半俸》据唐张读《宣室志》之《李微传》敷衍，余皆取自作者之闻见。其小说重在描写世情，文笔刻露，"至于垂教诫。好评论，则尤甚于《西湖二集》"(近人鲁迅《中国小说史略》)。宋王铚《唐余录》记唐李德裕平泉别墅内有石能使醉人清醒，集之题名取其意，与冯梦龙小说集取名"醒世""警世"相类。篇内文字或称明朝为"我朝"，或称为"先朝""明季"，疑其创作刊刻于明末清初。刊本署"东鲁古狂生编辑"，未详何许人也。

[卢]

卢大雅(生卒年不详) 江西广

信府贵溪人。元末明初龙虎山道士，曾与张雨游。《千顷堂书目》著录其《石矼樵唱》，未见传。《皇明风雅》卷二五录其诗四首。《盛明百家诗》录其诗十首为《卢羽士集》。顾起纶《国雅》卷二〇录其诗七首。《皇明诗统》卷四二羽人类录其诗四首。《石仓十二代诗选·明诗选》录诗八首。《列朝诗集》闰集录诗四首。《明诗综》卷八九录诗《舟中寄散木张外史》。《江西诗征》卷九一录诗九首。

卢龙云（生卒年不详）　字少从，号起溟。广东广州府南海（今广州）人。万历四年（1576）举人，十一年进士，授马平知县。补邯郸，复调长乐，以忤权要，左迁江西，进南大理寺副，历户部员外郎，累官至贵州布政司参议。时苗民攻城杀官，龙云往来溪峒间，以平苗功受赏，寻因劳瘁成疾卒。能著述，尤喜吟咏，《千顷堂书目》著录其《四留堂稿》三十卷，现存万历间刻本残存十七卷，首赋一卷，收赋十篇，卷二拟乐府五十九首、四言古诗十九首，以下各卷收古近体诗一千六百余首，另有集句、回文诗三十一首、词七首。盖所佚十三卷为文集。另有《尚论全编》《易经补义》《读诗类要》等见于著录，未见传。《明文海》录其文《扳倒井说》一篇。近人赵尊岳《明词汇刊》据《四留堂稿》录本其词为《四留堂词》。生

平见《（雍正）广东通志》卷四五、清潘梅（楳）元《广东乡贤传》卷四。

卢宁（1503—1561）　字忠献，号冠岩。广东广州府南海（今广州）人。曾受业于黄佐。嘉靖十九年（1540）举人，二十三年进士，授昆山知县。移赣州兴国县，二十九年任潼川知州，三十三年进南户部员外郎，寻迁南刑部郎中，三十八年官登州知府，四十年卒于官，年五十九。著述现存嘉靖三十八年登州黄县令刘珙刊《五鹊别集》二卷，上卷收其所作古近体诗二百五十余首，下卷收其所作序、记等文二十九篇，卷首有其门人程子明和刘珙二序。程序谓嘉靖三十六年卢宁官南曹，曾讲学新泉精舍，程子明为其刻《五鹊别集》二卷，因闻其先有稿名《五鹊台集》，故此以"别集"名。

卢民表（籍里及生平不详）　号梅湖。明万历萃庆堂刊林近阳编集本《燕居笔记》、大盛堂李澄源刊何大抡编集本《燕居笔记》及明应心斋刻本《花阵绮言》皆收文言中篇小说《怀春雅集》（《花阵绮言》改题《金谷怀春》）。小说叙元至正年间书生苏道春与相国之女潘玉贞爱情故事，后半又有道春以武将戍边被掳，玉贞守节，二人终于团圆情节。故万历间谢天瑞取资本篇故事撰传奇《忠烈记》有"尽去风情，独著忠烈"之作法。嘉靖十九年（1540）成书之

《百川书志》(高儒撰)著录《怀春雅集》二卷,注云"国朝三山凤池卢民表著,又称秋月著"。又万历末年刊《金瓶梅词话》抄改袭用《怀春雅集》诗词二十余首,其卷首欣欣子《金瓶梅词话序》所称"前代骚人"亦列"卢梅湖之《怀春雅集》"。因知明中叶以后多有单行本流传,成书当在嘉靖前。《怀春雅集》长约三千余字,穿插诗词韵文逾二百则,上承元宋梅洞《娇红记》、明初李昌祺《贾云华还魂记》,下启佚名《刘生觅莲记》《融春集》等同类小说,后影响于明末清初大量才子佳人小说之发生。

卢沄(1506—1568)　字润之,一字宗润,号月渔,行九,人称卢九。浙江宁波府鄞县(今宁波)人。性灵悟,读古人书辄能解,惟不好刺经为儒生,故不试有司。年三十曾为义乌县吏,寻弃去,以医为业。性坦率,与人语合,则出肺腑相示。能诗,与沈明臣、吕时为诗友,亦称山人。又嗜弈及摴蒲之戏,每与人博,不分昼夜,倒其囊而不悔,故徐渭挽诗有云:"万事了诗伴,千金散博徒。"自弃吏事,三十年不出里门。隆庆二年(1568),有故人沈问之为黟县令,沄从之。六月走马山中,至休宁县界中暑卒,年六十三。沈问之为买山葬休宁东门外,题曰"诗人卢九之墓"。沄平生作诗好次韵,多合矩度。卒后,沈明臣选诗一百六

十一首,万历初刻为《卢月渔集》一卷,又附挽章一卷,收沈一贯、徐渭等人纪悼追思之作,今存,或即《千顷堂书目》著录之《月渔稿》也。《皇明诗统》卷二八录诗二首。《四明风雅》卷四录诗三十一首。《列朝诗集》丁集中录诗十六首。清初胡文学《甬上耆旧诗》卷二三录诗二十二首。《明诗综》卷九七录诗一首。《御选宋金元明四朝诗》录诗九首。生平见沈明臣《卢月渔传》(《卢月渔集》卷首)。

卢纯学(生卒年不详)　字子明。南直扬州府通州(今江苏南通)人。布衣。与兄纯忠、纯臣及弟纯上皆能诗,时方之吴中四皇甫。聚书千卷,辟狼山俯涛轩读之十余年。万历五年(1577)曾与修《通州志》。好诗,曾辑《明诗正声》六十卷,有万历十九年江一夔刻本。又辑《明广陵诗》五十六卷,有万历二十二年刻本。《(万历)通州志》卷五著录其有《食翠馆集》《山中集》,《千顷堂书目》另著录其《诗》八卷又《白下吟》六卷,皆未见传。清陈心颖等《紫琅诗》录其诗十八首。清杨廷《五山耆旧集》卷八录其诗一百四十首。清王藻《崇川列朝诗选汇存》卷下录其诗十一首。《明诗纪事》庚签卷八录其诗一首。生平见《(光绪)通州直隶州志》卷一三《文苑传》。

卢若腾(1600—1664)　字闲之,

又字海运,号牧洲,又号留庵。福建泉州府同安(今厦门)人。崇祯九年(1636)举人,十三年进士,授兵部主事。时阁臣杨嗣昌督师湖广,作佛事祈福,若腾疏参嗣昌不能讨贼,止图佞佛,帝以新进小臣妄诋元辅,严旨切责,而时论壮之。迁郎中,出为浙江按察司佥事,升浙江布政司左参议,分司宁绍巡海道。南明隆武帝立,授右副都御史,驻温州,巡抚温、处、宁、台,进兵部尚书。清兵入浙,城破脱险遁海上,寻入舟山,辗转至闽海,回故居浯屿(金门岛)。南明隆武四年(1647),郑成功于安平镇起事,与叶翼云、陈鼎等人投奔之。壬寅(1662)郑成功收复台湾,甲辰(1664)东渡,病瘁,暂泊澎湖,三月十九日值崇祯帝殉难日,一恸而绝,年六十六。所著有《留庵文集》《诗集》《方舆图考》《与耕堂随笔》《岛噫集》《岛居随录》《岛上闲居偶寄》等,现存清抄本《留庵文集》十八卷及《留庵文集节抄》三卷。清郭柏苍《全闽明诗传》卷四七录其诗五首。生平见清李清馥《闽中理学渊源考》卷七七、《(乾隆)福建通志》卷四五。

卢枫(生卒年不详) 字拱辰,号白狼山人。南直扬州府通州(今江苏南通)人。嘉靖二十七年(1548)岁贡,授山东泰安训导,修《泰山志》。迁济南齐东教谕,部使疏荐之,被疾归。能诗文,现存嘉靖三十七年邓霓等刻本《白狼山人漫稿》二卷。清杨廷《五山耆旧集》卷六录其诗四十五首。清王藻《崇川列朝诗选汇存》卷上录其诗六首。《明诗纪事》己签卷一九录其诗一首。生平见《(光绪)通州直隶州志》卷一三。

卢柟(1507—1560) 字少楩,又字次楩、子木,号浮丘山人。京师大名府浚县(今河南浚县)人。本富家子,入赀为太学生。博闻强记,负才自傲,好使酒骂坐。忤县令,诬其杀人,榜掠论死,数年系于狱中。谢榛携其诗赋奔走京师,称冤求救,恰吴人陆光祖代浚令,因得平反出狱。后遍游吴会,与王世贞等交,酒酣耳热,骂坐如故,落魄病酒,嘉靖三十九年(1560)卒,年五十四。善诗赋,其赋长于抒情描写,诗则有清刚之气。王世贞将其与俞允文、李先芳、吴维岳、欧大任列为"广五子"(《弇州四部稿》卷一四)。论诗尚自然,反对刻意追求,《四溟诗话》记其曾对谢榛云:"格贵雄浑,句宜自然,吾子何其太苦耶?刻削有伤元气耳。"《明史·艺文志》著录其《赋》五卷、《蠛蠓集》五卷。《蠛蠓集》有嘉靖二十二年刊本、万历三年(1575)刊本、万历三十年刊本等,前两卷收其各体文,后赋一卷收赋三十篇,诗二卷,收诸体诗三百余首,卷首有卢柟

《自叙》。《盛明百家诗》录其诗十余首为《卢次楩集》。万历时赵南星编《明十二家诗选》录其诗为《卢浮丘集》四卷。顾起纶《国雅》卷一六录其诗二十四首。《皇明诗统》卷二九录其诗七首。《皇明诗选》录其诗五首。《列朝诗集》丁集录其诗三十首，"小传"谓其"诗律不如茂秦（谢榛）之细，而才气横放，实可以驱驾'七子'"。《明文海》录其文十三篇，评语谓其"长于骚赋"。《明诗综》录其诗八首，"诗话"云："次楩诗足以高视四溟（谢榛）"。《御选宋金元明四朝诗》录其诗二十六首。清王崇简《畿辅明诗》录其诗十九首。《四库全书》收《蠛蠓集》五卷，《总目》"提要"云："史称其骚赋最为王世贞所称，诗亦豪放如其为人。今观其集，虽生当嘉、隆之间，王、李之焰方炽，而一意往还，真气奫涌，绝不染钩棘涂饰之习。盖其人光明磊落，藐玩一时，不与'七子'争声名，故亦不随'七子'学步趋"。《明诗纪事》己签卷四录其诗十六首，按云："'七子'中惟元美据其上游，余子不及也。"生平见王世贞《卢柟传》《国朝献征录》卷一一五）、王兆云《皇明词林人物考》卷一一、《明史》卷二八七。

卢楷（1450—1516）　字正大，号荷亭。浙江金华府东阳人。成化十三年（1477）举人，十七年进士，除江西贵溪知县。征为江西道监察御史，出按广东，以母老乞归，筑荷亭三楹，闭户不出，奉养外，日取古人书读之。卒于正德十一年（1516），年六十七。平生好异说，喜辩难，疑经疑史，不奉程朱，读书往往自折中其是非，多发前人所未发。著《荷亭辩论》十卷，与朱熹观点相异者十之六七，《四库全书总目》著录，"提要"谓其"持论诡异，攻击朱子之说往往过当"。能诗文，其诗常有清新灵悟之语。《千顷堂书目》著录其《荷亭文集》十四卷，现存崇祯十二年（1639）刊本《荷亭文集》十卷《后录》六卷，有正德七年徐珙《荷亭后录序》及刘宗周、金肇元等序，内卷一、卷二收赋一篇、诸体诗二百首，卷三至卷一四收各体文一百四十余篇。《明文海》录其文二篇。《明诗综》卷二五录诗一首。清黄彬等《金华诗录》卷二七录诗六首。《明诗纪事》丙签卷七录诗二首，按语谓其诗"亦有风格"。近人赵尊岳《明词汇刊》录其词十七首为《荷亭诗余》一卷。《荷亭文集》后附录墓志铭及祭文等，略可见其生平。生平又见过庭训《本朝分省人物考》卷五三、清王崇炳撰《金华征献略》卷六。

卢象升（1600—1639）　字建斗，一字斗瞻，又字介瞻，号九台。南直常州府宜兴（今属江苏）人。生于万历二十八年（1600）三月初四。

天启元年（1621）举人，明年进士，以父丧归，四年授户部贵州司主事，督临清仓。历山西司员外郎，仍管临清，加山东按察司副使，增秩守大名。崇祯三年（1630）进山东参政，整饬大名兵备道，四年加山东按察使，备兵如故。七年以右金都御史抚治郧阳畿南三郡。八年擢右副都御史，改抚湖广，驻兵襄樊，总理河南、山东、湖广、四川军务。进兵部右侍郎，加督山西、陕西军务，改督宣大。丁外艰，乞奔丧，不允，进兵部尚书。十一年后金兵由墙子岭、青山口入长城，分四路南下，高阳失守，象升奉命督天下兵抗敌，而实际兵力不足二万。独领兵五千与敌战于巨鹿，十二月十二日（1639年1月15日）矢尽援绝，力战死，年三十九，赠太子少师，兵部尚书，福王时，追谥忠烈。殁后，其后人分别辑录其奏疏、诗文刊刻。《千顷堂书目》著录其《忠烈公文集》二卷及《忠烈公奏疏》。诗文集现存清乾隆间刊《忠肃集》三卷，卷一收诗三十六首、词七首、文二篇，卷二收记一篇、书二十七篇，卷三收《明史》列传、年谱、世表等。此集为《四库全书》所收，《总目》"提要"云："象升年二十三登第，泊年二十九即战斗于流寇之间，死时年仅三十九，盖未暇专力文艺，故诗古文多不入格。然读其

军中家书、尺牍，忠孝悱恻，使人感动，无意为文而能文者莫加焉。"又有清道光时刊本《明大司马卢公奏议》十卷。后人又将奏议诗文合辑刊为《卢忠肃公集》十二卷，存光绪元年（1875）刊本。陈济生《天启崇祯两朝遗诗》卷二录其诗六首。《明诗纪事》辛签卷二录其诗一首。近人赵尊岳《明词汇刊》辑录其词七首为《卢忠烈公词》。生平见邹漪《启祯野乘》卷八、清任启运《明大司马卢公传》（《清芬楼遗稿》卷四）、《明史》卷二六一。清卢安节有《卢忠肃公年谱》（光绪初施惠刊《卢忠肃公集》附）。

卢维祯（1543—1610）　字司典，号瑞峰，别号水竹居士。福建漳州府漳浦人。嘉靖四十年（1561）举人，遇母丧，丁忧未赴春闱。隆庆二年（1568）中进士，授太常寺博士，修《太常寺志》。五年迁吏部验封司主事，改考功司、文选司。万历元年（1573）升吏部稽勋员外郎，以病归休，六年起补考功司员外郎，八年进验封司郎中，又历考功、文选二司，十一年迁太常寺少卿，升通政使司右通政。十七年晋太仆寺卿，改光禄寺卿，历太常寺卿、大理寺卿，升工部右侍郎，转左，又转为户部左侍郎，代督仓场，被劾，乞归。归后筑小圃水竹居，与缙绅结社梁山，万历三十八年（1610）

卒，赠户部尚书。《千顷堂书目》著录《瑞峰集》六卷，未见传。存万历三十二年刊《醒后集》五卷，为其致仕后自编。内卷一奏疏，卷二公移、评驳，卷三收诸体诗一百五十余首、诗余四首及赋、铭等，卷四收序、跋、碑、颂、墓志等各体文，卷五收书、启，首有薛士彦序。又有万历三十八年刊《续集》一卷，收诗十五首及文数篇，当为其卒后所刊。《四库全书总目》著录《醒后集》五卷《续集》一卷附《京省次》五卷，"提要"云："其集以奏疏、公移、评驳与诗文杂著共为一编，盖维祯留心吏事，故案牍亦一一录存，末附《京省次》一册，中分地望，次府州县，次财赋……盖亦手录成编，以备纪事，但刊入文集，则滥矣。"近人赵尊岳《明词汇刊》据《醒后集》录词为《瑞峰诗余》。生平见《(乾隆)福建通志》卷四六。

卢雍(1474—1521)　字师邵，号古园。南直苏州府吴县(今江苏苏州)人。正德五年(1510)举人，明年杨慎榜进士，授监察御史。武宗北狩，欲建行宫，雍上书请罢。出按四川，劾巡抚不法，擢提学副使，未上，十六年(1521)九月初九卒，年四十八。能诗，曾与杨慎倡和，编为《卢雍杨慎会集》一卷，《千顷堂书目》著录。《千顷堂书目》另著录其《古园集》十二卷、《石湖志》

十卷。现存万历四十七年(1619)卢致祥等刊本《古园集》十二卷，又有崇祯六年(1633)卢翰重修本，卷首胡缵宗、唐龙序各一，卷一至卷七为诗卷，收诗、诗余及联句四百四十余首，文集五卷，收各体文四十四篇。又，崇祯元年卢翰曾选卢雍与其弟卢襄诗，合刻为《二卢先生集》二卷，今亦存。《明史·艺文志》另著录其《祥刑集览》二卷。《皇明诗统》卷一五、钱谷《吴都文粹续集》录其诗二首。《明诗综》卷三四录其诗一首。《明诗纪事》戊签卷一一录其诗一首。近人汪正石《木渎诗存》卷一录其诗一首。《明词综》卷三录其词一首。生平见邵宝《卢君雍墓表》(《国朝献征录》卷九八)、李延相《卢君墓志铭》(明刊《古园集》附)。

卢熊(1331—1380)　字公武。昆山(今属江苏)人。少从杨维桢游，学六书，尤精篆籀。元末任吴县教谕，张士诚据吴，辟为掾。明洪武八年(1375)以故官迫遣赴京，除工部照磨，以善书，改中书舍人，十年迁兖州知府，十三年(1380)浚兖州河，用心调度，民不扰，会簿录刑人家属事，坐累死，年五十，门人私谥夷孝先生。博学工文，曾修《(洪武)苏州府志》《吴邦广记》五十卷(存洪武十二年刻本)。又有《说文字原章句》《孔颜世系谱》

《吴中氏族志》《兖州志》等。《千顷堂书目》著录其《鹿城隐居书》又《蓬蜗集》又《幽夏集》又《清溪集》《吴郡广记》五十卷、《兖州志》《孔颜世系表》。现存清乾隆十九年（1754）叶启祥抄本《蓬蜗录》十卷，诗三卷，收古近体诗一百六十六首、联句二首，文七卷，收各体文、书启等一百四十余篇。周复俊编《玉峰诗纂》卷一录其诗七首。翟校辑、清王辅铭补辑《练音集补》附卷录其诗二首。《列朝诗集》甲集录诗五首。清沈季友《檇李诗系》卷三九录其诗一首。《明诗综》卷一三录诗一首。《海虞文征》卷三录文一篇。《娄水文征》卷六录文九篇。《明诗纪事》甲签卷一九录诗三首。生平见佚名《知州卢公熊传》《国朝献征录》卷九六、张昶《吴中人物志》卷七、方鹏《昆山人物志》卷三、《明史》卷一四〇。

帅机（1537—1595）　字惟审，号谦斋。江西抚州府临川（今抚州）人。嘉靖三十一年（1552）举人，隆庆二年（1568）进士，授汝宁府学教授，改国子学正。迁兵部主事，乞南，改南礼部，进员外郎、郎中，谪两浙盐运司运使。历彰德府同知，迁南刑部郎中，万历九年（1581）简放思南知府，以论劾免官。卒于万历二十三年，年五十九。聪敏有文才，曾作《南京赋》《北京赋》《平西夏颂》，得称许。与汤显祖为友，在南都时晨夕过从，卒后，其子事显祖甚谨。《千顷堂书目》著录其《垂杨馆集》四十卷又《阳秋馆集选》十七卷。现存清乾隆四年（1739）其六世族孙帅滨刊《临川帅谦斋先生阳秋馆集》二十三卷，题"汤若士（汤显祖）、费无学（费元禄）、屠长卿（屠隆）三先生鉴定"，前三卷收各体文，含奏疏，卷三后又收诗《甲戌金陵稿》，以下二十卷收诗，或分集，如卷四《乙亥金台稿》《乙亥改南舟中稿》，卷五《乙亥金陵稿》《丁丑稿》《西归舟中稿》《归抚稿》，卷六《戊寅北巡稿》《京师稿》《归途稿》，以下各卷或分体，或不分体。又有明刻清印本《诗部》二十二卷、《两都草》五卷。另，清康熙间刻《临川文献》收《帅惟审先生集》二卷。《列朝诗集》丁集中录其诗四首。《明诗综》卷五一录其诗一首。《江西诗征》卷五九录其诗六首。《明诗纪事》庚签卷九录其诗一首。生平见王兆云《皇明词林人物考》卷一二、《（雍正）江西通志》卷四二。

归子慕（1563—1606）　字季思，号陶庵。南直苏州府昆山（今属江苏）人，归有光少子。万历十九年（1591）举人，平生多病，再试不第，遂屏居江村，不再赴考场。平居槿篱萧疏，畦圃纵横，教授乡里以终，学者称"清远先生"。卒于万历三十四年,年四十四。崇祯初,巡按御史祁彪佳请于朝,追赠为翰林院待诏。《千顷堂书目》著录其《陶庵集》四卷,现存崇祯四年(1631)嘉善吴熙祖刊本,诗一卷、文二卷、附录一卷,陈龙正序。又有万历刊本《陶庵遗稿》,诗二卷、文一卷、札记二卷。《列朝诗集》丁集录其诗十五首,"小传"云:"与梁溪高存之(高攀龙)、嘉善吴子往(吴志远)讲性命之学,过从习静,端坐不语,终日凝然……季思真静好,五言诗澹雅,似其为人。"陈济生《天启崇祯两朝遗诗》卷八录其诗二十八首。《明诗评选》录其诗三首。《明诗综》卷五六录其诗十九首,"诗话"云:"季思诗学陶而得其神髓,韦苏州后,鲜有其伦,诵之令人增箪瓢陋巷之乐。"清沈德潜《明诗别裁集》录其诗九首。清王辅铭《明练音续集》卷四录其诗二首。《明诗纪事》庚签卷一录其诗十首。《明文海》录其文七篇。生平见高攀龙《陶庵先生传》(《高子遗书》卷一〇五)、陈济生《天启崇祯两朝遗诗·小传》、《明史》卷二八七。

归有光(1507—1571) 字熙甫,号震川,又号项脊生。南直苏州府昆山(今属江苏)人。生于正德元年十二月二十四(1507年1月6日)。少拜同邑魏校为师,又娶魏之侄女为妻。嘉靖十九年(1540)中举,次年会试落第南归,续娶安亭王氏,因徙居安亭(今属上海嘉定),讲学于世美堂,生徒常达数百人,海内称"震川先生"。其弟子著名者有唐虔伯、唐时升父子及娄坚等人。其后又七赴春闱,皆不第。四十四年中进士,除浙江长兴知县。隆庆二年(1568)转顺德府通判,四年以荐升南太仆寺丞,与修《世宗实录》,五年正月十三卒于官。卒后王锡爵为之作《太仆寺丞归公墓志铭》,实为"嘉定四先生"之一唐时升捉刀(文亦见唐时升《三易集》)。震川以文名于当时后世,其文之影响直至晚明小品及清之桐城派,然当时亦以时文著称,故《明文海》录其诗二十三篇,而乾隆时编《钦定四书文·正嘉四书文》亦录其八股三十三篇。平生酷好司马迁,曾评点《史记》,论文喜讲"龙门家法",又推崇唐宋古文,倡言"变秦汉为欧、曾"。主张属文时应"出于意之所诚……非特求绘藻之工为文,缠缠然观美矜炫于世而已。"(《答俞质甫书》)。是时王世贞主盟文坛,以秦汉之文为尚,震川力抵之,谓言"盖今世所为文者,难言矣。未始为古人之学,而苟得一二妄庸人为之巨子,争附和之,以抵排前人……至于宋元诸名家,其力足以追数千载之上,而与之颉颃,而世直以蚍蜉撼之,可悲也。"(《项思尧文集序》)其文重道德,亦重人情,以为"圣人者,能尽天下之至情者也",而"至情"应是"匹夫匹妇以为当然"(《泰伯至德》)。所作记叙、抒情之文尤为人所推重,因有"无意于感人,而欢愉惨恻之思,溢于言语之外"(唐时升《归公墓志铭》)之评。时又有王慎中、唐顺之等崇尚宋学,倡导文章以唐宋为宗,所谓"三代以下之文,莫如南丰(曾巩);三代以下之诗,未有如康节(邵雍)者。"(唐顺之《与王遵岩参政》)后人或谓之"唐宋派",而以震川属之。然当时董其昌已谓震川之文"前非李、何,后非晋江(王慎中)、毗陵(唐顺之),卓然自为一家之书"(《凤凰山房稿序》),实非唐宋派所能限制者也。其生前自编《都水稿》四卷,集其于工部试政时所作应酬文字。又其门人王子敬于闽中曾刻其文集二卷,均未传。卒后,其子归子宁、归子祜辑其遗文三百五十余篇,编为《震川先生文集》二十卷,于万历二年(1574)刻于昆山,或谓多有窜乱。随即万历四年书林翁良瑜于常熟雨金堂刻《归先生文集》三十二卷《外集》一卷《诗》一卷,搜罗也未全。明末,其孙归昌世与钱谦益曾收集考校其遗文,然锓版之事未果行。清初震川曾孙归庄再谋重刻全集,清钱谦益排缵选定,并作序文,亦无力刊刻。至

康熙九年(1670)董正位令昆山,始得付诸梨枣,于十四年刻成《震川先生集》三十卷《别集》十卷附录一卷,是为以后诸刊本所本,后又被收入《四库全书》,《总目》"提要"云:"太仓王世贞传北地(李梦阳)、信阳(何景明)之说,以秦汉之文倡率,天下无不靡然从风,相与剽剟古人,求附坛坫。有光独抱唐宋诸集遗集,与二三弟子讲授于荒江老屋之间,毅然与之抗衡。至诋世贞为'庸妄巨子'。世贞初亦诋牾,迨于晚年,乃始心折。故其题有光遗像赞曰:'风行水上,涣为文章。风定波息,与水相忘。千载惟公,继韩、欧阳。余岂异趣,久而自伤。'盖所持者正,虽以世贞之高名盛气,终无以夺之。自明季以来,学者知由韩、柳、欧、苏,沿洄以溯秦、汉者,有光实有力焉,不但以制义称雄于一代也。"《四库全书》另收其《三吴水利录》四卷,另著录其《诸子汇函》二十六卷、《震川文集初本》三十二卷(实则万历四年刊本《归先生文集》)及《文章指南》五卷。平生诗作不多,其论诗也反模拟、倡性情,曾曰:"今世乃为追章琢句,模拟剽窃,淫哇浮艳之为工,而不知其所为。"(《沈次古先生诗序》)又云:"夫诗者,出于情而已矣。"(《沈次谷先生诗序》)《皇明诗统》卷三四录其诗四首。周复俊编《玉峰诗纂》卷六录其

诗七首。《列朝诗集》丁集中录其诗二十一首,"小传"云:"其于诗似无意求工,滔滔自运,要非流俗可及也。"《明诗综》卷四四录其诗六首。《御选宋金元明四朝诗》录其诗十四首。清王辅铭《明练音续集》卷九"流寓"录其诗五首。《明诗纪事》己签卷一五录其诗五首。生平见唐时升《归公墓志铭》(《三易集》卷一七)、王兆云《皇明词林人物考》卷一一、《明史》卷二八七。清孙岱有《归熙甫先生年谱》(清光绪二年嘉兴刊本)。

归昌世(1574—1645) 字文休,号假庵。南直苏州府昆山(今属江苏)人,归有光孙。少为诸生,能歌诗,有声文苑,与李流芳、王志坚齐名于乡里。崇祯末,以翰林待诏征,不应。卒于南明弘光元年(1644)九月初四,年七十二。曾与钱谦益同订归有光诗文。《千顷堂书目》著录其《假庵诗草》,亲笔稿本犹存,收诗一百八十六首,诗后均有干支纪年,始于万历二十九年(1601),迄于天启二年(1622),后有清光绪十四年(1888)八月郭鸣之跋。《列朝诗集》丁集录其诗八首,"小传"记云:"文休风神散朗,有林下风气,善画墨竹,能草书,与李长蘅(李流芳)交好。晚作《和陶诗》,为程孟阳(程嘉燧)所称。"陈济生《天启崇祯两朝遗诗》卷八录诗十四首。《明诗评选》

录诗一首。《明诗综》录其诗二首,"诗话"云:"归熙甫(归有光)长于笔而短于诗,读季思(归子慕)、文休作,觉后来者胜。"《御选宋金元明四朝诗》录其诗十三首。清王辅铭《明练音续集》卷九"流寓"录其诗十首。《明诗纪事》辛签卷二七上录其诗二首。生平见清《归文休墓志铭》(《牧斋有学集》卷三二)、陈济生《天启崇祯两朝遗诗·小传》。

叶之芳(生卒年不详) 又作"叶芳",字茂良,一字茂长,号雪樵,又号大浮山人。南直常州府无锡(今属江苏)人。布衣,家故贫,尝与安绍芳偕隐胶山,嘉靖、万历时以诗游于四方。《千顷堂书目》著录其《雪樵集》,未见传。王世贞《雪樵诗集序》谓云:"无锡天下严邑,其文物足以襟领一世,素封之羡足,以跨州郡辕轮楫,而不乐为吟咏,至嘉、隆间而稍稍有染指者,布衣则仅吾雪樵子。"(《弇州四部稿续稿》卷四四)所著现存明刊《春江篇》不分卷,收诗八十余首,王叔承、沈明臣序。《盛明百家诗》后编录其诗四十余首为《叶客集》,卷前识语云:"叶君茂长名芳,世为无锡人,予不知也。问之锡人,人亦不知也。盖闻常游江淮间,假馆钜商大贾,异于土著,然士人爱才类,多延结为上客者。平生与欧桢伯(欧大任)、俞仲蔚(俞允文)、朱仲开(朱永年)辈善,诸君俱有赠言。会澄江友人遗予《己巳秋日稿》一册，刻存家塾，友人以其久客在外，又诗首篇有‘陶谢客’之语，遂题曰《叶客集》云。”顾起纶《国雅》卷一八录其诗六首。《皇明诗统》卷三五录其诗十八首。《列朝诗集》录其诗六首，“小传”云：“（茂长）以能诗出游人间，好使酒骂坐。邹彦吉（邹迪光）与之同里，缪相延重，而心殊苦之。知其人亦豪士也。”《明诗综》卷六三录其诗五首。清顾光旭《梁溪诗钞》卷一〇录其诗九首。清周有壬《梁溪文钞》卷一五录其文六篇。《明诗纪事》庚签卷二六录其诗三首。

叶小鸾（1616—1632）　字琼章，一字瑶期，号煮梦子。南直苏州府吴江（今属江苏）人，叶绍袁、沈宜修三女。与姊纨纨、小纨俱能为诗词，而以小鸾最工。少由舅父沈自征妻张倩倩抚养，由张氏口授诗词，张氏卒，始返家中。许昆山张维鲁之子张立平，崇祯五年（1632）婚前五日以微疴忽逝，年仅十七。卒后，其父辑其诗为《疏香阁遗集》（又名《返生香》）一卷，收入《午梦堂诗文十种》（叶绍袁所辑叶氏一家著述及哀祭诗文，有明崇祯九年刊本及多种校辑本）。《疏香阁遗集》首有其舅沈自炳序，内诗九十五首、偈一首、词九十首、曲一首、拟连珠九首，又序一篇记二篇。其诗多七言绝句小

诗。《列朝诗集》录其诗十四首，“小传”记云：“工诗，多佳句。十四能弈，十六善琴。能模山水，写落花飞蝶，皆有韵致。”《明诗综》卷八六录其诗二首。顾有孝《闲情集》录其诗二首。《御选宋金元明四朝诗》录其诗八首。清季娴编《闺秀集》录其诗十三首、词十一首。近人柳弃疾《松陵女子诗征》录其诗二十九首。清徐树敏等《众香词》录其词十首。《明词综》录其词八首。近人陈去病《笠泽词征》录其词三十九首。近人赵尊岳《明词汇刊》辑录其词为《返生香》一卷。生平见叶绍袁《季女琼章传》（《午梦堂诗文十种》之《鹂吹集》附）、清邹漪《启祯野乘》卷一五、《（乾隆）吴江县志》卷三二。

叶子奇（生卒年不详）　字世杰，号静斋。龙泉（今属浙江）人。元季曾从王毅游，以博学著称。至正十年（1350）曾中举，未仕。明初浙江行中书省以学行荐，廷试高等，授岳州巴陵主簿，寻致仕。洪武十一年（1378）春，有司祭城隍神，群吏窃饮猪脑酒，县学生发其事，子奇适至，亦株连被逮。狱中立志著书，以瓦磨墨，有得辄书，后事释家居，续成之，名《草木子》。盖取以草记时、以木计岁，自况一生。其书所记内容广泛，举凡天文、历律、经史、时政、掌故以至草木禽兽莫不涉及。原分二十二篇，正德十一年（1516）其裔

孙叶溥将其重分为八篇,每二篇为一卷,计四卷,现存正德间刊本,《四库全书》收入杂家类。又有《太玄本旨》九卷,"究通衍皇极之说",存正德时刊本,亦为《四库全书》所收。所著《齐东野语》三卷《余录》若干卷、《范通元理》二卷、《本草节要》十卷、《医书节要》十卷,则未见传。亦能诗文,《千顷堂书目》著录其《静斋诗集》十六卷又《静斋文稿》二十卷,未见存。《列朝诗集》甲集录其诗三十三首。《明诗综》卷一三录其诗二首。《御选宋金元明四朝诗》录其诗十七首。《明诗纪事》甲签卷二一录其诗四首,按语谓其"小诗亦翩翩有风致"。生平见何乔远《名山藏》卷九六、徐象梅《两浙明贤录》卷二、《叶子奇传》(《曝书亭集》卷六三)、(雍正)浙江通志》卷一七七。

叶元玉(生卒年不详)　字廷玺。福建汀州府清流人。成化十六年(1480)举人,明年进士,历户部郎中,与李梦阳同舍,相与倡和。简放潮州知府,罢归。《千顷堂书目》著录其《古厓集》十七卷,未见传。郑善夫为《叶古厓集》作序云:"《古厓集》为文若干首,今古诗若干卷……余尝辨其音节,多放手唐宋之间,惟五言近体于杜为似,盖亦菀菀然充其性焉耳。"(《少谷集》卷九)《皇明诗统》卷三三录其诗四首。《石仓十

二代诗选·明诗选》录其诗六十三首,跋语称其"为户部郎时,与李献吉(李梦阳)、郑继之(郑善夫)以文字交"。《明诗综》卷二五录其诗一首。清汪森《粤西诗载》录其诗二首。清郭柏苍《全闽明诗传》卷一一录其诗九首。《明诗纪事》丙签卷七录其诗一首。生平见《(乾隆)福建通志》卷四八。

叶太叔(生卒年不详)　字郑朗,更名亭立,改字介子。浙江宁波府鄞县(今宁波)人。诸生。少有诗才,年二十已有名。人或以其诗示本邑名士沈明臣,明臣奇之,呼为"小友"。时贵官张时彻里居,也极赏其诗。为人梗介自立,初与屠隆同学,每篝灯夜读,首相触,隆亦敬其才。后屠隆贵,名重一时,衣冠辐辏,太叔谓其门有杂客,遂不相与通,至隆殁后乃具诗哭其墓。所作诗草,偶有不惬,悉付诸火,复悔,又据记忆追录,故名其诗集为《思烟集》,沈明臣为之序,《千顷堂书目》著录二卷;晚年又有《藏山稿》二卷;《千顷堂书目》另著录其《贲玉集》,均未见传。清初胡文学《甬上耆旧诗》卷二一录其诗一百零七首。《明诗综》录其诗三首,"诗话"谓其为"嘉则(沈明臣)弟子,别裁诗派"。《御选宋金元明四朝诗》录其诗六首。《明诗纪事》庚签卷二七录其诗三首,按云:"郑朗古诗酷摹长吉,刻

鹄不成；五律清矫不群，布衣诗之有骨干者。"生平见《甬上耆旧诗》卷二一李邺嗣所撰小传。

叶甲（1610—1640）　字白生。福建兴化府莆田人。身世悲苦，二岁失怙，大母与母氏纺绩澣织，涕泣延年，七岁大母亡，自此至十有五岁，惟舅氏是依。崇祯十二年（1639）中举，方四日，母亡，次年，甲亦卒，年四十一。或谓其才气过高，一览辄能成诵，性豪宕自喜，慕晋人风致，稽琴阮酒，时放于礼法之外也，里俗之士多忌之。能诗，在乡与徐闻、方鋐、林简等人结琉璃社，称"四子"。又曾与乡中好诗者结"七子社"。明末其门生方锵编《四子集》三十卷，有清初刻本，内有叶甲《师石堂集选》六卷，收其书五篇、赋三篇、序六篇、论五篇、诗五十九首。清郑王臣《莆风清籁集》卷三六录其诗一首，《兰陔诗话》云"白生风流放诞，终日沉醉，痛哭嫚骂，人比之祢正平（衡）、阮嗣宗（籍）。"生平见《（乾隆）兴化府莆田县志》卷二二。

叶邦荣（生卒年不详）　字仁甫，号朴斋。福建福州府闽县（今福州）人。嘉靖元年（1522）举人，选庐州府六安州英山知县，后官湖州府安吉知州。能诗文，《千顷堂书目》著录其《朴斋集》十二卷。现存万历二十年（1592）闽中叶氏家刊本名《朴斋先生集》，内诗四卷，收诸体诗四百余首、词四首，卷五收颂三、赋八、辞十，以下收序、记等各体文七卷。有王应钟、陈元珂、郑启谟等序。《千顷堂书目》另著录其《湟川志》六卷，未见传。徐㶿《晋安风雅》录其诗一首。清郭柏苍《全闽明诗传》卷一九录其诗三首。生平见《（万历）福州府志》卷一〇。

叶权（1522—1578）　字中甫，号沙南，又称恝明子。南直徽州府休宁（今属安徽）人。生于嘉靖元年（1522）十月初八。以其祖父辈宦游浙江，少曾为杭州府庠生。方志称其少负颖质，通古博今，以经济自豪。后以山人名游于南北，卒于万历六年（1578）五月二十九，年五十七。现存万历间黄应台刻笔记《贤博篇》一卷，据其游历吴越、燕赵、闽广等地时耳所闻、目所见及诗友胪述之事编纂而成，所述涉及官场、民情、物产、风习等，又附其《游岭南记》。卒后其子叶复阳刻其诗文为《沙南遗草》十卷附录一卷，现存万历间刊本，卷首胡玠、程涓、汪元英、徐文龙序，后有叶复阳《先大人遗草纪事》及徐文虹跋，附行状、志铭、小传。内诗七卷，收诸体诗六百九十余首，词一首，文三卷，收赋二篇、各体文二十七篇。《千顷堂书目》著录其《沙南集》又《纪游编》，似未见其集也。《皇明诗统》卷二七录其诗四首。《列朝诗集》丁集中录其诗三首,"小传"云:"其《巫山高》诗云:'月下人嗟夜夜楼,江边花发年年树。'为时人所称。"《御选宋金元明四朝诗》据之录。生平见叶时新《叶山人沙南先生暨配金孺人行状》、邵燕《沙南叶公暨配金孺人墓志铭》、陆西星《沙南先生暨元配金孺人合传》(《沙南遗草》附)及《(道光)休宁县志》卷六。

叶廷秀(生卒年不详) 字润山,号谦斋。山东东昌府濮州(今河南范县)人。天启五年(1625)进士,历知南乐、衡水、获鹿三县,入为顺天府推官。崇祯中迁南户部主事,遭内外艰,服阕入京,授户部主事。黄道周被逮下狱,抗疏救之,杖百、系诏狱,遣戍福建,十六年冬复故官,未赴而都城陷。福王时,召为金都御史,马士英恶之,改授光禄少卿。南都破,入闽,唐王召拜左金都御史,进兵部右侍郎。抗清事败,为僧以终,或曰辛卯年(1651)死难。著有《诗谭》十卷《续诗谭》一卷,或因人论诗,或因诗知人,半录旧文,半出己论,重在阐理学、宣教化,现存崇祯八年(1635)胡正言十竹斋刻本。《四库全书总目》著录是书,"提要"谓其"论诗不可为训"。《四库全书总目》又著录其与黄道周、董养河倡和集《西曹秋思》一卷,现存清抄本。另曾刊《叶润山辑著全书》,有崇祯间刊清补刊本,收书三十二种,内《讲学大义》《叶先生偶言》《鲁邹游记》《远道随笔》《疏稿》《奏疏》《秋兴诗》《就正录》《素园诗》《续诗谭》各一卷及《偶言》四卷署廷秀自撰。生平见清徐鼒《小腆纪传》卷五六、《明史》卷二五五。

叶份(1502—1536) 字原学,号莲峰。南直徽州府婺源(今属江西)人。生于弘治十五年(1502)三月十八。嘉靖元年(1522)举人,二年进士,授南户部河南司主事,管凤阳诸仓,六年父丧,归乡守制。服阕,铨复刑部山西司主事,进江西、陕西二司员外郎、郎中,出为山东提学副使,十四年以病乞休,明年四月十八卒,年三十五。《千顷堂书目》著录其《莲峰集》。现存万历四十五年(1617)李履顺、詹君衡刻本《莲峰先生集》七卷附录一卷,内诗四卷,收诗六百余首,文三卷,收各体文六十余篇,有汪应蛟序。《皇明诗统》卷三八录其诗十四首。陈有守等《徽郡诗》录其诗二十首。《明诗综》卷三九录其诗一首。生平见吕怀《莲峰先生叶公墓表》、叶献芝《书先考莲峰府君行状》(《莲峰先生集》附录)。

叶向高(1559—1627) 字进卿,号台山,晚号福庐山人。福建福州府福清人。生于嘉靖三十八年(1559)七月三十。万历十一年(1583)进士第二,选翰林院庶吉士,授编修。迁南国子司业,就迁中允,历谕德、庶子,充皇长子侍班官。擢南礼部侍郎,就改吏部,三十五年召拜礼部尚书兼东阁大学士,次年为首辅,四十二年乞归。光宗立,特诏召回,加太子太保,进文渊阁大学士,加少保。次年熹宗即位,十月还朝,再任首辅,进武英殿大学士,加少傅兼太子太傅,改吏部,又拜建极殿大学士,加少师兼太子太师。时魏忠贤擅权,知国事已不可为,天启四年(1624)乞归,七年八月二十九卒,年六十九,赠太师,谥文忠。为人忠厚,有德量,在相位,务调剂群情,辑和异同。能诗文,《明史·艺文志》著录其《纶扉奏草》三十卷《文集》二十卷《诗》八卷。现存万历崇祯间递刊《福唐叶文忠公全集》七种一百十八卷,内《苍霞草》二十卷、《苍霞草诗》八卷、《苍霞续草》二十三卷、《苍霞余草》十四卷、《纶扉奏草》三十卷、《续纶扉奏草》十四卷、《后纶扉尺牍》十卷,又有《蓬编》(自撰年谱)二十卷。《四库全书总目》又著录其笔记《说类》六十二卷,存万历刊本。徐𤉎《晋安风雅》录其诗四首。《列朝诗集》丁集录其诗三首,"小传"云:"公与江夏郭美命(郭正域)同馆,以文章互相推许,皆有集行世。公诗文信笔抒写,长于献酬流俗,而美命滔莽自运,敢于评量古人。"《明诗综》卷五四录其诗四

首,"诗话"云:"东林诸子,奉福清为伦魁……诗品在山林台阁之间,诸体皆具。"清郭柏苍《全闽明诗传》卷三一录其诗三十首。《明诗纪事》庚签卷一四上录其诗五首。《明文海》录其文八篇,评语云:"台山学欧(阳修)梗概,而学力不及,不得其精神所在。"清陈元龙《御定历代赋汇》录其赋二篇。生平见清邹漪《启祯野乘》卷一、《明史》卷二四〇。

叶纨纨(1510—1632)　字昭齐。南直苏州府吴江(今属江苏)人,叶绍袁、沈宜修长女。秀慧早成,与妹小纨、小鸾皆能诗,又工书法,小楷尤精。十七岁嫁袁俨之子,次年夫妇随翁赴官岭西,其夫中途因事独返,未久,其翁亦卒,因与婆母扶柩还乡。以家道中落,诸事不顺,幽恨至病。崇祯五年(1632)三妹小鸾将嫁,纨纨作《催妆诗》,甫就而讣至,返家归哭妹过哀,发病而卒,年二十三。卒后,其父辑其诗为《芳雪轩遗集》(《愁言》)一卷,内诗九十七首,词四十七首,附亲友哀祭之作,收入崇祯九年刊家集《午梦堂诗文十种》。《列朝诗集》闰集录其诗六首。《明诗综》卷八六录其诗四首。《御选宋金元明四朝诗》录其诗三首。清季娴编《闺秀集》录其诗九首,词四首。近人柳弃疾《松陵女子诗征》录其诗三十首。清徐树敏《众香词》录其词七首。《明词综》卷一

一录其词二首。近人陈去病《笠泽词征》录其词十五首。近人赵尊岳《明词汇刊》录其词为《芳雪轩词》。

叶灿（1566—1643） 字以冲，号曾城，晚号天柱山人。南直安庆府桐城（今属安徽）人。万历二十八年（1600）乡试中举，数上公车，四十一年始成进士，选翰林院庶吉士，授编修。迁南国子司业，历左中允、右庶子，以疏中官得罪，天启末削籍归。崇祯初起少詹事兼侍读学士，加礼部右侍郎，以南礼部尚书致仕归，十六年（1643）卒，年七十八，弘光朝追谥文庄。好书，蓄书数万卷，手自雠勘，闻有异书，必购致之。《千顷堂书目》著录其《天柱集》十七卷又《读书堂稿》十二卷。现存明末刊《读书堂稿》十二卷，内文八卷，收论、叙、杂著等八十篇，诗四卷，收古近体诗二百三十首。是集首有其门人卓发之崇祯六年序，又有卓发之崇祯三年《天柱序集》，或《天柱集》已收入此集。清潘江《龙眠风雅》卷一八录其诗三十三首。《明诗综》卷六〇录其诗一首。清徐璈《桐旧集》卷二七录其诗二首。《明诗纪事》庚签卷二三录其诗一首。《明文海》录其文《张图枢诗序》等三篇。清李雅等《龙眠古文》卷一三亦录其文三篇。生平见《读书堂稿》卷首吴应琦所作《本传》、《（乾隆）江南通志》卷一六七。

叶良表（生平里籍不详） 字正之。少习经生业，屡试不利。后转攻词赋，旁及岐黄、堪舆诸书。作传奇《分金记》，敷演战国管仲、鲍叔牙故事，现存万历间金陵富春堂刻本，题《新刻出像音注管鲍分金记》，是剧凡四卷三十八回，署"银峰三溪叶良表著"，首祝世禄，万毕两序。管、鲍之事出《史记》卷六二《管仲列传》，又见于《吕氏春秋》《管子》诸书。本剧所演有史实为据，然管仲火攻破赤狄、管仲之妻姜一娘守节等则多出于想象。而作者开场之[西江月]云："簸海垂天大翮，扶摇须借同风。无媒碌碌老豪雄，钻破残篇何用……"实借其剧以寄慨也。作序之祝世禄（1539—1610）为饶州府德兴人，万历十七年（1589）进士，则叶良表当亦为万历时人也。

叶良佩（生卒年不详） 又作叶良珮。字敬之。浙江台州府太平（今温岭）人。正德十一年（1516）举人，嘉靖二年（1523）进士，除江西新城知县，改贵溪。迁南刑部主事，进郎中。能诗文，与屠大山、蔡希廉、齐之鸾等倡和。《千顷堂书目》著录其《海峰堂前稿》十八卷，现存嘉靖三十年魏濬刊本《海峰堂前稿》十八卷，首辞赋一卷，收"续《招》"一、赋五、祝辞五，次诗五卷，收古体诗一百四十余首、近体诗三百四十余首，后为各体文十二卷，有黄绾序、魏濬跋。《四库全书总目》著录其《叶海峰文》一卷，实为《海峰堂前稿》之散抄。另有清光绪二十七年(1901)其后人刊印《叶海峰文集》二卷，以未见嘉靖本，据残帙辑成。《千顷堂书目》另著录其《周易义丛》十六卷(现存明嘉靖刊本)及《太平县志》。李时渐《三台文献录》录其文七篇、诗十一首。《明文海》录其文《吊古赋》等二篇。清李成经《方城遗献》卷六录其诗四首。清戚学标《三台诗录词录》卷一八录其诗六首。《明诗纪事》戊签卷一五录其诗一首。生平见《(雍正)浙江通志》卷一六九、《(雍正)江西通志》卷六二。

叶尚高(1607—1647)　一作尚皋，字而立，一作而栗，又字天章。浙江温州府永嘉(今温州)人，或记其为乐清人。明末温州府学生，丙戌(1646)，清兵入温州，尚高幅巾大袖，托之佯狂，嬉笑怒骂于市。次年二月太守朱从义祭孔，尚高乃自作《祭文》，采芹一束，携水一杯，服先朝冠带，哭于庭，又嘲骂太守不止，因系之狱。狱中作《自叙》，至五月端阳，赋《端阳绝命》诗自尽，年四十一。后人辑其遗作为《叶义士遗集》传于世，《遗集》收其佚文五篇佚诗三十一首。所作如《故家纱帽》《清朝服饰》等，多直涉时事、表愤激。《明诗综》卷七五录其诗一首。《东瓯诗存》卷三〇录其诗七首。生平

见清黄宗羲《海外恸哭集》及《叶义士遗集·自叙》。

叶国华(1584—1659)　字德荣，号白泉。南直苏州府昆山(今属江苏)人。万历四十三年(1615)举人，授定海教谕，入为国子监学录，转刑部主事，以坐累免官。寻事白，改工部，出榷杭州南关，明亡归里，清顺治十六年(1659)卒。善书能诗，《昆新两县续修合志》卷四九著录其有《茧园诗文集》《雁木斋稿》《鸥波白泉倡和诗》)。现存崇祯十六年(1643)序刊本《雁木斋诗草》四卷，计收诗六百余首，有顾锡畴、朱天麟、张溥序。据载，另有清潘道根抄本《白泉诗》二卷，未见。生平见《(道光)昆新两县志》卷二六、《(同治)苏州府志》卷九四、《(光绪)昆新两县续修合志》卷三〇。

叶绍袁(1589—1648)　初名宝生，因过嗣袁绅家为后，改名绍袁。字仲韶，号粟庵，又号鸿振，自称天廖道人。南直苏州府吴江(今属江苏)人。生于万历十七年(1589)十一月二十四。天启四年(1624)举人，五年进士，以"逆党乱政，奸相弄权"，不预庶常之试。七年自求教职，授南京武学教授，晋北国子监助教。崇祯元年(1628)迁工部主事，三年以母老陈情告归。南明弘光元年(1644)清军占吴江，八月二十五率四子世侗、六子世倌、七子世侇入

杭州皋亭山，薙发隐遁为僧，自号华桐流衲，又号木佛。卒于清顺治五年(1648)，年六十。早负才名，称风雅，多能艺事，有卫洗马、潘散骑之目。妻沈宜修，词隐先生沈璟侄女，称才女，十六来归，夫妻倡和相得，吴中人艳羡之。生八子三女，皆工诗能文。其中三女纨纨、小纨、小鸾，尤以诗才有名乡里，然小鸾、纨纨及二子相继早逝。崇祯九年(1636)沈宜修去世后，绍袁辑集一门之作及亲朋哀悼之诗文，编为《午梦堂诗文十种》。是集内绍袁自撰有《秦斋怨》一卷，收诗二百十六首、词四首，多系悼念亡妻亡女之作；又所辑《彤奁续些》卷下收其诗三十二首、文六篇，亦多系哀祭之作；又《窈闻》《续窈闻》，前写其冥间探视妻女之状，后叙召魂妻女返家之事。另有《叶天寥四种》，包括《叶天寥自撰年谱》《年谱续纂》《叶天寥年谱别记》《甲行日注湖隐外史》。《千顷堂书目》著录其《迁聊集》，未详。陈济生《天启崇祯两朝遗诗》卷六录其诗九首。《明诗综》卷六六录其诗一首。清周铭《松陵绝妙词选》卷一录其词四首。《明词综》卷五录其词一首。近人陈去病辑《笠泽词征》录其词十三首。牛平见《(乾隆)吴江县志》卷三一、《(乾隆)江南通志》卷一六五。

叶春及(1532—1595) 字化甫，号石洞、絅斋。广东惠州府归善(今惠州)人。嘉靖三十一年(1552)举人，三试南宫不第，隆庆初授福清儒学教谕。赴任前曾应诏上书陈时政，缕缕三万言，都下一时轰动。至福清，颇获声誉，迁惠安知县，再迁宾州知州。以病归，隐于罗浮，治逃庵而居，有司为之辟石洞书院。以都御史艾穆荐，起兴国知州，未赴。寻出为郧阳同知，入为户部员外郎，迁郎中，万历二十三年(1595)卒于任，年六十四。学宗陈献章，亦能诗文。《千顷堂书目》著录其《絅斋集》六卷又《应诏书》一卷又《志论》二卷又《公牍》二卷、《石洞集》十八卷、《过江集》。现存万历刊本《絅斋先生文集》十二卷，首二卷为《应诏书》，即所谓陈时政之三万言书，卷三至卷六为序，卷七为记、碑，卷八为传、行状，卷九至卷一○为志论，卷一一至卷一二为公牍之文，有万历二十二年春沈铁继序。又有清康熙间刊本《罗浮石洞叶絅斋集》十八卷，首二卷为《应诏书》，卷三至卷八为《惠安政书》，为其官惠安时所作，以下为公牍、杂文，末两卷收诸体诗，约三百首。盖前书为其生前所刊，后书则为卒后亲故所辑刻。《千顷堂书目》另著录其《顺德县志》及《肇庆府志》二十二卷。《明诗综》卷四八录其诗八首，"诗话"谓其"虽以讲学闻，诗宗杜陵，不堕程、邵门户"。清屈大均《广东文选》录其诗二首、文八篇。《御选宋金元明四朝诗》录其诗十二首。《四库全书》收《石洞集》十八卷,《总目》"提要"谓其诗"音节亦殊清亮",又称其"文章差近平直,而亦明畅。惟作令时符帖具载不遗,颇伤丛碎"。《明诗纪事》己签卷一〇录其诗一首。生平见王兆云《皇明词林人物考》卷一二、过庭训《本朝分省人物考》卷一一二、《明史》卷二二九。

叶宪祖(1566—1641)　字美度,一字相攸,号六桐、桐柏,别署槲园生、槲园外史、槲园居士、紫金道人等。浙江绍兴府余姚人。父叶逢春曾两任知府,因得以职官子弟游南国子监。万历二十二年(1594)中举,九上公车,至四十七年始中进士,授新会知县,迁选入京,以姻亲黄遵贤劾魏忠贤,左迁大理左评事。历工部虞衡司主事,因讥议魏忠贤建生祠削籍。崇祯初起为南刑部主事,三年(1630)迁顺庆知府,转湖广副使,备兵辰沅。升四川参政,分守建昌,未到任又升广西按察使,以疾辞官。十四年卒,年七十六。工词曲,与吕天成、王骥德、吴炳、袁于令等曲家交谊甚厚。每一剧写成,即付伶人习之,刻日上演。撰传奇六种,内《玉麟记》《双卿记》《双修记》《宝铃记》四种已佚(《月露音》存《玉麟记》佚曲)。现存两种《鸾鎞记》《金锁记》均被吕天成《曲品》列为

"上中品"。《鸾鎞记》有明末汲古阁原刻初印本、汲古阁刻《六十种曲》本等,二卷二十七出,演杜羔与赵文姝、温庭筠与鱼玄机情爱故事,又穿插贾岛落第为僧又还俗中进士事,故后其婿黄宗羲为其作《墓志铭》,谓其"《鸾鎞》借贾岛以发抒二十余年公车之苦"。《鸾鎞记》又有清红格抄本二卷三十四折,情节关目有增饰,似为演出本。《金锁记》有清内府抄本、康熙间抄本等多种抄本,二卷三十三出,演窦娥故事,据元关汉卿《窦娥冤》杂剧改编。虽增饰大量情节、人物而大失悲剧况味。然后世昆曲常演其《送女》《探监》《斩娥》等折,京剧及各种地方戏所演《六月雪》亦源于此剧。又撰杂剧二十四种。内《巧配阖越娘》《西楼夜话》《死生缘》《芙蓉屏》《耍梅香》《玭瑂梳》《碧玉钗》《桃花源》《贺季真》《会香衫》《龙华梦》《鸳鸯寺冥勘陈玄礼》等十二种已佚。存十二种,其中《夭桃纨扇》《碧莲绣符》《丹桂钿合》《素梅玉蟾》四种写男女情爱事。称《四艳》,有明末刻《四艳记》刻本,又皆有崇祯间沈泰辑刻《盛明杂剧》本。《盛明杂剧》另收其《北邙说法》《壮荆柯易水离情》《金翠寒衣记》三种,《壮荆柯易水离情》另有万历刻本。《三义成姻》《渭塘梦》《琴心雅调》也有万历刻本。《灌将军使酒骂坐记》《俏佳人七合团花

凤》则有明末脉望馆抄校《古名家杂剧》本。另《远山堂曲品》著录金成初《荆州记》时提及宪祖另有谱关羽事戏曲一种,未详。有明一代杂剧创作之富、传世之多,宪祖似仅次于周宪王朱有燉。其剧作内容多以男女情爱为多,体制长短不一,词曲或南或北,联套方式亦多有变化,文辞则以古淡本色为主,可称晚明杂剧创作之重镇。其散曲旧有《古乐府曲集》,王骥德记云:"吾友桐柏生,尝取古乐府中所列百余题,尽易今调,为各谱一曲,其辞亦雅丽可喜。"(《曲律》卷四)未见传。亦能诗文,与同邑孙鑛以古文辞相期许。方志列其诗文著述另有《大易玉匙》六卷、《蜀游草》一卷及《入蜀记》《白云初稿》《白云续集》《青锦园集》《青锦园续集》等。今传世有天启刊本《青锦园文集》五卷及《青锦园赋草》附《广连珠》一卷、《青锦园集选》残本。《明文海》录其文四篇。清陈元龙《御定历代赋汇》录其赋四篇。清黄宗羲《姚江逸诗》卷一二录其诗二十二首。《明诗综》卷六一录其诗一首。生平见清黄宗羲《外舅广西按察使叶公改葬墓志铭》(《南雷集·吾悔集》卷一)、《(雍正)浙江通志》卷一八〇。

叶昼(生卒年不详) 字文通,自称锦翁、叶阳开、叶五叶、叶不夜。后又称梁无知,意为梁溪(无锡)无人知也。南直常州府无锡(今属江苏)人。家故贫,嗜酒,有才情,多读书,又留心释道二氏之学。万历二十二年(1594)曾学于东林顾宪成。清周亮工《因树屋书影》卷一记其天启四年(1624)至五年游开封,"与雍丘侯五汝戡倡为海金社,合八郡知名之士,人各镌一集以行,中州文社之盛自海金社始。"钱希言《戏瑕》卷三记叶昼著有《中庸颂》《悦客编》《法海雪》诸集,又辑《黑旋风集》,均未传。时李贽《焚书》《藏书》盛行,书坊所刻小说、戏曲,多假李贽评点刊行,据钱希言《戏瑕》、盛于斯《休庵隐语》、周亮工《书影》等云,其中《水浒传》《三国志演义》《西游记》《琵琶记》《拜月亭》《红拂记》《明珠记》《玉合记》及《四书评》《四书眼》等评语,有出于叶昼之手者。现署李贽名之容与堂百回本《忠义水浒传》评语,或亦为其所撰,内颇有所得,影响于后世小说戏曲之评点。又,《戏瑕》卷三记叶昼尚著有《樗斋漫录》,而现存万历四十年刊《樗斋漫录》十二卷许自昌序则谓此书系其读书时漫录而成,核《樗斋漫录》中多有"无锡叶昼亦云""时无锡叶文通在座""梁溪叶文通在座"等语,颇为可疑,而希言为许自昌座上客,万历二十九年曾为自昌《咏情草》题辞,故所言或有据,或《樗斋漫录》原为叶昼作,自昌所作有取之叶作者,未详。

叶砥（1342—1421）　字周道，更字履道，号坦斋。上虞（今属浙江）人。生于元至正二年（1342）三月初六。洪武四年（1371）进士，除定襄县丞，坐累谪凉州。建文元年（1399），起翰林编修，修国史，改广西按察佥事。永乐初，以坐修史书于靖难事多微词被逮，籍其家，惟故书数箧，事白，仍命与史事，改考功郎中，任《永乐大典》副总裁，侍讲东宫。永乐九年（1411），引年乞去，不许，后乃自言于吏部主事者，乞一小郡牧民报效，简放饶州知府。永乐十九年八月二十一卒于郡廨，年八十。《千顷堂书目》著录其《坦斋集》又《退朝稿》又《芝山稿》又《经筵讲义》又《銮坡稿》又《溪居稿》又《南行稿》又《经进稿》，现存成化十二年（1476）俞荩刻本《坦斋文集》三卷，收其所作序、碑铭、论说等。又有旧抄本《坦斋文集》五卷，内序二卷，记一卷，杂著二卷，收各体文八十篇，杂著中有《修然楼诗并序》《菊轩诗并序》《孝友堂诗并序》，因知其原有诗集。程敏政《皇明文衡》卷九七录其文一篇。《皇明风雅》卷二四、《皇明诗统》卷四录其诗一首。《列朝诗集》甲集录其诗四首。清钱玫《历朝上虞诗集》卷六录其诗十六首。清徐乾《上虞诗选》卷二录其诗一首。《明诗纪事》乙签卷四录其诗一首。生平见王直《叶公砥墓志铭》（《国朝献征录》卷八七）、《（雍正）浙江通志》卷一六九、《（雍正）广西通志》卷六六。

叶盛（1420—1474）　字与中，号蜕庵。南直苏州府昆山（今属江苏）人。正统六年（1441）举人，十年进士，授兵科给事中。累迁都给事中，出为山西右参政，景泰三年（1452）督饷宣府，防范瓦剌也先。天顺二年（1458）擢右佥都御史巡抚两广，改左佥都御史巡抚宣府。成化三年（1467）进礼部右侍郎，五年转左，八年改吏部左侍郎，十年三月初八卒于官，年五十五，谥文庄。平生嗜书，手自钞校，残编蠹简，必依格缮写，积至数万卷，因编《菉竹堂书目》（有《粤雅堂丛书》本）、《菉竹堂碑目》（有清咸丰刊本）。亦好著述刻书，《吴中往哲记》记云："文庄所著书殆几百卷，笃学辩博，委一时首称。"《千顷堂书目》著录其《西垣奏草》九卷又《边奏存稿》七卷又《两广奏草》十六卷又《上谷奏草》八卷又《叶文庄公奏议》五十卷、《水东日记》三十八卷、《水东文稿》二卷又《水东诗稿》二卷又《菉竹堂小稿》一卷又《泾东小稿》一卷又《菉竹堂集》□卷。其奏疏现存崇祯间叶氏赐书楼刊本《叶文庄奏疏》四十卷。《水东日记》，现存有弘治间常熟徐氏刊本及嘉靖时补刊本，皆为四十卷，《四库全书》所收则为三十八卷。诗文著述现存手稿本《幸学诗跋》一卷、弘治间刊《泾东小稿》九卷、嘉靖八年(1529)刊自订《箓竹堂稿》八卷(文四卷诗四卷),又有清康熙叶氏赐书楼刻乾隆印本《叶文庄公全集》三十卷。周复俊《玉峰诗纂》卷三录其诗一首。《明诗综》卷二〇录其诗四首。《四库全书总目》著录其《箓竹堂稿》八卷,"提要"云:"诗词皆非所长,文有劲直之气,稍胜于诗,然亦无杰构,惟碑志诸篇,尚颇整饬有法耳。"《明诗纪事》乙签卷一七录其诗十二首,按云:"文庄硕德重望,不以诗名。余综览全集,七言近体风格遒上,即精研声律者无以过之。"近人赵尊岳《明词汇刊》录其词五首为《箓竹堂词》。生平见彭时《叶公盛神道碑》(《国朝献征录》卷二六)、方鹏《昆山人物志》卷一、何乔远《名山藏》卷六六、《明史》卷一七七。

叶朝荣(1515—1586)　字良时,号桂山。福建福州府福清人。诸生,隆庆元年(1567)年逾五十始得恩贡入成均,试不第,父殁守孝,服阕谒选,授九江府通判,迁广西养利州知州,万历十四年(1586)卒于官,年七十二。《千顷堂书目》著录其《九芝堂集》四卷、《诗经存固》八卷。现存万历刊本《芝堂遗草》七卷,首诗一卷,收诗一百四十余首,次为各体文六卷,有万历三十四年朱国祯《芝堂遗草序》及其子叶向高所作《刻芝堂遗草述》。《四库全书总目》著录《芝堂遗草》七卷,"提要"云:"朝荣诗格、文格并明白坦易。大抵偶然涉笔,非刻意欲成一家者也。"清郭柏苍《全闽明诗传》卷二九录其诗七首。生平见朱赓《养利州知州叶公墓志铭》(《朱文懿公文集》卷九)、《(乾隆)福建通志》卷四三。

申时行(1535—1614)　字汝默,号瑶泉,晚号休休居士。南直苏州府长洲(今江苏苏州)人。其生父申士章,诸生,养父苏州知府徐向珍,故从榜姓徐,寄籍吴县,后复姓。生于嘉靖十四年(1535)八月十六。嘉靖四十年乡试第三,明年春闱第一人及第,授修撰。历中允、谕德、左庶子,万历五年(1577)擢礼部右侍郎,旋改吏部。以文字受知张居正,六年居正归葬父,请广阁臣,遂以吏部左侍郎兼东阁大学士入预机务,进礼部尚书,兼文渊阁大学士。累进少傅兼太子太傅、吏部尚书、建极殿大学士,加少傅兼太子太师、中极殿大学士。时内阁疏请建储,首列其名,时行又秘疏否认,言官乃劾其巧避首事,排陷同官,以连连被劾,因乞归致仕。家居二十三年,万历四十二年七月十九卒,年八十,赠太师,谥文定。敏悟过人,能文,一时朝廷制作多出其手,继张四维为首辅,凡九年,政务宽大,然多承帝意,少建树。归田后时时与故人遗老修绿野、香山故事，赋落花及咏物诗，丹铅笔墨，与少年词人争强胜。每岁除夕、元旦，与王穉登等人唱酬赋诗，二十余年不阙。吴趋委巷，歌楼僧舍，词翰流传，互相矜重。曾主修《大明会典》，又辑《书经讲义会编》十二卷。《明史·艺文志》著录其《召见纪事》一卷、《纶扉奏草》十卷、《赐闲堂集》四十卷。《召对录》一卷有万历时刊本，《纶扉简牍》十卷有万历二十四年刻本。《赐闲堂集》四十卷则为其诗文总集，时行卒后其子申用懋于万历四十四年辑刻。内应制诗赋一卷，五七言古近体诗五卷，奏疏、敕谕、笺表一卷，其他诸体文三十三卷，有李维桢、冯时可、邹元标、焦竑序。《列朝诗集》丁集录诗十二首，"小传"谓其"文藻婉丽，实出同时殿阁之右"。《明诗综》卷四四录诗七首，"诗话"云："文定不以诗见长，然巨篇长律，铺扬典丽，足令操觚者缩手。"清沈德潜《明诗别裁集》录诗二首。《御选宋金元明四朝诗》录诗三十三首。《四库全书总目》著录《赐闲堂集》，"提要"谓其"相业无咎无誉，诗文亦如其为人"。《明诗纪事》己签卷一四上录其诗八首。生平见《申公时行神道碑》(《国朝献征录》卷一七)、吴道南《申文定公墓表》(《吴文恪公文集》卷一八)、顾祖训《状元图考》卷三、《明史》卷二一八。

申佳胤（1602—1644）　清人避讳，"胤"写作"允"，字孔嘉，一字潜原。京师大名府永年（今属河北）人。生于万历三十年（1602）闰二月二十九。天启元年（1621）举人，崇祯四年（1631）进士，筮仕得河南仪封知县，六年调杞县。十年迁吏部文选司主事，上备边五策，十三年迁考功员外郎，以座主文安之事株连，降南国子博士，归里。十五年迁大理评事，十六年进太仆寺丞。崇祯十七年三月十九日京师陷，投井死，年四十二，福王时，谥端愍。《千顷堂书目》著录其《申端愍公诗集》二卷，实著述有多种刊本。清康熙间刻道光间补《申端愍公诗集》八卷《文集》二卷《外集》一卷收录较全，内诸体诗近四百首。清王崇简《畿辅明诗》录其诗五首。《明诗综》卷七二录其诗一首，"诗话"云："其诗娟秀，不嚣不浮，近刘半舫（刘荣嗣）一派。"《四库全书》收其《申忠愍诗集》六卷，同于康熙本《申端愍公诗集》八卷之前六卷，阙卷七卷八诗一百三十五首，《总目》"提要"云："是集为其子涵光所编。卷首有家传，称其于诗好称李梦阳、何景明，今观所作，与何、李颇不相似，大抵直抒胸臆，如其为人，但体格尚未成就，且不免浸淫明末纤仄之习。然凛然刚正之气，足使后人起敬，不敢复以诗格绳之。"《明诗纪事》辛签卷三录其诗一首。生平见其子申涵光所作《先考端愍公年谱略》（《申端愍公集》附录）、陈济生《天启崇祯两朝遗诗·小传》、清邹漪《启祯野乘》卷一二、《明史》卷二六六。

田一㒂（1539—1591）　字德万，号钟台。福建延平府大田人。嘉靖四十年（1561）举人，隆庆二年（1568）进士，会试第一，廷试第三，授编修，进侍讲。万历五年（1577），吴中行攻张居正"夺情视事"，廷杖几毙，又即日被驱出都门，一㒂与赵志皋、沈懋学等疏救，格不入，乃从王锡爵诣居正，陈大义，词独峻，居正心嗛之。赵志皋等被逐，一㒂因告归。居正败，起故官，累迁至国子监祭酒，晋礼部右侍郎兼侍读学士。万历十九年卒于官，年五十三，赠礼部尚书。为官严于自律，家无赢赀，为时所称。《明史·艺文志》著录《钟台遗稿》十二卷。现存万历二十八年福建巡抚金学曾刊本《钟台先生文集》十二卷附录一卷，又有清康熙四十六年田士昭等重刻本。是集首黄凤翔序，卷一疏、奏书、表、笺，卷二诰敕及赋三篇，卷三至卷一〇收各体文，卷一一、卷一二收古近体诗近二百首及赞、铭等。《四库全书总目》著录，"提要"谓"其人自正，其文则未能逮古"。《明文海》录文《罗念庵祠田记》一篇。《明诗综》卷五一、《明诗纪事》庚签卷九均录诗一首。

生平见《（乾隆）福建通志》卷四八、《明史》卷二一六。

田九龄（1548—1613）　字子寿。湖广容美宣抚司（今湖北鹤峰）人，世袭土司田世爵第六子。性耽书史，尤好诗文。田氏自中唐起统辖容美，明正德二年（1507），田世爵经家难后袭替为容美宣抚使，以为族内所以出现篡弑、残杀等不端事，皆因不读书明理，因力倡文教，以诗书严课子孙，直至清雍正时"改土归流"，废除土司，二百余年六七代田氏族人中，多有习儒能诗之人。田九龄受其父严教，少离家，从华容孙斯亿学，万历间补长阳县学弟子员。后袭土司之位的长兄田九霄刻深峻鸷，九龄以才名见忌，因避居澧州。平生喜交游，以孙斯亿所引，得广交荆、沣、沅、湘之名士，与之倡和者甚夥。卒于万历四十一年（1613），年六十六。清康熙十八年（1679）所编《田氏一家言》卷一〇收九龄《紫芝亭诗集》，诗一百二十七首。田舜年《紫芝亭诗集小叙》谓田九龄"有诗文二十卷，武昌吴明卿（吴国伦）为之序，其诗冲融大雅，声调谐和，殆与'七子'相近。奈昔年兵燹，悉失去……搜求止得其第七、第八卷各半，惟七言近体与绝句耳，汰其太染时调者，得若干首付焉。"天启七年（1627）田玄刊本《田子寿诗集》八卷附田宗文《田国华诗集》一卷，今仍存世,内收田九龄拟乐府诗五十一首、五七言古近体诗四百八十余首。是集为其从孙田玄编,孙斯亿校,孙斯亿、吴国伦、杨邦宪等序。清张旋均《湖北先贤诗佩》录其诗三首。田九龄生平见1930年容阳堂刊《田氏族谱》卷三。

田艺蘅(1524—?)　幼名象贤,应乡试时改名崇蘅,后改艺蘅。字子艺,号香宇,室名天植堂。浙江杭州府钱塘(今杭州)人,田汝成子。生于嘉靖三年(1524)三月初九。少随父宦游南北,年十七补学官弟子员,凡八赴乡试不举,因遍游各地,曾领乡兵抗倭,又曾入胡宗宪幕。万历初年五十余始以岁贡任徽州休宁教谕,晚归钱塘,卒老于斯。少以才名,性疏直诙谐,好酒任侠,放旷不羁。传其至老愈放,朱衣白发,携两女奴,坐西湖花柳下,逢好友,即具坐酬唱,促膝谈谑,人称谪仙。以博雅称名于时,善著文,其仿《容斋随笔》《梦溪笔谈》所作之杂俎笔记《留青日札》,举凡经史子集、典章制度、音韵训诂、社会风尚、艺林传闻,无所不涉,最为士林所称。今存隆庆刊本、万历刊本,均为三十九卷。又有万历刊《留青日札》节本《留留青》六卷、《留青日扎摘抄》四卷。诗文别集名《香宇集》(或称《天植堂集》),现存嘉靖刊本《香宇初集》五卷附《拾遗稿》一卷、《续集》二十八卷。《初集》为乃翁所选,并《拾遗稿》均为其三十岁以前所作,刊于嘉靖三十二年;《续集》则编年,自嘉靖三十三年《甲寅稿》至四十二年《癸亥稿》凡十集,各有友人所作序。另,《四库全书总目》小学类著录其所辑《大明同文集举要》五十卷,存万历刊本。又嘉靖刊本《诗女史》十四卷拾遗二卷,辑自古迄明三百余位女诗人诗,亦署其名,《四库全书总目》著录,以多有讹误,疑其为书坊托名。另《千顷堂书目》著录或明清类书所收之《老子指玄》《煮泉小品》《香宇谈诗》《山居养志谱》《玉笑零音》《春雨逸响》《梅花新谱》等,则多为从《留青日札》所辑出者。《列朝诗集》丁集中录其诗九首。《明诗综》卷六二录其诗一首。清陈元龙等《御定历代赋汇》录其赋九篇。《四库全书总目》著录其诗文选集《田子艺集》二十一卷,"提要"云:"艺蘅在嘉、隆之间,犹为博洽,而诗格颇嫌冗漫。"《明诗纪事》庚签卷二八录其诗一首。卓人月、徐士俊《古今词统》录其[竹枝]六首。生平见乔时敏《田子艺小传》(《留留青》卷首)、王兆云《皇明词林人物考》卷七、《(乾隆)杭州府志》卷九三、《明史》卷二八七。

田玄(1590—1646)　字太初,号墨顿。湖广容美宣抚司(今湖北鹤峰)人,容美世袭土司、宣抚使田楚产长子。生于明万历十八年（1590），天启五年（1625）袭父职继任容美宣抚使，崇祯间以派兵助剿张献忠、李自成军，升容美军民宣慰使，卒于南明隆武二年（1646），年五十六，赠龙虎将军、太子太保、仁忠公，其后又称其为武靖公。田玄性深沉，喜读书，多与宾朋诗酒倡和，诗集有《金潭咏》《意草笠浦》等，后结集为《秀碧堂诗集》，文安之为之序，未见传，惟清康熙十八年（1679）所编《田氏一家言》收《秀碧堂诗集》残存十三题二十三首，文安之序附见。生平见1930年容阳堂刊《田氏族谱》卷三中的《田氏世家九·容美宣慰使田玄世家》《田武靖公父子合传》。

田圭（生卒年不详）　字信夫。湖广容美宣抚司（今湖北鹤峰）人。容美土司、宣抚使田楚产次子。其兄田玄任容美宣抚使时，受命总摄政务，其后又相继辅政于其侄田霈霖、田既霖、田甘霖。《田氏族谱》称其"沉重喜学，诗酒娱情，至老不倦。文铁庵（文安之）、黄中含、严平子（严守升）三先生皆尝为之叙其诗集"。清康熙十八年（1679）所编《田氏一家言》卷一二收其《田信夫诗集》，凡三十三题四十四首。田舜年在《田信夫诗集小引》中谓其"性平易嬉游，诗亦似之，惟取适性，不甚矜琢也"。生平见1930年容阳堂刊《田氏族谱》卷三。

田汝成（1502—?）　字叔禾，号豫阳。浙江杭州府钱塘（今杭州）人。生于弘治十四年十一月二十九（1502年1月7日）。正德十四年（1519）举人，嘉靖五年（1526）进士，授南刑部主事。进员外郎，十年因上疏建言释囚，被罚俸两月，改礼部，迁祠祭郎中。十三年出为广东提学佥事，十四年谪知滁州，十五年升贵州佥事，十七年改广西左参议，分守右江、龙州，以诛土酋及平民乱功，十九年迁福建提学副使，寻罢归。归田后，留心典籍，吟咏湖山，遍及浙西名胜，嘉靖四十二年犹在世。博识工文，尤善记述，与王慎中、唐顺之等多有交往，其文亦以本色为宗。顾起纶《国雅品》谓其"学古才赡，网罗旧闻，多所著述"。所著以《西湖游览志》二十四卷、《西湖游览志余》二十六卷最为著名，皆为《四库全书》收录。前者虽以游览为名，实纪湖山名胜来历及传说，而多取南宋故事；后者名为其续书，实专写西湖掌故逸闻，又征引诗词，其中颇多小说意味，为后世所盛传，或为小说家所取资。《千顷堂书目》另著录《炎徼纪闻》四卷、《九边志》三十卷、《西粤宦游记》一卷、《田叔禾集》十二卷。《炎徼纪闻》四卷记王守仁征岑猛等西南近时史事十四则，每篇各系以论，其中有汝成亲历者，故所载较史为详，亦被收入《四库全书》。《田叔禾集》十二卷为汝成诗文别集，原名《豫阳集》，亦名《杨园集》，乃汝成晚年令其子艺蘅所编，现存嘉靖刊本，有嘉靖四十二年蒋灼《田叔禾小集序》及田艺蘅《家大夫小集引》，内前十卷收文一百四十余篇，末两卷收赋一篇、诗二百八首，其四十二年后所作未收。《四库全书总目》另著录其有《辽记》一卷、《龙凭纪略》一卷、《行边纪闻》一卷。其未见著录者有《续说郛》所收《幽怪录》《阿寄传》及《广百川学海》丙集所收《委巷丛谈》《熙朝乐事》。实《龙凭纪略》《行边纪闻》系自《炎徼纪闻》摘出，《委巷丛谈》《熙朝乐事》则自《西湖游览志余》摘出。汝成为有明一代杭郡名士，方志称"杭士自弘、正以来，扬声艺苑者，汝成为最。"(《(万历)钱塘县志》)其诗文也一时广播。《盛明百家诗》前集辑其诗二十五首为《田豫阳集》。顾起纶《国雅》卷九录其诗十首。《皇明诗统》卷三〇录其诗九首。《列朝诗集》丁集录其诗五首。《明诗评选》录其诗一首。《明文海》录其文十四篇。《明诗综》卷四〇录其诗五首，"诗话"谓其"诗品在范菁山(范言)、江午坡(江以达)间"。清汪森《粤西诗载》录其诗二首、《粤西文载》录其文九篇，《粤西丛载》又录其《桂林行》一文。《四库全书总目》著录《田叔禾集》十二卷，"提要"云："其诗律队仗修整，颇自娟娟秀出。然使逢大敌，则未足相当，文体亦颇伤平易。"《明诗纪事》戊签卷一六录其诗四首，按语谓其"诗格不甚高，时有俊语"。生平见王兆云《皇明词林人物考》卷七、《(乾隆)杭州府志》卷九三、《明史》卷二八七。

田汝𣕅(生卒年不详)　字深甫，号莘野。河南开封府祥符(今开封)人。正德十一年(1516)举人，屡试春官不第，乃谒选兵部司务。嗜酒耽诗，少游于李梦阳之门，与左国玑齐名，人呼为"田左"，故其为诗宗盛唐。谢榛《四溟诗话》谓其"尝拟少陵《秋兴》诗，得盛唐气骨"。《千顷堂书目》著录其《莘野集》。现存明刊本《田莘野集》六卷，又有明抄本称《田兵部集》，计收诗四百余首，有李蓘序。另有蓝格旧抄本《田深甫诗》二卷。《盛明百家诗》录其诗三十余首为《田莘野集》，"小传"谓其"专尚气骨，不作卑弱语"。顾起纶《续国雅》卷四录诗一首。《皇明诗统》卷一八录其诗六首。《石仓十二代诗选·明诗选》录诗三十三首。《列朝诗集》录诗八首，"小传"谓其"性不闲拘縶，晚登仕途，常怏怏不快意"。《明诗综》卷三二录诗二首。《明诗纪事》戊签卷一二录诗一首。生平见王兆云《皇明词林人物考》卷一〇。

田宗文（生卒年不详） 字国华。湖广容美宣抚司（今湖北鹤峰）人。容美世袭土司、宣抚使田九龙子。少遭家难，出居澧州，置别业曰楚骚馆，年未三十卒。与其叔田九龄善，并因之得交孙斯亿等荆、沣、沅、湘之名士。因与田九龄皆为避家族争斗而遁于他乡，以山水为乐而娱情诗书者，遂自比"竹林七贤"中之"二阮"。后其侄田楚产曾辑其诗，并请孙鹏初作序，"遴枣梨而镌焉"，然未见传。现存天启七年（1627）田玄刊本《田子寿诗集》八卷附田宗文《田国华诗集》一卷，内收宗文诗凡一百二十六首，有孙斯亿万历二十三年（1595）《田国华诗集序》、田楚产跋。清康熙十八年（1679）所编《田氏一家言》卷一〇收田宗文《楚骚馆诗集》，诗七十八题八十三首。田楚产在《楚骚馆诗集跋》中谓其"轶驾时流，其志伟，其养粹，翩翩乎风人韵士也"。盖其诗风飘逸，多出悲凉之音，与田九龄之阔达激迈不同。清张旋均《湖北先贤诗佩》录其诗四首。生平见1930年容阳堂刊《田氏族谱》卷三。

田登（生卒年不详） 字有年，号偶山。陕西西安府长安（今西安）人。弘治十七年（1504）举人，十八年进士，授刑部主事。迁员外郎、郎中，以谏武宗南巡被杖，后出为湖广金事、山东副使，进河南参政。《千顷堂书目》著录其《偶山集》四卷，未见传。《皇明诗统》卷一九录其诗三首。《石仓十二代诗选·明诗选》录其诗一百零五首。《列朝诗集》丙集录其诗一首。《明诗综》卷二八录其诗二首。《明诗纪事》丁签卷一〇录其诗一首。生平见《（雍正）陕西通志》卷六〇。

史可法（1602—1645） 字宪之、道邻。先世自河南祥符（今开封）迁京师，遂为顺天府大兴（今北京）人。生于万历三十年（1602）十一月初四。左光斗弟子。崇祯元年（1628）进士，除西安推官。征授户部云南司主事，六年进员外郎，历郎中，八年迁江西右参议，任池太兵备道，分守池州、太平。改安庐兵备道，驻庐州，进副使，分巡安庆、池州，监江北诸军。十年擢右金都御史，巡抚安庆、庐州、太平、池州及河南、湖广、江西诸州县，提督军务，开府六安。以忧归，服满，起户部右侍郎，总督漕运，巡抚凤阳、淮安、扬州，十六年拜南兵部尚书，参赞机务。京师陷，马士英等于南京拥立福王，任其为礼部尚书，兼东阁大学士，改兵部尚书，进武英殿大学士，命其督师淮扬，抵御清兵，累加少保兼太子太保、少傅兼太子太傅、少师兼太子太师，进太傅。乙酉（1645）清兵下扬州，四月二十五城破，自杀未死，被执，以不屈，被杀于军前，年四十四。

唐王立，赠太师，谥忠靖。殉难后，所作诗文散佚，清乾隆间经其裔孙史开纯等搜集，四十九年(1784)辑刊为《史忠正公集》文集四卷首一卷附录一卷。内文集卷一奏疏二十三篇；卷二书牍十九篇；卷三家书十四篇、遗书六篇；卷四为杂文五篇、诗五首、《四书》文二篇；附录收《明史本传》《畿辅志列传》《扬州府志列传》《祥符县志列传》《恳留在朝疏》等三十八篇；书末有顾光旭后序。后屡经刊刻，有多种刊本及抄本。《明诗纪事》辛签卷六上录其诗一首。生平见陈鼎《东林列传》卷一〇、清温睿临《南疆逸史》卷五、清王先谦《史忠正公传》《虚受堂文集》卷八)、《明史》卷二七四。

史玄(? —1648)　号弱翁。南直苏州府吴江(今属江苏)人。少贫艰，发愤为诗文，与吴易、赵涣以古文词相切劘，号"东湖三子"，《千顷堂书目》著录《东湖倡和集》，今不传，仅《国粹丛书》存赵涣、史玄之《唱酬余响》一卷。平生留心经济，期有作为。崇祯间尝从水道入京师，数游公卿间，无所遇而归。明亡后落拓不偶，郁郁而终。著述现存清抄本《吴江耆旧传》三卷、《旧京逸事》三卷、《帝京纪闻》二卷。《(乾隆)吴江县志》卷四六著录其另有《松陵耆旧传》四卷、《河行注》一卷、《盐法志》四卷、《梅西杂志》二卷、

《弱翁诗集》十卷。《曲海总目提要》记其有《玉花记》传奇，亦未见传。陈济生《天启崇祯两朝遗诗》卷一〇录其诗十九首。清卓尔堪《明遗民诗》《明诗纪事》辛签卷三一录其诗六首。生平见《(乾隆)吴江县志》卷三二、《(同治)苏州府志》卷一〇五。

史臣纪(生卒年不详)　字叔载，号鹿田。南直苏州府长洲(今江苏苏州)人。诸生。科考不遂，以能诗，得与同郡名士皇甫汸、黄姬水、王世贞、张凤翼等游，诗歌酬应，书简往来，称诗友。曾与皇甫汸等十四人俱和，所作诗六十五首辑为《二咏编》，臣纪作序刊之(皇甫汸《二咏编题辞》)。又尝以诗谒俞宪，遂数来往溪山间，嘉靖四十五年(1566)俞宪辑其诗十二首，并所作《玄览赋》一篇刊入《盛明百家诗》，名《史文学集》。其诗如《八月十四日夜张幼于松风阁看月》《春日王元美过黄淳父玄芝馆留集分得深字》《赠答皇甫百泉还山》等，皆为与诸名士赠答唱酬之作。《皇明诗统》卷三二由《盛明百家诗》录其诗六首。

史臣赞(1506—1566)　字伯颂，号虚室。南直苏州府长洲(今江苏苏州)人。生于正德元年(1506)七月十八。早习举子业，屡试不第，遂弃去。其弟臣纪亦科考不遂，以能诗称山人，与皇甫汸、张凤翼等游。臣赞卒于嘉靖四十五年(1566)十月

二十七，年六十一。所著《史伯颂集》二卷，乃其子辑其遗草诠次成集，刻于隆庆初。是集卷上收其所撰序、记、书、铭等，卷下收其所作杂文及诸体诗。现存孤本，卷首原有损，清康熙五十九年（1720）其玄孙史维垣手抄皇甫汸所撰序和徐仲楫所撰《伯颂史先生墓志铭》以补之，皇甫序谓"其文多宏畅，而诗则清婉，并得作者之旨"。生平见徐仲楫《伯颂史先生墓志铭》（《史伯颂集》卷首）。

史迁（1326—?） 字良臣，号青斋。金坛（今属江苏）人。笃学慎行，元季隐居教授，洪武间应辟召，除蒲城知县，迁忻州知州，复知廉州，致仕归。时以能诗称，著述现存清抄本《青金集》八卷，邑人王瀚编，内诗赋五卷，收赋七、诸体诗三百三十余首、词四首，文三卷，收各体文近四十篇，卷首有洪武二十七年（1394）"野趣轩人"序及汪谐序。《列朝诗集》甲集录其诗十二首，"小传"谓其"归田十年，作《老农赋》以自见。追和《元遗山乐府》三百余篇。杨君谦（杨循吉）录其诗文于《大明文宝》"。《明诗综》卷一三录其诗三首。《明诗纪事》甲签卷二一录其诗三首，按云："良臣诗尚真率，却无慢声俚句。"近人赵尊岳《明词汇刊》录其词四首为《青金词》。生平见《（乾隆）江南通志》卷一四三。

史杰（1410—1491） 字孟哲，号敬庵。浙江湖州府归安（今湖州）人，卫籍。生于永乐八年（1410），生七月父亡，八岁其祖遣其从沭阳仲先生学。二十二年年十五镇守淮安漕运，入府学从司训石先生学。年二十荫官大河卫百户，友人勉其学诗，后成各地，不忘吟咏。年六十二谢事归，弘治四年（1491）卒，年八十二。晚年自辑所作诗题为《袜线集》，《千顷堂书目》著录。现存弘治五年（1492）李东阳序刊本《袜线集》五卷，计收七言古近体诗三百七十余首、五言古近体诗百余首，有金铣序及程楷后序。史杰《题袜线集后》云："余武人也，素无学问积习之工，且才思疎浅，非可曰诗，盖平生好之，笃乐之深者在此，词之工拙不校也。"李东阳序谓其"集名袜线，盖其所自喻也"也为此意。《皇明诗统》卷一三录其诗七首。《明诗综》卷二三录其诗二首。《御选宋金元明四朝诗》录其诗二首。《明诗纪事》丙签卷一一录其诗四首。

史忠（1437—1516） 字廷直，号痴翁。或曰其本姓徐，名端本。南直应天府上元（今江苏南京）人。能诗善画，《画史会要》谓其"长于云山图，潇洒不群。与沈周交善"。所著今存清初刊本《卧痴阁汇稿》不分卷，为其孙史志英所辑，收诗一百二十余首、诗余四十五首、拟乐府八首,附《书后二则》及友人诗十二首。另,明佚名抄本《乐府群珠》录其小令十九。《列朝诗集》丙集录其诗五首,"小传"记云:"少不慧,年十七方能言。忽通诗词,画山水树石,纵笔挥写,不拘家数。性豪侠不羁,负气高抗,不谒权贵,人有不合,辄引去。自号痴翁,楼近冶城,署曰'卧痴',引客谈笑呼卢其中。酒沾唇辄醉,醉则搦管为新声乐府,略不构思,或五六十曲、或百曲方阁笔……同时陈大声(陈沂)、徐子仁(徐霖),皆叹美以为弗如也。"《明诗综》卷二六录其诗一首。清陆心源《吴兴诗存》四集卷五录其诗二首。《明诗纪事》丁签卷一二录其诗一首,按云:"痴翁与赤松山农金琮为素交,盛时泰合编二人诗,题曰《金陵二隐稿》,未授梓,毁于火。启、祯间,翁裔孙志英更辑《痴翁遗集》,今亦不可得也。"生平见《(乾隆)江南通志》卷一六八。

史鉴(1434—1496)　字明古,号西村。南直苏州府吴江(今属江苏)人。平生读书论史,工诗善文。相貌奇伟,须髯奋张,又好着古衣冠,曳履挥塵,乡里以处士称之。喜交友,持信义。家居吴江穆溪之上,水竹幽茂,亭馆相通,客至,陈三代秦汉器物,及唐宋以来书画名品,相与鉴赏。为人足迹不出百里之外,然江浙间人知其名,郡县大夫亦皆礼下之。为诗不屑为近体,冥搜苦索,欲追魏、晋。卒于弘治九年(1496)六月二十五,年六十三。《明史·艺文志》著录其《西村集》八卷,现存嘉靖八年(1529)史璧刻本,内诗赋四卷、文四卷、附录一卷,又有乾隆刊本及抄本数种。实此本为史鉴诗文之选本,其全集本《西村集》二十八卷附录一卷现存清初抄本。《盛明百家诗》录其诗五十余首为《史山人集》。顾起纶《续国雅》卷三录其诗三首。《皇明诗统》卷一二录其诗十一首。《石仓十二代诗选·明诗选》录其诗三十四首。《皇明诗选》录其诗一首。《列朝诗集》丙集录其诗六十八首,"小传"记云:"明古少受知于徐武功(徐有贞),与文定(吴宽)及沈启南(沈周)为友。弘、正之间,吴中高士首推启南,次则明古。"《明诗综》卷二六录其诗二十首,"诗话"云:"西村才名亚于石田(沈周),然以诗论,刻意学古,似当胜沈一筹。"清沈德潜《明诗别裁》录其诗一首。《御选宋金元明四朝诗》录其诗二十二首。《四库》馆臣未见二十八卷本,故《四库全书》所收亦为《西村集》八卷附录一卷,《总目》"提要"云:"其诗亦落落无俗韵,惟古诗不知古音,所注叶韵皆谬误。"《明诗纪事》丁签卷一五录其诗十二首,按语谓其"五字诗为胜,七言断句亦有风韵"。《明词综》卷二录其词一首。近人赵尊岳《明词汇刊》录其词三十五首为《西村词》。《明文海》录其文十五篇。生平见吴宽《史明古公鉴墓表》(《国朝献征录》卷一一六)、王兆云《皇明词林人物考》卷四、张昶《吴中人物志》卷九。

史谨(生卒年不详)　字公谨，方志或记作"公敏"，号吴门野樵。昆山(今属江苏)人。少从倪瓒、高启游。博学好古，工诗什，善丹青。洪武初，以事谪云南，存其洪武二十三年(1390)在云南送友人张适还朝诗。洪武三十一年经友人王景学士推荐，任应天府推官，左迁湘阴县丞，寻罢。后侨居南京，以卖药为生，吟诗作画，以消永日，不知所终。永乐十八年(1420)曾以诗送李昌祺赴广西，则其时仍在世。有诗名于吴中，《千顷堂书目》著录其《独醉亭诗集》。其集原本分体不分卷，后《四库全书》收其集，厘为三卷，题为《独醉亭集》，计收诗四百五十多首，《总目》"提要"云："据珽(陈珽)所序，是集盖谨所自编，但以体分，不题卷数。自《武当八景》以下九十三首，别题曰《遗稿》，疑谨没以后，其后人掇拾晚年所作，附于集末。然中有《经人鲊瓮》诗、《谒黔宁王庙》诗，则皆在谪云南时，又有《雪酒为金粟公赋》诗，'金粟道人'乃顾阿瑛别号，则元末明初之作亦在其中。殆杂采佚篇，不复甄别。观所载题画之诗特多，必丹青手迹一一录入

矣。今以原本所有，亦并存之，与谨所自定诸诗，共厘为三卷。其诗不涉元季缛靡之习，亦不涉宋季酸腐之调，平正通达，而神采自然高秀，在明初可自为一家。"《皇明诗统》卷四录其诗一首。《列朝诗集》乙集录其诗十首。《明诗综》卷一五下录其诗一首。《御选宋金元明四朝诗》录其诗二十首。清光绪朱绪曾《金陵诗征》卷三八"寓贤"录其诗八首。《明诗纪事》甲签卷一九录其诗二首。生平见《(弘治)昆山县志》、方鹏《昆山人物志》卷三、张大复《吴郡张大复先生明人列传稿》)。

史槃(生卒年不详)　字叔考。浙江绍兴府会稽(今绍兴)人。约生于嘉靖十年(1531)。科考运蹇，中年尚未入学，四十三岁时又逢整顿学政，州县生员名额紧缩，因仿陈子昂作《破瑟赋》，以铁门槛无法逾越之，不再应考。与王骥德同为徐渭门人，而年稍长。以长寿称，卒在崇祯初，九十余岁。习书画，极肖徐渭。南北漂零，则同王骥德。穷途没路，以词曲得名于青楼楚馆。祁彪佳《远山堂剧品》著录其杂剧，《苏台奇遘(北六折)》被列入"雅品"，《三卜真状元(南北六折)》《清凉扇余(南北四折)》被列入"能品"，均未见传。最以传奇名，《远山堂曲品》"能品"著录其传奇《檀扇记》《青蝉记》《双鸳记》《唾红记》《朱履记》《鹣钗记》

《合纱记》《琼花记》《樱桃记》《李瓯记》《梦磊记》《双串记》《忠孝记》；清佚名《传奇汇考标目》别本又记其有《冬青记》《双丸记》。现存《樱桃记》二卷三十六出，有明末刊本，演唐代唐奉先与其表妹婚恋故事，黄巢亦被写入男女纠葛故事中；又《鹣钗记》二卷三十四出，现存明末书林杨居寀刊本，写书生宋璟与宦家女荆燕红、康璧与妓女南国香两对男女婚恋故事；又《唾红记》（又名《吐红记》《吐绒记》）二卷三十出，现有清抄本，演唐皇甫曾与卢纶之女卢忘忧之婚恋故事。又《梦磊记》有冯梦龙改本，收入《墨憨斋定本十种传奇》（有明末清初多种刻本）。另《合纱记》《忠孝记》存残曲。其剧多演才子佳人，而以主人公中状元作结，情节繁杂，多设巧合。王骥德评其剧作云："自能度曲登场，体调流丽，优人便之，一出而搬演几遍国中。"（《曲律》卷四）冯梦龙评云："史氏所作十余种，率以情节交错，离合变幻为骨，几成一例。"（《梦磊记序》）其散曲集名《齿雪余音》，今佚。张琦等《吴骚合编》、陈所闻《南宫词纪》、魏之琰《昔昔盐》等共存其小令八、套数七套。冯梦龙《太霞新奏》收其曲云："每篇多秀句，恨于律法尚未深考，故不能多。"又著有诗文集《童殺斋集》，陈继儒作序，今亦未见。生平见陈继儒《史叔考童殺斋集叙》

（《陈眉公集》卷六）、清黄宗羲《思旧录》（《梨洲遗著汇刊》）。

史褒善（生卒年不详）　字文直，号沱村。京师大名府开州（今河南濮阳）人。嘉靖七年（1528）举人，十一年进士，以监察御史巡按湖广，疏论守陵宦官骄横，忤旨，谪判滁州。历迁南吏部员外郎，以海寇猖獗，奏设沿海守备，又条陈江防六事，擢操江副都御史，建瓜洲城，海寇至，民赖以全，后任南大理寺卿兼南京右金都御史，提督江防，致仕归。《千顷堂书目》著录其《沱村文集》，现存万历三十三年（1605）史氏家刊本《沱村先生集》六卷，内奏疏三卷，收奏疏四十余篇；书柬一卷，收书柬百篇；诗一卷，收古近体诗近二百首；杂著一卷，收赋一、拟古乐府诗二、词三，又序、引、记、祭文等二十余篇；有张寰序、曹邦辅、朱爵、诸大圭跋。《皇明诗统》卷三〇录其诗五首。生平见韩邦奇《沱村史子考绩序》（《苑洛集》卷二）、《（雍正）畿辅通志》卷七三。

［Ｊ］

丘云霄（生卒年不详）　字凌汉，号止山、止斋。福建建宁府崇安人。嘉靖十七年（1538）贡生，二十五年任梧州府学训导，历南京国子监典簿，迁广西柳城知县，归居武夷山。早岁即雅好林泉，日穷登眺，缘崖扪萝，撷奇擷胜。后结庵于止止山中，"暇则耕山钓水弹琴鼓缶，或畅于吟咏之间，或发于词论之下"（冯承芳《山中集序》）。《千顷堂书目》著录其《止止庵集》二十六卷又《南行集》四卷、《崇安县志》八卷、《武夷山志》六卷。《四库全书》收其《止山集》四种。前三种有诗无文：《南行集》四卷，收其自崇安至省会时所作，各卷又标目为《建安稿》《延津稿》《晋安稿》（上）、《晋安稿》（下）；《东游集》二卷，收其游处州时所作，又标目为《括苍稿》；《北观集》四卷，收其入京时所作，卷一又标目为《楚稿》《越稿》《吴稿》，卷二又标目为《宋稿》《鲁稿》《齐稿》，卷三、卷四又标目为《燕稿》。后一种《山中集》十卷，为其晚年居武夷山时所作，诗四卷、文六卷。其《山中集》第五至第十卷被《四库全书》本顾璘《顾华玉集·山中集》误收。其门人李献忠跋其集，称其尚有《西居集》，系其为官柳城时所作，今未见传。《明文海》录其文八篇。《皇明诗统》卷二五录其诗十九首。《列朝诗集》丁集录其诗六首。《明诗综》卷四八录其诗四首，"诗话"云："松阳徐梦阳评其诗，称其'雅澹劲古，景真情得'。要之不蹈袭前人，昂乎'七子'之派者也。"《御选宋金元明四朝诗》录其诗八首。清郭柏苍《全闽明诗传》卷二三录其诗十五首。《明诗纪事》己签卷一九录其诗一首。

丘世望（生卒年不详）　字当世，自号比丘。湖广常德府武陵（今湖南常德）人。明末诸生，久之不得举，因耽禅悦，与周伯孔交厚，尝同以诗质龙膺，膺亦晚岁佞佛者，称其诗"力挽波靡，根柢性灵"。清邓显鹤《沅湘耆旧集》卷四一录其诗四十六首，"小传"谓其诗"不附太常（龙膺），亦与伯孔异趣……才力稍逊，犹喜其不为流派所囿"。清应先烈《常德文征》卷四三录其诗一首。《明诗纪事》辛签卷二八录其诗十首，按云："楚诗为'竟陵'所染，弥望榛棘刺目。当世诗特清俊，如亭亭新荷，不染污泥。"生平见《沅湘耆旧集》卷四一。

丘禾实（1570—1615）　字登之。贵州新添卫军民指挥使司新添长官司（今贵定）人。举万历十九年（1591）乡试，万历二十六年进士，选翰林院庶吉士，散馆授检讨。历右春坊右赞善、右谕德，迁右庶子，四十三年卒于官，年四十六。能书法，文章详雅，黔有大政，文章多出其手。郭子章修《黔记》，贵定建县，新添改马政，禾实皆为之序记。《千顷堂书目》著录其《循陔园文集》八卷又《诗集》四卷，现仅存万历间刊本《循陔园文集》八卷，收其各体文一百四十余篇，卷首有万历四十年泰和郭子章《丘太史循陔园集序》，言

"循陔"之名得自束晳《补亡诗》所补《诗经·小雅·南陔》之"循彼南陔，言采其兰""循彼南陔，厥草油油"。清莫友芝《黔诗纪略》卷一一录其诗十四首。《明诗纪事》庚签卷一九录其诗一首，按云："黔人人翰林，回翔清署，荐历坊职者，自登之始。登之颇好事，于里中佳山水，搜剔得之，为作游记。"生平见《(乾隆)贵州通志》卷三〇。

丘吉（生卒年不详） 字大佑，号执柔道人。浙江湖州府归安（今湖州）人。天性澹约，游眺吴越山水间，飘然远俗，以布衣能诗称。成化间湖州有苕溪诗社，与社者缙绅、名士，乃至布衣、医士、画工甚众，每岁一月一会，丘吉皆与焉。《千顷堂书目》著录其《顺信斋集》，未见传。又曾辑《吴兴绝唱集》四卷《续集》二卷，约成书于正德末年，录其乡元明两代之诗，间及流寓，吉自作亦辑入，《四库全书总目》曾著录，今亦未见。天顺间刊《士林诗选》二卷（怀悦辑）录其诗一百七十九首，为二十九人中入选最多者。《皇明风雅》《皇明诗统》卷一二皆录其诗九首。《列朝诗集》乙集录其诗十三首，"小传"谓："其诗纤丽，主温、李，为吴兴诗人领袖。"《明诗综》卷二三录其诗七首，"诗话"云："吴人刘钦谟倡无题诗，初不见好，而一时和者纷纷，众推吴兴丘大佑为最……大佑自号执柔道人，赋才最敏，同郡诗家，如唐庠惟周、唐广惟勤、张渊子静、沈祥彦庠，皆奉之为师友。故当时推许，有吴兴领袖之目也。"《御选宋金元明四朝诗》录其诗十五首。清陆心源《吴兴诗存》四集卷四录其诗三十三首。《明诗纪事》乙签卷二一录其诗三首，按云："永、宣以来，两浙诗人多矜丽藻，吴兴则以丘大佑为眉目，时誉归之。以较刘菊庄（刘泰）、马浩澜（马洪）辈，丘为差胜。"

丘兆麟（1572—1629） 字毛伯，号太丘。江西抚州府临川（今抚州）人。生于隆庆六年（1572）九月初八。万历三十四年（1606）举人，八年进士，除行人。以考选授云南道御史，天启元年（1621）巡按中州，升太仆少卿。崇祯初，以右佥都御史巡抚河南，二年（1629）九月初十卒于官，年五十八。有才具，能诗赋，为乡里所重。清初临川知县胡亦堂辑历来临川名人之文为《临川文献》八卷，所选者为宋之晏殊、晏几道、王安石三人，明则章衮、陈九川、帅机、汤显祖、丘兆麟、章世纯、艾南英、罗万藻、陈际泰、揭重熙十人。《千顷堂书目》著录其《学余园集》四卷又《玉书庭集》一卷。传世有《学余园初集》五卷《二集》二卷，万历秀水洪梦锡校刊本，收其诗赋及杂著。又崇祯丘子旦、丘子昼等刻清康熙、雍正重修增刊本《玉书庭全集》三十二卷,内诗七卷、赋一卷、史遗(史论)一卷、杂说一卷、各体文十二卷、启牍三卷、疏四卷、"仁言谳词"三卷。另有崇祯刊本《易经翼注》四卷。彭孙贻《明诗钞》录其诗二首。《明诗综》卷六〇录其诗一首。《明文海》录其文《戚姑赋》一篇。清应麟《江右古文选》卷二二录其文五篇。生平见陈际泰《丘公墓志铭》(《已吾集》卷七)、汤显祖《学余园初集序》(《玉茗堂全集》卷四)、《(雍正)江西通志》卷八二。

丘坦(1564—?) 又名坦之,字长孺。湖广黄州府麻城(今属湖北)人,丘齐云子。少读书慕古,通纬略,亦能书法,善诗文。万历二十四年(1596)举武乡试第一,四十一年任游击将军,成辽东,在辽东六年,官至参将,致仕归。晚年卜居金陵,以诗酒自娱。与朝鲜文人许筠交厚。万历三十年,顾天峻、崔健为正副使朝鲜,丘坦以从事官随行,得与朝鲜从事官许筠相识。万历四十二年许筠充正使赴北京,途经辽东,丘坦微处与之欢宴。能诗,曾梓诗集《度辽集》,潘之恒为之序,未见传。又有《楚丘集》《南游稿》《北游稿》等,亦皆失传。多与"公安三袁"游,万历二十一年袁中道武昌结社,即有"与西陵丘长孺等结文酒之欢"记录(《珂雪斋集》卷九)。又曾与中道等同过李卓吾精舍,二十年后又曾遵汪可受之命,修茸李贽通州坟墓。万历二十七年五月丘坦从大同巡抚梅国桢处赴京,与袁宏道之蒲桃社,故中郎集有《夏日同江进之(江盈科)、丘长孺……家伯修、小修集葡萄方丈》。宗道又曾为《北游稿》作序。前人因之将丘坦归于"公安"之派。清廖元度《楚风补》卷二四录其诗十九首。《金陵诗征》卷三九"寓贤"录其诗一首。《明诗纪事》庚签卷二四录其诗一首。生平见《(1935)麻城县志前编》卷九。

丘集(1523—1603) 字子成,晚号三完老人,学者称寒谷先生。南直苏州府嘉定(今属上海)人,晚年移居太仓双凤里。少时家贫,而读书不辍,有"寒谷"之称。藏书甚富,所藏书有"颐桂堂""菱川文房""嘉定丘家"等朱印。卒于万历三十一年(1603),年八十一。著有《西行山稿》《横梁小稿》《阳春草堂集》等。现存清黄氏次鸥山馆抄本《阳春草堂稿》不分卷、《西行稿》不分卷。《阳春草堂稿》首有娄坚撰《丘先生墓志铭》,内收序、记、传、行状、墓铭、墓表、祭文、书启、铭赞、题词、题跋等一百五十余篇,诗二首。《西行稿》无序跋。收诗一百三十余首。生平见娄坚《丘先生墓志铭》(《阳春草堂稿》卷首)。

丘遂(生卒年不详) 字叔遂。浙江嘉兴府嘉善人。初为嘉兴憩云庵僧，名通凡，字凡可。性狂放，好诙谐。以口舌得罪缙绅岳元声，乃蓄发业儒，补博士弟子员，世称丘秀才，又称山人，以工诗与诸名士交。有《树下》《汲泉》等稿，为僧时所著。又有《丘叔遂诗草》，《千顷堂书目》著录，则为其晚作也，均未见传。释正勉、释性通《古今禅藻集》录其诗二十九首。《列朝诗集》闰集录其诗三首。《明诗综》卷七一录其《江上杂诗》一首。清沈季友《槜李诗系》卷一八录其诗八首，又卷一九"东湖社集诗"录其诗一首。

丘橓（1516—1585） 字懋实，号月林。山东青州府诸城人。嘉靖二十二年（1543）举人，二十九年进士，授行人。擢刑科给事中，劾宁夏巡抚谢淮、应天府尹孟淮，迁兵科都给事中。寇犯通州，总督杨选被逮，及寇退，橓偕其僚陈善后事宜，指切边弊，帝责橓不早劾，杖六十，斥为民。隆庆初，起礼科都给事中，未至，擢南太常少卿，转大理少卿，以病归。万历十一年（1583）起右通政，未上，旋擢右副都御史，迁刑部右侍郎，偕中官张诚往籍张居正家还，转左侍郎。十三年拜南京吏部尚书，至南都两月卒，年七十，赠太子太保，谥简肃。平生强直好搏击，慨然以澄清天下更贪为己任，多劾贪黩及指陈时政，操守为时所称。有抄本墨卷传世。清宋弼《山左明诗钞》卷一九录其诗二首。清嘉庆王赓言《东武诗存》卷一录其诗二十七首。《明诗纪事》己签卷一〇录其诗一首。近人赵愚轩《青州明诗钞》卷二录其诗三首。生平见《（雍正）山东通志》卷二八之三、《明史》卷二二六。

丘濬（1421—1495） 字仲深，号琼山。清人作"邱濬"。广东琼州府琼山（今属海南）人。生于永乐十九年（1421）十一月初十。正统九年（1444）广东乡试第一，景泰五年（1454）进士，选翰林院庶吉士，授编修。成化元年（1465）升侍讲，三年侍讲学士，十三年翰林院学士兼国子监祭酒，十六年加礼部右侍郎仍掌国子监。孝宗嗣位，拜礼部尚书，弘治四年（1491）加太子太保兼文渊阁大学士，七年转户部尚书兼武英殿大学士。八年二月初四卒，年七十五，赠太傅，谥文庄。以学问该洽名于世，自六经诸史九流笺疏之书，至医卜道释之说，靡不研习。学博而又笃于理学，自谓作文必本于经，为学必见于用，考古必证于今，强调崇本敦实而又工于心术，故得全身远祸，屹立当道数十载。经史著作有《大学衍义补》一百六十卷（存弘治单刊本，收入《四库全书》），《四库全书总目》另著录其《家礼仪节》八卷（存正德单刊本）、《世史正纲》三十二卷（存嘉靖单刊本）、《朱子学的》(有正德刊本)等。诗文著述刊本甚多，有弘治五年蒋云汉刊本《琼台吟稿》十卷、弘治刊本《琼台类稿》七十卷(收其章奏、讲章及杂著)。天启时其裔孙丘尔谷编刊《重编琼台诗文会稿》二十四卷，诗六卷文十八卷，清康熙二十二年(1683)佟湘年重修，为《四库全书》所收。《总目》"提要"谓曰："潜相业无可称……然记诵淹洽，冠绝一时，故其文章尔雅，终胜于游谈无根，在有明一代，亦不得不置诸作者之列焉。"《明文海》录其文三篇，卷六六评语谓其"盖博而未洽者……文亦杂驳"。喜为诗，传平生作诗数万，口占信笔，不经持择，亦多缘手散去，今集中尚存千余首。王世贞谓其诗"如太仓粟，陈陈相因，不甚可食"(《艺苑卮言》)。清朱彝尊则谓其诗"不事锻炼，而矩度自合"(《明诗综》卷二一)。梁善长以为其五言古诗"以奥博胜"，七绝则"雅淡自如，含蓄不漏"(《广东诗粹》凡例)。《皇明风雅》录其诗三首。顾起纶《国雅》卷四录其诗八首。《滇南诗选》录诗二百六十六首。《石仓十二代诗选·明诗选》录其诗七十四首。《列朝诗集》丙集录其诗八首。《明诗综》卷二一录其诗五首。《御选宋金元明四朝诗》录其诗十七首。清屈大均《广东文选》录其文十篇、诗十首、词二首。清梁善长《广东诗粹》卷三录其诗二十一首。《明诗纪事》乙签卷一九录其诗五首。近人赵尊岳《明词汇刊》录其词十八首为《琼台词》。有传奇剧本《五伦全备记》四卷二十九出，曲辞藻丽，对白骈偶，于明中叶时影响天下。剧以宣扬伦理为宗旨，时论将其奉为典范，备极称扬："所述皆名言，借为世劝。天下大伦大理，尽寓于是，言带诙谐，不失其正，盖假此以诱人之观听，苟存人心，必入其善化矣。"(高儒《百川书志》)至晚明则时遭讥讽，谓其"纯是措大书袋子语，陈腐臭烂，令人呕秽"。(徐复祚《曲论》)现存万历间金陵唐氏世德堂刻本。曲籍著录其另有传奇《投笔记》《举鼎记》及《高汉卿罗囊记》，恐非的确。又，相传其少年时作有《钟情丽集》小说，自写其桑濮奇遇，亦不确。生平见郭棐《粤大记》卷一六、王兆云《皇明词林人物考》卷三、《明史》卷一八一。清王国栋有《邱文庄公年谱》(清光绪年琼山孚经书院刊本)。

白正蒙(1581—1616)　字尔亨。南直扬州府通州(今江苏南通)人。万历四十年(1612)乡试中举，明年进士，除行人，奉使蜀藩，四十四年奉使周藩，以疾归，寻卒于家，年三十八。能诗，清嘉庆《白氏宗谱》卷六记其所著有《吹剑篇》《燕中草》《西征草》《养疴篇》《四松轩稿》《潮音集》《大梦斋文稿》《大梦斋诗稿》

等,均未见传。清孙翔《崇川诗集》卷五录其诗六首。清杨廷《五山耆旧集》卷一三据《大梦斋集》录其诗二百二十五首。清王藻《崇川列朝诗选汇存》卷下录其诗四十七首。《明诗纪事》庚签卷二三录其诗三首,按云:"尔亨诗意取凌厉,但伤直遂而少涵蓄。"生平见《(光绪)通州直隶州志》卷一三。

白世卿(生卒年不详)　字汝衡,陕西巩昌府秦州(今甘肃天水)人。正德十四年(1519)乡试中举,嘉靖八年(1529)进士,授芮城县令。历户部主事,累迁山东按察司金事。现存明嘉靖间东郡方元焕校刊蓝印本《东川诗集》二卷,收诗一百二十余首。《(雍正)山西通志》卷二二四录其《喜雨》诗一首。生平见《(乾隆)直隶秦州新志》卷八。

白南金(生卒年不详)　字砺甫。京师广平府永年(今属河北)人。明季诸生,性倜傥不羁,不喜帖括之学,落魄游江湖,纵情诗酒,以诗交于缙绅。以家居临洺,因名其诗集为《洺词》,现存天启元年(1621)刊本,不分卷,收诗二百五十余首,燕赵、山东、河南及关陕一带山川名物多所吟咏,集有马之骏序。清王崇简《畿辅明诗》录其诗八首。

白悦(1499—1551)　字贞夫,号洛原。南直常州府武进(今江苏常州)人,锦衣卫籍。生于弘治十一年十二月二十五(1499年2月5日)。弱冠补博士弟子员,应应天乡试不举,以荫改北国子生。嘉靖元年(1522)举顺天乡试,十一年进士,除户部陕西司主事。改礼部主客司,历员外、郎中,转仪制司,迁左春坊左司直兼翰林院检讨,谪永平府通判。逾年升南京后军都督府经历,进南吏部郎中,再谪河间府通判。二十七年迁户部主事,二十八年改尚宝司丞。三十年升江西按察司金事,以病不赴,诏以尚宝司丞致仕,四月二十卒,年五十四。以能诗称《千顷堂书目》著录其《白洛原集》八卷。现存隆庆元年(1567)皇甫汸刊本《白洛原遗稿》八卷,赋一卷八篇,诗五卷,收诸体诗二百十余首,卷七收序、记、赞、跋、颂文二十三篇,卷八书启二十四篇,皇甫汸、宗臣序。顾起纶《国雅》卷一二录其诗十首。《皇明诗统》卷三一录其诗十二首。清王崇简《畿辅明诗》录其诗二首。《明诗综》卷四一录其诗二首。《御选宋金元明四朝诗》录其诗十三首。《四库全书总目》著录《洺源遗稿》八卷,"提要"云:"悦为尚书昂之孙,家世鼎贵,而独刻意学诗。句调华赡,神理颇清,视当时襞积者差胜。特格律未能变化,往往雷同。"《明诗纪事》戊签卷一八录其诗一首。生平见徐阶《白公墓志铭》(《世经堂集》卷一六)、王维桢《洛原白公墓碑》(《国朝献征录》卷七七)。

用礼（姓氏籍里生平不详） 明人传奇《东窗记》作者。明人作《南词叙录》在"宋元旧篇"下著录《秦桧东窗事犯》，又在"本朝"下著录《岳飞东窗事犯》，注"用礼重编"。现存《永乐大典目录》卷三七"戏文十五"《秦太师东窗事犯》即《南词叙录》所记之"宋元旧篇"（钮少雅《汇纂元谱南曲九宫正始》存其佚曲）。而"本朝"下所记"用礼重编"所指应为万历间金陵唐氏富春堂刊《新刻出像音注岳飞破虏东窗记》传奇，二卷四十折，另有明末汲古阁刻《精忠记》则较用礼《东窗记》晚出。《东窗记》以岳飞故事为题材，宋元以来岳飞题材之各种文艺作品甚夥，仅戏剧即超十种。除以上三种，另外元孔文卿有《地藏王证东窗事犯》杂剧（有《元刊古今杂剧三十种》本）、元金仁杰有《秦太师东窗事犯》杂剧（《录鬼簿》著录，佚），明人有佚名《宋大将岳飞精忠》杂剧（存《脉望馆抄校古今杂剧》本）、青霞仙客《阴抉记》传奇（祁彪佳《远山堂曲品》著录，佚）、李梅实《精忠旗》传奇（存于冯梦龙删订之《墨憨斋定本十种传奇》）、汤子垂《续精忠记》传奇（存清抄本）等。各剧多采诸野史杂传、民间传闻，情节、人物等或出自杜撰，然亦有各自之传承。《东窗记》主要沿袭《秦太师东窗事犯》戏文，以揭露秦桧陷害岳飞为主要关目，后明末汲古阁刻本《精忠记》也为这一系列之作品。

乐韶（1474—1563） 字鸣殷，一作鸣音，号木亭。江西抚州府临川（今抚州）人。弘治十一年（1498）举人，十八年进士，明年除宣城知县。以守制去任，服阕，补山阴，擢南户科给事中，以养亲归。嘉靖初荐为光禄寺少卿，以通天文数学，兼掌钦天监事。时五星聚营室，廷臣并上表称贺，韶独上疏以为非是，劾奏权臣，遂被下锦衣卫，谪知宿州，不逾月致仕。又起知大名府，以治绩超升陕西布政司参政，乞休，十七年（1538）再起为河南参政，寻致仕。嘉靖四十二年十月二十九卒，年九十。《千顷堂书目》著录著录其《木亭杂稿》二十六卷，现存嘉靖四十一年临川乐氏刊本，内奏疏三卷，奏表及举业文一卷，诗十一卷，文十一卷；又《续稿》一卷，收诗五十余首；又《别集》一卷，收陈炌等所作墓志铭、行状；附录一卷收移文、书启数篇；徐良傅序。《江西诗征》卷五四录其诗二十三首。《明诗纪事》丁签卷一〇录其诗一首。生平见陈炌《乐公韶墓志》《国朝献征录》卷九二）、《（乾隆）江南通志》卷八一、清阮元《畴人传》卷二九。

包大中（生卒年不详） 字庸之，号三川。浙江宁波府鄞县（今宁波）

人。以太学生官运司知事，又官福建建阳县丞。善书画，能诗，与李攀龙、王世贞交，攀龙有《送包大中长芦知事》(《沧溟集》卷七)、世贞有《送包大中之沧州运盐幕》(《弇州四部稿》卷三三)。《千顷堂书目》著录《包参军集》。《四库全书总目》著录《包参军集》六卷，"提要"云："以尝预征倭之役，故称'参军'。是集随事立名，曰《薄游集》，曰《武夷集》，曰《归来集》，曰《台雁集》，各一卷；曰《东征漫稿》二卷。"现仅见嘉靖三十六年(1557)四明包氏建阳刊本《东征漫稿》二卷，收诗九十余首，有钟一元序，顾名儒、汪尚庸跋。宋弘之《四明风雅》卷四录其诗十八首。《皇明诗统》卷二八录其诗四首。清初胡文学《甬上耆旧诗》卷一五录其诗一首。

包大炯(生卒年不详)　字鹿田。浙江宁波府鄞县(今宁波)人。曾以明经官益王府典仪。能诗，有诗《同张大司马至茂屿庄次诸公作》，则尝从张时彻游。现存万历间玉树斋活字蓝印本《越吟》一卷，收诗一百二十七首。末附万历元年(1573)包大炯识语云："余自总角时，常侍诸父楮笔间，即嗜吟，梦寐唐人声耦而习之。弱冠从先大夫宦游于八桂三楚之间，遂获南陟衡岳，北遵洞庭，而黄鹤、岳阳、九疑诸胜，每多登览，及以待诏行，更历齐鲁

过燕赵，遇必有咏，重愧语不惊人，徒以托情寄兴，盖自忘其效颦耳。兹官潮阳，潮阳多彬彬名公达士，至辄自投意气，不觉技痒末露，触景吐词，漫然成帙，而石翁、文宗、林公廼深容与，题曰'越吟'，志吏隐也。诗词诸体凡若干，首付之梓人，时万历改元秋八月既望鄞人包大炯识"清胡文学《甬上耆旧诗》卷一五录其诗二首。

包节(1506—1556)　字元达，号蒙泉。南直松江府华亭(今上海松江)人，占籍浙江嘉兴。嘉靖七年(1528)中举，十一年进士，授东昌府推官。征授监察御史，出按云南，再按湖广。劾中官廖斌不法，反为斌所陷，逮诏狱榜掠，遣戍庄浪卫。三十五年六月二十八卒于戍所，年五十一，隆庆初，追赠光禄寺少卿。《千顷堂书目》著录其《包侍御集》六卷又《台中集》又《湟中稿》又《西戍北逮稿》。现存嘉靖三十七年包杞等刊本《包侍御集》六卷，前两卷为其官御史时所作，称《台中稿》，诗一卷、文一卷，后四卷作于谪戍时，称《湟中稿》，诗二卷、文二卷。《四库全书总目》著录其集，又著录其《陕西行都司志》。《盛明百家诗》录其诗一百五十余首为《包侍御集》。顾起纶《国雅》卷一二录其诗十七首。《皇明诗统》卷三一录其诗十五首。《列朝诗集》丁集录其诗六首。《明

诗评选》录其诗二首。清沈季友《檇李诗系》卷一二录其诗五首。《明诗综》卷四一录其诗三首，"诗话"云："侍御悦研风雅，以《文苑英华》诗可续《昭明文选》体，编成《苑诗类选》三十卷，亦称好事。其所作，大约取材于是。"《御选宋金元明四朝诗》录其诗四首。清姚宏绪《松风余韵》卷二〇录其诗三首。《明诗纪事》戊签卷一八录其诗一首。《明文海》录其文二篇。生平见徐阶《蒙泉包君墓志铭》（《世经堂集》卷一七）、冯时可《御史包蒙泉传》（《冯元成选集》卷七、何三畏《包侍御兄弟传》（《云间志略》卷一二）、《明史》卷二〇七。

［丶］

邝露（1604—1650）　字湛若，号海雪。广东广州府南海（今广州）人。年十五为诸生，好古工书，力学苦吟。蓄二古琴，一曰南风，一曰绿绮台，出入必与二琴俱。见海内多事，又学骑射。自负才略，数试不售，郁郁不得志，遂任诞纵酒，颇为礼法之士所仇。崇祯七年（1634）上元，与诸公子跨马游灯市，遇邑令不避，令怒，申县学除其名，将加以桎梏，乃亡命走广西，遍寻鬼门、铜柱旧迹，游于岑、蓝、胡、侯、盘五姓土司，为傜女执兵符者云鞶娘书记。五年后邑令以贿败，遂归。归后撰《赤雅》三卷，纪偏远山川风土仪物，

及女君天姬队歌舞战阵之制，后为《四库全书》收入地理类。后又游燕、齐、吴、楚等地，赋诗数百章，才名大起。乙酉（1645）弘光立，出大庾岭，意赴阙上书，行至浔阳，金陵已失，因赋《归兴诗》以见志。桂王永历二年（1648），以荐授中书舍人，四年，奉使还广州。清兵入粤，庚寅（1650）参预守城数月，城破，抱琴死，年四十七。清屈大均《广东新语》谓其为人"好恢谐大言，汪洋自恣，以写其牢骚不平之志。或时清谈缓态，效东晋人风旨，所至辄倾一座。至为诗，则忧天悯人，主文谲谏，若《七哀》《述征》之篇，虽《小雅》之怨诽，《离骚》之忠爱，无以尚之"。其游金陵时，尝客阮大铖门，互为诗集序，因之为士林诟病，后临难死国，则为后世所称。尝刻己诗为《峤雅》二卷，精楷手书开雕，海雪堂刊本今存，阮自华序。又有清抄本《峤雅》二卷，增《峤雅后》，录文五篇。清咸丰时绮错轩集其所著刻为《海雪集笺》十二卷。清初王士禛尝有"海雪畸人死抱琴，朱弦疏越有遗音"写其事，论云："粤东诗派皆宗区海目（区大相），而开其先路者邝露湛若也。著《峤雅》，有骚人之遗音。"（《渔洋诗话》卷下）清屈大均《广东文选》卷二七录其诗七十六首、文四篇。清汪森《粤西诗载》录其诗二首，《粤西文载》录其文三篇。

《明诗综》卷七五录其诗二首。清沈德潜《明诗别裁集》录其诗七首，谓其诗"原本《楚骚》，五言尤胜。五言佳处，全在气韵，不求工于语言对偶之间"。清梁善长《广东诗粹》卷八录其诗四十三首。《明诗纪事》辛签卷七录其诗十三首，按云："集中五言律，具有谪仙意境，如苏门清啸，仿佛鸾凤之者。"生平见清屈大均《广东新语》卷一二、《(雍正)广东通志》卷四七。

冯一第(1604—1643)　字梡公，别字洲一，号龙喜。湖广长沙府长沙(今属湖南)人。天启七年(1627)举人。崇祯十六年(1643)八月张献忠陷长沙，走湘乡，十一月二十八被执，不屈死，年四十。习经史，著《史发》，又以能诗称于乡里，与周楷、郭金台、陶汝鼐等相酬唱游止。尝与钟惺交，时人谓其诗不能尽脱钟、谭习气，有《代古诗》《贾阁吟谱》等，均未见传。陈济生《天启崇祯两朝遗诗》卷二录其诗九首。清廖元度《楚风补》卷二九录其诗十一首。《明诗综》卷七二录其诗一首。《御选宋金元明四朝诗》录其诗二首。清邓显鹤《沅湘耆旧集》卷二〇七录诗二十七首。《明诗纪事》辛签卷二录其诗一首。《湖南文征》录其文二篇。生平见郭金台《冯梡公先生传》(《石村文集》卷上)、陈济生《天启崇祯两朝遗诗·小传》、清邹漪《启祯野乘》卷一三、清余廷粲《明孝廉冯一第传》(《存吾文稿》卷三)。

冯大受(生卒年不详)　字咸甫。南直松江府华亭(今上海松江)人。万历七年(1579)举人，四十七年任广东连州山阳知县。工书，能诗，与王世贞、莫是龙等名士游。归田后筑竹素园，诗名比于"云间二韩"。《千顷堂书目》著录其《竹素园诗集》十卷，现存万历刊本《竹素园集》九卷，各卷不标卷次，分题《金陵游草》《燕台游草》《北游续草》《据梧集》《公车别录》《端居集》《郊居集》《园居集》《闲居集》。又有旧抄本题《冯咸甫诗集》，收《金陵游草》《燕台游草》《武林游草》《吴中游草》《避暑集》《寒夜集》《吴闽集》《据梧集》《北游续草》。去其重复，共存诗五百余首，有王世贞、屠隆、莫是龙、张凤翼等人序列于各集。王世贞序云："咸甫诗和平，能酌于深浅浓淡之间，高不至浮，卑不至弱。"《皇明诗统》卷三九录其诗四首。钱谷《吴都文粹续集》录其诗九首。《明诗综》卷五三录其诗一首。《御选宋金元明四朝诗》录其诗三十六首。清姚宏绪《松风余韵》卷五录其诗四首。《明诗纪事》庚签卷一二录其诗一首。生平见张凤翼《冯咸甫诗草序》(《处实堂集》卷六)、屠隆《冯咸甫诗草序》(《白榆集》卷一)、《(嘉庆)松江府志》卷六。

冯小青（生卒年不详）　名玄玄，字小青。晚明南直扬州府江都（今江苏扬州）人，嫁杭州冯千秋为妾，讳同姓，故仅以字称。工诗词，解音律，为大妇所妒，徙居孤山别业。亲朋劝其改嫁，不从，凄怨成疾，命画师画像，自奠卒，今孤山有小青坟。《列朝诗集》闰集"女郎羽素兰"条"小传"曾附论小青："又有所谓小青者，本无其人，邑子谭生造传及诗，与朋济为戏曰：'小青者，离"情"字，正书心旁似小字也。或言姓钟，合之成钟情字也。'其传及诗俱不佳，流传日广，演为传奇，至有以'孤山访小青墓'为诗题者。俗语不实，流为丹青，良可为喷饭也。"或曰小青之夫为冯梦祯子冯云将，而钱谦益与云将为友，故造作故事，为遮掩其娶同姓事。后清施闰章《愚山诗话》证小青实有其人。明末周之标《女中七才子兰咳二集》卷一录其七言古诗一卷、七言绝句九首。明末刊冯梦龙《情史类略》卷一九有《小青传》，演其故事甚详，盖已据传闻制作为小说，亦录其古诗一首、绝句九首，并《天仙子·文姬远嫁》词。其绝句中"冷雨幽窗不可听，挑灯闲看《牡丹亭》。人间亦有痴于我，岂独伤心是小青"一首最为有名。明清人据小青故事作传奇十余种，内朱京藩《小青娘风流院》崇祯刊本后附《小青焚余集》一卷，收诗十一首，与杨夫人书一篇。另有明末刊本《小青集》一卷《阅稿》一卷、崇祯四年（1631）黄来鹤抄本《小青焚余稿》一卷。托名钟惺《名媛诗归》卷三五录其诗十一首。清季娴编《闺秀集》录其诗四首。卓人月、徐士俊《古今词统》收其词《天仙子·写怀》《南乡子》二首。其传世诗词是否皆为小青作，已不可辨。

冯元仲（1579—1660）　字次牧，一字尔礼，晚更名天益。浙江宁波府慈溪人。少为诸生，屡试不举，崇祯十二年（1639）征试策问，授县丞，不就。归里后更名天益，筑室东汤山，以刻书制墨为业，清顺治十七年（1660）卒，年八十二。与陈继儒交善，能诗，诗法杜而体北宋。《千顷堂书目》著录其《酒克》一卷、《弈旦评》一卷及《天益山房诗集》。现存清乾隆八年（1743）其曾孙冯廷楷刊本《天益山堂遗集》十卷《续刻》一卷，首有姜宸英所撰墓志铭、乾隆二年曾光旦序。内诗七卷，收诗五百余首，词一卷，收词九首，文二卷，收各体文四十八篇；《续刻》所收乃从友人家中抄出，凡诗十九首、文三篇。《明诗综》卷七一录其诗一首。清尹元炜《溪上诗辑》卷四录其诗四首。近人赵尊岳《明词汇刊》辑录其词为《大益山堂词》。生平见清姜宸英所撰《墓志铭》（《天益山堂遗集》卷首）、《（雍正）浙江通志》卷一八〇。

冯元飚(1586—1644)　字尔赓，号留仙。浙江宁波府慈溪人。万历四十六年(1618)举人，崇祯元年(1628)进士，授都水主事。累迁苏松兵备参议，忤温体仁，谪山东盐运判官，累迁至右佥都御史，巡抚天津，以老乞休。诏未至而京师陷，由海道脱归，卒于崇祯十七年九月初十，年五十九。与弟元飙均以劾中官有直声，时称"二冯"。亦能诗，现存清抄本《留仙诗集》一卷，附清黄宗羲《冯公神道碑铭》。黄宗羲《明文海》录其文三篇。《四明文征》卷五录其文一篇。清尹元炜《溪上诗辑》卷五录其诗二十首。生平见清《冯公墓志铭》(《牧斋有学集》卷二八)、《明史》卷二五七。

冯从吾(1556—1627)　字仲好，号少墟。陕西西安府长安(今西安)人。万历十七年(1589)进士，选翰林院庶吉士，改监察御史，巡视中城。因抗章言帝失德，触帝怒，欲廷杖，赖阁臣救免，削籍归。家居二十五年，光宗立，起为尚宝卿，进太仆少卿，均未赴。后起为大理少卿，擢左佥都御史，进左副都御史，乞归。又起南右都御史，未上，召拜工部尚书，致仕。卒于天启七年(1627)，年七十二，谥恭定。受业于许孚远，有志于濂洛之学，家居后造诣益邃，遂以理学名家。著《元儒考略》四卷，《四库全书》收，万历刊本亦存。又

有《冯子节要》十四卷，《四库全书总目》著录。《千顷堂书目》著录其《少墟文集》二十二卷，现存万历四十年刻天启元年增修本本集称《冯少墟集》二十二卷，又有万历四十五年、四十七年刊本。又清康熙十二年(1673)洪琮刊本《冯少墟集》二十二卷《续集》四卷，光绪二十二年补刊本《冯少墟集》二十卷《关学篇》五卷《续集》五卷。《四库全书》收《冯少墟集》二十二卷，其中语录十二卷，诗文杂著六卷，族谱家乘二卷，《关学编》二卷，《总目》"提要"云："其中讲学之作，主于明理，论事之作，主于达意，不复以辞采为工。然有物之言，笃实切明，虽字句间涉俚俗，固不以鱼鲁讹也。"《四库总目》著录其另有《古文辑选》六卷。崇祯五年(1632)贾鸿洙《周雅续》卷一五录其诗十五首。《明诗综》卷五五录其诗一首。《明诗纪事》庚签卷一六录其诗一首。《明文海》录其文二篇。生平见姚希孟《冯先生神道碑》(《棘门集》卷一)、陈济生《天启崇祯两朝遗诗·小传》、清黄宗羲《明儒学案》卷四一、清邹漪《启祯野乘》卷一、《明史》卷二四三。

冯世雍(生卒年不详)　字子和，号三石。湖广武昌府江夏(今湖北武汉)人。正德十四年(1519)举人，嘉靖二年(1523)进士，累官吏部郎中，简放杭州知府，调徽州，致仕归，

家居二十余年卒。书法学黄庭坚，亦能诗文。《千顷堂书目》著录其《漫游稿》又《三石集》《吕梁洪志》一卷。现存嘉靖十五年（1536）刘时济刊《漫游稿》六卷，内诗五卷，收诗三百三十余首，卷六收纪、序、赋等十七篇，首有嘉靖十五年黄训序。《吕梁洪志》一卷收于嘉靖二十九年袁氏嘉趣堂刻本《金声玉振集》（袁裒编）。《盛明百家诗》录其诗八十余首为《冯三石集》。顾起纶《绩国雅》卷四录其诗一首。《皇明诗统》卷二一录其诗二首。清廖元度《楚风补》卷二一录其诗五首。《明诗综》卷三九、《御选宋金元明四朝诗》、清高士熙《湖北诗录》录其诗一首。《明诗纪事》戊签卷一五录其诗二首。近人甘鹏云《湖北文征》卷一录其文两篇。生平见过庭训《本朝分省人物考》卷七六、《（同治）江夏县志》卷六。

冯兰（生卒年不详） 字佩之，号雪湖。浙江绍兴府余姚人。成化四年（1468）举人，五年进士，选翰林院庶吉士，仕至江西提学副使。喜吟咏，好次险韵。同邑谢迁以宰辅归田，与其缔姻，初日以诗札酬报，刘应征知余姚县事，为二人刊《湖山倡和诗》二卷。《千顷堂书目》另录其《雪湖咏史集》二卷，现存明刊本，收诗凡二百三十八首。清黄宗羲《姚江逸诗》卷六录其诗五十五

首，记云："佩之在京师，与李西涯（李东阳）、谢木斋（谢迁）三人雅相好。木斋归田，与佩之倡和无虚日。间书之以寄西涯，西涯亦一一和之……是时西涯为一世宗工，而于佩之敬为老友。佩之、西涯同有乐府咏史，号为新体。今西涯《乐府》已流传，佩之无有能举之者矣。"以其未知《雪湖咏史录》二卷尚存矣。清沈季友《槜李诗系》卷三九录其诗一首。《明诗综》卷二四录其诗一首。《明诗纪事》丙签卷六录其诗一首。生平见《（乾隆）绍兴府志》卷五四、《（光绪）余姚县志》卷二三。

冯有经（生卒年不详） 字正子。原籍浙江宁波府慈溪，入锦衣卫籍，遂为京师（今北京）人。万历十三年（1585）举人，十七年进士，选翰林院庶吉士，授编修。历中允、谕德，掌司经局，转庶子，母丧，悲痛卒，天启元年（1621），追录旧学，赠礼部右侍郎。立身谨饬，以孝义称。著述现存明末刊本《咏春堂集》七卷，旌德刘光旸刊，袁应泰序，内诗四卷，收五七言古近体诗三百四十余首，文三卷，收各体文一百五篇。刘侗、于奕正《帝京景物略》录其诗十二首。《列朝诗集》丁集录其诗二首。清王崇简《畿辅明诗》录其诗十首。《明诗综》卷五五录其诗一首。清陈元龙《御定历代赋汇》录其赋一篇。《明诗纪事》庚签卷一六录其诗

二首。生平见《(雍正)畿辅通志》卷七四。

冯光浙(？—1558)　字邦镇，号北湖。浙江宁波府慈溪人。嘉靖十八年(1539)贡生，二十四年授石埭训导，迁怀安教谕，转宁王府教谕，不赴，三十七年卒。卒后其第三子冯柯辑其所著为《冯北湖先生鸣春集》八卷，万历三十九年(1611)由其第九孙冯埏刊行于世。其集首丁继嗣、冯埏序，内卷一至卷三收赋二、古近体诗二百十二首，卷三至卷八收词三首、歌三首、联语十九及各体文五十六篇，末有嘉靖三十一年王希周后叙。在石埭任，曾与修《石埭县志》八卷，现存嘉靖三十五年刻本。生平见《(光绪)慈溪县志》卷二八。

冯迁(1512—？)　字子乔，号樵谷。南直松江府华亭(今上海松江)人。生于正德七年(1512)三月十九。布衣能诗，隆庆、万历间与朱邦宪齐名，称"云间二妙"。父冯淮，弟冯窦，俱能诗，父子兄弟间常自相倡和。其诗多五七言近体，何三畏《云间志略》谓其父子诗"皆抒写情性，吐吞烟霞，效王、孟之深沉，似鲍、庾之清俊，每见称于作者，亦推毂于时流"。平生以砚田糊口，虽与名公大卿多有往来，却耻事干谒，裹足里门，萧然贫士，与山人游谭剿说者不同。《千顷堂书目》著录其《长铗斋

稿》七卷，现存隆庆四年(1570)汪稷校刊本《长铗斋集》七卷，收五七言古近体诗五百二十余首。朱邦宪为《长铗斋稿》作序云："子乔缘情定体，因体铸辞，雄丽雅澹之言皆备。"隆庆五年冯迁六十寿诞，有友人三十八人赠诗为贺，迁乃一一赓和，因刻《耆龄集》一卷，刊本亦存，赠诗者，既有"凤峰沈太仆"(沈恺)"中方范太仆"(范惟一)"文石朱司业"(朱大韶)等缙绅名人，亦有"王小石""刘少村"等平民布衣。《明诗综》卷六三录其诗七首，"诗话"云："子乔诗，出辞似浅，而练格颇遒，淘之汰之，沙砾自去。"《御选宋金元明四朝诗》录其诗五首。清姚宏绪《松风余韵》卷五录其诗六首。清王昶《青浦诗传》卷一〇录其诗二首。清王辅铭《明练音续集》卷三录其诗四首。近人严昌埙《海藻》卷二录其诗八首。生平见朱邦宪《长铗斋稿序》(《朱邦宪集》卷五)、何三畏《冯山人父子传》(《云间志略》卷二〇)。

冯汝弼(1499—1577)　字惟良，号祐山。浙江嘉兴府平湖人。嘉靖十年(1531)举人，明年进士，试行人，选为工科给事中，以论劾汪鈜谪潜山县丞，直声振一时。后迁知太仓州，调扬州府同知，不赴。万历五年(1577)卒于家，年七十九。隆庆初，追赠布政司参议。《明史·艺文志》著录其《祐山集》十六卷、《补备

遗录》一卷。现存明刻《祐山先生文集》十卷，《诗集》未见。《四库全书总目》另著录其《祐山杂说》一卷，有《宝颜堂秘笈》本，一卷三十九则，杂记见闻，或记因果定数故事。清沈季友《槜李诗系》卷一二录其诗二首。《明诗综》卷四一录其诗一首。《明文海》录其文《当湖剿寇纪事》一篇。《四库全书总目》著录《祐山文集》十卷《诗集》四卷，"提要"云："其人足以不朽，其诗文则以人见重，非以词章传也。"《海虞文征》卷二录其序文一篇、卷二九录其诗一首。清张宪和《当湖诗文逸》卷一〇录其文三篇。清朱壬林《当湖文系初编》录其文十三篇。生平见王锡爵《祐山冯公行状》(《王文肃公文草》)、申时行《冯公汝弼传》(《国朝献征录》卷八〇)。

冯时可(1546—1619) 字元成，又字元敏，号敏卿，又号文所。南直松江府华亭(今上海松江)人，冯恩第八子。少从其长兄冯行可学，又师从唐顺之，遍交王世贞等吴中文人。隆庆四年(1570)乡试中举，明年进士，除刑部主事。改兵部，历员外郎、郎中，万历九年(1581)出为贵州提学副使，任满归。赋闲八年，十九年起四川提学副使，历湖广副使，改浙江右参议，调云南，迁湖广右参政，致仕归。卒于万历四十七年，年七十三。诗文著述现存明刊本有

《西征集》八卷、《南征稿》二十卷、《武陵稿》二十卷、《燕喜堂稿》十五卷、《金闾稿》二卷、《石湖稿》二卷、《雨航吟稿》三卷、《超然楼集》十二卷、《冯元成壬子续北征稿》十六卷、《冯元成先生全集选》十五卷、《冯文敏公诗文集》十一卷、《冯文所诗稿》三卷、《冯文所岩栖稿》三卷、《重刻冯玄岳岩栖稿》十卷、《冯元成选集》八十三卷、《篷窗续录》一卷另有《冯元成宝善编选刻》二卷、《黔中语录》一卷、《续黔中语录》一卷、《黔中程序》一卷、《文所易说》五卷、《诗臆》二卷、《左氏释》二卷、《左氏讨》一卷、《左氏论》二卷、《周礼笔记》六卷、《春秋会異》六卷等。平生勤于著述，诗作达二千余首，所作欲继"七子"之遗续，又不尽重格调，时与邢侗、王穉登、李维桢、董其昌等齐名于时，然后来作者对其则褒贬不一。《皇明诗选》录诗四首。《列朝诗集》不录其诗，而于刘凤"小传"中云："(时可)学问尤为卑靡，蹖驳补缀，刻集流传，吴中名士循声赞诵，奉之坛坫之上，碑版志传，腾涌海内二十余年。少年诋诃弇州(王世贞)、太函(汪道昆)献媚江陵(张居正)之语，晚而以文佣乞，稍知文义者无不呕哕。云间选明诗者，以元成配子威(刘凤)，夷考其生平，则又子威之重儓也。近代诗文别集汗牛充栋，其有名彰彻而不见采录者，

元成其眉目也,故表而出之。"《明诗综》卷五一录诗七首,"诗话"云:"元成诗,极为牧斋钱氏所诋,就全集而观,甫田弥望,稂莠污莱,独五古一体,尚有遗秉滞穗,可供捃拾,以比刘子威(刘凤),翻觉胜之。"《御选宋金元明四朝诗》录诗四十四首。清姚宏绪《松风余韵》卷五录诗十一首。《四库全书》收其《左氏释》二卷。又杂家类收其《雨航杂录》二卷,《总目》"提要"云:"隆万之间,士大夫好为高论,故语录、说部往往滉漾自恣,不轨于正。时可独持论笃实,言多中理……其论王世贞'悲歌碣石虹高下,击筑咸阳日动摇'句,以为近于造作而远自然,正其一病。又引徐叔明语,论世贞为人作传志,极力称誉,如胶庠试最,乃至细微而津津数语,此非特汉以前无是,即唐、宋人亦无此陋识。亦皆有见。"《明诗纪事》庚签卷一○录诗二首,按云:"元成博综,下笔千言,娓娓不能自休。谈史谈艺,当时异闻逸事,往往散见集中,惟诗不能成家。"《明文海》录其文《摄山夜语记》一篇。清陈元龙《御定历代赋汇》录其赋三篇。生平见《(崇祯)松江府志》卷一四、《明史》卷二○九。

冯明期(1575—1612)　字闇若,一字熙宇。山西太原府代州(今代县)人,振武卫中左所籍。世营盐业,先祖以经商致富。少时读书古雁门关西白仁岩,故其诗有"开户白云里,行歌秋色中"之语(《读书白仁岩》)。年十六为博士弟子员,万历二十八(1600)乡试亚元,后屡上不第,家居啸咏,于乡邦有名望。卒于万历四十年,年三十八。所著有《咬菜轩遗稿》一卷,未见传,清陈允衡编顺治澄怀阁刊本《诗慰》续集有《冯明期诗》一卷,收诗四十八首,首有张凤翼墓表。生平见张凤翼《冯孝廉墓表》(《句注山房集》卷一五)、近人冯曦等《代州冯氏族谱》(1931年铅印本)。

冯京第(?—1654)　字跻仲,号簟溪。浙江宁波府慈溪人。诸生,以游学侨寓府城。少事山阴刘宗周、漳浦黄道周,能诗文,与其叔元飏、元飙等结文昌社。福王立,以礼部主事召,未赴。南都亡,投浙东义军。唐王立,上《中兴恢复十二论》,授兵部主事,改监察御史。鲁王监国,擢右佥都御史。江上师溃,戊子(1648)赴日本求援,张煌言有诗送之。船抵长崎,日人不许登岸,寻归,与同邑王翊结寨于四明山,鲁王授其为兵部右侍郎。清兵籍其家,杀其妻、子,顺治十一年(1654)九月兵袭山寨,被捕不屈死。后人辑其遗著为《冯侍郎遗书》,现存近人《四明丛书》本。其集首为《叙录》,列清初全祖望《冯侍郎遗书序》等诸序,以下《兰易》二卷(上卷题宋鹿亭翁撰、冯京第较)、《兰史》一卷(冯京第撰)，又《簦溪自课》一卷、《读书灯》一卷、《三山吟》一卷、《簦溪集》二卷、附录三卷(卷一传记、遗事，卷二酬赠诗文，卷三《簦溪府君著作存佚考》)。其中《三山吟》为诗集，《簦溪集》卷一为诗，卷二为文，共存诗六十余首。清全祖望《续甬上耆旧诗》卷一二"殉难诸公之二"录其诗三十六首。清尹元炜《溪上诗辑》卷五录其诗十二首。《明诗纪事》辛签卷八上录其诗一首。生平见《冯侍郎遗书》附录传记、遗事及清翁洲老民《海东逸史》卷八。

冯恩(1494—1574)　字子仁，号南江。南直松江府华亭(今上海松江)人。幼年丧父，家境贫寒，由母抚育成人。少苦读，嘉靖四年(1525)乡试中举，五年进士，以行人劳王守仁军，因执贽为弟子。擢南京御史，十一年冬现彗星，帝下诏求直言，恩以为"天道远，人道迩"，臧否各部尚书、侍郎，极论大学士张璁、方献夫及右都御史汪鋐奸状，触帝怒，下狱论死，不屈，观者谓其非但口如铁，其膝其胆其骨皆如铁矣，因称"四铁御史"。长子行可，时年十三，刺血上书，请代父死，帝为之勋，遂减罪戍雷州，越六年遇赦还。隆庆元年(1567)即家拜大理寺丞，年逾七十，因请致仕。卒于万历二年(1574)，年八十一。敕复官后，其子辑其诗文，二年刻为《冯侍制刍荛录》二十卷，沈恺、徐献忠、皇甫汸、张世美等序，内奏疏一卷，各体文十二卷，诸体诗七卷(收诗六百余首)。同邑友人沈恺序，谓其为诗文"率多自标形神，自写胸臆，不蹈袭前人片语"。乡试同年徐献忠序，记其论文"极鄙摩拟之习，以其表暴菁华，而神理内枯也"。《明文海》录其文《发奸亭记》等二篇。清姚宏绪《松风余韵》卷五录其诗四首。《御选宋金元明四朝诗》录其诗十九首。《四库全书总目》著录《刍荛录》二十卷，"提要"谓其"诗文得守仁(王守仁)余绪为多"。生平见王世贞《御史冯恩传》(《国朝献征录》卷六五)、王兆云《皇明词林人物考》卷七、何乔远《名山藏》卷七六、《明史》卷二〇九。

冯皋谟(1519—1593)　字明卿、禹卿，号养白、丰阳。浙江嘉兴府海盐人。生于正德十四年(1519)十月二十。嘉靖二十八年(1549)举人，明年进士，授刑部主事。改河南道御史，进尚宝司丞，三十六年升江西按察佥事，又历广东参议、副使，进福建参政，致仕归。卒于万历二十一年(1593)八月十五，年七十五。《千顷堂书目》著录其《丰阳集》十二卷又《居闲录》又《白鹤园漫稿》，现存天启二年(1622)其侄冯振宗刊本《丰阳先生集》十二卷附录一卷，首有陆鳌《重刻丰阳先生集序》，末冯振宗跋，内卷一至卷四收诗一百四十一首，卷五至卷一二收各体文五十四篇。清沈季友《槜李诗系》卷一三录其诗五首。《明诗综》卷四四录其诗一首。《四库全书总目》著录《丰阳集》十二卷，"提要"云："皋谟在粤平大盗张琏，击败倭寇，皆有功。又创议立条鞭投柜之法，至今称便。其经济颇可观，而诗文则但有浮声，殊乏切响。许闻造《行状》，称皋谟'官刑部时，与梁有誉、宗臣、吴国伦、徐中行相善，切劘为诗，故其趋向亦相近'云。"《明诗纪事》己签卷一〇录其诗一首。《明文海》录其文《云邨许先生传》。生平见许闻造《冯公行状》、冯梦祯《冯公墓志铭》(《丰阳先生集》附录)、《(雍正)浙江通志》卷一七一。

冯梦龙(1574—1646) 字犹龙，又字子犹，别署龙子犹、墨憨斋主人、吴下词奴、姑苏词奴、前周柱史，又曾以顾曲散人、香月居主人、詹詹外史、茂苑野史、墨浪主人、陇西可一居士、张誉、张无咎等为笔名或化名。南直苏州府长洲(今江苏苏州)人。与兄梦桂、弟梦熊，皆有才名，时称"吴下三冯"。进学之后，久困场屋，曾与文震孟、姚希孟、钱谦益等结社为友，也曾流恋诗酒，狂放不羁。科考失意，落拓穷困，遂以坐馆及为书坊编书为生。万历四十三年(1615)前后，先后教授过同邑浦、庄、陶姓子弟，无锡吴、黄姓子弟。三十八年、四十八年，又应田姓之请，远赴麻城讲授《春秋》。崇祯三年(1630)五十七岁始成贡生，次年授丹徒县学训导，七年升福建寿宁知县，编辑记载寿宁地方沿革、风土人情之《寿宁待志》，十一年任满，退归乡里。清军南下后，顺治三年(1646)春忧郁而殁，年七十三。少习经史，专治《春秋》，后著有《麟经指月》《春秋衡库》《春秋定旨参新》《别本春秋大全》《四书指月》等，多为举业所作，未出宋儒胡安国之成说。中年"酷嗜李(贽)之学，奉为蓍蔡"(许自昌《樗斋漫录》卷六)。晚年则更崇尚王守仁，作小说《皇明大儒王阳明先生出身靖难录》三卷等以张扬之，有明刊本。暮年忧于国事，崇祯十五年作《纲鉴统一》(佚)，十七年明社亡，辑《甲申纪事》十三卷，福王时又辑南明史事为《中兴实录》《中兴伟略》，皆刊行于世。平生以文学著，为晚明主情、尚真、适性之文学潮流代表人物之一。尤以编撰白话短篇小说集《三言》(《喻世明言》《警世通言》《醒世恒言》)最为当时及后世所知。其《喻世明言》天启初天许斋初刻本仅题《古今小说一刻》，盖《古今小说》原为《三言》之总目，至后出刻本始改"一刻"为《喻世明言》，后两种则舍"古今小说"名，径称《警世通言》《醒世恒言》。《警世通言》由金陵兼善堂初刻于天启四年（1624），较《古今小说一刻》晚三年，《醒世恒言》则为天启七年叶敬池刻本，又较《警世通言》晚三年。《三言》所收白话短篇小说共一百二十篇，内《简帖僧巧骗皇甫妻》《众名姬春吊柳七》《杨思温燕山逢故人》《闲云庵阮三偿冤债》《苏知县罗衫再合》《十五贯戏言成巧祸》《闹樊楼多情周胜仙》等数十篇，可以考订原为"宋元旧篇"。另有一些则为明代流行之佳篇。又，冯梦龙于《三报恩》传奇序中曾称《警世通言》中之《老门生三世报恩》为其自撰，《三言》中冯梦龙所撰当不止此篇，"宋元旧篇"亦多经其增删润色，甚或改作。《三言》集中国宋元以来白话短篇小说之大成，虽旨称劝惩，然内容多写市俗生活，行文描写及精神意象也大不同于文言短篇小说，故有一新天下人耳目之誉。后凌濛初《二拍》（《拍案惊奇》《二刻拍案惊奇》）、周楫《西湖二集》、天然智叟《石点头》、东鲁古狂生《醉醒石》等纷起效法，遂成中国古代白话短篇小说之典范。《三言》又曾在东亚诸国流传，成为模拟对象。如日本宽延二年（1749）都贺庭钟之《古今奇谈英草子》，九篇小说中有八篇与《三言》有关，或据原本故事内容"翻案"而成，或借用原作构思加以模仿。其后明和三年（1766）都贺庭钟

《古今奇谈繁野话》、安永五年（1776）上田秋成《雨月物语》、天明六年（1786）都贺庭钟《古今奇谈莠句册》及其他"前期读本"《栈道物语》《月下清谈》《长话卖油郎》《竺志船物语》等也都有模仿《三言》之痕，从而促进了日本古代小说和"町人文学"之发展。李氏朝鲜据之"翻案"而成的小说如《还狐裘新旧合缘》（据《喻世明言》卷一《蒋兴哥重会珍珠衫》"翻案"）、《青楼义女传》（据《警世通言》卷三二《杜十娘怒沉百宝箱》"翻案"）《弄假成真双新郎》（据《醒世恒言》卷七《钱秀才错与凤凰俦》"翻案"）、《朴文秀传》（据《醒世恒言》卷一《两县令竞义婚孤女》"翻案"）、《月峰山记》（据《警世通言》卷一一《苏知县罗衫再合》）等亦不在少数。除编著短篇小说外，又改订《列国志传》为《新列国志》一百八回，有崇祯间金阊叶敬池刊本，其书以史传为本，广采杂史杂传，重加演义。又增删长篇小说《三遂平妖传》为《新平妖传》。其所编纂之《古今谭概》（《古今笑》）、《情史类略》《智囊》诸书，亦均传于世，为时人所称。所编刊之民歌时调集《挂枝儿》《山歌》和散曲选集《太霞新奏》也颇为流行。又曾师事沈璟，编有《墨憨斋新谱》《墨憨斋词谱》。撰传奇二种，皆有明末墨憨斋刻本：《双雄记》二卷三十六出为其早年作品，自言

得沈璟指点。演书生丹信、刘双二人为人诬陷入狱，后从军抗击倭寇，以武功显达，系"据当时实事"感愤而作。祁彪佳《远山堂曲品》列其为"能品"，记云："此冯犹龙少年时笔也。确守词隐家法，而能时出俊语。"又《万事足》二卷三十六出，摭拾陈循、高谷二儒生家事点染而成，"万事足"者乃取俗谚"无官一身轻，有子万事足"之意。其落场诗有："山城公署喜清闲，戏把新词信手编。"因知此剧作于崇祯七年至十一年知寿宁时。其重场上之曲，曾取古今传奇删改更定之，通称《墨憨斋定本传奇》，凡十四种：《双雄记》《新灌园》《酒家佣》《女丈夫》《量江记》《精忠旗》《万事足》《梦磊记》《洒雪堂》《楚江情》《风流梦》《邯郸梦》《人兽关》《永团圆》先后刊刻，存于世，有序跋、评批及圈点标识。自作之散曲现存小令六首、套数二十套，多存于《太霞新奏》。原有诗集《七乐斋稿》，今佚。《明诗综》卷七一录其七律一首，"诗话"谓其"善为启颜之辞，间入打油之调，虽不得为诗家，然亦文苑之滑稽也"。生平见《(乾隆)江南通志》卷一六五、《明史》卷二六一。

冯梦祯（1548—1605）字开之，具区，晚号真实居士。浙江嘉兴府秀水（今嘉兴）人。以苦读名。祖、父皆不知书，怜其少惠，试遣就塾，暮归吟讽不辍，母惜膏火，呵止之，引被障窗疏，帷灯至旦。嘉靖四十三年（1564）入学，隆庆四年（1570）中举，明年春闱不第，万历二年（1574）公车再上，再落榜，五年举会试第一，廷试二甲第三，选翰林庶吉士。与同年沈懋学、屠隆以文章意气相尚，纵酒悲歌，跌躁俯仰，声华籍甚，因负狂名。归乡养病三年，回京除编修，十一年丁父忧归，十五年京察以浮躁谪官，以病免归里。起补广德州判，量移行人司副，历尚宝司丞，升南国子监司业，擢右谕德，署南京翰林院。再迁右庶子，拜南国子监祭酒。二十六年被劾罢归，明年事雪，诏令在籍听用，三十三年十月二十二卒于家，年五十八。师事罗汝芳，又好禅学，与释紫柏交厚，诗文有时誉。以家藏王羲之《快雪时晴帖》，名其堂曰"快雪"，所著因称《快雪堂集》。是集有万历四十四年黄汝亨、朱之蕃等刊本，六十四卷，前四十五卷为各体文，卷四六称《漫录》，卷四七至六二为《日记》，末两卷为诗（收诗一百一十余首），有李维桢、焦竑等序。《明史·艺文志》著录《快雪堂集》六十四卷即此本也。又，明末陈氏石云居刻本《国朝大家制义》四十二卷（陈名夏编）收《冯开之稿》一卷。《四库全书总目》著录《快雪堂集》六十四卷及《历代贡举志》一卷（有清道光六安晁氏木活字《学海类编》本)、《快雪堂漫录》一卷(已收入《快雪堂集》)。《列朝诗集》丁集录其诗十四首,"小传"谓其"诗文疏朗通脱,不以刻镂求工。而佛乘之文,憨大师极推之,以为金华(宋濂)以后第一人也"。《明诗评选》录其诗三首。清沈季友《槜李诗系》卷一五录其诗五首。清《明诗综》卷五三录其诗十一首,"诗话"云:"冯公儒雅风流,名高三席。归田之后,间娱情声伎,筝歌酒宴,望者目为神仙中人。诗亦不蹈时习,五古能盘硬语,尤见意匠经营。同谱若沈君典(沈懋学)、屠纬真(屠隆),皆不及也。"《御选宋金元明四朝诗》录其诗九首。《明诗纪事》庚签卷一二录其诗三首。又,陈继儒《乐府先春》辑其散曲套数一套。《明文海》录其文七篇。生平见李维桢《冯祭酒家传》(《大泌山房集》卷六六)、清《冯公墓志铭》(《牧斋初学集》卷五一)、《(康熙)秀水县志》卷六。

冯敏效(1538—1594) 字忠卿,号季山,又号天谷山人。浙江嘉兴府平湖人,扬州府同知冯汝弼次子。时以大小行楷名,负才不遇,闭门著述,又广交禅衲,有出世之想。万历二十二年(1594)卒,年五十七。所著现存明刊诗集《冯忠卿集》(《小有亭集》)六卷《寐言》三卷,前者收诸体诗五百五十余首,又附仿骚、风雅、箴、铭、赞等杂著六十余篇,诗分体,又以节序、天文、游览、客旅、自赋、酬酢、花木、物玩等分目;后者收诸体诗一百一十余首,多与僧人赠答之作。又有明刊《小有亭集》二十六卷,内七言律诗八卷,五言律诗五卷,七言绝句二卷,各卷亦以时序、天文、游览、客旅、自赋、酬酢、花木、物玩等分目;又《梦言》三卷、《寐言》三卷、《杂体》二卷(各卷以诗体分目,其中杂体第二卷又附仿骚、风雅、箴、铭、赞等杂著)、诗余一卷、曲部二卷,盖为其全集也。清沈季友《槜李诗系》卷一三录其诗四首。《明诗综》卷六三录其诗一首。生平见过庭训《本朝分省人物考》卷四五、《(康熙)嘉兴府志》卷一四、《(光绪)平湖志》卷一七。

冯淮(1486—?) 字会东,号雪竹。南直松江府华亭(今上海松江)人。布衣,嘉靖时以能诗称。二子冯迁、冯窒,亦俱能诗,父子兄弟间常自相倡和。平生以砚田糊口,虽与名公大卿多有往来,却耻事干谒,不向人贷贯钱斗粟,又日夕苦吟,以幽栖为愉快。有明刻诗集《江皋集》六卷《遗稿》一卷,卷端徐献忠序谓其集为"上海唐子世具、顾子汝修、朱子邦宪所刻"。内《江皋集》六卷计收诗六百四十五首,《江皋遗稿》收诗七十五首。其诗多五七言近体,何三畏《云间志略》谓其父子诗

"皆抒写情性,吐吞烟霞,效王、孟之深沉,似鲍、庾之清俊,每见称于作者,亦推毂于时流"。近人严昌堉《海藻》卷二录其诗二首。生平见何三畏《冯山人父子传》(《云间志略》卷二〇)。

冯惟讷(1513—1572)　字汝言,号少洲。山东青州府临朐人,随父定居府城(今青州),冯裕第五子。正德八年(1513)六月十九生于萧县官舍。少随父游宦,居南京十余年。嘉靖六年(1527)父调陕西平凉,因与长兄惟健奉母归青州府城。十四年与二兄惟重同中举,十七年与兄惟健、惟重、惟敏四人同赴京会试,与惟重中式,惟健、惟敏落第。除宜兴知县,改魏县,历蒲州知州、扬州府同知,改松江府同知。征授南户部员外郎,进郎中,改兵部车驾郎中,出为陕西按察佥事。历山西左参政、河南参议、浙江督学副使,升山西按察使,再迁江西左布政使,以病乞休,加光禄卿致仕。五十八岁归里后,与四兄惟敏同筑室海浮山下,日以诗酒著述为事,卒于隆庆六年(1572)三月二十一,年六十。与兄惟健、惟重、惟敏,皆以诗文名齐鲁间。曾编刊《古诗纪》一百五十六卷,为时所重,亦为以后同类书之蓝本,后被收入《四库全书》。另有《风雅广逸》《楚辞旁注》《史记旁注》《杜律删注》及《青州府志》等。《明史·艺文志》著录其别集《光禄集》十卷。现存万历十四年(1586)北海冯氏家刊本《冯光禄诗集》十卷,于慎行序、魏允贞跋。冯琦校《冯氏五先生集》收其《光禄集》一卷。《盛明百家诗》录其诗八十余首为《冯少洲集》。顾起纶《国雅》卷一三录其诗十七首。《皇明诗统》卷二四录其诗三十首。《皇明诗选》录其诗一首。《列朝诗集》丁集录其诗十二首,"小传"记云:"汝言仕宦三十年,图书诗卷外无长物……评其诗者,以为博洽多记,自出为鲜"。《明诗综》卷四五录其诗五首。"诗话"云:"光禄诗亦华整可观"。《御选宋金元明四朝诗》录其诗十首。清宋弼《山左明诗钞》卷九录其诗十一首。清段松岺《益都先正诗丛抄附编》录其诗五十二首。《明诗纪事》戊签卷八录其诗七首。近人赵愚轩《青州明诗钞》卷二录其诗十七首。生平见余继登《光禄寺卿冯公惟讷墓志》(《国朝献征录》卷七一)、李维桢《冯氏家传》(《大泌山房稿》卷六五)、王兆云《皇明词林人物考》卷九、《明史》卷二一六。

冯惟重(1504—1539)　字汝威,号芹泉。山东青州府临朐人,随父定居府城(今青州),冯裕次子。嘉靖十七年(1538)与五弟惟讷同中进士,授行人。十八年世宗南巡,奉命先行,告祭湖湘,因冒暑疾进,至庐州时疽发于背而卒,年三十六。善书法，与兄惟健、弟惟敏、惟讷皆以诗文名齐鲁间。《千顷堂书目》著录其《大行集》一卷，现存明刻冯琦校刊《冯氏五先生集》有《大行集》一卷，收诗四十首。清宋弼《山左明诗钞》卷七录其诗十四首。清段松岑《益都先正诗丛抄附编》录其诗二十二首。《明诗纪事》戊签卷八录其诗二首。近人赵愚轩《青州明诗钞》卷二录其诗十五首。生平见余继登《冯公暨配蒋氏墓志铭》（《淡然轩集》卷六）、李维桢《冯氏家传》（《大泌山房集》卷六五）。

冯惟健（1501—1553）　字汝强，号冶泉，又号陂门山人。山东青州府临朐人，冯裕长子，随父定居府城（今青州）。嘉靖七年（1528）举人，七上春官未第。卒于嘉靖三十二年（1553），年五十三。有文名，《明史·艺文志》著录其《陂门集》八卷，现存嘉靖间冯惟讷刊本《陂门山人集》八卷，内诗赋四卷，收赋二、古近体诗二百三十余首、词一首，文四卷，收序、记、书启等一百三十余篇，嘉靖三十五年陈凤序。是集又有明抄本。冯琦校《冯氏五先生集》收其《陂门集》一卷。顾起纶《续国雅》卷四录其诗一首。《皇明诗统》其诗十七首。《列朝诗集》丁集录其诗十一首，"小传"云："鲁王孙观炬撰《海岳灵秀集》，论三冯之才，则首推汝强云。"《明诗综》卷四五录其诗二首。

清宋弼《山左明诗钞》卷七录其诗十三首。清光绪段松岑《益都先正诗丛抄附编》录其诗四十八首。《明诗纪事》戊签卷八录其诗一首。近人赵愚轩《青州明诗钞》卷二录其诗十三首。《明文海》录其文《圣泉赋》一篇。生平见李维桢《冯氏家传》（《大泌山房集》卷六五）、王兆云《皇明词林人物考》卷九、《（康熙）益都县志》卷九。

冯惟敏（1511—1578）　字汝行，号海浮。山东青州府临朐人，随父定居府城（今青州），冯裕三子。正德六年（1511）九月初一生于松江府华亭县令官舍。少随其父宦游南京、平凉、石阡等地。嘉靖十三年（1534）侍父归故里，居于青州府城。十六年中举，得督学王慎中所赏，次年兄弟四人同赴会试，次兄惟重、弟惟讷中进士，惟敏与长兄惟健落第归。后屡上南宫不第，居家二十余年，曾与修《临朐县志》，三十七年以"在邑多纠缠"，为山东巡按段顾言逮入狱，"良久乃解"，其事不明。四十一年晋京谒选，授直隶涞水县令，因惩办兼并民田之豪贵为世族不容，谤诉四起，四十四年以"疏简不堪临民，文雅犹足训士"，改镇江府儒学教授。隆庆三年（1569）迁保定府通判，修《保定通志》四十卷，六年左迁鲁王府审理，不赴，归家后被削籍。隆庆六年于郡治海浮山下筑园、亭以居，称海浮山人，与亲朋觞咏其间。万历六年（1578）卒，年六十八。与兄惟健、惟重、弟惟讷皆以文名播于齐鲁，交于李开先、王世贞等。惟敏尤工散曲，传世嘉靖四十五年刊、万历重印之散曲集《海浮山堂词稿》四卷，计收小令五百二十二，套数五十，为有明散曲作品最丰者。《词稿》又附刻杂剧两种：《梁状元不伏老》（《玉殿传胪记》）北曲五折，演宋洪迈《容斋四笔》引陈正敏《遯斋闲览》所记梁灏八十二岁中状元事，此事虽为误传，但自宋时古蒙书《三字经》起，世人多喜道之。祁彪佳《远山堂剧品》"雅品"著录云："偶阅俗演《梁太素》曲，神为之昏。得此剧，大为击节。近有《题塔记》，能畅写其坎坷之状，而曲之精工，远不及此。"又《僧尼共犯》（《僧尼共犯传奇》）北曲四折，叙僧人与尼姑苟合，被人送官，断令还俗结为夫妻，虽为调笑之剧而不乏可深究之思。《远山堂剧品》"逸品"著录云："本俗境而以雅调写之，字句皆独创者，故刻画之极，渐近自然。"汪氏环翠堂刊本《四词宗合刻》曾选刻其词曲为《精订冯海浮山堂词稿》二卷，传世明刊各种曲选如陈所闻《北宫词纪》《南宫词纪》及沈璟《南词韵选》、魏之琜《昔昔盐》、张琦《吴骚二集》、冯梦龙《太霞新奏》、凌濛初《南音三籁》等皆选其曲，故散曲流播甚广，

颇获声誉于时。王世贞称："北调……近时冯通判独为杰出。其板服务头，撺抢紧缓，无不曲尽，而才气亦足发之。止本色过多，北音太繁，为白璧微颣耳。"（《艺苑卮言》）吕天成《曲品》卷上评惟敏曰"绮笔鲜妍"，允为上品。诗文著述有嘉靖四十五年刊本《海浮山堂诗稿》五卷《文稿》五卷，收诸体诗四百余首、各体文八十篇，许谷序。《盛明百家诗》隆庆二年所刊《冯海浮集》一卷收诗一百五十余首。万历二十四年惟敏侄孙冯琦校刊《冯氏五先生集》有其《石门集》一卷，收赋二、诗一百五十余首。二选晚出于《海浮山堂诗稿》，故所收有四十余首未见于《诗稿》。《皇明诗统》卷二四录其诗八首。《列朝诗集》丁集录其诗八首，"小传"云："余所见《梁状元不伏老》杂剧，当在王渼陂（王九思）《杜甫春游》之上。诗虽未工，亦齐、鲁间一才人也。"《明诗综》卷四五录其诗四首。《御选宋金元明四朝诗》录其诗五首。清宋弼《山左明诗钞》卷九录其诗二十四首。清段松岑《益都先正诗丛抄附编》录其诗五十五首。《明诗纪事》戊签卷八录其诗七首，按语云："临朐四冯，朱中立（朱观㷆）首推汝强（冯惟健）诗，王秋史（王萍）谓汝威（冯惟重）为四集之冠，朱竹垞（朱彝尊）谓汝言（冯惟讷）诗'华整可观，其贾氏之伟节

乎?'余谓终不若汝行之才气纵横也。"近人赵愚轩《青州明诗钞》卷二录其诗三十首。生平见李维桢《冯氏家传》(《大泌山房集》卷六五)、王兆云《皇明词林人物考》卷九、《(康熙)益都县志》卷九、《(咸丰)青州府志》卷四四。

冯琦(1558—1603) 字用韫,号胸南,又号琢庵。山东青州府益都(今青州)人,冯惟重之孙。生于嘉靖三十七年(1558)十一月二十三。万历四年(1576)举人,明年进士,选翰林院庶吉士,散馆授编修。历修撰、侍讲、谕德、左庶子,进少詹事,掌翰林院事。二十四年迁礼部侍郎,改吏部,拜礼部尚书,三十一年三月初三卒于官,年四十六,赠太子少保,天启初,谥文敏。少颖敏,举进士时年方十九,由编修历官詹,年末四十。明习典故,在朝以策论名,指画政体,陈说机宜,密策硕画,皆称于一时。又为政勤勉,运筹干练,故帝欲重用之,以早卒未成。曾辑《宋史纪事本末》二十八卷、《经济类编》一百卷,后者为《四库全书》所收。为文章雍容尔雅,亦能诗,与于慎行齐名,称万历间山东文学之冠冕。《明史·艺文志》著录其别集《宗伯集》八十卷,现存万历二十五年刊本,内诗六卷、诸体文十七卷,又有《经筵讲章》一卷、《日讲通鉴直解》十六卷,余则为表、敕谕、奏疏、论策、书牍等,于慎行、李维桢序。又有万历三十七年刊《冯琢庵先生北海集》五十八卷,万历末刊《北海集》四十六卷及明末刊《宗伯冯先生尺牍》四卷、《文敏冯先生诗集》六卷。又曾辑其曾祖冯裕与石存礼、刘澄甫、陈经、黄卿、刘渊甫、杨应奎等人倡和之作为《海岱会集》十二卷,为《四库全书》辑入;刻其先世冯裕、冯惟健、冯惟重、冯惟敏、冯惟讷诗为《冯氏五先生集》。卒后王锡爵为其作墓志,称其诗"以情真为宗,次传声调。长篇感激沉壮类老杜,五七言律和雅会心,绝不如近时名家,以浮音亢节自喜"。《皇明诗选》录其诗一首。《列朝诗集》丁集中录其诗三十八首。《明诗评选》录其诗一首。《明诗综》卷五三录其诗七首。清沈德潜《明诗别裁》录其诗一首。《御选宋金元明四朝诗》录其诗二十七首。清宋弼《山左明诗钞》卷二二录其诗三十四首。清段松岑《益都先正诗丛抄附编》录其诗九十七首。《明诗纪事》庚签卷一二录其诗十四首。近人赵愚轩《青州明诗钞》卷三录其诗三十二首。《明词综》卷四录其词一首。近人赵尊岳《明词汇刊》录其词六首为《北海词》(《文敏冯先生诗集》卷六另有词三首)。《明文海》录其文二篇。生平见王锡爵《冯公墓志铭》(《王文肃公文草》卷一二)、李若讷《冯宗伯传》(《五品文稿》卷一）、《明史》卷二一六。

冯裕（1479—1545）　字伯顺，号闾山。原籍山东青州府临朐，后居于府城，遂与益都（今青州）人。洪武初，其高祖冯思忠应募戍辽东，历五世，裕于成化十五年（1479）出生于广宁卫（今辽宁北镇），致仕后举家回归青州，居于府城。少孤，投师义州贺钦苦读。弘治十七年（1504）中举，正德三年（1508）进士，历知华亭、萧县、晋州，十年迁南京户部员外郎。嘉靖六年（1527）简放平凉知府，七年调贵州石砰知府，十二年升贵州按察司副使，十三年被论解官，归乡。二十四年六月二十四卒，年六十七。裕归籍后定居青州府城，次年与致仕闲赋的石存礼、黄卿、杨应奎、刘澄甫，丁忧归里的礼部侍郎陈经，刘澄甫弟举人刘渊甫，以及因"大礼议"除名客居于青州的即墨人蓝田等八人，结社于北郭禅林，称"海岱诗社"，持续三年。后其曾孙冯琦辑社友所作诗为《海岱会集》十二卷，内收裕诗一百二十八首。是集原以传本流传，清乾隆时为纪昀所得，收入《四库全书》，《总目》"提要"云："八人皆不以诗名，而其诗皆清雅可观，无'三杨'台阁之习，亦无'七子'模拟之弊，故王士祯称其各体皆入格。"万历间冯琦校《冯氏五先生集》又将《海岱会集》所收裕诗刊为《方伯集》一卷。冯琦

为冯裕次子惟重之孙，裕有五子，内惟健、惟重、惟敏、惟讷，皆有文名，世称"临朐四冯"，裕则为其诸孙之翘楚也。清宋弼《山左明诗钞》卷六录冯裕诗二十三首。清段松岑《益都先正诗丛抄附编》录其诗二十五首。《明诗纪事》丁签卷一四录其诗一首，近人赵愚轩《青州明诗钞》卷一录其诗二十七首。生平见欧阳德《闾山冯公墓碑》（《欧阳南野文集》卷二六）、李维桢《冯氏家传》（《大泌山房集》卷六五）、《明史》卷二一六。

冯嘉言（生卒年不详）　字国华，号十菊山人。浙江宁波府慈溪人。嘉靖、万历间诸生，屡试不第，卜居县东南后马家山以老。平生不妄交俗尘，性度冲雅，履境泊如，多与里中耆宿结诗社，放怀山水间。晚辑一编，名《十菊山人雪心草》，诗至千首。至天启元年（1621）其孙冯起纶刻其诗为《十菊山人诗集》（《十菊山人雪心草》）四卷，现存崇祯十六年（1643）冯起纶重刻本，计收诸体诗四百四十余首。《千顷堂书目》曾著录《十菊山人诗集》，未注卷数，或未见其集也。《明诗综》卷六七、《御选宋金元明四朝诗》录其诗一首。生平见《（光绪）慈溪县志》卷二八。

兰茂（1397—1470）　字廷秀，号止庵，别号和光道人，又称玄壶子、风月子。原籍河南洛阳，祖辈于

洪武时被征入滇，编籍屯戍于嵩明州杨林千户所，遂为云南府嵩明人。性颖悟，通经史，究心关、闽、濂、洛理学之微，旁及缁流、黄冠书及医卜、星象、堪舆等，尤以医道及音韵学见长。赋性简淡，不乐仕进，二十岁即榜其轩为"止庵"，于乡里采药行医、设帐授徒、著书立说，然也留心时事经济。正统六年(1441)大司马王骥征麓川，曾咨其方略。卒于成化六年(1470)，年七十四。平生著述甚夥，方志等载籍著录近三十种，可信者亦达二十余种，如《止庵吟稿》《玄壶集》《山堂杂稿》《碧山樵唱》《通玄记》《韵略易通》《声律发蒙》《鉴例折中》《经史余论》《四言碎金》《安边条策》《滇南本草》《医学举要》等。今尚有《玄壶集》《韵略易通》《滇南本草》《医学举要》《通玄记》等数种存世。以博学能诗著名于云南，后杨慎赠贾惟孝诗有"兰和光卧白云，贾生东晦挹清芬"，"兰叟和光"即指兰茂。其诗作多佚，清乾隆六年(1741)刊本《兰止庵诗歌赋》不分卷，系清人所辑，已无多矣。近人辑《云南丛书》二编《杨林两隐君集》，内《兰隐君集》一卷，即据乾隆本，内收诸体诗六十一首、词六首，赋、记、赞各一。多写景抒怀之作，有田园风味。又有清刻《新刻元壶诗》(近人刊本改题《止庵先生玄壶诗》)不分卷，有道光八年(1828)

《玉阳子序》及《止庵自序》，收诗九十七首。其诗多从人间事引发三教之理，略近玄言诗。清袁文典等《明滇南诗略》卷一录其诗十一首。清陈荣昌《滇诗拾遗》卷一录其诗三十五首附赋一篇。《明诗纪事》甲签卷二三录其诗二首，按云："金马碧鸡之乡，蜻蛉螳螂之域，采明诗者，当以廷秀数诗为西南雅音之首矣。"近人李坤《滇诗拾遗补》卷一录其诗十六首。又曾作南曲传奇《性天风月通玄记》二十二出，现存清乾隆五十七年(1792)抄本，卷首载小曲一支，又载《师徒传道》一出及《性天风月通玄记引》，未署撰人年月，实借之演义道家吐纳修炼之法。生平见《(康熙)云南通志》卷二五、《(1945)嵩明县志》卷二一、卷二六。

兰陵笑笑生(姓氏籍里及生平不详)　明人所作百回本白话长篇小说《金瓶梅》传世最早刊本为《新刻金瓶梅词话》，约刻于万历末至天启年间。其卷首"欣欣子序"云："窃谓兰陵笑笑生作《金瓶梅传》，寄意于时俗，盖有谓也。"据沈德符《万历野获编》，《金瓶梅》初刻于万历四十五年(1617)，然刻本出现前涉及抄本之各种文献均未提及作者，或仅记作者之传闻，如袁宏道万历二十四年致董其昌信云："《金瓶梅》由何而来？伏枕略观，云霞满纸，胜于枚生《七发》多矣。后段在何处？抄竟当于何处倒换？幸一得示。"(《锦帆集》卷四）万历三十六年屠本畯记云："《金瓶梅》流传海内甚少，书帙与《水浒传》相埒。相传嘉靖时，有人为陆都督炳诬奏，朝廷籍其家，其人沉冤，托之《金瓶梅》。"(《山林经济籍》卷八）万历四十年袁小修记云："旧时京师有一西门千户，延一绍兴老儒于家。老儒无事，逐日记其家淫荡风月之事，以西门庆影其主人，以余影其诸姬。"(《游居柿录》卷九）万历四十四年谢肇淛记云："《金瓶梅》一书，不著作者名代。相传永陵中有金吾戚里，凭怙奢汰，淫纵无度，而其门客病之，采摭日逐行事，汇以成编，而托之西门庆也。"(《小草斋文集·金瓶梅跋》）故欣欣子序所谓"兰陵笑笑生作《金瓶梅传》"或出于假托，非实指也。惟此序见于早期刊本，后世遂将"兰陵笑笑生"作为《金瓶梅》作者之代称。《新刻金瓶梅词话》之"廿公跋"云"《金瓶梅传》为世庙时一巨公寓言，盖有所刺也"。《万历野获编》卷二五又云"闻此为嘉靖间大名士手笔，指斥时事"。故清康熙十二年(1673)宋起凤《稗说》据之推测《金瓶梅》系王世贞所作，谢颐为康熙三十四年刊《皋鹤堂批评第一奇书金瓶梅》作序，亦取此说，有人又据之编造王世贞撰此书以报父仇故事，实不可信也。清代笔记还有臆测李

卓吾、薛应旂、赵南星、卢楠等为《金瓶梅》之作者者，近世以来更陆续有人提出嘉、万时数十人为《金瓶梅》作者之选，均无确证，未可信实。《金瓶梅》为中国古代第一部摆脱"世代累积"成书方式而由作家独立创作之白话长篇小说。作者从当时广为流传之《水浒传》中移借来武松一段作为嫁接其小说故事之"砧木"，实际上完全改造了原来故事之英雄传奇性质。其假托宋代，所再现者实为当代之现实生活。其中对商人西门庆经商致富至最终败亡之过程，包括资金、商业经营方式、经营商品种类以及利润支配等都有详细叙述，对西门庆之家庭生活，包括夫妻、妻妾、主奴之间种种矛盾争斗以及饮食穿戴、起居游乐等生活现象亦一一加以镂写，并进一步通过这个家庭成员之种种活动将读者引入当时广阔社会生活中，广视角、多侧面地描绘出当时城市生活之"全部风貌"，实可称为中国晚明时期之"社会风俗史"。创作上，《金瓶梅》作者努力摆脱历来长篇小说对"史"之依附，摒弃主观、幻象之描写，用写实方法再现普通人之现实生活，不仅把小说题材扩大到生活一切范围，也使作品之形象、内容更切近客观实际，观照人生更准确、更深入，从而使中国古代白话小说艺术深化和精微化，即由"市人小说""史诗小

说"进入到"作家小说""写实小说"之时代。据此,《金瓶梅》作者无疑是中国古代一位极富创造力之小说家。但《金瓶梅》所描写之社会生活内容历来为论者所诟病,作者之创作动机也为人们所怀疑。其实,《金瓶梅》之所以表现出与传统中国文学不同之品貌,原因既有其所记录之时代社会生活之特殊性,也与作者对现实生活之认识和态度有关。晚明社会之突出特点是商业空前繁荣,城市商业中心色彩大大增强,不仅引起消费生活更新,也迅速使人情风貌改观。晚明城市风尚表现在物质生活上是去朴尚华,文艺等精神生活上是异调新声,对礼制严格约束下中国古代社会拘谨、守成、俭约之刻板生活方式形成巨大冲击。风尚所及,社会心理自然发生变化,晚明时代,人们之价值取向、道德意识和审美情趣都表现出对传统观念之背离。据实而言,《金瓶梅》作者不过是一个为晚明带有新色素之城市生活所振奋,受当时社会新思潮所感染,并善于体验和描摹生活之小说家,并不具备思想家和艺术理论家之气质。这就是为什么他一方面对"财色"表现出浓厚兴趣,热情渲染物欲和情欲,另一方面,又时刻不忘对这一切进行并非不严厉之宗教论证、道德说教。说明其内心实际充满矛盾。《金瓶梅》一书充溢着

涨漫于晚明社会之"市井气息",是当时城市文化变异导致文学审美内容从理性、古典转向感性、现实之历史趋向之产物。正因为如此,《金瓶梅》向我们自证了其作者之社会地位、阅历和学养:《金瓶梅》全书随时穿插各种时令小曲、杂剧、传奇、宝卷及话本等现成材料,这些正是当时市井文化生活主要食粮,作者对此十分熟悉,然而作品中作者自己创作之诗词若按传统标准看几乎无一佳作,说明作者对上层文学之诗词歌赋尚有隔膜。《金瓶梅》所写人物重要者有数十,但其中塑造神灵活现、栩栩如生者主要是市井人物,商人、伙计、荡妇、帮闲、妓女,很多达到了传神摹影、追魂摄魄之境界,而对权相、太尉、巡按、状元、御史等,则大都写得比较概念和平板。比较起来,作者写妻妾斗气、帮闲凑趣和市井混骂等事件和场面十分得心应手,而对朝拜皇帝、谒见宰相以及宴请太尉之类场面则写得比较空泛。因此,写出《金瓶梅》之人,不大可能是传统诗文功底深厚并足登仕途之大名士、大官僚,其或许是一位沉沦于社会下层,而又和社会上层保存着某种联系之失意士子,生活在市井,加上有闲,能深切感受到当时社会生活、城市风尚、社会心理之变化,应该是其创作《金瓶梅》之条件。

〔一〕

边习（生卒年不详）　字仲学，号南洲。山东济南府历城（今济南）人，边贡仲子，刘天民婿。边贡为官清廉，罢归后卜居大明湖畔，所收书籍尽焚于火，殁后无以遗子孙。边习科考不利，因授徒于乡里，至贫困而卒。清初王士禛推崇同乡先贤，选边贡诗刻为《华泉集选》四卷，又由徐夜处得边习七十岁客孙氏时诗稿，名《睡足轩集》，因与徐夜共选之，于康熙三十九年（1700）刊为《睡足轩诗选》。王士禛于《渔洋诗话》中赞边习诗"宛有家法"。《睡足轩诗选》王士禛京邸刊本今存，收诗四十八首，首有王士禛序，叙其始末。《明诗综》卷五〇录其诗一首。《四库全书总目》著录《边仲子诗》一卷，"提要"云："习诗远不及其父，尤多应俗之作。其《挽李东阳》二诗，论虽公而评太讦，亦乖诗品。夜等特以名父之子重之耳。"清宋弼《山左明诗钞》卷八录其诗十二首。《明诗纪事》己签卷二〇录其诗二首。

边贡（1476—1532）　字廷实，又作庭实，号华泉，又号野史公。山东济南府历城（今济南）人。生于成化十二年（1476）八月。弘治八年（1495）举山东乡试，九年进士，授太常博士。十八年迁兵科给事中，旋进太常寺丞。正德四年（1509）出知卫辉府，五年改荆州，六年进山西提学副使，随即丁父忧。九年起为河南提学副使，十二年以丁母忧家居，十六年起南太常寺少卿。嘉靖二年（1523）迁南太仆寺卿，六年改南太常卿，提督四夷馆，七年进南刑部右侍郎，八年晋南户部尚书。以久官留都，优闲无事，因与诗友游览江山，挥毫浮白，都御史因劾其嗜酒旷职，遂罢归。嘉靖十年归里，卜居大明湖畔，以平生癖于搜书，所蓄不啻数万卷，因建万卷楼以贮之，十一年二月遭火，藏书亦尽为灰烬，痛致病卒，年五十七。少有才名，弱冠举进士，得入朝与郎署才俊李梦阳等诗酒交游，共相推毂，倡复古道。因与李梦阳、何景明、徐祯卿、朱应登、顾璘、陈沂、郑善夫、康海、王九思号"弘治十才子"。又与李梦阳、何景明、徐祯卿、康海、王九思、王廷相称"七子"（"前七子"）。《明史·文苑传》则将边贡与李梦阳、何景明、徐祯卿合称为"弘正四杰"。留都十年，又与顾璘、朱应登、蒋山卿、赵鹤、景旸等人觞咏酬唱，负诗名于天下数十年。边贡论诗主"守之以正，时出其奇"（《题史元之所藏沈休翁高铁溪诗卷》）。其诗长于近体，尤精于五言，平朴秀整，兴象飘逸，语尤清圆，无凌轹跛厓之气，当时后世皆多得赞许。后数十载，清钱谦益对李梦阳、李攀龙等人诗吹垢索斑，不遗余力，于边贡则无恶语，即因此也。卒后，刘天民辑其诗为《华泉诗集》八卷，嘉靖十七年刊行于世，至万历间魏允孚又增刻《文集》六卷，遂以《华泉集》十四卷传于世。后又有清康熙时刊《边华泉文集》六卷《诗集》八卷，现诸本皆存。《四库全书》所收《华泉集》十四卷皆据康熙本。"提要"云："今考其诗，才力雄健不及李梦阳、何景明，善于用长。意境清远不及徐祯卿、薛蕙，善于用短。而夷犹于诸人之间，以不战为胜，无凭陵一世之名，而时过事移，日久论定，亦不甚受后人之排击。"清王士禛以乡前贤推崇其诗，辑有《华泉集选》四卷（今有《王渔洋遗书》本），亦为《四库总目》著录，"提要"云："其序谓'济南诗派大昌于华泉、沧溟（李攀龙）二氏，而荜路褴缕之功，又以边氏为首庸'，其比之曹植、谢灵运，虽不免夸饰，然于李攀龙集终置不论，而独加意于贡集，其去取之间亦有微意也。"在先，《盛明百家诗》曾录其诗二百六十余首为《边华泉集》，万历间赵南星编《明十二家诗选》录其诗为《边华泉集》二卷。顾起纶《国雅》卷五录其诗十九首。《皇明诗统》卷一七录其诗三十五首。《石仓十二代诗选·明诗选》录其诗一百七十二首。《皇明诗选》录其诗十五首，宋征舆评语以为其诗"声价在昌谷（徐祯卿）之下、君采（薛蕙）之上。"陈子龙谓其诗"粗率未除，然时见精诣，五言犹称长城"。《列朝诗集》丙集录其诗三十八首。《明诗综》卷三一录其诗二十六首，"诗话"谓其"五言绝句擅场"。清沈德潜《明诗别裁集》录其诗十三首。《御选宋金元明四朝诗》录其诗三十七首。清宋弼《山左明诗钞》卷三录其诗八十一首。《明诗纪事》丁签卷二录其诗三十七首，按云："华泉古诗佳作不及何、李之多。律体翩翩，自是风流一代人豪。竹垞（朱彝尊）独取五绝，未为知音。"清沈辰垣《御选历代诗余》录其词一首。《明词综》卷二录其词二首。近人赵尊岳《明词汇刊》录其词六首为《华泉词》。《明文海》录其文一篇。生平见李廷相《华泉边公贡神道碑》（《国朝献征录》卷三一）、王兆云《皇明词林人物考》卷四、《明史》卷二八六。

六　画

[一]

邢大道（生卒年不详）　字性之，号少鹤。山西平阳府洪洞人。少颖异，稍长，取父邢实所积典籍读之，弱冠成诸生，文名鹊起。以身有残疾，自罢经生业，筑舍洞浒之南，日与友朋吟眺佳山水。后以山人邀游公卿间，所著诗文为李维桢所赏。万历三十七年（1609）与范耀昆同应聘修《山西通志》，书成即归，杜户不出。所著现存万历四十五年刊本《白云巢集》二十四卷，诗六卷，收古近体诗三百五十余首，文十八卷，所作序、记、墓铭及书启等皆收之，首有张铨《叙白云巢集》。《（雍正）山西通志》录其诗文十余篇。《明诗纪事》庚签卷二六录其诗三首，按云："少鹤山人邢性之，痀偻丈人也。张五鹿称其首与几齐，足不及地，客见之胡卢而笑。顾亦能诗，以山人邀游王侯公卿间。"生平见范弘嗣《少鹤山人传》（《白云巢集》附）、《（雍正）山西通志》卷一三六。

邢云路（生卒年不详）　字士登，号泽宇。京师保定府安肃（今河北徐水）人。万历八年（1580）进士，除繁峙知县。改汲县，再改临汾，征授兵部主事，历员外，出为河南按察司佥事，历参议、副使，进按察使。通天文历法，著有《古今律历考》七十二卷，论及《授时历》《大统历》，《明史·艺文志》著录，后又被收入《四库全书》。《明史·艺文志》又著录其《太乙书》十卷。亦能诗文，《千顷堂书目》著录其《邢泽宇诗集》十卷又《山塞吟》□卷，现存万历十八年临汾杨起元刊本《泽宇先生诗集》十卷，收赋十二篇、诸体诗四百余首，有汪乾利、梁立夫、杨起元序。《皇明诗统》卷三六录其诗十四首。清王崇简《畿辅明诗》录其诗四首。《明诗综》卷五三录其诗一首。《明诗纪事》庚签卷一三录其诗四首。卓人月、徐士俊《古今词统》录其[竹枝]一首。生平见《（雍正）畿辅通志》卷七九、《（雍正）山西通志》卷九〇、清阮元《畴人传》卷三一。

邢侗（1551—1612） 字子愿，号知吾，自署方山道民。山东济南府临邑人。生于嘉靖三十年（1551）十一月二十六。以诸生入太学，隆庆四年（1570）举于顺天，万历二年（1574）进士，除南宫知县。征授监察御史，出为湖广参议，迁陕西行太仆少卿，罢官归。万历四十年四月二十七卒，年六十二。以书法擅誉当时，与张瑞、米万钟、董其昌并称"邢、张、米、董"，又有"北邢南董"之目，极为海内外所珍。罢官年才三十余，先世有家赀巨万，遂"筑来禽馆在古犁丘上，读书识字，焚香扫地，不问家人生产。四方宾客造门，户屦恒满。减产奉客，酒轮簪珥，时时在质库中。"（《列朝诗集》）亦能诗文，王世贞曾将其与皇甫汸、莫如忠、许邦才、周天球、沈明臣等列为"四十子"（《弇州四部稿续稿》卷三）。《明史·艺文志》著录其《武定州志》十五卷、《来禽馆集》二十八卷。现存万历四十六年史高先襄阳刊本《来禽馆集》二十九卷，内诗五卷，有李维桢序。是集又有崇祯十年（1637）留都书肆刊本及清光绪十七年（1891）重刊本。著述又有天启间赐绯堂刻《沛园集》五卷（诗二卷、文三卷）及《邢子愿杂著》不分卷。《皇明诗统》卷二九录其诗六首。《列朝诗集》丁集录其诗二十二首。《明诗综》卷五二录其诗四首。《御选宋金元明四朝诗》录其诗十四首。《四库全书总目》著录《来禽馆集》，"提要"云："其序于慎行诗集，谓'李（李梦阳）、何（何景明）学唐，为化鸱之眼'，而于太仓（王世贞）、历下（李攀龙），并有微词。盖能不依'七子'门户者，故所作大抵和平雅秀……特骨干未竖，不能自成一队，文体则更近于涩矣。"清宋弼《山左明诗钞》卷二三录其诗五十二首。《明诗纪事》庚签卷七上录其诗七首，按云："子愿诗，神清体弱，能张书苑，不足以踞骚坛。以较玄宰（董其昌）诸诗，差为过之。"《明文海》录其文十四篇。生平见李维桢《邢公墓志铭》（《大泌山房集》卷七九）、《明史》卷二八八。

邢参（生卒年不详） 字丽文。南直苏州府长洲（今江苏苏州）人。弘治、正德间布衣，以苦吟得名。《千顷堂书目》著录其《邢处士集》。现存清抄本《邢丽文先生遗稿》，卷首有娄东王锡爵、海虞钱岱序，分前后集，前集收诗六十九首，后集又题《邢丽文先生诗选》，收诗一百三十八首。《千顷堂书目》另著录其《姓氏汇典》二卷，现存清康熙济美堂刻本《丹霞姓氏汇典》二卷增补一卷。《列朝诗集》丙集录其诗四首，"小传"记云："为人沉静而蕴藉，固而不陋。嘉遁城市，教授乡里，以著述自娱。户无寸田，未尝干谒，虽朋友之门,亦不轻步屦过从。昌谷(徐祯卿)、希哲(祝允明)皆尚之。早岁丧偶,不再娶,客至或无茗椀,薪火断则冷食。尝遇雪,累日囊无粟,兀坐如枯槁,诸人往视之,见其无惨懔色,方苦吟,诵所得句自喜。《明诗综》卷三八录其诗一首,"诗话"云:"丽文,狷者,平生不事干谒,苦志读书。除夜有海估以百金乞墓文,峻拒之,抱膝拥衣,饥以待旦,其介如是。明初,高侍郎季迪有'北郭十友',丽文亦有'东庄十友':吴爟次明、文征明征仲、吴奕嗣业、蔡羽九逵、钱同爱孔周、陈淳道复、汤珍子重、王守履约、王宠履仁、张灵孟晋……遗集罕传,予从金处士侃借得手抄本,录《竹枝》一首。"《明诗纪事》丁签卷一五录其诗二首。生平见文震孟《姑苏名贤小纪》卷上。

邢宥(1416—1481)　字克宽,号湄丘道人。广东琼州府文昌(今属海南)人。正统六年(1441)乡试中举,十三年进士,明年授四川道监察御史。景泰二年(1451),巡按福建,五年巡按辽东,七年乞归省。天顺二年(1458)还朝,巡河南,四年擢台州知府,七年坐按巡河南失察事,左迁晋江县丞。成化元年(1465)复起为苏州知府,升浙江布政司右参政,擢都察院金都御史,理两淮盐政,六年以蜚语求致仕。家居十一载,筑湄丘草亭,自号"湄丘道人",以读书写作自娱,十七年五月二十卒,年六十六。有政绩,地方能吏,风裁震一时。亦能文,卒后丘濬为其作墓志铭,称其"诗文虽少作,然作必有意趣,不为无益之语,字画亦遒美有法。"著述现存清道光二十一年(1841)琼州邢氏重梓《湄邱遗集》二卷,文一卷诗一卷,收诗三十余首。近人辑《海南丛书》收入第三集。生平见彭华《邢公墓志铭》(《彭文思公文集》卷五)、《明史》卷一五九。

邢慈静(1573—?)　号兰雪斋主人、蒲团主人,晚号鸣玉。山东济南府临邑人,邢侗幼妹。幼从其九嫂杨氏(杨巍妹)习诗,又从邢侗习书法绘画,故以能诗、书、画称。二十八岁嫁武定马拯为妻,拯为万历十一年(1583)进士,时任平阳府同知,后官至贵州左布政使,亦能诗。嫁后时从夫宦于各地,三十一年拯任山西大同知府,三十四年迁山西副使,又驻屯辽阳,慈静皆随之,又数归乡奔丧、省亲。四十二年随马拯至广东、贵州。四十四年拯病逝于贵阳,慈静数千里扶柩携幼归,备尝艰苦,后作《追笔黔途略》以记之,又赴阙上《为夫请恤书》,得赐祭、追封。归乡后与子返临邑,卒于崇祯末,年七十余。晚年子、孙夭亡,因礼佛颂经。以书画著,有《行书临帖》《行书四言诗》《莲瓣观音图》《白描大士图》《古木竹石图》《墨梅图》等，皆为传世珍藏。晚年所刻《之室集帖》，首为其手书诗四十一首，称《芝兰室非非草》，次为《临兰亭序》，再次为集邢侗书札手迹名《来禽馆真迹》。其诗亦赖《芝兰室非非草》而传，《千顷堂书目》曾著录是集。前人所记《兰雪斋集》，则未见传。诗亦颇为后人推崇，清初其乡人王士禛有言："徐庾文章建安作，悔教书法掩真名。"（《戏仿元遗山论诗绝句》）《列朝诗集》闰集录其诗二首。《御选宋金元明四朝诗》录其诗一首。清李衍孙《武定明诗钞》卷四录其诗三十四首。生平见《（道光）临邑县志》卷九、清姜绍书《无声诗史》卷五。

西湖渔隐（姓氏及生平不详）
晚明白话小说作家。明末短篇小说集《欢喜冤家》正续集二十四回，共收二十四篇白话短篇小说。其书山水邻原刊本未见，现存皆为明末清初之翻刻本。各本均未题撰人，惟据卷首"西湖渔隐"崇祯十三年（1640）《欢喜冤家叙》，知本书编撰者即为"西湖渔隐"本人。后清初赏心堂本《欢喜冤家》题本书为"西湖渔隐主人编"。由"西湖渔隐"题名知作者当为杭州人，《欢喜冤家叙》又自署"颢于山水邻"，则其或与明末杭州山水邻书坊有一定关系。按明末山水邻所刻范文若《花筵赚》传奇曾题

"西湖高一苇订正"，又刻李逢时《四大痴》传奇，题"西湖一苇订证"。又，崇祯刊本传奇剧本《金印合纵记》署"西湖高一苇订正"。故论者或疑此"西湖渔隐"即高一苇，待考。《欢喜冤家》二十四篇小说之故事多采撷自《寻芳雅集》《钟情丽集》及《百家公案》《龙图公案》《僧尼孽海》等，所叙皆为世俗男女爱爱仇仇，即作者所谓"非欢喜不成冤家，非冤家不成欢喜"事。作者自称"《欢喜冤家》小说，堪称风月文章。"（第十四回）其"游心于风月之乡"，恣纵笔墨，尤其对描写各种男女私情毫无忌惮，展示了一幅幅当时城市社会之风俗画，成为晚明市民男女在情欲蠢动下心理活动和精神状态之写真，并因之涉及婚姻、家庭等种种社会问题。《欢喜冤家》作者自称著书以"劝惩"为目的，所谓"公之世人，唤醒大梦"，但其小说所反映之观念、心理，多有与传统之道德观念背道而驰者。特别是对男女之间因情欲而发生之种种背戾礼教之事往往执宽容或回护态度，反映了晚明社会心理之新变。《欢喜冤家》文字浅近流畅，但大多平铺直叙，另外，还带有模拟冯梦龙《三言》、凌濛初《一拍》痕迹。以小说杂以性行为之描写，清代多次遭禁，故又曾改名《贪欢报》《艳镜》《三续今古奇观》《欢喜奇观》《醒世第一奇书》《今古艳情奇

观》等刊行。

成靖之（？—1635） 原名基命，字靖之，号慙予，以避明宣宗讳，改以字行。京师大名府大名（今属河北）人。万历三十五年（1607）进士，选翰林院庶吉士，授编修。历洗马、少詹事，迁礼部侍郎，兼太子宾客，改掌南翰林院事，以忤魏忠贤，落职闲住。崇祯初，起吏部侍郎，二年（1629）迁礼部尚书兼东阁大学士，入阁辅政，三年加太子太保，进文渊阁大学士，任首辅，旋为温体仁所攻，致仕。崇祯八年八月卒，赠少保，谥文穆。《千顷堂书目》著录其《云石堂稿》。现存崇祯十六年成克巩刊本《云石堂集》二十四卷，内诗赋四卷，收赋二、诗二百四十余首，以下为诰、敕、疏、讲章、诏、谕等七卷，各体文（含书牍）十一卷。清王崇简《畿辅明诗》录其诗四首。《明诗综》卷六〇录其诗一首。《明诗纪事》庚签卷二二录其诗一首。生平见清《成公神道碑》（《牧斋有学集》卷三四）、清佚名《五十辅臣考》卷二、《明史》卷二五一。

毕木（1537—1601） 字子近，号舜石，晚号黄发翁。山东济南府淄川（今淄博）人。生于嘉靖十六年（1537）七月二十八。少读书，补郡庠生，进增广生，困于棘闱不得售，因弃青巾，改孝悌力田，后以仲子毕自严贵，屡赠封。卒于万历二十九年（1601）正月二十七，年六十五。卒后，毕自严辑刊其所作诗文为《黄发翁全集》四卷，诗词二卷，收诗五十余首、词曲十余首，又收对联，文一卷收各体文十余篇，又杂著笔记一卷，有万历四十六年家刊本，三十二年江盈科序。又有明抄本及清康熙四十七年（1708）其孙毕际有重刊本。清宋弼《山左明诗钞》卷二三录其诗二首。生平见毕自严《先君舜石翁传》（《黄发翁全集》附）、《（乾隆）淄川县志》卷六、《（道光）济南府志》卷五〇。

毕自严（1569—1638） 字景曾，号白阳。山东济南府淄川（今淄博）人。生于隆庆三年（1569）九月二十六。万历十六年（1588）举人，二十年进士，除松江府推官。征授刑部主事，改工部，历员外、郎中，出为淮徐道参议，改冀宁道。历山西副使，迁陕西参政，进按察使、布政使，召为太仆卿。天启初以右佥都御史巡抚天津，进户部侍郎，督辽阳。再进右都御史，掌南翰林院事，就改户部尚书，以忤魏忠贤，引疾归。崇祯初召拜户部尚书，累加太子少保、太子太保，致仕。卒于崇祯十一年（1638），年七十。喜读书，能诗文。其《饷抚疏草》七卷及所编《度支奏议》一百十九卷，皆有明刊本。奏疏以外著述，编为《石隐园藏稿》八卷，《千顷堂书目》著录。现存清顺治十七年(1660)其子毕际有刊本，内诗一卷(收诗八十余首)、文三卷、奏疏三卷、书启一卷。另存清康熙五十七年(1718)毕盛鉴抄本《司徒恩遇日记》(崇祯元年至十年)二卷及明末《毕自严手订稿本》，副本不分卷。《明诗综》卷五七录其诗一首。《四库全书》据顺治本收《石隐园藏稿》八卷，《总目》"提要"云："自严总国计时，外则辽沈连兵，封疆已蹙，而军饷日增，内则东林、阉党水火纷呶，閧然置社稷而争门户。自严支拄其间，前后六年，综核敏练，为天下所推……高珩序……称其七言近体分沧溟(李攀龙)、华泉(边贡)之座。又作第二序，拟其文于韩、苏，拟其四六于徐、庾。虽乡曲之言，未免稍溢，而以经济兼文章，则自严要不愧也。"清宋弼《山左明诗钞》卷二四录其诗三首。《明诗纪事》庚签卷一七录其诗一首。生平见《(雍正)山东通志》卷二八之三、《明史》卷二五六等。有清初抄本《淄川毕少保公年谱》二卷，为毕氏后人所撰。

[丨]

吕大器(1598－1650)　字俨若，号东川。四川潼川州遂宁人。天启四年(1624)中举，崇祯元年(1628)进士，授行人。六年升吏部稽勋主事，转考工，八年以终养乞归。十年张献忠军入川，倡士民修城以拒之，十一年出为陕西关南道参议，迁固原副使，十四年擢右佥都御史巡抚甘肃。以定西军功，十五年召为兵部添注右侍郎，明年兼右佥都御史总督保定、山东、河北军务，改江西、湖广、应天、安庆总督，十七年改南兵部右侍郎。福王时，迁吏部左侍郎，以疏劾马士英事削籍归蜀。唐王立，召拜兵部尚书兼东阁大学士。汀州失，奔广东，与丁楚魁、瞿式耜拥立朱由榔称帝于肇庆，进文渊阁大学士兼少傅，以原官督西南诸军。南明永历四年(1650)春病卒于贵州都匀，年五十三，赠太保，谥文肃。明季与史可法、瞿式耜、黄宗羲、钱谦益等交，在朝属东林一派。性刚躁，多年驱驰南北，尽瘁于行伍，故其诗多悲壮之音。载籍记其著有《东川诗集》《东川文集》《塞上草》《抚甘督楚疏稿》等，未见传，《千顷堂书目》著录《吕大器集》，或亦未见其集。费经虞《蜀诗》卷一一录其诗二十一首。陈济生《天启崇祯两朝遗诗》卷七录其诗十二首。清卓尔堪《明遗民诗》录其诗十首。《明诗综》卷六八录其诗四首，"诗话"云："吕公驱驰南北，尽瘁戎间。五言如'野寺依岩立，官衙傍水开'、'孤灯寒殿壁，落月映山城'……忠孝之诚溢于言表。"《明诗纪事》辛签卷一九录其诗四首。另，方志亦有其佚诗。计存诗五十余首。生平见清陆廷伦

《吕文肃公传》《〈(光绪)遂宁县志》卷四)、清陈鼎《东林列传》卷二三、《(雍正)四川通志》卷九上、《明史》卷二七九。

吕天成（1580—1618） 原名文。字勤之，号棘津，又号郁蓝生，别署竹痴居士。浙江绍兴府余姚人。东阁大学士吕本曾孙，父胤昌万历十一年（1583）进士，与汤显祖、孙如法同年，官南京太仆寺丞。天成少为诸生，秋试不举。或云万历三十一年前后曾为俾官于南京，未详。卒于万历四十六年，年三十九。少小即事著述，尤喜情词丽语。王骥德《曲律》卷四《杂论》记云："勤之制作甚富，至摹写丽情亵语，尤称绝技。世所传《绣榻野史》《闲情别传》皆其少年游戏之笔。"《闲情别传》不传，《绣榻野史》则为色情小说，今存。至二十四岁时曾将传奇十种寄请前辈沈璟批评，沈评其《二淫记》云："似一幅白描春意图。"后又曾据王骥德命题作《红闺丽事》《青楼韵语》绝句二百首，题名《红青绝句》二卷（现存万历刊本）。耽于戏曲，早期重文辞雕琢，后受沈璟等影响，改宗本色，谨守宫调平仄，因得"音律精严，才情秀爽"誉。作有《烟鬟阁传奇十种》：《神女记》《金合记》《戒珠记》《神镜记》《三星记》《双阁记》《四相记》《四元记》《二淫记》《神剑记》。或曰其中《神女》《金合》《戒珠》三种

为其父作品，或为其父所润色（龙膺《答吕麟趾太仆》）。曲籍提到其所撰传奇尚有《双栖记》《李丹记》《蓝桥记》《碎琴记》《玉符记》五种。杂剧有《秀才送妾》《胜山大会》《夫人大》《儿女债》《耍风情》《缠夜帐》《齐东绝倒》七种。除《齐东绝倒》外，所作传奇、杂剧作品皆亡佚。《齐东绝倒》以调笑形式写帝舜助其父瞽叟逃脱杀人罪事，西湖竹笑居士评曰："此剧几于谤毁圣贤矣。"现存于崇祯间沈泰辑刻《盛明杂剧》。另曾校订《荆钗记》《杀狗记》和《浣纱记》《还魂记》《义侠记》等二十八种南戏与传奇。重戏曲史料及评论，万历三十年仿钟嵘《诗品》完成《曲品》三卷，三十八年和四十一年又两次修订，有清乾隆五十六年（1791）杨志鸿抄本。《曲品》共记录、品评元末至万历间戏曲作家九十五人、散曲作家二十五人、戏曲作品二百一十二种，保存了大量弥足珍贵之史料，与王骥德《曲律》并称晚明曲学理论之双璧。其品评受其外祖孙鑛影响，主张："第一要事佳，第二要关目好，第三要搬出来好，第四要按宫调、协音律，第五要使人易晓，第六要词采，第七要善敷衍，淡处做得浓，闲处做得热闹，第八各角色派得匀妥，第九要脱套，第十要合世情、关风化。"时有吴江、临川两派之争，天成虽出沈璟门下，却能执论中允，

主张："倘能守词隐先生之矩矱,而运以清远道人(汤显祖)之才情,岂非合之双美者乎?"惟未完全摆脱前人偏重声律、探求故实、衡量文采之窠臼,且以赞美为主,如王骥德所批评:"如乡会举主批评举子卷牍,人人珠玉,略无甄别。"今《曲品》明刊本已佚,通行本皆出自清乾隆五十六年(1791)杨志鸿抄本。生平见王骥德《曲律》卷四等。

吕不用(1333—1394) 初名必用,字则行,更名后字则耕。新昌(今属浙江)人。年十三应元至正乡试,及长,翻然悔悟,曰:"吾家世宋臣,仕元非义也。"遂更名不用,率诸弟躬耕县西石鼓山下,以奉双亲。黄溍讲学金华,裹粮从学,与天台陈川、庐陵曾衍、金华宋濂、青田刘基为友。洪武初,以经明行修,授本县儒学训导,传孔孟之学,后以耳疾辞官,自号石鼓山聋,归家耕读,屡征不起。卒于洪武二十七年(1394),年六十二。所著有《牧坡稿》《得月稿》《力田集》等。《四库全书总目》著录《得月稿》四卷,"提要"谓是集"为其孙凤所编,凡诗三卷、文一卷,前有洪武九年曾衍、王霖二序,推之甚至,然诗多粗俚,文尤冗蔓"。现存两种清抄本《得月稿》,均为七卷,诗六卷、文一卷,卷四以后编次散乱,诗中又杂以文,计收诗约二百五十首,各体文约二十篇。嘉靖末,骆

问礼曾应其同年、不用后人吕若愚之请作《重刻得月稿序》(《万一楼集》卷三八),或当时有重刻之议而未行,抄本所据或为重编未成本。抄本卷首曾衍、王霖二序犹存,曾序谓其诗"老迈放旷,有傲世不羁之怀,洞视见前古,而炎凉世态蔑如也。论其气象,盖山林草野之秀杰者。"《明诗综》录其诗三首。生平见清毛奇龄《吕训导传》(《西河集》卷七四)。

吕本(1504—1587) 字汝立,号南渠,又号期斋。曾冒李姓,中进士后复本姓。浙江绍兴府余姚人。嘉靖十一年(1532)进士,授礼部主事。越两年转翰林检讨,充经筵展书官,以依附权宰严嵩,不忤上意,善察人颜,故得连年升迁,二十七年任南国子监祭酒,次年迁少詹事兼翰林学士。累官吏部侍郎、东阁大学士,三十三年进太子太保、文渊阁大学士。吏部尚书李默下狱,掌部事,阿严嵩意,请考察去留诸大僚,不附嵩者皆摈斥无遗。加少保兼武英殿大学士、光禄大夫兼太子太傅。入阁十三年,以母丧去位,嵩败失援,遂不复召,居家以亭馆花竹胜景名噪一时,曾倡修余姚江南城御倭。万历十五年(1587)卒,年八十四,谥文安。《明史·艺文志》著录其《期斋集》十六卷,现存万历三年郑云鹜等刊本《期斋吕先生集》十四卷,严讷、

尹台、皇甫汸序,内诗四卷,收诗三百八十首,文十卷,收各体文一百六十余篇;又著录其《馆阁类录》二十二卷,现存万历二十五年王元贞刊本。清黄宗羲《姚江逸诗》卷一〇录其诗十首。《四库全书总目》著录《期斋集》十四卷,"提要"谓其诗文"大抵应酬之作,仍沿台阁之体"。生平见李廷机《吕公墓志铭》(《李文节集》卷二〇)、王世贞《吕文安公传》(《弇州四部稿续稿》卷七一)、汪道昆《太傅吕文安公本传》(《国朝献征录》卷一六)、《明史》卷三〇〇。

吕时(1518—1587) 初名吕时臣。字中甫,又字仲父,号甬东山人,自称甬东野人。浙江宁波府鄞县(今宁波)人。早习制义,不成,遂负气弃经生业。初避仇远游,旅寓章丘,与李开先论诗,得其指教,三年大进,开先谓已非吴下旧阿蒙。因称山人,以诗客食于齐梁、燕赵诸侯王间。之青州,得衡庄王激赏,声名骤起,又入鲁藩。晚年客于沈藩,沈宣王礼之,仅亚于谢榛。年六十,起生藏于慈溪,自撰墓志,七十客死于河南沙县,其子遵其愿葬之。平生以吟咏为事,虽辗转豪门,然自谓砥砺名行,称不苟取,不妄求,所交诗友如同郡沈明臣、卢沄及徐渭、文征明、黄姬水、谢榛、卢柟、宋登春等,皆名于当时。有诗集《甬东山人稿》七卷,《千顷堂书目》著录,有万历九年(1581)沈藩勉学书院刊本,现残存前四卷,存诗二百余首。《盛明百家诗》录其诗一百二十余首为《吕山人集》,又八十余首为《续吕山人集》。顾起纶《国雅》卷一四录其诗十首。《皇明诗统》卷三三录其诗十七首。《皇明诗选》录其诗一首。《列朝诗集》录其诗二十七首。清胡文学《甬上耆旧诗》卷二三录其诗八十二首。《明诗综》录其诗十首,"诗话"云:"中甫以避仇客历下,与李中麓(李开先)、杨梦山(杨巍)切劘酬和……诗品在二人之间,同时曳裾王门者多逊之。"诸选本所录多有不见于现存残集者。《四库全书总目》著录《甬东山人稿》七卷,"提要"云:"陈子龙《明诗选》称其颇有高、岑遗调。盖万历以后,'公安''竟陵'交煽伪体,幺弦侧调,无复正声,时诗在淫哇嘈囃之秋,尚为不坠风格,故子龙见近似者而喜也。"《明诗纪事》己签卷二〇录其诗十首,按云:"甬东山人刻意尖新,雄快之作,差近大雅。"生平见王兆云《皇明词林人物考》卷一一。

吕希周(1501—?) 字师旦,号东汇。浙江嘉兴府崇德(今桐乡)人。嘉靖四年(1525)乡试中举,明年进士,选工部主事,提督清江提举司,管理漕船。进员外郎,再进刑部郎中,调兵部,累迁至通政使。现存嘉靖间其子吕瑞甫刊《东汇诗集》十卷,首嘉靖三十三年谢丕序,次为吕端甫《刻家严东汇诗集志》,谓是集收诗"编年缉之,自嘉靖四年乙酉秋八月,迄三十有三年甲寅秋八月,共诗一千二百八十九首",内卷一〇收词四十三首。《千顷堂书目》著录"吴希周《东汇集》十卷",注云"一作吕希周",盖亦未见其集也。《明诗综》卷四〇录其诗二首,"诗话"云:"东汇于诗亦沾沾自喜,其集不甚传,由其子请论定于陆武惠(陆炳)也。同里曹秋岳(曹溶)侍郎博征文献,集明三百年名公卿手书墨迹,装潢成册,多至七百家,东汇《杂诗》在焉,比集中所载者较胜。"《明词综》卷三录其词。生平见华叔阳《奠吕通政文》(《华礼部集》卷七)、清盛枫《嘉禾征献录》卷一四。

吕坤(1536—1618) 字叔简,号心吾、新吾。河南归德府宁陵人。万历二年(1574)进士,除襄垣知县,改大同。入为吏部主事,历员外、郎中,出为山东参政。历山西按察使、陕西布政使,以右佥都御史巡抚山东,拜刑部侍郎,致仕归。卒于万历四十六年,年八十三。少时资质鲁钝,读书不能成诵,久之了悟,年十五,读性理书,欣然有会,遂孜孜以明道为己任。论学主"气",以为"天地万物只是一气聚散,更无别个",不取"理"、"气"分离之说。以学名家,亦能诗文。著述现存万历间刊本《吕新吾先生去伪斋文集》十卷《反挽歌》一卷,其孙吕慎多又于清康熙间重刻《去伪斋文集》十卷。《四库全书》儒家类收其《呻吟语摘》二卷,《总目》另著录其《四礼疑》五卷、《四礼翼》四卷、《交泰韵》一卷、《明职》一卷《呻吟语》六卷、《闺范》四卷、《吕公实政录》七卷,后均被收入清同治光绪间补修之《吕新吾全集》。清光绪邵松年《续中州名贤文表》录其文十一卷,收其诸体文及奏疏、书启二百零八篇,诗一卷收诗一百三十余首。《皇明诗统》卷三九录其诗十首。《列朝诗集》丁集中录其诗二首,"小传"记云:"生平不求工声律,《新乐府》数章,记载时事,有古人讽谕之风。"《明诗综》卷五二录其诗一首。《四库全书总目》著录《去伪斋文集》十卷,"提要"云:"坤于明季讲学诸儒中,最为笃实。是集亦多有裨世道之文,而出于后人之编录,一切俳谐笔墨,无不具载。"《明诗纪事》庚签卷一一录其诗一首。近人赵尊岳《明词汇刊》辑录其词五首为《去伪斋词》。《明文海》录其文一篇。生平见清黄宗羲《明儒学案》卷五四、《(雍正)河南通志》卷六九、《明史》卷二二六。

吕柟(1479—1542) 字仲木,号泾野。陕西西安府高陵人。生于成化十五年(1479)四月二十一。弘治十四年(1501)领乡荐,正德三年

(1508)第一人进士及第,授翰林修撰。嘉靖初,以议"大礼"下诏狱,谪解州判官,改南京宗人府经历,就迁南吏部考功司郎中。历南尚宝司卿、南太常少卿,诏拜南国子祭酒,擢南礼部右侍郎,致仕。卒于嘉靖二十一年(1542)七月初一,年六十四,隆庆初赠礼部尚书,谥文简。立朝持正敢言,又以讲学著名,与湛若水、邹守益共主讲席三十余年,世称"泾野先生"。其学出薛敬之,敬之之学出于薛瑄,守程朱之学,与王阳明"良知"之说不合。《四库全书》收其《四书因问》六卷、《二程子钞释》十卷、《朱子钞释》二卷、《张子钞释》六卷、《周子钞释》三卷及《泾野子内篇》二十七卷;另著录其《周易说翼》三卷、《尚书说要》五卷、《毛诗说序》六卷、《礼问》二卷、《春秋说志》五卷(有嘉靖三十二年谢少南刻《吕泾野五经说》本)。也作诗文词曲。其文集有《泾野先生文集》三十六卷,初刻于西安,后其门人徐坤等重为删补,嘉靖三十四年再刻于真定府,有徐阶、马理等序,现存。是集又有万历二十年(1592)刊本。诗集称《泾野先生别集》十三卷,现存清道光二十年(1840)李锡龄惜阴轩据玉函山房藏本重刊本,是集自拟标目以分卷,计收赋二十篇、诸体诗一千四百余首、散曲十首,胡缵宗、王九思序。《皇明诗统》卷一八录其诗四首。崇祯五年(1632)贾鸿洙《周雅续》卷五录其诗十六首。《明诗综》卷三三录其诗一首。《明诗纪事》戊签卷一〇录其诗一首。陈所闻《北宫词纪》辑其散曲套数《寿康对山太史》一套。《明文海》录其文二篇。《四库全书总目》著录其《泾野集》三十六卷,"提要"谓其文"颇刻意于字句,好以诘屈奥涩为高古,往往离奇不常,掩抑不尽,貌似周秦间子书,其亦渐渍于空同(李梦阳)之说者欤。"生平见马汝骥《泾野吕公柟行状》(《国朝献征录》卷三七)、顾祖训《状元图考》卷二、王兆云《皇明词林人物考》卷五、清黄宗羲《明儒学案》卷八、《明史》卷二八二。

吕复(生卒年不详)　字仲善。兴国(今湖北阳新)人。洪武初,以文学征为国学典膳。时修《元史》,阙顺帝三十六年事无考,遣使十一人分行天下,以北平乃元氏故都,山东亦号重镇,命吕复乘驿往,史成,以功升太常典簿,寻遣祭皇陵,进太常卿。坐事谪凤阳,未几复原官,卒。善诗,尝与泰和周是修、刘崧、萧子明倡和。所著有《采史目录》《北游集》,未见传。刘仔肩《雅颂正音》录其诗四首。《皇明风雅》卷一七录其诗一首。《皇明诗统》卷五录其诗四首。《列朝诗集》甲集录其诗二首。《江西诗征》卷四六录其诗二首。清胡大鸿《江右文抄》录其文一篇。《明诗纪事》甲签卷六录其诗一首。生平见《(雍正)江西通志》卷九四。

吕原(1418—1462)　字逢原，号介庵。浙江嘉兴府秀水(今嘉兴)人。生于永乐十六年(1418)六月十八。正统七年(1442)第二人进士及第，授翰林编修。历中允、侍讲学士，天顺初，改通政司右参议兼侍讲，入内阁预机务。在内阁守正持重，与李贤、彭时相得，庶政称理，进翰林学士。母丧归葬，天顺六年(1462)十一月二十七卒，年四十五，赠礼部左侍郎，谥文懿。能诗文，《千顷堂书目》著录其《介庵集》十二卷，现存嘉靖四十三年(1564)吕科等校刊本《吕文懿公全集》十二卷，内诗四卷，收古近体诗三百六十余首，文八卷，收各体文三百五十余篇。《明文海》录其文二篇。清沈季友《槜李诗系》卷九录其诗一首。《明诗综》录其诗十首，"诗话"云："文懿不以诗名，所为古风，引伸曲喻，不求工而自然精切，此有德者之言也。"《明诗纪事》乙签卷一七录其诗一首。生平见李贤《吕公原神道碑铭》(《国朝献征录》卷一三)、商辂《吕文懿公传略》(《商文毅公集》卷二六)、廖道南《殿阁词林记》卷二、《明史》卷一七六。

吕高(1506—1557)　字山甫，号江峰。南直镇江府丹徒(今江苏镇江)人。生于弘治十八年十二月十九(1506 年 1 月 23 日)。嘉靖七年(1528)应天乡试中举，八年进士，授户部主事。改兵部，历员外郎、郎中，出为山东提学副使，迁太仆寺卿，以大计罢官。三十六年六月十六卒，年五十三。《明史·文苑传》记其当时与陈束、王慎中、唐顺之、赵时春、熊过、任瀚、李开先并称"嘉靖八才子"。《明史艺文志》著录其《江峰稿》十二卷，现存嘉靖四十一年吕克念刊《江峰漫稿》十二卷附一卷，内诗六卷，收赋一、诗一百七十余首，文六卷，收各体文六十篇，附刻则他人为其所作传记等，有李开先序。《皇明诗统》卷三六录其诗十三首。《列朝诗集》丁集录其诗三首，"小传"记云："嘉靖初，朝士有所谓八才子者……而山甫亦与焉。嘉靖末，王、李诸人号'七才子'，'八才子'之名遂为所掩，然而'八才子'者，通经史，谙世务，往往为通儒魁士，以实学闻，以后'七子'方之，则瞠乎其后矣。"《明文海》录其文一篇。《明诗综》卷四一录其诗一首，"诗话"云："山甫与富顺熊过叔仁，名在八才子之列，虽未能骖乘王(王慎中)、唐(唐顺之)，亦一时之隽也。"《明诗纪事》戊签卷九录其诗一首。生平见李开先《江峰吕提学高传》(《国朝献征录》卷九五)、王兆云《皇明词林人物考》卷八、《明史》

卷二八七。

吕敏（生卒年不详）　字志学，一字巨源，号迁缪生，又号无碍居士。无锡（今属江苏）人。初为道士，寓苏州，与高启、徐贲等游，为高启"北郭十友"之一，启有《送吕山人入道序》并诗。洪武初，以荐为无锡县学教谕，十三年（1380）以人才举，王行曾有《送吕教谕后序》送行（《半轩集》卷六），后未知所终。《（万历）无锡县志》卷二〇著录其《无碍居士集》《义宁集》，《千顷堂书目》著录其《无碍居士诗集》，均未见传。又高启与徐贲访吕敏所居，三人倡和诗曾辑为《东皋倡和诗》一卷，王行跋（《半轩集》卷八），亦未见传。顾起纶《续国雅》卷一录其诗《书云林图》《题幼文蜀山书舍图》，《皇明诗统》卷四据之录。《石仓十二代诗选·诗选》录其诗六首，多出《辛亥五月过弘道西斋重题》《寄高季迪》《为惠机长老题徐幼文写惠山图》《再寄高季迪》。《列朝诗集》录其诗七首。后《明诗综》卷一〇录其诗一首，《御选宋金元明四朝诗》录其诗五首，清顾光旭《梁溪诗钞》卷三录其诗七首，《明诗纪事》甲签卷八录其诗二首，皆未超《列朝诗集》所录。清卞永誉《式古堂书画汇考》卷二三、清倪涛《六艺之一录》卷三九八收有《吕志学梁溪奉别帖》。生平见《明史》卷二八五。

吕维祺（1587—1641）　字介孺，号豫石。河南河南府新安人。生于万历十五年（1587）七月二十。万历四十年中举，明年进士，观政刑部，除兖州府推官。四十七年入为吏部稽勋司主事，调考功司，升员外郎，调文选司，进验封司郎中。天启元年（1621）归省，又以母丧守制，时魏忠贤毁书院，维祺因立芝泉讲会，祀伊、洛七贤以抗之，又讲学于川上书院。崇祯元年（1628）起尚宝司卿，升提督四夷馆、太常寺添注少卿。三年（1630）擢南户部右侍郎兼右金都御史，总督粮储，六年进南兵部尚书，八年以兵溃，夺职归。崇祯十四年李自成克洛阳，正月二十一被执死，年五十五。赠太子太保，谥忠节，追赠太傅。以讲学名，亦能诗。著述现存清康熙二年（1663）吕兆璜等刊本《明德先生文集》二十六卷又《制艺》一卷，内文十七卷、诗二卷（收诸体诗四百零六首）、会约二卷、语录四卷。《四库全书总目》著录《明德堂文集》二十六卷，"提要"云："其生平盖主于笃实践履，而不求以文章名世。然所论建多朴实，亦异乎空谈经济之流。"《总目》另著录其《音韵日月灯》七十卷（有明崇祯六年杨文聰刊本）、《存古约言》六卷（有清乾隆慎独斋刊本）、《四礼约言》四卷。在先《明史·艺文志》曾著录其《孝经本义》二卷《孝经大全》二十八卷《或问》三卷、《节孝忠义集》四卷，未见。陈济生《天启崇祯两朝遗诗》卷二录其诗十八首。《明诗综》卷七二录其诗一首。《御选宋金元明四朝诗》录其诗六首。《明诗纪事》辛签卷二录其诗五首，按云："吕公以讲学名，临难大节炳然。诗颇风华，亦如宋广平之赋《梅花》也。"生平见清吴梅村《吕忠节公神道碑铭》(《梅村家藏稿文集》卷一六)、陈济生《天启崇祯两朝遗诗·小传》、清邹漪《启祯野乘》卷一〇、《明史》卷二六四。另，清施化远有《吕明德先生年谱》(康熙二年刊《明德先生文集》附录)。

吕棠(1449—1511)　字秉之，号九柏。浙江嘉兴府秀水(今嘉兴)人。吕原之子，以荫补国子生，学诗于黄岩谢铎。成化三年(1467)恩授中书舍人，乞与试，所司执故不许，宪宗特许之。七年(1471)举顺天乡试，明代舍人得赴试，自其始。历礼部员外郎、郎中，擢南京太仆寺少卿，改通政，迁南太常寺卿。正德二年(1507)致仕，越四年卒，年六十三。《千顷堂书目》著其《九柏山房存稿》七卷，未见传。《皇明风雅》卷三二录其诗一首。《皇明诗统》卷一二录其诗四首。《石仓十二代诗选·明诗选》录其诗六十余首。《列朝诗集》丙集录其诗三首，"小传"谓其"读书赋诗，至老不倦"。清沈季友《槜李诗系》卷一〇录其诗八首。《明诗综》卷二四录其诗一首，"诗话"云："太常诗名籍甚朝野，特为吴中文、沈诸君所推重，人不敢以任子视之。是时诗派方习为纤丽圆熟，太常独好盘硬语，宜其傲倪一世也。"《明诗纪事》丙签卷六录其诗一首，按云："九柏诗质悫少韵，特劭于学，与刘文和子钦并称于时。"生平见文征明《吕公行状》(《甫田集》卷二五)、《明史》卷一七六。

吕潜(1621－1706)　字孔昭，号半隐、耘叟、石山农。四川潼川州遂宁人，吕大器长子。崇祯十五年(1642)中举，明年进士，授行人。明亡时，吕大器任南兵部右侍郎，福王时迁吏部左侍郎，以劾马士英去官，因率全家寓居浙江湖州。乙酉(1645)吕大器奉隆武帝诏赴闽任兵部尚书，命潜留湖州奉母。后三十年，潜皆寓居湖州，复移居泰州十余年。四十余年间，除客居其弟吕泌任知县的河南叶县数年，余皆生活于江浙，至清康熙二十四年(1685)方归蜀，四十五年卒，年八十六。以诗、书、画名于世，尤以画名，有传世诗画作品。《千顷堂书目》著录其《怀归草堂集》又《守闲堂集》又《课耕楼集》。《怀归草堂集》收其甲申(1644)至清康熙十二年寓居湖州时所作诗一百八十余首；《守闲堂集》收其康熙十三年至二十四年寓居泰州时所作诗一百五十余首;《课耕楼集》收其归蜀后所作诗七十余首。其集原刊本已佚,现存清光绪间合刊本,名《明吕半隐先生诗集》不分卷。费经虞《蜀诗》卷一一录其诗二首。《明诗综》卷六九下录其诗四首。清卓尔堪《明遗民诗》录其诗十一首。《御选宋金元明四朝诗》录其诗一首。清杨廷《五山耆旧集》卷二〇“寓贤”录其诗三首。清陆心源《吴兴诗存》四集卷一六录其诗四十五首,“小传”云:“半隐甲申后避地吴兴,爱山水清远,遂家焉。春秋佳日,扁舟揽胜,与渔樵为伍,人不知其贵介也。诗调新颖,书法似董文敏,画亦有北苑笔意。”《明诗纪事》辛签卷二七录其诗十首。生平见《(乾隆)遂宁县志》卷五“人物”、《(乾隆)湖州府志》卷二五“寓贤”。

[J]

朱九经(籍里及生平不详)　字无期。清佚名《传奇汇考标目》著录其《崖山烈》,现存清康熙二年(1663)抄本、近人许之衡饮流斋抄校本。是剧二卷二十九折,演南宋灭亡悲剧。出场有文天祥、陆秀夫、郑虎臣、张世杰、贾似道等历史人物,陆秀夫崖山背负幼主赵昺投海,文天祥被俘不屈就义等,均被列为重要情节,最后以《祭祠》作结。

全剧悲壮凄凉而又充满无可奈何之气氛,非亲经亡国之痛者不能作此剧也。

朱之臣(生卒年不详)　字无易,号菊水。四川成都府成都人,卫籍。万历三十二年(1604)进士,授大理评事。转户部主事,历员外、郎中,简放德安知府。历湖广副使、贵州右参政,崇祯初迁江西右布政使,以蜚语逮系刑部狱,旋释之,后官至刑部右侍郎。退隐石城,自号青樵老叟,年九十犹著书不辍,里人咸秩式焉。著有《梅龙集》,未见传。费经虞《蜀诗》卷九录其诗十八首。清卓尔堪《明遗民诗》录其诗二首。清邹祗谟、王士禛《倚声初集》卷一五录其词一首。《金陵诗征》卷四〇“寓贤”录其诗一首。《明诗纪事》庚签卷二一录其诗二首。生平见《(雍正)四川通志》卷三八之一。

朱之瑜(1600—1682)　又作“之屿”,字楚屿,又字鲁屿,号舜水。浙江绍兴府余姚人,寄籍松江(今属上海)。生于万历二十八年(1600)十月十二。崇祯时诸生,两奉征辟,皆不就。福王时以荐授江西按察副使,兼兵部郎中,监方国安军,亦未就。清兵陷南都,从黄斌卿于舟山抗清,以兵力单薄,欲藉海外之师为响应,奉命乞师日本,既许而师不果出。舟山陷,辗转于日本、安南、暹罗间。后受郑成功、张煌言邀,回国举事,亲历战阵,克瓜州、下镇江,兵败后流亡日本。始居长崎讲学数年,后迁江户,水户藩主德川光国奉其为宾师,立馆讲学二十余年,终不得归,故其诗有"单身寄孤岛,抱节比田横"之语。清康熙二十一年(1682)四月十七卒于日本,年八十三,日人私谥文恭先生。之瑜博学通经,为学重事功,反对空谈性理,强调经史并重,所论与清顾炎武、黄宗羲相近。卒后,日人辑其论述及在日本讲学时问答、书札等为《舜水遗书》二十五卷,由德川氏刊行,现存日本中御门天皇正德二年(1712)刊本,又有中御门天皇享保五年(1720)书林茨城多左卫门刊本《舜水先生文集》二十八卷附录一卷等。著述多叙、论之作,惟清黄宗羲《姚江诗逸》录其《泊舟诗》等十五首。另有《避居日本感赋》等诗流传。生平见清翁洲老民《海东逸史》卷一八、日人今井弘济《舜水先生行实》(《舜水先生文集》附录)、近人梁启超《朱舜水年谱》(《饮冰室合集》第二十二册)。

朱之蕃(1558—1624)　字元升,一作元介,号兰嵎、定觉主人。原籍山东茌平,占籍南京锦衣卫,遂为应天府江宁(今江苏南京)人。生于嘉靖三十七年(1558)三月初一。万历二十二年(1594)中举,明年进士第一,授翰林修撰。三十三年十二月

以诞皇孙,诏令之蕃与礼科给事中梁有年为正、副使,敕谕朝鲜国王李昖。三十四年三月二十四,之蕃率使团渡鸭绿江,至五月返程。其在朝鲜与彼国大臣才士赋诗赠答,有倡必和,又行为清简自律,不索贿不受赠,深得敬重。归后以右春坊右谕德掌院事,又以右春坊右庶子掌坊印,升少詹事,进礼部右侍郎,改吏部右侍郎。以服母丧归,遂不复出,天启四年(1624)十月初七卒,年六十七,赠吏部尚书。工书画,尤喜吟咏。曾辑刊《唐四家诗集》《中唐十二家诗集》《晚唐十二家诗集》《词坛合璧》等。又据《盛明百家诗》,辑《盛明百家诗选》三十四卷刊于世。另曾编刊《诗法标要》三卷,以王樵《诗法指南》、吴默《翰林诗法》为基础,增删编次,另立名目,以为习诗者所用。其万历三十四年持节使朝鲜,朝鲜政府刊刻之《(丙午)皇华集》收之蕃、有年二人沿途作诗及朝鲜文臣柳根等应答次韵之作达六百余首,内之蕃作二百六十一首。之蕃归后又自编《奉使朝鲜稿》二册,前册所录略同于《(丙午)皇华集》所收之蕃诗文,惟增其渡过鸭绿江回程所作,第二册收朝鲜官员柳根等人诗作,名《东方和音》,现存万历刊本。之蕃平日所作诗生前多曾单刻行世,现存万历刊《纪胜诗》不分卷、《雨山编》不分卷,天启三年刊《金陵

图咏》一卷《雅游编》一卷。流行最广者为万历刊《兰嵎太史咏物诗》一卷,后有多种刊本传世,又曾被收入《谢宗可瞿佑朱之蕃咏物诗》。日本抄本《兰嵎咏物诗》一卷补遗一卷,日本弘化元年(1844)和刊本《朱之蕃咏物诗》一卷,较万历刊本又有增益。《列朝诗集》丁集录其诗二首,"小传"谓其"诗篇冗长,颇不为艺林所许"。观其现存诗多为山水纪游、咏物之短章,未知其长篇及诸体文遗于何处?《明诗综》卷五八录其诗一首,"诗话"云:"元介文翰兼工,张旃东国,与馆伴周旋,有倡必和,微嫌诗材软熟,语不惊人。"《金陵诗征》卷二四录其诗五首。《明诗纪事》庚签卷一八录其诗一首。生平见顾起元《兰嵎朱公墓志铭》(《雪堂随笔》卷三)、顾祖训《状元图考》卷三、《(乾隆)江南通志》卷一六三。

朱元璋(1328—1398)　明太祖。幼名朱重八,入元末农民军后改名元璋,字国瑞。钟离(今安徽凤阳)人。生于元天历元年(1328)九月十八。至正四年(1344),逢大饥疫,父兄相继去世,因入皇觉寺为僧,后游食各地。值元末群雄并起,十一年投郭子兴军为亲兵,升九夫长,郭招其为婿,十三年升镇抚,屡立战功。郭子兴卒,统其军,小明王韩林儿授其为左副元帅,奉宋龙凤年号,以令

军中。率军先后攻占集庆(南京)、皖南、江西、浙东,称吴王,又败张士诚、陈友谅,统一江南。戊申(1368)即大明皇帝位,建都金陵,年号洪武。寻派兵远征,克元大都,又陆续平定西北、福建、两广、西南,至洪武二十二年(1389)统一全国。洪武三十一年闰五月初十病卒,年七十一,葬孝陵,庙号太祖,谥高皇帝。朱元璋出身孤苦,少经磨砺,韬略过人,故得乘时得志,成统一大业,然暴戾阴狠,所建专制体制,尤贻害于后世甚也。原初通文墨,后经文臣启导,泛览群书,又自称好诗文,所作多得高明润色,因稍成气候。翰林学士乐韶凤、宋濂曾奉敕编其文集,初刻于洪武七年,刘基及宋濂文集所载序文俱云五卷。后有明一代多次刊刻,称《太祖高皇帝御制文集》,存世有明初刊三十卷本,内甲集二卷、乙集三卷、丙集十五卷(含诗一卷)、丁集十卷。又有别本及诗集单行本,卷帙不一。清开四库馆,或馆臣未见三十卷本,故《四库全书》所收之《明太祖文集》系据万历十年(1582)姚士观、沈鈇全编校之二十卷本。《明史·艺文志》著录其《明太祖文集》五十卷《诗集》五卷,盖合三十卷本、二十卷本合称之,非实有五十卷本也;《千顷堂书目》则仅著录《太祖高皇帝御御制文集》三十卷又《御制文集类编》十二卷又《诗集》五卷又

《御制书稿》三卷。署其名者另有明洪武内府刊本《皇明祖训》《御制大诰》《御制大诰续编》《御制大诰三编》等。《列朝诗集》乾集录其诗二十八首，"小传"引解缙语，谓其"尤喜为诗歌"。《明诗综》卷一上录其诗三首。《御选宋金元明四朝诗》录其诗三十四首。《明诗纪事》甲签卷一上录其诗一首。生平见《明史》卷一《太祖本纪》。

朱友垓（1420—1466）　蜀定王。朱元璋第十一子蜀献王朱椿孙。天顺七年（1463）袭封，当年卒，年四十四，谥定。以信佛称，曾出资修葺成都天成寺。善草书，能诗赋。《千顷堂书目》著录"蜀定王友垓文集十卷"。《明诗综》卷一下录蜀献王朱椿诗，"诗话"亦记"王孙定王友垓有集十卷"。现存成化五年（1469）刊本《定园睿制集》十卷，收诸体诗五百九十六首，书目或记此集为周定王朱橚著，误。是集卷首有成化五年（1469）友垓子怀王朱申鈘《定园睿制集序》，卷末有夏靖后序。生平见《国朝献征录》卷一《蜀定王友垓（传）》《（雍正）四川通志》卷二九下、《明史》卷一一七。

朱曰藩（1500—1561）　字子价，号射陂。南直扬州府宝应（今属江苏）人。朱应登子，幼博学兼攻诗，父执顾璘称赏不已。嘉靖十年（1531）领乡荐，后困踬场屋，至二十三年始中进士，授知乌程县。时刘麟结社岘山，子价与之游，幅巾布衣，壶觞啸咏，人不知其为邑宰也。历南京刑、兵二部主事，进礼部主客司郎中。留都事简，闭户读书。后出知九江府，嘉靖四十年卒于任，年六十二。以词翰闻海内。现存嘉靖三十五年三癸亭刊本《池上编》二卷，收诗七十四首，为杨慎批选本。别集《山带阁集》三十三卷，诗二十五卷、文八卷，首万历元年（1573）陈文烛《山带阁集序》，谓应其孙所请，因知是集刊于其身后。集有嘉靖三十四年杨慎《山带阁诗序》则为旧序矣。是集又有清道光十五年（1835）校刊本。《盛明百家诗》前编录其诗为《朱子价集》，与其父应登诗合刊为《二朱诗集》。顾起纶《国雅》卷一四录其诗八首。《皇明诗统》卷一五录其诗九首。《列朝诗集》丁集录其诗四十六首，"小传"记云："当李、何崛起之日，南方文士与相应和者，昌谷（徐祯卿）、华玉（顾璘）、升之（朱应登）三人，而升之尤为献吉所推许。子价承袭家学，深知拆洗活剥之病，于时流波靡之外，另出手眼。其为诗，取材《文选》、乐府，出入六朝、初唐，风华映带，轻俊自赏，宁失之佻达浅易，而不以割剥为能事。"《明诗评选》录其诗十首。《明诗综》卷四三录其诗五首，"诗话"云："升之诗仿北地（李梦阳），子价则法用修（杨慎）。其在金陵，悬用修画像于寓斋，焚以东官香，荐以阳羡茶，赋《人日草堂》之诗，与唐李才江尊贾浪仙为佛，事绝相类。然其诗实与用修派远，由其牵丝西吴，盖心慕蔡白石（蔡汝楠），故尔。"《御选宋金元明四朝诗》录其诗十八首。《四库全书总目》著录《山带阁集》三十三卷，"提要"云："其诗秾丽，仅得慎之一体。"《明诗纪事》己签卷八录其诗十五首。也能词曲，清嘉庆二十一年詹应甲辑校其《射陂芜城词》一卷。近人赵尊岳《明词汇刊》录其词二首为《山带阁词》。《明文海》录其文四篇。生平见桑乔《射陂朱君行状》（道光本《山带阁集》附录）、王兆云《皇明词林人物考》卷九、《明史》卷三八八。

朱升（1299—1370）　字允升，号枫林，又号墨庄主人、隆隐老人。休宁（今属安徽）人。师同里乡贡进士陈栎，究心理学，寻教授乡里。元至正四年（1344）中举，八年登江浙行省进士，授池州路儒学教授，以兵乱，十二年弃职，移居歙县石门山。十七年朱元璋下徽州，召问时务，以"高筑墙，广积粮，缓称王"语得称赏，授中书资议，荐刘基、叶琛、盖溢等。吴元年（1367），授翰林侍讲学士、知制诰、同修国史。洪武元年（1368）进翰林学士兼东阁大学士，二年与修《大明集礼》成，请老归山。

三年十二月以疾卒于家，年七十二。明建国前后，参赞帷幄，制礼作乐，与宋濂、陶安等名望相埒，称儒流老成、国家重望。朱元璋封功臣，制词多出其手。曾集宋元儒者方逢辰《名物蒙求》、程若庸《性理字训》、陈栎《历代蒙求》、黄继善《史学提要》为《小四书》五卷，存明刻《朱枫林先生注释小四书》。又有《五经旁注》，《四库全书总目》著录其中《周易旁注图说》二卷、《尚书旁注》六卷。《四库总目》又著录其所辑《风林类选小诗》一卷及诗文本集《枫林集》十卷，"提要"云："统观全集，文章乃非所长。诗学《击壤集》而不成，颇近鄙俚。"现存万历时重刊本《朱枫林集》十卷，集前八卷为诗文，而以官诰及太祖手敕列第一卷首；卷五为五七言古近体诗，仅收七十八首；卷九载郡志之《朱枫林传》、廖道南《枫林像赞》、范晞阳《休宁理学名贤朱升传》及记其佐政功绩之《翼运续略》；卷一〇附录所收皆当时李善长、刘夏、陶安等投赠诗文。另有弘治间刊《枫林先生文集》一卷。《明文海》录其文八篇。陈有守等《徽郡诗》卷八录其诗一首。《明诗纪事》甲签卷三录其诗一首。生平见其子朱同《朱学士升传》《新安文献志》卷七六）、廖道南《殿阁词林记》卷四、《明史》卷一三六。

朱长春（1553—1610）　字太复、

大复。浙江湖州府乌程（今湖州）人。万历四年（1576）举人，十一年进士，除尉城知县，改常熟、阳信。入为刑部主事，以事削职为民。罢官后，迷信修真练形，以为成真度世可立致也。或曰其欲飞升霞举，曾累几案数十重，梯而登其上，效飞鸟之状，致坠地重伤。三十八年卒，年五十八。亦以能著述称。有万历时刊本《朱太复文集》五十二卷，内赋一卷，收赋十二篇，诗二十卷，收诗一千四百余首，文三十一卷，收文（含书、尺牍、公移）五百多篇，卷首虞淳熙序。又有万历刊《朱太复乙集》三十八卷，内赋一卷，收赋四篇，诗十七卷，收诸体诗八百余首，文二十卷，收文（含书、尺牍、公移）近三百篇。两集均为《千顷堂书目》著录，《千顷堂书目》另著录其《管子榷》二十四卷，有万历四十年张维枢刊本。《列朝诗集》丁集录其诗十一首，"小传"记云："大复与虞长孺（虞淳熙）、屠长卿（屠隆）皆有文名，好仙学佛。"《明文海》录其文十三篇，评语谓其"饶有深湛之思，微染习气，不为其害，亦一作家"。《明诗评选》录其诗一首。《明诗综》卷五四录其诗十二首，"诗话"云："太复颇类孙太初（孙一元），其宰阳信，状海滨风土……颇尽其致。"《御选宋金元明四朝诗》录其诗二十首。清陆心源《吴兴诗存》四集卷一一录其诗二十六首。《明诗纪事》庚签卷一四上录其诗二首。生平见《（同治）湖州府志》卷七五、《（光绪）乌程县志》卷一五。

朱公节（1503—1564）　字允中，号东武山人。浙江绍兴府山阴（今绍兴）人，居于东武山下。生于弘治十六年（1503）四月二十九。嘉靖十年（1531）举人，连试春官不第，乃聚众讲学，从游者数十人。有文名于乡里，先与沈炼、陈鹤、柳文、萧勉五人结"息珂亭诗社"，后徐渭、钱楩、诸大绶、杨珂、吕光升入社，改称"越中十子社"，不时聚会倡和。嘉靖三十二年春试再北，因选官彭泽知县，时有海寇，因训练士卒修城，三十六年迁泰州知州。归后，讲学于稽山书院，四十三年三月二十四卒，年六十二。《千顷堂书目》著录其有《东武集》，现存清乾隆二十六年（1759）其八世孙朱继相西璧堂刊本《东武山人集》七卷，卷首有《东武山人诗集序》，内收五七言古近体诗三百四十二首、词四阕。近人赵尊岳《明词汇刊》据《东武山人集》录其词为《东武山人词》。生平见其同里社弟柳文《明故奉直大夫知泰州东武先生朱公行状》（《东武山人集》卷首）、《（乾隆）江南通志》卷一一五、《（雍正）江西通志》卷六四。

朱右（1314—1376）　字伯贤，号邹阳子。台州临海（今属浙江）人。

少好读书，征学问道，能诗文，与宋濂等交。元至正二十一年（1361）尝诣阙献《河清颂》，不遇而归，司教于萧山县学，后徙居上虞。明洪武三年（1370）以宋濂荐，召修《元史》，书成请归。六年再召修《日历》，除翰林院编修，七年与修《洪武正韵》，寻迁晋王府右长史，九年以疾卒于官，年六十三。以学问文章自命，曾辑录编撰《类编》《秦汉文衡》《文颖》《历代统纪要览》《通监纲目考证》等。有集称《白云稿》，十二卷，现存明初刊本，凡骚赋一卷，杂著、序、记、铭赞各二卷，哀诔一卷，卷一一为《撄宁生传》、卷一二为《深衣考》，首李孝光、张天英、宋濂序，惟有残缺。其集明时已不易得，《四库全书》所收《白云稿》五卷即为残本，实为前五卷，亦有残缺。《总目》"提要"谓其文以唐宋为宗，"故所作类多修洁自好，不为支蔓之词，亦不为艰深之语。虽谨守规程，罕能变化，未免意言并尽，而较诸野调芜词，驰骋自喜，终不知先民矩矱为何物者，有上下床之别矣"。《明史·艺文志》著录其另有《李邺侯传》《性理本原》《郑子世家》《书集传发挥》《禹贡凡例》《元史补遗》等。论文倡言文以载道，力主义理、辞章不可偏废，所作一本诸经，简而有度。又曾选韩、柳、欧阳、曾、王、三苏为《八先生文集》（又名《唐宋六家文衡》，合三苏为一家），为明、清推重"唐宋八大家"文章之始，曾请贝琼作序，未见传。程敏政《皇明文衡》录其文七篇、《广琴操》十首。李时渐《三台文献录》录其文八篇。《明文海》录其文《物初论》等三篇，卷八四评其《物初论》云："景濂（宋濂）称其文多而不冗，简而有度，神气流动，而精魄苍劲，粲然藻火之章也。"清陈元龙《御定历代赋汇》录其赋二篇。亦能诗。《皇明诗统》卷六录其诗二首。李时渐《三台文献录》录其诗六首。《石仓十二代诗选·明诗选》录其诗十二首。《列朝诗集》甲集录其诗八首。《明诗综》卷六录其诗三首。《御选宋金元明四朝诗》录其诗五首。清钱玫《历朝上虞诗集》卷五录其诗十四首。清戚学标《三台诗录词录》卷九录其诗七首。《明诗纪事》甲签卷六录其诗八首。生平见《朱右传》（《曝书亭集》卷六二）、《明史》卷二八五。

朱东阳（生卒年不详） 字清溪。浙江绍兴府山阴（今绍兴）人。布衣终老。现存万历间山阴朱氏家刊本《濯缨余响》二卷，内收五七言古体诗六十八首、五七言近体诗三百二十九首，附词十三首。集有邑人黄猷吉序，黄为隆庆二年（1568）进士，官河南按察司金事。近人赵尊岳《明词汇刊》据《濯缨余响》录其词为《濯缨余响词》。

朱申凿(1458—1493) 蜀惠王。蜀定王友垓庶三子。初封通江王，成化七年(1471)其兄怀王朱申鈘卒，年仅二十四，无子，申凿因得嗣位蜀王。申凿弘治六年(1493)卒，谥惠，年三十六。以文学称，《千顷堂书目》著录其《惠园集》，现存弘治十四年序刊本《惠园睿制集》十二卷，内卷一至卷八收赋九、古近体诗八百余首，以七言律诗最多；卷九至卷一一收序、记、论说等各体文一百余篇；卷一二所收为"拟和唐人诗"。费经虞《蜀诗》卷一录其诗一首。生平见王世贞《弇山堂别集》卷三二、《(雍正)四川通志》卷二九下、《明史》卷一一七。

朱申鈘(1448—1471) 蜀怀王。蜀定王朱友垓长子。天顺七年(1463)袭封，成化七年(1471)卒，年二十四，谥怀。著述有成化十二年序刊本《怀园睿制集》十卷，文一卷，收谕、序、记、碑、祭文等十二篇，诗九卷，收五七言近体诗五百三十五首，多为绝句，以咏物及感叹时序、自然物象诗最夥。是集为蜀府纪善尹仁器辑编，卷首有成化十一年其弟朱申凿《怀园睿制集序》，卷末有成化十二年梁能安后序。生平见王世贞《弇山堂别集》卷三二、《(雍正)四川通志》卷二九下、《明史》卷一一七。

朱让栩(1501—1547) 蜀成王。蜀献王椿五世孙，昭王宾瀚子。正德五年(1510)袭封蜀王，嘉靖二十六年(1547)卒，年四十七，谥成。性儒雅，远声伎，世宗时以忠孝贤良旌。生前曾刊《怡斋诗集》二卷，现存嘉靖十七年何瑭、毛凤岐序刊本。《千顷堂书目》著录其《长春竞辰稿》十六卷，现存嘉靖二十八年蜀藩刻《长春竞辰稿》十三卷《余稿》三卷。《长春竞辰稿》文一卷(收各体文三十四篇)、诗十二卷(收诸体诗四百六十余首)，有杨慎及让栩子蜀康王序；《余稿》有简绍芳序，卷一为《拟古宫词》一百首，卷二收诗余二十六首，卷三题《拟元人乐府》，计小令三十八支、套数二套。费经虞《蜀诗》卷一录其诗七首。清《列朝诗集下》乾集录其《拟古宫词》三十首及《春日》诗，"小传"云："蜀自献王后四叶，皆有文集行世……王好学，手不释卷，日观经史。临法书，作诗属对，皆有要要。"《明诗综》卷一录其《拟古宫词》三首及《玉阶怨》《早秋》二诗，"诗话"云："《长春竞辰集》，成都杨慎序之，而《升庵集》不载。《宫词》一百，虽题曰'拟古'，然如'翠华一去寂无踪'，疑讽康陵而作；'只恐君王道院行'，疑讽永陵而作也。"《明诗纪事》甲签卷二上录其诗二首。近人赵尊岳《明词汇刊》录其词二十六首为《长春竞辰诗余稿》。生平见朱谋㙔《藩献记》卷二、《明史》

卷一一七。

朱永年(生卒年不详)　字仲开。南直扬州府仪真(今江苏仪征)人。诸生，嘉靖二十八年(1549)以岁贡任河南光山知县。时世宗宠方士陶仲文，官兼大宗伯，奉命之兴都监，司台使者皆先驱迎，永年弗往，既见，又长揖不拜，仲文怒，劾罢之。归杜门著书，《千顷堂书目》著录其《朱仲子集》，未见传。《盛明百家诗》录其诗一百三十首为《朱仲开集》。顾起纶《续国雅》卷四录其诗三首。《皇明诗统》卷三一录其诗十首。《明诗综》卷四八、《明诗纪事》己签卷一九录其诗一首。生平见《(乾隆)江南通志》卷六三。

朱弘祖(生卒年不详)　字彦昌，以字行。江西抚州府临川(今江西抚州)人。洪武六年(1373)以通经举官，授瞿塘税课司大使，称病告归。能诗，《千顷堂书目》著录其《东皋耕叟诗》八卷(注又名《东皋舒啸集》)，未见传。《皇明风雅》录其诗三首。《皇明诗统》卷八录其诗十四首。《石仓十二代诗选·明诗选》录其诗六首。《列朝诗集》甲集录其诗二首。《江西诗征》卷四三录其诗二首。《明诗纪事》甲签卷一七录其诗一首。生平见《(雍正)江西通志》卷八一。

朱邦宪(1524—1572)　名察卿，字邦宪，以字行，号象冈，又号黄浦，自称醉石居士。南直松江府上海人，知府朱豹之子。十五补邑弟子员，二十为太学生，数试不举，遂专攻古文词，与文征明、王世贞、陆师道、归有光、彭年、黄姬水、王穉登、张时彻、余寅、徐中行、沈一贯、沈明臣、屠本畯、吴国伦、陆树声、莫如忠、何良俊、潘恩、张之象、董宜阳等为诗文友。隆庆六年(1572)十月二十日卒，年四十九。《千顷堂书目》著录其《朱察卿集》十五卷，现存万历六年(1578)其子朱家法刊本《朱邦宪集》十五卷，内诗四卷，收诗二百五十四首，文十一卷，收文一百五十六篇。《盛明百家诗》后编录其诗四十九首为《朱山人集》。顾起纶《续国雅》卷四录其诗二首。《皇明诗统》卷三一录其诗六首。《列朝诗集》丁集中录其诗四首，"小传"记云："邦宪性慷慨，通轻侠，急人之难甚于己。耻为纨袴子弟及儒衣冠，呼卢挟妓，举觥辄数十不醉，意豁如也……好读书称诗，多长者之游，数千里内，信使趾属于道。所最厚善为四明沈明臣、吴门王穉登。邦宪殁，明臣哭之，过时而悲，且与穉登并为立传。"《明诗综》卷五〇录其诗四首。清姚宏绪《松风余韵》卷九录其诗二十一首。《明诗纪事》己签卷二〇录其诗二首，按云："邦宪以任侠名，诗亦有英气。"近人严昌埈《海藻》卷二录其诗十一首。《明文海》

录其文一篇。生平见王世贞《朱邦宪传》(《弇州四部稿》卷八四)、李维桢《赠工部员外郎朱公墓表》(《大泌山房集》卷一〇六)、陆树声《朱邦宪传》(《陆文定公集》卷八)、王兆云《皇明词林人物考》卷一一。

朱吉(1342—1422)　字季宁。原名逢吉,明太祖为其改名。其先睢阳人,元末避乱吴中。张士诚据吴,游士多从之,而吉不愿。昆山州判徐石麟妻以女,因由郡城迁昆山(今属江苏),入籍。明洪武二十五年(1392)以荐入中书,授户科给事中,疏请宽胡、蓝党禁,以安反侧,太祖嘉许而寂无告言。寻以善书改中书舍人,迁翰林院文翰馆侍书,供奉内廷,官至湖广按察金事。以讵误系狱,永乐中赦出,复为中书舍人,谢政归。永乐二十年(1422)卒,年八十一。《四库全书总目》著录其《三畏斋集》四卷,“提要”云:“是集凡诗二卷,杂文二卷。据其《后序》,当时盖尝刊版。今印本久佚,惟抄本存。”现存清抄本《三畏斋集》二卷,卷上收序九、记三、杂著十四篇,卷二收诸体诗一百六十三首,又附《故昆山州判官徐公墓铭》一篇。是集题“沈愚编次”“叶盛校正”,则其编当在景泰、天顺年矣。周复俊编《玉峰诗纂》卷二录其诗一首。生平见王鏊《姑苏志》卷五二、方鹏《昆山人物志》卷二、张昶《吴中人物志》卷四。

朱朴(生卒年不详)　字元素,号西村。浙江嘉兴府海盐人。布衣,性耽诗,至老未尝一日废声律。兼善绘事,兴到辄作山水小幅,以小楷题诗其上,传观于缙绅之间。曾与文征明、孙一元等唱酬。正德、嘉靖间有名于槜李一郡,以恬静寡欲,不亟亟于声利之途,故能优游林泉。嘉靖二十一年(1542),襄阳知府徐咸致仕归海盐,筑园城闉,名小瀛洲,招同邑钱琦、吴昂、陈鉴、刘锐、钟梁、陈瀛、僧永瑛及其兄徐泰等十人为“瀛洲十老”之会,饮酒赋诗,特邀其入社,奉为首席。后徐咸孙徐孺谷、钟梁孙徐述辑十人之诗编为《小瀛洲社诗》六卷,收朱朴诗五十四首。清沈季友辑《槜李诗系》称其为“西村诗老”,卷一一录其诗三十七首,“小传”云“其诗孤清警拔,颇具排古荡今之致”。《千顷堂书目》著录其《西村集》二卷,现存嘉靖三十一年自刻万历二十九年(1601)其孙朱彩补刻之《西村诗集》二卷,上卷分赋咏、燕会,下卷分投赠、感寓,附以集句、诗余,另辑补遗一卷,总收古近体诗近三百首,集句二十,词则仅一阕。其集为《四库全书》所收,《总目》“提要”论其诗云:“近体格调清越,超然出群。古诗差逊,然亦不坠俗氛。以不为王世贞等所奖誉,故名不甚著。然当太仓(王世贞）、历下（李攀龙）坛坫争雄之日，士大夫奔走不遑，'七子'之数辗转屡增，一时山人墨客，亦莫不望景趋风，乞齿牙之余论，冀一顾以增声价，诗道之盛，未有盛于是时者，诗道之滥，亦未有滥于是时者。朴独闭户苦吟，不假借嘘枯吹生之力。人品已高，其诗品苕苕物表，固亦理之自然矣。"传世尚有明抄本《朱西村诗稿全集》八卷《诗余》一卷及清抄本《朱西村未刻诗稿》不分卷等。《明诗综》卷六二录其诗十五首。《御选宋金元明四朝诗》录其诗八首。《明诗纪事》丁签卷一四录其诗十二首。近人赵尊岳《明词汇刊》录其词五首为《西村词》。生平见田艺蘅《海盐文献志》《（光绪）嘉兴府志》卷五七。

朱权（1378—1448）　别署涵虚子、丹丘先生，晚自号臞仙。宁献王。太祖朱元璋第十七子。洪武二十四年（1391）封宁王，二十七年之国大宁（今辽宁宁城）。少负气好奇，自称"大明奇士"。燕王朱棣兵占大宁，入燕军为棣草檄。棣登基后，请封于苏、杭，不许，永乐二年（1404）移封南昌。已而人告其"巫蛊诽谤事"，查无据而忧惧在心。曾恃靖难功，颇骄恣，多怨望不逊，自此后遂深自韬晦，筑精庐，莳花艺竹，寄情于戏曲、释道、游娱以自保。宣德四年（1429）又以上书论宗室不应定品级，触帝怒，遂自称慕道家之毗举，再不问政事。正统十三年（1448）九月十六卒，年七十一，谥献。博学好古，又以编著为蹈晦之计，故编著刊刻图书甚夥。《明史》权本传及《艺文志》著录其有《通鉴别论》二卷、《家训》六篇、《宁国仪范》七十四章、《汉唐秘史》二卷、《史断》一卷、《文谱》八卷、《诗谱》一卷、《西江诗法》一卷、《异域志》一卷、《臞仙神隐书》四卷、《注素书》一卷、《肘后神枢》二卷、《运化元枢》一卷、《历法通书》三十卷、《烂柯经》一卷、《琴阮启蒙》一卷、《神奇秘谱》三卷、《乾坤生意》四卷、《寿域神方》四卷、《庚辛玉册》八卷、《造化钳锤》一卷等数十种，其他文献著录其另有：《宁藩书目》《原始秘书》《琼林雅韵》《采芝吟》（见《乾隆凤阳县志》），《叶良贵歙砚志》《歙石说》（见《道光安徽通志》），《大雅诗韵》（见《乾隆南昌县志》），《活人心》《遐龄洞天志》（见《同治南昌府志》），《阴符性命集解》《道德性命全集》《救命索》《命宗大乘五字诀》《内丹节要》（见《光绪江南通志》），《太古遗音》（见《列朝诗集·下》乾集）。著述涉及经史、释道、杂艺、音乐、文学，有数种为《四库全书总目》著录。然传世无多，其中最著者为论北曲之历史、体式、音律宫调之专书《太和正音谱》及相关著作《琼林雅韵》（有洪武三十一年刊本)、《务头集韵》(佚)。另成书于洪熙元年(1425)的琴曲集《神奇秘谱》三卷,收罗《广陵散》等琴曲六十三支,亦有名于后世。又以散曲、杂剧有名。徐文昭《风月锦囊》收其小令十二,《元明小令钞》收其小令二,张禄《词林摘艳》录其《乐道》套数。所作杂剧十二种,自列于《正音谱》者有《北邙大王勘妒妇》《冲漠子独步大罗天》《周武帝辩三教》《卓文君私奔相如》《客窗夜话》《烟花鬼判》《淮南王白日飞升》《瑶天笙鹤》《杨复藩娟》《齐桓公九合诸侯》《肃清瀚海平胡传》《豫章三害》,计十二种。今仅《冲漠子独步大罗天》《卓文君私奔相如》二种存于脉望馆抄本中。又,嘉靖三十二年朱宸涝刻《梅花百咏》三卷收其《赓和中峰诗咏》一卷,清嘉庆借月山房汇抄《宫词小纂》收其《宫词》。《列朝诗集》乾集下录其诗《日蚀》《囊云诗》及《宫词》七十首。《明诗评选》录其诗一首。《明诗综》卷一录其《宫词》三首。《御选宋金元明四朝诗》录其《宫词》二十首及《囊云诗》一首。《明诗纪事》甲签卷二上录其诗二首。生平见《国朝献征录》卷一《宁献王(传)》、朱谋㙔《藩献记》卷一、何乔远《名山藏》卷三七、《明史》卷一一七。

朱有燉(1379—1439) 号诚斋,又号锦窠老人、全阳子、全阳翁、全阳道人、全阳老人、老狂生等。周宪王。太祖朱元璋孙,周定王橚长子。洪武十二年(1379)正月十九生于凤阳,二十四年册封为世子。建文削藩,与其父同被废为庶人,徙云南。成祖登基,复爵。洪熙元年(1425)袭封,正统四年(1439)五月二十七卒,年六十一,谥宪。性警拔,嗜学不倦,善书兼精绘事,擅词曲。作杂剧《甄月娥春风庆朔堂》《美姻缘风月桃花源》《清河县继母大贤》《赵贞姬身后团圆梦》《刘盼春守志香囊怨》《宣平巷刘金儿复落娼》《福禄寿仙官庆会》《神后山称狩得驺虞》《黑旋风仗义疏财》《紫阳仙三度常椿寿》《东华仙三度十长生》《群仙庆寿蟠桃会》《瑶池会八仙庆寿》《吕洞宾花月神仙会》《洛阳风月牡丹仙》《天香圃牡丹品》《十美人庆赏牡丹园》《张天师明断辰钩月》《孟浩然踏雪寻梅》《小天香半夜朝元》《李妙清花里悟真如》《李亚仙花酒曲江池》《惠禅师三度小桃红》《掐搜判官乔断鬼》《豹子和尚自还俗》《兰红叶从良烟花梦》《河红叶从良烟花梦》《河嵩神灵芝庆寿》《四时花月赛娇容》《机极星度脱海棠仙》《文殊菩萨降狮子》《关云长义勇辞金》等三十一种,多供节庆及宫廷娱乐所用,形式较元杂剧更富变化,且规模宏大,曲词流畅,音律谐和,着重歌舞,便于演出,故一时披之管弦,广为流行。并于宣德九年(1434)汇刻以传,名《诚斋乐府》。李梦阳《汴中元宵》绝句中有："中山孺子倚新妆，赵女燕姬齐登场。齐唱宪王新乐府，金梁桥外月如霜。"沈德符《顾曲杂言》记云："周宪王所作杂剧最夥，名《诚斋乐府》，虽警拔稍逊古人，而调入弦索，稳惬流丽，犹有金元风范。"亦能诗文。所著《牡丹百咏》《梅花百咏》《玉堂春百咏》各一卷，存宣德刊本。又有嘉靖十二年(1533)刻《诚斋录》四卷《诚斋新录》一卷。《列朝诗集》乾集下录其诗四十六首及《元宫词》一百三首，"小传"谓其诗"皆风华和婉，飒飒乎盛世之音"。然《元宫词》实为其父朱橚之作，此误植也。《明诗综》卷一下录其诗《竹枝歌》二首，"诗话"云："宪园留心翰墨，谱曲尤工，中原弦索往往藉以为师……其诗不事呕心，颇能合格，梅花、牡丹、玉堂春，一题动成百咏，才思不穷，诚宗藩之隽矣。"《明诗纪事》甲签卷二上录其诗三首。《明词综》卷一录其词一首。近人赵尊岳《明词汇刊》录其词三十二首题为《诚斋词》。生平见《国朝献征录》卷一《周宪王有燉(传)》、朱谋㙊《藩献集》卷一、《(乾隆)祥符县志》卷一六、《明史》卷一一六。

朱存理(1444—1513)　字性甫，号野航。南直苏州府长洲(今江苏苏州)人。少学举业，后谢去，从杜琼游，以布衣终身。与同邑朱凯善，人称"两朱先生"。卒于正德八年(1513)七月二十五，年七十。喜文学，好奇书、字画，又以勤于著述闻名乡里，惟年老坐贫，无力刊刻，所著多散佚。《千顷堂书目》著录其《吴郡献征录》《续编怀古录》《经子钩玄》《铁网珊瑚》二十卷。现存清丁氏当归草堂刊本《楼居杂著》一卷《野航文稿》一卷《诗稿》一卷《附录》一卷，为其族孙朱观潜辑，其中惟《楼居杂著》为旧编，收其题跋等杂文三十二篇，其余《诗稿》仅收诗十四首，《文稿》仅收文十篇，且多见于钱谷《吴都文粹》续集，附录则记存理佚事及诸家诗文为存理而作者，首有杨循吉、祝允明序。《四库全书》据之收入，《总目》"提要"亦谓"诗文则皆散佚之余，不足以尽所长"。《四库全书》另收其《珊瑚木难》八卷，悉记其所见字画题跋，以出自文征明、文嘉、王穉登、王腾程四家收藏者为多。另，《四库总目》尚著录其《旌孝录》一卷。《列朝诗集》丙集录其诗五首。《明诗综》卷二三录其诗二首，"诗话"云："性甫晚年募刻己诗，疏曰：'呕心少日，已无锦囊之才；流泪终年，空有碧云之叹。发白因其搜索，雌黄费我推敲。抹去若干，存来十一。欲望收拾在后子孙，莫若流传先自朋友。'其情甚为可悯。"《御选宋金元明四朝诗》录其诗五首。《明诗纪事》丙签卷一

○录其诗三首。生平见文征明《朱性甫先生墓志铭》《国朝献征录》卷一一五）、文震孟《姑苏名贤小纪》卷上。

朱同（1336—1385）　字大同，号朱陈村民、紫阳山樵。休宁（今属安徽）人，翰林学士朱升子。洪武十年（1377）举明经，选徽州府学教授。又以人才荐，召为吏部员外郎，十五年擢礼部侍郎，太子朱标爱其书法，甚重之。十八年坐事为太祖赐死，年五十，死因未明。工书画，能诗文。《千顷堂书目》著录其《重编新安志》十卷（注"洪武间修"）、《覆瓿集》十卷。现存万历间歙邑朱氏刊本《覆瓿集》七卷附录一卷，有范涞《覆瓿集序》，万历四十四年（1616）范檏《礼侍朱公覆瓿稿跋》。又有明抄本，《四库全书》以抄本为底本辑收，《总目》"提要"云："集凡诗三卷，多元末之作，爽朗有格。文四卷，议论纯粹，不愧儒者之言。惟编录者不解体裁，知有拗体律诗，而不知何者为拗体，遂以七言古体之八句者列为律诗，舛陋殊甚。今姑仍旧本录之，而附纠其缪焉。"程敏政《新安文献录》录其文八篇、诗一首。《明文海》录其文《练溪闲居记》一篇。《皇明诗统》卷三录其诗二首。《明诗综》卷四录其诗一首。《明诗纪事》甲签卷一五录其诗十三首。生平见《明史》卷一三六。

朱廷立（1492—1566）　字子礼，号两厓。湖广武昌府通山（今属湖北）人。正德十四年（1519）举人，嘉靖二年（1523）进士，除诸暨知县。以治行征为御史，八年巡两淮盐政，十年巡按顺天，督修河道，十一年巡按四川，平定四川土裔之乱，旋督北畿学政，十五年升南太仆寺少卿，丁母忧。起为金都御史，擢大理寺卿，升工部右侍郎，二十八年转礼部右侍郎，以官场争竞，被劾致仕。崇王守仁之说，以倡正学为己任。能诗文，《千顷堂书目》著录其《两厓文集》八卷又《两厓诗集》八卷。所著明刊《两厓集》仅残存三卷，诗文均收者有清道光元年（1821）炯然亭重刊《两厓集》十一卷首一卷，是集首吴国伦《像赞》、刘体乾《墓志铭》及《行状》《家传》等，以下为文五卷、诗六卷，有徐阶、苏佑、冯世雍等序，清朱俊溥跋。另有明刊《重镌两崖集》八卷，收其诸体诗。盖清道光元年（1821）重刊本所据之底本为廷立卒后，其子朱之楫、朱之柱等所编刊，诗集八卷则为后出，亦为之楫、之柱所刊，于诗有增益，前者有诗三百七十余首，后者增为四百四十余首。《千顷堂书目》另著录其《诸暨县志》《盐政志》十卷《两淮简明盐》二卷，现存嘉靖刊本《盐政志》十卷。《明文海》录其文一篇。《明诗综》卷三九录其诗一首。清廖元度《楚风补》

卷二一录其诗三十七首。《明诗综》卷三九录其诗一首。清高士熙《湖北诗录》录其诗二首。《明诗纪事》戊签卷一五录其诗二首。生平见刘体乾《朱公墓志铭》(道光本《两厓集》卷首)、胡直《朱公传》(《国朝献征录》卷三五)、林尧俞等《礼部志稿》卷五六、《(同治)通山县志》卷五。

朱名世(籍里及生平不详)　万历间仙源余成章刻本白话小说《牛郎织女传》四卷五十五则,署"儒林太仪朱名世编"。《诗经·小雅·大东》所写诸星已有织女、牵牛之名。汉末《古诗十九首·迢迢牵牛星》有"迢迢牵牛星,皎皎河汉女……盈盈一水间,脉脉不得语"之句,南北朝《荆楚岁时记》记民间有牛郎织女每年七月七相会之说。后牛郎织女故事逐渐演化中国古代著名民间故事之一,成为各种文艺之题材。宋元南戏已有《渡天河织女会牛郎》,小说演牛郎织女故事,则自本书始。其内容如其卷首诗所言:"最巧天河织女,玉皇配与牵牛。夫妇耽淫废职,东西谪贬云头。保奏七夕一会,鹊鸦代为建桥。士女纷纷乞巧,芳名流播阎浮。"与后来清代《牛郎织女传》等小说所写不同。小说编者"朱名世"之年里生平已无从考察。

朱多炡(1541—1589)　字贞吉,号瀑泉。明宗室,宁献王朱权六世孙,弋阳王朱多煌之弟,封奉国将军。卒于万历十七年(1589),年四十九,弟子私谥曰清敏先生。喜游览,能诗歌,工书法,善绘事。《千顷堂书目》著录其《倦游稿》,未见传。《列朝诗集》闰集录其诗六十一首,"小传"谓其"尝轻装出游,变姓名为'来相如',远览山水,踪迹遍吴楚之间。尝偕吴明卿(吴国伦)入吴,访王伯谷(王稺登)于金阊、王元美(王世贞)于弇山。归而掩关却扫,以《倦游》名其诗,高僧雪浪为选定"。《明诗综》卷八五录其诗八首,"诗话"云:"贞吉与从兄多煌用晦并有诗名。用晦与余德甫(余曰德)交挈,王元美(王世贞)入之'续五子'之列。然其诗无足观,不若贞吉之有爽气也。"《御选宋金元明四朝诗》录其诗二十六首。《江西诗征》卷五八录其诗六十首。《明诗纪事》甲签卷二下录其诗八首。生平见《国朝献征录》卷一《奉国将军多炡(传)》、朱谋㙔《藩献记》卷二、《(雍正)江西通志》卷六九、《明史》卷一一七。

朱多煃(1530—1607)　字宗良,号贞湖。明宗室,宁献王朱权六世孙,奉国将军朱拱榣之子,封镇国中尉,卒于万历三十五年(1607),年七十八。能诗,王世贞曾将其与皇甫汸、莫如忠、许邦才、周天球、沈明臣等列为"四十子"(《弇州四部稿续稿》卷三)。所著原称《石兰馆稿》,

王世贞改题为《国香稿》。《千顷堂书目》著录其《朱宗良集》,现存万历二十五年刊本《朱宗良集》八卷,收拟乐府诗十八首、五七言古近体诗三百七十余首。《列朝诗集》闰集录其诗二首,"小传"谓其"博雅好修,与多煊齐名。晚益折节有令誉,披垣荐宗正者,于南昌首举宗良。后病瘵,不废吟咏。"《明诗综》卷八五录其诗二首,"诗话"云:"宗良佳句颇多……格调高华。"《明诗纪事》甲签卷二下录其诗五首。生平见李维桢《贞湖公墓志铭》(《大泌山房集》卷一九)、朱谋㙔《藩献记》卷二、《明史》卷一一七。

朱阳仲(1503—1534) 名应钟,字阳仲,以字行,号青城山人。四川潼川州遂宁人。平生苦心文华,刻意为诗。嘉靖十三年(1534)客死于杭州逆旅,年三十二,友人黄中为之营葬,并刻其集。后三十年,黄中有《过朱阳仲墓》诗。《千顷堂书目》著录《朱阳仲诗选》五卷,误其为遂昌人。费经虞《蜀诗》卷七录其诗三首。《皇明诗统》卷二九录其诗二十首,谓其"七岁知属辞,长刻意骚雅,为诗声调意境浑涵融莹,五七言古尤脍炙艺苑,似中唐以后人,年三十以试解,客死武林,其友许御黄中为辑其集,柏溪崔官为之序"。《列朝诗集》丁集录其诗九首。《明诗评选》录其诗三首。《明诗综》卷五〇录其诗一首,又谓其集名《青城山人集》。《明诗纪事》己签卷二〇录其诗三首。

朱观𤊑(1529—1599) 号中立。明宗室。鲁藩巨野僖顺王玄孙,封镇国中尉。平生被服儒素,雅好著述,兼工图绘,与父朱健根当时并有诗名,观𤊑有《济美堂稿》,未见传。《盛明百家诗》录其诗五十五首为《中立公集》,与其父《务本公集》合刻为《鲁藩二宗室诗集》。彭孙贻《明诗钞》录其诗一首。《明诗综》卷八五录其诗二首,"诗话"云:"中立好为诗,虽格调卑卑,亦复自喜。尝辑山东诸家诗,曰《海岱灵秀集》。"清宋弼《山左明诗钞》卷三五录其诗五首。《明诗纪事》甲签卷二下录其诗一首。《明史·艺文志》著录其另有《画法权舆》二卷。生平见朱谋㙔《藩献记》卷二、《明史》卷一一六。

朱茝煌(1587—1662) 字子衷,又字玉瑠,自号濡须江渔。南直庐州府无为(今属安徽)人。天启四年(1624)举人,崇祯七年(1634)进士,除余姚知县,改乐安。入为户部主事,榷九江,谪顺天府教授,迁国子博士。历兵部车驾司主事,进武选司郎中。甲申国变后南遁,隐居埋名,清康熙元年(1662)卒,年七十六。康熙三十八年,其孙辑其诗为《文嘻堂诗集》三卷,清宋荦、尤侗序,有康熙三十七年紫阳书院刊本,收其诗三百七十余首、词四十首。

宋荦序谓其诗"乐府学长吉,间出文昌、玉溪间。古、近诸体出入唐人,有盛有中、晚,不名一家……明自隆、万以后六七十年间,天下谈艺者,不归历下则归竟陵。竟陵崛琐陋劣,固非历下比,而当时之趋之,几几中分坛坫。驾部公称诗,适当两家争焰互燔之日,独卓然以唐为宗,不染两家习气,非特立之士能乎哉?"《千顷堂书目》著录其集。《明诗综》卷六八录其诗五首,《御选宋金元明四朝诗》据之录。《四库全书总目》亦著录《文嘻堂诗集》三卷,"提要"云:"是集大都蒿目时艰,语多感慨。七言律诗中如《秋怀》《春愁》诸篇,纪明末朝政纷纭乱亡之象,亦可见其大概。末有其孙端跋,称苇煌尝自题四语于诗稿卷首云:'诗须有为而作,文至无心乃传。'又云:'从前各梦事,见我箧中诗。'其生平作诗之旨,具见于是矣。"《明诗纪事》辛签卷二〇录其诗五首,按云:"玉瑠诗七言流利,情致动人。"生平见《(嘉庆)无为州志》卷三〇。

朱吾弼(生卒年不详)　字谐卿,号密林。江西瑞州府高安人。万历十三年(1585)举人,十七年进士,授宁国府推官。征授南京御史,奏请建国本、简阁臣、补言官、罢矿税,不报。以屡上书直言,为首辅沈一贯所恶,移疾去。居三年,起南京光禄少卿,召为大理右丞,时齐、楚、浙三党用事,复以疾辞归。熹宗立,召还,累迁南太仆寺卿,天启五年(1625)为御史吴裕所劾罢。曾与李云鹄等辑《皇明留台奏议》二十卷,有万历三十三年刊本。诗文著述现存天启二年(1622)其孙朱恒敬刻《朱密所先生密林漫稿》十卷,首邹维琏《朱密所先生文集序》、宋良翰《密林漫稿叙》及朱恒敬《引》,内文九卷,收各体文及书启等二百七十余篇,卷一〇收诸体诗一百四十余首。生平见《(雍正)江西通志》卷七〇、《明史》卷二四二。

朱佑(?—1479)　字民吉,号葵轩。南直松江府上海人。景泰元年(1450)举人,四上春官不第,天顺五年(1461)谒选南昌府同知。归后闭门谢客,植葵万株,辟室其间以自娱,成化十五年(1479)卒。清嘉庆二十四年(1819)华亭张应时刊《书三昧楼丛书》存朱佑《葵轩稿》二卷,首成化十七年郡人夏寅《葵轩稿序》,内收诗八十一首,卷末有朱佑四世孙朱察卿题识。夏寅序谓朱佑"所著诗文典雅和平,得其情性",又谓其在本郡"尝与李清、曹泰、张弼齐名一时"。清姚宏绪《松风余韵》卷九录其诗二十首。清冯金伯《海曲诗钞》卷二录其诗八首。近人严昌埛《海藻》卷二录其诗十首。

朱应辰(生卒年不详)　字拱之,一字振之,号淮海,别署逍遥馆主人。南直扬州府宝应（今属江苏）人，朱应登之弟。才名与应登相埒，时人比之"云间二陆"。十应乡试不举，嘉靖十年（1531）以岁贡试礼部，未授官，后遂隐居不出。与蔡羽、文征明、王宠、汤珍等交，晚年筑逍遥馆于广洋湖以老。能诗，善词曲。《千顷堂书目》著录其《逍遥馆漫抄》十卷，未见传。清朱克生曾辑其所遗，抄为《逍遥馆拾遗诗》，也未见传。《明诗综》卷三八录其诗一首。后人辑其所作散曲，刊为《淮海新声》，现存清嘉庆二十一年（1816）校刊本，计小令十四、套数十二。生平见清朱克生《岁贡生淮海先公传》（《明代宝应人物志》）。

朱应登（1477—1527） 字升之，号凌溪。南直扬州府宝应（今属江苏）人。生于成化十三年（1477）正月二十。弘治十一年（1498）举于乡，明年进士，授南户部主事。正德四年（1509）历官至延平知府，六年擢陕西提学副使，九年改云南，迁布政司右参政，罢归。卒于嘉靖五年十二月十七（1527年1月18日），年五十。善书法，以诗闻。时李东阳主盟文坛，以倡导风雅为己任，应登原亦出李东阳之门，渐不为其所牢笼，诗宗盛唐，与李梦阳、何景明、徐祯卿、边贡、顾璘、陈沂、郑善夫、康海、王九思号"弘治十才子"。后又与顾璘、陈沂、王韦称"金陵四家"，

然诗之取向与后两人不同。《千顷堂书目》著录其《凌溪集》十八卷，现存嘉靖刊本名《凌溪先生集》，许宗鲁序，内赋二卷、乐府一卷、杂调曲一卷、古近体诗六卷、各体文七卷，计收赋十二篇、诸体诗三百八十首、各体文五十八篇，卷一八附墓铭、挽诗等。是集又有清道光十五年（1835）宜禄堂校刊本。《盛明百家诗》录其诗与其子朱曰藩诗合为《二朱诗集》。顾起纶《国雅》卷四录其诗九首，《国雅品》谓其"情过其才，亦时出新语"。《皇明诗统》卷一五录其诗十二首。《石仓十二代诗选·明诗选》录其诗八十六首。《皇明诗选》录其诗一首。《列朝诗集》丙集录其诗二十六首。《明诗综》卷三二录其诗三十三首，"诗话"云："李、何并兴，李目空诸子。自三秦而外，得其门者盖寡，心慕手追，凌溪一人而已。其口占绝句云'文章康李传新体，驱逐唐儒驾马迁'，盖其文亦宗北地（李梦阳）者。"《御选宋金元明四朝诗》录其诗二十二首。《四库全书总目》著录《凌溪集》十八卷，"提要"云："其生平惟以北地为宗，故诗文格调相近。然沉著顿挫处则才力不及梦阳。顾璘为作碑文，称其诗'上准风雅，下采沈宋，磅礴蕴藉，郁兴一代之体'，未免谀墓之辞矣。"《明诗纪事》丁签卷三录其诗七首，按云："升之俪名'十子'，究

其才品,在子衡(王廷相)之下,康、王之上。"后人还曾录其散曲套数《灯词》单刻为《凌溪灯词》。《明文海》录其文三篇。生平见李梦阳《朱凌溪先生应登墓志铭》(《国朝献征录》卷一〇二)、顾璘《国宝新编》、王兆云《皇明词林人物考》卷四、何乔远《名山藏》卷八六、《明史》卷二八六。

朱妙端(1423—1506)　字仲娴,又字令文,号静庵。浙江杭州府海宁人。永、宣间尚宝卿朱祚次女,十三丧父,嫁周济。济为福建光泽教谕,卒于任,妙端扶柩归。晚年随子周梦龄迁居江宁,正德元年(1506)卒,年八十四。幼喜读书,能诗文。《明史·艺文志》著录《朱静庵诗集》十卷,未见传。现存清吴骞抄本《朱静庵自怡集》一卷,收赋一篇、诗五十余首,附县志传记、家谱及诸家评论等。《皇明风雅》录其诗二首。顾起纶《国雅》卷一九录其诗十二首。《皇明诗统》卷四一闺秀类录其诗十九首。《石仓十二代诗选·明诗选》录其诗十八首。托名钟惺《名媛诗归》卷二六录其诗二十四首。《列朝诗集》闰集录其诗十八首,"小传"云:"刘长卿谓李季兰为女中诗豪,余于静庵亦云。"彭孙贻《明诗钞》录其诗六首。清沈季友《槜李诗系》卷三四收其诗二十八首。《明诗综》卷八六录其诗四首,"诗话"云:"静庵诗颇流丽。于归之后,移家海盐,故

《淑芳集》《明诗粹》《明诗妙绝》俱作海盐人。"《御选宋金元明四朝诗》录其诗十五首。清季娴编《闺秀集》录其诗十二首。卓人月、徐士俊《古今词统》卷二录其词二首。《明文海》录其文《双鹤赋》一篇。生平见《(康熙)海宁县志》卷一一。

朱纯(生卒年不详)　字克粹。浙江绍兴府山阴(今绍兴)人。成化、弘治间布衣,能诗,《千顷堂书目》著录其《淘铅集》又《驴背集》又《自怡集》,未见传。《皇明风雅》《皇明诗统》卷一一录其诗四首。《石仓十二代诗选·明诗选》录其诗三十八首。《列朝诗集》乙集录其诗十七首,"小传"谓其"淳雅有儒行,教授于乡,与罗颀、张蒿辈结鉴湖诗社。好游佳山水,旬月忘返,所至多题咏"。清沈季友《槜李诗系》卷四〇录其诗一首。《明诗综》卷一九下录其诗三首。《御选宋金元明四朝诗》录其诗七首。《明诗纪事》乙签卷一四录其诗一首。

朱英(1417—1485)　字时杰,号澹庵,更号诚庵,又称任真子。湖广衡州府桂阳(今湖南汝城)人。正统十年(1445)进士,授御史。赴浙江,分守处州,弹压叶留宗起事。景泰中出为广东右参议,进右参政。成化中,历福建右布政、陕西左布政,十年(1474)升都察院左副都御史,巡抚甘肃,又受命总督两广军务

兼巡抚两广，二十一年（1485）七月十二病卒，年六十八，正德十三年（1518）谥恭简。《千顷堂书目》著录其《诚庵遗稿》又《认真子集》一卷。现存清乾隆十六年（1751）朱奕刊本《认真子集》三卷附录三卷。清邓显鹤《沅湘耆旧集》卷五录诗六首。《湖南文征》录其文九篇。《（光绪）桂阳县志》卷一九录其文七篇、诗十一首。生平见刘玥《朱公英神道碑》（《国朝献征录》卷五四）、李东阳《都御史朱公传》（《怀麓堂文稿》卷一六）、《明史》卷一七八。

朱国祚（1559—1624）　字兆隆，号养淳。浙江嘉兴府秀水（今嘉兴）人。生于嘉靖三十八年（1559）八月二十五。万历十年（1582）举人，明年进士第一，授翰林修撰。历洗马、谕德、庶子，擢礼部侍郎，改吏部，因灾异请修省，被谗引疾归。泰昌元年（1620），起南礼部尚书，入东阁，预机务，加太子太保，进文渊阁大学士。天启二年（1622），改户部，进武英殿大学士，加少傅，三年致仕归，四年七月二十五卒，年六十六，赠太傅，谥文恪。其诗平正整洁，不依傍门户。《千顷堂书目》著录其《介石斋集》二十卷，未见传。清沈季友《槜李诗系》卷一五录其诗四首。清朱彝尊为其玄孙，《明诗综》卷五四录其诗五十八首。清沈德潜《明诗别裁集》录其诗三首。《御选宋金元明四朝诗》录其诗二十一首。《明诗纪事》庚签卷一四上录其诗一首。生平见顾祖训《状元图考》卷三、清邹漪《启祯野乘》卷七、《明史》卷二四〇。清朱守葆有稿本《太傅文恪公年谱》。

朱国祯（1558—1632）　一作国桢。字文宁，自号虬庵居士。浙江湖州乌程（今湖州）人。生于嘉靖三十七年（1558）正月初一。万历十六年（1588）举人，明年进士，选翰林庶吉士，丁忧归。二十五年授检讨，在馆与陶望龄、黄辉、董其昌、周如砥等为友。三十四年升左春坊左谕德，累迁至国子祭酒，谢病归。天启改元，诏起礼部尚书，至中途请回，三年（1623）赴任，兼东阁大学士，进文渊阁大学士，累加少保兼太子太保，佐首辅叶向高抵制魏忠贤。叶向高被罢，进户部尚书、武英殿大学士，继任首辅，为魏忠贤党所劾，辞归乡里。卒于崇祯五年（1632），年七十五，谥文肃。《千顷堂书目》著录其《皇明史概》一百二十卷、《涌幢小品》三十二卷。《皇明史概》含《大政记》《大训记》《大事记》《开国臣传》《逊国臣传》，今存崇祯时刊本。《涌幢小品》仿宋洪迈《容斋随笔》，篇幅宏大，内容杂驳，集史实、故事、考证等为一书，今存万历四十七年、天启二年刊本。著述又存清抄本《朱文肃公集》八册不分卷，前七帙收其所作各体文,第八册收其《救荒略》《自述行略》,又有补编一册。其诗现存清初清美堂抄本《朱文肃公诗集》七卷,收其所作五七言古近体诗二百余首。清陆心源《吴兴诗存》四集卷一二录其诗二首。近人周庆云《浔溪诗征》卷三录其诗二首。生平见《自述行略》(清抄本《朱文肃公集》)、《明史》卷二四〇。

朱京藩(籍里及生平不详)　字价人,别署不可解人。祁彪佳《远山堂剧品》"逸品"著录其杂剧《玉珍娘(北一折)》,今佚。《远山堂曲品》"逸品"著录其传奇《风流院》《半襦记》。《风流院》现存崇祯间德聚堂刻本,题《小青娘风流院传奇》,署"不可解人著"。是剧二卷三十四出,前半演《虞初新志》卷一所载《小青传》故事,后半写小青死后入风流院及再世还阳事,则为其杜撰。尤写汤显祖为风流院主,柳梦梅、杜丽娘为院仙,可为一哂。据刻本卷首作者《风流院自叙》,知此剧作于崇祯二年(1629)。明人有多种叙小青故事之戏曲,如吴炳《疗妒羹》传奇(有明刻本)、徐士俊《春波影》杂剧(有《盛明杂剧》本)、来集之《挑灯闲看牡丹亭》杂剧(有明末灯语斋刻本)及陈继方《情生文》杂剧(已佚)等,本剧可谓别开生面一种。《远山堂曲品》论曰:"《春波影》传小青而情郁,郁故妩媚百出;《风流院》演为

全本而情畅,畅则流于荒唐。故有所谓窈窕仙子,幽囚落花槛中者。且传得汤若士(汤显祖)粗劣如许,大煞风景。至其词,时现快语,不得以音韵律之。"

朱诚泳(1458—1498)　号宾竹道人。秦简王。太祖朱元璋五世孙,秦惠王庶子。成化四年(1468)封镇安王,弘治元年(1488)袭封秦王,十一年卒,年四十一,谥简。史载其性孝友恭谨,能诗文。在藩建正学书院,又建小学,择军官子弟聪慧者,延儒士教之。所著有《小鸣稿》十卷,有弘治十一年秦藩刊本,诗八卷,收拟乐府诗一百二十六首、古近体诗一千余首、联句十五首、集句三十五首,文一卷,收赋一篇、各体文四十余篇,卷一〇为《恩赐胜览录》。嘉靖初,其孙表上之,诏送史馆,故后世或称《经进小鸣稿》。又弘治十六年秦府刊本《秦藩世德录三种》收其《宾竹遗稿》三卷。《千顷堂书目》另著录其《益斋嘉话》一卷。《列朝诗集》乾集录其诗十首。《明诗评选》录其诗二首。《明诗综》卷一下录其诗八首。《御选宋金元明四朝诗》录其诗六首。《四库全书》收《小鸣稿》十卷,《总目》"提要"云:"其诗古体清浅而质朴,近体谐婉可诵,七绝尤为擅场……皆风骨戍削,往往有晚唐格意。尔时馆阁之中转无此清音矣。"《明诗纪事》甲签卷二

上录其诗四首。生平见《国朝献征录》卷一《秦简王（传）》、朱谋㙔《藩献记》卷二、《明史》卷一一六。

朱弥钳（？—1516）　号秋江翁。唐藩交城恭靖王。朱元璋玄孙，唐庄王朱芝址第三子，成王弥𬭚之弟。成化十五年（1479）封交城王，正德十一年（1516）卒，谥恭靖，后以子朱宇温袭封唐王，嘉靖四年（1525）追封唐王，谥恭，因又称唐恭王。有诗集《谦光堂诗集》八卷，为其自编，现存嘉靖二十年（1541）唐藩刊本，收其五七言近体诗一千二百余首，有董沐序、王鸿儒后序。其诗多为咏物，卷五收咏梅诗百首，卷七收咏物七言绝句二百首，仅"香"字一韵，卷八又有咏菊一百首。《明诗综》卷一下录其《宫词》一首，"诗话"云："恭王下笔不能自休，一韵每至百篇，未免率易。"《四库全书总目》著录《谦光堂诗集》八卷，"提要"谓其"咏梅一韵，至百篇，颇见才气，而骨格尚未成就。"生平见朱谋㙔《藩献记》卷三、《明史》卷一一八。

朱弥𬭚（1460—1523）　号思诚子。唐成王。太祖朱元璋玄孙，唐庄王朱芝址庶长子。成化十五年（1479）封颖昌王，弘治二年（1489）袭封唐王，嘉靖二年（1523）卒，年六十四，谥成。能诗画，《千顷堂书目》著录其《瓮天小稿》十二卷，现存嘉靖十九年唐藩刊本，收其所作古近

体诗八百三十余首、联句九十余首，附赞、祭文等文二十余篇，王鸿渐后序。《明诗综》卷一下录其诗《久雨》一首，"诗话"云："成王广置精庐，集国中俊秀子弟资给之，俾肄业。又开辟蔬圃一区，建养正书院。泰陵颁五经子史赉之，追康王（武宗）游幸，王作《忧国诗》八章以讽。暇则联句藏春之坞，开讲保和之堂。又精于书法绘事。皆入能品云。"生平见《国朝献征录》卷二《唐成王弥𬭚（传）》、朱谋㙔《藩献记》卷三、《明史》卷一一八。

朱孟烷（1382—1439）　楚庄王。太祖朱元璋孙，楚昭王朱桢之子。永乐二十二年（1424）袭封，正统四年（1439）卒，年五十八，谥庄。《千顷堂书目》著录其《勤有堂文集》□卷又《勤有堂诗集》□卷。现存正统六年（1441）楚藩朱季塛刊本《勤有堂诗集》一卷《文集》一卷。首永乐十五年（1417）其伴读胡粹中序，末有正统六年楚宪王朱季堄跋，内《诗集》收诗四百六十五首，《文集》收文六十六篇。《明诗综》卷一下、《御选宋金元明四朝诗》、清高士熙《湖北诗录》录其诗一首。生平见《国朝献征录》卷一《楚王传》、朱谋㙔《藩献记》卷一、《明史》卷一一六。

朱孟震（1530—1593）　字秉器，号郁木生、郁木山人，又自署秦关散吏。江西临江府新淦（今新干）人。

生于嘉靖九年(1530)十一月初二。嘉靖三十七年举人，隆庆二年(1568)进士，除南刑部主事。历郎中，出知重庆府，又历陕西、山西副使、四川按察使、贵州布政使，入为顺天府尹，以右副都御史巡抚山西。万历十九年(1591)致仕归，二十一年卒于家，年六十四。《千顷堂书目》著录其《郁木生吟稿》八卷、《河上楮谈》三卷。现存万历四年刻《郁木生吟稿》二卷《赋草》一卷。又有万历间刻《朱秉器全集》六种十四卷，内《文集》四卷、《诗集》四卷、《河上楮谈》三卷，《汾上续谈》《浣水续谈》《游宦余谈》各一卷，有任瀚、陈宗虞、张九一、吴国伦、陈文烛、袁应祺序。其《河上楮谈》三卷等为记旧闻逸事，间考证典籍、评论诗文之作。另有《玉笥诗谈》正集二卷续集一卷(有《学海类编》本)，八十三则，正集记本朝诗人诗事，续集兼及前代。论诗以王世贞为宗，奉盛唐为楷模，续集颇涉考证纠谬，所记多当时名士，或为其南京青溪社之诗友。《皇明诗统》卷二七录其诗十首。《明诗综》卷五一录其诗四首，"诗话"云："秉器津津以诗家自许，其在南曹，结青溪社，一时名士声应气求。所缉《楮谈》《续谈》《余谈》，述先哲之旧闻，综同人之丽句，可谓好事也已。"《御选宋金元明四朝诗》录其诗三首。《四库全书总目》著录

《朱秉器集》文四卷诗四卷，盖为张九一选本，"提要"谓其"文不出当时习尚，诗则音节谐畅，而意境不深"。《江西诗征》卷五九录其诗九首。《明诗纪事》庚签卷九录其诗十二首，按云："秉器诗音节浏亮，选词隽雅，与张助甫(张九一)品格相似。"生平见王兆云《皇明词林人物考》卷一二、《(雍正)江西通志》卷七四、《明史》卷二三五。

朱拱柾(生卒年不详)　号樵云。明宗室。宁藩石城端隐王诸孙，封建安辅国将军。初，宁王朱宸濠禁绝诸宗室招延儒生问学，柾因自闭一室，朝夕讽咏，遂通群书，工诗赋。时瑞昌王府奉国将军朱多煃也喜吟咏，与里人余曰德等相倡和，交于李攀龙、王世贞。拱柾与多煃时相倡和，亦得交于吴中行等名士。所著现存嘉靖间刊蓝印本《樵云诗集》一卷，收其诸体诗一百五十余首，首有嘉靖二十七年(1548)吴桂芳序，末傅弘后跋。又有嘉靖四十四年无锡俞氏刊本《瑞鹤堂近稿》一卷，收其诸体诗一百二十首，陈宗虞、余曰德序。生平见朱谋㙔《藩献记》卷四、《明史》卷一一七。

朱拱榣(生卒年不详)　字茂材。明宗室。宁藩瑞昌王奠墇四世孙，封奉国将军。父宸渠为宁王朱宸濠反所累，逮系中都，兄拱枘请以身代，拱榣佐之，卒得白。嘉靖九年

(1530)上书请建宗学,令宗室设坛墠,行耕桑礼,谨祀典,加意恤刑,皆得旨谕允。其后又以议礼称旨,并赐敕褒谕。捐田白鹿洞书院瞻学者,与兄拱枘并有声誉于诸贵游间。平生雅好诗赋,与镇国中尉朱多㷆齐名。《千顷堂书目》著录其《豫章既白诗稿》七卷,现存嘉靖间间刊《豫章既白诗稿》四卷,收五言古、近体诗一百九十余首,有蔡汝南嘉靖二十九年序。又有嘉靖十六年自刊本《天启圣德中兴颂》一卷。另曾辑刻《题赠录》,收他人题赠之诗文,嘉靖刻本残存卷一至卷六、卷八至卷一六。生平见《国朝献征录》卷一《奉国将军拱㮨(传)》、朱谋㙔《藩献记》卷二、《明史》卷一一七。

朱拱樋(生卒年不详)　字匡南。明宗室。宁献王朱权五世孙,封奉国将军。现存嘉靖刊本《匡南先生诗集》四卷,收诗二百余首,有嘉靖二十七年(1548)余弼序。又有嘉靖刻《瑞鹤堂近稿》三卷,收诗一百二十八首;嘉靖四十四年刻《瑞鹤堂近稿》一卷,收诗一百三十首。《盛明百家诗》录其诗四十余首为《宗室匡南诗集》,"小传"云:"予官江右,雅重其诗,近寄予《瑞鹤堂稿》一编,即此刻也。"《明诗纪事》甲签卷二上录其诗二首。

朱拱㮨(1496—1550)　号醒斋。宁藩弋阳端惠王。宁献王朱权五世孙、弋阳庄僖王宸㳅子。以宁王宸濠伏诛停袭,嘉靖元年(1522)始许以镇国将军统摄宁府事,二年袭封弋阳王,二十九年卒,谥端惠,年五十五。著有《东乐轩诗集》六卷,存嘉靖三十年其子朱多焜刻本,收其五七言古近体诗七百四十六首,有胡经序,朱多焜跋。生平见《国朝献征录》卷一《弋阳端惠王拱㮨(传)》、朱谋㙔《藩献记》卷二、《明史》卷一一七。

朱荣㳅(1479—1534)　号黄鹤道人,又号正心。楚端王。楚昭王玄孙。楚靖王朱均钘嫡长子,正德七年(1512)袭封,嘉靖十三年(1534)卒,年五十六。史称其"以仁孝著称",聚五经诸史百家之书于一室,帝赐"正心书院",因自号"正心",有正德十四年楚藩自刊本《正心诗集》九卷,首正德十四年刘希召《正心诗集序》,共收诗九百二十九首,诗多酬唱、宴飨、感时伤事之作。生平见朱谋㙔《藩献记》卷二、《明史》卷一一六《诸王一》。

朱厚烨(1498—1556)　号勿斋。益庄王。宪宗之孙,益端王朱佑槟长子。生于弘治十一年(1498)十月十一日,嘉靖二十年(1541)袭封,三十五年五月二十二日卒,年五十九,谥庄。现存嘉靖间刊本《益藩睿制文集》五卷,文一卷,收其序、记、赞等文八十篇，诗四卷，收其五七言古近体诗一千四百余首，有王一斋、赵玉序、张默、李杪跋。《列朝诗集》乾集下录其诗一首，"小传"谓其"醇粹嗜学，留心经史"。《明诗综》卷一下录其诗四首，"诗话"云："庄王留心理学……又博览经史，撰《勿斋臆说》，正讹纠谬，不异儒生。郁仪王孙《藩献志》称其'声色珠绮，一无所好'，盖天下之贤王也。集五卷，弟崇仁王厚炫嗣封，编辑以行。分校者左长史张墨、右长史李杪。"《明诗纪事》甲签卷二上录其诗一首。生平见《国朝献征录》卷二《益王王（传）》、朱谋㙔《藩献记》卷二。

朱厚煜（1498—1560）　号枕易道人。赵康王。成祖六世孙，赵庄王子。正德十六年（1521）袭封，嘉靖三十九年（1560）卒，年六十三，谥康。曾构一楼名思训，常居读书，又以风雅好客称，郑若庸、谢榛皆尝客其门下。所著由成皋王朱载埦辑为《居敬堂集》十卷，存嘉靖四十四年赵府原刊本，卷一至卷三收古近体诗二百二十余首、诗余五首、奏疏七篇，卷四至卷一○收各体文（含书信）一百二十余篇，郭朴、孔天胤、党以平序，林澄后序。《列朝诗集》乾集下录其诗四首，"小传"谓其"性和厚，嗜学博古，文藻弘丽。折节爱宾客，户屦恒满，文酒宴游，有淮南梁苑之风"。《明诗综》卷一下录其诗

五首，"诗话"云："昆山郑若庸曳裾王门，康王从若庸所，见临清谢榛《竹枝词》，命所幸琵琶妓贾扣度而歌之。既而榛过邺，偕若庸见王……尝与榛联句百卉亭，郑、谢之外，若顾圣少、仲春龙、尤庄辈，皆王客也。"《御选宋金元明四朝诗》录其诗四首及《百卉亭联诗》。《明诗纪事》甲签卷二上录其诗二首。生平见《国朝献征录》卷二《赵康王（传）》、朱谋㙔《藩献记》卷三、《明史》卷一一八。

朱显槐（？—1590）　楚藩武冈保康王。朱元璋六世孙，楚端王荣㳘第三子。嘉靖十七年（1538）封武冈王，其兄显榕袭位楚王，嘉靖四十四年为其世子英耀所弑，世宗命显槐摄国事。万历十八年（1590）卒，年约七十，谥保康。载籍称其父号黄鹤山人，显槐自称少鹤山人，然所见诗集刻本又有名《少鹄诗稿》者，或"少鹄"亦为其号也。雅好文艺，善诗歌。《千顷堂书目》著录其《显槐文集》又《少鹤山人续集》八卷又《诗集》八卷，《四库全书总目》著录其《少鹤诗集》八卷。现存嘉靖间武冈王府刊本《少鹤诗稿》八卷，收其古近体诗三百九十余首、词六首，岳东升序。又有嘉靖四十三年刻《少鹤山人续稿》八卷，收诸体诗六百余首，张勉学序。《盛明百家诗》录其诗六十余首为《宗室武冈王集》。

《明诗综》卷一下录其诗二首，"诗话"谓其诗"平正无溢幅"。《明诗纪事》甲签卷二上录其诗一首。生平见《国朝献征录》卷一《武冈王显槐(传)》、朱谋㙔《藩献记》卷一、《明史》卷一一六。

朱勋㳻(生卒年不详)　号云仙散人。明宗室。太祖二十一子沈简王玄孙，沈安王次子，封灵川镇国将军。著述有嘉靖间沈藩刻本《云仙集》二十八卷，首有嘉靖十八年(1539)沈藩南山(沈宪王朱胤栘)《云仙集叙》及何瑭、李新芳、章适、栗应宏等序。现存本残存十七卷(缺卷六至卷八、卷一五至卷一七、卷二一至卷二五)，内存诸体诗五百七十五首、赋九篇、奏疏及各体文五十一篇。生平见《国朝献征录》卷一《沈王传》。

朱胤栘(1501—1549)　号南山道人。沈宪王。朱元璋六世孙，沈惠王勋㳻子。嘉靖五年(1526)封灵川王，九年以沈怀王朱胤栖绝嗣，暂任沈府宗理，次年晋封沈王，二十八年卒，年四十九，谥曰宪。《千顷堂书目》著录其《保和斋稿》。现存《保和斋稿》五卷，仅见于崇祯元年(1628)沈藩勉学书院刻本《沈藩勉学书院集》。是集卷一为朱诠鉌(沈安王)《凝斋稿》，卷二至卷六为朱胤栘《保和斋稿》，卷七至卷一〇为朱恬烄(沈宣王)《绿筠轩稿》，卷一一

至卷一二为朱珵尧(沈定王)《修业堂稿》。《保和斋稿》五卷计收五七言古近体诗四百二十余首，卷后附李新芳《清秋倡和序》、陈崇庆《清秋倡和引》。《皇明诗统》卷四〇录其诗五十二首，谓其诗"时出新语"。《列朝诗集》乾集下录其诗四首："小传"云："谢榛曰：'王素嗜谈禅，诗亦妙悟，其《夜雨》头联云"树湿鸦群重，云低龙气腥"，词人皆为敛笔。'"《明诗综》卷一下录其诗二首。《明诗纪事》甲签卷二上录其诗三首。生平见朱谋㙔《藩献记》卷三、《明史》卷一一八。

朱彦汰(1479—1544)　号雪峰道人。岷靖王。岷庄王朱楩五世孙，岷简王朱膺鈈庶长子。初封江陵王，弘治十七年(1496)袭封岷王。嘉靖四年(1525)与弟南安王朱彦泥互讦阴事，彦泥废为庶人，彦汰亦坐抗制擅权革爵，诏以世子朱誉荣摄府事。朱誉荣上疏恳辞，为父请罪，十二年彦汰复理府事，十五年复爵，二十三年卒，年六十六。能书，喜吟咏，以文字为戏。现存嘉靖十四年岷府刊本《雪峰诗集》八卷，前七卷收其诸体诗三百五十余首、联句七首、对句六十余联、赞文五篇、词六十四首，卷八为《瑞琏录》，首有廖道南、朱誉榛、祝文冕等序。《明诗纪事》甲签卷二上录其诗一首。生平见王世贞《弇山堂别集》卷三二、《明

史》卷一一八。

朱恬烄（？—1582）　号西屏道人。沈宣王。朱元璋七世孙，沈宪王胤栘嫡二子。嘉靖三十一年（1552）袭封，万历十年（1582）卒，谥宣。审声律，能文词。所著《绿筠轩稿》，有万历元年沈藩刻本，残存二卷，存诗一百六十余首。另崇祯元年（1628）沈藩勉学书院刻本《沈藩勉学书院集》十二卷中，卷七至卷一〇亦为朱恬烄《绿筠轩稿》，计收诗二百余首、赋五篇，后附谷中虚《鹤木赋序》、裴宇《绿筠轩序》。《皇明诗统》卷四〇录其诗三十二首，谓其"所作和平尔雅，诸体各擅其长，其长七言绝章，有唐人音响"。《列朝诗集》乾集下录其诗四首，"小传"谓其"博学工诗，才藻秀逸"。《明诗综》卷一下录其诗二首。《御选宋金元明四朝诗》录其诗四首。《明诗纪事》甲签卷二上录其诗二首。生平见朱谋㙔《藩献记》卷三、《明史》卷一一八。

朱宪㸅（1526—1582）　朱元璋七世孙，辽庄王致格子。初封句容王，嘉靖十九年（1540）袭封辽王，以奉道为世宗所宠，赐号清微忠教真人，予金印。隆庆二年（1568）废为庶人，锢于高墙，万历十年（1582）卒，年五十七，国除，诸宗隶楚藩。现存《种莲岁稿》六卷《种莲文略》二卷，嘉靖三十五年辽藩刊本。其《岁稿》编年起于壬子（嘉靖三十一年，1552），终于乙卯（1555），收诗近四百首，又散曲一套，有曹忭序，《文略》卷上收赋一、诸体诗七十八、词四首，卷下收表、疏、书及序、记等文二十余篇，钱有威序。清高士熙《湖北诗录》录其诗一首。《明诗纪事》甲签卷二上录其诗一首。近人赵尊岳《明词汇刊》据《种莲岁稿》录其词八首为《种莲诗余》。生平见《明史》卷一一七。

朱柔英（生卒年不详）　南直苏州府昆山（今属江苏）人，侍郎朱隆禧长女。其夫顾懋弘为万历十六年（1588）举人，曾官休宁教谕、莒州守，三十二年自劾归，以征歌度曲为乐，亦能诗文，清雍正十年（1732）桂云堂刊本《玉峰雍里顾氏六世诗文集》五十二卷有其《炳烛轩诗集》五卷《南雍草》一卷《楚思赋》一卷。柔英早慧通书史，因与懋弘扬榷今古，倡和为声诗。柔英所著《双星馆集》一卷，凡诗七十首、词三十六首，又《双鸟》《捣衣》二赋，有吴国伦及明荆藩樊山郡王序，亦收入《玉峰雍里顾氏六世诗文集》。生平见《（乾隆）江南通志》卷一七六。

朱泰玉（生卒年不详）　字无瑕。万历间金陵（今江苏南京）妓。幼学歌舞于朱长卿家，遂冒朱姓。能诗善书，诗集称《绣佛斋集》，现存《朱美人诗》一卷，为冒愈昌编万历四十六年(1618)刻《秦淮四美人诗》之一种。托名钟惺《名媛诗归》卷三五录其诗四首。《列朝诗集》闰集录其诗八首，"小传"记云："桃叶渡边女子。幼学歌舞，举止谈笑，风流蕴藉。长而淹通文史，工诗善书。万历己酉(三十七年)秦淮有社，会集天下名士，泰玉诗出，人皆自废。有《绣佛斋集》，时人以方马湘兰云。"《明诗综》卷九八录其诗《秋闺曲》一首。《御选宋金元明四朝诗》录其诗五首。《明词综》卷一二录其词一首。清徐树敏等《众香词》数集录其词五首。

朱载堉(1536—1610)　字伯勤，号勾曲散人，又号狂生、山阳酒狂仙客、九峰道人。明宗室，郑恭王朱厚烷世子。生于嘉靖十五年(1536)，二十五年封世子，二十七年其父以建言时政得罪，降为庶人，发高墙禁锢，载堉因筑土室于宫门外，独居十九年。父死，不袭王位而让盟津王之曾孙载玺，疏七上乃报，仍封其子孙为东垣王。儿时好着僧服，说先天法，稍长，精研乐律、数学、历法，晚年尤以著书为务，卒于万历三十八年(1610)，年七十五，谥端清。所著《乐律全书》，现存万历郑藩增修本四十九卷，《四库全书》所收为四十二卷，《四库全书》又收其《圣寿万年历》八卷附《律历融通》四卷。另有万历郑藩刊本《乐律全睿》十五

种四十八卷及万历刊《律吕正论》四卷《律吕质疑辨惑》一卷、《瑟谱》十卷。有关音韵、天文、数学等著述亦甚夥，有《音义》一卷、《历学新说》二卷、《嘉量算经》三卷及《先天图正误》《韵学新说》《切韵掼》《礼经类编》《古周髀算经》《算经秬秫详考》《毛诗韵府》《瑟铭疏解》《金刚心经注》等见于著录。亦能诗及散曲。《明诗综》卷一下录其诗二十五首。《御选宋金元明四朝诗》录其诗二十八首。传世小令散见，后人辑出约存二十首。生平见朱谋㙔《藩献记》卷三、《(顺治)怀德府志》卷七、《明史》卷一一九、清阮元《畴人传》卷三一。

朱载塕(?—1581)　字绍易。明宗室。太宗子赵藩江宁庄惠王。嘉靖四十四年(1565)袭封，万历九年(1581)卒。著述现存明直敬堂刻本《绍易诗集》二卷附录一卷，卷一收诸体诗九十三首、卷二收诸体诗八十一首。《附录》收其所作《遵训铭》及《十友堂记》。生平见《明史》卷一〇三《诸王世表四》。

朱健根(生卒年不详)　号务本。明宗室。鲁藩巨野僖顺王诸孙，封奉国将军。史载其博通经术，能文词。平生多延纳，每会坐客恒满。卒年七十八。《盛明百家诗》录其诗二十首为《务本公集》，与其子朱观𤊴诗合刻为《鲁藩二宗室诗集》。清宋

弼《山左明诗钞》卷三五录其诗五首。生平见《国朝献征录》卷一所载《奉国将军健根（传）》、朱谋㙔《藩献记》卷一、《明史》卷一一六。

朱豹（1481—1533）　字子文，号青冈居士。南直松江府（今上海）人。生于成化十七年（1481）十一月十九。正德八年（1513）举于乡，十二年进士，除奉化知县，改余姚。十六年擢贵州道监察御史，改福建道御史，嘉靖六年（1527）升福州知府，以父丧归，十二年正月二十五卒，年五十三。卒后，其子朱邦宪及其友冯迁辑其著述为《朱福州集》六卷，嘉靖三十一年朱邦宪原刊本存。首有陆师道、徐献忠序，内诗三卷，收诗一百三十九首，后三卷收奏疏九篇。《盛明百家诗》后编录其诗九十余首为《朱福州集》。顾起纶《续国雅》卷三录其诗一首。《皇明诗统》卷二一录其诗二十二首。《列朝诗集》丁集中录其诗四首。《明诗综》录其诗三首。《四库全书总目》著录《朱福州集》，"提要"谓其"诗学中唐，以流丽清切为主"。清姚宏绪《松风余韵》卷九录其诗二十九首。清冯金伯《海曲诗钞》卷二录其诗二首。近人严昌堉《海藻》卷二录其诗十三首。《明诗纪事》戊签卷一三录其诗一首。生平见朱邦宪《先福州府君行状》《朱邦宪集》卷九）、王兆云《皇明词林人物考》卷六。

朱高炽（1378—1425）　明仁宗。成祖朱棣长子。洪武二十八年（1395）册为燕王世子，永乐二年（1404）立为皇太子，永乐二十二年嗣位，次年改元洪熙，五月卒，年四十八。谥昭皇帝，葬献陵。以好学博雅称，尤喜欧阳修文，时与杨士奇、徐善述等讲论文艺，诗成也多命善述等润色，又曾与曾棨等赓和。《千顷堂书目》著录其有释《尚书》篇什之《体尚书》二卷及《政要》一卷，又《仁宗文集》二十卷《诗集》二卷。现存洪熙元年内府刻本《御制诗集》二卷，收其诸体诗二百六十四首、词八首。又有明内府抄本《大明仁宗皇帝御制集》二卷，收诗与内府刻本略同。清金氏文瑞楼抄本，题《宣庙御制总集》，不分卷，内收序、记、碑文、赋、颂等四十余篇，又诗百余首、词十三首，曲十一首。《列朝诗集》乾集录其诗九首。《明诗综》卷一上录其诗二首。《明诗纪事》甲签卷一上录其诗一首。清沈辰垣等编《御选历代诗余》卷四〇、《明词综》卷一录其词一首，近人赵尊岳《明词汇刊》据其集录词八首，题为《仁宗皇帝御制词》。生平见《明史》卷八《仁宗本纪》。

朱衮（生卒年不详）　字子文，号昭北。原籍苏州府长洲，入永州卫籍，遂为湖广永州府零陵（今湖南永州）人。弘治十一年（1498）与兄宸同举乡试,十五年进士,选翰林院庶吉士,授南京监察御史。以忤刘瑾,谪嘉善县丞,瑾败,擢南礼部郎中,出补云南左参议,升按察副使,以守制归。嘉靖元年(1522)服阕,补原官,三年晋四川右参政,致仕后卒。以能诗文称,所著辑为《白房集》六卷续集一卷,现存万历十年(1582)序刻本,内《白房杂兴》三卷,收诸体诗六百二十余首,《白房杂述》三卷,收其序、记、墓铭、祭文等百余篇,有吕蕾序。清廖元度《楚风补》卷二〇录其诗一首。近人赵尊岳《明词汇刊》录其词七首为《白房词》。生平见过庭训《本朝分省人物考》卷八三、《(雍正)湖广通志》卷五〇、《(道光)永州府志》卷一五上。

朱家法(生卒年不详)　字季则,号半石。南直松江府上海人,朱豹孙,朱邦宪子。万历二十年(1592)进士,出守河南信阳州,历官工部员外郎,归卒。《千顷堂书目》著录其《朱季子草》四卷。现存万历间云间朱氏刊本《朱季子草》二卷,卷首万历二十一年陈所蕴《朱季子草序》、二十年黄体仁《朱季子草叙》及李维桢《朱季子草叙》,卷上收诗一百三十余首,卷下收序、传、行状、祭文、颂等三十余篇。清姚宏绪《松风余韵》卷九录其诗二首。近人严昌堉《海藻》卷二录其诗二首。生平见《(嘉庆)松江府志》卷五四、《(同治)

上海县志》卷一八。

朱谊㳡(生卒年不详)　字伯闻。明宗室。太祖二子秦愍王朱樉九世孙。明末与朱谊汫等皆称秦藩子弟能诗者,号秦藩"七子"(清顾炎武《亭林文集》卷二《朱子斗诗集序》)。《千顷堂书目》著录其《大业草堂诗草》五卷。现存明刻本《大业堂诗草》十一卷,首李维桢《大业堂诗题》、邹迪观《大业堂诗集序》、臧懋循《大业堂集序》、张汝霖《叙大业堂集》,计收诗六百九十余首。

朱珵尧(?—1621)　号继成子。沈定王。朱元璋八世孙,沈宣王恬炏嫡长子。万历十二年(1584)袭封,天启元年(1621)卒,谥定。《千顷堂书目》著录其《修业堂稿》又《崇玉山房稿》。现存崇祯元年(1628)沈藩勉学书院刻本《勉学书院集》十二卷收沈安王朱诠铄、沈宪王朱胤栘、沈宣王朱恬炏及珵尧四代沈王诗,内卷一一至卷一二即为珵尧《修业堂稿》,首有唐尧《修业堂稿序》,以下计收五七言古近体诗一百三十余首。《皇明诗统》卷四〇录其诗五十一首,谓其诗"大率冲雅闲适,有韦、柳风致"。《列朝诗集》乾集下录其诗十五首。《明诗综》卷一下录其诗二首,"诗话"云:"定王师吕时臣,犹沈易之师谢榛也。所师高下不同,体制亦少逊。"《御选宋金元明四朝诗》录其诗八首。《明诗纪事》甲签卷二上录其诗一首。生平见《明史》卷一一八。

朱梦炎(? —1380) 字仲雅。南昌进贤(今属江西)人。元至正十年(1350)举乡试,明年进士,授抚州金溪丞。入明,奉太祖朱元璋命,与金鼎等集古之忠良奸邪故事为质直语,教公卿子弟,名曰《公子书》(《千顷堂书目》尚著录,今未见)。除国子博士,迁翰林修撰,坐小误,出为两浙按察司经历。洪武二年(1369)转山西行省员外郎,是年入为礼部员外郎,寻升侍郎,十一年四月拜本部尚书,十三年卒于官。以博学善记称,通历代文献之学,亦能诗。程敏政《皇明文衡》录其文一篇。《皇明风雅》卷二五录其诗二首。韩阳《皇明西江诗选》卷一录其诗九首。《皇明诗统》卷二录其诗八首。《石仓十二代诗选·明诗选》录其诗九首。《列朝诗集》甲集录其诗四首。《明诗综》卷四录其诗一首。《江西诗征》卷四〇录其诗四首。《明诗纪事》甲签卷四录其诗一首。生平见黄佐《礼部尚书朱公梦炎传》(《国朝献征录》卷三三)、廖道南《殿阁词林记》卷八、《明史》卷一三六。

朱硕熿(生卒年不详) 字孔炎。明宗室,朱元璋六世孙,唐藩辅国将军宇浃之孙,封镇国中尉。《千顷堂书目》著录其有《南阳集》,未见传。《列朝诗集》闰集录其诗二十二首,"小传"云:"孔炎博雅慷慨,博学工文,与其子器封,并以词章名海内,号南阳公子。万历中,吏科推举诸藩文行堪任宗正者,于唐则首孔炎。父子各有诗集行世。"《明诗评选》录其诗一首。《明诗综》卷八五录其诗二首,"诗话"云:"南阳公子博雅工文,所为诗颇饶钱、刘风致。"《御选宋金元明四朝诗》录其诗九首。《明诗纪事》甲签卷二下录其诗四首,按语谓其"诗亦才藻翩翩,在宁国王孙宗良(朱多煃)之次。"生平见朱谋㙔《藩献记》卷三。

朱常淰(? —1646) 号仙源。第五代益王(宣王)翊鈏庶十九子。万历三十四年(1606)封奉新王,隆武二年(1646)卒。《千顷堂书目》著录其《东馆缶音》四卷,现存明万历间刻本《东馆缶音》二十卷,韩国桢、许国序,内诗十七卷,收诗逾千首,末三卷收赠序六十三篇。其诗文多为赠人、贺寿、题咏时节、咏物、题画之作。生平见《明史》卷一〇四《诸王世表五》。

朱翊鈘(生卒年不详) 字匡鼎,自号隐真子。荆藩樊山王。荆王朱瞻堈六世孙。万历二十八年(1600)袭封樊山王。其父载岑以文行称,翊鈘世其家学,与弟翊歷、翊塑皆好为诗,兄弟尝共处一楼,号花尊社,以吟咏为乐事。又慕淮南八公之徒,折节名士,一时士大夫皆与游。

所著辑为《广燕堂集》二十四卷,有天启六年(1626)序刊本,卷一收赋十六篇及三、四言古体诗,卷二至卷二三收五七言古近体诗,卷二四收词七十首,有汪可受序。方志记其另有《震岳诗话》,未见传。清高士熙《湖北诗录》"黄州编"录其诗一首。生平见《(雍正)江西通志》卷五二、《明史》卷一一九。

朱淛(1486—1552)　字必东,号损岩。福建兴化府莆田人。正德十一年(1516)举乡试第一,嘉靖二年(1523)进士,授湖广道御史。三年昭圣皇太后生日,有旨免命妇朝,淛上书力争。时帝欲尊所生,而群臣欲尊昭圣,疏入,帝怒,欲杀之,群臣固请,乃杖八十,除为民。家居二十余年,嘉靖三十一年卒,年六十七。《千顷堂书目》著录其《天马山房集》八卷。现存隆庆三年(1569)张秉铎原刊本《天马山房遗稿》八卷,奏疏一卷,各体文五卷,诗赋二卷。是集又有递修本及清抄本。《明诗综》卷三九录其诗四首。《御选宋金元明四朝诗》录其诗三首。《四库全书》收《天马山房遗稿》八卷,《总目》"提要"云:"其诗文不事铅华,独抒怀抱……至家居三十余年,于民生国计切切不忘。集中南洋水利之议,山寇海寇之防,皆摺陈利病,斟酌时宜,委曲以告当事,不以罢黜而膜视,抑又难矣。其'争诞节朝贺疏',史仅删存大略,集中尚载其完本,用以压卷。"清郑王臣《莆风清籁集》卷一八录其诗二十六首,《兰陔诗话》云:"自谓罢官之岁,适与靖节相符,园中多植菊,每开时,必作数诗以纪岁月。其诗春容和粹,无穷愁牢骚语。虽不规抚柴桑,其兴趣正自相同。"清郭柏苍《全闽明诗传》卷一九录其诗四首。《明诗纪事》戊签卷一五录其诗四首,《明文海》录其文三篇。清涂庆澜《莆阳文辑》卷二录其文一篇。生平见何维骐《监察御史朱淛传》(《国朝献征录》卷六五)、《(乾隆)福建通志》卷五二、《明史》卷二〇七。

朱谋埠(生卒年不详)　字明父,一字郁仪。明宗室。宁献王七世孙,封镇国中尉,万历二十年(1592)摄石城王府事。《明史》称其"典藩政三十年,宗人咸就约束。暇则闭户读书,著《易象通》《诗故》《春秋戴记》《鲁论笺》及他书,凡百十有二种,皆手自缮写"。又谓其"贯串群籍,通晓朝廷掌故。诸王子孙好学敦行,自周藩中尉睦㮮而外,莫及谋埠者"。卒后豫章人私谥贞静先生。《千顷堂书目》著录其《易象通》八卷、《诗故》十卷、《古今通历》《邃古记》八卷、《水经注笺》四十卷、《豫章耆旧传》三卷、《蕃献记》四卷、《玄览》八卷、《异林》十六卷、《画史会要》五卷、《金海》一百二十卷及《枳园近稿》。现《诗故》十卷、《邃古记》八卷、《水经注笺》四十卷、《藩献记》四卷、《玄览》八卷、《异林》十六卷、《画史会要》五卷及《骈雅》七卷、《古文奇字》十二卷,皆有万历时刊本。另《周易象通》八卷有清抄本。《诗故》十卷、《骈雅》七卷又为《四库全书》所收。《列朝诗集》闰集录其诗《赠康侯弟》等四首。《明诗综》卷八五录其诗《送黄贞父入觐》等四首。《御选宋金元明四朝诗》录其诗五首。《江西诗征》卷六二录其诗七首。《明诗纪事》甲签卷二上录其诗四首。生平见《(雍正)江西通志》卷七○、《明史》卷一一七。

朱谋瑝(生卒年不详) 字康侯,改字公退。明宗室,宁献王七世孙。明末以诗名,后不知所终。有《羔雁》《淹留》《芜城》《巾车》等集,《千顷堂书目》著录,未见传。《列朝诗集》闰集录其诗五十四首,"小传"谓其"少而英敏,读书修辞,踵郁仪(朱谋㙔)之后尘。结庐蛟溪,在龙沙之北,躬耕赋诗。郊居耕钓之作,词旨婉约,有唐温、许,宋陆游之流风。已而才名蔚起,颇事干谒,好游于邦君大夫。公族群絓白简,疑公退中之,构讼波及,牵连数载乃得解。出游金陵、吴越,诗篇日富,遂不复进。崇祯中,刻《芜城》《巾车》二集,牵率尘坌,如出两手。人言诗以穷工,而公退以穷退,殊不可解也"。《明诗

综》卷八五录其诗五首,又引姚园客(姚旅)云:"南昌王孙多称诗,而康侯拔出。"《御选宋金元明四朝诗》录其诗二十四首。《江西诗征》卷六四录其诗四十八首。《明诗纪事》甲签卷二下录其诗三首。生平见《(雍正)江西通志》卷七○。

朱谏(1462—1541) 字君佐,号荡南。浙江温州府乐清人。天顺六年(1462)二月二十八日生。少补博士弟子员,应乡试,凡五试不举,逾自奋励。弘治八年(1495)领乡荐,明年进士,授歙县令。迁知武定州,升南兵部武选员外郎,再迁郎中。正德八年(1513)部举知赣州府事,移知吉安府,谢病归。优游林下二十余载,嘉靖二十年(1541)六月十三卒,年八十。所著有《李诗选注》十三卷《辩疑》二卷(有隆庆时刊本)及《学庸图说》《宋史辩疑》等。又尝修《雁山志》四卷(有万历刊本)。因家于雁荡山南,故诗文本集名《荡南集》,《千顷堂书目》著录,现存清同治十三年(1874)刊本《荡南集》四卷(与同邑朱希晦《松巢集》合刊)。《盛明百家诗》后编录其诗一百余首、词十余首为《朱荡南集》。顾起纶《续国雅》卷三录其诗二首。《皇明诗统》卷一五录其诗十二首。《石仓十二代诗选·明诗选》录其诗五十一首。《明诗综》卷二七下录其诗八首,"诗话"云:"荡南近体,足自名

家。"《东瓯诗存》卷一九录其诗二十首。《明诗纪事》丁签卷七录其诗二首，按语亦谓其诗"不俗"。生平见王健《吉安府知府朱先生谏行状》(《国朝献征录》卷八七)。

朱隗(生卒年不详) 字云子。南直苏州府长洲(今江苏苏州)人。治博士弟子业，雅尚风藻。天启中曾入吴中复社，与张溥、杨廷枢、杨彝、顾梦麟等分主五经。晚岁当贡，隐而不出。于诗长于古诗长歌，著有《咫闻斋稿》，《千顷堂书目》著录，未见传。又喜论诗，曾辑《明诗平论》二十卷，现存崇祯十七年(1644)刊本。清蒋景祁《瑶华集》录其词[念奴娇·观子瞻九辨帖]一首。《明诗评选》录其诗一首。清卓尔堪《明遗民诗》录其诗二首。《明诗综》卷七六录其诗七首，"诗话"云："云子际钟、谭盛行之日，唱酬吴下，遥应南风。然其论诗有云：'诗贵渊源风旨，不取蹈袭形模。汉、魏未尝规模《三百篇》，盛唐未尝规模汉、魏，今且拘拘习其声音笑貌，何为者邪？'则于'竟陵'非中心诚服可知，且盛称卧子(陈子龙)之作。"《御选宋金元明四朝诗》录其诗六首。《明诗纪事》辛签卷二二录其诗二首，按云："云子富有才华，惜为楚咻所夺，然终不掩骏迈之气。"生平见《(雍正)江南通志》卷一六五。

朱维嘉(生卒年不详) 浙江处州府缙云人。少学儒，明初以荐为卢龙县丞，迁国子助教。《千顷堂书目》著录其《素履集》，现仅存明日新馆乌丝栏抄本《素履先生文集》十卷，内诗四卷，收古近诗三百六十余首、词二首，文六卷，分别标目为记、序、谱序、序、杂录、铭辞古词古诗赞，收文百余篇。其集及所著诗文流传绝少，1938年印行之《缙云文征补编》(清汤成烈辑)也未收其片语，然乡里流传其所作家谱序。生平略见《(雍正)浙江通志》卷一七七引《括苍汇纪》。

朱期(生卒年不详) 字万山。浙江绍兴府上虞人。著有传奇《玉丸记》，现存万历间杭州刊本，题《刻新编奇遇玉丸记》，凡二卷三十八出。剧叙上虞监生朱其字伯生，少微星降世，策试忤严嵩，因退隐三山，号三山主人。泛舟偶遇淑女云娟，乃太阴精下界，因设计求得为妻，又婉谢巡抚胡宗宪之聘，得以悠游乡里。待隆庆帝立，赴试得中，授婺源县令，赴任途经镇江，闻权臣张居正奸诡，又弃职归里。剧以嘉靖至隆庆间三十余年时间为叙事背景，作者当为此间人也。吕天成《曲品》列《玉丸记》为"下之中"，谓作者"乃世家令子，终困志于稗官"，所作"即此君自况也"。祁彪佳《远山堂曲品》"具品"亦著录《玉丸记》，评云："作南传奇者，构局为难，曲白次之。此记局既散漫，且词不达意。意既蒙晦，而词如撞木钟、扣石鼓，虽填得畅满，亦何益哉！玉丸之遇，万山以自况者。虞江故有曲派，吾未敢为此君许也。"

朱敬鐇（生卒年不详）　字进父，号志川。明宗室，秦愍王朱樉八世孙，万历中封奉国中尉。能书法，有手书《心经千文》行于世。喜吟咏，其《梅雪轩诗稿》四卷（收古近体诗四百零五首）附《饮酒杂诗》一卷（十六首）为其子朱谊漖辑录，现存万历三十二年（1604）朱谊漖、朱谊汜刻本，首有万历十七年王鹤、黄辉、冠学海序，万历二十五年南师仲序，万历二十七年朱谊漖后序。《饮酒杂诗》有万历三十二年朱谊漖《书家君饮酒杂诗后》、郭宗昌《饮酒诗跋》。是集又有明金陵兰亭书坊王灿刊本。《四库全书总目》著录《梅雪轩诗稿》四卷，"提要"谓其"诗格浅弱"。生平见朱谋垔《续书史会要》。

朱朝瑛（1605—1670）　字美之，号康流，晚号罍庵。浙江杭州府海宁人。崇祯十三年（1640）进士，除旌德知县，丁外艰归，遂不复仕。卒于清康熙九年（1670），年六十六。研经学，曾学《易》于黄道周。现存清抄本《七经略记》九十四卷，内除《读诗略记》六卷、《读春秋略记》十卷为《四库全书》所收，另有《读易略记》不分卷、《读周礼略记》六卷、《读仪礼略记》十七卷、《读礼记略记》四十九卷，亦为《四库全书总目》著录。《千顷堂书目》著录其有《正谊堂诗集》，未见。现存崇祯九年刻《金陵游草》一卷，收其诸体诗七十余首，张华序、朱朝琮跋。另有清康熙十一年周炜等刊本《罍庵杂述》二卷。清卓尔堪《明遗民诗》录其诗二首。《明诗综》卷六九上录其诗五首。《御选宋金元明四朝诗》录其诗四首。生平见《（雍正）浙江通志》卷一七八、《明史》卷九六。

朱朝瞳（生卒年不详）　周藩上洛王。周定王七世孙，上洛恭靖王勤谯嫡长子，万历三十二年（1604）袭封上洛王。现存万历刊本《青藜斋集》二卷，收其所作五七言古近体诗二百五十余首，徐即登序。另有万历刊本《养明储郡制义》《祀岳集》（内有诗二十九首）、《孝行始末文稿》《学行始末文稿》《洛书楼社草》（内收朝瞳诗五十首）各一卷。生平事见《明史》卷一〇〇《诸王世表一》。

朱葵心（生卒年不详）　南直苏州府吴县（今江苏苏州）人。著《回春记》传奇，现存崇祯十七年（1644）刻本。是剧四折，叙常熟汤去三、吴县诸文止等入京应试，中式者皆富贵子弟，众考生遂痛打考官；汤、诸结伴游西湖，结识被罢武官高士斌，畅论边事，悲愤难抑；后汤、诸中进士,恰遇李自成兵陷北京,福王新立南京,起高士斌为征西大将军,夺北京,征陕西,又严惩欺君误国之文臣武将,有功之臣因得功成身退。本剧刻本有序,署"崇祯甲申中秋日,弟朱葵向书于梧竹溪头",知是剧当创作于当年福王立仅数月时。直接以时事政治为背景,自写幻想,亦少见矣,惟未详作者之生平。

朱鼎(生卒年不详)　字永怀。南直苏州府昆山(今属江苏)人。撰传奇《玉镜台记》,今存明末汲古阁原刻初印本、汲古阁刻《六十种曲》本。剧凡二卷四十出,演东晋初年名臣温峤(温太真)巧娶其表妹故事,本事见《世说新语》卷下《假谲》及《晋书》温峤传,所涉及人物如王敦、石勒、刘琨、祖逖等人亦皆本于《晋书》诸传,本剧仅根据需要略有增饰。元关汉卿已有《温太真玉镜台》杂剧(有《元曲选》本),南戏戏文有《温太真》(钮少雅《九宫正始》著录)。吕天成《曲品》著录《玉镜台记》入"下上品",评语云:"此君与二顾同盟,而才不逮。纪温太真事未畅,粗具体裁。元有此剧,何不仍之?""二顾"指昆山顾允默、顾允恭兄弟,皆卒于万历时,则朱鼎亦为万历时人也。

朱鼎臣(生卒年不详)　字冲怀,自称羊城(今江西抚州)人。嘉靖、万历时福建建阳书坊作家。所辑《鼎镌徽池雅调南北官腔乐府点板曲响大明春》,自称"后学庠生",或曾为诸生而失意于功名者。明焕文堂刊本《全相观音出身南游记传》四卷二十五则,署"南州西大午辰走人订著"、"羊城冲怀朱鼎臣编辑"。"西大午辰走人"为吴迁(字还初)之别署,则此书应为吴迁原著,鼎臣参预编写矣。小说前半叙观音出身及其坚心修道、矢志不渝事,取资于宋普明禅师编《观世间菩萨本行经简集》;后半写观音及其弟子善才、龙女等收伏青狮、白象等故事。文字简略粗疏,仅具故事梗概,但其内容于民间有较大影响,佛教观世音菩萨被中国民间说成女性,与本书之传播有一定关系。是书明季以来有多种刻本,又题为《南海观音全传》《观音得道》《观音全传》《南海观世音菩萨出身香山修行》《大香山》等。朱鼎臣编辑另一小说为《唐三藏西游释厄传》(又名《唐三藏西游传》)。是书现存明书林刘莲台刊本,十卷,实据百回本《西游记》删节而成,章次凌乱,详略不当,然较百回本《西游记》现存最早刊本世德堂本多出唐僧出身故事("江流儿故事"),故有论者或以为其出自百回本《西游记》之更早刊本。

朱善(1315—1386)　字备万,号一斋。江西南昌府富州人,洪武九年(1376)改富州为丰城县,后遂称其为丰城人。洪武初聘本州训导,继为南昌府学教授。以文章为朝廷所知,八年召试第一,授翰林修撰,以奏对失旨,改辽东教授,赐还乡。十七年召为翰林待诏,十八年擢文渊阁大学士,引疾归。卒于洪武十九年九月二十一,年七十二,正德间谥文恪。《千顷堂书目》著录其《一斋集》十卷又《辽海集》五卷又《广游集》一卷又《灞峰精舍文集》一册。现存成化二十二年(1486)朱维鉴刻《朱一斋先生文集》,内前十卷收辞赋及各体文,后五卷为《辽海集》,收其洪武十一年、十二年谪辽东时诗文,又《广游集》一卷,收其洪武十七年被聘广东校文时所作序、记及诸体诗。另有《诗经解颐》四卷亦为《千顷堂书目》著录,后收入《四库全书》。《皇明风雅》卷一七录其诗一首。《皇明诗统》卷七录其诗五首。《石仓十二代诗选·明诗选》录其诗二十三首。韩阳《皇明西江诗选》卷一录其诗二十六首。《明诗综》卷三录其诗一首。《四库全书总目》著录其集《一斋集》十六卷,“提要”云:“善以文章为明太祖所知,然核其品第,究不能与宋濂诸人雁行。”《江西诗征》卷四四录其诗七首。《明诗纪事》甲签卷一二录其诗一首,按云:“备万耆年立朝,宴享赐坐殿中,与刘三吾、汪叡称三老。文章和平漫衍,名虽不及潜溪(宋濂)、华川(王祎)之盛,在明初亦足名家。”《明文海》录其文《仰高楼记》等二篇。生平见聂铉《朱公墓志铭》(《朱一斋先生文集》卷首)、廖道南《殿阁词林记》卷三、《明史》卷一三七。

朱奠培(1418—1491)　号竹林懒仙。宁靖王。宁献王朱权孙,惠王朱盘炷子,正统十四年(1449)袭位,弘治四年(1491)卒,年七十四,谥靖。史称其“性卞急,多嫌猜”,而工书善画,书法不肯袭古,写山水于不经意间。乐修文辞,亦能诗。现存明刊本《懒仙竹林漫录》三卷,内卷上题《仙谣三十章》《小仙谣三十章》《大仙谣》二章;卷中题《琴书八景楼》八章、《却扫吟》三十章等;卷下题《松石轩秋咏拟古一章》《杂意拟古》一百十九首等,实主要为五七言诗,所谓“仙谣”,类拟古游仙诗也。所著又有成化时刊《松石轩诗评》(《懒仙诗评》)一卷,一百四十五则,评述历代诗人诗作,上起汉、魏,下至金、元,以时代先后编次。生平见《国朝献征录》卷一《宁靖王奠培(传)》、朱谋㙔《藩献记》卷二、朱谋垔《续书史会要》、《明史》卷一一七。

朱椿(1371—1423)　蜀献王。朱元璋第十一子。生于洪武三年(1371)三月十八,十一年封蜀王,十八年命驻凤阳,二十三年之国成都。时诸王皆备边练士卒,椿独崇礼教,又修筹边楼、望江楼、散民楼,倡文学。永乐时椿之同母弟谷王朱橞图不轨，椿子悦燇，获咎于椿，走橞所，橞称为故建文君以诡众，十四年，椿暴其罪，得帝赏赐。永乐二十一年（1423）二月十一卒，年五十三，谥献。《千顷堂书目》著录其《献园睿制集》十七卷，有成化二年（1466）序刊本，文十二卷、诗五卷。《列朝诗集》乾集上录其诗六首，"小传"云："尝奉命阅兵中都，即辟西堂，延揽名士李叔荆、苏伯衡等，商榷玄史。高皇帝呼为'蜀秀才'。之国初，即聘汉中教授方孝孺为世子傅，待以宾师之礼，名其读书之斋曰'正学'。'方正学'之称自此始。"《明诗综》卷一下录其诗一首，"诗话"云："明开国诸王，文学首称蜀府……惜《献园集》罕传于世。王孙定王友垓有集十卷，曾孙惠王申鉴有《惠园集》、惠王孙成王让栩有《长春竞辰集》，成王孙端王宣圻有《端园集》。五叶皆有集著录，亦盛事也。"《御选宋金元明四朝诗》录其诗二首。《明诗纪事》甲签卷二上录其诗一首。生平见《国朝献征录》卷一《蜀献王椿（传）》《明史》卷一一七《诸王二》。

朱颐堰（生卒年不详）　字江亭。明宗室。朱元璋八世孙，鲁荒王檀七世孙，封镇国中尉。所著现存崇祯十四年（1641）其孙柘城知县朱用溱刊本《市隐堂诗稿》五卷，为其子朱寿鏊等辑编，计收诸体诗近八百

首，首有范淑泰、颜则礼序，末有王应昌跋。清宋弼《山左明诗钞》卷三五录其诗四首。《明诗纪事》甲签卷二下录其诗十三首，按云："江亭诗音节高亮。史称钜野中尉颐琢声诗清拔，所著有《赤霞馆集》。余检江亭《市隐堂集》有《喜闻赤霞馆得二鹤》《展九日集赤霞馆对雨》诸诗，盖同时倡和之作也。江亭名不甚著，余特广为甄录，与世共赏之。"

朱鉴（1390—1477）　字用明，号简斋。福建泉州府晋江（今泉州）人。永乐十五年（1417）领乡荐，十六年会试乙榜，授蒲圻教谕。宣德三年（1428）擢监察御史，巡按湖广，正统五年（1440）巡按广东，七年升山西左参议。正统十四年"土木之变"后，晋山西布政使，转都察院右副都御史，巡抚山西，景泰三年（1452）致仕。家居二十余年，卒于成化十三年（1477），年八十八。著述现存清雍正元年（1723）刊本《简斋朱公愿学稿》四卷，卷一、卷二序，卷三记、书、墓铭、疏赞等，卷四收诗六十余首，并附其子孙之诗，蔡清序。生平见《国朝献征录》卷五五《右副都御史朱公鉴传》、何乔远《名山藏》卷六三、《明史》卷一七二。

朱睦㮮（1517—1586）　字灌甫，号西亭。明宗室。周定王橚六世孙，镇平恭定王朱有爌之后，封镇国中尉。喜藏书，家有万卷堂，藏书甚

富,后有《万卷堂书目》四卷传世。被服儒素,从河洛间宿儒游,又勤于著述,时称明宗室攻经史文词者,嘉靖、隆庆以下以其最为博洽。万历五年(1577)举周藩宗正,领宗学十余年,国中大制作皆出其手。万历十四年七月二十五卒,年七十。以游心六经为要,著《五经稽疑》六卷,为《四库全书》所收。另记建文一朝事迹为《革除逸史》(又称《逊国志》)二卷,亦为《四库全书》所收。《四库总目》另著录其《易学识遗》一卷、《春秋诸传辨疑》四卷(有清抄本)、《授经图》(叙经学源流)二十卷及所辑《经序录》五卷(有清抄本)。曾研究古今谥法,作《谥苑》一卷;又仿《贞观政要》编纂《圣典》二十四卷,以纪朱元璋开国事迹,有万历时刊本;作《镇平世记》二卷,述周定王第八子镇平王朱有爌谱系;取杂史中所载异事编《异林》十六卷,也皆为《四库全书总目》著录。《明史·艺文志》另著录其有《中州人物志》十六卷(有隆庆刊本)、《中州文献志》四十卷、《开封府志》八卷。《千顷堂书目》著录其诗文别集《陂上集》,未见传。《列朝诗集》闰集第五录其诗二十三首,"小传"亦云:"其诗文有《陂上集》二十卷,文尤典雅可诵。"《明诗综》卷八五录其诗三首。《御选宋金元明四朝诗》录其诗十六首。《明诗纪事》甲签卷二下录其诗二

首。生平见张一桂《镇国中尉西亭公神道碑》(《国朝献征录》卷一)、《明史》卷一一六。

朱慎钟(?—1606)　号宗川。晋藩庆成荣懿王。朱元璋九世孙,晋藩庆成庄惠王七世孙,庆成安穆王朱知爝第四子。隆庆六年(1572)袭封,万历三十四年(1606)卒,谥荣懿。现存万历三年刊本《宝善堂稿》二卷,收诗一百五十四首,首孔天胤《宝善堂稿叙》,末有赵讷孟后序。《千顷堂书目》著录其有《太霞稿》,未见传。《明诗综》卷一下录其诗《夏日登万佛楼次朱使君韵》,并引穆文熙语,谓其"诗亦有体裁,不失风人遗旨"。《御选宋金元明四朝诗》亦录是诗。生平见《明史》卷一〇〇《诸王世表一》。

朱翰(生卒年不详)　字汉翔,号石田。浙江嘉兴府嘉兴人。景泰、成化间以教书为业。曾辑元、明两代嘉兴人诗为《檇李英华》十六卷。事母孝,性情正,发而为诗,多温厚和平,无雕琢藻绘之迹。《千顷堂书目》著录其诗集《石田清啸集》十四卷,为成化十七年(1481)其门生周瑾刊,现原刊本残存六卷,清抄本十四卷全,计收诗六百余首。前有成化十五年胡英序、成化十七年徐春序。郡人汤涤后序,谓其集"题曰《石田清啸集》,盖寄傲于山林也"。《皇明风雅》卷三〇、《皇明诗

统》卷一一录其诗一首。《石仓十二代诗选·明诗选》录其诗四十一首。清沈季友《槜李诗系》卷一〇录其诗四首。《明诗综》卷二三录其诗二首,《明诗纪事》乙签卷二一录其诗一首。

朱衡(1512—1584) 字士南、惟平,号镇山。江西吉安府万安人。嘉靖十年(1531)领乡荐,明年进士,除尤溪知县,徙婺源。征授刑部主事,历郎中,出为福建提学副使,累官山东布政使。三十九年进右副都御史巡抚山东。入为工部右侍郎,改吏部,升南京刑部尚书,寻以工部尚书兼副都御史总理河漕。隆庆元年(1567),加太子少保,召还掌部事。以性强直,遇事不挠,不为首辅张居正所喜,万历二年(1574),言官劾以刚愎,再疏乞归。卒于万历十二年七月初四,年七十三。其督学福建时曾编纂《道南源委录》十二卷,现存嘉靖四十二年建宁刻本。《千顷堂书目》著录其《文集》二十卷,现存万历十九年陈宗愈婺源刊本《朱镇山先生集》二十卷,内诗八卷,收诗六百五十余首,文十二卷,收各体文一百零四篇,汪道昆序。《盛明百家诗》录其诗一百九十首为《朱镇山集》。顾起纶《国雅》卷一二录其诗十四首。《皇明诗统》卷三二录其诗五首。《皇明诗选》录其诗一首。《明诗综》卷四一录其诗一首。

《江西诗征》卷五七录其诗一首。《明诗纪事》戊签卷一八录其诗一首。《明文海》录其文四篇。清胡大鸿《江右文抄》录其文五篇。生平见于慎行《镇山朱公衡行状》《国朝献征录》卷五〇)、胡应麟《万安朱公墓志铭》(《少室山房集》卷九二)、《明史》卷二二三。

朱橚(1361—1425) 周定王。朱元璋第五子。洪武三年(1371)封吴王,十一年(1378)改封周王,与燕、楚、齐三王暂驻凤阳,十四年就藩,国开封。二十二年任宗人府左宗人,弃国居凤阳,高祖怒,将徙云南,寻止,因羁居京师,世子朱有燉理藩事,二十四年敕归藩。建文初,以谋反贬为庶人,窜云南蒙化,复召还京,锢之。成祖即位,复爵归旧封,洪熙元年(1425)闰七月二十卒,年六十五。《四库全书》收其《救荒本草》二卷及《普济方》四百二十六卷。曾从永乐所赐元故宫人得闻元宫旧事,撰《元宫词》百首,后人或误以为其子朱有燉所作。《列朝诗集》乾集录《元宫词》四十六首,即作宪王朱有燉作。《明诗综》卷一下录《元宫词》六首,"诗话"云:"《元宫词》百首,宛平刘效祖序称周恭王所撰,固谬,钱氏《列朝诗集》作'周宪王',亦非也……按序所云,《元宫词》当是定王作。"甚确。《四库全书总目》著录《元宫词》一卷,"提要"云:"寻常宫怨之词殆居五分之一,非惟语意重复,且历代可以通用,不必定属于元,颇为冗泛。其他切元事者,皆无注释,后人亦不尽解。"《明诗纪事》甲签卷二上录其诗四首。生平见《国朝献征录》卷一《周定王(传)》《明史》卷一一六《诸王一》。

朱瞻基(1398—1435) 明宣宗。仁宗朱高炽长子。洪熙元年(1425)五月嗣位,次年改元宣德,在位十年卒,年三十八,谥章皇帝,葬景陵。曾随祖父永乐帝出征,亦能书画,喜为诗文,《千顷堂书目》著录《宣宗章皇帝御制文集》四十四卷又《诗集》六卷《乐府》一卷。现存明内府朱丝栏抄本《大明宣宗皇帝御制集》,据目录,卷一、卷二为帝训,卷三为序记,卷四为论说,卷五至卷七为赋,卷八为颂,卷九为箴,卷一〇为铭赞,卷一一为辞操,卷一二为杂著;卷一三至卷四三为诗(近一千五百首),卷四四为乐府词。现实存卷一至卷一二,卷一六至卷一八、卷三二至卷四四,共二十八卷,内存诗八百余首,词二十五首。又,清文瑞楼有抄本《宣庙御制总集》不分卷。另有宣德元年(1426)内府刊本《历代臣鉴》三十七卷、正统十二年(1447)内府刊本《五伦书》六十二卷。《列朝诗集》乾集上录其诗四十二首,"小传"谓其"长篇短歌,援笔力就。一试进士,辄自撰程文,曰:'我不当会

元及第耶?'万机之暇,游戏翰墨,点染写生,遂与宣和争胜。"《明诗综》卷一上录其诗九首,"诗话"云:"景陵当海宇承平之日,肆意篇章。尝于九年元夕,群臣观灯,各献诗赋,汇成六册,惜今已无存。"《御选宋金元明四朝诗》录其诗三十三首。《明诗纪事》甲签卷一上录其诗三首。清沈辰垣《御选历代诗余》录其词一首。《明词综》卷一录其词一首。生平见《明史》卷九《宣宗本纪》。

朱曜(1462—1530) 字叔阳,号玉洲。南直松江府华亭(今上海松江)人,朱佑子。正德间诸生,早年力学,颇留意百家子史,九战秋闱不胜,以贡官清江盐课提举。后以仲子朱豹官侍御史,推封如子官。卒于嘉靖九年(1530)六月,年六十九。有诗文集《朱玉洲集》八卷,现存嘉靖间刻本,首嘉靖十五年唐锦《玉洲先生文集序》,内诗二卷,收诗八十六首,文六卷,收各体文五十二篇。《明诗综》卷二六、《御选宋金元明四朝诗》录其诗一首。清姚宏绪《松风余韵》卷九录其诗十三首。清冯金伯辑《海曲诗钞》卷二录其诗七首。《明诗纪事》丁签卷一五录其诗一首。近人严昌堉《海藻》卷二录其诗六首。

朱灏(生卒年不详) 字宗远。南直松江府华亭(今上海松江)人。监生。有才名,能诗画。崇祯二年

(1629)，名士杜麟征、夏允彝以举业为号召，敦请文会，倡立畿社，后入社者数十人。畿社初以研磨举业为务，因以"心古人之心，学古人之学"为宗旨，故亦崇尚古学，古文韵体，靡不研习。其时国事维艰，故亦关心政局，讲求事功。灏与陈子龙、李雯、徐孚远、周立勋、顾开雍等为畿社中能文者。崇祯五年畿社辑社友九人所作骚赋、乐府、古近体诗及序记之文为《畿社壬申合稿》二十卷（有明末小樊堂刊本），入选者十一人，内亦选入灏所作，计赋五篇、骚一篇、古乐府十五首、五七言古近体诗二十九首、序论颂铭等十五篇。畿社诸子相互以诗古文辞相砥砺，所作"大都赋本相如，骚原屈子，乐府古歌繇汉魏，五七律绝繇三唐，赞序班、范，诔铭张、蔡，论学韩愈，记仿宗元"，开雍所作，亦未脱其樊篱也。崇祯间保举授延平府通判，明社亡，侍晋王流于海外，后不知所终。卓人月、徐士俊《古今词统》录其词八首。清姚宏绪《松风余韵》卷八录其诗二首。清姜兆翀《松江诗钞》卷六一录其诗五首。生平见《(嘉庆)松江府志》卷五五。

乔世宁（1503—1563） 字景叔，号三石。陕西西安府耀州（今耀县）人。嘉靖四年（1525）乡试第一，十七年（1538）进士，除南户部主事。历福建司员外郎、贵州司郎中，出为四川按察佥事。历湖广提学副使、河南参政，进四川按察使，以母忧归。累荐不起，家居十年，四十二年卒，年六十一。其人短而髯，以温然长者称。生有异禀，日记数千言，强学好问，至老不倦。《明史·艺文志》著录《耀州志》十一卷、《五台山志》一卷、《丘隅集》十九卷。《丘隅集》十九卷为其自选诗文集，存嘉靖末原刊本，首嘉靖四十二年孙应鳌序，内诗八卷，收古近体诗近四百首。《千顷堂书目》另著录其《乔氏族谱》一卷。《盛明百家诗》前编录其诗百余首为《乔三石集》，记云："景叔诗为时推重，谓在康对山（康海）、王渼陂（王九思）之上。"万历间赵南星编《明十二家诗选》选《乔三石集》二卷。顾起纶《国雅》卷一三录其诗四首。《皇明诗统》卷二三录其诗十三首。崇祯五年（1632）贾鸿洙《周雅续》卷九录其诗二十八首。《皇明诗选》录其诗三首。《列朝诗集》丁集录其诗九首。《明诗综》卷四二录其诗九首，"诗话"云："何仲默（景明）视学秦中，景叔亲受诗法，谭必移日，故其诗整而不浮，可与许少华（许宗鲁）肩并，余蔑有过焉者。"《御选宋金元明四朝诗》录其诗八首。《明诗纪事》戊签卷二〇录其诗十七首，按语谓其"与李、何持论稍有不同。五律唐人格意，清圆宛转，不愧作者"。生平见王兆云《皇明词林人物考》卷八、过庭训《本朝分省人物考》卷一〇四、《(雍正)陕西通志》卷五七上。

乔因阜(生卒年不详)　字思绵。陕西西安府耀州(今耀县)人,乔世宁子。嘉靖四十年(1561)举人,隆庆二年(1568)进士,授户部主事。历官浙江按察佥事、江西提学副使,官至右通政使。万历八年(1580)张居正废毁天下书院,杭州万松书院也在其列,因阜与浙江巡抚谢师启以"万松书院祀先圣,不当概毁"为由,再三乞请,终得以保存,改称为"先贤祠"。能诗文,著述现存万历三十七年耀州乔氏远志堂刊本《远志堂集》十三卷,内诗七卷,收五七言古近体诗三百四十余首,文六卷,收其序、记、碑、墓志等文五十余篇。崇祯五年(1632)贾鸿洙《周雅续》卷一〇录其诗二十首。《(雍正)陕西通志》录其诗二首。生平见《(乾隆)西安府志》卷四二。

乔宇(1457—1524)　字希大,号白岩。山西太原府乐平(今昔阳)人。成化二十年(1484)进士,授礼部主事,改吏部。历员外、郎中,迁太常少卿、光禄卿,擢户部侍郎。正德间进南礼部尚书,就改兵部。宸王反,严于警备,论功加少保。嘉靖初召拜吏部尚书,起用被权幸黜逐之臣,气象一新,旋以争"大礼"忤帝意,又拒召用席书、张璁、桂萼等,触帝怒,乃乞休。卒于嘉靖三年(1524),年五十八,隆庆初追复官爵,谥庄简。善书法,能诗文。《明史·艺文志》著录其《白岩集》二十卷,今存隆庆五年(1571)王世贞、乔世良刻《乔庄简公集》十卷,内诗赋四卷,文及杂著五卷,墓表碑铭等一卷。另有嘉靖二十二年(1543)刻乔宇、薛惠《游嵩集》一卷,收嘉靖十年二人游登封嵩山五日倡和诗,各三十五首。《皇明诗统》卷一九录其诗二十一首。《皇明诗选》录其诗一首。《列朝诗集》丙集录其诗三首,"小传"云:"受经李长沙(李东阳)、杨石淙(杨一清)之门,与李献吉(李梦阳)、王伯安(王守仁)切摩为古文……正、嘉之间,岿然为巨公长德。殁后三十余年,王元美(王世贞)为晋臬,访其诗,序而刻之。"《明诗评选》录其诗一首。《明诗综》卷二五录其诗六首,"诗话"云:"庄简诗有雄概,当时与边(贡)、李(梦阳)实为倡和交。顾华玉(顾璘)叙其纪行之作,谓'正者准雅则,奇者抉幽险',是不特存存社稷,亦风雅之领袖也。"清沈德潜《明诗别裁集》录其诗一首。《御选宋金元明四朝诗》录其诗十首。《明诗纪事》丙签卷八录其诗一首。《明文海》录其文一篇。生平见陈璘《乔公宇行状》《国朝献征录》卷二五)、王兆云《皇明词林人物考》卷三、何乔远《名山藏》卷七

四、《明史》卷一九四。

伍袁萃(1548—1624) 字圣起，号宁方，又号松菊主人。南直苏州府吴县(今江苏苏州)人。万历八年(1580)进士，授贵溪知县。擢兵部主事，进员外郎，出为浙江提学金事，官至广东按察司副使，分巡海北道，以罪中官告归。卒于天启四年(1624)，年七十七。致仕后曾撰《林居漫录》，成《前集》六卷《别集》九卷《畸集》五卷《多集》六卷，有万历三十五年自序刊本，又有清抄本。内多记朝野故实，议论兼半，屡引明初事以证时下弊政，间有贬抑当世公卿如李三才等文字。其书词气激越，如力排王守仁"良知"之说，遂并其事功而没之，至胪载闾巷琐事，则多参以因果之说，尤失于庞杂。时有贺灿然愤不平，作《漫录评正》八卷驳之，袁萃复撰《驳漫录评正》一卷，灿然又作《驳驳漫录评正》四卷，一时成朝野谈资。《四库全书总目》著录《林居漫录前集》六卷《畸集》五卷。其杂著存世尚有万历刊《弹园杂志》四卷、《维新志》六卷《附集》二卷。《千顷堂书目》著录其诗文别集《贻安堂稿》八卷、《逸我轩集》四卷，现存万历三十八年刊《贻安堂稿》八卷《续集》二卷。陈济生《天启崇祯两朝遗诗》卷一〇其诗十三首。近人汪正石《木渎诗存》卷一录其诗一首。生平见《(乾隆)江南通志》卷

一四〇、《明史》卷二八三。

伍瑞隆(1585—1666) 字国开，号铁山，晚号鸠艾山人。广东广州府香山(今中山)人。生于万历十三年(1585)五月初六。天启元年(1621)举乡试第一，崇祯十年(1637)春闱副榜，授化州教谕，聘修《高州郡志》。后选为翰林院待诏，迁户部主事，再迁员外郎，管仓场，十五年官河南大梁兵巡道。丙戌(1646)十一月，广州唐王立，拜太仆寺卿。后归里，辟玉溪园、白燕池于所居之南，与诸名流唱酬。晚年隐于邑南鸠、艾二山间，故自号鸠艾山人。卒于康熙五年(1666)十月十一，年八十二。善书画，亦能诗，所著有《怀仙亭草》《雩乐林草》《辟尘集》《金门草》等集。现存天启四年刻《临云集》十卷，内卷一收赋四、铭二，卷二至卷五收诗近四百首，卷六至卷八收序、记文二十三篇，卷八、卷九为《家谱》，卷一〇收书启、祭文、墓表等十余篇。首李孙宸序谓其诗"五七言绝句，多得力于宋南渡诸家，古体有盛唐遗音"。清王士禛《渔洋诗话》云："东粤诗，自屈、程、梁、陈之外，又有王邦畿说作、王鸣雷震生、陈子升乔牛、伍瑞隆铁山数人，皆有可传。"清梁善长《广东诗粹》卷八录其诗三首。《明诗纪事》辛签卷二五录其诗二首。生平见《(康熙)香山县志》卷七、1924年编

《(大榄)伍氏家乘》伍瑞隆传。

任亨泰（生卒年不详）　字古雍。湖广襄阳府襄阳（今属湖北）人。洪武二十年（1387）举人，明年进士第一，授翰林修撰。宠遇特隆，太祖令建状元坊以旌之，每称其"襄阳任"而不名。历少詹事，擢礼部尚书，会讨龙州赵宗寿，二十八年命其偕御史严震直使安南。时帝以安南篡弑，绝其贡使，至是闻诏使至，震恐，亨泰述朝廷用兵之故以安慰之。使还，以私市蛮人为仆，降御史。未几，思明土官与安南争界，词复连亨泰，坐免官。《千顷堂书目》著录《任状元遗稿》二卷，现存正德十年（1515）慈溪顾英湖广刊本《状元任先生遗稿》二卷，收其诸体诗五十余首，顾英序，陈镐跋。《皇明风雅》录其诗二首。《皇明诗统》卷三录其诗三首。清廖元度《楚风补》卷一七录其诗三首。清高士熙《湖北诗录》录其诗二首。《明诗纪事》甲签卷二九录其诗一首。生平见顾祖训《状元图考》卷一、《明史》卷一三七。

任环（1519—1558）　字应乾，号复庵。山西潞安府长治人。嘉靖十九年（1540）举人，二十三年进士，除广平知县，改沙河、滑县。迁苏州府同知，以御倭寇功擢按察司金事，整饬苏、松二府兵备道，进山东右参政。卒于嘉靖三十七年，年四十，赠光禄卿。任环之抗倭事颇著奇绩，

当时即有人作《平倭记》记之并录其所著诗文。卒后著述经久散佚，子孙搜寻所得不足十一，清乾隆间其乡人庚玙因之用其原集名刻为《山海漫谈》三卷，凡文二卷诗一卷，收文三十余篇，诗五十余首，词八首，《千顷堂书目》曾著录。《皇明诗统》卷二七录其诗五首。周复俊编《玉峰诗纂》卷六录其诗四首。《明诗综》卷四三录其诗一首，"诗话"云："诗特其寄兴，然亦明净。"《四库全书》收录《山海漫谈》三卷，《总目》"提要"云："其文既得诸残毁之余，故有见即收，不暇铨择，多潦草应酬之作。然就其存者论之，古文皆崭崭有笔力，且高简有法度……皆非明人文集以时文为古文者，虽置之作者间可也。诗如'槎泛星河秋作客，剑横沧海夜谈兵'之类，亦间有可观，而冗俗者多，则其后人编次，失于删汰之过。"清王辅铭《明练音续集》卷首录其诗三首。《海虞文征》录其诗二首。《明诗纪事》己签卷八录其诗一首。近人赵尊岳《明词汇刊》录其词八首为《山海漫谈词录》。生平见徐阶《任公环墓志铭》（《国朝献征录》卷九五）、王道通《任公子传》（《简平子集》卷一○）、《明史》卷二○五。

任瀚（1502—1592）　字少海，号忠斋，又号五岳山人、无知居士。四川顺庆府南充人。生于弘治十四

年十二月初八（1502年1月16日）。嘉靖元年（1522）举人，八年进士，以对策名动一时，选翰林院庶吉士。历吏部主事、员外、郎中，十二年转左春坊左司直兼翰林检讨，充经延讲官，十九年以"举动任性，蔑视官府"被劾，勒为民。家居五十年，卒于万历十九年十二月初八（1592年1月22日），年九十一。瀚为官时骨鲠自持，不事逢迎。习儒学，晚年则潜心于《易》，与熊过皆笃信道教，修鸿宝修炼之法。早以文才称，在部曹与陈束、王慎中、唐顺之、赵时春、熊过、李开先、吕高等称"嘉靖八才子"（《明史·文苑传》）。归后又与杨慎、赵贞吉、熊过合称"蜀中四大家"。著述现存嘉靖二十四年刊《春坊集》二卷，卷上为文，卷下则诗文混编，为其门生花端明、李俊校录。又有万历刊本《任文逸稿》六卷（即《明史·艺文志》所著录其《逸稿》六卷），天启刊本《任少海先生文集》不分卷。另1920年曾世礼辑、盛克勤刊《任（瀚）黄（辉）合钞》中有《任司直诗钞》一卷《文钞》二卷，录其诗九十余首，文二十余篇。嘉靖刊《春坊集》卷末李时达跋谓其有《考功集》《钓台集》，盖亦如《春坊集》，为一时之集也。任瀚义章以奇崛独出为旨归，反模拟，近于唐顺之、王慎中。《明文海》录其文十二篇。诗亦苍坚壮郁，有别于侪辈。《盛明百家诗》从唐顺之处抄录二十八首，刊为《任少海集》。顾起纶《国雅》卷一〇录其诗二十首。《皇明诗统》卷二二录其诗十首。费经虞《蜀诗》卷三录其诗十八首。《列朝诗集》丁集录其诗七首。《明诗综》卷四一录其诗二首。《明诗纪事》戊签卷九录其诗四首，按语云："少海诗音节抗朗，在'嘉靖八子'中自为一派，与'前后七子'略近。"生平见王兆云《皇明词林人物考》卷七、《（雍正）四川通志》卷八、《明史》卷二八七。

伦文叙（1467—1513） 字伯畴，号迂冈。广东广州府南海（今广州）人。弘治八年（1495）领乡荐，十二年会试、殿试均第一，授翰林修撰，进谕德兼侍讲。正德元年（1506）充正使使安南，途中因父丧折回。五年起复原职，任经筵讲官，升右春坊右谕德，八年秋，出任应天试主考官，归途中得病，卒于京，年四十七。文叙性温纯，与物无竞，常以书史自娱，平日手不释卷。为文宗尚韩愈、扬雄，有理致，辞藻溢发，学行才器，为世所重。《千顷堂书目》著录其《迂冈集》十卷又《白沙集》十二卷，未见传。《（正德）琼台志》卷二录其诗一首。清屈大均《广东文选》卷一二录其文二篇、诗一首。《（雍正）广东通志》录其文一篇。清汪森《粤西文载》录其文一篇。清梁善长辑《广东诗粹》卷三录其诗一首。清温汝能《粤东诗海》卷一九录其诗三首。生平见刘龙《伦君墓志铭》《紫崖文集》卷四五）、黄佐《伦公文叙传》《国朝献征录》卷一九）、顾祖训《状元图考》卷二。

伦以训（1493—1540）　字彦式，号白山。广东广州府南海（今广州）人，伦文叙次子。正德八年（1513）举人，丁父忧，十二年上春官，会试第一，殿试第二，授翰林编修。循例归乡完婚，因家居侍母七年，嘉靖二年（1523）复职。四年与修《武宗实录》成，晋修撰，充经筵讲官，历右春坊右允德，十五年迁南国子监祭酒，十九年母丧归，卒于家，年四十八。博览工文辞，熟于朝廷典章，家居俭约雅澹，不以私事干当道。《千顷堂书目》著录其《白山集》十卷、《国朝彝宪》二十卷，未见传。清屈大均《广东文选》卷一二录其文一篇、卷三四录其诗一首。《明诗综》卷三七录其诗一首。清梁善长辑《广东诗粹》卷四录其诗一首。清温汝能《粤东诗海》卷一九录其诗六首。清罗学鹏《广东文献》四集卷七录其诗七首。《明诗纪事》戊签卷一三录其诗一首。生平见王兆云《皇明词林人物考》卷六、《（雍正）广东通志》卷四五。

华山居士（姓氏及籍里生平不详）　万历间吕天成《曲品》"具品"著录《投笔记》传奇，现存万历三十八年（1610）三槐堂刊本，题《新镌徽板音释评林全像班超投笔记》；又有万历间存诚堂刊本，题《新刻魏仲雪先生批评投笔记》。全剧二卷三十八出，演班超投笔从戎，立功异域故事。所写班昭事大率同于正史，然情节人物亦多有增饰。据《录鬼簿》，元人高文秀、鲍天祐分别作有《班超投笔》杂剧，二剧皆佚，未知《投笔记》传奇与二者之关系。《曲品》谓此剧"调平常，多不叶，但以事佳而传耳"。祁彪佳《远山堂曲品》列此剧为"能品"，以为"词虽平实，局亦正大……'无语倚南楼'一曲，歌者盛习之"。万历中叶以后戏曲选本黄文华《词林一枝》、胡文焕《群音类选》等均录《投笔记》散出。清佚名编《古人传奇总目》误记此剧为丘濬撰，后诸家曲目及刊本多沿此讹。实祁彪佳《远山堂曲品》著录此剧时已署作者为"华山居士"，惟未详华山居士为何人也？成书于嘉靖后期的晁瑮《宝文堂书目》"乐府"类已著录《班超投笔记》，如确指此传奇，则其剧创作当早于万历时。

华云（1488—1560）　字从龙，号补庵。南直常州府无锡（今属江苏）人。少学于邵宝，又入王守仁之门。嘉靖二十年（1541）进士，授户部山东司主事，榷税九江，称廉。转南兵部主事，进刑部江西司郎中，乞休归。回乡筑真休园，藏书法名画甚富，又仿范仲淹义庄，买田千亩，以赡族人。嘉靖三十九年卒，年七十三。性豪爽，工文辞，曾与顾可久、华察、张选等结碧山吟社。所著有《北游集》《近游记》《绿云窝集》《剑光阁集》《真休集》，现存万历十七年(1589)无锡华氏家刊本《勾吴集》六卷，收诗一百二十余首、词四首，不分体。《千顷堂书目》著录其《锡山先贤录》，未见传。《盛明百家诗》录其诗三十余首为《华比部集》。顾起纶《续国雅》卷四录其诗四首。《皇明诗统》卷三一录其诗八首。清顾光旭《梁溪诗钞》卷八录其诗七首。清周有壬《梁溪文钞》卷一○录其文七篇。清王直等《锡山文集》录其文十一篇。生平见王慎中《补庵华君云圹志》《国朝献征录》卷四九)、马森《补庵华先生墓表》(华允成《华氏传芳集》卷五)、毛宪《毗陵人品志》卷九。

华师召(1570—1636) 字公保，号心谷。南直常州府无锡(今属江苏)人。与兄华师周孪生。诸生，晚以贡授詹事府主簿，卒于崇祯九年(1636)，年六十七。存天启二年(1622)自刊本《玩世斋集》十二卷，收诗一千一百余首，首有《玩世斋稿自叙》。清高鑅泉《锡山历朝书目考》卷三著录其另有《华氏传芳续集》及《丧服说》。清顾光旭《梁溪诗钞》卷一二录其诗二十三首。有传

见于华允成《华氏传芳集》卷七。

华阳散人(姓氏籍里及生平不详) 明末有写刻本白话短篇小说集《拾珥楼新镌绣像小说鸳鸯针》四卷十六回，题"华阳散人编辑，蚓天居士批阅"。此书每卷四回，叙一故事，第一卷名《打关节生死结冤家，做人情始终全佛法》，写嘉靖间浙江乡试，有人买通考官，以更换考卷高中，对科考黑暗进行了揭露；第二卷名《轻财色真强盗说法，出生死大义侠传心》，写嘉靖间江西某秀才得到侠士的救援，摆脱困境，最后与侠士双双为朝廷重用故事，主张朝廷要破格用人；第三卷名《真文章从来波折，假面目占尽风骚》，写崇祯间两个秀才在南京之不同际遇，对假名士进行了讽刺；第四卷名《欢喜冤家一场空热闹，撺钱折本胡合大因缘》，写万历间两个商人因品行及性格不同而造成不同之命运。《鸳鸯针》为早于《聊斋志异》和《儒林外史》对科考进行直接描写之小说。后广东书坊曾析前二卷单行，名为《一枕奇》，又析后二卷单行，名为《双剑雪》，但仍流传不甚广。未知"华阳散人"之真实姓名及里居生平，近年有人发现清初卓尔堪辑选《明遗民诗》卷五有吴拱宸诗两首(《丰城兵火后荒凉竟无客舍》《离虎丘》)，目录姓名下有"小传"云："吴拱宸，字襄宗，号华阳散人，丹徒孝

廉，肆志山水，终于茅山。"诗题作者名下又记云："襄宗，号华阳散人，江南丹徒人，《觚斋集》。"又，清光绪朱绪曾《金陵诗征》卷四〇"寓贤"亦录吴拱宸诗《从军行》一首，"小传"云："拱宸，字襄宗，丹徒籍，崇祯丙子（九年，1636）举人，晚隐句容，自称华阳散人，有《觚斋集》（卓尔堪云：'孝廉肆志山水，终于茅山。'）"。未能确定此吴拱宸是否即《鸳鸯针》之作者。

华叔阳（1547—1575） 字起龙，号玄谷。南直常州府无锡（今属江苏）人，华察子，王世贞婿。隆庆元年（1567）举人，明年进士，除刑部主事，改礼部。万历三年（1575）病卒，年二十九。性喜古玩、书画，能诗。著有《玄谷集》《政堂稿》等。《千顷堂书目》著录其《华礼部集》八卷，现存万历四年王世贞刊本，徐学谟序，内诗四卷，收古近体诗近百首，文四卷，收各体文二十八篇。顾起纶《国雅》卷一八录其诗八首。《皇明诗统》卷三五录其诗七首。《四库全书总目》著录《华礼部集》八卷，"提要"云："所作五言颇有父风，七言则词调朗畅，兼涉太仓（王世贞）流派。其以诗部、文部分卷，亦仿世贞《四部稿》式也。"清顾光旭《梁溪诗钞》卷九录其诗十五首。清周有壬《梁溪文钞》卷一〇录其文一篇。清王史直《锡山文集》录其文二篇。《明

诗纪事》庚签卷九录其诗二首。生平见李维桢《华礼部集序》（《大泌山房集》卷一二）。

华夏（1590—1648） 字吉甫，又字默农，号过宜。原籍浙江宁波府定海（今镇海），迁于府城，遂称鄞县（今宁波）人。少与同里王家勤等受业于倪元璐、黄道周，又同参刘蕺山讲席。以恩贡入太学。乙酉（1645）清兵南下，与董志宁等六人首谋抗清，佐钱肃乐起兵。鲁王监国于绍兴，授兵部司务，再授职方主事，皆不受，请以布衣从军。师溃后仍为抗清事奔走于山海间，清顺治五年（1648）再次被捕，五月初二被杀，年五十九。后其婿杨大介等辑其遗文，汇为十帙，依其旧题，名为《过宜言》，以抄本传世。所见清抄本八帙，前七帙收其书启赠序及《南北军论》《储谷论》等论说，约一百五十篇，第八帙收诗近百首。其诗文多有记其所历抗清事，其被逮、受讯、陷狱、出狱，皆有诗纪之。《四明丛书》第二集收《过宜言》八卷，卷首增后人序，末有《过宜著述考》《华氏忠烈合传》等。另有明抄本《过宜言诗》三卷《文》一卷，未见。生平见《过宜言》卷末附东澥礜樵《过宜先生华公传略》、张孔武《过宜先生华公传》。

华爱（1491—1533） 字仁卿，号石窗。浙江宁波府鄞县（今宁波）

人。生于弘治四年（1491）五月初六。领正德八年（1513）乡荐，明年进士，授南刑部主事。历员外郎、郎中，改兵部，嘉靖四年（1525）出知桂林府，有治绩，称名宦。秩满入觐，命复原郡，以性直忤人，欲避祸退居家食，而亲友强之，以数迁延，坐劾解组归。卒于嘉靖十二年十二月初五，年四十三。善书法，尤能效羲、献行草。亦能诗，罢归后，不入城市，间与二三故人游于日岭、雪窦之间，攀萝扪石，吟啸相酬，自谓得骚人逐客之乐。《千顷堂书目》著录其《石窗集》，有明抄本《石窗先生遗稿》六卷，残存卷一至卷三、卷五至卷六。《皇明诗统》卷六录其诗一首。清胡文学《甬上耆旧诗》卷一一录其诗二十一首，李邺嗣所撰小传谓其"为诗学杜工部、王右丞二家"。生平见张时彻《广西桂林守华君爱行状》（《国朝献征录》卷一〇一）、朱谋垔《续书史会要》。

华淑（1589—1643） 字闻修，自号断园居士。南直常州府无锡（今属江苏）人。赋性静穆，笃于孝友。有小筑曰断园，引客倡和其中。于诗苦心数十年，奉竟陵钟、谭为圭臬。诗文有《雪蕉集》《吟安草》《空山呗》《断园遗草》，未见传。另有《吴中纪胜》《惠山名胜志》等，亦未见传。惟所辑《盛明百家诗选》十二卷，存万历刊本。平生热心创作及辑录笔记小品，先辑有《清睡阁快书》十种十五卷，现存明刊本，六种为自撰：《说隽》四卷、《癖颠小史》《草堂随笔》《谈麈》各二卷、《文字禅》《逃名传》各一卷。后又辑《闲情小品》二十六种，除《田园诗》为陈继儒作，六种与《清睡阁快书》重复外，另有自辑的十九种：《书绅要主》《睡方书》《雨窗随喜》《清史》《迷仙志》《清凉帖》《文章九命》《千古一朋》《扬州梦》《乐府余编》《花寮》《花间碎事》《酒考》《颂酒杂约》《品茶八要》《香韵》《疗言》《贮书小谱》《书斋清事》。《列朝诗集》丁集录其诗四首，"小传"云："其诗以清新深婉为宗，虽问津于时人，而能不堕其鬼趣。"《明诗综》卷七一录其诗三首。《御选宋金元明四朝诗》录其诗六首。清周有壬《梁溪文钞》卷一八录其文三篇。《明诗纪事》辛签卷三二录其诗二首。生平见邹迪光《华闻修清睡阁集序》（《始青阁稿》卷一一）、华允成《华氏传芳集》卷五。

华善述（1547—1609） 字仲达，号玉溪，又自号玉川子，晚号被褐。南直常州府无锡（今属江苏）人，华善继之弟。初习制科，后以好诗，遂弃举子业，吟咏为乐。积稿成帙，王世贞序而行之。卒于万历三十七年（1609），年六十三。《千顷堂书目》著录其《被褐先生集》十七卷，现存万历刊本《被褐先生诗文稿》十七卷,惟末卷为志、传等杂文,余皆为古近体诗,传本缺卷七至卷九、卷一三至卷一五,仅存十一卷。《明诗综》卷六二录其诗十六首,"诗话"云:"仲达与兄孟达(华善继),并有才名。王元美(王世贞)列其兄于'四十子'之列,而仲达不与焉。观其诗品,矜奇洒落,几欲御风而行,一时词客,未或过之。而元美序之,谓'不可为典要',是亦拘牵之论也。"《御选宋金元明四朝诗》录其诗十二首。《四库全书总目》著录《被褐先生稿》十七卷,"提要"云:"王世贞为作序,云'其诗或并比兴而忘之,大概不可为典要',是深不满之矣。"清顾光旭《梁溪诗钞》卷九录其诗三十九首。《明诗纪事》庚签卷八录其诗一首。生平见王世贞《华仲达集序》(《弇州四部稿续稿》卷四六)、华允成《华氏传芳集》卷六。

华善继(1545—1621) 字孟达,号济川。南直常州府无锡(今属江苏)人。嘉靖间贡生,除浙江布政司都事。历桐乡、昌化知县,官至永昌府通判,乞终养归。卒于天启元年(1621),年七十七。时以精于星相称,方志记其有《三命珠钤》《五星玄珠》《五星一贯》等。与弟华善述俱有才名,能诗,王世贞曾将皇甫汸、莫如忠、许邦才、周天球、沈明臣等列为"四十子",内亦有善继之名(《弇州四部稿续稿》卷三)。《千顷堂书目》著录其《孟达集》十二卷又《诗集》十四卷又《折腰漫草》八卷。《四库全书总目》著录《折腰漫草》八卷,"提要"云:"是集刻于万历甲午(二十二年,1594),盖善继所自编也。"现存明刊《华孟达诗稿》八卷,有两个内容完全不同的卷六、两个卷七,实为十卷;其中各卷又或题为"华孟达诗稿",或题为"折腰漫草",且所收诗《己酉元日立春赠少宰孙公》之"己酉"已是万历三十七年(1609),故此本当为后出之本,其中或利用旧板,或用新板,故出现标题不同、卷次重叠问题。《明诗综》卷六二录其诗三首,"诗话"云:"孟达诗不及其弟。"《四库全书总目提要》云:"朱彝尊谓其诗不及善述,然王世贞序列'四十子'诗,顾取善继而善述不与焉。殆以善述诗体格不纯,操纵任意,不若善继之惬适欤。"清顾光旭《梁溪诗钞》卷九录其诗七首。《明诗纪事》庚签卷八录其诗一首。生平见王世贞《华孟达集序》(《弇州四部稿续稿》卷四三)、华允成《华氏传芳集》卷六、《(乾隆)无锡县志》卷三五。

华察(1497—1574) 字子潜,号鸿山。南直常州府无锡(今属江苏)人。生于弘治十年(1497)六月初六。嘉靖五年(1526)进士,选翰林院庶吉士,改户部主事,督税淮阴,引疾归。逾年起,调兵部主事,历郎中,再入翰林为修撰,进侍讲,改洗马,以劾罢。既而再起原官,历侍读学士,掌南翰林院事,乞归。家本素封,田园第宅,甲于江左,罢官里居,食不三豆,室无侍媵,俭约如韦布也。与施渐、王懋明、姚咨倡和,称"锡山四友"。卒于万历二年(1574)五月二十七,年七十八。能诗,嘉靖十八年时赐一品服充正使,与工科左给事中薛廷宠使朝鲜,朝鲜所刊《(己亥)皇华集》五卷附录一卷现存,其中除往返纪行以及赋、记、序、说等文,计收诗六百五十二首,内华察诗一百三十一首。所著有《翰苑》《知退轩》《碧山堂》《留院》《东行纪兴》《华岩》等稿。现存嘉靖三十五年、四十五年刻本《岩居稿》八卷,所收皆为其致仕后所作诸体诗,有王慎中序。《盛明百家诗》录察诗四十余首为《华学士集》。顾起纶《国雅》卷九录其诗二十二首。《皇明诗统》卷二四录其诗十一首。《皇明诗选》录其诗三首。《列朝诗集》丁集录其诗十五首,"小传"谓其"与吴人陆粲、袁袠、屠应埈同馆,并有才名"。《明诗综》卷四〇录其诗十一首。清沈德潜《明诗别裁集》录其诗六首。《御选宋金元明四朝诗》录其诗十九首。清顾光旭《梁溪诗钞》卷七录其诗十八首。清周有壬《梁溪文钞》卷八录其文二篇。清王直等《锡山文集》录其文二篇。《明诗纪事》戊签卷四录其诗二十二首。生平见王世贞《华公察墓碑》《国朝献征录》卷二三)、华允成《华氏传芳集》卷五、《明史》卷二八七。

危素(1303—1372)　字太朴,一字云林。金溪(今属江西)人。少习五经古文词,游于吴澄、范梈之门。元至元元年(1335)以荐授经筵检讨,与修宋、辽、金史,官至礼部尚书、参知政事、翰林学士承旨,出为岭北行省左丞,后退居房山,淮王监国,起为承旨如故。元亡,朱元璋召其至南京,洪武二年(1369)授翰林侍讲学士,与宋濂同修《元史》,坐失朝罢。寻复故官,兼弘文馆学士,备顾问。有奏其不宜侍从,因谪和州,守余阙庙。洪武五年正月二十三卒,年七十。长于史学,兼善书法,诗文于元明之际负时望。宋濂为其作墓志铭,称其有《文集》五十卷《奏议》二卷。入明后,不为世重,因多散佚。诗集《云林集》二卷刻于元季,后多有传钞;文集《说学斋稿》,所辑亦为元季所作,现存清康熙三十八年(1699)抄本,存文一百三十余篇,或曰据归有光手抄本,以后抄本亦多不分卷。《四库全书》收《说学斋稿》,厘为四卷,《总目》"提要"云:"素晚节不终,为世僇笑,其人本不足称,而文章则欧、虞、黄、柳之后,屹为大宗。懋竑(顾允焘)跋,称其文'演迤澄泓,视之若平易而实不可几及,非熙甫(归有光)莫知其深'。其珍重抄传,盖非漫然也。"又收《云林集》二卷,诗七十六首补十四首,已非原帙,《总目》"提要"称其诗"气格雄伟,风骨遒上,足以陵轹一时。就诗论诗,要不能不推为元季一作者矣"。《四库总目》另著录其《草庐(吴澄)年谱》二卷附录二卷。清初有《危学士全集》十四卷,今传乾隆二十三年(1758)刊本,《四库全书总目》亦曾著录,实辑编《云林集》与《说学斋稿》,非新编全集也。近人嘉业堂刊本《危太仆云林诗集》十二卷《续集》十卷,始多收其散佚诗文,于今最称完备。刘仔肩《雅颂正音》录其诗三首。《皇明风雅》录其诗二首。《皇明诗统》卷三录其诗一首。《列朝诗集》录其诗九首。《明诗综》卷三录其诗四首。《御选宋金元明四朝诗》录其诗八首。清应麟《江右古文选》卷一二录其文七篇。《江西诗征》卷四〇录其诗四十五首。《明诗纪事》甲签卷五录其诗二十五首。生平见宋濂《危公墓志铭》(《宋学士文集》卷五九)、廖道南《殿阁词林记》卷六、何乔远《名山藏》卷五九、《明史》卷二八五。

名衢遗狂(姓氏籍里及生平不详) 现存明万历三十一年(1603)巫陕望仙岩藏本《征播奏捷传通俗演义》六卷一百回,署"清虚居吉瞻仙客考正,巫峡岩道听野史纪略,栖真斋名衢遗狂演义,凌云阁镇宇儒生音诠"。书以万历二十八年四川总督李化龙与贵州巡抚郭子章等领兵平定播州宣慰使杨应龙叛乱事为题材敷衍。所据主要为署名李化龙撰之《平播事略》十五卷(是书实为四川右参政王嘉谟等编纂),然所述诸事多有与史实相出入者,在人物设置及细节上亦多有虚构,故本书仍可归于"小说"。本书撰写,竭力褒扬李化龙手下陈璘、刘綎二将,实平播后刘綎因贪腐及贿赂李化龙已受惩处,陈璘亦有此方面之嫌疑,清议因之不利于李化龙,故本书所为,当有意矣。郭子章曾有《黔记》记平播事,后又作《平播始末》二卷,《四库全书总目》"提要"记云:"万历间,播州宣慰使杨应龙叛,郭子章方巡抚贵州,被命与李化龙同讨平之……晚年退休家居,闻一二武弁迭作'平话',左袒化龙,饰张功绩,多乖事实,仍仿纪事本末之例,以诸奏疏稍加诠次,复为此书,以辩其诬。"此处所言"平话"当指本书,未知郭子章称此书作者为"一二武弁"何据?据《征播奏捷传通俗演义》卷首《刻征播奏捷传引》及卷末《后叙》,知本书作者"名衢遗狂"字玄真子,余则全不可知也。

邬佐卿(生卒年不详) 字汝翼,号丹徒布衣。南直镇江府丹徒(今江苏镇江）人。嘉靖间四川按察使邹绅次子，性朴雅，不事奔竞。科考不遂，选贡入京而不谒选。中年好道，与人讲长生修炼之术，卒于万历年间。于文艺有异禀，楷书临《黄庭经》，诗工唐律。富才调，又喜作艳诗，人或比之李商隐。《千顷堂书目》著录其《缠头集》十卷又《芳润斋集》九卷又《金陵篇》一卷，均未见传。顾起纶《国雅》卷一八、《皇明诗统》卷三五录其诗九首。《列朝诗集》丁集录其诗三首，"小传"云："集外有艳诗十卷，题曰《缠头集》，佳句丽情，可歌可咏。如'笛中旧恨留金谷，天上新愁问玉卮'、'江柳眉梢双锁恨，海棠春尽独销魂'……义山《无题》之后不多见也。"《明诗综》六二、《明诗纪事》庚签卷三〇录诗一首。《明词综》卷四录其词一首。生平见王兆云《皇明词林人物考》卷一二、《（乾隆）江南通志》卷一六六。

［丶］

庄天合（生卒年不详） 字德全，号冲虚。湖广长沙府长沙（今属湖南）人，卫籍。万历十六年（1587）举人，十七年进士，选翰林院庶吉士，授编修。侍讲筵，以端谨受知于光宗，二十八年主试南都，三十二年分校礼闱，历右春坊右中允，累官至少詹事，兼侍读学士，卒赠礼部侍郎。

与焦竑、黄辉、陶望龄等同榜，同入翰林，亦与袁宏道为诗文友。卒后其子庄以临辑其著述为《庄学士集》八卷，现存明末博古堂刊本。是集首诰敕一卷，以下诗三卷，收诗一百九十余首，文四卷，收书、序、祭文等九十余篇。又有清康熙二十七年（1688）其孙庄潜重刊本。清廖元度《楚风补》卷二四录其诗十六首。清邓显鹤《沅湘耆旧集》卷二〇一录诗十八首，谓其诗"清婉有致"。《湖南文征》录其序记文四篇。《（同治）长沙县志》卷三四录其序文一篇，卷三五录其诗十三首。《明诗纪事》庚签卷一六录其诗二首。生平见《（雍正）湖广通志》卷五〇。

庄㫤（1437—1499） 字孔旸，号木斋，又号卧林居士、定山居士。南直应天府江浦（今江苏南京）人。景泰七年（1456）举人，成化二年（1466）进士，选翰林院庶吉士，授检讨。以谏元宵放灯忤旨，谪桂阳州判，改南京行人司副，以忧归。卜居定山垂三十年，学者称"定山先生"。弘治间复原官，进南京吏部郎中，得风疾，逾年告归。卒于弘治十二年（1499）九月二十九，年六十三，天启初追谥文节。学与陈献章略同，二人终生友善，以正学自负，癖于讲学，一时亨大名于天下。好诗，亦类陈献章，未第时，已有诗名，苦思精练，累日不成一章。著述编为《定山先生集》十卷,诗五卷文五卷,正德元年(1506)李善首刊本,又有嘉靖及清康熙刊本,《明史·艺文志》著录。清范鄗鼎《广理学备考》选《庄定山集》一卷。黄宗羲《明文海》录其文六篇,评语云:"定山文极有当家者。余尝喜香山之诗,至其口头禅语,毫不足观。定山之诗,汰其道学浮语,其在有意无意之间者,是则诗之至也。"《盛明百家诗》录其诗一百五十余首为《庄定公集》。《皇明风雅》卷三一录其诗一首。《皇明诗统》卷一四录其诗十一首。《石仓十二代诗选·明诗选》录其诗五十三首。《列朝诗集》丙集录其诗二十七首,"小传"云:"孟旸刻意为诗,酷拟唐人。白沙推之,有'百练不如庄定山'之句。多用道学语入诗,如所谓'太极圈儿''学士帽儿','一壶陶靖节,两首邵尧夫'者,流传艺苑,用为口实。"《明诗综》卷二四录其诗五首。清沈德潜《明诗别裁集》录其诗二首。《四库全书》收《庄定山集》十卷,《总目》"提要"云:"其文多阐《太极图》之义,其诗亦全作《击壤集》之体。"《金陵诗征》卷一五录其诗十五首。《明诗纪事》乙签卷一二录其诗四首。生平见湛若水《定山庄公熒墓志铭》(《国朝献征录》卷二七)、王兆云《皇明词林人物考》卷三、黄宗羲《明儒学案》卷四五、《明史》卷一七九。

庄起元(1559—1633)　字仲孺,号鹤坡。南直常州府武进(今江苏常州)人。万历三十八年(1610)进士,除浦江知县,调兰溪。迁南户部主事,历员外、郎中,简放抚州知府,以罪于缙绅,免职归。后二年,补河南汝州府推官,转户部主事,兼摄天津督粮道,以罪魏忠贤谪戍山海关。忠贤败,起为太仆寺少卿,管光禄寺丞事,引疾告归。崇祯六年(1633)卒,年七十五。所著《漆园厄言》,现存万历间刻十七卷本,有黄汝亨万历四十三年《庄中孺漆园厄言序》。内分赋部(收赋四篇)、诗部(收诗一百六十余首)、文部(收序、记、传、策、论、表等文五十余篇)、启部(收启牍四十篇)、政部(收吏牍、公移)。《四库全书总目》著录《漆园厄言》二十四卷本,当为别本,"提要"云:"是集大抵应酬之作,下至吏牍、公移、告示,靡不汇录,且多编次丛脞,目中列目,如'启类'之中分'宰执'、'翰林'诸门,已可不必,乃又列'交际通用'之门,殆近类书。"《明诗综》卷六○录其诗一首。清朱琰《金华诗录》外集卷二"名宦"录其诗一首。《毗陵庄氏增修族谱》卷一六有《鹤坡公遗稿》,录文四篇诗四十首。生平见《(乾隆)江南通志》卷一四二、《(雍正)浙江通志》卷一五五。

庄履丰(1547—1589)　字中熙,号梅谷。福建泉州府晋江(今泉州)

人。隆庆四年(1570)举人,万历五年(1577)进士,选翰林院庶吉士,授编修,进修撰,寻题注起居,充经筵官,以奉兄丧归里,遘疾,十七年卒,年四十三。著述存万历二十四年江都县刊本《梅谷庄先生集》十六卷,内卷一收册文、奏疏、颂、表,卷二赋、箴、铭、赞,卷四为策论等,卷六至卷一四为各体文,卷一五收古近体诗一百五十余首,卷一六收词二十八首。集为其门人黄汝良、何乔远等编,有黄汝良、杨光训序。《四库全书总目》著录《梅谷集》十八卷,"提要"云:"履丰以奉兄丧归里,遘疾早卒,未掌制诰,而集中有册文、奏书等篇,殆皆其馆课之拟作耶?"又"提要"谓其集"前十四卷皆杂文,后四卷为诗",当为别本也。又曾与庄鼎鈜合撰《古音骈字》一卷《续编》五卷,为《四库全书》所收。生平见王兆云《皇明词林人物考》卷一二、清李清馥《闽中理学渊源考》卷七二。

刘一相(1542—1624) 字惟衡,号静所,又号顷阳。山东济南府长山(今邹平)人。隆庆四年(1570)举人,万历五年(1577)进士,授山西高平知县。历南京吏科给事中,迁陕西按察司佥事,谪茂山卫知事,十九年任稷山知县。后入为南兵部主事,迁北刑部员外郎、郎中,出为四川布政司参议,改贵州,升陕西按察

司副使,以奉养乞归。卒于天启四年(1624),年八十三。尝采周秦汉魏六朝三唐之诗七千余首,区别差次,编为《诗宿》二十八卷《诗人考世》二卷,有万历三十六年刊本,《四库全书总目》著录。又有万历三十七年刊《顷阳子启札》七卷。诗文集《燕喜堂集》十五卷,现存清初抄本。陈济生《天启崇祯两朝遗诗》卷九录其诗十三首。生平见陈济生《天启崇祯两朝遗诗·小传》《(雍正)山东通志》卷二八之一。

刘三吾(1318—1400) 初名昆,更名如孙,字三吾,以字行,号坦斋。茶陵(今属湖南)人。生于元延祐五年(1318)正月。兄刘耕孙仕元为宁国路推官、刘焘孙为常宁州学正。三吾避兵广西,授静江路儒学副提举,明军下广西,归茶陵。洪武十八年(1385)以荐至京,授左赞善,二十一年迁翰林学士。博学善属文,主编《省躬录》《书传会选》《礼制纪要》《寰宇通志》等,帝制《大诰》《洪范》等也皆命其为序。年益老,诸事或不合帝意,被劾免职,降国子博士,寻还职。三十年主会试,坐皆取南方人罪,以老,免死戍边。建文初召还,奉诏修《春秋大全》,二年(1400)八月卒,年八十三。平生博览善记,又老于文学,当明初宿老凋谢之日,朝廷大制作多出其手。所辑《孟子节文》七卷,所编《书传会选》六卷,

皆有明初刊本,《四库全书》经部辑收。诗文原有《璚署》《春坊》《北园》《知非》《化鹤》《正气》等稿。现存成化十二年(1476)茶陵知县俞荩刊《坦斋先生文集》三卷,收其序、记、墓铭、论说等文七十余篇。又成化十三年四川巡抚张瓒曾刻《张翰林先生斐然稿》一卷,现存清抄本,有诗文二十余篇。又万历六年(1578)茶陵知州贾缘刻《坦斋刘先生文集》二卷,收其序、记、表、碑铭等七十余篇、赋七篇、诸体诗二百余首、诗余六首,现存天启及清顺治重刊本。后乾隆二十三年(1758)石溪留耕堂刻《刘坦斋先生文集》十五卷补遗一卷,收罗其诗文最为齐备。是本卷首有俞荩、张瓒等为刘集所作旧序六篇,又有其裔孙刘映藜《重修坦斋公文集序》及凡例。内文十卷收各体文一百三十篇、诗三卷收诸体诗二百七十余首,词一卷收词二十余首,补遗收文三篇。是本又有道光七年(1827)重刊本。《皇明风雅》卷一录其诗一首。《皇明诗统》卷五录其诗二首。《列朝诗集》甲集录其诗十五首,"小传"云:"其文肤棘,不中程度,殊乖国初典雅之风。"《明诗综》卷三录其诗四首,"诗话"云:"学士元之故老,其诗虽不中程,足补庚申外史。"《四库全书总目》著录《坦斋文集》二卷,"提要"云:"三吾于洪武中典司文章,颇被恩遇,然其文钩

棘而浅近,未能凌轹一时也。"清邓显鹤《沅湘耆旧集》卷二录诗五十首。《明诗纪事》甲签卷一二录其诗二首,按语谓其诗"有佳句,殊少完篇"。近人赵尊岳《明词汇刊》自其集录词十二首为《坦斋先生词》。程敏政《皇明文衡》录其文五篇。《湖南文征》录其文三十五篇。生平见廖道南《翰林学士刘三吾传》《国朝献征录》卷二〇)、何乔远《名山藏》卷五九、《明史》卷一三七。

刘士骥(1566—1610) 字允良,号祝阳。山东济南府禹城人。万历十三年(1585)乡试中举,三十二年进士,选翰林院庶吉士,授编修,以母老乞归养。三十八年卒,年四十五。《千顷堂书目》著录其《蟋蟀轩草》,现存明刊本不分卷,首有华亭张彇泰昌元年(1620)序及士骥同年李若讷序,计收诸体诗二百八十余首,所拟诏、疏、奏、表及序、论、记、墓铭等各体文近百篇及书启六十余通。其为"公安派"成员曾可前门生,诗则依违于复古与"公安"之间。《明诗综》卷五九录其诗一首。《四库全书总目》著录《蟋蟀轩草》,"提要"云:"士骥于李攀龙为乡人,而不循其门径。是集前有李若讷序,称'允良自言,少年濡首李(李攀龙)、王(王世贞)诸家,顾李、王生今日,宜另绣其肠'。其不肯从风而靡,不为无见,然集中诗文,乃作呻缓之

音,是则楚既失之,齐亦未为得也。"清宋弼《山左明诗钞》卷二六录其诗十九首。《明诗纪事》庚签卷二一录其诗一首。生平见李若讷《刘公暨原配褚孺人行状》(《五品文稿》卷二)、《(道光)济南府志》卷五二。

刘大夏(1437—1517) 字时雍,号东山居士。湖广岳州府华容(今属湖南)人。生于正统元年十二月二十五(1437年2月1日)。天顺三年(1459)举湖广乡试第一,八年进士,选翰林院庶吉士,成化元年(1465)授兵部职方司主事。九年选车驾司郎中,十一年改职方,十九年以忤内臣系狱,旋释,迁福建右参政,二十二年丁母忧归。弘治二年(1489)迁广东右布政使,五年转浙江左布政使,六年升都察院右副都御史,治张秋河。八年改户部右侍郎,转左,十年兼左佥都御史,理宣府兵饷,十一年移疾归。十三年起为右都御史,总督两广军务,十四年进兵部尚书。正德元年(1506)加太子太保,以奏请裁抑太监,得罪权宦刘瑾,三年被诬下狱,谪戍肃州,五年瑾诛,复原官,归乡。十一年十二月二十六(1517年1月17)卒,年八十一,赠太保,谥忠宣。史称其忠直有操守,清廉勤勉,提携后进。与李东阳同年进士,又有乡谊,私交甚笃。《李东阳集》中载二人往来书信及倡和之作甚夥,大夏之诗文创作

也有台阁声息。《明史·艺文志》)著录其有《诗》二卷《奏议》一卷及《宣召录》一卷,现存正德及嘉靖时刊本《东山诗集》,正为二卷,收诗近四百首。又有清光绪元年(1876)其后人刘乙燃重刊《刘忠宣公遗集》六卷,首二卷为文集,收其奏议、《宣召录》及各体杂文,次诗集四卷,前三卷收其诸体诗三百余首,诗集卷四标为《西行诗集》,收诗八十二首;后有附录,文二卷,诗二卷,收诰命、诸人所作传记、祭文及与当时名士往来之诗文;又有《年谱》二卷。《盛明百家诗》录其诗九十余首为《刘忠宣公集》。《石仓十二代诗选·明诗选》录其诗三十二首。《列朝诗集》丙集、《明诗综》卷二二录其诗一首。清施闰章《蠖斋诗话》谓其"平生不刻意作诗,间有为而作者,皆事核意真,情到兴具"。清廖元度《楚风补》卷一八录其诗二首。清邓显鹤《沅湘耆旧集》卷五录诗七首。《湖南文征》录其文十九篇。《明诗纪事》丙签卷四录其诗二首,按云"诗非所留意,语特轩爽"。生平见王世贞《兵部尚书刘公大夏传》(《国朝献征录》卷三八)、《明史》卷一八二。刘世节有《刘忠宣公年谱》二卷(清光绪刊《刘忠宣公遗集》附录)。

刘天民(1486—1541) 字希尹,又字愧庵,号函山。山东济南府历城(今济南)人,城南二十里有函山,因

以为号。生于成化二十二年（1486）四月二十七，正德二年（1507）乡试中举，以母卒丁忧，入太学，九年中进士，除户部福建司主事。调吏部文选司，十四年以谏武宗南巡，受廷笞三十，改吏部稽勋主事。嘉靖元年（1522）迁员外郎，二年迁郎中，三年以谏大礼，又杖三十，谪知寿州。七年调南京宗人府经历，旋改南刑部郎中，九年迁河南按察副使，分巡大梁，十一年改四川，十四年（1535）被劾罢官。卒于嘉靖二十年（1541）十月十一，年五十六。年辈稍晚于边贡，称门人，有女嫁边贡次子边习。长李开先十余岁，归里后，多与李开先同游，以词曲自娱。卒后李开先为其作墓铭，称其"诗文书翰，为世所推尚。晚年为词曲，杂俗间雅，歌者便之。盖虽假金元音以泄不平，亦可见才之优赡，无往不宜也。"所作诗原有《游蜀稿》《蛩吟集》《田间集》《愧庵集》等，现存嘉靖十六年司马泰刊本《游蜀吟》上下二卷。后其孙刘亮采汇刻为《函山集》十卷，现存两种清抄本，内目录一卷，文三卷，卷五起收赋二篇、诸体诗七百余首、词一首，顾璘序。《千顷堂书目》著录其另有《禹贡溯洄》《洪范辨疑》。李开先《词谑》录其散曲小令四支，题《罢官作》，三支为[北双调·胡十八]，记云："涵山刘天民，以副使罢官，愤愤不平，作三[胡十八]，

一套[仙吕]。"《列朝诗集》丙集录其诗三首。《明诗综》卷三五录其诗五首。《四库全书总目》著录《函山集》十卷，"提要"云："今观其集中，如《拟宫词》五十首、《古别离》《宿楚相祠》等作，尚可谓怨而不怒者。特其模仿太多，不能卓然自成一家耳。"清宋弼《山左明诗钞》卷七录其诗四十八首。《明诗纪事》戊签卷一二录其诗六首。生平见李开先《刘先生天民墓志铭》《国朝献征录》卷九八）、王兆云《皇明词林人物考》卷四。

刘元凯（生卒年不详）　字舜举，号云鹤。四川保宁府阆中人。嘉靖二十年（1541）进士，授宁国府太平知县，曾修文峰书院，有政声。县有名公祠，即祀宋令孙觉及明知县张瀚、刘元凯三人。后历官至户部郎中，辞疾家居，讲学不辍。著有诗文集《梦觉稿》及语录等。曾有诗稿遗于太平民间，1912年上海广益书局印行何藻辑《古今文艺丛书》第四集收其《云鹤先生遗诗》一卷，计收其五七言诗一百三十余首。首夏泾川胡怀琛序云："明嘉靖时西蜀刘公元凯著。公尝知吾皖太平县事，有政声，至今父老称颂不衰。此为公手写本，流离转徙几百年，为其邑人方子廷楷瘦坡所得……吾今虑夫人寿不常，吾与方子之不能永守此孤本也，亟谋付诸剞劂为之流传，吾人之

责聊尽于此,他非所问耳。"卷末有"嘉靖丁未知太平县事西蜀云鹤山人书"字样。元凯生平略见于《(雍正)四川通志》卷八《人物志》。

刘元卿(1544—1609)　字调父,号旋宇、泸潇。江西吉安府安福人。生于嘉靖二十三年(1544)三月,隆庆四年(1570)举人,会试对策,极陈时弊,主试者不敢录。归后绝意功名,后以累荐,召为国子博士,万历中迁礼部主事,寻引疾归。万历三十七年(1609)七月卒,年六十六。师事耿定向及同邑刘阳,讲求心学。《明史·艺文志》著录其有《诸儒学案》八卷、《四书综解》八卷、《江右历代名贤录》二卷。《四库全书总目》著录其《大象观》二卷(现存万历刊本)、《大学新编》五卷、《江右名贤编》二卷、《诸儒学案》八卷、《六鉴举要》六卷。《千顷堂书目》小说类著录其《贤奕编》,现存明万历间贺仲蒙刊本,四卷附录二卷,仿《世说新语》体,抄取前代野史笔记,分怀古、志怪等十六类。邹元标为其所作墓志铭记其尚有《山居草》(存万历二十一年刻本,四卷)、《还山续草》《国史举凡》《晤语测言》《思问编》《何莫编》《先正方》《礼律类要》《明贤宗解》《燹江证学》等。诗文著述后为其门人辑为《刘聘君全集》十二卷,《四库全书总目》著录,现存清咸丰二年(1852)刊本,首为奏疏一卷,次

为文八卷,收序、记、墓铭等各体文一百六十余篇,再次为诗二卷,收其诸体诗一百三十余首,末卷收书信、杂著、寓言等。《明诗综》卷五一录其诗一首。《江西诗征》卷五九录其诗六首。生平见邹元标《泸潇刘公元卿墓志铭》(《国朝献征录》卷三五)、清黄宗羲《明儒学案》卷二一、《明史》卷二八三。刘云卿门人洪云蒸等编有《刘征君年谱》(明嘉靖刊本)。

刘日升(1546—1617)　字扶生,号明自。江西吉安府庐陵(今吉安)人。万历七年(1579)举人,八年进士,授永州司理,丁内艰归。服除,改福宁,知福州府,累官至应天府尹,致仕归。卒于万历四十五年,年七十二。师于王时槐,潜心讲学。与邹元标友善,亦能诗文。著述现存泰昌元年(1620)原刊本《慎修堂集》二十三卷,内诗六卷(收诗五百八十余首)、序七卷、记一卷、奏疏二卷、传二卷、墓表一卷、墓志铭三卷、行状一卷,有邹元标、董应举、郭一鹗序。又有明刊本《慎修堂集》四十五卷残存三十九卷(卷六至卷一〇、卷一二至卷四五)。《四库全书总目》地理类职官类著录其《符司纪》六卷。《明文海》录其文一篇。生平见叶向高《刘公神道碑》(《苍霞余草》卷八)、《(雍正)江西通志》卷七九。

刘仑（生卒年不详）　字山甫，号白岩，又号白石山人。南直庐州府无为（今属安徽）人。嘉靖二十二年（1543）举人，明年进士，授刑部主事。升御史，巡抚陕西，又巡抚顺天，疏陈畿辅饥荒疾苦，又巡抚湖广，迁南京通政司参议。后官大理少卿、都察院副都御史。卒后其子刘汝默辑其遗稿为《白石山人稿》七卷，现存万历十二年（1584）刻本，内诗三卷，收诗一百八十余首，词二首，文四卷，收各体文及书柬等一百二十余篇。《皇明诗统》卷三六录其诗二首。《明诗综》卷四三录其诗一首。生平见《（乾隆）江南通志》卷一四九、《（嘉庆）无为州志》卷三〇。

刘凤（1519—1602）　字子威，号罗阳。南直苏州府长洲（今江苏苏州）人。嘉靖二十二年（1543）领乡荐，二十三年进士，除中书舍人。擢监察御史，巡抚河南，左迁兴化府推官，移湖州。迁广东按察金事，以丁母忧未赴，服除，补河南金事，被论罢归。万历三十年（1602）卒于家，年八十四。家富藏书而勤学博记，能诗文，王世贞曾将其与皇甫汸、莫如忠、许邦才、周天球、沈明臣等列为“四十子”（《弇州四部稿续稿》卷三）。著述丰赡，现存嘉靖时所刊《客建集》四卷，万历时刊《续吴先贤赞》十五卷、《续吴录》二卷、《子威先生澹思集》十六卷、《刘子威禅悦小草》十五卷、《刘侍御集》五十二卷（前三十二卷称《刘子威集》，后二十卷称《太霞草》）。又有万历时合刊本《刘侍御集》，内《客建集》四卷、《粤览篇》一卷、《续吴先贤赞》十五卷、《续吴录》二卷、《刘子威集》五十二卷（《刘子威澹思集》十六卷、《刘子威诗集》六卷、《刘子威集》三十卷），总八十二卷。另有万历刊别本《刘子威集》，存八种六十八卷，内《刘子威杂俎》十卷、《刘子威玄应录》十二卷、《子威先生澹思集》十六卷、《吴释传》一卷、《吴郡考》二卷、《刘子威燕语》一卷、《刘子威禅悦小草》十八卷、《刘子威杂稿》八卷。《千顷堂书目》另著录其有《释教编》六卷，与魏学礼唱酬之作《比玉集》四卷又《采蓉词》五卷。盖其所著，或单刊，或丛集，多次刊印，而诗文及杂著参差或见。其所著述，刻意奥僻，或至钉钉堆积，晦昧诘屈。同邑布衣诗人袁景休，每向人抉摘其字句，以为姗笑，致子威怒讼于邑尉。《盛明百家诗》后编辑其诗一百二十余首，与魏学礼之作合为《刘魏比玉集》。顾起纶《国雅》卷一四录其诗十一首。《皇明诗统》卷三一录其诗二十四首。《皇明诗选》录其诗七首，评云“子威意在独造，颇伤冗沃”。《列朝诗集》丁集录其诗五首，“小传”云：“子威博览群籍，苦心钩索，著骚赋古文数十万言，观者惊其繁富,惮其奥僻,相与骇掉慄眩,望洋而叹,以为古之振奇人也。尝试为之解驳疏通,不再寻绎,肌擘理解,已而索然不见其所有矣。"《明诗综》卷四三录其诗一首,"诗话"云:"子威局守于鳞(李攀龙)'唐无古诗'一语,叹为知言。其诗襞积篆组,节节俱断,俾读者茫然如堕云雾中。吴趋士风清嘉,不意出此钝汉。"《四库全书总目》著录其《子威集》三十二卷,"提要"云:"其文皆僻字奥句,尤涩体之饾饤者。"清陈田《明诗纪事》已签卷八等录其诗一首。《明文海》录其文七篇。生平见王兆云《皇明词林人物考》卷一二、《(乾隆)江南通志》卷一六五。

刘文卿(生卒年不详) 字偓如。江西建昌府广昌人。万历十六年(1588)乡试解元,明年进士,除金府推官。进吏部主事,改刑部,迁南兵部员外郎,以病卒,年三十三,天启间赠光禄少卿。卒后著述刊为《刘直洲文集》,《千顷堂书目》等均著录十卷,现存万历间唐国达刊《新刻刘直洲先生文集》则仅有八卷,卷一赋、序,卷二碑文、传状、记、祭文,卷三廷策、程策,卷四论、杂著,卷五奏疏,卷六至卷八条议。首有万历四十二年焦竑序及其门人蔡善继跋。据焦序,此集刊于身后,序谓文卿亦能诗,此集则无。《四库全书总目》著录《刘直洲集》十卷,"提要"

云:"文卿性孤介,尝以忤权奸左迁。其文颇有英气,惟年仅三十三岁而卒,功候未深,故风格未就。"贺复征《文章辨体汇选》卷五四〇录其文一篇。黄宗羲《明文海》录其文《燕荡山赋》等六篇,评语谓"其文华而古,颇似刘子威(刘凤)"。《江西诗征》卷六一、《明诗纪事》庚签卷一六录其诗一首。生平见《(雍正)江西通志》卷八四。

刘方(生卒年不详) 字晋充,一作名晋充,字方所。南直苏州府吴县(今属江苏苏州)人。晚明曾入复社。清顺治四年(1647)其侄刘曙以抗清事被逮,曾百计营救,几不免。近人董康《曲海总目提要》卷一九著录其传奇《天马媒》《小桃园》。《小桃园》未见传本。《天马媒》现存崇祯四年(1631)章庆堂刻本,署"古吴刘方晋充著",首作者《天马媒自题》,叙其创作缘起,知其创作始于崇祯二年。又有署"友弟周裕度"之《天马媒题辞》言及作者:"晋充,吴下韵士也,读书谭诗,名谊俱馥。辩者不能与论才,博者不能与论学,任侠者不能与较肝胆。虽杖头不挂一钱,瓶底不储半粟,意豁如也。"是剧二卷三十五出,据冯梦龙《情史类略》卷九引《北窗志异》中唐人黄损与京都妓女薛琼琼故事增饰。另冯梦龙《醒世恒言》卷三二《黄秀才徼灵玉马坠》小说及王元寿《玉马坠》传奇（已佚）亦演黄损、薛琼琼故事。

刘孔和（1615—1645）　字节之。山东济南府长山（今邹平）人，大学士刘鸿训之子。倜傥负奇气，好谈兵击剑，工于诗。崇祯十七年（1644）以京师失陷，破家起兵，率骑万人附刘泽清，因责泽清不为国尽力，被杀，年三十一。所著诗集《日损堂初稿》五卷，存清初抄本。陈济生《天启崇祯两朝遗诗》卷九录其诗二十首。《明诗综》卷七○录其诗一首，"诗话"云："其诗好排硬语，大约以孟郊、邵谒为宗。"清王士禛谓其诗"豪迈雄放，有东坡、放翁之风"（《带经堂诗话》卷一一）。清宋弼《山左明诗钞》卷三四录其诗三十二首。《明诗纪事》辛签卷二六录其诗九首。生平见清王士禛《刘孔和王遵坦传》（《带经堂集》卷四三）、清李瑶《绎史摭遗》卷一一。

刘玉（生卒年不详）　字咸栗，号执斋。江西吉安府万安人。弘治五年（1492）举人，九年进士，知辉县。征为御史，以劾刘瑾系狱，削籍放归。瑾诛，起河南按察司金事，迁福建副使，召为大理寺少卿，进南京右金都御史提督江防。朱宸濠反，攻安庆，以舟师赴援，事定，改抚治郧阳。世宗即位，进右副都御史，擢刑部右侍郎，转左，

"大礼议"偕九卿伏阙哭争，以大臣不罪，嘉靖六年（1527）秋，坐李福达狱削籍。卒于家，隆庆初，赠刑部尚书，谥端毅。历官有声，或曰其博通载籍，长于天文、地理，能诗文。著述有嘉靖二十八年傅镇济南刊本《执斋先生文集》二十卷，赋、七、解、辞、颂、赞、箴、铭等一卷，诗七卷（收诗七百四十余首），奏疏二卷，各体文十一卷。另有嘉靖三十五年姚体信刊本《执斋先生选集》十三卷。《明史·艺文志》另著录其《执斋易图说》一卷。《明文海》录其文一篇。《列朝诗集》丙集录其诗八首。《明诗综》录其诗十二首，"诗话"谓其诗"颇娟秀绝尘"。《御选宋金元明四朝诗》录其诗八首。《江西诗征》卷五四录其诗十八首。清胡大鸿《江右文抄》录其文八篇。《明诗纪事》丁签卷七录其诗七首。近人赵尊岳《明词汇刊》录其词三首为《执斋诗余》。生平见《（雍正）江西通志》卷七八、《明史》卷二○三。

刘世伟（生卒年不详）　字宗周，号后溪。山东济南府阳信人。少习举子业，以廪生例贡入太学，嘉靖中谒选颍州同知，补陕西宁州。迁浙江宁波府别驾，谢病归。悠游林下数十年，与董邦政、吕荫等陶情诗酒，为竹溪逸友。以文学名于乡里，清劳崿编《倪城风雅》录阳信

一县诗,卷上有明一代十人,以刘世伟为首,录其诗十二首。所著《后溪诗稿》一卷《文稿》一卷,约刻于嘉靖、隆庆间。为词、曲所作序、引皆收入《文稿》并附词、曲。又有清抄本《厌次琐谈》一卷,杂取古人说部之语而论之,《四库全书总目》著录,"提要"谓其中多俚俗附会之说,所见甚浅。《总目》又著录其《过庭诗话》二卷,现存嘉靖刊本,卷首有嘉靖三十六年(1557)作者同郡友人阎新恩序,称作者之父学养颇深,此书取名"过庭",盖标榜其家学渊源。全书百十四则,论古今各体诗歌,兼及本朝诗人诗作,颇多讹误,"提要"谓其"皆拾'七子'之绪余,实于汉、魏、盛唐,了无所解,于宋诗亦无所解也"。《皇明诗统》卷三六录其诗二首。清宋弼《山左明诗钞》卷二九录其诗三首。清李衍孙《武定明诗钞》卷二录其诗八首。生平见《(康熙)阳信县志》卷九。

刘世教(生卒年不详) 字少彝。浙江嘉兴府海盐人。万历二十八年(1600)举人,曾官闽清知县。为人优爽,喜读书,父祖皆为官,自以门地高华,才情轶世,因饰容止服御,斥买书籍古鼎彝,又慕义声,急人难,故家业渐削。喜六朝俪体,于诗则好李、杜,尝取李、杜旧集之编年者,分体次之,序之刊于世。

工书,能诗文。所著《研宝斋遗稿》十二卷,诗赋三卷,收《谗赋》一篇、诗一百九十首,文八卷,收其序、记、墓志等文五十余篇,末卷为其所作《荒箸略》,卷首有天启六年(1626)姚士麟序。清沈季友《槜李诗系》卷一六录其诗六首。《明诗综》卷五八录其诗一首。《明诗纪事》庚签卷一九录其诗一首。《明文海》录其文一篇。清陈元龙等《御定历代赋汇》补遗卷二一录其《谗赋》。生平见《(雍正)浙江通志》卷一七九。

刘节(1476—1555) 字介夫,初号梅国,更号雪台,晚号涵虚翁。江西南昌府南昌人,南安府大庾(今大余)籍。弘治十八年(1505)进士,授兵部武选司主事,偶忤时宰,谪知宿松。迁广德知州,正德八年(1513)迁四川提学佥事,晋云南兵备副使,十四年提学广西。历福建左参政,嘉靖六年(1527)升浙江右布政使,转左,八年晋都察院右副都御史,巡抚山东,十一年进刑部右侍郎,次年以星变,疏乞致仕。家居二十余载,嘉靖三十四年卒,年八十。曾编《广文选》六十卷,有嘉靖十六年陈蕙刊本,又有明刊本《春秋列传》五卷,二书皆为《四库全书总目》著录。其诗文著述先有《宝制堂录》二卷,现存清乾隆十四年(1749)刘斯来刊本,为其官副都御史时其子掇拾杂稿而成，收其所作各体文，有林庭㭿、吕楠、方豪序。卒后诗文辑编为《梅国集》四十一卷，凡诗十二卷文二十九卷，有明刻本，现存卷一（七言绝句）、卷五（七言绝句）、卷六至卷一〇（七言律诗）、卷一一（七言排律）、卷一二（词八十余首）、卷一七（记）、卷一八至卷二五（序）、卷二六（颂）、卷二七（述）、卷二八（答）、卷二九（表）、卷三〇（志书叙赞论）、卷三一（传）、卷三二（引），计二十四卷。《四库全书总目》著录《梅国集》四十一卷，"提要"云："节所辑《广文选》，采摭浩博而门目琐碎，体例冗杂，颇有贪多务得之失。其所自作，亦惟取明白条畅，尽所欲言，往往下笔不能自休，故不免稍伤于蔓衍。"《明文海》录其文一篇。清应麟《江右古文选》卷二三录其文二篇。《江西诗征》卷五二录其诗三首。生平见黄佐《雪台刘公节神道碑》（《国朝献征录》卷四六）、王兆云《皇明词林人物考》卷九。

刘龙（1477—1553） 字舜卿，号紫岩。山西潞安府襄垣人，员外郎刘凤仪子。弘治八年（1495）领乡荐，十二年第三人进士及第，授翰林编修，进修撰。正德初忤刘瑾，改兵部职方司主事，五年（1510）升吏部考功司员外郎，又复

修撰，十一年升侍讲学士，侍经筵，十五年改侍读学士。嘉靖元年（1522）升礼部右侍郎，丁忧归，四年复官，转左，七年升南京礼部尚书，八年改南吏部，十二年改南兵部尚书。卒于嘉靖三十二年六月初七，年七十七，赠太子太保，谥文安。以诗文名，有《紫岩文集》四十八卷，嘉靖间韩山精舍自刊本，诗二十卷，收诗一千零六十余首，文二十八卷，收各体文二百四十余篇，李廷相、吕柟序。《皇明诗统》卷一九录其诗十一首。《明诗综》卷二七录其诗一首。《（雍正）山西通志》录其诗文二十余篇（首）。《明诗纪事》丁签卷八录其诗二首，按云："尚书不以诗名，《紫岩集》中佳句，即当日以声律擅名者，亦不能过也。"生平见李默《刘公龙墓志铭》（《国朝献征录》卷四二）、林尧俞等《礼部志稿》卷五六、《（雍正）山西通志》卷一一三。

刘仔肩（生卒年不详） 字汝弼。江西饶州府鄱阳人。洪武初，陶安守饶州，荐其有文行，应召至金陵，得与明建国初诸文士交，因集同时人之诗为《雅颂正音》。全书五卷，选诗三百余首，作者包括仔肩自己在内六十余人，上自公卿，下至林泉之士，不以爵位寿年分先后次第。是编有洪武三年（1370）宋濂序和张孟兼后序。《四库全

书》收其书，《总目》"提要"云："所选之诗，每人仅数首。盖是时诸人之集皆未成编，随得随录，故未能赅备，然明初诸家今无专集行世者，颇藉以略存梗概。其时武功初定，文治方兴，仔肩拟之雅颂，固未免溢美。要其春容谐婉，雍雍乎开国之音，存之亦足以见明初之风气也。"《雅颂正音》录仔肩己作十五首。《皇明风雅》卷一八录其诗四首。顾起纶《续国雅》卷一录其诗二首。《皇明诗统》卷四录其诗六首。《列朝诗集》甲集录其诗八首。《明诗评选》录其诗一首。《明诗综》卷一五上录其诗三首。《御选宋金元明四朝诗》录其诗八首。《江西诗征》卷四三录其诗九首。《明诗纪事》甲签卷三〇录其诗五首，按云："观其所作，音调铿锵，时露新颖，附名风雅，良不虚也。"另，《(道光)鄱阳志》录其词三首。生平见王兆云《皇明词林人物考》卷二。

刘永澄(1576—1612)　字静之，号练江。南直扬州府宝应(今属江苏)人。生于万历四年(1576)六月初三。万历二十二年中举，二十九年进士，授顺天府儒学教授。三十一年升国子监学正，严程课，饬行检，学者称"淮南夫子"。三十三年以省亲归，三十六年补兵部职方司主事，又以父丧归，四十年五月初

七病卒于家，年三十七，学者私谥贞修先生。其学以刻苦自励为归，以裨益身心世道为验，动必以古人自师，于当时士大夫之乡愿陋习颇多批评。亦能诗，现存清初宝应刘氏家刊本《诗筒遗草》一卷，收其诸体诗一百七十余首。又有清乾隆间兴让堂刊本《刘练江先生集》八卷，内杂著三卷，书三卷，诗一卷(收诗七十余首)，卷八所收则为行状、墓志、祭文等，附录为《离骚经纂注》一卷，又卷端有其五世孙刘颖编《刘职方公年谱》一卷。另有清初刊本《邸中杂记》一卷。《四库全书总目》著录其《刘练江集》七卷附录一卷，"提要"谓其"文章平正通达"。《明诗纪事》庚签卷二〇录其诗二首。生平见文震孟《刘静之先生行状》、高攀龙《刘静之先生墓志铭》(《刘练江先生集》卷八)，又见黄宗羲《明儒学案》卷六〇。

刘尧诲(1522—1585)　字君纳，号凝斋。湖广衡州府临武(今属湖南)人。嘉靖二十二年(1543)中举，三十二年进士，除新喻知县。征授南京刑科给事中，抗疏论总制胡宗宪御倭失策，罢归。四十二年，以助守临武县城功起用，补上海县丞，迁顺天府丞。擢右佥都御史，巡抚福建，以御倭、平海寇功，进副都御史，调江西巡抚。万历六

年(1578)以兵部左侍郎加右副都御史,总制两广,十一年拜南兵部尚书,旋致仕。归后居于衡州,以读书、讲学为乐,万历十三年卒,年六十四,赠太子少保。为人沉毅寡言,居官喜兴学育才,曾创建江西濂溪书院。学宗王守仁,诗文朴直。所著有万历刊本《督抚疏议》十五卷,收疏文一百四十余篇。诗文别集现存明刊《大司马刘凝斋先生虚籁集》十六卷,卷一《虚籁集》收其论学之文,卷二《左史评议》,卷三至卷八收诸体诗二百四十余首,卷九收词三首,以下为书议杂文,有陈宗契序。又有清雍正六年(1728)序刊本《虚籁集》十四卷附六卷,所附《莅庵遗文》《藜轩遗文》《震阳遗文》等为其后人著述,因同时附《六世泽录》,有清陈鹏年等序。又有乾隆刊本《刘尧诲先生全集》十六卷,收《虚籁集》十四卷及《南垣疏稿》《抚闽疏稿》各一卷。《四库全书总目》著录《虚籁集》十四卷(文九卷诗词五卷)。《千顷堂书目》另著录其《治河三议》。清廖元度《楚风补》卷二三录其诗四首。清邓显鹤《沅湘耆旧集》卷一七录诗十三首,谓其诗"不事钩棘,颇具清挺之风"。《湖南文征》录其文九篇。《明诗纪事》己签卷一一录其诗一首。生平见曾朝节《刘公行状》(《紫园草》卷五)、《(雍正)湖广

通志》卷五〇、《(乾隆)衡州府志》卷二四。

刘汝佳(生卒年不详)　字无美,号紫芝。南直庐州府无为(今属安徽)人。万历十六年(1588)举人,三十五年进士,授工部主事,上书言兵事,以罪于权贵,引疾归里。复起,历员外郎、郎中,简放金华知府,旋罢。归里半年,忧愤卒。现存万历四十四年刘氏刊本《刘婺州集》二十四卷,诗词八卷,收诗四百二十余首、词十首、曲三十余首,余为奏疏、杂文、尺牍等,计十七卷。《(嘉庆)无为州志》卷二八录其文《黄洛河水次便民仓记》一篇、卷三〇录其诗两首。生平见《(嘉庆)庐州府志》卷五三。

刘志选(?—1627)　字还初,别署天放道人、海日先生。浙江宁波府慈溪人。万历十年(1582)举人,十一年叶向高榜进士,授刑部主事。以争郑贵妃、王恭妃册封事忤帝,谪福宁州判官,转合肥知县,又以大计罢归。家居三十年,光宗、熹宗相继立,诸建言得罪者尽起,志选独以计典不获。会叶向高赴召道杭州,志选与之游宴弥月,向高还朝,荐其为南工部主事,进郎中,时已七十余。嗜进弥锐,上疏追论"红丸"案,极诋孙慎行,得权宦魏忠贤欢心,天启五年(1625)九月召其为尚宝少卿,复力

攻慎行，并及向高等。六年擢顺天府丞，七年擢右佥都御史，提督操江，其年熹宗崩，魏忠贤败，言官交劾，诏削籍，后定阉党逆案，与梁梦环并论死，而志选先自经。所著有万历间朱墨套印本传奇《李丹记》，署"天放道人刘还初编"。卷首载"云间陈继儒撰"之《李丹记题辞》云："浙东有英雄，曰海日先生，凤具灵根，最坚道念，尝以建言出部曹，以神明宰名邑。一旦挂冠神武，逍遥山水间……乃借裴谌、王恭伯故事，作《李丹》传奇。"因知此剧作者确为刘志选。是剧凡二卷三十六折，叙裴谌、王恭伯二人往终南山白鹿洞学道，拜上界散仙梁芳为师。裴谌坚心向道，王恭伯则出山求名。后裴谌食"李丹"成仙，王恭伯历经艰难后亦与妻瑶娟同食"李丹"升天。以唐牛僧孺小说《裴谌》(《全唐五代小说》卷三○)为构思起点，然所言梁芳为上仙，藏仙丹，王恭伯与妻双修成仙等，皆为增饰。此剧当为万历时刘志初家居无聊时所作。止云居士《万壑清音》、冲和居士《缠头二集》收录此剧散出。刘志选生平见《明史》卷三○六。

刘芳(生卒年不详)　字墨仙。浙江嘉兴府嘉善人。少孤，抚于祖。崇祯间，年三十为诸生，既而游金陵，疽发于背卒。明钱继章编

清初刻《人琴集》七卷收其《清唤斋遗稿》一卷，内收诗二十七首、词三十三首。清沈季友《槜李诗系》卷二一录其诗一首。近人赵尊岳《明词汇刊》据《清唤斋遗稿》录其词二十九首为《清唤斋词》一卷。生平见《(光绪)重修嘉善县志》卷二四。

刘伯燮(1532—1584)　字元甫，以所居县东有小鹤山，因号小鹤。湖广德安府孝感(今属湖北)人。生于嘉靖十一年(1532)五月二十四。嘉靖三十四年举人，隆庆二年(1568)进士，历户部主事，擢工科给事中。升陕西参议，历河南右参政，迁广东按察使，以母老未赴。卒于万历十二年(1584)七月十三，年五十三。现存万历十四年郑懋孚刊本《鹤鸣集》二十七卷，卷一、卷二收奏疏九篇，卷三收赋四篇，卷四至卷一三收诗五百余首，卷一四至卷二七收各体文百篇。卷首蒋以忠序云："元甫穆然渊静，居常寡言，笃而好深沉之思，其谈议持高标，尚名检……嗜为古文词，又好吟，得诗常满案，不趋时度而直抒性灵，庶几载自成一家，位列于作者之灵矣，海内士皆传诵之。"又有崇祯二年(1629)刘氏家刊本《鹤鸣集》三十五卷附录一卷，内奏疏二卷、表二卷、赋一卷、诗十卷、文十五卷、策五卷，较之万历二十七卷本，除增策论，于诗文亦略有增

益。另,明刻残本《名臣宁攘要编》收其《平番纪事》一卷。清廖元度《楚风补》卷二三、清高士熙辑《湖北诗录》录其诗一首。《明文海》录其文二篇。生平见刘庠《刘公行述》(崇祯刊《鹤鸣集》三十五卷附)、李维桢《刘公墓志铭》(《大泌山房集》卷七九)、萧彦《掖垣人鉴》卷一五、《(雍正)湖广通志》卷五二。

刘应秋(1555—1620) 字士和,号兑阳。江西吉安府吉水人。万历十年(1582)乡试第一,明年上公车,进士第三,授编修。迁南国子司业,十八年以右春坊右中允管司业事,充经筵日讲官,升洗马。历谕德、庶子,至国子监祭酒。时词臣多优游养望,应秋独负才气,好议论,以此取忌。万历二十六年有撰《忧危竑议》者,御史指及应秋,帝命调外,引疾归,泰昌元年(1620)十月初七卒,年六十六,崇祯时赠礼部侍郎,谥文节。所著有明吉水刘氏家刊本《刘大司成文集》十六卷,内廷试策一卷、疏表二卷、各体文六卷、策一卷、末为赋、诗二卷(收赋一,古近体诗二百六十余首),邹元标、汤显祖序。《明史·艺文志》著录其另有《尚书旨》十卷。《明诗综》卷五四录其诗一首,"诗话"谓其"诗非所务,无庾雅音"。《江西诗征》卷六〇录其诗六

首。生平见叶向高《刘公暨配杨孺人合葬墓志铭》(《苍霞余草》卷八)、汤显祖《刘公墓表》(《玉茗堂全集》卷一四)、《明史》卷二一六。

刘兑(生卒年不详) 字东生。明初浙江绍兴府山阴(今绍兴)人。明初朱权《太和正音谱》卷上录其[黄钟·刮地风]、[黄钟·四门子]二曲,注出"刘东生散套"。又记其有《月下老世间配偶》《娇红记》。现存《娇红记》杂剧,有宣德金陵积德堂刻本,题为《新编金童玉女娇红记》,取元宋梅洞中篇文言小说《娇红传》所叙申纯、王娇娘婚恋故事,而以二人为金童玉女谪凡又复归天界为结构。是剧上下两本八折,除将小说悲剧结局改为大团圆,原有情节人物几乎全被采用,显关目烦冗、排场平板,然曲词音调和谐、流丽柔媚。《太和正音谱》称"刘东生之词,如海峤云霞。镕意铸词,无纤翳尘俗之气,适出人一头地……宜列高选"。实亦为对其曲词之推崇。《月下老世间配偶》未见传本。佚名《录鬼簿续编》记云:"刘东生,名兑。作《月下老定世间配偶》四套,极为骈俪,传诵人口。"正德间李开先《词谑》录套曲,谓出自"《月下老问世间配偶》杂剧《秋景》一出"。嘉靖间张禄《词林摘艳》摘录套曲,亦谓出自"皇明刘东生《月下老问世间配偶》杂剧"。

"月下老人"事首见唐李复言《续玄怪录》中《定婚店》小说（《全唐五代小说》卷四一），所见标为出自《月下老定世间配偶》之佚曲，均未涉及原小说情节、人物，故未能确定刘兑所作《月下老定世间配偶》为杂剧抑或散套？刘兑所作散曲又散见于郭勋《雍熙乐府》、胡文焕《群音类选》、凌濛初《南音三籁》、张琦等《吴骚合编》。

刘良臣（1482—1551）　字尧卿，号凤川。山西平阳府芮城人。弘治十四年（1501）举人，数上公车不第，选官扬州府通判，改陕西平凉，督饷西夏。又数年，忤当路，告归家居，闭户读书，足迹不入城市。以不问生计，后穷老于山陬僻壤间，卒于嘉靖二十九年（1551），年七十。著述现存万历十八年（1590）任养心刊本《凤川先生文集》三卷，内文集、诗集及散曲集《西郊野唱北乐府》各一卷。又有《桂林斧斯》一卷（手稿本）、《省侍后集》一卷及嘉靖刊《克己示儿编》一卷、《凤川壮游记》二卷。清人钞为《刘凤川遗稿》九卷。近人辑《凤川先生文集》三卷、《凤川子克己示儿编》一卷、《凤川壮游记》二卷为《刘凤川遗书》。其散曲集《西郊野唱北乐府》收小令八十二支、套数三套，内有写田园生活之散曲数支，于散曲创作中别开生面。生平

见《（乾隆）解州全志》卷八、《（雍正）山西通志》卷一三一。

刘良弼（1531—1583）　字赍卿，号肖岩。江西南昌府南昌人。嘉靖十年（1531）九月初五生。四十三年举人，明年进士，授金坛知县。隆庆三年（1569）征为云南道监察御史，六年巡按福建。万历四年（1576）按顺天，六年升大理寺右寺丞，八年迁右少卿，九年转左，十年升太仆寺卿。十一年改光禄寺卿，寻以右金都御史巡抚广西，十月初三卒，年五十三。卒后其子刘云龙辑其遗稿，万历十二年刻为《刻中丞肖岩刘公遗稿》十卷，前五卷为奏疏，卷六为文稿，收其所作各体文十四篇，卷七为诗稿，收诸体诗四十余首，末三卷为尺牍。蔡国炳序。生平见刘云龙《刘公肖岩府君行状》、万恭《肖岩刘公墓志铭》（《刻中丞肖岩刘公遗稿》卷端），又见《（雍正）江西通志》卷六九。

刘英（1417—1488）　字邦彦，号宾山。浙江杭州府钱塘（今杭州）人。少入学，临川聂大年教授于杭，奇之，以为忘年友。景泰中，郡邑交辟，以母老辞。筑室于甘泉，多竹，榜其室曰"竹东"。卒于弘治元年（1488），年七十二。《西湖游览志余》记其事云："刘邦彦善诗翰，隐居不仕，遨游湖山，名振远

近。"过庭训《本朝分省人物考》谓其"操行高洁,当天顺、成化间,与刘泰辈结社赋诗,名动一时"。著有《宾山集》《蕉叶稿》《竹东小稿》《湖山咏录》等,又《明史·艺文志》著录《刘英诗集》六卷,均未见传。天顺间刊《士林诗选》二卷(怀悦辑)录其诗四首。《列朝诗集》丙集录其诗十首,"小传"云:"程克勤志其墓,以为孝友似黄山谷,高蹈似魏清逸,旷达似杨铁崖,庶几实录云。"《明诗综》卷二一录其诗二首。《御选宋金元明四朝诗》录其诗四首。《明诗纪事》乙签卷二二录其诗二首,按云:"钱塘马浩澜、刘邦彦诗词妍丽,扬瞿存斋(瞿佑)之余波,刘似较马为胜也。"生平见过庭训《本朝分省人物考》卷四二。

刘昌(1424—1480) 字钦谟,号椶园。南直苏州府长洲(今江苏苏州)人。正统九年(1444)应天乡试第一,十年进士,授南工部主事。历员外、郎中,天顺七年(1463)出为河南提学副使,迁广东左参政。居艰归,服阕未出,成化十六年(1480)十月卒于家,年五十七。博学多闻,勤于撰述。在中州修《河南志》,复以先代金石遗文多在汴雒间,辑许衡、马祖常、许有壬、王恽等人所著为《中州名贤文表》三十卷,后收入《四库全书》。归里后又与杜琼、陈欣等合纂《苏州续志》百卷。诗富才情,辞采雅丽,为郎时《无题》五首,一时传诵。有《胥台》《凤台》《金台》《嵩台》《越台》集,合称《五台集》二十二卷,未见传。又有笔记《悬笥琐探》一卷,或记文人逸事,或志动物异闻,今存于嘉靖间顾元庆辑刊《顾氏明朝四十家小说》。其他尚有《南京詹事府志》二十卷、《两镇边关图说》二卷为《明史·艺文志》所著录。《皇明风雅》录其诗三首。顾起纶《续国雅》卷二录其诗一首。《皇明诗统》卷一二录其诗三首。《列朝诗集》乙集录其诗十三首。《明诗综》卷二〇录其诗二首。《御选宋金元明四朝诗》录其诗三首。《明诗纪事》乙签卷一七录其诗一首。生平见陈顾《刘公昌墓志铭》《国朝献征录》卷九九)、王兆云《皇明词林人物考》卷五、张昶《吴中人物志》卷七、文震孟《姑苏名贤小纪》上。

刘忠(1452—1523) 字司直,号野亭。河南开封府陈留(今开封)人。成化十四年(1478)进士,选翰林院庶吉士,授编修。历侍讲、侍读学士,掌翰林院,迁南礼部侍郎,进尚书,改南吏部。正德五年(1510)拜吏部尚书兼文渊阁大学士,参预机务,进武英殿大学士,次年致仕。嘉靖二年(1523)卒,年七十二,赠太保,谥文肃。性峻寡合,一介不取,在内阁未久,亦无大建白。现存嘉靖刊本《少傅野亭刘公遗稿》八卷，卷一讲章四十篇，卷二奏疏十七篇，卷三至卷五记、序、碑志、杂著文五十余篇，卷六至卷八诗二百余首，邹守益序。《皇明诗统》卷二〇录其诗三首。《列朝诗集》丙集录其诗一首。《明诗纪事》丙签卷七录其诗五首，按语云："太保不以诗名，七言断句，有古人风调。"《明文海》录其文一篇。生平见许赞《刘公神道碑》(《国朝献征录》卷一五)、《(雍正)河南通志》卷五七、《明史》卷一八一。

刘侗(1594—1637)　字同人，号格庵。湖广黄州府麻城(今属湖北)人。崇祯六年(1633)举人，七年进士，授吴县令，十年于赴任途中病卒于扬州，年四十四。其八年在京时，曾与于奕正同著《帝京景物略》八卷，记北京城内外山川风物，列目凡一百二十又九，搜求事迹排纂成文，篇末各系以诗，书成盛传，为清人修《日下旧闻》所取资。后又谋与于奕正共撰《南京景物略》，未果。著述另有崇祯刊本《麟经新旨》二十卷、《名物通》十卷附一卷。其为文掘奇，诗则与于奕正同学"竟陵"，曾与谭元春等往来。《历代诗话》卷七三录其《竹枝词》写元宵，"貂装鞍马象装车，不是勋家是戚家"云云，颇为传诵。清廖元度《楚风补》卷三一录其诗十九首。《明诗综》卷六八、《御选宋金元明四朝诗》录其诗二首。《明诗纪事》辛签卷二〇录其诗一首。《明词综》卷六录其词一首。生平见《(雍正)湖广通志》卷五七、《(光绪)黄州府志》卷一九。

刘命清(1610—1682)　字穆叔，号但月仙。江西抚州府临川(今抚州)人。生于万历三十八年(1610)十月初三。诸生，以能诗文，与傅占衡(字平叔)并称"临川二叔"。明末战乱，捍御地方有方略，福王时揭重熙荐充馆职，辞不就。入清后家居沉潜，以教授、著书为事。康熙二十一年(1682)四月初八卒，年七十三。卒后其子孙及门人辑其所著为《虎溪渔叟集》十八卷，现存康熙间刻本。首有郑昱康熙三十八年《虎溪渔叟集序》、康熙十年徐春溶《虎溪渔叟集序》及胡亦堂所撰墓志铭。是集卷一至卷七收古近体诗八百余首，卷八收词七十五首，卷九、卷一〇为《经论》，卷一一、卷一二为《史论》，卷一三至卷一七收序、记等各体文，卷一八收赋十六篇。《四库全书总目》著录《虎溪渔叟集》十卷，"提要"谓其"史论颇多臆断，其诋诸葛诛马谡之非，及力祖王安石而深斥苏洵《辨奸论》与吕公著弹文，尤不免颠倒是非。诗文亦皆不入格，盖倜傥自豪之士，负气纵横，而学问则未能深造也。"又云"是书前后无序跋，惟冠以《临川县志》小传一篇"，"是集凡经论二卷、史论二卷、文二卷、诗三卷、词一卷"，则所见为别本。生平见清胡亦堂《虎溪刘穆叔先生墓志铭》(《虎溪渔叟集》卷首)。

刘宗周(1578—1645)　初名宪章，字宗周，应童子试，纳卷者误以字为名，因改名宗周，字起东，号念台，自称蕺山长，又因讲学于绍兴城内蕺山，学者称蕺山先生、蕺山夫子，另曾自署秦望望中人、还山主人、山阴废士等。浙江绍兴府山阴(今绍兴)人。生于万历六年(1578)正月二十六，时其父已去世五月，家贫，随母依外祖章颖过活。万历二十五年中举，二十九年进士，丁母忧归乡。三十二年授行人，次年以外祖、祖父过世，再归，家居七年，四十年复职，以朝中党争，被劾回乡。天启元年(1621)起为礼部仪制司主事，以劾魏忠贤、客氏，廷杖六十，得叶向高救援，获免。三年升尚宝少卿，移疾归，四年起通政司右通政，不赴，触帝怒，夺诰削籍。崇祯元年(1628)召为顺天府尹，次年再引疾归，九年起为工部左侍郎，旋再忤帝意乞归。十五年拜左都御史，又以论事忤旨斥为民。福王立，起故官，疏论马士英、阮大铖不可用，不纳，因告归。乙酉(1645)，杭州陷于清兵，绝食，闰六月初八卒，年六十八，唐王时赠少师、大学士，谥忠正。宗周从学于许孚远，思想自成体系，称"上承濂洛，下贯朱王"。其学以"慎独"为宗，力倡诚敬之说，强调以心著性。历仕四朝，通籍四十余载，在官仅六年。毕生精力用于讲学、著书，又以道德直节名，海内仰之如泰山北斗，从学者多至千人，黄宗羲、陈确、张履祥、祁彪佳等皆出其门下。然其学在心性道德，全弃儒学经世致用一面，至拒西学，反对制造火器。其献策于崇祯帝，谓"明圣学以端治本""躬圣学以建治要""崇圣学以需治化"云云，皆迂阔不著边际，故帝谓其"愎拗偏迂"，屡起屡斥。著述甚夥，现存清康熙间刊《子刘子遗书》三种七卷，内《子刘子学言》三卷、《圣学宗要》一卷、《周易古文钞》三卷。又有乾隆十七年(1752)雷铉、郑肇奎等刊《刘蕺山先生遗集》二十四卷《年谱》二卷。《四库全书》收其《论语学案》十卷、《圣学宗要》一卷、《学言》三卷、《人谱》一卷《人谱类记》二卷及《刘蕺山集》十七卷，又著录其《证人社约言》一卷、《周易古文钞》二卷。清道光间萧山王宗炎等辑其著述刻为《刘子全书》四十卷首一卷。又清潘锡恩辑《乾坤正气集》曾选《刘子文编》十卷，日本孝明天皇文久三年(1863)青木嵩山堂有刊本《刘蕺山文抄》二卷。《明文海》录其文五篇。诗非其能事，偶也为之，以抒感慨。其诗文别集《刘蕺山集》十七卷，仅末卷收赋二篇诗百首。陈济生《天启崇祯两朝遗诗》卷五录其诗二十一首。《明诗综》卷七三录其诗二首。《御选宋金元明四朝诗》录其诗十首。《明诗纪事》辛签卷四录其诗三首。生平见清黄宗羲《子刘子行状》二卷(《刘子全书》附刻)、黄宗羲《明儒学案》卷六二、《明史》卷二五五。刘汋有《先君子蕺山先生年谱》二卷(《刘子全书》附刻)，近人姚名达亦有《刘宗周年谱》一卷(商务印书馆排印本)。

刘定之(1409—1469)　字主静，号呆斋。江西吉安府永新人。宣德十年(1435)领乡荐，明年正统元年(1436)第三人进士及第，授编修，升侍讲。景泰三年(1452)迁司经局洗马，七年进右春坊右庶子。英宗初改通政司左参议，晋翰林学士，迁太常少卿兼侍读学士。成化二年(1466)入内阁，预机务，三年迁工部右侍郎兼翰林学士，四年晋礼部左侍郎，五年(1469)八月十日卒于官，年八十一，赠尚书，谥文安。为人谦恭质直，以博雅称。所著遍涉经、史及文学。著述先有弘正间新安刘稼卢州刻本《呆斋存稿》二十四卷；又有万历二十二年(1594)杨一桂重刻补修本《呆斋前稿》十六卷《存稿》十卷《续稿》五卷《刘文安公呆斋先生策略》十卷《年谱》一卷。以清咸丰三年(1853)刻《刘文安公全集》收罗最全，内《文集》十五卷《诗集》六卷《宋史论》三卷《呆斋先生策略》十卷《易经图释》十卷《易传撮要》一卷《年谱》一卷。所著自举业程试、讲章、奏疏、代言以至著述、赋咏、应答之作皆收罗于内。集有李东阳序，其文也濡染台阁之习。《明文海》录其文十篇，卷一一〇评语云："呆斋以渊博之学、英敏之才发为文章。未尝为文必先博而后约，若名锻字炼，探之而有穷，取之而复余者，不过为孤峰绝涧而止，乌足以成其大哉。"清应麟《江右古文选》卷二〇录其文三篇。诗则偶为之，李东阳《麓堂诗话》谓其"不甚喜为诗，纵其学力，往往有出语奇崛、用事精当者，如《英庙挽歌》《石钟山歌》等篇，皆可传诵"。安磐《颐山诗话》云："刘呆斋以渊博之学，英敏之才，发为文章，抑扬辩博，名盖一时。独于韵语，若未解然者。世固有诗不如文，如韩退之、苏了瞻、曾子固者，特其声响格调之间差弱耳，未甚相远也。呆斋往往多累句、俗语，与其文若出二手，丘琼台(丘濬)亦然。"《列朝诗集》乙集录其诗六首。《明诗综》卷二〇录其诗一首。《江西诗征》卷五〇录其诗七首。清尹继隆《永新诗征》卷六录其诗二十九首。《明诗纪事》乙签卷一六录其诗三首。生平见彭时《刘公定之神道碑》(《国朝献征录》卷一三)、廖道南《殿阁词林记》卷三、王兆云《皇明词林人物考》卷二、《明史》卷一七六。清刘作樑有《吴齐公年谱》(清刻《刘文安公策略》附)。

刘承直(生卒年不详) 字宗弼,号崆峒雪樵。赣州(今属江西)人。元末至正二十一年(1361)进士,官潮州同知。明初被荐,与修《礼》书,授国子博士,迁司业,出为浙江按察司佥事,三年以疾乞归。《千顷堂书目》著录其《雪樵诗集》,未见传。王祎《书宗弼诗后》云:"宗弼善于诗,而于《选》诗尤工,盖出入鲍、谢,而闯曹、刘之域矣。其体裁正,故偏驳之弊绝焉;其语意圆,故超诣之妙臻焉。是可谓之纯矣。诗至于此,夫岂易能也哉?"(《王忠文集》卷一七)刘仔肩《雅颂正音》录其诗十九首。《皇明风雅》卷二五录其诗一首。《皇明诗统》卷一录其诗五首。顾起纶《续国雅》卷一录其诗一首。韩阳《皇明西江诗选》卷九录其诗一首。《列朝诗集》甲集录其诗五首。《明诗综》卷七录其诗一首。《江西诗征》卷四〇

录其诗三首。《明诗纪事》甲签卷一四录其诗二首。生平见《(雍正)江西通志》卷九四。

刘驷(生卒年不详) 字宗道,号悔怍子。福建漳州府龙溪(今漳州)人。年二十余,以儒学未成而习吏事,试为邑吏,旋又弃吏复儒,遍事漳州及邻府学者,读书自励。传闻洪武十五年(1382)征秀才,入试者八千人,驷为第一,授都御史,十六年以御前争竞,惹帝怒,谪戍云南,流离而终,卒后门人私谥爱礼先生。宗陈淳之学而祖述朱子之道,辟释、老甚严。现存弘治间浙江参政林进卿刻《爱礼先生集》十卷,首弘治六年(1493)林雍序,内卷一至卷三收文十七篇,卷四、卷五收诗五十三首,卷六《中庸说》,卷七至卷九书牍二十篇,卷一〇附录弟子陈拯为刘驷父刘宝所作《慎独翁行状》。《四库全书总目》著录《爱礼集》十卷,"提要"谓其集"诗文多涉性理,略似语录之体"。《明诗综》卷一二、清郭柏苍《全闽明诗传》卷一、《明诗纪事》甲签卷二六均录其诗一首。

刘绍(生卒年不详) 字子宪,以字行,号纬萧野人。江西建昌府新城(今江西黎川)人。元末曾入汝南王幕,后又入闽帅幕而未遂志。洪武初官翰林应奉,以国子助教致仕,归后自治丘垄。与广昌胡

布、张达同时有诗名,后郡人张烈编三人诗为《元音遗响》十卷,前八卷为胡布诗,卷九为张达诗,末卷为刘绍诗,后被收入《四库全书》,计收刘绍诗一百二十余首。与胡布为姻亲交好,胡布诗中有二人联句十二首。《皇明风雅》录其诗二首。《明诗综》卷四录其诗五首。《御选宋金元明四朝诗》录其诗一首。《江西诗征》卷三九录其诗三十八首。《明诗纪事》甲签卷一二录其诗十八首,按云:"子宪入明,曾通仕籍……明初江右诗家,首推刘子高(刘崧),如子宪者,正可雁行。子宪五言,风骨劲特,盖与胡、张生同乡曲,雅志复古……趣向既高,宜其诗之不蹈凡近也。"生平见《(雍正)江西通志》卷一六一。

刘春(1462—1521) 字仁仲。四川重庆府巴县(今重庆)人。成化十九年(1483)乡试解元,二十年进士第三,授编修。弘治四年(1491)进修撰,十三年充东宫讲读官,迁左谕德,十六年与修《会典》。正德元年(1506)晋翰林学士,六年擢吏部侍郎,充经筵日讲官,次年改南京吏部尚书,十六年拜礼部尚书,专典诰敕,掌詹事府,卒于官,年六十,谥文简。志行端洁,德量醇厚,有古人风。与川人杨廷和、杨慎父子交善。亦能诗文,所著现存嘉靖三十三年(1554)刘起宗刊

本《东川刘文简公集》二十四卷,内序、记等各体文二十一卷,诗三卷,收古近体诗七百余首,诸体俱备,而以七言律、绝为夥。是集刊于江西宁国,有王崇庆、黄佐序。文末内江赵贞吉《刊刘文简公文集后序》云:"今观之集中,櫽栝尺度,不失耆宿。文皆典实,辞尚指要,辩而不肆,诸多持正长者之言。诗兴而讽,无绮靡幽眇之习。"《(雍正)四川通志》卷四二录其《东坡书院记》。生平见廖道南《殿阁词林记》卷六、林尧俞等《礼部志稿》卷五三、《明史》卷一八四。

刘珏(1410—1472) 字廷美,号完庵。南直苏州府长洲(今江苏苏州)人。生于永乐八年(1410)正月十三。正统三年(1438)举人,谒选得官,历刑部主事,迁山西按察司佥事,居三载,年五十,即请致仕归。成化八年(1472)二月初八卒,年六十三。工书画,能诗文,归后,日与徐有贞、韩雍、祝颢、沈周诸老游,每集多联句,而珏为之图。正德间其曾孙刘布刻其诗为《完庵集》不分卷,计收诗二百六十余首、词二首,有弘治十七年(1504)吴宽《完庵诗集序》、又正德七年(1512)王鏊《完庵诗集后序》。万历间其族孙刘玉成重刻其集,称《重刻完庵刘先生集》二卷,增万历二十二年(1594)郭子章序。《列朝诗集》

乙集录其诗十五首，"小传"谓其"操履清白，老而好学，工于唐律，时人称为'刘八句'。行草师李邕，画师黄鹤，皆得古人笔意。精于鉴古，访求甚富"。《明诗综》卷二○录其诗三首。《御选宋金元明四朝诗》录其诗八首。《四库全书总目》著录不署作者之《完庵诗集》一卷，"提要"考为刘珏撰，谓"其诗有亮节而乏微情，不能如志（《江南通志》）所称也"。《海虞文征》卷二八录其七律诗二首。《明诗纪事》乙签卷六录其诗一首。生平见祝颢《完庵墓志铭》（《重刻完庵刘先生集》附录）、张昶《吴中人物志》卷七、文震孟《姑苏名贤小纪》上、王兆云《皇明词林人物考》卷七。

刘城（1598—1650）　字伯宗，晚号存宗。南直池州府贵池（今属安徽）人。生于万历二十六年（1598）六月二十四。诸生，才气豪迈，诗文与同邑吴应箕齐名，一时名公巨卿多推重之。又好谈经济大略，著《边塞》《屯盐》《河渠》《市马》诸议。崇祯九年（1636）应荐入都，授职未就。甲申国变后曾与吴应箕同组织乡人抗击清兵，后隐遁，以宋谢翱、郑思肖为标向，自署一私印曰"谢发郑心"。卒于清顺治七年（1650）三月二十五，年五十三。卒后子孙辑其诗文为《峄桐文集》十卷，收各体文二百二十余篇，

又《诗集》十卷，收诸体诗一千六百余首，现存清光绪十九年（1893）养云山庄刊本，首康熙十七年（1678）邵嘉《峄桐集序》及康范生、余怀、吴非等序。曾作《天启宫词》十五首、《崇祯宫词》十八首，又为吴应箕、戴重等作传，皆犯时忌，乾隆时遭禁。康范生序谓其"至于朋好赠答，咏物即事，亦皆具有微情至性，寄托深远，非寻常酬应者比"，当有所指也。所著另有《古今事异同》《南宋文苑》《池阳二忠纪》及《春秋左传地名录》二卷附《春秋外传国语地名录》一卷等。清陈允衡编顺治澄怀阁刊本《诗慰》初集按编年选录其顺治二年至七年诗二百十七首为《峄桐后集选》一卷。陈济生《天启崇祯两朝遗诗》卷九录其诗五十二首。清卓尔堪《明遗民诗》录其诗十一首。《明诗综》卷七六录其诗七首，"诗话"云："伯宗、次尾（吴应箕），足称贵池二妙，才气亦相敌也。"清沈德潜《明诗别裁集》录其诗一首。陈田《明诗纪事》辛签卷二二录其诗十五首。生平见《（乾隆）江南通志》卷一六九、近人刘世珩《刘伯宗先生年谱》（1920年刊《贵池先哲遗书》本）。

刘荣嗣（1571—1638）　字敬仲，号简斋。京师广平府曲周（今属河北）人。万历四十三年（1615）顺天中举，明年进士，授户部主事。改

吏部，历员外、郎中，出为山东参政。历布政使，入为光禄卿，迁顺天府尹，拜户部侍郎。崇祯六年（1633）以工部尚书总督河道，别凿新河，起宿迁至徐州，分黄河水以通漕运，八年以河工无效被劾，十一年死于狱中，年六十八。诗文著名于时，《千顷堂书目》著录其《简斋先生文集》四卷又《半舫诗集》十卷。现存崇祯刊本《简斋诗钞》十卷《二刻秋水谣》五卷《剑映》五卷；又有清康熙元年（1662）刘佑刻《简斋先生诗选》十一卷《文选》四卷。《列朝诗集》丁集录其诗十一首，"小传"记云："敬仲为人淹雅，读书好古，敦笃友谊。河渠之任，本非所长，门客游士，创挽黄之议，耗没金钱，敬仲用是坐罪，父子俱毙。用违其才，良可痛也。敬仲为诗，用意冲远，自谓迥出时流……诗操南音，不类河北伧父，亦可异也。"《明诗评选》录其诗三首。《明诗综》卷六一录其诗三首，"诗话"谓其"诗格卑卑，未能远与古人方驾"。《御选宋金元明四朝诗》录其诗六首。清王崇简《畿辅明诗》录其诗三十一首。《明诗纪事》庚签卷二三录其诗五首，按云："诗格不耸高，而忧时伤怀，有萧瑟兰成之感。"《明词综》卷五录其词一首。近人赵尊岳《明词汇刊》录其词十八首为《简斋诗余》。生平见清邹漪《启祯野乘》卷六、《（雍正）畿辅通志》卷七二。

刘昭年（1331—1410）　字昭昭，号主一。江西吉安府万安人。布衣能诗。卒于永乐八年（1410），年八十。后以其孙刘广衡贵，景泰五年（1454）赠都察院左副都御史、天顺二年（1458）又赠刑部尚书。现存清抄本《先世遗芳集》十卷，收诸体诗三百八十余首、词十五首。是集署其曾孙刘易编次、曾孙刘乔校刊，卷末有正统元年（1436）刘广衡《先世遗芳集后序》，谓其"居之作有《乾坤清气集》，居忧之作有《闉扉吟啸集》，往来书翰有《鱼中尺素》，记其平生有《行止录》"，今所录为仅存者云云。因知本集卷首"洪武辛巳"（建文三年，1401）康彦民《乾坤清气集序》等为原序也。《皇明风雅》卷一〇录其诗一首。《皇明诗统》卷一〇录其诗十六首。韩阳《皇明西江诗选》卷九录其诗二十九首。《石仓十二代诗选》录其诗十七首。清陈邦彦辑《御定历代题画诗类》录其诗二首。

刘胤昌（生卒年不详）　字燕及，号清水。南直安庆府桐城（今属安徽）人。万历二十八年（1600）举人，三十二年进士，除宜黄知县。改临川，降广东按察司照磨，迁广济知县，征授南大理评事，简放兴化知府，转大理寺评事，未赴任而卒。曾辑类书《刘氏类山》十卷,现存万历三十三年刊本。所著有《清水诗钞》《迁草》《游草》《觏草》等,未见传。清潘江《龙眠风雅》卷一二录其诗九十四首。《明诗综》卷五九、《御选宋金元明四朝诗》《明诗纪事》庚签卷八均录其诗一首。生平见《(雍正)江西通志》卷六二、《(道光)桐城续修县志》卷一二。

刘彦昺(1331—1399)　名“刘昺”,或作“刘炳”“镏昺”,字彦昺,或作彦炳,以字行,号懒云翁。江西饶州府鄱阳人。生于元至顺二年(1331)九月初三。元末兵乱时,与弟煜结里闬相保,寇至辄走。又依余阙于安庆,以其孤军不振,辞归。投金陵,献平江西策于朱元璋,授中书典签。洪武初为大都督府掌记,在曹国公李文忠幕,又除东阿知县,阅两考,引疾归,卒于建文元年(1399)四月初三,年六十九。以能诗称,现存嘉靖十二年(1533)刻《春雨轩集》九卷附录一卷,为其门人刘子升所编,杨维桢评定,有杨维桢及危素、宋濂等序,王祎、俞贞木等跋。《四库全书》收其集,名《刘彦昺集》,《总目》“提要”谓其“诗格伉爽挺拔,类其为人。惟末附杂文一卷,气象萎弱,殊逊其诗,知所长不在此,特以余事之之矣”。清初史简编《鄱阳五家集》十五卷(有康熙刊本)收其《春雨轩集》四卷,所录以诗为主,间及词、赋,亦为《四库全书》收录。《皇明风雅》录其诗五首。《皇明诗统》卷五录其诗十一首。《石仓十二代诗选·明诗选》录其诗九十三首。《列朝诗集》甲前集录其诗七十二首,“小传”记云:“彦炳诗集,危素、宋濂序之,以为兼谢康乐、岑嘉州、韦应物之长,而骎骎进于汉魏。杨维桢则爱其诗兼诸体,特为评点,其推重之如此。”《明诗评选》录其诗十四首。《明诗综》卷一二录“镏炳”诗四首,“诗话”云:“彦昺诗纯效铁崖,宜铁崖之倾倒也。至其病,过于繁艳。”清沈德潜《明诗别裁集》录其诗三首。清陈炜编《宋元诗会》卷九三录其诗二十一首。《御选宋金元明四朝诗》录其诗二十一首。《江西诗征》卷四二录其诗八十二首。《明诗纪事》甲签卷一七录其诗二十二首,按云:“余衡其品,于西江明初诗家,在子高(刘崧)之次,与新城刘子宪(刘绍)正足旗鼓相当。”近人赵尊岳《明词汇刊》录“镏昺”词十九首为《鄱阳词》一卷。生平见刘彦昺《自序墓志铭》(嘉靖本《春雨轩集》附录)、佚名《刘彦昺先生传》(清康熙间刻《鄱阳五先生集》本《春雨轩集》卷首)、王兆云《皇明词林人物考》卷一、《明史》卷二八五。

刘养微(生卒年不详)　字敬伯,

自号康谷子。湖广黄州府广济（今湖北武穴）人。万历时诸生，家贫，授徒自给。平生体弱多病，食不及中人，酒无三蕉叶，卒年仅三十四。性澹泊，能诗。与黄冈何韦长兄弟交好，卒后数月，何氏兄弟捐赀梓《康谷子集》。现存清乾隆四十一年（1766）其后人刘传等刻《康谷子集》六卷，前三卷收刘养微所作拟乐府及古近体诗四百余首，卷四收养微杂著《说铃》及《自谱》四则，以下为附刻，卷五为其弟养吉诗文及其远祖天行、文焕等传，卷六为其后裔刘秉鉥《石浪诗钞》、刘鸥化《味闲轩遗稿》、刘醇骏《盟鸥集残稿》数种，皆寥寥数篇，几备刘氏一家之书。是集首有养微同邑友人吴亮嗣、何韦长、杨大鳌序，当为养微原集序。清廖元度《楚风补》卷二六录其诗三首。《四库全书总目》著录《康谷子集》六卷，"提要"谓养微诗"宗李梦阳，而才力薄弱，颇窘于边幅。其《说铃》内极推梦阳，谓'古色过于子美'，未免为偏好之言"。清夏槐《广济耆旧诗集》卷一录其诗四十二首。生平见《康谷子集》卷首其从玄孙刘醇骧所撰《传》及《（雍正）湖广通志》卷五八、《（同治）广济县志》卷七。

刘绘（1505—1573）　字子素，一字少质，号嵩阳。河南汝宁府光州（今潢川）人。嘉靖十年（1531）中举，十四年进士，授行人。迁户科给事中，转刑科右给事中，简放重庆知府，以忤夏言，罢归。居家二十年，卒于万历元年（1573），年六十九。好读《左传》及纵横家言，又喜谈兵。少年时能力挽六钧之弓，击剑蹴鞠，校猎纵酒，声满燕、赵间。成进士，与李开先、唐顺之、赵时春为文章意气之交。放归后，治玄湖别墅，移石成峰，汇水为浸，花木竹屿，壮丽甲于汝南，时聚宾客放浪赋诗，以此自娱。嘉靖三十七年曾刻《嵩阳集》七卷，收赋十五篇，琴操二首，乐府十二首，歌行八首，五七言古近体诗二百八十首。首吴皋序谓其尚有文集若干卷。官重庆时，曾奖拔铜梁士子张佳胤，后佳胤以功业文章著，绘卒后，佳胤辑其诗文为《刘嵩阳先生集》二十卷，捐金镂梓，今亦传于世，内赋骚一卷，乐府、琴操、古近体诗四卷，序五卷，记一卷，书五卷，祭文一卷，书疏二卷，杂著一卷。《千顷堂书目》另著录录其《刘子通论》《嵩阳奏议》二卷、《荣乐赋》一卷。《皇明诗统》卷三一录其诗八首。嘉靖四十四年，赵彦复选李梦阳、何景明、王廷相、孟洋、薛蕙、高叔嗣、刘绘、张九一、谢榛诗，刊为《梁园风雅》二十七卷，内收绘诗二卷八十五首。《皇明诗选》录其诗一首。《列朝诗集》丁集录其诗十首，

"小传"云："子素文章雄健可喜，其诗才气奔腾，而风调未谐，多生狞纂兀之致。皇甫子循（皇甫汸）叙其集云：'先生应诏诸疏，经术文章，可谓兼之。若骚赋诗歌，则固北海余声，宣城寄兴，非所专好也。'知言哉。"《明诗综》卷四二录其诗二首，"诗话"云："诗非所长，比于伯华（李开先），稍事剪裁。"《四库全书总目》著录《嵩阳集》不分卷，"提要"谓云："其诗局度颇宏整，而乏深致。文不加修饰，畅所欲言。"《明诗纪事》戊签卷一九录其诗五首。《明文海》录其文十八篇，评语谓"其文纵横似苏子瞻，而加之色泽，是明朝一作手"。生平见萧彦《披垣人鉴》卷一三、《明史》卷二〇八。

刘泰（1414—？）　字士亨，号菊庄。浙江杭州府钱塘（今杭州）人。好学笃行，肆力于诗词。景泰、天顺间名于杭州，每一篇出则竞相传诵，至南北之士来客江左者，必得泰一诗，以取重乡里，因称一时高士，多有从其游者。所著有《菊庄》《晚香》二集，未见传。王世贞《诗评》曰："士亨，钱塘名俊，蚤蹈高洁，歌诗宏富清新，未脱宋元之习，尤善词学，烨烨胜之。"《皇明风雅》卷三〇录其诗一首。《皇明诗统》卷六录其诗六首。《石仓十二代诗选·明诗选》录其诗一百零八首。《列朝诗集》乙集录其诗十七首，"小传"谓其"以诗词名一时。其门人陆昂伯偶、马洪浩澜为冠。于时以为陆得其诗，马得其词"。《明诗综》卷二三录其诗二首。《御选宋金元明四朝诗》录其诗九首。清陈邦彦《御定历代题画诗类》录其诗十余首。《明诗纪事》乙签卷二二录其诗五首，按云："士亨诗为竹垞（朱彝尊）痛诋。余录数绝句，亦殊楚楚有致。"生平见徐伯龄《蟫精隽》卷一一、王兆云《皇明词林人物考》卷四。

刘珝（1426—1490）　字叔温，号古直。山东青州府寿光人。生于宣德元年（1426）五月二十五。正统九年（1444）举人，十三年进士，选翰林院庶吉士，授编修。历修撰，天顺元年（1457）升右春坊右中允，侍东宫讲读。宪宗即位，擢太常寺少卿兼侍读，修《英宗实录》成，成化三年（1467）进本寺卿兼侍读学士，以丁母忧归。服除，改吏部左侍郎，明年诏以本职兼学士，入文渊阁典机务，十三年拜户部尚书，加太子少保，兼文渊阁大学士，又进太子太保兼谨身殿大学士。以内阁倾轧，同列万安阴构之，又其子刘镃狎妓事发，二十一年乞休归。家居至弘治三年（1490）三月初六卒，年六十五，谥文和。性疏直，喜谈论，亦能诗文。其为诗，兴之所到，不能搁笔。著述现存嘉靖三年(1524)其子刘銑刊本《古直先生文集》十六卷，诗五卷、文十一卷，附录墓志、祭文等，有正德十年(1515)李东阳序。程敏政《皇明文衡》录其文二篇。清陈元龙《御定历代赋汇》外集卷一六录其赋一篇。《皇明诗统》卷一二录其诗五首。《石仓十二代诗选·明诗选》录其诗四十九首。《明诗综》卷二〇录其诗一首，"诗话"云："文和诗率意涂写，不事剪裁，亦间有合格处。"《御选宋金元明四朝诗》录其诗四首。《明诗纪事》乙签卷一八录其诗一首。近人赵愚轩《青州明诗钞》卷一录其诗七首。生平见尹旻《文和刘公墓志铭》(《古直先生文集》附录)、徐溥《刘公玶神道碑铭》(《国朝献征录》卷一四)、廖道南《殿阁词林记》卷三、何乔远《名山藏》卷六五、《明史》卷一六八。

刘夏(1314—1370)　字迪简，号商卿。安福(今属江西)人。少习五经，不谐于科场。元末避地瑞州，至正二十三年(1364)有客挽之至宜春，受知于郡将，因勉郡将归附朱元璋，得授尚宾馆副使。朱元璋吴元年(1367)陈时务策五十条，洪武元年(1268)，以所撰《大学通旨》进呈，二年差同泽州儒士崔九成往仆、陕访采前代之事迹，笔削成书以献。三年四月封建外蕃诸国，赍诏至交趾，归途病没于南宁，年五十七。著述现存永乐刘拙刻、成化刘衢增修本《刘尚宾文集》五卷附录一卷、《刘尚宾文续集》四卷。《文集》卷一即为《大学通旨》，卷二收古近体诗三十余首，卷三至卷五收其所作杂著、序、记等文四十余篇，附录为《奉使交趾赠送诗》，录安南国黎括等人所作诗数首，又附洪武二十七年杨胤所撰《墓志铭》。《续集》卷一收诗一百二十余首、词五首，卷二、卷三收序、记、书、杂著六十余篇，卷四收奏疏二篇，附录为当时诸人之赠诗。程敏政《皇明文衡》录其文三篇。《明文海》录其文二篇。生平见杨胤《尚宾馆副使刘公墓志铭》(《刘尚宾文集》附录)、《(雍正)江西通志》卷七七。

刘铉(1394—1458)　字宗器，号假庵。南直苏州府长洲(今江苏苏州)人。生于洪武二十七年(1394)八月二十。永乐十七年(1419)以善书征入翰林，十八年中顺天乡试，未上春闱，授中书舍人。宣德四年(1429)与修两朝实录，迁兵部车驾司主事。正统三年(1438)与修宣庙实录，擢翰林侍讲，进侍讲学士、国子祭酒。天顺初进少詹事，二年(1458)十月六日卒于任，年六十五，赠礼部侍郎，谥文恭。所著现存嘉靖二十八年

(1549)长洲刘氏家刻《刘文恭公诗集》六卷,计收诗二百六十余首,附《刘文恭公行实》一卷,吴宽、文征明序,皇甫冲、刘璞跋。钱谷《吴都文粹续集》录其文八篇、诗二首。《皇明诗统》卷一四录其诗八首。《列朝诗集》乙集录其诗四首,"小传"谓其"平生端谨静退,老而好学,诗文为词林所推。文征仲(文征明)称其为诗,一字不安,更数月必改定。其矜重如此。其家刻《假庵诗集》殊寥浅,不满人意。或云公诗毁于火,所传皆非其佳者"。《明诗综》卷一八下录其诗一首。《御选宋金元明四朝诗》录其诗六首。《明诗纪事》乙签卷一一录其诗一首。生平见钱谷《刘文恭公墓志铭》(《吴都文粹续集》卷三九)、李贤《刘公铉神道碑》(《国朝献征录》卷一八)、《明史》卷一六三。

刘铎(1573—1626)　字我以,号洞初。江西吉安府安福人。生于万历元年(1573)正月二十。家贫力学,困于诸生十年,三十四年乡试中举,又十年,四十四年始成进士,初授刑部主事。历员外郎,升郎中,丁忧归。服除,补扬州知府。时魏忠贤大兴党锢,铎题僧扇,语涉讥刺,魏矫旨逮系卫狱,拷鞫备极楚毒,临刑抗言不屈,天启六年(1626)八月二十七坐大辟死,年五十四。崇祯元年(1628)昭雪,赠太仆少卿。现存崇祯间刘淑刻永历重修本《来复斋稿》十卷附录一卷,首崇祯五年萧琦《来复斋稿叙》及其女萧淑《小引》,内前五卷收赋二篇、古近体诗三百十六首、词二十二首,卷六至卷九收各体文五十余篇,卷一〇为补遗,收文二篇、绝笔诗五首,末附墓志铭、祭文。清应麟《江右古文选》卷二三录其文一篇。《江西诗征》卷六二录其诗三首。《明诗纪事》庚签卷二三录其诗一首。近人赵尊岳《明词汇刊》据《来复斋稿》录其词为《来复斋词》。生平见瞿式耜《刘公墓志铭》(《来复斋稿》附录)、清陈鼎《东林列传》卷四《万燝刘铎合传》、清邹漪《启祯野乘》卷五、《明史》卷二四五。

刘秋(生卒年不详)　字伯序。江西南昌府丰城人。朱元璋吴元年(1367)以荐授典签,寻命检阅经史,召议登极礼,出为武安州同知,未行,改知崇明州,有惠政,民为其建生祠,邑人秦镛为记。洪武二年(1369)任盐场管勾,督运官盐,被诬下狱,其子诉于吏部,朱元璋亲问之,事白,弃官归。曾从安成李廉学《春秋》,亦能诗。现存洪武二十年(1422)王仲本刻重修本《听雪篷先生诗集》七卷附录一卷。顾起纶《续国雅》卷一录其诗二首。《皇明诗统》卷四录其诗九首。《石仓十二代诗选·明诗选》录其诗十二首。《列朝诗集》甲集录其诗五首。《明诗综》卷一三录其诗一首,"诗话"云:"伯序诗亦整炼,如'芙蓉隔浦听秋雨,杨柳长亭看晚潮'、'沙浦寒霜肥紫蟹,野园秋雨熟黄瓜'……亦琅然可诵也。"《御选宋金元明四朝诗》录其诗三首。《江西诗征》卷四三录其诗十一首。《明诗纪事》甲签卷一七录其诗三首。生平见《(雍正)江西通志》卷六八。

刘效祖(1522—1589) 字仲修,号念庵。其先居山东滨州,徙京师,隶武骧左卫,遂为京师顺天府宛平(今北京)人。嘉靖二十九年(1550)进士,除卫辉府推官,摄郡事。征授户部广东司主事,历广西司员外郎、云南司郎中,出为陕西兵备副使,驻固原,坐内计罢官,年四十。卒于万历十七年(1589),年六十八。能诗,尤善词曲,篇什流传禁中。原有《塞上言》《盛世宣威》《清时行乐》《灯市谣》《长门词》《云林和稿》《空中语》《短柱效颦》《闲中一笑》《裁冰剪雪》《都邑繁华》《莲步新声》等,后编为《刘仲修先生诗集文集》,未见传。现存清康熙二十九年(1690)刘芳永刊本《良辰乐事》不分卷,又康熙三十五年其外曾孙胡介祉谷园刊本《词脔》一卷,计收小令一百十二支,套

数一套。另有《春秋窗稿》二卷、《四镇三关志》十卷(有万历四年刊本)等。《皇明诗统》卷三六录其诗十二首。《列朝诗集》丁集录其诗五首。清王崇简《畿辅明诗》录其诗十一首。《明诗综》卷四四录其诗四首,"诗话"云:"晚寄情词曲,所填小令,可入元人之室……诗亦爽豁,惜集不传。"《御选宋金元明四朝诗》录其诗三首。清宋弼《山左明诗钞》卷一九录其诗十九首。清李衍孙《武定明诗钞》卷二录其诗十八首。《明诗纪事》己签卷一〇录其诗二首,按语谓其七绝诗"风调俊爽"。生平见刘一鹗《刘公效祖墓志铭》(《国朝献征录》卷九四)、王兆云《皇明词林人物考》卷一〇、《(康熙)畿辅通志》卷二二、《(康熙)大兴县志》卷五。

刘继善(1548—1627) 字符卿,号春宇。南直扬州府宝应(今属江苏)人。生于嘉靖二十七年(1548)十一月十八。万历间诸生,七试秋闱不举,以岁贡授镇江训导,砥砺士行,弃官归,闭门扫迹,日手一编,以尽天年。卒于天启七年(1627)八月十六,年八十。所著有《三山游草》,"三山"指镇江焦山、金山、北固山,所收为其官镇江时所作。又有《掩关集》,所收为其归里后所作。现存清道光十九年(1839)其八世孙刘鹗所刊《掩关

集》二卷，卷上收五言律诗七十三首，卷下收七言律诗七十首，首有其子刘永沁所作《行述》，末有刘鹗《掩关集书后》。《明诗纪事》庚签卷二八录其诗一首。生平见刘永沁《刘府君行实》(《掩关集》卷首)。

刘球(1392—1443) 字求乐，更字廷振，号两溪。江西吉安府安福人。永乐十二年(1414)举人，十九年进士，除礼部主事。与修《宣宗实录》，迁翰林侍讲。正统八年(1443)，王振欲征麓川，抗疏力谏，下诏狱，支解死，年五十二。景泰初昭雪，赠翰林学士，谥忠愍。刘球二子长钺、次钅于皆痛父冤，绝意仕进，躬耕养母，球即得恤，兄弟乃出应举，先后成进士。后二十八年，刘钺任广东参政，乃编刻刘球著述为《两溪文集》二十四卷《诗集》四卷，成化六年(1470)刊本现存，有彭时、刘定之序及张瑄、胡荣后序。又有清乾隆三十五年(1770)安成刘氏刊本。《四库全书》收《两溪文集》二十四卷，《总目》"提要"云："今观其文，乃多和平温雅，殊不类其为人。其殆义理之勇，非气质用事者欤？"《皇明风雅》《皇明诗统》卷九均录其诗二首。韩阳《皇明西江诗选》卷六录其诗六首。《皇明诗选》录其诗一首。《列朝诗集》乙集录其诗二首。《明诗评选》、《明诗综》卷一八下、

清沈德潜《明诗别裁集》均录其诗一首。《江西诗征》卷四九录其诗四首。《明诗纪事》乙签卷一一录其诗一首。《明文海》录其文六篇，评语谓"其文直叙，明初之派"。清应麟《江右古文选》卷一五录其文一篇。生平见廖道南《殿阁词林记》卷六、何乔远《名山藏》卷六三、《明史》卷一六二。

刘琏(1348—1379) 字孟藻。浙江处州府青田人，刘基长子。元至正八年(1348)生于杭州，其时刘基任元江浙儒学副提举。明初刘基曾家居，琏奉命朝谒，为朱元璋所喜，洪武十年(1377)授考功监丞，试监察御史，出为江西布政司右参政，十二年为胡惟庸所胁，堕井死，年仅三十二。少有文行，工诗，后其子刘鹗辑其遗诗九十四首，编为《自怡集》一卷，现存明初刊本，有秦府纪善黄伯生序。《四库全书》收《自怡集》，《总目》"提要"云："今观其诗，惟七言律诗颇涉流利圆美，不出元末之格，然仅三首，盖非所喜作。至于五言古体，居集中之大半，皆词旨高雅，而运思深挚，殆欲驾两宋而上之。以继《犁眉》诸集，可谓不愧其父。"《皇明诗统》卷二录其诗一首。《石仓十二代诗选·明诗选》录其诗二首。《列朝诗集》甲集录其诗十五首。《明诗评选》录其诗四首。《御

选宋金元明四朝诗》录其诗八首。《明诗纪事》甲签卷二七录其诗七首。生平见苏伯衡《刘君墓志铭》(《皇明名臣琬琰录》卷七)、《明史》卷一二六。

刘理顺(1582—1644) 字复礼，号湛六。河南开封府杞县人。父刘清源，困顿场屋，以教授生徒为业。理顺为其季子，弥月而孤，家道贫寒，乃愤发读书。弱冠举于乡，屡上春官不第，崇祯七年(1634)年五十三，以第一人进士及第，授翰林修撰。迁左春坊左中允，司起居注、六曹奏章，充经筵讲官，崇祯十七年三月十九京师陷，自缢死，年六十三。福王立，赠詹事，谥文正。现存清顺治刻康熙印本《刘文烈公全集》十二卷，卷首《凡例》云："生平著述最富，原稿纪以甲子，今逸亡者半矣，不便编年，谨照文体汇辑。"是集卷一收策、表、疏、经筵讲义，卷二收馆课，卷三至卷六收古近体诗六百四十余首，卷七以下各卷收各体文百余篇。《明诗综》卷七二录其诗一首，"诗话"谓其"诗多直抒胸臆，不为体格所拘"。《明诗纪事》辛签卷三录其诗一首。生平见申涵光《刘文烈公本传》(《刘文烈公全集》附录)、顾祖训《状元图考》卷四、陈济生《天启崇祯两朝遗诗·小传》、清邹漪《启祯野乘》卷一一、《明史》卷二六五。

刘基(1311—1375) 字伯温。青田(今属浙江)人。生于元至大四年(1311)六月十五。少学《春秋》，又习理学，至顺四年(1333)进士，曾任高安县丞、江浙儒学副提举、浙东行省都事等，累仕皆投劾去，后隐于青田山中。至正二十年(1360)朱元璋定括苍，聘其至金陵礼贤馆，基陈时务十八策，深受敬重。佐朱元璋灭陈友谅、执张士诚，降方国珍，北伐中原，成就帝业。吴元年(1367)授太史令，洪武元年(1368)，拜御史中丞兼太史令，诸大典制，皆其与李善长、宋濂定计，三年授弘文馆学士，封诚意伯，四年赐归田里。因与胡惟庸有隙被潜，遭猜忌，八年四月十六忧郁卒，年六十五。正德间，追谥文成。基夙有济世之志，博学饶才智，也善诗文，称元明间浙派文人领袖。其于当时，遭逢兴运，受心膂之寄，柄帷幄之筹，世遂谬谓其前知，凡谶纬术数之说，一切附会之，神怪谬妄，无所不至。《千顷堂书目》所记此类书多托名于基。实基著述仅《春秋明经》《覆瓿集》《写情集》《犁眉公集》及《郁离子》数种。明初原各有单刊本，至宣德五年(1430)辑为《覆瓿集》二十四卷(今存)。成化六年(1470)浙江巡抚戴鼎等始将《郁离子》四卷、《覆瓿集》十卷、《写情集》二卷、《春秋明经》二卷、《犁眉公集》二卷合刻为一帙,卷首冠以其孙刘廌等所辑《翔运录》(收基所得御书、诏诰及行状),称《诚意伯刘先生文集》二十卷,因成其本集定本。后正德、嘉靖时屡有增修重订,诸本亦多存于世。《四库全书》收之,题《诚意伯文集》,《总目》"提要"云:"其诗沉郁顿挫,自成一家,足与高启相抗。其文阎深肃括,亦宋濂、王祎之亚。杨守陈序谓'子房之策,不见词章,玄龄之文,仅办符檄,未见树开国之勋业,而兼传世之文章,可谓千古人豪'。斯言允矣。大抵其学问智略如耶律楚材、刘秉忠,而文章则非二人所及也。"其诗文于有明一代备受推崇。《明八大家集》录其文为《刘文成先生集选》五卷。李宾编《八代文钞》录其文为《刘伯温文抄》一卷。程敏政《皇明文衡》录其文十二篇。《明文海》录其文十三篇,评语云:"伯温之文洁净而未底于精微。其言天下文章宋濂第一,基次之,张孟兼又次之,亦言之太易,将置赵东山(赵汸)、胡长山(胡翰)辈于何地乎?"胡应麟《诗薮》以为其于诗开风气于一方:"国初吴诗派昉高季迪(高启),越诗派昉刘伯温,闽诗派昉林子羽(林鸿),岭南诗派昉于孙蒉仲衍,江右诗派昉于刘崧子高。五家才

力,咸足雄据一方,先驱当代。"刘仔肩《雅颂正音》录其诗一首。《皇明风雅》录其诗四十二首。《盛明百家诗》前编录其诗九十余首为《刘诚意伯集》。顾起纶《国雅》卷二录其诗十七首。《皇明诗统》卷二录其诗六十七首。《皇明诗选》录其诗九首。《列朝诗集》甲前集录其诗四百三十二首,甲集第一录其诗一百二十七首,"小传"谓其所作诗前后异致:元季所作《覆瓿集》"魁垒顿挫,使读者偾张兴起,如欲奋臂出其间者";至明初《犁眉集》诗则多"悲穷叹老,咨嗟幽忧,昔年飞扬硉矹之气,渐然无有存者"。《明诗评选》录其诗八十五首。《明诗综》录其诗一百零四首,"诗话"云:"乐府辞,自唐以前诗人多拟之,至宋而扫除殆尽。元季杨廉夫(杨维桢)、李季和(李孝光)辈交相唱答,然多构新题为古体。惟刘诚意锐意摹古,所作特多,遂开明三百年风气。其五言古诗专仿韦左司,要其神诣,与相伯仲。诸体均纯正无疵。"清沈德潜《明诗别裁集》录其诗二十首。清施何牧《明诗去浮》卷一录其诗十七首。《明诗纪事》甲签卷三录其诗四首。所作词二百余首,在明初亦称作手。清沈辰垣《御选历代诗余》录其词九十余首。《明词综》卷一录其词九首。近人赵尊岳《明词汇刊》录

其词为《诚意伯词》一卷。生平见黄伯生《诚意伯刘公基行状》（《国朝献征录》卷九）、王兆云《皇明词林人物考》卷一、何乔远《名山藏》卷五七、《明史》卷一二八。近人刘耀东有《刘文成公年谱稿》二卷（1939年铅印本）。

刘黄裳（1530—1595）　字玄子。河南汝宁府光州（今潢川）人，重庆知府刘绘之子。生于嘉靖八年十二月二十七（1530年1月26日）。少即能诗、书，其父执陈束、唐顺之皆摩其顶，以为奇童子。后与张佳胤同学，所至结纳豪杰，走马击剑，酾酒悲歌，以古豪杰自负。嘉靖三十四年中举，十上春官，始于万历十四年（1586）中进士，授刑部主事。迁兵部员外郎，以知兵见推，受命赞画侍郎宋应昌军务，援朝鲜御日本。随军渡鸭绿江，抵平壤，破日军。兵罢，以功进郎中，请告归里，二十三年正月二十八卒，年六十七。能诗，王世贞曾将其与皇甫汸、莫如忠、许邦才、周天球、沈明臣等列为"四十子"（《弇州四部稿续稿》卷三）。著述现存万历刻诗集《藏征馆集》十五卷，卷一收拟乐府诗四十七首，卷二以下收古近体诗作七百余首。其卷端"万历丙戌（十四年）六月望西蜀张佳胤肖甫"序有"今年玄子成进士"语，知其编刊于刘黄裳登第之万历十四

年。《千顷堂书目》另著录其《东征杂记》《元图符藏》二卷。顾起纶《续国雅》卷四录其诗一首。《皇明诗统》卷三一录其诗二首。《列朝诗集》丁集录其诗十首，"小传"云："玄子博学多闻，其诗才气横溢，苦无裁制，亦重庆（刘绘）之余波也。"《明诗综》卷五五录其诗二首。《明诗纪事》庚签卷一五录其诗九首，按语云："玄子古诗，奇骨伟岸，但多郁轖未宣，七律特有俊调。"生平见李维桢《刘公墓志铭》（《大泌山房集》卷八二）、王兆云《皇明词林人物考》卷八、《明史》卷二〇八。

刘乾（1507—?）　字仲坤，号易庵道人。京师保定府唐县（今属河北）人。生于正德二年（1507）十一月。嘉靖十年（1531）举人，十七年进士，授祥符县令。二十年改镇江府学教授，历官至国子监丞。好读古书，喜谈兵事。所著有《易庵初稿》《滩上集》《蒲吾山人稿》《易庵野记》等。现存嘉靖刻万历二十八年刘鹤冲重修本《鸡土集》六卷，诗二卷，卷一收诗一百七十余首，卷二收词二十三首；文四卷，卷一收赋十一篇、记二十篇，卷二收序三十七篇，卷三、卷四收杂著五十七篇。卷首有其自撰《小序》，署嘉靖二十年，则是集为其生前所编，卷末《年谱》亦仅至嘉靖二十年止。《四库全书总目》著录《鸡土集》，

"提要"云："其以'鸡土'命名者，自序谓'梦入太极宫，见玉鸡，以为文章之兆'。其说颇荒唐不经，诗文亦不入格。而《梦上天诗》《梦戚赋》《纪梦文》诸篇，乃屡屡见之集中，何其好说梦欤?"《明诗纪事》戊签卷二○录其诗一首。生平见《(雍正)畿辅通志》卷七九。

刘崧（1321—1381）　初名楚。字子高，号槎翁。泰和（今属江西）人。家贫力学，元至正十五年（1355）被荐为龙溪书院山长，未赴。次年举于乡，亦未仕，以战乱避居山林。明洪武三年（1370）举经明行修，改今名，授兵部职方司郎中，迁北平按察司副使，为胡惟庸所恶，坐事罢，被罚输作于京师，寻放归。十三年胡惟庸诛，召拜礼部侍郎，擢吏部尚书，旋因雷震谨身殿，朱元璋以为灾异迭见，人神有变，命崧等多官致仕。十四年二月复召为国子司业，六月上任，未旬日病卒，年六十一，谥恭介。为人谦谨，博学有志行。微时有田五十亩，及贵无所增益，澹然如布衣。平生耽嗜吟咏，刻苦甚至。在野曾与李叔正、辛敬、万石、杨士弘、周滨、查和卿、周复、刘元善等倡和，又与刘永之、练高、陈谟、王沂、王佑等诗书交好。居官与宋濂、苏伯衡、梁潜等交游，未尝以家累自随，孤灯讽咏，夜分不休。论诗主情

性，谓言："诗本诸人情，咏于物理。"（《自序诗集》）又云："诗本性情，而发于天才，成于学问。"（《芳上人诗序》）其诗古体宗汉魏，近体学盛唐。胡应麟《诗薮》称："国初吴诗派昉高季迪（高启），越诗派昉刘伯温（刘基），闽诗派昉林子羽（林鸿），岭南诗派昉于孙蕡仲衍，江右诗派昉于刘崧子高。五家才力，咸足雄据一方，先驱当代。"其倡复古，标雅正，传世诗达二千四百余首，所作平和典雅，简易流畅，不惟领袖一方，尤影响台阁之风形成，亦为"七子"等复古之说之先行。原有《钟陵》《五云》《邓溪》《双溪》《凤山》《瑶峰》《墨池》《东门》《珠林》《龙湾》《北岩》《龙门》《戊己》等集，后人合辑，刊行于世。现存刊本主要有：弟子萧翀所辑《刘职方诗》八卷，万历二十五年（1597）张应泰刊本《刘槎翁先生诗选》十二卷（后有清康熙重修本、咸丰补修本），万历三十八年真如斋刻《槎翁诗》八卷。《千顷堂书目》著录其另有《北平八府志》三十卷又《北平事迹》一帙《北平八府图总目》一卷《北平志》四卷《北平府图志》一册。刘仔肩《雅颂正音》录其诗七首。《皇明风雅》录其诗十首。顾起纶《国雅》卷二录其诗六首。《皇明诗统》卷四录其诗二十三首。韩阳《皇明西江诗选》卷一录其诗

六十八首。《石仓十二代诗选·明诗选》录其诗一百六十六首。《列朝诗集》甲集录其诗七十四首，"小传"云："国初诗派，西江则刘泰和，闽中则张古田（张以宁）。泰和以雅正标宗，古田以雄丽树帜。"《明诗综》卷四录其诗五十首，"诗话"云："子高句镂字琢，颇具苦心，惜其体弱，局于方程，不能展拓。于唐近大历十子，于宋类永嘉四灵，于元最肖萨天锡。"《御选宋金元四朝诗》录其诗五十五首。《四库全书》收《槎翁诗集》八卷，《总目》"提要"云："史亦称崧善为诗，豫章人宗之为西江派。大抵以清和婉约之音提导后进。迨杨士奇等嗣起，复变为台阁博大之体，久之遂浸成冗漫。北地（李梦阳）、信阳（何景明）乃乘其弊而力排之，遂分正、嘉之门户。然崧诗正平典雅，实不失为正声，固不能以末流放失，并咎创始之人矣。"《江西诗征》卷三九录其诗一百十八首。清王琨《泰和诗征》卷七录其诗九十九首。《明诗纪事》甲签卷一一录其诗二十三首。其文现存嘉靖元年（1522）徐冠刻《槎翁文集》十八卷。《明文海》录其文二篇，评语云："子高之文，峭厉转折，其五美不特在诗也。"清应麟《江右古文选》卷一三录其文三篇。《四库全书》著录其文集《槎翁集》八卷，《总目》"提要"以为"其文颇伤流易，殊不及其诗"。生平见尹直《侍郎刘公崧传》（《国朝献征录》卷三五）、林尧俞等《礼部志稿》卷五五、何乔远《名山藏》卷五九、王兆云《皇明词林人物考》卷一、《明史》卷一三七。

刘康祉（1583—1628） 字玄受，一字以吉。浙江温州府永嘉（今温州）人。万历二十八年（1600）举人，三十八年进士，授南兵部主事，四十三年调北，四十六年丁忧归。天启二年（1622）服阕，补礼部主客司主事，次年升仪制司员外郎，四年出为山西按察副使，五年升广东参政，六年晋按察使，崇祯元年（1628）卒于广西右布政使任，年四十六。生平手不释卷，所著清顺治初刊《识匡斋全集》十六卷（又题作《刘玄先生全集》），诗二卷，收诗二百六十余首，奏疏、论、表、策二卷，各体文及杂著十二卷，首清钱谦益顺治十年（1653）序及冯如京顺治十一年序。《东瓯诗存》卷二七录其诗三十一首。生平见《（雍正）浙江通志》卷一八二、《（光绪）永嘉县志》卷一五。

刘鸿训（1561—1634） 字默承，号青岳。山东济南府长山（今邹平）人，刘一相子。嘉靖四十四年（1561）七月初九生。万历三十七年（1609）举于乡，四十一年进士，选翰林院庶吉士，四十四年授编修。万历四十八年七月神宗崩,其子朱常洛嗣位,是为光宗,改元泰昌。泰昌元年(1620)八月,光宗以登基诏,令鸿训与礼科给事中杨道寅往朝鲜开读,未行而光宗又亡,其子熹宗朱由校即位,次年改年号天启。鸿训与杨道寅于天启元年(1621)再受命充正、副使至朝鲜颁诏,三月初十渡鸭绿江,在朝鲜停留月余,由水路归国。归后,鸿训天启三年升右春坊右中允,四年升左谕德,以艰归。六年即拜晋少詹事兼侍读学士,旋以忤魏忠贤革职归。崇祯初,廷推阁臣,以金瓶擎签拜礼部尚书兼东阁大学士,予机务,二年(1629)入直。寻以事忤旨,谪戍代州。崇祯七年五月卒于戍所,年七十四,福王称制江南,诏复原官。著述有崇祯十三年刘孔中刻清雍正间印本《四素山房集》十九卷,首周应期、王与胤等序,内卷一为诗,收诸体诗二百七十余首,余收各体文,诰敕、诏书、表笺、疏揭、书启也一并收入,另附《皇华集》诗文二卷。此《皇华集》当据朝鲜政府编印之《(辛酉)皇华集》编刊,然两者内容、编排均有不同之处。鸿训所著另存万历刊本《癸丑科馆阁试草》一卷。所辑《玉海纂》二十二卷,有清顺治间刊本。清宋弼《山左明诗钞》卷二八录其诗八首。生平见倪元璐《青丘刘公暨元配夫人曲氏夫人王氏合葬墓志铭》(《倪文贞集》卷一〇)、陈济生《天启崇祯两朝遗诗·小传》、清陈鼎《东林列传》卷一八《刘鸿训传》《明史》卷二五一。

刘渊甫(1486—1548) 字子深,号范泉。山东青州府寿光人。正德五年(1510)举人,累试不第,以好为诗歌,乃于暴水涧旁置田数十亩,筑亭台,建精舍,致奇花异木,邀知己文人吟咏其间。后选官,仕至汉阳知府,致仕归。卒于嘉靖二十七年(1548),年六十三。嘉靖十四年至十七年,其未入仕时,曾随其兄刘澄甫入海岱诗社,是社由澄甫发起,与社者有致仕赋闲的石存礼、冯裕、黄卿、杨应奎,丁忧归里的陈经,除名闲居的蓝田,聚会之地则在府治北郭禅林。后冯裕曾孙冯琦辑社友所作诗为《海岱会集》十二卷,内收渊甫诗三十八首。方志记渊甫致仕后仍不废诗歌,山川名胜,多所题咏。所著有《海岱稿》,未见传。《(雍正)山东通志》卷二五之一下录其诗一首。清宋弼《山左明诗钞》卷四录其诗九首。《明诗纪事》丁签卷一四录其诗一首。生平见《(雍正)山东通志》卷二八之三。

刘隅(1491—1566) 字叔正,号范东。山东兖州府东阿人。正德八年(1513)举人,嘉靖二年

(1523)进士,授福建道御史。出为四川按察佥事,坐事谪官,后迁永平知府,升河南按察副使,进按察使。以右佥都御史巡抚保定,入为右副都御史,致仕。嘉靖四十五年卒,年七十六。现存明隆庆间刻《刘氏家藏集》本《范东文集》十二卷,收其所作奏疏及各体文,有隆庆二年(1568)苏佑序。《千顷堂书目》另著录其有《治河通考》十卷(有嘉靖十二年刊本)、《古篆分韵》五卷。《皇明诗统》卷三七录其诗六首。《明诗综》卷三九录其诗一首。清宋弼《山左明诗钞》卷七录其诗二十一首。《明诗纪事》戊签卷一五录其诗一首。生平见于慎行《外叔祖中丞刘公卿祠告文》(《谷城山馆文集》卷三三)、王兆云《皇明词林人物考》卷七、《(乾隆)山东通志》卷二八之三。

刘绩(生卒年不详)　其姓又作"镏"。字孟熙。浙江绍兴府山阴(今绍兴)人。元季三茅书院山长刘涣之子。明初承袭家学,教授乡里,不干仕进,家有西江草堂,人称"西江先生"。以家贫,转徙无常地。所至署卖文榜于门,有所得,辄市酒,召宾客,缘手而尽。能诗,属兴豪华,才思雄健。《千顷堂书目》卷一八著录其《嵩阳集》及《诗律》,未见传。有笔记《霏雪录》,杂记元季明初文人逸事,考辨诗文、

穷究典章,收入《四库全书》,《总目》"提要"谓其"与元末诸遗老游,故杂述旧闻,亦多有渊源"。《皇明风雅》录其诗三十余首。顾起纶《国雅》卷三录其诗六首,《国雅品》谓其"长歌颇放诞"。《皇明诗统》卷五录其诗三十余首。《石仓十二代诗选·明诗选》录其诗五十首。《列朝诗集》乙集录其诗三十一首。《明诗综》卷一九录其诗七首。清沈德潜《明诗别裁集》录其诗四首。《御选宋金元明四朝诗》录其诗十七首。《明诗纪事》乙签卷一四录其诗十一首。生平见徐象梅《两浙名贤录》卷四七《文苑》、王兆云《皇明词林人物考》卷二。

刘联声(生卒年不详)　字毅庵。云南楚雄府楚雄人。明末诸生,南明丁酉(1657)云南乡试举人。次年清军三路入滇,永历帝南逃,遂隐于琅井山,清巡抚朱国治聘之不就,布衣芒鞋终身。康熙十三年(1674)曾与修《楚雄府志》。著有《滇都纪事》《脉望斋诗草》。前者原有清初刊本,清末秦光玉《明季滇南遗民录》卷上谓《滇都纪事》于乾隆间为云南督抚以语涉悖谬,奏缴楚毁;《脉望斋诗集》亦被列入违碍书籍抽销数次。清末云南广辑明遗民著述,李根源乃抄辑蒙化陈佐才及刘联声诗为一集,刻于宣统末,称《天叫脉望集残诗合

刻》。全书二卷，前卷为《天叫集残稿》，收陈诗五十八首，后卷《脉望斋残稿》收刘联声诗二十六首。《脉望斋诗草》原为三卷，此则廖廖也。后有李根源按语，简介联声生平。联声诗较陈佐才诗字整句工，然言辞较平和，不同于陈诗之激越。其《阿盖妃》一诗，记元未明初梁王暗杀段功一事，为后人所注目。清袁文典等《明滇南诗略》补遗录其诗三十二首，清陈荣昌《滇诗拾遗》录其诗二首，清李坤《滇诗拾遗》补录其诗十一首，有《残稿》未辑者。清陈荣昌《滇诗拾遗》卷六录其诗二首。近人李坤《滇诗拾遗补》卷四录其诗十一首。清秦光玉《滇文丛录》录其文一篇。

刘景韶(1517—1578) 字子成，号白川。湖广武昌府崇阳(今属湖北)人。生于正德十二年(1517)正月初三。嘉靖十九年(1540)举人，二十三年进士，除潮阳知县。进刑部主事，改兵部，历郎中，出为贵州按察司金事，以抚诸苗功进参议。三十八年任淮扬道，连破进犯江北之倭寇，次年擢右金都御史巡抚凤阳，以内艰归，遂不复出。卒于万历六年(1578)五月二十一，年六十二。在部曹，与李攀龙、王世贞、吴国伦游，又与高岱、魏裳辈切劘，为诗有声。所著有《燕台集》《秋蜇集》等。卒后九年，其子集其诗文

为《太白原稿》，刊行于世。刊本未见，现存日本江户抄本《太白原稿》十三卷，王世贞、吴国伦序，内诗八卷，收诗七百余首，文五卷，收序、记、志铭、书启等六十八篇。《皇明诗统》卷二一、《皇明诗选》录其诗一首。清廖元度《楚风补》卷二二录其诗四首。清丁宿章《湖北诗征》卷四录其诗三首，按云："景韶诗步武于麟(李攀龙)，王元美(王世贞)为作序，颇有微言，而元音亮节，自不可掩。"《明诗纪事》己签卷八录其诗二首。生平见王世贞《刘公墓志铭》(《弇州四部稿续稿》卷九四)、吴国伦《刘公墓表》(《甔甀洞稿》卷三七)、何乔远《名山藏》卷八二。

刘锐(生卒年不详) 字蓄之，号海村。浙江嘉兴府海盐人。少为诸生，屡试不举，乃袭海宁卫指挥使世职。好诗，有《春台集》，未见传。嘉靖二十一年(1542)，襄阳府知府徐咸致仕归海盐，筑园城闉，名小瀛洲，招同邑致仕思南知府钱琦、福建布政使吴昂、济南知府钟梁、龙岩知县陈瀛、咸兄光泽知县陈泰及布衣朱朴、陈鉴、僧永瑛等十人为社，饮酒赋诗，刘锐与焉。崇祯十二年(1639)徐咸孙孺谷、钟梁孙祖述辑十人之诗编为《小瀛洲社诗》六卷，内收刘锐诗九十首。清沈季友《槜李诗系》卷一

一录其诗六首。《明诗综》卷四九录其诗一首，"诗话"云："海村少补诸生，屡试不利，乃食世禄。里居，赈饥散药，以厚德闻。"《明诗纪事》己签卷一八录其诗一首。

刘储秀（1483—1558）　字士奇，号西陂。陕西西安府咸宁（今西安）人。弘治十七年（1504）举人，正德九年（1514）进士，授刑部主事。历郎中，嘉靖三年（1524）简放镇江知府，七年擢山西提学副使，九年升河南右参政，以任提学时文移之误罢归。十五年起湖广参政，未几迁江西按察使、浙江右布政使，转湖广左布政使，十九年以右副督御史巡抚辽东。晋户部右侍郎，二十五年改兵部，复改吏部，二十六年拜户部尚书，总督仓场，督理西苑农事，寻改兵部尚书，以具辞忤旨，罢官闲住。家居十年，三十七年卒，年七十六。官刑曹时，与同舍薛蕙、张治道等并有诗名，一时有"西翰林"之称。现存嘉靖三十年傅凤翔刊本《刘西陂集》四卷，内收赋二、诸体诗一千二百余首，仅卷四末附各体文十余篇，卷首有徐阶、廖道南、孔天胤、张治道、傅凤翔序。张序云："武宗时，鸾驾频出，百司无事。余与西陂同在比部，而信阳何仲默（何景明）先生与西陂为诗友。时余与西陂与南都蒋子云（蒋山卿）、山东翟廷献（翟瓒）、刘希尹（刘天民）、大梁谷仰之，谯郡薛君采（薛蕙），同乡胡承之（胡侍）又为诗会歌咏……西陂每有所作，众皆推服，以为不及。"顾起纶《续国雅》卷三录其诗一首。《皇明诗统》卷二一录其诗三首。崇祯五年（1632）贾鸿洙《周雅续》卷六录其诗十九首。《明诗综》卷三五录其诗一首。《明诗纪事》戊签卷一二录其诗一首。生平见冯从吾《四先达传》（《冯少墟集》卷一七）、雷礼《国朝列卿纪》卷一一九、《（雍正）陕西通志》卷六〇。

刘瑞（？—1525）　字德符，号五清。四川成都府内江人。弘治九年（1496）进士，选翰林院庶吉士，授检讨。正德二年（1507）以上疏陈事忤刘瑾，除名，贫不能还乡，依从母子李充嗣于澧州，授徒自给。五年瑾诛，起用，以丁忧未果，至十年起浙江按察司副使，提督学校，十四年进南太仆少卿，升南京光禄寺卿，寻改南太常卿，官至南京礼部右侍郎。嘉靖四年（1525）卒，赠南礼部尚书，隆庆初，追谥文肃。《千顷堂书目》著录其《五清集》十八卷又《外台集》六卷。现存明刊本《五清集》十九卷，内《幼学稿》二卷，诗一卷文一卷；《潜心稿》三卷，诗一卷文二卷；《禁垣稿》文三卷；《澧兰录》三卷，诗一卷文二卷;《外台稿》六卷,文四卷诗二卷;卷一八为《讲习录》;卷一九为《奏草》,又附录《策问》一卷。集前有正德十三年其门生吾谨所作《澧兰录序》,又有正德十年宜宾刘武臣《五清疏草题辞》。费经虞《蜀诗》卷三录其诗一首。《明诗纪事》丁签卷七录其诗二首。生平见雷礼《五清刘公瑞传》《《国朝献征录》卷三七)、《明史》卷一六四。

刘楚先(1544—1627)　字衡野,又字子良。湖广荆州府江陵(今湖北荆州)人。隆庆元年(1567)举人,五年进士,选翰林院庶吉士,授检讨。累官至南京吏部右侍郎,万历三十二年(1604)转礼部左侍郎兼翰林侍读学士,时国储未定,七上疏请婚冠期,不报,与大学士张位有亲故,位罢,亦被斥归。家居十六年,熹宗初起吏部侍郎,旋升礼部尚书,掌詹事事。卒于天启七年(1627),年八十四,谥文恪。现存明刊本《青藜馆诗集》六卷,梁云龙序。《千顷堂书目》著录其有《潜江县志》。《(康熙)荆州府志》卷三八录其文一篇。清高士熙《湖北诗录》录其诗一首。生平见贺逢圣《刘文恪公传》《《(雍正)湖广通志》卷九九)、《(康熙)荆州府志》卷二五、《(雍正)湖广通志》卷四九。

刘虞夔(1552—1596)　字直卿,号和宇。山西泽州高平人。隆庆元年(1567)举人,五年进士,选翰林院庶吉士,万历元年(1573)授编修。万历十年转侍读,分纂起居章奏兼理诰敕,逾年充经筵讲官。十四年进左春坊左谕德兼翰林侍读,掌坊事,晋左庶子,十六年以太常少卿兼翰林侍读学士,掌院事,明年迁詹事府詹事,二十三年以母丧丁忧归,次年六月十五卒于家,年四十五。著述现存崇祯元年(1628)刘氏家刊本《刘宫詹先生文集》十六卷,内诗赋二卷,收赋一、颂五、诗二百八十余首、联句二首、词二十八首,又册文、奏疏等一卷,经筵讲章一卷,各体文十二卷。《明诗综》卷五一录其诗一首。生平见王家屏《刘公虞夔墓志铭》《《国朝献征录》卷一八)、《(雍正)山西通志》卷一三八。

刘锡(1526—1571)　字德纯,号纯庵。京师广平府鸡泽(今属河北)人。生于嘉靖五年(1526)二月初三。嘉靖二十五年中举,明年进士,选翰林庶吉士,二十八年任御史,巡按山东。历官至绍兴知府,以事谪戍雁门。隆庆五年(1571)十月二十八卒,年四十六。著述现存万历四十三年(1615)康应乾刊本《钝庵先生文集》十八卷附录一卷,诗五卷,收诸体诗一百二十余首、词三首,文十三卷,收各体文百篇,前有自序及康应乾序。生平见《钝庵先生文集》附聂鹤龄《刘公墓志铭》、王一鹗《刘公墓表》》及《(乾隆)鸡泽县志》卷一六。

刘廌(生卒年不详) 字士端,号约斋,又号闲闲子。浙江处州府青田人,刘基长孙,刘琏子。洪武二十三年(1390)袭封诚意伯,次年坐事贬秩归里。二十六年筑室于旧宅之西鸡山之下居焉,其地山水盘旋,故名盘谷。三十年遣戍西北,越三月,因朱元璋宾天赦还。建文及永乐帝皆欲用之,以奉亲守墓力辞,永乐间卒于家。隐居闲逸,诗风清俊,著有《盘谷集》十卷,诗六卷文四卷,永乐三年(1405)刊本今存,收诗二百七十余首、文五十余篇。又有《盘谷倡和集》二卷见于著录。曾汇刻其祖所得御书诏诰及行状事迹为《翊运录》,后被置于成化间刻《诚意伯刘先生文集》二十卷卷首。《列朝诗集》甲集录其诗《柬马都指挥》《会宁道中别姜惟清主事》。《明诗综》卷一七录其诗《孟春赠徐仲成》《春游田家四景之一》,"诗话"谓其"诗师吴兴沈原昭(沈梦麟)"。《明诗纪事》乙签卷一五亦录其诗三首。生平见《明史》卷二八。

刘溥(1392—1453) 字原博,号草窗。南直苏州府长洲(今江苏苏州)人。祖刘彦敬,以医事太宗于潜邸,后溥随祖父游学两京,研覃载籍,精于天文律历之学,有志用世。宣德初,以文学征,有言其善医,因授惠民局副使,久之,调太医院吏目。以医名为耻,自谓未展用世之才,因日以吟咏为事,风致甚高。与汤胤勣、苏平、苏正、沈愚、王淮、晏铎、邹亮、蒋忠、王贞庆等号"景泰十才子",然皆推服于溥,"以溥为盟主"(《明史》卷二八六)。卒于景泰四年(1453),年六十二。王世贞《艺苑卮言》云:"景泰中,称诗豪者十才子,而刘溥、汤胤勣为之首。汤尤纵诞,称杜陵无好句,然与刘论诗,伏不出一语。"见存成化十六年(1480)刻诗集《草窗集》二卷,为其子所编,有嘉兴姚绶序,收诗一千余首。天顺间刊《士林诗选》二卷(怀悦辑)录其诗四首。《皇明风雅》卷三〇录其诗二首。《皇明诗统》卷一二录其诗四首。《列朝诗集》乙集录其诗六十九首,"小传"云:"其诗初拟西昆,晚益奇纵,悲愁叹愤,一寓于诗。塞雁南飞之什,闻者伤之。"《明诗综》卷二一录其诗七首,"诗话"云:"刘原博(溥)、汤公让(汤胤勣)盛有诗名……(刘)尝语客云:'不读二万卷诗,看溥诗不得。'时无英雄,遂有'十才子'之目。然就诸子而论,原博特多忠悱之言,于彼法中差胜。"《四库全书总目》著录《草窗集》二卷,《总目》“提要”云:“溥际‘土木’之变,忠愤悱恻之意时见于诗,亦颇有足取者。故《静志居诗话》谓其‘在彼法中犹为差胜’。然溥尝语客云‘不读二万卷书,看溥诗不得’,则虚骄太甚矣。”《海虞文征》录其诗九首。《明诗纪事》乙签卷二〇录其诗四首,按语云:“原博在景泰中负盛名,惟律体及绝句差有可观。当时如童士昂(童轩)、聂寿卿(聂大年)辈,均不得与‘十才子’之列。时论之不足信如此!”生平见佚名《太医院吏目刘溥传》《国朝献征录》卷七八)、《刘溥传》(《曝书亭集》卷六三)、《明史》卷二八六。

刘遵宪(生卒年不详)　字可权,号心盘。京师大名府大名(今属河北)人。万历十九年(1591)举人,三十二年进士,除寿张知县,调滋阳。入为户部主事,调兵部,四十三年出为山东按察佥事、进副使。天启元年(1621)调陕西副使,升按察使,三年,以右佥都御史巡抚大同,五年,进兵部右侍郎。崇祯初晋兵部尚书,七年(1634)改工部尚书,以终养归。著述有天启间赵侪鹤刊诗集《来鹤楼集》四卷,按目录,有诗四百七十七首,卷三佚,实存诗三百五十三首,张问达序,康禹民、陈所养跋。又有崇祯十一年刊本《恕醉斋集》不分卷,未见。

《明诗综》卷五九录其诗一首。生平见《(雍正)畿府通志》卷七三。

刘熠(生卒年不详)　字元丽,号东沙。浙江嘉兴府海盐人。嘉靖十九年(1540)举人,选官,仕至监察御史。崇祯十年(1637)其曾孙编其著述为《同春堂遗稿》四卷,现存清顺治十六年(1659)刘氏家刊本,为其玄孙刘维栋所刻,内诗二卷,收其五七言古近体诗二百余首,文二卷收各体文四十余篇。清沈季友《槜李诗系》卷一三录其诗二首。《明诗综》卷四八、《明诗纪事》戊签卷二〇录其诗一首。生平见《(光绪)海盐县志》卷一五。

刘澄甫(1482—1542)　字子静,号山泉。山东青州府寿光人,吏部尚书刘珝长孙。弘治十四年(1501)举人,正德三年(1508)进士,授行人,奉诏册封沈藩。七年擢广西道监察御史,以威严称。历两淮巡盐,累官至山西布政司参议,驻偏头关,以蜚语归。卒于嘉靖二十一年(1542),年六十一。致仕后居青州府城,嘉靖十四年,与致仕赋闲的石存礼、冯裕、黄卿、杨应奎,丁忧归里的礼部侍郎陈经,除名客居于青州的即墨人蓝田及其弟刘渊甫等八人,结社于北郭禅林,称“海岱诗社”。是社实为澄甫首倡,持续约三年。后冯裕曾孙冯琦辑刻社友所作诗为《海岱会集》

十二卷，内收澄甫诗九十八首。《海岱会集》原以传本流传，清乾隆时为纪昀所得，收入《四库全书》，《总目》"提要"云："八人皆不以诗名，而其诗皆清雅可观，无'三杨'台阁之习，亦无'七子'模拟之弊，故王士禛称其各体皆入格，非苟作者。观其社约中有不许将会内诗词传播，违者有罚一条，盖山间林下，自适性情，不复以文坛名誉为事，故不随风气为转移。而八人皆闲散之身，自吟咏外，别无余事，故互相推敲，自少疵颣。其斐然可诵，良亦有由矣。"澄甫自著之《山泉集》则未见传。清宋弼《山左明诗钞》卷四录其诗十六首。《明诗纪事》丁签卷一四录其诗二首。近人赵愚轩《青州明诗钞》卷一录其诗十九首。生平见蓝田《刘君行状》（《蓝侍御集》卷六）、《（雍正）山东通志》卷二八之三。

刘璟（1350—1402）　字仲璟，又字孟光，号易斋。浙江处州府青田人，刘基次子。洪武二十三年（1390），朱元璋命袭父爵，让其兄琏之子廌，乃特这合门使授之，随驾传旨。次年八月改谷王府左长史，提督肃、辽、宁、代、谷等王府军务。靖难师起，驰阙献策，命赴李景隆军，兵败归里。成祖即位，召用，称疾不起，逮系入京，犹云"殿下千百年后，逃不得这一个篡字"，下狱自经死，年五十三。嘉靖后，屡得追封。弱冠好学，知兵习禅，也能诗文。著述散佚，明末始搜罗其诗文刻为《易斋稿》十卷附录一卷，诗七卷文三卷，现存清八千卷楼刻本，收诗三百余首，骚、赋十一篇，琴操六篇，各体文五十余篇。又有清抄本。《四库全书》收《易斋集》二卷，诗文各一卷，《总目》"提要"云："璟少通诸经，慷慨喜谈兵，太祖尝以为'真伯温子'。而诗文伤于粗率，颇逊其父……然其气势苍劲，兀傲不群，犹有《覆瓿集》之一体。"另传其有《无隐集偈诵》二卷，未见传。《列朝诗集》录其诗七首。《明诗综》卷一六录其诗《龟峰春意》一首。《明诗纪事》乙签卷一录其诗一首。生平见陈中《青田刘公璟传》（《国朝献征录》卷一〇五）、《明史》卷一二八。

刘麟（1474—1561）　字玄瑞，一字子振，号南坦、坦上翁。祖籍江西安仁，先世为南京广洋卫千户，寓居南京，遂为应天府上元（今江苏南京）人。生于成化十年（1474）九月二十八。弘治五年（1492）举人，九年进士，除刑部主事，进员外郎。正德初，迁郎中，简放绍兴知府，以忤刘瑾，罢为民。悦吴中风土，因移居湖州，依其姻家吴玱。瑾诛，起西安知府，历陕西参政、云南按察使，谢病归。嘉靖初，召拜太仆卿，进右副都御史，巡抚保定，再引疾归。复起大理寺卿，迁刑部侍郎，以工部尚书致仕。嘉靖四十年（1561）四月初二卒，年八十八，赠太子少保，谥清惠。曾与顾璘、徐祯卿号"江东三才子"。在湖州与孙一元等结崇雅社，与孙一元、龙霓、吴玖、陆昆称"苕溪五隐"。后其曾孙将其著述结集为《刘清惠公集》十二卷，现存万历三十四年（1606）湖州知府陈幼学刻本，朱凤翔序，内诗两卷，收诗一百九十余首。董斯张《吴兴艺文补》卷六三录其词一首。《皇明诗统》卷一八录其诗三首。《列朝诗集》丙集录其诗二首。《明诗综》卷二七下录其诗一首。《四库全书》收《刘清惠集》十二卷，《总目》"提要"云："朱凤翔为序，称其诗文出入秦汉，诗则骎骎韦、杜，固未免太过。至称其'标格高入云霄，胸中无一毫芥蒂，故所发皆盎然天趣，读之足消鄙吝'，则得其实矣。"《江西诗征》卷五三录其诗十八首。清陆心源《吴兴诗存》四集卷五录其诗三十三首。《金陵诗征》卷一六录其诗三首。《明诗纪事》丁签卷七录其诗四首，按语云："坦上翁人品高洁……所著兴趣天然，颇似《击壤》一派。"生平见《刘清惠公集》附录顾应祥《墓铭》、雷礼《墓表》、李默《小传》，又见王兆云《皇明词林人物考》卷六、何乔远《名山藏》卷九六、《明史》卷一九四。

齐之鸾（1483—1534）　字瑞卿，一字瑞之，号蓉川。南直安庆府桐城（今属安徽）人。生于成化十九年（1483）正月初八。正德二年（1507）应天乡试中举，六年进士，选翰林院庶吉士，丁忧归。八年服阕，授刑科给事中，十三年迁吏科右给事中，转兵科左给事中。朱宸濠反，从张忠、张泰等南征，二张广搜逆党，株引无辜，之鸾多所开释。世宗立，大计京官，因被中伤，谪崇德县丞，嘉靖元年（1522）迁长兴知县，寻升青州府同知，六年进南刑部郎中，八年升陕西按察金事，兵备宁夏，十年晋河南副使，改山东副使。十三年擢河南按察使，六月十九卒于官，年五十二。著述现存清康熙二十年（1681）悠然亭刊本《蓉川集》四卷《入夏录》三卷附《赠言》一卷《赠言附录》一卷。《蓉川集》四卷首为《南征纪行》，为其从征宸濠时所作杂诗，后附《回銮赋》；次为《悠然亭杂诗》，为其官南都时所作，后附记序三篇；三为《开堰集》，为其在安庆时所作诗；四为《历官疏草》，皆其奏议，起正德九年，讫嘉靖八年。《入夏录》三卷，乃其金事宁夏时作，诗二卷文一卷，汪元锡等赠言附于末，有清潘江《重刻蓉川集序》。

《盛明百家诗》录其诗九十余首为《齐宪副集》。《皇明诗统》卷二二录其诗四首。《列朝诗集》丙集录其诗三首。清潘江《龙眠风雅》卷三录其诗九十五首。《明诗综》卷三四录其诗十五首，"诗话"云："蓉川……入夏诸诗，山川险隘，诵之有如聚米，与尹金事耕并工，惜乎志边关者，均未之采录也。"《御选宋金元明四朝诗》录其诗十二首。《四库全书总目》著录《蓉川集》七卷，"提要云"："之鸾位虽不显，然在正、嘉之间，卓卓称名臣……今观其奏疏，词多剀切，犹可想见风采，诗则非所专长也。"清徐璈《桐旧集》卷一一录其诗三十二首。《明诗纪事》戊签卷六录其诗十首，按云："蓉川诗有踸张之力，超距之勇，不屑屑于诗流派别，而句奇语重，可与当时名家各分一席。"《明词综》卷三录其词[小重山]一首。清李雅等《龙眠古文》录其文八篇。生平见周京大《蓉川先生小传》、汪居安《廉宪蓉川齐公行状》、齐祖名《蓉川公年谱》(《蓉川集》卷首)及《(康熙)安庆府志》卷一五、《明史》卷二〇八。

齐东野人(姓氏及籍里生平不详)　崇祯四年(1631)序人端堂刊本《隋炀帝艳史》(《新镌全像通俗演义隋炀帝艳史》)八卷四十回，署"齐东野人编演"、"不经先生批评"。书叙隋炀帝杨广荒淫败国之一生。大事悉遵正史，而重点演述炀帝穷极荒淫奢靡之生活则主要据《大业杂记》《隋遗录》《海山记》《开河记》《迷楼记》等野史小说。是书于明季书坊作家创作之历史演义小说中甚显出类，有市人小说之畅达而无其鄙俗，有文人小说之典雅而无其晦涩，结构、文辞，乃至绣像、版刻，均属上乘。未详"齐东野人"为何许人也，是书卷首"檇李友人委蛇居士识于陶陶馆中"之《艳史题词》谓其"东方裔也，素饶侠烈，复富才艺，托姓借字，构《艳史》一书"。亦未能描画其大概也。

齐莱名(生卒年不详)　字朱章。南直安庆府桐城(今属安徽)人，齐之鸾孙。万历间诸生。神情孤洁而中年善病，酬应俱废而不废诗。著有《青莎馆诗集》，未见传。清潘江《龙眠风雅》卷一七录其诗七十一首。《御选宋金元明四朝诗》录其诗八首。清徐璈《桐旧集》卷一一录其诗二十二首。《明诗纪事》庚签卷三〇下录其诗一首。生平见近人马其昶《桐城耆旧传》卷二。

齐琦名(生卒年不详)　字越石，号群玉。南直安庆府桐城(今属安徽)人，齐之鸾孙。万历四十一年(1613)进士，授大理评事，转户部郎中，简放绍兴知府。古文及制义皆为名辈所推服。家居则吟咏自如，不事生产。所著有《慕翰草》，未见传。清潘江《龙眠风雅》卷一七录其诗三十三首。清徐璈《桐旧集》卷一一录其诗三首。清李雅等《龙眠古文》录其文二篇。《明诗纪事》庚签卷二三录其诗一首。生平见《（康熙）安庆府志》卷一五、《（康熙）安庆府桐城县志》卷四、近人马其昶《桐城耆旧传》卷二。

　　齐鼎名(生卒年不详)　字调宇，号重客。南直安庆府桐城（今属安徽）人，齐之鸾孙。明末诸生，屡试不第，因与名流遨游四方，尝曰："人生于世，目当饱天下下佳山水，臂当接方隅贤士夫，勿负此七尺也。"著有《蒯缑集》并《史略》五十卷，未见传。清潘江《龙眠风雅》卷九录其诗五十三首。清徐璈《桐旧集》卷一一录其诗十四首。《明诗纪事》庚签卷二九录其诗一首。生平见《（康熙）安庆府志》卷一五、《（康熙）安庆府桐城县志》卷四、近人马其昶《桐城耆旧传》卷二。

　　米万钟(1570—1628)　字仲诏、子愿，号友石、石隐、湛园、文石居士、勺海亭长、研山山长、海淀渔长等。称米芾后裔，京师锦衣卫籍，因为顺天府宛平（今北京）人。万历二十二年（1594）举人，明年进士，除永宁知县，丁父艰归。起补

铜梁，改六合，三十八年迁户部主事，历员外郎，改工部，进郎中。泰昌元年（1620）升浙江右参政。天启三年（1623）进江西按察使，五年进山东右布政使，以忤魏忠贤削籍。崇祯帝铲除魏党，起其太仆寺少卿管光禄寺丞事，寻卒，年五十九。平生善书，与董其昌齐名，有"南董北米"之目，二人又与邢侗、张瑞图并称"明末四大书家"。亦能画，尤善山水竹石。平生爱石成癖，收罗甚丰，又喜构筑园林，以"米氏三园"（勺园、漫园、湛园）著名，曾集客赋咏，有《湛园杂咏》（《四库全书总目》著录）。时称米家园、米家石、米家灯、米家童为"米家四奇"。"米家童"指万钟二子寿都、寿国。现存明刻本《米家四奇诗》四卷（米万钟辑）。《千顷堂书目》著录其《钟园记》二卷《北征吟》一卷，另有《石史》十六卷、《琴史》八卷、《弈史》四卷及《篆隶考伪》二卷亦见于著录。别集《澄澹堂文集》十二卷《诗集》十二卷，未见。《明诗综》卷五八录其诗一首。清王崇简辑《畿辅明诗》录其诗五首。《明诗纪事》庚签卷七上录其诗一首。生平见倪元璐《米友石先生墓志》(《倪文贞集》卷九)、清邹漪《启祯野乘》卷九、《明史》卷二八八。

　　米云卿(生卒年不详)　字君梦，

号樗林居士。原为湖广人,少有才名,薄游南北,落落不遇,明末徙居浙江金华府兰溪,又移居湖州府归安(今湖州)二十载,卒于埭山枯木庵。所著有《山居草》二卷,未见传。阮元声《金华诗粹》录其诗十首。《列朝诗集》丁集录其诗十五首,"小传"谓其"有《山居诗》,极幽人之致。《秋柳诗》十二首,金陵人多传写之。其《拨闷诗》云:'十年湖上社,双屐泖东山。有子疑难教,无家老不还。'亦可见其老怀也。"清沈季友《槜李诗系》卷一六录其诗四首。《明诗综》卷六五录其诗五首。清廖元度《楚风补》卷二六录其诗十一首。清黄彬等《金华诗录》卷四二录其诗五首。清邓显鹤《沅湘耆旧集》卷二〇七录诗八首。清光绪陆心源《吴兴诗存》四集卷一八录其诗十首。《明诗纪事》庚签卷二六录其诗二首。

江以达(1502—1550) 字于顺,号午坡。江西广信府贵溪人。嘉靖元年(1522)举人,五年进士,授刑部主事。历郎中,出为福建金事,迁湖广提学副使,以忤楚藩系狱,后放归,二十九年病卒于家,年四十九。著述现存嘉靖三十六年黄铸刻《午坡文集》四卷,诗一卷,收诗三百余首,词五首,文三卷,收序、记、书、祭文、墓铭、祷疏等一百二十余篇,林一新序。又有隆庆三年(1569)纪振东刻本《明善斋集》十四卷,序五卷,书三卷,传一卷,祭文一卷,杂著、赋、表一卷,记、说、辨、解一卷,议二卷,李义壮序,纪振东跋。《列朝诗集》丁集录其诗十首,"小传"云:"于顺与陈约之(陈束)、李伯华(李开先)诸人善,其论诗专推何、李。"《明诗综》卷四〇录其诗一首。《四库全书总目》著录《江午坡集》四卷,"提要"云:"《静志居诗话》曰'午坡以北地(李梦阳)文出庐陵、眉山之上',又谓'昌黎诗不逮文,尚染习气'云云。今考其语,见集中所载《张东沙集序》。然其《与霍渭崖论文书》云'模形者神遗,斫句者气索,景会者意脱,蕊繁者荄衰。譬诸画地为饼,以馁则难。刻木为人,束之衣冠,与之酬色笑而施揖让,则不可。'其于正、嘉之时,剽窃模拟之病又未尝不知之,而趋向如是,何耶?"《江西诗征》卷五六录其诗十七首。《明诗纪事》戊签卷一六录其诗一首。清胡大鸿《江右文抄》录其文二篇。生平见《明史》卷二八七、《(同治)广信府志》卷九、《(道光)贵溪县志》卷二二之一。

江汜(生卒年不详) 字孟复,又字檗窗,号阳岩。浙江宁波府奉化人。曾任国子监学录。喜吟咏,苦心文华。《千顷堂书目》卷一九著录其《阳岩集》。现存明嘉靖间原刊本《阳岩山人集》十四卷,内赋十一篇、四言古诗七首、乐府十三首、杂调歌二十首、五言古诗四十一首、七言古诗二十八首、五言律诗八十七首、七言律诗七十四首、五言排律一首、七言排律一首、五言绝句十八首、六言绝句三首、七言绝句四十七首、词五首。《皇明诗统》卷二八录其诗一首。《四明风雅》卷四录其诗二十一首。清舒顺方《剡川诗钞》卷五录其诗十八首,清袁钧《四明近体乐府》卷八录其词一首。生平见《(光绪)奉化县志》卷二四。

江伯容(生卒年不详) 字有量。浙江金华府兰溪人。布衣。喜诗,于瀫水之东筑室名青罗馆,枕山面水,弦诵其中,为一时缙绅忻慕推重。著有《青罗馆集》六卷。现存崇祯元年(1628)江氏自刻本,首有孙枝芳序,内卷一收诗九十六首,卷二收诗七十三首,卷三收咏史诗一百零四首,又"和徐伯阳兰溪杂咏"二十八首,卷四收序、祭文、传四篇,卷五收家状四篇,卷六收《谱考》一篇。"咏史诗"为伯容屏迹溪堂,长夏无事,泛览前史,其间兴发成败,感慨良多,于是随题发咏,各为一绝以纪之;"和徐伯阳兰溪杂咏"二十八首,皆与兰溪名胜相关。徐伯阳即徐应亨,亦兰溪人,万历四十三年(1615)举人,著述现存

《徐伯阳诗文集》三十一卷。伯容关心乡邦文化,崇祯十七年集唐宋元明兰溪诗人一百七十八人、诗一千七百余首,辑成《兰皋风雅》,历朝乡先哲古今体诗多得以传。清黄彬等《金华诗录》卷四三录伯容诗十五首。生平见《(光绪)兰溪县志》卷五。

江珍(1508—1578) 字民璞,号渐江、渐斋。南直徽州府歙县(今属安徽)人。嘉靖十九年(1540)举人,二十三年进士,除高安知县。二十七年征授礼部主事,历南兵部郎中,出知广信府。历江西按察副使、按察使、浙江布政司参政、云南右布政使,终贵州左布政使。卒于万历六年(1578),年七十一。与王世贞、汪道昆、朱曰藩等人游。《千顷堂书目》著录其有《渐斋集》(一作华委堂集),未见传。陈有守等《徽郡诗》录其诗十八首。《皇明诗统》卷三一录其诗十五首。《明诗综》卷四三录其诗一首。《明诗纪事》己签卷八录其诗一首。生平见王世贞《浙江江公墓志铭》(《弇州四部稿续稿》卷九〇)、汪道昆《浙江江先生珍传》(《国朝献征录》卷一〇三)、王兆云《皇明词林人物考》卷一二。

江南锦(生卒年不详) 字列明。江西饶州府鄱阳人。天启七年(1627)中举,得主考倪元璐赏识,

以足疾不能上春官,遂绝意仕进,专肆力于古文辞,所著多散逸,梓以行者,《犰崊书屋文集》《诗集》而已。现存崇祯间刊《犰崊书屋文集》十二卷,收其所作各体文及书信一百五十八篇,又《诗集》六卷,收其所作诸体诗二百余首、词三首,附《荒政赋》一篇,有张允抡、黎元宽序。生平见《(雍正)江西通志》卷九〇。

江禹奠(生卒年不详)　字其永,号玉标。南直徽州府休宁(今属安徽)人,侨寓苏州府吴县。万历间国子监生。《千顷堂书目》著录其《玄芝馆诗集》。现存清康熙末年江绅刊《元(玄)芝馆诗集》四卷,收诗三百余首,首有万历四十年(1612)王穉登序,后有康熙五十七年(1718)江绅跋。《明诗综》卷六四录其诗六首,“诗话”云:“其永与王伯谷(王穉登)共肄业于留都,而诗名未振。其五言清切,如‘秋雨半沉阁,夕阳已在山’、‘落叶半庭月,啼乌满屋霜’……颇类鹅池生(宋登春)。”《御选宋金元明四朝诗》录其诗十三首。

江盈科(1553—1605)　字进之,号雪涛,自署渌萝山长。湖广常德府桃源(今属湖南)人。生于嘉靖三十二年(1553)二月二十。万历十三年(1585)举于乡,二上春闱不售,二十年中进士,除长洲知县。

历二考,二十六年秋,报迁吏部主事,被劾夺,改授大理寺寺正。二十八年奉命恤刑滇、黔,三十年还朝,迁户部河南司员外郎,奉命主四川乡试,三十二年迁四川提学副使,三十三年六月十八卒于任,年五十三。论诗主“性灵”之说,其为袁宏道集作序云:“诗何必唐,又何必初与盛? 夫性灵,窍于心,寓于境。境所偶触,心能摄之;心所欲吐,腕能远之。心能摄境,即蝼蚁蜂虿皆足寄兴,不必《睢鸠》《驺虞》矣;腕能运心,即谐词谑语皆足观感,不必法言庄什矣。以心摄境,以腕运心,则性灵无不必达,是之谓真诗,而何必唐,又何必初与盛之沾沾?”(《敝箧集序》)与三袁兄弟为友,尤与袁宏道交厚,同乡同年,其为长洲令时,宏道授吴县令,又同城而官,因相携游历倡和,议论相得,诗文亦同旨趣,故钱希言为其作《墓志》,谓其与袁宏道“同乡同榜同官又同调也”。所著现存万历二十八年刊本《雪涛阁集》十四卷,诗五卷(收诗七百余首)、文八卷(收各体文三百二十余篇),卷一四题为“小说”,实为小品散文,五十二篇,首有袁宏道《雪涛阁集序》及自撰《雪涛阁集自叙》。是集后又有补刻本。潘之恒又将《雪涛阁集》卷一四抽出,刊为《雪涛小说》二卷,收入《亘史抄》。所著另有《雪涛阁四小书》，内一为《谈丛》，五十七篇，类于《雪涛小说》；二为《闻纪》，分十四类一百余则，笔记之文；三为《诗评》，首三十六则论诗，谓诗文体制不同，罕能兼善，提倡真诗，持论以"七子"为非，然又能不掩"七子"之长，如称李梦阳"七言古风几于逼真子美"，称王世贞"终当以文冠世"等，次《闺秀诗评》，录闺秀诗二十六家诗词四十余首；四为《谐史》一百四十余则，附谜语。是集亦有万历刊本及潘之恒《恒史抄》本。另其恤刑云南时曾辑《皇明十六种小传》，凡一百五十二篇，万历二十九年刊本亦存。至明末刊本《雪涛谐史》十种十卷，则出于后人掺假造作。盈科卒后，袁宏道作《哭江进之》十首，其诗序云："进之才俊逸爽朗，务为新切，嘉、隆以来所称大家者，未见其比。但其中尚有矫枉之作，为薄俗所检点者。"袁中道为其作传，谓其诗"多信心为之，或伤率意，至其佳处，清新绝伦；文尤圆妙"。又云："进之可爱可惊之语甚多，中有近于俚语者，无损也。稍微汰之，精光出矣。"《明诗综》卷五七录其诗一首，"诗话"云："进之与袁中郎同官吴下，其诗颇近'公安'派，持论亦以'七子'为非，特变而不成方者。中郎谓其矫枉之过，所谓笑他人之未工，忘己事之已拙，文人通

病大抵然矣。"清廖元度《楚风补》卷二四录其诗十五首。清邓显鹤《沅湘耆旧集》卷二○一录诗四十五首。《明诗纪事》庚签卷一七录其诗四首。《明文海》录其文七篇，黄百家《明文授读》卷三二记云："先夫子（黄宗羲）曰：'盈科……与袁石公（袁宏道）同官，其《雪涛阁集》一宗石公，而才不及，然疏爽可观。'"清应先烈《常德文征》录其文十五篇、诗一百零二首。《湖南文征》录其文十三篇。生平见钱希言《进之江公墓志铭》（万历刊《松枢十九山》之《讨桂编》卷一七）、袁中道《江进之传》（《珂雪斋前集》卷一六）、《（嘉庆）常德府志》卷三八《江盈科传》。

江晖（生卒年不详） 字景旸、景孚，号亶爰子。浙江杭州府仁和（今杭州）人。正德十一年（1516）举人，明年进士，选翰林院庶吉士，与同馆舒芬等抗疏谏武宗南巡，杖阙下，几毙命。馆事竣，当授编修，以抗疏事，出为广德知州，寻召为编修，进修撰。嘉靖初，迁河南按察佥事，未上，以病归，两年卒，年三十六。好文学，尤好以奇僻字作文，王世贞《艺苑卮言》记王廷陈曾作诗嘲之。集名《亶爰》，取《山海经》"亶爰山有鸟，食者不妒"之义，有自寓之意。现存万历间刊本《亶爰集》二卷《亶爰子诗集》二卷（收

诗近二百首)《外集》一卷附录一卷。《皇明诗选》录其诗一首,评曰:"景孚好怪,合者亦六朝之遗。"《列朝诗集》丙集录其诗三首,"小传"记云:"景孚为文,钩玄猎秘,杂以古文奇字,聱牙诘曲,令读者谬根眩霓,至莫能句,隐口汗颜而罢。徐而绎之,卑之无高论也。与汴人曹嘉、东楚王廷陈、秦马汝骥齐名,一时有'曹、王、江、马'之称。"《明诗综》卷三六录其诗四首,"诗话"云:"景孚穿文凿字,辞必自铸……其文诵之如神经怪牒,盖仿魁纪公而作……景孚诗,稍文从字顺,然岂可与穉钦(王廷陈)并称耶?"《御选宋金元明四朝诗》录其诗二首。《明诗纪事》戊签卷一三录其诗一首。生平见邵经邦《河南按察司金事江公晖诔》(《国朝献征录》卷九二)、过庭训《本朝分省人物考》卷四三。

江楫(生卒年不详) 字葵南,号百莱主人。湖广承天府荆门(今属湖北)人。万历时诸生,十一应举,皆不得志。后以贡出为河南汝阳府真阳县令,居官三载,以忤当道,挂冠归里。归后家于汉滨之新城镇,诗酒终老。现存清康熙末年刊本《芙蓉记》传奇,题"荆楚门百莱主人葵南甫撰",有江楫《芙蓉记原序》及其曾孙鼎金《序》。是剧演李昌祺《剪灯余话》卷四《芙蓉屏记》故事。此类赴官遇难,夫妻分离,后终团圆故事,早见于唐人小说,明代则以李昌祺《芙蓉屏记》为最早,后冯梦龙《情史类略》卷二之《崔英》、凌濛初《拍案惊奇》卷二七之《顾阿秀喜舍檀那物,崔俊臣巧会芙蓉屏》皆据之敷演。戏剧方面,《南词叙录》著录佚名《芙蓉屏记》传奇,祁彪佳《远山堂曲品》著录张其礼《合屏记》传奇,《远山堂剧品》著录叶宪祖杂剧《芙蓉屏》四折,皆演《芙蓉屏记》故事。现诸剧惟存江楫所作,二卷三十一出,较之小说原作,情节人物更为丰富,惟叙事拖沓,多失戏剧本色。江鼎金《序》约作于康熙末年,内有"记成付梓,一时远近传诵演习,脍炙人口";又有"随披阅再四,宛见吾曾祖之声音笑貌于一百三十余年之前",或是剧万历年间曾有刊本。

江源(生卒年不详) 字一原。广东广州府番禺(今广州)人。成化元年(1465)乡试解元,五年进士,授上饶知县。入为户部主事,进员外郎、郎中,出为江南按察金事,擢四川兵备副使,镇松藩,致仕归。喜吟咏,有诗名于当时。诗集有弘治四年(1491)序刊本《桂轩稿》十卷,首张升、李士实序,末黄仲昭、王舜民后序;又有弘治十八年序刊本《桂轩续稿》六卷,首张诩序。二集共收诗逾千首,内有联句诗一卷四十首,联句者或为同官,或为同年,或为山人、僚属。《桂轩稿》卷首其同年张升序谓其"雅好吟咏,遇事而发,兴如泉源,有声于士大夫间",诚不虚矣。惟其集流传绝少,其后泯而不彰。生平见《(雍正)广东通志》卷四五。

江瓘(1503—1565) 字民莹,号筼南,又号霞石。南直徽州府歙县(今属安徽)人。少学制义,初试于县,不利,因从父命经商。不忘科考,再试,与四弟江珍同入学为诸生。乡试又不举,因苦读,穷日夜,不遗余力,以致呕血,递病递瘳十年,不得已谢学官,罢举业。嘉靖二十三年(1544)江珍中进士,历官各地,瓘皆随之,因得以山人名与南北名士交。嘉靖四十四年病卒,年六十三。以多病学医自治,《素问》与《离骚》不离于身。曾遍采扁鹊、华佗至元、明诸名医验案,辑成《名医类案》,分二百五门,随附评论,后其子江应宿又历十九年增补,分十二卷刊行,成历代医案名著,为《四库全书》所收。其诗原有《林栖集》《毗陵稿》《池阳稿》《吴越稿》《楚中稿》《白下稿》《西游稿》《郡斋杂咏》《武夷游稿》《游金陵诗》十种。现存嘉靖三十五年序刊本《江山人集》七卷,凡诗五卷收赋一篇诗二百七十首,文二卷收序记等文十余篇,有朱曰藩、方弘静、王

葵序,附汪道昆所作小传。然集中未录《武夷游稿》《游金陵诗》诗,仅于书末附两集原序。《四库全书总目》著录《江山人集》,"提要"云:"其诗较胜于文,特少嫌薄弱。"陈有守等《徽郡诗》录其诗十四首。《皇明诗统》卷三一录其诗十六首。生平见汪道昆《处士江民莹墓志铭》《江山人传》《太函副墨》卷一八、一三)及王兆云《皇明词林人物考》卷一二。

池显方(1588—?) 字直夫,号玉屏子。福建泉州府同安(今厦门)人,太常少卿池浴德次子。天启四年(1624)应天乡试中举,次年为嫡母守制,七年公车北上落第。后未再赴考,结庐同安端山之晃岩,与友人诗酒倡和,参禅说经。性耽山水,曾遍游东南数省。喜交地方贤士,又远识董其昌、赵宧光等,为李贽作传(见《晃岩集》卷一三),与谭元春等也多有文字往来。卒于清顺治九年(1652)后。以能诗文称,其姐丈蔡献臣为其诗集作序,谓其沉酣"汉魏、柴桑家言"(《池直夫澹远诗序》)。显方又自称喜"谈性命真宗,阐七佛密藏"(《晃岩集》卷二二《与张虚舟》)。著有《玉屏集》《南参集》《澹远诗集》等。崇祯十五年(1642)手定自刻《晃岩集》二十二卷,首曹荃序,又有自序云"三删其稿,羞质大方,

觉诗逊大历，文远西京，又多山水烟霞之者，少清庙明堂之奏"。内诗十卷，收古近体诗七百五十余首，文十二卷，收各体文二百八十余篇。《明史·艺文志》另著录其有《国朝仙传》二卷。《明诗综》卷六六录其诗一首。清郭柏苍《全闽明诗传》卷四五录其诗四首。生平见《古今图书集成》氏族典卷四三。

汤开先（生卒年不详） 字季云，号潭庵。江西抚州府临川（今抚州）人，汤显祖第四子。万历四十三年（1615）入为博士弟子员，天启元年（1621）中举，崇祯二年（1629）与二兄汤大耆、三兄汤开远同入复社。有斋曰卿床，存其父手植柳一株，常与名流婆娑其下。崇祯十六年底，抚州两次为张献忠兵攻破，开先因流亡各地，有记其丙戌（1646）秋冬时尝避地金溪，后不知所终。能文，溺于诗，少慕徐渭，后嗜钟惺、谭元春，据载，丙戌时已积诗五百余首。《千顷堂书目》著录其《过庭诗赋》二卷，或记其所著名《潭庵集》等，皆未见传。清陈允衡编顺治澄怀阁刊本《诗慰》二集据其《壬午草》录诗三十五首为《潭庵集选》，又附《憎蝉赋》《春霖赋》《朱鱼赋》，末有其同里傅占衡序。《江西诗征》卷六〇录其诗三首。《明诗纪事》辛签卷二四录其诗二首。

汤式（生卒年不详） 字舜民，号菊庄。浙江宁波府象山人。朱权《太和正音谱》列明初曲家十六人即有其名，谓"汤舜民之词，如锦屏春风"。佚名《录鬼簿续编》记其有杂剧《瑞仙亭》《娇红记（次本）》，又作其小传云："象山人，号菊庄。补本县吏，非其志也。后落魄江湖间。好滑稽，与余交久而不衰。文皇帝在燕邸时，宠遇甚厚。永乐间，恩赍常及。所作乐府、套数、小令极多，语皆工巧，江湖盛传之。"所作杂剧皆佚，惟浙江天一阁旧藏明抄本散曲集《笔花集》传世，又有佚曲见于郭勋《雍熙乐府》、张禄《词林摘艳》等。计存小令一百七十余首、套数六十余套。

汤有光（1548—?） 字慈明。南直扬州府通州（今江苏南通）人。万历五年（1577）从沈明臣学，并为明臣选诗。十一年客顾养谦蓟辽军中，三十九年入范凤翼在里所结山茨诗社，与范凤翼成忘年交。崇祯元年（1628）作《无屋叹诗》，时年八十一，卒年当在其后。以诗为业，现存天启二年（1622）通州知州周长应刊本《汤慈明诗集》三十二卷，有周长应、范凤翼序，收古近体诗一千九百余首。清杨廷《五山耆旧集》卷一〇《汤慈明集》录其诗三百余首。清王藻《崇川列朝诗选汇存》卷下录其诗四十二首。《金陵诗征》卷二四录其诗一首。《明诗纪事》庚签卷三〇录其诗四首,按语谓其"近体诗时有警动之作"。

汤传楹(1620—1644)　字子辅,改字卿谋。南直苏州府吴县(今江苏苏州)人。诸生,能诗文,卒于崇祯十七年(1644),年二十五。《千顷堂书目》著录其《湘中草》六卷,现存清康熙二十四年(1685)尤侗刊本,有乙酉(1645)孟夏尤侗序,康熙十一年宋实颖序,康熙十二年长洲汪琬序,康熙十三年其子婿昆山徐元文序。内诗三卷,收诸体诗一百三十余首、词三十一首、散曲一套,文三卷,收赋三篇、各体文二十余篇及《闲余笔话》二十则。康熙《昭代丛书》收其《闲余笔话》一卷。清王锡祺《小方壶斋舆地丛钞》收其《游吴山集》《游虎丘记》《虎丘往还记》。《明诗综》卷七一录其诗二首。《明诗纪事》辛签卷二八录其诗四首,按语云:"卿谋早擅才华,诗多绮语,亦有隽语。惜年仅二十五而夭,未见其止。"《明词综》卷六录其词四首。清胡胤瑗等《兰皋明词汇选》录其词五首。近人赵尊岳《明词汇刊》录其词为《湘中草》一卷。生平见清康熙刊本《湘中草》卷首尤侗为其所作《小传》《吴县志》卷六九上。

汤兆京(1568—1619)　字伯闳,号质斋。南直常州府宜兴(今属江苏)人。万历十六年(1588)举人,二十年进士,除丰城知县。征授御史,累疏言事,连劾礼部侍郎朱国祚、蓟辽总督万世德,帝不问,又劾贵妃宫阃之横,论矿税之害。佐孙丕扬察典,斥汤宾尹等数人,力请福王之国,疏奏吏部尚书赵焕擅权,帝欲安焕,夺兆京俸,因拜疏径归。家居至四十七年卒,年五十二。居官廉正,遇事慷慨,其时党势已成,兆京维持其间,清议倚以为重,屡遭排击,卒无能一言污之者。卒后天启间为政敌列为东林先锋,阉党败,获赠太仆寺少卿。《千顷堂书目》著录其《灵萱阁集》八卷,现存万历末原刊本,卷一至卷四为奏疏,卷五至卷六收各体文,卷七收诸体诗二百一十余首、词一首及书二十余篇,卷八亦收书启,有徐良彦序。《四库全书总目》著录其集,"提要"云:"其制行甚高,诗文非所著意,亦皆不入格。"生平见清陈鼎《东林列传》卷一四、清侯方域《汤御史传》(《壮悔堂集》卷五)、《明史》卷二三六。

汤沐(1460—1532)　字新之,号沂乐。南直常州府江阴(今属江苏)人。弘治九年(1496)进士,除崇德知县。入为御史,以不附刘瑾,谪武义知县。瑾败,起为广东佥事,督理盐课。嘉靖二年(1523)以右副都御史巡抚四川,入为大理寺卿。嘉靖十一年卒，年七十三。《千顷堂书目》著录其《汤廷尉家藏集》四卷、《公余日录》一卷，前者未见传，后者见于万历三十四年（1606）李铨前书楼刊本《藏说小萃》十集十一种，题《汤廷尉公余日录》一卷。《明诗综》卷二七下、《御选宋金元明四朝诗》录其诗一首。近人顾季慈《江上诗钞》卷一六录其诗三十一首。生平见张璧《大理寺卿沂乐汤公沐传》（《国朝献征录》卷六八）、《明史》卷二〇六。

汤珍（1481—1557）　字子重，号迪功。南直苏州府长洲（今江苏苏州）人。少与王宠兄弟读书石湖治平寺，凡十五年，为前辈蔡羽、文征明所推重，后征明二子及诸孙，皆出其门。嘉靖间以岁贡除崇德县丞，年已四十余，后迁唐府奉祀，未赴。《千顷堂书目》著录其《小隐堂诗集》八卷，注"一名《汤迪功集》"，未见传。钱谷《吴都文粹续集》录其诗二首。《石仓十二代诗选·明诗选》录其诗六十七首。《列朝诗集》丙集录其诗二十六首。《明诗评选》录其诗二首。《明诗综》卷三八录其诗四首，"诗话"云："子重……《浪淘沙词》，直诣刘宾客神境，非五岳（黄省曾）、九逵（蔡羽）所能及也。"清王辅铭《明练音续集》卷二录其诗五首。《明诗纪事》戊签卷二二录其诗四首，按语云："子重七言断句，楚楚有致。"近人汪正石《木渎诗存》卷一录其诗一首。生平见刘凤《小隐堂集序》（《太霞草》卷七）、王世贞《汤迪功诗草序》（《弇州四部稿续稿》卷四七）、《（乾隆）江南通志》卷一六五。

汤显祖（1550—1616）　初字义少，改字义仍，号海若、海若士、若士，晚号茧翁，别署清远道人。江西抚州府临川（今抚州）人。生于嘉靖二十九年（1550）八月十四。少学古文词于徐良傅，又拜师罗汝芳。有文名，隆庆四年（1570）弱冠举于乡，两赴会试落第。万历五年（1577）权相张居正"欲其子及第，罗致海内名士以张之"，延致显祖，咻以巍甲，谢弗往，因又两科落第。万历十年居正殁，明年显祖中进士。复拒绝时相申时行、张四维延纳，斥于馆选之外，除南京太常寺博士。历任南京詹事府主簿、南礼部祠祭司主事。万历十九年，上《论辅臣科臣疏》，抨击朝政，贬官广东徐闻县典史。二十一年量移遂昌知县。二十五年冬上计京师，投劾归临川，二十九年被追论削籍。隐居乡里十八年，于书无所不读，"所居玉茗堂文史狼藉，宾朋杂坐，鸡埘豕圈，接迹庭户，萧闲咏歌，俯仰自得"。卒于万历四十四年六月十六，年六十七。文学以戏曲作品最著，"胸中块垒，陶写未尽,则发而为词曲"。万历五年至七年曾取唐人蒋防小说《霍小玉传》(《全唐五代小说》卷二六)故事试作《紫箫记》传奇,万历十五年前后又在南京将《紫箫记》改为《紫钗记》,几经修改,至万历二十三年付梓。万历二十六年完成传奇剧本《牡丹亭》(一名《还魂记》,又称《牡丹亭还魂记》)。是剧本事出小说《杜丽娘慕色还魂》(《燕居笔记》卷九)而多所增饰。《牡丹亭》"搜抉灵根,掀翻情窟,为从来填词家厔齿所未及"(吴梅《还魂记跋》)。不仅当时震撼曲坛,沈璟、吴硕园、臧懋循、冯梦龙、徐肃颖、徐日曦皆为之作过校改,使之更宜舞台演出,且四百年来演唱不衰。万历二十八年又作《南柯梦》(一名《南柯记》,或名《南柯梦记》),翌年完成《邯郸梦》(一作《邯郸记》,或作《邯郸梦记》)。两剧分别取材于唐人小说《南柯太守传》(《全唐五代小说》卷二三)和《枕中记》(《全唐五代小说》卷一九),而极写世事浮沉和人生况味。《紫钗记》《牡丹亭》《南柯梦》《邯郸梦》四种合称《玉茗堂四种曲》《临川四梦》或《玉茗堂四梦》。有明代多种分刻或合刊本传世,又有近世多种校注本。王骥德云:"临川汤奉常之曲……布格既新,遣辞复俊。其掇拾本色,参错丽语,境往神来,巧凑妙合,又视

元人别一蹊径。技出天纵,匪由人造。使其约束和鸾,稍闲声律,汰其剩字累语,规之全瑜,可令前无作者,后鲜来哲,二百年来,一人而已。"(《曲律》卷四)为诗文亦有洗刷排荡之风,迥迈时流。原有《红泉逸草》《雍藻》《问棘邮草》《粤行五篇》等刊于世,现存万历三年刻《红泉逸草》一卷、六年刻《问棘邮草》十卷、三十四年刻《临川汤海若玉茗堂文集》。又存万历四十六年汤开远刻《玉茗堂尺牍》六卷《绝句选》二卷。去世五年后韩敬辑其诗文及尺牍等,编为《玉茗堂全集》(或题《玉茗堂集》《汤若士全集》),现存天启元年(1621)原刊本,四十六卷。另有多种诗文选集刊本。明末李宾编《八代文钞》录其文为《汤若士文抄》一卷,陆云龙《皇明十六名家小品》选有《汤若士先生小品》二卷。《明文海》录其文《游罗浮山赋》等十五篇,评语云:"海若之文,精悍而有识力。中间每有一段不可磨灭之处,然当其放溢时,每有杂笔阑入,未经淘汰也。"清应麟《江右古文选》卷二一录其文十五篇。《列朝诗集》丁集录其诗一百三十五首,"小传"云:"义仍少熟《文选》,中攻声律,四十以后,诗变而之香山、眉山,文变而之南丰、临川。尝自叙其诗三变而力穷。"《明诗评选》录其诗三十七首。《明诗综》卷五四录其诗九首,"诗话"

云："义仍填词,妙绝一时……诗终牵率,非其所长。"清沈德潜《明诗别裁集》录其诗一首。《御选宋金元明四朝诗》录其诗四十七首。《江西诗征》卷六〇录其诗五十八首。《明诗纪事》庚签卷二录其诗二十首,按语云："义仍才气冗傲,不可一世。集中五古清劲沈郁,天然孤秀,而伤塞涩,则矫枉之过也。李、何取法于杜,义仍则并杜而薄之,谓'少陵诗少一清字',可谓因噎废食者也。"卓人月、徐士俊《古今词统》录其词十五首。《明词综》卷四录词二首。生平见邹迪光《汤义仍先生传》(《调象庵集》卷三三)、查继佐《汤显祖传》(《罪惟录》卷一八)、《明史》卷二三〇。

汤胤勣(? —1467) "勣"也作"绩",字公让。南直凤阳府凤阳(今属安徽)人,东瓯襄武王汤和曾孙。正统十三年(1448)以于谦荐,授锦衣卫百户,转千户。景泰间,出使蒙古也先部,以胡文安荐,进署指挥金事。天顺三年(1459)以罪锦衣卫官,勣为民,编籍常州。成化三年(1467)以鞑靼入侵,复被起用,充参将,守延绥孤山堡,率麾下百余人与敌遇,寡不敌众,力战死。景泰间官京师时,与刘溥、王淮等唱酬,时将胤勣与刘溥、王贞庆、晏铎、苏平、苏正、王淮、沈愚、邹亮、蒋忠等人称"景泰十才子",载籍所记或有不同,然胤勣皆在列。所著有《五云清唱》《风雅遗音》《蛙池鼓吹》《六体香奁》诸集,现存成化十四年孙珽、汤齐刊本《东谷遗稿》十三卷,内诗六卷,收诗三百七十首,卷七至卷一一收各体文六十余篇,卷一二收赋七篇,卷一三收词三十五首,此集为《千顷堂书目》所著录。《盛明百家诗》后编录其诗三十余首为《汤将军集》。顾起纶《续国雅》卷一录其诗一首。《皇明诗统》卷一二录其诗五首。《列朝诗集》乙集录其诗十九首,"小传"记云："公让为人轩豁倜傥,两眸眈然,髭奋起如戟。奋髯谈论,欲起古豪杰与之友,视世人无如也。为歌诗,豪放奇倔,援笔挥洒,如风雨晦冥中电光翕焱,人多为之夺气。"《明诗综》卷二一录其诗二首。《金陵诗征》卷一四录其诗二十三首。《明诗纪事》乙签卷二〇录其诗三首。《明词综》卷二录其词一首。生平见程敏政《汤胤勣传》(《国朝献征录》卷五)、王兆云《皇明词林人物考》卷三、《明史》卷一二六。

汤宾尹(1568—1628) 字嘉宾,号睡庵,又号霍林。南直宁国府宣城(今属安徽)人。万历二十二年(1594)乡试中举,翌年会试第一,廷试第二,授翰林编修,内外制书诏令多出其手,称得体。三十四年迁右春坊右中允,三十六年为左春坊左谕德,进南国子监祭酒。三十八年会试分校官,以互换闱卷为时议所非，三十九年京察被斥归。时朝中结朋党之风极重，有昆党、楚党、东林诸多名目，宾尹门徒甚多，树帜多年，被称为"宣党"魁首，与"东林"等互攻不止，终败。思宗即位，朝臣荐之起复，未及而卒，年六十一。以孝友称，性格慷慨负气，好谈天下安危大计，与同郡梅守箕甚得，又与江盈科、谢肇淛等交游。以制举名，亦能诗文。著述称《睡庵稿》，万历间曾多次分文集、诗集刊刻，卷数不一，有《睡庵诗稿》一卷《文稿》一卷、《睡庵诗稿》一卷《文稿》二卷、《睡庵文稿初刻》四卷《二刻》六卷《三刻》四卷、《睡庵诗稿》四卷《文稿》十一卷、《汤嘉宾睡庵集》六卷、《汤司成稿》一卷等。万历三十九年梅守箕、汤显祖序刊本《睡庵稿》文集二十五卷诗集十一卷，为集成之集，亦为宾尹在世时所刻，后崇祯间印本增《视草》十六卷。梅守箕序谓其为诗作文与时流不谐，不事模拟蹈袭。汤显祖序也称其诗文在"世法之外"。彭孙贻《明诗钞》录其诗一首。清施闰章《宛雅二编》录其诗六首。《明诗综》卷五八录其诗一首，"诗话"云："嘉宾以党论受攒讥，终以不振。诗派近俚，罕足录者。"《御选宋金元明四朝诗》录其诗四首。《明诗纪事》庚签卷一八录其诗一首，按语亦云其"以制举业名天下，诗非所长"。生平见《(乾隆)江南通志》卷一六七。

安希范（1564—1621）　字小范，号我素。南直常州府无锡（今属江苏）人。生于嘉靖四十三年（1564）正月十四。从学顾宪成，万历十三年（1585）乡试中举，次年进士，授行人。迁礼部精膳司主事，十九年疏请官南曹养母，改南吏部验封主事。二十年上《黜奸阉防乱政疏》，二十一年又上《纠辅臣明正邪》一疏，请复高攀龙、吴弘济官，以奖忠良，帝怒，诏严办，得王锡爵等援救，削籍归。罢归后，助修东林书院，自万历三十年起与顾宪成、顾允成、高攀龙、刘元珍、钱一本、薛敷教、叶茂才等讲学于此，称"东林八君子"，又赴常州等地讲学。万历末有移居浙江吴兴之意，于武康买地建屋，天启元年（1621）四月十三，卒于自吴兴返无锡途中，年五十八。崇祯时复其官，赠光禄寺少卿。著有《养心日札》《读书日笺》《荒政撮要》《武备私考》《文献通考删》等。现存稿本《天全堂集》不分卷、《安希范游记》一卷、《治生本业》一卷、《养生简要》一卷。又有清乾隆间其后人安吉校刊本《天全堂集》四卷《续编》一卷附录一卷。是集卷首有乾隆四十六年（1781）方纲序，后有乾隆八年六世孙安经传跋，内前三卷为文卷，收各体文八十余篇，末卷收诸体诗一百零八首。另有《万历乙酉科应天乡试朱卷》稿本传世。清周有壬《梁溪文钞》卷一四录其文五篇。清顾光旭《梁溪诗钞》卷一〇录其诗五首。清王直等《锡山文集》卷五录其奏疏一篇。《明诗纪事》庚签卷一五录其诗三首。生平见《天全堂集》附邹元标《墓志铭》、朱国桢《墓表》、姚希孟《小传》及清陈鼎《东林列传》卷二一、《明史》卷二三一。清安绍杰有《安我素先生年谱》(乾隆时刊本)。

安绍芳(1548—1605) 字茂卿,号西林,以所居有涤砚亭,自号砚亭居士,后更名泰来,字未央。南直常州府无锡(今属江苏)人。万历间监生,屡试不利,弃去,一意为诗歌古文,亦善写竹石。家厚于赀,因于所居西林,罗置图书彝鼎,四方名流过从,必置酒歌吹。《千顷堂书目》著录其《西林全集》二十卷,现存万历四十七年(1619)自刊本,首俞安期、叶之芳、王世贞序,卷一至卷一三收赋一、诗六百六十余首、词二首,卷一四、卷一五收序、志铭、祭文等十七篇,卷一六至卷一九收书简一百六十余篇,卷二〇收连珠、铭、赞、题跋等二十七篇。顾起纶《国雅》卷一八录其诗七首。《皇明诗统》卷三五录其诗六首。《明诗综》卷六三、《御选宋金元明四朝诗》录其诗七首。清顾光旭《梁溪诗钞》卷一〇录其诗二十五首。《明诗纪事》庚签卷二七录其诗三首,按语谓其"诗调平适,

时有清音"。近人赵尊岳《明词汇刊》辑录其词二首为《西林词》。《明文海》录其文《登玄览阁赋》等二篇。清周有壬《梁溪文钞》卷一六录其文二篇。清王直等《锡山文集》录其序一篇、赋一篇。生平见《(光绪)无锡金匮县志》卷二二。

安遇时(生平不详) 号钱塘散人。浙江杭州府钱塘(今杭州)人。现存万历二十二年(1594)朱仁斋與耕堂刻本《新刊京本通俗演义全像百家公案》十卷一百回,署"钱塘散人安遇时编集"。其书又有万历二十五年南京万卷楼刻本及万历书林景生杨文高刻本等,编者亦皆署安遇时名,惟不详其生平事迹,或为当时书坊作家。是书简称《包龙图判百家公案》,叙北宋包拯破案故事,虽称"百家",实仅九十四事,且各事件自为单元,互相间并无联系,故本书实为讲包拯判案之短篇故事集。包拯判案故事,宋以来即在民间流传,成为民间"说话"及各种讲唱艺术之题材。然本书所叙包拯故事,却主要从各种小说、戏曲、野史、笔记,甚至史传等移植而来,多非包拯故事所原有。本书首次将包拯判案故事集中加工整理,对后山之以包拯为主角之故事集、小说、戏曲多有影响,稍后《龙图公案》(《包龙图神断公案》《包公案》)一百则中就有四十八则抄自本书。本书将包拯神化

为"日断阳、夜断阴"之超人，对以后有关包公题材之小说、戏曲亦深有影响。

安磐（生卒年不详）　字公石、鸿渐，号松溪、颐山。四川嘉定州（今乐山）人。弘治十八年（1505）进士，选翰林院庶吉士，历吏、兵二科给事中，乞假去。世宗即位，起故官，后官兵科都给事中，嘉靖三年（1524）"大礼议"起，伏阙力争，受廷杖除名。后卒于家，万历初，追赠太常少卿。与杨慎为友，能诗。《千顷堂书目》著录其《颐山集》及《颐山诗话》二卷。《颐山集》未见传，《颐山诗话》现存明抄本未分卷，首有嘉靖三年九月安磐自序，谓本书系汇集免官后谈诗语而成。书仅五十八则，以品诗为多，间涉诗事及考证，其品评本朝诗人诗作，奖誉颇多。《皇明诗统》卷一五录其诗二首。费经虞《蜀诗》卷三录其诗十七首。《列朝诗集》丙集录其诗四首，"小传"记云："尝与杨用修论诗云：'论诗如品花木，牡丹、芍药，下逮苦楝、刺桐，皆有天然一种风韵。今之学杜者，纸牡丹、芍药耳。'用修以为知言。"《明诗综》卷二八录其诗一首。《四库全书》收《颐山诗话》二卷（以明抄本为底本），《总目》"提要"云："其论诗以严羽为宗……亦能诗……故其评论古人，多中窾会。盖深知其甘苦，而后可定其是非，天下事类如是也。"《明诗纪事》丁签卷一〇录其诗七首。生平见萧彦《掖垣人鉴》卷一二、《（万历）嘉定州志》卷四、《明史》卷一九二。

祁承㸑（1565—1628）　字尔光，初号越凡，更号夷度，又称旷翁。浙江绍兴府山阴（今绍兴）人。万历二十八年（1600）举人，三十二年进士，授宁阳知县，改长洲。迁南刑部主事，转兵部，历员外、郎中，出知吉安府。京察谪沂州同知，稍迁宿州知州，入为兵部员外郎。历河南按察佥事、副使，仕至江西参政。卒于崇祯元年（1628），年六十四。生平爱藏书，四方购求，友朋传钞，积书数万卷，其澹生堂藏书与范氏天一阁、钮氏世学楼齐名，现存抄本《澹生堂藏书目》八卷《藏书约》一卷《庚申整书小记》一卷。亦喜编书。《千顷堂书目》著录其所编《国朝征信丛录》二百十三卷、《诸史艺文抄》三十卷、《两浙著作考》四十六卷、《牧津》四十四卷。所著有《澹生堂集》又《澹生堂杂稿》。现存崇祯间祁氏家刊本《澹生堂集》二十一卷，内诸体诗六卷（收诗近九百首）、各体文十卷、尺牍书启五卷，有陈继儒、范允临、梅鼎祚、张㟋等十二人序。又有万历间刊本《庚子顺天朱卷》《甲辰会试朱卷》《易艺十绝》各一卷及晚明刻《祁尔光先生全稿选》八卷、《宋西事案》一卷等。《明诗综》卷五九录其诗一首。《明文海》录其文一篇。生平见陈仁锡《夷度先生墓表》(《无梦园遗集》卷六)、《(同治)苏州府志》卷七一。

祁顺(1434—1497)　字致和，号达庵，又号巽川居士。广东广州府东莞人。生于宣德九年(1434)九月初八。景泰元年(1450)举人，天顺四年(1460)进士，授兵部主事，巡山海关。代归，转户部，迁员外郎，督饷临清，进郎中，任会试同考官。成化十一年(1475)以建储，赐一品服，允正使，与副使行人司左司副张瑾使朝鲜。祁顺、张瑾在朝鲜所留诗文及朝鲜文臣徐居正等人倡和之作被李朝刻印为《(丙申)皇华集》上下卷，收诗四百四十四首，内祁顺作一百四十二首，张瑾作四十七首。顺归后升江西左参政，甫三载，进右布政使，命未下，以诖误左迁贵州石阡知府。弘治初调云南知府，六年(1493)升山西右参政，八年晋福建右布政使，寻转江西左布政使，弘治十年十一月初六卒于任，年六十四。曾主修《石阡府志》十卷。《千顷堂书目》著录其《巽川集》二十卷又《使东稿》又《冷庵翠渠倡和》又《宝安杂咏》。现存嘉靖三十六年(1557)刻《巽川祁先生文集》十六卷附录二卷，钟云瑞序，内卷一至七收颂一、赋五、辞六、诗五百二十余首、词十二首，卷九至卷一六收各体文一百

三十余篇，附《墓志铭》《墓表》及使朝鲜赠行诗、朝鲜诗文等。是集又有清康熙二年(1663)其七世孙重刊本。《皇明诗统》卷一二录其诗二首。《明文海》录其文《谒箕子庙赋》一篇。清屈大均《广东文选》录其文三篇、诗三首、词三首。清梁善长《广东诗粹》卷三录其诗五首。《明诗纪事》丙签卷四录其诗二首。近人张其淦《东莞诗录》卷八录其诗二十三首。生平见张元祯《江西左布政使祁公墓志》、费宏《祁公墓表》(《巽川祁先生文集》附录)及《(雍正)广东通志》卷四五。

祁彪佳(1603—1645)　字虎子、幼文、弘吉，号世培，自署远山堂主人。浙江绍兴府山阴(今绍兴)人，祁承爜子。生于万历三十年十一月二十二(1603年1月3日)。万历四十六年举人，天启二年(1622)进士，除福建兴化府推官。崇祯元年(1628)丁父忧归，五年起为监察御史，巡视京城，八年乞归养。林居八年，筑远山堂以为读书之所。讲性理之学，诵佛典，尤喜园林、戏曲。期间著传奇剧本《全节记》(演苏武故事，今佚)，又作《远山堂曲品》《远山堂剧品》。崇祯十五年，再起御史，巡按苏、松，改南京畿道。福王立，进大理寺丞，以右佥都御史巡抚江南，以不合于马士英，移疾归里。南都失守，乙酉(1645)六月初六自

投池中死，年四十四，唐王赠少保、兵部尚书，谥忠敏。遗著存稿本《祁忠敏稿》五卷、《远山堂曲品》一卷及《远山堂尺牍》《抚吴尺牍》《甲申日历》等。所著祁氏远山堂抄本存世甚多，有《远山堂诗集》十卷、《远山堂文稿》一卷、《远山堂诗始》不分卷、《祁忠敏公日记》十五卷，另有《远山堂尺牍》《入里尺牍》《里中尺牍》《林居尺牍》《里中人都尺牍》《都门入里尺牍》《按吴尺牍》《莆阳尺牍》《壬午里中书稿》《祁忠敏公天启壬戌会试朱卷》《辛巳越中荒纪》《里居越言》《莆阳禀牍》《莆阳谳牍》等。刊本有清初祁氏起元社刻《远山堂曲品》一卷、清道光十五年（1835）刻《祁忠惠公遗集》十卷，又清潘锡恩辑《乾坤正气集》收《祁忠惠公遗集》八卷。《（嘉靖）山阴县志》载其尚有《越中园亭集》六卷、《救荒全书》等。与夫人商景兰均以能诗名。陈济生《天启崇祯两朝遗诗》卷六录其诗七首。《明诗综》卷七三录其诗一首，"诗话"云："祁公美风采，夫人商氏，亦有令仪，闺门唱随，乡党有金童玉女之目。"《明诗纪事》辛签卷六录其诗二首。又曾辑《寓山十六景诗余》，现存抄本，内有彪佳自撰词。近人赵尊岳《明词汇刊》辑录其词五首为《祁忠惠公词》。著述最为近世所重者为《远山堂曲品》《远山堂剧品》，著录传奇、杂剧七百余种，且加以品评，为明清重要戏曲载籍。生平见王思任《祁忠敏公年谱》《祁忠敏公日记》附》、《（康熙）山阴县志》卷三七、《明史》卷二七五。清毛奇龄《西河文集》卷七六、邵廷采《思复堂文集》卷二亦有其传记。

祁麟佳（生卒年不详）　字元孺，别署太室山人。浙江绍兴府山阴（今绍兴）人。祁彪佳长兄，郡庠生。有诗集《问天遗草》，未见传。亦作戏曲，祁彪佳《远山堂剧品》著录其杂剧《救精忠（北四折）》《红粉禅（南北四折）》《庆长生（北四折）》《错转轮（北四折）》。四剧合称《太室山房四剧》，现仅《错转轮》收于崇祯间沈泰编《盛明杂剧二集》。是剧演王贤因精通律条、善于审案，故其灵魂常被地府转轮殿主请去当判官。其友人张子才欲随其到地狱游历而自缢，不料阴魂到地府却被恶鬼所骗，代人投胎为猪。王贤不得已，亦自缢至地府才救出子才。事本荒诞，不过假地府之黑暗，一抒作者对现实之愤懑。然是剧插写地府重判王导、温峤、张俭、张俊、彭祖等人事，亦非全为插科打诨，依略可见晚明人之社会心理。《远山堂剧目》将《错转轮》列为"雅品"，谓其"水判之语雄，王生之语婉。雄则近怒，婉则近喜。至于拟狱数段，有痛骂处，有冷嘲处，令我忽怒忽喜，以是见文人之舌，不可方物乃尔。"祁彪佳于

《大室山房四剧及诗稿序》中云:"世有文人而不遇,如我伯兄氏者哉?""每见架上残编,辄恍惚有灵气护之……飒飒而醒,则痛哉伯兄氏衰草白扬,萧萧霜露矣。"因知麟佳终身不遇,其弃世亦在彪佳之前矣。

许三阶(籍里及生平不详)　书斋署"四会堂"。撰传奇三种,《红丝记》《鸳鸯记》已佚,现仅存《节侠记》,有明末汲古阁原刻初印本、汲古阁刻《六十种曲》所收本,另有明崇祯间刻许自昌评点本,题《玉茗堂批评节侠记》,署"梅花墅改定"。是剧二卷三十二出,演唐武后时名臣裴炎从子裴伷先人生遭际故事,先是裴炎被杀后伷先坐流岭南,以面斥武则天,又流瀼州、北庭,遭追杀,至中宗复位,始得回朝为官,终至要职。祁彪佳《远山堂曲品》著录《节侠记》云:"传裴伷先伯侄在武后朝,大有丈夫本色。"其事见唐牛肃《纪闻·裴伷先》(《全唐五代小说》卷九)及《新唐书》卷一四七裴炎附裴伷先传,剧本于情节、人物皆有增饰。许宇《词林逸响》录其《制衣》一出。

许天锡(1461—1508)　字启衷,号洞江。福建福州府闽县(今福州)人。生于天顺五年(1461)正月十五。弘治二年(1489)举人,六年进士,选翰林院庶吉士,授吏科给事中。又历工科右、左给事中,计居谏垣八载,謇谔有气节,前后条陈三十余疏,皆见嘉纳,与言官何天衢、倪天明并负时望,京师语风概者,称为"台省三天"。正德初,奉使安南,在道进工科都给事中,三年(1508)还,上疏劾刘瑾,欲以尸谏,六月初三自经死,年四十八。其时妻子无从者,一仆匿其状而遁,或云刘瑾惧天锡彰其罪,夜令人缢杀之。嘉靖间,追赐祭葬,恤其家。以能诗称,《千顷堂书目》著录其《黄门集》三卷又《交南诗》一卷及《中庸析义》,未见传。徐𤊹《晋安风雅》录其诗一首。《石仓十二代诗选·明诗选》录其诗八十七首。《列朝诗集》丙集录其诗一首,"小传"云:"天锡在词林,以能诗为李长沙(李东阳)所知。"《明诗综》卷二七上录其诗一首。《御选宋金元明四朝诗》录其诗二首。清郭柏苍《全闽明诗传》卷一二录其诗十七首。《明诗纪事》丁签卷六录其诗四首。生平见林瀚《许公天锡墓志铭》(《国朝献征录》卷八〇)、《(乾隆)福建通志》卷四三、《明史》卷一八八。

许乐善(1548—1627)　字修之。南直松江府华亭(今上海松江)人。隆庆五年(1567)进士,授河南郏县令。万历五年(1577)擢湖广道御史,首辅张居正"夺情",总宪率诸御史上公疏慰留,乐善为居正门下士,独不署名。曾疏请停矿税,救建言御史曹学程,举朝称之。十一年转江西道御史,十三年称病告归。二十九年起河南道御史,寻升太仆寺少卿,转南光禄寺少卿,三十七年进南京通政使,三十九年京察被劾归。卒于天启七年(1627),年八十。与徐光启交善,其孙娶徐光启孙女。入天主教,助西人传教,曾在传教士艾儒略《天主降生出像经解》书上题诗。《千顷堂书目》著录其《适志斋稿》十卷及《遵生要旨》,《适志斋稿》现存天启五年刊本,首徐光启、钱龙锡、周裕广序,内诗词三卷收赋四、诗四百一十余首、词曲三十余首,奏疏二卷,余为杂文、书简、制义等。又有清乾隆二十四年(1769)许以恕刊本《适志斋集》十卷《修齐要览》一卷《许氏惠邑恤宗录》一卷。清姚宏绪《松风余韵》卷三五录其诗二首。近人赵尊岳《明词汇刊》录其词四首。生平见《(乾隆)江南通志》卷一四一。

许邦才(生卒年不详)　字殿卿,又字克之,号空石。山东济南府历城(今济南)人。嘉靖二十二年(1543)省试解元,后四上春官不第。三十二年谒选直隶赵州令,以不任事谪永宁令,改德王府右长史,三十八年母丧守制,服阕,改周藩左长史。有才名,工诗,其诗舒缓有致,不亢不厉,惟格局较狭,气势不足。曾于济南城北水村建别墅,名梁园。隆庆六年(1572)辑所作诗文为《梁园集》,书目著录,或作二卷,或作四卷,又《千顷堂书目》著录其《海右集》、方志著录其《瞻泰楼集》,均未见传。与李攀龙同乡,髫年相约为知交,后又结为儿女姻亲,李攀龙告归后踞白雪楼,朝夕周旋者,惟邦才一人,诗文往来,相与倡和不绝,《千顷堂书目》卷二四曾著录二人《海右倡和集》六卷。故后人攻讦李攀龙,往往连带邦才。又因李攀龙,得与王世贞等人多有交往,世贞将其列入"四十子"。《盛明百家诗》录其诗四十五首为《许长史集》。《皇明诗统》卷三三录其诗十四首。《皇明诗选》录其诗一首。《列朝诗集》丁集录其诗二十四首,"小传"云:"鲁藩观烆曰:'殿卿与李于麟同调相倡和,气格不逮,然于麟诗多客气,而殿卿温厚或过之。'"《明诗综》卷四八录其诗七首。清沈德潜《明诗别裁集》录其诗一首。清宋弼《山左明诗钞》卷一四录其诗三十二首。《明诗纪事》戊签卷二一录其诗十首。生平见王兆云《皇明词林人物考》卷九、《(雍正)山东通志》卷二八之三。

许成名(生卒年不详)　字思仁,号龙石。山东东昌府聊城人。正德六年(1511)进士,选翰林院庶吉士,授编修。历谕德、侍读学士,嘉靖间进太常卿、国子监祭酒,擢礼部右侍郎。为讲官十年,与修《武宗实录》《大明会典》。为文典丽,诗工近体,亦善书画。《千顷堂书目》

著录其《龙石集》四卷，现存嘉靖四十二年（1563）许鲲刻《龙石诗集》八卷，计收诗三百三十余首，舒佑序。又有万历三年（1575）聊城丁氏刻《龙石先生诗钞》不分卷，收诗三百八十余首，附各体文九篇，丁懋儒序。万历本《诗钞》实以嘉靖本《龙石诗集》所收诗为基础，略有增益。《皇明诗统》卷三七录其诗十六首。《明诗综》卷三四录其诗一首。《明诗纪事》戊签卷一一录其诗二首。生平见《（雍正）山东通志》卷二八之三。

许仲琳（生卒年不详） 号钟山逸叟。南直应天府（今江苏南京）人。明末金阊舒载阳刊百回本长篇白话小说《封神演义》二十卷一百回，卷二署"钟山逸叟许仲琳编辑"，未详许仲琳为何许人，抑或书坊之作手矣。然其卷首邗江李云翔序又有"余友舒冲甫自楚中重资购有钟伯敬先生批阅《封神》一册，尚未竟其业，乃托余终其事。余不愧续貂，删其荒谬，去其鄙俚……"据此，李云翔当参与小说最后刊印时之文字编辑工作。云翔字为霖，南直扬州府江都（今江苏南京）人，晚明诸生。其万历四十六年（1618）赴南京乡试未举，与冯梦龙同游秦淮六院，因辑编六院名姬诗词曲作品为《批评出像金陵百媚》二卷图一卷，后天启间又辑刻《新镌六院女史清流北调词

曲》四卷、《新镌诸子拔萃》八卷，崇祯六年（1633）辑刻《汇辑舆图备考全书》十八卷，皆为书坊射利之编也。《封神演义》舒载阳刊本约刻于天启、崇祯间，是书虽以"武王伐纣"故事为结构线索，却将上古氏族国家之间战争演绎为仙道神魔之赛宝斗法、阐教截教互比高低，"似志在演义而侈谈神怪，什九虚造，实不过假商周之争而自写幻想"。（近人鲁迅《中国小说史略》）据考，汉、唐时已有姜太公神术及纣王之妃妲己为狐精等怪异之谈。宋元瓦肆更有人虚构情节，以神怪之说演绎之，见于现存元代所刊"平话"《武王代纣书》。《封神演义》实为明人据《武王代纣书》一类书增饰加工而成，属集体累积型之叙事小说。"武王伐纣"在《封神演义》中仅为一故事框架，或演绎之由头，其中不仅仙道神魔之争斗属于想象，多数情节、人物以及人物之思想行为，也均以文学方法想象创造。明距商周时代已两三千年，对于上古社会政治、经济、军事情况以及人们之行为方式、风俗民情、服装饮食等一切都已十分隔膜，无论是早先之说书人，抑或《封神演义》之编写者，都不过是根据自己之知识、阅历，借以表达对于历史和现实之理解、认识。因为有过长期之累积，《封神演义》集中、融会了中国古代一些比较普遍之思想意

识、观念心理。其人物则被分为正、邪两个阵营,界限十分分明。在教派层面上,两个阵营表现为"阐教"与"截教"之对立,而所谓阐教和截教的名称完全出于虚构,虚构之目的显然系于张扬道教。编撰者明显是既承认"三教合一"思想,又有意抬高道教之地位。《封神演义》之宗教内容有其时代背景,盖因嘉靖年间,由于皇帝之崇信、提倡,道教特别流行,儒家和佛教信奉之对象和仪式,很多也被道教化。道教内部又有众多门派,于是有人认为《封神演义》中的截教影射当时道教北宗之丹鼎派,而阐教暗指南宗之符箓派,二教斗法实际反映了道教南北二宗之斗争。近人孙楷第曾据《传奇汇考》卷七《顺天时》传奇解题中"元时道士陆长庚撰"语,以为《封神演义》当为明代道士陆西星最后写定,又有研究者以为书中所写"昆仑散人陆压"为编撰者夫子自道,然均无确证。除宗教思想外,《封神演义》还表现出极强之民间性,包含了不少民俗方面之内容。小说篇幅宏大,故事性强,但与其他小说不同,所描写战争主要不是陆地水上之常规战,马上步下之击技搏斗,而是一种经常使用腾云驾雾、呼风唤雨等非常手段之战争,出现了大量神奇莫测之人物和匪夷所思之法宝争奇斗胜。争斗双方,无论神仙抑或魔怪,几乎每人都被赋予一种异相、一种绝技、一种法宝。因此,这部小说趣味之根源之一就是建筑在这一描写基础上之"魔幻"性,这种"魔幻"不同于神话之"原始性幻想",实为小说之手段也。

许自昌(1578—1623)　字玄佑,号霖寰、去缘、樗道人,别署梅花墅主人。南直苏州府长洲(今江苏苏州)人。其父以经商富甲吴中。自昌生于万历六年(1578)十月十二。少学举子业,曾游学南国子监,四试秋闱不举,三十五年入赀为文华殿中书,次年告归。归后筑别业名梅花墅,馆阁楼台,朝丝暮竹,左弦右诵,以诗酒交接名流。董其昌、王穉登、曹学佺、臧懋循等都曾受其款待,陈继儒、钟惺先后为其梅花墅作记。卒于天启三年(1623),年四十六。喜刻书,十余岁时即出资重印北宋杨齐贤《分类补注李太白诗》,后又印《集千家注杜工部诗集》《十二家唐诗》,又重刊乡前贤陆龟蒙、皮日休文集。尤以校刻《太平广记》一书称于世。好词曲,撰传奇六种:《报主记》《临潼会》《瑶池宴》三种已佚;《弄珠楼》有佚出;《水浒记》《橘浦记》今存。《水浒记》二卷三十二出,现存明末汲古阁原刻初印本、汲古阁《六十种曲》本等,演百回本《水浒传》小说第十三至二十一回宋江被迫上梁山故事。祁彪佳《远山堂曲品》列其入"能品"，论曰："记宋江事，畅所欲言，且得剪裁之法。曲虽多稚弱句，而宾白却甚当行，其场上之善曲乎？"《橘浦记》二卷三十二出，现存万历四十四年梅花墅刊本，演唐李朝威小说《洞庭灵姻传》柳毅传书故事（《全唐五代小说》卷二一），《远山堂曲品》著录云："余阅黄山人所撰《柳毅》传奇，嫌其平衍，乃此又何多骈枝也！于传书一事，情景反不彻。词喜用古，而舌本艰滞，反为累剧。惟钱塘君数北曲，有豪举之致，故拔入'能品'。"又曾评点许三阶传奇《节侠记》，改订汪廷讷《种玉记》，皆存。亦喜吟咏，诗稚弱，作即刻为小帙刊行。现存万历三十年自刻《卧云稿》，有屠隆、陈继儒序。又有刊本数种：万历二十九年王穉登序之《咏情草》，万历庚申（泰昌元年）沈颢序刊之《唾余草》。又有邢侗、王穉登、屠隆序之《秋水亭诗草》二卷，邢侗、陈继儒序之《樗斋诗草》二卷及抄本《百花杂咏》等见于著录，未知存否？另辑辑笑话集《捧腹编》十卷（有万历刊本）。又有杂俎《樗斋漫录》十二卷，有万历四十年序刊本。惟钱希言《戏瑕》卷三记《樗斋漫录》为叶昼所撰，《樗斋漫录》中也有"无锡叶昼亦云"、"时无锡叶文通在座"、"梁溪叶文通在座"等语。希言万历二十九年曾为自昌《咏情草》题词，与自昌甚熟，故

所言或有据。自昌自叙则谓此书为其读书漫录所得，或此书原为叶昼所作，或有取之叶所作者，未详。生平见董其昌《玄佑许公墓志铭》（《容台集》卷八）、《（康熙）苏州府志》卷六七。

许论（1495—1566）　字廷议，号默斋。河南河南府灵宝人，尚书许进第八子。正德十四年（1519）举人，嘉靖五年（1526）进士，除顺德府推官。幼从父历边境，尽知厄塞险易，著《九边图论》上之，自是以知兵名，因入为兵部主事。累迁右金都御史，抚蓟州，进右副都御史，以疾归。再起抚山西，以军功，擢兵部尚书，又因故削职。三十八年复起故官，时严嵩父子当权，为自顾，悉听之指挥，望边之大损，后被劾罢。四十五年卒，年七十一，谥恭襄。《千顷堂书目》著录其《默斋集》四卷，现存明刊本，由其门生贺贲校梓，内诗二卷，收赋二、古近体诗三百三十首、词十首。《千顷堂书目》另著录其《九边图论》三卷（现存天启初苕上闵氏刻朱墨印《兵垣四编》本一卷）、《破虏新阵图说》一卷、《三捷录》三卷。《明经世文编》有《许恭襄公边镇论》一卷。《（1935）灵宝县志》录其诗三首。近人赵尊岳《明词汇刊》辑录其词为《默斋诗余》。生平见张鼎文《许公论墓志铭》（《国朝献征录》卷三九）、

汪道昆《许恭襄公传》（《太函集》卷三四）、《明史》卷一八六。

许伯旅（生卒年不详）　字廷慎，号介石。浙江台州府黄岩人。洪武间由选贡官刑科给事中。有诗名，称"许小杜"。《千顷堂书目》著录其《介石稿》，未见传。明清选本多录其诗：《皇明风雅》《皇明诗统》卷四录其诗十二首。李时渐《三台文献录》录其诗二十七首。《列朝诗集》乙集录其诗六首。《明诗综》卷一二录其诗一首，"诗话"云："天台林公辅，尝述廷慎论作诗之法矣……其言有深旨，宜其当时有'小杜'之目。惜其集不传，惟余《赤城续志》所载寥寥数篇而已。"《御选宋金元明四朝诗》录其诗六首。清李成经《方城遗献》卷三录其诗八首。清戚学标《三台诗录词录》卷一〇录其诗十二首。《明诗纪事》甲签卷一一录其诗九首。1915年金嗣献刻《赤城遗书汇刊》所收《介石稿》一卷，系据各种文献辑其佚诗而成，计收诗七十一首，末有金嗣献《介石稿跋》，述其始末。生平见徐象梅《两浙名贤录》卷四七《文苑》。

许谷（1504—1586）　字仲贻，号石城。祖籍福州侯官，南直应天府上元（今江苏南京）人。嘉靖四年（1525）举人，十四年进士，除户部主事，改礼部，又改吏部。历员外郎、郎中，迁南太常少卿，谪浙江运副。迁江西提学金事，进南尚宝卿，以人言罢归。里居三十年，卒于万历十四年（1586），年八十三。好读书，有文名。早年曾与金大车、谢少南、陈凤同游于顾璘门下，时称"青溪社四子"，盖因顾璘组社以"青溪"为名也。著述存世有嘉靖黄希宪等刊《容台稿》（诗集）、《符台稿》（诗集）、《二台稿》（文集）各一卷；又嘉靖四十二年黄国卿刻诗集《省中稿》四卷，有康太和、黄国卿序；又有万历十五年吴自新等刻诗集《许太常归田稿》十卷，有吴自新《刻许太常归田稿序》及廖希元《许太常归田稿跋》、卓明卿《许太常归田稿后语》。《千顷堂书目》另著录其《武林稿》，未见传。《盛明百家诗》后编录其诗九十余首为《许石城集》。顾起纶《续国雅》卷四录其诗三首。《皇明诗统》卷二一录其诗九首。徐𤊻《晋安风雅》录其诗一首。《列朝诗集》丁集录其诗十一首，"小传"云："仲贻负诗名，盛年岩居三十年，不通一字于政府。缙绅至南都，造请求见，不一报，谢曰：'此乡前辈里居之法，不敢变也。'日以赋咏自娱……仲贻为顾华玉（顾璘）高第弟子，风流儒雅，以耆宿主盟词坛，盖先后相望云。"《明诗综》卷四二录其诗八首，"小传"云："石城诗，颇似大历十子。"《御选宋金元明四朝诗》录其诗九首。《四库全书总目》著录其《省中稿》二卷《二台稿》二卷《归田稿》十卷,"提要"云:"诗格颇俊爽,当其合处,时得古人之意,而失于芟择,多参以应俗之作,遂不免沙中金屑之憾。"《金陵诗征》卷二一录其诗三十七首。清郭柏苍《全闽明诗传》卷二一录其诗十五首。《明诗纪事》戊签卷一九录其诗四首。《明词综》卷三录其词一首。生平见余孟麟《许公行状》(《余学士集》卷一一)、王兆云《皇明词林人物考》卷八、《(乾隆)江南通志》卷一六五。

许孚远(1535—1604) 字孟中,号敬庵。浙江湖州府德清人。生于嘉靖十四年(1535)十一月初二。少曾从唐枢学,嘉靖三十七年举人,四十一年进士,授南京工部主事,督龙江关。调南吏部,转北,尚书杨博恶其讲学,遂引疾去。隆庆初复起为吏部主事,迁广东佥事,分部北海,谪两淮盐运司判官。万历二年(1574)迁南太仆寺丞,又迁南吏部文选郎中,出知建昌府,迁陕西提学副使。历广西副使、右通政,万历二十年擢右佥都御史,巡抚福建,募民垦海滩,筑城建营舍,聚兵以抵御倭人。进南大理寺卿,寻晋南兵部右侍郎,改北兵部,转左,以病乞归。卒于万历三十二年七月初二,年七十,赠南工部尚书,谥恭简。其学笃信阳明"良知"之说,然恶援"良知"以入佛者,因与罗汝芳、汤起元等断

断相争。曾自刻文集《敬和堂集》八卷,现存万历本凡序一卷、记一卷、杂著一卷、书一卷、疏二卷、公移二卷,叶向高序,后《明史·艺文志》著录。另有明万历二十二年序刊本《敬和堂集》十三卷,各体文及书较八卷本有所增,卷一三为诗,收诗一百三十余首,亦为新增。《明史·艺文志》著录其另有《左氏详节》八卷(现存万历刊本)、《论语学庸述》四卷、《语要》二卷。《明文海》录其文十四篇。《御选宋金元明四朝诗》录其诗四首。清陆心源《吴兴诗存》四集卷九录其诗二首。生平见叶向高《许敬庵先生墓志铭》(《苍霞草》卷四)、孙鑛《许公孚远神道碑》(《国朝献征录》卷四一)、清黄宗羲《明儒学案》卷四一、《明史》卷二八三。

许言诗(生卒年不详) 字兴之,号正吾。河南开封府太康人。嘉靖三十七年(1558)举人,选授浙江盐山知县,升湖广荆州府同知。喜吟咏,能诗文,所著有《将春集》《正吾集》《龙剑集》《盛明风韵》《玩世组谈》《夜窗玄制》《宦海尘纪》《古今述断》等,现存万历十六年(1588)张斗刊本《许正吾集》二十八卷,内诗十四卷,收赋八、古近体诗一千余首,文十二卷,收各体文八十余篇、书一百二十四篇、杂著九十六篇,有张斗、王祖嫡、李荫、张汝蕴序。《皇明诗统》卷三四录其诗十三首,谓其

"文章古雅，诗亦称之"。

许应元(1505—1564)　字子春，号陭堂、茗山。浙江杭州府钱塘(今杭州)人。嘉靖四年(1525)举人，十一年进士，选庶吉士，执政者欲一见，不往，曰："吾始仕也，而伛偻鼎贵之门，冒谒干进哉?"坐是竟不得馆职，出知泰安州，改泰州。征授刑部员外郎，历郎中，简放夔州知府，二十八年擢四川按察副使，调广西。三十四年迁辽东苑马寺卿，明年转云南参政，未上，以母丧归。起补福建参政，四十一年任云南按察使，明年迁广西右布政使，四十三年卒于官，年六十。以廉称，所至有政绩。嘉靖二十五年官夔州时曾自刻《水部稿》三卷，为其官郎署时所作，内诗一卷收诗百首，文两卷收各体文近三十篇。后著述辑为《陭堂摘稿》十六卷，有嘉靖四十年刊本，内诗四卷，收五七言古近体诗二百三十余首，又各体文十卷、书二卷，有游震得等序。是集为《千顷堂书目》著录，《千顷堂书目》另著录其《春秋内传列国语》《史隽》。《盛明百家诗》录其诗七十余首为《许茗山集》。顾起纶《国雅》卷一二录其诗六首。《皇明诗统》卷二八录其诗八首。《皇明诗选》录其诗二首。《明诗综》卷四一录其诗二首。《御选宋金元明四朝诗》录其诗三首。清汪森《粤西诗载》录其诗七首。《明诗纪事》戊签卷一八录其诗十一首，按语云："嘉靖初，薛君采(薛蕙)、陈约之(陈束)辈倡初唐之体，一时七古颇少劲健之篇。陭堂《杨参军歌》声调颇壮，惜集中此例不可多得耳。五律亦流动自然。《诗综》仅录二篇，不足尽所长也。"《明文海》录其文六篇。生平见侯一元《许公应元墓志铭》(《国朝献征录》卷一〇一)、王兆云《皇明词林人物考》卷八。

许应亨(生卒年不详)　字子夏。浙江杭州府钱塘(今杭州)人，许应元弟。嘉靖十九年(1540)举人，二十三年进士，授南刑部主事，迁郎中，约卒于嘉靖三十五年。好吟咏，与沈仕、侯一元、茅坤、金大舆等往来倡和。《千顷堂书目》著录其《石屋存稿》六卷，今存嘉靖三十九年许应元建阳刊本，收古近体诗一百六十余首、赋二篇，附《乞养病疏》《再乞养病疏》及书启二篇。刘佃序云："戊申岁，君之兄茗山许公为闽大参，余自闽都叨转山东臬司，辞公，公出其存稿六卷以示余，余亟请梓之。公以书遗曰：'亡弟生平颇耽吟咏，今幸赐之梓行，俾得附青云以施后世也，'乃付建阳尹邹子校正刻于书坊。"后有邹可张跋。《明文海》录其文二篇。清陈元龙《御定历代赋汇》外集卷六亦选《内咎赋》一篇。生平见《(康熙)钱塘县志》卷二二。

许国(1527—1596)　字维桢。

南直徽州府新安卫（今安徽歙县）人。生于嘉靖六年（1527）六月初六。嘉靖四十年举乡试第一，四十四年进士，选翰林院庶吉士。隆庆改元，除检讨，以正使出使朝鲜。万历初自编修升右春坊右赞善，迁司经局洗马，六年任南国子监祭酒，擢詹事府詹事兼侍读学士，充《会典》副总裁，九年晋礼部右侍郎，寻转左，十一年典会试，拜尚书兼东阁大学士，入赞机务。加太子太保、文渊阁大学士，十二年进少保、武英殿大学士，十四年加少傅兼太子太傅，改吏部尚书，进建极殿大学士，寻致仕归。卒于万历二十四年（1596）十月十八，年七十，赠太保，谥文穆。性木强，遇事辄发，然能谨慎自守，虽屡遭攻讦，声名不能污。平生博闻强记，能文章，与李维桢齐名。卒后其子许立言及门人叶向高、方从哲、朱国桢等为之刻《许文穆公集》六卷，首有焦竑万历三十九年序及王家屏所撰《墓志铭》，文五卷，收各体文一百五十余篇（内奏疏四十余篇），诗一卷，收诗一百六十余首，此即《明史艺文志》著录之许国《文集》六卷。实后又有天启五年（1625）新安许氏畹香堂刊本《许文穆公全集》二十卷，许志才编，文（含奏疏、策问）十八卷，赋、碑、诗二卷。1924年铅印本《新安许氏集》收《新安许文穆公集》十六卷附录一卷。李氏朝鲜隆庆元年（1567）刊《（丁卯）皇华集》收许国使朝鲜时所作诗二十二首，然所收与《许文穆公全集》所收有异同，且《许文穆公全集》所收其使朝鲜时诗有二十余首不见于《（丁卯）皇华集》。《明诗综》卷四四录其诗二首。《御选宋金元明四朝诗》录其诗十二首。《明诗纪事》己签卷一五录其诗一首。生平见李廷机《颍阳许老师行状》（《李文节集》卷一九）、王家屏《颍阳许公国墓志铭》（《许文穆公集》卷首）及《明史》卷二一九。

许学夷（1563—1633）　字伯清。南直常州府江阴（今属江苏）人。生于嘉靖四十二年（1563）七月十四。厌弃帖括，惟文史是耽，即绝饮忍蜡冻，纂订不少懈。性疏略，不治边幅，不理生产，而负气多傲，冠盖到门则避，馈遗至室则辞。崇祯六年（1633）正月十四卒，年七十一。喜吟咏，自少学诗，终身未废，晚年仍与沈鸳、丘维贤、徐益、周俊等二十余人结"沧州社"。又曾与丘维贤辑江阴古今诗为《澄江诗选》三十七卷《后集》五卷，未见传。卒后，其婿陈所学之父辑学夷诗，得七百六十二首，待刊未果。平生尤以穷心文理为名山事业，于古今诸作，靡不探流溯源，因撰《诗源辨体》以论之，自万历二十一年（1593）始，历二十年而稍成，后屡有增补删改，又历二十年,论诗部分成三十六卷,内诗选三十卷、诗论十六卷,计九百五十六则。所论起于《诗经》,迄于晚唐五代,计周、楚、汉、魏、宋、齐、梁、陈、隋、五代各一卷,晋二卷,初唐、晚唐各三卷,盛唐五卷,中唐十卷,总论三卷,各卷或数则或数十则不等;其后复采宋、元、明诗为后集,并选辑其中论诗部分为《后集纂要》二卷,一百五十九则。称“四十年十二易稿始成”,“皆积久悟入而得”,所论以体制格调为本,重源流正变,而以雅正为归。现存《诗源辨体》万历四十一年初刊本,仅诗论十六卷,末附《伯清诗集》一卷。至崇祯十五年其婿陈所学刊本,仍为诗论部分,然已增至三十八卷,跋文称所选唐以前诗四千四百七十五首,自宋迄明六千三百六十二首,仍无力刊刻。后又有1922年恽毓龄仿宋聚珍字排印本,所据为陈所学刊三十八卷本,书末附《伯清诗稿》及《许伯清遗诗辑补》各一卷。其稿本三十六卷亦存世。近人顾季慈《江上诗钞》卷三九录其诗八十余首。生平见陈所学《诗源辨体跋》(崇祯刊《诗源辨体》卷首)、清恽应翼《许伯清传》(近人刊《诗源辨体》附)、《(光绪)江阴县志》卷一七。

许宗鲁(1490—1559)　字伯诚,改字东侯,号少华。陕西西安府咸宁(今西安)人。正德十二年(1517)进士,选翰林院庶吉士,十四年授云南道监察御史。嘉靖二年(1523)出为湖广按察佥事,三年升副使,兵备霸州,六年改提学副使,八年进太仆寺少卿,十一年改大理寺少卿,寻罢归。二十九年起金都御史巡抚保定,进副都御史,驻昌平,又调辽东巡抚。三十一年被劾致仕归,三十八年卒,年七十。有诗名。著有《少华》《陵下》《辽海》《归田》等集,现存嘉靖二十五年刻《少华山人文集》十五卷《前集》十三卷《后集》九卷《续集》十五卷,此即张廷玉《明史·艺文志》著录之许宗鲁《全集》五十二卷。内《文集》十五卷收其所作各体文,《前集》十三卷、《后集》九卷所收皆为诸体诗,《续集》十五卷诗六卷文九卷,有王九思、乔世宁等序。另有明抄本《少华山人文集》八卷《诗集》十二卷传世。《盛明百家诗》前编录其诗一百二十余首为《许少华集》。《皇明诗统》卷一九录其诗二十八首。崇祯五年(1632)贾鸿洙《周雅续》卷八收其诗八十三首。《皇明诗选》录其诗一首。《列朝诗集》丙集录其诗十首,“小传”云:“东侯才气宏放,开府雄边,多所建置……家本秦人,承康、王之流风,罢官家居,日召故人,置酒赋诗,时时作金元词曲,无夕不纵倡乐。关中何栋、西蜀杨石,浸淫成俗。熙朝乐事,至今士大夫犹艳称之。”《明诗综》卷三六录其诗二十二首,"诗话"云:"少华诸体皆工,寓和婉于悲壮之中。譬之秦筝,独无西气,足与边廷实(边贡)、王子衡(王廷相)并驱。"清沈德潜《明诗别裁集》录其诗四首。《御选宋金元明四朝诗》录其诗十四首。《明诗纪事》戊签卷七录其诗三十二首。《明文海》录其文二篇。生平见乔世宁《许公宗鲁墓志铭》(《国朝献征录》卷六二)、王兆云《皇明词林人物考》卷六、《(雍正)陕西通志》卷六〇。

许相卿(1479—1557)　字伯台、台仲,号九杞、云村老人。浙江杭州府海宁人。正德二年(1507)举人,十二年进士。嘉靖初官兵科给事中,三年中屡上书言事,皆不纳,遂引疾归。嘉靖八年(1529)诏养病三年以上不赴都者,落籍闲住,遂家居不出。以盐邑紫云村山水佳胜,移居村南茶磨山,剔石引泉,疏畦艺茗,时跨黄犊,短褧高笠,二鹤自随,往来山谷间。尝大雪上云岫绝顶赋诗,人望之以为神仙,因自号云村老人。朝廷再召不起,家居三十年不入城市,惟与诗友往来。嘉靖三十六年卒,年七十九。以诗名于当时,现存嘉靖四十年许氏明德堂刊本《云村先生文集》十四卷为其手订,赋一卷、诗六卷、文四卷、书简三卷,附《贲隐存编》四卷及其子许闻造所撰《云村府君遗事》《云村先生年谱》

各一卷。又有万历二十六年(1598)刊本《黄门集》十二卷,内赋一卷、诗二卷、书简三卷、各体文六卷。卷首有刘凤、陈与郊、沈九畴序,又有"品藻(郡志小传、郡志事纪等)",附录一卷收诸人所作小传、像赞、祭文等,又附"贻谋"四则(家则、家职、学则、祭田墓则)。《明史·艺文志》著录许相卿《全集》实合指两本,《千顷堂书目》著录即作"《云村集》十四卷又《黄门集》十二卷"。《千顷堂书目》另著录其《史汉方驾》三十五卷、《革朝志》十卷(皆存明刊本)及《革朝五忠传》一卷又《桃源死事传》一卷。《盛明百家诗》前编录其诗三十五首为《许云村集》。《皇明诗统》卷一六录其诗七首。《列朝诗集》丁集录其诗四首。清冯季友《槜李诗系》卷一一录其诗十一首。《明诗综》卷三六录其诗四首,"诗话"云:"相卿淡于宦情……诗取适意,集出其手删。自序谓'弃其脱遗不可读者,存其余可读者'。自题绝句云:'云村病老语多哤,造次诗成杂宋腔。还溯开元论风格,拾遗坛上树旌幢。'由今诵之,诸体亦自清润,不全杂以宋腔也。"《四库全书》据嘉靖本收《云村文集》十四卷,《总目》"提要"云:"今观其诗,大抵近体居多,五言有大历之调,七言出入于陈师道、陈与义间……章疏切实,杂文体裁雅洁,亦多有道之言,无明季士大夫求名若渴之习。"《御选宋金元明四朝诗》录其诗六首。《明诗纪事》戊签卷一三录其诗六首,按语谓其"诗格不甚高,而人品既超,自无俗韵"。《明文海》录其文十一篇。生平见许闻造《云村先生年谱》《云村先生文集》附)、王兆云《皇明词林人物考》卷六、何乔远《名山藏》卷九六、《明史》卷二〇八。

许闻造(生卒年不详) 字长孺,号星石。浙江杭州府海宁人,许相卿子。万历四年(1576)举人,选河间府推官。有能名,内艰服阕,补东昌,擢贵州道监察御史,出按甘肃,条上兵饷七事,疏劾兵部尚书石星,闻矿使四出,两疏极谏,逢大计,又劾户部侍郎张养蒙,语侵吏部侍郎裴应章,疏入忤旨,谪岢岚州州判。《千顷堂书目》著录其《地理纂要》《盈缶集》。现存天启七年(1627)许氏家刊本《长孺先生集》十卷,内诗三卷收诗百余首,又奏疏二卷、书二卷、文二卷,附录墓志、小传,沈思孝序。清沈季友《檇李诗系》卷一五录其诗二首。《明诗综》录其诗一首。《明文海》录其文二篇。生平见沈思孝《长孺先生墓志铭》(《长孺先生集》附录)、《(雍正)浙江通志》卷一五八。

许炯(生卒年不详) 字吾野,又字彦韬。广东广州府新会人。少时聪敏,誉为神童。嘉靖十年(1531)举人,后屡试不第,遂弃科考,退而著述。所著有《吾野漫笔》十三卷,凡文七卷诗六卷,《四库全书总目》著录,"提要"谓其"才高而无所师法,故诗文皆率意而作,无复规矩"。集未见传。《明文海》录其文《书罗浮图》一篇。清屈大均《广东文选》卷一二录其文一篇。黄淳《崖山志》录其诗七首。明郭棐、清陈兰芝《岭海名胜记》录其诗六首。清梁善长《广东诗粹》卷四录其诗十首。清顾嗣协《冈州遗稿》卷四录其诗一百零九首。《明诗纪事》戊签卷一七录其诗八首,按云:"《吾野集》中诗率意一往,真漫笔也。披沙拣金,时有合作,亦自警拔。"生平见清顾嗣协《冈州遗稿》卷四、清温汝能《粤东诗海》卷二一。

许继(1348—1384) 字士修,号观乐生。浙江台州府宁海(今属浙江)人。明初官台州府儒学训导,洪武十七年(1384)正月二十六卒,年三十七。卒后王琦作《观乐生传》谓其"家贫壁立,与知己言,必忘食。对俗客,或不发一谈,即谈亦不文。暇日作五言诗以达其情,有陶柳之风。"所作《观乐》九诗,宋濂叹赏之,以为不愧古人。平生与方孝孺为友,孝孺铭其墓,称"士修诗温厚和平,归乎至理,清雅俊洁,出乎天趣"。《千顷堂书目》著录其《观乐生诗集》五卷附录一卷,现存明初四明茅仲清刊本,收古近体诗凡二百七十余首,古体为多,附录一卷收方孝孺、王琦等为其所作墓志、小传、祭文及诗集序。另有清抄本,抄于刊本,无他异。《皇明风雅》录其诗二首。《盛明百家诗》录其诗百余首为《许士修集》。顾起纶《国雅》卷一八录其诗一首。《皇明诗统》卷四录其诗六首。李时渐《三台文献录》录其诗十一首。《石仓十二代诗选·明诗选》录其诗四十六首。《列朝诗集》甲集录其诗三十首。《明诗评选》、《明诗综》卷一六、清沈德潜《明诗别裁集》录其诗一首。《御选宋金元明四朝诗》录其诗十八首。清戚学标《三台诗录词录》卷一〇录其诗十四首。《明诗纪事》甲签卷二八录其诗十首,按语云:"集中五言,趋步陶、谢,胸次既高,非徒模拟。"生平见方孝孺《许士修墓志铭》(《逊志斋集》卷二二)、王琦《观乐生传》(《观乐生诗集》附录)、《(雍正)浙江通志》卷一七六。

许梦熊(生卒年不详) 字男兆,号印峰。南直宁国府南陵人。家贫好学。嘉靖四十三年(1564)乡试中举,隆庆五年(1571)进士,授浙江仁和知县。改福建福清知县,又转湖广宜都知县。迁工部都水司主事,督理易州厂务,以抗疏请革惜薪司中官常例,坐谴。起补德州府同知,迁兵部职方司员外郎,上《筹边策》,为台臣所攻,降茶陵州同知,吏部察其诬,转顺天府通判,移户部主事。时神宗迷于炼丹,道师张国祥,位在六卿之右,万历十年(1582)梦熊上疏请求崇正学,斥邪道,以忤旨免归。归乡后尝与修《南陵县志》。著述现存万历十九年序刊本《襟日楼草》,内诗二卷,收诗一百九十余首,文一卷,收各体文十八篇,有焦竑、袁黄、梅鼎祚序。生平见《(乾隆)江南通志》卷一四八、《(乾隆)福建通志》卷二九。

许维新(1551—1628) 字周翰,号绳斋。山东东昌府堂邑(今聊城)人。生于嘉靖三十年(1551)九月二十五。万历元年(1573)举人,十七年进士,授山西泽州知州。入为刑部清吏司员外郎,升郎中,简放宁国知府。二十七年调松江知府,在任五年,中谗归。四十年起为山西副使,兵备河东,擢尚宝寺卿,复投劾去。泰昌元年(1620)起南京职方郎中,未上,改光禄少卿,寻以疾乞归,加户部侍郎致仕。卒于崇祯元年(1628)十月二十六,年七十八,赠都察院右副都御史。工书,能诗文。著有《河东兵事略》等。卒后其门人徐方广、周裕仁等辑刊其遗著为《许周翰先生稿抄》(《许周翰先生集》)十六卷,卷首有"云间门人冯明玠"序,内卷一奏疏,卷二至卷四为《河东案牍》,卷五为《云间案牍》,卷六至卷八为所作传、记、序、墓志及杂著,卷九至卷一〇为尺牍,卷一一至卷一三收诸体诗约一百九十余首,卷一四为《东郡故略》(《邑谈》《郡谈》等),卷一五为《许氏宗谱》,卷一六附录传记、挽诗、祭文等。生平见周绍节《东齐三廉侯传》(《许周翰先生稿抄》卷一六)、《(康熙)堂邑县志》卷一五。

许潮(生卒年不详)　字时泉。湖广靖州(今属湖南)人。嘉靖十三年(1518)举人,二十年任河南新安知县。《(乾隆)靖州志》卷一二有其传记,谓其"风流洒落,博洽多闻,言根经史。当任河南新安县时,犹不释卷,著有《易解》《史学续貂》等集,又作《太和元气记》诸词曲,至今尤艳称之"。"《太和元气记》诸词曲"所指实为《太和记》杂剧。吕天成《曲品》著录许时泉《泰(太)和记》云:"每出一事,似剧体,按岁月,选佳事,裁制新异,词调充雅,可谓满志。"因知《太和记》应为二十四折,按一年二十四节气排列,每折叙一事,共二十四。万历三十七年(1609)黄氏尊生馆刻本黄正位编校《阳春奏》三十九种(残存十种)中有《桓元帅龙山会僚友》(写晋桓温九月宴龙山)、《汉相如画锦归西蜀》(写汉司马相如出身经历故事)、《卫将军元宵会僚友》(写汉卫青元宵节宴请霍去病、汲黯、董大夫事)、《王

羲之兰亭显才艺》(写晋王羲之宴集兰亭事)、《元微之重访蒲东寺》(写唐元稹、白居易与蒲东寺住持法聪、玄都观郭道士相会故事)、《陶处士栗里致交游》(写晋陶渊明归里后,重阳节与友人赏花饮酒,又于庐山寺与惠远禅师饮宴事)六种各一卷,署名许潮,应出于《太和记》。明崇祯间刻沈泰辑编《盛明杂剧二集》中署名许潮者有《武陵春》(写陶渊明《桃花源记》故事)、《兰亭会》《写风情》(写唐刘禹锡路经扬州,杜鸿渐遣姬侍奉事)、《午日吟》(写端午节严武访杜甫于草堂,事属虚构)、《赤壁游》(写宋苏轼与黄庭坚、佛印同游赤壁事)、《南楼月》(写晋庾亮中秋夜与僚属于江夏驿南楼赏月)、《龙山宴》《同甲会》(写宋文彦博退休后与程珦、司马旦、席汝言在洛阳结"同生甲会"),亦应出于《太和记》。又,现存清嘉庆积秀堂覆刻明刊《新刊分类出像陶真选粹乐府红珊》中《裴晋公绿野堂祝寿》一折,演唐晋国公裴度致仕归,农历小阳时,白居易、刘禹锡、释如满等为其助寿,饮酒歌舞事。亦出自许潮《太和记》。另外,胡文焕《群音类选》录佚名《公孙丑东郭息忿争》《东方朔割肉遗细君》《张季鹰因风忆故乡》《谢东山雪朝试儿女》之曲文,未注作者,疑亦出于许潮《太和记》。据此,许潮《太和记》现存世者尚有十三

种,另存佚曲者四种。《太和记》诸作,皆取文人熟知之赏心乐事,曲词典雅工丽、清新隽逸,其用途多在于案头清供。旧时另有杨慎亦曾作《太和记》之说:沈德符《万历野获编》卷二五记其"曾见刻本《太和记》,按二十四节气,每季填词六折,用六古人故事,每事必具始终……虽似出博洽之手,然非本色当行。又南曲居十之八,不可入弦索。后闻之一先辈云,是杨升庵太史笔"。清焦循《剧说》卷三谓"杨升庵有《割肉遗细君》一折",卷五又云曾见"杨升庵所选《太和记》"。清乾隆《扬州画舫录》卷五载黄文炀《曲海目》则同时记许潮《武陵春》《龙山宴》《午日吟》《南楼月》《赤壁游》《同甲会》《写风情》七种剧目,又记杨慎《太和记》(下注:"二十四出,故事六种,每事四折。")然此说向无确证,或杨慎曾改订许潮《太和记》,或书坊刊刻《太和记》,曾假杨慎之名,未可知也。许潮亦能诗,仅见《(1938)新安县志》卷一三录其诗一首。生平见《(乾隆)靖州志》卷一二、《(乾隆)新安县志》卷四。

许赞(1473—1548) 字廷美,号松皋。河南河南府灵宝人,尚书许进第三子。生于成化九年(1473)七月初四。弘治九年(1496)进士,授大名推官,入为御史,改翰林编修。正德间,以忤刘瑾,谪知临淄县。瑾诛,起浙江佥事,进副使,改山西提学副使,历四川参政、按察使,召拜光禄寺卿。迁刑部侍郎,嘉靖八年(1529)进尚书,改户部,十五年转吏部尚书,进少保兼太子太保,少傅兼太子太傅,文渊阁大学士,预机务。其时内阁事皆决于严嵩,赞仅伴食而已,二十四年以乞休忤旨,削籍归里,二十七年七月二十五卒,年七十六,赠少师,谥文简。好诗,《千顷堂书目》著录其《松皋集》二十六卷,现存嘉靖间刊本《松皋集》二十四卷,首嘉靖二十二年(1543)张治序,内卷一、卷二收赋九篇,卷三至卷一六收诸体诗一千余首(卷一四有[水调歌头]词三首),卷一七至卷二三收各体文七十余篇,末卷为《臆言》《河图论》并诗。《千顷堂书目》另著录其《读史传论》《圣训衍》三卷、《三曹奏议》。《列朝诗集》丙集、《明诗综》卷二七下录其诗一首。《御选宋金元明四朝诗》录其诗十四首。《明诗纪事》丁签卷七录其诗一首。清陈元龙《御定历代赋汇》录其《华山赋》。《(1935)灵宝县志》录其赋二篇。生平见严嵩《许公赞神道碑》(《钤山堂集》卷三四)、王兆云《皇明词林人物考》卷四、《明史》卷一八六。

许獬(1570—1607) 原名行周,字子逊,号钟斗。福建泉州府同安(今厦门)人。万历二十五年

(1597)举于乡,二十九年会试第一,殿试二甲第一,选翰林院庶吉士,授编修,以病归,三十五年卒,年三十七。曾师事晋江李光缙,以制义文著名。《千顷堂书目》著录其《许钟斗文集》五卷,现存万历四十年洪梦锡刊本,内文四卷,诗一卷(收赋二、诗四十余首),李光缙序。又有崇祯十三年(1640)同安许氏家刻本《丛青轩集》六卷,诗一卷、文五卷,较万历刊本所收略有增益,又增熊明遇、蔡复一序。《四库全书总目》著录《许钟斗集》五卷,“提要”云:“是集大抵应俗之作,馆课又居其强半。盖明自正嘉以后,甲科益重,儒者率殚心制义,而不复用意于古文词。洎登第宦成,精华已竭,乃出余力以为之,故根柢不深,去古日远。况瓛之制义,论者已有异议,则漫为古调,其所造可知矣。”《四库全书总目》另著录其所编《八经类集》二卷。《明文海》录其文《古砚说》一篇。《明诗综》卷五九录其诗一首。清郭柏苍《全闽明诗传》卷三七录其诗三首。生平见李光缙《许钟斗文集序》(《景璧集》卷五)、(乾隆)福建通志》卷五一。

[一]

阮大铖(1587—1646)　字集之,号圆海,一号石巢,别署百子山樵。南直安庆府怀宁(今安徽安庆)人。

万历四十四年(1616)进士,授行人,天启初迁户科给事中。在朝先交于东林左光斗等,天启四年(1624),以谋迁吏科,未成,使之改工科。因阴结魏忠贤,终得吏科,然惧东林攻己,未一月,请归。崇祯元年(1628)起光禄寺卿,旋坐魏党,论徙三年,输赎为民。八年避兵乱流寓南京,筑园亭名石巢,结交缙绅名流,希图再起。复社诸人愤其钻营,乃撰《留都防乱公揭》,十二年榜之于市,签名者有顾杲、吴应箕、陈子龙等一百四十人,大铖惧,因避居城南牛首山之祖堂寺,除与马士英等诗酒聚会外,惟挑灯作传奇。清兵入关后,与马士英等拥立福王于南京,封兵部右侍郎,旋进尚书。因诛东林党人,又卖官鬻爵,索贿敛财,日暮途穷而倒行逆施。清兵顺治三年(1646)攻破扬州渡江,大铖弃官逃,寻剃发投降,自请为前驱攻福建,至仙霞岭,放马疾走,仆石上死,年六十。史称其人品卑劣,多积恶德,然亦善诗文,尤以戏曲称于世。撰传奇十一种:《忠孝环》《桃花笑》《井中盟》《狮子赚》《赐恩环》《老门生》《翠鹏图》七种已佚;《春灯谜》《燕子笺》《双金榜》《牟尼合》四种存,明末吴门毛恒合刻为《石巢传奇四种》。《燕子笺》作于崇祯十五年其罢官匿居南京时,除毛恒刻本,另有明末刻《雪韵堂批点燕子笺》及清初刻《怀远堂批点燕子笺》等多种明清刊本，二卷四十二出，演唐代扶风秀士霍都梁与曲江妓华行云、宦门女郦飞云曲折离奇之婚恋故事。历来以为此剧结构严密，照应妥帖，文词典雅清丽，为大铖影响最大之作品。《春灯谜》全题为《咏怀堂新编十错认春灯谜记》，故又称《十错认》，写于崇祯六年。是剧二卷三十九出，演宇文彦与韦影娘婚恋故事。此剧以种种误会为契机，情节离奇曲折。《双金榜》二卷四十六回，写书生皇甫敦及其二子皇甫孝标（詹孝标）、皇甫孝绪经历种种磨难，最终二子登科，皇甫敦也蒙昭雪，入庙堂为官。《牟尼合》，一名《牟尼珠》，又名《马郎侠》，二卷三十六出，演隋时金陵人萧思远为建康招讨使封其瑝所害，妻离子散，得戏马人芮小二为之奔走，终得团圆故事。大铖所存四剧，均人物众多，头绪纷繁，又皆无所本，出于独造，其中或有作者之某种寄托。其剧又以喜剧调笑为宗，重曲辞之美、排场之妙，历来褒贬不一。张岱曾观阮大铖家伶演出阮作，以为"本本出色，脚脚出色，出出出色，句句出色，字字出色"（《陶庵梦忆》卷八）。陈贞慧《书事七则》则云："诸乐府音调旖旎，情文宛转，而凭虚凿空，半是无根之谎，殊鲜博大雄豪之致"，以为其实为"靡靡亡国之音"。大铖自称其传奇学汤显祖，又以能

度曲胜汤而自诩。或将其归于临川一派（王思任《春灯谜序》），或贬其"以尖刻为能，自谓学玉茗堂，其实全未窥见毫发。笠翁恶札，从此滥觞矣"。（清叶堂《纳书楹曲谱》续集卷三）其诗则多留连山水，啸傲风月之作，现存万历刊本《和箫集》不分卷，崇祯八年刊本《咏怀堂诗集》四卷《外集》二卷《丙子戊寅诗》二卷《辛巳诗》二卷，有叶灿、邝露序及阮大铖《自叙》。又有1929年国学图书馆排印本《咏怀堂诗》十卷及十八年印补遗一卷。《列朝诗集》丁集录其诗七首。《御选宋金元明四朝诗》录其诗六首。《明词综》卷五录其词一首。近人赵尊岳《明词汇刊》录其词四首为《咏怀堂词》。生平见《明史》卷三〇八。

阮汉闻（1569—1642）　字太冲。原为浙人，家于京师顺天府（今北京），晚年寓河南开封府尉氏，故又称尉氏人。读书喜大节，尤习兵家言。著有《尉缭子解》（现存天启间刻本）、《诘戎戊墨》等。万历二十一年（1593），明师援朝鲜，败于碧蹄馆，汉闻因徒步走辽东，望黄龙、鸭绿，访闻形势，慨然有澄清之志。后以事避往中州，为周藩朱睦㮮之子朱勤美延致邸中，时四方名士毕集，而勤美独加礼于汉闻，呼为先生，诸名士亦俱心折，群以"阮先生"称之，于是名重河南北。勤美死，以尉氏

为阮氏旧土也，因徙居，聚徒教授为生。明末李自成军起，汉闻愤恨于援剿诸将不肯戮力，曰："诸君皆妇人也，妇人犹有自奋杀敌者。"乃取古来妇女以武勇见者集为《女云台》一书。病卧据床，犹画地指陈方略。崇祯十四年十二月十九（1642 年 1 月 19 日），李自成军攻破尉氏，被执，不屈死，年七十四。以能诗名，兵乱中门人张昌祚抱其诗稿，避乱南下，南明弘光元年（1644）周亮工刻于南京遥连堂，名《阮太冲集》，首有周亮工序，集中《楛墨》一卷为其万历二十二年在辽东所作，记当时明朝派兵援朝之事，对主张和议不满，其他各卷亦多涉及时事。《列朝诗集》丁集录其诗二十首，"小传"谓其"博览坟素，笃志古业，天中之士，翕然师之，四方造门者，户屦恒满。家贫，亲剪韭以供客。间出游山水，门弟子争肩篮舆以从，赋诗论道，断断如也"。生平见清孙奇逢《中州人物考》卷七、《（雍正）畿辅通志》卷七六。

阮自华（1562—1637） 字坚之，号澹宇。原籍南直安庆府桐城，居于府城，遂为怀宁（今安徽安庆）人。万历二十六年（1598）进士，除饶州府推官，改福州。迁南刑部主事，改顺天教授，历国子助教，迁户部主事，历员外郎、郎中，简放庆阳知府，以考罢官。崇祯初起邵武知府，崇祯三年（1630）罢归。归后与同邑吴应钟、吴应铉、刘忠岳等结"海门诗社"，筑景行楼于安庆镇海门外，以吟诗作赋为乐。崇祯十年卒，年七十六。力学嗜古，能诗善书。《千顷堂书目》著录其《雾灵山人诗集》三十卷。现存万历二十二年刻《雾灵山人诗集》十二卷，有冯时可、屠隆等序，收诗一千五百余首。《列朝诗集》丁集录其诗三十首，"小传"云其："为人跌宕疏放，好从学佛者游。嗜酒，为长夜之饮……晚为郡守，不视吏事，宾客满堂，分笺赋诗，遨游山水间，称风流太守……记诵奥博，捃摭富有，汉魏乐府至枚、李古诗，无不模拟。自谓超于鳞（李攀龙）而上之，其实无以相远也。七言古今诗，襞积綦组，乏抑扬顿挫之致。览燕中都邑之胜，自三殿迄虎圈豹房，作七言今体诗百篇，君子尚其志焉。童䨥称诗，以故人稚子得见王元美（王世贞）诸公，杰然自立，不屑为附庸。诸公亦无称焉，故其诗名不著。"《明诗综》卷五八录其诗一首，"诗话"云："坚之诗不求工。君子诵诗论世，宁舍《咏怀堂》而取《雾灵集》也。"《御选宋金元明四朝诗》录其诗十四首。清潘江《龙眠风雅》卷一一录其诗七十四首。清徐璈《桐旧集》卷一五录其诗三十六首。《明诗纪事》庚签卷一九录其诗一首。生平见《（康熙）

桐城县志》卷四、《(乾隆)江南通志》卷一六七。

孙一元(1484—1520)　字太初，号太白山人。自称秦人，或曰蜀人，或曰明宗室安化王之后，因祸变姓名，盖因其踪迹诡异，当时即莫知其详也。尝栖太白山，又西上华山，南入衡，东登岳，足迹半天下。因吴玭之招，南下买田雪水，就婚于施氏，遂定居于浙江湖州。与吴玭、刘麟、陆昆、龙霓等诗酒往来，称"苕溪五隐"，又多与杭州、吴中名士交。正德十五年(1520)卒，年三十七。诗作后刻为《太白山人诗集》五卷，卷首郑善夫正德十三年序后，又补数语，言及一元十五年之卒，盖刊于其身后也。《明史·艺文志》著录《太白山人稿》五卷，即此本也。实万历二十五年(1597)张睿卿又刻《增定太白山人漫稿》八卷附录一卷，崇祯十二年(1639)周道仁刊本又略有增补，计收拟乐府及古近体诗四百余首。另有崇祯间刻《太白山人诗选》二卷补遗二卷附录一卷。《盛明百家诗》录其诗二百余首为《孙山人集》。顾起纶《国雅》卷七录其诗十七首。《皇明诗统》卷一八录其诗十二首。崇祯五年(1632)贾鸿洙《周雅续》卷七录其诗一百三十二首。《石仓十二代诗选·明诗选》录其诗一百零二首。《皇明诗选》录其诗二首。《列朝诗集》丙集录其诗五十三

首，"小传"谓其"风仪秀朗，踪迹奇谲，玄巾白袷，以铁笛鹤瓢自随。善饮酒，好谭论，所至倾动其士大夫……自负有羽化术，已而多病早死，惟以诗名噪天下"。清沈季友《檇李诗系》卷三九录其诗九首。《明诗综》卷三二录其诗十七首，"诗话"云："太初家本秦人，不受空同(李梦阳)圈束。其诗亦不尽本唐音，观其与杭东卿(淮)论诗作，则知瓣香所向，乃属涪翁。"清沈德潜《明诗别裁集》录其诗二首。《御选宋金元明四朝诗》录其诗八十首。《四库全书》据崇祯周道仁刊本收《太白山人漫稿》八卷，《总目》"提要"云："一元才地超轶，其诗排奡凌厉，往往多悲壮激越之音。《静志居诗话》谓其瓣香在黄庭坚，体格固略相近。然庭坚之诗沉思研练而入之，故蟠挐崛强之势多，一元之诗轩豁披露而出之，故淋漓豪宕之气盛，其意境亦小殊也。"清陆心源《吴兴诗存》四集卷四录其诗五十一首。《明诗纪事》丁签卷四录其诗三十七首，按语云："山人诗激宕处亦是摹杜，而炼字炼句，时出入于王摩诘、孟襄阳、岑嘉州诸公间。长歌气魄稍弱，律、绝固是一时之秀。"生平见刘麟《孙太初先生墓志铭》(《刘清惠公集》卷八)、李梦阳《太白山人孙一元传》(《国朝献征录》卷一一五)、王兆云《皇明词林人物考》卷四、《明

史》卷二九八。

孙七政（1528—1600）　字齐之，号三川，又自称沧浪生。南直苏州府常熟（今属江苏）人。居士孙艾孙，由诸生入太学，十试不举。性任侠，喜结客。家有园池，日与四方词客赋诗宴赏，尤与同郡皇甫冲、皇甫汸兄弟善，又从王世贞游。隆庆元年（1567）在金陵与莫是龙、梁辰鱼、殷都、吴岳等结"鹫峰诗社"。以不事生产，至卖田宅，仅余长松，仍吟咏其下。卒于万历二十八年（1600），年七十三。后其孙孙朝肃万历四十四年中进士，刻其诗文为《孙齐之先生松韵堂集》十二卷，四十五年刻本今存，首李维桢、屠隆序，内诗十卷，收诗九百余首，文二卷，收赋五、各体文三十六篇，《千顷堂书目》曾著录是本。顾起纶《国雅》卷一八录其诗十首。《皇明诗统》卷三五录其诗九首。《列朝诗集》丁集录其诗六首，孙艾"小传"谓其"能诗好客，世其家风"。《明诗评选》录其诗一首。《四库全书总目》著录《松韵堂集》，"提要"谓其"与王世贞诸人游，故为诗亦类'七子'之体，而字句时伤于笨滞"。《海虞文征》录其诗二十四首。《明诗纪事》己签卷二〇录其诗三首，按云："齐之诗有标致，与皇甫兄弟为友。其论子安（皇甫涘）《东览》胜于子循（皇甫汸）《禅栖》，世以为知言。"《明文海》录其文五篇。《海虞文征》录其文三篇。生平见李维桢《沧浪生集序》《《大泌山房集》卷一二）、冯复京《明常熟先贤事略》卷一三、《（乾隆）江南通志》卷一六五。

孙升（1501—1560）　字志高，号季泉。浙江绍兴府余姚人，孙燧三子。生于弘治十四年（1501）三月二十六。嘉靖四年（1525）领乡荐，游太学，十四年进士及第，授翰林编修。历右春坊右中允、国子监祭酒，三十年升礼部侍郎，改吏部，复改礼部，再改吏部，进南礼部尚书，三十九年六月二十卒于官，年六十，赠太子少保，谥文恪。居官不言人过，世称笃行君子。《明史·艺文志》著录其《文集》二十卷，现存嘉靖间袁洪愈、徐栻刊本《孙文恪公集》二十卷，为其长子孙鑨编，首徐栻序，文十四卷，收各体文一百三十余篇，诗六卷，收诗四百五十余首，末附其继夫人杨文俪《杨氏诗稿》一卷。顾起纶《国雅》卷一二录其诗七首。《皇明诗统》卷二二录其诗八首。清黄宗羲《姚江逸诗》卷一〇录其诗三十七首。《明诗综》卷四二录其诗二首，《御选宋金元明四朝诗》据之录。《四库全书总目》著录《孙文恪集》二十卷附录一卷，"提要"云："有《与人论诗文书》云：'李空同（李梦阳）步武古人，学李譬则燕途入秦，车辙所历，可循而至。'又云：'空同与何大复（何景明）辩论，诋其好词乖法之失。何氏亦尝诋李，谓其作疏卤，间涉于宋。总之负气求胜，各不相下。'观于是言，可以知其瓣香所在矣。"清胡胤瑗等《兰皋明词汇选》卷二录其词一首。生平见季本《季泉孙公升行状》《国朝献征录》卷三六）、徐阶《孙公墓志铭》（《世经堂集》卷一七）、王兆云《皇明词林人物考》卷八、《明史》卷二二四。

孙艾（1452—?）　字世节，自号西川翁。南直苏州府常熟（今属江苏）人。父为考功郎，家赀巨万。艾喜任侠，所交甚广，父丧，致十郡客来吊，尽倾其家。学诗于沈周，精品鉴，能书画，与周诗、吴宽及皇甫泽兄弟为友。后以子孙贵，封工部主事。著述现存嘉靖十五年（1536）孙氏家刻《林泉高士孙西川诗稿》，收诗近二百首，词二首，杨循吉序。《（1948）重修常昭合志》卷一八著录其《落花倡和诗》一卷。《列朝诗集》丁集录其诗一首，《御选宋金元明四朝诗》据之录。《海虞文征》录其诗一首、文一篇。生平见《（康熙）常熟县志》卷二〇、《（雍正）昭文县志》卷七、《（同治）苏州府志》卷九九。

孙永祚（生卒年不详）　字子长，号雪屋。南直苏州府常熟（今属江苏）人。从魏冲学，崇祯二年（1629）入复社，八年拔贡，当授推官，未赴。明亡后隐于山中，清顺治中屡荐不起，隐居教授以终，卒年八十余。好吟咏，诗为董其昌、钟惺所称。所著有崇祯间古啸堂刻《雪屋集》八卷，收赋四篇、诗五百余首，有崇祯七年《孙子长诗引》，崇祯五年孙永祚《自叙》。又有清初古啸堂刻《雪屋二集》五卷，收诗五百二十余首，有清顺治十七年（1660）《孙子诗序》。另有稿本《孙雪屋文集》不分卷。《海虞文征》录其诗二十四首。生平见于《（雍正）昭文县志》卷七、《（乾隆）江南通志》卷一六五。

孙存（1491—1547）　字性甫，号丰山。南直滁州（今属安徽）人。正德八年（1513）举人，九年进士，授礼部主事，历员外郎，十六年进郎中。嘉靖元年（1522）迁赣州知府，丁忧归，六年补长沙知府，与王宠怀纂修《长沙府志》六卷（嘉靖本今存）。再历处州知府，升陕西按察副使，迁江西布政司右参政，转左。晋河南按察使，进本省右布政使，转左，以母卒归。二十六年七月卒于家，年五十七。精吏治，曾辑一代典章律令，附以条例、诸家注解及案例为一书，名曰《大明律读法书》三十卷。能书法，《书史会要》谓其书"以清媚见称"。亦能诗文，所著其弟杭州守孙孟刻为《丰山集》四十卷，存嘉靖三十三年刊本，有文征明、章焕序，《千顷堂书目》著录。《千顷堂书目》另著录其《岳麓书院图志》一卷。

《皇明诗统》卷一八录其诗六首。《明诗综》卷三五录其诗一首。《明文海》录其文二篇,卷五七评其《申明冠礼疏》云:"文亦应酬,略兼理学。"生平见胡松《河南布政使孙公存行状》《国朝献征录》卷九二)、王邦瑞《丰山孙公神道碑铭》(《王襄毅公集》卷一七)、《(乾隆)江南通志》卷一五〇。

孙光裕(生卒年不详) 字子长。浙江嘉兴府嘉兴人。万历二十八年(1600)举人,明年进士,除建昌知县,改固始。征授监察御史,迁南光禄少卿。《千顷堂书目》著录其《廉善堂集》二十卷,现存明末刊本《潇湘先生廉善堂集》二十卷,首陈懿典序,内诗二卷,收古近体诗二百七十二首,以后为奏疏三卷、各体文八卷、尺牍七卷。清沈季友《檇李诗系》卷一七录其诗二首。《明诗综》卷五九、《明诗纪事》庚签卷二〇录其诗一首。生平见《(光绪)嘉兴府志》卷五〇。

孙伟(生卒年不详) 字朝望,号鹭沙。江西临江府清江(今樟树)人。弘治十五年(1502)进士,授工部主事。历郎中,出知云南鹤庆府,解仕归。《千顷堂书目》著录其《鹭沙集》,现存《鹭沙诗集》二卷,为嘉靖间龚一鹏陕州刻《清江二家诗选》本,收其诗一百九十余首,首嘉靖三十六年(1557)熊逵《叙清江二家诗选》。熊逵序。《盛明百家诗》后编录其诗七十余首为《孙鹭沙集》。顾起纶《续国雅》卷三录其诗二首。《皇明诗统》卷一五录其诗八首。《石仓十二代诗选·明诗选》录其诗三十二首。《明诗综》卷二八录其诗二首,"诗话"云:"鹭沙诗格苍老,所惜未醇。"《江西诗征》卷五四录其诗二十六首。《明诗纪事》丁签卷九录其诗三首,按语云:"鹭沙诗,颇似宋人《江湖小集》。"生平见沈恺《鹭沙孙先生诗集引》(《环溪集》卷二一)、《(雍正)江西通志》卷七四。

孙传庭(1593—1643) 字伯雅,号白谷。山西代州振武卫(今代县)人。万历四十七年(1619)进士,除永城知县,改商丘。征授吏部主事,历员外、郎中,崇祯八年(1535)擢顺天府丞,明年被荐有边才,以右佥都御史巡抚陕西,擒杀高应祥等。十一年与曹变蛟大破李自成军,旋因后金兵入畿辅被召入卫,总督保定、山东、河南军务,为杨嗣昌所诬下狱。十五年陕督汪乔年兵败死,就狱中拜兵部侍郎,总督陕西,兼督河南、四川军务,统兵与李自成战,屡胜。十六年进兵部尚书,兼督山西、湖广、贵州、江南北军务,以朝命促战,出潼关,兵败,殁于阵,年五十一。《千顷堂书目》著录其《抚奏疏草》又《督师奏议》又《谋国集》《风雅堂诗稿》。现存稿本《白谷山人诗集》不分卷。又崇祯十一年自刊本《鉴劳录》一卷,崇祯十六年孙世瑞、孙世宁刻清顺治间增刻《白谷山人诗钞》二卷《忠节录》一卷。《四库全书》收其《孙白谷集》六卷,卷一至卷三收奏疏五十二篇,卷四收各体文三十七篇,多为书札、檄文,卷五收诸体诗三百三十余首,卷六为传、奏疏等。后又有清咸丰六年(1856)刻《孙忠靖公全集》十卷、1914年山西铅印本《孙忠靖公集》十卷。《明诗纪事》辛签卷二录其诗四首。生平见胡粹中《督师白谷孙公传》(《思复堂文集》卷二)、《明史》卷二六二。

孙羽侯(1556—1617) 字鹏初,号湘山。湖广岳州府华容(今属湖南)人。生于嘉靖三十五年(1556)六月十七。万历四年(1576)举人,四上春闱不第,结汤显祖为友。十七年进士,与焦竑、陶望龄、区大相、黄辉、董其昌等同选为翰林庶吉士。历礼、刑二科给事中,二十三年冬,神宗以考选事诘责台省,罢科道官四十人,羽侯列其中。家居二十余年,四十五年十一月十六卒,年六十二。羽侯罢官归里后,杜门博览,广交文友,矢志著述,曾倡修《儒藏》。《千顷堂书目》著录其《华容县志》七卷、《同姓名录》四卷、《遂初堂集》十卷,均未见传。《明诗综》卷五五录其诗四首。《御选宋金元明四朝诗》录其诗三首。清邓显鹤《沅湘耆旧

集》卷二〇一录诗四首。《湖南文征》录其文三篇。生平见《(乾隆)岳州府志》卷二二、《(光绪)华容县志》卷一〇。

孙作(生卒年不详) 字大雅,一字次知,号东家子。江阴(今属江苏)人。元末兵乱,载先世藏书两籯,挈家避于吴,寓松江。张士诚征,以母病谢去。明洪武六年(1373)诏修《日历》,书成,例授翰林院编修,以老病乞外,授太平府儒学教授,逾三年入为国子助教,迁司业。十三年以事废为民,起长乐教谕,又为翰林院待诏。《千顷堂书目》著录其《沧螺集》六卷、《东家子》十二篇。《沧螺集》六卷,现存明末虞山毛氏汲古阁刊本及明抄本,宋濂序、薛章宪跋,凡诗一卷文五卷。《皇明风雅》卷二五录其诗一首。《皇明诗统》卷五录其诗四首。《列朝诗集》甲集录其诗十七首,"小传"云:"宋景濂作《东家子传》,称其性好著书,剑戟之声相摩,遇其得意,穷日夜笔砚不辍。《沧螺集》六卷,里人薛章宪得其文于都穆,得其诗于黄应龙,合而传之。"《明诗综》卷七录其诗四首,"诗话"谓其诗"绝去元季之习,好盘硬语……盖欲力追涪翁,宜诗之不肯犹人也"。《御选宋金元明四朝诗》录其诗十四首。《四库全书》据明毛氏汲古阁刊本收《沧螺集》六卷,《总目》"提要"云:"其诗力追黄庭坚,在

元季自为别调……然才力不及庭坚之富，镕铸陶冶亦不及庭坚之深，虽颇拔俗而未能造古。"《明诗纪事》甲签卷一四录其诗二首。近人顾季慈《江上诗钞》卷八录其诗二十三首。《明文海》录其文二篇，评语云："其文不多见，而奇崛尽去陈言者也。"生平见宋濂《东家子传》（《沧螺集》卷首）、廖道南《殿阁词林记》卷八、《孙作传》（《曝书亭集》卷六三）、《明史》卷二八五。

孙应奎（1504—1586）　字文卿，号蒙泉。浙江绍兴府余姚人。嘉靖四年（1525）举人，八年进士，授行人，迁礼科给事中。与洛阳孙应奎同时同名，时有"两孙给谏"之名。以疏劾汪铉，忤旨下诏狱，复杖阙下，谪华亭丞，移江阴知县，历河南按察副使、调湖广，转江西左参政，迁山东按察使，改右布政使，转左。累官右副都御史，总理河道，罢归。万历十四年（1586）卒，年八十三。受业于王守仁，讲"良知"之学。著述编为《燕诒录》十三卷，有万历刊本，前三卷《忆言》为其讲学语录，以下为书二卷、文二卷，又诗六卷，收诗近四百首（内词三首），末卷《林居续稿》诗文合编，内有诗七十余首。《四库全书总目》著录《燕诒录》十三卷，"提要"谓其著作"为讲学家之诗文而已"。生平见过庭训《本朝分省人物考》卷五一、《明史》卷二〇二、

《（光绪）余姚县志》卷二三。

孙应鳌（1527—1584）　字山甫，号淮海。祖籍如皋，先世永乐间以南京神策卫千户调贵州清平卫，世隶戍籍，因为贵州都匀府凯瑞安抚司（今凯里）人。生于嘉靖六年（1527）八月十四，少习儒子业，提学副使徐樾赏之，收其为门生。二十五年举乡试第一，次年应礼部试落，入太学，二十九年又落第，三十二年进士，选翰林院庶吉士，三十四年授户科给事中。出为江西按察金事，四十年任陕西提学副使，建正学书院，四十二年调四川右参政。隆庆元年（1567）任湖广布政使，旋升右佥都御史，巡抚郧阳，上励政、亲贤等十事，劾大珰贪欺事，三年遭诬罢归，建学孔书院于清平。万历改元，起故官，再抚郧阳，二年（1574）擢大理寺卿，三年晋户部右侍郎，旋改礼部，充经筵讲官，掌国子监祭酒事，五年以病辞官回乡，以讲学为要务。七年起原官，未赴，十一年起刑部右侍郎，改礼部，晋南工部尚书，皆不赴，十二年七月二十五卒于家，年五十八，赠太子太保，谥文恭。孙应鳌为明贵州建省以来第一名宦。王守仁再传弟子，先承徐樾传心斋（王艮）之学，后与王宗沐、罗洪先、胡直、耿定向、邹守益、邹元标等王门弟子广为交往。其学以"求仁"为宗，以"尽人合天"为求仁之始终。

亦勤于吟咏,与"七子派"王世贞、吴国伦等均有诗文唱酬,诗才平平,且受时风影响。《明史·艺文志》著录其《论学汇编》八卷、《庄义要删》十卷、《律吕分解发明》四卷及《学孔精言舍汇稿》十六卷。《四库全书总目》另著录其《淮海易谭》四卷、《学孔精言舍汇稿》十二卷。现存隆庆元年刻《孙山甫督学文集》四卷《诗集》四卷。清光绪六年(1880)莫祥芝辑《孙文恭遗书》六种二十卷,内《淮海易谭》四卷,《四书近语》六卷,《学孔精言舍诗钞》六卷,《教秦绪言》《幽心瑶草》《补辑杂文》及附录各一卷,有清抄本。内《学孔精言舍诗钞》六卷收诗八百九十七首。后其著述又多收录于近人《黔南丛书》之中。《皇明诗统》卷三〇录其诗十六首。《明诗综》卷四四录其诗一首。清汪之珩《东皋诗存》卷一录其诗九十三首。清杨廷《五山耆旧集》卷六录其诗六十一首。清黎兆勋等《黔诗纪略》录其诗一百九十四首。《明诗纪事》已签卷一一录其诗十二首,按语谓其"五古超旷之致,大类薛文清(薛瑄),七律亦轩轩俊爽"。《明文海》录其文四篇。生平见陈尚象《孙应鳌墓志铭》(《(万历)贵州通志》卷二三)、清莫友芝《孙淮海先生应鳌传》(《黔诗纪略》卷五)、清冒广生《拟明孙应鳌传》(《小三吾亭文》甲集卷一)。

孙炎(?—1362) 字伯融。句容(今属江苏)人。传其长六尺余,面黑如铁,一足偏跛,持辩风生,举辞如云,人莫当其口。元末与天台丁复、同郡夏煜皆以诗名,日夜相切劘。尝与煜对饮赋诗,务出奇相胜,每得一隽语,拍案大呼,投剑起舞,声撼四邻。所交皆天下英俊,气豪才雄,亦以经济自负,轻章句之儒。会江淮大乱,朱元璋下金陵,辟为江南行中书省掾,从征浙东,擢池州同知,寻进府判。己亥(1359)以行省都事总制处州钱谷兵马,为朱元璋招致刘基等。壬寅(1362),处州为叛兵所袭,被擒不屈死。洪武元年(1368)追赠丹阳县男,谥忠愍。《明史·艺文志》著录其《左司集》四卷,未见传。刘仔肩《雅颂正音》录其诗六首。《皇明风雅》卷七录其诗三首。《皇明诗统》卷一录其诗五首。《石仓十二代诗选·明诗选》录其诗七首。《列朝诗集》甲集录其诗八首。《明诗评选》录其诗一首。《明诗综》卷三录其诗三首。《明诗纪事》甲签卷三录其诗一首。生平见方孝孺《孙伯融炎传》(《国朝献征录》卷一〇)、王兆云《皇明词林人物考》卷二、《明史》卷二八九。

孙宜(1507—1556) 字仲可、仲子,号洞庭渔人。湖广岳州府华容(今属湖南)人,孙继芳之子。生于正德二年(1507)四月初五。嘉靖七年(1528)举人,后屡上春官不第,遂肆力词赋,以不朽自命。卒于嘉靖三十五年十月十四,年五十。《明史·艺文志》著录其有《国朝事迹》一百二十卷、《明初略》二卷、《遁言》二卷、《洞庭渔人集》(又称《洞庭集》《洞庭先生集》)五十三卷。《洞庭渔人集》五十三卷系孙宜生前自辑,嘉靖二十八至二十九年其子孙斯亿所刻,内诗三十五卷收诗二千三百五十一首,有孙宜《自序》。嘉靖三十年斯亿又刻《洞庭渔人续集》十六卷,内诗十一卷收诗六百六十余首、文五卷收各体文三十余篇,有孙斯亿《后序》,刻本今亦存。《洞庭渔人集》及《续集》后又有嘉靖三十二年(1553)孙宜兄孙宗重刻本及旧抄本。另有万历三十六年(1608)华容孙氏家刻《洞庭渔人集》十八卷。《盛明百家诗》后编录其诗一百六十余首为《孙渔人集》。顾起纶《国雅》卷一一录其诗十六首。《皇明诗统》卷二一录其诗十九首。《列朝诗集》丙集录其诗七首,"小传"记云:"(仲可)为儿时,得侍何仲默(何景明),长而倾慕其风流……与滇人张含、秦人左国玑、吴人黄省曾,皆以老举子有名于时。仲可《洞庭渔人集》,诗多至三千八百余首。王元美(王世贞)评诗曰:'华容孙宜得杜肉。'余观其诗,剽拟字句,了无意味。求杜之片鳞半爪不可得,而况其肉乎?"清廖元度《楚风补》卷二一录其诗四首。《明诗综》卷四八录其诗十首,"诗话"云:"胡氏《诗薮》称其学杜,然实源于大李。故论诗绝句云:'我爱风流太白豪,万言珠玉在挥毫。'特其运笔痴重,斯与谪仙人不类耳。其于空同(李梦阳)、大复(何景明)、少谷(郑善夫)、太初(孙一元)、迪功(徐祯卿)、西原(薛蕙)皆其所取法,滔滔莽莽,下笔不休,亦楚产之杰出者。"《御选宋金元明四朝诗》录其诗八首。清邓显鹤《沅湘耆旧集》卷一八录其诗十九首。《明诗纪事》戊签卷一六录其诗五首。《明文海》录其文十二篇。《湖南文征》录其文一篇。生平见王世贞《洞庭渔人传》(《弇州四部稿》卷八六)、陈文烛《洞庭渔人传》(《二酉园文集》卷一一)、王兆云《皇明词林人物考》卷一〇、何乔远《名山藏》卷九六。

孙承宗(1564—1638)　字稚绳,号恺阳。京师保定府高阳(今属河北)人。生于嘉靖四十三年(1564)正月二十五。万历二十二年(1594)顺天举人,三十二年第二人进士及第,除翰林编修。四十三年进右春坊右中允兼编修,迁左春坊左谕德兼翰林侍读。历洗马、庶子、少詹事,天启二年(1622),进礼部右侍郎兼侍读学士,寻拜兵部尚书,兼东阁大学士,入直办事。时辽阳、广宁俱为后金所破，自请督师，加太子少保，督理山海关及蓟辽、天津、登莱诸处军务，屡加太子少傅、太傅、太子太师、少师、左柱国，进中极殿大学士。在山海关四年，修复宁远等城九、堡四十五，练兵十一万，拓地四百里，被劾归。崇祯二年（1629）再起，以兵部尚书守通州，移镇关门，三年后引疾归。十一年后金兵攻高阳，率众拒守，十一月初十城陷，被俘不屈，投缳死，年七十六，子孙十九人，皆力战从死。福王时，赠太师，谥文正。《明史·艺文志》著录其《督师全书》一百卷、《孙承宗奏议》三十卷、《车营百八扣》一卷、《文集》十八卷。现存清顺治十二年（1655）其孙孙之浶刊本《高阳集》二十卷，内诗词十卷，收诗九百余首、词四十八首，文十卷，收各体文二百余篇，尺牍近三百篇。是集又有清嘉庆十二年（1807）重修本。《列朝诗集》丁集录其诗二十首，"小传"谓其"生长北方，游学都下，钟崆峒戴斗之气，负燕赵悲歌之节。作为文章，伸纸属笔，蛟龙屈蟠，江河竞注。奏疏书檄，摇笔数千言，灏溔演延。幕下书记，多鸿生魁士，莫得而窥其涯涘也。为诗不问声病，不事粉泽，卓荦沈塞，元气郁盘，说者以为高阳之诗，信矣"。陈济生《天启崇祯两朝遗诗》卷二录其诗三十三首。清王崇简《畿辅明诗》录其诗四首。

《明诗综》卷七二录其诗六首，"诗话"云："见危授命，无愧全人。集中《三十五忠》诗，盖有感于珰祸而作。"《御选宋金元明四朝诗》录其诗十四首。《明诗纪事》辛签卷二录其诗十三首，按语云："近体绝句，模仿唐人，特有风调。奏疏皆一时硕画。"或谓其词胜于诗。近人赵尊岳《明词汇刊》录其词为《孙文忠公词》一卷。生平见《孙公行状》（《牧斋初学集》卷四七）、陈济生《天启崇祯两朝遗诗·小传》《明史》卷二五〇。其子孙铨有《高阳太傅孙文正公年谱》五卷（崇祯时刊本、清乾隆时刊本）。

孙承恩（1481—1561）　字贞甫、贞父，号毅斋。南直松江府华亭（今上海松江）人。生于成化十七年（1481）十二月初十。正德六年（1511）进士，选翰林院庶吉士，授编修。嘉靖初，奉使安南，兴修《明伦大典》，擢左中允，累迁礼部尚书兼翰林学士，掌詹事府。世宗斋宫设醮，承恩不肯黄冠，遂乞致仕。卒于嘉靖四十年（1561）八月二十一，年八十一，赠太子太保，谥文简。平生博稽阅览，为文深厚尔雅。《千顷堂书目》著录其《易卦通义》《华亭县志》十六卷、《历代先贤像赞》六卷、《鉴古韵语》一卷《孙文简公集》二卷又《使郢稿》一卷。现存万历间孙克弘、孙世萧刊本《孙文简公瀼溪草堂集》五十八卷，卒后。是集卷首有陆树声序，内前七卷为疏表讲章，卷八至卷一〇收赋二十六篇，卷九至卷二六收诗一千一百余首，词十三首，曲三十二首，二十七卷后收各体杂文。《明文海》录其文三篇。《明诗评选》、《明诗综》卷三四录其诗一首。《四库全书》收《瀼溪草堂稿》五十八卷，《总目》"提要"云："其文章亦纯正恬雅，有明初作者之遗。"清姚宏绪《松风余韵》卷一五录其诗一首。近人赵尊岳《明词汇刊》据其集录词为《瀼溪草堂词》。生平见沈恺《孙公行状》(《环溪集》卷二六)、徐阶《孙公承恩墓志铭》(《国朝献征录》卷一八)、《(光绪)重修华亭县志》卷一四。

孙柚(1540—1591)　字梅锡，一作禹锡，号遂初、遂初山人。南直苏州府常熟(今属江苏)人。生于明嘉靖十九年(1540)十月初三。少负才情而离世绝俗，纵情山水间。万历九年(1581)于虞山北麓营别业，颜曰"藤溪"，至万历十三年冬，将别业售于人，寓居长洲，十九年卒，年五十二。性粗豪，善饮嗜赌，然交游甚广，歌诗乐府，流播众口。友人沈明臣赠诗称其："不特文章绝等伦，豪饮亦复误青春。"(《丰对楼集·孙生行赠梅锡》)《(1948)重修常昭合志》卷一八记

其有《虞山纪游》《方物品题》《神游杂著》《苏门稿》《栖霞稿》《秋社编》。现存清抄本《籛溪诗》一卷《记》一卷，附友朋寄赠诗一卷，存诗仅三十四首。又撰有传奇二种：《昭关记》，已佚；《琴心记》存明万历金陵富春堂刻本，明末汲古阁原刻初印本及汲古阁刻《六十种曲》本，四十四出，演司马相如、卓文君故事，而多所增饰。徐复祚《三家村老委谈》卷三称其《琴心记》"亦俊逸可喜"，"极有佳句"，又谓"第头脑太乱，角色太多，大伤体裁，不便于登场"。《海虞文征》录其诗七首、文一篇。生平见《(康熙)常熟县志》卷二〇、《(光绪)常昭合志》卷四四、光绪修木活字本《常熟孙氏宗谱》。

孙临(1611—1646)　字克咸，一字武功。南直安庆府桐城(今属安徽)人。幼从兄孙颐学，读书任侠，能歌诗，好谈兵，与同县方以智、左国柱、周岐、吴道凝等结泽园文社，又与复社、畿社诸人相引重。崇祯元年(1628)恩贡，未授官，南明隆武朝，以杨文骢荐，授兵部职方主事，拜福建监军道按察副使，监杨文骢军，丙戌(1646)七月，兵败被执，与文骢同日死，年三十六。《千顷堂书目》著录其《楚水吟》又《肆雅集》又《我悀集》又《大略斋稿》。现存崇祯间刊本《肆雅集》十

卷、清康熙刻本《肄雅堂诗选》十卷。清卓尔堪《明遗民诗》录其诗三首。《明诗综》卷七六录其诗二首。清徐璈《桐旧集》录其诗二十八首。清李雅等《龙眠古文》卷二四录其赋一篇。《明诗纪事》辛签卷六录其诗六首。生平见《明史》卷二七七。

孙峡峰（?—1642）　山东青州府安丘人。布衣，为人谨厚，不求仕达，时称"洞阳恭士"。殁于崇祯十五年（1642）战乱中，年约七十。为人谨厚，有"洞阳恭士"之誉。善曲，著有《峡峰先生小令》，今存明末抄本，不分卷，计小令五十八首。其曲关注民生、风俗教化，有劝农、劝世之作，较少散曲中常见之避世、玩世态度。

孙钟龄（籍里及生平不详）　字仁孺，号峨眉子，别署白雪楼主人、白雪道人。现存传奇《东郭记》《醉乡记》两种。《东郭记》有万历四十六年（1618）序刻本，署"白雪楼主人编本"，又明末汲古阁初刻原印本及汲古阁刻《六十种曲》本等。是剧二卷四十四出，据《孟子》"齐人有一妻一妾"章演绎，《孟子》中其他一些人物亦被织入故事，如写王驩无赖，本偷鸡摸狗之徒，以贿大夫田戴，得荐为大夫，后升右师，大夫陈贾、景丑不惜改女装，以妾妇之道媚之。其卷首峨眉子"书于

白雪楼"之《东郭记引》自述作意云："莫怪吾家孟老，也知遍国皆公，些儿不脱名利中，尽是乞墦登垅。"祁彪佳《远山堂曲品》列孙钟龄《东郭记》于"逸品"，谓此剧"掀翻一部《孟子》，转转入趣。能以快语叶险韵，于庸腐出神奇，词尽而意尚悠然。迩来作者如林，此君直凭虚而上矣"。冲和居士《缠头百练二集》收录此剧《穴窥》《讪夫》两出，锄兰忍人《玄雪谱》卷一收录其《出哇》等四出。《醉乡记》现存崇祯三年（1630）刻本，亦署"白雪楼主人编本"，二卷四十四出，写居于无何有之乡的绝世才子乌有先生偕毛颖、陈玄、罗文、褚先生等五人出游，途逢李白、刘伶、韩愈、欧阳修等种种异人异事，如至临邛，乌有欲求卓文君之妹，卓妹却中意胸无点墨之白一丁；又往太尉郗鉴家求婚，郗家却看上了铜士臭。韩愈、欧阳修主持科考，而五鬼作弄，糊住考官之目，又使白一丁、铜士臭高中……剧属游戏笔墨，卷首王克家《刻醉乡记序》云："吾友孙仁孺，才未逢知，更谱《醉乡传》以写情事。其所载铜、白多金而先售，欧阳蒙目而误收，穷鬼、情魔从中磨折，自有天地，便有此等，何足为怪？顾一经描写，勘尽世情……"《远山堂曲品》亦列《醉乡记》（误为《睡乡记》）为"逸品"，评论云："孙

君聊出戏笔,以广《齐谐》……啼笑纸上,字字解颐。词极爽,而守韵亦严。"

孙晋(生卒年不详) 字明卿,号鲁山。南直安庆府桐城(今属安徽)人。天启五年(1625)进士,除河南将乐知县,崇祯三年(1630)调滑县。擢工科给事中,以疏劾大学士温体仁被谪,后累迁至大理寺卿,因疾归休。著有《黄山》《庐山》《曹溪》《南岳》诸集,未见传。清潘江《龙眠风雅》卷二一录其诗百首。清徐璈《桐旧集》卷三五录其诗十七首。清李雅等《龙眠古文》录其文五篇。《明诗纪事》辛签卷一八录其诗一首。生平见《(康熙)安庆府志》卷一五、《(康熙)安庆府桐城县志》卷四、近人马其昶《桐城耆旧传》卷五。

孙桢(1506—1566) 字志周,又字仲墙,自号石云居士。南直镇江府丹阳(今属江苏)人。生于正德元年(1506)六月十一。诸生,入太学。卒于嘉靖四十五年(1566)八月二十九,年六十一。喜究性命之学,曾从邹守益学,与湛若水、唐顺之游。又以收藏书画古物著名。《千顷堂书目》著录其《淳化法帖释文考异》十卷又《十七帖释文》一卷、《石云先生遗稿》一卷,《(乾隆)镇江府志》卷三七记其有《诗稿》二卷,《(光绪)丹阳县志》卷三五记其有《孙氏烬余录》十卷及《西庄诗集》。现存万历间姜道生刊本《石云先生遗稿》一卷,收诗五十首、文二篇、尺牍十八篇及语录若干则,有其从孙孙云翼万历四十五年(1617)序,外孙姜道生跋。又有抄本《石云先生遗稿》,内收《石云先生印谱释考》三卷及《石云先生诗》《石云先生江浒迂谈》《石云先生题跋》《石云先生语录》《石云先生尺牍》各一卷。生平见《石云居士孙君墓志铭》(刊本《石云先生遗稿》附)。

孙原贞(1388—1473) 名瑀,字原贞,以字行。江西饶州府德兴人。生于洪武二十年十二月二十九(1388年2月6日)。永乐十三年(1415)进士,授礼部主事。历郎中,正统中累迁至河南右参政,进浙江左布政使。景泰元年(1450)拜兵部左侍郎,镇守浙江,平寇乱有功,三年进兵部尚书,移镇福建,寻还浙,英宗复辟,罢归。家居十七年,成化九年(1473)十一月二十四卒,年八十七。《明史·艺文志》著录其《奏议》八卷、《岁寒集》二卷。《岁寒集》二卷现存嘉靖七年(1528)刻本,有李东阳正德三年(1508)序,内文一卷,收其所作赋、颂、说、记、序等文五十篇,诗一卷,收其所作诸体诗二百五十首,又附录一卷,收神道碑铭、祭文等。是集另有清抄本。《四库全书总目》著录《岁寒集》,"提要"

云："其诗平正通达，无钩棘险怪之态。今观诸作，大抵纯任自然，不事结构。韩愈所谓'此诗有何好，有何恶也？'"生平见卢耿裕《孙公神道碑铭》（《岁寒集》附录）、佚名《兵部尚书孙原贞传》（《国朝献征录》卷五七）、《明史》卷一七二。

孙钰（1523—1573） 字文鼎，号剑峰。浙江绍兴府余姚人，孙燧孙，孙榤子。生于嘉靖二年（1523）十一月初九，弱冠袭补京卫武学弟子。三十一年以荫授锦衣卫千户，次年中武举，晋指挥同知。历都指挥使金事，升锦衣卫管事，迁都指挥同知，提督街道，署都指挥史。历后军都督金事、同知，管锦衣卫事，万历元年（1573）八月十八卒于官，年五十一，赠右都督。好读书，喜为歌诗，时招骚人墨客结社为社友。卒后其从弟孙鑛为其作《行状》，谓其"诗法陶、孟，有冲淡之味，见者称之，以为即今世词卿不能绝也"。《千顷堂书目》著录其《思则堂前后稿》，现存隆庆四年（1570）瞿汝孝刊本《思则堂续稿》一卷，收其古近体诗二百五十余首，瞿汝孝序。《皇明诗统》卷二二录其诗二首。清黄宗羲《姚江逸诗》卷一〇录其诗二首。生平见孙鑛《从兄剑峰公钰行状》（《姚江孙月峰先生全集》卷一〇）、《国朝献征录》卷一〇七）。

孙玺（1474—1544） 字朝信。浙江嘉兴府平湖人。所居南有九峰，东有盛溪，因自号峰溪道人。生于成化十年（1474）正月初六。弘治十四年（1501）举人，正德三年（1508）进士，除兴化知县。四年后升松江府同知，拟避籍疏，旋丁内艰归，服除，改扬州府。升南京宗人府经历，丁外艰，服阕，转山东按察司金事，提督京畿屯饷。调云南金事，又调山西金事，嘉靖十四年（1535）朝觐，以老罢归。家居十年，嘉靖二十三年六月二日卒，年七十一，后以其子孙植贵，赠刑部尚书。喜吟咏，《千顷堂书目》著录其《峰溪集》五卷。是集为孙植所编，现存清抄本附《外集》一卷。首万历四年（1576）姚弘谟《峰溪先生集叙》，内卷一至卷四收诗二百二十余首，多往来滇、晋道中游览之作，卷五为试策、杂文、书启；《外集》收其官扬州时所颁告示、词讼等公文。另附录唐顺之所作《墓志铭》。清沈季友《檇李诗系》卷一一、《明诗综》卷三三录其诗一首。清张宪和《当湖诗文逸》卷二〇录其文一篇。清壬林《当湖文系初编》录其文二篇。生平见唐顺之《峰溪孙公墓志铭》（《峰溪集》附）、（雍正）浙江通志》卷一六七。

孙继芳（1483—1541） 字世其，号石矶。湖广岳州府华容（今属湖南）人。正德二年（1507）举人，六年进士，除刑部主事，谢病归。起改兵部,升员外郎,以谏武宗南巡受廷杖。迁郎中,出为云南提学副使,嘉靖五年(1526)黜归,二十年卒于家,年五十九。邓显鹤《沅湘耆旧集》谓华容孙氏自继芳起,五世皆以文章显,而继芳实以居官伉直名,诗为余事。《千顷堂书目》著录其《石矶集》二卷,现存嘉靖二十九年孙氏家刊本,收诗一百十余首。《明史·艺文志》著录其《矶园稗史》三卷,有清抄本。是书杂记明代正统前后朝野杂事,兼及怪异无稽之谈。《皇明诗统》卷二一录其诗十二首。《皇明诗选》录其诗一首。《列朝诗集》丙集录其诗五首。《明诗综》卷三四录其诗一首。《御选宋金元明四朝诗》录其诗三首。清廖元度《楚风补》卷二〇录其诗六首。清邓显鹤《沅湘耆旧集》卷一五录诗六首。《湖南文征》录其文一篇。《明诗纪事》戊签卷一一录其诗一首。生平见于其子孙宜《先提学府君行实》(《洞庭渔人集》卷四八)、李维桢《孙公严宜人墓志铭》(《大泌山房集》卷九三)、佚名《孙公继芳传》(《国朝献征录》卷一〇二)。

孙继皋(1550—1610)　字以德,号柏潭。南直常州府无锡(今属江苏)人。生于嘉靖二十九年(1550)八月十九。家贫好学,万历元年(1573)举于乡,次年第一人进士及第,授翰林编修。九载满考,晋右谕德兼侍读,迁右庶子,以父丧归。服除起詹事府少詹事兼侍读学士,进礼部右侍郎,二十一年改吏部,陈太后梓宫发引,神宗称疾不送,上书极谏,以忤旨致仕。三十八年七月二十五卒于家,年六十一,赠礼部尚书。卒后叶向高为其作墓志,以为其诗文"温夷冲粹"(《苍霞续草》卷一〇)。《千顷堂书目》著录其《柏潭集》十卷,现存万历间刘毅刊本《孙宗伯集》十卷,所录多应制及酬赠之作,凡奏疏、尺牍及各体文九卷,末卷收诗三百八十余首。《明文海》录其文三篇。《明诗综》卷五二录其诗六首。《御选宋金元明四朝诗》录其诗四首。《四库全书》收《宗伯集》十卷,《总目》"提要"云:"当继皋之时,士习佻而文体亦弊,'七子'之风未艾,三袁之焰方新。或棘句钩章,或矜奇吊诡,操觚者出此入彼,大抵随波而靡。继皋诗文独雍容恬雅,有承平台阁之遗风矣。亦可谓不移于俗。"清顾光旭《梁溪诗钞》卷一〇录其诗九首。清周有壬《梁溪文钞》卷一一录其文三篇。清王直等《锡山文集》录其文十三篇。《明诗纪事》庚签卷一一录其诗十二首,按语谓其"五言冲淡,有其乡华子潜(华察)风调"。生平见叶向高《柏潭孙公墓志铭》(《苍霞续草》卷一〇)、顾祖训《状元图考》卷三、《明史》卷二三四。

孙绪（1474—1547） 字诚甫，号沙溪。京师河间府故城（今属河北）人。生于成化十年（1474）八月初二。弘治十一年（1498）举人，次年进士二甲第一，授户部主事。鞑靼侵扰，遣将往御，以绪为参谋，策划合机宜，转吏部员外郎。进郎中，迁太仆寺少卿，正德十年（1515）晋正卿，中官张维请托不从，中伤褫职。嘉靖初复起为太仆寺卿，寻致仕，二十六年（1547）十月十八卒，年七十四。《千顷堂书目》著录其《沙溪稿》二十三卷、《无用闲谈》十二卷又《陇东新论》。传世《沙溪集》二十三卷有清康熙四十六年（1707）刻《马东田（马中锡）孙沙溪两公遗集合编》本，计文八卷、赋一卷、杂文一卷、《无用闲谈》六卷、诗七卷。《四库全书》收《沙溪集》二十三卷，《总目》"提要"云："其文沉著有健气，其《无用闲谈》有曰'文章与时高下，人之才力亦各不同。今人不能为秦汉战国，犹秦汉战国不能为《六经》也。世之文士，尺寸步骤，影响模拟，晦涩险深，破碎难读'云云。其意盖为李梦阳发，可以见其趋向矣……诗格颇近李东阳，而深以何孟春等注东阳乐府称其过于李、杜为非。盖讥誉者之滥量，非排击东阳也。此集旧与马中锡《东田集》合刊，然学问笔力皆胜中锡。"《皇明诗统》卷二一录其诗十八首。《明诗综》卷二七下录其诗一首，"诗话"云："沙溪《无用闲谈》足资国史之采择，诗不见佳。"《御选宋金元明四朝诗》录其诗一首。清王崇简《畿辅明诗》录其诗一首。《明诗纪事》丁签卷八录其诗二首。生平见王崇庆《少溪孙公绪神道碑》（《国朝献征录》卷七二）、《（雍正）畿辅通志》卷七四。

孙斯亿（1529—1590） 字兆孺，号云梦山人。湖广岳州府华容（今属湖南）人，孙宜子。生于嘉靖八年（1529）五月十九。年十四补博士弟子员，后弃去，以周游天下名胜、结交名士为事。自称所历天下郡国十之五，所探名山水十之七，又与王世贞、吴国伦、皇甫汸、余德甫、陈文烛等交。鄂西容美土司田世爵第六子田九龄拜斯亿为师，斯亿因引领田九龄等结识王世贞、吴国伦、宋登春等。隆庆间曾与修《岳州府志》。卒于万历十八年（1590）十一月初十，年六十二。平生慷慨好古，能诗文，所著有《云梦山人集》《园屋集》《鸣铗集》及《浮湘》《南岳》《中州》《北游》诸稿，《千顷堂书目》著录其《云梦诗》二卷又《诗》二十卷，皆未见存。陈文烛《二酉园诗集》存其序文一篇，清廖元度《楚风补》卷二七、清邓显鹤《沅湘耆旧集》卷一八录其诗一首，《湖南文征》录其文一篇。陈所闻《北宫词纪》辑其散曲套数《寿对山康太史》一套。生平见陆可教

《孙兆孺墓志铭》(《陆学士先生遗稿》卷一二)。

孙堪(1483—1553)　字志健,号伯泉。浙江绍兴府余姚人,右副都御史孙璲长子。生于成化十八年十二月初十(1483年1月18日)。弱冠补学官弟子,能古文词,有膂力,善骑射。正德十四年(1519)朱宸濠反,其父巡抚江西,被执不屈遇害,只身赴江西、庐墓三年。嘉靖初其父赠礼部尚书,堪因得于四年(1525)以荫授锦衣卫左所正千户。五年再中武举,晋指挥同知,八年迁都指挥佥事,十五年改锦衣卫南镇抚司管事,二十二年迁都督佥事管前军都督府事。三十二年母卒,护丧归,九月十五卒,年七十二,赠都督同知。以孝称,曾与弟墀、升同编《忠烈编》十卷,以彰其父,《四库全书总目》著录。《千顷堂书目》著录其《孙孝子文集》二十卷,有嘉靖四十一年孙链刊本,龚辉序,内文十卷,收各体文百余篇,诗十卷,收古近体诗三百五十余首。《皇明诗统》卷二二录其诗二首。清黄宗羲《姚江逸诗》卷一〇录其诗二首。生平见孙升《伯兄都督佥事堪行状》(《国朝献征录》卷一〇八)、赵贞吉《孙孝子传》(《赵文肃公文集》卷一八、《明史》卷二八九。

孙楼(1515—1584)　字子虚,号百川。南直苏州府常熟(今属江苏)人。生于正德十年(1515)八月十四。嘉靖二十五(1546)举人,七试礼闱不售,隆庆二年(1568)选授湖州府推官,又改汉中,不赴归家。卒于万历十一年十二月初六(1584年1月18日),年六十九。性好书,家有博雅堂,藏书万余卷,闭门校雠不辍。《千顷堂书目》著录其《百川集》十二卷,现存万历四十八年华滋蓍刊本《孙百川先生文集》十二卷,内文十卷,诗二卷(收诗一百九十首、词八首)。又有明抄本《孙百川先生未刻稿》不分卷、清抄本《吴音奇字》一卷。《明诗综》卷四八录其诗一首。《四库全书总目》著录《百川集》十二卷,"提要"谓其"工于制义,与胡友信、瞿景淳等相上下,诗、古文则非专门"。《海虞文征》录其文五篇,诗五首。《明词综》卷四录其词一首。近人赵尊岳《明词汇刊》录其词十五首为《百川先生长短句》。陈所闻《南宫词纪》录其散曲小令三十三支。生平见瞿汝稷《百川孙公楼墓志铭》(《国朝献征录》卷八五)、冯复京《明常熟先贤事略》卷一三。

孙源文(1590—1644)　字南公,号笨庵。南直常州府无锡(今属江苏)人,孙继皋次子。诸生,善饮酒,好读书。崇祯十七年(1644)五月,闻京师陷,行坐悲泣,至秋咯血死,年五十五。撰杂剧《饿方朔》,见存于清邹式金辑顺治时刻《杂剧三编》。其题目正名为："东方朔蓬莱张大口，西王母下界闲淘气。饿神仙惭愧郭舍人，耍文才遭魇汉武帝。"据《汉书》"朱儒饱、臣朔饥"敷演。清焦循《剧说》云："笨庵孙源文《饿方朔》四出以西王母为主宰，以司马迁、卜式、李陵、终军、李夫人等串入，悲歌慷慨之气，寓于俳谐戏幻之中，最为本色。"又《(嘉庆)无锡金匮县志》谓其另著有传奇《晴天屐》，今不见传。《(嘉庆)无锡鑫匮县志》卷三九另著录其《笨庵遗稿》《笨庵俑语》，亦未传。清邹祗谟、王士禛《倚声初集》卷一七录其词[念奴娇]一首。清顾光旭《梁溪诗钞》卷一四录其诗四首。清周有壬《梁溪文钞》卷一九录其文二篇。生平见于《(康熙)无锡县志》卷二一、《(嘉庆)无锡金匮县志》卷二三。

孙慎行（1564—1635）　字闻思，一字淇澳。南直常州府武进（今江苏常州）人。幼从外祖唐顺之学。万历二十三年（1595）第三人进士及第，授翰林编修。历中允、谕德、少詹事，四十一年擢礼部右侍郎，乞归。熹宗立，召拜礼部尚书，以追论"红丸"案，与廷臣意旨不合，谢病归。及《三朝要典》出，二案尽翻，当遣戍宁夏，以崇祯元年（1628）魏忠贤败，乃免，八年廷推阁臣，召之入都卒，年七十二，赠太子太师，谥文

介。平生以治学名，诗文虽余事，亦明畅有法。所著有万历止躬斋刻本《周易明洛义》二卷《二义》二卷《三义》一卷，万历刻《玄晏斋困思抄》三卷《中庸慎独义》一卷。又有万历刊《玄晏斋文抄》五卷、万历刊《玄晏斋文抄》二卷《诗》三卷《奏议》二卷。另有崇祯间刊《玄冥斋集》五种十一卷，内《玄晏斋文抄》二卷、《诗选》五卷、《奏议》三卷、《困思抄》一卷、《慎独义》一卷。其《诗选》五卷收诗编年，起于万历四十一年，止于天启七年（1627）。另有崇祯十一年孙士元刻《事编内篇》八卷等。陈济生《天启崇祯两朝遗诗》卷四录其诗八首。《明诗综》卷五八录其诗一首。《明诗纪事》庚签卷一八录其诗一首。《明文海》录其文七篇。生平见清邹漪《启祯野乘》卷一、清黄宗羲《明儒学案》卷五九、《明史》卷二四三。

孙蕡（1334—1390）　字仲衍，号西庵。广州南海平步乡（今属佛山顺德）人。生于元顺帝元统二年（1334），少有文才，负节概，名于乡里。元末东莞伯何真据广州，开府辟士，与王佐、赵介、李德、黄哲并受礼遇。洪武改元伊始，遣将军廖永忠南征，何真倩蕡作书，请归附。南海平，廖永忠乃请蕡典郡教。洪武三年（1370）开科取士，蕡乡试中举。四年，诏各省举人入京，免试授官，蕡得工部织染局使，得从宋濂游。

五年会试落第,七年出为虹县主簿,甫一载,以荐召为翰林典籍,与宋濂、乐韶凤等与修《洪武正韵》。十年宋濂致仕,贲请外调,补山东平原县主簿。十一年以坐累逮系,有旨充工役修金陵城墙,传其板筑中以粤音歌《输役萧墙》诗,太祖闻之,释其回乡。十五年起为苏州府经历,二十二年受何荣牵连,谪戍辽东。辽东都指挥使梅义迎其至家塾教授子弟,被委出使高丽,明年追坐梅义父梅思祖胡惟庸党,灭其家,贲亦因之株连被杀,年五十七。时其门生黎贞亦谪戍辽东,因敛尸葬之。贲以诗著,元至正十八年(1358),曾与王佐等十余人于广州南园抗风轩结诗社,后香山黄佐编《广州人物传》谈及南园诗社,称其与王佐、李德、黄哲、赵介为"五先生",因被后人称为"南园五先生",或"岭南五先生"。黄佐《明音类选》曾以"岭南五先生"与"吴中四杰"并举。胡应麟《诗薮》则称贲为明初岭南诗人领袖。屈大均《广东新语》谓"广东南园诗社始自国初五先生"。著述据《广东人物传》,有《通鉴前编纲目》七卷、《孝经集善》一卷、《理学》一卷、《西庵集》九卷、《和陶诗》一卷、《集古句律诗》一卷。《千顷堂书目》另著录《理学训蒙》一卷。《西庵集》为其诗文别集,门人黎贞编,存弘治十六年(1503)金兰馆铜活字印本,十卷,有

诗无文,计收诗七百三十余首,分体编排,张习序。后万历十五年(1587)叶初春刊本等皆为九卷,诗八卷,卷九收《祭灶文》及《关敏庙词》《飞仙归来词》《归去来辞》。两本互有异同,后刻较前亦有刊落,仅收诗六百五十首,《四库全书》所收《西庵集》即据后刻。嘉靖三十六年(1557)王国桢刊本《广中五先生诗集》及清康熙五十九年(1720)刊本《南园五先生诗选》皆有贲之《西庵集》。此外《石渠宝笈》《槜李诗系》《御定佩文斋咏物诗选》及方志中还存少量贲之佚诗、佚文。刘仔肩《雅颂正音》录其诗四首。《皇明风雅》录其诗九首,其《诗谈》谓其诗"清圆流丽,如明月走盘,不能自定"。《盛明百家诗》后编录其诗为《孙仲衍集》,与王佐、黄哲、李德诗合为《广中四杰集》。顾起纶《国雅》卷二录其诗十三首,《国雅品》称其"特娴于七言"。《皇明诗统》卷一录其诗二十八首。《石仓十二代诗选·明诗选》录其诗一百零六首。《列朝诗集》甲集录其诗八十二首又集句诗二十五首。《明诗评选》录其诗十六首,其《姜斋诗话》谓贲诗"畅适"。清屈大均《广东文选》卷二七录其诗四十一首。《明诗综》卷一〇录其诗二十首,"诗话"云:"仲衍才调杰出四人(王、李、黄、赵)。五古远师汉魏,近体亦不失唐音。歌行尤琳琅

可诵，微嫌繁缛耳。"清沈德潜《明诗别裁集》录其诗四首。《四库全书》收《西庵集》，《总目》"提要"云："赟当元季绮靡之余，其诗独卓然有古格，虽神骨隽异不及高启，而要非林鸿诸人所及。"清梁善长《广东诗粹》录其诗三十三首。清温汝能《粤东诗海》录其诗一百三十七首。《明诗纪事》甲签卷九录其诗十一首。生平见黄佐《孙赟传》(《广州人物传》卷一三)、何乔远《名山藏》卷八六、《明史》卷二八五。

　　孙镇（生卒年不详）　字宁之，号介丘。山东莱州府掖县（今莱州）人。万历间布衣。能诗，尤善古歌行。清王士禄、王士禛编乾隆五十七年(1792)刊《涛音集》卷二录其诗七十首，士禄赞云："宁之拟古乐府，得其形矣，尤得其声，得其声矣，尤得其情，得其情矣，尤得其骨，自是一种绝技。五古秀挺，览古诸作更自杰然，七言歌行跌宕有气。近体虽多常调，雅不失为正格也。"士禛赞曰"宁之五言颇学汉魏三谢，然自是盛唐佳境，时有枭鸷之气浮动眉宇。七言放歌一首杂之杜陵，几难复辨。至拟古乐府等作，古崛奥衍，斑驳陆离，直与北地抗行千古。"清宋弼《山左明诗钞》卷三四录其诗二十一首。清张彤《掖诗采录》录其诗四十首。《明诗纪事》庚签卷二七录其诗十四首，按云："于麟（李攀龙）

拟古乐府，为世口实。自后齐人如于无垢（于慎行）、公孝与（公鼐）皆有绪论，以于麟好古吊奇，不能自为一词，至讥为探滕肱箧之间，乃艺林之根蠹，学人之路阱。宁之生后于麟，乃能为古乐府，古直苍凉，自以为今人作古语终不似，斯其所以为似也。近体模仿少陵，时有奇句。选家录明诗无有知宁之者。王西樵（王士禄）教授莱州，编《涛音集》，乃取宁之诗而论次之。世无西樵，如宁之者，亦埋没于荒烟蔓草而已。"

　　孙鑛（1525—1592）　字文器，号端峰，晚号漆园供事。浙江绍兴府余姚人。补邑诸生，改郡诸生，以屡试不举，谒选为上林苑丞，不容于中贵，迁判胶州，作《梦登蓬莱阁赋》见志，寻自罢归。还乡，于宅东构漆园以居之，作《漆园供事别传》自寓。卒于万历二十年(1592)，年六十八。能诗，现存万历三十八年张垣刊本《端峰先生松菊堂集》二十四卷，内诗二十卷，收骚五、赋一、古近体诗一千零八十余首，词二首，文四卷，收各体文三十六篇。《皇明诗统》卷二二录其诗八首。清黄宗羲《姚江逸诗》卷一〇录其诗九首。《四库全书总目》著录《松菊堂集》二十四卷，"提要"云："诗句清隽，不入前后'七子'之派，文则不免于平衍……如《滕六司农》《玉羽仙翁》《食苹仙子》《秦大夫》《清修子》《姑射仙》诸传，皆以文为戏之笔也。"生平见许国《孙公墓志铭》(《许文穆公全集》卷五)、《(光绪)余姚县志》卷二三。

孙鑛(1542—1613)　字文融,号月峰。浙江绍兴府余姚人。隆庆四年(1570)领乡荐,万历二年(1574)进士,除兵部主事,改礼部、吏部。历员外郎、郎中,迁太常少卿、右通政,以右副都御史巡抚山东。拜刑部侍郎,改兵部,总督蓟辽、保定军务,进右都御史,经略朝鲜。还朝以忤中官革职听勘,起南右都御史,拜兵部尚书,参赞机务,加太子少保。四十一年卒,年七十二,谥文简。平生治学甚勤,评点校刻之书颇多。现存明刻《孙月峰先生批评书经》六卷、《批评礼记》六卷、《批评诗经》四卷(总名《孙月峰评经》十六卷),又有《合诸名家评注左传文定》十二卷、《左传评苑》八卷、《排律辨体》十卷、《楚辞评注释》八卷等。另曾辑《今文选》十二卷,选罗玘至李维桢三十一人文,以李梦阳为宗。《四库全书》收其《书画跋跋》三卷《续》三卷,盖为王世贞《书画跋》作跋语。其诗文万历四十年辑刊为《月峰先生居业》四卷《次编》五卷。后有清嘉庆十九年(1814)静远轩刻本《孙月峰先生全集》十二卷,内奏疏三卷,书启二卷,卷六收诗五百一十余首,卷七至卷一二收各体文。《明文海》录其文三篇。《明诗综》卷五二、《御选宋金元明四朝诗》录其诗二首。《明诗纪事》庚签卷一一录其诗四首,按语云:"月峰《斋中偶成》诗云:'吟诗远逊历城李(李攀龙),作字犹惭鄞县丰(丰坊)。'其自知审矣。"生平见林之盛《孙鑛传》(《皇明应谥名臣备考录》)、《(雍正)浙江通志》卷一八〇、清徐乾学《明史列传》卷八五。

纪青(?—1638)　字竺远。晚号竹翁。南直应天府上元(今江苏南京)人。万历间诸生,能诗及古文,家贫任侠。遍游四方,结交多名士。曾入天台国清寺为僧,投者宿释雪堂为师。久之还俗,归江东,以诗酒放浪于山水间。后游长安,抵滇、广。年六十余归家,崇祯十一年(1638)卒。子映钟,善为诗歌,刻其遗集。《金陵诗征》卷三〇著录其有《桦冠集》《铁船草》《无缝庵诗存》,皆未见传。《列朝诗集》录其诗十七首。《御选宋金元明四朝诗》录其诗七首。《金陵诗征》卷三〇录其诗十首。

纪坤(生卒年不详)　字厚斋。京师河间府献县(今属河北)人。崇祯间诸生。少有经世之志,久而不遇,乃逃于禅。晚榜所居曰"花王阁",盖自伤文章无用,如牡丹之华而不实也。《四库全书总目》著录其《花王阁剩稿》一卷,"提要"云:"集后有其孙容舒跋,称'……崇祯己卯

（1639），尝自编其诗为六卷，殁后尽毁于兵燹。'此本为其子钰所重编，盖于败簏中得藉物残纸，录其可辨识者，仅得一百余首，非原帙矣。其诗大致学苏轼，而戛戛自造，不循蹊径。惟遭逢乱世，坎壈以终，多感时伤事之言，故刻露之语为多，含蓄之致较少焉。《花王阁剩稿》一卷现存清乾隆九年（1744）纪容舒抄本，又有嘉庆四年（1799）阅微草堂纪氏刊本，共收诗一百十九首，翁方纲序。

纪振伦（生卒年不详） 字春华，自署秦淮墨客、秦淮居士、空谷老人。南直应天府江宁（今江苏南京）人。晚明书坊作家。现存万历三十四年（1606）卧松阁刊本白话长篇小说《杨家府演义》（《杨家府世代忠勇演义志传》）八卷五十八则，演杨业祖孙三代忠勇抗辽保宋故事。是书署"秦淮墨客校阅，烟波钓叟参订"，"秦淮墨客"实即纪振伦也。"杨家将"故事早已被采入宋人说话、金院本、元杂剧。是书前半部分多本熊大木《北宋志传》，后半部分"十二寡妇征西"及杨文广、杨怀玉等故事则为其自创。其大量情节、人物于史无征，又结构松散、形象粗糙，故事过于荒诞，但"杨家将"故事基本由其定型，明以后有关戏曲小说创作大多未出此书框架。又有《续英烈传》（又名《云合奇踪后传》）五卷三十四回，写靖难时事，褒彰建文帝，署"空谷老人编次"，亦有秦淮墨客序，"空谷老人"或亦为其托名也。纪振伦同时从事戏曲编辑，其所编昆曲选集《陶真选粹乐府红珊》，存明万历三十年（1602）唐振吾刊本及清嘉庆本。明刊本传奇《三桂记》《七胜记》《折桂记》《西湖记》《双杯记》《葵花记》《霞笺记》等，皆有"秦淮墨客校阅"。又据近人董康《曲海总目提要》所记，席正吾《罗帕记》也经过其校正。又明末心远堂刻本《绿窗女史》署"秦淮寓客辑"，未详是否亦为其人。

七　画

[一]

贡修龄（1574—1641）　初名万程，字国祺，号二山。南直常州府江阴（今属江苏）人。万历三十一年（1603）举人，四十七年进士，知浙江东阳县，摄义乌事。天启五年（1625）入为刑部主事，擢浙江参政，督漕运，以介直投劾归。里居五年，起江西参政，分守湖东，与巡抚不合归。卒于崇祯十四年（1641），年六十八。能诗文。《（乾隆）江阴县志》卷一六记其有《匡山集》《斗酒堂集》，现存崇祯七年序刊本《斗酒堂集》九卷，收诗六百三十余首，又补遗一卷收诗八十余首，《词》一卷收词十一首，《附集》一卷收友人赠诗，卷首有陈继儒序。清黄彬等《金华诗录》外集卷二"名宦"录其诗二首。近人顾季慈《江上诗钞》卷四五录其诗四首。生平见《（乾隆）江南通志》卷一四二。

严讷（1511—1584）　字敏卿，号养斋。南直苏州府常熟（今属江苏）人。生于正德六年（1511）十月十二。嘉靖十六年（1537）举应天乡试，二十年进士，选翰林庶吉士，二十二年授编修。三十年归省，三十三年假满，复起原职，与李春芳入直西苑，撰青词称旨，三十四年迁侍读，三十五年超授翰林学士，掌院事。三十七年官太常少卿兼翰林学士，三十九年进礼部右侍郎，转左，寻改吏部，四十一年升礼部尚书，四十二年改吏部，加太子太保兼武英殿大学士，入参机务，掌铨政。因病乞归，世宗崩，不复出。卒于万历十二年（1584）八月十二，年七十四，赠少保，谥文靖。工书法，能画花草。《明史·艺文志》著录其《春秋国华》十七卷、《表奏》二卷、《文集》十二卷。《春秋国华》十七卷，存万历三年刊本；诗文别集《严文靖公集》十二卷现存万历十五年原刊本，系辑编其所著奏疏杂文而成，所作五七言古近体诗四十六首则附于后，有其门人唐文灿序。《四库全书总目》著录《严文靖公集》，"提要"谓其"文格未能拔俗,集中亦大抵应酬之作"。《明诗综》卷四八录其诗一首。《海虞文征》录其文八篇、诗一首。生平见申时行《严公合葬墓志铭》(《赐闲堂集》卷二三)、王兆云《皇明词林人物考》卷九、《明史》卷一九三。清严炳、严燮有《严文靖公年谱》(清光绪活字本)。

严武顺(生卒年不详) 字忍公。浙江杭州府余杭(今杭州)人。明末诸生,尝入太学。能诗,著有《余人集》,未见传。与兄调御、弟敕并称"三严",曾合创小筑诗社,四方文人多裹粮而至。三人所著合编为《三严作朋集》,《千顷堂书目》著录,亦未见存,清陈允衡编顺治澄怀阁刊本《诗慰》二集收《作朋集选》二卷,内选武顺诗三十九首。陈济生《天启崇祯两朝遗诗》卷八录其诗九首。《明诗综》卷七七录其诗一首。《明诗纪事》辛签卷一七录其诗二首,按语云:"三严性情朴野,诗句率真。生当末季,朝局水火,寇盗纵横,读其诗,有世外桃源之乐。"生平见《(雍正)浙江通志》卷一八七。

严果(1518—1600) 字毅之,号文石,自号天隐子。南直苏州府吴江(今属江苏)人。家住震泽镇,布衣终身,不入城,不问家人生产,专注于诗文。卒于万历二十八年(1600),年八十三,叶初春曾为其作墓志铭。现存崇祯间严氏悟澹斋家刊本《天隐子遗稿》十七卷,内辞赋一卷,收赋四、辞二篇,诗六卷,收诸体诗近四百首,文十卷,序、传、祭文、尺牍等文二百三十余篇,有王思任《天隐子遗稿序》。《四库全书总目》著录《天隐子遗稿》,"提要"谓"首有王思任序,云'弇州(王世贞)盱衡海内,才子俱上赘贡。所不能致者,会稽徐文长(徐渭)、临川汤若士(汤显祖),其乡则严毅之',可谓卓然自立之士。然其诗文则尚非徐渭、汤显祖之匹"。

严怡(?—1575) 字士和,号石溪。南直扬州府如皋(今属江苏)人。少补诸生,七试于乡不举,嘉靖十六年(1537)以岁贡官博平儒学训导,丁父忧归。服阕补临朐司训,迁嵩县教谕,丁母忧,复任景宁教谕,迁东昌府教授,再迁堂邑王府教授,尝与边习倡和,十八年乞归。万历二年十二月二十二(1575年1月3日)卒。耽干教官二十余载,为人亢直,好诗,苦心文华。《千顷堂书目》著录其《石溪集》。现存万历五年刘效祖刊本《严石溪诗稿》六卷,收诗一千三百余首,首有刘效祖《严石溪先生诗引》、钱藻《题石溪诗刻》。《(嘉庆)如皋县志》卷二一记其尚有《灾异考》《土木考》《博平录》等,未见传。《明诗综》卷四八选录其诗三首。《御选宋金元明四朝诗》录其诗二首。清汪之珩《东皋诗存》卷二录其诗一百四十余首。清杨廷《五山耆旧集》卷四录其诗七十余首。《明诗纪事》己签卷一九录其诗一首。生平见马洛《明故堂邑王教授石溪严公行略》(《严石溪诗稿》卷首)、《(嘉庆)如皋县志》卷一七《文苑》、《(光绪)通州直隶州志》卷一三《文苑》。

严调御(生卒年不详) 字印持,号废翁。浙江杭州府余杭(今杭州)人。明末诸生,入清闭户不出,家门酬和,招邀胜友,读书养性,以穷困死,吴、越间人惜之,比之唐时罗隐。能琴善书,曾与董其昌、黄辉、李流芳等书佛经十二种,刻石于崇圣院在胜果寺东。为诗学杜,悲感慨慷,述时事忧危之状,而其闲适自得、不为物迁之旨,则神情韵况,又学陶。有《废翁诗稿》,其子严渡辑编,吴伟业序,未见传。与弟严武顺、严敕合称"三严",曾合创小筑诗社,四方文人多裹粮而至。三人所著合编为《三严作朋集》,未见传。清陈允衡编顺治澄怀阁刊本《诗慰》二集收《作朋集选》二卷,内选调御诗三十首。《明诗综》卷七七录其诗二首。《明诗纪事》辛签卷一七录其诗二首。生平见《(雍正)浙江通志》卷一七八。

严敕(生卒年不详) 字无敕。浙江杭州府余杭(今杭州)人。明末诸生。幼失怙恃,师事两兄调御、武顺,随仲兄游太学,一时有"三严"之目,兄弟三人又曾合创小筑诗社,四方文人多裹粮而至。是时文尚雕琢,敕独为淳古澹泊之音。性孝友,伯兄亡,效仲兄作《百忆吟》,而哀思过之。年七十,忆两兄先逝,绘《三逸图》以志思慕。晚岁才力愈健,诗卷盈箧,未见传。又,三人所著曾合编为《三严作朋集》,亦未见传。清陈允衡编顺治澄怀阁刊本《诗慰》二集收《作朋集选》二卷,内选严敕诗三十三首。陈济生《天启崇祯两朝遗诗》卷八录其诗六首。《明诗综》卷七七录其诗《吾家三兄弟》一首。《明诗纪事》辛签卷一七录其诗五首。生平见《(雍正)浙江通志》卷一七八。

严嵩(1480—1566) 字惟中,号介溪。江西袁州府分宜人。弘治四年(1501)举于乡,十八年进士,选翰林院庶吉士,授编修。移病归,读书钤山七年,所作古文诗词,颇著清誉。嘉靖间历官两都,后拜吏部尚书,入直武英殿,居首辅,主持朝政二十余年。嵩素有贪贿之名,以能青词、善揣测迎合帝意而得帝眷。久之,贪横日甚,与其子士蕃父子为虐。后朝官屡劾,阁臣徐阶等暗中伏击,帝意渐疏,嘉靖四十一年(1562)被劾,削籍归。旋因士蕃再被劾,士蕃以叛逆罪斩于市,全家因之被查抄。嵩嘉靖四十五年病卒,年八十六,时寄食墓所,不能具棺椁，亦无吊者。《明史·艺文志》著录其《嘉靖奏对录》十二卷、《钤山堂集》二十六卷。其著述多刻于其失势以前，现存嘉靖时刻《南还稿》一卷、《钤山诗选》七卷，嘉靖十九年刊《钤山堂诗钞》二卷及嘉靖三十一年刻《直卢稿》十卷、《钤山堂诗选》四卷，三十五年刻《振秀集》二卷。嘉靖二十四年始刻诗文本集《钤山堂集》屡经增修，存世有二十卷、三十二卷、三十六卷及四十卷本多种。后清乾隆、嘉庆时也有增修本。嘉靖间刻四十卷本《钤山堂集》首有湛若水、张治、王廷相、唐龙、刘节、黄绾、杨慎等序及多人所作"像赞"，内赋一卷(五篇)、诗十六卷(收诗七百八十余首)，又颂一卷、序三卷、记二卷、内制讲章二卷、杂著二卷、碑铭墓志等十卷。所著另有嘉靖二十四年刊《南宫奏议》三十卷存世。顾起纶《国雅》卷六录其诗十八首，《国雅品》引诸人论其诗者，或曰"冲逸闲远"(王廷相)，或曰"冲淡朗秀"(杨慎)，或曰"淡而远"(唐龙)，或曰"调高律细"(皇甫汸)。《皇明诗统》卷二五录其诗二十七首。《皇明诗选》录其诗九首。《石仓十二代诗选·明诗选》录其诗一百三十首。《列朝诗集》丁集中录其诗十七首，"小传"记其："初入词垣，负才名……而又能倾心折节，要结胜流，若崔子钟(崔铣)、杨用修(杨慎)、王允宁(王维

桢)辈，相与引合名誉，天下以公望归之。已而凭藉主眷，骄子用事，诸夷忠良，隤败纲纪，遂为近代权奸之首……其诗名《钤山集》者，清丽婉弱，不乏风人之致。直庐应制之作，篇章庸猥，都无可称。"《明诗综》卷二八录其诗十六首，"诗话"云："分宜通籍，即见知于献吉(李梦阳)、仲默(何景明)……暮年自序诗集云：'晚登政涂，百责身萃。回忆旧业，如弁髦然。触口纵笔，率尔应酬，不能求工，亦不暇求工也。'……分宜能知暮年诗格之坏，而不自知立身之败裂，有万倍于诗者。"清沈季友《檇李诗系》卷四〇录其诗二首。《四库全书总目》著录《钤山堂集》为三十五卷，"提要"云："嵩虽怙宠擅权，其诗在流辈之中乃独为迥出。王世贞《乐府变》云：'孔雀虽有毒，不能掩文章。'亦公论也。"《江西诗征》卷五四录其诗二十首。近人赵尊岳《明词汇刊》录其词六首为《钤山堂词》。生平见王世贞《大学士严公嵩传》《国朝献征录》卷一六)、王兆云《皇明词林人物考》卷六、《明史》卷三〇八。

严澄(1547—1625) 字道澈，号天池山樵。南直苏州府常熟(今属江苏)人。大学士严讷次子，以荫补中书舍人，历工部郎中，简放邵武知府。天启五年(1625)卒，年七十九。所著《松弦馆琴谱》，有万历四

十二年(1614)刻本,后被收入《四库全书》。诗文著述有天启刊本《云松巢集》,卷首有天启七年魏还初《云松巢集序》、管珍《云松巢集序》,现残存卷一至卷二六。另有明赏真斋刻本《一言半句》、清抄本《恬畅斋琐述》一卷及稿本《蒙史》一卷。《(1948)重修常昭合志》卷一八记其另有《恬畅斋集》三卷、《云松巢谈桂编》及《瘖语》。《海虞文征》录其文四篇、诗十六首。生平见瞿汝稷《严道澈先生传》(《瞿冏卿集》卷九)、《(雍正)昭文县志》卷六、《(同治)苏州府志》卷九九、《(光绪)常昭合志稿》卷三二。

苏大(生卒年不详) 字景元,号纯庵。徽州府休宁(今属安徽)人。明初布衣,洪武间曾学于邑人赵汸。后以教授弟子为业。年七十,自为墓志而卒。好文学,曾辑明人歌诗为《皇明正音》,《千顷堂书目》著录,未见传。其乡前辈金德玹曾辑录乡前先贤诗文为一集,苏大取其旧稿,重加厘订,依类而编,天顺四年(1460)刻为《新安文粹》十四卷,署"金德玹集、苏大订正"。苏大自撰诗文,未敢载入,仿太史公序《史记》之例,自为一卷,题为《纯斋诗文》,附之卷末,列为卷一五。《纯斋诗文》有李玉昂序、汪敬思跋及天顺三年苏大后序,内收赋一篇、各体文二十六篇、诸体诗九十余首、词四首。《新安文粹》与程敏政辑《新安文献志》大略同时而略早,故《新安文献志》收苏大文一篇、诗十一首、词二首。《四库全书总目》著录《新安文粹》十五卷,"提要"谓其"中间所录之文,不及《文献志》之博,而颇有《文献志》所不载者,二书固互相表里也"。《千顷堂书目》著录其诗文别集《瓮天集》,未见传。陈有守等《徽郡诗》卷四录苏大诗一首。《列朝诗集》乙集录其诗二首。《明诗综》卷二三录其诗一首。《御选宋金元明四朝诗》录其诗二首。《明诗纪事》乙签卷二一录其诗一首。生平见《新安文献志》附《先贤事略》。

苏元隽(生卒年不详) 字汉英,号太初,别署不二道人。福建延平府沙县人。少学举子业,而诗赋古文词并为之。为诸生后屡应乡试不举。据方志,万历三十四年(1606)秋闱,以"试卷为场蠹所剪"落榜,因叹曰:"吾之独难一第,命也。"未几病卒。诗文著述辑为《小有初稿》,未见传。撰传奇《梦境记》,现存万历间金陵继志斋刻本,题《重校吕真人黄粱梦境记》,又有万历四十三年百岁堂刊本,题《新刻出像点板吕真人梦境记》,署"不二道人苏汉英编次"。剧取黄粱梦典故而演钟离权度吕洞宾故事,又杂以唐郭子仪、颜真卿等人,虽为阐道之剧,然多随意点染。至剧中参加科考之小生有道白云："还有一说，近闻科场里作弊，把剪刀剪人文字极多，故时人有诗曰：'文章已付金刀剪，名姓何劳自简封。'吾曹白首文场，不知几落并州快剪矣。"将个人身事与时事融入其中，以抒愤慨。吕天成《曲品》将其列为"中上品"。祁彪佳《远山堂曲品》奉其为"逸品"，评语曰："传黄粱梦多矣，惟此记极幻、极奇，尽大地山河、古今人物，尽罗为梦中之境。"生平见丘兆麟《闽苏汉英先生墓志铭》《玉书庭全集》卷一九）、《（康熙）沙县志》卷一○。

苏正（1411—1469）　字秉贞，号云壑。浙江杭州府海宁人。早从翰林修撰张洪习举子业，中岁尽弃去，专意古学，诸经子史皆尝肆力。曾与兄苏平同游京师，与刘溥等倡和，因与刘溥、汤胤勣、苏平、沈愚、王淮、晏铎、邹亮、蒋忠、王贞庆等称"景泰十才子"。卒于成化五年（1469），年五十九。卒后其弟子张宁为其作《墓碣》，谓其有《自鸣集》二十卷，又《两浙名贤录》及《千顷堂书目》记其有《云壑集》，皆未见传。天顺间刊《士林诗选》二卷（怀悦辑）录其诗五十四首。《皇明风雅》录诗四首。顾起纶《续国雅》卷二录其诗二首。《皇明诗统》卷一一录其诗十首。《皇明诗选》录其诗一首。《列朝诗集》乙集录其诗五首，"小传"记云："教授弟子甚众，张宁、祝祺，其高弟也。"清沈季友《槜李诗系》卷三九录其诗一首。《明诗综》卷二一录其诗一首。《御选宋金元明四朝诗》录其诗五首。《明诗纪事》乙签卷二○录其诗一首。生平见张宁《云壑先生苏公墓碣》《方洲集》卷二三）、《明史》卷二八六。

苏平（生卒年不详）　字秉衡，号雪溪。浙江杭州府海宁人。少时曾作《绣鞋》诗有名，人呼为"苏绣鞋"。永乐间举贤良方正不就，后终身布衣。曾与弟苏正游京师，与刘溥、汤胤勣、苏正、沈愚、王淮、晏铎、邹亮、蒋忠、王贞庆等称"景泰十才子"。《千顷堂书目》著录其《雪溪渔唱》六卷。有景泰六年（1455）序刊本《雪溪渔唱集》，原书十卷残存卷一至卷八，卷首题晏铎编选、王贞庆校正，张楷序，内卷一收赋十一篇，卷二至卷八收诗六百五十余首。又传世景泰残本附有清抄补遗一卷，收诗一百四十余首附录其弟苏正诗九首。《雪溪渔唱集》另有清光绪张光第抄本，十卷全，卷九、卷一○所收为七言律诗，正传世刊本所缺，暂未见。天顺间刊《士林诗选》二卷（怀悦辑）录其诗四十二首。《皇明风雅》录其诗三首。顾起纶《续国雅》卷二录其诗一首。《皇明诗统》卷一一录其诗十六首。《石仓十二代诗选·明诗选》录其诗六十余首。

《列朝诗集》乙集录其诗十四首，"小传"记云："秉衡论诗甚严，尝言宋一代今体诗仅王禹玉《元夕》一章仿佛唐人，犹惜其落句（'镐京春酒沾周宴'）'沾'字不谐，欲改为'陪'；高青丘（高启）诗二千首，近体止取《吴女诵经》一首。"《明诗综》卷二一录其诗四首，"诗话"云："秉衡妄为大言……当日邹御史克明（邹亮）作《三夸》诗，以秉衡为首，其次汤公（汤胤勣），其次刘原博（刘溥）。克明名在'十子'之列，在同调亦不免嘲笑之，他可知矣。"清沈德潜《明诗别裁集》录其诗一首。《御选宋金元明四朝诗》录其诗十二首。清沈季友《檇李诗系》卷三九录其诗一首。《明诗纪事》乙签卷二〇录其诗三首。生平见徐象梅《两浙名贤录》卷四七《文苑》《明史》卷二八六。

苏光泰（生卒年不详）　字交宇，号来卿。山东东昌府濮州（今河南范县）人，苏佑曾孙。万历十六年（1588）举人，明年进士。天启间累官至河南布政司左参议、湖广按察副使、河南右布政使。喜吟咏适情，现存万历二十八年刊诗集《适适草》四卷，收诗不分体，凡三百五十余首，有杨于庭、朱琏、程逵、何大谦、彭而珩序，张汝霖跋。生平见《（康熙）濮州志》卷二。

苏仲（1456—1519）　字亚夫。广东广州府顺德（今佛山）人，苏葵弟。弘治十四年（1501）举人，十五年进士，授户部主事。坐事左迁，正德七年（1512）任广西象州知州，九年，致仕归田，十四年卒于家，年六十四。著有《古愚集》四卷，现存清光绪七年（1881）顺德苏氏家重刻本，文一卷，诗三卷（收诗三百五十余首）。清梁善长《广东诗粹》卷四录其诗二首。生平见其孙苏天琦《前户部主事古愚公传》（《古愚集》附）、《（康熙）顺德县志》卷七。

苏志皋（1493—1569）　字德明，号寒村，又号岷峨山人。京师顺天府固安（今属河北）人。生于弘治六年（1493）十月二十四。少以多疾废学，自弱冠始奋志举子业，嘉靖十年（1531）领顺天乡荐，十一年进士，除湖广浏阳知县。十三年调江西进贤，十四年征授刑部主事。历员外郎、郎中，十九年晋山西按察金事，二十二年晋右参议，二十六年调陕西兵备副使。坐督饷事左迁河州知州，二十八年迁陕西金事，历山西副使、陕西左参政、山西按察使，三十年进山西右布政使，三十三年以金都御史巡抚辽东，进右副都御史，三十七年致仕归。卒于隆庆三年（1569）六月初三，年七十三。《千顷堂书目》著录其《抱（枹）罕集》又《寒村集》四卷，现存嘉靖三十六年许应元刻隆庆增修本《寒村集》四卷，凡诗二卷，收赋二篇，诸体诗二百九十余首、词九首，文二卷，收各体文二十余篇，有张溱序、汪来跋。《四库全书总目》著录《寒村集》四卷，"提要"记云："有汪来后序，称其尚有《巡抚奏议》十八卷，《译语》《画跋》《恒言》各一卷，今并不存。"《皇明诗统》卷二五录其诗二十三首。《列朝诗集》丁集录其诗四首，"小传"谓其"才情富丽，沾沾自喜，好作长短句"。清王崇简《畿辅明诗》录其诗五首。《明诗综》卷四一录其诗一首。《明诗纪事》戊签卷一八录其诗四首，按语云："寒村诗风调自佳，北平诗人，品在顿鸥汀（顿锐）之次。"生平见郭秉聪《寒村苏公暨配恭人温氏合葬墓志铭》（《寒村集》附录）、雷礼《国朝列卿纪》卷一一九。

苏佑（1492—1571）　字允吉，号舜泽，更号谷原。山东东昌府濮州（今河南范县）人。正德八年（1513）举于乡，嘉靖五年（1526）进士，除吴县知县，以母丧归。服除补束鹿，征为广东道监察御史，迁江西提学副使，二十一年擢山西参政，分理雁门三关，晋大理少卿。二十五年以右佥都御史巡抚保定，二十六年进副都御史，改抚山西，二十八年进刑部右侍郎，改兵部，转左。二十九年急诏其总督宣大、山西军务，救援大同，以功晋兵部尚书，寻坐事削籍归。家居十余年，穆宗即位，召复冠带，以旧官致仕，隆庆五年（1571）卒，年八十。《千顷堂书目》著录其《谷原奏议》十二卷、《云中纪事》一卷、《三关纪要》三卷、《法家哀集》一卷、《逎游琐言》二卷、《孙子吴子集解》《谷原诗集》八卷又《文集》十卷又《巡集》一卷。现存嘉靖三十七年龚秉德刊本《谷原诗集》八卷，又明刻《谷原文草》四卷、《谷原诗草续集》一卷、《三巡集稿》一卷，又嘉靖刊本《逎游琐言》二卷。与杨循吉合修之《（嘉靖）吴邑志》十六卷今亦存。《盛明百家诗》后编录其诗一百七十余首为《苏督抚集》。顾起纶《续国雅》卷四录其诗三首。《皇明诗统》卷二五录其诗二十三首。《皇明诗选》录其诗四首，评曰："司马诗沈雄雅练，边塞之篇，不愧横槊。七律格律精严，声调清亮，咄咄逸群而上。"《列朝诗集》丁集录其诗五首，"小传"云："侍郎诗，粗豪伉浪，奔放自喜，今人不复详其风格，徒以其声调叫号近于雄浑，遂谓关塞之篇，不愧横槊。何相者之举肥也？鲁王孙观妪评曰：'格不高而气逸，调不古而情真。'又谓其二子青出于蓝，盖齐、鲁间之论如此。"《明诗综》卷四〇录其诗二首。清沈德潜《明诗别裁集》录其诗三首。《御选宋金元明四朝诗》录其诗十八首。《四库全书总目》著录《谷原文草》四卷《谷原（诗）集》十卷，"提要"谓其文"词多骈丽，规仿《文选》，而真气不足以充之。在'七子'派中又为旁支矣"。又谓其诗"大旨宗李攀龙之说,不肯作唐以后格,而亦不能变唐以前格,故音节琅琅,都无新意"。清宋弼《山左明诗钞》卷一一录其诗六十二首。《明诗纪事》戊签卷一六录其诗八首。生平见于慎行《谷原苏公佑行状》(《国朝献征录》卷五七)、钱士升《苏公墓志铭》(《赐余堂集》卷一二)、王兆云《皇明词林人物考》卷七。

苏伯衡(生卒年不详)　字平仲。金华(今属浙江)人。博洽群籍,以诗文有声于时,元至正末举乡贡。朱元璋取浙西,设礼贤馆,招而礼之,于吴元年(1667)前一年七月选为国子学录,次年迁学正。明洪武三年(1370)命校《元史》,次年擢翰林国史院编修,作《国子学同官记》,辞归。十年,宋濂以翰林承旨致仕,荐平仲以自代,召至,以疾固辞,赐文绮遣还。二十一年聘其主会试,事峻辞还,寻授处州教授,坐笺表误下狱死。士论惜之,二子恬、怡,并以救父被刑。平生素怀恬退,以古文鸣于世。宋濂《送平仲还金乡序》云:"平仲辞章,体裁严比,姿态横逸,如春阳被物,或根或荄,或卉或条,或大或小,或圆或偏,各随其物而畅之,无有同者。"《明史·艺文志》著录其《苏平仲集》十六卷,现存正统七年(1442)处州推官黎谅重刊本《苏平仲文集》十六卷,首有洪武十三年宋濂序及洪武四年刘基序,卷末有洪武八年胡翰跋,内各体文十四卷,卷一五收赋一、辞二、古近体诗四十余首,卷一六为《空同子瞽说》二十八篇。《四库全书》据是本收《苏平仲集》,《总目》"提要"云:"濂(宋濂)……称其'文词蔚赡有法',殆非虚美。郑瑷《井观琐言》病其用意太苦,遣词太繁缛,不可为法,则过高之论矣。"《四库总目》另著录其《空同子瞽说》一卷,盖当时另有单刊行世者也。程敏政《皇明文衡》录其文二十六篇。《明文海》录其文十六篇。刘仔肩《雅颂正音》录其诗四首。《皇明风雅》录其诗三首。顾起纶《续国雅》卷一录其诗一首。《皇明诗统》卷四录其诗十一首。阮元声《金华诗粹》录其诗八首。《石仓十二代诗选·明诗选》录其诗二十二首。《列朝诗集》甲集录其诗十八首。《明诗综》卷四录其诗三首。《御选宋金元明四朝诗》录其诗十三首。清乾隆时朱琰《金华诗录》卷二二录其诗六首。《明诗纪事》甲签卷一三录其诗七首,按语谓其诗"非所措意,而泽古既深,风格亦自骞举"。生平见黄佐《国子监学正苏伯衡传》(《国朝献征录》卷七三)、廖道南《殿阁词林记》卷八、《明史》卷二八五。

苏复之(籍里及生平不详)　朱权《太和正音谱》所举明初杂剧作家

十六人中列其姓名,注云"指挥",并评其词曲如"云林文豹"。所著传奇《金印记》,现存明万历时刊本。其剧据《战国策》及《史记》之苏秦故事敷衍,谓苏秦未得官时受家人轻视与讥笑,世人亦对之冷淡,待到腰悬金印、衣锦还乡,家人百般奉承,世人亦谄笑逢迎。全剧四十二出,场次安排长于对比,苦乐冷热,反差强烈。有意模仿《琵琶记》结构手法,未失初期传奇本色。吕天成《曲品》称其"写世态炎凉曲尽,真足令人感喟发愤,近俚处且见古态"。其剧流行甚广,后高一苇又增张仪连横事,改订此剧为《金印合纵记》(一名《黑貂裘》),其《不第》《投井》《刺股》《归第》等出为昆曲保留剧目,清乾隆后许多地方剧种亦都有其单出或改编本。

苏惟霖(生卒年不详) 字云浦,号潜夫。湖广荆州府江陵(今属湖北)人。万历十九年(1591)举人,二十六年进士,授中书舍人。以监察御史巡视两淮漕储,又出按山西,累官至河南按察副使,致仕后卒,年五十。好文学,游宦地多所题咏。平生与"公安三袁兄弟"交厚。万历二十六年入京,入三袁蒲桃社。宏道殁后,惟霖聘宏道长女为子媳,又以女许宏道次子袁岳年。后与袁中道发起金粟社。复与京山李维桢、同里吴道昌等人相倡和。著述现存明刊《西游续稿》六卷,内《西游诗草》一卷(收诗一百六十首)、《西游日纪摘抄》二卷、《西游日纪》一卷、《西游札子》一卷、《西游杂著》一卷。又《两淮集》五卷,明万历间刊本,所收多为其巡按江西时所作诗文。清高士熙《湖北诗录》录其诗二首。近人赵尊岳《明词汇刊》录其词四首为《西游诗余》。生平见《(光绪)荆州府志》卷四九、《(光绪)续修江陵县志》卷二七。

苏葵(1450—1509) 字伯诚,号虚斋。广东广州府顺德(今佛山)人。生于景泰元年(1450)十月十六。成化十三年(1477)乡试中举,二十三年进士,选翰林院庶吉士,授编修。弘治九年(1496)例当充会试同考官,有柄臣属其私人,遂辞试事,因被谗,出为江西按察佥事,提督学校。在邑增修白鹿洞书院,置田以赡其来学者,太监董让构陷之,下狱,理官欲加之刑,南昌诸生百人,号泣白冤,事竟得雪。自知不容于时,上疏乞归,改提督四川学政。正德二年(1507)擢福建右布政使,四年七月十六卒于官,年六十。性刚介,不苟合,时以清廉称。能诗文,《千顷堂书目》著录其《吹剑集》,现存清光绪六年(1880)种德堂刊本《吹剑集》十二卷首一卷,内诗六卷,收诗六百七十余首。《明诗综》卷二五录其诗一首。清梁善长《广东诗粹》卷三录其诗二首。生平见林瀚《苏公墓志铭》、郑善夫《苏公墓表》（《吹剑集》附）及《（雍正）广东通志》卷四五。

苏潢（生卒年不详）　字叔子，号杏石。山东东昌府濮州（今河南范县）人，苏佑三子，官河南布政司都事。嘉靖二十九年（1550）六月，蒙古俺答汗聚众十万欲大举内侵，首战设伏，杀大同总兵官张达、副总兵林椿，朝廷急诏苏佑以兵部左侍郎暂代宣大总督，苏佑以苏潢为侍从，单车出京，驰赴大同，严警城防，调正部署，因得转危为安。潢亦能诗，《千顷堂书目》著录其《元夕倡和集》又《荣善倡和集》又《游梁诗草》。现存万历刊本诗集《清华轩集》六卷，收古近体诗一百七十八首，首有万历十一年（1583）李先芳序，二十年帅廷镆序，二十四年王嘉言、赵南星序。《皇明诗统》卷二五录其诗六首。《列朝诗集》丁集录其兄苏澹诗十首，"小传"谓"澹之弟审理潢，诗颇骄稚"。《明诗综》卷四五录其诗一首。清宋弼《山左明诗钞》卷二〇录其诗二首。《御选宋金元明四朝诗》录其诗一首。生平见《（康熙）濮州志》卷三。

苏澹（生卒年不详）　字子冲。山东东昌府濮州（今河南范县）人，苏佑次子。嘉靖二十八年（1549）举人。《千顷堂书目》著录其《仲子集》

七卷，未见传。《皇明诗统》卷二五录其诗十七首。《列朝诗集》丁集录其诗十首，"小传"云："六七岁随父宦吴。渡江，能为赋二联；登虎丘，能为诗四句。其自叙谓年三十尚在举子列，尝有感慨之句。中立谓其青出于蓝，且尤过之。"《明诗综》卷四五录其诗二首。《御选宋金元明四朝诗》录其诗八首。清宋弼《山左明诗钞》卷二〇录其诗十五首。《明诗纪事》己签卷七录其诗一首。生平见《（康熙）濮州志》卷三。

苏濂（1513—1580）　字子川，号鸿石。山东东昌府濮州（今河南范县）人，苏佑长子。生于正德八年（1513）正月初四。嘉靖二十四年（1545）以选贡入太学，十上不举，以荫除鸿胪寺丞，升南光禄署正，出为巩昌府通判，投劾归。卒于万历八年（1580）十月初二，年六十八。所著嘉靖间刊为《苏伯子集》十三卷，《千顷堂书目》著录，现存卷一至卷六、卷九至卷一三。是集卷首有嘉靖三十八年苏濂《苏伯子集自序》、三十九年许榖《两苏诗集叙》、四十四年茅坤《苏氏二子诗刻题辞》，则原与苏澹《仲子集》同时刊也。又有《诗说解颐》四卷，据自序，书成于嘉靖四十二年。其书"掇拾旧闻，并附己意"，广涉诗评、辨体、诗法、考辨、逸闻、掌故、诗句源流等，自刘勰《文心雕龙》以下，至宋人诗话、诗论，采撷甚多，然皆不注出处，排列亦随意。崇祯十一年曾刊板梓行，现仅存明红格抄本。《明史·艺文志》另著录其《四书通考补遗》六卷。《皇明诗统》卷二五录其诗十首。《列朝诗集》丁集录其诗五首。《明诗综》卷四五录其诗二首。《御选宋金元明四朝诗》录其诗五首。清宋弼《山左明诗钞》卷二〇录其诗十八首。《明诗纪事》己签卷七录其诗一首。生平见于慎行《苏公墓志铭》（《谷城山馆文集》卷二三）、王兆云《皇明词林人物考》卷七。

苏濬（1541—1599） 字君禹，号紫溪。福建泉州府晋江（今泉州）人。万历五年（1577）进士，除南刑部主事。寻改工部，升员外郎，出为浙江提学佥事。历陕西参议，广西参政、副使，擢贵州按察使，未赴，卒于万历二十七年（1599），年五十九。好经史学，现存万历刻《生生篇》七卷、崇祯刊本《重订苏紫溪先生会纂标题历朝纲鉴纪要》十六卷，清乾隆五十五年（1790）师俭堂印本《重镌苏紫溪先生易经说》八卷。《四库全书总目》另著录其《周易冥冥篇》四卷。《明史·艺文志》著录其别集《紫溪集》三十四卷。现存别集名《三余集》，明刊本残存二十一卷，内卷二至卷五为诗，卷一〇至一二收序、论，卷一三、一四收《广西通志》，卷一五收《安南志叙》《安南志》，卷一

七至卷二四收碑记、传、墓表、志铭、祭文、行状、奏疏，卷二九至卷三二收表、策、启、书牍。《明文海》录其文八篇。《明诗综》卷五三录其诗三首。《御选宋金元明四朝诗》录其诗一首。清郭柏苍《全闽明诗传》卷三〇录其诗三首。生平见李廷机《苏先生墓志铭》（《李文节集》卷一五）、清李清馥《按察苏紫溪先生浚》（《闽中理学渊源考》卷七〇）。

杜士全（1563—1645） 字完三。南直松江府上海人。万历十三年（1585）举人，二十三年进士，授海盐知县，入为刑科给事中。南北游宦多年，万历四十五年累迁至南工部尚书，告归。清顺治二年（1645）卒，年八十三。《千顷堂书目》著录其《春星堂诗稿》五卷又《杜完三诗稿》五卷。现存清雍正元年（1723）其曾孙杜廷鲤刻诗集《春星堂存稿》四卷，首有陈继儒《春星堂存稿序》、继有明崇祯二年（1629）傅振商序及杜士全自序，计收古近体诗七百三十余首。另有天启三年（1623）金陵朱氏刻本《金陵图咏》，系朱之蕃、杜士全、余孟麟等倡和之结集。清姚宏绪《松风余韵》卷三七录其诗十五首。清冯金伯《海曲诗钞》卷四录其诗八首。近人严昌堉《海藻》卷八录其诗九首。生平见（《光绪》南汇县志）卷一三。

杜子华（生卒年不详） 字圻山，

称圻山山人。南直常州府无锡（今属江苏）人。尝任太医。能诗，尤以词曲名。现存万历六年（1578）刊本《新刻三径闲题》二卷，计收小令一百三十二首，套数五套。卷首王穉登序云："太医杜君子华，能诗有高才。家擅园池之胜，香草美箭，灿然成蹊，君对之翛然乐也，莫不倚而为曲。细而禽虫花竹，大而寒暑四时，风云月露之变幻，芳辰乐事之流连，一觞一咏，积之青箱，于是盖盈卷矣。"其小令最多为咏花之作。张琦《吴骚二集》《吴骚合编》录其小令一首、套数二套。

杜开美（生卒年不详）　字爱度。南直松江府上海人。诸生，万历间以荐除文华殿中书舍人，以能诗交于当时名士，后以母老乞归。所著现存万历刊本《兰陔堂稿》十四卷《尺牍》四卷，卷首万历二十六年（1598）陈所蕴、刘凤、骆日升、王穉登、陈继儒序。内《扣舷草》一卷，收诗二十八首，有自序、王叔朗序；《远游篇》一卷，收诗六十二首，附刻七首，黄体仁序；《貂裘草》一卷，收诗九十首，附诗十首，有自序、刘子威序；《秋水篇》一卷，收诗九十三首，有自序、黄体仁序、张长舆序、从弟彦恭后序；《润州草》一卷，收诗六十四首、序一、传一、祭文二篇，附刻诗一首，许道父序、张长舆序、自序；《敝帚草》二卷，卷上收诗一百零七

首，陆际卿序，卷下收文十八篇；《白门草》一卷，收诗一百零五首，徐子先序、张次甫序；《行药草》一卷，收诗七十五首，朱季则序；《蜩甲草》一卷，诗一百三十首，张振藻序；又《尺牍》四卷，王穉登、顾斗英序。清姚宏绪《松风余韵》卷三七录其诗二十八首。清冯金伯《海曲诗钞》卷四录其诗十七首。《明诗纪事》庚签卷二八录其诗三首。近人严昌垿《海藻》卷八录其诗十三首。生平见《（嘉庆）松江府志》卷五五。

杜文焕（生卒年不详）　字弢武。南直苏州府昆山（今属江苏）人，延安卫（今陕西延安）籍。总兵杜桐之子，万历间以荫补武职官，历延绥游击将军，累进参将、副总兵，擢延绥总兵官，以疾罢归。天启元年（1621）再镇延绥，坐失事罪，谪戍边。七年起为都督金事、宁夏总兵官，改镇宁远。崇祯初，进右都督，特命提督山陕临宁总兵，四年（1631），御史吴甡劾其杀难民冒功，给事中张承诏复劾之，下狱褫职。十五年，用总督杨文岳荐，以故官讨李自成，无功，谢病归。福王立，以原官提督京师防务，进少保、少师，兼太子太师，事败，归昆山卒。《千顷堂书目》著录其《太霞洞集》，现存天启间原刊本《太霞洞集》三十二卷附录二卷，内赋一卷、骚一卷、古近体诗十八卷（附词三十余首）、文十

二卷,附录一为《太霞艺极》十篇,二为杂序十七篇,有吴道南、李维桢、冯时可等序。又有天启时刻《太霞集选》二十八卷,钱希言选,李维桢序。《明诗纪事》庚签卷二四录其诗五首,按语云:"万历中叶以后,专阃将帅以能诗名者,有杜文焕、萧如薰……文焕诗尚初唐……《太霞洞集》五言近体,颇有藻韵。时与薛千仞(薛冈)、何无咎(何白)、俞羡长(俞安期)、林茂之(林古度)诸人倡和,不如萧之好事也。"生平见《明史》卷二三九、《(道光)昆新两县志》卷二一、《(同治)苏州府志》卷九四。

杜齐芳(生卒年不详)　字元韡,号云槃。河南归德府柘城人。万历四十七年(1619)进士,授平阳府推官。时蒲坂有巨盗,杜齐芳以计捕之,因功补刑科给事中。以劾魏忠贤,下狱论斩,赦戍边。崇祯元年(1628),赦复原官,三年,坐私书御史李长春事,将置重典,赖首辅成基命力救,得遣戍。崇祯四年四月大赦,复故官,迁都给事中,又以劾周延儒遣戍,旋遇赦归里,后数召不应,五十七岁卒于家。为人清刚高警,邑人私谥"义惠先生"。所作诗辑为《飞蓬吟》十卷,有崇祯间刊本,现存七卷(卷一至五及卷七、卷九),有崇祯四年钱龙锡序。生平见《(乾隆)柘城县志》卷八。

杜琼(1397—1474)　字用嘉,号东原,或署东原耕者,又称鹿冠道人、五坞山人。南直苏州府吴县(今江苏苏州)人。生于洪武二十九年十二月初五(1397年1月4日)。生一月父丧,母育而教之。永乐七年(1409)从五经博士陈继学,后以画名世,尤以山水见长,远宗董源,近法王蒙,风格苍秀,傅色清淡,为吴门画派之先声。亦能诗,题画之作深得赞扬。宣德十年(1435)曾受地方官之聘,总纂七县史料。正统六年(1441)有司定其儒籍,十三年与徐庸等结文社。知府况钟两度荐其为官,固辞不出。家贫,以卖画为生。戴鹿皮冠,持方竹杖,出游朋旧,逍遥移日,归而菜羹粝食,怡怡如也。成化十年(1474)十月二十六卒,年七十九,三吴送葬者数千人,门人私谥渊孝先生。《千顷堂书目》著录其《耕余杂录》《纪善录》一卷、《东原集》一卷。《纪善录》一卷,有明抄本,载洪武迄正统吴中循吏、先贤及妇女有操行可纪者四十人事迹。诗文著述现存其乡人张习抄本《东原集》七卷,收其所作古近体诗三百八十余首。集后正德十四年(1519)俞弁跋,称所见杜琼集之刊本不及此抄本完备。又有清初虞山王乃昭手抄本《杜东原诗集》不分卷,内收诗一百八十余首、文三十五篇又补遗十四篇。另有清抄本《杜东原杂著》一卷、补遗一卷。钱谷

《吴都文粹续集》多录其诗文。《列朝诗集》乙集录其诗十首。《明诗综》卷二三录其诗二首。《御选宋金元明四朝诗》录其诗五首。《四库全书总目》著录《东原集》，"提要"云："其诗以平正畅达为宗，而伤于朴僿。"《明诗纪事》乙签卷六亦录其诗二首。生平见其门生沈周《杜东原先生年谱》（《雪堂丛刻》本）、佚名《杜用嘉琼传》（《国朝献征录》卷一一二）、张昶《吴中人物志》卷九、文震孟《姑苏名贤小纪》上、何乔远《名山藏》卷九七。

杜敩（1313—1384） 字致道，自号拙庵老人。山西壶关人。通《易》《诗》《书》三经，元季举河东乡试第一，除高平教谕，迁台州学正，以丁父忧归，遂家居事母，以教授乡里为业。曾与章诚、李惟馨结社倡和，称"雄山三老"。明洪武中朱元璋杀胡惟庸，罢中书省，十三年（1380），征儒士王本、杜佑、杜敩、赵民望、吴源等为"四辅"官兼太子宾客，位在尚书之上，杜敩称夏官。宋讷为国子助教，即出于杜敩之荐。旋罢不设，仍归家教授。洪武十七年病卒，年七十二。《明史·艺文志》著录其《拙庵集》十卷，现存成化间刻嘉靖四年（1525）补修本，有天顺八年（1464）叶盛序、成化八年（1472）钱溥序及嘉靖四年张友直跋，内卷一为"圣制"，卷二至卷七收

诗一百六十余首，卷八收序八篇，卷九收记五篇，卷一〇附录友人题赠诗文及传略。程敏政《皇明文衡》卷三〇录其文一篇。《（雍正）山西通志》录其诗一首、文二篇。《明诗纪事》甲签卷一二录其诗三首。生平见《（雍正）山西通志》卷一一三、《明史》卷一三七。

杜濬（1611—1687） 原名诏先。字于皇，号茶村，晚号半翁，别号黄鹤山农、睡乡祭酒、钟离浚水、金陵山佣等。湖广黄州府黄冈（今属湖北）人。生于万历三十九年（1611）正月十六。少为诸生，与余怀、白梦鼐齐名，有"余杜白"之称。崇祯七年（1634）避张献忠之乱，全家移居南京。十二年乡试，以语犯忌落副榜。明亡后改名，定居南京，以家累，频至扬州、吴中、松江、杭州、淮阴、泰兴等地以谋口食，曾得艺人柳敬亭资助。所交多为明遗民。知友人孙枝蔚欲应清廷征辟，致信诫其"毋作两截人"（《与孙豹人书》）。钱谦益尝造访，亦闭门不与通。后"老而益贫，贫而益狂"，清康熙二十六年（1687）六月客死扬州，年七十七。身后萧条，至无以入殓，数年后陈鹏年任江宁知府，始葬其于钟山之北。以诗文名，数十年居于南京，得遍交南北名士，有名于当时。曾为李渔小说集《无声戏》《十二楼》及《笠翁十种曲》中之《凤求凰》《玉搔头》《巧

团圆》《比目鱼》等作序、评。诗文著述甚夥，卒后方苞为其作《墓碣》，谓其著述"手定凡四十七册"。以无力付梓，多散佚，传者不及十之一。《千顷堂书目》著录其《变雅堂诗集》，未注卷数，现存清康熙刻《变雅堂文集》不分卷(收序、记、志铭等文百余篇)附《推枕吟》一卷(收诗二十九首)《杜陵七歌》一卷。清光绪二十年(1894)黄冈沈卓如刻《变雅堂遗集》十八卷附录二卷则为后人所辑刻之全集。内《文集》八卷，收各体文一百二十篇，《诗集》十卷，收古近体诗约五百首，附录辑各类与杜濬相关之诗文。清廖元度《楚风补》卷三三录其诗七十一首。清卓尔堪《明遗民诗》录其诗一百五十八首。《明诗综》卷八一录其诗十四首，"诗话"云："启、祯之间，楚风无不效法'公安'、'竟陵'者，于皇独以杜陵为诗，是亦豪杰之士。"清沈德潜《明诗别裁集》录其诗五首，按云："茶村……五律苍苍莽莽，自是大家举止。"清袁枚《随园诗话》则云："杜茶村为国初逸老，人多重其五律，余以为袭杜之皮毛，甚觉无味。"清高士熙《湖北诗录》录其诗七首。《明诗纪事》辛签卷一五录其诗十四首，按云："于皇诗师法杜陵，身际沧桑，与杜陵遭天宝之乱略同。故其音沈痛悲壮，读之令人酸楚。"清蒋景祁《瑶华集》录其词七首。《明词综》卷九录其词一首。清抄本孔传铎辑《名家词抄》有《茶村词》，录词十六首。生平见清方苞《杜茶村先生墓碣》(《望溪先生文集》卷一三)、《(雍正)湖广通志》卷五二、《(乾隆)江南通志》卷一七二。

李一元(生卒年不详) 字调卿，号陶山。南直池州府建德(今安徽东至)人。嘉靖十六年(1547)举人，二十六年进士，授开州知州。历金华知府，迁河南提学副使，转太仆寺丞，迁通政使，擢南刑部右侍郎，转兵部右侍郎，巡抚江西。以廉洁自持称，《千顷堂书目》著录其《陶山集》十卷。现存万历十四年(1586)跋刊本《李陶山先生集》十卷，内诗一卷收诸体诗七十余首，以下各卷分别为奏疏、条议、序、记、跋、说、书、幛词、启、学约、郡约、祭文。生平见《(乾隆)江南通志》卷一一九。

李三才(1552—1623) 字道甫，号修吾。世籍武功右卫(今陕西临潼)，以祖父被调宿卫京师，遂家于顺天府通州(今属北京)。万历二年(1574)进士，授户部主事，进郎中。与魏允贞、李化龙以名世相期许，允贞以劾时相张四维、申时行左迁，三才论救，谪东昌府推官。迁南礼部主事，历郎中，出为山东按察佥事，升河南参议。历山东、山西按察副使，迁南通政司参议，召为大理少卿。二十七年以右佥都御史总督漕运,巡抚凤阳诸府,加户部尚书衔。时顾宪成讲学东林,与之深相交结。三十八年,朝议外僚入阁,意在三才,遂引发党争,飞章钩连,物议旁生。数十朝臣章疏连上,或谓其"大奸似忠,大诈似直""十贪五奸",或交章论救,谓其大才可用,以致朝野震动。三才不得已,连疏乞归,以久不得命,遂自引去。既家居,忌者虑其复用,四十二年,有御史劾其盗皇木营建私第,上疏陈辩,请派员会勘,又自请籍其家。勘无所得,诏令削职为民。天启元年(1621),辽东告急,经略乏人,御史房可壮请起用三才,诸大臣复争执不下,帝不能决。三年,诏拜南户部尚书,未任卒,年七十二。寻魏忠贤得势,列其名于《东林点将录》榜首,因再被削籍,至崇祯初再昭雪。三才负志节,有干略,善结纳,又以裁抑税使,议罢矿税,得士商之心,然喜财货,性挥霍,不能持廉,亦授人以柄,至成晚明党争之焦点,而从此党争不可解,以至"门户之祸移之国家",不亦悲乎!所著有《漕抚小草》(一作《奏章》)十五卷。诗文虽为余事,当时也曾名于一时。《千顷堂书目》著录其《双鹤轩诗集》又《鹓鹭轩集》一卷,未见传。《皇明诗统》卷三九录其诗二十七首。崇祯五年(1632)贾鸿洙《周雅续》卷一四录其诗十五首。《皇明诗选》录其诗一首,评曰:

"修吾雄豪自喜,领袖群伦,又能诗词。"《列朝诗集》丁集录其诗五首。《明诗综》卷五二录其诗六首。清沈德潜《明诗别裁集》录其诗一首。清王崇简《畿辅明诗》录其诗四十三首。《明诗纪事》庚签卷一一录其诗二首。《明文海》录其文二篇。生平见清陈鼎《东林列传》卷一六、《明史》卷二三二。

李士实(?—1520)　字若虚。江西南昌府南昌人。天顺六年(1462)举人,成化二年(1466)进士,授刑部主事。迁员外郎、郎中,出为浙江按察副使,累迁至山东左布政使。又进副都御史,入为刑部侍郎,谢病归。归乡数载,复召为右都御史,年七十二致仕归。其家颇近宁王朱宸濠府,因得交于宁王,正德十四年(1519),宁王谋反,告士实,士实唯唯,因以其为太师、左丞相,赞画军事。次年宸濠兵败,士实被执入狱死。善书,能诗文,在乡与张元祯、罗伦齐名,仕宦与李东阳、林俊、杨一清善,东阳编《联句录》五卷,预者即有士实也。《四库全书总目》著录其史评《世史积疑》。诗集现存正德刊本《白洲诗集》三卷,首有正德七年士实自撰《白洲诗集引》,内诗不分体,收诗凡一千六百余首,间收词十余首。生平见佚名《刑侍李士实传》(《国朝献征录》卷四六)、雷礼《国朝列卿纪》卷七二。

李万平(1471—1553)　字惟衡，号茫湖。江西南昌府丰城人。生于成化七年(1471)九月十九。诸生，屡试不举。以季子李遂得封赠为刑部员外郎。卒于嘉靖三十二年(1553)十月初二，年八十三。《千顷堂书目》卷二四著录其《饥豹存稿》八卷，现存嘉靖三十八年丰城李氏家刊本，内诗七卷，收古近体诗六百三十三首，词调一卷，词曲杂收，计三十七首，末有其孙李材《饥豹存稿后语》。近人赵尊岳《明词汇刊》误其名为"李万年"，辑词《浪淘沙》一首，识语谓《饥豹存稿》卷八"仅此一首为词，余皆南北曲也"。生平见其从侄李璲所撰《行状》(《饥豹存稿》附录)、罗洪先《茫湖李公合葬墓志铭》(《念庵文集》卷一五)。

李万实(1510—1582)　字少虚，号一吾，晚改号讱庵。江西建昌府南丰人。生于正德五年(1510)正月初七。嘉靖十六年(1537)举人，二十三年进士，授行人。二十七年进刑科给事中，改南户科给事中，三十年出为广东佥事，三十二年进参议，丁忧归。三十六年起补湖广参议，三十八年迁浙江兵备副使，分理宁、绍等处军务，以病乞归。家居十余年，万历十年(1582)六月十一卒，年七十三。学宗王守仁，学者称讱庵先生。著述现存清康熙四十年(1701)李长祚刊本《崇质堂集》二十卷附录一卷，诗九卷、文十一卷，首万历十五年王宗沐序、十六年曾于拱序、二十一年车大任序、十九年詹景凤序及重侄孙李长祚序。李长祚序称《重刻崇质堂文集序》，盖其集卒后曾刻，此为重刊本也。《四库全书总目》著录《崇质堂集》二十卷，"提要"云："万实传姚江之说。其文体平正，不事锤熔，犹讲学家之格。其诗颇学韦、柳，意取清妍，虽风骨未就，而姿致可观，则其天分之高也。"《江西诗征》卷五七录其诗十六首。《明诗纪事》己签卷八录其诗三首。生平见曾思孔《讱庵李先生行状》、罗汝芳《李先生墓志铭》、曾于拱《讱庵李先生墓表》(《崇质堂集》附录)，又见萧彦《掖垣人鉴》卷一四。

李之世(生卒年不详)　字长庆，号鹤汀。广东广州府新会人。万历三十四年(1606)举人，数上春官不第，晚年除琼山教谕，迁池州府推官，未几移疾归。能诗，与吴兆、冒愈昌、林古度、韩上桂等交。所著原有《圭山副藏》《北游草》《剩水山房稿》《南归稿》《雪航草》《家园稿》《水竹洞草》《朱厓集》《小草泡庵草》《不住庵草》《息庐咏》等，后辑编为《鹤汀集》刊行，所见为清乾隆、嘉庆间覆刻明万历刊《鹤汀诗集》十卷，前六卷收古近体诗一千二百余首，卷七收古骚、乐府、杂言诗三十二首，卷八、卷九收杂著三十六篇，卷一

○《凫渚集》又收五七言律诗六十余首。其卷首有万历四十七年李维桢《圭山副藏叙》、万历三十七年韩上桂《北游草叙》，应为原集序。清梁善长《广东诗粹》卷七录其诗三首。清顾嗣协《冈州遗稿》卷五录其诗一百四十余首，"小传"云："长庆工诗善书，间作云林山水，皆清绝可爱。"《明诗纪事》庚签卷二一录其诗六首，按语云："长庆诗蕴藉，无喧嚣之气，颇近宋人。"生平见《(道光)新会县志》卷九。

李之椿（1600—1657） 字大生，号徂徕。南直扬州府如皋（今属江苏）人。天启元年（1621）举人，次年进士，除行人。迁吏部主事，以直言罢归，筑指树园闲住。福王立，起为尚宝司卿，督粮浙东。清顺治四年（1647），如皋县民赵云、李七等举兵反清，自称都督，奉之椿为盟主，兵败，之椿被系南京，六年（1649）遇赦获释，走武夷山，与其子李旦暗与鲁王联系，往来江上。八年家仆谢庭兰至京师告密，父子均被捕，解至江宁，之椿绝食死，其子被杀，同赴死者四十八人。能诗，天启、崇祯间与王思任、倪元璐、黄道周、王铎齐名。崇祯九年（1636）曾与梁于涘、郑元勋等在扬州共结竹西续社，十三年参加郑元勋举办之影园集会。《千顷堂书目》著录其《指树园集》，未见传。现存明末刊本《霞起楼诗》八卷，收其诸体诗近三百首，有陈继儒、姚思圣、倪元璐、王铎序。其集末附七律《狱中晤两兄》，当为其绝笔。朱隗《明诗平论》二集卷一〇录其诗《五人墓兼怀周忠烈公》一首，按语云："徂徕五律工秀，起句尤用意。"《明诗综》卷七八据之录此诗。清汪之珩《东皋诗存》卷七录其诗八十三首。清杨廷《五山耆旧集》卷一四录其诗四十三首。《明诗纪事》辛签卷六下录其诗一首。生平见《(光绪)通州直隶州志》卷一二《忠节传》。

李开先（1502—1568） 字伯华，号中麓，别署中麓山人、中麓放客、中麓老樵、中麓病夫等。山东济南府章丘人。生于弘治十五年（1502）八月二十八。嘉靖七年（1529）举人，八年进士，除户部云南司主事，改吏部考功司。历稽勋司员外郎、文选司郎中，擢太常寺少卿、提督四夷馆，二十一年以讽当政罢官。家居二十余载，隆庆二年（1568）二月十六卒，年六十七。平生多才艺，诗文词曲，俱擅时誉，象棋亦独步一时。其任户部主事时曾奉使银、夏，访康海、王九思于武功、鄠杜之间，赋诗度曲，引满称寿，康、王恨相见晚也。在部曹时与陈束、王慎中、唐顺之、赵时春、熊过、任瀚、吕高等称"嘉靖八才子"（《明史·文苑传》）。其时王慎中、唐顺之倡议，欲洗李梦阳、何景明复古剽拟之习，而开先与时春等羽翼之。初汲汲于经世，不甚争文苑之名。至罢归后置田产池馆，结诗社，蓄声妓，征歌度曲，为新声小令，拶弹放歌，自谓马东篱、张小山无以过，然仍作《塞上曲》一百首以寓其志。又作《苏息民困或问》及《颜神事宜》《浚渠私议》《漯议》等，未忘时政也。性好蓄书，所藏尤以戏曲为夥，称"词山曲海"。曾和弟子删订元人杂剧，刊《改定元贤传奇》十六卷（嘉靖刊本今存），又"搜辑市井艳词、诗禅、对类之属，多流俗璘碎，士大夫所不道者"。所作也最以词曲名于天下。《中麓小令》一百首，流传甚广，王九思亦和百首，合刻为《傍妆台百曲》。此外散曲集尚有《卧病江皋》《四时悼内》亦存。陈所闻《北宫词纪》尚存其《赠康对山》套数。现存散曲小令二百二十余首，套数七套。又作传奇剧本《宝剑记》《断发记》《登坛记》三种。内以《宝剑记》最著名，存嘉靖二十六年（1547）原刊本。是剧二卷五十二出，据小说《水浒传》中林冲故事敷衍，或云改其乡先辈所作，曲词典雅绮丽，颇受称道。王世贞《艺苑卮言》论曲，曾云："北人自王（王九思）、康（康海）而后，推山东李伯华。"然万历时曲家多指摘其音律，实此剧原非昆腔剧本，似难以"吴依见诮"讥之。《断发记》现存万历十四年（1586）金陵唐氏世德堂刻本，

凡二卷三十九出，写唐李德武妻裴淑英孝节之行，词亦甚工。《登坛记》则佚。另作院本六种，现存《园林午梦》《打哑禅》两种。祁彪佳《远山堂剧品》于"具品"下著录李开先《园林午梦（北一折）》，论曰："崔之《长恨传》，曷若《李娃》？何必咬咬！词甚寂寥，无足取也。"实《园林午梦》非北杂剧，而是开先《一笑散》院本之一种。开先于《一笑散院本短引》中自云"戏为六院本，总名之曰《一笑散》"，内《搅道场》《乔坐衙》《昏厮迷》《三枝花大闹土地堂》四种以友人借阅遗失，为防范于未然，故上板刻出所存两种。刻本未见存，现传世为清抄本。《园林午梦》写渔夫读《崔莺莺》《李亚仙》二传，觉二人行事相近，难分贵贱，午睡梦中见莺莺、红娘与李娃、秋桂（李娃之婢）为争高下吵骂不休，醒来终悟"万事到头都是梦，浮名何用老吟杯"。《打哑禅》一折，仅有曲词五则，其余均用手势比画，谓老僧与屠夫打哑禅，自觉领会其意，实际两人意思风马牛不相及，故有"世事颠倒每如此，眼前琐碎不堪观"之慨叹。其以简单人物、少数曲子以及诗歌、宾白组场之形式，以幽默调笑为演出风格，正存宋金院本之旧。然当时只有沈德符等少数人知晓。开先另有杂著《词谑》《画品》《诗禅》等，亦存世。诗文著述嘉靖三十五年曾刊为

《李中麓闲居集》十二卷,诗四卷文八卷,又有隆庆间刊本及崇祯十四年(1641)补修本。其文随笔挥洒,一篇或至数千言。《明文海》录其文一篇。诗亦往往叠韵至百首,又不循格律,诙谐调笑,信手放笔。《皇明诗统》卷三七录其诗八首。《列朝诗集》丁集录其诗三十四首。《明诗综》卷四六录其诗三首。清宋弼《山左明诗钞》卷一二录其诗三十六首。清吴连周《绣水诗钞》录其诗四十七首。《明诗纪事》戊签卷九录其诗二首。《四库全书总目》著录《闲居集》十二卷、《中麓画品》一卷(有明红格抄本),另著录《周易辨疑》不分卷。《明史·艺文志》著录其尚有《山东盐法志》四卷。生平见殷士儋《李开先墓志铭》(《国朝献征录》卷七〇)、王兆云《皇明词林人物考》卷八、《明史》卷二八七。李瓒有《先太常年谱》(《闲居集》附)。

李元阳(1497—1580)　字仁甫,号中溪。云南大理府太和(今大理)人。先世居钱塘(今浙江杭州),元时有任大理路主事者,因爱其地山水,遂留居于此。元阳家居点苍山十八溪中,号中溪。嘉靖元年(1522)举云贵乡试第二,五年进士,选翰林院庶吉士,谪分宜令,丁父艰归。服除,补知江阴县,有政绩,征授江西道御史,巡按关中。简放荆州知府,以丁外艰,去任归里,不复出。家居二十余年,卒于万历八年(1580)十月二十,年八十四。平生究心理学与释典。理学本于复性自明之说,著有《心性图说》,与陆学相近。又私淑阳明心学,所论与罗洪先等略同。尤以能诗文称。嘉靖初,杨慎谪滇,元阳与之交善,九年春邀慎游点苍山,十年春又与慎同游石宝山,皆有诗纪之。后元阳之婿吴懋将元阳与杨士云、张含、王廷表、胡庭禄、唐琦等称为"杨门六学士"。元阳著述有《中溪漫稿》《艳雪台诗》等,由其子辑为《中溪汇稿》十卷,卒后巡抚刘维等刊,《千顷堂书目》著录称《中溪集》十卷,也此本也。万历刊本未见,近人《云南丛书》所辑《中溪家传汇稿》十卷(或题曰《李中溪先生全集》)实据之刊,诗四卷文六卷。杨慎《陶情乐府》收其佚曲二首,题为《与李翰林分咏风花雪月》,盖杨慎作《风》《月》二首,元阳作《花》《雪》二首。另,嘉靖二十一年曾与杨士云同修《大理府志》十卷;万历间继杨慎修成《云南通志》十八卷。《皇明诗统》卷三二录其诗十六首。黄宗羲《明文海》录其文四篇。《明诗综》卷四〇录其诗一首。清袁文典等《明滇南诗略》卷五录其诗五十首、《滇南文略》录文四十篇。清陈荣昌《滇诗拾遗》卷六录诗二首。《明诗纪事》戊签卷一六录其诗三首,按语云:"仁甫为'杨门六子'

之一,诗品在弘山(杨士云)、愈光(张含)之次。"近人李坤《滇诗拾遗补》卷二录诗十首。近人李根源《永昌府文征》"文录"卷五录文二篇、"诗录"卷七录诗五首。生平见李选《中溪李公行状》(《中溪家传汇稿》卷首)、谢肇淛《滇录》卷六、《(乾隆)云南通志》卷二一之一。

李元昭(生卒年不详) 字用晦。浙江杭州府钱塘(今杭州)人,杭州右卫世袭千户。少喜任侠,有提戈取功名之志,稍长更读古书,工诗词。已而弃去,习举子业,为诸生,试不举。嘉靖间以祖爵袭千户,亡何,又弃去,一意养生之术,躬负瓢笠,与其徒云游湖海之上,凡名胜之区足迹殆遍,历七寒暑然后归,构山房为终焉之计。其室刻木为小像,傍列棺殓之具,穴山为冢,题曰"峋嵝山人墓",时年六十五,后享年七十九以上。《千顷堂书目》著录其《峋嵝山房集》又《云游稿》又《农唱集》,未见传。《盛明百家诗》后编录其诗一百四十余首为《李千户集》。顾起纶《续国雅》卷四录其诗三首。《皇明诗统》卷三三录其诗十二首。《列朝诗集》丁集录其诗七首,"小传"记云:"(用晦)与童侍御衡、方职方十洲辈,结社西湖,其诗皆明农习隐之言。又好练丹服食,自诡能度世。所居曰峋嵝山房,词客过者,多为诗吊之。"《明诗综》卷四九录其诗一首。

《御选宋金元明四朝诗》录其诗三首。《明诗纪事》己签卷一八录其诗一首。生平见张元汴《峋嵝山房记》(清倪涛《六艺之一录》卷一○○)、《(雍正)浙江通志》卷一九二。

李云鸿(生卒年不详) 字仲来。河南南阳府内乡人。崇祯四年(1631)进士,十二年曾为御史,巡按广东。其祖父李宗木、父李蓘、叔李荫及兄云鹄、弟云雁俱能诗。现存万历三十五年(1607)内乡李氏家刻《六李集》三十卷,有云鸿《李秋羽诗集》五卷,收其所作赋一篇、五言律诗二十二首、七言律诗三十二首、五言绝句十首、七言绝句十一首。《四库全书总目》著录《六李集》,"提要"云:"诸李之诗,大抵安雅有法度而颇乏深警之思,则才分之不逮也。"生平见《(康熙)内乡县志》卷七。

李云雁(生卒年不详) 字叔宾。河南南阳府内乡人。曾中举,余未详。其祖父李宗木、父李蓘、叔李荫及兄云鹄、云鸿俱能诗,因以诗传家。现存万历三十五年(1607)内乡李氏家刻《六李集》三十卷有李云雁《李白羽诗集》二卷,收其所作五言律诗四十二首、七言律诗三十三首。生平见《(康熙)内乡县志》卷七。

李云鹄(生卒年不详) 字伯举。河南南阳府内乡人。万历二十年(1592)进士,官至浙江提刑按察司副使。曾与朱吾弼、萧如松、孙居相同编南京御史所上奏疏为《留台奏议》二十卷,分二十门,而以四人自撰者为多。其祖父李宗木、父李袤、叔李荫及弟云鸿、云雁等俱能诗。现存万历三十五年内乡李氏家刻《六李集》三十卷有李云鹄《李侍御诗集》四卷,收其所作五言律诗四十一首、七言律诗七十二首、五言绝句十二首、七言绝句十七首。生平见《(康熙)内乡县志》卷七。

李日华[1](生卒年不详)　字时甫。南直苏州府吴县(今江苏苏州)人。约嘉靖、万历时在世。撰传奇剧本二种:《四景记》佚,《南西厢》存。《百川书志》卷六著录《南西厢》,称"李日华《南西厢》二卷",题云:"海盐崔时佩编集,吴门李日华新增,凡三十八折"。近人董康《曲海总目提要》卷七曾误此李日华为嘉兴李日华,后者《紫桃轩杂缀》卷二云:"忆余筮仕江州理官,有上官向余索《西厢记》者,盖以世行李日华《西厢》本也。余既辨明,付一哂。"现存明万历间刊本,署"明姑苏李日华编本",亦可证实。此剧前后情节,悉本元王实甫《西厢记》杂剧,惟改北曲为南词。据《百川书志》称,崔时佩原作二十八折,余为李日华所增。今富春堂刊本于若干折后,注"新增"字样,盖即李日华增补者。崔时佩为李日华友人,浙江嘉兴府海盐人,生平不详。此剧历来褒贬不一。清李渔《闲情偶寄》卷二认为,李日华之于王实甫,"可谓功之首而罪之魁",其功在以雅调昆曲传演《西厢》,其罪则在曲白音律无一不恶。然后世昆剧所演《游殿》《拷红》《长亭》《惊梦》诸出,均出此剧。可见评者自评,演者自演耳。曲选《词林一枝》《八能奏锦》等亦均收此剧散出。胡文焕《群音类选》、张琦等《吴骚集》等又存其清曲,计小令四首、套数一套。尤以小令《四景闺情》("残红水上漂")著名,百回本小说《金瓶梅词话》曾引之。

李日华[2](1565—1635)　字君实,号九疑,别号竹懒。浙江嘉兴府嘉兴人。生于嘉靖四十四年(1565)三月十三。万历十九年(1591)中举,二十年进士,除九江府推官。谪汝州判官,迁西华知县,以忧归。天启间起南礼部主事,疏乞终养。家居二十载,又起为北礼部主事,未赴,寻进尚宝司丞。光宗登基,迁太仆少卿,又告归。崇祯八年(1635)九月十一卒于家,年七十一。平生和易安雅,恬于仕进,静退如寒素,通籍四十四载,乞者二十余年,休沐者前后十年。嗜读书,好游山水,以能书画、精鉴赏著,时人谓之博雅君子。暇写墨竹,兼擅云山。所作画论、笔记,意致清隽,其中《六砚斋笔记》《紫桃轩杂缀》各则短文皆类题跋,内论书画者十之八。天启至崇祯时所刻《李竹懒先生说部丛书》计收其《六砚斋笔记》十二卷、《紫桃轩杂缀》六卷及《竹懒画媵》《续画媵》《礼白岳记》《墨者题语》《蓟旋录》《玺召录》《篷栊夜话》各一卷。存世尚有《味水轩日记》(万历三十七年至四十四年)八卷及所辑《四六全书》五种四十二卷。《四库全书》收《六砚斋笔记》十二卷,《四库全书总目》另著录其《恬致堂集》三卷、《梅墟先生别录》二卷。现存《学海类编》本《恬致堂诗话》四卷一百四十七则,多记元、明两代江浙书画名家逸事,既载绘事,亦论诗作,又多录其题画诗,《总目》"提要"谓系书贾摘录作者杂著中论诗之语凑合成编。以其有大名于当时,故《官制备考》《时物典汇》《姓氏谱纂》等书皆托其名,《四库全书总目》"提要"亦已辨之。又,时人曾误其为传奇《南西厢》作者,其《紫桃轩杂缀》已自云非是,盖《南西厢》实为吴县李日华作。诗文本集《李太仆恬致堂集》四十卷,《明史·艺文志》著录,卒后其子李肇亨辑刊,内赋、乐府、古近体诗、诗余十卷,奏疏一卷、制科论表策一卷,余为各体文,首有崇祯十三年《恬致堂序》及李肇亨《刻恬致堂先生集述略》。其诗亦多具闲适情调。《列朝诗集》丁集录其诗五首。清沈季友《檇李诗系》卷一六录其诗十三首。《明诗综》卷五七录其诗十首,"诗话"云:"其诗非《选》非唐,别裁风格,颇与王辰玉(王衡)、陈仲醇(陈继儒)同流,微尚纤艳,近《家宴集》语。"《明诗纪事》庚签卷七上录其诗十一首,按语云:"小诗跌宕风流,由其性情通脱,人品高妙,故吐属不凡,虽时近俳体,亦玩世之一端也。"《明词综》卷五录其词一首。近人赵尊岳《明词汇刊》据《李太仆恬致堂集》卷一〇录其词九首为《恬致堂诗余》。《明文海》录其文一篇。生平见谭贞默《李九疑先生行状》(《李太仆恬致堂集》卷首)、《(康熙)嘉兴府志》卷一四、《明史》卷二八八。

李中(1478—1542) 字子庸。江西吉安府吉水人。生于成化十四年(1478)十一月初一。正德二年(1507)乡试第一,九年进士,授刑部主事。武宗自称大庆法王,建寺西华门内,用番僧住持,廷臣莫敢言,李中拜官甫三月,抗疏谏,谪广东通衢驿丞。王守仁开府赣州,邀其参军事,预平宸濠,世宗继位,叙其功,擢广东按察佥事。嘉靖二年(1523)升广西布政司参议,进按察副使,督学政,日与诸生讲圣贤之学,以丁继母忧归。六年复原职,八年迁浙江布政司参政,十年晋广东按察使,以丁外艰归。十四年进广西右布政使,忤御史,谪四川参政,升按察使,未上,转都察院右副都御史,总督南京粮储,二十一年十一月初九卒于官,年六十五。《千顷堂书目》著录其别集《谷平集》五卷,系李中卒后门生罗洪先所辑,"谷平"者,李平所居之里名也。现存清光绪十三年(1887)其后裔重刻本《谷平先生文集》五卷附录一卷,首邹元标万历四十二年(1614)、罗洪先嘉靖三十七年序,附录则为其行状、墓志铭及罗洪先等人祭文。集内收其奏疏二十八、《日录》三百九十六、私录师训二十四、书三十三,诗一百四十五首、文二十八篇,大抵讲学内容为多,未见出色。《江西诗征》卷五五录其诗三首。生平见罗洪先《谷平李先生行状》、邹守益《谷平李公墓志铭》(《谷平先生文集》附)及清黄宗羲《明儒学案》卷五三、《(雍正)江西通志》卷七八。

李长祚(1598—1671) 字延溪,号无心子。南直扬州府兴化人,李春芳曾长孙。崇祯十二年(1639)乡试中举,明年下第,十六年副榜,因黯然归,闭户不出。清兵下江南,如皋乡绅李之椿抗节死,有恶长祚者,构蜚语诬长祚党于之椿,遂遭破家之祸,因帅子弟遁迹于射陂之唐桥,耕田而食,掘井而饮,下帷读书,志不与人通,与之往还者惟处士王岩、兄子李清、同邑逸民陆廷揄三人而已。或记其曾出家为僧。康熙十年(1671)五月病卒,年七十四。能戏曲,清佚名抄本《传奇汇考标目》著录李长祚《梅雪缘》《千祥》《翠烟记》《红叶》四种,内《千祥(记)》有清初抄本,假汉贾谊少年得官以慰老父之事。另,毛晋《六十种曲》中收其《金雀记》,杜撰潘安以貌美娶妻得妾之调笑故事,篇末有"无心子燕市重编"语,疑也为长祚所作。亦能诗,《(咸丰)重修兴化县志》卷八记其有《容焀堂稿》。清卓尔堪《明遗民诗》录其诗二首。《金陵诗征》卷三一录其诗一首。生平见清陈鼎《李长祚传》(《留溪外传》卷六)、《(咸丰)兴化县志》卷八。

李长倩(1589—1646) 字维曼,一字瞻蘒。南直扬州府兴化人,李春芳曾长孙。天启七年(1627)中举,崇祯七年(1634)进士,授归安知县。迁礼部主事,转员外郎,出为江西提学副使,丁内艰归。服未满而京师陷,明年服阕,赴南都,补福建提学副使。郑鸿逵、苏观生等奉唐王入闽,长倩与布政使周汝玑等具筏迎接,迁太仆卿。时大学士黄道周督兵前驱而缺粮饷,长倩为筹措银十三万两以佐之,复上书为区画,晋户部右侍郎,摄尚书事。丙戌(1646)八月,仙霞关失守,唐王奔汀州,旋被执。长倩知事不可为,绝食死,年五十八。出身显宦,家有曼园,甲于乡里,女乐家班也名于一时。《(咸丰)重修兴化县志》卷九记其有《存懒斋集》,现存崇祯间刻本《存懒草》一卷,收诗百余首,首有杭人谌鼎煌、朱东观序及长倩自序,末有《曼园自记》,署"癸未七月",因知其刻于崇祯十六年,恰为其丁内艰家居时。生平见清陈鼎《李长倩传》(《留溪外传》卷一)、《(雍正)扬州府志》卷二九。

李仁(1489—1552)　字元夫,号静斋,一号吾西。山东兖州府东阿人。正德十四年(1519)乡试第一,嘉靖二年(1523)进士,授行人。迁吏科给事中,累升至户科都给事中,以言事谪开州判官。历户部郎中,二十五年迁太仆寺少卿,以右金都御史巡抚保定,又以右副都御史巡抚宣府,二十八年改抚大同。以失兵机,谪边方杂职,复官后至兵部右侍郎,以忤严士蕃归。三十一年卒,年六十四。《千顷堂书目》著录其《吾西遗稿》,未见传。《皇明诗统》卷三七录诗十三首。《明诗综》卷三九录诗一首。清宋弼《山左明诗钞》卷一〇录其诗三十一首。《明诗纪事》戊签卷一五录诗十首,按语云:"吾西诗格轩爽,章节清脆。当时山左盛称伯华(李开先)、懋钦(李舜臣)为'二李',何独遗此玄珠?"生平见王兆云《皇明词林人物考》卷七、萧彦《掖垣人鉴》卷一三。

李化龙(1554—1612)　字于田,号霖寰。京师大名府长垣(今属河南)人。生于嘉靖三十三年(1554)三月初十。万历二年(1574)进士,除嵩县知县。迁南工部主事,历郎中,改吏部,出为河南提学佥事,迁参议。历山东副使、河南参政,入为太仆少卿,迁右通政使。二十二年以右佥都御史巡抚辽东,进兵部右侍郎,以病乞归。二十七年起故官,总督湖广、川贵军务,兼巡抚四川,次年平定播州杨应龙乱,旋以父丧归。三十一年起工部右侍郎,总理河道,与淮、扬巡抚李三才开河二百六十里,再以忧去。叙前平播功,晋兵部尚书,三十五年就任,加柱国、少傅兼太子太保,三十九年十二月十五(1612年1月17日)卒于官,年五十八,赠少师,加赠太师,谥襄毅。少负志节,与李三才、魏允贞以名世相期许。后以功业著,亦有诗名。《列朝诗集》丁集,"小传"记云:"化龙诗名,在道甫(李三才)之上,酿厚肥满,沿袭嘉靖流波。七言今体,深为胡应麟所重。"《千顷堂书目》著录其《李襄毅公诗文稿》十四卷。现存万历间刊本《李于田诗集》十二卷,内《嵩下稿》《中州稿》《辽阳稿》《田居稿》《西征稿》《河上稿》《东省稿》《都下稿》名　卷;《南都稿》《场居稿》各二卷,计收诗一千一百余首,首有万历三十三年黄克缵序及赵南星等序。又有《平播全书》十五卷(存万历刊本,实为四川右参政王嘉谟等编纂)、《治河奏疏》四卷,亦为《四库总目》著录。又《抚辽疏稿》六卷,万历刊本残存卷一至卷三。《皇明诗统》卷三六录其诗七首。《皇明诗选》录其诗二首,谓其诗"清脱可诵"。《明诗综》卷五二录其诗五首,"诗话"云:"于田诗,虽沿王、李余波,然颇爽豁。虞山钱氏以其为胡元瑞(胡应麟)所称,讥其酘厚肥腯,而弃之不录,未免矫枉也。"《四库全书总目》著录《场居集》二卷、《田居稿》一卷、《河上稿》一卷,"提要"谓其"平生以经济著。平播、治河诸疏,表表当代,原不必以诗见,乃必欲以功业兼文章,其画蛇之足乎。"清王崇简《畿辅明诗》录其诗二十三首。《明诗纪事》庚签卷一一录其诗三首,按语谓"于田诗颇有豪气"。生平见李维桢《李公墓志铭》(《大泌山房集》卷七七)、《明史》卷二二八。

李文麟(生卒年不详)　字祯叔。南直常州府无锡(今属江苏)人。嘉靖十九年(1540)举人,二十三年进士,授浙江诸暨令。征为南兵部主事,历员外郎,官至武选司郎中,致仕卒。平生诗酒自娱,其大较也,官政家事皆非所急。俞宪隆庆五年(1571)刊《盛明百家诗》录其诗四十余首为《李武选集》。顾起纶《国雅》卷一四、《皇明诗统》卷三二录其诗五首。彭孙贻《明诗钞》录其诗一首。清顾光旭《梁溪诗钞》卷八录其诗二首。生平见凌迪知《万姓统谱》卷七三。

李为稷(生卒年不详)　字民初,号大农,又号萍居士。浙江金华府金华人。晚明诸生,屡踬棘闱,乃发愤游历山川。之梁、之秦、之齐、之鲁、之燕赵,极塞上而返。又之金陵、之楚、之荆,极江汉而返。再之豫章、之粤海,因归而著述。现存清康熙间其子李方晟等刊诗集《萍居集》四卷,卷首有崇祯十六年(1643)"山阴道上人萧令合初民氏"《萍居集序》,谓其除《萍居诗集》,尚有《笔屉》四卷、《捉刀集》四卷、《天问》二卷、《水法问》一卷、《百家体辨》二卷、《萍居文集》四卷,均未见传。《萍居集》卷首有《萍居集稿录》,记集中诗录自《村中稿》《南中稿》《闽中稿》《秦中稿》《燕中稿》《齐中稿》《鲁中稿》《河中稿》《汴中稿》《粤中稿》,因知是集实为选本,计收五七言古近体诗二百八十余首。其诗多吟咏山水名胜,或赞美山水,或感悟述怀,或凭吊古迹,或慨叹民生,少与缙绅往还之作,知其非干谒之客也。清黄彬等《金华诗录》卷五八补遗录其诗十五首。

李孔修(1462—1531)　字子长,号抱真子。广东广州府顺德(今佛山)人。布衣,好读书,学《周易》,能诗文书画,皆不蹈前人。人初不识,张诩荐于其师陈献章,献章极称之,因著名于乡。家贫,"破庐薄产,蔬食不继,未尝作皱眉状。作诗写字,不履律于前,自为一家。或观眺山水之间,归而图之,见者争爱而酬之"(霍韬《李子长墓铭》)。二十年不入城市,学者称子长先生。吴廷举弘治时任顺德知县,正德间又历任广东按察金事、右布政使,在粤甚久,与其为布衣交。孔修卒于嘉靖十年(1531),年七十,无子,副使李中、少参王崇教经纪其丧,葬之西樵山,尚书霍韬志其墓。清彭学华辑《广东文献》三集收其所著,名《李征君抱真集》,内收其《贫居自述》诗百首,前所未见矣,他诗仅二首。另《顺德县志》等存其佚诗三首。清梁善长《广东诗粹》卷四录其诗一首。《明诗纪事》丁签卷一五录其诗一首。生平见霍韬《李子长墓铭》(《明文海》)、何乔远《名山藏》卷九七、清黄宗羲《明儒学案》卷九、《(雍正)广东通志》卷四七。

李以龙(1540—1630) 字伯潜,号见所。广东广州府新会人。嘉靖三十七年(1558)举人,时年十九。试春官不第,以遭疾体弱,事母孝,不思远离,因绝意仕进,与弟以麟潜心理学。其学以居敬主静为本,其教以忠信诚悫为务。居家中青竹园,与子弟论道讲学,时有吟咏,淡然自乐。崇祯三年(1630)卒,年九十一,祀乡贤。万历三十七年(1609),曾受知县王命璿之命,与黄淳编纂《新会县志》七卷。著有《省录》《寒窗感寓集》《进学诗》等。现存清乾、嘉间覆明万历四十六年刊本《寒窗感寓集》三卷,卷一收诗六十余首,卷二收文十九篇,卷三收杂著十一篇,王命璿序,李以龙自序。清梁善长《广东诗粹》卷五录其诗一首。清顾嗣协《冈州遗稿》卷四录其诗二十一首。生平见清《(道光)广东通志》卷二八一。

李本纬(生卒年不详) 字君章。山西平阳府曲沃人,锦衣卫籍。万历二十年(1592)进士,除巩昌府推官,迁兵部主事,驻山海关,葺庙学,建魁楼,修文昌祠。历青州知府、山东按察使、山东右参政,官至山东右布政使。《千顷堂书目》著录《灌蔬园集》,现存万历间金陵卜有征校刊本《灌蔬园诗集》七卷,收诗四百余首,强半为七言律诗,有朱之蕃、梅之焕、陈瑛、赵秉忠序。又有万历刊《古今诗话纂》六卷。《明诗综》卷五七录其诗一首。清王崇简《畿辅明诗》录其诗三首。生平见《(乾隆)新修曲沃县志》卷三一"人物"。

李东月(生平未详) 广东潮州人。现存万历九年(1581)朱氏与耕堂刻本《荔枝记》,题为《新刻增补全像乡谈荔枝记》,署"书林南阳堂叶文桥梓行""潮州东月李氏编集"。

是剧四卷四十八出,演泉州官宦子弟陈伯卿(陈三),与潮州大户之女黄碧琚(黄五娘)之婚恋故事。与之同一题材之作品,在此之前,已有嘉靖十五年(1566)余氏新安堂刊本《荔镜记》(《重刊五色潮泉插科增入诗词北曲勾栏荔镜记戏文全集》)五十五出。《荔镜记》与《荔枝记》有大量情节、文辞相同,然万历刊之《荔枝记》并非源于嘉靖刊《荔镜记》。《荔镜记》刊本末刻有书坊告白:"重刊《荔枝记》戏文,计有一百五页,因前本《荔枝记》字多差讹,曲文减少,今将潮、泉二部,增入《颜臣》、勾栏诗词、北曲,校正重刊,以便骚人墨客闲中一览,名曰《荔镜记》……"因知嘉靖本《荔镜记》实据此前流行之泉州戏剧本《荔枝记》与潮州戏剧本《荔枝记》合编而成。明前期潮州戏、泉州戏均属于"南戏",《荔镜记》曲调为潮、泉并存,而署李东月"编集"之万历本《荔枝记》则属于潮州戏剧本,或者竟是一种据舞台演出整理而成之剧本,实际上保留了嘉靖本以前潮州戏《荔枝记》之原貌。相比较而言,《荔镜记》剧本形式上更为完整,情节设置及人物行为更为合理,文辞也相对雅洁,应为一种文人整理本,而《荔枝记》戏剧形态比较粗糙,更多地保留了演出之原生态。演陈三、黄五故事之戏曲,以其浓郁之地方色彩,在闽南、粤东地区广泛流传,以后也一直为梨园戏、高甲戏、潮剧、莆仙戏之重要保留剧目,其流传至台湾,又成为歌仔戏传统四大出之一。在这其中,潮州戏剧本《荔枝记》应当说起到了承前启后之重要作用。

李东阳(1447—1516)　字宾之,号西涯。其先茶陵(今属湖南)人,洪武初其祖以戎籍隶燕山左护卫,改金吾左卫,家于京师,因为京师顺天府(今北京)人。正统十二年(1447)六月初九生,其父李淳,布衣善书。东阳幼慧悟,四岁顺天府举其为神童,景泰帝召见。八岁入顺天府学为生员,先后受业于邵玉、黎淳、柯潜等。天顺六年(1462)中举,八年二甲第一名进士,选翰林院庶吉士,成化元年(1465)授编修。历侍讲、侍讲学士,充东宫讲官。弘治初,兼左庶子、太常少卿,进太常寺卿,七年(1496)擢礼部右侍郎,八年以礼部左侍郎兼文渊阁大学士,预机务,十一年进太子少保、礼部尚书。十六年以太子太保户部尚书兼谨身殿大学士,十八年加少傅、柱国,与刘健、谢迁同受宪宗顾命。正德元年(1506)晋少师兼太子太师、吏部尚书、华盖殿大学士。时太监刘瑾用事,内阁形同虚设,次年与刘健、谢迁同日辞职,诏下独留之。正德五年刘瑾伏法,乞罢,又慰留之,七年托老病辞官。家居四年,十一年七月二十卒，年七十，赠太师，谥文正。东阳在翰林三十年，入阁十八年，数十年不出都门，因曲与刘瑾周旋，为气节之士所讥。门生遍天下，有奖成后学，推挽才隽之名。工篆隶书，尤以诗文著，或称其为"茶陵派"首领。有明一代，以宰执领袖文坛者，杨士奇以后一人也。其集名《怀麓堂集》，据集前正德十一年杨一清序，东阳曾自辑诗文凡九十卷，计:《诗稿》二十卷、《文稿》三十卷，在翰林时所作;《诗后稿》十卷、《文后稿》三十卷，在内阁时所作，《南行录》《北上录》附于前稿之末，《讲读》《东祀》《哭子》《求退》诸录，则附于后稿之末，以皆杂记，故不入卷中。《怀麓堂集》由其门生徽州守熊桂于其卒后当年刻于郡斋，又编《杂记》十卷于前、后稿之后，因称一百卷，存于世。次年张汝立又刻《怀麓堂诗续稿》八卷《文续稿》十二卷补遗一卷，所收为其致仕后所著，有邵宝序，今亦存。另有明代单刻《东祀录》三卷、《拟古乐府》二卷等传世。《拟古乐府》尚有李氏朝鲜及日本刊本。清康熙二十年(1681)茶陵州学正廖方达刻《怀麓堂集》一百卷，同熊桂刊本，而未收张汝立刻《续稿》。其文不为傀奇可骇之辞，而法度森严，讲求文采。《明文海》录其文三十八篇，卷六六评其文云:"西涯文气秀美，东里(杨士奇)之后

不得不以正统归之，第其力量稍薄，盖其工夫专在词章，于经术疏也。"清陈元龙《御定历代赋汇》录其赋十四篇。《湖南文征》录其文一百一十六篇。论诗尚盛唐，讲求法度音调。胡应麟《诗薮》云:"成化以还，诗道傍落，唐人风致，几于尽隳。独文正才具宏通，格律严整，高步一时，兴起何、李，厥功甚伟。"《皇明风雅》录其诗五十二首。《盛明百家诗》前编录其诗三百二十余首、词二首为《李文正公集》。顾起纶《国雅》卷四录其诗二十首。《皇明诗统》卷一三录其诗二十二首。《石仓十二代诗选·明诗选》录其诗一百六十首。《皇明诗选》录其诗四首。《列朝诗集》丙集录其诗三百四十七首。《明诗评选》录其诗十四首。《明诗综》卷二二录其诗五十七首。清沈德潜《明诗别裁集》录其诗十一首。清廖元度《楚风补》卷一八录其诗四十六首。《御定宋金元明四朝诗》录其诗一百六十七首。《四库全书》据康熙廖方达本收《怀麓堂集》一百卷及《怀麓堂诗话》一卷，《总目》"提要"云:"东阳依阿刘瑾，人品事业均无足深论。其文章则究为明一代大宗。自李梦阳、何景明崛起弘、正之间，倡复古学，于是文必秦汉，诗必盛唐，其才学足以笼罩一世，天下亦响然从之，茶陵之光焰几烬。逮北地(李梦阳)、信阳(何景明)之派转

相模拟,流弊渐深,论者乃稍稍复理东阳之传,以相撑拄。盖明洪、永以后,文以平正典雅为宗,其究渐流于庸肤。庸肤之极,不得不变而求新。正、嘉以后,文以沉博伟丽为宗,其究渐流于虚憍。虚憍之极,不得不返而务实。二百余年,两派互相胜负,盖皆理势之必然。平心而论,何、李如齐桓、晋文,功烈震天下,而霸气终存。东阳如衰周弱鲁,力不足御强横,而典章文物尚有先王之遗风。殚后来雄伟奇杰之才,终不能挤而废之,亦有由矣。"《怀麓堂诗话》一卷,亦为《四库全书》所收。清邓显鹤《沅湘耆旧集》录其诗二百九十六首。清王崇简《畿辅明诗》录其诗一百四十首。《明诗纪事》丙签卷一录其诗二十首。《明词综》卷二录其词一首。近人赵尊岳《明词汇刊》录其词九首为《怀麓堂词》。生平见杨一清《李公东阳墓志铭》(《国朝献征录》卷一四)、廖道南《殿阁词林记》卷二、王兆云《皇明词林人物考》卷三、何乔远《名山藏》卷七○、《明史》卷一八一。明崔杰及清朱景英、法式善均撰有《李文正公年谱》(清嘉庆间刻《怀麓堂集》附录)。

李生寅(生卒年不详) 字宾甫,又作宾父,号旸谷。浙江宁波府鄞县(今宁波)人。家居城西萧皋山水佳处,有田一顷,别业一区,自祖父善治生,号饶。诸兄弟并游太学为郎,惟宾父无出仕之想。慕魏晋名士王恭"痛饮酒,熟读《离骚》,便可称名士"语,起高卧楼,读书吟咏其中。旁辟自锄园半亩,植嘉草名药,间种蔬韭,以供宾客。与沈明臣、杨承鲲为友,酬唱甚多。沈曾为其作《萧皋竹枝词》十余首,被诸乐府,使童子习唱之。现存《李山人诗》刊本二卷,为杨承鲲所选,卷首有鄞县令杨芳万历十年(1582)序及屠隆万历十一年序,计收诗三百余首,皆五七言近体。其诗平易雅淡,取适志而已。清胡文学《甬上耆旧诗》卷二三录其诗十七首。《四库全书总目》著录《李山人诗》,"提要"谓其诗:"音节颇谐,而乏深警之思,亦颇窘于边幅,盖思清而才弱者也。前有万历壬午鄞县知县杨芳序,称'其名可得而闻,人不可得而见'。则其人品在当时山人上,宜其诗尚不俗矣。"

李邦光(生卒年不详) 号少洲。广东高州府茂名(今茂名高州)人。少习举子业,以诸生贡入太学。谒选授福建沙县训导,历国子监典籍,嘉靖二十七年(1548)迁归化知县,仕至福建兴化府通判。有《少洲稿》十卷,前七卷录诗,分体列选,计收古近代诗约五百首,后三卷分录其所撰赞三、祭文四、对联十七,首有嘉靖三十年林腾蛟序,末有邓烜等五人跋。内归化县儒学训导吕朔跋署"嘉靖壬子(三十一年)春三月朔日",或刻于邦光归化县任上。生平见《(康熙)归化县志》卷六。

李玑(1499—1567) 字邦在,号西野。江西南昌府丰城人。生于弘治十二年(1499)十一月初十。嘉靖十年(1531)领乡荐,十四年第南宫,二甲第一,选翰林庶吉士,十六年授编修,丁忧归。二十二年服阕,补旧官,二十六年迁右中允,署国子司业,三十二年升左春坊左谕德,次年晋国子祭酒,寻转南吏部右侍郎,三十四年转吏部左侍郎兼翰林学士,掌詹事府,三十九年拜南礼部尚书,四十二年致仕,卒于四十五年十二月二十四(1567年2月3日),年六十八。《千顷堂书目》著录其《西野集》十三卷。现存崇祯七年(1634)其曾孙李玉铉等刻《西野遗稿》十四卷,卷一廷试策,卷二疏、表,卷三至卷一〇为诸体文,卷一一至一三收诸体诗二百五十余首,卷一四为杂著,内有词六首,卷首有隆庆五年(1571)门人何镗序。《四库全书总目》著录《西野遗稿》十四卷,即此本也。生平见徐南金《西野李公行状》、雷礼《西野李公淑人徐氏合葬墓志铭》《《西野李先生遗稿》卷首)、《(雍正)江西通志》卷六九。

李朴(生卒年不详) 字继白。陕西西安府朝邑(今大荔)人。万历二十八年(1600)举人,明年进士,观政吏部,闻母病请假,不俟报辄行,因谪判高唐。起彰德府推官,进户部主事,迁郎中。时朝士各立朋党,台谏尤好攻击,而神宗不视朝,朴忠鲠敢言,上《人望几空》一疏,不报。天下正赋多缺,朴以为赋缺由民贫,民贫由税珰为害,先后上书极论,皆不报。四十年疏请破奸党立遗贤,为顾宪成等辩谤,荐邹元标、赵南星,帝不能用,坐是事贬州同知,又以京察落职。光宗即位,起官参议,寻卒,赠太仆少卿。《千顷堂书目》著录其《调刁集》六卷、《疏稿》二卷、《雪香集》八卷。现存明刊《调刁集》不分卷,分杂集(收赋一,记、议文五篇,诸体诗三百二十余首,词六首)、启集(收书启八十余篇,多为代作)、疏集(四篇)、传集(七篇)。《明文海》录其文一篇。生平见《(雍正)陕西通志》卷六〇、《明史》卷二三六。

李达(1590—1629) 字行季。南直池州府贵池(今属安徽)人。其先素封,至达始贫。十五能诗,二十为诸生,三十廪于庠,试于乡者凡七,均不第。曾为长吏笔札,扩达倨傲,长吏稍慢易,辄目摄之,甚或形之谩骂。天启中游京师,耻为公卿揭客,时魏忠贤当道,作诗文刺之。卒于崇祯二年(1629),年四十。能诗词。陈济生《天启崇祯两朝遗诗》卷八录其诗十五首。《明诗综》录其诗一首。近人刘世珩辑《贵池先哲遗书》收其《行季遗诗》一卷、《诗余》一卷，计诗九十七首，词十九首，吴应箕、丁煜、刘城序。生平见《（乾隆）池州府志》卷四七、《（光绪）贵池县志》卷二七。

李尧民（1544—1606） 字耕尧，号雍野。山东兖州府济宁人，家于郓城。生于嘉靖二十三年（1544）正月十四。万历元年（1573）举人，明年进士，除长洲知县，以父丧归。服除补永年，又以母丧归。起补江西道御史，视河东盐政，巡按苏松常镇，以病归。再除浙江道御史，视直隶学政，历大理寺丞，进本寺右少卿，升应天府尹，以病告归。三十四年十二月初四卒，年六十三。为宦三十年，家居近半，筑快读楼，读书其上，虽家人也少登其楼。卒后万历三十六年康丕扬刻其著述，名《雍野李先生快独集》十八卷。内诗六卷，分体排列，多近体律绝，文十二卷（内尺牍三卷），有李维桢序，谓其诗"近体朗秀"。《四库全书总目》著录《快独集》十八卷，即此本也，"提要"谓其"杂文中奏疏一类，敷陈颇为剀切。诗则秀润有余，而兴象不足，纯为'七子'之派，故序之者为李维桢（桢）焉"。清宋弼《山左明诗钞》卷二三录其诗七首。《明诗纪事》庚签卷一一录其诗五首。生平见于若瀛《李公行状》（《弗吉堂集》卷二四）、李维桢《李公刁宜人墓志铭》

（《大泌山房集》卷九二）、叶向高《李公神道碑》（《苍霞续草》卷一四）。

李光元（生卒年不详） 字乃始，号麟初，又号愧庵。江西南昌府进贤人。以制义名，万历二十八年（1600）举人，三十五年进士，选翰林院庶吉士，历官至礼部左侍郎，协理詹事府。现存崇祯钟陵李氏家刊本《市南子》二十二卷，首崇祯十三年（1640）吴士元《市南子叙》及光元门生傅冠序。内诗四卷，收诗三百六十余首，以下为序七卷，记一卷，传铭一卷，行状祭文一卷，论二卷，策二卷，表贺奏疏赞说辩一卷，解缘疏议启一卷，书二卷，另有《制敕》六卷。生平见《（同治）南昌府志》卷四一、《（光绪）进贤县志》卷一七。

李先芳（1511—1594） 字伯承，号东岱，更号北山。其先湖广监利人，明初移居山东东昌府濮州，遂为濮州（今河南范县）人。嘉靖十年（1531）举人，二十六年进士，除新喻知县。征授户部主事，丁外艰归。服阕，改刑部主事，历郎中，改尚宝司丞，两考进少卿，因傲睨御史，谪亳州同知。稍迁宁国同知，以奴视僚属罢。家故多赀，壮岁罢官，精于算计，家益起，乃大构园亭，广蓄声伎，享诗酒声伎之乐四十余年，卒于万历二十二年（1594），年八十四。《明史·艺文志》著录其《阴符经解》一卷、《蓬玄杂录》十卷、《安攘新编》

三十卷、《(拾翠轩)杂纂》四十卷、《东岱山房稿》三十卷。《千顷堂书目》另著录其《周易折中录》五卷、《毛诗考正》《老子本义》一卷、《亳州志》四卷、《濮州志》六卷、《明诗》十七卷又《明隽》十卷、《泰然亭乐府》及《清平阁集》十二卷等。现存嘉靖刊本《东岱山房诗录》十三卷《外集》一卷，含《江右稿》《拟古乐府》《使金陵稿》；又万历五年刻《濠梁集》一卷、《高斋集》一卷；隆庆间刻《李氏山房集》四卷；又有明刻《李氏山房诗选》六卷(存三卷)。《四库全书》收其《读诗私记》二卷。其未第时，诗名籍甚。及第在京，与王世贞、李攀龙相颉颃，部曹嘉、隆诗社，原其首倡。厥后李、王之名已成，羽翼渐广，而先芳左官落寂。王世贞等人标榜"五子""七子"，皆不及先芳。至其晚年，世贞始将其与俞允文、卢柟、吴维岳、欧大任并列为"广五子"(《弇州四部稿》卷一四)。然平生仍以诗名播于南北。《盛明百家诗》前编录其诗十四首为《李尚宝集》。顾起纶《国雅》卷一五录其诗五首，《续国雅》卷四录其诗二首。《皇明诗统》卷二九录其诗二十首。《皇明诗选》录其诗三首。《列朝诗集》丁集录其诗三十三首。《明诗综》卷四七录其诗六首，"诗话"云："'七子'盛名，狎主坛坫，元美收之'广五子'之列，意浸不平，晚逃于词曲。观其

《诗隽》一书，详于淮北，远及巴蜀，而独黜大江以南，盖以吴、楚、扬、粤之间，'七子'实居其五，其微意可窥也。"《御选宋金元明四朝诗》录其诗四十四首。《四库全书总目》著录其《江右诗稿》二卷、《李氏山房诗选》六卷，"提要"曰："于慎行称其诗与李攀龙异曲同工。邢侗亦称'历下(李攀龙)名愈高，濮阳若为所掩'……今观其诗，才力实出攀龙之下。"清宋弼《山左明诗钞》卷一六录其诗九十六首。《明诗纪事》己签卷四录其诗五首，按语云："其论古诗，断自魏晋以上为上乘，近体十二子，李、杜以上为大家，此与王、李结社持论合辙者也。王、李抹杀宋元诸家，伯承选录宋元诗。"生平见于慎行《北山李公先芳墓志铭》、邢侗《濮阳李公先芳行状》《国朝献征录》卷七七》及王兆云《皇明词林人物考》卷九。

李廷仪(生卒年不详) 字鸣凤，号质庵。福建福宁州宁德人。弘治三年(1490)进士，授定海令。迁顺天府通判，以得罪外戚，谪六安州同，迁南安同知，引疾归。为人恺悌率直，能诗。《皇明风雅》卷一九录其诗一首。徐𤊹《晋安风雅》录其诗二首。《石仓十二代诗选·明诗选》录其诗三十三首。清郭柏苍《全闽明诗传》卷一二录其诗九首。生平见《(乾隆)福建通志》卷四三、《(乾

隆)福宁府志》卷一八。

李迁（1511—1582）　字子升，更字子安，号盘峰。江西南昌府新建（今南昌）人。嘉靖十九年（1540）举人，二十年进士，授南兵部主事。历武选郎中，出知济南府，升湖广按察副使，累迁至左布政使，擢右副都御史巡抚真定，晋兵部右侍郎。隆庆间以南京兵部左侍郎提督两广，兼广东巡抚，以讨寇功晋刑部尚书，引疾归，卒于万历十年（1582）。嘉、隆间南州士大夫谈清节者，必推之，亦能诗文。《千顷堂书目》录《莺谷山房稿》四卷，现存隆庆五年（1571）龚大器序刊本《莺谷山房藏稿》七卷，首有龚大器、江一麟序各一篇，后有嘉靖四十三年曹忭跋，内诗四卷，收诗二百九十三首，文三卷，收各体文一百七十七篇。《江西诗征》卷五七录诗一首。生平见王世贞《盘峰李公神道碑》（《弇州四部稿续稿》卷一三二）、王兆云《皇明词林人物考》卷八、《明史》卷二二二。

李兆先（1475—1501）　字征伯。祖籍茶陵（今属湖南），金吾左卫籍，京师顺天府（今北京）人。生于成化十一年（1475）六月二十一。十余岁即能为歌诗、古文，入学为诸生，省试不举，其父为大学士李东阳，因以荫为国子生，再试以误写题字又不举，旋病，弘治十四年（1501）闰七月二十五病夭，年二十七。现存正德间刊本《李征伯存稿》十三卷，诗六卷，收诗二百七十余首、词五首、联句三十余首，文六卷，收赋二篇、各体文四十余篇；又《东行稿》一卷，乃其自京师赴山东之作，收赋二篇、诗四十余首；附录收墓志及悼诗等；末有其岳父潘恩跋。此即《千顷堂书目》著录《李征伯存稿》十一卷又《东行稿》一卷，仅所记卷数小有差误。《皇明诗统》卷一三录其诗五首。《列朝诗集》丙集录其诗八首。《御选宋金元明四朝诗》录其诗四首。《四库全书总目》著录《李征伯存稿》十三卷，"提要"谓其"才隽而不修行检，誉之者有所粉饰，毁之者亦有所附会耳"。清王崇简《畿辅明诗》录其诗五首。清廖元度《楚风补》卷一八、清邓显鹤《沅湘耆旧集》卷一四录诗七首。生平见李东阳《儿子兆先墓志铭》、潘辰《仲女李冡妇合葬墓志铭》（《李征伯存稿》附录）及《（雍正）湖广通志》卷五七。

李江（生卒年不详）　字朝宗，号亦山。广东肇庆府开平人。弘治五年（1492）乡试中举，屡上春官不第，选授广西梧州府推官，以文章忤当道，罢归。好诗文，著述现存清道光十五年（1835）刊《亦山先生遗稿》四卷，计收诗二百七十五首。内卷一为《梅花百咏》，七言诗百首，其题如《阴阳有象》《太虚》《理气》《静养》等，颇不同于以往咏梅诗；卷二为

《十哀诗》百首，其中《风哀》《月哀》《山哀》《水哀》《花哀》《木哀》《凤哀》《麟哀》《东王公哀》《西王母哀》各十首，前亦未见；卷四为《和千家诗》，仅六十首。生平见《(道光)肇庆府志》卷一八。

李汛（生卒年不详）　字彦夫，号镜山。南直徽州府祁门（今属安徽）人。弘治十二年（1499）举人，十八年进士，授工部主事。历员外郎，正德九年（1514）官思恩军民府知府。曾于祁门邑东五十里辟地为楼十二楹为李源书院，倩程敏政作《李源书院记》。《千顷堂书目》著录其《镜山稿》十三卷。现存明刊《镜山诗集》残本，卷一至卷二缺，卷三收诗一百四十一首，末有注云"右邦伯镜山李先生诗三卷，共三百五十五首，乃戊午乡举以前之作也"，以下卷四至卷八计收诗五百五十九首。《皇明诗统》卷一八录其诗四首。陈有守等《徽郡诗》录其诗四首。《石仓十二代诗选·明诗选》录其诗一百六十余首。《列朝诗集》丙集录其诗二首。《明诗评选》录其诗一首。清汪森《粤西诗载》卷一八录其诗一首。清陈邦彦《御定历代题画诗类》录其诗四首。近人赵尊岳《明词汇刊》录其词四十八首为《镜山诗余》。生平见《(康熙)徽州府志》卷一二。

李延昰（生卒年不详）　初名彦贞，字我生，一字期叔，更名后改字辰山，号放鹇道者。南直松江府上海人。少负逸才，善谈论，熟于旧家典故，以医为业。晚居平湖佑圣宫，黄冠草履，自称道士。二子早丧，遂无嗣，清初年七十病逝。临殁，以藏书赠朱彝尊。著有《放鹇亭集》，未见传。《明诗综》卷八九录其诗十九首，"诗话"云："辰山生长士族，人不知其门阀；策名仕版，人不知其官资；博综图籍，人不知其储藏；洁治酒肴，人不知其庖馔。所撰《崇祯甲申录》《南吴旧话》，足以裨国史之采择。及疾革，平居玩好，一瓢一笠，一琴一砚，悉分赠友朋，而以储书二千五百卷畀予。诵其诗，知为徐孝廉闇公（徐孚远）之弟子。然其出处本末，终莫得而详也。诗亦伯仲畿社诸君，入之黄冠中，翘翘东楚。"清沈季友《檇李诗系》卷二九录其诗七首。《御选宋金元明四朝诗》录其诗十三首。清冯金伯《海曲诗钞》卷五录其诗二十七首。清朱壬林《当湖文系初编》录其文四篇。近人严昌堉《海藻》（松江）卷七录其诗二十首。

李进（生卒年不详）　字孟昭，号西园居士。浙江嘉兴府嘉兴人。明五经，能书，以母丧哀毁，眇一日，遂不复求仕。永乐初，郡守齐政钦其人，请为府学训导。永乐十八年（1420）受聘为福建省闱校官，二十一年又被聘为山东省闱校官。能诗，《千顷堂书目》著录《西园先生集》五卷，未见传。天顺间刊《士林诗选》二卷（怀悦辑）录其诗五十六首。《皇明风雅》《皇明诗统》录其诗五首。《石仓十二代诗选·明诗选》录其诗二十六首。《列朝诗集》乙集录其诗《过湖》《西湖夜宿》，并于后诗下注"姜南《蓉塘诗话》极称此诗，以为蕴藉风流，有唐人之致"。"小传"云："泰、顺间，海盐有李孟瑞与弟季衡皆能诗，与孟昭倡和。季衡之子景孟，举景泰甲戌（1454）进士，录其诗为《皇明正音》，附于先辈名家之后，大率皆《兔园册》中陈言长语。"《明诗综》卷一九录其诗三首，并引高念祖云："吾乡少傅俞公山，为孟昭弟子。《西园先生集》五卷，少傅子诰所刊也……庐陵陈方序其集，称其诗'清丽工致，变态不一'。"清沈季友《槜李诗系》卷八录其诗六首。《御选宋金元明四朝诗》录其诗三首。《明诗纪事》乙签卷一三录其诗二首。

李孝谦（生卒年不详）　名本，以字行。浙江宁波府鄞县（今宁波）人。其父李仕开饶于赀，元末会稽胡舜咨、金华戴良、钱塘吴志淳、豫章揭汯等俱以齿德文章游四明，仕开皆招致宾馆，俾诸子问学，孝谦与弟悌谦、忠谦皆得从之。洪武初，郡国例造战舰，使仕开督造，既成，以舰材不良坐法，送秋官论狱，孝谦乃

代父往，至都门劳役，日涉冰雪，负土石，一年后始赦归。洪武十年（1377），仕开又以富室主料量米耗，罪当死，孝谦季弟忠谦代父行，黥而戍，竟死辽东。永乐时会诏天下纂修图志，太守汪傁起邀孝谦与修郡乘，书成而卒。《千顷堂书目》著录其所著《四明文献录》《四明名贤记》及《中林集》，皆未见传。清胡文学《甬上耆旧诗》卷四录其诗二十二首。《石仓十二代诗选·明诗选》录其诗十八首。《明诗综》卷一九录其诗七首，"诗话"谓其"长律可观"。清陈邦彦《御定历代题画诗类》录其《题柴毗陵越山春晓图》等二首。《御选宋金元明四朝诗》录其诗六首。《明诗纪事》乙签卷七录其诗一首。生平见清胡文学《甬上耆旧诗》卷四李邺嗣所撰小传。

李坚（生卒年不详）　字贞夫。福建汀州府长汀人。弘治十一年（1498）举人，十八年进士，授行人，迁本司司副，再迁户部清吏司员外郎，转郎中，告归，年未四十。归后结茅别墅，闭门授徒。有《讷庵诗稿》，未见传。《石仓十二代诗选·明诗选》录其诗五十五首。清郭柏苍《全闽明诗传》卷一四录其诗十三首。生平见《（光绪）长汀县志》卷二四。

李时（1471—1538）　字宗易，号序庵、松溪。京师河间府任丘（今

属河北)人。弘治八年(1495)领乡荐,十五年进士,选翰林院庶吉士,授编修。正德中历侍讲、右谕德、侍读学士。嘉靖中以礼部侍郎兼文渊阁大学士,入参机务,屡加少傅太子太师、吏部尚书、华盖殿大学士。卒于嘉靖十七年(1538),年六十八,赠太傅,谥文康。善书法,亦能诗,《国朝列卿纪》《留青日札》俱记其嘉靖间与张璁、方献夫、翟銮等侍帝游宴赋诗事。《千顷堂书目》著录《南城召对录》一卷又《文华盛记》一卷及《薇花堂稿》,仅《南城召对录》有抄本。《皇明诗统》卷二〇录诗十七首。清王崇简《畿辅明诗》录其三首。《明诗综》卷二八、《明诗纪事》丁签卷九录诗一首。生平见赵永《李公时行状》(《国朝献征录》卷一六)、王世贞《嘉靖以来内阁首辅传》卷二、《明史》卷一九三。

李时成(1586—1631)　字明六。福建福州府闽县(今福州)人。诸生,与周之夔同入泮,又同入董应举门受业。喜秦汉文,好诗,与韩锡等为诗友,结社倡和。以屡试不举,遂厌弃时文,刻意词华。崇祯四年(1631)四月二十六以病卒,年四十六。曾辑《唐诗选》,欲补高棅《唐诗品汇》、李攀龙《唐诗选》之不足。又曾选郑善夫、傅汝舟、林恕、林凤仪、袁表、林春元、徐熥、陈勋、林光宇、林世璧诗为《后十子诗选》,以张扬

闽诗。其所作也以宗唐标榜,卒后其弟辑其所遗诗文,请董应举等选定,汰十之六而存其四,崇祯七年刊为《白湖集》十七卷,内乐府及古近体诗十卷,收诗四百五十余首,赋一卷,收赋二篇,各体文六卷,收各体文六十余篇,附录一卷,录董应举、周之夔诸人往来书信。卷首有周之夔《白湖诗集序》,谓其"一生精神在于诗,初宗陶、孟,后骎骎追汉魏"。清郭柏苍《全闽明诗传》卷四五录其诗一首。

李时行(1514—1569)　字少偕,号青霞。广东广州府番禺(今广州)人。少读书于罗浮山青霞谷,因以自号。弱冠入郡庠,为督学田汝成赏识。嘉靖十九年(1540)举人,二十年进士,明年除嘉兴知县。二十四年升南兵部车驾司主事,旋为流言所中,不能自明,因辞官,遍游吴越、齐鲁诸名山,结方外之士,寄情诗酒。归后闭门家居,从黄佐、湛若水游,筑别业小云林于西郊,匾曰"青霞洞天",啸咏自如。四十四年陪其仲子北上入太学,往返又游历吴越及燕赵、齐梁之地。隆庆三年(1569)卒于家,年五十六。慕古力学,以能诗称。《千顷堂书目》著录其《驾部集》,现存清乾隆二十八年(1763)李文炳刊本《李驾部集》七卷,内《李驾部前集》诗二卷、文二卷;《李驾部后集》诗一卷、文一卷;

《青霞漫稿》诗一卷；有田汝成、文征明等序。清乾隆中山东陈文藻官广东，曾比附"南园五先生"，称顺德欧大任、梁有誉，从化黎民表，南海吴旦及李时行五人为"南园后五先生"，辑《南园后五子诗集》二十八卷，内收时行诗六卷。清伍元薇辑《粤十三家集》亦收《李驾部集》七卷。《盛明百家诗》后编录其诗六十余首为《李青霞集》。顾起纶《国雅》卷一四录其诗十首。《皇明诗统》卷二五录其诗二十五首。《列朝诗集》丁集录其诗三首。清屈大均《广东文选》录其诗十六首、文一篇。《明诗综》卷四三录其诗三首，"诗话"谓其"诗体格虽卑，然亦清稳，无叫嚣之习"。清梁善长《广东诗粹》卷五录其诗十首。《明诗纪事》己签卷六录其诗四首，按语云："南园后五子，青霞差弱。"生平见庞尚鹏《青霞李先生传》(《粤十三家集》本《李驾部集》附)、王兆云《皇明词林人物考》卷九、《(雍正)广东通志》卷四七。

李时勉(1374—1450)　名懋，字时勉，以字行，号古廉。江西吉安府安福人。生于洪武七年(1374)八月十三。永乐元年(1403)举乡荐，次年联捷进士，选翰林院庶吉士，授刑部主事。与修《永乐大典》《高庙实录》，进侍读。十九年三殿火灾，成祖诏求直言，上时务策十五条，忤上意，下狱，以杨荣救援复职。仁宗即位，再疏陈节民力、谨嗜欲、勤政事、务正学等，激上怒，又以不附王振，被构陷下狱。宣德初复官，五年(1430)进侍讲学士，再迁翰林学士。正统六年(1441)任国子监祭酒，十一年乞仕。景泰元年(1450)四月十二卒，年七十七，谥文毅，成化中改谥忠文。性刚梗，慨然以天下为己任，以敢谏称，濒死者三而劲直之节如一。崇理学，也能诗文。《明史·艺文志》著录其《文集》十一卷《诗》一卷。现存景泰七年四明郡守姚堂刊《古廉李先生诗集》十一卷(吴节辑)，收其赋、颂及诸体诗；另成化十年(1474)其门人戴难及其孙李颙辑《谥忠文古廉文集》十一卷附录一卷，内卷一一又收诗词一百四十三首。《皇明风雅》录其诗五首。《皇明诗统》卷九录其诗十九首。韩阳《皇明西江诗选》卷五录其诗四十五首。《列朝诗集》乙集录其诗七首。《明诗综》卷一八上录其诗七首，"诗话"云："忠文古之遗直，不以诗名，而《扶风》数篇，虽未远拟《秋胡》，要非拙手可办。"《四库全书》据成化本收《古廉集》十一卷附录一卷，《总目》"提要"云："时勉学术刚正……与南京祭酒陈敬宗号'南陈北李'，而时勉尤为人望所归，明以来司成均者莫能先也。至其为文则平易通达，不露圭角，多蔼然仁义之言。"

《江西诗征》卷四七录其诗十六首。《明诗纪事》乙签卷九录其诗三首，按语谓其诗"清婉可味"。程敏政《皇明文衡》录其文二篇。《明文海》录其文《北京赋》一篇。清应麟《江右古文选》卷一五录其文一篇。生平见其门生彭琉所作《行状》、王直《故祭酒李先生墓表》(《谥忠文古廉文集》附录)及廖道南《殿阁词林记》卷六、何乔远《名山藏》卷六二、《明史》卷一六三。

李言恭(1542—1599)　字惟寅，号青莲居士。南直凤阳府盱眙(今属江苏)人。岐阳武靖王李景隆七世孙，万历二年(1574)袭封临淮侯，明年授中军都督府佥事，加少傅，守备南京，十四年总督京营，加太保。卒于万历二十七年，年五十八。以武臣勋贵而好学能诗，折节寒素，多交海内文士，两都词人游客，多与之交。王世懋游金陵所作《白门稿略》，即为其所编次校正。胡应麟《诗薮》记云："国朝武臣稀习文事，独李临淮惟寅，崛起勋胄中，恂恂折节，海内文士，宗附如归。"其诗大略取法摹古一派，为王世贞兄弟所赏。世懋为其《贝叶斋集》作序，谓其"为诗迄今凡三变，云：年少气盛，有触易形，怛恒在多；既得于鳞(李攀龙)诗习之，乃检括为深沉之思，刻商引征，宛似其家言；已稍稍纵其性灵，时复翛然自得，博采旁引，未见其

止"。(《王奉常集》文集卷六)《千顷堂书目》著录其《青莲阁集》十卷又《贝叶斋稿》四卷又《游燕集》。现存万历刊《青莲阁集》十卷、《贝叶斋稿》四卷、《游西山记》一卷、《戊寅山行记》一卷，又崇祯四年(1631)刊《市南子》二十二卷(其中诗四卷)、《制敕》六卷。日本宝历三年(1753)京师堀川上町书林曾刊《白雪斋诗集》二卷，所录诗多见于《贝叶斋稿》，卷首《李惟寅白雪斋诗集序》，实为上举王世懋《贝叶斋集序》。又曾与右都御史郝杰合撰《日本考》五卷，有万历刊本，亦为《千顷堂书目》著录。《盛明百家诗》后编本录其诗十二首为《李公子集》。顾起纶《国雅》卷一七录诗九首。《皇明诗统》卷二八录诗十二首。《列朝诗集》丁集录诗七首，"小传"谓其"诗风婉弱，时有韵致"。《明诗综》卷四九录诗六首，"诗话"云："李惟寅诗如四姓小侯，桥门列席，雍容韦带，叱咤鼓噪之气都尽。"《御选宋金元明四朝诗》录诗十首。《金陵诗征》卷一录诗二十九首。《明诗纪事》己签卷一八录诗四首。生平见王兆云《皇明词林人物考》卷一二。

李应升(1593—1626)　字仲达，号次见，又号石照居士。南直常州府江阴(今属江苏)人。生于万历二十一年十一月二十八。万历四十三年中举，明年进士，授江西南康府推

官。天启三年(1623)征为福建道御史，屡上书讥切近习，忤魏忠贤，五年为魏矫旨削职，因南归。六年魏又矫旨逮系，闰六月初三，拷死诏狱，年三十四。崇祯元年(1628)其子李逊之上章讼冤，予祭葬，赠太仆卿，弘光时，追谥忠毅。诗文遗著李逊之编为《落落斋遗稿》十卷：卷一、卷二奏疏；卷三诗，分别为《受命草》《归田草》《息影草》《三游草》《别匡草》；卷四诗，分别为《招五草》《孤舆篇》《倚雪篇》《学余草》；卷五至卷七《西台书牍》；卷八《理署书牍》；卷九家书；卷一〇墓志铭、传、序等。集有张有誉，万曰吉等序。是集为《明史·艺文志》著录，有南明嘉善钱士升等校刊本、清康熙间刊本及光绪重刻本。陈济生《天启崇祯两朝遗诗》卷一录其诗四十二首。《明诗综》卷六一录其诗一首。《明诗纪事》庚签卷六录其诗五首。近人顾季慈《江上诗钞》卷四二录其诗一百余首。近人赵尊岳《明词汇刊》辑录其词一首为《落落斋词》。生平见《李公墓志铭》(《牧斋有学集》卷二九)、陈济生《天启崇祯两朝遗诗·小传》、清邹漪《启祯野乘》卷五、《明史》卷二四五。李逊之编有《李忠毅公年谱》(抄本)，近人缪荃孙又有《补辑李忠毅公年谱》(南陵徐氏刻《烟画东堂四谱》)。

李应征(生卒年不详) 初名衷毅，字伯远，号霁崖，又号藿园居士。浙江嘉兴府嘉兴人。万历元年(1573)举人。以能诗称，沈思孝深契之，一时名士如屠隆、沈明臣、胡应麟、张萱等皆与之倡和往还。然怀才悒悒，十上公车不售，因就学官，历临安教谕，迁南国子博士。《千顷堂书目》著录其《青莲馆集》又《澄远堂集》，又《偶寄轩集》，又《藿园集》八卷，又《寄苫漫草》，又《蓟易寓言》，又《河梁集》，又《两都集》，又《汗漫游集》。现存万历刊本《藿园集》八卷、《蓟易寓言》一卷、《汗漫游》二卷、《河梁编》二卷、《偶寄轩稿》一卷、《两都社草》一卷，有沈思孝、车大任等序。清康熙间李绳远编其曾祖应征、祖士标、父寅之诗为《澄远堂三世诗存》八卷，内收应征诗为《藿园诗存》六卷，凡七百三十余首，有皇甫汸等原序，今亦存。《明诗综》卷五二录诗三十首，"诗话"云："弇州(王世贞)标榜前、后'五子'而外，广为'四十子'，若似乎此外无遗贤矣。说诗者遇隆、万朝士，或置不观，直以'公安''竟陵'继'七子'之派……不知隆庆诸臣，已力挽叫嚣之习，归于平澹。而定陵初年，人皆修辞琢句，出入风雅之林，若吾乡李先生伯远、若下郑先生允升、吴中归先生季思(归子慕)、岭南区先生用孺(区大相)，尤卓然名家。而闽中徐惟和(徐𤊹)、谢在杭（谢肇淛）、曹能始（曹学佺）均不为楚咻所夺，未见万历初之不及嘉靖季也。学者取诸家诗诵之，庶几论世有权衡矣。"清沈季友《槜李诗系》录其诗十三首，前有"小传"云："应征以骏宕之士，雄视一世。平生感愤，一发于诗，故能众体兼长，摛词独富，风流俊爽，情旨婉切，不徒以写景述事为工也。"《四库全书总目》著录《澄远堂三世诗存》八卷，"提要"引朱彝尊语而后云："今观《霍园》一集，诚夐夐独造，亦能自立门径者，其子孙则沿波而讨奇耳。"清李稻塍《梅会诗选》二集卷一、卷二录诗一百二十首。《明诗纪事》庚签卷一录诗十六首。生平见杨镜永《李霁崖公传》（《澄远堂三世诗存·霍园诗存》卷首）、《（雍正）浙江通志》卷一七九。

李应策（1554—？）　字成可，号苍门。陕西西安府蒲城人。蒲城西北有苏愚山（又名丰山），因又自号苏愚山人。万历四年（1576）举人，十一年进士，馆选庶吉士失利，观政兵部，授任丘县令。丁母忧归，起补成都知县，旋再丁父忧，十九年起补安阳知县。二十三年经科道考选，迁刑科给事中，转户科。二十八年升太常少卿，仕至通政司左通政，三十年告准致仕，家居卒，年八十余。在朝近于东林，尝参劾石星，疏停矿税。好文学，与同年汤显祖交，有倡

和往来。著述现存明末刻诗文别集《苏愚山人续稿》三十卷（部分板心题《苏愚山洞续集》），集内有崇祯八年（1635）纪事，其刻当在此后。诗文大体按体分卷，然编次凌乱，或有一卷同收诗文者。所见孤本缺卷一九、卷二九，现存二十八卷计收诸体诗一千八百余首，词曲五百余首（内可确定为词者三十余首，余四百八十余首则为散曲小令），骚、赋及各体文六百余篇。其散曲三居其二为北曲，风格粗豪，又间以军国时事入曲，直言爱憎，异于他人。方志另著录其有《谏垣题稿》八卷、《黉宫补漏》二卷、《六纬质难》七卷、《搴真藻》四卷、《李氏世遗录》三卷，均未见。尝为杨爵《杨忠介集》作后序，集内收其悼诗二首、揭墓诗二首。近人赵尊岳《明词汇刊》据《苏愚山洞续集》录其词为《苏愚山洞词》一卷，内或误选散曲，集中则尚有诗余未录。生平见《（雍正）陕西通志》卷六〇、《（乾隆）蒲城县志》卷七。

李沂（1616—？）　字子化，别字艾山，晚号壶庵。南直扬州府兴化（今属江苏）人。晚明诸生，以诗名于乡里，入清不仕，称遗民。康熙间王士禛司理扬州，踵门请谒，固辞不见。卒年七十余。曾撰《南福两京实录》，未见传。著述现存康熙刻本《鸾啸堂诗》八卷，收诗三百七十四首，又《文》一卷，收赋一、各体文十

九篇；又有清抄本《鸾啸堂诗集》二卷。《千顷堂书目》著录《鸾啸堂诗集》，未详卷数，或未见原书也。另，康熙间张潮辑《昭代丛书》收其《秋星阁诗话》一卷。清卓尔堪《明遗民诗》录其诗三十六首。《明诗综》卷八〇下录其诗十二首。《金陵诗征》卷二八录其诗十二首。《明诗纪事》辛签卷三一录其诗四首，按语云："子化诗清真绝俗，晚好学仙，盖有托而逃也。"

李孟璿（生卒年不详） 名均，以字行，号南庄。浙江嘉兴府海盐人。明初以荐历嘉兴、汝宁府学训导。以能诗称，《千顷堂书目》著录其《南庄集》，未见传。天顺间刊《士林诗选》二卷（怀悦辑）录诗十九首。《皇明风雅》卷二九、《皇明诗统》卷九录诗一首。《石仓十二代诗选·明诗选》录诗八首。《明诗综》卷一九下录诗一卷。清沈季友《檇李诗系》卷八录诗五首。《明诗纪事》乙签卷七录其诗一首。生平见《（光绪）嘉兴府志》卷五六、《（光绪）海盐县志》卷一五。

李玮（生卒年不详） 字伟卿。浙江宁波府鄞县（今宁波）人。嘉、万时布衣。居府城东三桥里，世以耕读传家。所居有古松二株，父称双松居士。玮喜藏书，好与名士交，亦日啸咏树下。家有先人遗田，衣食裁给。楼居凡五楹，临倚水竹，中列图书。复于舍东剩地植槿为圃，构一草亭，莳菊数百本。闲居无事，常焚香扫地而坐。过从皆里中名流及高逸、沙门，率尔相接，每极欢畅。以诗鸣于乡里，人称"三桥诗叟"。父殁后曾壮游，渡江北上，跨黄河，抵蓟门，瞻仰宫阙，与燕市酒人倡和，逾年而归。于京师见盛传王、李"七子"诗，转相拟议，辄叹曰："此繁声也，今举一世趋之，古意日亡矣。"玮所作皆平淡简易，如"篱边残雪拥柴门，田翁檐下曝朝暾"（《田翁乐》）、"诛茅随隙地，治圃傍回溪"（《秋圃》）、"藤花金一色，豆荚箸双红"（《田舍》），直写田园生活。手定诗文十余卷，名《桑麻集》，今已不传。又喜传卉木、药草艺植之法。尝著《国课论》《东钱湖赋》，胪列郡国农田水利事。卒年逾九十。《列朝诗集》丁集中录其诗七首。清胡文学《甬上耆旧诗》卷二二录其诗五十六首。《御选宋金元明四朝诗》录其诗三首。

李若讷（生卒年不详） 字季重，号重甫。山东济南府临邑人。万历十六年（1588）中举，屡上公车不第，三十二年始中进士，授夏邑知县。转内乡知县，知太平府，转归德，升浙江左参议，再晋四川参政，致仕归。为人慎交寡言，有诗名，与王象春、公鼐、公鼒等为诗友，而尤引王象春为知己，诗风相近。诗文著述现存万历四十三年刊本《五品稿》九卷,诗四卷文五卷,李季重、赵秉忠等序。又有天启二年(1622)刊本《四品稿》九卷,亦为诗四卷文五卷,王象春、曹履吉、冒愈昌、朱之蕃序。清陈元龙《御定历代赋汇》补遗卷三录《浮玉矶赋》一篇。清宋弼《山左明诗钞》卷二八录诗四十六首。《明诗纪事》庚签卷二一录诗一首。生平见《(道光)济南府志》卷二八。

李英(1544—?) 字少芝。广东广州府顺德(今佛山)人。少以家贫,入欧大任家为仆。天资俊颖,能五七言近体诗,以《席上赋明月》一诗,倾倒大任诗友,因有"青衣诗人"之誉。随大任宦游二十余载,士大夫与大任游者,皆知李英诗,爱而传之。大任丧逝,英归顺德,结庐卖酒卒。其集现存清刊本《李英诗》一卷、《餐霞集》一卷、《历游集》二卷、《当垆集》一卷、《都下赠言集》一卷。又,清刊本《欧虞部集》十五种附《李英集》四卷。《盛明百家诗》录其诗三十首为《李生集》,"小传"云:"计有功《唐诗纪事》,二百余年,诗人千一百五十家,而卷末有仆二人,一为咸阳郭氏捧剑之僮,一为池阳刺史戟门门子朱元。余辑《盛明百家诗》,仅得李英一人。可以为难矣。"顾起纶《国雅》卷二〇录其诗十首。《皇明诗统》卷三九录其诗三十三首。《皇明诗选》录其诗一首。《列朝诗集》闰集录其诗八首,"小传"记云:"天目山人(徐中行)读李生诗,有句云:'能诗况在方回上,恋主宁言颖士非。'"《明诗综》卷九七录其诗三首。清梁善长《广东诗粹》卷一〇录其诗四首。生平见《(咸丰)顺德县志》卷二四。

李杰(1443—1518) 字世贤,号雪樵,又号石城居士。南直苏州府常熟(今属江苏)人。天顺三年(1459)举人,成化二年(1466)进士,选翰林院庶吉士,授编修。弘治初升左春坊左庶子兼侍读学士,进南国子祭酒,历太常少卿兼侍读学士,掌院事,十三年(1500)迁南礼部右侍郎,十五年改礼部,转左侍郎。正德初升南吏部尚书,改礼部尚书,以忤刘瑾去位,十二年闰十二月(1518年1月)卒于家,年七十五,赠太子太保,谥文安。《千顷堂书目》著录其《石城山房稿》,《(1948)重修常昭合志》卷一八记其《石城集》一百卷、《雪樵集》五十卷。明刊本《石城山房稿》,仅存卷二二至卷二七,内收序、引、说、赞、题跋、行状、墓志等文一百八十余篇,诗已不存。张应遴《海虞文苑》卷八录词六首。《明诗综》卷二四录诗十五首,"诗话"云:"虞山李文安以忤刘瑾致政归,筑逸我堂,垒石为山,暇游昆尚二湖……文安不以诗名,然与李文正(李东阳)、吴文定(吴宽)诸公酬和不辍。其自序云:'余于诗文初无师授,亦未尝规仿古人,将以是名世。但窃禄词垣,公私所需,不容已尔,故意之所到,信笔书之,未尝刻苦思索,必求其工也。'可谓得失寸心知矣。"《御选宋金元明四朝诗》录诗十二首。《海虞文征》文四篇、诗八首。生平见佚名《礼部尚书李杰传》(《国朝献征录》卷三三)、冯复京《明常熟先贤事略》卷四、廖道南《殿阁词林记》卷五。

李贤(1408—1467) 字原德。河南南阳府邓州人,李士升之子。宣德七年(1432)乡试第一,明年进士,授吏部验封司主事。正统十年(1445)进考功郎中,转文选郎中。十四年随英宗北征,英宗被掳,贤脱难回京。景泰二年(1451),以上《正本十策》,晋兵部右侍郎,转户部侍郎,次年又迁吏部右侍郎。英宗复辟,天顺元年(1457)兼翰林学士,入直文渊阁,预机务,进吏部尚书。坐事下狱,谪福建参政,未行,留为吏部侍郎,寻复原官,五年加太子太保,八年英宗病重,委以托孤。成化初晋少保、吏部尚书兼华盖殿大学士知经筵事,二年十二月(1467年1月)病卒,年五十九,赠太师,谥文达。在朝当石亨、曹吉祥用事,从容论对,多裁抑之,尤重奖掖贤士,成、弘间人才,多经其识拔,然行事如抑

叶盛、排岳正、摈张宁、不救罗伦等,也有为后世所讥者。天顺五年曾主持编写《大明一统志》九十卷。能诗文,官翰林院时,尝咏文渊阁所植芍药,阁院宫寮咸和之,汇为《玉堂赏花诗集》。《明史·艺文志》著录其《读易记》一卷、《读诗纪》一卷、《天顺日录》二卷、《鉴古录》一卷、《古穰杂录》二卷、《古穰集》三十卷《续集》二十卷。现存成化十年李璋刊本《古穰集》三十卷,为其婿程敏政辑编,内奏议二卷,诸体文十八卷,诗四卷(内《和陶诗》二卷),末为《天顺日录》三卷、《杂录》三卷。是集又有隆庆元年(1567)李弘勋重修本。《明文海》录其文三篇。《皇明诗统》卷一九录其诗三首。《石仓十二代诗选·明诗选》录其诗五十二首。《明诗综》卷二〇录其诗一首。《四库全书》收《古穰集》三十卷,《总目》"提要"云:"文章非所注意,谈艺者亦复罕称。然其时去明初未远,流风余韵尚有典型,故诗文亦皆质实娴雅,无矫揉造作之习。"《明诗纪事》乙签卷一六录其诗一首。生平见程敏政《李公行状》(《篁墩程先生文集》卷四〇)、廖道南《殿阁词林记》卷二、王兆云《皇明词林人物考》卷二、何乔远《名山藏》卷六四、《明史》卷一七六。

李尚实(生卒年不详) 号子虚。山西潞安府长治人。嘉靖三十一年

(1552)举人,四十二年谒选辉县知县,改淇县,秩满迁裕州知州。淇人走阙下,乞复任,诏以知州留知淇县。性狷狂,众吏谓其恃才轧人,为时所忌,因被劾归。以廉称,子梦熊,举人,沧州知州,孙亦举人,官柏乡知县,三世皆称清白吏。方志谓其词赋文章自出机轴,有奇气。存万历刊本《李裕州萧然亭集》四卷,首万历二十六年(1598)范应宾《李裕州集序》,又有隆庆二年(1568)左熙序,计收赋三篇、古近体诗五百三十余首。《明诗纪事》己签卷一〇录其诗一首。生平见《(雍正)山西通志》卷一一三。

李昆(1471—1532) 字承裕,号东岗。山东莱州府高密人,兵部左侍郎李介子。弘治三年(1490)进士,授刑部广西司主事,守制归。起补礼部仪制司,十一年父丧归,十六年服阕,改兵部武库司,升本司员外郎,转郎中。正德初忤刘瑾,谪知解州,四年(1509)升陕西按察司佥事,分巡关南道,寻迁副使,八年升湖广按察使,明年进右布政使,十年转陕西左布政使,擢都察院右副都御史,巡抚甘陕。十二年被劾下诏狱,左迁浙江按察副使。嘉靖即位,命其整饬蓟州等处军务,次年召入为兵部右侍郎,无何转左,四年(1525)以病乞归,十一年卒于家,年六十二。毛纪为其作《碑铭》,称其“为文平淡有理趣,不喜作艰涩语,诗尤工于五言,得意处有唐人风致”。《千顷堂书目》著录其《东冈小稿》,现存嘉靖刊本《东冈小稿》五卷续一卷,收诗三百余首,有嘉靖二年黄绾序,正德十六年顾璘序,正德十五年方豪后序。生平见毛纪《东岗李公昆碑铭》(《国朝献征录》卷四〇)、《明史》卷一八五。

李国㮃(1585—1631) 字元治,号绩溪。京师保定府高阳(今属河北)人。生于万历十三年(1585)十月十七。万历三十七年举人,四十一年进士,选翰林院庶吉士,四十四年授检讨。天启元年(1621)与修《神宗实录》,二年进左赞善,四年左谕德,五年左庶子,充经筵日讲官,历詹事府詹事,六年擢礼部尚书,预机务,寻继施凤来任首辅。崇祯登基,进左柱国、少师兼太子太师、吏部尚书、中极殿大学士。其十数年超擢进阶,多因魏忠贤以同乡援之,故崇祯初多有人劾之,崇祯元年(1628)五月荐韩爌、孙承宗自代,乞病归。家居数年,崇祯四年三月十四卒,年四十七,谥文敏。所著明季多佚于兵燹,清顺治末康熙初,其子掇拾残阙,于康熙六年(1667)刻为《李文敏公遗集定本》二卷附录一卷,卷上收其疏表序论等文二十二篇,卷下收其所作诸体诗一百十余首,另附孙承宗等所撰墓志铭、墓表、祠记等一卷。《四库全书总目》著录《文敏遗集》三卷即此本也,"提要"谓其"诗文多馆阁酬应之作"。生平见孙承宗《文敏李公暨原配继配合葬墓志铭》、王崇简《文敏李公墓表》(《李文敏公遗集定本》附)及清佚名《五十辅臣考》卷一、《明史》卷二五一。

李昌祺(1376—1452)　名祯,字昌祺,以字行,号侨庵、白衣山人、运甓居士。江西吉安府庐陵(今吉安)人。永乐元年(1403)领乡荐,明年联捷进士,选翰林院庶吉士,与曾棨等二十八人读书文渊阁,重修《永乐大典》,五年书成,授礼部主客司郎中。七年成祖回北京,太子监国,命其权知部事,十年以事被罚董役长干寺,十三年复官。十五年超擢广西左布政使,十七年坐事谪役房山,一年遇赦,十九年丁父忧归。洪熙元年(1425)起河南左布政使,宣德五年(1430)以母忧归。时河南大旱,廷臣以其廉明宽厚,河南民怀之,请夺情赴官救灾。正统四年(1439)感风疾,请致仕,景泰三年(1452)卒,年七十七。为人耿介廉洁,致仕后十余年,屏迹不入公府,故庐仅蔽风雨,伏腊不充。弱冠即著文誉,又以该博称,史称其与修《永乐大典》,凡僻书疑事,人多就质。著述最著者为其谪役房山时所作文言短篇小说集《剪灯余话》。是集仿瞿佑《剪灯新话》,四卷,计收文言短篇小说二十篇,附中篇文言小说《贾云华还魂记》一篇(明刊残本又多出《至正妓人行》一篇)。小说多写元明故事,杂以幽冥灵异变化之情节,秾丽丰蔚,间入诗词韵语甚夥,文采灿然,多被后世白话小说及戏曲取资。尤以《贾云华还魂记》影响最巨,其承元季《娇红传》小说,有明一代中篇文言小说无不效法。《剪灯余话》宣德八年刊于世,现存成化刊本、正德刊本。其传入朝鲜、日本等国,有日本庆长、元和间刊本。然景泰间,庐陵议以乡贤祀学宫,昌祺独以《余话》不得入(都穆《听雨记谈》)。亦擅诗文,《千顷堂书目》著录其《容膝轩草》又《运甓漫稿》,后者为其见存诗词集,为景泰末张瑄任吉安知府,令府学教授郑钢等辑编,天顺三年(1459)刊,七卷,陈循序,内前六卷收其五七言古近体诗六百余首,卷七收诗余四十一首。又有明蓝格抄本《运甓诗集》不分卷,收诗二百四十首。"运甓"取陶侃故事,喻刻苦自励,集名当为昌祺生前自题。《皇明风雅》录其诗十四首。顾起纶《国雅》卷三录其诗七首。《皇明诗统》卷九录其诗四十五首。韩阳《皇明西江诗选》卷八录其诗七十六首。《皇明诗选》录其诗一首。《列朝诗集》乙集录其诗四十六首,闰集录其集句诗二十首。《明诗评选》录其诗四首。《明诗综》卷一八上录其诗二十七首。清沈德潜《明诗别裁集》录其诗二首。《四库全书》以天顺三年刊本为底本辑收《运甓漫稿》,《总目》"提要"云:"其诗清新华赡,音节自然。陈循序称其'本之以理,充之以气,故雅淡清丽,宏伟新奇,无不该备。不必远较于古,就今而论,千百之中不过数辈'……《静志居诗话》亦谓李祯诗'务谢朝华,力启夕秀,取材结体,颇与段柯古相似'。盖由其一变绮靡纤巧之习,而以流逸出之,故别饶鲜润,迥异庸芜。"《江西诗征》卷四七录其诗八十五首。《明诗纪事》乙签卷九录其诗十四首,按语谓其诗"色新意古,诸体并工,在永乐诗家中,独标一格"。词在当时也称作手,清抄本《宋金明人九家词》录其《侨庵诗余》二卷。《明词综》卷二录其词一首。近人赵尊岳《明词汇刊》录其词二十九首为《运甓词》。又有散曲集《侨庵乐府》(又名《侨庵小令》),抄本一卷,计收小令二十三首。生平见钱习礼《李公祯墓碑》(《国朝献征录》卷九二)、王兆云《皇明词林人物考》卷二、《明史》卷一六一。

李质(1316—1380) 字文彬,号樵云。广东肇庆府德庆人。生于元延祐三年(1316)三月十一。以儒发身,元末至正间,何真据粤,辟其为府参军,遣其募兵守德庆。明洪武元年(1368)二月,征南将军廖永忠下岭南,与何真同归附,入觐,授中书断事,改都督府断事,五年二月擢刑部侍郎,三月进尚书,寻出为浙江参政,以老母还。复起为靖江王右相,十三年王废,五月连坐死,年六十五。与弟文昭、子伯震,皆以能诗名。《千顷堂书目》著录其《樵云集》,未见传。刘仔肩《雅颂正音》录其诗四首。《皇明风雅》卷二四录其诗一首。《皇明诗统》卷五录其诗二首。《列朝诗集》甲集录其诗二首。《明诗综》卷四录其诗一首。清梁善长《广东诗粹》卷二录其诗三首。《明诗纪事》甲签卷一二录其诗二首。另《(嘉靖)德庆志》卷六、清温汝能《粤东诗海》等尚存其遗诗。生平见陈琏《李公质墓志铭》(《国朝献征录》卷一〇五)、黄佐《刑部尚书李公质传》(《国朝献征录》卷四四)、《(崇祯)肇庆府志》卷二二、《明史》卷一三八。

李宗木(生卒年不详) 字继仁,号杏山。河南南阳府内乡人。自幼喜诗,称誉乡曲。嘉靖十九年(1540)举于乡,两试礼部不偶,遂弃举业,退隐乡间,专攻于诗。常与骚人墨客披表散发,放浪形骸于玄岳丹水间,穷幽极胜,终日吟啸忘返。其诗大多直写胸臆,间有清新婉淡之什。五子及诸孙也多有能诗者,尤以长子李蓘最知名。方志著录宗木有《杏山集》《东征集》《白崖诗集》等。万历三十五年(1607)内乡李氏家刻《六李集》三十卷首收宗木《李杏山诗集》九卷,另收李袭《李太史诗集》六卷,次子李荫《李比部诗集》九卷,诸孙李云鹄《李侍御诗集》四卷、李云雁《李白羽诗集》二卷、李云鸿《李秋羽诗集》五卷。《李杏山诗集》收宗木赋三篇、古近体诗二百二十余首。《四库全书总目》著录《六李集》,"提要"云:"诸李之诗,大抵安雅有法度,而颇乏深警之思,则才分之不逮也。"《皇明诗统》卷三六录其诗五首。生平见王兆云《皇明词林人物考》卷一一、《(康熙)内乡县志》卷七。

李宗枢(1498—1544)　字子西,号石叠。陕西西安府富平人。生于弘治十年十二月二十四(1498年1月16日)。正德十一年(1516)举人,嘉靖二年(1523)进士,除诸城知县。擢监察御史,巡按宣大,七年升河南按察佥事,备兵颍州。迁河南参议,再迁参政,晋按察使,寻以右佥都御史巡抚河南,二十三年六月初三卒于官,年四十八。卒后乔世宁为其作传,谓其"性颖慧,口吃,有济事才","诗学初唐,作字学章草,俱成家"。《千顷堂书目》著录其《石叠集》四卷,现存嘉靖二十九年西亭书院刊本《李石叠集》四卷,诗二卷,收古近体诗一百六十六首,文二卷,收各体文四十二篇,许宗鲁序,附录有朱睦㮮所作行状。万历十二年(1584),富平知县刘兑曾辑刊张纮、李宗枢、杨爵、孙丕扬四人诗文为《频阳四先生集》四卷,有康熙十四年(1675)重刊本。《明诗综》卷三九录其诗一首。生平见朱睦㮮《富平石叠李公行状》(《李石叠集》附录)、南轩《石叠李公暨恭人王氏合葬墓志铭》(《渭上稿》卷二三)、乔士宁《金都御史李公宗枢传》(《国朝献征录》卷六三)、《(雍正)陕西通志》卷六〇。

李宗城(生卒年不详)　字汝蕃。凤阳府盱眙籍,临淮侯李言恭子,言恭守备南京,家焉,后世遂为南直隶天府江宁(今江苏南京)人。宗城父以武臣勋贵而好学能诗,折节寒素,两都词人游客,多与之交,尤与王世贞兄弟交厚。宗城少袭卫职,亦以能诗称,因得与诸名士徐渭、吴国伦、胡应麟、臧懋循、龙膺、李维桢、潘之恒、梅国桢等游,于陪都赋诗结社,征歌选妓,有承平王孙之风。万历中,日本兵犯朝鲜,兵部尚书石星荐宗城为都督佥事,二十三年(1595)充正使,以指挥杨万亨副之,出使朝鲜,拟封丰臣秀吉为王,使罢兵。至釜山,宗城逞威使性,索贿贪淫。时日本兵来益众,言将劫二使,因弃玺书,变服逃归,为言官所劾,下狱论戍。释后,绝口不谈当世之事，而吟咏积习未忘。现存万历四十三年冒愈昌序刊《李汝蕾诗稿》四卷《续稿》四卷，前四卷诗作于二十三年使朝鲜前，后四卷诗则作于其后。冒序谓其"始而环卫，其年盛，其气充，其为诗菁英而秾丽"，后经事故，阅历耗磨，"故其诗婉而多风，逸而饶致，一唱三叹而有遗音"。《列朝诗集》丁集录李言恭诗，"小传"言及宗城云："汝蕾以敏捷自夸，其佳句如《秋夜》云：'醉后晚钟频入枕，梦回寒月半当楼。'《赠汪子建》云：'梦去月明秋水阔，愁来霜逐鬓毛新。'皆可诵也。"《明诗综》卷六四录其诗一首。《金陵诗征》卷二二录其诗五首。生平略见《明史》卷二〇。

李诩（1505—1593）　字厚德，号戒庵老人。南直常州府江阴（今属江苏）人。少为诸生，性耽文史，习理学，曾与唐顺之等交游砥砺。试科考，屡不第，因弃应举，居家读书著述。嘉靖三十九年（1560）曾参预江阴抗倭之役。卒于万历二十三年（1593），年八十九。《千顷堂书目》著录其《戒庵老人漫笔》八卷，万历二十五年由其孙李如一初刻，王穉登序，清顺治时其玄孙李成之又增补重刻。万历、顺治本皆存，是书杂记典章制度、历史事件、诗文评语，间杂逸闻故事，取材历代杂俎笔记，且注出处，亦记己之闻见。另著

《续吴郡志》二卷，有旧抄本及近人张钧衡辑《适园丛书》本。《（道光）江阴县志》卷一七记其另有《心学摘要》《名山大川记》《世德堂吟稿》，皆未传。近人顾季慈《江上诗钞》卷二二录其诗二首。生平见《（道光）江阴县志》卷一七。

李承芳（1450—1502）　字茂卿，号东峤居士。湖广武昌府嘉鱼（今属湖北）人。成化二十二年（1486）举人，弘治三年（1490）进士，授大理评事，升寺副。以疾辞归，与弟承箕隐于黄公山，以讲学为业，时称"嘉鱼二李"。卒于弘治十五年（1502）五月二十二，年五十三。《千顷堂书目》著录其《东峤集》，现存嘉靖三年（1524）刻《东峤先生集》十五卷附一卷，内诗六卷，收诗九百八十余首，词一卷，收词七首，文七卷，收文九十余篇，书札一卷，收书三十余篇。承芳、承箕兄弟深受陈献章影响，宗程崇邵，诗文率情俚俗。承芳诗以咏古感怀为多，亦多关心民瘼之作，如《今年旱谣》《秋水漫谣》《江鱼篇呈县尹》等，其风格拙朴粗豪。故曾玙为其集作序，谓其"识类许鲁斋，忧士习之下，选举之弊；其志类程叔子，贷粟以食族，人之乏而为之偿；其事类范文正，而诗文则甚自类"。《石仓十二代诗选·明诗选》录其诗三十四首。《明文海》录其文五篇，黄百家《明文授读》卷四〇记云："先

夫子（黄宗羲）书《东峤集》：'……其文亦多讲学，而议论独辟，无庸芜之习。'"生平见李承箕《东峤先生行状》、杨循吉《李公墓志铭》、王鏊《李公墓表》（《东峤先生集》附）及过庭训《明分省人物考》卷三六、《明史》卷二八三。

李承箕（1452—1505） 字世卿，号大厓居士。湖广武昌府嘉鱼（今属湖北）人。工草书，少与兄承芳皆以好学名，人称"嘉鱼二李"。读书大厓山，因自号大厓居士。成化二十二年（1486）与兄同中举，而后徒步至岭南，从陈献章学。嘉鱼至新会涉江踰岭，水陆万里，承箕往见者四。后与兄隐居黄公山，卒于弘治十八年（1505），年五十四。所著《大厓李先生诗文集》二十卷附录一卷，为其弟立卿正德四年（1509）刻，首列陈献章赠诗十三首，前十二卷收诗六百二十余首，后七卷收其各体文一百五十余篇，末卷收信札四十余篇，首有唐锦、吴廷举序。《千顷堂书目》著录《大厓集》二十、《四库全书总目》著录《李大厓集》二十卷附录一卷，即此本也。嘉鱼二李诗文皆深受陈献章影响，承箕之文多理学气，诗则多闲适之心，又直白浅近。《皇明诗统》卷二一录其诗八首。《列朝诗集》丙集录其诗三首，"小传"谓"世卿为诗文，下笔立就，若不经意"。清廖元度《楚风补》卷一九录其诗三首。《御选宋金元明四朝诗》录其诗二首。《明文海》录其文十六篇。另，《千顷堂书目》著录之《顺德县志》十二卷、《新会志》十八卷，亦署承箕名。生平见李整《先考大厓先生府君行状》（《大厓李先生诗文集》附录）、王鏊《大厓李先生墓表》（《王文恪公集》卷二六）、何乔远《名山藏》卷八四、清黄宗羲《明儒学案》卷八、《明史》卷二八三。

李绍箕（生卒年不详） 字茂承。南直松江府华亭（今上海松江）人。少以举子业，以太学生仕为南京鸿胪寺序班，佐江西幕，转江西都昌主簿。尝从妇翁顾正谊学画，涉历山川之胜，颇有成就。亦能诗。《（光绪）重修华亭县志》载其有《方城集》，未见传。现存万历间刊《李茂承彭泽草》一卷，收诗七十余首。据卷首王元贞万历三十二年（1604）《李茂承彭泽草引》，知其集所收皆为绍箕官都昌时所作，都昌，即陶渊明故邑也。清姚宏绪《松风余韵》卷三五录其诗三首。生平见清徐沁《明画录》卷四、《御定佩文斋画谱》卷五七、《（嘉庆）松江府志》卷六一。

李春芳（1511—1584） 字子实，号石麓。南直扬州府兴化（今属江苏）人。正德五年十二月十五（1511年1月14日）生。嘉靖十年（1531）领乡荐，数上春闱不利，二十六年进士第一，授修撰。以撰青词擢翰林学士，累官礼部尚书，四十四年兼武英殿大学士，参预机务。隆庆初，进吏部尚书，代徐阶为首辅。以性恭慎，不以势凌人，居政府，持论平恕，不事操切，不为高拱、张居正所容，因辞官归。万历十二年（1584）三月十九卒，年七十五，谥文定。著述现存万历十七年刊本《李文定公贻安堂集》十卷附录一卷，为其子所编，多为疏表序集之文，诗不满一卷，仅百余首，李戴、于慎行、李维桢等序。春芳有"青词宰相"之称，然此集未收青词，盖时过境迁，子孙为其隐也。《明史·艺文志》著录其《论安堂稿》十卷，即此本也。《皇明诗统》卷三六录其诗三首。《金陵诗征》卷二一录其诗一首。《明文海》录其文三篇。生平见王锡爵《李文定公传》、许国《李公暨配一品夫人徐氏墓志铭》（《李文定公贻安堂集》附录）及顾祖训《状元图考》卷三、《明史》卷一九三。

李春熙（1563—1620）　字皡如，号泰阶。福建绍武府建宁人。生于嘉靖四十二年（1563）正月十六。万历十九年（1591）举人，二十六年进士，三十年除太平府推官，降徐州州判。迁云南推官，改肇庆，入为刑部主事，改彰德推官，迁南户部主事，进郎中。卒于泰昌元年（1620）正月初四。好饮酒，谈谐风发，喜吟咏，

曾刻宦游诗《姑孰草》《旅言》《彭城》《粤游》《燕游》《邺中》《白门》等。卒后崇祯十四年（1641）其子李玄辑其诗文，刻为《玄居集》。现存清乾隆二十六年（1761）其裔孙重刊本《玄居集》九卷《哀荣录》一卷附录一卷。首为谢兆申、陈第、黄居中、何栋如、苏茂相等所作诸诗草原序，又李春熙自序、李玄序及重刊序；内诗分体五卷，计收古近体诗三百首，文四卷，所收为启、奏疏、公牍公移、条议等。又有清抄本《道听录》四卷，专记当代诗人诗事，编排无序，或随时记录者，于当代阁臣名士王阳明、李东阳、杨慎、杨一清、徐学谟、于谦、文征明、唐寅、吴宽等诗事，记载尤多，兼及本乡人士。清郭柏苍《全闽明诗传》卷三六录诗九首。《明诗纪事》庚签卷一九录诗一首。生平见董应举《皡如李公墓志铭》、黄居中《泰阶李公墓表》（《玄居集》附录）及《（乾隆）福建通志》卷四八。

李荫（生卒年不详）　字袭美，又字于美。河南南阳府内乡人。嘉靖十三年（1534）举人，授阳谷知县，改宛平，迁刑部主事，以终养归。著有《李阳谷诗》《吏隐轩诗诂》等，未见传。父李宗木、兄李蓘及子侄多能诗，万历三十五年（1607）刻内乡《六李集》三十卷，收其父兄子侄六人诗，内有李荫《李比部诗集》九卷，

收其所作赋六篇、诗三百六十余首。《四库全书总目》著录《六李集》，"提要"云："（六李）中惟李袭最知名，其诗源出何景明，故诸李之诗，大抵安雅有法度，而颇乏深警之思，则才分之不逮也。"《皇明诗统》卷三六录其诗十首。《列朝诗集》丁集、《明诗综》卷四八、《明诗纪事》己签卷七均录其诗一首。《明文海》录其文《芭蕉夜雨赋》一篇。生平见《（康熙）内乡县志》卷七。

李奎（生卒年不详）　字伯文，号珠山。浙江杭州府钱塘（今杭州）人。以布政司吏再考，任锦衣卫从事。曾于狱中救助沈炼，晚归湖上，卒年八十二。喜诗，在京与谢榛游，又与李攀龙、徐中行等倡和。归里后与方九叙、沈仕等结诗社于湖山之间。《千顷堂书目》著录其《湖上篇》一卷，现存明龙珠山房刊本，收诗六十余首。又有龙珠山房刊本《闽中稿》，收诗百余首；明嘉靖刻《李伯文诗集》二卷，收诗近三百首，刘子伯、高应冕序。清丁丙编《武林往哲遗著》收其《龙珠山房诗集》二卷补遗一卷附录一卷，《湖上篇》一卷。《列朝诗集》丁集录其诗七首，"小传"云谓其："年八十余而卒。葬西湖上，归安茅坤伐石而表之曰：'诗人李珠山之墓。'"《明诗综》卷四八录其诗一首，"诗话"云："伯文，周旋沈青崖（霞）于狱中者，以气义闻。

诗特寄兴也。"《御选宋金元明四朝诗》录其诗七首。《明诗纪事》己签卷一九录其诗三首。生平见茅坤《明诗人李珠山先生墓志铭》（《茅鹿门先生文集》卷二四）。

李昭祥（1512—？）　字元韬。南直松江府华亭（今上海松江）人。嘉靖十六年（1537）举于乡，二十六年进士，授浙江兰溪县令。迁户部主事，分署龙江关，以父病移疾归。三十年任工部主事，驻龙江船厂，专理船政，因修《龙江船厂志》，内附各种船图，三十二年成书，有传世本。另著有《灊阳杂稿》《慎余录》《谷阳杂记》《读史一得》，未见行世。诗文本集称《栖云馆集》二十卷，明刊本现残存卷一至一四、卷一八至二〇，有诗五百五十余首、赋三篇、各体文九十余篇。清姚宏绪《松风余韵》卷三五录其诗七首。清冯金伯《海曲诗钞》卷三录其诗五首。近人严昌埁《海藻》卷七录其诗七首。生平见《（崇祯）松江府志》卷四〇、《（康熙）上海县志》卷一〇。

李胜原（生卒年不详）　字源泽，号盘古。当涂（今属安徽）人。能诗好武，明初从朱元璋取江州，赐绣袍银盆，后辞归，乡里人多赖之保障。《千顷堂书目》著录其《盘谷遗稿》五卷，未见传。《石仓十二代诗选·明诗选》录其诗三十三首。《明诗综》卷一二、清张豫章《四朝诗》明诗卷

七二、《明诗纪事》甲签卷二六录其诗一首。生平见《(乾隆)太平府志》卷二五、《(光绪)重修安徽通志》卷三四三。

李养正（1559—1630） 字玄白，号若蒙。京师大名府魏县（今属河北）人。万历十六年（1588）举人，二十六年进士，授闻喜令。累官至都察院都御史，巡抚两河，督漕运，历南兵部尚书，天启初迁刑部尚书，以忤魏忠贤告归，卒于崇祯三年（1630），年七十二。卒后其子李葆辑其所著为《小酉室遗稿》八卷，现存崇祯刻本，首有张延登崇祯七年序，又有王思任序，卷一收疏五十三篇，卷二至卷四收序、记等文百篇，卷五、卷六收古近体诗四百余首，卷七、卷八收墓铭、祭文等三十九篇。清王崇简《畿辅明诗》录其诗一首。生平见成靖之《李公墓志铭》（《云石堂集》卷二一）、《(雍正)畿辅通志》卷七三）。

李恺（生卒年不详） 字克谐，号抑斋。福建泉州府惠安人。嘉靖七年（1528）举人，十一年进士，授广东番禺知县。历官至湖广按察副使，备兵沅辰，曾平苗民叛乱，以病乞归。嘉靖三十一年海寇犯吴越，官民议建惠安城，推恺董其事。后海寇陷福清，临惠安，赖城得以保全。曾与刘天授、林魁等修《尤溪县志》八卷，现存嘉靖十四年刻本。能

诗文，所著《抑斋介山文集》十六卷《诗集》八卷，有万历间刊本（内文集缺卷四至卷八），《千顷堂书目》仅著录《介山集》十六卷。《四库全书总目》另著录其《处苗近事》一卷（记洪武至嘉靖湖广苗民叛服征剿之事）。近人张其淦《东莞诗录》卷一九录其诗一首。生平见李廷机《抑斋泊配吴氏墓志铭》（《李文节集》卷二二）、《(乾隆)福建通志》卷四五。

李素甫（生卒年不详） 字位行。南直苏州府吴江（今属江苏）人。清佚名《传奇汇考标目》记其有传奇《元宵闹》（注"一云朱良卿作"）、《稻花初》《落花风》《再生莲》《卖愁村》。现仅存《元宵闹》，有清雍正间抄本，近人许之衡抄校本。是剧二卷二十七折，演《水浒传》中卢俊义故事，以百回本《水浒传》第六十五回《时迁火烧翠云楼，吴用智取大名府》为中心。别本《传奇汇考标目》著录李素甫《元宵闹》，注"宋江家"，又著录朱良卿（朱佐朝）《元宵闹》，注："方莲英事，与李本异。"因知此本确为素甫所作，与朱佐朝无涉也。

李贽（1527—1602） 字宏甫，号卓吾、温陵居士。初姓林，名载贽，以避祸改姓。福建泉州府晋江（今泉州）人。嘉靖三十一年（1552）中举，榜名李载贽。三十五年，谒选河南共城教谕，三十八年迁南国子

监博士,数月,丁父忧归。四十一年服阕,补北国子监博士,旋以祖父讣,奔丧南返。四十五年补礼部司务,十二月世宗崩,子载厚继位,以避讳更名李贽。隆庆四年(1570)转南礼部主事,迁员外郎、郎中,万历五年(1577),简放云南姚安知府,八年任满辞归。辞官后寓居湖北黄安,依耿定向、耿定理兄弟,教授耿家子弟,因与耿定向论争,移居麻城维摩庵。十七年春,送妻女回籍,于龙湖芝佛院落发,以讲学、著述为事,完成《初谭集》《焚书》,十八年在麻城刊《焚书》。二十五年应巡抚梅国桢之请往山西大同,修订所著之《藏书》,二十七年《藏书》刊行于南京。翌年重回龙湖,地方官以“维持风化”为名,火烧龙湖芝佛院,由弟子杨定见等人护卫,避于河南商城黄檗山。翌年随友人马经纶往北通州,寄寓于经纶之别业,作《续焚书》。三十年,为礼科给事中张问达所劾,以“倡乱道,惑世诬民”罪系狱,闻将押送回福建,乃自经于狱中,年七十六。李贽论学兼取阳明心学及禅学,反对“咸以孔子之是非为是非”,反对“存天理,灭人欲”之说,以为“穿衣吃饭即是人伦物理”。为文则主“童心”,反对“以多读书、识义理障其童心”。所论时人多以为异端,清钱谦益云:“卓吾所著书,于上下数千年之间,别出手眼”(《列

朝诗集小传》),一时倾动天下,影响一代思想与文学。所作多经史文籍评议文字。《四库全书总目》著录其《九正易因》不分卷、《藏书》六十八卷、《续藏书》二十七卷、《初潭集》十二卷、《李温陵集》二十卷、《三异人集》二十二卷(收方孝孺、于谦、杨继盛诗文,赘各为之评)及《读升庵集》二十卷,皆有明刊本传世。另有明刊本《李氏焚书》六卷、《李氏续焚书》五卷。自杀后一时名震遐迩,今传署“卓吾评”之经史文籍,除《史纲评要》等少数外,多为书贾所托。明季所刻之《李氏丛书》《李氏六书》《李氏全书》等所收则真伪杂陈。李贽万历二十八年致其友人信中曾谈及批点《水浒》之事(见《续焚书》卷一《与焦弱侯》),袁中道《游居柿录》亦记其亲见赘“逐字批点”《水浒》之事,然明季标署李贽评点之《水浒传》非一部,前人多疑出自叶昼、袁无涯等人托名。其余署名“李卓吾批评”之小说戏曲,如《李卓吾先生批评三国志》《李卓吾批点残唐五代史演义传》等,也皆出于伪托。其文为时所重,《明文海》选录十一篇。偶为诗,《李温陵集》二十卷末卷,收诗一百五十余首。《列朝诗集》闰集录其诗三首,《御选宋金元明四朝诗》据之录诗三首。又陈继儒《乐府先春》有署名散曲套数一套,未知是否出伪托。生平见袁宏道《李温陵

传》(《珂雪斋前集》卷一六)、《明史》卷二二一。

李埈（生卒年不详）　字公起。浙江宁波府鄞县（今宁波）人。生即耳聋，然性聪悟。其父李尚默，以御史出按辽东，卒于官。时埈甫十余岁，在京邸闻讣，号恸凡五日夜，水浆不入口，咽枯而嘶，乃更哑。及长，尽发先世遗书纵读之，手自校雠，不间寒暑。性好交友，邮筒走天下，四方学士大夫亦乐趋之。具宾主以案，相通以笔，有问奇者则载纸以往，上自国家典故、边场、户口、名臣嘉言懿行，无不得其始末，以至考一器一物，辄为作史、作谱，辑里中所记载，名《甬东逸事》。其余撰述甚多，俱自寻绎，幽奇毕呈，无少遗失。晚年尤好种植奇花、名药，常满阶庭。舍傍有斐园、竹波轩、青萝阁诸胜，俱与客游涉处。《千顷堂书目》著录其《盟鸥集》又《斐园文钞》又《竹坡轩集》，仅存明刻本《盟鸥集》一卷，收诗二百五十余首，首有周应宾序。曹学佺尝合华亭唐仲言（唐汝询）为《二异人传》，仲言瞽而工诗，通古今，埈以目诵，仲言以耳读，故谓二人为千载异人也。清胡文学《甬上耆旧诗》卷二四录其诗十二首。《明诗综》卷六五录其诗《山阴晚泊》一首。《明诗纪事》庚签卷二六录其诗一首。

李桐（1599—1647）　字封若，号侗庵。浙江宁波府鄞县（今宁波）人。生三岁而孤，以孝称。读书通大义，不屑于行墨，肆力于诗古文辞，为董其昌、徐𤊹、曹学佺等名士所重。国变后奔走呼号，力主抗清，以南都昏浊，遁入白鸥庄，作悲愤诗，罹沉疾。丙戌（1646）浙东抗清兵起，送二子文㷫、文昱于钱肃乐军中，次年病卒，年四十九。现存天启六年（1626）自刊诗集《蒹葭什》一卷，收诗九十六首，首有庄学曾《蒹葭什引》。清全祖望搜求其诗，仅得《寒香阁戊寅集》一卷，盖为李桐崇祯十一年（1638）所撰诗稿也，因从中选录五十七首，辑入《续甬上耆旧诗》卷一七，“小传”记其尚有《侗庵集》，谓其诗“大与杨尚宝南仲（杨德周）相近，所以往还亦最契”。清袁钧《四明近体乐府》卷九录其词一首。生平见清全祖望《贞愍李先生传》(《鲒埼亭集外编》卷二七)、清翁洲老民《海东逸史》卷一四。

李晔（1315—1381）　字宗表，号草阁。《四库全书》改其名为“昱”，避讳也。其先汴之封丘人，宋季南迁，居钱塘（今浙江杭州）。晔元季避乱于永康、东阳间，因又称永康（今属浙江）人。生于元延祐元年十二月二十（1315 年 1 月 15 日）。曾馆于胡氏，故集中与胡伯宏、胡伯良兄弟赠答之什最多。浙西宪司以茂才异等，荐补衢州常山县教谕，又荐补衢州包山书院山长，皆弗就。洪武初以荐官国子助教，未及考，以病免。洪武十四年(1381)二月初三卒，年六十八。元季即以诗名，卒后徐一夔为其作墓铭，谓其"大篇短章，近至万首"，惟其卒后，其子李辕也殁于琼州府宜伦县丞任上，故晔所著多散佚。《千顷堂书目》著录其《草阁集》六卷拾遗一卷，现存多种清抄本及《四库全书》本则于《拾遗》一卷后又附杂文四篇题曰《文集》，《文集》后又附其子李辕《筼谷诗》一卷。《草阁集》六卷为胡伯宏等人辑，《拾遗》一卷为其门人唐光祖所辑，合收诗约五百首。《列朝诗集》甲前集录其诗三首。《明诗综》卷一二录其诗三十三首，"诗话"云："草阁得诗法于李季和(李孝光)，然季和犹为廉夫(杨维桢)熏染，草阁歌行则一气孤行，独开生面，正如淮阴之师，多多益善，囊沙拔帜，辟易万人。当时四杰、十友、二肃、二玄，各有标榜，如此逸气高格，顾诗家月旦不及焉。信夫知音者之难也。"《御选宋金元明四朝诗》录其诗十六首。《四库全书总目》谓其诗"才力雄赡，古体长篇，大抵清刚隽上，矫矫不群，近体亦卓荦无凡语。虽为高、杨、张、徐诸人盛名所掩，实则并驾中原，未定孰居先后也"。清黄彬等《金华诗录》卷二五录其诗二十八首。《明诗纪事》甲签卷二四录诗五首，按语云："草阁诗以古体见长。"生平见徐一夔《国子助教李君墓志铭》(《始丰稿》卷一二)。

李衷纯(1554—1639)　字玄白。浙江嘉兴府嘉兴人。万历四十年(1612)举人，选授如皋知县。有治绩，升南工部主事，转兵部车驾司员外郎，出知邵武府，擢两淮都转盐使司运使，致仕归。崇祯十二年(1639)六月二十卒，年七十六。《千顷堂书目》著录其《激楚斋草》六卷，现存清抄本《激楚斋初草》六卷。清康熙末嘉兴李氏刻《梅会诗人遗集》收其《激楚斋诗集》二卷，录诗二百零八首。《明诗综》卷六五录其诗七首，"诗话"云："都运少以诗文受知于王元美(王世贞)，元美集中载有赠诗。既而上交郭美命(郭正域)，从游叶进卿(叶向高)，东林诸君子目以俊。及筮仕雉皋，特多惠绩，立碑颂德者如林。其卒也，钱受之(钱谦益)志其墓，盖循吏也。"《御选宋金元明四朝诗》录其诗四首。清李稻塍《梅会诗选》二集卷二录其诗三十二首。生平见清《李君墓志铭》(《牧斋初学集》卷五四)、《(乾隆)江南通志》卷一一五。

李唐宾(生卒年不详)　号玉壶道人。元末明初广陵(今江苏扬州)人。明初朱权《太和正音谱》作"古今群英乐府格势"，将其列为"国朝一十六人"之一，又录其[仙吕·赏花时]曲，称其词曲"如孤鹤鸣皋"。佚名《录鬼簿续编》载其小传曰："淮南省宣使，与余交久而敬。衣冠济楚，人物风流。文章乐府俊丽。"又记其有《梨花梦》《梧桐叶》两种杂剧。《梨花梦》已佚，《梧桐叶》则有万历间脉望馆抄校《古名家杂剧》本、万历刻《元曲选》本、明顾曲斋刻《古杂剧》本。题目为"任继图天配凤鸾交"，正名为"李云英风送梧桐叶"，演唐人任继图、李云英夫妇经安史之乱后团圆事，构思甚为勉强，惟曲词尚属雅丽。郭勋《雍熙乐府》存其散曲套数一套。贾仲明有《玉壶春》杂剧，叙有维扬人李斌，字唐宾，号玉壶生，游学至嘉兴府，与妓女李素兰相恋，后虽经历波折，在友人帮助下终成眷属。或疑所写即李唐宾故事，如是，则唐宾应为李斌之字，以字行。

李流芳（1575—1629）　字茂宰、长蘅，号香海、泡庵，晚号慎娱居士。南直苏州府嘉定（今属上海）人。居南翔镇，读书处名檀园，故亦以檀园为号。万历三十四年（1606）举人，与钱谦益同科，再上公车不第，遂绝意仕进。与谭元春貌相似，交相好，又与袁小修、钟惺游。崇祯二年（1629）正月病咯血卒，年五十五。能诗擅画，亦工书法篆刻。崇祯二年知县谢三宾合李流芳、唐时升、娄坚、程嘉燧诗，刻为《嘉定四先生集》，后人因称四人为"嘉定四先生"。谢三宾所刊《嘉定四先生集》中有流芳《檀园集》十二卷，诗六卷，收诗三百六十余首，文六卷，卷七至卷一〇收序、记、行状等文五十四篇，卷一一收《西湖卧游册》跋语二十二篇、《江南卧游册》跋语四篇，卷一二收题跋二十五篇，集前有谢三宾《檀园集序》。《檀园集》十二卷又有清康熙二十八年（1689）陆廷灿重刻本。《明史·艺文志》著录之《檀园集》十二卷及《四库全书》所收，亦皆据崇祯本也。《列朝诗集》丁集录其诗四十一首，"小传"略同于其为李流芳所作墓志铭，谓其"书法规抚东坡，画出入元人，尤好吴仲圭（吴镇）。其于诗，信笔书写，天真烂然，其持择在斜川、香山之间，而所心师者，孟阳（程嘉燧）一人而已……晚尤逊志古人，草书杜、白、刘、苏诸家诗至数十巨册，故于诗律益细"。《明诗综》卷六五录其诗十一首，"诗话"云："嘉定四君中，以檀园为上，虽渐染习气，不能掩其真性灵也。"清沈德潜《明诗别裁集》录其诗四首。《御选宋金元明四朝诗》录其诗二十三首。清王辅铭《明练音续集》卷四录其诗十首。《明诗纪事》庚签卷四录其诗六首。《明文海》录其文二篇，评语云："长蘅无他大文，其题画册萧洒，数言便使读之者如身出其间，真是文中有画也。"生平见《李长蕶墓志铭》(《牧斋初学集》卷五四、《檀园集》附录)、《明史》卷二八八。

李能茂(生卒年不详)　字允达。浙江金华府东阳人。青州知府李学道仲子,诸生,卒年仅三十余。以能诗称,与胡应麟交厚,多所往来,应麟尝为其写荐书,又为其《李仲子集》作序(《少室山房集》卷八一),集中又有《题李仲子诗草后》及悼诗。能茂诗以才气胜,王世贞读其诗集,复信谓其诗"神采趣味俱朗隽,惟追琢之功少逊耳"。(《弇州四部稿续稿》卷一八〇)阮元声《金华诗粹》录其诗二十五首。清乾隆黄彬等《金华诗录》卷三八录其诗三十八首。《明诗纪事》庚签卷二五录其诗十首,按语云:"允达服膺济南(李攀龙)、弇州(王世贞),专讲气格,而才力自健,有拔剑悲歌之气。"

李继佑(生卒年不详)　字孝启,一字仍启。南直松江府上海人。万历四十年(1612)举人,翌年春试下第归,因取昔人"归愚识夷途,汲古得长绠"句中意,名其居为"归愚庵"。有诗文名,现存《归愚庵初学集》十二卷,文八卷(含尺牍三卷)、诗四卷,收诗二百六十余首附《疗痴赋》《将西归赋》,为其友人唐兆梀、黄经令选编,卷首有宋懋澄万历四十二年序、唐兆梀、黄经令、孙元化四十一年序,后又增刻李维桢、汤宾尹、陈继儒万历四十三年所作序。

生平见《(崇祯)松江府志》卷四二。

李培(生卒年不详)　字培之,号云龙,又号水西、六榆居士。浙江嘉兴府秀水(今嘉兴)人。少攻举业,未冠补博士弟子员,隆庆二年(1568)负笈吴门,从沈位游,得谒王世贞,始知诗文家各有脉路。归拜王畿于杭州,复问法于达观禅师,心境觉超超矣。以历试不举,馆于各地,多交屠隆等名士,又得游于文艺。以岁贡选为上虞训导,迁新城教谕,清署无事,因醉心笔墨。后官江西赣州府龙南知县,万历二十三年(1595)解组归,入嘉兴"十老会",以吟咏终其生。所作天启间刊为《水西全集》十卷,有其《槜李水西全集自叙》,署天启元年(1621)"桂月之望",则为其手编也。其集前五卷为诗,收古近体诗一千一百余首、词三十七首,内间有《蓬窗百咏》《虔南草》《鸳湖草》之目,盖为其原集名也;又文五卷则收其所作杂文。首有李维桢《水西集题辞》云:"观培之诸作,壮岁不无肮脏,晚年渐就销镕。在经师则经师自为,在民牧则民牧自为。所至即景咏怀,命意萧远,若胸中一无所挂者,是真能描写性灵,游神淡荡,而机锋三昧时露于毫端,非浅夫秽心,触境皆成郁满者已。"又有钱士升等序。《千顷堂书目》著录其《水西集》又《北游草》,未详卷数,盖未见其集也。清沈季友

《槜李诗系》卷一七录其诗二首。卓人月、徐士俊《古今词统》录其《竹枝》一首。生平见《(康熙)秀水县志》卷五。

李梦阳（1473—1530） 初名莘，字天赐，更名梦阳，字献吉，号空同，亦作"崆峒"。成化八年十二月初七（1473年1月5日）生于陕西庆阳府安化（今甘肃庆阳）。曾祖入赘河南开封府扶沟王聚，随王聚从戎徙庆阳，后遂冒王姓。自梦阳父阜平县学训导李正始复姓，梦阳十岁时又随父徙还扶沟，遂家开封，故后《登科录》谓其"庆阳籍，扶沟人"。弘治二年（1489）乡试不第，四年受知于陕西提学副使杨一清，明年乡试解元，六年联捷进士，观礼通政司，八月以丁母忧归。八年又亡父，十一年服阕，授户部山东司主事，十二年奉命监收通州国储。十三年犒榆林军，十四年监三关招商，被诬下狱，寻复原职。十八年四月劾孝宗张皇后弟寿宁侯张鹤龄，以"妄言大臣"下锦衣卫狱，赖谢迁等救援赦出。五月孝宗卒，武宗即位，进贵州司员外郎。正德元年（1506）迁广东司郎中，九月代尚书韩文草疏劾刘瑾，事败，韩文及大学士刘健、谢迁皆落职。瑾初不知劾章出于梦阳手，仅将其作为韩文之附罢归，三年五月知情后，遂矫诏系梦阳于锦衣卫，受严刑，几死，经康海等周旋得救，八

月出狱。五年八月瑾诛，起故官，六年四月迁江西提学副使，九年因诸生事，杖笞淮王府校卫，以"欺凌僚属，挟制抚按"下广信狱，杨一清、何景明力解之，以"居官无状"遣归，带职闲住。归后寓开封，治园池，招宾客，日纵侠少射猎繁台、晋丘间。十四年，宁王朱宸濠反被诛，七月坐为宁王撰《阳春书院记》入狱，经杨廷和、林俊等力救，八月削籍归。后居开封十余年，卒于嘉靖八年十二月二十九（1530年1月28日），年五十八，门人私谥文毅。天启元年（1621），追谥景文。钱谦益称梦阳"生休明之代，负雄骛之才"（《列朝诗集》）。以才具过人，居傲不群，故于官场屡遭凶险，然于文坛，则不仅领袖群伦于一时，且开风气之先，承上启下，成为有明一代诗风变化之转捩。当弘治之时，茶陵李东阳主文柄，天下翕然宗之。梦阳初亦师从东阳，后渐与之疏离，以为东阳萎弱，至倡言"文必先秦两汉，诗必汉魏盛唐"，郎署才俊，多有起而应者。因与何景明、徐祯卿、边贡、朱应登、顾璘、陈沂、郑善夫、康海、王九思号"弘治十才子"；又与何景明、徐祯卿、边贡、康海、王九思、王廷相称"七子"，俱以梦阳为领袖。《明史·文苑传》又将梦阳与何景明、徐祯卿、边贡称"弘正四杰"。明前期诗坛实亦以复古为基调，至梦阳终造成复古之大

潮。"七子"倡"格调"说、"真情"说，由尚质而转尚文，由主理抑情转扬情去理，由醇雅正大转雅俗齐鸣。然"七子"之论并非完善一体，故梦阳虽与何景明并为首领，见解主张又有所不同。为此二人书信往来，多次论辩。盖梦阳重气魄、重模拟，强调勿失古范；景明强调学古能化，主张"以有求拟""舍筏达岸"，成一家之言。梦阳不以论胜，其创作则为一时楷范。所著诗文，生前有刊本两种，一为太原知府阎让嘉靖初刊《崆峒集》二十一卷，原刊存世；一为嘉靖三年梦阳自编《李氏弘德集》三十二卷，现存嘉靖四年张元学刊本。卒后"全集一刻姑苏，一刻凤阳，俱六十三卷"，"姑苏本"为嘉靖九年黄省曾刻《空同先生集》，"凤阳本"为嘉靖十一年梦阳甥曹嘉刻《空同集》。嘉靖间又有曹大章补校重刊《崆峒集》六十六卷，黄省曾序，所收诗文与六十三卷本相同，仅重新安排诗文顺序。嘉靖三十一年朱睦㮮以曹嘉本为底本，"取吴本补其缺者"增修为《空同集》六十三卷，存黄省曾、王廷相、吕柟序及朱睦㮮撰《空同先生传》，是为梦阳诗文总集。万历六年(1578)高文荐又据黄省曾本和曹嘉本校梓《空同先生集》六十三卷。万历二十九年(1601)李思孝刻《空同先生集》六十四卷，较之六十三卷本除个别诗文有所增删外，

主要补入《杂文八篇》为第六十一卷，此八篇即梦阳晚年所作《空同子》。万历三十年邓云霄据诸刊本重修，刊印为《空同子集》六十六卷附录二卷，其中赋三卷、古今体诗三十四卷、文类二十九卷，是集收梦阳著述最为完备，刊刻亦最佳，《四库全书》所收则以此本为底本。《总目》"提要"谓梦阳："持论甚高，足以竦当代之耳目，故学者翕然从之，文体一变。厥后模拟剽贼，日就窠臼，论者追原本始，归狱梦阳，其受诟厉亦最深……平心而论，其诗才力富健，实足以笼罩一时，而古体必汉魏，近体必盛唐，句拟字摹，食古不化，亦往往有之，所谓武库之兵，利钝杂陈者也。"有明一代，梦阳诗文尚有多种选本：如嘉靖二十二年杨慎选批、张含刊《空同诗选》四卷，嘉靖四十四年丰坊选《空同精华集》三卷，万历间赵南星编《明十二家诗选》之《李崆峒集》五卷。又万历四十四年赵彦复辑李梦阳、何景明、王廷相、孟洋、薛蕙、高叔嗣、刘绘、张九一、谢榛等人诗刊为《梁园风雅》，内选李梦阳诗五卷三百六十六首。明清各种明诗选本皆选梦阳诗。《皇明风雅》录其诗二十一首。《盛明百家诗》录其诗五百四十首为《李空同集》。顾起纶《国雅》卷五录其诗三十五首。《皇明诗统》卷一七录其诗四十二首。崇祯五年(1632)贾

鸿洙《周雅续》卷一至卷四录其诗五百六十余首。《皇明诗选》录其诗一百一十六首。《列朝诗集》录其诗五十五首。《明诗综》卷二九录其诗八十首。清沈德潜《明诗别裁》录其诗四十七首。《明诗纪事》丁签卷一录其诗十首。《明词综》卷二录其词一首。文不如诗,《四库总目》"提要"云:"其文则故作聱牙,以艰深文其浅易,明人与其诗并重,未免怵于盛名。"选本有汤宾尹评《新锲会元汤先生批评空同文选》五卷,又陆弘祚编《皇明十大家文选》选《空同文选》四卷,苏文韩编《皇明五先生文隽》选《李景文先生空同子集》八卷,李宾编《八代文钞》选《李献吉文抄》一卷。《明文海》录其文十四篇。生平见崔铣《空同李公墓志铭》(《洹词》卷六)、袁袠《李空同先生传》(《衡藩重刻胥台先生集》卷一七)、李开先《李崆峒传》(《李中麓闲居集》卷一〇)、何乔远《名山藏》卷八六、《明史》卷二八六。又,朱安㳽有《李空同先生年表》(万历三十年邓云霄刻本《空同子集》)。

李梅实(生卒年不详)　浙江杭州人。明末刻清初刊《墨憨斋定本十种传奇》收《墨憨斋新订精忠旗传奇》二卷三十出,署"西陵李梅实草创,东吴龙子犹详定"。剧演岳飞抗金、被害、最终昭雪故事。是剧有冯梦龙所增《湖中遇鬼》《狱庙进香》二出。冯《序》云:"旧有《精忠记》,俚而失实,于是西陵李梅实从正史本传,参以《汤阴庙记》编成新剧,名曰《精忠旗》。"岳飞故事宋元以来一直是戏曲、小说乐于采用之题材,有关戏曲即多达十余种,各剧多采野史杂传、民间传闻,甚或以鬼神入戏,本剧最后即有岳飞被天帝封为天曹真官,审问秦桧鬼魂等情节,仅表作者之爱憎,非有所据也。

李堂(1462—1524)　字时升,号堇山、堇山居士。浙江宁波府鄞县(今宁波)人。鄞有赤堇山,因家居其侧,故以为号。生于天顺六年(1462)六月十一。成化十九年(1483)举人,二十三年进士,授工部主事。历员外、郎中,迁应天府丞、南光禄寺卿,擢南左金都御史,召为工部右侍郎,总理河道。引疾归,筑堇山草堂,读书其中。卒于嘉靖三年(1524)三月二十九,年六十三。《明史·艺文志》著录其《正学类编》十五卷、《四明文献志》十卷。《千顷堂书目》著录其《堇山遗稿》十五卷,现存嘉靖时刊本《堇山文集》十五卷,内诗赋六卷,收赋四、辞四、诗五百余首、词二十二首,后奏议一卷、各体文八卷。其集卷首特置《阳明先生回札》,又有嘉靖二年张邦奇跋。《四库全书总目》著录《堇山集》,"提要"谓"其文根据未深,持论颇多臆断"。《皇明诗统》卷一四录其诗一首。《四明风雅》卷二录其诗九首。清胡文学《甬上耆旧诗》卷八录其诗二十七首。《明诗综》卷二五录其诗一首。《明诗纪事》丙签卷九录其诗二首。清袁钧《四明近体乐府》卷八录其词三首。近人赵尊岳《明词汇刊》录其词十八首为《堇山诗余》。生平见张邦奇《李公墓志铭》(《张文定公靡悔轩集》卷五)、雷礼《工部侍郎李堂传》(《国朝献征录》卷五一)。又,《堇山文集》卷一五有《堇山居士自述》。

李敏(生卒年不详)　字功甫,号东麓,又号浮丘山人。南直徽州府休宁(今属安徽)人。通医术,亦以诗鸣于乡里。《千顷堂书目》著录其《浮丘山人集》,现存嘉靖十八年(1539)序刊本《李山人诗》一卷,友人陈有守序。又有嘉靖三十五年序刊本《东麓山堂诗集》七卷,收其古近体诗三百六十余首,首皇甫汸《东麓山堂集序》,谓其曾广游吴越、湘鄂,其诗"秀句雄词,铿訇悲壮,大率似刘长卿。至其拟摹句法,往往欲逼少陵",皆夸饰之词也,亦证其诗未逾一时风气。陈有守嘉靖十八年《叙李山人诗》列于前,盖十八年刻《李山人诗》亦尽收其中矣。嘉靖三十六年曾与陈有守、汪淮同编《徽郡诗》八卷,三人诗附后,内李敏诗四十一首。《皇明诗统》卷三三录诗二十首。《列朝诗集》丁集录诗三首。《明诗综》卷五〇、《明诗纪事》己签卷二〇录诗一首。生平见《(道光)休宁县志》卷一四。

李逢时(生平未详)　字九标。湖广常德府武陵(今湖南常德)人。明末刻本《十种传奇》(后清初刊本称《玉夏斋传奇》)有《山水邻新镌出像四大痴传奇》四卷。汇辑演绎"酒、色、财、气"故事之四种杂剧:内《酒痴》又名《酒懂》,武林李逢时撰,五折,演姜应诏得不义之财,后终以酒败家事;《色痴》即佚名所作《蝴蝶梦》,演庄周诈死以试其妻故事;《财痴》即徐复祚《一文钱》,讽刺卢员外之吝啬;《气痴》即孟称舜之《英雄成败》,演黄巢不第造反事。崇祯十三年(1640)刻小说《欢喜冤家》第十二回《汪监生贪财娶寡妇》中曾写到当时人们看演出《四大痴》事,因知李逢时作《酒痴》当在此之前,又曾演出,然未详李逢时为何许人也。另据《传奇汇考标目》别本记载,李逢时另有传奇《铁面图》,未见传。

李寅(?—1650)　字寅生,号晓今,又自号珠仍。浙江嘉兴府嘉兴人。明末诸生,李应征孙。读书尚气节,性伉直而不好讥弹。崇祯十一年(1638)曾即家举文社,昼衡文考业,夜则饮酒赋诗,名于一时。多与名士夏允彝、陈子龙等交,又游于山左、闽粤。清顺治三年(1646)以结客致祸,五年又以名诖他案,田庐亦尽鬻之,仅以身免,至是生计萧然。七年探外父于粤东,归至韶州,登帽峰山,感寒疾卒。好诗,钱尔复为其作传,记其"于唐喜青莲不喜长吉……明诗中,嗜大复(何景明)、昌谷(徐祯卿)两家,亦置钟、谭为逸品,若太仓(王世贞)、历下(李攀龙)诸公,则曰姑舍是"。清康熙间李绳远编刊《澄远堂三世诗存》八卷,合刻其曾祖应征、祖士标、父寅之诗,内寅诗集名《视彼亭诗存》一卷,存诗一百二十余首,篇末绳远识语,谓较其原集,仅存什之二三。未详《千顷堂书目》著录李寅《视彼亭诗存鱼喁草》是否指此本。清卓尔堪《明遗民诗》录其诗一首。《明诗综》卷七七录其诗二首。清李稻塍《梅会诗选》二集卷一六录其诗十一首。《明诗纪事》辛签卷二三录其诗二首,按语谓其为"矫'七子'之派,变而得其正者"。生平见钱尔复《李晓今公传》(《视彼亭诗存》卷首)。

李维桢(1547—1626) 字本宁,号翼轩、士安,自署角陵里人、大泌山人。湖广承天府京山(今属湖北)人,广西右布政使李淑子。嘉靖四十三年(1564)举于乡,隆庆二年(1568)进士,选翰林院庶吉士,授编修。万历三年(1575)讲修撰,坐蜚语,出为陕西右参议,五年迁副使,提督学政,九年升河南左参政,旋守制家居。十七年再赴河南任,十九年补江西右参政,抱病,寻以坐谤免

官。二十六年起四川参政,次年晋浙江按察使。二十九年上计京师,以坐不称职降河南右参政,守颖川兵备道,同年遇丧归里。三十三年起补陕西按察副使,分巡河西道,驻郿州。三十四年转山西参政,次年升按察使,三十七年升陕西右布政使,以病辞官,客扬州。四十二年游历岭南,四十四年归乡。天启元年(1621)诏为南太仆寺卿,改太常,皆未赴。四年四月召为礼部右侍郎,八月进南礼部尚书,五年正月辞官归,六年卒,年八十,崇祯时赠太子少保。维桢为人乐易阔达,雅好交友。少习举子业,未谙文艺。科考顺遂,二十二岁入翰林,得以殷士儋、赵贞吉为师,于慎行、罗虞臣等为友,又结识王世贞、王世懋、汪道昆等,诗文因得大进,不数年即以文思敏捷称。《列朝诗集》记云:"本宁在史馆,博闻强记,与新安许文穆(许国)齐名,同馆为之语曰:'记不得,问老许。做不得,问小李。'"后更"负重名垂四十年"。王世贞将其与胡应麟、屠隆、魏允中、赵用贤并入"末五子"(《弇州四部稿续稿》卷三)。世贞逝,维桢与吴国伦、汪道昆称雄文坛,吴、汪卒后,更"独居齐州,为时盟主"(邹迪光《石语斋集》卷三五《与李本宁》)。平生著述甚多,现存明季单刻诗文集有徐善生刻《新刻楚郢大泌山人四游集》二十

二卷等。诗文总辑为《大泌山房集》一百三十四卷,集中有诗六卷,计五百余首(内有词三首),余为诸体文,现存万历三十九年京山李氏刊本,盖为其生前所刊。《千顷堂书目》另著录《庚申纪事》一卷、《韩范经略西夏始末纪》一卷、《南北史小识》十卷、《国朝进士列卿表》二卷、《镇远侯世家》一传、《黄帝祠额解》一卷。又《四库全书总目》著录其《史通评释》二十卷。然与其在世之盛名较,后世对其诗文颇多贬抑。陈济生《天启崇祯两朝遗诗》卷四录其诗二十首。《列朝诗集》丁集录诗九首,"小传"云:"自词林左迁,海内谒文者如市,洪裁艳词,援笔挥洒,又能欹皷曲随,以属厌求者之意。其诗文声价腾涌,而品格渐下。"《明诗综》卷四七其诗四首,"诗话"谓其诗文"如官厨宿馔,粗鹿肥腯,虽腒腊具陈,鲜蒏杂进,无当于味"。《四库全书总目》著录《大泌山房集》,"提要"谓其"文多率意应酬,品格不能高也"。实维桢据文坛数十年,好学思进,为诗主"缘机触变,各适其宜"(《唐诗纪述》)、"各得其性之所宜,其才之所宜"(《太函集序》)、"师古可以从心,师心可以作古"(《董元仲集序》),并不特别固守一端。初随李梦阳、何景明,崇格调,后竟成复古派之中坚,待"公安""竟陵"起,于坚持格调同时,对性灵之说亦多有

褒赏(《郭原性诗序》),其诗亦有变化,从中可见中晚明文坛演进之迹。惟应酬之文太多,集中序文达二十六卷,一千余篇,墓志、墓表、神道碑、祭文亦有四十四卷六百余篇,即昌黎亦恐瞠目。故其弘肆才气也淹于其间也。诗文流播甚广。清廖元度《楚风补》卷二三录诗十五首。清高士熙《湖北诗录》录诗五首。清熊士鹏《竟陵诗选》录诗三十一首、《竟陵文选》录其文三篇。《金陵诗征》卷三八"寓贤"录其诗二首。《明诗纪事》己签卷六录其诗二首,按语云:"本宁诗选词征典,不善持择,多陈因之言,而披沙拣金,时复遇宝。"陆云龙《皇明十六名家小品》选《李本宁先生小品》二卷。《明文海》录其文十八篇,评语云:"大泌之文以堆积为工,以多为贵,然不染做作扭捏之习,百一之中亦有佳文,惜为多所掩耳。"陈继儒《乐府先春》有散曲套数一套署其名,未知是否托名。生平见清《李公墓志铭》(《牧斋初学集》卷五一)、清邹漪《启祯野乘》卷七、《明史》卷二八八。

李棠(1400—1460) 字宗楷,号蒙斋。浙江处州府缙云人。宣德元年(1426)举人,五年进士,授刑部主事。正统元年(1436)进员外郎,迁郎中,十四年超擢右侍郎,景泰间巡抚广西兼提督军务,坐事罢归。卒于天顺四年(1460),年六十一。

《千顷堂书目》著录其《蒙斋集》，未见传。清汪森《粤西诗载》录其诗八首、《粤西文载》录其文一篇。清汤成烈《缙云文征补编》卷二录其诗八十二首、卷一二录其文三十二篇。《明诗纪事》乙签卷一六录其诗四首，按云："宗楷在刑部，以善听断名于时，超拜侍郎，巡抚广西，有惠政。诗有陶、韦遗韵。"生平见《国朝献征录》卷五八引《实录本传》《明史》卷一五九。

李鼎（生卒年不详）　字长卿。江西南昌府新建（今南昌）人。万历十六年（1588）顺天举人。治经，著《经诂》数卷。曾上《安边策》六篇于辇下，又献《海策》六篇。王锡爵以兵才荐其参郑洛军事。亦能诗文，《千顷堂书目》著录其《李长卿集》二十八卷，现存万历四十年豫章李氏家刊本，内诗二卷，收拟乐府及古近体诗一百五十余首，余为杂文及《松霞馆偶谭》《经诂》等，有程二百、谢陛等多人序。《明诗综》卷五五录其诗一首。《御选宋金元明四朝诗》录其诗二首。《江西诗征》卷六一录其诗二首。生平见李维桢《李长卿集序》（《大泌山房集》卷一二）、《（雍正）江西通志》卷六九。

李蛟祯（？—1644）　字得云，河南河南府嵩县人。崇祯四年（1631）进士，授长垣知县。迁户部清吏司主事，进员外郎，差督浒墅关

权务。历凤阳推官，擢岳州知府，十六年闻京城变，自缢死。原有《赋鹏初集》，万历四十六年文翔凤序，未见传。后又自辑诗文为《增城集》十六卷，有赋鹏馆自刊本，崇祯十二年复增益为二十二卷，赋、古乐府及四言古诗一卷，五七古近体诗十一卷，分体而列，诸体文六卷，卷一九、二〇为尺牍，卷二一、二二题为《中都谳语》上下，所收则为其官凤阳时所作案判五十四则。今传世为崇祯本，卷首有范允临崇祯十二年所作《赋鹏馆集题辞》，盖其集又名《赋鹏馆集》。蛟祯曾颜其馆曰"赋鹏"，故有是题。又有文翔凤《增城集序》。生平见《（乾隆）嵩县志》卷二七。

李循义（生卒年不详）　字时行。浙江宁波府鄞县（今宁波）人。以所居面六峰，乡人因称六峰先生。十四为诸生，正德十一年（1516）领乡荐，嘉靖二年（1523）进士，授池州府推官。征为监察御史，出按江西。辅臣夏言治新第，欲徙旁近十余家以大其宅，循义不可，由是有隙。会严嵩方欲倾言，闻之使人谕意，请论夏言开边事。循义曰："恢复议甚正，吾不敢毁大臣以媚大臣。"因又触嵩怒。简放衡州知府，会以病告归，卒十家，年五十六。无他嗜好，惟喜积书，遇典籍善本，虽家有此编，重复必得，闻人工诗善书法，必近乞远购。《千顷堂书目》著录其

《鄮溪集》二卷，注"又作《珠玉遗稿》"。现存万历九年（1581）刊本《珠玉遗稿》二卷附录一卷。清胡文学《甬上耆旧诗》卷一一录其诗十一首。清陈元龙《御定历代赋汇》补遗卷一四录其《沧海遗珠赋》。生平见《（雍正）浙江通志》卷一六九。

李舜臣（1499—1559）　字懋钦，又作懋卿，一字梦虞，号愚谷，又号末村居士。山东青州府乐安（今广饶）人。生于弘治十二年（1499）九月十七。正德十四年（1519）举于乡，嘉靖二年（1523）进士，授户部主事，父丧，守制归。起补吏部主事，历员外郎，迁郎中，十三年出为江西提学佥事。转南国子监司业，就迁尚宝司卿。在南京凡八年，召拜北太仆卿，以庙灾自陈，未履任而报罢。闲居二十年，屡荐不起，嘉靖三十八年正月初八卒，年六十一。性简重慎群，读经重汉儒注疏，为文专尚风格。与李开先同乡齐名，交甚厚，开先称其为"诗文而兼经济者"，又曾仿李攀龙作《九子序》，而以舜臣为首。《千顷堂书目》著录其《愚谷易解》二卷又《读易外编》《春秋左传考例谷梁三例》《五经字义》《古今考》又《籀文考》《乐安县志》二卷、《愚谷集》十卷又《符台集》二卷。现存《愚谷集》十卷刻于隆庆时，其中诗四卷，分题《部署稿》《金陵稿》《江西稿》《归田稿》，有王世贞、孔天胤

序，而诸经学之作未见传。《皇明诗统》卷二一录其诗十一首。《列朝诗集》丁集录其诗一首，"小传"记云："懋卿与李伯华（李开先）才名相颉颃，并繇吏部左迁，并以京堂罢免，皆为嘉靖初权贵人所龉龊。伯华家居，纵酒度曲，颓然自放。懋卿一意经术，《易》《诗》《书》《三礼》《左传》，分日读之，每六日一易……伯华后懋卿两科，而致仕先于懋钦，会则夜易数烛，离则月不乏书，有作必走使相示。两人学业不同，而志趣诉合。"《明文海》录其文三篇。《明诗综》卷三九录其诗二首。《四库全书》据隆庆刊本收《愚谷集》十卷，《总目》"提要"谓其"诗格雅饬，而颇窘于边幅，所长所短，皆在于斯。文皆古质，而稍觉有意谨严，或铲削太过，故王世贞尝有'体制纤小'之讥。然于时北地（李梦阳）、信阳（何景明）之学盛行于世，方以钩棘涂饰相高，而舜臣独以朴直存古法。其序记多名论，而《西桥逸事状》一篇，触张璁、桂萼之锋，直书不讳，文出之日，天下咋舌，抑亦刚正之士矣"。清宋弼《山左明诗钞》卷九录其诗二十八首。《明诗纪事》戊签卷一五录其诗二首。近人赵愚轩《青州明诗钞》卷二录其诗二十七首。生平见李开先《李公合葬墓志铭》《《李中麓闲居集》卷八）、王兆云《皇明词林人物考》卷七、《（雍正）山东通志》

卷二八之三。

李裕（1424—1511）　字资德，号古澹。江西南昌府丰城人。景泰五年（1454）进士，授河南道御史。天顺中巡按陕西，上安边八事，累迁至山东按察使。成化初，官陕西左布政使，召为顺天府尹，进右副都御史总督漕运兼巡抚江北，十九年（1483）再进右都御史，坐累调南京都察院，赴京，留为工部尚书。初，吏部尚书尹旻罢，耿裕代之，以持正不为首辅万安所喜，而李孜省贵幸用事，欲引乡人，乃协谋去耿裕，以李裕代之。李裕本廉介负时望，以孜省故，名颇损。孝宗立，言官交章劾裕进由孜省，裕不平，作《辨诬录》，连疏乞休去。家居至正德六年（1511）卒，年八十八。《明史·艺文志》著录其《奏议》七卷、《文集》四卷。《千顷堂书目》著录其《古澹集》四卷又《东藩倡和集》一卷，皆未见传。清周亮工《因树屋书影》谓其《古澹集》，翩翩唐响"。《石仓十二代诗选·明诗选》录诗一百余首。《明诗综》卷二一录诗一首。《江西诗征》卷五〇录诗三十首。《明诗纪事》乙签卷一九录诗五首，按语谓其"诗颇近雅音"。《明文海》录其文一篇。生平见张溱《古澹李公裕墓志铭》（《国朝献征录》卷二四）、《明史》卷一六〇。

李蓘（1531—1608）　字子田，号少庄，又号黄谷山人。河南南阳府内乡人。嘉靖三十二年（1553）进士，选翰林院庶吉士，除检讨。以失意当途，谪阳城邑丞，改大名邑丞，再改池州。入为南礼部郎中，隆庆四年（1570）出为贵州提学副使，旋罢官归里。买园林，建藏书楼，徜徉于山水，沉溺于歌诗。万历三十六年（1608）卒，年七十八。藏书宏富，号宛襄商陕第一，家居二十余年，读书不辍，博学精识。曾编宋元诗为《宋艺圃集》二十二卷、《元艺圃集》四卷，为《四库全书》所收。清王士禛《香祖笔记》云："李子田蓘撰《宋艺圃集》二十二卷，凡二百八十人，时在隆庆初元，海内尊尚李、王之派，讳言宋诗，而子田独阐幽抉异，撰为此书，其学识有过人者。"《四库全书总目》著录其《黄谷琐谈》四卷、《李子田文集》四卷，"提要"谓其"文章沿历城（李梦阳）、太仓（王世贞）之派，未能自辟门庭。其持论务合儒、释为一，遂并孟子而非之"。《黄谷琐谈》四卷有1929年陶然斋刊本。《李子田诗集》四卷、《一悦园稿》一卷，有万历李云鹄刊本，内《诗集》四卷收诗五百四十首，《一悦园稿》收诗八十七首。其父李宗木、弟李荫及子侄辈多能诗。万历三十五年家刻《六李集》有其《李太史诗集》六卷，收其古近体诗二百二十八首。1923年南阳张嘉谋刊《李子田诗集》二卷,辑其古今体诗三百九十四首。《盛明百家诗》录其诗二十余首为《李内翰集》。《皇明诗统》卷三六录其诗十三首。《列朝诗集》丁集录其诗四十四首,"小传"谓其"持论多訾毁道学,讥评气节,而诋諆新建(王守仁)太过,言多失实,论笃者弗与也"。《明诗评选》录其诗二首。《明诗综》卷四四录其诗六首,"诗话"云:"子田博洽,中州人以拟杨用修(杨慎)。而归田之后,纵情声伎,放诞不羁……此其狂态更甚于用修矣。诗亦少深思,绝句颇强人意。"《四库全书总目》著录《六李集》,"提要"云:"中惟李巖最知名,其诗源出何景明。故诸李之诗,大抵安雅有法度,而颇乏深警之思,则才分之不逮也。"《明诗纪事》已签卷七录其诗十二首。生平见李若讷《李公神道碑》(《五品稿》卷二)、《(康熙)内乡县志》卷七。

李龄(1411—1469) 字景熙。广东潮州府潮阳人。宣德四年(1429)举人,正统元年(1436)春试乙榜,授广西宾州学正。考满入京,以李时勉荐,升国子学录。时勉等又荐其为监察御史,提调京辅学校,进詹事府丞,天顺初转太仆寺丞。成化元年(1465)迁江西按察司金事,复白鹿洞书院,聘胡居仁主教。五年中蜚语去,至家一月卒,年五十九。为人朴直,为宦有口碑。《千顷堂书目》著录其《宫詹遗稿》六卷。现存万历二十七年(1599)其五世孙李一轩刊《宫詹遗稿》三卷,卷一赋二篇,卷二古近体诗二十余首,卷三序、记文十五篇,又《外编》三卷,收谕命、祭文等;卷首邑人周光镐序,谓其遗稿遭回禄之灾,幸存者仅什之一也。《列朝诗集》乙集录其诗一首。清冯奉初《潮州耆旧集》卷一收《李宫詹集》文九篇。近人翁辉东《潮州文概》卷二录其文一篇。生平见周梦中《潮阳李公墓表》(《宫詹遗稿》外编卷一)、《(雍正)江西通志》卷五八、《(雍正)广东通志》卷四六。

李嵩(生卒年不详) 山西平阳府荣河(今万荣)人。万历三十一年(1603)举人,明年进士,授行人。征为江南道御史,巡按吴地,后以救御史刘光复忤旨,左迁未就。起补河南道御史,巡抚登莱。历太仆卿,累迁至南京户部侍郎。著述现存万历末刊本《醒园文略》二十卷、《集咏》一卷、《疏草》一卷,首万历四十六年李嵩自叙。内《文略》卷一至卷四收古近体诗一百七十余首,卷五收诗余十五首,卷六至卷一一收各体文,卷一二至卷一五收书启,卷一五至卷一六收公移等,卷一七收"传奇"《八仙过海》《四圣试禅》,后者注"因病大渐未成",卷一八"语略",收家训等,卷一九"词略"收散曲小令三十五首,卷二〇为"杂著"收告示等公文;《集咏》另收诗五十首;《疏草》或即方志所记《按吴疏草》《抚登疏草》。《皇明诗统》卷二三录其诗四首。近人赵尊岳《明词汇刊》据《醒园文略》卷五录其词十五首为《醒园诗余》。生平见《(雍正)山西通志》卷一二五。

李腾芳(1565—1633) 字子实,号湘洲。湖广长沙府湘潭(今属湖南)人。万历十六年(1588)举人,二十年进士,选翰林院庶吉士,授检讨,屡迁至左谕德。与顾天埈友善,因天埈罢去,投劾归,以擅去官,降太常博士。三十九年京察,复以浮躁,谪江西都司理问。稍迁行人司正,历太常少卿,掌司业事。光宗立,擢少詹事,署南京翰林院,旋擢礼部右侍郎,教习庶吉士。御史王安舜劾腾芳骤迁,以省母乞归。天启初,起故官,协理詹事府,寻晋吏部左侍郎兼翰林学士,四年(1624)丁内艰,加礼部尚书归。御史王际逵因论腾芳被察骤起,丁忧进官,皆非制,寻削夺官。崇祯二年(1629),再起礼部尚书,协理詹事府,五年卒于官,年六十九,谥文庄。学宗王守仁,故集中有《阳明集抄序》,多言"良知"之说,又赞李贽,称其为"卓吾老子"。《千顷堂书目》著录其《湘潭县志》《说庄》三卷、《李宗伯集》。《说庄》三卷有万历四十二年刊本。其别集现存清刻《李宫保湘洲先生集》十二卷,卷一收论、辩、策问十一篇,卷二至卷四收序、记、志铭等八十余篇,卷五收诗一百六十余首,卷六至卷一〇收制词、奏疏、日讲章、尺牍等近三百篇,卷一一收《山居杂著》,附时文,卷一二收祭文十五篇、公牍三篇。又有清光绪二年(1876)刊《李文庄公全集》十卷,内容据十二卷本重新编次。另有清抄本《李宫保湘洲先生集》一卷,收诗百余首、文十余篇,未详其来由。《皇明诗统》卷三九录其诗十七首。清廖元度《楚风补》卷二四录其诗一首。《明诗综》卷五七录其诗一首。清邓显鹤《沅湘耆旧集》卷二〇一录诗十四首。《湖南文征》录其文九十篇。《明诗纪事》庚签卷一七录其诗一首。生平见谢璠《李宫保湘州先生家传》(《李宫保湘洲先生集》卷首)、清邹漪《启祯野乘》卷一、《明史》卷二一六。

李腾鹏(生卒年不详) 字时远,号槐亭。京师河间府南皮(今属河北)人。隆庆元年(1567)举人,七上公车不第,因于城西辟书斋,著书吟咏。曾纂《南皮县志稿》十卷,未刊,后万历间续成之,清康熙间县令刘补据之刊为《南皮县志》十五卷。以谒选授潞安府推官,迁凤阳府通判,委疏漕河,后权知泗州事,卒于官。平生喜诗,其任潞安时,因沈藩王府及郡人资助,所辑《皇明诗统》得以刊行,现存四十二卷本,始刻于万历十九年(1591),计收洪武至万历间诗作者一千八百七十一人,诗一万二千余首,为《列朝诗集》《明诗综》以前收作者最多之明诗总集。《千顷堂书目》著录其《善鸣稿》,方志记为八卷,又记其有《蚤鸣乐府》二卷,未见传。《皇明诗统》原未收腾鹏自作,其刊行时有举人李如松由腾鹏《善鸣稿》中选录十七首,并代作小传,附刻于卷三九之末,因得传世。清王崇简《畿辅明诗》录其诗一首。生平见《(1932)南皮县志》卷九。

李肇亨(生卒年不详)　字会嘉,号珂雪,又自署醉鸥。浙江嘉兴府嘉兴人,太仆李日华之子。太学生,能诗,精绘事,名于一时。万历、天启间曾与谭贞默、释智舷等结鸳水诗社。明亡后出家为僧,法名堂莹,住嘉兴超果寺,未几卒。《千顷堂书目》著录其《写山楼近稿》又《琴言阁新咏》又《率圃吟》又《梦余集》又《醉瓯长短句》,皆未见传。项圣谟曾辑其咏墨竹之文编为《墨君题语》二卷,上卷为李肇亨作题竹诗三十五首文三篇,下卷为李日华作题竹诗文,现存明刻清乾隆三十三年(1768)曹秉钧修补《李竹懒先生说部全书》本。《四库全书总目》另著录肇亨所编《妇女双名记》一卷,现存道光十一年(1831)六安晁氏木活

字《学海类编》本。又有清抄本笔记杂俎《清异续录》一卷,《妇女双名记》亦收录其中。清沈季友《槜李诗系》卷二〇录其诗六首,"小传"谓其"所作如秋涧流泉,虽波涛不兴,亦自清泠可悦"。《明诗综》卷七一录其诗三首。《明诗纪事》辛签卷二七上录其诗三首,按语云:"会嘉画不及乃翁,诗笔洒然略相似。"生平见《(康熙)嘉兴府志》卷一四、《(光绪)嘉兴府志》卷五一。

李璋(1453—1511)　字政虹,号嗜泉。浙江嘉兴府海盐人。少时寄籍海宁,补学官弟子员,屡颠棘闱,以明经终。卒于正德六年(1511),年五十九。现存清乾隆二十八年(1763)刊《嗜泉诗存》二卷。集前有正德四年李璋自序,称取旧刻痛加刊削,存十之一,并及近作,分为二卷,杂著、诗余为一卷,易其名曰《诗存》。此本为其十世孙李凤藻所刊,上卷收古体诗六十二首,下卷收近体诗七十五首,附录《诗说》五则,无诗余、杂著。据其九世族孙缵祖《后序》,盖旧刊已佚,此重刻者,残本也。李缵祖跋又称尚有《重刊残本诗钞》第八、第九两卷,未见传。生平见清董上容《嗜泉先生传》(《嗜泉诗存》卷首)。

李镐(1329—1392)　字叔荆,或作叔京,号冰壑。临川(今江西抚州)人。笃学能诗,元末有名于乡

里。洪武六年（1373）罢科举，诏中书省臣举聘山林遗贤，抚州守马文璧荐之，授国子学正。十二年升翰林院编修，授皇太子及诸王经，领中都国子监事。与苏伯衡同事相好，伯衡曾为其父作墓志铭。洪武十一年（1378），镐子李维年十三夭亡，伯衡又为其作圹铭（《苏平仲文集》卷一三）。洪武二十一年，与伯衡同为会试考官，迁国子监司业，仍掌中都国子监事，丁忧归，服满复原职。二十五年卒，年六十四。著述现存万历四十三年（1615）其八世孙李如龙重刊本《温泉李太史冰蘖公学余诗稿全集》十四卷，计收诗一千零六十余首，首洪武十九年苏伯衡《题翰林冰蘖先生诗集》，末有正统十二年（1447）谢济《刻少司成李先生学余诗稿序》。赵畸美《赵氏铁网珊瑚》卷一〇录其《题沈氏植芳堂诗》一首。《明诗纪事》甲签卷一七据之录。生平见佚名《司业公传》（《温泉李太史冰蘖公学余诗稿全集》附）。

李德（生卒年不详） 字仲修，号易庵，又自称采真子。广东广州府番禺（今广州）人。洪武三年（1370）以荐至京师，授洛阳典史，迁济南府经历，改西安。历职郡邑十余年，年薄暮矣，乃自陈不能为吏，愿就教职，授湖广汉阳教谕。秩满，改广西义宁学官，倦游归，卒于家。初好为诗，黄佐谓其"多效长吉、太白"，晚究伊、洛之学。著有《易庵集》，未见传。在先，德曾与孙蕡等结社广州之南园，香山黄佐编《广州人物传》论及南园诗社，称孙蕡、王佐、李德、黄哲、赵介为"五先生"，因以"南园五先生"名传。现存嘉靖三十六年（1557）王国桢刊本《广中五先生诗集》及清康熙五十九年（1720）刊本《南园五先生诗选》皆收李德之《易庵先生诗选》。因五人中惟孙蕡有集流传，后有佚名又辑李德与王佐、黄哲、赵介诗，合刊为《广州四先生诗》。《四库全书》收《广州四先生诗》（内收德诗五十九首），《总目》"提要"云："虽网罗放失，篇帙无多，然如哲（黄哲）之五言古体，祖述齐梁，德（李德）之七言长篇，胎息温、李，俱可自名一家，惟佐（王佐）气骨稍卑，未能骖驾，而介（赵介）诗所存太少，不足以见所长耳。然粤东诗派数人实开其先，其提倡风雅之功，有未可没者。"《皇明风雅》卷一七录其诗二首。《盛明百家诗》后编录其诗五十余首为《李仲修集》，与孙蕡、王佐、黄哲诗合为《广中四杰集》。顾起纶《国雅》卷二录其诗六首，《皇明诗统》卷三录诗二十二首，《列朝诗集》甲集录诗二十二首。《明诗综》卷一〇录诗五首，"诗话"云："长史好效长吉，孙仲衍（孙蕡）戏之曰：'子诚混元皇帝孙也。'然其诗实与长吉相远。"清屈大均《广东文选》录诗八首。清梁善长《广东诗粹》卷二录诗十首。《明诗纪事》甲签卷九录诗四首,按语云:"仲修诗长于古体,短篇音节流美,长篇则才力较弱,不耐多吟耳。"生平见黄佐《李德传》(《国朝献征录》卷八九)、王兆云《皇明词林人物考》卷一、《明史》卷二八五。

李默(1499—1558) 字时言,号古冲。福建建宁府瓯宁(今建瓯)人。生于弘治十二年(1499)四月十一。正德十六年(1521)进士,选翰林院庶吉士,嘉靖元年(1522)授户部主事。迁兵部员外郎,进吏部验封司郎中,十一年任武会试同考官,以忤兵部尚书王宪,谪宁国府通判。历广东按察金事、云南提学副使、浙江布政使等职,升太常寺卿、南礼部右侍郎,寻转左,掌南国子监事。擢吏部左侍郎,进本部尚书兼学士,加太子少保。遭严嵩、赵文华构陷,下锦衣卫狱,三十七年正月二十三死于狱中,年六十,隆庆间复官,遣官论祭,万历间追谥文愍。《明史·艺文志》著录其《吏部职掌》四卷、《建宁人物志》三卷、《朱子年谱》四卷及《宁国府志》十卷,皆存明刊本。又著录其诗文别集《群玉楼稿》七卷,现存刊本为万历元年(1573)其子李培编刊,计诗词二卷文五卷。又有诗词杂著合编之《困亨别稿》一卷,后其裔孙清雍正间重刊《群玉楼稿》时将《困亨别稿》亦归入集中,因成八卷。其集有徐中行、何镗、康太和序,太和序称李默诗文:"镕意铸词,不涉蹊径,然少伤于朴直。"另有杂记《孤树裒谈》十卷(存明刊本),采书三十余种,记有明一代事迹,大抵皆委巷之谈。《千顷堂书目》谓此书为安成举人赵可与撰,误为默作,或不确。《明文海》录其文十一篇。《明诗综》卷三七录其诗二首。《明诗纪事》戊签卷一四录其诗一首,按语谓其"集中文学步昌黎,不拘李(李梦阳)、何(何景明),诗则颇伤率易"。近人赵尊岳《明词汇刊》录其词四首为《群玉楼诗余》。生平见其姻亲杨肇《古冲李公行状》、门生葛守礼《古冲李公墓志铭》(万历刊《群玉楼集》卷七后附)及王兆云《皇明词林人物考》卷六、《明史》卷二〇二。

李钱(生卒年不详) 原名芳春,字华仲,别号胆山子。南直庐州府巢县(今安徽巢湖)人。天启元年(1621)举人,选沂州学正,丁父忧,哀毁而卒。通内典,能诗,尝与董其昌等游西湖。所著有《四书讲义》《西湖草》《啸月集》《泰山游记》等,未见传。近人刘原道《居巢诗征》据《西湖草》录其诗二十七首,又据《啸月集》录其诗七十五首,附文二篇。生平见《(乾隆)江南通志》卷一六四、《(嘉庆)庐州府志》卷三二。

李濂(1488—1566) 字川甫、

川父,号嵩渚。河南开封府祥符(今开封)人。正德八年(1513)乡试第一,九年进士,授沔阳知州。历宁波府同知,官至山西按察司佥事,理屯政,会提学缺,摄其事。嘉靖五年(1526)以大计免归,时年三十八,后四十年均在乡闲居,卒于嘉靖四十五年(1566),年七十九。少时作《理情赋》,友人左国玑持以示李梦阳,得其赏识,自此名满河洛。平生著述甚多。现存明刊《乙巳春游稿》五卷、《科场漫笔》三卷、《李氏居室记》五卷及明抄诗文集《观政集》一卷。自辑诗文集《嵩渚文集》一百卷为全集,有嘉靖刊本,其中赋二卷、诗三十六卷、文六十二卷,贾咏和、张时彻序。里居时颇留心乡邦故实,曾编撰《汴京遗迹志》二十四卷、《祥符文献志》十七卷、《汴京勾异记》八卷,皆存嘉靖刊本。《汴京遗迹志》二十四卷又为《四库全书》收录。《千顷堂书目》另著录其《夏周正辨疑会通》四卷、《河南通志》四十五卷、《祥符乡贤传》八卷及《朱仙镇岳庙集》等。《盛明百家诗》录其诗三十余首为《李嵩渚集》。《皇明诗统》卷一九录其诗十一首。《列朝诗集》录其诗四十五首。《明诗综》卷三五录其诗九首,"诗话"云:"《嵩渚集》凡百卷,最称繁复,然不甚剪裁。"《四库全书总目》著录《嵩渚集》一百卷,"提要"谓是集所收为濂所自订,

"皆于'七子'之外,挺然自为一格。大抵笔锋踔厉,泉涌飙驰,而裁翦尚疏,不免才多之患。濂跋石珤《熊峰集》,谓'诗文传世,岂贵于多',其说良是,而自定己作,乃不能尽翦榛楛,信乎,割爱之难也。"《明诗纪事》戊签卷六录其诗二十六首,按云:"余检《嵩渚集》,大约近体胜于古体,七言胜于五言。"《明词综》卷三录其词一首。近人赵尊岳《明词汇刊》录其词十首为《乙巳春游诗余》。《明文海》录其文《首阳山赋》等三十三篇。生平见李堂《同知李侯事略》(《堇山集》卷一五)、王兆云《皇明词林人物考》卷六、《明史》卷二八六。

李攀龙(1514—1570) 字于麟,号沧溟。山东济南府历城(今济南)人。生于正德九年(1514)正月二十一。九岁丧父,家贫而自奋于学。稍长为诸生,与友人许邦才、殷士儋等学为诗歌,日读古书,里人共目为狂生。嘉靖十九年(1540)乡试第二,二十三年进士,试政吏部文选司,明年移疾归,又明年除刑部广东司主事。二十九年进员外郎,迁山西司郎中,三十二年简放顺德知府,三十五年擢陕西提学副使,告病归。家居构白雪楼,读书其间,宾客造门,率谢不见,以是得简傲之名。隆庆改元,起为浙江按察副使,二年(1568)迁布政司左参政,旋擢河南按察使,未几以母丧归。四年八月

二十突发心痛卒，年五十七。其始官刑曹时，与吴维岳、王宗沐、李先芳、谢榛、殷士儋、王世贞、宗臣、梁有誉、徐中行、吴国伦等结诗社，因有"五子""六子"之称，其中尤以攀龙才思劲鸷，因成领袖。后梁有誉于嘉靖三十四年去世，次年吴国伦作《哭梁公实比部四首》有句"七子中原散，千秋长夜过"（《甔甀洞稿》卷一六），以"七子"称李攀龙、王世贞、谢榛、徐中行、宗臣、梁有誉及吴国伦，"七子"之名遂渐为人所称。攀龙等执"文自西京、诗自天宝而下，俱无足观"之论，于本朝又独推李梦阳，故有人比之李梦阳、何景明等"前七子"，称此七人为"后七子"。清钱谦益谓攀龙自秦中挂冠，构白雪楼于鲍山、华不注之间后，"操海内文章之柄垂二十年。其徒之推服者，以谓上追虞姒，下薄汉唐；有识者心非之，叛者四起；而循声赞诵者，迄今百年，尚未衰止"（《列朝诗集》丁集）。著述先有嘉靖四十二年魏裳济南刊蓝印本《白雪楼诗集》十卷。隆庆四年新都汪时元又校刊为《白雪楼诗集》十二卷。隆庆六年吴郡王世贞刊本《沧溟先生集》三十卷附录一卷，为其卒后结集，诗十四卷文十六卷，有吴用光、张佳胤序。以后万历三年（1575）平阳知府胡来贡刊本、万历二十八年吴用光刊本、万历三十四年陈升本、明晋陵张弘道等校刊本、明吴门徐履道起凤馆刊本，皆为三十卷。又有万历二年徐中行刊本、余泰垣刊本为三十二卷附录一卷，万历二十六年刻重修本三十一卷附录一卷附录补遗一卷。此外，传世尚有多种明季选刊本，如明刻《沧溟先生文抄》九卷、《拟古乐府》二卷、《李于鳞先生沧溟集》七卷、明刻《四杰诗选》本《沧溟集选》不分卷。流传海外，日本有延享元年（清乾隆十年，1744）刊本《补注李沧溟先生文选四卷》、延享五年（乾隆十三年）京都向荣堂刊本《沧溟先生集》十四卷附录一卷及江户时刊本《沧溟先生尺牍》三卷。《四库全书》所收之《沧溟集》则为三十卷附录一卷，"提要"云："尊北地（李梦阳）、排长沙（李东阳），续'前七子'之焰者，攀龙实首倡也。殷士儋作攀龙墓志，称文自西汉以来，诗自天宝以下，若为其毫素污者，辄不忍为，故所作一字一句，模拟古人。骤然读之，斑驳陆离，如见秦、汉间人，高华伟丽，如见开元、天宝间人也。至万历间，公安袁宏道兄弟始以赝古诋之。天启中，临川艾南英排之尤力。今观其集，古乐府割剥字句，诚不免剽窃之讥，诸体诗亦亮节较多，微情差少，杂文更有意诘屈其词，涂饰其字，诚不免如诸家所讥。然攀龙资地本高，记诵亦博，其才力富健，凌轹一时，实有不可磨灭者。

汰其肤廓,撷其英华,固亦豪杰之士。誉者过情,毁者亦或太甚矣。"《四库全书》又收其《古今诗删》三十四卷。论者多以为其诗胜于文,选明诗者,无不录其诗。《盛明百家诗》录其诗六十余首为《李学宪集》,又一百七十余首为《续李沧溟集》。赵南星编《明十二家诗选》选《李沧溟集》四卷。顾起纶《国雅》卷一五录其诗二十九首。《皇明诗统》卷二九录其诗十八首。《皇明诗选》录其诗一百五十四首。《列朝诗集》丁集选录二十八首。彭孙贻《明诗钞》录其诗六十余首。《明诗评选》录其诗六首。《明诗综》卷四六录其诗十八首,"诗话"云:"于鳞乐府,止规字句,而遗其神明。何异安汉公之《金縢》《大诰》,文中子之续经乎?惟相和短章,稍有足录者。五言学步苏、李、曹、刘……差具神理,然新警者寡矣。七古、五律、绝句,要非作家。惟七律人所共推,心慕手追者,王维、李颀也。合而观之,句重字复,气断续而神伉离,亦非绝品。"清沈德潜《明诗别裁集》录诗三十五首。清施何牧《明诗去浮》卷三录诗三十九首。清宋弼《山左明诗钞》卷一四录诗八十首。《明诗纪事》己签卷一录诗八首。另,《御选历代诗余》卷录其词二首。清胡胤瑗等《兰皋明词汇选》录词三首。《明词综》卷四录词一首。陆弘祚编《皇明十

大家文选》选《沧溟文选》二卷,李宾编《八代文钞》选《李于麟文抄》一卷。《明文海》录文五篇,黄百家《明文授读》卷四〇记云:"先夫子(黄宗羲)曰:'……沧溟之文,集句而成,一时视之,亦如孙樵、刘蜕,但孙、刘意思隽永,沧溟则索然而已,楚楚自成尚不能,况欲以之易天下乎?'"生平见殷士儋《李公墓志铭》(《沧溟集》附录)、王世贞《李先生攀龙传》(《弇州四部稿》卷八三)、王兆云《皇明词林人物考》卷九、何乔远《名山藏》卷八六、《明史》卷二八七。

李瓒[1](?—1532)　字宗器。山东东昌府濮州(今河南范县)人。弘治五年(1492)举人,九年进士,授刑部主事。正德时历官通政司参议,以忤刘瑾,谪江西饶州通判,瑾诛,复旧职。历大理少卿,以右佥都御史巡抚顺天、保定,迁通政使,掌鸿胪寺。又以副都御史经略边关,建镇边、长峪二城,以工部侍郎总理河道、总督仓场,官至户部尚书。嘉靖九年(1530)致仕,十一年卒,赠太子太保。现存崇祯刊本《珠树馆集》十卷,题刘荣嗣选,有汪起凤、陈伯友序,收诗六百五十余首。生平见《国朝献征录》卷二九载《实录》之《户部尚书李瓒传》《(雍正)山东通志》卷二八之三。

李瓒[2](1507—?)　字臣献,号右斋。江西南昌府丰城人。嘉靖二

十八年（1549）举人，数试春官不售，四十一年出为宝应知县，考满解绶归里。喜吟咏，所至多有诗，年至八十仍作诗不辍。所作诗词传世有万历刊本《闻诗纪集》八卷、《闻诗续集》一卷。《闻诗纪集》有朱孟震万历十四年（1586）序，《闻诗续集》有边维垣《闻诗续集引》。据其子廷观、廷谟所作两集之跋语，则李贽所撰原有《都行纪咏》《八宝公余吟诗》《归去稿》等单刊，嘉靖四十五年，廷观又辑录其归里后所作为《家居近稿续录》，合刊为《闻诗集纪》八卷；至万历十四年，廷谟再辑其晚年所作诗编成《闻诗续集》一卷，附于《闻诗集纪》八卷合刊传世。其集所录诗除李贽诗外，还有其友人及诸子廷观、廷章、廷谟之和作，诸体诗之外，又有少量词作杂录其中。生平见《（道光）丰城县志》卷一〇。

李麟（生卒年不详）　字仁仲。浙江宁波府鄞县（今宁波）人。成化二十二年（1486）举人，弘治六年（1493）进士，授工部主事。历员外郎、郎中，出为江西参议，迁四川参政，晋贵州按察使，迁布政使，请老归里。喜文词，有所感遇，辄一寄之于诗。《千顷堂书目》著录其《芝山野语》一卷、《心斋稿》六卷。现存四明李氏刊本《心斋稿》六卷，卷一收序、记、传、志铭等文十九篇，卷二至卷三收诗二百五十余首，卷四收诗二百余首、词四首、祭文十五篇及幛词二篇，卷五、卷六皆诗文混收，有张邦奇等序。又有清抄本。顾起纶《续国雅》卷三、《皇明诗统》卷一五录其诗一首。《四明风雅》卷二录其诗七首。《石仓十二代诗选·明诗选》录其诗七首。清胡文学《甬上耆旧诗》卷一一录其诗八首。清袁钧《四明近体乐府》卷八录其词三首。生平见《（雍正）浙江通志》卷一九〇。

杨一清（1454—1530）　字应宁，号邃庵、石淙、三南居士。原籍云南云南府安宁，父杨景为永乐举人，判霸州，迁化州（今属广东）同知。一清于景泰五年（1454）十二月初六生于化州，其父天顺四年（1460）致仕后又携一清寓巴陵（今岳阳）。以颖悟过人，八岁时有司以奇童荐入翰林读书，受业于状元黎淳。十四岁举北闱乡试，成化八年（1472）中进士，次年其父病逝，无力扶柩还乡，遵父命葬父于其姊所居镇江府丹徒（今江苏镇江），遂家焉，后一清卒后亦葬于丹徒。服除授中书舍人，出为山西按察佥事。丁母忧，改陕西提学，寻迁本省副使，召为太常少卿，进南京太常卿。弘治十五年（1502）晋左副都御史，督理陕西茶马政，进陕西巡抚兼经略边务。正德改元，总制延绥、宁夏、甘肃三边军务，擢右都御史，刘瑾诬奏其冒领破边费，系狱，经李东阳、王鏊等力救,解狱致仕。正德五年(1510)安化王朱寘鐇叛,复起总制三边军务,事平,与监军中官张永合谋诛刘瑾,召拜户部尚书,加太子少保,六年迁吏部,进武英殿大学士,入参机务,自劾辞归。嘉靖三年(1524)起为少傅、太子太傅,拜兵部尚书兼左都御史,再掌三边总制。改吏部尚书,加少师、太子太师,兼谨身殿大学士,进华盖殿大学士,继费宏为内阁首辅。为张璁、黄绾、霍韬等劾奏,落职闲住,九年六月疽发,八月十四卒,年七十七。卒后数年复故官,又赠太保,谥文襄。一清历仕四朝,几经起落,出将入相,晓畅边事,干才一时无两,又机敏善权变,人比之唐之姚崇。虽位高权重而不废吟咏,喜汲引士类,状元康海、吕柟皆出其所执教之正学书院,名士马理、李梦阳等或出自其门下,或为其所赏拔,故一时海内争趋其门。一清才思敏捷,文务求实用,为诗亦多有感而发,"兴趣所到,对客挥毫,若不经意"(方鹏《玉堂后稿序》),虽平顺畅达,然少锤锻,故佳制无多。论者或将其与李东阳并称,实总体不逮矣。平生著述甚丰,《明史·艺文志》著录其《西征日录》一卷《车驾幸筜录》二卷、《奏议》三十卷、《石淙类稿》四十五卷、《诗》二十卷。现存正德六年刻《邃庵集》一卷、《续集》一卷,嘉靖五年刻《石淙文稿》十四卷,嘉靖间

刻《石淙诗稿》十九卷。《石淙诗稿》十九卷系其门人李梦阳、康海等编选,内按《凤池稿》《省墓稿》《禅后稿》《西巡稿》《北行稿》《容台稿》《行台稿》《归田稿》《自讼稿》《制府稿》《吏部稿》《玉堂稿》《归田后稿》《督府稿》《玉堂后稿》排列,《督府稿》后别附简札一卷,故或记其为二十卷。《诗稿》有多人作序,序之纪年最晚者为嘉靖七年方鹏《玉堂后稿序》,故集当为一清卒后所辑。《列朝诗集》丙集录其诗四首,"小传"记云:"提学陕西,赏识李献吉(李梦阳),召置门下,故《石淙类稿》属李献吉评点行世。"《明诗综》卷二四录其诗二十一首,"诗话"云:"邃庵古诗原本韩、苏,近体一以陈简斋、陆放翁为师。"清沈德潜《明诗别裁集》录其诗三首。《四库全书》收其《关中奏议》十卷,《总目》著录《石淙稿》十九卷(所记实为《石淙诗稿》)。清邓显鹤《沅湘耆旧集》卷一一录诗三十首。清袁文典等《明滇南诗略》卷一录其诗三十九首。《明诗纪事》丙签卷二录其诗二十一首,按语云:"文襄《石淙全集》利钝杂陈,其杰出之篇,实可与茶陵(李东阳)旗鼓相当。"清陈荣昌《滇诗拾遗》录其诗三百三十首。《明文海》录其文《平西夏颂》等二篇。《湖南文征》录其文四十五篇。清袁文典《滇南文略》录其文二十六篇。生平见谢纯《杨公

一清行状》、李元阳《文襄杨公墓表》《国朝献征录》卷一五）、廖道南《殿阁词林记》卷一七、王世贞《嘉靖以来内阁首辅传》卷一、《明史》卷一九八。

杨士云（1477—1554） 字从龙，号弘山、九龙真逸、九龙山人。云南大理府太和（今大理）人。生于成化十三年（1477）六月初十。弘治十四年（1501）举云南乡试第一，屡上春官不第，正德十二年（1517）始中进士，选翰林院庶吉士，授工科给事中。丁忧家居十年，嘉靖十六年（1537）起补兵科给事中，转户科左给事中，以老病乞归。归后日居小楼中，博涉典籍，耽于吟咏，卒于嘉靖三十三年九月初八，年七十八。崇理学，为人谦卑宽厚，友善德惠，乡里称颂。嘉靖初，杨慎谪滇，士云与其交善。李元阳婿吴懋称士云与张含、王廷表、胡庭禄、李元阳、唐锜为"杨门六学士"，实士云与张含均年长于杨慎，虽与慎交游，实无列于门墙之实。《千顷堂书目》著录其《郡大记》一卷、《黑水集证》一卷、《弘山集》十二卷，前两种为地理类书，后者为诗文别集，即现存万历四十三年（1615）杨德刊本《弘山先生日录诗集》十卷《文集》二卷，后收入近人辑《云南丛书》，改题《杨弘山存稿》十二卷。其集卷一至卷六所收诗，为其平日浏览经史诸子及天文历志之书，杂用长短韵语记之，以诗为笔记，意取备忘。卷七至卷一〇为其所作诸体诗，亦呈道学气，多板滞拗口；《文集》二卷收其所作杂文六十篇，其中附长短句八首。《明诗综》卷四一录其诗五首，"诗话"云："给事未老抽簪，自号'九龙真逸'。坐卧小楼，订《尚书》蔡传之得失。撰《黑水集证》，自春秋以来，迄于元季，历代人物，各咏以诗。又取天文、历象、律吕及《皇极经世书》、地志，皆分题成咏，可谓好学也已。其诗原出白沙（陈献章）、定山（庄昶），近取裁于杨用修（杨慎）。"清袁文典等《明滇南诗略》卷四录其诗一百一十六首，《滇南文略》录其文四十六篇。《明诗纪事》戊签卷一三录其诗七首，按语云："从龙名在杨门六学士之列，诗品可与张禺山（张含）方驾。非徒性耽吟咏，兼博涉典籍，集中《读尚书》《石经》等诗，非学人不能著也。"近人李坤《滇诗拾遗补》卷二录其诗一首。清赵藩《滇词丛录》录其词五首。生平见李元阳《杨弘山先生士云墓表》《国朝献征录》卷八〇）、萧彦《掖垣人鉴》卷一二。

杨士奇（1365—1444） 名寓，字士奇，以字行，一字侨仲，号东里。江西吉安府泰和人。一岁父丧，随母改适罗氏，惟杨姓未改，旋因继父谪死辽东，与母归于故里。家贫力学，入学后授徒自给，游于湖、湘间，馆江夏最久。建文初集诸儒修《太祖实录》，征授教授，王叔英以史才荐，遂召入翰林，充编纂官。寻吏部考第史馆诸儒，名第一，授吴王府审理副，仍供馆职。永乐初改编修，与解缙、胡广、黄淮、胡俨、金幼孜、杨荣同入直文渊阁，典机务，数月进侍讲。历左中允、左谕德，帝北征，士奇辅太子留守，进翰林学士，十九年（1421）改左春坊大学士兼翰林学士。仁宗即位，擢礼部侍郎兼华盖殿大学士，进少傅，兼兵部尚书。宣宗崩，皇太子朱祁镇方九龄，内庭有异议，士奇请见太子于文华殿，顿首称万岁，群臣皆贺，浮议乃止。正统三年（1438），进少师，时中官王振受宠，渐擅威势，而士奇之子杨稷施暴杀人，为御史所劾，因以老疾黯然告归，正统九年三月十四卒，年八十，赠太师，谥文贞。士奇仕历五帝，任辅臣四十余年，首辅二十一年。居官廉能，雅善知人，好推毂寒士，与杨荣、杨溥合称"三杨"，号"西杨"。于"三杨"之中，最以文学著，著述甚丰。《明史·艺文志》著录其《周易直指》十卷、《三朝圣谕录》三卷、《西巡扈从纪行录》一卷、《北京纪行录》二卷、《东里集》二十五卷、《诗》三卷。现存正统刻正德补修本《东里文集》二十五卷，正统刻重修本《东里诗集》三卷，又天顺五年（1461）杨导刻《东里文集续编》三十四卷。以嘉靖二十八年（1549）黄如桂刊本《东里文集》二十五卷、《诗集》三卷、《续编》六十二卷、《别集》五卷、附录四卷，收录其诗文最为完备。另有嘉靖刊本《古今历代大统易见录》二卷。程敏政《皇明文衡》录其文四十七篇。《明文海》录其文三十二篇，评语曰："东里之文，欧阳之矩矱也，但平远萦回之致多，而波澜澎湃之观少，然自景濂（宋濂）、希直（方孝孺）之后，不得不以正统归之。"《四库全书》收《东里全集》九十七卷、《别集》四卷，又著录《别本东里文集》二十五卷，《总目》"提要"评其文风云："明初三杨并称，而士奇文章特优，制诰碑版，多出其手。仁宗雅好欧阳修文，士奇文亦平正纡徐，得其仿佛，故郑瑗《井观琐言》称其文典则，无浮泛之病，杂录叙事，极平稳，不费力，后来馆阁著作沿为流派，遂为'七子'之口实……盖其文虽乏新裁，而不失古格，前辈典型，遂主持数十年之风气，非偶然也。"清应麟《江右古文选》卷一四录其文十二篇。清胡大鸿《江右文抄》录其文二十一篇。亦善诗。《皇明风雅》《皇明诗统》卷一二录其诗十五首。顾起纶《国雅》卷三录其诗五首。韩阳《皇明西江诗选》卷三录其诗九十一首。《皇明诗选》录其诗二首。《列朝诗集》录其诗三十一首，"小传"云："国初相业称三杨，公为之首。其诗文号'台阁体'。今所传《东里诗集》,大都词气安闲,首尾停稳,不尚藻辞,不矜丽句,太平宰相之风度,可以想见,以词章取之则末矣。"《明诗评选》录其诗二首。《明诗综》录其诗十七首。《江西诗征》卷四六录其诗五十一首。清王琨《泰和诗征》录其诗一百四十二首。《明诗纪事》乙签卷三录其诗八首。清胡胤瑗《兰皋明词汇选》录其词一首。生平见杨溥《文贞杨公神道碑》(《皇明文衡》卷七七)、王直《杨文贞公传》(《国朝献征录》卷一二)、廖道南《殿阁词林记》卷一、王兆云《皇明词林人物考》卷二、何乔远《名山藏》卷六一、《明史》卷一四八。

杨于庭(生卒年不详) 字道行。南直滁州全椒(今属安徽)人。少聘陈氏女,及笄而瞽,或劝别娶,于庭不听,人高其义。万历七年(1579)乡试中举,次年进士,除濮州知州。征授户部员外郎,迁兵部职方郎中,因官场门户之争罢归。喜研《春秋》,《四库全书》收其《春秋质疑》十二卷。亦能诗文,现存万历二十三年钱塘知县汤沐刻《杨道行集》三十三卷,赋、骚、乐府各一卷,古近体诗十四卷,此称《诗集》,有单行本。《千顷堂书目》著录《杨道行集》二十二卷,即此本也;后十六卷为《文集》。集有季东鲁、李维桢、邹观光等序,汤沐等跋。诗多怨激之音,文

则平衍可读。《皇明诗统》卷三七录其诗七首。《明诗综》卷五三录其诗一首。《御选宋金元明四朝诗》录其诗二十一首。《四库全书总目》著录《杨道行集》十七卷,亦仅为诗集,《总目》"提要"云:"其诗沿何、李之派,故拟骚、拟乐府古诗,不能变化蹊径。惟五言古诗,时露清挺,本色尚存。其官职方时,值宁夏及倭寇之乱,于本兵多所赞画。及事平,而竟中察典,与虞淳熙同罢归,是为万历中门户交争之始。故愤郁不平,屡形篇咏。然事殊屈子,而怨甚行吟,未免失之过激,与风人温厚之旨为有间矣。"《明诗纪事》庚签卷一三录其诗一首。其生平见《(乾隆)江南通志》卷一六二。

杨子器(1458—1513) 字名父,号柳塘。浙江宁波府慈溪人。成化二十二年(1486)举人,明年进士,授昆山县令,以丁忧归。弘治七年(1494)起补山西高平令,转常熟,因旧《琴川志》修《常熟县志》四卷(现存明抄本)。补吏部考功主事,抗疏论孝宗山陵事,下诏狱,寻释。正德元年(1506)转验封司员外郎,寻升郎中,出为湖广右参议。历福建提学副使,转河南右参政,进右布政使,转左。八年入觐,十二月初三卒于卫辉驿舍,年五十八。居官砥节,所至有声绩,诗亦名于一时。《千顷堂书目》著录其《家礼从宜》四卷、

《慈溪诗选》十卷、《长平杂稿》又《排节宫词》又《咏史诗》又《早朝诗》三卷又《柳塘先生遗稿》。现仅存清传抄明正德二年（1507）本《拟古排节宫词》（《柳塘宫词》）一卷。《（万历）昆山志》录其词一首。钱谷《吴都文粹续集》卷九录其诗一首。《列朝诗集》录其诗二十五首。《明诗综》卷二五录其诗五首，"诗话"云："名父《早朝》诗多至三百首，其终篇云：'除却早朝无一事，更从何地效驱驰'，可想见承平景象矣。"《御选宋金元明四朝诗》录其诗三首。清尹元炜《溪上诗辑》卷三录其诗六首。《海虞文征》录其文四篇、诗五首。《明诗纪事》丙签卷九录其诗一首。生平见邵宝《杨公子器墓志铭》（《国朝献征录》卷九二）、王兆云《皇明词林人物考》卷五。

杨中（生卒年不详）　字致行，号简斋。南直常州府无锡（今属江苏）人。正德二年（1507）举人，署湖广安陆教谕，擢南京国子监博士，以饶州府通判放归。《千顷堂书目》著录其《简斋集》，未见传。《盛明百家诗》后编录其诗三十余首为《杨通府集》。《明诗综》卷二六录其诗一首。清顾光旭《梁溪诗钞》卷六录其诗一首。生平见张邦奇《送国子博士杨君改行判饶州序》（《张文定公纡玉楼集》卷五）。

杨文俪（生卒年不详）　浙江杭州府仁和（今杭州）人。工部员外郎杨应獬之女，南礼部尚书孙升继室，以其子孙铤官翰林编修满，得封夫人，世因称其为"孙夫人"。能诗，有诗稿一卷，附于嘉靖刊本孙升《孙文恪公集》二十卷后，收诗六十七首，多为五七言律诗。后有清光绪二十三年（1897）单刊《孙夫人集》一卷及《西泠三闺秀诗》本。传其擅制义之文，孙升有子五人，文俪所出者三，除早夭一子外，诸子皆成进士，其中鑨、铤、镶官至尚书，鋹至太仆寺卿，皆谓文俪教之。故《四库全书总目》著录《孙文恪集》，"提要"云："有明一代以女子而工科举之文者，文俪一人而已，诗其余事也。"《盛明百家诗》后编录其诗四十余首为《孙夫人集》。顾起纶《国雅》卷一九录其诗十四首。《皇明诗统》卷四一闺秀类录诗十九首。托名钟惺《名媛诗归》卷二七录诗十八首。《列朝诗集》闰集录诗三首。《明诗综》卷八六、《御选宋金元明四朝诗》录其诗三首。清季娴编《闺秀集》录五言排律一首、五言律诗一首。生平见《（光绪）余姚县志》卷二五。

杨文骢（1597—1646）　字龙友，号山子。贵州卫（今贵州贵阳）籍，后移家江宁（今江苏南京）。参政杨师孔之子。天启元年（1621）举人，除华亭教谕，迁青田知县，崇祯间，改永嘉、江宁。御史劾其贪污，夺官候讯,事未竟,福王立于南京,马士英当国,起兵部主事。历员外、郎中,迁兵备副使,擢右佥都御史巡抚常、镇,兼督沿海诸军,与清兵隔江相持。兵败,走处州。唐王立,召拜兵部右侍郎兼右佥都御史,进浙赣总督,提督军务。丙戌(1646)清兵入闽,不能敌,退至浦城,被执不屈死,年五十,阖门同死者三十六人。为人豪侠自喜,喜结纳,耽声伎,一岁赀常费巨万。因与马士英善,故受人诋毁。能诗文,善书画,尤以画著,山水远宗黄、倪,近学董其昌。好游览,遇佳山水,则赋咏图画。尤著意天台、雁荡。崇祯元年(1628),其父参政浙江,乃得游焉,裒所得诗文图画,题曰《山水逭》,现存崇祯间刊本四卷附录一卷,卷一有诗一百三十九首,余三卷为所作赋、日记、画记,附录为夏允彝等十余人赠诗、画赞,又董其昌、陈继儒、倪元璐、李日华、谭贞默五人题画册引,范允临题画诗等。另有崇祯刻本《洞庭倡和》四卷,亦为文聪与友人倡和诗结集。《千顷堂书目》著录其别集《淘美堂集》,现惟见1936年刊《淘美堂诗集》九卷,有吕阳约、邢昉等崇祯十五年所作旧序四篇。又,崇祯间夏云鼎刊《崇祯八大家诗选》内有《杨龙友诗选》五卷。《明诗综》卷六六录诗六首。《御选宋金元明四朝诗》录诗四首。清莫友芝《黔诗纪略》卷二一录诗三百十余首。《明诗纪事》辛签卷六录诗十一首,按语云:"龙友诗画均负异才,南游江浙,得师友方而画学益精,遂为吾黔一大宗。诗则与王季重(王廷相)、陈木叔(陈函辉)辈游,颇染时习。然俊骨妙趣,犹时露于字里行间矣。"生平见《(乾隆)贵州通志》卷三〇、《明史》卷二七七。

杨本仁(1495—?)　字次山,号少室山人。河南开封府杞县人。嘉靖八年(1529)进士,授工部都水司主事,差理河务。历刑部郎中、江西按察司副使,时当大计,朝议以本仁为清官。二十三年任湖广布政使司右参政,历江西按察使、广西按察使,升广西右布政使,二十九年乞归致仕。归田后惟究心性命,考订古今同异,以终余年。能文,尤喜吟咏。《千顷堂书目》著录《少室山人集》十四卷,现存嘉靖时刊本,有嘉靖二十七年谢少南序及邹守愚序,末有嘉靖十六年顾存仁《蜀道纪行序》及《书少室杨君蜀道纪行诗后》。内诗十六卷,收诗五百九十余首,文八卷,收各体文五十余篇。《皇明诗统》卷二六录诗九首。《明诗综》卷四一录诗一首。清汪森《粤西诗载》录诗三首、《粤西文载》录文一篇。《明诗纪事》戊签卷一七录诗八首,按语云:"少室山人诗不尽入格,时有佳篇,如披榛采兰,香韵独绝。"生平见清汪森《粤西文载》卷六五、《(乾隆)杞县志》卷一三。

杨东明(1546—1624) 字启修,号晋庵。河南归德府虞城人。万历八年(1580)进士,授中书舍人。迁礼科给事中,尝上疏请建储、出阁豫教、早朝勤政,时河南岁饥,又上《饥民图说》,以事降陕西照磨,寻罢归。家居二十六年,天启初起太常少卿,历光禄卿,晋刑部右侍郎,乞归,天启四年(1624)卒。平生治阳明“心学”,主“理气断非二物”说。平生关心民瘼,家居凡有民间利病,无不身任。其在官前后疏稿汇为《青琐荩言》二卷,有杨东喂刊本。《千顷堂书目》著录《饥民图说》一卷、《性理辨疑》。又有《山居功课》,现存万历四十年序刊本,十卷,分为《世务》《敬老》《蒙教》《明学》《书简》《序文》等篇,卷九收其所作记、传、说、志铭、祭文等,卷一〇有其所作五七言近体诗六十余首,王梦凤、吕坤叔、焦竑等序。生平见清黄宗羲《明儒学案》卷二九、《(雍正)河南通志》卷五八、《明史》卷二四一。

杨旦(1460—1530) 字晋叔,号偲庵。福建建宁府建安(今建瓯)人,杨荣曾孙。生于天顺四年(1460)八月初七。成化十九年(1483)举人,弘治三年(1490)进士,授吏部验封司主事。历员外、郎中,迁太仆少卿,改太常少卿,忤刘瑾,谪温州知府。迁浙江提学副史,历应天府丞、顺天府丞,擢礼部侍郎,改户部,督京通仓,理饷甘肃,进右都御史,出掌两广军务,讨番禺、清远、河源诸瑶。进南户部尚书,拜南吏部尚书,张璁、桂萼骤进,旦率九卿极言不可。会吏部尚书乔宇罢,召旦代之,未至,为陈洗所劾,勒致仕。卒于嘉靖九年(1530)九月十八,年七十一。著述现存嘉靖二十九年杨襄刊本《偲庵诗集》十卷,收古近体诗六百余首,《文集》十卷,收各体文一百一十余篇,附录一卷,收《行状》《墓志铭》及小传。《石仓十二代诗选·明诗选》录其诗一百二十余首。《明诗综》卷二七上录其诗一首。清郭柏苍《全闽明诗传》卷一二录其诗五首。《明诗纪事》丁签卷六录其诗一首。近人赵尊岳《明词汇刊》录其词九首为《偲庵词》。生平见杨易《偲庵杨公行状》、费宏《偲庵杨公墓志铭》、江汝璧《偲庵杨公旦传》(嘉靖刊《偲庵诗集》卷首)及《明史》卷一四八。

杨仪(1488—1564) 字梦羽,号五川,又号七桧山人。南直苏州府常熟(今属江苏)人。生于弘治元年(1488)七月十三。正德十一年(1516)举人,嘉靖五年(1526)进士,授工部主事。迁礼部郎中,调兵部,历官至山东按察司副使,以疾归。家居以读书著述为乐,四十三年正月卒，年七十七。家富藏书，构万卷楼，藏书其中，多宋元旧本。诗文著述现存《杨氏南宫集》七卷，文三卷，收赋、骚及序、记等各体文四十五篇，卷三至卷六收诸体诗四百余首，卷七收词七十三首（后单抄本名《七桧山人词》）。又有清抄本《杨梦羽南宫小集》三卷，不分卷等多种。平生喜异闻志怪之事。《四库全书总目》著录其志怪书《高坡异纂》二卷（《国史经籍志》著录四卷，现存《烟霞小说》《说库》本皆为三卷）、史书杂钞《骊珠随录》十卷（现存清萃清斋抄本残存卷一至卷五）及有关常熟诗文杂录《古虞文录》二卷、《古虞文章表录》一卷（有清初抄本）。《高坡异纂》文词雅洁，多则作品，如《唐文》《娟娟传》实可作文言小说读。又，万历三十四年刊《藏说小萃》十集十一种收其《明良记》三卷、《保孤记》一卷，亦为此类作品。《千顷堂书目》另著录其记张士诚、韩林儿、徐寿辉事之《垄起杂事》一卷。《四库全书总目》另著录旧题杨仪著《螭头密语》一卷，记明代时事，语多不经，"提要"以为或出于伪托。《海虞文征》录其文六篇、诗九首。《明词综》卷三录其词二首。清张应遴《海虞文苑》卷八录其词三首。近人赵尊岳《明词汇刊》录其词为《南宫诗余》。清褚人获《坚瓠九集》另存其散曲小令二首。生平见冯复京《明常熟先贤事略》卷一三。

杨尔曾（生卒年不详）　字圣鲁，号雉衡山人、卧游道人、六桥三竺主人、夷白堂主人等。浙江杭州府钱塘（今杭州）人。明季书坊小说作家。现存天启三年（1623）金陵九如堂刊本《新镌绣像韩湘子全传》八卷三十回，叙韩湘子得道并度韩愈飞升等诞妄之事，事据唐《酉阳杂俎》、宋《青琐高议》及《太平广记》韩愈诸条有关韩湘子事迹敷衍。卷首署"钱塘雉衡山人编次，武林泰和仙客评阅"，当为杨尔曾编纂。又有万历三十年（1602）黄玉林草玄居刊本《新镌仙媛纪事》九卷补遗一卷、万历夷白堂刊本《新镌海内奇观》十卷，亦为杨尔曾所编。另，现存万历四十年周氏大业堂刊本《东西两晋志传》十二卷三百四十七则，演两晋十六国故事，未题撰人，首有雉衡山人序，含糊其词，自谓此书系自己"仍旧文而稍加润色"而成，似杨尔曾实为本书之改编者。又明崇祯间武林刊本《东西晋演义》十二卷五十回（封面题《新刻绣像东西晋演义》，目录题《新镌出像东西两晋演义志传》）署"武林夷白主人重修""泰和堂主人参订"。是书首雉衡山人《东西两晋演义序》与大业堂刊本《东西两晋志传》之雉衡山人序全同，然两书内容有相当大差异，后者材料多抄自《晋书》，文学性不及《东西两晋志传》。《东西晋演义》亦曾刻于万历间(有清嘉庆间覆明三台馆本)，未详其与《东西两晋志传》之关系。

杨训文（？—1372）　字克明。四川潼川(今三台)人。元末为淮海书院山长，兵乱不能去，遂居于江南，故刘仔肩《雅颂正音》称其为维扬人。朱元璋吴元年(1367)，征为起居注。历左司郎中，洪武元年(1367)改太常卿，二年简放湖州知府，三年移知汀州，擢礼部尚书，四年改户部，已而为河南行省参政，五年二月卒。有学行，能政事，亦以能诗称，刘仔肩《雅颂正音》录其诗九首。《皇明风雅》录其诗二首。《皇明诗统》卷三录其诗五首。费经虞《蜀诗》卷二录其诗四首。《列朝诗集》甲集录其诗三首。《明诗综》卷四录其诗二首，"诗话"云："元诗华者易流于秽，贯酸斋辈是也。清者每失之弱，萨天锡等是也。明初若刘子高(刘崧)、苏平仲(苏伯衡)、杨克明，其源皆出于天锡，质赢之恨，诸公不免。"《御选宋金元明四朝诗》录其诗三首，《明诗纪事》甲签卷一二录其诗一首。生平见林尧俞等《礼部志稿》卷五一、《(光绪)潼川府志》卷二一。

杨师孔（1570—1630）　字愿之，一字泠然，号霞标。先世居江西吉安府庐陵(今吉安)，来贵州卫(今贵州贵阳)为卫官，遂籍焉。杨文骢之

父。万历二十五年(1597)举人，二十九年进士，除山阳知县。迁户部主事，转工部，改顺天府教授，四十五年降昌平学正。迁国子学正，再进工部主事，四十六年出榷浙关。历员外郎、郎中，天启四年(1624)出为云南佥事，七年晋副使，再进布政司右参议。崇祯元年(1628)转浙江左参政，三年卒于官，年六十一。能诗画，尤善真行书，时与米万钟齐名，所至多题咏。现存诗集有天启间刊本《问梅草》(王思任序)、《避暑录》(万历四十六年谢肇淛序)、《听泉吟》(天启二年张汝霖序)、《尘香集》(天启元年戴澳序)、《竹韵篇》(刘元瀚序)、《泽畔吟》(天启二年黄汝亨序)、《索笑集》(邓渼序、杨师孔自序)、《石林草》(戴燝亨序)、《射虎斋小草》《古香亭官梅倡和集》(杨师孔自引)各一卷，皆为单刻，又总称《秀野堂集》十卷。另，清抄本顾炎武编《皇明修文备史》有其《天津仓储考》一卷。《明文海》录其文三篇，卷二六五评其《昆池草小引》谓其"亦是小品好手"。清莫友芝《黔诗纪略》卷一一录其诗三首。《明诗纪事》庚签卷二〇录其诗二首，按语云："泠然诗潇洒出尘，不染当时气习。"生平见尢思谦《庐陵杨氏居黔谱系》《慎修堂集》卷七)、《(乾隆)贵州通志》卷四五。

杨光溥（生卒年不详）　字文卿，

号沂川。山东青州府沂水人。成化元年(1465)举人,五年进士,授刑部主事,累官至山西按察副使。方志记其有《沂川文集》四十卷及《剪灯琐谈》《素封亭稿》十卷及《月屋樵吟》等;《千顷堂书目》著录其《梅花百咏》一卷、《沂川集》六卷。现存弘治三年(1490)刘璋刊本《梅花集咏》一卷,又有清抄本《梅花百咏集句》一卷。《石仓十二代诗选·明诗选》录其诗七十余首。《(康熙)沂水县志》录其《登东皋赋》。《明诗综》卷二四录其诗一首。清赵弼《山左明诗钞》卷四录其诗九首。《明诗纪事》丙签卷六录其诗六首,按语云:"文卿诗有闲适之趣,觉柴桑风媚,去人不远。"近人赵愚轩《青州明诗钞》录其诗十首。生平见《(乾隆)沂州府志》卷二七。

杨廷枢(1595—1647)　字维斗。南直苏州府吴县(今江苏苏州)人。为诸生时即以文章气节名,周顺昌被逮,曾以身护卫之。天启五年(1625)与张采倡应社于吴中,与诸名流分经立课,集汉唐以下诸儒义疏传说,辨其源流得失。又为复社领袖,于东林主讲《书经》。崇祯三年(1630)举乡试第一,声誉日盛,士林奉为模楷,因其所居皋里,因称皋里先生,门弟子甚众。福王时,授翰林检讨兼兵科给事中。清兵下江南,避居邓尉山。门人吴胜兆反清,

顺治四年(1647)牵连被执,谩骂不为屈,因被杀,年五十三。《千顷堂书目》著录其《古柏轩诗集》,未见传。陈济生《天启崇祯两朝遗诗》卷九录其诗四十三首。《明诗综》卷七五录其诗二首,"诗话"云:"诗虽游好,然如吉光孔翠,片羽皆足为珍,且胜于服习'竟陵派'者多矣。"《明诗纪事》辛签卷六录其诗一首。生平见陈贞慧《山阳录·十子篇》、清陈鼎《东林列传》卷一二、《明史》卷二六七。清陈希恕编有《杨忠文先生实录》五卷,有近人陈去病补遗排印本。

杨廷和(1459—1529)　字介夫,号石斋。四川成都府新都人。成化十四年(1478)进士,选翰林院庶吉士,授检讨。弘治二年(1489)进修撰,与修《宪宗实录》,书成擢左春坊左中允,侍东宫,又进左春坊大学士,充经筵日讲官。正德二年(1507),以詹事进东阁典诰敕,忤刘瑾,贬南吏部侍郎,旋召拜户部尚书,进文渊阁大学士,预机务。三年,加少保兼太子太保,四年转吏部尚书、武英殿大学士,又晋少师、太子少师、华盖殿大学士。以诛刘瑾功,进少傅、太子少傅、谨身殿大学士,李东阳致仕,继为首辅。武宗南巡两年,留守京师,武宗崩,主理朝政几四十日,主持迎立世宗朱厚熜。嘉靖三年(1524),"议礼"之争起,忤

帝意,因上疏乞休。归乡后四年,《明伦大典》成,诏定"议礼"诸臣罪,削籍,八年卒,年七十一,隆庆初复官,赠太保,谥文忠。廷和性沉静,有权谋,能机变,熟谙政事,负公辅之望,为文则逊于李东阳。曾与李东阳、焦芳共任《明会典》总裁。《明史·艺文志》著录其《视草余录》二卷(现存嘉靖刊本)、《奏议》一卷、《石斋集》八卷。《千顷堂书目》另著录其《题奏录》二卷又《辞谢录》四卷、《赐宴倡和诗》(嘉靖二年)一卷。《四库全书》收《杨文忠公三录》七卷(《题奏前录》《题奏后录》《视草余录》各一卷、《辞谢录》四卷)。《石斋集》未见传《明经世文编》卷一二一所收《杨石斋集》,则多为奏疏。《皇明诗统》卷二一录诗二首。费经虞《蜀诗》卷三录诗四首。《列朝诗集》丙集录诗二首。《明诗纪事》丙签卷七录诗一首。喜词曲,存嘉靖间刊散曲集《乐府余音》,收小令一百一十二,套数五。生平见赵贞吉《杨文忠公廷和墓祠碑》(《国朝献征录》卷一五)、王世贞《嘉靖以来内阁首辅传》卷一、何乔远《名山藏》卷七二、《明史》卷一九○。

杨廷麟(? —1646)　字伯祥,字机部,又自署兼山。江西临江府清江(今樟树)人。崇祯三年(1630)应天中举,四年进士,选翰林院庶吉士,授编修,充讲官兼直经筵。改兵部主事、赞画督师卢象升军事,十一年十二月象升战死时,恰奉使在外得免,贬秩,寻复官。福王立,授左庶子,未就。唐王时,拜吏部右侍郎,进兵部尚书兼东阁大学士。一度领兵攻复吉安,未几退守赣州,清兵围之半年,顺治三年(1646)十月城破,走西城赴水死,桂王赠新淦伯,谥文正。勤学好古,在翰林与倪鸿宝、黄道周齐名。现存清康熙三十二年(1693)胡麟兆刊诗集《兼山集》四卷,有其姻弟熊文举、门人胡麟兆及其子杨璘序。又有清同治三年(1864)杨世仪刊本《清江杨忠节公遗集》六卷。清光绪五年(1879)萧江书院刊本《杨忠节公遗集》八卷,内近体诗二卷,收诗三百余首。另有明瑞云馆张少吾刊本《诗经讲义鞭影》六卷。清吴伟业《梅村诗话》评其诗文曰:"(伯祥)为文排荡峭刻,在韩、苏间。书法出入两晋,仿索靖体。诗则好用奇思棘句,不甚合律,然秀异耸拔,往往出人。"《明诗综》录其诗八首,"诗话"云:"伯祥慨忧淋漓,特取材未纯,故辞多郁辖。"清沈德潜《明诗别裁集》录其诗一首。《御选宋金元明四朝诗》录其诗四首。《明诗纪事》辛签卷六录其诗二首。生平见彭士望《杨文正公传》(《杨忠节公遗集》附录一)、《(雍正)江西通志》卷七四、《明史》卷二七八。

杨自惩（1396—1451）　字复之。浙江宁波府鄞县（今宁波）人。生于洪武二十八年十二月初五（1396年1月15日）。年十六出为里塾师，刻意为文辞。宣德中以《易》应乡试不举，邑宰强辟为吏，满六载，上京师，再应顺天乡试，仍未举，因谒选为泉州仓副使。景泰二年（1451）署德化县，逾三月，还泉州，十一月三日卒于官，年五十七。后二子守陈、守阯并为名臣，历赠吏部侍郎。著述存弘治十八年（1505）守阯刻《梅读先生存稿》十卷，诗八卷，收诗四百三十余首，文二卷，收各体文十三篇，又附录五卷，录张楷等人赠《梅边读易记》《梅边读易诗》以及悼诗、墓铭等。此集为近人编入《四明丛书》第八集。清胡文学《甬上耆旧诗》卷一三录其诗四首。生平见戚澜《明故泉州府仓副使杨君行状》、萧镃《故泉州府仓副使杨君墓志铭》（《梅读先生存稿》附录卷四）。

杨守阯（1436—1512）字维立，号碧川。浙江宁波府鄞县（今宁波）人，杨守陈弟。生于正统元年（1436）七月初七。成化四年（1465）举人，十四年进士第二，授翰林编修。二十三年在翰林九年考满，从兄杨守随为御史，为李孜省所中，谪官于外，守阯亦迁南京侍读。弘治元年（1488）召修《宪宗实录》，充经筵讲官，四年迁左春坊左谕德，八年擢翰林侍讲学士，主应天乡试，署院事，十年充《大明会典》副总裁，寻擢南京吏部右侍郎，摄南兵部，十四年摄南国子监事，省墓归。十五年至京师，时《会典》尚未就，因以原官留京总其事，十六年书成迁本部左侍郎，十七年以疾请归，进吏部尚书致仕。卒于正德七年（1512）八月十五，年七十七。平生好学不倦，师事乃兄，学行与兄相埒。其任学士、侍郎，皆与兄同，又对掌两京翰林院，人尤艳称之。《明史·艺文志》著录其《碧川文钞》二十九卷《诗》二十卷。现存嘉靖四年（1525）其外孙陆锜等刻《碧川文选》四卷，陆钶序谓其有文一千四百余篇，所梓一百五十三篇，皆守阯晚年手选，盖十之一也。又有崇祯间杨德周刊本《碧川文选》八卷《诗选》八卷《别录》三卷《附集》二卷，有郑以伟、李康先等序，内诗集卷一题《鷇音小稿》（诗七首）、《鹿鸣后稿》（诗二十一首），卷二、卷三《玉署初稿》（诗九十三首），卷四《玉署初稿》（诗十九首）、《华省南稿》（诗三十一首），卷五《华省南稿》（诗二十五首）、《东寮退稿》（诗十二首），卷六《非门私稿》（诗六十一首），卷七、卷八《南铨逸稿》（诗一百零四首）。《四库全书总目》著录《碧川文选》四卷，"提要"云："守阯尝书数语于遗稿曰：'学文师韩史部，学道师程伊川.'然其文才力颇弱,不能规模韩笔也。"《四库总目》另著录其所编《浙元三会录》不分卷(录浙江解元同仕于朝者倡和诗文)。《明文海》录其文一篇。《四明文征》录其文三篇。《四明风雅》卷二录其诗四首。《石仓十二代诗选·明诗选》录其诗六十四首。清胡文学《甬上耆旧诗》卷八录其诗四十首。《明诗纪事》丙签卷七录其诗一首。生平见李东阳《杨公守阯神道碑铭》(《国朝献征录》卷二七)、杨一清《碧川杨公传》(《皇明名臣墓铭》震集)、廖道南《殿阁词林记》卷五、《明史》卷一八四。

杨守陈(1425—1489) 字维新,号晋庵,又号镜川。浙江宁波府鄞县(今宁波)人。景泰元年(1450)乡试第一,二年联捷进士,选翰林院庶吉士,丁父忧归。天顺二年(1458)服阕,除编修,与修《大明一统志》,充宪宗经筵讲官,与修《英宗实录》。迁洗马,成化八年(1472)进侍讲学士,与修《宋元通鉴纲目》,进少詹事。孝宗嗣位,擢吏部右侍郎,与修《宪宗实录》,上章乞解部务,未许,仍以本官兼管詹事府。弘治二年(1489)十月卒,年六十五,赠礼部尚书,谥文懿。平生崇理学,以为德学重于文章,文主欧、曾,尤以苏轼为楷模,诗则出入唐宋,不拘一家,此亦一时翰林风气。《明史·艺文志》著录其《书私钞》一卷、《孝经私钞》八卷、《全集》三十卷。现存弘治十二年杨茂仁刊本《杨文懿公文集》三十卷,内《晋庵稿》一卷、《镜川稿》四卷、《东观稿》十卷、《桂坊稿》五卷、《金坡稿》九卷、《铨部稿》一卷,有其弟陈守阯及程敏政、何乔新等序,然非作于一时,盖此本为诸集之合刊也。是集有文无诗,后万历十六年(1588)杨德政刻二十八年增修本三十六卷,始补辑其诗。三十六卷本目次为《晋庵稿》一卷、《镜川稿》五卷、《东观稿》八卷、《桂坊稿》四卷、《金坡稿》七卷、《铨部稿》一卷、《敷奏稿》四卷、《大学私抄》一卷、《中庸私抄》一卷、《诗》四卷,除增加外,原先各卷亦有所变动。又,在先万历十六年刻二十六卷本亦存世。程敏政《皇明文衡》录其《石钟山铭》一篇。《明文海》录其文十五篇,评语云:"镜川长于经术……故文有根据。"清项元龙《御定历代赋汇》录其赋七篇。《四明文征》录其文九篇。《四明风雅》卷二录其诗二十五首。顾起纶《续国雅》卷二录其诗一首。《皇明诗统》卷一二录其诗六首。《列朝诗集》录其诗三首。清胡文学《甬上耆旧诗》卷八录其诗四十五首。《明诗综》录其诗三首,"诗话"谓其"诗格深稳,在唐宋之间"。《明诗纪事》乙签卷一八录其诗一首。生平见何乔新《杨公守陈墓志铭》

（《国朝献征录》卷二六）、程敏政《杨文懿公传》（《篁墩程先生文集》卷五〇）、廖道南《殿阁词林记》卷六、《明史》卷一八四。

杨守勤（1561—1620）　字克之，号昆阜。浙江宁波府慈溪人。万历二十五年（1597）举人，三十二年进士第一，授翰林修撰。三十四年父丧，归家守制，四十二年回京任原官，四十四年升右谕德，充东宫讲官，四十七年会试同考官，又奉命册封晋藩，进右春坊右庶子兼侍读学士。泰昌元年（1620）卒于官。为人矜气节，重名行，待人平和，为文不事雕琢。《明史·艺文志》著录其《宁澹斋集》十卷，现存天启二年（1622）杨氏家刊本《宁澹斋全集》十卷，实为诗集，收其古近体诗三百五十余首，陈继儒序。又有崇祯元年（1628）新安黄少川刊本《宁澹斋全集》六卷，是集为文集，内制、策、表等一卷，序三卷，记一卷，墓志、墓碑等一卷，李维桢、姜应麟、刘尚信、刘荣嗣序。明末其后人又合前两集而有所增益，刊为《宁澹斋全集》二十卷，内文十卷、诗十卷，附《请恩疏稿》一卷、《留芳录》一卷，前两集序亦皆保留。又有万历书林熊成冶刊本《新刻杨会元真传诗经讲意悬鉴》二十卷，万历三十三年博古堂刊本《镌杨会元真传诗经讲意冠玉》四卷等。生平见顾祖训《状元图考》卷

四、《（雍正）宁波府志》卷二一。

杨讷（生卒年不详）　原名暹，字景贤（《太和正音谱》作"景言"），后改名讷，号汝斋，蒙古族人。元末从姐夫杨镇抚移居钱塘（今浙江杭州），遂充杨姓。工乐府杂剧，善琵琶，好戏谑，能隐语。洪武初，与汤式游于江宁燕王朱棣府邸，卒于此。佚名《录鬼簿续编》著录其杂剧十八种：《天台梦》《生死夫妻》《翫江楼》《偃时救驾》《西施怨》《为富不仁》《待子瞻》《三田分树》《西游记》《红白蜘蛛》《巫娥女》《保韩庄》《刘行首》《盗红绡》《鸳鸯宴》《东岳殿》《海棠亭》《两团圆》。现仅存《西游记》六卷二十四折，为元明杂剧中长篇之作。剧演唐玄奘西天取经故事，主要据宋元刊《大唐三藏取经诗话》小说敷演，内容影响明百回本白话小说《西游记》。惟现存万历四十二年（1614）刊杨东莱批评本《西游记》，误署吴昌龄撰。元人钟嗣成《录鬼簿》著录吴昌龄《西天取经》，下注"老回回东楼叫佛，唐三藏西天取经"，与此剧内容不同。另，万历间脉望馆抄校神仙道化剧《刘行首》，署"杨景贤"，《古名家杂剧》本及万历刻本《元曲选》本亦然，然其内容同于《太和正音谱》所著录佚名《马丹阳度脱刘行首》及《续录鬼簿》所记佚名《刘行首》（《王祖师单化邓夫人，马丹阳三化刘行首》），而与

《续录鬼簿》所记杨讷《刘行首》内容有异，故此《刘行首》不应为杨讷所作。另，清佚名抄本《传奇汇考标目》别本在其名下著录有《翠西厢》《敌待诏没兴掇□儿》，均未见传本。讷亦有散曲传世，如明佚名抄本《乐府群珠》存其小令二首，张禄《词林摘艳》、郭勋《雍熙乐府》等均辑套数《怨别》（或作《秋恨》）。

杨时乔（1531—1609）　字宜迁，号止庵，又号照庵。江西广信府上饶人。嘉靖四十四年（1565）进士，授工部主事，榷税杭州，擢礼部员外郎，迁南京尚宝丞，万历初以养亲去。服除，起南京太仆丞，复迁尚宝卿，移疾归。无意荣进，再起再告，阅十七年，始以荐起尚宝卿，四迁南京太常卿，就迁南通政使，秩满连章乞休不允。三十一年冬召拜吏部左侍郎，署部事。以选事最易涉私，乃绝请谒，谢交游，止宿公署，苞苴不及门，秉铨五年，称平允。以罪当权，九疏乞休不得，万历三十七年（1609）二月十八卒于任，赠吏部尚书，谥端洁。受业永丰吕怀，最不喜王守仁之学，辟之甚力，尤恶罗汝芳援佛入儒，官通政时曾具疏斥之，诏从其言。《明史·艺文志》著录其《周易古今义全书》二十一卷（存万历刊本）、《四书古今注发》九卷、《马政记》十二卷（有《四库全书》本）。《千顷堂书目》另著录其《两浙南关权事书》不分卷（有隆庆自刊本）、《马书》十四卷又《牛书》十二卷、《杨端洁公集》二十卷。所著诗文卒后其子杨闻中辑为《杨端洁集》，现存天启杨闻中刊《新刻杨端洁公文集》二十卷，内卷一、卷二奏疏、卷三至卷六序，卷七记，卷八碑，卷九至卷一三尺牍，卷一四至卷一七为诗（收诗四百余首，附词七、赋一），卷一八祭文，卷一九墓铭，卷二○为杂著。《四库全书总目》著录《杨端洁集》不分卷，"提要"云："江右之学，惟时乔学一本程朱，故集中《大学》《周易》诸序及孔、朱二像碑，皆力辟'心学'之误云。"《江西诗征》卷五八录其诗一首。生平见清黄宗羲《明儒学案》卷四二、《明史》卷二二四。

杨应诏（1501—？）　字邦彦，尝读书武夷天游峰，因自号天游山人。福建建宁府建安人。少从祖杨松窟学，祖试叩所欲为，应诏言欲尽读天下好书，干尽天下好事，做尽天下好人。年二十游庠序，嘉靖十年（1531）举于乡，十上春官不第，久之遍游燕赵、齐鲁间。卒业南雍，得奉常吕柟之学，遂师事之。与温陵蔡元伟为友，交于邹守益、王畿、唐顺之、魏校、章衮等。其学以寡欲止心为立本，以不愧天为归的。曾著《闽南道学源流》十六卷，记杨时以下至蔡清凡一百九十五人，各叙其言志，现存嘉靖四十三年建安杨氏华阳书院刊本。《千顷堂书目》著录《天游集》二十卷，现存明刊本题《天游山人集》，内诗赋十卷，收赋四、古近体诗四百余首，序、记、书、墓志等文十卷。清郭柏苍《全闽明诗传》卷二一录诗一首。生平见黄宗羲《明儒学案》卷八、《(乾隆)福建通志》卷五一。

杨应春（1370—1441）　字逢泰。四川重庆府长寿人。永乐三年（1405）领乡荐，明年会试下第，入太学，与修《永乐大典》，书成，授吏部主事。升郎中，宣德初官云南右参政，历云南左布政使，十年（1435）迁南京太仆寺卿，正统四年（1439）致仕，六年卒，年七十二。能书画，杨荣《文敏集》卷二有《题杨应春梅竹图》。亦能诗，其仲子杨琦，官安庆府经历，辑其所作诗文为《补拙集》六卷，正统六年刊行于世，现存杨氏家刊本，收古近体诗三百四十余首，附书一篇、祭文三篇、序一篇，有魏骥、余可才、彭义序。生平见雷礼《国朝列卿纪》卷一五一、《(雍正)四川通志》卷八。

杨应奎（1487—1542）　字文焕，号渑谷、渑池，又号蹇翁。山东青州府益都（今青州）人。正德五年（1510）举人，明年进士，授浙江仁和知县。征为兵部主事，转礼部，十六年升祠祭司郎中，简放临洮知府，调南阳知府，嘉靖十三年（1534）致仕。家居至二十一年卒，年五十六。能

右军书法，亦能诗。其致仕归里次年，邑中诸缙绅相约组海岱诗社，由刘澄甫发起，与会者有石存礼、冯裕、黄卿、陈经、澄甫弟渊甫及客居青州之即墨人蓝田，倡和之地在府治北郭禅林，应奎亦与焉。诗社断续聚会三年，得诗甚多。后冯裕曾孙冯琦辑社友所作诗为《海岱会集》十二卷，内收应奎诗二十八首。是集原以抄本流传，清乾隆时为纪昀所得，被收入《四库全书》，《总目》"提要"云："八人皆不以诗名，而其诗皆清雅可观，无'三杨'台阁之习，亦无'七子'模拟之弊，故王士祯称其各体皆入格，非拘作者。"应奎著述另存清抄本散曲集《陶情令》一卷，计小令十七首、套数六套，首有其子杨铭嘉靖二十五年序。清宋弼《山左明诗钞》卷六录其诗二十三首。清段松岑《益都先正诗丛抄附编》录其诗十首。《明诗纪事》丁签卷一四录其诗一首。近人赵愚轩《青州明诗钞》卷一录其诗四首。生平见《(雍正)山东通志》卷二十八之三。

杨育秀（生卒年不详）　字原山。江西广信府贵溪人。嘉靖元年（1522）举人，五年进士，历官至吏部文选司郎中，十八年以贿选事被劾，斥为民（《明史》卷二〇八）。喜文学，能诗词，现存嘉靖三十七年五台释惠郎募资刊本《玩易堂诗集》六

卷,收辞赋八篇、诗一千三百余首、词四十首,有徐光启序。生平附《(道光)贵溪县志》卷二十二之一乃父杨缙传后。

杨宛(? —1644)　字宛叔,一作宛若。金陵(今江苏南京)秦淮妓,性聪慧,能读书,工小楷,十六岁为归安茅元仪侍妾,寓居南京。得元仪辅导,诗、书、画皆有进,天启间元仪刻其诗词以传,因名于一时。崇祯间元仪参孙承宗军务,授副总兵,以士兵哗变论罪,遣戍漳浦,十七年(1644)卒。杨无所依,为外戚田弘遇所得,携至京,田以婢子畜之,俾教其幼女。崇祯末,田死,谋南归,将行而京师陷,乃为丐妇装,携田氏女间行还金陵,匿山村中,以护卫田女,并为盗所杀。天启末、崇祯初茅元仪为杨宛所刻《钟山献》四卷今存,诗三卷词一卷,茅元仪序,傅汝舟题词。又《续》一卷《再续》二卷《三续》二卷,亦存。茅元仪以殊礼待杨宛,尝有句云:"家传傲骨为迂叟,帝赉词人作细君。"另一秦淮妓王微亦能诗,曾与杨宛同侍元仪,后因元仪宠于杨宛,终离去。杨宛诗中有闺怨相思之词,人因疑其于元仪有异意,清钱谦益等皆因此鄙其为人,以致影响于以后论诗者。《列朝诗集》闰集录其诗十九首,"小传"云:"宛多外遇,心叛止生(茅元仪),止生以豪杰自命,知之而弗禁

也……宛与草衣道人(王微)为女兄弟,道人屡规切之,宛不能从。道人皎洁如青莲花,亭亭出尘,而宛终堕落淤泥,为人所姗笑,不亦伤乎!"《明诗综》卷九八录其诗四首。《御选宋金元明四朝诗》录其诗十一首。清季娴编《闺秀集》录其诗三首。杨宛词优于诗,《钟山献》内有小词六十首,清沈辰垣《御选历代诗余》录其词四首,内有二首不见于《钟山献》。《明词综》卷一二录其词一首。近人赵尊岳《明词汇刊》辑录其词六十首为《钟山献诗余》一卷。

杨承鲲(1550—1589)　字伯翼,又字德祖,号恒溪。浙江宁波府鄞县(今宁波)人。太仆卿杨美益子,年十五六为诸生,以能诗为乡前辈沈明臣激赏。为人守古独行,傲骨嵚崎,于当世少所许。以太学生北上,入国子监,百余日即谢归。居里,布袍芒屩,修然逸尘。性爱佳山水,不极幽险不止。其城南小筑曰脩园,日啸咏其中。卒于万历十七年(1589),年四十。论诗不满当时字剽句窃、百辍成篇之风气,所作以五言为论者推重。《千顷堂书目》著录其《西清阁诗草》四卷又《碣石篇》二卷。现存万历间承鲲家刻编年诗集《西清阁诗草》不分卷,收其万历三年乙亥至十四年丙戌十二年诗,计六百余首;又《碣石编》二卷,上卷收赋一、诗五十九首,下卷收其序记

书牍等十余篇，有屠本畯万历四十五年序。《列朝诗集》录其诗十一首，"小传"云："伯翼少负才名，沈嘉则（沈明臣）戏赠诗云：'谁家小儿杨德祖？青天之鹘丹林虎……世上凡儿何足数？君不见，杨德祖。'嘉则诗出，伯翼自是有名。游燕京，作《蓟门行》，盛传长安。"清胡文学《甬上耆旧诗》卷二二录其诗一百零二首。《明诗综》录其诗七首，"诗话"谓其"论诗厌薄王（王世贞）、李（李攀龙）"。《御选宋金元明四朝诗》录其诗六首。《明诗纪事》庚签卷二五录其诗十二首。《四明文征》卷三其赋一篇。生平见王兆云《皇明词林人物考》卷一二。

杨荣[1]（1372—1440）　初名子荣，字勉仁。福建建宁府建安（今建瓯）人。生于洪武四年十二月初九（1372年1月4日）。建文元年（1399）乡试第一，二年举进士，授翰林编修。永乐初与解缙、胡广、黄淮、胡俨、金幼孜、杨士奇同入直文渊阁，赐今名。历修撰、侍讲、右谕德、右庶子、翰林学士。十六年（1418）胡广卒，继掌翰林院事，十八年进文渊阁大学士。仁宗即位，进太常卿，寻进太子少傅、谨身殿大学士兼工部尚书，宣德五年（1430）进少傅。正统三年（1438）与杨士奇俱进少师，五年乞归展墓，命中官护行，事毕返京，七月初二病卒于杭州

官驿，年七十，赠太师，谥文敏。历事成祖、仁宗、宣宗、英宗四朝，与杨士奇、杨溥同辅政数十年，称"三杨"，号"东杨"。饶才智，富谋略，见事敏捷，谋而能断，尤善边务，成祖数次远征出塞，皆令扈从。惟持才自傲，曾受边将馈赠，亦因此遭人疵病。以武略见重，亦能诗文，应制之作诗词多受赞誉，朝中重修《太祖实录》及太宗、仁宗、宣宗之《实录》，皆为总裁。诗文著述原有《默庵》《静轩》《退思》等集及《云山小稿》《北征记》等，现存正统十三年杨氏家刻本《两京类稿》二十卷，收赋、颂及各体文，又有弘治十七年（1504）刘氏安正堂刻本《新刊杨文敏公后北征记》一卷。正德十年（1515）杨氏家刻本《杨文敏公集》二十五卷附录一卷收其著述最为完备，是集首卷收应制诗、词，卷二至卷七收诸体诗，卷八收赋、颂、表，卷九至卷二五收各体文，附《行实》《墓志铭》《传》。程敏政《皇明文衡》录其文十二篇。《明文海》录其文《皇都大一统赋》等九篇。《皇明诗统》卷八录其诗四首。《石仓十二代诗选·明诗选》录其诗四十七首。《列朝诗集》乙集录其诗七首，"小传"记云："公与西杨、南杨久居馆阁，朝廷高文典册，皆出其手，而应酬题赠之作，尤为烦富，皆有集盛行于世。"《明诗综》卷一七录其诗三首，"诗话"云："东杨诗颇温

丽,上拟西杨不及,下视南杨有余。"《四库全书》据正德十年本收《杨文敏集》二十五卷附录一卷,《总目》"提要"云:"荣当明全盛之日,历事四朝,恩礼始终无间。儒生遭遇,可谓至荣,故发为文章,具有富贵福泽之气。应制诸作,汎汎雅音。其他诗文,亦皆雍容平易,肖其为人,虽无深湛幽渺之思,纵横驰骤之才,足以震耀一世,而逶迤有度,醇实无疵,台阁之文所由与山林枯槁者异也。与杨士奇同主一代之文柄,亦有由矣。柄国既久,晚进者递相模拟,城中高髻,四方一尺,余波所衍,渐流为肤廓冗长,千篇一律。物穷则变,于是何、李崛起,倡为复古之论,而士奇、荣等遂为艺林之口实。"清郭柏苍《全闽明诗传》卷六录其诗九首。《明诗纪事》乙签卷三录其诗十六首。近人赵尊岳《明词汇刊》据《杨文敏公集》录其词十首为《杨文敏公词》。生平见杨士奇《文敏杨公墓志铭》、王直《少师杨公传》(《杨文敏公集》附录),又见廖道南《殿阁词林记》卷一、何乔远《名山藏》卷六〇、《明史》卷一四八。杨肇有《杨文敏公年谱》四卷(嘉靖刊本)。

杨荣[2](1438—1487) 字时秀,号一斋。浙江绍兴府余姚人。天顺六年(1462)中举,成化八年(1472)进士,授工部都水司主事,视河寿宁。迁郎中,戚家干禁,置于法,因

为蜚语所中,下诏狱,寻释归。二十三年卒,年五十。书学怀素,亦善写竹。尤喜诗,时有和唐之风,荣乘舟会试,月余成《和唐诗》四卷,现存成化十四年吴汝哲刊本,钱溥序、杨荣自序,计收五七言近体和唐人诗五百二十五首。《皇明风雅》录其诗十一首,《诗谈》谓其"与慈溪张楷同品"。《皇明诗统》卷一六录其诗十一首。《皇明诗选》录其诗一首。《列朝诗集》丙集录其诗六首,"小传"谓其"襟度夷旷,南冠而絷,不废吟咏"。《明诗评选》录其诗一首。清黄宗羲《姚江逸诗》卷五录其诗六首。《明诗综》卷二八录其诗二首。《明诗纪事》丙签卷六录其诗一首。生平见吕柟《杨公配安人潘氏墓志铭》(《泾野先生文集》卷二七)、朱谋垔《书史会要》卷四、(雍正)浙江通志》卷一六五。

杨思本(生卒年不详) 字因之,号十学。江西建昌府新城(今黎川)人。明末诸生,科考不售,因以著述为事。好读书,然学杂而浅,其诗则尚韵高词丽,以五代《才调集》为宗。清康熙十三年(1674)其侄孙杨日升等辑其遗作,刻《榴馆初函集选》十卷,卷端有杨日升、杨日鼎、张世经序,内卷一《释道十笺》,卷二《经国十书》《续经国十书》,卷三《古疑义》《太平三策》,卷四至卷七收各体文,卷八收赋十一

篇；卷九至卷一〇收诗四百首、诗余十一首。清陈元龙辑《御定历代赋汇》卷一二四录《桃花赋》一篇。清初王士禛《渔洋诗话》云："今日……学《才调集》无如江都宗元鼎定九、建昌杨思本因之、太原赵瑾懿侯。"《四库全书总目》著其《笔史》二卷（现存清抄本）及《榴馆初函集选》，"提要"谓其诗"皆以藻缋为宗，世所谓才子之文也"。

杨珽（生卒年不详）　字夷白。浙江杭州府钱塘（今杭州）人，约生活于万历时。吕天成《曲品》列其传奇《龙膏记》《锦带记》入"下上品"。《龙膏记》存明末汲古阁原刻初印本、汲古阁刻《六十种曲》本，凡二卷三十回。本事出唐裴铏小说《张无颇》（《全唐五代小说》卷六五），惟改原故事中龙宫广利王女为元载女。《曲品》记云："此张无颇事。往予谱为《金合记》，此君见之，谓龙宫近怪，易为元载女。是亦一见矣，然非本传矣。"祁彪佳《远山堂曲品》"能品"著录《龙膏记》云："杨君见吕郁蓝（吕天成）《金合》，谓龙宫近怪，乃易龙女为元载女。艳异远逊吕作，而色泽亦自不减。闻半出之王伯彭（王元寿）手。"吕天成谓《锦带记》"亦具有情致"。《远山堂曲品》列其为"能品"，今无传本，仅凌虚子《月露音》收其《密语》《盟心》两出佚曲。

杨起元（1547—1599）　字贞复，号复所。广东惠州府归善（今惠州）人。生于嘉靖二十六年（1547）九月二十四。隆庆元年（1567）乡试解元，万历五年（1577）进士，选翰林院庶吉士，七年授编修。历修撰、司业、洗马，乞归。起国子祭酒，未任，二十四年擢南礼部侍郎，次年改南吏部，以内艰持丧归，二十七年九月二十卒于家，年五十三，天启初，追谥文懿。万历十四年奉使册封崇藩，取道盱江，从罗汝芳学阳明之学，后儒佛兼参，又习道经。著述多为讲章语录之类，现存万历刊本《太史杨复所先生证学编》四卷《证学论策》一卷附《秣陵纪闻》六卷、《证道书义》二卷续二卷、《诸经品节》二十卷，又有万历刊本《杨贞复六种》十六卷，内《四书答问》六卷（罗汝芳撰，杨起元辑）、《贞复杨先生学解》一卷、《杨先生冬日记》一卷、《白沙先生语录》二卷、《南中论学存笥稿》四卷、《归善杨先生证学编》二卷。诗文著述现存万历刊《续刻杨复所先生家藏文集》八卷，卷一为奏疏，次为诸体文，卷八收其所作拟乐府及古近体诗二百余首，门人赵厚所编，其子杨见晛梓行。后又有崇祯刊本。《千顷堂书目》著录《家藏集》八卷，即此本也。《明诗综》卷五三录诗一首。清屈大均《广东文选》录文四篇、诗三首。清梁善长《广东诗粹》卷六录诗一首。清温汝能《粤东诗海》卷三八有其集外诗四首。《明诗纪事》庚签卷一二录诗一首。生平见吴道南《杨复所先生墓志铭》（《吴文恪公文集》卷一七）、邹元标《贞复杨公起元传》（《国朝献征录》卷二六）、王兆云《皇明词林人物考》卷一二、黄宗羲《明儒学案》卷三四、《明史》卷二八三。

杨涟（1571—1625） 字文孺，号大洪。湖广德安府应山（今湖北广水）人。生于隆庆五年（1571）七月初十。万历三十一年（1603）举人，三十五年进士，除常熟知县。举廉吏第一，征授户科给事中，进都给事中，改礼科。光宗立，与左光斗等疏谏封郑贵妃为皇太后，光宗重之，得与诸大臣同受顾命，以拥熹宗即位，擢兵科都给事中，乞归。再起升太常少卿，擢右佥都御史，进左副都御史。天启四年（1624）劾魏忠贤二十四大罪，与左光斗、魏大中等下诏狱，明年七月二十四拷死狱中，暴尸六昼夜，年五十四。崇祯初，追赠太子太保、兵部尚书，谥忠烈。《明史·艺文志》著录其《文集》三卷，现存崇祯六年（1633）及清顺治十七年（1660）刊本《杨忠烈公集》六卷，内奏疏二卷、文三卷、诗一卷。又有道光十三年（1833）世美堂刊本《杨忠烈公文集》十卷，附《表忠录》一卷补遗一卷及《杨忠烈公年谱》一卷。后又有光绪间胡氏退补斋刊本《杨忠烈公集》十四卷、清同治光绪间福州正谊书院刻《杨大洪先生文集》二卷。《明文海》录其文《乞归疏》等三篇。清廖元度《楚风补》卷二五录诗四首。《明诗综》卷六五、清沈德潜《明诗别裁集》录诗一首。《御选宋金元明四朝诗》录诗二首。清高士熙《湖北诗录》录诗六首。《明诗纪事》庚签卷六录其诗一首。近人赵尊岳《明词汇刊》录其词。生平见陈仁锡《杨忠烈公传》（《杨忠烈公文集》）、《忠烈杨公墓志铭》（《牧斋初学集》卷五〇）、清邹漪《启祯野乘》卷五、《明史》卷二四四。

杨继盛（1516—1555） 字仲芳，号椒山。京师保定府容城（今属河北）人。生于正德十一年（1516）五月十七。家贫力学，嘉靖十九年（1540）举人，二十六年进士，除南吏部验封司主事，三十年迁兵部车驾员外郎。俺答入寇，大将军仇鸾畏之，请开马市，继盛极其不可，逮系锦衣卫，贬狄道典史。逾年迁诸城知县，寻征为南户部主事，迁刑部员外郎。时严嵩用事，心善继盛，欲贵之，调兵部武选司。三十二年正月疏劾严嵩十罪，下狱，杖之百，创甚，在狱三年，三十四年九月三十弃西市，年四十。临刑赋诗，为天下传诵。其妻张氏同日自缢。隆庆初追赠太常少卿，谥忠愍。师事韩邦奇，尊性理之学，与杨爵并称"韩门二杨"。隆庆三年（1569）王世贞辑刊其著述为《杨忠愍公集》三卷附一卷，内奏疏一卷、杂文一卷、诗一卷，附行状等别为一卷。又有隆庆四年孙克弘刊本四卷及恽应刊六卷本等，后因清世祖为其集序以彰之，以至有清一代刊本多至不可枚数，各本之间或小有差异。《四库全书》据康熙间萧山章钰校本收《杨忠愍集》三卷附录一卷，《总目》"提要"云："继盛本以经济气节自许，不屑屑于文字。后人重其人品，掇拾成编。"《明文海》录文《乞诛奸险巧佞贼臣疏》等二篇。《皇明诗统》卷二五录诗六首。《明诗综》卷四三录诗二首。清沈德潜《明诗别裁集》录诗一首。清王崇简《畿辅明诗》录诗三首。《明诗纪事》己签卷九录诗一首。生平见王世贞《杨忠愍公行状》（《弇州四部稿》卷九九）、徐阶《杨公继盛墓志铭》（《国朝献征录》卷四一）、何乔远《名山藏》卷七七、《明史》卷二〇九。

杨基（1330—?）　字孟载，号眉庵，晚号海雪。祖籍四川嘉州，先祖宦游吴中，家焉，遂为苏州（今属江苏）人。少负文名，曾著书十余万言，名《论鉴》。也曾试科考，不售。元末张士诚辟其为丞相府记室，未几辞去。又客张士诚淮南行省参知政事饶介所，明初因以饶介幕客流临濠，旋徙河南。洪武二年（1369）放归，起为荥阳知县，召至京，改太常典簿，寻谪钟离。久之，荐为江西行省幕官，以省臣得罪，落职。六年复起，奉使湖广、广西，还授兵部员外郎，七年出为山西按察副使，进按察使，被谗夺职，供役输作于京，卒于工所。工诗，与高启、张羽、徐贲为诗友，称明初"吴中四杰"，又为高启"北郭十友"之一。所著初为郑钢板行，后吴人张习于成化二十一年（1484）刻为《眉庵集》十二卷，内诸体诗十一卷、词一卷，又补遗一卷，有张习《眉庵集后志》，为现存最早版本。万历三十七年（1609）汪汝淳刊本陈邦瞻编《明初四家诗》亦收《眉庵集》十二卷补遗一卷。又，近人曾影印其手稿，名《杨孟载手录眉庵诗集》二卷。《皇明风雅》录其诗四十首，《国雅品》赞其"才长逸荡，兴多隽永。且格高韵胜，浑然无迹"。《盛明百家诗》前编《高杨张徐集》录其诗为《杨孟载集》。顾起纶《国雅》卷一录其诗二十五首。《皇明诗统》卷一录其诗四十八首。周复俊《玉峰诗纂》卷二录其诗十七首。费经虞《蜀诗》卷二录其诗十八首。《皇明诗选》录其诗一首。《列朝诗集》甲集录其诗三百二十七首，"小传"云："孟载少时负诗名，会稽杨廉夫（杨维桢）来吴下，于坐上属赋《铁笛歌》，即效铁崖体。廉夫惊喜，与俱东，谓从游者曰：'吾在吴又得一铁,优于老铁矣。'"《明诗评选》录其诗一首。《明诗综》卷九录其诗四十九首,"诗话"云:"吴中四杰,孟载犹未洗元人之习,故铁崖亟称之。然其五言古诗,足与季迪(高启)方驾。"清沈德潜《明诗别裁集》录其诗八首。《四库全书》收《眉庵集》十二卷,《总目》"提要"云:"其诗颇沿元季秾纤之习……故《诗谈》谓其'天机云锦,自然美丽,独时出纤巧,不及高启之冲雅'……《静志居诗话》亦摘其诗语类词者至数十联,而独推重其五言古体。然近体之佳者,亦自清俊流逸,虽不能方驾青丘(高启),要非余子所及也。"清施何牧《明诗去浮》卷一录其诗八首。《明诗纪事》甲签卷七录其诗四首。近人汪正石《木渎诗存》卷一录其诗十首。存词七十余首。清沈辰垣《御选历代诗余》录其词三十余首。清抄本佚名辑《宋金元明十六家词》录其词为《眉庵词》一卷。《明词综》卷一录其词七首。近人赵尊岳《明词汇刊》录《眉庵词》一卷。生平见佚名《按察使杨公基传》《国朝献征录》卷九七)、王兆云《皇明词林人物考》卷一、何乔远《名山藏》卷九六、张昶《吴中人物志》卷十、《明史》卷二八五。

杨梦衮(1577—1632) 字岱宗,号长白山樵。山东济南府青城(今高青)人。万历四十六年(1618)乡

试解元,明年进士,选翰林院庶吉士,丁母忧归。天启四年(1624)起补兵科给事中,受命重修为大火所焚之太和、中和、保和三殿。累迁太常寺少卿、太仆寺卿,擢工部尚书,进少保、太子太保。崇祯初被列入魏忠贤党,论徒三年,输赎为民,五年卒,年五十六。曾与修《青城县志》。著述有天启四年刊《岱宗小稿》十六卷,收其各种杂著,卷一《十友传》,卷二《杂著》,卷三《读史》,卷四《读子集》,卷五《停云馆帖跋文》,卷六《法书跋》,卷七《名画跋》,卷八《同袍约》,卷九《法语》,卷十《续娑罗馆清言》,卷一一《草玄亭漫语上》,卷一二《草玄亭漫语下》,卷一三《清福卷上》,卷一四《清福卷下》,卷一五《清史》,卷一六《山居纂》,有孔贞运序。天启四年秣陵广庆堂刊本《岱宗藏稿》五十卷,为其全集,内诗十卷,收其所作拟乐府及古近体诗九百余首,余为四十卷为各体文、杂著、书牍等,《岱宗小稿》亦悉数收入,有杨梦衮自序。《明文海》曾录其文《游山说》一篇。清宋弼《山左明诗钞》卷二五录其诗九首。清李衍孙《武定明诗钞》卷三录其诗九首。生平见《(乾隆)青城县志》卷八。

杨寅秋(1547—1601) 字义叔,号临皋。江西吉安府泰和人,后迁居庐陵(今吉安),杨士奇裔孙。生

于嘉靖二十六年(1547)九月初九。万历元年(1573)举于乡,明年进士,授东莞知县。擢御史,历浙江佥事、贵州参议、广西按察副使。二十七年播州杨应龙叛,诏令郭子章抚黔,以寅秋左监军,次年播乱平,论功以寅秋为最,二十九年三月十八卒,年五十五,赠太仆寺卿。《明史·艺文志》著录其《平播录》五卷。《四库全书》收其《临皋文集》四卷,为其所作奏疏、序记及杂文。《总目》"提要"云:"其经济有足取者,其文章在当时不著名。是集《千顷堂书目》亦不著录,则明末传本已稀,故谈艺家罕所称述。然寅秋为杨士奇之裔孙,故家典型,流风余韵,犹有存者。故所作大抵和平典雅,有明初前辈之风。奏议尤委曲尽致,其《五山纪略》《平播条议》等篇,于边略亦多裨益,非徒托之空言者也。"现存清抄本《临皋先生文集》二卷,实为《四库全书》之底本。另,明刻残本《名臣宁攘要编》存其《绥交记》一卷。《明文海》亦选录《绥交记》。清王琨《泰和诗征》卷三五录其诗一首。生平见郭子章《贵州左监军按察使临皋杨公墓志铭》(《临皋文集》附录)、《(雍正)江西通志》卷七九。

杨琢(生卒年不详)　字季成,号放鹤翁。休宁(今属安徽)人。元末儒生,亦能诗文。曾筑楼于芳溪之上,自题曰"心远",与朱升、汪克宽、赵汸等讲道楼中。明洪武初以朱升荐,授本县儒学教谕。著有《道园》《天藻》二集,流传乡里。现存清康熙间杨湄等刻《心远楼存稿》八卷,首康熙三十八年(1699)吴苑《心远楼存稿序》;三十九年戴有祺序及施璜《杨季成先生传》,内诗六卷,收古近体诗一百四十三首,词调一卷收词七首,卷七收文七篇,卷八收师友赠言、书信等。另有抄本《心远先生存稿》十二卷附二卷,附一卷为诸家书札,又一卷为诸家对杨氏后裔所筑翠、常春、临清等楼之题咏。近人赵尊岳《明词汇刊》据《心远楼存稿》录其词为《心远楼词》。生平见施璜《杨季成先生传》《《心远楼存稿》卷首)、《(弘治)徽州府志》卷六。

杨博(1509—1574)　字惟约,号虞坡。山西平阳府蒲州(今永济)人。生于正德四年(1509)五月二十四。嘉靖七年(1528)举人,明年进士,除陕西盩厔屋知县,改长安。征授兵部主事,历员外郎、郎中,出为山东提学副使,后二年迁参政,寻超拜右佥都御史巡抚甘肃。进右副都御史,召拜兵部侍郎,经略蓟州、保定,迁总督蓟辽、保定军务。历右都御史,进兵部尚书,加太子少保,改总督宣大、山西军务,加太子太保,又改蓟辽总督。召还,加少保,改吏部尚书,进少傅兼太子太傅、少师兼太子太师。卒于万历二年（1574）八月二十三，年六十六，赠太傅，谥襄毅。历官中外四十余年，临事有识量，长于边政，以兵事著。据孙镰所作《墓表》，有《奏议》七十卷、《虞坡集》十卷、《杂著》四卷。现存万历十四年师贞堂刊本《杨襄毅公本兵疏议》二十四卷，又万历刊本《杨襄毅公奏疏》十七卷。《虞坡集》十卷未见传，仅存万历二十一年裴述祖重刊本《大椿堂诗选》二卷，为其长男杨俊民辑，三男杨俊彦校，首方九功万历八年序，计收诗一百六十九首，末有俊民《大椿堂诗集后》及俊彦《重刻大椿堂诗集跋》。《皇明诗统》卷三七录其诗六首。《明诗综》卷四一录其诗一首。《明诗纪事》戊签卷一七录其诗一首，按语云："襄毅扬历九边，屹为重镇，身系安危者三十年。其《送翟銮行边》诗云：'何似筹边相，全收出将功。九霄双赤舄，万里一彤弓。'襟抱可想见也。"生平见张四维《杨公行状》（《条麓堂集》卷三〇）、张居正《杨公墓志铭》（《张太岳文集》卷一三）、何乔远《名山藏》卷八一、《明史》卷二一四。

杨循吉（1458—1546）　字君谦，号南峰山人。南直苏州府吴县（今江苏苏州）人。生于天顺二年（1458）十一月初五。成化十三年（1477）领乡荐，二十年进士，观政工部，二十二年授礼部主事，寻以病休。弘治元年（1488）复职，以多病好读书，每得意，则手足踔掉不能禁，人呼为"颠主事"。性不谐于官场，甫月余，以病乞归。归里后结庐支硎山下，广收异书，课读著述。每作诗文涅思竟日，不肯苟，名称一时。正德元年（1506），苏州设局修弘治一朝史实，委其总揽局事，成《苏州府纂修识略》六卷。三年被邀庐州纂志，议不合，走还，别纂《庐阳客记》一卷。十五年，武宗幸南都，以善词曲被召，赋《打虎曲》称旨，每扈从，辄在御前承旨。因耻与优伶杂处，请急放归。嘉靖八年（1529）修《吴邑志》十六卷刊行。性狷狭，好持人短长，又好以学问穷人，至颓赤不顾。晚年落寞，贫困寄食，然益坚僻自好，生前自为圹志，卒于嘉靖二十五年七月初二，年八十九。著述甚富，现存万历三十七年（1609）徐景凤刊本《合刻杨南峰先生全集》十种二十二卷，内《苏州府纂修识略》六卷、《金小史》八卷、《辽小史》《斋中拙咏》《庐阳客记》《攒眉集》《金山杂志》《都下赠僧诗》《灯窗末艺》《菊花百咏》各一卷。又存明刊本《吴中往哲记》一卷补遗三卷、《雪窗谭异》八卷。自选诗文集《松筹堂集》十二卷，现存万历元年活字印本及清抄本，诗赋二卷，其中收诗九十首；文八卷一百九十篇，又卷一一为骈俪文，卷一二为诗余十四首。散曲集称《南峰乐府》，有文禄堂影明刊本。又有笔记《苏谈》（记述苏州一带故事、风俗、笑话）、《吴中往哲记》（记述吴中勋德、刚介、风雅等七类先哲）及《七人联句诗记》（收入嘉靖间顾元庆辑刊《顾氏明朝四十家小说》）。《千顷堂书目》另著录《春秋经解摘录》一卷、《吴邑志》十六卷、《长洲县志》十卷、《章丘县志》四卷、《宁海州志》二卷、《金山小志》一卷、《奚囊手镜》二十卷又《云峰广要》《经进华阳求嗣斋仪》十卷、《明文宝》八十卷、《倚玉集》一卷。《江南通志》另著录其《松筹堂集》《听雨纪谈》《蓬窗别录》等。《明文海》录其文二十二篇，评语云：“其文疏爽简洁，去陈腐之言，是一能手。”论诗亦反对模拟，不愿受古人约束。诗作多浅俗，然也不乏声气铺排、张扬才力之作。顾起纶《续国雅》卷三录其诗一首。《皇明诗统》卷一五录其诗二首。钱谷《吴都文粹续集》录其文二十五篇，诗七十首，词一首。王鏊《姑苏志》、汪砢玉《珊瑚网》等亦录其诗文，多有不见其集者。《列朝诗集》丙集录其诗三十一首，“小传”云：“君谦《序国初朱应辰诗》曰：‘予观诗不以格律体裁为论，惟求直吐胸怀，实叙景象，妇人小子皆晓所谓者，然后定为好诗。其他恒钉攒簇，拘拘拾古人涕唾者，亦木偶之假线索以举动者，吾无取焉……’君谦为诗，傲兀自放，多阑入卢仝、任华诸家，不屑屑规模三唐。”《明诗综》卷二五录其诗一首。《四库全书总目》著录其《松筹堂集》十二卷，“提要”云：“其平生诗文集著几及千卷，芜累颇甚。是集虽经别裁，尚多俗体。盖循吉任诞不羁，故其词往往近俳云。”《海虞文征》录其文二篇、诗一首。《明诗纪事》丙签卷八录其诗四首。近人汪正石《木渎诗存》卷一录其诗三首。《明词综》卷二录其词一首。近人赵尊岳《明词汇刊》录其词十四首为《松筹堂词》。生平见其自撰生圹碑（《国朝献征录》卷三五）、王兆云《皇明词林人物考》卷九、文震孟《姑苏名贤小记》上、（康熙）苏州府志》卷七〇、《明史》卷二八六。

杨道宾（1552—1609）　字惟彦，号荆岩。福建泉州府晋江（今泉州）人。生于嘉靖三十一年（1552）二月十九。万历四年（1576）中举，十四年第二人进士及第，授翰林编修。晋国子监司业，迁谕德，掌南翰林院事。二十八年诏还北，晋右庶子，迁国子监祭酒，三十一年迁少詹事，三十三年晋礼部右侍郎，掌翰林院事，又以左侍郎掌部事，充经筵日讲，记注起居，三十七年二月十九卒，年五十八，赠礼部尚书，谥文恪。现存万历间刊本《杨文恪公文集》二十八卷，黄国鼎、何乔远、温体仁序。《明诗综》卷五五录其诗二首。《御选宋金元明四朝诗》据之录。清郭柏苍《全闽明诗传》卷三一亦录其诗二首。生平见叶向高《杨公暨元配翁氏合葬墓志铭》(《苍霞续草》卷一一)、《明史》卷二一六。

杨鉴(生卒年不详) 号秋泉。浙江绍兴府余姚人。布衣,有诗名于乡里。《(光绪)余姚县志》卷二七著录其有《秋泉遗稿》四卷。现存清初抄本《秋泉先生遗稿》不分卷,收古近体诗二百八十余首,内七律二百一十二首为最多,诗多写田园逸兴。嘉靖二年(1523)仲冬望日汤惟学《秋泉诗集序》云:"秋泉杨先生,古于越人。夙有柴桑之操,放迹湖海,诗名籍甚一时。"末有《跋秋泉先生诗集》,署"嘉靖甲申(三年)岁秋七月既望濮牧吴下娄西张寰拜识"。据跋所言,此集为其孙杨轩校,其子杨抚将梓于济南,杨抚为正德十六年(1521)进士,官工部主事,驻山东分司,未见刻本。

杨嗣昌(1588—1641) 字文弱,号子微。湖广常德府武陵(今湖南常德)人,尚书杨鹤之子。万历三十七年(1609)举人,明年进士,除杭州府学教授。迁南国子博士,累进户部郎中,引疾归。崇祯初,起河南按察副使,进参政,驻霸州,再移山海关,擢右佥都御史,巡抚永平、山海关诸处,拜兵部侍郎,总督宣大、山西军务,以忧归。十年起为兵部尚书,用"四正六隅"之策转攻李自成,十一年改礼部,兼东阁大学士,入参机务,兼掌兵部事。时后金兵再次入关,卢象升主战而嗣昌主和,二人遇事掣肘,致象升孤军战殁,嗣昌因被贬三级,戴罪视事。十二年熊文灿招降之张献忠再起,帝特旨命嗣昌亲自督师。时天下时势已蔓延不可制,十四年张献忠军长驱出川,攻陷襄阳,杀襄王,嗣昌因上书请死,旋闻李自成破洛阳,福王被戮,畏罪自杀,年五十四。《明史·艺文志》著录其《督师纪事》五十卷。《千顷堂书目》著录其《野客青鞋集》一卷(注"一作《地官集》")。《地官集》有天启刊本,残存十八卷,收各体文四百六十余篇。清初刊本《杨文弱先生集》五十七卷为其全集,首奏疏四十二卷六百二十余篇,次《召对纪事》二卷十七篇,再次书札九卷四百二十余篇,卷五四、五五收古近体诗近三百首,卷五六、五七收记、序、论、题跋等各体文三十余篇。《御选宋金元明四朝诗》录其四首。清廖元度《楚风补》卷二五录其诗十七首。清邓显鹤《沅湘耆旧集》卷二〇二录诗三十六首。清应先烈《常德文征》录其诗四十九首、文十六篇。《湖南文征》录其文四十六篇。《明诗纪事》庚签卷二二录其诗一首,按云:"武陵阔于用人,勇于任事,拮据行间以死,亦可哀也。诗颇染'竟陵'流派。"生平见清佚名《五十辅臣考》卷三、《明史》卷二五二。

杨廉（1452—1525）　字方震，号月湖，一号畏轩。江西南昌府丰城人。生于景泰三年（1452）八月十一。成化十三年（1477）举乡试第一，次年春闱下第，筑室城南授徒讲学。二十三年进士，选翰林院庶吉士，弘治三年（1490）授南户科给事中。改南刑科，再改南兵科，历南光禄少卿、南太仆少卿，正德六年（1511）升南通政司右通政，冬再晋顺天府尹，十年进南礼部右侍郎。世宗即位，拜南礼部尚书，嘉靖四年（1525）十月初三卒，年七十四，赠太子少保，谥文恪。其父受学于吴与弼门人胡九韶，廉少承家学，以文行称。长与罗钦顺交善，为居敬穷理之学。喜讲学，文必据六经。博通礼乐、钱谷、星历算学，亦能诗。曾辑宋元明三代理学家诗为《风雅源流》。《明史·艺文志》著录其《洪范纂要》一卷、《深衣纂要》一卷、《家规》一卷、《缀算举例》一卷、《数学图诀发明》一卷、《名臣言行录》四卷（嘉靖二十二年魏有本刊本）《理学名臣言行录》二卷、《二程年谱》一卷、《伊洛渊源录类增》十四卷、《畏轩札记》三卷、《星略》一卷、《奏议》四卷、《文集》六十二卷。明刊本《杨文恪公集》六十二卷现存，陆时泰、朱冕编，潘颖校，凡诗十卷、文五十

二卷。《皇明诗统》卷一五录诗一首。《明诗综》卷二五录诗六首，"诗话"云："月湖诗派，本白沙（陈献章）、定山（庄㫤），其言曰：'近代之诗，大抵只守唐人矩矱，不敢违越一步，惟陈公甫（献章）、庄孔㫤（㫤）独出新格。予好公甫诗，既选注之；好孔㫤诗，又选注之。'……然其七言长篇，颇具排奡之力，五律亦以朴胜，不尽类陈、庄二公。"《御选宋金元明四朝诗》录诗二首。《四库全书总目》著录其别本诗文集《月湖集》四十八卷，"提要"云："其诗多涉理路，其文亦概似语录云。"清嘉庆曾燠《江西诗征》卷五三录其诗十五首。《明诗纪事》丙签卷九录其诗一首。生平见孙存《杨公廉行状》《国朝献征录》卷三六）、何乔远《名山藏》卷七五、《明史》卷二八二。

杨溥（1372—1446）　字弘济，号澹庵。湖广荆州府石首（今属湖北）人。生于洪武五年（1372）二月。建文元年（1399）湖广乡试第一，次年与杨荣同榜进士，授翰林编修。永乐二年（1404），朱高炽入东宫为太子，溥升司经局洗马，侍太子，掌东宫文书。时朱高煦争储，太子宫僚首当其冲，十二年闰九月，成祖北征回师，朱高煦进潜太子遣使迎驾迟，成祖怒将东宫官属皆逮治下狱。溥在狱羁系十年，家多变故，而励志读书不辍，同难止之曰："势已如此，

读书何为?"曰:"朝闻道,夕死可也。"《五经》诸子,读之数回。二十二年七月成祖崩,八月朱高炽即位,即释杨溥出狱,任为翰林学士,掌文书制诰,旋掌弘文阁。仁宗即位未足一年崩,洪熙元年(1425)六月,其子朱瞻基即位,迁溥太常寺卿,入内阁。寻与杨士奇、杨荣共辅政。时"天下清平,朝无失政,中外臣民翕然称'三杨',以居第目士奇曰'西杨',荣曰'东杨',而溥尝自署郡望曰南郡,因号为'南杨'。"(《明史》卷一四八)宣德四年(1429)溥以母丧去职守制,九年迁礼部尚书。正统三年(1438)进少保、武英殿大学士,五年进首辅,十一年秋七月十四卒于任,年七十五,赠太师,谥文定。史称"明代贤相,必首三杨"。又谓"三杨"之中,"士奇有学行,荣有才识,而溥有雅操"。溥质直无城府,性恭谨,入阁二十二年,清廉自重始终,尤为世所称。能书画,法赵孟頫,好题竹赠人。有文章名,后李贤序其文集云:"观其所为文章,辞惟达意,而不以富丽为工,意惟主理,不以新奇为尚,言必有补于世,不为无用之赘言,论必有合于道,而不为无定之荒论,有温柔敦厚之旨趣,有严重老成之规模,真所谓台阁之气象也。"(《明名臣琬谈录》续录卷一)然其位愈高而心愈小,慎于行止。所著诗文生前未结集,后世留

传亦甚少。《明史·艺文志》著录其《水云录》二卷、《文集》十二卷、《诗》四卷,未见传。现仅存明抄本《杨文定公诗集》七卷(缺卷六),收其诸体诗六百三十余首,以应制、咏怀、赠别诗为多。据卷首成化五年(1469)彭时序,系溥卒后二十多年,项君璁巡抚湖广时所刻。《列朝诗集》乙集录其诗三首。《明诗综》卷一七录其诗一首,"诗话"云:"'三杨'位业并称,南杨诗名独不振。"《御选宋金元明四朝诗》录其诗二首。清廖元度《楚风补》卷一七录其诗七首。清高士熙《湖北诗录》录其诗二首。《明诗纪事》乙签卷三录其诗八首。其文则多散见各种载籍,程敏政《皇明文衡》录十篇为最多。生平见彭韶《杨公溥传》(《国朝献征录》卷一二)、廖道南《殿阁词林记》卷一、何乔远《名山藏》卷六一、《明史》卷一四八。

杨慎(1488—1559) 字用修,号升庵。四川成都府新都人,大学士杨廷和子。弘治元年(1488)十一月初六生。少聪敏能诗文,随父入京,为李东阳赏识。正德二年(1507)领四川乡荐,三年春闱下第,入国子监,六年第一人进士及第,授翰林修撰。丁母忧归,服阕再入翰林,任经筵展书官,校《文献通考》。武宗微服出居庸关,抗疏力谏。世宗即位,充经筵讲官,与修《武宗实

录》。嘉靖三年(1524)"大礼议"起，两上议疏，率官员跪门哭谏，受廷杖下诏狱，谪戍云南永昌金齿卫，同时杖死、流配、罢黜、左迁者总二百零八人。后三十余年，长居云南，亦间回蜀地。嘉靖三十八年七月初六卒于昆明高峣寓所，年七十二。天启初，追赠光禄少卿。平生好学穷理，老而弥笃。投荒多暇，更于书无所不窥，博洽冠一时。或曰其记诵之博，著述之富，甲于四海，一时文名满天下。平生著述，诗文外，又有考论经史、书画以及文字、名物、地理之著作，如《石鼓文音释》《水经注碑目》《古音丛目》《古音猎要》《古音略例》《转注古音略》《墨池琐录》《异鱼图赞》《谭苑醍醐》《哲匠金桴》《谢华启秀》《均藻》《可知编》《广夷坚志》《金石古文》《翰苑琼琚》《风雅逸篇》《丹铅总录》《艺林伐山》《升庵诗话》《词品》《书品》《画品》《古今风谣》《奇字韵》《金石古文》《全蜀艺文志》《云南山川志》《滇载志》等，达百余种。《四库全书》收其书十种，《总目》另著录十种。或曰其著述各种刊本近三百种。主要著述收入明万历时四川巡抚张士佩所编《升庵集》(又称《升庵全集》)八十一卷，凡赋及杂文十一卷，诗二十九卷、杂著四十一卷。杂著合集又有明焦竑辑《升庵外集》一百卷、明杨金吾辑《升庵遗集》二十六卷。清光绪八年

(1882)新都刻《总纂升庵合集》达二百四十卷。文学以诗为最著，于当时"七子"外独立门户。《盛明百家诗》前编录其诗为八十余首为《杨升庵集》。顾起纶《国雅》卷七录其诗十六首。《皇明诗统》卷二一录其诗七首。费经虞《蜀诗》录其诗二百九十余首。《皇明诗选》录其诗十五首。《列朝诗集》丙集录其诗一百八十首，"小传"谓其"沈酣六朝，揽采晚唐，创为渊博靡丽之词……援据博则舛错良多，模仿惯则瑕疵互见。窜改古人，假托往籍，英雄欺人，亦时有之。要其钩索渊深，藻彩繁会，自足以牢笼当世，鼓吹前哲。肤浅末学，趋风仰止，固未敢抵隙蹈瑕，横加訾謷也"。《明诗评选》录诗四十首。《明诗综》卷三四录诗二十五首，"诗话"谓"读用修诗，无异川人之庖矣"。清沈德潜《明诗别裁集》录其诗十五首，谓其"以高明优爽之才，宏博绝丽之学，随题赋形，一空依傍。于李(李梦阳)、何(何景明)诸子外，拔戟自成一队。五言非其所长，以过于秾丽，失穆如清风之旨也"。《明诗纪事》戊签卷一录其诗五十九首，按语云："升庵诗早岁醉心六朝，艳情丽曲，可谓绝世才华。晚乃渐入老苍，有少陵、谪仙格调，亦间入东坡、涪翁一派。"所作诗论《升庵诗话》(有四卷、八卷、十二卷、十四卷不同刊本)、《诗话补遗》三

卷、《千里面谭》二卷也甚著名。词作有《升庵长短句》三卷、《续集》三卷(存嘉靖间刊本),亦为时所称。或谓明中叶后倚声一道不振,惟"升庵、弇州(王世贞)力挽之,于是始知有李唐五代宋初诸作者"(《睨棋山庄词话》卷九)。或谓"用修词,清新雅秀,长调不免俚俗"(陈廷焯《云韶集》卷一二)。"小令合者,有五代人遗意,而时杂曲语"(《白雨斋词话》卷三)。《御选历代诗余》录词五十首。《明词综》卷三录词十一首。近人赵尊岳《明词汇刊》辑录《升庵长短句》三卷、《升庵长短句续集》三卷、《百琲明珠》五卷。散曲传播亦广,有《陶情乐府》四卷、《续集》一卷、《拾遗》一卷、《玲珑倡和》三卷,皆存明嘉靖间刊本。又凌濛初《南音三籁》、许宇《词林逸响》等尚存部分佚曲,计存世小令二百二十八首,套数十三套。夫人黄峨,亦擅散曲,近人曾辑有《杨升庵夫妇散曲》。亦曾尝试作杂剧,或谓万历间脉望馆抄校《古名家杂剧》本《洞天玄记》为杨慎所作,剧写道教修炼度脱事,人物模糊,宾白板滞,曲律混乱,似未深谙戏曲一道。故祁彪佳《远山堂剧品》虽列《洞天玄记》丁"雅品",其评语却云:"所陈者吐纳之道,词局宏敞,识者犹以咬文嚼字讥之。"亦有疑此剧为他人假托杨慎之作。又有称崇祯间沈泰辑刻《盛明杂剧二集》所收许潮《太和记》八种亦为慎作,未确,《太和记》或经慎修改,或假慎名流传,已不可考。杨慎文以广博称,明末李宾编《八代文钞》录其文为《杨用修文抄》一卷。《明文海》录文十五篇,评语云:"升庵文章古奥,博而未尝不化。既无北地(李梦阳)之剽袭,在西涯(李东阳)之门别开生面,斯为善学西涯者也。"清陈元龙《御定历代赋汇》录赋十篇。又有托名他人之《汉杂事秘辛》一卷,写汉桓帝懿德皇后故事,已近小说。《四库全书总目》谓其"文虽不及其诗,然犹存古法,贤于何、李诸家室塞艰涩,不可句读者⋯⋯至于论说考证,往往恃其强识,不及检核原书,至多疏舛。又恃气求胜,每说有窒碍,辄造'古书'以实之,遂为陈耀文等所诟病,致纠纷而不可解"。生平见游居敬《翰林修撰升庵杨公墓志铭》(《明文海》)、顾祖训《状元图考》卷二、何乔远《名山藏》卷八六、《明史》卷一九二。明人所撰杨慎年谱有简绍芳《杨文宪升庵先生年谱》(清道光刊本)、陈文烛《杨升庵太史慎年谱》(《国朝献征录》卷二一)。

杨德周(1579—1648) 字南仲,一字孚先,号澹园,学者称次庄先生。浙江宁波府鄞县(今宁波)人。万历四十年(1612)举人,授金华教谕。迁古田知县,再迁高唐知州,致仕归。清顺治五年（1648）卒，年七十。以博学醇行名于乡里。编著有《金华文征》《义根三刻》《荒政考》《玉田志略》，诗文有《松庵》《六鹤堂》《光溪》《玉田吟》诸集，均未见传。惟清初全祖望《续甬上耆旧诗》卷一七自《玉田吟》辑其诗一百六首。另有《铜马编》二卷，乃其崇祯中为古田知县入觐京师，往返记程之作。上卷冠以《北征记》，次以北行诸诗；下卷冠以《南征记》，次以南旋诸诗。《四库全书总目》著录《铜马编》，"提要"云："文格颇历落自喜，诗则庸音也。"《四库全书总目》另著录其书数种：子部谱录类著录其专记芋类植物掌故的《澹圃芋纪》一卷，子部类书著录其《舆识随笔》一卷，子部小说家类著录其杂采轶文逸事之《金华杂识》四卷，集部别集类著录其《杜诗解》八卷。另曾增补徐焵编《闽南唐雅》，亦为《四库全书总目》所著录。又曾杂采经史奇字作《高唐照乘堂舆识随笔》十六卷，有明刊本。清乾隆朱琰《金华诗录》外集卷二"名宦"录其诗一首。

杨德遵（生卒年不详）　字公路。浙江宁波府鄞县（今宁波）人。晚明诸生，以贡入太学。其诗《赠屠田叔太守》云："我家与君家，夙世有瓜葛。""屠田叔"即屠本峻，鄞县人，万历二十六年（1598）为辰州知府，则德遵亦应万历时人也。能文学，所见明刊诗集有《雄飞集》，虽无序跋，然署"鄞杨德遵公路著"，知其为德遵集无疑。是集卷一收五言古诗五十七首，卷二收七言古诗二十二首，卷三收拟乐府诗五十二首，卷四收杂言诗十首，卷五收五言绝句四十六首，诸体缺五言律诗及七言律绝，故疑是集为残本。清胡文学《甬上耆旧诗》卷三〇录其诗二首。

杨爵（1493—1549）　字伯修，号斛山。陕西西安府富平人。生于弘治六年（1493）十月二十四。嘉靖七年（1528）乡试中举，八年进士，除行人。十一年授山东道监察御史，居母丧告归，服阕，十九年补河南道御史。二十年以上书劾夏言、郭勋，下诏狱。又以讥讽朝政获罪，系狱五年始得释。还家十日，复被系，二十六年再释归家，教授讲学。嘉靖二十八年十月十四卒，年五十七，隆庆初追赠光禄少卿，谥忠介。尝从韩邦奇游，尊性理之学，与杨继盛并称"韩门二杨"。其在朝时，世宗笃信斋醮，士大夫率以青词取媚，而爵独据理直谏，以致得祸。其在狱中犹与周怡、刘魁等讲《易》，作《周易辨录》四卷，现存明刊本，《四库全书》收入经部易类。诗文著述卒后编为《斛山杨先生遗稿》，现存万历元年（1573）安嘉善刊本四卷。又万历十六年陈达可刻《斛山杨先生遗稿》五卷，《千顷堂书目》著录《斛

（斛）山遗稿》五卷，即此本。清顺治八年（1651）杨绍武刻《杨忠介公集》十三卷附录五卷为其全集，内收诗三百二十余首、词八首、赋一篇，余为奏疏杂文语录等，此本至清光绪十九年（1893）又曾重刻。万历十二年富平知县刘兑曾辑《频阳四先生集》四卷，收张纨、李宗枢、杨爵、孙丕扬四人诗文各一卷，有清康熙十四年（1675）重刊本。《皇明诗统》卷二五录其诗六首。崇祯五年（1632）贾鸿洙《周雅续》卷九录其诗四首。《明诗综》卷四一录其诗一首，"诗话"云："其论文云：'文以理为主，以气为辅。不以偏邪之见乱其心，本诸圣贤之言以充养之。如此，则造语皆自胸中流出，其吐词立论，愈出愈新而无穷……'诗则信口而作，不求工也。"《御选宋金元明四朝诗》录其诗一首。《四库全书》收《杨忠介集》十三卷附录三卷，《总目》"提要"云："爵与罗洪先、钱德洪诸人游，以讲学相勖。然德洪等源出姚江，务阐良知之说。爵则以躬行实践为先。关西道学之传，爵实开之。迹其生平，可谓不负所学者。所作诗文，大抵直抒胸臆，虽似伤平易，然有木之言，不由雕绘。其可传者，正不在区区词采间矣。"近人赵尊岳《明词汇刊》据《杨忠介公集》录其词为《杨忠介公词》一卷。《明文海》录其文四篇。清陈元龙《御定历代赋汇》外编卷一八录其《梦游山赋》一篇。生平见孙丕扬《杨御史传》（《杨忠介集》附录）、吴时来《斛山杨先生爵传》（《国朝献征录》卷六五）、何乔远《名山藏》卷七七、黄宗羲《明儒学案》卷九、《明史》卷二〇九。

杨璿（1416—1474）　字叔玑，号宜闲。南直常州府无锡（今属江苏）人。正统三年（1438）举人，四年进士，以尚未授室，诏命归。还朝除户部主事，升郎中，累迁山西参政、陕西右布政使、河南左布政使，以母丧归。成化四年（1468）服除，召为户部右侍郎，入谒改右副都御史巡抚荆襄，巡视北直隶，节制永平、山海关、居庸等边事，改巡抚河南，十年四月二十七卒于官，年五十九。《千顷堂书目》著录其《宜闲集》十二卷。现存弘治间无锡杨氏家刊本《杨宜闲文集》十二卷，有弘治元年（1488）秦夔《宜闲诗集序》、张九元《宜闲文集后序》；又有明末无锡杨氏宝敕堂刊本《杨宜闲诗集》六卷《文集》十三卷，有高攀龙《重刻中丞宜闲杨公文汇序》，内收诸体诗四百六十余首、各体文七十余篇、书信近三百篇。《皇明风雅》录其诗三首。清周有壬《梁溪文钞》卷六录其文一篇。清顾光旭《梁溪诗钞》卷四录其诗三首。《明诗纪事》乙签卷一七录其诗一首。生平见王傲《杨公神道碑铭》（《思轩文集》卷一三）、叶夔

《毗陵人品记》卷七。

杨瞿崍（生卒年不详）　原名载莼。字稚实，号商澹。福建泉州府晋江（今泉州）人。万历十三年（1585）举人，三十五年进士，授户部主事，榷税临清关。升郎中，以金事督学广东，四十五年任广东提学副使，改江西，告归。其父曾著《易经蒙筌》，未就而卒，瞿崍承之，考索诸家，著《易林疑说》十卷，为《四库全书总目》著录。《千顷堂书目》著录其《明文翼统》四十卷，亦未见传。其官广东时，曾作《岭南文献补遗》六卷，以补张邦翼撰《岭南文献》三十二卷，现存明刻本。诗文著述现存明天启三年（1623）序刊本《栖霞山人石室稿》十六卷，内诗部二卷（收赋二、歌行四、五七言近体诗一百二十余首），文部（序、记、传、志、行状、祭文、策、论等）十卷，事部（疏揭、训饬揭檄、檄文等）四卷；又《黄华稿续集》卷一三、一四，收文二十四篇，实为其所作记、墓铭等，有吕图南、钱继登等序。生平见《（同治）泉州府志》卷四四。

杨彝（生卒年不详）　字宗彝，以字行，号银塘生，晚号万松老人。浙江绍兴府余姚人。少卓荦，文章书画无不精通，尤长于诗。洪武间以才人举为沔阳仓副使，迁都察院司狱，调长泰主簿。二十四年（1391）从太祖游华山，献《览胜赋》称旨，擢吏部主事，次年请老归。其子杨显被诬死刑入狱，孙杨志编成普安卫，因就养孙所，遂终其地。清莫友芝《黔诗纪略》记云："卫东屯多松，开万松轩以居，自号万松老人，又于卫西北结茅亭曰天风。年八十乃卒。"能诗，《千顷堂书目》著录其有《凤台》《贵竹》《东屯》《南游》诸稿，未见传。沐昂《沧海遗珠》摘录谪宦云南及寓公诗，曾采其诗二十一首，盖因普安卫明初隶云南之故。《石仓十二代诗选·明诗选》录其诗十首。《列朝诗集》录其诗一首。《明诗综》卷一二录其诗二首，"诗话"云："杨君传诗不多，颇饶跌宕之趣。"《御选宋金元明四朝诗》录其诗二首。清莫友芝《黔诗纪略》卷一录其诗八首。《明诗纪事》甲签卷一九录其诗三首，按语云："《贵竹》《东屯》二集，皆寓黔吟稿也。吾黔寓公之以风雅擅名者，当以宗彝为开先也。"生平见《（乾隆）贵州通志》卷三二等。

杨麒（?—1548）　字仁甫，号四泉。江西广信府上饶人。正德二年（1507）举于乡，十六年进士，除长乐知县。以忧归，起补浚县，征授吏部主事，升员外郎，出为福建按察金事，饬建宁兵备。迁南通政参议，历应天府丞、南光禄寺卿，擢工部侍郎，进南工部尚书，嘉靖二十七年（1548）九月二十四卒于官。现存嘉靖三十九年杨氏家刻本《杨司空文集》二卷《外集》二卷。《文集》收其奏疏及序、说、箴、记、跋、祭文、墓铭等文,有诗六十余首,《外集》卷一收敕命、诰命、敕,卷二为行状、墓铭、祭文等。《明文海》录其文二篇。《明诗纪事》戊签卷一四录其诗一首。生平见欧阳必进《四泉杨公墓志铭》(《杨司空外集》卷二)、《(同治)广信府志》卷九、《(道光)上饶县志》卷二二。

杨巍(1517—1608) 字伯谦,号梦山,又号盘石。山东济南府海丰(今无棣)人。嘉靖二十六年(1547)进士,除武进知县。迁兵科给事中,出为山西佥事,进参议,分守宣府,迁阳和兵备副使,擢右佥都御史巡抚宣府,以养母请归。二年后起为陕西巡抚,隆庆初进右副都御史,移抚山西。神宗立,入为兵部右侍郎,万历二年(1574)改吏部,转左,再次请归养母。十年起南户部尚书,召为工部尚书,改户部,进吏部尚书,加太子太保,十八年上疏请归。家居十余年,三十六年卒,年九十二,赠少保。巍性长厚,初扬历中外,素有清操之声,晚年秉铨,多听当政颐指。万历十五年京察,徇私擢斥,贤否混淆,致素望大损。少习举子业,中年始为诗,时当"后七子"复古风盛之时,却不与诸子交接,诗风也迥出诸子之外,有清拔超俗之

称。故清王士禛将其与徐祯卿、高叔嗣等列为明诗"古淡"一派。归田后与四明山人吕时臣倡和,得诗六百余首,属邢侗、邹观光评骘刊行,即现存万历三十年杨岑刊本《梦山存家诗稿》八卷。《千顷堂书目》著录其《梦山诗集》四卷,所记或为别本矣。另曾辑《桃花岭集》七卷、《归桃花岭诗集》六卷,亦存万历刊本。或云所著尚有《续存家诗稿》二卷及《文稿》《杂著》《谵语》《近疏漫录》《四书训略》等,未见。《皇明诗统》卷三一录其诗十一首。《列朝诗集》丁集录其诗八首,"小传"云:"近世大臣,功名寿考,未有其比⋯⋯家居,卜居桃花岭下,延致四方文士,诗酒酬和,其诗多俊拔之致,李中麓(李开先)诸人咸推之。"《明诗综》卷四八录其诗二十一首,"诗话"云:"梦山与中麓、沧溟(李攀龙)同郡,而其诗远法右丞、左司,近取苏门(高叔嗣),不蹈章丘(李开先)啁啾之音,不堕历下(李攀龙)叫嚣之习,信豪杰之士也。"清沈德潜《明诗别裁集》录其诗二首。《御选宋金元明四朝诗》录其诗十五首。《四库全书》据万历本收《存家诗稿》八卷,《总目》"提要"云:"盖其中岁学诗,与唐高适相类,而天分超卓,自然拔俗,故能不染埃堨,独发清声。王士禛(禛)《池北偶谈》称其五言简古,得陶体,为明人所少⋯⋯盖其神韵

清隽,与士禛(禛)论诗宗旨相近,故尤赏之。然其他高旷简古之作,尚复不少,固与当时嘈杂之音相去远矣。"又曾辑李梦阳、何景明、康海、薛蕙、徐祯卿、郑善夫、王廷相、边贡、孙一元、殷云霄十人之诗为《弘正诗钞》,亦为《四库全书总目》著录。另,王士禛曾选其诗三卷刊之,今不传。清宋弼《山左明诗钞》卷一五录其诗五十五首。清李衍孙《武定明诗钞》录其诗一百六十七首。《明诗纪事》戊签卷四录其诗三十二首,按语云:"梦山五律最胜,直擅右丞、文房胜境,余子不足道也。"生平见叶向高《梦山杨公墓志铭》(《苍霞续草》卷一二)、萧彦《掖垣人鉴》卷一四、《明史》卷二二五。

杨瀹(1511—?)　字南郢。京师顺天府涿州(今属河北)人。正德十四年(1519)举人,嘉靖十一年(1532)进士,选翰林庶吉士,授编修。十四年充会试同考官,以忤执政,出为山东提学副使,谢病归里,教授生徒以终。著述有隆庆四年(1570)海门令杨九经刻后代修补本《杨翰林集》,卷一收赋三篇,卷二收序、记、志铭等文,卷三论,题为《闲中古今》,卷四《杂著》,卷五《边务策》,卷六记事,亦题为《杂著》,缺卷七,卷八有诸体诗近二百首、词一首,有许谷、孙升序。生平见《(光绪)顺天府志》卷九七。

更生氏(姓氏及生平不详)　又称"更生子"。浙江杭州人。明刊传奇《双红记》之署名作者。现存万历间文林阁刻本《双红记》,题《重校剑侠传双红传》,署"禹航更生氏编"。"禹航"即杭州。此剧凡二卷二十九出,"双红"指红线、红绡。唐人袁郊有《红线》小说(《全唐五代小说》卷六二),写潞州节度使薛嵩家青衣红线夜行千里,入魏博节度使田承嗣家取走其床头金盒,迫使田放弃吞并潞州之想;又唐裴铏有小说《昆仑奴》(《全唐五代小说》卷六四),写崔生之昆仑奴磨勒飞身出入一品高官之高墙大宅,为崔生负出歌姬红绡事。此则将二事合一,加以演绎。吕天成《曲品》列此剧为"中下品",评曰:"此合《红绡》《红线》之事而成,亦佳,但词多剿袭。"祁彪佳《远山堂曲品》"能品"著录"更生子"《双红记》云:"红线、昆仑,俱有佳剧。穿插两事,即敷以剧中之词,虽未能大有锤炉,却自婉丽可玩。"周之标《乐府珊珊集》、凌虚子《月露音》、止云居士《万壑清音》等均录此剧散出。

吾丘瑞(生卒年不详)　字国章。浙江杭州人。明末汲古阁刻《六十种曲》收《运甓记》传奇,署"吾丘瑞"作。是剧二卷四十回,演东晋陶侃故事。侃为鄱阳人,初为县吏,后升郡守、刺史,官至侍中、太尉、都督八州诸军事，封长沙郡公，卒后赠大司马。侃出身贫寒，在讲究士族门第之东晋得以屡获升迁，其人品、能力历来为人们所推崇，传闻故事亦甚多。本剧为案头之曲，宾白典丽，以《晋书》卷六六《陶侃传》为线索串连有关故事而成，又以其最著名之运甓惜阴故事题名。其中讨陈敏、诛杜弢、斩苏峻，皆侃之实绩；剪发待宾、封鲊教子，乃侃母湛氏事，见于《晋书·烈女传》；范逵荐侃，出自《世说新语》；其余涉及王导、温峤、郭朴等事亦皆有据，惟少数人、事出于增饰。又，清初佚名《传奇汇考标目》记"吾邱（丘）瑞"传奇《合钗》，注"杨太真事"，又注其姓名云："字国章。杭州人。吾邱（丘），复姓，元高士吾邱（丘）衍之后。至今杭人　犹有姓吾邱（丘）者。"惟不知吾丘瑞之生平。

西阳野史（姓氏及籍里生平不详）　万历四十七年（1619）序刊本《新刻续编三国志后传》十卷一百四十回，署"西蜀西阳野史编次"。其卷首有《引》，道其创作宗旨云："观《三国演义》至末卷，见汉刘衰弱，曹魏僭移，往往皆掩卷不怿者众矣。又见关、张、葛、赵诸忠良反居一隅，不能恢复汉业，愤叹扼腕何止一人。及观汉后主复为司马氏所并，而诸忠良之后杳灭无闻，诚为千载之遗恨。及见刘渊父子因人心思汉，乃

崛起西北，叙檄历汉之诏，遣使迎孝怀帝，而兵民景从云集，遂复称炎汉，建都立国，重兴继绝，虽建国不永，亦快人心。今是书之编，无过欲泄愤一时，取快千载，以显后关、赵诸位忠良也。"故是书虽为"历史演义"小说，所叙为西晋和东晋前期之历史，然标榜蜀汉正统，所写关羽、张飞、赵云后裔扶佐后汉主刘曜，则全出于虚构。书以《三国志演义》续书自居，故版心或题为《续三国志》，惟其叙人物往往罗列正史纪传，讲史实又常借用奏章诏对，文字死板，常用套语，写战争了无新意，塑人物亦乏新鲜，实不能望《三国志演义》之项背。

来汝贤（1501—1537）　字子禹，号菲泉。浙江绍兴府萧山（今属杭州）人。嘉靖四年（1525）举人，十一年进士，初授江西奉新令，调丹阳。擢兵部主事，改礼部，以疾乞归。十五年闰十二月初一（1537年1月12日）卒于家，年三十六。万历十四年（1586）门生姜宝辑刻其著述为《菲泉先生存稿》八卷，现存崇祯七年（1634）其孙婿何汝敷重刻本，姜宝原序存，诗二卷，收诗二百余首，文六卷，附许应元所作墓志铭及姜宝撰《菲泉先生诬枉记》，盖汝贤由丹阳知县行取入都后，同僚潜其受金，为巡按御史所论劾，故其门生姜宝作此以辩之。又有崇祯七年何汝敷

辑《菲泉先生存稿续刻》八卷,内卷一收诗五十六首、词四首,卷二收书四十三、卷三至卷八收各体文四十篇,附来斯行《菲泉公传》。《续刻》与《菲泉先生存稿》合刻,《千顷堂书目》著录《菲泉集》十六卷,即此本也。《四库全书总目》著录《菲泉存稿》八卷,"提要"疑原有续集而佚之,实未见《续刻》也。汝贤生平见许应元《菲泉来君墓志铭》(《菲泉先生存稿》附录)、来斯行《菲泉公传》(《菲泉先生存稿续刻》附)、林尧俞等《礼部志稿》卷五八。

来知德(1525—1604)　字矣鲜,号瞿唐,别号十二峰道人。四川夔州府梁山(今重庆梁平)人。生于嘉靖四年(1525)十月初五。幼有孝行,曾举为孝童。嘉靖三十一年举人,数试春闱不第,因不再试。双亲相继卒,终生麻衣素食,隐于万县山中,誓不见有司。万历三十年(1602)以荐特授翰林待诏,不赴,诏以所授官致仕。三十二年三月初六卒,年八十。崇理学,其学以"致知"为本,"尽伦"为要。《千顷堂书目》著录其《周易集注》十六卷又《注易图说略》一卷又《河图洛书论》一卷《瞿唐日录》十二卷及《釜山诗集》。《周易集注》十六卷有万历、崇祯及清康熙时刊本,后收入《四库全书》。《来瞿唐先生日录》十二卷有万历八年刊本。《釜山诗集》未见传,费经

虞《蜀诗》卷七录其诗五十三首。《明诗综》卷五三录其诗二首,"诗话"云:"相传待诏隐万县之求溪二十九年,注《易》始就。今其书盛行,而诗非专务。《易》义亦非创获,盖僻在一隅,罕见群儒之论述。此自信之过,遂蔑视先辈耳。"《明诗纪事》已签卷一○录其诗二首,按语谓其诗"多萧闲之趣"。《明文海》录其文《游峨赋》等三篇。生平见黄宗羲《明儒学案》卷五三、《明史》卷二八三。又古之贤等有《太史来瞿唐先生年谱》(清道光十一年刊本)。

来临(生卒年不详)　字驭仲。陕西西安府三原人,来俨然仲子。少与兄来复齐名于乡里,进学后屡试不举。崇祯元年(1628)以选贡授山西屯留县令,五年迁蔚州同知。七年后金兵攻打蔚州,率众抵抗,城得保全,进知州。八年修《蔚州志》,九年完成,今存抄本四卷。后以忤上官归里。年十五学诗,多与其兄倡和,以大雅自任。平生积诗甚夥,亦与乃兄同。现存万历末刊《丛笔斋集》十四卷,收诗八百余首,有万历四十二年(1614)毕懋康《丛笔斋诗叙》,四十四年来斯行《来驭仲丛笔斋稿题辞》、来宗道《来驭仲诗集序》,又李维桢《题辞》及祁光宗《小引》。又有崇祯间刊诗集《御凤阁集》十卷,收诗七百余首,纪年起于万历四十七年,集前有文翔凤崇祯

四年（1631）《来驭仲集序》及来复《驭仲集序》。生平见《（雍正）陕西通志》卷六三。

来复（1574—1630） 字阳伯，一字履中，号星海。陕西西安府三原人，来俨然长子。万历四十四年（1616）进士，授户部主事，历兵部郎中，累官至山西右参议，崇祯三年（1630）卒于任所，年五十七。平生多才艺，诗与仲弟来临齐名。《千顷堂书目》著录其《来阳伯诗集》，《（雍正）陕西通志》著录其《云起阁诗草》十八卷。现存天启间金陵刊本《来阳伯集》二十卷，诗十九卷，收诗一千四百余首，文一卷，收各体文三十余篇，首毕懋康、来宗道、冯汝京序。是集又有道光二十三年（1843）重刊本。崇祯五年贾鸿洙《周雅续》卷一六收其诗七十九首。《列朝诗集》丁集录其诗一首，"小传"谓其"为诗文，敏捷如风。为人重气好客，泛交道广，有声荐绅间……性通慧，诗文书画之外，琴棋剑器百工伎艺，无不通晓。惟未习女红刺绣，至吴门学之旬日，吴中女红皆叹赏焉。同时华州郭宗昌，字胤伯，博闻多能，与阳伯略相似，皆三秦之异人。吴越间多秀才，未有其比……有诗集十余卷，能诗而不能工，亦多能累"。生平见《（雍正）陕西通志》卷六三。

来俨然（？—1602） 字望之。陕西西安府三原人。万历二十三年（1595）进士，授泰和令，征为兵部职方司主事，三十年卒。著述《自愉堂集》十卷，万历四十七年其子来复、来临辑刻，凡诗四卷，收诗一百五十余首，文六卷，收序、传、记、墓志、行状、祭文等七十余篇及启牍、书牍等二百余篇，卷首有公鼐、米万钟序。崇祯五年（1632）贾鸿洙《周雅续》卷一五录其诗十二首。《四库全书总目》著录《自愉堂集》十卷，"提要"云："酬应尺牍居其大半，他作亦多冗厉之音。《明诗综》不登一字，殆病其粗软？"生平见李维桢《来职方家传》（《大泌山房集》卷六五）、《（雍正）陕西通志》卷五七下。

来继韶（1573—1627） 字八宣，号舜和。浙江绍兴府萧山（今属杭州）人。生于万历元年（1573）十月二十三。诸生，万历三十四年乡试副榜。三十七年为谗人所中，作《可困先生传》以自况。晚岁专于医，卒于天启七年（1627），年五十五。所著有《屈奇子》三卷、《江天滕客随意录》八卷、《摭本草诸方》五卷，又《禹贡考异》《石经大学解》各一卷，又诗、文各四卷，均未见传。现存旧抄本《可困先生稿》一卷，收其诗一百一十九首，词四阕，末附自撰《可困先生传》及文三篇；后又附抄杂剧《女红纱》《碧纱笼》，则为其子来集之所撰。近人赵尊岳《明词汇刊》辑录其词五首为《舜和先生词》。生平见来集之《来舜和先生入县志传略》(抄本《倘湖遗稿》)、清光绪来秉奎主修《萧山来氏家谱》卷四。

来斯行(1567—1633)　字道之,号马湖,又号槎庵。浙江绍兴府萧山(今属杭州)人。生于隆庆元年(1567)八月二十六。万历三十四年(1606)中举,明年进士,授刑部主事。累迁登莱兵备道,率兵平白莲教,摘其首领徐鸿儒。历山东右参议、贵州按察使、福建右参政,官终福建右布政使,引年归。卒于崇祯七年(1633)四月十七,年六十七。《千顷堂书目》著录其《胶莱末议》《刑部狱志》四十卷、《槎庵小乘》四十六卷及《槎庵诗集》。《槎庵小乘》四十六卷现存崇祯四年刊本。《槎庵诗集》现存明末百顺堂刊本,八卷,计收古近体诗五百余首,无序跋。内《辛酉元日》诗有“圣主新开天启历,微臣犹痛泰昌年”句,则是集刻于天启后无疑。《四库全书总目》另著录其《经史典奥》六十七卷,为摘取经典字句,备采摘词语所用,现亦存崇祯五年刊本。生平见马之骏《槎庵燕语序》(《妙远堂文集》)、《(雍正)浙江通志》卷一七三、清来秉奎《萧山来氏宗谱》(清光绪会宗堂刻本)。

来集之(1604—1682)　初名伟才,又名镕,字元成,号倘湖,又号樵道人。浙江绍兴府萧山(今属杭州)人,来继韶之子。生于万历三十二年(1604)三月十九。崇祯十二年(1639)举人,明年进士,除安庆府推官。弘光元年(1644)南京陷,清兵下浙江,其妻沉水,集之归萧山,与族人来方炜等起兵,守钱江,迎鲁王朱以海监国浙东,授兵部职方司主事,进兵科给事中,加太常寺少卿。兵败后隐于倘湖之滨,足迹不入市廛,潜心著述,室名倘湖小筑,学者称倘湖先生。清康熙十七年(1678)有司荐其应博学鸿儒,辞不赴,二十一年十月二十七卒,年七十九。平生能诗文,擅词曲。其刻印自著书甚夥,现存《博学汇书》十二卷、《来子谈经》十八卷、《南行偶笔》九卷、《南行载笔》六卷、《倘湖诗》二卷、《喻园集》四卷,又有崇祯十七年黄正色刊本《读易隅通》二卷及《倘湖樵书初编》六卷《二编》六卷。此外尚有稿本《倘湖遗稿》不分卷、《倘湖手稿》二十二卷(缺卷一一至卷一八)及《来集之先生诗话》不分卷等存世。《四库全书总目》著录其《读易隅通》二卷、《卦义一得》一卷、《倘湖樵书》《博学汇书》十二卷。《明史·艺文志》另著录其《春秋志在》十二卷、《四传权衡》一卷。《明诗综》卷六九、《明诗纪事》辛签卷二一录其诗一首。《明词综》卷六录其词一首。清佟世南《东白堂词选》录其词三首。近人赵尊岳《明词汇刊》辑录其词六十一首为《倘湖诗余》一卷。亦喜作词曲，祁彪佳《远山堂剧品》"逸品"著录其杂剧《红纱（北一折）》《碧纱（北四折）》《闲看牡丹亭（南一折）》。现存明末灯语斋刻本及清初倘湖小筑刻本《两纱》二卷附一卷，即三剧之合刻。《红纱》（《女红纱涂抹试官》）据科场中"朱衣点头，红纱罩眼"之说敷演；《碧纱》（《秃碧纱炎凉秀士》）演唐王播"碧纱笼""饭后钟"故事（出《唐摭言》）。两剧一讽刺科场以金钱、人情取士现象，一慨叹世态之炎凉。《闲看牡丹亭》（《小青娘挑灯闲看牡丹亭》），据冯梦龙《情史类略·小青传》中故事衍演，以美人幽怨写名士之漂零。又有清顺治来氏倘湖小筑刻本《秋风三叠》三卷，内亦收三剧：《蓝采和长安闹剧》（《冷眼》），写八仙之一蓝采和扮作道士，于长安乡社观看"中山狼"、"昏夜乞哀白日骄人""雪里送炭""锦上添花""欺善怕恶"等十余种傀儡戏，并加以点评，以劝人行善为宗旨。《阮步兵邻廧啼红》（《英雄泪》），据《晋书·阮籍传》中"兵家女有才色，未嫁而死，籍不识其父兄，径往哭之，尽哀而还"数语敷演而成，表对先贤人格之景仰。《钱氏女花院全贞》（《侠女新声》）写铁氏二女故事。据王鏊《震泽长语》、梅鼎祚《青泥莲花记》等书，靖难役中，山东参政铁铉领军民抗击燕王，兵败被害，其二女编籍教坊，赋诗言志，誓死守身，后遇铁铉同官择士嫁之。其事未可考实，然流播甚广，此当据此故事敷演。集之所作皆为案头之曲，注重曲词雅洁秀丽。生平见清毛奇龄《来君墓碑铭》（《西河集》卷八五）、来鸿瑨《倘湖公传》（清光绪木活字本《萧山来氏宗谱》）《（康熙）绍兴府志》卷五〇、《（乾隆）萧山府志》卷二四。

［］

时季照（生卒年不详） 名铭，字季照，以字行。浙江宁波府慈溪人。少学于乌斯道，渔猎经史，为文奇正间出，多变化，亦能诗。洪武二十九年（1396）征为鄞县训导，三十年赴京考艺，和御制《思得人》诗，帝奖谕召对，授四川道监察御史。三十一年以疾还里，三十二年复征为崇仁县令，历三考称职，超擢四川按察佥事。自称尝梦苍颜缟衣人授以墨，文思益进，因名所著诗文为《梦墨稿》。现存弘治五年（1492）魏士军、吴昌期刻本十卷，诗五卷，收诗二百余首、词九首，文五卷，收赋二、各体文五十余篇，首有说仲恭、王景、胡俨序，末附《梦墨生自述》。集又有清光绪十八年（1892）尚友堂刊本，补佚诗二首。《皇明诗统》卷六录其诗二首。《列朝诗集》甲集录其诗一首。清陈元龙《御定历代赋汇》补遗卷一七录其《虱赋》一篇。清尹元炜等《溪上诗辑》卷三录其诗三首。生平见时季照《梦墨生自述》（《梦墨稿》附录）、徐象梅《两浙名贤录》卷四七《文苑》。

吴一鹏（1460—1542） 字南夫，号白楼。南直苏州府长洲（今江苏苏州）人。生于天顺四年（1460）十一月十九。成化二十二年（1486）举人，弘治六年（1493）进士，选翰林院庶吉士，授编修。为李东阳、程敏政称赏，正德初，进侍讲，充经筵讲官。与编《孝宗实录》成，例当进秩，因罪于刘瑾，调南吏部员外郎，迁郎中。瑾败，复为侍讲如故，七年（1512）升侍讲学士，出为南国子祭酒，转南太常寺卿。嘉靖初擢礼部右侍郎，转左，与尚书毛澄、汪俊力争"大礼"，俊去，署部事，二年（1523）兼掌詹事府事，以本官兼翰林院学士，入东阁专典制诰，四年进礼部尚书，兼官如旧。张璁、桂萼用事，以为异己，出其为南京吏部尚书，乞休。嘉靖二十一年二月卒于家，年八十三，赠太子太保，谥文端。平生以风节称，亦能诗文。《千顷堂书目》著录其《吴文端公集》十六卷，《四库全书总目》著录《吴文端集》四十卷，未见传。钱谷《吴都文粹续集》录其诗九首。《明诗综》卷二七录其诗六首，"诗话"云："尚书名位与原博（吴宽）、济之（王鏊）鼎峙中吴。诗虽不敌原博，在济之伯仲之间……诗集十卷，选家罕有录之者。"《海虞文征》卷二九录其诗二首。生平见文征明《吴公鹏墓志铭》（《甫田集》卷三二）、罗钦顺《文端吴公神道碑》（《吴都文粹续集》卷四三）、方鹏《白楼吴公一鹏传》（《矫亭续稿》卷三）、《明史》卷一九一。

吴士奇（生卒年不详） 字无奇，号恒初。南直徽州府歙县（今属安徽）人。万历十九年（1591）中举，明年进士，除宁化知县，改归安。升南京户部主事，历官至陕西左布政使，迁太常卿致仕。留心国史，曾辑《皇明副书》九十九卷续一卷，现存清抄本。又有考古征今之作《绿滋馆考信编》二卷《征信编》五卷，有万历刊本、康熙刊本。又曾抄撮史书作《史裁》二十六卷，有万历时吴勉学刊本。诗文著述有《绿滋馆稿》九卷，文九卷、诗一卷（收诗一百一十余首），有万历刻清康熙补刊本，《千顷堂书目》亦著录。《明诗综》卷五七录诗一首。《四库全书总目》著录《绿滋馆稿》九卷，"提要"云："其文虽不能步趋归（归有光）、唐（唐顺之），而文从字顺，尚不蹈王（王世贞）、李（李攀龙）赝古之习。惟韵语牵率颇甚。"生平见清施闰章《吴士奇传》（康熙补刊本《绿滋馆稿》附录）、《（乾隆）江南通志》卷一六七。

吴大山(1573—1627)　字仁仲，号州来。浙江杭州府钱塘(今杭州)人。光禄寺卿吴果之子，少随父寓京师，万历十九年(1591)中顺天乡试，三十二年以试楷书选入史馆，除诰敕房办事，次年改制敕房。三十八年实授中书舍人，三十九年迁工部虞衡主事，四十年转屯田员外郎。寻升都水郎中，奉旨督理黄河淮、徐一段，四十六年以治河功擢云南参政，整饬曲靖等府兵备。天启二年(1622)晋云南按察使，以病归，筑别业于西湖边，遍植修篁丹桂，颜其居曰"辋川"，以为隐居之所。天启七年六月卒，年五十五。少有文名，与吴之鲸并称"江皋二俊"，又与黄汝亨交善，后又曾与谢廷赞、屠隆等结诗社。诗文著述有《大云编》《傲素轩诗》《秋柳集》等，未见传，仅《皇明诗统》卷三九存其诗五首。祁彪佳《远山堂剧品》著录其杂剧《再生缘(北四折)》，署"吴仁仲"。崇祯时刻《盛明杂剧》据明刻《环翠堂精订五种曲》所收《再生缘》，署"蘅芜室"。近人或推测"蘅芜室"为王衡之号，《再生缘》为王衡所撰，非是。黄汝亨《寓林集》卷二五《与吴伯霖(吴之鲸)》中有"仁仲《再生缘》"语，卷三〇又有《题李夫人再生缘杂剧》一文，因知现存《再生缘》确为仁仲所作。现存《再生缘》剧本一、三折旦场，二、四折生场，写汉武帝宠妃李夫人病亡，以武帝所赐玉钩殉葬，十五年后，转生为河间陈姓女子，以手握玉钩为凭，与武帝再续前缘。其事本为旧闻，颇乏戏剧冲突，然本剧一些曲文写得凄丽缠绵，所见《盛明杂剧》本又有"情语，非深情人不能道"等眉批，盖因此剧实为仁仲思念亡妻所作，有真情寓焉，而评者又深知事之表里之故。大山生平见骆从宇《吴公墓志铭》(《澹然斋存稿》卷五)、《(康熙)钱塘县志》卷二〇、《(雍正)浙江通志》卷一九〇。

吴大经(生卒年不详)　字元常。南直苏州府常熟(今属江苏)人。科举不遂，因弃举子业，以吟咏为事。《千顷堂书目》著录其《丛桂轩集》。现存自刻蓝印本《丛桂轩诗》二卷，收诗四百余首，词四首，首有天池山樵严澂《丛桂轩诗序》、万历四十五年(1617)冬十月同里钱希言《丛桂轩诗稿序》。又有万历刊《在原咏》一卷《题赠》一卷。又曾纂修《梢云吴氏族谱》十卷，现存明抄本残本。《明诗综》卷六八录其诗一首。《四库全书总目》著录《丛桂轩集》二卷，"提要"云："是集大经所自编，前有万历癸卯自序，称'谢去帖括之学'，盖山林之士也。其诗酷摹剑南，圆熟有余，淳微不足。魏浣初序乃谓袁宏道推明代诗人以徐渭为第一，而大经配之，殆非笃论矣。"存抄本署魏浣初评，然未见评语，亦未见浣初序。

吴与弼（1392—1469） 初名梦祥。字子传，号康斋。江西抚州府崇仁人，国子司业吴溥子。洪武二十四年十二月十四（1392 年 1 月 8 日）生。年十九，见《伊洛渊源图》，慨然向慕，遂罢举子业，居小楼，日习诸经及洛闽语录。久之，以理学称，四方来学者甚众，胡居仁、陈献章皆其弟子，学者称康斋先生。屡辞征聘，天顺初以石亨荐，特敕召见，拜左春坊左谕德，固辞不就，护送归。成化五年（1469）十月十七卒，年七十九。《明史·艺文志》著录其《康斋日录》一卷、《康斋文集》十二卷。前者记其讲学之内容，未见传，后者现存弘治七年（1494）吴泰刊本，题《康斋先生文集》，目录为十二卷，而正文卷一〇重，则实为十三卷。《康斋先生文集》又有正德十年（1515）彭杰刊本、嘉靖五年（1526）林维德刊本、万历十八年（1590）刘世节刊本及崇祯间陈懋德刊本，内诗七卷、余为奏疏及诸体文。其诗自永乐八年（1410）至正统六年（1441）皆编年，以下则有《洪都稿》《游金陵稿》《适上饶稿》《金台往复稿》《西游稿》《适闽稿》《东游稿》《东游饶州稿》诸名，而所注某稿止之后，又有附赘之诗，盖亦以编年续入者也。《皇明诗统》卷一二录其诗四首。《列朝诗集》丙集录其诗二首，

"小传"谓其"潜心理学，欲尽删削章句笺注之烦。而为诗则沾沾自喜，以为能事，识者哂之"。《明诗综》卷二三录其诗三首，"诗话"云："诗亦俗劣，非惟不及白沙（陈献章），方之定山（庄㫤），亦不逮。"《御选宋金元明四朝诗》录其诗三十四首。《四库全书》据崇祯本收《康斋文集》十二卷，《总目》"提要"云："与弼出处之间，物论颇有异同。尹直作《琐缀录》，诋之尤力……然与弼之学，实能兼采朱、陆之长，而刻苦自立……其诗文亦皆淳实近理，无后来滉漾恣肆之谈。又不得以其急于行道，躁于求名，遂并其书而诋之也。"清胡大鸿《江右文抄》录其文十二篇。《明诗纪事》乙签卷一二录其诗二首。生平见晏谅《吴康斋先生与弼行状》（《国朝献征录》卷一一四）、何乔远《名山藏》卷八四、黄宗羲《明儒学案》卷一、《明史》卷二八二。清杨希闵有《吴聘君年谱》（清光绪刊《豫章先贤九家年谱》）。

吴门啸客（姓氏及籍里生平不详） 现存明末刊历史演义小说《新镌全像孙庞斗志演义》二十卷二十回，署"吴门啸客述"，未知其为何许人也。卷首有崇祯九年（1636）"望古主人"序，因知其大约刻于其时。是书所叙为战国时孙膑与庞涓斗智故事，谓孙、庞二人同为云梦山鬼谷仙师之弟子，庞涓自私褊狭，在魏国

得志后，忌恨孙膑才能超己，因设计陷害，欲置孙膑于死地；孙膑被刖足后逃至齐国，得掌兵权，多次领兵与庞涓斗，后终于马陵道生擒庞涓，报仇雪恨。此故事历来播于众口，亦为文艺所取资，疑本书所据主要为元时所刊平话《七国春秋前集》。至清康熙时，又有人将此书与"古吴烟水散人演辑"之《后七国乐田演义》四卷二十回合刊，题为《前后七国志》，现存清康熙五年(1666)啸花轩刊本。又，现存残本白话小说《镇海春秋》(原二十回，残存后十回)，亦署"吴门啸客撰"。是书叙崇祯二年蓟辽总督袁崇焕擅杀总兵毛文龙，次年袁崇焕亦为朝廷所杀之事，与叙同一事件之时事之小说《辽海丹忠录》一样，皆据当时邸报及传闻，于事件发生不久仓卒编纂成书，惟所述重点详略不同耳。

吴之甲(1571—1626)　字元秉，号兹勉。江西抚州府临川(今抚州)人。万历二十二年(1594)举人，三十八年进士，授松江府推官。历工部主事、礼部郎中，出为浙江按察司副使，提督学政，迁布政司左参议。卒于天启六年(1626)，年五十六。为人峻厉，以经世大业自命。又湛雅好奇，提督学政，尝取唐宋制科法，杂诗赋、诏诰试士。能诗文，卒后其子吴奇杰辑其遗作为《静悱集》十卷附录一卷，现存清乾隆四年(1665)其五世孙吴重康重刊本，内诗三卷，收诗三百六十余首，文七卷，首有奇杰《静悱集纪事》、重康《重刻静悱集序》。《千顷堂书目》曾著录其《静悱集》三十卷，卷数误。生平见熊明遇《吴公暨配杨宜人合葬墓志铭》(《文直行书》文集卷一四)、《(雍正)江西通志》卷八二。

吴子玉(生卒年不详)　字瑞谷。南直徽州府休宁(今属安徽)人。嘉靖间以岁贡授应天府训导，适六月盛暑，当道嘱其编书，触热眩晕，坐劳瘁卒，年七十。以诗文敏捷称于乡里，曾与修《白岳志》《郡志》等。诗文著述现存隆庆六年(1572)刊本《吴瑞谷集》十六卷，收其所作杂文，有何其贤序；又有万历间新都吴守中等刊本《吴瑞谷集》十六卷，收诸体诗，有刘凤序；又有万历十六年(1588)江夏黄正蒙校刊本《大鄣山人集》五十三卷，收骚、赋、序、记、论、说、墓志、杂著等，有刘凤、王世贞、郭子章、丁应泰序，《千顷堂书目》著录《吴瑞谷集》五十三卷，即此本也。陈有守等《徽郡诗》录其诗十五首。《皇明诗统》卷二三录其诗二十一首。《皇明诗选》录其诗一首。《列朝诗集》丁集录其诗一首，"小传"谓其"学博而敏，数千言立办。诗文九十余卷，以诘曲填砌为工。其于近代文章，专推李于麟(李攀龙)。而吴中刘子威(刘凤)叙子玉之集,极其称许,所谓同声相应也"。《四库全书总目》著录《大郁山人集》五十三卷,"提要"也谓"其文规摹李攀龙"。生平见《(乾隆)江南通志》卷一六七。

吴子孝(1496—1563)　字纯叔,号海峰,晚号龙峰。南直苏州府长洲(今江苏苏州)人,尚书吴一鹏子。生于弘治九年(1496)正月十一。嘉靖八年(1529)进士,选翰林院庶吉士,改台州府推官。迁广平通判,征授南吏部主事,改礼部。迁光禄丞,出为湖广参议,提督太和山,被谗免官。四十二年七月初九卒于家,年六十八。能诗词,尤以词名。现存嘉靖三十六年《玉霄仙明珠集》二卷,收词一百八十余首。其词多写景抒怀,以赏心乐事。《御选历代诗余》录其词一百零四首。《四库全书总目》著录《玉霄仙明珠集》二卷,"提要"谓其词"颇具凄惋之致,而造诣未深,不能入宋人阃奥也"。《明词综》卷三录其词四首。诗集现存皇甫汸辑《玉涵堂诗稿》十卷,嘉靖刊本,计收古近体五百八十余首。《盛明百家诗》后编录其诗一百七十余首为《吴少参集》。顾起纶《国雅》卷一一录其诗十四首。《皇明诗统》卷三二录其诗十九首。钱谷《吴都文粹续编》录其诗四首。《列朝诗集》丁集录其诗十首,《明诗评选》录其诗二首。《明诗综》卷四一录其诗

四首,"诗话"云:"纯叔籍甚诗名,特格未高耸。"《明诗纪事》戊签卷一七录其诗十首。生平见皇甫汸《吴公子孝墓表》(《皇甫司勋集》卷五六)、申时行《吴公新阡碑》(《赐闲堂集》卷二一)、《(乾隆)江南通志》卷一六五。

吴元泰(籍里及生平不详)　明万历间余象斗刊白话通俗小说《东游记》(《东游记上洞八仙传》《东游八仙全出身传》)二卷五十六则,题"兰江吴元泰著,社友凌云龙校",卷首有余象斗《八仙传引》。未详吴元泰为何许人也,当为万历时建阳书坊之通俗小说作家。唐代已有"八仙"之说,宋元戏曲常出现被称为"八仙"之人物,然姓名尚不固定,至此书叙铁拐李、钟离权(汉钟离)、吕洞宾、韩湘子、张果老、蓝采和、何仙姑等得道及"八仙过海"故事,始将八仙定型。惟此书结构疏漏,文字拙劣。是书后曾与杨志和《西游志传》(据长篇小说《西游记》缩写)及余象斗《南游记》(《五显灵官大帝华光传》)、《北游记》(《北方真武祖师玄天上帝出身志传》)合刻为《四游记》,有清道光复明本及各种清刊本。

吴云(?—1375)　字友云。宜兴(今江苏常州)人。元末为国子生。明洪武初授弘文馆校书郎,二年(1639)改渭南县丞,四年还擢刑部郎中,五年拜刑部尚书,六年出为

湖广参政，八年坐事被逮回京。时云南梁王尚未归顺，因敕其招谕云南，为梁王所杀。云南归附后，始知其死于王命，弘治间，赠刑部尚书，谥忠节。性明敏，能诗词，工山水。刘仔肩《雅颂正音》录其诗四首。《皇明风雅》卷二三录其诗一首。《皇明诗统》卷四录其诗三首。《列朝诗集》甲集录其诗二首。《明诗综》卷四录其诗一首。《御选宋金元明四朝诗》录其诗三首。《江西诗征》卷六三录其诗四首。《明诗纪事》甲签卷五录其诗一首。生平见李应祯《宜兴吴公云传》（《国朝献征录》卷四四）、叶夔《毗陵人品记》卷六、《明史》卷二八九。

吴中行（1540—1594）　字子道，号复庵。南直常州府武进（今江苏常州）人。嘉靖四十年（1561）乡试中举，次年大比未赴，至隆庆五年（1571）中进士，选翰林院庶吉士，授编修。万历五年（1577）以论座主张居正"夺情视事"，廷杖几毙，又即日被驱出都门，赖中书舍人秦柱挟医救治，始活命。居正卒，廷臣交荐，召复故官，迁右中允，历洗马，进右谕德，被劾乞归。起南侍读学士、掌南翰林院事，未任。二十二年卒，年五十五，赠礼部侍郎。《明史·艺文志》著录其《赐余堂集》十四卷，现存原刊本系其子吴亮、吴奕辑编，卷首有其兄吴可行万历二十八年序及屠

隆、管志道序，内卷一奏疏，卷二讲章，卷三阁试，卷四馆课，卷五、卷六为诗，以下则为序、记、墓志等诸体文。诗二卷，计收诸体诗二百五十余首、应制诗二十首，又卷四馆课中亦有应制诗十五首。后有清乾隆五十八年（1793）再刊本，增补遗一卷。《千顷堂书目》另著录其《吴复庵奏疏》一卷、《复庵太史娱悦诗钞》一卷。《明文海》录其文二篇。《明诗综》卷五一录其诗一首。《四库全书总目》著录其集，"提要"云："中行以鲠直称，词章不甚著于世。集中《植纲常》《正朝廷》二疏，气节凛然，又不以词章论矣。"《明诗纪事》庚签卷一〇录其诗二首。生平见赵南星《吴公传》（《赵忠毅公文集》卷一三）、叶夔《毗陵人品记》卷一〇、《明史》卷二二九。

吴中情奴（姓氏及籍里生平不详）　祁彪佳《远山堂剧品》"能品"著录《相思谱》杂剧，崇祯间沈泰辑刻《盛明杂剧二集》收录，署"吴中情奴编，巫山散人评"。剧以九折篇幅写周生与王娇如相思相恋事，前八折南曲，一三五七折生当场，二四六八折旦当场，每折仅三五只曲子，然男女始终不直接见面，仅由"相思鬼"与"风月仙姑"出面告知事态进程及二人心理情绪变化，至第九折北曲，男女对唱，又众唱，然仅安排男女于梦中相会，又被绳蕴使者惊

散。盖本剧实为作者借之以抒情，非戏剧演出本也，惟词曲如《剧品》所言，有"娟秀动人"处，略可称道。

吴中蕃（1618—1695）　字滋大，一字大身，晚号今是山人。贵州宣慰使司（今贵阳）人。崇祯十五年（1642）举人。南明永历时除遵义知县，迁重庆知府，改吏部文选司郎中，以劝阻永历帝从安龙西迁昆明被罢，奉母隐于贵阳常武龙山。清康熙十三年（1674）吴三桂叛清，十七年称帝于衡州，其间曾应邀入吴三桂幕府，后又回贵阳，隐于石板镇芦荻寨。康熙三十一年，尝主纂《贵州通志》，三十六年卒，年七十八。以能诗文称，有《龙古集》《响淮堂文集》《敝帚集》《响怀集》《腐草》《断砚草》等。现存近人辑《黔南丛书》本《敝帚集》十卷，按体分卷，计收诗一千零九十余首，首有康熙三十三年顾彩、孔尚任序及中蕃自序。其诗大多直抒所见，平易通俗，质而少文。清莫友芝《黔诗纪略》录其诗三卷三百九十六首，"小传"云："滋大承祖父遗风，少年游遍吴越，多与其韵人崎士缟纻往来，故学行皆有根柢。甫荐贤书，遽遭阳九，残阳薄宦，抗志西山，忠义文章，推吾黔有明一代后劲。其为诗，直抒所见，粗服乱头，不屑屑字糅句炼以为工，而质厚气苍，自然瑰异。"《明诗纪事》辛签卷二一录其诗十二首，按语云：

"滋大古诗，深心妙理，古趣今情，桑海之际，苦节能贞，可以激颓风、挽薄俗。集名《敝帚》，可识其宏旨矣。"《（乾隆）贵州通志》卷三八录其所作传记三篇。生平见《黔诗纪略》卷二六小传。

吴从先（生卒年不详）　字宁野，号小窗。南直徽州府歙县（今属安徽）人。曾从冯梦祯受业，然终身未仕，晚明时以著书、编书与陈继儒往来。《四库全书总目》曾著录其《小窗自纪》四卷《小窗艳纪》十四卷《小窗清纪》五卷《小窗别纪》四卷，"提要"谓其"词多僤薄"。其中《自纪》为杂说，旁及游戏诗赋；《艳纪》采录汉至明之杂文，分体编录；《清纪》仿《世说新语》，分清语、清事、清韵、清学四门；《别纪》则涉及志怪。所作多引录他书，间有己作。今存多种明刻本，或径称为《小窗四纪》。后明末所编《尚友丛书》《枕中秘》《快书》等所收吴从先《书宪》《交友观》《酒缘》等皆系从《小窗四纪》中录出。从先又曾与何伟然杂采明人笔记、杂说等刻《广快书》五十卷五十种，是编每种一卷，多则削之，而立名怪异，有曰《一声莺》者，有曰《有情痴》者，有曰《照心犀》者，以供消遣阅读，现存崇祯刻本，《四库全书总目》亦曾著录。

吴文华（1521—1598）　字子彬，号小江，晚更号容所。福建福州府连江人。副使吴世泽之子,生于正德十六年(1521)七月初八。与同邑陈第、游涟等并有"才子"之称,嘉靖三十四年(1555)举人,次年进士,除南京兵部主事。稍迁郎中,四十二年出为湖广按察司提学佥事,四十四年晋四川布政司右参政,明年调广西提学副使,居三载,迁山东参政,进本省按察使,又二载晋江西右布政使,寻徙河南。万历三年(1575)迁应天府尹,旋以右副都御史巡抚广西,乞归养母。丁忧服除,七年起兵部右侍郎兼右佥都御史,仍抚广西,迁右都御史总督两广军务,十五年召拜南工部尚书,就改兵部,十七年引疾归。诏起南工部尚书,不赴,家居十余载,二十六年九月十一卒,年七十八,赠太子太保,谥襄惠。《千顷堂书目》著录其《督抚奏议》又《留都疏稿》及《济美堂稿》四卷。现存万历间刊《粤西疏稿》三卷、《留都疏稿》一卷,万历十五年桂林府刊本《粤西奏议》五卷。《济美堂集》四卷万历间由其门生耿定力所刻,诗一卷收诗二百五十余首,文三卷收各体文七十余篇、书牍三十余篇,有叶向高序,现亦存。是集后又有清乾隆覆明本。其诗文沿袭台阁之体。清徐𤊹《晋安风雅》录其诗六首。《明诗综》卷四九录其诗一首。清郭柏苍《全闽明诗传》卷二六录其诗四首。《明诗纪事》已签卷一二录其诗二首。生平见叶向高《容所吴公文华行状》(《苍霞草》卷一三)、黄凤翔《吴公墓志铭》(《田亭草》卷一四)、《明史》卷二二一。

吴文企(1564—1624) 字季骗,号白雪、絮庵,又号屖庵老人。湖广承天府景陵(今湖北天门)人,南京旗手卫升籍。生于嘉靖四十三年(1564)九月初六。万历十九年(1591)中举,二十六年进士,除南户部主事,榷杭州北新关。历郎中,出知宁波府,丁内艰归。家居五年,起补湖州知府,擢陕西按察副使,分巡关西道,转宁夏河西道,天启四年(1624)八月初六卒于任,年六十一。所著有《菰芦集》《耳鸣集》等。《千顷堂书目》著录其《恕(絮)庵惭录》,现存明末刊本《絮庵惭录》不分卷,无序跋,首为《请告疏》等,以下则诗文杂收,计收文五十余篇、诗十一首。《明诗综》卷五八录其诗四首,"诗话"谓其诗"颇饶清韵"。《御选宋金元明四朝诗》录其诗三首。清高士熙《湖北诗录》录其诗一首。清熊士鹏《竞陵文选》录其文二篇、《竞陵诗选》录其诗五首。生平见谭元春《吴公白雪墓志铭》(《新刻谭友夏合集》卷一一)、《(雍正)湖广通志》卷五三、《(乾隆)天门县志》卷一四。

吴文奎(生卒年不详) 字茂文。南直徽州府歙县(今属安徽)人。早年随父经商,继而习制义,入国学,屡试不售，万历十六年（1588）弃绝举业，专肆力于古文辞。平生爱佳山水，尤喜园居，年四十治适园，五十治苏园。现存万历三十二年吴可中刊本《苏堂集》十卷，诗六卷，收古近体诗九百余首，文四卷，收各体文五十余篇、尺牍四十余篇，有李维桢、盛稔、程涓序。《四库全书总目》著录《苏堂集》，"提要"云："文奎受业于兴国吴国伦，故所作全效国伦之体。李维桢序亦称其渊源如是云。"生平见《（光绪）重修安徽通志》卷三四三。

吴甘来（1599—1644） 字节之、和爱，号苇庵。江西瑞州府新昌（今宜丰）人。万历二十七年（1599）二月十九生于高邮。天启七年（1627）领乡荐，崇祯元年（1628）进士，授中书舍人。擢刑科给事中，改吏科，进兵科右给事中，十五年进户科都给事中。十七年三月十九都城陷，赋绝命诗，自经死，年四十六。福王立，赠太常卿，谥忠节。清顺治九年（1652），其后人曾辑其所撰疏、策及诗、文遗稿八十余篇刊行，未传。现存咸丰七年（1802）吴叙伦刊本《吴庄介公遗集》六卷首一卷，盖因清乾隆时曾赐谥庄介，因以名集。是集后三卷多为他人所作挽词、祭文、传略等，又附《年谱》。陈济生《天启崇祯两朝遗诗》卷三录其诗十四首。《明诗综》卷七二录其诗一首。《江西诗征》卷六二录其诗二首。《明诗纪事》辛签卷三录其诗一首。清应麟《江右古文选》卷二七录其文一篇。生平见陈济生《天启崇祯两朝遗诗·小传》、清陈鼎《东林列传》卷九、清邹漪《启祯野乘》卷一二、《明史》卷二六六。清漆嘉祉有《庄介吴公苇庵先生年谱》（咸丰刊《吴庄介公遗集》附）。

吴世良（生卒年不详） 字叔举，号云坞山人。浙江严州府遂安人。嘉靖十六年（1537）举人，明年进士，授长洲县令，改国子监博士。后历官广德州判官、广信府通判。性阔达，不治生产，亦无意身后名，赋诗纵酒，千金立散，卒以负气忤俗，殁之日，家徒四壁。能诗文，称走笔千言立就，《千顷堂书目》著录《云坞山人稿》十七卷，未见传。现存嘉靖间刊本《寓武林摘稿》，诗按体分八类，文则分传、志、记及叙文两类。集无序跋，多留墨钉，盖板刻未成而刷印之本也。《严州府志》《遂安县志》亦录其诗文。生平见《（万历）遂安县志》卷三、《（雍正）浙江通志》卷一八二、《（光绪）严州府志》卷一九。

吴世美（生卒年不详） 字叔华，别署多口洞天人。浙江湖州府乌程（今湖州）人。吕天成《曲品》"中下品"著录其传奇《惊鸿记》，称其"词亦秀丽"。现存明万历十八年（1590）原刻本,又万历间金陵世德堂刻本、万历间金陵文林阁刻本等,凡二卷三十九出,演唐明皇、梅妃故事,本事出晚唐小说《梅妃传》及五代《开元天宝遗事》、宋乐史《杨太真外传》等。元明戏剧谱杨妃故事甚夥,而以梅妃为主角之戏曲当以本篇最早,后清人专谱梅妃之戏曲如石韫玉《梅妃作赋》杂剧、汪柱《江爱萍爱梅赐号》杂剧、程枚《一斛珠》传奇、梁廷楠《江梅梦》杂剧,均在本剧之后。此剧原刊本首载"万历庚寅七月七日沈肇元元瀛父书于清音馆"之《叙惊鸿》,因知此剧当作于万历十八年(1590)前。后胡文焕《群音类选》、纪振伦《乐府红珊》、凌虚子等《月露音》等均收录此剧散出。

吴节(1397—1481) 字与俭,号竹坡。江西吉安府安福人。少失怙,从鲍楚山学《春秋》,又从乡前辈谢复古及复古从子谢利贞学诗。宣德四年(1429)乡试第一,明年进士,选翰林院庶吉士,十年授编修。正统三年(1438)修《宣宗实录》,九载考满升侍讲。景泰元年(1450)迁南国子监祭酒,成化元年(1465)改太常寺少卿,兼翰林侍读学士,《英宗实录》副总裁兼侍经筵,《实录》成,升太常卿,主顺天乡试,丁母忧归。致仕后家居十余年,成化十七年七月十八卒,年八十五。《明史·艺文志》著录其《南雍旧志》十八卷,未

见。诗文著述现存明师善堂刊本《竹坡诗集》二十八卷,收诸体诗一千余首,卷首有庐陵萧肇序。又有清雍正三年(1725)其七世孙吴琦刊本《吴竹坡先生文集》五卷《诗集》二十八卷,文集收奏疏及各体文,首门人铜梁王俭序,附彭华所撰行状及御赐诗、藩王及友人题赠诗文。《四库全书总目》据雍正三年本著录《吴竹坡文集》五卷《诗集》二十八卷,"提要"云:"今观其诗文,皆直抒胸臆,纵笔所如,无不自达之意……而涵蓄深厚,亦遂不及古人,所谓'不践迹'亦'不入室'者欤。"《江西诗征》卷四九录其诗三首。生平见彭华《吴先生行状》(《彭文思公文集》卷七)、周洪谟《吴先生节神道碑铭》(《国朝献征录》卷二〇)、廖道南《殿阁词林记》卷六。

吴本泰(1574—1653) 字梅里、药师,号榈庵。浙江杭州府海宁人,居于郡城,故或以其为杭州人。崇祯六年(1633)乡试中举,明年进士,时已六十一。除行人,调吏部主事,改南礼部,以召见条对称旨,超擢吏部郎中,迁尚宝司丞。明社亡,乙酉(1645)筑室杭州西溪,隐于烟水芦荡中,清顺治十年(1653)卒,年八十。喜游佳山水,好吟咏,有诗集多种。现存清顺治刊本《吴吏部集》九卷,为诸集之合刊,内《海粟堂诗》二卷、《北游集》一卷、《西征集》一卷、

《东瞻集》一卷、《南还草》二卷、《白岳游》一卷、《秋舫笺》一卷。集前例有"小引",除《秋舫笺》前小引为严调御所作,余皆为吴本泰自撰。文集有顺治十年夏之中刊本《吴吏部文集》十二卷。其隐于西溪时,尝取广宾禅师《法华山伽蓝记》为蓝本,以纪胜、纪寺、纪诗、纪文为宗旨,编成《西溪梵隐志》四卷,间收己作,现存清顺治原刊本、道光吴彤文增订本、光绪丁丙《武林掌故丛编》本。清卓尔堪《明遗民诗》录其诗五首。《明诗综》卷六八录其诗二十一首,"诗话"谓其"当正声微茫之日,独操大雅之音,而扬扢风雅者,或不及焉,益信曲高者和弥寡也"。清沈德潜《明诗别裁集》录诗一首。《御选宋金元明四朝诗》录其十四首。其词未载于诗文集,《明词综》卷六录词一首,清佟世南《东白堂词选》录词二首。另,《西溪梵隐志》内"西溪诸梵舍"存其词五首。生平见《(雍正)浙江通志》卷一七八。

吴旦(生卒年不详) 字而待,号兰皋,别署云台山樵。广东广州府南海(今广州)人。嘉靖十六年(1537)举人,官归州知州,擢山西按察司佥事。为诸生时,曾与梁有誉、黎民表、欧大任等从黄佐游,共习古文词,又结社南园,以追踪明初孙蕡等"南园五先生"。清陈文藻编《南园后五子诗集》二十八卷,收欧大任、梁有誉、黎民表、吴旦、李时行诗,后因称五人为"南园后五先生"。旦工诗能画,著有《兰皋集》,《千顷堂书目》著录,未见传。《南园后五子诗集》收吴旦诗十八首,清郭棐《岭海名胜记》另存其诗五首,故其存世诗仅二十三首。《皇明诗统》卷三〇录其诗五首。清屈大均《广东文选》卷三九录其诗一首。《明诗综》卷四八录其诗一首。清梁善长《广东诗粹》卷五录其诗三首。《明诗纪事》己签卷六录其诗十六首,按语谓其诗"才藻俊丽"。生平见《(道光)广东通志》卷二八〇。

吴仕(生卒年不详) 字克学,一字颐山,号拳石。南直常州府宜兴(今属江苏)人。正德二年(1507)乡试第一,九年进士,授户部主事,改礼部。历山西提学佥事,福建、广西、河南提学副使,官至四川布政司参议,偶有忤于当事,遂引疾归。归家后建园林于邑之南,与二三朋辈觞咏于石亭林泉间,其仆供春以制紫砂壶有名。曾倩王世贞为其作《石亭山居记》(《弇州四部稿续稿》卷六〇)。《千顷堂书目》著录其《颐山私录》十卷,现存嘉靖刊本《颐山私稿》十卷,内诗三卷,收诸体诗二百六十余首,词三首,文七卷,收各体文(含书启、祭文)百余篇。卷首嘉靖十九年(1540)方鹏序云"义兴吴公克学不远数百里,携其所著《颐山私集》若干卷,诣予谒序",因知其集刻于其生前。《四库全书总目》著录《颐山私稿》,"提要"谓其诗文"皆意境平浅,不耐寻绎"。《皇明诗统》卷一八录其诗六首。生平见叶夔《毗陵人品记》卷九。

吴用先(生卒年不详)　字体中,一字本如,号余庵。南直安庆府桐城(今属安徽)人。万历二十年(1592)进士,授临川知县。召为礼部主事,迁员外郎,历官至浙江按察使、左布政使,以右副都御史巡抚四川,预平定播州杨应龙之乱,事平,以病归。家居八年,再起为工部侍郎,改兵部侍郎总督蓟州,天启五年(1625)致仕归。曾辑历代贤吏之事为《令史高山集》。所著有《寒玉山房集》十六卷,亦未见传。现存万历刊本《征蛮疏草》二卷,又有清抄本《抚蜀疏草》六卷。清潘江《龙眠风雅》卷九录诗三十一首。清徐璈《桐旧集》卷一二录诗九首。《金陵诗征》卷三九"寓贤"录诗二首。清李雅等《龙眠古文》录文十三篇。生平见《(乾隆)江南通志》卷一四六。

吴玄(生卒年不详)　清人记作"吴元",字又于,号率道人。南直常州府武进(今江苏常州)人,吴中行子。万历二十二年(1594)举人,二十六年进士,授湖州府学教授。历任广西按察副使、江西右参政、湖广、江西右布政使。其兄吴亮与顾宪成等善,而玄深嫉东林,著《浙党吾征录》,诋毁不遗余力。《(道光)武阳合志》卷三三著录其《率道人集》《众妙斋集》。现存天启间刊本《众妙斋集》不分卷,收其所作诗文,内有诗一百三十余首,吴没庵序、朱明跋。又有崇祯十六年(1643)至十七年自刊本《吾征录》三卷《节略》五卷续一卷《率道人素草》一卷。生平见《(康熙)常州府志》卷二四、《明史》卷二二九。

吴扩(生卒年不详)　字子充,号之山。南直苏州府昆山(今属江苏)人。嘉靖间布衣。以能诗游南北缙绅间,后避倭乱,居金陵,爱秦淮一带水,造长吟阁居之。《千顷堂书目》著录其《长吟阁稿》又《贞素堂集》五卷,未见传。《盛明百家诗》后编录其诗一百二十余首为《吴之山集》。顾起纶《国雅》卷一一录其诗十二首。《皇明诗统》卷三〇录其诗十八首。《列朝诗集》丁集录其诗四首,"小传"谓其"玄冠白帢,吐音如钟。对客多自言游览武夷、匡庐、台宕诸胜地,朗诵其诗歌。听之者如在目中,故多乐与之游。入都门,游边塞,历太行群山……暮齿远涉,裹粮糒,蹑岭峤,风沙中日行百里如壮夫。金陵盛仲交(盛时泰)订其诗集行世。本朝布衣以诗名者,多封己自好,不轻出游人间,其挟诗卷、携竿牍,遨游缙绅,如晚宋所谓山人者,嘉靖间自子充始"。《明诗综》卷五○录其诗二首,"诗话"云:"子充游大人以成名,尝于元旦赋诗怀分宜阁老(严嵩),其友闻之,笑曰:'历头第一日怀中朝第一品官,循是怀人,即岁除亦轮不到吾辈。'此可入《启颜录》。嘉靖间山人,若吕中甫(吕时)、谢茂秦(谢榛)之徒,排难报恩,不无可取。若子充,所谓斗筲之人,无足算也。"《御选宋金元明四朝诗》录其诗三首。《金陵诗征》卷三九"寓贤"录其诗二首。《明诗纪事》己签卷二○录其诗三首,按语云"子充诗殊清稳"。

吴廷举(1463—1528)　字献臣,号东湖。祖籍嘉鱼,先祖洪武间戍梧州所,遂为广西梧州府苍梧(今梧州)人。成化十六年(1480)中举,二十三年进士,弘治元年(1488)授顺德知县,九年进成都府同知。历知松江府,十八年以兵部尚书马文升荐,升广东按察佥事,正德四年(1509),进广东副使。以劾中官逮系狱,枷锁示众,谪戍雁门。五年刘瑾伏诛,起为云南副使,历江西右参政,迁广东右布政使,以右副都御史赈济辰州,迁兵部右侍郎。以上书犯辅臣,改南工部,又改户部,寻以右都御史巡抚应天,嘉靖四年(1525)拜南工部尚书,五年乞致仕。归建东湖书院,七年卒,年六十六,谥清惠。能文,作诗效陈献章。《千

顷堂书目》著录《西巡类稿》八卷又《东湖奏草》《东湖诗集》。现存道光二十二年(1842)刻本《东湖集》五卷,内奏疏三卷、诗二卷;又光绪元年(1875)重刊本《东湖集吟稿》二卷。清廖元度《楚风补》卷一九录其诗二首。清汪森《粤西诗载》录其诗一首、《粤西文载》录其文二篇。清高士熙《湖北诗录》录其诗一首。《明诗纪事》丙签卷九录其诗二首。生平见崔铣《吴尚书廷举传》(《国朝献征录》卷五二)、何乔远《名山藏》卷七四、《明史》卷二○一。

吴廷翰(?—1559)　字崧伯,号苏原。南直庐州府无为(今属安徽)人。正德十四年(1519)举人,十六年进士,授兵部主事。改户部、吏部,历员外郎、郎中,出为广东佥事,转岭南分巡道,督学政,改浙江参议,转山西。年四十余,辞官归里,卒于嘉靖三十八年(1559),年七十余。早年曾上书王守仁,又与守仁门徒欧阳德辩论,所著《吉斋漫录》二卷多有驳"阳明学"之论,后又受王廷相影响,辟宋儒程朱之说,于天道自然、天理人欲、格物致知诸方面皆能自抒己见。卒后其长子吴国宝(字万湖)辑编其著述,万历二十九年(1601),其次子国寅刻为《苏原全集》十四卷,倩冯梦祯作序。内《苏原先生文集》二卷,收其各体文六十篇,《诗集》二卷,收诸体诗四百六十

余首；又有论学之《吉斋漫录》二卷，论史之《瓮记》二卷及读书札记《椠记》二卷；又《湖山小稿》三卷，诗二卷收诗二百四十余首，文一卷，收《苏原别墅记》《小南山记》《竹鹤山房记》等十六篇；末《洞云清响》一卷，为廷翰、国宝父子合著之散曲集，首散曲三套注明苏原作，后四套注明万湖作，其余套数十一套及小令五十四首未注作者。据卷首吴廷翰嘉靖三十三年自作《小引》，是集内皆为其致仕归里后所作。方志另著录其有《丛言》《志略考》，未见传。《皇明诗统》卷一八录其诗七首。《(乾隆)无为州志》录文七篇、诗五首。《明诗纪事》戊签卷一四录诗四首，按语云："苏原七律疏爽，集中佳句……皆可诵也。"《明文海》录其文二篇。生平见《(乾隆)江南通志》卷一六七、《(乾隆)无为州志》卷一五。

吴兆（生卒年不详） 字非熊。南直徽州府休宁（今属安徽）人。少警敏，多出入青楼戏场，喜为传奇、词曲。万历中游金陵，留连曲中，与新城郑应尼作《白练裙》杂剧，讥嘲名妓马湘兰，青楼人皆指目，有"樊川轻薄"之名。已而自悔，改弦为歌诗，仿初唐，作《秦淮斗草篇》，臧懋循、曹学佺见而击节，遂流传都下。后访故人于岭南，客死于广州新会。其诗有《金陵》《游闽》《豫章》《武林》《姑苏》《东归》《广陵》《溪上》《南游》

诸稿，清康熙间，王士禛选吴兆与程嘉燧诗，由汪洪度合刊为《新安二布衣集》八卷，前四卷为《吴非熊集》，计收诗三百六十余首，有《吴非熊诗旧序》及王士禛、宋荦序，又有汪洪度序云："渔洋先生（王士禛）论诗，主妙悟，所自为诗及所选诗皆以是为宗……其在前明则推昌谷（徐祯卿）、子业（高叔嗣）二家，业有合集行世矣。复于布衣中得二人曰吴非熊、程孟阳（程嘉燧），尝取其诗，昕夕吟讽，别有神契。"其集又有清抄本数种，或题为《吴山人诗》，或题为《吴非熊诗》，三卷、二卷不一。《千顷堂书目》著《吴非熊诗集》八卷，有误。《列朝诗集》丁集录其诗一百一十五首，"小传"记云："其为人率真自放，好穷山林花鸟之致，捉鼻苦吟，贵游杂坐，竟日讽咏，不知有人……非熊诗，评者谓其有二种，早年稼华婉至，中岁清真潇洒，大要沈酣于六朝、唐人，而傅之以性情，斡之以风调，工力并深，兴象兼会。"《明诗综》卷六五录其诗十一首，"诗话"云："非熊（诗）清而能丽，绮而不靡，最见赏于石仓（曹学佺），其风调亦相俪。"清沈德潜《明诗别裁集》录其诗一首。《御选宋金元明四朝诗》录其诗五十二首。《明诗纪事》庚签卷二五录其诗十首，按语云："非熊以《秦淮斗草篇》得名。万历末，诗家长篇如徐兴公（徐𤊹）《玉主行》、郑翰卿（郑琰）《半生行》、林初文（林章）《峨眉篇》、徐惟和（徐熥）《帝京篇》，俱负盛名，要不如非熊此篇为最。"生平见吴苑《吴兆传》（《新安二布衣集》附）、《（道光）安徽通志》卷一七五、《（道光）休宁县志》卷一四。

吴守淮（生卒年不详） 字虎臣。南直徽州府新安卫（今安徽歙县）人。父为盐商，饶于赀，守淮虽少孽，犹得分钜万。因挟资豪游江淮、吴越间，斥买古董及法书名画，橐垂罄。曾邂逅名士徐渭于西湖，文长大奇之，曰："少年未尝考古而遽能鉴此，岂天授乎？然胡不读书？则不但见古物而且见古人也。"因又斥买经史子集千余卷以归，橐若洗矣。归即读所买书，而大有所得，遂援笔为诗，隆庆时预汪道昆所主丰干诗社，又出游南都，与诸名士交，入欧大任江都诗社，后竟以穷死。《千顷堂书目》著录其《吴虎臣诗集》二卷，现存万历十七年（1589）吴薪刊本；另有万历间刊《白岳游稿》一卷，收守淮与沈明臣游徽州齐云山时倡和之诗。生平见《（万历）歙志》卷五《文苑》、王兆云《皇明词林人物考》卷一〇。

吴讷（1372—1457） 字敏德，号思庵。南直苏州府常熟（今属江苏）人。父吴遵道为沅陵主簿，被系至京，讷乞自代，事未白而父殁，治丧如礼，不用浮屠。力学尚义，兼善医术，永乐间以医士举至京，恳辞，命教功臣子弟。寻授监察御史，出巡浙江，次年巡贵州。宣德五年（1430）升右佥都御史，再升左副都御史，正统间以老疾辞。天顺元年（1457）卒，年八十六，谥文恪。为人刚介，其学以儒为本，喜编著图书。所编书最著者有天顺八年刊《文章辨体》五十卷《外集》五卷，内集所列文体名目五十种，外集列文体名目九种，各体均作"序说"，阐述命义及源流、作法等。其后徐师曾《文体明辨》、贺复征《文章辨体汇选》等，皆承其绪。《文章辨体》又有嘉靖三十四年（1555）刊本，为《四库全书》收录。其余尚有宣德八年刘氏翠岩堂刊本《小学集解大成》六卷、嘉靖时刊《祥刑要览》三卷及明抄本《百家词》一百三十二卷等。《千顷堂书目》著录其《思庵集》十一卷又《思庵续集》十卷又《思庵诗集》八卷又《思庵文粹》四册。现存嘉靖二十七年（1458）范来贤刻本《思庵文粹》十一卷，其中诗二卷，收诗二百余首，有杨子器序。另有清抄本《吴文恪公大全集》十卷，有其孙吴淳序及陈敬宗等序。程敏政《皇明文衡》录其《文章辨体序题》及四篇。张应遴《海虞文苑》录其词《满江红》一首。钱谷《吴都文粹续集》录其文二篇、诗四首。《明文海》录其文一篇。《海虞文征》录其文四十九篇、诗三十六首。生平见钱溥《吴公神道碑》（《国朝献征录》卷六四）、王鏊《姑苏志》卷五二、何乔远《名山藏》卷六二、《明史》卷一五八。

吴还初（生卒年不详）　名迁，字还初，以字行，号南州散人。江西南昌府南昌人。现存明万历书林文萃堂刊本《新刻全像五鼠闹东京》四卷残本二卷，卷一题"豫章还初吴迁编"。是书叙西天如来莲座下五只鼠精于宋仁宗时下界为怪，终于被擒事。主要据万历二十二年（1594）朱氏与耕堂本《百家公案》第五十八回《决戮五鼠闹东京》故事演绎，清代所刊白话小说《五鼠闹东京包公收妖传》二卷等则为其衍流。至清代长篇白话小说《三侠五义》《七侠五义》）所写陷空岛五位"义士"号称"五鼠"，为逞气斗勇而闹东京故事，则为此故事之变异。又，现存明万历刻《天妃娘妈传》二卷三十二回，目录题"新刻宣封护国天妃林娘娘出身济世正传"，版心又作"出像天妃出身传"。书叙北天妙极星之女玄真，托生于福建兴化府莆田县林家，后降妖伏怪，终于修成正果之事。此为最早描写福建民间海神"妈祖"故事之小说。是书上卷题"南州散人吴还初编"，因知其亦为吴还初所作。又，明书林焕文堂刻《南海观音菩萨出身修行传》四卷二十五题"南州西大午辰走人订著，羊

城冲怀朱鼎臣编辑"，此"西大午辰走人"亦应为"吴迁"。再有白话短篇小说集《新民公案》（全称《郭青螺六省听讼录新民公案》）四卷四十一则，现存日本延享元年（1744）抄本卷首有"南州延陵还初吴迁"所撰引文。又著名书坊小说作家邓志谟所著《蝉吟稿》有吴还初所作序，邓志谟《得愚集》卷二又有《与吴君还初》信札等。因知吴还初与其江西同乡邓志谟、朱鼎臣等同为万历中后期福建建阳书坊作手。

吴时行（1567—?）　字与偕，号两洲。南直徽州府休宁（今属安徽）人。少能文，以制义之暇流览古文辞及诗歌乐府。为诸生，屡试不举。现存明崇祯八年（163）天都吴氏原刊本《两洲集》十卷，首有崇祯七年程策序、崇祯八年金声叙、孙调元题记。内卷一、卷二收古近体诗二百八十六首、词五首、歌四首、赋一篇、序九篇；卷三至卷一〇收各体文及尺牍等。生平见《（康熙）休宁县志》卷五。

吴时来（1527—1590）　字惟修，号悟斋。浙江台州府仙居人。生于嘉靖六年（1527）四月二十八。二十八年乡试中举，次年会试不第，三十二年中进士，除松江府推官，摄府事。次年遇倭寇犯境，纳难民入城，以护境保民得百姓拥戴，擢刑科给事中。在朝劾罢兵部尚书许论、宣

大总督杨顺、御史路楷等，三十九年三月以劾严嵩父子，下诏狱，谪戍横州，建悟斋书院讲学，朝夕以著述为事。隆庆元年（1567）诏复故官，改工科给事中，迁顺天府丞。后以南京右金都御史提督操江，改巡抚广东，赴任前以滥举亲信被劾，贬云南副使，再被劾，罢官。在籍闲居十六年，万历十二年（1584）起湖广副使，擢左通政，进刑部右侍郎，转吏部，拜左都御史，十八年被劾，乞归。未出都，五月初十卒，年六十四，赠太子太保，谥忠恪，寻被论夺谥。时来在朝原以直节称，然疏于自检，晚节犹不能自坚，委蛇于执政间，故连被弹劾。能诗文，其《与茅鹿门》书，颇许茅坤，对李攀龙多有批评。《明史·艺文志》著录其《江防考》六卷《悟斋稿》十五卷。《江防考》为其提督操江时所著，现存万历五年刊本。又有万历十六年（1588）刊《横槎集》十卷，收其谪横州七年时所作诗文，诗五卷，收五七言古近体诗四百余首，文五卷，收其序、记、碑、书及杂著六十余篇。又有《吴悟斋先生摘稿》十四卷，诗六卷文八卷，为其门人施懋、王应斗所辑，亦刊于万历时。近人李镜渠曾辑《悟斋先生遗稿》一卷，收入《仙居丛书》，然多有见于上两集者，盖未见两集之传本也。《明文海》录其文九篇。清汪森《粤西诗载》录其诗五首、文一篇。《明诗综》卷四四录其诗一首。清戚学标《三台诗录词录》卷一九录其诗三首。《明诗纪事》己签卷一一录其诗一首。生平见林一焕《吴忠恪公行状》《（光绪）仙居县志》卷一六）、萧彦《掖垣人鉴》卷一四、《明史》卷二一〇。

吴伯与（生卒年不详）　字福生。南直宁国府宣城（今属安徽）人。万历四十年（1612）举人，明年进士，除户部主事。历员外郎、郎中，出为浙江左参议，迁广东副使。著述现存明刻单行本有《素雯斋集》十二卷、《西湖造游草》一卷，又有《休夏十首》《长安秋逸》《游黄山纪》《游黄山诗》各一卷。天启间辑诸集，刻为《素雯斋集》三十二卷，内诗赋四卷，收赋三、诸体诗四百余首，方从哲、赵秉忠、李维桢、濮之臣、汤宾尹序，原刊本亦存。另有明刊《国朝内阁名臣事略》十六卷、《南华经因然》四卷。又，《四库全书总目》著录其《宰相守令合宙》十三卷，现存明崇祯刊本《宰相守令合宙》二十四卷。《明诗综》卷六〇录其诗一首，"诗话"云："福生《素雯集》虽无与'竟陵'酬和之作，似亦降心从之者。"《御选宋金元明四朝诗》录其诗五首。清施闰章《宛雅二编》卷六录其诗十六首。《明文海》录其文六篇。生平见李维桢《吴民部小集序》《（大泌山房集》卷一一）、《（乾隆）江南通志》

卷一六七。

吴伯宗（1334—1384） 名佑，字伯宗，以字行。江西抚州府金溪人。洪武三年（1370）乡试解元，明年会试、廷试第一，为明代首科状头。授礼部员外郎，与修《大明日历》。胡惟庸用事，欲人附己，不为屈，惟庸衔之，八年遂坐事谪凤阳，寻召还，奉使安南。归除国子助教，改翰林典籍，十四年（1381）除太常寺丞，辞，次年改国子司业，又辞，忤旨，贬陕西金县教谕，未至，召还为翰林检讨。十五年进武英殿大学士，明年冬，坐弟吴仲实为三河知县荐举不实，降检讨，十七年四月坐文字进不以时，谪云南，暴卒于途，年五十一。《明史·艺文志》著录《吴伯宗集》二十四卷，凡《南宫》《使交》《成均》《玉堂》四集。现存万历间金陵周文华校刊本《吴状元荣进集》三卷，卷一收制诰、廷试策题、御试状元策、会试进士三场文、乡试解元三场文，卷二收诗一百三十九首，卷三收各体文二十八篇，卷末附《吴状元墓志铭》，有嘉靖二十三年（1544）黄直序。《四库全书》收《荣进集》四卷，首卷为乡试会试试卷，二卷、三卷收诗，附以赋及诗补遗，四卷为杂文，当为重新编刊。《总目》"提要"云："伯宗守正不阿，虽忤时贬谪不少悔……诗文皆雍容典雅，有开国之规模。明一代台阁之体，胚胎于此。"刘仔肩《雅颂正音》录其诗三首。《皇明风雅》卷一八、顾起纶《续国雅》卷一录其诗一首。《皇明诗统》卷三录其诗二首。《列朝诗集》甲集录其诗二首。《明诗综》卷四录其诗一首。《江西诗征》卷四四录其诗十一首。《明诗纪事》甲签卷一二录其诗一首。清应麟《江右古文选》卷一三录其文一篇。生平见黄佐《吴伯宗传》（《国朝献征录》卷一二）、林尧俞等《礼部志稿》卷五七、顾祖训《状元图考》卷一、王兆云《皇明词林人物考》卷一、《明史》卷一三七。

吴伯通（生卒年不详） 字原明，号石谷。四川顺庆府广安人。天顺八年（1464）进士，除大理评事。历河南按察佥事，迁浙江提学副使，弘治十一年（1498）任贵州按察使。以讲学名，学者称石谷先生。其学力主"躬行"，以道自任，督学河南、浙江，以"治心养性"为训。居家建甘棠书院，教授百余人，手录《白鹿洞规》示之。所著现存正德十一年（1516）广安知州汪城刊本《石谷达意稿》十二卷，收其古近体诗四百余首，内七言律诗达三百首，有汪城序。《千顷堂书目》另著录《石谷遗言》一卷。周复俊《全蜀艺文志》收录其文二篇、诗二首。《御选宋金元明四朝诗》录其诗六首。生平见《（雍正）四川通志》卷八。

吴希贤（1437—1489） 名衍，字

希贤,以字行,更字汝贤,号静观。福建兴化府莆田人。天顺八年(1464)进士,选翰林院庶吉士,授检讨,与修《英宗实录》。历修撰、左谕德,迁南翰林院侍读学士,弘治二年(1489)五月二十八卒于官,年五十三。在朝与李东阳等倡和,东阳曾辑《联句录》五卷,希贤复重辑之。《千顷堂书目》著录其《听雨亭稿》五卷,未见传。郑岳《莆阳文献》录其诗二首、文四篇。《石仓十二代诗选·明诗选》录其诗五十九首。清郑王臣《莆风清籁集》卷一一录其诗十五首。清涂庆澜《莆阳文辑》卷八录其文一篇。清郭柏苍《全闽明诗传》卷一〇录其诗五首。《明诗纪事》丙签卷四录其诗三首。生平见林俊《静观吴公墓碑》(《见素集》卷一八)、佚名《吴公希贤传》(《国朝献征录》卷二三)、郑岳《莆阳文献》列传第五八、廖道南《殿阁词林记》卷四。

吴希孟(生卒年不详)　字子醇,号龙津。南直常州府武进(今江苏常州)人。嘉靖十一年(1532)进士,授东阳知县,十四年调桐庐令。十五年选户科给事中,十一月世宗以皇子生,遣翰林院修撰龚用卿与希孟充正、副使,颁诏于朝鲜,赐国王以文绮、彩缎。十七年归后年升兵科右给事中,十八年迁江西左参议,寻降浙江会稽知县,再迁江西广信知府,致仕归。其任职桐庐时曾辑《钓台集》八卷,嘉靖十五年焦煜刻本现存。又其嘉靖十六年随龚用卿使朝鲜,后李氏朝鲜政府刊刻《(丁酉)皇华集》五卷,收二人在朝鲜四十余天所作诗文及朝鲜官员金安老、郑士龙等人倡和之作计六百六十三首,内用卿诗二百二十首、希孟诗一百九十四首。

吴彤(1317—1373)　字文明。临川(今江西抚州)人。元顺帝至正十三年(1353)进士,除赣州路录事,升治中。陈友谅取赣州,强之为官,脱归。朱元璋灭汉,用守臣荐,授国子博士,改严州同知。吴元年(1367)召入南京,议即位郊祀仪注。洪武元年(1368)升湖广按察佥事,改山东,超拜北平按察司副使,六年(1373)三月奉旨还京,疾作而卒,年五十七。初从孙辙学,长从危素、虞集游。有《山居》《南游》等诗文集,未见传。《千顷堂书目》著录其有《弱龄稿》,亦未见传。刘仔肩《雅颂正音》录其诗四首。《列朝诗集》甲集录其诗四首。《御选宋金元明四朝诗》录其诗一首。《海虞文征》《江西诗征》卷四一录其诗四首。《明诗纪事》甲签卷一三录其诗二首。生平见宋濂《吴君彤墓志铭》(《宋学士文集》卷二一)、《(雍正)抚州府志》卷二二、《(道光)临川县志》卷二二之六。

吴应宾(1564—1635)　字尚之,

又字客卿,号观我。南直安庆府桐城(今属安徽)人。万历十四年(1586)进士,选翰林院庶吉士,授编修。以目疾告归,居乡四十载,闭户著述。天启初,因左光斗、方大任荐,以理学召,以病未赴,加右春坊右谕德兼侍读。崇祯八年(1635)卒于家,年七十二,门人私谥宗一先生。《明史·艺文志》著录其《中庸释论》十二卷。《千顷堂书目》著录其《圣僧庵集》一卷《性善二书》五卷又《宗一圣论》二卷《感应篇注》《学易斋集》。现存万历三十九年刊《古本大学释论》五卷、清光绪四年(1878)吴树申刊《宗一圣论》二卷。诗文别集则未见传。清潘江《龙眠风雅》卷八录其诗一百二十三首。《明诗综》卷五五录其诗二首。清徐璈《桐旧集》卷一二录其诗十七首。《明诗纪事》庚签卷一五录其诗一首。清李雅等《龙眠古文》录其文十四篇。生平见《(雍正)江南通志》卷一六四。

吴应箕(1594—1645) 字风之,更字次尾。南直池州府贵池(今属安徽)人。生于万历二十二年(1594)九月十一。性倜傥,能文词,善谈论,尤以经济才自负,称一时才俊。万历四十一年补博士弟子员,四十三年至南京赴应天乡试,凡八试不举,至崇祯十五年(1642)始中副榜。然屡至南都,广交名士,濡染关心国事之风气。崇祯元年与张溥、张采、刘城等倡组复社,后遇乡试之期,即大会社友,至三举国门广业社,与会者达数百人,应箕皆为中坚,以力持清议为己任。十二年南都流传应箕与顾杲、陈子龙、侯朝宗、黄宗羲等一百四十人联名之《留都防乱公揭》,抨击阮大铖,对当时政局颇有影响。此《揭》实应箕于顾杲家起草者。清兵南下,南明弘光元年(1644)与同邑刘城等聚数万乡人抗敌,同年冬被执不屈死,年五十二。应箕人品学问甚得当时陈子龙等人推重。所著《启顺两朝剥复录》十卷《留都见闻录》一卷,有清初刊本及多种清抄本。又所著《东林事略》三卷,亦有清抄本。《四库全书总目》著录其《读书止观录》五卷,有1920年贵池刘氏唐石簃刻《贵池先哲遗书》本。诗文别集名《楼山堂集》,传世刊本甚多,现存崇祯十二年金闾书房周星野刊本《楼山堂集》二十五卷(内论七卷、传记一卷、辨一卷、序三卷、书三卷、议一卷、策三卷、杂著一卷、诗五卷);又有清初刊本《楼山堂集》二十七卷(《千顷堂书目》著录《楼山堂全集》二十七卷即此本也);另有清刊本二十七卷又增《遗文》六卷《遗诗》一卷。清潘锡恩辑《乾坤正气集》收其《楼山堂集》十八卷。陈济生《天启崇祯两朝遗诗》卷九录其诗三十二首。《明诗综》卷七三录其诗六首。《明诗纪事》辛签卷六录其诗十五首。生平见《(乾隆)江南通志》卷一六七、《明史》卷二七七。清同治四年(1865)刊《楼山堂遗书》二十七卷附清夏燮《忠节吴次尾先生年谱》一卷《遗事》一卷,《贵池先贤遗书》附刘世珩《吴次尾先生年谱》一卷。

吴沈(? —1386)　字濬仲。兰溪(今属浙江)人。元礼部郎中吴师道之子,以家学自振,著文章名。朱元璋兵下婺州,召为县学训导,不就。洪武十二年(1379),以博学儒士举至京,除授翰林国史院待制,以言事降编修,十三年复为待制,再降编修。十五年复坐奏对失旨,谪渭源教谕,未行,留为翰林典籍,奉敕辑《精诚录》,十一月擢东阁大学士,又降翰林待书,改国子博士。十九年七月以老迈乞致仕,寻卒。以能文学名而负经济志,三进三黜无喜愠,为时人所敬重。《千顷堂书目》著录《应酬稿》又《濲川集》。清陆心源《皕宋楼藏书志》记云:"《濲川集》十卷,旧抄本。是集各家书目罕见著录,《四库》所未收也。"今存清抄本《濲川集》八卷,诗三卷文五卷。内《濲川集自序》云:"癸丑之夏,予忧思无聊,因取平日应酬之作观之,不觉发笑。数十年间疲精神于无用之地,何益也哉? 遂焚去之,其中有一二仅可读者,未忍遽弃,写为八卷,藏之箧笥,以示子孙,非故以为

文章传之他人也。""癸丑"为洪武六年,故所收当为其入仕前之作,且为作者手订也。胡应麟《诗薮》云:"吾邑大学士吴沈,最为太祖眷遇,然初不以诗名。近得其遗集,虽儒生本色时露,而高华整肃,体格天成,合处讵出当时名家下也。"阮元声《金华诗粹》录其诗二十三首。《列朝诗集》甲集录其诗二首。清朱琰《金华诗录》卷二三录其诗五首。《明诗纪事》甲签卷五录其诗一首。《明文海》录其文二篇。生平见黄佐《东阁大学士吴公沈传》(《国朝献征录》卷一二)、廖道南《殿阁词林记》卷三、《明史》卷一三七。

吴沛(1577—1631)　字海若。南直滁州全椒(今属安徽)人。祖父务农,父行医,家事稍丰,因供沛读书攻举业。性超敏,十四岁选为博士弟子员,万历三十四年(1606)首赴乡试不举,后又连战皆北,外出坐馆教书,仍隅居苦读,矻矻不少休,至四十六年四十一岁时补廪生,崇祯四年(1631)卒,年五十五。生五子,长子国鼎及幼子国龙崇祯十六年中进士,三子国缙、四子国对清顺治时中进士,吴氏因成全椒望族,科第相继数世,至雍、乾时,其后人吴敬梓、吴烺始与科考决绝。沛亦能诗文,卒后其诸子辑其遗著为《西墅草堂集》五卷,诗一卷,辑其诸体诗百余首,文四卷,辑其序、记、说、论、

书、启等文数十篇,姜曰广、冯元飙序,卷后五子各有跋文。现存清康熙十二年(1673)重刊本。诗文多表现对功业之企望追求,虽屡经挫折而矢志不渝,故后吴敬梓虽对科举有理性批判,仍对先祖充满景仰之情,见其《移家赋》及《西墅草堂歌》。吴沛生平略见《(康熙)全椒县志》卷一〇。

吴怀贤(? —1625) 字齐仲。南直徽州府休宁(今属安徽)人,侨寓浙江嘉兴。天启四年(1624)由国子监生授内阁中书,与修《实录》,五年杨涟劾魏忠贤疏出,怀贤称扬,书其所抄云:"宜如(宋)韩魏公(琦)治任守忠故事,即时遣戍。"又致书以忤魏忠贤罢官之何昌期,有"事极必反,反正不远"语。忠贤侦知二事,矫旨将其下镇抚司狱,拷掠至死。崇祯元年(1628)昭雪,赠工部主事。现存崇祯三年(1630)序刻本《吴翼明先生存集》,文二卷、诗一卷(收诗二百余首)、制义一卷、《玄言阁唾余》一卷又补遗一卷,皆独立成帙,分别有序,为其子吴道生辑刊。《御选宋金元明四朝诗》录其诗一首。生平散见于清陈鼎《东林列传》卷四、清邹漪《启祯野乘》卷五、《明史》卷二四五。

吴国伦(1524—1593) 字明卿,号川楼、南岳山人。湖广武昌府兴国州(今湖北阳新)人。生于嘉靖三年(1524)正月二十二。二十八年举乡试第一,明年进士,九月授中书舍人。三十四年五月进兵科给事中,十月杨继盛劾奏严嵩被杀,国伦与王世贞、宗臣等酹酒泣奠,并倡仪赙送,因忤权臣严嵩,三十五年三月贬江西按察司知事,次年再谪南康推官,三十七年返家。三十九年初回京待调,三月改河南归德府推官,以三年不调,四十一年由归德自免归,秋起建宁同知,一月后迁邵武知府,四十五年考满离去。隆庆二年(1568)改知高州,六年三月进贵州提学副使。万历二年(1574)转河南左参政,万历五年罢归。卒于万历二十一年六月二十三,年七十。初为官,即经徐中行绍介,与李攀龙相识,延入诗社,因得与王世贞、谢榛、宗臣、梁有誉等交,以"后七子"之名扬天下。于"后七子"中最为老寿,归田后,声名籍甚,与王世贞并为诗坛盟主,"海内啸名之士,不东走弇山,则西走下雄"(《列朝诗集》丁集)。万历十八年世贞卒后,又与汪道昆、李维桢领袖诗坛。为诗尊秦、汉、盛唐,倡风雅之旨。早年拟古过苛,中年后崇雅尚俗,求新变,主张"闲襟宇而发其才情"(《甔甀洞稿》卷三九《李尚书集序》),"多抒写性灵"(《甔甀洞续稿》文部卷五《居夷漫草序》),于复古中有革新。王世贞《艺苑卮言》、王世懋《艺圃撷余》

皆赞其五七言律诗。胡应麟《诗薮》论其诗云:"明卿五七言律,整密沈雄,足可方驾于鳞(李攀龙),然于鳞用字多同,明卿则用句多同,故十篇而外,不耐多读,皆尺有所短也。"隆庆三年在高州时曾刻《吴川楼集》,六年又刻《天籁子拟古乐府》,督学贵州时又曾辑所作诗文为《西征杂述》,均未见传。后有万历二年刻《藏甲巇稿》六卷存于世。万历十二年兴国吴氏家刻《甌甄洞稿》五十四卷,为其生前自定,内诗三十三卷、文二十一卷,有许国、王世贞、张鸣凤、孙应鳌序。卒后其长子士良辑其晚年诗文为《甌甄洞续稿》二十七卷,诗十二卷、文十五卷,有万历二十三年刊本。万历三十一年,其三子又将《甌甄洞稿》五十四卷《续稿》二十七卷合刻,邓原岳、李维桢序。后又有清乾隆、道光时刊本。《四库全书总目》著录《甌甄洞稿》五十四卷《续稿》二十七卷,另著录其《陈张本末略》一卷、《方国珍本末略》一卷(现存清《学海类编》本)。又《明史·艺文志》著录其尚有《春秋世谱》十卷、《训初小鉴》四卷。赵南星编《明十二家诗选》录其诗为《吴川楼集》四卷。《盛明百家诗》前编录其诗四十余首为《吴川楼集》,后编又录其诗六十余首为《续吴川楼集》。顾起纶《国雅》卷一六录其诗十首。《皇明诗统》卷二九录其诗十七首。《皇明诗选》录其诗五十三首,评语称其诗"雅练流逸,情景相副,调既嘹亮,词复匀适,真登堂之彦也"。《列朝诗集》丁集录其诗三十三首。《明诗综》卷四六录其诗四首,"诗话"云:"元美即世之后,明卿与汪伯玉(汪道昆)、李本宁(李维桢)狎主齐盟,三君皆不知诗,王、李既殁,海内不敢违言,刘子威(刘凤)、冯元成(冯时可)、屠纬真(屠隆)辈相与附和之,《甌甄》《太函》《大泌》等集,几与《四部》争富,而《由拳》《白榆》等集,尤而效之,海内之为真诗者寡矣。"清沈德潜《明诗别裁集》录其诗六首。《御选宋金元明四朝诗》录其诗四十首。清廖元度《楚风补》卷二二录其诗五十三首。清高士熙《湖北诗录》录其诗二首。《明诗纪事》己签卷二录其诗十五首,按云:"《甌甄洞稿》存诗太多,如太仓陈粟,武库钝兵,虽多亦奚以为。惟与李、王结社,虽沿习气,颇讲格律,撷其菁华,不失为于鳞派中佳境也。"明刻《皇明八才子文选》收《明卿文选》六卷。《明文海》录其文八篇。生平见李维桢《吴公舒恭人墓志铭》(《大泌山房集》卷九二)、冯梦祯《吴明卿先生传》(《快雪堂集》卷九)、王兆云《皇明词林人物考》卷九、何乔远《名山藏》卷八六、《明史》卷二八七。

吴国琦（生卒年不详） 字公良、雪岩。南直安庆府桐城（今属安徽）人。崇祯四年（1631）进士，初授兰溪知县，后迁漳州府推官，改兵部主事。从方大镇学，又与汪国士同出何如宠门。以能诗文称，所著有《水香阁集》《孤舟集》《怀兹堂集》等。现存崇祯十四年吕士坊刊本《怀兹堂集》八卷，诗四卷，收诗五百七十余首，文四卷，收各体文五十余篇，有岳如宠、阮元声、王志道、黄端伯、曹学佺、姚康伯、陈继儒等序。清潘江《龙眠风雅》卷二五录其诗七十一首。清徐璈《桐旧集》卷一二录其诗十三首。清黄彬等《金华诗录》外集卷二"名宦"录其诗四首。《明诗纪事》辛签卷一九录其诗一首。《明文海》录其文二篇。清李雅等《龙眠古文》录其文五篇。清陈元龙等《御定历代赋汇》录其《幔亭雨舟赋》一篇。生平见吴之器《婺书》卷六、《（乾隆）江南通志》卷一六七。

吴昂（1470—1544） 字德翼，号南溪。浙江嘉兴府海盐人。弘治十七年（1504）举人，明年进士，授宜城知县，改新建。宁王横恣虐民，诬民反叛，力为解之。历兵部、刑部员外郎，出为福建按察佥事，山东副使、福建参政，以福建右布政使致仕。卒于嘉靖二十三年（1544），年七十五。以廉称，不能

谐俗，及归，寒素如未仕，储书满家，又每混迹渔家，布衣毡帽，以为乐事。《千顷堂书目》著录其《南溪集》及《周礼音释》，未见传。家居曾参与徐泰小瀛洲十老诗社，钱孺谷《小瀛洲十老诗卷》录其诗二十七首。清沈季友《槜李诗系》卷一一录其诗三首。《明诗纪事》丁签卷一四录其诗一首。生平见戚元佐《吴方伯昂传》（《国朝献征录》卷九〇）、《（雍正）浙江通志》卷一六七、《明史》卷二六一。

吴兖（生卒年不详） 字鲁宇，一字詹所，号茶山樵。南直常州府武进（今江苏常州）人。万历二十八年（1600）举人，淡于仕进，好为诗歌古文辞，筑茶山路，建兼葭庄，终老于斯。现存崇祯间刊本《山居杂著》，诗文不分，有序、记、赞等文十余篇，又诗九十余首，其吴亮序。《（道光）武阳合志》卷三三另著录其《山居词》《山居别著》。清邹祗谟、王士禛《倚声初集》录其词三首。清卓回《古今词汇》录其词一首。《明词综》卷五录其词一首。生平见《（康熙）常州府志》卷二七。

吴宗汉（生卒年不详） 字守忠，一字天章，号东汇，又号心逸道人。浙江嘉兴府海盐人。嘉靖间曾任省祭官。能诗，《千顷堂书目》著录其《心逸道人吟稿》。现存清道光十年（1880）马泰荣抄本《心逸道人吟

稿》二卷，首有嘉靖三十九年(1560)王文禄《心逸吴先生诗稿序》，内收诗五百余首，附词二十首。卷末其甥陈所学嘉靖四十年识语，谓其"生平雅嗜诗咏……性度冲夷，恬素而潇洒通脱，即至老不衰，每闲居读书道古，窃慕陶五柳、孟襄阳之为人"。清沈季友《槜李诗系》卷一三录其诗四首，"小传"谓其诗"甚清丽"。生平见《(光绪)嘉兴府志》卷五七。

吴宗达(1575—1636)　字上宇，号青门，又号涣亭。南直常州府武进(今江苏常州)人，吴中行侄。万历二十八年(1600)举人，三十二年进士第三，授编修。累迁至国子监祭酒，充《神宗实录》副总裁，进礼部右侍郎。崇祯初廷推阁臣，名列第三，举孙慎行自代。崇祯三年(1630)拜礼部尚书，与温体仁同兼东阁大学士，入参机务，旋晋太子太保文渊阁大学士，五年晋少保、户部尚书、武英殿大学士，六年晋少傅兼太子太傅、吏部尚书、建极殿大学士，七年进少师兼太子太师、中极殿大学士。八年以病乞归，九年卒，年六十一，谥文端。现存崇祯间延陵吴氏清畏堂刊本《吴文端公涣亭存稿》二十八卷，首有张玮序，内卷一至卷四收诗近六百首、词四首，卷五至卷一二为《奏草》，卷一三、一四为诰敕，卷一五至卷一七为廷试策、经筵讲章、论、表、策，卷一八、一九为序，卷二○至卷二二为启、书，卷二三、二四为《麟经目录》，卷二五至卷二七为各体杂文，卷二八为《遗安堂训》。清卓回《古今词汇》录其[鹧鸪天]词，清沈辰垣《御选历代诗余》录其[满庭芳]词，未见集中。生平见清佚名《五十辅臣考》卷二、《明史》卷二二九。

吴承恩(生卒年不详)　字汝忠，号射阳山人。南直淮安府山阳(今江苏淮安)人。祖吴贞，仁和教谕。父吴锐幼年失怙，赘于世卖采缕文縠之徐氏。少习举子业，入学后困顿场屋数十年，入南国子监，以岁贡赴京候选，嘉靖四十五年(1566)授浙江长兴县丞，隆庆二年(1568)被诬罢官，后经甄别，有"荆府纪善之补"(吴国荣《射阳先生存稿跋》)，未详是否赴任。卒于万历八年(1580)左右，享年七十余岁。自幼聪慧，"为诗文下笔立就，清雅流利，有秦少游之风。复善谐剧，所著杂记几种，名震一时"(《天启淮安府志》)。以文名著于地方，或被誉为"淮自(宋)张文潜以后一人而已"(陈文烛《射阳先生存稿序》)。亦能书画，今存墨迹碑刻多种。所著卒后辑为《射阳先生存稿》四卷，有万历十八年(1590)刊本，卷一为诗、赋、颂，卷二为赠序，卷三为论、赞、铭、祭文等,卷四为障词及词曲,陈文烛、李维桢序。集中有《禹鼎志自序》,自言其撰《禹鼎志》仿牛僧孺《玄怪录》及段成式《酉阳杂俎》,仅"十数事"。《禹鼎志》未传。其诗"笔清而不簿,澹而能隽",不入流俗。与"七子"之徐中行交善,往还倡和,而诗"独不类'七子',率自胸臆出之"(李维桢《射阳先生存稿序》)。《皇明诗统》卷三四录其诗二首。《明诗综》卷四八录其诗七首,"诗话"云:"汝忠论诗,谓近时学者徒欲谢朝华于已披,而不知漱六艺之芳润,纵诗溢缥囊,难矣。故其所作,习气悉除,一时殆鲜其匹。"清吴玉搢《山阳耆旧诗》录其诗三十四首。清丁晏《山阳诗征》卷七录其诗七十三首。《明诗纪事》己签卷一九录其诗一首。近人赵尊岳《明词汇刊》录其词九十一首为《射阳先生词》一卷。另,《(天启)淮安府志·艺文志》著录其《西游记》,《千顷堂书目》卷八史部地理类列"吴承恩《西游记》"。清代其邑人吴玉搢、阮葵生以为《府志》所著录之《西游记》即百回本白话长篇小说《西游记》,并以书中多"吾乡方言"为证(《山阳志遗》卷四、《茶余客话》卷二一)。传世白话长篇小说《西游记》之最早刊本为万历二十年金陵世德堂刊《新刻出像官板大字西游记》二十卷一百回,无作者署名,清康熙间《西游真诠》本谬托为元初长

春道人丘处机所作,至近人鲁迅《中国小说史略》据吴、阮二人说,认定吴承恩为《西游记》作者,近世通行本因之皆署吴承恩名。百回本小说《西游记》为中国古代最为老少咸宜之经典小说,然其成书与《三国志演义》和《水浒传》之成书大致相同,属于"世代累积"。宋刊《大唐三藏取经诗话》、明初杨讷《西游记杂剧》及《永乐大典》节录之《西游记平话》等均为其渊源,因之在很大程度上积淀、融会了中国宋、元以来不同历史时期不同阶层、不同人群之观念意识、精神心理。至明万历年间刊行之《西游记》小说,唐代僧徒陈玄奘西天取经故事之宗教意蕴已被淡化,书中甚至大量出现对宗教挪揄嘲弄文字,表现出一种时代精神。小说不仅通体一致地保持着"每杂解颐之言""逸趣横生"的喜剧氛围,表现出熔滑稽、讽刺和幽默于一炉之艺术个性,而且在相当程度上具有了"童话"和"寓言"之性质。在中国古代集体累积型小说中,《三国志演义》和《水浒传》仍保留了焊接史实或缩结短篇的痕迹,惟《西游记》最大限度地彰显出作家个人风格对群体风格之融解,使其成为中国古代长篇小说由集体创作到个人创作过渡之标志。至其最后之作者,仍有待考证,难以确定吴承恩为其最后写定者。

吴易（1612—1646） "易"或写作"昜"，字日生，号惕斋。南直苏州府吴江（今属江苏）人。所居东湖草堂在柳胥，曾与史玄、赵涣倡和，因有《东湖三子倡和集》（《千顷堂书目》著录），时人或称其为"东湖三子"。易崇祯二年（1629）入复社，九年举人，十六年进士，次年授兵部主事，入史可法幕，督饷吴中。南明隆武元年（1645）与同邑举人孙兆奎、诸生沈自驹、沈自炳等聚众抗敌，旬日间得水师千余人，屯兵五湖、三泖间，出没旁近诸县。旋兵败，父承绪及妻女皆赴水死，易仅以身免。乃收集散亡，与浙东为声援。次年六月，浙东亦溃，易逃亡被执，以不屈被杀于杭州草桥门，年三十五。唐王曾授其兵部侍郎，进尚书，兼都察院右副都御史；鲁王监国，封其为长兴伯。现存稿本《吴长兴伯集》一卷，又有清抄本《惕斋遗书》四卷、《客问篇》一卷。晚清《国粹丛书》二集收其《吴长兴伯集》五卷。当时亦以诗名，陈济生《天启崇祯两朝遗诗》卷七录其诗六十四首。清卓尔堪《明遗民诗》录其诗一首。《明诗综》卷七四录其诗九首，"诗话"云："启、祯之间，风雅凌替，古风尤置不讲。日生奋迹松陵，诵《六公咏》，原本杜老'八哀'之作。是时第知卧子（陈子龙）有起衰之功，然卧子丰缛，日生戌削，各有其长。"清沈德潜《明诗别裁集》、《御选宋金元明四朝诗》录其诗三首。《明诗纪事》辛签卷八下录其诗五首。《明词综》卷七录其词一首。近人赵尊岳《明词汇刊》据其遗集录其词二十二首为《吴长兴伯词》。生平见张岱《石匮书后集》卷三九《丙戌殉难列传》、《明史》卷二七七。

吴钟峦（1577—1651） 字峻伯，又字峦穉，号霺山，又号霞舟。南直常州府武进（今江苏常州）人。与顾宪成、高攀龙游，讲心性之学。崇祯四年（1631）出贡，选授光州教谕，同年秋中举，七年进士，除长兴知县，谪绍兴府照磨，十五年迁桂林府推官。弘光元年（1644），授礼部主事，唐王立，进员外郎，迁广东副使，未赴。鲁王监国至闽，拜通政司使，擢礼部尚书，往来浙东山海间，呼吁抗清。清兵下宁波，渡海至昌国卫，入孔庙，赋《绝命词》，抱孔子木主自焚死，年七十五，时在南明永历五年（1651）。曾习《坛经》，后入东林，与高攀龙、缪昌期善，遂专心于濂洛，研《易》学。著述现存康熙初年刊本《十愿斋全集》十四卷，内《十愿斋遗集》五卷、《十愿斋文集》四卷、《霞舟易笺》二卷、《十愿斋易说》一卷、《大学衍注》一卷、《霞舟自述年谱》一卷。又有清乾隆间钱浚恭抄本《霺山先生残集》二卷。另有《霺山丛谈》《梁园佳话》《霞舟语录》《岁寒集》等，未见传。《明诗综》卷七五录其诗一首。《明诗纪事》辛签卷八上录其诗一首。生平见清全祖望《吴公事状》《鲒埼亭集外编》卷九）、清徐鼒《小腆纪传》卷四六、清翁洲老民《海东逸史》卷一〇、《明史》卷二七六。

吴俨（1457—1519）　字克温，号宁斋。南直常州府宜兴（今属江苏）人。成化二十三年（1487）进士，选翰林院庶吉士，弘治二年（1489）授编修。十三年升左春坊左中允，次年转南京翰林院侍讲学士，掌南翰林院。正德初纂修《孝宗实录》，充经筵日讲官，二年（1507）主顺天乡试，以“为臣不易”命题，刘瑾为之怒，以蜚语罢其官。瑾诛，复进用，擢南礼部右侍郎，转左，十一年进南礼部尚书。卒于正德十四年五月，年六十三，赠太子太保，谥文肃。万历十二年（1584）其孙吴士遇请同邑王升、武进庄煦等代为删略其著述，刊为《吴文肃公摘稿》四卷，诗二卷文二卷，《千顷堂书目》著录《吴文肃公摘稿》即此，今存。沈敕《荆溪外纪》卷一二录其词二首。《列朝诗集》丙集录其诗三首，“小传”谓其“性方严清慎，文章庄重，诗词清丽可讽”。《明诗综》卷二五录其诗一首，《御选宋金元明四朝诗》据之录。《四库全书》收《吴文肃公摘稿》四卷，《总目》“提要”云：“俨当何（景明）、李（梦阳）未出以前，犹守明初旧格，无钩棘涂饰之习。其才其学，虽皆不及李东阳之宏富，而文章局度春容，诗格亦复娴雅，往往因题寓意，不似当时台阁流派，沿为肤廓。虽名不甚著，要与东阳肩随，亦足相羽翼也。”《明诗纪事》丙签卷九录其诗一首。生平见佚名《南京礼部尚书吴俨传》《国朝献征录》卷三六）、廖道南《殿阁词林记》卷五、叶夔《毗陵人品记》卷八、《明史》卷一八四。

吴奕（生卒年不详）　字世于。南直常州府武进（今江苏常州）人，吴中行子，吴亮弟。万历三十八年（1610）进士，授漳州府龙溪知县，有治绩，以强项忤巨室，投劾归。《（道光）武阳合志》卷三三著录其《观复庵诗集》十二卷及《舆中草》《后舆中草》。现存万历刊本《观复庵集》十六卷，内《观复庵续集》四卷，收文五篇、诗四百首、词八首，有万历四十四年陈翼飞《琴余草序》；又《观复庵续集》四卷，收各体文一百七十余篇；另《观复庵绪集》八卷，内《舆中草》《后舆中草》收诗一百余首，又《舟中记》，署万历三十五年，又《淮上吟》《嘲梦诗》收诗三十余首，又《城社记略》，又戏曲《空门游戏》演弥勒故事，《燕市悲歌》演绎荆轲故事，末为《丹霞县谱》，条议、示约、堂庑格言、谳牍、呈移等。近人赵尊岳《明词汇刊》自《观复庵续集》卷四辑录其词八首为《观复庵诗余》。生平见《(康熙)常州府志》卷二四。

吴亮（1562—1624）　字采于。南直常州府武进（今江苏常州）人，吴中行子。万历十九年（1591）举人，二十九年进士，授中书，迁广东道御史。天启二年（1622）起南礼部主事，累官至大理寺少卿。尚志节，与顾宪成诸人善。好编书，现存万历刊本《万历疏钞》五十卷、《遁世编》十四卷、《四不如类钞》十二卷、天启四年刊本《名世编》八卷。又曾增修《毗陵人品记》十卷（有万历刊本）。诗文原有《西清》《出塞》诸集，天启元年合刊为《止园集》二十八卷，卷首《止园集自叙》云："《止园集》者，集余通籍以来、归田以后所著作，及备员柱下所条奏、观风塞上所陈画，合为一函以备家乘。"内诗七卷，余为制义奏疏杂文等，有顾天埈、孙慎行、李维桢、熊廷弼、吴宗达、毕懋康、钱春、薛近兖等多人序及其弟吴奕、姻弟范允临跋。生平见《明史》卷二二九。

吴炳（1595—1648）　初名寿元，后改名炳，字可先，号石渠，别署粲花主人。南直常州府宜兴（今属江苏）人。生于万历二十三年（1595）四月初七。四十三年中举，四十七年进士，除蒲圻知县。天启四年（1624）调刑部主事，旋改工部，七年迁工部员外郎。崇祯二年（1629）转福州知府，次年以罪于督抚，告病归家闲居。九年起为两浙盐运司运判，十一年迁吉安知府，十四年备兵湖西道，寻改江西提学副使。清兵入关后，先后从福王、唐王、桂王，官至礼部尚书、东阁大学士。桂王永历元年（1647）八月，永历帝奔靖州，吴炳扈从太子而行，在城步为降将孔有德所掳，执送衡阳，次年正月十八，于衡阳湘山寺赋诗明志，绝食而死，年五十四。一说奔逃时以痫疾留武冈，与刘承胤降清，随孔有德至衡州，病痫死（《永历实录》卷四）。少时好声色，喜作词曲，与阮大铖齐名。其剧作故事不借旧籍，人物情节自出机杼，又学临川之笔而协吴江之律，词采艳冶，音律谐美，然内容略显空泛，故未成大方之家。所作传奇五种：自二十余岁始作《绿牡丹》二卷三十出，又作《西园记》二卷三十三出、《情邮记》二卷四十三出、《画中人》二卷三十四出、《疗妒羹》二卷三十二出。五剧皆以男女情爱婚姻为内容，总名《粲花斋五种曲》，又名《石渠五种曲》，今均有明刊本存世，其中《西园记》后世仍多有搬演。清李渔曰："吾于近剧中取其俗而不俗者，《还魂》而外，则有《粲花五种》，皆文人最妙之笔也。《粲花五种》之长，不仅在此。才锋笔藻，可继《还魂》，其稍逊一筹者，则在气与力之间耳。《还魂》气长，

《粲花》稍促;《还魂》力足,《粲花》略亏。"(《闲情偶记·科诨第五》)或谓其作"情致有余,而豪宕不足"(清梁廷楠《曲话》)。生平见清万树《石渠公传》(近人刊《宜荆吴氏宗谱》)、清南沙三余氏《南明野史》卷下、清王夫之《永历实录》卷四、《明史》卷二七九。

吴宣(生卒年不详)　字师尼,号野庵。江西抚州府崇仁人。景泰四年(1453)领乡荐,春闱失利南归,筑巴山书院,肆力经籍。已而授左军都督府经历,以性直,坐劾长僚不法,逮下狱,十年始得释,改中军都督府,升镇远知府,道卒,门人私谥文节先生。著有《野庵文集》,《明史·艺文志》著录十六卷;《四库全书总目》著录十卷,"提要"谓其诗文"落落有气,而格律未严",然未见传。《石仓十二代诗选·明诗选》录其诗五十三首。清陈邦彦《御定历代题画诗类》录其诗三首。《江西诗征》卷五〇录其诗七首。《明诗纪事》乙签卷一八录其诗二首。生平见《(雍正)江西通志》卷八一、《古今图书集成》氏族典卷八〇。

吴琉(1449—1521)　字汝秀。浙江湖州府长兴人。世居吕山,宅旁有井泉甚甘,因自号甘泉子。家本长兴望族,父吴孝春为宣德七年(1432)举人,曾官潜山知县,诸叔多中进士,宦于四方。琉少孤,颖异而不习举子业,以家道殷实富足,建环山楼于董坞,号太古居,藏书数楹,以读书著述为事。时称其博通经典,尤精皇极经世之学,以此名动公卿。郡守刘天和每有请质,必造其庐。亦能文学,正德初,与刘麟、陆昆、孙一元、龙霓结崇雅社,时相倡和,称"苕溪五隐",而以琉为长。卒于正德十六年(1521),年七十三。《千顷堂书目》等著录其著述甚多,计有《皇极经世钤解》二卷又《玄玄集》《太乙统宗宝鉴》二十卷又《太乙淘金歌》一卷、《六壬金钥匙》《经史编》三十卷又《三才广志》三百卷、《史类》六百卷、《天文要义》二卷及《环山楼集》六卷。现仅《三才广志》有抄本存世,凡一千一百八十四卷,四五百万言,为古代私纂最大规模之百科类书。其书按天、地、人分类,内容包罗万象,举凡历代政治、经济、户籍、地赋、科举、人事、兵役、律法、刑审等典章制度,以及经史百家、伦理道德、天文地理、节令气候、动植生物、农田水利、山海渔牧、医学药材、文学艺术、风俗人情等无不涉及。惟因篇幅巨大,后世少有流传。吴琉所作诗文亦流播不广。汪珂玉《珊瑚网》卷二六录其题李龙眠《杨太真瑶台醉归图》诗一首,署"故鄣吴琉"。清陆心源《吴兴诗存》四集卷四录其诗六首。生平见董斯张《吴兴备志》卷二九、徐象梅《两浙名贤录》卷四七《文苑》《(雍正)浙江通志》卷一七九。

吴晋昌(1615—1641)　字接侯。浙江嘉兴府海盐人,吴麟瑞长子。崇祯九年(1636)举人,十四年卒,年二十七。能诗,卒后其家刻其诗为《蓬蒿园诗集》八卷,有崇祯十五年吴氏原刊本,卷首王思任、熊文举、舒忠说、徐世溥序,内卷一、卷二为《清尘草》,收诗八十五首,卷三《鸥凫社》,收诗五十五首,卷四、卷五、卷六为《江海之间》,收诗一百四十首,卷七为《龙蛇篇》,收诗五十首,卷八《杂存稿》,收诗二十首,词十首、赋一篇,又《附刻》一卷,收亲朋挽诗,又《南川同社挽诗》,收其社友五十余人挽诗。清沈季友《槜李诗系》卷二一录其诗十首,"小传"谓其:"诗学长吉,多屈曲之音。是时如陆芝房(陆澄原)、姚叔祥(姚士粦)辈,竞以此体相尚,而晋昱时有隽句,人不能到也。"生平见《(光绪)海盐县志》卷一七。

吴桂森(1565—1632)　字叔美,号觐华,又号东林素衣。南直常州府无锡(今属江苏)人。万历四十四年(1616)岁贡。廷试归,绝意仕进,从武进钱一本学《易》。天启初,又从顾宪成、高攀龙讲学东林书院,同邑诸生邹期桢,亦从攀龙学,时称"两素衣先生"。崇祯五年(1632)卒,年六十八。著有崇祯刊本《周易像象述》六卷《像象金针》一卷,述钱一本之学,又有明末抄本,《四库全书》辑收是书,题为《周易像象述》十卷。又曾辑刊《真儒一脉》一卷,前列薛瑄、胡居仁、陈献章、王守仁四人语录,后列顾宪成、钱一本、高攀龙三人语录,有天启时刊本。又有崇祯刊《息斋笔记》二卷。《千顷堂书目》另著录其《曲礼说注释》《书说》《皇明开泰录》。诗集有崇祯间其子吴升之刊《存笥诗草》五卷,计收古近体诗八十一首。清顾光旭《梁溪诗钞》卷一一录其诗七首。清周有壬《梁溪文钞》卷一六录其文四篇。清王直等《锡山文集》卷一〇录其序文一篇。生平见清邹漪《启祯野乘》卷一三、清陈鼎《东林列传》卷二二、《(乾隆)江南通志》卷一六三。

吴宽(1436—1504)　字原博,号匏庵。南直苏州府长洲(今江苏苏州)人。生于宣德十年十二月二十九(1436年1月17日)。少以文行有名于诸生间,后与吴中名士沈周等为友。耽于文艺,尤善书法,行书法苏轼,浓颜厚面,时出奇倔。成化四年(1468)举于乡,八年会试、廷试皆第一,授翰林编修,侍孝宗东宫。进右春坊右谕德,二十三年孝宗即位,迁左春坊左庶子兼侍读,与修《宪宗实录》。弘治八年(1495)晋吏部右侍郎,丁继母忧还家,还为詹事府少詹事兼侍读学士,入直东阁专典诰敕。十六年拜礼部尚书,十七年七月初十卒于官，年七十，赠太子太保，谥文定。为人静重淳实，人不见其过举，不为慷慨激烈之行，而能以正自持，遇有不可，亦未尝碌碌苟随。淡泊宦途，而又官高名显，文翰清妙，以文章德行负天下之望者三十年。有明一代，吴人屈指指哲名贤，必首称吴宽。家有丛书堂，传钞宋元典籍甚夥，少壮好学，老而弥笃。攻《左传》《汉书》，习唐宋大家之诗文，最喜苏轼。在朝与李东阳、谢铎、张泰、陆钘等游，尤与李东阳交好，往来甚密。其文"不事追琢，独严体裁，蕴藉简淡，理致悠长"，诗亦学苏轼，而"用事浑然天成，不见痕迹"（王鏊《文定吴公神道碑》）。李东阳以吴宽为文"成一家之言"（《匏翁家藏集序》），其诗亦"自成一家"（《怀麓堂诗话》）。清初黄宗羲谓"成、弘之际，西涯（李东阳）雄长于北，匏翁、震泽（王鏊）发明于南，从之者多有师承"（《明文案序下》）。诗文本集称《匏翁家藏集》，原为七十卷，诗三十卷，计诗一千四百余首，不分体制，以年月先后为序，文四十卷七百余篇，则分体汇载，而先后隐然其间，李东阳序。现存正德三年（1508）长洲吴氏家刊本《匏翁家藏集》七十七卷附录一卷，后七卷及附录所录其记、序、碑文六篇及徐源后序，则为其子吴奭增益，李东阳前序依旧，《明史·艺文志》著录《匏

庵集》七十八卷，即此本也。另有稿本《吴文定公诗稿》不分卷，亦存世，有王世贞等题诗，文嘉、王穉登及钱谦益、石韫玉等跋。另，明抄《国朝典故》等收录其《皇明平吴录》三卷。《明文海》录其文十二篇。《皇明风雅》卷三二、顾起纶《国雅》卷四录其诗五首。《皇明诗统》卷一三录其诗十三首。《列朝诗集》丙集录其诗一百五十九首。《明诗综》卷二四录其诗十三首，"诗话"云："匏庵与沈启南（沈周）、史明古（史鉴）衿契最深，车马篷笠，往还无倦，其诗亦足相敌。"清沈德潜《明诗别裁集》录其诗一首。《四库全书》据正德刊本收录《家藏集》七十七卷，《总目》"提要"云："吴宽学有根柢，为当时馆阁巨手。平生学宗苏氏，字法亦酷肖东坡，缣素流传，赏鉴家至今藏弄。诗文亦和平恬雅，有鸣鸾佩玉之风……以之羽翼茶陵（李东阳），实如骖之有靳。"《明诗纪事》丙签卷三录其诗三十一首，按云："匏翁诗体擅台阁之华，气含川泽之秀，冲情逸致，雅制清裁。是时西涯（李东阳）而外，当首屈一指。"《明词综》卷二录其词一首。近人赵尊岳《明词汇刊》录其词三十四首为《匏翁词》。生平见李东阳《吴公墓志铭》（《吴都文粹续集》卷四一）、王鏊《文定吴公神道碑》（《震泽集》卷二二）、顾祖训《状元图考》卷二、王兆云《皇明词林

人物考》卷三、《明史》卷一八四。

吴璡（生卒年不详）　字美中。广东广州府南海（今广州）人。成化十年（1474）举人，二十年进士，授含山知县。逾年，以忧去任，起复知进贤县，以不协于上官，引疾归。卒年八十余。能诗，现存嘉靖九年（1530）南海吴氏家刊本《竹卢诗集》不分卷，收诸体诗二百六十余首，内诗余四首，胡韶序。生平见《（雍正）广东通志》卷四五。

吴梦旸（1545—1615）　字允兆，号射堂。浙江湖州府归安（今浙江湖州）人。布衣而善文艺，与同郡臧懋循、茅维、吴稼竳并称"吴兴四子"。晚游金陵，征歌顾曲，齿龋牙落，尤呜呜按板。卒于万历四十三年（1615），年七十一。《千顷堂书目》著录其《射堂诗钞》又《北海集》。现存明末刊本《射堂诗钞》十四卷附录一卷，收其所作五七言诗，乃其曾孙自岩所辑，末附朱大复等挽诗。虽名"诗钞"，实即其全集，射堂为其所居室也。《列朝诗集》丁集录其诗五十九首，"小传"记云："生短小，禀性强直，乡里有不平事，奋袂剖陈，不避权贵，苫上人畏而远之。薄游长安，与宋西宁（西宁侯宋世恩）、张圣标（张懋忠）为文酒之交。西宁殁，策塞三千里，经纪其丧，诸公皆称之。好吟诗，诗不就，竟夜不交睫，苦思刻镂，必得当而后已。"清陈允衡编顺治澄怀阁刊本《诗慰》初集录其诗一百八十八首为《射堂集选》。《明诗综》卷六五录其诗三首，"诗话"云："虞山钱受之（钱谦益）谥嘉定程孟阳（程嘉燧）曰'松圆诗老'，谓能照见古人心髓，若亲炙古人而得其指授，叹为古未有，新安闵景贤辑明布衣诗，推归安吴允兆为中兴布衣之冠，是皆阿其所好，不顾千秋之公是公非。以余观二子之作，以政则鲁、卫，以《风》则曹、桧、陈，诗者不废，斯幸矣。"清沈德潜《明诗别裁集》录其诗一首。清嘉庆十五年刊《归安前丘吴氏诗存》卷二收其诗一百一十七首。清陆心源《吴兴诗存》四集卷一二录其诗七十七首。《明诗纪事》庚签卷二六录其诗一首。生平见李维桢《文学吴公寿序》（《大泌山房集》卷三五）。

吴敏道（生卒年不详）　字日南，号南华山人。南直扬州府宝应（今属江苏）人。隆庆、万历时诸生。科考不售，后贡而未仕，隐于湖上，乡人称舫斋先生。善诗，王世贞为其集作序云："其诗辞旨清丽，神采流畅，发端必工，尾结必遒。有色有声，必露蹊径。吾不知于大历、贞元何如，置之隆、万之际，灼然巨擘也……宝应滨湖一小邑耳，而有朱升之（朱应登）参政与其子九江守子价（朱曰藩）。升之善何（何景明）、李（李梦阳），其趣正而平，子价善杨用修（杨慎），故其旨险而丽，升之之长在风骨，子价之长在才情，升之有体，子价饶态，虽父子并振，而文武异用，其在曰南，可谓能兼之矣。夫岂惟能兼之，抑且折中矣。"（《弇州四部稿续稿》卷五一）清初王士禛《分甘余话》亦记云："余小时见宝应吴敏道诗一卷，颇有佳句。"惟因地僻人微，其集流传未广，故历来选明诗者多有忽略。实其所著多有存世，现存隆、万时刊《吴曰南集》十一卷，内《观槿稿》六卷，《竹西集》《白云稿》《折麻集》《水影云堂编》《月舫集》各一卷，有王世贞《吴曰南集序》。又有万历刊《观槿续稿》十卷，耿随龙序，曹大咸跋谓其"平生所著述甚富，梓行者才百之一，又皆万历丁丑（五年，1577）、戊寅（六年）前稿，余乃取己卯（七年）后诗，僭以己意，选得七百余首，与其地主耿宝应、友人萧临淮同梓之"。《明诗纪事》庚签卷二五录其诗十八首，按云："曰南诗清俊洒落，古今体俱入格。选家多未见收，亦珊网之遗珠也。"亦能词，近人赵尊岳《明词汇刊》辑录其词六首为《观槿长短句》。现存万历二十二年刊《宝应县志》十二卷，亦署吴敏道纂。生平见《（雍正）江南通志》卷一六八。

吴寅（生卒年不详） 字敬天，号南泉。南直苏州府常熟（今属江苏）人。弘治八年（1495）举人，正德

间官武昌府同知，摄守事，调河东盐运司同知，解职归。著述有崇祯二年（1629）孙阂基砚北斋刻本《吴虎侯遗集》文集三卷诗集六卷，马世奇序、孙阂基跋，内文三卷，收序文四十一篇，诗六卷，收古近体诗一百一十余首。又有明刻本《刻吴虎侯遗集》诗六卷文十一卷，内诗六卷略同于前本，文十一卷则于序三卷后增传、墓志铭、谏变、疏、杂著各一卷，又尺牍二卷，因知其为前集之增刻。《御选宋金元明四朝诗》录其诗二首。清邵伯英辑《海虞文征》（常熟）卷二七录其诗一首。

吴维岳（1514—1569） 字峻伯，号霁寰。浙江湖州府孝丰（今安吉）人。生于正德九年（1514）六月初四。嘉靖十六年（1537）中举，明年进士，除江阴知县。征授刑部主事，历员外郎、郎中，改兵部，出为山东提学副使。历湖广参政、江西按察使，以右佥都御史巡抚贵州，兼制湖北川东道，谢病归。家居五年，隆庆三年（1569）二月二十二卒，年五十六。曾与李先芳、李攀龙、谢榛等结诗社，诗名早于王世贞，逮王氏入社，与攀龙等声名日隆，而维岳、先芳淡出，于是"五子""七子"皆无二人之名。后世实将其与俞允文、卢柟、李先芳、欧大任列为"广五子"，（《弇州四部稿》卷一四），维岳讳言之，颇以牛后为耻。其诗与李攀龙

风格略近,先刊为《天目山斋岁编》二十四卷,分年编次,为其嘉靖十八年至四十一年吟咏倡和之作,后增修至二十八卷(即《千顷堂书目》著录《天目山斋藏稿》二十八卷),嘉靖间刊本均在。《盛明百家诗》前编录其诗一百余首为《吴霁寰集》。顾起纶《国雅》卷一三录其诗八首。《皇明诗统》卷三一录其诗十三首。《列朝诗集》丁集录其诗十首。《明诗综》卷四七录其诗七首,"诗话"云:"峻伯如铅刀土花,不堪洒削。然其五律,颇具岑嘉州、张司业风格。句如'关河春雁少,风雨暮钟多'……较之明卿(吴国伦)、子与(徐祯卿)辈,故自胜之。"《御选宋金元明四朝诗》录其诗十一首。清陆心源《吴兴诗存》四集卷八录其诗二十七首。《明诗纪事》己签卷四录其诗二首。生平见汪道昆《吴公维岳行状》(《太涵集》卷四一)、张居正《吴公墓志铭》(《张太岳文集》卷一三)、王兆云《皇明词林人物考》卷八。

吴斌(1338—?)　名一作斌,字韫中。徽州府休宁(今属安徽)人。明洪武间,用荐授温州平阳县主簿。《千顷堂书目》著录其《韫玉山房集》。现存两种清抄本《韫玉先生集》,皆不分卷,计有诗三百六十余首、文十八篇。程敏政《新安文献录》录其文一篇、诗六首。《皇明诗统》卷三录其诗五首。《石仓十二代诗选·明诗选》录其诗十四首。《列朝诗集》甲集录其诗五首。《明诗综》录其诗二首。《御选宋金元明四朝诗》录其诗四首。《明诗纪事》甲签卷二一录其诗四首,按语云:"韫中诗学太白,颇有奇伟之观。"生平见(《弘治)徽州府志》卷六。

吴琳(生卒年不详)　字朝锡、孟阳。黄冈(今属湖北)人。少力问于学,称名儒。朱元璋下武昌,以詹同荐为国子助教。吴元年(1367)除浙江按察金事,入为起居注。洪武四年(1371)迁太常寺卿,进兵部尚书,六年改吏部尚书,以年老致仕。在朝数奉帝命赋诗,甚得赏识。刘仔肩《雅颂正音》录其诗四首。《皇明风雅》卷三四录其诗一首。《皇明诗统》卷三录其诗三首。《列朝诗集》甲集、清廖元度《楚风补》卷一七、《明诗综》卷四录其诗一首。《御选宋金元明四朝诗》录其诗二首。清高士熙《湖北诗录》《明诗纪事》甲签卷一一录其诗一首。生平见黄佐《尚书吴公琳(传)》《国朝献征录》卷二四)、《明史》卷一三三。

吴植(生卒年不详)　字子立,自号白玉壶。浙江严州府建德人。善草书,能诗。明初以处士征授藤州知州。刘仔肩《雅颂正音》录其诗六首。《皇明风雅》录其诗二首。《皇明诗统》卷四录其诗五首。《列朝诗集》甲集录其诗三首。清沈季友《槜李诗系》卷三九录其诗一首。《明诗综》卷一三录其诗一首。《御选宋金元明四朝诗》录其诗四首。《明诗纪事》甲签卷一八录其诗一首。生平见《御定佩文斋书画谱》卷四〇。

吴鼎（1493—1545） 字维新，号泉亭，又号支离子。浙江杭州府钱塘（今杭州）人。正德十一年（1516）举人，明年进士，授临淮知县。武宗南巡过县，有柄权中贵人先驱，索供具无餍，横甚，民吏往致馈不赢，中贵人怒呼从人持械击众人，鼎锐身先吏民当之，吏民争前卫鼎，伤中贵人。事闻，逮系诏狱一年。嘉靖初得释，复原治所。征为南刑部主事，转兵部，丁忧归。家居十余年，用荐补南礼部员外郎，进郎中，迁广西布政司左参议，乞归养。嘉靖二十四年（1545）二月二十二卒，年五十三。《千顷堂书目》著录其《泉亭集》七卷。现存嘉靖四十一年序刊本《过庭私录》七卷《泉亭外集》一卷，为其二子吴遵晦、吴遵道所编刊，故名"过庭"。内《私录》七卷皆序、记等散体之文，附骚赋古诗数首，《外集》一卷收诗不分卷，约百余首。卷首有洪朝选《泉亭吴公文集序》、许应元《过庭私录序》、吴遵晦《刻过庭私录小序》，附海宁许相卿《泉亭先生墓志铭》。另有明刊《泉亭存稿》六卷。《明文海》录其文

八篇。《明诗综》卷三六录其诗一首。《四库全书总目》著录《过庭私录》七卷《外集》一卷，"提要"谓其"文有整饬平雅者，亦有微近俗调者，金石文字颇失剪裁，有韵之文则更逊矣"。生平见许相卿《泉亭先生墓志铭》（《黄门集》卷一一）、王兆云《皇明词林人物考》卷六。

吴鼎芳（1582—1636） 字凝父。南直苏州府吴县（今江苏苏州）人，世居洞庭西山。年未三十，生四子，年四十，称因梦出家为僧，祝法于莲池大师（释袾宏）像前，法名大香，字唵嚸。行脚十年，说法吴越间，后居湖州霞幕山，崇祯九年（1636）卒，年五十五。诗与葛一龙齐名。又与范汭为友，多所倡和，辑有《披襟倡和集》，为钱谦益所赏，《千顷堂书目》著录。现存崇祯间德清夏元彬刊、清顺治十六年（1659）修补本《云外录》十八卷，内赋一卷（七篇）、诗八卷（收诗六百首）、词一卷（收词三十首）、偈一卷（二十四篇），又文七卷（收各体文八十篇）。《列朝诗集》丁集录其诗八十二首，"小传"云："为诗萧闲简远，有出尘之致。与范东生（范汭）刻意宗唐，刊落凡近……尝与东生及予游苕溪，泛碧浪湖，入夹山漾，往返二十日，风清月白，苦吟清啸，仅得七言绝句一首，其矜重自爱如此。"又闰集录其诗四十三首，为其剃染以后作也。《明诗评

选》录其诗一首。《明诗综》卷六五录其诗三首。《御选宋金元明四朝诗》录其诗五十三首。《明诗纪事》庚签卷二五录其诗十二首，按语云："凝父诗刻露清新，明诗之晚秀者。"卓人月、徐士俊《古今词统》录其词十二首。清初卓回《古今词汇》录其词四十三首。《御选历代诗余》录其词四首。《明词综》卷五录其词二首。清吴定璋《七十二峰足征集》录其词八首。清陈元龙《御定历代赋汇》补遗卷一二录其赋一篇。生平见李维桢《吴凝父稿序》《（大泌山房集》卷二三）及清刊《云外录》所载夏元彬《大香禅师传》。

吴道南（1550—1623） 字会甫，号曙谷。江西抚州府崇仁人。生于嘉靖二十九年（1550）十月二十八。万历十年（1582）举于乡，十七年第二人进士及第，授翰林院编修。历中允、左谕德兼侍读、少詹事兼侍读学士，三十七年迁礼部右侍郎，以忧归。起拜礼部尚书兼东阁大学士，进太子太保、户部尚书，兼文渊阁大学士。天启三年（1623）四月十八卒，年七十四，赠少保，谥文恪。《千顷堂书目》著录其《纶扉奏草》一卷又《南宫续草》一卷又《大政议》一卷、《国史河渠志》二卷、《吴文恪公集》二十二卷。现存崇祯间崇仁吴氏家刊本《吴文恪公文集》三十二卷，钱士升序，内诗五卷、赋一卷，余

为奏疏、语录、杂文，《千顷堂书目》著录之诸书皆收于其中。后又增刻《佚集》五卷附录一卷。另有明刊《吴文恪公书》四种四卷（《大政议》《纶扉奏草》《南宫牍草》《语录》各一卷），皆选自文集。《四库全书总目》著录其另有《残本文华大训箴解》三卷、《秘笈新书》十三卷《别集》三卷。《明诗综》卷五五、《御选宋金元明四朝诗》录其诗一首。《明文海》录其文四篇。清陈元龙《御定历代赋汇》补遗卷一〇录其赋一篇。生平见《吴文恪公文集》所附何宗彦《曙谷吴公行状》、朱国祯《文恪吴公墓志铭》、林尧俞《曙谷吴公墓表》及《明史》卷二一七。

吴道新（生卒年不详） 字汤日，号无斋，晚署归山隐者，或称函云头陀。南直安庆府桐城（今属安徽）人。天启七年（1627）举人，谒选泰兴教谕，迁国子助教，改工部主事。明亡，隐于白云岩，广坐高谈不屈。康熙十二年（1673）曾应山足和尚之请，采编《浮山志》，今存同治十二年（1873年）重刊本。能诗文，所著盈箧，或记其有《潜德居诗集》五十卷及《潜德居文集》，未见传。清潘江《龙眠风雅》录其诗七十五首，并记其"甲申（1644）后隐于桐城东乡之白云岩，荷衣芰裳，与耕渔者伍，垂四十年"。清徐璈《桐旧集》卷一二录其诗十七首。清李雅等《龙眠古

文》录其文七篇,《明诗纪事》辛签卷二二录其诗一首。生平见《(乾隆)江南通志》卷一六七。

吴鹏(1500—1579)　字万里,号默泉,晚年自号壶隐翁。浙江嘉兴府秀水(今嘉兴)人。生于弘治十三年(1500)五月二十二。嘉靖元年(1522)领乡荐,明年进士,授工部主事。以守父丧归,十年补刑部广东司主事,旋改兵部职方司,典试山东。十一年转兵部武选员外郎,转贵州按察佥事,提督学校,以母丧归。十五年起改广东提学佥事,历广西左参议、云南提学副使,奉诏往谕安南。二十五年升福建右参政,二十六年迁江西按察使,二十八年进右布政使,转左,二十九年以副都御史巡抚江西。三十年升工部右侍郎,改刑部左侍郎,督理漕河。三十五年累官至吏部尚书,加太子太保,四十年被劾致仕。卒于万历七年(1579)三月二十一,年八十。《千顷堂书目》著录其《历任疏稿》十一卷《飞鸿堂稿》二十卷。现存万历二十二年其长孙吴惟贞辑刊《飞鸿亭集》二十卷,首王锡爵序,内诗四卷,收诗六百五十余首,文十六卷(序五卷、记一卷、书七卷、墓志二卷、祭文及杂著一卷)。因其曾使安南,故集中有《征南行》诸篇。《皇明诗统》卷二一录其诗十一首。清沈季友《檇李诗系》卷一二录其诗五首。《明诗

综》卷三九录其诗五首,"诗话"谓其"居里门不自韬晦,以是乡人皆恶之……诗文颇条畅,特少警策"。《御选宋金元明四朝诗》录其诗三十二首。《四库全书总目》著录《飞鸿亭集》,"提要"谓其"诗文多应酬之作,未能精汰"。《明诗纪事》戊签卷一五录其诗一首。生平见董份《吴公行状》(《董学士泌园集》卷三一)及吴惟贞《吴太宰公年谱》二卷(万历刊本)。

吴溥(1363—1426)　字德润,号古崖。江西抚州府崇仁人。生于元至正二十三年(1363)四月初四。明洪武二十二年(1389)领乡荐,建文二年(1400)春闱会元,廷试第四,授翰林编修。朱棣登基,与修《太祖高皇帝实录》,书成进修撰,又任《永乐大典》副总裁,寻迁国子司业。宣德元年(1426)九月初三以风疾卒于官,年六十四。清慎苦节,以操守称,动必合礼,任国子监司业十八年,未获升迁,未尝有怨,又常分俸接济亲友,及卒,至无以为殓。所作诗亦质实不浮,温厚和平之意,蔼然见于辞气之表。《千顷堂书目》著录其《古崖集》一卷。现存明刊黑口本《占崖先生诗集》八卷,收赋二篇、诗五百余首。《皇明风雅》录其诗三首。《皇明诗统》卷七录其诗十二首。《石仓十二代诗选·明诗选》录其诗三十二首。韩阳《皇明西江诗

选》卷三录其诗三十三首。《列朝诗集》乙集录其诗二首。《明诗综》卷一七录其诗三首,《御选宋金元明四朝诗》据之录。《江西诗征》卷四六录其诗十首。《明诗纪事》乙签卷五录其诗一首。《明文海》录其文四篇。生平见杨荣《故国子司业吴君墓表》(《杨文敏公集》卷二〇)、杨士奇《吴先生溥墓志铭》(《东里文集》续集卷三四)、《(雍正)江西通志》卷八一。

吴稼竳(生卒年不详) 字翁晋,号大涤。浙江湖州府孝丰(今安吉)人。以荫除南光禄寺典簿,累迁云南通判。王世贞与稼竳父吴维岳为同舍郎,其未有诗名时,维岳尝举其入社,汪道昆则为维岳所举士,稼竳少学诗于世贞,颇受二人褒奖。后世贞称皇甫汸、莫如忠、许邦才、周天球、沈明臣等为"四十子",亦列入稼竳之名(《弇州四部稿续稿》卷三)。稼竳平生苦心词华,吟咏不辍,所作甚夥。《千顷堂书目》著录其《玄盖副草》二十卷又《北征》《南谐》《滇游》诸稿。现存万历三十四年(1606)刻《玄盖副草》二十卷,计收诗一千八百余首。因素与吴应旸、臧懋循、梅守箕善,集中多有与诸人倡和诗,故是集之序,应旸撰而懋循书之。集刊于其生前,后有1916年石印本。又有嘉庆五年(1800)刻清施应心编《翁晋乐府》二

卷。《列朝诗集》丁集录其诗十二首,"小传"云:"翁晋弱冠称诗,为弇州(王世贞)、太函(汪道昆)所推许。长而掉鞅词坛,勃窣苦心,自汉、魏以及三唐,无不含咀采撷。然而游弇州、太函之门,风声气韵,多所熏染,求其超乘而上,则未能也。"《明诗综》卷六二录其诗七首,"诗话"云:"翁晋乐府,如健儿骑骏马,左右驰突,靡不如意。近体颇合西昆。"清沈德潜《明诗别裁集》录其诗一首。《御选宋金元明四朝诗》录其诗八首。《四库全书总目》著录《玄盖副草》,"提要"云:"其称《玄盖副草》者,应旸序谓'玄盖,天目山别名。其藏书有在,姑谓之副'。盖夸大之词,谓尚非其名山之正本耳。"又谓其"摹古终太有痕也"。清陆心源《吴兴诗存》四集卷一三录其诗三十九首。《明诗纪事》庚签卷二八录其诗四首。生平见《(同治)湖州府志》卷七五、《(同治)孝丰县志》卷七。

吴德修(生卒年不详) 一作德甫,字建民,别署寄庐。南直徽州府歙县(今属安徽)人。现存明万历间金陵广庆堂刻本《偷桃记》,题《新刻出相音释点板东方朔偷桃记》,署"新都吴德修纂集",二卷二十出。另有清抄本。剧演汉东方朔故事。东方朔事见于《史记》卷一二六、《汉书》卷六五,其偷王母蟠桃之事,则见晋以后志怪书《汉武故事》。本剧

所写东方朔科考被黜,奉诏出征,大破匈奴以及迎娶张氏等,则为凭空杜撰。祁彪佳《远山堂曲品》记元明间有佚名《东方朔》杂剧,又明许潮有《东方朔割肉遗细君》杂剧(胡文焕《群音类选》存其佚曲),似皆与本剧无关。《远山堂曲品》著录《偷桃记》于"杂调",评语云:"东方曼倩以滑稽玩世,传有西王母'此儿三偷吾桃'一语,故是一段佳话,惜此记鄙俚不文,安得即借东方之舌,巧传出当年生面乎?"

吴镄(生卒年不详) 字希声,号月溪。南直徽州府歙县(今属安徽)人。能诗,与谢榛、张九一、王世贞等缙绅名士交。《千顷堂书目》著录其《月溪集》,未见传。现存万历间绿雨楼刊本《游梁诗集》六卷,收其诸体诗五百四十余首。陈有守等《徽郡诗》卷七录其诗一首。《明诗综》卷二六录其诗一首。《御选宋金元明四朝诗》据之录。《明诗纪事》丙签卷一二录其诗五首,"小传"云:"镄(镄),《诗综》误作'鑣',今据《吴氏传家集》正之。字希声,歙人,有《月溪集》十五卷。"又按云:"希声编《吴氏世集》,自唐左台御史少微始,至明止。月溪诗亦清爽。"生平见《(康熙)徽州府志》卷九。

吴檄(生卒年不详) 字用宜,号皖山。南直安庆府桐城(今属安徽)人。正德十四年(1519)举人,十六年进士,除襄阳推官。迁户部主事,历兵部郎中,出为湖广参议。历山东、云南副使,迁陕西参政,卒于官。为人耿介,为官有清望。亦能诗,嘉靖十四年(1535)三月,曾与李开先、吕高、熊过、唐顺之、陈束、张元孝、李遂等同游海淀,酒酣赋诗,其诗先成,得众人推重(见李开先《游海淀诗序》)。《千顷堂书目》著录其《兵部集》一卷,现存嘉靖间刊蓝印本《兵部集》不分卷,收诗一百二十余首,蒋芝序。《皇明诗统》卷二七录其诗九首。《列朝诗集》丁集录其诗一首。《明诗综》卷三七录其诗二首。清潘江《龙眠风雅》卷四录其诗三十四首。清徐璈《桐旧集》卷一二录其诗九首。《明诗纪事》戊签卷一四录其诗一首。生平见《(乾隆)江南通志》卷一六七。

吴孺子(生卒年不详) 字少君,号破瓢道人、嫩和尚、玄铁、元道人、赤松山道人。浙江金华府兰溪人。好老庄,工诗善画。家本富有,中年妻死,弃其产,购法书名画,游江湖间,与宦族名士交。游屐半海内,尤数往还嘉兴一带,隆庆末卒于无锡。《千顷堂书目》著录《破瓢道人诗》二卷又《吴少君诗》二卷。未见传。顾起纶《国雅》卷二〇录其诗四首。《皇明诗统》于卷四二"羽人类"录其诗三首。阮元声《金华诗粹》录其诗三十三首。《列朝诗集》丁集录其诗四十七首，"小传"记云："晚为梁溪孙少宰（孙继皋）所重，遂死其家……长于鉴古，尤识旧图器款识……口占诗，使人代写。善画鸡鹜、水鸟、芙渠、芦藻，岁不过一二纸，求之辄不可得……为儿时，父不用经史课习，独授杜诗一编。长好孟襄阳、韦苏州，读《离骚》《老》《庄》《尔雅》《茶经》诸书，略涉大旨。"清沈季友《檇李诗系》卷一四录其诗六首。《明诗综》卷八九录其诗三首，"诗话"云："少君游吴楚间，留檇李独久。性至巧，工于制器。一瓢精绝，过荆溪，为盗所击，王元美为作《破瓢歌》……诗六卷，沈嘉则（沈明臣）、赵汝师（赵用贤）为作序，邹彦吉（邹迪光）为作墓铭。余仲房（余寅）、王伯谷（王穉登）为作传，姚淑祥为述遗事，均未言其为道士，独顾玄言（顾起纶）辑《国雅》，目为黄冠。"《御选宋金元明四朝诗》录其诗十七首。清黄彬等《金华诗录》卷三八录其诗十六首。清顾光旭《梁溪诗钞》卷五五"流寓"录其诗一首。生平见余寅《吴山人传》（《农丈人文集》卷一〇）。

吴麟征（1593—1644）　字圣生，一字来皇，号磊斋。浙江嘉兴府海盐人。生于万历二十一年（1593）十月初八。四十六年中举，天启二年（1622）进士，除建昌府推官，丁父忧归。崇祯二年（1632）服阕，补兴化

府推官，五年擢吏科给事中，累迁至太常少卿。十七年三月十九京师为李自成军攻陷，二十日自缢死，年五十二。福王立，赠兵部侍郎，谥忠节。《千顷堂书目》著录其《吴贞肃公集》四卷，现存南明弘光元年（1644）及清康熙五十五年（1716）刊本《吴忠节公遗集》四卷附年谱一卷，收其奏疏、笺启、书牍、殉难家书等，卷四为诗文杂著，内有诗六十余首，徐石麒序谓其"最工诗，而极少作"。《四库全书总目》著录其《家诫要言》一卷，现存于活字印本《学海类编》。陈济生《天启崇祯两朝遗诗》卷三录其诗二十首。《明诗综》卷七二录其诗二首，"诗话"云："诗不甚敦琢，其工者每涉伤时。"清沈季友《檇李诗系》卷一九录其诗一首。《御选宋金元明四朝诗》录其诗三首。《明诗纪事》辛签卷三录其诗一首。生平见陈济生《天启崇祯两朝遗诗·小传》、清邹漪《启祯野乘》卷一一。其子吴蕃昌撰有《先忠节公年谱》（《吴忠节公遗集》附）。

〔丿〕

何三畏（生卒年不详）　字士抑。南直松江府华亭（今上海松江）人。自少颖拔，为名诸生。万历十年（1582）举人，选授绍兴府推官，为董语所中，挂冠归。性优爽，有古豪士风。构芝园，日与宾客为文酒会，乐

在其中,卒年七十有五。诗文著述有多种版本存世:《何氏拜石堂集》十二卷,内诗三卷,王泮、徐桓等序;《何氏居庐集》十五卷,内诗四卷,董其昌、唐之屏、陈继儒等序。又有《何士抑宛委斋集》八卷、《何氏芝园集》二十五卷、《咏物诗》六卷,皆为万时所刊。万历间刊本《新刻漱六斋全集》四十八卷为其诗文全集,首有自序及陶望龄、张京元、王骥德、陆万言、张重华、陈继儒、唐文献、董其昌等十余人序。内卷一收赋四、拟乐府二十九、骚八篇,卷二至卷一四收古近体诗一千一百余首,卷一五至卷三一收各体文二百六十余篇,卷三二至卷四八收书启四百余篇,此即《千顷堂书目》所著录之本也。另曾辑《何氏类镕》三十五卷,收类书典故,以骈语联络成文,以供作诗文者采用,存万历四十七年刊本。又曾编著《云间志略》二十四卷,存天启时刊本。《明诗综》卷五三录其诗二首。清姚宏绪《松风余韵》卷二三录其诗十九首。清王昶《青浦诗传》卷一一录其诗五首。《明诗纪事》庚签卷一三录其诗一首。生平见《(崇祯)松江府志》卷四〇、《(嘉庆)松江府志》卷五四。

何文渊(1385—1457) 字巨川,晚号钝庵。江西建昌府广昌人。永乐十二年(1414)领乡荐,十六年进士,授湖广道监察御史,历按山东、四川。宣德间,简放温州知府,凡六年,以治绩名,因荐擢刑部右侍郎,督两淮盐课。朝议征麓川,文渊疏谏,不省。正统六年(1441)以病乞归,郧邸入京,起为吏部左侍郎。景泰时官吏部尚书加太子太保,英宗复辟,削其加官,遂乞致仕。天顺元年(1457)四月,传有朝命逮捕,惧而自缢,年七十三。《明史·艺文志》著录其《奏议》一卷《文稿》四卷。现存嘉靖三十八年(1559)刊《东园遗稿》四卷首一卷,内文三卷,收序三十九、记二十七、传二、赋一、祭文八篇,诗一卷,收古近体诗一百七十余首,有浦之浩序。《(雍正)江西通志》录其诗四首、文二篇。《江西诗征》卷四九录其诗四首。生平见章纶《何公文渊行状》、《国朝献征录》卷二四)、《(雍正)江西通志》卷八四、《明史》卷一八三。

何允泓(1585—1625) 字季穆。南直苏州府常熟(今属江苏)人。万历时诸生。年十四五,已厌薄程文熟烂之习,姑为之,以塞其父之意。惟喜古诗文,穷日分夜,发箧中书诵读之。父亡,流离世故,有飘薄之叹,始欲以科目自奋,未成,因忧生忕世,抑郁不自聊,天启五年(1625)五月发病卒,年四十一。《(康熙)常熟县志》卷二三著录其《恒庚斋诗存》,《(1948)重修常昭合志》卷一八著录其《何季穆文集》,未见传。少与钱谦益为友,卒后钱氏志其墓云:"季穆为诗,才力横骛,驰骋李、何、王、李之间,欲与之上下。久而学殖日富,历览宋、元名家之作,怅然知俗学之非,思进而求之古人,而年已不待矣。病革,语其友曰:'悉焚吾所为诗,无留也。'"又于《列朝诗集》丁集录其诗二十四首,"小传"谓其"生平悠悠忽忽,不饰容止,衣垢不澣,履决不纫。其遇人,意有不可,目直上视,不交一言。里人忌而恶之,闻履屐声,皆摇手避去。常引镜自笑:'安得渠一夕死,令满城人开口笑耶!'"《明诗综》卷六五录其诗四首,"诗话"云:"孝穆诗颇嵌崟,不沿时习。"《海虞文征》录其诗五首。生平见清《何季穆墓志铭》(《牧斋初学集》卷五五)、《(乾隆)江南通志》卷一六五。

何东序(1531—1612) 字崇教,号肖山。山西平阳府猗氏(今临猗)人。嘉靖三十一年(1552)举于乡,明年进士,授户部主事,榷清源税。迁郎中,督饷辽阳,以疏纠总兵杨照,忤旨回籍。寻起补刑部郎中,简放徽州知府,在任修《徽州府志》二十二卷(嘉靖刊本存),又被劾归京听勘。御史宋缏白其事,隆庆初补衢州知府,迁山东副使,备兵紫荆,擢都察院右佥都御史,抚榆林,以边功,特升右副都御史,丁内艰归。曾忤高拱,因不得复出,家居至万历四十年(1612)卒,年七十二,门人私谥文钦。年四十八归里,家居惟以著述为事。喜谈兵事,《千顷堂书目》著录其《益智兵书》一百卷又《武库益智录》六卷。诗文著述现存万历三十一年刊《九愚山房稿》九十七卷,内诗十三卷,收诗一千二百余首,余收疏稿及各体文,有萧大亨、梁纲、李荩等八人序。另有清乾隆间单印本《九愚山房诗集》十三卷。《四库全书总目》著录《九愚山房诗集》十三卷,"提要"云:"其诗未能入格,而尤喜作古乐府,凡郭茂倩《乐府诗集》古题,拟之几遍,甚至郊庙乐章亦仿为之。然唐人已不能拟汉、魏,而东序欲为唐人所不能,不亦难乎?"《明诗纪事》己签卷一一录其诗一首。生平见李维桢《何中丞家传》(《大泌山房集》卷六六)、《(雍正)山西通志》卷一三八。

何白(1562—1642) 字无咎,号丹丘生、鹤溪老渔。浙江温州府永嘉(今温州)人。原籍乐清,童稚随父迁居永嘉。家贫,然喜习书画、学诗文。初为郡小吏,万历十五年(1587),龙膺为温州府学教授,异其才,为其延誉于学林,得与本邑王光美、柯荣、邵建章等结白鹿社,诸艺大进。后西游吴中,南穷湘沅,得吴国伦、李维桢、陈继儒等名公推毂,遂得名。万历三十二年,郑汝璧以金都御史巡抚延绥,驻榆林,邀其入幕,乃跋涉关陕,为汝璧校刻《由庚堂诗集》,又助修《榆林志》,次年返乡,以布衣主盟东瓯诗坛三十年。崇祯十五年(1642)卒,年八十一。原有《山雨阁诗》《榆中草》等,李维桢为《山雨阁诗》作序云:"今山人称诗者在所不乏。予或不识其人,即识其人,或故为博士弟子员,与入太学上舍,于山人名义不类。而交游中若吴人王承父(王叔承)、叶茂长(叶芳)、曹子念(曹昌先)、方仲美、俞羡长(俞安期),皆布衣崛起,无所因藉,称山人殊当,而又皆善诗,以为吴多才,天下寡二。晚而得永嘉何无咎,无咎之为山人与五君同,而其诗跌荡爽畅,追琢藻赡,奄有五君之胜,而成一家之言。"《千顷堂书目》著录其《汲古堂集》二十八卷则为其万历末年所刊合集,内诗二十二卷,收诗一千五百余首,文六卷,收各体文一百一十余篇,有李维桢万历四十三年序及王士性、陈继儒序,李维桢《山雨阁集序》亦附焉。是集又有鲁冈竹轩氏重刊本、清康熙重修本、乾隆二十九年(1764)刊本、道光十六年(1836)刊本。后又有《汲古堂续集》十二卷,收诗约四百首,文约百篇。《列朝诗集》丁集录其诗十一首。《明诗综》卷六三录其诗四首,"诗话"云:"《汲古堂集》原亦出于'七子',颇与俞羡长(俞安期)相近。"清沈德潜《明诗别裁集》

录其诗一首。《东瓯诗存》卷二七录其诗三十七首。《明史纪事》庚签卷二六录其诗三首。《明文海》录其文六篇,评语云:"其《汲古堂》文甚灵秀,山人中绝少。"生平见朱谋垔《画史会要》《(雍正)浙江通志》卷一九三、《(光绪)永嘉县志》卷一八。

何出光(1546—1598) 字兆文,号中寰。河南开封府扶沟人,何出图弟。生于嘉靖二十五年(1546)三月二十。万历十一年(1583)进士,除山西曲沃知县。征为贵州道监察御史,出按山东。任太原知府,以京察谪宁州判官,迁乐陵知县,调完县,二十五年十二月初一(1598年1月7日)卒于官,年五十二。曾辑编《兰台法鉴录》,万历二十五年初刻二十三卷,后崇祯间又有喻思恂续刻本二十八卷,《千顷堂书目》著录二十三卷本。诗文别集《中寰集》十一卷,有万历三十四年何稽曾、何稽逊刻本,首有王宗贤序,内卷一至卷三收古近体诗四百二十余首,卷四至卷六收奏疏、条陈六十二篇,卷七至卷一○收各体文一百二十余篇,附录墓志铭、墓表、行实。是集又有清乾隆二十九年(1764)扶沟何氏重刊本。《皇明诗统》卷三九录其诗四首。谢肇淛《北河纪余》录其诗一首。《(雍正)河南通志》卷七三录其诗一首。《明诗综》卷五四录其诗一首。生平见何出图《明何侍御行实》、叶向高《何公墓志铭》（万历刊《中寰集》附）及《（雍正）河南通志》卷五七。

何出图（1539—1617）　字启文，号伯子、见寰，又号云藜。河南开封府扶沟人。生于嘉靖十八年（1539）八月十一。万历十四年（1586）进士，授山西长子县知县。二十年十月，以治行擢兵部职方司主事，二十四年迁员外郎，二月推为车驾郎中。三十年因具疏论救石星，谪为保安典史。四十四年十二月，诏为兵部职方主事，命未下，四十五年七月十一日卒，年七十九。所著有《云藜稿》八卷附录一卷，为其万历三十三年时所编，现存万历三十六年刻本，又有清乾隆十八年（1753）其玄孙何功璜印本，文七卷收各体文九十余篇，诗一卷，收赋二篇、五七言诗一百三十余首，又补《传疑篇》一篇、《鸣妃曲》二十八首，卷首有何出图自序，自云以少陵诗"年过半百不称意，明日看云还杖藜"名集，又有其子何稽尚跋。《千顷堂书目》另录著其《长子县志》，其自述曾修《扶沟县志》，清道光十三年（1833）《扶沟县志·艺文志》著录其另有《摄生浅言》。生平见何出图自撰、其玄孙何功璜补《何伯子自注年谱》（乾隆本《云藜稿》附录）及《（道光）扶沟县志》卷一〇。

何邦渐（生卒年不详）　字文槐，一字北渠。云南大理府浪穹（今洱源）人。万历间选贡，官无为知州，不一载，调邳州，未逾年而告归。于里中倡修学宫、武庙，纂辑县志。能诗，所作浅显易读，或称浪邑诗学自其倡之。著有《初知稿》六卷，有旧抄本，残存三卷：卷四存诗三十八首、文三篇、词十首，诗《芙蓉馆纪怀》《邳阳问》《拙妇行》等皆长篇古体，《汉灵歌》乃其万历三十年（1602）感时事所作，词中《满江红》一首为吊岳飞之词，《巫山一带云》十九首咏大理苍山十九峰；卷五收赠别之文一篇，记二篇，贺序二篇，引四篇；卷六收四六文附词二首，启、疏、谏文等二十篇。另有明刊本《百咏梅诗》一卷，收七言律诗一百首，文末有天启六年（1626）邦渐自撰《增订百咏梅诗小引》。另曾编纂《浪穹县志》八卷。清袁文典等《明滇南诗略》卷六录其诗四首、《滇南文略》卷九录其文一篇。近人赵藩《滇词丛录》录其词二首。近人李坤《滇诗拾遗补》卷三录其诗二首。生平见《（乾隆）江南通志》卷一一七、《（光绪）浪穹县志略》卷九。

何伟然（生卒年不详）　字仙臞。浙江杭州府仁和（今杭州）人。喜编书，曾与闵景贤合采明人笔记、杂说、小品刻《快书》五十种，后又刻《广快书》五十卷五十种，同订者吴从先。是编每种一卷，多则削之，而立名怪异,以供消遣阅读。《广快书》现存崇祯刊本,《四库全书总目》曾著录。《总目》又著录其《四六霞肆》十六卷(有明胡正言十竹斋刊本)。伟然又辑有《尺牍青莲钵》十二卷,刊于天启七年(1627)。自著《花案》一卷见于天启六年闵景贤编刊《快书》五十种中,又有《呕丝》一卷、《秋壮楼眉判》一卷见于己刊之《广快书》。诗文别集称《梨云馆集》十二卷,存明崇祯间刻本,首赋、颂一卷,八篇,次诗五卷,收古近体诗五百首,卷七收序文三十三篇,卷八收祭文等三十六篇,卷九、卷一○收骈语三十六,末两卷收尺牍百篇,末附《别论》二卷,卷首有"常熟社弟许士柔"《梨云馆集序》。《明文海》录其文七篇。

何迁(1501—1574) 字益之,以读书吉阳山中,故号吉阳。湖广德安府安陆(今属湖北)人。嘉靖二十年(1541)进士,除户部主事,改吏部,谪九江判官。起南吏部主事,历郎中,就迁南光禄少卿,改北,再改太仆少卿。以右佥都御史巡抚江西,进右副都御史总督漕运,兼抚淮阳。擢南刑部右侍郎,严嵩败,以嵩党革职闲住。辛丁万历二年(1574),年七十四。素讲理学,受业于湛若水,时王守仁主"致良知",湛若水以"随处体验天理"为宗,迁则强调"知止",其说大约出入于王、湛

二家之间。以南北讲学,有时名,也能诗。《千顷堂书目》著录其《吉阳文集》二十卷又《诗集》□卷。现存嘉靖三十八年江西布政使张元冲刊本《吉阳山房摘稿》,王宗沐序,诗集六卷,内《山中》《试仕》《归省》《省中》《谪行》《南都》各一卷,计收诗七百五十余首,文四卷,收序文、祭文及杂著等。是集万历间重编重刊,改题《吉阳先生文录》四卷《诗录》六卷,今亦存。另有清黄福三抄本《何吉阳诗集》五卷,收诗三百余首。《盛明百家诗》录其诗一百余首为《何刑侍集》。顾起纶《国雅》卷一四录其诗六首。《皇明诗统》卷二五录其诗十九首。清廖元度《楚风补》卷二二录其诗六首。《明诗综》卷四三录其诗二首。清高士熙《湖北诗录》录其诗一首。《明诗纪事》戊签卷二一录其诗二首。《明文海》录其文八篇。生平见王世贞《何公迁神道碑》(《弇州四部稿续稿》卷一二九)、过庭训《本朝分省人物考》卷七八、清黄宗羲《明儒学案》卷三八、《明史》卷二八三。

何乔远(1558—1632) 字穉孝,号匪莪,又号镜山。福建泉州府晋江(今泉州)人。万历四年(1576)与兄乔迁同登乡试榜,十四年进士,以母丧归。十六年除刑部云南司主事,十九年改礼部仪制司,二十年升员外郎,旋迁精膳司郎中,二十四年

属吏校对奏章失误,坐谪广西布政司经历,次年因妻病亡归家。家居二十余年,倡立社学,与诸友论学,又于镜山下置舍数间,创休山书院讲学,海内将其与东林书院首领邹元标、御史冯从吾、考功郎赵南星称为"四君子"。泰昌元年(1620)起光禄寺少卿,天启元年(1621)九月转通政司左通政,十一月升光禄卿,三年升通政使,告病,加户部右侍郎,回籍调理。崇祯二年(1629)起南工部侍郎,旋即去官。崇祯四年十二月二十(1632年2月9日)卒于家,年七十五,赠工部尚书。立朝持正敢言,博览好著书。在刑部时作《狱志》,在礼部时作《膳志》,谪广西作《西征集》,家居时参修《泉州府志》。尤有志修本朝之史,自为郎官时,历数十年,辑编明十三朝遗事及名臣传略,随时修订,成《名山藏》一百九卷,卒后至崇祯十三年刊行。又修地方志《闽书》一百五十四卷,辑《皇明文征》七十四卷,皆有崇祯刊本。又曾辑《明诗选》,未见传。乔远之诗文原有《万历集》三十三卷、《万历后集》八卷、《万历三集》四卷、《泰昌集》四卷、《天启集》十八卷,又有其子所辑《崇祯集》不分卷,现诸单刻仅存万历四十年刊《何氏万历集》三十卷。卒后,其子孙集其文集,又辑录佚文,重新按类编排,辑其著述为《何镜山先生全集》七十二卷附录五卷,其中诗赋十八卷,崇祯十四年刊,现存,有陈继儒、黄居中等二十余人序。《明史·艺文志》著录《何乔远集》八十卷,或指此本。《明文海》录其文四十篇。《明诗综》卷五五录其诗一首。《御选宋金元明四朝诗》录其诗三首。清郭柏苍《全闽明诗传》卷三一录其诗二首。生平见清邹漪《启祯野乘》卷七、《明史》卷二四二。

何乔新(1427—1502)　字廷秀,一字天苗,号椒丘。江西建昌府广昌人,何文渊子。景泰五年(1454)进士,授南礼部主事。累迁至刑部郎中,捕治锦衣卫兵卒,拒都指挥袁彬请托,由是知名。成化间,历福建按察副使、河南按察使,擢都察院右佥都御史巡抚山西,转刑部右侍郎。孝宗立,万安、刘吉等忌其刚直,奏其为南刑部尚书,既而刑部尚书杜铭罢,入为刑部尚书,忌者复摭他事中伤,遂致仕归。弘治十五年(1502)卒于家,年七十六,赠太子太傅,谥文肃。以气节刚方著,历仕中外,为成、弘间名臣。又习经史之学,以博学多闻称。诗文著述于嘉靖元年(1522)由广昌知县余崟刊为《椒丘文集》三十四卷,其中前三卷为科举之文,次五卷为史论,再十二卷为杂文,后为诗五卷(收诗三百四十余首)、碑诔六卷、奏议三卷,又《外集》一卷,则收往来赠答之文,有舒芬序、余嘉跋。《明史·艺文志》著录何乔新《文集》三十二卷，即此本也。所著又有正德、嘉靖时刊本《周礼集注》七卷、《周礼明解》十二卷、《仪礼明解》十八卷、《百将列传续编》四卷（续宋张预《十七史百将传》）。《明史·艺文志》另著录其《仪礼叙录》十七卷、《勋贤琬琰集》二卷、《唐律群玉》十六卷。《四库全书总目》另著录其《策府群玉》三卷（有清康熙平昌四香堂刊本）。《皇明诗统》卷一六录其诗二首。《石仓十二代诗选·明诗选》录其诗八十四首。《列朝诗集》丙集录其诗五首，"小传"谓其"博学多闻，为诗多援据典故"。《明诗综》卷二一录其诗四首。《四库全书》据余嘉本收《椒丘文集》三十四卷，《总目》"提要"谓"乔新不以文章名，而所作详明剀切，直抒胸臆"。《江西诗征》卷五一录其诗五十七首。《明诗纪事》乙签卷一九录其诗五首，按语谓其诗"温雅有则，泽古者深，与凡响自别"。《明文海》录其文十篇。《（雍正）江西通志》录其文五篇、诗一首。清应麟《江右古文选》卷一五录其文七篇。生平见林俊《椒丘何公神道碑》（《见素集》卷一八）、蔡清《椒丘何公乔新传》（《椒丘外集》）、王兆云《皇明词林人物考》卷三、何乔远《名山藏》卷六九、《明史》卷一八三。

何庆元（1566—?） 字长人。南直庐州府六安（今属安徽）人。万历十九年（1591）举人，二十六年进士，授工部主事，分司高邮筑堤。历郎中，出为云南兵备副使，乞终养，因不复出。约卒于天启年间。著述原有单刻本行世，汇刊本称《何长人集》九卷，内《蓬来室近稿》二卷，收其万历三十一年至三十六年时所作，卷一诸体诗二百三十二首，卷二各体文二十三篇，前有周道登序；又《南北游草》二卷，收其万历三十六年至四十一年时所作，卷一诗一百零三首，卷二文二十二篇，前有黄国鼎序，后有万历四十一年何庆元自序；又《毉社游草》三卷，收其万历四十二年至四十七年所作，卷一诗歌一百五十首，卷二诗一百三十五首，卷三各体文十五篇，林铭鼎序，周玄昭跋。《千顷堂书目》仅著录《蓬来室存稿》，未详其著述情况。《明诗综》卷五八录其诗二首，《御选宋金元明四朝诗》据之录。生平见《（乾隆）江南通志》卷一六七。

何如宠（1569—1641） 字康侯。南直安庆府桐城（今属安徽）人。万历二十六年（1598）进士二甲第二，选翰林院庶吉士，授编修。历中允、谕德、庶子、国子祭酒，迁礼部侍郎，夺职闲住。崇祯元年（1628），起吏部侍郎，进礼部尚书兼东阁大学士，参预机务。累加少保，改户部尚书，进武英殿大学士，四年乞休归。十四年卒,年七十三,福王时,赠太保,谥文端。操行恬雅,与物无竞,难进易退,时论高之。《明史·艺文志》著录其《后乐堂集》,未见传。清潘江《龙眠风雅》卷一〇录其诗六十二首。《明诗综》卷五八录其诗一首。清徐璈《桐旧集》卷一七录其诗二十四首。清李雅等《龙眠古文》录其文五篇。《金陵诗征》卷三九“寓贤”录其诗八首。《明诗纪事》庚签卷一九录其诗三首,按语谓其:“晚居金陵,近体诗和平蕴藉,与谢于乔相近。”生平见《(康熙)桐城县志》卷四、清佚名《五十辅臣考》卷二、《明史》卷二五一。

何良俊(1506—1573)　字元朗,号柘湖,别署柘湖居士。南直松江府华亭(今上海松江)人。自少笃学,家藏书四万卷,涉猎殆遍。与弟良傅俱以诗文著誉,时人喻为“云间二陆”。久困场屋,嘉靖间以岁贡入国学,又以荐授南京翰林孔目,三年厌倦,遂移疾归,复移家苏州,晚年始归华亭。卒于万历元年(1573),年六十八。解音律,以风流倜傥称,晚畜声伎,躬自度曲,分忖合度,为时人所叹羡。能诗文,好著述。《明史·艺文志》著录其《语林》三十卷、《丛说》三十八卷、《柘湖集》二十八卷。其《何氏语林》三十卷,系仿东晋裴启《语林》之作,采掇旧书,剪裁熔铸,现存嘉靖二十九年(1550)何氏清森阁自刊本及天启四年(1624)刊本,为《四库全书》所收,《四库总目》另著录其《世说新语补》四卷,万历时刊本亦存。《四友斋丛说》为其所作笔记杂俎,初刻于隆庆三年(1569),三十卷,后续撰八卷,有万历七年(1579)龚元成重刊本。书分十七类,矜尚广博,旧说新闻,兼收并蓄。《柘湖集》二十八卷(又名《何翰林集》)为其诗文别集,现存嘉靖四十四年(1565)华亭何氏香严精舍刊本,其中诗赋五卷(收赋一、操四、诗二百余首)、文二十三卷,有莫如忠、皇甫汸、何全、王文禄序。是集又与良傅之《何礼部集》合刊为《云间两何君集》,有嘉靖本及近人覆刻本。《盛明百家诗》后编录其诗一百三十余首为《何翰目集》。顾起纶《国雅》卷一四录其诗十一首。《皇明诗统》卷二三录其诗一首。《列朝诗集》丁集录诗三十七首。《明诗综》录诗二首。《御选宋金元明四朝诗》录诗十二首。清姚宏绪《松风余韵》卷二三录其诗一首。《四库全书总目》著录《何翰林集》,“提要”云:“良俊在当时颇有文名,所作纵横跌宕,亦时有六朝遗意。而落笔微伤太快,殆亦才人轻脱之习欤。”《明诗纪事》戊签卷八录诗二首。《明文海》录其文十四篇,黄百家《明文授读》卷三二记云:“先夫子(黄宗羲)曰:‘……柘湖文不落时趋,郁然可观。'"生平见佚名《南京翰林院孔目何公良俊传》(《国朝献征录》卷二三)、王兆云《皇明词林人物考》卷一一、《(康熙)松江府志》卷四四、《明史》卷二八七。

何良傅(1509—1562) 字叔皮,号大壑。南直松江府华亭(今上海松江)人。与弟良俊俱以诗文著誉,时人比之"云间二陆"。良俊科场偃蹇,而良傅于嘉靖二十年(1541)中进士,除行人。后迁刑部主事,改南礼部,历员外,迁祠祭司郎中,卒于嘉靖四十一年,年五十四。其仕宦虽不甚达,因系权臣严嵩所识拔,有感恩之作,因与良俊均遭讥议。所著辑为《礼部集》十卷,《明史·艺文志》著录,现存嘉靖四十二年何氏家塾刊本,其中诗四卷,收古近体诗一百八十余首,文六卷,收各体文九十余篇,卷首有徐献忠序。是集后与良俊《何翰林集》合刻为《云间两何君集》,亦存。顾起纶《国雅》卷一四录诗一首。《皇明诗统》卷二三录诗二首。《明诗综》卷四五录诗二首,《御选宋金元明四朝诗》据之录。清姚宏绪《松风余韵》卷二三录其诗二首。《明诗纪事》戊签卷八录其诗一首。生平见王兆云《皇明词林人物考》卷一一、《(康熙)松江府志》卷四四、《明史》卷二八七。

何宗彦(1559—1624) 字君美,号昆柱。生于嘉靖三十八年(1559)九月二十六。少随父由江西抚州府金溪迁湖广德安府随州(今属湖北),遂入籍。万历十三年(1585)举人,二十三年进士,选翰林庶吉士,累官詹事府詹事,四十二年迁礼部右侍郎,次年转左,摄尚书事六年。宗彦洁身浴德,正色立朝,淡于求名,清修有执,遇事侃侃敷陈,时望甚隆。会推阁臣,廷臣多首宗彦,时齐党势盛,非同类悉排去,宗彦无所附丽,不安其位而去。光宗立,即家拜礼部尚书兼东阁大学士,天启间加吏部尚书,建极殿大学士,四年(1624)正月十五卒于官,谥文毅。所作诗文生前曾由门生及馆阁同僚选录少许梓行,卒后将编全集而战事起,稿、板皆散佚,后其子何敦叔及孙何品崇等收罗残遗,仅得十之二三,而诗稿尚付阙如,因辑刊为《何文毅公集》十卷,赋、颂、策、疏议各一卷,序二卷,余各体文编为四卷,首有其门生李佺台、王庭海、冯明玠、冯可宾、何万化等序,末附其传及墓志铭等。是集约刊于崇祯十六年(1643)夏,以战乱,流传甚少,《千顷堂书目》著录,亦未详其卷数。《明文海》录其文三篇。清陈元龙《御定历代赋汇》卷四六录其赋一篇。生平见朱延禧《文毅何公墓志铭》(《何文毅公集》附)、《明史》卷二四〇。

何孟春(1474—1536) 字子元,

号燕泉。湖广郴州（今属湖南）人。弘治五年（1492）领乡荐，六年进士，丁父忧归，九年授兵部职方主事。历员外郎、郎中，丁母忧归。正德七年（1512）擢河南左参政，入为太仆少卿，进本寺卿，以右副都御史巡抚云南，迁南兵部右侍郎，拜吏部左侍郎。嘉靖初以议"大礼"，左迁南工部左侍郎，七年（1528）削籍归，十五年卒，年六十三，隆庆初，赠礼部尚书，谥文简。孟春为李东阳门生，东阳曾以"何郎少年美文藻"赞之（《为何郎中孟春作》）。清钱谦益将其与鲁铎、石珤、邵宝、顾青、罗玘比之"苏门六君子"。以学问该博称，又以气节自许，诗文则不甚著。卒后诗文稿散佚，多年后始有人辑集刊于世。今存《何燕泉诗集》四卷，为嘉靖四十五年时蒋文化所刊，实为其诗之选本，收诗四百九十余首。万历二年（1574）永州同知邵城辑刻《何文简公文集》十八卷，文十卷（收各体文四百七十余篇）、诗八卷（收诸体诗五百六十余首），后又有万历十五年汤日昭增补本，此即《明史·艺文志》著录之《文集》十八卷。传世尚有明抄本《何恭简公笔记》不分卷、清乾隆二十四年（1759）世读轩重刊本《燕泉何先生遗稿》十卷，诗四卷、文六卷。《明史·艺文志》另著录其《易疑初筮》十二卷、《军务集录》六卷、《续备遗录》一卷、《余冬序录》六十五卷（存嘉靖七年家刊本）、《闲日分义》一百卷、《奏议》十卷（存万历二年刊本）。《千顷堂书目》另著录其《备荒书》一卷、《群书续抄》一卷又《军中备急方》一卷又《群方枢要》一卷、《注陶靖节集》十卷、《孔子家语注》八卷（有正德时刊本）。《皇明诗统》卷一五录其诗二首。《列朝诗集》丙集录其诗十首。《明诗综》卷二七录其诗二首。清廖元度《楚风补》卷一九录其诗七首。《四库全书》收《何燕泉诗》四卷，又收《何文简疏议》十卷，《总目》"提要"谓其"少游李东阳之门，传其诗派，而才力不及其富赡，故往往失之平衍"。清邓显鹤《沅湘耆旧集》卷一三录诗七十三首。《明诗纪事》丁签卷六录其诗四首，按云："子元及西涯（李东阳）之门，观所著《余冬绪录》，于西涯诗话绪论，娓娓不倦，并梦中亦缘西涯诗稿，可谓服膺不忘矣。惟才力稍弱，句调平易，而学殖既深，亦自远于俗调。"近人赵尊岳《明词汇刊》自其集辑录词二首为《何文简公词》。《湖南文征》录其文四十六篇。生平见罗钦顺《何公孟春墓志铭》（《国朝献征录》卷五三）、王兆云《皇明词林人物考》卷四、何乔远《名山藏》卷七四、《明史》卷一九一。

何栋（1490—1573）　字伯直，号太华。祖籍巢县，高祖时避乱关中,遂为陕西西安府长安(今西安)人。正德八年(1513)举人,十六年进士,授河南道监察御史,坐失朝仪,调宜兴知县。嘉靖五年(1526)迁顺天府通判,七年迁工部都水司郎中,修通惠河。升右通政,再迁太仆寺卿,以左佥都御史巡抚大同,被劾,左迁四川左参议。二十九年八月,敌逼京师,以徐阶荐,即家起右副都御史提督蓟辽、保定军务,明年进兵部右侍郎,再进右都御史、兵部左侍郎。三十六年(1557)坐事奉旨闲住,隆庆初改致仕。卒于万历元年(1573)五月十一,年八十四。材能干局,深达经济,有时名。《千顷堂书目》著录其《督府奏议》《太华集》。现存明刊本《太华山人集》四卷,内文三卷,收序、记、志铭等文四十一篇、书三十五篇,卷四收古近体诗一百六十余首。《皇明诗统》卷三七录其诗十首。崇祯五年(1632)贾鸿洙《周雅续》卷八录其诗十八首。《明诗综》卷三七录其诗二首,《御选宋金元明四朝诗》据之录。《明诗纪事》戊签卷一四录其诗一首。近人刘原道《居鄗诗征》卷二录其诗一首。生平见王用宾《太华何公栋墓志铭》(《国朝献征录》卷五八)、《(雍正)陕西通志》卷五九。

何栋如(生卒年不详) 字充符,一字子极,号天玉。南直应天府江宁(今江苏南京)人。万历二十二年

(1594)举人,二十六年进士,除襄阳府推官。二十九年与湖广佥事冯应京同被税监陈奉诬陷,下狱四年,襄阳人赴阙诉冤,出狱削籍归。家居十七年,天启初起南兵部职方司主事,辽阳陷落后,自请募兵往援,进太仆少卿,充军前赞划,又以疏论熊廷弼、王化贞罪遣戍。崇祯初复官,致仕卒。《明史·艺文志》著录其《文庙雅乐考》二卷、《皇明四大法》十二卷(有万历四十二年刊本)。另有崇祯刊本《梦林玄解》三十四卷。《千顷堂书目》著录其诗文著作《南音》一卷又《徂东草》又《摄园草》一卷又《恢复议》又《石城会语》,皆为单本,《南音集》收其下诏狱四年所作诗,《摄园稿》收其家居时所作诗。现存明末刊本《何太仆集》十卷,则为其诸子集合诸稿所后刻,卷一奏疏十一篇、卷二书五十五篇,卷三至卷八收各体文二十五篇,卷九至卷一〇收诸体诗三百余首。是集后又有1914年刊《金陵丛书》本。《明诗综》卷五八录其诗一首,《御选宋金元明四朝诗》据之录。《金陵诗征》卷二五录其诗十二首。《明诗纪事》庚签卷一九录其诗一首。生平见李维桢《摄园诗序》(《大泌山房集》卷二〇)、《(乾隆)江南通志》卷一三九、《明史》卷二三七。

何洛文(生卒年不详) 字启图,号震川。河南汝宁府信阳人,何景

明之孙。嘉靖四十年（1561）乡试解元，四十四年进士，选翰林院庶吉士，授编修。历右春坊右中允，迁詹事府少詹事兼侍读学士，掌院事。万历八年（1580）擢礼部右侍郎兼翰林学士，九年转左，以渎礼致仕。家居与友人为山水游，诗酒觞咏以卒。《千顷堂书目》著录其《震川集》二十卷，现存天启间何奕家刊本《何震川先生集》二十八卷，首天启五年（1625）石维屏序，诗八卷、文二十卷。《皇明诗统》卷一七录其诗六首。《明诗综》卷四四录其诗一首。"诗话"云："震川，大复之孙，仕虽通显，诗颇庸熟，去祖武尚远。"《御选宋金元明四朝诗》录其诗二首。《明文海》录其文二篇。生平见林尧俞等《礼部志稿》卷四二、王兆云《皇明词林人物考》卷一二。

何维柏（1511—1587）　字乔仲，号古林。广东广州府南海（今广州）人。嘉靖十年（1531）举人，明年春闱不第，至十四年成进士，选翰林院庶吉士，改监察御史，上疏言四海困竭，请罢建沙河行宫等，寻引疾归。复起原官，巡抚福建，二十四年疏劾严嵩奸贪，比之李林甫、卢杞，廷杖免官。家居二十余年，隆庆元年（1567）诏复旧官，擢大理少卿，迁右金都御史。万历初历左副都御史，晋吏部右侍郎，以忤张居正，转南礼部尚书。五年（1577）致仕，回乡后主天山草堂讲学，十五年卒，年七十七，谥端恪。曾从陈献章游，辑《陈子言行录》，后终执白沙之学。《千顷堂书目》著录其《易学义》《礼经辨》《太极图解》及《天山草堂存稿》二十卷。《四库全书总目》著录《天山草堂存稿》八卷。现存清沙滘何氏抄本《天山草堂存稿》六卷，收入其奏疏、讲章、语录及杂文。清屈大均《广东文选》录其文五篇。其诗存世约五十首，散见于郭棐《岭海名胜记》、张邦翼《岭南文献》、清屈大均《广东文选》、清梁善长《广东诗粹》、清温汝能《粤东诗海》《（嘉庆）三水县志》等。《明诗综》卷四二录其诗《夜坐》一首，"诗话"云："端恪诗多杂讲学语，合格者希。"《明诗纪事》戊签卷一九录其诗一首。生平见郭棐《何端恪公传》《粤大记》卷一四、《明文海》卷三八八）、《（雍正）广东通志》卷四五、《明史》卷二一〇。

何景明（1483—1521）　字仲默，号大复、大复山人。河南汝宁府信阳人。生于成化十九年（1483）八月初六。弘治十一年（1498）十六岁举乡试第一，又四年，十五年以弱冠中进士，授中书舍人。正德初，权宦刘瑾用事，景明上书吏部尚书许进，劝其秉政毋挠，逾年以此免官归。正德六年（1511）以李东阳荐复职，直内阁制敕房，十二年迁吏部员外郎，十三年出为陕西提学副使，十六年因病投劾归。抵家六日，八月初五卒，年三十九。形貌短小，秃笄，然为人耿介，忧愤时事，尚节义而鄙荣利。以诗著，论诗贬宋元而宗盛唐，以为“宋人似苍老而实疏卤，元人似秀实而实浅俗”(《与李空同论诗书》)；“景明学歌行近体，有取于(李、杜)两家，旁及唐初、盛唐诸人，而古作必从汉魏求之”(《海叟集序》)。因不满台阁之风，与李梦阳共倡诗文复古，因得当时郎署才俊响应，于文坛成席卷之势。因与李梦阳、徐祯卿、边贡、朱应登、顾璘、陈沂、郑善夫、康海、王九思号“弘治十才子”，又与李梦阳、徐祯卿、边贡、康海、王九思、王廷相称“七子”(“前七子”)。《明史·文苑传》又将景明与李梦阳、徐祯卿、边贡称“弘正四杰”。其影响之大至一时“天下语诗文，必并称何、李”(《明史》卷二八六)。著述先有嘉靖三年(1524)吴郡沈氏野竹斋刊本《何氏集》二十六卷，内诗赋二十一卷，唐龙序，又有嘉靖间义阳书院刊本，王子衡(王廷相)序。复有嘉靖十年(1531)刊本《大复集》三十八卷附录一卷，王廷相、王世贞、唐龙、康海序，是集又有嘉靖三十四年、万历五年本等，其中诗赋二十九卷，收赋二十二篇、辞十篇、诗一千六百余首。另有编著《雍大记》三十六卷，存嘉靖刊本。诗文选本于明中后期刊印甚夥：嘉靖间费磐等刊《何仲默(诗)集》十卷，隆庆间刊俞宪编《盛明百家诗》录其诗四百八十余首为《何大复集》，万历刊赵南星编《明十二家诗选》录其诗为《何大复集》四卷；万历刻来复编《李、何近体诗选》有《何大复先生诗集》三卷，万历三十年刻李三才编《李、何二先生诗》收《何仲默先生诗集》十五卷。万历四十四年赵彦复辑何景明与李梦阳、王廷相、孟洋、薛蕙、高叔嗣、刘绘、张九一、谢榛等人诗刊为《梁园风雅》，内选何景明诗五卷三百二十首。明人所编之各种诗歌总集、选集亦无不录其诗。《皇明风雅》录其诗二十一首。顾起纶《国雅》卷五录其诗四十一首。《皇明诗统》卷一七录其诗六十三首。《石仓十二代诗选·明诗选》录其诗二百四十五首。《皇明诗选》录其诗一百五十首，谓其“古诗上睨子建，下拂士衡，清美合度，与李竞爽。近体则初、盛诸家无所常师，意之所寓，工丽即臻。惟七言律与献吉同源而异流，婉佚胜之，高深不及，似稍有伯仲之分”。《列朝诗集》丙集录其诗一百零二首。《明诗评选》录其诗一首。《明诗综》卷三〇录其诗七十八首，“诗话”云：“弘、正间作者倡复古学，同调六七人，李、何实为之长。李以秀朗推何，何以伟丽目李。其后互相抵牾，何诮李摇鞞振铎，李诮何抟沙弄泥。

譬之针砭不中腧穴,徒晓晓耳。两君皆负才傲物,何稍和易,以是人多附之。"清沈德潜《明诗别裁集》录其诗四十九首。《御选宋金元明四朝诗》录其诗一百余首。清施何牧《明诗去浮》卷二录其诗二十首。《四库全书》所收《大复集》为三十八卷本,《总目》"提要"云:"正、嘉之间,景明与李梦阳俱倡为复古之学,天下翕然从之,文体一变。然二人天分各殊,取径稍异,故集中与梦阳论诗诸书,反复诘难,断断然两不相下。平心而论,模拟蹊径,二人之所短略同,至梦阳雄迈之气,与景明谐雅之音,亦各有所长,正不妨离之双美,不必更分左右祖也。"《明诗纪事》丁签卷一录其诗五首。明末李宾编《八代文钞》收《何仲献文抄》一卷。《明文海》录其文七篇。生平见孟洋《何先生墓志铭》(《孟有涯集》卷一七)、乔世宁《何先生传》(《丘隅集》卷一七)、李开先《何大复传》(《李中麓闲居集》卷一〇)、王兆云《皇明词林人物考》卷五、《明史》卷二八六。

何御(生卒年不详)　字子宪,又字范之。福建福州府福清人。嘉靖十七年(1538)进士,除廉州教授,迁国子博士。历都察院都事,简放廉州知府,迁两淮都转运使。为官有清操,能诗,归隐白湖,所著因称《白湖集》。《千顷堂书目》著录《白湖集》十二卷、《廉州府志》六卷,未见传。徐𤊹《晋安风雅》录其诗一首。《列朝诗集》丁集录其诗五首。《明诗综》卷四二录其诗六首。《御选宋金元明四朝诗》录其诗七首。清郭柏苍《全闽明诗传》卷二二录其诗四十四首。《明诗纪事》戊签卷二〇录其诗二十一首,按云:"子宪牵丝海邦,再转京职,沈沦卑官,故不甚知名。古诗妙合音节,兴寄遥深,七律健爽。"生平见《(乾隆)福建通志》卷五一。

何瑭(1474—1543)　字粹夫,号虚舟,又号柏斋。河南怀庆府武陟人,卫籍。生于成化十年(1474)十月二十九。弘治十四年(1501)河南乡试解元,十五年会试连第,选翰林院庶吉士,十七年散馆授编修。正德二年(1507)与修《孝宗实录》,四年升修撰,以不谄媚刘瑾,为瑾不容,称病归。六年复官,八年以经筵讲经触时忌,坐谪开州同知,十年改东昌,再请归。世宗即位,起为山西提学副使,以服丧未赴,服阕,改浙江提学副使,嘉靖三年(1524)升南太常少卿,五年署南翰林院学士事,六年升南太常卿,本年秋擢南工部右侍郎。七年改北工部,至京又改户部,未几改礼部,与当道不合,乞归,在途诏命升右都御史,掌南京都察院事,归家再乞致仕。家居十五年,卒于嘉靖二十二年九月三十,赠工部尚书,谥文定。以儒学名于世,称学者,论学以"格致"为宗,其《送湛若水序》谓:"甘泉以存心为主,予以格物致知为先,非存心固无以为格致之本,物格知致,则心之体用益备。"卒后,门人刘泾等辑其诗文,倩郑恭王朱厚烷校订,刊为《柏斋文集》十卷,有嘉靖二十八年朱厚烷序,是集文九卷、诗一卷,计收文(含讲章、奏疏)一百六十余篇,诗一百三十余首。后又有嘉靖三十三年周镐序刊本《何柏斋文集》,亦十卷。万历四年(1576)贾待问等再刻《何文定公文集》,厘为十一卷,文十卷诗一卷。《明史·艺文志》著录其另有《柏斋三书》四卷、《怀庆府志》十二卷及《乐律管见》(《律吕管见》)、《阴阳管窥》《兵论》《家训》各一卷。《明文海》录其文二篇,评语云:"柏斋辩论澜翻,是其所长,脱除议论,则未免常调。"《皇明诗统》卷一五录其诗十二首。《明诗综》卷二八录其诗三首,"诗话"云:"文定讲学,兼明礼仪乐律……持论甚笃。诗特其余事,然如《九日和韵》,从肺腑中流出,此等作,无论字句之工不工也。"《四库全书》据万历本收录《柏斋集》十一卷,略有删削,《总目》"提要"云:"当时东南学者,多宗王守仁'良知'之说,而瑭独以躬行为本,不以讲学自名,然论其笃实,乃在讲学诸家上。至如《均徭》《均粮》《论兵》诸

篇,究心世务,皆能深中时弊,尤非空谈三代迂疏无用者比。虽其文体朴质,不斤斤于格律法度之间,而有体有用,不支不蔓,与雕章绘句之学,固又当别论矣。"《明诗纪事》丁签卷一三录诗一首。也能词曲,崇祯十三年(1640)刊王九思《碧山乐府》附刻《柏斋先生乐府》,凡套数五套。生平见马理《何先生神道碑铭》(《(嘉靖)怀庆府志》卷一二)、张卤《何文定公瑭传》(《何文定公集》卷首)、王兆云《皇明词林人物考》卷四、何乔远《名山藏》卷七五、《明史》卷二八二。

何鳌(1497—1559) 字巨卿,号沅溪。浙江绍兴府山阴(今绍兴)人。正德八年(1513)举人,十二年进士,授刑部主事,以谏武宗南巡被杖。历员外郎、郎中,嘉靖初出为湖广按察佥事,迁四川布政司参议,寻迁山东副使,兵备徐州。历陕西副使,兵备潼关,迁江西左参政。历贵州按察使、河南右布政、江西左布政,进右副都御史,巡抚山东。改两广总督,命既下,被劾逮系至京,左迁福建参议,召为应天府丞,寻复右都御史,总理河道。进南京兵部右侍郎,改刑部,三十一年(1552)晋尚书,三十五年致仕,三十八年八月二十六日卒,年六十三,赠太子少保。《千顷堂书目》著录《沅溪诗集》七卷,误注作者为广东顺德何鳌。现

存万历间刊本《沇溪诗集》仅一卷，首万历二十九年（1601）万象春《刻沇溪何公诗选序》，内收诗一百余首。生平见季本《何公墓志铭》《《国朝献征录》卷四五）、过庭训《本朝分省人物考》卷五〇。

佘育（生卒年不详） 字养浩，号潜虬山人。南直徽州府歙县（今属安徽）人。嘉靖间随父游贾于宋、梁间，晚年回乡创建潜虬书院，并建屋数十楹，供族中贫而无屋者居住。嗜学能诗。现存嘉靖刊本《潜虬山人诗集》十卷，首有嘉靖十二年（1533）林希元序云："新安佘养浩氏逍遥物外，以诗自娱，所著《潜虬集》十卷，其子太学生宗禹请序于予，予观其诗多得之自然，无困苦模仿之态。"又有嘉靖六年詹福后序。《皇明诗统》卷二六录其诗二首。《列朝诗集》丙集录其诗二首。清高舆《御定佩文斋咏物诗选》卷二三〇录其诗一首。《御选宋金元明四朝诗》录其诗二首。

佘翘（1567—1612） 字聿云，号燕南、学囿，别署铜鹊山人。南直池州府铜陵（今属安徽）人。隆庆元年（1567）正月初三生于武昌。其父佘敬中，时任武昌府推官，后官至广东按察使。敬中与汤显祖交，翘少有才名，诗文曾得汤显祖赏识，称其为"小友"。万历十九年（1591）应天乡试中举，后屡试不第，乃寓居池阳

（今贵池），又治一画航，号浮斋，乘之往来燕、赵、齐、鲁及江、淮间，便访名胜，交结名士。万历四十年，应池州知府李思恭请，与修《池州府志》，编次未几，八月初十病逝，年四十六。其诗词古文皆有根柢，著有《浮斋集》《翠微集》《白下游草》及《幼服记》《浮斋百咏》《秋浦吟》等，均未见传。今仅何伟然《广快书》卷三三录其《偶记》，记古人逸事七十余则，而原书四卷也。又以能戏曲名一时，所撰三种：杂剧《锁骨菩萨》和传奇《赐环记》已佚；仅存传奇《量江记》。《量江记》有万历三十六年金陵继志斋刻本，题《新镌量江记》，凡二卷三十四出。是剧取材于《宋史》，演樊若水不为南唐所用，北投宋太祖，献计灭南唐故事。吕天成《曲品》列《量江记》为"中上品"，谓其剧"全守韵律，而词调俱工，一胜百矣"。冯梦龙有改本《量江记》，收入《墨憨斋定本十种传奇》（有明末清初刊多种刊本）。生平见《（康熙）池州府志》卷八〇、《（乾隆）铜陵县志》卷一一。

佘翔（1535—1610） 字宗汉，号凤台。福建兴化府莆田人。嘉靖三十七年（1558）举人，累折于春官，谒选为全椒知县，以议里甲制与御史相左，遂拂袖归。先为金陵游，已而游梁，登吹台，谒五先生祠，仰天叫绝，人以为狂。又游歙县，与汪道

昆等游黄山。晚归里中,万历三十八年(1610)卒,年七十六。能诗,曾与王世贞游,世贞将其与皇甫汸、莫如忠、许邦才、周天球、沈明臣等列为"四十子"(《弇州四部稿续稿》卷三)。著有《薛荔园诗》《佘宗汉稿》《游梁新编》《金陵纪游文》等诗稿、文草,《千顷堂书目》著录《薛荔园集》二卷又《文草》三卷。《四库全书》据抄本收《薛荔园集》四卷,内诗一千二百余首,无文,《总目》"提要"云:"其诗以雄丽高峭为宗,声调气格颇近'七子'……然人品颇高,故诗有清致,不全为'七子'之肤廓,未可全斥之也。"传世另有清抄本。清郑王臣《莆风清籁集》卷二五录其诗二十八首。清郭柏苍《全闽明诗传》卷二六录其诗十二首。《明诗纪事》己签卷一二录其诗五首,按云:"宗汉以四律投王元美(王世贞),未报。后复自携七绝句访元美于弇园,元美依韵和之。元美作《四十子诗》,复及宗汉……元美自以高节许之,宗汉诗自为一派,不必近'七子'也。"生平见陈文烛《佘宗汉诗序》(《二酉园续集》卷二)、《(乾隆)福建通志》卷五一。

余曰德(1514—1583) 字德甫,号午渠。初名应举,用以成进士,以其不雅而更之。江西南昌府南昌人。嘉靖二十五年(1546)举人,二十九年进士,除刑部贵州司主事。

历河南司员外郎、四川司郎中,出为福建按察副使,致仕归。卒于万历十一年(1583),年七十。在刑部时与李攀龙、王世贞相倡和,归田后犹吟咏不辍。王世贞将其与魏裳、汪道昆、张佳胤、张九一并列为"后五子"(《弇州山人四部稿》卷一四)。《千顷堂书目》著录其《余德甫诗集》十四卷又《午渠集》。现存万历间南昌余氏家刊本《余德甫先生集》十四卷,收其所作古近体诗一千余首。卷首王世贞序谓其"于诗古近体亡所不致佳,近体独超。近体五七言亡所不超,七言尤妙"。《盛明百家诗》后编录其诗四十余首为《余宪副集》。顾起纶《国雅》卷一六录诗五首。《皇明诗统》卷二四录诗八首。《明诗综》卷四七录其诗三首,"诗话"云:"德甫于诗未窥见门户,元美冠诸'后五子'之首,未免阿其所好矣。"《四库全书总目》著录《余德甫集》十四卷,"提要"谓"今观是集,彝尊所论公矣"。《江西诗征》卷五八录诗十首。《明诗纪事》己签卷三录诗一首,按语云:"德甫诗不过'七子派'中下乘。"生平见王世贞《余公墓志铭》(《弇州四部稿续稿》卷一二)、屯兆云《皇明词林人物考》卷一〇、《明史》卷二八七。

余正垣(1598—1645) 字小星。江西南昌府南昌人,余曰德孙。贡生,曾官主簿。能诗文,明末与章世纯、万美叔、万时华、刘斯陛、徐世溥、陈士业（陈宏绪）、甘禹符、李平叔等称楚地才俊，曾共组文社，读书半舫斋。《千顷堂书目》著录其《昔邪园集》，未见传。清陈允衡编顺治澄怀阁刊本《诗慰》初集录其诗一百二十四首为《昔耶园集选》，有康范生、胡学浹序。其诗寄情于风物，多哀怨之情。《明诗综》卷七七录其诗三首。《江西诗征》卷六四录其诗十一首。《明诗纪事》辛签卷二四录其诗一首，按云："徐巨源（徐世溥）作《南州四子传》，四子者，刘斯陛士云、李奇平叔、邓履中左之、余正垣小星也。四子皆能诗，余遍搜遗集，仅得小星、平叔诗。"生平见清裘君弘《西江诗话》。

余有丁（1527—1584）　字丙仲，号同麓。浙江宁波府鄞县（今宁波）人。生于嘉靖六年丁亥（1527），故名有丁。家贫力学，嘉靖四十年领乡荐，明年进士第三，除翰林编修。隆庆初授《实录》纂修官，迁太子洗马兼修撰，晋左谕德兼侍读。以疾请归，不准，改官南京，得便常回里，购山于东钱湖畔，筑亭榭欲终仕途。万历二年（1574）升南国子祭酒，越两年，以病归。又起为少詹事，升太常寺卿，历礼部右侍郎，改左，寻改吏部，充《大明会典》副总裁。十年任礼部尚书兼文渊阁大学士，入阁参与机务，晋太子太保。辽东、滇南告捷，以赞助策划功加少傅、太子太傅，建极殿大学士。十二年十一月十七卒于官，年五十八，赠太保，谥文敏。诗文著述万历二十年辑编为《余文敏公集》十二卷，首有其门生汪镗、沈一贯序。内文十一卷，收各体文（含奏疏）一百一十篇，末卷收诗一百四十余首。后又有十五卷之《余文敏公集》，较前略有增益，《明史·艺文志》著录其《诗文集》十五卷，即此本也。《千顷堂书目》另著录其《子汇》三十三卷。《皇明诗选》录其诗一首。清胡文学《甬上耆旧诗》卷一八录其诗十二首。《明诗综》卷四四、《明诗纪事》己签卷一四上录其诗一首。《四明文征》录其文三篇，《四明近体乐府》卷八录其词一首。生平见许国《余公有丁墓志铭》（《许文穆公集》卷五）、《（康熙）鄞县志》卷一七、《（雍正）宁波府志》卷二〇。

余光（生卒年不详）　字晦之，号古峰。原为南直徽州府祁门（今属安徽）人，移居南京，入籍，故或称其为应天府江宁（今江苏南京）人。嘉靖十年（1531）举人，明年进士，授南京大理评事，擢御史，巡抚广东。著《两京赋》以献，宣付史馆，赐钞。曾上书弹劾严嵩，又作诗讽之，因得罪。安南莫登庸篡黎氏王位，世宗定计征讨，光上疏极谏，言"黎氏抗中国为乱魁，今失国或天假手登庸以报之也。臣已遣官责其修贡"。兵部咎光轻率，因逮俸。稍后进《乡试录》，为严嵩摘其误，因逮下狱，寻削籍归。《千顷堂书目》著录其《古峰集》三卷《两京赋》二卷。现存嘉靖间刊本《古峰文稿》三卷，收其所作各体文四十余篇；又《古峰诗稿》三卷，收赋五篇，诸体诗二百余首，内拟古乐府三十余首；又附《两京赋》有序；首有康海、曹嘉序。《金陵诗征》卷二〇录其诗一首。生平见《明史》卷二〇三。《（乾隆）江南通志》卷一三九、一六七均有余光传，实为一人也。

余绂兰（1568—?）　字猗叔，号广莫。江西南昌府奉新人。与宋应升、宋应星兄弟为姻亲。老于布衣而以诗文鸣于乡里，与舒敬、万元吉、汤显祖有交往。以不得意于儒业，晚年学禅。宋应升《方玉堂集》卷二有《寿余猗叔七秩韵言》，序云："猗叔先生于予，以亲则丈人行也，以学则师也，友也。予少猗叔十岁，弱冠联举业，社即兼锐意古文辞，旁及风流侠烈之事，并津津焉……猗叔竟老布衣也。"又《燕林藏稿序》云："夫猗叔于文章自天性耳。然生平遭遇大半坎坷，不能无移夺于经营也，诗句一遵'七子'盛唐约法。"著述现存崇祯间刊《燕林藏稿》十卷，有崇祯十二年李光倬、万时华、万元吉序及崇祯十五年宋应升序。

内诗四卷，收诗三百三十余首；书四卷，收书牍一百一十多篇；卷九、卷一〇收序记等文二十八篇；末又附《楚风》一卷，收诗二十三首，有衷崇熹《楚风序》。生平见《（康熙）奉新县志》卷八。

余佑（生卒年不详）　号白鹤山人。浙江宁波府鄞县（今宁波）人。嘉靖间任上饶主簿，十九年（1540）升柳州府迁江知县，致仕归。嘉靖四十年其仲子余绍芳刻其诗集《迁江集》二卷，收古近体诗二百四十余首。卷首有余佑嘉靖二十八年《迁江集自序》，谓言："不敏恪守庭训，不敢怠荒，而深以不能阐扬先志是惧。间尝效矍吟咏，又为性资所限，体格不高，仿之前人，十不一二也……平生意兴，漫吟且多，不能存稿。韵押悉依诗家正韵，遵时制也……嘉靖岁庚子改令迁江，事简而暇，因忆旧作若干首，录而收之归笥，命仲子绍芳汇次而珍藏之，以贻后之人，亦书香一绪也。"末有绍芳跋，盖是集所录，自其平生所作选之，非作于迁江一地也。

余飏（生卒年不详）　字赓之，号季芦、芦中人。福建兴化府莆田人。崇祯六年（1633）举人，十年进士，与夏允彝、陈子龙等同科，除宣城知县，改宝应、上虞。明亡返莆田，弘光朝授官礼部文选司主事，迁南京稽勋司员外郎，改广东按察副使。鲁王入闽（1647）监国，擢右副都御史，与朱继祚在乡组义军抗清。城陷，被执狱中，逾年得释。此后隐居海隅，郁郁而终。曾考证《春秋》，与其兄共著《春秋存俟》十二卷，有弘光元年（1644）文来阁刊本。又有抄本《莆变纪事》不分卷，记明清鼎革之际莆田之动乱。诗文集名《芦中集》，《千顷堂书目》著录，未见传。清卓尔堪《明遗民诗》录其诗三首。《明诗综》卷六九上录其诗一首。清郑王臣《莆风清籁集》卷三五录其诗二十一首，《兰陔诗话》云："晚制铁笛，自称老铁，盖以杨廉夫自况也。其诗古体发源汉魏，归宿杜、李；近体间出宋、元别调。陈伯玑称，其诗可与少谷（郑关夫）、石仓（曹学佺）三分鼎峙。"清郭柏苍《全闽明诗传》卷四六录其诗十四首。清涂庆澜《莆阳文辑》卷三录其文一篇。《明诗纪事》辛签卷二〇录其诗十首，按云："赓之近体音节悲壮，多故宫禾黍之思。"生平见《（乾隆）福建通志》卷五一。

余邵鱼（生卒年不详） 号畏斋。福建建宁府建阳人，余象斗族叔。隆庆、万历间书坊小说作家。现存万历三十四年（1606）三台馆余象斗重刊本《新刊京本春秋五霸全像列国志传》（简称《列国志传》）八卷二百二十六则，所叙历史，起于武王伐纣，止于秦并六国。每卷题"后学畏斋余邵鱼编集""书林文台余象斗评释"。其书余象斗识语有"先祖叔翁按鉴纂集，重刻数次，其板业旧，象斗校正重刻"云云。因知此书原为余邵鱼所编写。后又有明万历刻十二卷本，全称《新镌陈眉公先生评点春秋列国志传》，题陈继儒重核，又有陈继儒序。清文英堂等刻本均从十二卷本出，题为《新刻史纲总会列国志传》。本书虽描写简略，章节凌乱，文字粗率，然上承元刊《全相武王伐纣平话》，下开冯梦龙《新列国志》及清蔡元放《东周列国志》，于《封神演义》之形成也有启发。

余季岳（籍里及生平不详） 晚明有小说《按鉴演义帝王御世盘古至唐虞传》二卷七则。《按鉴演义帝王御世有夏志传》四卷十九则及《按鉴演义帝王御世有商志传》四卷十二则，前两书有明刊本传世，版式相同，后书仅存清嘉庆时刊本。三书皆署"景陵钟惺伯敬父编辑""古吴冯梦龙犹龙父鉴定"。钟惺、冯梦龙之名显系伪托。《盘古至唐虞传》书尾有署名"书林余季岳"之识语；《有夏志传》则多有"后人余季岳赞之曰""后人余季岳口占一绝以叹之曰"等语，又结尾处云"不知后事如何，看下商传再说"；《有商志传》亦有余季岳诗赞。因知此三书实为余季岳所作之系列小说。惟拘牵史书，袭用陈言，惮于叙事，盖为当时书坊小说作手,不详其人也。

余学夔(1372—1444) 字一夔,号北轩。江西吉安府泰和人。生于洪武五年(1372)十一月三十。永乐元年(1403)举人,二年二甲进士,成祖令解缙于新进士中选二十八人为翰林院庶吉士,学夔在列。寻授翰林检讨,位列《永乐大典》副总裁之一,又与修《四书五经大全》《性理大全》诸书,二十二年升侍讲兼经筵官,与修国史。正德初与修太祖、太宗、仁宗三朝《实录》,书成不求加官,乞病休归。正统九年(1444)十一月初九卒,年七十三。时称明经博古,负直气侃侃,遇事径发,不肯苟阿。所著有《北轩集》,现存清乾隆三十四年(1769)其十三世孙余沛章刊本,十八卷,内文十一卷,收各体文一百四十余篇,诗六卷,收五七言古近体诗三百四十余首,末卷收赋二、雅二、颂一篇,附罗汝敬、杨荣、陈循、周述、陈继、马愉、杨士奇等赠序及王直所撰《墓志铭》。《皇明风雅》卷二八录其诗一首。《皇明诗统》卷八录其诗八首。韩阳《皇明西江诗选》卷六录其诗十五首。《石仓十二代诗选·明诗选》录其诗十四首。《江西诗征》卷四八录其诗十八首。清王琨《泰和诗征》卷一五录其诗三十二首。《明诗纪事》乙签卷八录其诗一首,按语谓其诗"亦轩爽"。生平见王直《余公北轩先生墓志铭》(《北轩集》附录)、《(雍正)江西通志》卷七七。

余承恩(1491—1543) 字懋忠,号鹤池。四川眉州青神人。生于弘治四年(1491)八月十五。兵部尚书余子俊孙,以荫袭锦衣卫千户,以其子忭权幸,调外卫,终身不得侍禁御,嘉靖间曾官永宁参将,升指挥使。嘉靖二十二年(1543)十一月十六卒,年五十三。能诗,现存万历间刊本《余鹤池诗集》十卷,其弟余承勋、余承业辑校,首有万历十七年(1589)李长春《鹤池余公诗集序》、隆庆三年(1575)章平《鹤池公诗叙》及余承勋所撰墓志铭,内收诗九百六十余首。费经虞《蜀诗》卷六录其诗四首。《皇明诗统》卷三○录其诗三首。《明诗综》卷四九录其诗四首,"诗话"谓其有"诗集八卷,铜梁张肖甫(张佳胤)序之"。《御选宋金元明四朝诗》录其诗三首。《明诗纪事》己签卷一八录其诗一首。生平见余承勋《余公墓志铭》(《余鹤池诗集》卷首)。

余孟麟(1537—1620) 字伯祥,号幼峰。原籍南直徽州府祁门(今属安徽),以父移居南京,入籍为应天府江宁(今江苏南京)人。万历二年(1574)第二人进士及第,授编修,与修《大明会典》。迁南国子监司业,历洗马、侍读学士、掌院事,二十年晋祭酒,二十一年上疏乞归。家居二十余年，卒于泰昌元年（1620），年八十三。以书法名家，善真草，亦能诗文。所著万历二十三年刊为《学士幼峰先生集》三十卷。已而版毁，门人朱吾弼于二十八年重刻，称《余学士集》，又益以《续集》不分卷，今亦存，《千顷堂书目》著录《幼峰学士集》三十二卷即此本。是集卷首有曾朝节、刘元霖、朱吾弼、顾起元序。内诗九卷、文二十一卷，其中奏、疏、策及露布等俱收；《续集》有万历二十六年其门生豫章袁懋谦序，未分卷，所收依次为律诗、古诗、绝句、序、记、传、墓表、墓铭。另有天启三年（1623）朱之蕃刊本《金陵雅游编》一卷，收其与朱之蕃等人南京倡和诗。《皇明诗统》卷二三录诗二首。《明诗综》卷五二录诗一首。《金陵诗征》卷二三录诗十六首。《明诗纪事》庚签卷一一录诗一首。《明文海》录其文五篇。生平见《（道光）上元县志》卷一六。

余绍祉（1596—1648）　字子畴，号玄丘，更号疑庵。南直徽州府婺源（今属江西）人。生于万历二十四年（1596）三月二十七。生而纯笃，疑不慧，稍长，乃负侠好客，泛滥百家，习诸技巧。年十八折节读书，泰昌元年（1620）补邑诸生，数试不举，崇祯十五年（1642）遂决意罢举业，游览名山以求静住，无所得而归。甲申（1644）国变，裂衣冠，缁服入高湖山，更名大疑，又号西山放民，参禅不辍。清顺治五年（1648）正月十二卒，年五十三。善书法，能诗文，著述现存崇祯间刊本《余子畴先生杂著》六卷，收其《玄丘素话》《山居琐谈》《访道日录》《赋草》《山中吟草》《诗草》各一卷。清道光十七年（1837）单士修刻本《晚闻堂集》十六卷，为其后人所辑绍祉诗文全集，内诗八卷，标题为《山中吟草》《戊吟草》《卯午草》《未戌草》《亥卯草》《辰未草》《方外草》，纪年而列，始于万历四十一年，至崇祯十七年后；文八卷，首各体文四卷，卷一四为《山中琐谈》，卷一五《元邲素话》（骈语一百六十九则），卷一六《访道日录》（《日录》五十七则），杂诗三十五首，文二篇。近人赵尊岳《明词汇刊》录其词一首。生平见余藩卿《先考郡庠府君行实》、余维枢《明布衣疑庵先生余公行状》、汪绂《子畴先生传》（《晚闻堂集》卷首）及《（道光）徽州府志》卷一五。

余俨（1579—？）　字望之。浙江绍兴府会稽（今绍兴）人。诸生。现存明刊本《陟厘馆诗》十卷，收诗二百八十余首。卷首有勾余社弟吴士鸿《陟厘馆诗序》，谓其"往来吴越、齐鲁、燕赵、楚蜀间，龄甫三十余，足迹已小半天下，眼界于兹益阔。以海内风雅家竞趋于律语，无复古体长句，乃力追作者，五言古骨格直逼建安、黄初,而清新雅澹,即杂之有唐诸名家,盖莫左其席,七言、歌行、绝句逸荡豪放"云云。卷七《寄李本宁(李维桢)先生》有句:"中原老子凋零尽,老将词坛独见君。"又《辛亥生日》有句:"三十二年没底事,二毛赢得似安仁",则万历辛亥三十九年(1611),时三十二岁。

余继登(1544—1600)　字世用,号云衢。京师河间府交河(今属河北)人。父经商于他乡,生八岁,父母客死,千里扶两棺归。十三补邑弟子员,嘉靖四十三年(1564)中举,万历五年(1577)进士,选翰林院庶吉士,授检讨,与修《会典》,进修撰。十七年充经筵讲官,擢右春坊右中允兼编修,二十年升右谕德,转左庶子,二十二年进少詹事兼侍读学士,掌翰林院事。晋礼部右侍郎,二十六年以左侍郎摄部事,旋擢本部尚书兼翰林学士,请罢矿税中官,不纳,以抑郁成疾,连章乞休,不许,二十八年七月十六卒于官,年五十七,赠太子太保,谥文恪。平居寡言笑,遇大事则议论侃侃。好考览国家故实及前代治乱,辑编有《皇明典故纪闻》二十八卷,现存明刊本。又有《通鉴进讲录》五十卷。所著诗文卒后由其友人冯琦、李开芳等于万历三十一年刊为《淡然轩集》八卷,内奏疏二卷(四十余篇)、各体文五卷(九十余篇)、诗一卷(二百四十余

首),有冯琦、吴达可序及李开芳跋,《千顷堂书目》著录是集。《明诗综》卷五三录其诗三首,"诗话"云:"文恪古诗,指陈时事,铿奇磊落,卓然名家。"《四库全书》收《淡然轩集》八卷,《总目》"提要"云:"诗文则应酬之作,未免失于刊削。然大抵平正淳实,无万历中佻薄之习,亦尚不失典型。"《明诗纪事》庚签卷一二录其诗二首。生平见冯琦《文恪余公行状》(《北海集》卷一八)、于慎行《余公继登墓志铭》(《谷城山馆文集》卷二二)、《明史》卷二一六。

余象斗(生卒年不详)　字文台,号仰止、三台馆山人。又,疑余象乌、余世腾等皆为其化名。福建建宁府建阳人。少学于私塾,万历十九年(1591)辍举业之学,因家世书坊,遂以锓笈为业。其坊名双峰堂、三台馆,从业数十年,所刻各类书籍甚夥,尤以刻白话通俗小说著名,今存世者约数十种。也自编小说以射利,所知者有《南游记》《北游记》《皇明诸司公案传》《列国前编十二朝传》及以小说为主的通俗读物《万卷情林》等。《南游记》(全名《全像华光天王南游志传》)四卷十八则,署"三台馆山人仰止余象斗编""书林昌远堂仕弘李氏梓",以俗传华光救母故事为线索演神魔斗争,多有模仿《西游记》处。《北游记》(全名《北方真武玄天上帝出身志传》,一名

《北游记玄天出身传》)四卷二十四则,署"三台山人仰止余象斗编""建邑书林余氏双峰堂梓",侈编真武成道降妖之故事。《皇明诸司公案》(全名《全像类编皇明诸司公案传》)六卷五十九则,署"山人仰止余象斗编述""书林文台余氏梓行",为分类辑编清官断案故事集。又有《列国前编十二朝传》四卷五十章,有三台馆刊本,署"三台山人仰止余象斗编集"。是书基本参照《尚书》《史记》等经史之作,也引用野史传说,后有人将其改编为《开辟衍绎通俗志传》六卷八十回,刊行于崇祯年间。所刊《万卷情林》则杂采各类小说及诗词散文,署"三台馆山人仰止余象斗纂,书林双峰堂文台余氏梓",为当时供消闲阅读之通俗读物。所编著小说多情节简单,文字粗率。余象斗生平略见于清光绪新安堂刊《书林余氏重修家谱》等。

余寅(1519—1595)　字君房,改字僧杲,取陶渊明语,号农丈人。浙江宁波府鄞县(今宁波)人。生于正德十四年(1519)。为诸生二十年,隆庆元年(1567)始领乡荐,又十三年,至万历八年(1580)中进士,时年六十二。初除工部主事,迁礼部员外郎,进郎中,以按察副使视学陕西,迁左参政,改山东,上书乞归,加太常少卿致仕。万历二十三年卒,年七十七。为人有持操,致仕后所居不改湫隘,读书其中而不悔。能著述,《明史·艺文志》著录其《同姓名录》十二卷、《农丈人诗集》二十卷《诗》八卷。《同姓名录》十二卷(附周应宾补一卷)有万历刊本,《农丈人文集》二十卷《诗集》八卷,有万历三十二年周礼写刊本,为其归田后自辑,郭子章序。《千顷堂书目》另著录其《乙未私志》一卷(记万历二十三年科道贬官事件)及《宦历漫纪》八卷(有天启间张天德刊本)。其嘉靖四十五年(1566)未第时,曾与沈明臣、沈一贯三人结伴由杭州北游至扬州,积途中所作倡和之诗五十首成《吴越游稿》一卷,为《四库全书总目》著录。清胡文学《甬上耆旧诗》卷一九录其诗三十六首。《明诗综》卷五三录其诗二首,"诗话"云:"君房自负古文,然与作者尚远。其于诗,自谓稍涉其藩,未窥其奥,亦自知之明。"《御选宋金元明四朝诗》录其诗九首。《四明文征》卷九录其文一篇。《明诗纪事》庚签卷一三录其诗一首。生平见《甬上耆旧诗》卷一九李邺嗣所撰小传、《(乾隆)宁波府志》卷二六。

余棐(生卒年不详)　字子忱,号率峰。南直徽州府婺源(今属江西)人。嘉靖四年(1525)举人,五年进士,选翰林庶吉士,官大理寺评事,以疾卒于官。所著有称《率峰集》,现存嘉靖间婺源余氏家刊本

《率峰先生遗稿》四卷，内文三卷，收各体文七十余篇，诗一卷，收古近体诗百余首，骈文盛序。生平见《（康熙）婺源县志》卷九。

余懋孳（生卒年不详） 字舜仲。南直徽州府婺源（今属江西）人。万历三十一年（1603）举人，明年进士，授山阴知县。擢礼科给事中，历疏请发留中章奏，举枚卜、释系囚、停税使、赈东方饥民、黜西洋天主教，又言帝久不御朝，中外扞格，堂陛阔绝，前后章数十上。所著自编为《蒉言》六卷，万历三十七年刊，文四卷，尺牍一卷，末卷为诗，凡一百一十余首，有黄汝亨、戴九玄序。卷首自叙谓"学而无当于道者，稗学也；言而无当于道者，蒉言也"，因以"蒉言"名集。《四库全书总目》著录是集，"提要"谓其文"皆不免俗体，盖疏于芟汰之过也"。《千顷堂书目》著录其另有《春明草》，未见传。生平见清万斯同《明史》卷三三九、《（光绪）重修安徽通志》卷一八五。

谷子敬（生卒年不详） 金陵（今江苏南京）人。朱权《太和正音谱》记其有杂剧《三度城南柳》《枕中记》《雪恨闹阴司》；又谓"谷子敬之词，如昆山片玉""词理温润，如璆琳琅玕，可荐为郊庙之用，诚美物也"。佚名《录鬼簿续编》另著录其杂剧《借尸还魂》《一门忠孝》，又有其小传云："谷子敬，金陵人。枢密院掾史。洪武初，戍源时。明《周易》，通医道，口才捷利。乐府、隐语盛行于世。蒙下堂而伤一足，终身有忧色，乃作［耍孩儿］乐府十四煞，以寓其意，极为工巧。"所作杂剧现仅存《吕洞宾三渡城南柳》，有万历间刻《元曲选》本、万历间脉望馆抄校《古名家杂剧》本、崇祯间刻《新镌古今名剧柳枝集》本等。是剧四折，演八仙之一吕洞宾度脱岳阳楼下柳树精故事，与马致远《三醉岳阳楼》杂剧事同而又别出机杼。关目情节安排精妙，曲词尤为雅致俊逸、清丽洒脱，元明神仙渡脱剧，似无出其右也。其所作杂剧《借尸还魂》（《司牡丹借尸还魂》），叙及河南妇人司牡丹死后三年还魂，据《明史·五行志》所记，河南龙门民妇司牡丹死后三年，借尸复生，此乃洪武二十四年（1391）八月事，此剧当作于其后，子敬其时应仍在世。子敬散曲，仅其散套二，一题为《豪侠》，一题为《闺情》，为张禄《词林摘艳》所录。

谷继宗（生卒年不详） 字嗣兴，号少岱。山东济南府历城（今济南）人。正德八年（1513）举人，嘉靖五年（1526）进士，官宜兴知县，因事罢归。返里后倾心丹药，致双目失明，因至章丘投友人李开先，居九十日，作诗数百篇，赠李开先律诗长百七十句。后双目得良医诊治复明，开先为作《贺谷少岱丧目重明》一诗祝贺。继宗才思敏捷,在济南一府诗名甚籍,以倚待立就为能。时济南诗坛以边贡为盟主,继宗亦躜其迹而进。原有集,崇祯十二年(1639)毁于火,现仅存嘉靖十年刊诗集《岁稿》不分卷,收其诗二百余首,盖为其一时之集也,系同年平度傅汉臣所刻,有汉臣序。《千顷堂书目》著录继宗《遗稿》一卷,或指此集。《皇明诗统》卷三七录其诗十五首。《列朝诗集》丁集录其诗一首,"小传"谓其"富于篇什,以倚待立就为能,故可传者绝罕"。清宋弼《山左明诗钞》卷九录其诗七首。《明诗纪事》戊签卷一六录其诗一首。王世贞《艺苑卮言》附录谓其"所为乐府,微有才情",则其也曾有词曲流传,今未见。生平见《(乾隆)历城县志》卷四〇、《(道光)济南府志》卷四九。

邹元标(1551—1624) 字尔瞻,号南皋。江西吉安府吉水人。少有志于学,弱冠从泰和胡直游。万历元年(1573)举人,五年进士,观政日以疏论张居正夺情,廷杖,戍贵州都匀卫。居戍所六年,研习理学,居正卒,起为吏科给事中。以能言称,以建言降南刑部照磨,升南兵部主事,改吏部,历员外郎,以母丧归。家居讲学几三十年,天启初还朝,迁大理卿,进刑部右侍郎,拜左都御史。虽首进和衷之说,不为危言激论,仍为魏忠贤所忌,以建首善书院讲学事,为魏党所攻,被迫辞归。卒于天启四年(1624),年七十四,赠太子太保、吏部尚书,谥忠介。以理学名,亦能诗文。《明史·艺文志》另著录其《易毂通》一卷、《学庸商求》二卷、《仁文会语》四卷、《日新编》二卷、《奏疏》五卷、《文集》七卷《续集》十二卷。现存万历三十五年余懋衡刊《邹南皋集选》七卷,内诗一卷,有黄凤翔、吴达可、余懋衡序;万历四十七年郭一鹗、龙遇奇刊《邹子愿学集》八卷,内诗一卷,有焦竑、周汝登、汤显祖等十二人序;万历四十八年张琇刊本《太平山房诗集选》五卷;天启二年李生文、张琇等刊本《邹子存真集》文集八卷《方外集》一卷,赵南星、瞿式耜序。另有万历四十七年龙遇奇刊《南皋邹先生会语合编》二卷、《讲义合编》二卷,崇祯十四年(1641)林铨刊《邹忠介公奏疏》五卷及稿本《朱赓行状》一卷。《四库全书》收《愿学集》八卷。《明文海》录其文二十篇,评其《讲学疏》云:"南皋之文清峻,而修辞时带钝笔。"陈济生《天启崇祯两朝遗诗》卷四录其诗二十五首。《明诗综》卷五三录其诗二首。《御选宋金元明四朝诗》录其诗二十首。《江西诗征》卷六〇录其诗十五首。清应麟《江右古文选》卷二三录其文四篇。清胡大鸿《江右文抄》录其文三十七篇。《明诗纪事》庚签卷一二录其诗一首。清初映秀堂刊本《岳武穆王精忠传》六卷六十八回，署"邹元标编订"。小说据熊大木《大宋中兴通俗演义》删节归并，当为后人托名。生平见陈济生《天启崇祯两朝遗诗·小传》、清邹漪《启祯野乘》卷三、清黄宗羲《明儒学案》卷二三、《明史》卷二四三。

邹守益（1491—1562）　字谦之，学者称东廓先生。江西吉安府安福人，邹贤子。生于弘治四年（1491）二月初一。正德二年（1507）举人，六年会试第一，廷试第三，授翰林编修。逾年告归，谒王守仁，讲学于赣州，宁王反，与王守仁军事。世宗即位还官，因谏，谪广德州判官，到州废淫祠，建复初书院，与学者讲学其中。迁南礼部郎中，历祭酒，复以谏落职。里居日事讲学，四方从游者众，卒于隆庆六年（1562）十一月初九，年七十二，谥文庄。王守仁门人，毕生追随阳明，以阐发心性为己任。亦喜吟咏，所作甚夥。著述嘉靖十七年（1538）先刊有《东廓（廓）先生文集》九卷，林春序，后嘉靖末又有《东廓先生文集》十二卷；卒后有隆庆六年（1572）邵廉刊《东廓邹先生集》（《邹文庄公全集》）十二卷，内文十卷、诗二卷，后又有万历元年（1573）刊《邹东廓先生诗集》九

卷，收诗一千三百余首，陈元珂序。另有隆庆六年宋仪望刊《邹东廓先生文选》四卷（邹善辑）及清初刊本《邹氏学脉》四卷。《千顷堂书目》另著录其《广德州志》《道南三书》三卷又《邹文庄明道录》四卷。《四库全书总目》著录《东廓集》十二卷，"提要"谓其"诗文皆阐发心性之语"。《明文海》录其文一篇。清应麟《江右古文选》卷一八录其文四篇。清胡大鸿《江右文抄》录其文二十九篇。《皇明诗统》卷一六录诗一首。《江西诗征》卷五五录诗十二首。《明诗纪事》戊签卷一一录诗三首。生平见宋仪望《文庄邹东廓先生行状》（万历本《华阳馆文集》卷一一）、罗洪先《东廓邹公墓志铭》（《念庵文集》卷一五）、邹德涵《文庄府君传》（《邹聚所先生文集》卷三）、王兆云《皇明词林人物考》卷六、黄宗羲《明儒学案》卷一六、《明史》卷二八三。

邹守愚（？—1556）　字君哲。福建兴化府莆田人。嘉靖四年（1525）举人，明年进士，授户部主事。历员外郎、郎中，简放广州知府，擢广东按察副使，以丧归。服阕，补江西副使兼摄学政，迁湖广参政，累官至河南左布政使，又以右副都御史巡抚河南，晋户部右侍郎，转左。三十五年以山西、河南地震，奉命祭祀河岳百神兼赈恤，卒于途，赠右都御史，谥襄惠。其官河南时曾

与李濂等纂修《河南通志》四十五卷，现存。《明史·艺文志》又著录其《全唐诗选》十八卷及《俟知堂集》十三卷。《俟知堂集》现存嘉靖间刊本十四卷，收各体文一百八十余篇，首有嘉靖二十九年王凤灵序。又有万历间刊《俟知堂集》十三卷，署"潮阳林大春辑"，存嘉靖本王凤灵序，盖为重辑本。《明文海》录其文二篇。清涂庆澜《莆阳文辑》录其文二篇。清郭柏苍《全闽明诗传》卷一九录其诗二首。生平见方万友《邹公守愚传》《国朝献征录》卷三〇）、王兆云《皇明词林人物考》卷六。

邹观光（生卒年不详） 字孚如，号大泽，自署九畹居士。湖广德安府云梦（今属湖北）人。万历元年（1573）举人，八年进士，授中书舍人。十二年迁吏部稽勋主事，调文选司，十四年升稽勋员外郎，迁郎中，乞归养母。十余年后起南兵部郎中，迁太仆寺卿，未上而卒。曾建尚行书院讲学，从游者众，时与邹元标齐名，称"二邹先生"。亦能诗，王世贞将其与皇甫汸、莫如忠、许邦才、周天球、沈明臣等列为"四十子"（《弇州四部稿续稿》卷三）。《四库全书总目》著录其《邹孚如集》不分卷，"提要"谓是集皆杂文而无诗，其"不以词章见长"，集未见传。现存明刊本《古离别》一卷，为诗集，收诗六十余首，首有作者万历二十四年

自序。《明文海》录其文十四篇，评语谓其文"亦能达所欲言"。清廖元度《楚风补》卷二三录诗一首。《明诗纪事》庚签卷一三录诗一首。生平见《（雍正）湖广通志》卷四九。

邹迪光（1550—1626） 字彦吉，号愚谷。南直常州府无锡（今属江苏）人。万历元年（1573）举人，二年进士，授工部主事，累官至湖广按察副使。年四十罢官，归里后卜筑锡山下，极园亭歌舞之盛，宾朋满坐，觞咏穷日，优游林下三十年。晚岁归心释氏，名其斋曰"调象庵"。卒于天启六年（1626），年七十七。能画山水，善音乐，喜研习音律，尤以诗名于一时，王世贞曾将其与皇甫汸、莫如忠、许邦才、周天球、沈明臣等列为"四十子"（《弇州四部稿续稿》卷三）。诗文著述甚夥，刊本亦多。现存嘉靖三十八年（1559）自刊本《愚公谷乘》四卷，文一卷，收记十一篇，诗三卷，收诗三百首。又万历十七年自刊本《屠提斋稿》八卷，收赋一、诸体诗二百余首，王世贞、屠隆序。又万历二十六年自刊本《天倪斋诗》十卷，收诗二百四十余首，邹迪光自序。又万历三十二年刊《郁仪楼集》五十四卷，内诗二十九卷，收其万历二十一年至三十年所作诗，计赋二、诸体诗一千四十余首；十六卷，收其万历二十二年至二十九年所作各体文七十篇；书九卷，

收尺牍一百篇；冯时可序。又万历自刊本《石语斋集》二十六卷，内诗十二卷，收诗九百首；文十卷，收各体文一百四十篇；书四卷，收尺牍一百四十八篇。又万历末自刊本《调象庵稿》四十卷，赋一卷、诗二十卷、文十二卷、书七卷，其自序云："自《郁仪楼集》出后，更四载，而得诗千七十六首，文一百一十九首，尺牍二百四十八首，合之为卷三十有九，而题曰《调象庵稿》。"实刊本为四十卷，有李维桢、汤显祖序。又天启元年（1621）自刊本《始青阁稿》二十四卷，是集所收为其晚年所作，诗十卷，收诸体诗五百八十余首；文十卷，收各体文百余篇；书四卷，收尺牍一百四十余篇。又曾辑《文府滑稽》十二卷，有万历三十七年刊本。作佛家劝善之书《劝戒图说》不分卷，《太上诸仙法语补集》二卷，亦有万历十七年刊本。《千顷堂书目》仅著录《愚公谷乘》八卷、《文府滑稽》十二卷，未知何故？《列朝诗集》丁集录其诗八首，"小传"谓其"前后集三百余卷，连篇累牍，烦缛酿艳，无如其骨气猥弱，不堪采备。其文又不必置喙也"。又云："彦吉之诗，优于元成（冯时可），点缀风雅，亦复可观。"《明诗综》卷五二录其绝句诗六首。《御选宋金元明四朝诗》录其诗十三首。《四库全书总目》著录《郁仪楼集》五十四卷、《石语斋集》二十

六卷、《调象庵稿》四十卷，"提要"云："时王世贞已没，迪光欲代领其坛坫，然竟不能也……其诗文皆欲矫雕镂，翻成浅易，故《静志居诗话》深不满焉，特略取其绝句而已。"清顾光旭《梁溪诗钞》卷一〇录其诗二十一首。清周有壬《梁溪文钞》卷一一录其文四篇。清王直等《锡山文集》录其文六篇。《明诗纪事》庚签卷七上录其诗四首。生平见朱谋垔《画史会要》卷四、《（乾隆）江南通志》卷一六六。

邹亮（1406—1454）　字克明，号梅崖，又自称藻庵居士。南直苏州府长洲（今江苏苏州）人。生于永乐四年（1406）九月十七。少善诗文而轻侠无行，尝薄游，为人所击。后折节读书，成名士。正统初，以知府况钟荐，任吏部司务，迁监察御史。卒于景泰五年（1454），年四十九。嗜藏书，积至千余卷，手自抄录雠校。诗为刘溥所推重，时与刘溥、汤胤勣、苏平、苏正、沈愚、王淮、晏铎、蒋忠、王贞庆并称"景泰十才子"（《明史》卷二八六）。《千顷堂书目》记其有《鸣珂》《漱玉》等集二十卷，未见传。《列朝诗集》乙集录其诗九首。《明诗综》卷二五录其诗一首。《御选宋金元明四朝诗》录其诗三首。《明诗纪事》乙签卷二〇录其诗一首。生平见王鏊《姑苏志》卷五四、张昶《吴中人物志》卷四、《明史》

卷二八六。又，钱谷《吴都文粹续编》卷四一录其《藻庵居士自志铭》。

邹济（1357—1424）　字汝舟，号颐庵。浙江杭州府钱塘（今杭州）人。早丧父，颖敏好学，习《春秋》。洪武十五年（1382）以荐授余杭训导，遂奉母徙居余杭，升中都国子学录，又升国子助教，坐事左迁西安府学教授，未赴，改河间府学，用荐迁平度知州。永乐初，丁母忧归。服阕，以翰林修撰李贵举，与修《太祖实录》，书成，除礼部仪制司郎中。时修《永乐大典》，以解缙等五人为总裁，济预焉。又从征安南，司奏记，还为广东右参政，坐累左迁吏部郎中，数月升左春坊左庶子，授皇孙经，进詹事府少詹事。为人和易坦夷，无贵贱皆乐亲之，当是时宫僚多得罪，徐善述、王汝玉、马京、梁潜辈皆被谴，相继下狱死，济用积忧得疾，二十二年（1424）三月初六卒于官，年六十八，洪熙元年（1425）赠太子少保，谥文敏。著述成化间其后人邹煜辑刊为《颐庵文集》九卷，其卷五为诗，仅二十三首，然五七言排律达十一首，当为收其残帙而成，其诗当不止此数也。《千顷堂书目》著录《颐庵集》九卷当亦此本。生平见杨士奇《邹公济墓志》（《国朝献征录》卷一八）、《明史》卷一五二。

邹维琏（1579—1635）　字德辉，号瀛园，又号匪石。江西瑞州府新昌（今宜丰）人。万历三十一年（1603）举人，三十五年进士，授延平府推官。征授南兵部主事，天启三年（1623），迁兵部职方司郎中，吏部尚书赵南星调其为吏部考功郎中，四年左副都御史杨涟劾魏忠贤，被旨切责，维琏抗疏论谏，谪戍贵州。崇祯初，起南京通政司参议，进南太仆寺少卿，五年（1632）以右佥都御史巡抚福建。六年荷兰兵侵占中左（今厦门），维琏与郑芝龙合力抗击退敌，还朝后为首辅温体仁所忌，罢归。八年召为兵部右侍郎，以疾不赴，旋卒，年五十七。《千顷堂书目》著录其《枢曹奏疏》二卷又《抚闽奏疏政稿》十卷、《达观楼集》四卷又《理署草》四卷又《宦游草》又《导噫草》又《愿学编》。现存清乾隆三十二年（1767）邹氏家刊本《达观楼集》二十四卷。内前六卷收诗，卷一《愿学编》，早年初学之作；卷二、卷三《宦游草》，作于司理延平时；卷四《友白草》，作于贵州谪戍时，盖拟太白之流夜郎也；卷五《友欧草》，作于官南太仆少卿时，盖南太仆署在滁州，多欧阳修遗迹也，又《导噫草》，多感慨时事之什，盖作于抚闽时也。后十八卷乃文集，卷七《四书疑义》；卷八《五经疑义》；卷九《史评》；以后各卷收各体文、尺牍。集有邹维琏自序，又有清康熙宋荦序、乾隆蒋士铨序，因知邹维琏生前已有集，故此集当为重刊本。《明诗综》卷六〇录其诗六首，《御选宋金元明四朝诗》据之录。《四库全书总目》著录《达观楼集》二十四卷，"提要"谓其"气节才略，足以自传，学问则未深造也"。《江西诗征》卷六二录其诗六首。《明诗纪事》庚签卷二二录其诗三首。生平见胡维霖《匪石邹公墓志铭》（《胡维霖集》之《长啸山房汇稿》卷一）、清陈鼎《东林列传》卷一九、清邹漪《启祯野乘》卷四、《明史》卷二三五。

邹智（1466—1491）　字汝愚，号立斋。四川重庆府合州人。生于成化二年（1466）四月十五。少从舅父冯衡学，家贫苦读，二十二年乡试第一，明年登进士第，选翰林院庶吉士。弘治元年（1488）有星变之异，上书极言时事，直指辅臣万安、刘吉、尹直，兼劾中贵，万安、尹直相继罢斥，智亦为刘吉等痛恨，次年被诬诋毁朝廷，下狱论死，得彭韶等力救，谪广东石城千户所吏目。经顺德，知县吴廷举款留之，于邑之东北建"谪仙"亭以奉其游息，四年十月初九暴疾卒于顺德，年仅二十六。《千顷堂书目》著录其《立斋遗文》五卷。所见有天启五年（1625）李廷梁所刊《立斋遗文》五卷附录一卷，内卷一收奏疏，卷二收序、记、赞、铭、跋、杂著、策问，卷三收行状、吊文，卷四为书简，卷五收诗一百三十余

首，末附悼词、《墓志铭》等，李廷梁序。费经虞《蜀诗》卷三录其诗四首。《皇明诗统》卷一五录其诗二首。《石仓十二代诗选·明诗选》录其诗二十五首。《列朝诗集》丙集录其诗七首。《明文海》录其《应诏封事疏》一篇。《明诗综》卷二五录其诗一首。《御选宋金元明四朝诗》录其诗三首。《四库全书》据天启刊本收《立斋遗文》五卷附录一卷，《总目》"提要"谓其："诗文多发于至性，不假修饰之功。虽间伤朴遫，而真气流溢。其感人者，固在文字外矣。"《明诗纪事》丙签卷九录其诗一首。生平见金祺《邹君汝愚墓志铭》、崔铣《邹立斋传》（《立斋遗文》附）及黄宗羲《明儒学案》卷六、《明史》卷一七九。

邹缉（？—1423）　字仲熙，号素庵。江西吉安府吉水人。洪武中以明经举，任星子县学教谕，建文时用荐为国子助教，与博士王绅友善。永乐初擢翰林侍讲，寻兼左春坊左中允，升左庶子兼侍讲，与修《太祖实录》《永乐大典》。十九年（1421）三殿灾，上书极陈时政得失，凡数千言，几被祸，二十一年九月卒于官。居官勤慎，喜读书，为文不尚雕绘，能诗，在京曾与朝中文士诗酒往来。《四库全书总目》著录《燕山八景图诗》一卷，为当时诸翰林之倡和集，邹缉首倡，和者有翰林学士胡广，国

子祭酒胡俨，右庶子杨荣，右谕德金幼孜，侍讲曾棨、林环，修撰梁潜、王洪、王英、王直，中书舍人王绂、许翰等十二人，皆一时名流。《千顷堂书目》著录邹缉《素庵集》十卷，亦未见传。顾起纶《续国雅》卷二录其诗一首。《皇明诗统》卷七录其诗七首。韩阳《皇明西江诗选》卷四录其诗十五首。《石仓十二代诗选·明诗选》录其诗十二首。《列朝诗集》乙集录其诗二首。《明诗综》卷一七录其诗一首。《御选宋金元明四朝诗》录其诗三首。《江西诗征》卷四六录其诗九首。《明诗纪事》乙签卷五录其诗一首。《明文海》录其文二篇。生平见清黄佐《左春坊左庶子邹公缉传》（《国朝献征录》卷一九）、《明史》卷一六四。

邹颐贤（？—1553）　字养贤，一作养浩，号芦南。山东济南府德州人。正德八年（1513）举人，嘉靖十二年（1533）任河南新乡知县，调山西阳城令，升平凉府通判。致政归田后，不入城市，于城南创建南湖书院，集诸生课艺其中，三十二年卒。著有《芦南集》，未见传。清宋弼《山左明诗钞》卷八录诗五十三首，"小传"云："程正夫《诗搜》：'公诗直学汉、魏，深于乐府。'纪晓岚（纪昀）云：'司马乐府古诗浸淫汉魏，独得神理，为有明一作手……'其诗深于比兴，多所寄托，得古人长

言咏叹之旨。"《明诗纪事》戊签卷一一录诗二首。生平见《（乾隆）德州志》卷九、《（道光）济南府志》卷五二。

邹赛贞（1472—？）　号士斋。南直太平府当涂（今属安徽）人。赠监察御史邹谦女，国子监丞濮琰之妻，善画，能书法，亦能诗文，时称"女士"，因自号"士斋"。其子濮韶，弘治九年（1496）进士，官编修，赛贞因得封孺人。另有女适状元费宏。正德十四年（1549）辽阳傅钥任太平府知府，于东山中筑亭，迎母来府署供养，邀赛贞陪其母宴游，赛贞因对东山诸景，逐一题诗，各为之咏，并为之作记，时已七十八岁。《千顷堂书目》著录其《士斋诗集》四卷，现存嘉靖三年（1524）傅希准刊《士斋诗集》三卷，内诗两卷，收诗一百五十余首；文一卷，收其所作《东山爱日亭记》，其父《生前事实状》及祭文四篇，首有费宏序。顾起纶《国雅》卷一九录诗一首。《皇明诗统》卷四一闺秀类录诗十二首。《石仓十二代诗选·明诗选》录其诗二十一首。托名钟惺《名媛诗归》卷二六录诗十四首。《列朝诗集》闰集录诗《鹭鸶小景》一首，"小传"记云："孺人与孙文恪夫人，四德浑圆，五福咸备，近代妇人所希有。两大家之诗，篇什严整，多兔园册中语，俨然笄帏中道学宿儒，不当以词章取之也。"《明诗

综》卷八六录诗一首,"诗话"云:"其诗甚庸,都无林下风致。"生平见《(乾隆)太平府志》卷三六、《(光绪)重修安徽通志》卷三四六。

邹德涵(1538—1581) 字汝海,号聚所。江西吉安府安福人,邹守益孙,邹善长子。嘉靖十七年(1538)五月初二生,三十七年举人,隆庆五年(1571)进士,授刑部山西司主事。迁员外郎,出为河南按察佥事,张居正禁讲学,以之为御史所劾,贬秩归。卒于万历九年(1581),年四十四。师事狄定理,发愤深思,自觉有得,其学后则专以"悟"为宗,变其祖及父所传阳明之学。著述现存万历间刊《邹聚所先生文集》六卷,内诗一卷,诗百余首,各体文五卷,首有万历三十二年刘元卿《邹聚所先生文集题词》,从弟邹德泳《伯兄圣所先生文集叙》;附刻《外集》一卷,录其历来官诰及往来书牍;又《邹聚所先生易教》一卷;又《邹聚所先生语录》三卷。《四库全书总目》著录《邹聚所文集》六卷《外集》一卷,"提要"谓其"诗文多涉禅机,持论亦往往偏驳"。生平见邹德溥《伯兄汝海行状》、耿定向《邹伯子墓志铭》(《邹聚所先生文集》附),又见清黄宗羲《明儒学案》卷一六、《明史》卷二八三。

邹德溥(生卒年不详) 字汝光,号四山。江西吉安府安福人,邹守益孙,邹善子,邹德涵弟。万历十一年(1583)进士,选翰林院庶吉士,授编修。历中允,官至司经局洗马,所居为锦衣卫千户霍文炳故居,以发其藏金为东厂所劾,革职追赃。平生讲求经学,亦能诗文。《明史·艺文志》著录其《易会》八卷、《春秋匡解》八卷、《畏圣录》二卷、《全集》五十卷。现存明刻清安成绍恩堂印本《邹泗山先生文集》八卷,收其馆课、序、记、杂著、墓铭、传、祭文等。又有明刊本《邹太史文集》不分卷,万历四十一年刊《易会》八卷,明刊《新镌邹翰林麟经真传》十二卷,明抄本《春秋匡解》不分卷。《明文海》录其文三篇。《皇明诗统》卷三九录其诗十九首。《明诗综》卷五九录其诗一首。清应麟《江右古文选》卷二二录其文六篇。《江西诗征》卷六一录其诗四首。清胡大鸿《江右文抄》录其文一篇。《明诗纪事》庚签卷一四上录其诗一首。生平见清黄宗羲《明儒学案》卷一六、《明史》卷二八三。

[、]

况叔祺(生卒年不详) 字吉甫。江西瑞州府高安人。嘉靖二十九年(1550)进士,授刑部主事,以公务清闲,遂肆力于学问。历礼部郎中,出为贵州提学副使。贵州僻远,士多质鲁,因日为诸生讲经义。后弃官家居,捐金修梅江桥,邑人德之。曾以浦南金所编《修辞指南》为蓝本,编辑类书《考古辞宗》二十卷,《明史·艺文志》著录,存嘉靖四十一年巫继咸刊本。叔祺官京师时,与王世贞、李攀龙、宗臣等相倡和,故其诗体格与"后七子"相类,文亦通畅可读。诗文著述现存 1936 年高安蓝寿堃排印本《大雅堂摘稿》二卷,卷上为诗,收诗一百五十余首,卷下为文,收序、记、传、杂论等二十八篇。据卷首蓝钰序,集中诗文,皆况叔祺为官时所作,归田后不存。《四库全书总目》曾著录其《大雅堂摘稿》,无卷数,"提要"云:"是集《千顷堂书目》不载,《江西通志》亦称'是时王、李之学盛行,有后五子、广五子等目,而不及叔祺,《大雅堂集》世亦罕有传者',则明代已不行于世矣。此本题云'摘稿',则尚非叔祺之全集。诗止近体无古体,叔祺尤不应若是之陋,或选录者不谙古体,惟取其所能解耶?"所言实与传世本同。《(乾隆)贵州通志》录其文一篇。生平见《(雍正)江西通志》卷七一、《(同治)高安县志》卷一四。

应大猷(1487—1581)　字邦升,号容庵。浙江台州府仙居人。正德二年(1507)举人,九年进士,除南刑部主事。历广东参政,累擢金都御史巡抚云南,改四川,再抚山东,升吏部右侍郎,嘉靖三十一年(1552)任刑部尚书,本年致仕。享寿久长,子八人,孙、曾孙至六十余人,隆庆、万历两诏存问。卒于万历九年(1581),年九十五。著述《容庵集》七卷《周易传义存疑》一卷,有万历刊本、清乾隆四十三年木活字本。近人李镜渠《仙居丛书》第一集辑《容庵集》十卷,诗五卷、文五卷,卷首有秦鸣雷、陈锡序,又有清乾隆四十三年(1778)陈文烜《重订容庵集序》。《千顷堂书目》著录其《临海县志》二十六卷。清王魏胜《安洲诗录》卷五著录其诗十八首。清戚学标《三台诗录词录》卷一七录其诗四首。生平见陈函辉《大司寇容庵应公行状》(《容庵集》卷首)、《明史》卷一九一。

闵如霖(1503—1559)　字师望,号午塘。浙江湖州府乌程(今湖州)人。生于弘治十六年(1503)八月二十八。嘉靖七年(1528)中举,十一年进士,选翰林院庶吉士,十三年授编修。十七年任会试同考官,升右春坊右中允,兼翰林修撰,二十四年转左春坊左谕德,二十八年进侍读学士,署翰林院事,三十年掌国子祭酒事,三十一年迁礼部右侍郎,转左,三十五年拜南京礼部尚书,次年致仕。三十八年七月初四卒,年五十七,赠太子少保。为人宽厚,历官清华,三典文衡,号称得人。亦以能诗文称。卒后万历二年(1574)其子闵道孚刊其诗文著述为《午塘先生集》十六卷,诗七卷、文七卷、书二卷,其门生姚弘谟序云:"先生文以意胜,不务藻缋,理到之言,味自隽永,与夫艰深钩棘,而中实菱蔺者,相去天渊。"《千顷堂书目》著录《午塘集》十六卷即此本也。后万历十年闵一范又单刻《闵午塘先生诗集》七卷,亦存世。《四库全书总目》著录《闵午塘诗集》七卷,"提要"云:"诗多应酬之作,虽清圆而乏骨力,古体尤不擅长。"《明诗综》卷四一录其诗一首。清陆心源《吴兴诗存》四集卷八录其诗五首。《明词综》卷三录其词一首。近人朱祖谋《湖州词征》卷二三录其词四首。生平见袁炜《午塘闵公如霖行状》(《国朝献征录》卷三六)、王兆云《皇明词林人物考》卷八、过庭训《本朝分省人物考》卷四六、《(乾隆)乌程县志》卷六。

闵珪(1430—1511)　字朝瑛。浙江湖州府乌程(今湖州)人。天顺八年(1464)进士,授监察御史。成化中以右佥都御史巡抚江西,弘治四年(1491)以都御史总督两广军务,累官少保,兼太子太保、刑部尚书,致仕归。卒于正德六年(1511)十月十五日,年八十二,赠太保,谥庄懿。为人持正,称一时名臣。著述存万历间闵一范刊本《闵庄懿公诗集》八卷,收诗四百一十余首、词七首,首万历十年(1582)三月萧良

友序。又有明刊本施盘编次闵闻刊《闵庄懿公诗集》十卷,收诗七百三十余首、词六首,有王瓒、孙如霖序,《千顷堂书目》著录是集。其集多为七言律诗,平生阅历甚广,诗多酬应之作,后集据前集增益重编,亦有删略。《四库全书总目》著录《闵庄懿集》八卷,有诗无文,盖即闵一范所刊之八卷诗集也,"提要"云:"大抵皆酬赠之作。盖珪老成持重,治狱平允,为当代名臣。后以不阿刘瑾告归。其立身自有本末,吟咏则非所留意。"《明诗综》卷二二录其诗一首。清陆心源《吴兴诗存》四集卷三录其诗十首。生平见王鏊《闵公珪墓志铭》(《国朝献征录》卷四四)、《明史》卷一八三。

闵龄(?—1608)　字寿卿。南直徽州府歙县(今属安徽)人。少学举子业,复习韬钤骑射,皆未成,由是再学诗古文。其父饶有产业,龄得挟重资游于四方,既为行贾,又与缙绅名士递相倡和,交于潘之恒、梅鼎祚、屠隆、徐熥等名士。父亡后,家产尽为其兄所占,讼未成,其妻亦亡,因不续娶,从方士游,学道,取道名合微,往来于金山、茅山、武夷山之间几数十年。卒于万历三十六年(1608),年六十余。平生游踪几遍东南,其诗则多模山范水之作,饶有道气。所著有《我寓集》九卷《一沤集》七卷《华阳编》一卷,原各单刻,

卒后汇刊，现存万历间其子闵一震、闵一霁等重刻本。内《我寓集》九卷，有王存礼、邹迪光序，收诗二百五十二首；《一沤集》七卷，首张程《闵寿卿一沤集序》、汪道昆《一沤庵偈》，收诗一百三十五首，末有朱君霖及释洪恩（雪浪）跋；又《华阳编》一卷，首有张三极《华阳编小引》及邓伯羔序，收诗八十二首；末附《闵寿卿像赞挽诗》一卷，收朱多炡、朱一蕃、曹学佺、梅蕃祚等三十余人所作像赞、挽诗。另有万历间阴大有刊本《武夷同亭诗蜕》一卷。生平见朱之蕃《闵君传》、潘之恒《闵寿卿传》（《我寓集》卷首）。

汪一中（1515—1561） 字正叔，号南华。南直徽州府歙县（今属安徽）人。嘉靖十六年（1537）举人，二十三年进士，授开封府推官。二十八年迁刑部广西司主事，丁父忧归，起改工部，三十三年迁员外郎，寻进郎中，三十七年出为江西按察副使。四十年春，天下饥，民众起事，五月攻陷泰和，战死，年四十七，赠光禄卿，谥忠愍。与李攀龙为同榜进士，喜吟咏，在部曹与李攀龙、李先芳、王世贞、梁有誉、宗臣等倡和，诗略近"七子"一派。《千顷堂书目》著录其《道惠河志》一卷及《南华山房集》。著述原佚，清康熙间诏修省志，于其后裔处得旧稿，校录合为一帙，康熙三十六年（1697）刊为《汪忠

愍公遗诗钞》一卷，分体录其五七言古近体诗百余首，末又补遗一首。陈有守等《徽郡诗》录其诗十三首。《皇明诗统》卷三四录其诗十四首。《明诗综》卷四三录其诗一首。《明诗纪事》己签卷八亦录其诗一首。生平见佚名《副使汪忠愍公一中传》（《国朝献征录》卷八六）、《明史》卷二九〇。

汪广洋（1329—1380） 字朝宗。原为高邮（今属江苏）人，流寓当涂（今属安徽）。元至正十四年（1354）进士，明年朱元璋率军渡江下采石矶，召广洋，建言"高筑墙、广积粮"，朱元璋悦之，令为元帅府令史。历江南行省提控、都谏官、江西行省都事、中书省右司郎中，寻知骁骑卫事，参常遇春军务。二十六年，常遇春下赣州，广洋为留守，任江西行省参政。朱元璋吴王元年（1367）任御史大夫。明洪武元年（1368），徐达平山东，又命广洋为山东行省参政，寻召入为中书省参政，二年出为陕西参政。三年李善长病，召为中书省左丞相，为右丞相杨宪所诬，徙海南，杨宪诛，召还复官，封护军忠勤伯。四年李善长告老归，六年以胡惟庸为左丞相，广洋为右丞相，寻左迁广东行省参政，逾年，又召为御史大夫，十年复拜右丞相。十二年十二月，中丞涂节言刘基为惟庸毒死，广洋应知其情，帝问之，对曰："无

有。"惹帝怒,责广洋朋欺,贬广南,舟次太平,帝忆其在江西助庇朱文正事、在中书不发杨宪奸事,诏赐毒死,年五十二。广洋有干济才,以书生致显达,时也,入枢要后欲以宽和自守求安,与胡惟庸同相,浮沉守位,然终未能免祸,亦时势使然也。其少从余阙游,能经学,善篆隶大书,诗文亦为当时一作手。著述现存万历四十五年(1617)高邮王百祥校刊本《凤池吟稿》十卷,存宋濂序。另有明刊四卷本、八卷本《凤池吟稿》。明谈恺刊《广中五先生集》中有五卷本《汪右丞诗集》。刘仔肩《雅颂正音》录其诗四首。《皇明风雅》录其诗十八首。程敏政《新安文献志》录其诗三十四首。《盛明百家诗》后编录其诗一百二十余首为《汪右丞集》。顾起纶《国雅》卷二录其诗十五首。《皇明诗统》卷二录其诗二十七首。陈有守等《徽郡诗》录其诗五首。《石仓十二代诗选·明诗选》录其诗三十二首。《皇明诗选》录其诗二首。《列朝诗集》甲集录其诗一百二首。《明诗评选》录其诗四首。《明诗综》卷三录其诗三十一首,"诗话"云:"忠勤诗饶清刚之气,一洗元人纤缛之态……静居(张羽)、北郭(徐贲),犹当逊之,毋论孟载(杨基)也。"清沈德潜《明诗别裁集》录其诗三首。《御选宋金元明四朝诗》录其诗四十四首。《四库全书》收《凤池吟稿》十卷,"提要"云:"虽当时为宋濂诸人盛名所掩,世不甚称,然观其遗作,究不愧一代开国之音也。"《明诗纪事》甲签卷三录其诗四首。生平见《国朝献征录》卷一一所载《忠勤伯汪公广洋传》(注出《国史实录》)、王兆云《皇明词林人物考》卷二、《明史》卷一二七。

汪子祜(1578—?) 字受夫,号石西。南直徽州府祁门(今属安徽)人。幼失怙,先人遗令习制举,然性疏散,厌拘束,惟喜诗。家贫不能自治,万历二十七年(1599)随母居城西郭舅氏之别馆,舅氏为志于诗者,乃相参就,又入舅氏所组诗社。后更不求闻达,以诗为生活,尝自云:"十五学吟追雅颂,二十作赋凌相如。"其自二十岁至七十岁所作诗皆编年为集,卒年七十以上,以家贫,生前诗集皆未刊行。至清康熙间,其五世孙汪宗豫辑其遗稿,倩族人汪耀麟厘订为《石西集》八卷:卷一至卷六收诗三百七十余首,卷七收《悼生赋》《山居赋》等七篇,卷八收书二、祭文二篇;末附宗豫父崇祯时贡生汪伯荐《崇礼堂诗》一卷。卷首有清康熙十八年(1679)吴绮序。汪耀麟跋谓所见子祜诗稿"始自壬子(万历四十年,1612),迄于甲申(崇祯十七年,1644)",年各一册,然中间前十八年缺三年,后十五年仅存二年,因据存者择其精者十之一二辑为是集,故诗虽有去留遗落,而岁次一仍其旧,故是集诗不分体。陈有守等《徽郡诗》卷五录其诗一首。清陈秉文等《祁诗合选》录其诗二十首。《明诗综》卷五〇录其诗《贫病》《独行》二首,《御选宋金元明四朝诗》据之录《独行》一首。《四库全书总目》著录《石西集》。生平见清陈希昌《石西先生传》(《石西集》卷首)。

汪元范(生卒年不详) 字明生。南直徽州府休宁(今属安徽)人。万历间诸生,曾游京师,又与友同游名山大川,足迹几遍天下。晚年卜居真定府冀州(今属河北),自号祝鸡翁,筑散木斋,建不二轩,以藏古今书籍。喜诗,尝与赵彦复辑刊中州诗人李梦阳、何景明等八人诗为《梁园风雅》。《千顷堂书目》著录其《借砚斋草》二十四卷,未见传。现存清汪氏裘杼楼抄本《汪明生诗草》一卷(收诗九十六首)、《借研斋草》一卷(收诗九十一首)、《齐梁草》一卷(收诗七十五首)、《秦草》二卷(收诗一百零五首)。内《借研斋草》有万历三十年(1603)严澂序;《齐梁草》有万历二十七年南师仲序;《秦草》有万历二十八年侯应琛《秦草题辞》。《明诗综》卷六四录其诗九首。《御选宋金元明四朝诗》录其诗六首。

汪文盛(生卒年不详) 字希周,号白泉。湖广武昌府崇阳(今属湖北)人。正德五年(1510)举人,明年进士,除饶州推官。征授兵部主事,以借同官谏武宗南巡,杖阙下。嘉靖初,升车驾郎中,简放福州知府。历浙江、陕西提学副使,迁云南按察使,十五年(1536)擢右金都御史巡抚云南。召为大理卿,以遘疾归。好文,其任职福州时,与当地文人高澉、傅汝舟、郑善夫等多有交游,曾与傅汝舟等影刊宋本两《汉书》。后傅汝舟编次其诗名《节爱汪府君诗集》二卷,《四库全书总目》著录是集,"提要"云:"诗多虚响,不出北地(李梦阳)、信阳(何景明)门径。"今已不传。著述现存嘉靖刊本《汪白泉先生选稿》十二卷,为其同年杨慎在云南选编,其子汪宗伊等校刊,无序跋,内诗三卷,收诗八十余首,杂文七卷,收各体文四十余篇,末为奏疏二卷,《千顷堂书目》著录其《白泉文集》又《选稿》十二卷,《选稿》当指此本也。另有清抄本《白泉家稿》一卷见存,收序十篇、诗二十余首。顾起纶《国雅》卷八录其诗十三首。《皇明诗统》卷一六、《列朝诗集》丙集录其诗三首。清廖元度《楚风补》卷二〇录其诗三首。《明诗综》卷三四录其诗一首。清高士熙《湖北诗录》《明诗纪事》戊签卷一一录其诗一首。生平见廖道南《汪文盛传》(《国朝献征录》卷六八)、王兆云《皇明词林人物考》卷七、过庭训《本朝分省人物考》卷七六、《明史》卷一九八。

汪本（生卒年不详） 字以正。南直徽州府歙县（今属安徽）人。正德二年（1507）举人。童稚解为诗，弱冠挺异，游学南畿，为程敏政所赏，年三十二卒。《千顷堂书目》著录其《西岩集》，未见传。陈有守等《徽郡诗》录其诗四首。《皇明诗统》卷二〇录其诗十八首。《列朝诗集》丙集录其诗八首，"小传"谓其卒于南京"北门桥寓舍"，"罗鹤子应为志其墓。歙人王寅仲房撰《新都秀运集》，采弘治、正德、嘉靖三朝之诗人满百人，诗逾三百，以正居首"。《明诗综》卷三七录其诗《旅邸述怀》诗，"诗话"云："十岳山人王寅辑《新都秀运集》，以本诗压卷，称其'愁边草木歇，梦里关山多'之句，盖是时新都风气，咸以篁墩（程敏政）为宗，本独以古为师，故亟取之。"《御选宋金元明四朝诗》录其诗七首。《金陵诗征》卷三八"寓贤"录其诗二首。《明诗纪事》戊签卷一〇录其诗一首。生平见《（1937）歙县志》卷一〇。

汪礼约（生卒年不详） 字长文，后字士垓，或写作士陔、士峐，号石雪。浙江宁波府鄞县（今宁波）人，汪坦子。尝入京师为国子监生，未几即弃归。少工书，亦能诗。其父与沈明臣善，明臣曾居停其家，礼约因得从之学诗。又曾与明臣同游，每至一奇处，辄相酬唱，合为《四明游籍》一卷，余寅、屠隆为序。至中年后尽谢客，坐卧一山楼著书，垂二十年。《千顷堂书目》著录其《松风馆集》又《香雨斋集》，未存。或记其有《长文遗诗》一卷，亦未见传。清胡文学《甬上耆旧诗》卷二一录其诗四十七首。《明诗综》卷六四录其诗二首。《明诗纪事》庚签卷二六录其诗三首，按云："《长文遗诗》清迥无俗格，《四明游籍》盖与沈嘉则（沈明臣）酬唱者，濡染其习，稍涉俗韵。"

汪必东（1474—?） 字希会，号南隽。湖广武昌府崇阳（今属湖北）人。弘治十四年（1501）举人，正德六年（1511）进士，授户部主事。历员外郎、郎中，嘉靖三年（1524）改礼部祠祭司郎中。出为广西参议，累官至云南参政，致仕卒。善草书，秫于经史，能为古文辞，在朝时，郊庙大典礼祀表疏多出其手，尝作《望海赋》，一时传颂。亦能诗，所至多有吟咏，曾领天津户部分司，管漕粮，作《天津歌》，为时所称。嘉靖三十年，必东年七十八，命其长女汪璧辑编其诗文，刻为《南隽集》，内《诗类》二十卷、《文类》二十卷，皆存。《文类》读诸经之作占大半，《诗类》则多纪行之作。《明文海》录其文一篇。清廖元度《楚风补》卷二〇录其诗二首。清汪森《粤西诗录》录其诗十二首。《明诗综》卷三四录其诗一首。《明诗纪事》戊签卷一一录其诗一首。生平见《(康熙)武昌府志》卷八、《(雍正)湖南通志》卷五一、《(同治)崇阳县志》卷七。

汪圣敩(生卒年不详)　字敬仲。南直徽州府休宁(今属安徽)人。布衣。其家原称素封,至圣敩中落。以能诗,游于四方诸缙绅间,曾客李维桢之门,又与于慎行等交。诗集现存万历三十五年(1607)序刊本《远游集》十二卷,内卷一收四言古诗五章、乐府五十首,卷二收乐府七十五首,卷三至卷七收五言古诗二百一十二首,卷八、卷九收七言古诗五十四首,卷一〇、卷一一收五言律诗九十七首、五言排律十二首,卷一二收七言律诗二十四首、七言排律一首、五言绝句十二首、六言绝句八首、七言绝句二十九首。卷首有于慎行《张敬仲远游集序》,另有张铨《张敬仲远游集引》、李化龙《张敬仲远游集序》。

汪廷讷(生卒年不详)　字去泰,改昌朝,号无如,别署坐隐先生、无无居士、全一真人、清痴叟等。南直徽州府休宁(今属安徽)人。家以贩盐致富,出赀入南国子监,万历二十九年(1597)予应天乡试,不举,旋继承家产,捐赀为盐课副提举,又曾官福建长汀县丞、宁波府同知。平生耽情诗赋,兼爱填曲词,喜刊图书。

于家乡松萝下修坐隐园,掘昌公湖,筑环翠堂,假之与当时达官及名士朱之蕃、顾起元、梅守箕、屠隆、王穉登、陈继儒等人游,酒宴琴歌,兴酬联句。后崇道,信导引之术,奉事纯阳吕祖,约卒于崇祯时。少以词曲得陈所闻赏识,所闻《南宫词纪》存其小令四首。所作戏曲称《环翠堂乐府》,内传奇十七种,《长生记》《二阁记》《同升记》《五多记》《飞鱼记》《彩凤集》《威凤记》《青梅记》《忠孝完节》《高士记》十种已佚;所存七种皆有万历间环翠堂原刻本:《种玉记》二卷三十回,演西汉霍仲孺、霍去病、霍光父子故事,据《汉书》有关记载增饰,后又有许自昌校订本传世;《狮吼记》二卷三十出,据苏轼所嘲陈季常惧内事敷演,并兼采历来诸多惧内故事,以为笑乐,其中数出为后世昆曲保留剧目;《投桃记》二卷三十回,写潘用中、黄舜华投桃示爱,终成眷属故事,据冯梦龙《情史类略》卷三《潘用中》敷演;《三祝记》二卷三十六回,演范仲淹多福、多寿、多男子故事,故名"三祝";《彩舟记》二卷三十四出,写江生、吴女私会舟中后结良缘故事,据《情史类略》卷三《江情》敷演,故事略同于冯梦龙《醒世恒言》卷二八《吴衙内邻舟赴约》;《义烈记》二卷(刊本三十四出止,下有阙页),写东汉党锢时故事,其中张俭、范滂、侯览、陈蕃等人物悉见《后汉书》列传；《重订天书记》二卷，又名《七国记》，演战国时孙膑、庞涓故事，然非据《史记》等记载，实据元阙名小说《孙庞斗智七国春秋平话前集》，所据亦应有元杂剧《庞涓夜走马陵道》及明初传奇《减灶记》。周晖《续金陵琐事》谓其传奇《狮吼》《彩舟》《种玉》等原为陈所闻所作，而廷讷刻为己作，似无据。祁彪佳《远山堂剧品》著录其杂剧六种：《中山救狼（南北六折）》《青梅佳句（南北六折）》《诡为客（南六折）》《捐食嫁婢（南八折）》《广陵月（即《闻歌纳妓》，南北七折）》、《太平乐事（北一折）》。内仅《广陵月》见收于崇祯间沈泰辑刻《盛明杂剧》，演唐朝大将韦青与歌女张红红因音乐结缘，中经曲折终达婚姻故事，本事出唐段安节《乐府杂录》。廷讷以传奇称，吕天成《曲品》将其与屠隆、龙膺、郑之文并列，列入“上之中”，称为“词场俊士”；杂剧则未能出类，《远山堂剧品》仅将其所作六种列入“能品”。原有全集《环翠堂集》三十卷，现存万历三十七年汪氏环翠堂自刊《坐隐先生全集》三种十八卷，内《坐隐先生订棋谱》二卷、《题赠》二卷、《坐隐先生集》十二卷、《坐隐园戏墨》一卷。《坐隐先生集》十二卷为其诗文别集，内卷一至卷三为各体文，卷四至卷七为诗，卷八诗余，卷九南北曲，卷一〇《随录》；卷一一《书事》，卷一二《卧游杂纪》及杂体诗。全集卷首有汪廷讷自序及顾起元等序，《坐隐先生集》有汪廷讷自序、朱赓题词及朱之蕃、曹学佺等序、跋。《四库全书总目》著录《环翠堂坐隐集选》四卷，诗、词、曲及杂文各一卷，盖为选集，今未见存。所编刊之《坐隐先生订谱全集》《环翠堂华衮集》《人镜阳秋》及历代诗文选《文坛列俎》等则多存世。《明诗综》卷六四录其诗一首。《明词综》卷五录其词一首。近人赵尊岳《明词汇刊》录其词六十一首为《坐隐先生诗余》。生平见顾起元《坐隐先生传》（《环翠堂华衮集》）、《（康熙）休宁县志》卷五。

汪汝谦（1577—1655）　字然明。南直徽州府歙县（今属安徽）人。以商为业，明末居杭州，置舟西湖，题曰“不系园”，多邀文征明、董其昌、陈继儒诸名士为湖山诗酒之会，编次金石，刌度律吕。清顺治十二年（1655）卒，年七十九。《千顷堂书目》著录其《不系园集》一卷又《随喜庵集》一卷又《湖山韵事》。现存《绮咏》一卷（收诗一百五十余首）、《绮咏续集》一卷（收诗八十余首），崇祯四年（1631）刊本，黄汝亨、陈继儒、董其昌序。董序云：“汪然明为西湖寓公，主盟风雅，郑庄之驿不虚，太丘之道甚广，韵士之外，间有鱼玄机、薛洪度一二辈，亦入游籍，故称诗以绮名。"黄汝亨序云:"今展其诗,大都吴姬越娃,长干桃叶之美人及默林、菊圃、茶畹、柳堤,与高贤韵士相遭而觞咏之趣,趋而语隽,所云情生者也。"《四库全书总目》著录其集,"提要"云:"是集大抵征歌选妓之作。然其《前集》陈继儒序之,《后集》又继儒所选定,濡染熏蒸,久而与化。《明诗综》不录一字,盖有由矣。"后清光绪十二年(1886)汪师韩辑其诗为《春明堂诗集》四卷。钱塘汪氏长沙刻《丛睦汪氏遗书》收其《梦香楼集》一卷。又清丁丙《武林掌故丛编》收其《不系园集》《随喜盦集》及《西湖韵事》各一卷。生平见《(乾隆)江南通志》卷一六七、《(1937)歙县志》卷一〇。

汪佃(1474—1541)　字有之,号东麓。江西广信府弋阳人。生于成化十年(1474)十一月。弘治十一年(1498)举人,正德十二年(1517)进士,选翰林院庶吉士,授编修。嘉靖四年(1525)以纂《实录》成,迁侍读,五年充经筵讲官,以讲《洪范》不称旨,左迁宁国府通判,量移松江府同知,寻告归。十五年以荐起南礼部主客司郎中,出为福建金事,十八年升南太常寺少卿,十九年十一月以疾乞休,十二月命未及下而卒,年六十七。兄弟俱以诗名。张燮序其《东麓遗稿》云:"大江以南,兄弟并居词苑著声闻者,有汪氏,长曰石

潭,次曰闻斋,其季东麓,文章师承,得之先辈,不以时好辄废绳墨。"《千顷堂书目》著录其《武夷山志》二卷《武夷人物志》及《东麓遗稿》十卷。现存明刊本《东麓遗稿》,诗五卷,收诗近千首、词二首,文五卷,收各体文一百余篇。《明诗综》卷三六录其诗二首,《御选宋金元明四朝诗》据之录。《四库全书总目》著录《东麓稿》十卷,"提要"云:"其集无大疵累,亦无所见长。"《江西诗征》卷五五录其诗一首。《明诗纪事》戊签卷一三录其诗一首。生平见佚名《汪公行状》(《国朝献征录》卷七〇)、《(雍正)江西通志》卷八六。

汪应轸(生卒年不详)　字子宿,号青湖。浙江绍兴府山阴(今绍兴)人。正德十一年(1516)领乡荐,十二年进士,选翰林院庶吉士,读书中秘,十四年以谏武宗南巡受廷杖,原拟授户科给事中,有诏补外,授知泗州。世宗立,召为给事中,念亲老,乞改官,嘉靖三年(1524)出为江西提学金事,以父忧归,卒于家。平生讲经学,学者私谥清宪。其《论学》诗云:"语道岂捐陆,扶世当从朱。黯然思圣功,二家皆真儒。"审择于朱、陆之间,非偏于阳明也。《明史·艺文志》著录其《泗州志》十二卷《文集》十四卷。其文集为其子汪延良所编,原刊于嘉靖时,现存清同治十一年(1872)广州重刊本《青湖先

生文集》十四卷,卷首有嘉靖三十五年翁溥序、三十八年叶邦荣序,内前七卷为文,分收奏疏、序、记、杂著、祭文、铭志、书柬,后七卷为诗,计收古近体诗三百四十余首,附词二首。《列朝诗集》丙集录其诗五首。《明诗综》卷三六录其诗一首。《御选宋金元明四朝诗》录其诗五首。《四库全书总目》著录《青湖文集》十四卷,"提要"云:"应轸有吏才,兼以气节著。史称其'在户科岁余,所上凡三十余疏,皆切时弊'。今观集中,诸奏牍多侃直之言,颇见风采,诗文则率皆朴实,犹守成、弘之旧格。"《明诗纪事》戊签卷一三录其诗二首。生平见诸大绶《汪公应轸墓志铭》(《国朝献征录》卷八六)、萧彦《掖垣人鉴》卷一二、《明史》卷二〇八。

汪应娄(生卒年不详) 字鲁望,又字汉章。江西南昌府新建(今南昌)人。万历三十七年(1609)举于乡,数上公车不第,遂徜徉山水间。又与里中耆宿为匡山社、龙光社,寄情于诗酒。后铨选就饶州府浮梁教谕,天启二年(1622)以母艰归里,结庐墓左,未及服阕,病卒。有诗集《栖约斋稿》《天都游草》《似园草》《云居游草》《寄寄园草》等。现仅存万历四十年歙县吴家凤鹉举楼刊本《天都游草》不分卷。清初陈允衡编顺治澄怀阁刊本《诗慰》二集自其诸集选诗五十首,辑为《栖约斋集选》,收汤显祖原序。《江西诗征》卷六二录其诗二首。生平见《(雍正)江西通志》卷六九。

汪坦(生卒年不详) 字仲安,号识环,又号石盂。浙江宁波府鄞县(今宁波)人。其集中《亡室闻氏墓志铭》叙其原配生于正德八年(1513),则坦当亦为嘉靖时人也,据集中文,又可知其寿在七十以上,万历初年犹在世。以国子生谒选,曾历官藩幕簿书。好诗,所至多以诗纪行,诗中有《平越分司》《龙里道中》《程番郡斋冬夜书怀》等,多贵州地名,因知其曾为吏于贵州。其家大雷山,距宁波城仅数里,构屋山椒,层阶以登,有至者如入仙都洞府,沈明臣曾至此与之倡和。坦所著《石盂集》十七卷,为其子礼约所刊,首万历四年(1576)屠隆序,内卷一收四言诗二十四首,卷二收骚二、辞一,卷三收赋四、颂一,卷五收拟乐府四十二首,卷六收五七言古诗一百零五首,卷七至卷一〇收五七言近体诗二百四十首,卷一一至卷一七收序、记、墓志、祭文等杂文二十九篇。《四库全书总目》著录其集,"提要"云:"核其所作,不出'七子'之体。"《明史·艺文志》著录其有《日知录》五卷,未见。清初胡文学《甬上耆旧诗》卷二〇录诗二十二首。《明诗综》卷五〇、《明诗纪事》

己签卷二〇录诗一首。生平见《(乾隆)宁波府志》卷二六。

汪枢(生卒年不详)　字伯机。浙江宁波府鄞县(今宁波)人。大父汪镗万历时官至礼部尚书,家多藏书,枢嗜读喜吟咏,而为人性萧散,不乐仕进。其集原有《朝雨轩诗集》五卷,内《五君咏》《月湖竹枝词》《漫兴》《雷山八咏》《病怀》各一卷,现存夷白轩刊本《存竢篇》十卷为合集,收录五篇、古近体诗近五百首、词十二首,首南明弘光元年(1644)杨德周《存竢篇序》。《千顷堂书目》著录其《存竢篇》,未标卷数,当指此集。清胡文学《甬上耆旧诗》卷二四录其诗二十四首,"小传"谓其"治别业曰泡园,作《园居》六十首,三山徐兴公(徐𤊹)至甬上,一见称之,题其卷曰:'疏作风清,逸同云上。古惟彭泽,今有伯机。'"《明诗综》卷六四录其诗二首。《明诗纪事》庚签卷二六录其诗一首,按云:"伯机《早春》诗云:'贫家无岁事,赢得看梅花。'可谓清绝。"

汪国士(生卒年不详)　字君酬,号简轩。南直安庆府桐城(今属安徽)人。崇祯四年(1631)进士,授福建闽县知县,改揭阳。迁户部主事,督运通桥,历升郎中,出为山东兵备参议,移疾归。有《简轩集》十一卷,未见传。清潘江《龙眠风雅》卷二五录其诗七十四首。清徐璈《桐旧集》卷一五录其诗六首。清李雅等《龙眠古文》卷一三录其文二篇。《明诗纪事》辛签卷一九录其诗一首。生平见《(康熙)安庆府志》卷一五、《(康熙)安庆府桐城县志》卷四、近人马其昶《桐城耆旧传》卷五。

汪拱恕(籍里及生平不详)　祁彪佳《远山堂曲品》"具品"著录汪拱恕《全德记》传奇,现存万历间金陵广庆堂刊本《新编全像点板窦禹钧全德记》则署"太原王穉登编辑"。凌濛初《南音三籁·散曲下》有云:"百谷(王穉登)与余交,生平未尝为曲。"则坊本题署当为假托,惟未知汪拱恕为何许人也?是剧凡二卷三十二出,以五代宋初窦禹钧积德行善,天遣五德星君下投其家,使生五子,俱各显荣。其本事原见宋范仲淹《窦谏议录》(《范文正公别集》卷四),然本篇又附会以高怀德、石守信、赵匡胤诸人事,叙事拖沓臃肿。《远山堂曲品》另著录王㤭《阴德记》、佚名《五桂记》,均演窦禹钧事,论及《阴德记》云:"此与俗本《五桂》《全德》绝不同。词意甚古,宾白则出入经史,字字典籍,可想见胸中武库。"论及《五桂记》谓其"搬出满腔书袋,即一腐字不足也"。论《全德记》则云:"此第记窦禹钧初生仪、俨诸子,非《五桂记》也,虽欲窃阴德之余绪,而未免入俗。"

汪柏(生卒年不详)　字廷节,

号青峰。江西饶州府浮梁（今景德镇）人。嘉靖十年（1531）举人，十七年进士，授大理评事。迁光禄寺丞，大学士夏言以文章才品推重之，出为广东海道副使。三十二年葡萄牙商船托言舟触风涛，欲借濠镜（今澳门）地曝晒诸水渍贡物，汪柏与葡船船长苏萨口头议定，许葡人纳税经商，交易后，立刻起锚离去，不准滞留，其地自此为葡人所侵占。汪柏则因此从葡商手中得内府克期访买之龙涎香，三十五年擢升右布政使，后以浙江左布政使致仕。少有文名，亦以文章事业自期。著述现存清康熙三十六年（1697）汪逢源等刊本《青峰先生存稿》八卷，集为其侄汪思聪所刻，卷首有隆庆二年（1568）金达序，卷一为表、论，卷二收诗一百三十余首，词二首，卷三以下皆为各体文。《四库全书总目》著录《青峰先生存稿》八卷，"提要"云："其文气度恬雅，无剽窃模拟之病，而微嫌其弱，诗亦学宋格而未成。盖不囿于李、何之门径，而其力又不足以胜之也。"生平见《（雍正）江西通志》卷九〇、《（同治）饶州府志》卷一四、卷二二。

汪思（生卒年不详） 字得之，号方塘。南直徽州府婺源（今属江西）人。正德二年（1507）举人，十二年进士，选翰林庶吉士，授礼科给事中。嘉靖初首荐耆旧大臣石珤、韩

文、彭泽等以辅新政，极论太监崔文、鲍忠、芮贤之罪，荐尚书林俊之忠，力救谏臣刘最，说论重一时。出为广东按察佥事，历江西右参议，官终云南按察副使。《千顷堂书目》著录其《方塘文集》，现存万历初刊本《方塘汪先生文粹》二十卷，内奏疏一卷，各体文十一卷，卷一三收赋三篇，卷一四至卷二〇收诸体七百五十余首，有汪文辉、汪知易序。《皇明诗统》卷一六录其诗六首。陈有守等《徽郡诗》录其诗三首。生平见萧彦《掖垣人鉴》卷一二、《（雍正）广东通志》卷四〇。

汪彦（生卒年不详） 字穆如，自署东海狎鸥。浙江宁波府鄞县（今宁波）人。布衣，以能诗鸣于乡里。其《与沈源美、杜言登候涛山观海六十韵》尤为甬上诗家所传，清胡文学《甬上耆旧诗》卷三〇录此诗，又录《移家》《南越舟中怀杜言开士》等。所著《雌溪草堂初集》十卷，现存天启时刊本，首天启四年（1624）汪彦自序，内收古近体诗六百首。

汪逸（生卒年不详） 字遗民。南直徽州府休宁（今属安徽）人。布衣，万历间以能诗游于缙绅间。《千顷堂书目》著录其《逋屋吟》。现存万历刊本《北窗存稿》一卷，收诗一百三十九首，有万历四十四年（1616）"新野社弟"马之骐《序》；又《断肠诗》一卷，收诗三十首，有万历

四十四年"姑苏社弟"王留《引》、"武林社弟"冯国英《题辞》；又，《山夏诗》一卷，收诗一百一十余首，有"三郗盟弟潘之恒"万历四十五年序；又《燕再》一卷，收诗二百三十余首附《嘉禾游》诗十六首，有"延陵社弟"周诗雅万历四十七年序。《明诗综》卷六五录其诗二首，"诗话"云："遗民与马时良、仲良倡和，里人目为华屋诗老。"《御选宋金元明四朝诗》据《明诗综》录其诗二首。《四库全书总目》著录《汪遗民诗》一卷，"提要"云："是集诗一卷，皆与马时良、仲良兄弟倡和之作。首载《友声叙》一卷，为内黄司迺疆作，称'《友声》两卷，余得而展玩之，独抒如展绮縠，合奏如答笙簧'。是其诗本编入《友声集》中，此本乃录出逸诗，别为一卷耳。"

汪康谣(生卒年不详)　字淡衷，又字唐征、衢父，号鹤屿。南直徽州府休宁(今属安徽)人。万历十九年(1591)举人，四十一年进士，除诸暨知县，降顺德府教授。入为国子监学正，迁户部主事，历员外郎、郎中，出知漳州府，因事罢归。崇祯初起福建按察副使，旋以疾告归。研理学，以紫阳朱子为宗，归田后讲学于天泉还古书院，治《尚书》，体朱子大意为之注，有崇祯六年(1633)刻《尚书删补》五卷。《千顷堂书目》著录其《菉猗园诗集》，现存崇祯七年刊《菉漪园集》，有陆锡明、王佐、袁应兆、汪泗论等序跋。内《菉漪园文集》二卷，收其所作各体文；又《菉漪园诗集》一卷《咏归草》一卷，收诗八十余首；又《解郡本末书》一卷；又《闵谳漫述》一卷。《明诗综》卷六〇录其诗《东阿道中》一首，《御选宋金元明四朝诗》据之录。生平见清陈鼎《东林列传》卷二二、(乾隆)江南通志》卷一四七。

汪淮(1519—1586)　字禹乂，号松萝。南直徽州府休宁(今属安徽)人。富家子，以诸生入赀为国子生，试不举，遂弃举业，一意为诗，称山人。时手执一编诗，游于各地，交王世贞、汪道昆、李维桢等名士，家愈贫而不悔。卒于万历十四年(1586)，年六十八。《千顷堂书目》著录其《萝山诗稿》。现存万历刊《汪禹乂诗集》八卷，为其伯子汪懋孝所辑，收诸体诗九百五十余首，有陈履、王世贞、刘凤、汪道昆、吴子玉序。世贞序谓"其所为诗，一切忧喜悲乐可怪可愕，有所感慨于中辄发之"。《四库全书总目》著录是集，"提要"谓"其诗皆依托'七子'之门户，故世贞等颇奖借焉"。曾与陈有守、李敏合编《徽郡诗》，附三人所作诗，内淮诗六十六首。《皇明诗统》卷三八录其诗八首。《列朝诗集》丁集录其诗四首，"小传"云："其论诗，苦爱仲长统'乘云无峦，骋风无足'

之语,以为诗家风轨,殆非俗流也。"《明诗综》卷五〇、《明诗纪事》已签卷二〇录其诗一首。生平见刘凤《汪禹乂墓志铭》(《太霞草》卷一三)、王世贞《汪山人传》(《弇州四部稿续稿》卷七九)、李维桢《汪征君墓碑》(《大泌山房集》卷一一二)。

汪铉(1466—1536)　字宜之,号诚斋。南直徽州府婺源(今属江西)人。弘治二年(1489)举人,十五年进士,授南户部主事。正德六年(1511)出为广东按察司佥事,九年升副使,十六年迁按察使。时佛朗机(葡萄牙)驻满剌加(马来西亚)总督派军舰四艘至珠江口之屯门(今赤湾),进逼广州。汪铉率军抗击,又仿制佛朗机火炮,海战胜之,驱葡舰出外洋。嘉靖元年(1522)又生擒率千余人侵入陆地之佛朗机首领别都卢,升广东右布政使。寻转浙江左布使,历右副都御史,提督南赣军务。以"大礼议"附和张璁、桂萼,屡得升迁,历刑部右侍郎,晋兵部尚书,十三年进太子太保,吏部尚书兼兵部尚书。在官初以才见,颇折节取声誉,而为人机深,威权日甚,复有排陷他人之举,因屡屡被劾,十四年引疾归,十五年卒,年七十一,谥荣和。著述现存清抄本《诚斋诗集》四卷附录一卷,内收诗四百八十余首,前录有各种敕命、诰命、制诰、敕谕、敕书等十余篇。生平见《国朝献征录》卷二五所载实录本传、《明史》卷一八六。

汪循(1452—1519)　字进之,号仁峰。南直徽州府休宁(今属安徽)人。生于景泰三年(1452)三月初十。弘治二年(1489)举人,九年进士,授永嘉知县。历玉田知县,转顺天府通判。正德初刘瑾擅权,一月三抗疏,请裁革中官,又上"内修外攘"十策,言甚剀切,为瑾所忌,因罢归。正德十四年(1519)二月二十卒于家,年六十八。游庶泉之门,崇理学,与王守仁数相论辩。《千顷堂书目》著录其《仁峰文集》二十五卷。现存嘉靖七年(1528)刊本《仁峰先生文集》十九卷;又有清康熙三十二年(1693)汪三省刻四十三年印本《汪仁峰先生文集》二十九卷《外集》四卷,内卷二五至卷二九收诗五百余首,《外集》则为敕命、行实、墓铭、祭文等。陈有守等《徽郡诗》录其诗三首。《皇明诗统》卷一八录其诗六首。《列朝诗集》丙集、《明诗综》卷二七下、《御选宋金元明四朝诗》录其诗一首。《四库全书总目》著录《仁峰文集》二十四卷《外集》一卷,"提要"云:"其文第取疏畅,不事剪裁,诗亦不出《击壤》一派。"生平见汪戬《先公顺天府通判仁峰先生行实》、程瞳《仁峰先生传》(《仁峰先生文集》外集)及《(乾隆)江南通志》卷一六四。

汪舜民（1452—1507）　字从仁，号静轩。南直徽州府婺源（今属江西）人，汪奎从子。成化十三年（1477）领乡荐，明年进士，试政工部，除行人。秩满擢河南道监察御史，出按陕、甘，以奏狱情词不当，贬蒙化卫经历。弘治元年（1488）迁东莞县令，未上，擢江西按察佥事，在任七年，转云南副使，提督屯田。晋福建按察使，历河南右、左布政使，擢右副都御史抚治郧阳等处，诏回京，未至，改理南都察院，行至河间府青县，忽疾作卒，时正德二年（1507）六月十四，年五十六。平生守朱熹之说，好学砥行，持风节，负时望，有文名。著述存正德间张鹏刊本《静轩先生文集》十五卷附录一卷，内赋一卷，七篇，诗二卷，收诗一百六十余首，词四首，以下为各体文十二卷，卷首正德六年张鹏序、唐皋后序，附录《神道碑》《家传》。又有清汪氏裘杼楼抄本《静轩文抄》不分卷附录一卷。陈有守等《徽郡诗》卷二录其诗一首。生平见汪生民《静轩先生家传》、杨廷和《汪公神道碑》（《静轩先生文集》附录）及《（乾隆）江南通志》卷一四七。

汪道会（1544—1613）　字仲嘉。南直徽州府歙县（今属安徽）人，汪道昆从弟。生于嘉靖二十三年（1544）十月初三。诸生，游太学，凡五入省闱见遗，又以父卒，因弃举业。文习先秦以后诸家，与从兄道贯齐名，称"二仲"。尝入道昆丰干社，又交于王穉登等名流。卒于万历四十一年（1613）八月初一，年七十。卒后，李维桢为其作《行状》，记其所遗有《小山楼稿》百卷，未见传。现存清康熙五十二年（1713）汪氏五世读书园刊本《二仲诗》二卷，为其与汪道贯诗之合刊，内收道会《小山楼稿》诗二百一十首。《千顷堂书目》著录其《二仲诗》又《小山楼稿》，盖亦未见其集也。道会又曾辑《泛舟诗》一卷，有万历八年（1580）自刊本，录其社中诸人方大澈、方简、方宇、方士极、汪道弘、方士枝、潘之恒等人倡和诗百余首。《明诗综》卷六二录其诗一首。清陈元龙《御定历代赋汇》卷六三录其《墨赋》一篇。《御选宋金元明四朝诗》录其诗六首。生平见李维桢《文学汪次公行状》（《大泌山房集》卷一一四）及《汪君仲嘉墓志铭》、曹学佺《汪仲嘉先生外传》（《二仲诗》附录）。

汪道昆（1526—1593）　字伯玉，一字玉卿，号南溟、太函，晚号函翁。南直徽州府歙县（今属安徽）人。生于嘉靖四年十二月二十七（1526年1月9日）。二十五年领乡荐，明年进士，授义乌知县。三十年晋户部江西司主事，三十二年改兵部职方司，次年进武库司郎中。外任襄阳知府，四十年升福建按察副使，备兵福宁,以破倭功,晋福建按察使。四十三年以右佥都御史巡抚福建,四十五年闽台灾,罢归。隆庆四年(1570)起任郧阳巡抚,五年晋右副都御史,巡抚湖广,六年入为兵部右侍郎,转左,万历三年(1575)六月请告归里。家居至万历二十一年四月十九卒,年六十九。中岁后以诗文著,曾主祺中诗社、丰干诗社、白榆诗社,为南北文人所敬重。晚年几与王世贞齐名,称"两司马"。卒后俞均为其作墓志,谓其"力追古作者""书自东汉而下,诗自中唐而下,一寓目辄屏去",盖原亦当时复古一派,故得王世贞、胡应麟等揄扬。世贞《艺苑卮言》有云:"文繁而法且有委,吾得其人曰李于麟(李攀龙);简而法且有致,吾得其人曰汪伯玉。"又将其与余曰德、魏裳、张佳胤、张九一并列为"后五子"(《弇州四部稿》卷一四)。沈德符《万历野获篇》云:"王、李'七子'起时,汪太函虽与弇州(王世贞)同年,尚未得与其列。太函后以江陵公(张居正)心膂骤贵,其《副墨》行世,暴得世名,弇州力引之,世遂称元美、伯玉,而'七子'中仅存吴明卿(吴国伦)、余德甫(余曰德),俱出其下矣。汪文刻意摹古,仅有合处,全碑版纪事之文,时援古语以证今事,往往扞格不畅,其病大抵与历下(李攀龙)同。"后攻复古者亦多以汪道昆为鹄的,如《列朝诗集》云:"伯玉为古文,初剿袭空同(李梦阳)、槐野(王维桢)二家,稍加琢磨。名成之后,肆意纵笔,沓拖潦倒,而循声者犹目之曰大家。于诗本无所解,沿袭'七子'末流,妄为大言骋世。"实汪道昆诗文非一味复古模拟,全为伪体,集中如《查十八传》《庖人传》等确可称"简而有致"之文。至查继佐为其作传,记其晚年笃于佛学与心学,主张为文"重心声"(《罪惟录》),亦已见其变化。诗文别集先有万历二年金陵毛少池刊本《太涵副墨》五卷,又有八卷本。生前万历十九年《太函集》一百二十卷由金陵书肆刊出,凡文一百零六卷诗十四卷。卒后崇祯六年(1633)新都汪氏再次家刊《太函副墨》二十二卷,陆锡明、李维桢、毕懋康等序。《太涵副墨》及《太函集》皆有别本。又有抄本《玄扈楼集》《玄扈楼集续》。另有明刊本《春秋左传节文》十五卷。《四库全书总目》著录《副墨》五卷及《太函集》一百二十卷。明季李宾编《八代文钞》选《汪伯玉文抄》一卷。陆弘祚编《皇明十大家文选》选《南溟文选》二卷。《明文海》录其文六篇。《皇明诗统》卷二六录其诗十一首。陈有守等《徽郡诗》录其诗十二首。《皇明诗选》录其诗一首。《列朝诗集》丁集录其诗三首。《明诗综》卷四七录其诗三首。《御选宋金元明四朝诗》录其诗七首。《明诗纪事》己签卷三录其诗一首。诗文之外,亦作词曲,与当时诗文家多鄙于曲者不同。曾作杂剧《高唐梦》(《楚襄王梦游高唐记》)、《五湖游》(《陶朱公五湖泛舟》)、《远山戏》(《张京兆戏作远山》)、《洛水悲》(《陈思王悲生洛水》),四种合称《大雅堂乐府》,有万历原刻《大雅堂杂剧》及三十七年黄氏尊生馆刊本。四剧实为当时南杂剧之典型,取文人所熟知故事,曲文典雅藻丽,宾白整饬俊逸,甚至将《高唐赋》《洛神赋》也大段抄入,故王骥德《曲律》云:"世所谓才士之曲,如王弇州(王世贞)、汪南溟、屠赤水(屠隆)辈,皆非当行。"沈德符《顾曲杂言》记其另有《唐明皇七夕长生殿》杂剧,未见传本,未知确否。散曲见存于陈所闻《北宫词纪》、张琦等《吴骚合编》等,现存套数二套。生平见俞均《汪南明先生墓志铭》(《山居文稿》卷七)、王兆云《皇明词林人物考》卷九、《(康熙)徽州府志》卷一二、《明史》卷二八七。汪无竞有《汪左司马公年谱》(崇祯刊《太函副墨》附)。

汪道贯(1543—1591)　字仲淹。南直徽州府歙县(今属安徽)人,汪道昆弟。性敏强记,年十四补博士弟子员。能诗赋,旁及篆籀真行。以道昆故,多交于缙绅名士。卒于万历十九年(1591),年四十九。尝入道昆丰干社,诗与从弟道会齐名,称"二仲"。后人将其诗与道会诗合编,现存清康熙五十二年(1713)汪氏读书园刊本《二仲诗》二卷,内收道贯诗一百四十七首。王世贞将皇甫汸、莫如忠、许邦才、周天球、沈明臣等列为"四十子",内亦有道贯之名(《弇州四部稿续稿》卷三)。《千顷堂书目》著录其《汪次公集》十二卷,后《四库全书总目》亦著录,当为其别集,未见存。《明诗综》卷六二录其诗三首。《御选宋金元明四朝诗》录其诗六首。生平见汪道昆《仲弟仲淹状》(崇祯刊《太函副墨》卷一四)、李维桢《汪仲淹家传》(《大泌山房集》卷七一)。

汪膺(1604—1634)　字玄御,号玉淙居士。南直苏州府长洲(今江苏苏州)人。年十六而孤,二十补诸生,天启七年(1627)中举,崇祯元年(1628)试礼部不第,又二年病咯血,七年殁,年三十一。少喜为诗,所著辑为《寸碧堂稿》。其子汪琬,字苕文,号钝翁,清顺治十二年(1655)进士,以文名于时,与侯方域、魏禧齐名。康熙间汪琬自刻《纯翁全集》,将汪膺《寸碧堂诗集》二卷《外集》一卷置于卷首。《寸碧堂诗集》二卷收诗一百八十首,《外集》一卷收诗二十五首、诗余九首、时曲三调。集有汪琬后序云:"是编为先大夫所自定……自明万历之季,吴下能文章家，莫不祖‘公安’而祢‘竞陵’，而先大人之诗独不溺于风尚。"《明词综》卷五录其词二首。

沐昂（1378—1445）　字景颙。沐英三子。沐英原为定远（今属安徽）人，朱元璋义子，洪武十五年（1382）以副帅之职定云南，后遂屯成昆明，封黔国公，卒封黔宁昭靖王。昂早年在京读书，年十九授散骑舍人。建文四年（1402）升府军左卫指挥佥事，永乐间，擢都指挥同知，领云南都司，累迁至左都督，辅佐其次兄沐晟镇滇。正统三年（1438）沐晟卒于楚雄，昂扶柩还昆明，次年佩征南将军印，任云南总兵官，代晟长子沐斌镇守云南，正统十年六月二十二卒，年六十七，赠定边伯，谥武襄。平生雅好艺文，与谪滇和滇地文人交往甚多。曾辑明初官云南及谪滇士人诗为《沧海遗珠》四卷，现存成化二十三年（1487）陈棨刊本。《四库全书》收《沧海遗珠》四卷，《总目》"提要"谓是集所收"皆明初流寓迁谪于云南者……以其为刘仔肩、王偁诸家诗选所不及，故名曰《遗珠》。此编去取颇精审，所录多斐然可观。自古以来，武人能诗者代代有之，以武人司选录，而其书不愧善本者，惟此一集而已"。《沧海遗珠》收二十一人诗作二百七十五首，除其中七人存专集，余人之诗多赖此书以传。昂亦能诗文，所著《素

轩集》十二卷，现存明刊本及旧抄本，诗十卷文二卷，计收诗九百余首，序、记等文二十八篇。集中存大量与逯昶、朱寅仲及陈逊、徐庭谟、平宣、居广、陈谦、郭文等人之赠答诗，其纪事抒怀诗多及云南各地风物。《皇明诗统》卷二〇录其诗五首。《列朝诗集》乙集录其诗二首。《明诗综》卷一七录其诗一首。《金陵诗征》卷三八"寓贤"录其诗四首。《明诗纪事》乙签卷一五录其诗一首。近人李根源《永昌府文征》卷二录其诗二首。生平见陈敬宗《右军都督府左都督追封定边伯谥武襄沐公墓志铭》（出土文物）、刘文征《（天启）滇志》卷一〇、《（康熙）云南府志》卷一四、《明史》卷一二六。

沐璘（1424—1457）　字廷章，号继轩。沐昂长孙。沐氏自沐英起镇云南。璘初荫父禧千户，进袭祖指挥佥事，以功升云南都指挥佥事，景泰间进右军都督同知，充总兵官，继其堂兄沐斌镇云南，天顺元年（1457）六月卒，年二十八，赠右军都督。为人端谨恬淡，类儒者，好读书吟咏，尤工篆籀草书，建五华书屋，罗书史其中，政暇与士人讨论古今，竟日不倦。《千顷堂书目》著录其《继轩集》三卷，未见传。《皇明诗统》卷二〇录其诗八首。《列朝诗集》乙集录其诗二首。《明诗综》卷一九下录其诗三首。《御选宋金元

《明四朝诗》录其诗五首。《金陵诗征》卷三八"寓贤"录其诗十三首。《明诗纪事》乙签卷一五录其诗二首,按云:"沐氏自黔宁以来,世有传诗。继轩诗,极有风韵。"近人李根源《永昌府文征》卷二录其诗三首。生平见《(乾隆)云南通志》卷一九。

沈一贯(1531—1615)　字肩吾、子惟,号蛟门、龙江。浙江宁波府鄞县(今宁波)人。嘉靖四十年(1561)举人,隆庆二年(1568)进士,选翰林院庶吉士,授检讨,进编修,充日讲官兼经筵讲官。历左春坊左中允兼翰林院编修、侍读、右春坊右谕德、吏部左侍郎兼侍读学士,加太子宾客,又历中允、侍读学士,擢吏部右侍郎,加太子宾客。万历二十二年(1594)晋南礼部尚书,改北,兼东阁大学士,入预机务,再进太子太保、户部尚书、武英殿大学士,累加少傅兼太子太傅、吏部尚书、建极殿大学士。三十五年京察以庇护同党触公愤,弹劾日众,因疏请求去。家居九年,四十三年卒,年八十四,赠太傅,谥文恭。一贯仕途畅达,入阁十二年,首辅八年,相业不足言,然少师事沈明臣,习经史,又与黎民表、欧大任等交往,故其诗文著述颇擅丽藻。所著现存明刻经史著作有:《易学》十二卷、《老庄通》十四卷(内《老子通》二卷《读老概辨》一卷《庄子通》十卷《读庄概辨》一卷)、《道德经

解》二卷、《新镌删补易经直解》十二卷、《敬事草》十九卷。《明史·艺文志》另著录其《诗经纂注》四卷,《四库全书总目》另著录其《经世宏辞》十五卷。诗文卒后辑刻为《喙鸣集》(《沈文恭公集》),首张邦纪《沈文恭公集序》,内《喙鸣文集》二十一卷、又《喙鸣诗集》十八卷,收赋十篇、诸体诗一千二百余首,《千顷堂书目》著录。《列朝诗集》丁集录其诗四十首,"小传"云:"少师为嘉则(沈明臣)之从子,其于诗有所指授,风华辞藻与嘉则相似。戊辰(1568)史馆大拜者七人,以词章擅名者,东阿(于慎行)、鄞县(沈一贯)为最。东阿之学殖优于鄞县;鄞县之才笔秀于东阿。"清胡文学《甬上耆旧诗》卷一八录其诗一百三十余首。《明诗综》卷五一录其诗一首。《御选宋金元明四朝诗》录其诗十一首。《明诗纪事》庚签卷九录其诗八首。《明文海》录其文十二篇,黄百家《明文授读》云:"先夫子(黄宗羲)评《沈文恭公集》:'肩吾之文,无事锤炼而疏爽老辣。'"清陈元龙《御定历代赋汇》录其赋二篇。《四明文征》录其文四篇。生平见李维桢《少傅沈公寿序》(《大泌山房集》卷二七)、《明史》卷二一八。

沈九畴(生卒年不详)　字箕仲。浙江宁波府鄞县(今宁波)人,沈明臣族子,沈一贯族兄。万历元年

(1573)举人，五年进士，授刑部主事。历郎中，出为江西提学副使，迁四川参政，改江西、山东，累迁江西布政使。《千顷堂书目》著录其《曲辕居诗集》八卷，现存万历三十二年序刊本《沈箕仲先生曲辕居集》十八卷，内诗十卷、乐府、四言诗一卷、五言古诗一卷、五言律诗二卷、七言律诗二卷、五七言绝句各一卷；文八卷，序三卷，碑记一卷，祭文、行状、墓志等一卷，书启三卷。清胡文学《甬上耆旧诗》卷一七录其诗十九首。《明诗综》卷五三录其诗二首，"诗话"云："箕仲以诗名重乡里，人有持所作文谒文恭（沈一贯）者，辄笑曰：'舍弟安知文，奚不就我？'族父嘉则（沈明臣）以《丰对楼诗》属余君房论定，君房报书云：'吾于诗仅窥其藩，未入其室，此事终当属君家箕仲。'于是嘉则诗经其删叙。"《明诗纪事》庚签卷一二录其诗一首，按云："箕仲诗，是《丰对楼》一派。尝与孙月峰辑《今文选》，月峰任文，箕仲任诗。"生平见《（雍正）浙江通志》卷一六八。

沈士佩（生卒年不详）　字幼英。浙江杭州府钱塘（今杭州）人。现存晚明刊白话小说《于少保萃忠传》（《丁少保萃忠全传》）分十卷七十回本与十卷四十回本两个版本系统。十卷七十回本题名《于少保萃忠传》，存明末刻本及清抄本，其卷一题"西湖沈士佩幼英纂述"，卷三、卷五、卷六、卷七、卷八、卷九、卷一○亦皆题沈士佩"辑著"（或"纂著"），惟卷二题"钱塘孙高亮明卿父纂述"，卷四题"钱塘孙高亮明卿父编辑"。另此书署名"批评"者有沈士修、沈国元、沈士俊、沈肇森、凌萃征、沈懋允等六人。十卷四十回本题《于少保萃忠全传》，亦有晚明刻本，题"钱塘孙高亮明卿父纂述，檇李沈国元飞仲父批评"。经研究者核查，知四十回本乃七十回本之节录改编。七十回本原作当为沈士佩、孙高亮合作，而四十回本则为孙高亮完成。《于少保萃忠传》叙于谦一生经历，杂史实及传说，实多虚少，然叙述支蔓，人物芜杂，又附有奏疏、诗赞等。四十卷改编本文字减少约十数万言，结构更趋完整，情节亦较原书紧凑，可读性有所增强，故入清以后成为流行之版本（此书又有清代刊本多种，或题为《旌功萃忠录》《于公太保演义传》等）。

沈天孙（1580—1600）　字七襄。南直宁国府宣城（今属安徽）人。沈懋学第三女，十七岁归屠隆子屠大谆（字金枢）。与屠隆女瑶瑟（字湘灵）皆喜读书作诗，因甚相得，时有倡和。万历二十八年（1600）卒，年二十一。未几瑶瑟亦亡，两家兄弟遂汇刻二人诗为《留香草》，屠隆与虞淳熙为序，瑶瑟弟屠大诚暨天孙兄沈士范哀挽之词皆附见。《千顷堂书目》著录《留香草》，于天孙名下列四卷，瑶瑟名下列一卷，今未见传。《列朝诗集》闰集录天孙诗十二首，"小传"云："湘灵既嫁，时时归宁，相与征事紬书，分题授简，纸墨横飞，朱墨狼籍，长卿夫人亦谙篇章，每有讽咏，就商订焉。长卿诗云：'封胡与遏末，妇总爱篇章，但有图书箧，都无针线箱。'又云：'姑妇欢相得，西园结伴行，分题花共笑，夺锦句先成。'信一家之盛事，亦一时之美谈也。"沈宜修辑《伊人思》录天孙诗九首。《明诗综》卷八六亦录天孙诗《自君之出矣》一首。《御选宋金元明四朝诗》录其诗七首。清施念曾《宛雅三编》卷二〇"闺阁"录其诗四首。生平见《(乾隆)江南通志》卷一六七。

沈节甫（1533—1601）　字以安，号镜宇、大朴。浙江湖州府乌程（今湖州）人。嘉靖三十七年（1558）举人，明年进士，授礼部仪制司主事。历员外郎、郎中，移疾归。起光禄寺丞，量移本寺少卿，致仕归。家居八年，万历十五年（1587）起南通政司右参议，擢南光禄寺卿，历南太常寺卿、大理寺卿，升南刑部右侍郎，拜工部左侍郎。疏请省浮费，核虚冒，止兴作，减江浙织造，停江西瓷器，不报，请致仕。卒于万历二十九年十一月初五，天启初追谥端靖。喜藏书编书，有《玩易楼藏书目录》。曾编刊《由醇录》十三种三十卷（万历二十四年忠恕堂刊本）、《国朝纪录汇编》一百二十三种二百二十四卷（万历二十五年陈于廷刊本）。《千顷堂书目》著录其诗文别集《大朴主人文集》十五卷，现存万历刊本《大朴主人文集》九卷《诗集》七卷，《文集》内首奏议三卷，收奏议、批驳等二十篇，又文六卷，收各体文七十余篇；《诗集》收诸体诗一百五十余首。《明诗综》卷四四录诗一首。清陆心源《吴兴诗存》四集卷九录其诗三首。《明诗纪事》已签卷一三录诗一首。生平见曾朝节《沈公节甫神道碑》（《国朝献征录》卷五一）、《明史》卷二二四。

沈龙（生卒年不详）　字友夔。南直松江府华亭（今上海松江）人。崇祯十六年（1643）进士，明亡不仕。现存明末刻本《雪初堂集》六卷，卷一至卷五收古近体诗二百五十余首、卷六收诗余七十九首。首陈继儒序云："友夔为华亭诸生，娴于诗词，不走四方名而名自随之……今友夔游金陵，金陵多四方奇士，似且不能度君而前……吾重友夔者，孝悌能诗文，盖才子而兼有道者也。读《雪初堂集》者，试以吾言求之。"因知是集为沈龙明末赴南京乡试前所刻。清姚宏绪《松风余韵》卷四〇录其诗四首。生平见《(乾隆)华亭县志》卷一三、《(光绪)重修华亭县志》卷一二。

沈仕(1488—1565)　字懋学，又字子登、野筠，号青门山人。浙江杭州府仁和(今杭州)人。刑部侍郎沈锐之子，出身贵介，弱冠即有才名。弃举子业，浪游天下，以书画诗词为生活，与王慎中、茅坤、顾璘等交往。性好奢华，然不以金钱为意，所得即随手散去，年七十返故庐，已家徒四壁，因以卖画自给，卒于嘉靖四十四年(1565)，年七十八。其画多作山水人物，而翎毛草木次之，居常得意者多题咏其上。诗词曲多艳情之作，时称"青门体"。著有《沈仕集》，或称《青门山人集》，《千顷堂书目》著录其《青门诗》一卷。清林氏朴学斋抄本《二友诗》存《沈仕诗》一卷，1918年杭州西泠印社曾仿宋聚珍排印《沈青门诗集》一卷附录一卷，收王慎中原序。《盛明百家诗》录其诗三首为《青门集》。顾起纶《国雅》卷一三录诗四首。《皇明诗统》卷二六录诗六首。《列朝诗集》丁集录诗三首。《明诗综》卷五〇录诗一首。《明诗纪事》己签卷一七录诗一首。又有散曲集《唾窗绒》，亦未传，张琦《吴骚二集》、陈所闻《南宫词纪》、冯梦龙《太霞新奏》等录其散曲小令八十六首，套数十套。又，明季《广百川学海》《锦囊小史》《居家必备》及清初《说郛》《水边林下》

收有其杂著《砚谱》《摄生要录》《林下盟》《林下清录》等。生平见徐象梅《两浙名贤录》卷四七《文苑》、《(康熙)浙江通志》卷三八。

沈师昌(生卒年不详)　字仲贞，号长浮。浙江嘉兴府嘉善人。晚明诸生，屡试不举，游于北雍。家有北山草堂，垒石为重岩绝壑，一望苍翠，渐成真山，中有古松九株，扶疏广荫，师昌处其间，与名缁野叟结云水之契，藏书万卷，吟讽萧然。所著有明天启二年(1622)麟溪沈氏家刻本《餐胜斋集》六卷，内诗二卷，收诸体诗二百一十八首，卷三收赋序疏记文，卷四收杂著，卷五书问，卷六训语，首有陈继儒序。清陈允衡编顺治澄怀阁刻本《诗慰》续集有《沈师昌诗》一卷，录其诗三十一首。清沈季友《槜李诗系》卷一五录其诗四首。生平见《餐胜斋集》附录沈受祉《先君行略》、汤允元《仲贞沈先生行状》、陈继儒《有明太学生仲贞沈先生墓志铭》、朱国祯撰《沈仲子传》等。

沈自炳(1602—1645)　字君晦，号闻华。南直苏州府吴江(今属江苏)人，沈珫第五子。补邑庠廪膳生。崇祯二年(1629)与弟自骊入复社。福王立，献赋阙下，以恩贡授中书舍人，参史可法幕，兵败，次年复与吴易起兵太湖抗清，师溃，与弟自骊投水死，年四十四。工文辞，在复社号为眉目。《(乾隆)吴江县志》记其有《丹棘堂稿》,未见传。陈济生《天启崇祯两朝遗诗》卷九录其诗十五首。《明诗综》卷七六录其诗二首,"诗话"云:"君晦昆友以词翰闻江左,倚声尤擅场。晚保乡里,师溃,从彭咸之所居,其近体过于秾缛,盖具体温、李、韩、韦者。"清乾隆间沈祖禹《吴江沈氏诗录》卷一录其诗十二首。卓人月、徐士俊《古今词统》录其词六首。《明词综》卷七录其词三首。近人陈去病《笠泽词征》录其词六首。生平见清沈始树《吴江沈氏家传·闻华公传》《明史》卷二七七。

沈自然(1605—1642) 字君服。南直苏州府吴江(今属江苏)人,沈珫第七子,邑庠生。少以能诗称,尝赋《双燕》《金屋》等,纤靡秾丽,时人称其近于西昆、李商隐。时与潘一桂、史元、徐白、俞南史齐名,称"松陵五才子"。然天性孤峭绝俗,与人少许可,虽世所称贤豪长者,一言不合辄谩骂去,故其名不出乡里,惟山阴祁彪佳官吴中,赏其才,与之商榷不倦。后居母丧,不胜忧伤,崇祯十五年(1642)卒,年三十八。《千顷堂书目》著录其《来思集》又《闲情集》,未见传。清沈祖禹《吴江沈氏诗录》卷六录其诗九十四首。《明诗综》卷八一录其诗三首。清沈德潜《明诗别裁集》录其诗一首。《明诗纪事》辛签卷二二录其诗四首。生平

见清沈始树《吴江沈氏家传·君服公传》。

沈行(生卒年不详) 字履德。浙江杭州府钱塘(今杭州)人。布衣好诗,成化、弘治间与陈言皆以集句闻名。《千顷堂书目》著录其《咏物绝句》一卷又《咏雪集句》二卷又《咏梅集句》□卷。现存弘治间刊本《咏梅集句》一卷、正德元年(1506)吴俊刊本《增刊咏梅花集句》二卷。又有万历间刊本《白香集》二卷,卷上《咏雪集句》七律二百四十首,有弘治十一年(1498)杨子器序、十二年丁养浩书题词;卷下《咏梅集句》录七律一百二十首、七绝二百四十四首,有弘治十年夏时正序。又有明刊《集古香奁诗》二卷,录七绝一百二十首。其集句诗多取唐人句,间采宋元人诗,皆注诗人名。《列朝诗集》闰集录陈言集句二十六首,"小传"中记沈行有《梅花》《雪诗》《宫词》各百首"。今《咏物绝句》及《宫词》未见,合《咏雪》《咏梅》《香奁》共为五种,《四库全书总目》著录沈行集句《贯珠编贝集》五卷,当为五种之合辑。明末抄本《白香集》五卷(残存《咏雪集》一卷)或即此书也。安磐《颐山诗话》论及集句诗云:"集句始于宋人,王荆公为妙……近时如夏宏之《联锦》、童郎中之《梅花集》、沈行之《咏雪集》,牵合饾饤,而意不相属,吾无取焉耳。"清钱谦益亦谓

沈行集句，"词多丛杂，不若言（陈言）之浑成也"，"当如宋人《剪绡集》例，孤行之，以备词家之一体"。

沈会极（生平不详）　号清隐道士。浙江湖州人。晚明有白话小说《七曜平妖全传》（全称《新编皇明通俗演义七曜平妖全传》）六卷七十二回，叙北斗七星转世为山东巡抚赵彦等七人，又赖魔女辅佐，荡平山东白莲教徐洪儒事。徐洪儒起事于天启二年（1622），转战四县，历时八个月。本书所叙战争皆为妖术斗法，假神魔而演时事，亦稀见矣。现存明刊本署"吴兴会极清隐道士编次，洪都瀛海嬾仙居士参阅，彭城双龙延平处士订证"。卷端序署名文光斗，作于天启甲子（四年）。序称"会极，吴兴氏，为淮南十洲沈太史公孙"。因知作者沈会极，为嘉靖间南国子监祭酒沈十洲（沈坤）之孙。沈坤为南直淮安府（今江苏淮安）人，大河卫籍，原籍昆山，此称沈会极为"吴兴氏"，或沈坤后人于嘉靖三十九年（1560）沈坤死于狱中后南迁于湖州矣。

沈守正（1572—1623）　一名迁，字允中，更字无回。浙江杭州府钱塘（今杭州）人。生于隆庆六年（1572）二月初二。万历三十一年（1603）举人，屡试不第，后选官至都察院司务，卒于天启三年（1623）三月二十八，年五十二。工画，能诗文，与胡胤佳、卓尔康为友，万历间齐名于乡里。卒后其二子尤含、美含辑刊其诗文为《雪堂集》十卷附录一卷，有崇祯武林沈氏家刊本，内诗三卷，收诸体诗三百余首，文五卷，收其序、记、传、碑、祭文等，又尺牍两卷。其集卷首有崇祯三年（1630）李邦华序及其子尤含等《刻雪堂集凡例》，卷末附录诸人所作墓表、传、诔、行状、祭文、碑文等，而钱谦益为其所作墓志铭不在，盖钱所作墓志铭实作于守正卒后十八年。另有别本《雪堂集》六卷附录一卷，亦崇祯间刻。著述另有万历四十三年刻《诗经说通》十三卷、明刊本《四书说丛》十七卷，皆为《四库全书总目》著录。生平见清沈尤含等《先府君行实略》、卓尔康《沈公行状》、李硕《沈无回先生传》（《雪堂集》附录）及清《沈君墓志铭》（《牧斋初学集》卷五四）。

沈寿民（1607—1675）　字眉生，号耕岩，又号剩庵。南直宁国府宣城（今属安徽）人，沈懋学从孙。晚明诸生，崇祯九年（1636）举贤良方正。既入都，适杨嗣昌夺情起兵部尚书，三疏劾之。疏入，留中不发，乃投劾归。其疏曾词连阮大铖，南明时吴应箕等以《南都防乱揭贴》攻阮，阮以为寿民使之，因欲加害，寿民乃变姓名，携家眷匿金华山中，至清顺治十二年（1655）始返归故里。

入清称遗民,不入城市,卒于康熙十四年(1675)五月初三,年六十九,学者私谥贞文先生。与黄宗羲交厚,能诗文。著述现存清康熙间刊本《姑山遗集》三十卷《昔者诗》一卷,首有梅枝凤序,徐枋所撰传,黄宗羲所撰墓志铭。内各体文(含奏疏、尺牍)二十六卷,赋一卷收赋二篇,诗三卷,收诸体诗一百八十余首,所附《昔者诗》收《示诸儿》诗十首。另有雍正有本堂刊本《闲道录》二十卷。《千顷堂书目》著录其《剩庵诗稿》又《姑山遗集》二十卷,有误。清卓尔堪《明遗民诗》录其诗一首。《明诗综》卷七六录其诗三首。清沈德潜《明诗别裁集》录其诗一首。清施念曾《宛雅三编》卷三录其诗三十七首。清朱琰《金华诗录》外集卷六(流寓)录其诗一首。《金陵诗征》卷四〇录其诗三首。《明诗纪事》辛签卷一六录其诗四首。《明文海》录其文一篇。生平见徐枋《沈耕岩先生传》(《姑山遗集》卷首)、清黄宗羲《征君沈耕岩先生墓志铭》(《南雷文定》卷八)、《明史》卷二一六。

沈孝征(生卒年不详)　字永思,一字公廉。浙江嘉兴府海盐人。万历十六年(1588)举人,二十六年进士,除工部主事,分司仪征,督漕船。历员外、郎中,出为河南按察副使。喜吟咏,《千顷堂书目》著录其《玄畅阁集》十二卷,现存万历四十年序刊本,首顾起元、李当泰等序,内诗十卷,收诗九百余首,文二卷,收序、记、引、祭文等三十八篇。清沈季友《槜李诗系》卷一六录其诗三首。《明诗综》卷五八录其诗一首。《明诗纪事》庚签卷一九录其诗一首。生平见《(雍正)浙江通志》卷一七九。

沈佑(生卒年不详)　字天用,号紫硖山人。浙江嘉兴府海盐人,居海宁。少读书慕古,而其志未遂,正德间以赀官王府典膳。工诗好交游,家居建淳朴园于硖石西山,有芙蓉溪、柳塘、藕花湾等,与孙一元、董沄、朱朴、僧明秀等赓唱往来。《千顷堂书目》著录其《淳朴园稿》,现存崇祯七年(1634)海盐沈氏家刊《淳朴园稿》三卷《外集》一卷《外集补》一卷。《淳朴园稿》三卷收诸体诗四百五十首,又铭十五篇、赋一、记二篇;《外集》收友人题淳朴园诸景序跋;《外集补》收赠诗杂题。《皇明诗统》卷三四录其诗五首。清沈季友《槜李诗系》卷一一录其诗二首。生平见《淳朴园稿》附潘沄《淳朴园记》、吕泰《可止轩记》及《(光绪)嘉兴府志》卷五七。

沈位(1529—1572)　字道立,号虹台,更号柔生主人。南直苏州府吴江(今属江苏)人。数试未举,嘉靖四十三年(1564)应天乡试第一,隆庆二年(1568)进士,选翰林院庶吉士，读书中秘，四年授翰林检讨，与修《世宗实录》。五年为副使册封肃王，明年还报命，遇漕卒乱，被害，年四十四。从唐顺之、茅坤游，能诗文。《千顷堂书目》著录其《柔生斋稿》六卷，《（乾隆）吴江县志》卷四六记其有《尚书笔记》《都邑便览》《柔生斋稿》四卷及辑有《柔生斋历代文选》三十卷等，均未见传。《明诗综》卷五一录其诗三首，"诗话"云："虹台诗丽以则，惜不永龄。"乾隆间沈祖禹录《吴江沈氏诗录》卷一录其诗四十四首。生平著述见申时行《沈君墓志铭》（《赐闲堂集》卷二五）、王兆云《皇明词林人物考》卷一一、清沈始树《吴江沈氏家传·虹台公传》。

沈良才（1506—1567）　字德夫，号凤冈。南直扬州府泰州人。生于正德元年（1506）正月初一。嘉靖七年（1528）举人，十四年进士，选翰林院庶吉士，授兵科给事中。历吏科右给事中、工科左给事中，迁吏科都给事中。再历南京大理寺丞，迁北大理寺少卿，以佥都御史抚郧阳，入为大理寺卿，迁兵部右侍郎，隆庆元年（1567）七月初七卒，年六十二。著述现存清抄本题《大司马凤冈沈先生文集》四卷，内文三卷，收奏疏十五篇及序、记、墓铭、杂著等二十九篇，卷四收诗一百三十首。《四库全书总目》著录《沈凤冈集》四卷，

"提要"云："其为吏科给事中时，尝疏劾严嵩，颇见风采，诗则尚未成家。"清夏荃《海陵文征》卷七录其文十篇。生平见李维桢《沈公神道碑》（《大泌山房集》卷一一〇）、《明史》卷二一〇。

沈明臣（1518—1595）　字嘉则，号句章山人，晚号栎社长。浙江宁波府鄞县（今宁波）人。早岁为诸生，累赴乡试不中，遂弃举子业，游走四方。曾与山阴徐渭、歙县余寅同参胡宗宪幕抗倭，宗宪宴将吏于烂柯山，酒酣乐作，明臣作《铙歌》十章，中有"狭巷短兵相接处，杀人如草不闻声"，宗宪以其诗"雄快"，命刻于石。后宗宪被捕下狱死，幕客星散，明臣独持所作诔文遍告士大夫，讼其冤状。已而挟策走湖海，往来吴楚闽粤间，五十岁后归里授徒赋诗为业，受张时彻等推重。与范钦交谊甚笃，沈一贯、沈一中、屠隆等皆从其学诗。晚年复欲远游，为诸人劝留。万历二十三年（1595）卒于乡里，年七十八。平生跌宕自放，尝戴鹖冠，被朱衣，游于吴闽，啸呼若狂，倾吴市人聚观。以才气过人称，尤以诗闻于时，传其先后作诗达七千余首。王世贞曾将其与皇甫汸、莫如忠、许邦才、周天球等列为"四十子"（《弇州四部稿续稿》卷三）。《明史·艺文志》著录其《通州志》八卷、《诗集》四十二卷。《通州

志》系明臣与陈大科、顾养谦合修。其诗则嘉、万间多有单刊行世,现存尚有《蒯缑集》《丁艾集》《青溪集》《用拙集》《帆前集》《孤愤集》。另有《白岳游稿》,系与吴守淮同游时所作。又万历六年沈九畴曾辑刊《沈嘉则诗选》十卷。至万历二十四年陈大科辑刊之《丰对楼诗选》四十三卷,收诗四千四百八十余首,是为其诗之全集。《盛明百家诗》录其诗一百一十余首为《沈嘉则集》。顾起纶《国雅》卷一七录其诗六首。《皇明诗统》卷二六录其诗十六首。《列朝诗集》丁集中录其诗一百三十二首,"小传"云:"万历间,山人布衣豪于诗者,吴门王百谷(王穉登)、松陵王承父(王叔承)及嘉则三人为最。"清胡文学《甬上耆旧诗》卷二一录其诗一百五十八首。《明诗评选》录其诗二十三首。《明诗综》卷四九录其诗九首。"诗话"云:"嘉、隆间,士大夫以篇什相高,最繁富者莫若弇州(王世贞)。于时吴明卿(吴国伦)之《甋甄洞》、汪伯玉(汪道昆)之《太函》、李本宁(李维桢)之《大泌山房》诸集,以及刘子威(刘凤)、冯元成(冯时可)、余仲房(余寅)、屠纬真(屠隆)之徒,糟丘肉林,愈多愈秒,下及布衣如王承父、王百谷辈,咸多相尚。嘉则先后积诗七千余,夫安得精?然挈之承父,则虽饶腐菌,间有神芝,即属梦刍,不无嘉蕙。非若诸

君之丛箐荒茅,纷然弥望也。"《四库全书总目》著录《丰对楼诗选》四十三卷、《越草》一卷及明臣与同里沈一贯、余寅倡和之《吴越游稿》一卷,"提要"云:"白居易诗尚以所存太富,有沙中金屑之憾,则不及居易者可知矣。"《四明文征》卷一六录其文一篇,《四明近体乐府》卷八录其词一首。《明诗纪事》己签卷一六录其诗十九首,按云:"嘉则诗五七言近体、七绝,多有合作,古体长篇,间伤厖杂,非出之太易之为累乎?"亦能文,或记其有遗文四百余篇,今未见传。生平见屠隆《沈嘉则先生传》(《由拳集》卷一九)、王兆云《皇明词林人物考》卷一一。

沈周(1427—1509) 字启南,号石田,晚号白石翁。南直苏州府长洲(今江苏苏州)人。祖沈澄、父沈恒吉及伯父沈贞吉,皆隐居工书画。家学丹青,又学经史文章于陈宽、赵同鲁,耕读于相城里,所居曰有竹庄。景泰间苏州守汪浒欲以博学贤良荐,辞不赴,遂得留连诗画、优游文艺一生。卒于正德四年(1509)八月初二,年八十三。其画承"元四家",成"吴门画派"一代宗师,后世或将其与唐寅、文征明、仇英并称为"明四家",然在有明一代实以沈周名最著。明代苏州画家甲于天下,嘉靖间王穉登著《国朝吴郡丹表志》列苏州画家二十五人,其中

被称为"妙品"者仅沈周一人："先生绘事，为当代第一，山水、人物、花竹、禽鱼，悉入'神品'……一时名士如唐寅、文璧（文征明）咸出龙门。"亦能诗文，《明史·艺文志》著录其《石田诗钞》十卷《客座新闻》二十二卷。实其诗文著述存世有多种刊本：弘治十六年（1503）黄淮集义堂刊本《石田稿》三卷；正德间安国刊本《石田诗选》十卷；万历四十三年（1615）长洲陈仁锡刊本《石田先生集》诗十一卷；崇祯十七年（1644）瞿氏耕石斋刊本《石田先生诗钞》八卷《文钞》一卷附《事略》。笔记杂著存世有明抄本《石田翁客座新闻》七卷（另有抄本十一卷）、嘉靖刊本《石田杂记》一卷、嘉靖六年俞弁家抄本《沈氏客谭》一卷。天顺间刊《士林诗选》二卷（怀悦辑）录其诗四首。《皇明风雅》录其诗七首。《盛明百家诗》前编录其诗一百二十余首为《沈石田集》。顾起纶《续国雅》卷三录其诗一首。《皇明诗统》卷一三录其诗十三首。《石仓十二代诗选·明诗选》录其诗一百三十首。《列朝诗集》丙集录其诗一百六十八首。《明诗综》卷二六录其诗二十一首，"诗话"云："石田诗不专仿 家，中晚唐、南北宋，靡所不学。每于平衍中露新警语。人既贞不绝俗，诗亦变而成方，惟七言律诗差少全璧。"清沈德潜《明诗别裁集》录其诗二首。

《御选宋金元明四朝诗》录其诗六十一首。《四库全书》收《石田诗选》十卷（华汝德编），又著录《耕石斋石田集》九卷《石田杂记》一卷及其所辑《（和倪瓒）江南春词集》一卷（现存嘉靖刊本）。《总目》"提要"云："（沈）周以画名一代，诗非其所留意。又晚年画境弥高，颓然天放，方圆自造，惟意所如。诗亦挥洒淋漓，自写天趣。盖不以字句取工，徒以栖心丘壑，名利两忘。"《海虞文征》录其文二篇、诗三十三首。《明诗纪事》丁签卷一一上录其诗三十六首，按语谓其诗"不受拘束，吐词天拔而颓然自放，俚词谰言亦时揽入，然其奇警之处，亦非拘拘绳墨者所能梦见也"。嘉靖刊《（和倪瓒）江南春词集》录其所作《江南春》词四首。《明词综》卷二录其词一首。近人赵尊岳《明词汇刊》录其词二十八首为《石田诗余》一卷。生平见文征明《沈先生行状》（《甫田集》卷二五）、王鏊《石田先生墓志铭》（《王文恪公集》卷二九）、张时彻《沈孝廉传》（《国朝献征录》卷一一五）、《明史》卷二九八。

沈泓（1598—1648）　字临秋，号悔庵，又号无寐。南直松江府华亭（今上海松江）人。崇祯六年（1633）举人，十六年进士，授刑部主事。国变，自缢未遂，出家于浙江上虞东山国庆寺，法名弘坚。清顺治五年(1648)卒,年五十一。上虞有谢安墓,泓因名所居为怀谢轩。现存清康熙四十六年(1707)刻《怀谢轩遗咏》一卷附《渡江草》不分卷。《遗咏》由其子沈严、沈廉辑录,王鼋、钱士升、王光承等删订,内收诗一百二十一首,王光承卒于康熙十六年,其集当编于此前;《渡江草》则由其侄沈麟校阅,收诗十二首,附泓自撰《先母宋孺人行略》等。所著另有清乾隆九年(1744)刻《易宪》四卷。清沈季友《槜李诗系》卷二二录其诗一首。《明词综》卷七录其词一首。近人严昌堉《海藻》卷九录其诗一首。

沈宜修(1590—1635) 字宛君。南直苏州府吴江(今属江苏)人,山东按察副使沈珫长女,沈璟侄女。沈氏明中叶后以科第起家,渐为吴江甲族,尤以风雅称于时。宜修十六岁嫁同郡叶绍袁为妻,绍袁天启五年(1625)中进士,释褐官国子助教,夫妇俱能诗词,倡和相得,因为人乐道。生五子,多有文采,三女亦饶才情,母女相与题咏,一时传为佳话。后长女纨纨、三女小鸾、次子世偁相继早亡,哀痛过度,崇祯八年(1635)以神伤卒,年四十六。次年,绍袁辑叶氏一家著述及哀祭诗文,成《午梦堂诗文十种》,内收宜修所撰《鹂吹集》,诗六百二十余首,词一百八十余首,文十余篇,首有绍袁及宜修弟自征、自炳等序,末附诸亲友哀祭诗文。又宜修所辑《伊人思》,选录历代女作家四十余人之诗、词、文章二百余篇,亦收入《午梦堂诗文十种》。是集崇祯九年(1636)刊行,明清之际流播甚广。宜修以诗文称名媛,尤为后世所艳称。至其所著,其数亦可称明季女诗人之冠。明末周之标《女中七才子兰咳二集》卷三、卷四录其诗百余首、赋二篇、序一篇、传一篇。《列朝诗集》闰集录其诗十一首,"小传"云:"宛君与三女相与题花赋草,镂月裁云,中庭之咏,不逊谢家;娇女之篇,有逾左氏。于是诸姑伯姊,后先娣姒,靡不屏刀尺而事篇章,弃组纴而工文墨。松陵之上,汾湖之滨,闺房之秀代兴,彤管之诒交作矣。"《明诗综》卷八六录其诗二首。乾隆间沈祖禹《吴江沈氏诗录》卷一二、近人柳弃疾《松陵女子诗征》录其诗四十六首。清徐树敏《众香词》录其词十七首。清周铭编《林下词选》录其词七首。《御选历代诗余》录其词九首。《明词综》卷一一录其词五首。近人陈去病《笠泽词征》录其词三十七首。近人赵尊岳《明词汇刊》辑录其词一百八十余首为《鹂次》一卷。《明文海》录其文《伤心赋》等二篇。生平见叶绍袁《亡室沈安人传》(《鹂吹集》附)、沈大荣《叶夫人遗集序》(《鹂吹集》卷首)、《(乾隆)吴江县志》卷三一。

沈承（？—1624） 字君烈。南直苏州府太仓（今属江苏）人。万历间诸生，有才名，天启四年（1624），乡试报罢，旋病卒，年未及四十。现存天启六年刊本《毛孺初先生评选即山集》六卷。内文三卷，收各体文八十余篇，书启一卷，收书启三十余通，末卷收赋一、诸体诗一百二十余首，附其妻薄少君《悼亡诗》八十一首。其集首有其师毛一鹭序及其友刘彦、张溥序，又有陈组绶《即山集小引》，末有张三光《沈君烈逸事》。所著另有清同治九年（1870）木活字本《即山文钞》二卷《诗钞》一卷。《娄水文征》卷三九录其文二篇。《明诗纪事》庚签卷三〇下录其诗一首，按云："君烈小有才名，然诵其得意句，如'钟声夺梦尾，晨光抹檐额'，亦当时'公安'派之下乘也。"生平见《（乾隆）江南通志》卷一六六。

沈奎（生卒年不详） 字文叔，号士容。南直常州府江阴（今属江苏）人。嘉靖二十五年（1546）举人，三十八年进士，除户部主事。历郎中，出为浙江按察佥事，分巡嘉湖，迁江西布政司参议，以疾辞归，卒于家，年六十二。万历六年（1578）曾与季科等结大雅堂社。《千顷堂书目》著录其《归兴集》，方志记其有《剑南集》，皆未见传。清沈季友《槜李诗系》卷四〇录其《和史大参》诗一首。《明诗综》卷四四录其《富春》诗一首。近人顾季慈《江上诗钞》卷二六录其诗五十一首。生平见何出光《兰台法鉴录》卷一五、《（乾隆）江阴县志》卷一七。

沈思孝（1542—1611） 字纯父，号继山。浙江嘉兴府嘉兴人。隆庆元年（1567）举人，明年进士，授番禺知县。万历初，举卓异，入为刑部主事，以疏论张居正夺情被廷杖八十，戍神电卫。居正物故，召复官，进尚宝司丞，再进光禄寺少卿，改太常寺，提督四夷馆，迁顺天府尹，被劾，调南太仆卿，以疾归。吏部尚书陆光祖起其为南光禄寺卿，擢右佥都御史巡抚陕西，改抚河南，辞不赴。寻召为大理寺卿，进工部左侍郎，迁右都御史、兵部右侍郎，协理戎政。以直节名，然尚气好胜，动辄多忤，颇遭物议，因引疾归。家居五年，三十九年（1611）卒，年七十，天启间，赠太子太保。能诗文，王世贞曾将其与皇甫汸、莫如忠、许邦才、周天球、沈明臣等列为"四十子"（《弇州四部稿续稿》卷三）。《千顷堂书目》著录其《继山草堂稿》二十卷（内收《行戍稿》《郊居稿》《西征稿》《陆沂稿》《溪山堂集》《吾美堂集》）。现仅存万历间刊本《溪山堂草》四卷，内诗二卷，收诗一百二十余首，文二卷，收各体文及尺牍三十余篇。首有万历二十三年平昌令汤显祖《溪山堂草序》，谓是集为沈思孝由陕西巡抚任归后数年所作，则二十三年以后所作不在矣。另，清道光间木活字本《学海类编》存其《晋录》《秦录》各一卷。《明诗综》卷五一录其诗四首，"诗话"谓其"晚交姚叟士粦，未免间作聱牙语"。清沈季友《槜李诗系》卷一四录其诗三十首。《御选宋金元明四朝诗》录其诗三首。《四库全书总目》著录《溪山堂草》四卷，"提要"谓其"有韵之文，亦复流丽，杂著喜为涩体耳"。《明诗纪事》庚签卷九录其诗一首。《明文海》录其文二篇。生平见叶向高《继山沈公神道碑》（《苍霞续草》卷一四）、《明史》卷二二九。

沈度（1357—1434） 字民则，号自乐，又号苦节先生。松江府华亭（今上海松江）人。与弟粲俱善书，粲书遒逸，度则以婉丽胜。博涉经史，为文章尚平淡。洪武中举文学，弗就，坐累谪云南。岷王具礼币聘之，数进谏，未几辞去。都督瞿能延之教子弟，遂与偕入京师。时永乐帝初即位，诏吏部简士之能书者入翰林，度与吴县滕用亨、长乐陈登同与选，于时解缙、胡广、梁潜、王班皆工书，度至最为帝所赏，日侍便殿，凡玉册金简、宗庙大制，必命度书，因成台阁书法之楷模。由翰林典籍擢检讨，历修撰，迁侍讲学士。卒于宣德九年（1434），年七十八。

其传世书作甚多，传北京大钟寺永乐大钟所铸二十余万字经文即为沈度所书。《千顷堂书目》著录其《滇南稿》又《随笔录》又《西清余暇》又《自乐稿》，未见传，现存清兼山堂钞本《沈通理诗》一卷（与王行之《楮园草》二卷、谢孔昭《兰庭集》一卷合订）内录其诗三十一首，附《皇明书画史》所载沈度小传。《皇明风雅》卷二七录其诗一首。《皇明诗统》卷八录其诗二首。清沈季友《槜李诗系》卷三九录其诗一首。生平见过庭训《本朝分省人物考》卷二五、《沈度传》（《曝书亭集》卷六三）、《（乾隆）华亭县志》卷一四。

沈炼（1507—1557） 字纯甫，一字子刚，号青霞。浙江绍兴府会稽（今绍兴）人。生于正德二年（1507）九月初八。嘉靖十年（1531）举于乡，十七年进士，除溧阳知县，忤御史，二十二年改茌平。二十三年丁父忧归乡，与同里陈鹤、柳文、朱公节、萧勉五人组"息柯亭诗社"，后徐渭、杨珂、钱楩、诸大绥、吕光升加入，称"越中十子社"，不时聚会吟咏。二十六年服除，补清丰令，锦衣卫帅陆炳闻其才，请吏部调其为锦衣卫经历。二十九年冬，俺答犯京师，诏群臣博议，炼倡言敌由严嵩父子，上疏劾嵩十大罪，触帝怒，杖四十，谪保安。边人慕其忠义，多遣子弟就学，炼恨嵩父子，缚草像，令弟子攒射之。地方官承嵩旨,诬其与白莲教谋乱,三十六年十月十七于宣化府被害,年五十一。隆庆初,追赠光禄少卿,天启初,追谥忠愍。嘉靖四十五年俞咨益刻其诗文为《青霞文集》六卷,又增刻为《青霞集》十一卷附录一卷,内文三卷、赋一卷、诗三卷、论草一卷、兵说一卷、尺牍二卷。明末源远堂刊本《青霞沈公遗集》又增刻五卷,收后人所作墓志、祭文、颂赞,有清康熙、乾隆复刊本。别本尚有隆、万间刊《青霞文集》九卷、《褒忠录》一卷。另有明刻单刊《塞鸿尺牍》一卷。顾起纶《续国雅》卷四录其诗三首。《皇明诗统》卷二八录其诗八首。《皇明诗选》录其诗一首。《列朝诗集》丁集录其诗十二首,"小传"云:"纯甫雄于文,下笔辄万言,作《筹边赋》《吊死战诸将文》及纪事诸诗,尤愤懑悲壮。"《明诗综》卷四二录其诗二首。清沈德潜《明诗别裁集》录其诗三首。《御选宋金元明四朝诗》录其诗七首。《四库全书》收《青霞集》十一卷《年谱》一卷,《总目》"提要"云:"炼文章劲健有气,诗亦郁勃磊落,肖其为人。"《明诗纪事》戊签卷二〇录其诗一首。近人赵尊岳《明词汇刊》录其词三首为《青霞词》。《明文海》录其文一篇。生平见徐渭《沈公传》(《徐文长集》卷二六)、王世贞《青霞沈公墓志铭》(《弇州四部稿》卷八六)、王兆云《皇明词林人物考》卷一二、何乔远《名山藏》卷七七、《明史》卷二〇九。清康熙宁静堂刊《沈青霞公集》附王元敬《沈公年谱》。

沈恺(生卒年不详) 字舜臣,号环溪、凤峰,又号九华山人。南直松江府华亭(今上海松江)人。嘉靖七年(1528)举人,明年进士,授刑部主事。历员外、郎中,简放宁波知府,量移临江。历湖广按察副使,进参政,忤朝贵,遂托亲老乞归。穆宗登极,时年届七十矣,即其家拜太仆寺卿,不赴。家居卒,逾八十。能书法,有文名,诗学"七子"。著述现存正德间刻本《碧溪诗集》六卷,首陆深序,计收诗四百八十余首。是集又有嘉靖间慈溪张氏刊本附《饶歌鼓吹曲》一卷。又有嘉靖刻《守株子诗稿》二卷,收赋二篇、诸体诗三百五十余首、词一首。又嘉靖刻本《环溪漫集》八卷,收各体文三百篇。又隆庆五年(1571)至万历二年(1574)沈绍祖刻本《环溪集》二十六卷,亦有文无诗,徐阶、张时彻序,《明史·艺文志》即著录是集。又有《夜灯管测》二卷,凡一百篇,篇各标题,皆借事寓言,以示劝诫,大抵规仿《郁离子》而作,《千顷堂书目》著录。《明文海》录其文六篇,内《今古奇闻记》一篇则全类小说。《盛明百家诗》前编录其诗一百三十余首为《沈凤峰集》，后编又选《续沈凤峰集》。顾起纶《国雅》卷一〇录其诗五首。《皇明诗统》卷三二录其诗二十首。《皇明诗选》录其诗一首。《明诗综》卷四一录其诗二首。《御选宋金元明四朝诗》录其诗二首。清姚宏绪《松风余韵》卷四〇录其诗十四首。《四库全书总目》著录《环溪集》二十六卷，"提要"谓其："文章颇尚古雅，不肯作秦、汉以下语，而模仿太甚，遂与北地（李梦阳）同归。"《明诗纪事》戊签卷一七录其诗，按云："环溪论诗，皈依何、李，五言亦爽脱有致。"生平见何三畏《沈太仆凤峰公传》（《云间志略》卷一二）、张时彻《凤峰沈公恺祠碑》《国朝献征录》卷八五）、王兆云《皇明词林人物考》卷八、《（乾隆）华亭县志》卷一四。

沈珣（1565—1634）　字幼玉，号宏所。南直苏州府吴江（今属江苏）人。与兄沈琦、沈玧并有才名。万历二十五年（1597）顺天乡试中举，三十二年进士，授中书舍人。迁山东道御史，巡按贵州。天启二年（1623）官福建右参政，五年升湖广按察使，六年迁河南右布政使。崇祯元年（1628）任山东左布政使，三年擢都察院右副都御史巡抚山东。卒于崇祯七年（1634），年七十。珣以才称，多藻思，善清谈，晚喜逃禅。《千顷堂书目》著录其《沈侍御疏稿》四卷及《净华庵稿》，《（同治）苏州府

志》记其有《人物考》一百五十卷，均未见传。现仅存清康熙间沈氏家刻《宏所谏疏》一卷。《明诗综》卷五九录其诗四首，"诗话"谓其"诗颇圆熟"。清沈祖禹《吴江沈氏诗录》卷四录其诗一百二十首。生平见《（乾隆）吴江县志》卷二八"名臣"、清沈始树《吴江沈氏家传·宏所公传》、清沈光熙《吴江沈氏家谱》卷五。

沈渊（1535—1577）　字子静，号澄川。山东济南府新城（今桓台）人。生于嘉靖十四年（1535）九月十七。四十年举人，四十四年进士，选翰林院庶吉士，隆庆元年（1567）授检讨，入馆修国史及掌制诰，执事经筵。万历改元，进编修，丁忧归，三年（1575）复故职，充经筵讲官，四年迁国子司业，五年四月初七卒于官，年四十三。好为诗歌，在京曾与临淮侯李言恭等结诗社。《千顷堂书目》著录其《中秘稿》，未见传。《皇明诗统》卷三六录其诗十三首。《明诗综》卷四四录其诗一首。清宋弼《山左明诗钞》卷二一录其诗十八首。《明诗纪事》己签卷一五录其诗三首。生平见于慎行《澄川沈先生合葬墓表》（《谷城山馆文集》卷二六）、王兆云《皇明词林人物考》卷一一。

沈彬（1411—1469）　字原质。浙江湖州府武康（今德清）人。生于永乐九年（1411）正月初七。正统三

年（1438）举人，七年进士，观政刑部，除福建司主事。转山西司员外郎，十四年丁母忧归，服满，升陕西司郎中。景泰五年（1454）丁父忧归，服除，改云南司。天顺五年（1461）得风疾，回籍养疴，卒于成化五年（1469）五月二十八，年五十九。居官以强干称，不以诗文自鸣。有诗文著述藏于家，殁后百年，至隆庆三年（1569），其乡人周维新始序而刻之，名《沈兰轩集》四卷附录一卷。内文三卷，收各体文三十余篇，卷四收诸体诗三十七首；附录《墓志铭》《墓表》等，首周维新撰序。《千顷堂书目》著录《兰轩集》十卷，疑有误。清《石仓十二代诗选·明诗选》录其诗十二首。《明诗纪事》乙签卷一七录其诗一首。生平见张宁《（沈公）墓志铭》、宁良《（沈公）墓表》《（沈兰轩集》附录）及《（道光）武康县志》卷一九。

沈野（生卒年不详） 字从先。南直苏州府吴县（今江苏苏州）人。明末布衣，能诗，《千顷堂书目》记其有《诗集》六卷。《列朝诗集》丁集录其诗十九首，"小传"记其有《卧雪》《闭户》《燃枝》《榕城》等集，王穉登、曹学佺、徐燏曾为其诗作序。又谓其："为人孤僻寡合，不能致生，僦庑吴市傍，教授里中，下帘卖药。虽甚饥寒，人不可得而衣食之也。曹能始（学佺）见其诗，激赏之，延致石仓

园，题其所居之室曰'古吴轩'。好饮，每夜半大呼索酒。矜重其诗，自能始（曹学佺）、徐兴公（徐燏）兄弟外，不轻示一人。"《明诗综》卷六五录其诗四首，"诗话"谓其"乐府能盘硬语，颇饶古意"。《御选宋金元明四朝诗》录其诗十一首。《明诗纪事》庚签卷二六录其诗一首。1920年吴隐辑刻《遁庵印学丛书》存其《印谈一卷》，又有旧抄本《暴症知要》一卷。

沈桐（1531—1609） 字时秀，号观颐。浙江湖州府归安（今湖州）人。生于嘉靖十年（1531）四月十三。嘉靖三十七年（1558）举人，明年进士，得山东寿光令。进南礼部主事，转吏部，迁礼部员外郎，历南光禄寺少卿、南尚宝卿，后以佥都御史巡抚福建。卒于万历三十七年（1609）十一月初十，年七十九。《千顷堂书目》著录其《观颐集》二十卷，现存万历间其子陈嗣洁刊本《观颐先生集》二十卷，有万历三十九年沈儆录、陈梦鲲序，陈嗣洁跋。内诗七卷，收诸体诗二百八十余首，文十三卷，收各体文一百二十余篇。清陆心源《吴兴诗存》四集卷九录其诗三首。《明诗纪事》己签卷一三录其诗一首。近人朱祖谋《湖州词征》卷二三录其词二首。生平见朱国祯《观颐先生墓志铭》《（观颐先生集》附录）、《（光绪）乌程县志》卷一四。

沈章（生卒年不详） 字宗玉，号苎庄。浙江嘉兴府嘉兴人。国子监生，曾游历南北，无所遇，约卒于明末，年五十二。《千顷堂书目》著录其《苎庄集》，现存清康熙四十三年（1704）其孙沈树兰刊《苎庄集》一卷，收诗八十余首。卷首有沈章自序。卷末沈树兰跋，谓其诗原有刊本，"同里朱竹垞（朱彝尊）先生有《明诗综》之选，亟以一册呈之。先生大加鉴赏，为录其尤者，登之选中"，因刊是集，以为广其传。《明诗综》卷七一录其诗六首，"诗话"云："上舍为亡弟千里妇翁。诗颇崛奇。所居苎庄，略彴相通，环以水竹，余尝读书其地。"《御选宋金元明四朝诗》录其诗五首。

沈淮（生卒年不详） 字澄伯，号三洲。浙江杭州府仁和（今杭州）人。嘉靖二十二年（1543）举人，二十六年进士，曾官云南、广东按察佥事，历江西布政司右参议，仕至通政司使。喜吟咏，现存万历二年（1574）刻本《三洲诗胲》四卷，收其诗九百余首，《千顷堂书目》曾著录，另记其有《孝经会通》一卷。《明诗综》卷四三录其诗一首，《御选宋金元明四朝诗》据之录。《四库全书总目》著录其《三洲诗胲》八卷，"提要"谓其诗"体格尚未成就，累句亦多"。万历刊本朱鸿编《孝经丛书》收其《孝经会通》一卷。生平见《（乾隆）杭州府志》卷六八。

沈琼莲（生卒年不详） 字莹中。浙江湖州府乌程（今湖州）人。传为明初富民沈万三之后，其父沈安为景泰七年（1456）举人。琼莲自幼聪敏过人，弘治初以才女被选入宫，试《守宫论》，发题云："甚矣秦之无道也！宫岂必守哉？"孝宗擢第一，因给事禁中，授女学士。《石仓十二代诗选·明诗选》录其诗一首。《列朝诗集》闰集录其《寄兄》《送弟溥试春官》及《宫词》十首，"小传"云："今吴兴人呼为'女阁老'，传其宫体诸诗，时人以为婕妤、花蕊不足多让。"《明诗综》卷八四录其诗七首，内收《宫词》五首。清沈德潜《明诗别裁集》录其诗一首。《御选宋金元明四朝诗》录其诗三首。清陆心源《吴兴诗存》四集卷二〇录其诗十二首。生平见《（同治）湖州府志》卷八一。

沈朝焕（1558—1616） 字伯含，号太玄，自号绿笠翁，又号黄鹤山农。浙江杭州府钱塘（今杭州）人。生于嘉靖三十七年（1558）七月初四。十岁丧母，随父沈楠宦居江西，又寓京师。万历十三年（1585）乡试中举，二十年进士，请归侍祖母，又守祖母丧，二十五年服除，授工部都水司主事，典试山东，二十六年榷关于荆南。调兵部武选司，进职方司员外郎，迁武选司郎中。三十六年左迁靖州知州，升南刑部郎中，出为四川按察佥事，迁福建布政司参政，被劾罢归。四十四年二月二十三卒于家，年五十九。少而能诗，垂老不倦。李维桢为其父执，称其"用文学著声郎署间籍甚"（《亦适编小序》）。为其作《墓志》则云："德、靖以还，文章复古。风靡波流，仍成伧楚。沈氏中兴，绍明先绪。两京鼓吹，六朝步武。李唐初、盛，奔奏堂庑。"则沈朝焕诗亦如李维桢，出于格调一派而不拘泥。其诗文著述自万历二十六年起陆续刊刻。《千顷堂书目》著录《沈伯含集》二十七卷，注内收《亦适编》七卷，《泊如斋集》六卷，《马曹稿》五卷，《渠阳小草》二卷，《劳人草》《田家杂咏》《和陶诗》《北台赋》《抱膝长吟赋》《入蜀诗》《钟陵草》各一卷；又著录其《快士赋》一卷。现存万历刊《沈伯含集》二十卷，则含《泊如斋吟草》七卷《马曹稿》四卷《续稿》一卷、《钟陵草》一卷、《息初稿》二卷、《劳人草》一卷、《渠阳小草》二卷、《入蜀诗》一卷、《和陶诗》一卷，实为各单刻本之合刊，而与《千顷堂书目》著录本略有不同；又有附录一卷，内钱希言所作诔，署万历四十六年二月，应刊于其身后。另有天启间刊本《泊如斋全集》四十卷，卷一为赋、拟骚、风雅什，卷二为古乐府，卷三至卷二〇为诸体诗，分体列，附词六首，卷二一为奏疏、卷

二二为议，以下各体文九卷、尺牍四卷、启三卷、附录二卷。是集为其卒后重新辑编，原各集李维桢、陶望龄、王穉登、董复亨、袁懋谦、龙膺等所作序多存，较之合刊本，增多删少。《明诗综》卷五七录诗二首。卓人月、徐士俊《古今词统》录《竹枝》三首。清初卓回编《古今词汇》录词四首。清陈元龙《御定历代赋汇》录其赋三篇。生平见高出《沈公行状》、李维桢《沈公墓志铭》、顾起元《沈公神道碑》（万历刊《沈伯含集》附录）。

沈谧（1501—1553）　字靖夫，号石山。浙江嘉兴府秀水（今嘉兴）人。生于弘治十四年（1501）五月十一。少补弟子员，充邑庠生，入贡为国子生。嘉靖七年（1528）举顺天乡试，明年进士，授行人。擢吏科给事中，转右给事中，迁山东按察佥事，以母疾乞终养归。家居十年，起补江西屯田佥事，三十二年擢湖广右参议，未就，八月十八卒于家，年五十三。素慕王守仁"良知"之学，未得执贽其门，后为官京师，闻薛侃讲学，叹曰："师虽殁，天下传其道者尚有人也。"遂相从讲学。嘉靖十六年，曾在秀水县北文湖建书院，春秋率诸生祀阳明，讲学其中。亦能诗文，《千顷堂书目》著录其《石云家藏集》，未见传。《盛明百家诗》后编录其诗六十余首为《沈少参集》。《皇

明诗统》卷三二录其诗五首。清沈季友《槜李诗系》卷一二录其诗一首。《明诗综》卷四一录其诗一首，"诗话"谓其"师于阳明、甘泉（湛若水），友于龙溪（王畿），穷研理学，故其诗品亦在元丰、淳熙之间"。生平见董份《石云沈先生墓志铭》（《董学士泌园集》卷三三）、萧彦《掖垣人鉴》卷一三、过庭训《本朝分省人物考》卷四五。

沈愚（生卒年不详）　字通理，号崆峒生。南直苏州府昆山（今属江苏）人。世业医，授徒以终其身。善行书，晓音律，能诗，工乐府，与刘溥、汤胤勣、苏平、苏正、王淮、晏铎、邹亮、蒋忠、王贞庆等号"景泰十才子"（《明史》卷二八六）。南宋词人刘过卒葬昆山，沈愚敬之，因辑后人凭吊刘过墓祠所作诗文为《怀贤集》，内有愚所作《天香引》一首。《千顷堂书目》著录《怀贤录》，近人罗振常辑《蟫隐庐丛书》据正统三年（1438）刻本收《怀贤录》。《千顷堂书目》另著录沈愚诗文别集《筼籁集》二十卷又《吴歈集》五卷，则未见传。天顺间刊《士林诗选》二卷（怀悦辑）录其诗八十一首。《皇明风雅》录其诗八首。顾起纶《续国雅》卷二录其诗一首。《皇明诗统》卷九录其诗十首。周复俊编《玉峰诗纂》卷三录其诗九首。《列朝诗集》乙集录其诗三十四首，"小传"谓其"诗余、乐府，传播人口"。《明诗综》卷二一录其诗十一首，"诗话"云："景泰十子，才多中下，通理特为翘楚，同辈极其引重……诗诸体皆清稳，而绝句尤矫矫轶群，在刘、白之间。"清沈德潜《明诗别裁集》录其诗一首。《御选宋金元明四朝诗》录其诗二十一首。《明诗纪事》乙签卷二〇录其诗四首。生平见王鏊《姑苏志》卷五四、方鹏《昆山人物志》卷五、《明史》卷二八六。

沈龄（生卒年不详）　字寿卿，一字元寿，自号练塘渔者。南直苏州府嘉定（今属上海）人。弘治、正德至嘉靖初年在世。平生落拓不事生产，究心文艺，与名士唐寅等为友，诗词书画皆有名于当时。尤精于乐律，慕柳永其人，撰歌曲，教童奴为俳优，以为乐事。正德十一年（1516）大学士杨一清谢政，家居丹徒，特召致之，日与诗酒之会。武宗南巡，幸杨一清宅，寿卿为撰《四节》传奇供奉（或误记为《四喜记》，《四喜记》为谢谠所作）。武宗欲官之，因逃匿不出。吕天成《曲品》于"沈寿卿"名下著录传奇《三元记》《娇红记》《龙泉记》，又将《四节记》《还带记》《千金记》作者标为"沈练川"。"练川"同"练塘""练水"，皆指嘉定，此沈练川当亦为沈龄，其供奉武宗之传奇即《四节记》，含《杜甫游春》《谢安石东山记》《苏子瞻游赤壁记》

《陶学士帽子亭记》四则短剧，收于嘉靖三十二年（1553）所刊徐文昭《风月锦囊》（无宾白）。《还带记》承关汉卿杂剧《裴度还带》，系嘉靖二年（1523）为寿杨一清七十诞辰所作（褚人获《坚瓠甲集》卷二），现存万历间金陵世德堂刻本及清抄本，凡四十一出。《千金记》（《南词叙录》著录题《韩信筑坛记》）演韩信以千金报漂母之恩故事，存万历间金陵富春堂刻本、明末汲古阁原刻初印本等，凡五十折。《三元记》或题《冯商三元记》，演宋人冯商积阴德其子连中三元事，存明末汲古阁原刻初印本等，凡三十六出。《龙泉记》《娇红记》则仅存残曲散出。晚明吕天成评其剧作曰："蔚矣名流，确乎老成。语或嫌于凑插，事每近于迂拘。然吴优多肯演行，吾辈亦不厌弃。"亦能诗，《（1933）昆新两县续修合志》卷四九记其有《练塘吟草》《南游草》《春蜕遗草》，俱未见传，清王辅铭《明练音续集》卷一录其诗五首。生平见《（乾隆）嘉定县志》卷一〇、《（嘉庆）安亭志》卷一七。

沈嵊（？—1645） 字孚中，号会古、唵庵、孚中道人。浙江杭州府钱塘（今杭州）人。明末诸生，屡困场屋。平居不修小节，须髯如戟，好纵酒谈兵，日走马苏白两堤，越礼惊众。清兵下江南，力主抵抗。清陆次云《沈孚中传》记其于清顺治二年（1645）兵乱中，为乡人误杀。善词曲，今知作传奇三种，《宰成记》佚，存《绾春园》《息宰河》。《绾春园》二卷四十二出，有明末刻本，题《谭友夏钟伯敬先生批评绾春园传奇》，署作者为"四海孚中道人"。剧叙一男二女之才子佳人故事，事无所本，其卷末收场诗云："不堪对剑诉贫羞，聊借新声谱旧愁。"亦自写其幻梦矣。《息宰河》亦有明末刻本，题《且居批评息宰河传奇》，署"唵庵孚中道人填词"。凡二卷三十出，写晚明人长公孟舍身为国、一家忠义及悲欢离合故事，其中频涉崇祯间人事及对明末乱世之描写，似有以曲记史之意。惟其不谙声韵，所传亦非演出本。清李渔《闲情偶寄·音律第三》云："杭有才人沈孚中者，所制《绾春园》《息宰河》二剧，不施浮采，纯用白描，大是元人后劲。予初阅时，不忍释卷，及考其声韵，则一无定轨。不惟偶犯数学，竟以寒山、桓欢二韵，合为一处用之，又有以支思、刘微、鱼模三韵并用者，甚至以真文、庚青、侵寻三韵，不论开口闭口，同作一韵用者。长于用才而短丁择术，致使佳调不传，殊可痛惜。"沈嵊生平见清陆次云《沈孚中传》《北墅绪言》卷三、《虞初新志》卷一〇）、清刘廷玑《在园杂志》。

沈静专（生卒年不详） 字曼君，以好佛，自号自慰道人。南直苏州府吴江（今属江苏）人。沈璟季女，适嘉兴诸生吴昌运，早寡，终身郁郁。其姊大荣、堂姐宜修皆能诗文，静专亦少习韵语，遂终身借以言志抒情。所著现存《适适草》一卷，有崇祯时郁华楼刊本及清抄本，所收诗词分体编次，凡五言古诗十四首，七言古诗四首，五言律诗十一首，七言律诗十首，五言绝句十八首，七言绝句二百零三首，词三十六首，曲四首，赋三篇。卷首有崇祯十五年（1642）其甥王瑞国、侄沈永导序。自序云其集取庄生自适其适之意命题。其《哭钟伯敬先生诗》序有云："余早失怗怗，未娴书，雅好诗歌，惜无援引，偶阅钟先生《诗归》，见其评阅，能鉴作者命意，余因亦有所得。每有怀寄咏，率尔成帙，思欲一就正先生，而先生已赋玉楼数载矣，人琴之感，能无恸焉！"因知其感佩于钟惺"有真情，方有真诗"（《明诗归序》）之说，并以之为其诗之旨归。王士禄《然脂集》著录其另有《郁华楼草》及《颂古》一卷，未见传。清沈季友《槜李诗系》卷三四录其诗五首，"小传"谓其"葱蒨郁蔚，居然风雅，其字句局法，非闺中人所知"。清乾隆间沈祖禹录《吴江沈氏诗录》卷一二录其诗一首。近人柳弃疾《松陵女子诗征》录其诗六十二首。清徐树敏《众香词》录其词二首。清周铭编《林下词选》录其词七首。

《御选历代诗余》卷四〇录其词三首。《明词综》卷一一录其词一首。近人陈去病《笠泽词征》录其词十首。另，沈自晋《南词新谱》录其小令三首。

沈演（1566—1638）　字叔敷，号何山。浙江湖州府乌程（今湖州）人，沈节甫子。万历十九年（1591）顺天乡试第一，二十年与兄沈潅同中进士，授南工部主事。转南兵部，又转北工部、北礼部，迁员外郎、郎中，以父病乞归养。省侍十余年，服除，出为福建参议，转江西，进为山西副使。历福建右布政使、陕西左布政使，入为顺天府尹，迁刑部侍郎，天启中以忤中官削籍归。崇祯初起工部右侍郎，晋南京刑部尚书，乞归。崇祯十一年（1638）十一月卒于家，年七十三，谥文庄。历官四十年，谙晓典故，周知土俗，宦绩多在钱谷刑名。所著致仕归里后辑为《止止斋集》七十卷，内奏疏十五卷、公移九卷、尺牍十三卷，各体文二十八卷，末五卷收所作诸体诗一百六十余首，词八首，首有序多篇，其中谢升序署崇祯六年，当刻于其时也。《千顷堂书目》著录其《河山集》六十四卷，疑有误。另明末陈氏石云居刻本《国朝大家制义》收其《沈何山稿》一卷。生平见清《沈公神道碑铭》（《初学集》卷六五）、邹漪《启祯野乘》卷六。

沈德符(1578—1642) 字景倩，又字虎臣。浙江嘉兴府秀水（今嘉兴）人。万历四十六年（1618）举人，后屡上春官不第，崇祯十五年（1642）卒，年六十五。平生博览，通史乘，又自幼随其祖沈启元、父沈自邠寓居京师，习闻国家故事，多得见故老名人，中年南返，因撰《万历野获编》，朝章典故、文坛遗事及民间风俗，无不涉及，有"明代野史未有过焉者"之誉。《野获编》初成于万历三十四年，四十七年复增续编，篇幅宏大。是书最初藏而不传，或云崇祯末已有刊本，无据，清初有朱彝尊抄本、钱枋整理本，亦未传。乾隆间修《四库全书》《野获编》被列入"全毁"书目，因匿于世，直至道光七年（1827）始有钱塘姚祖恩扶荔山房刻本行世，分正、续编三十卷、补遗四卷，后又有同治八年（1869）姚祖恩之子姚德恒重校刊补本，遂成通行本。清刊《学海类编》另存其杂著《秦玺始末》一卷，又《敝帚轩剩语》三卷补遗一卷，则为杂记神怪俳谐事之笔记也。又有清抄本《历代正闰考》十二卷。传世尚有《顾曲杂言》一卷，实后人由《万历野获编》中摘取与戏曲有关之条目辑录而成，存清抄本，为《四库全书》所收。《千顷堂书目》著录其别集《清权堂集》，现存明末清初刊本二十二卷。卷首有岳元声《沈景倩诗集叙》、陆启浤《清权堂诗集叙》，各卷有题名，多列编年（或文内记编年），计分《黑蝶庵草（癸亥）》《雌蜺楼草（甲子）》《艳阁草（乙丑）》《蟠斋草（丙寅）》《眉史阁草（丁卯）》《菜根庵草（戊辰）》《铁砚堂草（己巳）》《瘦狂庵草（庚午）》《醉经堂草（辛未）》《戴笠草（壬申）》《兔花墅草（癸酉）》《奇觚塾草（乙亥）》《隐求园草（丙子）》《蜡屐亭草（丁丑）》《缓斋草（戊寅）》《鹪城草（己卯）》《鹪城草（庚辰）》《归思堂草（辛巳）》《偻舟草《壬午辑佚》》《赁春草（感史杂言一百四十首）》《止观斋草（集唐五十首）》，计收诗一千七百余首，其编年自天启三年（1623）至崇祯十五年，又卷末附德符所撰《马仲良诗集序》《杜亭近草序》。德符为当时名士，交游甚广，是集卷一署马之骏阅，以下各卷则分列袁小修、钟惺、王思任、谭元春、陈继儒、郭振明、王时敏等阅，皆占名于当时诗坛者。德符作诗亦非庸手，其诗往往一题数首，可证矣。惟其集成于崇祯末（板刻精良却多存墨钉，或当时板刻未完而匆忙刷印所致），时逢战乱，故所传未广。《列朝诗集》丁集录其诗十六首，"小传"云："其论诗宗尚皮、陆及陆放翁，与同时钟、谭之流声气歙合，而格调迥别，不为苟同。"清沈季友《槜李诗系》卷一八录其诗二十五首。《明诗综》卷六一著录其诗八首，"诗话"云："其诗宁取

'公安''竟陵',欲尽反历下(李攀龙)、琅琊(王世贞)之弊,故多艳字侧辞,雪飒星碎,未免病于才多也。"《御选宋金元明四朝诗》录其诗五首。《明诗纪事》庚签卷二三录其诗六首。生平见《(康熙)嘉兴府志》卷一四、《(嘉庆)嘉兴府志》卷七二。

沈鲤(1531—1615)　字仲化,号潜斋,又号龙江。河南归德府商丘人。嘉靖二十八年(1549)领乡荐,四十四年进士,选翰林庶吉士,授检讨,侍太子东宫,为讲读官。穆宗登基,进编修,又晋左赞善,连丁内外艰归。万历九年(1581)服除,补讲官,明年擢侍讲学士掌院事,改侍读,逾年擢礼部右侍郎,改吏部,转左。万历十二年晋礼部尚书、东阁大学士,加少保,进文渊阁大学士。在内阁与沈一贯共事相左,一贯被劾乞归,请与沈鲤同致仕,帝允焉。家居二十余年,曾倡筑黄河大堤及修分水区,卒于万历四十三年六月十六,赠太子太师,谥文端。为人峻洁峭直,力奉古道,在朝屏绝私交,好推毂贤士,曾奏行学政八事,请复建文年号,与修景帝实录,极陈矿税之弊,为时所称。在乡曾与里人修社礼之饮,因作《文雅社约》(有万历三十年李三才刊本)。另有万历三十六年王肯堂刊本《纶扉奏稿》六卷。另万历三十一年徐昌祚刊本《男训》二十一卷《女训》二十卷《约言》一卷,则为沈鲤与冯琦合撰。别集有王象乾辑刊《亦玉堂稿》十卷又《亦玉堂续稿》八卷,皆有文无诗:前者奏疏五卷、各体文五卷,后者奏疏二卷、各体文六卷,万历本今亦存。《明史·艺文志》著录其《亦玉堂稿》十八卷即是本也。《亦玉堂稿》十卷后又有清康熙二十九年(1690)刘榛重刊本,为《四库全书》所收。《明文海》录其文十三篇。清陈元龙《御定历代赋汇》卷七〇录其赋一篇。生平见叶向高《龙江沈公神道碑》《(苍霞续草》卷一四)、清孙奇逢《中州人物考》卷三、《(雍正)河南通志》卷五八、《明史》卷二一七。

沈璟(1553—1610)　字伯英,号词隐,晚更字聃和,号宁庵。南直苏州府吴江(今属江苏)人。生于嘉靖三十二年(1553)二月十四。隆庆二年(1568)十六岁补邑弟子员。万历元年(1573)中举,明年进士,授兵部职方司主事。越五年,升礼部仪制司员外郎,改吏部稽勋司、考功司、验封司。十四年以上疏立储及为王恭妃请封号忤旨,降三级,左迁行人司正,十六年夏为顺天乡试同考官,升光禄寺丞,旋受乡试主考官舞弊案牵连,引疾乞归。家居二十余年,三十八年卒,年五十八。工行草书,能诗,尤有词曲之嗜,妙解音律,每客至,谈及声律,辄娓娓剖析,终日不倦。告归家居,遂得全心致力于戏曲,潜心研究音韵格律。尝厘正同里沈义甫《乐府指迷》一卷,别辑《南词韵选》十九卷,作《考定琵琶记》等,又增订蒋孝《南九宫十三调谱》为《南九宫十三调曲谱》(一名《南词全谱》)二十二卷,成为昆曲曲牌规范,今皆传世。另尚有《古今词谱》《论词六则》《唱曲当知》《遵制正吴编》等曲学著作,皆为审音家所宗,今未见传。所撰传奇十七种,总名《属玉堂传奇》。现存七种:《红蕖记》二卷四十回,有万历间继志斋刻本,据唐人裴铏小说《郑德璘传》(《全唐五代小说》卷六四)敷衍;《埋剑记》二卷三十六出,有万历间继志斋刻本,以唐人牛肃小说《吴保安传》(《全唐五代小说》卷九)为素材;《双鱼记》二卷三十回,有万历间继志斋刻本,演宋人王明清《摭青杂说》所载单符郎、邢春娘故事;《义侠记》二卷三十六出,有万历间继志斋刻本,叙《水浒传》中《武十回》故事,惟增武松聘妻等少量情节人物;《桃符记》二卷三十出,有清康熙六十一年(1722)杨俊生抄本,据元郑挺玉《包龙图智勘后庭花》杂剧之情节人物增饰创作;《坠钗记》二卷三十一出,有清顺治七年(1650)桃月抄本,演崔嗣宗、何兴娘夫妻遇难最终复合故事,本事出瞿佑《剪灯新话》卷一《金凤钗记》;《博笑记》二卷二十八出,有天启三年(1623)刻本,演十

个"博笑"故事,每事二出或四出。另《十孝记》《分钱记》《鸳衾记》《四异记》《凿井记》《珠串记》《奇节记》《结发记》八种存残曲或残出;《合衫记》《分柑记》,已佚。又曾改定汤显祖《牡丹亭》为《同梦记》,仅存残曲;改定《紫钗记》为《新钗记》,已佚。沈璟倡"场上之曲",崇尚语言本色,为时戏曲吴江派之领袖。时人或谓其于曲学,"法律甚精,泛澜极博,斤斤返古,力障狂澜,中兴之功,良不可没……盖词林之哲匠,后世之师模也"(王骥德《曲律》卷四)。或批评其"审于律而短于才,亦知用故实、用套语之非宜,故作当家本色俊语,却又不能,直以浅言俚句,拥拽牵凑"(凌濛初《谭曲杂札》)。时曲界有沈(璟)、汤(显祖)之争,所谓"临川之于吴江,故自冰炭",实各执一偏,故吕天成云:"徜能守词隐先生之矩矱,而运以清远道人(汤显祖)之才情,岂非合之双美乎?"(《曲品》)戏曲之外,有散曲集《情痴癫语》《词隐新词》各一卷及《曲海青冰》二卷,皆佚,冯梦龙《太霞新奏》、张琦《吴骚二集》等选本及《南词新谱》《曲品》等共保存其套数四十三套、散曲十七支。诗文著述有《属玉堂稿》四卷,未见传。《皇明诗统》卷三九录其诗三首。《明诗综》卷五二录其诗二首。清沈祖禹《吴江沈氏诗录》卷二录其诗十四首。清吴廷

谔《吴江诗粹》录其诗十三首。清周铭《松陵绝妙词选》卷一录其词四首。生平见《(康熙)吴江县志》卷三二、《(乾隆)江南通志》卷一四〇、《明史》卷二〇六、清沈始树《吴江沈氏家传·宁庵公传》。

沈翰卿（生卒年不详）　字子羽，号石湾。南直常州府江阴（今属江苏）人。万历间廪生，师事邵宝。尝南下东吴，与文征明等名士交，因以诗名吴下。又游山东，故《(雍正)山东通志》录其诗二首。《千顷堂书目》著录其《石湾集》，未见传。《盛明百家诗》录其诗五十余首为《沈石湾集》。顾起纶《国雅》卷一三录其诗五首。《皇明诗统》卷三二录其诗十首。谢肇淛《北河纪余》卷三录其诗二首。《皇明诗选》录其诗一首。《明诗综》卷三八录其诗《怀施武陵子羽》一首，"诗话"云："子羽诗尚稳帖，如此语虽未工，取其立格疏硬。"《明诗纪事》庚签卷三〇录其诗一首。近人顾季慈《江上诗钞》卷一九录其诗七十八首为一卷。

沈霈（生卒年不详）　字伯雨。南直扬州府兴化（今属江苏）人。布衣能诗，与其兄雷、弟霈筑三耋雅居于湖上，饮酒赋诗。诗集现存嘉靖三十九年(1560)维扬宗臣编刊万历四十一年(1613)孟城王百祥修补本《沈山人诗》六卷，卷首有宗周序、李春芳赞，卷末有王百祥跋，内收古近

体诗二百五十余首。又有嘉靖四十年王中孚刊万历四十一年孟城王百祥修补本《沈山人诗续集》十卷，卷首有嘉靖四十三年王中孚序，卷末有万历四十一年王百祥跋。内卷一收"楚词"二十首，卷二收"乐府"二十六首，以下八卷收古近体诗三百五十余首。《皇明诗统》卷三六录其诗三首。生平见《(咸丰)重修兴化县志》卷八《文苑》。

沈鲸（生卒年不详）　字涅川，或作塗土。南直扬州府兴化（今属江苏）人。成化年间曾任嘉兴府经历司知事。吕天成《曲品》"中中品"著录其传奇四种：《双珠记》二卷四十六出，现存明末汲古阁原刻初印本、汲古阁刻《六十种曲》本及数种清抄本，以双珠为关目，演唐人王楫一家悲欢离合。吕天成评云："情节极苦，串合最巧，观之惨然。"（《曲品》卷三）清梁廷楠评云："《双珠记》通部细针密线，其穿穴照应处，如天衣无缝，具见巧思。惟每人开口，多用骈白，头面雷同，且中有未尽合口吻者，乃为美玉之玷。"（《曲话》卷三）胡文焕《群音类选》、冲和居士《怡春锦》等收录此剧散出。又有《鲛绡记》二卷三十出，存清顺治七年(1650)沈仁甫抄本，以鲛绡为关目演南宋时魏从道一家遭遇故事。近人董康《曲海总目提要》卷一三云："闻明中叶间，苏州上三班相传，

曰‘申《鲛绡》，范《祝发》’。”则此剧曾为申时行家乐所演出。胡文焕《群音类选》选录此剧七出曲文。另《分鞋记》《青琐记》已佚，仅存散出。生平见《曲品》卷三、《(咸丰)兴化县志》卷七。

沈懋孝(1537—1612)　字幼真，号晴峰，学者称长水先生。浙江嘉兴府平湖人。隆庆元年(1567)举人，明年进士，选翰林院庶吉士，授编修，进修撰，迁南国子司业。万历十年(1582)主南京乡试，中式有王少方，乃权相张居正之戚，因中蜚语，谪两淮盐运司判官，不赴，李维桢、孙植等为其白冤，而懋孝无一言辩，退居淇林之上，授徒讲学。后诏起河南巡抚，亦不赴，家居至万历四十年卒，年七十六。平生好学，家富藏书，晚岁产益落，庭户萧然，惟拥书万卷，日丹黄其间，寒暑不辍。以博洽能文称于时。著述原有万历间单刊本《沈司成先生集》《滴露轩藏稿》《长水先生文钞》《洛诵编》《石林蒉草》《四余编》《蒉园草》《水云绪编》等多种，后人尝合称《沈太史全集》或《沈司成先生全集》，现多有存世。后有万历合刊本《长水先生文钞》二十四卷，内收《淇林馆杂抄》一卷、《滴露轩藏稿》一卷、《长水先生文钞》二卷、《洛诵编》四卷、《石林蒉草》四卷、《四余编》四卷、《蒉园草》四卷、《水云绪论》四卷。所收诸集各有序跋，所署最晚时间为万历戊申(三十六年)。又诸集皆为文集，惟有二十余首诗赞，咏“汉四贤”“唐四贤”“国史五贤”等，内所赞“艺苑四杰”则为李梦阳、李攀龙、杨慎、王世贞。《千顷堂书目》著录《长水先生文钞》□卷，然所注《文钞》收录各集卷数与传本多不同，又多出《淇林雅咏》十卷(未见传)，当为其诗集。方志著录其另有《类苑总目》《周易四圣象词》《周易博义》《经义考》《平湖沈氏书目》等。其诗学“七子”。清沈季友《槜李诗系》卷一三录其诗十五首。《明诗综》卷五一录其诗一首。《御选宋金元明四朝诗》录其诗四首。《明诗纪事》庚签卷九录其诗一首，按云：“幼真论诗云：‘友朋离合，登临流览，吾取法李于麟。’又云：‘举世昧昧，此境将芜，于麟之目不瞑。’可谓笃信。其自运，殊乏警特。”清黄百家《明文授读》卷一一录其文《复古乐议》云：“先夫子(黄宗羲)曰：‘沈懋孝……其论学不腐，其论文有根柢，在万历间一作手。’”清张宪和《当湖诗文逸》卷二〇录其文三篇。清朱壬林《当湖文系初编》录其文十六篇。生平见李维桢《祭沈少司成》(《大泌山房集》卷一一五)、王兆云《皇明词林人物考》卷一一、《(雍正)浙江通志》卷一七九。

沈懋学(1539—1582)　字君典，号少林，一号白云山樵。南直宁国府宣城（今属安徽）人。隆庆元年（1567）领乡荐，万历五年（1577）会试第三，殿试第一，授翰林修撰。初登第，张居正欲加引重，会"夺情"事举，吴中行等人攻居正，懋学亦贻书居正子张嗣修切责，又与吴子道、赵用贤各上疏，遂为居正所衔，因引疾归。卒于万历十年四月，年四十四。福王时，追谥文节。平居与屠隆、冯梦祯、梅鼎祚等为友。工草书，能骑射，擅诗文，《明史·艺文志》著录其《郊居稿》六卷，现存万历三十三年何乔远序刊本《郊居遗稿》十卷，卒后其子侄辑刻，首叶向高、何乔远序，内诗三卷，收诗三百四十余首，文七卷，收其所作序、记等各体文及试策、尺牍等。后又有清乾隆间刊本。王世贞称其诗文"不名一家，纵横捭阖，往往出人意表"。（《弇州四部稿续稿》卷一五三《沈君典先生墓表》)《明诗综》卷五三录其诗三首。清施闰章《宛雅二编》卷二录其诗四十首。《明诗纪事》庚签卷一二录其诗三首。《明文海》录其文三篇。生平见汤宾尹《沈君典先生墓志铭》(《睡庵稿》文集卷一八)、屠隆《沈太史传》(《白榆集》卷一九)、顾祖训《状元图考》卷三、王兆云《皇明词林人物考》卷一二、《明史》卷二一六。

沈璜（1558—1612）　字孝通，一字子勺，号定庵。南直苏州府吴江（今属江苏）人。十三学为文，十六学诗，与兄沈璟有"机云""轼辙"之目。万历十年（1582）举顺天乡试，十四年进士，除南刑部江西司主事，升本部山西司郎中。出为江西按察司佥事，整饬兵备，二十二年告归。家居十八年，代兄课子，四十年起补广东佥事，入境病卒，年五十五。《千顷堂书目》著录其《静晖堂集》，未见传。杂俎《近世丛残》四卷，有清乾隆间刊本。《明诗综》卷五五录其诗三首。乾隆间沈祖禹《吴江沈氏诗录》卷三录其诗九十七首。或云其亦好词曲，散见于冯梦龙《太霞新奏》《南词新谱》中，然多托他人名行世。清周铭《松陵绝妙词选》卷一录其词三首。生平见清沈始树《吴江沈氏家传·定庵公传》、清沈光熙《吴江沈氏家谱》卷六。

沈爌（1504—1562）　字世明，伯远，号石联。浙江嘉兴府嘉善人。少苦读，日阖户手一编，与弟沈照自相师友。嘉靖四年（1525）举人，十上公车不第，家居卒于嘉靖四十一年，年五十九。书法遒逸，学米南宫，所至问字者，屡满户外。崇理学，能诗文。《千顷堂书目》著录其《石联遗稿》六卷，现存万历九年（1581）嘉善沈氏家刊本《石联遗稿》八卷，内诗三卷，收诗二百五十余首，以下五卷收其所作序、记、书、启、行状、祭文等，有万历六年陆光祖序。《千顷堂书目》另著录其《纂集晦庵先生诗话》一卷,盖取朱熹平日论诗之语,萃而为书,现存抄本。清沈季友《槜李诗系》卷一二录其诗一首。《明诗综》卷四八录其诗一首。生平见徐象梅《两浙名贤录》卷四七"文苑"。

怀悦(生卒年不详) 字用和,号铁松、铁松道人,又号柳溪小隐、相湖渔隐。浙江嘉兴府嘉兴人。家资饶富,景泰、成化间以纳漕粟官通判。曾于所居城北相湖筑园林,多邀附近州郡友朋诗酒倡和,题其庄园。又曾辑刊《士林诗选》二卷,选录李进、刘溥、苏平、李孟璇、丘吉等所常倡和者二十九人诗,诗家大率吴越之产,内有怀悦己作七十五首,现存明刻本,首有天顺五年(1461)吕原序,又柯潜序。《四库全书总目》著录《士林诗选》仅为一卷,"提要"谓所选"近体最多,持择亦未精审"。《千顷堂书目》另著录怀悦别集《铁松集》及诗论《诗家一指》一卷。《铁松集》未见存。《诗家一指》一卷见于嘉靖二十四年(1545)刊《名家诗法》卷五、万历五年(1577)刊《名家诗法汇编》卷二,内标目有《十科》《四则》《二十四品》《普说外篇》《三造》等,卷首有成化二年(1466)八月魏骥《诗家一指序》,卷末有是年九月怀悦《书诗家一指后》。《列朝诗集》乙集录其诗三首。

清沈季友《槜李诗系》卷九录其诗三首。《明诗综》卷二三录其诗一首。《御选宋金元明四朝诗》录其诗四首。《明诗纪事》乙签卷二一录其诗一首。生平见《(光绪)嘉兴府志》卷五一。

宋仪望(1514—1578) 字望之,号阳山,更号华阳。江西吉安府永丰人。嘉靖二十五年(1546)中举,明年进士,除吴县知县。二十八年征授河南道监察御史,擢大理寺右丞,以劾胡宗宪、阮鹗忤严嵩,贬夷陵判官。嵩败,擢按察佥事,兵备霸州,进兵备副使,驻大名,改福建,隆庆二年(1568)被劾辞官归。起补四川按察佥事,迁福建提学副使,以妇卒,自免归,道迁参政。又入为太仆寺少卿,甫上,迁大理寺少卿,万历二年(1574)以右佥都御史巡抚南直,进为副都御史,四年迁南大理寺卿,改北。六年忤张居正,被劾归,十月卒于家,年六十五。少从聂豹学,家居曾创河东书院,又筑象城山房,与聂豹、邹守益、罗洪先等共倡王阳明"致良知"之学。嘉靖三十六年曾辑《阳明先生文粹》十一卷刊于世,阳明得从祀,仪望出力最多。《明史·艺文志》著录其《文集》十二卷《诗》十四卷,即现存万历三年魏学礼刊本《华阳馆诗集》十四卷《文集》十二卷附录一卷。其《诗集》首皇甫汸、王世贞万历三年序,又有嘉靖三十七年朱衡《阳山诗集题辞》,内分体收古近体诗七百八十余首、词十四首;《文集》首万历三年刘珹序,内分体收其序、记、传、志等文八十余篇。所见另有清道光二十二年(1842)宋氏中和堂刊本《华阳馆文集》十八卷《续集》二卷,内前文十二卷所收同万历本,后诗五卷,仅收诗四百余首;《续集》卷一为《或问录》,卷二为《学政录》。是集卷末有徐湘潭跋,谓"苦不得前代原刻之全本",则此集实据万历三年残本所刊。《千顷堂书目》另著录其《垂杨馆奏疏》七卷,未见。清范鄗鼎辑《广理学备考》有《宋望之集》。《皇明诗统》卷二八录其诗十首。《皇明诗选》录其诗一首。《明诗综》卷四三录其诗三首。《江西诗征》卷五七录其诗三首。《明诗纪事》己签卷九录其诗一首。《明文海》录其文六篇。清应麟《江右古文选》卷二〇、清胡大鸿《江右文抄》录其文一篇。生平见王世贞《大理卿宋公传》(《弇州四部稿续稿》卷六七)、黄宗羲《明儒学案》卷二四、《明史》卷二二七。

宋守一(生卒年不详)　字化卿。浙江杭州府钱塘(今杭州)人。嘉靖、万历时布衣,以能诗交于诸缙绅。佘翔《薜荔园诗集》有《西湖春泛,同屠纬真、冯开之、徐茂吴、黄白仲、钱叔达、宋化卿、许灵长,分得风字》诗。胡应麟《少室山房集》卷五六有《赠宋化卿》诗。又为佛家居士,杭州云栖寺开山僧释莲池(株宏)之俗家弟子,多以诗倡和。万历四十三年(1615)莲池示寂,与释德清(憨山)、吴应宾同作《像赞》。著述现存万历十五年(1587)刊《宋化卿诗草》二卷,有陈文烛序,收古近体诗一百三十余首;又《续集》二卷,收古近体诗一百二十余首;又《花影编》一卷,收赋一篇、诗十六首;又万历四十三年刊《丽农楼藏草》,收诗六十三首。

宋讷(1312—1390)　字仲敏,号西隐。京师大名府滑县(今属河南)人。生于元至大四年十二月初四(1312年1月13日),至正二十三年(1363)进士,官盐山知县,弃官归。明洪武二年(1369)以儒士征,与修《礼》《乐》诸书,事竣不仕。六年应聘为北平考官,十三年征为国子助教,迁翰林学士、文渊阁大学士,改国子祭酒,二十三年卒于官,年八十,正德间,追谥文恪。性持重,能诗文。《明史·艺文志》著录其《东郡志》十六卷、《西隐集》十卷。现存万历六年(1578)滑县知事刘师鲁校刊本《西隐文稿》十卷附录一卷,内赋一卷,收赋十一篇,诗三卷,收诗九十四首,文六卷,收记、序、碑、铭等文九十三篇;附录收明太祖手敕四道及《白云茅屋赋》二篇(刘三吾、陈南宾撰)、《重修白云茅屋记》一篇（任环撰），白云茅屋者，讷所筑别墅名也。顾起纶《续国雅》卷一、《皇明诗统》卷三录其诗一首。《列朝诗集》甲集录其诗三十二首。《明诗综》卷三录其诗八首。清沈德潜《明诗别裁集》录其诗四首。《御选宋金元明四朝诗》录其诗四首。《四库全书》收《西隐集》十卷，"提要"云："讷领成均胄子之任，师道严正，为一时典型。文章亦浑厚醇雅……其《过元故宫》诗十九首，尤缠绵排恻，有风人忠厚之遗。"清王崇简《畿辅明诗》录其诗六首。《明诗纪事》甲签卷三录其诗十一首。程敏政《皇明文衡》卷六三录其《大明敕建太学碑》。《明文海》录其文《镜湖渔隐赋》等三篇。生平见刘三吾《国子祭酒宋先生墓志铭》（《西隐集》附录）、《明史》卷一三七。

宋应升（1578—1646）　字玄孔。江西南昌府奉新人。生于万历六年（1578）正月十四。万历四十三年与弟应星同应乡试，是年奉新惟宋氏兄弟上榜，因有"二宋"之目。后与弟五上公车不第，谒选得浙江桐乡知县。历广东恩平知县，迁高州同知，崇祯十五年（1642）升广州知府，明亡归乡，以复国无望，题诗见志，仰药自尽，时清顺治三年（1646），年六十九。平生以忠孝为本，亦能诗文。著述现存《方玉堂集》二十八卷，清乾隆宋瑾重刻本，内《方玉堂

诗草》七卷《续诗草》一卷，又文移类一卷，又《方玉堂文稿》九卷《续文稿》一卷，《方玉堂续刻四六启稿》一卷，有应升崇祯十年（1637）自序及其曾孙宋瑾乾隆二十四年（1759）《重镌方玉堂（集）跋》。又曾与梁维栋纂修《恩平县志》十一卷，现存清抄本。生平见宋应星《宋应升传》（《（康熙）奉新县志》人物志）、《（雍正）江西通志》卷七〇。

宋应星（1587—？）　字长庚。江西南昌府奉新人。万历四十三年（1615）与兄应升同应乡试，是年奉新惟宋氏兄弟上榜，即应升兄弟二人，因有"二宋"之目。后与兄五上公车不第，崇祯七年（1634）谒选江西分宜教谕，十一年进福建汀州推官，十四年转凤阳府亳州知州，十七年春归乡。明社亡，福王即位南京，被荐为滁、和兵备道，未赴。约卒于清康熙初，年八十左右。生平博学多能，注重实学，尤究心于农工生产技术。其官分宜时著《天工开物》三卷，现存崇祯十年南昌刊本，后刊本甚夥。其书上卷记农作物之栽培加工之法，纺织、染色以及制盐、制糖工艺；中卷记砖瓦陶瓷制作、车船建造、金属铸锻、煤炭、石灰、硫黄、白矾开采与烧制，以及榨油、造纸方法；下卷记金属矿物开采冶炼，兵器制造、颜料、酒曲生产，以及珠玉采集加工等，被誉为中国古代工艺之

百科全书。著述另有《卮言十种》等。现存崇祯刊《野议》《论气》《谈天》各一卷，似为《卮言十种》散出者。又有明刊《思怜诗》一卷，内《思美》七言律诗十首，《怜愚》七言绝句四十二首，略见其愤世忧民之慨。生平见《(同治)奉新县志》卷九、清宋士元《长庚公传》(1935年《八修新吴雅溪宋氏宗谱》卷二二)。

宋玫(1607—1643)　字文玉，别字九青。山东登州府莱阳人。天启五年(1625)与族叔应亨同举进士，除虞城知县，改繁杞。擢吏科给事中，历刑科都给事中，迁太常少卿、大理寺卿，擢工部右侍郎。崇祯十五年(1642)廷推阁臣，玫在列，帝疑诸臣有私，玫与吏部尚书李日宣等并下狱，日宣等遣戍，玫除名归乡。当年岁末，后金兵下山东，傍躏东莱，玫与宋应亨、赵士骥等出赀治守具，率家人助邑令陈显际守城，围解。次年二月兵复至，城陷被俘，与应亨、士骥、显际并死之，年三十七。宋玫少登科第，与叔宋继澄及兄宋琮等，俱有诗名，时人比之三苏、二陆。又与吴伟业为诗友，《梅村诗话》谓其"少而颖异，为诗学少陵，爱苍浑而斥婉丽，然不无踳驳。当其合处，不减古人。日课五言诗一首，为亚卿，将大用，年尚未四十，集竟散佚不传"。(《吴梅村集》卷五八)原有集，殉难后，著述悉付煨烬，《(1935)莱阳县志》记其有《憎草拾遗》一卷，未见。《(康熙)莱阳县志》录其诗两首。《明诗综》卷六六录其诗一首。清宋弼《山左明诗钞》录其诗五首。《明诗纪事》辛签卷二录其诗二首。去其重复，仅存诗七首。生平见陈济生《天启崇祯两朝遗诗·小传》、吴伟业《书宋九青逸事》(《梅村家藏稿》卷二四)、《明史》卷二六七。

宋珏(1576—1632)　字比玉，号荔枝子、荔枝仙人、浪道人、国子仙。福建兴化府莆田人。家世仕宦，少为诸生，不能俯首帖括，又斗鸡走狗，不屑与乡里衣冠相随行。年三十余，负笈入南监，因游金陵，走吴、越，流寓不归，崇祯五年(1632)客死南京，年五十七。性豪爽，善饮，喜交游，与程嘉燧、顾梦游、钟惺、谭元春、李流芳等交。又以钱谦益为文学友，与黄道周同声气。长于书法，章、行、草、隶俱佳，尤以八分书名。兼精篆刻，自以八分入印，开清"莆田派"之先河。亦能绘事，多有书画作品传世。崇祯十四年，御史李嗣京巡按福建，笃念世交，为其刻《宋比玉遗稿》于金陵，未见传。又曾著《荔枝辞》一卷，收入邓庆寀《荔枝总谱》。《列朝诗集》丁集录其诗七首，"小传"记其"长身玉立，神情轩举，开颜谈笑，不立崖岸，其胸中泾渭井如也……酒酣歌罢,笔腾墨飞,或即席赋诗,或当筵染翰,书窗壁,淋漓戏剧。为诗才情烂漫,信腕疾书,不加持择,诗成亦不留稿。今其稿刻于金陵者,其里人所掇拾,非比玉本意也"。清王士禛《渔洋诗话》录其诗一首,谓其"小诗亦工"。《明诗综》卷六五录其诗一首。《御选宋金元明四朝诗》录其诗五首。清郑王臣《莆风清籁集》卷三四录其诗十八首,《兰陔诗诗话》谓其"诗思轩爽流逸,不在松圆(程嘉燧)、檀园(李流芳)之下"。清郭柏苍《全闽明诗传》卷四四录其诗十四首。清王辅铭《明练音续集》卷九"流寓"录其诗六首。《明诗纪事》庚签卷七上录其诗一首。生平见清《宋比玉墓表》(《牧斋初学集》卷六六)。

宋诺(1530—1585)　字子重,号金斋。京师河间府故城(今属河北)人,山西潞安府屯留籍。嘉靖三十四年(1555)举人,四十四年进士,授户部福建司主事,迁河南司员外郎。隆庆二年(1568)进郎中,九月左迁重庆府忠州知州,次年诏为南户部湖广司员外郎,改云南司员外郎,署郎中事,改北户部。出知东昌府,改郧阳,继调河南府,寻以亲老归。又数年,起补衮州知府,万历十三年(1585)入觐,卒于都下,年五十六。卒后其子辑其所著为《宋金斋文集》四卷,有万历间开封刊本,卷首周世选序,内卷一收序、引三十余篇,卷二收词九首,辞、记、墓志、行述等文三十篇,卷三收诗一百一十余首、杂著(辞、赋、疏)八篇,卷四收奏疏、条陈、政绩、策对等。卷末有其子宋吉祝万历十八年《刻先君文集跋》。《千顷堂书目》著录其《金斋集》四卷,即此本也。《四库全书总目》著录《金斋集》四卷。"提要"谓其集"体例颇为糅杂。集中大抵宦游应酬之作"。生平见《(雍正)畿辅通志》卷七四。

宋继澄(1581—1664)　字澄岚,号渌溪,又号万柳居士,晚年自称海上病叟。山东登州府莱阳人,兵部尚书黄嘉善孙婿。年十八补博士弟子员,天启七年(1627)举人。以善古文词称于乡里,明末与其子宋琏入复社,又组织"山左大社",入社者有赵士骥、姜垿等数十人,因为一时乡邦士林领袖。明亡后隐居不仕,设教于即墨,居黄宗昌崂山玉蕊楼多年,与即墨黄姓、蓝姓族人结诗社,朝夕吟咏,曾与顾炎武一起为黄宗昌的《崂山志》作序。清康熙元年(1662)因为黄培《含章馆诗集》作序入狱,三年被释,寻卒,年八十四,隔年黄培被处死。方志记其有《四书正义》《诗经正义》《万柳文集》《丙戌集》等。《四书正义》有清康熙九年(1670)刊本,又有明抄本《万柳先生文稿》一卷。1929年于世琦辑其遗诗一百二十六首刊为《万柳老人诗集残稿》。清宋弼《山左明诗钞》卷三五录其诗十二首。有十首未被收入《残稿》。生平见《(1935)莱阳县志》卷三之三《宋孝廉继澄传》。

宋登春（生卒年不详） 字应元，号海翁，晚号鹅池生。京师真定府新河（今属河北）人。世务农，以家赀称于乡里，幼失父母，家道中落。少能诗善画，嗜酒慕侠，好骑射，时慷慨悲歌，里中称为狂生。年三十，一岁间妻子儿女五人相继亡，遂弃家远游，入京师，跨一蹇驴，往来觅诗。以无所得，因北出居庸，南涉扬子，西越关陕，东泊沧海，广交诗画文人，以狂诞称于世。嘉靖末寓江陵天鹅池，知府徐学谟甚礼敬之，万历十一年（1583）学谟以礼部尚书被劾归，登春孤身千里，访之于吴中。后游石首为少年所辱，遂披发为头陀，不知所终。或云其万历十七年离徐学谟家，泛舟钱塘，投江死。徐学谟有《鹅池生传》，记云："方是时，临淄布衣某（谢榛）以诗游公卿间，声籍甚。生间得其诗，唾之曰：'作诗何为者？而令七尺躯津津腴贵人丐活耶？'居京师月余，亡所遇，又去之渤海，入兖州，登峄山，观秦始皇遗碑。还居长白山一萧寺中，出囊中故所贮汉魏、盛唐名家诗，闭关揣摩。如是者三年，颇窥作者之户，遂大放厥词，而于五言尤工……五言诗有逼类孟襄阳者……清婉悲激，非近岁布衣诗可俪也。"著述有万历五年徐学谟刊本《宋布衣诗集》二卷，至清康熙二十四年（1685）王培刊《宋布衣集》二卷《双鹅集》一卷附《清平阁倡和诗》一卷，始集其诗文为一集现皆存，康熙本后又有乾隆二十一年（1756）诚意堂重刻本。《清平阁倡和诗》署"李北山（李先芳）、宋鹅池、李连山（李同芳）三先生著"，为三人来往倡和之作，计收诗百余首。《皇明诗统》卷二九录其诗十八首。《列朝诗集》丁集中录其诗六十八首。清王崇简《畿辅明诗》录其诗三十七首。《明诗综》卷六三录其诗三首，"诗话"云："生诗平淡寡深思，不失为贾浪仙、李才江一流。"清沈德潜《明诗别裁集》录其诗一首。《御选宋金元明四朝诗》录其诗四十九首。《四库全书》据康熙王培本辑收《宋布衣集》三卷，文一卷诗二卷，《总目》"提要"云："登春文章简质，可匹卢柟《蠛蠓集》，而奇古之趣胜之。其论诗先性情而后文词，故所作平易自然，而颇乏深意，然五言颇淡远可诵。"《明诗纪事》己签卷一六录其诗九首，按云："海翁五律矜练，局于边幅。七言律绝挥霍自赏，有唐贤遗韵。"又，《坚瓠四集》录其散曲小令一首。生平见徐学谟《鹅池生传》《国朝献征录》卷一一五）、朱谋垔《画史会要》

卷四、王兆云《皇明词林人物考》卷一二。

宋濂（1310—1381）　字景濂，号潜溪，以所居号龙门子、仙华生，以方外为号者有玄真子、玄贞道士、无相居士、无念居士，以职事为号者有南宫散吏、禁林散吏等。世居金华，四十一岁迁浦江（今属浙江），落籍，遂为浦江人。生于元至大三年（1310）十月十三。少习《五经》，入郡庠。元统二年（1334）二十五岁赴郑氏义塾从吴莱学古文，次年吴莱解馆，继之主教席。至正九年（1349）以危素荐，授国史馆编修，以亲老辞，入仙华山为道士。至正十八年，朱元璋取南京，占婺州，置中书省，次年聘其为郡学五经师。二十年，与刘基、章溢同被征至金陵，次年经李善长荐，授儒学提举司提举，进讲经筵。二十四年朱元璋称吴王，改任起居注，寻归乡养病。明洪武二年（1369）召还，与王祎同充《元史》总裁官，三年除翰林学士、知制诰，四年迁国子司业，五年擢太子赞善，九年授翰林承旨，年六十七，请致仕。十二年，长孙宋慎坐胡惟庸党被诛，械宋濂入京，太祖欲置其死，以皇后及太子救免，诏全家安置茂州。十四年五月二十，道卒于夔州，年七十二。弘治九年（1496）复翰林学士承旨，正德八年（1513）追谥文宪。濂以文学受知于朱元璋，

恒侍左右，深受帝眷，或称其为有明文臣之首，有天下文章第一之目，然终以帝王忮刻，未获善终。平生著述甚富，诗文集自元季所刊《潜溪前集》《潜溪后集》始，数百年刊行未息；明初刘基为选《宋学士文粹》十卷，有洪武八年刊本；门人方孝孺、郑济等又选《宋学士续文粹》十卷，亦于洪武间刊于世；天顺元年（1457）黄溥、严埙刻《潜溪先生集》十八卷附录一卷；天顺五年黄誉集合《潜溪前后集》及《文粹》等，分类编排，刻为《宋学士先生文集》二十六卷附录一卷；正德九年（1514）张缙刻《宋学士文集》七十五卷（内《銮坡前集》《銮坡后集》《翰苑续集》《翰苑别集》《芝园前集》《芝园后集》《芝园续集》各十卷，《朝京稿》五卷），据张缙后序，此本乃濂手定，命其子宋燧缮录者；后又有嘉靖三年（1524）安正堂刻《重刊宋濂学士文集》二十八卷，嘉靖三十年韩叔阳刻《新刊宋濂学士文集》三十三卷；入清后有陈国珍刊《宋景濂先生未刻集》不分卷；康熙四十八年（1709）彭始搏刊《新刊宋学士全集》三十二卷附录一卷；嘉庆十五年（1810）金华府学刊《宋文宪公全集》五十三卷首四卷；清宣统三年（1911）至1916年孙锵辑刊《宋文宪公全集》八十卷附录三卷。诸本又多有翻刻及异本传世。其别著《龙门子凝道记》三卷、《浦阳

人物记》二卷、《洪武圣政记》二卷亦有明刊本存世，后或辑入总集。然诸本皆未可称完备。有明一代王袆、杨士奇、陆深及《千顷堂书目》等曾多次提及濂有诗集《萝山集》（或称《萝山吟稿》《萝山吟》《宋学士诗集》），始终未见，近年始发现海外有《萝山集》五卷之抄本，是集收濂诗四百五十余首，其中三百二十首不见于传世诸集，而其传世诸集所收诗仅三百四十首，据此，濂诗总数可达六百六十余首矣。《四库全书》据康熙本收《文宪集》三十二卷及《宋景濂未刻集》二卷，《总目》"提要"云：《明史》濂本传称其'自少至老，未尝一日去书卷，于学无所不通，为文醇深演迤，与古作者并。在朝，郊社、宗庙、山川、百神之典，朝会、燕飨、律历、衣冠之制，四裔、贡赋、赏劳之仪，旁及元勋巨卿碑记刻石之词，咸以委濂，为开国文臣之首。士大夫造门乞文者，后先相踵。外国贡使亦知其名，高丽、安南、日本至出兼金购其文集'。刘基传中又称'（基）所为文章，气昌而奇，与濂并为一代之宗'。今观二家之集，濂文雍容浑穆，如天闲良骥，鱼鱼雅雅，自中节度。基文神锋四出，如千金骏足，飞腾飘瞥，蓦涧注坡，虽皆极天下之选，而以德以力，则略有间矣。"濂长于文，程敏政《皇明文衡》收其文三十九篇，《明文海》录其文

五十五篇，又清康熙刻《明八大家》选《宋文宪集》十一卷，皆将其列为明文首选。其诗则不为后世推重，顾起纶《国雅品》言濂"文既综纬，诗稍平易"，即此意也。刘仔肩《雅颂正音》录其诗五首。《皇明风雅》录其诗四首。顾起纶《国雅》卷二录其诗二首。《盛明百家诗》录其诗二十八首为《宋学士集》。阮元声《金华诗粹》录其诗五十七首。《皇明诗统》卷二录其诗十八首。《皇明诗选》录其诗一首。《列朝诗集》甲集录其诗六十五首。《明诗评选》录其诗七首。《明诗综》录其诗五首，"诗话"云："景濂于诗，亦用全力为之，盖心慕韩、苏而具体者。"清沈德潜《明诗别裁集》录其诗一首。清黄彬等《金华诗录》卷二〇录其诗二十九首。《明诗纪事》甲签卷一下录其《王国祀仁祖庙乐章》八首、卷四录其诗三首，按云："所著文章，雄峙一代……集中小诗，犹是元习，长篇大作，往往规抚退之，时亦失之冗沓。"然诸人或未见其《萝山集》，其中多濂入明前处于林下时所作，仅各类乐府诗即有八十一题一百九十余首，不仅与刘基、高启等人同类诗数量相埒，且自成风格，故其诗似可重论矣。又，卓人月、徐士俊《古今词统》卷二录濂《竹枝词》六首。生平见郑楷《宋公行状》（《国朝献征录》卷二〇）、王袆《宋太史传》（《王忠文

集》卷二一)、廖道南《殿阁词林记》卷四、王兆云《皇明词林人物考》卷二、何乔远《名山藏》卷五九、《明史》卷一二八。清朱兴悌有《宋文宪公年谱》二卷附录一卷(近世奉化孙氏刻《宋文濂公全集》附)。

宋懋澄(1569—1620) 字幼清,号稚源,又作自源。南直松江府华亭(今上海松江)人,举人宋尧俞仲子。生于隆庆三年(1569)六月初九。年始弱冠,即以诗文名。云间好儒,而懋澄独以喜侠闻,志行果决,弛不羁,尝谓"丈夫生世,与其隐囊尾以送穷年,不如犬马陆博,可縻壮志",乃益跌荡于酒以自豪。又好交游,慕古烈士风,私习兵法,散财结客,欲有所为。壮岁北游京师,纳粟入太学,转南雍。然数应乡试不举,万历四十年(1612)始领乡荐,后三试南宫,俱不第。泰昌元年(1620)十一月十七卒于里。性好藏书,多畜秘本及名人手钞,旧拓碑刻,与同时王圻、施大经、俞汝楫齐名,称四大藏书家。学问博杂,经史百家及数术、艺术、掌故、佛道之学,俱所涉猎。诗文朴实简洁,尤喜小说家言,文集中专辟"稗编",收罗传闻故事。所著《九籥集》,诗文兼收,《千顷堂书目》著录二十四卷,实万历四十年刊《九籥集》三十三卷(内《九籥前集》文十一卷诗八卷,《九籥集》文十卷诗四卷),又有万历刊本

《九籥续集》十卷、《九籥中集》一卷、《九籥瞻途纪闻》一卷、《九籥后集》二卷,计四十七卷,如加上清初刊《九籥别集》四卷,总计五十一卷。集中尤以文言小说《负情侬传》及《珍珠衫》著名,后为冯梦龙改写成《蒋兴哥重会珍珠衫》《杜十娘怒沉百宝箱》,成为古代白话短篇之翘楚。《明文海》录文《负情侬传》等十七篇。《皇明诗选》录诗三首,李雯评谓其为"河海之士,豪气不除,负奇才而不用,故其诗激烈,声多商羽,似孤城严角,夜临秋风"。清姚宏绪《松风余韵》卷四二录诗十七首。生平见宋征舆《先考幼清府君行实》(《林屋诗文稿》卷一〇)、陈子龙《宋幼清先生传》(《安雅堂稿》卷一〇)、清吴伟业《宋幼清墓志铭》(《梅村家藏稿》卷四七)、清王士禛《书宋孝廉事》(《带经堂集》卷八一)。

[一]

张一桂(1540—1592) 字稚圭,号玉阳。其先南直徽州府歙县(今属安徽)人,父行贾,家于河南开封府祥符(今开封),遂入籍。嘉靖四十年(1561)中举,隆庆二年(1568)进士,选翰林院庶吉士,四年授编修。五年补经筵展书官,晋修撰,兼掌诰敕,进侍讲。万历十二年(1584)擢右春坊右谕德,次年录士

顺天,为蜚语所中,左迁南兵部员外郎,十六年迁南国子司业,十七年拜祭酒,十九年诏为太常卿管祭酒事,未至,复迁为南吏部右侍郎。二十年秋改礼部右侍郎兼侍读学士,寻又转左,北上卒于途,年五十三。著述万历三十八年刊为《漱艺堂文集》二十卷,收其各体文及奏疏、启策等,汪应蛟、冯有经、范守已等序。又曾与张玄镐纂修《新安王弼张氏家谱》十二卷、《文翰》不分卷,有万历四十年刊本。《御选宋金元明四朝诗》录其诗三首。清陈元龙《御定历代赋汇》补遗卷一录其赋一篇。《明诗纪事》庚签卷九录其诗一首。生平见于慎行《张公行状》(《谷城山馆文集》卷二八)、赵志皋《张公一桂墓志铭》(《国朝献征录》卷三五)、赵用贤《张少宗伯传》(《松石斋集》卷一三)。

张九一(1533—1598)　字助甫,号周田。河南汝宁府新蔡人。嘉靖三十二年(1553)进士,授黄梅知县。入为吏部验封司主事,历员外郎、郎中,迁南尚宝少卿。时王世贞以申救杨继盛触严世蕃怒,因以封疆事逮其父王忬下诏狱,九一数过存问,坐是谪广平同知。稍迁湖广按察金事,进参议,改陕西,历副使、参政、密云兵备、按察使,改山西,进布政使,擢右金都御史巡抚宁夏。万历二十六年(1598)卒,年六十六。生

当“后七子”时,与王世贞交善,世贞将其与余曰德、魏裳、汪道昆、张佳胤并列为“后五子”(《弇州四部稿》卷一四)。清钱谦益记云:“嘉靖中,‘五子’创诗社于长安。于鳞(李攀龙)出守,元美(王世贞)为政,南昌余德甫(余曰德)、铜梁张肖甫(张佳胤)及助甫相继入焉,是为‘七子’。元美所谓‘吾党有三甫者’也。厥后又益以蒲圻魏裳、歙郡汪道昆,为‘后五子’。”(《列朝诗集》乙集)《明史·艺文志》著录其《绿波楼集》十卷,现存万历间刊本。清康熙三十一年(1692)新蔡知县吕民服又辑其诗文刻为《绿波楼文集》五卷、《诗集》十四卷(内古体二卷、近体十二卷),现皆存。《盛明百家诗》后编录其诗十余首为《张周田集》。顾起纶《国雅》卷一六录其诗二十四首。《皇明诗统》卷二八录其诗十五首。万历四十四年赵彦复辑李梦阳、何景明、王廷相、孟洋、薛蕙、高叔嗣、刘绘、张九一、谢榛等人诗刊为《梁园风雅》二十七卷,内选张九一诗二卷二百四十五首。《皇明诗选》录其诗一首。《列朝诗集》乙集录其诗九首。《明诗综》卷四七录其诗六首。清沈德潜《明诗别裁集》录其诗一首。《御选宋金元明四朝诗》录其诗二十七首。《四库全书总目》著录《绿波楼诗集》十四卷,“提要”云:“论者谓其诗高华雄爽,振宕不羁。

于'七子'齐盟,风气雷同之时自称拔俗。然今观其集,实未能于'七子'之外别开门径。盖九一服膺王世贞,曾因世贞父忤故,触忤严嵩,遭迁谪而不悔,即其生平规模可知矣。"《明诗纪事》己签卷三录其诗十八首,按云:"助甫之得交元美,以宗子相(宗臣)介绍。助甫能作奇语,与子相略同,古体不及子相,近体秀拔流逸,乃复过之。"生平见李维桢《张公王恭人墓志铭》(《大泌山房集》卷九二)、王兆云《皇明词林人物考》卷一〇、《明史》卷二八七。

张士瀹(1526—1568) 字心父。南直苏州府昆山(今属江苏)人。举人张廷臣子,曾为上舍生,与吴中诸名士游,试不举,遂致力于词翰。家道中落,惟拥先世书千卷,以读书自乐。以独肩赋役,困甚,乃赁屋于南京,时偕词客游览石城、牛首、栖霞等名胜,游则有诗。母丧,隆庆二年(1568)修岁祀归,道遘疾卒,年四十三。后以其子张栋赠文林郎、新建知县。曾继其父辑成《明朝文纂》五十卷,现存明铜活字印本。所著有《张心父集》十卷,存万历二十八年(1600)张氏木雁轩刊本《娄上编》本,卷一收赋八篇,卷二至卷五收诸体诗二百五十余首,卷六至卷一〇收各体文五十余篇。《盛明百家诗》后编录其诗九十余首,词四首为《张心父集》。顾起纶《国雅》卷一四录

其诗三首。《皇明诗统》卷三二录其诗八首。周复俊编《玉峰诗纂》卷六录其诗十七首。《明诗综》卷五〇录其诗一首。《金陵诗征》卷三八录其诗二首。《明诗纪事》己签卷二〇录其诗一首。生平见张栋《先府君玉山先生行状》、王兆云《皇明词林人物考》卷一一、《(1933)昆新两县续修合志》卷三〇。

张大复(1554—1630) 字元长,晚号病居士。南直苏州府昆山(今属江苏)人。幼攻制举,战不利,四十岁双目失明,乃谢诸生业。性好读书,目盲后多温习已读之书,有不属,则使侍者诵读,因通经史词章之学,又谙习掌故。所居梅花草堂在昆山片玉坊,古树横斜,席门蓬户,而往来多名士。间亦入诗坛酒社,与时辈倡和。其见解有不同于侪辈者,为文推重司马迁、苏轼,当世则推李贽、归有光,卒后钱谦益为其作墓铭,记云:"君尝语余:'庄生、苏长公而后,书之可读可传者,罗贯中《水浒传》、汤若士《牡丹亭》也。'"卒于崇祯三年(1630)七月二十九,年七十七。平生肆力于文辞,《四库全书总目》著录其《闻雁斋笔谈》六卷(有万历三十三年顾孟兆、唐淳伯刊本)、《昆山人物传》十卷、《名宦传》一卷(有明崇祯刻清补修《梅花草堂集三种》本)、《梅花草堂笔谈》十四卷《二谈》六卷(有明崇祯三年刻清

顺治补修本)。诗文别集为《梅花草堂集》十六卷,文十四卷诗二卷,首有崇祯十一年叶培恕《梅花草堂集序》、顾锡畴《张元长先生文集序》、周启祥《梅花草堂全集序》及汤显祖《张氏纪略序》。据顾序,其集为其"手订者十七,增入者十三"。方志著录其尚有《节孝录》《皇舆图考》《闻雁斋稿》《昆山城隍庙志》等。《明诗综》卷六七、《明诗纪事》庚签卷三○下录其诗一首。生平见清《张元长墓志铭》《牧斋初学集》卷五四)、(康熙)苏州府志》卷四五、《(道光)昆新两县志》卷三八。

张之夌(生卒年不详) 福建泉州府晋江(今泉州)人。以叔张瑞图荫中书舍人。喜吟咏。现存明刊本《汗漫吟》八卷《定光禅院小纪》七卷。《汗漫吟》收诗三百八十余首,有丁启浚、黄景昉、张瑞冈、李钟衡、张燮、林彻昌、曹勋、陈于鼎、杨允升、胡守恒、张孙振、周凤翔、谭贞默、吴载鳌、周昌儒、吴廷云序;《定光禅院小纪》收《募缘疏》《郡乘考》《古迹考》《劝规》《杞言》《题咏》《禅院问答》等,有丁启浚、黄景昉、张燮、林彻昌等序。

张之象(1508—1587) 字月麓,一字玄超,号王屋。南直松江府上海人。生于正德二年十二月十二(1508年1月14日)。以太学生游南都,与何良俊、黄姬水等赋诗倡和。屡试屡蹶,嘉靖末以例授浙江按察司知事,迁布政司经历。性偶傥,不能为小吏俯仰,隆庆元年(1567)投劾归。万历十五年(1587)正月初一卒,年八十一。好编书,居家闭门却扫,经籍之书,纷披于几案间,所编多自行刻印。有《韵经》五卷(嘉靖十八年、万历六年刊本)、《太史史例》一百卷(嘉靖末长水书院刊本)、《楚骚绮语》六卷(万历四年至五年吴兴凌氏刊本)。又曾辑编《古诗类苑》一百三十卷、《唐诗类苑》二百卷、《唐雅》二十六卷、《彤管新编》八卷、《楚范》六卷,明刻本皆存。又曾注《盐铁论》(有嘉靖三十三年刊本)。诸书以万历二十九年刻《唐诗类苑》二百卷影响深远。诗文著述《千顷堂书目》著录有《剪彩集》二卷又《翔鸿集》又《听莺集》又《避暑集》又《题桥集》又《猗兰集》又《击辕集》又《佩剑集》又《林栖信集》又《隐仙集》又《秀林集》又《新草集》。现存嘉靖二十八年何良俊序刊本《剪彩集》二卷,卷上收杂体诗二十七首,卷下收拟乐府诗四十四首;又嘉靖三十四年朱大韶序刊本《翔鸿集》一卷,收诸体诗一百二十余首。嘉靖刊《(和倪瓒)江南春词集》录其所作《江南春》词二首。《盛明百家诗》前编录其诗七十余首为《张王屋集》。顾起纶《国雅》卷一四录其诗八首。《皇明诗统》卷二三录其诗十四首。《皇明诗选》录其诗一首。《列朝诗集》丁集录其诗七首。《明诗综》卷四八录其诗二首。《御选宋金元明四朝诗》录其诗四十二首。清姚宏绪《松风余韵》卷二七录诗四十三首。清王昶《青浦诗传》卷一〇录诗十首。《明诗纪事》己签卷一九录诗一首,按云:"玄超博综,著述甚夥,集中诗多填砌,殊少别裁。"近人严昌堉《海藻》卷五录诗十一首。生平见莫如忠《王屋张公墓志铭》(《崇兰馆集》卷一九)、王彻《王屋先生传》(《唐诗类苑》卷首)、王兆云《皇明词林人物考》卷一一、《明史》卷二八七。

张子翼(生卒年不详) 字汝临,号事轩。广东琼州府琼山(今海南海口)人。嘉靖二十五年(1546)乡试中举,上春官不第,谒选,授武昌教谕。四十年升广西陆川知县,在任五年,有治绩。归田后与海瑞、王弘诲诗简往来,传为韵事。原有集,未传。《滇南诗选》录其诗四首。现存《张事轩摘稿》,为1931年海南书局所刊《海南丛书》第五集所收,收诗一百八十余首。

张元忭(1538—1588) 字子荩,号阳和。浙江绍兴府山阴(今绍兴)人。生于嘉靖十七年(1538)十月十八。少身体羸弱而苦读,嘉靖三十七年领乡荐,数上不第。隆庆四年(1570)游太学,次年射策南宫,第一人进士及第,授翰林修撰。超擢左春坊左谕德,兼侍读,寻充经筵讲官,万历十六年(1588)三月二十五病卒,年五十一,天启初谥文恭。未第时从王畿游,崇阳明之学,笃于孝悌,以气节自负,甚负时誉。曾与孙鑛合修《绍兴府志》,与徐渭同修《会稽县志》。卒后其子张汝霖、张汝懋刻其诗文为《张阳和先生不二斋稿》十六卷(罗万化、朱赓辑),万历刊本今缺卷五、卷六。后张汝霖、张汝懋又刻《张阳和先生不二斋文选》七卷,邹元标选,有万历三十年邹元标等序,内制策、疏一卷,书启二卷,序记志铭等三卷,诗一卷。《明史·艺文志》著录《不二斋稿》十二卷,未详何据。《明史·艺文志》另著录其《绍兴府志》六十卷、《云门(山)志略》五卷。《千顷堂书目》另著录其《山游漫稿》《读尚书考》《明大政纪》《读史肤评》《会稽志》十六卷、《馆阁漫录》十卷(有明不二斋刊本)、《张子志学录》一卷、《槎间漫录》,多为王锡爵为元忭作墓志所记。《四库全书总目》著录《张阳和先生不二斋文选》七卷,"提要"谓其诗文"无语录粗鄙之习"。《总目》另著录其《馆阁漫录》十卷、《翰林诸书选粹》四卷(存万历二年刊本)。《明文海》录其文九篇。《明诗综》卷五一、《明诗纪事》庚签卷一〇录其诗一首。生平见王锡爵《阳和张公墓志铭》、朱赓

《阳和张公行状》《张阳和先生不二斋文选》卷首）及顾祖训《状元图考》卷三、清黄宗羲《明儒学案》卷一五、《明史》卷二八三。

张元凯（生卒年不详） 字左虞。南直苏州府吴县（今江苏苏州）人。少读书，嘉靖间以世职任苏州卫指挥，督漕北上，有功未得叙，自免归。自觉不得志，因游于酒人以自放。酒间谈说天下事，慷慨风发，意有所不可，使酒骂坐，坐客皆亡去，意自如也。能诗，王世贞将其与皇甫汸、莫如忠、许邦才、周天球、沈明臣等列为"四十子"（《弇州四部稿续稿》卷三）。《千顷堂书目》另著录其《伐檀斋集》十二卷，现存万历七年（1579）刊本，王世贞、魏学礼序。又有清康熙十八年（1679）刊本《伐檀斋集》十二卷附《诸名家赠答诗》一卷。《列朝诗集》丁集录其诗七十一首。《明诗评选》录诗五首。《明诗综》卷四九录其诗十一首。清沈德潜《明诗别裁集》录诗一首。《御选宋金元明四朝诗》录诗二十四首。《四库全书》据康熙本收《伐檀斋集》十二卷，《总目》"提要"谓"其诗大抵推陈出新，不袭窠臼，而风骨遒上，伉壮自喜，每渊渊有金石声。所作《西苑宫词》，《静志居诗话》谓其高出世贞之上。他如《北游》诸律，亦多不失矩矱。盖其才华本富，又脱屣名利，胸次旷夷，故当琅琊（王世

贞）、历下（李攀龙）之派盛行，而能不囿于风气"。《明诗纪事》己签卷一八录诗十七首。生平见王世贞《伐檀集序》（《弇州四部稿续稿》卷四二）、《（同治）苏州府志》卷八〇、《（1933）吴县志》卷六六上。

张元祯（1437—1507） 字廷祥，号东白。江西南昌府南昌人。生于正统二年（1437）二月初二。五岁能诗，宁靖王召见，名之曰元征，后巡抚韩雍为改今名。天顺四年（1460）进士，选翰林院庶吉士，授编修，与修《英宗实录》，与执政议不和，引疾归。居家讲性命之学，弘治初召修《宪宗实录》，进春坊左赞善，擢南侍讲学士，迁南太常卿兼学士，掌詹事府事。武宗即位，擢吏部左侍郎，入东阁，典诰敕，正德元年十二月三十（1507 年 1 月 12 日）卒，年七十一，天启初，追谥文恪。《明史·艺文志》著录其《文集》二十四卷。现存正德十二年刊本，题《东白张先生文集》二十四卷，首杨廉、林俊序，内诗赋二卷，收赋一篇，诗八十余首，词五首，余为序记、奏疏等，末卷为时人为其所作行状、墓志、祭文。《四库全书总目》著录《东白集》二十四卷，"提要"云："元祯以讲学为事，其在讲筵，请增讲《太极》《西铭》《通书》。夫帝王之学与儒者异，讵可舍治乱兴亡之戒而谈理气之本原，史称后辈姗笑其迂阔，殆非无因矣。其诗

文朴遨无华,亦刻意模拟宋儒,得其形似也。"《石仓十二代诗选·明诗选》录诗二十七首。《明诗综》卷二二、《明诗纪事》丙签卷四录诗一首。生平见李东阳《张公墓志铭》(《怀麓堂文后稿》卷二九)、王鏊《张公神道碑》(《王文恪公集》卷二二)、清黄宗羲《明儒学案》卷四五、《明史》卷一八四。

张元谕(生卒年不详) 字伯启,号月泉。浙江金华府浦江人。嘉靖二十二年(1543)举人,二十六年进士,除工部主事。历员外、郎中,以忤严嵩谪常州判官。寻丁父忧,归。服除,迁吉安知府,四十二年任桂林知府,转永昌知府。擢云南按察副使,奉表至京。因疾卒于途。能诗,尝与李攀龙交。《千顷堂书目》著录其《篷底浮谈》五卷、《詹詹集》七卷。《篷底浮谈》为其所作杂俎笔记,现存隆庆间董原道刊本十五卷,首有隆庆四年(1570)徐柶序,又元谕《自叙》叙其集始末,谓隆庆改元北上,乘舟往返,自夏徂冬凡五月,在途日与人谈经论史,后成此书。是书按谈道、谈理、谈治、谈学、谈文、谈子、谈史、谈经、谈书等类目分卷,末有散曲套数四套,题为《适适园四景曲》。《詹詹集》七卷为其诗文别集,现存隆庆间欧阳葵刊本,首隆庆二年(1568)霍熏《詹詹集序》,内卷一《赋稿》、卷二《虞部诗稿》、卷三《南迁稿》、卷四《比上诗稿》、卷五《安庆诗稿》、卷六《桂林诗稿》、卷七《比上诗稿》。又有明抄本《张月泉诗集》不分卷。清黄彬等《金华诗录》卷三二录其诗六首。《明诗纪事》己签卷九录其诗一首。生平见清王崇炳《金华征献略》卷九。

张天复(1513—1573) 字复亨,号内山,又号初阳,晚号镜波钓叟。浙江绍兴府山阴(今绍兴)人。嘉靖二十二年(1543)举人,二十六年进士,丁忧归,二十九年服除谒选,授礼部祠祭司主事。改吏部验封司,进兵部职方司员外郎,迁礼部主客司郎中,寻转仪制司。出为湖广提学副使,居楚三年,迁江西左参政,四十一年左迁云南按察副使。时当地土族兵叛,以败绩,被劾入狱,其子元忭驰京师为其申辩,往返一年,当事者怜之,削籍归。归后名其别馆曰镜波,性喜饮,宾至辄陈觞俎,陶然忘醉,又以著述自娱,卒于万历元年(1573),年六十一。《千顷堂书目》著录其《皇舆考》十二卷、《鸣玉堂稿》十二卷。传世《皇舆考》有多种刻本,十卷本为嘉靖三十六年刊,十二卷本为万历十六年张象贤遐寿堂刊,另有万历末至天启六年(1626)刊二十卷本《广皇舆考》则为张元忭增修。《鸣玉堂稿》十二卷首有嘉靖四十三年宋国华序及万历八年陈文烛序,盖为其卒后所刊,内文十卷,按序、记、文、状、铭、颂、疏、杂著等分类,诗二卷,收古近体诗一百五十余首,词六首。生平见张元忭《先考内山府君行状》《张阳和先生不二斋文选》卷五)、王兆云《皇明词林人物考》卷一〇。

张天赋(1488—1555)　字汝德,号叶冈,自称爱梅道人。广东惠州府兴宁人。诸生,从湛若水游。曾得县令祝允明赏识,允明作有《答张天赋秀才书》(《怀星堂集》卷一二),论及读书作文。嘉靖十一年(1532)以拔贡任浏阳县丞,署县事,以病归,三十四年卒,年六十七。能诗,现存嘉靖刊《叶冈诗集》四卷,收诗五百六十余首。生平见《(咸丰)兴宁县志》卷九。

张天瑞(1451—1504)　字文祥,号云坪。山东东昌府清平人。成化十三年(1477)中举,十七年进士第三,授编修,与修《宪宗实录》。弘治四年(1491)升侍讲,充经筵讲官,十三年升左春坊左庶子,与修《资治通鉴纂要》,十七年八月卒,年五十四。与李东阳、程敏政交,有才名。《千顷堂书目》著录其《云坪集》四卷,现存嘉靖间赵藩味经堂刊本,内文二卷,收讲章二十七篇、各体文二十三篇,诗二卷,收诸体诗二百六十九首。卷首有嘉靖二十七年(1548)枕易道人(赵王)《云坪集叙》,谓其季子为赵王藩属,伤亲早逝,因录其制作,请赵王资助刊之云云。《皇明诗统》卷一九录其诗一首。生平见佚名《左春坊左庶子张天瑞传》《国朝献征录》卷一九)、《(1936)清平县志》第六册。

张五典(1554—1627)　字和衷,号海虹。山西泽州沁水人。生于嘉靖三十三年(1554)正月十七。万历七年(1579)举人,二十年进士,授行人。迁户部主事,监天津仓,历员外郎、郎中,出为山东布政司参议,历河南按察司副使,迁山东布政司参政,守海右,晋山东右布政使。入为太仆寺少卿,迁南大理寺卿,以子张铨殉国,加升兵部尚书。天启三年(1623)致仕归,六年十二月二十三(1627年2月8日)卒,年七十二,赠太子太保。方志谓其"性严重,居朝廷中立,无所附",当时人则或称其为东林,或称其为阉党。万历二十五年任顺天乡试分考官,曾于落卷中得徐光启卷,荐送主考焦竑,拔置第一。《千顷堂书目》著录其《海虹集》,现存崇祯六年(1633)刊本《大司马张海虹先生文集》十七卷,收其所撰疏、议及诗文,内卷四收诗百余首,卷一七为外集,收恤典志表等,首有徐光启序。《明诗综》卷五七录其诗一首。《明诗纪事》庚签卷一七录其诗一首。生平见《张海虹先生文集》附录之《自撰年谱》及黄立极为其所写《墓表》，又见《(雍正)山西通志》卷一二二。

张升（1442—1518） 字启昭，号柏崖。江西建昌府南城人。成化四年（1468）领乡荐，五年春闱进士第一，授翰林修撰。以皇太子出阁，特改左春坊左赞善，充东宫讲读官，秩满，升右春坊右谕德。孝宗即位，以从龙恩进左庶子兼翰林侍读，寻以劾大学士刘吉忤上，贬南工部员外郎，丁忧去。五年刘吉罢，复旧官，迁詹事府少詹事兼翰林侍读学士，擢礼部右侍郎，转左，十五年进尚书。正德二年（1507）忤刘瑾，谢病乞归，加太子太保致仕，十二年十二月十一（1518年1月22日）卒，年七十六，赠太子太傅，谥文僖。著述有嘉靖元年（1522）其子张元锡所刊《张文僖公文集》十四卷《诗集》二十二卷，据集首邵宝序，谓此集本名《柏崖集》，刻成而赐谥之命适至，遂以名之。现《文集》存，《诗集》残存卷一至卷五。据目录，诗集原收诗一千三百余首，赋三篇，词十九首，现存诗三百九十七首。《明史·艺文志》著录其《文集》二十二卷，或未实见其集矣。所著另有正德十六年刊本《张文僖公和唐诗》十卷（存一至五卷）及清抄本《张文僖公咏史诗》四卷。《皇明诗统》卷一四录其诗十四首。《明诗综》卷二四录其诗一首。《四库全书总目》著录《张文僖公文集》十四卷《诗集》二十二卷，"提要"云："升立朝颇著风节，而其文多应酬之作。末附《瀛涯胜览》及《北行录》《西行录》，皆缕述见闻，无所考证。其诗近体多于古体，而七言近体尤多于五言，是足验其所得矣。"《江西诗征》卷五二录其诗十五首。《明诗纪事》丙签卷六录其诗一首。《明文海》录其文一篇。清陈元龙《御定历代赋汇》卷一六录其《医巫闾山赋》。生平见罗玘《礼部尚书张公墓志铭》（《圭峰集》卷一七）、顾祖训《状元图考》卷二、《明史》卷一八四。

张介（生卒年不详） 号蒲塘。南直庐州府六安（今属安徽）人。诸生，布衣张时子。少有文名，人皆期许巍科，七举不售，怀才不遇之情往往发为诗章。现存万历八年（1580）其子张阶刻本《易庵蒲塘二翁诗稿》二卷，为张介与其父合集。内张时《易庵遗稿》一卷，收诸体诗一百七十余首，词调二十六首；张介《蒲塘遗稿》收诸体诗六十九首。集前有何宽、叶钶等序，后又有句容西安儒学教谕沈开和张介子张谐、孙张澡跋各一篇。

张凤翔（1472—1501） 字光世，号伎陵子。陕西汉中府洵阳（今旬阳）人。生有异禀，目羞日光，短视，暗处反明，左手横书，兴到笔飞，瞬间满纸。弘治十二年（1499）进士，除户部主事,移疾归,十四年卒,年仅三十。能诗,比为诸生时,督学杨一清称其与李梦阳、张潜为"关中三才子"。与李梦阳同举于乡,梦阳曾评点其诗并为其作传。诗文别集《张伎陵集》七卷,前六卷为诗赋,末卷为杂文,嘉靖刊本现残存卷一至卷三,计存赋三篇、古体诗六十四首、近体诗一百五十三首,《明史·艺文志》著录其《张伎陵集》七卷即此本也。《盛明百家诗》前编录其诗四十余首为《张伎陵集》。顾起纶《续国雅》卷三录其诗二首。《皇明诗统》卷一七录其诗十一首。崇祯五年(1632)贾鸿洙《周雅续》卷五录其诗十首。《石仓十二代诗选·明选》录其诗二十一首。《列朝诗集》丙集录其诗十八首,"小传"谓其诗:"信手涂抹,不经师匠,如村巫降神之语。而献吉作传,以为子安再生,文考复出。"《明诗综》卷二七下录其诗一首,"诗话"云:"《伎陵集》洵无足录。蒙叟(钱谦益)诮献吉党护作传,然其集献吉评点,初不假借,不以为近徘,即以为太实;或讥其篇章虽多,事重意复;或评其蕴蓄有余,变化未至。惟卷末数篇云流动工致,所谓'吾见其进'也,是无异师之视弟子……蒙叟党护之论,殊不其然。"《四库全书总目》著录《张伎陵集》七卷,"提要"云:"凤翔年仅三十而卒,文章本未成就。与李梦阳

为同年,梦阳为作小传,至比之王勃,当时颇以为党。今观集中所附梦阳评点,惟《白岩赋》一篇称扬过甚,其他诗文,率多讥弹之语。则梦阳实未尝心满之也。"《明诗纪事》丁签卷八录其诗一首,按云:"献吉为作佳传,而又于《伎陵集》指摘其失,一以殉友谊,一以著公评。"生平见李梦阳《张光世传》(残本《张伎陵集》卷首)、王兆云《皇明词林人物考》卷四。

张凤翼[1](1527—1613)　字伯起,号灵墟,又号泠然居士。南直苏州府长洲(今苏州)人。出身商家,与其弟献翼、燕翼并有才名,时吴人有"前有四皇(皇甫氏兄弟),后有三张"之语。少有志于仕途,嘉靖三十五年(1556)捐资入南国子监,四十三年中举,四次会试落第,至五十四岁乃不赴试,潜心写诗、作文、度曲,又揭榜于门,明写润格,卖字佣书。万历四十一年(1613)卒,年八十六。精于曲律,尤喜为乐府新声,时或粉墨登场。曾与次子合演《琵琶记》,自饰蔡伯喈,其子饰赵五娘。传奇作品有《阳春六集》:《红拂记》《祝发记》《窃符记》《虎符记》《灌园记》《炙庋记》。除《炙庋记》仅存残曲,其余皆存明刊本。内《红拂记》三十四出为凤翼十九岁时作,写红拂、乐昌公主事,自贺新婚;《祝法记》二十八出,成于万历十四年,取南朝徐克孝

事,为贺其母八十寿诞而作;《窃符记》二十四折,演信陵君窃符救赵事;《虎符记》四十折,演朱元璋部将花云父子故事;《灌园记》三十出,取材《史记》中《田敬仲完世家》,演齐公子法章故事。另,万历三十一年曾作《平播记》传奇,颂朝廷二十八年平定播州土司杨应龙事,已佚。传奇属文采一派,亦适合演出,致剧本一出,吴越名伶竞相演出。故王骥德云:"长洲体裁轻俊,快于登场。"(《曲律》卷四)对其重于文采,时人亦多批评,凌濛初《谭曲杂札》谓:"张伯起小有俊才,而无长料。其不用意修词处,不甚为词掩,颇有一二真语、土语,气亦舒通;毋奈为习俗时弊所沿,一嵌故实,便堆砌拼凑,亦是仿伯龙(梁辰鱼)使然耳……乃心知拙于长料,自恐寂寥,未免涂饰,岂知正是病处。"有散曲集《敲月轩词稿》,未传,张栩《彩笔情辞》、张琦等《吴骚合编》等存其小令二十首、套数十六套。诗文著述有万历时刊《处实堂集》八卷(诗四卷文四卷)、《续集》十卷(诗五卷文五卷),两集皆无序跋;又有《后集》六卷,诗三卷文三卷,首有万历三十八年(1610)山阴祁承爜《处实堂后集序》;又明刻《处实堂集选》十二卷及稿本《明张伯起诗稿》一卷。《明史·艺文志》著录其《处实堂前后集》五十三卷,未知何据。所著另有万历刊本《梦占类考》十二卷、《谭辂》三卷、《文选纂注》十二卷。又曾为小说《水浒传》刊本写过《水浒传序》。《四库全书总目》著录《处实堂集》八卷,"提要"云:"凤翼才气亚于其弟献翼,故不似献翼之狂诞,而词采亦复少逊。"王世贞曾将其与皇甫汸、莫如忠、许邦才、周天球、沈明臣等列为"四十子"(《弇州四部稿续稿》卷三),然其于诗文反对一味摹古,主张"操觚者,但写胸臆"(《与人论文书》),实有与世贞异调处。《皇明诗统》卷二六录其诗十四首。《列朝诗集》丁集录其诗四首。《明诗评选》录其诗一首。《明诗综》卷四五录其诗五首。《明诗纪事》己签卷七录其诗二首。《明文海》录其文《清舞赋》等十一篇。《明词综》卷四录其词一首。近人赵尊岳《明词汇刊》录其词八首为《处实堂词》。生平见李绍文《皇明世说新语》卷七、《(康熙)苏州府志》卷四五、《明史》卷二五七。

张凤翼[2](? —1636)　字九苞。山西太原府代州(今代县)人。万历四十一年(1613)进士,授户部主事,累官至广宁兵备副使,丁忧归。天启初起右参政,饬遵化兵备,三年(1623)五月擢右佥都御史,巡抚辽东,与枢辅孙承宗异议,内艰归。六年秋加兵部右侍郎,总督蓟辽,崇祯元年(1628)谢病去。三年再起总督蓟辽、保定军务，与诸将马世龙等协谋复四城，七年以恢复登州功，进太子少保、兵部尚书，再谢病去，寻召为三边总督兼督河南、山西、湖广军务。八年凤阳陷，诏戴罪视事，九年七月清兵间道入昌平，进逼北京，自请督师，与卢维宁、梁廷栋相犄角，皆怯不敢战，诸州县相继失守，言官劾疏五、六上，自知不免，日服大黄求死，九月初一卒于行营，议罪夺其官，十一年七月，论前剿寇功，诏叙复。曾为魏忠贤建生祠，诸建祠者俱入逆案，惟凤翼以边臣获宥。崇祯时主兵事五年，以庸懦，终至败亡。曾以诗文称于三晋。著述有《句注山房集》二十卷，内诗赋十卷，收赋五篇、古近体诗四百九十七首、词十七首，文十卷，收各体文九十五篇，又《尺牍》七卷，收其书启二百八篇。集为崇祯末孙传庭所刊，李茂春、李若讷序。所著另有《枢政录》十卷（崇祯刊本残存五卷）。生平见《（雍正）山西通志》卷一二八。

张文柱（生卒年不详）　字仲立。南直苏州府昆山（今属江苏）人，张士瀹子。年十二赋《关山月》诗，一座叹赏。万历十六年（1588）举于乡，屡上公车不第，后选官为临清知州，数年卒于任。卒后子孙搜其散佚之稿辑为《滇池集》十六卷，诗赋七卷、杂文九卷，《四库全书总目》著录，未见传。《盛明百家诗》录其诗二十八首为《张文学集》。顾起纶《国雅》卷一八录其诗七首。《皇明诗统》卷三二录其诗八首。《列朝诗集》丁集、《明诗综》卷五五录其诗二首。《海虞文征》录其文一篇。《金陵诗征》卷三九"寓贤"录其诗一首。《明诗纪事》庚签卷一五录其诗一首。清胡胤瑗《皋兰明词选》卷一录其词一首。生平见《（乾隆）江南通志》卷一六五。

张以宁（1301—1370）　字志道，号翠屏山人。古田（今属福建）人。生于元大德五年（1301）四月十五。泰定四年（1327）举进士，授黄岩州判官，进六合知县，以丁内艰归。服阕赴京，为兵乱所阻，滞留江淮十年，以教授为生。至正中，复征为国子助教，累官至翰林侍讲学士、知制诰兼修国史。史称其时"元末宿儒如虞集、欧阳玄、揭傒斯、黄溍等人都已相继物故，张以宁以清俊之才，博学强记，擅名于时，人呼'小张学士'"。明军破大都，与危素等征至南京，以撰《钟山说》称旨，授翰林侍读学士，知制诰兼修国史。洪武二年（1369）夏六月奉命赍诏印使安南，次年五月四日卒于归途，年七十。研经学，《明史·艺文志》著录其《春秋尊王发微》八卷《春秋春王正月考》一卷又《辨疑》一卷（收于清康熙通志堂刊本《通志堂经解》及《四库全书》）。尤以诗名，元季赖良《大雅集》收其诗五首,至明初诗名更著,清钱谦益云:"国初诗派,西江则刘泰和崧,闽中则张古田志道。泰和以雅正标宗,古田以雄丽树帜。"(《列朝诗集》"小传")诗文原有《翠屏稿》《淮南稿》《南归纪行》《安南纪行集》,现存诗文集《翠屏集》四卷,有宣德三年(1428)、成化十六年(1480)等刊本,诗二卷文二卷,为其子张孟晦与门人石光霁等辑编,有洪武三年宋濂序、洪武二十七年刘三吾序、宣德三年陈璲序。又存明悠然斋抄本《诗集》一卷《后集》一卷《文集》三卷。刘仔肩《雅颂正音》录其诗四首。《皇明风雅》录其诗二十一首。《盛明百家诗》录其诗二百二十余首为《张翰讲集》。顾起纶《国雅》卷一录其诗十二首。《皇明诗统》卷二录其诗十五首。徐火勃《晋安风雅》录其诗十九首。《石仓十二代诗选·明诗选》录其诗七十四首。《皇明诗选》录其诗一首。《列朝诗集》甲集录其诗一百二十首。《明诗综》卷三录其诗十五首。清沈德潜《明诗别裁集》录其诗六首。《御选宋金元明四朝诗》录其诗七十八首。《四库全书》据成化十六年刊本收《翠屏集》四卷,"提要"云:"其文神锋隽利,稍乏浑涵深厚之气。其诗五言古体意境清逸,七言古体亦遒警,惟《倦绣篇》《洗衣曲》等数章,稍未脱元季绮缛之习。近体皆清新,

间有涉于纤仄者……兼以文章显,不但以《春秋》名家。《诗谈》称'以宁诗高雅俊逸,超绝畦畛,如翠屏千仞,可望而不可跻'。虽推挹稍过,然亦几乎近似矣。"清郭柏苍《全闽明诗传》卷一录其诗二十首。《明诗纪事》甲签卷三录其诗十首,按云:"《翠屏》一集,咀含英华,当为闽诗一代开先,二蓝、十子,皆在下风。"《明词综》卷一录其词一首。近人赵尊岳《明词汇刊》录其词三首为《翠屏词》。生平见杨荣《张公墓碑》(《杨文敏公集》卷一九)、廖道南《殿阁词林记》卷四、王兆云《皇明词林人物考》卷二、《明史》卷二八五。

张以诚(1568—1615)　字君一,号瀛海。南直松江府青浦(今属上海)人。万历二十九年(1601)第一人进士及第,授翰林修撰。历中允,转右谕德,以父丧归里守制,四十三年卒于家,年四十八。治《毛诗》,有明刊本《毛诗微言》二十卷,《四库全书总目》著录,"提要"谓是书"杂采旧说,无所发明"。亦能诗文,尤以时文著。《明史·艺文志》著录其《酌春堂集》十卷,现存崇祯间其子张安范刊《张宫谕集》十卷,有崇祯九年(1636)董其昌序、十年马思礼序。其卷首收"馆课",卷一、卷二收诸体诗三百五十余首,卷三至卷一〇收各体文约二百篇。《皇明诗选》、《明诗综》卷五九录其诗一首。《御选宋

金元明四朝诗》录其诗二首。清姚宏绪《松风余韵》卷二六录其诗五首。清王昶《青浦诗传》卷一一录其诗一首。《明诗纪事》庚签卷二〇录其诗一首。陈继儒《乐府先春》录其散曲套数一套。生平见顾祖训《状元图考》卷四、《（乾隆）江南通志》卷一四一。

张正蒙（生卒年不详）　字子明。南直应天府江宁（今江苏南京）人。布衣能诗，与顾起元善。有《蓬蒿集》，未见传。《列朝诗集》丁集录其诗二十首，"小传"谓其"居通济门外之罾湾，临河结庐，柴门昼闭，带索拾穗，未尝俯仰于人，年逾九十，隐沦终老。今体诗几万首，今刻其什一，顾太初（顾起元）为序"。《明诗综》卷六三录其诗二首，并引顾太初云："隐君年九十余，犹能日行数十里无倦，不多饮酒，而善饭如壮夫。诗法中、盛唐，饶王、孟、韦、柳之趣。"《御选宋金元明四朝诗》录其诗十三首。《金陵诗征》卷二〇录其诗八首。《明诗纪事》庚签卷二六录其诗一首。

张世伟（1568—1641）　字异度，学者称道安先生。南直苏州府吴县（今江苏苏州）人。卜居吴门渌水园，少能文。平生砥行植节，急朋友之难甚于己，乡邦有大利病，缙绅嗫嚅相顾，必自世伟发之。与同里周顺昌、文震孟、姚希孟、朱陛

号"吴门五君子"。时党议方起，而世伟颇好臧否人物，为时所侧目。万历四十年（1612）顺天乡试举人，后三应春闱不第，以贤良方正荐，未就。卒于崇祯十四年（1641），年七十四，十七年赠翰林待诏。著述有崇祯刊《张异度先生自广斋集》十六卷附《周吏部纪事》，收其所作序、记、墓铭、书启等，首方震孺崇祯十一年序及作者自序。陈济生《天启崇祯两朝遗诗》卷八录其诗五首。《明诗综》卷七〇录其诗二首，"诗话"云："异度籍甚，诗名庸庸，绝少高调。"《御选宋金元明四朝诗》据之录。生平见陈济生《天启崇祯两朝遗诗·小传》、清邹漪《启祯野乘》卷一三。

张可大（？—1632）　字观甫。祖籍孝感，参将张如兰之子，世袭南京羽林左卫千户，因为江宁（今江苏南京）人。万历二十九年（1601）武进士，授建昌守备。历浙江都司、浏河游击，迁广东高要参将，改浙江舟山，加副总兵，擢都督佥事，金书南京右军都督府事。出为登莱总兵官，以勤王功进都督同知，再进右都督。崇祯五年（1632）孔有德兵变，登州城陷，自缢死，赠特进荣禄大夫、太子太傅，谥庄节。能诗，《千顷堂书目》著录其《驭雪斋集》□卷，又注其"有《真州》《娄江》《舟山》诸稿，《白下》《牟子》等集"。现存万历四

十三年刊《电白集》，收诗一百五十余首。又有明刻《驮雪斋集》不分卷。《千顷堂书目》另著录其《南京锦衣卫志》二十卷。《列朝诗集》丁集录其诗五首，"小传"谓其"生平孝友淳重，博学好古，与时贤相赠答，皆海内通人胜流"。《明诗综》卷七二录其诗一首。清高士熙《湖北诗录》录其诗一首。《金陵诗征》卷二六录其诗四首。《明诗纪事》庚签卷二四录其诗一首。生平见陈济生《天启崇祯两朝遗诗·小传》、清邹漪《启祯野乘》卷九、《明史》卷二七〇。

张龙文（？—1645） 字掌霖，一作掌麟。南直常州府武进（今江苏常州）人。邑廪生，居于季子墓旁。为人轻财好施，倜傥有奇气。崇祯二年（1629）与同乡陈祖绶、恽本初先后入复社。清顺治二年（1645），清兵攻江阴，经其地，倡乡民御之，乱中被难。清初邹式金选刊《杂剧三编》存其《旗亭燕》杂剧，本事出唐薛用弱小说《王涣之》（《全唐五代小说》卷二八）所叙旗亭画壁故事，惟将其中原未列出姓名之乐工改为李龟年、贺怀志及张云容、许云新辈。陈济生《天启崇祯两朝遗诗》卷九录其诗四首。清邹祗谟、王士禛《倚声初集》卷八录其词一首。生平见清徐崶《小腆纪年》卷一〇、《（乾隆）常州府志》卷二五、《（光绪）武进阳湖合志》卷二三。

张四维[1]（1526—1585） 字子维，号凤盘。山西平阳府蒲州（今运城）人。其家世为盐商，舅父王崇古官至兵部尚书。四维生于嘉靖五年（1526）五月十二。二十八年乡试中举，三十二年进士，选翰林院庶吉士，三十四年授编修。隆庆元年（1567）升右春坊右中充兼翰林编修，充经筵日讲官，迁左春坊左谕德兼翰林院侍读，三年超擢翰林学士掌院事。以熟知边防，促成与俺答和议为内阁首辅高拱器重，迁吏部右侍郎兼翰林学士。御史郜永春视盐河东，疏奏盐法之坏由势要横行、大商专利，指四维、崇古为势要，四维父、崇古弟皆为大商，四维因乞去。六年召充东宫侍班官，吏部左侍郎兼掌詹事府，复再被劾，移病归。以结于慈圣太后父武清伯李伟及首辅张居正，万历二年（1574）复召掌詹事府，三年拜礼部尚书兼东阁大学士，入赞机务，五年春闱会试主考官，加太子太保，文渊阁大学士，六年主持神宗婚礼，加少保，晋武英殿大学士，八年一品满考，加柱国、少傅兼太子太傅。十年张居正卒，改吏部尚书，进少师，兼太子太师，中极殿大学士，代居正为首辅。十一年以父丧离职，十三年十月十六卒于家，年六十，谥文毅。四维有才干，善机变，能俯仰，故得捭阖朝堂数十年。又能书法，善文辞。《明史·艺文志》著录其《条麓堂集》三十四卷，卒后其诸子辑刊，现存万历二十三年张泰征刊本及三十二年施重光重刊本，内诗赋三卷，收古近体诗二百五十余首及赋二、颂八，末二卷为《永信录》，录诏、诰及申时行等人所作墓、铭、行状，有陈经邦、黄凤翔、王家屏等序。另曾辑《明公书判清明集》十四卷，有隆庆三年（1569）盛时选刻蓝印本。《皇明诗统》卷二五录诗七首。《明文海》录其文二篇。《明诗纪事》已签卷一一录诗一首。生平见王家屏《张文毅公行状》、许国《张文毅公墓志铭》（《条麓堂集》卷三四）及王世贞《嘉靖以来内阁首辅传》卷七、《明史》卷二一九。

张四维[2]（生卒年不详）　字治卿，一作子维，号午山、五山、屏山，别署五山秀才。京师大名府元城（今属河北）人，侨寓金陵。万历二十年（1592）前后在世，曾与陈所闻以曲相答，散曲结集称《溪上闲情集》，《千顷堂书目》著录，已佚，仅陈所闻《北宫词纪》存其套数《秋游莫愁湖因过陈茞卿看菊》一套。所撰传奇二种：一为《双烈记》，存汲古阁原刻初印本、汲古阁刻《六十种曲》本及清康熙十一年（1672）吴郡片淡道人抄本（题《麒麟记》），凡二卷四十四出，演韩世忠、梁红玉事。吕天成《曲品》列其为"中下品"，其评语云："传韩蕲王事，甚英姿生色，但前

段梁国之母作梗，近套，亦无味，必当删去。"陈与郊曾改编此剧为《麒麟罽》。胡文焕《群音类选》、纪振伦《乐府红珊》等均收录该剧散出。又《章台柳》，已佚。清佚名抄本《传奇汇考标目》增订本还著录其《璃璋记》。生平见《（康熙）江宁县志》卷三七。

张宁（1426—1496）　字靖之，号方洲。浙江嘉兴府海盐人。景泰四年（1453）举人，明年进士，除礼科给事中。天顺四年（1460），朝鲜内乱，与锦衣卫都指挥武忠为正、副使臣前使朝鲜，归撰《奉使集》二卷，擢都给事中。成化元年（1465）出知汀州，以疾免归。家居三十年，屡荐不起，弘治九年（1496）卒，年七十一。《明史·艺文志》著录其《奉使录》二卷、《读史录》六卷、《文集》三十二卷。《奉使录》上卷首叙其奉使召对及奏稿数篇，余皆途中留题之作，下卷则收至朝鲜后与朝鲜陪臣朴元亨等倡和之作，题曰《皇华集》，注云"朝鲜刊本"，然所收诗文与朝鲜刊《（庚辰）皇华集》略有不同。此集原被收入张宁文集，另存天启三年（1623）单刻本。张宁诗文别集原有弘治间许清编刊本《方洲张先生文集》四十卷，首弘治四年仁和夏时正序，内试策、奏疏等二卷，赋、颂一卷，诸体诗十四卷，各体文十五卷，《奉使录》二卷，《读史录》六卷。此

即《千顷堂书目》著录之《方洲文集》四十卷。后又有万历间钱世喾刻《方洲集》二十六卷附《读史录》六卷，《明史·艺文志》著录之《文集》三十二卷当指此本。《千顷堂书目》另著录其与王济《浙西倡和诗》。另万历绣水沈氏刻《宝颜堂秘笈》收其《方洲杂言》一卷。以能文称于时，《明文海》录其文二十二篇，评其《愁阴赋》云："其文感慨曲折，有一唱三叹之致。是时风气朴略，文多直致，公秀出其间，使皆如是，何、李岂敢言变哉。"又卷二五九评语谓其文"清梗有法，固是作家"。亦有诗名。《皇明风雅》录其诗五十九首。顾起纶《国雅》卷四录其诗九首。《皇明诗统》卷一二录其诗三十九首。《石仓十二代诗选·明诗选》录其诗一百零七首。《列朝诗集》乙集录其诗九首。清沈季友《槜李诗系》卷九录其诗三十六首。《明诗综》卷二一录其诗十一首。《御选宋金元明四朝诗》录其诗十四首。《四库全书》据万历本收《方洲集》二十六卷附《读史录》四卷，《总目》"提要"云："今观其奏疏诸篇，伟言正论，通达国体，不愧其名，他文亦磊落有气。诗则颇杂浮声，然亦无酲酲萎弱之态。观其使朝鲜，日与馆伴朴元亨登太平馆楼，顷刻成七言长律六十韵，殆由才调纵横，不耐沉思之故矣。"《明诗纪事》乙签卷一九录其诗十三首。《明

词综》卷二录其词一首。近人赵尊岳《明词汇刊》辑录其词十二首为《方洲诗余》。生平见姚镆《张方洲先生小传》(《东泉文集》卷七)、王兆云《皇明词林人物考》卷四、过庭训《本朝分省人物考》卷四四、《明史》卷一八○。

张永明(1499—1566)　字锺诚，号临溪。浙江湖州府乌程(今湖州)人。嘉靖十三年(1534)举人，明年进士，授芜湖知县。进南京刑科给事中，素清谨，以整顿朝纲为己任，连劾樊继祖、张瓒、严嵩、严世蕃、戴金等，中外惮之。出为江西参议，迁云南副使、山西左布政使，以右副都御史巡抚河南，四十一年拜刑部尚书，改左都御史，四十五年为言官被劾，辞官归家，寻卒，年六十八，谥庄僖。《千顷堂书目》著录其《临溪存稿》，现存万历三十七年(1609)张氏家刊本《张庄僖公文集》六集六卷，内《礼集》所收为诰命、祭文、赞诔、碑志之类，《乐集》《射集》皆南垣谏草，为官南京给事中时所作，《御集》《书集》为官中州时疏略及在部院疏奏，《数集》为家训、语录、杂著、诗文，诗仅十余首，又附其牵后诸人所作墓铭、行状等为《外纪》。《四库全书》所收《张庄僖文集》五卷，则据之删略诰命、祭文、赞诔、碑志之类而成，《总目》"提要"云："其文平实质朴，不尚雕华，而多有用之言。"清陆

心源《吴兴诗存》四集卷九录其诗一首。生平见潘季训《张公行状》《张公墓志铭》及申时行《张庄僖公传》（皆《张庄僖公文集》附），又见《明史》卷二〇二。

张民表（1570—1642） 字法幢、林宗，号塞庵，又自号原圃猎徒。河南开封府中牟人。万历十九年（1591）举人，十上春官不第。性嗜古文词，藏书数万卷，手自点定。喜饮酒，好草书，能诗，饮少即颓然挥洒放笔，谓有神助。有庐舍于开封，客至必留之醉。葛巾野服，兀傲自放，日与王惟俭、阮汉闻、秦镐等诗文交游，乘柴车无幔，朗吟车中，醉则卧南陂老杏树下，弟子扶掖而归，世莫测其浅深也。崇祯十五年（1642），李自成部众决黄河大堤，水灌开封，民表携诗稿登木筏，溺水亡，年七十三，诗稿亦遗。后其门人周亮工及其子张允集多方收罗其遗诗，于清顺治时刊为《原圃集》一卷、《塞庵诗》一卷《续》一卷《二续》一卷、《张林宗先生诗三续》一卷，计收诗一百三十余首，间附其友人赠诗。卷首周亮工所作《传略》谓其"古文词宗韩昌黎，诗法魏晋及杜少陵"。《千顷堂书目》仅著录《张林宗遗集》二卷。《列朝诗集》丁集录其诗四首。《明诗综》卷五六录其诗二首，"诗话"云："门人周侍郎亮工，为刊其遗集，仅存百一尔。存者非其称意之作。"《明诗纪事》庚签卷一六录其诗一首，按云："大梁周亮工，林宗弟子也……诗多步林宗《邺城南寺壁上》诗韵。"生平见张允集《先府君孝廉张公行述》、清周亮工《大梁张林宗先生传略》（《原圃集》卷首）及清孙奇逢《中州人物考》卷七。

张弘至（？—1528） 字时行，号龙山。南直松江府华亭（今上海松江）人，张弼次子。弘治九年（1496）进士，选翰林院庶吉士，授兵科给事中。武宗立，以户科右给事中奉使安南，还迁都给事中。以母忧归，家居十九年，嘉靖七年（1528）卒。能诗书，所著有《玉署拾遗》《使交录》《万里志》《东塾谏草》等。清康熙间张世绶刻张弼《张东海全集》附弘至《万里志》二卷，首许谷《万里志序》、陆树声《万里志小引》、弘至《万里志自叙》，末为文征明《序万里志后》，内卷上收诗八十九首，卷下收诗六十首，皆为其出使安南时所作。据书后弘至季子张其愓《万里志述言》，知《万里志》初刻于万历元年（1573）。现存清刻《万里志》二卷附《诸公赠行诗》一卷。清沈季友《檇李诗系》卷四〇录诗一首。《御选宋金元明四朝诗》录诗一首。生平见何三畏《张都谏龙山公传》《云间志略》卷九）、萧彦《披垣人鉴》卷一一、《明史》卷一八〇。

张邦纪（1573—1644） 字完璞，

号瑞石。燕山左卫籍,京师顺天府通州(今属北京)人。万历二十六年(1598)进士,授礼部主事。历赞善、庶子,累迁至礼部侍郎,四十七年半身不遂,因致仕。崇祯十七年(1644)三月,李自成陷京师时死难,年七十二,五月史可法等拥立福王南京即位,谥死难诸臣,十月谥文懿。能诗文,书法亦佳。北京法源寺万历三十四年立方从哲撰《崇福寺碑》,即为邦纪书。万历三十九年《重修泰山灵应宫碑记》碑文则为邦纪撰,时邦纪官右赞善。著述现存崇祯十七年薛冈序刊本《张文懿公遗集》十卷,内诗二卷,收其古近体诗一百四十七首,文八卷,收序、记、墓铭等五十一篇。薛序谓邦纪得疾后,著述包括经筵讲章、应制诗文多散佚无存,故所刊不过十之一也。生平见《(光绪)顺天府志》卷九八。

张邦奇(1484—1544) 字常甫,号甬川。浙江宁波府鄞县(今宁波)人。弘治十八年(1505)进士,选翰林院庶吉士,授检讨。正德十年(1515)出为湖广提学副使,改四川、福建,入为右春坊右庶子,迁南国子监祭酒,擢南吏部侍郎。改吏部左侍郎,历掌翰林院、詹事府事,加太子宾客,进礼部尚书,以母老奉亲改南吏部,又改南兵部。卒于嘉靖二十三年(1544)十一月初七,年六十一,赠太子太保,谥文定。与王守仁

友善,论学则不合,主"躬行实践",一宗程朱。所著有《易说》《诗说》《书说》《春秋说》《释国语》《大学传》《中庸传》《甬川史说》等。现存明刊《张文定公全集》七十八卷,内《四友亭集》二十卷为诗集,收赋十二篇、诸体诗一千五百首、词三十四首,其余《环碧堂集》十八卷、《麝梅轩集》十二卷、《纡玉楼集》十卷、《养心亭集》八卷、《觐光楼集》十卷收其杂文、奏疏、讲章、策问及经史论著等,惟《觐光楼集》卷一有诗三十余首、词二首,无序跋,未详何时所刻。另有嘉靖二十九年张时彻刊《张文定公文选》三十九卷。顾起纶《续国雅》卷四录其诗二首。《皇明诗统》卷一五录其诗二首。《四明风雅》卷三录其诗三十三首。《石仓十二代诗选·明诗选》录其诗一百四十余首。《列朝诗集》丙集录其诗十六首。清胡文学《甬上耆旧诗》卷八录其诗五十一首。《明诗综》卷二八录其诗八首。清袁钧《四明近体乐府》卷八录其词三首。《明诗纪事》丁签卷一〇录其诗八首。《明文海》录其文二篇。《四明文征》录其文六篇。生平见张时彻《张尚书邦奇传》(《国朝献征录》卷四二)、王兆云《皇明词林人物考》卷五、何乔远《名山藏》卷七五、清黄宗羲《明儒学案》卷五二、《明史》卷二一〇。

张邦侗(生卒年不详) 字孺愿。

浙江宁波府鄞县(今宁波)人。张时彻子,以父荫授光禄署丞。能诗,与乡人屠隆等为诗友。《千顷堂书目》著录其《诸草》十卷、《广玉壶冰》一卷,未见传。现存明刊本《张孺愿诗略》四卷,不分体,收诗二百余首,卷末有《孺愿先生诗略后序》,知是集为其弟邦岱所刻也。另有明刻《司光集》一帙,所收百余首诗则为邦侗官光禄署丞时所作,约刻于万历时。清胡文学《甬上耆旧诗》卷二七录其诗四首。生平附见《(乾隆)宁波府志》卷二〇张时彻传。

张吉(1451—1518)　字克修,号翼斋、黙庵、怡窝,晚号古城。江西饶州府余干人。成化十三年(1477)举人,十七年进士,除工部主事。上疏劾李孜省、僧继晓以左道惑主,讽吏部尚书尹旻,谪景东通判。迁肇庆府同知,历梧州知府、广西兵备副使,擢贵州右布政使,致仕。卒于正德十三年(1518),年六十八。平生研习五经及宋儒著作,穷理讲学,间亦为诗。尝择胡居仁《居业录》八卷刻为《居业要语》四卷,有正德二年刊本。《千顷堂书目》另著录其《陆学订疑》二卷又《学范》《古城文略》四卷又《古城诗略》十卷。现存清康熙三十年(1691)杨榆刻四十九年增修本《古城文集》六卷补遗一卷,内卷一为《三朝奏议》,卷二为《陆学订疑》,卷三为《贞观小断》,卷四为《文略》(收赋五篇,各体文三十一篇),卷五、卷六为《诗》(收古近体诗三百五十余首),补遗收杂文十七篇。《明诗综》卷二五录其诗二首,“诗话”云:“观其序晦庵《感遇》诗,谓‘兼苏、李之体制,陶、孟之风调,韦、柳之音节,非汉晋以下词人所及。生乎后者,不根于此,而有能诗声,我不敢知也’。其论诗亦非户外语。”《四库全书》据康熙增修本收《古城集》六卷补遗一卷,《总目》“提要”云:“明至正德初年,姚江(王守仁)之说兴,而学问一变。北地(李梦阳)、信阳(何景明)之说兴,而文章亦一变。吉当其时,犹兢兢守先民矩矱,高明不及王守仁,而笃实则胜之;才雄学富不及李梦阳、何景明,而平正通达则胜之……以刚正之气发为文章,固不与雕章绘句同日论矣。”《江西诗征》卷五二录其诗十八首。《明诗纪事》丙签卷七录其诗一首。生平见杨廉《张公神道碑》(《国朝献征录》卷一〇三)、清黄宗羲《明儒学案》卷四六、《(雍正)江西通志》卷九〇。

张达(生卒年不详)　字秀充。广昌(今属江西)人。元末明初与本县胡布、新城刘绍俱以诗名。入明后胡布入狱被谪,刘绍官翰林应奉,以国子监助教致仕,惟不知张达之踪迹。宣德间郡人张烈编三人诗为《元音遗响》十卷,前八卷为胡布诗,卷九为张达诗,末卷为刘绍诗,实各人诗皆有作于明初者。《元音遗响》刊本流传不广,今惟存《四库全书》本,内收张达诗九十五首。

张成教(生卒年不详) 字大观,号洺南,晚年自号懒翁。京师广平府邯郸(今属河北)人。嘉靖二十二年(1543)举人,春试屡不第,谒选得日照知县,改大同府教授,迁陕西巩昌府通判。平生喜吟咏,称名于乡里,或曰有明一代其邑以诗名家者自成教始。归后犹肆志著述,不以老而废也。著述现存万历间刊本《张洺南诗集》十卷,首有万历七年(1579)蔡国熙《张洺南先生诗集序》,计收诗一千余首,末有其子张一举跋。后又于十卷后增刊文二卷,列为卷一一、卷一二,成《张洺南文集》十二卷,卷一一、卷一二又题为《续刻张洺南文集》,卷一一前有成教"识语"云:"前刻十卷已属冗汇,顷间儿辈仍搜旧帙兼理新纂请刻……以记、序、祭文、书翰为十一卷,以议论杂著为十二卷,凡四十一首。"增刊本计收各体文一百四十篇。另《千顷堂书目》著录其《邯郸县志》,未见传。

张光宇(生卒年不详) 字道夫,号太乙山人。河南开封府杞县人。投身军旅,弘治时官游击,驻四川。正德三年(1508)以都指挥驻陕西紫阳。嘉靖初以军功官松潘总兵,吐蕃东侵,却之。嘉靖十二年(1533)春复入蜀。能诗,现存嘉靖间刊《太乙山人游蜀诗》十卷,内乐府八首,长短句歌吟二十首,古近体诗二百余首,有王九思嘉靖十二年(1533)《太乙山人诗序》、康海《题太乙山人游蜀诗》、刘希简《太乙山人纪行稿序》。

张光孝(1517—?) 字惟训,号左华山人。陕西西安府华州(今华县)人,康海甥。生于正德十二年(1517)正月初一。嘉靖二十五年(1546)举人,春闱不第,隆庆二年(1568)选官河南西华县令,以罪于上司罢。能诗,存嘉靖间刊本《张左华集》十五卷,卷首有嘉靖四十四年宋应期序:"左华先生集凡一十五卷,赋凡三十七篇,诸体诗凡八百有八十首,皆期等东林书舍所诵录者。"又有万历间刊《左华丙子集》十卷,收赋十一篇,诸体诗一千一百首,卷首赵讷《左华丙子集序》谓其"年几耳顺,而铅椠不弃,吟味日佳,其大都登李、杜之堂,而出入于贾长江、孟襄阳"。罢归后曾编《华州志》,隆庆六年经知州李可久裁正付梓。《千顷堂书目》著录其《华州志》(有隆庆刻万历增修本,二十四卷)、《西渎大河志》六卷(存万历时刊本)。《皇明诗统》卷三七录诗一首。生平见《(雍正)陕西通志》卷五七上。

张同敞(?—1650) 字别山。湖广荆州府江陵（今湖北荆州）人。张居正长子张敬修之孙，瞿式耜门人。崇祯十三年（1640）以荫授中书舍人。十五年奉敕慰湖广，因令调兵云南，未复命而国乱。唐王立，走福建，授同敵锦衣卫指挥金事，奉使湖南。汀州破，依何腾蛟于武冈。后永历帝拜其为侍读学士，改尚宝卿，以大学士瞿式耜荐，擢兵部右侍郎兼翰林侍读学士，总督诸路军务。永历四年（1650）清兵陷桂林，与瞿式耜同被执，不屈被害。所著称《纯忠堂集》，未见存。现存清抄本《张忠烈公遗稿》一卷，卷前有瞿昌文撰于康熙三十二年（1693）《司马张公小传》，收瞿式耜、张同敵倡和诗三十余首。又有同治光绪间江陵邓裕时刻《别山诗钞》一卷，收诗一百六十余首，补遗附张懋修、张允修诗。又有清光绪二十七年（1901）荆州刻本《宫詹司马张公别山遗诗》（内《张忠烈公遗集》一卷收诗近九十首，《浩气吟》一卷，收同敵与瞿式耜倡和诗三十余首）。又有清末抄本《采薇集》一卷，收同敵所作序、疏、跋、书等三十八篇。陈济生《天启崇祯两朝遗诗》卷五录其诗八首。清廖元度《楚风补》卷四二录其诗二十首。清高士熙《湖北诗录》录其诗五十一首。《明诗纪事》辛签卷九上录其诗一首。生平见清瞿昌文《司马张公小传》（清抄本《张忠烈公遗稿》

附）、清王夫之《永历实录》卷一八、《明史》卷二一三。

张同德（生卒年不详） 字昭甫。河南开封府祥符（今开封）人。万历二十年（1592）进士，改庶吉士，徙吏科给事中，迁工科右给事中。二十三年论定国公徐文璧以代祭加衔太师，罢归。家居以文章自娱。《千顷堂书目》著录其《张昭甫集》二十六卷，现存万历二十八年大梁张氏原刊本，内诗赋十一卷，收赋二、诸体诗七百八十首，奏疏一卷，各体文十四卷，杨于庭、王惟俭、张有德序。其在先已有诗集，王世贞《弇州四部稿续稿》卷五二有《张昭甫诗集序》。《明文海》录其所撰墓志铭一篇。清陈元龙《御定历代赋汇》卷六二录其《读秘阁藏书赋》一篇。

张廷玉（生卒年不详） 字汝光，号石初，又号无歧子。陕西延安府肤施（今延安）人。万历三十一年（1603）举人，三十八年进士，历官工部郎中、山西按察副使。好艺文，曾辑琴谱《新传理性元雅》四卷《指法》一卷，《四库全书总目》著录，现存万历刊本。诗文著述有崇祯刊本《张石初也足山房尤癯稿》六卷，首有陈盟《尤癯稿序》、张斌《尤癯诗集弁言》等，卷一至卷五前半收拟乐府及古近体诗六百余首、词十二首、赋二篇，卷五后半至卷六收序、幛词、引、记等文三十七篇。

《御选宋金元明四朝诗》录其诗二首。《(雍正)陕西通志》卷九四录其《杜甫川说》一篇。生平见《(光绪)延安府志》卷二三。

张廷臣(生卒年不详)　字元忠。南直苏州府昆山(今属江苏)人。以诸生入太学,嘉靖七年(1528)举人,屡应会试不第,年四十三卒。能诗文,万历二十八年(1600)张氏木雁轩刊本《娄上编》二十卷有其《玉山草堂集》二卷附录一卷,卷上收五七言诗六十八首,卷下收各体文十二篇,卷首有文征明序及其子张士瀹重刻序。其集初刻于嘉靖二十七年,复刻于嘉靖四十四年,此为三刻本矣。另有万历二十九刊本《娄上张氏说诗》一卷,《四库全书总目》著录。顾起纶《续国雅》卷四录其诗二首。另曾辑《国朝文纂》五十卷,其子续成,现存明铜活字印本。生平见归有光《元忠张氏家传》(《震川先生集》卷二六)、《(1933)昆新两县续修志》卷三〇。

张合(1506—1553)　字懋观,号贲所。云南永昌军民府(今保山)人,隶籍金齿卫。南吏部侍郎张志淳幼子。嘉靖元年(1522)乡试解元,十一年进士,授户部主事,改兵部、吏部。历员外郎,出为湖广副使,以疾归。三十二年卒,年四十八。平生一意为文,诗少作,或记其有《贲所文集》,未见传。另有杂俎《宙载》

二卷,万历刊本残存一卷,清抄本则为二卷。顾起纶《国雅》卷七录其诗十一首。《金陵诗征》卷二〇录其诗二首。清袁文典等《明滇南诗略》卷五录其诗五首。《明诗纪事》戊签卷八录其诗一首,按云:"懋观与崔后渠(崔铣)论诗,崔云:'唐人诗,郊寒、岛瘦、仝怪,俱自成一家。今人诗皆是描红,未有自出机杼者。'懋观云:'唐人诗本于心,如太白好酒,飞卿好色者,言与心符,故不可及。今人诗与心迥异,故格调虽规模古人,而意味终不如。'此论为当时摹古者进一解。懋观诗惜不多见。"近人李根源《永昌府文征》"文录"卷四录其文五篇、"诗录"卷三录其诗五首。生平见丘世宁《张公墓志铭》(《丘隅集》卷一五)、《(乾隆)云南通志》卷二一之一。

张旭(生卒年不详)　字廷瑞,又字廷曙,号梅岩。南直徽州府休宁(今属安徽)人。成化十年(1474)举人,历官浙江孝丰、广东高明、河南伊阳知县。能诗文,著述现存正德元年(1506)刊本《梅岩小稿》三十卷,内诗词二十一卷,多集古及和韵之作,亦收散体文,有弘治十七年(1504)吴宽等序。其自叙云:"予别墅在阳堂,岩上有古梅一株,其偃蹇之状与予正相类。每隆冬独能先春,天地之生意无穷矣。予甚爱之,因别号梅岩,遂名此集为《梅岩小稿》。"《四库全书总目》著录《梅岩小稿》三十卷,"提要"云:"其诗长于集句,采撷成语,位置联络,往往如出自然。其所自作,则虽律调工整,而伤于剽利。盖学《长庆集》而不至者也。散体诸文,大抵应俗之作矣。"《皇明诗统》卷一八录其诗一首。陈有守等《徽郡诗》录其诗二首。《明词综》卷二录其词一首。生平见《(康熙)休宁县志》卷五。

张名由(1526—1604) 初名凡,字公路。南直苏州府嘉定(今属上海)人。居安亭,所居江口有泉号第六泉,因以六泉自号。曾从归有光问学,年三十弃诸生业。以好读书称,兵农礼乐、星野舆图靡不推究。又喜文学,历游燕、赵、韩、魏等地,吊古兴怀,多有诗作。万历三十二年(1604)卒,年七十九。卒后同里唐时升辑其诗为《张公路诗集》八卷,现存崇祯时刻本,唐时升、钱谦益序,内诗七卷,收诗四百余首,词一卷,收词二十五首。另著有《四海略》《经星图说》,未见传。《列朝诗集》集中录其诗八首,"小传"云:"平居好论兵,其于古人胜败之数,必求其所以然。北历燕、赵、齐、魏之郊,登眺山川形势,问昔人城郭营阵之处,往往悲歌慷慨,恨不驰驱其间。"《明诗综》卷六三录其诗

二首。《御选宋金元明四朝诗》录其诗四首。清汪森《粤西诗载》卷一九录其诗一首。清王辅铭《明练音续集》卷五录其诗九首。《明诗纪事》庚签卷二六录其诗一首。《明词综》卷五录其词二首。生平见《(乾隆)江南通志》卷一六八、《(光绪)嘉定县志卷二○》。

张次仲(1589—1676) 字元岵,号钝庵。初名允昌,字儒文。浙江杭州府海宁人。天启元年(1621)举人,未仕。入清自号浙氾遗农,榜其室曰待轩,惟奋力于经训。卒于康熙十五年(1676),年八十八。研经学,所著有清康熙十三年张氏一经堂刊本《诗记》不分卷《总论》二卷。《四库全书》经部诗类收其《待轩诗记》八卷。《易》宗王弼、程颐,《四库总目》经类著录其《周易玩辞困学记》十五卷。亦能诗文,《千顷堂书目》著录其《一经堂集》,现存康熙刊本《张待轩先生遗集》十二卷,首康熙三十二年屈大均《海昌张待轩先生诗集序》、胡从中《张待轩先生遗集序》等,内诗二卷,收诸体诗二百八十余首,卷三至卷五收辩、序、论等文一百一十四篇,卷六至卷八收尺牍三百余篇,卷一○为《庭戒》《座右铭》《手谕集》,卷一一、卷一二为《竹窗解颐录》。《明诗综》卷六六录其诗七首,"诗话"谓其"诗有真意,不尽规贩古人"。《御选宋

金元明四朝诗》录其诗五首。生平见清陆嘉淑《浙汜遗农传》、清温㽕忱《张待轩先生传》(《张待轩先生遗集》卷首)。

张汝元(生卒年不详)　字太初。南直应天府江宁(今江苏南京)人。嘉靖、万历间诸生,与胡应麟等交往倡和。现存万历十七年(1589)秣陵张氏原刊本《修禊阁稿》二卷,收其诸体诗一百五十余首,吴子玉序,时子玉任江宁儒学训导,故有此序。汝元后又以诗受知于学使陈文烛,陈文烛曾序其《张太初集》。《四库全书总目》著录《张太初集》八卷,"提要"谓其"七言短歌,间有作意,而陶冶未精,他体则更减色。文烛序中多引二谢以下诗人拟之,盖奖成后进之意,不必甚确也"。生平见《重刊江宁府志》卷四〇。

张宇初(1359—1410)　字信甫,又字子璿,号正一,又号无为子、龙虎山人。江西广信府贵溪人。道士。"嗣汉四十二代天师"张正常之子,洪武十年(1377)袭教职,建文时坐不法印,永乐时复袭,永乐八年(1410)卒,年五十二。善画山水及墨竹兰蕙,亦能诗,人称"列仙之儒"。《明史·艺文志》著录其《岘泉文集》二十二卷,现存《岘泉集》十二卷,有明抄本及《道藏》本。又有《耆山无为天师岘泉集》六卷,

存崇祯刊本及清乾隆十九年(1754)刊本。《皇明风雅》卷三八录其诗一首。《皇明诗统》卷四二录其诗五首。《石仓十二代诗选·明诗选》录其诗六首。《列朝诗集》闰集录其诗六十二首。"小传"云:"今所传《岘泉文集》二十卷,诗居其半。五言古诗,意匠深秀,有三谢、韦、柳之遗响。其文如《玄问》诸篇,极论《阴符》上经之理,而参合于儒家。其所造诣,可谓卓然矣……国初名僧辈出,而道家之有文者,独宇初一人,厥后益寥寥矣。"《明诗评选》录其诗十四首。《明诗综》卷八九录其诗八首。《御选宋金元明四朝诗》录其诗三十首。清陈元龙《御定历代赋汇》卷一〇六录其《澹漠赋》。《(雍正)江西通志》录其文二篇、诗五首。《四库全书》收《岘泉集》四卷,《总目》"提要"云:"其人品颇不纯粹,然其文章乃斐然可观。其中若《太极释》《先天图论》《河图原》《辨荀子》《辨阴符经》诸篇皆有合于儒者之言。《问神》一篇,悉本程朱之理,未尝以云师、风伯荒怪之说张大其教。以视诵周孔之书,而混淆儒墨之界者,实转为胜之。"《明词综》卷一〇录其词一首。近人赵尊岳《明词汇刊》录其词十二首为《岘泉词》。生平见《(雍正)江西通志》卷一〇四、《明史》卷二九九。

张守约（生卒年不详） 号梅村。浙江嘉兴府秀水（今嘉兴）人。以农桑为业，而耽心禅理，有所得则付之吟咏。陆光祖与之交，现存明刊本《拟寒山诗》一卷，即题"陆光祖订正"，《千顷堂书目》曾著录。《拟寒山诗》收张守约所作拟寒山五言诗三百首，其第三首云："予拟寒山诗，亦是随口出。也不期叶韵，也不求协律。但欲劝世人，偶尔盈纸笔。若徒炫耳目，视之有何益。"略见其宗旨。卷首"福山同社本明居士蔡善继《梅村居士拟寒山诗序》，亦谓其拟寒山诗在于"警醒世迷，发明大道"，又谓其"素工诗，老而逾妙。笥中稿不下数千篇。为李为杜，为王为孟，为陶为谢，靡不各极其致。至所拟寒山诗又若歌若啸，摩写人情物态，爽豁痛快，读之令人鼓掌顿足，心神为开而毛发为竖"云云。又有"社末镇山居士唐守礼"《梅村先生拟寒山诗序》及张守约《自叙》。《拟寒山诗》另有日本贞享四年（1687）刊本。清沈季友《槜李诗系》卷一三录其诗《和山居诗》二首，则未见于《拟寒山》诗。

张㫤（生卒年不详） 名或作"张肯"，字继孟、寄梦，号梦庵。苏州府吴县（今江苏苏州）人。约生于元至正十五年（1355），卒于正德初。少从宋濂学，诗文清丽，以填词著。《千顷堂书目》著录其《梦庵集》，未见存。现存明抄本《梦庵词》一卷，收词二十七首。后清道光劳权抄本《宋元明六家词》、何元锡家抄本《十家词钞》、丁氏嘉惠堂抄本《宋明十六家词》皆收《梦庵词》。《明词综》卷一录其词六首。近人赵尊岳《明词汇刊》录《梦庵词》，又据《词综》等补[齐天乐]一首。诗集名《梦庵诗稿》，未见传。钱谷《吴都文粹续集》录其诗一首、文一篇。《列朝诗集》乙集录其诗三首，"小传"云："为诗文清丽有法，尤长于南词新声。卒年八十余。"《明诗综》卷一九下录其诗二首。《御选宋金元明四朝诗》录其诗五首。《明诗纪事》乙签卷一四录其诗一首。生平见张昶《吴中人物志》卷九。

张羽[1]（1333—1385） 字来仪，后以字行，改字附凤。原为浔阳（今江西九江）人，元末至正十二年（1352）从其父宦游，沂江至浙，受《易》于山阴夏伸善。兵阻不得归，喜湖州山水，与徐贲约卜居，家于戴山之东。领乡荐，授湖州乌程安定书院山长，寻弃去，迁吴中，辟居苏州北郊，与高启、王行、杨基、徐贲等游，为高启"北郭十友"之一。明洪武初，征至京，应对不称旨，放还。四年（1371）再征，授太常司丞，兼翰林院同掌文渊阁事。

十八年坐事窜岭南,途半召还,知不免,投水死,年五十三。诗文俱有名于当时,尤以诗称,与高启、杨基、徐贲并称为明初"吴中四杰"。所居榜曰"静者居",高启曾为作《静者居记》。著述有明弘治四年(1491)张习辑刊《静居集》六卷,计收诗七百二十余首,卷前有弘治元年左赞序,后附童冀所撰《墓铭》、吕勉《挽诗》及张习《静居集后志》,《明史·艺文志》著录《静居集》六卷即此本。后万历三十七年(1609)陈邦瞻、汪汝淳辑刻高启、徐贲、杨基及张羽诗为《明初四家诗》,据弘治本重辑张羽诗为《张来仪静居集》四卷,所收诗同于弘治本。近人胡思敬汇编《豫章丛书》,所收《静居集》四卷,则全依万历《重刻张来仪静居集》四卷本,惟书后补遗《怀友诗》二十三首。据考证,弘治本《静居集》有一百四十四首诗又见于日本应安七年(洪武七年,1374)刊元释释英《白云集》(内释英诗一百四十一首,另三首乃《白云集》附录他人诗作)。和刻本《白云集》共有释英诗一百四十七首,释英为元初人,其集有赵孟頫序,早传日本,故知非张羽诗误入其集,只能是张习辑《静居集》时误收《白云集》。《皇明风雅》录张羽诗十三首。《盛明百家诗》之《高杨张徐集》录其诗为《张来仪集》。顾起

纶《国雅》卷一录其诗十五首。《皇明诗统》卷一录其诗十九首。钱谷《吴都文粹续集》录其诗二十七首、文一篇。《石仓十二代诗选·明诗选》录其诗一百四首。《皇明诗选》录其诗二首。《列朝诗集》甲集录其诗二百四十首。《明诗评选》录其诗十三首。《明诗综》卷九录其诗二十三首。清沈德潜《明诗别裁集》录其诗五首。《御选宋金元明四朝诗》录其诗一百二十八首。《四库全书》收《静居集》四卷,收诗四百余首,释英《白云集》误入弘治本《静居集》之诗均未收,因知其所据当为别本。《总目》"提要"云:"何乔远《名山藏》亦称其'文词典雅,纪载行事详而有体'。顾其诗名尤著,故编集者亦仅录其诗,而文则未之及也。《静志居诗话》谓其五言微嫌郁轖,近体亦非所长,颇不免于微词。今观其集,律诗意取俊逸,诚多失之平熟,五言古体低昂婉转,殊有浏亮之作,亦不尽如彝尊所云。至于歌行,笔力雄放,音节谐畅,足为一时之豪,以之接迹青丘(高启),先驱北郭,卢前王后之间,亦未必遽作蝉腰矣。"《江西诗征》卷四一录其诗百首。清陆心源《吴兴诗存》四集卷一录其诗一百零八首。《明诗纪事》甲签卷七录其诗十一首,按云:"来仪五古可肩随孟载(杨基),七古奔轶

绝尘,超孟载而上之,特方之季迪(高启),尚非其伦。"生平见童冀《太常司张来仪墓铭》(弘治本《静居集》附录)、张昶《吴中人物志》卷一〇、王兆云《皇明词林人物考》卷一、何乔远《名山藏》卷九六、《明史》卷二八五。

张羽[2](1467—1536) 字凤举,号东田。南直扬州府泰兴(今属江苏)人。弘治八年(1495)领南畿乡荐,明年进士,除淳安知县,以父丧归。服阕,补海宁,征为江西道御史,上《劾刘瑾疏》,下诏狱,出狱后巡按云南,以治杨一清子不法事闻名。正德七年(1512)知保定府,十三年改邵武。嘉靖间历河南副使、四川参政,官至河南左布政使,致仕归。嘉靖十五年(1536)卒,年七十。在朝弹劾权贵、疏陈时事,持论剀切。亦能诗文,有《东田遗稿》二卷,内诗一卷收诗二百三十余首、词二首,文一卷,收奏疏九篇、序记等各体文十余篇,为其卒后季子张桢所编,门人储洵序,《千顷堂书目》著录《东田集》二卷当指此本。存世又有清抄本《东田先生奏稿》四卷。《四库全书》收《东田遗稿》二卷,"提要"云:"羽为御史,抗疏劾刘瑾,直声震朝野。集中疏札文虽不多,皆切中时弊,方正之概,犹凛然可见。诗亦规摹盛唐,不落纤巧之习。盖弘治、正

德之间,去明初前辈犹为未远,流风余韵,往往而存,而羽之澹静峭直,又出天性,虽其博大富健不及李东阳诸人,排麕钜丽亦不及李梦阳诸人,而不为旧调之肤廓,亦不为新声之涂饰,肖心而出,务达所见而止,在诸作者中,亦可以自为一队矣。"清杨廷《五山耆旧集》卷二录其诗二十首。《明诗纪事》丁签卷七录其诗五首,按语谓"其诗专讲音节,字句不尽入格,录其合作,固彬彬乎唐人之雅音也"。生平见储巏《赠张凤举叙》(《柴墟文集》卷七)、高叔嗣《送张东田伯翔致仕文》(《苏门集》卷五)、《(乾隆)江南通志》一四五。

张寿朋(生卒年不详) 字冲和,号西江。江西建昌府南城人。万历十一年(1583)进士,除刑部主事。谪泰安同知,迁庐州府通判。《千顷堂书目》著录其《深息窝集》,未见传。《明诗综》卷五四录其诗三首。《御选宋金元明四朝诗》录其诗一首。《江西诗征》卷六〇录其诗六十首。《明诗纪事》庚签卷一四上录其诗四首,按云:"冲和诗,有通脱之致。"生平见《(雍正)江西通志》卷八四。

张志淳(1458—1538) 字进之,号南园,晚号南园老翁、南园野人。祖籍江宁(今江苏南京),洪武末年曾祖谪戍云南金齿卫,隶军籍,因

为金齿军民指挥使司（今保山）人，嘉靖元年（1522），罢金齿军民指挥使司，止为永昌卫，复置永昌军民府，故或称其为永昌人。成化十六年（1480）云贵乡试解元，二十年（1484）进士，授吏部文选司主事。历员外、郎中，正德初，迁太常少卿，提督四译馆，进本寺卿，正德三年（1508）擢南工部右侍郎，五年，改南户部，次年坐刘瑾党勒致仕，然无事迹可见，或"疑亦康海、王九思之类也"。家居二十余年，嘉靖十七年（1538）卒，年八十一。曾仿《容斋随笔》《鹤林玉露》，著《南园漫录》《南园续录》各十卷，《千顷堂书目》著录，现存嘉靖刊本《南园漫录》十卷，又为《四库全书》所收。《千顷堂书目》另著录其《谥法》二卷，《西铭通》《南园集》，仅见清彭氏知圣道斋抄本《宋明谥法》一卷。《四库全书总目》另著《永昌二芳记》三卷，记永昌所产山茶、杜鹃二花之品种、故实及艺文，亦未见传。《金陵诗征》卷一六录其诗九首。清袁文典等《明滇南诗略》卷一录其诗二十七首、《滇南文略》录其文七篇。《明诗纪事》丙签卷八录其诗一首。近人李坤《滇诗拾遗补》录其诗五首。近人李根源《永昌府文征》"文录"卷三录其文二十四篇、"诗录"卷三录其诗三十四首。生平见谢肇淛《滇略》卷六、《（康熙）云南通志》卷二一。

张卤（1523—1598） 字召和，号浒东。河南开封府仪封（今兰考）人。嘉靖二十二年（1543）举于乡，数上春官不第，三十八年进士，授婺源县令，改山西高平。四十四年以治行迁礼科给事中，历兵科都给事中，隆庆四年（1570）进太常寺少卿，五年迁右通政，擢右佥都御史，巡抚浙江，乞归养。寻起故官，巡抚保定，加右副都御史，升大理寺卿，坐不能事，左迁南太常寺卿，以忤张居正致仕。卒于万历二十六年（1598），年七十六。著述有万历二十一年刊本《浒东先生奏议》十六卷。又辑有《皇明制书》二十卷、《皇明嘉隆疏抄》二十二卷，均有明万历刊本。诗文别集现存天启间刊本《浒东先生文集》十四卷，卷一至卷五前半收五七言古近体卷二百一十余首，卷五后半至卷一四收序、记、墓志、祭文、书启等（奏疏不在其内）。是集为其卒后子张永忠及门人王安仁辑刊，首天启五年（1625）王安仁序，谓其与张佳胤、吴国伦、顾存仁、穆文熙等"相与结社为文"。是集后又有清乾隆七年（1742）孝思堂刊本。《四库全书总目》著录。《皇明诗统》卷三六录其诗七首。《明诗综》卷四四、《明诗纪事》己签卷一三录其诗一首。生平见王家屏《张公墓志铭》

（《复宿山房集》卷二四）、冯琦《浒东张公墓表》（《北海集》卷一四）、萧彦《掖垣人鉴》卷一四。

张时（生卒年不详）　号易庵。南直庐州府六安（今属安徽）人。布衣，有文才，尝与士大夫游，肆情吟咏。现存万历八年（1580）其孙张阶刻本《易庵蒲塘二翁诗稿》二卷，为张时与其子张介合集。内张时《易庵遗稿》一卷，收诸体诗一百七十余首，词调二十六首；张介《蒲塘遗稿》收诸体诗六十九首。集前有何宽、叶钶、蔡悉序，后又有句容西安儒学教谕沈开和张时之孙张谐、曾孙张澡跋各一篇。

张时彻（1500—1577）　字维静，一字九一，号东沙、芝园。浙江宁波府鄞县（今宁波）人。少受业于族人张邦奇，治程朱之学。正德十五年（1520）中举，嘉靖二年（1523）进士，授南兵部主事。进员外郎、郎中，十年出为江西提学副使，督学政，以圣庙火灾被劾罢。十二年起山东兵备副使，驻临清，历福建右参政、云南按察使，迁山东右布政使，二十年丁父忧归。服除，迁河南左布政使，二十五年以右副都御史巡抚四川，中蜚语，再罢。家居两年，起抚江西，入为南刑部右侍郎。三十三年进南兵部尚书，次年倭寇自太平攻南京，遣将御之，不克，闭城防御，为御史弹劾，辞职归里。家居著述二十年，与范钦、屠大山主乡梓文炳，称"东海三司马"，卒于万历五年（1577）九月，年七十八。有文名，能著述，又喜荐举后辈，经其门，后多为名士大夫，故有盛名于浙东。所著诗文嘉靖二十三年首刻为《芝园集》三十二卷，诗赋十七卷文十五卷，邹守愚、江以达序。复增刻为《芝园集》三十六卷《别集》十一卷。卒后又辑刊为《芝园定集》五十一卷《别集》十卷《外集》二十四卷。《芝园定集》卷首列杨慎、高第、李濂、欧阳德等"诸家评"，内赋一卷、诸体诗十九卷、杂文二十七卷、史论四卷，诗文皆分体；《别集》收奏议五卷、公移六卷；《外集》二十四卷则为《说林》《说林续》。后《明史·艺文志》著录《芝园全集》八十五卷，即此。《四库全书总目》另著录其所编《明文范》六十六卷（存万历刊本《皇明文范》）、《善行录》八卷《续录》二卷。另有嘉靖二十九年自刻《急救良方》二卷、万历三年自刻《交游书翰》四卷。《盛明百家诗》后编录其诗一百七十余首为《张司马集》。顾起纶《国雅》卷八录其诗六首。《皇明诗统》卷三〇录其诗二十首。《皇明诗选》录其诗十二首。《列朝诗集》丁集录其诗七十三首，"小传"谓其"学殖富有，工力深重。乐府古诗标举兴会，时多创获，七言今体尘坌芜秽，若出两手"。清胡文学《甬上耆旧诗》卷八录其诗七十三首。《明诗综》卷三九录其诗七首，"诗话"云："芝园乐府不规摹古人，较之济南（李攀龙）觉胜。五律颇近初唐，七律潦倒麓疏，无讥焉已。"《四库全书总目》著录《芝园定集》五十一卷《别集》十一卷，"提要"云："其诗文不出常格。乐府喜用古题，而所拟诸篇，皆舍其本词而拟其增减，入乐之词，未免逐影而失形。"《明诗纪事》戊签卷七录其诗二十六首，按云："芝园诗以乐府为胜，骈文亦是当家。"袁钧《四明文征》卷七录其文一篇。《明文海》录其文一篇。生平见王世贞《东沙张公墓志铭》（《弇州四部稿续稿》卷九四）、余有丁《张司马先生传》（《余文敏公集》卷六）、王兆云《皇明词林人物考》卷七、《明史》卷二〇一。

张位（1538—1605）　字明成，号洪阳。江西南昌府新建（今南昌）人。隆庆二年（1568）进士，选翰林院庶吉士，授编修，与修《世宗实录》。万历初迁侍讲，以救吴中行、赵用贤忤张居正，改南国子监司业，未行，复以京察，谪徐州同知。居正卒，擢南尚宝丞，俄召为左中允，管司业事，进祭酒，擢礼部右侍郎。以申时行荐，改吏部左侍郎兼东阁大学士，入参机务，寻进

礼部尚书、文渊阁大学士。以甘肃破贼叙功，加太子太保，再进少保、吏部尚书、武英殿大学士。时发生"妖书"案，御史赵之翰言张位主谋，帝亦疑位，因诏除名为民。归后，于郡城西山北麓桃花岭上建石屋、亭台，又与汤显祖、刘应秋等于南湖中湖心亭饮宴倡和，万历三十三年（1605）卒，年六十八，天启间复官，赠太保，谥文庄。有才具，果于自用，而任气好矜，故其败也，廷臣莫之救，既卒，亦无湔雪之者。《四库全书总目》经部著录其《问奇集》一卷（现存万历刊本二卷），史部著录其《词林典故》一卷附《翰苑须知》一卷（现存明万历十四年刊本），子部杂家类著录其《警心类编》四卷（现存明刊本）、道家类著录其《悟真篇注解》三卷。另有万历十八年吴氏籍甚斋刊本《南华经标略》六卷，万历刊本《南华真经题评》十卷，万历刊本《洪阳先生老子注解》二卷，万历周氏大业堂刊本《四书考》一卷。其诗文著述《千顷堂书目》著录《丛桂山房汇稿》十卷又《闲云馆别编》十九卷、《四库全书总目》著录《闲云馆集钞》六卷，现存明刊本《闲云馆集》三十一卷，内诗八卷文二十三卷。《明诗综》卷五一录其诗一首，"诗话"云："文庄以持正忤江陵（张居正），诗颇有忧危之语。既罢相，于东湖杏花村

建闲云楼,吟眺自娱。"《御选宋金元明四朝诗》录其诗八首。《(雍正)江西通志》录其文一篇、诗四首。《江西诗征》卷五九录其诗六首。《明诗纪事》庚签卷九录其诗一首。生平见《(雍正)江西通志》卷六七、《明史》卷二一九。

张彻(生卒年不详) 字玉莹,晚号退轩。江西临江府新淦(今新干)人。永乐二年(1404)进士,选翰林院庶吉士,历吏部主事、郎中。性刚介,时称"铁板张"。谢病归,二十余年惟闭户读书。所著《退轩集》六卷,存旧抄本,卷一收赋二、诗九十余首,卷二至卷六收各体文,末又附词三首,有胡俨、洪钧、赵新序。《皇明风雅》卷一九录其诗一首。《皇明诗统》卷九录其诗九首。韩阳《皇明西江诗选》卷七录其诗十四首。《(雍正)江西通志》录其文二篇。《明诗纪事》乙签卷九录其诗三首。生平见《(雍正)江西通志》卷七四。

张含(1479—1565) 字愈光、用光,号禺山,又号半谷、月坞,别署禺同山人。云南永昌军民府(今保山)人,隶籍金齿卫,南吏部尚书张志淳子。幼随父游京师,师事李梦阳,与杨慎交。正德二年(1507)乡试解元,七试春闱不第,遂弃科考,游于梁、宋、齐、楚,归后读书白龙山,力殚于诗,以遁野荒民自称,足不涉官府,用山水文翰自娱。嘉靖三年(1524)"大礼议"起,杨慎充军于金齿卫,含远迎至澜沧江兰津桥。时滇之文人多与慎游,滇人吴懋曾将杨士云、张含、王廷表、胡庭禄、李元阳、唐琦等称"杨门六学士",实诸人多为慎之同辈,且张含、杨士云均年长于慎,故含等与慎当为志趣相同,以诗相交,如慎所谓"诗文友"(《张禺光诗文选序》),无门户之说。其中含与慎为总角之交,此时一为高隐,一为谪戍,同处沦落,最为交契。含诗有"十载寄诗三百首,停云犹有泪沾裳"之句,慎对含亦称誉有加。二人曾合作辑评《李杜诗选》(有明刻朱墨套印本)。含卒于嘉靖四十四年,年七十七。平生以诗著,存诗千首,较之众多山林诗人,诗中颇有涉及时事民瘼之作,为有明一代云南籍诗人之翘楚。其诗文著述多刻于生前,《千顷堂书目》著录其《诗集》四卷又《张禺光诗文选》五卷又《铁桥诗集》一卷。现存嘉靖十九年张氏家塾刊本《愚山诗》四卷;嘉靖二十八年杨慎题辞刊本《张禺山戊己吟》三卷附一卷续一卷;嘉靖三十九年华云刊本《升庵选禺山七言律诗》一卷;嘉靖间刻杨慎选《张愚光诗文选》八卷附录一卷。杨慎《陶情乐府》存其和慎散曲小令二首。《盛明百家诗》前编录其诗九十余首为《张禺山集》一卷。《皇明诗统》卷二〇录其诗十首。《列朝诗集》丙集录其诗二十六首。《明文海》录其文三篇。《明诗评选》录其诗一首。《明诗综》卷三七录其诗六首，"诗话"云："禺山虽北学于献吉（李梦阳），然诗不尽出其流派，而一以用修（杨慎）为归。观其襞积字句，乏自运之神，方之用修，远不逮也。"《四库全书总目》著录《禺山文集》一卷《诗集》四卷，"提要"云："含学出于李梦阳，又与杨慎最契，故诗文皆慎所评定。慎序有云：'张子自少不喜为时文、举子语，见宋人厌弃之犹腻也。其为文必弓、左，字必苍、雅。'其推挹甚至。然其病正坐于此，故襞积字句而乏熔铸运化之功。"《金陵诗征》卷一八录其诗二十八首。清袁文典等《明滇南诗略》卷二录其诗一百一十首、《滇南文略》录其文二十六篇。《明诗纪事》戊签卷八录其诗十一首。清陈荣昌《滇诗拾遗》卷六录其诗十七首。近人李坤《滇诗拾遗补》卷一录其诗一首。近人赵藩《滇词丛录》录其词六首。生平见谢肇淛《滇录》卷六、王兆云《皇明词林人物考》卷六、《（康熙）云南通志》卷二一、《（光绪）永昌府志》卷四二。

张应治（生卒年不详） 字体征，号冲泉。浙江嘉兴府秀水（今嘉兴）人。嘉靖四十年（1561）举人，明年进士，授行人。迁南京户科给事中，数进谠言，不避权幸。会高拱秉政，记应治劾己事，因出其为九江知府。万历初以治绩迁山东兵备副使，驻临清，卒于官。《千顷堂书目》著录《奏疏》四卷及《玄阳堂稿》。现存万历间刊本《玄阳堂诗稿》一卷《文集》一卷，收诗一百二十余首、文十四篇，首有王锡命《冲泉张先生遗稿叙》，末有其子张乐概万历二十二年（1594）跋。清沈季友《槜李诗系》卷一三录诗二首。生平见王偁《宪副张先生传》（《国朝献征录》卷九五）、《明史》卷二一五。

张应锡（生卒年不详） 字杜若，号兼庵。南直淮安府山阳（今江苏淮安）人。崇祯十六年（1643）武进士，未及授官归。甲申（1644）京师破，至南京投福王，寓洪武卫。后奉命至福建，曾领兵驻莆田外洋之南日岛，唐王任其为潮州参将，未及任而唐王败亡。清初辗转归乡，家居四十年，未尝登新朝仕籍，康熙二十四年（1685）尤在世。曾从本邑诸生陈守让学杜诗。所著有《六有堂集》，今已不传。清吴玉搢《山阳耆旧诗》录其诗四十一首，按语记其《六有堂集》有诗二百九十余首，自明崇祯乙亥（八年）至清康熙乙丑（二十四年）凡五十一年之作。又谓是集有《自序》"记学诗原委甚悉，大抵专肆力于少陵"。清丁晏《山阳诗征》卷九录其诗六十四首。

张灵（生卒年不详）　字梦晋。南直苏州府吴县（今江苏苏州）人。与唐寅为邻，年岁相仿佛，同为府学生员，又同以狂才见黜于乡党，故最为交厚。性聪慧，通典籍，文思便敏。家本贫窭，且功名未偶，遂落魄不羁。嗜酒，好交游，醉即使酒作狂，而所作诗画俱佳，因之名于吴下。黄周星《补张灵崔莹合传》、蒋一葵《尧山堂外纪》、阎秀卿《张灵传》皆记其传闻故事。其所画人物冠服玄古，形色清真，无卑庸之气。间作山水，笔生墨劲，斩然绝尘。王穉登《吴郡丹青志》将其与宋克、唐寅、文征明四人之画并列称"妙品"，现仍有传世。年约四十卒，诗文传世无多。钱谷《吴都文粹续编》卷一九录其《玄墓山记游》诗二首。《列朝诗集》丙集录其诗二首。《明诗综》卷三八录其诗三首，"诗话"云："其画山水，足亚伯虎（唐寅）。《对酒》一诗，可称绝唱。"《御选宋金元明四朝诗》亦录其诗二首。《明诗纪事》丁签卷一二录其诗一首。又，明末心远堂刊本《绿窗女史》（题秦淮寓客编）收其小说《崔书生传》。生平见阎秀卿《张灵传》《国朝献征录》卷一

一五）、文震孟《姑苏名贤小纪》下、朱谋垔《画史会要》卷四、过庭训《本朝分省人物考》卷二二。

张统（？—1403）　字昭季，号鹦庵。陕西西安府富平人。洪武间举明经，为东宫侍书，十二年（1379）迁通政司左参议，历左通政，十五年出为云南右参政，累迁至左布政使，在滇十七年，三十一年召为吏部尚书。燕师入，列朝奸二十九人，统在其列，寻令解职，统惧，自经于吏部后堂。郑端简《吾学编》、黄泰泉《革除遗事》等书皆将其列于建文死事之臣。《千顷堂书目》著录其《云南机务钞黄》一卷，有嘉靖吴郡袁氏嘉趣堂刻《金声玉振集》本。又著录其《鸍（鹦）庵集》一卷，现存嘉靖六年（1527）其八世孙张嘉胤辑刊《张鹦庵先生集》一卷（收文十余篇、诗十三首，徐岱序）。万历十二年（1584），富平知县刘兑曾辑刊张统、李宗枢、杨爵、孙丕扬四人诗文为《频阳四先生集》四卷，也据之收张统诗文。《四库全书总目》著录《冢宰文集》一卷，也为此本。《皇明诗统》卷二录其诗六首。崇祯五年（1632）贾鸿洙《周雅续》卷五录其诗三首。《列朝诗集》甲集录其诗三首。清沈季友《檇李诗系》卷三九录其诗一首。《明诗纪事》乙签卷四录其诗一首。生平见郑晓《吏部尚书张

公竑传》(《国朝献征录》卷二四)、何乔远《名山藏》卷五九、《明史》卷一五一。

张玮(生卒年不详) 字席之,一字韦玉,号二无。南直常州府武进(今江苏常州)人。少孤贫,取糠秕自给,不轻受人饭,励志苦学。万历四十年(1612)乡试解元,四十七年进士,除户部主事。历兵部郎中,出为广东佥事,以大吏建魏忠贤生祠,即日引去。崇祯初复出,历江西参议、福建副使、山东副使、尚宝卿,迁左副都御史,与刘宗周等主持风纪,谢病归,卒于家。福王时,谥清惠。师孙慎行,曾讲学东林书院。近人罗振玉辑《百爵斋丛刊》收其《如此斋诗》一卷,疑所据即《千顷堂书目》著录之《如此斋集》一卷,计收诗九十余首。陈济生《天启崇祯两朝遗诗》卷五录其诗十六首。《明诗综》卷六一录其诗二首,《御选宋金元明四朝诗》据之录。《明词综》卷五录其词一首。生平见陈贞慧《山阳录·五先生赞》、清邹漪《启祯野乘》卷二、《明史》卷二五四。

张肯堂(? —1651) 字载宁,号鲵渊。南直松江府华亭(今上海松江)人。天启五年(1625)进士,除濬县知县。崇祯七年(1634)征授御史,迁大理丞,擢右佥都御史,巡抚福建。甲申(1644)后,总兵郑鸿逵拥唐王朱聿键入闽,与其兄郑芝龙及肯堂劝进,遂加肯堂为太子少保、吏部尚书,又令肯堂掌都察院。肯堂请出募舟师,由海道抵江南,倡义旅,乃加少保,给敕印,便宜从事。唐王败死,肯堂漂泊海外,己丑(1649)至舟山,鲁王用为东阁大学士。辛卯(1651),清兵攻舟山。肯堂领兵坚守,城破,赋诗自经。时同死者,鲁王兵部尚书李向中等二十一人。《明史·艺文志》著述其诗文集《莞尔集》二十卷,现存崇祯间刊本。又有崇祯六年(1633)刊本《保黎录》四卷《附录》一卷《邻讴》一卷、崇祯七年刊本《嚳辞》十二卷。《明诗纪事》辛签卷八上录其诗一首。清胡瑗瑗《兰皋明词汇选》录其词一首。生平见莫秉清《张尚书传》(《傍秋庵文集》卷二)、清全祖望《张公神道碑铭》(《鲒埼亭集》卷一〇)、清翁洲老民《海东逸史》卷一〇、《明史》卷二七六。

张国维(1595—1646) 字玉笥。浙江金华府东阳人。生于万历二十三年(1595)四月二十八。天启元年(1621)举乡试,主试者钱谦益,明年进士,四年除广东番禺知县。崇祯改元(1628),擢刑科给事中,转吏科右、左给事中,四年升礼科都给事中,五年迁太常少卿,七年以右佥都御史巡抚应天、安庆等府。十三年进工部右侍郎,加兵部右侍郎,总理河道，兼督淮、徐、临、通四镇漕饷，十五年拜本部尚书。以清兵入畿辅，下狱，十七年（1644）二月复官，督江南、浙江兵饷。福王立，召令协理戎政，加太子太保。鲁王监国，进少傅，兼太子太傅、兵部尚书、武英殿大学士，奉命守东阳，师溃，丙戌（1646）六月二十五，赋诗三章，投园池死，年五十二。有崇祯间刊《抚吴疏草》不分卷。又曾辑编《吴中水利书》二十八卷，现存崇祯刊本，为《四库全书》所收。诗文著述辑为《张忠敏公遗集》十卷，现存清咸丰七年（1857）校刊本，内奏疏四卷、各体文四卷、卷九收诗六十余首、卷一○为《年谱》，又附录六卷，收敕命、题赠、悼词等。《明诗综》卷七四录诗一首。清黄彬等《金华诗录》卷四一录诗四首。《明诗纪事》辛签卷八上录诗一首。生平见其子张世鹏《元考玉笥公行实》（《张忠敏公遗集》卷首）、陈济生《天启崇祯两朝遗诗·小传》、清翁洲老民《海东逸史》卷四、《明史》卷二七六。其五世孙张振柯撰有《张忠敏公年谱》（清刊《张忠敏公遗集》卷一○）。

张明弼（1584—1652）　字公亮，号琴张。南直镇江府金坛（今属江苏）人。师从曹大章，与冒襄等游，曾入复社。崇祯六年（1633）举人，十年进士，授广东揭阳县令，秩满，左迁浙江按察司照磨。调台州府推

官，逾年，擢户部主事，未赴。明亡不仕，卒于清顺治九年（1652），年六十九。《千顷堂书目》著录其《兔角诠》十卷、《萤芝集》九卷、《榕城集》□卷。现存天启间刊本《琴张子莹芝集》七卷，内卷一、卷二收赋十七篇，卷三收序八篇，卷四至卷七收诗三百余首；附刻《琴张子禅粟牀》二卷则为其所作禅语。集前有天启四年（1624）黄道周《书张公亮稿》及天启五年陈盟、朱之俊等序。又有崇祯十二年刊本《榕城二集》五卷，内赋一卷，收赋九篇，诗二卷，收诸体诗一百八十余首，文二卷，收碑、铭、记、传、序文等三十六篇。又有崇祯刻本《张公亮先生癸甲萤芝集》二卷。清初蔡似洵刊本《刻黄石斋蒋八公两先生手批萤芝全集》三十二卷，则为其后人所刻全集。清陈元龙《御定历代赋汇》录其赋二篇。清卓尔堪《明遗民诗》录其诗一首。《明诗综》卷六八、《御选宋金元明四朝诗》录其诗一首。《明诗纪事》辛签卷一九录其诗二首。生平见《（乾隆）江南通志》卷一六六。

张昉（生卒年不详）　字于东，号匏客。河南归德府商丘人。赋性孝友，肆力坟典。崇祯九年（1636）举于乡，与弟张翮敝屣功名，不上公车。明亡，居一土室，不入城市，书学颜真卿，时为五言诗，

则学陶渊明，隐居教授儿童而终，邑人高之。《千顷堂书目》著录其《匏客遗诗》。现存清康熙年间刊本《匏客先生诗》，收诗六十八首，多纪行吊古及村居之作。《明诗综》卷六八录其诗二首，"诗话"云："匏客多忧生之嗟，其诗原出老杜。"生平见清王士禛《商丘三张》（《池北偶谈》卷九）、《（雍正）河南通志》卷五八。

张鸣凤（生卒年不详）　字羽王，号朔漓山人。广西桂林府临桂（今桂林）人。嘉靖三十一年（1552）举人，谒选，除雷州司理，改黎平，谪六安判官，迁应天府通判，谪利州卫经历，又改王府官。卒年六十三以上。所编乡邦文献《桂胜》十六卷附《桂故》八卷现存万历间何太庚刊本，曾为《明史·艺文志》著录，又为《四库全书》地理类收录。有文名于时，与王世贞、吴国伦、李维桢等交，诗学李攀龙、王世贞，后王世贞将其与皇甫汸、莫如忠、许邦才、周天球、沈明臣等列为"四十子"（《弇州四部稿续稿》卷三）。《千顷堂书目》著录其《广西通志》《西迁注》一卷、《漕书八论》一卷、《萍浮集》十卷又《东潜集》一卷又《河垣稿》又《谪台稿》又《粤台稿》。现存清康熙九年（1670）其孙释超拨刊本《羽王先生集》，卷一收诗一百一十余首附"始安先俊诗"三首，卷二收各体文二十篇，附释超拨《后叙》；卷三收《漕书八论》及《西迁注》，以后未标卷数，实节录《桂胜集》《桂故集》。《四库全书总目》著录之《羽王先生集略》不分卷，即此本，"提要"云："超拨即鸣凤之孙也，自称'家遗镌集七种，值兵火幸存，因从全稿内录其十分之二，付之剞劂'，然《桂故》等三书亦在其内。惟诗文集及《漕书八论》世无别行之本，而超拨删削无识，往往去其菁华，窦其萧艾，已非复鸣凤之旧矣。"《明诗综》卷四八、《江西诗征》卷五八录其诗一首。《明诗纪事》已签卷一〇录其诗三首，按云："嘉靖壬子举人有两张鸣凤：一江西丰城，一广西临桂。竹诧（朱彝尊）《诗综》误以羽王为丰城人，《四库总目》、曾燠辑《江西诗征》因仍不改。羽王博雅，所作《桂胜》《桂故》，为世所重。其论明诗云：'荡除积习，北地、汝南亡敢轻议。正、嘉之际，黄冈王廷陈、亳薛蕙，清韵秀藻，良为竞爽，后来其为高子业（高叔嗣）乎？'……所论不出'七子'窠臼，语亦切当。"生平见《（嘉庆）广西通志》卷七。

张和（1412—1464）　字节之，号篠庵。南直苏州府昆山（今属江苏）人。正统三年（1438）举人，明年与弟张穆同中进士，廷试拟第一，以眇一目，易置二甲第一，遂谢病归。

景泰六年(1455)召入,分修《宋元通鉴纲目》,事峻,授南刑部主事,进员外郎,官至浙江提学副使。卒于天顺八年(1464),年五十三。在浙,曾刊宋吕祖谦编《宋朝文鉴》一百五十卷。有诗名。《千顷堂书目》著录其《篠庵集》十卷、《篠庵论钞》一卷,《(1933)昆新两县续修合志》卷四九记其另有《秋台清话》,均未见传。《皇明风雅》卷三〇录其诗一首。顾起纶《国雅》卷三录其诗二十首,《国雅品》赞其"寓目成韵,风采酝藉"。《皇明诗统》卷一二录其诗十二首。周复俊编《玉峰诗纂》卷三录其诗九首。《石仓十二代诗选·明诗选》录其诗十八首。《皇明诗选》录其诗一首。《列朝诗集》乙集录其诗十三首。《明诗评选》录其诗一首。《明诗综》卷二〇录其诗三首。清沈德潜《明诗别裁集》录其诗一首。《御选宋金元明四朝诗》录其诗九首。《明诗纪事》乙签卷一七录其诗三首。生平见刘昌《按察副使张君和传》(《国朝献征录》卷八四)、方鹏《昆山人物志》卷二、王兆云《皇明词林人物考》卷五。

张秉文(? —1639) 字含之。南直安庆府桐城(今属安徽)人。万历三十八年(1610)进士,授户部主事。历员外郎、郎中,简放抚州知府。历福建参政、广东按察使、广东右布政使,迁山东左布政使。崇祯十一年(1638)冬,清兵围济南,时城中仅乡兵五百,莱州援兵七百,秉文与副使周之训、翁鸿业,参议邓谦,盐运使唐世熊等分门死守,昼夜不解甲,援兵竟无至者。明年正月初二,城溃,秉文擐甲巷战,已被箭,力不能支,死之,其妻方孟式等并投大明湖死。朝廷赠太常寺卿。著有《楚草》《闽草》等。清潘江《龙眠风雅》卷一五录其诗二十七首。清徐𤩽《桐旧集》卷二一录其诗十三首。《明诗纪事》辛签卷二录其诗一首。生平见《(乾隆)江南通志》卷一五五、《明史》卷二九一。

张佳胤(1527—1588) 字肖甫,初号嶙山,以其家在崌、嵊两山之间,更号崌嵊,又称崌嵊山人。四川重庆府铜梁人。生于嘉靖六年(1527)七月初五。嘉靖二十九年进士,除滑县知县。擢户部主事,改兵部,迁礼部郎中,谪陈州同知,迁蒲州知府。历河南、云南按察佥事,又历广西参议、大名兵备副使、陕西参政、山西按察使,隆庆时擢右佥都御史,巡抚应天府。调南鸿胪卿,就迁光禄卿,进右副都御史巡抚保定。改巡陕西,未赴,改巡宣府,入为兵部右侍郎,寻兼佥都御史巡抚浙江,平定杭州民变、兵变。加右都御史,拜兵部尚书,寻兼右副都御史总督蓟、辽、保定,加少保、太子太保。卒于万历十六年(1588)闰六月十六,年六十二,赠太保,谥襄敏。为郎官曾与李攀龙、王世贞等倡和,后虽功业仕宦甚显而不废吟事,世贞又将其与余曰德、魏裳、汪道昆、张九一并列为"后五子"(《弇州四部稿》卷一四)。所著诗文万历十五年张宗载刻为《张崌崃集》三十五卷。万历二十二年其三子张叔玺又刻为《崌崃先生集》六十五卷,其中赋一卷诗二十八卷,卷六五为附录,《明史·艺文志》著录其《崌崃文集》六十五卷即此本。另有万历间活字本《东巡杂咏》一卷。《明史·艺文志》另著录其《奏议》七卷。《盛明百家诗》录其诗八十余首为《张崌崃集》。顾起纶《国雅》卷一六录其诗十九首。《皇明诗统》卷二八录其诗十八首。费经虞《蜀诗》卷六录其诗七首。《皇明诗选》录其诗六首。《列朝诗集》丁集录其诗十二首,"小传"谓其"才气纵横,而乏雅之致"。《明诗综》卷四七录其诗八首,"诗话"云:"肖甫以功业显,其诗亦多慨伉奋厉之致,与仰屋梁著书者不同。人皆称其近体不若五古,较胜十筹。"清沈德潜《明诗别裁集》录其诗四首。《四库全书总目》著录《崌崃山房集》六十五卷,"提要"云:"'七子'仕宦多不达,而佳允(胤)镇雄边,定大变,以功名始终。论者谓其诗文才气纵横而颇乏深致,盖雄心大略,不耐研思于字句间也。"《明诗纪事》己签卷三

录其诗七首。另,陈所闻《南宫词纪》存其小令《秋怀》一套。《明文海》录其文三篇。生平见刘黄裳《居来张公行状》《崌崃先生集》卷六五附录)、王世贞《张公墓志铭》(《弇州四部稿续稿》卷一二三)、王兆云《皇明词林人物考》卷一○、《明史》卷二二二。

张岳(1492—1553) 字惟乔,号净峰。福建泉州府惠安人。生于弘治五年(1492)十月初四。正德八年(1513)乡试解元,十二年进士,除行人,以谏武宗南巡受杖,谪南国子学正。嘉靖初,复故官,迁行人司右司副,改南兵部员外郎,历郎中,出为广西提学佥事,改江西。以忤张璁,谪广东盐课提举,迁廉州知府。历浙江副使,迁参政,改广东,擢右佥都御史抚治郧阳,再移抚江西。进右副都御史,总督两广军务,兼巡抚。晋兵部右侍郎,改刑部,再改兵部,进右都御史,总督湖广、贵州、四川军务,降兵部侍郎。卒于嘉靖三十一年十二月二十四(1553年1月8日),年六十一,叙功复右都御史,赠太子少保,谥襄惠。自幼好学,以大儒自期,论学以程朱为宗,与王阳明所倡"良知"说不合。历官有惠政,不肯媚事严嵩、夏言等权臣。精熟文理,能诗文。《明史·艺文志》著录其《交事纪闻》一卷、《净峰稿》四十六卷。现存嘉靖三十九年刊本

《小山类稿》四十六卷,收其所作奏议、书启、杂著,惟卷一收赋一、辞一、诗七十余首。又有明万历十五年(1587)刊天启间补刊像赞本《小山类稿选》二十卷,内奏议五卷,书启五卷,各体文及杂著九卷,诗赋一卷。《四库全书》所收录《小山类稿》二十卷,即据《小山类稿选》。《明文海》录其文十四篇。《明诗综》卷三六录其诗三首。清郭柏苍《全闽明诗传》卷一六录其诗十三首。《明诗纪事》戊签卷一三录其诗一首。生平见徐阶《张公墓志铭》(《世经堂集》卷一七)、聂豹《张公神道碑》(《双江聂先生文集》卷七)、清黄宗羲《明儒学案》卷五二、《明史》卷二〇〇。

张岱(1597—?)　一名维城,字宗子、石公,号陶庵、蝶庵、天孙、古剑老人、六休居士。浙江绍兴府山阴(今绍兴)人。生于万历二十五年(1597)八月二十五。张氏自岱高祖张天复、曾祖张元忭、祖父张汝霖,世以科考、治学、诗文传家。岱少聪敏过人,好读书,先攻帖括,习举业,入学为诸生,然两试不举,遂厌之,自谓"一习八股,则心不得不细,气不得不卑,眼界不得不小,意味不得不酸,形状不得不寒,肚肠不得不腐"(《石匮书·科目志》)。后惟读古书,不看时艺,而潜心于史,又悠游于文艺。万历四十六年二十二岁始

编《古今义烈传》,意在彰明正气义行,激扬当今。崇祯元年(1628)《古今义烈传》八卷成书后(现存崇祯元年刻本),又有复刊本及清抄本),又立志以一己之力记有明一代史事为《石匮书》。其家累世通显,富藏书,盛园林,又蓄家伎,多聚名士征歌度曲,岱则诗词歌赋、音乐曲艺、书法篆刻诸艺俱能,诗酒之社必与,因得称名士。平生好交友,缙绅寒士无不相与,以致"大江以南,凡黄冠、剑客、缁衣、伶工,毕聚其庐"(《陶庵梦忆序》)。又喜嬉游,来往盘桓于东南各地,游山东、湖广,遍结海内胜流。明社亡,乙酉(1645)六月,鲁王监国绍兴,岱以布衣上书,历数马士英误国害民之罪,乞立斩马之头以祭弘光。张岱之父曾为鲁王长史,故鲁王亲临张府,授岱职方职事,而岱见"时事日非",天下事已不可为,未赴。次年六月清兵陷绍兴,转避嵊县西白山中,又徙居绍兴郊外之项里,至清顺治六年(1649)九月始回绍兴。时故居易主,遂卜居卧龙山下之快园。素不治生产,家益落,以致负廓之田无半亩,寒暑一敝衣,厨常断炊,诗中亦有《舂米》之题:"身任杵臼劳,百杵两歇息。"《担粪》:"婢仆无一人,担粪固其分。"惟于此境下犹孜孜矻矻,笔耕不已。顺治十一年《石匮书》竣工,后又续撰《后集》,补明崇祯及南明朝史事。

康熙十九年(1680)其作《管朗乞巧录》时已八十四岁,其卒当在其后。岱博洽多通,经史子集,无不该悉,天文地理,靡不涉猎,一生著作等身,六十岁时作《自为墓志铭》,自称所著书有十余种,后二十年笔耕不辍,又有十余种,总数当在三十种左右。其历时二十余年,五易其稿,九正其讹而成之纪传体明史《石匮书》二百二十一卷,现存稿本及清抄本,又《石匮书后集》六十三卷,现存稿本,原抄本,后人或将其与谈迁《国榷》并称。存世另有《史阙》六册(道光间乌程徐鸿本刊本)、《有明于越三不朽名贤图赞》(清乾隆凤嬉堂刊本),均与纪史有关。诗文著作存世主要有《张子文秕》十八卷(稿本)、《张子诗秕》五卷(抄稿本、抄本),诗文合集《琅嬛文集》六卷(手稿本、清光绪刊本),又清抄本《和陶集》收其和陶诗二十八首。计其现存诸体诗凡一百七十余首、词十七首、各体文二百三十余篇。亦擅戏曲创作演出,所作杂剧《乔坐衙》一折,取材于《水浒传》七十四回,祁彪佳《远山堂剧品》列其入"逸品"。又曾作传奇《冰山记》,崇祯二年携此剧至兖州为其父祝寿,佚而未传。尤以笔记杂著名于后世。所著山水园林小品《西湖梦寻》五卷,有清康熙五十六年其孙张礼刻本,记述西湖风景及掌故,并载历代文人描写西湖风物

之作,体例略同于刘侗《帝京京物略》,为经历兵燹之后,追忆旧游之作,托为梦寻,实寄斯慨。又《陶庵梦忆》八卷,有清凤嬉堂抄本、清乾隆王文诰刊本等,以记忆风土人情为主,地域遍及江、浙、山东,或记时节,或记风俗,旁及美食方物,花卉茶道,古玩器皿,林林总总,琳琅满目。"奇情奇文,引人入胜,如山阴道上,应接不暇。"(金忠淳《陶庵梦忆跋》)虽极写兴亡之感,而又哀而不伤,笔调清新,时杂谐趣。又有《快园道古》二十卷,记先辈旧事,分二十门,多记明代士子之逸闻趣事,类于《世说新语》,"于诙谐谑笑中窃取其庄严法语之意",为其晚年口授,子侄辈记录成书,现残存抄本十三卷。又《管朗乞巧录》二百余则,以"仁术""灵变""吊诡""善谑""拆字"等标目,专记"智慧之事、智慧之言",现存稿本。又《夜航船》二十卷,存清观术斋抄本,内容殆同近世之百科全书,包罗万有,二十大类四千余条,其涉猎之广泛,于此可见。张岱所著,有清一代多以抄本存世,选家多无从觅其诗文,至近时其杂著小品始为世所重,诗文则仅有1935年刘大杰点校之《琅嬛文集》六卷。另,近人赵尊岳《明词汇刊》录词十七首为《陶庵诗余》。生平见张岱《自为墓志铭》(《张子文秕》)、清邵廷采《明遗民所知传》(《思复堂

文集》卷三)、清温睿临《张岱谈迁传》(《南疆逸史》列传三十九)、《(康熙)绍兴府志》卷五八。

张所敬(生卒年不详)　字长舆，号蒿园居士，人称黄鹤先生。南直松江府上海人。少有文章之誉，弱冠补弟子员，为前辈文人王世贞推重，又交于王穉登、屠隆等名士，后以诗名于乡里。《千顷堂书目》著录其《张长舆诗》八卷。现存万历十三年(1585)序刊诗集《潜玉斋稿》四卷，收其所作琴操、乐府、五七言古近体诗凡二百一十余首，黄德水选，首有王穉登序，继有屠隆序，所收为其早年之诗作。又有万历十七年序刊《潜玉斋近稿》不分卷，收诗一百八十六首，首顾斗英序，据所敬所望序，是集乃万历十二年至十四年所敬诗之结集。又万历二十八年序刊《解弢篇》一卷，门人潘焕宸校，收古近体诗百余首，首朱家法序，据篇末所敬之子所作跋，是集所收为所敬万历二十年以后所作诗，至二十七年时，所敬已经物故。另有万历间刊《春雪篇》二卷，友人杜开美校，是集所收为万历二十二年、二十三年所敬于同邑潘家坐馆时所作诗。所敬所著，见于他籍记载者另有《酒志》《五慕诗》《三止诗》《峰泖先贤志》《秉烛丛谈》《皇明诗藻》等。另，万历胡氏文会堂刻残本《格致丛书》有其《新刻语苑》五卷。清姚宏绪《松风余韵》卷二七录其诗二首。近人严昌堉《海藻》卷五录其诗三首。生平见何三畏《张文学长舆先生传》(《云间志略》卷二一)。

张采(1596—1648)　字受先，号南郭，室名知畏堂。南直苏州府太仓(今属江苏)人。与同邑张溥有声于时，形影相依，声息相接，乐善规过，互推畏友，时称"娄东二张"。天启四年(1624)二人同创"应社"，推行古学。天启七年中举，崇祯元年(1628)进士，除临川知县，迁吏部主事。张溥组织复社，采在临川，未预其事，然名声相联，后张溥被究，采亦被劾归。归后与钱肃乐合修《太仓州志》十五卷(崇祯本今存)。福王时，召为礼部主事，进员外郎。南都失守，归里。采性严毅刚直，喜甄别可否，人有过，即面叱之，归后为衔恨者所袭，几死，因避之邻邑，清顺治五年(1648)卒，年五十三。研经学，能诗文。其经史著作有《尚书因》四卷(存万历刊本)、《诗原》五卷《诗说略》一卷(存天启元年刊本)。又有明末刊本《周礼注疏合解》十八卷，疑为托名。《明史·艺文志》著录其诗文别集《知畏堂文存》十二卷《诗存》四卷，现存清康熙十二年(1673)黄与坚序刊本，《文存》疏一卷，收奏疏四篇，文十一卷，收各体文六十余篇；《诗存》四卷收诸体诗二百二十余首。《千顷堂书目》

记其曾辑《西汉文纪》《东汉文纪》《三国文》《西晋文》《南朝宋文》《南朝齐文》，未见。《明文海》录其文四篇。《海虞文征》录其文三篇。《娄水文征》卷四〇录其文七篇。陈济生《天启崇祯两朝遗诗》卷七录其诗三十五首。《明诗综》卷六八录其诗一首。《御选宋金元明四朝诗》录其诗三首。《明诗纪事》辛签卷二二录其诗一首。生平见《（乾隆）江南通志》卷一六三、《明史》卷二八八。

张泽（生卒年不详）　字草臣。南直苏州府吴江（今属江苏）人。明末诸生。诗奉钟惺、谭元春为圭臬。崇祯六年（1633）曾为谭元春刊《谭友夏合集》二十二卷，附己作《旨斋诗草》于后。《旨斋诗草》收诗九十一首，有张溥、顾梦麟、许重熙等序。《明诗综》卷七六录其诗一首。清卓尔堪《明遗民诗》录其诗一首。《明诗纪事》辛签卷二二录其诗一首。

张治（1488—1550）　字文邦，号龙湖。湖广长沙府茶陵（今属湖南）人。正德十一年（1516）举人，以丧父守制，十六年进士，选翰林院庶吉士，授编修。嘉靖初朝廷有"大礼议"，附和张璁、桂萼，与孙承恩、廖道南、王用宾修《明伦大典》。七年（1528）擢左春坊左赞善，再迁德成。二十年迁南吏部右侍郎，改北，进南吏部尚书。召拜礼部尚书，兼文渊阁大学士，入阁预机务，加太子太保。嘉靖二十九年卒，年六十三，谥文隐，隆庆初改谥文毅，万历初复改谥文肃。其为政平平，惟薛应旂、归有光等皆为其所取士，故以识鉴称。诗文承李东阳台阁浑雅正大之风，未称大家，然亦中一时之规矩。故薛应旂序其集，谓"其为文皆根诸性情理道而光明俊伟，一洗菁藻浮华之习"。著述有嘉靖三十三年其婿彭宣刊《龙湖先生文集》十四卷，内诗四卷，雷礼、薛应旂等序，此即《千顷堂书目》著录之本。又有清雍正四年（1726）彭宣之孙彭思眷重刊本《张龙湖先生文集》十五卷，内奏疏一卷，收奏疏二十八篇，文九卷，收各体文九十篇，诗五卷，收诗五百七十余首，词三首，此即《四库全书总目》所著录之《龙湖文集》十五卷也。顾起纶《国雅》卷八录其诗九首。《皇明诗统》卷二二录其诗三十二首。《列朝诗集》丁集录其诗十四首。《明诗评选》录其诗五首。《明诗综》卷三七录其诗三首。《御选宋金元明四朝诗》录其诗二十四首。清廖元度《楚风补》卷二一录其诗十四首。清邓显鹤《沅湘耆旧集》卷十六录诗一百零九首。《明诗纪事》戊签卷一四录其诗十首，按语谓其"五七言律体，特饶清音"。近人赵尊岳《明词汇刊》辑录其词七首为《龙湖先生词》一卷。《明文海》录其文《尚宝司题名记》。《湖南文征》录其文三十九篇。生平见雷礼《张公治传》《国朝献征录》卷一六）、王兆云《皇明词林人物考》卷六、何乔远《名山藏》卷七五。

张治道（1487—1556）　字孟独，号太微山人。陕西西安府长安（今西安）人。正德九年（1514）进士，授长垣知县，任满以治行迁刑部主事。在京与薛蕙、胡侍、刘储秀等为诗社，都下号"西翰林"。以不乐为官，十四年引疾归，归二年，当考察，以御史论罢，年仅三十余。家居一意读书为文章，与康海、王九思邀游终南、鄠杜间，倡和无虚日。卒于嘉靖三十五年（1556），年七十。性耽于诗，所积甚夥。嘉靖十年欲刻未果，至二十年陕西巡抚刘天和为其刊《张太微诗集》十二卷，收赋四篇、诸体诗一千二百余首，又《后集》四卷，内诗赋二卷，收赋八篇、诸体诗四百余首，文二卷，收各体文七十余篇，首康海嘉靖十年序，又有刘储秀序，王九思后序。至嘉靖三十一年，孔天胤又为其刊《嘉靖集》八卷，诗五卷，收诗六百首，文四十余篇，附《拾遗》一卷，收入治道所作《耽诗论并序》，刘储秀、孔天胤、张铎序。《皇明诗统》卷一八录其诗二十四首。崇祯五年（1632）贾鸿洙《周雅续》卷七收录其诗十六首。《列朝诗集》丙集录其诗四首。《明诗综》卷三五录其诗四首。《御选宋金元明四朝诗》录其诗五首。《明诗纪事》戊签卷一二录其诗二首。《明文海》录其文十四篇，卷九三评语谓其"虽盛称何、李，然其文自是正派"。清陈元龙《御定历代赋汇》卷一二八录其《孔雀赋》。生平见乔世宁《张公治道墓碑》（《丘隅集》卷一四）、王兆云《皇明词林人物考》卷一二。

张诗（1487—1535）　字子言，号昆仑山人。京师顺天府宛平（今北京）人。本为平民李姓所生，为衡州同知张君收养，因改姓张。曾从吕柟学制义，从何景明学诗，以能诗交于诸缙绅，游踪半天下，卒于嘉靖十四年（1535），年五十。著述存嘉靖二十年方九叙刊本《昆仑山人集》八卷，收其所作诗三百余首，王椿序。《盛明百家诗》前编录其诗七十余首为《张昆仑集》。顾起纶《国雅》卷八录其诗十首。《皇明诗统》卷二五录其诗六首。《列朝诗集》丙集录其诗五首，"小传"谓其"状貌魁杰，戟髯如武夫，人以燕山豪士称之。著《骂鬼》《诘发》《笑琳》《七子》等文，曼衍谲怪。草书狂放，有笔力，李中麓（李开先）尝戏之曰：'君书揭之壁间，不独惊人，亦可以驱鬼也。'"《明诗综》卷三八录其诗一首，"诗话"云："岳氏（岳岱）《今雨瑶华》以昆仑山人诗压卷，然诗实不工。方棠陵（方豪）诮之曰：'君诗虽佳，第情实如无山称山，无水赋水，非欢而畅，不威而哀是已。'是亦切中其病。"清王崇简《畿辅明诗》录其诗八首。《明诗纪事》丁签卷一七录其诗三首，按语云："山人诗亦有奇致，以较太初（孙一元），去之尚远，李开先推之遇甚，何耶？"生平见李开先《昆仑张诗人诗传》《国朝献征录》卷一一五）、王兆云《皇明词林人物考》卷一一。

张诩（1455—1514）　字廷实，号东所。广东广州府番禺（今广州）人。成化十年（1474）举人，二十年进士，疏乞养病归。家居六年，两广总督俾有司促其北上，授户部主事，旋遭亲丧丁艰归，遂不复出。家居十余年，正德初，以御史荐，召为南京通政司左参议，一谒孝陵，即告归。卒于正德九年（1514），年六十。少从陈献章学，崇理学，与学友往复诸书，皆首列白沙之旨。其学以自然为宗，以"忘己"为大，以"无欲"为至，强调即心观妙，以揆圣人之用。曾辑《白沙遗言纂要》十卷，《四库全书总目》著录。《明史·艺文志》著录其《厓门新志》十八卷、《东所集》十卷。现存弘治十八年（1505）袁宾刊本《南海杂咏》十卷，按占迹、祠庙、冢墓、山水、泉石、台亭、寺观、桥梁等分卷，计收诗二百一十首，卷首张诩自序，谓所收"多为少作"。又有嘉靖三十年（1551）张希举刊本《东

所先生文集》十三卷，文九卷、诗四卷，内收诗一百七十余首，词一首，黄佐、王希序，伦以谅后序。《千顷堂书目》另著录其《周礼互注》十二卷。其论诗多本献章之说，诗作平衍无新语，然亦并非全学献章、庄昶。《明文海》录其文十二篇，黄百家《明文授读》卷四八记云："先夫子（黄宗羲）曰：'张诩……从学白沙（陈献章），故文多论学，然绝无庸腐之习。余阅宋文，凡论学者类不脱庸腐二字，故文章以道学语为讳，如东所又何患焉！'"清屈大均《广东文选》录其文二篇。《皇明诗统》卷一六录其诗三首。清梁善长《广东诗粹》卷三录其诗一首。《明诗纪事》丙签卷八录其诗二首，按云："廷实，白沙弟子，有句云'千篇《击壤》诗陶性'，然其所作，殊不类《击壤》也。"生平见黄佐《张公诩传》《国朝献征录》卷六七）、清黄宗羲《明儒学案》卷九、《明史》卷二八三。

张居正（1525—1582）　字叔大，号太岳。湖广荆州府江陵（今湖北荆州）人。嘉靖四年（1525）五月初三生。十九年领乡荐，二十六年进士，选翰林院庶吉士，授编修。宰执严嵩、徐阶皆器重之，迁右中允，领国子司业事，与祭酒高拱善。四十一年徐阶代严嵩为首辅，居正倾心委之，历右谕德、侍讲学士，领院事，迁礼部侍郎，改吏部，隆庆元年

（1567），进礼部尚书兼武英殿大学士，加少保兼太子太保，预机务。徐阶致仕，居正与司礼监李芳谋，引高拱入阁，与拱同定封俺答事，北边遂得安宁。此后与拱渐生嫌隙，隆庆驾崩，与司礼监冯保谋，逐拱，遂为首辅。万历初至特进中极殿大学士、左柱国，加太傅、太师。推行考成法，整顿官吏，六年又丈量天下土地，行一条鞭法。万历十年（1582）六月二十卒于任，年五十八，赠上柱国，谥文忠。寻为继任首辅张四维奏夺上柱国、太师，再夺谥削秩，籍其家，长子自尽，次子充军。天启初，诏复故官。其为政综合名实，信赏必罚。在内阁十年，颇行改革，振肃纲纪，修内攘外，治绩卓著，然性刚严，专权自任。当其柄政，举朝争颂其功而不敢言其过，既败之后又举朝争索其罪，而不敢言其功，非情实矣。所著《书经直解》十三卷、《诗经直解》四卷、《四书直解》二十六卷、《通鉴直解》二十五卷、《帝鉴图说》六卷、《历朝鉴纲论抄》十二卷、《张文忠公奏对稿》二卷、《张文忠公奏疏抄》四卷、《太岳集书牍》十五卷，皆其生前所刊。卒后因遭抄没，多散佚。诗文著述至万历末年始辑刊为《张太岳先生文集》四十六卷附录一卷，首万历四十年沈鲤《张太岳集序》、吕坤《书张太岳先生文集后》，内诗六卷，收诸体诗三百余首，文十四卷，收各体文二百五十余篇，书牍十五卷，收信笺札八百三十余篇，奏对十一卷，收奏疏一百六十余篇，附录为其《行实》。《明史·艺文志》著录其《诗文集》四十六卷，《四库全书总目》著录之《太岳集》四十六卷，皆此本也。后又有清光绪二十七年（1901）红藤碧树山馆重刊本。平生以政事为任，诗文非所长，故集中以奏疏启札最多，皆在庙堂时论事之作，又往往纵笔而成，未尝有所锻炼也。《明文海》录其文十五篇，卷九四评语谓其文"笔下俱有锋刃，似其为人"。《皇明诗统》卷二五录其诗三首。《列朝诗集》丁集录其诗二首。《明诗综》卷四三录其诗四首。清沈德潜《明诗别裁集》录其诗一首。《御选宋金元明四朝诗》录其诗十首。清廖元度《楚风补》卷二二录诗十五首。清高士熙《湖北诗录》录诗十首。《明诗纪事》己签卷九录诗六首。生平见《张太岳先生文集》附《张文忠公行实》、王世贞《张公居正传》《国朝献征录》卷一七）、王兆云《皇明词林人物考》卷九、《明史》卷二一三。

张孟兼（1338—1377）　名丁，字孟兼，以字行。浙江金华府浦江人，与宋濂同里。洪武三年（1370）征修《元史》，史成，授国子学录。历礼部主事、太常寺丞，出为山西按察司佥事，惩治奸滑，令相牵引，每事株连数十人,吏民皆畏。以治能迁山东按察副使,布政使吴印系钟山僧人还俗,孟兼轻侮之,数与之争,印告于太祖,太祖疑孟兼有所影射,怒下诏押其至京师,捶之至死,时在洪武十年,孟兼年四十。以能文著于当时,才锋峻立,奇气烨然。传刘基侍朱元璋,论当朝文人,以宋濂为第一,己其次,而以孟兼为第三,可见时誉。《明史·艺文志》著录其《文集》六卷,然后失传,《四库全书》据抄本收其《白石山房逸稿》二卷,内五言古诗九首、七言古诗三首、排律一首、五言律三首、七言律六首、七言绝句四首、乐歌八章、联句二首、记四篇、行状二篇、传一篇、杂文一篇,皆掇拾他书而得者,附以宋濂、苏伯衡、郑渊等诸家序、跋。《总目》"提要"云:"观其诗文,温雅清丽,具有体裁,而龙骧虎步之气,亦隐然不可遏抑。"《四库全书总目》又据乾隆十四年(1749)承启堂刊本《白石山房逸稿》五卷补遗一卷著录其《新本白石山房稿》五卷,是集乃其十一世孙所重编,卷三至卷五皆载同时投赠及后人诗文传志,卷帙虽增于二卷之旧本,而孟兼之著作则无所增也。另有近人胡宗懋《续金华丛书》本,二卷附补录,实以乾隆辑本补《四库全书》本,仅七言律《都中赠风鉴僧》一首为乾隆本所无。刘仔肩《雅颂正音》录其诗七首。《皇明风雅》卷二四录其诗一首。《皇明诗统》卷三录其诗四首。《列朝诗集》甲集录其诗七首。《明诗综》卷六录其诗三首。《御选宋金元明四朝诗》录其诗六首。《明诗纪事》甲签卷六录其诗一首。程敏政《皇明文衡》录其文三篇。生平见方孝孺《山东副使张孟兼丁传》(《逊志斋集》卷二一)、《明史》卷二八五。

张绅(生卒年不详) 字仲绅,一字士行,号云门山樵。青州(今属山东)人。元末明初以能诗书游于南北,或误其为济南人。工大小篆,精于赏鉴,法书名画多所品题,墨迹常见于著录。洪武十五年(1382)以荐授鄠县教谕,寻召为右金都御史,仕至浙江布政使。《四库全书总目》著录其《法书通释》二卷,见万历二十五年(1597)刊周履靖编《夷门广牍》。《千顷堂书目》记其有诗集,未见传。刘仔肩《雅颂正音》卷三录其诗四首。《皇明风雅》卷二四录其诗二首。《皇明诗统》卷四录其诗七首。《列朝诗集》甲集录其诗十二首,"小传"云:"有才略,不琐琐于世事。慷慨激烈,词辨纵横,终日亹亹不休。能篆书,诗文不经意而自成一家,盖北方豪杰之士也。"《明诗综》卷一三录其诗二首,"诗话"云:"其诗不藉雕琢,琅然可诵。"《御选宋金元明四朝诗》录其诗八首。清宋弼《山左明诗钞》卷一录其诗十三首。《明诗纪事》甲签卷一八录其诗十一首。生平见陶宗仪《书史会要》卷七、朱谋垔《续书史会要》。

张经(1491—1554)　字廷彝，号半洲。福建福州府侯官(今福州)人。初因其父袭蔡姓，故榜名皆作"蔡经"，显贵后复姓。正德十二年(1517)举人，明年进士，除嘉兴知县。嘉靖四年(1525)为吏科给事中，历户科都给事中、太仆寺少卿、嘉兴知府、大理寺卿，以右佥都御史巡抚山东。进兵部侍郎，总督两广军务，进右都御史、兵部尚书，以忧去。三十二年起三边总督，寻报罢。起南户部尚书，就改南兵部，总督南直隶、浙、福军务，改右都御史，兼兵部侍郎，专讨倭寇。领兵于嘉兴王江泾大捷，称抗倭第一大捷，而经遭赵文华构陷，逮系至京，十月，与浙江巡抚李天宠一起被杀，年六十四。隆庆初追复故官，赐祭葬，追谥襄愍。诗文著述存世有嘉靖十六年司马泰刊本《半洲稿》四卷，内《北寓稿》收其官京师时所作，《南行稿》收其任嘉兴知府时所作，《西征稿》收其任大理寺卿奉命使关西时所作，《东巡稿》收其巡抚山东时所作。又有嘉靖二十一年王凤灵序刊本《半洲诗集》七卷，盖于十六年本增《苍梧稿》(收其总督两广时所作)，又按诗体重新编次，现残存五卷。《千顷堂书目》著录《半洲诗集》七卷即此

本也。以上两本尚署"蔡经"名。至清咸丰七年(1857)林鸿年序凤池书院刊本《半洲诗集》七卷，则改署张经。《皇明诗统》卷一六录其诗八首。徐熥《晋安风雅》录其诗十三首。《皇明诗选》录其诗一首。《列朝诗集》丁集录其诗二首。《明诗综》卷三六录其诗五首，"诗话"云："其诗特清婉，无拔剑横槊气。"《御选宋金元明四朝诗》录其诗四首。《四库全书总目》据嘉靖十六年本著录《半洲稿》四卷，"提要"云："诗多五七言近体，颇摹唐调。盖正当太仓(王世贞)、历下(李攀龙)初变风气之时也。"清郭柏苍《全闽明诗传》卷一七录其诗三十四首。《明诗纪事》戊签卷一三录其诗三首。生平见萧彦《披垣人鉴》卷一三、《明史》卷二〇五。

张铁(生卒年不详)　字子威，号碧溪子。浙江宁波府慈溪人。科考不遂，遂专攻诗古文。以布衣哆口论天下事，亹亹竟日，燕居独处，则必正襟危坐，傲睨物表。与沈周为诗友，弘治十七年(1504)曾为沈周诗选作跋，存于沈集中。《千顷堂书目》著录其《郊外农谈》三卷、《碧溪集》六卷又《咏史百绝》。现存嘉靖间慈溪张氏家刊本《碧溪诗集》六卷，收诸体诗四百七十余首，附《铙歌鼓吹曲》十二首，有正德十一年(1516)陆深序。方志另著录其《南

皋诗话》，未见传。《列朝诗集》丙集录其诗《岁杪思亲》《泊舟见桃花盛开》。《明诗综》卷二六录其诗《淮阳夜月》《湖上竹枝词》，《御选宋金元明四朝诗》据之录。清尹元炜《溪上诗辑》卷三录其诗十八首。《明诗纪事》丁签卷一五录其诗《泊舟见桃花盛开》。生平见《（雍正）浙江通志》卷一八〇。

张选（1494—1568）　字舜举，号静思。南直常州府无锡（今属江苏）人。生于弘治七年（1494）十月初二。嘉靖七年（1528）领乡荐，八年进士，授萧山知县。擢户科给事中。谏世宗遣郭勋代享太庙，以"更不亲行，则迹涉怠玩"语触帝怒，杖八十，杖折者三，昏死再四，削籍归家而名扬。穆宗初，起通政参议，以老致仕。隆庆二年（1568）十一月初六卒，年七十七。《千顷堂书目》著录其《归田养浩集》又《碧山吟社稿》。现存清康熙三十三年（1694）张元升等刊本《忠谏静思张公遗集》十卷，乃其曾孙张缵曾所编，卷一奏疏，卷二、卷三文移，卷四条陈，卷五序、跋、赞等，卷六、卷七尺牍，卷八收诗八十八首，卷九附录政绩等，卷十附录墓志铭及府县志所载小传，又附张缵曾《侍御静生张公遗集》二卷，缵曾号静生，官浙江道侍御史。《四库全书总目》著录《张静思文集》十卷附录二卷即此本也。清周有壬

《梁溪文钞》卷九录其文八篇。清王直等《锡山文集》录文三篇。清顾光旭《梁溪诗钞》卷七录诗七首。《明诗纪事》戊签卷一七录诗一首。生平见黄正色《静思张公墓志铭》（《忠谏静思张公遗集》卷一〇）、《毗陵人品集》卷一三、《明史》卷二〇七。

张适（1330—1394）　字子宜，号甘白，自称滇池老渔。长洲（今江苏苏州）人。少称颖悟，元季十三岁曾应江浙乡试。以诗画名于吴中，几与高启、杨基齐名。洪武初以秀才举，与高启等同修《元史》，授工部都水司郎中，以病归。十九年（1386）复以明经举，授广西布政司理问，二十三年调滇池鱼课司大使，改宣课司大使，二十七年卒于官，年六十五。《明史·艺文志》著录其《乐圃集》六卷。现存明刊本《甘白先生张子宜诗集》六卷，约刻于正统间，卷一、卷二题为《乐圃集》，以下各卷分题为《江馆集》《南湖集》《江行集》《滇池集》，题集与其经历相符，是集为其孙张杭所辑，有永乐元年（1403）朱逢吉序。又有清释就堂抄本《甘白先生文集》六卷，卷一、卷二为序，卷三记，卷四杂说，卷五墓志，卷六杂著，是集原为其长孙张纲所编，有正统十二年（1447）其长子张收所作序，谓其父所著甚多，卒后四十年，哀门多故，欲刊未就，屡因回禄，所存者仅十之七八。著述以清

王氏十万卷楼抄本《甘白先生张子宜诗集》六卷《文集》六卷补遗三卷收罗最为完备。《皇明风雅》卷二三录其诗一首。《皇明诗统》卷五录其诗四首。《列朝诗集》甲集录其诗四十二首。《明诗综》卷一二录其诗十首。《御选宋金元明四朝诗》录其诗三十六首。《四库全书总目》著录其文集《甘白集》六卷，"提要"谓"文体修洁而未造深厚，如在嘉、隆以上则为雅音，在元、明之间则未能与诸家壁垒相当也"。《明诗纪事》甲签卷二〇录其诗二十二首，按云："《乐圃集》多模拟未化，《江馆》《南湖》以后，特为俊爽。"生平见俞贞木《张公墓志铭》(《吴下冢墓遗文》卷三)、王鏊《姑苏志》卷五四、张昶《吴中人物志》卷七。

张重华(生卒年不详)　字虞侯，号晴阳。南直松江府华亭(今上海松江)人。万历间诸生，数应乡试不举，遂弃举子业，北入京师，以诗文游于公卿间，交于张位、萧大亨等。数年返乡，因疾病亡，年未及五十。所见其单刻诗集有《南北游草续》一卷，收五七言诗八十三首，首万历二十二年(1594)万世德《南北游续草序》，称其"六上公车，未由博一第，遂效子长浮淮、士衡入洛，辇下缙绅长者咸愿见虞侯君为布衣交，一时骚坛之上尽拱手让牛耳"。万历间吴兴刘氏嘉业堂刻本

《沧沤集》八卷当为其著述总汇，是集首有张位《刻沧沤集叙》、姜宝《沧沤集序》及陈于廷《刻沧沤集小引》，内卷一至卷六收各体文及赋二首、操五首、四言诗十七章、诗余十四首，卷七、卷八收诗二百八十一首。《四库全书总目》著录《沧沤集》八卷，"提要"云："是编前有张位、姜宝二序。位《序》称其有集百卷，先梓八卷；宝《序》称其文言言欲奇，其诗首首欲出尘清新。然大抵拉杂不入格，如称'九峯三泖'曰'九三'，虽《绛守居园池记》，亦不至于斯矣。"生平见何三畏《张文学虞侯传》(《云间志略》卷二〇)。

张养蒙(1544—1605)　初字泰亨，改字端淑，号见冲。山西泽州人。家贫，其父自授其书。万历五年(1577)进士，选翰林院庶吉士，授吏科左给事中。居言职，慷慨好建白，迁工科都给事中，出为河南右参政，寻召为太仆寺少卿，四迁左副都御史。再迁户部右侍郎，三十年尚书赵藁称疾乞罢，诏养蒙署事，会养蒙亦有疾在告，固辞，给事中夏子阳劾其托疾，遂罢归。三十三年卒于家，年六十二，天启初，赠户部尚书，谥毅敏。卒后，其子张光奎辑其著述为《张毅敏公集》十卷附录一卷，卷端有邹元标、冯琦等序，内卷一至卷五为奏疏，分题《东台谏草》《督江疏草》《都宪疏草》《督饷疏草》《佐计

疏草》，计收奏疏一百零四篇，卷六至卷九为文，计收各体文一百零五篇，卷一〇为诗，收诗一百一十余首，附其所作楹联，附录为墓志、小传。是集有崇祯三年（1630）刊本，又有清时乾隆刊本。《明文海》录其文《五德之运考》一篇。生平见乔胤《赠户部尚书张公行状》、李三才《元冲张公墓铭》、文震孟《张毅敏公传》（《张毅敏公集》附录），又见萧彦《掖垣人鉴》卷一六、《明史》卷二三五。

张炼（生卒年不详） 字伯纯，号太乙，又号双溪渔人。陕西西安府乾州武功人。嘉靖二十三年（1544）进士，授行人。历刑科给事中，累官至湖广按察司佥事。能诗，《千顷堂书目》著录其《太乙山人诗稿》五卷，现存万历三十年（1602）古邻张氏家刊本《太乙诗集》不分卷，收诗六百余首，关廷访存。又以曲称，有残抄本散曲集《双溪乐府》二卷，存小令二百零三首，套数三十八套，卷末有其自跋，署嘉靖四十五年。《四库全书总目》杂家类著录《经济录》二卷，存明崇祯刊本。《（雍正）陕西通志》录诗三首、文一篇。《四库全书总目》著录《太乙诗集》五卷，"提要"谓"其诗源出长庆，而更加率易"。生平见萧彦《掖垣人鉴》卷一四、《（雍正）陕西通志》卷二五。

张洪（1362—1445） 字宗海，号止庵，本姓侯。苏州府常熟（今属江苏）人。生于元至正二十二年（1362）正月十一。明洪武十五年（1382）被讼私买仓米，谪戍云南，后以明经荐于靖江王府教授。永乐元年（1403）擢行人，奉使日本，二年复使辽东，又赍诏谕缅甸，凡六往始听命，守使职越二十年。曾入文渊阁，充《永乐大典》副总裁。仁宗时召入翰林，官修撰，修太宗、仁宗实录。宣德五年（1430）年致仕，卒于正统十年（1445）十一月初七，年八十四。《明史·艺文志》及方志记其所著经学著述甚多，现仅《四书解义》二十卷有残本。《四库全书总目》地理类著录其《南夷书》一卷（存明抄本、清抄《明初遗事七种》本）、杂家类著录其《使规》一卷（现存成化十年刊《使规》一卷附《使缅录》一卷。《使缅录》一卷又见清道光邵廷烈辑刊《娄东杂著》）。《千顷堂书目》著录其诗文别集《归田集》二卷又《揽辔集》□卷，《（1948）重修常昭合志》卷一八又记其有《清溪集》《贯道集》《金台集》《永言集》《翰林类稿》《学选诗》《和陶诗》。现存清抄本《归田集》二卷、清陈揆抄本《张修撰遗集》四卷附录一卷、清播琴山馆抄本《张修撰遗集》八卷附录一卷。沐昂编《沧海遗珠》录其诗四首。《皇明风雅》卷四、《皇明诗统》卷七录其诗二首。

《皇明诗选》录其诗一首。《列朝诗集》乙集、《明诗综》卷一七录其诗一首。《海虞文征》录其文二十二篇、诗六首。《娄水文征》卷九录其文十一篇。清陆焌《沙溪诗存》卷一录其诗二首。生平见佚名《翰林院修撰张公洪传》(《国朝献征录》卷二一)、瞿汝稷《止庵张先生墓碑》(《瞿冏卿集》卷一一)、张昶《吴中人物志》卷六、冯复京《明常熟先贤事略》卷一。

张宣(1341—1373)　初名瑹,又名瑄,字藻仲,或作藻重。江阴(今属江苏)人。元末随其父张端东西避难,因得与杨维桢、周伯琦、倪瓒、饶介等名士往来。少负才名,草书为当时所推重,高启有《草书歌赠藻仲》诗。洪武元年(1368)以考礼征,朱元璋尝呼其为"张家小秀才",授翰林编修。与修《元史》毕,奉诏归娶邵亨贞女,宋濂赠诗有"红绵裁云春奠雁,紫箫吹月夜乘鸾"之句。六年以事谪濠,卒于道,年三十三。方志记其著有《春秋胡氏传标注》《四书点本》《五经标题》等。《千顷堂书目》著录其诗文别集《青旸集》,洪武时初刻八卷,又正统十年(1445)刻本九卷附录二卷,正德十六年(1521)刻本五卷,均未见传。现《青旸集》有数种清抄本,又有近人金武祥《江阴丛书》本《青旸集》四卷补遗一卷,计存诗一百八十余首。

《列朝诗集》甲集录其诗十首。《明诗综》卷六录其诗十四首。清沈德潜《明诗别裁集》录其诗一首。《御选宋金元明四朝诗》录其诗十三首。近人顾季慈《江上诗钞》卷八录其诗一百二十余首。《明诗纪事》甲签卷六录其诗三首,按语谓其诗"俊爽有气格"。生平见廖道南《殿阁词林记》卷八、叶夔《毗陵人品记》卷六、《(嘉靖)江阴县志》卷一二、《明史》卷二八五。

张恒(生卒年不详)　字伯常,又字明初。南直苏州府嘉定(今属上海)人。万历七年(1579)举人,明年进士,除茶陵知州,调兴国州。入为刑部员外郎,出知饶州府,再知建昌,进江西按察副使、右参政,疏乞终养。家居二十年后卒。能诗,喜作论辩议论之文,尤著力于儒佛之辩。《千顷堂书目》著录其《学辨撮菁》一卷又《因明子》一卷、《明志稿》三卷又《诗》二卷又《续明志稿》一卷。现存万历四十年序刊本《明志稿》六卷,内诗二卷,收诗六百余首,文三卷续一卷,收文二百八十余篇,多为论辩,历来经史、心学禅门,多有涉及。《明诗综》卷五三录其诗十三首,"诗话"云:"伯常自序其诗,谓'语不必工,意不必远;古不必合,今不必离;生不必名,没不必传,聊明吾志而已矣'。又曰:'譬诸侯至而物鸣,若有使之而不能已者,以写其优柔惝荡之思。'数语非知诗者莫能言也。宜其古风磊落，近体亦安详，比于同邑四先生，似觉挺拔。"《御选宋金元明四朝诗》录其诗五首。清董二酉《吴江诗略》卷八录其诗四首。清王辅铭《明练音续集》卷四录其诗十一首。生平见《（雍正）江南通志》卷一四五、《（光绪）嘉定县志》卷一六。

张逊业（1525—1560） 字有功，号瓯江。浙江温州府永嘉（今温州）人，张璁次子。以恩荫入太学，授中书舍人。历尚宝寺丞、两淮都转运使判官，充南京光禄寺署正，迁顺天府通判，进太仆寺丞。嘉靖三十九年（1560）暴疾卒，年三十六。负气节，与沈炼为友。善草书，工词翰，弱冠已有诗名，卒后王世贞为其作《墓志铭》，称其"于诗歌擅宏丽，又能纵笔为行草，一时声称籍甚"。尝辑《十二家唐诗》。《千顷堂书目》著录其《鸣玉集》又《使郢集》又《瓯江集》二卷。现存《鸣玉集》不分卷，收其五七言古近体诗约百首。其诗多乐府旧题，未出摹古之时习。集为松阳徐梦易校刊，卷首梦易序未言其卒，当刻于其生前。顾起纶《国雅》卷一三录诗四首。《皇明诗统》卷二一录诗五首。《东瓯诗存》卷二三录诗十首。生平见王世贞《张君逊业墓志铭》（《国朝献征录》卷七二）、侯一元《太仆瓯江张先生墓表》

（《二谷山人近稿》卷五）、《（光绪）永嘉县志》卷一六。

张綖（1487—1543） 字世文，号南湖。南直扬州府高邮（今属江苏）人。生于成化二十三年（1487）二月二十二。正德八年（1513）举人，八上春官不第，谒选武昌通判，迁光州知州，罢归。卒于嘉靖二十二年（1543）五月初五，年五十七。少从济南王田游，好诗，尤刻意填词。曾辑《草堂诗余别录》一卷，有嘉靖二十八年黎仪刊本。又编《诗余图谱》三卷，末附宋秦观及綖所作词各一卷，有万历二十七年（1599）谢天瑞补遗六卷本及明末万惟善厘订本，惟校雠不精，平仄不明，后为清万树《词律》所讥。又曾因清江范德机而批点杜甫诗三百十一篇，隆庆六年（1572）张守中刊为《杜工部诗通》十六卷、《杜律本意》二卷，《四库全书总目》"提要"以为"大抵顺文演意，均不能窥杜之樊篱"。生前所刊诗集现存嘉靖十七年蒋芝刊本《入楚吟》一卷。卒后其子张守中辑其所作诗词刻为《张南湖先生诗集》四卷，有嘉靖三十二年刊本，首有朱曰藩序，末附顾璘所作墓志铭，内收弘治十四年（1501）至嘉靖二十二年四十余年所作诗四百六十五首、词一百零一首。又，清张廷枢辑稿本《高邮张氏遗稿》十六卷收《张南湖先生文集遗稿》一卷《诗余》一卷《诗集遗珠》一卷。《四库全书总目》著录《南湖诗集》四卷，"提要"谓"其诗皆如词矣"。明末毛氏汲古阁刊本《词苑英华》收其词二十六首，名《南湖诗余》。《御选历代诗余》录其词十首。近人赵尊岳《明词汇刊》辑录其词三十余首为《南湖诗余》一卷。《列朝诗集》丙集录其诗五首。《明诗综》卷三七录其诗二首。《明诗纪事》戊签卷一一录其诗七首。生平见顾璘《南湖墓志铭》（《张南湖先生诗集》附录）、《（雍正）江南通志》卷一四四。

张泰（1436—1480）　字亨甫、亨父，号沧洲。南直苏州府太仓（今属江苏）人。天顺三年（1459）举人，八年进士，选翰林院庶吉士，以丁忧归乡，成化七年（1471）授检讨，十六年晋修撰，当年十一月初九病卒，年四十五。为人坦率，恬淡自守，独喜为诗，与陆钘、陆容齐名，称"娄东三凤"。与李东阳同年同官且志趣相同，"朝行与游，夕宴与嬉"（李东阳《同年祭张亨父文》）。东阳谓其诗多"奇思硬语"（《怀麓堂诗话》）、"清古翘拔"（《题张沧洲遗诗后》），杨慎谓其诗"清拔"（《诗话补遗》卷三），与台阁风习渐远。泰病逝时其子尚在襁褓，后弘治三年（1490）李东阳与谢铎、吴宽等人辑其遗作，刻为《沧洲诗集》十卷，李东阳序。嘉靖十三年（1534）其甥又辑其佚诗，刻

《沧洲诗集续集》二卷，并附诏诰及祭文、墓志铭等。《沧洲诗集》十卷编次杂乱，计收古近体诗及琴操、诗余等近九百首，《续集》收古赋、诸体诗、诗余二百余首。《千顷堂书目》著录《沧洲集》八卷，有误。《皇明风雅》录其诗十七首。顾起纶《国雅》卷四录其诗九首。《皇明诗统》卷一三录其诗二十一首。周复俊编《玉峰诗纂》卷三录其诗四首。《石仓十二代诗选·明诗选》录其诗一百零六首。《列朝诗集》丙集录其诗四十首，"小传"云："唐元荐论本朝之诗曰：'弘治间，艺苑则以李怀麓（李东阳）、张沧州为赤帜，而和之者或流于率易。'在当时盖以李、张并称。"《明诗评选》、《明诗综》卷二二录其诗一首。《御选宋金元明四朝诗》录其诗十二首。《四库全书总目》著录《沧州集》十卷《续集》二卷，《总目》"提要"云："初与李东阳齐名，后东阳久持文柄，所学弥老弥深，而泰不幸早终，未及成就，故声华销歇，世不复称。今观是集，大抵圆转流便，而短于含蓄，正如清水半湾，洮洮易尽，视东阳《怀麓堂集》实相去径庭。"明翟校辑、清王辅铭补辑《练音集补》附卷录其诗二首。《娄水文征》卷一一录其文二篇。《明诗纪事》丙签卷四录其诗八首。生平见陆钘《张亨甫先生墓铭》（《沧洲诗集续集》附录）、张昶《吴中人物志》卷

七、方鹏《昆山人物志》卷三、王兆云《皇明词林人物考》卷一二、《明史》卷二八六。

张泰阶（生卒年不详） 字爱平，自署云间畸人。南直松江府上海人。万历四十七年（1619）进士，历官刑部主事、郎中，简放湖州知府，转潞安知府，迁河南副使，调浙江参政。家有宝绘楼，藏书画甚多，因著《宝绘录》二十卷，《四库全书总目》著录，然所记六朝隋唐名家之作，实多伪作，崇祯六年（1633）原刊本尚存。著述有崇祯刊诗集《北征小草》十二卷，收赋二篇、诗六百七十余首，首有陈继儒序及自序。清陈元龙《御定历代赋汇》录其《琵琶赋》一篇。近人严昌埁《海藻》卷五录其诗四首。生平见《（雍正）山西通志》卷九一、《（同治）上海县志》卷一八。

张珹（1431—？） 字世琏，号西庄。南直扬州府泰兴（今属江苏）人。景泰七年（1456）举人，天顺间选授中书舍人。天顺八年（1464）宪宗即位，以太仆寺丞金湜为正使颁诏朝鲜，张珹副之。湜作《三月二十四日奉命出京有作求和章》，珹及朝鲜群臣三十余人次韵倡和，后朝鲜将湜、珹使朝鲜时所作诗文及朝鲜文臣倡和之作辑刻为《（甲申）皇华集》，记、序等文外，共收诗二百五十四首，内金湜诗八十二首、张珹诗六

十六首。《（嘉庆）泰兴县志》著录珹所著《西庄遗稿》，则未见传。清杨廷《五山耆旧集》卷二录其诗十四首。《明诗纪事》乙签卷一八录其诗《题金大仆竹》一首。生平见《（乾隆）江南通志》卷一六六。

张原（1474—1524） 字士元，号玉坡，一号佩兰，自署佩兰迁客。陕西西安府三原人，河南按察使张晓之子。少从宏道书院王承裕学，与马理、吕柟等为友。弘治八年（1495）举人，正德九年（1514）进士，授吏科给事中。拜官三月，疏汰冗食、禁贡献六事，触帝怒，九月谪贵州新添驿丞。在贵州八年，嘉靖元年（1522）召为兵科给事中，转户科给事中。三年七月以争"大礼"伏左阙门哭谏，被杖，以伤重卒于家，年五十一。隆庆初，诏复原官，赠光禄少卿。《千顷堂书目》著录其《玉坡奏议》《黄花集》又《蛩鸣稿》。《四库全书》收《玉坡奏议》五卷，《总目》"提要"谓其奏疏皆"力折权幸不避祸患，言人所不能言，今具载集中"。诗文著述有正德十六年（1521）原刊本《玉坡张先生黄花集》七卷，现仅存前三卷，清道光十八年（1838）惜阴轩刻本《黄花集》七卷则为全本。各卷诗文按编年杂收，起于正德九年，迄于正德十六年，计收诗约八百首。崇祯五年（1632）贾鸿洙《周雅续》录诗十七首。清《（雍正）陕西通

志》录诗一首。乾隆四十八年(1783)刻《三原县志》卷一六录诗四首。生平见冯从吾《四先达传·给谏张公》(《少墟集》卷一七)、萧彦《掖垣人鉴》卷一二、《明史》卷一九二。

张衮(1487—1564)　字补之,号水南。南直常州府江阴(今属江苏)人。正德十一年(1516)举人,十六年进士,选翰林院庶吉士,授陕西道监察御史,巡视马政,以病归。起提督北直学校,改翰林编修,续修《大明会典》,充经筵展书官。历侍读,十五年迁左春坊左谕德,进侍读学士,掌南翰林院事。迁太常卿,左迁南太常少卿,官终南光禄寺卿。卒于嘉靖四十三年(1564),年七十八。嗜书,能诗文。所著辑为《张水南文集》十一卷,有隆庆元年(1567)范唯一序刊本,内卷一赋六篇、颂三篇,卷二古近体诗一百四十余首,卷三为经筵讲章、奏疏,卷四至卷一一为各体文。《千顷堂书目》著录其《水南文集》十一卷即此本也。后又有清末盛怀宣刊《常州先哲遗书》后编本及近人刊木活字本(有补遗)。又万历三十四年(1606)李铨前书楼刊本《藏说小萃十集》收其《水南翰记》一卷。又曾与修《(嘉靖)江阴县志》二十一卷,现存。《盛明百家诗》录其诗八十余首为《张学士集》。顾起纶《国雅》卷八录其诗五首。《皇明诗统》卷二八录其诗八首。《明诗综》卷三七录其诗三首。《四库全书总目》著录《张水南集》十一卷,"提要"云:"衮在谏垣,颇多建白。嘉靖中倭扰东南,衮家居在危城中,驰书政府,条上御倭五事,盖亦留心于经世者,词章则又当别论焉。"《明诗纪事》戊签卷一四录其诗三首,按云:"水南绝句,极有风致。"近人顾季慈《江上诗钞》卷一七录其诗六十五首。生平见陆树声《水南先生张公行状》(《陆文定公集》卷八)、叶夔《毗陵人品记》卷九、王兆云《皇明词林人物考》卷六。

张悦(1427—1502)　字时敏,号定庵。南直松江府华亭(今上海松江)。天顺三年(1459)领乡荐,明年进士,授刑部主事。历员外郎,成化五年(1469)出为江西按察佥事,两转为四川按察使,二十年进金都御史,旋进工部侍郎。弘治二年(1489)改礼部侍郎,寻改吏部左侍郎,升南都察院右都御史,八年进南吏部尚书,改南兵部尚书,十二年以疾乞休,十五年卒,年七十七,赠太子太保,谥庄简。著述有弘治十七年松江知府刘琬序刊本《定庵集》五卷附《荣寿录》一卷,卷一收诗二百六十余首,卷二至卷四收各体文,卷五为奏疏,有陆简、李东阳序。《明史·艺文志》著录其集五卷,即此本也。清姚宏绪《松风余韵》卷二六录其诗五首。《四库全书总目》著录

《定庵集》五卷，"提要"谓集中诗文"大抵流易有余，而颇乏隽永之味"。生平见曹时中《张公墓志铭》(《国朝献征录》卷四二)、《明史》卷一八五。

张宽(1474—1536) 字德宏，号碧崖。南直苏州府太仓(今属江苏)人。生于成化十年(1474)正月。弘治十八年(1505)进士，授钱塘知县。进为刑部广西司主事，迁员外郎，正德十二年(1517)出为广东按察佥事，以疾归。卒于嘉靖十五年(1536)十月，年六十三。万历二十八年(1600)张氏木雁轩刊本《娄上编》二十卷有其《归闲集》二卷附录一卷。卷首有《重刻归闲集序》，卷上收诗四十六首，卷下收文十三篇，附录彭泽、湛若水、胡缵宗等诗及行状、墓志铭等。周复俊编《玉峰诗纂》卷四录其诗八首，谓"张公不以诗名，而标韵自远"。《明诗综》卷二八录其诗二首。生平见周凤鸣《广东按察司佥事碧崖张公行状》、方鹏《碧崖张公墓志铭》(《归闲集》附录)。

张家玉(1616—1647) 字元子，号芷园。广东广州府东莞人。万历四十三年十二月(1616年1月)生。崇祯七年(1634)广州儒学生员，十年中举，十六年进士，选翰林院庶吉士。李自成破京帅时被执，自成败亡，南投弘光帝，阮大铖等攻其集党从贼，因系狱。南都失守，脱归。乙西(1645)六月，唐王即位于福州，改元隆武，授其为翰林侍讲。七月隆武帝进兵江西，命其为兵科给事中，监郑彩军，谋复江西，兵败，请募兵潮、惠。隆武帝败，归东莞，永历元年(1647)与举人韩如璜结乡兵克东莞，旋败走，奉表永明王，进兵部尚书。清兵发其先垄，毁其家庙，尽诛其族，村市为墟，遂结连草泽豪士，集兵万人，率众取龙门、博罗等地。又攻惠州，克归善，攻据增城，十月为清重兵所围，力尽重伤，投水死，年三十三，次年永历帝赠少保、武英殿大学士、吏部尚书、增城侯，谥文烈。与陈邦彦、陈子壮称"岭南三忠"。亦能诗文，《千顷堂书目》著录其《名山集》又《军中草》又《燕山吟》又《西征集》又《遥夜怨》，皆未见，现存清抄本《张文烈公军中遗稿》一卷及近人张伯桢《沧海丛书》所收《张文烈遗集》六卷附一卷，均为后人所辑。陈济生《天启崇祯两朝遗诗》卷七录其诗十一首。《明诗综》卷七四录其诗三首。《御选宋金元明四朝诗》录其诗二首。清屈大均《广东文选》录其诗六首。清梁善长《广东诗粹》卷九录其诗五首。《明诗纪事》辛签卷七录其诗一首。近人张其淦《东莞诗录》卷二一录其诗八十八首。生平见清屈大均《东莞起义大臣传》(《皇明四朝成仁录》卷一〇)、《明史》卷二七八。

张祥鸢(1522—1586)　字道卿,号虚庵。南直镇江府金坛(今属江苏)人。嘉靖三十八年(1559)进士,授户部主事。历员外、郎中,左迁河东盐运司运判,进云南知府。万历元年(1573)引疾归,十四年卒,年六十五。能诗,《千顷堂书目》著录其《虚庵集》。现存《华阳洞稿》二十二卷附录一卷,万历十七年金坛张氏家刊本,前十三卷收各体文,后诗五卷,收诗四百六十余首,首于孔兼、王樵序。《皇明诗统》卷二七录其诗二首。《列朝诗集》丁集录其诗十五首,“小传”云:“道卿与‘七子’同时,亦相往还,其诗以清润为主,不染叫嚣之习,故不为时人所称。”《明诗评选》录其诗一首。《明诗综》卷四四录其诗六首,“诗话”云:“道卿诗潇洒绝俗,颇类永嘉四灵。”《御选宋金元明四朝诗》录其诗三十四首。《四库全书总目》著录《华阳洞稿》二十二卷,“提要”云:“祥鸢多与嘉靖‘七子’相往还,而诗能不涉其窠臼,然所造则尚未深也。”《明诗纪事》已签卷一三录其诗十一首。生平见王兆云《皇明词林人物考》卷一一、过庭训《本朝分省人物考》卷二九、《(雍正)江南通志》卷一四三。

张翀[1](生卒年不详)　字习之。四川潼川州(今三台)人。正德六年(1511)进士,选翰林院庶吉士,授刑科给事中,引疾归。起户科给事中,屡迁礼科都给事中。嘉靖三年(1524)三月,世宗以桂萼言,欲考生父,且欲立庙禁中,翀偕同官力谏,被责以朋言乱政,夺俸。后诸曹又各具一疏,力言不可称孝宗伯考,署名者凡二百二十余人,帝皆留中不报,诸臣相率伏左顺门恳请,世宗两遣中官谕之不退,怒,逮诸曹为首者八人于诏狱,翀与焉,寻杖于廷,谪戍瞿塘卫。居戍所十余年,以东宫册立赦还,家居卒,隆庆时赠太常寺少卿。翀在朝称直臣,诗文则为余事。所作奏疏诗文尝以《张太常奏议》《来衮小草》名分别刊之,现存隆庆六年(1572)其玄孙张肖山重刻《张太常奏议》二卷、《张太常文集》二卷,石星、穆文熙、雷礼序。《文集》即原《来衮小草》,上卷收其所作诗赋铭赞,下卷为序记论状等。《千顷堂书目》著录之《张太常奏议》《文集》即此本也。费经虞《蜀诗》卷六录其诗一首。生平见萧彦《掖垣人鉴》卷一二、过庭训《本朝分省人物考》卷一〇九、《明史》卷一九二。

张翀[2](1525—1579)　字子仪,号鹤楼,又号浑然子。广西柳州府马平(今柳州)人。嘉靖二十八年(1549)中举,三十二年进士,授刑部主事。与同舍高岱、董传策以气节相砥砺,三十七年二月,上《亟处大奸巨恶以谢天下疏》,以边防、财赋、人才三大政劾严嵩父子,刑科给事中吴时来、主事董传策也同日上奏劾严嵩父子乱政，同被执下诏狱拷讯。翀谪戍贵州都匀九年，诸生群造其门，执经求从弟子列，翀则语以忠孝大节及性命之旨，所游都匀龙山后亦因之成当地名胜。穆宗即位，召补吏部主事，再迁大理寺少卿。隆庆二年（1568）春，以右金都御史巡抚南赣汀韶，督军事，四年移抚湖广，五年进大理寺卿，寻晋兵部右侍郎，疏乞归养。万历二年（1574）起兵部右侍郎兼右金都御史，总督漕运，四年转刑部右侍郎，乞休。万历七年（1579）卒于家，年五十五，天启初，追赠兵部尚书，谥忠简。翀以气节才猷为海内所重，亦能诗文。《千顷堂书目》著录其《鹤楼集》十二卷，现存隆庆四年刊本，首有吴维岳、祁清、王元春序，内文四卷，收赋、序、记、说等各体文四十篇，诗四卷，收诗一百四十余首，末为《虞台疏集》《虞台公移》各二卷。《四库全书总目》杂家类另著录其《浑然子》一卷，存明万历绣水沈氏刻《宝颜堂秘笈》本，有《神游论》《田说》《樵问》《祸福》《忠孝》等文十八篇，皆设为主客问答，旁引曲证，以推明事物之理，大抵规仿刘基《郁离子》，实已收入《鹤楼集》。《皇明诗统》卷二三录其诗一首。清汪森《粤西诗载》《粤西文载》及《广西通志》多录其诗文。《明诗综》卷四四录其诗三首。生平见郭棐《刑部侍郎张公翀传略》（《国朝献征录》卷四七）、清黄宗羲《明儒学案》卷二三、《明史》二一〇。

张继孟（？—1644）　字伯功。陕西凤翔府扶风人。万历四十三年（1615）举人，次年进士，授潍县县令。天启三年（1623）擢南京御史，以不立魏忠贤生祠削籍。崇祯二年（1629）起故官，直言纠劾，出知广西府，稍迁两浙盐运使，以忤监盐内官崔璘，左迁四川保宁知府，寻进副使，崇祯十七年张献忠陷成都，与陈其赤、张孔教、郑安民、方尧相等佐巡抚龙文光守城，城陷以不屈被杀。清宋世荦《沔川诗征》卷二录其诗三十二首。生平见《（雍正）陕西通志》卷六一、《明史》卷二九五。

张逵（生卒年不详）　字懋登，号允庵。浙江绍兴府余姚人。正德十一年（1516）举人，十六年进士，选翰林院庶吉士，嘉靖元年（1522）授刑科给事中。三年以伏阙争"大礼"，廷杖下狱。进右给事中，又以劾郭勋忤旨，黜吴江县丞，复坐李福达狱逮问，谪戍辽东卫。居十载，以母死不得归，哀痛而卒。隆庆初复官，赠光禄少卿。所著《青琐疏略》二卷有明刊本。诗文著述现存《允庵先生诗集》六卷，嘉靖四十三年信丰知县张翊元编刊本，内分《初稿》《翰苑稿》《谏垣稿》《南迁稿》《居东稿》等，计收诗五百余首，陈昌积、俞献可序。《千顷堂书目》著录其《允庵诗集》六卷（注一作《义乐集》）即此本也。《明诗综》卷三七录其诗一首。生平见萧彦《掖垣人鉴》卷一三、《明史》卷二〇六。

张著（1318—1377） 字则明，自称永嘉子。原为永嘉（今浙江温州）人，元末游学至常熟，道梗弗克归，遂入籍常熟（今属江苏）。常熟学者争师之，举为州学训导，未几转淮安路学教授。明洪武三年（1370）乡试中举，即家授延安府肤施知县，连任，逾年升临江府同知，十年卒于官，年六十。习《易》，所著有《易经精义》。公暇与金文征、黄延玉倡和，辑为《长安倡和集》，未见传。诗文著述《永嘉先生集》十二卷，内古近体诗、长短句、歌行八卷，集句一卷，末三卷为记、序、杂著。是集有永乐六年（1408）庐陵周桼《永嘉先生传》，宣德二年（1427）吴讷序，宣德三年王直序，王序谓其诗"取法唐人，皆清远有思致"。现存两种清抄本，后收入近人《敬乡楼丛书》。《皇明风雅》卷二五录其诗一首。《皇明诗统》卷五录其诗五首。张应遴《海虞文苑》录其词一首。明翟校辑、清王辅铭补辑《练音集补》附卷录其诗一首。《列朝诗集》甲集录其诗六首。《明诗综》卷一三录其诗一首。《东瓯诗存》卷一五录其诗十首。《海虞文征》录其文九篇、诗三十三首。《明诗纪事》甲签卷二六录其诗二十一首，按云："《永嘉》一集，雅健丽则，诸体并工，亦明初诗家罕见之集也。"生平见周桼《永嘉先生传》（《永嘉集》卷首）、《（嘉靖）常熟县志》卷九。

张梦鲤（1533—1597） 字汝化，号龙池。山东登州府莱阳人。生于嘉靖十二年（1533）六月。三十四年举于乡，明年进士，授户部主事。四十四年迁兵部员外郎，进郎中，隆庆元年（1567）简放开封府。万历元年（1573）升山西右参政，四年升任江西按察使，再进山西右布政使，九年以副都御史巡抚顺天，再抚甘肃，迁大理寺卿，谢病去。二十五年四月卒，年六十五。为官清廉，仕宦三十年，家园仍荆扉槿蔼。能诗，现存清抄本《交绣阁诗草》四卷《文草》一卷。生平见冯琦《龙池张公梦鲤墓志铭》（《北海集》卷一五）、李维桢《张廷尉家传》（《大泌山房集》卷六六）、邢侗《龙池张公碑》（《来禽馆集》卷一六）。

张铨（1575—1621） 字宇衡，号见平。山西泽州沁水人。万历二十五年（1597）举人，三十二年进士，除保定府推官。征为浙江道御史，巡按江西。熹宗立，巡按辽东，天启元年（1621）辽阳城破被俘，自经死，赠大理少卿，后加赠兵部尚书，谥忠烈。谈迁《枣林杂俎》记云："万历甲辰科两张铨：一大名人，官参政；一沁水人，以御史殉辽难。俱乙亥(1575)正月二十八日生，科第子女皆同，亦一奇也。"《千顷堂书目》著录其《张忠烈公奏疏》三卷、《国史纪闻》十二卷(注"万历四十八年巡按江西时辑")、《胜游草》四卷。《国史纪闻》现存天启刊本。诗文著述有明末刻《张忠烈公存集》三十五卷，残存二十九卷(缺卷一至卷五及卷三一)，卷六收五言绝句五十首，卷七收六言绝句十五首，卷八收七言绝句一百二十首，所缺前五卷当为古体及五七言律诗，卷九起收其奏疏、尺牍及序、传、杂著等，卷三五为《张氏世谱》。《(雍正)山西通志》录其诗五首、文一篇。《明诗综》卷七二录诗一首。清范鄗《续重棘编》初集录其文一篇。《明诗纪事》辛签卷二录诗一首。生平见陈济生《天启崇祯两朝遗诗·小传》、清邹漪《启祯野乘》卷八、《(雍正)山西通志》卷一二二、《明史》卷二九一。

张焕(生卒年不详)　字懋文，号怀洲。山东青州府益都(今青州)人。嘉靖三十七年(1558)乡试解元，四十四年进士，授山西长治令。迁南京户科给事中，擢尚宝卿，寻掌鸿胪寺，以金都御史巡抚南赣，在任八月，以忧归。所著称《虚白堂诗草》，现存万历末刊本《张中丞诗集》

二卷，收诗二百余首，有万历四十年(1612)钟羽正序，附钟羽正《挽怀洲张公》五言排律一首。清段松岑《益都先正诗丛抄附编》录诗一首。近人赵愚轩《青州明诗钞》卷二录诗十三首。生平见《(雍正)山东通志》卷二八之三、《(咸丰)青州府志》卷四四、《(光绪)益都县图志》卷三五。

张淮(生卒年不详)　字豫源。南直苏州府吴县(今江苏苏州)人。明初诸生，落魄未遇，早夭。有诗才。《千顷堂书目》著录其《牡丹百咏》一卷。现存弘治十六年(1503)吴郡张氏原刊本，都穆序，又有明抄本。《列朝诗集》乙集录其诗三十四首，内咏梅诗三十二首，"小传"记其事云："少业举子，一试锁院，即弃去。家贫落魄，天才豪宕，顷刻千百言，见者辟易。合肥徐志以诗自负，间然谓吴无人，众中自夸苏台览古之作。豫源破衣垢帽，援笔属和，徐意轻之。俄而立成二章，皆出意表，徐噤不敢复言，明日遁去。尝燕一富人家，牡丹盛开，主人谓曰：'子能用中峰《梅花诗》韵赋百篇乎?'豫源信笔成五十首，笑曰：'诗肠枯矣。'亟呼酒沃之，日未昃，竟成百篇，又同文一首，人以为神。性嗜酒，朝暮不离杯勺，沉醉堕水而死。"《御选宋金元明四朝诗》录其诗三首。生平见《(正德)姑苏志》卷五四、《(宣统)太仓州镇洋县志》卷一八、《(1933)

《吴县志》卷六六上。

张渊[1]（生卒年不详） 字子静，号梦鹤，又号梦坡、水北村农。浙江湖州府归安（今湖州）人。事父母孝，乡党称之，又以能诗名乡里。成化十年（1474）知府劳钺曾聘其补修府志。晚游四方，与沈周、史鉴、僧月舟善，为史氏塾师，构疾，异归而卒，年五十八。以其居在双林之鸿墩，故名诗集为《鸿墩集》，《千顷堂书目》著录，注一作《梦坡集》，未见传。天顺间刊《士林诗选》二卷（怀悦辑）录其诗十三首。《列朝诗集》丙集录其诗五首，"小传"谓其"起自农亩，家无一札。年十四，抗颜为弟子师，出所为歌诗以示人，吴兴诗人丘大佑、唐惟勤皆相顾叹服"。《明诗综》卷二三录其诗一首。清陆心源《吴兴诗存》四集卷四录其诗十三首。《明诗纪事》乙签卷二一录其诗二首。生平见《（雍正）浙江通志》卷一七九。

张渊[2]（生卒年不详） 字惟本，号缨泉。浙江宁波府鄞县（今宁波）人。嘉靖十六年（1537）领乡荐，二十六年进士，授兴化府推官，摄仙游令。历南工部主事，出知武昌府，迁山西副使，备兵紫荆关，历江西参政，四十二年升广东右布政使，进贵州左布政使，投劾归里。家居十余年卒。平生喜象数，老而不释。著《革象新书》又《六壬天文图说》《万物数注》，《千顷堂书目》曾著录，现皆不传。存天启六年（1626）其曾孙张凤墀刻《一舫斋诗》一卷，收诗一百一十首。有万历十九年（1591）宁波知府龙德孚序，末万历十七年王萱《题一舫斋诗后》，谓其"烟水情深，风尘气少。郊居以万竹成坞，家园以一舫名斋。枕白石而漱清泉，植青桐而栏紫药。桂楫泛月湖之上，篮舆跻雪窦之巅"。清胡文学《甬上耆旧诗》卷一七录其诗十首。生平见《（雍正）浙江通志》卷一七二。

张维（生卒年不详） 字四维，号范吾。京师顺天府霸州（今河北霸州）人。隆庆二年（1568）选入禁中，伴读东宫，历乾清宫管事、御马监太监，提督内忠勇营。能诗，《千顷堂书目》著录其《苍雪斋稿》三卷，未见传。《皇明诗统》卷三九侍中类录其诗四首。《列朝诗集》闰集录其诗四首，"小传"云："僝直禁庭，奉使玄岳，皆有诗纪事。内垣退食地有竹数株，神庙赐御笔题之曰'苍雪斋'，诗遂名《苍雪斋稿》。"《明诗综》卷八七录其诗二首，"诗话"云："张监丞以善诗称，定陵呼为秀才。"诸人所录诗各不同，计存诗十首。

张维机（生卒年不详） 字子发。福建泉州府晋江（今泉州）人，张维枢弟。万历四十六年（1618）举人，天启五年（1625）进士，选翰林庶吉士，授检讨。崇祯六年（1633）典试浙江,升左春坊左赞善,晋右春坊右谕德兼翰林院侍读。十二年典试南畿,道经燕、齐、淮、泗,见蝗蝻蔽天,洪水漂没,上《恤灾》《固本》二疏,升庶子兼侍读。十五年进少詹事兼侍读学士,寻补詹事掌院事,陈《选将》《练兵》《屯田》诸疏,下部复行。十六年廷推为礼部侍郎兼翰林院侍读学士,教习庶吉士,仍掌院事。甲申(1644)三月京师陷,被执,幽禁四十余日,以年老放归。平生多交游,好吟咏,所得甚多。现存崇祯四年序刊《清署小草》二十六卷,内文十六卷,制词四卷,诗六卷(收诗近一千五百首),有杨景辰序、黄景昉序,列校录称门人者二百余人,盖为其门人集资所刊也。《经义考》另著录其《四书永乐》二十卷,未见传。生平见《(乾隆)晋江县志》卷一一。

张维枢(生卒年不详) 字子环,号贤中。福建泉州府晋江(今泉州)人,张维机兄。万历十六年(1588)举人,二十六年进士,授孝乌令,迁潮州知府。三十五年入为刑部郎中,三十七年出为湖州知府,迁山西兵备道。天启五年(1625)升陕西右参议,备兵云中,转陇右道,六年以都御史巡抚陕西,晋兵部侍郎,崇祯三年(1630)致政归。与传教士利玛窦、艾儒略交,有赠诗,曾撰利玛窦传记,名《大西利西泰子传》。喜编

刊书籍,曾刊宋宗泽《宗忠简公文集》二卷、元黄溍《重刊黄文献公集》十卷、明王祎《王忠文公集》二十四卷等。《千顷堂书目》著录其《澹然斋集》三十卷,现存《澹然斋小草》十二卷,收其所作各体文及书牍等,有万历四十三年(1615)马人龙序刊本,首又有李维桢序。《明文海》录其文《题岷山逸老会》等八篇。生平见《(乾隆)福建通志》卷四五。

张维新(生卒年不详) 字宪周,号岐东。河南汝州人。万历五年(1577)进士,除山东冠县知县。擢兵科给事中,改礼科,出为湖广参议,改山东。历陕西副使、参政、按察使,官至陕西右布政使,致仕卒于家。曾与知州方应选共修《汝州志》。万历二十五年任陕西副使驻潼关时,又与华阴知县增修《华岳全集》十三卷,今存。诗文著述现存万历间刊本《余清楼稿》二十五卷,内诗十一卷,收诗七百八十余首,文十四卷,有万历二十八年李莱序,万历三十年李日华序及万历二十三年自叙。方志多录其诗文、碑记。《明诗综》卷五三录其诗一首。《明诗纪事》庚签卷一二录其诗四首,按云:"宪周不以诗名,而音节殊觉爽亮。"生平见萧彦《掖垣人鉴》卷一六、《(雍正)河南通志》卷六〇。

张琦[1](1450—?) 字君玉,号白斋。浙江宁波府鄞县(今宁波)

人。家贫苦读，少为诸生，教于吴、楚间乡塾，以束修养亲，仍诵读至夜分不辍。成化十二年(1476)举于乡，与海盐张宁、余姚魏瀚、嘉兴姚绶称“浙江四才子”。数上春闱不第，弘治十二年(1499)年五十始成进士，除南大理寺评事，升副寺正。正德六年(1511)简放福建兴化知府，兴学校，匡风俗，时称文章太守，秩满以疾乞归，进左参政致仕，归后二十年卒，年逾八十。一生刻意攻诗，自比陆务观，痴于诗道。所作自称学唐，实皆机杼自出，未囿一代一家，后人则因此评说不一。《千顷堂书目》著录其《白斋集》九卷又《竹里馆集》。现存正德八年(1513)张琦自刊本《白斋先生诗集》九卷，收古近体诗七百余首；又嘉靖二年(1523)自刊本《白斋竹里诗集续》三卷《文略》一卷，收古近体诗二百余首、各体文六十篇。《皇明风雅》录其诗八首。《盛明百家诗》后编录其诗三百余首为《张白斋集》。《四明风雅》卷二录诗二十二首。《皇明诗统》卷一六录诗七首。《列朝诗集》丙集录诗二首。清胡文学《甬上耆旧诗》卷七录诗三百二十余首。《明诗综》卷二七下录其诗七首，“诗话”云：“白斋于李、何诗教盛行时，别出机杼，专以宋人为师。”《四库全书》所著录《白斋竹里集》七卷，实为其归田后所作续集，“提要”云：“当何、李盛时，别以独造为宗，自开蹊径。王世贞《艺苑卮言》谓其‘如夜蛙鸣露，自极声致，然不脱于泥中’，盖其用思虽苦，炼骨未轻，有意生新，未免圭角太露。散体则纵笔所如，如《遗稽行实》一篇，至以案牍语入文，尤非体裁也。”《明诗纪事》丁签卷四录其诗十三首，按云：“白斋诗如饮苦酒、食练果，森森自有正味在。李、何盛行时，不可无此一体。”清嘉庆袁钧《四明近体乐府》卷八录其《竹枝》一首。生平见《(乾隆)宁波府志》卷二六。

张琦[2](生卒年不详)　字楚叔，一名楚，字叔文，号骚隐、骚隐生，别署骚隐居士、松臞道人、西湖居士、白雪斋主人。浙江杭州府钱塘(今杭州)人。富收藏，擅词曲。万历四十二年(1614)曾校刻王穉登编散曲选集《吴骚集》四卷，又与王煇编刻《吴骚二集》四卷，两集万历本存，又有明末刻本。后又与其从弟旭初以上两集为基础选补，刻《白雪斋选订乐府吴骚合编》四卷，有崇祯十年(1637)白雪斋刻本及张师龄刻本等。三集所收多为南曲。《吴骚集》存张琦自作小令二首，《吴骚合编》存其小令四首、套数一套。《吴骚合编》卷首有张琦作曲论一篇，分“填词训”“作家偶评”“曲谱辩”“情痴言”，后则以《衡曲麈谈》名行于世。另作有《南九宫订谱》。所撰传奇五种,崇祯间刻为《白雪楼五种曲》,现存。内《明月环》二卷三十二出,杜撰一男二女才子佳人婚恋事,无所本,人物皆据草木起名;《诗赋盟》二卷三十六出,假唐人敷演男女婚嫁故事,亦出于虚构;《灵犀锦》二卷三十六出,写张善相与都督段韶之女琳瑛经历战乱,终得婚嫁,事据天启间方汝浩小说《禅真逸史》三十一回至三十六回故事改编,托言东魏时事;《郁轮袍》以唐薛用弱《集异记·王维》(《全唐五代小说》卷二八)为故事出处,惟多增人物、情节,极力渲染王维中状元、娶尚书女。《金钿盒》二卷三十二出,写温峤娶妻故事,据凌濛初《二刻拍案惊奇》卷三《权学士权认远乡姑,白孺人白嫁亲生女》小说增饰。白雪楼诸剧,关目词曲皆平平,识见亦俗。又,清佚名《传奇汇考标目》别本另著录其传奇《题塔记》《河梁怨》,未见传。

张敬(生卒年不详)　字尔和,号松石。山东济南府淄川(今淄博)人。万历五年(1577)进士,除中书舍人,迁礼部主事。所著其子中发、继发辑刊为《仪部张先生文集》二卷,有万历四十三年序刻本、崇祯十三年序刻本,文翔凤、贺逢盛、陈禹谟序。其集卷上收序、传等三十一篇;卷下收志铭、祭文二十八篇,诗三十二首。《明诗综》卷五三录其诗二首,"诗话"云:"主事教习驸马者,

尔和其一也。尔和不以诗名,所作寥寥,附文集之末。声律未能悉谐,然颇有生趣。"清宋弼《山左明诗钞》卷二三录其诗七首。《明诗纪事》庚签卷一二录其诗一首。

张萱(1557—1641)　字孟奇,号九岳、西园。广东惠州府博罗人。万历十年(1582)举人,屡上春官不第,考中内阁,授制敕中书,以修玉牒称旨,转户部主事,差榷浒墅关。历本部员外郎,擢贵州平越知府,未仕,归家筑园榕溪之西,称西园公,卒于崇祯十四年(1641),年八十四。好学博识,工书画,能诗文,喜编书。所辑编之书有万历三十三年刻《汇雅》二十卷《后编》二十八卷,又有明刊本《西园汇史义例》二卷、《疑耀》七卷、《西园闻见录》一百零七卷,又曾辑《内阁藏书目录》八卷(有清抄本)。《明史·艺文志》著录其《西园全集》三十卷,现存崇祯刻清康熙印本《西园存稿》(《西园先生文集》)四十三卷附《补史传》二卷,内诗词十四卷,王世贞、汪道昆序。另有万历二十七年(1599)刻《归兴诗》(《焚余草》)一卷附一卷。郭棐《岭海名胜记》有其集外诗三首。《明诗综》卷五三录其诗六首。清屈大均《广东文选》录其文十五篇。《御选宋金元明四朝诗》录其诗三首。清梁善长《广东诗粹》卷六录其诗五首。《明诗纪事》庚签卷一三录其诗二首。

近人赵尊岳《明词汇刊》据《西园存稿》录其词五首为《西园诗余》。生平见《(雍正)广东通志》卷一六、《(光绪)惠州府志》卷三四。

张景(籍里及生平不详)　一作景岩,号秋郊子。作有传奇《飞丸记》,现存明末汲古阁原刻初印本、汲古阁刻《六十种曲》本。剧凡二卷三十三出,写袁州分宜人易弘器入京应试参拜同里权臣严嵩、严世蕃父子,因留寓府中,得与世蕃女玉英诗笺往来,私定终身;为防其泄露机密,世蕃欲害弘器,玉英救弘器逃走;严嵩父子被劾倒,玉英发仇严府为奴,弘器中进士为御史,劾倒仇严,因得与玉英成婚;最后是弘器辞官归隐,怡情泉石。是剧演才子佳人婚恋事,全出于杜撰。其第一出下场诗云:“严世蕃挟仇坑士。易弘器报德谐姻。严玉英守贞霜烈。叩郡实结义兰馨。”自道主旨,惟关目及人物设置多不可解。祁彪佳《远山堂曲品》“能品”著录《飞丸记》云:“曲能以骈丽胜,但宾白不当家,遂有如里老骂座、村巫降神者。”

张循占(生卒年不详)　字玄易。山西平阳府蒲州(今永济)人。嘉靖间官光禄寺署丞。《千顷堂书目》著录其《嘉树斋稿》,未见传。顾起纶《国雅》卷一八录其诗二十五首。《皇明诗统》卷三八录其诗十一首。《明诗综》卷四八、《明诗纪事》已签

卷一九录其诗一首。

张道濬(生卒年不详)　字子玄,号深之。山西泽州沁水人。父张铨,以御史巡按辽东,天启元年(1621)辽阳城破自经死,朝廷因授道濬锦衣卫指挥佥事。进南镇抚司指挥同知,以交结吏部尚书王永光,为清流不容,又以受贿,贬戍雁门关。时农民军起,山西巡抚宋统殷令其参与军事,与农民军战。崇祯六年(1633)三月,道濬设伏兵俘获农民军首领满天星等,巡抚许鼎臣奏报其功,八月,农民军攻陷沁水,道濬率家兵三百人退之,副使王肇生再报其功劳,谏官则劾其擅离军伍,冒领军功,朝廷令其戍守海宁卫。在海宁,与谈迁交好,迁集中有为其文集所作序。崇祯十年又曾刻《张深之先生正北西厢记》,有陈洪俊书叙并绘图。后以抗清战死。著述现存崇祯刊本《张司隶初集》五十二卷,卷首戴国士、顾宸序。内《泽畔行吟》十卷,收诗三百四十首;《泽畔行吟续》九卷,收赋六篇、诗二百九十一首;《泽畔行吟再续》八卷,收赋五篇、诗二百零四首;又有《奚囊剩草》十卷、《雪广笔役》六卷、《不可不传》三卷及《奏草焚余》《古测》《杞谋》《侦宣镇记》《兵燹琐记》《窭庄城守规则》各一卷。方志记其另有《丹坪内外集》《从戎始末》。生平见戴国士《张司隶初集叙》、顾宸《张司隶

初集序》(《张司隶初集》卷首)及近人李桢《东林党籍考·张道濬列传第二百九十二》。

张弼(1425—1487) 字汝弼,号东海,晚称东海翁。南直松江府华亭(今上海松江)人。景泰四年(1453)举于乡,成化二年(1466)进士,授兵部主事,进员外郎,以南安知府致仕,二十三年六月卒于家,年六十三。善书法,尤工草书,多有传世。诗亦有名于时。原有《鹤城》《天趣》《面墙》《清和》《庆云》《雪航》《东海》诸稿,惟未见单行本。《明史·艺文志》著录其《文集》五卷《诗集》四卷,实张弼集凡数刻。首《张东海诗集》四卷《文集》五卷刻于正德间,张弼次子张弘治辑编,有正德十年(1515)李东阳等序,内《诗集》收赋五篇、诗四百十余首,《文集》收各体文一百七十余篇。正德本有华亭张氏刻本,又有周文仪福建印本、书林刘氏日新书堂印本等。此九卷本万历重修本又附张弘治诗集《万里志》二卷,后又有张弼六世孙张安泰等崇祯五年(1632)重刻本。至清康熙年间,张弼七世孙张世圻、张世绶又广为收罗其遗诗遗文,重刻其集,现存康熙三十六年(1697)嘉会堂刻本《张东海全集》八卷附录一卷,较之前两刻增益甚多,计《诗集》四卷收诗(含词)八百六十七首,《文集》四卷收各体文二百零七篇,附录

各类诗文也数倍于前两刻。清道光十四年(1834)张弼十一世孙所刻《张东海全集》则全据康熙本。《皇明风雅》录其诗十三首。《盛明百家诗》后编录其诗一百三十余首为《张东海集》。顾起纶《续国雅》卷三录其诗二首。《皇明诗统》卷一四录其诗十五首。《石仓十二代诗选·明诗选》录其诗八十五首。《列朝诗集》丙集录其诗八首,"小传"谓其"为诗信手纵笔,多不属稿,即有所属,以书故辄为人持去"。《明文海》录其文十五篇。《明诗评选》录其诗一首。《明诗综》卷二四录其诗十首,"诗话"云"汝弼诗云:'酒杯不及陶彭泽,诗法将随陆放翁',故其律体全学剑南。"《御选宋金元明四朝诗》录其诗三十三首。《四库全书》著录《东海文集》五卷,"提要"云:"其文则直抒胸臆,不事锻炼。李东阳《怀麓堂诗话》载弼自评其'书不如诗,诗不如文',以为英雄欺人之语,诚笃论云。"清姚宏绪《松风余韵》卷二六录其诗七首。《明诗纪事》丙签卷五录其诗十四首,按语云:"东海诗有豪气,不受拘勒,七言断句,尤推擅场。"近人赵尊岳《明词汇刊》辑录《东海词》一卷。生平见谢铎《张君墓志铭》(《张东海先生诗集文集》附录)、王鏊《张公墓表》(《王文恪公集》卷二六)、王兆云《皇明词林人物考》卷三、何乔远《名山藏》卷八六、

《明史》卷二八六。

　　张瑞图(1570—1641)　字无画，又字长公，号二水，晚号果亭山人、白毫庵主、白毫庵道人。福建泉州府晋江(今泉州)人。生于隆庆四年(1570)二月初六。少聪颖，为诸生时即名于乡里。万历三十一年(1603)领乡荐，三十五年胪唱第三人进士及第，授编修。累迁至詹事府少詹事，天启六年(1626)进礼部侍郎，寻以礼部尚书入阁，晋建极殿大学士，加少师。时魏忠贤专权，各处所建魏忠贤生祠碑文，多有出其手笔者。思宗即位，进左柱国、少师兼太子太师、吏部尚书、中极殿大学士。崇祯初定阉党逆案，初无瑞图，二年(1629)尚与施凤来同主会试，旋入"钦定逆案"名单，论徒三年，输赎为民，次年遣归。归后以诗文翰墨自娱，又常往白毫庵，与僧人谈禅论理。崇祯十四年三月二十卒，年七十二。南明隆武二年(1646)，唐王朱聿键退据福建，撤其阉党之名，赠太傅，赐谥文隐。平生以擅书名世，尤长于草书。与董其昌、邢侗、米万钟齐名，称"晚明四家"，又有"南张北董"之号，其奇倔狂逸之书风与三家大不同。亦能山水，所作效黄公望，近于吴派。其诗辑为《白毫庵内篇》四卷、《白毫庵外篇》一卷、《白毫庵杂篇》二卷，现存崇祯间自序刻本，卷首崇祯十二年《自叙》

云其集"抒写性情者为《内篇》，供给酬应者为《外篇》，情词错出、体裁少具为《杂篇》"。《内编》中《高士篇》收诗七十八首，《和陶篇》收诗七十二首、《拟白篇》百首、《禅肤篇》一百七十五首；《外篇》收诗一百四十余首；《杂篇》收诗七百余首。诗富才气，所作往往一题多首，《拟白篇》竟至百首。以曾名列阉党，诗流传未广。《千顷堂书目》著录其《白毫庵集》，未言卷数，或亦未见其集矣。《(乾隆)云南通志》《(乾隆)贵州通志》及清郭柏苍《全闽明诗传》卷三八各录其诗一首。生平见林欲楫《张瑞图暨夫人王氏墓志铭》(碑刻)、清佚名《五十辅臣考》卷一、《明史》卷三〇六。

　　张瑀(生卒年不详)　京师真定府真定(今河北正定)人。清梁清远《真定三子传》记云："张瑀先生者，在嘉、隆间名。能文章，多读书，六应乡试不举，其才情一寓于填词。尝游狭邪，即席度曲，顷刻立就，虽极藻丽，而无斧凿痕，且合音节。每一词成，诸少年歌之未脱口，旋已传于燕赵间，人无不歌之者。诗亦琅琅可诵，但不多见。即其词所传者惟吾家《还金记》。"《还金记》未见明清书目著录，今存清初抄本，与方疑子《鸳鸯坠》合为一册。凡二卷十四出，其卷首自序云："事皆实录，穷巷悉知。惟石麟诞瑞，玉诏颁恩，频涉虚伪,然非此无以劝世。况天道福善,君道彰善,亦理之常,虽虚而同归实参矣。"该剧写万历时兵部尚书梁梦友之父梁相还金于张瑀之事,谓张瑀父病重,因瑀年幼,便将平日积攒下来的白银百两,托亲戚梁相保存。瑀发愤勤学,七赴考场,皆未中。下第归来,家徒四壁,一贫如洗,时值大雪,梁相约友人同往张家,将寄存二十八年之银还于张家。九天采访使知其事,将石麒麟送生,使张家又诞一子,朝廷闻其事,又差御史旌表。还金之事是否得实,已不可考,然将自己作为剧中主角,在明代戏曲中亦可谓别具一格。生平见清梁清远《真定三子传》(《筱园集》卷三)、《(乾隆)正定府志》卷三四。

张献翼(1534—1601) 字幼于。后曾更名张敉。南直苏州府长洲(今江苏苏州)人。出身商家,少与兄凤翼、弟燕翼并有才名,时吴人有语"前有四皇(皇甫氏兄弟),后有三张"。内献翼尤为籍甚,见赏于文征明。文战不举,入赀为国子监生,然每大试则不利,因弃而归里,与皇甫汸、徐缵、黄姬水、刘凤等结社,刻意为诗歌。早年追随王世贞,世贞因将其与皇甫汸、莫如忠、许邦才、周天球、沈明臣等列为"四十子"(《弇州四部稿续稿》卷三),评其诗曰:"五七言近体皆佳,而七言尤自铮

铮,态度都雅,音徽清微,时造真境。七言古绝似高、岑,而间有费力处押仄韵,少操吴音……此或白璧之小瑕也。"(《弇州四部稿续稿》卷二○六)世贞卒后,江盈科、袁宏道先后来吴,标举"独抒性灵,不拘格套",以矫李、王拟古风气,献翼复与二人通声气,诗酒倡和。万历二十五年(1597)宏道有《(与)张幼于》书,驳其以"似唐"衡诗,则其仍执复古之论。献翼以通隐自称,平生行止放诞,好狎声妓,不羁礼法,晚岁与王穉登争名于吴中,不能胜,逾颓然自放。与所厚者相与点检故籍,刺取古人越礼任诞之事,排日分类,仿而行之。沈德符《万历野获篇》卷二三记其万历二十九年死于非命,同死者六七人;《列朝诗集》记其万历三十二年携妓居荒圃中,为人所杀。此暂取《万历野获篇》所记,待考。早岁所作诗万历元年刻为《纨绮集》一卷,有徐缵嘉靖四十五年(1566)序,今存。又有万历四年手编《文起堂集》十卷存世,计赋一卷(六篇)、诗六卷(二百三十余篇及铭、箴)、文三卷(各体文及书启百余篇),徐缵、皇甫汸等序。《千顷堂书目》于《文起堂集》十卷后又著录《续集》五卷、《新集》一卷、《兰芬集》二卷,王世贞集中有《文起堂续集序》《文起堂新集序》,谓《续集》有文无诗,《新集》有诗无文,然皆未传。少好《易》,注

《易》达十年,现存万历刊本《读易纪闻》六卷、《读易韵考》七卷。《读易纪闻》六卷为《四库全书》收录,《总目》"提要"谓其说"平正通达"。著述又有万历刊本《牺经臆说》三卷《杂说》三卷。另,明末冰华居士编《合刻三志》收其所撰《义妓传》一卷。《盛明百家诗》前编录其诗百余首为《张牧集》。《皇明诗统》卷二六录其诗十八首。《列朝诗集》丁集录其诗十四首。《明诗综》卷四五录其诗一首。《四库全书总目》著录《纨绮集》一卷、《文起堂集》十卷,"提要"云:"其诗文多参以俳偶,盖献翼虽颇与李攀龙笔札往还,而与皇甫涍尤契,故学其含咀魏晋,而未能成家云。"《明诗纪事》己签卷七录其诗三首。生平见王世贞《张幼于生志》(《弇州四部稿续稿》卷一〇九)、明朱谋垔《续书史会要》)。

张楷(1398—1460) 字式之。浙江宁波府慈溪人。永乐十五年(1417)领乡荐,二十二年进士,试政行在,宣德二年(1427)授监察御史。正统五年(1440)升陕西按察佥事,董屯田,迁副使,督租赋及河西诸路水利,十二年擢都察院右佥都御史。十三年福建邓茂七等为乱,诏左都督刘聚领兵讨之,以张楷为监军,景泰元年(1450)得胜回朝,为言官所劾,罢归。天顺元年(1457)诏复原官,再赴陕西,寻转南京右佥都御史,四年入贺,冬月初七病卒于京师,年六十三。平生喜为诗,尤喜和唐诗。据沈德符《万历野获编》,正统十四年(1449),曾因《除夕》诗"乱离何处觅屠苏,浊酒三杯也胜无""除夜不须烧爆竹,四山烽火照人红",为给事中王诏所劾而罢官。《千顷堂书目》著录其《陕西纪行集》又《轻侯集》又《介庵集》又《归田录》又《南台稿》又《百琴操》又《效颦稿》又《和选诗》又《和李谪仙乐府古诗、杜少陵七言律》十二卷又《和唐诗正音》二十八卷又《和许浑丁卯集》又《和高季迪缶鸣集》又《和中峰和尚梅花咏》。现存明刊本《和杜诗》三卷,收和杜诗一百四十余首。著述另有明刻《律条疏义》三十卷、《圣迹图》一卷。《皇明风雅》录其诗三十七首。顾起纶《国雅》卷三录其诗十二首。《皇明诗统》卷一三录其诗三十三首。《四明风雅》卷二、《石仓十二代诗选·明诗选》录诗二十二首。《列朝诗集》乙集录诗十首,"小传"云:"国初诗家遥和唐人,起于闽人林鸿、高棅。永、天以后,浸以成风。式之遍和唐音及李、杜诗,各十余卷,又有并和《瀛奎》三体诸编者,尘容俗状,填塞简牍,捧心学步,祇供哕呕。"《明诗综》卷一八下录诗三首。清尹元炜《溪上诗辑》卷三录诗六首。《明诗纪事》乙签卷一一录诗二首,按云:"式之诗在永宣时不落下品,惟《和唐音》《和李杜》不自量力,遂贻捧心之诮。"清袁钧《四明近体乐府》卷八录词一首。生平见杨守陈《南京右金都御史张公行状》(《杨文懿公集》卷七)、李贤《张公神道碑铭》(《国朝献征录》卷六四)、《(雍正)浙江通志》卷一七二。

张筹(生卒年不详) 字惟中,号一梧。无锡(今属江苏)人。元至正二十五年(1365)浙江乡试第一。明洪武四年(1371),以詹同荐授翰林应奉,改礼部主事,奉诏助陶凯集汉唐以来藩王善恶可为劝诫者为《昭鉴录》五卷(现存残本),六年出为广东行省参政,九年擢礼部尚书,十一年坐事罚输作,寻起礼部员外郎,复尚书,又免。以记诵淹博称,能诗文,《千顷堂书目》著录其有《一梧集》,未见传。《皇明风雅》录其诗六首,《诗谈》云:"惟中刚健之气未能全融,而金石锵然,足洗俗乐之耳。"顾起纶《续国雅》卷一录其诗一首。《皇明诗统》卷五录其诗十二首。《列朝诗集》甲集、《明诗综》卷四录其诗一首。《御选宋金元明四朝诗》录其诗二首。《明诗纪事》甲签卷一二录其诗一首,按云:"惟中七古有气概,余诗多不入格。"清周有壬《梁溪文钞》卷五录其文一篇。生平见林尧俞等《礼部志稿》卷五一、叶夔《毗陵人品记》卷六、《明史》卷一三六。

张新(生卒年不详) 字铭盘。南直苏州府太仓(今属江苏)人。隆庆元年(1567)举人,万历五年(1577)进士,授义乌知县,官至工部员外郎。现存明刊本《张铭盘先生白堘集》十二卷,内诗六卷,收诗二百六十余首、词三首;文六卷,收各体文六十余篇;张师绎、李继贞序。《(宣统)太仓州志》卷二五记其集。

张意(生卒年不详) 字诚之,号余峰。南直苏州府昆山(今属江苏)人。嘉靖七年(1528)举人,明年进士,授工部主事。历南兵部职方郎中,擢山东按察副使,以事罢归。好游历,喜吟咏。《千顷堂书目》著录其《日涉园稿》四卷,未见传。嘉靖隆庆间刻《盛明百家诗》后编录其诗三十余首、词二首为《张皋副集》。顾起纶《续国雅》卷四录其诗一首。《皇明诗统》卷二五录其诗六首。《明诗综》卷四一录其诗一首,"诗话"云:"诚之与兄情,前后取甲第。诗无足录,自序以为习气未除,兴到辄就,不求其工,自适其适。可谓得失寸心知者也。"清王辅铭《明练音续集》卷二录其诗三首。《娄水文征》卷一九录其文三篇。生平见皇甫汸《日涉园稿序》(《皇甫司勋集》卷三三)、《(同治)苏州府志》卷九三。

张煌言(1620—1664) 字玄著,

号苍水。浙江宁波府鄞县(今宁波)人。生于万历四十八年(1620)六月初九。少好诗歌,又好习武及黄白之术,一度嗜赌,"呼卢狂聚,穷昼极暮"。崇祯十五年(1642)乡试中举。南明弘光元年(1644),清兵渡江,同郡钱肃乐倡言抗清,首应入义师,奉命赴台州迎鲁王朱以海至绍兴监国。鲁王赐其同进士出身,兼翰林院编修,入典制诰。隆武帝于闽地自立,颁诏浙东,充报使入闽。鲁王监国二年(1646),加右金都御史,监张名振军,辗转于浙东及舟山等地。永历四年(1650)升兵部左侍郎,偕鲁王移至福建金门,六年至八年与张名振率军联合郑成功,先后几次攻入长江。永历八年张名振死,煌言统其军,十二月与郑成功率舟师北上,次年入长江,克瓜洲,破镇江,至南京城下。煌言自领一军由芜湖取徽州、宁国,克二十四县。闻郑成功兵败,经浙江山地退至天台。永历帝被俘杀,鲁王去世,煌言知事不可为,遂遣散部队,匿于象山海上荒岛悬岙。清康熙三年(1664)七月为清军所获,押送至宁波、杭州,坚贞不屈,九月初七于官巷口受刑死,年四十五。友人张文嘉、万斯同等葬其遗体于南屏山阴荔子峰下。著述清初仅以各种抄本流传,《千顷堂书目》著录其《冰槎集》四卷又《奇零草》十二卷又《北征录》又《采薇吟》

又《兵余零草》。现存清光绪十年(1884)傅以礼家抄本《张忠烈公文集》七卷(内《冰槎集》《诗补遗》《诗余》《奇零草》《北征录》《浙江壬午科乡试朱卷》及《张忠烈公年谱》各一卷);又清傅氏长恩阁抄本《张忠烈公集》十二卷补遗一卷首一卷、末一卷附录二卷。清光绪二十七年章太炎等曾据抄本排印为《张苍水集》,后又有宣统元年(1909)国学保存会黄节校订本及近人《四明丛书》本《张苍水集》。其现存古文诗词,皆作于明亡以后,才笔横溢,藻采缤纷,多慷慨激奋之词,而无哀怨悲泣之音。清全祖望《续甬上耆旧诗》卷一三录其诗三百五十余首。《明诗综》卷七五录其诗二首。《明诗纪事》辛签卷八上录诗五首。清袁钧《四明近体乐府》卷九。词五首。近人赵尊岳《明词汇刊》辑录词六首为《张尚书词》。生平见清黄宗羲《苍水张公墓志铭》(国学保存会本《张苍水集》附)、清全祖望《鄞张公神道碑铭》(《鲒埼亭集》卷六)、清温睿临《南疆逸史》卷二二、清翁洲老民《海东逸史》卷一三。清全祖望、赵之谦皆有《张忠烈公年谱》(国学保存会本《张苍水集》附)。

张溥(1602—1641)　初字乾度,改字天如,号西铭。南直苏州府太仓(今属江苏)人。生于万历三十年(1602)三月二十三。以庶出,幼时常受屈辱,十五岁父亡后,奉母别居西郊,肆力苦学,读书"七录七焚"以强记忆,因颜其室曰"七录斋"。十九补博士弟子员,交于张采,以学行与采名于乡里,号"娄东二张",后终身为莫逆交,互为儿女姻亲。天启四年(1624)与张采、杨廷枢、杨彝、顾梦麟、朱隗、吴昌时等十一人共创"应社",以治五经、研讨制义为务。六年魏忠贤遣使逮周顺昌,激苏州民变,颜佩韦、杨念如等五人被杀,张溥因作《五人墓碑记》以记之。崇祯元年(1628)以恩贡入太学,结"燕台社",又与杨伯祥结"江北应社"。二年于吴江开尹山大会,合十七家文社为一,以"兴复古学,将使异日者务为有用"为宗旨,称"复社",共推张溥为首领(陆世仪《复社纪略》)。三年,张溥乡试夺经魁,"复社"诸人陈子龙、吴伟业、杨维斗、万寿祺、杨伯祥等中式,并于南京首举"复社"社集,称"国门广业社"。四年入京,与"复社"吴伟业、杜麟征、左懋第、马世奇、姜垛等皆中进士,选翰林院庶吉士。在京二年,以葬亲乞假归。六年,再主盟"复社"士子虎丘之会,九年复于南京社集。时入社达二千余人,遍及各省六十余府,渐由揣摩时艺之研文社发展为带有政治性之社团。溥虽家居著述,而学者争及门,选文会友,又评议朝政,声气通于朝右,多

预朝中之党争人事。同里监生陆文声求入社不许,乃诣阙告"溥、采为主盟,倡复社,乱天下"。帝有旨究之,以至朝野争议,以周延儒再为首辅,事始解。崇祯十四年(1641)五月初八卒,年四十,或疑其中毒死。卒后,海内会葬者数千人,私谥"仁学先生"。张溥平生以大儒自期,尊经重史,期复古道,又以学问渊博、文章敏捷称,交游遍海内,以一介儒生名满天下,倾动朝野,亦一时文苑之杰也。其为文主张文以载道,文质相符,居今之事,为今之言,以"雅"为赤帜。论诗则以才力、学问、性情至上,重"温柔敦厚而不愚"。《明史》本传称崇祯十五年下诏征集张溥所著之书,有司先后录上三千余卷,虽多为编著之书,亦不乏假托者,然称其著作宏丰,似不为过。虽其卒后易代,门绪式微,清初又被列为禁书,所著存世仍不在少数,《明史·艺文志》亦多著录。现存经史著述主要有《诗经注疏大全合纂》三十四卷,《易经注疏大全合纂》六十四卷,《周易系辞注疏大全合纂》四卷,《书经注疏大全合纂》三十四卷,《四书纂注大全》三十七卷,《张天如先生汇订四书人物名物经文合考》二十卷,《春秋三书》(《春秋列国论》《春秋诸传断》《春秋书法解》)三十一卷,《通鉴纪事本末论正》二百三十九卷,《历代史论一编》四卷《二

编》十卷等，皆有崇祯时刊本。又有
《汉魏六朝百三家集》一百一十八卷
（有崇祯本及《四库全书》本）及《古
文五删》五十二卷（有明末段君定刻
本）。诗文著述主要有天启末刊本
《七录斋集》六卷《论略》一卷，崇祯
九年刊本《七录斋诗文合集》十六卷
（《文集近稿》六卷、《古文存稿》五
卷、《馆课》一卷、《论略》一卷、《诗
稿》三卷），崇祯十五年刊《七录斋近
集》十六卷，明末刻《七录斋文集论
略》二卷《续刻》六卷《别集》二卷。
以文见长，虽不以诗名，然旦夕吟咏
不辍，集中有诗凡八百七十余首。
《明文海》录其文《五人墓碑记》等三
篇。《娄水文征》卷四一录其文八
篇。陈济生《天启崇祯两朝遗诗》卷
七录其诗三十八首。《皇明诗选》、
《明诗综》卷六八、清沈德潜《明诗别
裁集》录其诗一首。《御选宋金元明
四朝诗》录其诗七首。《明诗纪事》辛
签卷二二录其诗一首。生平见张采
《庶常天如张公行状》（《知畏堂文存》
卷八）、黄道周《张天如墓志》（《黄石
斋先生文集》卷一一）、清邹漪《启祯
野乘》卷七、《明史》卷二八八。

张慎言（1577—1645）　字金铭，
号藐山。山西泽州阳城人。少丧二
亲，鞠于祖母。万历三十四年
（1606）举人，三十八年进士，除寿张
知县，调曹县。泰昌时征授监察御
史，天启初出督畿辅屯田，五年

（1625）以疏荐赵南星，劾冯铨，受盗
库银之诬，贬戍肃州。崇祯元年
（1628）起故官，旋擢太仆寺少卿，历
太常寺卿，迁刑部右侍郎，四年以谳
狱不称旨，落职归。家居八年，十一
年起工部右侍郎，转左，十四年迁南
户部尚书，十七年初就改南吏部，掌
右都御史事。十七年三月，京师陷，
五月福王即位于南京，命理吏部事，
上《中兴十议》，为党人所不容，因乞
休。时山西尽陷，遂流寓芜湖、宣城
间。次年乙酉（1645），清兵破金陵，
疽发于背，戒勿药，卒于芜湖，年六
十九。平生怀负志节，敦笃友谊，为
时所称。有诗名，论诗主情性，重生
气，倡别调，略近于“公安”一派，又
与钟惺同年交厚，《隐秀轩集》载其
与钟惺、韩上桂、林古度所作联句，
故所作亦也有近于“竟陵”处，然又
与“公安”“竟陵”不尽同。《千顷堂
书目》著录其《泊水斋集》五卷，现存
崇祯十四年（1641）张氏家刊本《泊
水斋诗集》五卷。是集卷一名《虎谷
诗集》，录诗五十三首，所收为其少
作，慎言家于县东屯城，其地名虎
谷；卷二名《酒泉诗集》，收诗六十六
首，乃其谪戍肃州时所作；卷三名
《燕邸诗集》，收诗六十八首，为其崇
祯元年重起居京师时所作；卷四、卷
五名《泊园诗集》，收诗一百二十四
首，为其崇祯四年自刑部罢官家居
时所作，泊园为慎言归里后所居别

墅。《列朝诗集》丁集录其诗五首，内有两首不见于《泊水斋诗集》，则其集外尚有佚作。"小传"谓慎言"为人有别趣，诗亦有别调"。陈济生《天启崇祯两朝遗诗》卷五录其诗十三首。《明诗综》卷六〇录其诗一首。《明诗纪事》庚签卷二二录其诗二首。亦能文，明季未曾结集，经战乱，篇章零落，清康熙间始辑为《泊水斋文抄》三卷，现存康熙三十九年（1700）张茂生刊本，内收奏疏三篇，论、说五篇，序、记、墓表、志铭及杂著等四十一篇，启牍十六篇。《明文海》录其文一篇。生平见清佚名《张藐山先生行略》（《泊水斋文钞》卷首）、清田六善《藐山先生传》（《（康熙）阳城县志》卷一五）、《明史》卷二七五。

张鼐（1562—1629） 字世调，一字侗初。南直松江府华亭（今上海松江）人。万历三十二年（1604）进士，选翰林院庶吉士，授检讨。历国子监司业、谕德、庶子、少詹事，升礼部右侍郎，加太子宾客。天启间，以忤魏忠贤削籍，崇祯初，起吏部右侍郎，掌詹事府事，引疾归，二年（1629）卒于家，年六十八，赠礼部尚书。曾入东林，与黄宗羲友善。《明史·艺文志》著录其《吴淞甲乙倭变志》二卷、《宝日堂集》六卷。现存崇祯二年（1629）刊《宝日堂初集》三十二卷，首许维新、夏允彝等序，内拟

诏谕一卷，奏疏二卷，各体文十六卷，《莜言》二卷，《诰敕》二卷，《先进旧闻》二卷，《吴淞甲乙倭变志》《辽夷略》《山中读书印》《训示条示》《太学讲章》各一卷，卷三〇为《使东日记并诗》，卷三一、卷三二又收诸体诗二百五十余首。著述另有明刻《侗初张先生注释孔子家语隽》五卷、《侗初张先生评选左传隽》四卷、《左传文苑》八卷，万历四十五年俞廷谔刊本《山中读书印》三卷补一卷，天启刊本《辽筹》二卷、《奏草》一卷、《陈谣杂咏》一卷。又有明李潮刊《新镌张太史注释标题纲鉴白眉》二十一卷、明张氏宝日堂抄本《宝日堂杂抄》不分卷。所著选本有明末陆云龙刊《翠娱阁评选张侗初先生小品》二卷。《明文海》录其文十四篇，评语云："其《宝日堂文》曲折能尽所欲言，微嫌烦冗。"清陈元龙《御定历代赋汇》录其《瀛洲亭赋》《万寿无疆赋》。《明诗综》卷五九录其诗八首。《御选宋金元明四朝诗》录其诗二十二首。清姚宏绪《松风余韵》卷二五录其诗十一首。生平见《（乾隆）江南通志》卷一四一。

张瘦郎（生卒年不详） 字野青。湖广黄州府黄陂（今属湖北武汉）人。工散曲，交于冯梦龙、席浪仙、袁于令，时在天启、崇祯时，年辈当晚于冯梦龙。瘦郎散曲集《步雪初声》，刻于崇祯时，今存，计收套数二

十一套,附席浪仙散曲套数三套。集有冯梦龙序云:"野青少负隽才,所步《花间集》韵,既已夺宋人之席,复染指南北调,感叹成帙,浪仙子从而和之,斯道其不孤矣……思得有志于斯道者,相与穷三百篇之源流,以救天下性情之敝,而幸遇野青氏。夫楚人不辨冰青,得此开山,尤为可幸。《白雪》故郢调,今其再振于黄乎?瘦郎所作,或咏物,或写女子春思,以男子作闺音,格调婉丽而不施脂粉,质直而不失清雅,声韵则一似词体,明曲之风格或在此耶?所附席浪仙之曲也与之相近。

张潜(1472—1526)　字用昭,号东谷。先世河南太康人,以徙戍隶籍陕西岷州卫(今甘肃岷县),父刑部侍郎张锦徙华州,遂定居,因为华州(今陕西华县)人。尝从李东阳受《尚书》。弘治五年(1492)领乡荐,九年进士,除户部山西司主事,进员外郎,以父丧归。服阕,改刑部仪制司员外郎,迁精膳司郎中。正德四年(1509)简放广平知府,八年迁山东布政司左参政,十年以母丧归。嘉靖五年(1526)卒,年五十五。卒后王九思为其作《墓志铭》,记其少以才称,督学杨一清称其与李梦阳、张凤翔为"关中三才子"。又谓其为"风流蕴籍人也,善吟咏,工书",常与康海诸人游,"对客命酒,谈论古今"。《千顷堂书目》著录其《东谷集》,未见传。《皇明诗统》卷三七录其诗八首。《明诗综》卷四四录其诗《送邃庵相公巡边》一首。《明诗纪事》己签卷一二录其诗《玉泉山》一首。生平见王九思《张公墓志铭》(《渼波续集》下)、《(雍正)陕西通志》卷五七上。

张璁(1475—1539)　字秉用,后世宗赐名孚敬,更字茂恭,号萝山。浙江温州府永嘉(今温州)人。弘治十一年(1498)领乡荐,屡试不第,因聚徒教授,名所居为罗峰书院。至正德十六年(1521)会试中式,以武宗在南方,至次年世宗即位,始应殿试,除南京刑部主事。世宗欲追崇生父兴献王,璁顺帝意,力折廷臣,上书请改称孝宗为皇伯考。争议数年,朝臣死于廷杖者十数人,嘉靖三年(1524)终定尊称。璁因得超擢翰林学士,历兵部侍郎,六年入阁,又任吏部尚书、华盖殿大学士。嘉靖十五年以疾乞致仕,家居三年,十八年二月卒,年六十五,赠太师,谥文忠。以"议礼"而骤贵,世宗始终眷礼不衰,每称"少师"而不名,然为持名教者所轻,璁亦颇事报复,退异己者颇重。惟持身清廉,清勋戚庄田,罢天下镇守中官,为政亦有建树。《明史·艺文志》著录其《礼记章句》八卷、《敕谕录》三卷、《谕对录》三十四卷、《大礼要略》二卷、《钦明大狱录》二卷及《诗集》三卷。现存万历五年（1577）刊编年诗集《罗山诗稿》三卷，起正德六年，迄嘉靖十五年。又有四十二年刊《东瓯张文忠公奏对稿》十二卷。诗文本集为万历末张汝纲、张汝纪等刊《太师张文忠公集》十九卷，徐栻、杨鹤、李维桢、丘应和、李思诚序，内《奏疏》八卷《文稿》六卷，又《诗稿》四卷续一卷（收诗四百七十余首，应制诗多达数十首）。顾起纶《续国雅》卷四录其诗三首。《皇明诗统》卷二一、《明诗综》卷三七录其诗一首。《明文海》录其文五篇。《四库全书总目》著录《张文忠集》十九卷，"提要"谓其"以议礼得君，故其著述强半皆考礼之词……未必百无一当，然穿凿附会以迁就时局者，比比然也"。《东瓯诗存》卷二〇录其诗十三首。生平见王世贞《张文忠公孚敬传》（《国朝献征录》卷一六）、何乔远《名山藏》卷七三、《明史》卷一九六。

张鹤鸣（1551—1635）　字元平。南直凤阳府颍川卫（今安徽阜阳）人。万历二十年（1592）进士，除历城知县。进南兵部主事，累迁右金都御史，巡抚贵州，以平乱功升兵部右侍郎，总督陕西三边。天启初为兵部尚书，视师五省，与辽东经略熊廷弼不和，令巡抚王化贞勿受廷弼节制，致广宁失守，几尽失关外地，因谢病归。旋又起为兵部尚书，总督川、滇等省军务。崇祯即位，廷臣连章劾之，诏加太子太师，乘传归。崇祯八年（1635）张献忠攻颍州，被执死，年八十五，合家男女死难者十数人。现存万历末年刊本《芦花湄集》二十九卷，首叶向高、谢肇淛、沈珣、杨鹤、戴燨亨、杨嗣昌序，内文十九卷、赋一卷（《瑞龙赋》一篇）、诗八卷（收诗四百四十八首），末卷为诸人题词。生平见《（乾隆）江南通志》卷一五六、《明史》卷二五七。

张寰（1486—1561）　字允清，号石川。南直苏州府昆山（今属江苏）人。正德十六年（1521）进士，授济宁知州，调濮州，以内艰归。服除补开州，入为刑部员外郎，以父亡归。起补通政司右参议，强年去官，嘉靖二十四年（1545）致仕。归后筑崇古楼，与刘麟、孙一元、吴琥、陆昆等结湖南雅社，诗酒流连，又遍游闽赣吴越名山水。嘉靖四十年卒，年七十六。《千顷堂书目》著录其《川上稿》二卷，载籍记其又有《两山游录》六卷及《蓬窗稿》等，皆未见传。《盛明百家诗》后编录其诗四十余首为《张通参集》。《皇明诗统》卷二二录诗十首。周复俊《玉峰诗纂》录其诗三首。《列朝诗集》丙集附其名于刘麟"小传"中，谓其"高风与坦上翁（刘麟）略相似，而诗亦不甚工"。又《玲珑倡和》辑其散曲小令四首。生平见归有光《张公墓表》（《震川先生集》卷二三)、王兆云《皇明词林人物考》卷六。

张琛(生卒年不详)　字蕴之,号骏斋。明初嵊县(今浙江嵊州)人。为人孝友,父跛不能行,背负终身;弟病痴,养之至老。尝从罗颀学经史。《千顷堂书目》著录其《骏斋集》二十卷,未见传。《皇明风雅》录其诗十首。《皇明诗统》卷一五录诗五首。《石仓十二代诗选·明诗选》录其诗十八首。《列朝诗集》乙集录其诗十九首,“小传”记:“为诗文操笔立就。”《明诗综》卷一九录诗二首,“诗话”云:“蕴之取材《选》体,古意犹存。”《御选宋金元明四朝诗》录诗十首。《明诗纪事》乙签卷一四录诗一首,按云:“蕴之诗袭温、李遗派,律体较鬯,无斮绩之痕。”生平见《(乾隆)绍兴府志》卷五三。

张燮(1573—1640)　其名载籍或写作“爕”,字绍和,号汰沃,自署海滨逸史。福建漳州府龙溪(今漳州)人。万历二十二年(1594)举人。性聪敏,好读书,黄道周谓“雅尚高致,博学多通”。有诗文名,与蒋孟育、高克正、林茂桂、王志远、郑怀魁、陈翼飞称本郡“七才子”。曾于漳州开元寺旁风雅堂组玄云诗社。崇祯中巡抚以理学名儒荐,有诏征用,不就,家居潜心著书。卒于崇祯十三年(1640)。曾校书万石山中,辑汉魏诗为《七十二家集》三百四十六卷附录七十二卷,有天启间刊本。又辑《初唐四子集》四十八卷,刊于崇祯十一年。著《东西洋考》十二卷,有万历四十六年刊本、《四库全书》本。诗文著述见于《千顷堂书目》著录者达二百零九卷,现存万历四十年邹迪光、戴燝等序刊本《霏云居集》五十四卷,载其万历十二年至三十九年所作诗文;又天启间蔡复一序刊本《霏云居续集》六十六卷,载其万历四十年至四十七年夏所作诗文;又有崇祯十一年自序刊本《群玉楼集》八十四卷,载其万历四十七年夏至崇祯元年所作诗文。此外尚有抄本《镜古录》三卷、《采蘩绪言》一卷、《迩言原始》四卷等。《千顷堂书目》另著录《偶记》十卷、《漳州府新志》三十八卷(与徐炌合编)。清黄百家《明文授读》卷四二录其《书魏志后》,记云:“先夫子(黄宗羲)曰:‘张燮……其文波澜壮阔而佐以色泽,万历间一作手也。’”清郭柏苍《全闽明诗传》卷三五录诗二首。生平见《(康熙)龙溪县志》卷八、《(光绪)漳州府志》卷二九。

张懋忠(生卒年不详)　字圣标,一字念堂。京师大名府肥乡(今属河北)人。兵部尚书张学颜长孙,以荫官锦衣卫,万历十七年(1589)武进士第三。天启中,魏忠贤矫旨杖万陞,懋忠监杖,有人以足踏陞,懋忠止之曰:“留人受杖。”以是忤魏忠贤，寻摭拾他事下于狱。崇祯初得释，历官至骠骑将军、左都督。著有《兵戎类典》清初禁毁。儒雅好文，以能诗称，与屠隆、俞安期、梅鼎祚、杨承鲲等交往倡和。有诗集多种，现存崇祯间刻《客乘》二十八卷，即为各集合刊，卷首崇祯八年（1635）王铎序及懋忠《客乘自序》，内卷一收赋一首、骚九章，卷二、卷三标目为《元声》《式道篇》，卷四《城阴拾遗》，卷五《河东百日游》，卷六《城阴续草》，卷七《疢除集》，卷八至卷一五《朴石志》，卷一六和卷一七《旅食纂》，卷一八《庚草》，卷一九《雪谈》，卷二〇《索米编》，卷二一《艾变绪余》，卷二二《北道咏》，卷二三《上陵草》，卷二四《益睡轩草》，卷二五《放言》，卷二六《楚音》，卷二七《皇仁考》，卷二八《存柳斋纪》，各集皆注编年，自万历五年至崇祯六年，五十七年作诗近一千五百首，亦可谓耽于诗矣。《帝京景物略》录其《白云观》诗。清王崇简《畿辅明诗》录其诗九首。《明诗纪事》庚签卷二四录其诗二十首，按云："圣标诗学少陵，五言清挺。明武将称诗者，郭登、张元凯外，得圣标而三。"

张璧（1475—1545）　字崇象，号阳峰。湖广荆州府石首（今属湖北）人，参政张维之子。弘治八年（1495）举人，屡试南宫不利，正德六年（1511）进士，选翰林院庶吉士，授编修，侍讲筵，与修《实录》。进左春坊左谕德，出典南京乡试，升太常寺卿兼翰林院侍读学士，掌院事。历礼部右侍郎、南京礼部尚书，嘉靖二十三年（1544）任礼部尚书兼翰林学士，寻兼东阁大学士，入阁办事。二十四年八月十九以病瘖卒于官，年七十一，赠少保，谥文简。平生与物无竞，时人称长者。所著有《阳峰家藏集》三十六卷，嘉靖二十四年世恩堂原刊本，为张璧居内阁时所自编，卒后刊行于世。是集卷首有顾璘、许成名、徐阶、熊过序，又有徐阶等人所作像赞，内卷一至卷五为《经筵讲章》《日讲直解》《大学衍义》《献纳》《奏谢》，卷六收赋、颂六篇，卷七至卷二三收诸体诗千余首（有词十五首），卷二四至卷三五为各体文二百五十余篇，卷三六为《外制》。《明史·艺文志》著录其《阳峰集》即此本也。《四库全书总目》著录《阳峰家藏集》，"提要"云："璧当夏言、严嵩相持之时入阁，不及一年而卒。《明史》不为立传，其人盖无所短长者，今观其诗文，殆亦如其为人焉。"《皇明诗统》卷四录其诗三首。《明诗综》卷三四录其诗　首。清高士熙《湖北诗录》录其诗一首。《明诗纪事》戊签卷一一录其诗一首。生平见严嵩《张公璧神道碑》（《钤山堂集》卷三四）、林尧俞等《礼部志稿》卷五四、过庭训《本朝分省人物考》

卷七九、《(康熙)荆州府志》卷二六。

张瀚（1511—1593）　字子文，号元洲。浙江杭州府仁和（今杭州）人。嘉靖十三年（1534）举于乡，明年进士，授南工部都水司主事，以母丧归。服除，补刑部陕西司，进山西司员外郎，郎中，简放庐州知府，改大名。历陕西按察副使、广东参政、福建参政，迁陕西左布政使，就迁右副都御史，巡抚陕西。入为大理寺卿，进刑部右侍郎，改兵部左侍郎，总督漕运。隆庆元年（1567）督两广军务，又抚陕西，迁南右都御史，就改南工部尚书。万历初召拜吏部尚书，加太子少保，五年（1577）以忤张居正勒致仕。家居十六年，万历二十一年卒，年八十三，赠太子太保，谥恭懿。善书法，工点染，亦喜吟咏。任员外郎时尝与吴维岳、陈凤等结白云诗社。致仕归乡，又与潘翊、沈蕃、林凤等缙绅二十人结怡老社，后裒刻《武林怡老会诗集》，内录张瀚诗十二首。《明史·艺文志》著录其《诗文集》四十卷，现存隆庆三年、隆庆六年及万历元年所刊其诗文别集称《奚囊蠹余》，皆二十卷，首有隆庆二年张瀚《奚囊蠹余自题》，内诗赋十卷、文十卷。另有嘉靖三十年刊《皇明疏议辑略》三十七卷、万历元年刊《台省疏稿》八卷及清抄本笔记《松窗梦语》八卷。《明诗综》卷四二录其诗五首。《御选宋金元明四朝诗》录其诗三首。《四库全书总目》著录《奚囊蠹余》二十卷，"提要"云："集中酬赠牵率，什居六七，虽平正无瑕，而殊少酝酿。"《明诗纪事》戊签卷一九录其诗二首。《明文海》录其文二篇。生平见王锡爵《张恭懿公神道碑》（《王文肃公文草》卷六）、《太宰张恭懿公传》（《焦氏澹园集》卷二四）、王兆云《皇明词林人物考》卷一二、《明史》卷二二五。

张灏（生卒年不详）　字夷令，号白山人。万历间南直苏州府太仓（今属江苏人）人，天启时工部尚书张辅之之子。以胄子入监，见时事甚棘，无意仕进，筑学山园，纵情诗酒。能诗，好篆刻。现存万历末刊诗集《檀心馆集》六卷，有王在晋、李继贞序，后有万历四十五年（1617）魏浣初跋、四十一年黄元会跋，计收诗六百五十余首、词四首，各卷分题陈继儒、丘兆麟、王稺登、钱谦益、袁宏道、方应祥阅。又有崇祯刻钤印本《学山堂印谱》八卷附《学山记》一卷、《学山纪游》一卷、《学山题咏》一卷，崇祯刻钤印本《学山堂印谱》五卷首一卷、《承清馆印谱》初集一卷续集一卷。《娄水文征》（太仓）卷三七录其文一篇。

陆人龙（生卒年不详）　字君翼，自署平原孤愤生。浙江杭州府钱塘（今杭州）人，书坊翠娱阁主人陆云龙之弟。所著有短篇小说集《型世言》(全称《峥霄馆评定通俗演义型世言》),现存刻本约刊于崇祯五年(1632),署"钱塘陆人龙君翼甫演,盐官木强人评",四十回,实为四十篇短篇小说,叙事以白话为主,夹以浅近文言。内容多叙晚明江浙一带社会生活,涉及世情世风广泛,惟其通体质木无文,描写远逊于《三言》《二拍》。书中题词及每篇前之叙言,皆为其兄云龙所作。又著有小说《辽海丹忠录》(全称《新刻出像通俗演义辽海丹忠录》)八卷四十回,存翠娱阁刊本,翠娱阁主人序署"崇祯重午",即崇祯三年。署"平原孤愤生戏草"。因书中有翠娱阁主人序、评,清乾隆时《禁书总目》误作者为陆云龙,实陆云龙序中已明言其书出自其弟,故其应为陆人龙作无疑。书取材于万历十七年(1589)至崇祯三年之间辽东战事,而重在为毛文龙颂功与辩诬。虽按史书纪年体例,但以叙事为主,与晚明一些时事小说大量抄撮邸报、文告等不同,属当时时事小说出类之作。

陆九洲(生卒年不详) 字一之,号修吉。南直常州府无锡(今属江苏)人。嘉靖间诸生,诗、书、画皆擅,或谓其诗比李贺,亦早卒。清高鑅泉《锡山历朝书目考》卷一○记其有《具区集》,未见传。《盛明百家诗》录其诗四十余首为《陆文学集》。顾起纶《国雅》卷九、《皇明诗统》卷

三二录其诗十一首。《明诗综》卷五○录其诗二首。清顾光旭《梁溪诗钞》卷七录其诗一首。《海虞文征》卷二六录其诗一首。《明诗纪事》己签卷二○录其诗一首。生平见朱谋垔《续书史会要》。

陆士璘(生卒年不详) 字华甫。南直应天府江宁(今江苏南京)人。以山人名游于南北缙绅间,万历十年(1582)曾与陆弼、臧懋循等人登山临水,饮酒赋诗。梅守箕《怀旧诗》称"华父守朴,不能依唯世俗,而善图画"(《居渚集》"甲乙"卷二)。李言恭《送陆华甫山人诗》写其踪迹云:"去矣不胜情,萧萧白发生。移家秋水畔,卖卜洛阳城。五岳游看遍,三都赋已成,闭关藏姓字,何意请长缨。"(《贝叶斋稿》卷四)著述现仅见万历间金陵世德堂刊本《双凤记》传奇,题《新刻出相双凤齐鸣记》,署"白下陆华甫纂"。是剧凡二卷四十二出,演南宋时京湖节度使赵方二子赵范、赵葵兄弟当金兵猖獗时,以两书生战败金兵及叛将李全等故事。本事出《宋史》卷四一七,又见周密《齐东野语》卷九。剧中所叙,大率有所据,惟增加细节以缘饰点缀。吕天成《曲品》著录此剧称《齐鸣记》,列其为"中中品",谓"此剧颇能摹写"。祁彪佳《远山堂曲品》列其为"具品",称《双凤》,谓此剧"词多北音,故觉音韵不叶"。

胡文焕《群音类选》卷二四、凌虚子《月露音》卷一录其《营中比武》一出。

陆之裘（生卒年不详）　字象孙，号箕仲，又号南门。南直苏州府太仓（今属江苏）人，陆容孙。贡生，官景宁教谕、嘉兴训导，嘉靖三十八年（1559）仍在世。少负才藻，不愿称书生，以经世自命，工诗善曲，风格粗豪。尝与修《太仓州志》，又辑《太仓文略》四卷（有嘉靖二十二年刊本）。尝从王世贞游，世贞《艺苑卮言》云："陆教谕之裘散词有一二可观，吾尝记其结语：'遮不住愁人绿草一夜满关山'，又'本是个英雄汉，差排做穷秀才'，语亦隽爽，其他未称是。"《千顷堂书目》著录其《南门仲子集》。《四库全书总目》著录《二陆集》三卷，系陆之裘《南门续集》一卷与其兄陆之箕《长白山人集》二卷之合刻。现存嘉靖四十年王道刊本《南门仲子续集》二卷，首门人王道《刻南门先生续集序》，卷上收诗一百二十余首、词四十余首，卷下收书、说、序、记、传、祭文等各体文。《列朝诗集》丁集录其诗十八首。《御选宋金元明四朝诗》录其诗一首。《海虞诗征》卷三〇录其诗一首。《明文海》录其文一篇。《娄水文征》（太仓）卷二九录其文六篇。陈所闻《南宫词纪》等存其散曲小令二首。

陆天麟（生卒年不详）　字玉书，号烟萍。云南临安府宁州（今华宁）人。明末岁贡。遇沙定洲、孙可望乱，寻又逢清军下云南，战乱频仍，乃避地三迤，辗转澄江、临安、云南诸府县之间，卧病山寺，乞食荒村，极人世不堪之苦。晚年隐居江村，稍得安定，得与故旧游历徜徉山水之间，又逢清廷颁薙发令，乃易服为僧，与诸友以气节相砥砺，不仕新朝。性耽诗，虽流亡辗转，生活困顿，不废吟咏。原有《卖雪诗》一卷刻板行世，迭经兵燹，不存。1912年李坤寻宁州前明遗诗，得抄本一册，诗分两集，一曰《樵隐集》，收诗九十余首，乃天麟南明永历庚寅（1650）己亥（1659）间作；一曰《百噫草》，亦收诗九十余首，乃天麟自清顺治十七年（1660）至康熙九年（1670）所作，合题为《烟萍诗钞》，卷首书"宁州陆天麟玉书著"。《烟萍诗钞》后收入《云南丛书》。其诗平淡无奇，然多有感时伤事之作，或咏逃难，或写战乱，悲凉衰飒之气溢出纸面。

陆云龙（1587—1666）　字雨侯，号峥庵，又自署翠娱阁主人、吴越草莽臣等。浙江杭州府钱塘（今杭州）人。少好学，砺名节，尚志向，为邑庠之高才生，后二十余年则屡困场屋。天启中为塾师，崇祯初乃弃绝功名之念，以著述自命，创书坊名峥霄馆，经营刻书，既以谋生，又以寄慨。卒于清康熙五年（1666）八月十六，年八十。喜编选古今诗文，所辑选本不下十余种，今存者尚有《明文归初集》三十四卷、《明文奇艳》二十卷、《皇明八大家》十六卷、《皇明十六名家小品》三十三卷、《翠娱阁评选行笈必携》二十一卷、《翠娱阁评选文韵》四卷、《翠娱阁评选词菁》二卷等。亦关心时政，崇祯元年（1628）据朝野传闻及邸报作《魏忠贤小说斥奸书》（全称《峥霄馆评定出像通俗演义魏忠贤小说斥奸书》）八卷四十回，署"吴越草莽臣撰"，"凡例"署"峥霄主人"，又有"吴越草莽臣"自序、"盐官木强人"序及"罗刹狂人"叙。崇祯三年（1630），其弟陆人龙愤慨于毛文龙被杀，作《通俗演义辽海丹忠录》四十回，云龙为之作序、加评，亦刊行于世。崇祯五年又刊其弟所作短篇小说集《型世言》，且为各篇写评，署"盐官草莽臣"及"盐官木强人""罗刹狂人"等。据考，约作于崇祯末、南明时刊短篇小说集《清夜钟》十六回（现残存十回）亦为陆云龙所作。是书模仿"说话"技艺形式，间以诗词韵文，多方面描摹世俗生活，揭露当时社会之种种矛盾。云龙诗文著述有《翠娱阁近言》四卷，存自刊本，内诗一卷，收诸体诗一百二十余首、词七首，文三卷，收文六十余篇，首崇祯七年（1634）自序，署其子敏树校。生平

见清陆敏树《陆蜕庵先生家传》（《新镌启牍大乘备本》）。

陆世廉（1579—1663） 字起顽，号生公，又号晚庵。南直苏州府长洲（今江苏苏州）人。晚明诸生，以经学名于乡里。崇祯十三年（1640）官广州府通判，南明时依桂王朱由榔，官光禄卿，后归里隐居，卒于清康熙二年（1663），年八十五。清初邹式金辑刻《杂剧三编》卷三一收其所著杂剧《西台记》，取宋末史实，叙文天祥、张世杰起兵抗元，兵败殉国，谢翱凭吊故人，西台恸哭事。是剧抒情性强情节性弱，非演出本，实借古事以表达作者悲愤心情。清佚名《传奇汇考标目》卷下另著录陆世廉有《八叶霜》传奇，未见存。

陆可教（1547—1598） 字敬承，号葵日。浙江金华府兰溪人。万历元年（1573）中举，五年进士，选翰林院庶吉士，授编修，掌诰敕。擢右春坊谕德，充经筵讲官，十六年充江西乡试主考，十九年充应天乡试主考，二十三年春擢南国子监祭酒，年底改北国子监，次年十一月升南礼部右侍郎，遭父丧归，二十六年卒，年五十二，赠南礼部尚书。卒后金华令龙遇奇等辑其诗文，刊为《陆学士先生遗稿》十六卷，有万历三十六年龙遇奇序、三十七年卢洪春序，内卷一赋三篇，卷二至卷七收诸体诗二

百五十余首,卷八至卷一三收其奏疏、讲章及诸体文八十余篇,卷一六收书牍三十通。《千顷堂书目》著录《陆学士遗稿》十六卷,即此本也。阮元声《金华诗粹》录其诗二十二首。《明诗综》卷五三录其诗三首,《御选宋金元明四朝诗》据之录。清黄彬等《金华诗录》卷三六录其诗二十三首。《明诗纪事》庚签卷一二录其诗二首。清陈元龙《御定历代赋汇》卷一三九录其《蟋蟀赋》。生平见冯梦祯《祭陆敬承文》(《快雪堂集》卷二一)、过庭训《本朝分省人物考》卷五三补遗、《(雍正)浙江通志》卷一九一。

陆吉(1604—1642)　字尔正,号土斋。本吴人,闻商丘司理万公能知人,因入河南归德府商丘籍,补商丘诸生,入郡学。崇祯六年(1633)中副车,十五年(1642)城陷于李自成兵,死难,年三十九。现存清康熙间传盛社刻本《陆土斋先生诗》,署"商丘陆吉尔正",计收诗九十余首。刘榛序云:"先生既殉于寇,遗生平之所著甚富,厥弟林屋先生负之避乱曹南,归而不戒于逆旅尽亡之。先生哲嗣客部公方就外傅,于煨烬中拾得一帙曰《浮萍草》,盖先生之诗也。袭而藏之五十年,一日出以示予,为订其阙残重复,而版于传盛之社。"序署"庚午夏杪题",当为康熙二十九年(1690)。生平见《陆土斋先生诗》卷首《本传》。

陆西星(1521—1606)　字长庚,号潜虚子、方壶外史、蕴空居士。南直扬州府兴化(今属江苏)人。生于正德十五年十二月十四(1521年1月22日)。少颖异,为诸生,九试不遇,遂弃儒服,冠黄冠,为方外游。少与宗臣交厚,后亦多有往来,《宗子相集》有《报陆长庚》等诗。又曾入京客于兴化籍显宦李春芳府。卒于万历三十四年(1606),年八十六。著述涉及道、释两家,甚夥。现存万历刊本《南华真经副墨》八卷《读南华真经杂说》一卷,明末刊本《方壶外史》八卷及万历三十年刻《楞伽阿跋多罗宝经句义通说》残本(存二至四卷)、《楞伽经句义通说要旨》残本(存一至四卷)。《明史·艺文志》另著录其《老子玄览》二卷、《阴符经测疏》一卷、《周易参同契测疏》一卷、《金丹就正篇》一卷、《张紫阳金丹四百字测疏》一卷等。亦能诗,现存清朱丝栏抄本《觳音漫录》四卷,题"方壶外史陆西星长庚甫著",据卷首西星万历甲申(十二年)夏六月《觳音漫录引》,是集所收为万历八年至十二年五年间其漫游齐鲁、燕赵等地所作诗文,其于《庚辰稿》《辛巳稿》《甲申稿》《甲申续稿》下又标目为《北游杂咏》《归田杂咏》《北游续咏》《平昌杂咏》《倡和诗》,计收西星诗二百九十五首、词五首、赋一篇及序、铭、题跋、书信等十余篇，又附收其友人郑材、顾愿、王自修等人所作诗文。《（咸丰）重修兴化县志》卷九录其《八哀诗》七首。另，近人有疑其曾预白话长篇小说《封神演义》二十卷一百回之创作，或径曰其为《封神演义》之作者，未见确证，待考。生平见《（咸丰）重修兴化县志》卷八。

陆师道（1511—1574）　字子传，号元洲，更号五湖道人。南直苏州府长洲（今江苏苏州）人。嘉靖十年（1531）举人，十七年进士，除工部主事，改礼部。二十四年以母病告归，家居二十五年，从文征明游，称弟子。嘉靖末，荐为南礼部主事，迁工部郎中，进尚宝少卿，万历二年（1574）卒，年六十四。工小楷古隶，能诗画。《千顷堂书目》著录其《五湖集》，未见传。近人罗振玉辑刊《百爵斋丛书》有《陆尚宝遗文》二卷，收其所作墓志铭二十六篇、家传一篇。顾起纶《国雅》卷一三、《皇明诗统》卷三二录其诗五首。《列朝诗集》丁集录其诗十一首。《明诗综》卷四二录其诗一首。《御选宋金元明四朝诗》录其诗五首。《明诗纪事》己签卷一七录其诗一首，按语谓其"诗长于摹古，《张烈妇行》拟《庐江小吏》，大是佳作"。嘉靖刊《（和倪瓒）江南春词集》录其所作[江南春]词二首。《明文海》录其文《袁永

之文集序》。生平见赵用贤《五湖陆先生行状》（《松石斋集》卷一五）、王世贞《陆子传先生传》（《弇州四部稿续缩》卷七六）、文震孟《姑苏名贤小纪》下、《明史》卷二八七。

陆光宙（生卒年不详）　字与尝，号巨石，晚称顽石老人。浙江嘉兴府平湖人。少遇家难，避走京师，补顺天府博士弟子员。闻母丧南还，退处郊圃，卒年八十六。善书法，好诗。《千顷堂书目》著录其《锄余稿》，未见传。《明诗综》卷五〇录其诗一首，"诗话"谓其嘉靖间"隐居郊园，与宗旭初旸、璩之璞君瑕辈一十八人，结文酒之社"。清沈季友《槜李诗系》卷一四录其诗二十六首，内《赠友诗十五首》，因知其诗社有宋旭、璩之璞、沈维鐳、沈文猗、张朗、王彦淳、王滕、方道成、胡顺伯、白莲道人如本、石蕴龄、吴渐、朱访、潘宿、沈友忠等。皆为地方文人也。《明诗纪事》己签卷二〇录其诗二首。

陆光祖（1521—1597）　字与绳，号五台居士。浙江嘉兴府平湖人。嘉靖十七年（1537）与父陆杲同举乡试。光祖二十六年中进士，逾年授濬县知县，以平反诗人卢柟冤狱知名。历南礼部祠祭主事、郎中，三十七年回籍。四十一年起补郎中，调仪制司，又改吏部验封司、考功司、文选司，迁太常寺少卿，提督四夷

馆,四十四年以专擅落职。隆庆六年(1572)又起补原职,历太仆寺卿、大理寺卿,万历初迁工部右侍郎,以议漕粮改折忤张居正,引疾归。居正殁,万历十一年(1583)起南兵部右侍郎,诏改北吏部,出为南兵部尚书,再引疾去。再起南刑部尚书,改南吏部,入为刑部尚书,改吏部,二十年乞归,二十五年卒,年七十七,赠太子太保,谥庄简。与王世贞、王畿等交,又与五台紫柏禅师多往来,曾募刻《五灯会元》。所著诗文多不存稿,万历间仅刊《陆庄简公掌铨疏略》四卷。卒后其子陆基忠多方收其遗作,辑为《陆庄简公遗稿》九卷,内奏疏、奏案四卷,尺牍二卷,序、记各一卷,卷九为诗,收诗九十余首,张延登序,现存崇祯二年(1629)刊本。《皇明诗统》卷三三录其诗六首。《千顷堂书目》著录其《陆庄简公存稿》一卷,盖未见其遗稿刊本矣。清沈季友《槜李诗系》卷一三录其诗三首。《明诗综》卷四三录其诗一首。清朱壬林《当湖文系初编》录其文十三篇。《明诗纪事》己签卷九录其诗一首。生平见曾同亨《陆庄简公光祖传》《国朝献征录》卷二五)、李维桢《陆庄简公神道碑》(《大泌山房集》卷一○九)、《明史》卷二二四。

陆宇燝(1619—1679)　字春明,号披云居士,学者称明怀先生。浙江宁波府鄞县(今宁波)人。右都御史陆世科第五子。清兵下江南,随兄予浙东抗清军务,丙戌(1646)兵败,弃衣巾,徘徊湖海间,以遗民自居。时明之遗民至鄞者,如青神余姚、华亭宋龙、桐城方授等,多投宇燝。方授卒,宇燝为之敛。为此家落,不以为恨。卒于康熙十八年(1679),年六十一。能诗,与余姚、范兆芝、宗谊、董剑锷、叶谦、陆昆号"西湖七子"。集名《观日堂集》,未见传。清全祖望《续甬上耆旧诗》卷五四"西湖七子之一"录其诗一百三十余首附《观日堂集摘句》二十联,"小传"谓其"诗极多,其存极严",其集经多入选之,存诗不足三百首。生平见清全祖望《陆披云先生墓志铭》(《鲒埼亭集外编》卷六)。

陆应旸(1548—1634)　字伯生。南直松江府青浦(今属上海)人。少补县学生,善书,能诗,已而被斥,绝意仕进,遂称山人,游于燕赵、齐鲁、河洛间,黄洪宪、许国曾与之交,又曾为申时行门客。平生高自矜重,而时论毁誉参半。卒于崇祯七年(1634),年八十七。曾辑《太平山房诗选》《唐诗选》。所辑《明诗妙绝》五卷,有万历三十九年(1611)黄卯锡刊本。又曾辑《广舆记》二十四卷,存万历刊本及清康熙五十六年(1717)聚锦堂增刊本,《四库全书总目》著录。《千顷堂书目》著录其《笏溪草堂集》,现所见《洛草》三卷,《江行稿》《白门稿》《武夷稿》《燕草》《笏溪草》《东游草》《帆前草》各一卷,皆万历间单刻本。清沈季友《槜李诗系》卷四〇录其诗一首。《御选宋金元明四朝诗》录其诗一首。清姚宏绪《松风余韵》卷四七录其诗二十八首。清王昶《青浦诗传》卷一一录其诗十八首。《明诗纪事》庚签卷二九录其诗二首,按语谓"诗亦时有可采"。清初有白话小说《樵史演义》流传,叙写明末天启、崇祯、弘光三朝二十五年之事,情节支离,亦无文采,然大量采撷当时诏书、奏章、檄文、函牍等文献,多被《明季北略》《小腆纪年》等所引用。现存清康熙间重刊本八卷四十回,署"江左樵子编辑,钱江拗生批点"。《千顷堂书目》曾著录陆应旸《樵史》二卷,清乾隆及光绪《青浦县志》又曾著录陆应旸《樵史》四卷,近人或以为《樵史通俗演义》之"江左樵子"即为应旸,误。《樵史演义》为清初作品,时应旸已作古。应旸生平见沈德符《万历野获篇》卷二三、《(光绪)青浦县志》所载小传。

陆完(1458—1525) 字全卿,号水村。南直苏州府长洲(今江苏苏州)人。成化十九年(1483)举人,二十三年进士,除监察御史。累迁至江西按察使,擢右佥都御史,巡抚宣府。晋兵部侍郎,转右都御史,加

太子少保,改左都御史,拜兵部尚书,改吏部。嘉靖初,坐纳宸濠贿论死,将极刑,会武宗崩,复审减死,遣戍福建靖海卫,嘉靖四年(1525)卒于泉州,年六十八。饶才智,急功名,善交权势,卒以论败。博雅好古,精于鉴赏,亦能诗文。《明史·艺文志》著录其《水村集》二十卷,现存明抄本《先太宰水村集遗稿》不分卷,收诗二百三十四首、文六十四篇。又有《在惩录》一卷,收其嘉靖二年至四年间之作品。《列朝诗集》丙集录其诗三首。《明诗综》卷二五、《明诗纪事》丙签卷九录其诗一首。生平见佚名《陆完(传)》(《国朝献征录》卷二四)、过庭训《本朝分省人物考》卷二二、《明史》卷一八七。

陆启浤(生卒年不详) 字叔度,号赍趾山翁。浙江嘉兴府平湖人。明末贡生。少为贵公子,不喜章句之学,性倜傥,行动豪放,曾游历南北二京,又多与吴中诗人结社倡和。在金陵,曾大会词人于桃叶渡。游北京,著《客燕杂记》三卷附《北京岁华记》一卷,现存清抄本,《千顷堂书目》著录后者名《长安岁时记》,当为同书。《千顷堂书目》另著其《赍趾山房集》五十卷,未见传。清沈季友《槜李诗系》卷二〇录其诗三十四首,又卷一九"东湖社集诗"录其诗一首。《明诗综》卷八〇录其诗三首,"诗话"云:"叔

度论诗,以杜陵为圭臬……既而走京师,诗名籍甚,遇寇乱归里,厄穷而死。"清卓尔堪《明遗民诗》录其诗一首。清张宪和《当湖诗文逸》卷一〇录其文一篇。《明诗纪事》辛签卷三一录其诗一首。

陆果(1492—?) 字原仲,号云涛。南直常州府无锡(今属江苏)人。嘉靖四年(1525)举人,久之,谒选得官平度州学正,改顺天,迁卢龙县令。罢归后贫病交加,处之泊如,自号江南贫士,预制生棺以待瞑,其诗有"六十年来愧偏身"句,则其亡已在衰年矣。清高镶泉《锡山历朝书目考》卷七记其有《丹丘漫稿》,未见传。与俞宪为友,嘉靖四十二年俞宪辑刻《盛明百家诗》,收其遗诗三十余首为《陆卢龙集》。顾起纶《续国雅》卷四录其诗二首。《皇明诗统》卷三一录其诗六首。清乾隆顾光旭《梁溪诗钞》卷七录其诗一首。

陆明扬(1564—1616) 字伯师,号学博,又号襟玄。南直松江府上海人。陆深从孙,父析为浦城丞,有政声。明扬少颖敏,好学有文名。先是析与明扬以语诮邑令,邑令衔之,以他事诬明扬下县狱,又迁青浦狱,欲瘐死之。后青浦令屠隆夜巡狱,闻扬读书声,察其冤,复谳得雪。后二十年,明扬中万历三十一年(1603)举人,四十二年选官靖江

教谕,四十四年夏卒于官,年五十三。明扬性耽古文辞,与陶望龄、王思任、汤宾尹、张鼐、徐光启及陈继儒等相友善。屠隆殊赏其才华,明扬中举南都及赴任靖江时,均有诗相送。明扬所撰有《周易系辞正义》《五经辑要》等。诗文著述现存清康熙间陆起龙刻本《紫薇堂集》八卷附录一卷,首姚永济《紫薇堂集叙》、程玠《陆襟玄先生紫薇堂集叙》及康熙九年(1670)陆蓚序。内卷一、卷二收诗五十二首,卷三至卷八收书启及各体文六十余篇,附录《松江府志》《上海县志》《靖江县志》陆明扬传、范彤弧《陆襟玄先生传》、李世裕《陆学博先生传》,传后有陆起龙撰《紫薇堂遗稿后刊》及陆鸣虞题识。清姚宏绪《松风余韵》卷四九录其诗五首。近人严昌埏《海藻》卷一〇录其诗五首。生平见《紫薇堂集》附录所收各传记。

陆明辅(生卒年不详) 字伯相。南直苏州府吴县(今江苏苏州)人。性嗜学,博学能古文辞,落拓不事生产。初困于役,家业尽废,尝日昃未饮,犹手不释卷。与王穉登、李维桢、张凤翼、陈继儒等名士均有来往。其殁,二子幼,一女守贞未嫁,勉刻其《槃阿集》行世。《槃阿集》现存万历四十三年(1615)刊本,五卷,有陈继儒序,内卷一收赋三篇,卷二、卷三收诗一百五十首,卷四、卷

五收文二十余篇，又《诗稿补遗》一卷，收诗五十五首，又《续稿》一卷，收文三篇。方志另记其有史抄、典故类书《史琳》《龙飞十纪》《幼时玉韵》等，未见。生平见《樊阿集》附刻《陆伯相行状》及《(同治)苏州府志》卷八一。

陆钶[1](1439—1489) 字鼎仪，号静逸，又号凝庵。南直苏州府昆山(今属江苏)人。父陆晟，为吴姓人收养，故陆钶榜姓吴，显贵方改回陆姓。少入太仓卫学，天顺三年(1459)乡试中举，七年礼部会试第一，八年殿试第二，选翰林院庶吉士，成化元年(1465)授编修。历修撰、右春坊右谕德，侍孝宗东宫。弘治即位，擢太常少卿，兼侍读，充经筵日讲官，以被疾乞归，弘治二年(1489)卒，年五十一。少嗜学，长于《春秋》，亦能诗，与太仓张泰、陆容齐名，称"娄东三凤"。与李东阳同年进士，同入翰林，时东阳未及弱冠，粗率简略在所不免，箴规磋切，得之陆钶者甚多，后亦相与甚得，东阳谓之"同年之谊，异姓之亲"(《同年祭陆鼎仪文》)。东阳为陆钶集作序，谓其"初诗主少陵，文主昌黎；后则专尚太白、六一，间以其自得者参之"(《春雨堂稿序》)。盖其诗初学台阁翰苑风流，后与李东阳、张泰等多所交游，渐离华靡而入简易。诗文著述生前编为《春雨堂稿》，文十

八卷，诗词赋十一卷，卒后其子陆爰补辑《续稿》二卷，二者合刊于弘治十七年，有李东阳序及东阳所作行状、刘健所作墓志铭、刘溥所作墓表等，今存。《千顷堂书目》著录《春雨堂稿》三十卷即此本也。《皇明风雅》卷三二录其诗一首。顾起纶《续国雅》卷三录其诗二首。《皇明诗统》卷一三录其诗三首。周复俊编《玉峰诗纂》卷三录其诗十八首。《列朝诗集》丙集录其诗三十六首，"小传"云："鼎仪沉静好学，解悟过人，而矜严自持，人少当其意者。"《明诗综》卷二二录其诗一首。《娄水文征》卷一一录其文九篇。《明诗纪事》丙签卷四录其诗三首。生平见李东阳《陆公行状》(《怀麓堂集》卷四三)、刘健《陆公墓志铭》(《春雨堂稿》卷首)、王鏊《姑苏志》卷五二、《明史》卷二八六。

陆钶[2](1494—1533) 字举之，号少石。浙江宁波府鄞县(今宁波)人。长兄铜号石楼、次兄铨号石溪，并有文名，因号"陆氏三石"。领正德十四年(1519)乡荐，十五年联捷会试，礼部例请殿试，时武宗南巡未归，阁臣杨廷和以为"临轩策问，必天子亲御"，因未行，十六年初武宗崩，无子，至五月世宗朱厚熜入嗣大统，始赐策问贡士，钶得一甲第二，赐进士及第，授翰林编修，读书中秘。与修《武宗实录》成，进修撰，以

议"大礼"忤上,出为湖广佥事。历江西参议,嘉靖十年(1531)迁山东提学副使,十二年以病卒于任,年四十。平生锐志问学,颇涉经史,尤砥砺名节,以古人自期。能诗文,卒后若干年,其孙陆继元、陆继奎始辑刊其诗文为《少石集》十三卷,有万历间鄞县陆氏家刊本,诗五卷、文七卷、杂著一卷,有其从侄孙陆懋龙万历八年(1580)跋。《明史·艺文志》著录其《少石集》十三卷即此本也。《明史·艺文志》另著录其《山东通志》四十卷,为其嘉靖时在山东主修,为现存山东最早方志。所著另有明抄本及顾元庆《顾氏明朝四十家小说》本《病逸漫记》不分卷、明刻《今献汇言》本《贤识录》一卷。《四明风雅》卷三录其诗十八首。《皇明诗统》卷一八录其诗六首。清胡文学《甬上耆旧诗》卷一一录其诗二十四首。《明诗综》卷三七录其诗五首,"诗话"云:"昆山陆鼎仪,鄞县陆举之,其名同,赐进士第二人同,一从史馆出为太常,一从史馆出为外台,适相合也。鼎仪盛有诗名,诗却平平。举之不以诗名,而似胜于鼎仪。"《四库全书总目》著录《少石集》,"提要"云:"张时彻序称其华不近浮,质不近俚,而惜其志之未艾。盖具体而未成家者,故序有微词云。"《四明文征》卷一二录其文一篇。《明诗纪事》戊签卷一四录其诗十首,按云:"少石诗多郁而未畅,录其音节爽亮者,亦是翩翩雅奏。"生平见张时彻《陆公钺传》(《国朝献征录》卷九五)、《(雍正)宁波府志》卷二六。

陆采(1497—1537)　初名灼,更名采。字子玄,号天池,自称天池山人,别署清痴叟。南直苏州府长洲(今江苏苏州)人。与兄焕、粲皆有才名。少为官宦子弟,不屑守章句,纵学无所不观。以例升太学,二十年间,累试不举,因弃功名之想,日夜与所善客剧饮歌呼,纵论天下之事。喜游览,东登泰岳,南逾岭峤,又游武夷诸山。嘉靖十六年(1537)欲往燕赵,半道病还,九月二十二卒,年四十一。平生以风流自命,好奇人异书,尤喜编剧度曲。其十九岁时作《王仙客无双传》传奇(《明珠记》),演唐人薛调小说《无双传》故事(《全唐五代小说》卷五七),曲既成,集吴门老教师精音律者,逐腔改定,然后选梨园子弟登场教演。吕天成《曲品》谓此剧"系天池之兄给谏陆粲具草,而天池踵成之者"。王骥德《曲律》卷三云:"事极典丽,第曲白类多芜葛。"现存明万历间刻本、明末吴兴闵氏朱墨套印本、明末汲古阁原刻初印本及汲古阁刻《六十种曲》本,凡二卷四十三出。周之标《乐府珊珊集》、胡文焕《群音类选》等皆收《明珠记》散出。所作传奇又有《南西厢记》，系不满李日华《南西厢》裁割王实甫原词以入南曲，故率以己意，重新创作，但情节关目大抵一仍王实甫《西厢》之旧，惟不用其词而已。此剧后无演出者，吕天成《曲品》云"后世曲坛流行者，却在李而不在陆"。或云此剧系其兄陆粲所撰而误归于采名下，现存明万历间周居易刊本，另有明末闵遇五校刻《六幻西厢记》本等多种，二卷三十八折。又有《怀香记》，《顾曲杂言》著录题《韩寿偷香记》，现存明末汲古阁原刻初印本，另有汲古阁刻《六十种曲》本，二卷四十出，演《晋书》贾充传及《世说新语》卷六所载贾充女窃香赠韩寿故事。为诗初规模盛唐，后宗谢灵运，现存嘉靖间刊诗集《天池山人小稿》五卷，所收诗不分体，其序则按《泰山稿》《义兴稿》《壬辰稿》《癸巳稿》《甲午稿》排列，计收诗一百七十余首。著述另有嘉靖刊本《览胜纪谈》二卷、万历刊本《国朝史余》八卷。《四库全书总目》又著录其《冶城客论》二卷，"提要"云："是编乃其肄业南雍时记所见闻，大抵妖异不根之言。"现存清抄本一卷，其中少数篇什，如《鸳鸯记》略具文言小说规模，虽《总目》"提要"斥其述"闺阁幽会之事，淫媟万状……尤有乖于名教"，然作为小说较之明季色情作品，尚属雅训。《明史·艺文志》另著录其《天池声隽》四十卷，未见。顾起纶《国雅》卷八、《皇明诗统》卷三二录其诗四首。《列朝诗集》丁集录其诗五首。《明诗评选》录其诗一首。生平见陆粲《天池山人陆子玄墓志铭》（《陆子余集》卷三、《国朝献征录》卷一一五）、《（道光）苏州府志》卷八二。

陆郊（1527—1570） 字子野，号三浦。南直苏州府昆山（今属江苏）人，寓居松江华亭（今上海松江）。其祖陆天秩以赀雄于乡，至郊家日落。少负羸疾，日惟读书习诗，间临古帖以自娱。与唐顺之、钱薇、沈明臣等为文字交。卒于隆庆四年（1570），年四十四。嗜诗，将卒，呼其子伯生歌王维诗，赏叹不置，语无他及。其作得先达文人莫如忠等赏识，以为其"诗类孟襄阳，字类颜平原"。现存诗集《陆子野集》，有诗三十余首，乃其卒后张文柱编次，其子张伯生侵梓，首有隆庆五年周复俊序。周复俊《玉峰诗纂》卷六录其诗二十一首。清乾隆姚宏绪《松风余韵》卷四七录其诗三首。清乾隆王昶《青浦诗传》卷一〇录其诗二首。生平见《（崇祯）松江府志》卷四二。

陆治（1496—1576） 字叔平，号包山子。南直苏州府吴县（今江苏苏州）人。少为诸生，久困场屋，至五十五岁，终弃科考，衣处士之服,筑室支铫山下,植树种花,以求自娱适情,后与钱谷并称为吴中高逸。卒于万历四年(1576),年八十一。善画,能花鸟、山水。崇王蒙,曾从祝允明、文征明学,又与文彭、文嘉、陈淳、陆师道、黄姬水、王宠等文人画家游。其画晚年自成风格,雅俗多有传世之作。曾与王世贞游太湖洞庭山,画洞庭十六景,“元美称其上逼李、郭、马、夏,而下勿论也”(《列朝诗集》丁集)。诗亦时有秀句,《千顷堂书目》著录其《包山遗诗》,现存万历三十九年蔡云程刻《包山集》四卷,又有清初辑编稿本《陆包山遗诗》不分卷、清抄本《陆包山诗》不分卷。方志记其尚有《家语纂注》十卷附录一卷,未传。《列朝诗集》丁集中录其诗四首。《明诗综》卷五○录其诗二首,“诗话”云:“叔平游道复(陈淳)之门,当时乡曲之论,谓诗得其兴,画得其趣。然叔平画以工致胜,诗则与道复(陈淳)同流。”《御选宋金元明四朝诗》录其诗四首。《明诗纪事》己签卷一七录其诗一首。另,张琦等《吴骚合编》存其散曲套数二套,《吴骚集》存一套。生平见佚名《钱叔宝陆叔平两先生传》(《国朝献征录》卷一一五)、文震孟《姑苏名贤小纪》下。

陆宝(生卒年不详)　字敬身,一字青霞,号中条。浙江宁波府鄞县(今宁波)人。明末以太学生授内阁中书,以终养归。清顺治元年(1644)鄞县诸绅绅起兵反清,宝倾家输饷,兵败遁去。久之归,隐居月湖畔,以遗老自命,不问世事。其家藏书甚富,藏书楼称“南轩”,内多异本,与范钦“天一阁”、陆朝辅“四香居”合称鄞地藏书三大家。平生好诗,吟咏不辍,尝与同郡余寅、屠隆、杨承鲲等为诗文友。崇祯间单刻诗文集多种,计有《避尘集》四卷,《小物》二卷,《四课》四卷,《双素影》二卷及《补陀游记》《开化游》《舲草》《潞草》《明山游籍》《青翰吟》《青溪小草》《台宕游》《再来草》《三全韵》各一卷。又崇祯九年(1636)刻《霜镜集》十七卷,有陈继儒、曹学佺、周应辰序,《千顷堂书目》著录之《霜镜集》当指此本。清顺治间合诸集刊为《陆敬身集》三十九卷。又按体重辑所作诗,刊为《悟香集》三十卷,现存清初刻本,有齐曾序、李文缵跋,内四言古诗一卷七十七章,五、六、七言古近体诗二十六卷,收诗一千八百余首,又拟乐府诗一卷六十一首,杂言诗一卷四十四首,拟骚一卷二十八首,收诗总数逾二千首。近人四明张寿镛辑诸明刻单本及《霜镜集》《悟香集》,称《陆敬身全集》。清全祖望《续甬上耆旧诗》卷一七录其诗六十二首。《明诗综》卷六七录其诗十五首,“诗话”云:“敬身近体好用语助辞,不无狃于‘公安’、‘竟陵’之习。然其才气奔逸，胜葛震甫（葛一龙）、陈仲醇（陈继儒）且十倍。"《御选宋金元明四朝诗》录其诗五首。清袁钧《四明近体乐府》卷八录其词二首。生平见李维桢《青溪小草序》（《大泌山房集》卷二三）。

陆坤（1498—1550） 字秀卿，号簣斋。浙江嘉兴府嘉善人。生于弘治十年十二月二十五（1498 年 1 月 17 日）。嘉靖元年（1522）举人，五年进士，授南刑部主事。迁员外、郎中，改北，再改南兵部。简放常德知府，改武昌，再改岳州。擢太常少卿，历南鸿胪卿，就改南光禄卿，迁右佥都御史巡抚河南，以病归。卒于嘉靖二十九年十一月十七，年五十四。著述卒后二十余年由其子陆敷锡、陆中锡辑刊为《陆簣斋集》十卷《外集》二卷，卷一收赋五篇，卷二、卷三收辞四首、诸体诗二百三十余首，卷四至卷一〇收各体文一百四十余篇；《外集》二卷则附录诰敕志状及赠送诔奠之文与士民颂德之作。《千顷堂书目》所著录之《簣斋文集》十二卷，即此本也。另有清抄本《簣斋杂著》一卷。《明诗综》卷四〇录诗五首。清沈季友《檇李诗系》卷一二录诗六首。《四库全书总目》著录《陆簣斋集》十卷《外集》二卷，"提要"云："徐阶志其墓，称坤读书耻为章句。尝曰：'人心与事物不相离，舍事物而徒求诸心者，禅学也。

逐事物而不求诸心者，俗学也。'故集中有《传习录存疑》，不附和陆学；又有《诗传存疑》，亦不尽墨守朱学，持论可谓笃实。诗文则多近质朴，盖非其所留意云。"《明诗纪事》戊签卷一六录诗一首。《明词综》卷三录词［临江仙］一首。《明文海》录其文《太极论》等二篇。生平见徐阶《簣斋陆公墓志铭》（《世经堂集》卷一六）、佚名《金都御史陆公坤传》（《国朝献征录》卷六三）、《（雍正）浙江通志》卷一五八。

陆树声（1509—1605） 榜姓林。字与吉，号平泉。南直松江府华亭（今上海松江）人。生于正德四年（1509）二月初七。嘉靖十九年（1540）领乡荐，明年会试第一，廷对二甲第四，选翰林院庶吉士，归省三载北上，授翰林编修。时词臣竞进青词，树声逊谢不应，与唐顺之等以学问志行相砥砺，甚得清誉。以父丧归，三十六年即家授南国子司业，未几告归，四十年起左春坊左谕德，未赴，四十四年进南太常卿，管南国子监祭酒事。旋擢吏部右侍郎，引疾不就。万历元年（1573），群臣推内阁，即家拜礼部尚书兼学士，加太子太保，明年辞归。万历三十三年七月初九卒，年九十七，赠太子太保，谥文定。性恬退，不趋附权贵，通籍六十年，居官未及一纪。所著《陆文定公集》二十六卷，有万历四十四年华亭陆氏家刊本，徐三重序，内卷二、卷三为诗，收诸体诗一百七十余首，《明史·艺文志》著录其《诗文集》二十六卷即此本也。另有《陆学士杂著》十一卷，万历刊本残存九种十卷（《陆学士题跋》二卷，《汲古丛语》《适园杂著》《耄余杂识》《禅林余藻》《陆氏家训》《病榻寱言》《清暑笔谈》《长水日钞》各一卷）。另，《四库全书总目》艺术类著录其《平泉题跋》二卷、杂家类著录其《陆文定公书》不分卷、谱录类著录其《茶寮记》一卷（有万历四十一年刻《茶书二十种》本等）。《皇明诗统》卷二二录其诗一首。《列朝诗集》丁集录其诗二首。《明诗综》卷四三录其诗一首。《御选宋金元明四朝诗》录其诗九首。清姚宏绪《松风余韵》卷四八录其诗四十一首。清王昶《青浦诗传》卷九录其诗二十六首。《明诗纪事》戊签卷二一录其诗三首，按云："文定清望，有东汉人风。诗亦蕴藉，称其为人。"《明文海》录其文一篇。生平见于慎行《陆公树声墓志铭》（《谷城山馆文集》卷二二）、冯时可《陆文定公平泉先生传》（《冯元成选集》卷六）、邹元标《陆公传》（《邹子愿学集》卷六）、何乔远《名山藏》卷八一、《明史》卷二一六。

陆奎章（生卒年不详）　字子瀚，号孤陈山人，又自号东坤子。南直常州府武进（今江苏常州）人，陆简子。嘉靖七年（1528）举人，知武康县，改泰宁。性不好簿书，乞改教职，授宁波教授，因日与诸生论难，居常则手不释卷。后又官泰宁知县。现存嘉靖刊本《听真稿》二卷，首有正德八年（1513）南海伦文叙《听真稿序》，内收诗一百九十首，皆为咏史之诗。卷首其正德七年自作《听真稿引》云："东坤子性迂疏，自以为拙于身谋，不屑事事，惟蓄经史子集数百卷，起坐一楼，展书读辄呼酒，遇有得便引杯酌数行，继以微吟。时出一二示人，咸以为诗。"《四库全书总目》小说家类又著其《香奁四友传》二卷，《总目》"提要"谓仿韩愈《毛颖传》，为镜、梳、脂、粉、尺、剪、针、线作传。现存嘉靖刊本。另范钦《天一阁书目》著录其《道在编》二卷，《经义考》记其有《陆诗别传》十二卷，《（道光）武阳合志》著录其《东坤文集》。

陆钰（生卒年不详）　字真如，改名茞谊，字忠夫，晚号退庵。浙江杭州府海宁人。万历四十六年（1618）举人，九上春官不第，因键户著书，名刺不当事，足不入城市，惟与里中张元岵往还甚密。国变后以家事付其子嘉淑，隐于元贡师泰之小桃源，未几，绝食十二日卒。善书画，能诗词，家富藏书，有藏书楼名密香楼。有遗集十卷，又有《五经注传删》二十卷、《周礼辨注》四卷，皆烬于火，现存清周氏种松书塾抄本《陆射山诗余》，又清书带草堂抄本，题《射山诗余》，计存词四十八首。近人赵尊岳《明词汇刊》据抄本辑录《射山诗余》一卷。

陆卿子(1568—1644) 名服常，字卿子，以字行。南直苏州府吴县（今江苏苏州）人，尚宝卿陆师道女，吴中名士赵宧光妻。随宧光隐居支硎山，筑小宛堂以居。喜抄书，能诗画，享盛誉于江南闺阁中，与徐媛并称闺秀之"吴门二大家"。卒于崇祯十七年（1644），年七十七。《明史·艺文志》著录其《考槃集》六卷、《云卧阁稿》四卷、《玄芝集》四卷。现存万历间刊本《考槃集》六卷，有赵宧光万历二十八年（1600）序，谓其"拟古步骤西京，取材六代，绝句小律差足可观"。是集诸体皆备，前五卷共收乐府及古近体诗二百一十余首，卷六收赋颂诔铭等杂文十篇，有日本江户抄本。又有万历间刊本《玄芝集》三卷，亦有赵宧光序，收诗一百四十余首。据赵宧光序，其《云卧阁集》已废，所著俱见于《考槃集》《玄芝集》二集。托名钟惺《名媛诗归》卷三二录其诗六十五首。明末周之标《女中七才子兰咳二集》卷八录其诗四十九首。《列朝诗集》闰集录其诗八首，"小传"记云："凡夫（赵宧光）卉家庐墓，与卿子偕隐寒山，手辟荒秽，疏泉架壑，善自标置，引

合胜流。而卿子工于词章，翰墨流布，一时名声籍甚，以为高人逸妻，如灵真伴侣，不可接梯也。凡夫寡学而好著述，师心杜撰，不经师匠。卿子学殖优于凡夫远甚。少刻《云卧阁集》，沿袭靡绩，未能陶冶性情。晚年名重，应酬牵率，凡与闺秀赠答，不问妍丑，必以胡天胡帝为词，不免刻昼无盐之消，世所传《考槃》《玄芝》二集是也。赋诔之作，步趋六朝。尝为祖母卞太夫人作诔，典雅可诵。"《明诗综》卷八六录其诗五首。《御选宋金元明四朝诗》录其诗六首。清季娴编《闺秀集》录其诗二十二首。《明词综》卷一一录其词二首。《娄水文征》"闺秀"录其文二篇。

陆容(1436—1494) 榜名徐容，盖先世冒徐姓，后复本姓。字文量，号式斋。南直苏州府昆山（今属江苏）人。天顺三年（1459）举人，成化二年（1466）进士，授南吏部主事，以丧父归。服阕，改兵部，历员外郎、郎中，升浙江右参政，在任称持正，弘治六年（1493）罢归，七年七月十五日卒，年五十九。重人品、嗜藏书，广问学，与张泰、陆钺齐名，称"娄东三凤"。登第后始学诗，故学过于钺，而诗逊之。卒后弘治十四年（1501）其子陆伸辑其著述刻为《式斋先生文集》三十七卷，内《式斋稿》二十二卷、《浙藩稿》十一卷、《归

田稿》四卷，有王鏊序、都穆跋。是集后又有清雍正抄本，《明史·艺文志》著录《式斋集》三十八卷即此本也。《明史·艺文志》另著《菽园杂记》十五卷，为其所作笔记，于明代朝野故实记叙颇详，亦旁及谈谐杂事，为以后小说家所取资，有明刊本、抄本多种，后为《四库全书》所收。《千顷堂书目》另著录其《太仓州志》《式斋迩察》，《（1933）昆新两县续修合志》卷四九另著录其《诗说质疑》《式斋封事录》等。顾起纶《国雅》卷四、《皇明诗统》卷一五录其诗七首。周复俊编《玉峰诗纂》卷三录其诗二首。《列朝诗集》丙集录其诗三十三首。《明诗综》卷二四录其诗一首。《御选宋金元明四朝诗》录其诗十一首。《海虞文征》录其文二首。《明诗纪事》丙签卷五录其诗十七首，按云："平生不以诗名，而学问既博，掇其佳篇，究非专语性灵者所得比拟。"近人赵尊岳《明词汇刊》录其词十二首为《式斋词》。《明文海》录其文九篇。《娄水文征》卷一二录其文十篇。生平见文林《陆公墓志铭》《文温州集》卷九）、程敏政《参政陆公传》《《篁墩程先生文集》卷五〇）、王兆云《皇明词林人物考》卷四、王鏊《姑苏志》卷五二、《明史》卷二八六。

陆梦龙（？—1633） 字君启，号景邺。浙江绍兴府山阴（今绍兴）人。万历三十八年（1610）进士，除刑部主事。历员外郎、郎中，出为广西提学佥事，转江西参议、湖广副使、贵州参政。天启中任广东按察使，降补河南参议，转山东副使，调陕西，以右参政分守固原道。崇祯六年（1633）与农民军作战死，赠太仆寺卿，谥忠烈。《千顷堂书目》著录其《易略》三卷、《九江府志》二十一卷、《憨生集》又《黔行录》。现《易略》三卷有崇祯元年顾懋樊刊本。《憨生集》有明末刊本，十八卷，无序跋，内卷一收赋七篇，卷二到卷八收诸体诗二百三十首，卷九至卷一七收各体文九十六篇，卷一八收书启六十篇。《四库全书总目》另著录《梃击始末》一卷，有清抄《明季野史汇编》本。《明诗综》卷七二录其诗一首。生平见《明史》卷二四一。

陆铨（？—1542） 字选之，号石溪。浙江宁波府鄞县（今宁波）人。正德十一年（1516）举人。嘉靖二年（1523）进士，除刑部山西司主事，值"大礼议"起，奋笔署名，与弟钛皆与哭谏，受廷杖几绝。七年迁兵部员外郎，转礼部仪制司郎中，迁福建添注副使，摄海道。再迁河南参政，升广西按察使，进广东右布政使，以内艰归，二十一年（1542）五月十一卒。少负才自许，与兄陆钶、弟陆钛并有文名。为人义气慷慨，为诗不满句谦字割。《千顷堂书目》著录其《石溪集》，未见传。《四明风雅》卷三录诗八首。清胡文学《甬上耆旧诗》卷九录诗七十一首，李邺嗣所撰小传言其"论诗专以性情为主，尝曰：'宋不能唐，唐不能汉魏。其似者，宋之唐，唐之汉魏耳。'斯其持论独立若此"。《明诗综》卷三九录诗五首，"诗话"谓其"诸体不沿时习"。《明诗纪事》戊签卷一五录诗一首。《明文海》录其文一篇。《四明文征》录其文三篇。生平见戴鲸《陆公铨行状》《国朝献征录》卷九九）、《明史》卷二八七。

陆符（1595—1646）　字文虎，学者称子充先生。浙江宁波府鄞县（今宁波）人。崇祯十四年（1641）入京为国学生，十五年顺天乡试中举。清顺治三年（1646）十月初十卒，年五十。与黄宗羲为同堂拜母之交，曾同读书，生平凡事不相隐。卒后黄宗羲为其作《墓志铭》，称其"风貌甚伟，胸贮千卷，謦欬如洪钟响，一时士大夫听其谈论，皆以为陈同甫、辛幼安复出也"。《千顷堂书目》著录其《环堵稿》十卷，未见传。现存崇祯刊《补陀诗》（又作《普陀诗》）一卷。《明诗综》卷六九下录其诗二首，误其名为"陆彪"，《御选宋金元明四朝诗》亦据之误。清全祖望《续甬上耆旧诗》卷二一"东林四先生之一"录其诗一百零六首，以《补陀诗》居首，"小传"谓其"读书不堕方城，能于传注之外别开生面。东林、复

社诸公争引为友……复社声正盛，先生独忧之，以为兵心见于文事，斗气长于同人，乃乱亡之兆……国亡，叹曰：'亡天下者，科举中人物。'痛哭，哭罢取所作科举文，投之溪中"。又记其甲申后另有《雪瓢吟》一卷，未见传。《明文海》录其文六篇。《四明文征》卷一六录其文五篇。生平见清黄宗羲《陆文虎先生墓志铭》（《南雷文定》前集卷六）。

陆深（1477—1544）　字子渊，号三汀，晚号俨山。南直松江府上海人。生于成化十三年（1477）八月初十。弘治十四年（1501）举应天乡试第一，次年春闱落第，十八年中进士，正德二年（1507）选翰林院庶吉士，四年除编修。调南礼部主事，六年复为编修，寻因病乞归。十一年复职，十四年升国子监司业，十六年丁父忧归。嘉靖七年（1528），晋国子监祭酒，充经筵讲官，八年以抗疏谪延平府同知，半年后转山西提学副使，改浙江。十二年任江西右参政，次年擢陕西右布政使，升四川左布政使，十五年召拜光禄寺卿，次年改太常寺卿兼侍读学士，十八年进詹事府詹事，致仕归。卒于嘉靖二十三年七月二十五，年六十八，赠礼部侍郎，谥文裕。深以经济自许，数上书言事，以剀切不谀忤宰臣。家富藏书，品骘古今，赏鉴书画，博雅推为词林之冠。又工书，仿李邕、赵

孟颊，流布甚广。诗文亦籍甚于时，著述甚丰。所著卒后次年由其子陆楫刊为《俨山文集》一百卷《俨山外集》四十卷，嘉靖三十年又刊《续集》十卷，《明史·艺文志》著录。其《文集》主收诗文，有费宷、徐阶二序及文征明后序，《外集》所收则多为杂著，有唐锦序、陆师道跋。《俨山文集》卷二五有论诗语三十二则，称《俨山诗话》，多记诗事，兼及考证。陆深少与徐祯卿相切磨为文章，与文征明等为友，入为李东阳门生，又与李梦阳、何景明等倡和，故其论诗既主格调，又贵性情，文尊秦汉，亦不废欧苏。著述另有《陆文裕公行远集》二十三卷《外集》一卷，为其曾孙陆起龙崇祯十年(1637)所刊，所收多采自《文集》《外集》，惟有诗六十余首不见于《文集》，使其存诗达一千四百余首。所作杂著，明季多有单行，或为丛书、杂录书等所收，如《淮封日记》《史通会要》《科场条贯》《南巡日录》《北还录》《书辑》《古奇器录》《传疑录》《春雨堂杂钞》《河汾燕闲录》《春风堂随笔》《金台纪闻》《蜀都杂抄》《停骖录》《停骖续录》《同异录》《溪山余话》《俨山纂录》《燕闲录》《玉堂漫笔》《知命录》《豫章漫抄》《愿丰堂漫书》等，然多收于本集或外集。《盛明百家诗》后编录其诗二百五十余首为《陆文裕集》。顾起纶《续国雅》卷三录其诗

五首。《皇明诗统》卷一六录其诗九首。《石仓十二代诗选·明诗选》录其诗百首。《皇明诗选》录其诗六首。《列朝诗集》丙集录其诗九首。《明诗综》卷二八录其诗五首，"诗话"云："俨山诗原出于大历十子，平衍帖妥，如设伊蒲之馔，方丈当前，虽远膻腥，终鲜滋味。"清卞永誉辑《式古堂书画汇考》中录其诗十五首。清陈邦彦《御定历代题画诗类》录其诗二十首。《御选宋金元明四朝诗》录其诗四十首。清姚宏绪《松风余韵》卷四九录其诗十六首。《四库全书》收《俨山集》一百卷《续集》十卷，又《俨山外集》三十四卷，《总目》"提要"云："今观其集，虽篇章繁富，而大抵根柢学问，切近事理，非徒斗靡夸多。当正、嘉之间'七子'之派盛行，而独以和平典雅为宗，毅然不失其故步，抑亦可谓有守者矣。"《明诗纪事》丁签卷一二录其诗六首，按云："子渊论诗云：'近时李献吉、何仲默最工，姑自其近体论之，似落人格套，虽谓之拟作可也。'然其自作乃平衍敷腴，去李、何尚远。"近人严昌埁《海藻》卷一〇录其诗二十八首。《御选历代诗余》《明词综》卷三录其词二首。近人赵尊岳《明词汇刊》录其词三十二首为《俨山词》一卷。《明文海》录其文十三篇。清陈元龙《御定历代赋汇》录陆深赋五篇。生平见唐锦《俨山陆

公行状》(《龙江集》卷一二)、夏言《陆公墓志铭》(《桂洲文集》卷四九)、王兆云《皇明词林人物考》卷五、何乔远《名山藏》卷七五、《明史》卷二八六。

陆弼(1528—1613)　又名君弼,字无从。南直扬州府江都(今江苏扬州)人。诸生。好读书,喜结交。扬州为南北孔道,因得广接贤豪长者,声名籍甚。万历间议修史,与魏学礼、王穉登同被征,未上而罢。卒于万历四十一年(1613),年八十六。少以咏牡丹诗著名,至老嗜诗不辍,所作甚丰。《明史·艺文志》著录其《诗集》二十六卷。现存万历三十九年潘之恒序刊本《正始堂诗集》二十四卷,所收诗编年,达一千五百余首,有何伟然、潘之恒、吴梦旸、李维桢序。又有清抄本。《盛明百家诗》后编录其诗四十余首为《陆客集》。顾起纶《国雅》卷一七、《皇明诗统》卷三五录其诗七首。《列朝诗集》丁集录其诗十四首,"小传"云:"无从称诗起嘉靖末年,推尊王弇州(王世贞),几欲铸金顶礼。弇州叙平生文字四十余人,顾不及无从。久之,海内争抨击王、李,无从亦心动,悔其少作,而迄不能改也。"《明诗综》卷六三录诗六首。《御选宋金元明四朝诗》录诗八首。《明诗纪事》庚签卷二七录诗六首,按云:"无从才调翩翩,俊语叠出,虽

染指弇州,尚不至如牧斋(钱谦益)所讥。"又,吕天成《曲品》著录其传奇《存孤记》,称其为"诗酒文豪"。剧演《后汉书·李固传》中王成存李固后人李燮事,今已不存,冯梦龙《墨憨斋详定酒家佣传奇》,乃取此稿及钦虹江《酒家佣》稿改定之现存崇祯间墨憨斋刻本。生平见《(康熙)扬州府志》卷二、《(雍正)江都县志》卷一五。

陆瑞征(生卒年不详)　字兆登。南直苏州府常熟(今属江苏)人。崇祯十一年(1638)贡生,与名流结社赋诗于南都,授官浙江新城知县,踰年鼎革,纳印归。入清称遗民。平生笃嗜翰墨,晚年亦兼亲绘事。方志记其有《颐志堂稿》八卷、《归鹤堂稿》八卷行世,又《法忍庵稿》四卷未刻,现存崇祯间刻《颐志堂诗稿》五卷,有钱谦益崇祯九年(1636)序。生平见《(康熙)常熟县志》卷二〇。

陆楫(1515—1552)　字思豫。南直松江府上海人。陆深之子,国子生,卒于嘉靖三十一年(1552),年三十八。莫如忠序其集,谓其为忌者阻抑,忧郁卒。曾刻《古今说海》,辑录前代至明杂传、笔记、小说一百三十五种一百四十二卷,有嘉靖二十三年俨山书院自刊本,《四库全书》杂家类收录,《总目》"提要"云:"所载诸书,虽不及曾慥《类说》多今人所未见,亦不及陶宗仪《说郛》捃

拾繁富,钜细兼包,而每书皆削其浮文,尚存始末,则视二书为详赡。参互比较,各有所长。其搜罗之力均之不可没焉。"《千顷堂书目》著录其诗文别集《蒹葭堂集》七卷,现存嘉靖四十五年陆郯刻《蒹葭堂稿》八卷,首莫如忠序,内诗词二卷,收诗七十余首,词二十一首,又文二卷、杂著三卷,卷八收林树声所作墓志铭。《皇明诗统》卷一六录其诗五首。《明诗综》卷五〇录其诗一首。清姚宏绪《松风余韵》卷四九录其诗四首。《明诗纪事》己签卷二〇录其诗一首。近人严昌埅《海藻》卷一〇录其诗三首。《御选历代诗余》录其词二首。《明词综》卷三录其词一首。《明文海》录其文二篇。生平见林树声《明故恩荫太学生小山陆君墓志铭》(《蒹葭堂稿》卷八)。

陆粲(1494—1552) 字子余,一字浚明,号贞山、菰园。南直苏州府长洲(今江苏苏州)人。生于弘治七年(1494)六月二十六。嘉靖四年(1525)举人,五年进士,选翰林院庶吉士,授工科给事中。以争张福达狱,廷杖下诏狱,又坐劾张璁、桂萼擅权,谪贵州都镇驿丞。迁永新知县,乞归,卒于嘉靖三十年十二月二十五(1552年1月20日),年五十九。陆粲为王鏊门人,平生研习经史,讲求学问,又诗文并举,有名于当时。曾著《左传附注》五卷《后录》一卷(有嘉靖刊本),后为《四库全书》所录。又有《左氏春秋镌》二卷、《春秋胡氏传辨疑》二卷(皆存嘉靖刊本)。另,万历刊本《烟霞小说》收其《庚巳编》四卷,多记异闻传说,文字简约,颇类六朝志怪,其中《洞箫记》一篇,叙事详尽,具文言小说风范,后为《绿窗女史》等所收。《明史·艺文志》著录其《贞山集》十二卷。现存卒后其子延之辑刻《陆子余集》八卷,文七卷,收文八十六篇,诗一卷,收诗四十八首,有吕光洵嘉靖四十二年、周夔俊四十三年序。后增修本附有王世贞所撰墓碑等。清钱谦益谓其文"雅健典则,自成一家"(《列朝诗集·小传》)。《明文海》录其文十一篇,评语云:"贞山文,秀美平顺,不起波澜,得之王文恪(王鏊)居多,乃欧阳氏之支流。"其诗多古体,风格有近于白居易新乐府者。《盛明百家诗》前编录其诗三十余首为《陆贞山集》。《皇明诗统》卷三五录其诗六首。《皇明诗选》录其诗一首。《列朝诗集》丁集录其诗十七首,"小传"谓其"诗不多,独出机杼,不落窠臼"。《明诗评选》录其诗二首。《明诗综》卷四〇录其诗八首。清沈德潜《明诗别裁集》录其诗一首。《御选宋金元明四朝诗》录其诗八首。《四库全书》收《陆子余集》八卷,《总目》"提要"谓其诗"亦绰有风格,尤未可以篇什无多,遂谓曾子固不能诗也"。《海虞文征》录其文一篇、诗六首。《明诗纪事》戊签卷一六录其诗四首，按语谓其"存诗不多，咸自精美，以世多赏其文，固为所掩耳"。生平见黄佐《陆公粲墓表》(《国朝献征录》卷八〇)、文震孟《姑苏名贤小纪》卷下、王兆云《皇明词林人物考》卷七、《明史》卷二〇六。

陆简(1442—1495) 字廉伯，一字敬行，号冶斋、龙皋子。南直常州府武进(今江苏常州)人。成化元年(1465)举应天乡试第一，次年进士一甲第三，授翰林编修，与修《英宗实录》，书未成引疾归。复职后分勘《通鉴纲目》，十三年书成，进侍讲，再阅月，仍以修史功迁右春坊右谕德，十六年主京闱乡试，十九年丁忧归。弘治元年(1488)召修《宪宗实录》，升右庶子兼侍读，四年《实录》成，升詹事府少詹事仍兼侍读，六年主考会试，七年升詹事兼侍读学士。八年正月初八卒，年五十四。卒后二十余年，其孙辑其遗文为《龙皋文稿》十九卷，传世武进杨鏊刊本有嘉靖元年(1522)华亭顾清序，五年顾銮后序，内前四卷收其经筵讲章、对策，次诸体文十五卷，《明史·艺文志》著录其《龙皋稿》十九卷即此本也。传世集中无诗，惟《皇明风雅》卷六录其诗二首，《皇明诗统》卷一三录其诗三首。《四库全书总目》著录《龙皋文稿》十九卷，"提要"谓"其文义蕴未深，而平正朴实，于长沙一派为近。盖何、李未出之前，文格大率如此也"。生平见程敏政《陆公行状》(《篁墩程先生文集》卷四一)、李东阳《冶斋陆公简墓志铭》(《怀麓堂文后稿》卷二二)、廖道南《殿阁词林记》卷六、叶燮《毗陵人品记》卷七。

陆颙(生卒年不详) 字伯瞻。南直扬州府兴化(今属江苏)人，楚府伴读陆闿弟。洪武间举明经，授礼部主事，曾使于朝鲜。永乐初，与修《太祖实录》，再奉使朝鲜，转户部郎中，分治水利。诗、书、画皆有名于时。《千顷堂书目》著录《颐光集》二十卷。现存景泰元年(1450)其子陆瑄辑刻《新编颐光先生诗集》六卷，收其诸体诗四百六十余首，又《拾遗》收诗八首；又《文集》一卷，收文八篇；又《外集》卷一收友人所赠诗文，卷二朝鲜国送行诗文及有关赠序。是集卷首有杨复、高谷、白珂序。钱谷《吴都文粹续集》卷二四录其《吴江道中》诗一首，《明诗综》卷一九、《御选宋金元明四朝诗》均据之录。《明诗纪事》乙签卷六其诗《送别》一首。生平见朱谋垔《书史会要》卷四、《(乾隆)江南通志》卷一四四。

陆澄原(生卒年不详) 字嗣端。浙江嘉兴府平湖人。天启五年

(1625)进士,除工部主事。迁员外郎,谪顺天府照磨,历大理寺副,迁兵部员外郎,被察闲住。以一官蹭蹬,遂放浪山水,诗酒自娱,称狂狷。《千顷堂书目》著录其《芝游集》,未见传。现存明崇祯十一年(1638)陆氏刻诗集《燕山梦草》一卷,收诗四十九首,黄鼎序;又《燕山萧草》一卷,收诗八十六首,首姚士粦《萧草题词》。又有明末刻《婺游草》一卷(收诗五十四首),首米万钟《婺游草序》;《岳游草》一卷(收诗二十八首),首王思任《岳游草题辞》姚士粦《跋》及澄原《岳游自序》;《长山纪游》一卷;《甬游草》一卷(收诗三十五首),有彭长宜《甬游小引》、姚士粦《甬游草叙》等。《明诗综》卷六六录其诗一首,"诗话"谓其"诗亦不入钟、谭流派"。《御选宋金元明四朝诗》录诗一首。清沈季友《槜李诗系》卷一九录诗十六首,又"东湖社集诗"录诗一首,"小传"云:"嗣端为诗,秀逸尖新,雕香刻翠,有佻佾自喜之致。"清朱壬林《当湖文系初编》卷一八录其文一篇。《明诗纪事》辛签卷一八录诗一首。生平见《(康熙)嘉兴府志》卷一四。

陈一元(生卒年不详)　字泰始。福建福州府侯官(今福州)人。万历二十九年(1601)进士,初授广东肇庆四会县知县,调南海县,三十二年丁母忧归。三十五年起补苏州府嘉定知县,三十八年考选授山西道御史,四十一年巡按江西,告病回籍。四十二年例升广东按察司金事,未任,四十五年,内察降用。天启二年(1622),降补江西司理,三年升户部四川司主事,四年改尚宝司丞,升少卿。限满升应天府丞,五年上任,因与叶向高姻亲,时御史余文缙劲向高,遭牵连落职。崇祯初复官,温体仁柄国,恶其附东林,不召,卒于家。诗文本集有崇祯时徐致远刻《漱石山房集》十六卷,为其卒后十余年其子陈鼎所辑,诗七卷,收诗三百六十余首,又奏疏一卷,杂文尺牍等八卷,林慎、许誉卿、夏允彝、徐致远等序。又曾辑《勒凯编》四卷,有天启刊本。《皇明诗选》录其诗一首。清郭柏苍《全闽明诗传》卷三七录其诗十六首。清王辅铭《明练音续集》卷首"官师"录其诗二首。生平见《(雍正)江西通志》卷四三、《明史》卷二四八。

陈一松(1498—1582)　字宗岩,号乔东,晚号玉简山人。广东潮州府海阳(今潮州)人。嘉靖二十二年(1543)举人,二十六年进士,选翰林院庶吉士,授兵部主事。历员外郎,出为湖广金事。历广西金事、福建参议,隆庆元年(1567)升湖广副使,三年升陕西左参政。历福建按察使,迁福建右布政使,进江西左布政使,转应天府尹,隆庆六年迁大理寺卿。万历初晋工部右侍郎,转左,三年致仕归。万历十年(1582)卒于家,年八十五。所著《玉简山堂集》,万历九年曾锓板,惟流传未广。现存清光绪二十二年(1896)刊《玉简山堂集》十卷,列入《创垂堂丛书》,内各体文及杂著九卷,卷一〇收诗八十余首。据是集卷首陈声爵《玉简山堂集跋》云,其家牒记其所著尚有"《文武师资》一卷、《三国机略》一卷、《尚书义》二卷,迭经兵燹,多已亡佚"。清冯奉初《潮州耆旧集》卷一九自《玉简山堂集》录文一卷二十篇。近人翁辉东《潮州文概》卷二录其文一篇。近人温丹铭《潮州诗萃》录其诗四十三首。生平见《(雍正)广东通志》卷四六。

陈一球(1601—?) 字非我,号蝶庵。浙江温州府乐清人。万历二十九年(1601)正月十八日生。诸生,以博学为知府何廷相、督学周耀光所赏。崇祯六年(1633)左右作《蝴蝶梦》传奇三十二出,牵合庄周、淳于髡、惠施等人,据《庄子》书"拒出仕""叹骷髅"及小说《庄子休鼓盆成大道》(《警世恒言》)等,结撰情节,影射世事,亦有其身世之寄。崇祯八年(1635),一球痛陈时事,御史赵继鼎携之上京奏闻,惩处一批官吏,一时称"东瓯杰士"。后遭报复,构陷其所著《悟空编》为左道,《蝴蝶梦》为谤书,罗织成罪,拘囚四年。

十三年,因被流戍福建镇东。甲申(1644)后,郑王立于福州,得曹学佺、黄道周等人荐,授中书舍人,因上《皇宫六误》《时事九非》疏,触郑王怒,被罢。次年,浙闽相继被清兵攻破,遂归,筑园于白岩山故居,名曰灌园,躬耕陇亩,饮酒赋诗,后十余年卒。遗著有《悟空编》《松石亭诗集》等,今惟存《蝴蝶梦传奇》(清雍正间抄本)二卷和《蝶梦歌百韵》。《(道光)乐清县志》卷一三附录录其《河水歌》四首,楼下村《陈氏宗谱》录其诗七首。生平见《(道光)乐清县志》卷八。

陈九川(1494—1562) 字惟浚,初号竹亭,以居于明水山,又号明水。江西抚州府临川(今抚州)人。生于弘治七年(1494)十月十六。正德八年(1513)乡试中举,九年进士,上疏愿告退以求学。次年谒王阳明于龙江,得闻"良知"之学,以为"道在是矣",乃尽焚先前所作《春秋本旨》等书,叹曰:"六经且注脚耳,何有如是?"十二年补太常博士,十四年坐谏武宗南巡,庭杖削籍。世宗即位,起为礼部仪制司员外郎。嘉靖四年(1525)进主客司郎中,与张璁等不和,被劾下诏狱,谪戍闽之镇海卫,八年朝廷正郊典,赦归。四十一年九月初五卒,年六十九。九川为阳明入室弟子,常侍于阳明坐前,又与聂豹校刻《传习录》,归于林下数十年,以讲阳明之学著名,间亦为韵语。《千顷堂书目》著录《明水先生文集》,存世《明水陈先生文集》十四卷,为其门人董君和辑刊,内文八卷诗六卷,首王慎中序,末附聂豹撰墓碑、罗洪先撰墓志铭。其集嘉靖刊本残存七卷,清抄本全。又,清康熙间胡亦堂编《临川文献》二十五卷收《陈明水先生集》二卷。《明诗综》卷三五录诗一首,"诗话"云:"诗非所长,亦小有韵致。"《御选宋金元明四朝诗》录诗二首。《四库全书总目》著录《明水文集》十四卷,"提要"云:"文八卷,大抵皆讲学之语,诗六卷,小有韵致而不免薄弱。"《江西诗征》卷五五录诗二首。《明文海》录其文六篇。清应麟《江右古文选》卷一八录其文二篇。生平见罗洪先《陈公墓志铭》《国朝献征录》卷三五)、清黄宗羲《明儒学案》卷一九、《明史》卷一八九。

陈于廷(1566—1635)　字孟谔,号中湛、定轩。南直常州府宜兴(今属江苏)人。万历二十二年(1594)举人,明年进士,授光山知县,以内艰归。补秀水,征授监察御史,巡按江西、山东。论救给事中汪若霖,又劾中官潘相督湖口税事,坐夺俸一年。父丧归,服除,起按江西,改按山东。光宗时历太仆寺少卿、太常寺卿、大理寺卿,晋户部右侍郎,转左,改吏部,以忤魏忠贤,与左光斗

等削籍归。崇祯初,起南都察院右都御史,召拜左都御史,加太子少保。与温体仁不和,坐拟罪援引不当,削籍归。卒于崇祯八年(1635),年七十,谥恭定。《明史·艺文志》著录其《定轩存稿》三卷,现存崇祯刊本《定轩存稿》十六卷,诗三卷文十三卷,郭子章、邹元标、张文光序,内疏二卷、书四卷、诗四卷、赋一卷、议一卷、说一卷、序一卷、杂文二卷。又曾辑《宝泉新牍》二卷,亦有明末刊本。《明诗综》卷五八录其诗五首,"诗话"谓其"韵语不甚传"。《御选宋金元明四朝诗》录其诗三首。生平见陈济生《天启崇祯两朝遗诗·小传》、清陈鼎《东林列传》卷一、清邹漪《启祯野乘》卷二、《明史》卷二五四。

陈于陛(1545—1596)　字元忠,号玉垒山人。四川顺庆府南充人。嘉靖四十年(1561)举于乡,隆庆二年(1568)进士,选翰林院庶吉士,四年授编修。万历初与修两朝《实录》,充日讲官,历修撰,擢洗马,迁詹事府詹事兼侍讲学士,掌院事。万历十九年(1591),进礼部右侍郎,领詹事府事,明年,改吏部,晋左侍郎,与诸臣请立太子,止三王并封。二十一年拜礼部尚书,领詹事府事如故,寻兼东阁大学士,入参机务,加太子少保、文渊阁大学士,进太子太保。万历二十四年冬卒于官,年

五十二,赠少保,谥文宪。少从父大学士陈以勤习国家故实,为史官,益讲求经世之学,以清正廉明称。《千顷堂书目》著录其《万卷楼稿》,未见传。《四库全书总目》杂家类著录其札记《意见》一卷,见于万历绣水沈氏刻《宝颜堂秘笈》。费经虞《蜀诗》卷八录其诗五首。陈济生《天启崇祯两朝遗诗》补佚录其诗二十四首。《明诗综》卷五一、《明诗纪事》庚签卷九录其诗一首。生平见陈懿典《陈公墓志铭》《国朝献征录》卷一七)、范谦《陈于陛传》(《(雍正)四川通志》卷四三)、《明史》卷二一七。

陈于朝(1573—1606)　字叔达,改字孝立,号蓍溪,又号长离、了因、饮冰。浙江绍兴府诸暨人,陈洪绶之父。生于隆庆六年十二月初四(1573年1月7日)。万历二十五年(1597)补邑弟子,二十八年食廪。卒于万历三十四年五月十八,年三十五。与徐渭为忘年交,书画得渭指授,亦能诗。尝读书于诸暨苎萝山西竺庵,故其集名《苎萝山稿》。现存万历四十三年刊本《苎萝山稿》六卷附录一卷,陈继儒、来斯行序,内诗词一卷,收赋一篇,诸体诗一百余首,词十首,文五卷,收各体文二百余篇,多为代其父作,附奠章、挽诗及墓铭、传记。清徐道政《诸暨诗英》卷二录其诗一首。生平见《苎萝山稿》附来宗道《陈亲翁孝立暨亲母王氏合葬墓志铭》、陈继儒《合葬墓表》,又清宣统三年(1911)重修《宅埠陈氏宗谱》。

陈士元(1516—1597)　原名孟卿,改名士元,字心叔,号养吾,自称江汉潜夫,又称环中愚叟。湖广德安府应城(今属湖北)人。生于正德十一年(1516)三月十四。嘉靖十六年(1537)举人,二十三年进士,明年授滦州知州,二十八年罢官归。喜丹青,能书画,好游览。曾遍游五岳,所至辄为记述,及归里,博考载籍,杜门著书垂四十年。万历二十五年(1597)十月卒,年八十二。所著书涉及甚广,颇有单刻。有嘉靖刊本《论语类考》二十卷、《易象钩解》四卷,隆庆刊本《孟子杂记》四卷及《名疑》四卷,皆为《四库全书》所收。《四库全书总目》又著录其《江汉丛谈》二卷、《古俗字略》七卷、《荒史》六卷、《五经异文》十一卷、《姓汇》四卷、《姓觿》十卷附录一卷。《明史·艺文志》另著录其《楚故略》二十卷、《滦州志》十一卷、《释氏源流》二卷、《象教皮编》六卷、《韵苑考遗》四卷、《梦占逸旨》八卷、《易象汇解》二卷等,多收于其《归云别集》十七种七十四卷《外集》十种六十七卷,是集有万历十一年(1583)、十七年自刊本及清道光十三年(1833)刊本。《明史·艺文志》列“《归云集》七十五卷”于诗文别集类,实未知其书也。士元之诗文著述另有明浩然堂刊本《归云集前稿》二十卷,卷一收赋八篇,卷二至卷九收诸体诗五百七十余首,卷一〇收词四十余首,卷一一收各体文百余篇。清高士熙《湖北诗录》录诗四首。近人赵尊岳《明词汇刊》据《归云集》录词为《归云词》。生平见过庭训《本朝分省人物考》、《(雍正)湖广通志》卷五七。近人胡鸣盛有《陈士元先生年谱》(1929年《国立北平图书馆月刊》)。

陈大濩(1498—1584) 字则殷,号双溪。福建福州府长乐人。生于弘治十一年(1498)二月三十。正德十六年(1521)进士,授上虞县令,调湖广永兴,又调河南光山,迁广东高州府通判,补山西隰州知州,转广西思南府同知,凡六任,官未及五品。卒于万历十一年十二月十六(1584年1月28日),年八十六。《千顷堂书目》著录其《双溪稿》四卷、《拟杜诗》四卷又《拟陶诗》四卷。现存崇祯三年(1630)刊《陈氏家集》有其《双溪集》六卷;清初陈氏家族诗集《江田诗系》(稿本)有其《双溪集》一卷。徐𤊹《晋安风雅》录其诗二首。《明诗综》卷三七录诗二首。《御选宋金元明四朝诗》录诗一首。清汪森《粤西诗载》二四录其诗一首。清郭柏苍《全闽明诗传》卷一八录诗十五首。《明诗纪事》戊签卷一四录诗一首。生平见王世贞《双溪陈公墓志铭》(《弇州四部稿续稿》卷一一三)、《粤西文载》卷六六。

陈万言(?—1621) 初字孟谔,号弘景,改字居一,号钤园。浙江嘉兴府秀水(今嘉兴)人,万历三十一年(1603)举人,四十七年进士,选翰林院庶吉士,读书中秘,未授官,天启元年(1621)卒。能书法篆刻,亦能诗文。《千顷堂书目》著录其《钤园集》十四卷又《在堂集》又《谦九堂续集》。现存天启元年序刊本《钤园集》十四卷,诗六卷,收诗三百三十余首,文八卷,收序、传、记、祭文、书启等文百篇,有姚希孟、陈继儒、沈德符、王起隆序。据姚希孟序,是集所收为其中进士以前所作。又有崇祯三年(1630)王起隆等刊本《陈庶常遗集》四卷附一卷,卷一收诗一百五十余首,卷二、卷三收各体文,卷四收馆课等,附敕命、祭文等,有岳元声、李日华、王起隆序。清沈季友《檇李诗系》卷一八录其诗二首,"小传"谓其"品节自好,耽心古学,诗亦锤琢"。《明诗综》卷六一录其诗四首。《御选宋金元明四朝诗》录其诗二首。《明文海》录其文二篇。生平见王起隆《陈庶常传》(《陈庶常遗集》附录)、《(雍正)浙江通志》卷一七九。

陈与郊(1544—1611) 字广野,号隅阳,又作玉阳,亦作禺阳、嵎阳、虞阳、虞扬,别署隅园、玉阳仙史、蠙川、高漫卿、任诞轩等。浙江杭州府海宁人，后徙钱塘（今浙江杭州）。生于嘉靖二十三年（1544）二月二十三。万历元年（1573）中举，明年进士，与沈璟同年，同出苏州籍辅臣申时行、王锡爵门下。除河间府推官，以祖母丧去职。六年起授顺德府推官，十年入为史科给事中，历户科右给事中、工科左给事中，以工科都给事中擢太常少卿提督四夷馆。十九年告归省母，寻丁母忧，二十年被劾免官，三十三年其子陈祖皋在杭州入狱，与郊奔走营救，三十八年十二月初四（1611年1月17日）猝死于道中，年六十七。性嗜学，喜词曲，与沈璟相知最深，退官里居后，辑有元明杂剧总集《古名家杂剧》。又自以缙绅大夫不屑以词曲名于时，乃托名"高漫卿"撰传奇四种：《樱桃梦》《鹦鹉洲》《麒麟罽》（一名《麒麟坠》）、《灵宝刀》，总名《詅痴符》。有序署"友人齐悫书于任诞轩"，后世《曲海目》《曲考》《曲录》诸书，误作"任诞先"，且讹为作者姓名。其《詅痴符总目》自云："勘破一生樱桃梦，姻缘两世鹦鹉洲，为国忘家麒麟罽，仪义全贞灵宝刀。"四本皆存万历间海昌陈氏原刻本及后世刊本，《樱桃梦》凡二卷三十五出，演唐人小说《樱桃青衣》（《全唐五代小说》卷七一）故事，其旨即所谓"勘破一生"；《鹦鹉洲》二卷三十二出，演唐韦皋

与玉箫两世姻缘，事出唐范摅《云溪友议·玉箫化》（《全唐五代小说》卷六九），又掺入薛涛事；《麒麟罽》二卷三十六回，演宋韩世宗、梁红玉故事，系据张四维《双烈记》改写；《灵宝刀》二卷三十五出，演《水浒传》林冲故事，据李开先《宝剑记》改写。与郊又撰杂剧五种，祁彪佳《远山堂剧品》"能品"著录，存三种：《王昭君》（《昭君出塞》），南北曲合套一折；《蔡文姬》（《文姬入塞》），南曲一折；又《义犬记》（《袁氏义犬》），南北曲合套五折，取材于《南史·袁粲传》，据沈德符《万历野获篇·科场》载，此剧指斥忘恩负义，实有所影射。另两种为《中山狼》及《淮阴侯》，已佚。剧作多为案头之曲，辞藻典丽俊雅，与郑若庸、梅鼎祚相近，故《曲品》以为"是才人语，非词人手"。著述总集名《陈奉常集》四种，现存万历四十五年至天启元年（1621）赐绯堂家刊本。首为诗文集《隅园集》十八卷（内有散曲小令六十首、套数六套），李维桢序；次为奏议《黄门集》三卷；再次为尺牍《蘋川集》八卷；末为传奇集《詅痴符》。《四库全书总目》著录《隅园集》十八卷、《蘋川集》八卷，"提要"云："其文模仿汉、魏，似古色斑驳，而不出弇州（王世贞）《四部》之门径。"《总目》另著录其《广修辞指南》二十卷、《檀弓辑注》二卷、《輶

轩使者绝代语释别国方言》四卷，亦皆有明刊本。《明史·艺文志》及方志载其尚有《考工记辑注》二卷、《檀弓辑注》二卷、《三礼广义》《古今乐考》（又名《乐府古题考》）、《葬录》《晋书钩元》二卷，《文选章句》二卷。生平见李维桢《太常寺少卿陈公墓志铭》（《大泌山房集》卷七八）、《（康熙）钱塘县志》卷三二、《（康熙）海宁县志》卷一一及《海宁渤海陈氏宗谱》。

陈山毓（1584—1621） 字贲闻。浙江嘉兴府嘉善人。生于万历十二年（1584）三月二十四。四十六年乡试解元，天启元年（1621）十一月二十卒，年四十七，私谥靖质居士。善骚赋，有名于乡里，卒后高攀龙为其作墓志，谓其有《文集》六卷、《赋略》五十四卷、《诗略》六十卷、《文略》八十卷、《周诗纪事》四卷、《诗摭》十卷、《诗说订误》四卷及制义百篇。现存其卒后其家人天启四年辑刻之《陈靖质居士文集》六卷，首有钱继登、曹勋、陈龙正序，内赋三卷，收赋十六篇《吴歌》七首，卷四为史论十六篇，卷五序二十篇，卷六为杂著。清沈季友《槜李诗系》卷一八录其诗一首。清陈元龙辑《御定历代赋汇》录其《七夕赋》一篇。生平见高攀龙《明孝廉贲闻陈公墓志铭》（《陈靖质居士文集》卷首）、清邹漪《启祯野乘》卷七。

陈子升（1614—1692） 字乔生，号中洲，又号南雪，别署智山道人。广东广州府南海（今广州）人。生于万历四十二年（1614）。少随父陈熙昌宦游南北，十岁时归广州，十六应童子试，为文典古，时目为"神童"。后为诸生，数试未举。擅印章诗画，喜鼓琴，能曲。明末与其长兄陈子壮及欧必元、欧主遇、区怀瑞、区怀年、黎邦瑊、黎遂球、黄圣年、黄季恒、徐棻、释通岸等结社倡和，号"南园十二子"。南明隆武改元（1645）于闽，以张家玉荐，授中书舍人。永历元年（1647）九月，陈子壮领兵守高明，城破为清兵所执，以不降被杀。子升收子壮余部，据花山岛，后释兵人见永历帝，帝改其为兵科给事中，迁礼科右给事中，以性不协俗，告归。入清，潜身草野，称遗民，惟以书画吟咏为事，与王鸣雷、伍瑞隆并称为"粤东三子"，又与薛始亨、屈大均、陈恭尹、梁佩兰、程可则、王邦畿、方以智等交流。卒于清康熙三十一年（1692），年七十九。《千顷堂书目》著录其《中洲草堂集》二十六卷，现存清道光二十年（1840）《粤十三家集》本《中洲草堂遗集》二十三卷，原为梁佩兰编集并作识语，有钱谦益、薛始亨序，内卷一赋，卷二四言诗，卷三拟乐府，卷四至卷一八为诸体诗（收诗七百余首），卷一九收词二十余首，卷二○为曲（收小令三首套数十一套），卷二一为琴操，卷二二为杂文，卷二三砚书。其诗早年学李商隐，入清后折而学宋，于岭南卓然一家。清屈大均《广东文选》录其诗二十首。《明诗综》卷七七录其诗七首，"诗话"云："乔生诗爱仿《玉台》《金楼》，五律规模太白、浩然，时有单行之句。然其心慕手追者，区海目（区大相）也。"清卓尔堪《明遗民诗》录诗一首。清梁善长《广东诗粹》卷九录诗十首。《明诗纪事》辛签卷一一录诗三十首，按云："乔生早擅才华，晚归闲寂。集中诸体各有擅场。"近人赵尊岳《明词汇刊》辑录词二十四首为《中洲草堂词》。生平见清薛始亨《陈乔生传》（《中洲草堂遗集》卷首）、清王夫之《永历实录》卷六。

陈子龙（1608—1647）　初名介，字人中、懋中、卧子，号大樽、海士、轶符、於陵孟公等。南直松江府华亭（今上海松江）人。生于万历三十六年（1608）六月初一。少学举业，天启二年（1622）又从王元玄习诗赋。天启六年补松江府学生员。崇祯二年（1629），本郡名士杜麟征、夏允彝以切磋制艺、研习古文为号召，倡立畿社，周立勋、徐孚远、彭宾与子龙与焉，因有"畿社六子"之称，以子龙年最少。后入社之人激增，杜麟征崇祯四年中进士后，子龙与李雯遂以才干领袖群伦。三年秋，子

龙乡试中举，四年、七年两次会试落第，至十年始与夏允彝同中进士，以丙科，当就外吏，选广东惠州府司理，未至任而闻继母亡，因归家治丧。十三年服阕，出为绍兴府司理，寻兼摄诸暨知县。十七年初，以招抚东阳许都功，擢兵科给事中，祖母病笃，未任而乞身归里。明社亡，福王朱由崧监国南京，起原官，六月赴金陵，连上三十余疏，因"念时事必不可为"，九月请假返乡。次年五月南京失守，闰六月江南各地"竞起兵为恢复计"，诸军奉原两广总督沈犹龙为主帅，子龙为监军左给事中，集兵数万，誓师起义。首攻苏州不成，八月三日，松江城陷，沈犹龙等阵亡，夏允彝投水死，子龙脱身走昆山。鲁王授子龙兵部尚书，节制七省军漕，子龙遂潜走于太湖一带，联络抗清义军。清顺治四年（1647）四月，清松江提督吴胜兆密谋起兵反清事泄，子龙在吴县潭山被捕，押往南京，五月十三日途经松江跨塘桥，投水死，年仅四十。次日门生王沄等在毛竹港寻得其遗体，具棺埋葬。子龙少学举业，诗赋古文，取法魏晋，尤精骈体。诗才卓荦，早期继承"七子"传统，国破后感慨时事，悲愤苍凉，诗风大变。清吴伟业《梅村诗话》记云："卧子负旷世逸才，年二十，与临川艾千子（艾南英）论文不合，面斥之。其四六夸徐、庾，论策

视二苏。诗特高华雄浑，睥睨一世。当是时，畿社名闻天下，卧子奕奕眼光，意气笼罩千人，见者莫不辟易。登临赠答，淋漓慷慨，虽百世后犹想见其人也。"崇祯三年刊《畿社六子会义》，五年《畿社壬申文选》，皆收子龙之制义文。崇祯五年畿社辑社友十一人所作骚赋、乐府、古近体诗及序记之文为《畿社壬申合稿》二十卷（有明末小樊堂刊本），收子龙赋骚八篇、古乐府五十六首、五七言古近体诗二百九十六首、序议等文三十二篇，为诸人之冠。其文明末刊为《安雅堂稿》十八卷，赋颂一卷、序记等八卷、论策等四卷、传疏志铭等四卷、书牍二卷，无序跋。明末又曾刻诗集《湘真阁稿》六卷，收其赋、启、乐府及古近体诗，有李雯序，然未署时间。又，夏完淳曾辑子龙与李雯、宋徵璧诗合刻为《三子新诗合稿》九卷。清嘉庆八年（1803）何其伟刊《陈忠裕全集》三十卷卷首一卷《年谱》三卷卷末一卷及《兵垣奏议》一卷，内诗赋词余二十卷，有清王昶序。《四库全书总目》曾著录其《诗问略》一卷（有清道光刊《学海类编》本），另与宋辕文、李雯合作选编《皇明诗选》十三卷（有崇祯十六年刊本），辑有《皇明经世文编》五百零四卷补遗四卷（有崇祯间平露堂刊本）。陈济生《天启崇祯两朝遗诗》卷七录其诗一百余首。《明诗评选》录其诗二首。《明诗综》卷七五录其诗三十七首，"诗话"云："王、李教衰，'公安'之派浸广，'竟陵'之焰顿兴，一时好异者诗张为幻。关中文太青（文翔凤）倡坚伪离奇之言，致删改三百篇之章句。山阴王季重（王廷相）寄谑浪笑傲之体，几不免绿衣苍鹊之仪容。如帝释既远，修罗、药叉交起博战；日轮就暝，鹏子、鸦母四野群飞。卧子张以太阴之功，射以枉矢，腰鼓百面，破尽苍蝇、蟋蟀之声，其功不可泯也。"清施何牧《明诗去浮》卷四录其诗二十首。清沈德潜《明诗别裁集》录其诗十九首。清姚宏绪《松风余韵》卷一三录其诗二十八首。《明诗纪事》辛签卷一录其诗三十八首，按云："忠裕虽续何李、李王之绪，自为一格，有齐、梁之丽藻，兼盛唐之格调。早岁少过浮艳，中年骨干老成。殿残明一代诗，当首屈一指。"《御选历代诗余》录其词二十二首。清王昶《青浦诗传》录其诗一百二十三首、词四十一首，又《明词综》卷六录其词十七首。近人赵尊岳《明词汇刊》录其词为《陈忠裕公词》一卷。《明文海》录其文《徐太史行状》等二篇。清陈元龙《御定历代赋汇》录其赋五篇。生平见《陈忠裕全集》所附《年谱（自撰）》及宋徵舆《於陵孟公传》（《林屋文稿》卷八）、《明史》卷二七七。

陈子壮（1596—1647）　字集生，

号秋涛、云淙。广东广州府南海（今广州）人。万历四十三年（1615）举人，四十七年第三人进士及第，授翰林编修。天启四年（1624）典试浙江乡试，以发策刺魏忠贤，削籍归。崇祯初，魏忠贤伏诛，起为左春坊左谕德，四年（1631）任少詹事兼翰林院侍读学士，五年迁礼部右侍郎，以上疏逆上，除名下狱，减死放归。归后筑云淙别墅于广州白云山中，复修南园诗社，寄情其中。崇祯末起官协理詹事府，未北上，京师已陷，福王立于金陵，任其为礼部尚书。福王败，唐王聿键立于福州，加其东阁大学士、兵部尚书，命与粤督丁魁楚和赣督万元吉同领军务。清军于顺治三年（1646）九月入闽，唐王被执，丁魁楚等拥立永历帝朱由榔于肇庆，苏观生又议立唐王弟朱聿𨮁于广州。永历帝授子壮东阁大学士兼兵部尚书，督广东、福建、江西、湖广军务。清兵入广州，朱聿𨮁被执死，子壮领军驻高明，九月城陷被执，解至广州，不降被杀，时年五十二，永历帝赠其太师上柱国、中极殿大学士、吏兵二部尚书、番禺侯，谥文忠。后人将其与陈邦彦、张家玉合称为"明末岭南三忠"。以能诗称，早年与黎遂球、陈邦彦善，稍长又与屈大均、梁佩兰等倡和。明末曾与广东南园诗社，与邑人欧必元、欧主遇、区怀瑞、区怀年、黎邦瑊、黎遂球、黄圣年、黄季恒、徐棻、释通岸及其弟陈子升等倡和，号"南园十二子"。又与云淙诗社、浮丘诗社等。《千顷堂书目》著录其《昭代经济言》十四卷、《南宫集》（一作《云淙集》）十五卷又《练要堂稿》。《昭代经济言》为撷辑诸子名言以供程试用之书，有天启刻十四卷、十二卷两种，后者为辑要，《四库全书总目》著录为《经济言》十二卷。别集《南宫集》，有崇祯十一年刊本，内《进讲录》二卷、《礼部存稿》八卷、《秋痕集》五卷。清道光二十年（1840）刻《粤十三家集》收《陈文忠公遗集》十一卷，卷一至卷六为《练要堂集》，卷七至卷一一为《秋痕集》，均诗文兼收。陈济生《天启崇祯两朝遗诗》卷五录其诗二十二首。《明文海》录其文四篇。清屈大均《广东文选》录诗十六首、文五篇。《明诗综》卷七四录诗二首。清梁善长《广东诗粹》卷七录诗十一首。《明诗纪事》辛签卷七录诗十六首，按语谓其诗"律绝声情蕴藉，词曲亦婉丽动人"。生平见清王夫之《陈子壮传》《永历实录》卷六）、《明史》卷二七八。

陈仁锡（1579—1634）　字明卿，号芝台。南直苏州府长洲（今江苏苏州）人。尝从武进钱一本学《易》。万历二十五年（1597）举人，数试春闱不第，天启二年（1622）中进士，廷试第三，授翰林编修，次年丁母忧归。服阕,复原官,直经筵,典诰敕,以拒为魏忠贤撰铁卷文,削籍归。崇祯初,召复故官,历中允、谕德,拜南国子祭酒,卒于崇祯七年(1634),年五十六,福王时,赠詹事,谥文庄。性好学,尤喜编书著书、刻书。所刻《古文奇赏》二十二卷、《续古文奇赏》三十四卷、《奇赏斋广文苑英华》二十六卷、《四续古文奇赏》五十三卷、《明文奇赏》四十卷、《苏文奇赏》五十卷、《诸子奇赏前集》五十一卷《后集》六十卷、《经济八编类纂》二百八十五卷、《史品赤函》四卷,《四书考》二十八卷《考异》一卷、《五经旁注》十九卷、《五经疏义统宗》十二卷附《周礼统宗》二卷、《羲经易简录》八卷《系辞十篇书》十卷、《周礼句解》六卷《集注句解》一卷、《重校古周礼》六卷、《易经疏义统宗》三卷等,皆有刊本存世。《明史·艺文志》著录其另有《皇明世法录》九十二卷、《六经图考》三十六卷、《潜确居类书》一百二十卷、《壬午书》二卷、《四书备考》八十卷、《四书析义》十卷、《四书语录》一百卷、《孝经小学详解》八卷、《漕政考》二卷。诗文著述《明史·艺文志》著录《无梦园集》四十卷。现存崇祯六年刊《无梦园初集》十四集三十四卷,按“岂有文章惊海内,漫劳车马驻江干”分集,无诗;又有崇祯八年其弟陈礼锡、陈智锡刊本《无梦园遗集》八卷《家乘》

一卷《小品》二卷,亦为文集。陆云龙《皇明十六名家小品》曾选录《陈明卿先生小品》二卷。《明文海》录其文十三篇。陈济生《天启崇祯两朝遗诗》补佚录诗九首。《明诗综》卷六六录诗一首,“诗话”云:“文庄以不肯撰魏珰铁券文落职,可谓不负科名。诗非所务,一窝染指,未为不知味也。”《御选宋金元明四朝诗》录诗三首。《明诗纪事》辛签卷一八录诗一首。生平见陈济生《天启崇祯两朝遗诗·小传》、清陈鼎《东林列传》卷二二、清邹漪《启祯野乘》卷四、《明史》卷二八八。

陈公纶(生卒年不详)　字涣中,又字次经,号古台子,又自称天台玉室道人。浙江台州府临海人。嘉靖、万历时诸生,六试省闱不售,遂弃举子业。喜博览学古,又好诗及神仙事。别筑白云楼,以所积书籍庋藏其上而纵览之。苦心词华,得句则酣嬉颠倒,举酒放歌。所著有《宁瑕》《樗全》《承蜩》《沧粟》《余霞》《怀古》《纫兰》《天慵》《探珠》《蕙亩》《奇气》《就芝》《信芳》《鸷累》《摁翠》《吓凤》《梦鹿》《逃虚》诸集。现存万历五年(1577)年真赏斋刊本《白云楼摘律》四十卷乃集诸集而成,邑人秦鸣雷、王宗沐序。内五言古体四卷、七言长篇四卷、五言律诗十二卷、七言律诗十六卷、五七言绝句四卷,计收诗二千余首。平生少交游,其集亦流传甚少,《千顷堂书目》著录其《采碧集》,未收入《白云楼摘录》,故疑其为万历五年以后诗所结集也,今亦未见传。《列朝诗集》丁集中录其诗六首,"小传"谓其"自称天台玉室道人。有《采碧集》,其自叙以为本东野农夫,因徙郡城,诵读为章,逢行,迹不出其乡,独六客钱塘。平生好诗歌,耻趋谒,自禁诙语,以'玉室'名其诗,不欲著其姓字云"。《御选宋金元明四朝诗》录其诗三首。清戚学标《三台诗录词录》卷二二万历录其诗三首。生平见《(雍正)浙江通志》卷一八一。

陈凤[1](生卒年不详) 字元举,一字羽伯(或作羽白),号玉泉。南直应天府上元(今江苏南京)人。嘉靖四年(1525)举人,十四年进士,除南阳府推官,改彰德。征授刑部主事,历郎中,出为江西佥事,改四川,官至陕西参议。能诗,嘉靖初,顾璘家居,倡诗学于青溪之上。陈凤与金大车、许谷、谢少南以少俊从游,相与讲艺谈诗,称"青溪社四子"。又尝与文学僚友眺咏白云楼上,结西台雅社。《千顷堂书目》著录其《清华堂稿》六卷又《宛地梓》四卷又《清华堂择存》,现存嘉靖间刊本《清华堂稿择存》六卷附录一卷,收诸体诗一百四十余首。顾起元《客座赘语》记其另有《感遇篇》《舟谈》。《盛明百家诗》录其诗三十余首为《陈参

议集》。顾起纶《国雅》卷一三录其诗四首。《皇明诗统》卷二一录其诗十六首。《列朝诗集》丁集录其诗六首。《明诗综》卷四二录其诗四首。《金陵诗征》卷二一录其诗十六首,并记其曾辑《西台雅集》。《明诗纪事》戊签卷一九录其诗六首。生平见顾璘《介寿堂记》(《息园存稿》文卷四)、《(道光)上元县志》卷一五。

陈凤[2](1484—1547) 字羽伯,更字鸣岐,号泾南,又号石村山人。南直常州府无锡(今属江苏)人,嘉靖间参政陈周之子。喜诗,常与乡里三五知己聚会吟咏。卒于嘉靖二十六年(1547),年六十四。《千顷堂书目》著录其《石村稿》,未见传。与俞宪交,俞宪辑刻《盛明百家诗》,向其子云浦索其遗稿,录其诗六十余首刊为《陈山人集》一卷,识语写于隆庆四年(1570),时羽伯已逝去二十余年矣。顾起纶《国雅》卷九录其诗七首。《皇明诗统》卷二〇录其诗六首。《列朝诗集》丁集录其诗四首,"小传"云:"羽伯读书习隐,尝月夜挂琴松间,调所驯山猿,得诗拥膝自吟,声与猿啸相应。性好结客,父党王问以下,无不造门。"《明诗综》卷五〇录其诗三首,"诗话"云:"明诗人同姓名者甚夥,然犹世代相去,字里未同。至金陵陈凤字羽伯,梁溪陈凤亦字羽伯。两君诗皆平平,既无春城寒食之作,可别韩翃,始犹两

存,终愁两湮没耳。"清乾隆顾光旭《梁溪诗钞》卷八录诗一首。《明诗纪事》己签卷二〇录诗一首。生平见王兆云《皇明词林人物考》卷八。

陈文烛(1535—1594)　字玉叔,号五岳山人。湖广承天府沔阳(今属湖北)人。生于嘉靖十四年(1535)四月初八。嘉靖三十七年举人,四十四年进士,除大理寺评事。历寺副、寺正,出知淮安府,主修《淮安府志》十六卷。万历二年(1574)迁四川提学副使,五年升山东左参政。十一年任四川左参政,寻迁福建按察使,进布政使,改江西,历应天府尹,转南大理寺卿,致仕归,二十二年卒,年六十。文烛温良乐易,海内称长者,尤喜汲引后学。以诗称于时,多与"后七子"交,倡和极多,其诗虽袭"七子"之风,然"和平蕴藉",自成面貌。胡应麟《诗薮》谓其"诗文清婉典饬,居然名家,时'七子'有盛名,意不可一世,玉叔雁行其间,不少让"。其诗原有《汉阴诗》《廷中诗》《淮上诗》《嵩和诗》《西蜀诗》《东岱诗》《金焦诗》《黄蓬诗》诸集。卒后其婿龙膺刻为《二酉园诗集》十二卷,分体重辑,收诗一千四百余首,然仍标明其诗原出何集;又《二酉园文集》十四卷,收各体文二百七十余篇,后有龙膺万历十二年跋。现存万历单刊本《淮上诗》四卷收诗三百五十余首,较之《二酉园诗集》所收《淮上诗》多出百余首,因知龙膺汇刻诸集时实有所选择。后天启三年(1623)其子陈之蓬重刻《诗集》《文集》,五年又辑刻《续集》二十三卷(收各体文三百二十余篇)。另有万历刊《五岳山人后集》十一卷《五岳山人尺牍》十七卷、《二酉园尺牍选》二十卷。《明史·艺文志》仅著录其《淮安府志》十六卷、《文集》十四卷《诗》十二卷。顾起纶《国雅》卷一五录其诗十六首。《皇明诗统》卷三一录其诗七首。《列朝诗集》丁集录其诗一首。清廖元度《楚风补》卷二三录其诗七首。《明诗综》卷四四录其诗三首。《御选宋金元明四朝诗》录其诗四首。清高士熙《湖北诗录》录其诗四首。《明诗纪事》己签卷一五录其诗二首。生平见费尚伊《陈玉叔先生墓表》(《市隐园集选》卷一三)、王兆云《皇明词林人物考》卷一〇、(万历)承天府志》卷一一、《(雍正)湖广通志》卷五七。

陈玉辉(?—1622)　字达卿,号荆碧。福建泉州府惠安人。万历二十八年(1600)举人,明年进士,授吉水知县。入为兵部主事,转南京湖广道御史,四十三年以内艰归。居家七年,天启二年(1622)召为南京河南道御史,仅五月,病卒。家居时以参与抗倭功,祀于乡贤祠。著有《客客轩散言》《皇苓草》《公余课儿草》《岳阳草》《文江政纪》等。现存

《陈先生适适斋鉴须集》七卷,为其卒后子孙辑录遗文而成,有清康熙间刊本,康熙十一年(1672)安吉曹申吉等序及其子陈龙锡崇祯十七(1644)跋。内语录一卷(一百七十则),文五卷,收各体文、书启二百余篇,末诗一卷,收赋一、诸体诗一百七十余首。《四库全书总目》著录《适适斋鉴须集》七卷,"提要"云:"玉辉从邹元标讲学,其文章根柢尚为醇正。诗则随意抒写,不求甚工,又多佚脱。如《白门纪怀》七言律诗,称'依上下平韵次第',当有三十首,今仅存二十首,则其残缺可知已。"《千顷堂书目》另著录其《文江政纪》三卷。生平见《(乾隆)福建通志》卷四五。

陈玉蟾(籍里及生平不详)　号澹慧居士。撰有传奇《凤求凰》,敷演司马相如与卓文君故事,现存明崇祯间刻本,二卷三十出,署"澹慧居士编"。其剧末收场诗云:"问谁拈出当垆案,罨画溪头陈玉蟾。"南直常州府宜兴(今属江苏)及浙江湖州府长兴皆有以"罨画溪"标榜籍里者,因不能据之确定作者之里籍。司马相如、卓文君事初载于《史记》《汉书》,后被人们作不同解释。如扬雄《解嘲》以"窃赀于卓氏"鄙司马相如,刘勰《文心雕龙》直言"略观文士之疵,相如窃妻而受金",刘知几《史通》、苏轼《东坡志林》亦对司马相如之行为大加鞭挞。另从《西京杂记》始,至宋元通俗文艺中之戏剧、小说,则竭力美化,司马相如、卓文君因被塑造为男女情爱及美满婚姻之典范。宋官本杂剧有《相如文君》,元杂剧有关汉卿、屈子敬两本《升仙桥相如题柱》,又有孙仲章《卓文君白头吟》、佚名《卓文君驾车》及范居中、施惠等《鹔鹴裘》。明人杂剧有汤式《风月瑞仙亭》、朱权《卓文君私奔相如》、朱友燉《汉相如献赋题桥》、叶宪祖《琴心雅调》、佚名《汉相如四喜俱全记》、佚名《司马相如归西蜀》。宋元南戏有《司马相如题桥记》,明传奇有陈济之《题桥记》、杨柔胜《绿绮记》、韩上桂《凌云记》、陈贞贻《当垆记》、孙柚《琴心记》、袁于令《鹔鹴裘》等。陈玉蟾此剧竭力铺排历来描写司马相如与卓文君故事之情节,又称文君本未嫁,久慕相如,将其文翰哀成一编,朝夕讽咏,相如到府则主动遣婢女相约幽会,则自出悬想。

陈龙正(1585—1645)　初名龙致,字发蛟,更字惕龙,号畿亭。浙江嘉兴府嘉善人。少师事高攀龙,与同里魏大中同学,留心经世之务。天启元年(1621)举人,崇祯七年(1634)进士,授中书舍人。十五年疏言理财,以垦北方荒地为良策,被劾伪学,十七年左迁南国子监丞。福王立,用为祠祭员外郎,未就。乙西(1645)以疾卒,私谥文洁。崇理学,学属东林学派,多有著述:现存明刊本有崇祯四年刊《畿亭文录》三卷(内杂文二卷诗一卷)、《外书》九卷(内《随处学问》二卷及《家载》《乡邦利弊考》《保生帖》《易占验》《举业素语》《方技偶及》各一卷);崇祯间刊本《畿亭续文录》八卷(内诗一卷);崇祯间刊《畿亭初集》四种二十二卷《再集》四种二十卷;崇祯十五年洁梁堂刊《救荒策会》七卷;崇祯十七年刊《朱子经说》十四卷。清刊本有清康熙四年(1665)刊《畿亭全书》六十二卷附录二卷,内《学言》三卷、《学言详记》十七卷、《家载》二卷、《乡筹》八卷、《掌上录》四卷、《奏议》六卷、《书牍》十卷、《杂文》八卷、《诗章》二卷、《因述》二卷,《明史·艺文志》著录其《畿亭集》六十四卷即此本。《明史·艺文志》另著录其《政书》二十卷。陈济生《天启崇祯两朝遗诗》卷七录其诗三十五首。清沈季友《槜李诗系》卷二〇录其诗二首。近人赵尊岳《明词汇刊》录其词八首为《畿亭诗余》。《明文海》录其文五篇。生平见陈济生《天启崇祯两朝遗诗·小传》、清陈鼎《东林列传》卷一一、清黄宗羲《明儒学案》卷六一、《明史》卷二五八。

陈东川(生卒年不详)　字朝宗,号近思子,又号莆阳子。南直常州府无锡(今属江苏)人。嘉靖时布衣,喜吟咏,兼攻医药,以诗游于缙绅间。王守仁《王文成公集》卷二〇有《赠陈东川》诗:“白沙诗里莆阳子,尽是相逢逆旅间。开口向人谈古礼,拂衣从此入云山。”则为此人也。嘉靖、隆庆间俞宪刻《盛明百家诗》,选其诗一百七十余首为《陈隐士集》。顾起纶《续国雅》卷四录诗二首。《皇明诗统》卷三二录诗二十一首。彭孙贻《明诗钞》录其诗一首。

陈邦训(生卒年不详)　字彝父。浙江宁波府鄞县(今宁波)人。万历十三年(1585)举人,以冒籍被黜凡二十年,余年得辩,万历四十五年署海盐儒学教谕,官至漳州府通判。《千顷堂书目》著录其《玄感轩集》,现存万历末刊《玄感轩稿》四卷,首万历四十五年吴焕《陈彝父玄感轩集序》、庄学鲁《玄感轩稿序》,集内诗、文杂收,计收诗七十六首、文四十七篇。集末有其门生金坛曹祖鹤《跋玄感轩集》,谓其原有《六息园集》。清胡文学《甬上耆旧诗》卷二七、《明诗综》卷五五、《御选宋金元明四朝诗》均录其诗一首。生平见《(光绪)鄞县志》卷三七。

陈邦彦(1603—1647)　字令斌,号岩野。广东广州府顺德(今佛山)人。天启元年(1621)诸生,屡举不中,因创锦岩书院,开馆二十年,授徒逾千人,一时称南粤硕儒。福王时赴南京,诣阙上《中兴政要三十二策疏》，不用，而知之者甚众。唐王朱聿键读而伟之，既自立，即其家授监纪推官，是年南明开科，举于乡。隆武二年（1646）以苏观生荐，授兵部职方主事，监广西兵援赣州。隆武帝败，奉苏观生命西行谒桂王，擢兵科给事中。南明军内乱，陈邦彦初匿于高明山中，旋四处奔走，联合各路义军起兵抗清。冬清兵破广州，获其妾与二子，为书招邦彦，不降。永历元年（1647）七月，与陈子壮等密约，联兵攻广州，自率水师千余舰船由海路进军。兵败，退守清远，与诸生朱学熙固守。城破，巷战被执，坚贞不屈，在狱五日，九月二十八被杀。次年永历帝赠其兵部尚书，谥忠愍。与陈子壮、张家玉合称“明末岭南三忠”。《千顷堂书目》著录其《雪声堂集》十卷，现存清嘉庆十年（1805）听松阁刊本《陈崖野先生全集》四卷，内奏疏一卷，杂文一卷，诗二卷收诗二百七十余首，附传及行状，有温汝能、彭士望、罗大宾序。《明诗综》卷七四录其诗三首，“诗话”云：“岩野僻居岭南，与黎美周（黎遂球）、欧子建（欧必成）、陈乔生（陈子升）以文章声气遥应复社，卒杀身成仁。其《南上草自序》云：‘商声曼歌，慨以当慷，亦各言其志也。’又《临命歌》云：‘书生漫谈兵，时哉不我与。’君子诵其诗而悲之。”清屈大均《广东文选》录其文四篇、

诗十四首。清梁善长《广东诗粹》卷九录诗十一首。《明诗纪事》辛签卷七录诗三首。生平见清陈恭尹《先府君岩野陈公行状》（《陈崖野先生全集》附录）、清屈大均《陈邦彦传》（《皇明四朝成仁录》卷一〇）、清温睿临《南疆逸史》卷二五《陈邦彦传》、《明史》卷二七八。

陈邦瞻（1557—1623）　字德远，号匡左。江西瑞州府高安人。万历十年（1582）中举，二十六年进士，除南大理评事。迁南工部员外郎，改南兵部，进南吏部郎中，出为浙江参政。进福建按察使，迁右布政使，改补河南，分理彰德，就改左布政使，以右都御史巡抚广西。光宗即位，进兵部右侍郎，总督两广军务，兼巡抚广东，召拜工部右侍郎，改兵部，进左，寻兼户、工二部侍郎，天启三年（1623）卒于官，赠尚书。留心文史，曾访明初高启、杨基等集，刻而传之。又依冯琦原编，增辑《宋史纪事本末》一百零九卷，有明末张溥刊本；又辑编《元史纪事本末》，现存明末张溥刊本二十七卷（臧懋循补）。亦能诗，在南评事任时，与曹学佺等结社赋诗，宾朋过从，与臧懋循等称一时眉目。万历三十年（1602）吕胤昌为其刊诗集《荷华山房摘稿》七卷，张应泰序；四十六年滏阳郡守牛维赤又为其刊《陈氏荷华山房诗稿》二十六卷，内赋一卷，乐府一卷，古

近体诗二十四卷,孙承宗、李维桢序。二集皆存于世,《千顷堂书目》著录《荷华山房摘稿》六卷,盖仅知前集也。《千顷堂书目》另著录其《粤西疏草》四卷。《列朝诗集》丁集录其诗五首。《明诗综》卷五八录诗四首。《江西诗征》卷六一录其诗十一首。《明诗纪事》庚签卷一九录其诗九首,按语谓其"集中七律,绵邈丽密"。生平见《(雍正)江西通志》卷七一、《明史》卷二四二。

陈有年(1531—1598)　字登之,号心谷。浙江绍兴府余姚人。嘉靖三十一年(1552)顺天中举,四十一年进士,授刑部主事,改吏部,迁验封司郎中。万历元年(1573)大珰冯保纳成国公朱希忠家属赇,乞赠王爵,有年执不可,忤冯保、张居正,因谢病归。十二年起稽勋郎中,历考功、文选郎中,迁太常寺少卿,以右佥都御史巡抚江西,御史劾其违诏,因夺职归。寻荐起督操江,累迁吏部右侍郎,改兵部,又改吏部,由左侍郎擢南京右都御史。二十一年与吏部尚书温纯共典京察,未几,代温为吏部尚书,明年,廷推阁臣,举旧辅王家屏等七人,不中帝意,累疏称疾乞归。二十六年正月十八卒,年六十八,赠太子太保,谥恭介。为官以风节称。《千顷堂书目》著录其《陈恭介公集》十二卷,现存万历间余姚陈氏家刊本,内奏疏五卷、书启三卷、卷九有诸

体诗八十余首,卷一二附[忆秦娥]词二首,有邹元标、张壁万历三十年序。清黄宗羲《姚江逸诗》卷一二录其诗十首,《明文海》录其文四篇。生平见孙鑛《陈公行状》(《孙月峰先生全集》卷一〇)、张师绎《陈恭介公传》(《月鹿堂文集》卷四)、《明史》卷二二四。

陈有守(生卒年不详)　字达甫,号六水山人、天瀛山人、浮丘山人、斗下老人。南直徽州府休宁(今属安徽)人。布衣好游,辙迹遍湖海。嘉靖间曾从常伦学诗。著有《六水山人诗集》,《千顷堂书目》著录,未见传。嘉靖三十六年(1557)至三十八年,曾与李敏、汪淮合作辑刻《徽郡诗》八卷,共得明初以来作者一百四十六人,诗七百五十余首,而有守等三人之诗亦附于末,计收有守诗五十六首。《皇明诗统》卷三一录其诗十三首。《列朝诗集》丁集录诗三首。《明诗综》卷六三录诗二首,"诗话"谓其"诗取材目前,不甚熔练。所选《徽郡诗》斤斤绳墨,不失正音"。《御选宋金元明四朝诗》录其诗三首。《明诗纪事》己签卷二〇录其诗一首。生平见汪道昆《陈达甫集序》(《太涵集》卷二二)、《(道光)休宁县志》卷五二《文苑》。

陈达(1482—1554)　字德英,号虚窗。福建福州府闽县(今福州)人,浙江按察佥事陈炷长子。弘治十七年(1504)举人,十八年与从兄

陈墀同登进士,授宁波府推官。历南户部主事,进北户部职方司郎中,转太常少卿,改大理少卿。嘉靖初,以佥都御史巡抚山西,因议折粮,得罪宗藩,罢归。嘉靖三十三年(1554)卒,年七十三。《千顷堂书目》著录其《虚窗小稿》十二卷,未见传。万历三年(1575)刊闽县陈氏家集《义溪世稿》收其诗九十首。徐𤊹《晋安风雅》录其诗二首。《石仓十二代诗选·明诗选》录其诗六十四首。清郭柏苍《全闽明诗传》卷一四录其诗十二首。生平见《(乾隆)福建通志》卷四三。

陈尧(1502—1574) 字敬甫,号梧冈,一号醒翁。南直扬州府通州(今江苏南通)人。嘉靖元年(1522)举人,十四年进士,除工部主事。历员外郎、郎中,简放台州知府,改南安。历长芦盐运使、广西参政、贵州按察使,又历云南、广西布政使,以右副都御史巡抚四川。迁南户部侍郎,改南工部,总理河道,迁刑部左侍郎,致仕归。卒于万历二年(1574),年七十三。《千顷堂书目》著录其《虚舟子》又《东园日录》《梧冈文集》五卷又《梧冈诗集》三卷又《梧冈续集》五卷又《贲阳行纪》一卷又《西巡录》一卷又《大观楼漫录》一卷又《哀玉集》一卷。《(万历)通州志》卷五另著录其《史衡》六卷、《崇圣录》一卷。《虚舟子》系仿宋濂《郁离子》而作,收《灌园得金》等寓言、故事三十二则,现存,刊本有其嘉靖四十二年自序。又存明刊本《梧冈诗集》六卷《西巡录》一卷。清康熙五十一年(1712)其后孙陈世昶辑编其遗著,抄为《梧冈文正续两集合编》九卷附录一卷,今亦存。《四库全书总目》著录之《陈梧冈集》九卷即此本,"提要"云:"其文朴直不支,而微伤太质,其诗又逊于文。"《皇明诗统》卷二七录其诗二十三首。《明诗综》卷四二录其诗一首。清陈心颖等《明紫琅诗》录其诗二十一首。清杨廷《五山耆旧集》卷五《陈梧冈集》录诗二百一十七首。清王藻《崇川列朝诗选汇存》卷上录诗五十九首。《明诗纪事》戊签卷一九录诗一首。《明文海》录其文一篇。生平见汪道昆《陈公尧墓志铭》(《太涵集》卷四九)、王世贞《陈司寇传》(《弇州四部稿续稿》卷七二)、王兆云《皇明词林人物考》卷九。

陈尧德(生卒年不详) 字安甫。浙江嘉兴府嘉兴人。万历时布衣。清沈季友《槜李诗系》卷一八录其诗八首,"小传"谓其"任侠肆志,视名利如唾。家无三日粮而好缓急人,自谓与朱、郭伍。绘鱼为活,暇则阖户读书,与陶景先、卜舜年、骆云程诸人结社往还。著有《小草》。母死,妻与弟相继没,萧然一身,浪迹江湖间。或曳裾王门,或涤器酒市,或寓兴青楼，或栖静梵宇。入楚，适郡人王维新为光化令，读其诗，折节焉。病作，死署中，维新收遗稿授梓，仍其自命之名曰《数茎髭》，葬孟浩然墓侧"。《千顷堂书目》著录其集即名为《数茎髭》。现存有清抄本《陈安甫小草》一卷，有万历四十年（1612）卜舜年序、四十一年自序。近人赵尊岳《明词汇刊》据《陈安甫小草》录其词十三首为《安甫诗余》一卷。

陈师俭（生卒年不详） 字伯华。南直扬州府江都（今江苏扬州）人。国子生，嘉靖三十八年（1559）官鸿胪寺丞。著述现存嘉靖四十二年自刻蓝印本《练溪小集》四卷，首钟昕《刻练溪陈先生小集序》，内卷一、卷二题《漫稿》，收诗三百余首，卷三《古棠别业稿》，收诗一百一十余首，卷四题《宦游集》，收诗六十首。《金陵诗征》卷二六录诗四首。

陈则（生卒年不详） 字文度。昆山（今属江苏）人。元季授徒吴中，以诗名，与高启、徐贲等游，高启"北郭十友"之一也。尝赋《紫菊》诗，同社亟称之，呼其为"陈紫菊"。明洪武六年（1373），以秀才举，授应天府治中，累官至户部侍郎，坐事谪大同府同知，迁知府。其诗文词清丽，有集未传。周复俊编《玉峰诗纂》卷二录其诗十四首。《列朝诗集》甲前集录其诗五首。《明诗综》

卷一〇录其诗一首。《御选宋金元明四朝诗》录其诗四首。清陆煐《沙溪诗存》卷一录其诗二首。《明诗纪事》甲签卷八录其诗一首。生平见王鏊《姑苏志》卷五五、过庭训《本朝分省人物考》卷一八。

陈仲进（生卒年不详） 字伯康。福建福州府长乐人。洪武六年（1373）以儒士授宜阳县丞，改韩城，迁浙江江山知县，特旨褒其惠政。性耿介，尚气节，后坐勘灾忤旨，被逮，仲进曰："吾以一身活万命，含笑地下矣。"既而释之，而仲进已卒。归榇经江山，父老留衣冠葬之，子孙遂家焉。《千顷堂书目》著录其《南雅集》，现存崇祯三年（1630）刊《陈氏家集》有《南雅集》六卷。清初明陈氏家族诗集《江田诗系》（稿本）收陈仲进、陈仲完、陈崇德、陈航、陈大濩、陈联芳十余人诗，仲进《常清集》一卷居首。《石仓十二代诗选·明诗选》录其诗三十八首。《列朝诗集》甲集录诗二首。《明诗综》卷一三录诗一首。清郭柏苍《全闽明诗传》卷三录诗八首。《明诗纪事》甲签卷二六录诗八首，按云："与弟仲完（陈完）均以诗名，仲进诗尤清劲。"生平见清李清馥《闽中理学渊源考》卷四二、《（乾隆）福建通志》卷四三。

陈仲完（1359—1422） 名完，字仲完，以字行，号简斋。福建福州府长乐人，陈仲进弟。生于元至正十九年（1359）十月十八。明洪武十七年（1384）举人，次年进士，授延平训导，改宁国府教授。永乐初，以王褒荐，擢翰林编修，进左春坊左赞善兼编修，与修《永乐大典》，历官廿年不迁，怡然自足。二十年（1422）十二月初九卒于官，年六十四。与兄仲进并有诗名，与高棅、王恭、郑定等唱酬。《千顷堂书目》著录《简斋集》四卷，有崇祯三年（1630）刊《陈氏家集》本。清初明陈氏家族诗集《江田诗系》（稿本）亦有其《简斋集》一卷。徐𤊹《晋安风雅》录其诗二首。清郭柏苍《全闽明诗传》卷四录诗六首。《明诗纪事》乙签卷七录诗一首。生平见杨荣《陈先生墓志铭》（《杨文敏公集》卷二一）、杨士奇《陈仲完传》（《东里文集续集》卷四三）、过庭训《本朝分省人物考》卷七〇。

陈价夫（1557—1614） 名邦藩，字价夫，以字行，号湾溪。福建福州府闽县（今福州）人，举人陈荐夫之兄。生于嘉靖三十六年（1557）十月初六。少为诸生，踏省门不见收，遂隐居赋诗以自娱，兄弟自相倡和。又与徐𤊹、徐𤊹等结芝山诗社，诗酒往来甚密。为人长者，乡里妇孺皆知其名。亦能书画，有传世作品，又曾作传奇《异梦记》，未见。卒于万历四十二年（1614）九月初九，年五十八。《千顷堂书目》著录其《海南杂事》二卷、《招隐楼集》二十卷又

《吴越游草》。现存明抄本《招隐楼稿》不分卷，有徐𤊹序。徐𤊹《晋安风雅》录其诗三十五首。《列朝诗集》丁集录其诗六首。《御选宋金元明四朝诗》录其诗三首。清郭柏苍《全闽明诗传》卷三一录其诗十首。《明诗纪事》庚签卷八录其诗二首。生平见《（乾隆）福建通志》卷五一。

陈全（1359—1425） 字果之，号蒙庵。福建福州府长乐人。生于元至正十九年（1359）七月初十。永乐三年（1405）中举，四年第二人进士及第，授翰林编修，与修《永乐大典》《四书五经性理大全》，擢侍讲，署翰林院事。永乐二十二年十二月十八（1425年1月6日）卒于官。诗文著述《蒙庵集》八卷，存崇祯三年（1630）刊《陈氏家集》本。徐𤊹《晋安风雅》录其诗一首。《石仓十二代诗选·明诗选》录其诗七十四首。《明诗综》卷一八下录其诗五首，"诗话"云："果之五言，专法韦、柳。"《御选宋金元明四朝诗》录其诗二首。清郭柏苍《全闽明诗传》卷七录其诗十三首。《明诗纪事》乙签卷一〇录诗三首。生平见陈循《陈先生果之墓志铭》（《芳洲文集》卷八）、过庭训《本朝分省人物考》卷七〇。

陈全之（1512—1580） 原名朝鋆，字全之，以字行，改字粹仲，号津南，晚号梦宜耘叟。福建福州府闽县（今福州）人。嘉靖十九年（1540）

举人，二十三年进士，授礼部主事。三十三年以员外郎使周藩，进郎中，出知荆州府。历长芦盐运使，累官至山西右参政，致仕归。万历八年（1580）卒，年六十九。有杂俎《蓬窗日录》八卷、《辍耰述》四卷，前者分世务、寰宇、诗谈、事纪四门，《四库全书总目》杂家类著录，现存嘉靖四十四年祁县知县岳木刊本，朱绘序；后者有万历间书林熊少泉刊本，首陈瑞万历十一年序及全之万历五年自序，为其卒后所刊。《千顷堂书目》另著录其《梦宜集》又《芦沧集》又《巴黔集》又《莅荆集》又《游梁集》。现仅存嘉靖三十四年刊本《游梁集》一卷，收《一楼记》等文四篇、诗十三首，卷首有曹怵序及陈全之自序。万历三年刊闽县陈氏家集《义溪世稿》收其诗七十五首。徐𤊹《晋安风雅》录其诗二首。清郭柏苍《全闽明诗传》卷二四录其诗六首。《明诗纪事》己签卷八录其诗一首。生平见《（乾隆）福州府志》卷三九。

陈汝元（1572—1629）　字起侯，号太乙，别署燃藜仙客、函三馆。浙江绍兴府山阴（今绍兴）人。万历二十五年（1597）举人，选陕西清润县令。三十五年官易州知州，四十五年任延绥城堡厅同知，以母老乞养归。卒于崇祯二年（1629），年五十三。徐渭弟子，渭曾题其书室为"函三馆"，为之撰长联并作《函三馆记》。汝元则为徐渭《玄抄类摘》作补注，渭去世后，又助陶望龄等编辑《徐文长三集》，集中文字皆为汝元手书后镌刻。撰戏曲四种，其中传奇《紫环记》《太霞记》已佚；杂剧《红莲债》、传奇《金莲记》今存。两剧均以苏轼为主角。《红莲债》四折，有万历间陈氏函三馆刻本及崇祯间沈泰辑刻《盛明杂剧》本，写苏轼前世为五戒禅师，因私红莲而破道身，五戒师弟明悟转世为佛印来点化苏轼。其前导性作品有小说《五戒禅师私红莲记》（见明刊《六十家小说》）、《东坡佛印二次相会》（明刊《绣谷春容》）及徐渭《四声猿》中之《玉禅师》等。祁彪佳《远山堂剧品》列本剧为"艳品"，云"东坡为五戒后身，仅见之小说，亦因坡公为凤慧，想当如是耳，叶美度（叶宪祖）已采入《玉麟记》。太乙传此，藻艳俊雅，神色俱旺，且简略恰得剧体"。《金莲记》二卷三十六出，亦有万历间函三馆原刻本，又有明末汲古阁原刻初印本及汲古阁刻《六十种曲》本。此剧据《宋史》卷三八苏轼本传增饰，为案头之作，未尝行于歌场，《远山堂曲品》亦列其为"艳品"，评曰："记苏长公，此可称实录，然亦有附缀以资谐笑……省削以为贯通……至于韵金屑玉，以骈美而归自然，更深得炼字之法。"生平见《（康熙）山阴县志》卷二〇。

陈汝玚(生卒年不详) 字湛翁,一字席珍。江西瑞州府高安人。诸生,隆庆时年已望五,始由贡生选官山西广昌知县,万历二十六年(1598)在任。后其子陈邦纶属陈起元选其诗为《湛然堂诗稿》,现存崇祯间刊本,收诗凡二百二十余首,首有崇祯十一年(1638)上元倪元璐序,末陈起元跋。《四库全书总目》著录其《湛然堂诗稿》,"提要"谓诗"格意颇为平实,然不足自名一家"。

陈汝言(?—1371) 字惟允,号秋水。祖籍江西,元末其父流寓吴中,居吴县(今江苏苏州)船场巷,因为吴人。与兄汝秩并能诗画,汝言尤倜傥多才,又皆多须,故有大髯、小髯之称。父亡家贫,与兄并力养母,有闻于时。元末张士诚据吴,潘元明辟其为参谋,贵宠用事。明洪武初,官济南经历,洪武四年(1371)八月坐法死。与王蒙为素交,曾合作作画。据传,汝言临刑时尚从容作画,画毕乃就戮,张羽有诗《题陈惟允临刑所画》纪之,以"李公悲上蔡,陆士嗁华亭"比之。其画后世甚受推崇。《千顷堂书目》著录其《秋水轩诗稿》,未见传。《皇明风雅》卷二四录其诗一首。《皇明诗统》卷四录其诗三首。韩阳《皇明西江诗选》卷一〇录其诗二首。《列朝诗集》甲前集录其诗五十首。《明诗综》卷一三录诗九首。《御选宋金元明四朝诗》录诗二十七首。《江西诗征》卷四二录诗五十三首。《明诗纪事》甲签卷一八录诗五首,按语谓其"七律意格灵变,殊有别趣"。生平见朱谋垔《画史会要》卷四。

陈如纶(1499—1552) 字德宣,号午江,又号二余。南直苏州府太仓(今属江苏)人。生于弘治十二年(1499)八月二十。嘉靖七年(1528)以州学增广生领乡荐,十一年进士,授福建侯官知县。十四年以治行擢刑部主事,十八年进员外郎,十九年进郎中,二十年出为江西按察金事,丁忧归。三十年官至福建布政司右参议,以疾致仕,三十一年九月二十二卒于家,年五十四。著述存万历刊本《冰玉堂缀逸稿》二卷、《兰舟漫稿》一卷、《二余词》一卷。内《冰玉堂缀逸稿》为其子陈谦亨辑佚而成,收赋二篇、各体文三十余篇,有嘉靖三十九年王锡爵序、毛在《题冰玉堂缀逸稿》及徐震《书冰玉堂缀逸稿后》;《兰舟漫稿》则为其自编,乃嘉靖二十三年其服阕后北上赴京舟中所作,内诗一百余首、赋一篇,后有文征明、王世贞、王世懋、王锡爵等题跋;《二余词》为其嘉靖二十九年辑,收词一百一十七首。《千顷堂书目》仅著录《兰舟漫稿》一卷。《明词综》卷三录其词三首。近人赵尊岳《明词汇刊》录其词为《二余词》。生平见季德甫《午江先生陈公墓志铭》

（《冰玉堂缀逸稿》附）、《(乾隆)江南通志》卷一四五。

陈芹（1515—1584）　字子野，号横厓。南直应天府上元（今江苏南京）人。其先人为安南国王，永乐间避黎氏之乱来华，遂家南京。嘉靖十三年（1534）举人，六上春官不第，选授崇仁教谕，迁奉新知县。改宁乡，寻谢病归金陵，与友人诗酒倡和。卒于万历十二年（1584）。工书画，尤善画竹，文征明曾诫门下士：“往南京慎勿画竹，彼中有人也。”能诗，曾与盛时泰、金銮、姚淛等结清溪诗社，于桃叶渡附近起邀笛阁，招揽名士，文酒觞咏，一时称盛。曾取古高士自巢，许以下迄于宋元，得七十余人，为之诗以见其志，号《思古吟》。又研习内典，作和寒山子诗。《千顷堂书目》著录其《陈子野集》又《凤泉堂集》，顾起元《客座赘语》记其另有《忠孝说义》，均未见传。《皇明诗统》卷二七录其诗五首。《列朝诗集》丁集录其诗四首。《明诗综》卷四八录其诗三首。《御选宋金元明四朝诗》录其诗六首。《金陵诗征》卷二〇录其诗三首。《明诗纪事》戊签卷一八录其诗二首。生平见佚名《陈芹传》《国朝献征录》卷八九）、王兆云《皇明词林人物考》卷一一、《(道光)上元县志》卷一五。

陈束（生卒年不详）　字约之，号后冈。浙江宁波府鄞县（今宁波）人。嘉靖七年（1528）举于乡，八年进士，选翰林院庶吉士，改礼部主事。历员外郎，复授翰林编修。科第出张璁之门，不肯亲附，为张所恶，出为湖广佥事，稍迁福建左参政，改河南提学副使，卒于官，年三十三。少有才名，既入中秘，与唐顺之、王慎中诸新进不满剽拟旧习，刻厉求新，后与王慎中、唐顺之、赵时春、熊过、任瀚、李开先、吕高等称“嘉靖八才子”（《明史·文苑传》）。卒后唐顺之辑其遗诗一百一十余首为《陈后冈诗集》一卷，多为嘉靖十三年至十六年其在都门时所作，分标“甲午稿”“乙未稿”“丙申稿”“丁酉稿”，林复言跋，有万历间鄞县林氏校刊本。张时彻又辑其文三十四篇为《文集》一卷，分京、楚、闽、洛四集，有嘉靖二十五年张时彻刊本，又有万历十九年（1591）林可成刊本，林复言跋。《明史·艺文志》著录其《文集》二卷，所记当为以上二本。《盛明百家诗》前编录其诗百余首为《陈后冈集》。顾起纶《国雅》卷一〇、《皇明诗统》卷三四录其诗十一首。《四明风雅》卷四录其诗十九首。《列朝诗集》丁集录其诗二十五首。清胡文学《甬上耆旧诗》卷一〇录其诗二十八首，并附其妻董氏诗一首。《明诗综》卷四一录其诗五首，“诗话”云：“约之取组六朝，亦称典则。”《四库全书总目》著录其集，

"提要"云："束与唐顺之为同年，共倡为初唐、六朝之作，以矫李、何之习，而所学不逮顺之……年仅三十余而卒，文章亦未成就。故顺之终以古文鸣，而束无称焉。"《四明文征》录其文四篇，《四明近体乐府》卷八录其词［千秋岁］一首。《明诗纪事》戊签卷九录其诗七首，按云："今观所作，意极矜练，境乏闳深，趋步虽工，音节未壮，良由赋质荏弱，又伤早逝。"《明文海》录其文三篇，卷二〇〇评语云："后冈虽无大文，然清新婉约。"清源元龙《御定历代赋汇》录其赋一篇。生平见张时彻《陈公束传》（《国朝献征录》卷九二）、王兆云《皇明词林人物考》卷七、《明史》卷二八一。

陈吾德(1528—1589) 字懋修，号省斋。广东广州府新会人。嘉靖三十一年(1552)中举，四十四年进士，授行人。隆庆三年(1569)迁工科给事中，以谏市珍宝斥为民。万历初起原官，改兵科，又以忤张居正出为饶州知府，御史承风劾之，谪马邑典史，又劾其莅饶时违制讲学，除名为民。居正卒，荐起思州推官、宝庆同知，以亲老不就，复起补绍兴同知，历官至湖广按察司佥事，十七年(1589)十一月卒于官，年六十二。传陈献章之学，诗文直抒胸臆。所著《谢山存稿》十卷，现有清乾隆五十四年(1789)忠直堂重刊本，首万

历二十年鲁点序、万历十八年黄淳叔序，内奏疏一卷，各体文七卷，末二卷有诗百余首。《四库全书总目》著录是集，又有嘉庆十八年(1813)刊本。清屈大均《广东文选》卷八录其文一篇。清梁善长《广东诗粹》卷四录其诗一首。清顾嗣协《冈州遗稿》卷四录其诗十三首。《明诗纪事》己签卷一五录其诗一首。生平见叶及春《陈公吾德行状》（《国朝献征录》卷八八）、《（雍正）广东通志》卷四五、《明史》卷二一五。

陈员韬(生卒年不详) 字从熙，一作从周，号勿斋。浙江台州府临海人。永乐二十一年(1423)举人，宣德五年(1430)进士，授江西新城令，改知永新。征授监察御史，出按四川，黜贪奖廉，雪死囚四十余人。正统四年(1439)又以监察御史巡按福建，释被诬为邓茂七党者千余家。景泰三年(1452)迁广东右参政，进右布政使，官终福建左布政使。著述现存清抄本《勿斋遗稿》一卷，收诗七十三首、文三篇。李时渐《三台文献录》录其诗五首。清戚学标《三台诗录词录》卷一三录其诗六首。生平见清徐乾学《明史列传》卷三五、《（1935）临海县志稿》卷一九。

陈体文(生卒年不详) 字仲约，号委寄。南直常州府江阴（今属江苏）人。县学生。早岁富才藻，试不利，因谢去，耕读于郊野，诗酒自乐。

所著有《友录稿》六卷，收诗三百九十七首，原为其友人刘光清序而梓之，《千顷堂书目》所记《友录稿》，当为此本，今未见传。《明诗综》卷五○录其诗五首，"诗话"云："仲约早辞学宫，肆志诗律。筑耕舍于郊西，有田数十亩，力耕而食。宾至必治酒，酒酣赋诗，诗有云：'得鱼便觅酒，有酒且留人。如此即为乐，何须复苦贫。无鱼亦无酒，宜主不宜宾。如此即高卧，何愁不及晨。'可谓达生之士矣。平居诗不留草，其友花左室，见辄手录之，故名《友录稿》。五言不为旧格所拘，颇自超脱。是时五岳、十岳诸山人率以韦布效缙绅，菰芦中有此人，大是不俗。"《御选宋金元明四朝诗》录其诗三首。近人顾季慈《江上诗钞》卷二一录其诗一百零五首。生平见《(道光)江阴县志》卷一六。

陈佐才（1612—1681）　字翼叔，号睡隐子、隐石山人。云南蒙化府（今巍山）人。少务农，倜傥不羁，以任侠好义名于乡里。壮岁以才技为黔国公沐天波标下把总，丁亥（1647）随军征沙定洲土司，转战滇西，后驻榆城。丙申（1656），南明永历帝入滇，次年佐才奉命至四川筹饷，丁酉（1657）返滇，永乐帝已为吴三桂追逼，领天波等经滇西逃往缅甸，因兵阻，不得已返乡。永历帝被杀后，佐才筑室山中，三载蓄发如故，不改汉仪，虽威逼不能屈，又誓不履市廛，出行则跨蹇驴、戴斗笠，以示"不顶清天，不践清土"。与在滇遗民徐宏泰、杨廷斌、张以恒、释担当等二十余人组雪峰诗社，迭相倡和。晚年凿巨石为棺，自作挽诗云："明末孤臣，死不改节。埋在石中，日炼精魄。"卒后子孙及远近知交和诗达二十七首，其妻安氏因刻为《石棺集》。卒于清康熙二十年（1681），年七十，子孙遵其遗嘱瘗于石棺中葬之。佐才中年学诗，遂嗜于此道。其诗多抒亡国之痛、故国之思，或血性勃发，矫健遒劲，或郁顿悲哀，清冷凄清，然多不拘格律，不事雕琢。所作诗凡数百首，清康熙间曾刻为《宁瘦居草》二卷、《宁瘦居续集》二卷、《是何庵集》二卷、《天叫集》二卷，后零落，现仅《宁瘦居续集》有残本。清末滇人辑明遗民诗，李根源得其佚诗五十八首并楚雄刘联声佚诗二十六首，于民初刊为《天叫、脉望集残诗合刻》二卷。又广辑其诗为《陈翼叔诗集》五卷，卷一为《宁瘦居集》，卷二为《宁瘦居续集》，卷三为《是何庵集》，卷四为《天叫集》上卷，卷五为《天叫集》下卷，附《石棺集》一卷，收入《云南丛书》。1946年刊《重刊明遗老陈翼叔先生诗全集》则又有增益。清袁文典等《明滇南诗略补遗》卷一○录其诗五十九首。近人方树梅《晋宁诗征》卷八外编录其诗八首。生平见《(乾隆)云南通志》卷二一之二。

陈言(生卒年不详)　字于庭，号默默子，又号丰山鹤侣。福建兴化府莆田人。嘉靖间布衣，以能诗游于南北，交于"七子"辈。长于集句，《千顷堂书目》著录其《陈山人集句》二卷，现存万历三十二年(1604)序刊本《陈布衣集句》二卷，录诗三百余首，诗凡十二体，四言、乐府及五七言古近体皆备。所集诗句，则上起《诗》三百，下迄元明，各诗皆有题目，亦自成诗境。卷首晏文辉序称其集在前已两刻，此当为三刊本也。卷末张大光《重锲陈布衣集句跋》谓其卒于南京，"稿散佚，亡收之者。滁上石维信独收其集古"。又有日本文政八年(清道光五年，1825)抄本《陈布衣集句》二卷，所据亦为万历刊本。明人有"集句"之习，《列朝诗集》闰集列"集句诗六人"：孙蕡、李昌祺、陈言、童琥、刘芳节及刘天和孙女集句诗，内录陈言集句诗二十六首，"小传"云："以布衣老于家，专工集句，每有赠送唱酬，先问集何句、用何体，取诸腹笥，不待简阅。成化间，钱塘沈行亦工集句，有《梅花》《雪诗》《宫词》各百首，词多丛杂，不若言之浑成也。"《御选宋金元明四朝诗》录其集句诗十九首。清郑王臣《莆风清籁集》卷二二录诗二十三首。清郭柏苍《全

闽明诗传》卷二八录诗二十七首。《明诗纪事》己签卷二〇录诗二首。

陈沂(1469—1538)　字宗鲁，更字鲁南，号石亭，以崇敬苏轼，又号小坡。祖籍鄞县，先世洪武时征入太医院，遂为应天府上元(今江苏南京)人。沂为通判陈钢之子，生于成化五年(1469)七月初二。弘治十四年(1501)领乡荐，正德十二年(1517)中进士，年已四十九，初授编修，进侍讲，充经筵讲官。嘉靖六年(1527)以忤张璁，出为江西参议，九年迁山东参政，改山西行太仆卿，请老归。还家筑遂初斋，杜门著书，绝意世务，十七年卒，年七十。少即以能诗善画著名，书法学大苏，旁及篆隶。绘事亦称能品，与文征明论画后益进，凡所游历，皆图成卷轴，又有诗记。亦有诗文名，与顾璘、王韦称"金陵三杰"。入京后又与李梦阳、何景明、徐祯卿、边贡、朱应登、顾璘、郑善夫、康海、王九思号"弘治十才子"。晚与顾璘游长干诸寺，赋咏尤多。《明史·艺文志》著录其《文集》十二卷、《诗》五卷，现存嘉靖四十四年刊《石亭文集》十二卷，又嘉靖刊诗集《拘虚集》五卷、《后集》三卷及《拘虚诗谈》一卷、《游名山录》四卷。《明史·艺文志》另著录其有《翰林志》一卷、《畜德录》一卷、《南畿志》六十四卷(有嘉靖间刻本)、《金陵世纪》四卷(存隆庆间刊本)、

《金陵古今图考》一卷。《千顷堂书目》另著录其《山东通志》《献花岩志》一卷、《(宋陈少阳先生)尽忠录》八卷(有正德十一年刊本)、《海似录》又《维祯录》又《存疾录》又《语怪录》又《询刍录》(有明刻《今献汇言》本)又《善谴录》又《拘虚寤言》一卷(有明刻《今献汇言》本)。其论诗专以唐人为宗,谓少陵七言"声洪气正,格高意美"。其《拘虚诗谈》品评作家作品,兼论诗史。《盛明百家诗》前编录其诗四十余首为《陈行卿集》一卷。顾起纶《国雅》卷七录其诗十七首。《皇明诗统》卷二一录其诗十六首。《四明风雅》卷三录其诗二十四首。《皇明诗选》录其诗四首。《列朝诗集》丙集录其诗二十八首,"小传"云:"于时大江南北,文士称朱(朱应登)、顾(顾璘)、陈、王(王韦)四家,朱、顾皆羽翼北地(李梦阳),共立坛墠,而鲁南能另出手眼,讼言一时学杜之敝,钦佩(王韦)亦与之同调。江左风流至今未坠,则二君盖有力焉。"清胡文学《甬上耆旧诗》卷八录其诗四十五首。《明诗综》卷三二录其诗四首,"诗话"云:"鲁南诗亦匀整,第乏警策。盖心惩北地(李梦阳)剿袭之非,而限于力也。"《金陵诗征》卷一九录其诗二十七首。《明诗纪事》丁签卷五录其诗三首。尤以词曲知名当时。《曲律》卷四云:"近之为词者,北调……金

陵则陈太史石亭、胡太史秋宇、徐山人髯仙。"现仅陈所闻《北宫词纪》存其散曲套数一套,题《对雪》。又有杂剧《善知识苦海回头》,《远山堂剧品》与《脉望馆校本》均误题为周潘诚作。日本松泽老泉《汇刊书目外集》所收《明刊四太史杂剧》中,有《善知识苦海回头记》,题"明陈石亭著",当为陈作。其余杂著甚夥。《明文海》录其文《大礼庆成赋》等七篇。《四明文征》录其文五篇。生平见顾璘《陈先生沂墓志铭》《国朝献征录》卷一○四)、《(万历)上元县志》卷一○、王兆云《皇明词林人物考》卷六、《明史》卷二八六。

陈完(生卒年不详) 字名甫,号海沙。南直扬州府通州(今江苏南通)人。少从其长兄陈尧学《毛诗》,嘉靖二十五年(1546)中举,数赴春官不第,遂弃之。家为本邑巨族,因栖迟藻绘,吟咏诗赋,又寄情声色,填词度曲,调习家姬演戏。所著诗文自辑为《皆春园集》四卷,卒后其侄陈大科刊于万历间,内诗二卷,收诸体诗二百五十余首、词五首,文二卷,收序、记、祭文、墓铭等五十余篇。是集卷端有万历十五年(1587)汤显祖《皆春园集叙》、姚汝循《陈海沙先生集序》、袁随《皆春园集叙》,末有卢纯臣后序。汤序谓其有"杂剧二十种余",未见他人著录。《四库全书总目》著录《皆春园集》四

卷，"提要"云："其诗多恬适敷畅，而不见性情，较黄省曾《五岳山人集》，格调相似，而才力尚不能逮也。"清杨廷《五山耆旧集》卷六录其诗三十首。清王藻《崇川列朝诗选汇存》卷上录其诗四首。生平见《(光绪)通州直隶州志》卷一三。

陈宏裔(生卒年不详)　字文起，号苍雨。南直扬州府通州(今江苏南通)人。明末诸生，曾入国子监。弱冠从兴化吴牲游，少与人交，因居里结诗社，与吴犉、李倩人、凌伯子辈倡和无虚日。所著有《苍雨诗集》四卷，清王藻据之选《苍雨集》一卷编入《崇川各家诗钞汇存》，存清咸丰七年(1857)刊本。清乾隆陈心颖《紫琅诗》录其诗二十首。清孙翔《崇川诗集》录诗十二首。清杨廷《五山耆旧集》卷一九录诗一百四十七首。《明诗纪事》辛签卷二九录其诗七首，按语谓"文起诗殊爽健"。

陈良谟[1](1482—1572)　字中夫，号棟塘。浙江湖州府安吉人。生于成化十八年(1482)二月二十九。少孤，母前夫人躬教之学。正德五年(1510)举于乡，十二年进士，寻告归省，以母丧守制，嘉靖二年(1523)除工部都水司主事，治水徂徕。五年满考，调刑部云南司，历兵部车驾司员外郎、刑部江西司郎中，转礼部仪制司。十年升湖广右参议，提督太和山兼分守荆南，十三年

进福建按察副使，十六年升贵州右参政，未至乞归。家居三十余载，隆庆六年(1572)三月二十三卒。性恬静寡欲，以清介闻。喜吟咏，归田后，入岘山社，至年九十，兴不减，仍能赋"凤驾侵寒露，归帆拂暮星"之句。《千顷堂书目》著录其《天目山房稿》又《山房摘稿》又《和陶小稿》。现存嘉靖四十四年陈氏天目山房刊本《和陶小稿》一卷。另有万历七年(1579)徐琳刊本《见闻纪训》二卷，旨在鉴诫，而语怪陈因果者多，《四库全书总目》著录。《明诗综》卷三六录诗一首。清陆心源《吴兴诗存》四集卷六录诗二十一首。生平见张时彻《棟塘陈公墓志铭》(《芝园定集》卷四三)、王世贞《陈公墓表》(《弇州四部稿》卷九四)、过庭训《本朝分省人物考》卷四六。

陈良谟[2](1589—1644)　榜名"陈天工"，以思宗诏群臣名"天"者改之。字士亮，一字宾日。浙江宁波府鄞县(今宁波)人。崇祯三年(1630)中举，四年进士，释褐云南大理府推官。征为四川道御史，巡按川中，十三年张献忠兵犯四川，领兵守成都。会蜀抚邹捷春以兵败下狱，良谟亦为总督杨嗣昌免官，十四年张献忠破襄阳、杀襄王，杨嗣昌自裁，有诏令良谟留蜀以任后事，十五年始代还，归京复原职。十七年(1644)京师陷，自缢死。南明赠太

仆卿,谥恭愍。鲁王监国,加右副都御史,谥忠贞。清初全祖望得其滇中所作诗一集,又得其崇祯十六年所作诗,遂于《续甬上耆旧诗》卷七"甲申十九忠臣之一"录其诗八十九首,"小传"谓其"为人木讷,当广座辩论蜂起,独默然。然其居官,循分尽职,于世间所谓党争、门户、流品之说,漠然不晓也……不以诗名,而诗未尝不工"。另有清古缘草堂抄本《陈恭洁公遗集》一卷。近人辑刊《四明丛书》二集收《陈忠贞公遗集》三卷,诗一卷文二卷,又附录二卷。《明诗纪事》辛签卷三录诗一首。生平见陈济生《天启崇祯两朝遗诗·小传》、清全祖望《陈公神道碑铭》(《鲒埼亭集》卷六)、清邹漪《启祯野乘》卷一二、《明史》卷二六六。

陈启相(生卒年不详)　名或作"起相",字晡谷,或作"述谷",号放庵。四川叙州府富顺人。晚明贡生。南明桂王时,授河南道御史。后削发为僧,更名圣符,号大友。清康熙元年(1662)寓贵州遵义西坪镇,以著述为事,又建书院,教授乡里,得盛名,卒年八十余。所著有《平水集》,未见传。清郑珍《播雅》卷一录其诗二十五首。清莫友芝《黔诗纪略》卷二五摒《播雅》误收者,录其诗二十首,另附其《平水集序》及记一篇、书启三篇,"小传"谓其"康熙壬寅(1662)来遵义,隐县南平水里掌台山寺,自称掌台老人,足不出户者将三十年。有时饥寒,啸歌自得,一编一钵,萧然物外……枚(放)庵在明末,实一文章巨手。同时邑中张秀才为政《遵郡纪事》称其行文如烈马驭空,游龙戏水,不知其来。《黔志》谓其《平水集》百余卷,《蜀经籍志》又谓其集多至数百卷……惜全集不存,落发前行迹亦无记载"。《明诗纪事》辛签卷三三录其诗一首。生平见《(嘉庆)四川通志》卷一六六、《(光绪)遵义府志》卷三八、《(光绪)叙州府志》卷三四。

陈际泰(1573—1640)　字大士,号方城。江西抚州府临川(今抚州)人。生于万历元年(1573)六月十一。家贫力学,与同里艾南英同以时文名,所作多至万篇。时临川又有章世纯、罗万藻,也长于时文,四人制义文同时刻行于世,因有"临川四才子"之称。崇祯三年(1630)中举,至七年成进士,年已六十二,授行人,十三年十一月初二卒,年六十八。经学著述存崇祯四年刻《周易翼简捷解》十六卷、《群经辅易说》一卷、崇祯六年刻《五经读》五卷、明末刊本《易经说意》七卷及清乾隆仁和黄氏刊本《四书读》十卷。《明史·艺文志》著录其别集《太乙山房集》十四卷,现存崇祯六年李士奇刊本《太乙山房文集》十五卷(附其子陈士凤《陈孝威论》、陈士骥《陈孝逸论》各一卷)、张溥、张采序,内收各体文一百二十余篇、书启三十余篇、诗三十五首。清顺治李来泰重刊本改题《已吾集》十四卷(附陈士凤《壶山集》二卷、陈士骥《痴山集》六卷)。又有清初刊本《陈大士先生稿》不分卷。清康熙十九年(1680)刻《临川文献》录其《陈大士先生集》一卷,清刘玉瓒辑康熙刻《临川文选》录其《太乙山房集》一卷。《明史·艺文志》著录其另有《王制说》一卷。清应麟《江右古文选》卷二六录文十篇。《江西诗征》卷六三录诗一首。生平见艾南英《陈公方城先生墓志铭》、罗万藻《陈大士先生传》(《已吾集》附录)及清邹漪《启祯野乘》卷七、《(雍正)江西通志》卷八二。

陈叔刚(1394—1440) 名栐,字叔刚,以字行,号缃斋。福建福州府闽县(今福州)人,陈叔绍兄。少从训导刘九畴受《春秋》。永乐十二年(1414)举人,十九年进士,例得依亲以广学,乃就谕德林尚默习古文。宣德元年(1426)召至京,擢四川道御史,会修永乐、洪熙二朝《实录》,书成迁翰林修撰,以守制归。正统初,起充经筵讲官,与修《宣宗实录》,升侍读,闻父病乞归,省居一年得疾,五年(1440)遭父丧,疾益甚,二月二十三卒,年四十七。性温厚,以文行名于乡里。《千顷堂书目》著录其《缃斋集》十卷,未见传。《皇明

风雅》卷二九、《皇明诗统》卷九录其诗一首。万历三年(1575)刊闽县陈氏家集《义溪世稿》收其诗九十二首。徐𤊹《晋安风雅》录其诗四首。《石仓十二代诗选·明诗选》录其诗五十一首。《明诗综》卷一八下录其诗一首,清郭柏苍《全闽明诗传》卷八录其诗五首。《明诗纪事》乙签卷七录其诗一首。生平见刘球《陈公栐行状》、《国朝献征录》卷二〇)、过庭训《本朝分省人物考》卷七〇。

陈叔绍(1406—1458) 名栀,字叔绍,以字行,号毅斋。福建福州府闽县(今福州)人,陈叔刚之弟。少无宦情,不就有司辟。或劝之仕,始补博士弟子员,年已三十。正统十年(1445)进士,除御史,擢湖广按察副使,升广东副使。天顺二年(1458)卒于官,年五十三。《千顷堂书目》著录其《毅斋集》一卷,未见传。万历三年(1575)刊闽县陈氏家集《义溪世稿》收其诗六十六首。徐𤊹《晋安风雅》录其诗三首。《石仓十二代诗选·明诗选》录其诗三十四首。《列朝诗集》丙集、《御选宋金元明四朝诗》录其诗一首。清郭柏苍《全闽明诗传》卷九录其诗六首。《明诗纪事》乙签卷七录其诗一首。生平见《(乾隆)福建通志》卷四九。

陈昌(生卒年不详) 字颖昌,号菊庄。浙江嘉兴府平湖人。正统、天顺间布衣,能诗,称菊庄处士,

颇获时誉。《千顷堂书目》著录《菊庄集》，现未见传。《皇明风雅》卷三〇、《皇明诗统》卷一一一录诗二首。《石仓十二代诗选·明诗选》录其诗五十三首。《明诗综》卷二三录其诗二首，并引沈客子云："我郡自清江（贝琼）、巽隐（程本立）后，风雅衰落，四陈、三李之余无闻焉。至正统、天顺间而始盛，一时如陈菊庄外，嘉兴有姚谷庵（姚绶），海盐有张芳洲（张宁），嘉善有周桐村（周鼎），皆卓然成家。菊庄，吾乡先哲，才思藻丽，长于七言，惜其集不传。"清沈季友《槜李诗系》卷九录诗二十首。《明诗纪事》乙签卷二一录其诗二首。

陈昌积（生卒年不详）　字子虚，号两湖。江西吉安府泰和人。嘉靖十七年（1538）进士，授礼部主事，直内阁，管理诰敕，升尚宝司丞兼五经博士，罢归。以文名一时，诗文著述先刊为《松风轩岁稿》八卷，又手删其文，成《龙津原集》六卷，后其子文扬、文振又益以古近体诗合为《陈两湖集》三十四卷，《明史·艺文志》著录其《文集》三十四卷即此。现仅存嘉靖间毛汝麒等校刊本《龙津原集》六卷，载其所作碑颂、序记、墓志、书启、行状等文，杨一清、崔铣、王廷相等序。《四库全书总目》著录其《陈两湖集》，"提要"云："其诗文悉才调富有，而驰骤自喜，细大不捐。"《明文海》录其文六

篇。《江西诗征》卷五七录其诗二首。清王琨《泰和诗征》卷三二录其诗三十五首。《明诗纪事》戊签卷二〇录其诗一首。生平见王兆云《皇明词林人物考》卷五、《（雍正）江西通志》卷七九。

陈昂（1523—?）　字云仲，一字尔瞻，号白云。福建兴化府莆田人。曾为诸生，后因避倭乱远走他乡而脱籍。嘉靖四十一年（1562）十一月倭寇攻陷莆田城，昂率家外逃，曾有《避乱将除夕忆明岁行年四十矣诵杜工部四十明朝过作二首》诗。次年戚继光入闽重创倭寇，昂还家，以家园残败烽烟未平，又携家流徙赣、鄂、蜀、苏，织履佣爨以自给。至金陵，得姚汝循给居食。万历二十五年（1597）汝循故，遂流落秦淮卖卜，穷困以死。平生好诗，尤嗜五言，虽流离颠沛而吟咏不断。《千顷堂书目》著录其《白云集》七卷，现存万历四十六年宋珏刊本，前六卷为五律六百八十余首，卷七为七律十二首，多为嘉靖倭乱后所作。集前有陈昂自序、宋珏题词、马之骏序及钟惺《白云先生传》。钟惺传谓其"自隐于诗，性命以之"，以为自古诗人潦倒未有逾昂者，而其诗之成就，又非徐渭、宋登春所及。又称原有集十六卷，殁后散佚，后同里宋珏重加裒集，始得刊行。是集又有崇祯十三年（1640）莆阳林古度等重刊本。清

顺治间左桢抄本则作十卷。《列朝诗集》丁集录诗六十二首。《明诗综》卷六三录诗三首。《御选宋金元明四朝诗》录其诗九首。《四库全书总目》著录《白云集》，"提要"云："其诗颇学少陵、右丞，得其形似。"清郑王臣《莆风清籁集》卷二二录诗三十一首。清郭柏苍《全闽明诗传》卷二八录诗三十九首。《金陵诗征》卷四〇"寓贤"录诗三首。《明诗纪事》庚签卷二五录诗七首，按云："《白云集》孤迥清峭，称其为人。袁中郎（袁宏道）识徐青藤（徐渭），钟伯敬（钟惺）推陈白云，可谓孤情绝照。"生平见钟惺《白云先生传》《白云集》附录、《隐秀轩文宿集·传一》）。

陈鸣鹤（生卒年不详）　字汝翔。福建福州府侯官（今福州）人，陈奎弟。万历间庠生，试不中，因弃举子业，与谢肇淛及徐熥、徐𤊻兄弟共攻声律，凡三十年。《千顷堂书目》著录其《泡庵诗集》八卷，未见传。现存明张大光刊本《泡庵诗选》五卷附《田家仪注》一卷，则为徐𤊻所选，内收赋三篇，诸体诗二百三十余首，徐𤊻序。又曾编《东越文苑传》六卷，纪闽中文人行实，起于唐迄于明万历，内唐五代十五人，宋元三百八十五人，明一百零六人，现存清同治郭柏蔚增订本。《千顷堂书目》另著录其《闽中考》一卷、《晋安逸志》三卷、《田家月令》一卷，皆佚。惟《晋安逸志》有佚文三十余条见于徐𤊻《榕荫新检》，另梅鼎祚所辑《才鬼集》及冯梦龙《情史类略》等亦收其佚文。《晋安逸志》所写多为福建境内之男女、侠义、高隐、灵异等事，写法近于《剪灯新话》，有小说之意味。徐熥《晋安风雅》录其诗十七首。《列朝诗集》丁集录其诗九首。清沈德潜《明诗别裁集》录其诗一首。《御选宋金元明四朝诗》录其诗三首。清郭柏苍《全闽明诗传》卷三一录其诗十首。《明诗纪事》庚签卷三〇录诗三首。生平见《（乾隆）福建通志》卷五一。

陈所有（生卒年不详）　字彦冲，号四楼。福建兴化府莆田人。嘉靖二十五年（1546）举人，曾官合浦知县。性简傲，以诗歌自豪。纵游江南诸名胜，多题咏。所著有《秉烛堂集》，现存万历十年（1582）其门人荆光裕滇南刊本《秉烛堂押歌诗选》一卷，收其诗一百四十余首，有荆光裕、陈文烛序。又有万历十一年其门人韦俊民刊本《秉烛堂淘沙文选》一卷，收其所作记、序等文十五篇。《明诗综》卷四八录其诗一首。清郑王臣《莆风清籁集》卷二一录其诗十首。清郭柏苍《全闽明诗传》卷二四录其诗四首。生平见《（乾隆）福建通志》卷三八。

陈所闻（1553—?）　字荩卿，号萝月道人。南直应天府上元（今江苏南京）人。庠生，以功名不遂，因放浪山水，流连诗酒。卜筑莫愁湖、柳叶渡等处，一时文人，如朱之藩、汪昌期、黄祖儒、汪廷讷、王寅、欧大任等，皆与之交谊，又曾入金陵白社。晚年，母亡妻丧，子女多夭折，境遇悲苦。洞晓声律，以曲名家，曾辑《古今大雅北宫词纪》六卷、《古今大雅南宫词纪》六卷，于南北曲网罗甚富，流传亦广，万历刊本今存于世。所著有《游吴草》《萝月轩集》《濠上斋乐府》，皆未见传。《北宫词纪》《南宫词纪》中存其小令一百九十首、套数五十八套。吕天成《曲品》列其传奇为"上之下"，谓"陈茂才文藻菁葱，词源霶沸"，著录其传奇《金门大隐记》《相仙记》《金刀记》《诗扇记》四种，又记其有杂剧《王子晋缑岭吹笙》《孙子荆枕流淑石》《周子冲易须拜相》《徐霨仙南巡应制》四种，然皆未见传。周晖《续金陵琐事》卷下谓其有传奇《狮吼》《长生》《青梅》《威风》《同升》《飞鱼》《彩舟》《种玉》八种，尽为汪廷讷刻为己作，恐不尽确。《金陵诗征》卷二七录其诗一首。生平见《明史》卷二九○。

陈所蕴（1543—1626） 字子有。南直松江府上海人。万历四年（1576）举人，十七年进士，授南刑部主事。历员外、郎中，改吏部，出为湖广参议。历河南按察副使、参政，乞归。起山西按察使，不赴，再起南

太仆寺少卿，甫半载致仕。卒于天启六年（1626），年八十四。性方严抗直，有铁面郎之目。能诗文，《千顷堂书目》著录《竹素堂藏稿》十四卷又《续稿》二十二卷，前者辑其在郎署时所作诗文，先是各体文十一卷，末三卷收古近体诗二百三十六首，卷前有万历十九年王弘海叙；《竹素堂续稿》二十卷，有朱家法、黄体仁等万历三十三年序。后其子陈庚蕃又合二集刊为《竹素堂合并全集》三十四卷，首有陈文烛《竹素堂全稿序》，现仅存前二十三卷，收各体文二百余篇。《明文海》录其文一篇。《明诗综》卷五五录其诗二首，《御选宋金元明四朝诗》据之录。清姚宏绪《松风余韵》卷一三录诗二十首。《四库全书总目》著录《竹素堂藏稿》十四卷，"提要"谓其"诗文模拟太甚，未能杼轴予怀。詹景凤《明辨类涵》尝称所蕴'文法汪伯玉（汪道昆），几为敌国。诗健而洁，近体亦似于鳞（李攀龙）'。则其宗法概可见矣"。《明诗纪事》庚签卷一六录诗一首。近人严昌堉《海藻》卷三录诗九首。生平见《（崇祯）松江府志》卷四○、《（康熙）上海县志》卷一○、《（嘉庆）上海县志》卷一三。

陈炜（1430—1484） 字文曜，号耻庵。福建福州府闽县（今福州）人，陈叔刚长子。生于宣德五年（1430）八月十七。正统十二年

(1447)领乡荐,景泰五年(1454)会试甲榜,未及廷对,奔嫡母丧归。天顺四年(1460)赴廷试,赐进士,明年授河南道监察御史,巡抚苏、松、常、镇四郡。成化六年(1470)迁江西按察副使,十年迁本司按察使,以丁忧归。起为江西右布政使,诏进浙江左布政使,未上卒,时为成化二十年八月十六,年五十五。《千顷堂书目》著录其《耻庵集》十一卷,系正德初其从子陈墀官东莞县令时所刊,未见传。万历三年(1575)刊闽县陈氏家集《义溪世稿》收其诗八十一首。《石仓十二代诗选·明诗选》录其诗四十三首。徐𤊹《晋安风雅》录其诗一首。清陈邦彦《御定历代题画诗类》录诗六首。清郭柏苍《全闽明诗传》卷九录诗三首。《明诗纪事》丙签卷四录诗一首。生平见彭韶《陈公墓志铭》《《国朝献征录》卷八四)、《(乾隆)福建通志》卷四三。

陈宗之(生卒年不详)　字玉立。南直苏州府长洲(今江苏苏州)人。崇祯六年(1633)举人,十六年会试乙榜,选推官,以亲老辞归,入清不仕。性沉笃,邃于古学。方志记其著有《山志》《持编》《古乐府存》《匏园赋草》《鸥吟》《雪藓》等,未见传。陈济生《天启崇祯两朝遗诗》卷八录其诗九十一首。《明诗综》卷六八录其诗十一首,"诗话"云:"启、祯间,竟陵流派盛行于吴,虽有林若抚

(林云凤)力持唐调,然而捷敏未免率易。玉立矜练,独操正始之音,八门七堰六十坊,可以独步。"清卓尔堪《明遗民诗》录其诗二首。清沈德潜《明诗别裁集》录其诗一首。《御选宋金元明四朝诗》录诗六首。清王豫《江苏诗征》卷二七录诗二首。《明诗纪事》辛签卷二二录诗十八首。生平见清吴山嘉《复社姓氏传略》卷一、《(乾隆)苏州府志》卷二四、《(同治)苏州府志》卷八七。

陈宗虞(生卒年不详)　字于韶,号六亭。四川保宁府阆中人,隶保宁千户所。嘉靖二十九年(1550)进士,授宜春知县。历官工部主事、江西按察副使、江西左参议。能诗文,与任瀚、陈文烛等游,又与张家胤等结社,以续"七子"之业。《千顷堂书目》著录《卧云楼稿》十四卷又《六亭集》,未见传。王世贞作《陈于韶先生卧云楼摘稿序》云:"于韶之为诗,自古乐府至近体,不下十余,无所不极。则生平游历感慨,一寓之吟讽,无所不达……诸叙致于韶者,往往取其家伯玉为拟,其节识经纬差若略相当,然不过以闾党宗姓之故而比之。"(《弇州四部稿续稿》卷四四)《皇明诗统》卷二八录其诗九首。费经虞《蜀诗》卷六录其诗七首。《明诗综》卷四四、《明诗纪事》己签卷一〇均录其诗一首。《(雍正)四川通志》卷四二录其《锦屏书院三贤词

记》。生平见《（雍正）四川通志》卷八。

陈诚（1365—1458）　字子鲁，号竹山。江西吉安府吉水人。生于元至正二十五年（1365）六月十七。少从梁寅学。明洪武二十六年（1393）举人，明年进士，除行人。二十九年出使西域撒里畏兀儿，招抚鞑靼部，建安定卫、曲先卫、阿端卫。三十年与吕让同招谕安南，归升翰林检讨。永乐四年（1406）与修《永乐大典》，十年迁吏部员外郎。十一年九月，成祖诏令中官李达护送帖木儿国使者回国，陈诚以典书记随行，至十三年十月返回，先后到达哈烈、撒马尔罕等十六国，谕以招抚之意，沿途图其山川城郭，志其风俗物产，归撰《西域行程记》等以献。十四年再使西域，护送哈烈、撒马尔罕等国朝贡使臣回国，十六年归京，迁广东布政司右参议，未赴，十月即奉诏护送西域诸国朝贡使臣，第三次使西域，十八年十一月归国，除广东布政司右参政。旋受命第四次使西域，以三殿火灾，诏令停四夷差使罢，记名回里听用。二十二年四月再使西域，行至陕西，以成祖去世返回，洪熙元年（1425）仍记名回里听用。天顺元年（1457）赐光禄寺右通政，次年九月十七卒，年九十四。以所著《西域行程记》《使西域记》《西域番国志》著名，现存有多种清刊本、清抄本。清雍正七年（1729）刊诗文集《陈竹山先生文集》亦传世，为其曾孙陈汝实编辑，分内外两篇，内篇二卷皆其奉使时所撰述，卷一《奉使西域复命疏》及西域山川风物行程记录计五十一条、《与安南辨明丘温地界书》附回书、《狮子赋》等，卷二《西域往回纪行诗》九十二首、《居休诗》四十六首及《新居上梁文》《历官事迹》等，外篇二卷则皆当时胡广、方孝孺、解缙、杨荣等送迎陈诚使西域及归乡之诗、序。《江西诗征》卷四五录其诗一首。生平见何乔远《名山藏》卷六一、清徐乾学《明史列传》卷一五。

陈函辉（1589—1645）　初名炜，字木椒，乡举后改今名，改字木叔，号寒椒道人，以读书小寒山，又自号小寒山子。浙江台州府临海人。崇祯七年（1634）进士，除靖江知县，以纵情诗酒为御史左光先劾罢。十七年京师陷，倡义勤王，鲁王监国，起为兵部主事，擢太仆寺卿，进兵部侍郎兼侍读学士。浙东师溃，入天台云峰寺，赋诗别亲友，又赋《绝命诗》十首，自经死，年五十七。以诗名，《明史·艺文志》著录其《寒山集》十卷，实其诗文著述刊本甚多，且多重复刊刻，现存主要有：崇祯刊《小寒山子集》十四卷（内《客椒自删》《客椒再删》《山椒戏笔》《青未了》《客还草》《缶存》

《题红》《年评社集》《率豆社约》《家山游》《香奁限韵》《删社和草》各一卷及《客心草》二卷；又崇祯刻本《小寒山诗》（内《寒香集选》二卷、《选寒光集》三卷、《寒江集》十一卷、《选寒耘集》四卷、《选寒江集》三卷、《寒枝集选》五卷、《选寒喜集》二卷）；又崇祯化玉斋刊本《选刻小寒山诗集》三十八卷（内《寒玉集》十一卷、《选寒光集》八卷、《寒香集选》七卷、《选寒耘集》四卷、《选寒江集》三卷、《寒枝集选》五卷）；又崇祯十四年刊本《寒山诗合选》九卷。另有崇祯刊本《两纪事》二卷。陈济生《天启崇祯两朝遗诗》卷七录其诗五十首。《明诗综》卷七四录其诗《刘伶巷》一首，"诗话"云："木椒真率自矢，不假藻饰。其诗十九赠僧，信手拈出，使人有多才之憾。"《明诗纪事》辛签卷八上录其诗六首，按云："寒光五古质戆，有元道州遗意。近体近纤近俳，多为'公安派'所染。"生平见陈济生《天启崇祯两朝遗诗·小传》、清翁洲老民《海东逸史》卷五、《明史》卷二七六。

陈组绶（？—1637） 亦作"祖绶"，字伯玉，号象孔，又号伊庵。南直常州府武进（今江苏常州）人。天启元年（1621）乡试解元，崇祯七年（1634）进士，八年除兵部职方司主事，勤勉尽职，著《皇明职方两京十三省地图表》二卷《或问》一卷，记录京省都邑、九边四塞、山川险阻、钱赋出入、关隘军机要害，有崇祯间刊本。九年典试山东，十年病卒。工书法，能诗文。有崇祯间怙思庐刊本《舫斋诗集》六卷，卷首崇祯十年同里马世奇序。又有崇祯怙思庐刊本《舫斋文集》十卷，凌玉渠序。据序及封面题签，知《诗集》《文集》皆为组绶逝后所刻。《四库全书总目》另著录其《五经副墨》八卷，现存明末光启堂刊本，又崇祯刊本《四书副墨》不分卷、《存古类函》三卷亦存。清《（道光）武阳合志》另著录其《孝苑》十八卷。《明诗综》卷六八录其诗一首。《御选宋金元明四朝诗》据之录。生平见清吴山嘉《复社姓氏传略》卷三、《（康熙）常州府志》卷二四。

陈绍英（生卒年不详） 字生甫。浙江杭州府仁和（今杭州）人。承荫入仕，崇祯十五年（1642）任贵州平越知府，迁贵州按察副使。《千顷堂书目》著录《五石居诗草》，现存明末刊《五石居诗》五卷，计收诗二百七十一首，内《麋子吟》二十首、《谐寺草》三十四首《青溪草》三十首、《随车草》四十七首、《长安稿》一百四十首，有孙之琮、薛寀、纪青等序，陈绍英自序及薛寀崇祯七年跋。《明诗综》卷七〇录诗《吴宫词》一首。生平见《（乾隆）贵州通志》卷二〇。

陈经（1483—1550） 字伯常，

号东渚。山东青州府益都（今青州）人。正德五年（1510）举人，九年进士，授兵科给事中，进右给事中。嘉靖初累迁至通政司右参议，升通政司使，转礼部右侍郎，仍掌司事。拜户部尚书，总督仓场，兼管西苑农事，未几，改兵部尚书。时西北警檄日至，筹划边政，条陈防御事宜，帝皆允行，加太子少保。后以力反边臣复河套之议，忤宰执夏言意，乞休归，卒于嘉靖二十九年（1550），年六十八。嘉靖十四年，陈经丁忧归里，恰郡中致仕赋闲官员刘澄甫、冯裕、石存礼、杨应奎等组海岱诗社，经与冯裕为儿女亲家，因也被邀入社。后冯裕曾孙冯琦辑社友所作诗为《海岱会集》十二卷，内收陈经诗四十二首。是集原以传本流传，清乾隆时为纪昀所得，被收入《四库全书》，《总目》"提要"云："八人皆不以诗名，而其诗皆清雅可观，无三杨台阁之习，亦无'七子'模拟之弊，故王士祯（王士禛）称其各体皆入格。"《皇明诗统》卷三六录诗一首。清宋弼《山左明诗钞》卷六录诗十首。清段松岑《益都先正诗丛抄附编》录诗十三首。《明诗纪事》丁签卷一四录诗一首。近人赵愚轩《青州明诗钞》卷一录诗十一首。生平见严嵩《陈公经神道碑》（《钤山堂集》卷三八）、萧彦《掖垣人鉴》卷一二。

陈政（1418—1476）　字宣之。广东广州府番禺（今广州）人。正统六年（1441）乡试解元，入太学，景泰五年（1454）进士，选翰林院庶吉士，与修《寰宇通志》，书成，授湖广道监察御史。寻奉命提督北直学校，阅九载，特升山东按察副使，提督学校，成化三年（1467）改云南按察副使，十年献绩之京，至湖湘遘疾，归家二载卒，年五十九。所著有《东井集》，未见传。《皇明诗统》卷一六录其诗二首。《石仓十二代诗选·明诗选》录其诗五十五首。清屈大均《广东文选》卷五录其文一篇。清梁善长《广东诗粹》卷三录其诗八首。《明诗纪事》乙签卷一九录其诗一首。生平见黄佐《陈公政传》《国朝献征录》卷一〇二）、过庭训《本朝分省人物考》卷一一〇、《（雍正）广东通志》卷四五。

陈荐夫（生卒年不详）　名藻，字荐夫，以字行，更字幼孺。福建福州府闽县（今福州）人。万历二十二年（1594）举人，三上春官不第，病目双瞽。与弟诸生陈价夫俱以诗名，互相倡和，自得其乐，又与徐熥、徐𤊹兄弟及曹学佺等为诗友。《千顷堂书目》著录其《广放生论》一卷、《水明楼集》十四卷。现存万历间刊本《水明楼集》十四卷，内诗九卷，收诗五百七十首，词一卷，收词六首，末四卷收赋二篇、各体文七十余篇。首万历四十三年曹学佺序，谓"水明楼者,取杜少陵'四更山吐月,残夜水明楼'之句也"。是集另有日本江户时抄本。徐𤊹《晋安风雅》录其诗四十五首。《列朝诗集》丁集录其诗十二首。《明诗综》卷五七录其诗二首。《御选宋金元明四朝诗》录其诗二十七首。《四库全书总目》著录《水明楼集》十四卷,"提要"云:"考徐𤊹《晋安风雅》,自荐夫之曾祖煌、祖达、父辅之与其兄价夫,皆以诗名,其家学渊源,固有所自。曹学佺为之序称其'质癯而腹腴,语险而法中。虽目不涉书,迹不交山水,能使下帷之夫骇其博雅,好游之士推其韵致',则过其实矣。"清郭柏苍《全闽明诗传》卷三六录其诗四十一首。《明诗纪事》庚签卷八录其诗一首,按云:"伯孺、幼孺兄弟,称诗品略相似。徐惟和(徐𤊹)《晋安风雅》有幼孺序,云'非性灵不谈,脱钉饾如屣',知其风旨所在矣。"

陈柏(1506—1580) 字子坚、宪卿,号苏山。湖广承天府沔阳(今湖北仙桃)人。生于正德元年(1506)六月十三。嘉靖七年(1528)举于乡,春试下第,入北监,二十九年中进士,观政工部,三十三年授兵部职方司主事。历员外郎,迁武库司郎中,出为山西井陉兵备副使,以母忧归,遂不复出。卒于万历八年(1580)三月二十四,年七十五。喜谈学问,尤好金石文字。其次子陈

文烛,与"后七子"游,倡和极多。子坚则晚始为诗,亦与"七子"通声气。现存万历刊本《借山亭前集》六卷《续集》六卷、《来青轩文选》八卷《诗选》四卷、《见南江阁诗选》八卷《文选》十四卷、《退乐轩诗选》一卷、《大业堂尺牍》六卷。又有万历十五年陈文烛刊本《苏山选集》七卷,诗四卷文三卷。另有天启七年自刊本《镜湖游览志》五卷。《千顷堂书目》另著录其《沔阳人物考》。顾起纶《国雅》卷一五录其诗十六首。《皇明诗统》卷三一录其诗六首。《明诗综》卷四四录其诗一首。《四库全书总目》著录《苏山集》二十卷、《苏山选集》七卷,"提要"云:"柏诗颇宕逸有姿,而失于薄弱。"《御选宋金元明四朝诗》录其诗一首。《明诗纪事》己签卷一〇录其诗一首,按云:"人比之高三十五,子坚有句云:'何人曾似高常侍,五十工诗亦善鸣。'纪其事也。"《明文海》录其文三篇。近人甘鹏云《湖北文征》录其文七篇。生平见陈文烛《先君行状》(《二酉园文集》卷一三)、吴国伦《陈公墓志铭》(《甔甀洞稿》卷三五)、王兆云《皇明词林人物考》卷一〇。

陈奎(1524—1601) 字汝星,号文塘。福建福州府侯官(今福州)人。生于嘉靖三年(1524)九月二十七。三十一年中举,三十二年进士,授丹阳知县。历户部四川司员外

郎、郎中,出知真定府。历山东按察副使、广东按察副使、山东参政,官至广东按察使,致仕归里。家居多年,卒于万历二十九年(1601)七月二十四。林如楚作《陈观察公传》谓其"有《仕余摘稿》《嵩山草堂集》十余卷行世"。《千顷堂书目》著录其《观察集》六卷,皆未见传。现存万历四十年刊《陈观察诗文集》二卷,卷一为诗集,收其五七言古近体诗,卷二为文集,收其序、记、墓志等文。首有其从弟陈鸣鹤序,谓其学"务于实践,弗雕虫之文外,情发于诗,亦弃弗录",后其子陈益祥及诸孙等多方辑录,始有是编。清郭柏苍《全闽明诗传》卷二五录诗九首。生平见张孟男《文塘陈公墓志铭》、李应阳《文塘陈公行状》、林如楚《陈观察公传》(《陈观察诗文集》附录)及《(雍正)福建通志》卷四三。

陈省(1529—1612)　字孔震,号约斋,更号幼溪。福建福州府长乐人。嘉靖三十八年(1559)进士,授金华府推官,擢监察御史。万历初累官至兵部右侍郎兼右金都御史,巡抚湖广。张居正卒,被劾归。万历四十年(1612)卒。《千顷堂书目》著录《幼溪集》《武夷集》,崇祯三年(1630)序刻《陈氏家集》收其《幼溪集》六卷。清初明陈氏家族诗集《江田诗系》(稿本)收其诗,亦名《幼溪集》。徐𤊹《晋安风雅》录诗二首。

清郭柏苍《全闽明诗传》卷二六录诗八首。《明诗纪事》己签卷一三录诗一首。生平见叶向高《陈公墓志铭》(《苍霞续草》卷一一)、《(乾隆)福建通志》卷四三。

陈勋(1560—1617)　字元凯,号景云。福建福州府闽县(今福州)人。生于嘉靖三十九年(1560)七月十二。万历二十八年(1600)顺天中举,明年进士,除南京武学教授,就迁南国子助教。改南户部主事,榷广陵关,进本部郎中,以疾告归。归则杜门不出,虽姻亲罕见其面,终日静坐,弄柔翰以自娱。四十五年有诏起为绍兴知府,已于三月十五日先卒,年五十八。以工书画、能诗文名于乡里。叶向高为其作墓铭,称其有《元凯集》四十卷、《坚卧斋杂著》二十卷及评选古诗文六十卷,《千顷堂书目》著录其《陈元凯集》五卷。现存天启间吕纯如刊本《陈元凯集》五卷,卷端友人董应举序及吕纯如天启二年(1622)序,内文三卷收各体文一百一十余篇,诗二卷,收诸体诗七百八十余首。徐𤊹《晋安风雅》录其诗三首。晚明诸生李时成辑闽中《后十子诗选》,选郑善夫、傅汝舟、林恕、林凤仪、袁表、林春元、徐𤊹、林光宇、林世璧诸人诗,陈勋亦在其列。《列朝诗集》丁集录其诗八首,"小传"云:"元凯风标雅望,能诗善画,未艾投簪,杜门著述,时人以陶元亮拟之。"《御选宋金元明四朝诗》录其诗一首。《四库全书总目》著录《元凯集》五卷,"提要"云:"勋为郑善夫外曾孙,其诗瓣香有自,故虽无杰构,而尚有典型。"清郭柏苍《全闽明诗传》卷三七录其诗三十一首。《明诗纪事》庚签卷二〇录其诗三首。生平见叶向高《景云陈公偕配詹安人合葬墓志铭》(《苍霞续草》卷一二)、《(雍正)福建通志》卷四三。

陈选(1429—1486)　字士贤,号克庵。浙江台州府临海人,陈员韬子。父子皆从陈璲学。选景泰元年(1450)举人,天顺四年(1460)进士,授监察御史,巡按江西。宪宗即位,疏劾尚书马昂等,迁河南按察副使,寻改督学政。后为广东布政使,忤中贵,成化二十二年(1486)被诬与番禺知县高瑶朋比贪墨,被逮,五月行至南昌病卒,年五十八,正德间复官,追谥忠愍。谢铎为其作墓铭,谓其有《丹崖集》若干卷,未见传。现存清抄本《恭愍公遗稿》不分卷,收诗一百四十九首、文七篇。《明史·艺文志》著录其《小学句读》六卷。李时渐《三台文献录》录其文三篇、诗四首。清戚学标《三台诗录词录》卷一四录其诗七首。《明诗纪事》丙签卷四录其诗一首。生平见谢铎《陈公墓铭》(《桃溪净稿文集》卷一二)、清黄宗羲《明儒学案》卷四

五、《明史》卷一六一。

陈禹谟(1548—1618)　字锡玄,号抱冲。南直苏州府常熟(今属江苏)人。万历十九年(1591)举人,历南国子监学正、四川按察司佥事,仕至贵州布政司参议。卒于万历四十六年六月二十二,年七十一,赠右参政。平生好著述,曾采掇诸事隽语,纂《广滑稽》三十六卷,有万历刊本。辑刻《骈志》二十卷,后为《四库全书》所收。又辑刻《经言枝指》九十九卷,亦有万历刻本,内《四书汉诂纂》十九卷、《谈论菀》四十卷、《引经释》五卷、《四书人物概》十五卷、《四书名物考》二十卷。《明史·艺文志》另著录其《说麈》八卷、《左氏兵略》三十二卷、《补注北堂书钞》一百六十卷、《类字判草》二卷等。诗文著述现存明挹爽楼抄本《学半斋集》不分卷,内收奏疏三篇、表一篇、各体杂文二百余篇、书启五十余篇及诗一百一十八首。《海虞文征》录其诗一首、文六篇。生平见清《陈府君墓志铭》(《牧斋初学集》卷五六)、《(康熙)常熟县志》卷一八、《(雍正)昭文县志》卷六、《(同治)苏州府志》卷九九。

陈逅(生卒年不详)　字良会。南直苏州府常熟(今属江苏)人。正德十一年(1516)领乡荐,十二年进士,除福清知县。征为监察御史,以疏救同官朱淛、马明伦廷杖,下诏

狱,谪合浦主簿。后累官至河南按察副使,帝幸承天,坐供具不办落职,后频荐不起。《千顷堂书目》著录《省庵集》四卷,现存万历间海虞陈氏家刊本《省庵漫稿》四卷,卷一收诗一百九十余首,卷二奏疏、书启,卷三序,卷四志铭、祭文、杂著(词四首),有万历五年(1577)王樵序。是集又有崇祯十年(1637)其曾孙陈星枢刊本。《海虞文征》录其文四篇、诗十首。生平见《(乾隆)江南通志》卷一四〇、《明史》卷二七。

陈衎(?—1645)　字磐生。福建福州府闽县(今福州)人。晚明诸生,笃学好古,少受学于董应举,长与徐𤊹、徐𤊹兄弟等切磋诗文。著述有崇祯刊本《玄冰集》十一卷,计收诗七百余首,有崇祯二年(1629)陈衎自序。又有崇祯间刊《大江集》二十一卷,卷一收赋六篇,卷二至卷八收诗七百四十余首,卷九至卷二一收碑、传、论、序等各体文二百余篇,有崇祯十一年杨德周、徐𤊹序及十二年陈衎自序。又有崇祯十七年刊《大江草堂二集》十八卷,内赋一卷四篇,诗七卷收诸体诗五百余首、词十四首,文十卷,收各体文一百九十余篇,附《簦灯碎语》一卷。《千顷堂书目》仅著录《大江集》,盖未知其详也。《列朝诗集》丁集录其诗四首,"小传"谓其"老于场屋,好谈边事利害及将相大略,穷老尽气,不少

衰止。尝自撰墓志铭曰:'生肮脏负俗,粗读书,略知文字。著诗赋碑传杂文四十余卷,稍行于世'"。《明诗综》卷六七录其诗四首,"诗话"云:"磐生与徐兴公(徐𤊹)同入曹能始(曹学佺)阆风楼诗社,而赋才懦钝,光焰郁而不舒。其自序比作春草蔓生,秋虫孤鸣,良亦自得之言。"《御选宋金元明四朝诗》录其诗五首。清郭柏苍《全闽明诗传》卷四二录其诗六首。《明诗纪事》辛签卷二九录其诗二首。《明文海》录其文《唐仲言李公起传》一篇。清陈元龙《御定历代赋汇》录其《玻璨鸟赋》《宋徽宗画寒空棘鹊赋》。

陈亮(1326—?)　字景明,号储玉,又号伧洲、拙修。福建福州府长乐人。元末儒生,明洪武、永乐间累征遗逸,不起,山中为小楼,购四方书藏之。又作草屋沧洲中,与名士王恭、高棅、赵迪、周玄日相过从,诗酒为乐,时往三山中为"九里社",以此终。诗学陶渊明、韦应物,后以诗与林鸿、郑定、王褒、唐泰、高棅、王恭、王偁、周玄、黄玄同入袁表、马荧编《闽中十子诗》,遂被称为明初"闽中十子"之一。其卒约在永乐三年(1405),年八十余,于"闽中十子"中最为老寿。《千顷堂书目》著录其《沧洲集》又《储玉斋集》,现存万历刊本《闽中十子诗》三十卷(袁表、马荧编)收《陈征君诗》四卷,收诗九十

六首。《四库全书》所收《闽中十子诗》略有删略。《皇明诗统》卷七录其诗七首。徐𤊹《晋安风雅》录其诗八首。《石仓十二代诗选·明诗选》录其诗三十五首。《列朝诗集》乙集录其诗二首。《明诗综》卷一〇录其诗二首。《御选宋金元明四朝诗》录其诗四首。清郭柏苍《全闽明诗传》卷三录其诗二十八首。《明诗纪事》甲签卷一〇录其诗二首。生平见佚名《陈亮传》(《国朝献征录》卷一一五)、王兆云《皇明词林人物考》卷二、《明史》卷二八六。

陈音(1436—1494) 字师召,号愧斋。福建兴化府莆田人。生于正统元年(1436)三月十七。天顺六年(1462)领乡荐,八年进士,选翰林院庶吉士,成化元年(1465)授编修。三年与修《英宗实录》,十二年满九载,升侍讲,入侍经筵。十九年进南太常寺少卿,弘治五年(1492)满九载,进本寺卿,七年六月二十六卒,年五十九。史载其"负经术,士多游其门者。然性健忘,世故琐屑事皆不解,世多以不慧事附之以笑,然不尽实也"。《明史·艺文志》著录其《愧斋集》十二卷。现存莆田陈须政刊本《愧斋文粹》五卷附录一卷,卷首有嘉靖元年(1522)马明衡《愧斋文粹序》、正德十三年(1518)黄巩《题愧斋文粹后》、嘉靖二年陈须政跋。又有嘉靖三年郑光琬刊本《愧斋先生文粹》十卷附录一卷。嘉靖三十一年刊本《愧斋集》十七卷附一卷为其总集,内诗四卷,收诗一百九十首,卷五收奏疏及《论字说》,后为各体文十三卷,黄澜序。《皇明诗统》卷一九录其诗一首。郑岳《莆阳文献》卷十录其文三篇。《明诗综》卷二二录其诗一首。清郑王臣《莆风清籁集》卷一一录其诗五首。清郭柏苍等《全闽明诗传》卷一〇录其诗四首。清涂庆澜《莆阳文辑》录其文二篇。《明诗纪事》丙签卷四录其诗一首。《明文海》录其文《闲叟记》一篇。生平见李东阳《陈公神道碑铭》(《怀麓堂集》卷七八)、王鏊《愧斋先生传》(《震泽集》卷二四)、《明史》卷一八四。

陈洪绶(1599—1651) 又名胥岸,字章侯,号老莲,晚年又号老迟、悔迟、弗迟、云门僧、九品莲台侍者等。浙江绍兴府诸暨人。生于万历二十六年十二月二十七(1599年2月6日)。自少喜绘事,曾从学于蓝瑛,又摹杭州府学李公麟《圣贤图》。四十三年赴绍兴蕺山,从刘宗周求理学。天启三年(1623)捐赀入北国子监。还游杭州,交于张岱,相与游览吟咏,而尤醉心于绘事。擅绘人物,与顺天崔子忠齐名,有"南陈北崔"之誉。初画《楚辞》像刻于绍兴,再绘《水浒叶子》,奇形怪状而神态毕俱,同时画家陈继儒、赵宦光等见之，无不觉骇目惊心。崇祯十三年（1640）再赴国子监试，交于方以智、王崇简等"复社"名士，相与诗酒往还，畅饮娱乐。召为中书舍人，使临历代帝王图像，因得纵观大内书画，艺益进。十六年南归，寓于绍兴徐渭故居"青藤书屋"。清兵下浙东，避居郊外灵鹫峰，曾被擒，虽胁以死，不肯作画，因削发入云门寺。清顺治六年（1649）移居杭州吴山，甚少作画，故交周亮工降清，官户部右侍郎，索画，亦坚不应。寻归绍兴，顺治八年十月十六病卒，年五十四。画作多有传世品，为后人所珍。诗文著述辑为《宝纶堂集》十卷，有清光绪十四年（1888）刊本，内文三卷，收各体文四十五篇，诗五卷，收诸体诗逾千首，词一卷，收词二十九首。《明诗综》卷七〇录其诗一首，"诗话"谓其"诗颇饶逸致，惜流传者寡"。清卓尔堪《明遗民诗》录其诗一首。清徐道政《诸暨诗英》卷三、清郦滋德《诸暨诗存》卷六录其诗五十首。《明诗纪事》辛签卷二七上录其诗十三首，按云："章侯人物奇古，山水雄秀，七绝潇洒出尘。前有沈启南（沈周），后有陈章侯，真画家宗匠，诗家逸派也。"近人赵尊岳《明词汇刊》据《宝纶堂集》录其词为《宝纶堂词》，又据手写词稿录词九首为《宝纶堂佚词》。生平见清孟远《陈洪绶传》（《宝纶堂集》卷首）、《崔子忠陈洪绶传》（《曝书亭集》卷六四）、清毛奇龄《陈老莲别传》（《西河文集》卷七）。

陈洪谟（1474—1555）　字宗禹，号高吾。湖广常德府武陵（今湖南常德）人。生于成化十年（1474）八月初九。弘治八年（1495）举人，明年进士，授刑部主事，转员外郎，以丁外艰归。正德初以母老乞便养，改南户部员外郎，迁郎中，进漳州知府，迁江西参政，擢贵州按察使，丁内艰归。起补云南按察使，嘉靖元年（1522）升山东左布政，以病乞休，再补江西左布政，升右副都御史巡抚江西，八年迁兵部右侍郎，转左，以部灾罢归。三十四年卒于家，年八十二，赠兵部尚书。能诗文，《明史·艺文志》著录其《文稿》二卷，《千顷堂书目》著录其《静芳堂摘稿》十二卷，现存嘉靖十三年聂璜常德刊本《高吾诗稿》十卷，另有嘉靖间刊本《高吾静芳亭摘稿》八卷。两集皆有顾应祥序、高宇跋，然前集收诗七百四十余首，后集收诗六百四十余首。实《摘稿》后出，为洪谟所自定，于诗亦有所增删。所著另存《治世余闻录》八卷《继世纪闻》六卷，记武宗时事，有万历刻《纪录汇编》本。《千顷堂书目》另著录其《督府奏议》及《常德府志》。《石仓十二代诗选·明诗选》录其诗一百余首。清廖元度《楚风补》卷一九录其诗二首。

《四库全书总目》著录《静芳亭摘稿》八卷，"提要"谓其"以致仕之后居高吾山下，筑亭山中，榜曰'静芳'，故以名其集。又自称'高吾子'，故亦曰《高吾摘稿》。其诗音节谐畅，而意境不深。盖宏、正之间风气初变，渐趋'七子'之派，而未尽离'三杨'之体也"。清邓显鹤《沅湘耆旧集》卷一二录诗四首。《湖南文征》录其文一篇。清应先烈《常德文征》卷一五录其文一篇、卷三六录其诗六首。《明诗纪事》丁签卷七录其诗一首。生平见蒋信《高吾陈先生洪谟行状》（《国朝献征录》卷四〇）、《（雍正）湖广通志》卷五〇。清陈锐有《陈洪谟公年谱》（《武陵陈氏乡贤录》本）。

陈济生（生卒年不详）　字皇士，号定叔。南直苏州府长洲（今江苏苏州）人。祭酒陈仁锡之子，娶顾炎武之姊。明末以荫补太仆寺丞，入清不仕，约卒于康熙初。顺治间曾辑刻《天启崇祯两朝遗诗》十卷附《小传》。是编辑录明代万历以后诗作，目录凡六百九十一人（诗、传俱全者一百人，有诗无传者一百八十六人，有传无诗者八十四人，诗传俱缺者三百二十一人），明末诗人多有赖其传者。凡例谓其集录诗"以人为重，人以节义为主"，故刊行后曾遭人告讦，幸作者已卒，得避害。济生亦能诗，《明诗综》卷七〇、《御选宋金元明四朝诗》录其诗一首。清

卓尔堪《明遗民诗》录其诗十首。《明诗纪事》辛签卷三三录其诗一首。

陈宪（生卒年不详）　字伯度，号后斋。江西饶州府余干人。弘治十四年（1501）举人，正德六年（1511）进士，授溧水知县。擢工部主事，转刑部员外郎，升广西佥事，以功迁贵州布政司参议。有诗集《后斋遗稿》二卷，现存嘉靖间陈照鄞县刊本，内《公余纪拙》收诗一百六十余首、《粤江行稿》收诗三十余首，乃其子鄞县丞陈照所编，首有嘉靖二十二年（1543）戴鳌序。戴序谓其得乡先哲胡居仁理学之传，故"诗多理语，鲜风人之致"云。《四库全书总目》著录其集。清王琨《泰和诗征》卷二四录诗一首。生平见《（道光）余干县志》卷一二、《（同治）余干县志》卷一一。

陈贽（1392—1466）　字惟成，号蒙轩。浙江绍兴府余姚人。用荐授杭州府学训导，入为翰林待诏。宣德十年（1435）与修《实录》，总两浙十一郡事，时称史才。数迁为广东左参议，官至太常少卿。致仕归，卜居杭州，卒于成化二年（1466），年七十五。《千顷堂书目》著录其《太常志》《蒙轩集》三卷又《自娱稿》又《容台稿》又《薇垣稿》又《抚安录》又《归田稿》又《和唐音》三卷又《和陶诗》又《和（宋）董嗣杲西湖百咏》一

卷又《闲边日钞》，现均未见传。《皇明风雅》录其诗二首。《皇明诗统》卷一〇录其诗三首。《石仓十二代诗选·明诗选》录其诗一百八十余首。《明诗综》卷二一、《御选宋金元明四朝诗》录其诗二首。《四库全书总目》著录《西湖百咏》二卷，"提要"云："诗皆七言律体，每题之下，各注其始末甚详，颇有宋末轶闻，为诸书所未载者。嗣杲诗格颇工整，赟所和才力稍弱，亦足肩随，皆迥在许向《华亭百咏》之上也。"《明诗纪事》乙签卷二二录其诗四首，按云："永、宣间，张式之（张楷）好和古人诗，有《和唐音》及《和李杜诗》各十余卷。惟成亦有《和唐音稿》及和宋董嗣杲《西湖百咏》。惟成诗品，与式之差堪伯仲。"生平见佚名《陈公墓志铭》（《国朝献征录》卷七〇）、杨守陈《陈太常诔》（《杨文懿公文集》卷一三）、《（乾隆）绍兴府志》卷五三、《（光绪）余姚县志》卷二三。

陈铎（？—1507）　字大声，号秋碧，别署七一居士。祖籍邳州（今属江苏），先祖有靖难功，后世袭南京济州卫指挥，因家居南直应天府上元（今江苏南京）。天顺五年（1461）袭职，正德二年（1507）卒，享寿不详。平生能书善画，今多有传世。尤精声律，时称"乐王"（《剧说》引《丹铅录》），被誉为南曲宗匠，亦能诗词。《千顷堂书目》著录其《秋碧轩集》五卷又《香月亭集》《草堂余意》二卷、《秋碧乐府》二卷又《梨云寄傲词》一卷，现存万历三十九年（1611）汪廷讷编订《陈大声乐府全集》，收《梨云寄傲》二卷、《可雪斋稿》一卷、《月香亭稿》二卷、《秋碧轩稿》二卷、《纳锦郎传奇》一卷、《太平乐事》一卷、《草堂余意》二卷、《滑稽余韵》一卷，凡八种十二卷，由汪氏环翠堂刊印，今存。其中《纳锦郎传奇》即所著杂剧《花月妓双偷纳锦郎》，旦本四出，写教坊司乐人教妓女"纳锦"（刺绣），为妓女相中，二人相会被抓，鸨母欲将妓女嫁与有钱人，乐人则到教坊司"色长"处告状（传本以下缺页）。《太平乐事》为一出短剧，写上元之夜，都市大街各种商贩（外角扮）纷纷登场，夸耀自己所卖之物，后杂货郎（净角扮演）出场，逐一贬低众人货物，并将众人问倒，不料又受到旁观者（末角扮演）批评。祁彪佳《远山堂剧品》"能品"著录汪廷讷《太平乐事》，谓"于灯市中搬演货物，亦足点缀太平"。然汪作实改订陈氏原作矣。清姚燮《今乐考证》等著录陈铎另有杂剧《郑耆老义配好姻缘》，未见传。《滑稽余韵》为其散曲集，又有佚曲见于郭勋《雍熙乐府》、凌濛初《南音三籁》、张禄《词林摘艳》等，计存小令四百七十一、套数九十九。《草堂余意》二卷则为词集，收词近一百五十首。

所著杂著汪廷讷刻为《环翠堂精订陈大声杂著》，内亦有传奇一种残存。《列朝诗集》丙集录其诗六首，"小传"云："成化中，江阴卞华伯（卞荣）序其《香月亭诗》，以为用意和平，不务雕刻，深入虞、杨、范、揭之阃奥，而渐登盛唐作者之阶梯र。"《明诗综》卷三八录其诗一首。《御选宋金元明四朝诗》录其诗四首。《明诗纪事》丁签卷一二录其诗一首。《明词综》卷三录其词二首，近人赵尊岳《明词汇刊》录其《草堂余意》二卷。生平见王兆云《皇明词林人物考》卷一二、周晖《金陵琐事》《（康熙）江宁府志》卷三四。

陈皋谟（1504—1554）　字思赞，号横江。南直常州府江阴（今属江苏）人。嘉靖二十二年（1543）举人，明年进士，知蒲州。历刑部员外郎，官南工部郎中。三十三年有倭警，率军守城，冒暑焦劳，卒于官，年五十一。《千顷堂书目》著录《薄游稿》又《北游稿》又《南都稿》，未见传。《明诗综》卷四三、清沈德潜《明诗别裁集》《御选宋金元明四朝诗》录诗一首。近人顾季慈《江上诗钞》卷一八录诗三十二首。生平见《（康熙）常州府志》卷二三。

陈益祥（1549—1609）　字履吉，号怀月，改号心阳生。福建福州府侯官（今福州）人。陈奎子，国子生，博涉坟典，喜临古帖，又好古文辞，

试不举，遂弃举业。能诗，徐中行引为布衣交。与袁表、赵世显、林世吉、王湛结"玉銮社"，又与徐熥、徐㷿、谢肇淛、曹学佺及陈鸣鹤等数十人为"芝山社"，与莫是龙、沈野等结"鹿草社"。卒于万历三十七年（1609）十一月初六，年六十一。卒后其从弟陈仲溱为其作《行状》，称其"所著有《潜颖录》一卷、《鹿草集》一卷、《摭星集》一卷，已授梓。《锦囊集》一卷、《木钺集》一卷、《丸天经》一卷并杂著，尚未行于世"。后其子陈绳祖、陈弘祖、陈绍祖辑其诗文为《陈履吉采芝堂文集》十六卷附录一卷，现存万历四十一年徐㷿序刊本。内诗十卷，收赋四篇、诗近四百首，文六卷，卷一一《丸天经》，收《原道》《原天》《原地》《原人》《原儒》《原禅》《原玄》七篇，卷一二《潜颖录》为其笔记，卷一三《木钺》收其杂论，卷一四《锦囊》、卷一五《摭星》收其序、记等各体文四十余篇（内有青词四篇），卷一六《鹿草》，收书启五十篇；附录收陈仲溱等所作《行状》《墓铭》及挽词等。《四库全书总目》著录《采芝堂集》十六卷，误作者为"周益祥"，"提要"云："中间《木钺》一卷，杂记时事，意取警世，而颇失之俚。诗则有意奇放，纵笔挥洒，不复裁以古法也。"徐㷿《晋安风雅》录其诗七首。清郭柏苍《全闽明诗传》卷三一录其诗一首。生平见陈仲溱

《履吉先生行状》、王穉登《陈履吉墓志铭》、谢肇淛《陈履吉传》(《陈履吉采芝堂文集》附录)。

陈炷(1449—1527)　字文用,号蒙庵,晚号留余。福建福州府闽县(今福州)人,陈炜弟。成化四年(1468)举人,十四年进士,历潮州府推官、监察御史,官至浙江按察佥事,年五十罢归。卒于嘉靖六年(1527),年七十九。《千顷堂书目》著录其《留余存稿》十四卷。万历三年(1575)刊闽县陈氏家集《义溪世稿》收其诗一百四十余首。徐𤊹《晋安风雅》录其诗一首。《石仓十二代诗选·明诗选》录其诗七十余首。《明诗综》卷二五录其诗一首。清郭柏苍《全闽明诗传》卷一一录其诗七首。《明诗纪事》丙签卷一二录其诗一首。生平见杨守阯《蒙庵诗序》(《碧川文选》卷二)、林俊《留余存稿序》(《见素续集》卷八)、《(乾隆)福州府志》卷三九。

陈烨(生卒年不详)　名或作"陈晔",字光宇,号后厓居士。山东青州府诸城(今青州)人。嘉靖四十一年(1562)进士,授工部虞衡司主事,榷浙江南关。隆庆中以工部郎中左迁,知同州,后历延安知府等,年七十致仕。著述存万历二十八年(1600)诸城陈氏原刊本诗集《陈氏仅存集》四卷,收诗七百余首,卷首有同邑丁惟宁序,附《自叙》。清王赓言

《东武诗存》卷一录诗四十二首。近人赵愚轩《青州明诗钞》卷二录诗七首。生平见《(乾隆)诸城县志》卷三〇、《(咸丰)青州府志》卷四四。

陈继(1370—1434)　字嗣初,号怡庵。苏州府吴县(今江苏苏州)人,陈汝言之子。生于洪武三年(1370)十一月初一。生十月,父坐法死,家无长物,惟遗书两万卷,母吴氏躬织以资其诵读。稍长,从王行、俞贞木游,邃于经学,人呼"陈五经"。洪熙元年(1425)开弘文馆,以杨士奇荐授翰林五经博士,与修两朝《实录》,进检讨,逾年引疾致仕。卒于宣德九年(1434)五月初六,年六十五。以文章擅名,亦善画竹。《明史·艺文志》著录其《怡庵集》二十卷,明刊本残存四卷,题《怡庵文集》,清乾隆十八年(1753)刊本及清抄本(题《陈检讨文集》)全。内序五卷,记四卷,墓铭、墓表五卷,传三卷,颂、赞、杂说一卷,跋一卷,有正统间李奎、刘玄序,附行状、墓志铭。都穆《南濠诗话》记云:"乡先生陈太史嗣初尝云:'作诗必情与景会,景与情合,始可与言诗矣。'"然集中无诗,赖诸选本存十数首。《皇明风雅》《皇明诗统》卷四录其诗三首。《列朝诗集》乙集录其诗十五首。《明诗综》卷一七录其诗二首,"诗话"云:"诗本之家学,持论以为'诗者,非得乎天地之清气,则无以极其

妙.'今所存《怡庵集》一十五卷,诗未之录。尝见《题渔父图》有云:'夕阳渐红江转绿.'分明画出一幅渔村晚景也。"《御选宋金元明四朝诗》录其诗十一首。《明诗纪事》乙签卷六录其诗一首。《明文海》录其文一篇。生平见张益《陈君行状》)(乾隆本《怡庵文集》附)、杨荣《陈君墓志铭》(《杨文敏公集》卷二二)、张昶《吴中人物志》卷七、《明史》卷一五二。

陈继儒(1558—1639) 字仲醇,号眉公、麋公、眉道人、空青公、清懒居士。南直松江府华亭(今上海松江)人。生于嘉靖三十七年(1558)十一月初七。出身寒素,少读书颖异,万历六年(1578)进学,称高才,与同郡董其昌齐名交善,明年馆于同郡范允临家,十一年馆于太仓王锡爵家,与锡爵之子王衡交厚,同读书于支硎山。十四年,年甫二十九,以三应乡试不举,乃取儒生衣冠焚弃之,从此不应科考。其五十岁前家于郡西北之小昆山,然先后在同邑沈时来、杨继礼及嘉兴包柽芳、太仓王士骕家为西席。万历三十五年五十岁后于东佘山建别业,"广植松杉,屋右移古梅百株",以为平居之所。以润笔之资及友人馈赠渐多,遂不再外出坐馆。继儒多才艺,书学苏轼、米芾,所画山水,空远清逸,染梅之法,亦得独家之妙,又善鼓琴,通词曲,能诗文。其为人则重言诺,饶智略,讲情义,不仅有机缘得与当时许多达官缙绅往来,又得广交各类文人、商贾及方外之士,故其游踪虽"北不渡扬子,南不渡钱塘","大隐"之名却渐播于天下。同时钱谦益称其为"通隐",谓"眉公之名倾动寰宇,远而夷酋土司,咸丐其词章,近而酒楼茶馆,悉悬其画像。甚至穷乡小邑,鬻粗妆、市盐豉者,胥被以眉公之名,无得免焉"(《列朝诗集》丁集)。稍后朱彝尊亦云:"以处士虚声,倾动朝野。守令之臧否,由夫片言;诗文之佳恶,冀其一顾。市骨董者,如赴毕良史权场;品书画者,必求张怀瓘估价。"(《明诗综》卷七一)万历、天启间先后得杨廷筠、吴甡、何乔远、沈演、吴永顺、闵洪学、黄道周等荐举,朝廷征辟,皆以病辞。无锡顾宪成讲学东林,召之,亦弗往。卒于崇祯十二年(1639)九月二十,年八十二。继儒科举不成,悠然林下而得朝野称颂,然时过境迁,入清至乾隆时,其人其文则多受讥贬。平生著述纷纭,明末各种刊本迭出不穷,然真伪杂陈,多有不可辨者。或曰其曾延招吴越间穷儒老宿、隐约饥寒者,使之寻章摘句,刊《宝颜堂秘笈》以猎名求利。万历至泰昌,尚白斋、亦政堂曾六次刊《宝颜堂秘笈》,总采一百五十人著述二百二十三种,计四百六十四卷。其中万历三十四年《尚白斋镌陈眉公宝颜堂秘笈》十六种四十八卷（《见闻录》八卷、《珍珠船》四卷、《妮古录》四卷、《群碎录》一卷、《偃曝谈余》二卷、《岩栖幽事》一卷、《枕谭》一卷、《清明曲》一卷、《太平清话》四卷、《书蕉》二卷、《笔记》二卷、《书画史》一卷、《长者言》一卷、《狂夫之言》三卷续二卷、《香案牍》一卷、《读书镜》十卷）皆署陈继儒名，故又名《眉公杂著》。后五次所刊，也有《邵康节先生外纪》四卷、《虎荟》六卷、《辟寒部》四卷、《销夏部》四卷等署陈继儒之名。然陈继儒本人致友人书则云："书坊所刻《秘笈》之类，皆伪以弟名冒之。念此曹病贫，贾不能救，听其自行，多有极可笑可厌者。"（《与戴悟轩》）又云："《秘笈》非弟书，书贾赝托以行，中无二三真者。"（《答费无学》）则陈继儒与《宝颜堂秘笈》之编刻关系，尚有待考实。再如存世明末汤大节简绿居刻本《眉公先生晚香堂小品》二十四卷，有王思任、陶珽序。检阅全书，所选应系陈继儒所作，然其书实为书坊托名私刻，王、陶二序亦为伪作。后又有《晚香堂十集》之类刻本则又据之翻刻。又崇祯九年章台鼎醉绿居刊本署陈继儒《白石樵真稿》二十四卷《尺牍》四卷，也是此类假托之书，内董其昌序不见于其《容台集》。至于《学海类编》所收《佘山诗

话》三卷，或亦为他人抄撮而成。晚明坊间假托陈继儒辑编、评注之书亦甚夥，署称陈平的小说、戏曲等，更为可疑。此类假托之风竟延至清代，清乾隆三十五年（1770）崔维东将明天启四年（1624）陆绍珩辑刊之清言小品录《醉古堂剑扫》改名为《小窗幽记》重刊，即径署陈继儒著，实《醉古堂剑扫》所收一千五百余则文字，辑自陈继儒著述者仅六七十则。陈继儒之诗文著述，首有万历四十三年史兆斗刻本《陈眉公集》十七卷，卷首有陈继儒自序，内诗四卷，收赋一篇、诸体诗三百四十余首、词二十三首，又各体文十三卷。至其卒后，其子陈梦莲始辑刻《陈眉公先生全集》六十卷，首方岳贡序，又有梦莲《眉公府君年谱》。内序二十九卷，记三卷，墓铭、行状、墓表六卷，论一卷，策二卷，诗六卷，传八卷，祭文二卷，像赞一卷，疏一卷，跋三卷，启一卷，书牍五卷，议二卷。据是集陈梦莲识语，此《全集》六十卷为所辑继儒著述之第一刻，另有三刻，每刻二十卷，俟后。不知何因，后三刻竟未刊行，故继儒所作杂著，多未收入此六十卷本《全集》，原有万历刊本《逸民史》二十二卷亦未在列。陈继儒之文以杂著、小品为著。明末陆云龙《皇明十六名家小品》（崇祯六年峥霄馆刊本）选《陈眉公先生小品》二

卷。《明文海》录其文十八篇。《四库全书》未收陈继儒著述,然《总目》著录其所著、所编书达三十一种,"提要"将其列为晚明"山人"及小品文之代表,多有斥责、贬损之语。继儒韵文多五七言小诗。《皇明诗选》录其诗三首。《列朝诗集》丁集录其诗十八首,"小传"谓其"通明俊迈,短章小词,皆有风致"。《明诗评选》录其诗三首。《明诗综》卷七一录其诗三首,"诗话"谓其"未免名不副其实"。《御选宋金元明四朝诗》录其诗二十五首。清姚宏绪《松风余韵》卷一三录其诗二十首。清王昶《青浦诗传》卷一二录其诗十四首、卷三二录其词五首。《明诗纪事》庚签卷七下录其诗八首,按语谓"眉公小诗,颇有别趣"。《御选历代诗余》录其词十二首。《明词综》卷四录其词三首。近人赵尊岳《明词汇刊》辑录其词五十首为《陈眉公诗余》一卷。生平见陈梦莲《眉公府君年谱》(《陈眉公全集》卷首)、清邹漪《启祯野乘》卷一四、《明史》卷二九八。

陈琏(1370—1454)　字廷器,号琴轩。广东广州府东莞人。生于洪武三年(1370)五月初七。少从黄绩习《书经》,领洪武二十三年乡荐,入国子监,选为桂林府教授,秩满,升国子助教。永乐初,铺张朝廷盛德,作《平安南》《巡狩》《平羌》三颂及《铙歌鼓吹曲》十二首以献。近臣荐其才,召试优等,擢知许州,未及代还,改滁州。以治绩升扬州知府,仍摄滁州事。十七年丁父忧回乡,二十二年升四川按察使。宣德元年(1426)以"不谙宪法"召还,改南京通政司使,掌南国子监事,次年丁母忧,服满仍任通政司使。正统元年(1436),调任礼部左侍郎,六年引年致仕。归后优游山林,家开"万卷堂"以延宾客,时东莞有凤台、南园二诗社,皆与焉。卒于景泰五年(1454)十月十六,年八十五。诗文有名于时。《列朝诗集》乙集记其有"《琴轩集》三十卷,诗十二卷,篇什甚繁",据袁昌祚《重刻琴轩集序》,万历时后人曾刊行,未见传,至1930年东莞陈氏刊《聚德堂丛书》始辑其诗文刊为《琴轩集》十卷,诗三卷文七卷,然仍有遗漏。《千顷堂书目》另著录其《桂林志》三十卷、《罗浮山志》十五卷。《皇明风雅》卷二七、顾起纶《续国雅》卷二录其诗一首。《皇明诗统》卷九录其诗十四首。《皇明诗选》《列朝诗集》乙集录其诗一首。《明诗综》卷一七录其诗九首,"诗话"云:"琴轩诗,较孙仲衍(孙蕡)不及,视雪篷(黄哲)、听雨(王佐)诸君,似胜之。"清屈大均《广东文选》、清梁善长《广东诗粹》卷二录其诗九首。《明诗纪事》乙签卷五录其诗十首,按语谓其"词格俱精,天然秀拔"。近人张其淦《东莞诗录》卷五录其诗四十八首。程敏政《皇明文衡》录其文三篇。《明文海》录其赋一篇。清陈元龙《御定历代赋汇》录其赋六篇。生平见罗亨信《陈琏行状》(《聚德堂丛书》本《琴轩集》卷首)、王直《陈公墓志铭》(《王文端公集》卷三三)、黄佐《陈琏传》(《广州人物传》卷一四)、何乔远《名山藏》卷六〇。

陈崇德(生卒年不详) 字季广。福建福州府长乐人。成化十年(1474)举人,十七年进士,授清江令。征为南监察御史,升广西兵备副使,会柳庆民乱,督府讨平,崇德以功擢参政,转浙江右布政使,引年归。《千顷堂书目》著录其《三峰集》一卷。崇祯三年(1630)序刻《陈氏家集》有《三峰集》四卷。清初明陈氏家族诗集《江田诗系》(稿本)亦选其诗为《三峰集》。《石仓十二代诗选·明诗选》录其诗二十一首。清汪森《粤西诗载》卷一七录其诗五首。清郭柏苍《全闽明诗传》卷一一录其诗五首。生平见《(乾隆)福建通志》卷四三。

陈第(1541—1617) 字季立,号一斋,别号子野子,晚号温麻山农,别署乾坤寄客、五岳游人。福建福州府连江人。生于嘉靖二十年(1541)三月初三。少读书,有文名。

倜傥自负,喜谈兵。嘉靖三十八年为诸生,乡试不举。四十一年戚继光征倭至连江,上平倭策。四十四年游学福州如兰精舍,隆庆三年(1569)始于福州、漳州设馆教授。万历二年(1574)为俞大猷召置幕下,教以兵法。从俞至京师,为谭纶赏识,补军营教官。四年,任五军四营中军,守蓟门,五年谭补其为潮河提调,守古北口。八年戚继光荐其为游击将军,驻汉庄,守喜峰口要塞。十一年戚继光南调广东,陈第以事忤巡抚吴兑,因请致仕归。归后家居,二十六年挟书南游两广,辑成《两粤游草》。二十九年春回闽,著《毛诗古音考》。三十年十二月,随将军沈有容率舟船二十四艘往东番(台湾)剿倭,归作《东番记》。三十九年以七十高龄远游五岳,历六载,题咏辑为《五岳游草》七卷,途中又撰《尚书疏衍》《屈宋古音义》。四十五年三月二十一卒于家,年七十七。生平嗜书,家有世善堂,藏书万卷,编有《世善堂藏书目录》(今存)。其学通五经,长于《诗》《书》,《毛诗古音考》开明清音韵学研究之先河。其学术及诗文著述多先行单刻,如万历二十九年宛陵沈有容曾合刊其《蓟门塞曲》《两粤游草》。至万历末始辑刻全集,名《一斋集》(《陈一斋全集》),十二种三十五卷,内《伏羲图赞》二卷附《杂卦传古音考》一卷、《尚书疏衍》四卷、《毛诗古音考》四卷附《读诗拙言》一卷、《屈宋古音义》三卷、《构轩讲义》一卷、《谬言》一卷、《书札烬存》一卷、《意言》一卷、《五岳游草》七卷、《两粤游草》一卷、《寄心集》六卷、《一斋陈先生考终录》一卷、《杂文》一卷。《一斋集》现存万历连江会山楼陈氏家刻本，焦竑序，又有清道光二十八年(1848)会山楼增刻本，内收诸体诗近千首。《明史·艺文志》著录《屈宋古音义》三卷、《伏羲图赞》二卷、《尚书疏衍》四卷、《毛诗古音考》四卷、《寄心集》六卷，均为单刻本。《四库全书》收其《尚书疏衍》四卷、《屈宋古音义》三卷、《毛诗古音考》四卷，《总目》另著录其《一斋诗集》十三卷、《伏羲图赞》二卷附《杂卦传古音考》一卷。徐𤍞《晋安风雅》录其诗四首。《列朝诗集》丁集录其诗四十九首。《明诗评选》录其诗二首。《明诗综》卷四九录其诗十二首。《御选宋金元明四朝诗》录其诗二十一首。清郭柏苍《全闽明诗传》卷三一录其诗十七首。《明诗纪事》己签卷一八录其诗七首，按云：“季立诗抒写性情，不拘一格，时有警动之作。”生平见《(乾隆)福建通志》卷四三、《(嘉庆)连江县志》卷六、清陈斗初《七世祖一斋公年谱》(道光刊《陈一斋全集》

附录)。

陈鸿(1574—1646)　字叔度，号轩伯、秋室。福建福州府侯官(今福州)人。家寒微而能诗，南明绍武元年(1646)以贫病卒，年七十三。其诗初无人识，曹学佺见之赏叹，招其进诗社，名始著。清周亮工《因树屋书影》记云：“侯官陈叔度家贫，无人物色之。曹能始石仓园在洪塘中，有森阁，集诸同人为诗，叔度有‘一山在水次，终日有泉声’句，能始叹赏，为之延誉，因即以石仓为居停。名其诗曰《秋室篇》，取李长吉‘秋室之中无俗声’也。丙戌(1646)之变，能始殉节，叔度年七十二，不能自存，以贫病死。”卒后无子不能葬，周亮工为之葬于小西湖之侧，并与友人刻其遗诗为《秋室篇》八卷，收其诸体诗八百二十余首，清顺治七年(1650)刊本见存，有罗霄章、陈肇曾序。《列朝诗集》丁集录其诗十七首。《明诗综》卷八〇下录其诗一首。《御选宋金元明四朝诗》录其诗十首。清郭柏苍《全闽明诗传》卷四二录其诗十五首。《明诗纪事》辛签卷三二录其诗五首。生平见《(乾隆)福建通志》卷五一。

陈维新(生卒年不详)　字汤铭，号赤城。浙江绍兴府上虞人。万历四十三年(1615)举人，天启二年(1622)进士，授兵科给事中，转工科。历官太仆少卿、副都御史。崇祯初，以争三案遣归。著述现存崇祯间刻本《文园集》十一卷，内《两闱试牍》二卷，《越屐纪游》一卷（收诗三十八首），《虞屐纪游》一卷（收诗四十余首），《园居随抄》一卷（收文十二篇、诗一百八十三首），《存笥蠹余》一卷（收赋一、各体文二十七、诗一百三十一首），《宦鸟波余》一卷（收赋二、各体文八篇，诗一百一十首），《蓁编唾余》二卷（收文二十四篇、诗五十五首）及《重建罗星亭纪略》《里言》各一卷。清钱玫《历朝上虞诗集》卷一五录其诗二十二首。清徐乾《上虞诗选》卷二录其诗四首。生平见《（光绪）上虞县志校续》卷一〇。

陈琛（1477—1545）　字思献，号紫峰。福建泉州府晋江（今泉州）人。生于成化十三年（1477）十月十六。正德五年（1510）中举，十二年进士，授刑部主事。以养亲请改南，调南户部主事，累官至吏部郎中。世宗即位，乞致仕终养，嘉靖八年（1529）即家授贵州按察司佥事，改江西，辞不赴。嘉靖二十四年闰正月二十一卒，年六十八。曾从蔡清游，崇理学，讲学授徒，独守朱子家法，学者称"紫峰先生"。其经学著述有万历刊本《十三经解诂》六十四卷、《周礼训隽》二十卷、《重刊补订四书浅说》十三卷，又清乾隆年间刊本《陈紫峰先生周易浅说》五卷。又曾辑《诸子品节》五十卷，有万历刊本。《明史·艺文志》著录其《文集》十二卷，现存清乾隆三十三年刻五十四年增刻本《紫峰陈先生文集》十三卷首一卷，丁自申序，内诗五卷，收诸体诗四百四十余首，文七卷，收各体文一百二十余篇，卷一三为《正学篇》。《四库全书总目》著录《紫峰集》十三卷，"提要"云："今观其诗，皆濂洛风雅一派，其文亦类语录、讲义。"是集又有清光绪十七年（1891）补刊本。《石仓十二代诗选·明诗选》录其诗四十一首。《明文海》录其文四篇。清郭柏苍《全闽明诗传》卷一七录其诗十二首。生平见张岳《陈公墓志铭》（《小山类稿》卷一六）、王慎中《陈紫峰先生传》（《遵岩先生文集》卷一七）、《明史》卷二八二。清乾隆刊《紫峰先生文集》附陈敦履《陈紫峰先生年谱》。

陈敬宗（1377—1459）　字光世，号澹庵。浙江宁波府慈溪人。永乐二年（1404）进士，选翰林院庶吉士，进文渊阁，与修《永乐大典》，事竣，授刑部主事。又与修《性理五经四书大全》，再修《太祖实录》，改翰林院侍讲，以母丧归里守制。宣德改元，驿召夺情，与修《仁宗实录》，充会试同考官，次年转南国子监司业，九年（1434）升祭酒。景泰元年（1450）以年七十致仕归里。家居十余年，更其号曰休乐老人，天顺三年（1459）五月二十卒，年八十三，赠礼部侍郎，谥文定。馆太学二十余年，诸生多位卿贰，独敬宗久不调，而意豁如，学行为六馆师表，时与李时勉并称贤祭酒，号"南陈北李"。以应制之作著名，诗亦冲淡可读。《明史·艺文志》著录其《澹然集》十八卷。现存嘉靖十四年（1535）陈文誉、来汝贤刊本《澹然居士文集》十卷，内赋一卷诗三卷，苗衷、魏骥序；又万历四十四年（1616）刊本《澹然文集》五卷年谱二卷；又崇祯间刊《皇明理学名臣陈文定公澹然遗书》十三卷，内《澹然先生文集》五卷、《重刻澹然先生文集》三卷、《年谱》二卷（明陈其柱撰）、《澹然先生应略》二卷附录一卷（陈念先辑）。《皇明风雅》卷一八录其诗一首。顾起纶《续国雅》卷二录其诗二首。《皇明诗统》卷九录其诗五首。《四明风雅》卷一录其诗十六首。《石仓十二代诗选·明诗选》录其诗九首。《皇明诗选》录其诗二首，评语谓其诗"典质平和"。《列朝诗集》乙集录其诗八首。《明诗综》卷一八上录其诗二首，《御选宋金元明四朝诗》据之录。清尹元炜等《溪上诗辑》卷三录其诗九首。《明诗纪事》乙签卷九录其诗七首。《明文海》录其文

二篇。《四明文征》卷二录其文一篇。生平见魏骥《陈公墓志铭》（《魏文靖公摘稿》卷七）、黄佐《陈公敬宗传》（《国朝献征录》卷七四）、何乔远《名山藏》卷六三、《明史》卷一六三。

陈朝锭（生卒年不详） 字元之。福建福州府闽县（今福州）人，陈炷孙，陈达子。由选贡入国学。隆庆四年（1570）顺天中举，选官湖广善化教谕，升浙江定海知县，再迁崖州知州，改肇庆通判，进永宁府同知，卒年七十二。《千顷堂书目》著录其《崖州城隍除妖记》一卷，诗文著述称《公余稿》，均未见传。万历三年（1575）刊闽县陈氏家集《义溪世稿》收其诗二百余首。徐𤊹《晋安风雅》录其诗二首。清郭柏苍《全闽明诗传》卷二九录其诗七首。生平见《（康熙）福建通志》卷四五。

陈棐（生卒年不详） 字汝忠，号文冈，一作文岗。河南开封府鄢陵人。嘉靖四年（1525）举人，十四年进士，历礼科、户科给事中，以直谏不避权贵，忤旨谪大名府长垣县丞，升知县。历官至右佥都御史、宁夏巡抚。《千顷堂书目》著录其《广平府志》十六卷、《礼垣六事疏》二卷又《大同抚台奏议》六卷、《文冈先生集》二十卷。存万历九年（1581）鄢陵陈氏家刊本《陈文冈先

生文集》二十卷,首陈登云、周学易序,内赋二卷,收赋十四篇,诗七卷,收诸体诗近八百首、词六首;奏疏四卷,序二卷,记、辩、祭文、墓铭、杂著各一卷。《皇明诗统》卷二七录诗十六首。《四库全书总目》著录《陈文冈集》二十卷,"提要"谓其"诗文多率笔,奏疏亦多迂论"。《明诗纪事》戊签卷一九录诗一首。生平见萧彦《掖垣人鉴》卷一三、清孙奇逢《中州人物考》卷四。

陈辉(生卒年不详) 字伯炜,号存斋。福建福州府闽县(今福州)人。永乐六年(1408)举人,十三年进士,除监察御史。出为贵州按察司金事,迁广西副使,年七十致仕,卒于家。工书能诗,善鼓琴。《千顷堂书目》著录其《琴边清唱集》十卷,未见传。《石仓十二代诗选·明诗选》录其诗六十三首。《明诗综》卷一八下录诗一首。清汪森《粤西诗载》录诗二首、《粤西文载》录文二篇。《明诗纪事》乙签卷一一录诗八首,按云:"伯炜诗格清婉,永乐中当推作家。"生平见过庭训《本朝分省人物考》卷七〇、《(乾隆)福建通志》卷五一。

陈鼎(1478—1527) 字文相,又字大器,号大竹。山东登州府蓬莱人,登州卫籍。生于成化十四年(1478)九月初九。弘治十八年(1505)进士,奉使陕西。与修《孝宗实录》,正德四年(1509)授礼科给事中。以罪中官廖堂被诬下诏狱,释为民。嘉靖初诏起故官,迁河南参议,历陕西按察司副使、浙江按察使。嘉靖六年(1527)召为应天府尹,未上,六月二十九卒,年五十。《千顷堂书目》著录其《大竹集》,现存嘉靖四十四年刊《大竹文集》三卷《大竹遗稿》一卷,为其弟及诸子搜辑其遗稿而成,钟沂、孔天胤等序。内《文集》卷上收奏疏,卷中收各体文、书启,卷下收史论及诸体诗二百二十余首、词三首。《皇明诗统》卷一九录诗二首。清宋弼《山左明诗钞》卷四录诗二首。《明诗纪事》丁签卷一〇录《海市》诗一首,按语谓其"诗特奇丽,惜不多见"。生平见万潮《陈君墓志铭》(《大竹文集》附)、萧彦《掖垣人鉴》卷一二、《明史》卷一八八。

陈循(1385—1462) 字德遵,号芳洲。江西吉安府泰和人。生于洪武十八年(1385)二月十六。永乐十二年(1414)乡试第一,明年会试第二,廷试第一,授翰林院修撰,与修《五经四书性理大全》。洪熙改元(1425),进侍讲,宣德五年(1430)进侍讲学士。正统七年(1442)进翰林学士,入文渊阁典机务,十年进户部侍郎兼学士。土木堡之变,与兵部尚书于谦拥立代宗,进户部尚书,又合谋御也先。

景泰间进少保,历文渊阁、华盖殿大学士。英宗复辟,谪戍铁岭卫,后上疏自讼,释为民。天顺六年(1462)四月自谪所归,十一月十七卒于家,年七十八。以文思敏捷称,《明史·艺文志》著录其《芳洲集》十六卷,现存万历二十一年(1593)其四世孙陈以跃所辑之《芳洲文集》十卷《诗集》四卷,有万历三十五年郭子章序,盖刻于其后也。内《文集》卷一收奏对二十篇,卷二收视草四十篇,后八卷收各体文二百二十余篇,附萧镃《陈公墓志铭》等;《诗集》收诸体诗近四百首。至万历四十六年陈以跃又辑刊《芳洲文集续编》六卷,内文五卷,收各体文八十九篇,诗词一卷,收诗八十七首、词八首。另有明刊本《东行百咏集句》九卷,乃其被谪东行时集古人诗句以成七绝,初得三百首,复叠和其韵至千余首,现存三百一十首。《列朝诗集》乙集录其诗五首。《明诗综》卷一八下录其诗六首。《御选宋金元明四朝诗》录其诗四首。《江西诗征》卷四九录其诗十首。清王琨《泰和诗征》卷一八录其诗三十首。《明诗纪事》乙签卷一一录其诗二首。程敏政《皇明文衡》录其文二篇。《明文海》录其文一扁。清应麟《江右古文选》卷一六录其文一篇。生平见萧镃《陈公墓志铭》(《芳洲文集》

附录)、姚舜牧《陈芳洲先生传》(《来恩堂草》卷七)、顾祖训《状元图考》卷一、《明史》卷一六八。王翔有《芳洲先生年谱》(《芳洲文集》附录)。

陈道复(1484—1544) 名淳,字道复,后以字行,更字复甫,号白阳,又自称白阳山人。南直苏州府长洲(今江苏苏州)人。生于成化二十年(1484)六月二十八。祖父陈璚官左副都御史,与王鏊、吴宽及沈周等过从甚密。父陈钥与文征明交厚,因得少从文征明学书画。以诸生援例入国子监,卒业,朝中诸公欲荐其入秘阁,不就辞归,绝意仕进。家中江田数顷,收课自给,隐于郊外,所栖曰五湖田舍,城中府第留一子守之,以奉宗祀,己则轻意不入城市,即入一扁舟野泊,信宿而返。卒于嘉靖二十三年(1544)十月二十一,年六十一。以书画名于吴中,兼能词翰,一时片楮尺缣人争购之,求请者帆樯相望,至家中食客常数十辈。称文征明入室弟子,然转益多师,故文征明谓其"书画自有门径",尤以设色花卉名,至与徐渭连称"青藤白阳",多有传世作品。亦能诗,所著现存万历四十三年(1615)其五世孙陈仁锡阅帆堂刻《陈沈两先生稿》本《陈白阳集》不分卷,收诸体诗近六百首、词二十五首、题画联四十三联、杂述数则,附张寰《白阳先生墓志铭》及赠诗、题跋等,钱允治、傅汝霖序,陈诗雅后序。其诗多为五七言近体,尤以题画诗最多。《列朝诗集》丁集录其诗六首。《明诗综》卷五〇录其诗二首,"诗话"云:"白阳写生,全学石田(沈周),诗亦仿之,特少神解耳。"《御选宋金元明四朝诗》录其诗三首。《四库全书总目》著录《白阳集》不分卷,"提要"谓其"以书画擅名,为世宝重,诗则寄意而已,非其所长"。《明诗纪事》己签卷一七录诗二首。《御选历代诗余》卷九、《明词综》卷四录词一首。近人赵尊岳《明词汇刊》录词为《陈白阳先生词》。生平见张寰《白阳先生墓志铭》(《陈白阳集》附录)、朱谋垔《书史绘要》卷四、《明史》卷二八七。

陈焯(生卒年不详) 字文厚、惟大,号栖云、桐山居士。福建福州府闽县(今福州)人,陈叔绍子。成化七年(1471)举人,称才豪气逸,脱略事故,上公车不偶,遂断家累,去义溪十里营桐山而居,萧然一榻,啸歌酣适。善行草书,能诗,《千顷堂书目》著录其《栖云集》,方志又记其有诗集《桐山集》八卷,俱未见传。万历三年(1575)刊闽县陈氏家集《义溪世稿》收其诗八十二首。徐𤊹《晋安风雅》录其诗一首。《石仓十二代诗选·明诗选》录其诗五十二首。《明诗综》卷二三录诗一首。清郭柏苍《全闽明诗传》卷一〇录诗四首,《柳湄诗传》记桐山即栖云山,陈焯晚年二子皆丧,遂终隐焉,"有'叩竹声寒天地秋,拂须目送沧江晚'二句,为时所诵"。《明诗纪事》丙签卷一二录诗一首。生平见《(乾隆)福建通志》卷五一。

陈谟(1305—1400) 字一德,号心吾,学者称海桑先生。泰和(今属江西)人。通经学,能诗文,旁及子史百家。元末有声于乡里。明洪武初聘修礼书,征至京,宋濂、王祎等交章请留为国子师,引疾归。家居教授,乐育弟子,一时经生学士,靡然从之,杨士奇为其甥,亦从其学。洪武三年(1370)曾校文广东,孙蒉为其所取之士矣。又尝主奉新清节书院讲席。卒于建文二年(1400),年九十六。有《陈聘君海桑先生集》十卷,传为杨士奇辑编,现存嘉靖刊本,又有清康熙十九年(1680)重刊重修本及光绪二年(1876)重刊本。内诗三卷,收诗二百七十余首,文七卷,收各体文二百三十余篇,首有永乐七年(1409)晏璧《海桑集序》,附录刘崧、杨士奇、萧执、陈宗舜、苏伯衡、罗子理、宋濂、梁闻、丁聚、解缙等人哀辞赞铭等。《明史·艺文志》著录其《海桑集》十卷,即此本也。另有明抄本《海桑文集》不分卷、清抄本《海桑文集》不分卷存世。《皇明诗统》卷一一录其诗二首。《明诗综》卷一五上录其诗二首。《四库全书》据康熙本收《海桑集》十卷。《总目》"提要"谓其"文体简洁,诗格春容,则东里(杨士奇)渊源实出于是。其在明初,固汛汛乎雅音也"。清王琨《泰和诗征》卷五录其诗五十四首。《明诗纪事》甲签卷二三录其诗六首。《明文海》录其文《乘槎客传》一篇。生平见陈德文《聘君海桑先生通传》(《陈聘君海桑先生集》附)、王时槐《陈海桑传》(《国朝献征录》卷一一四)、《明史》卷二八二。

陈登(1354—1428) 字思孝。福建福州府长乐人,陈仲进子。洪武三十年(1397)以荐为罗田县丞,改兰溪,又改浮梁。善文词,工篆籀,凡周秦以来彝鼎欵识、石刻残缺皆能辨之。永乐初诏能书者储翰林,与华亭沈度、吴县滕用亨同入选,十年(1412)授中书舍人,时朝廷之大题匾,多出其手。卒于宣德三年(1428)七月十五,年六十五。《千顷堂书目》著录其《石田集》三卷,现存崇祯三年(1630)序刊《陈氏家集》本。清初明陈氏家族诗集《江田诗系》(稿本)亦收其《石田集》。《石仓十二代诗选·明诗选》录诗二十七首。清郭柏苍

《全闽明诗传》卷四录诗十首。《明诗纪事》乙签卷六录诗一首。生平见杨士奇《陈思孝墓志铭》(《东里文集》卷一九)、《明史》卷二八六。

陈缉(生卒年不详) 字熙文,号观白。浙江嘉兴府嘉兴人。父陈宗远,通五经子史,元季放情湖海,与杨维桢、顾瑛以诗倡和。缉少承家学,与兄约、絅、绎并有诗名。《皇明风雅》卷二三、《皇明诗统》卷五录其诗一首。《石仓十二代诗选·明诗选》录其诗二十八首。《列朝诗集》甲集录其诗六首。清沈季友《槜李诗系》卷七录其诗十二首,"小传"云:"其诗秀倩可诵,直逼晚唐。四陈之中,雅推独步矣。"《明诗综》卷一五上录其诗三首。《御选宋金元明四朝诗》录其诗四首。《明诗纪事》甲签卷一六录其诗四首,按云:"熙文七律音节浏亮,有唐人标格。"

陈献章(1428—1500) 字公甫,号石斋,别号江门渔父、碧玉老人。广东广州府新会人,原住都会村,随父移居白沙村(今属江门),故世称白沙先生。生于宣德三年(1428)十月二十一,正统十二年(1447)举人,明年赴京会试,中副榜,入太学。景泰二年(1451)复落第,五年远赴江西临川受伊洛之学于吴与弼,半年后归里,闭门读书近十年,称彻悟,遂设馆讲学。成

化二年(1466)复入太学,被委吏部文案事,半年辞归。五年再上春官不第,因不复再求科名,回乡讲学。十八年布政使彭韶、右都御史朱英以其学行荐于朝,请以聘吴与弼故事起之,至京,不肯就礼部试,特诏授翰林检讨,又以母老乞归。弘治十三年(1500)二月初十卒,年七十三。平生以道学名世,从学者甚众,有"江门学派"之称。万历初,从祀孔庙,追谥文恭。其学"以静为主",强调"端坐澄心,于静中养出端倪",或称其为"阳明心学"之先声。后对其学毁誉参半,诗文之作也毁誉参半。如杨慎谓其诗:"五言冲淡,有陶靖节遗意,然赏者少,徒见其七言近体效简斋、康节之渣滓。至于筋斗样子,打乖固里,如禅家呵佛骂祖之语,殆是《传灯录》偈子,非诗也。若其古诗之美,何可掩哉?然谬解者,篇篇皆附于心学性理,则是痴人说梦矣。"(《升庵集》卷五五)实其诗近禅适俗,不可以成法衡之,或可自成一格,如王世贞《书陈白沙集后》所云:"公甫先生诗不入法,文不入体,又皆不入题,而其妙处有超出于法与体与题之外者。"(《明文海》卷二四三)所著有明一代刊印甚多,《明史·艺文志》仅著录其《言行录》十卷附录二卷、《白沙子》八卷《文集》二十二卷《遗编》六卷,现存主要有:弘治九年吴廷举刊本《白沙先生诗近稿》十卷;弘治十八年罗侨刻正德二年(1507)林齐重修本《白沙先生全集》二十一卷(又有嘉靖三十年、万历元年、明天启元年等刊本);嘉靖、万历时刊本《白沙先生诗教解》十卷附《诗教外传》五卷;嘉靖十二年卞崃刊本《白沙子》八卷;万历十一年郭惟贤、汪应蛟等刊本《白沙先生文编》六卷附年谱一卷;万历十二年袁奎刊本《白沙先生遗诗补集》六卷;万历四十年何熊祥刊本《白沙子全集》九卷附录一卷。《四库全书》收《白沙集》九卷,文四卷诗五卷,附张诩所撰《行状》《墓表》。其散见于方志等书之集外诗逾百首。《盛明百家诗》前编录其诗一百七十余首为《陈白沙集》一卷。《皇明风雅》录其诗四首。顾起纶《续国雅》卷三录其诗三首。《皇明诗统》卷一四录其诗二十五首。《石仓十二代诗选·明诗选》录其诗一百零四首。《列朝诗集》丙集录其诗一百一十九首。《明诗评选》录其诗一首。清屈大均《广东文选》录其诗二十首、文十二篇。清顾嗣协《冈州遗稿》卷三录其诗三百六十五首。《明诗综》卷二〇录其诗二十八首,"诗话"云:"白沙诗与定山(庄昶)齐称,号'陈庄体'。然白沙虽宗《击壤》,源出柴桑,其言曰:'论诗当论性情,论性情先论风韵,无风韵则无诗矣.'故所作犹未堕恶道,非定山比也."清沈德潜《明诗别裁集》录其诗一首。《御选宋金元明四朝诗》录其诗七十首。清梁善长《广东诗粹》卷三录其诗三十一首。《明诗纪事》乙签卷一二录其诗十五首。《明文海》录其文十篇。生平见《白沙先生全集》所附行状、墓表、墓志铭,又见王兆云《皇明词林人物考》卷二、清黄宗羲《明儒学案》卷五、《明史》卷二八三。明清有陈献章年谱多种,最早为唐伯元编《白沙先生年谱》一卷附《遗事》(万历刊《白沙先生文编》附录)。

陈雷(生卒年不详)　字公声,号窳庵。浙江嘉兴府嘉兴人。洪武初以荐授山西布政司经历。《千顷堂书目》著录其《窳庵集》,未见传。《皇明风雅》卷二三、《皇明诗统》卷六录其诗一首。《石仓十二代诗选·明诗选》录其诗二十首。《列朝诗集》甲前集于其父陈秀民名下附录其诗一首。清沈季友《槜李诗系》卷七录其诗三首。清顾嗣立《元诗选》三编卷一〇录其诗十四首,"小传"云:"公声诗尤工近体,如《奇土近智》云'烟邨白屋留孤树,埜水危桥蹋卧槎',《奉云门张布政》云'月转桐阴书帙静,幕深花影吏人稀',皆佳句也。"《明诗纪事》甲签卷二七录其诗一首。

陈鉴(生卒年不详)　字用明,号勾溪、句溪。浙江嘉兴府海盐人。正德、嘉靖间布衣。与同里朱朴(西村)交善,并有诗名。《千顷堂书目》著录其《勾溪集》,未见传。嘉靖二十一年(1542),襄阳府知府徐咸致仕归海盐,筑园城闉,名小瀛洲,招同邑布衣朱朴、致仕官员钱琦、吴昂、刘锐、钟梁、陈瀛、陈泰及僧永瑛、陈鉴等十人为社,饮酒赋诗,陈询为绘图,而咸自作记。崇祯十二年(1639)徐咸孙孺谷、钟梁孙祖述辑十人之诗编为《小瀛洲社诗》六卷,内收陈鉴诗四十七首。《明诗综》卷三八录其诗二首。清沈季友《槜李诗系》录其诗十九首。《明诗纪事》丁签卷一四录其诗四首,按云:"西村(朱朴)、勾溪,野趣逸情,风味略近。"生平见《(康熙)嘉兴府志》卷一四、《(光绪)海盐县志》卷一九。

陈魁文(1588—?)　字公车,号松瘭生。南直扬州府通州如皋(今属江苏)人,家白浦镇。《千顷堂书目》著录《五山小史》十卷,未见传。现存万历刊本《句曲游稿》一卷,收诗四十七首,有万历四十二年(1614)章承明、秦继宗序及李维桢引。又崇祯刊本《西溪草》一卷,收诗九十七首,有崇祯十年(1637)范凤翼序及薛宷序。清杨廷《五山耆旧集》卷一八录诗四首。

陈熙庠（1469—?） 字宗文，号一斋，一号垂目山人。湖广黄州府蕲州（今湖北蕲春）人。其先原籍河南杞县，从事荆藩，隶仪卫司，因落籍于蕲。少失怙，弱冠偕其弟并习举业，及壮多病，弟夭，遂弃科考。能诗文书画，尤攻诗，数十年不倦，有名于乡里，巡抚毛伯温、按察副使恽巍等，皆造其家。所著存嘉靖二年（1523）蕲阳张浩刻本《一斋居士诗集》四卷、《一斋居士诗别集》九卷。《一斋居士诗集》首正德十二年（1517）陈咏《一斋诗集序》，四卷计收五七言诗三百九十余首；《一斋居士诗别集》有嘉靖二年同郡"贞庵甘泽"《一斋诗别集引》、张思学《刻一斋诗别集成跋其后》及张谐《跋》，前八卷收五七言古近体诗二百八十余首，卷九收联句四首、词四首、杂著四篇。《（嘉靖）蕲州志》卷八录诗八首。生平见《（嘉靖）蕲州志》卷七。《人物志·隐逸》。

陈霆（1479—1552） 字声伯，号两山，又自号水南，称水南山人，晚年又曾自称渚山真逸、可仙道人。浙江湖州府德清人。弘治十四年（1501）领乡荐，十五年进士，母亡，归守制，十八年授刑科给事中。正德元年（1506），为孝宗被庸医误诊致死案，与汤仁夫劾大珰张瑜，为瑜之同党刘瑾陷害入锦衣卫狱，杖三十，谪判六安州，四年，移知休宁县。

五年瑾诛，诏复刑部主事，六年出为山西按察司佥事，提督学校，次年以瑾党仍用事，致仕归。归后隐居渚山四十载，曾创办柳溪书院、水南书院，嘉靖三十一年（1552）卒，年七十四。性刚志洁，重风教，崇名节，以仕途受阻，赋闲家居，遂究心于诗词著述，心志趣向皆寄于兹。诗文著述现存正德五年刊本《水南稿》十九卷，内诗十卷，收诗四百七十余首，词四卷，收词一百八十余首，文三卷，收文二十余篇，又诗话二卷三十四则，有汪循、张旭序及汪铉后序。后又有嘉靖四十三年其侄陈翀刊《水南集》十七卷，内诸体诗九卷，收诗八百余首，卷一〇上下计收词二百二十余首，文六卷，收诸体文五十余篇，末卷收书启十余篇，有蔡汝楠序，《明史·艺文志》著录之《水南集》十七卷即为此本。两集所收互有异同。诗文之外著述尚有：正德刊本《仙潭志》（清刊本改名《新市镇志》）、嘉靖刊本《德清县志》、嘉靖十八年李檗刊本《两山墨谈》十八卷、嘉靖二十三年刊《唐余纪传》十八卷、清道光抄本《宣靖备史》四卷。《四库全书总目》另著录其《山堂琐语》二卷，未见传。陈霆曾自谓"字不如文，文不如诗，至于洒然，诗不如词"（《自赞水南小像》）。《明诗综》卷二八录其诗三首。清陆心源《吴兴诗存》四集卷五录其诗二十二首。《明诗纪事》丁签卷九录其诗一首。《四库全书总目》著录《水南稿》十九卷,"提要"云:"霆诗意境颇为潇洒,而才气坌涌,信笔而成,故往往不暇检点。古文大致朴直而少波澜顿挫之胜。惟诗余一体较工,其豪迈激越,有苏、辛遗范。末附《诗话》二卷,中间论词一条,谓'明代骚人多不务此,间有知者,十中之一二',则其自负亦不浅矣。"其于正、嘉时少见之词家,存词凡二百六十余首,是时惟杨慎、陈铎、张綖可与之比肩,内长调尤为独步。于苏、辛之外,亦宗姜夔等南宋诸家,刻意为之,少敷衍之作。所著《渚山堂词话》三卷六十一则,与杨慎《词品》各有所重,惟喜擅改前人作品,是为恶习。《渚山堂词话》现存嘉靖刊本,为《四库全书》所收。《总目》"提要"谓其与《渚山堂诗话》并刊,今则未见《诗话》之明刊本,又谓其《词话》"较《诗话》稍胜"。实陈霆《诗话》除正德本《水南稿》所存两卷外,于明抄本《诗话随抄》(杨春先辑)等书中尚有佚文。《明词综》卷二录其词二首。近人朱祖谋自《水南集》辑陈霆之词二百二十七首为《水南词》,赵尊岳据之收入《明词汇刊》,而未收《水南稿》中未见《水南集》之词四十余首。生平见《(正德)仙潭志》卷三、《(康熙)德清县志》卷七、《(雍正)浙江通志》卷二三七。

陈罴斋(籍里及生平不详)　《南词叙录》著录传奇《姜诗得鲤》。现存明万历间金陵富春堂刊本《新刻出像音注姜诗跃鲤记》四卷四十二则,又有清乾隆间内府抄本,残存上卷。本事出《后汉书》卷八四《姜诗妻传》。清焦循《剧说》卷四引《谭辂》评云:"《姜诗》传奇,相传是学究陈罴斋所作,虽粗浅,然填词亦亲切有味,且甚能感动人,似有裨于风化,不可以其肤浅而弃之。"嘉靖三十二年(1553)书林詹氏进贤堂重刻《风月锦囊》卷一二收《姜诗》九出,与富春堂刊本大略相同,因知此剧之作当在此前。胡文焕《群音类选》、刘君锡《乐府菁华》等均收录此剧散出。今《芦林》(第二十六折)尚有演者。清佚名抄本《传奇汇考标目》增补本著录其另有《风云记》,未知何据。

陈銮(生卒年不详)　字廷振,号元溪。湖广武昌府武昌(今属湖北)人。正德十一年(1516)举人,曾官广西灵川、四川资县知县。家居不事生产,好吟咏。诗文著述现存明嘉靖间熊桴刊本《陈征士集》四卷,首有吴国伦序及陈銮《自叙》,卷末有其门人熊桴跋。吴序谓其"诗多率意,结撰澹然,有风雅之遗"。四卷共收古近体诗二百七十余首、词十一首。《(乾隆)武昌县志》卷一〇录其《龙蟠石》一首。生平见《（乾隆）武昌县志》卷八。

陈察（1471—1554） 字元习，号虞山，亦号扬清子。南直苏州府常熟（今属江苏）人。生于成化七年（1471）闰九月二十五。弘治十四年（1501）举人，明年进士，授南昌府推官。正德初，擢南京御史，寻改北。以养亲归，家居九年始补官。以谏武宗南巡，夺俸一年。嘉靖初出按云南，复按四川，有直声，以请召还言官，忤帝，贬海阳教谕，移信州同知。擢浙江按察金事，转副使，迁山西按察使，历山东右布政使、浙江左布政使。入为南京光禄寺卿，擢左金都御史，巡抚南赣，乞休，荐万镗等人可用，忤旨，斥为民。卒于嘉靖三十二年十二月十九（1554 年 1 月 22 日），年八十三。曾辑《名臣观感集》二卷，有嘉靖二十二年刊本。诗文著述有明刊本《都御史陈虞山先生集》（《陈虞山集》）十三卷附传、志、行实、像赞、陈玉陛、杨仪序。内文三卷，收各体文五十余篇，奏疏四卷四十篇附书牍九篇，诗六卷，前二卷收诗二百一十余首，间有《观黔余兴》《观蜀余兴》《思旧录》《杂咏》等标目，后四卷标《同声录》收诗三百余首，多联句、和韵诗，又多附原诗。《明史·艺文志》著录之《虞山集》十三卷，即此本也。其集又与其弟陈寰《祭酒琴溪陈先生集》（《琴溪集》）

合刊为《二陈先生全集》，现存万历四十五年（1617）陈玉陛刊本。又有稿本《陈虞山、琴溪二先生家书》不分卷。《海虞文征》录其文三篇、诗一首。《明词综》卷一〇录其词一首。生平见邹善《虞山陈公墓志铭》、瞿景淳《陈公行实》、王世贞《陈长公察传》（《都御史陈虞山先生集》附）及冯复京《明常熟先贤事略》卷六、《明史》卷二〇三。

陈暹（1503—1566） 字德辉，号阖窗，又号旸谷山人。福建福州府闽县（今福州）人，陈炷次子。嘉靖十四年（1534）举人，明年进士，除大理评事。简放安庆知府，历两淮运使、广西参政，再升江西按察使，四十三年任广东右布政使，四十五年卒，年六十四。与兄达皆中进士，以诗名于乡里。《明史·艺文志》著录其《文集》四卷，《千顷堂书目》著录其《揜瓴集》十卷，均未见传。在两淮任，曾纂修《两淮盐法志》十二卷。在广东任，曾辑《广中五先生诗选》，五先生者，孙蕡、王佐、黄哲、李德、赵介也。《四库全书总目》著录《广中五先生诗选》二卷，"提要"谓未详陈暹之籍里，实为暹到任广东次年所编刊。万历三年（1575）刊闽县陈氏家集《乂溪世稿》收诗一百一十余首。徐𤉥《晋安风雅》录诗一首。清汪森《粤西诗载》收其官广西时诗三首。清郭柏苍《全闽明诗传》卷二一

录诗二十一首。《明诗纪事》戊签卷
一九录诗三首，按云："德辉五言清
拔，惜不得其全集录之。"生平见
《(雍正)广西通志》卷六七。

陈德文（生卒年不详）　号石阳
山人。江西吉安府泰和人。嘉靖四
年(1525)举人，十七年任福建政和
县令，历建州知州，入为工部员外
郎，官至顺天府治中。著述现存刊
本数种：一为嘉靖十九年张杞刻《石
阳山人病诗》一卷，收其任政和知县
时所作诗三十九首，有嘉靖十八年
德文自作题识及张杞跋；又有《石阳
山人蠡海》二卷，卷上收其论诗之文
(诗话)六十余则，卷下收其《病诗》
六十四首，据其自作识语，其诗作于
建州任上；又有嘉靖间休宁李元仲
等校刊本《石阳山人建州集》一卷，
收诗二百八十余首；另有嘉靖刻蓝
印本《陈建安诗余》一卷，收词四十
七首；另有杂著《孤竹宾谈》四卷，
嘉靖二十八年苏继等刻蓝印本，为
其以顺天府尹行部永平时随笔所
作，以永平为古孤竹国，故以《孤竹
宾谈》名书。《千顷堂书目》曾著录
《孤竹宾谈》四卷，《四库全书总目》
"提要"谓《孤竹宾谈》"论断率多僻
谬"。清应麟《江右古文选》卷二三
录文一篇。清光绪王琨《泰和诗
征》卷三〇录诗九首。生平见《(同
治)泰和县志》卷一二、《(光绪)泰
和县志》卷一二。

陈鹤（1516—1560）　字鸣野，
一字九皋，号海樵，又号水樵生。浙
江绍兴府山阴(今绍兴)人。世袭广
东南海卫百户，年十七袭爵。少好
奇帙名帖，不喜弓刀，袭官后郁郁得
奇疾，百疗莫验，因自学诊治，七年
而愈。愈后弃官，着山人服，渡越游
吴，又逾粤岭，遍交海内名士。歌啸
谐谑，有名当时。"所自娱戏，琐至
吴歈越曲，绿章释梵，巫史祝咒，棹
歌菱唱，伐木挽石，薤词傩逐，侏儒
伶倡，象舞偶剧，投壶博戏，酒政阄
筹，稗官小说，与一切四方语言，乐
师蒙瞍，口诵而手奏者，一遇兴至，
靡不穷态极调。"(《列朝诗集》丁集)
先与同里沈炼、柳文、朱公节、萧勉
五人组"息珂亭诗社"，后又有徐渭、
杨珂、钱楩、诸大绥、吕光升加入，称
"越中十子社"，不时聚会倡和。后
客金陵四载，嘉靖三十九年(1560)
卒于邸舍，年四十五。六年后，徐渭
表其墓，将其比于东方朔。其所作
古诗文、骚赋、词曲、草书、图画尽能
效诸名家，间出己意。著述先有嘉
靖十六年歙县方廷玺校刊诗集《陈
山人小集》，所收诗分体不分卷，有
汤绍恩序，方九叙后序。又有嘉靖
三十年陈大纶序刊本《陈海樵律诗》
二卷。后隆庆元年(1567)经黎民表
等辑校，刻为《海樵先生全集》二十
一卷，卷首有薛天华、卢梦阳序。内
赋一卷六篇，古近体诗十三卷，收诗

一千五百余首,又各体文七卷(所见本阙末四卷),《明史·艺文志》著录《陈鹤诗集》二十一卷即此本也。《盛明百家诗》前编录其诗百余首为《陈鸣野集》一卷。顾起纶《国雅》卷一〇录其诗十四首。《皇明诗统》卷二四录其诗二十七首。《皇明诗选》录其诗三首。《列朝诗集》丁集录其诗五十六首。《明诗综》卷四十九录其诗十首。清沈德潜《明诗别裁集》录其诗二首。《御选宋金元明四朝诗》录其诗十九首。《四库全书总目》著录《海樵先生集》二十一卷及所辑《越望亭诗集》二卷(未见传),"提要"云:"明自中叶以后,山人墨客,多以诗邀游公卿间,然有才者纤诡,使气者粗疏,体格芜杂,率同一辙。《诗话》称鹤才锋虽钝而铸词差醇,似比诸家稍胜。考卢梦阳序称其'筑室飞来山麓,闭户伏枕,手不释卷,足不下床者七年',盖卷轴较多,故与枵腹拈韵者异也。其绝句颇为清隽,不止彝尊所摘律诗数联。然趁笔而出,往往利钝互陈,视孙一元《太白山人集》,尚未足旗鼓相当焉。"《明诗纪事》己签卷一八录其诗十一首。鹤又有散曲集名《息柯余韵》,现仅陈所闻《南宫词纪》、胡文焕《群音类选》等存其小令九首、套数七套。王骥德称其"生平好游邪斜,故多赠青楼之作,偎俏清便,亦一词场骏足"(《曲律》卷四)。《远山

堂曲品》尚著录其传奇《孝泉记》,未存。《明文海》录其文十篇。生平见徐渭《陈山人墓表》(《国朝献征录》卷一五五)、朱谋垔《画史会要》卷四、《(康熙)山阴县志》卷三三、《(雍正)广东通志》卷四七。

陈履(1530—?)　名天泽,字德基,号定庵。广东广州府东莞人。嘉靖三十七年(1558)举人,隆庆五年(1571)进士,授蒲圻县令,调休宁、崇德。迁苏州府同知,入为户部郎中,仕至广西按察副使,兵备苍悟,以病乞归。喜吟咏,官吴中时,曾与王世贞、汪道昆、屠隆、张献翼等倡和,致仕后又与南海郭棐、郭磐、陈棠,番禺张廷臣、黄志尹,东莞袁昌祚、郭时雨等十余人结诗社。《千顷堂书目》著录其《悬榻斋集》九卷,现存万历间刊本《悬榻斋集》,首万历二十一年(1593)郑材序、万历二十二年何乔远序,内《诗集》八卷,收诗四百三十余首,《文集》四卷,收各体文一百余篇。又清末《聚德堂丛书》有《悬榻斋集》选本,内《诗集》一卷《文集》一卷。清屈大均《广东文选》卷二六录其诗一首。清梁善长《广东诗粹》卷六录其诗一首。近人张其淦《东莞诗录》卷一四录其诗十八首。生平见《(雍正)广东通志》卷四五。

陈儒[1](1488—1561)　字懋学,号芹山。京师顺天府(今北京)人,

锦衣卫籍。先祖为安南（今越南）人，宣德时以军功授锦衣卫百户，祖陈复宗又从征有功，赐第京师，授锦衣卫千户世袭，诏其子孙世补京学，食廪应科贡。儒少时名冠诸生，嘉靖二年（1523）中进士，历户部主事、员外郎、郎中，九年简放东昌知府，擢浙江按察副使，巡抚宁绍海道，改提督学校，升陕西右参政、按察使，再迁山东右布政使，转左。坐试录犯上忌讳，逮治，二十三年谪延安府宜君县丞，移庐州府推官，转真定府同知，历湖广按察佥事，丁母忧归。二十七年服除，补山东佥事，旋进南京尚宝司卿，历光禄寺少卿、太仆寺少卿、南太常寺卿，进南户部右侍郎，改刑部，迁右都御史，总督漕运，巡抚淮、扬。三十六年以疾致仕归，徙居武进，四十年二月卒，年七十四。始以文名，晚年家居日与一二耆老结社，诗酒唱酬。《明史·艺文志》著录《芹山集》四十卷，实嘉靖三十一年在南都，其子陈一龙曾为其刊《芹山集》不分卷，儒卒后又增辑为《芹山集》三十四卷，现存隆庆三年（1569）刊本，首有袁炜、茅瓒嘉靖二十一年序，胡正蒙、吴维岳嘉靖三十五年序，前二序当为旧序也，四人皆陈儒之门人。是集奏疏五卷二十篇，文八卷，收各体文百余篇，卷一四至卷一八收诗一百六十余首，卷一九收词十首，卷二一为启札，卷二二至卷三〇为公移，卷三一至三四为附录（收赠言、恤典、遗述）。《皇明诗统》卷二九录其诗十五首。清胡胤瑗等《兰皋明词汇选》录其词三首。生平见万士和《芹山陈公暨配杨淑人墓志铭》（《万文恭公摘集》卷八）、过庭训《本朝分省人物考》卷二、清孙奇逢《畿辅人物考》卷一、《（雍正）畿辅通志》卷七四。

陈儒[2]（1505—1559）　字宗道，号方溪。南直苏州府常熟（今属江苏）人。嘉靖三十七年（1558）岁贡，明年官东阳训导，不及半月卒，年五十五。现存清抄本《留余堂集》二卷，卷上收诗二百二十余首、词十四首、书柬二十五篇；卷下收文二十八篇，有清顺治十四年（1657）赵士春序。《（1948）重修常昭合志》卷二八另著录其有《陈方溪集》。《海虞文征》录诗十二首。生平见《（同治）苏州府志》卷九四。

陈寰（1477—1539）　字原大，号琴溪，又号剑川。南直苏州府常熟（今属江苏）人，陈察弟。生于成化十三年（1477）十一月十八。正德二年（1507）举人，六年进士，授翰林检讨，转国子监司业。与桂萼同年，力斥萼议大礼之非，坐是移南京国子监，升祭酒，旋告归。卒于嘉靖十八年（1539）三月二十七，年六十三。能书画，亦能诗文。《千顷堂书目》著录其《琴溪集》六卷。现存明刊本

《祭酒琴溪陈先生庆余堂集》八卷（又称《琴溪集》），内文四卷，收各体文百余篇，奏疏一卷四篇附书牍四篇，诗三卷，收赋一篇、诸体诗四百四十余首、词八首。集为陈寰卒后其曾孙所辑，后世又有与其兄陈察《都御史陈虞山先生集》（《陈虞山集》）十三卷合刊为《二陈先生全集》二十一卷，现存万历四十五年（1617）陈玉陛刊本。另有稿本《陈虞山、琴溪二先生家书》不分卷。钱谷《吴都文粹续集》卷一五录其文一篇。《明文海》录其文一篇。《海虞文征》录其文四篇。《四库全书总目》著录《琴溪集》八卷，"提要"云："其人足重，诗文则皆不入格。"生平见《（康熙）常熟县志》卷一七、《（同治）苏州府志》卷九九陈察传、《（光绪）常昭合志稿》卷二五。

陈翼飞（生卒年不详）　字少翮，又字元朋。福建漳州府平和人。万历二十五年（1597）举人，三十八年进士，除宜兴知县，以意气之争被劾归，遂不复振。以文采风流称于乡里。与张燮、蒋孟育、高克正、林茂桂、王志远、郑怀魁结社芝山之麓，称本郡"七才子"。曾依《文选》之例，辑自汉及唐以骈俪为主之文，成《文俪》，《千顷堂书目》记十八卷，《四库全书总目》著录十四卷，未见传。《千顷堂书目》另著录其《史待》五十卷、《慧阁初删诗》十四卷又《紫芝集》八卷又《长梧集》又《己未庚申辛酉壬戌行卷》，现存明刊本《长梧集》七册不分卷。《明诗综》卷六五录其诗十五首，"诗话"云"元朋牵丝百里，遂挂弹文，坎壈终身，赖诗篇以陶冶。集甚繁富，几与明卿（吴国伦）、伯玉（汪道昆）争多"。《御选宋金元明四朝诗》录其诗十二首。《四库全书总目》著录《慧阁诗》八卷，"提要"谓其诗"大抵墨守'七子'流派，音节宏壮而切响甚稀。间附以四六序，尚颇工整"。《御选历代诗余》及《明词综》卷五均录其词一首。清郭柏苍《全闽明诗传》卷三八录其诗六首。《金陵诗征》卷三九"寓贤"录其诗一首。生平见《（乾隆）福建通志》卷五一。

陈颢（生卒年不详）　字汉昭，号竹邻子。原为浙江宁波人，以徙居，入籍嘉兴府秀水（今嘉兴）。宣德、正统间布衣，以诗名，有《竹邻集》，未见传。天顺间刊《士林诗选》二卷（怀悦辑）录其诗三十二首。《皇明风雅》录其诗四首。《石仓十二代诗选·明诗选》录其诗八十余首。《列朝诗集》乙集录其诗十一首。清沈季友《檇李诗系》卷八录其诗二十三首，"小传"谓其"有诗名，云间学士钱溥称其闲雅典厚，力追唐人。有《竹邻子稿》，《蓉塘诗话》称其题画诗，怨刺之意见于不言之表，较之孟浩然'不才明主弃'及薛令之'苜蓿长栏干'之句,辞虽隐而意愈露矣"。《明诗综》卷一九下录诗一首。《御选宋金元明四朝诗》录诗七首。《明诗纪事》乙签卷一四录诗二首。

陈鎏(1506—1575) 字子兼,号雨泉。南直苏州府吴县(今江苏苏州)人。嘉靖十三年(1534)中举,十六年进士,除工部营缮司主事,榷木荆南,守制归。服阕,补虞衡司,进员外郎,升都水司郎中,治通惠河。出为四川按察司佥事,迁湖广布政司参议,分守湖南,转河南按察副使,又以副使之云南,专领屯政。迁四川布政司参政,寻转按察使,升右布政使,致仕。家居七年,卒于万历三年(1575)。为人恬雅简静,喜佳山水。能书法,擅吟咏。著述现存万历二十六年陈氏家刊本《己宽堂(诗)集》四卷,署王世贞选,收诗一千一百余首,诗不分体,词八首杂于其中,有岷藩玉谷序,蒋锜、陈大猷跋。又有万历四十年刊《己宽堂(文)集》十二卷,钱允治、叶其蕃、陈嗣元序,内序三卷,记一卷,传一卷,墓铭、墓表、行状四卷,祭文一卷,奏表一卷,杂著一卷,凡一百六十余篇,附申时行、王世贞所撰墓铭、传记。《千顷堂书目》及《四库全书总目》著录《己宽堂集》四卷,实为其诗集矣。《四库总目》"提要"云:"是集所载诗自嘉靖壬辰(十一年)至万历乙亥(三年),计四十四年之作,篇什虽多,颇伤芜杂。"另有万历间刊《己宽堂(诗)集》二卷,为其诗编年选本,时间从嘉靖十一年至三十六年,总收诗二百余首。其稿本《陈子兼文稿》不分卷亦存。又曾辑《皇明历科状元录》四卷,有隆庆刊本。《明词综》卷四录词一首。生平见申时行《陈公墓志铭》(《赐闲堂集》卷二六)、王世贞《陈布政公传》(《弇州四部稿续稿》卷七二)、文震孟《姑苏名贤小纪》下、王兆云《皇明词林人物考》卷九。

陈繡(生卒年不详) 字克绍。广东琼州府琼山(今海南海口)人。以选贡入国子监。成化二十二年(1486)中举,弘治六年(1493)进士,选翰林庶吉士,授检讨,与修国史。以母丧,归籍守孝,服阕返京,途经广州病卒。繡为丘濬门生,与濬交往甚多。能诗文,所著散佚。《溟南诗选》,录其诗二十八首。后《琼台府志》《琼山县志》《定安县志》等均录其诗。1935年海南书局所刊《海南丛书》第五集辑其所遗,编为《唾余集》不分卷(又名《陈检讨集》),收其各体文(序、记、书启、志铭、祭义等)三十五篇、诸体诗二百六十余首。生平见《(道光)广东通志》卷六八。

陈懿典(1554—1638) 字孟常,号如刚,又号梅墟。浙江嘉兴府秀水(今嘉兴)人。万历七年(1579)举人,二十年进士,选翰林院庶吉士,授编修,与修《实录》,寻转中允、谕德,以目疾请假归。叶向高荐其为南翰林学士,不赴,崇祯初再荐为詹事府少詹事,又不赴。里居三十余年,崇祯十一年(1638)卒,年八十五。能书画,擅诗文。《千顷堂书目》著录其《正史七太子传》一卷、《广㰒李往哲传》十卷、《同姓诸王传》二十卷、《陈氏家乘》四卷、《吏隐斋集》二十卷。现存万历末年其婿曹宪来校刊本《陈学士先生初集》三十六卷,内各体文三十一卷、尺牍四卷,末卷收诗约二百首,有焦竑、刘一焜、施凤来等序,曹宪来跋。所著又有万历刊本《二经精解》全编九卷,崇祯刊本《圣政纪要》二卷、清抄本《论语贯义》二卷。《四库全书总目》另著录其《读左漫笔》一卷《读史漫笔》一卷(有清《学海类编》本)。《明文海》录其文七篇。《明诗综》卷五七、《御选宋金元明四朝诗》录其诗一首。清沈季友《㰒李诗系》卷一六录其诗二首。《明诗纪事》庚签卷一七均录其诗一首。生平见《(康熙)秀水县志》卷五、《(雍正)浙江通志》卷一七九。

陈懿德(生卒年不详)　名又作“德懿”。浙江湖州府长兴人,移居仁和(今浙江杭州),正统、景泰间南康知府陈敏政之女,成化间右副都御史李昂之妻,道州守李士魁

之母。与朱妙端为友,有诗倡和。《千顷堂书目》著录其《陈懿德遗稿》四卷,未见传。顾起纶《国雅》卷一九录其诗八首,“小传”谓其“诗集颇富,句如‘深院雪消芳草绿,小园风过落梅多’,情致幽绝,足为女郎之秀”。《皇明诗统》卷四一闺秀类录其诗二十首。托名钟惺《名媛诗归》卷二五录其诗二十三首。《列朝诗集》闰集录其《春草》诗一首,“小传”谓其“通达往典,谙炼时务,晚尤工诗词,有诗四卷”。《明诗综》卷八六录其诗一首。《御选宋金元明四朝诗》录其诗三首。清季娴编《闺秀集》录其诗五首。

邵圭洁(生卒年不详)　字伯如,一字茂斋,号北虞。南直苏州府常熟(今属江苏)人。为诸生,凡七试应天,至嘉靖二十八年(1549)始中举,又五上公车不第,其意已疲,乃谒选,得德清教谕,居岁余,竟郁郁不起。以笃行孝悌称,亦有文名。曾与瞿景淳、严讷等结社,群推圭洁为领袖。《明史·艺文志》著录其《北虞集》六卷,现存万历三十四年(1606)刊本《北虞先生遗文》六卷,其子所编,首谭昌言、邵濂序,内诗二卷,收诗二百四十余首、词十六首,文四卷,收各体文六十余篇。又有明芝兰书室抄本《邵北虞先生遗文》不分卷。《四库全书总目》著

录《北虞先生遗文》八卷，"提要"云："其诗妥适而乏警策，惟散文笔力颇纵，宕然史论诸篇，纵横曼衍，已启后来顾大韶等之风。"《明文海》录其文二篇。《海虞文征》录其文二十五篇。《明诗综》卷五三录其诗《苏台竹枝词》一首。《御选宋金元明四朝诗》录其诗七首。《明词综》卷四录其词一首。生平见赵用贤《邵先生暨元配张孺人墓志铭》(《松石斋集》卷一九)、《(乾隆)江南通志》卷一六五。

邵宝(1460—1527)　字国贤，号二泉、泉斋。南直常州府无锡(今属江苏)人。生于天顺四年(1460)九月初三。成化十六年(1480)领乡荐，二十年进士，出知河南许州。征为户部员外郎，进郎中，以荐为江西提学副使。历浙江按察使，正德二年(1507)迁右布政使，改湖广左布政使，四年擢右副都御史，总督漕运，以忤刘瑾致仕。五年瑾诛，起巡抚贵州，寻升户部右侍郎，进左，兼左佥都御史，督粮运，请致仕归。嘉靖初，诏起南礼部尚书，未赴。嘉靖六年(1527)二月二十四卒于家，年六十八，赠太子太保，谥文庄。邵宝为当时名儒，乡试出李东阳之门，诗文矩度皆宗法东阳，东阳于其诗文亦极推奖。平生著述甚多，多见于《明史·艺文志》及《千顷堂书目》著录，现存者也甚多，主要有正德十年

(1515)首刻《泉斋简端录》十二卷，另《学史》十三卷、《左觿》一卷、《程子道明先生定性书说》一卷、《容春堂杂钞》一卷，亦皆有正德、嘉靖时单刊本，后崇祯四年(1631)曹荃汇编为《邵文庄公经史全书》五种二十八卷。《四库全书》收《简端录》十二卷、《学史》十三卷，《总目》著录《左觿》一卷。另著录其《春秋名臣传》十三卷(有隆庆五年安绍芳刊本)、《大儒奏议》六卷(有弘治十八年王德明刊本)、《慧山记》三卷(有清咸丰七年二泉书院刊本)。诗文著述先有《容春堂前集》二十卷，正德十三年(1518)原刊，内辞赋一卷、诗七卷、文十三卷，李东阳、王鏊序；至嘉靖间再刻《后集》十四卷，文八卷、辞赋一卷、诗四卷、书简一卷；又有《续集》十八卷，内辞赋一卷、诗四卷、奏议二卷、文十一卷；又《别集》九卷，诗四卷，文五卷。又有《泉斋勿药集》十四卷，有正德、嘉靖间刊本。嘉靖十三年汇诸本为《容春堂集》六十六卷。现诸本皆有，又有多种明季清初刊本。《盛明百家诗》录其诗一百七十余首为《《邵文庄公集》一卷。顾起纶《国雅》卷四录其诗七首。《皇明诗统》卷一四录其诗八首。《石仓十二代诗选·明诗选》录其诗一百二十余首。《列朝诗集》丙集录其诗一百零三首，"小传"云："西涯(李东阳)既殁，李(梦阳)、何

（景明）之焰大张，而公独守其师法，确然而不变，盖公之信西涯与其所自信者深矣。"《明诗评选》录其诗一首。《明诗综》卷二五录其诗六首，"诗话"云："二泉诗如平原弥望，虽尽剪荆榛，惜少芳华可采。"清沈德潜《明诗别裁集》录其诗二首。《御选宋金元明四朝诗》录其诗二十三首。《四库全书》收《容春堂前集》二十卷《后集》十四卷《续集》十八卷《别集》九卷，《总目》"提要"云："其文边幅少狭而高简有法，要无愧于醇正之目。《明史·儒林传》称其学以洛闽为的，尝曰：'吾愿为真士大夫，不愿为假道学。'其文典重和雅，以李东阳为宗而原本经术，粹然一出于正，殆非虚美。其诗清和淡泊，尤能抒写性灵。"清顾光旭《梁溪诗钞》卷五录其诗七十九首。《明诗纪事》丙签卷八录其诗七首，按云："文庄诗格平衍，其蕴藉入古处，则学为之也。在茶陵诗派中，不失为第二流。"近人赵尊岳《明词汇刊》录其词六首为《容春堂词》。《明文海》录其文十五篇。清周有壬《梁溪文钞》卷七录其文十二篇。清王史直《锡山文集》录其文三十一篇。生平见杨一清《邵公神道碑铭》（《国朝献征录》卷三六）、王兆云《皇明词林人物考》卷三、何乔远《名山藏》卷七五、叶夔《毗陵人品记》卷八、《明史》卷二八二。邵燫、

吴道成有《邵文庄公年谱》（近人朱丝栏抄本）。

邵经邦（1491—1565）　字仲德，号弘斋。浙江杭州府仁和（今杭州）人。正德十五年（1520）举人，明年进士，除工部主事，榷税荆州。进员外郎，丁内艰归，服除改刑部。在朝有直声，嘉靖八年（1529）十月上疏，指斥桂萼、张璁，受廷杖，下诏狱，发镇海卫充军，四十四年卒于戍所。神宗即位，复故官。万历中，镇海卫人立祠祀经邦与学士丰熙、主事陈九川为"三贤"，二人亦以谪戍至镇海者也。平生以讲学自任，尝采古今论学语，发明其旨，作《弘道录》五十七卷。又删缀诸史为《弘简录》二百五十四卷（现存嘉靖间刊本）。所著诗文刻本称《弘艺录》，嘉靖间刊本三十一卷，卷首有邵经邦《自序》，内诗十五卷，收诗九百余首，词十五首，后卷一六收赋、颂、祝词、骚十六篇，卷一七至卷三〇收各体文一百一十余首，卷三一为疏稿三篇。清康熙刊本增收其《自传》《弘斋先生自志铭》，列为第三十二卷，《明史·艺文志》著录《弘艺录》三十二卷即此本也。《弘艺录》卷首则有《艺苑玄机》一卷七十三则论诗，以严羽"诗有别才非关学"之说为不然，且另论作诗撰文之法，凡诗教、诗体、诗才、诗思、诗格、诗病、诗意、诗情、诗景、诗识、诗义、诗词、诗趣、诗品、

诗注均有涉及。《明诗综》卷四二录其言志诗《四十明朝是》一首,"诗话"谓其诗"少敦琢,第'七子'盛行之日,不沿其流派,正见鲠骨处"。《御选宋金元明四朝诗》亦录是诗。《四库全书总目》著录《弘艺录》三十二卷,"提要"云:"经邦上武宗疏及中兴保治、日食建言诸疏,皆慷慨激烈,足以见其志节。其他诗文则类皆抒写胸臆,不屑屑以研炼为工。"《明诗纪事》戊签卷一四录诗一首。生平见《(康熙)仁和县志》卷一六、《明史》卷二〇六、《(1922)杭州府志》卷一二四。

邵经济(1493—1558)　字仲才,号泉厓(崖)。浙江杭州府仁和(今杭州)人,邵经邦弟。生于弘治六年(1493)七月初七。嘉靖元年(1522)举人,五年进士,授工部主事,专理清江漕船厂。历员外郎,督临清瓦厂,十三年进郎中,督易州厂,官至成都知府。卒于嘉靖三十七年九月初七。平生喜吟咏,卒后其门人眉山张景贤、南充张鉴等刻其著述为《西浙泉崖邵先生文集》十卷《西浙泉崖邵先生诗集》十卷,有嘉靖四十一年刊本,首张景贤序及刘士元撰《四川成都府去思碑》。内《文集》收各体文一百六十余篇、赋五篇;《诗集》收诸体诗近二千首。生平见张瀚《邵公行状》(《奚囊蠹余》卷一七)、《(1922)杭州府志》卷一三三。

邵珪(生卒年不详)　字文敬,号半江。南直常州府宜兴(今属江苏)人。成化五年(1469)进士,授户部主事,历员外、郎中,简放严州知府。曾从李东阳游,《怀麓堂诗话》记云:"邵文敬善书工棋,诗亦有新意,如'江流白如龙'、'金焦双角短'之类,又有'半江帆影落樽前'之句,人称为'邵半江'。"《千顷堂书目》著录其《半江集》六卷,现存正德十年(1515)邵天和序刊本《邵半江诗》五卷,收诗二百五十余首,附序、记文三篇。另有万历四十六年(1618)邵维祯刻《邵半江存稿》四卷。《皇明诗统》卷一二录其诗三首。《列朝诗集》丙集录其诗二首。《明诗综》卷二八、《御选宋金元明四朝诗》录其诗一首。《明诗纪事》丙签卷六录其诗五首。生平见叶夔《毗陵人品记》卷七、《(康熙)常州府志》卷二三。

邵捷春(?—1641)　字肇复,号剑津。福建福州府侯官(今福州)人。万历四十六年(1618)举人,明年进士,累官至吏部稽勋郎中。崇祯二年(1629)出为四川右参政,分守川南,迁浙江按察使,以大计坐贬。十年起为四川副使,以剿寇功进右参政,仍监军。十二年五月擢右佥都御史,领兵与入川与张献忠、罗汝才战,十三年因属下二将叛,被逮。既下狱，知不可脱，逾年仰药死。《千顷堂书目》著录其《闽省贤书》六卷、《剑津集》十卷又《入蜀吟》二卷，现存崇祯间刊本《剑津集》十卷，内诗九卷，收诗四百四十余首，词一卷，收词十一首，曹学佺、徐𤊻、孙之益等序。另有崇祯五年刊本《次韵落花诗》一卷，黄居中题词。生平见《（乾隆）福建通志》卷四三、《明史》卷二六〇。

邵景詹（籍里及生平不详）号自好子。清乾隆五十六年（1791）刊《剪灯丛话》于瞿佑《剪灯新话》、李昌祺《剪灯余话》外，另有《觅灯因话》二卷，收文言短篇小说八篇：《桂迁梦感录》《姚公子传》《孙恭人传》《贞烈墓记》《翠娥语录》《唐义士传》《卧法师入定录》《丁县丞传》。晚明冯梦龙编白话短篇小说集《警世通言》之《桂员外途穷忏悔》、凌濛初《拍案惊奇》之《乔兑换胡子宣淫，显报施卧师入定》，又凌濛初《二刻拍案惊奇》之《痴公子狠使噪脾钱，贤丈人智赚回头婿》皆据《觅灯因话》中篇章改写。又明徐𤊻《红雨楼书目》亦著录《觅灯因话》，因知其为明人所作无疑。据《觅灯因话》卷首"自好子景詹邵氏"小引，知作者为邵景詹，号自好子，书斋名"遥青阁"，余皆未知其详。小引自述是书创作缘起，云作于万历二十年（1592），又云"可续《新话》"，"命之曰《觅灯因话》，盖灯已灭而复举，阅《新话》而因及"。则其实为沿袭《剪灯新话》之作。惟《觅灯因话》各篇内容多涉世俗，又于小引中自言有意纠正其他小说"述遇合之奇而无补于正，逞文字之藻而不免于诬"，故其所著有强调劝惩之一面。《觅灯因话》不同于瞿佑、李昌祺小说之矜才炫怪，故各篇文字朴实无华，较少诗词穿插，此亦为此书不同于《剪灯新话》《剪灯余话》之处也。

邵廉（1383—1427）　字思廉，号砥庵。浙江绍兴府会稽（今绍兴）人。生于洪武十六年（1383）三月初十。永乐九年（1411）举人，明年会试不第，选授贵溪教谕。秩满，用考绩当升迁，以母老不欲远离，调余干教谕。宣德二年（1427）十月初三卒，年四十五。《千顷堂书目》著录其《砥庵集》，现存正统十年（1445）刊本《砥庵集》五卷附录一卷，其子邵祥于其卒后辑刻，有正统八年胡俨序，收赋二、辞二、诸体诗一百三十余首，文四十五篇，附行状、墓铭、祭文等。生平见《砥庵集》所附邵祥《先教谕砥庵先生行状》、章文昭《砥庵先生墓志铭》、张居杰《砥庵先生墓表》及《（乾隆）绍兴府志》卷五八。

邵璨（生卒年不详）　字文明，或云一字宏治。南直常州府宜兴

（今属江苏）人。少习举子业，为诸生，数上不举，故后《南词叙录》称其为"老生员"。吕天成《曲品》说其官给谏，"属青琐名臣"，实其未曾做官。然广学博记，志意悬笃，尤耽词赋，晓音律，精于弈道。著有《乐善集》，未见传，仅以传奇《香囊记》名。《香囊记》约作于弘治末年，演南宋张九成一家五伦全备故事。辞藻注重典雅工丽，其旨则承丘濬《五伦记》，张扬程朱伦理纲常之说，故王世贞云："《香囊》近雅而不动人。"（《曲藻》）《南词叙录》谓作者："习《诗经》，专学杜诗，遂以二书语句匀入曲中，宾白亦是文语，又好用故事、作对子，最是害事。"徐复祚则谓其以诗语入曲，"丽语藻句，刺眼夺魄，然而愈藻丽愈远本色"（《曲论》）。然其以教忠教孝和文词典雅工丽甚得推崇模仿，一时蔚为风气，至嘉靖、万历时《玉玦记》《玉合记》和《昙花记》等，遂成传奇骈丽一派。《香囊记》明刊本甚多，主要有万历间金陵世德堂刻本四卷四十二出、明末汲古阁原刻初印本及汲古阁刻《六十种曲》本二卷四十二出。徐文昭《风月锦囊》、胡文焕《群音类选》、纪振伦《乐府红珊》等多选此剧散出。邵璨生平见《（万历）宜兴县志》卷一八。

八　画

[一]

玩花主人（姓氏籍里及生平不详）　祁彪佳《远山堂曲品》列《妆楼记》传奇入"具品"，未记作者。现存万历间刻本，题《新刊昆腔点板妆楼记》，署"吴门玩花主人编"。剧演南宋陈宜中与其妻周意娘故事，所叙二人之悲欢离合与宋、金战争为背景，又多与权臣贾似道陷害有关。南宋实有陈宜中其人，德祐元年（1275）贾似道丧师芜湖，以宜中知枢密院兼参知政事，又进右丞相。后蒙古兵南下，陆秀夫奉二王至温州，召陈宜中、张世杰等共立赵昰为端宗皇帝，仍以宜中为左丞相。井澳之败，宜中欲奉王走占城，乃先至占城谕意，度事不可为，遂不返，后殁于暹罗。其事见于《宋史》卷四一八本传，宜中一生与贾似道多有交接，然载籍未言其受贾似道陷害，也未及其妻周意娘事，故本剧情节、人物实出作者杜撰，自写其臆想之才子佳人故事也。又，现存清初迎薰楼刻本《新编燕子笺》小说六卷十八回，未署撰人，仅有"玩花主人评"；清乾隆间李克明《缀白裘新集序》、李宸《缀白裘二集序》、程大衡《缀白裘合集序》均提及钱德苍编刊戏曲选本《缀白裘》前，已有"玩花主人编《缀白裘》集"。未知以上三"玩花主人"是否为同一人。

武之望（1552—1629）　字叔卿，号阳纡。陕西西安府临潼人。万历十六年（1588）乡试解元，明年进士，授霍丘知县，调江都。二十二年征为吏部主事，四十六年累迁至太仆寺少卿，转太常寺少卿，寻出为山东按察副使，海、盖兵备道。天启四年（1624），以右副都御史接任袁可立巡抚登、莱，御后金。镇守东江之总兵毛文龙不受节制，与武之望互相弹劾，朝廷以二人"精神终难强合"，调之望为南吏部右侍郎，改南兵部左侍郎，六年以疾乞休。崇祯元年（1628）再起为南刑部左侍郎，六月以都察院右都御史兼兵部侍郎，总督陕西三边军务。时民变蜂起，军中多有图谋作乱者,之望心力交瘁,忧惧成疾,次年三月,于固原总督府自杀身亡,年七十七。武之望立朝不为朋党,遇事独断,居乡则恂恂,未尝以才能势位加人也。著有《扣缶编》《举业卮言》《鸡肋编》等,未见传。崇祯五年(1632)贾鸿洙《周雅续》卷一五录其诗十九首。生平见《(雍正)陕西通志》卷六〇。

武氏(生卒年不详) 陕西庆阳府宁州(今甘肃宁县)人。嫁西安府三水(今旬邑)文翔凤(字太清)为妻。崇祯初,文翔凤以太仆寺少卿家居,而武氏殁。能诗,所著有《交爱轩集》,未见存。崇祯五年(1632)贾鸿洙《周雅续》卷一六录其诗二十首。文翔凤与钱谦益善,钱谦益辑《列朝诗集》,于闰集辑录武氏诗八首、[如梦令]词一首。《御选宋金元明四家诗》选录武氏诗七首。《明词综》卷一一录其词[如梦令]一首。

武图功(?—1627) 字言尔,号云台,又号石潭居士。山东兖州府曹县人。万历二十八年(1600)举人,三十二年进士,授河南滑县令,改黄梅。入为刑部主事,历员外郎、郎中,出为辰州知府,天启初擢陕西兵备道按察副使,明年落职,家居四载,补河间府判官,迁南刑部郎中。天启七年(1627)归里,寻卒。喜吟咏,《(光绪)曹县志》卷一三记有《白马集》《大石潭诗草》《五岳游草》《五岳诗选》《明诗鼓吹》《二酉诗草》等。存明刊本《五岳诗选》二卷,收其古近体诗六百余首,有乌隐君、瞿九思、许汝序。又有清康熙间武氏家刊本《五岳诗集》四卷、《槐柳记略》一卷、《二酉诗草》四卷。生平见《(雍正)山东通志》卷一五、《(雍正)河南通志》卷三四、《(光绪)曹县志》卷一三。

其沧(姓氏籍里及生平不详) 明崇祯间必自堂刻传奇《三社记》作者。是剧二卷三十三出,写明休宁人孙湛之人生经历。谓孙湛擅长书画,梦唐人郑虔示其书画之诀,遂往访十岳山人王寅,与吴宗儒、程开泰不期而遇,四人畅谈高志;至严州,与妓女周文娟定情,又与友人蔡豫南、庄元达结富春情社;至杭州,与屠隆、曹学佺、冯梦祯、虞淳熙等雅集西泠;到南京,与陈所闻、王十岳、张正蒙等结秣陵诗社;将游五岳,得长啸道人授以修真步罡符诀,仗仙术,独破白莲教;时湛二子长成,赴试皆中进士,湛畅游五岳后归家,与妻妾团圆;仙人郑虔、孙登等临凡为其父庆寿,又诏赐湛为四游外史。所写休宁孙湛,实有其人,《(康熙)休宁县志》记其"传神写照有声,兼能隶书,缙绅交誉之",然剧中所写,实少虚多,其结尾诗有"想象挥毫兴与狂"之句,知实为作者假名他人自写其人生理想。然全剧结构松散,殊乏冲突,虽文词雅俗交融,终非场上之曲也。刻本首载明末洪九畴崇祯七年（1634）之《三社记题辞》，谓此剧"以当世手笔写当前情事，正复与其人其事不甚相远"。又云："余闻其沧之谱是记也，曾不月而成，成不逾月而逝，今始为梓而传播之。"然此剧仅写到天启二年徐鸿儒白莲教造反之事，而未提及崇祯初规模更大的陕西民乱，故此剧当作于天启三年至崇祯初。本剧第二十二出《去染》、二十九出《逅验》两次出现孙湛友人孙浪，字其沧，家于桐庐，似为作者自况，又剧中有大段关于严州西湖之描写，则作者或为严州府桐庐人。

范之默（生卒年不详）　字仲宣，号兰室。南直扬州府宝应（今属江苏）人。诸生，能诗书，善丹青，有声于乡里，十试南闱，弗与录。万历间曾与修《宝应县志》。现存万历间其弟范之熊、范之廪刊本《我有轩集》四卷附哀挽诗一卷，计收五七言古近体诗三百八十余首，首万历四十四年（1616）李维桢序，末刘善继后序。《明诗纪事》庚签卷三〇录其诗二首。生平见《（1932）宝应县志》卷一六《文苑》。

范凤翼（1575—1655）　字异羽，号太蒙，又号真隐。南直扬州府通州（今江苏南通）人。生于万历三年（1575）四月二十二。万历二十五年举人，明年进士，除永平府滦州知州，自请改顺天府学教授。二十九年升国子监助教，三十三年丁母忧归，三十六年升户部云南司主事，管南新、济阳二仓。历吏部验封、考功、文选三司主事，进稽勋员外郎，谪长芦运司判官，乞归养。家居八年，天启二年（1622）起工部营缮司主事，改尚宝司丞，寻升本司少卿，以东林党削籍为民。崇祯初复原官，未赴，居南京。十五年（1642）奉旨起用，又未赴。福王立，诏授光禄少卿，不起。入清逃禅，以交于山林僧人为事。顺治十二年（1655）四月二十四卒，年八十一。以工书善诗、风流儒雅称。《千顷堂书目》著录其《范勋卿集》二十八卷。现存崇祯刊本《范勋卿诗集》二十一卷，收赋四篇，诸体诗一千余首（内词二十四首），有董其昌序，又有方震孺、俞彦崇祯十三年序；又《范勋卿文集》六卷，收奏疏八篇，各体文及书启二百余篇，范景文、钱谦益、冒起宗序。《通州范氏十二世诗略》录其诗为《勋卿诗》一卷。《明诗综》卷五八录其诗二首。清卓尔堪《明遗民诗》录其诗八首。《御选宋金元明四朝诗》录其诗十四首。清杨廷《五山耆旧集》卷一一《范勋卿集》录其诗二百八十七首。清王藻《崇川列朝诗选汇存》卷下录诗十四首。《金陵诗征》卷三九"寓贤"录诗三首。《明诗纪事》庚签卷一九录诗二首。《明词综》卷五录词一首。生平见方震孺《范玺卿叙事》、凌蒙《范司勋先生小传》(《范勋卿文集》附)，又见陈济生《天启崇祯两朝遗诗·小传》《(乾隆)江南通志》卷一四五。张有誉有《真隐先生年谱》(1944年南通冯熊抄本)。

范文若(1587—1634)　初名景文，字更生，后改名文若，字香令，号吴侬荀鸭。南直松江府上海人。万历三十四年(1606)举于乡，与常熟许士柔、孙朝肃及同郡冯明玠、昆山王焕如结"拂水山房社"。四十七年中进士，天启元年(1621)授汶上知县，移秀水，又调光化。迁南兵部主事，改南大理寺评事，以丁忧去官家居。崇祯七年(1634)夏，纳凉书室，为家人刘贞刺杀，年四十八，其母也同时遇难。文若少以才子称，美姿容、工谈笑，雅慕晋人风度。案牍之间，不废文翰。以乐府词章名，撰有《博山堂乐府》，又辑《博山堂北曲谱》，未见。所撰传奇十六种：《倩情姻》(《倩画眉》)《金凤钗》《闹樊楼》《晚香亭》《绿衣人》《斑衣欢》《千里驹》七种已佚；《生死夫妻》《勘皮靴》《金明池》《花眉旦》《雌雄旦》《欢喜冤家》六种仅存佚曲于沈自晋《复位南词新谱》；现存《花筵赚》《梦花酣》及《鸳鸯棒》三种，合称《博山堂三种曲》，皆有明崇祯间博山堂原刻本，署"吴侬荀鸭填词"。内《花筵赚》二卷二十九回，演东晋温峤"玉镜台"故事，与元关汉卿《玉镜台》杂异、明朱鼎《玉镜台记》事同，惟人物中增加谢焜，以构筑情节。祁彪佳《远山堂曲品》列其为"逸品"，称其"洗脱之极，意局皆凌虚而出"；《梦花酣》二卷三十四出，演萧斗南、谢茜桃情爱婚姻故事，以幽梦还魂为情节关捩，据元明之际佚名杂剧《萨真人夜断碧桃花》改编；《鸳鸯棒》二卷三十二出，写书生薛季衡负恩，终遭其妻痛打故事，以冯梦龙《古今小说》卷二七《金玉奴棒打薄情郎》为蓝本敷演。文若论曲推崇沈璟、袁于令，所作则重藻丽，又多模仿汤显祖，或谓其与吴炳、孟称舜同为"临川派"之中坚。清姚宏绪《松风余韵》卷四一、近人严昌堉《海藻》卷九录其诗一首。生平见叶梦珠《阅世编》卷五、卷一〇及《(嘉庆)松江府志》卷五五、《(同治)上海县志》卷三二。

范允临(1558—1641)　字至之，号长倩，又号石公。祖籍苏州府吴县(今江苏苏州)，祖父迁居华亭，遂占籍松江府华亭(今上海松江)，因娶吴县徐时泰女徐淑，又依妇家迁回吴县，卒后亦葬于吴县，故世或称其为吴县人。万历二十三年(1595)进士，授南兵部主事，改南工部。历员外郎、郎中，出为云南提学金事，三十二年迁福建右参议，未至任而归。书法负时誉，有与董其昌争工之誉。归田后筑室天平山，弹丝吹竹，选伎征歌，故人知交之来访者，相与遨游山水间。卒于崇祯十四年(1641),年八十四。《千顷堂书目》著录其《范石公输寥馆集》,现存清初刊本《输寥馆集》八卷,顺治十四年(1657)钱谦益序,内卷一收韵语,计诸体诗三百四十首、词六首、曲十二首,卷二、卷三序,卷四记、传,卷五墓志铭、行状,卷六祭文、杂著,卷七露布、启,卷八尺牍。是集又有乾隆十九年(1754)补修本。《明诗综》卷五八录其诗二首。《御选宋金元明四朝诗》录其诗三首。清姚宏绪《松风余韵》卷四一录其诗七首。《明诗纪事》庚签卷一八录其诗二首。近人汪正石《木渎诗存》卷一录其诗二首。近人赵尊岳《明词汇刊》据《输寥馆集》录其词为《输寥馆诗余》。生平见清汪琬《范公墓碑》(《尧峰文钞》卷一〇)、《(乾隆)江南通志》卷一六五。

范世彦(生卒年不详)　字君澄,号闇甫。浙江嘉兴府秀水(今嘉兴)人。撰传奇《磨忠记》,现存崇祯间刻本,署"檇李闇甫编次",首载《磨忠记序》,署"绣水范世彦君澄父题于嘘霞馆"。是剧二卷三十八出,叙天启间杨涟等人与魏忠贤之忠奸之争,最后以杨涟、魏大中、周顺昌三人成仙,魏忠贤败,众仙会勘阉党,毛文龙统兵败建州兵,收复辽东,从此天下太平作结。张岱《陶庵梦忆》云:"魏珰败,好事者作传奇十数

本。"见于祁彪佳《远山堂曲品》著录者,除本剧外,尚有陈开泰《冰山集》、高汝栻《不丈夫》、盛于斯《鸣冤记》、王应遴《清凉扇》、王元寿《中流柱》等十余种,又有不见于《远山堂曲品》著录者如袁于令《玉符记》、张岱《冰山记》等数种,现存除本剧外,尚有金陵清啸生《喜逢春》及李玉《清忠谱》。本剧据邸报及传闻结撰,又夹有鬼神,实非高明。《远山堂曲品》将此剧列入"具品",论曰:"作者于崔、魏时事,闻见原寡,止从朝野传闻,杂成一记,即说神说鬼,去本色愈远矣。调多不明,何以称曲!"

范守己(1544—1611)　字介儒,号岫云,又号御龙子、九二闲人。河南开封府洧川(今长葛)人。隆庆四年(1570)中举,万历二年(1574)进士,授松江司理。历知湖广茶陵州、山西隰州,又历山西、四川、陕西按察佥事及山西按察副使,官至陕西参政。万历三十九年卒,年六十八。喜著述。曾记明世宗一代朝政之事,编年系月,成《皇明肃皇外史》四十六卷,有明范氏天一阁抄本(《四库全书总目》著录名《肃皇外史》)。又辑所作成《御龙子集》六种七十七卷,有万历十八年宁夏侯廷佩刊本,内《肤语》四卷、《天官举正》六卷、《参两通极》六卷、《琐谈》四卷、《曲洧新闻》四卷、《吹剑草》五十三卷,侯廷佩、魏学曾、王道行序,《千顷堂

书目》著录其《御龙子集》七十八卷当即此本。内《吹剑草》为其诗文别集,前二十卷收骚赋七篇、诸体诗五百余首、词五首,后三十三卷收其所作奏疏及各体文。《四库全书总目》著录《御龙子集》七十七卷,“提要”谓其“自称不作唐以后语,然刻意模拟,斧凿之痕不化”。《四库总目》又著录其《郢垩集》十二卷,“提要”谓“是编于宦游所至,各为一集,曰《西饷稿》,曰《云间稿》,曰《北行稿》,曰《吴中稿》,诗文词赋杂编,不分体裁。王世贞为之序,语亦在抑扬之间”。盖为其早年诗文刊本。《千顷堂书目》另著录其《周易会通》十三卷、《造夏略》二卷、《洧川县志》《筹边图记》三卷、《曹月川年谱》一卷、《御龙子琐谈》四卷又《挥麈雅谈》一卷、《文昌帝君传》一卷。顾起纶《国雅》卷一八录诗十六首。《御选宋金元明四朝诗》录其诗三首。近人赵尊岳《明词汇刊》录词五首为《吹剑诗余》。《明文海》录文《三泖赋》一篇。生平见《(雍正)河南通志》卷五七。

范言(1484—1566) 字孔嘉,号菁阳,一号讷斋。浙江嘉兴府秀水(今嘉兴)人。嘉靖四年(1525)举人,明年进士,除蒲圻知县,改保定府儒学教授。历国子监丞,迁大理府同知,致仕归。嘉靖四十五年卒,年八十三。有诗名,《明史·艺文志》著录其《菁阳集》五卷,现存其孙范应宾刊本《菁阳集选》五卷残本,卷一有诗一百四十首,卷二缺,卷三至卷五收各体文四十八篇。《列朝诗集》丁集录诗五首。清沈季友《槜李诗系》卷一二录诗三首,“小传”谓其“博综经史,善属文,与比部彭辂相颉颃。范尚体裁,彭尚才藻,两家各负气不相下。而时论左袒于范,予特以诗较,则彭有高调,范稍柔脆矣”。《明诗综》卷四〇录诗四首,“诗话”云:“嘉靖初,吾乡称诗,必以先生为巨擘。”《御选宋金元明四朝诗》录诗六首。《明诗纪事》戊签卷一六录其诗一首。生平见《(雍正)浙江通志》卷一七九。

范汭(生卒年不详) 字东生。浙江湖州府乌程(今湖州)人。太学生,万历间数困于地方官,因徙居苏州(今属江苏)。苦心为诗,与西洞庭山吴鼎芳交契,倡和之作辑为《披襟倡和集》。卒年四十四。《千顷堂书目》著录其《范东生诗》四卷,未见传。又曾辑《全唐诗》千余卷,亦未见传。钱谷《吴都文粹续集》卷二六录其诗一首。《列朝诗集》丁集录其诗七十四首,“小传”谓其“沉酣唐人之诗,讽咏其清词丽句,苦吟精思,寝食尽废”。《明诗综》卷六五录其诗十三首,“诗话”云:“东生诗才闲雅,如灵犀结佩,可以辟尘。方之孟阳(程嘉燧)、允兆(吴梦旸)诸君,觉尤腾拔。”清沈德潜《明诗别裁集》录其诗二首。清陈邦彦《御定历代题画诗类》录其诗十二首。《御选宋金元明四朝诗》录其诗三十四首。清陆心源《吴兴诗存》四集卷一三录其诗七十八首。《明诗纪事》庚签卷二五录其诗八首，按云："东生诗琢句练字，无浮音，无佻态，于'七子'末习，袁、钟流派，均无所染。"清初卓回《古今词汇》录其词二首。《御选历代诗余》卷三、《明词综》卷五录其词一首。

范宗晖（生卒年不详） 明初宁波府（今浙江宁波）人。沐昂编《沧海遗珠》录其诗十五首。钱仲益《三华集》卷一七《送宗晖赴云南从军》诗内有云："明年上京都，聘充戚里宾。我亦被荐书，谒选拜紫宸。缪居容台属，幸得联朝绅。与闻复聚首，相见不隔旬……夫何事难料，告别何踆踆。从军赴滇阳，西去逾峨岷……骐骥岂绁羁，雕鹗非笼驯。丈夫志四方，岂必长相嗟。"宗晖《鸣凤歌》有"黔宁公子国之祯，远镇南服为干城"。又《题春山胜览》有"雄藩远控西南陬，地连六诏通诸夷"。疑其为沐英之幕客，洪武三十一年沐英卒后尚在世。《石仓十二代诗选·明诗选》据《沧海遗珠》录其诗十五首。《明诗综》卷一五上录其诗二首。《明诗纪事》甲签卷三〇录其诗二首。

范钦（1505—1585） 字尧卿，一字安卿，号东明。浙江宁波府鄞县（今宁波）人。生于弘治十八年（1505）九月十九。嘉靖七年（1528）举人，十一年进士，除随州知州。征授工部员外郎，以忤权臣郭勋下诏狱，出知袁州，迁江西按察副使，备兵九江。升广西参政，分守桂平，转福建按察使，进云南右布政使，迁陕西左布政使，居丧去职。三十八年以右副都御史巡抚赣南汀、漳诸郡，次年迁兵部右侍郎，辞归。家居二十余年，卒于万历十三年（1585）九月二十八，年八十。平生喜购书、抄书，宦游所至，随处收罗，致仕后，于城内月湖西筑藏书楼名天一阁，聚书七万余卷，称浙东第一。里居与张时彻、屠大山等投闲啸咏，嘉、隆间称"海东三司马"。曾刻《范氏奇书》（存二十三种七十一卷），又自刻《奏议》四卷。卒后诗文著述辑编为《天一阁集》三十二卷，有万历十九年原刊本，沈一贯序，内诗十七卷，收诸体诗一千三百余首，文十五卷，收各体文一百五十余篇。《明史·艺文志》著录其《天一阁集》十九卷，所记有误。《千顷堂书目》另著录其《古今谚》一卷、《范氏天一阁藏书目》四卷（有清嘉庆本）。清胡文学《甬上耆旧诗》卷一七录其诗十三首。《明诗综》卷四一录其诗五首，"诗话"云："尧卿格律自矜，第取材太近。时倡和者沈嘉则（沈明臣）、吕上甫（吕时）诸人，未免声调似之。"《御选宋金元明四朝诗》录其诗四首。《明诗纪事》戊签卷一八录其诗二首。生平见沈一贯《兵部右侍郎东明范公墓志》(抄本《范氏支谱》)、《(雍正)浙江通志》卷一五九。

范壶贞(生卒年不详) 字蓉裳,一字淑英。南直苏州府吴县(今江苏苏州)人,举人范选女,松江府华亭诸生胡畹生妻。能诗词,《千顷堂书目》著录《胡绳集》,存崇祯十二年(1639)朱墨套印本《胡绳集》四卷,首眉山道人陈继儒序,署"八十翁长白范允临选""八十二翁眉公陈继儒评",内卷一收赋五篇、曲调十,卷二至卷五收古近体诗五百三十三首。是集又有清乾隆三十年(1765)天游阁刊本及清抄本。另有光绪五年(1879)刻本《胡绳集》上下卷,则为简本,收诗仅一百七十余首。《明诗综》卷八六、清沈季友《檇李诗系》卷四〇、《御选宋金元明四朝诗》录诗一首。清季娴编《闺秀集》上卷录五言古诗二首,下卷录五言律诗一首。

范理(1410—1473) 字道济、士伦,号省庵。浙江台州府天台人。少敏悟好学,宣德四年(1429)举乡试第一,明年进士,授江陵知县。用杨溥、马愉荐,擢德安知府,后超迁福建右布政使。丁内艰归,服阕,起贵州右布政使,仕至南吏部左侍郎。卒于成化九年(1473),年六十四。《明史·艺文志》著录其《诗集解》三十卷、《天台要略》八卷、《丹台稿》十卷。现存稿本《丹城稿》不分卷,经折装二册,上册诸体诗,下册杂文。《四库全书总目》著录其《读史备忘》八卷,有清雍正九年(1731)继志堂刊本。李时渐《三台文献录》卷一八录其诗三首。许鸣远《天台诗选》卷二录诗六首。清戚学标《三台诗录词录》卷一三录诗三首。《明诗纪事》乙签卷一六录诗一首。生平见杨守陈《范公墓志铭》(《杨文懿公金坡稿》卷五)、何乔远《名山藏》卷六〇。

范惟一(1510—1584) 字于中,初号洛川,更号中方。南直松江府华亭(今上海松江)人。嘉靖十九年(1540)举人,明年进士,除钧州知州,迁济南府判官。入为工部员外郎,历郎中,出为广东按察金事,改湖广。历山东参议、浙江提学副使、湖南参政、浙江按察使、江西布政使,召拜太仆卿。卒于万历十二年(1584),年七十五。诸生时即有文名,《千顷堂书目》著录其《范太仆集》,现存《范太仆集》十四卷,其子范允豫于其卒后次年所刻,莫如忠序。后万历十六年范允豫等又刻《振文堂集》十三卷,张仲谦序。另曾辑《明诗摘抄》四卷,存万历十八年范氏玉雪堂刊本。《盛明百家诗》前编其诗三十八首为《范中方集》一卷。顾起纶《续国雅》卷四录其诗二首。《皇明诗统》卷三一录其诗七首。《明诗综》卷四三、《御选宋金元明四朝诗》录其诗二首。清姚宏绪《松风余韵》卷四一录其诗三十二首。《明诗纪事》戊签卷二一录其诗一首。生平见陆树声《范公墓志铭》（《陆文定公集》卷七）、何三畏《云间志略》卷一五《范太史中方公传》）。

范景文（1587—1644）　字梦章，号质公，又号思仁。京师河间府吴桥（今属河北）人。生于万历十五年（1587）十月三十。三十四年补博士弟子员，三十七年领乡荐，四十一年进士，除东昌府推官。四十七年入为吏部稽勋司主事，调文选司，历员外郎，迁验封司郎中，移疾归。天启六年（1626）起太常少卿、提督四夷馆，丁内忧归。崇祯元年（1628）服阕，补太常少卿，寻以右佥都御史巡抚河南，三年擢兵部左侍郎，五年归乡为父守制。七年服除，起南京都察院右都御史，是年就拜兵部尚书，参赞机务。十一年以救黄道周等触帝怒，削籍为民。十五年召复原官，道中转刑部尚书，旋改工部。十七年二月兼东阁大学士，入参机务，三月十九京城陷，投双塔寺旁古井死，年五十八。福王立，赠太傅，谥文贞。平生所为引绳切墨，持正不阿，为世所称。亦能诗文，著有《味元堂疏稿》《思仁堂存稿》《玉静阁存稿》《且园存稿》《澜园存稿》《餐冰斋诗稿》等。现存稿本《范文忠公文稿》不分卷。刊本有清康熙间《范文忠公初集》十二卷附年谱一卷（清王孙锡撰），其子范毓秀、其孙范绳祖等辑编，有康熙十三年（1674）萧惟豫、四十年杨大鹤序，《四库全书》据之收为《范文忠集》十二卷。内奏疏四卷，收奏疏六十八篇，文四卷，收各体文九十余篇，诗词三卷，标目为《小东草》《石城游草》《诗余草》《苕云草》《闻鹤草》《留都稿》，计收诗三百一十余首、词三十七首，末卷收尺牍四十七篇。《明史·艺文志》著录其《昭代武功录》十卷（有崇祯十一年刊本）、《（国朝）大臣谱》十六卷、《师律》十六卷（存崇祯刊本）、《南枢志》一百七十卷。又有崇祯刊本《战守全书》十八卷。《列朝诗集》丁集中录其诗五首，"小传"云："梦章秀赢文弱，身不胜衣，啜茶品香，论诗顾曲，每以江左风流自命。一旦持大议，抗大节，风采屹然，与高阳（孙承宗）、定兴（鹿善继）并峙，崆峒戴斗，为之生色。"《明诗评选》录其诗一首。《明诗综》卷七二录其诗三首，"诗话"云："启、祯之际，秦声变而至文天瑞（文翔凤），楚调变而至尹宣子（尹民兴），越吟变而至王季重（王思任），正音扫地矣。吴桥博综旧章，领袖群雅，其诗发扬而不厉，新警而不佻，独自成家，不饮狂泉之水。"清王崇简《畿辅明诗》录其诗十三首。《明诗纪事》辛签卷三录其诗五首。《明文海》录其文《赵忠毅公集序》一篇。生平见陈济生《天启崇祯两朝遗诗·小传》、清王孙锡《范公年谱》（清康熙刊《范文忠公初集》附录）、清计六奇《明季北略》卷二一、《明史》卷二六五。

范谦（1534—1597）　字汝益，号含虚。江西南昌府丰城人。生于嘉靖十三年（1534）正月初九。嘉靖三十四年举人，隆庆二年（1568）进士，选翰林院庶吉士，授检讨，与修世宗、穆宗两朝《实录》及《大明会典》。万历九年（1581）出为福建左参议，分守漳南，十一年转山东提学副使，历湖广左参政、山西按察使、河南按察使，十八年迁山东右布政。十九年入为太仆寺卿，改太常卿，晋国子监祭酒，二十年转詹事府詹事兼翰林院侍读学士，晋礼部右侍郎，转左，二十二年拜礼部尚书，仍兼翰林院学士。万历二十五年十月二十九卒于官，年六十四，赠太子少保，谥文恪。《千顷堂书目》著录其《双柏堂集》，现存崇祯元年（1628）刊本《范文恪公先生双柏堂集》二十卷。《明诗综》卷五一录其诗一首。《御选宋金元明四朝诗》录其诗九首。《江西诗征》卷五九录其诗一首。生平见吴道南《范文恪公行状》（《吴文恪公文集》卷一九）、于慎行《范文恪公合葬墓志铭》（《谷城山馆文集》卷二四）、《（万历）新修南昌府志》卷一七。

范路（1610—1653）　一名潆，字贞甫，又字遵甫。浙江金华府兰溪人，流寓嘉兴。明末布衣，能诗，与梅里王翊齐名，又与屠爌、朱一是、褚醇、吴拱辰、李镜、许志、王之梁等称"梅里八子"。卒于清顺治十年（1653）六月二十一，年四十四，私谥贞简先生。《千顷堂书目》著录其《范遵甫集》《灵兰馆集》。清康熙间辑刻《梅会诗人遗集》收其《灵兰馆诗集》二卷，有诗二百八十余首。清沈季友《槜李诗系》卷二二录其诗一首。《明诗综》卷七九录其诗五首，"诗话"云："遵甫含贞履信，博通古今，卖药市门，行歌带索。由其见深，故于忧浅……广不混俗，峻不污物，发为诗文，多见道之言。裴子野之称刘居士也。"清卓尔堪《明遗民诗》录其诗一首。清李稻塍《梅会诗选》二集卷七录其诗四十七首。清黄彬等《金华诗录》卷五八补遗录其诗五首。《明诗纪事》辛签卷三一录其诗七首，按云："遵甫砺节既高，吐属自远埃壒。"清薛廷文《梅里词选》录其词二首、《梅里词绪》录其词二首。生平见《梅会诗选》二集卷七其门人缪泳所撰《墓表》。

范嵩（生卒年不详）　字邦秀，号衢村。福建建宁府瓯宁（今建瓯）人。弘治五年（1492）举人，十五年进士，授宁国府推官。征为监察御史，补襄阳府司理，迁广西兵备副使，改广东。累升右副都御史，巡抚四川,以南工部侍郎致仕。卒年八十六。《千顷堂书目》著录其《衢村集》六卷,现存明刊本《衢村集》四卷附录二卷,收诗五七言诗一百六十余首(内有词四首),收序、记等各体文四十七篇。又有崇祯八年(1635)刊《响泉斋诗集》一卷。《石仓十二代诗选·明诗选》录其诗四十八首。《明诗综》卷二八、《御选宋金元明四朝诗》录其诗一首。清郭柏苍《全闽明诗传》卷一三录其诗四首。《明诗纪事》丁签卷九录其诗一首。生平见《(乾隆)福建通志》卷四七。

茅大方(1349—1402) 名誧,字大方,又作大芳,以字行,号希董。扬州府泰兴(今属江苏)人。自少博学能诗文,为亲党所重。青年遍游东南,多居杭州,结交诸名士。洪武间以儒士征为淮安府学教授,迁秦府长史。建文元年(1399),擢副都御史。燕师入金陵,被逮不屈,建文四年(1402)八月十七与其子并被杀,年五十四。《明史·艺文志》著录《茅大芳集》五卷,《千顷堂书目》著录《希董堂集》五卷,现存清抄本《希董先生遗集》五卷,与之合。以抄本散乱,清道光十五年(1835)其后人据之刊为《希董先生集》二卷,卷上收序、记等文十篇,卷下收诗一百八十余首。是集卷首有《希董先生事略》,收《群忠事略》《革除遗事》等所载茅大方事迹及方孝孺《希董堂记》

等。《皇明诗统》卷五录其诗七首。《列朝诗集》甲集录其诗十一首。《明诗综》卷一六录其诗一首,"诗话"云:"希董集流传未广,集中如'万山入汉秦关险',孤栈连云蜀道难''纵使火龙蟠地轴,莫教铁骑过天河'……皆佳句也。"《御选宋金元明四朝诗》录其诗六首。清杨廷《五山耆旧集》卷二录其诗九首。《明诗纪事》乙签卷一录其诗一首。生平见郑晓《茅公大方传》(《国朝献征录》卷五五)、过庭训《本朝分省人物考》卷三一、《明史》卷一四一。

茅元仪(1594—1640) 字止生,号石民,又自称东海波臣、梦阁主人,万历四十五年(1617)曾更名为"恪"。浙江湖州府归安(今湖州)人,茅坤孙,茅国缙子。万历二十二年八月初四生于浙川,时其父谪浙川县令。其家富藏书,元仪少学制举,又喜读史,好谈兵,亦能文词。年十三为诸生,数应乡试不举。天启元年(1621)其编纂之《武备志》二百四十卷书成(现存天启刻清莲溪草堂印本),因以知兵名。时辽东事急,李宗延、杨维新等大臣交相举荐,被征未上。天启三年孙承宗督师赴山海关,自荐入幕,随之东巡前屯、中右所、觉华岛、广义等地。四年随孙承宗移镇宁远,又奉命往江南募战船,寻以副将督理觉华岛水军。五年十月孙承宗罢,元仪亦削籍。崇祯元年(1628)经袁崇焕荐,复副总兵职,赞画军务,因献《武备志》于帝。旋上《闽贼害甚黔贼疏》,罪于大僚,以"浮谭乱政"被黜于定兴江村。二年十一月孙承宗再起督师,元仪因再随其入辽东,以副总兵领龙武营事,寻以士兵哗变入狱论罪,遣戍福建漳浦。四年又以所募楼船沉海事,自戍所逮回,以赔偿致家产田庐罄尽,七年被赦,再回漳浦戍所。八年参与剿海寇有功,返乡。九年又以请命勤王得罪,复令还戍所,十三年纵酒抒愤卒,年四十七。平生著述多而杂。现存天启、崇祯时单刊本有:诗集《石民江村集》二十卷、《石民又岘集》五卷、《石民西崦集》三卷、《石民渝水集》六卷、《石民横塘集》十卷、《石民甲戌集》□卷(残存五卷)、《石民赏心集》八卷;书信集《靖草》三卷、《藿谋》十三卷;论集《冒言》四卷;笔记《掌记》六卷。又有《三戍丛谭》十三卷、《戍楼闲话》四卷、《野航史话》四卷、《澄水帛》十三卷、《督师纪略》十三卷等。天启间曾汇印《石民未出集》二十卷(收《藿谋》《冒言》《靖草》);崇祯时又汇印其文为《石民四十集》九十八卷(卷九六为《北虏近事考》《女直近事考》,卷九七为《朝鲜近事考》《日本近事考》,卷九八为《抚夷议志》)。《四库全书总目》著录其《嘉靖大政类编》二卷、《平巢事迹考》一卷(有清初抄本)、《青油史漫》二卷(有清初抄本)、《福堂寺贝余》五卷、《西峰淡话》四卷、《艺活甲编》五卷。明末心远堂刊本《绿窗女史》收其《西玄青鸟记》。又有清抄本《辽事砭呓》六卷、《暇老斋杂记》三十二卷。《列朝诗集》丁集录其诗九首,"小传"云:"止生为诗文,才气蠭涌,摇笔数千言,倚待立就。而其大志之所存者,则在乎筹进取,论匡复,画地聚米,决策制胜。集中连篇累牍,洒江倾海,皆是物也。"《明诗综》卷七〇录其诗二首,"诗话"云:"其论诗云:'今人与古人,欲合当先离。'其言诚是,特下笔未能醇雅,盖竟陵之派方盛,又与友夏(谭元春)衿契,宜其染素为缁矣。"《御选宋金元明四朝诗》录其诗一首。清陆心源《吴兴诗存》四集卷一四录其诗十三首。《明诗纪事》辛签卷二六录其诗二首。生平见《(同治)湖州府志》卷七五、《(光绪)归安县志》卷三六。

茅坤(1512—1601) 字顺甫,号鹿门。浙江湖州府归安(今湖州)人。生于正德七年(1512)七月二十一。嘉靖十三年(1534)举于乡,十七年进士,以拒为执政作青词,授青阳知县,以父丧归,又逢母丧,二十二年服阕,始补丹徒。满考,召为礼部主事,未任,改吏部司勋主事,以性戆直,不谐于俗,被劾谪广平府通判。二十七年迁南兵部车驾司员外郎,三十一年出为广西按察司佥事,以勘乱功,三十二年进河南副使,备兵大名,寻中吏议罢归。家居五十余年,万历二十九年(1601)十月二十八卒。善古文,也能诗。以编刊《唐宋八大家文钞》著名。又曾选李攀龙、王世贞、梁有誉、谢榛、徐中行、吴国伦、宗臣诗为《七才子诗选》七卷,有万历间还读斋刊本。著述现存万历汇印本《白华楼藏稿》十一卷,收其嘉靖至隆庆间杂著之文,前有王宗沐《白华楼集序》。又《续稿》十五卷,收其嘉靖末至万历十一年前杂著之文,前有万历十一年夏四月茅坤《刻白华楼吟稿题辞》。又诗集《吟稿》十卷。又万历十六年刻《玉芝山房稿》二十二卷,文十六卷、诗六卷,前有万历十六年夏四月茅坤《玉芝山房稿引》。后又刻《耄年录》九卷,亦诗文杂编,前有茅坤万历二十三年秋《耄年录序》)。卒后其文汇编为《茅鹿门先生文集》三十六卷,陈文烛、王宗沐、莫如忠序,卷三五、卷三六为附录,载朱赓等所撰墓志、行状、传、墓表等,有万历时金陵刻本。《明史·艺文志》著录茅坤《文集》三十六卷即此本也。又有泰昌元年(1620)刊朱墨套印本《茅鹿门文集》八卷、崇祯七年(1634)《茅鹿门先生诗选》四卷等。《四库全书总目》史部著录其《史记抄》九十一卷(有万历三年自刊本)、《浙省分署

纪事本末》六卷及《徐海本末》一卷(有清抄本)。首以文著,倡习唐宋古文,后人或将其与唐顺之、王慎中、归有光并列为"唐宋派"。明陆弘祚编《皇明十大家文选》录其文为《鹿门文选》二卷。清康熙间张汝瑚编《明八大家集》录其文为《茅鹿门集》八卷。《明文海》录其文八篇。《四库全书总目》著录《白华楼藏稿》十一卷《续稿》十五卷《吟稿》八卷《玉芝山房稿》二十二卷《耄年录》七卷,"提要"云:"坤刻意摹司马迁、欧阳修之文,喜跌宕激射。所选《史记抄》《八家文抄》《欧阳史抄》,即其生平之宗旨,然根柢少薄,模拟有迹。秦汉文之有窠臼,自李梦阳始,唐宋文之亦有窠臼,则自坤始。故施于制义,则为别调独弹,而古文之品终不能与唐顺之、归诸人抗颜而行也。至《耄年录》则精力既衰,颓唐自放,益非复壮盛之时刻意为文之旧矣。"诗逊于文。《盛明百家诗》后编录其诗十二首为《茅副使集》。顾起纶《国雅》卷一三录其诗七首。《皇明诗统》卷二三录其诗十七首。《皇明诗选》录其诗一首。《列朝诗集》丁集录其诗七首。《明诗综》卷四二录其诗一首。《御选宋金元明四朝诗》录其诗五首。清陆心源《吴兴诗存》四集卷八录诗二十二首。《明诗纪事》戊签卷二〇录诗一首。生平见茅国缙《先府君行实》(《茅鹿

门先生文集》卷三五)、朱赓《鹿门茅公墓志铭》(《茅鹿门先生文集》卷三五)、王兆云《皇明词林人物考》卷九、《明史》卷二八七。

茅国缙(1555—1607)　字荐卿,号二岑,菽园。浙江湖州府归安(今湖州)人,茅坤仲子。生于嘉靖三十四年(1555)八月初四。年十九补武康县博士弟子员,与吴越间名士黄汝亨、范应宾等结"秋水社",又入太学。万历十年(1582)中举,明年进士,除章丘知县,在任七年,有治绩。十七年征为广东道监察御史,二十年外计,谪知浙川县。二十三年迁南工部主事,二十九年茅坤卒,归乡守制,三十二年复故官,改北,主夏镇河闸,次年迁南京工部郎中。三十五年闰六月十三卒,年五十三。以善行称于乡里,人多称之。亦能诗文,曾删评汉晋南北朝史为《晋史删》四十卷,明刊本存,《四库全书总目》著录。《千顷堂书目》著录其《荐卿集》十二卷又《菽园诗草》二十卷。现存明刊本《菽园诗草》六卷,收诗四百八十余首,有吴梦旸序。《明诗综》卷五四录其诗一首。清陆心源《吴兴诗存》四集卷一一录其诗一首。生平见茅元仪《先考工部都水司郎中二岑府君行实》(《石民四十集》卷三六)、叶向高《茅公墓志铭》(《苍霞草》卷一六)、李维桢《茅公国缙传》(《国朝献征录》卷五一)。

茅维(1575—?)　字孝若,号僧昙。浙江湖州府归安(今湖州)人,茅坤四子。生于万历二年(1574)闰十二月。年十七试于乡,至万历四十三年始中举人,次年春闱登乙榜,拟授翰林孔目,协修国史,辞不就。以经世自负,崇祯二年(1629)诣阙献《足兵饷》《治安疏》二议三万言,不用,告归。家居以著述为事,约卒于清顺治间。能诗文,擅词曲,与同郡臧懋循、吴稼登、吴梦旸称"吴兴四子",又交于钱谦益等名士。诗文著述现存万历二十四年序刊本《菰园初集》六卷,屠隆、陈继儒、吴梦旸序;又万历四十六年刊本《十赉堂甲集》诗五卷文十二卷、《十赉堂乙集》诗十七卷词一卷、《北闱赘言》二卷;又启、祯间刊本《十赉堂丙集》诗十二卷。另有崇祯间茅氏凌霞阁刊本《茅洁溪集》二十四卷,内收《还山感遇诗》《冬馆吟》《戊集文部》《凌霞阁小品》等,章光岳、唐世济、宗献、尹伸序。所作杂剧有《凌霞阁诸曲》,收入清初邹式金辑刻《杂剧三集》六种:《苏园翁》北曲一折,写宋苏云卿怀才不遇,灌园为生,其布衣交张浚为相,荐其于豫章漕帅,云卿见事无可为,一夕悄然遁去,事本《宋史》卷四五九《苏云卿传》,然实表现茅维诣阙上书无果后之心境;《秦廷筑》北曲三折,演荆轲刺秦王失败后,高渐离再以灌铅之筑击秦王故事;《金门戟》北曲一折,写东方朔执戟金门,力阻汉武帝宠其姑母馆陶公主面首董偃事,事出《汉书》东方朔传;《醉新丰》北曲五出,写唐马周代中郎将常何写奏书言事,太宗召见,拜其为监察御史,后官至中书令,得以施展抱负,事出两《唐书》,而实抒作者之怀抱;《闹门神》为末本,不分折,用南曲,剧演新门神已至,而旧门神不肯去,互相争嚷,内门神钟馗、厕神紫姑三娘、灶君及和合神并来解纷,闹腾不休,以致震动天庭,不得不派九天门使者下界稽查,意在讽刺官场;《双合欢》北曲一折,写某相公自号勾曲外史,阁内数年空虚,一日为收养的娈童娶妻,自己则将侍女扶为正室,同时又将旧爱娈童之姐亦收为侍妾,故称"双合欢",充满晚明市俗气息。茅维所作才气充溢,曲词风格随各剧内容变化,又六剧中俱用长套,往往一折二三十曲;至于所作关目、排场、词曲格律,则全不顾北杂剧固有之格范,于明后期"案头之曲"创作中,可称作手。另,又尝辑历科程文为《论衡》六卷、《表衡》六卷、《策衡》二十二卷,有万历刊本,《明史·艺文志》著录;《明史·艺文志》另著录其《嘉靖大政记》二卷。《列朝诗集》丁集录其诗八首。《明诗综》卷七一录其诗一首。《御选宋金元明四朝诗》录其诗四首。清陆心源《吴兴诗存》四集卷一一录其诗三首。《明诗纪事》庚签卷三〇下录其诗二首,按云:"孝若古诗清真,颇近宋人。"清胡胤瑗等《兰皋明词汇选》录其词三首,《明词综》卷六录其词一首,未在集中。近人赵尊岳《明词汇刊》据《十赉堂丙集》卷一二录词三十六首为《十赉堂词》。生平见《(乾隆)湖州府志》卷二一、《明史》卷二八七。

茅溱(生卒年不详) 字平仲,一字平甫。南直镇江府丹徒(今江苏镇江)人。少负奇任侠,不拘绳检,又性嗜学,好古文词,与邬左卿等倡和,酒人剑客,履相错也。挟吴姬走塞上二十年,曾入戚继光幕,归里后尽敛少壮英气,营别墅,自称"日损居士",卒年七十六。所据傍青溪,焚香著书晏如也。又旁搜古篆籀,审音律,辑《韵谱本义》十卷附《说文未收之字》一卷,存万历三十二年(1604)刊本,《四库全书总目》著录。诗文著述《四友斋集》十卷,亦为万历三十二年所刻,《千顷堂书目》著录。《列朝诗集》丁集录诗三首,"小传"谓其"诗不工应酬"。另陈所闻《北宫词纪》《南宫词纪》及胡文焕《群音类选》等存其散曲套数五套。生平见《(乾隆)江南通志》卷一六八。

林士元(生卒年不详) 字舜卿。广东琼州府琼山(今海南海口)人。正德五年(1510)举人,九年进士,授行人。嘉靖四年(1525)迁南户科给事中，十一年出为湖广按察副使，备兵衡水，转广西参政，分守苍梧。十一年官军征大藤峡，以督饷功，迁浙江按察使，未赴，以忧归，遂不复出。晚年家居乡人贤之。《千顷堂书目》著录《论语衍义》又《孔子世家》《颜子列传》《子思子》及《文集》十卷。1935年海南书局刊《海南丛书》第三集辑其遗著为《北泉草堂遗稿》，各体文外，有诸体诗三十一首。生平见《(雍正)广东通志》卷四六、《(道光)广东通志》卷三〇二。

林大同(1333—?)　字逢吉，号范轩。其先为福建长乐人，以曾祖官常熟(今属江苏)而家焉，遂为吴人。幼孤苦力学，洪武中举明经，授开封府学训导，以病归。永乐三年(1405)再召，复以疾辞。卒于永乐八年后，年七十余。《千顷堂书目》著录其《易经奥义》二卷、《范轩文集》九卷。《(1948)重修常昭合志》卷一八又著录其《松南渔唱集》。现存清抄本《范轩集》十二卷，诗九卷，收诗近一千五百首，文三卷，收各体文近三百篇。其集收诗不分体，卷一至卷五又有"感慨""游览""节序""花木""题咏""庆寿""纪梦""哀挽"等标目，卷六题《自怡稿》《乐闲稿》，卷七题《观光稿》，卷八题《锡闲稿》，卷九题《移命纪行》(内收词四十首)。钱谷《吴都文粹续编》录其诗

二首。《海虞文征》录其文十篇、诗三十六首。《明诗纪事》甲签卷二五录其诗一首。生平见王鏊《姑苏志》卷五四、《(康熙)常熟县志》卷二〇、《(雍正)昭文县志》卷七、《(同治)苏州府志》卷九八。

林大春(1523—1588)　字邦阳，因仰东汉处士井丹，又自字井丹，号石洲。广东潮州府潮阳(今汕头)人。生于嘉靖二年(1523)十一月初三。二十二年中举，二十九年进士，除行人，出使秦中、泉州，升户部主事，迁员外郎。历湖广按察司金事、广西苍梧兵备道，进浙江提学副使，忤高拱、张居正，以命题割裂经义论罢。家居十余年，万历十六年(1588)正月二十二卒，年六十六。隆庆间守制在乡，曾修《潮阳县志》十五卷，今存。又曾协同知县郭梦得守城，抗击倭寇。《千顷堂书目》著录其《井丹集》十五卷，现存万历十九年潮阳林氏家刊本《井丹先生集》十八卷，内诗六卷，收诸体诗五百余首，文十二卷，收其奏疏表状十余篇，赋、序、记、墓铭及杂著二百二十余篇，尺牍八十通，附褒贤录、墓志、行状等。又有1936年潮阳郭氏双百鹿斋刻本《井丹先生文集》二十卷，诗六卷，收赋三篇，诗六百三十余首；文十二卷，收各体文三百余篇，卷一九收其《自叙》，卷二〇附褒贤录、墓志铭、行状、遗事等。《明文

海》录其文十二篇。清屈大均《广东文选》卷一七录其文二篇。清汪森《粤西文载》录其文一篇。清冯奉初《潮州耆旧集》录其《林提学井丹集》三卷,收文六十余篇。清梁善长《广东诗粹》卷五、《明诗纪事》己签卷一〇录其诗一首。近人翁辉东《潮州文概》卷二录其文三篇。近人温廷敬《潮州诗萃》甲编卷四录其诗七首。生平见孙镤《林公墓志铭》《井丹先生集》附录)、《(康熙)潮州府志》卷九上。

林大钦(1511—1545)　字敬夫,号东莆、毅斋。广东潮州府海阳(今潮州)人。嘉靖十年(1531)领乡荐,明年状元及第,授翰林修撰。以母老疏乞归养,筑室以聚族人,结讲堂于华严山,优游典籍,怡情山水,二十四年卒,年三十五。现存清刊本《东莆先生文集》五卷,有万历二十八年(1600)曾迈志序、崇祯三年(1630)曾敬雍序。其集首为制诰,以下文四卷、诗一卷(收诗凡三百四十余首)。其诗多田园、怀古、感兴之作。清屈大均《广东文选》卷八录文一篇。清梁善长《广东诗粹》卷四录诗一首。清冯奉初《潮州耆旧集》选文为《林殿撰东莆集》二卷,录文二十九篇。近人翁辉东《潮州文概》卷二录文三篇。生平见林大春《太史林大钦传》《井丹先生集》卷一三)、《(康熙)潮州府志》卷九上。

林大辂(1488—1560)　字以乘,号二山、麦斜山人。福建兴化府莆田人。生于弘治元年(1488)十月初七。正德八年(1513)中举,明年进士,授刑部主事,迁工部员外郎。兵部郎中黄巩以谏武宗南巡下诏狱,大辂偕同官蒋山卿等疏救,帝怒,廷杖几死,下诏狱,谪夷陵州判官。嘉靖初,复故官,出为江西佥事,后以副都御史巡抚湖广,自劾归。居家二十余年,卒于嘉靖三十九年(1560)十二月十三,年七十三。《千顷堂书目》著录其《愧瘏集》十六卷又《借声堂稿》四卷。现存嘉靖四十年林敦履刊本《愧瘏集》二十一卷,首柯维骐、林希元序及柯维骐所撰《行状》,内诗十四卷,收诗一千八百五十余首、词四首,文七卷,收文百余篇。是集又有万历四年(1576)刊本。《列朝诗集》丙集录其诗五首。《明诗综》卷三五录其诗二首,“诗话”云:“二山与南泠(蒋山卿)最相契,诗亦近之,第稍逊耳。品当在李川父(李濂)、孟望之(孟洋)之间。”《御选宋金元明四朝诗》录其诗四首。清郑王臣《莆风清籁集》卷一六录其诗二十一首。清郭柏苍《全闽明诗传》卷一六录诗八首。清涂庆澜《莆阳文辑》卷一录奏疏一篇。《明诗纪事》戊签卷一二录诗一首。生平见柯维骐《二山林公行状》《愧瘏集》卷首)、《明史》卷一八九。

林之蕃（生卒年不详） 字孔硕，号积翠山陀，又号涵斋。福建福州府闽县（今福州）人。崇祯六年（1633）举人，十六年进士，授嘉兴知县，官至吏部考功司郎中。入清，家居不接人，时自歌哭，寂隐山中。善山水，落笔苍润，韵致萧疏。有康熙二年（1663）作山水扇，则其时曾存。能诗文，存清抄本《藏山堂文集》四卷。又有清道光十九年（1839）刊本《林涵斋集》一册，收诗五十三首、文八篇。清郭柏苍《全闽明诗传》卷五二录诗四十七首。生平见《全闽明诗传》引《塔江楼文钞·明御史涵斋林先生传》。

林文（1390—1476） 字恒简，号澹轩。福建兴化府莆田人，林环从弟。生于洪武二十三年（1390）十月初五。宣德五年（1430）进士第三，授翰林编修。正统元年（1436）与修《宣宗实录》，升修撰，进右春坊右谕德，兼翰林侍讲，再进庶子。英宗复辟，改尚宝司卿，拜翰林学士。成化初，进太常寺少卿，仍兼学士，再次辞归。成化十二年（1476）五月初六卒于家，年八十七，赠吏部侍郎，谥襄敏。时称其诗文体格浑厚，缙绅推为醇儒。卒后数十年，至嘉靖初，其孙岳州同知林希范辑其诗文刊为《澹轩先生诗文集》十二卷。后嘉靖四十一年（1562）莆田遭倭寇焚毁，刊板遭焚，嘉靖四十五年其曾孙林炳章又重刊。现存嘉靖林炳章刻近人重修本《澹轩先生诗文集》十二卷，内诗三卷，收诗一百八十余首，文七卷，收各体文八十余篇，卷一一、卷一二两卷乃附录诰敕及行状、神道碑等，又有补遗一卷，收诗十首、文十六篇。《明史·艺文志》著录其《澹轩稿》十二卷即此本。是集另有近人重修本。郑岳《莆阳文献》录其诗二首。《明诗综》卷二〇录其诗一首。清郑王臣《莆风清籁集》卷一〇录其诗十三首。清郭柏苍《全闽明诗传》卷九录其诗四首。清涂庆澜《莆阳文辑》卷四录其文一篇。《明诗纪事》乙签卷一六录其诗四首，按云："澹轩诗格清远，有翛然出尘之致。"生平见宋端仪《林公行状》、彭韶《林公神道碑》（《澹轩先生诗文集》附录）及佚名《林文传》（《国朝献征录》卷二〇）、廖道南《殿阁词林记》卷六。

林文俊（1487—1536） 字汝英，号方斋。福建兴化府莆田人。少颖敏，家贫无书，就书肆阅之。正德二年（1507）举乡试第一，六年进士，选翰林院庶吉士，授编修，与修《武宗实录》。擢右春坊赞善，升南国子祭酒，改北，官至南吏部侍郎。嘉靖十五年（1536）七月十二卒，年五十，赠礼部尚书，谥文修。所著诗文原无刊本，故《千顷堂书目》仅著录《方斋存稿》，《四库全书》据其家藏抄本，收录《方斋诗文集》十卷，内表一卷，疏一卷,序四卷,记、说一卷,志铭祭文一卷,杂录一卷,诗一卷(收诗一百二十余首),《总目》"提要"云:"史称其文章醇雅,今观其诗,亦从容恬适,不事雕琢,国朝朱彝尊辑《明诗综》乃独不载之,当由未见此本,非黜之不录也。"《千顷堂书目》另著录其《内黄县志》九卷。清郑王臣《莆风清籁集》卷一六录诗七首。清郭柏苍《全闽明诗传》卷一五录诗三首。《明诗纪事》戊签卷一一录诗二首。《明文海》录文一篇。清涂庆澜《莆阳文辑》卷三录其文一篇。生平见费宷《林公墓志铭》(《国朝献征录》卷二七)、湛若水《林先生神道碑文》(《泉翁大全集》卷六六)、《(乾隆)福建通志》卷四四。

林世璧(生卒年不详) 字天瑞。福建福州府闽县(今福州)人,林庭㭿孙,林炫子,龚用卿婿。诸生。生而善病,而豪宕俊爽。嗜酒,每酣起舞,微吟,则家僮储笔砚以俟,稍候,数十纸立就。传其以高才傲世,尝游鼓山赋诗,鼓掌狂笑,失足堕崖而死,年三十六。《千顷堂书目》著录其《彤云集》六卷,未见传。《盛明百家诗》后编录其诗一百余首为《林公子集》。顾起纶《续国雅》卷四录其诗二首。《皇明诗统》卷三三录诗九首。徐𤊹《晋安风雅》录诗二十首。《列朝诗集》丁集中录诗四首。《明诗综》卷六四录诗二首。《御选宋金元明四朝诗》录诗六首。清郭柏苍《全闽明诗传》卷二六录诗十六首。《明诗纪事》庚签卷二六录其诗一首。

林右(1356—1408) 初名佑,字左民,改名后字公辅。浙江台州府临海人。与方孝孺、叶见泰、张廷璧等游。洪武十六年(1383),与王叔英、杨大中、方孝孺、叶见泰等被征赴京师。曾官中书舍人,以事谪中都教授,成祖即位,弃官归。黄士良《逊国神会录》记永乐六年(1408)"岛夷讧海上,台被其毒,监司闻右才,请为闾里计,右勉起视兵,督郡子弟剿平之。上以知右,遣使召之,不赴。令武士械至京,然犹以温语相慰劳,冀加录用,右对曰:'罪人逃死已久,藉令可任,当与方孝孺同朝矣。'上怒,命曳出剐之,竟死"。年五十三。福王时,赠礼部尚书,谥贞穆。曾以文鸣于时,方孝孺极赞之。《千顷堂书目》著录其《林公辅集》二卷,未见传。《四库全书总目》著录《林公辅集》三卷,"提要"云:"是集多记、序酬应之作,惟题后数则,间及史事,亦无特识。"现存清康熙查慎行家抄本《天台林公辅先生文集》不分卷,收其序、记、墓铭、题识等文一百余篇,无诗。《明文海》录其文五篇。《明诗综》卷一六录其诗《题植芳堂》一首。清戚学标《三台诗录词录》卷一〇录其诗一首。《明诗纪事》甲签卷三〇录其诗二首。生平见黄士良《逊国神会录》卷一、清徐乾学《明史列传》卷一九。

林民止（生卒年不详） 字敬夫。福建兴化府莆田人。嘉靖三十七年（1558）举人，万历二年（1574）进士，知广东雷州，历官至南直宁国知府。能诗，现存明刊本《玄冥子集》四卷，内文二卷，收各体文一百九十余篇，以书启为多，诗二卷，收诸体诗一百五十余首。又《续刻》一卷，诗文杂收，三十余篇。清郑王臣《莆风清籁集》卷二七录诗二首，《兰陔诗话》云："敬夫早擅文名，为王弇州（王世贞）所称许，诗亦遒拔。"清郭柏苍《全闽明诗传》卷三〇录诗一首。生平见《（雍正）广东通志》卷四一。

林邦鼐（1593—？） 字调夫。福建福州府福清人。少习举子业，入太学，屡试不举，弃而从谭元春学诗，与闽中诗人曹学佺、黄景昉、林古度等人倡和。有诗集《宗简斋集》传世，分五古、七古、五律、七律、五言排律、七言排律、七绝七体，未标卷数，盖以诗体分卷。其集五古、七古为晋江黄景昉选订，五律、七律为同郡林古度选订，五言排律、七言排律为甬东薛冈选订，七绝为广陵李蘅芳选订。卷首林古度《宗简斋诗叙》署崇祯十一年（1638）二月，因知此集刻于崇祯时。卷首另有崇祯十年黄景昉序，谓其诗与闽先辈诗"情景稠匀，韵律高扬"之宗唐之风异趣，"颇特以灵露险仄取胜，讽之微有楚声……询知调夫旧事谭友夏（谭元春）先生，蕤宾跃铁，琥珀呵黄，非直性成，盖亦习近之矣"。

林尧俞（1558—1626） 字咨伯，号兼宇。福建兴化府莆田人。万历七年（1579）举人，十七年进士，选翰林院庶吉士，授检讨。历赞善、左谕德兼侍讲、南国子祭酒，请假归省，寻丁忧家居。熹宗改元，起礼部右侍郎，旋晋本部尚书，加太子太保，致仕归。归后筑南溪草堂，与故人觞咏，天启六年（1626）卒，年六十九，谥文简。善书法，好学行修，雅负时望，以不附魏忠贤为时所称。清郑王臣《兰陔诗话》谓其《门有车马客》一诗，"盖自道也"。曾与编《礼部志稿》一百一十卷，为《四库全书》所收。《千顷堂书目》著录其《兴化新志》五十九卷、《溪堂诗集》四卷又《文集》二卷，未见传。《列朝诗集》丁集中录其诗一首。《明诗综》卷五五录其诗十一首。《御选宋金元明四朝诗》录其诗八首。清郑王臣《莆风清籁集》卷二九录其诗二十七首。清郭柏苍《全闽明诗传》卷三一录其诗七首。清涂庆澜《莆阳义辑》卷三录其序文一篇。《明诗纪事》庚签卷一六录其诗五首。生平见陈继儒《宗伯兼宇林公传》（《陈眉公先生全集》卷三九）、《（乾隆）福建通志》卷四四。

林光（1439—1519）　字缉熙，号南川，晚号南翁。广东广州府东莞人。成化元年（1465）举人，二十年会试乙榜，授浙江平湖儒学教谕。弘治八年（1495）升兖州府学教授，丁忧归，十一年补严州府学教授，十四年迁国子监博士，十八年晋襄王府左长史。正德八年（1513）致仕归，十四年卒，年八十一。成化五年会试下第，曾拜陈献章于神乐观，遂师事之，从归江门，筑室槛山，往来问学几二十年，献章门下弟子百余人，林光与湛若水齐名。亦嗜诗，几至无时无处不吟咏，诗作累牍。《千顷堂书目》著录其《缉熙集》十卷，现存清咸丰元年（1851）刊《南川冰蘖全集》十二卷，文六卷，诗六卷，收诗达一千四百首。清沈季友《檇李诗系》卷三九录其诗五首。清屈大均《广东文选》录其文二篇。清梁善长《广东诗粹》卷三录其诗一首。《明诗纪事》丙签卷九录其诗一首。近人张其淦《东莞诗录》卷八录其诗十四首。生平见湛若水《林先生墓表》（《国朝献征录》卷一〇五）、何乔远《名山藏》卷八四。

林廷玉（1454—1532）　字粹夫，号南涧，晚年自称烟霞病叟。福建福州府侯官（今福州）人，其父林芝为景泰四年（1453）举人，后任韩府纪善，因寓居陕西平凉。廷玉成化十九年（1483）中陕西乡试第一，明年联捷进士，授吏科给事中，进工科都给事中。弘治十二年（1499）李东阳、程敏政典试事，榜未揭，给事中华昶劾敏政受贿鬻题，诏东阳重阅试卷，以事无涉程敏政报，廷玉复疏敏政阅卷可疑六事，遂并下敏政、廷玉于狱。会多官廷鞫，黜考生唐寅、徐经等十余人，调华昶太仆寺典簿，廷玉谪判海州。稍迁茶陵知州，倡建洣江书院，日与诸生讲解。正德元年（1506）升广东按察司金事，进提学副使，历山西参政，入为通政使，八年以金都御史巡抚保定，改掌南京都察院事，总督南京粮储。论者言其偏拗，遂乞归侯官原籍，家居二十余年，卒于嘉靖十一年（1532）四月二十四，年七十九。廷玉为人刚果敏达，在谏垣号敢言，又以文章自许。《千顷堂书目》著录其《南涧文录》七卷、《南涧诗余》一卷，未见传。徐𤊹《晋安风雅》录其诗五首。《石仓十二代诗选·明诗选》录诗八十余首。清郭柏苍《全闽明诗传》卷一一录诗十九首。《明诗纪事》丙签卷八录诗六首。清林葆恒《闽词征》卷三录词一首。生平见吕柟《林公墓表》（《泾野先生文集》卷三二）、何乔远《名山藏》卷七四。

林廷选（1450—1526）　榜姓樊，后复姓。字舜举，号竹田。福建福州府长乐人。成化十三年（1477）举人，十七年进士，授苏州府推官。擢监察御史，按广西，以平寇功，迁浙江佥事，进副使。历广东按察使，进右布政使，转左，入为南大理卿，以右都御史总督两广，数岁拜南工部尚书，乞归。卒于嘉靖五年（1526）二月初七，年七十七。《千顷堂书目》著录其《竹田集》二卷，未见传。徐𤊹《晋安风雅》录其诗一首。《石仓十二代诗选·明诗选》录其诗八十余首。清汪森《粤西诗载》卷一七录其诗一首。清郭柏苍《全闽明诗传》卷一一录其诗九首。《明诗纪事》丙签卷七录其诗一首。生平见林俊《林公竹田墓志铭》（《见素集》续集卷一〇）、郑岳《林公行状》（《山斋文集》卷一四）、《（乾隆）福建通志》卷四三。

林兆珂（生卒年不详） 字孟鸣，一字懋忠，号榕门。福建兴化府莆田人，林兆恩弟。万历元年（1573）举人，明年进士，除蒙城知县。迁刑部主事，历郎中，简放廉州知府，改衡州、安庆。攻经史学问。《四库全书总目》经部著录其《毛诗多识编》七卷（存明刊本）、《檀弓述注》二卷（存万历刊本）、《考工记述》二卷首一卷图一卷（存万历刊本），子部杂家类著录其《宙合编》八卷（有明刊本），集部著录其《李诗钞述注》十六卷、《杜诗钞述注》（皆存万历刊本）。亦能诗，清郑王臣《兰陔诗话》云："孟鸣诗蕴藉深厚，吐纳风流。"《千顷堂书目》著录其《挈朋稿》一卷，即《四库全书总目》著录之《林伯子诗草》一卷，"提要"云："此集本名《挈朋草》，其题曰林伯子者，盖其序为柯寿恺所作，乃当日同社之辞也。凡诗二百三十余首，其中七言律诗颇得钱、刘风调，集中亦惟此体最多，古诗则不能入格，盖晋安一派皆从七言律诗入也。"集已不传。清郑王臣《莆风清籁集》卷二七录诗二十二首。清郭柏苍《全闽明诗传》卷三〇录诗七首。《明诗纪事》庚签卷一一录诗四首，按云："孟鸣尝刻黄白仲诗集，颇称好事，诗亦点化生新。"生平见《（乾隆）福建通志》卷五一。

林如楚（1543—1623） 字道翘、道懋，号碧麓。福建福州府侯官（今福州）人，林春泽孙、林应亮子。嘉靖四十三年（1564）举人，四十四年进士，授刑部主事。万历年间历任广东按察副使、广东右参政、广东按察使、广西布政使，至工部右侍郎致仕。卒于天启三年（1623），年八十一。董应举为其作墓志，谓其"朴素寡欲，清而勤事"。《千顷堂书目》著录其《碧麓堂集》十二卷，未见传。崇祯九年（1636）林慎刻林昌裔辑《旗阳林氏三先生诗集》收《碧麓堂集》一卷。《明诗综》卷四四录诗二首。《御选宋金元明四朝诗》录诗十六首。清郭柏苍《全闽明诗传》卷二七录其诗六首。生平见董应举《林先生暨配龚淑人合葬墓志铭》(《崇相集·志铭》)、《(乾隆)福建通志》卷四三。

林志(1378—1427) 字尚默,号蒻斋、见一居士。福建福州府闽县(今福州)人。生于洪武十一年(1378)八月初四。永乐九年(1411)乡试解元,明年进士第二,授翰林编修,与修《五经四书大全》《性理大全》。历修撰、侍读,至右春坊谕德,宣德二年(1427)五月二十四卒于官,年五十。少从王偁游,日记数千言,锋芒错出,累折长老,偁为字"尚默"以规之,后痛自克治,沉潜学问,居官淡于荣进,以雅尚为朝士所称。《千顷堂书目》著录其《周易集说》三卷、《蒻斋集》十五卷。现存明抄本《蒻斋先生文集》,原集十二卷,残存卷五至卷八;又有万历间福州林氏活字本《续刻蒻斋公文集》十五卷。徐𤋮《晋安风雅》录诗七首。《石仓十二代诗选·明诗选》录诗六十余首。《明诗综》卷一八下录诗一首。清郭柏苍《全闽明诗传》卷七录诗三十三首。《明诗纪事》乙签卷一〇录其诗六首。程敏政《皇明文衡》录其文四篇。《明文海》录其文二篇。生平见杨士奇《林君墓表》(《东里文集》卷一六)、杨荣《林君墓志铭》(《杨文敏公集》卷二一)、《(乾隆)福建通志》卷四三。

林时(1492—1535) 字懋易,号介立山人。河南汝宁府汝阳人。生于弘治四年十二月十一(1492年1月10日)。正德五年(1510)河南乡试第二,十二年进士,选翰林院庶吉士,授检讨,以内艰归。嘉靖元年(1522)起复,与修《武宗实录》,二年会试同考官,四年《实录》成,进编修,六年迁国子司业,十一年改南京通政司右参议,十三年进本司右通政,十四年奔母丧归,十月二十五以疾卒,年四十五。能诗,《千顷堂书目》记其有集七卷,现存明刊本《介立诗集》六卷,收诗四百余首,无序跋。其文则仅《(康熙)汝阳县志》卷一〇存《县学碑记》一篇。生平见佚名《林公行状》(《国朝献征录》卷六七)、雷礼《国朝列卿纪》卷一六二、过庭训《本朝分省人物考》卷九二、《(康熙)汝阳县志》卷九。

林时对(生卒年不详) 字殿飏,号茧庵。浙江宁波府鄞县(今宁波)人。崇祯十二年(1639)举人,明年进士,授行人,已而奉使请假归,旋丁忧家居。明社亡,福王立于南京,以御史召,为阮大铖所恶,罢归。鲁王监国于绍兴,召为兵科给事中,迁太常寺少卿兼吏科给事中,以金都御史监军西征,又迁右副都御史,以议事罪于王之仁、方国安及诸中官被罢。逾年绍兴陷,辗转于山海间,事定归家,已荡然矣。清初征车四出,其名豫其中,以病力辞,惟家居著述,称遗老。著有《茧庵逸史》《茧庵诗史》《冬青集》《碎筑集》《表忠录》《茧庵杂录》,晚年合之称《留补堂集》。现存稿本《留补堂文集》三卷《诗选》一卷《忠义传》二卷附《杜诗选》不分卷;又清抄本《留补堂文集》四卷《自订诗选》六卷。近人张寿镛1939年刊《四明丛书》第七集收《留补堂文集选》四卷。清全祖望《续甬上耆旧诗》卷三五"甬上三遗老之一"据《留补堂集》录诗二百八十一首。其诗多记明末国难、两浙抗清起事之篇什,尤以纪悼殉难诸臣诗为最多,于遗民诗中亦不多见矣。生平见清全祖望《明太常寺卿晋秩右副都御史茧庵林公逸事状》(《鲒埼亭集》卷二六)、清李瑶《绎史摭遗》卷一三、清翁洲老民《海东逸史》卷一八。

林时跃(生卒年不详)　字霞举,号荔堂,自称明山遗民。浙江宁波府鄞县(今宁波)人,林时对之兄。少有志节,曾受学于刘宗周、黄道周,归而与里中诸人为讲社,与华夏、王家勤、徐凤垣等称"鹤山七子"。南明弘光元年(1644)贡生,钱肃乐荐其为大理左评事,直制

诰,晋御史。事败,遁入恒溪山中,事平后遁归,因以逸民自居。华夏有难,竭力救之而不能得,乃育华夏之子女成人。晚年甚困,而不屈其志。所著有《朋鹤草堂集》八卷、《甬东正气录》八卷、《丹史》八卷、《逆案》三卷、《十三陵园记》一卷,现存稿本《朋鹤草堂》文集二卷《诗留》六卷《词》一卷,又有旧抄本《朋鹤草堂集》十二卷。清全祖望《续甬上耆旧诗》卷三三据《朋鹤草堂集》录其诗三百二十九首,附《朋鹤草堂词》十六首。生平见清全祖望《明故大理寺评事林先生阡表》(《鲒埼亭集外编》卷六)。

林希元(1483—1567)　字茂贞,号次崖。福建泉州府同安(今厦门)人。正德十一年(1516)举人,明年进士,除南大理评事。世宗登极,条新政八要,深见嘉纳,会忤寺卿陈琳,以议狱事被论,谪泗州州判,弃官归。以方献夫、霍韬荐,起为大理寺丞。嘉靖十四年(1535)又以议辽东兵变事,谪钦州知州。十八年迁广东按察佥事,掌盐、屯二政,改督学。转云南,值安南莫登庸篡国,力请讨之,疏凡六上,坐是中谪典归。嘉靖四十五年卒,年八十五。平生锐于用世,而气质刚急,类其乡人陈晟,故屡屡遭挫。治经学,宗其乡人蔡清,推崇薛瑄、胡居仁。与王守仁同时,而排守仁

《传习录》最力。著有《易经存疑》十二卷，有万历二年（1574）刊本、清康熙十七年（1678）刊本及《四库全书》本等。又有崇祯八年（1635）刊本《连理堂重订四书存疑》十四卷。曾主修《南京大理寺志》七卷（存嘉靖刻残本）、《钦州志》九卷（有嘉靖刻残本）。《千顷堂书目》另著录其《太极图解》三卷、《荒政丛言》一卷（有《荒政丛书》本）、《钦州政略》九卷、《古文类钞》二十卷、《次崖集》十八卷。现存诗文别集《同安林次崖先生文集》十八卷为其子林有梧所编，内奏疏四卷、各体文十二卷、诗词二卷（收诗近三百首、词二首），有万历四十年同安知县李春开刊本及清乾隆十八年（1753）陈胪声诒燕堂刊本，原刊本有蔡献臣等序，乾隆刊本增雷铉、沈德潜序。《四库全书总目》著录《林次崖集》十八卷，"提要"谓其"非惟学问辟姚江（王守仁），即文章亦辟北地（李梦阳）、信阳（何景明）。故其诗文，皆惟意所如，务尽所欲言乃止。往往俚语与雅词相参，俪句与散体间用，盖其素志原不欲以是见长"。《明诗综》卷三六录其诗一首。清郭柏苍《全闽明诗传》卷一六录其诗十七首。《明诗纪事》戊签卷一三录其诗一首。生平见佚名《云南按察司金事林公希元传》（《国朝献征录》卷一〇二）、《（乾隆）福建通志》卷四五、《明史》卷二八二。

林应亮（生卒年不详）　字载熙，又作熙载，号少峰。福建福州府侯官（今福州）人，林春泽之子，郑善夫婿。嘉靖十一年（1532）进士，授颍上知县，调秀水。十六年迁户部主事，进郎中，简放常德知府。二十四年迁广西按察副使，历参政，迁广东按察使，晋广西右布政使，转左。以右副都御史总理河道，进南户部右侍郎，总督仓场，告归。其父高寿，得奉父杖履几二十年。父、翁皆有诗名，濡染家学，亦以好古文词称。《千顷堂书目》著录其《秀水县水利考》、《少峰草堂诗集》二卷。《少峰草堂诗集》现存崇祯九年（1636）刻林昌裔辑《旗阳林氏三先生诗集》本，仅一卷。《四库全书总目》著录《少峰草堂诗集》一卷，"提要"谓"其诗皆沿'七子'之派"。《皇明诗统》卷二八录诗一首。徐𤊹《晋安风雅》录诗一首。《列朝诗集》丙集录诗五首。《明诗综》卷四一录诗一首。《御选宋金元明四朝诗》录其诗十一首。清郭柏苍《全闽明诗传》卷二〇录其诗十七首。《明诗纪事》戊签卷一八录其诗一首。生平见陈文烛《林少峰先生诗序》（《二酉园续集》卷二）、《（乾隆）福建通志》卷四三。

林应麒（1506—1583）　字必仁。

浙江台州府仙居人。嘉靖四年（1525）举人，春闱不第，游王守仁之门，十四年中进士，除吴县知县。以罪于御史被劾，徙六安州判官，逾月迁国子监助教，乞外，二十六年调泰安州判官，二十八年转金溪县令，明年升惠州府同知，以母丧归。家居至万历十一年（1583）卒，年七十八。著述原有嘉靖间金迁少滨书屋刊本《介山稿略》二十卷，近人李镜渠1934年刊《仙居丛书》所收《介山稿略》为十六卷补遗一卷，内诗七卷，收诗四百余首，文九卷，收其所作各体文，有何维柏嘉靖三十一年《介山稿略序》。《盛明百家诗》后编录其诗五首为《林介山集》一卷。彭孙贻《明诗钞》录其诗一首。黄宗羲《明文海》录其文一篇。清王魏胜《安洲诗录》卷五著录其诗二十五首。清戚学标《三台诗录词录》卷一八录其诗四首。《明诗纪事》戊签卷一九录其诗一首。生平见林孙枝《林介山先生传》《仙居丛书》本《介山稿略》附）、《（雍正）浙江通志》卷一九一。

林环（1376—1415） 字崇璧，号絅斋。福建兴化府莆田人。永乐三年（1405）领乡荐，明年第一人进士及第，授翰林修撰，迁侍讲。在朝深荷倚重，曾任《永乐大典》总裁之一，两主会试，又扈从朱棣北巡，永乐十三年卒于北京，年四十。能诗文，《明史·艺文志》著录其《文集》十

卷《诗》三卷。现存其子林侃成化时辑刻之《絅斋先生集》三卷，首成化十三年（1477）鲁蒙简、林侃序，内诗二卷（收诗一百三十余首）、文一卷（收各体文五十余篇），又《记》九卷、《序》十卷。永乐十二年胡广等人倡和《燕京八京诗》，林环与焉，诗在集中。《皇明风雅》卷二八、《皇明诗统》卷一一录其诗一首。郑岳《莆阳文献》录其诗三首、文三篇。《石仓十二代诗选·明诗选》录其诗五十二首。《列朝诗集》乙集录其诗五首。《明诗综》卷一八下录其诗一首，"诗话"谓其"未第之先，纵酒自放，虽在玉堂，诗无台阁气"。清陈邦彦《御定历代题画诗类》录其诗十三首。清郑王臣《莆风清籁集》卷九录其诗十首。清郭柏苍《全闽明诗传》卷七录其诗六首。《明诗纪事》乙签卷七录其诗一首。《明文海》录其文《宋香荔枝记》一篇。清涂庆澜《莆阳文辑》录其文二篇。生平见佚名《侍讲林公环传》（《国朝献征录》卷二〇）、顾祖训《状元图考》卷一。

林枝（生卒年不详） 字昌达，号古平山人。福建福州府闽县（今福州）人。明初布衣，能诗。《千顷堂书目》著录其《效颦集》一卷，未见传。徐𤊹《晋安风雅》录其诗一首。《石仓十二代诗选·明诗选》录其诗十五首。《明诗综》卷一九录其诗一首，"诗话"云："闽自十才子外，能诗

而不与其列者,有赵迪景哲、林绍淳裕、郑文霖汝众、林敏汉孟、陈本叔固及昌达也。昌达集不传,徐兴公(徐㷼)家有老儒手录明初诗,今归林孝廉佶,予借观录之。"《御选宋金元明四朝诗》录其诗一首。清郭柏苍《全闽明诗传》卷五录其诗四首。《明诗纪事》甲签卷二三录其诗一首。

林春泽(1480—1583)　字德敷,号旗峰。福建福州府侯官(今福州)人。生于成化十六年(1480)十月十四。正德五年(1510)举人,九年进士,授户部主事,迁员外郎,司藏失盗,坐谪宁州同知。历吉安通判、肇庆同知,迁南刑部郎中,简放程番知府,致仕。以长寿称人瑞,卒于万历十一年(1583)四月十五,百有四岁。习《礼》能诗,少时与郑善夫、方豪、张昆仑为诗友。其子林应亮、孙林如楚亦皆有诗名,享誉乡邦。著述现存万历八年刊《人瑞翁诗集》十二卷,为其子林应亮所编,卷一收赋及四言古诗,以下五古二卷,七古二卷,五律三卷,七律三卷,五、六、七言绝句总为一卷,有王应钟、蔡文范序,《千顷堂书目》著录其《人瑞翁集》十二卷即此本。又崇祯九年(1636)林慎刻林昌裔辑《旗阳林氏三先生诗集》五卷内有《人瑞翁集》二卷,又有清抄本《人瑞翁诗集》五卷,清朱格抄本《旗峰诗集》十卷,皆出于十二卷

本。《皇明诗统》卷二八录其诗十九首。徐㷼《晋安风雅》录其诗十首。《列朝诗集》丙集选录七首。《明诗综》卷三五录其诗二首。《四库全书总目》著录其《人瑞翁集》一卷,"提要"云:"春泽少与郑善夫游,互相切磋,故其诗颇有体裁,但乏深思厚力耳。"《御选宋金元明四朝诗》录其诗十首。清郭柏苍《全闽明诗传》卷一六录其诗二十一首。《明诗纪事》戊签卷一二录其诗一首。生平见陈文烛《林公墓志铭》(《二酉园续集》卷一七)、《(乾隆)福建通志》卷四三。

林俊(1452—1527)　字待用,号见素,晚号云庄。福建兴化府莆田人。生于景泰三年(1452)二月十一。成化十三年(1477)领乡荐,明年进士,授刑部主事,迁员外,以事下狱,谪姚州判官。历南刑部员外,擢云南按察副使,进按察使,改湖广,引疾归。起广东布政使,不赴,起金都御史督操江,改巡抚江西。进右副都御史,改四川,迁右都御史,致仕。嘉靖初,起工部尚书,改刑部,加太子太保致仕。嘉靖六年(1527)四月初五卒,年七十六。后追论"议大礼"事,削职,隆庆初复官,赠少保,谥贞肃。《明史·艺文志》著录其《文集》四十卷《诗》十四卷。现存正德十四年(1519)林达刻《见素诗集》十四卷,

收诗八百余首,杨一清序;又嘉靖元年林有年刻《见素诗集》十四卷;又隆庆元年(1567)林及祖刻后印本《见素集》七卷附《宸翰录》三卷《清朝特典》五卷、《编年纪略》一卷、《墓志铭》一卷、《恤录纪事》一卷、《云庄公画像赞》一卷、《自考集》七卷;又万历十三年(1585)林及祖刻《见素集》二十八卷《奏议》七卷《续集》十二卷。《四库全书总目》另著录其《西征集》不分卷。《皇明风雅》录其诗九首。顾起纶《续国雅》卷三录其诗二首。《皇明诗统》卷一五录其诗十四首。《石仓十二代诗选·明诗选》录其诗一百二十余首。《列朝诗集》丙集录其诗二十一首,"小传"云:"杨石淙(杨一清)评其诗曰:'诗宗唐杜,晚乃出入黄山谷、陈无己间。初视之若有隐涩语,久而咀嚼,悠然有余味焉。'"《明诗评选》录其诗一首。《明诗综》卷二五录其诗四首。《御选宋金元明四朝诗》录其诗十一首。清郑王臣《莆风清籁集》卷一三录其诗二十一首。《四库全书》据万历十三年本收《见素文集》二十八卷《奏疏》七卷《续集》十二卷,《总目》"提要"云:"俊为文,体裁不一,大都奇崛博奥,不沿袭台阁之派。其诗多学山谷、后山两家,颇多隐涩之词,而气味颇能远俗。"清郭柏苍《全闽明诗传》卷一一录其诗十首。《明诗纪事》丙签卷七录其诗六首。近人赵尊岳《明词汇刊》录其词二十首为《林见素词》。《明文海》录其文九篇。清涂庆澜《莆阳文辑》录其文六篇。生平见《见素集》所附林达《编年纪略》、杨一清《墓志铭》等,又见王兆云《皇明词林人物考》卷三、《明史》卷一九四。

林庭机(1506—1581) 名又作"廷机",字利仁,号肖泉。福建福州府闽县(今福州)人,尚书林瀚幼子,林庭㮮之弟。生于正德元年(1506)五月初四。嘉靖四年(1525)举人,十四年进士,选翰林院庶吉士,除检讨,与修《大明会典》。迁国子司业,吏部尚书李默荐其为南国子祭酒,转太常卿。三十九年擢南工部右侍郎,改南礼部,进南工部尚书,考满改南礼部尚书。隆庆元年(1567)以其子林燫擢礼部右侍郎,辞官家居。万历八年(1580)林燫病卒,庭机悲恸不起,次年六月二十四卒,赠太子太保,谥文僖。以清节称,能诗文。万历八年其孙林烃刊其诗文著述为《世翰堂稿》十卷,诗四卷、文六卷,许谷序、龙宗武后序。后又刊为《世翰堂文集》八卷《诗集》四卷附录一卷,诗文均有所增益,《明史·艺文志》著录其《文集》十二卷,即此本也。《皇明诗统》卷二四录诗三首。徐㷿《晋安风雅》录其诗一首。《明诗综》卷四二录其诗一首。清郭柏苍《全闽明诗传》卷二一录诗五首。《明诗纪事》戊签卷一九录诗三首。《明文海》录其文《平古田碑》一篇。生平见许孚远《林公神道碑》《国朝献征录》卷三六)、叶向高《林肖泉先生传》《苍霞草》卷一四)、《明史》卷一六三。

林庭㭿（1472—1541）　名又作"廷㭿"，字利瞻，号小泉。福建福州府闽县（今福州）人，尚书林瀚次子。弘治八年（1495）举人，十二年进士，授兵部武库司主事，转员外郎，进郎中。正德三年（1508）出知苏州府，升云南布政司左参政，九年以父老请归养。嘉靖元年（1522）起江西左参政，历湖广右、左布政使，以右都御史巡抚保定六府，与张璁不合，乞归。起南兵部右侍郎，转工部，十四年五月兼右都御史往抚辽东，以功进本部尚书，加太子太保。以议加天下田赋建沙河行宫，为御史所劾，乞归。卒于嘉靖二十年（1541）八月初三，年七十，赠少保，谥康懿。为人恬雅介洁，所至有惠政。颖悟过人，仪表竦秀，雅善清谈，风流为一时冠冕。曾与修《(嘉靖)江西通志》三十七卷，又曾主纂《福州府志》四十卷。《千顷堂书目》著录其《小泉稿》六卷又《康懿公集》十卷，未见传。《皇明诗统》卷一五录其诗一首。徐𤊺《晋安风雅》录其诗一首。《石仓十二代诗选·明诗选》录其诗五十余首。《明诗综》卷二七下录其诗一首。清郭柏苍《全闽明诗传》卷一三录其诗五首。《明诗纪事》丁签卷八录其诗一首。生平见龚用卿《林公墓志铭》《云冈公文集》卷九)、《(乾隆)福建通志》卷四三、《明史》卷一六三。

林庭模（生卒年不详）　名又作"廷模"，字利正，号秋江。福建福州府闽县（今福州）人，尚书林瀚第六子，林庭㭿之弟。弘治十一年（1498）举人，正德间官潮州府同知。有《秋江集》，其子林煜号小江，亦能诗，合集名《两江渔唱》，均未见传。徐𤊺《晋安风雅》录其诗二首。《石仓十二代诗选·明诗选》录其诗二十六首。清陈邦彦《御定历代题画诗类》选录其诗《题赵松雪画竹》一首。清郭柏苍《全闽明诗传》卷一三录其诗三首。《明诗纪事》丁签卷八录其诗一首。生平见清郑方坤《全闽诗话》卷六。

林垐（1606—1647）　字子野，号耻斋。福建福州府侯官（今福州）人，福清籍。崇祯六年（1633）举人，十六年进士，授浙江海宁知县。清兵下江南，破南京，以城孤不能守，引去。唐王时，黄道周督师，请与偕行，以户部员外郎司饷，改监察御史，募兵数千人，闻王被杀，号哭返乡。鲁王航海至长垣，郡邑响应，福清乡兵拥林垒为主，遂苴屡负戈，与林汝翥攻福宁，身被数创，犹勒兵力战，为流矢中喉死，年四十二。善草书，能画竹，有文名于时。《千顷堂书目》著录其《居易堂集》，现存崇祯十七年所刊《居易堂诗集》一卷，收诗二百余首，有方拱乾、吴太冲序及其自叙。又有清康熙间刻本《海外遗稿》一卷附录一卷，收其国变以后著述，附手抄《林耻斋先生传》。陈济生《天启崇祯两朝遗诗》卷七录诗十三首。《明诗综》卷七五录诗一首。清郭柏苍《全闽明诗传》卷五一录诗三十一首。生平见清陈鼎《东林列传》卷一二、清翁洲老民《海东逸史》卷一五、《明史》卷二七七。

林炫（1494—1545）　字贞孚，号榕江。福建福州府闽县（今福州）人，林庭㭎之子。正德八年（1513）举人，明年进士，授礼部主事。改南兵部，历礼部郎中，嘉靖初以"议大礼"被斥家居。后起官通政司参议，未上，嘉靖二十四年（1545）卒，年五十二。福州林氏族盛于有明一代，史称"三代五尚书，七科八进士"，炫即为八进士之一也。耽学习静，喜读书，虽仕途迍邅，然以才识通敏称。诗文富丽，尝与皇甫冲、朱豹、陈洪谟、江以达、王慎中、龚用卿等五十余人结

"鹤囿清音社"。在乡则宾客填门，朝夕觞咏，与邑士袁达、张万里等为"鳌峰七友雅集"。《千顷堂书目》著录其《榕江集》十卷，现存嘉靖间闽县林氏家刊本《林榕江先生集》三十卷，首有其子林世璧嘉靖二十七年序，内诗十卷，收赋二篇、七一篇、诸体诗四百一十余首；文二十卷，收各体文一百九十余篇。《四库全书总目》杂家类著录其随笔札记《卮言余录》十三卷，有明抄本。徐𤊹《晋安风雅》录其诗八首。《明诗综》卷三五录其诗四首。《御选宋金元明四朝诗》录其诗三首。清郭柏苍《全闽明诗传》卷一六录其诗十五首。《明诗纪事》戊签卷一二录其诗二首。生平见《（乾隆）福建通志》卷四三。

林烃（1540—1616）　字贞耀，号仲山。福建福州府闽县（今福州）人，林庭机次子。生于嘉靖十九年（1540）九月初六。嘉靖四十年举应天乡试，明年联捷进士，授户部主事，转员外郎，请告归。隆庆元年（1567）起补南兵部郎中，出知建昌府，转太平府。万历二年（1574）以母忧归，服满补苏州知府，迁广西按察副使，八年兄林燫病逝，请归养。家居十六年，起补浙江副使，转广东参政，又历南太仆寺少卿，还本寺卿，转大理寺卿，迁北京刑部右侍郎，未赴，改南工

部尚书，致仕归。家居十余载，与谢肇淛合编《福州府志》七十六卷，万历四十一年刊。四十四年正月二十八卒。烃早中进士，扬历中外，为人襟度高旷，不斤斤于仕途。家世词臣，平生少近虑远忧，多以余力萃于诗。《千顷堂书目》著录其《覆瓿集》六卷，刊于其生前，原刊本传世。集按五古、七古、五律、七律、五言排律及五绝七绝分卷，卷首胡应麟万历二十五年序谓其"五言选体温裕和平，薄太康而上之，而五言律尤胜……七言近体清融婉亮，兼天宝而有之，而七言古为尤绝……"全以格调派眼光视之。又有明抄本《林烃文稿》二卷、清抄本《林氏杂记》不分卷存世。徐𤏡《晋安风雅》录其诗六首。《明诗综》卷四四录其诗三首。《四库全书总目》著录《覆瓿草》六卷，"提要"谓其"集中所录大抵旧调居多，新意殊少，仍'七子'之支派而已"。然集中无一首模拟古乐府之作，似并未全染复古风习。清郭柏苍《全闽明诗传》卷二七录其诗五首。《明诗纪事》已签卷一四下录其诗一首。生平见叶向高《林公偕配陈淑人合葬墓志铭》(《苍霞续草》卷一三)、《明史》卷一六三。

林爱民(生卒年不详)　字子之，又字惟牧。福建福宁州(今霞浦)人。嘉靖十年(1531)举人，二十三年进士，初授户部主事，榷九江，以忤上官，谪兴国同知。转判嘉兴府，值倭乱，筑桐乡城，再判保定，擢广东按察佥事，以采珠事忤部使者，罢归。《千顷堂书目》著录《肖云稿》六卷，现存嘉靖四十年(1561)陈绶序刊本《肖云稿》十五种，《家居》《在京》《使晋》《使秦》《使洪》《使江》《金陵》《谪楚》《槜李》《游冀》《再入》《海北》《征途》《林卧》诸诗稿各一卷，又《肖云文稿》不分卷。清汪森《粤西诗载》卷一二录诗一首。清郭柏苍《全闽明诗传》卷二四录其诗九首。生平见《(乾隆)福建通志》卷四八。

林铨(生卒年不详)　字六长。福建福州府侯官(今福州)人。少厌举子业，弃而攻诗，修布衣处士之行，以山人名逍遥湖海间。游踪甚广，所至必有吟咏。现存崇祯九年(1636)序刊本《林六长诗》二卷，上卷《搴芳集》收其诗一百十余首，有袁伯𤩰、冯元仲序，下卷《乙亥草》亦收诗百余首，有许捷漫、李桐、冯元仲序。李桐《乙亥草序》云："六长和易近情，又狷介自矢……往返题咏殆遍海内。自己巳(崇祯二年)至留都，越庚午，登临觞吟，吊古怀人，时则有若《金陵集》；午未之交，旅次吾郡，时则有若《甬上吟》；辛壬遍游洛伽、西泠、具区、维扬、颍上、淮阴、泗水诸地，总名《荡子吟》；其明年在岭外，诗则在若《粤草》；癸酉（崇祯六年）秋返白门，复历武林、会稽、句章、新安，暨甲戌（崇祯七年）居皖上，又总名《搴芳集》；兹《乙亥草》，俱潜山作也。"故知《搴芳集》所收诗为崇祯七年林铨客皖时所作，《乙亥草》所收诸诗则为其崇祯八年避乱于潜山时所作。

林敏（生卒年不详）　字汉孟，所居称瓢所，因自号瓢所道人。福建福州府长乐人。布衣能诗，明初曾从林鸿游。著有《青萝集》三卷，未见传。徐𤊺《晋安风雅》录其诗九首。《石仓十二代诗选·明诗选》录其诗二十首。《列朝诗集》甲集录其诗十六首。《明诗综》卷一九录林枝诗，"诗话"谓明初福建"十才子"外能诗者，"有赵迪景哲、林绍淳裕、郑文霖汝众、林敏汉孟、陈本叔固及昌达（林枝）"，敏名其中。《御选宋金元明四朝诗》录其诗七首。清郭柏苍《全闽明诗传》卷八录其诗十二首。《明诗纪事》甲签卷三〇录其诗四首。生平见《（乾隆）福建通志》卷五一。

林章（1551—1599）　初名春元，字寅伯，后更名章，字初文。福建福州府福清人。幼韶秀，赋性沉毅。十三岁逢倭寇犯闽，上书开府，条陈数千百言，府尹奇之。十乚补博士弟子员，试辄冠于诸生。万历元年（1573）举于乡，累上不第，因走塞上，游戚继光幕。归又挈家侨寓金陵，乡有讼事，枉断于南法曹刘某，以不平，率诸好义者奔救，忤当权，被劾下金陵狱。三年出狱，迁居京师十年。万历二十年，日本关白丰臣秀吉入侵朝鲜，两次上书驳斥议和之论，请出海上奇兵以击之，不报。二十七年，以上疏请止矿税，兼陈立兵行盐之策，为忌者所伤，再下狱，在狱暴病卒。平生不事家人生产，有封狼居胥之志。关心国事民瘼，以忠贞胆识为士大夫所钦敬。与妻王媖（林媖）及二子林君迁、林古度皆能诗。其诗不囿矩度，多有声调凄凉之作，为时所称。乡人谢肇淛《小草斋诗话》云："林春元，才士也，桀骜不羁，尝作《蛾眉篇》自述其意，才情楚楚，信自可人。"其在世时已有《秋征赋》《蛾眉篇》等诗文刊行。又曾单刊剧本《观灯记》《青虬记》，前者为采用民间说唱及俗曲之传奇"过锦戏"，后者系以"白蛇传故事"中之小青为主角之杂剧。卒后二子有志辑其全集，现存《林初文诗文全集》，系天启四年（1624）至七年辑成，至崇祯七年始印行，原分为十二卷，刊本则并未标卷数，仅按诗文体裁分列，后印者复有增益。其最早刊本分奏疏、祭文、杂著、表、论、书牍、策、序、十二章（制艺)、五言律、五言绝、七言律、赋、五言古、七言古、七言绝、诗余十七体，首李维桢、蔡应麟、文震孟、邹德基、林国炳等序及徐𤊹《林初文传》、林古度《家集成拜墓告亲文》。是以诸书目或著录《全集》十二卷，或著录十五卷，或著录十七卷。后又有刊本于《十二章》前增《观灯记》《青虬记》，复增沈长卿、薛冈、周应辰序，即书目著录之十九卷本也。另，崇祯元年（1628）其子另单刻《林初文先生诗选》一卷，凡赋二篇，诗八十二首，有曹学佺序，《四库全书总目》著录《林初文诗选》一卷即此。徐𤊹《晋安风雅》录其诗一首。《列朝诗集》丁集中录其诗二十二首，"小传"云："初文才情跌宕，于唐人格律，时欲跳而去之，要能不为闽派所羁绁，可谓杰出者也。"清陈允衡编顺治澄怀阁刊本《诗慰》初集录其诗八十一首为《林孝廉集选》。《明诗综》卷五二录其诗十七首。清郭柏苍《全闽明诗传》卷三〇录其诗七首。《金陵诗征》卷三九录其诗六首。《明诗纪事》庚签卷一〇录其诗七首。《御选历代诗余》录其词三首。《明词综》卷四录其词二首。生平见徐𤊹《林初文传》《《林初文诗文全集》卷首》、《（乾隆）福清县志》卷一四。

林鸿（生卒年不详） 字子羽。福建福州府福清人。早颖悟，读书强记，乡前辈吴海、陈亮辈皆推许。亦喜纵饮冶游，击剑任侠，以放浪不羁称。始壮，逢元末动乱，有志取功业于乱世而不得，因肆力于文词。明洪武六年（1373）罢科考，别令有司察举贤才，部使者荐其为将乐县儒学训导，十二年前后召入京，擢礼部员外郎，以对太祖赋《龙池春晓》《孤雁》二诗名动京师，是时年未四十。十四年以其性情不协于官场，又以官散职微，无自表见，遂自免归。一棹还乡后，聚旧时诗侣酒伴，或游于山水寺观，或聚于园林堂奥，尤以诗为务。时与陈亮、郑定、高棅、王彻、王恭、唐泰等人为友，又弟子周玄、黄玄、林敏、赵迪等亦随之游。卒于永乐十年（1412）前后，享年七十以上。胡应麟《诗薮》云："子羽诸体皆工，五言律尤胜。合处置唐钱、刘，不复辨别。"又云："国初吴诗派昉高季迪（高启），越诗派昉刘伯温（刘基），闽诗派昉林子羽，岭南诗派昉孙仲衍（孙蕡），江右诗派昉刘子高（刘崧）。五家才力，咸足雄据一方，先驱当代。"明初数十年，林鸿执闽中诗坛之牛耳，盛名笼罩有明一代。至万历四年（1576），袁表、马荧选林鸿、郑定、王褒、唐泰、高棅、王恭、陈亮、王偁、周玄、黄玄十人诗，刊为《闽中十子诗》，后因称此十人为明初"闽中十子"。实闽中虽早有"十子"之称，然原非确指，后世所言遂以《闽中十子诗》为凭依。《明史·艺文志》著录其《鸣盛集》四卷，现存成化三年（1467）邵铜刻本，按诗体分卷，计收诗五百四十余首、词三十首、辞二首、赋二篇、记一篇，于鸿诗可谓收罗全面，首有洪武三年倪桓序、洪武十三年刘崧序，当为旧序。此集后又有明传抄本及清嘉庆刊本。《闽中十子诗》收林鸿《林膳部集》五卷，录诗三百三十首。《皇明风雅》录其诗十六首。《盛明百家诗》前编录其诗一百五十余首为《林员外集》一卷。顾起纶《国雅》卷二录其诗十六首。《皇明诗统》卷一录其诗二十八首。徐𤉹《晋安风雅》录其诗五十六首。《皇明诗选》录其诗二首。《列朝诗集》甲集录其诗一百零八首。《明诗评选》录其诗一首。所收诗皆未出成化刊本。《明诗综》卷一〇录林鸿诗十六首，又为林鸿作传云："闽中善诗者数十才子，鸿为之冠……鸿之论诗，大指谓汉魏骨气虽雄，而菁华不足；晋祖玄虚，宋尚条畅，齐梁以下，但务春华，少秋实；惟唐作者可谓大成，然贞观尚习故陋，神龙渐变常调，开元、天宝间，声律大备，学者当以是为楷式。闽人言诗者，率本之鸿。"（《曝书亭集》卷六三）清沈德潜《明诗别裁集》录林鸿诗

九首。《四库全书》据成化刊本收《鸣盛集》四卷，《总目》"提要"谓林鸿"论诗惟主唐音，所作以格调胜，是为晋安诗派之祖。李东阳《怀麓堂诗话》曰：'林子羽《鸣盛集》专学唐，袁凯《在野集》专学杜。盖能极力模拟，不但字面句法，并其题目亦效之。开卷骤视，宛若旧本，然细味之，求其流出肺腑，卓尔自立者，指不能一再屈也。'是在弘、正之间，已有异议，故论者谓闽中才隽辈出，亦云盛矣。第晋安一派，流传未已，守林仪部、高典籍（高棅）之论，若金科玉条，凛不敢犯，动为七律，如出一手，是其末流且驯至为世口实，然鸿倡始之时，固未尝不春容谐雅，自协正声，未可以作法于凉，遽相诋斥。况高棅尚不免庸音，鸿则时饶清韵，尤未可不分甲乙，一例摈排矣。"四库馆臣尽删成化本《鸣盛集》原附林鸿与张红桥倡和之词，以为其事"之有无不可知，即才人放佚，容或有之，决无存诸本集之理，此必铜（邵桐）摭小说妄增之"。张红桥或有其人，惟其与林鸿相与、倡和事或为好事者造作矣。清郭柏苍《全闽明诗传》卷三录鸿诗五十首。《明诗纪事》甲签卷一〇录诗十八首。清沈辰垣《御选历代诗余》录词一首。近人赵尊岳《明词汇刊》录词二十九首为《鸣盛词》一卷。鸿生

平见袁表、马荧《闽中十子传》、佚名《礼剖员外郎林鸿传》(《国朝献征录》卷三五)、王兆云《皇明词林人物考》卷一、何乔远《名山藏》卷八六、《明史》卷二八六。

林景旸(1530—1604)　字绍熙，号弘斋。南直松江府华亭(今上海松江)人。生于嘉靖九年(1530)十一月二十三。嘉靖四十年举于乡，隆庆二年(1568)进士，选翰林庶吉士，四年丁内艰归。服除，授礼科给事中，转户科右都给事中，迁礼科左都给事中，擢太常寺少卿。与柄政者龃龉，改南京右通政，逾年进南太仆寺卿，致仕归。家居二十年，万历三十二年(1604)六月二十三卒，年七十五。《千顷堂书目》著录其《玉恩堂集》十卷，现存万历三十五年林有麟刊本，首王锡爵、张以诚、杜士全等序，内奏议二卷(十七篇)、《参词》二卷(二百四十三条)、诗二卷(三百四十余首)、文三卷(五十余篇)，卷一○附刻碑文志状。《御选宋金元明四朝诗》录其诗八首。清姚宏绪《松风余韵》卷三三录其诗二首。生平见申时行《林公墓志铭》(《玉恩堂集》卷一○、《赐闲堂集》卷二七)、汤宾尹《林太仆传》(《睡庵稿》文集卷二一)、萧彦《披垣人鉴》卷一六、《明史》卷二九三。

林景清(生卒年不详)　字靖夫，号竹窗。福建福州府连江人。诸生，五试不第，援例入太学，成化间以贡生官兴国州判。字法精工，著名于乡。诗多艳词情语，又多题画诗。冯梦龙《情史类略》及清徐釚《词苑丛谈》等曾载其冶游风流故事及与妓赠答诗词。有集散佚，《千顷堂书目》著录其《竹窗小稿》二卷，亦未见传。徐火勃《晋安风雅》录其诗二首。《石仓十二代诗选·明诗选》录其诗五十余首。清陈邦彦《御定历代题画诗类》录诗八首。清郭柏苍《全闽明诗传》卷一○录诗四首。《明诗纪事》丙签卷一○录诗二首。生平见《石仓十二代诗选·明诗选》卷四四四所附小传。

林嵋(1623—1649)　字小眉，号藜斋。福建兴化府莆田人。崇祯十五年(1642)举人，明年进士，除苏州府吴江知县，清兵南下，苏州失守，归闽。乙酉(1645)，唐王即位于福州，改元隆武，除其礼科给事中，迁礼部员外郎。隆武二年(1646)，唐王率众入江西，为清兵追杀，林嵋随大学士朱继祚等奔回莆田，与林兰友、王忠孝、余飏、林尊宾、周沽等人计谋恢复。同年十一月，桂王立，次年改元永历，鲁王监国。鲁王入闽，朱继祚举兵响应。永历二年(1648)正月，朱继祚和郑成功部将杨耿协力收复兴化城。三月，清兵反攻，兴化城陷，林嵋与朱继祚等被俘，次年正月被杀。著述后辑为《蟛蜞集》十卷附录一卷,有清初求野堂刊本,现残存卷一至卷四,收诗近二百首。清郑王臣《莆风清籁集》卷三七录其诗十三首,《兰陔诗话》云:"小眉幼有圣童之誉,为人磊落负奇气。后从朱相国(朱继祚)起兵,及师败被执,在狱中草《绝命词》三首,呕血数斗而卒。其诗取法青莲,当时诗社中之巨擘也。"清涂庆澜《莆阳文辑》录其文二篇。清郭柏苍《全闽明诗传》卷五一录其诗二十一首。《明诗纪事》辛签卷八下录其诗三首。生平见清高宇泰《雪交亭正气录》卷五、清翁洲老民《海东逸史》卷一五、《明史》卷二七六。

林富(1475—1540) 字守仁,号省吾。福建兴化府莆田人。弘治十五年(1502)与叔林塾同登进士,授南大理寺评事,忤刘瑾,系狱,谪朝阳丞,寻落职归。瑾诛,起袁州府同知,正德七年(1512)迁宁波知府。嘉靖改元,擢广西参政,进广东右布政,调广西,升四川左布政,六年(1527)升都察院右副都御史,抚治郧阳,八年升兵部右侍郎兼右佥都御史,代总督之任,督兵两广,屡疏乞休,十一年致仕。归构小亭于东山,优游其中,又与致仕乡宦林茂达、吴希由、林季琼等结"莆田逸老会",十九年卒,年六十六。《千顷堂书目》著录其《奏议》二卷又《两广疏略》二卷,现存隆庆五年(1571)林兆恩刊本《两广疏略》二卷《惠威录》二卷《省吾林公文集》一卷《诗集》一卷。又曾与黄佐纂《广西通志》六十卷,有嘉靖刻蓝印本。清郑王臣《莆风清籁集》卷一五录诗一首。清郭柏苍《全闽明诗传》卷一三录诗一首。清涂庆澜《莆阳文辑》卷一录奏疏一篇。生平见柯维骐《兵部右侍郎林公富传》《《国朝献征录》卷五八)、《(乾隆)福建通志》卷四四。

林弼(1325—1381) 初名弼,改名唐臣,入明以禁用国号名氏,复名弼,字元凯。漳州龙溪(今属福建)人。元至正十四年(1354)进士,授建宁考亭书院山长,擢漳州路知事。洪武二年(1369),召修《元史》及《礼》《乐》书,书未成,授礼部主事,奉使安南,以却金为帝所器。四年出知丰城县,诬以受佣金一镒,逮至京,狱中上书,诏释之,改饶州通判,再改垣曲令。适安南内乱,十年再使安南,还擢礼部郎中,转吏部。十二年出知登州,十四年冬十月卒于官,年五十七。明初以文词著名于闽、浙间,尝与王祎等唱酬。《千顷堂书目》著录其《宋儒会解》《林登州集》六卷(名《梅雪斋集》)。现存明初刊黑口本《登州林先生续集》五卷附一卷,署林子润编集、郭惠邦刊行文四卷,诗一卷(收诗一百九十五首)。后人辑其遗作,编为《林登州遗集》二十三卷附录一卷,内诗词七卷、文十六卷，王志道、张绍科序，有崇祯十四年（1641）闽漳林兴刊本及康熙四十五年（1706）李斯义重刊本。《四库全书》所收称《登州集》二十三卷，《总目》"提要"云："盖明初闽南以明经学古擅名文苑者，弼实为之冠也。"《皇明风雅》卷二五录其诗一首。《盛明百家诗》后编录其诗五十余首为《林登州集》一卷。《皇明诗统》卷五录其诗四首。《石仓十二代诗选·明诗选》录其诗十八首。《列朝诗集》甲集录其诗十四首。《明诗综》卷七录其诗三首。清沈德潜《明诗别裁集》录其诗一首。清郭柏苍《全闽明诗传》卷一录其诗四首。《明诗纪事》甲签卷一四录其诗八首。近人赵尊岳《明词汇刊》录其词三首为《登州词》。生平见张燮《林登州传》、王廉《梅雪林公墓志铭》（《林登州遗集》附录）及《（乾隆）福建通志》卷四六。

林简（1615—1644）　字子山，原名玉烛，字子将，自号过亭。福建兴化府莆田人，林嵋兄。崇祯中诸生，幼嗜奇语，尝著《虫书》。崇祯十五年（1642）乡试副榜，十七年又遭国变，以郁郁不得志卒，年三十。喜诗。清郑王臣《兰陔诗话》记其曾与周闻同选《莆阳风雅》，计一百七十人，得诗五百六十首，又谓"二君皆学竟陵派者"。在乡曾与叶甲、周闻、方鑨结琉璃社，称"四子"。又与乡中好诗者结"七子社"。所著有《房江集》四卷，未见传。方鑨编清初刻《四子集》三十卷有其《房江集选》七卷，内序四篇、文三篇、论表二篇、碑一篇、檄一篇、杂著四篇、诗八十六首。清郑王臣《莆风清籁集》卷三六录其诗一首。清郭柏苍《全闽明诗传》卷五一录其诗一首。生平见《（乾隆）福建通志》卷四六。

林魁（生卒年不详）　字廷元，号白石山人。福建漳州府龙溪（今漳州）人。弘治十四年（1501）举人，明年进士，授户部主事。升员外郎、郎中，出知镇江府，擢山西提学副使，调云南兵备副使，因功升广东参政，致仕归。在乡曾纂修《龙溪县志》。《四库全书总目》著录其《白石野稿》十七卷，赋及诗词六卷，序记杂言等十卷，"提要"云："今观集中如《上吏部揭帖》及与杨一清、李东阳诸书，颇足觇其学行，诗亦俊逸，惟其称心而谈，不免乏锻炼之功耳。"《白石野稿》佚，所存惟嘉靖二十二年（1543）刊本《归田杂录》十一卷，内诗三卷，收诗一百三十余首，词一卷，收词八首，文七卷，收序二十二、记七、碑三、书八、祭文九篇。盖为其归田以后所作矣。《（乾隆）福建通志》卷四六录其诗二首。生平见过庭训《本朝分省人物考》卷七五、《（乾隆）福建通志》卷四六。

林瑭（1446—1496）　字廷玉，

号西园。福建福州府侯官（今福州）人。成化元年（1465）举于乡，明年与兄林玠赴京闱，至鹅湖，玠染疾，瑭疾护兄归而兄亡，因之十余年不赴会试。至成化十七年始中进士，观政工部，十九年授行人，二十三年迁云南道监察御史。弘治三年（1490）巡按云南，力剿匪患，四年奉敕审理冤狱，六年，奉敕督南畿学政，九年擢太仆少卿，请假回乡祭祖，至浦城病逝，年五十一。著有《西园遗稿》《宗法存古录》等，未见传。《石仓十二代诗选·明诗选》录其诗四十余首。清汪森《粤西诗载》录其诗一首。清郭柏苍《全闽明诗传》卷一一录其诗五首。生平附见林俊《林西园公墓志铭》（《见素集》卷一三）、《（乾隆）福建通志》卷四三林玭传。

林熙春（1552—1631） 字志和，号仰晋。广东潮州府海阳（今潮州）人。万历十年（1582）举人，明年进士，授巴陵县令，调将乐。入为工科给事中，升都给事中，二十三年神宗恶言官，以无罪贬斥者三十余人，熙春率同官抗疏极谏，谪茶陵判官，托疾未赴。泰昌（1620）初起复，授南礼部郎中，天启转光禄少卿，历右通政、太常寺卿，迁大理寺卿，天启四年（1624）引年乞归，诏加户部右侍郎致仕。卒于崇祯四年（1631），年八十，谥忠宣。《千顷堂书目》著录其《掖垣疏草》

一卷又《出山疏草》一卷。现存清康熙八年（1669）刻乾隆五十七年（1792）补刊本《林忠宣公全集》二十一卷，有崇祯八年姜运元序、乾隆五十七年林日华跋，内《掖垣疏草》一卷，收奏疏十三篇；《城南书庄草》十五卷，收各体文二百余篇；《赐闲草》二卷、《赐还草》二卷、《赐传草》一卷，计收诗五百余首。清屈大均《广东文选》卷三录其奏疏二篇。清梁善长《广东诗粹》卷六录其诗一首。清冯奉初《潮州耆旧集》卷二九录其《林尚书城南书庄集》三卷，录文四十六篇。近人翁辉东《潮州文概》卷三录其文四篇。生平见《（乾隆）福建通志》卷三一、《明史》卷二三四。

林鹗（1423—1476） 字一鹗，号畏斋。浙江台州府太平（今温岭）人。景泰二年（1451）进士，授监察御史。英宗复辟，升镇江知府，有治声，调苏州，超迁江西按察使，擢刑部右侍郎。成化十二年（1476）十二月初八卒于官，年五十四，谥恭肃。著述存多种刊本：一为正德八年（1513）林薇刊本《畏斋存稿》一卷附录五卷，收诗二十五首、文三篇、书二十二篇，附录卷一为序文，卷二为诗，卷三为启札，卷四祭文，卷五行实、行状、传、墓铭、神道碑铭、挽诗等。二为正德间刊本《畏斋存稿续集》附《遗稿》不分卷。三为嘉靖间刻本《畏斋存稿》十卷,现残存卷一,收诗一百二十八首,《千顷堂书目》著录其《畏斋存稿》十卷即此本也。四为万历五年(1577)林元栋刊本《畏斋存稿》二卷。李时渐《三台文献录》录其诗二首、文一篇。清李成经《方城遗献》卷五录其诗三首。清戚学标《三台诗录词录》卷一四录其诗三首。生平见丘濬《林公墓志铭》(《国朝献征录》卷四六)、吴宽《林公神道碑铭》(《匏翁家藏集》卷七七)、《明史》卷一五七。

林瀚(1444—1508)　字世调,号双松,晚号三江渔隐。福建福州府闽县(今福州)人。成化七年(1471)中举,明年进士,授户部主事。历吏部郎中,仕至广西左布政使。卒于正德三年(1508),年六十五。晚年与陈桐山、陈留余、弟林垈为泛江之游,多有吟咏。著述有《双松集》《秋江夜泛集》《蓬蓬集》《三江渔隐集》等,《双松集》曾为《千顷堂书目》著录,皆未见传。徐熥《晋安风雅》录其诗一首。《石仓十二代诗选·明诗选》录其诗二十八首。清郭柏苍《全闽明诗传》卷一〇录其诗二首。《明诗纪事》丙签卷六录其诗一首。生平见林俊《双松先生传》(《见素集》卷二四)、《(乾隆)福州府志》卷四九。

林懋和(生卒年不详)　字惟介,号双台。福建福州府闽县(今福州)人。少丧父,家贫,与寡母相依。嘉靖十六年(1537)举人,二十年进士,选翰林院庶吉士,改礼部主事。历员外郎、郎中,出为湖广按察佥事,历湖广、河南副使,再历湖广右参政、河南按察使、河南右布政使,迁广东左布政使致仕。年八十余卒。平生喜读书,能诗文。《千顷堂书目》著录其《双台诗选》九卷又《栎寄集》四卷,现存万历十三年(1585)陈文烛序刊本《林双台先生诗选》九卷,万历十七年刊本《栎寄集》四卷续刻一卷(文集)。徐熥《晋安风雅》录其诗十二首。《明诗综》卷四三、《御选宋金元明四朝诗》录其诗一首。清郭柏苍《全闽明诗传》卷二三录其诗九首。《明诗纪事》戊签卷二一录其诗三首,按云:"惟介诗婉转清圆,是闽人成派。"生平见陈文烛《寿林双台先生七十序》(《二酉园续集》卷八)、《(乾隆)福建通志》卷五一。

林燫(1524—1580)　字贞恒,号对山。福建福州府闽县(今福州)人,林庭机长子。嘉靖二十五年(1546)中举,明年进士,改翰林庶吉士,授检讨,与其父同在翰林。三十二年充景恭王讲读官,升司经局洗马兼侍讲官,与校《永乐大典》,与纂《承天大志》,《志》成,进国子祭酒,《大典》成,加太常寺卿,兼祭酒如故。隆庆元年（1567）擢礼部右侍郎兼翰林学士，充经筵日讲官，任《世宗实录》副总裁，书成，改南吏部侍郎。万历元年（1573）进工部尚书，旋改礼部尚书。二年以母丧父老乞归，家居七年，纂修《福州府志》三十六卷，万历七年刊成。万历八年先其父卒，年五十七，赠太子少保，谥文恪。少中进士，历官清要，自其祖瀚、父庭机至熑，皆曾官祭酒，有明一代仅见。或称其重经术而薄文辞，然家世词臣，故留心著述，吟咏亦当行。《千顷堂书目》著录其《林学士文集》十六卷又《诗集》六卷，《四库全书总目》著录其《文恪集》二十二卷，现存万历十七年刊本《林学士诗集》六卷《文集》十六卷，又有清抄本，均合此数。是集诗文皆按体分卷，诗皆为五七言古近体，颇沿闽中诗路数。首有叶向高、邓炼、陆树声、王穉登序，卷末附王世贞、王穉登为其所作传。王穉登序谓其诗文"若璞玉浑金，疏越黄流，无词人藻刻镂绘之习，盖有道仁人之言哉"。徐𤊹《晋安风雅》录其诗一首。《明诗综》卷四三录其诗六首。清郭柏苍《全闽明诗传》卷二四录其诗十二首。《明诗纪事》己签卷九录其诗一首。生平见陆树声《林公墓志铭》（《陆文定公集》卷七）、王世贞《林宗伯传》（《弇州四部稿续稿》卷

七五）、王兆云《皇明词林人物考》卷九、《明史》卷一六三。

林瀚（1434—1519） 字亨大，号泉山。福建福州府闽县（今福州）人。成化二年（1466）进士，选翰林院庶吉士，授编修。历修撰、谕德、国子祭酒，进礼部右侍郎，改吏部，弘治十三年（1500）进南吏部尚书，改兵部。以忤刘瑾，正德二年（1507）谪浙江参政，瑾诛复官，寻致仕归。卒于正德十四年（1519），年八十六，赠太子太保，谥文安。瀚娴于制举艺，清抄本《名家制义》有《林亨大稿》一卷。子庭㭒、庭机，孙炫、烃等皆中进士，又皆官至尚书，有"三代五尚书"之誉。能诗文，《明史·艺文志》著录其《林瀚集》二十五卷，有嘉靖刊《林文安公文集》，现残存卷一至卷四（收诗词）、卷一五至卷一九（收文）；另有嘉靖十六年（1537）序刊本《重刊林文安公诗集》八卷附一卷《文集》九卷。徐𤊹《晋安风雅》录诗五首。《石仓十二代诗选·明诗选》录诗五十首。《明诗综》卷二四录其诗一首，"诗话"谓其诗"不耐深思"。《御选宋金元明四朝诗》录诗二首。清郭柏苍《全闽明诗传》卷一〇录诗七首。《明诗纪事》丙签卷五录诗一首。生平见章懋《林安文公小传》（《枫山章先生文集》卷四）、何乔远《名山藏》卷七

一、《明史》卷一六三。

杭济（1452—1534）　字世卿，号泽西。南直常州府宜兴（今属江苏）人。生于景泰三年（1452）正月初八。弘治五年（1492）中举，明年进士，授吏部稽勋司主事。进考功司员外郎，再进稽勋郎中，以亲老乞归。历福建按察副使，督学政，升右参政，以丁外艰归。起河南左参政，分守南阳，晋福建右布政使，引年乞归。卒于嘉靖十三年（1534）闰二月初八。与弟杭淮俱以诗名，尝与李攀龙结诗社，谢政后徜徉林泉，不绝吟咏。《明史·艺文志》著录其《杭济诗集》六卷，未见传。《盛明百家诗》前编录其兄弟二人诗一百四十余首为《二杭诗集》，济诗称《杭世卿集》。顾起纶《续国雅》卷三录其诗三首。《皇明诗统》卷二〇录其诗十八首。《石仓十二代诗选·明诗选》录其诗二十八首。《列朝诗集》丙集录诗二首。《明诗综》卷二七录诗三首。《御选宋金元明四朝诗》录诗二首。《明诗纪事》丁签卷一六录诗一首。生平见毛宪《泽西杭公行状》（《古庵毛先生文集》卷五）、湛若水《杭公济墓表》（《泉翁大全集》卷六三）、过庭训《本朝分省人物考》卷二八。

杭淮（1462—1538）　字东卿，号双溪。南直常州府宜兴（今属江苏）人。生于天顺六年（1462）正月十四。弘治八年（1495）举人，十二年进士，授刑部山西司主事。升本部广西司员外郎。寻迁浙江按察佥事，进副使，丁父忧归。服阕，补山东副使，寻改提学云南，升湖广按察使，晋山东右布政使，逾岁升南太仆寺卿，以都察院右副都御史总督南京粮储，致仕归。嘉靖十七年（1538）九月十八卒于家，年七十七。与兄济并负诗名，曾与李梦阳、徐祯卿、王守仁、陆深诸人递相倡和。《明史·艺文志》著录其《双溪诗集》八卷，现存嘉靖间杭洄刊本《杭双溪先生诗集》八卷，按五古、五绝、五言排律、五律、七绝、七古、七言排律、七律分卷。《盛明百家诗》前编录其兄弟一百四十余首为《二杭诗集》一卷，淮诗称《杭东卿集》。顾起纶《续国雅》卷三录其诗三首。《皇明诗统》卷二一录其诗十一首。《石仓十二代诗选·明诗选》录其诗五十一首。《皇明诗选》录其诗一首。《列朝诗集》丙集录其诗一首。《明诗综》卷二七上录其诗十四首，"诗话"云："双溪诗极其遒练，如茧丝抽自肠胃，似涩而有条理。五言尤擅场，可亚少谷（郑善夫）。"《御选宋金元明四朝诗》录其诗七首。《四库全书》收《双溪集》八卷，《总目》"提要"云："其诗格清体健，在弘治、正德之际，不高谈古调，亦不沿袭陈言，颇谐中道。"《明诗纪事》丁签卷一六录其诗七首,按云:"东卿不事叫嚣,自饶古格,在'七子'派中,与大复(何景明)、昌谷(徐祯卿)为近。"生平见张邦奇《杭公墓志铭》(《张文定公靡悔轩集》卷六)、徐问《杭公神道碑铭》(《山堂萃稿》卷九)、叶夔《毗陵人品记》卷八。

郁文博(1417—1496)　南直松江府上海人。景泰元年(1450)举人,五年进士,授御史,有直声。成化间历官湖广按察司佥事、副使,迁陕西右参议。归后筑万卷楼,以藏书、校勘为乐,至老不辍。卒于弘治九年(1496),年八十。刘声木《苌楚斋随笔》云:"上海郁氏藏书,颇负盛名。"曾校刊陶宗仪《说郛》一百二十卷。亦能诗,现存成化间刊本《和杜律》一卷,为其官湖广时所作,收诗一百三十四首,有成化十三年(1477)余季枢《和杜律小引》。清姚宏绪《松风余韵》卷五〇录其诗一首,近人严昌堉《海藻》卷一〇录其诗四首。生平见《(崇祯)松江府志》卷三八、《(康熙)上海县志》卷一〇、《(嘉庆)松江府志》卷五一。

欧大任(1516—1595)　字桢伯,号仑山。一作"区大任"。广东广州府顺德(今佛山)人。生于正德十一年(1516)十月二十五。幼耽诵览,十四岁为邑弟子员,后科场蹭蹬,八试不举,嘉靖四十一年(1562)四十七岁始以岁贡选江都训导。历光州学正、邵武教授,万历三年(1575)入为国子监教授,改大理寺评事,九年迁南工部屯田司主事,次年迁虞衡司郎中,十二年致仕归。二十三年卒,年八十。少与梁有誉、黎民表等俱出黄佐门下,后清乾隆间陈文藻等编《南园后五子诗集》二十八卷,录大任诗六卷,将其与梁有誉、黎民表、吴旦、李时行列为"南园后五先生"。又曾与王世贞、李攀龙等交往,世贞将其与俞允文、卢柟、李先芳、吴维岳并列为"广五子"(《弇州四部稿》卷一四)。而大任自己则耻立门户,其领袖晚明岭南诗坛,于清初亦大有影响。诗文著述甚多,生前多按年份地别分刻,计有:诗集《思玄堂集》八卷、《旅燕集》四卷、《浮淮集》七卷、《轺中稿》一卷、《游梁集》七卷、《南蠹集》一卷、《北辕集》一卷、《癰馆集》四卷、《西署集》八卷、《秣陵集》八卷、《轺归集》一卷、《蓬园集》二卷;文集《欧虞部文集》二十二卷及《百越先贤志》四卷、《广陵十先生传》一卷。诸集分别有序,作序者有李攀龙、王世贞、王世懋、徐中行、张九一、张鸣凤、余曰德、汪道昆、余孟麟、陈文烛、徐枢等。清初将各集辑为《欧虞部集》十五种七十九卷重印,附其仆李英《李英集》四卷，现存。传世另有万历刊《欧虞部选集》十四卷。《盛明百家诗》后编录其诗八十余首为《欧司训集》一卷。顾起纶《国雅》卷一七录其诗二十二首。《皇明诗统》卷三五录其诗二十一首。《皇明诗选》录其诗四首。《列朝诗集》丁集录其诗十四首，"小传"云："嘉靖中，王、李倡'五子'之社，岭南则梁公（梁有誉）实与焉……（大任）虽驰骛'五子'之列，而词气温厚，颇脱蹶张叫嚣之习，识者犹有取焉。"清屈大均《广东文选》录诗五首。《明诗综》卷四七录诗三十首。清沈德潜《明诗别裁集》录诗四首。《御选宋金元明四朝诗》录诗十九首。清梁善长《广东诗粹》卷六录诗二十六首。《明诗纪事》己签卷四录诗二十二首，按语云："桢伯诗，才笔纵横，并长诸体。七言古弇州（王世贞）独擅胜场，自于麟（李攀龙）以下已不能工，桢伯早岁结社南园，有乡先生孙西庵（孙蕡）、黄雪蓬（黄哲）之遗风，此体尤为到格，余子不及也。五七言近体，用字太密，征典太多，虽饶镂金错采之观，却少弹丸脱手之妙。"《明文海》录其文十一篇。清屈大均《广东文选》录其文十八篇。生平见欧必元《家虞部公传》（《欧虞部文集》卷首）、郭棐《粤大记》卷二四、王兆云《皇明词林人物考》卷八、《明史》卷二八七。

欧必元（生卒年不详） 字子建。广东广州府顺德（今佛山）人，欧大任侄孙。明末贡生，其二子均死于抗清。能草书，善吟咏，有诗名，卓续明初广州南园五先生之遗风，与欧主遇、黎邦珹、黎遂球、区怀瑞、区怀年、黄圣年、黄季恒、徐棻、释通岸、陈子壮、陈子升倡和，号"南园十二子"。所著现存清刊本《欧子建集》十八卷，内《琭玉斋稿》十四卷，有张揆序，《罗浮稿》二卷，有万历三十九年（1611）韩晟《罗浮稿引》，《溪上草》一卷，有万历三十二年刘克治序，《勾漏草》一卷，有四十二年戴子衡序。清屈大均《广东文选》卷三五（七言律）录其诗三首。清梁善长《广东诗粹》卷八录其诗一首。生平附于《（咸丰）顺德县志》卷二四欧大任传后。

欧阳铉（生卒年不详） 字子玉。江西吉安府龙泉（今遂川）人。崇祯十年（1637）进士，官休宁知县。著有《野获园诗》二卷，崇祯刊本，收古近体诗二百二十余首、词十一首，有章旷、熊人霖、夏永清、毕显谟序，欧阳铉自序。《四库全书总目》著录名《野获园集》，"提要"云："其诗意境颇浅，盖酝酿未深，而欲骤语平淡，故所就止此。题曰'野获园'者，谓性耽野趣，其诗半于野得之也。"《明词综》卷六录词一首。生平见《(同治)龙泉县志》卷一一。

欧阳铎(1487—1544)　字崇道,号石江子。江西吉安府泰和人。正德二年(1507)举人,明年进士,授行人。历工部郎中,改南兵部,简放延平知府,改福州。嘉靖三年(1524)擢广东提学副使,累迁南光禄寺卿,以右副都御史巡抚应天十府,进南兵部右侍郎,十九年改吏部右侍郎。二十年以九庙灾引归,二十三年卒于家,年五十八,赠工部尚书,谥恭简。《千顷堂书目》著录其《欧阳恭简公文集》二十二卷,现存嘉靖间刊本,首嘉靖三十三年彭黯《欧阳恭简公遗集序》,内文二十卷,收各体文二百三十余篇,末二卷收诗近二百首。《明诗综》卷三三录其诗《次萍乡》一首,《御选宋金元明四朝诗》据之录。《四库全书总目》著录《欧阳恭简集》二十二卷,"提要"云:"史称铎清介自持,内行修饬……集中又有上严嵩书,然只叙述荣遇,而无一字及其相业,犹异于称功颂德之流。其文娟秀自喜,而边幅颇狭。诗多近体,又逊于文。"《(雍正)江西通志》录其诗三首、文四篇。《江西诗征》卷五四录其诗二首。清王琨《泰和诗征》卷二九录其诗四首。《明诗纪事》戊签卷一○录其诗一首。《明文海》、清胡大鸿《江右文抄》录

其文一篇。生平见王世贞《欧阳公铎神道碑》(《国朝献征录》卷二六)、《明史》卷二○三。

欧阳德(1496—1554)　字崇一,号南野。江西吉安府泰和人。正德十一年(1516)举人,闻王阳明讲学虔州,裹粮从之,春试者再,皆不赴。至嘉靖二年(1523)始中进士,授六安知州。六年擢刑部员外郎,以文行茂异,特改翰林编修,预重修《会典》。擢南国子司业,迁南尚宝卿,三载进太仆寺少卿,改鸿胪寺卿,以外艰归。二十六年晋南太常寺卿,召入掌国子祭酒事,擢礼部左侍郎,二十八年改吏部,寻进礼部尚书兼翰林学士,二十九年以母丧归。服除复官,三十三年三月二十三卒于京师,赠太子少保,谥文庄。学宗王守仁,以讲学名,曾集四方名士于灵济宫,与论"良知"之事,赴者数千人。《明史·艺文志》著录其《南野集》三十卷,现存嘉靖三十七年梁汝魁刊本《欧阳南野先生文集》三十卷,首有其门人王宗沐、徐南金序,前十卷称"内集",收讲学之文,中六卷称"外集",收应制及章奏案牍之文,末十四卷称"别集",所收为应俗之诗文(卷二九、卷三○收诗二百余首)。另,嘉靖间王畿、李春芳曾辑其文,刻为《欧阳南野先生文选》四卷(有嘉靖四十三年王畿序),后隆庆间

刊本为五卷（有隆庆三年周之屏刊本、六年宋仪望刊本），皆存。《明文海》录其文二篇。《明诗综》卷三九、《江西诗征》卷五六录其诗一首。清王琨《泰和诗征》卷三○录其诗二首。生平见聂豹《南野欧阳公墓志铭》（《双江聂先生文集》卷六）、徐阶《欧阳公神道碑铭》（《世经堂集》卷一九）、王兆云《皇明词林人物考》卷七、黄宗羲《明儒学案》卷一七、《明史》卷二八三。

〔|〕

卓人月（1606—1636）　字柯月，一字蕊渊。浙江杭州府仁和（今杭州）人。生于万历三十四年（1606）四月十二。少为诸生，其父卓发之离家，于金陵清凉山筑祴园以居之，而其母病癫于仁和，不得已而奔波于两地侍之。屡试不举，崇祯八年（1635）副贡，次年赴试复落第，九月二十六病逝，年三十一。好文艺，曾与友人徐士俊等结文社，又入复社。诗文词曲皆擅，论诗主性情、不囿时习，谓言"情之所近，其诗最真"（《徐卓痜歌引》）。诗文有《蕊渊集》十二卷、《蟾台集》四卷，存崇祯十年薛寀刊合集本。《蕊渊集》编订于其生前而刊刻于其殁后，内赋一卷，收赋七篇，诗十卷，收诸体诗约五百首，词一卷，收词六十五首，有其父及薛谐孟等人眉批，薛寀、谭贞默、闻启祥序。所著尚有《锦囊逸句》《卓子创调》《卓柯月遗集》，后两种存徐士俊序文（《雁楼集》）。又与徐士俊合辑《古今词统》十六卷附《徐卓痜歌》一卷，存崇祯六年刊本。《徐卓痜歌》收二人词计一百三十六首，人各六十八首。另作杂剧《唐伯虎千金花舫缘》，系改孟称舜《花前一笑》而作，演唐伯虎"三笑姻缘"故事，现存崇祯刻《盛明杂剧》本，沈泰眉批谓较之原作"后来居上"。祁彪佳《远山堂曲品》列其为"逸品"。又曾以悲剧结局作传奇《新西厢》，现仅存自序。以才情称，然一生怀忧，故诗词多悲苦之气。《明诗综》卷七一录其诗二首，"诗话"云："珂（柯）月才情横溢，所撰《续千文》，稳帖而奇肆，诗亦不为格律所拘。"《金陵诗征》卷四○"寓贤"录其诗一首。《明诗纪事》辛签卷二三录其诗二首。词优于诗。《御选历代诗余》录其词三首。《明词综》卷六录其词一首。清胡胤瑗等《兰皋明词汇选》卷八录其集外词一首。近人赵尊岳《明词汇刊》收《徐卓痜歌》，又录人月词八十余首为《药渊词》。生平见徐士俊《祭卓柯月文》《哭卓柯月》（《雁楼集》卷二四、卷一二）及《（乾隆）杭州府志》卷九。

卓发之（1587—1638）　一名能倩，字左车，号莲旬。浙江杭州府仁和（今杭州）人，卓显卿之子。生于万历十五年（1587）八月十八。才辩颖悟，有文名，尤以通释氏之学称。屡试不举。其先祖卓敬，建文时官户部侍郎，靖难死节，夷三族。后卓氏所遗改宋姓隐数世，至万历中诏恤逊国诸臣，建祠南京清凉山下，始复姓。发之因弃家寓金陵，于卓敬祠旁筑祴园以居之，园中结螺髻庵，既诵经念佛，又读书应举，亦时结诗社，交于南都诸名士汤显祖、董其昌、袁宏道、钟惺、谭元春、顾宪成、钱谦益等，诗酒流连，名著一时。崇祯六年（1633）乡荐中副榜，崇祯十一年八月十六病卒，年四十二。有《漉篱集》二十五卷、《遗集》一卷，现存崇祯间传经堂刊本，诗文依体而列，又《遗集》一卷，下署"戊寅作"，录崇祯十一年所作诗文，则《漉篱集》在其未卒时已编就，故有此补。其集首有叶灿、王铎、薛寀、陈仁锡序及卓人月《为大人辑莲句集成呈咏》，另有李维桢、汤显祖、董其昌等十数人对其诗文所作评语，所列批阅者则近百三十人，皆南都名流、南北词客，内僧人三十人。清卓尔堪《明遗民诗》录其诗七首。《御选宋金元明四朝诗》录其诗二首。《金陵诗征》卷三九"寓贤"录其诗十七首。《明诗纪事》庚签卷二九录其诗一首。清蒋景祁《瑶华集》录其词三首。

《明词综》卷四录其词一首。生平见清阮元《两浙𫐄轩录》卷三、清陈作霖《金陵通传》卷二二。

卓明卿（1538—1597）　字澂甫，号月波。浙江杭州府仁和（今杭州）人。少薄章句，与豪子弟学骑射剑术，为其父痛挞，后遂折节读书，然不喜关、闽，而好王阳明之说，不重制义而好诗。以国子监生谒选，得光禄署正，丁父艰归，服阕，补珍羞署署正，寻归，卒于万历二十五年（1597）。卓氏自瑞安迁仁和塘栖镇后，以经商积家，明卿父尤善经营，家遂饶裕，财雄一方。庶长兄文卿早卒，明卿执家政，以疏财好义称，又多建花园别业，王世贞、汪道昆、屠隆、王穉登等名士，皆被邀为座上客，又与汪道昆、屠隆、潘之恒、王穉登等结诗社于杭州南屏，因得名于一时，尤得王世贞为之揄扬。著述现存万历八年序刊本《卓澂甫诗集》九卷，王世贞、俞允文、王世懋等序，卓明卿自序。又万历十二年李维桢序刊本《卓澂甫诗续集》三卷。又有其子卓尔昌编万历二十四年胡胤嘉序刊本《卓光禄集》三卷，是为澂甫诗文之选集，诗二卷，选诗二百八十首，文一卷，选文十篇，《千顷堂书目》著录《卓光禄集》三卷即此本也。另有《唐诗类苑》一百卷、《卓氏藻林》八卷署明卿辑编，《四库全书总目提要》谓前者原为张之象辑编，明卿割取初盛唐诗刊之，遂掩为己有；后者原为吴兴王氏之本，亦为明卿所攘。《明诗综》卷五〇录诗一首。《四库全书总目》著录《卓光禄集》三卷、《卓澂甫诗续集》三卷，"提要"谓"其诗颇囿于风气，未能自出新裁"，"李维桢序称元美（王世贞）兄弟左提右挈，足使澂甫不朽，深有不满之词焉"。生平见王世贞《卓澂甫传》（《弇州四部稿续稿》卷七四）、汪道昆《卓澂甫传》（《太函集》卷三六）、冯梦祯《卓澂甫传》（《快雪堂集》卷九）。

卓敬（1356—1402）　字惟恭，号海幢。浙江温州府瑞安人。洪武二十一年（1388）进士，除户科给事中。历宗人府经历，迁至工部右侍郎、户部右侍郎。建文初，密疏请徙燕王朱棣于南昌，帝仁弱，迟疑不行。建文四年（1402）六月朱棣入金陵，即帝位，杀兵部尚书齐泰、太常卿黄子澄、文学博士方孝孺等，卓敬被执，亦以不屈死，夷三族，年四十七。宣德间，庐陵刘球得其画像及遗文于其门人黄朝光之子养正，为之立传，私谥曰忠贞。子孙逃匿，改宋姓。至万历中，七世孙卓文炎始复旧姓。《革朝遗忠录》谓其"为文章精粹峭拔，磊磊落落，似其为人。诗词弘婉，有一唱三叹之遗音"。《明史·艺文志》著

录其《卓氏遗书》五十卷，未见传。现存《卓忠毅公遗稿》三卷（清乾隆间谥"忠毅"），有清嘉庆十四年（1809）刻本及1927年石印本，存其遗诗十八首及序二篇、墓志铭一篇。《列朝诗集》甲集录其诗二首。《明诗综》卷一六录其诗一首。《东瓯诗存》卷一五录其诗九首。《明诗纪事》乙签卷一录其诗一首。近人宋慈抱《瑞安文征》录其文三篇、《瑞安诗征》卷三录其诗十四首。生平见袁衮《户部右侍郎卓公庙碑》（《国朝献征录》卷三〇）、《明史》卷一四一。

易恒（1322—？）　字久成，号陶情、泗园翁。先世庐陵人，徙居昆山（今属江苏），遂为吴人。元末辟地为泗园，引泉艺花竹，与袁华、顾德辉、陶宗仪等往来，兴有所会则歌咏其中。所作冲淡自然，有儵然自得之致。又与袁华等为顾瑛之座客。明洪武中应荐至京，以老归。《千顷堂书目》著录其《陶情集》，现存明初刊本《陶情稿》六卷，收其诗三百五十余首。其集首永乐三年（1405）莫士安序云："久成年逾八十有四，而能吟咏太平，娱乐晚节。短句崭绝，长什冲融，近体齐整，不难步追先古。"末有永乐四年周傅撰后序。是集又有清抄本。《皇明诗统》卷六录其诗四首。钱谷《吴都文粹续集》录其诗三首。

周复俊编《玉峰诗纂》卷二录其诗二首。《列朝诗集》甲集录其诗十六首。《明诗综》卷一一录其诗二首，"诗话"云：《陶情》一集，边幅太拘。其《示诸生诗》云：'情婉味终涵隽永，调高语不在矜持。'其所尚然也。"《御选宋金元明四朝诗》卷一一录其诗十一首。《江西诗征》卷四四录其诗十五首。《娄水文征》卷七录其文二篇。《明诗纪事》甲签卷二三录其诗二首。

易舒诰（1475—1527）　字钦之，号浯池，又号西泉。湖广长沙府攸县（今属湖南）人。弘治十八年（1505）进士，选翰林院庶吉士，三年授国史检讨。先长于举业文，入翰林，慨然慕古，致力于古文词，昼诵夜思，遂以词翰为时所重。时刘瑾怙威，人皆争附之，舒诰不屈，改南户部主事。瑾诛，复入翰林。以亲老乞归，家居十四年，杜门却扫，娱亲之余，以吟咏为事。嘉靖五年十二月十三（1527年1月14日）卒，年五十二。著述明时刻为《浯池集》三十卷，又清康熙五十三年（1714）刻八卷，均未见传。《皇明诗统》卷二一录其诗二首。清廖元度《楚风补》卷一九录其诗三十二首。清道光间贺德清辑《攸舆诗钞》录其诗为《浯池诗钞》一卷，计一百三十八首。清邓显鹤《沅湘耆旧集》卷十四录诗五十七首。《明

诗纪事》丁签卷一○录其七绝诗八首，按云："浯池绝句，风致翩翩。"罗汝怀《湖南文征》录其文五篇。生平见严嵩《易君墓志铭》（《钤山堂集》卷二九）、过庭训《本朝分省人物考》卷八一、《（雍正）湖广通志》卷五○。

易震吉（生卒年不详）　字起也，号月槎。南直应天府上元（今江苏南京）人，南京鹰扬卫籍。天启元年（1621）举人，崇祯七年（1634）进士，授刑部主事。升郎中，十二年简放大名知府，与南洙源等结濮水社，官至江西按察副使。与俞彦、文震孟、徐汧等人为友，雅爱填词。现存崇祯刊本《秋佳轩诗余》十二卷，收词一千一百八十余首，数量居明代词人之冠。集前有崇祯八年文震孟序、崇祯十四年徐汧序、崇祯十三年南洙源序。南洙源序谓其"好读余乡先进稼轩长短句"，又云其在大名府时读震吉词五百六十八首而大快，曰："此非月槎之词，乃稼轩词也。"盖其词取法辛弃疾。近人赵尊岳《明词汇刊》录其词为《秋佳轩诗余》十二卷。生平见清陈作霖《明代金陵人物志》。

呼文如（生卒年不详）　名采，字文如，以字行。江夏（今湖北武汉）营妓。善鼓琴，擅画兰，亦通诗词。万历四年（1576）麻城人丘齐云（字

谦之)以户部郎出守广东,行至黄州时与之结识,中经分离,数年后归丘,二人弹琴赋诗,遍游名山。丘齐云因辑两人倡和之诗成编,附以赠言,题曰《遥集编》,未见传。《列朝诗集》闰集录其诗二十一首,"小传"云:"谦之……豪于诗,亦以豪去官。《(遥集)编》中载两人酬和诗甚富,谦之诗多伧父面目,殊不堪唐突。文如所取于谦之者,以意气相倾悦耳,非以其诗也。余故择而采之,谦之诗附见一首。"清廖元度《楚风补》卷二七录其诗十二首。《明诗综》卷九八录诗一首。《御选宋金元明四朝诗》录诗七首。《明词综》卷一二录词一首。清徐树敏等《众香词》数集录其词二首。

罗大纮(生卒年不详) 字公廊,号匡湖。江西吉安府吉水人。万历十四年(1596)进士,授行人,进礼科给事中,以劾申时行误国卖友忤旨,斥为民,天启中赠光禄少卿。乡里重其志行,以其配先达罗伦、罗洪先,号"三罗"。卒后诸子辑诗文为《紫原文集》十二卷,现存天启间集庆堂刊本,李维桢序。内卷一为奏疏七篇,卷二收诗三百六十余首,卷三至卷一二收各体文近三百篇。《江西诗征》卷六一录其诗三首。生平见清黄宗羲《明儒学案》卷二三、《明史》卷二三三。

罗万藻(? —1647) 字文止。江西抚州府临川(今抚州)人。天启七年(1627)举人,福王弘光元年(1645)官上杭知县。唐王即位,擢礼部主事,明年卒。以时文有声于海内,曾与艾南英、章世纯、陈际泰等结豫章社,刻制义之文于世,因有"临川四才子"之称。曾辑《十三经类语》十四卷,现存崇祯十三年(1640)刻鲁重民注本,《四库全书总目》著录。《总目》又著录其别集《此观堂集》六卷,"提要"谓"此集制义之序居三分之一,盖其平生精力所萃也"。现存清乾隆二十一年(1756)跃斋刊本《此观堂集》为十二卷,收其所作各体文,然无制义文。又有旧抄本《小千园全集》五卷,黄华旸序,所收亦为各体杂文。康熙刊本《临川文选》收其《此观堂集》一卷,《临川文献》收其《罗文止先生集》一卷。《明文海》录其文《黄太冲野园诗序》等五篇,评语谓其"文未成家,而有精深之作"。清应麟《江右古文选》卷二四录其文十一篇。生平见《(雍正)江西通志》卷八二、《明史》卷二八八。

罗子理(1327—1396) 名性,字子理,以字行。江西吉安府泰和人。少孤贫,自奋于学。元季兵乱,走避岩谷,负笈担筐,崎岖困顿,未尝一日废书。明初有诏,县立学校,聘为学师。洪武四年

(1371)中乡贡,明年赴春官,免会试,授德安府同知。秩满赴京,坐擅用枣水染军衣,谪戍江浦,未几改胶东,不数月再改陕西武功。在戍所,诸生从学者甚众,洪武二十九年卒。博学有行谊,能诗文书法,称于乡里。杨士奇少孤,五岁其母改适子理,士奇从之,备受其抚育,且允士奇守杨姓。后士奇为其作传,谓其"甚博学,为文章切深,诗古体宗汉魏,近体盛唐,书法钟元常"。子理遗稿原为其子所编,又经杨士奇校正,成化中,其曾孙先刻三卷本于绍兴,又刻八卷本于广东,皆未见传。现存隆庆四年(1570)其裔孙罗纨刻《罗德安先生文集》三卷,卷一收记十六篇,卷二收序三十四篇,卷三收传五及铭、笺、说等文。又有清抄本,清厉鹗跋。清王琨《泰和诗征》卷八录其诗二十四首。生平见杨士奇《罗先生传》(《东里文集》卷二二)、何乔远《名山藏》卷六一、《明史》卷一四〇。

罗伦(1431—1478) 字应魁,改字彝正,号一峰。江西吉安府永丰人。生于宣德六年(1431)正月十一。景泰七年(1456)领乡荐,成化二年(1466)第一人进士及第,授翰林修撰。以疏劾大学士李贤"夺情",贬福建市舶司提举,李贤卒,召还。成化四年至京师,复修撰,寻改南京翰林院就职,六年以疾辞

归,闭门教授著书,四方从学者甚众。十四年九月二十四以疾终于金牛书院,年四十八。正德间赠谕德,谥文毅。为人刚正,严于律己。平生究心经学,好《易》,作《周易说旨》四卷,有万历十九年(1591)刊本,《明史·艺文志》著录。诗文集刊本甚多,《明史·艺文志》仅著录《一峰集》十卷,现存其要者有:正德元年(1506)顺庆府通判盛斯征刊本《一峰罗先生诗集》三卷《文集》四卷;正德十一年罗乾刊本《一峰先生文集》十一卷,有正德九年邵宝序;嘉靖二十八年(1549)永丰知县张言刊本《一峰先生文集》十四卷(文九卷、诗五卷),罗洪先等序;万历十八年永丰知县吴期照刊本《重校一峰先生文集》十卷。以文称。《明文海》录其文七篇,卷四九评其《论夺情疏》云:"一峰之文,刚毅之气形于笔端,芒寒色正。"清应麟《江右古文选》卷一六录其文六篇。清胡大鸿《江右文抄》录其文七篇。亦能诗。《皇明诗统》卷一四录其诗九首。《石仓十二代诗选·明诗选》录其诗二十八首。《列朝诗集》丙集录其诗十三首。《明诗综》卷二四录其诗一首,"诗话"云:"一峰专心理学,诗不与韵士争长。而集中纪梦诗多至三百余首,难乎免于僻矣。"《御选宋金元明四朝诗》录其诗三首。《四库全书》收

《一峰集》十四卷,《总目》"提要"云:"伦与陈献章称石交,然献章以超悟为宗,而伦笃守宋儒之途辙,所学则殊。《明儒学案》云伦'刚介绝俗,生平不作合同之语,不为软巽之行,冻馁几于死亡,而无足以动其中,庶可谓之无欲'。今览其文,刚毅之气形于楮墨,诗亦磊砢不凡。虽执意过坚,时或失于迂阔,又喜排叠先儒传注成语,少淘汰之功,或失于繁冗,然亦多心得之言,非外强中干者比也。"《江西诗征》卷五二录其诗二十五首。《明诗纪事》丙签卷五录其诗一首。生平见贺钦《罗修撰伦墓志》(《医闾先生集》卷四)、陈献章《罗伦传》(《白沙子全集》卷四)、顾祖训《状元图考》卷二、王兆云《皇明词林人物考》卷三、清黄宗羲《明儒学案》卷四五、《明史》卷一七九。

罗汝芳(1515—1588)　字惟德,号近溪。江西建昌府南城人。生于正德十年(1515)五月初二。嘉靖二十二年(1543)中举,明年会试中式,自谓"吾学未信,不可以仕",因未赴廷对,退居读书,又从胡清虚学烧炼,师释玄觉谈因果。三十二年赴廷试,成进士,除安庆府太湖知县。到任召诸生论学,公事多决于讲座。征为刑部主事,历郎中,四十一年出知宁国知府。四十四年丁父艰归,万历元年(1573)服

阕,改知东昌府。转云南按察司副使,五年进布政司参政。因公进京,应邀于广慧寺讲学,官员士子纷往,首辅张居正疏劾其"摇撼朝廷,夹乱名实",因罢官归里。卒于万历十六年九月初二,年七十四,门人私谥明德。从颜钧学,为王守仁四传弟子,王学近禅之支派,其讲学之说大多放诞自如,敢为新论。持人性论,以为人人不失赤子之心,从制欲入手,人人可为圣人,为政则主张以德化民。《明史·艺文志》、黄虞稷《千顷堂书目》多著录其各类著述,惟不及其总集,实耿定向、杨起元及其孙怀智等多曾辑集编刊其著述,其中以万历三十五年耿定向辑编《耿中丞杨太史批点近溪罗子全集》二十四卷收罗最为丰富。是集含《罗先生诗集》二卷,收其古近体诗一百七十余首,左宗郢辑,汤显祖序;又《近溪罗先生一贯编》(讲学语录)九卷,熊宾辑,杨起元序;又《罗近溪先生近溪语要》二卷,陶望龄辑,陶望龄序,末附何光道辑《罗子后语》,耿定向等序;又《近溪子集》(文集)六卷,耿定向等评,杨起元等序;又《近溪子续集》二卷,杨启元评,赵志皋序;又《近溪子附集》二卷,附《近溪罗先生乡约全书》一卷,左宗郢辑。后又有万历四十六年刘一焜刻《盱江罗近溪先生全集》十卷《乡约语

要》一卷《孝训》一卷《仁训》一卷等。《四库全书总目》著录《近溪子文集》五卷,则为崇祯五年(1632)其孙怀智所刊,原名《罗明德公文集》五卷;又著录《大明通宝义》一卷,有万历二十四年董裕刊本,《近溪子明道录》八卷,有万历十三年詹事讲刊本。另著录其《孝经宗旨》一卷、《一贯编》四卷、《会语续录》二卷、《识仁编》二卷,实皆收入《耿中丞杨太史批点近溪罗子全集》。清应麟《江右古文选》卷二二录其文一篇。《御选宋金元明四朝诗》录诗三首。《江西诗征》卷五八录诗三首。《明诗纪事》已签卷一一录诗一首。生平见杨起元《罗近溪先生墓志铭》、郭子章《罗近溪传》(《耿中丞杨太史批点近溪罗子全集》之《附集》)及清黄宗羲《明儒学案》卷三四、《明史》卷二八三。

罗玘(1447—1519)　字景鸣,号圭峰。江西建昌府南城人。成化二十二年(1486)中举,明年进士,选翰林院庶吉士,弘治二年(1489)授编修,十八年升侍读。正德元年(1506)迁南太常寺少卿,历四年,进本寺卿,寻擢南吏部右侍郎,十年秩满三载,引疾归。十四年七月初二卒,年七十三,嘉靖初,赠礼部尚书,谥文肃。博学好古文,务为奇奥。著述后多有刊刻,现存嘉靖五年(1526)陈洪谟建昌刊本《翰林罗圭峰先生文集》十八卷《续集》十五卷,陈洪谟序,夏良胜后序,内《文集》卷一至一五收各体文,卷一六收赋二篇,卷一七收诗一百六十余首,卷一八收词三首,《续集》文十三卷,诗一卷(收诗五十余首)、奏疏一卷;又崇祯七年黄端伯、吴兆刊本《罗圭峰先生文集》三十卷首一卷,内文二十二卷、奏疏一卷、赋一卷(三篇)、诗六卷(收诗二百二十余首);又崇祯七年(1634)南城罗氏家刊本《文肃公圭峰罗先生文集》三十七卷附录一卷,有王维夔、陈起龙、邓澄、郑之文、黄端伯等序。是集文三十二卷,卷三三收赋二篇,卷三四、卷三五收诗二百四十首,卷三六收词七卷,卷三七收奏疏十二篇。各本所收诗文有差,以前刻板佚,一再辑刻故也。《列朝诗集》丙集录其诗三十首,"小传"云:"景鸣少出西涯(李东阳)之门,为诗文振奇侧古,必自己出。"《明诗综》卷二五录其诗一首。《四库全书》据康熙间复刻崇祯三十卷本收《罗圭峰文集》三十卷,"提要"云:"玘以气节重一时……其文规模韩愈,戛戛独造,多抑掩其意,迂折其词,使人思之于言外。陈洪谟序称,闻其为文必呕心积虑,至扃户牖,或踞木石隐度,逾旬日,或逾岁时,神生境具而后命笔。稍涉于委陋诎诞之微,虽数易稿不惮。盖与宋陈师道之吟诗不甚相远。"《江西诗征》卷五三录其诗十九首。《明诗纪事》丙签卷九录其诗二首。近人赵尊岳《明词汇刊》辑其词三首为《圭峰先生词》。《明文海》录其文二十六篇，评语云：“圭峰之文逼仄，所争在句法奇险之间，非大家气象。”清应麟《江右古文选》卷一七录其文二十四篇。生平见夏良胜《罗文肃公行状》（《东洲初稿》卷一四）、费宏《罗公墓志铭》（《费文宪公摘稿》卷一七）、何乔远《名山藏》卷六九、《明史》卷二八六。

罗亨信（1377—1457）　字用实，号乐素。广东广州府东莞人。生于洪武十年（1377）十月二十五。永乐元年（1403）中举，明年登进士第，选翰林院庶吉士，授工科给事中。进吏科右给事中，以科内校勘关防文书迟误，贬交趾镇夷卫为吏九载。仁宗即位（1424），用洗马张瑛荐，召为监察御史，巡按真定等府。宣德十年（1435）擢金都御史，备边平凉，巡抚大同、宣府。十三年冬以功进右副都御史，次年土木之变，以孤城外御强寇，内屏京师，劳绩甚著。景泰帝即位（1450），年逾七十，请致仕。卒于天顺元年（1457）十月二十八，年八十一。《明史·艺文志》著录其《罗亨信集》十二卷，现存清康熙刊本《觉非集》十卷，乃其孙罗琪收其散佚篇什所编，内文六卷、诗三卷，卷一〇附录年谱、墓志、

传、赞等。集有成化四年（1468）丘濬序，谓其“为文和平渊雅，类其为人。尤喜为诗，其诗不事锻炼，用眼前语寓心中事，讽咏之，可以知其心中洞达明了，无城府町畦也”。又有弘治五年（1492）祁顺序及清顺治十二年（1655）戴锡伦序。《四库全书总目》著录《觉非集》十卷，“提要”云：“亨信居谏垣有直声。其巡抚大同、宣府，值英宗北狩，捍城有功。生平著述，每不留稿。是集乃其后人收拾散逸，而丘濬、祁顺为之诠次。其中颂美中官之文至十余篇，编录者略不删汰，殊不可解也。”清屈大均《广东文选》录文二篇、诗六首。清梁善长《广东诗粹》卷二录诗五首。《明诗纪事》乙签卷九录诗三首。近人张其淦《东莞诗录》卷六录诗二十一首。生平见王直《罗公墓志铭》（《抑庵文后集》卷三三）、李东阳《右佥都御史罗君墓表》（《东里集》续集卷三二）、黄佐《罗亨信传》（《广州人物志》卷一四）、《明史》卷一七二。

罗明祖（生卒年不详）　字宣明，号纹山。福建延平府永安人。天启七年（1627）举人，崇祯四年（1631）进士，授松江华亭令，以内艰归。起补太平府繁昌令，坐筑城违误，谪浙江布政司藩幕，旋署萧山令，又以不屈，为中官所排，调襄阳。十三年，朝廷遣监军中使领禁旅十万协剿张

献忠,骄兵扰民,明祖请禁于提督熊文灿,不听,继上书阁部杨嗣昌,罢归,寻卒,年四十四。平生杂学旁搜,能诗文。《千顷堂书目》著录《罗明祖诗文全集》三十卷。现存清初古处斋刊本《罗纹山先生全集》十六卷首一卷,为其子罗艰辑编,陈肇英、邓可权等序,罗明祖自序。内卷一奏疏四篇,卷二至卷五为各体文,卷六赋(五篇)、歌、箴、赞,卷七、卷八诗《京音集》(二百余首),卷九词曲(四十六首),卷一〇《史旁》(史论),卷一一《侮庄》(解《庄》),卷一二《井福录》(论井田),卷一三《地理微绪》(勘舆),卷一四《汉上末言》(天文日历),卷一五《襄邑实录》(公移),卷一六《寓楚杂著》,卷一七、卷一八《历代宦官鉴》。清郭柏苍《全闽明诗传》卷四六录其诗三首。近人赵尊岳《明词汇刊》录其词十九首为《纹山先生诗余》。生平见佚名《罗纹山先生传》(《罗纹山先生全集》卷首)、《(乾隆)福建通志》卷四六。

罗贯中[1](生卒年不详)　号湖海散人。太原(今属山西)人。元末明初以杂剧、词曲名。明初佚名抄本《录鬼簿续编》著录其杂剧《风云会》(《赵太祖龙虎风云会》)《蜚虎子》(《三平章死哭蜚虎子》)《连环谏》(《忠正孝子连环谏》),现仅《风云会》存于明脉望馆抄校本《古今

杂剧》。剧演赵匡胤与赵普君臣风云际会,亲如兄弟,合力结束残唐五代奸雄争霸,成就帝业事。《录鬼簿续编》记其生平云:"罗贯中,太原人,号湖海散人。与人寡合。乐府、隐语极为清新。与余为忘年交,遭时多故,天各一方。至正甲辰(二十四年,1364)复会,别来又六十余年,竟不知其所终。"因知其为元末明初人。

罗贯中[2](籍里及生平不详)　明嘉靖时起流行之长篇白话小说《三国志演义》之署名作者。嘉靖元年(1522)刊《三国志通俗演义》二十四卷署"晋平阳侯陈寿史传,后学罗本贯中编次",首弘治七年(1494)庸愚子(蒋大器)序亦直称作者为"东原罗贯中"。嘉靖二十七年建阳叶逢春刊《新刊通俗演义三国志史传》十卷署"东原罗本贯中编次"。后明清刊《三国志演义》数十种刊本,不论繁本、简本,皆署"罗贯中"之名。又,嘉靖间刊白话长篇小说《忠义水浒传》二十卷一百回本残本,万历十七年(1589)天都外臣序刊本《忠义水浒传》一百回、万历三十八年容与堂刊《李卓吾先生批评忠义水浒传》一百回本署"施耐庵集撰""罗贯中纂修"。另,万历间金陵世德堂刊白话小说《三遂平妖传》二十卷题"东原罗贯中编次",万历四十七年金闾龚绍

山刊白话小说《隋唐两朝志传》署"东原贯中罗本编辑",明末刊白话小说《残唐五代史演义传》八卷六十回署"贯中罗本编辑",明末钱塘王慎脩刊白话小说《平妖传》四卷二十回署"东原罗贯中编次"。由以上明刊诸小说之题署,知"罗贯中"为嘉靖后开始广泛流传之《三国志演义》等长篇白话小说之署名作者,惟未知实有其人抑或书坊之托名。近世论者或以为《录鬼薄续编》记元末明初"罗贯中"即以上《三国志演义》等长篇白话小说署名之"罗贯中",然《录鬼簿续编》等载籍并无"罗贯中"创作小说之记载,且以上署名"罗贯中"之诸白话小说均刊行于明中叶以后,无由证实所署"罗贯中"与《录鬼簿续编》所记"罗贯中"为一人也。考明嘉靖后广泛流传之白话长篇小说《三国志演义》实为"世代累积"之作品。唐宋以来,汉末三国故事,包括大量异闻传说开始借助民间说唱进入叙事文学领域。据载,北宋汴梁勾栏瓦肆中已出现"说三分"专家霍四究(《东京梦华录》卷五),元代更有了记录"讲史"故事大概,或据"讲史"撰写之小说读本,如元代刊行并保存至今之《三国志平话》(另本题《三分事略》)。而参与"三国故事"积累者不仅有"讲史"艺人,还有院本、杂剧作者(据记

载,金元至明初之"三国戏"有六十余种,全本传世者尚有二十余种)。由《三国志平话》可以看出"讲史"艺人和小说文本作者不过是将"三国"当作讲述故事之时间断限、描述人物、事件之策略。嘉靖刊《三国志通俗演义》虽然较《三国志平话》之故事更切近史实,但所说"史实"仍然只不过是历史之大致轮廓、主要人物和事件。如核之《三国志》《资治通鉴》等史书,则《通俗演义》不仅有大量变更事件人物和情节上添枝加叶、踵事增华之现象,更有不少史传不载,实际上源于民间说唱之故事情节。特别是《通俗演义》中很多人物实际已迥异于史传人物本来面貌,如诸葛亮、关羽等更是高度理想化、超人式之英雄。因此,尽管《通俗演义》作者在素材上是兼取"史传"与"讲史",但就其艺术思维来说,实宗祧于"讲史"。无论从继承还是从本身来说,明清流行之《三国志演义》虽有不同版本,却都不同程度地重在一种精神传达而非史实之复述,其本质上不同于后世以写实为基础之历史小说。在漫长之成书过程中,《三国志演义》实际凝聚了晋唐以来中国社会广大民众之历史观、伦理观和价值观,反映着社会不同阶层、不同人群观念意识之融会和折中——不仅集中了下层民

众之愿望,也反映了知识阶层之政治理想和功利观念,符合统治者利益之"天命"观念和正统、秩序思想在书中也得到强调,这正是数百年来《三国志演义》为社会不同阶层、不同人群所接受,亦为统治者所容纳和利用之原因。准是而言,《三国志演义》之思想内容、文化精神与中国传统之"经典文化"既有联系又有差异,尤其是在继承传统"经典文化"意识之同时,又对传统道德伦理观念进行了重新阐释,如《三国志演义》也谈"忠孝节义",也讲"仁义礼智信",但与儒家经典,特别与宋元以来在思想文化中占据主流地位之宋明理学所讲就既有相合又有很大差别。在中国古代小说中,还没有一部作品能像《三国志演义》这样在数百年民族精神生活中产生过如此超出自身艺术成就之巨大社会影响。在戏曲、曲艺和其他艺术和非艺术传播形式簇拥下,通过数百年广泛传播,《三国志演义》之形象与精神意象实际已经渗入中国社会各个层次和精神文化生活各个方面,在这个意义上,《三国志演义》可以被视为代表一定历史时期我们民族精神文化之"经典"。虽然由于缺乏确切材料,我们无法准确知道《三国志演义》写定者之籍里生平,甚至其最后写定《三国志演义》之时间也很模糊,但即使是有了以往的积累,如果没有这位写定者之天才创造、最后完成,我们也不可能有《三国志演义》这一伟大作品,在这个意义上,《三国志演义》写定者无疑是一位杰出小说家。

罗钦顺(1465—1547) 字允升,号整庵。江西吉安府泰和人。弘治五年(1492)乡试第一,明年进士,廷试第三,授编修。十五年擢南国子监司业。正德三年(1508)以罪于刘瑾夺职,五年瑾诛,诏复原官,七年升太常少卿,十年迁南吏部右侍郎。嘉靖元年(1522)拜南吏部尚书,省亲乞归,翌年诏改礼部尚书,谢辞,六年复诏,又改拜吏部尚书,再疏辞免,因准致仕。里居二十年,二十六年四月二十四卒,年八十三,赠太子太保,谥文庄。平生以理学称,其学以"穷理格物"为宗,力攻王守仁"良知"之说,大旨见于所著《困知记》中。《困知记》二卷、《续记》二卷、《续补》一卷、《外编》一卷,有嘉靖十六年及万历、天启刊本,《四库全书》儒家类收录。嘉靖三十一年,其子罗琼辑刻为《整庵先生存稿》二十五卷、《整庵续稿》十三卷、《铨部题奏摘要》一卷、《整庵义训录》一卷,首喻时序,后有罗琼跋语。后通行本则为《整庵先生存稿》二十卷,有嘉靖间刻本、万历二十三年(1595)

刻本、天启二年（1622）刻本、清乾隆二十一年（1756）刻本，内文十五卷、诗五卷（收诗五百余首、词二首）。《四库全书》所收《整庵存稿》亦为二十卷本，《总目》"提要"云："至词章之事，非其所好，谈艺家亦罕论及之。其弟钦薆作《仪训录》，称钦顺于应酬文字辞谢居多，下笔稿成，未尝自是。旧稿盈笥，晚年手自芟存，余悉焚去。谓二子曰：此等文字，世间不少，慎勿出以示人，姑留自观可也，云云。其志趣可以想见。然集中所作，虽意境稍涉乎平衍，而典雅醇正，犹未失成化以来旧格。诗虽近《击壤》派，尚不至为有韵之语录，以抗行作者则不能，在讲学诸家，亦可云质有其文矣。"《明文海》录其文五篇。清应麟《江右古文选》卷一九录其文二篇。清胡大鸿《江右文抄》录其文十一篇。《皇明诗统》卷一五录其诗一首。《江西诗征》卷五三录诗十首。清王琨《泰和诗征》卷二七录其诗三十一首。近人赵尊岳《明词汇刊》录其词二首为《整庵诗余》。生平见严嵩《罗公钦顺神道碑》（《钤山堂集》卷三五）、张邦奇《整庵罗先生传》（《张文定公环碧堂集》卷七）、清黄宗羲《明儒学案》卷四七、《明史》卷二八二。又《困知记》附《整庵自订年谱》。

罗洪先（1504—1564）　字达夫，号念庵。江西吉安府吉水人。生于弘治十七年（1504）十月十四。嘉靖四年（1525）举于乡，八年第一人进士及第，授翰林修撰。以父丧归家，服除，进左春坊赞善。与唐顺之、赵时春为友，交好浸密，日相期许，以天下自任，中外称异，以"三翰林"誉之。与二人上疏，请预定东宫朝仪，惹帝怒，罢为民。归家后以讲学为事，攻苦淡，练寒暑，考图观史，力主经世。与本郡邹守益、欧阳德、聂豹为会讲，学众常至数百人。卒于嘉靖四十三年八月十五，年六十一。隆庆初，赠光禄大夫，谥文恭。学宗王阳明"致良知"说，增以"主静"功夫。又研舆地之学，曾费时十余年，撰《广舆图》。所作诗文多涉讲学语，别集先有嘉靖三十四年安如磐刊本《念庵罗先生文集》四卷，继有嘉靖四十二年胡松刊本《念庵罗先生集》十三卷，又嘉靖四十三年俞宪所刊《念庵罗先生文集》十三卷，又有隆庆元年（1567）苏士润等刊本《念庵罗先生文集》八卷《外集》十五卷《别集》四卷，万历三十一年（1603）吴达可刊选本《念庵罗先生文要》六卷。后又有万历四十五年（1617）陈于廷刊本《石莲洞罗先生文集》二十五卷，《明史·艺文志》著录其《全集》二十五卷即此本也，实清雍正七年（1729）其后裔罗复晋等刊《念庵罗先生文集》二十二卷附二卷，收罗最富。《四库全书》据雍正本收《念庵集》二十二卷，著录《别本罗念庵集》十三卷及《冬游记》一卷。《明史·艺文志》另著录其《易解》一卷、《周礼疑》一卷、《增补朱思本广舆图》二卷。《盛明百家诗》前编录其诗一百二十余首为《罗赞善集》一卷。顾起纶《国雅》卷一〇录其诗十首。《皇明诗统》卷二七录其诗二十一首。《列朝诗集》丁集录其诗三十首，"小传"云："达夫于诗文取材不远，而托寄可观。时人谓其早经废弃，久处民间，往往深于致情，易于兴感，殆亦近于言志者也。"《明诗评选》录诗一首。《明诗综》卷四一录诗六首，"诗话"云："达夫远师《击壤》，近仿白沙（陈献章）、定山（庄㫤），然爽气尚存，未堕尘雾。"《江西诗征》卷五六录诗二十九首。《明诗纪事》戊签卷一七录诗十一首。《明文海》录其文《石钟山记》等三十二篇。清应麟《江右古文选》卷一九录其文六篇。清胡大鸿《江右文抄》录其文二十篇。生平见胡直《念庵罗先生行状》（《衡庐精舍藏稿》卷二三）、徐阶《念庵罗先生墓志铭》（《世经堂集》卷一八）、耿定向《念庵罗先生传》（《耿天台先生文集》卷一四）、顾祖训《状元图考》卷三、《明史》卷二八三。

罗柔（生卒年不详） 字文徽。南直常州府无锡（今属江苏）人。成化十九年（1483）举人，弘治三年（1490）进士，授户部主事。历员外郎、郎中，简放福建建宁知府。为吏耻事逢迎，遇一按院，以旧隙劾去。归后，惟诗酒壶弈为乐，不问生事，悠然终其身。盖其素性萧然，穷达不改。《千顷堂书目》著录其《弦斋集》，未见传。《盛明百家诗》后编录其诗为八十余首为《罗太守集》一卷，又选录六十余首为《续罗太守集》一卷。顾起纶《续国雅》卷三录诗四首。《皇明诗统》卷一五录诗十三首。清顾光旭《梁溪诗钞》卷六录诗四首。生平见叶燮《毗陵人品记》卷八、《（康熙）常州府志》卷二一、《（光绪）无锡金匮县志》卷一九。

罗泰（1373—1439） 字宗让，号觉非道人。福建福州府福清人。诸生。少从乡先生宋瑜受《春秋》，卒业又从训导林友从学《易》，后遂以通《易》《春秋》名于乡里。隐居教授凡四十年，乡后进以《易》《春秋》登第者，多出其门。正统四年（1439）卒，年六十七。性好古道，遵礼轻财，尝叹冠礼久废，铭志举行。壮年丧妻，誓不再娶。与同邑谕德林志、侍郎萨琦友善励行，至老不衰，又相倡为古文，亦能诗。《千顷堂书目》著录其《觉非集》五卷,现存清朴学斋抄本《觉非先生文集》五卷,文三卷,收记五篇、序二十三篇,诗二卷,收诗一百三十首、词七首,首有天顺二年(1458)魏克润序,末有黎近后序及杨荣所撰墓志铭。徐𤊻《晋安风雅》录其诗三首。《石仓十二代诗选·明诗选》录其诗四十余首。清郭柏苍《全闽明诗传》卷五录其诗三首。生平见杨荣《罗君宗让墓志铭》(《杨文敏公集》卷二三)。

罗顾(生卒年不详)　字仪甫。浙江绍兴府山阴(今绍兴)人。累世布衣而敦笃嗜古,常褒衣博带,从容曳履,人不敢以贵势加之。好杂学,亦能诗,多咏物、题画之作。三世居山阴梅山,祖绂著《兰坡集》,绂长子周著《梅隐稿》,次子新(顾之父)著《介轩集》,顾承历代所积,所著尤多。传所著合为《梅山丛书》一百卷,《千顷堂书目》著录,然未见传,未知确否。曾以为宋高承《事物纪原》不能黜妄崇真,故更订为《物原》,分十八门二百三十九条,现存嘉靖二十二年(1543)刊本,《四库全书总目》著录,"提要"云:"《纪原》犹著出典,顾乃涸众说而一之,疏舛弥甚。如谓乌孙公主作琵琶,张华作苔纸,皆茫乎不知本事者也。"诗稍有成就,《千顷堂书目》著录称《核轩集》,未见传。《皇明风雅》卷一九、《皇明诗统》卷

一二录其诗二首。《石仓十二代诗选·明诗选》录其诗四十八首。《列朝诗集》乙集录其诗二十。《明诗综》卷二三录其诗二首。《明诗纪事》丙签卷一一录其诗二首,按云:"山阴罗氏三世称诗,仪甫特为颖出。"生平见《(雍正)浙江通志》卷一九二。

罗鹿龄(生卒年不详)　号海岳。南直镇江府金坛(今属江苏)人。学于马一龙,布衣能诗,嘉靖间以山人游于公卿间。游踪甚广,以穷年独旅,若海岳为家,因自号海岳,又称海岳山人。曾与王世贞游,世贞《弇州四部稿》卷三十一有《赠别罗鹿龄》诗,鹿龄诗中亦有《秋夜同马孟河、徐近斋燕集王凤洲公署》诗。俞宪见鹿龄于辽阳,得其诗稿,嘉靖四十四年(1565)刻其诗三十余首为《罗山人集》一卷,编入《盛明百家诗》。所作皆燕集赠别及行旅感怀之诗。后顾起纶《续国雅》卷四录其诗一首,《皇明诗统》卷三五录其诗九首,彭孙贻《明诗钞》录其诗二首,均未出《盛明百家诗》所收。

罗虞臣(1507—1541)　字熙载,号华原,又号原子。广东广州府顺德(今佛山)人。嘉靖八年(1529)进士,授建昌府推官。入为刑部主事,改吏部。与李开先、任瀚等以文章气节相高,虞臣尤刚肠疾恶,

面斥人短,以故众人多忌之。时帝欲杀昭圣太后弟张延龄,虞臣提牢时宽假延龄,为人所讦,下狱拷掠,斥为民。既归,结庐山中,读书纂述。两广都御史蔡经方荐于朝,未用。卒于嘉靖二十年,年三十五,叶春及有《罗虞臣传论》(《石洞集》卷一〇)叹之。《千顷堂书目》著录虞臣杂著《原子》八卷。诗文别集有清康熙间刊本《罗司勋文集》八卷《外集》一卷附录一卷,首冼桂奇嘉靖二十年序及清康熙三十八年(1699)冯国祥序。以平生不屑为诗赋,故集中皆散体之文,自六卷以下则采录所作《家乘》以足之,又《中官传》六七篇掺杂其间。《四库全书总目》著录《司勋文集》八卷,"提要"云:"其文疏快有气,然皆率其才气,纵笔一往,未能范以法度也。冼桂奇序以司马迁拟之,谈何容易乎!"清屈大均《广东文选》录其文十五篇。《明文海》录其文九篇。生平见其孙罗孔琮《司勋罗原子传》(《罗司勋文集》卷首)、《明史》卷二〇七。

罗璟(1432—1503)　字明仲,号冰玉。江西吉安府泰和人。天顺三年(1459)举人,八年进士第三,授编修,与修《英宗实录》。成化三年(1467)《实录》书成,进修撰,又奉命校《宋元通鉴纲目》。十年充经筵官,十三年迁司经局洗马。孝宗为太子,简侍讲读,母丧归。服除,与尚书尹旻之子同娶于孔氏,尹旻得罪,李孜省指璟为旻党,调南京礼部员外郎。孝宗嗣位,以王恕等荐,授福建提学副使,督学政。弘治六年(1493)召为南国子祭酒,九年以疾致仕,十六年七月二十六卒,年七十二。天顺、成化在朝,多与馆阁同年诗酒之会。卒后李东阳为其作墓志,称其"为文务简劲,诗亦脱绮靡,有《冰玉集》若干卷"。《千顷堂书目》著录其《周易程朱异同》及《北上稿》一卷。未见传。《江西诗征》卷五一录其诗一首。清王琨《泰和诗征》卷二四录其诗二十七首。生平见李东阳《罗公墓志铭》(《怀麓堂集》卷八七)、《明史》卷一五二。

罗懋登(籍里及生平不详)　字登之,自署二南里人。"二南"或指《诗经·国风》中之周南、召南。"周南"大抵在今陕西、河南之间,"召南"大抵在今河南、湖北之间,因不能详知其籍里。曾编著长篇白话小说《三宝太监西洋记通俗演义》(别题《三宝开港西洋记》,简称《西洋记》)二十卷一百回,演郑和卜西洋故事,侈演神魔,横生枝蔓,又文词多对语,描写有抄撮《三国志演义》《西游记》《封神演义》地方。现存最早刊本为明三山道人刊本,首载万历二十六年(1598)自序。又曾注释阙名《投笔记》传奇,并为《西厢记》《琵琶记》《拜月亭》等作音释。因疑其为书坊作家。祁彪佳《远山堂曲品》著录传奇《香山记》,未题撰者,近人董康《曲海总目提要》卷一八记云:"明万历间作,有罗懋登序,在二十六年戊戌,疑即其所撰也。"现存万历间金陵富春堂刊本,题《新刻出像音注观世音修行香山记》,二卷三十出,首未载"提要"所言之序。《香山记》据宋人撰《观世音菩萨本行经》(一名《香山宝卷观音大士修道因缘》),敷演观音出身得道事,祁彪佳《远山堂曲品》著录,列入"杂调",评曰:"词意俱最下一乘,不堪我辈著眼。"

[J]

邾经(生卒年不详)　一作"朱经",字仲义,或作仲谊,号玩斋,又号观梦道人、西清居士、西清道士。本陇右(今甘肃定西一带)人,元至正间进士,曾为官,后辞官侨居杭州,家于吴山下,故或称其为杭人。有文才,能隐语,好词曲,又善八分书及操琴。元末与顾瑛、杨维桢等多有交往。与钟嗣成、贾仲明交游,日相游览湖光山色于苏堤林墓间,吟咏不绝于口。陶宗仪《南村辍耕录》卷二八"戏题小像"条记云:"唐伯刚(唐志大)题邾仲谊小

像云:'七尺躯威仪济济,三寸舌是非风起。一双眼看人做官,两只脚沿门报喜。仲谊云:是谁是谁?伯刚云:是你是你。'"明洪武四年(1371)以荐为浙江省考试官,洪武初以事徙滇,不知所终。著述有《观梦集》《玩斋集》,未见传。沐昂编《沧海遗珠》卷一录其诗十七首,并将其列为卷首。后《石仓十二代诗选·明诗选》录其诗十五首,仅比《沧海遗珠》少《题顾定之墨竹》《题读碑图》两首。《皇明风雅》卷一〇、顾起纶《续国雅》卷一录其诗二首,《皇明诗统》卷五录其诗三首,《列朝诗集》甲集录其诗六首,《明诗综》卷一五上录其诗三首。《明诗纪事》甲签卷二〇录其诗五首。另有佚诗、题跋见于《玉山名胜集》《珊瑚木难》《赵氏铁网珊瑚》等。《御选宋金元明四朝诗》"元诗"录其诗三首。元至正二十年(1360)曾于《录鬼簿》后题小令一首。佚名《录鬼簿续编》著录其杂剧四种:《三塔记》《鬼推门》《鸳鸯冢》《玉娇春》,俱未传,仅《鸳鸯冢》有佚曲见于张禄《词林摘艳》、郭勋《雍熙乐府》、李玉《北词广正谱》,《玉娇春》有佚曲见于《北词广正谱》。

季本(1485—1563)　字明德,号彭山。浙江绍兴府会稽(今绍兴)人。弘治十七年(1504)举人,以父母连丧,居家十二年不入闱,

而未尝一日释卷，自经史下逮星历、数术、地理、兵农之学靡不穷究。又师事王阳明，悉悔其旧学，以新知治经。正德十二年（1517）进士，除建宁推官，朱宸濠反，守分水关，遏其入闽之路，召拜御史。以言事谪揭阳主簿，稍迁知弋阳，转苏州同知，升南京礼部郎中。时与邹守益相聚讲学，守益被黜，连及季本，谪判辰州，迁同知吉安，再升长沙知府，葺岳麓书院，亲讲阳明之学。因锄击豪强过当，罢归。家居讲学，徐渭曾从其学，集有《上季彭山师》。嘉靖四十二年（1563）卒，年七十九。平生考索经传，多有著述。《明史·艺文志》著录其有《易学四同》八卷（有嘉靖四十年《易学四同》八卷《别录》四卷）、《图文余辨》一卷、《古易辨》一卷、《诗说解颐》八卷《总论》二卷（存嘉靖四十一年胡宗宪刻本《诗说解颐总论》二卷）、《正释》三十卷、《字义》八卷，另有《四库全书》本）、《读礼疑图》六卷（有明嘉靖刻本）、《乐律纂要》一卷、《律吕别书》一卷（有嘉靖本）、《春秋私考》三十卷（有嘉靖本三十六卷首一卷）、《四书私存》三十七卷（有嘉靖本）、《蓍法别传》二卷。另，所著《孔孟事迹图谱》四卷、《庙制考议》不分卷、《说理会编》十六卷，亦有明刊本存。别集有清初抄本《季彭山先生文集》四卷，收其所作序、记、碑、行状、墓铭、传、祭文、杂著等，卷二有词五首。生平见张元忭《季彭山先生传》（《国朝献征录》卷八九）、清徐乾学《明史列传》卷七〇。

季步骐（1582—1650） 字子尾，号尾孙，年五十后号懒蚕居士。南直庐州府无为（今属安徽）人。生于万历九年十二月除夕（1582年1月23日）。诸生，明亡后，屏迹荒江墟土，与野僧通客交游。卒于清顺治七年（1650）六月初二，年六十九。所作诗甚富，大多吊古怀人之作，而随手散去。清乾隆十二年（1747），其族孙季元等梓其所著为《懒蚕居士遗稿》七卷，首汪有典序，卷一至卷六收古近体诗二百九十首，卷七收词十六首。《无为州志》录其诗二首。生平见清陈廷乐《懒蚕居士传》（《懒蚕居士遗稿》卷首）、《（嘉庆）无为州志》卷二〇。

季孟莲（1597—1643） 字叔房，号石莲。南直庐州府无为（今属安徽）人。生于万历二十四年十一月二十九（1597年1月8日）。年少食饩，有诗词名，见知于王思任。为名宦延以课了，因游吴、越，得与诸名士游。喜收寻古图书，倦游归来，积书万卷，因构月当楼，评诵不辍。卒于崇祯十六年（1643）四月十四，年四十八。曾与董其昌、王思任、谭元春、陈继儒等合刻诗集，名《八大家诗选》现存崇祯刻残本，内《季叔房诗存》四卷，收诗一百三十四首，词一百零六首。后清乾隆十年（1745）其族孙季国元刻其诗为《月当楼诗稿》八卷，现存道光二十六年（1846）再刊本，前七卷收诸体诗近三百首，卷八收词一百三十余首。《明诗综》卷八〇下录其诗一首，"诗话"云："崇祯年，有刊王季重（王思任）、谭友夏（谭元春）等八人诗以行者，叔房殿焉。今之见者，非讪其打油，辄以之覆酱矣。"《（嘉庆）无为州志》录其诗三首。《明词综》卷九录其词一首。生平见《（嘉庆）无为州志》卷二〇。

季科（1532—？）　字与登、汝登，号连江、了庵。南直常州府江阴（今属江苏）人。嘉靖三十二年（1553）进士，除行人。迁礼科给事中，屡升工科都给事中，出为江西参政，隆庆元年（1567）免官，年三十六。归里后筑别墅，以诗酒为务，万历六年（1578）曾与沈奎等结大雅堂诗社，十一年曾旅居杭州。《千顷堂书目》著录其《雪浪稿》又《闲居稿》又《了庵鸥盟录》，方志著录其《华阳会语》《寄寄堂稿》，均未见传。《明诗综》卷四四录诗三首，"诗话"云："与登归田之后，田产所入，悉以筑圃。圃在万寿山麓，中有六曲径、苍雪岭、赐闲堂、雪浪湖，湖中有青螺墩、妙高阁。湖上

有寄寄堂、红云阁、华阳洞天。又凿洞为小桃源，中有赤城楼、来鹤亭、桃花泉、曲水亭、云林、桐江片石，恒与朋旧觞咏其间，足称好事。诗亦安整不佻。"《御选宋金元明四朝诗》据之录。近人顾季慈《江上诗钞》卷二七录诗五十八首。生平见萧彦《掖垣人鉴》卷一四、《（乾隆）江南通志》卷一六六、《（乾隆）江阴县志》卷一七。

岳元声（1557—1628）　字之初，号石帆、潜初子。榜姓乐，据云因宋末避仇而改姓乐，后其弟和声入仕后改回。浙江嘉兴府嘉兴人。万历十年（1582）举人，十一年进士，除旌德知县。以强项为乡绅中伤，改大名府教授，转国子监博士，进监丞，迁工部主事，以疏争三王并封等事，削籍归。里居二十余年，天启元年（1621）起补南工部主事，历南光禄少卿，转南太常少卿，迁南太仆卿，擢南兵部右侍郎，进左，又以劾魏忠贤罢归。归里后聚徒讲学于天心书院，崇祯元年（1628）诏复原官，旋卒，赠南兵部尚书。元声以立朝不阿称，屡劾权臣，不惧得罪，里居有不平事，亦弗避嫌怨，力排众议，以归于正，因入乡贤祠。仕宦、讲学数十年，著述多传刻于世，有万历刊《仁文书院志》十一卷、崇祯间求志堂刊《潜初子集》四卷及为类书所收《方言据》

二卷续录一卷、《圣学围范图说》一卷等。卒后其子收其遗著，崇祯十七年编刊为《潜初子文集》二十卷，凡奏疏、制义、讲义及《观易图说》《易乘》《谭庄》《谭史》等皆收入其中，卷首除范景文等四序外，又录以前所刻各集序、跋十余篇，其中卷二、卷三收其所作五七言古近体诗三百余首，《千顷堂书目》著录《潜初子集》十二卷又《潜初杂著》十卷，当指此本。《明诗综》卷五四录诗一首，"诗话"谓其"韵语罕存"，或未见其全集矣。清沈季友《槜李诗系》卷一五录诗二首。生平见清邹漪《启祯野乘》卷六、《(雍正)浙江通志》卷一五八。

岳正(1418—1472)　字季方，号蒙泉、蒙翁。京师顺天府漷县(今北京)人。正统三年(1438)领乡荐，十三年第三人进士及第，授编修。景泰三年(1452)迁右春坊右赞善，天顺元年(1457)进修撰。时英宗复辟伊始，夺门诸臣曹吉祥、石亨等挟功骄恣，英宗心畏之，择岳正入直文渊阁预机务而试图之，岳正与吕原等人劾曹、石未果，反为二人所陷，正谪钦州同知，未至，又逮入狱，寻释为民。成化初复本官，留侍经筵，修《英宗实录》，又以忤大学士李贤出为福建兴化知府，五年(1469)致仕。卒于成化八年，年五十五。嘉靖间，追赠太

常寺卿，谥文肃。以博学称名一时，又工书画，精篆刻。《明史·艺文志》著录其《深衣注疏》一卷、《类博杂言》二卷、《类博稿》十卷。《类博稿》为其别集，李东阳受学于岳正，又为其婿，正卒后东阳辑其著述刻为《类博稿》十卷附录二卷，内文八卷，近百篇，诗二卷，二百二十余首，有成化二十二年刻本(所见缺卷一至卷五)，又有嘉靖八年(1529)任庆云刊本、嘉靖十八年吴逵刊本、嘉靖徐执策刊本。《四库全书》据嘉靖八年本收《类博稿》。《类博杂言》(《蒙泉杂言》)一卷见于万历刊本《百陵学山》等类书，实已收入《类博稿》。岳正长于文，而于诗不甚留意，《明文海》录其文十篇，评语谓"蒙泉之文以气胜"。《皇明风雅》录其诗五首。顾起纶《续国雅》卷三录诗二首。《皇明诗统》卷一三录诗七首。《列朝诗集》乙集录诗八首。清王崇简《畿辅明诗》录诗九首。《明诗综》卷二〇录其诗一首。《四库全书总目》"提要"云："其文章亦天真烂漫，落落自将。史称所草《承天门灾谕廷臣诏》，剀切感人，举朝传诵，足以见其一斑矣……东阳以叶盛所作志铭多所隐讳，为正补传。传称正晚好《皇极书》，故所作《杂言》二篇，皆阐邵子之学，而诗亦纯为邵子《击壤集》体。东阳《怀麓堂诗话》

称蒙翁才甚高，俯视一世，独不屑为诗，云'既要平仄，又要对偶，安得许多工夫'云云，盖得其实而传。乃称以雅健脱俗，未免阿其所好。至称其文高简峻拔，追古作者，则不失为公评。正统、成化以后，台阁之体渐成啴缓之音，惟正文风格峭劲，如其为人。"《明诗纪事》乙签卷一八录其诗二首。生平见叶盛《岳君墓志铭》(《类博稿》附录)、李东阳《蒙泉公补传》(《国朝献征录》卷一三)、王兆云《皇明词林人物考》卷三、何乔远《名山藏》卷六四、《明史》卷一七六。

岳和声(生卒年不详)　字尔律，又字之律，号石梁、梁父、餐微子。浙江嘉兴府嘉兴人。岳元声弟，榜姓乐，据云因宋末避仇而改姓乐，入仕后改回。万历十九年(1591)中举，二十年进士，除汝阳知县。二十七年征授礼部主事，历员外郎、郎中，三十九年简放广西庆远知府，次年改赣州，以忧归。服阕补东昌知府，迁福建提学副使，历广西参政，擢右佥都御史巡抚蓟辽，以论边事不合，屡疏乞休，七上允归，逾年又起巡抚顺天。天启间，以右副都御史巡抚延绥，寻乞归。《千顷堂书目》著录其《餐微子集》三十卷又《澹漠集》二卷，现存天启二年(1622)刊本《餐微子集》三十卷，陈懿典，沈德符序，内骚赋乐府及古近体诗二十四卷，联句一卷，诗余一卷，《后骖鸾录》四卷(为其远赴广西庆远之日志，始于万历四十年三月，记其"自浙至江""自楚至粤"一路所作诗文、游记，附沿途友人赠诗)，末卷为联句。是集卷首另有万历二十年岳元声《澹漠集叙》、万历四十三年曹征庸《餐微子北征稿引》，因知原有《澹漠》《北征》二集，已收入《餐微子集》。另，和声曾主修《共学书院志》三卷，有明万历刊本。《明诗综》卷五七录其诗一首。清沈季友《槜李诗系》卷一六录其诗七首，"小传"云："其诗庀材博取，际近抽扬，摹画触目惊心，体无不备，但性不好招明从为坛坫，故海内知者鲜耳。"清汪森《粤西诗载》录其诗三首、《粤西文载》录其文一篇。《明诗纪事》庚签卷一七录其诗一首，按语谓其诗"强作聱牙语，以翻李(李攀龙)、王(王世贞)窠臼"。近人赵尊岳《明词汇刊》辑其词五首为《餐微子词》一卷。生平见《(嘉庆)嘉兴县志》卷一二。

岳岱(生卒年不详)　字东伯，号秦余山人、漳余子。南直苏州府吴县(今江苏苏州)人，卫籍。嘉靖间布衣，辟草堂于阳山，结隐其中。能诗善画，然性狷介，不妄与人交。中年出游恒、岱诸岳，泛大江，览南都名胜，又历览天姥、天台、雁荡、匡庐而返,后不复出。《千顷堂书目》著录其《山居稿》三十一卷,未见传。曾自辑所交游之诗为《今雨瑶华》,今存明抄本,清王士禛《题辞》云:"东伯撰是书,卷中十四人,率皆嘉靖时吴中隐逸才俊之士,亦犹唐人录《箧中》之意,可备明诗一种。"又曾编纂《阳山志》三卷,有嘉靖九年(1530)顾元庆刊本。诗多题画、咏物之作。《盛明百家诗》后编录其诗四十余首为《岳山人集》一卷。顾起纶《国雅》卷一四录其诗五首。《皇明诗统》卷二七录其诗六首。《列朝诗集》丁集录其诗四十一首。《明诗综》卷五〇录其诗一首。《御选宋金元明四朝诗》录其诗十五首。《明诗纪事》己签卷二〇录其诗七首。近人汪正石《木渎诗存》卷一录其诗二首。

欣欣客(姓氏籍里及生平不详) 祁彪佳《远山堂曲品》"杂调"著录"欣欣客"传奇《还魂记》,现存万历间文林阁刻本,题《新刻全像包龙图公案袁文正还魂记》。是剧二卷二十七出,写北宋包拯铁面破案故事。谓国舅曹二欲图书生袁文正之妻韩秀英,赚二人入府,文正被杀,韩氏逃走,文正鬼魂向包拯告状,拯破案,不顾皇后保救,立斩曹二,后又救文正还魂,使文正夫妻团圆,受职荣归云云。《远山堂曲品》论此剧云:"内传包文拯勘曹国舅,似从元剧《生金阁》《鲁斋郎》诸曲生发者。中如活袁文正以温凉帽,封以五霸诸侯,真可喷饭。"内《生金阁》指元武汉臣《包待制智赚生金阁》杂剧,《鲁斋郎》指关汉卿《包待制智斩鲁斋郎》杂剧,皆为包公断案戏,然此《还魂记》之蓝本则应为明成化间"词话"作品《新刊说唱包龙图断曹国舅公案传》(今存)。又明末黄儒卿《新选南北乐府时调青昆》收本剧《韩氏自叹》一出,则此剧或为当时青阳腔剧本矣。

金大车(1491—1536) 字子有,号方山。其先为默伽(今沙特阿拉伯麦加)人,明初归义,赐姓,居南京,遂为上元(今江苏南京)人。嘉靖四年(1525)举人,次年春闱不中。与弟大舆皆有诗名,人称"大金"。时顾璘家居,倡诗学于青溪之上,因与许谷、谢少南、陈凤从之游,相与讲艺谈诗,称"青溪社四子"。后累试不第,以旅病卒,年四十四。卒后其弟与友人刻其遗诗为《金子有集》一卷,有嘉靖间何世守刊本,收诸体诗八十八首,黄姬水、侯一麟序,后有金大车《浮湘稿诗序》、嘉靖二十一年许谷跋。又有近人翁长森等编《金陵丛书》本及旧抄本。《千顷堂书目》著录其《方山遗稿》二卷,未见传。《盛明百家诗》后编录其诗三十余首为

《金子有集》一卷。顾起纶《国雅》卷——录其诗十三首。《皇明诗统》卷三二录其诗十二首。《列朝诗集》丁集录其诗十九首，"小传"云："子有弱龄为京师诸名辈赏异……诗法襄阳、随州，每摇笔执卷，顷刻立就。"《明诗综》卷四五其诗一首。《金陵诗征》卷二〇录其诗二十一首。《明诗纪事》戊签卷八录其诗四首。生平见陈凤《金子有传》（《金子有集》附录）、王兆云《皇明词林人物考》卷八。

金大舆（生卒年不详）　字子坤，号平湖。其先为默伽（今沙特阿拉伯麦加）人，明初归义，赐姓，居南京，遂为上元（今江苏南京）人。嘉靖间应天府诸生，与兄举人大车俱学于顾璘，以诗齐名，亦入青溪社。《千顷堂书目》著录其《子坤集》二卷。现存旧抄本《金子坤诗集》五卷，首黄姬水、侯一麟序，内收赋二篇、古近体诗一百七十四首。又近人翁长森等编《金陵丛书》收《金子坤集》一卷。顾起纶《国雅》卷——录其诗三首。《皇明诗统》卷三二录其诗四首。《列朝诗集》丁集录其诗二十六首。《明诗综》卷四五录其诗二首。《御选宋金元明四朝诗》录其诗十六首。《金陵诗征》卷二〇录其诗八首，"小传"云："平湖高才，困于诸生，旷达豪迈，不问家产，名日起而贫日甚。有诗五百余首，生时不能梓，卒后郭次甫囊中有一汉鼎，售四十金，遂刻其集。黄淳甫（黄姬水）序谓'大都清新婉丽，迥逼钱、刘'。"《明诗纪事》戊签卷八录其诗三首。生平见王兆云《皇明词林人物考》卷七。

金木散人（姓氏及籍里生平不详）　明崇祯四年（1631）刊白话小说集《鼓掌绝尘》（全称《新镌出像批评通俗小说鼓掌绝尘》）四集四十回，刊本署"古吴金木散人编"。未知"金木散人"为何许人。是书按"风花雪月"分集，每集十回，各演一故事：风集叙巴陵秀才杜荤与歌妓韩玉姿情爱经过，花集叙少不更事之世家公子娄祝之人生际遇，雪集叙穷书生文荆卿与宦家小姐李若兰历经险阻终成眷属，月集叙富商之子陈珍之一生沉浮。其书首有"闭户先生"《题辞》，言本书"无意撩人，有心嘲世"。所叙多取材当时社会现实，表现常人之生活，揭示世态之真相。叙事简练，语言平实，时杂俗谚，趣味亦多市俗，为晚明较早受《金瓶梅》影响产生之小说，故"闭户先生"《题辞》中有"香韵金瓶之梅"之语。

金幼孜（1368—1432）　初名善，以字行，号退庵。江西临江府新淦（今新干）人。建文元年（1399）举人，二年进士，授户科给事中。永乐初，改翰林检讨，与解缙、胡广、黄淮、胡俨、杨士奇、杨荣同入直文渊阁,预机务。历侍讲、右谕德、学士,进文渊阁大学士。洪熙初,拜户部侍郎,加太子少保,兼武英殿大学士,进礼部尚书。宣德六年十二月十六(1432年2月19日)卒,年六十四,赠少保,谥文靖。幼孜与杨荣、胡广最为成祖亲幸,常侍左右。成祖北征,幼孜皆从行,所过山川要塞,多命记之,因著《北征录》一卷《后北征录》一卷(明代有多种刊本传世,又被收入各种类书)。《明史·艺文志》另著录《春秋直指》三十卷《春秋要旨》三卷、《金幼孜集》十二卷。现存成化四年(1468)新淦金氏家刊本《金文靖公集》十卷,为其子昭伯所辑,李龄序,内诗五卷,收诗七百多首,卷六收赋十篇、赞三篇、颂五篇,后四卷为各体文。是集又有弘治六年(1493)补修本,增《三朝恩荣录》一卷(收敕谕、诰命、祭文、像赞、神道碑等)。诗与文皆多应制之作。程敏政《皇明文衡》录其文一篇。《明文海》录其文《皇都大一统赋》等四篇。《皇明风雅》卷一八录其诗一首。韩阳《皇明西江诗选》卷二录其诗三十一首。顾起纶《续国雅》卷二录其诗二首。《皇明诗统》卷八录其诗九首。《列朝诗集》乙集录其诗二十八首。《明诗综》卷一七录其诗一首,"诗话"谓其"扈驾

北征,大漠穷沙,靡不身历,故其诗时露悲壮之音"。《四库全书》据弘治本收《金文靖集》十卷,删《荣恩录》,"提要"云:"其文章边幅稍狭,不及士奇诸人之博大。而从容雅步,颇亦肩随。盖其时明运方兴,故廊庙赓扬,具有气象,操觚者亦不知也。"《江西诗征》卷四六录其诗三十五首。《明诗纪事》乙签卷四录其诗六首。生平见杨士奇《金公墓志铭》(《东里文集》卷二〇)、杨荣《金公神道碑铭》(《杨文敏公集》卷一七)、何乔远《名山藏》卷六〇、《明史》卷一四七。

金声(1598—1645) 初名成光,改名声,字正希,一字子骏,号赤壁。南直徽州府休宁(今属安徽)人。生于万历二十六年(1598)十月二十八。十一岁随父至湖广嘉鱼(今属湖北)投师受教,后居嘉鱼近二十年。自幼好学,能文,亦学佛,名倾一时。天启四年(1624)以贡入北监,举顺天乡试,崇祯元年(1628)进士,选翰林院庶吉士。二年,后金兵大举入关,陷州县,攻京师,金声荐草泽游僧申甫领兵抗敌。帝授申副总兵,令金声以御史监其军,十二月申甫军于卢沟桥溃败,声因谢罪告归。崇祯末诏起故官,进京陛见,行路未至而明社亡。福王立于南京,招其为左金都御史,以母丧未赴。乙酉(1645),与

江天一等在绩溪起兵，时唐王立于福州，授其兵部右侍郎兼右佥都御史，巡抚徽、宁、池、泰等处，提督军务，贵池吴应箕等多应之。金声军先连克宁国、旌德、泾县、宣城等县，八月，清军分三路攻徽州，与江天一等固守绩溪，被执不屈，十月初八被杀于南京，年四十八，赠礼部尚书，谥文毅。夏完淳赋《六君咏》，其第五章即挽金声。《明史·艺文志》另著录《文集》九卷，现存刊本有崇祯石云居刊本《金正希稿》不分卷，又崇祯十七年尚志堂刊本《金正希先生文集》九卷，又崇祯刻弘光增修本《金正希先生燕诒阁集》七卷，又清初新安邵鹏程编刊本《金正希先生文集辑略》九卷，又清吕氏天盖楼刊本《金正希先生全稿》不分卷等。清廖元度《楚风补》卷三〇录其诗二首。《明诗综》卷七三录其诗一首，《御选宋金元明四朝诗》据之录。清高士熙《湖北诗录》录其诗一首。《明诗纪事》辛签卷六录其诗《赋得拊髀思颇牧》诗一首。生平见清黄宗羲《明儒学案》卷五七、《明史》卷二七七。清程锡类有《金正希先生年谱》（清光绪间两湖书院木活字本）。

金怀玉（生卒年不详）　字尔音。浙江绍兴府会稽（今绍兴）人。曾习制义，不举弃之，以乡间塾师为业。有度曲之嗜，曲辞谐俗。吕天成《曲品》"下下品"著录其传奇九种：《香球记》《宝钗记》《望云记》《完福记》《妙相记》《摘星记》《绣被记》《八更记》《桃花记》，谓其"乃稽山学究之翁，弃青衿而陶情诗酒"者。祁彪佳《远山堂曲品》"具品"著录其传奇十种（较吕氏《曲品》多出《三槐记》）。现存二种，一为万历间金陵文林阁刻《望云记》二卷三十八出（有残缺），题《新刻狄梁公返周望云忠孝记》，演唐狄仁杰忠贞廉洁、刚直不阿故事，以两《唐书》狄仁杰传为基础，多有情节取自《大唐新语》等笔记。吕天成评曰："词不佳，远逊程叔子所作。然其纪狄公妙事珆尽，搬出甚好。"胡文焕《群音类选》、刘君锡《乐府菁华》等收录此剧散出。又有万历间刻本《桃花记》，题《新锲徽本图像音释探花谷襟桃花记》，是剧凡二卷三十五出，现存第十八出至三十五出，演唐孟棨《本事诗》中崔护"人面桃花"故事。佚名《万锦情林》《万曲合选》等录此剧散出。吕天成评此剧云："崔护事佳，而改造失真，且境态不妙，何认曲为？"祁彪佳评语谓其"腐垫习气，时时露出。文章惟俗字不可医，正谓此等手笔耳"。

金实（1371—1439）　字用诚。浙江衢州府开化人。成祖即位，上书言治道，复对策称旨，入翰林，擢翰林典籍，与修《太祖实录》《永乐大典》，特选为东宫讲官。永乐五年（1407）以外艰免，服除，升左春坊司直郎，日侍经筵，十年丁母忧归。越十年始复职，仁宗登极，授卫府左长史，辅导诸王。正统四年（1439）春为礼部会试同考官，事竣疏乞骸骨，命下，五月二十日卒，年六十九。《千顷堂书目》著录其《觉非斋文集》二十八卷，现存成化元年（1465）唐瑜刊本，为其门生黄溥选编，首有天顺五年（1461）钱溥序，后有唐瑜《觉非斋文集后序》。内卷一赋七篇，《神龟诗》《白象歌》《圣孝瑞应乐词》各一首，《醴泉颂》《平安南颂》《平胡颂》各一，卷二至卷九收诸体诗四百八十余首，卷一〇至卷一八收各体文二百八十余篇。顾起纶《续国雅》卷二录其诗三首。《皇明诗统》卷九录其诗二首。彭孙贻《明诗钞》录其诗一首。《明文海》录其文一篇。生平见杨荣《卫府左长史金君用诚墓表》（《杨文敏公集》卷二〇）、《明史》卷一三七。

金贲亨（1483—1568） 字汝白，号一所。浙江台州府临海人。初冒姓高，榜名高贲亨。正德二年（1507）举人，九年进士，授扬州府学教授。补南京刑部主事，迁员外郎、郎中。出为江西按察佥事，提督学校，转贵州，迁福建提学副使，

又转江西提学副使。家居卒于隆庆二年（1568），年八十六。平生潜心理学，著《学易记》五卷，有嘉靖刊本。又著《台学源流》七卷，自宋徐中行迄明方孝孺、陈选等，皆有传，存清同治刊本、光绪陈树桐补修本。《明史·艺文志》另著录其《道南录》五卷、《学庸义》二卷、《金贲亨文集》四卷。现存清抄本《一所金先生集》十二卷。李时渐《三台文献录》录文六篇、诗九首。《明诗纪事》戊签卷一二录诗一首，按云："汝白《述怀》诗云：'谋生力拙仍干禄，用世才疏敢择官？'可谓真挚。"生平见洪朝选《金公墓志铭》（《国朝献征录》卷八六）、过庭训《本朝分省人物考》卷五四。

金铉（1610—1644） 字伯玉，一字在六。原籍南直常州府武进（今江苏常州），后入籍为京师顺天府（今北京）人。生于万历三十八年（1610）七月十九。天启七年（1627）顺天乡试解元，崇祯元年（1628）进士，选授扬州府学教授。二年入为国子博士，四年迁工部主事，建言罢内臣，自讼归。家居习经学，选读古文，又丧守制。十七年二月服阕，起补兵部主事，巡视皇城，三月十九日京城陷，投御河死，年三十五。福王立，谥忠节，改谥忠洁。平生读书慕道，研《易》理，慷慨有志节。《明史·艺

文志》著录其《易说》一卷、《文集》六卷,现存清初刊本《金忠节公文集》八卷,前五卷收各体文四十余篇,卷六收诗二十六首,卷七《易说》,卷八收其年谱,有贺世寿、徐时泰等序。又清王灏辑《畿辅丛书》有《金忠洁集》六卷、清光绪盛宣怀辑《常州先哲遗书》有《金忠洁公文集》二卷。《明文海》录其文二篇。陈济生《天启崇祯两朝遗诗》卷三录其诗十三首。清王崇简《畿辅明诗》录其诗三首。《明诗综》卷七二录其诗一首。《明诗纪事》辛签卷三录其诗一首。生平见陈济生《天启崇祯两朝遗诗·小传》、清黄宗羲《明儒学案》卷五七、《明史》卷二六六。清初《金忠节公文集》卷八有其弟金镜撰《金忠洁公年谱》。

金铣(生卒年不详)　字宗润,号省庵。南直淮安府山阳(今淮安)人。正统六年(1441)举人,谒选蕲州知州。历礼部员外郎,充中秘纂修官,擢广信知府。有文名于乡里,曾与顾达修《淮安府志》十四卷。所著有《省庵集》,未见传。清吴玉搢《山阳耆旧诗》自《淮郡文献志》《山阳县志》录其诗二十七首,按语谓其所著尚有《群仙事略记》《漫叟日录》。清丁晏《山阳诗征》卷四录其诗三十一首,《柘塘脞录》记其尚有碑、铭等遗文。又引钱溥《省庵集序》云:"其诗冲和简亮,词工而体备;文则务陈言是去,而雄伟整肃,成一家言。"因知《省庵集》为诗文兼收之集。《(乾隆)江南通志》卷六五录其《开湖田记》,《(雍正)湖广通志》卷一一三录其碑记一篇。生平见《(乾隆)江南通志》卷一六六、《(同治)重修山阳县志》卷一二、《(光绪)淮安府志》卷二八。

金琮(1449—1501)　字元玉,曾游浙之赤松山,爱其佳,因自号赤松山农。南直应天府上元(今江苏南京)人。世为儒医,曾应科考,屡试不举,乃肆力问学,暇则怡情吟咏,又以书画名世。弘治十四年(1501)八月十五卒,年五十三。周晖《金陵琐事》记云:"金元玉书,初法赵子昂,晚学张伯雨,精工可爱,落笔人便持去。吴中文征明极赏之,凡得片纸,装潢成卷,题曰'积玉'。画梅花,有逃禅老人笔意。"诗亦有名于当时。与同邑史忠为素交,盛时泰合编二人诗,题曰《金陵二隐稿》,未授梓,毁于火。钱谷《吴都文粹续集》卷三○录诗一首。《列朝诗集》丙集录其诗《送别史痴翁分得尘字》《自题画梅》二首。《明诗综》卷二六选录《送别史痴翁分得尘字》,《御选宋金元明四朝诗》据之录。《金陵诗征》卷一七录诗八首。《明诗纪事》丙签卷一○录诗《驻景亭春日漫兴》一首。生平见陈镐《金元玉琼传》(《国朝献征录》卷一一五)、朱谋垔《续书史会要》、王兆云《皇明词林人物考》卷一二。

金湜(生卒年不详) 字本清,初号太瘦生,晚号朽木居士。浙江宁波府鄞县(今宁波)人。正统六年(1441)举于乡,入太学,以善书授中书舍人,待诏文华殿。迁太仆寺丞,督山东、河南马政。天顺八年(1464)宪宗即位,奉命充正使,与中书舍人张城颁诏朝鲜,还朝致仕。家居三十年,屡征不起。其书五体俱能,有汉晋风度,又善画竹,并题诗其上,因有诗、书、画三绝之称,传世有《双钩竹图》等。平生喜结社吟咏,在京与夏㫤、包琪、潘暄、陈政、杨焕、司马恂等诗友在柏林寺分韵赋诗,寺僧汇而成册。出使朝鲜,作《三月二十四日奉命出京有作求和章》,副使张城及朝鲜群臣三十余人次韵倡和,后朝鲜将湜、城所作诗文及朝鲜文臣倡和之作辑刻为《(甲申)皇华集》,收诗二百五十四首,内金湜诗八十二首、张城诗六十六首。湜归田后,又与里中耆旧洪常、卢瑀、严端、宗佑、周祜、章珍、宋恢、张憬、倪光、李端、邹阎、王政、周颂、余宾、周恺、陈渭等十八人组高年社,觞咏为乐。所著《朽木集》,未见传。《四明风雅》卷一录其诗四首。《石仓十二代诗选·明诗选》录其诗四首。清胡文学《甬上耆旧诗》卷五录其诗二十二首,内咏竹诗十三首。《明诗纪事》乙签卷六录其诗二首。生平见《(康熙)鄞县志》卷一五、《(雍正)宁波府志》卷二○。

金銮(1494—1587) 名又作"金鸾"。字在衡,号白屿山人。自称陇西人,从其父宦南京,侨居于此,因占籍应天府江宁(今江苏南京)。少曾从天水胡世甫学举业,及至南京,年已长,家又中落,因弃去。性俊朗,好游任侠,结交四方豪士,又以能书画,解音律,善词曲称誉于时。多往来淮扬、吴中、两浙间,所至缙绅多倒屣迎之。卒于万历十五年(1587),年九十四。《四友斋丛说》记云:"南都自徐髯仙(徐霖)后,惟金在衡最为知音。善填词,其嘲调小曲极妙,每诵一篇,令人绝倒。"吕天成《曲品》谓其词曲"响振江南"。现存《金白屿萧爽斋乐府》一卷,万历汪氏环翠堂刻《四词宗合刻》本,又有1934年饮虹簃刊本,计小令一百三十四首、套数二十四套。卓人月、徐士俊《古今词统》卷二录其《竹枝》一首。陈所闻《北宫词纪》录其佚曲小令二首,胡文焕《群音类选》录其佚曲套数二套。曾校订《西厢记》,称金在衡本,王骥德校本中有引录。亦能诗,与顾璘、陈凤、胡缵宗等多有倡和。《千顷堂书目》著录其《徙倚轩稿》二卷，现存明刊《徙倚轩诗集》残本，署"门甥任近臣校梓"，收其五言律诗百余首。《盛明百家诗》录其诗二百余首为《金白屿集》一卷。顾起纶《国雅》卷一〇录其诗十九首。《皇明诗统》卷二〇录其诗二十首。崇祯五年（1632）贾鸿洙《周雅续》卷八录其诗十二首。《列朝诗集》丁集录其诗三十八首，"小传"云："诗不操秦声，风流宛转，得江左清华之致……洞解音律，酒酣据几，高吟长咏，中节可听，四坐忘罢。"《明诗综》卷三八录其诗十二首，"诗话"云："白门诗家，有金琮元玉、金丹赤侯、金大车子有、金大舆子坤、金铁竹溪，均著诗集。诸金之中，吾必以在衡为巨擘焉。其五七言近体风情朗润，譬诸斛角灵犀，近之游尘尽辟矣。"《御选宋金元明四朝诗》录其诗十五首。《金陵诗征》卷三八录其诗十首。《明诗纪事》戊签卷二二录其诗十七首，按云："山人诗清圆浏亮，无当时叫嚣之习。"另曾纂修《摄山栖霞寺志》三卷，存嘉靖刊本。生平见王兆云《皇明词林人物考》卷一一。

乳毕坚金（1452—1507）　西藏佛教噶举派僧人。幼名曲杰伦布，生于后藏娘堆地方之扎西喀呷（今属日喀则地区）。初受噶举派沙弥戒，法名桑杰江参；又习果密乘教，取名曲吉扎巴；曼荼罗灌顶，得密名米举多吉；"四灌顶"后，又得名查通杰布；或称为藏宁黑如嘎；以其所著《米拉日巴传》自署乳毕坚金，后遂以之名世。生于明景泰三年（藏历第八轮绕迥阳水猴年，1452）。父名桑杰白典，母名桑杰珍。七岁时从噶举派喇嘛贡嘎桑杰受沙弥戒，十八岁后至拉萨、达波等地拜师学法，得"四灌顶"后云游西藏各地，直至今尼泊尔等地，收徒传法，尤以著述名，因成一代噶举派名僧。正德二年（1507）卒，年五十五。乳毕坚金一生著述丰富，佛学诸作达十余种，又曾编撰噶举派创始人玛尔巴、米拉日巴及其弟子日琼巴等人的传记数种。其中尤以《米拉日巴传》（全名《瑜珈圣人尊者米拉日巴传——即遍知一切之明灯》）最为著名。米拉日巴为玛尔巴"四柱弟子"，亦是乳毕坚金前四百年噶举派开创者之一，被称为瑜珈圣人尊者，有关其在世业绩及涅槃之事传说甚多，且苦乐相间，怪异离奇。乳毕坚金以教化僧徒、弘扬修习佛法为宗旨，对所得材料加以整合，使之成为有文学虚构性之僧传。全书分两大部分，前三章为轮回世间大行之部，后九章为寂静涅槃之部，另有后记。《米拉日巴传》于明弘治元年（藏历第八轮绕迥之土猴年，1488）成书，寻于定日刻板印行，后又在拉萨、德格等地印制，流播甚广，米拉日巴之名因之传遍雪域，成不同教派僧人学习之榜样，对西藏佛教发展甚有影响。为配合散文体之《米拉日巴传》，乳毕坚金还据其所收，编成《米拉日巴道歌集》六十一章，内收长短道歌三百八十四首。其集开首有以文人诗格律所写佛赞，各歌之间又夹以散文叙事。自德格所刊《米拉日巴传》起，《道歌》皆附刻于后，故与《米拉日巴传》一起在藏地广为流传，后蒙文及各种外文译本亦皆附《道歌》。

周广（1474—1531） 字充之，号玉岩、抑斋。南直苏州府昆山（今属江苏）人。生于成化十年（1474）正月。所居地弘治十年（1497）划入太仓，十四年以太仓士籍举于乡，故又称太仓人。十五年春试不第，入太学，师事章懋。十八年进士，观政兵部，明年授莆田知县，以母丧归，服除，改吉水。正德间，以治绩征授监察御史，寻以上疏陈四事，罪于宠臣钱宁，贬广东怀远驿丞，二年迁知建昌，再谪竹寨驿丞。世宗即位，复御史，历江西兵备副使，改提督学校，擢福建按察使。嘉靖六年（1527）以右佥都御史巡抚江西，又明年召拜南刑部右侍郎，十年八月暴疾卒于

官，年五十八，赠右都御史。平生喜诗文而名不著。所著诗文释褐以前曰《初稿》，官县令时曰《鸣琴稿》，官御史时曰《排云稿》，谪怀远时曰《唉荔稿》，官建昌时曰《量移稿》《乞骸稿》，谪竹寨时曰《沉芷稿》，官江西时曰《揽辔稿》、曰《阅江稿》，视学福建时曰《外台稿》，官巡抚时曰《内台稿》，官刑部时曰《邦禁稿》，篇帙甚富，卒后其子邀同邑周凤鸣简汰编次，编为《玉岩先生文集》九卷附录一卷。现存嘉靖三十七年刊本，凡诗六卷，收诗四百七十余首，文三卷，收各体文八十篇。首有魏良贵嘉靖十六年序、周凤鸣嘉靖十八年序及归有光序，集中诗各卷中仍注原集名，附录一卷则录行状、墓铭等。《千顷堂书目》著录其《玉岩集》九卷即此本也。又有清乾隆九年（1744）周梃重修本。《皇明诗统》卷一六录其诗十五首。周复俊编《玉峰诗纂》卷四录其诗二十九首。《明诗综》卷二八、《御选宋金元明四朝诗》录其诗一首。《娄水文征》卷一六录其文四篇。生平见陆鳌《玉岩周公行状》（《玉岩先生文集》附）、吕柟《周玉岩公神道碑》（《泾野先生文集》卷三二）、方鹏《昆山人物志》卷四、《明史》卷一八八。

周之夔（1586—1648） 字章甫。福建福州府闽县（今福州）人。少

与李时成等同入泮，万历四十三年（1615）又从乡前贤董应举学。天启四年（1624）顺天中举，崇祯四年（1631）进士，授苏州府推官，督兑漕粮仓，坐事罢。曾入复社，与钱谦益、瞿式耜为友，然与张溥等不睦，因疑张溥、张采等致其罢官。恰苏州监生陆文声上疏劾张溥、张采倡复社以乱天下，之夔亦伏阙劾张溥等把持计典，巡抚张国维等言此事无预张溥事，然至十四年，事犹未平，而党争尤炽。明社亡，鲁王监国，起之夔为翰林编修，鲁王败，归乡。南明隆武二年（1646），徐孚远浮海至闽，曾召其任兵科给事中抗清。查继佐、张煌言《鲁春秋·监国纪》记其南明永历二年（1648）曾与林某密谋开福州城门引张煌言兵入，以事泄被杀。能书画，年十六学诗，多与人倡和。现存崇祯八年（1635）木犀馆刊本《弃草诗集》七卷，收其所作诸体诗三百八十余首，又崇祯间木犀馆刊本《弃草文集》八卷，收其序记、传论、书启、论议、碑铭等一百三十余篇，两集各有之夔自序，《文集》另有其门人毛晋、沈际飞序。又有崇祯间木犀馆刊《弃草》二集，卷上收书信十七篇，卷下收序、碑等三十五篇，亦有周之夔自序。《（乾隆）福建通志》录文二篇。生平见《（乾隆）福建通志》卷四三。

周子义（1529—1587） 字以方，号儆庵。南直常州府无锡（今属江苏）人。嘉靖四十年（1561）举于乡，四十四年进士，选翰林院庶吉士，授编修。迁南国子监司业，移北，晋司经局洗马，万历八年（1580）迁国子祭酒。十一年进礼部右侍郎兼翰林院侍读学士，寻转左，擢吏部左侍郎兼掌詹事府，十四年十二月二十九（1587年2月7日）卒，次年赠礼部尚书，谥文恪。平生寡言笑，斤斤绳矩，研穷经术，邃于濂洛、关闽之学。《千顷堂书目》著录其《国朝故实》二百卷（一名《国朝典故补遗》）、《中书直阁记》《縠语》二十卷又《日录见闻》十卷、《交翠轩佚稿》六卷。现存明刊本《交翠轩佚稿》六卷，前五卷收其所作疏记议论及讲章，末卷收诗四十余首，词一首。《明诗综》卷四四录其诗《送何小坡致政还信阳》一首，《御选宋金元明四朝诗》据之录。清顾光旭《梁溪诗钞》卷八录其诗三首。生平见李廷机《周公墓志铭》（《李文节集》卷二二）、王世贞《周文恪公传》（《弇州四部稿续稿》卷六七）、叶夔《毗陵人品记》卷一〇、《明史》卷二五一。

周天佐（1511—1541） 字宇弼，号蹟山（碛山）。福建泉州府晋江（今泉州）人。生于正德六年（1511）二月初一。嘉靖十三年

(1534)举人,明年进士,除户部主事。嘉靖二十年(1541)御史杨爵因劾大学士夏言、尚书严嵩等下狱,天佐上疏救,五月初六被杖下诏狱,初八死于狱。万历间,追赠光禄寺少卿,天启初,追谥忠愍。《千顷堂书目》著录《蹟山遗稿》十卷、《蹟山疏稿》一卷。现存明抄本《周宇弼集》不分卷。又有清嘉庆二十年(1815)其十三世重孙周学曾刻本《周忠愍先生文集》二卷,卷上收其奏疏一篇,诗四十九首、序、志铭等文五篇;卷下收敕文、赐谥制诰、传记、志铭等。《明诗综》卷四二录诗《过田家》。《明文海》录文一篇。清郭柏苍《全闽明诗传》卷二一录诗八首。生平见王慎中《周蹟山公墓志铭》(《周忠愍先生文集》卷下)、杨爵《周主事传》(《斛山杨先生遗稿》卷一)、《明史》卷二〇九。

周天球(1514—1595) 字公瑕,号幼海。南直苏州府太仓(今属江苏)人,随父徙长洲(今江苏苏州)。早年为诸生,不喜帖括语,治也不工,独好古文辞。同舍少年相与窃笑,益自喜不顾。因谢诸生事,专意于文辞。又从文征明学书法,大有所成,大小篆、古隶、行草诸体皆擅。后南游天台,唱棹西湖,西眺三楚,北走金陵,瞻泰岳于山东,诗书之名广传。卒于万历二十三年(1595),

年八十二。其诗有时誉,王世贞曾将其与皇甫汸、莫如忠、许邦才、沈明臣等列为"四十子"(《弇州四部稿续稿》卷三)。胡应麟《诗薮》云:"周公瑕以书名一代。诗五言律沉婉有致,七言律尤工,合作处高华整丽,足上下嘉、隆诸子,而率以书名掩之。"顾起纶《国雅》卷一三录其诗十三首。《皇明诗统》卷二七录其诗十五首。《列朝诗集》丁集中录其诗六首,"小传"云:"待诏(文征明)殁,丰碑大碣,皆出公瑕手。隆庆中游长安,燕集唱酬之作,一时词客皆为让坐,而诗名颇为书法所掩……大率声调雄壮,规摹王(世贞)、李(攀龙)。"《明诗评选》、《明诗综》卷五〇录诗一首。《御选宋金元明四朝诗》录诗四首。《明诗纪事》己签卷一七录诗一首。《娄水文征》卷二七录文一篇。张琦等《吴骚合编》等辑其散曲小令一首。生平见于慎行《周幼海先生小传》(《谷城山馆文集》卷二七)、王兆云《皇明词林人物考》卷一二、《明史》卷二八七。

周元懋(1611—1650) 字柱础,又字德林。浙江宁波府鄞县(今宁波)人。以荫累官至南京右军都事屯部郎中,崇祯末奉使蜀中归,诏知贵州思南府,以母忧未赴。京师陷,钱肃乐等招之,以守制未赴,而破家输饷不少吝。丙戌(1646)六月,闻钱江兵败,恸哭自沉于水,以救得苏，乃披剃为僧，入灌顶山，日夕纵酒，称"醉和尚"，清顺治七年（1650）呕血而卒。年四十。所著有《枝隐轩集》，未见传。现存崇祯刊本《蜀使漫草》一卷，有崇祯十二年（1639）廖大亨序。清全祖望《续甬上耆旧诗》卷一六"披缁诸公之三"自《枝隐轩集》录其诗四十六首。生平见清李瑶《绎史摭遗》卷一六、清翁洲老民《海东逸史》卷一六。

周凤翔（1605—1644）　字仪伯，号巢轩，浙江绍兴府山阴（今绍兴）人，原籍京师顺天府大兴。崇祯元年（1628）进士，选翰林院庶吉士，授编修。历南国子司业，进谕德，兼翰林院侍读。十七年京师陷，自经死。福王立，赠礼部右侍郎，谥文节。《千顷堂书目》著录其《周文介公集》，未见传，清潘锡恩辑《乾坤正气集》收《周文忠公集》四卷。祁彪佳辑清抄本《寓山十六景诗余》录其词二首。陈济生《天启崇祯两朝遗诗》卷三录其诗二十九首，"小传"谓其诗"清洒，无馆阁秾重之习"。《明诗综》卷七二录诗一首。《御选宋金元明四朝诗》录诗三首。《明诗纪事》辛签卷三录诗一首。《明文海》录其文一篇。生平见陈济生《天启崇祯两朝遗诗·小传》、清毛奇龄《周文忠公传》（《西河合集》卷七六）、清邹漪《启祯野乘》卷一一、《明史》卷二六六。

周文（生卒年不详）　字绮生。明末浙江嘉兴妓，以能诗名。其《秋日过吴门感旧》有"身到故乡翻是客，心惟明月许同舟"。知其原为吴人。以身世凄凉，诗颇多感怀之作。后出平康，嫁人非匹，乃弊衣毁容，不复为诗，终忧郁而终，遗稿多不传。托名钟惺《名媛诗归》卷三五录其诗一首。《列朝诗集》闰集录其诗二十首，"小传"云："体貌娴雅，不事铅粉。举止言论，俨如士人。携李缙绅好文墨者，每召绮生即席分韵，以为风流胜事。绮生微词多有讥评。"《明诗综》卷九八录诗《咏怀》一首。清沈季友《携李诗系》卷三四录诗九首。《御选宋金元明四朝诗》录诗九首。

周世选（1532—1606）　字文贤，号卫阳，自称存敬道人。京师河间府故城（今属河北）人。嘉靖十一年（1532）十一月初五生，三十七年举京闱，四十一年进士，授常州府推官，未满考，召授礼科给事中，移疾归里。家居十七年，补户科右给事中，擢南尚宝卿，晋南右通政，迁南太仆寺卿。以金都御史巡抚河南，寻擢工部右侍郎，转左，改兵部左侍郎，协理京营戎政，改南兵部尚书，参赞机务，以疾归。卒于万历三十四年（1606），年七十五，赠太子少保。《千顷堂书目》著录其《故城县志》。诗文著述有崇祯五年(1632)周承芳刊本《卫阳先生集》十四卷,姚希孟序、卢世潅跋,内奏疏八卷,收奏疏二十七篇,文五卷,收各体文五十余篇,诗一卷,收诗五十余首。清王崇简《畿辅明诗》《御选宋金元明四朝诗》录其诗一首。《四库全书总目》著录《卫阳集》十四卷,"提要"谓其"以风节著,文章非所留意"。生平见朱之蕃《南大司马卫阳周公传》(《卫阳集》卷首)、萧彦《披垣人鉴》卷一四。

周东田(生卒年不详) 浙江处州府松阳人。嘉靖间岁贡,分教江右,擢南京国子博士。《盛明百家诗》后编录其诗四十余首为《周东田集》一卷。《皇明诗统》卷三二录其诗六首。《列朝诗集》丁集中录其诗二首。彭孙贻《明诗钞》《御选宋金元明四朝诗》录其诗一首。

周仕堦(1542—1615) 字用晋,一字民晋,号溪源山人,晚号天宁子。福建福州府闽县(今福州)人。嘉靖四十三年(1564)举人,谒选顺昌教谕。历南国子博士、达州知州,官至赣州府同知。卒于万历四十一年(1613),年七十四。喜吟咏,与闽中徐熥等人倡和。现存万历四十五年序刊本《天宁先生诗选》六卷,内《北征草》《双锋草》《白下草》《蜀中》《舟中草》《林下草》各一卷,计收诗二百首,有董名举、陈宏己、李时成序,周之夔跋。清郭柏苍《全闽明诗传》卷二八录其诗二首。生平见《(乾隆)福州府志》卷三九。

周用(1476—1547) 字行之,号白川、伯川。南直苏州府吴江(今属江苏)人。生于成化十二年(1476)九月二十二。弘治十四年(1501)领南都乡荐,明年进士,授行人。迁南兵部给事中,丁外艰归,服除,改礼科,复改南兵科,迁广东左参议。嘉靖改元,升浙江按察副使,会丁母忧,服阕起山东副使,备兵临清,晋福建按察使、河南右布政使,升右副都御史巡抚南赣。召还协理都察院事,擢吏部右侍郎,转左,以事调南刑部右侍郎,就迁右都御史,升南工部尚书,改南刑部。以九庙灾,自劾归。起工部尚书,督河道,改漕运,拜左都御史,加太子少保,进吏部尚书。二十六年(1547)正月十九卒于任,年七十二,赠太子太保,谥恭肃。书法俊逸,善绘事,尤喜为诗。《千顷堂书目》著录其《白川集》十六卷。现存嘉靖二十八年吴江周氏川上草堂刊本《周恭肃公集》十六卷附录一卷,朱希周序,为其卒后二年所刻。内诗十卷,收诗一千一百余首,词一卷,收词四十三首,文五卷,收各体文百余篇,末二卷收奏疏三十七篇,附录墓铭、传、行状等。后又有万历二十二年（1594）川上草堂增刻本二十二卷，内诗十卷、词一卷、文七卷、奏疏三卷、附录一卷。顾起纶《续国雅》卷三录其诗一首。《皇明诗统》卷二四录其诗七首。《列朝诗集》丙集录其诗八首。《明诗评选》录其诗一首。《明诗综》卷二八录其诗十首，"诗话"谓其诗"别裁风格，取法杜陵"。《御选宋金元明四朝诗》录其诗十四首。《四库全书总目》著录《周恭肃集》十六卷，"提要"谓其诗"古体多啴缓之音，近体颇宏整"。《明诗纪事》丁签卷九录其诗十三首，按语谓其"七言近体颇擅风格，绝句尤有风致"。《明词综》卷二录其词二首。近人赵尊岳《明词汇刊》据《周恭肃公集》卷一二录其词为《周恭肃公词》。《明文海》录其文一篇。生平见严纳《恭肃公行状》、顾应祥《恭肃公传》、徐阶《恭肃公墓志铭》（《周恭肃公集》附录）及《明史》卷二〇二。

周立勋（1597—1639）　字勒卣。南直松江府华亭（今上海松江）人。晚明县学生，久试不举。崇祯二年（1629），云间名士杜麟征、夏允彝以举业为号召，敦请文会，倡立畿社，时立勋以古文冠于一郡，因在被邀之列，遂与徐孚远、彭宾、陈子龙等为最初社友，称"畿社六子"。后入社者数十人，名著江南，诸人又皆为复社成员。畿社初以研磨举业为务，崇祯三年刊《畿社六子会义》，五年汇刻《畿社壬申文选》，集六子制艺之文，人各六十篇，后陆续刻《畿社会义》数集。畿社以"心古人之心，学古人之学"为宗旨，故诸子皆崇尚古学，古文韵体，靡不研习，其时国事维艰，故亦关心政局，讲求事功。崇祯五年畿社辑社友九人所作骚赋、乐府、古近体诗及序记等社课之文为《畿社壬申合稿》二十卷（有明末小樊堂刊本），后又辑刻《皇明经世文编》五百零四卷，立勋亦皆与焉。后数年，畿社诸先进或中进士，或举于乡，而立勋仍失意于科场，崇祯十二年赴南京乡试，病卒于客舍，年四十三。畿社诸子相互以诗及古文辞相砥砺，所作"大都赋本相如，骚原屈子，乐府古歌辚汉魏，五七律绝辚三唐，赞、序班、范，谏、铭张、蔡，论学韩愈，记仿宗、元"，立勋所作，亦未脱其樊蓠也。后其裔孙周京取《畿社壬申文选》等集中乃祖之作，编为《符胜堂集》五卷，有清乾隆十二年（1747）刊本，内赋骚五篇、诸体诗一百九十六首、各体文十五篇。《皇明诗选》录诗一首。清陈允衡编顺治澄怀阁刊本《诗慰》初集录其诗四十二首为《畿社集选》。《明诗综》卷七六录诗五首，"诗话"云："时谷城方阁老四长（方岳贡）守松江，数与畿社诸子周旋，而尤敬爱勒卣。人或问之，答曰：'勒卣一往有隽气，不屑作酒肉贵人。第其诗文恒以慨叹出之，虑其人不寿耳。'"清沈德潜《明诗别裁集》录诗三首。清姚宏绪《松风余韵》卷三三录诗四首。《明诗纪事》辛签卷二二录其诗三首。

周玄（生卒年不详） 清人写作"周元"，避讳也。字微之，一字又玄。福建福州府闽县（今福州）人。永乐初以文学征，授礼部员外郎。万历四年（1576），袁表、马荧编刊明初林鸿、郑定、王褒、唐泰、高棅、王恭、陈亮、王偁、周玄、黄玄之诗为《闽中十子诗》三十卷，后因称此十人为"闽中十子"，内周玄与黄玄皆出林鸿之门，称"二玄"。万历本《闽中十子诗》收周玄诗名《周祠部诗》一卷，凡六十二首。周玄个人诗集称《宜秋集》，《千顷堂书目》著录八卷。现存清抄本《宜秋集》四卷，辑其所作诗及杂文。《皇明风雅》录其诗六首。《皇明诗统》卷七录其诗三首。徐𤊻《晋安风雅》录其诗十五首。《石仓十二代诗选·明诗选》录其诗十首。《皇明诗选》录其诗一首。《列朝诗集》甲集录其诗二十七首。《明诗综》卷一〇录其诗一首。《四库全书》收《闽中十子诗》，《总目》"提要"云：

"考闽中诗派多以十子为宗，厥后辗转流传，渐成窠臼。其初已有唐摹晋帖之评，其后遂至有诗必律，有律必七言，而晋安一派乃至为世所诟厉，论闽中诗者尝深病之。要其滥觞之始，不至是也。"清郭柏苍《全闽明诗传》卷七录其诗二十六首。《明诗纪事》甲签卷一〇录其诗三首。生平见王兆云《皇明词林人物考》卷二、《明史》卷二八六。

周圣楷（？—1643） 字伯孔。湖广长沙府湘潭（今属湖南）人。诸生，四十岁时犹未举，遂绝意科举，于湘潭城东辟帆园，筑湖岳堂，专心著述。殁于崇祯十六年（1643）张献忠兵陷长沙时，或谓其以不屈被杀，或谓其曾受张献忠常德知府官职，均无确证。有才名，好著述，曾遍游湖广名胜，又稽于典籍，辑编楚中人物、名胜为《楚宝》四十五卷，分二十五门，以人物为主，而稍以山水古迹附之，于地志之中别为一例，有崇祯十四年刻本，又有清道光九年（1829）邓显鹤重刊本。另有《湘水元夷》《楚才奇绝》《生气录》等，未见传。有集名《湖岳堂集》，称百余卷，亦未见传。弱冠游京师，曾与竟陵钟惺游，又交于谭元春，有倡和，故其诗清峭沉鸷，而格律工整。清廖元度《楚风补》卷四〇录其诗八十八首。清邓显鹤《沅湘耆旧集》卷四一录诗六十首，其卷末附录,则极辩清王士禛《池北偶谈》载周圣楷曾受张献忠常德知府说。清(同治)罗汝怀《湖南文征》录其文四篇。生平见《(乾隆)长沙府志》卷二九、《(乾隆)湘潭县志》卷一九。

周光镐(生卒年不详)　字国雍,号耿西。广东潮州府潮阳人。嘉靖四十三年(1564)举人,隆庆五年(1571)进士,除宁波府推官。迁南户部主事,改吏部,历郎中,简放顺庆知府。万历十四年(1586)迁四川按察副使,监军征西南彝,进参政,历陕西按察使,以右金都御史巡抚宁夏,入为大理寺卿,以老乞休。《千顷堂书目》著录其《明农山堂文草》三十四卷又《诗草》十五卷,现存1915年周耀南铅印本。《千顷堂书目》另著录其《征南纪事》一卷。清屈大均《广东文选》卷二四录其赋一篇、卷三五录其诗二首。《明诗综》卷五一录其诗二首。《御选宋金元明四朝诗》录其诗一首。清梁善长《广东诗粹》卷六录其诗二首。清温汝能《粤东诗海》卷三五录其诗二十五首。清冯奉初《潮州耆旧集》有《周大理明农堂集》三卷,收其文六十四篇。近人翁辉东《潮州文概》卷三录其文三篇。《明诗纪事》庚签卷一〇录其诗一首。生平见《(康熙)潮州府志》卷九上、《(乾隆)潮州府志》卷二八。

周廷用(1482—1534)　字子贤,号八厓。湖广岳州府华容(今属湖南)人。正德五年(1510)领乡荐,六年杨慎榜进士,释褐知宜黄县。征授监察御史,巡按广西、贵州,迁浙江按察司佥事,进福建参议,历四川副使,进江西按察使。卒于嘉靖十三年(1534),年五十三。诗文著述辑为《八厓集》,明刊本九卷,赋一卷诗六卷文二卷,后附《绪论》四卷,为其训饬士民之言。《千顷堂书目》及《四库全书总目》著录之《八厓集》十三卷即此本。又有清乾隆十三年(1748)裔孙周庆增重刻本《八厓集》七卷,前五卷收诗八百二十余首,卷六收碑铭传序等三十篇,卷七收赋、文二十一篇。卷首周庆增《重刻八厓集序》谓重刻本与旧本相较,"乐府古体居半,五七言近体居半,七言绝句仅一首(实为一题四首),传序碑志三之一,悉尊原刻,惟缺五言绝句……"云云,则此集实为节略本。《皇明诗选》录其诗一首。《列朝诗集》丙集录其诗三首,"小传"云:"顾华玉(顾璘)……于子贤极相推挹,今观其诗,粗豪奔放,往而不返,盖楚士之有才情而不谙于格调者。"《明诗综》卷三四录其诗四首,"诗话"云:"八厓放言忤俗,东桥(顾璘)深惜之,《国宝新编》以之为殿……然制作庸庸，求其巨篇颇罕。"《御选宋金元明四朝诗》录其诗四首。清廖元度《楚风补》卷二〇录其诗六首。清邓显鹤《沅湘耆旧集》卷一五录诗十三首。《明诗纪事》戊签卷一一录其诗三首，按云："子贤七律，音调高华。"《明文海》录其文《丑女赋》等三篇。生平见孙宜《八匡周公传》（《洞庭渔人集》卷四五）、顾璘《国宝新编》、过庭训《本朝分省人物考》卷八〇。

周廷鑨（1606—1671） 字元立，号芮公，又号朴园居士。福建泉州府晋江（今泉州）人。天启四年（1624）举人，五年联捷进士，年甫二十，初授镇江府推官，署丹阳县事。擢吏部验封司主事，转考功、稽勋二司员外郎，又转文选司，以疏驳陈启新请废科目忤旨，谪广东，引罪归。明社亡，唐王入闽，命为詹事兼翰林院侍读学士，又太常寺少卿、提督四夷馆，知时事不可为，告归。清康熙十年（1671）卒于家，年六十六。能诗文，《千顷堂书目》著录其《朴园诗集》十卷，未见传。现存明崇祯十二年（1639）序刊本《去来滛草》一卷，收诗二百余首。又崇祯十六年序刊本《颐园吟草》二卷，亦收诗二百余首。生平见《（雍正）广东通志》卷四五、《（乾隆）江南通志》卷一一四。

周伦（1463—1542） 字伯明，号贞翁、贞庵。南直苏州府昆山（今属江苏）人。弘治五年（1492）举人，十二年进士，授新安知县。入为御史，正德中劾太监李兴伐禁林山木事，忤刘瑾，斥归。瑾诛，复起，出按山西，历南大理寺丞，进少卿，擢都察院佥都御史，提督操江。又历南工部及兵部侍郎，晋刑部尚书，复改南，致仕归。嘉靖二十一年（1542）七月初一卒，年八十，赠太子少保，谥康僖。善行草，能诗，游历之处多题咏。卒后其子大理寺丞周凤鸣倩本邑赵士英汇次其诗为《贞翁净稿》十二卷附录一卷，至嘉靖三十七年其季子太仆寺丞周凤起始锓梓。是集计收诗七百余首，为周伦成进士后四十余年所作，所编"不分体裁，而以履历为叙，用史氏编年法也"，赵士英序谓"其逸者不在选者尚多"。《千顷堂书目》著录《贞翁稿》十二卷即此本也。周复俊编《玉峰诗纂》卷四录诗十二首。《石仓十二代诗选·明诗选》录诗一百六十余首。《明诗综》卷二七下录诗一首。《四库全书总目》著录《贞翁净稿》十二卷，"提要"云："其诗沿台阁旧派，不免肤廓。士英序谓其有得于陶元亮、王摩诘两家，非定论也。"《金陵诗征》卷一八录诗二首。《明诗纪事》丁签卷八录诗三首。生平见王同祖《贞庵周公行状》（《五龙山人集》

卷九）、文征明《周康僖公传》（《甫田集》卷二八）、《（乾隆）江南通志》卷一八三。

周后叔（？—1568）　字胤昌，号汉浦。南直苏州府昆山（今属江苏）人。嘉靖二十九年（1550）进士，授工部都水司主事，榷税荆州。迁屯田员外郎，以诗哭杨继盛，又与严世蕃争道，世蕃摘其细，用京考，左迁武冈州同。转金华府同知，迁知府，以试事争竞，为御史所劾，罢归。归治第东禅寺旁，凿池种白莲，颜其圃曰"东林居"，自度曲授童子，合乐而奏。又好服瞑眩药，隆庆二年（1568）竟以疾卒，年五十二。与梁辰鱼善，其子娶梁辰鱼之女。能诗，与王世贞游，卒后世贞为其作墓志，谓其诗"简远，精至有味"。方志著录其有《楚游篇》《越中稿》，未见传。现存万历十二年（1584）刊本《周胤昌集》二卷，收诗百余首、词五首、各体文十余篇，末附王世贞所作墓铭，徐学谟序，周廷栋跋。明周复俊编《玉峰诗纂》卷六录其诗四十六首。生平见王世贞《汉浦周君墓志铭》（《弇州四部稿》卷八八）、《（道光）昆新两县志》卷二〇、《（同治）苏州府志》卷九三。

周齐曾（1603—1671）　字思沂，一字惟一，号囊云。浙江宁波府鄞县（今宁波）人。崇祯九年（1636）中举，十六年进士，除广东顺德知县，中蜚语罢归。鲁王监国，起给事中。绍兴破，痛哭入山，结茅为庵，托于禅以自悔，自称无发居士，人称囊云大师，裹足不入城市。清顺治七年（1650），同年王尔禄为巡海道，屡致书，冀其一见，终不至。康熙十年（1671）卒，年六十九，乡人私谥曰"贞靖先生"。山水名于一时，又以诗文称。《千顷堂书目》著录其《囊云集》三卷，现存清康熙时刊本《囊云文集》二卷，有康熙十三年周元初序。近人张寿镛辑《四明丛书》收《囊云文集》二卷增补遗一卷，即据此本之重刊。内卷一、卷二收各体文四十七篇，补遗一卷收文十一篇。清卓尔堪《明遗民诗》录其诗一首。清全祖望《续甬上耆旧诗》卷二五录其诗一百零六首。《明诗综》卷六九下录其诗一首，"诗话"云："惟一挂冠归里，耕岩饮谷，入山惟恐不深。其为诗耻雷同，故言不必中伦，虑恒以硬语盘空，几于幽独君语。人虽大怪之，不顾也。"生平见清翁洲老民《海东逸史》卷一八、《（雍正）广东通志》卷四〇。

周汝登（1547—1629）　字继元，号海门。浙江绍兴府嵊县（今嵊州）人。万历元年（1573）举人，五年进士，除南工部屯田主事。以榷税不如额，谪两淮运司判官，迁顺天府通判,转南兵部主事。历员外郎、郎中,出为云南参政,迁南尚宝卿、南户部右侍郎。卒于崇祯二年(1629),年八十三。从政以教化为先,不事刑罚,己则不蓄财,不治第,不营产,有清白之名。在嵊创鹿山书院、宗传书院,又总纂《嵊县志》十三卷。师事王畿,为王阳明再传弟子,其学欲合儒释而会同之,曾辑《圣学宗传》十八卷,尽采先儒语录类禅者,存万历三十三年王世韬等刊本,又编《王门宗旨》十四卷,存万历余懋孳刊本(残存十一卷)。又辑《阳明先生祠志》三卷,亦有万历刊本。《千顷堂书目》著录其诗文著述《宗传咏古》十卷、《海门先生集》又《东越证学录》十二卷,现存万历三十三年刊本《东越证学录》十六卷,首陶望龄《海门先生证学序》、邹元标《东越证学录序》,内卷一《南都会语》,卷二《新安会语》《东粤会语》,卷三《武林会语》,卷四《越中会语》,卷五《剡中会语》,卷六至卷一四收各体文,卷一五、卷一六收诗三百余首。又有万历刊别本《周海门先生文录》十二卷,内容与《证学录》大同而略少,或早刻于《证学录》。《四库全书总目》著录《东越证学录》十六卷,又据《周海门先生文录》著录《海门先生集》十二卷,"提要"谓其"传王畿之说,故是录以证学为名,

而《会语》亦与诗文并列","诗亦作白沙(陈献章)、定山(庄㫤)之体"。《明诗综》卷五三录其诗一首。生平见清黄宗羲《明儒学案》卷三六、《明史》卷二八三。

周如砥(生卒年不详) 字季平,号砺斋。山东莱州府即墨人。幼孤,伯父母抚育其成人。万历十七年(1589)进士,选翰林庶吉士,授检讨。历庶子,三十七年推国子祭酒,不就,投劾归。居村墅,绝迹城市,郡邑大夫罕识其面,卒赠礼部右侍郎。著述现存天启刊本《周季平先生文集》三十二卷,有朱国桢序,内诗四卷,收赋二篇、诗三百零九首,又制草四卷,卷九至卷二六收各体文一百七十余篇,卷二七至卷三二收启、书二百六十余篇。《千顷堂书目》著录其《太史集》三十二卷即此本也。又有崇祯十五年(1642)周爝刊本《周季平先生青藜馆集》四卷,卷一收赋一篇、诗二百余首,余各卷为制草疏议及各体文。《四库全书总目》著录《青藜馆集》四卷,"提要"云:"是集……诗不及一卷。余皆杂文,多馆课及应酬之作……前有王思任、公鼐二序,思任序多称其制艺,鼐序多称其德量,其微意可思矣。"另有崇祯九年周爝等刻《道德经集义》二卷,有傅冠序。清宋弼《山左明诗钞》卷二三录其诗八首。清周翕镳等

《即墨诗乘》卷二录其诗六十首。生平见《青藜馆集》卷四附董其昌《周公传》、黄景昉《周公传》及《(雍正)山东通志》卷二八之三。

周如锦（生卒年不详）　字叔文，号大东。山东莱州府即墨人。与从兄周如砥皆有才名于乡里，其兄为万历十七年（1589）进士，官于翰林，如锦则科第不顺，仅以选贡授通判。归后因于崂山东北建紫霞阁别墅，以著述为事。有清抄本《紫霞阁文集》十三卷，首冯舜世《紫霞阁游历集序》、杨懋科《纪梦诗草跋语》，内卷一至卷五为诗，收诗一千一百余首，卷六收祭文四十五篇，卷七收序三十四篇，卷八至卷一二（缺卷九）收书启二百七十余篇，卷一三收志铭、考、题跋等杂文三十三篇，对联二百五十一联。另有清抄本《紫霞阁文集》不分卷。清宋弼《山左明诗钞》卷二九录其诗七首。清周翕镜等《即墨诗乘》卷三录其诗八十二首。生平见《(乾隆)莱州府志》卷一一、《(同治)即墨县志》卷九。

周如磐（1567—1626）　字圣培，号镇庵。福建兴化府莆田人。万历二十二年（1594）举人，二十六年进士，选翰林院庶吉士，授检讨。历中允、谕德、庶子、南祭酒、少詹事，迁礼部侍郎，加太子宾客。天启五年（1625）进礼部尚书、东阁大学士，加太子太保、文渊阁大学士，预机务，十一月乞归，未出都而卒，年六十，赠少保，谥文懿。《千顷堂书目》著录其《澹志斋集》□卷，现存万历四十七年顾启元序刊本《澹志斋集》十四卷，内前十二卷收诰敕、奏疏及各体文，末两卷收诗二百五十余首。又曾辑《新刻壬戌科翰林馆课》五卷《后集》五卷，有天启时刊本。《明诗综》卷五八录《采菊》诗，《御选宋金元明四朝诗》据之录。清郑王臣《莆风清籁集》卷三〇录诗四首，《兰陔诗话》云："镇庵古体雅澹，远希陶、韦，律亦华整，依然'十子'之派，不染当时习气。"清郭柏苍《全闽明诗传》卷三六录诗三首。《明诗纪事》庚签卷一九录诗二首。生平见《(乾隆)福建通志》卷四四。

周佑（生卒年不详）　字助也，号灵源。河南怀庆府修武人。万历二十六年（1598）进士，授山西孝义知县，投劾归。现存崇祯间刊诗集《娱老亭集》二卷，计收诗一百六十四首，卷首有崇祯五年（1632）张三就《周灵源娱老亭集序》谓其"少年成进士"，又有武焕文《娱老亭遗书序》。《(乾隆)修武县志》卷一五记其另有《懒寄亭集》《平云山房集》。《(乾隆)修武县志·艺文志》收其文三篇、诗一首。生平见《(乾隆)修武县志》卷一五《文苑》。

周应辰（生卒年不详） 字斗文，号绿庄，又号农半。浙江宁波府鄞县（今宁波）人。万历、天启间诸生。性疏散，不事修饰，从里中余寅学诗，余寅所著诗文名《农丈人集》，应辰自谓生平苦学，仅得农丈人之半，故更号农半。其家西去郡中十里，时入城，辄馆双湖上，与诸词客唱酬。壮岁游京师，再客金陵，著《两京集》。慕豫章山川，过吉水，又游于邹守益之门。晚年自辑编其诗六百首，题《绿庄诗采》，闽人林古度叙之。《千顷堂书目》著录《绿庄诗采》九卷又《两京集》，未见传。现存天启间李子启刊诗集《采蓝集》四卷，首有邹元标《采蓝集序》及天启三年（1623）周应辰《采蓝集自叙》，收诸体诗二百七十余首。清胡文学《甬上耆旧诗》卷二四曾录其诗三十二首。《明诗综》卷六四录其《古诗》一首。《明诗纪事》庚签卷二六录其《下第后送薛元璞》诗一首。

周沛（生卒年不详） 字允大，号浮峰。浙江绍兴府山阴（今绍兴）人，给事中周祚之子。少读书山中，长入贲为郎，官郑州同知。其殁，徐渭有《吊周郑州》诗，见于渭之文集。《千顷堂书目》著录其《浮峰集》，未见传。《盛明百家诗》前编录其赋三篇、诗五十余首，与其父诗赋合为《二周诗集》。顾起纶《续国雅》卷三录其诗一首。《皇明诗统》卷一七录其诗九首。《列朝诗集》丁集录其诗一首。《明诗综》卷四八录其诗三首。《明诗纪事》已签卷一九录其诗一首。

周忱（1381—1453） 字恂如，号双崖。江西吉安府吉水人。永乐二年（1404）进士，是科命解缙于进士中选得二十八人为翰林院庶吉士，周忱与焉。与修《永乐大典》《性理大全》，授刑部主事，进员外郎。洪熙初，改越王府右长史。宣德初，擢工部右侍郎，巡抚江南，在任二十二年，多所建树，为地方所称，升户部尚书，改工部。景泰初致仕，卒于景泰四年（1453），年七十三，谥文襄。以宦业名，也嗜学，喜藏书，能著述。《明史·艺文志》著录其《双崖集》八卷。现存正统十一年（1446）刻递修本《双崖文集》残本（存前八卷）。又有清光绪四年（1878）崇恩堂重刊本《双崖文集》四卷《诗集》六卷附录一卷，《文集》有正统十一年周叙序，《诗集》有正统十三年云间钱溥序。《皇明风雅》、顾起纶《续国雅》卷二录其诗一首。《皇明诗统》卷儿录其诗十六首。韩阳《皇明西江诗选》卷八录其诗二十九首。《列朝诗集》乙集录其诗九首。《明诗综》卷一八上录其诗二首。《御选宋金元明四朝诗》录其诗六首。《江西诗征》

卷四八录其诗二十八首。《明诗纪事》乙签卷九录其诗一首。程敏政《皇明文衡》录其文三篇。钱谷《吴都文粹续集》录其诗五首、文二篇。《明文海》录其文一篇。清应麟《江右古文选》卷一五录其文二篇。清胡大鸿《江右文抄》录其文十七篇。生平见彭韶《周公传》(《皇明名臣墓铭》离集)、张錞《周文襄公传》(《群玉楼集》卷五一)、何乔远《名山藏》卷六二、《明史》卷一五三。

周启(1358—1424)　字公明，号溪园叟。江西吉安府安福人。洪武初，以荐任黄冈县学教谕，九载秩满上吏部，考绩优等，循例将升教授于郡学，以老病乞，改长洲县儒学教谕。永乐时召与纂修《永乐大典》，居馆阁凡六年。廷试《大明一统赋》，擢第一。曾与郭钰、杨荣、杨士奇、金幼孜等交游酬唱。永乐二十一年十二月初四(1424年1月5日)卒于长洲官舍，年六十六。卒后三十年，其二子周迪、周进及孙周源等辑编其诗文著述为《溪园集》七卷附录三卷，现存景泰四年(1453)周源刊本。内前三卷收诸体诗一百八十余首、赋十五篇、辞三篇，后四卷收各体文八十余篇，附录三卷所收则为其后人著作。《皇明风雅》卷二六录其诗二首。《皇明诗统》卷五录其诗六首。《列朝诗集》乙集录其诗二首。《明诗综》卷一四录其诗一首。《御选宋金元明四朝诗》录其诗三首。《江西诗征》卷四三录其诗二首。《明诗纪事》甲签卷二五录其诗一首。生平见王直《周公明传》(《抑庵文集》后集卷三四)。

周规(生卒年不详)　字象员，一字公履。南直松江府上海人。好击剑骑射，万历末年尝上书数万言论边事，晚徙嘉定，以训蒙终。能诗，现存抄本《醉余草》不分卷，收诗二百余首。卷首题"吴淞周规象员著"，又有华亭莫秉清序、曌东浦逢源序。卷末有穆如老人何畸跋语曰："象员诗具在，刊成，布诸通都。"或此集曾有刻本行世。生平见莫秉清《周象员小传》(《傍秋庵文集》卷二)。

周述(生卒年不详)　字崇述，号东墅。江西吉安府吉水人。永乐元年(1403)领乡荐，明年第二人进士及第，诏解缙选曾棨等二十八人读书文渊阁，周述与焉，授翰林院编修，升侍读，尝扈成祖北巡，迁左春坊左谕德仍兼侍读。宣宗即位，与修两朝《实录》，书成，进左庶子仍兼侍读。正统中请病归。性温厚简静，能诗文。著述现存景泰二年(1451)广州府通判周镎编刊本《东墅诗集》二卷，卷一颂三篇、五言诗一百三十九首；卷二七言诗、长短句、柏梁体，计一百二十三首，陈琏序。《皇明风雅》卷一九录其诗二首。顾起纶《续国雅》卷二录其诗一首。《皇明诗统》卷八录其诗二十二首。韩阳《皇明西江诗选》卷七录其诗五十首。《皇明诗选》录其诗一首。《列朝诗集》乙集录其诗一首。《明诗综》卷一八上录其诗三首。《四库全书总目》著录《东墅诗集》六卷,《总目》"提要"云:"述及第时,与从弟孟简同榜,成祖至比为'二苏'。史亦称其文章雅赡,然其诗不出当时台阁之体。"《江西诗征》卷四七录其诗八首。《明诗纪事》乙签录其诗二首。生平见王时槐《左庶子周公述传》《国朝献征录》卷一九)、何乔远《名山藏》卷七、《明史》卷一五二。

周岐凤(1364—1438) 名鸣,字岐凤,以字行,号退斋。江西吉安府吉水人。洪武七年(1374)以经明行修荐为桐城训导,丁外艰归。服除,迁即墨主簿,坐累下狱,会赦免。永乐二年(1404)征授国子监学正,升汉王府纪善。汉王素蓄不臣之心,开宝贤堂罗致党羽,为夺嫡计。岐凤心知之,因作《宝贤堂箴》寓规章,王忌之,送鸣于京师,下锦衣狱。时仁宗以太子监国,知其见谏得罪,改其为长洲儒学教谕,秩满升国子博士,丁继母忧归。服阕,升兵部职方员外郎。宣德十年(1435)致仕,正统三年(1438)四月初五卒于家,年七十五。《千顷堂书目》著录其《退斋稿》六十卷,仅见正统刊本《职方周先生诗文集》二卷,残存一卷,收诗二百二十首、词二首,有宣德七年王英序、正统三年(1438)金寔序,附杨士奇、金幼孜、黄福、杨荣、王直等所作赞。生平见刘球《职方员外郎周先生行状》(《两溪文集》卷二二)、杨荣《周君墓碑》(《文敏集》卷一九)、《(雍正)江西通志》卷七七。

周金(1473—1546) 字子庚,号约庵。其先武进(今江苏常州)人,明初以闾右徙金陵,入南京右卫籍,遂为江宁人,至周金为都御史,又还居武进,卒亦葬于武进。周金弘治十七年(1504)举人,正德三年(1508)进士,授工科给事中。累迁户科给事中,历太仆少卿,擢右佥都御史巡抚延绥。嘉靖间改抚宣府,进右副都御史,内抚军情,外策强敌,人称边才。再改兵部右侍郎,进右都御史总督漕运,巡抚凤阳诸府。擢南刑部尚书,就改户部,致仕。卒于嘉靖二十五年(1546),年七十四,赠太子太保,谥襄敏。善为歌诗,羽檄倥偬中,率不废诗。《千顷堂书目》著录其《上谷稿》又《榆阳稿》。现存嘉靖刊本《抚上郡集》一卷,首嘉靖三十八年真定知府鄘城宋宣序,收诗七十一首。《盛明百家诗》后编录其诗四十余首为《周尚书集》一卷。顾起纶《续国雅》卷三录诗一首。《皇明诗统》卷一八录诗六首。《明诗综》卷三三录诗一首。《御选宋金元明四朝诗》录其诗十一首。《金陵诗征》卷一八录其诗二首。《明诗纪事》戊签卷一〇录其诗二首。生平见唐顺之《周襄敏公金传》（《荆川先生文集》卷一六）、叶夔《毗陵人品记》卷八、《明史》卷二〇一。

周怡（1506—1569）　字顺之，号都峰，改讷溪，又自号都华野人。南直宁国府太平（今安徽黄山）人。生于弘治十八年十二月（1506 年 1 月）。嘉靖十三年（1534）举人，十七年进士，除顺德府推官。征授吏科给事中，因摧击权臣，遭廷杖锢狱者再。隆庆初擢太常寺少卿，陈新政五事，语刺中贵，旋出为山东按察佥事。隆庆二年（1568）升南国子监司业，复转为太常寺少卿提督四夷馆，未及行而疾作，隆庆三年十月十七卒，年六十四，天启初，追谥恭节。著述卒后万历二年（1574）其弟周恪刻为《讷溪先生诗录》九卷，收诗五百余首及赋、颂五篇，又《文录》十卷《杂录》三卷《尺牍》四卷，卷首有洪朝选、许谷序。清乾隆二年（1737）又增奏疏一卷，刊为《周讷溪公全集》二十七卷附年谱一卷，《明史·艺文志》著录其《讷溪集》二十七卷当指此本。集中多狱中与杨爵等倡和之作。《明诗综》卷四二、《御选宋金元明四朝诗》《明诗纪事》戊签卷二〇均录其诗一首。《明文海》录其文《囚对》一篇。生平见姜宝《讷溪周公怡墓志铭》（《国朝献征录》卷七〇）、清黄宗羲《明儒学案》卷二五、《明史》卷二〇九。吴达可有《周恭节年谱》（乾隆刊《周讷溪公全集》附）。

周诗[1]（1494—1556）　字以言，号虚岩山人。南直苏州府昆山（今属江苏）人。为人倜傥，精医理，曾著《内经解》。嘉靖间又以诗游于缙绅间，为吴门皇甫涍兄弟所赏。年老无子，依皇甫兄弟居，后依常熟孙氏，嘉靖三十五年（1556）五月二十七卒于其家，年六十三。其为诗，多不起草，成则散去，皇甫涍书规之，故现存诗皆其晚作也。诗集为嘉靖间孙取益刻《虚岩山人集》六卷，《明史·艺文志》著录，计收五七言古近体诗二百八十余首，首有嘉靖三十五年皇甫冲《虚岩山人诗集序》，末附皇甫冲所撰墓志铭。《盛明百家诗》前编录其诗七十余首为《周山人集》一卷。顾起纶《国雅》卷一一录其诗十二首。《皇明诗统》卷二四录其诗八首。周复俊编《玉峰诗纂》卷五录其诗七十余首。《列朝诗集》丁集录其诗十首。《明诗综》卷五〇录其诗一首，"诗话"云："虚岩频与皇甫昆弟酬和，故派亦近之。其言云：'诗之渊妙，近体难工而鲜叛，《选》体易似而实离，倩衣毛嫱，借饰西子，始劳髯鬏，终露本来。作者既非匠心，览者又皆庸目。乃曰甲几魏、晋，乙庶齐、梁，是何古人之多也。'斯言可针《卮言》《诗薮》之膏肓。"《海虞文征》录其诗二十一首。清陆煜《沙溪诗存》卷一录其诗十二首。《明诗纪事》己签卷二〇录其诗四首。生平见《虚岩山人集》附录皇甫冲所撰《墓志铭》及张大复《吴郡张大复先生明人列传稿》）。

周诗[2]（1527—?）　字兴叔，号与鹿。浙江杭州府钱塘（今杭州）人。嘉靖二十八年（1549）举人，三十五年进士，除南陵知县，丁母忧归。服除，补任丘知县，历吏科给事中、礼科都给事中，隆庆四年（1570）晋太常寺少卿，五年迁南京通政司右通政，后卒于官。《明史·艺文志》著录其《与鹿集》十二卷，现存隆庆、万历间刊本《与鹿先生集》十二卷，卷一至卷七收其所作乐府、五七言古近体诗，卷八至卷一二收其所作序记墓志祭文等，无序跋。《皇明诗统》卷三〇录其诗二首。《明诗综》卷四四录其诗《赴天津》一首、《御选宋金元明四朝诗》据之录。《明文海》录其文《赠督府胡公进秩宫保序》一篇。生平见萧

彦《掖垣人鉴》卷一四、雷礼《国朝列卿纪》卷一三五、《（康熙）钱塘县志》卷二二。

周诗雅（生卒年不详）　字廷吹。南直常州府武进（今江苏常州）人。万历四十七年（1619）进士，授广平知县，调宝坻。愤时政，著《指鹿为马辩》诋魏忠贤，科臣采以入告，罢官归。忠贤败，擢户部员外郎，迁湖广参议，分守湖南，移贵州提学副使。所著《重订剑侠传》五卷，有万历间刊本。曾辑《南北史钞》不分卷，有崇祯五年（1632）刊本。又曾辑《明诗选》八卷《续明诗选》七卷，亦有崇祯刊本。《四库全书总目》杂家类另著录其杂著《广销夏》《广辟寒》《销夏补》《辟寒补》《销夏再》《辟寒再》《寒夏合再》各一卷。诗文著述有崇祯十六年顾锡畴、恽本初序刊本《周廷吹先生静文堂稿》四卷。《明文海》录其文五篇。生平见《（道光）武进阳湖合志》卷二四。

周孟简（1379—1431）　名伟，字孟简，以字行，号竹涧。江西吉安府吉水人。生于洪武十一年十二月二十四（1379 年 1 月 12 日）。建文元年（1399）举人，永乐二年（1404）与从兄周述同榜进士，周述第二，孟简第三，时选二十八人入文渊阁，述与孟简皆与焉，寻授编修。在翰林二十年，始迁詹事府

丞,改襄王府长史。宣德五年十二月二十九(1431年2月11日)卒,年五十三。性谦退不伐,生平无睚眦于人。与周述并以能文为时所重。《千顷堂书目》著录其《竹磵集》又《翰林集》又《西垣诗集》一卷,未见传。《皇明诗统》卷八录其诗六首。韩阳《皇明西江诗选》卷七录其诗八首。《明诗综》卷一八上、《御选宋金元明四朝诗》录其诗一首。《江西诗征》卷四七录其诗二首。《明诗纪事》乙签卷八录其诗一首。生平见王直《长史周君墓志铭》(《抑庵文集》卷九)、《明史》卷一五二。

周是修(1354—1402)　名德,字是修,以字行。江西吉安府泰和人。少孤力学,洪武末举明经,为霍丘训导。擢周王府奉祀正,迁纪善,改衡王府。留京,预翰墨纂修,数论国家大计,指斥用事者误国。靖难兵入金陵,留书别友人,走应天府学尊经阁自经死,年四十九。《明史·艺文志》著录其《诗小序集成》三卷、《论语类编》二卷、《家训》十二卷、《纲常彝范》十二卷、《刍荛集》六卷。现存万历十八年(1590)其后人周应鳌刊本《刍荛集》六卷,首王世贞、刘应秋、姜士昌序,末附解缙《墓志铭》、杨士奇《传》,内诗三卷,收古近体诗近二百首,文三卷,收赋八篇、各体文八十余篇。

是集另有清康熙三十七年(1698)周君镕重修本及道光八年(1828)刊本。另有崇祯三年(1630)周应鳌刊《纲常彝范》十卷。《皇明风雅》卷三录其诗一首。《皇明诗统》卷四录其诗一首。《列朝诗集》甲集录其诗七首。《皇明诗选》录其诗一首。《明文海》录其文《三义传》等三篇,评语谓其文"特秀美,浸浸乎未有涯涘"。《明诗综》卷一六录其诗一首,"诗话"云:"纪善诗最传者,《长安古意》一篇。李时远(李腾鹏)云'可与初唐四杰相埒'。近陈卧子(陈子龙)论诗甚严,选明三百年诗,寥寥数卷,是篇特见录。"《御选宋金元明四朝诗》录其诗四首。清陈元龙《御定历代赋汇》卷一三三录其《放凫赋》一篇。《四库全书》收《刍荛集》六卷,《总目》"提要"云:"风骨棱棱,溢于楮墨,望而知为忠臣义士之文。其矩度波澜亦具合古法,不在当时作者下,世不甚称,殆转以气节掩欤。"《江西诗征》卷四五录其诗七十四首。清王琨《泰和诗征》卷一一录其诗二十四首。《明诗纪事》乙签卷一录其诗五首。生平见解缙《周公墓志铭》(《刍荛集》卷六)、杨士奇《周是修传》(《东里文集》卷二二)、《明史》卷一四三。

周思兼(1519—1565)　字叔夜,号莱峰。南直松江府华亭(今上海松江)人。嘉靖二十二年(1543)举人，二十六年进士，除平度知州。三十年征授工部员外郎，督赋清源，三十二年进郎中，三十三年出为湖广按察佥事，以母忧归。四十四年起补浙江佥事，忽疾作，旋诏转广西副使，命至，已盖棺七日矣，私谥贞靖先生。以循吏称，亦能诗文。诗文著述隆庆五年(1571)刊为《紫霞轩藏稿》四卷，现存崇祯元年(1628)重修本。万历初其后人集其遗著，倩王世贞选定，刊其全集为《周叔夜先生集》十一卷，首有万历十年(1582)王世贞序，末有冯大受后序。内诗四卷，收赋一、诸体诗三百八十六首、词二十三首，文七卷，收各体文一百二十九篇、杂说三十五则。《千顷堂书目》著录其《周叔夜集》十一卷即此本。《千顷堂书目》另著录其《学道记言》六卷(有万历二十三年徐汝晋刊本)又《西斋日录》十卷、《西峰明道录》八卷。明末陈氏石云居刊本《国朝大家制义》收其《周莱峰稿》一卷。《明文海》录其文《嗤道学》等九篇。《明诗综》卷四三、《御选宋金元明四朝诗》录其诗三首。清姚宏绪《松风余韵》卷三三录其诗五首。《四库全书总目》著录《周叔夜集》十一卷，"提要"谓其"文颇学三苏，诗则'七子'之流派也"。清王昶《青浦诗传》卷九录诗七首、词二首。《明诗纪事》己签卷九录诗一首，按云："叔夜文笔矫健，诗特平衍，亦才有短长耳。"《明词综》卷四录词一首。近人赵尊岳《明词汇刊》据《周叔夜先生集》录其词为《胶东词》。生平见沈恺《周公墓志铭》(《环溪集》卷二四)、王兆云《皇明词林人物考》卷九、《明史》卷二〇八。

周思得(1359—1451) 名或作"思德"，字养真，号素庵野人。钱塘(今杭州)人。生于元至正十九年(1359)正月十八。少读儒书，娶妻，生子女各一，后慕玄教，出家为道士，云游四方。永乐四年(1406)曾坐事戍登州，后被召至京，尝扈从北征，称屡著灵异，授履和养素崇教弘道高士，管道录司事兼朝天宫大德观主持。景泰二年(1451)八月二十四卒，年九十三，赠通灵真人，诏与其妻合葬。喜吟咏，稿存数百篇。《千顷堂书目》著录其《弘道集》，未见传。《盛明百家诗》前编录其诗二十七首为《周真人集》一卷。清光绪间丁丙辑《武林往哲遗著》所收《周真人集》则据此，后有补遗，收思得所作《上清灵宝济度大成金书序》及《重刊清静经注解序》。《皇明诗统》卷四二羽人类录其诗三首。《石仓十二代诗选·明诗选》录其诗三首。《列朝诗集》闰集录其诗三首。《明诗综》卷八九录其诗一首。《御选宋金元明四朝诗》录其诗四首。生平见习经《周思得墓志铭》(《寻乐习先生文集》卷一九)。

周复元(生卒年不详)　字子春，号右梅。河南汝宁府信阳人。嘉靖三十七年(1558)举人，数困公车，谒选栾城知县，迁户部主事。少喜侠，晚而好道，尤喜吟咏。现存万历刊本《栾城稿》六卷，收诗九百二十余首、赋七篇、辞二篇、颂三篇、箴二篇、记一篇、传一篇，首万历十六年(1588)王祖嫡序、刘黄裳序、李蓘序。《皇明诗统》卷三九录诗二十八首。近人刘海涵《信阳诗钞》录诗四首，按语云："右梅诗他不概见，仅从刘侗《帝京景物略》录此三首，此外尚有《春场迎春曲》。"概未见其集也。

周复俊(1496—1574)　字子籲，有馆于木人泾之旁，因自号木泾子。南直苏州府昆山(今属江苏)人。弱冠从诸生游，试辄为首，与王同祖、顾梦圭齐名，称"昆山三俊"。嘉靖四年(1525)领乡荐，十一年进士，授工部主事。历员外郎、郎中，擢四川提学副使，谢病归，又丁内艰。服除，以故官改补云南，备兵鹿沧，以平乱功迁左参政。历四川按察使、右布政使，转云南左布政使，迁南太仆寺卿，乞休，诏许致仕。万历二年(1574)卒，年七十九。能诗文。著述《泾林诗文集》八卷，有万历间其孙周玄暐刻本，首有万历二十一年萧良《周太仆六梅馆集序》及魏允贞《周木泾先生集叙》，末有周玄暐跋。内卷一至卷三收赋三篇、辞十二篇、诸体诗二百六十余首，卷四至卷八收各体文一百余篇，其诗间有杨慎评语。另有《泾林杂记》二卷，亦存周玄暐刊本，又《东吴名贤记》二卷，万历二年刊本。曾辑《全蜀艺文志》六十四卷，为《四库全书》所收。又选录历代昆山人诗为《玉峰诗纂》六卷，亦有传本。《盛明百家诗》后编录其诗三首为《周太仆集》。顾起纶《国雅》卷一二录其诗七首。《皇明诗统》卷三一录其诗四首。《列朝诗集》丁集录其诗三首，"小传"谓其"居官贞介，三十年一节。里居杜门扫轨，凝尘晏然。至滇中，交杨用修(慎)，雅相矜许。为监司，久于滇蜀，故游履歌吟，于西南为多"。《明诗评选》录其诗一首。《明诗综》卷四一录其诗二首，"诗话"谓其诗"诸体多肤浅，不足观"。《御选宋金元明四朝诗》录其诗二十三首。清陆烻《沙溪诗存》卷一录其诗六首。《明诗纪事》戊签卷一八录其诗一首。近人赵尊岳《明词汇刊》辑录其词为《泾林词》。《明文海》录其文十四篇。《娄水文征》卷一九录其文七篇。

生平见于慎行《木泾周公墓志铭》（《谷城山馆文集》卷二〇）、《(乾隆)江南通志》卷一五三。

周顺昌（1584—1626） 字景文，号蓼洲。南直苏州府吴县（今江苏苏州）人。万历四十年（1612）举人，明年进士，除福州府推官。天启中征授吏部主事，迁员外郎、郎中，乞归。天启六年（1626）以讥魏忠贤，为其党诬取赃罪，逮者至，苏人咸愤，不期而至者数万人，旗尉为众所殴。遂有诬吴人谋反，杀为首者颜佩韦等五人，顺昌亦被毙死于狱中，年四十三。崇祯初，赠太常寺卿，谥忠介。所著辑为《周忠介公遗集》二卷附《年谱》一卷，有清康熙间刻本。又有三卷本，《四库全书》所收名《忠介烬余集》，即为三卷。后又有清光绪二十九年（1903）唐文治刻本《周忠介公烬余集》三卷《年谱》一卷《遗事》一卷。初顺昌被逮时，箧中著作颇多，仓促间为友人投火灭迹，后其子周茂兰四处搜录成集，故名"烬余"，然仅存文八篇，书二十余篇，诗二十首。顺昌本不以文章见长，后人感其气节，因传其诗文。陈济生《天启崇祯两朝遗诗》卷一录其诗九首。《明诗综》卷六〇录其诗《愁》及《咏梅》各一首。《御选宋金元明四朝诗》录其《咏梅》一首。《明诗纪事》庚签卷六录其诗《答怀鹿乾

岳年兄》《假归留别次文起韵》。生平见陈济生《天启崇祯两朝遗诗·小传》、清邹漪《启祯野乘》卷五、清汪琬《周忠介公遗事》（《尧峰文钞》卷三六）、《明史》卷二四五。另，殷献臣编有《周忠介公年谱》（《周忠介公遗集》附）。

周叙（1393—1452） 字功叙，一作公叙，号石溪。江西吉安府吉水人。生于洪武二十五年闰十二月（1393年1月）。幼随父周起凤宦游桐城、即墨等地，父官国子监，因得从翰林彭汝器等学。永乐十二年（1414）领乡荐，十六年进士，选翰林院庶吉士，又三年授编修。迁修撰，进侍读，以父丧归。服除，复原官，迁南翰林侍讲学士，以疾归。卒于景泰三年（1452）三月二十七。平生负气节，笃行谊，数上疏论时政得失。有志《宋史》纂修，未就而卒。其长期居官清要，诗文均染台阁之气。景泰元年（1450）曾自刻《石溪集》八卷，存残本仅二卷；又有成化六年（1470）其子周蒙重修本，十一卷；又有嘉靖四十五年（1566）、万历二十三年（1595）重刊本《石溪周先生文集》八卷；故《千顷堂书目》著录其《石溪集》八卷又《石溪类集》十一卷。各集卷首皆有萧镃、鲁同亨序，计存赋、骚十篇，诸体诗四百余首，词二首，奏疏十四篇，各体文二百余篇。另有

《诗学梯航》一卷，分《叙诗》《辨格》《命题》《述作》《品藻》《通论》，有成化刊本及天一阁明抄本。《千顷堂书目》另著录其《石溪周氏唐诗类编》十卷。《皇明诗统》卷一〇录其诗十四首。韩阳《皇明西江诗选》卷九录其诗四十六首。《石仓十二代诗选·明诗选》录其诗三十三首。《列朝诗集》乙集录其诗三首。《明诗综》卷一八下录其诗一首。《御选宋金元明四朝诗》录其诗三首。《四库全书总目》著录《石溪文集》七卷附录一卷，"提要"云："史称叙初选庶吉士，作《黄鹦鹉赋》称旨，得授编修。今观所作，虽有舂容宏敞之气，而不免失之肤廓，盖台阁一派至是渐成矣。"《江西诗征》卷四九录其诗十三首。《明诗纪事》乙签卷一一一录其诗一首。《明文海》录其文二篇。生平见陈循《周公墓志铭》（《芳洲文集》卷八）、高谷《周公叙墓表》（《国朝献征录》卷二三）、廖道南《殿阁词林记》卷四、《明史》卷一五二。

周闻（1606—1642）　字无声，号去闻。福建兴化府莆田人。天启二年（1622）为钟惺所赏拔入学。其父尝蓄俸余百金授之，恰逢岁饥，尽以施贫掩殍，其事被收入《（乾隆）福建通志》卷四九《孝义传》。体羸善病，尝自拟墓志铭云："颇好书，贫不能置，病不能读。"父殁，哀毁过度，遂伏病。崇祯十五年（1642），带病应省试，八月病殁，年三十七。工草书，波磔峭折。亦能诗，在乡与叶甲、方鑨、林简结琉璃社，称"四子"。明方鑨辑清初刻本《四子集》，收其《白湖集选》八卷，依次收赋一篇、序八篇、传二篇、记五篇、书疏四篇、祭告文二篇、杂著十七篇、诸体诗五十九首。清郑王臣《莆风清籁集》卷三六录诗一首，《兰陔诗话》云："（周闻）尝与林子山（林简）同选《莆阳风雅》，计百七十人，得诗五百六十首。二君皆学竟陵派者。"清郭柏苍《全闽明诗传》卷五〇录诗一首。生平见林璟《周无声先生本传》（《四子集》本《白湖集选》卷首）。

周炳谟（？—1625）　字仲觐。南直常州府无锡（今属江苏）人。万历三十一年（1603）举人，明年进士，选翰林院庶吉士，授检讨。历赞善、谕德，少詹事，天启间，以礼部右侍郎协理詹事府事，与修《光宗实录》，为魏忠贤劾罢，五年（1625）卒，谥文简。《千顷堂书目》著录《周仲觐疏草》一卷。现存崇祯六年（1633）序刊本《世美堂诗集》，收诗一百二十余首。《明诗综》卷五九录其诗一首。清顾光旭《梁溪诗钞》卷一一录其诗一首。清周有壬《梁溪文钞》卷一六录其文二篇。生平见清邹漪《启祯野乘》卷二、《明史》卷二五一。

周洪谟（1420—1491） 字尧佐、尧弼，号箐斋、南皋子。四川叙州府长宁人。正统九年（1444）乡试第一，明年第二人进士及第，授编修。历春坊赞善、侍讲、侍读学士，进南国子祭酒，改北。成化十六年（1480）擢礼部右侍郎，转左，十七年拜尚书，晋太子少保。弘治元年（1488）致仕归，四年卒，年七十二，谥文安。所著现存嘉靖刊本《群经辨疑录》三卷，又清吴氏绣谷亭抄本《箐斋读书录》二卷。另明祁氏淡生堂抄残本《淡生堂余苑》（佚名编）有其《南皋杂言》一卷，明抄本《艺海汇函》有《圣驾临雍录》一卷。《明史·艺文志》另著录《四书辨疑录》三卷、《叙州府志》十二卷、《箐斋集》五十卷、《南皋子集》二十卷，未见传。周复俊《全蜀艺文志》录其文四篇。程敏政《皇明文衡》录文三篇。《明文海》录文《殷民叛周论》一篇。《（雍正）四川通志》录诗一首、文二篇。《明诗纪事》乙签卷一七录诗一首。生平见丘濬《周公墓志铭》（《琼台诗文会稿重编》卷二三）、王兆云《皇明词林人物考》卷二、何乔远《名山藏》卷六九、《明史》卷一八四。

周浈（生卒年不详） 字伯宁。鄱阳（今属江西）人，曾寓居金陵，故或称其为江宁（今江苏南京）人。元至正二十六年（1366）以饶州长史升湖广都事。明初官大理寺丞，洪武二年（1369）十月迁刑部尚书，三年降惠州经历。能诗，曾与刘崧、李叔正、辛敬、万石、杨士弘、查和卿、周复、刘元善等倡和。刘仔肩《雅颂正音》录其诗五首。《皇明诗统》卷三录其诗二首。《列朝诗集》甲集录其诗五首。《明诗综》卷四录其诗三首。清沈德潜《明诗别裁集》录其诗一首。《御选宋金元明四朝诗》录其诗三首。《江西诗征》卷四二录其诗四首。《金陵诗征》卷一一录其诗三首。《明诗纪事》甲签卷一二录其诗一首。生平见《（雍正）江西通志》卷八九、《明史》卷一三八。

周宣（？—1532） 字彦通，号秋斋。福建兴化府莆田人。弘治十四年（1501）举人，十八年进士，除常德府推官。擢监察御史，巡按浙江、云南、山西，以谏武宗南巡被杖。嘉靖即位，出为山西提学副使，迁按察使，改广东，进右布政使，被劾，事白，又以山西大狱事免官。家居五年，嘉靖十一年（1532）十月初十卒。能诗、书，《千顷堂书目》著录《秋斋集》，未见传。《皇明诗统》卷二三录诗二首。《石仓十二代诗选·明诗选》录诗五十七首。刘侗《帝京景物略》卷六录诗一首。《明诗综》卷二八录诗一首，《御选宋金元明四朝诗》据之录。清郑王臣《莆风清籁集》卷一五收诗六首。清郭柏苍《全闽明诗传》卷一四录诗十一首。《明诗纪事》丁签卷一〇录诗一首。生平见徐问《周公宣墓志铭》（《山堂萃稿》卷一四）、《（乾隆）福建通志》卷四四。

周祚（1482—1549）　字天保，号定斋。浙江绍兴府山阴（今绍兴）人。生于成化十六年十二月初二（1482年1月1日）。正德十六年（1521）进士，除东阿知县，改来安。擢兵科给事中，迁工科左给事中，移疾归，遂不起。卒于嘉靖二十八年（1549）六月十二，年五十八。善文词，诗学李梦阳。《千顷堂书目》著录其《周氏集》十五卷又《定斋集》四卷，现存嘉靖刊本《周氏集》十五卷，为其孙所刊，计收诗五百七十四首，文八十三篇，有嘉靖十一年诸训序、三十三年孙宜序。《盛明百家诗》前编录其赋四篇、诗一百六十余首，与其子周沛诗赋合为《二周诗集》。顾起纶《续国雅》卷三录其诗二首。《皇明诗统》卷一七录其诗五首。《列朝诗集》丙集录其诗七首，"小传"记云："李空同（李梦阳）崛起河雒，东南士大夫多心非其学。天保自越中走使千里致书，称弟子。南方之士，北学于空同者，越则天保，吴则黄省曾也。"《明诗综》卷三七录其诗三首，《御选宋金元明四朝诗》据之录。《明诗纪事》戊签卷一四另录其诗三首，按云："天保诗有气格而少风趣，文过诗远甚。"《明文海》录其文三篇。生平见李默《周君墓志铭》（《群玉楼稿》卷七）、王兆云《皇明词林人物考》卷六。

周埙（1458—？）　号草窗。南直常州府武进（今江苏常州人）。《盛明百家诗》录其诗，称《周草庭集》，原刊本十一页，佚四页，存诗四十首。卷首俞宪识语云："世传《草庭诗选》一册。词调亦无过人，却屡有动人处。刊本云天台潘珹校，及考叙文，亦不详其人，止云周姓，生于武进，尝以文章鸣，孝庙时登己未进士，官至臬宪，为令尹君伯氏，诗是以刻于天台，名则不传也。因又考其自叙，年二十七补郡庠生，二十九领南乡试，游尔太学，五试春官始得第。中后往来南北使□，还拜南刑曹，进秩副郎……至其自为文云'服官秋台，迁云南臬司，谪判大名，以母忧归，誓不复出'。而名终不传。"核之志书，弘治己未（十二年，1499）武进确有进士周埙，成化二十二年（1486）举人，正德间曾仕云南按察司金事，草窗者，即其人也。《皇明诗统》卷一六录其诗十八首。

周晖（生卒年不详）　字吉甫。南直应天府上元（今江苏南京）人。

万历间诸生,与焦竑同时。老而好学,为乡里所重。好著述,《千顷堂书目》著录其《金陵琐事》四卷又《续琐事》二卷又《再续琐事》二卷又《琐事剩录》八卷,现存万历刊本《金陵琐事》四卷《续》二卷《二续》二卷。亦能诗,《千顷堂书目》著录其《山中白云》一卷,未见传。《列朝诗集》丁集录其诗八首,"小传"云:"博古洽闻,多识往事。年八十,撰《金陵旧事》二卷、《琐事》十卷。焦弱侯(焦竑)称其胸饶酝蓄,性好编录,几格不虚,巾箱恒满,吟咏自适,不求人知。晚年赋《移居》诗,通人皆属和。自喜其'莺啼催小饮,鹤步作闲行'。其句法多类此也。"《御选宋金元明四朝诗》录其诗一首。生平见《(乾隆)江南通志》卷一六五。

周婴(1583—?) 原名中规,后更名婴,字子叔。福建兴化府莆田人。弱冠负才名,尝著《五色鹦鹉赋》,巡抚朱运昌见之叹赏。崇祯十五年(1642)以贡生除江西南安府上犹知县。秩满归,家居淡泊,与布衣林赘等结社山林。《千顷堂书目》著录其《卮林》十卷、《远游篇》四卷。《卮林》为考订经史之作,有崇祯刊本,十卷补遗一卷,清王士禛《池北偶谈》称其引用该博,《四库全书总目》杂家类据清抄本收。《远游篇》为其诗文别集,现存清初刊本及濯来亭抄本均为十二卷,卷首《远游篇原序》二篇,分别为江夏黄光若木、铅山费元禄无学所作,内赋一卷,收赋十二篇,诗三卷,收诗二百四十七首,卷五至卷九收各体文七十余篇,卷一〇又收七言律诗二百一十余首,卷一一、卷一二收启一百二十二篇、记一篇、祭文八篇。清郑王臣《莆风清籁集》卷三六录其诗十二首,《兰陔诗话》称其诗"华整之中,自饶流逸"。清郭柏苍《全闽明诗传》卷四七录其诗七首。《明诗纪事》辛签卷二一录其诗一首。清涂庆澜《莆阳文辑》卷二录其文二篇。生平见《(乾隆)福建通志》卷五一。

周旋(1397—1454) 字中规,号畏庵。浙江温州府永嘉(今温州)人。六岁成孤,未冠丧母,家贫而勤勉于学。宣德十年(1435)领乡荐,明年正统元年(1436)进士第一,授翰林修撰。满九载,升侍讲。太子立,以本官兼左春坊左庶子,景泰五年(1454)正月初二卒,年五十八。《明史·艺文志》著录其《文集》十卷,现存成化间刘逊刊本《畏庵集》十卷,首成化十八年(1482)章纶序、十九年刘逊序,内卷一收廷试策、谢恩表,卷二收赋五篇、铭一篇,卷三至卷五收诸体诗五十二首,卷六至卷一〇收各体文十篇,附录行状、墓志等。又有崇祯元年

(1628)其七世孙周应期据成化本重刻之《畏斋周先生文集》十卷,增周应期后序。《四明风雅》卷二录其诗九首。《皇明诗统》卷一二录其诗二首。《石仓十二代诗选·明诗选》录其诗二十七首。《明诗综》卷二五录其诗一首。《御选宋金元明四朝诗》录其诗二首。《四库全书总目》著录《畏庵集》十卷,"提要"云:"乐清章纶为之序,称其典雅闲淡,然在当时犹驰驱于流辈之中,未能自辟蹊径。"《东瓯诗存》卷一八录其诗八首。《明诗纪事》乙签卷一六录其诗一首。生平见刘定之《周公行状》、萧镃《周公碑记》(《畏庵周先生文集》附录)及顾祖训《状元图考》卷二。

周瑛(1430—1518)　字梁石,号蒙中子、白贲道人,晚号翠渠,又自称莆阳拗史。福建兴化府莆田人。景泰四年(1453)中举,数试春闱不第,成化五年(1469)进士,授广德知州。历九载,迁南礼部仪制司郎中,简放抚州知府,调知镇远。弘治初为四川参政,进右布政使,丁母忧归,乞致仕。家居至正德十三年(1518)七月初八卒,年八十九。以理学名家,讲学以"居敬"为主,与陈白沙旨趣不合,学者称翠渠先生。原有《闽川》《桐川》《临川》《金陵》《金台》诸稿。卒后门人林近龙等选为《翠渠摘稿》七卷《续编》一卷,存嘉靖七年(1528)刻、清雍正十三年(1735)周成增修本,内文五卷,收其所作各体文一百六十八篇,诗二卷,收拟乐府六首、词九首、骚辞八篇、古近体诗三百七十余首,《续编》收文四篇、诗近二十首。又有明抄本《翠渠先生续稿》不分卷。曾辑《词学筌蹄》八卷,有清初抄本。另,明抄本《艺海汇函》(梅纯编)收其《祠山杂编》《教民杂录》各一卷。《明史·艺文志》另著录其《律吕管钥》一卷、《书纂》五卷、《音释》一卷、《兴化卫志》五十四卷、《兴隆卫志》二卷。《皇明诗统》卷一五录其诗三首。《石仓十二代诗选·明诗选》录其诗二十首。《明诗综》卷二四录其诗三首。清沈德潜《明诗别裁集》录其诗一首。《四库全书》收《翠渠摘稿》七卷补遗一卷,"提要"云:"郑岳撰瑛传,称其文章浑成雅健,诗格调高古。瑛亦尝作绝句云:'老去归平淡,时人或未知。'则其自命不在以繁音缛节务谐俗耳矣。"清郑王臣《莆风清籁集》卷一二录其诗二十一首,《兰陔诗话》云:"翠渠理学醇粹,书法遒劲,诗别裁伪体,力追正始。"清郭柏苍《全闽明诗传》卷一〇录其诗十一首。《明诗纪事》丙签卷六录其诗五首。近人赵尊岳《明词汇刊》据《翠渠摘稿》录其词为《翠渠词》。《明文海》录其文一篇。清涂庆澜《莆阳文辑》录其文三篇。生平见林俊《周公瑛墓志铭》(《国朝献征录》卷九八)、郑岳《周公传》(《翠渠摘稿》附录)、何乔远《名山藏》卷一六、黄宗羲《明儒学案》卷四六、《明史》卷二八二。

周朝俊(生卒年不详)　字夷玉，一作仪玉、秭玉。浙江宁波府鄞县(今宁波)人。诸生，少有才，为诗学李贺，又喜戏曲。奉屠本峻为前辈，与曹学佺等交游。诗作传世绝少，仅清胡文学《甬上耆旧诗》卷三〇录诗二首。撰传奇四种：《李丹记》《香玉人》《画舫记》已佚；《红梅记》，一名《红梅花》，存万历间金陵广庆堂刻本，题《新刊出像点板红梅记》，又有明末刻本，题《玉茗堂批评红梅记》。《玉茗堂批评红梅记》首载王稚登《叙红梅记》，言万历己酉(三十七年，1609)秋，曾于杭州西湖昭庆寺会朝俊，并阅《红梅记》，则此剧当作于此前不久。《红梅记》演南宋权臣贾似道歌妓李慧娘与书生裴禹故事，事本明初瞿佑《绿衣人传》小说(《剪灯新话》卷四)，多有增饰。王稚登谓此剧："其词真，其调俊，其情宛而畅……曲中光景，依稀《西厢》《牡丹亭》之季孟间。而所嫌者，略于细笋斗接处。"(《叙红梅记》)祁彪佳《远山堂曲品》列《红梅记》入"能品"，称："手笔轻倩，每有秀色浮动曲白间，当是时调之俊。"其剧长期流传不衰，程万里《徽词雅调》、周之标《乐府珊珊集》均收有此剧之散出。后又有徐肃颖将其编为《丹桂记》(现亦存尤历间刊本)，又有《古杭红梅记》小说铺叙《红梅记》。生平见王稚登《叙红梅记》(明末刻《玉茗堂批评红梅记》卷首)及《甬上耆旧诗》卷三〇李邺嗣撰小传。

周鼎(1401—1487)　又名铸，字伯器，号桐村，又号疑舫。浙江嘉兴府嘉善人。少警敏，既长，以文学知名。正统中从金濂征闽寇，以功授沐阳典史。坐累下狱，事白告归。归后遨游三吴，卖文为生，吴中墓志、谱牒，多有出其手者。成化二十三年(1487)卒，年八十七。《千顷堂书目》著录其《疑舫斋土苴集》八卷又《土苴诗集》二卷。现存正德十年(1515)张倬刊本《土苴集》二卷《集外诗》一卷《续集》六卷附录一卷，首都穆序，谓其"尝以文章家名淛水西"，内卷上收诗百首，卷下收诗七十一首；《集外诗》收吴宽、沈周、史鉴、姚绶、陈敬、杨守陈、杜序、曹泰等诗十八首；《续集》六卷，收序、说、记、碑志、杂著、祭文、题跋等各体文体五十九篇。《皇明风雅》《皇明诗统》卷一一录其诗六首。《石仓十二代诗选·明诗选》录其诗四十五首。《列朝诗集》乙集录其诗十三首。清沈季友《槜李诗系》卷九录其诗三十七首。《明诗综》卷二〇录其诗六首。《御选宋金元明四朝诗》录其诗十一首。《明诗纪事》丙签卷一〇录其诗四首，按云："伯器工书，善赏鉴，名人书画，往往见其题跋，小诗亦有风致。"《明文海》录其文二篇。生平见佚名《周铸传》《国朝献征录》卷八三）、徐象梅《两浙名贤录》卷四七《文苑》。

周道仁（生卒年不详）　字以修。浙江湖州府乌程（今湖州）人。明末曾为孙一元刻《太白山人稿》，附己作《乐府》一卷，内收其拟古乐府一百零三章，存崇祯间巍如馆刊本，署"吴兴周道仁以修著，同社张雀冠日订"，有崇祯十一年（1638）自序。《四库全书总目》著录《乐府》一卷，"提要"云："所作拟乐府凡一百三章，原附于所刻孙一元《太白山人稿》后，自序谓：'道不师孔孟，学不则经史，性不本忠孝，法不宪天王，岂伊无才，致讥寡识。'其论甚正，其诗则仍模拟形似而已。盖乐府音节，唐人已不能考矣。"

周楫（生卒年不详）　字清源，别署济川子。浙江杭州人。现存崇祯间云林聚锦堂刊白话短篇小说集《西湖二集》三十四卷（三十四篇），署"武林济川子清源甫撰"。首有湖海子《西湖二集序》，称本书作者为一"怀才不遇，蹭蹬厄穷"之士人。谈迁《北游录·纪邮》清顺治十一年（1654）七月壬辰条曾记："观西河堰书肆，值杭人周清源，云虞德园（虞淳熙）先生门人也，尝撰西湖小说。"因知其清初尚在世。《西湖二集》各篇所述故事，标目如《吴越王再世索江山》（卷一）、《宋高宗偏安耽逸豫》（卷二）、《吴山顶上神仙》（卷二五）等，皆与西湖有关。其卷一七《刘伯温荐贤平浙中》有云："《西湖一集》中《占庆云刘诚意佐命》大概已经说过，这一回补前说未尽之事。"似应有《西湖一集》在前，然未见传世。《西湖二集》三十四篇小说，故事多出田汝成《西湖游览志》《西湖游览志余》，亦有自陶宗仪《南村辍耕录》、瞿佑《剪灯新话》、冯梦龙《情史类略》取材者，作者"好颂帝德，垂教训"（鲁迅《中国小说史略》），然又多愤世之语，有讽世之意，加之文字流利酣畅，可称一时之佳构也。

周履靖（1542—1632）　字逸之，号梅墟，又号螺冠子，别署梅颠道人、梅颠居士、鸳湖钓徒。浙江嘉兴府嘉兴人。家资饶富，少有残疾，因弃经生业，筑舍鸳湖之滨，广搜古今典籍，又种梅百余株，称梅墅。好古文，能作诗词戏曲，善书，金石古篆隶及魏晋行楷皆能，故虽号隐士而声气颇广，与王世贞、皇甫汸、文嘉、刘风、徐中行、吴国伦、茅坤、屠隆、董其昌等交。中岁丧妻，续娶同郡桑氏贞白，亦能诗，有《香奁》《倡和》集。履靖卒于崇祯五年(1632)，年九十一。好著述刻书，所作诗文及杂著甚多。曾辑编《夷门广牍》一百零六种，有万历二十五年(1597)金陵荆山书林刊本，分艺苑、博雅、食品、娱志、杂占、禽兽、草木、招隐、闲适、觞咏十门，广集历代杂书，所收真伪杂出，漫无区别，内其自著、自编者二十余种：《梅坞贻琼》六卷，《闲云稿》《五柳赓歌》("和陶")《茹草编》各四卷，《骚坛秘语》三卷，《狂夫酒语》、《画评会海》、《千片雪》(和冯子振)、《青莲觞吟》(和李白)、《淇园肖影》《香山酒颂》(和白居易)、《寻芳咏》《野人清啸》各二卷，《春谷嘤翔》《泛泖吟》《广易千字文》《九畹遗容》《山家语》《续增宋贾似道促织经》《天形道貌》《鸳湖倡和稿》《燎松吟》《罗浮幻质》《毛公坛倡和诗》各一卷。陈继儒汇其所著《闲云稿》《泛泖吟》《咏物诗》《螺冠子诗余》《茹草编》诸集为《梅颠稿选》二十卷，有明刊本，内卷一收短赋二十八篇，卷二收歌行三十二首，卷三至卷五收乐府一百五十首，卷六至卷一四收古近体诗六百余首，卷一五至卷一七收《茹草百咏》百余首、词七十余首，卷一八至卷二○

收各体文及画论等杂著三十篇，首陈继儒、钱应金序。另曾编刊《螺冠子咏物诗》二十六卷《茶歌》一卷《酒咏》一卷，有万历刊本，内收其所作词一百二十余首。另《唐宋元明酒词》二卷，存万历刊本，内收其词六十余首。《千顷堂书目》及方志另记其所编刊之书籍，如《艺苑》《绘林》《画薮》《古今宫闱诗》《古今歌纪》等更多达数十种。《四库全书总目》著录当时胜流题咏序跋并往来书牍之《梅坞贻琼》四卷，"提要"以为"盖明季山人例以标榜相尚也"。曾撰传奇《锦笺记》，二卷四十出，叙元季才子梅玉与佳人淑娘情爱婚姻故事，有万历三十六年金陵继志斋刻本、文林阁刻本等。吕天成《曲品》列其于"中上品"，论曰："此剧炼局遣词，机锋甚迅，巧警会心。向云经诸名士而成，今乃知螺冠独善其美。"又有散曲集《鹤月瑶笙》四卷，存万历间刊本，内《霞外新声》《闲云逸调》《鸳湖渔唱》《梅里樵歌》各十套。《明诗综》卷六五录其诗一首。清沈季友《槜李诗系》卷一五录其诗一首。《御选宋金元明四朝诗》录其诗七首。嘉靖刊《(和倪瓒)江南春词集》录其所作《江南春》词一首。生平见《螺冠子自叙》(《梅颠稿选》卷一九)、陈继儒《梅颠稿叙》(《陈眉公先生全集》卷一一)、《(万历)秀水县志》卷六。

[丶]

庞尚鹏（1523—1581） 字少南。广东广州府南海（今广州）人。嘉靖二十五年（1546）举人，三十二年进士，除乐平县令。征授监察御史，出核南京、浙江军饷，又出按河南、浙江。隆庆二年（1568）擢右佥都御史，辖两淮、长芦、山东三运司，兼理畿辅、河南、山东、江北、辽东屯务，以劾内侍张恩擅杀人和两淮巡盐孙以仁收受赃款得罪，落职为民。万历四年（1576）冬起故官，督福建军务，次年擢左副都御史，协理院事，以致书讽"夺情"事为张居正所衔，嗾吏科给事中陈三谟劾之，坐簿书年月少误，罢官回籍。居家四年卒，年五十八，天启中，谥惠敏。尚鹏为官清廉，知恤民艰而不避一时谗疑，为当时能吏。其按浙时，民苦徭役，遂议将田赋、杂税、兵役折银合并征收，督行一年，有成效，乃上疏"请均徭役，杜偏累"，诏命全国行之，名"一条鞭法"。《千顷堂书目》著录其《边行漫记》《百可亭奏议》四卷、《百可亭摘稿》三卷又《诗摘稿》二卷，现存万历二十七年其弟庞英山辑刻《百可亭摘稿》九卷，王学曾序，内奏疏四卷、杂文三卷、诗二卷，正符《千顷堂书目》所载之数。《四库全书总目》著录其集，"提要"谓其"诗文皆朴实，惟奏议颇为明畅"。集有清道光十一年（1831）重刊本。另有万历五年刊本《军政事宜》一卷。《明诗综》卷四四录诗一首。清屈大均《广东文选》录文三篇。清梁善长《广东诗粹》卷五录诗一首。《明诗纪事》己签卷一一录诗一首。生平见张元忭《庞公生祠碑》（《国朝献征录》卷五五）、何乔远《名山藏》卷八一、《明史》卷二二七。

庞嵩（1510—1586） 字振卿。广东广州府南海（今广州）人，以居弼唐乡，学者称弼唐先生。嘉靖十三年（1534）举人，屡试南宫不第。读书讲学于罗浮山，从游者众。二十三年谒选应天府通判，二十八年转同知，摄府尹事，三十年进为户部郎中，三十五年简放云南曲靖知府，忌者中之，二载以老罢归，实年仅五十。家居至万历十四年（1586）卒，年七十七。早年师从王守仁，罢归后又从湛若水游，晚年筑室西樵山下，集诸生相与讲习，又喜吟咏，无时无事不诗。《千顷堂书目》著录其《图书解》《刑曹志》四卷、《南京刑部志》六卷、《太极解》《弼唐遗言》及《黄龙集》一卷。现存清光绪十八年刻本《庞弼唐先生遗言》四卷，实为其诗文别集，内卷三收诗六百八十余首。郭棐《岭海名胜记》、张邦翼《岭南文献》均录其诗。清屈大均《广东文选》录其文二篇。清梁善长《广东诗粹》卷四录其诗五首。生平见郭棐《粤大记》卷一四、《(雍正)广东通志》卷四五、《明史》卷二八一。

郑一麟（生卒年不详）　号趾庵。浙江绍兴府上虞人。嘉靖四十三年（1564）举人，万历五年（1577）进士，历任肇庆知府、福建按察副使，官至山西按察使。现存万历刊本《趾庵归养草》六卷，其弟郑一鳌刻，首有作者万历四十一年自撰《归养草引》，内收诗六百余首。又曾与叶春及纂修《肇庆府志》二十二卷，现存万历刊本。清钱玫《历朝上虞诗集》卷一四录其诗一首。清徐乾《上虞诗选》卷二录其诗四首。

郑二阳（？—1656）　字敦次，号潜庵。河南开封府鄢陵人。万历三十七年（1609）举人，四十七年进士，授德安府推官。又任职南京部曹四年，崇祯七年（1634）出为淮阳道，备兵扬州，十二年以右佥都御史巡抚安、庐、池、太四府兼辖光、固等州事，十五年，离任二十余日后庐州失守，逮入京，寻释之。清兵渡江，先徙居扬州，顺治三年（1646）归里，家居十年，十三年卒。少壮时与邑中诸子结社为诗，又曾选评宗臣诗文为《子相文选》五卷。清初其子郑蕃、郑苣辑其遗著，刊

《郑中丞公益楼集》四卷，现存清康熙三十二年（1693）世德堂刊本。内卷一收奏疏、揭、序、引；卷二收记、纪、说；卷三收杂著及《益楼诗》七十三首，附郑蕃《编次益楼诗始末》；卷四收书牍。所著《孙子明解》八卷附《师卦解》一卷，有崇祯元年胡正言刊本。生平见《(雍正)河南通志》卷五七。

郑之文（生卒年不详）　字应尼，又字豹先，号南轩。江西建昌府南城人。万历十九年（1591）中举，三十八年进士。曾任南工部主事，四十三年为芜湖税关监督，四十四年升真定知府，次年被劾罢归。后家居三十年，与曹学佺、钟惺、王思任、钱谦益等交往。能词曲，万历二十五年曾与吴兆合撰《白练裙》传奇，杜撰名士王穉登、屠隆与名妓马湘兰、寇四儿故事，聚子弟演唱，以为讥讽，一时哄动，后讼于官，被当道"追书肆刊本毁其板"，无传本。又作《旗亭记》《芍药记》传奇，祁彪佳《远山堂曲品》亦录为"能品"。《旗亭记》有万历间金陵继志斋刻本，二卷四十出，演董元卿陷于北方，得隐娘相助返回南国之事，本事出宋洪迈《夷坚乙志》卷一《侠妇人》，亦见冯梦龙《情史类略》卷四《董国度妻》。《芍药记》亦存万历间金陵继志斋刻本，演唐卢储夫妇故事，本事出元计有功《唐

诗纪事》卷五二。《旗亭记》明刊本有汤显祖万历三十一年序，称"其词南北交参，才情并赴"。《远山堂曲品》评其《旗亭记》云："曲亦爽亮，但铺叙夺目，犹欠婉转。"评《芍药记》云："郑君词曲，可称文人之雄，所少者，曲折映带之妙耳。"入仕后不复再作传奇。亦有诗文名，《千顷堂书目》著录《远山堂诗》一卷又《郑工部诗》一卷又《锦研斋诗》一卷又《锦研斋次草》一卷，未见传。《列朝诗集》丁集、《明诗综》卷六〇、《江西诗征》卷六二、《明诗纪事》庚签卷二二均录诗一首。生平见沈德符《万历野获编》卷二六、《(雍正)江西通志》卷八四、《(同治)南城县志》卷八。

郑之玄(生卒年不详)　字道圭，号大白。福建泉州府晋江(今泉州)人。少游何乔远门，天启二年(1622)进士，选翰林院庶吉士，授检讨，与修《神宗实录》，以丁外艰归。家居五载，崇祯初起原官，擢右春坊右赞善，后奉旨册封岷藩，事竣念母，驰归，至莆田病卒，年六十八。能诗，曾与黄景昉等人结社。《千顷堂书目》著录其《郑太史集》，现存崇祯间其子侄辑录之《克薪堂诗集》九卷《文集》十三卷，有崇祯三年(1630)陈元素序、七年许自表序。内诗集各卷分题《桥庄草》《武夷草》《北邮草》《四征草》

《给札草》《马上草》《予假草》《还朝草》《入楚草》，计收诗五百余首。另有明存诚堂黄裔我刻本《鼎镌郑道圭先生评点红杏记》二卷。《明文海》录其文十一篇。生平见《(乾隆)晋江县志》卷二〇《文苑二》。

郑之珍(1518—1595)　字汝席，一字子玉，号高石，别署高石山人。南直徽州府祁门(今属安徽)人。生于正德十三年(1518)九月二十四。弱冠补邑庠生，后数十年困于场屋，卒于万历二十三年(1595)三月初四，年七十八。尝撰《新编目连救母劝善戏文》三卷一百零二出。据原刊本卷首诸序，剧作于万历七年，为年过六十，功业不成，思以立言救世而作。是剧万历十年由郑氏高石山房自刻，后又有明唐氏富春堂刊本、清会文堂刻本等。印度目连故事因佛教载籍传入中国，流播广泛，本剧即以晋唐以来传说及有关戏剧、小说、宝卷为基础编就。祁彪佳《远山堂曲品》著录云："全不知音调，第效乞食瞽儿沿门叫唱耳。无奈愚民佞佛，凡百有二折，以三日夜演之，哄动春社。"盖其演唱本立足于安徽民间，音调不合昆曲。其中除目连救母故事，还穿插各种民间小戏段子，如《王婆骂鸡》《哑子背疯》《赵花子打老子》《拐子相邀》《行路施金》等。明清各种戏曲选本，如黄文华

《词林一枝》、胡文焕《群音类选》等均收录此剧散出。清乾隆年间，内廷词臣张昭曾以此剧为蓝本，编纂宫廷大戏《劝善金科》(有清刻本)。明清以来，安徽、江苏、浙江、两湖、江西等地城乡多有民间目连戏班或目连戏演出。《清溪郑氏族谱》载郑之珍尚有《五福记》传奇，未传于世。生平见叶宗春《明庠生高石郑公暨配汪孺人合葬墓志铭》(《清溪郑氏族谱》)、《(1942)祁门县志》"艺文考"。

郑元勋(1605—1646)　字超宗，号惠东。南直扬州府江都(今扬州)人。天启四年(1624)举人，崇祯十六年(1643)进士，丙戌(1646)八月死于战乱，年四十二，卒后三日，授兵部职方司主事之任命始至。喜诗文，崇祯初曾辑当世诸名家钟惺、黄道周、陈继儒、倪元璐、王思任、谭元春等文，刻为《媚幽阁文娱》初集九卷，崇祯十二年又辑刊《媚幽阁文娱》二集十卷。又曾与王光鲁辑刻《左国类函》二十四卷，皆存。其诗文至清乾隆二十七年(1762)始由其玄孙郑开基辑刻为《影园诗稿文稿》一卷，收赋一篇、诗一百五十余首、文七篇。据文末郑开基跋语，在先曾先刻元勋手辑之《瑶华集》，未见传。清邹祗谟、王士禛《倚声初集》卷六录其词一首。生平见清杭世骏《明职方司主事郑元勋传》(《影园诗稿文稿》卷首、《道古堂文集》卷二八)、清邹漪《启祯野乘》卷一三。

郑文康(1413—1465)　字时义，号介庵，又号双松居士。南直苏州府昆山(今属江苏)人。正统三年(1438)领乡荐，十三年进士，观政大理寺，移疾归。归家后以父母继丧，宿疾加剧，遂不复仕。家居枕藉经史，虽病不少休，作文吟诗不止。成化元年(1465)正月二十四卒，年五十三。《明史·艺文志》著录其《平桥集》十八卷，天顺五年(1461)初刻本《平桥稿》十八卷今存，首叶盛序，内诗五卷，收诗二百七十余首，文十三卷，收文一百六十余篇。后又有万历刊本及清康熙三十二年(1693)其裔孙郑起泓刊本。周复俊编《玉峰诗纂》卷三录其诗六首。明翟校辑、清王辅铭补辑《练音集补》附卷录其诗二首。《列朝诗集》乙集录其诗六首，"小传"谓其"文尤简质有法度"。《明诗综》卷二〇录其诗一首，"诗话"云："《平桥集》文胜于诗。尝从徐立斋阁老借含经堂所藏本读之，爱其简峭，有类石守道、尹师鲁诸公。诗亦蕴藉。"《御选宋金元明四朝诗》录其诗六首。《四库全书》据康熙本收录《平桥稿》，《总目》"提要"云："其诗意主劝惩，词旨质直，颇近《击壤集》

体，而温柔敦厚，蔼然可挹，要不失为风人之遗，文章亦不屑以修词为工，而质朴之中自中绳墨，较其诗为尤胜。"《海虞文征》卷二六录其诗一首。《明诗纪事》乙签卷一八录其诗二首。生平见叶盛《明进士开封郑君寿藏志》（《平桥稿》附录）、王鏊《姑苏志》卷五四、方鹏《昆山人物志》卷二。

郑心材（1554—1613）　字敬仲，号思泉。浙江嘉兴府海盐人，刑部尚书郑晓之孙，光禄少卿郑履淳子。生于嘉靖三十三年（1554）五月初四。肄业于太学，屡试不第，万历二十八年（1600）以祖父荫授前军都督府都事，转后军都督府经历，三十二年迁应天府治中，三十六年升福建都转运盐使司同知，未赴归，四十一年八月初十卒，年六十。卒后两年，其子、婿等辑其所著，刻为《郑京兆文集》十二卷，内诗一卷，收诗百余首，公移一卷，《唐人补传》一卷，余为诸体文，有郑端胤序。又附刻《外集》二卷，则收其墓志铭、墓表、行实及亲朋所作祭文、挽诗等。其子端胤所作《行实》中称其尚有《昭明文选钞》《见闻纪钞》，未见传。《四库全书总目》著录其集，"提要"云："心材老于场屋，必欲一第而卒不可得，年五十始就铨，平生精锐之气已消磨时文中，诗、古文特偶试为之

耳。"生平见朱国祚《思泉郑公墓志铭》、彭宗孟《思泉郑公墓表》（《郑京兆文集》外集卷上）及《（雍正）浙江通志》卷一六七。

郑以伟（？—1633）　字子器，一字子钥，号方水、笨庵。江西广信府上饶人。万历二十二年（1594）举人，二十九年进士，选翰林院庶吉士，授检讨。历赞善、谕德、庶子、少詹事，泰昌元年（1620）迁礼部右侍郎，转左，与魏忠贤相忤，上疏告归。崇祯二年（1629），召拜礼部尚书，五年，兼东阁大学士，入参机务，加太子少保，与徐光启并相。史称其修洁自好，文章奥博，而票拟非所长，因请致仕。崇祯六年卒，赠太子太保，谥文恪。万历间曾刻《笨庵吟》六卷，原刊本存。卒后其子郑大经、郑大纶等辑其著述为《灵山藏》十二种二十八卷，灵山在其家上饶城西北，故以名集。崇祯间刊本《灵山藏》除收《笨庵吟》六卷，尚有诗集《弥戾车》二卷、《雨存篇》二卷、《鹦鹉车》二卷、《杜吟》五卷续一卷又《诗余》一卷（收词二十七首），又有文集《颂铭赞》一卷、《辞》一卷（三篇）、《赋》一卷（六篇）、《犹弈稿》二卷、《小草》二卷、《沧海蠡》二卷。另有崇祯刊《怀玉藏存》一种（《洹泥集》六卷）及《本朝圣政捷录》六卷。《千顷堂书目》仅著录其《洹泥集》。《明文

海》录其文《自叙》等十篇。陈济生《天启崇祯两朝遗诗》卷五录其诗三十八首。《明诗综》卷五九录其诗二首。《明诗纪事》庚签卷二〇录其诗一首。近人赵尊岳《明词汇刊》据《灵山藏》录其词二十八首为《灵山藏诗余》。生平见清佚名《五十辅臣考》卷二、《明史》卷二五一。

郑允璋（生卒年不详）　字德卿，号少白。福建福州府闽县（今福州）人。正德十一年（1516）举人，嘉靖五年（1526）进士，官建昌府同知。所著《郑少白诗集》，有明刊本，残存卷四至卷七。计收诗二百七十二首。徐𤊹《晋安风雅》录其诗四首。清郭柏苍《全闽明诗传》卷一九录其诗一首。生平见《（乾隆）福州府志》卷三九。

郑本忠（1338—1403）　字本忠，名未详，自号安分生。浙江宁波府鄞县（今宁波）人。少从乡先生舒卓受《尚书》，又工字画，能赋诗，以教授为生，名于乡里。洪武十年（1377）秋举明经，十六年以郡教授赵思盛荐，授昌国县儒学训导，二十二年任职于绍兴府学，建文二年（1400）迁秦王府教授，寻致仕，居于绍兴。永乐元年（1403）卒。《千顷堂书目》著录其《安分集》十卷，现存近世旧抄本《安分先生集》，首有陈山、吴讷序，后有其次子郑雍

言作于正统八年（1443）之跋语，内"记"三卷三十篇，"序"三卷三十二篇，"诗赋"三卷收赋一、诸体诗四百首，"杂文"一卷三十五篇，其为秦王等代笔之作亦收于集中。《四库全书总目》著录名《安分斋集》即是本也。清胡文学《甬上耆旧诗》卷一二仅录诗一首，盖未见斯集。《明诗纪事》乙签卷五录诗三首。生平见徐象梅《两浙名贤录》卷四七"文苑"、过庭训《本朝分省人物考》卷四八。

郑邦祥（生卒年不详）　初名绂，字孟麟。福建福州府闽县（今福州）人，谢肇淛妹夫。诸生，乡试三中副车。后与曹学佺、谢肇淛、徐𤊹、徐𤊹等结社倡和。现存清康熙五十年（1711）其曾孙郑善述刊《玉蝉庵散编》七卷，有王宇、卜景超《序》各一篇，后有郑善述《跋》一篇，共收诗四百十三首。另有清抄本《玉蝉庵散编》六卷。清郭柏苍《全闽明诗传》卷四一录其诗十六首，《柳湄诗传》记云："今所传《玉蝉庵散编》七卷，乃其曾孙蕉溪于再罹回禄之余，刊其什佰千万之一也。"生平见清郑方坤《全闽诗话》卷八《先曾祖孟麟公》《（乾隆）福建通志》卷五一。

郑廷鹄（1505—1563）　字元侍，号一鹏，又号篁溪。广东琼州府琼山（今海南海口）人。嘉靖七年

(1528)举人,十七年进士,授工部主事。历吏科给事中、工科左给事中,迁江西提学副使,晋江西布政司右参政,以母老,上疏乞归侍母。家居于郡城西南石湖边筑室,并创建石湖书院,讲学著书,四十二年卒,年五十九。曾辑刊丘濬《琼台吟稿》《琼台类稿》为《琼台会稿》。所著有《藿脍集》《兰省披垣集》《学台集》《石湖集》及《易礼春秋说》等,未见传。《滇南诗选》录其诗五十二首。1935年刊《海南丛书》第二集收其诗,称《石湖遗集》,除收《滇南诗选》五十二首外,又增收其佚诗十二首。清屈大均《广东文选》录其文二篇。生平见郭棐《粤大记》卷一九、《(雍正)广东通志》卷四六。

郑延(生卒年不详)　字世昌,号东谷。浙江嘉兴府海盐人。诸生,教授乡里。成化间以贡授广东市舶提举。能诗文,《千顷堂书目》著录其《东谷存筈集》。现存万历二十八年(1600)刊本《四贤集》三十卷内有《郑东谷存筈集》六卷(其玄孙郑心材辑),内前三卷实为倡和集,分题"九日鸡鸣山宴集分韵"(成化三年)"宦游广东市舶司赠言""南粤寮属士民寿李太安人诗文",以下东谷所作诗二卷(收诗近二百首)、文一卷(收书二篇、祝文一、墓志铭三篇)。《明诗综》卷二

六、《御选宋金元明四朝诗》录其诗三首。清沈季友《槜李诗系》卷一〇录其诗六首。《明诗纪事》丙签卷一一录其诗二首。生平见《(天启)海盐县志》卷二〇、《(光绪)海盐县志》卷一五。

郑仲夔(生卒年不详)　字胄师,又字龙如。江西广信府上饶人。《(同治)上饶县志》卷一九谓其为崇祯举人,又记其以诗名于乡里。《千顷堂书目》则谓其为玉山人、天启七年(1627)举人,疑不确。仲夔曾游历南北,与归子慕等文士交,晚岁谢绝宾客,以著述自娱。其诗未见传,惟有杂俎数种传世:尝采录汉魏以迄嘉、隆之僻事隽语,分德行、言语、政事、文学等三十六类,辑为《兰畹居清言》(简称《清言》)十卷,仿《世说新语》之作也,刊本有万历四十五年(1617)韩敬序及朱谋㙔序、龚立本序;又杂记近世之嘉言懿行及仙鬼因果之只言片谈为《偶记》八卷,刊本有朱谋㙔序;复有《耳新》十卷,初刻于崇祯七年(1634),按令德、蔼吉、经国、志怀、灾变等三十四类记万历、天启、崇祯三朝人物、故事,各则长短不一,叙事、记言不尚藻饰,首有杨观吉序;又曾刊《隽区》八卷,按品隽、行隽、业隽、学隽、奇隽、文隽等分类记人、记事,其人、事均取之当时传闻。《清言》《偶记》《耳新》

《隽区》四种又合刊为《玉麈新谭》三十四卷，有传世本。生平见《(同治)上饶县志》卷一九。

郑关(生卒年不详)　一名迪。字公启，号蔀斋。福建福州府闽县(今福州)人。明初布衣，能诗。《千顷堂书目》著录其《石室遗音》六卷又《蔀斋集》，注云："字公启，一名迪，闽县布衣，王偁序。"集未见传。徐𤊹《晋安风雅》录其诗七首。《石仓十二代诗选·明诗选》录其诗四十三首。《列朝诗集》甲集录其诗一首。《明诗综》卷一九录其诗四首。《御选宋金元明四朝诗》录其诗一首。清郭柏苍《全闽明诗传》卷五录"郑迪"诗四首，《柳湄诗传》记云："迪(郑迪)与赵迪皆白湖人。与王恭、王褒、王偁、林敏、陈仲完、高棅、张友谦辈同时言诗。其诗酷似'十子'。与赵迪居同，故其诗有两集俱载者。"又卷八录"郑关"诗十三首。《明诗纪事》乙签卷七录其诗三首。

郑汝美(1461—1517)　字希大，号白湖居士。福建福州府闽县(今福州)人。生于天顺五年(1461)十月二十一。弘治二年(1489)举人，六年进士，授户部主事，榷税九江。屡迁至郎中，十六年使湖藩，便道归省，遂不复出。卒于正德十二年(1517)十月十四，年五十七。《千顷堂书目》著录其《白湖集》八卷。

现存嘉靖七年(1528)三山郑氏家刊本《白湖存稿》八卷，署董传策辑编，有郑允璋序，费棠、林琼等跋，即此本也。是集前七卷为诗，收诗四百余首，末卷收序、跋等文七篇。徐𤊹《晋安风雅》录其诗三首。《石仓十二代诗选·明诗选》录其诗五十首。清陈邦彦《御定历代题画诗类》录其诗二首。清郭柏苍《全闽明诗传》卷一二录其诗六首。《明诗纪事》丁签卷六录其诗一首。生平见董玘《白湖郑公墓表》(《白湖存稿》卷首)、《(乾隆)福州府志》卷三九。

郑汝璧(1546—1607)　字邦章，又字良玉，号昆岩、愚公。浙江处州府缙云人。生于嘉靖二十五年(1546)正月十九。隆庆元年(1567)领乡荐，明年进士，授刑部江西司主事。历员外郎，迁云南司郎中，万历三年(1575)改礼部仪制司，迁太常寺少卿。出为福建右参议，历广东副使，分辖琼州，以不乐，抗疏归。居家十二年，十九年起为陕西副使，备兵井陉，调河南右参政，又榆林中路按察使，迁山东右布政，进右佥都御史，巡抚山东。以父丧归，二十七年起南太常寺少卿，三十年以右佥都御史巡抚延绥，三十三年迁兵部右侍郎，总督宣大山西军务，三十五年以疾辞归，归途七月二十殁于山东荆门驿中。著有《愚谷草》《鼎湖草》《白下草》《塞下草》，万历间曾合四集刻为《由庚堂诗集》四卷，屠隆、何白、于若瀛、周光镐等序。后又编诗文著述为《由庚堂集》三十八卷，有万历二十四年李维桢、叶向高、焦竑等序刊本。内卷一赋三篇，卷二拟乐府二十六首，卷三至卷一四收古近体诗三百余首、词二十九首，卷一五至卷二二收各体文六十余篇，卷二三至卷二九收奏疏二十九篇，卷三○至卷三三收书牍九十余篇，卷三四杂著七篇，卷三五记其巡抚塞上所思偶得，名《塞得》，卷三六至卷三八为其笔记，名《睹记》。著述另有万历刊本《皇明帝后纪略》一卷附《藩封》一卷、《皇明功臣封爵考》八卷、《延绥镇志》八卷，前两种为《四库全书总目》著录。《四库全书总目》另著其《明臣谥类抄》一卷。清汤成烈《缙云文征补编》卷六录其诗一百四十五首、卷一四录其文十五篇。《明诗纪事》庚签卷九录其诗二首。生平见孙鑛《郑公汝璧墓志铭》（《孙月峰先生全集》卷一一）、李维桢《郑少司马家传》（《大泌山房集》卷六六）、《（雍正）浙江通志》卷一七四。

郑如英（生卒年不详） 字如美，一字无美。万历年间金陵（今江苏南京）妓，曲中呼其为"妥十二"，"妥"为其小名，十二，行也。有《寒玉斋集》及《红豆词》，未见传。万历四十六年（1618）刻冒愈昌编《秦淮四美人诗》四卷，有《郑美人诗》一卷。其诗多送别、寄怀之作。《列朝诗集》闰集录其诗七首，"小传"云："金陵旧院妓，首推郑氏。妥晚出，韶丽惊人。亲铅椠之业，与期莲生者目成，生寄《长相思》曲，用十二字为目，酬和成帙。冒伯麟集妥与马湘兰、赵今燕、朱泰玉之作为《秦淮四美人选稿》，伯麟称妥手不去书，朝夕焚香持课，居然有出世之想。有《述怀》诗寄伯麟云：'浪说掌书仙，尘心谪九天。皈依元凤愿，陌上亦前缘。'良可念也。"《明诗综》卷九八录其诗《雨中赋别》一首，"诗话"谓其"诗笔流便，但不暇持择耳"。《御选宋金元明四朝诗》录其诗六首。《明词综》卷一二录其词一首。清徐树敏等《众香词》数集录其词五首。

郑纪（1433—1508） 字廷纲，号东园。福建兴化府仙游人。景泰四年（1453）举人，天顺四年（1460）进士，选翰林院庶吉士，授检讨，以亲老移疾归。父殁，庐墓读书，以居敬穷理为学。家居二十余年，成化二十二年（1486），起补原职，二十三年升浙江副使，提督学校。弘治三年（1490），升南国子祭酒，五年改南左通政，历南太常寺卿、南户部右侍郎，进本部尚书，致仕。正德三年（1508）十一月卒，年七十六。《千顷堂书目》著录其《东园遗稿》十三卷，现存嘉靖四十四年（1565）刊本《东园郑先生文集》十三卷，前四卷为经筵讲章及奏议，后九卷为杂文。后有康熙本增《续编》一卷，凡文二十一篇，则其九世孙梁英等所续辑也。郑岳《莆阳文献》录其诗三首、文一篇。《明诗综》卷二二录其诗《送林慎学之官》一首，"诗话"云："尚书无诗名，然如'古堰斜连江树没，饥乌低傍野人飞'，'桥头雨歇溪初溜，天际云收山渐多'，亦自琅然可诵。"《御选宋金元明四朝诗》据之录。《四库全书》收《东园文集》十三卷《续编》一卷，《总目》"提要"云："纪入翰林，后归卧屏山，读书二十余年，生平为文，无构思，无易稿，为人假去，亦不复问。门人吴濂称其文'甚类老泉，其气昌，其思深，其辞正而不阿，其辩博而不杂'。今观集内所载诸奏疏，皆恺挚详明，切中时政，诸体文亦多属有关世教之言。《续编》内有归田咨目十条，皆兢兢以礼法自持，盖其人品端谨，亦有足重者焉。"《四库全书总目》又著录《东园诗集续编》八卷，"提要"云："初，纪子主一、主敬尝编其诗为十二卷，今未见传本，此本乃其少子忠搜辑遗篇，故题曰《续集》。"未见传。清郭柏苍《全闽

明诗传》卷九据《明诗综》录其诗《送林慎学之官》一首，则也未见其诗集也。《明诗纪事》丙签卷四录其诗《游鸣峰岩》一首。生平见《国朝献征录》卷三一引《国史实录》本传、雷礼《国朝列卿纪》卷一五九、过庭训《本朝分省人物考》卷七四、《（乾隆）福建通志》卷四四。

郑材（生卒年不详） 字思成，号诚轩。京师保定府安肃（今河北徐水）人。隆庆四年（1570）举人。万历二年（1574）进士，授河南宝丰知县。历任博平、德平县令，十四年升户部广西司主事，十七年迁山西司员外郎，十八年云南司郎中，二十一年山西司郎中。著述有明刻本《悦偃斋文集》三十卷，现流落海外。《皇明诗统》卷三六录其诗四首。生平见《（雍正）畿辅通志》卷六五。

郑作（生卒年不详） 字宜述、宜叔，号方山子。南直徽州府歙县（今属安徽）人。少读书，已而弃之为商，往还北地。喜负气任侠，时时从侠少年轻弓骏马，射猎大梁山中。为诗敏捷，一挥数十篇。时李梦阳坐为宁工撰《阳春书院记》削籍家居，招致门下，论事较射，过从无虚日。其他虽王公大人，不置眼底。周王闻其名，召见，长揖不拜，王礼而遣之。嘉靖初，年四十余，得痰疾，别梦阳南归，殁于丰、沛舟

中。卒后李梦阳选其诗，并为其集作序，称其诗"练句证体，亦往往入格"（《空同子集》卷五一）。现存嘉靖二十七年（1548）歙西郑村方山精舍刊本《方山子诗集》二卷附录一卷，有李梦阳、汪道昆序，《千顷堂书目》著录其《方山子集》二卷即此本也。《皇明诗统》卷二〇录其诗七首。陈有守等《徽郡诗》卷四录其诗四首。《列朝诗集》丙集录其诗十五首，"小传"云："方山初见空同（李梦阳），空同规其诗率易，乃沉思苦吟，不复放笔涂抹。诗数千百篇，空同选得二百余，序而传之。"《明诗综》卷三八录其诗四首，"诗话"云："今观其诗，颇俊利，远胜五岳山人（黄省曾）。"《御选宋金元明四朝诗》录其诗八首。《明诗纪事》丁签卷一七录其诗二首。生平见李梦阳《方山子祭文》（《空同子集》卷六四）、《方山精舍记》（《空同子集》卷四八）。

郑怀魁（1563—1612）　字辂思，号心葵。福建漳州府龙溪（今漳州）人。生于嘉靖四十二年（1563）二月初六。万历二十二年（1594）乡试中举，明年进士，授户部云南司主事。二十七年迁广东司郎中，以大珰索珠甚急，抗疏言"征臣不能化砂砾为明珠"，因之请归。三十一年起补河南司郎中，简放处州知府，迁浙江按察副使，备兵三衢。

时两浙大潦，发衢、婺粟赈之，中蜚语归。四十年正月十七卒于家，年五十。通六书、切韵之学，以诗文称于乡里，家居曾与张燮、蒋孟育、高克正、林茂桂、王志远、陈翼飞等结"霞中社"于芝山，称本郡"七才子"。所著有《葵圃集》《渡江小草》《农臣暇笔》《莲城纪咏》《观海居汇编》等。卒后其三弟郑爵魁辑刻其著述为《葵圃存集》三十卷，现存万历刊本，内诗七卷，收诗二百七十余首，文二十三卷，除序、记等诸体文外，尚有《易说》《子史题评》《杂语》等亦在集中。卷首有万历四十年徐銮序，谓其"诗沿唐音，兼存《玉台》诸体"，又有蒋孟育、高克正、孙如游、张燮等为《葵圃集》《渡江小草》《农臣暇笔》所作旧序及其弟爵魁所作《行略》。《千顷堂书目》著录之《葵圃集》三十卷，即此本也。清郭柏苍《全闽明诗传》卷三五录其诗一首。生平见郑爵魁《行略》（《葵圃存集》卷首）、《（康熙）龙溪县志》卷八、《（乾隆）福建通志》卷四六。

郑坤（生卒年不详）　字顺卿。南直苏州府吴县（今江苏苏州）人。嘉靖间布衣，能诗。《千顷堂书目》著录其《石南集》，未见传。《盛明百家诗》前编录其诗七十余首为《郑石南集》，卷首"识语"谓其诗赋"有萧散清逸之风"。顾起纶《国雅》卷一七录其诗七首。《皇明诗统》卷三五录其诗十首。彭孙贻《明诗钞》、《明诗综》卷五〇、《御选宋金元明四朝诗》《明诗纪事》已签卷二〇录其诗一首。

郑若庸（1490—1577）　字申伯，一作伯仲，号虚舟，别署蜣蜋生。南直苏州府昆山（今属江苏）人。年十六为诸生，后屡试不第，遂隐支硎山中。嘉靖三十一年（1552）春入郢与谢榛、吕时臣游赵康王朱厚煜门。三十三年冬，学士程敏政等延至都下，旋又返郢，为赵王著书，采掇古文奇字，编集为《类隽》三十卷（现存万历刊本）。三十九年赵王死，旅居清源，卖文为生。万历二年（1574），王世懋路经清源，与之邂逅，卒于万历五年，年八十八。以博学通方称，能诗文，尤善词曲。所著传奇《玉玦记》，有万历九年金陵富春堂刻本、明末汲古阁原刻初印本及汲古阁刻《六十种曲》本等，凡三十六折，演王商、秦庆娘离合故事，情节类唐人小说《李娃传》（《全唐五代小说》卷二三）。词曲则上承《香囊记》，以典丽著名。吕天成《曲品》云："典雅工丽，可咏可歌，开后人骈绮之派。"然用典过多，臧懋循《元曲选序》云："至郑若庸之《玉玦》，始用类书为之。"王骥德《曲律》卷三亦云："《玉玦》句句用事，如盛书柜，

翻使人厌恶。"又有《大节记》，佚。清康熙三十八年（1699）刊本《荥阳杂俎八种》（程定远辑）收其《词余》一卷，张琦等《吴骚合编》尚辑其佚曲套数一套。《千顷堂书目》著录其诗文著述《蜣蜋集》八卷又《北游漫稿》三卷，现存隆庆三年（1569）汪良迪刊本《北游漫稿文》三卷，又隆庆四年胡迪刊本《蜣蜋集》八卷（文七卷诗一卷，郑存仁序），又清抄本《北游漫稿诗》二卷（有隆庆三年王锡爵序）。《皇明诗统》卷二一录其诗七首。《列朝诗集》丁集录其诗二首。《明诗综》卷四九录其诗五首，《御选宋金元明四朝诗》据之录。《四库全书总目》著录《北游漫稿》二卷、《蜣蜋集》八卷，"提要"云："其诗与谢榛齐名，然材力逊榛之富健，文又其余事矣。"《明诗纪事》已签卷二〇录其诗一首。生平见詹玄象《蜣蜋生传》（《蜣蜋集》卷首）、王兆云《皇明词林人物考》卷一二、《（康熙）苏州府志》卷四五。

郑国轩（生卒年不详）　浙江人。撰传奇二种，内《牡丹记》已佚，《白蛇记》现存明万历间金陵唐氏富春堂刊本，题《重刻出像音注刘汉卿白蛇记》二卷三十六出，署"浙郡逸士郑国轩编集"。剧演秦时四川人刘汉卿救龙王子得报诸事。明阙名据此改编为《鸾钗记》传奇，明翁

子忠《白蛇记》传奇，亦郑剧之改编本，均佚。祁彪佳《远山堂曲品》著录《白蛇记》云："王元美评《幽闺》有三短，终本不令人堕泪，其一也。若此记，点点是泪矣。盖由作手轻熟，故转折不费力，而科诨无不妙合。传为吴下一优人所作。"国轩或为艺人，未可知也。

郑国宾(生卒年不详)　字汝嘉，号越渠、朴里子、抱朴子。浙江金华府兰溪人。嘉靖二十九年(1550)进士，除婺源知县。征授兵科给事中，改礼科。赵文华等赵怿思斋祀停封章日请假送父，帝大怒，戍怿思边卫，以礼科失纠劾，郑国宾与都给事中谢江等六人皆廷杖削籍归，时年三十八。既归，以庭前有朴树荫数亩，日偃息其下，酌酒赋诗，自号朴里子，人称抱朴先生，以吟咏终焉。有诗名，方志著录其有《卧云堂集》，未见传。阮元声《金华诗粹》录诗四十二首。清黄彬等《金华诗录》卷三三录诗五十首，"小传"谓其诗"酷喜摹古，不特用古题者步趋古意，偶一落笔，语言意思皆识经纬，五七言小诗亦能得此意"。《明诗纪事》己签卷一〇录诗十三首，按云："汝嘉七言歌行、五绝、七绝风流跌宕，大有古人遗韵。"清王崇炳《金华文略》录文一篇。生平见萧彦《掖垣人鉴》卷一四、《(万历)兰溪县志》卷五。

郑明宝(生卒年不详)　字信之，号松庵。南直徽州府歙县(今属安徽)人。布衣能诗。所著有《郑松庵漫稿》七卷附录一卷，现存嘉靖刊残本，残存卷三至卷七，计存诗二百四十九首。集末有王元《寿松庵郑先生六十序》及嘉靖三十六年(1557)徐公霖后序。《皇明诗统》卷二二录其诗六首。陈有守等《徽郡诗》卷四录其五言律诗二首。

郑明选(生卒年不详)　字侯升，号春寰。浙江湖州府归安(今湖州)人。隆庆元年(1567)举人，万历十七年(1589)进士，除安仁知县，升南刑科给事中，以疾归。《千顷堂书目》著录其《鸣缶集》及《秕言》四卷。现存万历间归安郑氏家刊本《郑侯升集》四十卷，内赋一卷，收赋六篇，诗十一卷，收诗八百余首，又各体文十一卷、奏疏四卷、《秕言》十卷，有万历三十一年朱国祯序及其子郑文震《后跋》，为其卒后所刊也。《秕言》者，皆考证之文，《四库全书总目》杂家类著录《秕言》四卷，"提要"谓其"舛误颠倒者不可以殚数"。四卷本《秕言》有万历二十四年刊本，与《郑侯升集》所载十卷不同，十卷当为增补本也。《列朝诗集》丁集录其诗五首，"小传"云："郑君不以诗名，得数章于《吴兴艺文补》，殊有俊气，采而录之。"盖未见其集也。《明诗综》卷五六录其诗四十六首,"诗话"谓其"五言近体,全学高达夫;七言近体,全学杜子美。语不求工,而句锤字炼,卓然名家。是时汪伯玉(汪道昆)、刘子威(刘凤)、冯元成(冯时可)、屠纬真(屠隆)辈,类守其螫壳,而遗其神明。其在西吴,徐子与(徐中行)、吴峻伯(吴钟峦)皆然,先生之诗,遂无人赏激者,以致钱牧斋(钱谦益)《列朝诗集》仅录数首,予亦取先生之作特多,天下之宝,要当与天下共之也"。清沈德潜《明诗别裁集》录其诗三首。《御选宋金元明四朝诗》录诗八首。清陆心源《吴兴诗存》四集卷一一录诗五十八首。《明诗纪事》庚签卷一六录诗三首。《明文海》录文一篇。清陈元龙《御定历代赋汇》录其赋四篇。生平见《(光绪)归安县志》卷三八。

郑岳(1468—1539)　字汝华,号山斋。福建兴化府莆田人。七岁而孤,舅父林嶷抚其成人。弘治二年(1489)举人,六年进士,授户部主事。十二年改刑部山东司主事,历浙江司员外郎,十四年出为湖广按察司佥事。正德初迁广西兵备副使,调广东,进江西按察使,就迁左布政使,遭宁王朱宸濠诬陷,夺官为民。宁王伏诛,起四川左布政使,以忧未赴。嘉靖初起右

副都御史,巡抚江西,甫三月,召为大理寺卿,进兵部右侍郎,转左,以"议大礼"忤旨夺俸,言官风闻媒蘖其短,因力请致仕。家居十五年,卒于嘉靖十八年(1539),年七十二。为诗以慕古为宗,又多记自身经历故事,有"畅达蕴藉"之称(柯维骐《郑岳传》)。集中《幽居公署书怀》诗,即自叙其官江西按察使时与李梦阳由原来互相倾慕终至龃龉之事。嘉靖六年(1527)归田后与缙绅林有年、林茂达、宋元翰、吴希由、林嘉绩、林季琼等效香山九老故事,建"逸老会",结社吟诗,集中亦多记之。又留心乡邦文献,辑《莆阳文献》十三卷《莆阳文献列传》七十四卷(后万历间黄起龙刊本增七十五卷)。嘉靖十七年曾刊其诗作为《山斋吟稿》二卷,马明衡序,柯维熊后序,今存。后其曾孙郑玄辑其诗文,结集为《郑山斋先生文集》二十四卷,有万历十九年(1591)莆田郑氏家刊本,内诗七卷、文十七卷。《明史·艺文志》著录其《山斋稿》二十四卷即此本也。《四库全书》收录《山斋集》二十四卷亦据此本,《总目》"提要"云:"其居官颇著风节。而为江西按察使时,与李梦阳互讦。为兵部侍郎时,又为聂豹劾罢。所与龃龉者,乃皆正人。盖其天性孤介,非惟与小人相忤,即君子亦不苟合。其

文章落落远俗,固亦有由焉。"又《(文津阁)四库全书总目》"提要"云:"今观所作,当信阳、北地初起之时,文格未变,犹恪守茶陵(李东阳)之矩度,虽条畅有余,奇丽不足,而质实平易,不染涂饰钩棘之伪体,固宜以其人存之者矣。"《石仓十二代诗选·明诗选》录其诗八十二首。《明诗综》卷二七上录其诗八首。清间郑王臣《莆风清籁集》录其诗二十三首。清郭柏苍《全闽明诗传》卷一二录其诗十四首。清涂庆澜《莆阳文辑》卷三录其文一篇。《明诗纪事》丁签卷六录其诗四首,按语谓其"五言诗亦有风韵"。生平见柯维骐《郑公墓志铭》(《国朝献征录》卷四〇)、柯维骐《郑岳传》(《莆阳文献列传》卷七五)、《明史》卷二〇三。

郑学醇(生卒年不详)　字承孟,号慕洲。广东广州府顺德(今佛山)人。隆庆元年(1567)举人,授广西郁林州学正,万历十二年(1584)官广西武缘知县。喜吟咏,诗作甚多。《千顷堂书目》著录其《勾漏草》及《武缘县志》。现存清康熙六十一年(1722)郑时达刊本《勾漏集》五卷,收其诸体诗四百五十余首,又附《咏史诗》一百六十首,遍咏《史记》《汉书》《三国志》直至《隋书》《唐书》人物一百六十人。郭棐《岭海名胜记》录其诗六首。

清屈大均《广东文选》卷二八录其诗十四首。《明诗综》卷五一录其诗《园居》一首,《御选宋金元明四朝诗》据之录。清梁善长《广东诗粹》卷五录其诗七首。《明诗纪事》庚签卷九录其《赠隐者诗》一首。生平见《(道光)广东通志》卷七五。

郑定(生卒年不详)　字孟宣,号澹斋。福建福州府闽县(今福州)人。善击剑,工古篆、行书,以诗闻于东闽。元季,陈友定辟其为记室,友定败,浮海走交、广间,久之还乡。明洪武末年征授延平训导,历齐府纪善,终国子助教,永乐初尚在世。《千顷堂书目》著录其《澹斋集》,徐𤊹《晋安风雅》记其有《浮丘集》。万历四年(1576)袁表、马荧辑高以陈家所藏明初闽人诗,辑编林鸿、郑定、王褒、唐泰、高棅、王恭、陈亮、王偁、周玄、黄玄十人诗,刊为《闽中十子诗》三十卷,后人因称此十人为明初"闽中十子"。《闽中十子诗》内卷二一为《郑博士集》,收其诗十二首。"十子"皆尚唐音,林鸿、郑定、高棅为首倡(王褒《朱宗珏行卷诗序》),然郑定诗传世无多。《皇明诗统》卷七录其诗七首。徐𤊹《晋安风雅》录其诗七首。《石仓十二代诗选·明诗选》《列朝诗集》甲前集录其诗四首。《明诗综》卷一〇录其诗一首。清郭柏苍《全闽明诗传》卷五录其诗四首。《明诗纪事》甲签卷一〇录其诗二首。生平见王兆云《皇明词林人物考》卷二、《明史》卷一二四。

郑居贞（？—1402）　初名久成，改名士桓，又名桓，字居贞，以字行。父潜，歙县人，元季宦于闽，家于闽县（今福建福州），遂落籍。师于贡师泰。明洪武间举明经，授巩昌府通判，迁礼部郎中，出为河南左参政。曾从方孝孺游，孝孺亦自谓与居贞及林右最善，则孝孺与林、郑，殆弟子而兼友人。后居贞坐方孝孺党，被害于南京。其文行为时所重，所著有《闽南》《关陇》《归来》《桧庭》等稿，《明史·艺文志》著录《郑居贞集》五卷，未见传。程敏政《新安文献志》录其诗十首。《皇明诗统》卷三录其诗五首。陈有守等《徽郡诗》录其诗二首。《列朝诗集》甲集录其诗四首。《明诗综》卷一六录其诗五首。《御选宋金元明四朝诗》录其诗三首。清郭柏苍《全闽明诗传》卷二录其诗一首。《明诗纪事》乙签卷一录其诗二首。生平见《郑居贞传》（《国朝献征录》卷九二引《忠节录》）、《明史》卷一四一。

郑威（生卒年不详）　字伯震，一字沙村。福建福州府闽县（今福州）人。嘉靖五年（1526）进士，曾历官南京大理评事、宁波知府。所著有《沙村集》，现存嘉靖十一年林继皋序刊本《棘庭漫稿》二卷。又有嘉靖四十五年其子浔州府学训导郑应星浔州刊本《刺明漫稿》不分卷，内收诗九十余首、文十七篇，有丰坊序。清郭柏苍《全闽明诗传》卷一九录其诗一首。生平见《（乾隆）福州府志》卷三九。

郑洛（1530—1600）　字禹秀，号范溪，又号塞翁。京师保定府安肃（今河北徐水）人。祖郑隆、父郑显均为兵部尚书。洛嘉靖三十四年（1555）中举，明年进士，除登州府推官。征授广东道御史，出为四川参议，历山西参政、浙江左布政使，万历二年（1574）以右佥都御史巡抚山西，加右副都御史。入为兵部右侍郎，七年以左侍郎总督宣大、山西军务，十四年以功进兵部尚书，加太子少保，进太子太保，入理戎政。十八年，洮河用兵，诏兼右都御史，经略陕西、延宁、甘肃、宣、大、山西边务，加少保，鞑靼侵袭，受旨西征，败敌回朝，言者以"侮报功绩"劾，谢病归。万历二十八年卒，赠太保，谥襄敏。郑洛以边功称，居边塞而不废吟咏，多有诗作。万历九年曾刊诗集称《阳和稿》，张佳胤序，未见传。万历二十七年家居时，方登瀛辑其诗作刊为《白贲堂诗草》十四卷，分体收录其五七言古体诗百余首、五七言近体诗七百余首，首有陈蕖序，张佳胤万历九年序亦置于卷首。另有万历十五年顾愿抄本《郑制府诗》一卷,万历三十五年刊《郑襄敏公尺牍》十九卷。明刻项德桢编《名臣宁攘要编》收其《抚夷纪略》一卷。《千顷堂书目》另著录其《蓟塞答问》一卷又《抚驭贡夷纪略》二卷。《皇明诗统》卷三六录其诗五首。清王崇简《畿辅明诗》、《明诗综》卷四四、《明诗纪事》己签卷一二录其诗一首。生平见《(雍正)畿辅通志》卷七一、《明史》卷二二二。

郑珞(生卒年不详)　字希玉,号讷庵。福建福州府闽县(今福州)人。永乐十二年(1414)举人,明年进士,选翰林院庶吉士,授户部主事。宣德五年(1430)十一月,宣宗为振兴吏治,命廷臣二十五人出任地方州府长官,诏郑珞出知宁波府。在宁波有治绩,与苏州况钟齐名。八年以忧归,郡民上疏乞留,诏复任,升浙江参政,未上卒。《明史》入《循吏传》。亦喜文艺,案牍之暇,手不释卷,时寄兴吟咏。《千顷堂书目》著录其《讷庵集》四卷,未见传。现存嘉靖刊本《鸡肋集》一卷,收诗八十首及序文一篇,有嘉靖十六年(1537)赵维跋、十五年郑㷆跋。《石仓十二代诗选·明诗选》录其诗三十七首。徐㷆《晋安风雅》录其诗十四首。《明诗综》卷一八下录其诗《送高时旭还闽》

一首。清郭柏苍《全闽明诗传》卷八录其诗九首。《明诗纪事》乙签卷七录其诗《江南曲》一首。生平见《(嘉靖)宁波府志》卷二五、《(乾隆)福建通志》卷四三、《明史》卷二八一。

郑真(1331—?)　字千之,号荥阳外史。浙江宁波府鄞县(今宁波)人。元季处州教授郑觉民仲子,与兄驹、弟凤,并以文学擅名,乡里称"郑氏三骥"。真长于《春秋》,尤以古文称。洪武五年(1372)乡试第一,六年授临淮县儒学教谕,十七年秩满还京,迁江西广信府教授,二十年后引年归里,终老于家。《明史·艺文志》著录其《学范》六卷、《荥阳外史集》一百卷。《荥阳外史集》为其诗文别集,《四库全书》所收已为残本,仅存六十三卷,内有骚、赋各一卷及诗十卷。《总目》"提要"云:"初,(郑真)与金华宋濂声价相埒,尝与濂共作《裴中著存堂记》,真文先成,濂为之阁笔。后濂致位通显,黼黻庙廊,真偃蹇卑栖,以学官没世,故声华阒寂,传述者稀。今观所作,虽不能与濂并骛词坛,而义有根柢,词有轨度,与濂实可肩随,未可以名位之升沉,定文章之优劣也。"《千顷堂书目》另著录其所辑《四明文献录》,未见。《四明风雅》卷一录其诗五首。《石仓十二代诗选·

明诗选》录其诗六首。清胡文学《甬上耆旧诗》卷四录其诗八首。《明诗综》卷一四录其诗十二首。《明诗纪事》甲签卷二八录其诗三首，按云："荥阳外史邃于经学，以文名家，诗亦清俊，不愧雅音。"《明文海》录其文一篇。《四明文征》录其文四篇。生平见张弘道、张凝道《皇明三元考》卷一、《（雍正）浙江通志》卷一七五。

郑晓（1499—1566）　字窒甫，号澹泉。浙江嘉兴府海盐人。生于弘治十二年（1499）正月。嘉靖元年（1522）举人，明年进士，授兵部主事。三年以"争大礼"受廷杖，改吏部。历郎中，以忤严嵩，谪陕西河州同知。迁太仆丞，历南太常卿，召拜刑部侍郎，改兵部，兼副都御史，总督漕运。入为吏部侍郎，迁南吏部尚书，改右都御史协理戎政，再改刑部尚书，为严嵩所恶，落职归。卒于嘉靖四十五年九月十四，年六十八，赠太子少保，谥端简。通经术，熟习国家典故，时望蔚然。经史、诗文及杂著甚多，嘉靖、万历间多曾单刊行世。嘉靖四十四年项笃寿万卷堂合刊为《郑端简公全集》八种一百二十七卷，后又有万历刊本，内有《郑端简公奏议》十四卷、《郑端简公文集》十二卷、《衡门集》十五卷、《古言》二卷、《今言》四卷、《征吾录》二卷、《吾学

编》六十九卷。内《郑端简公文集》有诗二卷、《衡门集》有诗十一卷。又有明刻《司寇端简郑公策学》六卷，嘉靖四十三年刊《禹贡图》一卷、《尚书禹贡说》一卷，万历二十四年项皋谟刻《禹贡说》一卷图一卷，清抄本《澹泉笔述》十二卷。《明史·艺文志》另著录其《尚书考》二卷、《删改史论》十卷、《直文渊阁表》一卷、《典铨表》一卷；《四库全书总目》另著录《四书讲义》不分卷、《逊国君纪抄》一卷、《臣事抄》六卷。《皇明诗统》卷二三录诗一首。《明诗综》卷三九录其诗一首，"诗话"云："公锐意经史学，韵语不多作，然曾刊《鸣唐万选绝句》以行，非不留心风雅也。"清沈季友《檇李诗系》卷一二录其诗九首。《四库全书总目》著录其《端简文集》十二卷，"提要"谓其文"亦直抒所见，不以辞藻求工"。《明诗纪事》戊签卷一五录诗三首，按云："诗非所长，纪事之篇，风藻不匮。"生平见徐阶《郑公墓志铭》（《世经堂集》卷一八）、戚元佐《端简公晓传》（《国朝献征录》卷四五）、王兆云《皇明词林人物考》卷八、《明史》卷一九九。又郑履淳撰《郑端简公年谱》九卷附录于《郑端简公全集》）。

郑琰（生卒年不详）　字翰卿。福建福州府闽县（今福州）人。万历间布衣，以能诗游缙绅间。所著

有《二陬诗稿》，据陈益祥为郑琰所作《草泽编序》（《陈履吉采芝堂文集》卷一四），则其又有《草泽编》，均未见传。徐㷿《晋安风雅》录其诗二十七首，《榕荫诗话》云："郑翰卿工七言，少游边疆，集中多悲壮语。"《列朝诗集》丁集录其诗十六首，"小传"云："（琰）豪于布衣，任侠遨游闽中，词馆诸公争延致之，高文典册，多出其手……之金陵，新安富人吴生延居幸舍，以上客礼之。翰卿醉辄唾骂主人，呼为钱房。吴与其兄构讼，疑翰卿泄其阴事，文致捕置京兆狱，竟瘐死狱中。"《明诗综》卷六三录其诗二首，"诗话"云："翰卿诗名籍甚，兴致故超。七言近体，全得力于《唐诗鼓吹》者。"清沈德潜《明诗别裁集》录其诗一首。《御选宋金元明四朝诗》录诗四首。清郭柏苍《全闽明诗传》卷三八录诗十七首。《明诗纪事》庚签卷二七录诗四首。生平见《（乾隆）福建通志》卷五一。

郑棠（生卒年不详）　字叔美，号道山。浙江金华府浦江人。出身义门郑氏，与从父楷、弟柏，俱受业于宋濂，以文词知名，棠尤善驰骋。永乐初用礼部尚书李至刚荐，与修《永乐大典》，书成，除翰林院典籍。仁宗为太子监国南京，选为进讲儒臣，升翰林检讨，以疾辞归。《千顷堂书目》著录《道山集》二十卷。现存清活字本《道山集》六卷，卷一为赋，卷二为辞颂铭赞及四言、五言古体、歌行乐府，七言绝句及词余，又附以论二篇，卷三为记序而附以五七言律诗、五言绝句，后又附以杂文，卷四为经筵讲义，卷五、卷六为《元史评》，又以杂著附入，编次颇为猥杂。诗文多应制之作，如《龙马产麟赋》《甘露颂》《驺虞颂》《元夕观灯应制》等。《四库全书总目》著录《道山集》六卷，"提要"云："棠以文章选入翰林，由典籍至检讨，而于诗殊不擅长，朱彝尊作《明诗综》不登一字，盖非疏漏矣。"清陈元龙等《御定历代赋汇》收其《长江天堑赋》一篇。近人赵尊岳《明词汇刊》据《道山集》录词九首，题为《道山词》。生平见《（雍正）浙江通志》卷一八一。

郑赐（？—1408）　字彦嘉。福建建宁府瓯宁（今建宁）人。洪武十七年（1384）领乡荐，明年进士，授监察御史。迁湖广右参议，丁内艰归，服除，改北平，以坐事谪戍安东屯。惠帝即位，召为工部尚书。靖难军南下，督河南兵扼燕，成祖入京，李景隆讦其罪，逮至，以尽职对，释不问，授刑部尚书。永乐三年（1405）转礼部尚书，监修《永乐大典》。为人和厚，或言其可谓君子，然短于才，为同官所间，帝轻之，六年六月以忧悸卒。洪熙元年（1125）赠太子太保，谥文安。《千顷堂书目》著录《闻一斋集》四卷，现存崇祯六年（1633）徐燉家抄本《闻一斋诗稿》不分卷，收诸体诗四百余首，末附所作应制文《驺虞颂》《神龟颂》《河清颂》及所遗杂文五篇，另有姚广孝永乐四年为其集所作跋。抄本卷首洪武丙子（二十九年）陆弁序及毗陵王达序，皆称其集为《适兴集》，当为原名也。清郭柏苍《全闽明诗传》卷四录诗六首。生平见胡俨《郑公神道碑铭》（《国朝献征录》卷三三）、何乔远《名山藏》卷六、《明史》卷一五。

郑赓唐（生卒年不详） 字而名，号宝水。浙江处州缙云人。天启七年（1627）举人，有志圣学，躬行实践，克自砥砺。虽屡困礼闱，益求经世之务。崇祯十七年（1644）明亡，福王立金陵，未几，南都告变，朱聿键监国福州，赓唐以荐授翰林院待诏。寻升吏部稽勋主事，进员外郎，摄文选事。时疆土日蹙，权贵嚣张，岌岌然有不可终日之势。赓唐感愤，上书数万言，然莫能救，因归，后不知所终。研《易》，《四库全书总目》著录其《读易搜》十二卷，"提要"谓其论"多经生之常义"，"又《说卦》，章次亦加删并，而不言所以改定之故，更不免变乱之讥。盖犹明季诸人轻改古经之余习也"。另有《古质疑》一

卷，"提要"谓"是编评论史事凡三十八条……多先儒所已论，无庸剿袭陈言"。清汤成烈《缙云文征补编》录其文三十八篇，诗一百三十首，因知其亦能诗文矣。生平见《（康熙）缙云县志》卷八。

郑善夫（1485—1524） 字继之，号少谷。福建福州府闽县（今福州）人。生于成化二十一年（1485）十一月二十。弘治十七年（1504）与其族叔郑时行同赴乡试中举，明年又同中进士。观政期孝宗薨，武宗即位，正德元年（1506），因修《孝宗实录》，奉命至吴地谂孝庙事实，明年其父郑元恺病故，闻讣，丁忧返乡。六年服除，授户部广西司主事，榷浒墅关，年底南下，八年任满还京，以病辞归。还乡后筑少谷草堂于金鳌峰，与傅汝舟、高瀔等人诗酒倡和。十三年再除礼部祠祭司主事，十四年转本司员外郎，以上《谏冬巡疏》阻武宗南巡，杖阙下。十五年春，因病乞归，归里后居南湖，去郡城十五里，日与林钺、傅汝舟、高瀔等觞咏其中，有终老之志。嘉靖二年（1523）诏起南刑部郎中，寻转吏部，十二月北上赴任，便道游武夷，深入九曲，遇风雪抱病，因放舟返乡，抵家二日卒，时为十二月二十八（1524年2月2日），年三十九。善夫与李梦阳、何景明、徐祯卿、边贡、朱应登、顾璘、

陈沂、康海、王九思并称"弘治十才子"。又与林钺、方豪、殷云霄、孙一元、黄绾等为友,以诗名于当时,在闽则称一时翘楚,故王世懋《艺圃撷余》云当时闽中诗人"差堪旗鼓中原者,仅一郑善夫耳"。卒后,嘉靖四年福州知府汪文盛辑刻其诗文著述成《郑文》十五卷《郑诗》十三卷附录二卷。万历二十四年(1596)谢肇淛刊《郑诗》(现存残本八卷),则为其诗之选本。崇祯九年(1636)郑奎光刻《郑少谷先生全集》二十卷附录二卷,有徐𤊹、曹学佺序。当时又有徐𤊹抄本《少谷山房杂著》不分卷附录一卷,收善夫《易论》《洪范论》等杂著及佚诗佚文等,今亦存世。清康熙二年(1663)郑衍祖等又刻《郑少谷先生全集》二十五卷,内诗八卷文十四卷附录三卷,总计存诗逾千首,文约二百篇。《明史·艺文志》著录其《少谷全集》即此本,后又有清乾隆四十二年(1777)及道光四年(1824)刊本。《四库全书总目》另著录其《经世要谈》一卷(为《明世学山》《学海类编》等丛书收录)。《盛明百家诗》前编录其诗二百余首为《郑少谷集》。顾起纶《国雅》卷六录其诗九首。《皇明诗统》卷一七录其诗二十六首。赵南星编《明十二家诗选》录其诗为《郑少谷集》四卷。徐𤊹《晋安风雅》录其诗四十首。《石仓十二代诗选·明诗选》录其诗九十余首。《皇明诗选》录其诗八首。《列朝诗集》丙集录其诗六十三首。《明诗评选》录其诗九首。《明诗综》卷三二录其诗二十二首,"诗话"云:"继之在弘、正间,不袭李(梦阳)、何(景明)余论,别开生面,好盘硬语,往往气过其辞。虽源出杜陵,实有类山谷者。集中感时之作,可观可怨,颇不犹人……当时孙(孙一元)、郑并称,孙非郑敌。朱(朱应登)、郑并称,朱亦非郑匹也。"清沈德潜《明诗别裁集》录其诗四首。《四库全书》据清康熙本收《郑少谷集》二十五卷,《总目》"提要"云:"其诗规模杜甫,多忧时感事之作。"清郭柏苍《全闽明诗传》卷一三录其诗二十三首。《明诗纪事》丁签卷四录其诗三十一首,按云:"少谷清才,集中仿魏晋以来,无所不有,但摹杜为多耳。大约气格雄浑,五律歌行最胜;音节浏亮,七言律绝为优。但模拟极肖,融化为艰,短制偏工,大篇未化。其品次在何(何景明)、李(李梦阳)、边(边贡)、徐(徐祯卿)之亚,余子不及也。"《明文海》录其文五篇,评语云:"少谷之文规模逼窄,而嫣然有秀色。"生平见林钺《郑少谷先生墓碑》(《国朝献征录》卷二七)、邓原岳《郑继之先生传》(万历谢肇淛刊《郑诗》残本附)、王兆云《皇明词林人物考》卷五、《明史》卷二八六。

郑瑗(1450—1490)　字仲璧，号省斋。福建兴化府莆田人。成化十三年(1477)举人，十七年进士，授南礼部主事，弘治三年(1490)迁郎中，以疾卒于官，年四十一。性嗜学，喜涉猎诸书。《千顷堂书目》著录其《省斋集》，方志记其尚有《蝈笑集》，未见传。诗传世甚少，《明诗综》卷二五、《御选宋金元明四朝诗》录其诗一首。清郑王臣《莆风清籁集》卷一三录其诗六首，《兰陔诗话》谓其"博极群书，含英茹实……诗亦典雅雄健，不落畦畛"。清郭柏苍《全闽明诗传》卷一一录其诗二首。《明诗纪事》丙签卷七录其诗一首。所著笔记《井观琐言》，则颇为人所知。《四库全书》收《井观琐言》三卷，"提要"云："其书大抵皆考辨故实，品隲古今，颇能有所发明……在明人说部中尚称典核，惟不喜宋濂，谓'其文多浮词，于性命之学不甚理会'。未免失之过刻。"另有随笔《蝈笑偶言》一卷，见于《百陵学山》《说郛》《学海类编》等丛书，多论古之语，间及考证，止二十六条，《四库全书总目》"提要"谓其"远不及《井观琐言》也"。生平见《(乾隆)福建通志》卷五一、《(乾隆)兴化府莆田县志》卷二二。

郑鄤(1594—1639)　字谦止，号峚阳，又号天山。南直常州府武进(今江苏常州)人。生于万历二十二年(1594)八月初九。万历四十年领乡荐，天启二年(1622)进士，观政都察院，选翰林院庶吉士，以忤魏忠贤削籍。崇祯即位，起故官，丁内外艰，未赴。服除，崇祯八年(1635)应召到京，又忤温体仁，温诬其杖母不孝，帝震怒，下诏狱，以无佐证，狱久不决，侍郎刘宗周、谕德黄道周先后论救，锦衣卫吴孟明亦抗疏申辩之，帝深信温体仁言，皆不听，十二年八月二十六磔于市，年四十六。十一年八月于狱中作《峚阳草堂说书》七卷及《自叙年谱》授其子郑珏，所言皆心学之说。有诗名，现存崇祯刊本《峚阳草堂诗集》八卷，《千顷堂书目》著录其《峚阳集》八卷即此本。又有清康熙刊本《峚阳草堂诗集》二十卷(内分为《归去来斋草》《赤水洞天草》《极玄洞天草》《咏真洞天草》《耀真洞天草》《邂斋险韵诗》《放鹤山房草》《山隐庐草》《青霞洞天草》《林屋洞天草》《蓬玄洞天草》《狱中草》《国风赋》)。又1932年刊本《峚阳草堂集》于《诗集》二十卷外增《文集》十六卷附录一卷。《诗集》有沈世奕、黄道周、陈仁锡、陈继儒等序。《文集》有钱拓锃等序，附录收其《自撰年谱》及黄道周所作《墓志》、汤修业诸人所撰《冤狱辨》数篇。《明史·艺文志》另著录其《禹贡注》一卷。《御选宋金元明四朝诗》录其诗十一首。生平见黄道周《郑埊阳年兄暨元配周孺人墓志》(《埊阳草堂文集》卷一六)。

郑鹏(生卒年不详)　字于汉，一字蒲涧。福建福州府闽县(今福州)人。弘治十四年(1501)举人，除淮安府学教授。著有《编筥集》，未见传。《皇明诗统》卷二○录其诗十五首。徐𤏡《晋安风雅》录其诗三首。《石仓十二代诗选·明诗选》录其诗六十五首。清陈邦彦《御定历代题画诗类》录其诗五首。清郭柏苍《全闽明诗传》卷一三录其诗十首。《明诗纪事》丁签卷九录其诗一首。

郑满(1465—1515)　字守谦，号勉斋。浙江宁波府慈溪人。弘治五年(1492)举人，春试不第，以乙榜授临清州学正。历道州知州，濮州知府，正德五年(1510)年四十六，请致仕归。正德十年三月初四卒，年五十一。治《诗经》《三礼》，为政好行其所学。为诗文喜谈经济，辟浮屠、老子之说。经学著作有《诗经讲义》《三礼合参》等。清康熙间其仍孙郑梁辑其诗文遗著刊为《勉斋先生遗稿》三卷，文二卷收其记、叙等各体文三十篇，诗一卷，收诗三十五首、词五首，首康熙七年(1668)万斯同序，末附家传、墓志。《四库全书总目》著录《勉斋遗稿》三卷，"提要"谓其诗文"大旨不诡于正，而颇乏修词之功"。清尹元炜《溪上诗辑》卷三录其诗二首。《四明文征》卷五录其文一篇、《四明近体乐府》卷八录其词一首。近人赵尊岳《明词汇刊》辑录其词为《勉斋词》。生平见李堂《郑君墓志铭》、清郑启《勉斋府君家传》(《勉斋先生遗稿》附录)，又见《(雍正)浙江通志》卷一五七。

郑潜(生卒年不详)　字彦昭，号樗庵。歙县(今属安徽)人。元末以掾吏起家，以广东帅府从事上计京师，遂为监修国史掾，后擢正字。历官监察御史、福建行省员外郎、海北道廉访副使、泉州路总管。洪武初，以荐为宝应县主簿，迁潞州同知，十年(1377)致仕。有学行，以诗名，与郑玉、揭傒斯交游甚笃。元末贡师泰序其诗，称有歌诗二卷，题曰《行役稿》《揽辔稿》，其时为福建廉访副使，至揭汯序始称为《樗庵类稿》，不言卷数，据其所言，仍成于元末官福建时，盖初为《行役稿》二卷，后删并为一卷，而益《揽辔稿》一卷，仍为二卷，终乃合为一编，改题曰《樗庵类稿》。《千顷堂书目》则著录其有《白沙稿》又《樗庵类稿》二卷。诸集至清皆不传，四库馆臣因从《永乐大典》

辑得其古体诗五十首、近体诗一百四十六首并贡师泰、揭汯原序，仍编为二卷，名《樗庵类稿》二卷，收入《四库全书》。《总目》"提要"云："潜虽起家掾史，而天资绝异，其诗词意轩爽，有玉山朗朗之致，视元末纤秾之格特为俊逸。"程敏政《新安文献志》收其诗十二首。陈有守等《徽郡诗》录其诗二首。《明诗综》卷一三录其诗一首。《明诗纪事》甲签卷一五录其诗五首。生平见程文《序郑彦昭集》《《新安文献志》卷九五》、《(乾隆)江南通志》卷一六七、《(乾隆)福建通志》卷五二。

郑瓛（1453—1534）　字温卿，号北园。浙江金华府兰溪人。生于景泰四年（1453）十月十八。成化十三年（1477）举人，明年以会试乙榜授闽县训导。弘治三年（1490）中进士，授邹平知县，改长洲，又改楚雄府判官，致仕归。家居三十余年，嘉靖十三年（1534）正月十八卒，年八十二。郑瓛为章懋弟子，学宗程朱，遇事则言论激越，故常与时不谐，而平生著述不辍。《千顷堂书目》著录其《纲目撮要补遗》《鸿迹录》又《鸑音录》《道德经正解》《阴符经正解》及《蛙鸣集》。现存隆庆间其孙郑国贤刻、清康熙补修本《北园蛙鸣集》十二卷，内文九卷，收各体文一百八十余篇，诗三卷，收五七言古近体诗三百七十余首。卷首有隆庆元年（1567）郑本立序，又有郑国贤序、郑国宾序、彭泽《读蛙鸣集》及唐龙等撰墓志铭、小传。阮元声《金华诗粹》录其诗四首。清黄彬等《金华诗录》卷二八录其诗十八首。《明诗纪事》丁签卷六录其诗二首，按云："温卿诗任意发抒，不受模范。《蛙鸣集》自序云：'蛙，水族之微也。候至则不得不鸣，候去则不得不止。其鸣其止，蛙不得以自由，亦不自知其故。'可谓善于自喻。"清王崇炳《金华文略》录其文二篇。生平见《北园蛙鸣集》卷首唐龙《郑瓛墓志铭》、凌翰《郑瓛传》及《(万历)兰溪县志》卷四、清王崇炳《金华征献略》卷一二。

单本（生卒年不详）　字槎先，一作槎仙。浙江绍兴府会稽（今绍兴）人。与吕天成、祁彪佳等为友。祁彪佳《远山堂曲品》著录其传奇二种：《露绶记》《蕉帕记》。《远山堂尺牍》崇祯二年（1629）《与袁刍公》又曾言其有《风筝》《跃剑》《宫花》三种传奇。清佚名抄本《传奇汇考标目》别本另著录其有《鼓盘记》《合钗记》《菱镜记》三种传奇。今仅存《蕉帕记》，有万历金陵文林阁刻本，题《刻全像点板五闹蕉帕记》，又有明木汲古阁原刻初印本、汲古阁刻《六十种曲》本。是剧二卷三十六出，演南宋人龙骧遇狐故事。谓龙骧思慕其养父之女胡弱妹，有西施转化之白狐，施展变化，计采龙骧之元阳，又撮合二人成婚；后白狐得吕洞宾点化登仙箓，称长春子，龙骧得其相助，中状元，获天书，败金兀术、杀刘豫，使秦桧死于岳飞鞭下。是剧以非非之想构筑，识见、曲辞亦未见出众。然《远山堂曲品》列其入"逸品"，评语曰："槎仙生而不好学，故词无腐病；生而不事家人产，故曲无俗情；且又时以衣冠优孟，为按拍周郎，故无局不新，无词不合……此君于词曲，洵有天才。"此剧未见演出记录，惟清人白话小说《蕉叶帕》十六回，据此剧改作。吕天成自言曾为《蕉帕记》作序（《曲品》），其万历三十八年（1610）初版本《曲品》未载此剧，至四十一年增补本始著录（列为"上中品"），或此剧完成于三十八年至四十一年之间。《蕉帕记》卷末有收场诗云："若耶溪畔单槎仙，懵懂闲忙五十年。四十九年都是梦，醒编《蕉帕》付梨园。"据此推其生年当在嘉靖四十一年（1562）前后。《祁忠敏公日记·居林适笔》崇祯九年正月十五日、二月二十三日记有"单槎仙以灯谜相谑""单槎仙、张达吾来晤"语，因知其时尚在，年岁已在七十五岁上下。或记其有集名《漱虹雅调》，未详。

单思恭（生卒年不详）　字惠仍，号蝶庵。南直扬州府通州（今江苏南通）人。天启间选贡，年四十四卒。所著有《甜雪斋诗文集》，内《甜雪斋诗》十卷、《甜雪斋文》十卷，所见清抄本，首有崇祯元年（1628）杨允升《甜雪斋诗文集序》、崇祯二年汤有光诗跋及单思恭自序。其《诗》十卷，目录四百余首，现仅存三卷：卷一拟乐府二十三首，卷二五言古诗四十八首，卷三七言古诗五十一首，以下近体诗全佚。《文》十卷目录为序三卷（三十四篇）、记一卷（四篇）、传一卷（二篇）、文士赞一卷（二十八篇）、铭一卷（七篇）、读一卷（二篇）、祭文一卷（三篇），卷一〇为《五山石函文》，末两卷不存。另有明刊《甜雪斋文》，仅缺卷一〇。《四库全书总目》著录《甜雪斋集》二十卷，"提要"谓其诗文"气格纤琐，皆无足取。前有思恭自序，大旨以'竟陵'为宗"。清杨廷《五山耆旧集》卷一六录其诗三首。清王藻《崇川列朝诗选汇存》卷四〇录其诗二首。

单恂（1602—1671）　字质生，号狷庵。南直松江府华亭（今上海松江）人。与陈继儒、陈子龙等游，曾入畿社。崇祯十三年（1640）进士，官麻城知县，甫两月乞养归里。甲申（1644）后隐居东郊白燕庵，自号"白燕头陀"，足不入城市。清康熙十年（1671）卒，年七十。能为诗文，《千顷堂书目》著录其《白燕庵诗集》，注"有《竹香庵》《瓶香庵》《枯树斋》三集"，现存崇祯九年刊本《枯树斋诗集》二卷，收诗一百八十余首，董其昌、陈继儒等序。《明诗综》卷六九上录其诗十首，"诗话"谓其诗"力扫陈言，浓而不腻"，惟所录诗均不见上列崇祯九年刊《枯树斋诗集》。《御选宋金元明四朝诗》录其诗八首。清卓尔堪《明遗民诗》录其诗一首。清姚宏绪《松风余韵》卷三九录其诗十四首。清姜兆翀《松江诗钞》卷六一录其诗十一首。《明诗纪事》辛签卷二一录其诗二首，按云："云间畿社诗派，竞尚秾丽。质生才华跌宕，可与三子（陈子龙、宋征舆、李雯）分席。"祁彪佳辑抄本《寓山十六景诗余》录其词一首。清邹祗谟、王士禛《倚声初集》录词十八首。清蒋景祁《瑶华集》录词六首。《明词综》卷六录词二首。生平见《（嘉庆）松江府志》卷五五。

宗训（生卒年不详）　字伯昭。南直广德州建平（今安徽郎溪）人。著述有嘉靖间潘嘉刊本《五瓠山人诗集》四卷，首有四十年（1561）黎民表序，四卷共收五七言古近体诗二百七十八首，联句一首，末有朱缙、潘嘉跋。据潘跋，其集原名《瑶华稿》。

宗臣（1525—1560）　字子相，号方城。南直扬州府兴化（今属江苏）人。嘉靖二十八年（1549）领乡荐，明年进士，除刑部广西司主事，改吏部考功司，以病归。家居二年，起补文选司，一年迁稽勋员外郎，出为福建参议，迁按察副使，督学校，

三十九年二月病卒于官，年三十六。诗文俊逸，其在郎署，与李攀龙、王世贞、谢榛、梁有誉、吴国伦、徐中行等七人结社倡和，论诗则承李梦阳、何景明等"前七子"复古之论，故史称七人为"后七子"。诗文著述现存多种明刊本，主要有：嘉靖三十九年林朝聘等闽中刊本《宗子相集》八卷，诗赋四卷文四卷，樊献科序，同年又增刻为十五卷附录一卷，诗赋十卷文五卷，《明史·艺文志》著录其诗文集十五卷，即此本；又万历间郑氏云竹斋刊本《新锲宗先生子相文集》十一卷，文五卷诗六卷；又万历间叶氏天华阁刊本《宗子相先生集》二十五卷，诗十二卷文十三卷。另有天启三年（1623）扬州刊本《子相文选》五卷。宗臣著万历十五年（1587）大雅堂刊本《性理要删》八卷首一卷亦存。《盛明百家诗》前编录其诗八十余首首为《宗子相集》。顾起纶《国雅》卷一六录其诗十九首。《皇明诗统》卷二九录其诗十首。《皇明诗选》录其诗十七首。《列朝诗集》丁集录其诗八首，"小传"云："子相诗，元美（王世贞）称其天才奇秀，雄放横厉。又摘其佳句，书之屏间，以为上掩王、孟，下亦钱、刘。"彭孙贻《明诗钞》录其诗十五首。《明诗评选》录其诗一首。《明诗综》卷四六录其诗十七首，"诗话"云："子相诗才娟秀，本以太白为师，跌宕自

喜。使其不遇王、李,充之不难与昌谷(徐祯卿)、苏门(高叔嗣)伯仲。自入'七子'之社,习气日深,取材日窘,撰体日弱,薛荔、芙蓉、蘼芜、杨柳,百篇一律,讫未成家而夭,最可惋惜。"清沈德潜《明诗别裁集》录其诗三首。《御选宋金元明四朝诗》录其诗三十三首。《四库全书》据嘉靖本收《宗子相集》十五卷,著录《子相文选》五卷,《总目》"提要"云:"其诗跌宕俊逸,颇能取法青莲,而意境未深,间伤浅俗。"《明诗纪事》己签卷二录其诗十三首,按云:"子相古体,短篇时有合作,长篇叫嚣拉杂,有画虎不成之诮。五七言律对句变幻,故作突兀,气脉不贯,有隽句而鲜完篇。五绝极有神韵。七绝轩爽,少弦外之音。元美《卮言》仅择子相佳句,可谓善匿其短。"冯梦龙《太霞新奏》、陈继儒《乐府先春》、胡文焕《群音类选》等皆录其散曲套数《情女述怀》,又陈继儒《乐府先春》辑无题散曲套数一套,注宗方城撰(魏之皋《昔昔盐》等辑录,皆不题撰人)。《明文海》录其文五篇,卷一八八评语云:"其文虽无深致,而方幅整齐。"生平见王世贞《宗君臣墓志铭》(《弇州山人四部稿》卷八六)、王兆云《皇明词林人物考》卷九、何乔远《名山藏》卷八六、《明史》卷二八七。

宗谊(生卒年不详) 字在公,号正庵。原籍南直徽州府歙县(今属安徽),其父以商贸迁于鄞(今浙江宁波),遂入籍。家富于资,而宗谊独好诗,绕床阿堵绝不一道也。明末清初与陆宇燝、余飙、范兆芝、董剑锷、叶谦、陆昆倡和,号"西湖七子"。不时扁舟共游湖上,或作孺子号泣,或放歌相和,或瞠目而视,岸人多怪之。清顺治二年(1645)清兵下杭州,钱肃乐起兵抗击,宗谊慨然发其家,得万金,径诣肃乐军营,肃乐召诣都堂,辞不赴。后抗清军浮于海,资粮仍不能不仰之内地,宗谊家已落,犹贷其田园奴仆未尽者以应之,于是屏当一空,至无担石之储。晚年困甚,然绝口不道前事,若素为窭人者。居于破屋,时至绝粒,仍哦诗不衰。诗原有《南轩》《南楼》《湖上》《萝岩》《西村》《疗饥》《薜萝》诸草,现存近人张寿镛刊《四明丛书》本《愚囊汇稿》二卷补遗一卷,收诗三百二十余首,首有周斯盛崇祯元年(1628)序,谓其诗"冲淡幽峭,不为蹈袭"。清全祖望《续甬上耆旧诗》卷五五"西湖七子之一"录其诗一百三十余首附《愚囊草》摘句十余联。生平见清全祖望《宗征君墓铭》(《愚囊汇稿》附)。

官抚辰(1594—1671) 字凝之。湖广黄州府黄冈(今属湖北)人。生于万历二十二年(1594)正月初二。其父官应震,官至太常寺少卿,万历间与刘廷元、亓诗教齐名,时人目为齐、楚、浙三党，而应震为楚党之魁。抚辰崇祯初以岁贡官淮安桃源知县，迁徐州知州。明亡后出家为僧，法名德罡，称石雨和尚，又称智剑道人、剑叟，老归黄州，卒于清康熙九年十二月十八（1671 年 1 月 28 日），年七十八。所著原有崇祯刊本《贵希函云鸿洞稿》，未见。又有《贵希函云鸿洞续稿》四卷，清抄本残存卷一至卷二，卷一收诸体诗二百六十余首，卷二收各体文四十七篇。卷首有谭贞然《序》，又官抚辰《云鸿洞续稿小引》自序，谓其《云鸿洞稿》所收诗文止于崇祯十四年（1641），此《续稿》收入清以后作。清黄百家《明文授读》卷三七录其《李木夫诗序》，记云："先夫子（黄宗羲）书《贵希函》：'文有奇气，而学无原本，故不免好为大言欺人。'"近人赵尊岳《明词汇刊》曾据崇祯刊本《贵希函云鸿洞稿》录其词七首为《贵希函诗余》。生平见《（乾隆）黄冈县志》卷一一、《（光绪）黄州府志》卷二五。

［一］

居节（1527 1586）　字士贞，号商谷。南直苏州府吴县（今江苏苏州）人。文征明弟子，诗画均有声于时。以不肯事职监孙隆，被拘系破家，卒于万历十四年（1586），年六十。以画名，亦能诗。《千顷堂书目》著录其《牧豕集》，未见存。《列朝诗集》丁集中录其诗六十七首，"小传"云："少从文待诏游，学其书画，待诏之门人，未能或先也。所与交多山人纳子，落落寡谐。每过辰未举火，吟啸自如也。年六十，以穷死。士贞画法简远，有宋人之风，画家多称之，而未有知其能诗者。王德操少从士贞学诗，得其手稿，吴门史生亦有缮写残帙，余合而录之。"《明诗综》卷五〇录其诗四首，"诗话"云："商谷诗绳削斤斤，不失晚唐家数。"清沈德潜《明诗别裁集》录其诗一首。《御选宋金元明四朝诗》录其诗十六首。《明诗纪事》己签卷一七录其诗九首，按云："商谷画苍秀，不尽守文待诏家法，诗在文门诸子之右。"生平见王兆云《皇明词林人物考》卷一二、《（乾隆）江南通志》卷一六八。

屈淑（1486—1536）　或称韩安人，或称屈安人。陕西西安府华阴人，右副都御史屈直次女。生于成化二十二年（1486）八月二十二。十余岁时，父以子史百家训诸子，淑刺绣其旁，窃听背诵，通晓意义，父奇之，"令为占义辞，三体唐诗，悉合矩度"（屈受善《韩安人遗诗跋》）。幼与朝邑（今大荔）韩绍宗三子邦靖约为婚姻。邦靖字汝庆，号五泉，幼聪悟，有神童名，弱冠中进士。屈淑入门后与邦靖诗文倡和，如良友焉，时称"双璧"，其遗诗中尚存二人联句名《初婚之夕》。淑多病，仅生一女，而邦靖坚不置妾，时人赞之。嘉靖二年（1523）邦靖三十六岁，仕为山西左参议，以病早亡，淑作《悲夫》以吊之，又十四年，嘉靖十五年八月初六，淑亦卒，年五十一。卒后家人辑其遗诗，以淑封安人，故名为《韩安人遗诗》，现存万历四十年（1612）刊本，康海序，其侄屈受善跋，计收诗十八首。清刻诸本《韩五泉诗》均附《屈安人遗诗》不分卷，嘉庆元年（1796）刊本收诗较诸本多出《联句（初婚之夕）》《题围屏》。《列朝诗集》闰集、《明诗综》卷八六均录其诗《登江楼》《送夫入觐》《述怀》。清沈德潜《明诗别裁集》录其诗《送夫入觐》一首。生平见杨爵《明故韩安人屈氏墓志铭》（《杨忠介集》卷二）。

孟化鲤（1545—1597）　字叔龙，号云浦。河南河南府新安人。生于嘉靖二十四年（1545）闰正月二十四。万历元年（1573）中举，八年进士，授南户部主事，以丁外艰归。服除，补户部主事，榷河西钞关，转吏部主事，进文选司郎中。给事中张栋以建言削籍，化鲤奏起之，因以忤旨除名。二十五年正月二十六卒，年五十三。少学于尤时熙，以圣贤自期，奉王阳明之学，以孝悌忠信教人，以无欲为宗，而归之慎独。为人清白自持，不徇权贵，与往平孟秋交

密，张元忭曾作《二孟歌》记之。《千顷堂书目》著录其《文集》八卷，现存万历二十五年序刊《孟云浦先生集》八卷附录一卷，卒后其门人王以悟辑编。首张维新序，卷一为《尊闻录》，皆所闻于尤时熙之语，卷二至卷三收书九十三篇，卷四至卷七收各体文六十九篇，卷八收赋一篇、诗二十九首。是集又有清康熙二年增修本。又清邵松年辑《续中州名贤文表》收《孟云浦先生集》五卷，收其各体文一百八十余篇、赋一篇、诗五十二首。《四库全书总目》著录《孟云浦集》八卷《年谱》一卷附录一卷。生平见吕维祺《理学云浦孟先生传》、杨东明《明理学云浦孟公墓志铭》（《孟云浦先生集》附录）及《明史》卷二八三。

孟绍虞（1581—1644）　字闻叔，号玄钵。称孟子后裔，徙籍河南开封府杞县。万历四十一年（1613）进士，选翰林院庶吉士，授检讨，补经筵讲官。历詹事府少詹事、詹事，擢礼部侍郎。崇祯帝初立，以讲经筵见赏，晋礼部尚书兼翰林院学士，自度时势不能有所匡救，乞骸归田。家居捐义田千亩，于城西构茅屋数十楹，立文征社，集郡邑英隽子弟肄业其中。崇祯十四年（1641）杞县陷于农民军，避走淮阴，十七年夏五月闻国变，绝食卒，年六十四。著述有《绀雪堂集》十二卷，现存清初雍丘

孟氏家刊本,有明任柔节序,内卷一《馆试阁草》,卷二、卷三、卷四各体文,卷五、卷六《尊足轩诗》(收诗四百零三首),卷七至卷一〇制敕文,卷一一《金华殿中语》(经筵文),卷一二《金华殿中语》(日讲文)。生平见《绀雪堂集》卷首所载张自烈《孟公传》《(乾隆)杞县志》卷一四。

孟思(生卒年不详) 字叔正,号龙川。京师大名府濬县(今属河南)人。嘉靖四年(1525)举人,屡不第,谒选南阳通判,未赴卒。与谢榛、卢柟游,能诗文。《千顷堂书目》著录其《龙川集》,现存万历十七年(1589)金继震、朱应毂刊本《孟龙川文集》二十卷,金继震序,岳元声后序。内赋一卷,收赋九篇;诗六卷,收诸体诗四百余首;词一卷,收词二十七首;文十三卷,收各体文二百四十余篇。另有明紫芝堂抄本《龙川骈语》不分卷。《明文海》录其文《悲秋雨赋》等七篇,评语云:"(孟思)与卢次楩(卢柟)相善,其文亦不相上下。"《皇明诗统》卷三六录其诗十一首。《明诗综》卷四八、《御选宋金元明四朝诗》录其诗一首。清王崇简《畿辅明诗》录其诗四首。《明诗纪事》戊签卷一五录其诗五首,按云:"诗名不甚著。于潦倒中,时有浑成合格之作。"

孟秋(1525—1589) 字子成,号我疆。山东东昌府茌平人。隆庆四年(1570)顺天乡试中举,明年进士,授昌黎县令。入为大理评事,以职方司员外郎督视山海关,万历九年(1581)京察,为忌者中伤,谪官不赴,乞致仕归。起为刑部主事,累迁尚宝少卿。卒于万历十七年,年六十五,天启间追谥清宪。平生以清介称,许孚远尝访其家,盈丈之地瓦屋数椽,其旁茅舍倍之,惊谓:"此风味,大江以南所未有也。"十八岁从张后觉习阳明"致良知"之学,又合禅宗顿悟之说,强调良知速成。与孟化鲤交密,张元忭曾作《二孟歌》记之。亦能诗文。《千顷堂书目》著录其《孟我疆集》六卷。现存万历十四年孟化鲤等刊本《孟我疆先生集》七卷,内文四卷、讲学语录一卷、诗一卷、附录一卷。又清康熙时刊本《茌平三先生集》有《孟我疆先生集》六卷。生平见邹元标《孟先生墓铭》(《邹子愿学集》卷六)、姚思仁《孟公墓碑》(《国朝献征录》卷七七)、孟化鲤《孟我斋先生传》(万历本《孟我疆先生集》附录)、清黄宗羲《明儒学案》卷二九、《明史》卷二八三。

孟洋(1483—1534) 字望之,一字有涯。河南汝宁府信阳人,何景明妹婿。生于成化十九年(1483)五月二十三。弘治十四年(1501)举人,十八年进士,除行人,迁监察御史。嘉靖初,坐论张璁、桂萼下诏狱,谪桂林教授。稍迁汶上知县,历嘉兴同知，擢湖广金事，引疾归。起山东金事，进参议。历陕西参政，拜金都御史巡抚宁夏，改理河道，迁南大理寺卿。嘉靖十三年（1534）七月二十五卒，年五十二。能诗，与何景明等游。《千顷堂书目》著录其《孟有涯集》十七卷，现存嘉靖十七年苏州刊本，内诗十三卷，收诸体诗七百余首，文四卷，收文五十余篇，杜柟序。《盛明百家诗》前编录其一百一十余首为《孟有涯集》。顾起纶《国雅》卷六录其诗十三首。万历四十四年赵贞复辑李梦阳、何景明、王廷相、孟洋、薛蕙、高叔嗣、刘绘、张九一、谢榛等人诗刊为《梁园风雅》，内选孟洋诗一卷三十四首。《皇明诗统》卷一四录其诗三十五首。《石仓十二代诗选·明诗选》录其诗一百一十六首。《皇明诗选》录其诗六首。《列朝诗集》丙集录其诗六首。《明诗综》卷二八录其诗三首，"诗话"云："左孝廉舜齐（左国玑），献吉（李梦阳）外弟也。孟大理望之，仲默外弟也。左诗近肤，孟诗太浅，比于郎伯，邈若云渊。"清沈德潜《明诗别裁集》录其诗一首。《四库全书总目》著录《孟有涯集》十七卷，"提要"云："其诗格多效何景明，而才则不逮。"《明诗纪事》丁签卷一〇录其诗四首。《明文海》录其文《与何仲默书》等三篇。生平见严嵩《孟公墓志铭》（《钤山堂集》卷二九）、王兆云《皇明词林人物考》卷五、《明史》卷二八三。

孟淮（1513—1577）　字豫川，号卫原。河南开封府祥符（今开封）人。嘉靖十七年（1538）进士，授大理评事。历四川参议、浙江按察使、山西右布政使、山西左布政使，以右副都御史巡抚山西，改应天府尹，坐严嵩党罢归。万历五年（1577）卒，年六十五。《千顷堂书目》著录其《卫原集》四卷又《入蜀稿》，未见传。《盛明百家诗》前编录其诗二十余首为《孟卫源集》。《皇明诗统》卷三七录其诗三首。生平见张一桂《孟公暨配苏氏合葬墓志铭》（《漱秋堂文集》卷一三）、《（光绪）祥符县志》卷一六。

孟蕴（1378—1470）　字子温。浙江绍兴府诸暨人。诸生孟鋋女。生于洪武十一年（1378）九月初九。同郡蒋文旭未婚妻。文旭由贡举授河南道监察御史，巡抚湖广，洪武二十九年以陈时政，谏易储，忤旨处死。孟蕴扶柩居丧蒋门五载，奉翁姑躬尽其劳。翁姑俱殁，归母家，筑柏楼以居，终身未嫁。宣德六年（1431），以御史蒋玉华等奏，诏敕旌表。卒于成化六年（1470）九月初九，年九十三。其幼读书，能诗画。明末孟称舜为其族中后辈，与女孟思光辑其遗诗为《柏楼吟》二卷，与宋末元初松阳张若琼之《兰雪集》并锓，始传于世。以岁久散佚，至清嘉庆十六年(1811)复有仁寿堂活字印本《柏楼吟》二卷，上卷诗五十余首，下卷为《梅花诗百咏》，全书计收诗一百五十余首，卷首存孟称舜原序及嘉庆十六年浦江戴殿泗《重刻柏楼吟序》。孟蕴诗多写景咏物，间有忆旧、思夫及抒写孤苦寂寞之作。清郦滋德《诸暨诗存》卷一六录其诗三首。近人徐道政《诸暨诗英》续编卷六录其诗二首。生平见张元汴《孟贞女传》(嘉庆本《柏楼吟》附录)、清毛奇龄《诏祠孟贞女传》(《西河集》卷七七)。

练子宁(? —1402) 名安，以字行，号松月居士。江西临江府新淦(今新干)人。洪武十八年(1385)第二人进士及第，授修撰。累迁至左副都御史、工部侍郎，建文初，改吏部。靖难师入，以语不逊，被断舌灭家。永乐初定建文诸臣为奸党，禁其文字甚严，宣德后禁令稍弛，弘治中王佐始刻其佚文。《明史·艺文志》著录其《金川玉屑集》五卷，现存多种刊本，主要有：正德七年(1512)新淦县刻本《金川玉屑集》六卷；万历二十五年(1597)王文燿刻本《金川玉屑集》二卷附录二卷；万历三十九年练绮刊《练公文集》二卷附《崇祀实纪》一卷《手迹》一卷《遗事》一卷(此集又有清康熙重修本)。《皇明风雅》卷二七录其诗二首。《盛明百家诗》后编录其诗五十余首为《练榜眼集》。顾起纶《续国雅》卷二录其诗一首。《皇明诗统》卷三录其诗三首。《石仓十二代诗选·明诗选》录其诗四十六首。《列朝诗集》甲集录其诗九首。《明诗综》卷一六录其诗一首。清沈德潜《明诗别裁集》录其诗一首。《御选宋金元明四朝诗》录其诗十一首。《四库全书》收《练中丞集》二卷附录《中丞遗事》一卷。《江西诗征》卷四四录其诗二十九首。《明诗纪事》乙签卷一录其诗三首。《明文海》录其文二篇。清应麟《江右古文选》卷一三录其文三篇。清胡大鸿《江右文抄》录其文四篇。生平见郑晓《都御史练公子宁传》(《国朝献征录》卷五四)、王兆云《皇明词林人物考》卷二、《明史》卷一四一。

九　画

[一]

项元淇（1500—1572）　字子瞻，号少岳。浙江嘉兴府秀水（今嘉兴）人。以太学生入赀为光禄寺署丞，曾入复社。性狷介寡俦，游于文艺而不事家业生产。好临古帖，善草书，每游戏翰墨，尺幅数行，人竞宝之。亦好吟咏，与弟项元汴齐名于乡里。隆庆六年（1572）卒，年七十三。卒后项元汴及其子项京辑其诗为《少岳诗集》四卷，现存万历三年（1575）项氏墨林山堂刊本，收诗逾九百首，项元汴及项京倡和诸作亦间附，有皇甫汸、项笃寿、项元汴序。皇甫汸序谓其"古诗冲逸，五言典雅，七言清婉"。《千顷堂书目》著录其《少岳山人诗集》四卷即此本也。文集别行，未见传。《皇明诗统》卷三四录其诗九首。《明诗综》卷四八、《御选宋金元明四朝诗》录其诗一首。清沈季友《槜李诗系》卷一三录其诗六首。《四库全书总目》著录《少岳集》四卷，"提要"谓其诗"近体颇妥适，古体则力不逮矣"。《明诗纪事》己签卷一九录其诗二首，按云："子瞻五言近体，有韦、王遗韵。"生平见冯梦祯《少岳项长公墓志铭》（《快雪堂集》卷一三）、朱谋垩《续书史绘要》《（雍正）浙江通志》卷一七九。

项乔（1493—1553）　字迁之，号瓯东，晚号九曲山人。浙江温州府永嘉（今温州）人。生于弘治六年（1493）四月初三。少从张璁学，后师从王激、王澈兄弟。正德十四年（1519）领乡荐，嘉靖八年（1529）进士，授南工部营缮司主事。历兵部武选主事、职方员外郎，十三年迁郎中。十四年简放抚州知府，十五年调庐州府，十七年以母丧归。二十年服除，补河间府，旋迁湖广按察副使。二十四年以武选时未察假宝事谪福宁州同知。二十五年迁松江知府，二十六年迁福建佥事，升广东左参议，二十八年迁河南副使，坐事牵连入狱，事平，擢广东左参政，三十二年十月初七卒于任，年六十一。

以理学名于乡,学者称瓯东先生,仕宦二十余年,所至多以善政闻。平居不废书,为文不事险棘靡艳。嘉靖三十一年自辑所著,编为《瓯东政录》二卷、《瓯东私录》十卷。《瓯东政录》收其所作书判、公约、文告等。《瓯东私录》则分类收其诗文杂著,现存嘉靖刊本及清抄本,卷一疏类、记类,卷二序类、跋类,卷三论类、策类,卷四杂著内篇,卷五、卷六书类,卷七祭文类、传类、志铭类、状类、说类、释类、文类、启类、判类、词类、颂类、诗类(收诗五十余首),卷八自警篇、祠祭诗、项氏家训、杂著外篇,卷九、卷一○为政类,有李义壮、黄衷序。后又分《瓯东私录》十卷为《瓯东私录》六卷、《瓯东文录》五卷,略有增补,亦有明刊本及清抄本传世。《明史·艺文志》另著录其《董子故里志》六卷。《东瓯诗存》卷二○录其诗八首。近人薛钟斗《东瓯词征》卷五录其词一首。生平见罗洪先《项公墓表》(《石莲洞罗先生文集》卷二三)、徐象梅《两浙名贤录》卷四、王兆云《皇明词林人物考》卷七。

项应祥(1554—1614)　字元芝,又字汝和,号东鳌,晚号驾五山人。浙江处州府遂昌人。万历八年(1580)进士,先后任建阳、丹阳、巴县、华亭知县。万历三十六年特擢都察院右佥都御史,巡抚应天。晚年因病居家著作。曾辑周秦以来策士游说讽谏事为《国策脍》四卷,有明末刊本。有奏疏《问夜草》七卷,存清光绪十年(1884)重刻本。诗文著述现存万历四十六年刻本《醱鸡斋稿》七卷,赵金简序,内卷一、卷二收赋一篇,诗一百四十二首,卷三、卷四收各体文二十八篇,卷五收笔记《随意拈笔》二十九则,卷六、卷七收尺牍一百一十篇,附《建阳名宦文移》八篇、《乡贤文移》六篇。生平见《(康熙)遂昌县志》卷八。

项忠(1421—1502)　字荩臣。浙江嘉兴府嘉兴人。正统七年(1442)进士,授刑部主事,进员外郎。十四年扈从英宗北征,陷瓦剌,令饲马,久之逃归。天顺七年(1463)以右副都御史巡抚陕西,疏通郑、白二渠。成化四年(1468)总督军务,平满俊起事,进右都御史,再进刑部尚书,改兵部。汪直开西厂,项忠倡九卿劾之,忤帝意,斥为民,直败复官。致仕家居二十余年,卒于弘治十五年(1502)八月十一,年八十二,赠太子太保,谥襄毅。倜傥多才略,强直不阿,敏于政事,所至有声闻。《千顷堂书目》著录其《藏史居集》十卷又《襄毅公遗稿》一卷,现存万历二十四年(1596)项皋谟刊本《项襄毅公遗稿》一卷附《实纪》四卷《年谱》五卷。内《遗稿》收文十三篇,诗三十五首;《实纪》四卷,卷一为恩论、国史,卷二为家史,卷三为野史、赠言,卷四为哀辞。又有清抄本。《明诗综》卷二〇录诗二首,"诗话"云:"襄毅以功业显,诗文罕传。其里居日,结橝李耆英之会,月一集于僧房道院中……会始于弘治戊午(十一年)春,所赋诗文,文渊汇为一集,府学教授新淦萧子鹏序之,比于香山洛社云。"《御选宋金元明四朝诗》录诗一首。清沈季友《槜李诗系》卷九录诗三首。生平见项德桢等《项襄毅公年谱》五卷(《项襄毅公遗稿》附)、李东阳《襄毅项公神道碑铭》(《怀麓堂集》卷七九)、戚元佐《项襄毅公忠传》(《国朝献征录》卷三八)、《明史》卷一七八。

赵士谔(1560—1630)　字謇卿,号荩庵。南直苏州府吴江(今属江苏)人。万历二十二年(1594)举人,二十九年进士,除会稽知县,考满入为兵部职方司主事。历史部考功郎中、太仆少卿,四十六年以都察院右佥都御史巡抚宣府,次年抗疏去官归里。家居十年,卒于崇祯三年(1630),年七十一。著有《抚宣疏稿》《署闱疏稿》《条陈诸縣语》及诗集《客游草》《林居草》《宫词》等,生前曾刊于世。卒后其子赵赓辑其遗稿及已刻诸集编为《赵謇卿文集》三卷,卷一为序、记等诸体文三十余篇,卷二诗集《林居草》《客游草》,收诗一百八十余首、《宫词》三十首,卷三为尺牍、縣语(《条陈诸縣语》),《抚宣疏稿》《署闱疏稿》各一卷附于后。卷首有赵赓《凡例》,署崇祯五年孟秋,谓士谔诗文多有散佚,此仅为十之六七云云。《千顷堂书目》另著录其《中丞诗选》,未见传。《明诗综》卷五九录其诗二首。生平见陈继儒《先中宪中丞赵士谔传》、赵赓《先中宪中丞公行略》(《赵謇卿文集》附录)及((乾隆)吴江县志》卷二八、《(同治)苏州府志》卷一〇五。

赵士喆(1593—1655)　字伯濬,号文潜,山东莱州府掖县人。明末贡生,平居以诗鸣于乡里,为时所重,崇祯时又首倡"山左大社",以应"复社"。明亡,避于登州松椒山,遂不归,与弟子董樵及二子赵涛、赵瀚耦耕于海隅。清顺治十二年(1655)卒,年六十三。著有《观务斋诗》《辽宫词》《东山诗史》及《皇纲录》《建文年谱》《逸史三传》《莱史》等。现存清顺治六年其弟赵士冕刊《石室谈诗》二卷,卷首崇祯十六年(1643)作者自序、清顺治六年金坛张明弼序及士冕序,全书六十七则,上卷《总论》,评述严羽、朱熹、王世贞、谢榛、李攀龙、钟惺、谭元春等人诗学观,及作者对于唐诗、诗病、诗解、诗韵、诗用事之见解;下卷分《论各体》《论诸家》,前者自四言、五古论至近体,多着眼于诗法格调,评各代名家,则多按时代综述比较其风格特点,作群体品评。其说多折中于"后七子"与"竟陵派"之间。陈济生《天启崇祯两朝遗诗》卷九录其诗七十三首。《明诗综》卷七六录其诗十一首。清卓尔堪《明遗民诗》录其诗一首。清施何牧《明诗去浮》卷四录其诗十首。清张彤《掖诗采录》录其诗五十余首。《明诗纪事》辛签卷二五录其诗十二首。生平见《(雍正)山东通志》卷二八之三。

赵大佑（1510—1569） 字世胤，号方厓，又号石城居士。浙江台州府太平（今温岭）人。嘉靖十四年（1535）进士，除凤阳府推官。征为广东道监察御史，迁大理寺丞，进少卿。历都察院右佥都御史、副都御史，进刑部右侍郎，转左，迁南都察院右都御史，晋南刑部尚书，改兵部，参赞机务，致仕归。卒于隆庆三年（1569）正月初四，年六十。能诗，王世贞为其诗作序，谓其诗"和平朗爽，有朱弦疏越之音。五言古近体，尤自长城"（《弇州四部稿续稿》卷五五）。《千顷堂书目》著录其《燕石集》四卷，现存隆庆六年其子赵成妥刊本《燕石集》四卷《外集》一卷，首应大猷序，卷一奏疏二十五篇，卷二收序、传等杂文十八篇，卷三收古近体诗二百首，诗余二首，卷四收书信一百零七篇。外集收行状、墓志铭及祭文等。李时渐《三台文献录》录其文三篇、诗七首。清戚学标《三台诗录词录》录其诗四首、词二首。《明诗纪事》戊签卷一九录其诗一首。《明词综》卷四录其词［菩萨蛮］一首。生平见徐阶《赵公大佑墓志铭》《国朝献征录》卷四二）、《明史》卷二七一。

赵介（1344—1389） 字伯贞，号临清。番禺（今广东广州）人。生于元至正四年（1344）十一月十七。元末与孙蕡、王佐、黄哲、李德等于广州南园结诗社。何真镇岭南，开府求士，赵介与孙蕡等皆受礼遇。入明，孙、王、李、黄相继出仕，介独杜门不出，屡荐不就。以绝意仕进，植双松于庭，榜曰"临清"，盖以渊明自拟也。时有南海李䌓，字或华，与其齐名。李䌓有集名《夷白》，赵介集名《临清》。黄哲赠二人诗云："《夷白》抗浮云，《临清》延素赏。何因继芳躅，一丘同偃仰。"深致推挹。洪武二十二年（1389），坐事逮系赴京，卒于南昌舟中，年四十六。后因子赵纯中进士，官河南按察司佥事，赠赵介监察御史。赵介《临清集》后不见传。明初，广州以南园诗社最著，后香山黄佐编《广州人物传》谈及南园诗社，称孙蕡、王佐、李德、黄哲、赵介为"五先生"，因以"南园五先生"名传之后世。现存嘉靖三十六年（1557）王国桢刊本《广中五先生诗集》及清康熙五十九年（1720）刊本《南园五先生诗选》皆收赵介之

《临清先生诗选》。因惟賷有集流传,后有佚名辑赵介与王佐、黄哲、李德诗合刊为《广州四先生诗》,内收介诗六首,《四库全书》收《广州四先生诗》四卷,《总目》"提要"云:"介诗所存太少,不足以见所长耳。然粤东诗派,数人实开其先,其提倡风雅之功,有未可没者。"介今存诗仅九首,然历来选家多选录其诗。《皇明风雅》录其诗二首。顾起纶《续国雅》卷二录其诗一首。《皇明诗统》卷四录其诗八首。《石仓十二代诗选·明诗选》录其诗六首。《列朝诗集》甲集录其诗二首。《明诗评选》录其诗一首。《明诗综》卷一〇录其诗二首。清梁善长《广东诗粹》卷二录其诗三首。《明诗纪事》甲签卷九录其诗一首。生平见黎贞《临清先生行状》(《重刻秫坡先生文集》卷七)、黄佐《赵介传》(《广州人物传》卷一二)、《明史》卷二八五。

赵文华(1503—1557) 字元质,号梅村。浙江宁波府慈溪人。嘉靖元年(1522)举人,八年进士,授刑部主事。以考察,谪东平州同知,久之累官至通政司使。史称其性格奸诈,未第时于国子监受祭酒严嵩赏识,后仕于朝,以嵩日贵重,因结为父子。擢工部侍郎,巡视东南防倭事宜。总督、尚书张经剿倭获王江泾首捷,赵冒为己功,诬劾张经养寇失机,致张经枉死。又劾浙江巡抚李天宠,使其遭枉杀。先后论罢总督周珫、杨宣等,颠倒功罪,牵制兵机,倭势因是愈炽,以败报胜,返朝升工部尚书,加太子太保。继以右副都御史总督江南、浙东军事。后因筑正阳门楼不力,又以骄横失宠被解职。会其子锦衣卫千户怿思以斋祀停封章日请假送父归乡,触帝怒,黜文华为民,其子戍边。寻暴卒,年五十五。后给事中罗嘉宾劾其侵盗军饷,诏抄家追赃。《千顷堂书目》著录其《祗役纪略》八卷、《嘉兴府图记》二十卷、《世敬堂集》四卷。《祗役纪略》现存嘉靖刊本,六卷。《嘉兴府图记》为其官通政使时,遭忧家居,应郡守之请而作。《世敬堂集》四卷为其诗文别集,现存明刊本,收赋四篇,诗八十余首,各体文五十余篇。所著又有清江都秦氏石研斋抄本《赵氏家藏集》(《赵文华全集》)八卷,署徐阶编,卷一有赋二篇,卷八有诸体诗五十余首。清尹元炜《溪上诗辑》卷三录其诗三首。生平见《明史》卷三〇八。

赵世显(1542—1610) 字仁甫,号芝园主人。福建福州府侯官(今福州)人。嘉靖四十三年(1564)中举,后屡上公车不第,万历八年(1580)官嘉兴儒学训导,丁外艰去。万历十一年中进士,除池州府推官。左迁梁山知县,转通判,称母老不赴。三十八年卒,年六十九。自负才名,专精制义,然不废声律,年方弱冠,即以能诗名乡里。后以郁郁不得志,遂尽托之吟咏。宦辙所至,历燕赵、齐鲁、吴越、楚湘之地,凡游涉登览,皆有诗。归里后又与徐𤊹、谢肇淛等结诗社,全力著述,以消永年。曾从王世贞、吴国伦游,世贞为其《尹赵同声录》作序,称其诗"才情多疏畅而俊丽"(《弇州四部稿续稿》卷五二)。李自华为其《楚游稿序》作序,则称其诗近吴国伦,以李(攀龙)、王(世贞)之"高弟子同声赓倡"。所著有《香雪斋》《山居》《荆楚》《巴蜀》《吴越》《阙下》《池阳》《锁闱》《署园》《读骚》《江州》《匡庐》《高梁》《侣云》诸稿,晚年辑刊为《芝园诗稿》二十八卷、《芝园文稿》三十六卷。芝园为其归养所辟园名,因以之名集。《芝园诗稿》首赋一卷,其余二十七卷为古近体诗,二千余首,首有万历三十三年陈经邦《芝园诗稿序》及其自撰《芝园稿类序引》,又列李自华、袁表、吴国伦、王世贞、潘大复、王萱、王叔承、蔡文范、莫是龙、丁应太、张应登、唐仍元等原为其诸集所作序。目录末题"右诗止癸卯(万历三十一年)秋,余需续梓"。因知其集辑于万历三十一年而刊于三十三年。《文稿》三十六卷收其所作诸体文及杂著,内卷二五至卷二六为《诗谈》,卷首有万历二十二年吴国伦《赵仁甫文稿序》、三十四年世显自撰《芝园文稿类序引》等,知《文稿》之刊略晚于《诗稿》。《千顷堂书目》著录其另有《一得斋琐言》一卷、《芝圃丛谈》六卷、《松亭晤言》六卷、《客窗随笔》六卷、《听子》二卷、《赵仁甫诗话》二卷,内《琐言》《芝圃丛谈》《客窗随笔》《诗话》均已收入《文集》。另《四库全书总目》另著录其杂著《赵氏连城》十八卷,现存明抄本,内《客窗随笔》《芝圃丛谈》《松亭晤言》各六卷。《皇明诗统》卷三四录其诗八首。徐𤊹《晋安风雅》录其诗十九首。清郭柏苍《全闽明诗传》卷二七录其诗五十二首。《明诗纪事》庚签卷一四上录其诗一首。生平见《(乾隆)福建通志》卷五一。

赵用光(生卒年不详)　字哲臣。山西平阳府蒲州河津人。万历十六年(1588)举人,二十三年进士,选翰林院庶吉士,授检讨。历编修、右春坊右谕德兼翰林侍讲、左春坊左庶子,官至詹事府少詹事掌翰林院事兼侍读学士。其学以致知主敬为宗。卒后,门人搜其家藏遗稿,由李日宣辑为《苍雪轩全集》二十卷,现存崇祯刊本,内诗六卷,收诗二百三十余首;卷七收奏疏、议六篇;卷八收表、策六篇;卷九至卷二〇收各体文百余篇。首天启四年(1624)李日宣序、崇祯七年(1634)傅冠序。《(雍正)山西通志》卷二二四录其诗一首。生平见《(雍正)山西通志》卷一四〇。

赵用贤(1535—1596)　字汝师，号定宇。南直苏州府常熟(今属江苏)人。嘉靖三十七年(1558)举人，隆庆五年(1571)进士，选翰林院庶吉士，除检讨。万历六年(1578)疏论张居正父丧夺情，与吴中行同被廷杖，斥为民。居正卒，复故官，迁司经局洗马，历国子监司业，迁右春坊右庶子。十五年，以詹事府少詹事管南国子监祭酒事，明年，升南京礼部右侍郎。十九年，召为礼部右侍郎，兼翰林院侍读学士，教习庶吉士，二十一年，改吏部左侍郎，罢归。二十四年三月十五卒，年六十二，赠吏部尚书，谥文毅。平生以经济自负，又崇阳明之学及李贽之论，性情刚烈，疾恶如仇。家富藏书，强学好问，老而弥笃。诗文名于一时，王世贞曾将其与王行、石星、黎民表、朱多煃列为"续五子"(《弇州四部稿》卷一四)，又列其为"末五子"之首，名在李维桢、魏允中、屠隆、胡应麟之上(《弇州四部稿续稿》卷一四)。清钱谦益谓其"为文章博达详赡。少年颇訾謷弇州(王世贞)，晚而北面称弟子"(《列朝诗集》"小传")。实世贞以后文坛诸人已倡新变，用贤论诗即提出"师心独运"(《答吴明卿》)，又云"声诗之道，其本在性情"(《吴少卿续诗集序》)，所作亦不再全袭复古格调之旧路。《明史·艺文志》著录其《奏议》一卷、《文集》三十卷、《诗》六卷。现存万历四十六年其子赵琦美、赵隆美辑刻《松石斋集》三十六卷，邹元标序，文三十卷(内奏疏五卷)，诗六卷(收诗近三百首附词一首、铭一首、赞八首)。是集又有崇祯九年(1636)其孙赵士履重修本、清光绪二十八年(1902)常熟赵氏承启堂重刊本。又曾与朱长春等评《管子》二十四卷，有万历四十八年套印本。《列朝诗集》丁集录其诗四首。《明诗综》卷四七录其诗一首。《海虞文征》录其文十四篇、诗一首。清光绪二十四年常熟赵氏承启堂《浚仪世集》录其诗六十首。《明诗纪事》己签卷五录其诗一首。《明文海》录其文一篇。生平见瞿汝稷《定宇赵公行状》(《瞿冏卿集》卷一〇)、清《赵公神道碑铭》(《牧斋初学集》卷六二)、冯复京《常熟先贤事略》卷九、《明史》卷二二九。

赵尔坼(1596—1644)　字千里，号矫园。江西吉安府庐陵(今吉安)人，赵善鸣仲子。年十二补弟子员，崇祯末以贡生入京谒选，授台州府推官，未上而明社亡。南归行至天津，以病卒，年四十九。后陈济生为其作传，谓其"眉宇清修，肌肤玉立。记性通敏，书法致臻神妙，画师松雪、云林"。所著有《十赉堂诗文草》

《一毛代草》《十三经异同》《廿一史评断》《三教通论》《二楞妙解》《古今诗话》《地理演玄》《五行参同》等，皆未见传。陈济生《天启崇祯两朝遗诗》卷一〇录其诗二十九首。《江西诗征》卷六二录其诗一首。生平见陈济生《天启崇祯两朝遗诗》。

赵汉(1478—?) 字鸿逵，号渐斋。浙江嘉兴府平湖人。正德二年(1507)举人，六年进士，除建昌府推官。入为南户科给事中，改兵科给事中，转工科。嘉靖三年(1524)以争"大礼"被廷杖，后迁吏科左给事中，以疾去。再起迁工科都给事中，疏言桂萼、翟銮旷职，张璁专权，忤旨夺俸，出为陕西右参政，告归。又以故官起山西，旋告致仕。嘉靖二十二年以后卒。《千顷堂书目》著录其《赵谏议疏稿》四卷、《渐斋集》四卷，现存嘉靖三十四年平湖赵氏家刊本《渐斋诗草》二卷，收诗五百余首，许相卿序，钱德洪跋。又曾辑刻《圣朝文命录》，现存嘉靖二十七年本，不分卷。《皇明诗统》卷三四录其诗四首。《明诗综》卷三四、《御选宋金元明四朝诗》录其诗二首。清沈季友《檇李诗系》卷 录其诗九首。《四库全书总目》著录《渐斋诗草》二卷，"提要"云："诗学江西，于尔时为别调，然风格虽异，兴象未深，究不能独绝一时也。"清朱壬林《当湖文系初编》卷一三录其文三

篇。生平见张凤翼《赵谏议汉传》(《国朝献征录》卷八〇)、萧彦《掖垣人鉴》卷一二、《明史》卷二〇六。

赵邦彦(生卒年不详) 字元哲，号少虚。山东兖州府东阿人。嘉靖二十二年(1543)举人，十上春官不第。因构室于虎窟山中，闭户下帷，覃思著述。以不治生产，家益贫，坎壈落魄，落落难合，亲戚弃之不顾，节朔酤酒召山僧田父一二对饮，耳热眼白，仰天鸣鸣，年六十余卒。方志记其有文二百余篇、诗三千余首。卒后十余年，朱应毂任邑令，于万历十年(1582)刻其诗为《赵元哲诗集》八卷，有公文纸印本，题于慎行选，首邑人孟一脉序，现残存卷五至卷八计四卷，卷五收七言律一百零三首，卷六收五言律诗一百一十二首，卷七收五言绝句七十一首、七言绝句七十四首、六言绝句十首，卷八收七言律诗一百一十四首。《皇明诗统》卷三八录其诗八首。清宋弼《山左明诗钞》卷一八录其诗九十首。《明诗纪事》戊签卷二一录其诗六首。生平见过庭训《本朝分省人物考》卷九五、《(道光)东阿县志》卷一四。

赵贞吉(1508—1576) 字孟静，号大洲。四川成都府内江人。嘉靖七年(1528)领乡荐，十四年进士，选翰林院庶吉士，授编修。时方士初进用，贞吉疏请求真儒，以赞大业，

执政不怿，因请归。还朝迁中允，掌司业事，俺答薄都城，谩书求贡，贞吉建言合帝意，立擢左谕德兼监察御史，奉敕宣谕诸军。已而单骑出城，遍谕诸营将，以此罪严嵩，比复命，严嵩劾其狂诞，廷杖，下诏狱，谪荔波典史。稍迁徽州通判，进南吏部主事，四十年累迁至户部右侍郎，又以忤严嵩夺官。隆庆初，起礼部左侍郎，掌詹事府，寻进南礼部尚书，仍留直讲，三年（1569）秋兼文渊阁大学士，预机务，加太子太保。六年因与高拱政见不合，引疾归，家居五年，卒于万历四年（1576）三月十五，年六十九，赠少保，谥文肃。崇王阳明之学，又喜释氏之说，以博洽称，然好刚使气，动与物迕，同列大臣，多以名呼之，以是多结怨。平生议论慷慨，诗文亦豪快，难以成派绳之，与杨慎、熊过、任瀚称"蜀中四大家"。《明史·艺文志》著录其《文集》二十三卷《诗》五卷。现存有嘉靖间文曲山堂刊本《赵太史诗钞》七卷《文钞》十卷；又万历十三年刊《赵文肃公文集》二十三卷（赋一卷、诗五卷、文十七卷）附年谱（是集有万历二十三年、二十九年重刊本）；又嘉、隆时刊本《赵太史诗钞》六卷。另有明文曲山堂刻本《进讲录》五卷附录一卷。明末叶敬池刻《李卓吾先生评三大家文集》有《赵文肃公集》四卷。《明文海》录其文二十九篇，评语云："其文雄健，措辞不苟。"《皇明诗统》卷二五录其诗四首。费经虞《蜀诗》卷六录其诗十三首。《列朝诗集》丁集中录其诗三十五首，"小传"谓其"为诗骏发，突兀自放，一洗台阁啴缓铺陈之习。其文章尤为雄快，殆千古豪杰之士，读之犹想见其眉宇云"。《明诗评选》录其诗三首。《明诗综》卷四二录其诗一首。《四库全书总目》著录《文肃集》二十三卷，"提要"云："贞吉学以释氏为宗，姜宝为之《序》曰：'今世论学者，多阴采二氏之微妙，而阳讳其名，公于此能言之，敢言之，又讼言之、昌言之，而不少避忌。盖其所见真，所论当，人固莫得而訾议也。'其持论可谓悍矣。"《明诗纪事》戊签卷一九录其诗二首。近人赵尊岳《明词汇刊》录其词《苏武慢·隆山驿次韵》。生平见胡直《赵文肃公贞吉传》（《国朝献征录》卷一七）、王兆云《皇明词林人物考》卷八、何乔远《名山藏》卷二五、《明史》卷一九三。

赵同鲁（1423—1503）　字与哲。南直苏州府长洲（今江苏苏州）人。少伉爽不群，于诗弥不涉猎。意存经世，喜议论，见人之屈抑，与民间利害、时政阙失，愤然若迫于身。成化间苏州大饥，以布衣上书当道，言皆剀直，甚为时人所称，称奇士。卒于弘治十六年（1503）九月初九，年八十一。能诗文书画，其远祖世居浙江浦江仙华山下,故题其诗文集为《仙华集》,《千顷堂书目》著录。现存嘉靖十九年(1540)长洲赵氏家刊本八卷,内诗三卷,收诗五十余首,赋颂一卷,收赋二、颂二,文四卷,收各体文三十余篇,有赵磐、陆粲跋。瞿校辑、清王辅铭补辑《练音集补》附卷录其诗二首。《明诗综》卷二六录其诗四首。《御选宋金元明四朝诗》录其诗二首。《明文海》录其文《上巡抚三原王公书》一篇。生平见王鏊《赵处士墓表》(《震泽集》卷二六)、文震孟《姑苏名贤小记》。

赵廷松(1495—1557)　字子后,号俟斋,又号鹤山,徂徕山人。浙江温州府乐清人。生于弘治八年(1495)正月十九。嘉靖元年(1522)领乡荐,明年进士,授刑部主事。三年七月"大礼议"起,与事者四品以下罚廷杖,廷松在列。六年放为福宁州同知,九年调蕲州,十年迁吉安府通判,十四年转真定府同知,十六年迁山西按察司佥事,二十年以吏部考罢归。二十二年复职,二十五年转四川佥事,次年迁河南参议,二十七年升山东按察副使,二十九年进陕西参政,三十一年晋山西右布政使,寻转左。三十二年以病乞归。卒于三十六年十月二十二,年六十三。工书,尤善行草。少习举子业,亦涉文学。宦游数十载,又与邹守益、傅汝舟、李开先、陈束、谢榛等文

士交往,或触物感怀,或往来唱酬,所积诗文亦夥。卒后数年,其子赵宗贤集其遗作,倩廷松门生江都知县赵讷于嘉靖四十一年刻为《敝帚集》十二卷,诗六卷,收诗四百余首,附诗余十首,文六卷,收文近百篇。其文以序、记、墓志、祭文等为多,诗不外咏物怀古、行旅别情,近体稍逊于古体,词则拗浅。《敝帚集》流传不广,虽海外藏有孤本,国内竟至绝迹,《千顷堂书目》著录《敝帚集》,未记卷数,清乾隆年间其邑人曾唯辑《东瓯诗存》卷二〇录其诗三首,皆辑自方志,似皆未见《敝帚集》刊本。然诸多当时人文集及方志,仍多有其佚文佚诗。生平见侯一元《俟斋赵公墓志铭》(《二谷山人集》"江右稿"卷乙)、《(隆庆)乐清县志》卷六。

赵伊(1512—1573)　字子衡。浙江嘉兴府平湖人,赵汉第四子。学于吴中袁永之。嘉靖十年(1531)举于乡,明年进士,授刑部主事,以病归。起乞南,改南兵部职方司,历员外郎、郎中,二十三年丁母忧,服除补武选司郎中,乞归。三十一年起补车驾郎中,出为广西按察副使,以父老乞归养。侍父两年,父卒,召不起,万历元年(1573)八月初六卒。《千顷堂书目》著录其《席(序)芳园集》二卷,现存万历二年其子赵邦秩、赵邦程、赵邦和刊本《序芳园稿》二卷,其甥沈懋孝所选,首皇甫汸

序,收诗近五百首。《明诗综》卷四一、《御选宋金元明四朝诗》录诗一首。清沈季友《槜李诗系》卷一二录诗二首。《四库全书总目》著录《序芳园稿》二卷,"提要"谓"其诗时有清脱之致,而酝酿未深"。《明诗纪事》戊签卷一八录其诗五首,按云:"子衡初与皇甫子安(皇甫涍)兄弟、蔡子木(蔡汝南)、王维桢谈诗。及官南都,与湛甘泉(湛若水)、邹东廓(邹守益)、罗念庵(罗洪先)讲学。诗特轻脱,时近宋派。"清朱壬林《当湖文系初编》卷一一录其文一篇。生平见戚元佐《赵上莘先生行状》(《序芳园稿》附录)、过庭训《本朝分省人物考》卷四四。

赵志皋(1524—1601) 字汝迈,号濲阳。浙江金华府兰溪人。生于嘉靖三年(1524)三月十三。少从钱德洪、王守仁学。二十八年领乡荐,六困礼闱,隆庆二年(1568)第三人进士及第,授编修。历修撰,万历五年(1577)升侍读。时吴中行、赵用贤等疏劾张居正"夺情",受廷杖,志皋纠同志七人面诘居正,又坚请将吴中行等奏疏入史馆,因为居正所恶,会星变察百僚,遂出志皋为广东按察副使,九年又以京察罢其官。十年居正殁,诏起解州同知,寻擢南太仆寺丞。历南国子司业,迁右谕德,掌南翰林院事,改左谕德,升南国子祭酒,转少詹事,复升南吏部右

侍郎,入北转左。十九年申时行谢政,荐志皋,遂进礼部尚书兼东阁大学士,入参机务。明年张家屏被罢,王锡爵应召未至,代首辅,十一年王锡爵还朝,退为次辅,二十二年王锡爵卒,任首辅,二十四年晋少傅兼太子太傅、建极殿大学士。以不植党怙权,又年老柔儒,为朝士所轻,屡被诋毁,因连章乞归,帝慰谕勉留,二十九年九月十三卒于邸舍,年七十八,赠太傅,谥文懿。其万历九年罢归后,于兰溪东南建灵洞山房,邀众人倡和题咏,后辑为《灵洞山房集》三卷,有万历十七年刊本,所与者王锡爵、胡应麟、汪道昆、陈文烛、欧大任等十数人,内收志皋诗百余首。《明史·艺文志》著录其《召见纪事》一卷、《奏议》十六卷、《文集》四卷、《诗》五卷。现存崇祯间其孙赵世溥所刻《赵文懿公文集》四卷附其行状、传赞等,集为其次子赵凤翀辑,有吴载鳌序。又有清顺治七年(1650)赵世溥刻《内阁奏题稿》十卷首一卷。《千顷堂书目》著录其《濲阳诗集》五卷,《四库全书总目》又著录其《四游稿》六卷,均未见传。阮元声《金华诗粹》录其诗二十一首。《明诗综》卷五一录其诗二首。清黄彬等《金华诗录》卷三五录其诗十六首。生平见杨道宾《濲阳赵公行状》(《赵文懿公文集》附)、朱赓《赵公墓志铭》(《朱文懿公文集》卷一〇)、

《明史》卷二一九。

赵时春（1509—1568） 字景仁，号浚谷。陕西平凉府平凉（今属甘肃）人。生于正德四年（1509）二月二十八。嘉靖元年（1522）年十四，陕西乡试第三，五年举进士，选翰林院庶吉士，入馆读书，六年授刑部河南司主事。八年调兵部武库司主事，九年六月疏劾都御史汪铉、副都御史徐赞，帝斥其妄言，七月，复上《崇治本疏》，下锦衣卫狱，黜为民。十八年起任翰林编修兼司经局校书，次年冬与左赞善罗洪先、司谏唐顺之上疏请太子临朝，触帝怒，再黜为民。二十九年以俺答入侵京师，经徐阶、王邦瑞等荐，起兵部职方司主事，协防京师。三十年迁山东按察司兵备佥事，三十一年进副使，三十二年以右佥都御史巡抚山西，提督雁门诸关，兵败于俺答，被劾回籍听调。隆庆元年十二月二十七（1568年1月25日）卒于家，年五十九。少聪敏，博闻强记，有才具。在朝时与罗洪先、唐顺之为友，以天下为己任，中外称"三翰林"。亦擅诗，与陈束、王慎中、唐顺之、熊过、任瀚、李开先、吕高等称"嘉靖八才子"（《明史·文苑传》）。著述单刊本有嘉靖间刻《稽古绪论》二卷、隆庆四年赵守岩刻《洗心亭诗余》一卷、隆庆五年刻《浚谷赵先生文粹》五卷（胡直辑）。后万历八年（1580）其门人周鉴编刊其诗文为《赵浚谷先生集》十七卷，内诗二卷、文十五卷，胡松、徐阶、周鉴序，《明史·艺文志》著录《浚谷集》十七卷即此本也。又有明刊《赵浚谷诗集》六卷、《文集》十卷，胡松、李开先、徐阶序，后清顺治十六年（1659）叶正蓁补修本增《疏案》一卷，是集收诗一千五百三十余首、文二百八十余篇。李开先序谓其"诗有秦声，文有汉骨，朴厚而近古，慷慨而尚义，此三秦风气"。《明史·艺文志》另著录其《平凉府志》十三卷，嘉靖刊本今亦存。《明文海》录其文二十六篇，评语云："浚谷之文，奇崛顿挫，精神透于纸背，在唐亦杜樊川流亚。"《皇明诗统》卷三七录其诗三十二首。崇祯五年（1632）贾鸿洙《周雅续》卷九录其赋二篇、诗九十三首。《列朝诗集》丁集录其诗三首，"小传"云："景仁慷慨磊落，抵掌谈天下事，靡不切当。以边才自负，遇战阵披甲跃马，身当房冲。屏废家居，每闻警，未尝不投袂而起也。《浚谷集》诗六卷，大率伸纸行墨，滚滚而出，优浪自恣，不娴格律。李中麓（李开先）云'浚谷诗有秦声'，信然。"《明诗综》卷四○录其诗二首，"诗话"云："景仁慨当以慷，如击唾壶，不必中节。"《御选宋金元明四朝诗》录其诗九首。《四库全书总目》分别著录《赵浚谷集》十六卷、《别本浚谷集》十七卷，"提要"云：

"时春素以将略自命，不屑以诗文名，然《明史》本传称其读书善强记，文章豪肆，与唐顺之、王慎中齐名。今观其诗文，多慷慨自喜，不可拘以格律。"《明诗纪事》戊签卷九录其诗一首。近人赵尊岳《明词汇刊》录其词二十一首为《洗心亭诗余》。生平见周鉴《浚谷赵公行实》(《赵浚谷先生集》附录)、徐阶《赵公墓志铭》(《世经堂集》卷一八)、王兆云《皇明词林人物考》卷七、何乔远《名山藏》卷七六、《明史》卷二〇〇。

赵汸(1319—1369)　字子常。休宁(今属安徽)人。元季师事九江黄泽，究于《春秋》之学。后以文章得学士虞集赏识，延致于家。归筑东山精舍，隐居著述。以战乱，辅元帅汪同起兵保乡井，授江南行枢密院都事。至正十六年(1356)归隐于星溪古阆山。明初征至京师，与修《元史》，洪武二年(1369)归家，未逾月，以疾卒，年五十一。以经学名，所著有《春秋集传》十五卷、《春秋师说》三卷、《春秋左氏传补注》十卷、《春秋金锁匙》一卷、《春秋属辞》十五卷行于世，为学者所重，后均收入《四库全书》。所编《程朱阙里志》八卷亦为《四库全书总目》著录。诗文著述卒后由其门人辑编为《东山先生存稿》，有明抄本《东山赵先生文集》十二卷、《诗补》一卷、《文补》一卷、附录一卷，《千顷堂书目》著录之

《东山文集》十五卷即此本也。又有清康熙二十年(1681)其后孙赵吉士扬州刊本《赵征君东山先生存稿》七卷附录一卷、诗词一卷、文六卷，附行状。《千顷堂书目》另著录其《杜(甫)五言律注》四卷。诗文皆擅，尤以文著。程敏政《皇明文衡》录其文六篇，《明文海》录其文二十篇。《四库全书》据康熙刊本收《东山存稿》七卷附录一卷，"提要"云："有元一代，经术莫深于黄泽，文律莫精于虞集。汸经术出于泽，文律得于集，其渊源所自，皆大下第一。故其议论有根柢，而波澜意度均有典型，在元季亦翘然独出。诗词不甚留意，然往往颇近元祐体，无雕镂繁碎之态。盖有本之学，与无所师承，剽窃语录，自炫为载道之文者，固迥乎殊矣。"詹烜为其作《行状》，谓其诗"五言初学六朝，后改习建安诸子及老杜；近体则学唐人。"顾嗣立编《元诗选》二集卷二四录其诗五十首。《皇明诗统》卷五录其诗十一首。陈有守等《徽郡诗》录其诗十一首。《石仓十二代诗选·明诗选》录其诗十九首。《列朝诗集》甲集录其诗二十三首。《明诗综》卷五录其诗一首，"诗话"云："东山、环谷(汪克宽)二先生俱以经学重，尤研精《春秋》……二先生于吟咏，均非所长，赵差胜汪。"生平见詹烜《东山赵先生汸行状》(《东山存稿》附录)、《明

史》卷二八二。

赵怀玉（生卒年不详） 字旬龙。福建漳州府龙溪（今漳州）人。万历四十三年（1615）举人，天启二年（1622）进士，历官肇庆府推官、彰德知府。现存明刊《赵旬龙先生文集》十卷，内各体文四卷，卷五至卷九分别为《论学杂著》《论文杂著》《清纪杂著》《禅悦杂著》《家乘杂著》，卷一〇为诗，收诗一百二十余首。生平见《（乾隆）龙溪县志》卷一六《人物》。

赵完璧（生卒年不详） 字全卿，号云壑，晚号海壑。山东莱州府胶州人。以岁贡任职锦衣卫，历官至兵马司指挥。嘉靖三十三年（1554）因忤陆炳下狱，在狱曾与杨继盛倡和，集中有《北司狱中》七律二首记其事。后赖元老科台救援得释，任陕西巩昌通判，归囊如洗，杜门不出。现存《海壑吟稿》七卷、《文稿》五卷，系万历十年（1582）其子大名知府赵慎修辑刻，其时完璧尚健在，年已八十余。《吟稿》收诗四百九十余首，有万历十年蔡时鼎、柯挺、王三锡、王之垣序，《文稿》收赋一篇、幛词二首、词二首，各体文六十余篇。《皇明诗统》卷二六录其诗十六首。《四库全书》收《海壑吟稿》十一卷，诗六卷、文五卷，所据版本不详，亦有王之垣序，"提要"云："继盛死西市，完璧作《杨烈妇词》以哀之，有

小雅怨诽之遗，可谓志节之士矣。其诗多触事起兴，吐属天然，绝无叫嚣怒张之态，亦与明末矫激取名者有殊。徒以名位未高，史不立传，遂几于湮没不彰。仅赖此集之存，犹得略见其始末。"清宋弼《山左明诗钞》卷一八录其诗二十五首。《明诗纪事》己签卷一九录其诗二首。近人赵尊岳《明词汇刊》录其词四首为《海壑吟稿》。生平见《（1931）增修胶志》卷四〇。

赵纲（生卒年不详） 字希大。南直常州府无锡（今属江苏）人。庠生，嗜酒能诗，二十九岁卒。《盛明百家诗》后编录其诗三十余首为《赵文学集》。顾起纶《续国雅》卷四录其诗一首。《皇明诗统》卷三一录其诗九首。《列朝诗集》丁集中录其诗二首，"小传"谓其有《《寄洛阳李秀才》二十字，黄勉之（黄省曾）见而叹曰：'入中唐人诗中，未易辨也。'"《明诗综》卷五〇、《御选宋金元明四朝诗》录其诗二首。清顾光旭《梁溪诗钞》卷八录其诗四首。《明诗纪事》己签卷二〇录其诗一首。

赵迪（生卒年不详） 字景哲，自号白湖小隐，又号鸣秋山人。福建福州府怀安（今福州）人。能画山水，明初以诗鸣于乡里。《石仓十二代诗选·明诗选》录其诗六十余首，附景泰五年（1454）赵迪子赵壮所作序，自称曾辑刻其父"《鸣秋》前后

集"，"置于家塾"，今未见传。《千顷堂书目》著录《鸣秋集》六卷，亦未见。《盛明百家诗》后编录其诗三百余首为《赵鸣秋集》。又有数种清抄本《鸣秋集》，均为二卷，收其古体诗五十余首、近体诗九十余首（内有［念奴娇］词一首），林志、汪玄锡及其子赵壮序。顾起纶《国雅》卷二录其诗五首。《皇明诗统》卷六录其诗二十三首。徐𤊹《晋安风雅》录其诗七首。《皇明诗选》录其诗一首。《列朝诗集》甲集录其诗七首，然将其与明初宜阳孙迪混为一人。《明诗综》卷一九上录诗四首，"诗话"云："景哲五古学唐人，而得其丰韵。二玄（周玄、黄玄）远逊之，不知当日何以不列'十子'之目。"据其所言，闽人明初"十才子"外能诗而不与其列者，除赵迪外，尚有林绍、郑文霖、林敏、陈本及林枝等。清抄本《鸣秋集》康熙六年（1667）十月徐𤊹之孙徐钟震跋云："赵景哲先生与林膳部（林鸿）倡和，称'十子'。万历中马用昭（马荧）参军锐意风雅，选《十子诗》，见赵集不得，遂以王中美（王褒）补入。"则"闽中十子"初无定议也。《御选宋金元明四朝诗》选录迪诗十六首。《四库全书总目》著录《鸣秋集》二卷，"提要"云："前载林志序，称其古诗不下魏晋，而诸作则纯乎唐。今考其诗，古体颇为薄弱，志说殊诬，律诗谐畅，差有唐音，然

亦晋安一派也。"清郭柏苍《全闽明诗传》卷五录诗二十首。《明诗纪事》乙签卷六录诗八首，按云："景哲，闽人，诗格修整。五言有远韵。"《明词综》卷二录词［踏莎行］一首。生平见王兆云《皇明词林人物考》卷一。

赵釴（1512—1569）　字子举，一字鼎卿，号八柱野人。南朱观直安庆府桐城（今属安徽）人。生于正德七年（1512）四月二十九。嘉靖十九年（1540）举人，二十三年进士，授刑部浙江司主事。改礼科给事中，转工科右给事中，迁吏科左给事中。丁忧归，服除补刑科左给事中，升吏科都给事中，三十七年迁南太仆寺少卿，转南鸿胪寺卿。历南京右通政，升南太仆寺卿，转右都御史，巡抚贵州兼理军务。隆庆三年（1569）七月十八卒于任，年五十八。《千顷堂书目》著录其诗文别集《无闻堂稿》十七卷，现存隆庆间其子赵鸿赐玄对楼刊本，首隆庆六年罗汝芳、林树声序，内卷一赠言，卷二赠序，卷三、卷四贺言，卷五至卷一一收各体文一百二十余篇，卷一二收赋二篇，卷一三至卷一七收诗三百七十余首。《千顷堂书目》另著录其《鹨林子》五卷（有清咸丰《琳琅秘室丛书》本）、《古今原始》二十卷（有嘉靖四十一年自刊本《古今元始》十四卷）。《明文海》录其文八篇，评语云："其

文无蹊径,匠心而作,固是一作手,无知之者。"清潘江《龙眠风雅》卷五录其诗一百二十余首。《明诗综》卷四三录其诗三首。《御选宋金元明四朝诗》录其诗七首。《四库全书总目》著录《无闻堂稿》十七卷,"提要"云:"钛学出姚江,主'良知'之说。文颇磊落自喜,而亦微近'七子'之派。"清李雅等《龙眠古文》录其文十八篇。清徐璈《桐旧集》卷一八录其诗二十九首。《明诗纪事》已签卷八录其诗二首。生平见盛汝谦《柱野赵公行状》、林树声《柱野赵公墓志铭》(《无闻堂稿》卷首),又见萧彦《披垣人鉴》卷一四。

赵秉忠(1574—1626) 字季卿,号蛾阳。山东青州府益都(今青州)人。万历二十五年(1597)举人,明年第一人进士及第,授翰林修撰。历中允、谕德、庶子、少詹事,迁吏部侍郎,加太子宾客,进本部尚书,以忤魏忠贤削籍。天启六年(1626)卒,年五十三,赠太子太保。曾分校礼闱,得孙承宗,又典试江南,得张玮、姚希孟、周顺昌等,以识人为人所称。《明史·艺文志》著录其《江西舆地图说》一卷。《千顷堂书目》另著录其《蛾山集》十二卷,现存万历间刊本,为其生前所编,内文六卷,收文三十余篇,诗六卷,收古近体诗一百五十余首。《明诗综》卷五八录其诗六首。《御选宋金元明四朝诗》

录其诗一首。清宋弼《山左明诗钞》卷二五录其诗七首。清段松岑《益都先正诗丛抄附编》录其诗二十三首。《明诗纪事》庚签卷一九录其诗一首。近人赵愚轩《青州明诗钞》卷三录其诗九首。生平见顾祖训《状元图考》卷三、《(雍正)山东通志》卷二八之三。

赵宗文(1363—1440) 名文,字宗文,以字行。世为崇明人,元季兵乱,徙居长洲(今江苏苏州)之甫里,遂占籍,卒后亦葬于斯。明洪武中举贤才,召至京,以母老得请归。永乐五年(1407)用翰林典籍梁时荐,除鄱阳知县。性刚严,不阿权贵,坐事谪戍,久之赦归。有文才,年几八旬,而犹以吟咏自娱。卒于正统五年(1440)五月十九,年七十八。据其自撰《生圹志》,所著诗有《慎独斋集》四十卷,文有《止义斋集》二十卷,另有《理学直言》一卷。惟未经刊行,流传不广。《千顷堂书目》仅著录其《慎独斋集》一卷,后世选家多未见,致有"传诗不多"之说。现存清抄本《慎独斋集》十六卷,收其五七言古近体诗六百余首。《皇明风雅》卷一六录其诗二首。顾起纶《续国雅》卷二录其诗一首。《皇明诗统》卷六录其诗三首。钱谷《吴都文粹续集》录其文一篇、诗一首。《列朝诗集》乙集录其诗一首。《明诗综》卷一九上录其诗二首,"诗话"

云:"赵叟传诗不多,率清稳可诵。其《题金山寺》云'淮海西来三百里,大江中涌一孤峰',凌厉无前,惜乎全诗不称。"清沈德潜《明诗别裁集》录其诗一首。《御选宋金元明四朝诗》录其诗三首。《明诗纪事》乙签卷二二亦录其《金山寺》诗,按云:"宗文《金山寺》一篇,可称高唱,传诗不在多也。"生平见自撰《赵宗文生圹志》(《吴都文粹续集》卷四一)、文震孟《姑苏名贤小记》。

赵珏(1464—?)　字朋璧,号汀西。南直苏州府长洲(今江苏苏州)人。以医为业,不屑以方士自命,独刻意为诗。所居江湖之间,水石花竹颇胜,岁时游适,抚景触事,无不形诸赋咏,累积甚夥,遂以其医名并传。嘉靖十七年(1538)陆粲《汀西诗集序》谓其"今年七十又五",则其生于天顺八年(1464)。现存嘉靖刊本《汀西诗集》六卷,有嘉靖十七年陆粲《汀西诗集序》、归仁《书汀西先生诗集后》,内卷一至卷五收五七言古近体诗三百一十首,卷六收词三十七首。

赵相如(生卒年不详)　字又汉,号载园。南直安庆府桐城(今属安徽)人。天启、崇祯间诸生。师事史可法,与其同乡范世鉴齐名,邑有"范经赵史"之称。曾伏阙上策,不达。弘光时又参画戎幕,后抑郁而死。《千顷堂书目》著录其《载园诗稿》,未见传。清潘江《龙眠风雅》录其诗四十九首。清卓尔堪《明遗民诗》录其诗四首。《明诗综》卷七六录其《招宝山观海》《寄张恢生》二诗。清徐璈《桐旧集》卷一八录其诗十五首。清李雅等《龙眠古文》卷八书其文二篇。《明诗纪事》辛签卷二二录其《甲申初春感事》及《江南曲》诗。生平见清吴山嘉《复社姓氏传略》卷四、《(康熙)安庆府志》卷一九、近人马其昶《桐城耆旧传》卷六。

赵南星(1550—1628)　字梦白,号侪鹤,又自称清都散客。京师真定府高邑(今属河北)人。生于嘉靖二十九年(1550)四月初三。幼聪慧,有神童之称,十四食廪,隆庆四年(1570)举于乡,万历二年(1574)进士,授汝宁推官。人为户部主事,调吏部考功司,历文选员外郎,以上疏陈干进、倾危、州县、乡官四害,触时相,告病归。起考功郎中,二十一年京察落职。光宗立,再起为太常少卿,改右通政,进太常卿,擢工部侍郎,拜左都御史,进吏部尚书。忤魏忠贤,以朋谋结党罪放归,天启四年(1624)被诬,谪戍代州,卒于天启七年十二月十七(1628年1月13日),年七十八。崇祯二年(1629)诏复故官,赠太子太保,谥忠毅。性方严疾恶,在朝与邹元标、顾宪成同志,时号"三君",甚得令誉。诗文万历时刊本有挹霞阁刻《梦白先生集》

三卷、万历八年刻《赵进士文论》不分卷、万历四十五年刻《梦白先生集》不分卷等。崇祯十一年范景文、姜大受等辑其诗文刊为《赵忠毅公文集》二十四卷，内诗六卷，收诸体诗七百三十余首，词二首，文十一卷，收各体文三百余篇，又奏疏三卷八十余篇，尺牍三卷三百余通，末卷为《廉善堂四六》，收骈文一百二十余篇，《明史·艺文志》著录其《文集》二十四卷即此本也。又有明末刻《味檗斋遗书》六种六卷（《离骚经订注》《芳茹园乐府》《嘉祐集选》《味檗斋遗笔》《赵忠毅公闲居择言》《笑赞》）。另《四库全书总目》经部收其《学庸正说》三卷，史部著录其《史韵》二卷（有清顺治刊本）。《皇明诗统》卷三六录其诗七首。《列朝诗集》丁集录其诗二十三首，"小传"云："梦白公忠强直，负意气，重然诺，有燕赵节侠悲歌慷慨之风……在戍所，赋诗饮酒，唾骂笑傲，一如其平时，不以谪居畏祸，少有贬损。人谓寇莱公、苏子瞻无以过也。梦白抗议竖节，身为部党之魁，人以为门庭高峻，不可梯接，不知其通轻侠，纵诗酒，居然才人侠士、文章意气之侪也。为诗厌薄'七子'，刻意濯磨，而步趋北地（李梦阳），不能出其窠臼。为文滔滔莽莽，输写块垒，而起伏顿挫，不能禀合于古法。要其雄健磊落，奔轶绝尘，北方之学

者，未能或之先也。"陈济生《天启崇祯两朝遗诗》卷一录其诗十七首。清王崇简《畿辅明诗》录其诗四十首。《明诗评选》录其诗五首。《明文海》录其文三十五篇。《明诗综》卷五二录其诗八首。《明诗纪事》庚签卷一一录其诗七首。《明词综》卷四录其词［水龙吟］一首。生平见姚希孟《赵忠毅公墓志铭》（《棘门集》卷三）、陈济生《天启崇祯两朝遗诗·小传》、清邹漪《启祯野乘》卷一、《明史》卷二四三。

赵重道（生卒年不详） 字公载。南直常州府宜兴（今属江苏）人。诸生。著述现存万历四十四年（1616）荆溪赵氏家刊本《文南赵先生三余馆集》十二卷，有周道登、赵士许序。内卷一收赋十篇，卷二至卷五收古近体诗四百八十余首、词十四首，卷六至卷一二收各体文一百三十余篇。其诗文多题为"代作"，或径题代何人作，如"《上座主申瑶泉相公》，代闵龙池作""《上座主余同麓》，代闵龙池作"。按"闵龙池"即湖州闵一范，字仲甫，号龙池，万历八年（1580）进士，而"申瑶泉"即申时行（号瑶泉），"余同麓"即余有丁（号同麓）。集中又有《寄门生闵仲甫（闵一范）书》《下第与方子静书》等，则其曾为塾师，以功名不就，不得已为人作幕，虽不乏诗文之作，而文名不彰于世也。

赵彦复（生卒年不详） 字微生。河南开封府杞县人。万历三十二年（1604）进士，授宝坻知县，三十六年调山西曲沃。历户部主事、汾州知府，累官至湖广按察副使。喜吟咏，《千顷堂书目》著录《赵微生诗选》，未见传。晚年曾辑李梦阳、何景明、王廷相、孟洋、薛蕙、高叔嗣、刘绘、张九一、谢榛等九人之诗，编为《梁园风雅》二十七卷，末卷附彦复自作诗，计九十首，现存清康熙四十三年（1704）陆廷灿刊本，《四库全书总目》著录。又曾纂修《沃史》二十六卷，万历刊本亦存。《沃史》，方志之书，春秋时晋昭侯封其叔成师于曲沃之地，称"沃国"。《明诗综》卷五九录其诗一首。《明诗纪事》庚签卷二一录其诗二首。生平见《（雍正）河南通志》卷五七。

赵炳龙（1617—1697） 字文成，号云升，晚号楸园老人。云南鹤庆府剑川人。生于万历四十五年（1617）三月初十。崇祯十五年（1642）举人，云南副使分巡金沧道杨畏知聘其为记室，随畏知至肇庆依永历帝朱由榔，又以畏知荐，授吏部文选司主事，迁户部员外郎，随帝溃逃至贵州安隆所。孙可望杀大学士吴珍毓及畏知等人，炳龙因投劾归，隐于向湖村之楸园，葺庐颜榜曰"居易"，以弹琴赋诗自娱。鼎革后，足不履城市，吴三桂反，胁以官，避

石宝山不出。卒于清康熙三十六年（1697）十一月初六，年八十一。平生讲经世之学，能诗古文辞，曾手编《居易轩诗文》八卷，内诗四卷，收古今体诗六百余首，文四卷，收文百余篇，毁于战火。清末其后裔赵联元、赵藩父子将残存者收辑成册，题为《居易轩遗稿》二卷，收入《云南丛书》。卷一题为"居易轩诗遗钞"，收其诸体诗四十余首；卷二题作"居易轩文遗钞"，收其议、序等杂文六篇。其诗未脱模拟之迹，以蕴家国之悲，格调清冷，间发悲凄之气。后赵联元辑《丽郡文征》卷五录其文七篇，《丽郡诗征》录其诗六十一首，陈荣昌《滇诗拾遗》录其诗四十七首，所收皆超出《遗稿》。赵藩《滇词丛录》录其词十三首，亦不见于《遗稿》。清袁文典等《明滇南诗略》补遗录其诗一首。《明诗纪事》辛签卷二一录其诗一首。

赵统（生卒年不详） 字伯一。陕西西安府临潼人。嘉靖元年（1522）举人，十四年进士，与王维桢同榜，时才名亦相与颉颃。初授临汾知县，性素刚直，请托馈遗胥绝，立社仓之法，使民有无相通，流遗复业者千余家，又作社学，修文庙，建尊经阁，师生学舍凡数百，转知蒲州，邑人为立遗爱碑。后历官至户部郎中，二十六年未知何事入狱，至万历元年（1573）始救归。在狱及归

后惟以著述为事,积稿二竹簏。《千顷堂书目》著录其《骊山集》,现存万历三十一年序刊本《骊山集》十四卷,首杨光训《骊山集引》及吴中明、朱勤美序。是集为其卒后辑刻,内诗九卷,收赋九篇,拟骚、拟古乐府等五十余首,古近体诗一千四百余首;文三卷,收各体文及杂著一百五十余篇,末二卷诗话一百五十则。吴中明序谓赵统"其才豪宕不羁,意自于少陵,大抵抑郁感愤,强半作于狱中,则犹自言其志"。存世又有明抄本《赵骊山先生类稿》三十七卷(残存三十三卷),内卷一至卷二四为诗(缺卷一三至卷一六),卷二五至卷三三为文,卷三四至卷三七为诗话(二百四十余则)。明抄本诗文之数较之正德刻十四卷本为多,或十四卷本为选录本。《四库全书总目》著录《骊山集》十四卷,"提要"云:"前有朱勤美序,称其'命意搜微,多出己见。大都骨力莽苍,学殖淹博,稍稍融透,莫难雁行献吉(李梦阳)'。然则明讥其未融透矣,何不悟,而犹刊以弁集也。"《四库全书总目》另著录其《杜律意注》二卷,有清刊本。《明诗纪事》戊签卷一九录其诗二首。《明文海》录其文六篇。生平见《(雍正)陕西通志》卷六三、《(雍正)山西通志》卷九〇。

赵涣(生卒年不详)　字少文。南直苏州府吴江(今属江苏)人。学行醇谨,尤工五言古诗,与史玄、吴易相倡和,号"东湖三子"。明亡郁郁而终。《千顷堂书目》著录"东湖三子"之《东湖倡和集》,《(乾隆)吴江县志》卷四六著录赵涣《春草堂诗稿》,皆未见传。陈济生《天启崇祯两朝遗诗》卷一〇录其诗三十首。晚清《国粹丛书》辑赵涣、史玄《唱酬余响》一卷。《明诗纪事》辛签卷三一录其诗一首。

赵宽(1457—1505)　字栗夫,号半江。南直苏州府吴江(今属江苏)人。成化十三年(1477)举人,十七年进士,除刑部河南司主事。历员外郎,迁四川司郎中,出为浙江提学副使,弘治十八年(1505)迁广东按察使,莅任甫越月卒,年四十九。擅行草,亦能文。所著《半江集》,《明史·艺文志》著录。现存正德十年(1515)刻《半江赵先生文集》十二卷,诗六卷、文六卷,王守仁、费宏序;又嘉靖四十年(1561)赵㻞刊本增为十五卷附录一卷,诗八卷文七卷;后又有康熙六十年(1721)重刻校订本。其集名与邵珪《半江集》同,诗品亦相近。《皇明诗统》卷一四录诗十九首。《列朝诗集》丙集录诗二首。《明诗综》卷二五、《御选宋金元明四朝诗》录诗一首。《明诗纪事》丙签卷七录诗一首。《明词综》卷二录词一首。近人赵尊岳《明词汇刊》录词十三首为《半江词》。《明文海》录文《观澜生赋》一篇。生平见王鏊《半江赵君墓志铭》、闻渊《半江赵公神道碑铭》（嘉靖刊本《半江赵先生文集》附录）及文震孟《姑苏名贤小记》。

赵宧光（1559—1625）　字水臣，号广平，别号凡夫，又自署青山长孤子。南直苏州府吴县（今属江苏苏州）人，祖籍太仓璜泾。生于嘉靖三十八年（1559）三月十八。以诸生入国学，寻弃去。家饶于财，偕妻陆卿子卜居府城西支硎山南，筑寒山别业，自辟丘壑，凿山琢石，如洞天桃源，后清徐崧《百城烟水》极称之。能篆刻书画，尤以所创"草篆"著名，又与妻皆能诗文韵语，因以山人名士称，多与缙绅文士交往。凡游于吴者，无不造庐谈宴，故虽号隐居，而声气交通天下。卒于天启五年（1625）九月初三，年六十七。好著述，其后人辑编《寒山志传》收其《寒山自叙》，自记其著述自经学、声韵之学、训诂、书法、博古、两仪之学、艺文、稗官、逸草等数十种，故当时已有"寡学而好著述"之讥。现所见最早为万历间刻《寒山蔓草》十卷，《明史·艺文志》著录，现存残本四卷，收宧光自作《寒山诗二百首》及其与王衡、邹迪光、毕懋康、朱鹭、姚希孟、娄坚、王穉登、申时行、冯时可、曹学佺等数十人赠答之诗。又有万历刊本《赵凡夫杂著》五种，内

《悉昙经传》八卷《疏》九卷，《寒山疏草》《九圜史图》《六曼》各一卷。又有天启刊本诗文评《弹雅》十八卷，论及诗歌雅俗、声调、格制、取材、声韵、流派诸问题。又崇祯四年（1631）刊本《说文长笺》百卷及《六书长笺》七卷。《四库全书》艺术类收其《寒山帚谈》二卷《拾遗》一卷附录二卷，为其论述篆书笔法之著述，实自《说文长笺》中析出者。《说文长笺》多师心杜撰，不经师匠，穿凿附会，颇误连连，历来不为小学家所取，惟其论篆书笔法者颇有见地，故《寒山帚谈》为后世所重。清道光刊《学海类编》等收《篆学指南》一卷亦署宧光所撰，则疑为伪托。《四库全书总目》另著录其尺牍《牒草》四卷，未见。《明诗综》卷六七录其诗一首。清沈季友《檇李诗系》卷四○录其诗二首。《明诗纪事》庚签卷三○下、近人汪正《木渎诗存》卷一录其诗一首。《娄水文征》卷三五录其文二篇。生平见赵均《先考凡夫府君行实》（《寒山志传》）、张世伟《赵凡夫小传》（《自广斋集》卷一五）、冯时可《凡夫先生传略》（清赵耀辑《寒山留绪》）、文震孟《姑苏名贤小记》、《明史》卷二八七。

赵辅（？—1486）　字良佐。南直凤阳府凤阳（今属安徽）人。袭世职为济宁卫指挥使，守怀来。成化元年（1465），以中府都督同知拜征

夷将军,与韩雍领兵镇压两广瑶、壮起事,克大藤峡,还封武靖伯,已而复乱,言官交劾。三年总兵辽东,征建州女真,晋侯爵。八年,拜辅将军,节制陕西、延绥、宁夏三镇兵马,出击"套寇",至榆林,"套寇"已深入,不能制,遂疏请罢兵,被劾召还,督京营,十二年,解职归。家居十余年,成化二十二年卒,赠容国公,谥恭肃。好结权贵,虽屡遭劾,卒无患。亦交文士,能词翰。有诗集《南坡诗稿》十五卷,明刊本残存八卷:卷八至卷一二收七言律诗四百八十九首、七言排律二首,卷一三、卷一四收歌行五十九首,卷一五收赞三十一篇、铭三篇。《千顷堂书目》著录其《平夷录》一卷(有明刊《今献汇言》本)又《平夷赋》一卷。《列朝诗集》丙集、《御选宋金元明四朝诗》录其诗一首。生平见郑汝璧《皇明功臣封爵考》卷四、《明史》卷一五五。

赵崡(生卒年不详)　字子函,一字屏国。陕西西安府盩厔(今周至)人。万历三十七年(1609)举人。家有傲山楼,藏书万卷。所居近周秦汉唐故都,古金石名书多在,曾亲率拓工携楮墨椎拓,装潢后,援据考证,为疏记其后。自谓于此穷三十年之力,因仿赵明诚,纂《石墨镌华》六卷附录二卷,现存万历四十六年自刊本及多种明清刊本、抄本,为《四库全书》所收。亦能诗文。崇祯

五年(1632)贾鸿洙《周雅续》卷一六录其诗三十二首。《列朝诗集》丁集中录其诗四首。《(雍正)陕西通志》录其诗三首。《明诗综》卷六〇录其诗一首,"诗话"谓其诗"尚存康(康海)、王(王九思)遗格"。《御选宋金元明四朝诗》录其诗一首。《明诗纪事》庚签卷二二亦录其诗一首。生平见《(雍正)陕西通志》卷六三。

赵彩姬(生卒年不详)　字今燕,或称其名为赵燕。金陵(今江苏南京)妓。能诗词,与沈明臣、张献翼、俞安期等文人交。著有《青楼集》,未见传。万历四十六年(1618)冒愈昌辑刻《秦淮四美人诗》中有《赵美人诗》一卷,愈昌识语记云:"余从十二名姬中见今燕诗。顷游秦淮,知其尚在,屏居谢客。与吴非熊访之,容与温文,清言楚楚,枇杷花下闭门居,风流可想,不独徐娘老去也。故为刻其诗,附于湘兰之后。"托名钟惺《名媛诗归》卷三五录其诗六首。《列朝诗集》闰集录其诗十首,"小传"云:"南曲中与马湘兰齐名。张幼于(张献翼)中秋赋诗,有'试从天上看河汉,今夜应无织女星'之句。诗句留传,脍炙人口,今燕亦用是名冠北里。"《明诗综》卷九八录其诗四首,"诗话"云:"今燕,张幼于所狎,名冠北里。时曲中有刘、董、罗、葛、段、赵、何、蒋、王、杨、马、褚,先后齐名,所称十二钗也。晚居琵琶巷口。

冶游少年号曰'闭门赵四'。其诗清稳,颇胜诸人。"清季娴编《闺秀集》录其诗三首。清徐树敏等《众香词》录其词七首。《明词综》卷一二录其词一首。清周铭《林下词选》录其词一首。

赵维寰(1563—1644) 字若无,号无声,又号雪庐。浙江嘉兴府平湖人。万历十年(1582)初试于乡,五科不举,入国子监。二十八年顺天乡试解元,以部科大臣劾,罚科,得冯梦祯援,事始平。后八上公车,皆失利,天启五年(1625),六十二岁谒选海宁教谕。崇祯元年(1628)第九次春闱不售,四年升南国子监博士,乞休未许,擢刑部主事,转郎中。为人负气,所至不肯阿附,曾上疏弹劾抚宁侯朱国弼,又连疏劾尚书甄淑,声震一时,以小臣屡讦大僚罢归。归后杜门著书,卒于崇祯十七年,年八十二。平生习经史,尝从诸史中辑新异之事录为《雪庐读史快编》六十卷,《千顷堂书目》著录,现存天启四年刊本。又有崇祯间刊本《宁志备考》十二卷,《尚书蠡》四卷,《迁略》二卷。《千顷堂书目》又著录其诗文别集《雪庐焚余稿》十四卷,现存崇祯二年(1629)刊本,十卷,内序记、议、书、疏、论、表、策、牍、诗及随笔各一卷,各卷多寡不一,诗仅四十余首,卷首有《雪庐客问》一篇,又有《焚余续草》二卷。清沈季友《槜李诗系》卷一六录其诗一首。《明文海》录其文七篇。清张宪和《当湖诗文逸》卷二〇录其文二篇。清朱壬林《当湖文系初编》录其文五篇。其平生事迹多记于《雪庐焚余稿》,亦略见于《(天启)平湖县志》卷一〇。

赵善鸣(生卒年不详) 字和甫,号凤日。江西吉安府庐陵(今吉安)人。万历十九年(1591)举人,累中乙榜,以父年老,遂筮仕,除彭泽县教谕。父丧归,读《礼》山中,服除,补蒙阴教谕,主历山书院。迁湖广枝江令,调盐城令,转宛平令,入为工部员外郎,晋郎中,乞归。数荐不起,里居十年卒,年六十八。能著述,陈济生为其作传,谓其有《巢云馆诗文集》《上丁礼略》《枝栖琐言》《海上编》《竺观辑古文》《诸家谈易》《乐府解题》《通明诗话》等。耽于吟咏,尤喜拟古乐府。现存明庐陵赵氏刊本《巢云馆诗集》十二卷,公鼐序,内收诗五百四十余首、赋骚五篇、词二十四首。陈济生《天启崇祯两朝遗诗》卷一〇录其诗十五首。《江西诗征》卷六一录其诗一首。生平见陈济生《天启崇祯两朝遗诗·小传》《(光绪)吉安府志》卷二十九。

赵谦(1351—1395) 初名古则,字拗谦,号琼台外史,后更名谦。浙江绍兴府余姚人。幼孤贫,寄食山寺,与朱右、徐一夔、谢肃等为文学交。博究六经百家之学,精六书,时人称考古先生。洪武十二年(1379)征至京,与修《洪武正韵》,以其年少,为同事所轻,黜为中都国子监典簿,寻罢归。还家筑考古台,著书述六书之旨,作《声音文字通》及《易学提纲》诸书,众人始推服。二十三年以荐召为琼山教谕,进所著书,不报。在琼山引领学风,人称海南夫子,二十八年十一月卒于官,年四十五。初,赵谦来京,宋濂遣子仲珩受业。谦归,仲珩校正《正韵》,多用其说。谦所著《声音文字通》三十二卷(存明抄本及清抄本)、《学范》二卷(存永乐及嘉靖刊本)、《童蒙习句》一卷,皆为《四库全书总目》著录。《六书本义》十二卷(存正德及嘉靖刊本)为《四库全书》收录。亦能诗文,作诗千首,多散佚。《千顷堂书目》著录其别集《考古余事》又《南游纪咏集》五卷,未见传。《四库全书》收录其诗文集《考古文集》二卷,为后人所辑,仅文六十余篇、诗二十余首,附遗言十六则及谦所作《造化经纶图》。《总目》"提要"云:"拚谦以小学名家,不甚以文章著。此本又仅存残剩,未必得其精华。而意度波澜,颇存古法,究与钞语录者有别,是则学有原本之故也。"存世另有清乾隆三十八年(1773)张廷枚铭西堂刊本《赵考古先生遗集》六卷首一卷,又有乾隆四十六年铭西堂增刻《赵考古先生续集》一卷。《明文海》录其文十篇。《姚江逸诗》卷四录其诗十八首。《明诗综》卷七、《明诗纪事》甲签卷一四录其诗一首。生平见佚名《赵拚谦传》(《国朝献征录》卷一〇〇)、清黄宗羲《明儒列传》卷四三、《赵拚谦传》(《曝书亭集》卷六四)、《明史》卷二八五。

赵弼(1364—?)　字辅之,号雪航。四川重庆府巴县(今重庆)人。洪武末至建文初曾游学闽、浙。永乐初以荐授新繁儒学教谕,转资县教谕。官终汉阳教谕,七十岁致仕,遂家于汉阳,后卒于汉阳。《(嘉靖)汉阳府志》卷二记其卒后葬于汉阳县西。宣德七年(1432)曾奉知府王静命,编纂《汉阳府志》(今佚),其时当还在汉阳教谕任上。致仕后以著述为务,正统间曾依其门生寓居麻城。又校删宋高承《事物纪原》,正统九年(1444)刊行于世。晚年著史评《雪航肤见》十卷,景泰元年(1450)倩陈仪、胡肃为《雪航肤见》作序,年已八十六,其卒年似在其后。弼平生以耽于史学称,而以小说名家。所著杂传及文言小说集《效颦集》,草创于宣德初,后屡有增益。约宣德九年或十年,汉阳知府王静助赵弼刻成此书,上、中、下三卷,二十五篇,现存明刊三卷本前遗王静序,末有赵弼所作《后序》,未详是否王静原刊,或为王静刊本的原板再刷或复刊本。另有朝鲜刊本及日本藏抄本，所据皆为王静刊本。赵弼《后序》，署"宣德戊申（三年）二月"，当为未刊前所作，其中有数篇作品实作于宣德三年之后。后又有嘉靖二十七年（1548）其五世孙赵子伯刻二卷本，亦二十五篇，首有王静等序，末有赵弼后序及赵子伯后序。弼《后序》自云其书"效洪景庐（洪迈）、瞿宗吉（瞿佑）"，因题为《效颦集》。其书杂传与小说合编，其事既取史实，又夹以志怪，效洪迈，而注重辞章，又略近于瞿佑。其三卷本卷上十一篇记南宋文天祥、袁镛等人以身殉国之举及明初种种奇人奇事，近于纪实，后二卷十四篇则多为幽冥鬼神、阴德报应故事，主旨大多为褒扬忠孝节义，劝善惩恶，故高儒《百川书志》卷六著录其书云："言寓劝戒，事关名教，有严正之风，无淫放之失，更兼诸子所长。"虽命意近腐，然有明一代文言小说创作衰微，本书于《剪灯新话》《剪灯余话》之后尚属可称之列。其中《钟离叟妪传》《续东窗事犯传》《木棉庵记》分别与白话小说中的《拗相公》《游酆都胡母迪吟诗》《木棉庵郑虎臣报冤》故事略同，可为当时文言小说与白话小说互相影响之范例。《四库全书总目》曾将其列入小说家类著录。其晚年所著史评《雪航肤见》十卷，今亦存，《四库全书总目》著录，"提

要"谓其所论"多迂阔，亦颇偏驳"，正与其小说风格相近。亦能诗，嘉靖、万历时所修《汉阳府志》多收其所作咏汉阳之诗。生平略见《（嘉靖）汉阳府志》卷六、赵子伯《效颦集后序》（嘉靖刊《效颦集》附）。

赵鹤（生卒年不详）　字叔鸣，号具区。南直扬州府江都（今江苏扬州）人。弘治五年（1492）举人，九年进士，授户部主事。历郎中，出知建昌府，左迁南安同知，正德六年（1511）又知金华府，进山东提学副使。生平嗜学不倦，少喜诗，晚年则以注五经、考论历代史实为事。所著有《书经会注》《五经考论》《文山寓扬忠愤录》《维扬郡乘正要》等。任金华时，曾辑编《金华文统》十三卷，有正德七年（1512）刊本及万历重修本；又辑编《金华正学编》十二卷，有正德七年刻万历十八年（1590）张朝瑞重辑本。亦能诗，曾与诗友倡和，辑《朝正倡和》一卷、《归途倡和》一卷、附录一卷，有正德刊本。《千顷堂书目》著录其别集《耽胜集》又《具区集》，现存嘉靖间江都葛氏刊本《具区集》三卷，收诗一百八十余首。顾璘曾作李梦阳、何景明、祝允明、徐祯卿、朱应登、赵鹤、郑善夫、都穆、景旸、王韦、唐寅、孙一元、王宠等十三人传，编为《国宝新编》，内论及赵鹤云："叔鸣诗耻凡语。于古爱谢灵运，于唐爱孟郊，于元爱刘

因,尝曰:'此道不易浅,浅则庸冗下矣。'"《皇明诗统》卷三六录诗二首。《列朝诗集》丙集录其诗五首。《明诗综》卷二七下录诗二首。《御选宋金元明四朝诗》录诗一首。生平见欧大任《广陵十先生传》(《欧虞部集》十五种之一)、王兆云《皇明词林人物考》卷四。

郝敬(1558—1639)　字仲舆,号楚望。湖广承天府京山(今属湖北)人。幼有神童之誉,任侠负气,尝以杀人案系狱,同县李维桢力挽得免,由是折节读书。万历十六年(1588)举人,明年进士,除缙云知县,改永嘉。擢礼科给事中,改户科,论山东税监陈增贪横,十月之内谏疏十二上,忤旨,考以浮躁名,谪宜兴县丞。移江阴知县,又考下下,再降,遂挂冠归,杜门著书。卒于崇祯十二年(1639)。以经学名世,五经以外,《仪礼》《周礼》《论语》《孟子》皆为解说,且批点诸史、唐诗,亦自作诗文。著述有万历四十三年至四十七年郝千秋、郝千石刊《郝氏九经解》一百五十七卷;万历至崇祯间郝洪范编刊《山草堂集》二十八种一百五十三卷,其内编收《谈经》九卷、《易领》四卷、《问易补》七卷、《学易枝言》四卷、《毛诗序说》八卷、《春秋非左》二卷、《四书摄提》十卷附录一卷、《时习新知》六卷、《闲邪记》二卷、《谏草》二卷、《小山草》十卷、《啸歌》二卷、《艺圃伧谈》四卷、《史汉愚按》八卷、《四书制义》六卷、《读书通》二十卷;外编收批点史书及批选唐诗之作十二种。《小山草》十卷为文集,卷一至卷三题《鲲生蠡管》,文十六篇,多为对四书五经之解意辩驳;卷四至卷六收各体文十四篇;卷七尺牍二十五篇;卷八至卷一〇为《家乘》。《艺圃伧谈》四卷,一论古诗,二论辞赋、乐府,三论唐诗,四论杂文、闲燕语等。《明文海》录其文二篇,卷一一七评语云:"楚望穷经,其文滔滔莽莽,尽情舒写,另是一种家数。"《明诗综》卷五五录其诗一首,"诗话"云:"仲舆难经伉伉,诗非所擅。"清高士熙《湖北诗录》录其诗九首。《明诗纪事》庚签卷一六录其诗一首,按语云:"其论诗文,有《艺圃伧谈》四卷。谓古诗四言,太音冲漠,汉、魏增一言,便多逸响,如兵法改车战为步骑,龙虎风云,奇变百出。更增七言,如长驱野战。大抵以四五言束缚千古之诗人,溢出一字,便为不雅。其所自作,殊多浅率,不副其言。"生平见清余廷灿《郝京山先生传》(《存吾文稿》卷三)、清邹漪《启祯野乘》卷七、清黄宗羲《明儒学案》卷五五、《(康熙)京山县志》卷七、《明史》卷二八八。

郝锦(生卒年不详)　字絅卿,号于庵。南直庐州府六安(今属安徽)人。崇祯六年(1633)举人,十年进士,授丰城县令,迁福建道监察御史。以病归,结庐九公山,有荐者力辞不就。所著《九公山房易问》二卷,有清初刊本。又有《毛诗偶释》《尚书家训》《九公山房帖》等。其《九公山房诗稿》二十二卷,有清顺治十三年(1656)刊本,王澐大序,郝锦自序,分元、亨、利、贞四部。《六安州志》录其文二篇、诗三首。生平见《(乾隆)江南通志》卷一五〇、《(光绪)重修安徽通志》卷二〇一。

胡广(1370—1418)　字光大,号晃庵。江西吉安府吉水人。建文元年(1399)举人,明年第一人进士及第,赐名靖,授修撰。靖难兵至南京,迎降,任原官,复名广,与解缙、黄淮、胡俨、金幼孜、杨士奇、杨荣同入直文渊阁,典机务。历侍讲、侍读、右庶子、翰林学士兼左春坊大学士,进文渊阁大学士。永乐十六年(1418)五月初八卒,年四十九,赠礼部尚书,谥文穆,洪熙初,加赠少师。性醇谨,两从成祖北征,以善书,每勒石,皆令书之。又曾奉诏主持纂修《书传大全》十卷、《四书大全》三十六卷、《礼记大全》三十卷、《周易大全》二十四卷、《性理大全书》七十卷、《诗经大全》二十卷、《春秋大全》七十卷,颁行天下,成科考必备书。能诗文,杨士奇为撰墓志铭,谓:"文穆为文,援笔立就,顷刻千百言,沛然行云流水之势。"赋诗取适性情,近体得盛唐之趣。"诗文著述其裔孙辑编为《胡文穆公文集》二十卷,内诗八卷,收诗六百七十余首;文十一卷,收各体文三百六十余篇;卷二〇收《扈从诗》二百余首及《扈从北征日记》。是集现存清乾隆十五年(1750)刊本,《明史·艺文志》著录其《胡广集》即此本也。《四库全书》收《胡文穆杂著》一卷,实为《文集》第十九卷,收杂著五十余篇。《千顷堂书目》另著录其《文丞相传》一卷。程敏政《皇明文衡》录其文十篇。《明文海》录其文三篇。清应麟《江右古文选》卷一三录其文三篇。诗略逊于文。《皇明风雅》卷二七录其诗一首。《皇明诗统》卷七录其诗十三首。韩阳《皇明西江诗选》卷二录其诗六十一首。《石仓十二代诗选·明诗选》录其诗五十首。《列朝诗集》乙集录其诗三首。《明诗综》卷一七录其诗二首。《御选宋金元明四朝诗》录其诗三首。《江西诗征》卷四六录其诗十三首。《明诗纪事》乙签卷四录其诗三首。生平见杨士奇《胡公神道碑》(《东里文集》卷一二)、顾祖训《状元图考》卷一、廖道南《殿阁词林记》卷三、《明史》卷一四七。

胡之骥(1548—?)　字伯良,号苏州山人。本为吴人,十岁随父游楚,徙居湖广黄州府蕲水(今湖北浠水)。尝客燕赵,南浮江淮,北出云中、上谷,与诸名公游,布衣终身。

万历四十六年（1618）尚在世。曾注《江文通集》十卷，有万历二十六年刊本。著述存万历刊本《胡伯良集》六卷，首有万历四十四年孙羽侯《胡伯良诗集序》及郭士望、南师仲、王同轨序，计收诗三百四十余首；又《游庐山诗》一卷，首万历四十二年胡之骥《游庐山诗序》，收诗四十七首、文四篇；又《诗说纪事》三卷，百三十五则，多录师友交游倡和及耳闻目睹之趣谈韵事，亦录己诗，首有万历四十五年朱期昌《诗说纪事序》。《皇明诗统》卷三四录其诗四首。生平见《（光绪）黄州府志》卷二五、《（光绪）蕲水县志》卷一三。

胡从中（生卒年不详）　字师虞，号天放。南直淮安府山阳（今江苏淮安）人。崇祯十五年（1642）举人，入清不仕，隐于钵池山侧，绕屋皆楝树，因又号楝居。年八十余卒。有《史相国墓》诗，因知其遗民矣。以书法名于乡里，亦能诗。清卓尔堪《明遗民诗》录其诗一首。清吴玉搢《山阳耆旧诗》录其诗二十九首。清丁晏《山阳诗征》卷一一录其诗五十八首。生平见《（乾隆）淮安府志》卷二二《文苑》。

胡文焕（生卒年不详）　字德甫，一作德父，号全庵、全道人，别署抱琴居士、西湖醉渔。浙江杭州府钱塘（今杭州）人。监生，万历四十一年（1613）任耒阳县丞，署兴宁。博学多识，通音律，善鼓琴，万历、天启间设文会堂于杭州，以刻书为业。编刊书甚夥：《格致丛书》数百种，现残存近两百种，内收自著《古器具名》二卷、《古器总说》一卷、《文会堂词韵》二卷、《文会堂琴谱》六卷、《文会堂诗韵》五卷等；又《百家名书》百余种，内收自著《学海探珠》《历世统谱》等杂著十余种；又《寿养丛书》三十五种；又《胡氏粹编》五种（《稗家粹编》八卷、《游览粹编》六卷、《谐史粹编》二卷、《寸札粹编》二卷、《寓文粹编》八卷）。又曾编《诗法统宗》三十六册，内收其补辑之《诗家集法》一卷。又编刊戏曲、清曲选集《群音类选》四十六卷。所撰戏曲五种：杂剧《桂花风》已佚，仅《群音类选》中存残曲；又传奇四种：《三晋记》《奇货记》《犀佩记》《余庆记》，亦皆不存，仅《群音类选》存《犀佩记》《余庆记》佚曲。所作散曲现存于《群音类选》者计小令六十三首、套数十八套。《明词综》卷一〇录其词一首。清胡胤瑷等《兰皋明词汇选》录其词三首。近人赵尊岳《明词汇刊》录其词十四首为《全庵诗余》。生平见《（乾隆）杭州府志》卷三八、《（道光）耒阳县志》卷一一、《（1922）杭州府志》卷九五。

胡布（生卒年不详）　字子申。广昌（今属江西）人。元末明初与本县张达、新城刘绍俱以诗名。又能书法，解缙《文毅集》卷一五记其"得书法于宋克，一云与克同受学绍兴老僧"。与刘绍为姻亲交厚，俱曾入仕。朱珪《名迹录》卷一记元至正十一年（1351）《昆山州重修儒学记》碑记所署"建昌路总管府判官胡布书并篆额"，或即其人也。入明后刘绍官翰林应奉、国子助教，而布则入狱、远谪，其卒年在洪武九年（1376）后。宣德间郡人张烈光辑胡布、张达、刘绍三人诗为《元音遗响》十卷，前八卷为胡布诗，卷九为张达诗，末卷为刘绍诗，后被收入《四库全书》。其中胡布诗集名《崆峒樵音》，凡古近体诗八百余首、联句十二首。其诗重五言，尤擅古体。诗与刘绍往来倡和最多，十二首联句亦未有他人与焉。朱存理《珊瑚木难》卷八录胡布自书诗六首。《（雍正）江西通志》卷一四七录其诗一首。

胡汝嘉（1529—1578）　字懋礼，又字懋中，号秋宇。南直应天府江宁（今江苏南京）人，南京鹰扬卫籍。生于嘉靖八年（1529）五月初二。嘉靖三十一年领乡荐，明年进士，选翰林院庶吉士，三十四年授编修。以言事忤执政，隆庆元年（1567）谪赵州判官，未任，以母忧去。历南礼部郎中，五年出为广西按察司佥事，提调学校。六年调浙江，旋升四川布政司右参议，转左。万历元年（1573）四月乞终养，暂令回籍，十月改补河南右参议，分守河北道，转左。四年升山西副使，改浙江兵备副使，六年以疾例乞仕，归家卒，年五十。以文雅风流称，富收藏，能诗画，尤以词曲著名。作《红线记》杂剧，明刊《四太史杂剧》题《红线金盒记》，《远山堂剧品》别作《暗掌销兵》，北曲四折。其剧词华充赡，祁彪佳《远山堂剧品》列为"艳品"，时议以为可与梁辰鱼《红线》杂剧媲美（《客座赘语》）。陈所闻《南宫词纪》、陈继儒《乐府先春》辑其散曲套数二套。王骥德《曲律》云："近之为词者，北调金陵则陈太史石亭、胡太史秋宇。"又，顾起元《客座赘语》卷八《秋宇先生著述》谓其"文雅风流，不操常律。所著小说书数种，多奇艳，间有闺阁之靡，人所不忍言。如《兰芽》等传，今皆秘不传。所著《女侠韦十一娘传记》，记程德瑜云云，托以垢当世也"。所作小说久佚，近年于潘之恒辑《亘史》及朝鲜刊本《删补文苑楂橘》卷一发现《韦十一娘传》，以程德瑜奇遇事，刻画剑侠，于有明一代罕见矣。后凌濛初《拍案惊奇》曾据之改编为《程元玉店肆代偿钱　十一娘云岗纵谭侠》。亦能诗，《千顷堂书目》著录其《沁南稿》二卷，现存万历三年序甘雨堂刊本，收诗二百七十余首，附诗余二十九首。近人赵尊岳《明词汇刊》录词为《沁南词》。《列朝诗集》丁集录诗六首。《御选宋金元明四朝诗》录诗二首。《金陵诗征》卷二二录诗十九首。《明诗纪事》己签卷一一录其诗五首,按语谓其"诗亦格律遒上"。生平见王兆云《皇明词林人物考》卷一二、《(康熙)江宁县志》卷一〇。

胡安(生卒年不详)　字仁夫,号乐山。浙江绍兴府余姚人。嘉靖十六年(1537)举人,二十三年进士,曾官衡州知府,历官至陕西苑马寺卿。《千顷堂书目》著录其《趋庭集》十二卷,现存隆庆间边维垣等刊本《趋庭集》六卷,首有隆庆二年(1568)涂泽民《刻趋庭集引》,内卷一收赋二篇,卷二至卷六收诸体诗三百五十余首。《盛明百家诗》后编录其诗六十余首为《胡苑卿集》。《皇明诗统》卷二六录其诗十三首。《列朝诗集》丁集录其诗三十首。清黄宗羲《姚江逸诗》卷一〇录其诗三十九首。《明诗综》卷四三录其诗三首。《御选宋金元明四朝诗》录其诗二十首。《明诗纪事》己签卷八录其诗一首。生平见《(乾隆)绍兴府志》卷五三。

胡应麟(1551—1602)　字元瑞,一字明瑞,号少室山人,慕其乡人黄初平叱石成羊故事,又号石羊生。浙江金华府兰溪人。生于嘉靖三十年(1551)五月二十二。二十三岁前多随其父胡僖宦游京师及南北各地,万历四年(1576)乡试中举,次年会试下第,后十一年、十四年春闱亦不第,十六年再赴京,途中染疾还,二十三年、二十六年又北上失意归,三十年夏病卒,年五十二。尝筑室山中,一举购书四万余卷,以崇仙慕道、藏书穷经为人生志趣,后以学识博洽、著书宏富称。交游甚广,所交王世贞、汪道昆等皆一时名士。世贞激赏其诗,许为能传其诗统者,因将其与李维桢、屠隆、魏允中、赵用贤并列于王氏"末五子"之列(《弇州四部稿续稿》卷三《末五子篇》)。平生著述甚丰。诗文著述先刊为《少室山房稿》三十四卷,内收《邯郸稿》《华阳集》各十卷,《白榆集》三卷,《养疴集》《娄江集》《湖上稿》各二卷,《寓燕集》《还越集》《计偕集》《岩栖集》各一卷。又辑评历代诗,撰《诗薮》二十卷,有万历三十七年张养正刊本。另有杂著《少室山房笔丛》十种三十二卷(内《经籍会通》四卷、《史书占毕》六卷、《九流绪论》三卷、《四部正讹》三卷、《三坟补逸》二卷、《二酉缀遗》三卷、《华阳博议》二卷、《庄岳委谈》二卷、《玉壶遐览》四卷、《双树幻抄》三卷),《续笔丛》三种十七卷(《丹铅新录》八卷、《艺林学山》八卷、《甲乙剩言》一卷),万历四十二年赵世宠刊。万历末江湛然辑《少室山房类稿》一百二十卷,诗八十卷,文四十卷,王世贞、汪道昆、江湛然序。四十六年江湛然又集《类稿》《笔丛》《诗薮》为《少室山房全稿》一百八十九卷。胡应麟《笔丛》以淹博见长，近世以来《笔丛》中论及古代"小说"之文字亦颇为研究者所重，以为其涉及古代小说观念、小说史、小说理论诸方面。至《诗薮》论诗，则后人颇多争议。其诗作虽多沿袭"七子"之风，亦不乏自成面目之作。《皇明诗选》录其诗八首，评曰："元瑞如中贾张肆，不皆珍异，却无物不有。"《列朝诗集》丁集录其诗二首，"小传"批评《诗薮》"大抵奉元美（王世贞）《卮言》为律令而敷衍其说"，又批评其对王世贞及前后"七子"揄扬过甚。阮元声《金华诗粹》录其诗一百二十余首。《明诗综》卷四七录其诗八首，"诗话"云："《诗薮》一编，专以羽翼《卮言》，虞山钱氏（钱谦益）诟之太甚。观《少室山房笔丛》，沉酣四部，自不失为读书种子，讵可因《诗薮》而概斥之乎？"《御选宋金元明四朝诗》录其诗十首。《四库全书》收《少室山房类稿》（改题《少室山房集》）一百二十卷、《少室山房笔丛》正集三十二卷续集十六卷，《总目》"提要"云："（应麟）尝与李攀龙、王世贞辈游，其所作《诗薮》类，皆附合世贞《艺苑卮言》。后之诋'七子'者，遂并应麟而斥之。然其诗文笔力鸿邕，又佐以雄博之才，亦颇纵横变化，而不尽为风气所囿。当嘉、万之际，学者惟以模仿剽窃为事，而空疏舁陋皆在所难免。应麟独能根柢群籍，发为文章，虽颇伤冗杂，而记诵淹博，实亦一时之翘楚矣。"清黄彬等《金华诗录》卷三七录其诗五十一首。《明诗纪事》己签卷六录其诗四首。生平见王世贞《胡元瑞传》（《弇州四部稿续稿》卷六八）、王兆云《皇明词林人物考》卷一二、《明史》卷二八七。

胡直（1517—1585）　字正甫，初字宜举，号庐山，一号补庵，晚以居衡、庐二山之交，称衡庐耕云老农。江西吉安府泰和人。生于正德十二年（1517）八月十六。嘉靖二十二年（1543）举于乡，二十九年李春芳延其至兴化教诸子，因得闻王艮之学。数上春官不第，谒选句容教谕。三十五年登进士第，观政兵部，除刑部主事，约同年耿定向、邹守益等讲学于灵济宫。历员外郎，出为湖广按察佥事，迁四川参议，进提学副使。隆庆四年（1570）转广西参政，万历元年（1573）晋广东按察使，寻守制辞居，十二年冬起福建按察使，再辞不能，十三年四月莅任，五月二十九卒，年六十九。少攻古文词，后从欧阳德及罗洪先学，以阳明之学为宗，遂以讲学名。尝与门人讲学螺水之上，辑其问答之语为《胡子衡齐》八卷，现存明万历间刊本，《明史·艺文志》著录。诗文著述辑为《衡庐精舍藏稿》三十卷、《续稿》十一卷,有万历十二年其门人郭子章刻二十三年庄诚补修本。《藏稿》卷一收赋四篇,卷二收拟古乐府三十九篇,卷三至卷七收古近体诗三百余首,卷八至卷三〇收各体文二百四十篇;《续稿》收赋一篇,各体文五十余篇。《明史·艺文志》仅著录《藏稿》三十卷,《四库全书》则据此本收。《皇明诗统》卷二三录其诗八首。《石仓十二代诗选·明诗选》录其诗十六首。《列朝诗集》丁集录诗三首。《明诗综》卷四四录诗二首。《御选宋金元明四朝诗》录诗五首。《江西诗征》卷五八录诗十七首。《明诗纪事》己签卷一二录其诗三首。《明文海》录其文五篇,评语谓其"少骀宕,好攻古文词,年二十六,始讲学,故其文章颇雅健有格,无抄撮语录之习"。生平见郭子章《先师胡庐山先生行状》(《蠙衣生粤草》卷六)、耿定向《胡公墓志铭》(《耿天台先生文集》卷一二)、王兆云《皇明词林人物考》卷一〇、清黄宗羲《明儒学案》卷二二。

胡松[1] (1490—1572) 字茂卿,号承庵。南直徽州府绩溪(今属安徽)人。生于弘治三年(1490)闰九月十四。正德八年(1513)举人,明年进士,授嘉兴府推官。召为江西道御史,出按山东,以疾告归。嘉靖六年(1527)起浙江道御史,以论桂萼起用王琼事忤旨,出为廉州府推官。寻量移广信府同知,未上,进福建按察金事,迁布政司参议,转河南按察副使,饬兵大名。进云南右参政,转贵州按察使,进广东右布政使,转左,以母忧归。服除仍故官,寻拜右副都御史,督理河道,再以故官总督漕运兼抚江北,入为户部右侍郎,徙左。二十九年拜工部尚书,上疏乞骸骨,诏许之。隆庆六年(1572)七月二十七卒于家。《千顷堂书目》著录其《承庵文集》,现存万历间歙邑刊本《承庵先生集》八卷附录一卷,首吴子玉序,内卷一收奏疏十七篇,表四篇,卷二至卷四收各体文三十八篇,卷五至卷八收诸体诗三百四十余首,末附王世贞所作《行状》、汪道昆所作《墓志铭》等。又有明刊别本《承庵先生集》七卷,文四卷、诗三卷,附《同心集》四卷,收来往书简及赠言联句等。生平见王世贞《承庵胡公行状》(《弇州四部稿》卷一〇〇)、汪道昆《胡公墓志铭》(《太函集》卷四八)、《明史》卷二〇二。

胡松[2] (1503—1566) 字汝茂,号柏泉。南直滁州(今属安徽)人。生于弘治十六年(1503)十月十一。嘉靖七年(1528)举人,明年进士,除东平知州。秩满补南兵部员外郎,改礼部祠祭司,进郎中,迁湖广参议,迁山西提学副使。三十年秋,上"边务十二事"称旨,就迁左参政,以言事忤权贵,斥为民。家居十余年,起陕西参政,转浙江按察使,进右布政使,转江西左布政使,擢右副都御史巡抚江西,以勘乱功,迁兵部右侍郎,转左,改吏部。迁南兵部尚书,寻以吏部尚书召入。四十五年十月二十二卒,年六十四,赠太子少保,谥恭肃。学宗王守仁,能诗文。《明史·艺文志》著录其《滁州志》四卷、《奏疏》五卷、《文集》十卷。现存隆庆三年(1569)滁州刊本《胡庄肃公遗稿》八卷,首霍与瑕序,内卷一、卷二收诗四百余首,卷三至卷六收各体文一百余篇,卷七、卷八收书信一百五十余篇;又有万历十三年(1585)其子胡槚刊本《胡庄肃公文集》八卷,有徐栻、周弘祖、邵孟麟等序,内卷一至卷六收各体文三百二十余篇,未收书信,卷七、卷八收诗八百余首,词曲二十首。《四库全书总目》著录《胡庄肃集》六卷、《别本胡庄肃集》八卷,又收其《唐宋元名表》四卷。《明诗综》卷四一录其诗一首。《明诗纪事》戊签卷一七录其诗四首。《明文海》录其文十三篇。生平见李春芳《胡公松墓志铭》(《李文定公贻安堂集》卷七)、万士和《胡公墓表》(《万文恭公摘稿》卷九)、王兆云《皇明词林人物考》卷七、《明史》卷二○二。

胡侍(1492—1554) 字承之,号蒙溪,又称蒙溪子、蒙溪山人。陕西西安府咸宁(今西安)人。祖籍溧阳,洪武时其先祖坐累谪戍陕西宁夏卫(今宁夏银川),后迁居咸宁。生于弘治五年(1492)十一月初六。正德八年(1513)举人,十二年进士,除刑部主事。十六年进员外郎,嘉靖元年(1522)迁鸿胪寺右少卿,三年坐议"大礼",谪山西潞州判官,次年又被劾试诸生题讥刺,且谤"大礼",逮至京下诏狱,讯斥为民。三十二年十二月初四(1554年1月8日)卒于家,年六十二。有文名于关西。《千顷堂书目》著录其《墅谈》六卷、《真珠船》八卷、《笑资》九卷、《蒙溪集》十一卷又《续集》五卷。《墅谈》六卷为其杂俎,考证古籍兼札记时事,嘉靖刊本存。《真珠船》八卷,杂采经史故事及小说家言,多怪异果报之说,前人曾从中辑出诗话、曲话数则,嘉靖本亦存。《蒙溪集》为其诗文别集,现存嘉靖二十四年刊本《胡蒙溪诗集》十一卷、《文集》四卷,有吴孟祺、张才序;又三十一年张铎、孔天胤刊本《胡蒙溪续集》六卷、附录一卷。《皇明诗统》卷二八录其诗十五首。崇祯五年(1632)贾鸿洙《周雅续》卷八录其诗二十三首。《皇明诗选》录其诗三首。《列朝诗集》丙集录其诗六首。《明诗综》卷三六录其诗四首,"诗话"云:"承之诗原北地(李梦阳),而五言颇近信阳(何景明)。"《御选宋金元明四朝诗》录其诗六首。《明诗纪事》戊签卷一三录其诗一首。《明文海》录其文一篇。生平见许宗鲁《蒙溪胡公墓志铭》（《胡蒙溪续集》附录）、王兆云《皇明词林人物考》卷六、《明史》卷一九一。

胡宗仁（生卒年不详） 字彭举，一字白长，自署赖仁。南直应天府上元（今江苏南京）人。晚明富家子，老而食贫。善山水，曾与魏之璜结画社。亦能诗，与钟惺、谭元春、林古度为友。曾以己诗请钟惺为之论定，《千顷堂书目》著录其《知载斋诗草》二卷、《韵诗》一卷，或此本也，未见传。《列朝诗集》丁集录其诗十九首，"小传"谓其："隐于冶城山下。生而伟壮，美髯。晚年衲衣拄杖，反手徐步，须髯从风飘扬，人皆目为神仙。喜谈论，作画师云林、子久。"《明诗综》卷六三录其诗三首，"诗话"云："彭举诗颇清真，惜稿为楚人论定，必去其菁华，仅存皮骨矣。"《御选宋金元明四朝诗》录其诗十二首。《金陵诗征》卷二七录其诗六首。《明诗纪事》庚签卷七上录其诗二首。生平见朱谋垔《书史会要》卷四、《（道光）上元县志》卷二〇。

胡居仁（1434—1484） 字叔心，号敬斋。江西饶州府余干人。家世务农，幼习词章。长从吴与弼游，读濂、洛诸书，遂绝意仕进，专研性理。其学崇程、朱，以治心养性为本，经

世宰物为用，以主忠信为先，求放心为要，特别强调主敬存心。曾主白鹿洞书院、洞源书院，从学者甚众。成化二十年（1484）二月十二卒，年五十一，万历间追谥文敬。正德二年（1507）张吉辑刻其语录为《居业录要语》四卷，后有嘉靖元年（1522）、万历二十年（1592）等刊本。又有明刻《胡子粹言》三卷。《四库全书》经部易类收其《易象钞》四卷，子部儒家类收其《居业录》八卷，《四库全书总目》另著录其《居业录类编》三十一卷。弘治十七年（1504）余祐网罗散遗，辑其诗文为《敬斋集》三卷，诗赋一卷，收赋二篇、歌一篇、诗一百余首，有明李桢校刊本，《明史·艺文志》著录《敬斋集》三卷即此本也。后有清乾隆二十二年（1757）刊本，名《文敬胡先生集》。《四库全书》所收题为《胡文敬公集》三卷。《江西诗征》卷五一录其诗四首。清胡大鸿《江右文抄》录其文三篇。生平见陆瑞家《敬斋先生居仁传》（《国朝献征录》卷一一四）、清黄宗羲《明儒学案》卷二、《明史》卷二八二。清杨希闵有《胡文敬公年谱》（清光绪刊《豫章先贤九家年谱》本）。

胡奎（1335—1409） 字虚白，号斗南老人。海宁（今属浙江）人。元季尝游贡师泰之门，与贝琼、高启等以诗交。洪武间以儒学征，后任宁王府教授。在南昌七年，永乐六

年(1408)宁献王朱权悯其年老,遣使送归海宁,次年卒,年七十五。有诗名,尤长于乐府歌行。存世《斗南老人诗集》六卷,为永乐时宁藩文英馆所刊,朱权序,收诗一千九百余首(卷二有词八首)。此本明中叶后已不多见,成化间姚绶抄本仅为四卷。《千顷堂书目》著录《斗南老人诗集》,未记卷数,或亦未见其本矣。《皇明风雅》录其诗十五首。顾起纶《续国雅》卷二录其诗一首。《皇明诗统》卷七录其诗十六首。《石仓十二代诗选·明诗选》录其诗四首。《列朝诗集》甲集录其诗八首。《明诗综》卷一四录诗六首。清沈季友《槜李诗系》卷三八录诗四首。清沈德潜《明诗别裁集》录诗二首。《御选宋金元明四朝诗》录诗八首。《四库全书》据清初昆山徐乾学传是楼原刻影抄本收《斗南老人集》六卷,《总目》"提要"谓云:"奎诗不事雕饰,往往有自然之致。朱彝尊谓其工力既深,格调未免太熟,诵之若古人集中所已有者。其言诚不为过,然春容和雅,其长处亦不可掩,视后来之捃拾模拟者,固有间矣。"《明诗纪事》甲签卷二二录诗四十一首,按语云:"虚白长于乐府,七言断句,风藻翩翩,殊有标致。"生平见朱权《斗南老人集序》(《斗南老人诗集》卷首)、徐象梅《两浙名贤录》卷四七《文苑》。

胡俨(1361—1443)　字若思,号颐庵。江西临江府新淦(今新干)人,侨居南昌。洪武二十年(1387)乡试第二,明年会试副榜,授华亭县学教谕,母丧,守制归。服除,改长垣,求便地就养,复改饶州府余干。建文元年(1399)以荐授桐城知县。永乐初,以通象纬、气候之学被召,因解缙荐,授翰林检讨,与解缙、胡广、黄淮、金幼孜、杨士奇、杨荣等同入直文渊阁,预机务。历侍读、左春坊谕德,永乐二年(1404)拜国子监祭酒兼翰林侍讲,掌院事,后与修《太祖实录》《永乐大典》等,皆充总裁官。洪熙改元(1425),以疾乞休,进太子宾客,致仕归。宣德初,以吏部侍郎召,辞归,家居二十余年,正统八年(1443)八月二十七卒,年八十三。少嗜学,学问赅博,多涉诸艺,在朝称馆阁宿儒,朝廷大著作常出其手,又能诗文,擅书画,在内阁日,与杨士奇、杨荣、杨溥等倡和。《明史·艺文志》著录其《颐庵集》三十卷。现存《颐庵文选》二卷,宣德刊本仅存下卷,清抄本全,杨士奇等序,内卷上收赋、楚辞、乐府、诗余及杂文,卷下收古近体诗五百二十余首;又有隆庆四年(1570)李迁刊本《胡祭酒集》十四卷(存八卷:卷七至卷一四);又万历元年(1573)徐栻刊本《胡祭酒颐庵集》十二卷,《千顷堂书目》著录《颐庵文集》十二卷(注吴国伦选）即此本；又有明刊黑口本《胡祭酒文集》残存八卷（卷一六至卷二三），收其所作序记及墓志、祭文等，似原为三十卷本。《皇明风雅》录其诗五首。顾起纶《国雅》卷三录其诗四首。《皇明诗统》卷八录其诗二十三首。韩阳《皇明西江诗选》卷三录其诗八十二首。《列朝诗集》乙集录其诗四十九首，"小传"谓其"守国学逾二十年，老为儒臣，不得大用，作为诗歌，多旅人思妇、屏营吟望之辞，怨而不怒，有风人之遗焉"。《明诗评选》录其诗二首。《明诗综》卷一七录其诗四首。《四库全书》收《颐庵文选》二卷，《总目》"提要"云："其诗颇近江西一派，词旨高迈，寄托深远，与'三杨'之和平安雅者，气象稍殊。文章则得法于熊钊，钊学于虞集，授受渊源相承有自，故其气格高老，律度谨严，可以追踪作者，卓为明初之一家。"《江西诗征》卷四五录其诗四十六首。《明诗纪事》乙签卷四录其诗七首。《明词综》卷一录其词一首。近人赵尊岳《明词汇刊》录其词［调笑令］四首、［三台词］三首为《颐庵诗余》，实《颐庵集》另有［竹枝词］三首、［杨柳枝词］四首。《明文海》录其文六篇。生平见黄佐《胡公俨传》《国朝献征录》卷一二）、杨溥《胡先生墓碑》（《皇明名臣琬琰录》卷二四）、何乔远《名山藏》卷六〇、《明史》卷一四七。

胡继先（生卒年不详） 字绳武，四川成都府汉州（今广汉）人。万历三十五年（1607）进士，官邹县知县，天启间任开封知府。著述现存万历刊本《乐中集》，署"广汉胡继先绳武甫著"，卷端天启元年（1621）朱之蕃《胡绳武乐中集序》、万历四十八年俞彦《读胡绳武诗集叙》，首《乐中集》，收叙、记、疏、行状、墓志、祭文等四十余篇；次《乐中前集》七卷，分题《宦初韵语》《行吟韵语》《幽怀韵语》《思先韵语》《京幕韵语》《京府韵语》，计收诗三百八十余首；再次《乐中近集》七卷，分题《南游韵语》《南都韵语》《使蜀韵语》《雁江韵语》《南旋韵语》《玄湖韵语》（辛酉夏起）、《玄湖韵语》（壬戌春起），计收诗二百六十余首。另曾纂修《邹志》四卷，亦有万历刊本。生平见《（嘉庆）汉州志》卷二二。

胡维霖（生卒年不详） 字梦祝，号黄檗山人。江西瑞州府新昌（今宜丰）人。万历四十年（1612）举人，明年进士。天启间官顺德府知府，历浙江按察副使、右参政、右布政使，转四川左布政使，调福建左布政使。《千顷堂书目》著录其《黄檗山人稿》八卷，现存崇祯间刻《胡维霖集》三十四卷，为其子胡秉忠、胡秉清辑刻。是集首崇祯九年（1636）吴甘来序，以下为杂著《墨池浪语》五卷（卷一论文史，卷二题跋，卷三论诗,卷四、卷五评历代诗及明代诸家诗);又《冷斋漫评》一卷;又《长啸山房汇稿》十一卷(收所作各体文);又《石门杂著》三卷,又《白云洞汇稿》六卷(收书、启);又《工部啸梅轩诗稿》四卷(收诗近二百首);又《檗山吟》四卷(收诗三百余首)。生平见《(同治)瑞州府志》卷一三、《(同治)新昌县志》卷一六。

胡超(1425—1488) 字彦超,号耻庵。浙江衢州府龙游人。成化四年(1468)举人,八年进士,授工部都水司主事。历两考升员外郎,分治通州漕河,寻致仕归。卒于弘治元年(1488),年六十四。曾修《龙游县志》,《千顷堂书目》著录其《耻庵集》十卷,现存清康熙胡俊生抄本《耻庵先生遗稿》,有范行准、潘景郑跋,不分卷,共收诗七百余首,以七言律诗为主,内有词十首,另附祭文五篇及胡超《上梁文》一篇、吴宽《耻庵说》一篇。清黄彬等《金华诗录》卷二七录其诗十首。《明诗纪事》丙签卷六录其诗一首。生平见文林《耻庵胡先生墓志铭》(《文温州集》卷九)、《(雍正)浙江通志》卷一九一。

胡敬辰(1597—?) 字直卿,号青莲。浙江绍兴府余姚人。万历四十年(1612)举人,天启二年(1622)进士,授江都县令,后官礼部祠祭司郎中、江西驿传道等。著述有崇祯间刻本《檀雪斋集》四十卷,卷首有

王铎、陈际泰序及崇祯元年(1628)胡敬辰《自叙》。是集为其生前自编,有总目:卷一赋,卷二诏,卷三奏疏,卷四札子,卷五至卷七尺牍,卷八表,卷九策,卷一○、卷一一启,卷一二序,卷一三记,卷一四议,卷一五谳牍,卷一六志林,卷一七颂(佛颂),卷一八评(花评),卷一九骚,卷二○至卷二八诸体诗,卷二九歌(拟乐府),卷三○调(诗余),卷三一小令,卷三二、卷三三纪事,卷三四考,卷三五传,卷三六旌语,卷三七恤语,卷三八行状,卷三九志铭,卷四○祭文。传世本缺卷三三,内各体文及杂著外,收赋七篇、拟骚十二首、古近体诗七百余首、歌(拟乐府)九十首、调(诗余)三十九首、小令八十九首。《四库全书总目》著录是集,"提要"云:"是集以所著诗赋、杂文,及官县令时谳牍共为一编。其文故为涩体,几不可句读,诗格亦'公安'之末派。"又有明末抄本《鬓剔堇奇》六十四卷,杂著也。

胡森(1493—1564) 字秀夫,号末斋、九峰。浙江金华府汤溪(今金华)人。生于弘治六年(1493)八月二十二。正德十一年(1516)举人,十六年进士,授南刑部主事。历员外郎、郎中,迁南京太常寺少卿,官终南京鸿胪寺卿。以衔冷官闲,多以吟咏为事。归里后惟杜门读书,韬养自晦,优游林下二十余年,

嘉靖四十三年（1564）二月初九卒，年七十二。《千顷堂书目》著录其《九峰文集》。现存万历间刊《九峰先生文集》十三卷附录一卷，其子胡文寀辑刻，内诗八卷、文五卷，皆按体分类。首有万历六年（1578）汤溪知县刘孟恭序，又有山阴柳文隆庆五年（1571）序，据卷末隆庆六年（1572）胡文寀跋，则其集隆庆六年已刻成，传世当为原版重印本，因有刘孟恭万历六年序，末附其行状、墓志铭等。阮元声《金华诗粹》录其诗十六首。清黄彬等《金华诗录》卷三〇录其诗十八首。《明诗纪事》戊签卷一四录其诗一首。生平见应廷育《胡公墓志铭》（《九峰先生文集》附）、《（万历）金华府志》卷一七、过庭训《本朝分省人物考》卷五三。

胡粹中（生卒年不详）　名由，字粹中，以字行。浙江绍兴府山阴（今绍兴）人。治《毛诗》《春秋三传》。洪武时曾官钱塘训导，王洪、王希范等皆曾从之学。永乐初官楚王府右长史，永乐元年（1403）尝为管时敏《蚓窍集》作序，在楚府凡二十年。著有《元史续编》十六卷，现存永乐刊本及《四库全书》本。《千顷堂书目》另著录其《读史笔记》又《元史评》《兴复斋稿》。曾谪于云南，沐昂编《沧海遗珠》卷三录其诗十七首，后《石仓十二代诗选·明诗选》据之录。著述现存明初刻《思复斋稿》残本，有

丁鹤年序，仅存卷一至卷三，有文无诗。《皇明风雅》卷一八录其诗一首。《列朝诗集》乙集录其诗三首。生平见《（雍正）浙江通志》卷一八〇。

胡震亨（1569—1645）　字君鬯，改字孝辕，号赤城山人，又号遯叟。浙江嘉兴府海盐人。少以才识通敏称，为诸生即为黄洪宪、冯梦祯推之。万历二十五年（1597）中举，数上公车不遇，后就固城教谕。历合肥知县，迁德州知州，因母病弃官还乡。崇祯十年（1637）补定州知州，以守城功擢兵部职方员外郎，乞归。清顺治二年（1645）死于避乱途中，年七十七。平生好蓄书刻书，所辑《唐音统签》一千零三十三卷（现存清初抄本），为清修《全唐诗》所据依。《统签》以天干标目，其中前九签为唐诗总汇，《癸签》三十三卷则为唐诗之系统论述，其中采用前人成说十之七八，自抒己见十之二三，所论涉及诗之诗体、技法、格律、字句、声调等，又按时代、体裁、题材等品评作品，辑录唐诗人之遗闻逸事等，书中大量引用明人诗话，《四库全书总目》著录，“提要”称其“采撷大备”“三百年之源流正变，犁然可按，实于谈艺有神”。然其引书多随意删改，故亦颇多讹误。《癸签》于十签中传刻最早，现存清顺治十五年双与堂初刊本。其他著述亦颇多，清沈季友《携李诗系》卷一六录

其诗五首，"小传"记云："（震亨）尝裒辑唐人诗集，旁钞《法苑》《云笈》及名山之志，而胪列之，为《唐音统签》一千卷，收罗大备，真属巨观。又有《秘册汇函》《海盐图经》《续文选》《文献通考纂》《靖康盗鉴录》。今海虞毛氏书，皆所编定者也。震亨才识奥博，家多藏书，三百年来吾郡学者屈一指云。"《千顷堂书目》另著录其《吴冢遗文》《盐邑世文志》及《李杜诗通》四十卷、《读书杂论》二卷（存清康熙刊本）。其诗文别集《赤城山人稿》十四卷，《千顷堂书目》亦著录，有明刊本，现仅残存卷九、卷一〇两卷。《明诗综》卷五八录其诗二首。《明诗纪事》庚签卷一八录其诗一首。生平见《（雍正）浙江通志》卷一七九。

胡翰（1307—1381） 字仲子，一字仲申，号长山。金华（今属浙江）人。生于元大德十一年（1307）十一月。少从兰溪吴师道、浦江吴莱学，以文行著，复登同邑理学家许谦之门。元末游大都，未仕。朱元璋克金华，大臣交荐，以年老，就近授衢州府教授。明洪武二年（1369）召修《元史》，分撰英宗、睿宗本纪及丞相拜住等传。书成，赐金帛遣归，居长山之阳。暮年无子，移居金华北山。洪武十四年正月卒，年七十五。《明史》本传谓其"所著有《春秋集义》，文曰《胡仲子集》，诗曰《长山

先生集》"，《艺文志》著录其《文集》十卷，《千顷堂书目》著录其诗文《胡仲子集》十卷又《长山先生集》又《信安集》。现存《胡仲子集》十卷，为其门人刘刚及浦阳王懋温所编，有洪武十四年王懋温刊本，实为诗文合集，凡文九卷、诗一卷，宋濂序；另有弘治十六年（1503）衢州刊本《胡仲子先生信安集》二卷。元刻《渊颖吴先生集》卷首序文为其集外佚文。又《明文海》、《金华丛书》本《宋学士文集》附录及正统刊本《九灵山房集》卷三〇亦有其佚文。翰诗文皆擅，尤以文著。程敏政《皇明文衡》录其文二十篇。《明文海》录其文十二篇。刘仔肩《雅颂正音》卷一录其诗二首。《皇明风雅》录其诗五首。顾起纶《续国雅》卷一录其诗二首。《皇明诗统》卷二录其诗四首。阮元声《金华诗粹》录其诗四首。《石仓十二代诗选·明诗选》录其诗三十四首。《列朝诗集》甲集录其诗四十五首，"小传"谓其"文与宋（濂）、王（祎）不相上下"，又云："集中《皇初井牧》诸文，造诣渊源，踔厉风发，视诸公殆有过之无不及焉。至于五言古诗，超然复迈，虽潜溪（宋濂）亦莫企，余子何足道哉?"《明诗评选》录其诗七首。《明诗综》卷五录其诗十九首，"诗话"云："明初……金华承黄文献溍、柳文肃贯、吴贞文莱诸公之后，多以古文辞鸣，顾诗非所

好。以诗论，吾必以仲申为巨擘焉……诵仲申五言，正犹路鼗出于土鼓，篆籀生于鸟迹，庶几哉升堂之彦乎!"《四库全书》收《胡仲子集》十卷，"提要"云："今观其文章，多得二吴遗法，而持论多切世用，与谦之坐谈'诚敬'小殊……诗不多作，故卷帙寥寥，而格意特为高秀。"清黄彬等《金华诗录》卷二二录其诗十八首。《明诗纪事》甲签卷六录其诗一首。生平见吴沈《胡公墓志铭》(《国朝献征录》卷八五)、王兆云《皇明词林人物考》卷一、《明史》卷二八五。

胡缵宗(1480—1560)　初字孝思，更字世甫，号可泉，自署鸟鼠山人。陕西巩昌府秦安(今属甘肃)人。父士济，官双流教谕，因少随父居于四川。弘治十四年(1501)领乡荐。正德三年(1508)三甲进士，与大学士焦芳之子同被特授翰林检讨，与修《孝宗实录》。五年焦芳落职，以特授事谪嘉定州判，八年转潼川知州，十年入为南户部员外郎，升郎中，改吏部，出知安庆府。嘉靖二年(1523)移知苏州府，迁山东参政，改浙江。历河南布政使，以右副都御史巡抚山东，改河南。嘉靖十八年开封火灾，引咎乞归。家居十余年，年届七旬，有贪吏谋告讦缵宗以自脱，指其《闻大驾幸楚诗》有怨望诅咒语，因入诏狱，得众人所救，杖三十释归。卒于嘉靖三十九年九月初三，年八十一。平生研理学，师罗钦顺，友魏校、湛若水、何瑭、吕柟、马理等，曾取朱熹要语，辑为《近取编》二卷，其讲学语辑为《愿学编》二卷。亦嗜诗，喜题咏，游李东阳之门，入诏狱犹作诗不止。《明史·艺文志》著录其别集《鸟鼠山人集》十八卷、《拟古乐府》四卷、诗七卷。现存嘉靖时单刊本《木兰堂集》二卷、《可泉四岳集》七卷、《可泉辛巳集》十三卷、《拟汉乐府》八卷、《鸟鼠山人小集》十六卷《后集》二卷、《可泉拟涯翁拟古乐府》二卷。清顺治十三年(1656)周盛时据诸刻汇印补修之，编为总集，计收《鸟鼠山人小集》十六卷《后集》二卷、《近取编》二卷、《愿学编》二卷、《拟汉乐府》八卷、《可泉拟涯翁拟古乐府》二卷附录二卷补遗一卷、《唐雅》八卷、《雍音》一卷，附《荣哀录》二卷。《四库全书总目》著录之《鸟鼠山人集》二十九卷则包括《正德集》四卷、《嘉靖集》七卷、《鸟鼠山人小集》十六卷《后集》二卷。《明史·艺文志》另著录其《胡氏诗识》三卷(有明钟惺辑拥万堂刊本《古名儒毛诗解》本)、《仪礼郑注附逸礼》二十五卷、《春秋本义》十二卷、《安庆府志》三十一卷(嘉靖刊本残存)、《汉中府志》十卷、《巩郡记》三十卷(有嘉靖清湄草堂刊本)、《秦州志》三十卷。顾起纶《续国雅》卷三录其诗三首。《皇明诗统》卷二九录其诗十五首。崇祯五年（1632）贾鸿洙《周雅续》卷五录其诗六十七首。《皇明诗选》录其诗一首。《列朝诗集》丙集录其诗十二首。《明诗综》卷三三录其诗二首，"诗话"云："孝思诗未入格，顾沾沾自喜，到处留题。当永陵南巡，作诗纪事，有云：'穆王八骏空飞电，湘竹英皇泪不磨。'用事殊不伦，乃刻之于石，致腾谤者之口……其意气有不可及者，然诗实牵率，晋江王道思序之，称其'宏深精毅'，盛归美于秦风，毋亦嗜秦人之炙者与？"清沈德潜《明诗别裁集》录其诗一首。《御选宋金元明四朝诗》录其诗二十五首。《四库全书总目》著录其《鸟鼠山人集》二十九卷、《拟涯翁拟古乐府》二卷、《拟汉乐府》八卷，"提要"谓其诗"激昂悲壮，类近秦声。无妩媚之态，是其所长；多粗厉之音，是其所短"。《明诗纪事》戊签卷一〇录其诗二首。《明文海》录其文二篇。生平见佚名《可泉胡公缵宗墓志铭》《国朝献征录》卷六一）、王兆云《皇明词林人物考》卷五、《明史》卷二〇二。

南大吉（1487—1541）　字元善、伯子，号瑞泉。陕西西安府渭南人。正德五年（1510）领乡荐，明年进士，授户部主事。历员外郎、郎中，出知绍兴府。嘉靖五年（1526）大计罢归，构湛水书院，以教后学，二十年卒于家，年五十五。在任有惠政，王守仁为其所取士，集中屡称之。著述卒后刊为《瑞泉南伯子集》二十二卷附录一卷后纪一卷，其弟逢吉辑编，嘉靖四十五年其侄南轩校刻，《千顷堂书目》仅著录《瑞泉集》一卷。《千顷堂书目》另著录其《绍兴府志》十二卷、《渭南县志》十八卷、《少陵纯音》十卷。崇祯五年（1632）贾鸿洙《周雅续》卷六录其诗四十八首。《列朝诗集》丙集录其诗五首。《明诗综》卷三四录其诗二首，"诗话"谓其"五言诗颇稳帖，无秦人忧厉之气"。《御选宋金元明四朝诗》录其诗四首。《明诗纪事》戊签卷一一录其诗一首。生平见南轩《族谱世传》（《渭上稿》卷一〇）、李维桢《南郡守家传》（《大泌山房集》卷六五）、冯从吾《瑞泉先生传》（《冯少墟集》卷二二）、清黄宗羲《明儒学案》卷二九。

南师仲（生卒年不详）　字子兴。陕西西安府渭南人，南轩子。万历四年（1576）举人，二十三年进士，选翰林庶吉士，历检讨、编修、侍讲，天启三年（1623）由礼部右侍郎兼翰林侍读学士，协理詹事府，迁礼部右侍郎，官至南京礼部尚书。体质素弱，腰不满围，而目睛炯烁，神气备旺，读书校录至夜分不倦。所撰制词仿《伊训》《冏诰》，不作近时体。《千顷堂书目》著录其《增订关中文献志》八十卷、《长安京城图》一卷、《玄麓堂集》五十卷、《集杜诗》五卷。所见万历间刊本《玄象山馆诗草》十五卷附录一卷，残存卷一至卷一〇，计收古近体诗四百三十首，卷首有万历二十六年胡汝焕《增订玄象山馆诗草序》，又有崔邦亮、刘黄裳、梅国桢、蔡毅中等序。又有万历间刊本《春居集杜》一卷、《秋居集杜》一卷，有朱之蕃《刻春居集杜小引》及蔡毅中序。崇祯五年（1632）贾鸿洙《周雅续》卷一五录诗三十首。清陈元龙等《御定历代赋汇》录赋二篇。生平见陈济生《天启崇祯两朝遗诗·小传》、《（雍正）陕西通志》卷六三。

南轩（1517—1597）　字叔厚，号晹谷。陕西西安府渭南人。嘉靖十六年（1537）举人，三十二年进士，除刑部主事，改吏部。历员外郎、郎中，擢四川按察副使，以大计归。万历元年（1573）起知寿州，迁广平同知，进四川按察佥事，迁山东左参议，以老致仕。万历二十五年卒于家，年八十一。卒后李维桢为其作《家传》，谓其"诗文绳墨古人而有独诣，盖潜心新建（王守仁）良知之学深矣"。所著有《资治通鉴纲目前编》二十五卷，存数种万历刊本及订正本，《四库全书总目》著录。《千顷堂书目》著录其《渭上稿》二十五卷又《续稿》十一卷。现存万历十六年关中南氏家刊本《渭上稿》，王学谟

等序，其子南师仲跋，内卷一至卷八收古近体诗近三百首，卷九收赋四、辞二，卷一〇为族谱，卷一一为奏疏，卷一二至卷二五收各体文；《渭上续稿》十一卷，有万历二十年家刊本，诗六卷，收五七言古近体诗一百三十九首，文五卷，收各体文五十二篇，首有其侄南企仲《渭上续稿叙》，末有其子南师仲《书大人续稿后》、其孙南居益《书王父续稿后》。《明史·艺文志》著录其另有《关中文献志》八十卷。崇祯五年（1632）贾鸿洙《周雅续》卷一〇录其诗赋一篇、诗十六首。生平见李维桢《南少参家传》（《大泌山房集》卷六七）、《（雍正）陕西通志》卷五七。

南宪仲（生卒年不详）　字子章。陕西西安府渭南人，南轩次子，南居益之父。隆庆四年（1570）举人，万历二年（1574）进士，授枣强知县，历官至参议。习古文辞，能声律。《千顷堂书目》著录其《广川集》四卷，未见传。崇祯五年（1632）贾鸿洙《周雅续》卷一四录其诗五十九首。生平见《（雍正）渭南县志》卷九《人物》。

柯维骐（1497—1574）　字奇纯，号希斋。福建兴化府莆田人，柯潜曾孙。嘉靖二年（1523）进士，授南户部主事，以非其好，称疾归。家居五十余年，专志读书讲学及著述。门人四百余，俱以务实教之。现存

隆庆四年(1570)刊本《柯子答问》六卷(吴大扬、方文沂辑)。以不满宋、辽、金史,竭二十余年之力,著《宋史新编》二百卷(现存嘉靖四十三年杜晴江刊本),汇宋、辽、金三史为一,以宋为正统,辽、金附焉。另著《史记考要》十卷(亦有嘉靖刊本)。《千顷堂书目》另著录其《续莆阳文献志》二十四卷。诗文集《艺余集》十四卷,则为其讲学、治史之余所作,未见传。清郑王臣《莆风清籁集》卷一八录其诗二十五首。《明诗综》卷三九录其诗一首。《御选宋金元明四朝诗》录其诗三首。清郭柏苍《全闽明诗传》卷一九录其诗十三首。《明诗纪事》戊签卷一五录其诗,按语谓其"诗亦蕴藉,不染尘氛"。《明文海》录其文一篇。清涂庆澜《莆阳文辑》卷三录其文一篇。生平见佚名《柯希斋维骐传》(《国朝献征录》卷三二)、陈鸣鹤《东越文苑》卷六、何乔远《名山藏》卷九七、《明史》卷二八七。

柯暹(1389—?) 字启晖、景晖,一字用晦,号东冈。池州府建德(今安徽东至)人。少有才誉,早工词翰。永乐三年(1405)领乡荐,年仅十七。明年,与修《永乐大典》,为解缙等赏识,寻选入翰林,预机宜文字,进《玄兔诗》,授户科给事中。十九年坐言三殿灾妖事,谪知交趾骢州,未至,逮下狱二年,遇救,改知永

新、吉水二县。后历官至浙江、云南按察使,景泰二年(1451),因病辞归。其卒约在天顺六年(1462)后。现存柯株林等刻本《东冈集》十卷,内文八卷,收记、序、墓志等各体文近百篇,诗二卷,收诸体诗一百五十余首,首天顺三年吴节、六年刘定之序,末有天顺三年俞端《书东冈文集卷后》。又有嘉靖刊本《东冈文集》十二卷(末二卷为附录),存吴节、刘定之序,增嘉靖二十三年(1544)柯秦后跋,《明史·艺文志》著录其《东冈集》十二卷当为此本。《明诗综》卷十八下、《御选宋金元明四朝诗》录其诗一首。程敏政《皇明文衡》录其文一篇,《明文海》录其文五篇。《四库全书总目》著录《东冈集》十卷,"提要"云:"刘定之序称其诗文奇崛,出人意表。今观所作文,豪迈有余而落笔太快,少渟滀涵蓄之致,诗亦矢口即成,不耐咀咏,是亦登科太早,才高学浅之效欤。"生平见萧彦《披垣人鉴》卷五、《(雍正)浙江通志》卷一四八、《明史》卷一六四。

柯潜(1424—1473) 字孟时,号竹岩。福建兴化府莆田人。生于永乐二十一年十二月初六(1424年1月7日)。正统九年(1444)领乡荐,十三年春试落第,入太学,景泰二年(1451)以第一人进士及第,授修撰。景泰三年进右春坊右中允兼修撰,与修《历代君鉴》,五年与修地

理志书,七年升司经局洗马,仍兼修撰。英宗复辟,授尚宝司少卿兼职如故,天顺四年(1460)充东宫讲读官。成化即位,以侍从恩升翰林学士,掌翰林,奉旨纂修《英宗实录》,升詹事府少詹事,兼翰林学士。成化九年(1473)八月十八病卒,年五十一。所著《竹岩先生文集》,为其四世孙柯维骐所编,存清雍正十一年(1733)柯潮刊本,十八卷补遗一卷续补遗一卷附录一卷,有嘉靖三十三年(1554)康太和序,三十四年董士弘序,柯维骐跋。康太和序云:"是集虽阙逸尚多,然凤凰芝草以少为瑞,固知其必传于世无疑也。"可知当时就已经有所缺佚。是本有清光绪十四年(1888)重刻本。另有明光泽堂抄本《竹岩先生文集》十二卷,有董士弘序,其卷端题"四世孙维骐编校",盖与清雍正刊十八卷本同源。《皇明风雅》卷一九录其诗一首。顾起纶《续国雅》卷二录其诗二首。《皇明诗统》卷一二录其诗六首。《石仓十二代诗选·明诗选》录其诗十一首。《列朝诗集》丙集录其诗二首。《明诗综》卷二一录其诗一首。《御选宋金元明四朝诗》录其诗三首。清郑王臣《莆风清籁集》卷一〇录其诗二十一首。《四库全书》收柯潜《竹岩诗集》一卷《文集》一卷,补遗一卷,《总目》"提要"云:"其诗冲淡清婉,不落蹊径。文亦峻整有

法度,盖其时何、李未出,文格未变,故循循轨度,犹不失明初先正之风焉。"然据《总目》"提要",其时未见刊本,因将福建采入之抄本诗文各一卷,重与订正,又从郑岳《莆阳文献》、郑王臣《莆风清籁集》中录诗十首、文二篇,为补遗一卷,附缀于末。清郭柏苍《全闽明诗传》卷九录其诗五首。清涂庆澜《莆阳文辑》录其文四篇。《明诗纪事》乙签卷一八录其诗六首。生平见吴希贤《竹岩柯公行状》《四库全书》本《竹岩诗集文集》附录、王偊《柯公传》(《国朝献征录》卷一八)、顾祖训《状元图考》卷二、廖道南《殿阁词林记》卷六、《明史》卷一五二。

查应光(? —1638)　字宾王,号玄岳。南直徽州府休宁(今属安徽)人。万历二十五年(1597)举人,数上春官不第,遂绝意仕进,创池草阁,徜徉山水,教授生徒。崇祯九年(1636),巡按刘令誉疏荐之,不就,十二年卒。《千顷堂书目》著录其《丽崎轩集》,现存崇祯十二年休宁查氏家刊本《丽崎轩诗》四卷《诗余》一卷,内收诗四百六十首、词三十三首,俞彦、欧阳铉、郑元勋序。所附俞彦《查宾王传》谓其"所著有《四书陶瓶集》《易经陶瓶集》共七卷,《丽崎轩诗文》二十卷;所辑有《群书纂》六十卷、《靳史》三十卷、《椟象录》三十六卷、《古文逸选》二十卷、《檀林

慧业》五十卷,《禅悦》四卷。俱暂藏于家"。存世另有天启刊本《靳史》三十卷、崇祯刊本《休宁西门查氏祠记》一卷。《明诗综》卷五八、《御选宋金元明四朝诗》录其诗一首。《明词综》卷五录其词一首。近人赵尊岳《明词汇刊》据其诗文集录其词为《丽崎轩诗余》。生平见俞彦《查宾王传》(《丽崎轩诗》卷首)、《(康熙)休宁县志》卷六。

查秉彝(1504—1561)　字性甫,号近川、觉庵。浙江杭州府海宁人。生于弘治十七年(1504)四月十三。嘉靖四年(1525)举人,十七年进士,除黄州府推官。征授礼科给事中,历户科右给事中,转左,坐建言,谪定远典史。稍迁建宁府推官,升刑部主事,改吏部,进郎中。迁太常少卿,改大理少卿,进太仆卿,四十年迁顺天府尹,莅事五日,触暑得疾,闰五月十六卒,年五十八。《千顷堂书目》著录其《觉庵存稿》,现存万历间海昌查氏家刊本《觉庵存稿》七卷,有万历九年(1581)周弘禴序、十二年叶逢春序,内卷一、卷二收奏疏十三篇,卷三收诗七十四首,卷四至卷七收各体文四十九篇。《明诗综》卷四二、《御选宋金元明四朝诗》录其诗一首。生平见徐阶《查公秉彝墓志铭》(《世经堂集》卷一七)、萧彦《掖垣人鉴》卷一三、《明史》卷二一〇。

查铎(1516—1589)　字子警,号毅斋。南直宁国府泾县(今属安徽)人。生于正德十一年(1516)正月十七。嘉靖二十八年(1549)举于乡,四十四年进士,授德安推官。隆庆时官刑科给事中,迁户科右给事中,转刑科左给事中,忤高拱,出为山西参议。万历初官广西副使,移疾归,缮水西书院,讲王畿、钱德洪之学。卒于万历十七年(1589)十月三十,年七十四。《千顷堂书目》著录其《查毅斋闻道集》十卷,现存万历间查一训等刊本《毅斋查先生阐道集》十卷附录一卷,内卷一至卷五收奏疏、书札、语录,卷六至卷九收各体文七十余篇,卷一〇收诗一百零三首,附录行实、祭文、墓铭等,有万历三十七年樊良枢序。是集后又有清乾隆、光绪刊本。又曾与查绛共修《泾川查氏族谱世系》四卷前一卷后一卷(有万历二十六年刊本)。《明文海》录其文《纪龙溪先生终事》一篇。生平见张应泰《查先生毅斋行略》(《毅斋查先生阐道集》附录)、《查毅斋先生墓志铭》(《国朝献征录》卷一〇一)、清黄宗羲《明儒学案》卷二五、《明史》卷二二七。

柳应芳(生卒年不详)　字陈父。南直扬州府海门(今属江苏)人,寓居南京。万历间曾与曹学佺、臧懋循等结金陵社觞咏。《千顷堂书目》著录其《柳陈父集》七卷,未见传。《列朝诗集》丁集录诗三十九首,"小传"云："侨居金陵,住城南之杏花村,近瓦官寺,旧京最僻地也。为人和雅,美须髯,修容止,衡门两版,非力不食。往还惟曹能始(曹学佺)、林茂之(林古度)三四人,他无所诣。作诗不轻出语,每行街市,低头沉吟,悠悠忽忽,触人肩面,不自觉也。尝语人：'作一律诗,必还魂数十番,方得意惬。'其矜慎如此。广陵诗人,前辈有盛名者推陆无从(陆弼),沿染'七子'流风,不克自拔。陈父名不及之,篇什亦寡,兴会清发,剪刻常言,自可使无从却步。"《明诗评选》录诗三首。《明诗综》卷六三录诗三首,"诗话"云："其诗颇选高格,第去'七子'仍未远。"清高舆《御定佩文斋咏物诗选》录其诗七首。《御选宋金元明四朝诗》录诗十七首。清杨廷《五山耆旧集》卷一二录诗六十一首。清王藻《崇川列朝诗选汇存》卷下录其诗十五首。《金陵诗征》卷四〇"寓贤"录其诗二首。《明诗纪事》庚签卷二六录其诗五首,按语云："陈父诗细腻亲切,牧斋(钱谦益)称其矜慎,有以也。"

[｜]

冒政(1443—1519)　字有恒,号履贞。南直扬州府如皋(今属江苏)人,移居泰州(今属江苏)。成化十年(1474)举人,明年进士,授南京户部主事。历员外郎、郎中,弘治三年(1490)简放武昌知府,升山东左参政,分守东兖,又分守辽阳。正德元年(1506)升江西右布政使,二年迁右副都御史,巡抚宁夏。刘瑾索赂不得,因假辽东事,褫职归,瑾败复职致仕。正德十四年卒,年七十七。所著《履贞集》二十卷,有清乾隆时刊本。清汪之珩《东皋诗存》卷一录其诗二首。清杨廷《五山耆旧集》卷二录其诗二首。生平见佚名《都察院右副都御史冒政传》(《国朝献征录》卷六一引《实录》)、过庭训《本朝分省人物考》卷三一、《明史》卷一八六。

冒起宗(1590—1654)　字宗起,号嵩少,又号拙翁。南直扬州府如皋(今属江苏)人,冒梦龄长子。万历四十六年(1618)举人,崇祯元年(1628)进士,除行人。五年补南吏部考功司主事,历员外郎,七年出为山东按察金事,八年以父卒守制。十二年服除,补广东高肇道,十三年调衡水兵备道,十四年五月,张献忠破襄阳,调襄阳监军,上仅二月,襄阳再破,以旧事坐降级。十七年起湖广副使,督理七省漕储,寻乞归。弘光时,李清荐其为太常少卿,未果。入清不仕,卒于清顺治十一年(1654),年六十五。曾与文震孟、姚希孟等游,能诗文。《千顷堂书目》著录其《拙存堂稿》又《续稿》,《嵩少山人近稿》《太上感应篇增注》十六卷。《四库全书总目》著录其《拙存堂经质》二卷、《拙存堂史括》三卷。现存明末刊本《万里吟》二卷,陈继儒序,有诗一百九十首。又有清顺治刊本《拙存堂逸稿》,诗四卷、文六卷,计收诗七百四十余首、各体文二百余篇及尺牍七十六篇。陈济生《天启崇祯两朝遗诗》卷七录其诗六十二首。《明诗综》卷六八录其诗一首。清汪之珩《东皋诗存》卷五录其诗一百二十九首。清杨廷《五山耆旧集》卷一五录其诗四十七首。《明诗纪事》辛签卷一九录其诗一首。生平见陈济生《天启崇祯两朝遗诗·小传》、邹之麟《嵩少冒公墓志铭》(《冒氏宗谱》卷五)。

冒梦龄(1565—1635) 字汝九,号玄同。南直扬州府如皋(今属江苏)人。少有才名,十试不举,以选贡入太学,万历四十一年(1613)谒选江西会昌县令,以忧去。天启元年(1621)补四川酆都令,逢奢氏之变,守孤城年余,与石柱司女将秦良玉协力,城得全。移南宁州知州,辞归。家居二十余年,崇祯八年(1635)卒,年七十一。有《兵余集》一卷、《得全堂稿》八卷、《逸园吟》,未见传。陈济生《天启崇祯两朝遗诗》卷一〇录其诗十七首。清汪之珩《东皋诗存》卷三录其诗四十首。清杨廷《五山耆旧集》卷九录其诗二十二首。生平见陈济生《天启崇祯两朝遗诗·小传》、《(乾隆)江南通志》卷一四五。

冒愈昌(？—1633) 字伯麐。南直扬州府如皋(今属江苏)人。万历初补博士弟子员,赴乡试不举,以负气伉直,为怨家所中,因寓居南京,又遍游吴楚以避仇。有诗名,下笔敏捷,称千言不草,又舌辩如悬河,所至士大夫皆畏而礼之。尝游王世贞、吴中行之门,二人怜其才,每为白其冤状,愈昌论诗,则奉二人为祖祢。又与钟惺、谭元春、茅元仪、吴鼎芳等游。后得众人白其状,始得还乡。崇祯元年(1628)曾与张玉成等集于冒梦龄逸园结社吟诗。六年卒。所著有万历刊本《绿蕉馆集》四卷,收诗四百六十余首(内有词数首)。又有《金陵》《倦游》《銮江》《支提》《观海》《玉莲》《邗水》《长春园》《北里》《句曲》《灵鹫》《虎阜》《悼亡》《淮南》《飞英》《半塘》《北山》《皖城》《平湖》《幽居》诸集,未见。《千顷堂书目》著录《冒伯麐集》,当为合集,亦未见传。另有明末刊本《诗学杂言》二卷。《列朝诗集》丁集录诗四首,"小传"记云:"万历末年,抨击'七子'者日众,伯麐恪守师说,抗词枝拄,愤楚人之訾謷,至欲以身死之。"《御选宋金元明四朝诗》录其诗三首。清汪之珩《东皋诗存》卷三录诗六十四首。清杨廷《五山耆旧集》卷一四录诗三十首。《明诗纪事》庚签卷七下录其诗十八首,按语云:"集中五七言近体,清圆流动,不尽袭'七子'派也。"生平见清冒广生《拟伯麔先生家传》(《小三吾亭文甲集》卷一)、《(乾隆)江南通志》卷一六六。

[丿]

钟羽正(1555—1637) 字淑濂,号龙渊。山东青州府益都(今青州)人。万历四年(1576)举人,八年进士,除滑县知县。征授礼科给事中,改工科,迁吏科都给事中,二十年正月,与李献可等请皇长子出阁豫教,斥为民。光宗即位,起太仆少卿,进本寺卿,迁右佥都御史,历户部侍郎,天启三年(1623)拜工部尚书,乞归。四年,追理"梃击"等三案,以"委身门户",削职夺官。崇祯初复官,十年(1637)卒,年八十三,赠太子太保。著述有其门生丁耀亢清顺治十五年(1658)刻《崇雅堂集》十五卷附录一卷,内诗赋六卷,收赋一、诗三百二十余首;文九卷,收奏疏三十七篇、各体文百余篇。首高有闻、丁耀亢序,又《本传》一篇及《诸臣荐书纪略》。《千顷堂书目》另著录其《青州风土记》《青州人物考》《掖垣丛稿》《掖垣疏稿》。《四库全书总目》著录《崇雅堂集》,"提要"云:"羽正清介耿直,为时所重,故集中奏疏,多切中时弊。其他杂文,则率尔操觚者居多。诗多感激时事之作,

气体尚道,然未免沿'七子'之末派。"清宋弼《山左明诗钞》卷二四录其诗三十八首。清段松岑《益都先正诗丛抄》录其诗六十八首。《明诗纪事》庚签卷一三录其诗二首。近人赵愚轩《青州明诗钞》卷三录其诗四十八首。生平见《崇雅堂集》卷首《本传》、《(雍正)山东通志》卷二八之三、《明史》卷二四一。

钟芳(1476—1544) 字仲实,号筤溪。原籍广东琼州府琼山(今海南海口),出生于崖州(今海南三亚),后入籍。幼年丧母,寄居外亲黄家,故榜名"黄芳"。弘治十四年(1501)乡试中举,正德三年(1508)进士,选翰林院庶吉士,授编修。坐事左迁宁国府推官,七年升漳州同知,九年转南户部员外郎,历吏部稽勋郎中,转考功,十六年出为浙江提学副使。嘉靖二年(1523)迁广西右参政,晋江西右布政使,九年升南太常寺卿,十一年升南兵部右侍郎,改户部,奉旨总督太仓,十三年南京太庙灾,自陈修省,乞致仕。回乡迁居原籍琼山,二十三年卒,年六十九,赠右都御史。芳性简重,寡嗜欲,能诗文,称岭海大儒。著述现存《筤溪文集》三十卷,内文二十四卷(序记碑志论说书简十七卷、奏疏二卷、《读书札记》二卷、《皇极经世图续》一卷、《杂著》一卷、《夷情要览》一卷),诗六卷,收诗五百六十余首、词

十三首。是集为嘉靖二十七年其子钟允谦所刊,首有黄衷《钟筼溪先生家藏集序》。《千顷堂书目》另著录其《学易疑义》三卷、《春秋集要》十二卷、《小学广义》一卷、《续古今纪要》十卷、《崖州志略》四卷。《滇南诗选》录其诗四十六首。《明文海》录其文《登黄金台记》等二篇。清屈大均《广东文选》录其文二篇。生平见黄佐《户部右侍郎钟公芳传》(《国朝献征录》卷三〇)、《(雍正)广东通志》卷四六。

钟夏(生卒年不详)　字时叔,号剑津子。浙江嘉兴府海盐人,钟梁次子。监生,万历间曾官贵溪县丞,未三月归。尝客于南京,与名士聚,以咏虞美人诗为众人所称。《千顷堂书目》著录《剑津集》。现存明复初堂刊本《钟贵溪先生四体诗稿》一卷,首有谢吉卿《钟剑津四体诗稿序》,收古近体诗二百一十五首。清沈季友《槜李诗系》卷一三录诗八首。生平见《(光绪)海盐县志》卷一七。

钟梁(1484—1565)　字彦材,号西皋。浙江嘉兴府海盐人。生于成化二十年(1484)六月十四。正德五年(1510)举人,九年进士,授刑部主事。历员外郎、郎中,以谏武宗南巡廷杖,嘉靖初出知济南府,乞归。用荐补南昌知府,以丁内艰归,旋请致仕,时年仅四十。归后筑室西郊,称西皋老人。家居垂四十余年,卒

于嘉靖四十四年(1565)八月十八,年八十二。嘉靖二十一年,同邑徐咸由襄阳知府致仕归里,筑园城闉,名小瀛洲,招钟梁、朱朴、钱琦、吴昂、陈鉴、刘锐、陈瀛、僧永瑛及其兄徐泰等十人为社,饮酒赋诗。后徐咸孙孺谷、钟梁之孙祖述辑十人之诗编为《小瀛洲社诗》六卷,内收钟梁诗六十九首。《千顷堂书目》著录其《西皋集》八卷。现存崇祯间海盐钟祖保夏初堂刊本《西皋集存逸》十卷,首有钟梦蔡崇祯元年(1628)《西皋钟先生诗集序》、万历二十年刘应秋《西皋钟先生诗集后序》,诗八卷、文二卷,收诗凡五百余首(内《渔歌》词十二首)、文二十四篇。《明诗综》卷三五录其诗一首。清沈季友《槜李诗系》卷一一录其诗十四首。《明诗纪事》丁签卷一四录其诗一首。生平见《西皋集存逸》附《墓志铭》、《(雍正)浙江通志》卷一六七。

钟惺(1574—1625)　字伯敬,号退谷。湖广承天府景陵(今湖北天门)人。生于万历二年(1574)七月二十七。三十一年中举,三十八年进士,授行人,滞于是职八年,多居于南都。四十六年改工部主事,上疏愿任官南部曹,泰昌元年(1620)改南礼部仪制司主事,寻进祠祭司郎中,仅一年,身心皆病,渐入颓唐。天启元年(1621)升福建提学佥事,考校兴化、延平、福州三府,

三年丁父忧归。大计为福建巡抚奏黜，因里居注佛经，天启五年六月二十一卒于家，年五十二。性严冷，不喜接俗客。少以时文名，中进士后曾辑所作为《隐秀轩时义》，不传，有数篇尚见于后人编八股选本。年二十以后始致力于诗，数年后辑诗百余首为《玄对斋集》，同乡先达李维桢为其作序，所收诗现多已不传。万历三十三年同邑谭元春与其定交，遂为终身友。四十二年与谭元春同选评古诗，题名《诗归》，明年三审定稿，钟、谭各作一序，四十五年《唐诗归》三十六卷、《古诗归》十五卷刊行于世，一时流播天下，多有翻刻、重订之本，二人也因此骤得大名。然《诗归》问世数十年内，论者褒贬几相去天壤：晚明多赞赏有加者，以至"当《诗归》初盛播，士以不谈'竟陵'为俗，王（王世贞）、李（李攀龙）之帜几为尽拔"（邹漪《启祯野乘》）；至清初钱谦益、朱彝尊等则直斥其"寡陋无稽，错谬叠出"，为学者所鄙。钟惺为诗反对拟古，又不满"公安"袁宏道等人之流易浮浅，倡导以幽深孤峭为宗。其居南都有年，又主持或参与社集，得与诗坛众多名流交往，故其诗名一时迥出马之骏、文翔凤、王象春等同辈。又挟《诗归》之盛势，海内称诗者靡然从之者众，谓之"钟谭体"，又有"竟陵派"之称，至与复古格调一派鼎立骖

靳，对峙三十余年。清初则被斥为"诗妖""鬼趣"，"有明一代之诗，遂至是而极弊"，至被称为"亡国之音"。钟惺所著之《隐秀轩集》，万历四十四年由友人林古度始刻，今已不存。天启间沈春泽于南京所刻之《隐秀轩集》，为钟惺自定，有天启二年沈春泽序，印成或在天启三年至四年。是集以《千字文》"天地玄黄宇宙洪荒……"分集，集下又分卷，计三十三集五十三卷。内诗十集十六卷，收诗六百首；赋一卷，收赋三篇；文二十二集三十六卷，收各体文二百二十篇。卒后，天启七年徐波又辑刊《钟伯敬先生遗稿》四卷，收钟惺生前最后两年所作诗文，卷末有谭元春《告亡友钟伯敬文》。后又有崇祯九年（1636）陆云龙刊本《翠娱阁评选钟伯敬先生合集》十六卷，系据沈刊《隐秀轩集》及徐刊《遗稿》之重辑本，卷后附谭元春《退谷先生墓志铭》。是集赋一卷，收赋三篇，文十卷，收各体文二百四十余篇，诗五卷，收诗六百八十余首，惟多有夺误。钟惺曾评点《诗经》，《钟评诗经》有明刊五卷本、四卷本、三卷本等多种刊本。又曾评点《东坡文选》二十卷，有明末闵氏朱墨印本。著论《史怀》，有明末刊十七卷本、二十卷本，部分为沈刊《隐秀轩集》与陆刊《合集》所收。以平生体弱多病，多阅佛经，入仕蹉跎，更增出世

之想,至罢归病重,竟至受五戒,取法名新残,发愿来生,其与贺中男共辑《楞严经如说》,有天启三年刊本。天启、崇祯时钟惺所辑《诗归》流行,坊间刻书遂竞相以其名标榜,是时署钟惺编撰、选辑、评点之书籍今存世者超百种,如《明诗归》《名媛归》《周文归》《左国文归》《秦汉文归》《唐文归》《宋文归》《古文备体奇钞》《诸子文归》《秦汉文怀》《皇明十大家文选》《词府灵蛇》《四六云涛》《诗经图史合考》《诗经备考》《禹贡合图纂注》《大戴礼记》《诠次四书翼考》《诗经纂注》《钟评左传》《通纪会纂》《明纪编年》《通纪集略》《通鉴纂》《钟伯敬评秘书九种》《玉堂故事》《如面谭》《玉簪记》《绾春园传奇》《开辟衍释通俗演义》《盘古至唐虞传》《有夏志传》《有商志传》《大隋志传》及钟评《三国志》《水浒传》《封神演义》等,似皆出于伪托。其诗选有清顺治三年(1646)刊本夏官、郑星辑《钟谭诗选》不分卷。《列朝诗集》丁集下录其诗二十六首。彭孙贻《明诗钞》录其诗十五首。《明诗综》卷六〇录诗四首。清廖元度《楚风补》卷二五录其诗三十三首。《御选宋金元明四朝诗》录其诗十三首。清高士熙《湖北诗录》编录其诗五首。清熊士鹏《竟陵诗选》录其诗八十八首。《明诗纪事》庚签卷五录其诗三首,按语云:"伯敬苦心吟事,雕镂镵削,不遗余力。五古游览之篇,犹有佳作。近体力矫王、李之弊,舍崇旷而入莽榛,薄亮音而矜细响,所谓以小智破大道者也。"卓人月、徐士俊《古今词统》录其[竹枝]三首。陆云龙峥霄馆刊本《皇明十六名家小品》曾选《翠娱阁评选钟伯敬先生小品》二卷。明末李宾编《八代文钞》选《钟伯敬文抄》一卷。《明文海》录文十七篇,评语云:"其文好为清转,以纠结见长而无经术本领,求新求异,反堕时文蹊径。"清陈元龙等《御定历代赋汇》录赋三篇。清熊士鹏《竟陵文选》卷上录文四篇。生平见谭元春《退谷先生墓志铭》(《谭友夏合集》卷一二)、清邹漪《启祯野乘》卷七、《明史》卷二八八。

钟震阳(生卒年不详) 字百里。南直宁国府宣城(今属安徽)人。崇祯四年(1631)进士,历官河南兰阳、浙江山阴知县。现存崇祯五年刊本《偶居集》八卷,卷一至卷四收序、记等各体文一百五十余篇,卷五、卷六收书牍二百余篇,多代笔之作,集中注之,卷七、卷八收诸体诗三百余首,亦间有代笔,有余煌、王业浩、王思任等序、跋。其集所收应作于其入仕前。清施闰章《宛雅二编》卷六录其诗二首。生平见《(乾隆)江南通志》卷一四八。

钟薇(生卒年不详) 字汝思,号面溪,又自称东海散人。南直松江府华亭(今上海松江)人。终身务农,卒年八十余。少时不喜文墨,迨子宇淳贵,始折节读书,穷搜遍览,因能诗文。耕作之暇,又寄傲山水,万历二十四年(1596)尝游浙,又游楚,久之,合其山居杂咏、游览纪怀之作为一帙,名之曰《耕余集》。所著有万历间蔡懋孝刊本,首徐阶《面溪诗集引》、万历元年钟薇《耕余集自序》。内《耕余集》一卷,收诗一百八十余首;《云水记时》一卷,收诗二百五十余首;附《随游漫笔》三卷,首万历二十三年本邑陆树声序、八闽李多见序,收其游楚、游浙、登天目、武夷、太和、庐山、齐山、九华山等所作游记八篇;又《倭奴遗事》一卷。另有《面溪集》《云间纪事》《野史》见于著录,然未见传。清姚宏绪《松风余韵》卷五录其诗十四首。《明诗纪事》庚签卷二九录其诗一首。生平见《(嘉庆)松江府志》卷五四。

钮少雅(1564—?)　名格,字少雅,以字行,号桃渡学者。南直苏州府长洲(今江苏苏州)人。万历十六年(1588)至昆山访师习昆曲,师从于张新、任小泉等,因成著名曲师。多为剧作家格正曲调,以供演出,现存《钮少雅格正牡丹亭》二卷(清康熙间刻本)即为其中之一。天启五年(1625)华亭徐迎庆得旧本九宫十三调曲谱(《歌楼格》),因约少雅合作整理,谋谱新谱。迎庆卒后,少雅独承此事,九易其稿,至清顺治八年(1651)八十八岁终成《汇纂元谱南曲九宫正始》十册,现存清抄本及近世影印本。又曾与徐迎庆合辑《北词谱》,未见存。亦作传奇剧本,现存清抄本《新编磨尘鉴第四种》二卷二十六出。剧中主角自称西方散圣黄幡绰,奉三教圣人命将忠孝节义编一传奇名《磨尘鉴》(演后汉范滂故事),欲传人间,三教圣人赠之以《骷髅格》曲谱。黄到长安,于唐玄宗御前详解曲谱,玄宗因封其为曲圣先师、兴教演化真人,而自号梨园子弟。黄幡绰为唐时名伶,少雅自比矣。其《南曲九宫正始序》中自谓“年将耳顺”时得《歌楼格》,《磨尘鉴》二十六回自称其“己未”(万历四十七年)得《骷髅格》,因知此剧实自彰其整理曲谱、传播昆曲之事。是剧头绪繁多,其中有些情节如“贵妃醉酒”,为乾隆时花部地方戏《醉杨妃》继承,后来发展为著名京剧剧目《贵妃醉酒》(又名《百花亭》),而《磨尘鉴》本剧则少传于世。

钮仲玉(生卒年不详)　字贞父,号凫溪、五浮山人。南直苏州府吴江(今属江苏)人。以医为业,弘治、正德间以诗与孙一元、黄省曾游。诗集原称《凫溪漫稿》,丰坊序。现存清康熙间其孙钮斯来刻《五浮山人诗集》不分卷,收诗二百五十余首,有康熙十一年(1672)金俊明序、十五年朱鹤龄序，又有叶舒颖《书后》，康熙三十八年钮斯来跋。此集又有清抄本，题《五浮山人集》不分卷。《明诗综》卷三八录其诗三首，"诗话"云："迹其当时，恒与孙太初(孙一元)、黄勉之(黄省曾)酬和，诗亦颇类太初，非勉之可及。"《御选宋金元明四朝诗》据之录。生平见《(乾隆)震泽县志》卷一九。

段坚(1419—1484) 字可久，号柏轩，更号容思。陕西临洮府兰州(今属甘肃)人。祖籍山西，祖为锦衣卫力士，隶肃王府仪卫司，因居于兰州。生于永乐十七年(1419)六月二十一。正统九年(1444)领乡荐，十四年英宗北狩，应诏诣阙，疏不报。自齐鲁以至吴越寻访学问之人，于阎禹锡、白良辅得薛瑄之学，逾年归。景泰元年(1450)，疏奏请悉召还四方监军，罢天下佛老宫，不行。五年中进士，又归而读书，天顺五年(1461)授山东福山知县，超擢莱州知府，以忧去，服除，改南阳。少有学圣人之志，官南阳时，曾刻程子著述多种，又聚众讲说五经要义及濂洛诸儒遗书。致仕后于兰州东创立书院，彭泽等都出于其门下，后人称为容思书院。卒于成化二十年(1484)三月初二。《千顷堂书目》著录其《容思集》，近人张维《陇右著作录》著录其《柏轩语录》一卷，未见。《明诗纪事》乙签卷一九录其诗一首。近人王烜《皋兰明儒遗文集》录其文十八篇、诗五十八首。生平见何景明《莱州府知府段公坚传》(《国朝献征录》卷九六)、冯从吾《容思段先生传》(《冯少墟集》卷二二)、清黄宗羲《明儒学案》卷七、《明史》卷二八一。彭泽有《段容思先生年谱纪略》(清同治间段氏家刊本)。

皇甫冲(1490—1558) 字子浚，号华阳山人，又号因是子、不庵叟。南直苏州府长洲(今江苏苏州)人，太守皇甫录长子。生于弘治三年(1490)正月初六。嘉靖七年(1528)举人，屡上公车不第，卒于嘉靖三十七年三月十七，年六十九。善骑射，好谈兵。与弟涍、汸、濂俱有诗名，称"皇甫四杰"。后吴中有张氏凤翼、燕翼、献翼并负才名，吴人因有"前有四皇，后有三张"之语。卒后皇甫汸为其作《行状》谓其所著"词赋诗歌四十卷、序记传志杂文二十卷，总曰《华阳集》"。《明史·艺文志》著录其《子浚集》六十卷，未见传。现存明刻《枕戈杂言》一卷，收嘉靖三十三年倭寇犯苏州时，皇甫冲所作纪实诗文，内有《兵论》四篇，卷末又有嘉靖三十七年皇甫汸《读〈兵论〉序》。《盛明百家诗》前编录其诗六十余首为《皇甫华阳集》，与涍、汸、濂诗合刊为《皇甫昆季集》。顾起纶《国雅》卷一一录其诗四首。《皇明诗统》卷二四录其诗四首。

《列朝诗集》丁集录其诗八首，"小传"记云："子浚博综群籍，留心世务，为人甚好剧谈，宿学为折角莫能难。又好骑射，通挟丸击球、音乐博弈之戏，吴中文士与轻侠少年，咸推为渠帅。"《明诗评选》录其诗一首。《明诗综》卷四五录其诗七首，"诗话"云："四皇甫诗，源出中唐，兼取材于潘、左、江、鲍，清音亮节，净扫垢氛。"清沈德潜《明诗别裁集》录其诗二首，按云："吴中诗品，自高季迪（高启）、徐昌谷（徐祯卿）后，应推皇甫兄弟，以造诣古澹，无一点秾纤之习。"《御选宋金元明四朝诗》录其诗六首。《海虞文征》卷二五录其诗七首。《明诗纪事》戊签卷五录其诗八首，按语云："子浚诗，五言与诸弟合辙，歌行独得变风变雅遗意。"《明文海》录其文一篇。生平见皇甫汸《华阳长公行状》（《皇甫司勋集》卷五七）、《明史》卷二八七。

皇甫汸（1504—1583）　字子循，号百泉、百泉山人。南直苏州府长洲（今江苏苏州）人。生于弘治十七年（1504）八月。嘉靖四年（1525）举人，八年进士，除嵊县令，引疾未上，乞改，调国子博士。十一年出为曲周令，迁工部虞衡司主事，巡视畿道，以执法忤武定侯郭勋下狱，谪黄州推官。十九年迁南吏部员外郎，以父丧归。二十二年服除，补吏部司勋员外郎，谪开州同知，改处州。三十四年迁云南按察佥事，以计典免官。罢归后，为陈御史所害，几破家。卒于万历十一年（1583），年八十。好声色狎游，与兄冲、涍及弟濂并有诗名，称"皇甫四杰"，而以汸名最盛，在乡里几与王世贞相颉颃。王世贞将其与莫如忠、许邦才、周天球、沈明臣等列为"四十子"（《弇州四部稿续稿》卷三）。其诗文原有《政学》《还山》《奉使》《寓黄》《家居》《南都》《禅栖》《潭州》《梧州》《南中》《山居》《副京》《来禽》《司勋》《北征》《南署》《赴京》《浩歌亭》《安雅斋》诸集，晚年手自删削，编刊为《皇甫司勋集》六十卷，内赋一卷，诗三十二卷，文二十七卷，冠以《集原》一篇，其诸集之名仍分注各卷之末，有万历三年范惟一、刘凤、顾存仁序。《明史·艺文志》著录其《司勋集》六十卷即此本，后《四库全书》所收《皇甫司勋集》六十卷亦据此本。现存万历单刊本有《岳游漫稿》一卷附一卷、《皇甫百泉还山诗》一卷、《皇甫司勋庆历稿》（残存）二十一卷。另有《解颐新语》八卷，评说诗文，隆庆年间刊本，全编按叙论、述事、考证、诠藻、矜赏、遣误、讥评、杂记分八卷，多引前贤或时人之说，杂以己见，多引证之误。《四库全书总目》杂家类另著录其《百泉子绪论》一卷。《盛明百家诗》前编录其诗一百一十余首为《皇甫百泉集》，与冲、浡、濂诗合刊为《皇甫昆季集》；又录其诗三百二十余首为《续皇甫百泉集》。顾起纶《国雅》卷一一一录其诗四十余首。《皇明诗统》卷二四录诗二十七首。《皇明诗选》录其诗五首。《列朝诗集》丁集录诗一百六十六首，"小传"谓其"以文章游宴自娱，行游湖山之间，撷芳采和，以老寿终其天年，近代文士所罕见也"。《明诗评选》录其诗二首。《明诗综》卷四五录其诗二十九首，"诗话"云："百泉清音藻思，五言整于小谢，五律隽于中唐，惟七言苶弱……且曰：'有志慕古而力不逮，心耻时尚而薄不为。'又言：'关中之诗犷，燕赵之诗厉，齐鲁之诗侈，河内之诗矫，楚之诗荡，蜀之诗涩，晋之诗鄙，江西之诗质，浙之诗啴，吴下之诗靡。'有高视一世之概焉。要其五言清真朗润，妙绝时人。"清沈德潜《明诗别裁集》录其诗十首。《御选宋金元明四朝诗》录诗八十余首。《海虞文征》录文三篇、诗三首。《明诗纪事》戊签卷五录诗三十五首。按语云："子循五律，清裁雅调，自是一时之俊，五古亦是当家。至模范魏、晋，熔铸齐、梁，于子安（皇甫浡）稍逊一筹。"《明文海》录文二十一篇。生平见王兆云《皇明词林人物考》卷八、《（乾隆）江南通志》卷一六五、《明史》卷二八七。

皇甫浡（1497—1546）　字子安，号少玄，又号潜山居士。南直苏州府长洲（今江苏苏州）人。生于弘治十年（1497）六月。嘉靖七年（1528）领乡荐，十一年进士，除工部虞衡司主事。十二年改礼部精膳司，十四年升员外郎，迁主客司郎中，十八年改春坊司直兼翰林检讨，以未扈从南巡，谪广平通判，十九年以父丧归。二十二年补南刑部主事，迁员外郎，二十三年出为浙江按察金事，旋论黜，未及赴调，三月九日卒于家，年五十。曾续晋皇甫谧《高士传》，成《续高士传》十卷（有嘉靖刊本）。与兄冲及弟汸、濂同擅诗名，称"皇甫四杰"。卒后文征明为其作墓志铭，谓其："雅性闲静，慕玄晏先生所为，自号少玄子。诗沉蔚伟丽，早岁规仿初唐，旋入魏、晋。晚亦玄造，铸词命意，直欲窥曹、刘之奥而及之，惜乎未见其止。"其子皇甫秦、皇甫枢辑其遗著刻为《皇甫少玄集》二十六卷，内赋一卷十四篇，乐府一卷四十八首，古今诗十八卷八百七十九首，书、序、记、表、杂文五十五篇，有嘉靖三十年皇甫濂《司直兄少玄集序》；又《外集》十卷，有四十五年皇甫汸、王穉登《外集序》，内诗八卷，收诗三百四十四首，文二卷，收赋二、序、记、书、墓表等十五篇。此即《明史·艺文志》著录之《少玄集》三十六卷。嘉靖刊《（和倪瓒）江南春词集》录其所作[江南春]词一首。

《盛明百家诗》前编录其赋三篇、诗一百七十余首为《皇甫少玄集》，与冲、汸、濂诗合刊为《皇甫昆季集》。顾起纶《国雅》卷一一录其诗十四首。《皇明诗统》卷二四录其诗十三首。《皇明诗选》录其诗二十三首。《列朝诗集》丁集录其诗五十六首，"小传"记云："子安自负高峻，与人居，非同调，或竟日不发言。居官操切，既多忤物，又稍稍与时匡异，故宦屡踬不达。"《明诗评选》录其诗十四首。《明诗综》卷四四录其诗三十五首，"诗话"云："子安逸藻风飞，清文绮合，视子循（皇甫汸）工力悉敌，铢两未分。宜子浚（皇甫冲）之难为兄，而子约（皇甫濂）之难为弟也。"清沈德潜《明诗别裁集》录其诗八首。《御选宋金元明四朝诗》录其诗三十九首。《四库全书》收《皇甫少玄集》二十六卷《外集》十卷，"提要"云："古文非涍所刻意，亦不擅场。其诗则宪章汉魏，取材六朝。古体多于近体，五言多于七言。其持论谓王、宋反э元习之靡，而不能不病于声，李、何矫一时之弊，而不能不泥其迹。可谓笃论。盖涍与黄省曾为中表兄弟，早年袭其绪业，亦宗法北地之学，及其造诣既深，乃觉模拟之失，故其论如此……王世贞《艺苑卮言》尝谓其'如轻缣短幅，不堪裁剪'。陈子龙《明诗选》亦谓其'无纵横荡逸之致'。岂非以取径太狭，故窘于边幅欤。要其婉丽之词，绵邈之神，以骖驾昌谷（徐祯卿）、苏门（高叔嗣），固无愧色也。"《海虞文征》录诗三首。《明诗纪事》戊签卷五录诗四十九首，按语云："子安刻意模拟，词俊而格超，可谓镂冰雕琼，心手双绝。"《明文海》录文四篇。生平见皇甫冲《仲弟子安行状》（《皇甫少玄集》附录）、文征明《皇甫君涍墓志铭》（《甫田集》卷三三）、王兆云《皇明词林人物考》卷八、《明史》卷二八七。

皇甫濂（1508—1564）　字子约，一字道隆，号理山。南直苏州府长洲（今江苏苏州）人。生于正德三年（1508）十月初八。嘉靖十三年（1534）领乡荐，二十三年进士，除工部都水主事。三十年调河南布政司理问，三十二年迁福建兴化府同知，三十五年代郡守入觐，便道归，遂不复出。与兄冲、涍、汸并有诗名，称"皇甫四杰"。仕宦不达，与诸兄同，诗则稍不逮也。归家后游意坟典，意在撰述，后皈心释氏，尝栖息精庐，从名僧检经说难，翻大乘、法华内典，持诵《维摩诘品》，作《妙伽它赞》，又习吐纳延化之术，称得黄帝秘方，谓可登真度世，以交接致病，卒于嘉靖四十三年（1564）九月二十九，年五十七。《明史·艺文志》著录其《水部集》二十卷。现存隆庆三年（1569）刊本《皇甫水部集》二十卷，诗十八卷文二卷，皇甫汸序。《盛明百家诗》前编录其诗三十八首为《皇甫理山集》，与其三兄诗合编为《皇甫昆季集》，后编又录其诗二百三十余首为《续皇甫理山集》。存世另有明末抄本《老子道德经辑解》二卷附《释音》一卷。顾起纶《国雅》卷一一录其诗七首。《皇明诗统》卷二四录其诗九首。《皇明诗选》录其诗三首。《列朝诗集》丁集录其诗二十四首。《明诗评选》录其诗三首。《明诗综》卷四五录其诗七首。清沈德潜《明诗别裁集》录其诗二首。《御选宋金元明四朝诗》录其诗十一首。《明诗纪事》戊签卷五录其诗九首。《明文海》录其文一篇。生平见皇甫汸《水部君墓志铭》（《皇甫司勋集》卷五七）、王兆云《皇明词林人物考》卷八、《明史》卷二八七。

侯一元（1511—1585）　字舜举，号二谷。浙江温州府乐清人。父廷训以《大礼辩》入狱，时一元年十三，伏阙讼父冤，得释。一元嘉靖十年（1531）领乡荐，十七年举进士，除南刑部主事。历员外、郎中，出为广东参议，又历河南副使，广西、云南参政，广西按察使、河南右布政使，官至江西左布政使。卒于万历十三年（1585），年七十五。诗文有《南署》《越吟》《素琴》《雁荡》《武林》《天台》《闲居》《适园》《北征》《怀旧》《岭南》《天雄》诸集，嘉靖三十七年合刊为

《二谷山人集》二十四卷附录一卷又附《猴山侯氏谱》二卷。集以干支分集，集中又分体，有晁瑮《刻二谷山人集序》。又有嘉靖刊本《二谷山人集》十卷，嘉靖四十二年殷从俭序、四十三年董传策序。又有明刊本《二谷山人近稿》十卷。《千顷堂书目》另著录其《泰顺县志》八卷（与弟侯一麟合修）。《四库全书总目》著录《二谷读书纪》二卷（有《学海类编》本三卷）。《盛明百家诗》前编录其诗十余首为《侯二谷集》。顾起纶《续国雅》卷四录其诗三首。《皇明诗统》卷二四录其诗九首。张时彻《皇明文范》卷一四录其词二首。《皇明诗选》录其诗一首。《列朝诗集》丁集录其诗四首。《明诗综》卷四五录其诗一首，"诗话"云："二谷诗虽率易，然有真趣。"《御选宋金元明四朝诗》录其诗七首。《东瓯诗存》卷二一录其诗一百三十余首。《明诗纪事》戊签卷八录其诗二首。《明文海》录其文十九篇。生平见茅坤《二谷侯先生墓志铭》（《茅鹿门先生文集》卷二四）、王兆云《皇明词林人物考》卷九、《明史》卷一九。

侯一麟（1517—?）　字舜昭，号龙门，又号四谷山人。"麟"或作"麐"。浙江温州府乐清人。久困场屋，而交游甚广。为文独好司马迁，也能诗。《千顷堂书目》著录其《龙门集》。现存隆庆间刊《龙门集》二

十卷附录一卷,内诗六卷,收五七言古近体诗三百六十余首,文十四卷收赋三篇、各体文一百五十余篇,有隆庆六年(1572)其兄侯一元序,嘉靖二十三年(1544)夏鲸序,又有戴赏后序、王净跋。《千顷堂书目》另记其万历元年(1573)曾与一元同修《泰顺县志》八卷。《列朝诗集》丁集录诗二首。《明诗综》卷四五、《御选宋金元明四朝诗》录其诗一首。《东瓯诗存》卷二四录诗十一首。《明诗纪事》戊签卷八录诗一首。《明文海》录文七篇。

侯正鹄(生卒年不详) 字仲鹄。山东兖州府济宁州郓城人。万历二十五年(1597)举人,二十九年进士,授太原府推官。入为户部主事,历员外郎、郎中,外任汝宁知府、汉中知府,引疾归后卒于家。方志称其神韵闲远,恂恂若布衣,不喜作势焰事,又为文学识渊博而出以英杰之气。著述有万历三十八年其从子侯提封刊本《侯中子亦咏草》四卷、《又草》二卷、《又又草》二卷,收其五七言诗,有钱春序,孙承宗《题侯仲鹄亦咏草》。另有万历间刻本《交声》一卷、《晋声》一卷、《蔡声》一卷、《燕声》一卷。清宋弼《山左明诗钞》卷二五录其诗二十三首。《明诗纪事》庚签卷二〇录其诗三首。生平见《(光绪)郓城县志》卷五。

侯玄演(?—1645) 字儿道。南直苏州府嘉定(今属上海)人,通政侯峒曾之子。乙酉(1645)清兵下江南,随父守嘉定城,兵败同赴死,年仅二十余。《明诗综》卷七三、《御选宋金元明四朝诗》录其诗二首。陈济生《天启崇祯两朝遗诗》卷六录其诗五十五首。《明诗纪事》辛签卷五录其诗二首。生平见清屈大均《皇明四朝成仁录》卷七。

侯岐曾(1595—1647) 字雍瞻。南直苏州府嘉定(今属上海)人。国子监生,少以文行与其兄峒曾齐名。清军下江南,丁亥(1647),以陈子龙尝过宿其家,坐累被逮至松江,受刑二十余次,不屈死,门人私谥文节先生。《明史·艺文志》著录《侯岐曾文集》三十卷,未见传。存稿本《侯文节日记》二卷,记隆武元年(1645)、永历元年(1647)事。陈济生《天启崇祯两朝遗诗》卷六录诗二十七首。《明诗综》卷七五、《御选宋金元明四朝诗》《明诗纪事》辛签卷五录诗一首。清王辅铭《明练音续集》卷七录诗七首。生平见清陈鼎《东林列传》卷二〇、清屈大均《皇明四朝成仁录》卷七。

侯峒曾(1591—1645) 字豫瞻,号广成。南直苏州府嘉定(今属上海)人。生于万历十九年(1591)八月十五。与弟岷曾、岐曾皆好学,三十三年同补博士弟子员。峒曾万历四十六年举乡荐，天启五年(1625)进士，除南兵部武选司主事，未到任，丁父忧归。崇祯七年(1634)补南吏部文选司主事，历郎中，十一年出为江西右参议，提督学政。十六年迁浙江右参政，分守嘉湖道，寻召为顺天府丞，未赴而明社倾覆。史可法致书峒曾，约其勤王，乃立志毁家纾难，持家财数百金趋南都共图宗社大计，授左通政，旋不满于众官之倾轧，辞官归里。清兵南下，乙酉(1645)颁布剃发令，闰六月传至嘉定，士民愤恨，因于城郊举义兵数千人，推峒曾与黄淳耀首事，又驱逐清廷所派县令，据嘉定城御清兵，至七月初四，城陷，峒曾偕二子赴水，被清兵引出杀害。黄淳耀与弟渊耀则于城西僧舍自缢死。《明史·艺文志》著录《侯峒曾文集》四十卷，现存清道光十七年刊本《仍贻堂全集》十八卷，1933年排印本名《侯忠节公全集》。内卷一至卷三为侯元静《侯忠节年谱》，卷四收古今体诗一百一十九首、补遗九首及赋一篇，以下十四卷收其各体文及《学政申约》、文移等，计三百余篇。另有《明侯忠节尺牍手稿》一卷传世。《明诗综》卷七三录其诗二首。清王辅铭《明练音续集》卷六录其诗七首。《明诗纪事》辛签卷五录其诗二首。生平见夏允彝《忠节公家传》(《侯忠节公全集》卷首)、张岱《江南死义列传》(《石匮书》后集)、徐鼒《小腆纪传》卷四六、《明史》卷二七七。

侯复(生卒年不详)　字祖望，号观云。江西南昌府进贤人。洪武初以经明行修荐任国子监助教。《千顷堂书目》著录其《观光诗集》十卷。存清金氏文瑞楼抄本《观光诗集》四卷《助教侯先生文集》四卷，署门生黄迪芳编辑，内《诗集》收诗二百五十首，《文集》收文四十篇。首有永乐九年(1411)翰林修撰杨觐《侯助教诗集序》，谓“其诗豪放清逸，效李白，其才气驰骋于元诸公间，可谓今江右之杰矣”。又云另有《鸡肋》《采芹》《病鹤巢》诸集。《列朝诗集》乙集、《御选宋金元明四朝诗》录诗一首。《江西诗征》卷四九录诗一首。生平见《(同治)南昌府志》卷四四、《(光绪)进贤县志》卷九。

侯恪(1592—1634)　字若朴、若木，号遂园、木庵。河南归德府商丘人。生于万历二十年(1592)四月初十。少与兄侯恂同读于范文正公书院，万历四十四年同举于乡。侯恪于四十七年成进士，选翰林院庶吉士。天启间除编修，命修神宗、光宗《实录》。与杨涟、缪昌期诸人游，被列为东林余党落职。崇祯初，起右中允，历谕德、庶子，兼翰林侍读，以忤温体仁，改南国子祭酒。平生善诗能饮，每赋诗辄饮，而前后虑天下事，有不当意，则又浮白不辍，因病,崇祯三年(1630)底谢病归,七年七月十二卒于家,年四十三。所著有《眠云阁集》《嘤鸣集》《静竹斋集》《片石轩存稿》《随史漫录》《归田草》《遂园诗草》《雍余草》《馆阁试草》等。现存清顺治十二年(1655)商丘侯氏家刊本《侯太史遂园诗集》十二卷,内收赋一篇、辞一篇、诸体诗一千零七十余首,卷首有姚希孟、贾开宗、侯恂等序及侯方域《司成公家传》、王铎《木庵公传》,末附行状、墓铭。《千顷堂书目》著录《遂园诗稿》当为此本。陈济生《天启崇祯两朝遗诗》卷一〇录其诗二十一首。《明诗综》卷六一录其诗二首,"诗话"云:"其持论深恶新体,伸北地(李梦阳)、信阳(何景明)而抑嘉靖'七子',尤痛诋'公安''竟陵'流派云。"《御选宋金元明四朝诗》录其诗十五首。生平见《侯太史遂园诗集》附彭尧谕《侯公行状》、郑三俊《侯公墓志铭》,又见陈济生《天启崇祯两朝遗诗·小传》、清陈鼎《东林列传》卷二〇、清邹漪《启祯野乘》卷二。

俞大猷(1503—1580) 字志辅,号虚江。福建泉州府晋江(今泉州)人。少读书,年十五进学。嘉靖元年(1522)父殁,弃举子业,承袭百户世职,又习骑射兵法。十四年武进士第五,除千户,守御金门所,二十一年迁都指挥佥事,赴大同拒敌。又以荐任汀漳守备,二十六年擢广东都司金事,以平交、黎功,进琼崖右参将。三十一年迁浙江左参将,移师浙东,抗倭于嘉兴北,围歼徐海、陈东。三十四年,破倭于江南各地,擢南直副总兵代浙江总兵,平浙东倭寇,以赵文华兵败,被诬纵贼,夺世荫。三十五年,起为浙江总兵,还世荫,加都督金事。又以攻汪直未全歼下狱,旋被释,任南赣参将,四十一年任福建总兵,四十二年与戚继光破倭,复兴化城。以屡败倭寇,时人称其军为"俞家军"。四十三年又任广东总兵,获海丰抗倭大捷,隆庆六年复任福建总兵。万历元年(1573),以计议进攻澎湖倭寇失利,夺职,又起任后军都督府都督同知,乞归。万历八年卒,年七十八,赠左都督,谥武襄。与戚继光同为有明一代名将,驭下有方,用兵先计后战,不贪近功,在军五十年。《明史·艺文志》著录其《正气堂集》十六卷,为其记事李杜按其仕途履历编订其所作公私文字而成。现存万历刊本《正气堂集》十六卷《余集》四卷《续集》七卷末二卷,又有隆庆刊本《正气堂集》二卷《会试论策》一卷《余集》四卷《续集》七卷附《功打记》一卷《洗海近事》一卷。清道光二十一年(1841)孙氏味古书屋刻《正气堂全集》十七卷《近稿》一卷《余集》四卷《续集》七卷《镇闽议稿》一卷。内《余稿》有诗一卷,收诗五十余首。《明史·艺文志》又著录其《韬钤续篇》一卷《剑经》一卷。《列朝诗集》丁集、《明诗综》卷四九、《明诗纪事》己签卷一八均录其诗一首。清郭柏苍《全闽明诗传》卷二二录其诗四首。生平见李杜《俞公大猷功行纪》(《国朝献征录》卷一〇七)、赵恒志《俞公行状》(《国朝献征录》卷一〇七)、张师绎《俞总兵大猷公传》(《月鹿堂文集》卷五)、何乔远《名山藏》卷七九、《明史》卷二一二。

俞允文(1513—1579)　初名允执,更名允文,字仲蔚。南直苏州府昆山(今属江苏)人。生于正德八年(1513)六月十七。年十五,作《马鞍山赋》,援据赅博,长老皆推逊之。少工临池,久而益擅之,以小隶、行书、八分著名。曾为诸生,年未四十即弃举子业,以读书汲古、诗文著述为生活。卒于万历七年(1579)八月初四,年六十七。早年与归有光交契,又以五言古诗得王世贞称道,与卢柟、李先芳、吴维岳、欧大任同被列入"广五子"(《弇州四部稿》卷一四)。曾仿蔡正孙《诗林广记》体例,撰《名贤诗评》二十卷,有明万历刊本。选诗上自汉高《大风歌》,下讫宋末,自谓"声律之变,上下千余载,可概见矣",评语取六朝以来诸家之说,书中引用资料近百种,其中如《诗眼》《高斋诗话》等,今已散佚。诗文著述万历十年刊为《俞仲蔚先生集》二十四卷附录一卷,内赋一卷、诗八卷、文十五卷,王世贞、顾绍芳等序跋。《明史·艺文志》著录其《诗文集》二十四卷即此本也。又有手稿本《俞仲蔚文稿》存。《千顷堂书目》另著录其《昆山杂咏》二十八卷(有隆庆刊本)、《名贤诗评》二十卷。《盛明百家诗》前编录其诗一百余首为《俞仲蔚集》。顾起纶《国雅》卷一五录其诗十三首。《皇明诗统》卷三二录其诗十四首。《皇明诗选》录其诗六首。《列朝诗集》丁集录其诗四十二首。《明诗综》卷四七录其诗四首。《御选宋金元明四朝诗》录其诗十五首。《四库全书总目》著录《俞仲蔚集》二十四卷,"提要"云:"允文论诗,乃深不满李攀龙,特才地差弱,终不能与之抗衡耳。大抵'广五子'中,柟最挺出,大任次之,先芳、维岳及允文又其次也。"《海虞文征》卷二五录其一首。《明诗纪事》己签卷四录其诗十一首。《明文海》录其文《九日赋》等十篇。清陈元龙等《御定历代赋汇》录其赋八篇。生平见《俞仲蔚先生集》附录顾章志《处士俞仲蔚先生行状》、王世贞《仲蔚先生墓志铭》及《明史》卷二八三。

俞汝言(1614—?)　字右吉,号渐川遗民。浙江嘉兴府秀水(今嘉兴)人。明末诸生,少孤贫力学,曾入复社,喜读书著述,以诗古文辞擅场,身矮善谈谑。入清弃举子业,以遗民自居,教授为生。又遍游各地,南至岭海,西北达云中、雁门。晚年失明,仍不废书。曾博稽有明三百年典故,撰《明大臣年表》,官阀赠谥,靡不简而有要。清康熙十五年(1676)著《春秋平义》十二卷,又著《春秋四传纠正》一卷,悉取宋儒苛刻之论平反解释,后为《四库全书》所收。《千顷堂书目》著录其《大涤山房集》,现存清师竹斋抄本《俞渐川集》四卷,首曹溶、文德翼、魏禧序,内文二卷,收各体文百篇,诗二卷,收诸体诗五百四十余首。《明诗综》卷七七录其诗九首,"诗话"谓其文"气逸格高,诗亦文华中有真实"。清李稻塍《梅会诗选》二集卷一六录其诗十三首。《明诗纪事》辛签卷二三录其诗三首。《明词综》卷八录其词一首。清邹祗谟、王士禛《倚声初集》录其词三首。生平见清吴山嘉《复社姓氏传略》卷五。

俞安期(生卒年不详)　初名策,字公临,更名后改字羡长。南直苏州府吴江(今属江苏)人,徙阳羡(今江苏宜兴),终老于金陵。嘉、万间以诗游于公卿名士间。《明史·艺文志》著录其《翏翏集》二十八卷,现存万历十五年(1587)刻本《翏翏集》四十卷,卷一拟骚七篇,卷二、卷三赋五篇,卷四、卷五拟乐府一百一十余首,卷六至卷一六古体诗三百四十余首,卷一七至卷三九近体诗一千

七百余首,卷四〇收诔赞颂铭偈计二十六篇,汪道昆、吴国伦、郭正域序。亦喜编刊书籍,颇为流布,现存万历刊本《诗隽类函》一百五十卷、《唐类函》二百卷、《类苑琼英》十卷、《启隽类函》一百零七卷。《列朝诗集》丁集录其诗十一首,"小传"云:"羡长巨目高鼻,魁颜长身,状貌如河北伧父。与之谈,盱衡抵掌,意气勃如也……尝以长律一百五十韵投赠王元美(王世贞),元美为之倾倒。已而访汪伯玉(汪道昆)于新安,访吴明卿(吴中行)于下雉,皆与结社。"《明诗综》卷六三录诗十三首,"诗话"云:"羡长之名,由元美、明卿、伯玉而成,诗亦兼综三家。原本李献吉(李梦阳),长于獭祭,赋景有余,言情不足。"清沈德潜《明诗别裁集》录诗三首。《御选宋金元明四朝诗》录诗十四首。《四库全书总目》著录《翏翏集》四十卷,"提要"云:"安期之名,本由依附'七子'而成,故诗亦不出其流派,《静志居诗话》称其'赋景有余,言情不足,如观剪采花,青红碧绿,非不烂然,即而视之,总与根株不相符',可谓定评矣。"《金陵诗征》卷三九"寓贤"录其诗三首。《明诗纪事》庚签卷二五录其诗二十六首,按语云:"羡长才笔纵横,选声练格,俱准古人,虽依元美辈以成名,其诗未必尽受羁勒也。明卿、伯玉之才,去羡长远甚。"《明文

海》录文五篇。清陈元龙等《御定历代赋汇》录赋四篇。生平见李维桢《俞羡长集序》《大泌山房集》卷一二)、《(乾隆)江南通志》卷一六五。

俞彦（1569—?）　字仲茅，一字容自，号柳下老人。原籍太仓，徙居为南直应天府上元（今江苏南京）人。万历二十八年（1600）举人，明年进士，授兵部主事。历员外郎，迁光禄少卿，以事谪夷陵知州，迁南兵部主事。其卒当在崇祯十二年（1639）后。赋性高亢，长才玩世，故屡起屡踬。能诗，尤以拟古乐府及词名。《千顷堂书目》著录其《夷陵州志》《拟诗和颂》一卷、《俞少卿乐府》二卷、《近体乐府》一卷。现存崇祯刊本《俞少卿集》，卷首崇祯十一年陈盟序、阮大铖《仲茅先生古乐府序》，内不分卷，首标目《古乐府》，收《郊祀歌》十九首、《鼓吹曲拟汉铙歌》十八首、《横吹曲》四十五首、《相和歌》六十七首、《清商曲》一百二十三首、《舞曲歌》九首、《杂曲歌》六十二首，附《拟古乐府题》三十一首；次标目为《近体乐府》，为其词集，收词一百七十余首，有薛冈《俞光禄拟古乐府序》、《自叙》、崇祯十年阮大铖《仲茅先生近体乐府小引》，文震亨《俞光禄先生近体乐府小引》。清初卓回《古今词汇》录其词九首。《御选历代诗余》、《明词综》卷五录其词二首。近人王文濡《词话丛钞》收其《爰园词话》。《明诗综》卷五九录其诗十首，"诗话"云："少卿《拟乐府》，自南北朝入，亦是解人。第篇幅稍长，辄未合古。"《御选宋金元明四朝诗》录其诗七首。《金陵诗征》卷二六录其诗五首，记云："少卿谓隆庆以后诗文，如四目蒙俱，九头妖鸟，惟词则染指少，犹不失本来面目。王阮亭（王士禛）云：'少卿写无可如何之况，可谓非非想。'仆尝与邹程村（邹祗谟）论近代词人，断当以少卿为当行第一。"《明诗纪事》庚签卷二〇录其诗二首，按语云："仲茅乐府，得张文昌、白太傅遗意。"生平见《(道光)上元县志》卷一五。

俞宪（1508—1572）　字汝成，号岳率，一号是堂。南直常州府无锡（今属江苏）人。生于正德三年（1508）三月初八。嘉靖十年（1531）举人，十七年进士，授刑部主事。以事谪湖广推官，二十七年迁绍兴府同知，三十年迁南刑部员外郎，寻出为江西按察佥事，三十三年进山东右参议，分守辽海东宁道。历山西按察副使，官至湖广按察使。能书画，好诗。归后与安如山、王现等结五老会，纵情诗酒声色，又竞以奢侈相尚。卒于隆庆六年（1572），年六十五。《千顷堂书目》著录其《是堂学诗》二十四卷，注云"有《辽海》《金陵》《蓬莱》《毂下》《外台》《去楚》《当弈》诸集"。现存嘉靖二十七年易道鲁等刊本《縠下集》一卷、《当奕集》二卷、《鹇鸣集》四卷，乔世宁等序。又有嘉靖二十八年胡升等刊本《去楚集》一卷，三十年唐时举刊本《蓬莱集》一卷，三十一年林兆金等刊本《金陵集》一卷。实《是堂学诗》为诸集之合集，现仅佚《辽海》《外台》二集。所著另有《皇明进士登科考》十二卷，有嘉靖二十七年刻本、二十九年增补本。所辑有《盛明百家诗》前后编，嘉靖至隆庆间陆续刊刻，至其谢世，仍未完成，故有其子所补者，现存计三百二十四卷，收诗家三百余人。另曾据高棅《唐诗品汇》刊《删正唐诗品汇》。顾起纶《国雅》卷一三录其诗八首。《皇明诗统》卷二三录其诗五首。《明诗综》卷四二录其诗一首，"诗话"云："汝成手辑《盛明百家诗》，足称好事，而甄综未当，舍彼兰蕙，反存菉葹，卷首题识都不成文。"《四库全书总目》著录《盛明百家诗》三百卷，"提要"云："是编所录诸集，每人各冠以小序，略如殷璠《河岳英灵集》例，然其学沿'七子'之余波，未免好收模仿古调、填缀肤词之作。又务以标榜声气为宗，不以鉴别篇章为事，故略于明初，而详于同时。至以其了渊、沂之诗列为二家，殆有王福畤之癖矣。"清顾光旭《梁溪诗钞》卷八录其诗五首。生平见王兆云《皇明词林人物考》卷八、过庭训《本朝分省人物考》卷三八。

俞泰（1472—1541）　字国昌，号正斋，晚号奚疑山人。南直常州府无锡（今属江苏）人，俞宪从父。弘治十四年（1501）举人，明年进士，授南京吏科给事中，改北。累迁户科都给事中，官至山东参政。嘉靖二年（1523）致仕归，辟圃市南，隐居芳洲，二十年卒，年七十。好绘事，喜诗歌，《千顷堂书目》著录其《芳洲漫兴集》，方志又记其有《绍文堂集》，未见传。《盛明百家诗》前编录其诗五十余首为《俞国昌集》，与俞晖之《俞国光集》合编为《二俞诗集》。顾起纶《续国雅》卷三录其诗三首。《皇明诗统》卷一五录其诗五首。《石仓十二代诗选·明诗选》录其诗二十五首。《明诗综》卷二八、《御选宋金元明四朝诗》录其诗一首。清顾光旭《梁溪诗钞》卷六录其诗三首。清周有壬《梁溪文钞》卷八、清王史直《锡山文集》卷一三录其文一篇。生平见萧彦《掖垣人鉴》卷一二、朱谋垔《画史绘要》卷四。

俞琬纶（1574—1618）　字君宣。南直苏州府长洲（今江苏苏州）人。万历三十七年（1609）举人，四十一年进士，授衢州西安知县。性疏简有高韵，在任数载，被劾"有晋人风味，绝无汉官威仪"，因罢归。能书法，喜诗词乐府，以文采风流称于一时。万历四十六年病卒于家，年四十五。《千顷堂书目》著录其《自娱集》十卷,现存万历间刻本,首万历四十六年文震孟《小叙》。内诗六卷,收诗五百余首;文三卷,收各体文六十篇;又书一卷,收书启四十余篇;附词曲三十余首。是集又有清康熙三十八年(1699)俞蕙、俞苏刊本。《明文海》录其文七篇,评语谓其"文甚风华,颇似李义山,但无其学耳"。《明诗综》卷六○录诗二首。《御选宋金元明四朝诗》录诗一首。《明诗纪事》庚签卷二三录诗一首。《御选历代诗余》卷七三录其词一首。近人赵尊岳《明词汇刊》录其词三首为《自娱集》。生平见《(雍正)浙江通志》卷一五五、《(乾隆)江南通志》卷一六五。

饶相(1512—1591)　字志尹,号三溪。广东潮州府大埔人。嘉靖十四年(1535)进士,授中书舍人。十七年晋户部员外郎,监山东、河南漕运,二十三年以陪祀失期,谪无为州通判,二十四年移兖州通判。后迁南昌知府,三十二年晋江西按察副使,备兵饶州,三十四年乞归养。家居三十余年,万历十九年(1591)卒,年八十。所著《三溪文集》,初刻于万历十三年,现存1920年汕头铅印本,文三十余篇,诗一百余首。《(康熙)埔阳志》、清梁善长《广东诗粹》卷四、清杨天培《潮雅拾存》等均存其佚诗。清冯奉初《潮州耆旧集》卷一七《饶副使三溪集》录文十六

篇。《明诗纪事》戊签卷一九录诗一首。近人翁辉东《潮州文概》卷二录其文一篇。生平见《(康熙)潮州府志》卷九上、《(乾隆)潮州府志》卷二八。

[丶]

施邦曜(1585—1644)　字尔韬,称四明先生。浙江绍兴府余姚人。万历四十七年(1619)进士,官国子博士。历工部主事、员外郎、郎中,出知漳州府。升福建参政,转四川按察使、福建左布政使、南京光禄寺卿。崇祯十六年(1643)擢左副都御史,李自成陷京师,服毒自尽,年六十。福王时谥忠介,改谥恭愍。著述现存清咸丰间刻光绪四年(1878)重修本《施忠愍公遗集》七卷(清沈复粲辑),清黄宗羲辑《姚江逸诗》卷一三录其诗二十五首。《明诗综》卷七二、《御选宋金元明四朝诗》录其诗一首。生平见清黄宗羲《施公神道碑铭》(《南雷文定》卷七)、清邵廷采《施公传》(《思复堂文集》卷二)、《明史》卷二六五。

施绍莘(1588—?)　字子野,号峰泖浪仙。南直松江府华亭(今上海松江)人。少为诸生,以试不举,遂有弃科考之想。万历四十三年(1615)其父殁,得主家政,明年即于郊外西佘山建别业,以为退隐之计。至万历四十六年、天启元年(1621)

又两试南都不售,因弃城市,退居西
佘山。与陈继儒等名士隐流交,或
丝竹歌弹,饮宴游艺,或游于九峰、
三泖及西湖、太湖间。如此数年,未
知所终。或谓其因多病,年寿不永,
其卒当在天启末、崇祯初。以才称,
喜文艺,尝与友人结苧城诗社,与同
邑沈龙交善齐名,一时称"施沈"。
平生最喜词曲,好声乐,自谓"每闻
琵琶筝阮声,便为魂销神舞"(《秋水
庵花影集》卷一《春游叙怀》自跋)。
顾胤光为其集作序,亦谓其"居平含
宫嚼徵,引商刻羽,半生苦心此道"。
所著现存明末刊本《秋水庵花影集》
五卷,首有陈继儒、顾乃大、顾胤光、
沈士麟序及其自序,又有《秋水庵花
影集杂纪》,对刊本加以说明。内卷
一至卷四收散曲套数八十六、小令
七十二,卷五收词一百九十首。所
存散曲套数之数为明人第一,所涉
内容之广也有超出前人处,其《秋水
庵花影集自序》云:"花月下,香茗
前,诗酒畔,风雪里,以至茅茨草舍
之酸寒,崇台广囿之弘侈,高山流水
之雄奇,松龛石室之幽致,曲房金屋
之娇妍,玉缸珠履之豪肆,银筝宝琴
之萦魂,机锦砧衣之怆思,荒台古路
之伤心,南浦西楼之感喟,怜花寻梦
之闲情,寄泪缄丝之逸事,分镜破钗
之悲离,赠枕联钗之好会,佳时令节
之怀觞,感旧怀恩之涕泪,随时随
地,莫不有创谱新声,称宜迭唱。"故

近人吴梅《顾曲麈谈》称明代散曲
"要以施绍莘为一代之殷"。是集为
其自编,词曲之外,又杂以序跋、评
语,乃至诗、记,辑刊于天启六年以
前。清姚宏绪《松风余韵》卷五录
其诗四首。清王昶《青浦诗传》卷
一二录诗三首、卷三二录词二十六
首,按语云:"子野少负隽才,作别
业于泖上,又营精舍于西佘,极烟
波花药之美。时陈眉公(陈继儒)
居东佘,管弦书画兼以名童妙伎,
往来嬉游,故自号浪仙。亦慕宋张
三影,所作乐府著《花影集》行世。"
《明词综》卷五录词八首。清冯金
伯《海曲诗钞》卷四、近人严昌埅
《海藻》卷二录诗四首。近人赵尊
岳《明词汇刊》辑录其词为《秋水庵
花影词》一卷。生平见《(嘉庆)松
江府志》卷五四《人物传》、《(光绪)
青浦县志》卷一九《文苑传》。

施经(1503—?)　字引之,号虎
泉。浙江杭州府钱塘(今杭州)人。
杭州卫千户,任昭信校尉,曾于浙
东、福建沿海参与抗倭。好诗,归里
后犹醉心于此。多与杭州诸诗社,
与祝时泰、王寅、童汉臣、谢榛、张时
彻、沈明臣、卢沄、包大中、方九叙、
陈鹤、张诗等倡和,尤与丰坊交密。
《千顷堂书目》著录其《虎泉集》四
卷,现存嘉靖三十六年(1557)刻《虎
泉漫稿》四卷,收其诸体诗七百余
首,有丰坊、陈鹤序。又有嘉靖四十

三年刊《虎泉诗选》四卷,缺卷二,残本收诗四百余首,亦有丰坊、陈鹤序。是本收诗较《虎泉漫稿》有增删,故称"选"。《皇明诗统》卷二二录其诗五首。

施耐庵(籍里及生平不详)　明嘉靖、万历时流行之长篇白话小说《水浒传》之署名作者。嘉靖间刊《忠义水浒传》二十卷一百回本残本、万历十七年(1589)天都外臣序刊《忠义水浒传》一百回本、万历三十八年容与堂刊《李卓吾先生批评忠义水浒传》一百回本均署"施耐庵集撰""罗贯中纂修"。明人笔记提及小说《水浒传》之作者,亦首列"施耐庵"之名。如高儒《百川书志》成书于嘉靖十九年(1540),其卷六云:"《忠义水浒传》一百卷,钱塘施耐庵的本,罗贯中编次。"嘉靖间刊郎瑛《七修类稿》卷二中有"《宋江》又曰施耐庵的本"。万历年间胡应麟《少室山房笔丛》提到"元人武林施某所编《水浒传》特为盛行"。崇祯元年(1628)刘兴我刊《新刻全像水浒传》二十五卷一百十五回署"钱塘施耐庵编辑"。崇祯十四年(1641)金圣叹删略袁无涯万历四十二年刊百二十回本《出像评点忠义水浒全传》后四十九回,仅取前七十一回刊为《金圣叹批评第五才子书水浒传》七十回(贯华堂本),径署"东都施耐庵撰"。后金评本《水浒传》刊本流行,

皆署"施耐庵"一人之名。明人所云"施耐庵"之年代、籍里、事迹,均无可落实。近人胡适、鲁迅因以为"施耐庵"为《水浒传》作者之托名,现亦无法证实实有其人抑或为书坊之托名。考《水浒传》亦如《三国志演义》,为"世代累积"而成之小说,然两者情况又有所不同。中国古代白话长篇小说之前源主要为宋、元民间说唱技艺,特别是"说话四家"之"讲史"。由于"三国故事"有更多历史事实为依据,故主要在"讲史"范围内渐次丰富、有序累积,最后写定成书。而仅以模糊之历史事件和历史人物为起点,《水浒传》之"历史成分"实际上极其稀薄。以其最早出现之百回繁本《水浒传》而言,七十回以前演述众好汉出身经历之故事几乎均无历史依凭,实际上主要来源于宋元"说话四家"中之"小说"和元代杂剧艺人之创造(宋末元初罗烨《醉翁谈录》记载当时"小说"所讲故事有"青面兽""花和尚""武行者"等名目;见于记载之元杂剧"水浒戏"有三十余种,传世尚有《同乐院燕青博鱼》《梁山泊黑旋风负荆》等十种),七十回以后受招安、征方腊,更是根据传闻和满足"讲史""平话"之需要敷衍而成,征辽则完全是没有历史根据之虚构。至于各种简本写到平田虎、王庆之事,乃是百回繁本《水浒传》流传以后书坊为射利目

的所添加。绾结短篇而最终成为巨帙之《水浒传》成书特点，在很大程度上决定了其内容上前后之比重和艺术表现上之差别。《水浒传》之主体部分，也即最精彩之部分应是前面众多好汉之出身经历和聚义故事，正是这些故事塑造出一大批出身不同而又性格各异之好汉及其他有关人物，从而使《水浒传》有别于"讲史"类小说，更具有了"英雄传奇"之性质。近人鲁迅认为《水浒传》之要旨为"为市井细民写心"，可称的确。最初孕育《水浒传》故事之温床是宋元都市中之"勾栏瓦肆"，无论是从创作环境、背景，还是从创作主体来说，早期"水浒故事"首先是对时代社会生活之描摹和对现实生活中人物形象之刻画，带有浓厚"市井气息"，从而不可避免地成了后来《水浒传》精神气韵之基调。而在以后漫长之成书过程中，由于不断有人参预加工改造和文本写作，又使《水浒传》在更大范围内积淀、凝聚了两宋以来中国社会广大民众之观念意识和情绪心理，从而形成了《水浒传》带有时代特征之精神蕴含。其中既有对被压迫者之同情，对世道不公之愤懑，对社会平等之憧憬，对扬善惩恶"侠义"行为之赞许，也有对财货之渴求，对功名富贵之希冀；既有对皇权之迷信，对权势之畏惧，也有对暴力之崇尚和性观念之偏执，等等。不仅充分体现了那个时代广大民众之各种观念心理，也不可避免地包含了"市井细民"观念心理中一些落后、偏狭之成分。概言《水浒传》之思想精神与中国传统"经典文化"既有联系，也有相当差异，突出展示了中国宋元以来社会下层思想文化之实际。而借助戏曲、曲艺和其他艺术和非艺术之传播形式，通过数百年广泛传播，《水浒传》之精神内容已经渗入中国社会各个层次和文化生活各个方面。正因为如此，《水浒传》才不仅成为中国历史上"不可重复"之文学经典，也成了长期影响民众思想行为之精神渊薮。不同历史时期、不同人群对《水浒传》之不同态度和在不同层面上对《水浒传》之接受与阐释，反映了《水浒传》精神内容之丰富复杂和对民族文化之巨大影响。在《水浒传》成书过程中，"水浒故事"经历了不止一次合成和重新结撰，形成了各种阶段性文本。据考，初具规模之宋江和梁山好汉故事，已经出现于元刊"平话体"《宣和遗事》中，有证据证明《宣和遗事》中这段简短义字实际上又是据某种专门讲述宋江及三十六将故事之书摘编，从而说明至少《宣和遗事》以前已经出现过有完整"水浒故事"之文本。虽然我们不知道在《宣和遗事》和嘉靖时出现之百回繁本《水浒传》

之间是否还有其他演述完整"水浒故事"之作品，但借助于世代累积，最后完成百回繁本《水浒传》之人，无疑是对《水浒传》成书作出最大贡献之天才作家，《水浒传》实际上也突出表现了其创造个性，可惜我们至今对其籍里及生平几无了解。

施峻（1505—1561）　字平叔，号琏川。浙江湖州府归安（今湖州）人。生于弘治十八年（1505）正月十四。嘉靖十年（1531）举人，十四年进士，除南刑部广西司主事。迁员外郎，进郎中，简放青州知府，以内计罢归。四十年闰五月二十二卒于家，年五十七。卒后徐中行为其作《墓志》，谓其"性少爱，独好声诗……在僚辈间俨然以诗自重，或不中程度，直以意弹之。复不能容人短长，每面折之而多不堪"。推崇唐诗，为诗尚隽永流丽。《千顷堂书目》著录其《琏川集》八卷，现存嘉靖三十八年刊本《琏川诗集》八卷，内收五七言古体诗五十首、五七言近体诗五百六十余首，有顾应祥、徐献忠、李敏德、杨铎、俞策序。《皇明诗统》卷三三录其诗四首。《列朝诗集》丁集录其诗七首，"小传"记云："时推其七言今调，谓可方唐应德（唐顺之）云……家居楼栖如斗，典籍甚具，署之曰'甲秀'，非同调不与登。歌诗欢饮，以终其身。"《明诗综》卷四二录其诗三首。《御选宋金元明四朝诗》录其诗八首。《四库全书总目》著录《琏川诗集》八卷，"提要"云："《静志居诗话》谓平叔'以七律自诩，然殊不见好。诸体过修边幅，未免气馁'。是集有顾应祥序，亦谓'唐以后诗，音调格律相尚，锻炼益工，其气益弱'。亦似微致不满焉。"清陆心源《吴兴诗存》四集卷八录其诗十七首。《明诗纪事》戊签卷一九录其诗一首。生平见徐献忠《青州知府施公峻行状》（《国朝献征录》卷九六）、徐中行《琏川施公暨配安人沈氏合葬墓志铭》（《天目先生集》卷一六）、王兆云《皇明词林人物考》卷八。

施渐（1496—1556）　字子羽，号武陵。南直常州府无锡（今属江苏）人。嘉靖间岁贡生，选授海盐县丞，寻罢归。归后与顾可久、华察等举碧山诗社。嘉靖三十五年（1556）卒，年六十一。《千顷堂书目》著录其《武陵集》，现存嘉靖间刊本《武陵诗选》六卷，收诗凡二百一十六首，首嘉靖三十六年王其勤序。《盛明百家诗》前编录其诗一百八十余首为《施武陵集》一卷，识语谓"武陵诗，精雅闲远，绝类王、孟"。顾起纶《国雅》卷九录其诗二十六首，《国雅品》谓其"卓行博学，雅有诗名"。《皇明诗统》卷三五录其诗十三首。《列朝诗集》丁集录其诗五十六首，"小传"云："平生安贫乐志，为诗不骛浮华,刻意磨洗,评者以为如春竹积雪,寒松浮翠,又如寒鸦数点,流水孤村。"《明诗综》卷四八录其诗三首,"诗话"云:"子羽、仅初(王懋明)、舜咨(姚咨)与华子潜(华察)酬和,时号'锡山四友',三君皆非华敌,子羽差优。"《御选宋金元明四朝诗》录其诗二十六首。清顾光旭《梁溪诗钞》卷七录其诗十二首。《明诗纪事》已签卷一九录其诗五首,按语云:"子羽近体,措词清远,琢句圆成。"生平见王兆云《皇明词林人物考》卷一〇。

施敬(生卒年不详) 字孟庄。明初钱塘(今浙江杭州)人。因事谪居滇中。沐昂编《沧海遗珠》录其诗二十三首。《皇明风雅》卷三五录其诗一首。《皇明诗统》卷八录其诗三首。《石仓十二代诗选·明诗选》录其诗二十二首。《列朝诗集》乙集录其诗十一首。《明诗综》卷一九录其诗十一首,"诗话"云:"孟庄诗颇清越。若《归燕》一首,疑是感'革除'而作。"《御选宋金元明四朝诗》录其诗十二首。清施何牧《明诗去浮》卷一录其诗四首。《明诗纪事》乙签卷一四录其诗四首。

闻龙(生卒年不详) 字仲连,号隐鳞。浙江宁波府鄞县(今宁波)人,吏部尚书闻渊孙。以孝友德性闻于乡里。五岁丧母,以忆母,终身长斋。既就学,不肯治经生业。惟称爱佳山水,手书《高士传》,制山林之服,然壮岁以父在,惟游四明山,后始外出游历。卒年八十一。《千顷堂书目》著录其《幽贞庐诗草》一卷又《隐鳞诗》一卷又《行药吟》一卷。现存万历二十八年(1600)自刊本《行药吟》一卷,薛冈、周应宾序,内收诗一百二十八首。清胡文学《甬上耆旧诗》卷二三录其诗九首。《明诗综》卷六三录其诗三首,并引屠本畯语,谓"隐鳞诗如溪上人家,曲几疏窗,长与水云弄色"。"诗话"则谓其"初不以韵语自负,然近体颇闲整,特少警拔耳"。《御选宋金元明四朝诗》录其诗二首。《明诗纪事》庚签卷二七录其诗一首。生平见《(雍正)宁波府志》卷二四。

闻启祥(1580—1637) 字子将。浙江杭州府钱塘(今杭州)人。从冯梦祯学举业,万历四十年(1612)举人,与吴郡李流芳同赴京师,已至国门,忽意不自得,径回。后屡以荐被征,悉辞不赴。天启末曾与张秀初、严调御等组杭州之读书会,先后入会者数十人,后又入复社。性澹荡,精品鉴,为文风流婉约,时称名士。性好延纳宾客,四方文人来杭者,多与之为西湖诗酒之会。清翟灏《湖山便览》多录其游湖诗,有"雷峰如老衲,宝俶似美人"语传于世。卒于崇祯十年(1637),年五十八。《千顷堂书目》著录其《自娱斋集》,未见传。清陈允衡编顺治澄怀阁刊本《诗慰》初集选录其诗三十八首为《自娱斋集选》，首有刘同升序，语及其崇祯七年九月与启祥交往事，谓启祥"为人藏锋锷，亟与名场，非其好也"。《明诗综》卷七七录其诗三首，"诗话"云："杭州先有读书社，倡自闻孝廉子将、张文学天生、冯公子千秋暨余杭三严，后乃入于复社……文必六朝，诗必三唐，彬彬盛矣。"《御选宋金元明四朝诗》录其诗九首。《明诗纪事》辛签卷二三录其诗二首，按语云："子将沿袭'公安'，颇涉俳体。"生平见清《闻子将墓志铭》《牧斋初学集》卷五四）、《(雍正)浙江通志》卷一七八。

姜士昌(1561—1621) 字仲文，号养冲。南直镇江府丹阳(今属江苏)人，姜宝次子。生于嘉靖四十年(1561)正月十八。万历七年(1579)乡试中举，八年联捷进士，除户部主事。历员外郎、郎中，曾上疏请黜徐显卿、黄洪宪，擢邹元标、李三才，给事中李春开以出位劾之。迁陕西提学副使，进江西参政，三十五年以上疏言大学士沈一贯、沈鲤去官事，忤时宰，谪广西佥事，再谪兴安典史，乞归。家居十余年，卒于天启元年(1621)正月十四，年六十一，诏赠太常少卿。士昌生平好学，励名检，归后从高攀龙、顾宪成讲学东林，一如父风。亦能诗文，《千顷堂书目》著

录其《雪柏堂集》八卷，现存天启三年其子姜志濂等刊《雪柏堂稿》十卷，姚希孟序，内诗四卷，收古近体诗四百九十首，文六卷，收各体文百余篇。《明诗综》卷五三录其诗一首。清嘉庆二年(1797)绍衣堂刻《云阳姜氏家珍集》卷一、卷二录其诗一百一十四首。《明诗纪事》庚签卷一二录其诗二首。生平见刘宗周《养冲姜公墓表》《刘蕺山集》卷一四)、《明史》卷二三○。

姜曰广(1584—1649) 字居之，号燕及，晚号浠湖老人。江西南昌府新建(今南昌)人，万历四十三年(1615)举人，四十七年进士，选翰林院庶吉士，天启四年(1624)授编修。六年，充正使，偕给事中王梦尹，敕谕朝鲜国王李珵。曰广与梦尹率使团四月下旬由山东乘船至朝鲜，六月下旬由海路归国，在朝鲜停留两个月。曰广行前，立志"不携中国一物往，不取朝鲜一钱归"，在朝鲜以廉洁自律深得朝鲜君臣敬慕，以致为其立怀洁之碑(即后崇祯间所立《去思碑》)。归后仍供职翰林院，明年夏，魏忠贤以其为东林党人，废不用。崇祯初起为右中允，历左春坊左谕德，九年(1636)积官至吏部右侍郎，坐事左迁南太常寺卿，引疾去。十五年起詹事，掌南京翰林院。甲申国变后，南都诸大臣议所立，与吕大器等主立潞王，而诸帅奉福王

称圣安皇帝,用曰广为礼部尚书兼东阁大学士,与史可法、高弘图称南中三贤相,天下翕然望之。为马士英所忌,罗织罪状,罢归。清顺治五年(1648),江西提督金声桓与部将王得仁在南昌起义反清,邀曰广加盟以资号召,明年正月十八南昌城为清军攻陷,曰广赋“六歌”及绝命词,率全家投水殉节,年六十六。天启六年曰广与王梦尹往返朝鲜期间所留诗文及朝鲜文臣金鎏等次韵、奉赠之作,后被朝鲜政府循例刊刻为《(丙寅)皇华集》四卷,内总收诗三百三十七首,曰广诗四十三首。曰广自作《辖轩纪事》一卷,记其此次出使过程甚详,举凡行程、行事、风光以及礼仪、人情等均有记述,可为《(丙寅)皇华集》诸纪行诗之注脚,现存清抄本等。曰广诗文别集名《石井山房文集》,未见传,惟有清同治十年(1871)其后裔姜应南所辑《姜氏诗文摘录》二卷(《辖轩纪事》亦被收入)。生平见张岱《石匮书后集》卷八《姜曰广传》、清王夫之《永历实录》卷六、《明史》卷二七四。

姜宝(1514—1593)　字廷善,一作惟善,号凤阿。南直镇江府丹阳(今属江苏)人。嘉靖二十五年(1546)举人,三十二年进士,选翰林院庶吉士,授翰林编修,以不附严嵩,出为四川提学佥事。历河南参议、福建副使、南太常寺少卿,迁南国子祭酒,乞归。家居十五年,以荐起南太常寺卿,转刑部右侍郎,改吏部,官至南礼部尚书,加太子少师致仕。卒于万历二十一年(1593),年八十。治经史之学。所著有《春秋事义全考》十六卷,存万历刊本,收入《四库全书》。又《周易传义补疑》十二卷、《资治大政记纲目》上编四十卷下编三十二卷、《稽古编大政记纲目》八卷等亦存万历刊本。诗文著述《千顷堂书目》著录其《凤阿文集》三十六卷,现存万历刊本《姜凤阿文集》三十八卷,内分《初稿》《中秘稿》《读礼稿》《史馆稿》《西川稿》《周南稿》《闽稿》《银台稿》《南雍稿》《家居稿》《留部稿》等,卷数不一,各卷以时间为界,诗文杂收而重于文,王世贞、汪道昆序。《四库全书总目》著录《姜凤阿文集》三十八卷,《总目》“提要”云:“宝少从学于唐顺之,其行文步骤开阖,颇得力于师说,而学力根柢不及顺之深厚,故论明代之文者不及焉。”清嘉庆二年(1794)绍衣堂刻《云阳姜氏家珍集》卷一录其诗五十一首。《明诗纪事》己签卷一一录其诗二首。生平见佚名《姜宝传》(《国朝献征录》卷三六)、《明史》卷二三〇。

姜埰(1614—1653)　字如须,号敬亭,又号仁石山人、明室潜夫、不二道人。山东登州府莱阳人。崇祯九年(1636)举人,十三年进士,除行人。兄姜埰官礼科给事中，以建言入狱，垓竭力救之，得不死。福王立，阮大铖用事，修旧怨，欲杀之，乃变姓名走宁波。明亡后与兄流寓吴中，论文讲学，以仁义忠信为旨，三吴后学，翕然从风。卒于清顺治十年(1653)二月二十四，年四十。殁后门人私谥"贞文先生"，葬其于苏州西山之竺坞，筑祠鹤涧上祀之。能诗，《千顷堂书目》著录其《筤筜集》又《仡石山人稿》，未见传。现存抄本《流览堂诗稿残编》六卷，首有清光绪二十六年(1900)福山王懿荣《序》，内收诗二百零七首，后有宣统二年(1910)姜垓九世侄孙姜舜年《跋》。陈济生《天启崇祯两朝遗诗》卷七录其诗四十三首。清卓尔堪《明遗民诗》录其诗十二首。清宋弼《山左明诗钞》卷三三录其诗四十六首。《明诗综》卷六九上录其诗五首，"诗话"谓其"诗篇温润而恂栗，叶处士襄序之"。《御选宋金元明四朝诗》录其诗三首。清王辅铭《明练音续集》卷九"流寓"录其诗二首。《明诗纪事》辛签卷一七录其诗三首。生平见清魏禧《莱阳姜贞文公偕继室傅孺人合葬墓表》(《流览堂诗稿残编》附录)、何天宠《姜考功传》(《流览堂诗稿残编》附录)、《明史》卷二五八。

姜南(生卒年不详)　字明叔，号蓉塘、半村野人。浙江杭州府仁和(今杭州)人。正德十四年(1519)举人，官至福建延平知府。好著书，现存清抄本《蓉塘杂著十种》，内《辍筑记》《鹤亭笔乘》《大宾辱语》《蕉檐曝背臆记》《别窗闻思录》《醉经堂铺糟编》《五壮日记》《盐车道听》《逍遥录》《楼窗随笔》各一卷。又有《蓉塘杂纂十种》，内《半村野人闲谈》《投瓮随笔》《风月堂杂识》《学圃余力》《叩舷凭轼录》《墨畬钱铸》《瓠里子笔谈》《洗砚新录》《蓉塘纪闻》《抱璞简记》各一卷。另曾增修《通玄观志》二卷，有清康熙刊本。所著《蓉塘诗话》二十卷，乃从其笔记杂著中选辑而成。书中各卷题目，即其杂著原名，如卷一《半村野人闲谈》，卷二《洗砚新录》，卷三《辍筑记》，卷四《鹤亭笔乘》等。故书中所记并不限于诗人诗事，内容驳杂，多记文史典故、诗文逸事，间附其心得或考证。现存嘉靖二十二年张国镇刊本、嘉靖二十六年(1547)洪梗刊本，清抄本多为删节本。生平见陆深《蓉塘诗话引》(《俨山集》卷三六)、《(雍正)浙江通志》卷一三七。

姜恩(生卒年不详)　字君锡，号篆江。四川顺庆府广安人。嘉靖二年(1523)进士，授武功令。迁户部主事，历郎中，出知云南府，二十四年任河南卫辉知府，迁湖广政司左参议、云南按察使、福建左布政使。喜吟咏，著述存万历四

(1576)广安姜召钱塘刊本《篆江存稿》九卷,内诗七卷,收五七言古体诗四十七首、五七言近体诗六百余首,词二十首,末卷收奏疏序记幛词等六篇,有沈淳序、李维铉跋。生平见《(宣统)广安州新志》卷二四。

娄坚(1554—1631) 字子柔,号歇庵。南直苏州府嘉定(今属上海)人。诸生,五十岁时贡于京师,不仕而归。卒于崇祯四年(1631),年七十八。早岁从归有光游,与李流芳、唐时升、程嘉燧齐名,崇祯初,知县谢三宾合四人诗刻为《嘉定四先生集》,后人因称四人为"嘉定四先生"。又与唐、程称"练川三老"。经明行修,诗书兼擅,尤能古文。著述有诗集《吴歈小草》十卷、文集《学古绪言》二十五卷,合称《娄子柔先生集》,初崇祯三年谢三宾刻。《吴歈小草》现存清康熙三十三年(1694)陆廷灿修补本及清康熙间陆氏刻《嘉定四先生集》本,收诸体诗一千二百余首,谢三宾序;《学古绪言》存崇祯三年谢三宾刊本及清康熙间陆氏刻《嘉定四先生集》本,收各体文三百三十余篇。《明文海》录其文二十篇,评语谓其"传震川(归有光)之规矩而才不能逮"。《列朝诗集》丁集录其诗四十一首,"小传"云:"其师友皆出震川(归有光)之门,传道其流风遗书,以教授学者,师承议论,在元和、庆历之间。"《明

诗综》卷六五录其诗五首,"诗话"云:"练川三老,子柔古风独胜。"《四库全书》收《学古绪言》二十五卷,《总目》"提要"云:"明之末造,太仓(王世贞)、历下(李攀龙)余焰犹张,'公安''竟陵'新声屡变,文章衰敝,莫甚斯时。坚以乡曲儒生,独能支拄颓澜,延古文之一派……亦可谓'永嘉之末,得闻正始之音矣'。"《御选宋金元明四朝诗》录其诗十二首。清王辅铭《明练音续集》卷五录其诗十首。《明诗纪事》庚签卷四录其诗五首,按语云:"《吴歈小草》长于古体,刊落浮嚣,语多造微。近体绝句,时流浅易,盖其所心摹力追者白乐天一流,而才不足以济之。有真率而无兴趣,质胜则野,其弊然也。"生平见清《娄贡士坚传》《《吴歈小草》卷首》、《明史》卷二八八。

洪云蒸(1580—1635) 字化卿,号紫云。湖广长沙府攸县(今属湖南)人。少好王守仁之学,建金仙书院,集同志讲论。万历三十八年(1610)进士,授诸暨知县,因事归里。起户部主事,历员外郎、郎中,出为广州知府。崇祯二年(1629)任广东按察司副使,守惠州,御海寇刘香。七年总督熊文灿令其赴刘香舟中招抚,为刘香所执,八年被杀,赠右副都御史,谥烈愍。著述存清乾隆间余庆堂刻本《洪云蒸紫云公文集》五卷《外编》二卷,有崇祯十五年

刘同升序及乾隆二十年(1755)其曾孙如檡跋。清邓显鹤《沅湘耆旧集》卷二○二录诗十四首。《湖南文征》录文九篇。清道光十年(1830)刻《攸舆诗钞》收《紫云诗钞》一卷。生平见《(雍正)湖广通志》卷六一、《明史》卷二六○。

洪孝先(生卒年不详) 字从周,号霍山,晚号在家僧。浙江温州府永嘉人。布衣能诗,尤善山水,称山人。嘉靖初入京师,初依张璁,后在京二十年,多为巨卿座上客。其为张佳胤门客最久,曾随佳胤赴山西军幕与吴越、燕北,多有酬唱。归乡后,以富于赀称,约卒于万历二十年(1592),年近九十。所作有《操舟》《佩壶》《汰砾》《雁池》《甲乙》等集,莫如忠、陈文烛、李维桢等皆曾为其集作序。张佳胤《洪山人甲乙集序》谓其"所吟咏,准于唐人,往往不经染翰,兴有所到,敏速若注射,绝无钩棘之态"(《崌崃先生集》卷三六)。其集皆未见传。顾起纶《国雅》卷一六录其诗十首。《皇明诗统》卷三二录其诗七首。彭孙贻《明诗钞》录其诗一首。《东瓯诗存》卷二四录其诗二十六首。生平见《(光绪)永嘉县志》卷七。

洪贯(生卒年不详) 字惟卿,号稼翁,又号太白山人。浙江宁波府鄞县(今宁波)人。成化十三年(1477)举人,授邓州教谕,迁从化知县,改政和,以下考归。少从父受《易》,又肆力于古文词。尝拟杜甫《秋兴》八首以见志,传至京师,传李东阳见之大加赏叹,为别作《春兴》八首遥和之。晚岁结庐东皋,日歌啸其中,年至九十,尚不忘摛翰,每一诗成,好事者辄传写焉。《千顷堂书目》著录其《周易解疑》《卧游清啸录》及《太白山人稿》五十卷,未见传。《四明风雅》卷二录其诗三十一首。《皇明诗统》卷一四录其诗三首。《列朝诗集》丙集录其《宫词》七首。清胡文学《甬上耆旧诗》卷一一录其诗九首。《明诗综》卷二五录其诗二首。《四明文征》录其文二篇、词一首。生平见《(雍正)浙江通志》卷一八○。

洪载(生卒年不详) 字维熙,号野鹤。南直宁国府泾县(今属安徽)人。布衣嗜古,能诗,称山人。现存诗集多种,一为《刻野鹤洪山人水云诗选》二卷,署蔡阳春选,其子洪守授等刻于万历、泰昌间,有泰昌元年(1620)朱多焀序、朱谋重序及万历四十六年(1618)蔡阳春、朱一麟序,收五七言古近体诗一百六十九首;二为《刻野鹤洪山人水云续诗选》一卷,署周民初选,天启七年(1627)出云楼刊本,有洪维翰、周民初序,收诗二百四十七首;三为《续刻洪山人水云草》一卷,署张应恩选,清顺治十六年(1659)云影池馆刊本,收诗四百二十一首。生平见《(乾隆)江南通志》卷一六九。

洪朝选(1516—1582) 字汝伊,一字舜臣,号芳洲,更号静庵。福建泉州府同安(今厦门)人。生于正德十一年(1516)八月二十九。嘉靖十六年(1537)举于乡,二十年进士,授南京户部主事,榷税北新关。引疾归,客毗陵僧所,与唐顺之考德问业一年归,复与王尊岩讲学论文。二十八年以病痊,例赴部,补南吏部员外郎,迁四川提学副使,历广西参议,迁山西参政。召为太仆寺少卿,寻进金都御史,提督操江,加副都御史,巡抚山东。万历二年(1568)入为刑部右侍郎,因不成辽王狱,忤张居正,罢官归闽。万历九年(1581)被诬告逮系入京,十年正月二十四死于狱中,年六十七。有文名,《明史·艺文志》著录其《江防信地》二卷、《静庵稿》十五卷,现存明刊本有《洪芳洲先生归田稿》三卷、《奏疏》一卷、《读礼稿》不分卷。又有清光绪十八年(1892)重刊本《洪芳洲先生全集》,内《摘稿》四卷、《归田稿》三卷、《续稿》三卷、《续归田稿》三卷、《读礼稿》三卷附《柏庄忠孝集》一卷,收罗最为完备。《盛明百家诗》前编录其诗十八首为《洪芳洲集》。顾起纶《续国雅》卷四录诗一首。《皇明诗统》卷二四录其诗六首。《明诗综》卷四三录诗一首,"诗话"云:"舜臣直强自遂,为劳堪罗织,毙之狱中,士林多为扼腕。时王道思(王慎中)、唐应德(唐顺之)辈锐意古文辞,舜臣虽不与八才子之列,而实走镳并驱。道思《与李中溪书》云:'吾乡洪芳洲先生文,直得韩、欧、曾、王家法。吾辈驳杂,视之有愧。'其倾倒至矣。诗非擅长。"清郭柏苍《全闽明诗传》卷二三录诗二首。《明诗纪事》戊签卷二一录诗一首。生平见林士章《洪公朝选墓志铭》(《国朝献征录》卷四七)、王兆云《皇明词林人物考》卷九。

恽绍芳(1518—1579) 字光世,号少南。南直常州府武进(今江苏常州)人。嘉靖二十六年(1547)进士,授刑部主事。历湖广按察司佥事,累官至福建左参议,卒于万历七年(1579),年六十二。唐顺之门人,喜读书,刻意为古文辞。其子恽厥初崇祯二年(1629)刻武进恽氏家族先达恽巍、恽釜、恽绍芳三人著述为《天钧阁会编》三种十七卷,收绍芳《林居集》十二卷,内五七言古近体诗(附词)一卷,文十一卷,首有万历十九年(1591)陈文烛《少南先生遗槁序》,称其"自六经之外,非先秦两汉之书不入目……为郎比部时,与济南李于麟(李攀龙)、太仓王元美(王世贞)、华亭袁履善(袁福征)以古文辞相高,一时声价满西曹,时人谓之西翰林"。《千顷堂书目》著录

《考盘集》四卷,亦有崇祯五年恽厥初刊本。清康熙十六年(1677)恽华刻《兰陵恽氏家集四种》则并收绍芳《考盘集》四卷、《林居集》十二卷。另有清抄本《少南先生文集》八卷。生平见叶夔《毗陵人品记》卷一〇、清恽敬《少南先生家传》(《大云山房文稿初集》卷三)。

恽釜(1484—1556)　字器之,号后溪。南直常州府武进(今江苏常州)人。正德五年(1510)举人,十六年进士,初知安陆州,丁忧归,服阕,补均州。历南京户部员外郎、郎中,改吏部,简放温州知府,调成都,称足疾不赴。卒于嘉靖三十五年(1556),年七十三。卒后所著《溪堂集》藏于家,崇祯二年(1629)其从孙恽厥初刻武进恽氏家族先达恽巍、恽釜、恽绍芳三人著述为《天钧阁会编》三种十七卷,重辑恽釜诗文为《溪堂集》二卷,以诗词为主,仅卷二末有疏、记、序文数篇。卷首厥初《刻溪堂集述》谓其诗"刻意摹古"。后清康熙十六年(1677)恽华刻《兰陵恽氏家集》四种,内亦收《溪堂集》二卷。生平见叶夔《毗陵人品记》卷九、清恽敬《后溪先生家传》(《大云山房文稿初集》卷三)、《(乾隆)江南通志》卷一四二。

恽厥初(1572—1652)　字伯生,号衷白,又号知希居士。南直常州府武进(今江苏常州)人。万历三十二年(1604)进士,授行人。历兵部主事、湖广按察使,累迁至陕西布政使,因病归里。弘光时起为光禄寺卿,不赴。性和平,不矫激绝物,亦不趋附权要。致仕后居家读书赋诗自娱。清初文字狱兴,顺治九年(1652)因见同里遗民数人同日弃市,不欲对簿,因自尽,年八十一。能书画,亦能诗。著述存清抄本《知希庵稿》四卷,诗文各二卷。又有近人抄本《知希庵稿》不分卷。崇祯二年(1629)曾辑《兰陵恽氏家集》十八卷附己撰《感怀诗》一卷十首,有明末至清康熙十六年(1677)恽华刊本。《毗陵恽氏家乘》卷二四收其诗八十八首。生平见清恽敬《衷白先生家传》(《大云山房文稿初集》卷三)、《(康熙)常州府志》卷二四。

恽巍(生卒年不详)　字功甫,号东麓。南直常州府武进(今江苏常州)人。弘治八年(1495)举人,十五年进士,授户部主事。累迁至湖广佥事、兵备副使,在楚九年,从王守仁用兵,多有方略,副都御史毛伯温荐巍代己,中贵索赂未遂,削其功罢归。在朝曾与李梦阳等倡和,归田后未废吟咏。卒后其子曾刻《东麓存稿》,未见传。后其族孙恽厥初崇祯二年(1629)刻武进恽氏家族先达恽巍、恽釜、恽绍芳三人著述为《天钧阁会编》三种十七卷,重辑巍之诗文为《黄山集》三卷,盖恽氏有明一代登甲第自恽巍始，而恽氏祖墓在江浒之黄山，集因以"黄山"为名，示不忘祖也。其集诗二卷，录五七言古近体诗一百八十余首，文一卷，所录则幛词、行状、祭文等。其诗又为《毗陵恽氏家乘》卷二三转录。生平见叶燮《毗陵人品记》卷八、清恽敬《东麓先生家传》(《大云山房文稿初集》卷三)。

祝以豳(1551—1632)　字耳刘，号惺存，又号灵苑山人。浙江杭州府海宁人。万历十年(1582)举人，十四年进士，授随州知州。入为兵部主事，迁员外郎、郎中。日本侵朝鲜，上疏以为"东藩折于日本，势必及我"，力主派兵援朝，以终养归。二十六年起为广东按察佥事，据兵海门，击退荷兰兵船，进江西右参议。天启七年(1627)升应天府尹，加南工部右侍郎，仕至工部左侍郎，致仕归。卒于崇祯五年(1632)八月十二，年八十二。家富藏书，藏书楼名"万古楼"，有名于时。亦能诗文，《千顷堂书目》著录其《诒美堂集》二十四卷，现存天启刊本，内诗八卷，收古近体诗四百余首，文十六卷，收各体文一百四十余篇，内奏疏六篇、公移二篇。卷首李维桢、董其昌、李孙宸、陈继儒序，又有王学曾《粤游序》、郑以伟《南游序》、沈德符《南游序》、李维桢《书诒美堂集后》，盖原有《粤游》《南游》等稿，此为合集也。

《明文海》录其文六篇。生平见《(雍正)浙江通志》卷一五八。

祝允明(1461—1527)　字希哲。生而枝指，故自号枝山、枝指生，又署枝山老樵、枝指山人。南直苏州府长洲(今江苏苏州)人。生于天顺四年十二月初六(1461年1月17日)。弘治五年(1492)举人，屡试不第，正德十年(1515)授兴宁知县，迁应天通判，十四年因病自免归。卒于嘉靖五年十二月二十七(1527年1月28日)，年六十七。擅书，时称绝品，亦能诗。享高誉于弘治、正德间，与同郡徐祯卿、唐寅、文征明称"吴中四才子"。著有《金缕》《醉红》《窥廉》《畅哉》《掷果》《拂弦》《期期》等集，嘉靖三十九年刻为《祝氏集略》三十卷，凡诗赋八卷，杂文二十二卷，有张景贤三十六年序，祝繁三十九年识语；万历三十九年(1611)又刻为《怀星堂全集》三十卷，有周孔教三十七年序，卷一、卷二收骚赋，卷三收乐府，卷四古调，卷五歌行，卷六至卷八近体诗，卷九古体诗，卷一〇以后为各体文、书牍等。《四库全书》收录《怀星堂集》三十卷，《总目》另著录其《苏材小纂》六卷(现存明抄本)，《读书笔记》一卷，《浮物》一卷(有嘉靖间袁氏嘉趣堂刻《金声玉振集》本)，《前闻记》一卷(万历四十五年陈于廷刻《纪录汇编》本)，《野记》四卷(明毛文烨刊本)、《祝子志怪录》五卷(万历四十年祝世廉刊本)、《祝子罪知录》十卷(有万历刊本)。明季《说郛》《烟霞小说》等各种类书收录其《九朝野记》《猥谈》《义虎传》等。冯梦龙《太霞新奏》、胡文焕《群音类选》等存其散曲小令十二、套数十一。另曾纂修《兴宁志》四卷,存手稿本及正德时刊本。《盛明百家诗》前编录其诗一百一十余首为《祝枝山集》。顾起纶《国雅》卷四录其诗六首。《皇明诗统》卷一三录其诗十首。《石仓十二代诗选·明诗选》录其诗一百四十八首。《列朝诗集》丙集录其诗一百三十九首,"小传"谓其"内外二祖,咸当代魁儒,耳濡目染,贯综典训,发为文章,茹涵古今。或当广坐,谈笑杂遝,援毫疾书,思若泉涌。好酒色、六博,善度新声,少年习歌之,间傅粉登场,梨园弟子相顾弗如也"。《明诗评选》录其诗二十首。《明诗综》卷二七录其诗六首。《御选宋金元明四朝诗》录其诗三十二首。《四库全书》收录《怀星堂集》三十卷,《总目》"提要"云:"顾璘《国宝新编》称'允明学务师古,吐词命意,迥绝俗界。效齐梁月露之体,高者凌徐庾,下亦不失皮陆'。其推挹诚为过当,然允明诗取材颇富,造语颇妍,下撷晚唐,上薄六代,往往得其一体;其文潇洒自如,不甚倚门傍户,虽无江山万里之巨观,而一邱(丘)

一壑时复有致,才人之作,亦不妨存备一格矣。"《明诗纪事》丁签卷一二录其诗五首,按语云:"枝指生言情之作,颇有丽藻,不尽合辙。"《明词综》卷二录其词一首。清胡胤瑗等《兰皋明词汇选》录其词二首。近人赵尊岳《明词汇刊》录其词三十六首为《枝山先生词》。《明文海》录其文三十篇,卷八八评其文云:"枝山识力非常人可及,但句法有意古拙,反觉有碍。"生平见王宠《祝公行状》(《雅宜山人集》卷一○)、陆粲《祝先生墓志铭》(《陆子余集》卷三)、王兆云《皇明词林人物考》卷五、何乔远《名山藏》卷九六、《明史》卷二八六。

祝世禄(1539—1610)　字延之,号无功。江西饶州府德兴人。嘉靖四十三年(1564)举人,万历十七年(1589)进士,除休宁知县。擢南吏科给事中,就迁南尚宝司卿。据利玛窦《中国札记》,其入京晋见皇帝一事,曾得到祝世禄多方帮助。世禄家居至万历三十八年卒,年七十二。与潘去华、王德孺同为耿定向门人,耿讲学东南,世禄曾从之游。现存万历间环碧斋刊本《祝子小言》一卷,《四库全书总目》著录之《环碧斋小言》一卷,即此本,"提要"云:"是书纯以禅门之说附合儒理……观其所言,盖姚江(王守仁)、龙溪(王畿)之末派也。"以书法名,亦能诗文。著述万历间先刻为《环碧斋稿》一卷，二十一年程涓序，后刻为《环碧斋诗》三卷。内收古近体诗六百八十余首，有三十九年郑以伟《祝无功玺卿诗集序》。又有吴时元刊本《环碧斋尺牍》五卷。《四库全书总目》著录《环碧斋诗集》三卷《尺牍》三卷，"提要"云："《西江志》称其工诗、善草书，谈理独抒心得。今观其诗，格调颇优爽，而简汰未严。尺牍更开'三袁'一派矣。"《江西诗征》卷六一录其诗三首。清胡大鸿《江右文抄》录其文四篇。《明诗纪事》庚签卷一六录其诗一首。生平见清黄宗羲《明儒学案》卷三五、《(雍正)江西通志》卷九〇。

祝彦（生卒年不详）　字元美。浙江绍兴府山阴（今绍兴）人。万历元年(1573)举人，谒选江西德安知县，迁颍州知州，以亲老乞养归。与余姚吕胤昌交好，多有往来倡和。其《侣雀堂诗集》卷六诗题有"辛酉迎春大雪"句，当作于天启元年(1621)，卒年当在其后。现存明崇祯刊本《侣雀堂诗集》八卷，有王思任序，收其所作诸体诗四百八十余首，多为应酬及自适之作，间有入格。《千顷堂书目》著录其《祝氏事偶》，现存崇祯刊本十五卷，取史传所载古人事迹之相同者，仿《世说新语》门目分条征引，《四库全书总目》著录，"提要"云："大致与同时陈禹谟之《骈志》约略相似，而不能及陈

书之精密。每条后间缀评语，词意儇薄，弥为画蛇之足。"生平见《(嘉庆)山阴县志》卷一四。

祝淇（生卒年不详）　"淇"或写作"祺"。字汝渊，号梦窗。浙江杭州府海宁人。成化、弘治间布衣，以其子得官称贵，卒年八十余。《千顷堂书目》著录其《履道集》又《幽怀集》，现存旧抄本《履坦幽怀钞》二卷《履坦幽怀集》一卷。《履坦幽怀钞》卷首有弘治十六年(1503)临海蔡潮撰《履坦幽怀序》与查焕序，卷上为文集，有赠序、墓志等文十六篇，卷下收诗一百五十六首；《履坦幽怀集》收诗二百余首。《皇明诗统》卷一〇、《皇明诗选》录其诗一首。《列朝诗集》乙集录其诗四首。《明诗综》卷二三、清沈季友《槜李诗系》卷三九录其诗一首。《御选宋金元明四朝诗》录其诗四首。《明诗纪事》丙签卷一一录其诗一首。生平见《(康熙)海宁县志》卷一一。

祝祺（1608—?）　字山如。南直安庆府桐城（今属安徽）人，流寓于外。布衣好诗，以白居易为宗。现存清初刊本《樸巢诗集》八卷《续集》一卷，计收诸体诗七百余首。《樸巢诗集》卷首有张英、许来惠、马敬思、何永绍序，集题下注"始癸未迄庚子"，《续集》题下注"辛丑、壬寅近诗"，因知集中所收诗作于癸未（崇祯十六年，1643）至壬寅（清康熙

元年，1662)。内《丙申(顺治十三年，1656)阳月廿五日初度偶书》有句云"忆我少年曾几何，倏忽今年四十九"，因知其生于万历三十六年(1608)十月二十五，其卒自应在清康熙元年以后。又其诗间咏明末战乱事，如《题黄公祠》，悼明将黄得功，福王时，得功曾率军在荻港与清兵战，故知其为明遗民矣。其集清初曾列为禁书，故流播不广。清潘江《龙眠风雅》、徐璈《桐旧集》皆未录其诗，或未见其集矣。

祝颢(1405—1484)　字惟清，号侗轩。南直苏州府长洲(今江苏苏州)人。宣德十年(1435)举人，正统四年(1439)进士，授南刑科给事中，丁内艰归。服除复原职，景泰间升山西左参议，督粮储，晋右参政，历七载，乞归。卒于成化十九年十二月二十九(1484年1月27日)，年七十九。善言论，风雅诙谐，能行草书。所著有《侗轩集》四卷附录一卷，现存复刊抄补本，内诗二卷，收诗一百六十首，词三首，不分体，仅标以"朝省""登览""怀古""写怀""宴集""杂题"等目；文二卷，收各体文三十余篇；又附李应祯等所作碑志。《皇明诗统》卷一二录其诗四首。《列朝诗集》乙集录其诗五首，"小传"云："惟清广颡修髯，易直强毅，风流谈论，最为人所倾慕。归田之后，一时耆俊胜集，若徐天全(徐

有贞)、刘完庵(刘珏)、杜东原(杜琼)辈，日相过从。高风雅韵，辉映乡邦。历二十余年，而惟清最后卒。"程敏政《皇明文衡》卷三六录其文一篇。钱谷《吴都文粹续集》录其文三篇、诗三首。翟校辑、清王辅铭补辑《练音集补》附卷录其诗一首。《明诗综》卷二○录其诗一首。《御选宋金元明四朝诗》录其诗五首。《明诗纪事》乙签卷一七录其诗一首。生平见李应祯《祝公墓志铭》(《侗轩集》附录)、吴宽《祝公神道碑铭》(《国朝献征录》卷九七)、祝允明《太中遗事》(《侗轩集》附录)、王鏊《姑苏志》卷五二。

[一]

费元禄(生卒年不详)　字无学，一字学卿。江西广信府铅山人。太仆寺卿费尧年子，万历间诸生，试不举，遂构园林于甿采湖上，读书消闲，又广为交友，以文艺为乐事。曾辑《甿采馆清课》二卷，以记其别馆中景物及游赏闲适之事；又刊《转情集》二卷，收诗一百六十余首，诗题则为《读书》《弹琴》《焚香》《种花》《斗草》《烹茶》《读名山记》《读西湖游览志》《读古今梅诗》《读古今别诗》《读古今宫词》一类。二集皆存万历时刊本。另万历刊本《烟花小史》收其《香奁八咏》一卷、《名媛杂咏》一卷。万历三十五年(1607)自

刊本《甲秀园集》四十七卷为其诗文总集,有屠隆、陈继儒、周婴序,又有《自序》及《再序》。内卷一、卷二收赋八篇、拟骚九篇,卷三、卷四收拟乐府一百七十四首,卷五至卷七收古体诗二百首,卷八至卷二四收近体诗一千七百余首,后二十三卷收其所作各体文一百二十余篇、书牍二百篇及《邑乘私抄》《训子馆规》《清言》等,其母之墓铭、墓表及叙其父生平之《家太仆公述》等也附于其中。《列朝诗集》丁集录其诗四首,"小传"云:"费为故相家,又为贵公子,而无学折节读书。为歌诗,落笔数千言,蕴义生风,倾慕贤士大夫,如恐不及。刻《甲秀园集》,侑以好贿,问遗海内名士,轮蹄舟楫,交错吴会闽楚间。"《明诗综》卷六四录其诗一首。《御选宋金元明四朝诗》录其诗二首。《明诗纪事》庚签卷二六录其诗二首,按语云:"无学诗小有才致,习与陈眉公(陈继儒)、周方叔(周婴)游,故所著《转情集》,不离二人窠臼。"《御选历代诗余》卷九六录词一首。《明词综》卷五录词[贺新郎]一首。《明文海》录文六篇。

费宏(1468—1535)　字子充,号健斋,一号鹅湖,晚号湖东野老。江西广信府铅山人。生于成化四年(1468)二月二十六。十九年领乡荐,二十三年进士第一,年方弱冠,授翰林修撰。弘治九年(1496)改左春坊左赞善,十八年升左谕德兼侍讲,同年武宗即位,擢太常少卿兼侍读。正德二年(1507)进礼部右侍郎,又二年转左,五年拜尚书,六年以文渊阁大学士、户部尚书入阁预机务。九年以力阻宁王朱宸濠谋复护卫事,与从弟费寀同被劾致仕归。闲居八年,世宗即位,起原官,加少保,进吏部尚书,谨身殿大学士,再入阁。嘉靖三年(1524)进少师,兼太子太师、华盖殿大学士,代杨廷和为首辅,六年为张璁、桂萼所构致仕。家居八年,十四年桂萼卒,张璁去位,再起为首辅,仅三月,十月十九日卒于官,年六十八,赠太保,谥文宪。费宏学奉程朱,强调致知,然以为心之理源于物,物之理无穷,故心之知有未全,又溢出程朱之学(见《致知铭》)。在朝数十年,识大体,善政务,处事稳妥,为人宽和。亦以才称,能文学,世宗好赋诗,往往假宏润色。曾与修《武宗实录》等。《明史·艺文志》著录其《武庙初所见事》一卷、《宸章集录》一卷(有嘉靖十八年刊本)、《文集》二十四卷。现存诗文集为嘉靖三十四年江西巡按吴遵之所刻《太保费文宪公摘稿》二十卷,其长子懋贤、次子懋良等集校,门人徐阶序。内诗赋五卷、奏疏及诸体文十五卷,计收诗四百余首、文四百余篇。另有嘉靖间铅山知县黄中刻《太保费文宪公诗集》十五卷。崇祯间又有据《摘稿》所选之《费文宪公文集选要》七卷，刘同升将其与费寀之《费文通公文集选要》六卷合刻为《费文宪文通公合集》。《四库全书总目》著录即《费文宪集选要》七卷。《皇明诗统》卷一五录其诗五首。《石仓十二代诗选·明诗选》录其诗六十余首。《列朝诗集》丙集录其诗六首。《明诗综》卷二五录其诗一首。《江西诗征》卷五三录其诗三十一首。《明诗纪事》丙签卷九录其诗二首。《明词综》卷二录其词一首。近人赵尊岳《明词汇刊》录其词十八首为《费文宪公词》。清应麟《江右古文选》卷一八录其文一篇。清胡大鸿《江右文抄》录其文十篇。生平见夏言《费公墓志铭》《桂洲文集》卷四九）、李开先《湖东费相国传》（《李中麓闲居集》卷九）、顾祖训《状元图考》卷二、王世贞《嘉靖以来台阁首辅传》卷一、《明史》卷一九三。

费尚伊（生卒年不详）　字国聘，号似鹤。湖广承天府沔阳（今湖北仙桃）人。万历元年（1573）举人，五年进士，选翰林院庶吉士，七年授兵科给事中，九年出为四川按察佥事，转陕西按察佥事。年甫三十归里，日与故人酣饮唱酬，卒年八十以上。四十六年尝与知州郭乔共修《沔阳州志》。著述存明刊本《市隐园集》三十卷，首李维桢序，内诗十五卷，收诸体诗二千三百三十余首，文十

五卷，收各体文及书启四百余篇。是集后为近人刊《沔阳丛书》所收。又有崇祯间沔阳费氏家刊本《费太史市隐园集选》二十四卷，诗十一卷、文十三卷，刘若宰、方拱乾、王一翥、张应斗序，《千顷堂书目》著录其《市隐园集》二十四卷，当指此本。清高士熙《湖北诗录》录其诗三首。生平见萧彦《掖垣人鉴》卷一六、《（光绪）沔阳州志》卷九。

费经虞（1599—1671）　字仲若，号鲜民。四川成都府新繁（今新都）人。崇祯十二年（1639）举人，除昆明知县。迁通州知州，历云南府同知，迁桂林知府，未上，引疾北归。时蜀中战乱，长子死于兵，家宅俱焚，因与次子费密携家流寓扬州。卒于清康熙十年（1671），门人私谥孝贞先生。喜诗，著有《雅论》二十六卷，论历代之诗，分源本、体调、格式、制作、合论、工力、时代、针砭、品衡、盛事、题引、琐语、音韵十三门。后经费密补修，现存清康熙四十九年刊本。又曾辑《蜀诗》十五卷，计收洪武至崇祯蜀人二百六十四人诗一千一百七十六首，内卷一一录己作十二首，现存清孙澍校订本。所著尚有《毛诗广义》《四书字义》等。别集有《荷衣集》，《千顷堂书目》著录，未见传。清卓尔堪《明遗民诗》录诗十四首。《明诗综》卷八〇录诗一首。清杨昌翰辑《新繁诗略》卷一

录诗十二首。《明诗纪事》辛签卷二〇录诗一首。生平见清陈鼎《留溪外传》卷六隐逸部下《孝贞先生传》、《(康熙)云南府志》卷二四、《(雍正)江南通志》卷一七三。

费寀(1483—1549)　字子和，号钟石。江西广信府铅山人，费宏从弟。正德二年(1507)举人，六年进士，选翰林庶吉士，授编修。宁王朱宸濠蓄异图，寀娶同郡娄氏女，宸濠妃之妹也，故宸濠屡属意于寀，寀阴折之，宸濠因切齿，赂中贵，致寀与宏同罢归。十四年宸濠叛，寀上书王守仁，请先定洪州以覆其巢穴，扼上游以遏其归路。宁王乱平，以荐复官，嘉靖四年(1525)以编修兼左春坊左赞善，六年，进南京尚宝卿，历右春坊右庶子兼翰林侍讲、南京通政使司右通政、南国子监祭酒、南礼部右侍郎、南吏部右侍郎，二十年擢兵部左侍郎，次年改礼部左侍郎兼翰林院学士，掌翰林院。二十三年晋礼部尚书掌詹事府事，二十四年加太子少保，二十六年，加太子太保。二十七年加少保，十二月十三(1549年1月11日)卒于官，年六十六，谥文通。寀历官馆阁，游咏词林三十年。卒后其子费懋谦编其著述为《费钟石先生文集》二十四卷，有隆庆四年(1570)季德甫刊本，内诗赋七卷、词一卷(二十七首)，许谷序。万历间懋谦又刻《费文通公

文集选》四卷，诗一卷、文三卷，《千顷堂书目》著录《费文通集选》四卷，即此本也。崇祯间刘同升辑《费文通公文集选要》六卷，诗二卷、文四卷，与费宏《费文宪公文集选要》七卷合刻为《费文宪文通公合集》。《四库全书总目》著录《费文通集选要》六卷。另寀曾纂修《铅山县志》十二卷，嘉靖刊本亦存。《江西诗征》卷五五录诗二首。《明文海》录文一篇。清应麟《江右古文选》卷一八录文一篇。《御选宋金元明四朝诗》录其诗十一首。生平见严嵩《费公神道碑》(《钤山堂集》卷三八)、薛应旂《费文通公传》(《方山薛先生全集》卷二四)、《明史》卷一九三。

费懋贤(1500—1545)　字民献，号少湖。江西广信府铅山人，费宏子。嘉靖元年(1522)应天中举，五年进士，选翰林院庶吉士，授南吏部文选司主事。改北兵部主事，历官至兵部郎中。著述有嘉靖三十八年刊本《费礼部少湖先生摘集》(又名《费礼部集》)五卷，诗二卷，收诗一百七十余首、词十首，文三卷，收各体文九十余篇，内间有为其父代笔之文字。生平见《(同治)广信府志》卷九、《(同治)铅山县志》卷一五。

姚士粦(生卒年不详)　字叔祥。浙江嘉兴府海盐人。国子监生，能书，以博学有识知名乡里，万历二十年(1592)同邑沈思孝以右佥都御史

巡抚陕西，召其入幕。后思孝被谗，调抚河南不赴，士彝亦因之归。遭明末战乱，年近九十，穷厄而卒。《明史·艺文志》著录其《后梁春秋》十卷，现存万历三十五年濮阳刊本二卷。又天启三年(1623)樊维城刊本《盐邑志林》收其《吴少君遗事》一卷、《姚叔祥见只编》三卷。曾与胡震亨同辑《秘册汇函》二十卷，又曾参修《海盐图经》。《千顷堂书目》另著录其《莲花幕记》《蒙吉堂诗集》四卷又《见只堂文稿》一卷，未见传。《列朝诗集》丁集录其诗四首，“小传”云：“与里人胡震亨孝辕同学，以奥博相尚，搜讨秦汉以来遗文秘简，撰《秘册汇函》若干卷，跋尾各为考据，具有原委。冯开之(冯梦祯)为南祭酒，校刻南北诸史，多出叔祥之手。孝辕举乡荐，官州守，而叔祥以书生穷老。晚岁数过余，年将九十矣，剧谈至分夜不寐。兵兴，穷饿以死。叔祥有诗集四卷，孝辕论之，以为其于唐诗，能以变为复，不随人脚跟生活。而其自叙则曰：‘念乐写境，才不副音。口愤趁声，句必杜撰。’盖亦有意振奇，不屑为时调者也。”《明诗综》卷七一录其诗一首。《御选宋金元明四朝诗》录其诗三首。清沈季友《槜李诗系》卷一六录其诗十五首，又卷一九“东湖社集诗”录其诗一首。清张宪和《当湖诗文逸》卷二〇录其文一篇。生平见《(光绪)嘉兴府志》卷五七、《(光绪)海盐县志》卷一七。

姚广孝(1335—1418)　初名天僖，为僧后名道衍，字斯道，号独庵，又号逃虚子。苏州府长洲(今江苏苏州)人。本医家子，顾不肯学医，喜为儒者博贯该通之学。元至正八年(1348)年十四，削发入相城之妙智庵。又师事里中灵应观道士席应真，读书学道，得其阴阳术数之学。洪武初选高僧，以病免，又诏试礼部，不受官而还。洪武十五年(1382)十藩王之国，太祖命各选一高僧侍王，燕王朱棣与其语甚合，请于帝，因随之北上，住持北平庆寿寺。太祖卒后，力赞朱棣反，又参赞兵机，朱棣即位，录功第一，拜资善大夫、太子少师，复姓赐名，帝命蓄发再三，终不肯。卒于永乐十六年(1418)三月二十八，年八十四，赠荣国公，谥恭靖。永乐初曾监修《太祖实录》，并与修《永乐大典》。能诗画，早岁居吴，与高启等游，启列其为“北郭十友”。其先有《独庵集》，高启甚赞，宋濂、苏伯衡亦推奖之，然未见传。现存明范氏卧云山房抄本《逃虚子诗集》十卷《续集》一卷。又有清抄本多种，其中《逃虚子诗集》十卷《续集》一卷《逃虚类稿》五卷《逃虚子道余录》一卷《逃虚子集补遗》一卷《诗集补遗》一卷最为完备。内《逃虚类稿》(《独庵稿》)五卷为文集，《逃虚子集补遗》一卷诗文杂收。《皇明风雅》卷二六录其诗一首。《盛明百家诗》后编录其诗一百二十余首为《姚少师集》。顾起纶《国雅》卷三录其诗十三首。《皇明诗统》卷一〇录其诗二十一首。释正勉、释性通《古今禅藻集》录其诗四十五首。毛晋《明僧弘秀集》卷一三录其诗五十四首。《石仓十二代诗选·明诗选》录其诗十八首。《列朝诗集》闰集录其诗五十五首。《明诗评选》录其诗一首。《明诗综》卷一七录其诗四首。清沈德潜《明诗别裁集》录其诗一首。《御选宋金元明四朝诗》录其诗三十八首。《四库全书总目》著录《逃虚子集》十一卷《类稿补遗》八卷，"提要"云："其诗清新婉约，颇存古调，然与严嵩《钤山堂集》同为儒者所羞称，是非之公，终古不可掩也。附载《道余录》二卷，持论尤无忌惮。《姑苏志》曰：'姚荣国著《道余录》专诋程朱，少师亡后，其友人张洪谓人曰：少师与我厚，今死矣，无以报之，但每见《道余录》辄为焚弃'云云，是其书之妄谬，虽亲昵者，不能曲讳矣。"《海虞文征》录其诗一首、文一篇。《明诗纪事》乙签卷三录其诗十六首。《明词综》卷一录其词一首。生平见朱棣《姚广孝神道碑》《国朝献征录》卷六）、王鏊《恭靖姚公传》（《国朝献征录》卷六）、王兆云《皇明词林人物

考》卷二、《明史》卷一四五。

姚子翼（生卒年不详）　字襄侯，号仁山。浙江嘉兴府秀水（今嘉兴）人。清佚名《传奇汇考标目》别本记姚子翼有传奇《遍地锦》《祥麟现》《白玉堂》《上林春》四种。《遍地锦》有清康熙年间抄本，二卷二十二出，写号称"遍地锦"之宦家子弟赵襄与二女子娴娴、环环婚嫁故事。近人董康《曲海总目提要》云："此剧系凭空结撰，惟仇鸾通马市是实，余皆信笔点缀，以作关目耳。"（卷一六）《祥麟现》有清乾隆元年（1736）抄本，二卷二十八出，写北宋杨文鹿妻不容其置妾，后其出使辽国，得娶番女，归后其妻为不堪绝后之辱，又为其连置五妾，终生七子，故其剧又名《七子团圆》。此剧以宋、辽对抗为背景，然所写诸事及杨延昭、孟良、王钦若等人物，则多据《北宋演义》小说及"杨家将"故事。《上林春》有崇祯十二年（1639）抄本，二十六出，其剧从武则天腊月游上林，写诗催放百花故事开始，以安金藏、安金鉴兄弟经历写武后朝始末。子翼诸剧，多杂凑故事，事皆不经，识见甚俗，亦未见演出之记载。另《白玉堂》剧则未见传本。

姚光虞（生卒年不详）　字继如。广东广州府南海（今广州）人。嘉靖三十四年（1555）举人，历仕十九年，官至庆远知府。曾从黄佐学，能诗

翰。著有《玉台》《蓟门》《西游》诸集，未见传。张邦翼《岭南文献》录其诗三十二首。清屈大均《广东文选》卷二八录诗二首。《明诗综》卷四八录诗一首。清梁善长《广东诗粹》卷五录诗二首。生平见《(道光)广东通志》卷二八二。

姚旬(1443—1499)　字用宣，号可竹，晚号观颐。浙江嘉兴府嘉善人，姚绶之子。能诗词，擅书法。成化间，以善书荐授冠带中书，直仁寿殿写书，擢鸿胪序班，谢病归。弘治十二年(1499)卒，年五十六。嘉靖三十五年(1556)姚阶辑刻《姚氏世刻》十五卷有其《观颐摘稿》一卷附录一卷，收诸体诗五十二首，沈爌、朱愚序。清沈季友《槜李诗系》卷一〇录其诗二首。《明诗纪事》丁签卷一五录其诗一首。生平见钱福《观颐墓志铭》(《观颐摘稿》附录)。

姚汝循(1535—1597)　初名理，后以字行，改字叙卿，号凤麓。南直应天府江宁(今江苏南京)人，南京锦衣卫籍。嘉靖三十四年(1555)领乡荐，明年进士，除杞县知县。历南刑部主事，擢大名知府，三年以事罢归。起桂阳同知，移嘉定知州，入觐，坐假驿符褫官归。罢官后历游燕赵楚蜀，晚年居南京秦淮，卒于万历二十五年(1597)，年六十三。能诗文，《明史·艺文志》著录其《诗文集》二十四卷，《千顷堂书目》著录其《金陵风雅》四十卷，均未传。《皇明诗统》卷三七录其诗二首。《列朝诗集》丁集录其诗五首。《明诗综》卷四四录其诗六首，"诗话"云："叙卿诗格不高，然五古远仿陶、韦，近体能宗大历。"清沈德潜《明诗别裁集》录其诗二首。《御选宋金元明四朝诗》录其诗九首。《四库全书总目》著录其《屏居集》八卷、《浪游集》六卷、《耕余集》八卷，"提要"云："汝循自大名罢官归田，著《屏居集》，及嘉州罢后，历游燕赵楚蜀间，著《浪游集》，晚年退耕秦淮，著《耕余集》，王穉登序其《耕余集》，谓其'冲若陶、韦'，然陶韦不在其貌也。"《金陵诗征》卷二二录其诗四十五首。《明诗纪事》已签卷一二录其诗五首。生平见冯梦祯《姚叙卿先生墓志铭》(《快雪堂集》卷一二)、《知府凤麓姚公墓表》(《焦氏澹园集》卷二七)、王兆云《皇明词林人物考》卷一〇。

姚希孟(1579—1636)　字孟长，号现闻，室名绛跗阁。南直苏州府吴县(今江苏苏州)人。万历四十年(1612)举人，四十七年进士，选翰林院庶吉士，授检讨。天启间，被劾缪昌期党，削籍。崇祯初，起左赞善，历庶子，充讲官，进詹事。以忤温体仁，出为南京少詹事，寻移疾归。卒于崇祯九年(1636)，年五十八，赠礼部右侍郎，谥文毅。在朝以文行为时所重，与黄道周交善。为诗春容雅丽,有馆阁风度。诗文著述结集多种,崇祯间苏州张叔籁汇刊为《清閟全集》(《姚孟长全集》)八十九卷,内《薇天集》二卷,收诰命、敕命等三十篇;又《丹黄集》二卷,收论《论语》《中庸》等文二十六篇;又《公槐集》六卷,收其所作奏疏、册文、记注、谥议等;又《响玉集》十卷余一卷,收史序、赠序、集序、杂序等;又《棘门集》八卷,收神道碑、墓表、墓铭、行状、传记、祭文等;又《沆瀣集》五卷,收论、表、拟、策等;又《秋雯集》十卷《二刻》一卷《续刻》一卷,收其所作诸体诗五百余首;又《文远集》二十八卷补遗一卷,收启、书牍(《明史·艺文志》著录其《文集》二十八卷,或即指此);又《循沧集》二卷,收游记之文二十八篇;又《松瘿集》二卷,收说诗、读书笔记、记、跋、杂著等;又《迦陵集》四卷,收佛颂、佛赞百篇;又《风吟集》六卷,收序、记、碑、铭等。《皇明诗选》录其诗一首。陈济生《天启崇祯两朝遗诗》卷五录其诗三十八首。《明诗综》卷六一录其诗三首。《御选宋金元明四朝诗》录其诗五首。《明诗纪事》庚签卷二三录其诗二首。《明义海》录其文一篇。清陈元龙等《御定历代赋汇》卷三录其赋一篇。生平见陈济生《天启崇祯两朝遗诗·小传》、清陈鼎《东林列传》卷二三《文震孟姚希孟列传》、清邹漪《启祯野乘》卷一、《明史》卷二一六。

姚纶(生卒年不详)　字允言,号梦草。浙江嘉兴府嘉善人。布衣能诗,所著有《梦草编》,未见。天顺间刊《士林诗选》二卷(怀悦辑)录其诗八十九首,《皇明风雅》卷三〇录其诗一首。《皇明诗统》卷一一录其诗一首。《石仓十二代诗选·明诗选》录其诗十七首。《列朝诗集》乙集录其诗三首。《明诗综》卷二三录其诗一首。清沈季友《槜李诗系》卷九录其诗六首。《御选宋金元明四朝诗》录其诗三首。《明诗纪事》乙签卷二一录其诗一首。生平见《(光绪)重修海盐县志》卷二四。

姚茂良(生卒年不详)　字静山。浙江湖州府武康(今德清)人。《南词叙录》著录其传奇《双忠记》,未题撰人,吕天成《曲品》“能品”列姚静山《双忠记》,注“茂良,武康人”。现存有明唐氏富春堂刻本《新刻出像音注唐张巡许远双忠记》二卷三十六折,另有清抄本。剧以唐安史乱时张巡、许远领兵坚守睢阳事为题材,本事见两《唐书》本传。此剧约成化、弘治时所作,《曲品》谓其“笔能写义烈之肺腑,词亦达事情之悲愤”,又云:“境惨情悲,词亦通畅。其调有采入谱者。”

姚咨(1494—?)　字舜咨,亦字潜坤,号茶梦主人,又号皇象山人、皇山樗老。南直常州府无锡(今属江苏）人。布衣。喜藏书，遇善本，多手自抄缮，室名茶梦斋。《明史·艺文志》《四库全书总目》著录其《春秋名臣传》十三卷，现存隆庆五年（1571）安绍芳刊本。又有抄本《慧山记》四卷、《对客燕谈》一卷。《千顷堂书目》著录其诗文集《潜坤集》，未见传。《盛明百家诗》前编录其诗二百二十余首为《姚山人集》，后编又录其诗八十余首为《续姚山人集》。顾起纶《国雅》卷九录其诗十二首。《皇明诗统》卷三五录其诗十三首。《列朝诗集》丁集录其诗四首，"小传"记其"隐居锡山，教授乡里，与仅初（王懋明）俱客于学士（华察），日相倡和。时以子潜（华察）、仅初、舜咨及施子羽（施渐）为'锡山四友'"。《明诗综》卷五〇录其诗二首。《御选宋金元明四朝诗》录其诗六首。清顾光旭《梁溪诗钞》卷七录其诗六首。清周有壬《梁溪文钞》、王史直《锡山文集》录其文一篇。《明诗纪事》己签卷一九录其诗一首。

姚旅（生卒年不详）　字园客，初名鼎梅。福建兴化府莆田人。万历诸生。少负才名，屡试不售，曾寄居南京，与曹学佺、陈德远等结金陵社、白门社。中年后纵情山水、浪迹江湖，曾北上太原、大同，南涉岭海、云南。留心各地风光习俗，亦关心域外风情，所见所闻皆付诸记述，晚年，辑为《露书》十四卷，书名取自东汉王充"口务名言，笔务露文"句，现存天启刊本。内多异闻，如"烟草产吕宋，本名淡巴菰"，即出自其书。《四库全书总目》著录《露书》十四卷，"提要"谓其"词气猥薄，颇乖著书之体"。亦能诗，《列朝诗集》丁集录其诗十三首，"小传"云："以布衣游四方，卒于燕。著《露书》若干卷，诗苦吟，不多作。"《明诗综》卷六四录其诗一首，"诗话"云："园客放浪湖海，缀拾旧闻，《露书》一编，颇存逸事。其评骘一时诗家，远比敖器之（敖陶孙），近绩王元美（王世贞）。"《御选宋金元明四朝诗》录其诗七首。清郑王臣《莆风清籁集》卷三二录其诗十二首。清郭柏苍《全闽明诗传》卷三七录其诗三首。《明诗纪事》庚签卷二六录其诗二首。

姚涞（1488—1538）　字维东，号明山。浙江宁波府慈溪人。兵部尚书姚镆子，正德十一年（1516）举人，嘉靖二年（1523）礼部试第二，廷试第一人进士及第，授翰林修撰。次年以争"大礼"廷杖，下诏狱。复官后充经筵讲官，九载考满，迁左春坊左谕德，晋侍读学士。十七年以父丧归，哀毁卒，年五十一。能诗文，在朝与薛蕙、高叔嗣、何孟春等游。《明史·艺文志》著录其《驱除录》一卷、《文集》八卷。现存嘉靖三十六年其子姚稽刊本《明山先生存集》四卷，赠序谢表等文三卷，卷四收赋三篇、诗九十首,末附《续笔畴》十八则,卷首有薛应旂序。《皇明诗统》卷九录其诗一首。《四明风雅》卷四录其诗九首。《明诗综》卷三九、《御选宋金元明四朝诗》录其诗一首。清尹元炜《溪上诗辑》卷三录其诗五首。《明文海》录其文一篇,评语谓"明山文甚可观"。《四明文征》录其文七篇。生平见赵时春《学士姚明山先生涞墓志铭》(《赵浚谷文集》卷七)、顾祖训《状元图考》卷三、王兆云《皇明词林人物考》卷七、《明史》卷二○○。

姚康(1578—1653) 原名士晋,字康伯。改名后字休那。南直安庆府桐城(今属安徽)人。万历末诸生,师事同县吴应宾,博通经史,肆力古文词。崇祯九年(1636)史可法任安庐兵备道,驻庐州,邀其记事,以献计不纳,寻辞归,因得免扬州之难。明亡后屏居田原,郁悒悲伤,清顺治十年(1653)卒,年七十六。平生好史学,所著有《太白剑》二卷,论古今之成败得失,有钱澄之《太白剑序》,谓姚康"雅不喜宋儒高谈理学,而又于当时之主持国是者,多所不平。盖久客京师,以局外冷眼窃睹诸公之负国,植师背公,有非外人之所得尽知,故慷慨愤懑,一切发摅于此书"。书约成于崇祯十年至十一年间,有清康熙刊本及清光绪间其后裔重刊本。又有清光绪十五年(1889)桐城姚氏五桂山房《姚休那遗稿》十二卷(收各体文二百四十余篇)、《外集》三卷(收尺牍二百余篇)、《诗集》一卷(收诗二百二十余首),有吴应宾、余飏序,方以智题词。又有清抄本《姚休那诗集》不分卷、《掌慧集》不分卷。清潘江《龙眠风雅》卷二六录其诗八十八首。清徐璈《桐旧集》卷五录其诗十首。清李雅等《龙眠古文》录其文十五篇。生平见清姚鼐《康伯公墓表》(《惜抱轩文后集》卷六)、《(乾隆)江南通志》卷一六七。

姚绶(1422—1495) 字公绶,号谷庵,又号仙痴、云东逸史、兰台逸史、天田老农、上清仙吏、懒仙、紫霞碧月翁等。浙江嘉兴府嘉善人。景泰四年(1453)举人,天顺八年(1464)进士,授监察御史。成化初为永宁知州,解官归。少有才名,书画名于当时,亦能诗文。归后筑室名丹丘,吟咏其间,人称丹丘先生。弘治八年(1495)四月初十卒,年七十四。《千顷堂书目》著录其《大易天人合旨》□卷、《云东集》十卷,注云:"集为曾孙阶镌,屠应埈序,题曰《姚侍御集》,邹衡《嘉兴府志补》又作《谷庵集》三十卷、《谷庵集选》十卷附录二卷,嘉靖戊午曾孙阶重刊,文征明序。"现存嘉靖三十七年(1558)姚阶刊本《谷庵集选》十卷附录二卷,首有邵锐、屠应峻、文彭等序,内卷一收古赋四、古辞三、琴操十、卷二拟乐府五十一,卷三、卷四古体诗六十六,卷五近体诗七十五,卷七序八,卷八记十,卷九传四,卷一〇杂著十九;末有文彭、沈概等跋。《皇明风雅》录其诗二首。顾起纶《国雅》卷四录其诗四首。《皇明诗统》卷一一录其诗三首。《石仓十二代诗选·明诗选》录其诗十五首。《列朝诗集》乙集录其诗二首。《明诗综》卷二二录其诗七首,"诗话"谓其"吟情甚敏,今《谷庵集》所载,不及什一"。清沈季友《槜李诗系》卷一〇录其诗十八首。《御选宋金元明四朝诗》录其诗七首。《明诗纪事》丙签卷一〇录其诗四首,按语云:"云东逸史画胜于书,书胜于诗。"《明词综》卷二录其词一首。近人赵尊岳《明词汇刊》录其词二十八首为《谷庵词》。《明文海》录其文《水仙花赋》等三篇。生平见杨循吉《丹丘先生姚公墓志铭》《松筹集》卷六)、《(雍正)浙江府志》卷一七九、清沈铭彝有《云东逸史年谱》(近世上虞罗氏影印《云窗丛刻》本)。

姚舜牧(1543—1627)　字虞佐,以学宗唐枢(字一庵)、许浮远(字敬庵),因自号承庵。浙江湖州府乌程(今湖州)人。生于嘉靖二十二年(1543)十一月二十五。万历元年(1573)举人,二十一年授广东肇庆新兴知县,三十一年任山西广昌知县,致仕归。卒于天启七年(1627),年八十五。以经学名,著作有《易经疑问》《书经疑问》《礼记疑问》《诗经疑问》《春秋疑问》各十二卷及《孝经疑问》一卷、《四书疑问》十一卷,合称《四书五经疑问》,现存万历间六经堂刊本。《四库全书》收《诗经疑问》《孝经疑问》。又有《性理指归》二十八卷,有万历三十八年刻清顺治十三年(1656)重修本。《明史·艺文志》著录其《文集》十六卷,现存有天启刻本《来恩堂草》(《姚承庵文集》)十六卷,又有清康熙增补本。诗集有明刊《乐陶吟草》六卷,收诗六百五十余首,施凤来序。《来恩堂草》卷一有《自题乐陶吟草》云:"平生微吟,独喜渊明杂咏,先得我心,惟五斗折腰未能即赋归来,或非渊明之所与耳。然乘田委吏,大圣亦不遽去矣。余栖迟粤楚间,自安而自艾,不赙吏隐之美,自谓或可无愧于渊明也。"《明诗综》卷五二录其诗一首,"诗话"云:"承庵以厚德闻乡里,事难悉书。研究六经,各有疑问。诗不专工,然颇自喜。"《御选宋金元明四朝诗》录其诗六首。《四库全书》著录《乐陶吟草》三卷,"提要"谓其诗"皆沿白沙(陈献章)、定山(庄㫤)之派。首载《论诗》二首,有云'试读三百篇,写意不求工。但能矢口发,含蓄自无穷'。其宗旨可见矣。"清陆心源《吴兴诗存》四集卷一三录其诗三首。生平见其《自叙历年》《来恩堂草》附录)、《(雍正)浙江通志》卷一七五。

姚廉敬（生卒年不详） 字本修，号君山。南直常州府江阴（今属江苏）人。嘉靖中郡庠生，有才名，能诗，年三十卒。《盛明百家诗》录其诗四十余首为《姚本修集》。顾起纶《国雅》卷一三录诗五首。《皇明诗统》卷三二录诗十二首。彭孙贻《明诗钞》录诗一首。清顾季慈《江上诗钞》卷二八录其诗三十首，又谓其诗有抄本，收诗六十四首。

姚福（生卒年不详） 字世昌，一字守素，号定轩。南直应天府上元（今江苏南京）人。成化、嘉靖间南京羽林卫世袭千户。好读书著述，留心古今之事。《千顷堂书目》记其曾辑《明文苑通编》十卷，又著录其《青溪暇笔》二十卷，注"别有《窥豹录》《兵谈纂类》《神医诊籍》《避喧录》"。现存《青溪暇笔》二卷，多记逸事，有明邢氏来禽馆抄本和明刻《国朝典故》本。诗文著述《风树亭稿》十二卷，有清金氏文瑞楼抄本，收诗七百八十余首。《金陵诗征》卷二二录其诗十一首，按云："《风树亭稿》惟桐乡金氏《文瑞楼书目》有其名。余至武林访其书，十载不获。后于四明卢氏抱经楼始见抄本十二卷，即金氏物也。卢氏书不许出楼，因手抄以归。又于武林书

肆得世昌所著《定轩诗话》。"《明诗纪事》己签卷一八录其诗四首。

姚翼（生卒年不详） 字廷辅，号桂崖。浙江嘉兴府嘉兴人。成化间布衣，以诗文著述名于乡里。董斯张《吴兴备志》卷二二记其有《海屋集》十四卷及《家规通俗编》十二卷，《千顷堂书目》著录其《桂岩集》，均未见传。天顺间刊《士林诗选》二卷（怀悦辑）录其诗五十一首。沈季友《檇李诗系》卷一〇录其诗三首。《明诗综》卷二三、《御选宋金元明四朝诗》录其诗二首。

姚夔（1415—1473） 字大章。浙江严州府桐庐人。生于永乐十二年十二月十七（1415年1月27日）。正统三年（1438）举乡试第一，七年进士，会试第一，授吏科给事中，以母丧归守制。景泰初擢南京刑部右侍郎，进左。天顺初召为礼部左侍郎，二年（1458）调吏部，七年进礼部尚书。成化五年（1469）拜吏部尚书，加太子少保，九年二月初九卒，年六十，赠少保，谥文敏。夔才气弘远，表里洞达，朝议未决者，多赖其一言以定。《明史·艺文志》著录《奏议》三十卷《文集》十卷。现存弘治三年（1490）其子姚玺刊本《姚文敏公遗稿》十卷附录一卷，集本名《矗矗堆稿》，后姚玺刊板时改题名，有成化九年万安序、弘治三年丘濬序。内诗五卷，收古近体诗二百四十余

首;卷六至卷八收序记等各体文六十一篇,卷九奏疏,卷一〇收公移;末附墓铭、神道碑。《明文海》录其文一篇。《明诗综》卷二〇录其诗一首,《御选宋金元明四朝诗》据之录。《四库全书总目》著录《姚文敏公遗稿》十卷,“提要”云:“夔一代名臣,风裁岳岳,不愧古人,而诗文乃直抒胸臆,不中绳度。如《寄弟》诗云:‘嫩韭蒸来香满口,一餐午膳倍寻常’,太不以辞藻为工矣。此所谓人各有能有不能也。”生平见商辂《姚公墓志铭》(《姚文敏公遗稿》附录)、彭时《姚文敏公神道碑》(《姚文敏公遗稿》附录)、《明史》卷一七七。

贺世寿(? —1651)　榜名贺烺,字函伯,又字玉伯、中泠、山甫。南直镇江府丹阳(今属江苏)人。万历三十四年(1606)举人,三十八年进士,授户部主事,历升郎中。时方排挤东林讲学之人,连上两疏争之,语侵吏部尚书赵焕,京察落职。光宗即位,起为刑部主事,调礼部。时魏忠贤用事,世寿被列入东林,因逐归。崇祯时再起户部主事,擢太常寺少卿,转太仆寺少卿,累迁通政使,以兵部侍郎兼佥都御史,巡抚天津,十七年(1644)晋户部尚书,寻致仕。《(光绪)丹阳县志》卷三五记其有《思闻录》《清音集》《闲坪杂识》。《千顷堂书目》著录其《净香池文稿》五卷《诗稿》四卷,现存崇祯刊本,卷前有王章、钱谦益序,又有刘荣嗣《诗叙》。生平见《(康熙)江南通志》卷一四三。

贺甫(1415—1490)　字美之,初号耻轩,晚更号感楼。南直苏州府吴县(今江苏苏州)人。幼随父侨居江阴,学业有成,始还吴中。久为塾师,倦之,乃治产业,至家用丰裕。平生勤俭自执,笃于伦理,卓然为里中耆宿。卒于弘治三年(1490),年七十六。喜吟咏,交于本邑名士。为诗疏通简质,作诗逾千首,殁后,其子倩杨循吉选甫诗五十首刻为《感楼集》一卷,杨循吉序,末附吴宽《墓志铭》。《千顷堂书目》著录是集,弘治四年刊本存。《列朝诗集》乙集录其诗四首,“小传”谓其“刚明介特,有通变之才,以老儒致产千金,持邦人风俗之柄者数十年”。《御选宋金元明四朝诗》录其诗三首。生平见吴宽《贺感楼先生墓志铭》(《感楼集》附、《家藏集》卷六三)。

贺灿然(生卒年不详)　字伯闇,号道星。浙江嘉兴府平湖人。少习举子业,十七补博士弟子员,七赴省闱不举,沉沦诸生近三十年。以选贡入太学,万历二十二年(1594)始中举,二十三年进士,授行人。迁吏部主事,进员外郎。时朝中党争激烈,三十三年上疏论京察,语侵权臣,触帝怒,削籍。早年自称六欲居士,曰欲为贤者,为文人,为侠客,为功臣，为仙翁，为佛子。后羞于称侠，又改称五欲居士。吴中伍袁萃致仕后撰《林居漫录》多卷，多记朝野故实，议论兼半，力排王守仁"良知"之说，间有贬抑当世公卿文字。灿然不平，因作《漫录评正》八卷驳之，袁萃复撰《驳漫录评正》一卷，灿然又作《驳驳漫录评正》四卷，一时成朝野谈资。《千顷堂书目》著录其《五欲轩稿》五卷又《六欲轩稿》十八卷又《六欲轩杂著》一卷。现存明刊《六欲轩稿》十九卷，内诗三卷、序记三卷、危言（时论）二卷、荒议一卷、骈语（疏、引、启等）二卷、书牍八卷等，其诗有陈继儒序，"危言"有茅坤序，"荒议"有屠隆、冯梦祯等序，所收诗文则均为其入仕以前所撰。卷首有其万历三十六年撰《六欲轩初稿自叙》，其中力主诗文之作"惟骋其才之所及，畅其识之所到，发摅其学之所就，陶铸古今而无失其为我，不烦拟议而变化自成，庶几托于作者之林而鸣于世"。又云："如曰文拟西京而上而可以驾唐，诗拟大历以前而可以轶宋，亡论捉刀人英雄未易酷肖，以优孟为叔敖，加于楚令尹之上乎？"其入仕后所著则收入《五欲轩稿》，现存明刊本《五欲轩稿》不分卷。《明诗综》卷五八录其诗二首。清沈季友《槜李诗系》卷一六录其诗三首。《明诗纪事》庚签卷一八录其诗一首。清张宪和《当湖诗文逸》卷二〇录其文一篇。清朱壬林《当湖文系初编》卷一三录其文一篇。生平见过庭训《本朝分省人物考》卷四五、《（崇祯）嘉兴县志》卷一二。

贺钦（1437—1511）　字克恭，号医闾山人。祖籍浙江定海（今镇海），先世以戍居辽东广宁后屯卫（今辽宁义县），遂入卫籍。生于正统二年（1437）三月十一。少好学不倦，景泰七年（1456）山东乡试中举，两蹶春闱，成化二年（1466）进士，授户科给事中，四年冬告病归。初在科时，读陈献章《近思录》有悟，遂执弟子礼于陈献章，相与讲治心修身及经纶大务。归后杜门不出，悬献章小像于静室，时率诸子焚香拜之。弘治初，以荐起陕西参议，檄未至而母殁，乃上疏恳辞，服阕亦不复出。卒于正德五年十二月初四（1511年1月3日），年七十四。天启初，追谥恭定。贺钦时以理学名于关外，其学不务博涉，惟崇实践。卒后其子贺士谘搜辑其遗稿并生平言行都为一集，辑为九卷，前三卷为言行录，四至七卷为存稿，皆杂文，第八卷为奏稿，第九卷为诗稿。以钦尝读书医巫闾山，自号医闾山人，因名其集为《医闾先生集》，嘉靖九年（1530）辽东巡抚阴成文刊，李承勋序。又有嘉靖二十三年齐宗道刊本、嘉靖四十年朝鲜刊本。《四库全书》据嘉靖二十三年本收录《医闾集》九卷，《总目》"提要"云："钦之学出于陈献章，然献章之学主静悟，钦之学则期于返身实践，能补苴其师之所偏。尝言为学不在求之高远，在主静，以收放心而已。故集中所录言行，皆平易真朴，非高谈性命者可比。而所上诸奏疏，亦无不通达，治理确然，可见诸施行。在讲学诸人之中，独为笃实而纯正。文章虽多信笔挥洒，不甚修词，而仁义之言蔼然可见，固不必以工拙论也。"其诗仅存六十五首，简淡无华。《皇明诗统》卷一六录其诗一首。《石仓十二代诗选·明诗选》录其诗三十三首。《明诗综》卷二四录其诗一首。清姚燮《蛟川诗系》卷四录其诗二十五首。《明诗纪事》丙签卷五录其诗一首。生平见潘辰《医闾先生墓志铭》（《医闾先生集》附录）、湛若水《贺公墓表》（《泉翁大全集》卷六）、何乔远《名山藏》卷七九、清黄宗羲《明儒学案》卷六、《明史》卷二八三。

骆文盛（1496—1554）　字质甫，一作质夫，号两溪。浙江湖州府武康（今德清）人。生于弘治九年（1496）八月初五。正德十四年（1519）领乡荐，嘉靖十四年（1535）进士，选翰林院庶吉士，十六年授编修。两典文衡，与同榜官词林者约岁时宴于公堂，分韵吟咏。时权相严嵩当路，每窃愤之，二十一年称病得请还乡，遂不起。结茅山中，时与山人林叟游览川壑，足迹不及城市。三十三年九月十六卒于家，年五十九。三十九年蔡汝楠辑其诗为《两溪先生集》七卷《诗余》一卷，略有评点，所作序则谓其"稍以诗文自娱，亦不以取誉"，"所为诗，冲澹尔雅，辞句整秀，惟其直写情素，故得如其为人，第取誉廉，故诗不强吟，吟亦不多也"。隆庆三年（1569）武康知县金九皋刊本又增文集七卷，合刊为《两溪先生存集》十四卷附录一卷，内卷一收赋一篇、拟乐府诗二十余首，卷二至卷三收古体诗三十八首，卷四至卷七收近体诗近三百首、词六首，后为各体文七卷，首则为蔡汝楠原为诗集所作旧序，附孙陞为其所作《墓志铭》。又万历四十一年（1613）张时震《合刻武康四先生集》，收其《骆两溪集》十四卷附录一卷。《四库全书总目》著录《骆两溪集》十四卷附录一卷，"提要"谓其诗文"于浅弱之中时有清远之致。盖文盛官翰林时，以不附严嵩，遂移疾不出。后贫病垂死，有以千金求居间者，尚力挥之。至殁，无以为葬……其胸次本高，故吐言不俗"。《盛明百家诗》录其诗一百七十余首为《骆翰编集》。顾起纶《续国雅》卷四录其诗二首。《皇明诗统》卷二二录其诗十五首。《列朝诗集》丁集录其诗四首。彭孙贻《明诗钞》录其诗六首。《明诗综》卷四二录其诗二首。《御选宋金元明四朝诗》录其诗五首。清陆心源《吴兴诗存》四集卷八录其诗四十首。《明诗纪事》戊签卷一九录其诗一首。《明词综》卷三录其词一首。《明文海》录其文二篇。生平见孙陞《骆公墓志铭》（万历刊《骆两溪集》附录）、王兆云《皇明词林人物考》卷八。

骆问礼（1527—1609）　字周传，更字子本，号缵亭。浙江绍兴府诸暨人。嘉靖三十四年（1555）举人，四十四年进士，初任行人，转南京刑科给事中。张居正请帝大阅边兵，御史詹仰庇以直言裭官，问礼力谏，帝不悦，谪云南楚雄府知事。隆庆六年，神宗即位，奉诏起言官，迁扬州府推官，升南工部员外郎，出为云南右参议，历福建左参议、广东副使，乞终养归。卒于万历三十六年十一月三十（1609年1月5日），年八十二。卒后其子骆先行、骆中行辑其所著刊为《万一楼集》五十六卷《续集》六卷《外集》十卷，有万历三十九年（1611）刊本，朱赓、陈性学序。内《万一楼集》卷一至卷二〇收诸体诗（含赋两篇），卷二一至卷二四为奏议，卷二五至卷二八为书，卷三〇为记，卷二一至卷三九为序，卷四〇至卷四二为杂著，卷四三为碑，卷四四至卷四六为志铭、祭文，卷四

七为论礼之作《大人一指》，卷四八至卷五六为笔记、杂俎《续羊枣集》；《续集》卷一、卷二为杂诗，卷三为书、启、传、赞，卷四为序，卷五、卷六为杂著；《外集》卷一至卷四为杂著，卷五至卷八为传，卷九至卷一〇为族谱。又有清嘉庆十年（1805）余振活字印本。《续羊枣集》九卷另有清高承栀抄本。《千顷堂书目》另著录其《诸暨县志》二十卷。《（乾隆）诸暨县志》录其词二首。清郦滋德《诸暨诗存》卷五录其诗二十八首。清徐道政《诸暨诗英》卷二录其诗十一首，《诸暨诗英续编》卷七录其词二首。生平见陈性学《皇明万一楼居士墓表》（《万一楼集》卷首）、《明史》卷二一五。

骆象贤（生卒年不详）　字则民，号溪园居士。浙江绍兴府诸暨人，骆问礼高祖。生性好学，淡于功名。筑园于枫溪之上，藏书盈屋，学者尊为"溪园先生"。岁饥，出稻谷千石以赈，深受称颂。正统年间，诏旌其门曰"尚义"。所著有《羊枣集》《归全集》《溪园逸稿》《笃终易览》等。现存清嘉庆十年（1805）余振活字印本《溪园诗稿》九卷《遗稿》五卷、《梅花百咏》一卷。《千顷堂书目》另记其有《诸暨县志》。生平见《（雍正）浙江通志》卷一八〇。

十　画

[一]

秦旭（1410—1494）　字景旸，号修敬。南直常州府无锡（今属江苏）人。布衣，以子秦夔封武昌知府。弘治七年（1494）卒，年八十五。喜吟咏，成化十八年（1492）曾与乡里士人陆勉、高直、陈履等十人修碧山吟社于惠山之麓，称"碧山十老"。《千顷堂书目》著录其《修敬先生集》。现存嘉靖四十年（1561）刊本《修敬先生诗集》四卷，收古近体诗二百六十余首。近人秦毓钧辑《秦氏三府君集》有其《修敬诗集》二卷附录一卷。《皇明风雅》卷三〇录其诗一首。《盛明百家诗》前编录其诗六十余首为《秦修敬集》一卷。顾起纶《续国雅》卷三录其诗三首。《皇明诗统》卷一四录其诗四首。《石仓十二代诗选·明诗选》录其诗二十八首。《明诗综》卷一九下录其诗九首。《御选宋金元明四朝诗》录其诗七首。清秦彬《锡山秦氏诗钞》前集卷一录其诗四十余首。《明诗纪事》丙签卷一一录其诗七首，按云："景旸诗境闲适，读之令人意远。"清周有壬《梁溪文钞》卷六录其文一篇。生平见李东阳《秦公墓表》（《怀麓堂集》卷七七）、叶夔《毗陵人品记》卷七。

秦约（1316—？）　字文仲。其先淮安人，元季移居崇明州（今上海崇明），又迁昆山（今属江苏）。元至正间曾官崇德州教授。有诗名，与杨维桢、张羽、顾瑛等游，尝与玉山草堂觞咏。洪武四年（1371）举文学，应试居首，拜礼部右侍郎，以亲老辞归。再征，以年老，难任剧繁，授溧阳教谕，在任八年归。《千顷堂书目》著录其《樵史补遗》《崇明志》《孝节录》《师友话言》《樵海漫稿》《诗话旧闻》等，又曾辑《崇德州志》，均未见传。王鏊《姑苏志》谓其"文章务求理胜，而诗尤工"。元顾瑛《玉山名胜录》录其诗三十五首；《草堂雅集》录其诗五十三首。明偶桓《乾坤清气集》录其诗三首。钱谷《吴都文粹续编》录其诗五首。周复俊编《玉峰诗纂》卷二录其诗三首。明翟校辑、清王辅铭补辑《练音集补》附卷录其诗一首。《列朝诗集》甲集录其诗四首。《明诗综》卷四录其诗四首。《御选宋金元明四朝诗》录其诗六首。清沈季友《槜李诗系》卷三九录其诗二首。《明诗纪事》甲签卷一五录其诗三首。《海虞文征》卷一二录其文一篇。《娄水文征》卷六录其文六篇。生平见佚名《秦约传》（《国朝献征录》卷八三）、王鏊《姑苏志》卷五四、张昶《吴中人物志》卷七、方鹏《昆山人物志》卷三、《明史》卷一三六。

秦时雍（生卒年不详） 字尧化，号复庵。南直凤阳府亳州（今安徽亳县）人。传嘉靖间曾中科举，且为县令，事迹不详。唯知其专工散曲，以赠妓闺怨之作为最多，练腻深情，有元人遗风。吕天成《曲品》允为上品。现存嘉靖四十年（1561）刻《秦词正讹》二卷（练子鼎辑），陈良金序云：“吾姻家复庵子，慧敏颖脱，博闻强识，早负盛名。晚掇金科，宰畿县，竟以不能粉饰，俯仰见绌。其居常抚景怀人，触物起兴，启口容声，即成佳韵。凡得一曲，远近争脍炙之，曰：‘此秦词也。’但其传诵即久，泾渭混淆，识者惑焉。此崇藩归来，而《秦词正讹》所由辑也。”另胡文焕《群音类选》、《词珍雅调》、陈所闻《南宫词纪》、冯梦龙《太霞新奏》等

尚存其佚曲。共存散曲小令二十二首、套数八套。

秦征兰（生卒年不详） 字楚芳。南直苏州府常熟（今属江苏）人。明末诸生。清初有刊本《天启宫词》一卷，署陈悰撰。《明诗综》卷七一录八首，引徐大临云：“近传《天启宫词》百首，乃琴川秦秀才辞，而同里陈悰攘为己作，公然镂板行之。”并因此将《天启宫词》归于征兰。后《明诗纪事》辛签卷三二选录《天启宫词》十二首，按语云：“楚方《宫词》传为陈悰所攘，今据《诗综》更正。”考《天启宫词》一卷，另有多种清抄本，或题为《熹庙拾遗杂咏》。近人丁祖荫辑《虞山丛刻》据抄本刻名《天启宫词》，前有钱陆灿、杭世俊序，钱序谓征兰有《三上集》，数百篇，《天启宫词》百篇，又云曾见征兰于踵息楼，论说古今，疏其宫词，末署“通家晚生”。按，徐大临居昆山，钱陆灿居常熟，二人皆明末清初人，所说当有据，故《天启宫词》当为征兰原作，而陈悰刊刻时又有所改动，而于明季多种《天启宫词》之作中，秦作为特出者也。

秦金（1467—1544） 字国声，号凤山。南直常州府无锡（今属江苏）人。弘治六年（1493）进士，授户部主事。历郎中，出为河南副使，迁参政。历山东右布政使，以右副都御史巡抚湖广。嘉靖初入为户部右

侍郎,改吏部,转户部左侍郎,擢南礼部尚书,就改南兵部。拜南户部尚书,旋改南兵部,参赞机务,不逾年召为户部尚书,六年(1527)乞归。复起南户部尚书,转工部,加太子少保,再改南兵部,以年七十乞致仕,二十三年正月二十一卒,年七十八,赠少保,谥端敏。为人乐易,居官以廉正自持。晚年家居,继秦旭后复倡碧山吟社于乡。《四库全书总目》著录其《安楚录》十卷,为其官副都御史巡抚湖广讨寇时之敕谕、奏疏、檄文及题赠诗文汇编,存万历刊本。《千顷堂书目》著录其《凤山诗集》十卷,未见传。《盛明百家诗》后编录其诗一百二十余首为《秦端敏公集》。近人秦毓钧辑《秦氏三府君集》有《凤山诗集》二卷附录一卷。顾起纶《续国雅》卷三录其诗二首。《皇明诗统》卷一二录其诗二首。《明诗综》卷二七上录其诗一首。《御选宋金元明四朝诗》录其诗二首。清顾光旭《梁溪诗钞》卷六录其诗八首。清秦彬《锡山秦氏诗钞》前集卷三录其诗七十首。《明诗纪事》丁签卷六录其诗一首。清周有壬《梁溪文钞》卷八录其文五篇。近人秦毓钧辑《锡山秦氏文钞》卷一录其文十一篇。生平见严嵩《秦公金神道碑铭》(《钤山堂集》卷二八)、叶夔《毗陵人品记》卷八、《明史》卷一九四。

秦堈(1587—1648) 字器新,号俨海。南直常州府无锡(今属江苏)人。万历四十三年(1615)举人,天启二年(1622)进士,除山西泽州知州,丁外艰归。服阕,补福建福宁知州,迁户部员外郎,崇祯十七年(1644)迁郎中。明亡后隐居东皋,卒于清顺治五年(1648),年六十二。著述存清顺治刊本《静远堂集》十六卷,卷前有张有誉、成梁、黄家舒序,诗七卷,收古近体诗三百九十余首,文九卷,收各体文七十篇。陈济生《天启崇祯两朝遗诗》卷一〇录其诗十七首。清顾光旭《梁溪诗钞》卷一二录其诗六首。清秦彬《锡山秦氏诗钞》前集卷八录其诗四十二首。《明诗纪事》辛签卷一八录其诗五首。《明文海》录其文一篇。清周有壬《梁溪文钞》卷一六录其文一篇。近人秦毓钧《锡山秦氏文钞》卷二录其文二篇。生平见《静远堂集》卷首黄家舒所撰《秦公堈传》、《(乾隆)江南通志》卷一四二。

秦梁(1515—1578) 字子成,号虹洲。南直常州府无锡(今属江苏)人,秦瀚子。嘉靖二十六年(1547)进士,授南昌府推官,以除盗擢吏科给事中。历官浙江参议、山东副使,又入为通政司参议、右通政、南太仆寺少卿、鸿胪寺卿,官终江西右布政使。卒于万历六年(1578),年六十四。曾与周邦杰同修《无锡县志》。所著有《绍修堂诗集》，未见传。《盛明百家诗》后编录其诗三十余首为《秦方伯集》。顾起纶《国雅》卷一三录其诗七首。《皇明诗统》卷三二录其诗五首。彭孙贻《明诗钞》录其诗二首。清顾光旭《梁溪诗钞》卷八录其诗三首。清秦彬《锡山秦氏诗钞》前集卷五录诗二十四首。清周有壬《梁溪文钞》卷一〇录文三篇。近人秦毓钧《锡山秦氏文钞》卷二录文九篇。生平见萧彦《掖垣人鉴》卷一四、《（乾隆）江南通志》卷一四二。

秦嘉禾（生卒年不详）　字吾田，自号大龙山人。南直安庆府桐城（今属安徽）人。布衣。嘉靖间以能书为文徵明所称。亦能诗，《千顷堂书目》著录其《彭泽稿》，未见传。清潘江《龙眠风雅》卷六录其诗三十七首。《明诗综》卷五〇录其诗《小孤山》《泛湖》，《御选宋金元明四朝诗》据之录。清徐璈《桐旧集》卷一五录其诗五首。《明诗纪事》己签卷二〇录其诗一首。生平见近人马其昶《桐城耆旧传》卷五。

秦镐（1561—1642）　字京，《中州人物志》作"字子京"，《大清一统志》作"字周京"。河南汝宁府汝阳（今汝南）人。袁小修序其诗云："今人字皆两字，而京宁独　宇，自东汉以下无之矣。"实汉以降不乏其例，如颜之推字介，房玄龄字乔等。镐为诸生，家贫，科考不遂，因绝意仕进，刻意为诗，臭囊布袍，历览名胜。御史李日宣荐于朝，与刘城、万时华、谭元春同被征命，镐坚不就。崇祯十五年（1642）乱兵陷汝阳城，胁之不从，绝粒死，年八十二。与张民表、阮汉闻友善，并以旷达称，时号"天中三君子"。尝自题墓石云："人间贫孝子，地下老书生。"《千顷堂书目》著录其《头责斋诗》八卷又《薲园消夏录》四卷，未见传。《列朝诗集》丁集录其诗十二首，"小传"记云："尝访予于虞山，曰：'吾游不独好山水，以求友也。吾于天中友王损仲（王惟俭）、张林宗（张民表）、阮太冲（阮汉闻），今访子于吴，访袁小修于楚，访曹能始（曹学佺）于闽，归而息影南陔，终身不复出矣。'"《明诗综》卷六五录其诗一首。《御选宋金元明四朝诗》录其诗四首。《明诗纪事》庚签卷二六录其诗一首。生平见清孙奇逢《中州人物志》卷七、《（雍正）河南通志》卷六五。

秦镗（1466—1544）　字国和，号乐易，又自号类樗子、类樗山人。生于成化二年（1466）六月初七。南直常州府无锡（今属江苏）人，秦旭长孙。弘治十七年（1504）举人，双亲殁后不思进取，嘉靖中召选人不愿试者授以散衔致仕，循例授南京都察院都事。卒于嘉靖二十三年（1544）十月二十二，年七十九。既绝时名，遂以诗寄兴。《千顷堂书目》著录其《樗林摘稿》三卷附录一卷,现存嘉靖三十九年其子秦淮、秦漳刊本,卷首有倪容、胡杰及其子秦瀚序,内收诸体诗二百余首、词六首,附录则为墓铭、颂、赞等。其诗多写闲适生活、淡泊心境,亦多酬唱赠和之作。《四库全书总目》著录《樗林摘稿》三卷附录一卷,"提要"云:"镗隐居不仕,绝意时名,其于诗,特以寄兴。故附录诸篇,皆叙其隐德而不其文章,《明诗综》亦未采录一篇云。"清顾光旭《梁溪诗钞》卷六录其诗三首。清秦彬《锡山秦氏诗钞》前集卷四录其诗十七首。清周有壬《梁溪文钞》卷八录其文一篇。近人秦毓钧《锡山秦氏文钞》卷一录其文三篇。生平见文征明《乐易先生墓志铭》、徐问《乐易公传》、唐顺之《乐易秦公墓表》(《樗林摘稿》附录),又见叶夔《毗陵人品记》卷七。

秦懋德(生卒年不详)　浙江台州府临海人。嘉靖三十四年(1555)举人,万历三年(1575)至六年任河南杞县令。又曾任福建都转运盐使司运副及淮安府同知。现存万历十六年序刊本《淮海吏隐稿》六卷,卷一序记杂著二十三篇,卷二行状祭文二十四篇,卷三书启三十二篇,卷四尺牍八十三篇,卷五、卷六收诗一百十余首、词五首,王亮序、秦懋德自序。

秦瀚(1493—1566)　字会洋,号艾斋,改字叔度,号从川。南直常州府无锡(今属江苏)人,秦镗三子。生于弘治六年(1493)正月十一。庠生,嘉靖间以子秦梁贵,敕封通政司参议。卒于嘉靖四十五年(1566)六月二十三,年七十四。喜吟咏,尝复建碧山吟社。有《从川吟稿》《纪游录》《岩栖稿》等,未见传。与俞宪为姻亲,宪曾为其集作序,录其诗一百余首、词十首为《秦封君集》,辑入《盛明百家诗》。近人秦毓钧《秦氏三府君集》有《从川诗集》二卷附录一卷。顾起纶《续国雅》卷三录其诗三首。《皇明诗统》卷一二录其诗九首。清顾光旭《梁溪诗钞》卷六录其诗二首。清秦彬《锡山秦氏诗钞》前集卷四录其诗二十八首。《明词综》卷八录其词一首。清周有壬《梁溪文钞》卷九录其文二篇。近人秦毓钧《锡山秦氏文钞》卷二录其文四篇。生平见徐阶《从川秦君墓志铭》(《世经堂集》卷一八)、《秦从川公墓表》(《李文定公赐安堂集》卷九)。

秦夔(1433—1496)　字廷韶,一字中孚,号中斋。南直常州府无锡(今属江苏)人。生于宣德八年(1433)五月初三。天顺三年(1459)举人,明年进士,授南兵部武库司主事。进职方员外郎,再转兵部武库郎中,成化八年(1472)简放武昌知府,以内艰去。服阕改江西建昌,二十一年擢福建右参政,二十三年迁江西右布政使,以疾致仕。卒于弘治八年(1496)十二月十二,年六十四。其父秦旭以布衣能诗,首倡"碧山吟社"。夔与弟旦、奭亦称诗。夔致政归,筑五轮草堂于九龙山下,率二弟奉父游衍其间,登山临水,歌咏继作,如是者多年。所著《五峰遗稿》二十四卷,有嘉靖元年(1522)秦锐等刊本,内诗十二卷、词一卷、各体文十卷,卷二四为附录。首邵宝序,谓其诗"始驰骛中唐,久之得其风格。既而读杜,时取而出之,复参诸苏、黄以下数家,故所就如此。"《皇明风雅》卷二一录其诗二首。顾起纶《续国雅》卷二录其诗一首。《皇明诗统》卷一二录其诗三首。《列朝诗集》乙集录其诗一首。《明诗综》卷二二录其诗十一首,清沈德潜《明诗别裁集》录其诗一首。《御选宋金元明四朝诗》录其诗八首。清顾光旭《梁溪诗钞》卷五录其诗六首。清秦彬《锡山秦氏诗钞》前集卷二录其诗九十七首。《明诗纪事》丙签卷一二录其诗五首。《明文海》录其文一篇。清周有壬《梁溪文钞》卷六录其文四篇。清王直等《锡山文集》卷一四录其疏一篇。近人秦毓钧《锡山秦氏文钞》卷一录其文十篇。生平见倪岳《秦公墓志铭》(《五峰遗稿》卷二四)、程敏政《秦公神道碑铭》(《篁墩程先生集》卷四八)、叶

夔《毗陵人品记》卷七。

敖文祯(1545—1602) 字嘉猷,号龙华。江西瑞州府高安人。万历元年(1573)举人,五年进士,选翰林院庶吉士,七年授检讨。九年诏直史馆,充内书堂教习,诏使泯藩,便道归省,乞假侍养。家食八年,十九年复原职,明年擢洗马,署司经局,再请告归。二十七年诏拜少詹事,兼侍读学士,改礼部右侍郎,教习庶吉士,再进讲帏,三十年九月以足疾求假,不获请,复日进讲义,病不起,寻卒,年五十八,赠礼部尚书。平生以直道自任。《千顷堂书目》著录其《薜荔山房稿》十卷,现存万历间关西牛应元刊本《薜荔山房藏稿》十卷,卷首有其门人郭正域、牛应元序,内诗四卷,收诸体诗七百八十余首,卷五以后收其所作奏疏、各体文、书牍等。又有清康熙重修本。生平见《薜荔山房藏稿》卷一〇附郭正域《敖公墓志铭》、方从哲《敖公墓表》、张应泰《敖公传》及《(雍正)江西通志》卷七一、《(同治)瑞州府志》卷一三。

敖英(生卒年不详) 字子发,号东谷。江西临江府清江(今樟树)人。正德八年(1513)举人,十五年进士,除南户部主事。历礼部郎中,出为陕西提学副使,改河南,以四川右布政使致仕。尚正气,不干以私,与罗洪先、邹守益善,里居十余年,

以讲学、著述为事。有诗名于当时，人称"敖清江"。《四库全书总目》子部儒家类著录其《慎言集训》二卷（有万历胡氏文会堂刻《百家名书》本等）；杂家类著录其《东谷赘言》二卷（有嘉靖二十八年沈淮刊本）、《绿雪亭杂言》一卷（有明刻《新刊皇明小说今献汇言》本等）。又曾辑《唐诗绝句类选》四卷，有明刻三色套印本。《千顷堂书目》另著录其《四川备边志》、《备遗录》一卷、《心远堂文草》一卷《又续草》一卷又《诗草》一卷，未见。《盛明百家诗》后编录其诗一百十余首为《敖东谷集》。顾起纶《续国雅》卷三录其诗三首。《皇明诗统》卷三三录其诗十一首。《皇明诗选》录其诗一首。《列朝诗集》丙集录其诗七首。《明诗综》卷三七录其诗四首。清沈德潜《明诗别裁集》录其诗二首。《御选宋金元明四朝诗》录其诗五首。《江西诗征》卷五六录其诗十三首。《明诗纪事》戊签卷一四录其诗十二首。《明文海》录其文三篇。生平见王兆云《皇明词林人物考》卷六、《（雍正）江西通志》卷七四。

袁九淑（生卒年不详） 字君嬺，一作名君嬺，字九淑。南直扬州府通州（今江苏南通）人。四川左布政使袁随之女，通州生员钱良胤之妻。婚后一载卒，年十八。《千顷堂书目》著录其《伽音集》，现存明抄本《伽音集》六卷附录一卷，有屠隆序。《列朝诗集》闰集录其诗七首，"小传"云："少读经史，尤深内典。诗文清丽，书法遒媚。王孙故世家，好文，家有绛雪楼，君嬺之所栖止，供具精良，几榻妍寂。中悬所绣大士像，玉毫绀目，华鬘俨然。左图右史，诵读移日，清晨良夜，焚修习静。每自谓易迁宫中人也。归王孙者一年而卒，年才十八。"《御选宋金元明四朝诗》录其诗五首。清孙翔《崇川诗集》卷一一录其诗四首。清杨廷《五山耆旧集集》卷一二、清王藻《崇川列朝诗选汇存》卷四〇录其诗二十三首。

袁中道（1570—1626） 字小修，别字冲修，号柴紫居士、晚号凫隐居士。湖广荆州府公安（今属湖北）人，袁宗道、袁宏道弟。生于隆庆四年（1570）五月初七。万历十九年（1591）起四应湖广乡试不售，三十一年举顺天乡试，又两上春闱，皆铩羽而归，四十四年四十七岁始中进士。次年候选，得徽州府学教授。四十七年迁国子博士。熹宗即位，改南礼部仪制司主事。天启四年（1624）升南吏部郎中，次年以病乞休，居南京芝麻营，建石头庵，以为终老计，六年八月三十卒，年五十七。中道少即以能文称，操觚应举，有怀利刃切泥之叹，然数困锁院，因游于酒人，以豪杰自命，泛舟西陵走马塞上，穷览燕赵、齐鲁、吴越之地，足迹几半天下。小宗道十岁，宏道两岁，诸事皆以二兄为榜样，万历二十四年夏四月曾随二兄至麻城访李贽，盘恒十余日，归而有志出世。以诗文名于当世，与宗道、宏道并称"公安三袁"。为诗文主张"以意役法，不以法役意，一洗应酬格套之习"（《中郎先生全集序》）。其诗力反拟古，崇尚自然性灵，又呈疏狂之气，与宗道、宏道不尽相同。宏道序其集，谓小修诗文"大都独抒性灵，不拘俗套。非从自己胸臆流出，不肯下笔。有时情与境会，顷刻千言，如水东注，令人夺魂。其间有佳处，亦有疵处。佳处自不必言，即疵处亦多本色独造语。然予则极喜其疵处，而所谓佳者，尚不能不以粉饰蹈袭为恨，以为不脱近代文人气习故也"（《叙小修诗》）。其游记、小品、日记亦如宏道散文，直抒胸臆，文笔明畅，为后世所称。著述万历四十六年首刻为《珂雪斋前集》二十四卷《外集》十五卷。首中道《自序》云："文法秦汉，诗法汉魏，近体法盛唐，此词家三尺也，予敬佩焉，而终不学之，非不学也，不能学也……抒吾意所欲言，即未敢尽远于法第，欲以意役法，不以法役意，故合十古法者存，不合于古法者亦存。"内卷一至卷八收诸体诗一千三百余首，卷九至卷二一收各体文三百余篇，卷二

二至卷二四收信札一百八十九篇；《外集》收《游居柿录》十一卷，《荛录》《师友见闻语》《拈史语》各一卷，卷一五拾遗四篇。又有明末书林唐振吾刊本《珂雪斋近集》十卷，内诗二卷，收诗三百四十余首，文六卷，收各体文一百余篇，卷九、卷一〇收书札九十余篇。集后附其子袁祁年《楚狂之歌》《小袁幼稿》《近游草》，合为一卷。又有明末刊本《珂雪斋游居柿录》十三卷（近人"中国文学珍本丛书"本改题为《袁小修日记》）。另有天启二年（1622）汪从教刊本《珂雪斋集选》二十四卷。明刻《三袁先生集》有《袁小修集》一卷。《列朝诗集》丁集录其诗九十一首。《明诗评选》录其诗九首。清廖元度《楚风补》卷二六录其诗二十三首。《明诗综》卷六一录其诗五首。《御选宋金元明四朝诗》录其诗二十八首。清高士熙《湖北诗录》录其诗四首。《明诗纪事》庚签卷五录其诗十首。明崇祯六年（1633）峥霄馆刻《皇明十六名家小品》有《翠娱阁评选袁小修先生小品》二卷。《明文海》录其文《李温陵传》等十七篇，评语云："珂雪之文，随地涌出，意之所至，无为之焉。"生平见清邹漪《启祯野乘》卷七、清葛万里《三袁年表》（《葛万里杂著》）、《明史》卷二八八。

袁仁（1479—1546）　字良贵，号参坡，又作蓑坡。南直苏州府吴

江(今属江苏)人,祖籍浙江嘉善。研经学,与季本同时相善,解经往往相似。嘉靖十九年(1540)与人合作《竹林乡试录》,讽时文,为地方官所疑,惧而自焚所著书稿,故传世著述无多。卒于嘉靖二十五年,年六十八。所著《尚书砭蔡编》一卷(清《学海类编》本名《尚书蔡注考误》)、《春秋胡传考误》一卷,皆为《四库全书》所收。《四库全书总目》又著录其《毛诗或问》一卷(有清《学津讨原》《学海类编》本)。另与其子袁黄合著《纪年类编》四卷,有天启刊本。亦能诗,《千顷堂书目》著录其《一螺集》,现存万历二十四年(1596)刊本《一螺集》四卷,收赋三篇、拟乐府四篇、五七言古近体诗二百余首,袁黄序。《明诗综》卷二六录其诗二首,《御选宋金元明四朝诗》据之录。清沈季友《槜李诗系》卷一二录其诗十首。

袁达(生卒年不详)　字德修,号佩兰子。福建福州府闽县(今福州)人。正德八年(1513)举人,授贵溪知县。坐事下诏狱,获释,补湖广都司经历。以能诗称,间写玉竹。《千顷堂书目》著录其《佩兰集》,现存明同文书院刊本《佩兰子文集》三卷。《明诗综》卷三七录其诗四首。《御选宋金元明四朝诗》录其诗一首。清郭柏苍《全闽明诗传》卷一六录其诗四首。清梁章钜《东南峤外诗话》云:“佩兰子诗大雅不群。非晋安派所能囿。”《明诗纪事》戊签卷一一录其诗十一首,按云:“佩兰子近体诗词隽格高,在闽人中可与郑少谷(郑善夫)抗行。世鲜传本,余所藏者为林吉人朴学斋抄本。《诗综》仅录四诗,不足尽所长也。”《四库全书总目》著录其《禽虫述》一卷,现存明抄本及万历新安汪氏刻《山居杂志》本。生平见清孙岳颁布《佩文斋书画谱》卷五七引《闽画记》、《(乾隆)福州府志》卷四九。

袁廷玉(1335—1410)　名珙,字廷玉,以字行,号柳庄。浙江宁波府鄞县(今宁波)人。元翰林国史检阅官袁士元子,袁珪弟。少承家学,学相术,称论人吉凶极验,元末明初有大名。洪武间姚广孝荐于燕王,召至北平,一见即称朱棣定为太平天子。燕王靖难功成登基,召为太常寺丞,未几请老归,隐于县西柳庄,卒于永乐八年(1410)十二月初五。所著《柳庄秘传相法》,有明刊本,流传海外。亦能诗。有崇祯七年(1634)袁茂兰抄本《柳庄集》一卷,又有清同治十一年(1872)徐氏烟屿楼抄本《柳庄先生诗集》一卷,计收诗一百八十余首,有姚广孝序。《皇明诗统》卷六、《列朝诗集》乙集录诗一首。《明诗综》卷一七录诗一首,“诗话”谓其“于九流百氏,靡不涉究。歌诗亦能入格,不失菊村(袁士元)家数"。生平见姚广孝《柳庄袁珙墓志铭》(《国朝献征录》卷七〇)、《明史》卷二九九。

袁华(1316—?)　字子英。昆山(今属江苏)人。少颖悟不群,读书一二过,辄记诵不忘。工诗,尤长于乐府。元末尝从杨维桢、倪瓒、顾瑛等游。明洪武初,以荐为苏州训导,坐其子县吏袁生申事,逮系南京,后客死于斯。与谢应芳善,袁华卒时,谢有诗悼之(《龟巢集》卷八七),谢卒于洪武二十五年(1392),故袁华应卒于此前。曾与顾瑛玉山草堂觞咏,辑《玉山纪游》,辑元至正十年(1350)其与顾瑛、杨维桢、释良琦、郑元佑、周砥、于立等游历昆山、天平山、灵岩山、虎丘、吴江、锡山等所作纪游诗,为《四库全书》所收。顾瑛辑《玉山名胜集》录其诗四十九首,《草堂雅集》录其诗五十余首。袁华诗集有《可传集》一卷,元至正二十二年(1362)杨维桢删定,现存清抄本,收诗八十余首,皆元时所作,杨维桢取老杜"新诗句句尽堪传"意为之命名,序云:"吾铁门称能诗者,南北凡百余人,求如山阴张宪及华者不能十人。"后又有《耕学斋诗集》,存世有明抄本十二卷本、清抄本十卷本,两本所收大略相同,凡骚辞三首、古近体诗五百四十余首,集中诗亦多为元时所作,惟无序跋。《皇明风雅》卷二二录其诗一首。钱谷《吴都文粹续集》录其诗三首。周复俊编《玉峰诗纂》卷二录其诗十一首。《列朝诗集》甲集录其诗十六首。《明诗综》卷一四录其诗三首。《御选宋金元明四朝诗》录其诗八首。《四库全书》收《耕学斋诗集》十二卷《可传集》一卷,《总目》"提要"云:"明之初年,作者林立,华为诸家盛名所掩,故人与诗皆不甚著,实则衔华佩实,具有典型,非后来伪体所能及,固未可以流传未广轻之。"《海虞文征》卷二七录其诗一首。《明诗纪事》甲签卷二五录其诗二十四首,按语云:"子英铁门弟子,玉山游客,风华虽擅,骨气自遒。吴人若高季迪(高启)吾不敢知,自杨孟载(杨基)以下,岂容多让。子英兼善品题书画。"《娄水文征》卷七录其文六篇。生平见王鏊《姑苏志》卷五四、方鹏《昆山人物志》卷三、《明史》卷一三三。

袁宏道(1568—1610)　字中郎,别字孺修,号石公,又号六休。湖广荆州府公安(今属湖北)人。生于隆庆二年(1568)十二月初六。万历十二年(1584)诸生,十六年中举,十七年春闱不第,其兄宗道启以性命之学,深信之。十九年春只身往麻城龙湖,问学于李贽,留三月余。二十年捷丁南宫,与宗道请假同回公安,次年夏四月,与宗道及弟中道同往麻城访李贽,聚谈十余日。二十二年冬赴京谒选,得吴县令,次年春上任。同年江盈科上计,得同城长洲县令,二人交往甚密,论文尤相得,因成莫逆。又与吴中名士张凤翼、张献翼及王穉登等人游。自觉吏道烦人,又遇事与当道意见相左,因告病请离任。二十五年去官,寄居无锡,出游杭州西湖及天目、黄山诸名胜,与陶望龄等游。是年冬宗道为其补顺天府学教授,二十六年三月赴顺天就任,秋与宗道结蒲桃社于京西崇国寺,与社者陶望龄、潘士藻、李腾芳诸人。二十八年升礼部主事,七月往河南周藩瑞王府掌行丧礼,告假便道归公安。三十四年秋遵父命入京,补吏部主事,三十七年迁吏部考功司员外郎,秋奉命主陕西乡试。三十八年请假归乡,以公安大水,移居沙市,九月初六病逝,年四十九。虽年未过五旬,而著述甚丰。万历二十四年吴中友人方子公为其刻《敝箧集》二卷(诗集)、《锦帆集》四卷(诗一卷、文一卷、尺牍二卷),江盈科序。二十五年又刻《解脱集》四卷(诗二卷、文一卷、尺牍一卷),仍为江盈科作序。三十四年又刻《瓶花斋集》十卷(诗四卷、文四卷、尺牍二卷)、《潇碧堂集》二十卷(诗十卷、文七卷、尺牍二卷、《德山暑谭》一卷),曾可前、雷思霈分别序之。三十七年刻《破研斋集》三卷。另有《广陵集》一卷、《华嵩游草》二卷、《桃源咏》一卷及曾可前辑

《袁中郎未刻遗稿》二卷等。杂著则有《广庄》《瓶史》《觞政》《宗镜摄录》《西方合论》等。所著明刊本皆存,又有明季合刊本数种,如万历刊本《袁中郎先生全集》二十三卷、万历刊本《袁使君集》十四种五十七卷、崇祯二年(1629)武林佩兰居刊本《袁中郎全集》四十卷等。各本所收不一,或有他作掺入,如明末周应麐刊本《袁中郎十集》十六卷,内有《狂言》二卷、《狂言别集》二卷,则有疑。中郎为诗,求真崇变,重趣尚奇,力反诗坛模拟之弊,主张通变,"世道改变,文亦因之;今之不必摹古者,亦势也"(《与江进之》)。论诗则主"性灵",所谓"独抒性灵,不拘格套","各任其性","信心而出,信口而谈",不师前人成法,以无法为法。其论一时流行大江南北,追随者甚众,文坛风气因之一变,遂有"公安派"之名,或以三袁、黄辉、江盈科、陶望龄等为"公安"之中坚,而以宏道为赤帜也。宏道之杂著、小品及尺牍之文亦为时人所激赏,追随者众,后世亦多有效法,然也多有攻讦其诗文率易浅鄙、坏败时风也。《皇明诗选》仅录其诗一首。《列朝诗集》丁集中录其诗八十七首,"小传"云:"中郎以通明之资,学禅于李龙湖(李贽)。读书论诗,横说竖说,心眼明而胆力放,于是乃倡言击排,大放厥辞。以为唐自有诗,不必《选》

体也。初、盛、中、晚皆有诗,不必初、盛也。欧、苏、陈、黄各有诗,不必唐也。唐人之诗,无论工不工,第取读之,其色鲜妍,如旦晚脱笔研者;今人之诗虽工,拾人钉饾,才离笔研,已成陈言死句矣……中郎之论出,王(王世贞)、李(李攀龙)之云雾一扫。天下之文人才士,始知疏瀹心灵,搜剔慧性,以荡涤模拟涂泽之病,其功伟矣。机锋侧出,矫枉过正,于是狂瞽交煽,鄙俚公行,雅故灭裂,风华扫地。"《明诗评选》录其诗十五首。《明诗综》卷五七录其诗二十四首。清沈德潜《明诗别裁集》录其诗一首。《御选宋金元明四朝诗》录其诗三十九首。《四库全书总目》著录《袁中郎集》四十卷,"提要"云:"盖明自'三杨'倡台阁之体,递相模仿,日就庸肤。李梦阳、何景明起而变之,李攀龙、王世贞继而和之,前、后'七子'遂以仿汉摹唐,转移一代之风气。迨其末流,渐成伪体,涂泽字句,钩棘篇章,万喙一音,陈因生厌。于是'公安三袁'又乘其弊而排抵之……其诗文变板重为清巧,变粉饰为本色,天下耳目于是一新,又复靡然而从之。然'七子'犹根于学问,三袁则惟恃聪明。学'七子'者不过赝古,学三袁者,乃至矜其小慧,破律而坏度。名为救'七子'之弊,而弊又甚焉。观于是集,亦足见文体迁流之故矣。"清廖元度

《楚风补》卷二四录其诗四十九首。清高士熙《湖北诗录》录其诗二首。《明诗纪事》庚签卷五录其诗十九首。卓人月、徐士俊《古今词统》录其《竹枝》六首、《仙家竹枝》六首、《柳枝》一首。明末刊李宾编《八代文钞》有《袁中郎文抄》一卷。崇祯六年(1633)峥霄馆刻陆云龙编《皇明十六名家小品》有《袁中郎先生小品》二卷。《明文海》录其文二十一篇,论曰:"中郎……天才骏发,一洗陈腐之气。其自拟苏子瞻,亦几几相近,但无其学问耳。"生平见袁中道《中郎先生行状》(《珂雪斋近集》卷八)、《明史》卷二八八。清葛万里有《三袁先生年表》(《葛万里杂著》)。

袁表(生卒年不详)　字景从。福建福州府闽县(今福州)人。嘉靖三十七年(1558)举人,万历初授中书舍人,迁户部员外郎,简放黎平知府。在任主纂《黎平府志》九卷,后以病免,归乡又主纂《福州府志》二十四卷。卒年五十七。少有诗名于乡里,崇唐调,与同邑张炜、马荧相赓和。《千顷堂书目》著录其《通客集》五卷又《尚白篇》一卷。现存万历十九年(1591)赵世芳刊本《通客集》四卷,收其所作诸体诗二百四十余首。又曾与马荧合作,辑刊明初闽中林鸿、郑定、王褒、唐泰、高棅、王恭、陈亮、王偁、周玄、黄玄诗为《闽中十子诗》三十卷,后闽中诗人

多以"十子"为宗,自标一派,盖由此始也。嘉靖刊《(和倪瓒)江南春词集》录其所作[江南春]词一首。徐𤊻《晋安风雅》录诗二十首。《列朝诗集》乙集录诗三首,"小传"云:"与诸名士结社嵩山乌石间,精研格律,为闽人所推。"《御选宋金元明四朝诗》据之亦录四首。清郭柏苍《全闽明诗传》卷二六录诗十二首。生平见《(乾隆)福建通志》卷五一。

袁凯(生卒年不详) 字景文,号海叟。其先蜀人,父元季为松江府吏,因入籍为松江华亭(今上海松江)人。凯幼孤力学,少于杨维桢座中以《白燕》诗得名,人呼为"袁白燕"。元戴良《大雅集》卷三、顾瑛《玉山名胜集》卷一均录其诗一首。明洪武三年(1370)中举,授监察御史,以病免归。二十九年起为华亭县学训导,永乐二年(1404)曾作《一览楼》诗,奉和夏原吉,其卒当于其后。传其入朝曾为太祖所恶,以佯狂免祸。其诗传本有正德元年(1506)鄢陵刘氏山东刊本《在野集》二卷,张璞序、陈镐跋,卷上收乐府三十二首,卷下收近体诗八十二首。后有隆庆四年(1570)何玄之活字印本《海叟集》四卷,李梦阳、何景明、陆深序。又有万历三十七年(1609)张所望刊《海叟集》四卷、清康熙六十一年(1722)曾炳曾城书室刊本《海叟诗集》四卷《集外诗》一卷附录

一卷。隆庆后所刊《海叟集》皆为四卷,收诗三百六十余首,据陆深正德元年序,四卷本原为陆深据旧写刻本编定,隆庆、万历本皆沿之,至康熙本始增集外诗五首。后又有明末范钦等校刊本《海叟集》三卷,收诗一百八十五首,则与正德刊《在野集》皆为选本矣。《皇明风雅》录其诗六首。《盛明百家诗》录其诗八十余首为《袁海叟集》。《皇明诗统》卷一录其诗三十首。钱谷《吴都文粹续集》录其诗二首。《石仓十二代诗选·明诗选》录其诗五十余首。《皇明诗选》录其诗八首。《列朝诗集》甲集录其诗三百零四首,"小传"谓其"生平负权谲,有才辨,雅善戏谑,卒以自免于难。归田后,每背戴方巾,倒骑乌犍,往来峰泖间,好事者图以入画"。《明诗评选》录其诗二十首。《明诗综》卷一六录其诗十九首,"诗话"云:"(杨铁崖)虽才情横逸,而习气太深。沿其派者,高则温岐、李贺,下或杂以宋词元曲,孟载(杨基)、子高(刘崧),皆所不免。独海叟纯以清空之调行之,洵不易得,然合诸体观之,则不及季迪(高启)、伯温(刘基)尚远。"清沈德潜《明诗别裁集》录其诗八首。《御选宋金元明四朝诗》录其诗百余首。清姚宏绪《松风余韵》卷一四录其诗二十首。《四库全书》收《海叟集》四卷,《总目》"提要"云:"何景明序谓明初

诗人以凯为冠,盖凯古体多学《文选》,近体多学杜甫,与景明持论颇符,故有此语,未免无以位置高启诸人,故论者不以为然。然使凯驰骋于高启诸人之间,亦各有短长,互相胜负,居其上则未能,居其下似亦未甘也。"《明诗纪事》甲签卷一三录其诗二十首,按云:"海叟诗骨格老苍,模拟古人,无不逼肖,亦当时一作家。何大复(何景明)标为明初诗人之冠,过为溢美,宜诸公之不取也。"生平见何三畏《云间志略》卷七《袁侍御海叟公传》、王兆云《皇明词林人物考》卷一、《袁凯传》(《曝书亭集》卷六三)、《明史》卷二八五。

袁忠彻(1376—1458) 字公达,号静思。浙江宁波府鄞县(今宁波)人,袁廷玉(袁珙)子。生于洪武元年(1368)十一月初七。永乐间以父荫任鸿胪寺序班,累迁至尚宝司少卿。正统间,坐矜傲休致。卒于天顺二年(1458)三月初三,年八十三。承家学,通相法,或称其性险诐,颇以相法凌人。喜藏书,亦能诗。所著命相之书《古今识鉴》八卷、《人象赋》一卷,有景泰二年(1451)、嘉靖六年(1527)刊本。《千顷堂书目》另著录其《符台外集》五卷又《凤池吟稿》又《拙休稿》。《符台外集》有明刊本不分卷,李时勉序,收诸体诗二百六十首、词二十二首、各体文五十篇;又有清明霞楼抄本二卷。《凤池吟稿》不分卷,永乐刊本亦存,所收古近体诗分体排列,卷首有曾棨序,末有张洪、朱逢吉跋语。《皇明风雅》卷二八录其诗一首。《皇明诗统》卷六录其诗六首。《列朝诗集》乙集录其诗二首。清胡文学《甬上耆旧诗》卷一四录其诗二首。《明诗综》卷一七录其诗一首。生平见黄润玉《袁公行状》(《南山黄先生家集》卷五〇)、李贤《袁公墓表》(《国朝献征录》卷七七)、《明史》卷二九九。

袁炜(1508—1565) 字懋中,号元峰。浙江宁波府慈溪人。生于正德三年(1508)十月十八。嘉靖十六年(1537)领乡荐,明年会试第一,殿试第三,授翰林编修。历侍读、侍讲学士,擢礼部左侍郎,加太子宾客。改吏部,进礼部尚书,加太子少保。改户部,兼武英殿大学士,典机务。累加少傅兼太子太傅、建极殿大学士。卒于嘉靖四十四年四月,年五十八,赠少师,谥文荣。炜在朝,善奉迎,遇中外献瑞,辄极词颂美,又以善写青词,深获世宗眷宠,因与李春芳、严讷、郭朴等同得"青词宰相"之讥。《明史·艺文志》记其有《诗集》八卷,现存万历元年(1573)长洲知县张德夫刊《袁文荣公文集》七卷、《诗略》二卷(收诗九十余首),王锡爵、王穉登、申时行序,然所作青词及应制媚上之作皆未见收。《皇明诗统》卷二八录其诗六首。《皇明诗选》录其诗一首。《列朝诗集》丁集录其诗二首。《明诗综》卷四二录其诗一首。《御选宋金元明四朝诗》录其诗二首。《四库全书总目》著录《袁文荣诗略》二卷，"提要"云："炜自负能文，见他人所作，稍不当意，辄肆诋诮，馆阁士出其门者，斥辱尤不堪，故人皆畏而恶之。是编首题门人王穉登校。盖穉登以山人游炜之门也。申时行《序》称炜所为诗甚多，岁久散逸。其孙景祖、景高搜遗草，得若干首，名之曰《诗略》，按《明史·艺文志》，袁炜诗集八卷，是炜别有全集。此其选本，故题曰《诗略》耳。集中佳句寥寥，不识何以狂傲如是。"《明诗纪事》戊签卷二〇录其诗一首。生平见吕本《袁公炜墓志铭》(《国朝献征录》卷一六)、《明史》卷一九。

袁宗道（1560—1600）　字伯修，一字无修，号石浦，一号玉蟠。湖广荆州府公安（今属湖北）人。本姓"元"，隆庆五年（1571）宗道应童子试，督学奇之，以为其姓不利首榜，易为"袁"，后其弟宏道、中道继之，公安"元"姓遂更为"袁"。生于嘉靖三十九年（1560）二月十六。万历七年（1579）举于乡，次年春闱失利，其舅父龚仲敏于城南结阳春社讲业，宗道兄弟与焉。十四年中进士，会试第一，殿试二甲第一，选翰林院庶吉士，十七年授编修。在馆与唐文献、瞿汝稷、董其昌等参与禅悦之会，听释憨山说法，遂弃养生之道而依法门，受心性之学。二十年弟宏道捷南宫，请同回公安，次年夏，三袁兄弟同往麻城访李贽，十余日聚谈甚欢。二十五年升任右春坊右庶子，皇长子经筵讲官。二十六年宏道入京任顺天府学教授，与宗道于城西崇国寺结蒲桃社，与社者有黄辉、陶望龄、李腾芳、潘士藻等人。二十八年任东宫詹事府詹事，十一月初四卒于任，年四十一，赠礼部侍郎。宗道于"三袁"中年最长，稳重平实又赋性爽直，骨体不媚，然体弱多病，又屡遭丧妻夭子之痛，因深研禅理，常有出世之想。其论诗主"辨体"，崇尚本色，力反模拟剽袭，"模拟文字，正如书画赝本，决难行世"（《答陶石篑》）。是时诗坛崇李攀龙、王世贞复古之说，袁氏兄弟心非之。宗道《论文》一篇，首倡"口舌代心"，直指李梦阳"篇篇模拟"，又谓读李攀龙、王世贞集，"二集佳处，固不可掩，其持论大谬，迷误后学，有不容不辨者"。开挑战李、王之先河，至宏道，益矫以清新轻俊之论，文坛因多有舍李、王而从之者，目为"公安体"，因有"公安派"之兴起。所著卒后由宏道、宗道辑为《白苏斋类集》二十二卷，有写刊本，诗六卷，收诗二百五十余首，文十六卷，收各体文近三百篇，卷前有姚士莘序。又明刻曾可前辑《三袁先生集》五卷有《新镌玉蟾袁会元集》二卷。《明史·艺文志》另著录其《尚书纂注》四卷、《禅宗正统》一卷。《列朝诗集》丁集录其诗四首，"小传"云："伯修在词垣，当王、李词章盛行之日，独与同馆黄昭素（黄辉）厌薄俗学，力排假借盗窃之失。于唐好香山，于宋好眉山，名其斋曰'白苏'，所以自别于时流也。其才或不逮二仲，而公安一派，实自伯修发之。"《明诗综》卷五五录其诗二首，"诗话"云："嘉靖'七子'之派，徐文长（徐渭）欲以李长吉体变之，不能也；汤义仍（汤显祖）欲以尤、萧、范、陆体变之，亦不能也；王百谷（王穉登）、王承父（王叔承）、屠长卿（屠隆）虽迭有违言，然寡不敌众。自袁伯修出，服习香山、眉山之结撰，首以'白苏'名斋，既导其源，中郎、小修继之，益扬其波，由是'公安派'盛行。然白、苏各有神采，顾乃颓波自放，舍其高洁，专尚鄙俚。钟、谭从而再变，枭音鴂舌，风雅荡然。泗鼎将沈，魑魅齐见，言作俑者，孰谓非伯修也邪！"《御选宋金元明四朝诗》录其诗十四首。清陈元龙等《御定历代赋汇》卷一一四录其赋一篇。清廖元度《楚风补》卷二四录其诗五首。清高士熙《湖北诗录》录其诗一首。《明诗纪事》庚签卷五录其诗二首。生平见袁中道《石浦先生传》（《珂雪斋前集》卷一六）、《明史》卷二八八。清葛万里有《三元先生年表》（《葛万里杂著》）。

袁祈年（1591—1639）　字未央，后更字田祖。湖广荆州府公安（今属湖北）人。袁中道长子，继袁宗道嗣。天启四年（1624）乡试中举，未仕，崇祯十二年（1639）卒，年四十九。能诗，方志记其有《梅花奥集》《南游草》《二冬草》《笃蓐草》《续花源游草》，均未见传。万历书林唐振吾刊本袁中道《珂雪斋近集》十卷附收祈年《楚狂之歌》《小袁幼稿》《近游草》，三集合为一卷，顺延《珂雪斋近集》卷数列为卷一一，计收诗二百首。首有"武陵杨剑祝西来甫、杨鸿子渐甫校"，二人当为其诗友。清廖元度《楚风补》卷二八录其诗九首。生平见清吴山嘉《复社姓氏传略》卷八、《（康熙）荆州府志》卷二六、《（同治）公安县志》卷六。

袁袠（1499—1549）　字补之，号谷虚子。南直苏州府吴县（今江苏苏州）人。嘉靖七年（1528）举人，十七年进士，授庶吉士，次年改知庐陵县。二十二年迁礼部主事，二十五年转员外郎，次年引疾归，二十八年卒，年五十一。《千顷堂书目》著录其《礼部集》二卷。现存嘉靖三十六年吴县袁氏家刊本《袁礼部诗》二卷，收诸体诗二百余首，张景贤序。诗集内有词二首，近人赵尊岳《明词汇刊》据之录出，题为《袁礼部词》。另嘉靖刊《(和倪瓒)江南春词集》录其所作[江南春]词一首。生平见袁袠《送叔兄补之会试序》《袁永之集》卷一四)、《(同治)苏州府志》卷八〇、《(1933)吴县志》卷六六上。

袁黄(1533—1606)　初名表，改今名。字坤仪，号了凡。南直苏州府吴江(今属江苏)人，祖籍浙江嘉善。少聪颖敏悟。隆庆四年(1570)浙江乡试中举，万历十四年(1586)进士，除宝坻知县。二十年迁兵部职方司主事，适日本侵朝鲜，从经略宋应昌出征，多所策划，以事罪于提督李如松，中查典罢归。三十四年卒，年七十四。天启元年(1621)，吏部尚书赵南星追叙其东征功，赠尚宝司少卿。袁黄崇道学，其说本刘驷，导人持"功过格"。又博学尚奇，凡河洛、象纬、水利、戎政、勾股、堪舆、星命、相术之学，莫不究心。杂著甚夥，万历三十三年建阳余氏刻为《了凡杂著》九种十七卷，内《历法新书》五卷、《宝坻政书》四卷、《诗外别传》二卷及《训儿俗说》《静坐要诀》《祈嗣真诠》《别品河图洛书解》《劝农书》《皇都水利》各一卷。另曾辑《古今经世文衡》二十八卷、《群书备考》六卷、《增订二三场群书备考》三卷、《游艺塾文规》十卷、《游艺塾续文规》十八卷，皆存明刊本。又有清刊本《袁了凡纲鉴》三十九卷、《袁了凡纲鉴补》三十九卷等。《四库全书总目》另著录其《评注八代文宗》八卷。亦喜禅悦，并以之入诗。《千顷堂书目》著录其别集《两行斋集》十四卷，现存天启四年(1624)嘉兴袁氏家刊《袁了凡先生两行斋集》十四卷，李维桢序，内卷八有诗二百余首。《明诗综》卷五五录其诗三首。《明诗纪事》庚签卷一五录其诗二首。清陈元龙等《御定历代赋汇》卷六〇录其《诗赋》。《御选历代诗余》卷二八、《明词综》卷四录其词一首。生平见朱鹤龄《赠尚宝少卿袁公传》《愚庵小集》卷一五)、清阮元《畴人传》卷三〇。

袁袠(1502—1547)　字永之，号胥台。南直苏州府吴县(今江苏苏州)人，袁袠之弟。生于弘治十五年(1502)十月二十六。嘉靖四年(1525)举应天乡试第一，明年进士，二甲第一，选翰林院庶吉士，六年遇例裁抑，授刑部主事。九年改兵部武选主事，以兵部失火，下诏狱，编戍湖州，遇赦归。十九年诏复南兵部主事，历员外郎，二十年出为广西提学佥事，二十二年移疾归。归后读书横山别业，二十六年六月十三卒，年四十六。少以能诗称，所作为李梦阳所赏。《千顷堂书目》著录其《皇明献实》二十卷、《岁时记》一卷、《吴中先贤传》十卷、《袁永之集》二十卷。《袁永之集》二十卷为其别集,袁袠生前手校,已刻十之六,卒后嗣子袁尊尼于嘉靖二十六年续刻成,董宜阳等序,内诗十卷、文十卷,今存;后又有万历十二年(1584)衡藩重刊本,改题《衡藩重刻胥台先生集》,系袁袠甥张炳忠任衡藩司理时重校勘行,亦存。所著《皇明献实》有明叠翠山房抄本三十九卷,又有明抄本四十卷,另有《世纬》一卷被《四库全书》儒家类所收。嘉靖刊《(和倪瓒)江南春词集》录其所作[江南春]词三首。《盛明百家诗》前编录其诗一百二十余首为《袁学宪集》。顾起纶《国雅》卷九录其诗八首。《皇明诗统》卷二八录其诗十八首。《列朝诗集》丁集录其诗十四首。《明诗综》卷四〇录其诗十九首,"诗话"云:"永之诗品,在后冈(陈后冈)之上,足与吾乡渐山(屠应埈)方驾……今读《胥台集》,多中岁之诗,宜其声既清会,辞亦藻拔也。"清沈德潜《明诗别裁集》录其诗四首。《御选宋金元明四朝诗》录其诗十三首。《四库全书总目》著录《胥台集》二十卷,"提要"云:"诗不失体格,而时乏坚苍;文亦俊爽,而酝酿未免少薄。"《明诗纪事》戊签卷一六录其诗十五首,按云:"永之诗雄词快句,下笔凌厉,而直易之篇,伤于易尽,无复顿挫含蓄之妙。惟五律独多合作。"近人汪正石《木渎诗存》卷一录其诗八首。近人赵尊岳《明词汇刊》辑录《袁礼部词》。《明文海》录其文六篇。清陈元龙《御定历代赋汇》外集卷一〇录其《远游赋》一篇。生平见袁尊尼《先父行状》(《袁永之集》卷首)、文征明《袁君墓志铭》(《莆田集》卷三三)、吴维岳《胥台先生传》(《衡藩重刻胥台先生集》卷首)、王兆云《皇明词林人物考》卷七、《明史》卷二八七。

袁尊尼(1524—1574)　初名梦熊,字仲,改名后字鲁望,号吴门。南直苏州府吴县(今江苏苏州)人,袁袠子。嘉靖二十二年(1543)举人,四十四年进士,授刑部主事。乞南,改南礼部,转吏部,历员外郎、郎中,出为山东提学副使,万历二年(1574)致仕归,寻卒,年五十一。工行楷,能诗文,王世贞为其作《像赞》谓其"性和易坦亮,不设城府。好酒至穷日夜,而人事亦不废。读书强记,于诗喜眉山,于文喜潜溪"(《弇州四部稿续稿》卷一五〇)。为文务以详赡为则,或病其冗长。《千顷堂书目》著录其《袁鲁望集》十二卷,现存万历间姑苏袁氏家刊本,诗六卷、文六卷,有王世贞、陈文烛及其季弟序。世贞序云:"鲁望诗贵钱、刘,而不欲舍吾吴弘、正之步。"《列朝诗集》丁集录其诗一首。《明诗综》卷四四录其诗三首。《御选宋金元明四朝诗》录其诗四首。《四库全书总目》著录《鲁望集》十二卷,"提要"

云："是集纯为'七子'之体，故王世贞序极称之。"《明诗纪事》己签卷一五录其诗五首，按云："鲁望诗才华不及乃翁，出语雅令，不落叫嚣之习。"《明文海》录其文《听弹琵琶赋》等二篇。清陈元龙《御定历代赋汇》录其赋二篇。生平见王兆云《皇明词林人物考》卷一一、《明史》卷二八七。

袁懋谦(生卒年不详)　字吉卿。江西南昌府丰城人。万历十三年(1585)举人，二十九年进士，选翰林院庶吉士，授兵科给事中。《千顷堂书目》著录其《虎溪诗选》，现存天启五年(1625)李得春刊本《虎溪诗选》四卷。《明诗综》卷五九录其诗五首。《御选宋金元明四朝诗》录其诗二十一首。《江西诗征》卷六一录其诗十首。《明诗纪事》庚签卷二〇录其诗一首。生平见《(同治)南昌府志》卷四一、《(同治)丰城县志》卷一四。

都穆(1459—1525)　字玄敬，号南濠居士。南直苏州府吴县(今江苏苏州)人。少能诗，泛览群籍而未习章句，挟兔园册教授乡里几二十年。补弟子员仅三年，弘治八年(1495)领乡荐，十二年成进士，授工部都水主事。正德元年(1506)改南兵部武库主事，六年迁工部虞衡员外郎，仕至礼部主客郎中，八年乞休，加太仆寺少卿致仕。居家十余年，嘉靖四年(1525)九月二十二卒，

年六十七。博学多闻，老而好学，为时所重。又喜著述，正德八年(1513)奉使至秦中，访问其山川灵胜、古建国形势、故宫遗壤，作《使西日记》二卷(现存明刊本)。又搜访金石遗文，摹拓缮写，作《金薤琳琅录》二十卷(有嘉靖刊本、《四库全书》本)。著述另有明刊本《南濠居士文跋》四卷、《游名山记》六卷，明抄本《都公谭纂》二卷(陆采辑)，清鲍氏知不足斋抄本《吴下冢墓遗文》三卷。另嘉靖刻《顾氏明朝四十家小说》、明刊本《国朝典故六十种》(邓士龙编)等类书收其《南濠诗话》《寓意编》《壬午功臣爵赏录》《壬午功臣别录》《听雨纪谈》《玉壶冰》等。《寓意编》又收入《四库全书》。现存清乾隆二十三年(1758)刊本《铁网珊瑚》二十卷，署其名，则为书商伪托，或曰前四卷为其所作。晚年所著《南濠诗话》(《都玄敬诗话》)主严羽《沧浪诗话》论诗之旨，称其"禅道惟在妙悟，诗道亦在妙悟"之说"最为妙论"，又不平于扬唐抑宋及拟古之风，谓欧、梅、苏、黄等人诗作，与唐诗相比"真无愧色"。顾起纶《续国雅》卷三、《皇明诗统》卷一二录其诗一首。《列朝诗集》丙集录其诗三首，"小传"云："玄敬著述甚富，文笔平衍，诗尤单弱不成家。"《明诗综》卷二七下、清沈季友《槜李诗系》卷三九、《明诗纪事》丁签卷八录其诗

一首。《明文海》录其文十二篇。生平见胡缵宗《都公墓志铭》(《鸟鼠山人小集》卷一五)、王兆云《皇明词林人物考》卷九、何乔远《名山藏》卷九六。

耿汝愚(生卒年不详) 字克明,号古愚、玄通,又号瀛海渔人。湖广黄州府黄安(今湖北红安)人,耿定向长子。万历十年(1582)举人,以屡试不举,乃绝意仕进,闭户著书。后父殁,家贫,乃废著述而修计然之策,转而经商,不二十年竟积资十万,年七十卒。著述现存明刊本《江汝社稿》九卷,收古近体诗一千一百余首,卷首焦竑万历四十六年序,谓其"英明好奇,避人之所趋,攻人之所不为,往往如此⋯⋯不得大展于时,而园庐多暇,樽俎在前,琴奕迭进,欣然自得,悠然遐想,从容燕乐,以敦故旧凤昔之好,讲解诵说,以垂后进无穷之闻"。方志著录其另有《韵会类编》《四六草》《尺牍草》《诗经鱼虫考》等。生平见《(光绪)黄州府志》卷一九、《(光绪)黄安县志》卷八。

耿志炜(生卒年不详) 字明夫,号逸园。陕西西安府乾州武功人。万历四十一年(1613)进士,授荆州府推官,擢吏部员外郎,以宦监用事,请告归。崇祯二年(1629)起原官,寻升提督四译馆少卿,以母老告归,卒于家。归田后刊《逸园新诗》

一卷,收诗一百二十六首,卷首有自序。又步阮步兵诗原韵,作《咏怀诗》一卷,有崇祯刊本。《四库全书总目》著录《逸园新诗》一卷、《咏怀诗》一卷,"提要"谓其"于诗境未能深造"。生平见《(雍正)陕西通志》卷五七下。

耿定向(1524—1596) 字在伦,号楚侗。湖广黄州黄安(今湖北红安)人。生于嘉靖三年(1524)十月初十。嘉靖三十一年举于乡,三十五年进士,授行人。三十八年进云南道御史,劾礼部尚书吴鹏,罪于严嵩,四十年出按甘肃。隆庆初擢大理寺右丞,转左,与高拱不睦,谪广西横州判官,迁浙江衢州府推官。万历元年(1573)入为工部主事,再迁尚宝丞,历尚宝少卿,三年进太仆寺少卿,又进右金都御史,以母丧归。服除以原职起抚福建,十二年迁左副都御史,十三年晋刑部左侍郎,十五年迁南京右都御史,寻任总督仓场户部尚书,力辞求退,章屡上乃许。归居天台山,与弟定理、定力讲明正学。卒于万历二十四年六月二十一,年七十三,谥恭简。以儒学名家,人称"天台先生",然又以迎合张居正事,为清议所排。其学本王守仁,出于泰州王艮。初曾请李贽至麻城,既而以论道交恶,互相攻讦不已。所著有万历刊《小学经传》二卷,又曾辑历代名臣遗闻逸事为《先进遗风》二卷,为《四库全书》小说家类收录。《明史·艺文志》另著录《小学衍义》二卷、《二孝子传》一卷、《雅言》一卷、《新语》一卷及《文集》二十卷。其别集现存万历二十六年其门生刘元卿编刊《耿天台文集》二十卷,凡诗赋一卷(收赋一、诗三十余首),奏疏、杂文十八卷,末一卷为时艺;又有1925年武昌正信印书馆铅印《耿天台先生全书》十六卷。《明文海》录文十一篇。清廖元度《楚风补》卷二三录诗一首。清高士熙《湖北诗录》录诗一首。生平见《天台耿先生行状》(《焦氏澹园集》卷三三)、王衡《天台耿公墓志铭》(《缑山先生集》卷一二)、清黄宗羲《明儒学案》卷三五、《明史》卷二二一。

聂大年(1402—1456) 字寿卿。江西抚州府临川(今抚州)人。生于建文四年(1402)十二月初三,中书舍人聂同文遗腹子。宣德末,以明经行修,荐为仁和县学训导,调常州府学训导,升仁和教谕。景泰六年(1455)征入翰林修《实录》,次年二月初二卒,年五十五。一日重瞳,长身紫髯,仪观伟然,又博通经史,善书法,能诗文,一时有大名于江南。田汝成《西湖游览志余》卷一一记云:"聂大年……襟怀坦率,有清才,文章流丽,诗复俊逸,而洒翰得李北海遗意。""诗翰著名一时而不得预京衔,或曰大年在钱唐时,尝署桃符

云:'文章高似翰林院,法度严如按察司。'以此见忤达官。晚年被征修史,至京而卒,时人比之梅圣俞,宜也。"《千顷堂书目》著录其《东轩集》四十卷,未见传。天顺间刊《士林诗选》二卷(怀悦辑)录其诗二十首。《盛明百家诗》后编录其诗二百余首为《聂掌教集》。《皇明风雅》录其诗六首。顾起纶《续国雅》卷三录其诗一首。《皇明诗统》卷一二录其诗八首。《列朝诗集》乙集录其诗十三首。《明诗综》卷二一录其诗五首,"诗话"云:"大年诸体平熟,惟绝句小诗,差有韵致。比于刘泰士亨、陆昂元俱,马洪浩澜、王澄天碧诸子,似胜之。"《江西诗征》卷四九录其诗十五首。清丁丙辑《武林往哲遗著》录其佚作为《东轩集选》一卷补遗三卷。《明诗纪事》乙签卷二二录其诗十六首。《明词综》卷二录其词三首。近人赵尊岳《明词汇刊》录其词十首为《东轩词》。生平见王直《教谕聂大年墓志铭》(《皇明文衡》卷八八)、王兆云《皇明词林人物考》卷二、何乔远《名山藏》卷八六、《明史》卷二八六。

聂豹(1487—1563) 字文蔚,号双江。江西吉安府永丰人。生于成化二十三年(1487)正月初三。正德十一年(1516)举人,明年进士,除华亭知县。有政声,嘉靖四年(1525)征为御史,巡抚福建。简放

苏州知府,以忧归。起补平阳知府,修关练卒,却寇有方,朝臣以其知兵,擢陕西按察副使,备兵潼关。有言官疏劾其在平阳有劣迹,时相夏言亦恶豹,因下诏狱,狱中著书自辩,次年出狱归里。二十九年俺答犯京师,以礼部尚书徐阶荐,召拜右佥都御史,巡抚顺天,未赴,又擢兵部右侍郎,转左。三十三年代翁万达为兵部尚书,加太子少保,进太子少傅,又进太子太保,而寇患日棘,帝深以为忧,豹卒无所谋,恰东南倭寇起,羽书日数至,豹以条奏忤旨,因降俸二级,顷之罢归。四十二年十一月初四卒于家,年七十七,隆庆元年(1567)赠少保,追谥贞襄。初奉王守仁之学,闻阳明卒,为位以哭,自称弟子,后所撰《困辨录》八卷(有明刊本)等,则与王氏之说颇有异同,以其倡"归寂"之说,王畿、钱德洪及江右王门弟子邹守益、欧阳德、陈九川等皆与其反复论辩。《明史·艺文志》著录其《双江集》十八卷。现存其卒后次年永丰知县吴凤瑞刊《双江聂先生文集》十四卷,其侄聂静辑,首尹台、吴凤瑞序,内卷一二收赋一篇、操一篇、古近体诗三百四十二首、词五首。是集后又有隆庆六年(1572)增序本及清康熙四十年(1701)刊本。另,其任华亭时尝与沈锡等纂修《华亭县志》十六卷,正德刊本亦存。清应麟《江右古文选》卷二二录其文二篇。《江西诗征》卷五五录其诗二首。近人赵尊岳《明词汇刊》录其词三首为《双江诗余》。生平见宋仪望《双江聂公行状》(万历刊《华阳馆文集》卷一一)、徐阶《聂公墓志铭》(《世经堂集》卷一八)、王时槐《聂先生传》(《国朝献征录》卷三九)、《明史》卷二〇二。

莫止(生卒年不详)　字如山,号南沙。南直常州府无锡(今属江苏)人。弘治、正德间诸生。《千顷堂书目》著录其《南沙集》。《(乾隆)无锡县志》卷三九记其有《石巢遗稿》。《盛明百家诗》后编录其诗一百四十余首为《莫南沙集》,识语云:"南沙与邵文庄(邵圭洁)相友善,故其诗格律音韵亦相似。"顾起纶《续国雅》卷三录其诗一首。《石仓十二代诗选·明诗选》录其诗六十余首。《明诗综》卷二六录其诗四首。清沈德潜《明诗别裁集》录其诗一首。清顾光旭《梁溪诗钞》卷五录其诗二首。《明诗纪事》丁签卷一五录其诗四首,按云:"南沙诗琢句清新,七律尤见雅裁。"生平见《(光绪)无锡金匮县志》卷二二。

莫旦(1429—?)　字景周,号鲈乡。南直苏州府吴江(今属江苏)人。成化元年(1465)举人,卒业太学,作《大明一统赋》,又作《贤关赋》,因名动京师。官新昌训导,迁国子监学正,乞归,卒年八十余。有

《鲈乡集》四卷，未见传。《千顷堂书目》著录其《明一统赋补》四卷，现存嘉靖十五年(1536)郑普刊本及朝鲜古活字本《大明一统赋》三卷，司马泰跋。钱谷《吴都文粹续编》录其《石湖赋》等三篇，《吴都金石新编》录其文《饶稼桥记》等两篇。清陈元龙《御定历代赋汇》卷三五收其《大明一统赋》。成化间曾修《新昌县志》十六卷，有正德初刊本；又有《吴江县志》二十三卷，有弘治元年(1488)刊本；又《石湖志》六卷，亦有明刊本。生平见《(乾隆)江南通志》卷一六五。

莫如忠(1509—1589)　字子良，号中江。南直松江府华亭(今上海松江)人。生于正德四年(1509)四月初七。嘉靖十三年(1534)举人，明年春闱失利，归就学于唐顺之之门。十七年进士，廷试二甲第四，请南，授南工部虞衡主事，分署芜湖，移真州，以父病归。二十一年丁父忧，二十四年服除补礼部主客司主事，历员外郎、郎中，三十年出为贵州提学副使，以母病投劾归。家居十余年，隆庆初补河南参政，转陕西，擢浙江右布政使，三年(1569)乞归。卒于万历十七年(1589)八月，年八十一。为人束修自好，恬于荣进。夏言死西市，门下士皆避匿，如忠独奋身经纪其丧，朝士以此多称其义。善草书，能诗。在京曾与吴维岳等结诗社于刑部白云楼，又交于王世贞、谢榛等，后王世贞将其与皇甫汸、许邦才、周天球、沈明臣等列为"四十子"(《弇州四部稿续稿》卷三)。万历十四年冯大受、董其昌等刻其著述为《崇兰馆集》二十卷，内诗九卷、文十一卷，陆树声、茅坤、冯明可、唐文献、冯大受序。《明史·艺文志》著录《崇兰馆集》二十卷即此本也。《盛明百家诗》后编录其诗四十余首名《中江集》，与其子莫是龙《少江集》合为《二莫集》。顾起纶《国雅》卷一三录其诗七首。《皇明诗统》卷三三录其诗十一首。《皇明诗选》录其诗一首。《列朝诗集》丁集录其诗三首，"小传"谓其"为诗尤工近体"。《明诗综》卷四二录其诗一首。《御选宋金元明四朝诗》录其诗五首。清姚宏绪《松风余韵》卷五○录其诗十首。《四库全书总目》著录《崇兰馆集》二十卷，"提要"云："如忠诗颇具唐音，五言近体尤多佳句。文则应俗之作居多，惟题跋十余则，颇为雅令。按如忠精于赏鉴，流传墨迹题识最多，此所收犹未尽也。"《明诗纪事》戊签卷二○录其诗二首。《明文海》录其文十篇，评语谓"《崇兰馆》文有家数，固是名家"。生平见陆树声《中江莫公墓志铭》(《陆文定公集》卷七)、何三畏《云间志略》卷一五《莫方伯中江传》、王兆云《皇明词林人物考》卷八。

莫叔明(1508—1583)　一名更生。字公远、延年,号寒泉子。南直苏州府长洲(今江苏苏州)人。家贫嗜诗,苦心文华,家事大细不复问。嘉靖三十一年(1552)金城任苏州知府,辟为博士弟子员,三十三年莫抑知长洲,聘其教子。晚年移居杭州,与沈明臣、茅坤等结诗社,食息居处皆赖故人。卒于万历十一年(1583),年七十六。王世贞为其撰墓志,末铭云:"长洲生,武林死。中游燕齐逮楚尾,独诗与穷相终始。"《明史·艺文志》记其有《诗》三卷。现存嘉靖三十五年莫抑刊本《历下集》一卷,有金城、莫抑序,收五七言古近体诗九十四首;又《花县集》四卷,收古近体诗二百十余首;又有明刻《绿水新编》三卷,收诗一百八十余首。《盛明百家诗》后编录其诗百余首为《莫公远集》。《皇明诗统》卷三三录其诗三首。《列朝诗集》丁集录其诗四首,"小传"谓其:"僻好为诗,苦思险诣,务出于人所不经道,高自标置。每谓人:'近日出语太易,人得无以岑嘉州目我乎?'……数见饥困,贫亦益甚。游燕齐及楚返,葬于武林,自伐石为之表曰:'明诗人莫公远之墓。'"《御选宋金元明四朝诗》录其诗一首。生平见王世贞《明诗人莫公远墓志铭》(《弇州四部稿续稿》卷一一三)、茅坤《莫叔明传》(《茅鹿门先生文集》卷一九)、王兆云《皇明词林人物考》卷一一。

莫秉清(1612—1691)　字紫仙,号葭士。南直松江府华亭(今上海松江)人。莫如忠孙,莫是龙子,明末诸生。矜贵高洁,以扬雄、赵孟頫之为人为可耻,因名其居曰"耻庵"。清初避兵浦东,遂隐,誓不出山。性耿介,不妄交人,造庐者亦罕得见,自称月下五湖人。卒于清康熙三十年(1691),年八十,门人私谥贞白先生。能诗词、工书法。清曹炳辑莫是龙(字廷韩)与顾斗英(字仲韩)二人诗为《云间二韩诗》,有康熙五十五年曹炳曾城书室刊本,后附秉清诗《采隐草》一卷,收诗一百十余首,其友人曹培廉《小引》,谓其原有集,此未及全集之半,其自作《后序》,则谓原集有诗四百余首。其集现存1931年铅印本《采隐草诗集》二卷《傍秋庵文集》四卷。《诗集》首秉清自序,计收五七言古近体诗六百九十五首、诗余四十八首;《文集》收其所作序、传、碑记、志铭、祭文、论赞等各体文。清卓尔堪《明遗民诗》录其诗一首。清姚宏绪《松风余韵》卷五〇录其诗十二首。清姜兆翀《松江诗钞》卷六三"遗老"录其诗八首。清冯金伯《海曲诗钞》卷五录其诗九首，近人严昌堉《海藻》卷一〇录其诗七首。近人赵尊岳《明词汇刊》录其词六十六首,题为《采隐诗余》一卷。生平见吴征棐《贞白先生墓志铭》(《傍秋庵文集》附录)、《(同治)上海县志》卷一九。

莫是龙(1537—1587)　字云卿，以字行，更字廷韩，又字后明，号秋水，又号少江。南直松江府华亭(今上海松江)人，莫如忠子。生于嘉靖十六年(1537)七月初六。善书画，享名江南，皇甫汸、王世贞极称之。少即能文，与同郡顾斗英仲韩齐名，称"云间二韩"。科考不遂，以贡生终。卒于万历六年(1578)七月初，年五十一。《明史·艺文志》著录其《画说》一卷、《石秀斋集》十卷。现存万历三十年刊《刻莫廷韩遗稿》十六卷，内赋一卷(十篇)、诗九卷(九百余首)、词一卷(二十一首)、文六卷；又万历三十二年潘焕宸刻诗集《石秀斋集》十卷；崇祯五年(1632)莫后昌、莫远刻《小雅堂集》八卷。又，清康熙五十五年(1716)曹炳曾城书室刻《云间二韩诗》十八卷有是龙《石秀斋集》十卷，收其赋十、操二、拟乐府二十四、古近体诗一千一百余首；另有稿本《小雅堂集》不分卷，收诗四十首。所作《画说》一卷见于《雪堂韵史》《宝颜堂秘笈》等，《笔麈》一卷，见清乾隆刻《奇晋斋丛书》。《盛明百家诗》后编录其诗三十余首名《少江集》，与其父莫如忠《中江集》诗合为《二莫集》。顾起纶《国雅》卷一八录其诗十三首。《皇明诗统》卷三三录其诗九首。《皇明

诗选》录其诗一首。《列朝诗集》丁集录其诗三首。《明诗综》卷六二录其诗六首。清姚宏绪《松风余韵》卷五〇录其诗十首。《四库全书总目》著录《石秀斋集》十卷，"提要"云："是龙书画皆有名，而为诗不屑深思。"清王昶《青浦诗传》卷一〇录其诗四首。《明诗纪事》庚签卷七上录其诗六首，按云："诗长于五言，而七言散漫无神采，亦才有偏胜也。"近人严昌埄《海藻》卷一〇录其诗十二首。《明词综》卷五录其词一首。近人赵尊岳《明词汇刊》录其词八首为《小雅堂词》。《明文海》录其文《相思鸟赋》一篇。生平见张敬所《莫廷韩小传》(《石秀斋集》卷首)、王兆云《皇明词林人物考》卷一一、《明史》卷二八八。

桂华(1477—1522)　字子朴，号古山。江西饶州府安仁(今余江)人。生于成化十二年十二月二十九(1477 年 1 月 13 日)。弱冠从举子业，游乡校，然于功名不甚经意，以昌明道学为志，尤攻"心学"。嘉靖元年(1522)六月十七卒，年四十六。《千顷堂书目》著录其《古山先生文集》二十卷。现存明刊本《古山先生文集》四卷，卷一赋四篇，有目无文，卷二至卷四收诗二百余首、词二十三首。又有清乾隆三十八年(1773)桂五等刻本《古山先生文集》八卷，卷一、卷二录诗一百五十八首、诗余

十五首,卷三至卷八录各体文一百五十一篇,附桂尊为其所作《墓志》。《明诗综》卷三七录其诗《丙子重过石上》一首,《御选宋金元明四朝诗》据之录。《四库全书总目》著录《古山集》四卷,"提要"云:"尝从胡居仁门人张正游,故所学颇为醇正,诗文则尚未成家。"《江西诗征》卷五五录其诗二首。《明词综》卷三录其词一首。近人赵尊岳《明词汇刊》录其词十五首为《古山词》一卷。生平见《古山先生文集》附其弟桂尊所作《墓志》《年谱》。

桂衡(生卒年不详)　字孟平。仁和(今浙江杭州)人。洪武间官钱塘儒学训导,与瞿佑交。转山东平度州训导。建文二年(1400)授谷王府奉祀,后卒于长沙。能诗工文,喜为小词,善俳谑,或称其诗"极秾丽",也能书画。《千顷堂书目》著录其《桂孟平文》一卷又《紫微稿》,不传。瞿佑《归田诗话》云:"孟平刻意于诗,有日课之工,尝手书百篇寄予。孟平后卒于长沙,予亦遭难,家事零落,所寄诗亦被人取去。独《题剪灯新话》长篇在卷首,幸而存焉,乃训导钱塘邑庠日所作也。"明汪珂玉《珊瑚网》卷一三收《剪灯新话歌》,即《题剪灯新话》者。又,明抄本《天机余锦》卷一录其词[苏武慢]四首。明朱存理编《珊瑚木难》卷四存其诗七首。《西湖游览志》《西湖游览志余》等亦录诗。《皇明诗统》卷五录诗一首。《列朝诗集》乙集录诗二首。《明诗综》卷一三、《明诗纪事》甲签卷二二录诗一首。生平见叶盛《水东日记》卷二七、过庭训《本朝分省人物考》卷四二。

栗应宏(生卒年不详)　字道甫。山西潞安府长子人。嘉靖四年(1525)举人,屡上春官不第,后官南阳通判。弱冠能诗,与兄栗应麟齐名,同与谢榛、高叔嗣为诗友。谢榛《四溟诗话》谓其"所作含英咀华,风调复别"。《千顷堂书目》著录其《太行集》十六卷又《山居诗集》六卷,未见传。《盛明百家诗》前编录诗九十余首为《栗太行集》。《皇明诗统》卷二二录诗十首。《皇明诗选》录诗一首。《列朝诗集》丁集录诗三首。《明诗综》卷四五录其诗一首。《四库全书总目》著录其《山居集》八卷,"提要"云:"集中惟五言近体颇有隐秀之致,余体则自郐无讥。"《明诗纪事》戊签卷八录其诗八首,按云:"近体沉思研练,不落寻常蹊径。"《明文海》录其文《上仪封公论事书》一篇。生平见高叔嗣《栗上党集序》(《苏门集》卷五)、(雍正)山西通志》卷一三七。

栗应麟(生卒年不详)　字仁甫,号晋川。山西潞安府长子人。正德十四年(1519)举人,嘉靖八年(1529)进士,除陈州知州。历顺德同知,迁陕西按察司金事,解组归。

归后筑室五龙山下，屏迹不入城市。负才名，好吟咏，与弟应宏并以诗为高叔嗣所赏。谢榛《四溟诗话》称其诗"清雅"。《千顷堂书目》著录《潞安府志》十二卷、《栗陈州集》一卷（注"一作《去陈集》"），未见传。《皇明诗统》卷二二录诗十六首。《明诗综》卷四五录诗二首。《明诗纪事》戊签卷八录诗三首。生平见高叔嗣《栗陈州诗序》（《苏门集》卷五）、王兆云《皇明词林人物考》卷五、《（雍正）山西通志》卷一三七。

贾仲明（1343—？）　一作仲名，号云水翁、云水散人。淄川（今山东淄博）人。天一阁藏佚名《录鬼簿续编》有其小传云："天性明敏，博究群书，善吟咏，尤精于乐章、隐语，尝侍文皇帝于燕邸，甚宠爱之，每有宴会，应制之作无不称赏。公丰神秀拔，衣冠齐楚，量度汪洋，天下名士大夫咸与之相友。自号云水散人，所作传奇、乐府极多，骈俪工巧，有非他人之所及者。一时侪辈，率多拱手敬服以事之。后徙居兰陵而家焉。所著有《云水遗音》等集行于世。"撰杂剧十六种，其中《梅杏争春》《七世冤家》《碧桃花》《双献头》《燕山怨》《节妇牌》《调风月》《双告状》《双坐化》《英山梦》十种已佚。现存六种：《对玉梳》（《荆楚臣重对玉梳记》）演荆楚臣与妓女顾玉香分合故事；《菩萨蛮》（《萧淑兰情寄菩萨蛮》）叙少女萧淑兰钟情于迂腐拘谨之书生张世英，苦苦追求终成眷属故事；《玉壶春》（《李素兰曲月玉壶春》）演李斌与妓女李素兰情爱故事。此三种属"风情剧"，又均有万历间脉望馆抄校《古名家杂剧》本及万历刻《元曲选》本等（《元曲选》误题《玉壶春》为元武汉臣作）。又《金童玉女》（《铁拐李度金童玉女》）亦有万历间脉望馆抄校《古名家杂剧》本及万历刻《元曲选》本，演铁拐李度化谪凡之金童玉女重登仙籍事；《升仙梦》（《吕洞宾桃柳升仙梦》）写吕洞宾接引桃精、柳精升仙事，亦有万历间脉望馆抄校《古名家杂剧》本。二者则为元明常见之"渡脱剧"。另有《裴度还带》（《山神庙裴度还带》），万历间脉望馆抄校《古名家杂剧》本误题关汉卿作，演唐宰相裴度在山神庙拾得玉带，还给失主韩琼英，琼英因得以救父，后裴度与琼英结为夫妻，共享荣华，事出唐王定保《唐摭言》。仲明杂剧题材、立意、关目、排场皆非特别出类，然其杂剧创作数量较多，还采用了正末与正旦对唱以及南北合套等新形式，领一时之先，故得称当时曲坛之翘楚。散曲集《云水遗音》已佚。散曲结集称《云水遗音》，已佚。陈所闻《北宫词纪》存其小令《雪夜》、套数《南北黄钟合套·元宵赏灯》。郭勋《雍熙乐府》存其套数《赠美姬》。

其晚年为钟嗣成《录鬼簿》增补［凌波仙］吊词，"自关先生（汉卿）至高安道八十二人"，各缀曲一支，并有《书录鬼簿后》，署"永乐二十年壬寅（1422）中秋八十云水翁贾仲明书于怡和养素轩"。因知其永乐二十年（1422）犹在世，年已八十。或曰《录鬼簿续编》亦为其所作，未确。

贾咏（1464—1547）　字鸣和，号南坞。河南开封府临颍人。生于天顺八年（1464）十一月三十。弘治二年（1489）乡试第一，九年进士，选翰林院庶吉士，十一年授编修，充会试同考官。正德初充经筵讲官，刘瑾以扩充政务名，黜翰林十三人为部属官，调其为兵部武选司主事。正德五年（1510）迁礼部员外郎，是年瑾诛，再入翰林，六年进左春坊左中允兼翰林修撰，九年迁南翰林院侍读学士，十一年任南国子祭酒，十三年转北监祭酒，迁礼部左侍郎。嘉靖三年（1524）改吏部左侍郎，明年兼翰林学士，入内阁，专管制诰，仍掌詹事府事，寻晋礼部尚书兼文渊阁大学士，预机务，加少保兼太子太保，五年，御史马录因劾武定侯郭勋庇奸乱法事入狱，贾咏曾有书慰之，因引罪致仕。二十六年八月三十卒，年八十四，谥文靖。《千顷堂书目》著录其《南坞集》十卷，现存其叔贾晓嘉靖二十一年刻隆庆二年（1568）重修本《南坞集》十八卷，首自序及李濂序，内诗八卷，收古近体诗六百五十一首、词八首，文十卷，收各体文二百三十九篇（内表奏、考语、讲章三十三篇）。生平见李濂《贾公行状》《国朝献征录》卷一五）、严嵩《贾公神道碑》（《钤山堂集》卷三四）、董份《贾公神道碑铭》（《董学士泌园集》卷二九）。

贾惟孝（生卒年不详）　字若曾，号东畹。云南云南府嵩明人。嘉靖间庠生。邃于医，亦能诗文，隐居自适，卒后祀于嵩明先贤祠。杨慎谪滇，贾惟孝与之交善，嘉靖九年（1530）慎赠惟孝诗云："兰叟和光卧白云，贾生东畹挹清芬。何人为续嵇康传，题作杨林两隐君。"盖因惟孝步武明初嵩明人兰茂，亦博学高隐，又皆以戍籍隶于嵩明州杨林千户所，故将二人并称为"杨林两隐君"。惟孝所著称《膳语闲吟稿》，未见传。近人编《云南丛书》二编《杨林两隐君集》有《贾隐君集》，收其五七言诗六十六首。其诗如"读书期理明，耕田望秋熟""海碧白鸥净，山青红叶明"之句，大多直白如话。清袁文典等《明滇南诗略》卷三录诗十一首。清陈荣昌《滇诗拾遗》卷一录诗十九首。《明诗纪事》戊签卷二二录诗二首，按语谓其诗"音调清脆，是宋、元人合作"。近人李坤《滇诗拾遗补》卷一录其诗七首。生平见《（乾隆）云南通志》卷二一之二。

夏允彝(1596—1645)　字彝仲，号瑗公。南直松江府华亭(今上海松江)人，夏完淳之父。好古博学，工属文，崇尚气节。与杜麟征、周立勋、徐孚远、彭宾、陈子龙等结畿社，以应张溥之复社，为"畿社六子"之一，后亦入复社。崇祯十年(1637)进士，除长乐知县，在任修《长乐志》十一卷。十六年北京城破，走谒史可法，与谋兴复。福王立，起吏部主事。乙酉(1645)八月南都失守，赋绝命词投水死，年五十。唐王时，赠右中允，谥文忠。所著《禹贡古今合注》五卷图一卷及《新刻注释孔子家语》二卷，皆有明刊本。另有《幸存录》，收其《国运盛衰之始》《东夷大略》等文五篇，见于各种抄本，或三卷，或二卷，或不分卷。清初抄本《畿社六子诗选》录其诗。陈济生《天启崇祯两朝遗诗》卷七录其诗十一首。《明诗综》卷七三录其诗二首，"诗话"云："畿社六子，瑗公以经义见长，诗非专尚。然其撰《长乐志》，境有孝子节妇，必赋诗以旌之。集中乐府，未尝不合古人也。"清姚宏绪《松风余韵》卷三九录其诗五首。《明诗纪事》辛签卷五录其诗一首。《明词综》卷六录词一首。清胡胤瑗等《兰皋明词汇选》录其词一首。《明文海》录其文一篇。生平见清屈大均《皇明四朝成仁录》卷六、《明史》卷二七七。

夏古丹(1607—1676)　本姓胡，名涵，字天木。明亡后改姓为"华夏"之"夏"，析原姓为名。浙江湖州府乌程(今湖州)人。读书未仕，明末战乱，浪迹江湖，入清，隐于浙东乡间。卒于康熙十四年十二月十八(1676年2月1日)，年七十。能诗，惟所作随手而弃。《千顷堂书目》著录其《葫芦藏稿》。现存清抄本《夏古丹先生诗集》一卷，收诗百余首，卷首有清康熙九年(1670)张弨《夏古丹先生诗集叙》，谓其顺治七年(1650)于湖州西南碛山与古丹游处，古丹有诗辄录之，壁间悬一葫芦，纸盈幅，即投其中。古丹没，葫芦适满，爱缮写成帙，系以挽诗，题曰《葫芦藏稿》。叙末又云："其己亥(顺治十六年)以前所作，故遇事感怀，多恋本返旧之思，后知厥愿勿谐，则又放情任远，别为一调，未及编入。"则古丹亦以明遗民自居矣。集末附录张元声《挽古丹先生》。《明诗综》卷八〇下录其诗一首，"诗话"云："古丹与吾乡吴吴县可黄、项上舍子毗结契，是亦湖海之士。诗如'春风明日动，柳色上吴船'，'晴云一束山腰白，秋色无多树杪红'，非《下里》音也。"清陆心源《吴兴诗存》四集卷一九录其诗八十八首，谓其本为"越中望族"，"生长燕山，继迁白门。丙戌(顺治三年)、丁亥(顺治四年)间，析姓为字，邀游溟渤。

铮铮以豪杰自负。其诗芊锦婉丽，不似其为人。尝往来吴兴碌山，乙卯冬，卒于茅茨之下。山中友人胡山眉葬之碌南龙兴桥畔。昔人作诗人九命，一曰无终，古丹者拟诸唐人，亦骆宾王、周朴之流钦”。《明诗纪事》辛签卷一六录其诗三首。

夏时正（1412—1499）　字季爵，号留余道人。原籍浙江宁波府慈溪，少随父移居杭州府仁和（今杭州），遂入籍。宣德十年（1435）举人，正统十年（1445）进士，授刑部主事，进郎中。景泰六年（1455）复查福建刑事案卷，天顺初擢大理寺丞，迁南大理寺少卿。成化五年（1469）晋南大理寺卿，次年奉旨巡视江西灾情，免冗税，赈灾民，增筑南昌章江门滨江堤坝及丰城诸县堤岸，为民所称。六年上奏不具姓名，吏科论其简恣，帝宥其罪，录弹章示之，遂乞休。家贫，归僦民舍，布政使张瓒为其筑西湖书院于孤山。成化十年曾与修《杭州府志》六十三卷（有成化刊本）。家居近三十年，卒于弘治十二年（1599），年八十八。善行楷书，好学问，多所著述，《明史·艺文志》著录《深衣考》一卷、《三礼仪略举要》十卷、《太常志》十卷、《留槁》二十五卷，均未见传，然诗文散见于多种文献：田汝成《西湖游览志余》卷一三录诗四首。张丑《清河画舫录》录诗一首，清汪森《粤西诗载》卷二三录诗八首。清姚燮《蛟川诗系》卷四录诗十首。清尹元炜《溪上诗辑》卷三录诗二首。钱谷《吴都文粹续集》录其文二篇，程敏政《新安文献录》卷九三、清汪森《粤西文载》卷三二各录文一篇。生平见王鏊《夏公时正墓志铭》（《王文恪公集》卷二七）、《明史》卷一五七。

夏旸（生卒年不详）　字汝霖。江西广信府贵溪人，夏言父夏鼎从兄。尝任府司狱，故其词〔千秋岁·咏怀〕有“几年薄宦，南北经行遍”语。能诗曲，词风近俗，而雅洁婉美。有明刊本《葵轩词》一卷，收词四十首，内多为小令，长调仅〔贺新郎〕、〔凤凰台上忆吹箫〕数首。近人赵尊岳《明词汇刊》据抄本所辑《葵轩词》一卷，亦为四十首。其曲则皆为北调小令，现存嘉靖间刊本散曲集《葵轩词余》一卷，内〔北双调雁儿落兼得胜令〕〔北双调折桂令〕〔北中吕朝天子〕〔北双调沉醉东风〕〔北正宫醉太平〕各二十首，计小令百首。

夏言（1482—1548）　字公谨，号桂洲。江西广信府贵溪人。生于成化十八年（1482）六月二十九。正德五年（1510）领乡荐，十二年进士，授行人。十五年擢兵科给事中，迁都给事中，调吏科。嘉靖初擢少詹事兼翰林学士，掌院事，十年（1531）进礼部左侍郎兼翰林学士，未逾月继李时为本部尚书仍兼学士，未浃岁而拜六卿，前此未有也。又加太子太保，进少傅、太子太傅，兼武英殿大学士，入参机务。首辅李时卒，晋吏部尚书、华盖殿大学士，继为首辅。与严嵩交恶，渐失帝意，嘉靖二十七年以赞决陕西总督曾铣请复河套事，夺职放归。嵩复为仇鸾草奏，讦夏言曾受曾铣贿金，交通为奸利，遂被斩于西市，年六十七。后嵩败，其家讼冤，隆庆初复官，追谥文愍。言性机敏，强直干练，能属文，长于笔札，亦擅诗词。奏疏及诗文著述有多种刊本，现存主要有：嘉靖十三年王廷赡刊《南宫奏稿》五卷，嘉靖十六年何邦美刊本《应制集》四卷，嘉靖刊本《郊祀奏议》二卷，十九年石迁高刊本《桂洲词》一卷，二十年朱选刊本《桂洲集》六卷，二十五年曹忭等刊本《赐闲堂稿》十卷附录一卷，二十五年罗尚絧监刊本《桂洲诗集》二十四卷，四十五年双泉童氏刊本《桂翁词》六卷《鸥园新曲》一卷，隆庆五年（1571）序刊本《赐闲堂稿》八卷，万历二年（1574）建阳书户吴世良刊《桂洲先生文集》五十卷，崇祯十一年（1638）吴一璘刊本《夏桂洲先生文集》十八卷附年谱一卷。另有明刻《桂洲先生奏议》二十卷外集二卷。《千顷堂书目》另著录其《圣驾渡黄河记》《记召对庙廷事》《扈跸录》各一卷。《桂洲先生文集》五十卷收罗最为完备，首诗十三卷，

收诗一千三百余首，次赋一卷十五篇，词四卷三百四十余首，以下三十二卷除奏疏及各体文，尚有应制之作如应制宴享乐、祀神乐章、事神乐章、步虚词、事神表文等甚夥。沈德符《万历野获篇》云："言亦能诗，然不甚当行，独长于新声。所著有《白鸥园词集》，豪迈俊爽，有辛幼安、刘改之之风。其谋复河套，作［渔家傲］词，亦其一也。"顾起纶《国雅》卷七录其诗六首，《国雅品》谓其"优于词，自成别调"。《皇明诗统》卷二五录其诗六首。《皇明诗选》录其诗二首。《列朝诗集》丁集录其诗六首，"小传"云："喜为长短句，在南宫，与属吏虞山杨仪梦羽倡和，今所传《元相桂翁词》及《鸥园新曲》，皆梦羽序而行之。少师得君专政，声势烜赫，诗余小令，草稿未削，已流布都下，互相传唱。"《明诗评选》录其诗二首。《明诗综》卷三六录其诗八首，"诗话"云："贵溪游览赠酬之作，不及分宜，而应制诗篇，投颂合雅。"《四库全书总目》著录其《桂洲集》十八卷，"提要"云："言未相时以词曲擅名，然集中词亦未甚工。诗文宏整而平易，犹明中叶之旧格。"《江西诗征》卷五五录其诗四十首。《明诗纪事》戊签卷一三录其诗十八首，按语谓其"五言特具高韵……绝句尤有风致"。《明词综》卷三录其词三首，内［三台令·西湖感旧］［喜乔

迁·初夏],未见集中。近人赵尊岳《明词汇刊》录其《桂洲集》六卷、《桂洲集外词》一卷。《明文海》录其文三篇。清应麟《江右古文选》卷一八录其文四篇。清胡大鸿《江右文抄》录其文三篇。生平见王世贞《大学士夏公言传》《国朝献征录》卷一六）、何乔远《名山藏》卷七三、王兆云《皇明词林人物考》卷六、《明史》卷一九六。清林日瑞有《夏桂洲先生年谱》（《夏桂洲先生文集》）。

夏完淳（1631—1647） 原名复。乳名端哥，字存古，号小隐，又号灵首。生于崇祯四年（1631）九月初九。南直松江府华亭（今上海松江）人。诸生，以陈子龙为师。南京陷，随父夏允彝入吴志葵军抗清。吴兵败被杀，夏氏父子幸免，避居华亭曹溪。允彝寻作《幸存录》，沉塘死，完淳则助陈子龙起兵，受鲁王封为中书舍人，又随岳父钱栴入太湖参吴易军事。兵败失路，因归家。永历元年（1647）预预清松江都督吴胜兆反止事，以其上表鲁监国事发，被执后押至南京，面斥洪承畴，誓死不降，九月十九日被杀，年十七。少负才能，诗赋悲凉慷慨，得诸父执激赏。著有《玉樊堂集》《南冠草》等，原仅以抄本流传。清嘉庆初吴氏听彝堂刻《艺海珠尘》，收其《夏内史集》九卷附录一卷，然收罗未广，至嘉庆十二年（1807）王昶、庄师洛辑

刻《夏节愍全集》十卷补遗二卷，始大体齐备。是集收赋十二篇，骚《九哀》《招魂》计十篇，乐府十一篇，四、五七言古诗一百十三首，五七言律诗一百二十二首，五七言绝句五十五首，词四十一首，散曲小令三首、套数二套；问、论、檄、序、书等文十篇，王昶等序。此本又有同治八年（1869）重刊本。另曾续其父《幸存录》，作《续幸存录》二卷，收其《南都大略》《南都杂志》，现存多种明清抄本。陈济生《天启崇祯两朝遗诗》卷七录其诗一百零七首。《明诗综》卷七五录其诗十一首，并引钟广汉云："陈大樽（子龙）选明诗，存古年才十余，而宋辕文（宋征舆）援其论诗以作序，此时已许其作后进领袖矣。迨十五从军，十七授命，磨盾草檄，不异老生宿儒，信异禀也。"清沈德潜《明诗别裁集》录其诗四首。清姚宏绪《松风余韵》卷三九录其诗六首。《明诗纪事》辛签卷五录其诗十一首，按云："存古诗，趋步陈黄门（陈子龙），年仅十七，当其合作，与黄门并难高下。赴义之时，语气纵横淋漓，读之令人悲歌起舞。"《明词综》卷七录其词五首。近人赵尊岳《明词汇刊》录其词，曲为《夏内史词附诃杂》一卷。生平见清屈大均《皇明四朝成仁录》卷六、《（嘉庆）松江府志》卷五五。

夏良胜（1480—1539） 字于中。

江西建昌府南城人。生于成化十六年（1480）十一月二十六。正德二年（1507）乡试解元，三年进士，观政工部，以丁继母忧归，又丁父忧，七年始授刑部主事。改吏部，十年迁员外郎，以谏武宗南巡，廷杖，夺职归。嘉靖初起考功员外郎，进文选司郎中，迁南太常少卿，未赴，为人所诋，谪茶陵知州，又为仇家所讦，谪戍辽东。嘉靖十七年十二月十六（1539年1月5日）卒，年六十，隆庆初，赠太常卿。有《中庸衍义》十七卷，现存清乾隆间翰林院抄本及《四库全书》本。曾纂修《建昌府志》十九卷，现存正德刻蓝印本。官茶陵时，又纂修《茶陵州志》二卷，嘉靖刊本亦存。《明史·艺文志》著录其别集《东洲稿》十二卷《诗》八卷。现存嘉靖刻本《东洲初稿》十四卷，建昌府推官危德辑刻，内前七卷为杂文，卷八为诗，收诗二百九十余首，卷一三、卷一四为谪戍辽东时所作诗文。是集亦被收入《四库全书》，《总目》"提要"云："良胜两以直谏谪，风节凛然。其诗文无意求工，而皆岳岳有直气。虽不以辞藻著名，要非雕章绘句之士所可同日语也。"《明文海》录其文五篇。清应麟《江右古文选》卷一八录其文二篇。曾燠《江西诗征》卷五五录其诗二十二首。《明诗纪事》戊签卷一〇录其诗一首。生平见欧阳铎《夏公良胜墓志铭》（《国朝献征录》卷七〇）、《明史》卷一八九。

夏尚朴（1466—1538）　字敦夫，号东岩。江西吉安府永丰人。弘治十七年（1504）举人，正德六年（1511）进士，授南京礼部主事。历郎中，简放惠州知府，投劾归。嘉靖间起山东提学副使，擢南太仆寺少卿。卒于嘉靖十七年（1538），年七十三。少师吴与弼，后从娄谅游，传"主敬"之学，著有《中庸语录》，学者称之。亦能诗文，有嘉靖四十五年（1566）其婿刘宾辑刻《夏东岩先生文集》六卷、《诗集》六卷，清康熙三十八年（1699）傅而保增刻为《夏东岩先生文集》六卷、《诗集》八卷、首一卷。另有清光绪十三年（1887）南城县刊《东洲剩稿》二卷。《四库全书》据嘉靖本收《东岩（文）集》六卷，著录《东岩诗集》八卷，《总目》"提要"谓其诗"多涉理语，近白沙（陈献章）、定山（庄昶）流派"。《江西诗征》卷五五录其诗七首。《明诗纪事》戊签卷一一录其诗四首，按云："敦夫讲学，得之娄一斋（娄谅），一斋出自吴康斋（吴与弼），康斋诗入《击壤》派，殊不耐观。敦夫诗清超可喜，其论诗云：'汉魏以来至唐宋诸大家，皆有典则。至陈白沙自出机轴，好为跌宕新奇之语，使人不可追逐。'盖本之庄定山，定山本之刘静之，规模意气绝相类，诗学为之大变。独古《选》《和陶》诸作近之。盖尝究心此事,宜其所作不入《击壤》一派也。"生平见清黄宗羲《明儒学案》卷四、《明史》卷二八三。

夏树芳(1552—1635)　字茂卿,号习池,又号冰莲老人。南直常州府江阴(今属江苏)人。初以诸生教授乡里,万历十三年(1585)举人,三上公车不第,因不赴。家居耽于著述,卒于崇祯八年(1635),年八十四。信佛,著述存万历间江阴夏氏清远楼刊《冰莲集》四卷,首李维桢、王穉登、邹迪光序及树芳自叙,所收皆为其所作塔铭、佛经序、佛偈,仅僧赞多至百余篇。别集则为《消暍集》十八卷,崇祯元年江阴夏氏刊本,周延儒、文震孟、陈仁锡、姚希孟序。其集另有二十四卷刊本、二十八卷旧抄本等,《千顷堂书目》著录其《冰莲集》十七卷,未详所指。其余明刊杂著甚多:《女镜》八卷,辑编历来女子传记;《玉麒麟》二卷,辑历来幼童故事;《栖真志》四卷,取历来之修真栖静者;《茶董》二卷,辑编茶事;《琴苑》二卷,杂记琴事;《法喜志》四卷,记佛教人物;《词林海错》十六卷,摘典故;另有《奇姓通》十四卷、《香林牍》一卷、《酒颠》二卷等。所著释儒杂陈,拉杂零碎,语多牵强,偶有可观,《明文海》录其《放蟹赋》等九篇。韵语中以词作突出,《明词综》卷四录词一首。近人赵尊岳《明词汇刊》录词一百二十七首为《消暍词》二卷。近人顾季慈《江上诗钞》卷三六录诗五十七首。生平见《(光绪)江阴县志》卷一六。

夏原吉(1366—1430)　又作元喆,字维喆。祖籍德兴(今属江西),因其父夏时敏任湘阴教谕定居其地,遂为长沙府湘阴(今属湖南)人。生于元至正二十六年(1366)八月二十六。明洪武二十三年(1390)举乡荐,入太学,选授户部主事。建文元年(1399),擢户部右侍郎。永乐元年(1403)进户部左侍郎,三年拜户部尚书,奉命江南治水,劳绩显著,为世所称,七年归掌行在户、礼二部及都察院事,兼掌行部。十九年秋,以反对成祖亲征漠北系狱,洪熙元年(1425)复官,进少保,兼太子少傅。宣德初入阁预机务,宣德五年(1430)正月二十七病卒,年六十六,赠太师,谥忠靖。原吉历事五朝,为政持大体,平居极朴素,虽位显王朝,家惟布衣瓦器。《明史·艺文志》著录其集六卷,现存弘治十三年(1500)袁经刊本《夏忠靖公集》六卷,卷一收表一、颂四、赋一、赞一,卷二至卷五收诸体诗二百五十九首,杨溥序,附夏崇文《夏忠靖公遗事》一卷。又有正德十六年(1521)湘阴县重刊嘉靖间修补本及光绪时湘阴夏氏木活字印本。《明史·艺文志》另著录其《万乘肇基录》一卷,见于明末刊《百川学海》等类书。《皇明诗统》卷七录其诗三首。《石仓十二代诗选·明诗选》录其诗四十五首。《明诗综》卷一七录其诗一首。清廖元度《楚风补》卷一七录其诗三十三首。《四库全书》据嘉靖间修补本收《夏忠靖集》,《总目》"提要"云:"原吉以政事著,不以文章著,然致用之言,疏通畅达,犹有醇实之遗风,以肩随杨士奇、黄淮诸人,固亦无愧也。"清邓显鹤《资江耆旧集》卷一录其诗二十五首,《沅湘耆旧集》卷四录诗二十六首。《湖南文征》录其文十篇。《明诗纪事》乙签卷四录诗一首,按云:"忠靖诗悫质有味……霭然德人之言也。"生平见杨士奇《夏公神道碑铭》(《夏忠靖公集》附录)、杨荣《夏公墓志铭》(《杨文敏公集》卷二一)、李东阳《夏忠靖公传》(《怀麓堂集》卷三十五)、何乔远《名山藏》卷六一、《明史》卷一四九。

夏寅(1423—1488)　字时正,改字正夫,号止庵。南直松江府华亭(今上海松江)人。正统十三年(1448)进士,除南京吏部主事。历郎中,外放江西提学副使,迁浙江参政,官终山东右布政使。卒于弘治元年(1488)二月,年六十六。平生以诸葛武侯、范仲淹等自期,留心当世。史称其入郎署二十年,为副使十六年,未尝以淹屈降志。著有《政鉴》三十二卷,有成化刊本。公事之

余,曾苦心为诗,李东阳《怀麓堂诗话》记云:"夏正夫、刘钦谟(刘昌)同在南曹,有诗名。初,刘有俊思,名差胜……夏每见卷中有刘钦谟(刘昌)诗,则累月不下笔,必求所以胜之者。后刘早卒,夏造诣益深,竟出其右。"王世贞《艺苑卮言》则讥其诗"如乡啬夫衣绣见达官,虽复整饬,时露本态"。《千顷堂书目》著录其《夏文明公集》四十卷又《备遗录》二十三卷又《江西纪行集》一卷,未见传。《皇明风雅》卷三○录其诗二首。《皇明诗统》卷一二录其诗四首。《列朝诗集》乙集录其诗六首。《明诗综》卷二○录其诗一首。《御选宋金元明四朝诗》录其诗二首。清姚宏绪《松风余韵》卷三九录其诗五十首。《明诗纪事》乙签卷一八录其诗二首。生平见顾清《夏公寅传》(《国朝献征录》卷九五)、王兆云《皇明词林人物考》卷一○、《明史》卷一六一。

夏锹(1455—1537)　字德树,号赤城。浙江台州府天台人。成化二十二年(1486)由邑庠生中浙江乡试,明年进士,归家未赴选。弘治四年(1491)入都,疏请复李文祥、邹智官而罢刘吉,以论列大臣,忤旨下锦衣卫狱,居月余释,送吏部选官,谢病归。十四年复赴选,当轴者忌其刚鲠,除南京大理寺评事,以疏处之,仍疏论赋敛、徭役、马政、盐课利弊及宗藩戚里侵渔状,不报。锹素

无宦情，父官四川，曾献诗劝归，至是镟亦以母老乞终养，时弘治十六年（1503）。居乡砥砺名节，吟咏诗文，三十余年不出，卒于嘉靖十六年（1537）二月初二，年八十三。嘉靖二十一年台州同知王廷乾刻其诗文著述为《赤城夏先生集》七卷补遗一卷附录一卷。嘉靖四十四年王叔杲又刻《赤城夏先生集》二十三卷（后有清乾隆三十七年映南轩活字印本），内卷一赋四篇，卷二至卷九收诸体诗六百八十八首、词三首；卷一〇至卷二一收各体文三百余篇；末二卷为《外集》，前题《云间知旧录》《苏台附录》《同时文稿附录》，后题《名臣家录》，收其墓铭等。《盛明百家诗》前编辑录其诗六十余首为《夏赤城集》。顾起纶《续国雅》卷三录其诗二首。《皇明诗统》卷一五录其诗六首。许鸣远辑《天台诗选》卷四录其诗一百四十首。李时渐《三台文献录》录其文十三篇、诗三十九首。《石仓十二代诗选·明诗选》录其诗三十三首。《列朝诗集》丙集录其诗四首。《明诗综》卷二五录其诗一首。《御选宋金元明四朝诗》录其诗三首。清沈季友《檇李诗系》卷三九录其诗二首。《四库全书总目》著录《赤城集》二十三卷，"提要"云："其诗欲为别调，而转乖雅则。文亦惟意所如，不可绳以古法……谠正之士，非专意于词章者也。"清戚学标

《三台诗录词录》录其诗九首、词三首。《明诗纪事》丙签卷九录其诗四首，按云："德树以谠论著，诗亦迥不犹人。"《明词综》卷二录其词二首。《明文海》录其文三篇。生平见杨循吉《赤城先生夏公墓志铭》（《赤城夏先生集》卷二三）、王兆云《皇明词林人物考》卷三、《明史》卷一五九。

顾大典（1541—1596） 字道行，一字衡宇，号恒岳。南直苏州府吴江（今属江苏）人。隆庆元年（1567）举人，明年进士，授绍兴府教授，迁处州推官。万历二年（1574）擢南京刑部主事，改南兵部，迁吏部郎中，十二年迁山东按察副使，次年改福建，因请托一无所徇，忌者追论其为郎时放于诗酒，坐谪禹州知州，遂自免归。后诏起开州知州，不就，于家筑谐赏园以隐，万历二十四年卒，年五十六。善书画，志书称其"在金陵，暇即呼同曹郎载酒游赏，遇佳山水，辄图之，或昼夜忘返，而曹事亦无废"。清彭蕴璨《历代画史汇传》称其"衡宇山水，秀色可餐，堪入逸品"而"书法清真"。又解音律，能戏曲。致仕后与张凤翼、沈璟过从甚密，其家园阁亭池佳胜，又蓄声伎，自按红牙度曲，家乐有名于当时。所撰传奇《青衫记》《葛衣记》《义乳记》《风教编》，合称《清音阁传奇四种》，吕天成《曲品》皆列入"上中品"。《青衫记》存万历间凤毛馆刻

本、明末汲古阁原刻初印本、汲古阁刻《六十种曲》本，凡二卷三十出，据元马致远杂剧《青衫泪》改编，写白居易与歌妓裴兴奴故事。《葛衣记》存旧抄本，二卷二十七出，取材于《南史·任昉传》，演昉子西华于昉去世后遭遇种种世态炎凉之事。后两种已佚。或谓大典诸剧，皆有所寄托，为"有为之作"（吕天成《曲品》）。其曲质实而不流于俗，浅近而不失于雅，虽有人批评其"操吴音以乱押者"，然也承认其"清峭拔处，各自有可观，不必求其本色也"（徐复祚《曲论》），在当时可谓自成一家。亦能散曲，许宇《词林逸响》、魏之皋《昔昔盐》等存其散曲套数二套。诗文著述有《海岱吟》《闽游草》《园居稿》《稽山集》《三山稿》《括苍稿》《北征稿》《南署稿》等，《千顷堂书目》著录其《清音阁》十卷。现存万历刊本《清音阁集》六卷，首有万历六年皇甫汸序、周光镐叙，万历五年顾大典《自叙》，内收赋五篇，诸体诗二百四十余首。又有清抄本。《皇明诗统》卷三九录诗四首。《列朝诗集》丁集录其诗八首。《明诗综》卷五一录诗三首。《御选宋金元明四朝诗》录诗十七首。《明诗纪事》庚签卷九录诗一首。《明文海》录其文《听秋蜇赋》等四篇。生平见清潘柽章《顾大典传》（《松陵文献》卷九）、《（乾隆）震泽县志》卷一九、《（同治）苏州府志》

卷一〇五。

顾大章（1576—1625）　字伯钦，号尘客。南直苏州府常熟（今属江苏）人。万历三十五年（1607）进士，除泉州府推官，改补常州府学教授。稍迁国子博士，转刑部主事，天启三年（1623）任刑部山东司员外郎，引疾归里。起礼部郎中，出为陕西按察副使。时朝中朋党角立，东林议起，大章虽不预东林，而阴为居中斡旋，魏忠贤党深忌之。先是熊廷弼、王化贞狱，大章欲贳熊廷弼罪，廷弼，杨涟乡人也，魏党谋以鬻狱坐大章，以关通罪杨涟、左光斗。杨、左等五人先后拷死诏狱，独移大章于刑部狱，胁其服罪，欲以之塞天下之口，大章坚不服，五年九月十四投环死，年五十，时称"六君子"。崇祯初，其子顾麟生诣阙讼冤，赠大章太仆寺卿，溢裕愍。所著现存清抄本《裕愍公稿》不分卷。陈济生《天启崇祯两朝遗诗》卷一录其诗十一首。《明诗综》卷六〇录其诗一首，"诗话"云："裕愍与弟大韶仲恭，诗义妙绝时人，诗特具体而已。"清周铭《松陵绝妙词选》卷一录其词二首。生平见清《顾公墓志铭》（《牧斋初学集》卷五〇）、清陈鼎《东林列传》卷三、清邹漪《启祯野乘》卷五、《明史》卷二四四。

顾大韶（1576—?）　字仲恭。南直苏州府常熟（今属江苏）人。顾大章孪生弟。通经史百家及内典,而科举不售,老于诸生。卒后钱谦益为其作传云:"仲恭与其兄大章字伯钦,孪生子也。连袂出游,人不能辩其少长,有张伯皆、仲皆之目。伯钦举进士,奉使休沐,颜面肤腴,衣冠骑从甚都。仲恭老于书生,头蓬不栉,衣垢不浣,口不择言,交不择人,潦倒折拉,悠悠忽忽,每引镜自诧曰:'顾仲恭乃如许?'仲恭少治《诗》义,专门名家,竟陵钟惺定为本朝第一。长益肆力于学问,六经诸史百家内典之书,靡不乱其津沙,启其钤键。而其所沉研钻极者,《诗经》《三礼》《庄子》也。"自负才敏,杰然有志于当世。衰晚病废,志意约结,作为文章,以自慰谕。著述存清康熙十年(1671)顾晶、顾森刊本《炳烛斋稿》不分卷,《随笔》一卷,多为论说之文,所涉甚广。《炳烛斋稿》又有清道光二十年(1840)抄本。后又有宣统元年(1909)国学扶轮社排印本《炳烛斋文集》初刻一卷、续刻一卷。另清抄《海虞杂志》等丛书存其《顾仲恭讨钱岱檄》一卷、《顾仲恭为钱瞿呈稿》一卷、《顾仲恭为钱瞿辩冤呈稿》一卷。《明文海》录文《题华林社草》等十二篇,评语云:"其文健爽,取法于卓百(李贽)之辩才,而汰其游戏之调,惜世无知之者。"清陈元龙《御定历代赋汇》卷一四〇录赋一篇。生平见清《顾仲恭传》(《牧斋初学集》卷七二)、《明史》卷二四四。

顾开雍(生卒年不详) 字伟南。南直松江府华亭(今上海松江)人。晚明南国子监生。以书法称,曾与袁宏道兄弟为友。崇祯二年(1629),名士杜麟征、夏允彝以举业为号召,敦请文会,倡立畿社,后入社者数十人。畿社初以研磨举业为务,以"心古人之心,学古人之学"为宗旨,故亦崇尚古学,古文韵体,靡不研习,其时国事维艰,又关心政局,讲求事功。开雍与陈子龙、朱灏、李雯、徐孚远、周立勋等为社中能文者。崇祯五年畿社辑社友九人所作骚赋、乐府、古近体诗及序记之文为《畿社壬申合稿》二十卷(有明末小樊堂刊本),内亦选入开雍所作,计赋二篇、古乐府十一篇、五七言古近体诗三十九首、序论等文七篇。畿社诸子相互以诗古文辞相砥砺,所作"大都赋本相如,骚原屈子,乐府古歌繇汉魏,五七律绝繇三唐,赞序班、范,诔铭张、蔡,论学韩愈,记仿宗元",开雍所作,亦未脱其藩篱也。入清未仕,诗作不辍,尤以顺治七年(1650)听柳敬亭在清江浦说书所作《柳生歌》著名,然所著多散佚。《御选宋金元明四朝诗》录其诗《滇南月令词》五首。生平见《(嘉庆)松江府志》卷五六。

顾天阶(生卒年不详) 南直苏州府昆山(今属江苏)人,顾懋弘子。

万历间诸生,科考不举,以吟咏为事。卒年七十五。以不满当时文坛风气,自名诗集为《违竿集》,借韩非子之典,以表忧愤之情。其作诗力求平易,曾约山僧为香火社作诗,以诗意浅白为上。清雍正十年(1732)桂云堂刊本《玉峰雍里顾氏六世诗文集》五十二卷(清顾登辑)存其《违竿集》四卷,收古近体诗四百七十首,首有顾易序及顾天阶自序。

顾天埈(1561—1627) 字升伯,号开雍。南直苏州府昆山(今属江苏)人。万历七年(1579)举人,二十年殿试一甲第三,授编修,升修撰。三十年充正使,与行人崔廷健使朝鲜,闰二月入朝鲜境内,三月十九日回程。还迁左春坊左谕德兼翰林院侍讲。后在朝参预党争,与宣城汤宾尹称"宣昆"派,力反东林,亦因党争等事被罢。天启七年(1627)卒,年六十七。朝鲜政府于天埈等回程后,循例将使臣所作诗文及朝鲜陪同臣僚应答之作刊为《(壬寅)皇华集》,收诗七十三首,内天埈诗五首,行文则对其行为多有指斥,此在以往《皇华集》中少见矣。《千顷堂书目》著录其《顾太史集》八卷,现存崇祯刊本,有崇祯九年(1636)钱谦益序,为天埈殁后邑令嘉善叶培恕刻,内卷一收诏、册文、诰敕,卷二策、表,卷三至卷六收序、记、墓铭等各体文,卷七收尺牍,卷八有诗四十余首。又明末陈氏石云居刊本《国朝大家制义》有其《顾开雍稿》一卷。生平见《(乾隆)江南通志》卷一六五、《(同治)苏州府志》卷九三。

顾元庆(1487—1565) 字大有。南直苏州府长洲(今江苏苏州)人。所居曰顾家青山,在大石左麓,因自号大石山人。邑庠生。其兄弟多治产,元庆独以读书著书自娱,因称贤于乡里。王稚登往访之,年七十五,犹吟对不倦。其藏书堂曰"夷白",藏书万卷,刻书则署"阳山顾氏文房"。卒于嘉靖四十四年(1565),年七十九。正德至嘉靖初曾辑录古小说,刻《阳山顾氏文房小说》四十种五十八卷,内多善本。嘉靖十八年至二十年又辑刻《顾氏明朝四十家小说》四十种四十三卷。所撰《云林遗事》《茶谱》《夷白斋诗话》《阳山新录》《檐曝偶谈》《大石山房十友谱》《瘗鹤铭考》皆收入《顾氏明朝四十家小说》。《夷白斋诗话》一卷四十则,以记事为主,多为作者耳闻目睹吴中诗家逸事,兼及考释,旁涉书画鉴赏。《四库全书总目》著录《夷白斋诗话》,"提要"谓其"论诗多隔膜之语"。岳岱《今雨瑶华》录其诗,谓"隐居草莽,无局促之忧;好历名山,尽道遥之乐。词贵省洁,意尚真古,虽靖节田家之言,浩然江湖之句,时代虽远,旨趣相符尔"。《列朝诗集》丁集录诗三首。近人汪正石《木渎诗存》

卷一录诗一首。生平见王穉登《顾大有先生墓表》《《青雀集》卷下》、清万斯同《明史》卷三九六。

顾文渊（生卒年不详） 字静卿，号沧江。浙江杭州府仁和（今杭州）人。成化间诸生。《千顷堂书目》著录其《沧江集》四卷，现存嘉靖三十五年（1556）仁和顾言刊本《顾沧江诗集》五卷，收诗二百余首，有张勉学、王鉴之序，顾言敬跋。《明诗综》卷三八录其诗《早发钱塘》一首，《御选宋金元明四朝诗》据之录。

顾斗英（生卒年不详） 字仲韩，一字镇海。南直松江府上海人。尚宝司丞顾应夫之子，万历间与同郡莫是龙（字廷韩）皆称贵公子，又同以能诗鸣，人称"云间二韩"。《千顷堂书目》著录其《顾仲韩遗稿》二卷，未见传。清康熙五十五年（1716）曹炳曾城书室刊本《云间二韩诗》收其《小庵罗集》六卷，录其古近体诗四百五十余首。《列朝诗集》丁集中录其诗三首，"小传"谓其"少有隽才，磊落不羁。穷服馔，娱声色，选伎征歌，座客常满，日费万钱不吝。每出辄载与俱，画舫旅栖，盆卉图书，古尊罍毕具。竟以此倾父赀，郁郁贫病以死"。《御选宋金元明四朝诗》录诗二首。清姚宏绪《松风余韵》卷四五录诗七十二首。《明诗纪事》庚签卷三○录诗三首。近人严昌埙《海藻》卷九录诗十五首。生平见清《顾仲韩小传》《《云间二韩诗》附》、《（乾隆）江南通志》卷一六六。

顾允成（1554—1607） 字季时，号泾凡。南直常州府无锡（今属江苏）人。生于嘉靖三十三年（1554）十月二十九。性耿介，砥名节。隆庆四年（1570）与兄顾宪成从薛应旗学。万历七年（1579）举人，十一年会试上榜，十四年始赴廷试，对策语侵郑妃，会房寮疏诋海瑞，又率同年生抗疏劾寮，坐夺冠带还家。后起南京教授，累迁礼部主事，"三王并封"事起，携同官谏，不报。后以忤阁臣张位，谪光州判官，乞假归，与宪成讲学东林，不复出。万历三十五年六月二十一卒，年五十四。《千顷堂书目》著录《小辨斋集》四卷又《小辨斋偶存》八卷。现存万历四十一年顾与演刊本《小辨斋偶存》八卷，卷一策一篇，卷二疏四篇，卷三札记，卷四说义五篇，卷五、卷六书二十三篇，卷七题二篇、祭文四篇，卷八有诗七十首；又《事定录》三卷，录其志传等。《四库全书》收《小辨斋偶存》八卷，《总目》"提要"云："允成文皆论事讲学之语，书简居十之九，直抒胸臆不事修饰。诗为《击壤集》派，亦不入格。然大节凛然，其对策奏疏，皆真气流溢，发于忠爱之诚，其不朽千古者，固在此不在彼也。"《明史·艺文志》另著录《易图说亿言》四卷。清顾光旭《梁溪诗钞》

卷一〇录诗四首。清周有壬《梁溪文钞》卷一三录文四篇。生平见顾宪成《先弟季时叙》(《顾瑞文公集》卷二〇)、高攀龙《顾季时行状》(《高子遗书》卷一一)、陈济生《天启崇祯两朝遗诗·小传》、清黄宗羲《明儒学案》卷六〇、《明史》卷二三一。

顾允默(？—1592)　字懋仁，又字希雍。南直苏州府昆山(今属江苏)人，顾梦圭长子。少作文有灵气，钦慕同郡"皇甫四杰"，遂含英咀华，吞吐六艺，不治生产。又从归有光游，能古文词，为一时学者所重。以诸生入南国子监，然屡试不举，终身郁郁，因耻谈先世功阀，遇游冶贵介，则障面不与通。至万历二十年(1592)其子天埈及第，索笔赋诗病噎卒。隆庆五年(1571)无锡俞宪辑《盛明百家诗》后编时即闻其名，因录其赋二篇、诗八十余首，刻为《顾伯子集》，其时允默尚为南国子生。顾起纶《续国雅》卷四录其诗二首。清陈元龙《御定历代赋汇》补遗卷一三录其《瑞菊园赋》一篇。清顾光旭《梁溪诗钞》卷一四录其诗六首。又曾撰传奇《五鼎记》，写汉时主父偃故事。主父偃尝有言："丈夫生不五鼎食，死即五鼎烹也。"因取为名以励志。现仅遗《借贷遭辱》《陈后怨宫》《主父雪愤》三出。生平见《(道光)昆新两县志》卷二六、《(同治)苏州府志》卷九二、《(光绪)昆新两县

续修合志》卷三〇。

顾正谊(生卒年不详)　字仲方，号亭林。南直松江府华亭(今上海松江)人。以父顾中立荫，由国子生任中书舍人。晚年筑小亭园于江畔以终老，故号亭林。喜宾客，尤与嘉兴宋旭、同郡孙克宏友善。善画山水，游京师，名声大噪，邑人多有从之学者，因称松江画派，董其昌早年曾受其启导。亦能诗。现存万历刊本《顾仲方百咏图谱》二卷《咏物新词图谱》一卷，另有万历时刊散曲集《笔花楼新声》不分卷，计收小令二十首、套数六套。万历二十八年(1600)曾自刻《顾氏诗史》十五卷，以五言诗咏历代人物，《千顷堂书目》著录。后《四库全书总目》著录《诗史》十五卷，并引钱希言《戏瑕》，谓其书原为华亭唐汝询字仲言者所作，顾氏以三十金买其稿而刻之，"提要"云："然是书以列朝纪传编为韵语，各为之注，以便记诵，不过蒙求之类，不知正谊何取而窃据之也？"清姚宏绪《松风余韵》卷四三录其诗二首。生平见朱谋垔《画史会要》卷四、范濂《云间剧目抄》卷五、《御定佩文斋画谱》卷五七。

顾可久(1485—1563)　字与新，号洞阳。南直常州府无锡(今属江苏)人。正德八年(1513)举人，明年进士，授行人。以谏武宗南巡，受廷杖，降国子学正。嘉靖初官户部员

外郎，以议"大礼"，两遭廷杖。后进郎中，简放泉州知府，改赣州，以广东副使致仕归。嘉靖四十二年（1563）卒于家，年七十九。好学，工书，亦能诗。皇甫汸为其作墓志，谓其与薛蕙、郑善夫为诗友，为诗初耽李、杜，晚醉于王右丞。《千顷堂书目》著录其《在署草》八卷又《在疢草》二卷又《温陵集》六卷又《虔州集》一卷又《珠崖草》一卷又《在洞集》十九卷。其嘉靖间所刊《在洞集》，现残存九卷，收赋二篇、诗三百八十余首，有王慎中序。另有明刻《琼管山海图说》二卷、近人石印本《洞阳公命子说》。《四库全书总目》著录其《洞阳诗集》（实即《在洞集》）二十卷，"提要"谓其诗"古体颇散漫，律体多乏坚老，七言绝句尤学质朴而不成"。《盛明百家诗》后编录其诗二百六十余首为《顾宪副集》。《皇明诗统》卷一八录其诗二首。《明诗综》卷三五录其诗一首。清顾光旭《梁溪诗钞》卷六录其诗四十九首。清周有壬《梁溪文钞》卷八录其文二篇。《明诗纪事》戊签卷一二录其诗一首。生平见皇甫汸《顾公墓志铭》（《皇甫司勋集》卷五二）、毛宪《毗陵人品志》卷九。

顾圣之（生卒年不详） 字圣少，又字季狂。南直苏州府吴县（今江苏苏州）人。少为诸生，无乡曲之誉，以至陷于缧绁，释后佯狂远走。

年四十，始称诗，游燕赵齐鲁间，客于诸王邸中，曾与谢榛赠答，交于李攀龙、王世贞、汪道昆等，后死于闽。王世贞《八哀篇》中有《顾山人圣之》云："季狂为诸生，避仇夜中走。自诧伧颁雄，不操吴音久。颇鲜鳞甲腹，仅余雌黄口。大历元和间，纵横无不有。归骨闽天长，遗编知在否？"（《弇州四部稿续稿》卷三）《千顷堂书目》记其有《诗集》五卷。现存明刊本《游襄阳名山诗》一卷，收古近体诗百余首，汪道昆序；又有明抄本《北游漫稿》三卷附录一卷，收诗三百二十首，卷首嘉靖三十八年（1559）汪道昆《顾圣少诗集序》。《盛明百家诗》后编录其诗六十余首为《顾山人集》。《皇明诗统》卷二九录其诗四首。《列朝诗集》丁集录其诗一首。《明诗综》卷四九录其诗二首，《御选宋金元明四朝诗》据之录。《明诗纪事》己签卷二〇录其诗一首，按云："季狂曳裾王门，亦游王、李间。于麟（李攀龙）援之以薄四溟（谢榛），非其敌也。"生平见王兆云《皇明词林人物考》卷一二、《（同治）苏州府志》卷一三六。

顾存仁（1502—1575） 字伯刚、子奇，号怀东、居庸山人。南直苏州府太仓（今属江苏）人。嘉靖十年（1531）举人，明年进士，除余姚知县，主修《余姚县志》十七卷，今存。征授礼科给事中，以上书指斥方士忤旨，廷杖六十，编管保安三年，以母病归，自此往来塞上三十年。隆庆初，起南通政司参议，寻迁顺天府丞，再迁太仆寺少卿，以太仆寺卿致仕。卒于万历三年（1575），年七十四。《千顷堂书目》著录其《太仆寺志》十四卷、《东白草堂集》四卷又《使蜀稿》一卷又《居庸集》一卷。《四库全书总目》著录《东白草堂集》四卷，"提要"谓其诗"罕锻炼之功"。集未见传。《盛明百家诗》后编录其诗五十余首为《顾给舍集》。《皇明诗统》卷三〇录其诗八首。《明诗综》卷四一录其诗二首，《御选宋金元明四朝诗》据之录。《明诗纪事》戊签卷一八录其诗一首。《明词综》卷五录其词二首。《海虞文征》《娄水文征》录其文一篇。生平见王世贞《顾公神道碑》（《弇州四部稿续稿》卷一三〇）、《明史》卷二〇九。

顾同应（1585—1626）　又名顾众。字仲从，号宾瑶。南直苏州府昆山（今属江苏）人，顾绍芳次子，顾炎武生父。邑禀生。万历四十三年（1615）、四十六年两应乡试，皆中副榜，承荫入国子监。天启六年（1626）卒，年四十二。初习举业时，与同邑诸生组"遗青堂社"。《千顷堂书目》著录其《药房集》又《秋啸集》，未见传。陈济生《天启崇祯两朝遗诗》卷八录其诗七十二首。《明诗综》卷六五录其诗《秋塞曲》一首。

卓人月、徐士俊《古今词统》录其词三首。《御选历代诗余》录其词二首。《明词综》卷五录其词一首。清胡胤瑷等《兰皋明词汇选》录其词三首。生平见陈济生《天启崇祯两朝遗诗·小传》、《（道光）昆新两县志》卷二三、《（光绪）昆新两县续修合志》卷二六。

顾言（1520—1580）　字子行，号西岩。浙江杭州府仁和（今杭州）人。嘉靖二十五年（1546）举人，明年进士，授工部主事。左迁太平府通判，升临江府同知，迁南刑部郎中，三十六年再放惠州知府，迁本省按察副使。守丧归，起四川副使，迁福建右参政。进云南按察使，迁云南右布政，转贵州左布政。万历五年（1577）致仕，八年四月初八卒，年六十一。《千顷堂书目》著录其《西岩集》。现存万历二十九年其子顾汝学四川刊本《顾左使集》八卷，内分《西河稿》《入燕稿》《入粤稿》《入蜀稿》《入闽稿》《入滇稿》《入黔稿》《还草堂稿》，计收诗三百六十余首，杨起元序，顾汝学跋。生平见张瀚《顾公墓志铭》、赵应元《西岩顾公传》（《顾左使集》卷首）及《（雍正）浙江通志》卷一七一。

顾应祥（1483—1565）　字惟贤，号箬溪、箬溪道人。浙江湖州府长兴人。生于成化十九年（1483）九月二十五。弘治十七年（1504）举人，明年进士，正德元年（1506）授饶州府推官。六年以台谏征，补锦衣卫经历，十一年出为广东按察金事，十四年进江西副使。嘉靖五年（1526）迁陕西苑马寺卿，六年转山东右参政，连擢按察使、右布政使，十一年以右副都御史巡抚云南。以母丧归里，家居十余年，二十八年再起云南巡抚，迁南刑部右侍郎，转左，未之任。次年拜刑部尚书，时严嵩专权，应祥以耆旧自处，嵩不悦，三十年改南刑部，三十二年致仕。家居至四十四年九月初七卒，年八十三，赠太子少保。受业于王守仁，平生著述甚富，尤精于算学。现存嘉靖刊本《测圆海镜分类释术》十卷、《测圆算术》四卷、《勾股算术》一卷、《弧矢算术》一卷、《方圆术》一卷。另有嘉靖刊本《静虚斋惜阴录》十二卷附录一卷、《人代纪要》三十卷、《授时历法撮要》一卷。《四库全书总目》另著录其《南诏事略》一卷。亦能诗文，现存嘉靖二十八年云南知府陈光华为其刻《箬溪归田诗选》一卷，收诗百余首、词九首，有杨慎评；又有《崇雅堂全集》十四卷附录一卷，刻于万历三十八年（1610），诗六卷、文八卷，朱国祯序，《明史·艺文志》著录其《文集》十四卷即此本也。《皇明诗统》卷一五录其诗四首。《石仓十二代诗选·明诗选》录其诗四十八首。《明诗综》卷二八录其诗一首，"诗话"云："尚书仕不废学，含经约

史，惟日孜孜……集中诗不无芜累，王元美许其似白太傅，亦微词也。"清沈季友《檇李诗系》卷三九录其诗一首。清陆心源《吴兴诗存》四集卷六录诗五十二首。《金陵诗征》卷二六录诗一首。《明诗纪事》丁签卷一〇录诗二首。近人赵尊岳《明词汇刊》录其词八首为《箬溪词》。生平见徐中行《顾公行状》（《天目先生集》卷一五）、王世贞《箬溪顾公墓志铭》（《弇州四部稿》卷八六）、王兆云《皇明词林人物考》卷五、清黄宗羲《明儒学案》卷一四、清阮元《畴人传》卷三〇。

顾杲（1607—1645） 字子方，一字无闷，号通人。南直常州府无锡（今属江苏）人。顾宪成从子，诸生。为人豪迈，尚气节，工诗文，善草书。崇祯十二年（1639），南都诸生一百四十人具《留都防乱公揭》，声讨阮大铖，此《揭》即吴应箕于顾杲家起草者。时众人互相题拂，议论朝政，衡量公卿，讥刺朝政，如后汉之清流。明社亡，顾杲散家财募千余人，欲北上抗敌，取道江阴，江阴人误以为流寇，集众御之，被杀，年三十九。著述现存崇祯三年序刻本《悟秋草堂诗集》十卷，又有清光绪间活字本。所著《无锡顾邹二君遗迹》二卷，亦有光绪石印本。陈济生《天启崇祯两朝遗诗》卷九录其诗三十九首。《明诗综》卷七六、《御选

宋金元明四朝诗》录其诗一首。清顾光旭《梁溪诗钞》卷一四录其诗四十四首。清周有壬《梁溪文钞》卷一九录其文四篇。清末缪荃孙辑《古学汇刊》有《二顾先生遗诗》一卷，录顾杲与顾细二人诗。《明诗纪事》辛签卷二二录其诗一首。生平见陈贞慧《山阳录·十子篇》、温睿临《南疆绎史》列传第二一、《（乾隆）江南通志》卷一六六。

顾昉之（生卒年不详）　字彦除。南直松江府上海人。顾斗英子，工书能诗。清曹炳辑莫是龙（字廷韩）与顾斗英（字仲韩）二人诗为《云间二韩诗》，有康熙五十五年（1716）曹炳曾城书室刊本，附昉之诗《拾香草》一卷，收其各体诗一百三首。卷首曹培廉小引，谓"复从道人孙环瀛翁觅其遗稿，仅余《拾香草》一册，多明季时所作，择而刊之"。清姚宏绪《松风余韵》卷四五录诗十七首。近人严昌堉《海藻》卷九录诗四首。生平见《（同治）上海县志》卷一九。

顾绍芳（1547—1593）　字实甫，号宝庵。南直苏州府太仓（今属江苏）籍，昆山（今属江苏）人。万历四年（1576）举人，明年进士，选翰林院庶吉士，除检讨。迁左春坊赞善，兼编修，请假归，二十一年卒于家，年四十七。能诗，王世贞曾将其与皇甫汸、莫如忠、许邦才、周天球、沈明臣等列为"四十子"（《弇州四部稿续稿》卷三）。所著有万历间赵标刊本《宝庵集》二十五卷，其中诗八卷文十四卷，卷二五为附录，有吴应宾、张鲁惟序，赵标叙。内诗集八卷亦以单本传，仍名《宝庵集》，《千顷堂书目》著录其《宝庵集》八卷，即为诗集也。《明诗综》卷五三录其诗五首。《御选宋金元明四朝诗》录其诗四首。《四库全书总目》著录《宝庵集》八卷，"提要"云：《静志居诗话》云'实甫诗工于五律，不露新颖，矜炼以出之，颇有近于孟襄阳、高苏门者'，今观其集，终觉意境未深也。"《明诗纪事》庚签卷一二录其诗一首。《明文海》录其文《孤灯赋》等三篇。清陈元龙《御定历代赋汇》录其赋一篇。《娄水文征》卷三二录其文二篇。生平见《（道光）昆新两县志》卷二一、《（同治）苏州府志》卷九三、《（光绪）昆新两县续修合志》卷二四。

顾咸正（？—1647）　字端木，号毅庵。南直苏州府昆山（今属江苏）人。崇祯六年（1633）举人，十三年以副榜除延安府推官，与农民军战，被俘不降，逃入山中。十七年京师陷，间关返吴中，时清兵已下江南，因日夜谋报国。丁亥（1647），以子天逵、天遴匿陈子龙事被逮，押至江宁，父子同死。《千顷堂书目》著录其《弃庵集》（疑为《毅（佽）庵集》）一卷,未见传。陈济生《天启崇祯两朝遗诗》卷九录其诗七十三首。《明诗综》卷七五录其诗五首。清沈德潜《明诗别裁集》、《御选宋金元明四朝诗》录其诗一首。生平见陈济生《天启崇祯两朝遗诗·小传》、《(道光)昆新两县志》卷二四、《(同治)苏州府志》卷九四、《(光绪)昆新两县续修合志》卷二七。

顾彦夫(生卒年不详) 字承美,号锡峰。南直常州府无锡(今属江苏)人。正德五年(1510)举人,谒选授太常寺典簿,历河间府通判,迁宁波府同知。《千顷堂书目》著录其《瀛海集》十二卷,未见传。《盛明百家诗》后编录其诗八十余首、词二首为《顾同府集》。顾起纶《续国雅》卷三录其诗二首。《皇明诗统》卷三四录其诗六首。《明诗综》卷三七录其诗四首。《御选宋金元明四朝诗》录其诗二首。清顾光旭《梁溪诗钞》卷六录其诗三首。《明诗纪事》戊签卷一〇录其诗一首。《明文海》录其文六篇。生平见叶夔《毗陵人品记》卷八。

顾闻(生卒年不详) 字行之,号九峻山人。南直苏州府吴县(今江苏苏州)人。嘉靖七年(1528)举人。诗文有声公卿间,亦能书法。《千顷堂书目》著录其《九峻山人集》,未见传。嘉靖刊《(和倪瓒)江南春词集》录其所作[江南春]词一

首。顾起纶《国雅》卷八录其诗七首。《皇明诗统》卷二〇录其诗八首。明周复俊编《玉峰诗纂》卷五录其诗一首。《列朝诗集》丁集录其诗十首,并引岳岱《今雨瑶华》,谓其"才华玮丽,铺叙丰长。究其所归,靡不有自。至于染翰,人称并美"。《明诗综》卷四八录其诗二首。《御选宋金元明四朝诗》录其诗九首。《明诗纪事》戊签卷一六录其诗一首。近人汪正石《木渎诗存》卷一录其诗二首。生平见王兆云《皇明词林人物考》卷一二。

顾养谦(1537—1604) 字益卿,号冲庵。南直扬州府通州(今江苏南通)人。生于嘉靖十六年(1537)三月初八。嘉靖三十七年举人,四十四年进士,除户部山西司主事。历员外郎、郎中,简放福建按察司金事。迁广东布政司参议,升按察副使,被劾不事事,调云南金事,升浙江右参议,分守温、处,改杭、严道。张佳胤荐其有边才,调其备兵蓟镇,升都察院左金都御史,巡抚辽东,晋右副都御史,迁南户部侍郎,总督粮储。母卒,请归守制,恰朝廷用兵,诏令夺情,以兵部右侍郎兼右金都御史总督蓟辽保定军务,力辞守制,改兵部左侍郎,乞归,再召不出。卒于万历三十二年(1604)正月十一,年六十八,谥襄敏。平生饶胆气,临事多智略,所在有声绩。《千顷堂

书目》著录其《抚辽奏议》四卷又《顾中丞抚辽疏议》一卷，现存万历刊本《冲庵顾先生抚辽奏议》二十卷，凡九十余疏，又《督抚奏议》八卷，凡三十余疏。《列朝诗集》丁集中录其诗一首。《明文海》录其文《滇云纪胜书》一篇。清杨廷《五山耆旧集》卷七《顾益卿集》录其诗四十一首。清王藻《崇川列朝诗选汇存》卷下录其诗十二首。生平见申时行《顾公暨配李氏合葬墓志铭》（《赐闲堂集》卷二七）、李维桢《顾司马家传》（《大泌山房集》卷六五）、清徐乾学《明史列传》卷八五。清杨廷有《顾襄敏公》年谱》（道光刊《五山耆旧集》卷七）。

顾恂（1418—1505）　字维诚，号桂轩，自署金粟居士。南直苏州府昆山（今属江苏）人，顾鼎臣父。生于永乐十六年（1418）六月二十五。少学举子业，未成，因以吟哦为事，感时触事，辄声为讴吟，为诗兴致和适。卒于弘治十八年（1505）五月二十六，年八十八。现存清康熙间刊本《顾桂轩先生全集》十一卷，有陈翊序，夏昶跋。内《永思录》一卷，收诗九十余首；《鳌峰稿》五卷，收诗八百余首；《百咏天香集》一卷，收诗六十余首；《西湖纪游杂体诗》一卷，收诗六十余首；《啖蔗余甘词》一卷，收词一百三十余首；末《斯文会图诗》《斯文会觞咏图》各一卷，所

收为诸人倡和之作。清雍正十年（1732）桂云堂刊本《玉峰雍里顾氏六世诗文集》五十二卷（清顾登辑）收其《永思录》一卷、《赠言》一卷、《鳌峰稿》五卷、《百咏天香集》一卷、《西湖记游》一卷、《啖蔗余甘词》一卷。周复俊编《玉峰诗纂》卷三录其诗八首。生平见李东阳《顾公墓志铭》（《怀麓堂集》卷八七）、《（嘉靖）昆山县志》卷一一、《（道光）昆新两县志》卷二八。

顾宪成（1550—1612）　字叔时，号泾阳，世称东林先生。南直常州府无锡（今属江苏）人。生于嘉靖二十九年（1550）八月初七。万历四年（1576）举应天乡试第一，八年进士，除户部广东司主事，十年调吏部稽勋司主事，请假归。十五年迁员外郎，上疏语侵执政，被旨切责，降三级，谪湖广桂阳州判。十六年迁浙江处州府推官，十九年改泉州府。二十年调吏部考功司主事，二十一年升验封司郎中，调考功，再调文选司，二十二年以廷推阁臣忤旨，削籍归。三十六年诏起南光禄寺少卿，不就。平生有志圣学，既罢归，携弟允成倡修东林书院，与高攀龙等偕同志讲学其中，往往讽议朝政，裁量人物，士论翕然应和，海内推之为山斗，东林之名由是大著，而忌者亦随之起，士林庙堂相互抨击，遂成明末党争之局面。四十年五月二十

三卒,年六十三。天启初,赠太常卿,复削夺,崇祯二年(1629),又赠吏部侍郎,谥端文。《明史·艺文志》记其有《文集》二十卷,现存有崇祯间刊本《泾皋藏稿》(《顾端文公集》)二十二卷,卒后辑刻,收其所作奏疏及各体文,马士奇序。清康熙间又辑刻其杂著为《顾端文公遗书》十二种三十七卷(收《小心斋札记》《东林会约》《东林商语》《虞山商语》《仁文商语》《南岳商语》《经正堂商语》《志矩堂商语》《当下绎》《证性编》《还经录》《自反录》),是集光绪刊本附年谱四卷。另有清抄本《大学意》一卷、《中庸意》二卷、《大学说》一卷、《中庸说》一卷、《语孟说略》二卷。《明文海》录其文七篇。《四库全书》收《泾皋藏稿》二十二卷,"提要"云"宪成持身端洁,恬于名利,且立朝大节,多有可观。其论说亦颇醇正,未尝挟私见以乱是非"。《海虞文征》卷五录其文二篇。清周与壬《梁溪文钞》卷一二录其文八篇。清王直等《锡山文集》录其文十篇。清顾光旭《梁溪诗钞》卷一〇录其诗七首。《明诗纪事》庚签卷一三录其诗一首。生平见高攀龙《顾先生行状》、邹元标《顾公墓志铭》(《顾端文公集》卷首),又见叶夔《毗陵人品记》卷一〇、清黄宗羲《明儒学案》卷五八、《明史》卷二三一。明顾与沐有《顾端文公年谱》四卷(清顾枢辑,

清顾贞观补),清光绪刊《顾端文公遗书》附。

顾起元(1565—1628) 名培,字起元,以字行,改字太初、邻初,号遁园居士,别署武陵仙史。南直应天府江宁(今江苏南京)人,顾国辅之子。万历二十五年(1597)领乡荐,明年会试第一,殿试第三,授翰林编修。历南国子司业、谕德、右庶子、南国子祭酒、少詹事,迁南吏部侍郎,改北,兼翰林侍读学士。卒于崇祯元年(1628),年六十四,谥文庄。能诗文,喜著述。《明史·艺文志》记其有《文集》三十卷、《诗》二十卷。现存万历四十六年辑刻《懒真草堂集》五十卷,内诗二十卷、文三十卷;后又有天启间刊《遁园漫稿》四卷,收其万历四十六年至天启元年(1621)四年所作诗文;又有天启刊本《蛰庵日录》四卷,收其天启二年、三年因足疾家居所作诗文;又有天启七年刊本《雪堂随笔》四卷,收其天启四年至七年四年内所作诗文。另有天启、崇祯递刊本《顾太史编年集》十五卷;明末刊本《归鸿馆杂著》八种二十五卷(内《中庸外传》二卷首一卷、《顾氏小史》十卷、《金陵古金石考目》一卷、《壶天映语》一卷、《遁居漫槁》四卷、《蛰庵日录》四卷、《遁居士戏墨》一卷)。另有万历三十四年刊《尔雅堂家藏诗说》不分卷;万历四十六年刊记南京故实及

诸杂事之笔记《客座赘语》十卷,天启四年(1624)顾起凤刊本《说略》六十卷(《四库全书》类书类所收《说略》为三十卷),明末朱墨套印本《毛诗正变指南图》一卷、《诗经金丹汇考》一卷《诗经难字》一卷。《明文海》录其文二十五篇,黄百家《明文授读》云:"先夫子(黄宗羲)书《懒真草堂集》:'……以徐庾为根底,故其文好用排调。下者入于事类赋,修词之过,反多俗笔。'"清陈元龙《御定历代赋汇》录其赋七篇。《列朝诗集》甲集录其诗二首。《明诗综》卷五八录其诗六首。《御选宋金元明四朝诗》录其诗六首。《金陵诗征》卷二五录其诗一百零三首。《明诗纪事》庚签卷一九录其诗六首。嘉靖刊《(和倪瓒)江南春词集》录其所作[江南春]词四首。又陈所闻《南宫词纪》等辑录其散曲套数二套。生平见陈济生《天启崇祯两朝遗诗·小传》、清邹漪《启祯野乘》卷七、《(乾隆)江南通志》卷一六三。

顾起纶(1517—1587)　字更生,号玄言。南直常州府无锡(今属江苏)人,顾可学从侄。诸生,入太学,累不举,选为云南某卫经历,累官至郁林州同知,罢归。卒于万历十五年(1587),年七十一。善书法,豪于诗酒。因不满于选明诗者重往古而轻当代,辑《国雅》二十卷、《续国雅》四十卷,卷首列"品目"一卷,品评上

起洪武,下迄隆庆历朝诗人,分士、闺、仙、释、杂五品,按时代排列,分别概述各人诗风,评述其成就及诗坛地位,并摘录佳句。后人将其抽出单列名《国雅品》。是编共选录四百八十余人之诗,有万历元年顾氏奇字斋初刊本,《四库全书》著录,"提要"云:"所录诗篇采摭颇富,然起纶当嘉、隆之际,太仓(王世贞)、历下(李攀龙)声价方高,故惟奉《艺苑卮言》为圭臬,持论似乎精诣,而录诗多杂庸音。又声气交通,转相标榜。其入品者,洪武至正德仅七十九人,嘉、隆两朝乃至五十三人,而附见名姓者,尚不在其数,大抵与起纶攀援倡和有瓜葛者居多。"另,起纶录诗,有不满者则径改字句,恶习也。著述存嘉靖三十二年(1553)顾氏奇字斋刊本《玄言斋集》二卷;又嘉靖三十四年昆明五华书院杨慎序刊本《昆明集》二卷,收诗二百首;又嘉靖四十五年吴郡朱氏竹素斋田汝成序刊本《泽秀集》七卷,收赋一、诸体诗四百三十余首,有洪楩评语;另有明抄本《句漏集》四卷,收其官郁林州时所作诗文,前二卷为游览诗,收诗九十余首,三卷、四卷名《感知篇》,乃历叙素所相知者四十人,各赋一诗,系以小序。《四库全书总目》另著录其《赤城集》三卷(为其游赤城时所作纪游诗及游记),未见传。清顾光旭《梁溪诗钞》卷九录其

诗五十首。近人赵尊岳《明词汇刊》录其词三首为《九霞山人词》。生平见《（光绪）无锡金匮县志》卷二二。

顾恚（生卒年不详） 字存诚。浙江宁波府慈溪人。司谏顾道之子，以父荫官司经局正字。自言："谨然诺，尚节概，重义轻生。"（《充然子解》）为人性亢直，不能随时俯仰，为忌者所劾，谪戍南丹，年二十九卒于戍所。以能书名，亦能诗文，《千顷堂书目》著录其《充然子集》，现存清初抄本《充然子诗文集》一卷，收文十三篇、诗一百五十二首、词五首、书信十一篇。《四明风雅》卷一录其诗四首。《石仓十二代诗选·明诗选》录其诗四首。清尹元炜《溪上诗辑》卷三录其诗八首。清袁钧《四明近体乐府》卷八录其词一首。《明文海》录其文三篇。生平见朱谋垔《续书史会要》、徐象梅《两浙名贤录》卷四七《文苑》、《（雍正）浙江通志》卷一八〇。

顾梦圭（1501—1559） 字武祥，号雍里。南直苏州府昆山（今属江苏）人，顾潜子。正德十一年（1516）举人，嘉靖二年（1523）进士，授刑部浙江司主事。改南吏部稽勋主事，历验封郎中，简放广东参议，改江西，历山东，河南副使，又任福建参政、按察使，迁江西右布政使，未上，疏请致仕。卒于嘉靖三十七年十二月二十三（1559年1月30日），年五十九。为人敦重，所至阖户读书，自奉如寒素。平生爱嗜文学，诗长于古体。所著有《北海》《齐梁》《武平》《还山》等集，后辑为《疣赘录》九卷《续录》二卷，有清雍正七年（1729）顾怀劬刊本，首归有光序、王慎中像赞及归有光所撰《权厝志》等。《疣赘录》卷一、卷二《就正编》为其读书札记，以说经论学居多，大旨以阳明"心学"为宗，卷三至卷五收各体文七十六篇，卷六至卷九收诸体诗四百七十余首；《续录》收文三十三篇、诗二十三首、词五首。又雍正十年桂云堂刻《玉峰雍里顾氏六世诗文集》亦收其《疣赘录》九卷《续录》二卷。《盛明百家诗》后编录其诗一百六十余首为《顾廉访集》。顾起纶《续国雅》卷四录其诗三首。《皇明诗统》卷三一录其诗七首。周复俊编《玉峰诗纂》卷六录其诗十三首。《皇明诗选》录其诗一首。《列朝诗集》丁集录其诗十五首。《明诗评选》录其诗三首。《明诗综》卷三九录其诗五首。《御选宋金元明四朝诗》录其诗三首。《四库全书总目》著录《疣赘录》九卷《续录》二卷，"提要"云："（梦圭）诗文皆平正通达，直抒胸臆，无钩章棘句之习。惟诗有捶字未坚者，盖当有明中叶，风气初更，学问移于姚江（王守仁），而文章未移于北地（李梦阳），尤沿长沙（李东阳）之旧格也。"《明诗纪事》戊签卷一五录其诗四首。另陈所闻《南宫词纪》、冯梦龙《太霞新奏》辑录其散曲套数《咏雪》(《塞上咏雪》)一套。生平见《雍里顾公权厝志》(《疣赘录》卷首)、(同治)苏州府志》卷九二。

顾清(1460—1528)　字士廉，号东江。南直松江府华亭(今上海松江)人。弘治五年(1492)举南京乡试第一，六年联捷进士，二甲第一，选翰林院庶吉士，授编修，进侍读。正德初刘瑾专权，与同年毛澄、罗钦顺、汪俊等相砥以名节，不与通，瑾衔之，四年(1509)摘《会典》小误，挫诸翰林，顾清降编修，又以诸翰林未谙政事，调外任及两京部属，顾清得南京兵部员外郎，会父忧，因归里守制。家居时应知府陈威聘，纂《松江府志》三十二卷。瑾诛后复故官，擢侍读学士掌院事，迁少詹事，充经筵日讲官，进礼部右侍郎。嘉靖初，为御史所劾，诏例引退，王鏊为之作《风闻言事论》以辩之，台谏并抚按数十人各上章论荐，悉报寝。嘉靖五年(1526)诏举老成堪用内阁者，廷推及清，乃起为南京礼部右侍郎，屡疏引疾，诏进本部尚书致仕，方进表入都，病卒于河间府瀛海驿，时为嘉靖七年闰十月十九，年六十九，谥文僖。诗文著名于当时，《明史·艺文志》著录其《松江府志》三十二卷、《文集》四十二卷。现存嘉靖间刊本《东江家藏集》四十二卷附录一卷，为其晚年手定，有孙承恩、汪佃、章焕序。内卷一至卷四为《山中稿》，赋一卷、诗二卷、文一卷，乃未仕时作；卷五至卷三十三为《北游稿》，赋一卷、诗十卷、文十五卷、讲章一卷、奏议一卷，乃出仕后作；卷三四至卷四二为《归来稿》，诗、赋三卷，文六卷，乃致仕后作。《盛明百家诗》后编录其赋三、辞一、诗一百余首为《顾东江集》。顾起纶《续国雅》卷三录其诗二首。《皇明诗统》卷一五录诗十二首。《列朝诗集》丙集录诗七十五首，"小传"云："公于诗清新婉丽，深得长沙(李东阳)衣钵。正、嘉之际，独存正始之音。"《明诗综》卷二七录诗十八首，"诗话"云："东江诗法西涯(李东阳)，观其险韵再四叠用，足见能事。当日诸公受长沙衣钵，或推方石(谢铎)，或称二泉(邵宝)，或首熊峰(石珤)，以鄙见衡之，要皆不敌也。"《御选宋金元明四朝诗》录其诗三十余首。清姚宏绪《松风余韵》卷四三录诗十首。《四库全书》收《东江家藏集》四十二卷，《总目》"提要"云："其诗清新婉丽，天趣盎然，文章简练醇雅，自娴法律。当时何、李崛兴，文体将变，清独力守先民之矩矱，虽波澜气焰未能极侔奇伟丽之观，要不谓之正声，不可也。在茶陵一派之中，亦挺然翘楚矣。"《明诗纪事》丙签卷一录其诗二十七首。《明文海》录其文《文渊阁赋》二篇。生平见孙承恩《顾公墓志铭》(《国朝献征录》卷三六)、《明史》卷一八四。

顾鼎臣(1473—1540)　初名仝，以梦改。字九和，号未斋。南直苏州府昆山(今属江苏)人。弘治十四年(1501)领乡荐，十八年进士第一，授修撰。正德初迁左谕德，嘉靖初，直经筵，进礼部右侍郎，改吏部左侍郎，掌詹事府。时世宗好神仙术，内殿设斋醮，鼎臣进《步虚词》七章，得优诏褒答，迁礼部尚书，十七年(1538)八月兼文渊阁大学士，预机务。十九年十月六日卒于官，年六十八，赠太保，谥文康。工书法，能诗文，明代词臣以青词幸进，自鼎臣始，后与李春芳等均被讥为"青词宰相"。其入阁时，夏言首辅，鼎臣素柔弱，不能有为，实充位而已。惟其悯东南赋役失均，屡陈其弊，又请昆山筑城，卒免倭患，有功桑梓，因得乡人立祠祀焉。《明史·艺文志》记其有《文集》二十四卷，《四库全书总目》著录其《未斋集》二十二卷，未见。现存《顾文康公文草》十卷《诗草》六卷《续稿》六卷《三集》四卷，为其子孙自嘉靖至清顺治间陆续刻就，有吴邦臣、顾天叙、公鼎等序。集中奏疏、试策、经筵讲章等皆在，惟青词不与焉。《皇明诗统》卷一二录其诗一首。周复俊编《玉峰诗纂》

卷四录其诗三首。《明诗综》卷二八录其诗一首。近人赵尊岳《明词汇刊》录其词十首为《顾文康公词》。另陈所闻《南宫词纪》辑其散曲《咏梅花》套数一套。生平见陆深《顾公行状》(《俨山文集》卷八○)、严嵩《顾公神道碑》(《钤山堂集》卷三四)、王兆云《皇明词林人物考》卷五、顾祖训《状元图考》卷二、《明史》卷一九三。

顾禄(生卒年不详)　初名天禄，字谨中。松江华亭(今上海松江)人。洪武初以太学生除太常典簿，迁蜀王府教授。善书，尤工于分隶，亦能勾勒竹石，又以诗闻名当时，明初松江诗人，袁凯而下，皆称之。墨迹题诗多见于《式古堂书画汇考》《珊瑚网》等记载。《明史·艺文志》著录其《经进集》二十卷，未见传。《皇明风雅》录其诗二首。顾起纶《续国雅》卷一录其诗四首。《皇明诗统》卷三录其诗十一首。周复俊编《玉峰诗纂》卷二录其诗一首。《石仓十二代诗选·明诗选》录其诗五首。《列朝诗集》甲集录其诗六首，"小传"云："顾禄少有才名，嗜酒善书，高士敏(高逊志)赠诗，有'两京诗博士，一代酒神仙'之语。"《明诗综》卷一四录其诗二首。《御选宋金元明四朝诗》录其诗六首。清姚宏绪《松风余韵》卷四四录其诗六十八首。《明诗纪事》甲签卷一下录其

《朝会乐章》一首，甲签卷一九录其诗四首。又程敏政《皇明文衡》卷四录其《朝会乐章》二十六首。生平见朱谋垔《画史会要》卷四、《(崇祯)松江府志》卷四二、《(嘉庆)松江府志》卷五一。

顾绸（？—1642）　字遐篆。南直苏州府昆山（今属江苏）人，顾同应长子，顾炎武兄。以荫补国子生，崇祯六年（1633）举人，十五年卒，年未四十。著有《拟古乐府》一卷、《旅诗》一卷，未见传。陈济生《天启崇祯两朝遗诗》卷八录诗五十四首。生平见陈济生《天启崇祯两朝遗诗·小传》、《(同治)苏州府志》卷九四。

顾简（1593—1642）　字默孙，号蓬园居士。浙江湖州府归安（今湖州）人。少习制义，万历四十六年（1618）举人，以会试屡不第，因弃科考，以读书著述为乐。讲性命之学，亦喜吟咏，与李维桢、臧懋循、焦竑、潘之恒、钟惺、谭元春、陈继儒等名士倡和。卒于崇祯十五年（1642），年五十，友朋私谥为冲素先生。生前尝自辑其诗文，现存《蓬园集》十卷，内诗五卷，分体收五七言古近体诗二百八十余首；又诸体文五卷，亦按序、记等体分列，卷九为尺牍。集为其婿钱鸿刊行，首有徐石麟为其所作传，署崇祯甲申（1644），因知刊于其身后也，方拱乾序则作于其生前。《四库全书总目》著录《蓬园集》。生平见徐石麟《冲素先生传》（《蓬园集》卷首）、《(光绪)归安县志》卷三九。

顾源（？—1565）　字清甫，号丹泉，又号宝幢居士。南直应天府上元（今江苏南京）人，南京锦衣卫籍。少豪隽不群，能诗，长于书画，后又究心禅理，与僧侣结西方社。书画不受人润笔，多写赠名僧墨客。嘉靖四十四年（1565）卒。所著有《玉露堂稿》四卷，万历间焦竑所刻，《千顷堂书目》著录，今未见传。嘉靖刊《(和倪瓒)江南春词集》录其所作[江南春]词一首。《列朝诗集》闰集录其诗八首，"小传"记云："家有日涉园，甲于都城……少负隽才，高自位置，非胜流名僧不与梯接。山水师小米，书法怀琳，落笔无尘俗气。年几四十，即断荤酒，独处一室，禅榻净瓶，萧然壁观，宛然一老烂头陀也。"《御选宋金元明四朝诗》录其诗八首。《金陵诗征》卷二〇录其诗五首。《明诗纪事》己签卷一七录其诗五首。生平见姚涞《顾宝幢源传》（《国朝献征录》卷一一六）、清徐沁《明画录》卷三、清姜绍书《无声诗史》卷三、清路鸿休《帝里明代人文略》。

顾琇（1489—1553）　字英玉，号横泾。南直应天府上元（今江苏南京）人，顾璘从弟。少驰文誉，与璘并称"江东双玉"。正德八年(1513)举人,九年进士,除南工部主事。改兵部,历郎中,谪知许州。迁温州同知,历山东佥事,进河南副使,遇谗罢归,以授经自给。卒于嘉靖三十二年(1553),年六十五。以正直孤介称,家与顾璘仅隔一墙,临街小楼曰寒松斋者,归里后坐卧其上,训童子以自给。尝绝粮,璘馈以斗粟,不受。璘开息园以延宾客,载酒诸亭,朋簪满座,伎乐杂作,招琛终不赴。亦能诗,《千顷堂书目》著录其《寒松斋存稿》四卷,未见传。《列朝诗集》丙集录其诗十六首。《明诗纪事》戊签卷一二录其诗三首。生平见陈舜仁《河南宪副顾横泾先生琛小传》《国朝献征录》卷九二)、《明史》卷二八六。

顾德基(生卒年不详) 字用晦,号东海散人。南直苏州府常熟(今属江苏)人。明末廪生,能诗,与毛晋、龚立本等倡和。诗集《东海散人集》六卷,有清顺治四年(1647)毛氏汲古阁刊本,收诗近五百首。内《于役草》一卷,收诗七十二首;《海云楼七十二候诗》一卷,收诗七十二首;《虎林游》一卷,收诗三十九首;《来鹤轩草》一卷,收诗十八首,有万历四十一年(1613)钱谦益序;《松风楼稿》二卷,收诗三百余首。《四库全书总目》著录其《七十二候诗》,"提要"云:"是集以月令七十二候各为

七言律诗一首,词旨凡鄙,殆不足观。"《明词综》卷八录其词一首。生平见《(光绪)常昭合志稿》卷三〇。

顾磐(1479—1535) 字子安,一字安甫,号海涯。南直扬州府通州(今江苏南通)人。九岁补博士弟子员,未久成廪生。正德八年(1513)乡试中举,数上春官不第。嘉靖十三年(1534)末北上赴京,明年初病卒于潞河旅舍,年五十七。有文名于乡里,正德十三年,曾应知州蒋孔旸之聘,编纂《通州志》六卷,后又重修,现存嘉靖九年刊本。《千顷堂书目》著录其《海涯集》十卷。现存嘉靖十六年序刊本《海涯文集》十卷附一卷,有文征明、张缒、高远序,内诗四卷,收诗一百二十二首,词十六首,文六卷,收序、记、墓铭、志考等五十余篇,又书信四十余篇。《四库全书总目》著录《海涯集》十卷,"提要"云:"集中如《考正乡贤祀典》以及水利、马政诸作,于乡邑利病亦颇详该。然大致以流利为主,故不为诘屈,亦不造精深。"清杨廷《五山耆旧集》卷二录其诗七首。清王藻《崇川列朝诗选汇存》卷上录其诗一首。生平见《(万历)通州志》卷七、《(乾隆)江南通志》卷一六六。

顾潜(1471—1534) 字孔昭,号桴斋,晚号西岩。南直苏州府昆山(今属江苏)人。生于成化七年(1471)八月初八。弘治二年(1489)

举人,九年进士,选翰林院庶吉士,以耿介寡谐,未得馆职,授山西道御史,巡视京城。十三年出巡山东、河南,寻以副使提督京畿学校。正德四年(1509),忤吏部尚书刘宇,字逆于刘瑾,出顾潜为马湖知府,未任,以京察罢归。瑾败,诏以旧职致仕,卒于嘉靖十三年(1534)三月二十六,年六十四。《明史·艺文志》著录其《静观堂集》十四卷,现存清雍正十年(1732)桂云堂刻《玉峰雍里顾氏六世诗文集》本。内诗词六卷,收赋三篇,古近体诗六百三十余首、词二十二首,后为各体文六卷。集前嘉靖九年五月邑人方鹏《静观堂集序》云:"静观堂者,吾昆顾先生孔昭宴息之堂也。先生年既六十,尽出其平生之作于是堂,辑之以传,因以名其稿也。"《四库全书总目》著录其集,"提要"谓其诗文"俱平正朴实,不事修饰,盖当时风气类然"。《千顷堂书目》另著录其《稽古政要》,方志谓其尚有《读史新知》《林下记闻》《湖堧醉韵》等。《明词综》卷二录其词四首。近人赵尊岳《明词汇刊》据《静观堂集》录其词为《静观堂词》。生平见王同祖《顾公行状》(《五龙山人集》卷九)、张邦奇《顾公墓志铭》(《张文定公靡悔轩集》卷七)、方鹏《昆山人物志》卷三。

顾璘(1476—1545) 字华玉,号东桥、东桥居士。先世吴人,洪武间以匠作移居南京,后遂为应天府上元(今江苏南京)人。生于成化十二年(1476)七月初二。弘治八年(1495)领乡荐,明年进士,观政户部,十二年赴任广平知县。十五年入为南吏部验封司主事,进稽勋司郎中。正德四年(1509)出知开封府,八年以罪于中官逮问,谪广西全州知州,十二年赴台州知府任,十六年升浙江左参政。嘉靖元年(1522)擢山西按察使,以亲老请辞,寻以病免归。七年起为江西按察使,未行,升浙江右布政使,转左,十二年乞终养,忤旨落职。十六年以都察院右副都御史巡抚湖广,十八年迁刑部右侍郎,寻改吏部,再改工部左侍郎,督显陵工,事竣晋尚书,改南刑部尚书,二十三年免官,二十四年闰正月十八卒,年七十。少负才名,肆力为诗文,与刘麟、徐祯卿号"江东三才";后又与陈沂、王韦称"金陵三俊",宝应朱应登继起,又称"金陵四大家"。乡试时相交文征明,后终身为友。中进士后,在部曹与李梦阳等游,与李梦阳、何景明、徐祯卿、边贡、朱应登、陈沂、郑善夫、康海、王九思号"弘治十才子"。晚岁多家居,文誉籍甚,又居南都,希风问业者户屦恒满。构息园,治净舍数十间,每张宴,必用教坊乐工以筝琶佐觞,以此四方之客常满。诗文著作当时多有单刻及单抄本,嘉靖间吴郡沈氏繁露堂汇刊诸集,称《顾华玉集》(或《顾东桥全集》)八种四十一卷,计《浮湘稿》四卷、《山中集》四卷、《凭几集》五卷续二卷、《息园存稿》文十四卷诗九卷、《缓恸集》一卷、《国宝新编》一卷、《近言》一卷。内《浮湘稿》四卷为诗集,其由开封府知府谪全州知州时作;《山中集》四卷,移病家居时作;《凭几集》五卷续二卷,官湖广巡抚时作;《息园存稿》文十四卷诗九卷,刻于嘉靖十七年,多为家居时所作;《缓恸集》一卷,为官工部侍郎时伤其亡女之作。《晁氏宝文堂书目》另著录其《归田稿》,未见传,或已并入《息园存稿》。后近人《金陵丛书》收《顾华玉集》为四十卷。《盛明百家诗》前编录其诗一百三十余首为《顾司冠集》。顾起纶《国雅》卷四录其诗十首。《皇明诗统》卷一八录其诗二十三首。钱谷《吴都文粹续集》录其诗二十首。《石仓十二代诗选·明诗选》录其诗二百十余首。《皇明诗选》录其诗二首。《列朝诗集》丙集录其诗一百四首,"小传"云:"诗矩矱唐人,才情烂然,格不必尽古,而以风调胜。"《明诗评选》录其诗三首。《明诗综》卷三二录其诗二十首。清沈德潜《明诗别裁集》录其诗三首。清施何牧《明诗去浮》卷二录其诗八首。《四库全书》收《顾华玉集》四十五卷,《国宝新编》《近言》于《总目》中另行

著录,然所收《山中集》实为十卷,后六卷乃误收闽人丘云霄之《山中集》之后六卷。《总目》"提要"云:"《明史·文苑传》称璘初与同里陈沂、王韦号'金陵三杰',后宝应朱应登继起,号'四大家',然璘、应登羽翼李梦阳,而韦、沂则颇持异论。又称'璘诗矩矱唐人,以风调胜',今观其集,远挹晋安之波,近骖信阳(何景明)之乘,在正、嘉间固不失为第二流之首也。"《金陵诗征》卷一七录其诗六十五首。《明诗纪事》丁签卷五录其诗二十四首。《明词综》卷二录其词二首。近人赵尊岳《明词汇刊》录其《凭几词》《浮湘词》《山中词》各一卷。另陈继儒《乐府先春》散曲套数《闺怨》一套,署顾华玉。《明文海》录其文二十六篇。生平见文征明《顾公墓志铭》(《莆田集》卷三二)、王兆云《皇明词林人物考》卷四、何乔远《名山藏》卷八六、《明史》卷二八六。

顾懋弘(1538—1608) 原名允焘,字茂俭,改名后字靖甫,又字仲雍,号蓉山。南直苏州府昆山(今属江苏)人,顾梦圭次子。年十三补博士弟子员,才高气傲,以口过被祸下狱,事白,依从父顾梦羽蕲州官舍,以薪籍再为诸生。寻东还,入太学,万历十六年(1588)湖广乡试中举,选授休宁教谕。二十九年任莒州知州,三十二年自劾免。归家筑室昆

山东郊,植梅树数十株,吟啸度曲为乐,与梁辰鱼、梅鼎祚、潘之恒等交密。三十六年卒,年七十一。与兄允默、妹采屏均以曲名,曾撰传奇《椒觞记》,演南宋陈亮故事。吕天成《曲品》谓"梁伯龙极赏之",今已不存,仅胡文焕《群音类选》等存《西湖游闹》《旅馆椒觞》《罗织冤招》《狱中见弟》《战捷胜游》《师生宴雪》等佚曲。与妻朱柔英皆能诗,清雍正十年(1732)桂云堂刊本《玉峰雍里顾氏六世诗文集》五十二卷有懋弘《炳烛轩诗集》五卷,收诗六百二十余首,又《南雍草》一卷,收诗百首,附《楚思赋》。柔英所著《双星馆集》一卷,凡诗七十首、词三十六首,又《双鸟》《捣衣》二赋,亦收入《玉峰雍里顾氏六世诗文集》。

顿锐(生卒年不详)　字叔养,号怀玉山人。京师顺天府涿州(今属河北)人。正德六年(1511)进士,选高淳知县,三载满,迁户部主事,时年二十六,以雅好山林,不乐仕进,称疾乞归。归后卜筑郡西怀玉山,罕及城市。寻丁外艰,杜门谢客,力于学。在乡栖迟十余年,起补代王府右长史,及三载,再请归山。少负才名于乡里,后隐于怀玉山,更以吟咏自适。诗集称《鸥汀集》,下又分《渔啸》《长古》等,或分刻,或合刊。现存嘉靖三十四年(1555)刊本《鸥汀渔啸集》二卷,收诗一百八十

首,裴绅、岳东升、邹察序。又嘉靖间刊本《鸥汀集》二卷《续集》一卷附录一卷(收诗二百七十四首)、《鸥汀长古集》二卷(收诗一百三十首)、《鸥汀渔啸集》二卷(收诗一百八十首)、《鸥汀别集》二卷(收诗二百四十首),总收诗八百二十余首。后万历元年(1573)其子顿起潜官鄢陵时又曾重刊《鸥汀长古集》二卷。《千顷堂书目》另著录其《涿州先贤录》一卷。《皇明诗统》卷二五录其诗十三首。《列朝诗集》丁集录其诗二首。《明诗综》卷三四录其诗九首,"诗话"谓其:"诗颇警拔,微嫌冗长耳。"《御选宋金元明四朝诗》录其诗四首。《四库全书总目》著录其《鸥汀长古集》二卷《前集》二卷《别集》二卷《续集》一卷、《渔啸集》二卷、《顿诗》一卷,"提要"云:"其五言古诗,气韵清拔,颇为入格;七言古诗,跌宕自喜而少剪裁;近体专尚音节,数篇以外意境多同,盖变化之功犹未至也。"清王崇简《畿辅明诗》录其诗七首。《明诗纪事》戊签卷六录其诗二十四首。生平见清孙奇逢《畿辅人物考》卷五《顿长史公锐》、《(雍正)畿辅通志》卷七九。

〔柴〕

柴奇(1470—1542)　字德美,号黼庵。南直苏州府昆山(今属江苏)人。生于成化六年(1470)十月

初九。弘治十四年(1501)举人,正德六年(1511)与弟柴太同登杨慎榜进士,观政吏部,授吏科给事中。十二年迁户科右给事中,十三年转左给事中,十四年晋南光禄少卿。嘉靖八年(1529)转应天府丞,十一年晋府尹,十三年以南京太庙灾,引咎致仕。二十一年六月初七卒,年七十三。官吏部时,谏南巡,劾权幸,颇著直声。上书请修东南水利,后开浚白茆港,疏通吴淞江,皆自其议发之。《千顷堂书目》著录其《嘉树轩纪闻》《黼庵遗稿》二卷,方志记其另有《石池稿》。现存《黼庵遗稿》十卷,有嘉靖三十九年柴氏家刻崇祯八年(1635)修订本,内诗六卷、文四卷,邹守益、周复俊序,徐寿昌后序。邹守益序称其"旧有《石池诗稿》及《石池文稿》《嘉树轩纪闻》各一册,正德己卯(十四年)转官南光禄,登舟忽失之,因重置一册,录新作,时有所忆,或就人录得,亦错置其间,因名曰《黼庵遗稿》"。知是集为柴奇手编。周复俊编《玉峰诗纂》卷四录其诗二十四首。《明诗综》卷三四录其诗一首。《四库全书总目》著录《黼庵遗稿》十卷,"提要"谓其诗文"皆平易有余,精深不足,邹守益序称其诗文'典雅雄健,不落勦袭,不矜刻峭',友朋推挹之词耳"。《明诗纪事》戊签卷一一录其诗三首,按云:"德美诗疏豁无滞,七绝特有风韵。"生平见陆深《柴公行状》(《俨山文集》卷七九)、萧彦《掖垣人鉴》卷一二、过庭训《本朝分省人物考》卷二二。

柴经(1477—?) 字季常,号松洲。浙江宁波府鄞县(今宁波)人。正德五年(1510)举人,十二年进士,授刑部主事,谏武宗南巡,廷杖三十。嘉靖二年(1523)迁云南佥事,以忧归,补湖广,十年进江西按察副使,十三年广东按察使,十五年进右布政使,十九年再以忧归。起补四川右布政,寻转左,二十年迁南京右副都御史,提督江务,明年兼署大理寺,二十二年被劾致仕。《千顷堂书目》著录其《柴中丞集》,未见传,现存明柴懋贤刊本《中丞松洲柴公遗稿》一卷,内收诗七十四首、文三篇。清胡文学《甬上耆旧诗》卷一四录其诗一首。生平见崔桐《松洲柴公经墓志铭》(《国朝献征录》卷六四)、过庭训《本朝分省人物考》卷四七、《(雍正)宁波府志》卷二〇。

柴惟道(生卒年不详) 字允中,号白岩山人。浙江衢州府江山人。少为诸生,好诗,后以山人游于缙绅间。《千顷堂书目》著录其《玩梅亭集》,现存明刊本《玩梅亭集稿》二卷,收其诸体诗二百二十余首。王宗沐序其诗,谓嘉靖三十九年(1560)其廉访江西时,惟道游庐山,屡获促席燕坐,至四十一年,惟道执诗集求序，则其集当刊于嘉靖末年。《四库全书总目》著录《玩梅亭诗集》二卷，当即此本。生平见王宗沐《白岩山人诗稿序》(《敬所王先生集》卷六)、《(雍正)浙江通志》卷一八一。

晏良用(1477—1540)　初名才，字良用，号北山，以字行。江西临江府新喻(今新余)人。北山为其游息之所，因以为号。正德间布衣，能诗，所著有《北山漫稿》，未见传。卒于嘉靖十九年(1540)，年六十四。《江西诗征》卷五四录其诗九首。清黄子晋《渝水诗观》卷二〇录其诗七十六首、卷三〇录其词三首。《明诗纪事》丁签卷一五录其诗一首。生平见《(道光)新喻县志》卷一一。

晏铎(生卒年不详)　字振之。四川叙州府富顺人。永乐十六年(1418)进士，选翰林院庶吉士，授监察御史，巡按直隶、山东，所至有声。以言事忤旨，谪江西上高县典史。能诗，曾赋《金陵春夕》，有"花月春江十四楼"句，传诵一时。与刘溥、汤胤勣、苏平、苏正、沈愚、王淮、邹亮、蒋忠、王贞庆并称"景泰十才子"。曾辑明初诗歌为《鸣盛集》十卷，《千顷堂书目》著录。《千顷堂书目》记其另有《增注孝经》《青城梅花三百咏》三卷及《青云集》，均未见。《皇明风雅》卷二九、顾起纶《续国雅》卷二录其诗一首。《皇明诗统》卷一一录其诗三首。费经虞《蜀诗》卷二录其诗五首。《列朝诗集》乙集录其诗六首。《明诗综》卷一八下录其诗一首，"诗话"云："其诗存者甚少，格调平平，仅与海宁三苏(苏平、苏正、苏直)伯仲。"《明诗纪事》乙签卷二〇录其诗二首。胡文焕《群音类选》存其散曲套数《纪情》。生平见《(雍正)四川通志》卷八、《明史》卷二八六。

晏璧(生卒年不详)　字彦文。江西吉安府庐陵(今吉安)人。有文名，永乐初为徐州判官，永乐二年(1404)迁山东按察司佥事。诏修《永乐大典》，任副总裁。官山东按察司佥事时，曾对济南七十二泉，逐一吟咏，成《济南七十二泉诗》一卷，今传。另有《史钺》二十卷，有景泰七年(1456)及弘治十五年(1502)、嘉靖二十七年(1548)刊本。《皇明风雅》卷二六录其诗一首。顾起纶《续国雅》卷二录其诗一首。《皇明诗统》卷八录其诗一首。《江西诗征》卷五六录其诗四首。《明诗纪事》己签卷二〇录其诗一首。明抄本《天机余锦》卷三录其词八首。《御选历代诗余》卷五九录其词[芭蕉雨·梅]。《千顷堂书目》另著录其《孝经刊误》一卷。生平见《(光绪)吉安府志》卷三二。

[Ｊ]

钱士升(1575—1652)　字抑之，

号御冷，晚号塞庵。浙江嘉兴府嘉善人。少学举子业而晚达，万历四十三年(1615)领乡荐，明年四十二岁第一人进士及第，授翰林修撰。历中允、南少詹事，崇祯间迁南礼部侍郎，召拜礼部尚书兼东阁大学士，预机务，加太子太保，进文渊阁大学士。时崇祯帝治国操切，士升因撰宽、简、虚、平四箴以献，失帝意，遂引罪乞休。甲申(1644)变后，与嘉兴知府钟鼎臣、给事中马嘉植、翰林屠象美等举兵反清，事败，削发为头陀。清顺治九年(1652)卒，年七十八。所著有《周易揆》十二卷，有清顺治初赐余堂刊本;《南宋书》六十八卷，有清嘉庆二年(1797)扫叶山房刊本;《皇明表忠纪》十卷附录一卷，有明崇祯胡氏十竹斋刊本;《逊国表忠纪》十卷首一卷，有明崇祯刊本;《逊国逸书》四种四卷，有崇祯刊本。文集有《赐余堂集》十卷附《年谱》一卷，清乾隆四年(1739)钱佳刊本，收其所作各体文及奏疏、尺牍等，末附《南宋史论》。诗集未传，陈济生《天启崇祯两朝遗诗》卷五录其诗六十四首。《明诗综》卷六一、《御选宋金元明四朝诗》录其诗一首。清沈季友《槜李诗系》卷一八录其诗七首。《明诗纪事》庚签卷二三录其诗一首。《明词综》卷五录其词一首。生平见顾祖训《状元图考》卷四、清佚名《五十辅臣考》卷三、《明史》卷二五一。清许重熙编《钱士升年谱》一卷，乾隆四年刊《赐余堂集》附。

钱士鳌(1550—1599) 字季梁，号麓屏，又号存庵。浙江杭州府仁和(今杭州)人。万历十年(1582)举人，十四年进士，授六安知州。迁刑部员外郎，未赴而有谤语，因调知福宁，二十七年卒于官，年五十。少受《易》于仲兄钱梦鳌，然好诗文，不问家人生产。生平最嗜太史公与苏轼之文，亦喜吟咏，自抒胸臆。所著诗文，即时编集。卒后其子钱兆祯辑刊《钱麓屏先生遗集》八卷，内卷一卷二为《薄游集》，卷三卷四为《似僧草》，卷五《枪榆集》，卷六《退食吟》，卷七《淮上篇》《释担集》，卷八收录其遗文，有冯梦祯万历三十年序、郑之惠万历二十九年序。郑序谓其"骨具西京，性耽眉山";冯序谓其"读书脱落章句，直会神理。山水之间，得趣便往，发为诗文，直写性灵，不问工拙"。据冯序，则除卷八所录遗文，各集皆为士鳌生前手订。另清抄本《名家制义》收《钱季梁稿》一卷。生平见冯梦祯《钱季梁墓志铭》(《快雪堂集》卷一二)、《(雍正)浙江通志》卷一八七。

钱子义(生卒年不详) 名师义，字子义，以字行。无锡(今属江苏)人。与兄钱子正、侄钱仲益并有诗名于乡里，称"三钱"。有《种菊庵诗》四卷，前三卷为其洪武八年（1375）所作《续咏史诗》，卷四为杂咏五十六首。正统间钱公善将《种菊庵诗》四卷与钱子正《绿苔轩集》六卷、钱仲益《锦树集》八卷合刻为《锡山钱氏三华集》，正统刊本今存，又收入《四库全书》，名《三华集》。《皇明风雅》卷三七、《皇明诗统》卷五录其诗四首。《列朝诗集》甲集录其诗三首，"小传"云："马孝常有《续胡曾咏史诗》，子义不仍旧题，别成一百五十首，大率兔园册中语耳。程克勤《咏史绝句》亦采之。"《明诗综》卷一五上录其诗一首。清顾光旭《梁溪诗钞》卷三录其诗三首。《明诗纪事》甲签卷一六录其诗一首。

钱子正（1320—？）　名蒙，字子正，以字行，号公叔。无锡（今属江苏）人。生于元延祐七年（1320）。《（乾隆）江南通志》卷一二五、卷一二一记其为洪武三年（1370）举人、四年进士，然其名不见于《明洪武四年进士登科录》；清顾光旭《梁溪诗钞》卷三录其诗一首，"小传"谓其官韩城知县亦未详何据。然其有《绝句》诗云："湖海风尘入鬓毛，归来灯火对儿曹。道人不是封侯命，错把黄金铸宝刀。"或曾外出仕宦而不顺者。与弟子义、族侄仲益俱以能诗名于乡里，号"三钱"。子正有诗集《绿苔轩集》六卷，洪武二十四年学

士王达序。正统间钱公善将《绿苔轩集》六卷与钱子义《种菊庵诗》四卷、钱仲益《锦树集》八卷合刻为《锡山钱氏三华集》，正统刊本存，又为《四库全书》所收。《绿苔轩集》收诗计三百七十余首。《皇明风雅》录其诗二首。顾起纶《续国雅》卷一录其诗一首。《皇明诗统》卷五录其诗三首。《列朝诗集》甲集录其诗一首。《明诗纪事》甲签卷一六录其诗一首。

钱月龄（生卒年不详）　字鹤山。南直常州府无锡（今属江苏）人。嘉靖间入为道士，居洞虚宫。《千顷堂书目》著录其《丹丘漫稿》，未见传。《盛明百家诗》后编录其诗六十余首为《钱羽士集》。顾起纶《国雅》卷二〇、《皇明诗统》卷四二羽人类录其诗二首。《石仓十二代诗选·明诗选》录其诗三十五首。《明诗综》卷八九录其诗二首。《御选宋金元明四朝诗》录其诗二十一首。清顾光旭《梁溪诗钞》卷五八"方外"录其诗三首。《金陵诗征》卷四四"方外"录其诗一首。

钱文（生卒年不详）　字章靖，号希翁，又自号鹤叟。南直常州府无锡（今属江苏）人，钱逸人百川之父。成化间诸生，累试不遇，遂隐居不出，以诗名于乡里。《千顷堂书目》著录其《鸿山诗》七卷，方志记其有《鸿山樵歌》《希斋诗集》，未见传。

《盛明百家诗》后编录其诗四十余首
为《钱山人集》。顾起纶《续国雅》卷
三录其诗一首。《皇明诗统》卷三二
录其诗五首。《明诗综》卷二三、《御
选宋金元明四朝诗》录其诗一首。
清顾光旭《梁溪诗钞》卷六录其诗四
首。生平见叶燮《毗陵人品记》
卷八。

钱文荐(生卒年不详) 字仲举。
浙江宁波府慈溪人。万历二十二年
(1594)举人,三十五年进士,除新野
知县,改宜春,入为工部主事。《千
顷堂书目》著录其《丽瞩楼集》又《翠
涛阁集》一卷。现存明刊本《丽瞩楼
集》十二卷,陈继儒序。内赋一卷,
收赋十四篇;诗七卷,收诗近八百
首;文四卷,收各体文一百一十余
篇。另有明刊本《南泉慈化寺志》二
卷。《明诗综》卷六〇录其诗二首,
"诗话"云:"仲举论诗,升少陵于堂,
置之首座;青莲次之;高、岑、王、孟
又次之;余子隅坐侍酒而已。自谓:
'吾辈于此,不可不占一坐,否亦须
坐两庑中,聆钟磬管弦之盛。'然观
其制作,未免懦钝,譬之于乐,仅比
于柷、敔、椌、楬焉尔。至驳顾茂齐
谓'少陵诗穷而后工',以为非是;
'诗至少陵,穷固工,不穷亦工也',
斯得之。"《御选宋金元明四朝诗》
据之录。清陈元龙《御定历代赋汇》
录其赋十一篇。清尹元炜《溪上诗
辑》卷四录其诗九首。生平见《(光

绪)慈溪县志》卷二九。

钱邦芑(1602—1673) 字开少,
号知非居士。出家后名大错,字他
山。南直镇江府丹徒(今江苏镇江)
人。生于万历三十年(1602)二月二
十三。诸生,家饶于赀。弘光元年
(1644),清兵渡江,捐散家财,离家
至浙江、福建预抗清军事。上书隆
武,言军事,授官御史。隆武败,奔
赴广东见永历,仍用为御史,巡按四
川,擢右佥都御史。寻以忧隐于贵
州山中。欲招抚张献忠旧部孙可望
等,孙反强授其官,乃削发为僧以避
之,自号大错和尚,随同出家者十一
人。孙可望败亡,重出,封都御史,
永历帝入缅,未及随行,复入云南鸡
足山为僧。清康熙三年(1664)入衡
山,十二年殁于邵阳志馆,年七十
二。晚年与修各地方志,曾撰《永州
府志》二十四卷、《宝庆府志》二十八
卷,又有《鸡足山志》《浯溪志》《九嶷
山志》等。著有《甲申纪变录》一卷、
《甲申忠佞纪事》一卷,收入《海甸野
史》等丛书。诗文著述有《他山诗
选》《十年堂诗选》《后潇湘赋》《大招
诗》《游岳草》等,后皆散佚。《明诗
综》卷七六录其诗一首。清卓尔堪《明
遗民诗》录诗十八首。清袁文典等
《明滇南诗略补遗》附"方外"录诗十
一首。清末《云南丛书》初编辑有《梅
柳诗合刻》一卷;《云南丛书》二编辑
有《大错和尚遗集》四卷。又近人柳

讪徽等曾辑有《大错和尚集拾遗》不分卷，有铅印本。《明诗纪事》辛签卷九下录其诗三首。生平见《(乾隆)贵州通志》卷三二。

钱百川(生卒年不详)　字东之，号寒斋。南直常州府无锡(今属江苏)人。成化诸生钱文之子，弘治、正德间人。资聪慧，好读书而不习举子业，工诗谙音律。《千顷堂书目》著录其《寒斋存稿》，未见传。《皇明风雅》卷三六录其诗三首。《盛明百家诗》后编选录其诗五十余首为《钱逸人集》。《皇明诗统》卷三三录其诗十一首。《列朝诗集》丙集录其诗三首，"小传"云："少豪放不羁，不习进士业。弱冠学琵琶，半日度四十曲，人以为神解。晚宗陈白沙(陈献章)，语多学究气。"《明诗综》卷二六录其诗三首，"诗话"云："东之之绝句小诗，颇类崔国辅。晚师陈(陈献章)、庄(庄㫤)，遂为学究体。其《观石田集》诗云：'宋周程张朱，道大言莫比。迄今五百年，惟陈白沙氏。'未免颓然自放矣。句如'持竿坐惜篱边水，仰面贪看屋上山'、'浅碧杯中歌落日，乱红堆里宿残霞'，想犹少年作也。"《御选宋金元明四朝诗》录其诗二首。清顾光旭《梁溪诗钞》卷八录其诗五首。《明诗纪事》丁签卷一五录其诗一首。生平见叶夔《毗陵人品记》卷八。

钱光绣(1614—1678)　字圣月，号蛰庵，又号寒灰老人。浙江宁波府鄞县(今宁波)人。少随父居海宁硖石，尽交浙西名士。又侍父游吴中、宛中、南中，又得尽交江左名士。甲申(1644)国变，曾上书史可法，请急引兵勤王。乱后归乡，构董齑庵、祴园、归来阁，逃儒入墨，又学佛。晚年感怀家国，渐以憔悴，清康熙十七年(1678)四月投环死，年六十五。好诗，自十六岁即有诗集，其后或隔年一付梓人，原有《告情草》《漱玉集》《香醉轩集》《澹鸣集》《停云草》《水盐集》《独寐寤歌》《白门诗》等，五十一岁合诸集为《从慕堂集》，分内、外集，《内集》收乙酉(1645)以前诗，《外集》收乙酉以后诗，集未见传。清全祖望《续甬上耆旧诗》卷五〇自《从慕堂集》选录其诗二百三十八首、词四首。《明诗综》卷八〇下录其诗一首。《明诗纪事》辛签卷二八录其诗二首。清卓回《古今词汇》录其词五首。清袁钧《四明近体乐府》卷九录其词三首。《明词综》卷九录其词一首。生平见清全祖望《钱蛰庵征君述》《（鲒埼亭集碑传》卷五)、清李瑶《绎史摭遗》卷一四。

钱仲益(1332—1412)　名允升，字仲益，以字行，自号锦树山人，晚号折肱老人。无锡(今属江苏)人。元末中浙江乡试，任杭州路录事。明洪武末举明经，授本县训导，迁华亭令。建文时，以荐入为太常博士，与修《高祖实录》,迁翰林修撰。永乐初改汉王府长史,十年(1412)卒于任,年七十一。精弈事,成祖时曾待诏禁垣,呼为"棋仙"。又工书善画,能诗,所作辑为《锦树集》八卷,收其古近体诗近四百首,诗格爽朗,意蕴真切,题材广泛。正统间钱公善将《锦树集》与仲益族叔钱子正《绿苔轩集》六卷、钱子义《仲菊庵诗》四卷合刻为《锡山钱氏三华集》,《四库全书》辑收,名《三华集》。《锦树集》首有正统二年(1437)萧山魏骥序,谓仲益诗"丽而不浮、奇而不僻、易而不俚"。《皇明风雅》录仲益诗二首。《盛明百家诗》前编录其诗六十余首为《钱翰撰集》。顾起纶《续国雅》卷一录其诗三首。《皇明诗统》卷五录诗七首。《明诗综》卷一七录诗八首。《御选宋金元明四朝诗》录诗六首。清顾光旭《梁溪诗钞》卷三录诗十八首。《明诗纪事》乙签卷五录诗六首,按语云:"其诗风格老成,在'三华'中为巨擘。"清周有壬《梁溪文钞》卷五、清王直等《锡山文集》卷九录其文一篇。生平见叶燮《毗陵人品记》卷六、《(乾隆)江南通志》卷一六六。

钱良胤(生卒年不详) 字王孙,号丽农山人。南直扬州府通州(今江苏南通)人。晚明州学生员,入清不仕。少以才调称,娶四川左布政袁随女袁九淑,九淑亦能诗,有《伽音集》,归良胤一年病亡。良胤所著现存清抄本《春雪馆诗》,首有万历二十七年(1599)屠隆《钱王孙翠璎室小草题词》、万历三十二年汤有光《俳语代序钱王孙诗草》及钱良胤《春雪馆记》。屠隆《题词》云:"夫虎子方乳,已雄于食牛……海陵钱王孙者,姿容韶秀,方当舞象之年,文藻连翩,蚤擅雕龙之技……"则良胤当生于万历初。《春雪馆诗》分体不分卷(或按其分体,称十六卷),计收诸体诗一千一百余首,末有《广陵竹枝词》百首,附汤不疑万历四十五年《广陵竹枝词叙》)。

钱如京(? —1541) 字公溥,号桐溪。南直安庆府桐城(今属安徽)人。弘治十五年(1502)进士,授浙江青田知县,调定海。正德间选为监察御史,迁副使,兵备天津。嘉靖初改江西副使,迁浙江按察使,左迁贵州,擢湖广右布政,改山西左布政、南京太仆寺卿,以右金都御史巡抚保定等府。转工部右侍郎,改兵部左侍郎兼右副都御史,总督两广军务,晋南京户部尚书,改刑部。嘉靖十九年(1540)致仕,隐于桐溪,与弟如畿、如景讲学、吟咏,明年卒,赠太子少保。现存嘉靖三十三年刻《桐溪存稿》四卷,诗一卷,收诗八十六首,铭一篇,后文三卷,收杂文三十六篇,奏疏二十三篇、书简三十六篇。清潘江《龙眠风雅》卷二录其诗二十三首。清徐璈《桐旧集》卷一〇录其诗六首。生平见过庭训《本朝分省人物考》卷三五、《（乾隆）江南通志》卷一四六。

钱如畿(生卒年不详)　字公锡，号柳溪。南直安庆府桐城（今属安徽）。钱如京弟。以选贡官浙江布政司都事，归与如京讲学龙眠。卒年八十余。现存明嘉靖三十五年(1556)桐乡钱氏家刊本《柳溪遗稿》五卷，收其五七言古近体诗凡五百余首，首有陈元吉叙、江万顷引、方点序、袁元鼎序。清潘江《龙眠风雅》卷二录其诗三十首。清徐璈《桐旧集》卷一〇录其诗五首。生平见《（道光）桐城续修县志》卷一六。

钱希言(生卒年不详)　字象先，又字简栖。南直苏州府常熟（今属江苏）人。少遇家难，徙居吴县（今江苏苏州）。博览好学，又刻意为声诗，王穉登因力为延誉，又与袁宏道、江盈科游，遂有名于吴中。尝薄游浙东、荆南、豫章、屠隆、汤显祖等也皆称之。然自以为秦川贵公子，不屑持行卷饰竿牍，追风望尘，仆仆于贵人之门，又不能无所干谒，因少不当意，则矢口谩骂，甚或形之笔牍，多所诋諆，缙绅遂多避之，以是游道日窘，卒以穷困而死。其卒在崇祯十年(1637)前后，年七十余。平生著述甚丰，随时结集，或以刊本或以抄本行于世，现存单刊本有《织里草》一卷附录一卷、《桃叶篇》一卷、《荆南诗》二卷附录一卷、《樟亭集》三卷附录一卷、《二萧篇》二卷附录一卷、《讨桂编》二十卷、《戏瑕》三卷，又有清抄本《狯园》十六卷。曾将诸集总辑为《松枢十九山》，据万历三十三年(1554)其《松枢十九山自叙》，原定"十有一种，小说与诗文相半"，今传世九种五十六卷。除上列各集外，尚有《西浮集》三卷、《桐薪》三卷、《听滥志》二卷。据卷首《总目》，另有《剑笑》四十二卷、《北野丛残》六卷及《坐游录》《五侯鲭》《华池纂》《叶语》《集翠裘》《水经萍氏》未镌。现除征古今剑事之《剑笑》二十卷，有明陈吁谟翠幄草堂刊本外，余皆未传。《松枢十九山》卷首有李维桢万历三十三年《钱简斋先生松枢十九山总叙》、萧云举三十二年《钱简斋先生松枢十九山叙》，而各集皆独立成帙，各有序及刊刻年代，因知其《松枢十九山》自万历二十八年开始刊刻，至四十二年尚未全部刊成，至传世之单刊各本也有从中散出者。希言所著，诗文杂陈。其诗多有不囿规制者，以才胜。其考证之书《戏瑕》，则多穿凿附会，以作惊人语。至其《狯园》《听滥志》，则杂记神怪之说及传闻故事，有近于小说者。其论"小说"，有云："唐人善用虚，宋人善用实。唐人情深趣胜，为能沿泛波涛；宋人执理局方,惟事穿凿议论。唐人以文为稗,妙在不经不典;宋人以稗为文,病在亦趋亦步。"(《狯园自序》)不为无见。另曾记本朝辽事始末,作《辽邸记闻》,见于清顺治李际期宛委山堂刻《说郛续》。《列朝诗集》丁集录其诗十五首,"小传"谓其"所著书曰《松枢十九山》,才情烂熳,近时韦布,罕见其比"。清汪森《粤西诗载》录其诗三首。《御选宋金元明四朝诗》录其诗四首。《海虞文征》卷二五录其诗一首。生平见《(康熙)常熟县志》卷二〇、《(雍正)昭文县志》卷七、《(同治)苏州府志》卷九九、《(光绪)常昭合志稿》卷三〇。

钱谷(1508—1584)　字叔宝,号磬室,南直苏州府长洲(今江苏苏州)人。少以贫失学,壮始读书。家无典籍,游文征明之门,日取架上书读之,兼习诗画。又性喜抄书,室名悬磬室,闻有异书,必借观手抄,日夜校勘,所录古文金石书近万卷,多为善本。卒于万历十二年(1584),年七十七。曾刻《静观堂三苏文选》十六卷。所辑《吴都文粹续集》五十六卷补遗一卷,为《四库全书》收录。又有稿本《吴中人物志》《钱磬室杂录》《历代隐逸传》《三国文章类钞》等。好为诗,然多不存稿。《千顷堂书目》著录其《悬磬室诗》,现仅《宝山钱氏家集》收其《敦厚堂近体诗》一卷。《列朝诗集》丁集录其诗《题

画杂花》一首。《明诗综》卷五〇录其诗《夜登虎丘次韵》一首,"诗话"谓其"仿郑虎臣《吴都文粹》,缉成《续编》,闻有三百卷。其子功父继之,吴中文献,藉以不坠。与公瑕(周天球)、伯谷(王穉登)奔走相门者远矣"。《石渠宝笈》卷一二录其[江南春]词一首。生平见皇甫汸《钱居士传》(《皇甫司勋集》卷五一)、王世贞《钱谷先生小传》(《弇州四部稿》卷八四)、文震孟《姑苏名贤小纪》卷下、《明史》卷二八七。

钱肃乐(1607—1648)　字希声,号虞孙,学者称止亭先生。浙江宁波府鄞县(今宁波)人。生于万历三十五年(1607)正月十五。崇祯九年(1636)举人,明年进士,授苏州府太仓知州,兼摄昆山、崇明。十五年入为刑部山东司员外郎,丁内艰归。乙酉(1645)清兵破南京,江左、两浙郡县皆风靡,肃乐在籍集士民起兵,应者数万人,与郑遵谦、孙佳绩、陈函晖等会师江上。遣张煌言奉表请鲁王监国。鲁王赴绍兴,加肃乐为右佥都御史,历右副都御史、兵部右侍郎。丙戌(1646)钱塘失守,郑彩奉鲁王至鹭门,晋肃乐为东阁大学士,彩专权,肃乐忧愤绝食,戊子(1648)六月初五卒于舟,年四十二,赠太保、吏部尚书,谥忠介。崇祯时曾与张采纂修《太仓州志》十五卷,刊本存。南明时曾刻《庚辰春偶吟》

一卷,首查继佐序,亦存。后著述辑为《忠介公正气堂文集》八卷《越中集》二卷《南征集》十卷,有清抄本。近人《四明丛书》辑为《钱忠介公集》二十卷附六卷。其中《正气堂集》八卷,文四卷诗四卷,所收为乙酉(1645)六月以前之作也;《越中集》二卷所收为倡义军以后一年中作疏、檄、书启及诗;《南征集》十卷,文五卷诗五卷(诗余十九首附于后),则乘桴以后三年中作也。吴钟峦序云:"顷胡骑入关……希声独发悲愤,仰天长号,感动行路,奋臂一呼,义旗云集,钱塘江上痛哭流涕。奏疏之外,兼有诗篇,如武侯表,如文山歌,乃知世间自有真文章耳。"清全祖望《续甬上耆旧诗》卷一〇录其诗二百四十一首。《四明文征》录其文五篇,《四明近体乐府》卷九录其词七首。《明诗纪事》辛签卷八上录其诗一首。生平见清翁洲老民《海东逸史》卷六《列传三》、清黄宗羲《钱忠介公传》《南雷文定后集》卷四)、清全祖望《钱公神道第二碑铭》(《鲒埼亭集碑传》卷一)、《明史》卷二七六。冯贞群有《钱忠介公年谱》一卷(《四明丛书》本《钱忠介公集》)。

钱肃图(1617—1692)　字肇一,一字芥叟,号退山。浙江宁波府鄞县(今宁波)人。生于万历四十五年(1617)八月二十一。钱肃乐四弟,诸生。乙酉(1645)清兵破南京,肃乐在籍集士民起兵,鲁王赴绍兴,累加肃乐有金都御史、右副都御史、兵部右侍郎。肃图以诸生豫肃乐幕府,授推官,已而从亡,累官至监察御史。戊子(1648)钱肃乐卒于琅江,肃图率诸弟入刘中藻军,助守福宁,后其弟钱肃范、钱肃典、钱肃遴及侄钱翘恭皆战死。肃图归,而其家被籍,无一瓦之覆,一垄之植,不得与出而求食,走淮上、秦中、东粤。晚年以子继肃乐之祀,辑肃乐集传于世,己作则遗命弗以传人。清康熙三十一年(1692)十月初二卒,年七十六。清全祖望《续甬上耆旧诗》卷四三"从亡诸公之一"据其《浮归》《孤雪》诸集,录其诗三百零五首,"小传"谓其诗"与董隐君缶堂并称,其实远在缶堂之上"。又云:"诸遗民中诗之以情胜者,莫如万民部履安,此外即推先生。履安诗在丙戌(1646)之后,丁酉(1657)之前,故国尚有残息,故其词未绝宜光纶旅之望。先生则所存皆甲辰(1664)以后诗,寄意更远,要其缠绵沁人心脾,则一也。"清袁钧《四明近体乐府》卷九录其词[满江红]一首。生平见清翁洲老民《海东逸史》卷六《列传三》、清全祖望《明监察御史退山钱公墓石盖文》(《鲒埼亭集碑传》卷一)。

钱宰(1302—1397)　字子予,一字伯均。会稽(今浙江绍兴)人。元至正间进士,以亲老不赴官,教授于乡里,韩宜可、唐之淳皆出其门下。明洪武二年(1369)征修礼乐书,六年授国子助教,后进为博士,校书翰林,撰功臣诰命,作《金陵形胜论》及历代帝王庙乐章,甚得赏识。十年以赋早朝诗("四鼓咚咚起着衣,午门朝见尚嫌迟。何时得遂田园乐,睡到人间饭熟时")忤旨,遣归。二十七年四月复征修《书传会选》,当年九月书成,赐钞遣归,家居至洪武三十年卒,年九十六。以诗名世,其集名《临安集》,盖自以为吴越武肃王十四世孙,从其旧贯也。《千顷堂书目》著录《临安集》十卷。惟有明一代其集行世已稀,清修《四库全书》,仅从《永乐大典》中采掇其诗文,参以诸选本所录,辑为《临安集》六卷,诗三卷、文三卷,然现存《永乐大典》中仍有其佚诗。实今仍有明抄本《临安集》传世,所见本十卷,内诗五卷,卷一收四言《拟历代帝王庙颂》,其余四卷收诸体诗一百四十余首,较之《四库》本多出《拟历代帝王庙颂》及古近体诗二十余首;文亦为五卷(论叙一卷、记三卷、杂说一卷),收文四十二篇,较《四库》本多出十七篇。《皇明风雅》录其诗四首。《皇明诗统》卷三录诗三首。《列朝诗集》甲集录诗六十首。《明诗评选》录诗四首。《明诗综》卷七录诗二十四首,"诗话"谓其诗"波澜老成,诸体悉称"。《御选宋金元明

四朝诗》录诗四十四首。《明诗纪事》甲签卷一四录诗三首,按语云:"子予诗如画家浅绛法,虽亦着色,不没骨干。"文逊于诗。程敏政《皇明文衡》录其文一篇。《四库全书总目》"提要"云:"古文虽非所擅长,而谨守法度,亦无卑冗之习。"生平见朱国桢《皇明开国臣传》卷二"博士钱公"、王佐《国子监博士钱宰传》(《国朝献征录》卷七三)、《钱宰传》(《曝书亭集》卷六三)、《明史》卷一三七。

钱继章(1603—1674) 字尔斐,号菊农。浙江嘉兴府嘉善人,钱继登三弟。崇祯九年(1636)举人,入清称遗民,卒于清康熙十三年(1674),年七十二。著有《溪默山房集》《菊农词》。《千顷堂书目》又著录其《雪堂自删集》,未见。以词著。现存崇祯八年至九年吴熙等刊本《雪堂词笺》一卷,收词七十六首。《御选历代诗余》录其词十四首,多未见其集。卓人月等辑《古今词统》、清邹祗谟等《倚声初集》、清钱瑛等《柳洲词选》、清陈维崧等《今词苑》、《明词综》等所录其词亦有未见其集者。亦能诗,清沈季友《槜李诗系》卷二一录其诗九首,"小传"记云:"孝友力学,钩纂甚富。晚年筑溪默园,缀石蒔花,垂老不倦,有逸民遗风。"又有稿本《仿梦华录》六卷,竹松道人跋。生平见清吴山嘉《复社姓氏传略》卷五、《(康熙)嘉兴

府志》卷一四、《(光绪)重修嘉善县志》卷二四。

钱继登(1594—1672) 字尔先，号龙门，晚号箕山老人。浙江嘉兴府嘉善人。万历四十三年(1614)举人，明年与其从叔钱士升同榜举进士，授刑部主事。历郎中，出守饶州，督学江西，丁艰，起补苏松兵备，以事遣归。崇祯十七年(1644)起江防金都御史，未赴而淮扬失守，终隐于东郊之客园。卒于清康熙十一年(1672)，年七十九。平生矜气亢节，不合于俗。潜心经史，尤喜读《易》，晚年又习禅乘之学，作《生圹记》，有达生超悟之谈。《千顷堂书目》著录其《墼专堂集》，现存清康熙六年自刻本《墼专堂集》十卷，吴伟业序。内诗二卷，收诗四百五十首、词七首，卷三至卷一〇收各体文百篇、尺牍百篇，卷一一至卷一三为《东郊问耕录》，卷一四为《南迁杂志》。又有清磨墨亭抄本《东郊问耕录》三卷。又曾采史籍权变之术，辑编《经世应编》八卷，有明杨瞿崃刊本。另有《易簀》《南华拈笑》《孙武子绎》等。清沈季友《槜李诗系》卷一八录其诗五首。清初卓回编《古今词汇》录其词三首。清钱瑛等《柳洲词选》录其词一首。《御选历代诗余》录其词二首。《明词综》卷五录其词一首。生平见《(康熙)嘉兴府志》卷一四、《(光绪)重修嘉善县志》卷一九。

钱棻(生卒年不详) 字仲芳。浙江嘉兴府嘉善人。崇祯十五年(1642)举人，嗜学，博通典坟，暮年闭户不出，著书大涤山。现存崇祯间刊本《萧林初集》八卷，有胡守恒、黄瑞伯、季雯序。内卷一收赋三篇，卷二拟乐府诗十九首，卷三收近体诗四十一首、[秦楼月]词十八首，卷四收序十七篇、卷五论八篇、卷六策对十篇，卷七杂著三十篇、卷八为《偶笔》。清沈季友《槜李诗系》卷二二录其诗一首。《御选宋金元明四朝诗》录其诗十首。《御选历代诗余》卷三六录其词一首。清邹祗谟等《倚声初集》、清钱瑛等《柳洲词选》、清陈维崧等《今词苑》等皆选录其词。《四库全书总目》另著录其《读易绪言》二卷。生平见清吴山嘉《复社姓氏传略》卷五、《(光绪)嘉兴府志》卷五五。

钱琦(1469—1549) 字公良，号东畲，学者称临江先生。浙江嘉兴府海盐人。生于成化五年(1469)正月初五。弘治十四年(1501)领乡荐，正德三年(1508)进士，释褐盱眙知县。迁南刑部主事，十年进员外郎，十一年再进郎中，以病告归。嘉靖二年(1523)补南礼部郎中，三年迁临江知府，改思南府，八年请老归。归后优游林泉，间与缙绅聚会吟咏。二十一年襄阳知府徐咸致仕后筑园城闉，名小瀛洲，招钱琦及同邑朱朴、吴昂、陈鉴、刘锐、钟梁、陈瀛、僧永瑛、徐泰等十人为社,饮酒赋诗,后徐咸孙徐孺谷、钟梁之孙钱钟祖述辑十人之诗编为《小瀛洲社诗》六卷,内收钱琦诗七十四首。嘉靖二十八年正月初七卒,年八十一。《千顷堂书目》著录其《临江遗集》十四卷又《东畲集》又《公良诗选》。现存隆庆二年(1568)刊本《东畲先生家藏集》十四卷,为其子钱蔅、钱蓑等辑刻,内诗五卷、文九卷,王世贞、薛应旂、彭辂、陆师道序。万历三十二年(1604)重刊名《钱临江集》,增附录一卷,收诸人所作像赞、挽词。《盛明百家诗》后编录其诗五十余首为《钱太守集》。顾起纶《国雅》卷六录其诗十二首。《续国雅》卷三又录其诗四首。《皇明诗统》卷一八录其诗十首。《明诗综》卷三三、《御选宋金元明四朝诗》录其诗二首。清沈季友《槜李诗系》卷一一录其诗十三首。《四库全书总目》著录《东畲集》十四卷,“提要”谓“其文如《申请设县事宜》,以及《论御寇》《劝捕蝗》诸作,皆能留心世务。诗则气味和粹,而警策者稀。陆师道称其七言绝句云‘江北滁南数日程,萧萧落木送秋声。夕阳满地鸟飞绝,人在乱山堆里行’,颇亦潇洒有致,然集中似此者正不多觏也。”《四库总目》另著录其《钱子测语》二卷、《祷雨录》一卷(有明刻《百陵学山》本及《盐邑志

林》本等)。《明诗纪事》丁签卷一四录其诗一首。《明文海》录其文《招魂词》一篇。生平见钱薇《中宪大夫东畲叔行状》(《海石先生文集》卷二七)、过庭训《本朝分省人物考》卷四四、《(雍正)浙江通志》卷一六七。

钱谦贞(1593—1646) 字履之,号耐翁。南直苏州府常熟(今属江苏)人。幼失祖、父,母徐氏抚育其成人。先为诸生,后谢举子业。与人交似落落,久而不衰,弥见其笃。喜藏书,与冯舒等藏家多所酬唱并互借古籍。曾建“怀古堂”以奉养老母,筑“竹深堂”以藏书。效宋赵明诚,金石彝鼎及翰墨环列,又仿唐陆龟蒙,明窗棐几,丹黄点勘不辍,所抄李群玉《唐风集》、李益《李君虞诗集》、方干《玄英集》等,版心皆有“竹深堂”字。清顺治三年(1646)卒,年五十四。未卒前半岁,忽聚其生平所为诗尽刻之,即现存乙酉(1645)毛氏汲古阁刊本《未学庵诗稿》十卷,内《尺五集》《得闲集》《怀古集》各二卷,《愚公集》四卷,《千顷堂书目》尝著录是集。后钱龙惕又辑《耐翁先生集外诗》一卷,附其孙钱孙艾《颐仲遗稿》一卷。冯舒《怀旧集》卷下录其诗三十三首。《列朝诗集》丁集录其诗二十八首,“小传”云:“生而韶令有隽才,起于孤童,能自镞砺。早谢举子业,读书求志,辟怀古堂以奉母,廉户靓深,书签错列,

所与游惟魏冲叔子、冯舒己苍，相与论诗度曲，移日永夕，下键谢客，意泊如也。中岁攻诗，不屑应酬俗调。友人程孟阳（程嘉燧）精于论诗，少所许可，独称履之之诗，以为鲜妍和雅，妙得近体之法。"《御选宋金元明四朝诗》录其诗二首。《海虞文征》卷二九录其诗三首。《明诗纪事》辛签卷二八录其诗五首。生平见冯班《钱履之小传》（《未学庵诗稿》附）。

钱溥（1408—1488）　字原溥，号九峰，一号瀛洲遗叟。南直松江府华亭（今上海松江）人。正统四年（1439）进士，试《蔷薇露诗》称旨，授检讨。景泰二年（1451）迁左赞善兼检讨，七年修《寰宇通志》，转左谕德兼编修。天顺初改尚宝司少卿，兼官如故。俄升侍读学士，修《大明一统志》，充副总裁，六年颁诏安南，充正使，封黎灏，八年左迁广东顺德知县。成化二年（1466）诏复旧官，寻起掌南京翰林院事，十二年升南京吏部左侍郎，升尚书，致仕。卒于弘治元年（1488）五月，年八十一，谥文通。小楷行草皆工，又以文翰著名一时。《千顷堂书目》著录其《朝鲜杂志》三卷、《朝鲜使略》六卷、《使交录》一卷。《四库全书总目》著录其《使交录》十八卷，为其天顺六年出使安南所作，多载赠答诗文，未见传。又曾辑《秘阁书目》，现存初抄

本。《皇明风雅》卷三〇录其诗一首。《皇明诗统》卷一二录其诗三首。程敏政《皇明文衡》录其文九篇。钱谷《吴都文粹续集》录其文六篇。清汪森《粤西诗载》录其诗三首、《粤西文载》录其文二篇。清姚宏绪《松风余韵》卷一六录其诗二十八首。生平见王偁《钱公行状》、《皇明名臣墓铭》艮集）、何三畏《云间志略》卷八、廖道南《殿阁词林记》卷五、《（乾隆）江南通志》卷一六六。

钱福（1461—1504）　字与谦，号鹤滩，以家居近鹤滩而得之也。南直松江府华亭（今上海松江）人。成化二十二年（1486）举人，弘治三年（1490）第一人进士及第，授翰林修撰。三年后告归，又四年以大计罢。弘治十七年八月初二卒于家，年四十四。诗文以藻丽敏妙称，登第后名声烜赫，远近以笺版乞题者无虚日。《明史·艺文志》著录其《文集》六卷，现存万历三十六年（1608）沈思梅居刻《钱太史鹤滩稿》六卷，前二卷录其赋二篇、诗二百余首、词一首，后四卷收各体文六十余篇，附冯时可所撰《鹤滩先生遗事》及乔宇所撰《墓志铭》等。另，明末陈氏石云居刻《国朝大家制义》皆收其制义为一卷。《明诗综》卷二七录其诗一首，"诗话"云："鹤滩吟情以捷敏胜，故自解春雨（解缙）后，凡俚词俪句，动辄归之。此选家皆弃不录也。

乔希大(乔宇)志其墓曰：'予与与谦同游遂庵(杨一清)、西涯(李东阳)二先生之门。与谦尝言："作文须昌其气，先使一篇机轴定于胸中，然后下笔，当沛然莫御矣。"又言："辞必根据道理，虽恒言近事，亦不可略。"'则鹤滩亦不专以捷敏胜人。"《御选宋金元明四朝诗》录其诗一首。清姚宏绪《松风余韵》卷一七录其诗九首。《四库全书总目》著录《鹤滩集》六卷，"提要"谓其"诗文以敏捷见长，故委巷鄙俚之词，率以归之。今观是集，实少俳谐之作，知小说多附会也"。《明诗纪事》丁签卷六录其诗二首，按云："修撰虽以敏捷见推，然合格之作，亦颇矜炼。"《明文海》录其文五篇。另，陈继儒《乐府先春》、许宇《词林逸响》各有散曲套数一套署钱福名。生平见乔宇《钱与谦墓志铭》(《乔庄简公集》卷一○)、李东阳《钱君墓表》(《国朝献征录》卷二一)、冯时可《钱鹤滩先生遗事》(《国朝献征录》卷二一)、顾祖训《状元图考》卷二、王兆云《皇明词林人物考》卷四。

钱德洪(1496—1574) 本名宽，避先世讳，以字行，改字洪甫，号绪山。浙江绍兴府余姚人。少学举业，正德十四年(1519)补邑庠弟子，十六年王守仁平朱宸濠归越，与王畿同受业。嘉靖元年(1522)中举，明年下第归，侍王守仁于阳明书院。五年会试上第，与王畿、金克厚不就廷试归，卒业于阳明。七年冬偕王畿赴廷试，途中闻守仁讣，遂奔丧至贵溪，扶枢归乡。十一年廷试登进士第，就苏州府学教授。十三年受聘主广东乡试，十四年丁内艰归，十五年冬补国子监丞，十七年升刑部湖广司主事，转陕西司员外郎。二十年坐论郭勋死罪，触帝怒，下诏狱，二十二年，革冠带归农。归后于江浙、宣歙、湖广等地，讲"良知"之学达三十年。穆宗即位后复原职。万历二年(1574)十月二十七卒。德洪为王守仁晚年重要弟子，主张"在事物上实心磨炼"良知。守仁曾使其引导及门者，"俟志定有人，方与请见"。守仁出征，德洪与王畿居守书院，向四方来学者讲授"王学"大旨，回答提问，被称为"教授师"。后在收集、整理、出版阳明著述方面出力尤多。德洪卒后，其次子钱应乐所编《绪山会语》二十五卷及其弟子徐用检编《绪山先生续训》等，均已散佚，仅于他籍保存数十则。德洪所著《阳明先生年谱》三卷，有嘉靖四十三年刊本，又《平濠记》一卷现存清初抄本。《千顷堂书目》著录其别集《绪山集》二十四卷，未见传，然他籍存其序、记、书信等数十篇。另，清黄宗羲《姚江逸诗》卷七录诗二十首。生平见王畿《绪山钱君行状》(《龙溪王先生全集》卷二○)、吕本《绪山钱公墓志铭》《期斋吕先生文集》卷一二）、过庭训《钱德洪传》《圣学嫡派》卷四）、黄宗羲《明儒学案》卷一一、《明史》卷二八三。

钱薇（1502—1554）　字懋垣，号海石。浙江嘉兴府海盐人。生于弘治十五年（1502）十月二十三。嘉靖四年（1525）举人，十一年进士，除行人。改礼科给事中，晋右给事中，因星变极言主失，又疏劾郭勋，再疏劾夏言，三疏乞罪方士陶仲文，皆中帝所忌，因削职为民。受业于湛若水，既归，乃专意讲学。嘉靖三十三年八月初七卒，年五十三。隆庆初，赠太常少卿。亦能诗文，《明史·艺文志》著录其《海石集》二十八卷，现存万历四十二年（1614）其门人严从简辑刻《海石先生文集》二十八卷，丰道生、许闻造序。内诗七卷，收诸体诗八百余首，文二十卷，收奏疏十六篇、赋二篇、各体文三百余篇，附载其行状、墓铭及小传等，又附钱嘉征《侍御公奏疏》一卷《遗诗》一卷。另有清乾隆间钱燔等增修本《海石先生文集》二十九卷附录一卷，《四库全书总目》著录《承启堂稿》二十九卷即此本。集中诗七卷又有单刊本及清抄本传世，名《海石先生诗集》七卷。《千顷堂书目》另著录《海石疏草》二卷、《明朝名臣事实》三十卷。《明文海》录其文三篇。清陈元龙《御定历代赋汇》录其赋二篇。《明诗综》卷四一、《御选宋金元明四朝诗》录其诗一首。清沈季友《槜李诗系》卷一二录其诗二首。《明诗纪事》戊签卷一八录其诗三首。生平见《海石先生文集》卷二八所载郑晓《行状》、湛若水《墓志铭》、蒋信《墓表》、胡尧臣《钱公传》，又见《明史》卷二〇八。清钱吉泰有《太常公年谱》（光绪三十年刊本）。

钱薀（1531—1608）　字懋谷。浙江嘉兴府海盐人，钱琦第五子。卒于万历三十六年（1608）。现存明刊诗集《击辕草》六卷，卷一五七言古诗，卷二、卷三五言律，卷四七言律，卷五五绝、六绝，卷六七绝，有姚士粦、沈明臣、王穉登序。又有隆庆三年（1569）钱氏玉兰堂刊本《诗韵释义》五卷及万历二十四年（1596）刻《钱氏家世》十六卷（残存十四卷）。清沈季友《槜李诗系》卷一三录诗三首，"小传"谓其"读书好客，与文士屠长卿（屠隆）、沈嘉则（沈明臣）诸人友善。金华吴孺子、吴下王伯稠、同邑姚士粦，恒主其家饮酒赋诗"。生平见《（光绪）嘉兴府志》卷五七、《（光绪）海盐县志》卷一七。

倪元璐（1593—1644）　字玉汝，号鸿宝，又号园客。浙江绍兴府上虞人，后定居府治（今绍兴）。生于万历二十一年（1593）十一月十六。万历三十七年领乡荐，天启二年（1622）进士，选翰林院庶吉士，授编修。历侍讲、南国子司业,迁右中允,历左谕德、右庶子,进祭酒,落职闲住。起兵部右侍郎,超拜户部尚书,兼礼部尚书、翰林院学士。崇祯十七年(1644)三月十九京师陷,自缢死,年五十二。福王立,赠太保、吏部尚书,谥文正。少师邹元标,长从刘宗周、黄道周游,研《易》,著有《兒(倪)易内仪以》六卷、《兒(倪)易外仪》十五卷,有崇祯刊本及《四库全书》本。其初官翰林时,掌外制之词,以文章典雅为馆阁所宗,其门人刻其文为《代言选》,现存明末山阴王贻栻重刊本,五卷附补遗一卷《奏牍》一卷《讲编》一卷,王邵、许士柔序。崇祯十五年(1642)以南国子监祭酒归里,辑其所作,刻为《鸿宝应本》十七卷,周铨、沈延嘉、陈子龙等序。后国事维艰,不复作应制文字,间取旧刻重为刊定,付其子倪会鼎庋藏,至清乾隆三十七年(1772),其玄孙倪安世复编次重刻为《倪文贞集》十七卷、《续编》三卷、《奏疏》十二卷《讲编》四卷《诗集》四卷。传世另有手稿本《倪文贞公集残稿》一卷、《倪文贞公诗文稿》不分卷、明末刊本《奏牍》四卷及清顺治八年(1651)刊诗集《倪文正公遗稿》二卷、康熙刊本《倪文正公遗稿》二卷。经世文章之外,诗文书画,俱负能名。陈济生《天启崇祯两朝遗诗》卷三录其诗四十一首。《明诗评选》录其诗二首。《明诗综》卷七二、清沈德潜《明诗别裁集》《御选宋金元明四朝诗》录其诗一首。《四库全书》据乾隆刊本收《倪文贞集》十七卷《续编》三卷《奏疏》十二卷《讲编》四卷《诗集》二卷,《总目》"提要"谓其"以古人相期许,而尤留心于经济,故其擘画设施勾考兵食,皆可见诸施行,非经生空谈浮议者可比"。"其诗文虽不脱北地(李梦阳)、弇州(王世贞)之旧格,至其奏疏,则详明剀切,多军国大计,兴亡治乱之所关,尤为当世所推重。"清钱玫《历朝上虞诗集》卷一五录其诗八十四首。清徐乾《上虞诗选》卷二录其诗一首。《明诗纪事》辛签卷三录其诗二首。《明文海》录其文二十篇。生平见黄道周《倪先生墓志铭》(《黄石斋先生文集》卷一二)、陈济生《天启崇祯两朝遗诗·小传》、清陈鼎《东林列传》卷八、《明史》卷二六五。另清倪会鼎有《倪文正公年谱》四卷(道光刊《粤雅堂丛书》本)。

倪光(生卒年不详) 字应奎,号味易。浙江宁波府鄞县(今宁波)人。少受《易》,时时沉玩,因弃举业。正统十四年(1449)感土木之变,复学兵书,讲剑术,既久无所合,再杜门学《易》,称得先知之能,人因以"小康节"呼之,学者称味易先生。曾一客京师,名动公卿间,或欲荐其为官，遁归。又以能诗称，擅古体，七言效初唐。《千顷堂书目》著录其《味易诗集》十二卷，又有选本，然皆未见传。《皇明诗统》卷二八录其诗一首。《四明风雅》卷二录诗十二首。清胡文学《甬上耆旧集》卷五录诗二十二首。《明诗综》卷二三录《宿清村》一首，"诗话"云："其学盖本于邵氏，《观梅》数诗，特娟秀，不袭《击壤》恶派。"《明诗纪事》乙签卷二一录诗一首。生平见《（雍正）浙江通志》卷一九六。

倪岳（1444—1501）　字舜咨，号青溪。南直应天府上元（今江苏南京）人，倪谦长子。天顺六年（1462）顺天中举，八年进士，选翰林院庶吉士，授编修，与父同与修《英宗实录》。成化间历侍读、侍读学士，进礼部侍郎。弘治六年（1493）拜本部尚书，加太子少保，历南吏部、兵部尚书，十三年入掌吏部，十四年卒于官，年五十八，赠太保，谥文毅。博综经世之务，于政事多所建言，诗文亦敏捷有风采。《明史·艺文志》著录其《青溪漫稿》二十四卷，现存正德八年（1513）熊世芳辑刻本，凡诗九卷、文十五卷，沈晖序。《皇明风雅》卷三二录其诗一首。《皇明诗统》卷一二录其诗二首。《石仓十二代诗选·明诗选》录其诗五十九首。《列朝诗集》丙集录其诗十一首。《明文海》录其文一篇。

《明诗综》卷二二录诗一首。《四库全书》收《青溪漫稿》二十四卷，《总目》"提要"谓其文"浩翰流转，不屑为追章琢句之习"。《金陵诗征》卷一五录诗三十首。《明诗纪事》丙签卷四录诗一首，按语云："文毅诗才不逮文僖（倪谦），而政绩过之。"近人赵尊岳《明词汇刊》录词一首，称《青溪诗余》。生平见李东阳《倪公墓志铭》（《怀麓堂文后稿》卷二四）、吴宽《倪文毅公岳传》（《国朝献征录》卷二四）、廖道南《殿阁词林记》卷五、王兆云《皇明词林人物考》卷三、《明史》卷一八三。

倪宗正（生卒年不详）　字本端，号小野。浙江绍兴府余姚人。弘治八年（1495）举人，十八年进士，选翰林院庶吉士，刘瑾目其为谢迁党，出知太仓州。后补礼部员外郎，以谏武宗南巡受杖五十，跪午门外五日，濒死，明年简放广东南雄知府，年未六十即告归，卒于家。嘉靖中赐祭葬，赠学士，谥文忠。学《易》，工书善弈，亦有诗文名，与方豪、郑善夫最善。嘉靖三十二年（1553）湖隐居士抄本《九家诗》有其《观海集》，与方豪诗合为一卷。另著有《丰富集》《突兀稿》《太仓稿》等，晚年复有《小野集》十六卷。清康熙间其七世孙倪继宗汇辑其著述，重刻为《倪小野先生集》二十二卷，未见传。现存清康熙四十九年（1710）倪继宗清晖楼刊本《倪小野先生全集》八卷,内文二卷,收奏疏一,序、记等各体文一百三十余篇;诗六卷,收赋一、辞三、古近体诗一千五百余首,另有联句三十八首、词四首;附谢迁、王守仁、冯兰等赠诗;卷首有康熙三十四年黄宗羲序、四十八年毛奇龄序、四十六年毛际可序,又收谢迁《丰富集旧序》、钱德洪《突兀稿旧跋》、方豪《太仓稿旧叙》、方豪《观海集旧叙》、顾鼎臣《观海集旧跋》等。《千顷堂书目》仅著录其《小野集》,盖未见《全集》。钱谷《吴都文献续集》录其诗一首、文一篇。清黄宗羲《姚江逸诗》卷九录其诗八十一首。清康熙四十一年黄炳刊本《黄氏捃残集》(黄宗羲辑)收倪宗正与黄海合撰《竹桥十咏》一卷。《明诗综》卷二八录其诗二首,《御选宋金元明四朝诗》据之录。《四库全书总目》著录《倪小野集》二十二卷,《总目》"提要"云:"谢迁《丰富集序》述李东阳之言,谓明之诗文至宗正而集大成,未免推之过甚。宗正尝有诗云:'偶入棠陵眼,难齐少谷肩。'棠陵,方豪别号;少谷,郑善夫别号也。可谓自知之审矣。"生平见翁大立《倪小野先生传》(康熙刊《倪小野先生全集》卷首)、清邹国麟《倪文忠公传》(康熙刊《倪小野先生全集》附)。

倪复(生卒年不详)　字汝新,号畏斋。浙江宁波府鄞县(今宁波)人。研经学,力学无间寒暑,善《易》,旁及诸经。正德前后在乡授经学数十年,邑中俱以耆旧奉之。著述甚多,《千顷堂书目》著录有《易系辞解》、《诗传纂义》一卷、《奉化县志》十二卷、《浚湖议》、《救灾集议》、《正蒙发微》又《皇极经世通释》《闲居漫读记》又《见闻栏楯》又《观古录》及《畏斋存稿》等。《诗传纂义》一卷有清抄本。《四库全书》收其《钟律通考》六卷。《四明风雅》卷三录其诗十八首。清胡文学《甬上耆旧诗》卷一六录其诗十首。《明诗综》卷二六录其诗一首。《明诗纪事》丁签卷一五录其诗二首,按语谓其诗"亦琅琅雅音"。生平见《(康熙)鄞县志》卷一六、《(雍正)宁波府志》卷二五。

倪珣(生卒年不详)　字公白,号海石。浙江宁波府鄞县(今宁波)人。嘉靖四十五年(1566)以岁贡入太学,二年后在京畿任教官,万历元年(1573)改官离京,又任职成都,六年移为泰兴教谕。善画墨竹花卉,亦能书法。以文艺名于乡里,名宦张时彻主修郡志,曾邀其与卢叔麟、洪漠、薛晨与焉。现存万历七年刊诗集《京寓稿》,录其诗百余首,首有其自序,谓是集所录乃其自嘉靖四十五年赴京至万历元年离京时所作诗。末有"泰兴县门生"六十五人署名,盖此集由泰兴县学诸生所校刻。清胡文学《甬上耆旧诗》卷一五录其诗二首。

倪峻(1360—1422)　字峻德,一字克明,又字维岳,号静寄道人。南直常州府无锡(今属江苏)人。洪武二十三年(1390)举人,选郾城教谕。历泗水、沙县知县,永乐九年(1411)擢兵科给事中。时成祖好佛,峻疏谏忤旨,改行人。十六年奉使占城宣诏,又二使、三使占城,先后达十二年,官终都给事中。永乐二十年卒,年六十三。《(弘治)无锡县志》卷一七记其有《静寄集》四卷,《锡山历朝著述书目考》卷一记其有《天南诗集》《濒阳纪行诗集》,皆未见传。《盛明百家诗》后编录其诗十五首为《倪维岳集》,与倪敬《倪汝敬集》合为《二倪诗集》。卷首俞宪隆庆元年(1567)所作识语云二倪诗"虽无奇,颇异常调"。《皇明诗统》卷七录其诗六首。《石仓十二代诗选·明诗选》录其诗六首。清顾光旭《梁溪诗钞》卷三录其诗二首。生平见萧彦《掖垣人鉴》卷七、叶夔《毗陵人品记》卷六。

倪敬(1416—1460)　字汝敬,号月楼。南直常州府无锡(今属江苏)人,倪峻孙。正统十三年(1448)进士,官监察御史,出按山西,再按福建,所至有声。景泰末灾异迭见,率同官多人上疏,陈敬天、修德六事,谪广西宜山典史。天顺初知祥符县,迁督府都事,从安远侯柳溥西征,天顺四年(1460)归,卒于道,年四十五。《千顷堂书目》著录其《月楼集》,未见传。《盛明百家诗》后编录其诗四十余首为《倪汝敬集》,与倪峻《倪维岳集》合为《二倪诗集》。《皇明诗统》卷七录其诗十四首。《石仓十二代诗选·明诗选》录其诗十六首。《明诗综》卷二○录其诗一首。清陈邦彦《御定历代题画诗类》录其诗六首。清顾光旭《梁溪诗钞》卷四录其诗二首。清周有壬《梁溪文钞》卷六录其文二篇。生平见叶夔《毗陵人品记》卷六、《(乾隆)江南通志》卷一四二、《明史》卷一六二。

倪谦(1415—1479)　字克让,号静存。世居钱塘,洪武初徙江浙民实京师,其祖启在编,遂为南直应天府上元(今江苏南京)人。生于永乐十三年(1415)十二月初一。正统三年(1438)领乡荐,明年第三人进士及第,授翰林编修,进侍讲。景泰三年(1452)迁左中允兼侍讲,侍经筵,进侍讲学士,七年与修《寰宇通志》,迁左春坊大学士。天顺元年(1457)改通政司左参议,仍兼侍讲,遣祭辽、荆、楚三府,还进学士,二年充经筵讲读,三年主考顺天乡试,被诬下诏狱,谪戍广东开平,八年复原官。成化元年(1465),与子倪岳同入史馆与修《英宗实录》,寻授南京礼部侍郎，以御史陈选劾致仕。五年复侍郎职，十二年以礼部尚书致仕。卒于成化十五年三月十八，年六十五，赠太子少保，谥文僖。正统十四年谦充正使，与刑科给事中司马恂奉命使朝鲜，其归后撰《朝鲜纪事》一卷（有明抄本），又将在朝鲜期间倡和所得诗文辑编为《辽海编》四卷，收录中、朝文人所作近三百篇，有成化五年倪岳刊本。后朝鲜所刊《（庚午）皇华集》亦收谦诗一百一十首。谦诗文当时皆称作手，《千顷堂书目》著录其《玉堂稿》一百卷又《南宫稿》二十卷又《上谷稿》八卷又《归田稿》四十二卷又《倪文僖公集》三十二卷。《倪文僖公集》三十二卷为其手自校订者，凡赋辞琴操古今体诗诗余十一卷，颂赞表笺箴铭一卷，文二十卷，有弘治六年（1493）倪岳刊本，卷首李东阳序谓其所著《玉堂》《上谷》《归田》《南宫》诸稿共"为卷百七十"，倪岳跋谓此集所收诗文八百九十篇，分三十二卷，则汰存仅五分之一。又有清抄本《倪文僖公全集》六十九卷，内《上谷稿》四卷、《南宫稿》六卷、《归田稿》十卷、《玉堂稿》四十九卷，亦与著录不合，非全本也。诗文承台阁之体，而未流于冗阘肤廓。《四库全书》据弘治本收《倪文僖集》三十二卷，《总目》"提要"云："谦当有明盛时，去前辈典型未远，故其文步骤谨严，朴而不俚，

简而不陋，体近'三杨'（杨士奇、杨溥、杨荣）而无其末流之失，虽不及李东阳之笼罩一时，然有质有文，亦彬彬然自成一家矣。"《皇明风雅》卷三〇录其诗一首。《皇明诗统》卷一二录其诗三首。《列朝诗集》丙集录其诗三首。《明诗综》卷二〇录其诗一首。《海虞文征》录其文二篇、诗二首。《金陵诗征》卷一三录其诗十六首。《明诗纪事》乙签卷一七录其诗十四首，按语云："余观其七古，劲健拔俗，不愧当家，固不失为一时骚雅之选也。"程敏政《皇明文衡》卷三七录其文一篇。清陈元龙《御定历代赋汇》录其赋六篇。近人赵尊岳《明词汇刊》录其词十三首为《倪文僖公词》。生平见刘珝《倪公墓志铭》（《古直先生文集》卷一四）、陈镐《倪公谦传》（《国朝献征录》卷三六）、廖道南《殿阁词林记》卷五、王兆云《皇明词林人物考》卷三、《明史》卷一八三。

徐一鸣（1497—1564）　字伯和，号渌江。湖广长沙府醴陵（今属湖南）人。生于弘治十年（1497）十月十四。正德十一年（1516）举人，明年进士，授礼部主事。历员外郎，迁吏部验封司郎中，进江西提学副使，创东湖书院，毁淫祠，为镇守中官所劾，以抄毁寺观罪落职。嘉靖四十三年（1564）七月二十一卒，年六十八。现存隆庆三年（1569）徐卿绪、

徐卿述五泉书院刊本《渌江集》十二卷附录一卷，首隆庆三年其弟徐一翀序、隆庆四年董策序，内诗八卷，收古近体诗三百四十余首，文四卷，收各体文及书信八十余篇。清廖元度《楚风补》卷二〇录其诗十六首。清邓显鹤《沅湘耆旧集》卷一五录其诗十二首。《湖南文征》录其文二篇。生平见《渌江集》附徐一举《徐公神道碑》、《（雍正）湖广通志》卷五五。

徐一夔（1319—？）　字大章。天台（今属浙江）人。博学工文，元至正十年（1350），聘为钱塘助教，十九年，任嘉兴郡学助教，与宋濂、王祎、刘基交，酬唱于南湖、景德寺。以翰林学士承旨危素荐，授建宁府教授，未赴。避兵于郡之白苎里，有屋三四楹，牖外有一大柞树，因作《独柞轩记》以见志。洪武二年（1369）征修礼书，与名儒梁寅、曾鲁等并与，三年九月《大明集礼》五十三卷成，授杭州府学教授，六年与修《日历》，书成，将授翰林院官，以疾辞，赐文绮遣归。建文二年（1400）尚在世。徐祯卿《剪胜纪闻》谓其因“光天之下，天生圣人，为世作则”句罹祸，为朱元璋所杀，后多传之，不确。田汝成《西湖游览志余》卷七谓一夔任杭郡教职凡九年，“湖上勒石之文多其手笔”。《千顷堂书目》著录其《宋行宫考》一卷、《杭州府志》九册、《始丰

类稿》十五卷。《四库全书》收《始丰稿》十四卷，有文无诗，《总目》“提要”云“所佚不过诗一卷耳”。又云：“其文皆谨严有法度，无元季冗沓之习。”现存明初刊本及数种清抄本《始丰稿》亦十四卷，惟清丁丙辑《武林往哲遗著》本增补遗一卷。程敏政《皇明文衡》录其文九篇。李时渐《三台文献录》录其文十篇。《明文海》录其文三篇。许鸣远《天台诗选》卷二录其诗八首。《明诗综》卷七录其诗二首。《御选宋金元明四朝诗》录诗一首。清沈季友《槜李诗系》卷六录诗六首。清戚学标《三台诗录词录》卷九录诗四首。《明诗纪事》甲签卷一四录诗二首，按云：“《始丰稿》十四卷，独缺诗，今所录者，皆散见于他选本者也。”生平见《徐一夔传》（《曝书亭集》卷六四）、《明史》卷二八五。

徐士俊（1602—1681）　原名翔，字野君，又字三有、无双，号紫珍道人，又号西湖散人。浙江杭州府仁和（今杭州）人。生于万历三十年（1602）六月初一。诸生，崇祯二年（1629）与卓人月、孟称舜等入复社。崇祯三年至十五年，五应乡试不举。易代后，绝意仕进，放情山水，卒于清康熙二十年（1681），年八十。喜读书，好为乐府、诗歌、古文辞，惟所作谨自秘匿，人少有知者。传其早年所作剧本甚夥，现仅崇祯初沈泰

辑刻《盛明杂剧》《盛明杂剧二集》存其《春波影（北四折）》《络冰丝（南北一折）》。二剧皆署"徐翙"之名，而士俊又曾为《盛明杂剧》作序，故知二剧皆为天启间所作也。《春波影》演冯小青读《牡丹亭》故事，祁彪佳《远山堂剧品》列其为"逸品"，论云："此等轻逸之笔，落纸当有风雨声。小青得此，足为不死，填词若野君，再于韵律着意，则骎骎直追元人而上矣。"清焦循《剧说》云："演小青故事为传奇者……当以徐野君《春波影》为最。"《络冰丝》为一折短剧，《远山堂剧品》亦列其为"逸品"，是剧演元人伊世珍《嫏嬛记》中沈约遇仙故事，剧情隽逸高雅，曲白典雅清丽，未表任何寄托，唯诗意幽幽之营造，可与唐人文言小说《湘中怨解》为比。其与同邑卓人月交最厚，曾与人月共辑《古今词统》十六卷附《徐卓痍歌》一卷，存崇祯六年刊本。《徐卓痍歌》收二人词计一百三十六首，人各六十八首。清顺治间所刻《雁楼集》二十五卷为士俊诗文别集，内卷一收赋六篇，卷二收拟乐府诗一百二十余首，卷三至卷一二收古近体诗六百五十余首，卷一三收词一百七十余首，卷一四收曲十余首。卷一五至卷二四收各体文一百十余篇，卷二五收《春波影》。又曾与汪淇辑刻《分类尺牍新语》，现存清康熙二年刊本。清沈季友《檇李诗系》卷四一录其诗《烟雨楼》一首。近人赵尊岳《明词汇刊》收《徐卓痍歌》。生平见清王晫《徐野君先生传》（清康熙刻《霞举堂集》卷四）。

徐子熙（1452—1511） 字世昭，号丹峰。浙江绍兴府上虞人。弘治十四年（1501）举人，十八年进士，授兵部职方司主事。正德三年（1508）升武库司员外郎，四年迁翰林院编修，进光禄寺少卿，罢归。起补和州知州，寻迁彰德府同知，六年卒于任，年六十。有诗名。《千顷堂书目》著录其《贻谷堂集》。现存万历二十年（1592）徐启东辑刻本《贻榖集》十八卷，内收徐子熙《丹峰先生文集》十三卷，内卷一目录，卷二辞五篇，卷三至卷七收诗三百二十余首、词二十七首，卷九至卷一二收各体文四十七篇，卷一三收赠言二十九则。清钱玓《历朝上虞诗集》卷一〇录诗三十五首。清徐乾《上虞诗选》卷二录诗六首。近人赵尊岳《明词汇刊》辑词为《世经堂词》。生平见（光绪）上虞县志》卷九。

徐中行（1517—1578） 字子与，初号龙湾，更号天目山人。浙江湖州府长兴人。生于正德十二年（1517）八月二十。嘉靖十九年（1540）领乡荐，二十九年进士，除刑部主事。历员外郎、郎中，简放汀州知府，改汝宁。内计谪长芦运判，稍迁瑞州同知,擢山东佥事,改湖广。历云南参政、福建按察使,累官至江西左布政使,万历六年(1578)十月十三卒于官,年六十二。好饮酒,赋性亢爽,喜扬善他人,不道人过。历任藩臬,俱清介有声,或曰其卒于官,竟不能具敛。以诗鸣,嘉靖二十九年入京后,李攀龙引其入郎署诗社,得交于王世贞、谢榛、宗臣、梁有誉、吴国伦等,时有"五子""六子"之称,然未确定也。后梁有誉于三十四年去世,次年吴国伦作《哭梁公实比部四首》有句"七子中原散,千秋长夜过"(《甔甀洞稿》卷一六),以"七子"称李攀龙、王世贞、谢榛、梁有誉、徐中行、宗臣及国伦自己。后"七子"之名渐为人所称,有人比之李梦阳、何景明等"七子",称此七人为"后七子"。王世贞论及中行云:"宗子相(宗臣)天才奇异,其诗以气为主,务于胜人,间有小瑕及远本色者,弗恤也;吴明卿(吴国伦)才不胜而能求诣实境,使首尾匀称,宫商谐律,情实相配。徐子与斟酌二子,颇得其中,已是境地,精思便达。"(《艺苑卮言》)胡应麟则谓:"子与七律闳大雄整,卓然名家,惜少沉深之致,品格在明卿左、子相右。"(《诗薮》)生前万历三年,其婿汪时元选刻其诗为《青萝馆诗》前集四卷、《续集》二卷,陈有守、俞允文、汪道昆序,今存。卒后万历十二年张佳胤辑刻其

全集《天目先生集》二十卷附录一卷,诗十卷文十卷,张佳胤、王世贞序,亦存。《盛明百家诗》前编录其诗三十余首为《徐龙湾集》,后编又选录三十余首为《续徐龙湾集》。顾起纶《国雅》卷一六录其诗十七首。《皇明诗统》卷二九录其诗十三首。《皇明诗选》录其诗十七首,评语曰:"子与虽规摹古哲,而心慕手追,常在济南(李攀龙)。"《列朝诗集》丁集录其诗四首。《明诗综》卷四六录其诗二首。清沈德潜《明诗别裁集》录其诗二首。《御选宋金元明四朝诗》录其诗二十四首。《四库全书总目》著录《天目山堂集》二十卷附录一卷,"提要"云:"中行为'后七子'之一,王世贞《艺苑卮言》亟称之,以为左准右绳,靡所不合;胡应麟《诗薮》则惜其少沉深之致;陈子龙《明诗选》复有摹古太似之讥。是非恩怨辗转相争。要之,或褒或贬,各有所当,合而观之,则中行之定评出矣。杂文亦有意矫揉,颇失浑雅,盖当时风尚,'七子'同一轨辙,非如是,不能预坛坫也。"又著录其《青萝馆诗》六卷,"提要"云:"其守汝宁以后之诗居三分之二,汰其古文,又汰其少作,较全集为精简。然中行于北地(李梦阳)之学渐染既深,(其婿)时元能删其枝蔓,不能变其根柢也。"清陆心源《吴兴诗存》四集卷九录其诗十八首。《明诗纪事》己签卷二录

其诗八首。《明文海》录其文二篇。生平见汪道昆《天目徐公墓志铭》(《天目先生集》附录)、王世贞《天目徐公墓碑》(《弇州四部稿续稿》卷一三四)、王世懋《徐方伯子与传》(《王奉常集》卷一四)、王兆云《皇明词林人物考》卷一〇、何乔远《名山藏》卷八六、《明史》卷二八七。

徐月汀(生卒年不详) 名渊,字月汀,以字行,又字湛虚、秋沙。浙江嘉兴府海盐人。入为道士,居栖真观。栖真观本为真武庙,宋乾道二年(1166)道士郭宗谅改为栖真院。万历二十年(1592)栖真院已破败,月汀集资重修,较旧制宏丽。以能诗称,著万历间刊为《水月轩漫吟稿》四卷,所见为残本,卷一佚,卷二、卷三收诗一百三十余首,卷四收杂文六十篇。《明诗综》卷八九录诗《舟中》《书竹溪僧扇》,《御选宋金元明四朝诗》据之录。生平见《(雍正)浙江通志》卷一九九。

徐凤垣(生卒年不详) 字披青,号皋霜。浙江宁波府鄞县(今宁波)人。诸生,能诗,兼通医术。明末与华夏、林时跃、王家勤等结讲社,称"鹤山七子"。南明鲁王时,钱肃乐举兵抗清,毁家输饷,入军幕,事败归。清初称遗民,曾与林时跃等共辑《甬东正气录》,与李业嗣等倡和。所著称《负薪集》,林时跃序,已佚。清全祖望《续甬上耆旧诗》卷三四据

《负薪集》选录其诗二百八十四首,小传引林时跃序。

徐文沔(生卒年不详) 字可绳,号涧滨。浙江衢州府开化人。嘉靖十三年(1534)举人,二十六年进士,授福建龙安知县。迁吏部主事,历礼部员外郎,三十九年任郎中,四十年转吏部稽勋司郎中。卒于官。囊无余资,惟图书数卷,吕本赠棺以敛。《千顷堂书目》著录其《勋部集》,未见。有嘉靖四十四年何镗刊《涧滨先生文集》六卷附集一卷,现残存三卷:卷四碑铭类祭文类,收文二十一篇;卷五书类;卷六诗类,收诗五十余首;附集收茅坤《读易轩记》、何镗《桃溪书屋记》等文六篇、诗十余篇。《皇明诗统》卷二七录其诗九首。《明文海》录其文《燕台耆社图记》一篇。生平见林尧俞等《礼部志稿》卷四三、《(光绪)开化县志》卷九。

徐文通(生卒年不详) 字汝思。浙江金华府永康人。嘉靖十三年(1534)举人,二十三年进士,授刑部主事。历员外郎、郎中,再历山东、福建参议,官终福建按察副使。诗学王世贞、李攀龙,尤与王世贞交往甚多,世贞集中多赠汝思诗。汝思曾奉诗四百余首于世贞,世贞为其删汰大半,仅存百五十首,作序云:"汝思诗,如《登岱》《云门》《泛海》诸篇,飒飒乎有古遗响焉。"(《弇州四

部稿》卷六五《徐汝思诗集序》）。所著现存明刊本《徐汝思诗》二卷，收诗一百五十余首，即此本也。阮元声《金华诗粹》录其诗十六首。《明诗综》卷四三录其七律《岱宗》一首。清沈德潜《明诗别裁集》、《御选宋金元明四朝诗》均据之选录。《明诗纪事》己签卷八录其七律《送俞宪使之湖省》。生平见《（光绪）永康县志》卷七。

徐允禄（1565—?）　字汝廉。南直苏州府嘉定（今属上海）人。明末县学生，科场不举，后以读书著述为务，与李流芳等为文友。《列朝诗集》丁集记其事云：“嘉定多读书汲古之士，余所知者：徐允禄，字汝廉，以经学为大师，奋髯扼腕，好谈天下大计。东事急，余在左坊，三千里寓书：‘当唱大议，驱劝主上南迁。’”所著有清顺治十五年（1658）序刊本《思勉斋集》诗集二卷文集十二卷，首顺治十四年（1657）《徐汝廉遗集序》，另有王泰际、许自俊序。内诗集二卷，收诗一百三十余首，赋二篇；文集十二卷，卷一、卷二论，卷三、卷四策，卷五议、解，卷六、卷七序，卷八祭文，卷九记、传、跋，卷一〇墓志、行略、说、述、像赞，卷一〇杂著，卷一二书。《千顷堂书目》著录其《思勉斋集》十四卷，即此本也。《明诗综》卷六五录诗一首，“诗话”云：“汝廉抗言持论，具有经世之术，

诗则非其所长。”《御选宋金元明四朝诗》录诗一首。清王辅铭《明练音续集》卷五录诗四首。生平见《（光绪）嘉定县志》卷一九。

徐石麒（1578—1645）　初名文治，字宝摩，号虞求。浙江嘉兴府嘉善人。原为松江府青浦籍，因入青浦县学为诸生。万历四十六年（1618）浙江乡试中举，天启二年（1622）进士，除工部营缮司主事，寻以忤魏忠贤削籍。崇祯元年（1628）复出，补南礼部祠祭主事，就迁吏部考功郎中。历尚宝卿、应天府丞，十一年人为右通政，转左，累迁光禄卿、通政使，擢刑部侍郎，进尚书。以上疏救刘宗周，坐姜埰、熊开元拟罪轻，忤帝意，落职闲住。福王立，召为副都御史，改右都御史，旋升吏部尚书，为马士英所扼，悒悒不得志，遂辞职回里。隆武元年（1645），率众据嘉兴城抗清，六月二十六日城陷，自缢死，年六十八，鲁王监国，赠太傅，谥忠襄。所著《官爵志》三卷，有清抄本。《千顷堂书目》仅著录其《可经堂集》十二卷，现存清顺治八年（1651）增刊本，内奏疏三卷、诗二卷（收诗三百八十余首、词八首）、文一卷、书启六卷，清余飏序。后又有清康熙五年（1666）徐柱臣刻《可经堂集》十二卷附录一卷。陈济生《天启崇祯两朝遗诗》卷六录其诗一百零三首。《明诗综》卷七三录其

诗十五首，"诗话"谓其"古今诗俱新警，不作规橅蹈袭之语。钟嵘《诗品》以'落花依草'喻丘迟，公实似之"。清沈季友《檇李诗系》卷一九录其诗四首。清沈德潜《明诗别裁集》录其诗一首。清王昶《青浦诗传》卷一二录其诗六首、卷三三录其词一首。《明诗纪事》辛签卷五录其诗十首。生平见夏允彝《吏部尚书虞求徐公行状》、俞汝言《徐公墓志铭》（康熙五年刻《可经堂集》附录）及陈鼎《东林列传》卷一一、《明史》卷二七五。

徐白（生卒年不详）　字介白，号笑庵。浙江嘉兴府嘉兴人，徙居吴江（今属江苏）。明末为诸生久之，当贡而遭战乱，因弃去，隐居苏州灵岩不出。无子女，不蓄僮仆，手一镰，种蔬艺果，捃拾自给。暇则坐小楼，作画吟诗。诗幽秀，略近晚唐风致，画则萧疏。《千顷堂书目》著录其《竹啸庵诗草》，未见传。《明诗综》卷八〇录其诗一首，"诗话"云："介白初师'竟陵诗派'，务以幽深孤峭为宗。后以《太湖落日赋》见赏于陈卧子（陈子龙），晚年持论，稍归和易。"清沈季友《檇李诗系》卷二二录其诗一首。清卓尔堪《明遗民诗》录其诗一首。清康熙董二酉《吴江诗略》卷一录其诗三十五首。《明诗纪事》辛签卷二二录其诗二首。近人汪正石《木渎诗存》卷一录其诗二

首。清周铭《松陵绝妙词选》录其词一首。生平见《御定佩文斋书画谱》卷五八。

徐尔铉（生卒年不详）　字九玉。南直松江府华亭（今上海松江）人。少孤，年十六补诸生。崇祯中乡试副榜，不乐仕进。与董其昌、陈继儒等人往来友善，曾刻印佛经，擅书画，尤喜诗，作《诗韵考裁》五卷，有崇祯刊本。诗文著述有崇祯间刊本《核庵集》二卷，收诗约四百首，《诗余》一卷，收词四十余首，有董其昌崇祯二年（1629）序，又有陈继儒等人序，徐尔铉自序。《御选宋金元明四朝诗》录其诗四首。清姚宏绪《松风余韵》卷六录其诗十八首。《明词综》卷一〇录其词一首。清胡胤瑗等《兰皋明词汇选》录其词九首。生平见《（嘉庆）松江府志》卷五五。

徐必达（1562—1631）　字德夫，号玄丈。浙江嘉兴府嘉兴人。万历十九年（1591）举人，明年进士，除安庆府太湖知县。改溧水，迁南吏部主事，历太仆卿、应天府尹，天启初以右佥都御史提督操江，就迁兵部侍郎，罢归。卒于崇祯四年（1631），年七十，赠兵部尚书。崇理学，喜刻书，万历间曾刊《二程遗书》二十五卷、《周子（周敦颐）全书》七卷、《邵子（邵雍）全书》二十四卷、《张子（张载）全书》十四卷补一卷、《合刻周张

两先生全书》二十二卷。又曾辑《豫章全书》。《千顷堂书目》著录其《南京都察院志》四十卷、《留台杂考》八卷、《光禄寺志》二十卷、《南京光禄寺志》四卷、《鸿胪寺志》四卷。书室名"南州书舍"。《千顷堂书目》另著录其别集《南州草》十六卷,现存天启元年(1621)刻《南州草》三十四卷、《南州诗说》八卷,惟传世绝少。又有明蓝格清写本《南州草》不分卷,收其序、记文三十篇。《明诗综》卷五七、清沈季友《檇李诗系》卷一六、《明诗纪事》庚签卷一七录其诗一首。《明文海》录其文三篇。生平见《(崇祯)嘉兴县志》卷一三、《明史》卷二九二。

徐有贞(1407—1472) 初名珵,字玄玉。改名后字玄武,号天全,又称天全翁。南直苏州府吴县(今江苏苏州)人。宣德四年(1429)举人,八年进士,选翰林院庶吉士,授编修。历修撰、侍讲、春坊谕德,景泰间擢金都御史治河,进左副都御史。正统间,以言南迁事,见恶于朝列,因改名有贞,后以迎英宗复辟功,拜华盖殿大学士、兵部尚书,封武功伯。以诬杀于谦、王文为中外侧目,又怙权植党,威福自专,亦为时人所诉病。后为石亨等所构,下狱遣戍,亨败释归,成化八年(1472)卒于家,年六十六。颖负高才,于天官、地理、兵法、水利、阴阳方术之书,无不

博览,谈锋文气,时称莫敌,又善书画,能诗文。王鏊《姑苏志》卷五二谓其:"诗文雄伟奇丽,词尤妙绝。"王世贞《吴中往哲像赞》谓其:"于书少所不窥,能诗歌,善行草,得长沙素师、米襄阳风。"(《弇州四部稿续稿》卷一四六)。《千顷堂书目》著录其《武功集》八卷,《四库全书》所收《武功集》则为五卷,卷一为《蒙学稿》,卷二为《登瀛稿》,卷三至卷五为《史馆稿》,计收文一百八十篇,诗六百二十余首。又有清初抄本《天全翁集》,残存五卷。顾起纶《续国雅》卷二录其诗一首。《皇明诗统》卷一四录其诗五首。钱谷《吴都文粹续集》录其诗文三十余篇。《列朝诗集》乙集录其诗十六首,"小传"谓其"志在经世,诗文取通达,不屑为雕章饰句。晚遭屏废,放情弦管泉石之间,好作长短句,以抒写其抑塞激昂感慨,有辛稼轩、刘改之之风"。《明诗综》卷二〇录其诗《羽林子》二首。《御选宋金元明四朝诗》录其诗九首。《四库全书总目》"提要"谓其"干略本长,见闻亦博,故其文奇气坌涌,而学问复足,以济其辩。集中如《文武论》《制纵论》及《题武侯像(并)出师表》诸篇,多杂纵横之说,学术之不醇,于是可见,才气之不可及,亦于是可见……至其诗,则多在史馆酬应之作,非所擅长。集中《羽林子》二首,《静志居诗话》谓源出右

丞，然语亦平平，仅具唐人之貌"。《海虞文征》录文二篇、诗二首。《明诗纪事》乙签卷一六录其诗四首。《明词综》卷二录其词一首。俞弁《逸老堂诗话》引其词二首。程敏政《皇明文衡》录其文三篇。《明文海》录其文一篇。生平见王世贞《徐有贞传》（《弇州四部稿续稿》卷八八）、张昶《吴中人物志》卷五、廖道南《殿阁词林记》卷一、《明史》卷一七一。

徐达左（1333—1395）　字良夫，号耕渔子、松云道人。苏州吴县（今江苏苏州）人。幼丧母，十六岁始学举子业，受《易》于鄱阳邵弘道，再受《书》于天台董仁仲。值元末多故，因隐居吴门光福山，置家塾，集合族子弟教之。善书画，能诗文，有雅士之名，而家故温裕，因筑耕渔轩以接四方宾朋。时吴中好客者，称昆山顾瑛、无锡倪瓒，达左与二人齐名，一时高士胜流，骚人墨客，以至缁衣黄冠，闻风景附，靡不望三家以为归，故元末明初吴中诗人集中多有"题达左耕渔轩诗"者。洪武间郡人施仁为建宁守，荐其为建宁儒学训导，卒于洪武二十八年（1395），年六十三。洪武八年达左曾辑二十年友朋往来之诗文为《金兰集》三卷梓之，有清乾隆二十四年（1759）其裔孙徐坚浒溪草堂刊本，又附徐坚辑《续集》一卷，所录为达左兄子徐济出守福建邵武及归田后与友朋相倡

和之诗，又附达左《耕渔轩遗书》一卷。现存清钱氏萃古斋抄本《金兰集》四卷附补录，内倪瓒、高启、王璲、徐贲等诗俱在，达左自撰有二十三首。达左所著另有《传道四子书》十卷，"四子"者，颜、曾、思、孟也；诗文集《耕渔集》六卷，《千顷堂书目》著录，今未见传。钱谷《吴都文粹续集》录其诗六首。《列朝诗集》甲集录其诗一首。《明诗纪事》甲签卷二五录其诗三首，并引刘凤《续吴录》云："徐达左诗在张（张羽）、徐（徐贲）间，亦相与善。"生平见俞贞木《徐公墓志铭》（《吴下冢墓遗文》卷三）、王鏊《姑苏志》卷五四、张昶《吴中人物志》卷六。

徐扬先（生卒年不详）　字南高。南直应天府江宁（今江苏南京）人。万历四十一年（1613）进士，授万安知县，调丰城。天启时擢御史，巡按山西，累官至太仆寺卿。著述有天启间刻本《国史纪闻》十二卷。诗文著述现存崇祯十年（1637）序刊本《盘园集》五卷，诗三卷，收古近体诗四百余首，文二卷，收各体文四十余篇，有盛宾、路汝前序。生平见《（雍正）山西通志》卷五九。

徐师曾（1517—1580）　字伯鲁，号鲁庵。南直苏州府吴江（今属江苏）人。嘉靖三十二年（1553）进士，选翰林院庶吉士，授兵科给事中，历官刑科给事中。在朝屡有建白，世

宗朝杀戮谏臣，言官为之缄口，遂乞休归。万历八年（1580）卒，年六十四。平生究心经史，兼通阴阳、律历、医卜等，所著有《今文周易演义》十二卷、首一卷（有隆庆二年董汉策刊本）、《礼记集注》三十卷（有万历三年宋仪望刊本）、《小学史断续编》（有嘉靖刊本）及《正蒙章句》《世统纪年》《宦学见闻》等。另有《文体明辨》六十一卷附录十四卷，有万历八年吴江董氏寿梓堂刊本、万历十九年吴江刊本等。是书“大抵以同郡常熟吴文恪公讷所纂《文章辨体》为主而损益之”（万历元年自序），自称“惟假文以辨体，非立体以选文”，多有发明。近人抽出序说及《文章纲领》等别为一书，题作《文体明辨序说》。也能诗文，《千顷堂书目》著录其《湖上集》十四卷，现存万历刊本，前有万历九年（1581）秋王世贞序，内诗四卷，收赋四篇、诸体诗二百八十余首，卷五至卷十四则为文集。《明文海》录其文十三篇。《明诗综》卷四四录其诗《宿砖河驿》一首，“诗话”云：“伯鲁说经铿铿，又辑《文体明辨》，以迪后学。一官清要，五疏乞归……诗亦清婉，盖斤斤学唐者。”《御选宋金元明四朝诗》亦录诗。生平见王世懋《徐鲁庵先生师曾墓表》（《王奉常集》卷二〇）、萧彦《披垣人鉴》卷一四。

徐光启（1562—1633）　字子先，号玄扈。南直松江府上海人。生于嘉靖四十一年（1562）三月二十一。少家贫，万历九年（1581）进学后即教于乡里学塾。二十四年设馆赵凤宇家，寻随赵赴广西，于韶州遇传教士郭居敬，初闻天主教教义及西方自然科学。二十五年乡试，主考焦竑于落榜卷中拔其为第一。二十八年于南京结识传教士利玛窦，三年后又经南京，领洗入教，教名保禄。三十二年中进士，选翰林院庶吉士，三十五年散馆，授检讨。寻奔父丧回乡，过南京时邀郭居静至上海开教，建教堂一所于宅之西。三十八年服满回京复职，充内务府教习、会试同考官，又受命屯田天津。四十五年升左春坊左赞善，迁谕德，四十七年擢少詹事。时明军败于萨尔浒，疏请效力，诏兼河南道御史，练兵通州。天启三年（1623）被任为礼部右侍郎兼侍读学士兼《神宗实录》副总裁，未赴，诏冠戴闲住，因南归。崇祯元年（1628）起补原职，迁左侍郎，奉敕督修历法。三年，疏陈垦田、水利、救荒、盐法等拯时急务，擢礼部尚书，五年兼东阁大学士，入参机务，六年加太子太保，兼文渊阁大学士，十一月初七卒于京，年七十二，赠少保，谥文定，加赠太保。少习经学、制义，又学声律，工楷隶。曾著《毛诗六帖讲意》四卷（有万历四十五年金陵书林广庆堂唐振吾刊本）。后倡经世致用、崇尚实学，全力习天文、兵法、屯、盐、水利诸策，旁及工艺、数学等。著有《农政全书》六十卷（有崇祯间平露堂刊本及《四库全书》本）、《考工记解》二卷（有清抄本）。又从利玛窦等研习欧洲近世科学，天文、历法、数学、军事、测量和水利等，与利玛窦合译欧几里德《几何原本》前六卷及《勾股义》等。崇祯二年曾奉敕与李之藻及传教士罗雅谷等编辑《崇祯历书》一百二十六卷，刊《西洋新法历书》（有崇祯至清顺治康熙续刊本）。另有《泰西水法》六卷（李之藻订正，万历四十年曹于汴等刊本）。所著诗文则多散佚，清宣统元年（1909）上海天主教慈母堂曾铅印《增定徐文定公集》五卷，内卷一《文稿》、卷二《屯盐疏稿》、卷三《练兵疏稿》、卷四《治历疏搞》、卷五《杂疏》，计收文六十三篇，1931年徐家汇光启社又有铅印本《徐氏庖言》五卷，收文八十九篇。另有《诗经传稿》《兵机要诀》《选练条格》《灵言蠡勺》《农遗杂疏》《农书草稿》等传世。清姚宏绪《松风余韵》卷七录其诗十首。《明诗纪事》庚签卷二一录其诗一首。近人严昌埙《海藻》卷二录其诗十首。生平见其子徐骥《文定公行实》（《增定徐文定公集》卷首）、清邹漪《启祯野乘》卷六、清阮元《畴人传》卷三二、《明史》卷二五一。清徐允希有《徐

文定公年谱》（清光绪刊《增定徐文定公集》附）。

徐问（1480—1550）　字用中，号养斋。南直常州府武进（今江苏常州）人。弘治十四年（1501）举人，明年进士，授广平推官。迁刑部主事，历兵部郎中，简放登州知府，改临江。历长芦盐运使、福建参政、广东布政使。嘉靖十一年（1532）以右副都御史巡抚贵州，迁兵部右侍郎，引疾归。二十一年召为南礼部右侍郎，进南户部尚书，二十四年以南工部尚书致仕。二十九年卒，年七十一，谥庄裕。学宗朱子，学者称养斋先生。居官四十年，清节自励，敝庐萧然。《明史·艺文志》著录其《读书札记》八卷《续集》八卷、《文集》二十四卷。现存嘉靖十三年刊本《读书札记》八卷，又为《四库全书》儒家类所收。其诗文嘉靖二十年张志选汇刻为《山堂萃稿》十六卷《续稿》四卷《读书札记》八卷《续记》一卷附录一卷，有唐顺之序及张志选跋。内《山堂萃稿》诗六卷，收赋二、歌辞九篇、诸体诗四百三十余首，文十卷，收奏疏十余篇、各体文二百余篇；《续稿》诗一卷，收诗近百首，卷二为奏疏，卷三收书、传、碑，卷四收叙、记、墓志铭、墓表等。其集又有崇祯十一年（1638）徐邦式重修本。《盛明百家诗》前编录其诗六十余首为《徐尚书集》。顾起纶《续国雅》卷三录其

诗三首。《皇明诗统》卷一五录其诗九首。《石仓十二代诗选·明诗选》录其诗二十六首。《明诗综》卷二八录其诗五首。《御选宋金元明四朝诗》录其诗七首。《四库全书总目》著录《山堂萃稿》十六卷,《总目》"提要"云:"其诗文平正通达,而伤于浅易。"《明诗纪事》丁签卷九录其诗六首,按云:"其论诗云:'弘正间李、何、王三子起于北,徐子起于南,肆笔覃精,驰骋跌宕,力追汉魏,远轧《风》《雅》,其律则几于杜矣,然感思沉郁,少庋性情。惟白沙(陈献章)、定山(庄㫤)不拘体裁,观物成声,因言见性,辞弗求尽,识则超然。'故其早岁所作颇讲格律,晚乃专宗陈、庄。"生平见张衮《户部尚书徐公问》(《国朝献征录》卷三一)、叶夔《毗陵人品记》卷八、清黄宗羲《明儒学案》卷五二、《明史》卷二〇一。

徐灿(1507—1544)　字文华,改字本充,号阳溪。江西南昌府奉新人。嘉靖十六年(1537)应天中举。二十四年十月卒,年三十八。《四库全书总目》著录其《徐阳溪集》六卷,"提要"云:"平生喜讲'良知'之学,故其文皆质俚,诗亦类《击壤集》派。"现存清道光十六年(1846)徐丰刻本《阳溪遗稿》六卷,内卷一收诗六十五首又歌五、赋一,卷二收序、记十五篇,卷三收行状、祭文等杂文二十三篇,卷四至卷六收书牍,

附《阳溪徐公传》及《遗事》等。清嘉庆时曾燠《江西诗征》卷五七录其诗一首。生平见黄卷《阳溪徐公传》(《阳溪遗稿》附录)。

徐阳辉(生卒年不详)　字玄晖,一作元晖。浙江宁波府鄞县(今宁波)人。晚明诸生。喜诗,能制曲。诗学张籍、李商隐,自称丽手。《(乾隆)鄞县志》卷二二记其有《青雀舫集》,未见传。清胡文学《甬上耆旧诗》卷二九录其诗八首,内李邺嗣撰"小传"谓其"《老僧酿酒》一篇更为时所赏"。所撰杂剧二种,皆存于崇祯间沈泰辑刻《盛明杂剧二集》:《有情痴》为北曲一折短剧,演《列仙传》中仙人卫叔卿点化有情痴故事,语多机锋,似作者自寓。是剧曲辞清丽,宾白亦醒豁,祁彪佳《远山堂剧品》列其为"逸品"。又《脱囊颖(南北曲四折)》,演《史记·平原君虞卿列传》中"毛遂自荐"故事,亦寓作者寄托,惟宾白多引《史记》原文,略显阻滞,《剧品》列其为"能品"。又曾撰传奇《青雀舫》,《远山堂曲品》著录,并引陈继儒《岩幽栖事》"名妓翻经,老僧酿酒,将军翔文章之府,书生践戎马之场,虽乏本色,故自有致"解释此剧,未传。生平见《(光绪)鄞县志》卷三八。

徐阶(1503—1583)　字子升,号少湖、存斋。南直松江府华亭(今上海松江)人。生于弘治十六年

（1503）九月二十。嘉靖元年（1522）领乡荐，明年第三人进士及第，授翰林编修，以抗疏论孔子庙制，谪延平推官。迁黄州同知，擢浙江按察佥事，进江西副使，召拜司经局洗马。历国子祭酒，擢礼部侍郎，改吏部，进礼部尚书。加太子太保，进少保，兼文渊阁大学士，参预机务。时严嵩为首辅，阶以智御之，外事嵩甚谨，内深自结于帝，终逐嵩，改吏部尚书，进少师、建极殿大学士。为首辅后乃尽反嵩之行事，屏绝苞苴，收召人望，优假言官，于政有所匡救。后为高拱所扼，致仕归。卒于万历十一年（1583）闰二月二十六，年八十一，赠太师，谥文贞。曾与修《世宗实录》，后张居正续成之。著述嘉靖十三年先刻为《少湖先生文集》七卷，乃其外谪延平府推官时，三年秩满北上，延平士人衰其前后诸作，为之付梓，内文六卷、诗一卷。是集又有嘉靖三十六年刊本。又有生前手编诗文集《世经堂集》二十六卷，万历间辑刻，陆树声、王世贞序。内卷一至卷四为奏对，卷五祝章，卷六至卷一〇奏疏，卷一一至卷二四诸体文，末二卷收赋、颂、诸体诗及曲词，一切青词、致语，则删削殆尽。是集后有清康熙重刊本。又有《世经堂续集》十四卷，文十二卷、诗二卷（收诗三百余首），则为其后人于万历时所刻。《明史·艺文志》著录其《世经堂全集》五十卷，则未必见过原帙也。阶虽不以诗名，以其为时相，负物望，膺主眷，故诗亦颇流传。《盛明百家诗》前编录其赋一篇、诗四十余首为《徐相公集》。顾起纶《国雅》卷八录其诗六首。《皇明诗统》卷二五录其诗十三首。《皇明诗选》录其诗二首。《列朝诗集》丁集录其诗八首。《明诗综》卷三九录其诗十三首。清沈德潜《明诗别裁集》录其诗二首。《御选宋金元明四朝诗》录其诗四十余首。清姚宏绪《松风余韵》卷六录其诗七首。《四库全书总目》著录《少湖文集》七卷、《世经堂集》二十六卷，"提要"云："其中敷陈治体之文，皆能不诡于正，余则未见所长。"清王昶《青浦诗传》卷八录其诗二十七首。《明诗纪事》戊签卷一五录其诗六首。《御选历代诗余》、《明词综》卷三录其词一首。近人赵尊岳《明词汇刊》录其词八首为《世经堂词》。《明文海》录其文六篇。生平见王世贞《徐公行状》（《弇州四部稿续稿》卷一三六）、申时行《徐公墓志铭》（《赐闲堂集》卷二三）、吴伯与《徐文贞公年谱》（《国朝内阁名臣事略》卷七）、《明史》卷二一三。

徐如珂（1562—1626） 字季鸣，号念阳。南直苏州府吴县（今江苏苏州）人。万历二十二年（1594）举人，明年进士，授刑部主事。主事谢廷赞疏请建储，帝怒，尽贬刑曹官，如珂降云南布政司照磨。历迁至四川副使,平蜀地奢崇明叛,复重庆,叙功第一,擢太仆少卿,转左通政。天启六年(1626)魏忠贤逐杨涟,如珂郊钱之,忠贤怒,削其籍。即行,中途遇刺,抵家甫半月,知魏怒未已,死不可免,乃治具召亲友,饮至夜分,饮药亡,年六十五。崇祯初诏复工部郎中,没已岁余,寻赐祭葬。著《徐念阳西征杂纪》一卷、《攻渝诸将小传》一卷,有天启刻本。诗文著述有清抄本《望云楼稿》十八卷、二十卷本两种。又清道光刻《乾坤正气集》有《徐念阳公集》八卷。近人汪正石《木渎诗存》卷一录其诗三首。生平见清《徐公墓志铭》(《牧斋有学集》卷二八)、清邹漪《启祯野乘》卷四、《明史》卷二四九。

徐如翰(生卒年不详) 字伯鹰。浙江绍兴府上虞人。县西南有檀燕山,因自号檀燕。万历二十五年(1597)举人,二十九年(1601)进士,授行人,迁御史,历工部郎中、山西参政。四十七年山西兵败,以劾执政方从哲忤旨,罢归。起为天津兵备道,又以罪于魏忠贤罢归。崇祯继位,再起为陕西参政,引年致仕后,居山阴藏山,与刘宗周等讲学,又与陶石梁、陈元宴诸人赋诗饮酒度日,人称"稽山八老"。平生随处吟咏,诗作甚丰。《千顷堂书目》著录其《檀燕山人集》,现存明万历、天启间原刊本《檀燕山藏稿》十九卷,收其诗一千八百余首,张维枢、吴伯与、魏说序。清钱玫《历朝上虞诗集》卷一四录其诗三十九首。清徐乾《上虞诗选》卷二录其诗三首。生平见《(乾隆)绍兴府志》卷四九。

徐芳(生卒年不详) 字仲光,号拙庵,又号愚山子。江西建昌府南城人。崇祯十二年(1639)举人,明年进士,除泽州知州。入清,与友人邓廷彬入山偕隐。平生著述甚多,清初县令苗蕃选刻其十之一,名《悬榻编》。《千顷堂书目》著录其《松明阁诗选》《悬榻编》,前者未见传;《悬榻编》现存楞花阁刊本六卷,收其所作各体文,有苗蕃、李明睿、钱谦益、文德翼等序。《明文海》录其文十七篇。清应麟《江右古文选》卷二九录其文十一篇。《明诗综》卷六九录诗二首。《御选宋金元明四朝诗》录诗一首。清卓尔堪《明遗民诗》录诗十三首。《江西诗征》卷六三录诗二十三首。《明诗纪事》辛签卷二一录诗三首。生平见《(雍正)江西通志》卷八四。

徐来复(生卒年不详) 字民上,又字改之。南直扬州府兴化(今属江苏)人。明末补诸生,试于有司,屡以事黜,黜即更补,乃易其字曰改之,遂以字行。性豪宕,能诗。现存明启、祯间刊本《徐民上先生集》八卷,内诗五卷,收五七言古近体诗四百三十余首，文三卷，收赋二篇、各体文三十余篇，李长顺序。生平见《(咸丰)重修兴化县志》卷八《文苑》。

徐时进(生卒年不详) 字见可，号九瀛，自署知白居士。浙江宁波府鄞县(今宁波)人。万历七年(1579)举人，屡上公车不第，至二十三年始成进士，初授南工部主事。迁郎中，出守岳州府，调荆州府，丁艰归。三十六年起补惠州府，擢广东副使，乞归。天启改元，起南光禄寺少卿，改太仆寺少卿，晋大理寺卿，三迁俱未赴官。卒年八十四。能诗文，多应酬之作。《千顷堂书目》著录其《鸠兹集》七卷又《啜墨亭集》十二卷又《逸我堂余稿》，实其著述先有万历三十六年张萱辑刻《鸠兹集》十二卷，有李维桢序及万历二十八年汤宾尹序；上刻经增删，又重刊为《鸠兹集》十二卷又三卷《杂著》一卷，有万历四十五年徐时进《鸠兹集补删自序》；又有后刻《啜墨亭集》十二卷、《杂著》一卷，首薛三省、邹德咏序及万历四十七年徐时进《自序》。另有万历时刊《鸠兹集选》七卷，现诸集皆存，后刻之《啜墨亭集》所收诗文，较《鸠兹集》略有重复。清胡文学《甬上耆旧诗》卷二六录其诗三首。生平见《(雍正)浙江通志》卷一六八。

徐伯龄(生卒年不详) 字延之，自号蝅冠生。原籍浙江绍兴府嵊县，生于杭州府钱塘(今杭州)。据其自叙，与马洪、陆昂同为处士刘泰弟子。山阴县教谕张锡为其作传，称其博学能文，善书工琴，而不肯以技自试，为天顺、成化间山林放旷之士。《千顷堂书目》著录《醉挑佳趣》二十卷、《旧雨堂稿》二卷，未见传。另有杂记《蝅精隽》，《千顷堂书目》著录二十卷，《四库全书》所收为十六卷。是书谈诗论文，亦涉杂事，多采旧文，兼出己说，凡二百六十余则，各则均有标题，文评、诗话居十之九，多记佚诗逸事，兼及用字、用事之考证。故《总目》"提要"称其"体例略似孟棨《本事诗》。其多录全篇，又略似刘埙《隐居通议》。其中猥琐之谈，或近于小说，而遗闻旧事，他书所不载者，亦颇赖以传"。生平见《蝅精隽》卷一二附张锡《蝅冠生传》、《(乾隆)浙江通志》卷一七八。

徐应丰(生卒年不详) 字德中，号平山，浙江绍兴府上虞人。刑部郎中徐学诗族兄。嘉靖间，以善书由儒士考选制敕房中书，奉召待值，时承晋接，晋礼部主客司郎中。以供事无逸殿，悉严嵩所为，学诗疏陈严嵩罪状，嵩疑应丰知情，患甚，以误书瞥干帝，杖杀。现存万历二十年(1592)徐启东辑刊本《贻毅堂集》十八卷收徐应丰《平山先生诗集》五卷，收律诗一百六十六首、绝句四十二首、排律十四首、词四十一首。又有清抄本《平山先生诗集》，亦五卷。清钱玫《历朝上虞诗集》卷一二录其诗三十首。清徐乾《上虞诗选》卷二录其诗二首。近人赵尊岳《明词汇刊》据《平山先生诗集》录其词为《平山词》。生平见《明史》卷二一〇。

徐应亨（生卒年不详）　字伯阳。浙江金华府兰溪人。万历四十三年（1615）举人，崇祯二年（1629）署增城教谕，奉母至岭南，以孝闻，官至巴州知州。能诗文，所至必与诗友分韵倡和。《千顷堂书目》著录其《吴越集》又《十笏斋稿》五卷又《庚申篇》又《边事诗》又《罗浮集》又《南海集》又《乐在轩稿》。现存《乐在轩集文集》十五卷、《乐在轩稿》二卷（收诗四百五十余首）、《十笏斋稿》五卷（收诗一百六十余首）、《和论语颂》一卷、《广论语颂》二卷、《吴越集》二卷（收诗百首）、《庚申篇》一卷（收诗一百三十余首）、《边事诗》一卷（收诗百首）、《南越集》一卷（收诗七十余首）、《罗浮集》一卷（收诗九十余首），总称《徐伯阳诗文集》三十一卷，有万历至崇祯间递刊本，林增志序。清黄彬等《金华诗录》卷四〇录其诗十六首。生平见《（雍正）广东通志》卷四〇。

徐汧（1597—1645）　字九一，号勿斋。南直苏州府长洲（今江苏苏州）人。少孤贫，以名节自任。天启时，魏大中被逮，过吴门，汧慕其直节，质衣物得二十金充橐饘。崇祯元年（1628）中进士，选翰林院庶吉士，授检讨。历赞善、谕德，迁右庶子充日讲官。明亡，福王立于南京，召为少詹事，移疾归。乙酉（1645）清兵渡江，严薙发令，乃于虎丘新塘桥投水死，年四十九。唐王时，赠礼部尚书，谥文靖。与谭元春为友，崇祯六年刊《新刻谭友夏合集》，署徐汧评。汧所著名《二株园集》，未见传。现存稿本《明徐勿斋自书赠倪鸿宝诗卷》一卷。陈济生《天启崇祯两朝遗诗》卷七录其诗三十三首。《明诗综》卷七三录其诗《三月十九日》一首，清沈德潜《明诗别裁集》据之选。《明诗纪事》辛签卷六录其诗《同吕非斋谭埽庵酌山塘》一首。生平见陈济生《天启崇祯两朝遗诗·小传》、陈贞慧《山阳录·乙酉四君子赞》、清陈鼎《东林列传》卷一〇、《明史》卷二六七。

徐良傅（1505—1565）　字子弼，号少初。江西抚州府东乡人。家世为儒，治《尚书》。嘉靖十七年（1538）进士，除武进知县。征授吏科给事中，以言事斥为民。归田后筑庐岘台下，以古文法教授里中，其门人中最著者为汤显祖。嘉靖四十四年卒，年六十一。在乡曾主修《抚州府志》十六卷。诗文著述有《爱吾庐集》八卷及《枪榆集》,未见传。《(雍正)江西通志》录其文三篇、诗八首。县志亦存其诗文。《四库全书总目》著录《爱吾庐集》八卷,"提要"谓其"诗体略近'七子',气度安雅,而风骨不足以振之"。《江西诗征》卷五七录其诗十四首。《明诗纪事》戊签卷二〇录其诗三首,按语云:"黄门以迎仙宫成,朝议称贺,上疏忤旨罢归,立身自有本末。诗泽古不深,而音节自亮。如《危氏重贞堂》诗,可以廉顽立懦。"生平见汤显祖《徐子弼先生传》、〔(嘉庆)东乡县志〕人物志〕,萧彦《掖垣人鉴》卷一四、《(雍正)江西通志》卷八二。

徐即登(1541—1622) 字献和,又字德俊,号匡岳。江西南昌府丰城人。万历元年(1573)举人,十一年进士,授工部屯田司主事。调礼部,升员外郎、郎中,历河南参议、福建副使、右参政,官至河南按察使。万历二十九年罢归,卒于天启二年(1623),年八十二。志于儒学,初从徐用检学,以"求仁"为旨,继从同邑李材以"知本"为宗,又恐"良知"之说流禅悟,遂以修身实之。任职地方,即聚弟子讲学,致仕家居二十年,讲学请业者甚众。《千顷堂书目》著录其《易说》九卷、《书说》四帙、《诗说》五帙、《周礼说》十四卷、《礼记说》二帙、《春秋说》十一卷、《四书论答》、《儒宗要辑》二十九卷、

《史记事四书疑问》五卷、《建文诸臣录》二帙、《儒学明宗录》二十五卷、《中州问答》、《正学堂稿》二十六卷、《来益堂稿》五卷等。现存万历刊本《周礼说》十二卷。诗文著述现存万历刊本《徐匡岳先生来益堂稿》八卷残本,内残存卷一至卷三、卷五、卷七至卷八,计六卷。万历间丰城乡邦文人雷映、邱士毅等人在宝气楼结社赋诗,有四十六年刊《剑江倡和诗》一卷,内亦收徐即登之诗。生平见《(康熙)丰城县志》卷一一、《(雍正)江西通志》卷六九。

徐奋鹏(生卒年不详) 字自溟,号笔峒。江西抚州府临川(今抚州)人。诸生,屡试不举,家贫,遂以设馆教授生徒为生。尝作《诗经毛朱二传删补》,人劝其擅改经传,或谓不悖朱子,有功于毛诗。平生多有著述,《千顷堂书目》著录其《古今道脉》二十卷又《辨俗》十卷又《怡偲集》十卷(注"与弟奋鹗讲习语")、《古今治统》二十卷、《笔洞集》十二卷。现存万历四十三年(1615)至四十六年金陵书坊郑大经奎璧堂刊本《古今道脉》四十五卷(内《大学》三卷、《中庸》八卷、《论语》二十卷、《孟子》十四卷),天启王荆岑刊本《新镌笔洞山房批点诗经捷渡大文》四卷,崇祯刊本《纂定古今大全》四十卷,明建业书林李潮刊本《诗经百方家问答》四卷,明末刊本《芭苑》十二

卷,清雍正元年(1723)槐柳斋刊本《古今治统》二十卷。诗文别集有明金陵光启堂王凤翔刊本《徐笔峒先生文集》十二卷,内卷一《理学明辨录》,卷二《击壤亭集》、卷三《四书疑误》、卷四《砚滴海涛》、卷五《千古尚论录》、卷六《瓮天论》、卷七汇辑各体文、卷八杂著诸文、卷九吟坛集古、卷一〇应酬杂咏、卷一一小语、卷一二迩言,有路玄修、万道光、戴振光序。生平见《(康熙)江西通志》卷三四。

徐明彬(生卒年不详) 字晋斌。福建漳州府龙溪(今漳州)人。崇祯三年(1630)举人。现存崇祯间建阳书坊刊本《摩麟近诗》九卷,扉页题"合初、近二稿",首崇祯八年(1635)黄道周《徐晋斌诗序》、张燮《摩麟阁集序》,据序,摩麟阁为明彬著书之处也。是集共收五七言诗五百余首附联句诗一首,诗作所署年份主要为崇祯三年至八年,内有其赴京往返途中作,亦有署"武夷山诸作"者,多为五七言近体。

徐学质(生卒年不详) 字殷夫。浙江金华府兰溪人。万历七年(1579)乡试中举,后未仕而卒,年三十八。著述今存《徐孝廉遗稿》二卷,卷上收诗九十七首、箴两篇,卷下收文二十篇,卷首有万历二十八年其堂兄徐学聚《刻孝廉殷夫弟遗稿叙》。阮元声《金华诗粹》录其诗一首。清黄彬等《金华诗录》卷三九录其诗一首。生平见《(万历)兰溪县志》卷四。

徐学诗(1518—1567) 字以言,号龙川。浙江绍兴府上虞人。生于正德十二年(1518)十二月十五。嘉靖二十二年(1543)举人,明年进士,授刑部主事。历员外郎、郎中,以劾严嵩被杖,削籍为民。隆庆元年(1567)起南通政参议,未及之官,八月初九卒,年五十,赠大理寺少卿。其受杖出京时,谢榛策蹇相随,朗吟"去国一身轻似叶,高名千古重如山"句为其送行,因得名。与先劾嵩者叶经、谢瑜、陈绍皆同里,时称"上虞四谏"。能诗。《千顷堂书目》著录其《龙川诗集》,现存清乾隆二十三年(1758)重庆堂刊本《石龙庵诗草》六卷附刻二卷,卷首有齐召南、毕锵、龚承先序,前四卷收诸体诗二百首,后两卷收学诗劾严嵩疏稿、友朋赠答诗文及传略等。《四库全书总目》著录此集,"提要"云:"学诗不以诗名,而所作音节颇清亮,盖尝与李攀龙相赠答,故流派与之相近。"清钱玫《历朝上虞诗集》卷一一录其诗四十四首。清徐乾《上虞诗选》卷二录其诗五首。《明诗纪事》己签卷八录其诗一首。生平见何乔远《司政徐公传》、王思任《徐龙川先生小传》、徐尔一《先祖龙川公行略》(《石龙庵诗草》卷六)、《明史》卷二一〇。

徐学谟（1522—1594） 初名学诗，字思重，以浙人徐学诗劾严嵩获罪而改名，改名后字叔明，号太室山人。南直苏州府嘉定（今属上海）人。生于嘉靖元年（1522）十一月初六。二十二年举人，二十九年进士，授兵部职方司主事，改吏部稽勋司，以忧归。服除，补礼部祠祭司主事，历员外郎、郎中，简放荆州知府，再以忧归。隆庆改元，起南阳知府，进湖广副使，分察襄阳，调南赣备兵，被劾归。万历元年（1573）再起，历江西参政，迁湖广按察使、右布政使，转左，四年以右佥都御史抚治郧阳。八年召为刑部右侍郎，晋左，以张居正力主，擢礼部尚书，十年居正殁，次年为邹元标所劾罢归。二十一年十二月初二（1594 年 1 月 22 日）卒，年七十三。为人强毅有执，聪明机变，善附当道，也能诗文。《明史·艺文志》著录其《文集》四十二卷、《诗》二十二卷。现存单刻本有万历三年刻《移虡稿》一卷；六年刻《海隅集》二十二卷；十一年罢家后刻《春明稿》十三卷（文编十卷、诗编三卷）附《镇郧续稿》一卷，文编未见；二十一年卒后刻《归有园稿》二十九卷（诗编七卷、文编二十二卷）。又有汇刊本《徐氏海隅集》八十二卷，诗编二十二卷、文编四十三卷、外编十四卷、续三卷，有万历四十年徐元暤重修本。另有《老子解》二卷（有万历十八年申用嘉刊本）、《春秋亿》六卷、《世庙识余录》二十六卷（有明徐兆稷活字本）。曾修《湖广总志》九十八卷（有万历刊本）。《皇明诗统》卷二九录其诗十三首。《列朝诗集》丁集录其诗四首。《明诗综》卷四四录其诗一首，"诗话"云："宗伯雅负诗名，然多懦响，殆肖其人。"《御选宋金元明四朝诗》录其诗十九首。《四库全书总目》著录《春明稿》十四卷、《归有园稿》二十九卷、《徐氏海隅集》四十卷，"提要"云："其论诗一条云：'近来作者，缀成数十俗语，如黄金、白雪、紫气、中原、居庸、碣石之类，不顾本题应否，强以窜入，专愚聋瞽，自以为前无古人，小儿效颦，引为同调，南北传染，终作疠风，诗道几绝。'其语盖为王（世贞）、李（攀龙）而发。学谟与王世贞里闬相近，而立论如此，颇不为习俗所染，然诗多懦响，终不能副所言也。"清王辅铭《明练音续集》卷二录其诗十五首。《明诗纪事》己签卷一○录其诗十六首，按语云："阅其全稿，五古趋步晋、宋，时有合作，七律犹是李、王成派，七绝流美，颇有俊声。其才去王、李甚远。"《明文海》录其文四篇，评语谓其义"得欧、苏之传，其识见出寻常章句之上"。生平见郭正域《徐公行状》、申时行《徐公墓志铭》、王锡爵《徐公神道碑》《徐氏海隅集》附录)及王兆云《皇明词林人物考》卷一〇。

徐贯(生卒年不详)　字元一。浙江严州府淳安人。景泰四年(1453)举人,天顺元年(1457)进士,授兵部主事。历员外郎、郎中,外放福建参政,迁布政使,改山东,再擢副都御史,巡抚辽东。召为工部侍郎,进尚书,加太子太保。卒赠太保,谥康懿。以诗名于乡里,嘉靖间徐楚辑编历代咏新安江之诗为《青溪诗集》七卷,选录徐贯诗十七首,为入编最多者。《明史·艺文志》著录其别集《余力集》十二卷,现存嘉靖三十一年(1552)淳安徐健重编刊本《徐康懿公余力稿》十二卷,内诗四卷,收赋一篇,诸体诗四百七十余首,文八卷,收各体文一百一十余篇。《石仓十二代诗选·明诗选》录其诗五十余首。《明诗综》卷二二录其诗《赠别张世祯》一首,《御选宋金元明四朝诗》据之录。《四库全书总目》著录《余力稿》十二卷,"提要"谓其"诗文皆平实,亦大半应酬之作"。《明诗纪事》丙签卷四录其诗一首。生平见《国朝献征录》卷五〇所载《实录》本传、《(乾隆)浙江通志》卷一六二。

徐珊(生卒年不详)　字汝珮,号三溪。浙江绍兴府余姚人。与王畿、钱德洪并为王守仁入室弟子。嘉靖元年(1522)中举,后官辰州府同知。嘉靖二十三年于辰州建虎溪精舍祀阳明。后以侵军饷事发,自缢死。存世有《卯洞集》四卷,卷一收书、记、叙、赋、说及杂著十篇,卷二题《论木政诸札》,卷三、卷四收五七言古近体诗一百三十余首;首有嘉靖二十三年胡鳌《卯洞集叙》,末附计士元二十四年跋,为其官辰州时所刻。卯洞在今湖北来凤县西水上,徐珊曾率人在此周围采皇木两年,《卯洞集》卷二《论木政诸箚》即为其所作公牍。《四库全书总目》著录《卯洞集》四卷,"提要"云:"卯洞在盘顺中里,介于楚、蜀之交,嘉靖间珊以庙工采木于是。积其二年中所作公牍杂文为二卷,诗歌为二卷,因以其地名集。中有《读高苏门集》诗,盖宗法所在,大致不失风格,而深微则不及叔嗣也。"清黄宗羲《姚江逸诗》卷一四录其诗十首。生平见李绍文《皇明世说新语》卷七、《(光绪)余姚县志》卷二三。

徐贲(1335—1379)　字幼文,号北郭生。其先蜀人,徙居长洲(今江苏苏州),遂为吴人,居城北望齐门外。元末为张士诚所辟,后谢去,与友人张羽避居湖州。朱元璋平吴,与杨基等谪徙临濠。洪武七年(1374),用荐奉使晋、冀。还授给事中,改御史,出按广东。改刑部主事,迁广西参议,再迁河南左布政使。洪武十二年以征洮岷军过境,坐犒劳不时,下狱死,年四十五。善画工书,尤以诗有声于元末明初,与高启、杨基、张羽并称"吴中四杰",或谓其为高启"北郭十友"之一。成化二十三年(1487)吴门张习辑刻《明初四家诗集》收其《北郭集》十卷,内乐府一卷、古体三卷、近体六卷,闵珪序;万历三十七年汪汝淳刻、陈邦瞻编《明初四家诗》则收《北郭集》六卷,乐府一卷、古体三卷、近体四卷,《明史·艺文志》著录《北郭集》即为六卷本。《皇明风雅》录其诗十二首。《盛明百家诗》前编录其诗为《徐幼文集》,与高启、杨基、张羽诗合为《高杨张徐集》。顾起纶《国雅》卷一录其诗十五首,《国雅品》称其诗"词彩遒丽,风韵凄朗"。《皇明诗统》卷一录其诗二十二首。周复俊编《玉峰诗纂》卷一录其诗三首。《石仓十二代诗选·明诗选》录其诗百首。费经虞《蜀诗》卷二录其诗三首。《皇明诗选》录其诗一首。《列朝诗集》甲集录其诗一百十首。《明诗评选》录其诗四首。《明诗综》卷九录其诗二十七首,"诗话"云:"吕志学《题幼文所画山水图》,谓肆笔遒丽,清润而带书法,于诗亦然。才气方之高、杨、张三君,稍为未逮。然诗法君然,森有纪律。长篇险韵,极其熨帖,颇有类皮、陆者。"清沈德潜《明诗别裁集》录其诗三首。《御选宋金元明四朝诗》录其诗九十二

首。《四库全书》据万历本收《北郭集》六卷,"提要"谓其"天性端谨,不逾规矩。故其诗才气不及高、杨、张,而法律谨严,字句熨帖,长篇短什并首尾温丽,于三家别为一格"。清陆心源《吴兴诗存》四集卷二录其诗九十七首。《明诗纪事》甲签卷八录其诗三首,按语云:"幼文诗才不及高、杨、张,而蹈矩中规,亦自善用其短。诗集称'北郭',而吕志学《跋幼文惠山图》云,幼文所制乐府诗文若干卷,签题《悟澹集》,此又读幼文诗者所当知也。"生平见张昶《吴中人物志》卷一〇、王兆云《皇明词林人物考》卷一、何乔远《名山藏》卷九六、《徐贲传》(《曝书亭集》卷六三)、《明史》卷二八五。

徐标(?—1644)　字准明,号鹤洲。山东兖州府济宁人。万历四十六年(1618)举人,天启五年(1625)进士,授信阳知州,历官凤阳兵备。崇祯十五年(1642)冬,边警告急,保定巡抚革任,擢标为右佥都御史代焉。十七年正月,李自成陷秦晋,渐及畿辅,加标兵部右侍郎,总督畿南、山东、河北军务,仍巡抚保定。李自成军渡河绕塞东下,标上疏请援居庸,而自统大兵独当南面,部署已定,营将谢加福、李茂春叛,以军饷迟发为由,鼓噪而起,遂刺杀标。福王南渡,赠标尚书。《千顷堂书目》著录其《河患备考》二卷、

《河防律令》二卷、《忠孝廉节集》四十卷(现存崇祯刊本三十四卷)、《逊国臣记》三十卷、《兵机纂要》四卷、《兵书纂要》十卷及《小筑迻言》十一卷。《小筑迻言》为其诗文别集,现存崇祯二年原刊本,二十二卷,卷首及前八卷收古近体诗五百余首,卷九至卷一六收各体文百余篇、词二首,末六卷收书启,有吴伯与、刘广生、刘万春、王琨、彭鲲化、秦士奇、秦镐序。另有清乾隆四十年(1775)惺惺斋刊本《易经衬讲》三卷,未见著录。生平见清陈鼎《东林列传》卷七、《(雍正)山东通志》卷二八之三。

徐咸(1479—1566)　字子正,号东滨。浙江嘉兴府海盐人。正德二年(1507)举人,六年进士,授沔阳知州。入为兵部主事,历官至襄阳知府,致仕归海盐,游林下,卒于嘉靖四十五年(1566),年八十八。与兄徐泰并好诗,曾助其兄辑编《皇明风雅》四十卷。致仕后嘉靖二十一年筑园城闉,名小瀛洲,招同邑朱朴、钱琦、吴昂、陈鉴、刘锐、钟梁、陈瀛、僧永瑛及兄徐泰等十人为社,饮酒赋诗。后其孙徐孺谷、钟梁之孙钟祖述辑十人之诗编为《小瀛洲社诗》六卷,内收咸诗四十四首。徐咸自著存天启元年(1621)徐承祖刻清乾隆南州草堂补修本《东滨先生诗集》三卷,内《宦游稿》《归田稿》《续稿》各一卷,故亦称《东滨三稿》,《千顷堂书目》即著录《东滨三稿》。《千顷堂书目》另著录其《史略启蒙》《皇明名臣言行录前集》十二卷《后集》十二卷(存嘉靖二十八年施渐刊本)、《泽山野录》。《明诗综》卷三四录其诗五首,"诗话"云:"东滨为丰厓(徐泰)同母,昆友皆娴风雅……句如'路自穷厓入,人如倦鸟还'、'千年牛首寺,一勺虎跑泉'、'客醉黄花酒,僧供白雪糕'……颇类贾岛佛。"《御选宋金元明四朝诗》录其诗三首。清沈季友《樵李诗系》卷一一录其诗十首。《明诗纪事》丁签卷一四录其诗二首。生平见李贽《续藏书》卷二七、过庭训《本朝分省人物考》卷四三、《(康熙)嘉兴府志》卷一四、《(光绪)嘉兴府志》卷五六。

徐咸(生卒年不详)　字广威。江西吉安府泰和人。弘治五年(1492)举人,授陕西教谕。桑悦弟子。《千顷堂书目》著录其《畸所漫稿》,未见传。《石仓十二代诗选·明诗选》录其诗三十二首。《列朝诗集》丙集录其诗六首,"小传"云:"成化中,桑民怿(桑悦)分教泰和。广威受业门下,取其古文赋字棘喙不能句者,为之疏凿笺注。观其持论阀肆傲诡,与民怿略相似,亦一时之振奇人也。"《御选宋金元明四朝诗》录其诗二首。清王琨《泰和诗征》卷二七录其诗十二首。生平见《(雍正)江西通志》卷七八。

徐显卿（？—1602） 字公望，号检庵。南直苏州府长洲（今江苏苏州）人，以弟显宰死于非命，仇不共国，乃移居宜兴。隆庆元年（1567）举人，明年进士，选翰林院庶吉士，授编修。累迁至左谕德兼翰林侍读、国子监祭酒，万历十五年（1587）由詹事府詹事兼翰林院侍读学士、掌院事，旋升礼部右侍郎仍兼侍读学士，十六年任吏部左侍郎，十七年三月罢归，三十年卒。卒后其嗣子元泽辑其著述成《天远楼集》二十七卷，内卷一收赋四、颂一，卷二至卷八收古近体诗五百八十余首，内多阁试诗、馆课诗，卷九至卷二四收各体文，卷二五至卷二六为尺牍，卷二七为族谱，万历间刊本存，有王穉登序。《千顷堂书目》著录《天远楼集》二十七卷，即此本也。《四库全书总目》著录其集，《总目》"提要"云："前有王穉登序曰：'先生卜居阳羡，士大夫莫名先生文，先生亦不自名文也。余与先生虽同枌榆，迹若风马牛。然第闻人言先生长者，遂亦长者先生。未几先生来过余，每谈立言之业，不东向让三，即南向让再，余竟莫名先生，而仅识先生长者'云云，是殆有微词矣。"盖当时朝中党争，显卿曾以构陷他人被劾，遂为吴中士人所轻。《明文海》录其文《刘子威禅悦三草序》等三篇。清陈元龙《御定历代赋汇》录其《日方升赋》等三篇。生平见申时行《祭徐少宰文》（《赐闲堂集》卷三四）、李尧民《祭徐检庵老师》（《快独集》卷一二）、林尧俞等《礼部志稿》卷四二。

徐复祚（1560—？） 初名笃儒，字旸初，改字讷川，号蓉竹，别署阳初子、忍辱头陀、破悭道人、鸠文孙、洛诵生、休休生、琴川逸士，晚号三家村老。南直苏州府常熟（今属江苏）人。出身宦族，少以诸生贡入国子监，万历十三年（1584）乡试，被讼"贿买科场"，次年断为诬告，然自后十年，此事多次再兴讼审，直至陈荐、江铎等为之主持公道，始终结，然已不复再思科考。以世弃无聊，因妻伯张凤翼故，遂专攻词曲，其卒或在崇祯十三年（1630）后。所作传奇七种：《宵光剑》《红梨记》《投梭记》今存，《祝发记》《雪樵记》《题塔记》《题桥记》佚。《宵光记》有万历间金陵唐振吾刻本，仅存上卷十七出，又有近人许之衡抄本，题《宵光剑》，三十折。是剧演汉代卫青与异母弟郑跖兄弟阋墙事，或谓其感于家事而作。盖因复祚异母弟鼎祚与其长兄昌祚交恶，告发昌祚谋产杀姑，致其狱中自尽，后异母弟亦精神失常而死，此事导致徐氏一族衰落破败。《红梨记》现存万历间洛诵生原刻本，题《新镌赵状元三错认红梨记》，又有明末汲古阁原刻初印本、汲古阁刻《六十种曲》本，后有清刻本改题为《红梨花》。是剧演宋赵汝州、谢素秋婚恋故事,据元人张寿卿《谢金莲诗酒红梨花》杂剧敷衍,本事又见冯梦龙《情史类略》卷一二。其所写故事涉及异族入侵、权臣卖国之情节,仇家曾据此攻讦其"谤讪朝政"。《投梭记》现存明末汲古阁原刻初印本、汲古阁刻《六十种曲》本,二卷三十二出,假《晋书》卷四九《谢鲲传》故事敷衍成篇。清焦循谓《投梭》"笔墨雅洁,情词婉转"(《剧说》卷四)。传奇以外,亦作杂剧,晚年所作《一文钱》,讽喻世态、针砭钱房,历来为人称道,有崇祯《盛明杂剧》本。另两种《梧桐雨》和《闹中牟》则已佚去。亦工散曲,天启初,曾将所作汇集为《徐旸初小令》,请钱谦益作序,今未见传。另辑有曲选《南北词广韵选》十九卷,现存清抄本。晚年完成笔记《三家村老委谈》(一名《花当阁丛谈》)三十六卷,广记嘉、万时政事逸闻、人物掌故等,其中也颇多关于戏曲之逸闻议论,后人曾从中辑录其曲论。另著《家儿私语》一卷,亦有清抄本,记其家事。方志尚记其有《丹刺编》六卷。生平见清张大复《梅花草堂笔谈》卷一一、清王应奎《柳南随笔》卷一、《(雍正)昭文县志》卷七一、《(乾隆)常昭合志》卷八。

徐济忠(1581—1634) 字良夫,又字子公。南直苏州府常熟(今属江苏)人。诸生,家贫而志于学,遂能诗文,曾为冯舒之师。屡试不举,崇祯二年(1629)入复社,七年卒,年五十四。现存崇祯刊本《缀闲集》二卷,收赋二篇、诗百首,首冯舒《先师良夫徐先生诗集序》,附刻《公孙龙子达辞》一卷六篇。冯舒《怀旧集》卷上录其诗十一首,"识语"谓其"性孝友,喜读书,家贫无坟籍,每与人通假。当是时,世尚王、李学,非先秦汉魏不道,师旁窥远探,独得大历以还宋元诸家风旨……尝谓予曰:'吾平生五行,当不得科第,然有三愿,若可就,我志毕矣:其一欲得田三十亩,使益有余粒,不藉教授生徒以给;其一愿得经史及诸子集数十家,人所恒读者,不俟他假;其一愿得一细褐,作衣御寒。'"《明诗纪事》辛签卷三一录其诗一首,按语云:"子公,冯己苍(冯舒)师也。有《碧户二十八韵》,轻艳之作,已导二冯先路。"生平见《(康熙)常熟县志》卷二〇、《(雍正)昭文县志》卷七。

徐陟(1513—1570) 字子明,号望湖,又号达斋,晚号觉庵。南直松江府华亭(今上海松江)人,徐阶弟。嘉靖二十二年(1543)举人,二十六年进士。授兵部武库主事,历员外郎,转车驾郎中,改尚宝丞,升少卿,历光禄少卿、太仆少卿,迁南太仆卿、南大理寺卿,晋南工部、刑部右侍郎。隆庆元年(1567)致仕,四年卒，年五十八。著述现存明抄本《来嘉堂集》《司寇集》十九卷，内诗八卷，收诗三百余首，文十一卷，收各体文，无序跋。生平见陆树声《徐公神道碑》(《陆文定公集》卷四)、何三畏《徐司寇觉庵公传》(《云间志略》卷一五)、《明史》卷二一三。

徐泰(1469—1558)　字子元，号丰厓。浙江嘉兴府海盐人。弘治十七年(1504)举人，授桐城县教谕，自以为落拓不得志，因作《悲世赋》以自广。改四川蓬州学正，迁光泽知县，致仕归。卒于嘉靖三十七年(1558)，年九十。平生好读书，喜诗，称寒暑未尝释卷，致仕后高蹈海隅，更以吟咏为乐。曾辑《皇明风雅》四十卷，选录明嘉靖以前四百八十一位诗人诗一千六百五十三首，选诗宗旨从重教化转为自我之旨趣，有嘉靖四年(1525)及十二年刊本。归里家居后又撰《诗谈》一卷，收入嘉靖刻《明世学山》、万历刻《百陵学山》等丛书。是书效仿钟嵘《诗品》及敖陶孙《臞翁诗评》，全书四十一则，论及有明以来诗人，始于刘基、高启，终于黄省曾，末三则论及妇女、道士及衲子作者。所论均为作者熟知之明代诗人，故常有贴切评语，后《四库全书总目》多有征引。内极称李东阳、李梦阳、何景明振兴诗坛之功，可见其立场。《四库全书总目》著录《诗谈》一卷，"提要"谓其

论诗"大抵宗旨不出'七子'门庭，其造语多用四言二句，务摹敖陶孙《诗评》，亦颇嫌学步"。所著《玉池稿》，《千顷堂书目》著录，未见传。嘉靖二十一年，其弟襄阳知府徐咸致仕归海盐，筑园城闉，名小瀛洲，招同邑朱朴、钱琦、吴昂、陈鉴、刘锐、钟梁、陈瀛、僧永瑛为社，饮酒赋诗，泰也与焉。后咸之孙孺谷、钟梁之孙祖述辑十人之诗编为《小瀛洲社诗》六卷，内收泰诗十四首。泰《皇明风雅》卷二〇录己诗一首。《明诗综》卷二八、清沈季友《槜李诗系》卷一一录其诗三首。《明诗纪事》丁签卷一四录其诗一首，按云："徐子元《诗谈》评骘洪、永以来诗人，颇称真赏。所辑《明风雅》四十卷，搜采极博。杨升庵(杨慎)讥其浮滥，未为定评也。"《千顷堂书目》另著录其《玉池谈屑》四卷、《海盐县志》五卷及《女学》，未见传。生平见王文禄《海盐文献志》、《(康熙)嘉兴府志》卷一四、盛枫《嘉禾征献录》、《(光绪)嘉兴府志》卷五六。

徐桂(生卒年不详)　字茂吴，号大涤山人。原居南直苏州府长洲(今江苏苏州)，徙浙江杭州府余杭(今杭州)，遂为浙人。目偏盲而性警敏，隆庆四年(1570)举人，万历五年(1577)进士，除袁州府推官，以罪上官罢归。归后居杭城东隅，有亭池竹木之胜，室列图史、金石、彝鼎

及法书、名画,日婆娑其中,兴至则发为诗歌,与屠隆、冯梦祯等倡和。王世贞将皇甫汸、莫如忠、许邦才、周天球、沈明臣等列为"四十子",内有徐桂之名(《弇州四部稿续稿》卷三)。《千顷堂书目》著录其《徐茂吾诗集》十三卷又《采莼曲》一卷,现存万历四十二年徐卿麟刊本题为《大涤山人诗集》十三卷。《列朝诗集》丁集录其诗三首,"小传"谓其"恃才自放,坐计吏斥免。四明屠长卿(屠隆)、秀水冯开之(冯梦祯)与茂吴同榜,皆失官家居,扁舟白袷,往来吴、越间。长卿负才敏捷,叉手击钵,时人皆逊避之,独茂吴与之抗行,尤多咏物艳体之诗,留连唱酬,至数十百篇"。《明诗综》卷五三录其诗一首,"诗话"云:"徐君咏物诗最繁富,正如盈担魔合罗,仅供村市痴儿騃女把玩而已。"《御选宋金元明四朝诗》录其诗四首。《明诗纪事》庚签卷一二录其诗一首。生平见徐象梅《两浙名贤录》卷四七《文苑》、《(乾隆)浙江通志》卷一七八。

徐爱(1487—1517)　字曰仁,号横山。浙江绍兴府余姚人。弘治末娶王守仁妹,居绍兴。正德二年(1507)举人,明年进士,四年除祁州知州。七年迁南兵部员外郎,十年进南工部郎中,十一年归家省亲,明年五月十七病痢卒,年三十一。少温文敏达,正德二年从王守仁问学,为阳明首位入室弟子,深得赏爱。正德七年冬,与王守仁同舟还乡省亲,途中听讲《大学》宗旨,后因以此辅导王门弟子。阳明"良知"之学,学者初多未信,爱辑其要者为《传习录》,又编守仁《语录》,疏通辨析,畅其指要,颇利于学者。《千顷堂书目》著录其《徐横山集》二卷,现存嘉靖十三年(1534)汶上路氏浙江刊本《横山遗集》二卷,首蔡宗衮《刻徐横山集引》,内收诸体诗一百五十余首、各体文三十余篇,集后附其墓志。清黄宗羲《姚江逸诗》卷七录其诗二十首。《明诗综》卷三三录其《纪游》一首,"诗话"云:"其诗功力未深,而不落凡俗。"生平见萧鸣凤《徐君墓志铭》(《横山遗集》下)、清黄宗羲《明儒学案》卷一一、《明史》卷二八三。

徐祯卿(1479—1511)　字昌谷,一字昌国。原籍常熟,以其父移居郡城,遂为南直苏州府吴县(今江苏苏州)人。少笃于诗而不喜时文,入学后也曾因台试(岁考)差等,不得乡试。弘治十一年(1498)赴顺天试失利,十四年再试中举,次年春闱不售,入南国子监,十八年中二甲进士,未得馆选,仅授大理寺左寺副。正德四年(1509),乞南徙便养不得,又坐失囚,降国子监博士,六年三月十二以病肺卒于京师,年三十三。擅诗,著才名于吴中,与文征明、唐寅、祝允明号"吴中四才子"。王世贞《文先生传》云："吴中人于诗述徐祯卿，书述祝允明，画则唐伯虎……文先生盖兼之也。"(《弇州四部稿》卷八三)又与顾璘、刘麟号"江东三才"。既登第北上，又与李梦阳等游，吸呼北风，诗复精进，因与李梦阳、何景明、边贡、朱应登、顾璘、陈沂、郑善夫、康海、王九思等号"弘治十才子"；又与李梦阳、何景明、边贡、康海、王九思、王廷相称"七子"(前"七子")。《明史·文苑传》又将祯卿与李梦阳、何景明、边贡合称为"弘正四杰"。祯卿较之李、何为后进，历来将其归于李、何复古一派，实祯卿虽亦追随梦阳，倡习古调，而追攀对象及诗风仍有别于李、何。于气质学力，祯卿不及梦阳才雄气盛，亦不及景明虑详思深，故其诗雄不及李，秀不及何，然其自以深情矜贵见长，风骨清逸见高，于"七子"中可谓自成面貌。其《谈艺录》论诗亦不偏重格调声韵而重才情。故顾璘有"李气雄，何才逸，徐情深"之评，后人亦有"三足鼎立"之说。其著述原有《叹叹》《焦桐》《鹦鹉》《花间》《野兴》《自惭》等集，均未见单刊。其流传最广之诗文集为其北上以后自选之《徐迪功集》六卷附《谈艺录》一卷，是集于正德十五年由李梦阳首刊于南昌，内诗四卷，收诗一百九十首，文二卷，收文二十四篇，有李

梦阳、顾璘序。是集又有嘉靖七年(1528)、嘉靖二十九年、万历十二年(1584)重刊本，后被收入《四库全书》。又有嘉靖二十一年序刊之《徐迪功外集》二卷，收诗百首，系吴中皇甫涍、皇甫汸兄弟选刊，均为祯卿选《迪功集》时未选之诗。又有嘉靖间姑苏袁袠刊《徐迪功别稿》五卷，据后出《徐昌谷全集》所刊李梦阳弘治十八年《徐氏别稿序》，其集分《鹦鹉》《焦桐》《花前》《野兴》《自惭》五集，收诗二百二十七首，文十八篇，诗俱为祯卿未第时所作，现已不传。万历四十七年周文萃合诸本，编刊为《徐昌谷全集》十六卷，诗十三卷，文三卷，计收诗五百二十二首，文三十四篇，然《外集》中仍有十九首诗被遗落。祯卿另有与文征明倡和集《太湖新录》，收入嘉靖刊《顾氏明朝四十家小说》。《顾氏明朝四十家小说》等丛书所收杂记明太祖初起及洪武年间事之《翦胜野闻》，亦署祯卿著，似为伪托。祯卿为高启后吴中诗坛之赤帜，《明史》本传谓其为"吴中诗人之冠"，虽天不假年，亦未标宗立派，然影响深远。明清选家皆推崇其诗。《皇明风雅》录其诗十四首。《盛明百家诗》前编录其诗一百二十余首为《徐迪功集》。顾起纶《国雅》卷五录其诗三十六首。万历刊赵南星编《明十二家诗选》录其诗为《徐昌谷集》二卷。《皇明诗统》卷

一七录其诗十五首。《石仓十二代诗选·明诗选》录其诗六十四首。《皇明诗选》录其诗三十首。《列朝诗集》丙集录其诗一百二十三首。《明诗综》卷三一录其诗五十首。清沈德潜《明诗别裁集》录其诗二十三首。清施何牧《明诗去浮》卷二录其诗十六首。清王士禛自称其往来南北,必以《迪功》《苏门》二集自随,因选徐祯卿与高叔嗣诗为《二家诗选》。《四库全书》收《二家诗选》,《总目》"提要"云:"明自弘治以迄嘉靖,前后'七子'轨范略同,惟祯卿、叔嗣虽名列'七子'之中,而泊然于声华驰逐之外。其人品本高,其诗亦上规陶、谢,下摹韦、柳,清微婉约,寄托遥深,于'七子'为别调。越一二百年,李、何为众口所攻,而二人则物无异议,王世懋之所论其言竟果验焉。"《御选宋金元明四朝诗》录其诗九十六首。《明诗纪事》丁签卷二录其诗十首。其文无多,亦无特出之处。明末李宾编《八代文钞》选录《徐昌谷文抄》一卷。《明文海》录其文三篇。《娄水文征》卷一六录其文十篇。生平见王守仁《徐公墓志铭》(《王文成公全书》卷二五)、王兆云《皇明词林人物考》卷五、何乔远《名山藏》卷八一、文震孟《姑苏名贤小纪》下、《明史》卷二八六。

徐袍(生卒年不详) 字世第。浙江金华府兰溪人。少端谨,潜心理学,博洽群书,每日整衣冠读经史,至丙夜方就枕,读一书必终卷,始易他卷。斗室隘巷,淡泊自甘。远近来学多至数百人,贫者不受其贽,仅靠二十亩祖田为生。嘉靖十三年(1534)中举,后未官而卒,年三十八。《千顷堂书目》著录其《枫山纪实》、《金仁山年谱》、《事典考略》六卷,皆未见传。现存嘉靖间兰溪徐氏家刊本《诵余稿》八卷,首嘉靖十八年徐袍自序,内卷一收辞、赋十一篇,卷二收古体诗十一首,卷三收近体诗七十九首,卷四至卷八收各体文五十余篇。阮元声《金华诗粹》录其诗十首。清黄彬等《金华诗录》卷三一录其诗六首。清王崇炳《金华文略》录其文一篇。生平见《(万历)兰溪县志》卷四等。

徐培植(生卒年不详) 字彦成。河南卫辉府获嘉县人。万历三十八年(1610)进士,官松江府青浦县令。所著现存天启、崇祯间刻本《紫云亭初稿》一卷,收诗一百六十首,陆应旸、陈继儒、董其昌同评。又有清末红格黄纸抄本。生平见《(乾隆)获嘉县志》卷一二。

徐庸(生卒年不详) 字用理。南直苏州府吴县(今江苏苏州)人。家饶于赀,好诗不倦。景泰间,曾广为收罗高启遗诗,辑刻《高太史大全集》十八卷。又曾采永乐至正统四朝人诗,辑为《湖海耆英集》十二卷,取吴人诗居多,郑亮为之序。其己作名《南州集》,现存乌丝栏旧抄本五卷,计收诸体诗四百三十三首,有陈顾永、刘昌afr。《皇明诗统》卷六录其诗一首。《列朝诗集》乙集录其诗七首,"小传"云:"杨君谦(杨循吉)曰:'用理本富家,以诗著。'其吟咏大抵长于香奁,亦膏粱之余习也。用理同时,有贺甫美之、顾亮寅仲、王越孟南、孙宁继康,及常熟陈蒙、吴江吴璩,皆以诗名。"《御选宋金元明四朝诗》录其诗四首。清高舆《御定佩文斋咏物诗选》录其诗四首。

徐渐(生卒年不详) 字德安,号与泉。浙江宁波府鄞县(今宁波)人。世居郡治月湖之东。正德八年(1513)举于乡,后八上春官不第,年四十余,赍志以殁。有嘉靖二十九年(1550)刊本《与泉先生集》,现残存一卷,题"与泉先生诗卷上",收诗一百六十余首,有其门生进士张渊序。《四明风雅》卷三录其诗五首。清胡文学《甬上耆旧诗》卷一四录其诗二首。

徐寅(生卒年不详) 字虎侯。浙江嘉兴府嘉兴人。明末布衣,工书,能篆刻,所著有《砚北斋诸稿》。现存崇祯二年(1629)孙闳基砚北斋刊本《吴虎侯遗集》,内文集二卷,收序四十一篇,诗六卷,收古近体诗一百十余首,有马世奇序、孙闳基跋。又有明刊本《刻吴虎侯遗集》诗六卷、文十一卷,内诗六卷略同于崇祯本,文十一卷则于序三卷后增传、墓志铭、诔变、疏、杂著各一卷,又尺牍二卷,当为前集之增刻本。清沈季友《槜李诗系》卷二九录其诗一首。《御选宋金元明四朝诗》录其诗二首。清李稻塍《梅会诗选》三集卷一录其诗一首。

徐尊生(生卒年不详) 字大年。浙江严州府淳安人。善属文,有名于时。洪武二年(1369)以遗逸举,征修《元史》。史成,在局儒士壮者授官,老者许归。尊生自引求去,礼局奏留其编礼乐书,书成,受赐归。六年以翰林学士承旨宋濂荐,复与修《日历》,时宋濂乞致仕,上问孰可代者,濂以尊生对,乃拜翰林,应奉草制悉称旨。寻以老疾乞归,拂帝意,外放陕西教授,未行卒。《千顷堂书目》著录其《怀归》《还乡》等稿二十卷、《徐尊生制诰》二卷,均未见传。程敏政《皇明文衡》录其文《陹斋记》一篇。刘仔肩《雅颂正音》卷四录诗《佩刀行》一首。《列朝诗集》甲集录诗二首。《明诗综》卷五录诗二十一首,"诗话"云:"大年诗格清老,譬诸画手,绝无铅粉之饰。"《御选宋金元明四朝诗》录诗十二首。《明诗纪事》甲签卷六录诗二首。生平见《(乾隆)浙江通志》卷一八二、《明史》卷二八五。

徐渭(1521—1593) 初字文

清,改字文长,号天池,晚号青藤,别署海笠、天池生、天池山人、青藤道士、白鹇山人、漱老人、山阴布衣、田水月等。浙江绍兴府山阴(今绍兴)人,夔州府同知徐鏓庶子。生于正德十六年(1521)二月初四。生百日而父亡,十岁生母改适,十四岁嫡母卒,依伯兄徐淮。年二十为诸生,赘于同郡阳江主簿潘家,随之客岭南两年。二十五岁长兄病逝无嗣,文长因出赘而未得遗产,次年僦居于妻家,发妻潘氏又于当年去世。以教授生徒为生计,屡应乡试不举,嘉靖三十七年(1558)三十八岁时入浙江总督胡宗宪幕为书记,助胡抵御倭寇。四十一年底,胡宗宪因严嵩案牵连,逮系回京。文长归家后"虑祸之,遂发狂,引巨锥剚耳,刺深数寸,流血几殆。又以锥击肾囊碎之,不死"(陶望龄《徐文长传》)。四十六岁时,因疑而杀继妻张氏,革生员籍下狱。在狱近七年,隆庆六年(1572)除夕,因张元忭力救得解。出狱后,游于各地,居京师数年,曾入宣大巡抚吴兑幕。晚年贫甚,有书数千卷,斥卖殆尽,帱管破敝,藉稿以寝,而狂疾时复发作,卒于万历二十一年(1593),年七十三。文长为明中叶奇士,一生潦倒,命途多难,而天姿卓荦,诗文书画,俱有奇气。草书奇伟奔放,花鸟写意超逸有致。论诗文主个性,反模拟,持论

迥异时流。袁宏道称其"强心铁骨,与夫一种磊块不平之气,字画之中宛宛可见"(《徐文长传》)。陶望龄谓其诗文"往往深于法而略于貌"。"文类宋、唐,诗杂入于唐中、晚……文有矩尺,诗尤深奥。古之穷士如卢仝、孟郊、梅尧臣、陈师道之徒所为,或未能过也。"(《徐文长传》)文长著述,万历有各种单刊本,后陶望龄合《文长集》《阙编》及未刊稿《樱桃馆集》等为《徐文长三集》三十卷,万历二十八年由商维浚刊行。三集原为徐渭生前不同时期所编,合刻时"文取五,诗取八",实收文三百六十八篇,诗一千四百十九首,末卷为《四声猿》杂剧。万历四十二年钟人杰刻《徐文长文集》三十卷出于《三集》而有所删略(共删诗五百五十四首、文七十九篇),黄汝亨、虞淳熙序,成通行本(后有改刊名《青藤书屋文集》三十卷)。天启三年(1623)张岱辑刻《徐文长逸稿》二十四卷《畸谱》一卷;又有明思耕堂抄本《徐文长佚草》十卷。现存明代万历、天启时单刊本尚有《一枝堂稿》二卷、《文长杂记》二卷、《刻徐文长先生秘集》十二卷、《笔玄要旨》一卷、《青藤山人路史》二卷等。另有稿本《天池杂稿》不分卷。据陶望龄《徐文长传》载,文长还曾注《庄子内篇》、《参同契》、黄帝《素问》、郭璞《葬书》各若干卷,《四书解》《楞严经解》各数

篇。《盛明百家诗》后编录其赋五篇、诗一百三十余首为《徐文学集》。顾起纶《续国雅》卷四录其诗三首。《皇明诗统》卷三一录其诗四首。《皇明诗选》录其诗二首。《列朝诗集》丁集录其诗一百七十一首。《明诗评选》录其诗三十一首。《明诗综》卷四九录其诗十三首，"诗话"云："文长诗原本长吉，间杂宋元流派，所谓斐然天成，不知所以裁之者。其自评云：吾书第一，诗二，文三，画四。然诗文未免繁芜，不若画品，小涂大抹，俱高古也。"清沈德潜《明诗别裁集》录其诗一首。《御选宋金元明四朝诗》录其诗三十五首。《四库全书总目》著录《徐文长集》三十卷、《徐文长逸稿》二十四卷两种，"提要"云："今其书画流传者，逸气纵横，片楮尺缣，人以为宝。其诗欲出入李白、李贺之间，而才高识僻，流为魔趣。选言失雅，纤佻居多，譬之急管幺弦，凄清幽渺，足以感荡心灵，而摈以中声，终为别调。观袁宏道之激赏，知其臭味所近矣。其文则源出苏轼，颇胜其诗，故唐顺之、茅坤诸人皆相推挹……盖渭本俊才，又受业于季本，传姚江纵恣之派。不幸而学问未充，声名太早，一为权贵所知，遂侈然不复检束，及乎时移事易，侘傺穷愁，自知决不见用于时，益愤激无聊，放言高论，不复问古人法度为何物，故其诗遂为'公安'一派之先鞭，而其文亦为金人瑞（金圣叹）等滥觞之始。"《明诗纪事》己签卷一七录其诗十三首。《明词综》卷四录其词一首。近人赵尊岳《明词汇刊》录其词七首，又辑佚二首，题为《徐文长先生词》。实徐渭诸集中有词二十余首，在先，卓人月、徐士俊《古今词统》曾录其词六首。明末李宾编《八代文钞》选《徐文长文抄》一卷，崇祯六年（1633）峥霄馆刻陆云龙编《皇明十六名家小品》选《徐文长先生小品》二卷。程敏政《皇明文衡》录其《自撰墓志铭》。《明文海》亦录其《自为墓志铭》等四十篇，评论云："……其文俱有至情，叙次字句无不精到。夫震川（归有光）之文淡，或落于时文，文长之淡，淡而逾浓。嘉靖间大作手。"诗文书画之外，亦以戏曲名，早年曾作杂剧《狂鼓吏渔阳三弄》《玉禅师翠乡一梦》《雌木兰替父从军》《女状元辞凰得凤》，合称《四声猿》。其弟子王骥德称《四声猿》"高华爽俊，秾丽奇伟，无所不有，称词人极则，追躅元人"（《曲律》卷四）。历来曲家对徐渭及《四声猿》亦多赞语，汤显祖称徐渭为词坛飞将，孟称舜谓《四声猿》"于词曲家为创调"。内《狂鼓吏》关目人物俱佳，曲辞豪迈骏利，最为突出。近世以来或以为传世清抄本《歌代啸》杂剧为文长佚稿，似不确。另，明季有专论南戏之作《南词叙录》一卷，今传世本序末署"嘉靖己未夏望六月天池道人志"，多以为此书亦为文长所作，或谓陆采所作，待考。生平见陶望龄《徐文长传》（明刊本《徐文长逸稿》附）、袁宏道《徐文长传》（《徐文长逸稿》附）、王兆云《皇明词林人物考》卷一二、《明史》卷二八八。

徐媛（1560—1619）　字小淑。南直苏州府长洲（今江苏苏州）人。太仆寺少卿徐时泰女，云南提学金事范允临妻。少曾从女师受书，后以病废。嫁后，观允临吟咏写作，心甚好之，允临以科考、游宦离家，闲居寥寂，遂取前人韵语读之，时一仿效，遂能成咏，进而习作散体之文，后成积习，所作甚夥。允临归隐后筑室天平山，与赵宦光所居近，徐媛又因得与宦光妻陆卿子相倡和，卿子有《玄芝》《考槃》等集，也为时所传，吴人遂称二人为"吴门二大家"。徐媛卒于万历四十七年（1619）二月，年六十。此前，万历四十一年允临集其数十年之作，四十三年刊为《络纬吟》十二卷，卷一至卷八收赋二篇、楚辞四章及诸体诗五百十六首；卷九收诗余十首；卷一〇收散曲小令二十六首、套数二套；卷一一收序、传、颂、诔、墓志铭、悼词、祀文、祭文十五篇；卷一二尺牍十篇，除允临序，另有钱希言、董斯张、徐洌序。后又有崇祯三年（1630）重印本。徐媛所作不限韵语，此在有明一代女子中少见，诗与词曲均具规模，所作散曲数仅次于黄峨，亦为难得。又因其曾随允临远宦他乡，甚至"万里入滇，溯大江而道黔巫"，其视界阅历非寻常女子可比，故所作内容也有异于其他女子者。明末周之标《女中七才子兰咳二集》选其《络纬吟》，收诗八十余首、赋一篇、拟楚辞三首。托名钟惺《名媛诗归》卷三三录其诗九十首。《列朝诗集》闰集录其《宫怨》诗二首，"小传"云："小淑之诗，视卿子尤为猥杂。"《明诗综》卷八六录其诗《别曹娘》一首，并引姚园客（姚旅）云："小淑诗文与陆卿子齐名，然徐以绮丽胜，才情稍逊于陆。"《御选宋金元明四朝诗》录其诗六首。清季娴编《闺秀集》录其诗三十三首、词二首。《御选历代诗余》、《明词综》卷一一录其词一首。近人赵尊岳《明词汇刊》辑录其词四首为《络纬吟》。《明文海》录其文《临兰皋赋》等二篇。生平见《（康熙）苏州府志》卷四五。

徐献忠（1493—1569）　字伯臣，号长谷，又号九霞山人。南直松江府华亭（今上海松江）人。嘉靖四年（1525）举人，官奉化知县，寻弃官。乐吴兴山水，遂徙居焉。喜棹小舫，扣舷吟弄，以天随、玄真自况。时与何良俊、董宜阳、张之象同游，四人俱以文章气节名，称"四贤"。隆庆三年(1569)八月初三卒,年七十七,门人私谥贞宪先生。曾辑汉魏六朝古乐府诗,考证题旨或出处,名《乐府原》,十五卷,今存明万历三十七年刊本。又品评唐诗,作《唐诗品》一卷,附刻于朱警父子所辑《唐百家诗》(有嘉靖十九年刊本)后。《明史·艺文志》另著录其《六朝声偶集》七卷、《吴兴掌故集》十七卷、《长谷集》十五卷,皆有明刊本传世。《千顷堂书目》另著录其《大易心印》《洪范或问》一卷、《三江水利考》《四明平政录》《参同契心测》《金石文》七卷等。《长谷集》十五卷为其诗文别集,存嘉靖四十四年松江知府袁汝是与乡士大夫醵金刻本,内卷一收赋十三篇,卷二至卷四收五七言古近体诗四百七十三首,卷五以下收各体文一百九十一篇、书简一百四十二篇。《皇明诗统》卷三三录其诗四首。《皇明诗选》录其诗一首。《列朝诗集》丁集录其诗五首,"小传"云:"生平著述外无他嗜好,《白莲》《羽扇》《芦汀》《灵泉》诸赋,皆为时人传诵。悯松民解布之苦,作《布赋》一篇,读者咸酸鼻焉。论诗法初唐、六朝,杂组成章。"《明诗综》卷四八录其诗三首,"诗话"云:"长谷以作者自期……其比六朝声偶,品唐诗,原乐府,皆有功后学。惜其书不盛行。诗亦冲淡无累句,特少警拔耳。"《御选宋金元明四朝诗》录其诗八首。清姚宏绪《松风余韵》卷七录其诗十六首。清陆心源《吴兴诗存》四集卷七录其诗十五首。《明诗纪事》戊签卷一五录其诗一首。《明文海》录其文《煮惠泉赋》等二篇。生平见王世贞《贞宪徐先生墓志铭》(《弇州四部稿》卷八九)、王兆云《皇明词林人物考》卷一〇、《明史》卷二八七。

徐颖(生卒年不详) 字渭友,更字巢友,号玄洲。浙江嘉兴府海盐人。明末诸生,好谈兵,以徐鸿客、姚广孝自许。明亡后逃于僧,又为道士,久之,复出游江南、燕洛间,后入闽粤,不知所终。《千顷堂书目》著录其《玄洲集》,未见传。《列朝诗集》丁集录其诗六首。《明诗综》卷八九录其诗四首,"诗话"云:"巢友汗漫之游,投躯岭海。其诗间入贝编云笈之中,拾孔翠一毛,足胜凡鸟累百。"《御选宋金元明四朝诗》录其诗四首。清沈季友《槜李诗系》卷一九录其诗二十一首,识语云:"自楚归,入茅山为道士,往来句曲道上。双髻道服,骑紫牛,导以孔翠。道路喧哗,传神仙来,儿女罗拥不得前……尝自言欲作三十六洞天游,以故瓢笠所至,几遍天下。葛霶甫(葛一龙)序其诗,有九合,曰有闲情,曰遇佳山水便住,曰中年以前能好学,曰弃家入山,曰无长物,曰不交流俗人,曰无应酬语,曰苦吟,曰不多作。"《金陵诗征》卷三八"寓贤"录其诗一首。

徐㷏（1570—1642） 字惟起，更字兴公，自号鳌峰居士、天竺山人、读易园主人、筠雪道人、笔耕惰农、竹窗病叟等。福建福州府闽县（今福州）人。隆庆四年（1570）七月初二生于江西南康，其父徐榻时任南安府学训导。少就童子试，见唱名拥挤，弃之，后誓不赴科考，而专攻古文词。早年诗文与兄徐熥齐名，与熥及谢肇淛、邓原岳、曹学佺、陈荐夫等吟咏于锦溪竹林精舍。万历二十八年（1600）其兄亡后，又与赵世显等结芝山社，与谢肇淛等结红云社、泊台社；晚年与曹学佺等组石仓社、三山耆旧社。崇祯十五年（1642）卒，年七十三。壮岁好游，数十年内除流连于八闽山水，又曾客居南京，遍历两浙、吴、楚、江西各地，广结诗友，与晚明诸名家交。家本富藏书，先承其父藏书室红雨楼，后得熥藏书之绿玉斋，加之本人勤为收罗，以致晚年以书多溢室，再筑宛羽楼。另其家藏书处尚有汗竹巢、偃曝轩等。或云其藏书达十数楹，七万卷，而又平生嗜学，故以博洽称于时。其为诗文，才思敏捷，又善书，故虽布衣终身，万历时却与曹学佺共主闽中文坛，有大名于东南数省，为寰中所罕见。平生著述丰富。曾辑唐代闽人诗为《闽南唐雅》十二卷，采摭闽中古事并议论为《榕阴新检》八卷（有万历三十四年刊本），又有杂著《徐氏笔精》八卷（有崇祯五年邵捷春刊本及《四库全书》本）。《千顷堂书目》另著录其《易旁通》一卷（《徐氏笔精》卷一作《易通》）、《客惠纪闻》一卷、《巴陵游谱》一卷、《榕城三山志》十二卷、《茗笈》三十卷、《荔枝谱》七卷（收于《荔枝通谱》内）、《蜂经疏》二卷、《蔡端明别纪》十卷、《谐史续》二卷、《闽画记》一卷等。诗文别集《鳌峰集》二十八卷，内赋一卷、乐府一卷、古近体诗二十五卷、词余一卷，天启五年（1625）南居益辑刊，南居益、曹学佺等序。其稿本《红雨楼集》不分卷《鳌峰文集》不分卷，亦存于世。经明末清初战乱，顺治间㷏之藏书散出，后郑杰、郑佶据所收书，分别辑编《红雨楼题跋》，现通行之《红雨楼题跋》则为清末缪荃荪合编二郑氏之书而成。徐熥《晋安风雅》录其诗四十三首。《列朝诗集》丁集录其诗四十七首，"小传"云："万历间与曹能始（曹学佺）狎主闽中词盟，后进皆称'兴公诗派'。"清陈允衡编顺治澄怀阁刊本《诗慰》初集选其诗七十四首为《鳌峰集选》。《明诗综》卷六五录其诗十二首，"诗话"云："兴公藏书甚富，近已散佚。予尝见其遗籍，大半点墨施铅，或题其端，或跋其尾。好学若是，故其诗典雅清稳，屏去牉浮浅俚之习,与惟和(徐熥)足称二难。"清沈德潜《明诗别裁集》录其诗三首。《御选宋金元明四朝诗》录诗三十二首。清郭柏苍《全闽明诗传》卷四〇录诗一百零二首。《明诗纪事》庚签卷三录诗十三首,按云:"兴公七言,可肩随惟和。五言近体,微少变化,应推乃兄独步。"《明词综》卷五录词一首。《明文海》录其文《鼓山赋》等五篇。生平多见于抄本《荆山徐氏族谱》,今闽中有传本。又见张燮《鳌峰集序》(《群玉楼集》卷四三)、《(万历)福州府志》卷六二、《明史》卷二八六。

徐溥(1428—1499) 字时用,号谦斋。南直常州府宜兴(今属江苏)人,徐鉴孙。景泰五年(1454)第二人进士及第,授翰林编修。擢庶子,迁太常卿,兼学士,进礼部侍郎,改吏部,兼文渊阁大学士,预机务。拜吏部尚书,加少傅,兼太子太傅,寻进华盖殿大学士,加少师,兼太子太师。弘治十一年(1498)以目疾乞归,次年九月十一卒,年七十二,赠太师,谥文靖。溥性凝重有度,居内阁十二年,从容辅导,爱护人才,安静守成。曾与修《大明会典》一百八十卷。以奏议名,在翰林,居内阁,间与僚友倡和。《明史·艺文志》著录其《文集》七卷。现存嘉靖八年(1529)家刻《徐文靖公谦斋集》八卷;又有嘉靖三十三年家刻四卷本,称《徐文靖公谦斋文录》四卷。此两种刊本后世多有重刻,因有四卷、八卷两种,然皆称《谦斋文录》。《皇明诗统》卷一三录其诗三首。《石仓十二代诗选·明诗选》录其诗五十余首。《明诗综》卷二一录其诗一首,"诗话"云:"文靖诗不求工,然如'鸟迹平沙晚,花香小径春。但使客长醉,何妨酒屡赊',绰有风致。"《御选宋金元明四朝诗》录其诗一首。《四库全书》收《谦斋文录》四卷,《总目》"提要"云:"孝宗时朝廷清暇,海内小康,论者谓溥等襄赞之力为多。今集中奏议尚存,其指事陈言,委曲恳至,具见老成忧国之忱,与隆、万以后诃激取名,嚣争立党者,词气迥殊。盖有明盛时,士大夫风气如是也。至其他作,则颇多应俗之文,结体亦嫌平衍。盖当时台阁一派,皆以春容和雅相高,流波渐染,有莫知其然而然者。"《明诗纪事》乙签卷一九录其诗二首。《明文海》录其文《书岳鄂王庙记》一篇。生平见吴俨《徐公行状》(《国朝献征录》卷一四)、李东阳《徐公墓志铭》(《怀麓堂文后稿》卷二四)、廖道南《殿阁词林记》卷二、《明史》卷一八一。

徐源(? —1515) 字仲山,号椒园道人。南直苏州府长洲(今江苏苏州)人。成化元年(1465)举人,十一年进士,授工部主事。改兵部,历职方员外郎、武选郎中,简放广东参政,迁浙江右布政使,进湖广左布政使。弘治十四年(1501)擢右副都御史巡抚山东,致仕归。正德十年(1515)正月二十九日卒。卒后王鏊为其作墓志铭,称其"虽当官莅政,未尝一日去书不观。文章博雅,尤喜为诗,力去近世尖新之习。书有米家父子风"。所著有《瓜泾集》二卷,现存正德刊本,其弟南昌府经历徐澄汇集,其子苏州卫指挥同知徐窠编次,李东阳序,收诗二百二十四首,联句十三首,又各体文二十六篇,《千顷堂书目》著录其《瓜泾集》二卷当指此本。《千顷堂书目》另著录其《山东泉志》六卷。钱谷辑《吴都文粹续集》录其诗三首、文二篇。《明诗纪事》丙签卷七录其诗一首。生平见王鏊《徐公源墓志铭》(《王文恪公集》卷三〇)、《(乾隆)江南通志》卷一四〇。

徐缙(生卒年不详) 字子容,号崦西。南直苏州府吴县(今江苏苏州)人。弘治十八年(1505)进士,选翰林院庶吉士,授编修。历官至吏部侍郎兼翰林学士,卒赠礼部尚书,谥文敏。与李梦阳、何景明相友善,朝夕扬榷,有撰述,辄为嘉赏,梦阳卒后缙曾为之作墓表。《千顷堂书目》著录其《徐文敏公集》六卷,现存隆庆二年(1568)吴郡徐氏家刊本《徐文敏公集》五卷,皇甫汸序,内诗二卷,收诗二百八十七首,文三卷,收各体文五十六篇。《皇明诗统》卷二一录其诗一首。《明诗综》卷二八录其诗三首,"诗话"云:"文敏与献吉(李梦阳)、仲默(何景明)、昌谷(徐祯卿),俱深揽环结绶之好。诗虽平衍,较王锦夫(王尚䌹)、孟望之(孟洋)似胜。"《御选宋金元明四朝诗》录其诗二首。《明诗纪事》丁签卷一〇录其诗六首,按语云:"文敏五字诗,音节浏亮,颇近边华泉(边贡)。"《明文海》录其文二篇。生平见皇甫汸《徐文敏公祠碑》(《皇甫司勋集》卷四)、顾鼎臣《诰敕吏部右侍郎徐缙》(《顾文康公文草》卷首)、《(同治)苏州府志》卷八〇。

徐熥(1561—1599) 字惟和,曾三游武夷山,喜幔亭峰,因自号幔亭。福建福州府闽县(今福州)人。生于嘉靖四十年(1561)三月初三。万历十六年(1588)举人,后十年间三上春官不第,二十七年以病疟,十月初十客死于古田,年三十九。与弟𤊹并有诗名,被誉为万历间闽中诗坛巨擘。其乡人谢肇淛论及闽诗云:"吾郡中似当以徐惟和为冠,其才情声调,足伯仲高季迪(高启)。所微憾者,古体稍不及耳。"(《小草斋诗话》卷三)曾辑编《晋安风雅》十二卷,辑洪、永至万历朝闽地二百六十余人之诗。序谓"不论穷通显晦,皆因诗采拾",而尤推崇林鸿等明初诸人,故熥为诗亦奉三唐为圭臬。

诗文著述卒后万历二十九年由其弟燉辑刻为《幔亭集》二十卷，内诗十四卷、词一卷，有张献翼、屠隆、顾大典、邓原岳等序，今存。燉刻熥集尽心尽力，惟多弃其少作。清曾衍东《小豆棚》卷五引写荔枝故事的小说《十八娘外传》，谓作者为"幔亭羽客"，徐燉《榕荫新检》卷一五亦引此故事，题作《荔枝假梦》，谓出《幔亭集》，此篇当为徐熥所作。《列朝诗集》丁集录其诗八首。《明诗综》卷五五录其诗十九首，"诗话"云："惟和力以唐人为圭臬，七绝原本王江宁，声谐调畅，情至之语，诵之荡气回肠。"清沈德潜《明诗别裁集》录其诗十五首，云："惟和近体宗法唐人，在诗道冗杂时遇之，如沙砾中得简珠也。"《御选宋金元明四朝诗》录其诗十二首。《四库全书》所收《幔亭诗集》十五卷，仅其诗词也，《总目》"提要"云："(熥)赋才淹塞，肆力诗歌，大抵圭臬唐人，而不为割裂钉饾之学……明季诗道冗杂，如熥者亦可谓蝉蜕秽浊矣……《明史·文苑传》称闽中诗文，自林鸿、高棅后，阅百余年郑善夫继之。迨万历中年曹学佺、徐燉辈继起，谢肇淛、邓原岳和之，风雅复振，不及于熥，惟燉传中附见其名。然燉以博洽称，亦复工文，熥以词采著，亦未尝无学，二人固未易优劣也。"清郭柏苍《全闽明诗传》卷三二录其诗四十六首。

《明诗纪事》庚签卷三录其诗二十首，按语云："惟和才思婉丽，五言近体，取法唐人，工于发端，婉转关生，有一气不断之妙。惟和《自题小像》诗云：'五字吟成心独苦，不知身后得传无？'可谓甘苦自得之言。"近人赵尊岳《明词汇刊》辑录其词十七首为《幔亭词》一卷。《明文海》录其文《潘布衣传》等五篇。生平见抄本《荆山徐世谱·世系考》、《(万历)福州府志》卷六二、王兆云《皇明词林人物考》卷一二、《明史》卷二八六、清陈鸣鹤《徐熥传》(《东越文苑传》卷六)。

徐敷诏(生卒年不详)　号定庵。四川保宁府阆中人。嘉靖时举四川乡试，以屡试不第，乃绝意仕进，雅志著述，当道重之，扁其门曰"南州高士"，后祀乡贤祠。《千顷堂书目》著录其《定庵集》八卷，现存万历四十四年(1616)胡继升校刊本《徐定庵先生文集》二十一卷，王应麟、张惟任、胡继升、冯时可、虞于韶、张文运、张光缙序。内卷一赋二篇，卷二至卷一一收古近体诗六百四十首，卷一二至卷二一收各体文一百二十余篇，附《花朝阁乐府》一卷，收词九十一首。惟辟在四川，著述流传中原、吴楚绝少。生平见《(雍正)四川通志》卷　○上。

徐霖[1](生卒年不详)　字用济，号杯柏。江西抚州府金溪人。成化二年(1466)进士，授刑部主事。进员外郎,十八年外放嘉兴知府,致政归,屡荐不起。喜吟咏,尝与李东阳、张宁、邵宝等倡和。谢迁为其诗集作序,称其"以诗鸣一时,缙绅善鸣者,多与之游"。现存万历末其后裔徐时建等刻《怀柏先生诗集》十卷,首有成化十七年谢迁序、李东阳序及万历四十六年(1618)胡桂芳序。各卷分题《都门留别卷》《和章卷》《赠送卷》《感怀卷》《挽诗卷》《时景卷》《赋物卷》《揽胜卷》《赋景卷》,收诗凡五百六十一首。末徐时建跋云,因山楼失火,于灰烬中觅得诗稿一册,皆"为当日京邸诸缙绅赓和别词,并居恒赠答兴比之句",因以刊之。诸缙绅和送别之诗亦皆列入各卷。清沈季友《檇李诗系》卷三九录其诗五首。《江西诗征》卷五二录其诗十三首。生平见《(雍正)江西通志》卷八一。

徐霖[2](1462—1538)　字子仁、子元,号髯仙、髯翁、九峰道人、快园叟。原籍苏州,徙居金陵,因为南直应天府江宁(今江苏南京)人。年十四补弟子员,倜傥不羁,坐事削籍,遂不复科考。能绘画书法,真、草、隶、篆并擅,名播海外,日本、朝鲜、安南客尝以重价购之,今仍有传世品。又能自度曲,尤善制小令。棋酒之暇,命伶童侍女,被其新声,都人竞传而歌之。年未三十,名满人耳,与陈铎齐名,称曲坛祭酒,又与谢少南并称为"江东二才子"。曾以书画所得辟快园于金陵城东,广数十亩,其中台池馆阁甚盛,委曲幽致,卉木四时不绝。正德十四年(1519)南游,曾召其至行在临清,以词曲供奉,后又"夜过其家,从容欢宴,四更乃罢"(谈迁《枣林杂俎》),以天子幸布衣家而成后人谈资。后陪銮回京,侍御年余,固辞教坊司官,于武宗驾崩前放归。卒于嘉靖十七年(1538)七月,年七十七。霖一生书画琴棋悠然数十年,交游甚广,少从沈周游,与文征明、祝允明等书画家多有交往,又与当时著名文人顾璘、陈沂等诗酒酬唱。《千顷堂书目》著录其《丽藻堂文集》又《徐子仁诗集》四卷(注"又有《端居咏》《远游纪》《北行稿》《皖游录》《古杭清游录》")、《快园诗文汇选》,未见存。其散曲亦多未存,陈所闻《北宫词纪》录其小令三首,郭勋《雍熙乐府》存其与陈铎联句一套,又陈所闻《南宫词纪》录其[山坡羊·闲情]两首(陈继儒《乐府先春》等署文征明作)。《南北词广韵选》曾征引其戏曲作品《柳仙记》残存曲文数套。周晖《金陵琐事》谓其曾有"戏文《绣襦》《三元》《梅花》《留鞋》《枕中》《种瓜》《两团圆》各种行于世"。其中仅《绣襦记》传,现存明万历以后刊本多种,演唐白行简小说《李娃传》故事(《全唐五代小说》卷二三)。然徐作《绣襦记》无他证，又有《绣襦记》为郑若庸或薛近兖作之说法，亦未确，《留青日札》《金陵琐事》已有其剧演于场上之记载，所记事早于二人年代。或《绣襦记》本为民间佚名戏文，徐为改编上演者。《绣襦记》明代一直盛演，并影响于后世昆曲折子戏。亦能诗，《皇明风雅》卷三一录其诗三首。《石仓十二代诗选·明诗选》录其诗二十六首。《列朝诗集》丙集录其诗七首。《明诗综》卷三八录其诗二首。《御选宋金元明四朝诗》录其诗五首。《金陵诗征》卷一九录其诗四首。《明诗纪事》丁签卷一二录其诗二首。生平见顾璘《隐君徐子仁霖墓志铭》《国朝献征录》卷一一五）、王兆云《皇明词林人物考》卷一一。

徐懋曙（1600—？） 字复生，号映薇，自署朴斋主人。南直常州府宜兴（今常州）人。生于万历二十八年（1600）七月十一。崇祯三年（1630）中举，四年进士，授工部都水司主事。进员外郎，七年简放黄州知府，旋调吉安，十三年谪福建盐运分司，守困关，十七年再迁宁波知府。明亡后归里，未仕新朝。以性晓音律，因蓄女伎数人，演剧顾曲，与友人倡和，聊以为乐。约卒于清康熙初，年未及七十。所著崇祯时曾刻为《且朴斋初稿》《南游草》，入清后又曾刻《蛮吟草》，后辑刻为《且朴斋全稿》），顺治十七年（1660）吴伟业曾为其《且朴斋全稿》作序，有谓"映薇之诗可以史，可以谓之史外传心之史矣"。其诗如《甲申乙酉间事》十九首等，多记明清易代之朝野景象及遗民心绪，颇符此评。道光二十五年（1845）间再次镌板印行，毁于太平天国时，子孙复于光绪二十五年（1899）重刊，名《且朴斋诗稿》，不分卷，收诗二百余首，而旧刊诸序俱存。生平见《（嘉庆）增修宜兴县旧志》卷八。

徐霞客（1587—1641） 名弘祖，字振之，号霞客，以号名于世。南直常州府江阴（今属江苏）人。生于万历十四年十二月二十七（1587 年 1 月 5 日）。年十五曾应童子试，未中，遂绝科考。幼好读奇书，博览舆地、图经等，立问奇于名山大川之志。万历三十五年出游，三十年间数次往返，外出多，居家少，明两京十三布政司之地，仅四川未到。其游多历艰苦，三遇盗，四绝粮，尤喜探险于人迹不到之深山险地，至崇祯十三年（1640）身罹重病，为云南丽江知府送归。回乡后第二年正月二十七逝于家，年五十五。所著《徐霞客游记》按日记述其万历四十一年至崇祯十二年（1639）间游历南北，特别是西南滇、黔、桂等当时称为"百蛮荒徼之区"行迹。"记文排日编次，直叙情景，未尝刻画为文，而天趣旁流,自然奇警。山川条理,胪列目前;土俗人情,关梁厄塞,时时著见。向来山经地质之误,厘正无遗。奇踪异闻,应接不暇,然未有怪迂侈大之语,欺人所不知。"(清潘耒《徐霞客游记序》)后《四库全书》收录《徐霞客游记》十二卷,《总目》"提要"论之曰:"自古名山大泽,秩祀所先,但以表望封圻,未闻品题名胜。逮典午而后,游迹始盛。六朝文士,无不托兴登临。史册所载,若谢灵运《居名山志》《游名山志》之类,撰述日繁。然未有累牍连篇,都为一集者。弘祖耽奇嗜僻,刻意远游,既锐于搜寻,尤工于摹写,游记之夥,遂莫过于斯编。虽足迹所经,排日纪载,未尝有意为文,然以耳目所亲,见闻较确。且黔滇荒远,舆志多疏,此书于山川脉络,剖析详明,尤为有资考证。是亦山经之别乘,舆记之外篇矣。存兹一体,于地理之学未尝无补也。"《徐霞客游记》虽以纪实为骨,然写景抒情,颇富文采,故其虽为地理著作,亦为游记文学之杰构。清钱谦益为徐霞客作传,称《徐霞客游记》为"古今游记之最",非虚也。卒时其书未能编辑定稿,后手稿散佚,始以抄本传。现存明末清初季梦良抄本,清康熙四十九年(1710)杨名时抄本等,相互有较大差异。清乾隆四十一年(1776)徐霞客族孙徐镇据杨名时、陈泓抄本辑刻为《徐霞客游记》十卷,后《四库全书》本、清嘉庆十三年(1808)刊本、咸丰二年(1852)刊本及近世以来各种标点本、整理本、校释本,多以其为底本。《游记》之外,其诗文著述多散佚,有《溯江纪源》(一名《江源考》)存于《江阴县志》,又存手迹《山中逸趣序》一篇。近人顾季慈《江上诗钞》卷四九录其佚诗三十四首。生平见吴国华《徐霞客生圹志铭》、陈涵辉《徐霞客墓志铭》、清《徐霞客传》(近人刊丁文江辑《徐霞客游记》卷二○)。丁文江有《徐霞客年谱》(丁文江辑《徐霞客游记》卷首)。

徐爌(生卒年不详)　字文华,号岩泉。南直苏州府太仓(今属江苏)人。嘉靖二十二年(1543)举人,三十二年进士,授长沙府推官,以父忧归。服阕,补武昌,征为四川道监察御史,改山西,巡视两淮盐课。历江西按察副使,迁山西行太仆寺卿。隆庆四年(1570)致仕归里,家居好神仙,卒年七十一。其巡视两淮盐课,曾刊《淮海观风录》,有嘉靖四十二年江都知县赵讷序;四十五年又曾刊诗集《豫台新刻》,有李安序;隆庆四年致仕,自晋归吴,道途三十二日,日有纪,为诗系之,因成《南还日记》,倩王世贞序。卒后其婿朱世昌及其子徐遵礼搜其诗文遗稿,并合以上三集,辑编为《徐氏残编》四卷,诗文混编,三序亦皆收入,刊于万历十四年(1586)。卷末朱世昌跋,谓爌所作所存仅十一,是集"章疏伤悼时事者不入,论学别著者不录"。所著另有嘉靖刊本《四书初问讲意》八卷及明刊本《古太极测》一卷。清徐达源《禊湖诗拾》卷二录其诗七首。

徐缙(1491—1576)　初名陵,字少卿,改名后更字绍卿。南直苏州府吴县(今江苏苏州)人,徐缙弟。祖德辉,巨富,父天常以轻财损家。父卒,母蔡氏携其依舅氏林屋山人蔡羽。少受学于蔡羽,长与黄省曾兄弟善。为诸生,数赴乡试不举,遂弃去,时从少年狎游,尽废其产。曾游南京,遍览形胜,召秦淮歌伎,命酒剧饮,援笔赋诗,高歌长啸。晚年食贫丧子,仅一女寡居,逾年一入城市,寄食浮屠舍,萧然如旅人。卒于万历四年(1576),年八十六。曾与修《(隆庆)长洲志》十四卷,今存。《千顷堂书目》著录其《在笥集》十卷,存万历间刊本,为皇甫汸等酴金刻。首皇甫汸《徐隐君诗集序》,又刘凤序,内收古近体诗五百二十余首。《皇明风雅》卷四〇、《皇明诗统》卷一二录其诗一首。《列朝诗集》丁集录其诗三十九首,"小传"云:"绍卿少为诗,与二黄(黄鲁曾、黄省曾)及皇甫子安(皇甫涍)互相摩切,晚而称同调者,则子循(皇甫汸)与二黄之子河水、姬水也。河水称其诗贵华彩,尚标致,经营用思,

愈老愈深,吟讽再三,真赏自得。子循为酴金刻其集,序而传之。"《明诗评选》录诗六首。《明诗综》卷三八录诗三首,"诗话"云:"绍卿学诗于蔡孔目(蔡羽),而标格矜爽,所谓弟子不必不如师。"《御选宋金元明四朝诗》录诗十八首。《明诗纪事》戊签卷二二录诗六首。生平见《(乾隆)江南通志》卷一六五。

殷士儋(1522—1582)　字正甫,号棠川。山东济南府历城(今济南)人。嘉靖十九年(1540)举人,明年以丁父忧未上公车,二十六年中进士,选翰林院庶吉士,授检讨。三十六年以母疾请归,次年母丧守制。四十一年服阕,任裕王朱载垕讲官,历官右赞善、洗马。朱载垕登基,隆庆元年(1567)晋侍读学士,掌翰林院事,进礼部右侍郎,未几改吏部。明年春,拜礼部尚书,掌詹事府事。四年十一月,以本官兼文渊阁大学士入内阁,明年奉旨封俺答,事成,进少保,改武英殿大学士,高拱专政,屡加排挤,遂于五年十一月逊避以归。归里筑庐泺水之滨,以经史自娱。家居十一年,万历十年(1582)六月初八卒,年六十一,赠太保,谥文通,后改谥文庄,学者称棠川先生。性宽和,小李攀龙八岁,未第时曾同学《毛诗》于张潭数年,后终生为挚交,《沧溟集》中酬赠士儋之作多达二十余篇,攀龙殁后,士儋

为其作墓志。又与许邦才、李开先等相交莫逆。能诗文，与李先芳、王世贞等同科进士，入李攀龙、吴维岳、王宗沐之刑部诗社，共相倡和。其为文赋不逐时格，诗则雅丽沉雄，虽属李攀龙复古一派，亦多有不类攀龙之处。《明史·艺文志》著录其《金舆山房稿》十四卷，卒后门人于慎行等辑，现存万历十七年刊本，首二卷收乐章、颂、诗等二百余首，后文十一卷、讲义一卷，有王家屏、汪道昆、于慎行等序。又有万历六年刊本《明农轩乐府》一卷，收散曲套数十四套。著述另有隆庆元年(1567)刊本《经史直解》六卷，隆庆四年刊本《监惩录前编》一卷、《后编》一卷、《附编》一卷。《皇明诗统》卷二五录其诗十二首。《明诗综》卷四三录其诗三首。《四库全书总目》著录《金舆山房稿》十四卷，"提要"云："士儋与李攀龙游。今观其诗文，盖直以乡曲之谊相周旋耳，其投契不在文章也。"清宋弼《山左明诗钞》卷一五录其诗九首。清李衍孙《武定明诗钞》卷二录其诗九首。《明诗纪事》己签卷九录其诗二首。《明文海》录其文一篇。生平见于慎行《殷公行状》(《谷城山馆文集》卷二八)、王兆云《皇明词林人物考》卷一二、《明史》卷一九三。

殷云霄(1480—1516) 字近夫，号石川。山东兖州府寿张(今阳谷)人。弘治十四年(1501)领乡荐，十八年进士，明年以疾归，卜居石川，作蓄艾堂，聚书以读。正德六年(1511)病愈赴京，授靖江知县，八年改青田，十年擢南工科给事中，十一年七月初七卒于官，年三十七。雅志诗文，卒后崔铣所作《墓志》称其："体赢而骨健，读书数行下。作蓄艾堂，聚书数千卷，思欲以作者自名，以诗者抒情表志、风人于善，自汉魏至唐作者，皆辨其音节而拟之。"(《洹词》卷三)《千顷堂书目》著录其《石川明道录》二卷、《石川集》五卷又《遗集》二卷。现存嘉靖十年(1531)胡用信刻《石川瀛洲遗集》一卷、《文稿》一卷、《芝田遗集》一卷、《芝田稿文》一卷、附《金陵稿》一卷，前两卷为其官靖江时所作，后两卷为其官青田时所作；又一嘉靖刊本为《石川集》五卷、《遗稿》一卷、《奏疏》一卷、《明道录》二卷、附录一卷；又有嘉靖二十八年关中张光孝编刊《石川集》八卷，内《明道录》二卷，《石川瀛洲遗集》《石川文稿》《石川奏疏》《石川芝田遗集》《石川芝田稿文》《石川金陵稿》各一卷，张光孝序；又有明抄本《殷给事集选》三卷，诗二卷、序记传一卷。《盛明百家诗》前编录其诗五十余首为《殷石川集》。顾起纶《国雅》卷六录诗六首。《皇明诗统》卷二〇录其诗六首。《石仓十二代诗选·明诗选》录其诗四十二首。《列朝诗集》丙集录其诗八首，"小传"云："平生方峭克约，与孙太初（孙一元）、郑继之（郑善夫）为友，所以登山临水，不以吏事废啸咏，亦不羁之士也。"《明诗评选》录其诗一首。《明诗综》卷二八录其诗七首，"诗话"云："近夫如传写手，欲开生面而神采未工，然风格自存，终不作铺眉苦眼求似。"清沈德潜《明诗别裁集》录其诗一首。《御选宋金元明四朝诗》录其诗十二首。《四库全书总目》据嘉靖十年本著录《石川集》四卷附集一卷，"提要"云："史称云霄尝作蓄艾堂，聚书数千卷，以作者自命，多与孙一元倡和，诗派亦与相近，然大抵才情富赡而骨格未坚。"清宋弼《山左明诗钞》卷五录其诗四十三首。《明诗纪事》丁签卷一〇录其诗十五首，按语云："近夫好古振奇，豪情健句，杂沓而来。古诗稍落痕迹，七律学杜拾遗，不失为陈正字也。"《明文海》录其文一篇。生平见崔铣《殷君云霄墓志铭》（《洹词》卷三）、王兆云《皇明词林人物考》卷五、《明史》卷二八六。

殷迈（1512—1581）　字时训，号秋溟，一号白野。南直应天府江宁（今江苏南京）人，南京留守卫籍。生于正德七年（1512）八月初十。嘉靖十年（1531）举于乡，二十年进士，除户部主事。历郎中，外放江西参议，进贵州提学副使，乞致仕。穆宗即位，改浙江，迁江西参政，历四川布政使，迁南太仆寺卿，改太常寺卿。万历初进礼部侍郎，兼理南国子祭酒事，以疾乞休。卒于万历九年（1581）五月，年七十。《千顷堂书目》著录其《惩忿窒欲编》一卷又《闲云馆野语》一卷又《逍遥馆测言》一卷，未见传。《列朝诗集》闰集录其诗二十首，"小传"记云："性尚玄泊，淡默寡交。少求格致之义，不得其说，参证内典，澄思静照，久之忽有省，自此皈心佛学，栖息天界寺。灰心缚禅，精持戒律，虽老禅和不能及也。"《御选宋金元明四朝诗》录其诗四首。《金陵诗征》卷二一录其诗一首。《明诗纪事》戊签卷二一录其诗一首。生平见《殷公行状》（《余学士文集》卷二九）、陆树声《白野殷公迈墓志铭》（《陆文定公集》卷六）。

殷奎（1331—1376）　字孝章，一字孝伯，号强斋。昆山（今属江苏）人。元季从杨维桢受《春秋》，勤于著述。至正十九年（1359）以荐为儒学训导。入明，洪武四年（1371）举教谕，应试中高第，求便地不允，除咸阳教谕。之官时，王彝、高启、秦约、袁华各赠以诗文。洪武九年闰九月二十六卒于官舍，年四十六，门人私谥文懿先生。王鏊《姑苏志》记云："殷奎文章精审有法，尤深于性理，勤于纂述，所著有《道学统绪图》《家祭仪》《昆山志》《咸阳志》《关中名胜集》《陕西图经》《娄曲丛稿》《支离稿》《渭城寐语》等。”《千顷堂书目》著录其《强斋文集》十卷又《娄曲丛稿》又《支离集》又《渭城寤语》。别集《殷强斋先生文集》十卷，为其门人余熂所辑，原刊于洪武十五年(1382)，现存正统十三年(1448)王叔政刊本，文六卷、诗三卷，卷一〇为附录，收诸人所作行实、墓志及友人所赠诗文，卷首有洪武十五年昆山县儒学训导钱塘陈潜夫序、余熂《书强斋先生文集后》。顾起纶《续国雅》卷一录其诗一首。周复俊编《玉峰诗纂》卷二录其诗七首。《列朝诗集》甲集录其诗二十七首。《明诗综》卷一四录其诗一首。《御选宋金元明四朝诗》录其诗八首。《四库全书》收《强斋集》十卷，《总目》“提要”云：“元明之间，承先儒笃实之余风，乘开国浑朴之初运，宋末江湖积习，门户流波，湔除已尽。故发为文章，虽不以华美为工，而训词尔雅，亦颇有经籍之光。如奎等在当时不以词翰名，而行矩言规，学有根柢，要不失为儒者之言。视后来雕章缋句，乃有径庭之别矣。”《海虞文征》卷三录其序文一篇。《娄水文征》卷八录其文十二篇。《明诗纪事》甲签卷二五录其诗五首。生平见卢熊《文懿公行状》(《强斋集》卷一〇)、袁华《殷公墓志铭》(《强斋集》卷一〇)、张昶《吴中人物志》卷六、方鹏《昆山人物志》卷二、王兆云《皇明词林人物考》卷三。

殷都(1531—1601)　字无美，一字开美，号斗墟子。南直苏州府嘉定(今属上海)人。万历元年(1573)举人，十一年进士，名列二甲，以年长不得入馆，明年除夷陵知州。十七年入为兵部职方司员外郎，迁郎中，调南刑部，以耿介不入俗，京察去官。二十九年卒于家，年七十一。长于古文，家贫，曾售文自给。与王世贞交善，世贞《艺苑卮言》有云“云间莫云卿(莫是龙)、练川殷无美，词翰清丽，时时命驾吾庐”，文字往来尤多。后世贞又将殷都与皇甫汸、莫如忠、许邦才、周天球、沈明臣等列为“四十子”(《弇州四部稿续稿》卷三)。志书载其有《殷无美诗集》八卷、《殷无美文集》八卷，现仅存明抄本《尔雅斋文集》不分卷。顾起纶《国雅》卷一八录其诗五首。《明诗综》卷五四录其诗《离賨园》，“诗话”云：“无美籍甚诗名，而遗集罕传。《离賨园》一篇，为王元美(王世贞)作也，园在州治鹦哥桥东。”清王辅铭《明练音续集》卷四录其诗十首。《明诗纪事》庚签卷一四上录其诗一首，按语云：“无美晚达……诗有豪气，惜集不传。”又能散曲，陈所闻《南宫词纪》辑其小令《闺思》一首。又，天启元年(1621)闵氏刻三色套印本《兵垣四编》收其《日本考略》一卷。生平见唐时升《殷公墓志铭》(《三易集》卷一七)、王道通《殷无美传》(《简平子集补遗》)、《(乾隆)江南通志》卷一四五。

翁万达(1498—1552) 字仁夫,号东涯。广东潮州府揭阳人。生于弘治十一年(1498)六月二十八。嘉靖四年(1525)领乡荐,五年进士,授户部主事。历员外郎、郎中,十二年简放梧州知府,十八年升广西按察副使,迁浙江参政,改广西,再迁四川按察使。二十三年改陕西右布政使,次年加右副都御史衔巡抚陕西,年底拜兵部右侍郎总督宣府、大同、山西、保定军务,再以左副都御史升兵部尚书。坐事降兵部侍郎,兼右金都御史,经略紫荆关,寻斥为民。回乡途中于福建上杭背疽发作而逝,时为嘉靖三十一年十一月十五,年五十五,隆庆元年(1567)追谥襄敏,赠太子少保。为人刚介,勇于任事。平生好谈性理之学,早以文学知名,后则多涉兵机。《明史·艺文志》著录其《平交纪事》十卷、《宣大山西诸边图》一卷。《千顷堂书目》另著录其《东涯集》十七卷、《恩德堂集》二卷。现存嘉靖三十四年朱睦㮮刊本《翁东涯集》十七卷,收其奏疏及记叙论说之文,是集又有1938年石印本;又有《思德堂诗集》二卷,收诗一百八十余首,为其子翁思左所辑,现存清道光间后刊本。《明文海》录其文七篇。清屈大均《广东文选》卷一五录其文一篇。清冯奉初《潮州耆旧集》收其《翁襄敏东涯集》五卷,文一百二十篇。近人翁辉东《潮州文概》卷二录其文五篇。清梁善长《广东诗粹》卷四录其诗一首。《明诗纪事》戊签卷一六录其诗三首,按语谓其"以武功著,不以诗名,而横槊之余,自饶豪气"。近人翁辉东录其诗五十余首,刊为《稽愆诗》一卷。生平见邹守愚《翁公行状》《国朝献征录》卷三九)、欧大任《大司马翁公传》(《欧阳南野文集》卷二七)、《明史》卷一九八。

翁吉燧(? —1644) 字裴郎。福建泉州府永春人。诸生,入复社,以贡任琼山府临高县学训导,崇祯十七年(1644),黎民暴动,攻入县城,全家被杀。著述现存崇祯六年序刊《石佛洞榷怅小品》十六卷。是集题为"小品",实则诗文词曲及种种杂著兼收,故卷首杨期演序将其比之陈继儒《品外录》,谓其"无体不有,无汇不备,片语尺幅,光艳夺目,不能遽辩"。其卷一赋、骚;卷二至卷一〇收各体文,名目繁多,内尚有论诗、论文之作;卷一一古乐府;卷一二至卷一五收古近体诗;卷一六收词十七首,又有散曲套数五,前两套《七夕》《怀人》称"词余",后三套《江舟赋别》《幽澜说法》《五更情梦》又称"魔凡三弄"。卷首有刘整世序，与杨期演均自称"社弟"，署田居中选、田景和评，皆为其乡人也。生平见《（康熙）永春县志》卷八。

翁孺安（？—1627）　字静和，号素兰。南直苏州府常熟（今属江苏）人。太常少卿翁宪祥女。知书，能诗画，解音律，形貌姣好。嫁同邑诸生顾象泰为妻，人以为非匹，致多有风流放诞之传闻，其自作诗亦有"从古贞风奚足媲，尽多皓白污泥沙"之叹。天启七年（1627）九月为人所杀，亦引发各种传闻。所著《素兰集》二卷，有清抄本，又有清光绪三十三年（1907）排印本，卷上收诗六十一首，卷下收诗七十六首，附词三首，卷前有计隆序、佚名《翁孺安传》，卷后有佚名跋，跋后有补遗诗二十三首。沈宜修辑《伊人思》录其诗四首。《列朝诗集》闰集有"女郎羽素兰"条，录诗九首，内《落花》七首，另二首为《寄远》《招魂》。"小传"云："素兰名孺，字静和，不详其邑里，或曰吴人也。出自兰锜，归于戚施。风流放诞，卒以杀身。或曰素兰解音律，推律得羽声，遂自命为羽氏。能书善画兰，明窗棐几，莳兰种蒲，读书咏歌，故以素兰自号。明月在天，人定街寂，令女侍为胡奴装，跨骏骑游行至夜分。春秋佳日，扁舟自放，吴越山川，游迹殆遍。天启七年九月中，夜漏三下，不知何人磔杀之。狱具，卒不得主名。素兰既嫁，不得意，为《沤子》十六篇以见志。遗诗二卷，好事者序而刻之……以事出虞山，故附著于此。"《明诗综》卷九八录"羽孺"诗《柳》一首，传其人曰："孺字素兰，一字静和。常熟人，生不识姓，善音律，推律得羽声，遂以为氏，后为人所杀，有诗集。"两者所记实皆为翁孺安之传闻。《明词综》卷一一录其词一首。清徐树敏等《众香词》礼集录其词三首。生平见冯舒《虞山妖乱志》卷上、《素兰集》卷首佚名《翁孺安传》。

［丶］

凌义渠（1593—1644）　字骏甫，号柯。浙江湖州府乌程（今湖州）人。少与同郡温璜受知于邑令马思理，以制义知名，为世所传。天启四年（1624）举人，明年进士，除行人。迁礼科给事中，历兵科都给事中，简放福建右参政。历湖广按察使、山东右布政使，晋南光禄寺卿。崇祯十六年（1643）入为大理寺卿，十七年京师陷，自经死，年五十二。福王时，赠刑部尚书，谥忠清。崇祯时曾刻《奏牍》八卷，今存。又曾与其舅氏闵元京收罗类书异事，合辑《湘烟录》十六卷，《四库全书总目》著录。其临难，悉取平生撰述焚之，后其友徐汧及门人姜垓辑其所遗诗文为《凌忠清公集》六卷，内诗四卷，收诗四百首，文二卷，收各体文四十余篇,不载奏疏,有清初刊本,《明史·艺文志》著录。《四库全书》收录是集,改题《凌忠介集》,《总目》"提要"谓其"于文章不甚留意",以为人清操直节,故其文"刚毅自立之象,凛然犹可概见"。陈济生《天启崇祯两朝遗诗》卷三录其诗二十九首。《明诗综》卷七二录其诗一首。清陆心源《吴兴诗存》四集卷一四录其诗十二首。《明诗纪事》辛签卷三录其诗四首。生平见陈济生《天启崇祯两朝遗诗·小传》、清陈鼎《东林列传》卷九、清邹漪《启祯野乘》卷一一、《明史》卷二六五。

凌云翰(1323—1388)　字彦翀,号柘轩。钱塘(今浙江杭州)人。元至正十九年(1359)举浙江乡试,以路阻未入京,行省授兰亭书院山长,不赴,教授于常熟。兵乱,退居湖州默林村,自称避俗翁。明洪武初,以荐授杭州府学训导。十四年(1381)升成都府学教授,坐贡举乏人,谪南荒。卒于洪武二十一年,年六十六,归葬西湖。云翰家本素封,富藏书,游程以文之门,博通经史,能书画词章,多与名士交,元末明初驰名于东南,《西湖游览志余》数载其事。曾作咏梅词[霜天晓角]一百首、咏柳词[柳梢青]一百首,称"梅柳争春",时人赞以韵调俱美。为瞿佑大父行,而与佑友善,称佑为"小友",佑《归田诗话》谓其"兼工诸作,不以一

善成名"。永乐间其孙辑其诗文编为《柘轩集》,未刊,仅以抄本传。《千顷堂书目》著录《柘轩集》三卷,现存清初抄本《柘轩集》五卷,诗三卷文一卷词一卷,有宣德元年(1426)夏五月王羽原序及永乐二十年(1422)里人夏节《行述》。《四库全书》据抄本收录《柘轩集》四卷。《皇明诗统》卷五录其诗一首。《列朝诗集》乙集录其诗二首。《明诗综》卷一四录其诗二十首,"诗话"谓其诗"华而不靡,驰骋而不离乎轨","五言如《陪祭作》,七言如《鬼猎图》,才情奔放,不可羁靮,直可搴郁离(刘基)之旗,摩青丘(高启)之垒"。《明诗纪事》甲签卷二八录其诗九首。清沈辰垣《御选历代诗余》、《词综》录其词一首。近人朱孝臧《强村丛书》录其词称《柘轩词》。生平见夏节《钱塘凌先生行述》(《柘轩集》卷首)、瞿佑《归田诗话》、徐象梅《两浙名贤录》卷四七《文苑》。

凌立(?—1578)　字子仲,号双桥。浙江杭州府钱塘(今杭州)人。少孤,事母以孝闻。嘉靖十六年(1537)举人,三十二年进士,历官刑部郎、邵武知府。万历六年(1578)卒。所著现存清乾隆三十五年(1770)凌尔铨抄本《碧筠馆诗稿》四卷补遗一卷附录一卷,内卷一题《初服集》,注"癸丑(嘉靖三十二年)以前作",收诗四十六首、词一首;卷

二题《奉使集》,收诗九首,又《署中集》(注"甲寅以下刑部作"),收诗二十九首;卷三《告中集》(注"戊午以下养疴作"),收诗十九首,又《阙下集》(注"壬戌复补比部作"),收诗八首;卷四《郡中集》,收诗二十六首;补遗一卷,收诗十五首;附录一卷,收凌立长子凌登名、次子凌登瀛、三子凌登第诗计二十余首。生平见《(康熙)钱塘县志》卷二三、《(雍正)浙江通志》卷一八三。

凌录(?—1656)　字水木,一字木道。南直扬州府通州(今江苏南通)人。明末诸生,卒于清顺治十三年(1656)。能诗文,《(康熙)通州志》著录其《冰雪携集》《竹灰集》《愁课集》及《古文选》,未见传。清杨廷《五山耆旧集》卷一九录其诗六十二首,《一经堂诗话》记云:"水木遭世险巇,没身坎壈,困窘诟辱,胸臆郁郁不得吐,尽发之于诗。其自序云:'奔林之猿声愈蹙,经霜之叶响愈凄。'又云:'性多感慨,不能自同木石,支离荒忽,莫识所之。喜不同期笑而笑,怒不期詈而詈,幽绪无端,弗可强己。'读其全集,大旨专主性灵,有'竟陵'之清机,而不堕其魔障。"清王藻《崇川列朝诗选汇存》卷四〇录其诗十首。《明诗纪事》辛签卷二九录其诗八首,按语云:"水木诗,幽咽似寒蛩,令人留听。"生平见《(光绪)通州直隶州志》卷一三《文苑》。

凌湛初(1550—1574)　字玄旻,号洞湖。浙江湖州府乌程(今湖州)人,凌濛初长兄。少习举子业,由诸生入太学,然厌时文之束缚,嗜古文辞,因多与王世贞、黄姬水、皇甫汸等文士游。年弱冠,文名渐起而罹沉疴,不能出游,多以书信与众人赠答。卒于万历二年(1574),年二十五。所著有《申椒馆敝帚集》,分四卷、五卷两种。四卷本卷一收所作诗(一百零二首)、铭、箴、赞,卷二收序、传、记、说、言,卷三收志、略、祭文,卷四收书牍。五卷本增卷五,所收仍为书牍。卷首有皇甫汸、陈鎏、陆光祖、何良俊、黄姬水、文嘉、沈仕、王穉登、释方泽等序。盖前四卷刊于其生前,卷五为增刻也。又有《薄蹄书》四卷、《申椒馆选大家琼靡》一卷,前者亦皆为致各地文士书信,后者所收则为各地文士致湛初之书信,内黄姬水、文嘉各十一篇为最多。生平见王世贞《凌玄旻墓志铭》(《弇州四部稿续稿》卷九二)、王兆云《皇明词林人物考》卷一二及清嘉庆刊光绪重修《凌氏宗谱》。

凌震(1471—1535)　字时东,号练溪。浙江湖州府乌程(今湖州)人。生于成化七年(1471)三月初七。科场不利,正德间以岁贡授黔阳县学训导,提督宝山书院,以老告归。能诗文,与刘麟、孙一元为友,多以诗倡和。嘉靖十四年(1535)二月二十七卒,年六十五。《千顷堂书目》著录其《练溪集》四卷又《凤笙阁简抄》,现存嘉靖三十年凌约言刊本《练溪集》四卷,诗文各二卷,收诗三百三十余首,各体文六十余篇,有戚贤、胡松、凌约言序。《明诗综》卷三八录其诗二首。《御选宋金元明四朝诗》录其诗一首。清陆心源《吴兴诗存》四集卷六录其诗二十一首。生平见刘麟《黔阳县学训导凌公震墓志铭》(《国朝献征录》卷八九)、王兆云《皇明词林人物考》卷六。

凌儒(生卒年不详)　字真卿,号海楼。南直扬州府泰州(今属江苏)人。嘉靖三十二年(1553)进士,知永丰县。擢御史,以请恤逐臣,忤上意,廷杖除名。隆庆初复官,掌河南道,迁右金都御史,吏部追论其知永丰时贪墨,遂落职闲住。曾力请当道开丁溪、白驹港,民享其利。卒年八十余。著述有《旧业堂集》十卷,天启四年(1624)凌似祖刊本,又有清凌重光重修本。内五卷为诗,收诗一千余首,多写闲适;后卷六收疏八篇,卷七收序二十二、记五篇,卷八、卷九收书简九十五篇,卷一〇收贺、祭之文二十余篇。清夏荃《海陵文征》卷八、卷九录其文二十八篇。生平见《(乾隆)江南通志》卷一四四、《明史》卷二〇七。

凌濛初(1580—1644)　亦名凌波,字玄房,又字波厈,号初成,别署即空观主人。浙江湖州府乌程(今湖州)人。父凌迪知,进士,官常州府同知,编刊有《文林绮绣》等;叔凌遇知,编刊有《五车韵瑞》等书。濛初万历八年(1580)五月初七生,年十二游泮宫,十九补廪膳生。万历二十八年父卒,三十年结交冯梦祯,次年与冯游吴,三十七年起寓居南京珍珠桥。屡试不举而四中副车,沮而作《绝交举子书》《戴山诗》《戴山记》,然终未弃仕途之念。天启三年(1623)、崇祯七年(1634)曾两次入京谒选,崇祯十二年始以副贡授上海县丞,时年六十。署令事八月,又署海防。十五年擢徐州通判,分署房村治河。时逢世乱,有陈小乙自称萧王,据丰城,又有扫地王出入山东及萧、砀一带。淮徐兵备道何腾蛟召濛初入幕,因献"剿寇十策",召降陈小乙、扫地王等,以功授监军金事,仍居房村。十七年五月初七,房村为农民武装围困,带病率众守城,十二日呕血死,年六十五。为官前蹭蹬科场二十余年,期间承其家著书刻书之业,凌氏书坊所刻彩色套印图书负盛名于当时。早年曾潜心于《诗经》,著有《圣门传诗嫡冢》十六卷附录一卷,《孔门两弟子言诗翼》六卷,《诗逆》六卷(均存明刊本)及《诗经人物考》等,然误信伪托子贡之《诗传》及申培《诗说》,终未得深入堂奥。同时用心史学,撰《后汉书纂评》《十六国春秋删正》《左传合鲭》《倪思史汉异同补评》《战国策概》四卷等。又热心于诗文选评，编选过《合评选诗》七卷、《东坡禅喜集》十四卷、《山谷禅喜集》十六卷、《陶韦合集》十八卷、《分校世说新语鼓吹》等。诗文创作有《国门集》《国门乙集》各一卷见于著录，"二集并于诗末附杂文数篇，盖屡踬场屋之时，故颇多抑郁无聊之作云"（《四库全书总目》），今已不传，仅《（崇祯）乌程县志》卷一二存其《游杼山赋》。以精于曲学称，编元明南曲选为《南音三籁》（有崇祯刊本），卷首刻其曲论《谭曲杂札》五万余言。论曲强调本色、自然、真率。散曲存套数三套，见于冯梦龙《太霞新奏》、张琦等《吴骚合编》。祁彪佳《远山堂剧品》著录其杂剧七种：《蓦忽姻缘（北四折）》《莽择配（北四折）》《颠倒姻缘（北四折）》《穴地报仇（北四折）》《正本扶余国（北四折）》《祢正平（北一折）》《刘伯伦（北一折）》。现存明刻套印本《识英雄红拂莽择配》（《北红佛》）、崇祯刻《盛明杂剧》本《虬髯翁》（即《正本扶余国》）二种。其《北红佛》《虬髯翁》及《蓦忽因缘》（《李卫公》）合称"红拂三传"，演唐人裴铏小说《虬须客传》风尘三侠故事（《全唐五代小说》卷六四）。《远山堂剧品》列《蓦忽因缘》《莽择配》入"妙品"，又列《虬髯翁》入"雅品"。

所传杂剧剧本本色、质朴，笔墨慷慨雄肆。明末以南人作北曲，濛初可称一时作手，或将其比之朱有燉。另，抄本《钱遵王述古堂藏书目录》著录其另有《石季伦春游金谷》《王逸少写经换鹅》《王子猷乘兴看竹》《张园叟天坛庄记》杂剧四种，未详。亦能传奇，曾作《雪荷记》《合剑记》，皆佚；又曾改编高濂《玉簪记》为《乔合衫襟记》，有残曲五套存《南音三籁》中。另凌濛初尚有《宋公明闹元宵》剧本一种，北曲二折，南曲七折，演《水浒传》宋江等闹东京事，中又插入《贵耳集》所载周邦彦、李师师与宋徽宗事，刊于濛初短篇小说集《二刻拍案惊奇》崇祯间尚友堂刻后修本。其文学作品以小说创作成就最大，其白话短篇小说集《拍案惊奇》四十卷于天启七年居南京时完成，次年由尚友堂刊刻问世，内收白话短篇小说四十篇；至崇祯五年又完成《二刻拍案惊奇》四十卷，仍由尚友堂刊刻问世。惟《二刻》尚友堂原刊本已佚，存世尚友堂后修本卷四〇为《宋公明闹元宵》剧本，卷二三《大姊魂游完宿愿，小姨病起续前缘》则同于《拍案惊奇》卷二三，以《拍案惊奇》旧版刷印。《二拍》之创作不仅直接受到冯梦龙《三言》之启发（凌氏自撰《拍案惊奇序》），其于小说技巧各方面亦多奉《三言》为楷模，然亦不乏其创造：《三言》中包含不少"宋元旧篇"以及冯梦龙同时代其他作家之作品,而现存《二拍》七十八篇小说,除个别篇章外,均为作者据野史笔记及当时社会传闻结撰,其内容更切近当时之社会现实,且多能反映时代风貌,表现时代之社会心理;《三言》中之人物,不少历经锤锻,故能持久地闪耀艺术典型之光芒,《二拍》则在结构故事,设置情节、人物方面有独到之处。正因为种种独特的艺术创造,《二拍》得以与《三言》并称,成为中国古代白话短篇小说巨著,与之同时或稍后刊行之白话短篇小说集《型世言》《西湖二集》《石点头》《清夜钟》《醉醒石》等均不能望其项背。另外,《二拍》不仅在中国小说史上有重要地位,又与《三言》同时传播于域外,对东亚汉字文化圈古代小说发展亦有相当影响。传为凌濛初编刊之书籍,尚有《嬴縢三札》《删定宋文补逸》《荡栉后录》《鸿讲斋诗文》《乙编蠹涎》《燕筑讴》《红袖曲谱》《北输前后赋》等,均见于著录而未详。生平见郑龙采《别驾初成公墓志铭》(清嘉庆十年刊本《凌氏宗谱》)及《(崇祯)乌程县志》《(同治)湖州府志》《(光绪)乌程县志》等。

高斗枢(1594—1670) 字象先,一字玄若,号屈瓠。浙江宁波府鄞县(今宁波)人。生于万历二十二年(1594)八月二十五。与弟高斗权、高斗魁、高斗开俱有才名。斗枢科考最顺,万历四十年举人,崇祯元年(1628)进士,授刑部广西司主事。受山西巡抚耿如杞所部哗变案牵连下狱,复出进员外郎,五年简放荆州知府,迁湖广按察副使,备兵长沙,进按察使,奉命守郧阳,以败张献忠兵,加太仆寺卿。有诏以右金都御史巡抚汉中、川北,道阻不能赴,复有诏令何腾蛟巡抚湖北,亦未能赴。甲申(1644)赴汉中巡抚任,知陕西已为清军所占,欲退回郧阳,郧阳已失。丁亥(1647)间道归里,时其子高宇泰及华夏、王家勤等密谋与退居舟山之鲁王师内外呼应,夺取宁波,共推斗枢主执军务。事泄,诸人皆被捕,华、王被杀,斗枢父子以赂被释。后宇泰又数次被捕,斗枢则被软禁于家,清康熙九年(1670)五月十一卒,年七十七。好读书,能诗文,《千顷堂书目》著录其《守郧纪略》、《蚕瓮集》十六卷。《守郧纪略》一卷,现存清抄本;《蚕瓮集》未见传,仅清全祖望《续甬上耆旧诗》卷九据《蚕瓮集》选录其诗三百九十八首。《明诗纪事》辛签卷一九录其诗二首。生平见清黄宗羲《玄若高公墓志铭》(《南雷文定》前集卷五)、《(雍正)浙江通志》卷一七二、《明史》卷二六〇。

高出(生卒年不详) 字孩之,自署海上无无居士。山东登州府莱阳人。万历二十五年(1597)举人，明年进士，除直隶大名知县，改曲周、卢氏。迁南户部主事，历员外、郎中，简放苏松参议，进按察副使。迁河南参政，进按察使，降副使，调辽东道监军，又调广宁道监军，改西平堡监军。天启元年(1621)辽阳陷于后金，被逮下狱，天启末被赦。自十七八岁，即喜为诗，数十年不辍，在狱五年，竟作诗四卷。其原有万历四十五年自刊本《高孩之二集》，内《庐隐集》六卷，收诗近五百首，《郎潜集》六卷，收诗六百九十余首。出狱归家后，辑其诗为《镜山庵集》二十五卷，首有天启六年冬自序。内前六卷题为《初删稿》，卷七至卷八为《槎亭稿》，卷九为《山中遗稿》；卷一○至卷一五为《庐隐集》六卷，卷一六至卷二一为《郎潜集》，卷二二至卷二五题《拘幽稿》，各卷分别有《自序》，计收诗达二千五百余首。其《拘幽稿》末卷，有题《戊辰元日》《己巳元日元白体》诗，则所收诗已有崇祯二年(1629)之作，故是集当为其出狱后所刊(后又有清活字印本)。其天启六年冬《初删稿序》云：“余自十七八岁时即喜慕为诗。顾生长寒僻，不得见古人诗。稍传诵数首，辄欣然欲效之。幸弱冠博一第，早舍制义。而筮仕得大名弹丸一邑，崇朝听览，辄放衙闭阁卧，乃始得肆力于诗学。初读弇州诗，即

学为弇州；已读济南、北地诗，即学为济南、北地；继诵杜陵诗，则又专学杜陵。久之，乃自初唐溯之于六朝，溯之于汉魏，因溯之于《三百篇》，以极其变化之极则。”略陈其学诗之经历。陈济生《天启崇祯两朝遗诗》卷一○录其诗五十首。《明诗综》卷五八录其诗八首，“诗话”云：“孩之家本东莱，不袭历下(李攀龙)遗派。如蘋婆果初生，食之味虽近醉，尤胜冬月储藏，软同绵絮。”《御选宋金元明四朝诗》录其诗三首。清宋弼《山左明诗钞》卷二六录其诗五十四首。《明诗纪事》庚签卷二录其诗二十八首，按语云：“孩之《初删集》拟古为多，痕迹未化。《庐隐》《郎潜》，骨劲气沉，如厉翮之鹰，凡鸟当之，无不披靡。”生平见《(光绪)增修登州府志》卷三九、《(1935)莱阳县志》卷三之一。

高弘图(1583—1645)　字研文，一字子犹，号硁斋。山东莱州府胶州人。万历三十八年(1610)进士，授中书舍人。天启初任陕西道监察御史，巡按陕西，六年(1626)以忤魏忠贤罢职。崇祯三年(1630)春复官，历左佥都御史、左都御史，五年官工部右侍郎，耻与中官张彝宪共事，抗论削籍。十六年起补南兵部右侍郎，晋尚书。福王时，任礼部尚书兼东阁大学士，加太子太保，与姜曰广辅政，为马士英、阮大铖所嫉，

遂谢政,流寓绍兴。南京、杭州陷落,避入山中,弘光元年(1645)绝食死。诗文有清抄本《太古堂遗编》十四卷,内卷一、卷二奏疏二十四篇,卷三《读道德经》十一则,卷四《读文史》三十则,卷五杂著六篇,卷六古近体诗一百二十九首,卷七至卷一〇尺牍一百五十六篇附韵牍二十六首,卷一一至卷一四史论一百四十余篇。又有清乾隆间刻本《太古堂集》二卷,《四库全书总目》著录,"提要"云:"其诗文经兵燹之后,多散佚不存。是集诗一卷,文一卷,为其同里法坤厚及族孙敬业所收辑,盖仅存其什一矣。"盖编者或未见十四卷本矣。清宋弼《山左明诗钞》卷二七录诗三首。生平见温睿临《南疆绎史》卷九列传第三、清杨陆荣《殷顽录》卷一、《明史》卷二七四。

高有恒(生卒年不详) 字维贞,号绳念。山东济南府济阳人。晚明选贡,考授知县,未仕而卒,年五十二。能诗,现存崇祯刊本《草玄居诗稿》二卷,收诗二百三十余首,卷端有崇祯四年(1631)"蜀内江友人张亮"《草玄居诗稿序》。清宋弼《山左明诗钞》卷二九录其诗三首。《(雍正)山东通志》录其诗《登岱》诗。生平见《(道光)济南府志》卷五一。

高宇泰(1614—1678) 初字元发,改字虞尊,别字隐学,晚年自署宫山,又署檗庵。浙江宁波府鄞县(今宁波)人。崇祯诸生。清兵下江南,乙酉(1644)辅钱肃乐起兵抗清于宁波,鲁王授兵部员外郎,奉使过里门,而江上败,鲁王退守舟山,因自匿于家。丙戌(1646)冬,有海上密使执蜡书招宇泰,为清兵所执,锢狱两月,以贿获释。陪母入山学佛,结茅而居,法名本通。戊子(1648),邑人华夏、王家勤密谋起事,其时其父右金都御史高斗枢自郧阳遁归,因共推之主盟,事泄,诸人皆入狱,华、王等被杀,而斗枢、宇泰父子以无迹可据,以赂得释,归则家破。清康熙元年(1662)春,海上鲁王残兵降,入浙东,宇泰受牵连入杭州狱二年,后二年、三年又两次入狱。虽五入狱,而遗民之心不改,曾辑《雪交亭正气录》(又题作《雪交亭集》)十二卷,以记浙东抗清之人事,有清抄本(后被近人收入《四明丛书》)。十七年卒于家,年六十五。能诗文,平生与华夏、林时跃等为友。崇祯末曾于乡主弃缟社,又入复社,清康熙十年二月,集甬上耆旧李邺嗣等九人于南湖为耆社(湖上九子社)。诗文集有《野哭集》《怀游集》《蓼圃集》《知生阁集》《屏山集》,后辑为《肘柳集》,俱未见传,清全祖望《续甬上耆旧诗》卷四一据《肘柳集》录诗二百四十八首。《四明文征》卷七录文一篇、《四明近体乐府》卷九录词三首。

又曾辑甬上文献,编为《敬止录》四十卷,现存清徐氏烟屿楼抄本。生平见清全祖望《明故兵部员外郎檗庵高公墓石表》(《鲒埼亭集》卷一四)、清翁洲老民《海东逸史》卷一八。

高克正(1564—1609)　字朝宪。福建漳州府海澄(今龙海)人。万历十六年(1588)举人,二十年进士,选翰林庶吉士,授检讨,分纂国史。三十七年八月卒,年四十六。在乡曾与芝山之社,与张燮、蒋孟育、林茂桂、王志远、郑怀魁、陈翼飞倡和,称本郡"七才子"。著述现存万历四十四年(1616)刊本《木天遗草》二十八卷,有叶向高等序,内前二十七卷收各体文及奏疏、尺牍,末卷收赋一篇、五七言古近体诗五十八首,附录行状等。其集又有康熙十年(1671)其孙高维桧刊本,增附录一卷。黄宗羲《明文海》录其文一篇。《御选宋金元明四朝诗》录其诗二首。生平见张燮廉《高先生行状》(《木天遗草》附)、《(乾隆)福建通志》卷五一。

高谷(1391—1460)　字世用,一字育斋。南直扬州府兴化(今属江苏)人。生于洪武二十四年(1391)三月初十。永乐十三年(1415)进士,选翰林院庶吉士,授中书舍人。仁宗即位,改春坊司直,寻迁翰林侍讲。正统间与修《宣宗实录》,进侍讲学士,十年(1445)擢工部右侍郎,入内阁典机务。十四年土木之变,与于谦共推朱祁钰登基,进工部尚书,少保、东阁大学士兼太子太傅,景泰七年(1456)进谨身殿大学士,为内阁次辅。英宗复辟,以曾赞同遣使迎英宗,免死,谢病归。天顺四年(1460)正月初十卒,年七十,成化初赠太保,谥文毅。书法秀俊,亦能诗文。弘治间其门人卞荣等辑其所著,刊为《育斋先生诗集》十七卷《归田集》三卷《拾遗》一卷,现存弘治四年(1491)李祓刊本,收诗约一千六百首。《明史·艺文志》仅记其有集十卷,不确。《皇明风雅》卷一九录其诗一首。《皇明诗统》卷八录其诗二首。《明诗综》卷一八下录其诗一首。《明诗纪事》乙签卷一一录其诗二首。生平见李贤《高公神道碑》(《国朝献征录》卷一三)、商辂《高文毅公传》(《商文毅公集》卷二六)、廖道南《殿阁词林记》卷一一、《明史》卷一六九。

高应玘(生卒年不详)　字仲子,又字仲纯,号笔峰。山东济南府章丘人。李开先弟子,隆庆时以贡仕为元城县丞。性散逸,能诗词,嗜词曲。李开先辞官后,在乡组"词社""词会",皆予焉。罢会十余年后仍笔耕不辍,所作可观。经慎选约取,结集为《醉乡小稿》,取"不酒而醉,居城而乡"之意,李开先为之序,并因之见知于王世贞、魏懋权。现存嘉靖间刻本《醉乡小稿》一卷,收北曲小令二十一首,有嘉靖三十二年(1553)《自序》。又有《笔峰诗草》一卷,收诗七十二首,有嘉靖四十五年杨巍序。《千顷堂书目》另著录其《高仲子归田稿》,未见传。又曾著杂剧《北门锁钥》,清王士禛《池北偶谈》卷一四谓"论者以为词人之雄",亦未见传。《皇明诗统》卷三六录其诗四首。清宋弼《山左明诗钞》卷三○录其诗二首。生平见《(道光)济南府志》卷四九、《(道光)章丘县志》卷一○。

高应冕(1503—1569)　字文中,一作文忠,号颖湖。浙江杭州府仁和(今杭州)人。生于弘治十六年(1503)三月十一。嘉靖十三年(1534)举人,授湖广遂宁知县,转光州知州。归后与诸诗友倡和于西湖之上。嘉靖四十一年,闽人祝时泰游杭州,邀友人结诗社于西湖上,应冕与焉,社友尚有方九叙、童汉臣、王寅、刘子伯等,现存清抄本《西湖八社诗帖》,记是社春、秋两季共聚会倡和二十一次,诗题有《雨后过湖西看桃》《西泠桥西泛》《湖心亭》《玉泉观鱼》等,共录诗一百三十余首,以上列名者每人二十二首。应冕卒于隆庆三年(1569)八月二十八,年六十七。《千顷堂书目》著录其《光州诗选》二卷,现存嘉靖间刻本《高光州诗选》二卷,收诗四百三十余

首,后有张瀚《高光州诗选后序》。其文则辑为《白云山房集》二卷,收杂文八十七篇,《四库全书总目》著录是集,"提要"云:"中如《游闲公子》《白云先生》《羲皇上人》诸传、《虞秦对曹交》篇诸文,大抵构虚托喻,游戏笔墨。惟《纵囚一辨》,差为有见云。"集未见传。《盛明百家诗》后编录其诗一百六十余首为《高光州集》。顾起纶《国雅》卷一三录其诗十一首,记云:"高光州文中才致清赡,声调遒捷。平平写出,亦自沉净。"《皇明诗统》卷三二录其诗二十七首。《明诗综》卷四八录其诗四首。《御选宋金元明四朝诗》录其诗三首。《明诗纪事》戊签卷一八录其诗五首,按语云:"文中五字诗清稳,有韦、王遗意。"生平见张瀚《光州知州高颖湖墓志铭》《奚囊蠹余》卷一五)、王兆云《皇明词林人物考》卷九。

高应雷(生卒年不详)　字澹生。云南云南府昆明人。诸生,家富,读书结客,为文赡捷。学于赵炳龙,又从云南提学副使何闳中游。南明时,孙可望据云南,召之不就。永历帝朱由榔至滇,永历十一年(1657)举乡贡,授中书舍人。两年后永历帝师溃于辰州,应雷孤身逃至溆浦,寓大潭舒氏家,授徒自给十余年,后不知所终,或云卒于溆浦。现存《高澹生诗文钞》二卷,清末人所辑。首

有清康熙十一年（1672）赵炳龙所作《高澹生诗钞序》；卷上为《澹生诗钞》，收其诸体诗七十八首；卷下为《澹生文钞》，收其游记、书启二十余篇，又有为何闳中所作行纪。清秦光玉《滇文丛录》录其文八篇。其诗文平平，然多抒写鼎革后身世感触，故赵炳龙谓其诗"如击燕市之筑，鼓雍门之琴，湘累泽畔之行吟，皋羽西台之痛哭"云云。生平见清赵藩《高舍人传》（《高澹生诗文钞》附）。

高启（1336—1374）　字季迪，号槎轩，又号青丘子。长洲（今江苏苏州）人。生于元至元二年（1336）。元末家居苏州城之北郭，与王行比邻交好。后十余年，余尧臣、张羽、杨基、吕敏、宋克、徐贲、陈则、释道衍（姚广孝）、王彝等或自外地迁吴，或参加诗社活动，皆与启交游，故启三十一岁时作《春日怀十友诗》，称诸人为"北郭十友"。又因诸人皆能诗，又有"十才子"之称。朱元璋吴元年（1367）九月，徐达、常遇春攻苏州，俘张士诚，启原被围城中，围解，依外家移吴淞青丘。明洪武二年（1369）春，应诏与修《元史》，次年史成，入内府授开平王二子经，官翰林编修，寻擢户部侍郎，以不能理财辞，太祖不悦，放归苏州。洪武七年九月，以苏州知府魏观案连坐，被腰斩，年三十九。启才华过人，博学能文，尤以诗著。《明史·文苑传》云：

"明初，吴下多诗人，启与杨基、张羽、徐贲有称'四杰'，以配唐王、杨、卢、骆云。"后因多称四人为"吴中四杰"或"明初四杰"。启诗风爽朗清逸，后人或以其为有明一代诗人之冠。其诗原有《凤台》《吹台》《江馆》《青丘》《南楼》《槎轩》诸集。被害后无子，其妻周氏藏其遗稿，付侄周立存之，永乐初首刻为《缶鸣集》十二卷，有洪武二年胡翰序，三年王祎、谢徵序及周立跋，收诗九百余首，或云此集为启生前自选。《缶鸣集》永乐刊本今存，后又有嘉靖及明末刊本。正统九年（1444）周忱抚苏时得其遗稿抄本于周公礼家，刻《高太史凫藻集》五卷、《扣舷集》一卷，《凫藻集》为文集，《扣舷集》则为词集。景泰年间，徐庸又广为收罗启之遗诗，辑刻《高太史大全集》十八卷，增景泰元年（1450）刘昌序。此本除景泰刊本，又有成化、万历及清康熙刊本。清雍正间金檀辑注启之著述，编为《青丘季迪先生诗集》十八卷、《扣舷集》一卷、《凫藻集》五卷、《遗诗》一卷（金檀辑）《年谱》一卷（金檀撰），有雍正六年（1728）金氏文瑞楼刊本，计收诸体诗二千余首、词三十二首、各体文一百二十余篇。此本后又有墨华池馆刊本及日本明治三十年（1897）排印本。著述存世明刻单行本另有洪武三十一年蔡伯庸刊本《高季迪赋姑苏杂咏》一卷、成化十三年（1477）张习刻《槎轩集》十卷附录一卷、成化二十二年张习刻《姑苏杂咏》一卷附录一卷。又有日本嘉永三年（1850）刻《高青丘诗醇》七卷。刘仔肩《雅颂正音》卷五录其诗八首。《皇明风雅》录其诗七十首。《盛明百家诗》前编《高杨张徐集》选录《高季迪集》。顾起纶《国雅》卷一录其诗四十六首，《国雅品》云："高侍郎迪，始变元季之体，倡明初之音。发端沉郁，入趣幽远，得风人激刺微旨。故高、杨、张、徐，虽并称豪华，惟季迪为最。"《皇明诗统》卷一录其诗五十八首。周复俊编《玉峰诗纂》卷一录其诗二十九首。《皇明诗选》录其诗十一首。《列朝诗集》甲集录其诗三百九十八首。《明诗评选》录其诗七十二首。《明诗综》卷八录其诗一百三十八首。清沈德潜《明诗别裁集》录其诗二十一首。清沈季友《槜李诗系》卷三九录其诗十一首。《四库全书》分别收录《大全集》十八卷、《凫藻集》五卷，《总目》"提要"云："启天才高逸，实据明一代诗人之上。其于诗，拟汉魏似汉魏，拟六朝似六朝，拟唐似唐，拟宋似宋，凡古人之所长，无不兼之。振元末纤秾缛丽之习而返之于古，启实为有力。然行世太早，殒折太速，未能熔铸变化，自为一家。故备有古人之格，而反不能名启为何格。此则天实限之，非启过也。特其模仿古调之中，自有精神意象存乎其间。譬之褚临禊帖，究非硬黄双钩者比，故终不与北地（李梦阳）、信阳（何景明）、太仓（王世贞）、历下（李攀龙）同为后人诟病焉。"又云："启诗才富健，工于摹古，为一代巨擘，而古文则不甚著名。然生于元末，距宋未远，犹有前辈轨度，非洪、宣以后渐流为肤廓冗沓，号'台阁体'者所及。"《明诗纪事》甲签卷七录其诗七首。《御选历代诗余》录其词八首。清抄本《宋金元明十六家词》录其《扣舷词》一卷。《明词综》卷一录其词四首。近人赵尊岳《明词汇刊》录其词为《扣舷词》一卷。程敏政《皇明文衡》录其文十篇。《明文海》录文八篇，卷三八评其《闻早蛩赋》云："明初诗家高、杨、张、徐，而季迪之文清新旧发，世无知音者，将无诗掩其文乎？"《海虞文征》录其文二篇、诗八首。生平见李志光《编修高公启传》（《国朝献征录》卷二一）、张昶《吴中人物志》卷七、王兆云《皇明词林人物考》卷一、何乔远《名山藏》卷九六、《明史》卷二八五。清金檀有《高季迪先生年谱》（清雍正桐乡金氏文瑞楼刊《青丘高季迪先生诗集》附）。

高叔嗣（1501—1537） 字子业，号苏门山人。河南开封府祥符（今开封）人。正德十四年（1519）举人，嘉靖二年（1523）进士，授工部营缮司主事,次年调吏部稽勋司,迁员外郎、郎中。病休三年,十年复职,十二年简放山西布政司左参政,十六年升湖广按察使,六月十七卒于官,年三十七。少以诗名,受知于邑人李梦阳,又从薛蕙学,因诗境大开,故虽天不假年,未成一代诗宗,也可称自成风格,非一时附丽追风者。诗文著述名《苏门集》八卷,有嘉靖十六年陈束刊本,首四卷为诗,又分题为《考功稿》《读书园稿》《晋阳稿》《入楚稿》及《秩稿》,计收诗三百十首;余四卷为文,收序、记、碑志等五十一篇,陈束序,张正位、毛恺跋。是集前三卷卷端各有其自叙,盖为其手定也。后又有嘉靖三十七年王纬刊本,四十二年毛恺扬州刊本及万历四十一年(1613)马之骏刊本等。《盛明百家诗》前编录其诗一百三十五首为《高苏门集》。万历刻赵南星编《明十二家诗选》亦选录《高苏门集》二卷。万历四十四年赵彦复辑李梦阳、何景明、王廷相、孟洋、薛蕙、高叔嗣、刘绘、张九一、谢榛诗刊为《梁园风雅》,内选叔嗣诗二卷一百五十九首,谓其“负渊敏之才,有亢洁之性。为诗多胸臆语,吐言成章,不假缘饰。诵之若落落直致,而中自丰腴”。清王士禛选高叔嗣与徐祯卿诗为《二家诗选》二卷,自称往来南北,必以《迪功》《苏门》二集自随。明清诸选本亦无不录叔嗣

之诗。顾起纶《国雅》卷八录其诗二十二首。《皇明诗统》卷二二录其诗十一首。《皇明诗选》录其诗十五首。《列朝诗集》丁集录其诗一百一首。《明诗评选》录其诗十六首。《明诗综》卷三九录其诗二十二首。清沈德潜《明诗别裁集》录其诗九首。《御选宋金元明四朝诗》录其诗五十四首。《四库全书》收《苏门集》八卷,“提要”云“其诗初受知于李梦阳,然摆脱窠臼,自抒情性,乃迥与梦阳异调。王世贞《艺苑卮言》曰:‘高子业诗如空山鼓琴,沉思忽往,木叶尽脱,石气自青。又如卫洗马言愁,憔悴婉笃,令人心折。’王世懋《艺圃撷余》亦曰:‘诗有必不能废者,虽众体未备而独擅一家之长,如孟浩然,洮洮易尽,止以五言隽永,千载并称王、孟。我明其徐昌谷(徐祯卿)、高子业乎? 二君诗有不同,而皆巧于用短。徐以高韵胜,有蝉蜕轩举之风;高以深情胜,有深闺愁妇之态。更千百年,李、何有时废兴,二君必无绝响。’世贞、世懋谈诗颇有异同,而品题叔嗣,则两相符契,盖论至当则无以易也。至其杂文四卷,特附缀以行,陈束原序言其诗优于文,抑亦确论矣。”《明诗纪事》戊签卷二录其诗三十四首。又,《明文海》录其文四篇。生平见高仲嗣《弟叔嗣行状》《国朝献征录》卷八八)、王兆云《皇明词林人物考》卷

七、何乔远《名山藏》卷八六、《明史》卷二八七。

高岱（1510—?）　字伯宗，号鹿坡。祖籍京师，先祖侍仁宗九子梁庄王朱瞻垍就藩湖广，因落籍于承天府钟祥，后岱父高节徙居京山（今属湖北），因称京山人。父以举人任县学教谕，岱少读书，有才名于乡里。嘉靖十年（1531）中举，屡上春闱不第，至二十九年（1550）成进士，除刑部主事。时董传策、张翀、吴时来等疏劾严嵩，嵩欲置诸人死，岱力言于尚书郑晓，得遣戍，又为治装，送之出郊，引嵩怒。会景王之国，出岱为长史，不久即卒于任所。善属文，曾采国家大事，以纪事之体为《皇明鸿猷录》十六卷，有嘉靖四十四年、万历八年（1580）等刊本，后被收入《四库全书》，名《鸿猷录》。以能诗称，在朝结诗社，诗名先于李攀龙、王世贞。所著嘉靖末刊为《西曹诗集》九卷，胡直、李先芳、李蓘、张九一序，内前八卷收古近体诗四百五十余首，卷九收赋五篇，今存，《明史·艺文志》著录《西曹集》九卷即此本也。《明史·艺文志》另著录其《楚汉余谈》一卷，存清抄本。《皇明诗统》卷二三录其诗三十四首。卓人月、徐士俊《古今词统》录其〔竹枝〕三首。《皇明诗选》录其诗三首。《列朝诗集》丁集录其诗四首，"小传"云："伯宗初与李伯承（李先芳）结社长安，进王元美（世贞）于社中。及于麟（李攀龙）诸人鹊起，而伯宗左迁去，遂不与'七子'之列。伯宗诗体略与伯承相似，而时多矜厉之语，开'七子'之前茅。于麟《诗删》录伯宗诗甚富，盖亦追其筚路蓝缕之绩欤？伯宗自论其诗，以为近孟襄阳，则相去远矣。"彭孙贻《明诗钞》录其诗十三首。清廖元度《楚风补》卷二二录其诗二十七首。《明诗综》卷四五录其诗四首。《御选宋金元明四朝诗》录其诗七首。清高士熙《湖北诗录》录其诗三首。《明诗纪事》己签卷七录其诗十六首。生平见王兆云《皇明词林人物考》卷七、《（康熙）京山县志》卷七。

高承埏（生卒年不详）　字寓公，一字泽外。浙江嘉兴府嘉兴人，郎中高道素之子。崇祯十三年（1640）进士，除迁安知县，改宝坻、泾县。福王立，迁工部虞衡主事。《千顷堂书目》著录其《宝坻县全城记》四卷、《稽古斋集》十卷，未见传。陈济生《天启崇祯两朝遗诗》卷一〇录其诗五十五首。《明诗综》卷六九录其诗十六首，"诗话"谓其"表忠仁孝，以父死不辜，伏阙讼冤，丝纶夺者载锡。三宰雷封，各著循绩，而危邦嚚守，尤文吏所难能。惜乎功多不赏，至今宝坻父老有遗憾焉。家藏书八十楹，与项氏万卷楼争富，虽干戈傲扰，不辍吟哦"。《御选宋金元明四朝诗》录其诗十五首。清沈季友《檇李诗系》卷二二录其诗十四首。清李道悠《竹里诗萃》卷二录其诗九十首。《明诗纪事》辛签卷二一录其诗五首。生平见《（雍正）浙江通志》卷一六七。

高拱（1513—1578） 字肃卿，号中玄子。河南开封府新郑人。生于正德七年十二月十三（1513年1月19日）。嘉靖二十年（1541）进士，选翰林院庶吉士，授编修。三十一年裕王出阁，任首席讲读官，三十七年主顺天乡试，进侍讲学士，三十九年迁太常寺卿，掌国子监祭酒事，四十一年升礼部左侍郎，次年转吏部左侍郎兼学士，掌詹事府事。四十四年主会试，升礼部尚书兼翰林院学士，四十五年拜文渊阁大学士，入阁参政。裕王即位，隆庆元年（1567）二月，晋少保兼太子太保、礼部尚书、武英殿大学士，四月，晋少傅兼太子太傅、吏部尚书，五月与首辅徐阶不谐，辞官归里。三年十二月召还，以原官兼掌吏部事。四年，进少师兼太子太师，六年二月加柱国、中极殿大学士，继李春芳为首辅，五月穆宗崩，六月十日神宗即位，十六日以"专权擅政"诏回籍闲住，不许停留。居家数年，万历六年（1578）七月初二卒，万历三十年复原官，赠太师，谥文襄。平生负才干，熟习政体，所建白皆可行。于政

坛几经成败，终为张居正、冯保所排。亦能诗文，《明史·艺文志》著录其《春秋正旨》一卷、《边略》五卷、《献忱集》五卷、《诗文集》四十四卷。所著实多有万历间单刊本，四十四卷本《高文襄公集》为万历四十二年结集，内《外制集》一卷、《纶扉内稿》一卷、《纶扉外稿》一卷、《献忱集》二卷、《政府书答》二卷、《掌铨题稿》十四卷、《奏牍》二卷、《防边纪事》一卷、《伏戎纪事》一卷、《绥广纪事》一卷、《程士集》二卷、《本语》三卷、《春秋正旨》一卷、《大学直讲》一卷、《中庸直讲》一卷、《论语直讲》三卷、《问辨录》五卷、《病榻遗言》二卷。是集有文无诗，前四十二卷为新野马之骐、马之骏校订，后两卷为长洲戚伯坚校。后又有清康熙二十五年（1686）至二十八年高氏笼春堂刻本。清康熙三十三年高氏笼春堂又刻《高文襄公诗集》一卷、《文集》四卷。另，《四库全书》经部书类收其《问辨录》十卷，子部杂家类收其《本语》六卷。生平见郭正域《高文襄公墓志铭》、王世贞《高公传》《《国朝献征录》卷一七）及《明史》卷二一三。

高举（1553—1624） 字鹏程，号东溟。山东济南府淄川人。万历四年（1576）举人，八年进士，授保定府完县知县。调武昌府蒲圻，十四年征为河南道监察御史，十六年巡按南直隶，三十年以副使提督北直

学政，三十二年改大理寺丞，三十六年升大理寺少卿，三十七年以右佥都御史巡抚浙江。卒于天启四年（1624），年七十二。现存清光绪二十年（1894）淄川高氏重刊本《埌簁编》二卷，收诗三百六十余首，有高举自序及高誉、李尧臣等跋，知其原有明季刻本。清宋弼《山左明诗钞》卷二三录其诗六首。另有万历刊《古今韵撮》九卷、《陶世名言》六卷亦署高举名。近人赵愚轩《青州明诗钞》卷三录其诗六首。生平见《（乾隆）淄川县志》卷六。

高逊志（生卒年不详） 或作"高巽志"。字士敏，号啬庵。原籍萧县，元末其父官浙东宣慰司都事，家于嘉兴（今属浙江），后遂落籍。少从贡师泰、周伯琦、郑元佑学，年二十五为鄾江书院山长，以能书善文名于元末明初，曾寓于苏州，与高启为友。徐一夔为逊志所编《师友集》作序，称其"挺然立于作者之林"（《始丰稿》卷一一）。明洪武二年（1369）以续修《元史》，授翰林编修，迁侍讲学士，转秦府纪善，未几引退。居乡十五年，召为吏部侍郎，以事谪胊山，又征入翰林，洪武三十一年迁太常右少卿。建文初，副董伦主考会试。朱棣军下金陵，或云自缢死，或云逃亡死于永嘉山中。所著其十世孙佑鉌辑为《啬斋集》二卷，《千顷堂书目》著录，未见传。

《皇明风雅》卷三八录其诗一首。《皇明诗统》卷五录其诗一首，"小传"谓其"为诗文深纯典雅，成一家之言"。《石仓十二代诗选·明诗选》录其诗四十首。《列朝诗集》甲集录其诗九首。《明诗综》卷一六录其诗八首，"诗话"云："（高启）'北郭十友'，其初士敏、处敬（唐肃）与焉，其后徙居槜李，是以季迪《怀十友诗》不及也。"《御选宋金元明四朝诗》录其诗十二首。《明诗纪事》乙签卷二录其诗十三首。生平见佚名《太常少卿高逊志传》《国朝献征录》卷七〇、廖道南《殿阁词林记》卷六、清《嘉兴高氏家传》《牧斋有学集》卷三七）、《明史》卷一四二。

高得旸（1352—1420） 字孟升，号节庵。浙江杭州府钱塘（今杭州）人。洪武九年（1376）以荐授临安教谕，迁高州府学教授。永乐初，改宗人府经历，任《永乐大典》副总裁，进讲东宫。永乐十八年（1420）卒，年六十九。善属文，长于诗。《千顷堂书目》著录其《节庵集》三卷，现存清抄本《节庵集》八卷《续稿》一卷，卷一收《河清颂》《平安南颂》《圣孝瑞应诗》等及赋五、辞一篇，卷二至卷八收古近体诗三百首；《续稿》收《平胡颂》《灵谷寺宝塔影赋》《清白轩铭》及诗十余首。清丁丙辑《武林往哲遗著》亦收是集。《皇明风雅》《皇明诗统》卷五录其诗二首。钱谷《吴都文粹续编》录其诗一首。《列朝诗集》乙集录其诗四首,"小传"谓其"博物洽闻,名重一时"。《御选宋金元明四朝诗》录其诗五首。《四库全书总目》著录《节庵集》八卷,"提要"谓其诗文"以清丽为宗,如曲涧回溪,莹澈见底,而一往清激,尚少淳蓄之致。姚广孝序乃以'江汉奔流,曲折千里'拟之,过其实矣"。《明诗纪事》乙签卷五录其诗四首。生平见邹济《高先生墓志铭》(《颐庵文集》卷九下)、《(康熙)钱塘县志》卷二二、《(1922)杭州府志》卷一四四。

高岱(1525—1560)　字叔崇,号鹤池居士。祖籍京师,先祖侍仁宗九子梁庄王朱瞻垍就藩湖广,因落籍于承天府钟祥,后煟启父徙居京山(今属湖北),应为京山人。嘉靖四年(1525)九月二十八生于钟祥。少从长兄高岱学,二十二年乡试中举,三十五年进士,授户部主事,改兵部,三十九年十月二十六以病肺卒,年三十六。与兄岱、弟岜并有文名于乡里。《千顷堂书目》著录其《叔崇遗稿》一卷,未见传。《皇明诗统》卷二三录其诗十九首。《明诗综》卷四五录其诗一首。清高士熙《湖北诗录》录其诗一首。《明诗纪事》己签卷七录其诗二首。生平见高岱《明兵部武库司主事高君墓志铭》(近年出土)、《(光绪)京山县志》

卷一一。

高棅(1351—1423)　字彦恢,号漫士。中年以布衣应诏入翰林,更名廷礼,然仍以原名称于世。福建福州府长乐人。生于元至正十年十二月二十三(1351年1月21日)。少有诗名,又工书擅画,时人或称为"三绝"。居家教授为业,与郑定、董玼、陈亮、王恭、陈亮等为友,每联袂接茵,游于文艺。明洪武十四年(1381)福清林鸿辞官归里,次年与高棅、郑定会于长乐适安堂,遂成诗友。林鸿论诗,以为汉魏骨气虽雄而菁华不足,晋祖玄虚,刘宋尚条畅,齐梁以下,但务春华少秋实,惟唐作者可谓大成,至开元、天宝间声律大备,学者当以是为楷式。与高棅论诗"上追风雅而所谓集大成者,惟唐有以振之"(《啸台集》卷一《学古录》)之意甚合。高棅因辑编《唐诗品汇》九十卷《唐诗拾遗》十卷,分唐诗为初、盛、中、晚四期,尤崇盛唐。一时闽中诗人多奉其论,高棅也因之与林鸿并称闽中诗坛领袖。永乐元年(1403)高棅以博学能文被征入京,次年授翰林待诏,十一年迁典籍,二十一年二月三十卒于南京官舍,年七十三。其在翰林,又辑刻《唐诗正声》二十二卷。高棅一生以诗为务,与林鸿共倡唐音,所作亦多步趋之。卒后林志为其作墓志,称其与林鸿、黄玄、周玄、王恭为明初闽中"五子"。后万历四年(1576)袁表、马荧选林鸿、郑定、王褒、唐泰、高棅、王恭、陈亮、王偁、周玄、黄玄十人诗,刊为《闽中十子诗》,棅因之又被称为明初"闽中十子"之一。高棅诗集存世有成化十九年(1483)南京户部尚书黄镐刊本《高漫士啸台集》二十卷,黄镐序、陈音跋,收诗约八百首;又有清金氏文瑞楼抄本《高漫士木天清气集》十四卷,收诗六百六十五首。《皇明风雅》卷二五录其诗二首。《盛明百家诗》后编录其诗一百三十余首为《高漫士集》。顾起纶《国雅》卷二录其诗七首,《国雅品》谓其"才思博达,尝辑《唐诗品汇》,世称精鉴。及阅其集,文多而意少,且新兴"。《皇明诗统》卷七录其诗二十七首。袁表、马荧《闽中十子诗》收《高待诏诗》五卷,凡一百十三首。徐𤊹《晋安风雅》录其诗二十首。《石仓十二代诗选·明诗选》录其诗五十余首。《皇明诗选》录其诗一首。《列朝诗集》乙集录其诗二十五首,"小传"云:"漫士诗所谓《啸台集》者,其山居拟唐之作,音节可观,神理未足,时出俊语,铮铮自赏。《木天集》凡六百六十余首,应酬冗长,尘坌堆积。不中与宋、元人作奴,何况三唐。漫士既以诗遇,出山之后,遂无片什可传。"《明诗综》卷一○录其诗八首,"诗话"云:"廷礼拟唐,如薛稷、钟绍京之双钩,终下

真迹一等。五古若'长空一飞雁,落日千里至'、'夜色不映水,微风忽吹裳'……不失唐人遗韵。"清沈德潜《明诗别裁集》录其诗四首。《御选宋金元明四朝诗》录其诗十八首。《四库全书总目》著录《啸台集》二十卷、《木天清气集》十四卷,"提要"云:"棅尝选《唐诗品汇》,专主唐音,实与闽县林鸿共开晋安一派。沿习既久,学者剽窃形似,日益庸廓,并创始者受诟厉焉。今观《啸台集》诗八百首,尚稍见风骨,至《木天清气集》六百六十余首,大率应酬冗长之作,'清气'之云,殆名不副实。其初与林鸿齐名,日久论定,鸿集尚见传录,而棅集几于覆瓿,盖亦有由矣。"清郭柏苍《全闽明诗传》卷七录其诗二十四首。《明诗纪事》甲签卷一○录其诗十首。生平见林志《漫士高先生墓志》(《国朝献征录》卷二二)、王兆云《皇明词林人物考》卷一、《高棅传》(《曝书亭集》卷六三)、《明史》卷二八六。

高道素(生卒年不详) 初名斗光,字明水,又字如晦,更字玄期。浙江嘉兴府嘉兴人。万历三十一年(1603)举人,四十七年进士,除工部主事。历员外郎,升营缮司郎中,督造桂王府,以所造殿倾倒论死。善鉴古,能书画,亦能诗。《千顷堂书目》著录《景玄堂集》十卷、《药房随笔》二卷,未见传。《明诗综》卷六一

录其诗九首，"诗话"云："水部才思兼人，不以格律自拘，古今诗皆超诣，五律尤为长城。当桂藩分建，奉命将作。南方卑湿，薄栌甫新，大玚亟事丹垩，水部力争不得。既而雷震柱倾，吏议周内，遂罹显戮，闻者冤之。"清沈德潜《明诗别裁集》录其诗一首。《御选宋金元明四朝诗》录其诗八首。清沈季友《槜李诗系》卷一八录其诗五首。清陈元龙《御定历代赋汇》录其《上元赋》。清李道悠《竹里诗萃》卷一录其诗二十首。《明诗纪事》庚签卷二三录其诗一首。生平见《(光绪)嘉兴府志》卷五〇。

高鹤（1517—1601）　字若龄，号望梅。浙江绍兴府山阴(今绍兴)人。嘉靖二十五年(1546)乡试第一，二十九年进士，授苏州府推官。迁南京户科给事中，疏劾严嵩姻亲右都御史王学益，嵩恚之，以京察名谪福建光泽县丞，量移知定远，再为嵩勒之致仕。归构一室，言之曰"可也居"，以家事付伯子，而独放意山水间，自泰岳、匡庐、衡湘、洞庭、武夷、罗浮诸名胜，屐履皆遍，而绝不干有司。卒于万历二十九年(1601)，年八十五。《千顷堂书目》著录其《可也居集》八卷，现存万历十九年刻二十四年续刊本《可也居集》五卷、《续》一卷，申时行序。仅见残本三卷，卷一收五言四句四十

二首，卷二收五言八句四十五首，卷三收七言四句七十八首。另有杂俎《见闻搜玉》八卷，有万历十九年陈汝元函三馆刊本，现残存四卷。另曾纂修《定远县志》十卷，有嘉靖刻万历增修本。生平见申时行《高先生偕配张孺人合葬墓志铭》(《赐闲堂集》卷二四)。

高濂（1527—?）　又名士深，字深甫，号瑞南，别署瑞南道士、桃花渔长、湖上桃花渔。浙江杭州府钱塘(今杭州)人。父高应鹏因商致富，濂因捐赀为南京龙江关提举，迁忻州府推官，未逾月而归。隆庆元年(1567)又捐赀入北国子监，两赴秋试失利，六年入赀待选鸿胪寺，因父丧，未及补官，归于西湖。平生喜文艺，多情趣，除喜按拍度曲外，其他举凡弹琴、种花、焚香、饮酒、品茗及饮食烹饪、丹药秘方，无不研讨。亦好收藏古玩字画，精于鉴赏。与汪道昆、董其昌、冯梦祯等名士多有交往。万历三十一年(1603)冯梦祯曾邀其同游西湖，以后则未见记载。祁彪佳《远山堂曲品》"能品"著录其传奇两种，其一《节孝记》，存明万历间世德堂刊本，二卷，上卷"节"部《赋归记》十七出，演陶潜归隐事，下卷"孝"部《陈情记》，演李密夫妇孝祖母事，残存十五出。其二《玉簪记》二卷三十四出，有万历间继志斋刻本、文林阁刻本、长春堂刻本等多

种明清刊本及抄本,演潘必正、陈妙常故事。《节孝记》未见演出记载,或为案头之作,胡文焕《群音类选》录其部分曲文。《玉簪记》则频繁上演,其《花叙》《琴桃》《秋江》等出,后一直流行歌场。剧作辞藻典雅清丽,而不乏刻意雕饰之处。祁彪佳评《玉簪记》云:"幽欢在女贞观中,境无足取,惟着意填词,摘其字句,可以唾玉生香;而意不能贯词,便如徐文长所云'锦糊灯笼,玉镶刀口',讨一毫明快不得矣。"冯梦龙《太霞新奏》谓其传奇"时有俊语,而于律调未甚精解"。陈所闻《北宫词纪》《南宫词纪》及冯梦龙《太霞新奏》等存其散曲小令十六首、套数十六套。词集名《芳芷楼词》,今存清抄本二卷,收词二百余首。《明词综》卷四录其词二首。近人赵尊岳《明词汇刊》据抄本录其词为《芳芷栖词》二卷。诗有《雅尚斋诗草》初、二集,《四库全书总目》著录《雅尚斋诗草二集》二卷,"提要"谓其诗"大旨主于得乎自然,以悦性情。故往往称心而出,无复锻炼之功"。今皆未获见。《千顷堂书目》著录其《三径怡闲录》二卷、《尊生八笺》二十卷,现存《雅尚斋遵生八笺》十九卷,论及四时调摄、起居安乐、延年却病、饮馔服食、燕闲清赏、灵秘丹药等,专供闲适消遣之用,有万历十九年自刊本及《四库全书》本,内容又为明末各种类书如《居家必备》《雪堂韵史》《广百川学海》等摘刊。生平见汪道昆《高季公墓志铭》(《太函集》卷四七)。

高濲(1494—1542)　字宗吕,号石门子,又号髯仙,自署霞居子、庖羲谷老农,又称石门山人。福建福州府侯官(今福州)人。家世业儒,父高鉴,曾为学官,能山水。高濲生于弘治七年(1494)正月初八。少承家学,善隶草八分,能山水花卉、人物翎毛。不乐举子业,亦不事生产。家贫嗜酒,醉则散发赤脚,飘然举舞。曾与傅汝舟同从郑善夫学诗,嘉靖二年(1523)善夫病革,托家事于高濲、傅汝舟。濲卒于嘉靖二十一年九月十九,年四十九。逝前一年,尝于嵩坡草堂醉后作《自传》。有集藏于家,殁后百三十年,其裔孙高云客曾辑其诗文,欲行付梓,请莆田林向哲、同郡林榛作序,未能刊行。至清道光二十一年(1841),始有郭柏苍刊本《石门集》七卷,距其殁已三百年矣。是集前二卷收五七言古体诗二十八首,卷三至卷六收五七言近体诗二百余首,卷七收联句诗十余首,其《自序》及林向哲、林榛序皆存,又有郭柏苍序。郭序称高濲为"闽诗之药石",谓云:"闽自洪永以降,作者声律相似,至郑少谷(郑善夫)始变其习。时从少谷游者,首推石门子……次则傅汝舟,世称高、傅二山人,诗各具奇气……石门之诗,异于少谷。洪永之风革于石门,犹石门所独知也。"清光绪七年(1881)郭氏刻《明闽中高傅二山人集》据之收《石门集》七卷。以其集明季少传,徐𤊻《晋安风雅》仅录其诗《岳阳楼》一首。《列朝诗集》丙集由《晋安风雅》转录。《明诗综》卷三八亦录《岳阳楼》一诗,"诗话"云:"少谷(郑善夫)居鳌峰北,从之游者九人,乡党目为'十才子'。少谷诗所云'一时贤士俱倾盖,满地萍踪笑举杯'是也。九人者,高二十二宗吕居首,傅二木虚(傅汝舟)次之,余有林九、王七、施二,其名不得而详矣。宗吕家最贫,少谷称其'事母至孝,事兄至悌',又称其'甘贫守节,安安然人无知者',盖高、傅为郑门弟子之冠,少谷于傅盛夸其文,于高则美其行云。"《四库全书总目》著录《石门诗集》(《霞居集》)一卷,"提要"云:"卷首林向哲序称其(诗)'峻而不刻,清而不矫',亦非虚语。然竟以为与少谷相伯仲,则溢美矣。"清郭柏苍《全闽明诗传》卷一八录其诗五十五首。《明诗纪事》丁签卷一二录其诗《罗山月下遭兴》一首。生平见道光刊《石门集》卷首所收何乔远《闽书·韦布传》及《名山藏·高道记》、汪宗伊《墓志铭》,又见丘云霄《高石门传》《山中集》卷一〇)。

高璧(生卒年不详)　字贵明,一作贵朋,号邂庵。浙江绍兴府山阴(今绍兴)人。明初布衣。《千顷堂书目》著录其《邂庵集》,未见传。《皇明风雅》卷一九录其诗一首。《皇明诗统》卷一一一录其诗五首。《石仓十二代诗选·明诗选》录其诗五十五首。《列朝诗集》乙集录其诗一首。《明诗综》卷一九下录其诗二首。《御选宋金元明四朝诗》录其诗一首。《明诗纪事》乙签卷一四录其诗一首。

高攀龙(1562—1626)　初字云从,改字存之,号景逸。南直常州府无锡(今属江苏)人。生于嘉靖四十一年(1562)七月十三。万历十年(1582)举于乡,十七年进士,丁父艰归。二十年除行人,以疏诋杨应宿,谪广东揭阳典史。二十三年自广东归,居丧。家居二十余年,天启元年(1621)诏起光禄寺丞,二年进本寺少卿。历太常寺少卿、大理寺右少卿,晋太仆寺卿,三年乞归。即家起刑部右侍郎,进左都御史,发崔呈秀秽状,为魏忠贤所恶,削籍归。天启六年,魏忠贤矫诏逮问,三月十七日投池中死,年六十五。崇祯初,赠太子太保、兵部尚书,谥忠宪。平生尚理学,以操履笃实,涵养窒密,称一代大儒,归田后与顾宪成修复东林书院,聚徒讲学,影响士林,时称"高顾"。经学著述甚夥,崇祯时汇刻为《高子全书》七种四十卷,内《周易孔义》三卷、《春秋孔义》十二卷(上两种皆被收入《四库全书》)、《四书讲义》一卷、《东林书院会语》一卷、《程子节录》、四卷《文集抄》一卷、《朱子节要》十四卷、《就正录》四卷。清乾隆七年(1742)华希闵剑光阁刊本增为八种五十一卷,又增《高子文集》六卷、《诗集》八卷。而其诗原有崇祯刊本《高忠宪公诗集》八卷。卒后陈龙正等又辑其著述于崇祯五年(1632)刻为《高子遗书》十二卷附录一卷,前五卷为讲学之语录、札记、讲义等,卷六、卷七为诗,余为杂文,钱士升、陈龙正序。另有稿本《高攀龙诗文残稿》一卷及抄本《高子未刻稿》六卷。陈济生《天启崇祯两朝遗诗》卷一录其诗三十七首。《明诗综》卷五五录其诗二十二首。清沈德潜《明诗别裁集》录其诗五首。《御选宋金元明四朝诗》录其诗十四首。清顾光旭《梁溪诗钞》卷一一录其诗六十首。《四库全书》收《高子遗书》十二卷附录一卷。《总目》"提要"云:"其讲学之语类多切近笃实,阐发周密。诗意冲淡,文格清遒,亦均无明末纤诡之习。盖攀龙虽亦聚徒讲学,不免渐染于风尚。然严气正性,卓然自立,实非标榜门户之流,故立朝大节不愧古人,发为文章,亦不事辞藻,而品格自高,此真之所以异于伪欤。"《明诗纪事》庚签卷一六录其诗七首。《明文海》录其

文二十三篇。清周有壬《梁溪文钞》卷一四录其文十一篇。清王直等《锡山文集》录其文十二篇。生平见叶茂才《高公行状》(《高子遗书》附录)、《高公神道碑铭》(《牧斋初学集》卷六二)、黄宗羲《明儒学案》卷五八、《明史》卷二四三。其年谱有华允诚《高忠宪公年谱》(明刊《高子遗书》附录)、清高世宁《高忠宪公年谱》二卷(清康熙刊本)。

高镉(生卒年不详) 字荐馨,又字渊颖。京师保定府清苑(今河北保定)人。明末诸生,少游于孙奇逢之门,嗜古善书法,好游山水,所至多有题咏。清王士禛《池北偶谈》卷一一记其"自负锤凿,每得诗,必题石手镌之"。现存明末刊本《渊颖集》四卷,内《陆舟诗》《卢中诗》《依云诗》《浮家诗》各一卷,收诗凡六百余首,为其门人所辑编。其杂著又有《义烈》《金兰》等集,未见。生平见《(雍正)畿辅通志》卷七九。

郭之奇(1607—1662) 字仲常,一字菽子,号正夫、若菽、玉溪子,又号三士道人。广东潮州府揭阳人。生于万历三十五年(1607)八月十八。天启七年(1627)举人,崇祯元年(1628)进士,选翰林院庶吉士,翌年告假归,受县令冯元飙之邀,编纂《揭阳县志》。赴选授礼部主客司主事,进员外郎,崇祯九年典试河南,事竣晋郎中,以内艰归。服除补原

官,简放福建参议,升福建按察副使,擢詹事府詹事。十七年国变后还乡。南明永历三年(1649)奉永历帝召至桂林,任礼部侍郎,晋尚书,五年春抵钦州,拜东阁大学士,兼礼、兵二部尚书,八年春,拜文渊阁大学士,九年会各营进军高州、雷州。十三年清军入滇,从永历走安南,十五年八月,为安南韦永福诱捕,献于清军,押至桂林,拒不降,次年(清康熙元年,1662)八月十九遇难,年五十六,其子扶榇归里。之奇为末世孤臣,然文学积习不忘,尤邃于声律。早年曾辑《唐诗大观》五卷,作《古诗唐诗大观评语》,略可见其论诗之倾向。其追随永历,亡命安南,身处危境,转徙靡定,仍著述吟咏不辍。其诗文现存崇祯十一年刊《宛在堂文集》三十四卷,内赋一卷、骚一卷、诗十六卷、诗余一卷,有文震孟、王铎、蒋德璟、黄景时、曹勋、方拱乾、张明弼序。又有《宛在堂诗集》六卷,所收按年分录,起于天启七年,终于永历十五年,计诗、词、赋二千八百余首,分《马上》《舟中》《遂初》《感遇》《骈怀》《立言》《秋思》《出谷》《闽辞》《素得》《复旦》《海上》《所思》《徂东》《稽古》《瞻云》《陋吟》《巢居》等十八集。《诗集》为其手定,遇难后由其子携归,刊于清初。又有《稽古编》五十五卷,评价上古迄秦之君臣,也由其子刊于清初,《四库全书总目》曾著录。清梁善长《广东诗粹》卷八录其诗一首。清冯奉初《潮州耆旧集》卷三三、卷三四录其《郭忠节宛在堂集》,文四十篇。《明诗纪事》辛签卷九上录其诗四首。近人翁辉东《潮州文概》卷三录其文四篇。生平见罗万杰《郭正夫暨元配林夫人墓志铭》(《潮州耆旧集》卷三五)、清温睿临《南疆绎史》列传一八、清徐鼒《小腆纪传》列传二四、《(乾隆)福建通志》卷二九。

郭子章(1543—1618)　字相奎,号青螺,自署蠙衣生。江西吉安府泰和人。嘉靖二十一年十二月二十五(1543年1月29日)生。隆庆五年(1571)进士,除建宁推官。迁工部主事,历郎中,简放潮州知府。迁四川金事,历浙江参政、山西按察使,再历湖广、福建布政使,以右金都御史巡抚贵州。以破杨应龙功进兵部侍郎,晋右都御史、兵部尚书,加太子少保。万历四十六年(1618)六月十七卒,年七十六。读书博涉,杂学旁收,著述亦杂驳。诗文著述现存《蠙衣生粤草》十卷、《蜀草》十卷、《浙草》十三卷、《晋草》十二卷、《楚草》十三卷、《闽草》六卷、《闽藩草》九卷、《家草》八卷、《黔草》二十四卷、《传草》二十二卷、《养草》七卷、《留草》二卷,或为单刊本,或为汇刊本,也有抄本。内容则或为文集,或诗文混编。又有《豫章诗话》

六卷,万历三十年由莆田吴献台刊行,后有多种刊本。全书四百余则,记述或评论江西及与江西有关的诗人诗事。以爱奇嗜博,故所述亦有与江西无涉,或与诗事无关者,《四库全书总目提要》谓其"未免芜杂"。其杂著另存万历刊本《六语》三十一卷(内《谚语》七卷、《谣语》七卷、《谐语》七卷、《飂语》二卷、《讥语》二卷、《谶语》六卷)、蠙衣生《濊论》六卷、《郡县释名》二十六卷、《名马记》二卷续二卷、《黔类》十八卷、《黔记》六十卷、《圣门人物志》十二卷、《明州阿育王山志》十卷、蠙衣生《剑记》一卷、蠙衣生《马记》一卷,天启刊本《阿育王山志略》二卷、《郭青螺先生崇论》八卷等。清光绪八年(1882)冠朝三乐堂曾辑刊《青螺公遗书》三十五卷。《明史·艺文志》另著录其《易解》十五卷、《诗传书例》四卷、《黔中止榷记》一卷、《西南三征记》一卷、《黔中平播始末》三卷、《官释》十卷、《古今郡国名类》三卷、《注豫章古今记》一卷、《豫章杂记》八卷、《广豫章灾祥记》六卷、《吉(安)志补》二十卷、《湘中杂记》十二卷、《支干释》五卷、《校正天宝经七注》七卷。《千顷堂书目》另著录其《豫章人记》一百六十卷、《潮中杂记》十二卷又《四贤潮语》四卷、《泉史》十二卷、《牛禁集》五卷、《老子解》二卷、《抚黔公移》四卷、《兴国县四贤传》

一卷、《郭中丞抚黔奏疏》十六卷等。《明文海》录其文二篇。《明诗综》卷五一录其诗二首,"诗话"云:"青螺扬历外台,而著书不辍。诗嫌合格者少,然胜于软熟者多。"清应麟《江右古文选》卷二〇录其文三篇。《江西诗征》卷五九录其诗四首。清王琨《泰和诗征》卷三四录其诗二十三首。《明诗纪事》庚签卷一〇录其诗一首。生平见王兆云《皇明词林人物考》卷二、清郭孔延《郭公青螺年谱》(清光绪八年刊《青螺公遗书》本)。

郭凤仪(生卒年不详) 字舜符,号桐冈。河南开封府祥符(今开封)人。正德十一年(1516)北游京师,受业于侍读李时。嘉靖四年(1525)中举,五年进士,二十八年任黄州知府,后仕为云南按察司副使。曾向王廷陈学诗,亦能书画,著述现存明桐冈书院刊本《均奕集》一卷附录一卷,首郭凤仪自序、李春芳序及王廷陈题识,收诗一百四十余首。附录李时《送郭生南还序》云:"郭生为科举之学,其文平生则u,达于事理;为古文歌诗,无钩棘险僻之词。"又附何景明《黄河篇送郭季子还梁》、李梦阳《郭生行》、高叔嗣《秋水亭说》。《皇明诗统》卷三七录诗七首。《明诗纪事》戊签卷一一六录诗一首。生平见《(光绪)祥符县志》卷一六。

郭文(生卒年不详) 字仲彬,

或作仲晌。明初屯戍云南昆明之沐氏军中能诗者。杨慎《丹铅总录》卷二〇云："滇中诗人，永乐间称平、居、陈、郭。郭名文，号舟屋。其诗有唐风，三子远不及也。如《竹枝词》云：'金马何曾半步行，碧鸡那解五更鸣。侬家夫婿久离别，恰似两山空得名。'又《登碧鸡山太华寺》一联云：'湖势欲浮双塔去，山形如拥五华来。'一时阁笔，信佳句也，但全篇未称耳。其全集予尝见之，如此二诗，亦仅有也。"后《皇明诗统》卷一〇、《列朝诗集》乙集、《明诗综》卷一五上、《明诗纪事》乙签卷一三等均录此《竹枝词》。清袁文典等《滇南诗略》载郭文传略云："郭舟屋，布衣，买舟青草湖，啸咏自得。都督沐璘闻而造之，避芦中不见。一日，挥去侍从，携小童，幅巾斗酒，移棹物色，相与论诗文订交。"实以上所记均有误。元末顾瑛《草堂雅集》卷一三已列郭文《竹枝词》，故《静志居诗话》已疑两位郭文是否一人。实作此《竹枝词》者应为吴地号舟屋之郭文，而非云南之郭文。景泰二年（1451）七月，云南按察使柯暹因病辞归，其《东岗集》附录《滇南别意诗》跋曾谈及当时滇中诗人武林平宣、海昌居广、吴人陈谦及郭文："郭、居皆武士中贤者；郭善诗文，征南将军都督沐继轩璘师之；居精吏事，总府辟掌簿书数十年，得官；陈

官镇抚，有诗名；宣则松雨先生子也，黔府西塾，荐升广南府通判。所云松雨先生者，知藤县事显，字仲微。"《明史》卷二八六记平显云："云南诗人称平、居、陈、郭，显其一也。"显明初谪戍云南，西平侯沐英解其戍籍，聘为西宾，以诗名于滇中，然其已于永乐四年（1406）东归，后其子宣继为沐府西席，故景泰初"平、居、陈、郭"之"平"应指平宣。木昂《素轩集》多有与平氏父子及居广、陈谦、郭文赠答诗，其称平显为"松雨先生"，对平宣、居广、陈谦、郭文则直呼其名，或径题《寄郭、居二秀才》《书示居广》，则郭文等年辈必晚于昂。昂为沐英第三子，卒于正统十年（1445），沐璘为昂之长孙，故师事郭文。如是，则此郭文应为永乐至景泰时滇中诗人。有集未传，清袁文典等《明滇南诗略》卷一录诗八首，除《竹枝词》有误外，其余《赋得滇池夜月》《武定狮子岩》《登碧鸡山太华寺》等七首皆从明清志书等辑出，当为可信。清陈荣昌《滇诗拾遗》卷六录诗一首。近人李根源《永昌府文征》卷二录诗二首。

郭正域（1554—1612）　字美命，号明龙，又号六封。湖广武昌府江夏（今湖北武汉）人。万历十年（1582）领乡荐，明年进士，选翰林院庶吉士，授编修。历春坊中允、谕德、庶子，迁南国子祭酒。三十年，

征拜詹事，复为东宫讲官，擢礼部右侍郎，掌翰林院，三十一年三月，以尚书冯琦卒，署部事，因"楚王真伪案"，遭首辅沈一贯等弹劾，罢职回籍听勘，未及出都，又被诬与"妖书案"有关系狱，次年五月始释归。四十年五月二十四卒于家，年五十九，赠太子少保，谥文毅。正域博通经籍，有经济大略，又勇于任事，时望以贤人归之。在朝掌典仪之事，曾辑《皇明典礼志》二十卷（有万历四十一年刊本）。也究心诗文，有《韩文杜律》二卷，选韩愈古文、杜甫七律各一卷，各为之评点，后为《四库全书》所收，《总目》"提要"云："大抵明末猖狂之论，如谓《佛骨表》不知佛理之类，多不足与辨；所评杜诗，欲矫'七子'模拟之弊，遂动以肥浊为诟病，是'公安'之骖乘而'竟陵'之先鞭也。"诗文著述万历二十八年刻为《黄离草》十卷，前三卷收古近体诗八百三十余首，后七卷收各体文二百一十余篇。万历四十年湖广巡抚史记事将其所作奏疏、诰敕及诗文著述刊为《合并黄离草》三十卷，卷一至卷四收奏疏、册文、诰敕、讲章、赋文，卷五收应制文，卷六至卷一二收诸体诗（近千首），卷一六至卷二六收各体文，卷二七至卷二九收尺牍；卷三〇收《雍政大略》（八篇），有周宏禴、史记事、冯时可、叶向高序。《明史·艺文志》仅著录《黄离草》十卷，盖不知有三十卷本也。另曾批点《考工记》二卷，有万历闵斋仿刻《三经评注》本。《明史·艺文志》另著录其《东宫进讲尚书义》一卷、《楚事妖书始末》一卷、《武昌府志》六卷。《千顷堂书目》另著录其《文选后集》五卷。崇祯初傅振商曾选顾起元、焦竑、叶向高及郭正域四人诗各一卷编为《四家诗选》四卷。明末陈氏石云居刻《国朝大家制义》收《郭明龙稿》一卷。清廖元度《楚风补》卷二四录其诗七首。《明诗综》卷五四录其诗三首，"诗话"云："文毅坐妖书系狱，九死不悔，可谓骨鲠之臣。其论乐府云：'今人全用拟议而无变化，令人读之如抉陈人口中珠。'殆为于鳞辈发也。又言：'文章不可学一家。诗必自三百篇、汉魏六朝，下至唐人，皆在胸中笔底，乃称作家。'盖有志而未造其诣者。"清汪森《粤西诗载》录其诗四首。清高士熙《湖北诗录》录其诗二首。《明诗纪事》庚签卷一四上录其诗一首。《明文海》录其文七篇，评语云：'明龙之文，亦学欧阳而加以辞藻，与台山（叶向高）相伯仲。'"清陈元龙《御定历代赋汇》录其《瑞莲赋》一篇。生平见李维桢《郭公神道碑》（《大泌山房集》卷一〇九）、清《郭公改葬墓志铭》（《牧斋初学集》卷五一）、清陈鼎《东林列传》卷一五、《明史》卷二二六。

郭朴（1511—1593）　字质夫，号东野，又号静庵。河南彰德府安阳人。生于正德六年（1511）四月十八。嘉靖十四年（1535）进士，选翰林院庶吉士，授编修。满九载，迁侍读，历侍讲、左庶子、侍讲学士，迁礼部侍郎，改吏部，加太子宾客。进南礼部尚书，加太子少保，改北，寻改吏部尚书，加太子太保，兼武英殿大学士，预机务。世宗崩，首辅徐阶草遗诏，尽反时政之不便者，朴与高拱不得闻，遂与阶有隙，拱罢，朴亦乞归。卒于万历二十一年（1593）五月十八，年八十三，赠太傅，谥文简。能文，善青词，时谓严讷、李春芳、袁炜及郭朴为"青词宰相"。著述有清康熙十三年（1674）刊《郭文简公文集》五卷附录一卷，文四卷，录其疏、序、记、碑铭等六十余篇，诗一卷，录五七言古近体诗四十五首，而青词不存。《千顷堂书目》著录《郭文简公集》五卷附录一卷补遗一卷，当即此本。《千顷堂书目》另著录《顺德府志》四卷、《彰德府续志》三卷。《明诗纪事》戊签卷一九录诗《闲居》二首，按语云："史称文简两典铨衡，以廉著。惜辅政未久退归，优游林下三十年。观其诗词，从容暇豫，与贵溪（夏言）辈之躁进获祸者殊科矣。"生平见郭焜等《文简公行实》、陈于陛《文简公墓志铭》（《郭文简公文集》附录）及《明史》卷二一三。

郭廷序（1501—1547）　字循夫，号介斋。广东潮州府海阳（今潮州）人。生于弘治十四年（1501）九月十五，少入香山书院从黄佐学，与梁有誉、欧大任齐名。嘉靖元年（1522）举人，二十年进士，授贵溪知县，以罪于夏言罢官，二十六年四月十四卒于扬州，年四十七。卒后，其师黄佐辑其所著为《循夫先生集》四卷，有崇祯间郭守命等刻本，首嘉靖三十三年李时行序、崇祯七年（1634）吴仕训序。内卷一收诗三百十四首，卷二收诗余三十二首；卷三收各体文三十三篇，卷四收尺牍二十八篇。《皇明诗统》卷二二录其诗二首。近人翁辉东《潮州文概》卷二录其文三篇。生平见薛侨《邑大夫介斋君墓志铭》（《循夫先生集》附录）、《（咸丰）海阳县志》卷三七。

郭汝霖（1510—1580）　字时望，号一厓。江西吉安府永丰人。嘉靖十九年（1540）乡试中举，三十二年进士，授吏科给事中。上《平倭十策》，又上疏极论时务，三十八年奉玺书封琉球王。历顺天府丞，官至南太常卿。隆庆元年（1567）致仕，万历八年（1580）卒，年七十一。著有《使琉球录》，现存明抄本名《重编使琉球录》二卷。诗文著述存万历二十五年（1597）永丰郭氏家刊本《石泉山房文集》十三卷，前五卷收赋九篇、乐府诗四十五篇、五七言古近体六百多首,以下书简、奏疏、序、记、碑文、传各一卷,卷一二收说、引、跋、祭文,卷十三收墓表、行状、志铭,首王时槐、邹元标序。《千顷堂书目》著录其《石泉山房集》十二卷即此本。《四库全书总目》著录《石泉山房文集》十卷,"提要"云:"汝霖从邹守益、欧阳德诸人讲学,故其议论与罗汝芳一派相近,古诗颇规模陈子昂、李白诸人,得其形似,近体则又次焉。"生平见萧彦《掖垣人鉴》卷一四、《(雍正)江西通志》卷七九。

郭武(生卒年不详)　字炅隆。南直凤阳府临淮(今安徽凤阳)人,荣国公郭英之孙,赠定襄伯钰长子,定襄伯郭登之兄。官至尚宝司丞。《千顷堂书目》著录《武定联珠集》三十二卷,郭登所辑,收郭氏一门良、钰、武及登四人诗,未见传。《列朝诗集》乙集选录郭武十三首,"小传"云:"甫总角,仁宗召,试以诗,援笔立就,称旨。力学不倦,以古人自期。"《明诗综》卷一七录其诗五首。《御选宋金元明四朝诗》录其诗九首。清王崇简《畿辅明诗》录其诗八首。《明诗纪事》乙签卷一五录其诗一首。

郭金台(1609—1670)　字幼隗。湖广长沙府湘潭(今属湖南)人。本姓陈,名湜,字子原。年十五遭家难,匿于其舅郭氏处,遂承祧,改姓郭。崇祯十二年(1639)、十五年两应乡试,皆中副榜。南明隆武乡试中举,督师何腾蛟、巡抚堵胤锡先后论荐,授职方郎中,又任其为监军佥事,均以母老不应,然于时事多所论列,又请何腾蛟命偏裨办团练以保乡里。清初,当事者疏荐,力辞不就,入岳麓书院讲学。晚年隐衡山,著书授徒,卒于清康熙十五年(1676),年六十八,自题其墓曰"遗民郭某之墓"。以文名著于湖湘,有《代古》《旅园旧草》《衡游草》《遇岳堂诗》等集,清康熙间其孙陈鹏年辑其诗文刊为《石村诗集》三卷、《文集》三卷,今存,然已多有删落。《石村诗集》书前有康熙二十四年(1685)袁景星序,又崇祯间蔡道宪、唐世征、陶兰延、张芳序及金台自序五篇(《代古诗序》《旅园旧诗序》《行吟自序》《遇岳堂诗自序》《衡岳游诗自序》),内《诗集》三卷,收诗八百三十余首,有《代古诗》《五公诗》《旅园旧诗》《行吟》《衡岳遊诗》《将母堂诗》《古处堂诗》《濒江游诗》《湘园漫兴诗》《麋江倡和》《忏菴纪笔》等;《文集》三卷,收各体文凡一百四十八篇。其诗或记时事,或假咏史以记其慨,文则以传记见长。清廖元度《楚风补》卷三六录其诗三十九首。《御选宋金元明四朝诗》录其诗十五首。清邓显鹤《沅湘耆旧集》卷二○七录诗五十五首。《湖南文征》

录其文二十六篇。生平见《石村诗集》卷首清高兆所作《本传》及《(乾隆)长沙府志》卷三〇、《(乾隆)湘潭县志》卷一九。

郭奎(？—1365)　字子章,以字行。巢县(今属安徽)人。早年与汪朝宗、吴去疾同从余阙学治经,慷慨有志节,亦以诗名。元季世乱,飘零江湖,入朱元璋军。至正二十一年(1361),朱元璋侄朱文正开大都督府于南昌,选奎以儒士为辅佐参谋。明洪武二十五年(1392),文正得罪被诛,奎坐不谏被杀。《明史·艺文志》著录其《望云集》五卷,现存嘉靖十年(1531)吴廷翰括苍刊本,计收诸体诗一百七十首、词及歌曲十三,后附短札三篇。卷首赵汸序云:"吾闻子章少无宦情,尝欲泛大江,上三峡,徜徉蜀汉之间,览诸山川之奇秀,吊昔人经营遗迹,求严君平岷峨之墟,咨访大人先生之流,相与上下其议论,然后大发于诗,遭乱志勿遂也。"宋濂序云:"子章只影飘零于江湖间,进退无依,遂仗剑从军,艰难险阻莫不备尝。凡世道之污隆,时序之推移,人事之变更,每触之于目,必有感于心,感久辄悲,悲不能已,乃悉假诗以写之,通名其集曰《望云》,望云志思亲也。余常取而观之,何其情思之萦纡,音节之激烈哉!"《皇明风雅》录其诗二首。《盛明百家诗》后编录其诗一百零八

首为《郭子章集》一卷。顾起纶《国雅》卷二录其诗四首。《皇明诗统》卷四录其诗十七首。《石仓十二代诗选·明诗选》录其诗五十七首。《列朝诗集》甲前集录其诗三十九首。《明诗评选》录其诗七首。《明综》卷一二录其诗三十首,"诗话"谓其"诗格清刚,句无浮响,颇近汪忠勤(汪广洋)"。《四库全书》收《望云集》五卷,《总目》"提要"云:"(其诗)五言古体原本汉魏,颇得遗意;七言古体时近李白;五言律体纯为唐调;七言律体稍杂宋音;绝句则在唐、宋之间。元末明初,可云挺出。赵汸、宋濂皆为之序,推崇甚至,良不诬矣。"《御选宋金元明四朝诗》录诗三十首。《明诗纪事》甲签卷二一录诗十五首。近人刘原道《居鄞诗征》卷一录诗二百二十六首、文三篇。生平见《明史》卷二八五、《(嘉庆)庐州府志》卷三二、《(光绪)续修庐州府志》卷四五。

郭都贤(1599—1672)　字天门,号些庵,晚号顽石。湖广长沙府益阳(今属湖南)人。万历四十六年(1618)举人,天启二年(1622)进士,除行人。迁吏部主事,历员外、郎中,简放四川参议,迁江西副使,崇祯十六年(1643)以右佥都御史巡抚江西。时张献忠军逼境,陷袁、吉、临三郡,因召左良玉军至江西,复三郡,都贤恶左军淫掠,檄归之,而自

募士兵为戍。待献忠弃长沙入川，次年正月都贤以病请辞，隐于庐山。明社亡，福王于南京立，史可法荐其提督操江，桂王于肇庆称帝，又以兵部尚书召，俱未赴。丁亥（1647）削发为僧，称顽石和尚，客游湘鄂之间。洪承畴经略西南，以故旧谒都贤于山中，馈以金，坚辞。清顺治十年（1653）以《洞庭秋》诗入狱，出狱后流寓嘉鱼等地十余年，被驱回乡，结草庐于桃花江畔，又为县令所陷，再入狱，赖湖广总督蔡毓荣所救。康熙十一年（1672）客死于荆州承天寺，年七十四。都贤有才名，书法瘦硬苍劲，又善写兰竹，尤以诗称于湖湘。所著原有《些庵全集》《抚江疏稿》《补山堂十种》等，未付剞劂，仅以抄本流传。《千顷堂书目》曾著录《草鞋吟》二卷。清乾隆十四年（1749）刻廖元度《楚风补》卷二八录其诗六十五首。道光二十年（1840）邓显鹤刊《资江耆旧集》录其诗三百四十七首，辑为四卷；道光二十二年刊《沅湘耆旧集》录其诗二百二十二首，辑为二卷。咸丰十年（1860），邑人潘必先得其诸多佚稿，请胡达潨辑编为《些庵诗钞》十五卷，于次年刊行于世。是集分题《秋声》《石门图》《西山吟》《诗仅》《匡蓼吟》《湘痕》《石门杂咏》《破草鞋》《赠云》《诬叛苦吟》《浮家》《补山堂》《不是诗》《罪状》。集前有《凡例》，其一云：

"集中如《秋声》《石门图》《破草鞋》等篇名目，皆是些庵先生自定，兹刻一仍其旧。"其二云："旧本是先棍岩公随得随录，次序既参错，又且年谱未载，兹就诗中甲子为卷帙先后，识者鉴之。"各卷所收多寡不一，如卷一五《罪状》，系顺治十年五月其入狱四十二天前后所作诗，仅二十首，而《些庵诗钞》总收诗凡一千五百余首。《明诗纪事》辛签卷一八录其诗一首。其文多散佚，惟邓显鹤弟子罗汝怀《湖南文征》录其文十七篇。生平见《（雍正）湖广通志》卷五五、《（乾隆）长沙府志》卷二九、清温其训《郭公些庵外传》《些庵诗钞》卷首）。

郭造卿（1532—1593）　字建初，号海岳，又号玉融山人。福建福州府福清人。生于嘉靖十一年（1532）二月二十六。贡生，好为古文词，能声诗，又称明习当世掌故，熟知兵符、钱谷、政事之学。以科考不利，游历南北，多交于当世名卿士大夫，曾游于胡宗宪等达官门下，后又入戚继光军幕。卒于万历二十一年（1593）六月初七。《明史·艺文志》著录其《燕史》一百二十卷、《海岳山房集》二十卷。《燕史》为其在戚幕时所著，清抄本《燕史》现存三十四卷，内《政纪》二卷、《燕统纪》三卷、《燕雄纪》二卷、《燕镇纪》九卷、《燕敌纪》二卷、《燕督纪》六卷、《燕道纪》三卷、《燕系纪》三卷、《燕裔纪》二卷、《燕朔纪》二卷。又，万历刊《卢龙塞略》二十卷（存十七卷）为《燕史》之节略本。诗文著述现存万历间师古斋吴勉学刻《海岳山房存稿》二十卷，首万历三十四年于慎行序及叶向高、顾起元、董应举、陈勋序，内诗部五卷，收赋二篇、五七言古近体诗二百余首，文部十五卷，收各体文二百一十余篇。又有四十一年刻《别稿》五卷，也为其子郭应宠所辑，内《说部》三卷、《史部》二卷，皆为论说之文。后又有万历间谷城于氏重刊本，题为《海岳山房文集》二十卷、《别稿》五卷。《明诗综》卷四九录其诗一首。清郭柏苍《全闽明诗传》卷二五录诗三首。《明诗纪事》庚签卷七下录诗五首，按语谓其"五七言近体，句炼调稳，犹是闽人成派"。《明文海》录其文十四篇。生平见郭应庞《先考海岳府君行状》（《海岳山房存稿》附录）、叶向高《海岳郭先生墓志铭》（《苍霞草》卷一七）。

郭第（生卒年不详）　字次甫，号中洲，后更字五游。南直镇江府丹徒（今江苏镇江）人。布衣能诗，称山人。嘉靖末，寓金陵，与顾璘、朱曰藩、何良俊、黄姬水、金大车、吴承恩等人文酒之会。有尽览五岳之愿，自号五游，先后历嵩、岱，后归隐焦山。王世贞、李攀龙、汪道昆、屠隆等皆曾入山访之。《千顷堂书目》著录其《广篇》又《独往生集》一卷，未见传。《盛明百家诗》录其诗三十余首为《郭山人集》一卷。顾起纶《国雅》卷一七录其诗四首。《皇明诗统》卷三五录其诗六首。《列朝诗集》丁集录其诗六首，"小传"云："何元朗（何良俊）称其'江月不可留，山云坐相失'及'娇英被银床，葳蕤弄澄澈'之句，以为骎骎窥盛唐之室。又有诗云：'世外风光君见否，岭云东去是蓬莱。'孙齐之（孙七政）爱其神采，每为人诵之。"《明诗综》卷五〇录其诗一首。《御选宋金元明四朝诗》录其诗三首。《明诗纪事》己签卷二〇录其诗一首。生平见陈文烛《郭次甫诗序》（《二酉园文集》卷四）。

郭谏臣（1524—1580）　字子忠，号方泉，更号鲲溟。南直苏州府长洲（今江苏苏州）人。数试南畿不举，乃北游，嘉靖四十年（1561）中顺天乡试，明年进士，除袁州府推官。愤严嵩父子乱政，密籍严世蕃奸逆不道事，因御史林润上之，后世蕃伏法，与此有关。征授吏部主事，历员外郎、郎中，论列时事，语多切直，忤张居正，出为江西右参政，分守岭北，罢归。万历八年（1580）起郧阳巡抚，未上，七月初一卒。能诗，王世贞为其诗集作序，谓其诗"近体尤富，独得十之八"（《弇州四部稿续稿》卷四六）。所著《鲲溟先生诗集》四卷附《奏疏》一卷，乃其子所编，清康熙间陈鹏年校订,诗不分体,凡六百七十余首。《四库全书》据清康熙五十二年(1713)其五世孙郭鸾刊本收录《郭鲲溟集》四卷,《总目》"提要"云:"平生伉直,不愧其名与字。而其诗乃婉约闲雅,有范成大、陆游之遗。虽十首以外不免语意略同,如高仲武之论刘长卿者,然当太仓(王世贞)、历下(李攀龙)主持坛坫之时,能毅然自为,不随风气,亦足见其孤介矣。"《明诗纪事》己签卷一四上录诗八首,按语云:"鲲溟五绝,特有韵致。"生平见申时行《郭公合葬墓志铭》(《赐闲堂集》卷三一)、《(乾隆)江南通志》卷一四〇。

郭维藩(1475—1537)　字价夫,号杏冈,又号杏东。河南开封府仪封(今兰考)人。弘治十一年(1498)举于乡,正德六年(1511)进士,选翰林庶吉士,九年授检讨,兼修国史。十六年擢南国子司业。嘉靖四年(1525)升侍讲,掌南翰林院事,六年以父丧归。八年母丧,十年服除,复故官,寻改侍读学士,典内制,十六年四月晋太常寺少卿兼侍讲学士,寻卒,年六十三。《千顷堂书目》著录其《杏东文集》十二卷,现存嘉靖四十一年其门人河南巡抚蔡汝楠刊《杏东先生文集》十卷,内诗五卷,收赋一篇、诸体诗约六百首、词三首,文五卷,收各体文一百余篇。是集又有清乾隆十五年(1750)郭方康十

笏斋刊本。《皇明诗统》卷二六录其诗六首。《明诗综》卷三四录其诗一首。《四库全书总目》著录《杏东集》十卷,"提要"谓其诗文"皆乏深湛之思"。生平见吴国伦《郭先生维藩墓志铭》(《甀甄洞稿》卷三四)、《(雍正)河南通志》卷五七。

郭棐(1529—1605)　字笃周,号梦兰。广东广州府南海(今广州)人。嘉靖二十八年(1549)领乡荐,四十一年进士,授户部主事。改礼部精膳司主事,进本司员外郎、郎中,简放四川夔州知府,迁湖广屯田副使,摄蕲州道。万历五年(1577)改四川提学副使,历湖北参政,转山东按察使,擢云南右布政,万历二十三年以光禄寺卿致仕。家居十年,三十三年卒,年七十七。早年在西樵山师事湛若水,与闻心性之旨。居官勤于政务,尤热心修志。其分司湖广时,曾修《酉阳正俎》十卷,现存万历十七年刊本,又主修《广东通志》七十二卷、《四川通志》三十六卷、《夔州府志》十二卷又《夔记》四卷、《粤大记》三十二卷、《岭南名胜记》二十二卷、《岭南诸夷志》二卷、《宾州志》十四卷、《右江大志》三十卷。万历间刊《粤大记》尤称广东名志。又有《名公玉屑录》二十卷、《府江道路考》一卷。《千顷堂书目》著录其诗文著述《梦菊全集》又《兰省稿》,未见传。《岭南名胜志》内收其

自作诗一百余首。张邦彦《岭南文献》收其诗四十余首。清屈大均《广东文选》录其赋一篇、杂文十一篇、诗十八首。黄宗羲《明文海》录其《巫山十二峰赋》一篇，清陈元龙《御定历代赋汇》录其《石门泉赋》《怀贤赋》。清梁善长《广东诗粹》卷五录其诗四首。清温汝能《粤东诗海》所收七首诗亦不见于他书。生平见《(雍正)广东通志》卷四五。

郭登(？—1472)　字元登。南直凤阳府临淮(今属安徽)人。荣国公郭英孙，洪熙时授勋卫。正统间，擢锦衣卫指挥金事，七年(1442)副靖远伯王骥征麓川，超拜都督金事。景泰初守大同，进都督同知，再进右都督，以破敌功封定襄伯。英宗复辟，掌南京中军都督府，以事论斩，宥死，谪戍甘肃。宪宗立，复爵镇甘肃，以荐召还，总神机营。成化八年(1472)卒，谥忠武。以武将而能诗称。李东阳《怀麓堂诗话》云："国朝武将能诗，莫过定襄伯郭元登。"登曾辑己诗与其父郭珏、兄郭武之作合刻为《联珠集》二十二卷，未见传。《盛明百家诗》后编录其诗七首为《郭定襄伯集》一卷。顾起纶《国雅》卷三录其诗四首。《皇明诗统》卷一四录其诗十一首。《石仓十二代诗选·明诗选》录其诗五首。《皇明诗选》录其诗一首。《列朝诗集》乙集录其诗七十一首。《明诗综》卷二○

录其诗十二首，"诗话"云："《联珠》一集，继父兄掉鞅诗坛，西涯(李东阳)以为明初武臣之冠。即其《山王》《楸树》诸篇，力已排霣，至《咏枭》之作，直兼张、王、韩、杜之长。岂惟武臣，一时台阁诸公，孰出其右？"清沈德潜《明诗别裁集》录其诗四首。《御选宋金元明四朝诗》录其诗二十四首。清王崇简《畿辅明诗》录其诗十三首。《明诗纪事》乙签卷一五录其诗五首，按语云："忠武诗才力雄博，大篇最为见长。"生平见袁袠《赠定襄侯谥忠武郭公登传》(《国朝献征录》卷一○)、郑汝璧《皇明功臣封爵考》卷六、王兆云《皇明词林人物考》卷三、《明史》卷一七三。

郭廑(生卒年不详)　又名廙，字敬夫。明初福建福州人。布衣能诗，与赵迪等为诗友。《千顷堂书目》著录其《镜湖清唱》四卷，未见传。《石仓十二代诗选·明诗选》录其诗四十五首，后引崇祯三年(1630)徐𤊻《镜湖清唱跋》云："国初吾郡诗人辈出，'十子'而外，复有二十余家。有传有不传，实幸不幸也。郭廑字敬夫，湮没二百余年，无有知者。予近得抄本，诗百十篇，有《挽鸣秋赵景哲》之作，而罗宗让《觉非集》有《和郭敬夫诗》，语云'不知其人视其友'，敬夫实清世之隐君子也。集中有《送兄楚芳上春官》，楚芳名兰，永乐三年乡荐，姓名见于郡志。敬夫《青铺岭》绝句云'家林想在空蒙外,一带螺江隐翠微',又有'门前湖白与山青,分携空过白湖亭'之句,其所居当在白湖、螺浦之间,与鸣秋山人(赵迪)相邻并也。予既录其遗编,并为考其地里,付曹君能始(曹学佺)授之梓,敬夫之名从此弗至湮没,不亦厚幸矣乎?"《明诗综》卷一九上录其诗二首。《御选宋金元明四朝诗》录其诗六首。清陈邦彦《御定历代题画诗类》录其诗五首。清郭柏苍《全闽明诗传》卷五录其诗十三首。《明诗纪事》乙签卷一四录其诗二首。

席书(1461—1527) 字文同,号元山。四川潼川州遂宁人。生于天顺五年(1461)四月初五,与弟席春、席彖有名于乡里,称"三凤"。弘治三年(1490)进士,授山东郯城知县。以治绩入为工部都水司主事,进户部山东司员外郎,简放河南按察佥事,进副使,移贵州副使。历河南右参政、浙江按察使、山东右布政使、云南右布政使,以右副金都御史巡抚湖广。宁王宸濠之变,时任福建左布政使,发帑金募兵讨之,嘉靖元年(1522)以功迁南兵部右侍郎。三年"大礼议"起,揣帝意,草书以示桂萼,萼然其意,遂上之,因大用,升礼部尚书,入阁豫机务。上表献新政十二事,诏令天下执行,又力荐王守仁、杨一清入阁,未果。加太子太

保,进少保,以目疾不能视事,乞休,帝不允,六年二月进武英殿大学士,三月初十卒,年六十七,赠太傅,谥文襄。时称其遇事敢为,而性颇刚愎,恣行私意,亦为时论所斥。《明史·艺文志》著录其《元山春秋论》一卷、《漕船志》一卷《漕运录》一卷、《元山文选》五卷,现存嘉靖二十年其子席中、席和刻《元山文选》五卷,内卷一、卷二收各体文六十四篇、词九首,卷三、卷四收奏疏三十一篇,卷五收论、策十五篇又书札十九篇。《四库全书总目》另著录其所辑《大礼集议》五卷。《明文海》录其文四篇。生平见杨一清《席公墓志铭》(《国朝献征录》卷一五)、王世贞《嘉靖以来内阁首辅传》卷二、《明史》卷一九七。

席浪仙(籍里及生平不详) 崇祯间金阊叶静池刊本短篇白话小说集《石点头》十四卷十四篇,署"天然痴叟著,墨憨斋主人评"。首龙子犹(冯梦龙)序谓:"《石点头》者,生公在虎丘说法故事也……浪仙氏撰小说十四种,以此名篇。"因知书名《石点头》,盖取"生公说法,顽石点头"之意,而天然痴叟号浪仙。《石点头》为晚明白话短篇小说中风格较近《三言》《二拍》者,其十四篇短篇小说分别名《郭挺之榜前认子》《卢梦仙江上寻妻》《王本立天涯求父》《瞿凤奴情愆死盖》《莽书生强图鸳

侣》《乞丐妇重配鸳俦》《感恩鬼三古传题旨》《贪婪汉六院卖风流》《玉箫女再世玉环缘》《王孺人离合团鱼梦》《江都市孝妇屠身》《侯官县烈女歼仇》《唐玄宗恩赐纩衣缘》《潘文子契合鸳鸯冢》。内容多取材于前人，而以冯梦龙所辑《情史类略》中故事为多。《石点头》与冯梦龙《醒世恒言》均为金阊叶静池刊刻，《石点头》又有冯梦龙评语，因知作者与冯梦龙关系甚密，或曰《醒世恒言》中也有作品出自浪仙手笔，未知确否？《石点头》又有带月楼刊本及敬书堂刊本等，流播甚广，清光绪间石印本题《醒世第二奇书》。又，崇祯时张瘦郎编《步雪初声》附收席浪仙散曲小令三套：[南商调·集贤宾·咏杨花]、[南仙吕·八声甘州·春游]、[南商调·黄莺儿·春情]。冯梦龙序《步雪初声》云："野青氏少负隽才，所步《花间集》韵，既已夺宋人之席，复染指南北调，感叹成帙，浪仙子从而和之，斯道其不孤也……夫楚人不辨冰青，得此开山，尤为可幸。《白雪》故郢调，今其再振于黄乎？"此席浪仙、浪仙子当与《石点头》所署浪仙为一人，席姓，浪仙、天然痴叟皆为其号也，或为湖广人矣。

唐广(？—1481)　字惟勤，号半隐。浙江湖州府乌程(今湖州)人。与兄唐庠并有诗名，以"二唐"名于乡里。曾为安吉县医官，成化十七年(1481)卒。天顺间怀悦辑刊《士林诗选》录其诗二十首。《皇明风雅》卷三九录其诗一首，其《诗谈》论及正统至成化时诗曰："姑苏刘溥及刘钦谟(刘昌)、沈愚、张淮，嘉禾周鼎及李孟昭(李进)、姚纶、陈昌、陈颢、李孟璇、季衡，吴兴丘吉及唐庠、唐广、张子静，海昌苏平、苏正，皆一时名家也。吴下诗自正统、天顺以来，调极清和。"《皇明诗统》卷一一录其诗一首。《列朝诗集》乙集录其诗一首，"小传"谓其"面如红玉，目光闪闪，如画中人。善谑好饮，手抄奇书异传，不惜示人。吴兴丘大佑(丘吉)有诗名，纤丽似温、李，惟勤一变为中唐，冲淡类韦、柳"。清陆心源《吴兴诗存》四集卷三录其诗三首。《明诗纪事》乙签卷七录其诗一首，按云："惟勤自号半隐，朱存理为作《唐半隐小传》，亦风雅之才也，惜诗不多见。"生平见《(同治)湖州府志》卷七五。

唐元竑(生卒年不详)　字远生。浙江湖州府乌程(今湖州)人。万历四十年(1612)举人。明亡不食死，论者以首阳饿夫比之。能草书。又曾撰《杜诗捃》四卷，为《四库全书》所收，《总目》"提要"谓其"大旨合者为多，胜旧注之穿凿远矣。"亦能诗，清陆心源《吴兴诗存》四集卷一五录其诗一百零五首。生平见《(光绪)乌程县志》卷一五。

唐文凤(1347—1432) 名子仪，号文凤，以字行，又号梦鹤。南直徽州府歙县（今属安徽）人。其祖唐元、父唐桂芳，俱以文学擅名，文凤少得从诸故老游，善书，通经史百家，时称三人为"小三苏"。永乐间以文学征于朝，授兴国知县，擢赵王府纪善，调洛阳丞，乞休归。宣德七年(1432)卒于家，年八十六。其五世孙唐泽所撰《墓表》谓其著述在乡校者曰《朝阳类稿》，在兴国者曰《政余类稿》，又曰《章贡文稿》，在藩府者曰《进忠类稿》，在洛阳者曰《洛阳文稿》，归田后曰《老学文稿》。现存《梧冈诗稿》四卷、《文稿》六卷，有正德十三年(1518)张芹刻《唐氏三先生集》本，诗四卷，收诗四百二十余首，文六卷，收各体文百余篇。程敏政《新安文献志》录其文七篇、诗六首。《皇明诗统》卷三录其诗六首。陈有守等《徽郡诗》卷一录其诗二首。《石仓十二代诗选·明诗选》录其诗八首。《列朝诗集》乙集、《御选宋金元明四朝诗》录其诗一首。《四库全书》据《唐氏三先生集》收《梧冈集》十卷，《总目》"提要"谓文凤诗文"亦丰缛深厚，刊落浮华，能不失其家法"。《明诗纪事》乙签卷一三录其诗三首，按云："纪善诗骨十老苍，如豫章凌云，非复寻常近赏。"生平见《唐氏三先生集》二十八卷附录之其五世孙唐泽《高祖梧先生墓表》及过庭训《本朝分省人物考》卷三七、《（弘治）徽州府志》卷八。

唐文灿(1525—1603) 字若素，号鉴江。福建漳州府镇海卫铜山所（今东山）人。嘉靖二十八年(1549)举人，于镇海卫办塾学十余年，隆庆二年(1568)中进士，除行人。迁工部漕运司员外郎，提督山西冶铁厂，罪于税监，调云南按察金事，寻谪宿州通判，改池州推官，官终广西金事。卒于万历三十一年(1603)，年七十九。以能书名，亦能诗文。《千顷堂书目》著录其《鉴江享帚集》。现存万历十一年刊本《垣署四六存稿》七卷，收其在西垣所作启状、禀帖、奏疏等文；又有万历十五年刊本《鉴江享帚集》二十三卷，内卷一至卷一三收赋四、各体文二百三十余篇，卷一四、卷一五收古体诗十九首，卷一六至卷二〇收近体诗四百余首，卷二一收词十首，卷二二、卷二三收书札二百五十余篇。《明诗综》卷五一录其诗一首。生平见《（乾隆）漳州府志》卷一八。

唐文献(1549—1605) 字玄征，号抑所。南直松江府华亭（今上海松江）人。万历十三年(1585)顺天乡试中式；明年廷试第一人进士及第，授翰林修撰。二十四年改右春坊右中允，明年迁右谕德兼翰林侍讲，以病归。二十七年诏起原官，二十八年迁右庶子兼翰林侍读，转左庶子，三十年迁少詹事兼侍读学士，三十一年晋礼部右侍郎，掌翰林院事，三十三年卒于官，年五十七，赠礼部尚书，加太子少保，谥文恪。初出赵用贤门，以名节相矜许，亦能诗文。《明史·艺文志》著录其《占星堂集》十六卷，现存万历四十三年杨鹤、崔尔进辑刻《唐文恪公文集》十六卷，首孙承宗序，卷一收册文、诏、贺表、廷试策等，卷二收馆课，卷三至卷一一收各体文一百二十余篇，卷一二至卷一四收赋一、古近体诗三百七十余首，卷一五收书启五十二篇，卷一六为家训。是集后又有清道光三十年（1850）唐文献从九世孙重刻本。《明诗综》卷五五录其诗五首。《御选宋金元明四朝诗》录其诗二首。清姚宏绪《松风余韵》卷三一录其诗十八首。清陈元龙《御定历代赋汇》卷三录其《日悬清光赋》。《明诗纪事》庚签卷一五录其诗一首。生平见董其昌《抑所唐公行状》（《容台文集》卷九）、汤宾尹《合葬唐掌院文》（《睡庵稿》文集卷二五）、顾祖训《状元图考》卷三、《明史》卷二一六。

唐世济（1570—1649）　字美承，号存忆。浙江湖州府乌程（今湖州）人。万历十九年（1591）举人，二十六年进士，授福建宁化令。征为监察御史，巡按淮扬。天启元年（1621）二月以右佥都御史巡抚南赣，三年五月乞休归。五年三月起，迁南京刑部右侍郎，六月改兵部右侍郎，十一月迁兵部左侍郎，旋削籍。崇祯元年（1628）十月再起原官，二年三月再罢，五年六月复改南京右都御史，七年八月擢左都御史，九年十一月以荐原兵部尚书霍维华下狱，十年闰四月戍边。弘光元年（1644）正月诏起为南京左都御史。卒于清顺治六年（1649），年八十。平生喜词，所著存崇祯间程尚刻《琼麋集词选》一卷，收词一百六十首，前有程尚序、题词。生平见《（光绪）乌程县志》卷一五。

唐龙（1477—1546）　字虞佐，号渔石。浙江金华府兰溪人。生于成化十三年（1477）六月十二。弘治十四年（1501）领乡荐，正德三年（1508）进士，除郯城知县。征为御史，出按云南。嘉靖五年（1526）以陕西提学副使迁按察使，召拜太仆寺卿，迁金都御史，总督漕运，进副都御史，擢吏部右侍郎，转左，十一年进兵部尚书兼右都御史，总制三边军务。吉囊及俺答入寇，数败之。十五年改刑部尚书，加太子少保，十七年乞归。二十三年起南刑部尚书，就改南吏部，以有边警，改兵部尚书，加太子太保，二十五年改吏部。病足，又与执政议不合，因求去，诏黜为民，七月十九出都门二十里卒，年七十。后以子汝楫疏辩，诏复官，赠少保，谥文襄。《明史·艺文志》著录其《易经大旨》四卷、《康山群忠志》三卷又《二忠录》二卷(记王祎、吴云死节事)、《渔石集》四卷。所著嘉靖十一年浙江提学佥事王惟贤辑刻为《唐渔石集》四卷,首康海、黄省曾序,文三卷,诗一卷;嘉靖二十四年彭年又刻《渔石唐先生诗集》八卷。存世又有嘉靖刊本《江西奏议》二卷。另清抄本《名家制义》六十一卷有《唐虞佐稿》一卷。顾起纶《国雅》卷六录其诗七首。《皇明诗统》卷二九录其诗三首。阮元声《金华诗粹》录其诗十二首。《皇明诗选》录其诗九首,陈子龙评曰:"渔石五言本之少陵,已涉藩篱,渐窥堂奥。"《明诗综》卷三三录其诗七首,"诗话"谓其"长于五律"。《御选宋金元明四朝诗》录其诗四首。《四库全书总目》著录《渔石集》四卷,《总目》"提要"云:"其文颇具浩瀚之气,诗尤长于五言。然集中自《诗话》所摘数联以外,亦复罕逢佳句矣。"清黄彬等《金华诗录》卷三〇录其诗十九首。《明诗纪事》戊签卷一〇录其诗五首。《明文海》录其文一篇。生平见徐阶《唐公墓志铭》(《世经堂集》卷一六)、严嵩《唐公神道碑》(《钤山堂集》卷一六)、王兆云《皇明词林人物考》卷六、《明史》卷二〇二。

唐邦佐(生卒年不详) 字惟良。浙江金华府兰溪人,唐龙孙。隆庆元年(1567)举人,明年进士,授泰和知县,改如皋、仪真。入为刑部主事,首辅张居正恶之,谪两淮运司判官,改赣州府通判,官终光州知州。崇儒学,曾重辑赵鹤编《金华正学编》。亦能诗文。《千顷堂书目》著录其《比部集》三卷,未见传。阮元声《金华诗粹》录其诗二十六首。清黄彬等《金华诗录》卷三五录其诗二十九首。《明诗综》卷五一录其诗二首。《御选宋金元明四朝诗》录其诗一首。《明诗纪事》庚签卷九录其诗二首。生平见《(万历)兰溪县志》卷五。

唐尧官(生卒年不详) 字廷俊,号少屿,又号五龙山人。云南云南府晋宁人。嘉靖四十年(1561)乡试解元,九上春官不第,乃绝意仕进,杜门著书。讲学梅谷书院,以诗词古文教于后进,多出名士。后以子懋德封陕西临洮同知。所著有《五龙山人集》《选诗补逸》等,未见传。清袁文典等《明滇南诗略》卷六录其诗四首、《滇南文略》卷四录其文七篇。清陈荣昌《滇诗拾遗》卷六录其诗八首附赋四篇。《明诗纪事》己签卷一三录其诗九首,按云:"廷俊乐府古诗,可与王子衡(王廷相)抗行,惜边鄙无人以张之也。"近人方树梅《晋宁文征》录其文二十二篇、《晋宁诗征》卷一录其诗三十五首。近人李根源《永昌府文征》录其诗四首。《(1926

晋宁州志》卷一二录其文二十四篇、诗十三首。生平见《(乾隆)云南通志》卷二一之二、《(1926)晋宁州志》卷一○。

唐汝询(1565—1659) 字仲言，号酉阳山人。南直松江府华亭(今上海松江)人。生于嘉靖四十四年(1565)三月二十四。五岁失明，父兄抱膝上，授以《三百篇》、唐诗。后刻苦学诗，入张所敬之"雅社"，又旁通经史，多所著述，故当时称异人。清顺治十六年(1659)卒，年九十五。尝取高棅《唐诗正声》、李攀龙《唐诗选》加以订正，附己意为之笺释，成《唐诗解》五十卷，虽所注实多冗芜，不尽得古人之意，然已属难能。现存清康熙四十年(1701)刊本《删订唐诗解》二十四卷。或云万历二十八年(1600)顾正谊刊本《顾氏诗史》十五卷原亦为汝询所撰。《千顷堂书目》著录其《编篷集》十卷《后集》十五卷。现存万历间原刊本《酉阳山人编篷集》十卷《后集》十五卷。《编篷集》首李维桢序，又其兄唐之屏万历二十六年序，又唐汝谔万历三十六年序，收五七言古今体诗凡八百三十六首；《后集》有万历四十六年刘锡玄序、李维桢《后集小引》，卷一至卷一一收赋八篇、诸体诗七百八十一首，卷一二至卷一五收各体文五十余篇，以书启为多。是集后又有

清乾隆二十四年(1759)唐元素重修本。《列朝诗集》丁集录其诗二首，"小传"云："尝过余山中，酒间诵《子虚》《上林》诸赋，杜、白长篇，锵金戛玉，琅琅不遗一字。留校杜诗，时有新义。"《明诗综》卷六五录其诗二首。清姚宏绪《松风余韵》卷三一录其诗八首。《四库全书总目》著录《编篷集》十卷《后集》十五卷，"提要"云："其兄汝谔笃嗜王、李之学，故汝询所作，亦演'七子'流派。开卷即《拟古十九首》，次以《拟古》百篇、《感怀》四十六首，皆沿袭窠臼，貌似而神非。后集附杂文数十篇。其三五七言、四六八言、一字至十字诸杂体，尤伤纤巧也。"《金陵诗征》卷三九"寓贤"录其诗一首。《明诗纪事》庚签卷二六录其诗二首。生平见陈衍《唐仲言李公起》(《明文海》)、何三畏《云间志略》卷二四、《(乾隆)江南通志》卷一六六。

唐时升(1551—1636) 字叔达。南直苏州府嘉定(今属上海)人。少孤，父唐钦训与归有光善，故得瓣香有光习古文辞。年未三十，谢去举子业，专心读书汲古。王世贞官南都，延之邸舍，与辨析疑义，时升自以出归氏门，不肯复称王氏弟子。后与同邑李流芳、娄坚、程嘉燧等传有光之流风遗绪。晚则与娄坚、程嘉燧并称"练川三老"。卒于崇祯九

年(1636)，年八十六。诗古文纵横踔厉，为通人所称。崇祯初知县谢三宾辑程嘉燧、娄坚、李流芳与时升四人著述，刻为《嘉定四先生集》，内收时升《三易集》二十卷，后人因称四人为"嘉定四先生"。《嘉定四先生集》本《三易集》今存，后又有清康熙三十三年(1694)陆廷灿据《嘉定四先生集》本之补修本《三易集》，仍为二十卷，有清王士禛、宋荦序，而原本王锡爵、王衡、侯峒曾、钱谦益、谢三宾序附其后。是集诗六卷，收古近体诗五百四十四首，文十四卷，收各体文一百八十四篇。另有清抄本《唐先生遗稿》一卷，皆两种《三易集》所未收，为其晚年所作诗文。《列朝诗集》丁集录其诗一百零七首，"小传"云："为人志大而论高，平居意思豁然，独好古人奇节伟行，与夫古今谋臣策士之略，讨论成败兴亡之故，神气扬扬，若身在其间。家贫，好施与。锄舍后两畦地，剪韭种菘。晚年时闭门止酒，味庄、列之微言，以养生尽年。语及国事，盱衡抵掌，所谓精悍之色犹著见于眉间也。诗皆笔而成，语不加点。用方寸纸杂写如涂鸦，旋即弃去。遇其得意，才情飙发，虽苦吟腐毫之士无以加也……叔达之文，纵横踔厉，尤为通人所称……深恶艰深涂泽之文，自命其集曰'三易'。"《明文海》录

其文十三篇。《明诗评选》录其诗七首。《明诗综》卷六五录其诗十首，"诗话"云："嘉定四先生诗文，要当推叔达第一，长衡（李流芳）、子柔（娄坚）且逊席，矧孟阳（程嘉燧）乎？牧斋谓其放笔而成，绎其辞乃追琢而出者，由其欲伸孟阳，故有意抑之尔。"清沈德潜《明诗别裁集》录其诗二首。《御选宋金元明四朝诗》录其诗十九首。时升《三易集》清初曾列为禁书，故《四库全书总目》未著录，然著录娄坚《学古绪言》二十五卷，"提要"曾论及"嘉定四先生"之文学，以为四人中程嘉燧以依附得名，余三人以娄坚为冠冕，"时升、流芳虽均得有光之传，而能融会师说，以成一家言者"。清王辅铭《明练音续集》卷五录其诗十首。《明诗纪事》庚签卷四录其诗九首，按语云："叔达五古拟陶，时有佳境。近体绝句，轩豁中微少涵蓄。牧斋（钱谦益）所谓放笔而成，盖亲见之。"生平见《(乾隆)江南通志》卷一六六、《明史》卷二八八。

唐伯元(1540—1597)　字仁卿。广东潮州府澄海人。万历二年(1574)进士，授万年令，改泰和，秩满，升南户部主事。受业于吕怀，崇程、朱之学，深抵王守仁新说。阳明从祀孔庙，疏言不宜，谓言六经无"心学"之说，孔门无"心学"之教，凡

言"心学"者，皆后儒之误守仁言，又云"良知心学"惑世诬民。言官劾其诋毁先儒，降海州判官。后移保定推官，历尚宝司丞，官至吏部文选司郎中，乞归。万历二十五年卒，年五十八。所著《铨曹仪注》五卷，有万历刊本。《千顷堂书目》著录其《太和县志》、《二程先生新语》、《醉经楼集》六卷。现存清乾隆刻道光二十九年（1849）增修本《醉经楼集》六卷，卷一收诗百首，后五卷为各体文，附刻《奏疏》一卷。是集又有光绪二年（1876）刻本。清屈大均《广东文选》录其文三篇。清冯奉初《潮州耆旧集》有《唐选部醉经楼集》二卷，收其文四十二篇。近人翁辉东《潮州文概》卷三录其文二篇。生平见清黄宗羲《明儒学案》卷四二、《（康熙）潮州府志》卷九上、《明史》卷二八二。

唐诗（生卒年不详）　字子言，号石东居士。南直常州府无锡（今属江苏）人。布衣能诗，嘉靖间曾与王懋明、姚咨等游。《千顷堂书目》著录其《石东山房稿》，未见存。《盛明百家诗》后编录其诗九十余首、词一首为《唐山人集》。顾起纶《国雅》卷一一录其诗九首。《皇明诗统》卷三一录其诗十三首。《列朝诗集》丁集录其诗一首。《明诗综》卷五〇录其诗二首。清沈德潜《明诗别裁集》卷九录诗一首。《御选宋金元明四朝诗》录诗三首。《明诗纪事》已签卷二〇录诗一首。生平见《（光绪）无锡金匮县志》卷二二。

唐肃（1331—1375）　字处敬，号丹崖、丹崖居士。会稽（今浙江绍兴）人。博学通经史，能诗文，亦工篆楷，兼习阴阳医卜术数，甚有名于当时，与谢肃并称"会稽二肃"，极为危素、戴良、宋濂、申屠衡等所许。元末举浙江乡试，授杭州路皇冈书院山长，转嘉兴路儒学学正，因携家居之。明洪武三年（1370）召修《礼书》《乐书》，擢应奉翰林文字兼国史院编修。以疾失朝，罢归，后谪佃于濠，七年十二月初六（1375年1月17日）卒，年四十四。曾寓居苏州，与高启、张羽、徐贲、王彝等为诗友。其诗文谨守绳墨，无元季靡靡之习，故卒后苏伯衡为其作墓铭，谓其"为古文简洁而雅奥，律诗步骤盛唐，乐府古诗浸淫汉魏"。《明史·艺文志》著录其《丹崖集》八卷，现存天顺八年（1464）平湖沈琮刊本，内诗赋四卷，收赋六篇，诸体诗一百七十二首，文四卷，收各体文五十余篇，有危素、宋濂等序，附行状、墓铭、像赞等。又有明蓝格抄本、祁氏淡生堂抄本及多种清抄本。刘仔肩《雅颂正音》卷五录其诗一首。《皇明风雅》录其诗八首。《盛明百家诗》后编录其诗六十余首为《唐丹崖集》。顾起纶《国雅》卷二录其诗四首。

《皇明诗统》卷三录其诗九首。《石仓十二代诗选·明诗选》录其诗十九首。《列朝诗集》甲集录其诗十首。《明诗综》卷四录其诗六首。清陈邦彦《御定历代题画诗类》录其诗五十余首。《御选宋金元明四朝诗》录其诗十首。清沈季友《樇李诗系》卷六录其诗九首。《明诗纪事》甲签卷八录其诗十六首。程敏政《皇明文衡》录其文八篇。《明文海》录其文七篇。清陈元龙《御定历代赋汇》录其赋五篇。生平见翁好古《唐应奉行状》（《丹崖集》附录）、苏伯衡《翰林应奉唐君墓志铭》（《国朝献征录》卷二〇）、王兆云《皇明词林人物考》卷二、《明史》卷二八五。

唐胄（1471—1539）　字平侯，号西洲。广东琼州府琼山（今海南海口）人。弘治十一年（1498）举人，十五年进士，授户部山西司主事，丁忧归。时刘瑾当权，以其逾期不赴，坐夺职。正德五年（1510）刘瑾伏诛，召用，以母老不出。嘉靖初起故官，进员外郎，迁广西提学佥事、云南副使，再擢云南右参政、右布政使，十一年迁广西左布政使，翌年以右副都御史巡抚南赣，半年，移山东。十四年晋南户部右侍郎，次年春调户部右侍郎，秋转左侍郎。十七年，世宗以生父入祀明堂，胄抗疏入狱，削籍归，是年冬获赦，次年四月十三卒于家，年六十九，隆庆元年

（1567）追赠右都御史。史称其"耿介孝友，好学多著述，立朝有执持，为岭南人士之冠"。居家二十年，致力搜集地方文史，正德间纂修《琼台志》四十四卷，现残存三十九卷。《千顷堂书目》另著录其《江闽湖广都台志》《西洲存稿》。1935年刊《海南丛书》第三集收《传芳集》，为唐胄及其子唐穆、唐秩之合集，内唐胄《西洲存稿》有诗四十一首。《（正德）琼台志》录其诗多首。《滇南诗选》录其诗三十六首。清屈大均《广东文选》录其文二篇。生平见黄佐《唐公胄传》《国朝献征录》卷三〇）、王弘海《唐公神道碑》（《国朝献征录》卷六〇）、《明史》卷二〇三。

唐顺之（1507—1560）　字应德，一字义修，号荆川。南直常州府武进（今江苏常州）人。生于正德二年（1507）十月初五。年十六补郡庠生，嘉靖七年（1528）乡试中举，八年联捷进士，会试第一，廷试第四。初选庶吉士，柄臣罢之，改授兵部武选司主事。丁母忧归，十一年服阕，改吏部稽勋主事，调考功，十二年调翰林编修，校累朝《实录》，十四年称病告归，为人所逸，有诏以吏部主事归乡，永不启用。十八年以夏言、顾鼎臣荐，起故官兼右春坊右司谏，十九年冬与罗洪先、赵时春等联名上疏请朝东宫，世宗怒，俱免为民。归乡，读书阳羡山中，苦修性命之义，

着意经史经济致用之学。居家十六年，累荐不起。三十六年赵文华以边才荐，三十七年起兵部职方员外郎，未几，升郎中，奉敕蓟镇核兵。又视师浙江，与胡宗宪协谋抗倭，亲下海，出没波涛。次年迁太仆寺少卿，督战崇明，以破敌升右通政，三十八年超拜右金都御史，巡抚凤阳。三十九年春汛期至，率兵巡视通、泰，四月一日，病卒于广陵舟中，年五十四。崇祯间，追谥襄文。在朝与罗洪先、赵时春为友，以天下自任，中外称"三翰林"。又以学识称，载籍记其"于学无所不窥，大则天文、乐律、地理、兵法，小则弧矢勾股、壬奇禽乙、刺轮拳棍，莫不精心扣击"。(《明史》本传)又喜网弋搜剔，钩纂成书。所辑编之书关涉经、史、子、集四部约六十种：曾辑历代正史所载君臣事迹为《史纂左编》一百四十二卷(有嘉靖四十年刊本及万历刊本)，又辑历代名臣议事之文为《右编》四十卷(有万历三十三年刊本)，历代用兵指要为《武编》十卷(有万历刊本、《四库全书》本)、《兵垣四编》五卷(有天启元年朱墨印本)；又选由西周迄赵宋之文，分体排纂为《文编》六十四卷(有嘉靖三十五年及《四库全书》本等)，采历代诸儒之言编为《诸儒语要》二十卷(有万历三十年刊本)；又有《荆川稗编》一百二十卷(万历九年刊本、《四

库全书》本)，《两汉解疑》二卷、《两晋解疑》一卷(有《学海类编》本等)。《千顷堂书目》《明史·艺文志》等另著录其《五经总论》一卷、《乐论》八卷、《春秋论》一卷(即《荆川集》中《读春秋》一篇)、《儒编》六十卷、《诸儒要语》十卷、《诸儒文要》八卷、《左氏始末》十二卷、《六大家文略》十二卷、《明朝文选》二十卷、《海防图论》一卷、《策海正传》十二卷、《勾股等六论》一卷等。学既富，更以诗文擅名，《明史·文苑传》谓时人将其与陈束、王慎中、赵时春、熊过、任瀚、李开先、吕高等称"嘉靖八才子"。时又与王鏊、薛应旂、瞿景淳称"时文四大家"。诗文结集初刻于嘉靖二十八年，为无锡安如石刊《唐荆川先生文集》十二卷，王慎中序。后又有嘉靖三十二年书林叶氏宝山堂刊本《重刊校正唐荆川文集》十二卷。嘉靖三十四年(1555)金陵书林薛氏刻《重刊校正唐荆川先生文集》十二卷则增《续文集》六卷、《南奉使集》二卷、《北奉使集》一卷、《敕命》二卷、《部札》一卷。万历元年(1573)其子唐鹤征又刻《重刊荆川先生文集》十七卷、《外集》三卷、附录一卷；清康熙五十一年(1712)其六世孙唐执玉重刻为《荆川集》十八卷(《外集》四卷未及刊)。清光绪三十年(1904)金陵书局所刻《荆川集》十二卷、补遗五卷、《外集》三卷，收罗最为完备。

平生最以古文名家,为文主张学唐宋大家"开阖首尾,经纬错综之法",论者或将其与王慎中列为"唐宋派"领袖,明季是否有此一派且不论,然文章盛名一时,则无疑矣。李攀龙云:"今之文章,如晋江(王慎中)、毗陵二三君子,岂不亦家传户诵?而持论太过,动伤气格,惮于修辞,理胜相掩"(《送王元美序文》)。王世贞云:"某所知者,海内王参政、唐太史二君子,号称巨擘。觉挥霍有余,裁割不足"(《与陆浚明先生书》)。明刻陆弘祚编《皇明十大家文选》选《荆川文选》二卷。明末李宾编《八代文钞》本选《唐应德文抄》一卷。清康熙刻张汝瑚编《明八大家集》选《唐荆川集》六卷。贺复征《文章辨体汇选》录其文六十篇。《明文海》录其文《答茅鹿门书》等三十九篇。《四库全书》所收《荆川集》十二卷,据嘉靖三十二年宝山堂本,《总目》"提要"亦谓其"以文章传……然考索既深,议论具有根柢,终非井田、封建之游谈,其文章法度具见。《文编》一书,所录上自秦汉以来,而大抵从唐宋门庭沿溯以入。故于秦汉之文,不似李梦阳之割剥字句,描摹面貌,于唐宋之文,亦不似茅坤之比拟间架,掉弄机锋,在有明中叶,屹然为一大宗。至其末年,遁而讲学,文格稍变……熏蒸语录,与之俱化,分别观之可矣"。其诗主学初唐。

《盛明百家诗》前编录其诗三百零四首为《唐中丞集》。顾起纶《国雅》卷一〇录其诗四十八首,谓其"诗称名家,蚤居翰苑,便跻贞观,武德华躅;及还毗陵,直造开元、大历妙处,并足流响词林"。《皇明诗统》卷二一录其诗十一首。《皇明诗选》录其诗七首,评曰:"应德气象爽迈,才情骏发,使能深造,当有超乘。其后驰骛功名,诡托讲学,遂颓然自放"。《列朝诗集》丁集录其诗六十首,"小传"云:"正、嘉之间,为诗者踵何、李之后尘,剽窃云扰,应德与陈约之(陈束)之辈,一变为初唐,于时称其庄严宏丽,咳唾金璧"。《明诗综》卷四一录其诗十二首。清沈德潜《明诗别裁集》录其诗三首。清沈季友《槜李诗系》卷四〇录其诗二首。《明诗纪事》戊签卷九录其诗八首。生平见赵时春《唐公墓志铭》(《赵浚谷文集》卷一〇)、李开先《荆川唐都御史传》(《李中麓闲居集》卷一〇)、王兆云《皇明词林人物考》卷七、何乔远《名山藏》卷七六、清黄宗羲《明儒学案》卷六、《明史》卷二〇五。近人唐鼎元有《明唐荆川先生年谱》八卷(1939 年武进唐氏铅印本)。

唐庠(生卒年不详) 字惟周,浙江湖州府乌程(今湖州)人。与弟广并有诗名,称"吴兴二唐"。天顺间怀悦辑刊《士林诗选》二卷录其诗九首。《皇明风雅》卷三九录其诗三首,《诗谈》论及正统至成化时诗曰:"姑苏刘溥及刘钦谟(刘昌)、沈愚、张淮,嘉禾周鼎及李孟昭、姚纶、陈昌、陈颢、李孟璇、季衡,吴兴丘吉及唐庠、唐广、张子静,海昌苏平、苏正,皆一时名家也。吴下诗自正统、天顺以来,调极清和。独刘草窗(刘溥)之豪迈,周桐村(周鼎)之雅健,丘大佑(丘吉)之雄俊,思致深远,视诸家为优。桐村后,吕恭雅有思致。本朝作者,莫盛东南,姑苏为最,云间、晋陵、嘉湖其次。虽曰地灵,亦气运使然乎。"《皇明诗统》卷一一录其诗三首。《列朝诗集》乙集录其诗二首,《御选宋金元明四朝诗》据之录。清陆心源《吴兴诗存》四集卷三录其诗二首,《明诗纪事》乙签卷七录其诗一首,按语云:"吴兴二唐以诗名,绝句殊有风致。"

唐泰(生卒年不详) 字亨仲。福建福州府闽县(今福州)人。洪武二十七年(1394)进士,授行人。历浙江按察司佥事,永乐中升陕西按察副使。擅声诗,时福清林鸿主盟闽中诗坛,倡唐音,泰与闽中能诗者长乐陈亮、高棅、闽县王恭、郑定、王褒、周玄,永福王偁,侯官黄玄等同时响应,后以诗入袁表、马荧万历初编刊之《闽中十子诗》,遂被称为明初"闽中十子"之一。"十子"所作多追攀盛唐,开有明一代闽中诗风。《千顷堂书目》著录唐泰《善鸣集》十卷,未见传。万历四年(1576)刻《闽中十子诗》之《唐观察诗》收其诗十六首。《皇明风雅》录其诗二首。顾起纶《续国雅》卷一录其诗一首。《皇明诗统》卷七录其诗九首。徐𤊹《晋安风雅》录其诗八首。《石仓十二代诗选·明诗选》录其诗五首。《列朝诗集》甲集录其诗四首。《明诗综》卷一〇录其诗一首。《御选宋金元明四朝诗》录其诗四首。清郭柏苍《全闽明诗传》卷五录其诗十一首。《明诗纪事》甲签卷一〇录其诗二首。生平见王兆云《皇明词林人物考》卷二、《明史》卷二八六。

唐桂芳(1308—1381) 一名仲,字仲实,号白云,又号三峰。歙县(今属安徽)人。十岁受业于其乡洪焱祖,十五岁从平江龚肃、通州钱仲鼎学《毛诗》,卒业以归。弱冠贡于有司,聘明道书院训导。元至元间,用荐授崇安县教谕,迁南雄路学正,未赴,以忧归。至正十八年(1358)朱元璋领兵驻徽州,延访儒硕,邓愈以朱升、唐桂芳闻,召对,首问平天下要道,以"不嗜杀"对,朱元璋称是,请出山佐军务,以瞽废辞,因令其摄紫阳书院山长。明洪武十四年(1381)夏五月卒,年七十四。与父唐元、子唐文凤俱以文学擅名,时号"小三苏"。卒后,钟启晦为其作《行状》,称其文以气为主,为诗则清新流丽,出语惊人,而声调格律,铿锵浏亮,读之琅然惬听。《千顷堂书目》著录其《白云集略》四十卷又《武夷小稿》,未见传。程敏政曾辑唐氏祖孙三人诗文为《唐氏三先生集》三十卷,现存正德十三年(1518)张芹刻本,内收唐桂芳《白云稿》七卷。其集首有洪武九年唐桂芳《白云集自序》及陈养浩序,内诗四卷,收赋四、拟楚辞一、古近体诗二百九十余、词八首;文三卷,收各体文百余篇。程敏政《新安文献志》录其诗八首、文四篇。陈有守等《徽郡诗》录其诗二首。《皇明诗统》卷三录其诗四首。《石仓十二代诗选·明诗选》录其诗九首。《列朝诗集》甲集录其诗四首。《明诗综》卷一一录其诗一首。《御选宋金元明四朝诗》录其诗四首。《四库全书》据正德刊《唐氏三先生集》收《白云集》七卷,《总目》"提要"云:"集中有《与陈浩书》,称'尝慕苏老泉闭户探赜,古今上下融液胸臆,故下笔源源而无艰险窘迫态,辄谓文不可学而能,气可以养而致此,此苏老家传法也'。盖其平生宗旨如此。故所作容与逶迤,绝无聱牙晦涩之习。诗亦清谐婉丽,颇合雅音。"《明诗纪事》甲签卷二三录其诗七首。《词综》卷八〇、清沈辰垣《御选历代诗余》卷五八录其词一首。生平见钟启晦《唐公桂芳行状》(《国朝献征录》卷一〇〇)、《(乾隆)江南通志》卷一六七。

唐皋(1469—1526)　字守之,号心庵。南直徽州府歙县(今属安徽)人。少学举业,而科考蹭蹬,至正德八年(1513)中举,明年以第一人进士及第,年已四十五,授翰林修撰。正德十六年八月,赐一品服,充正使,与兵科给事中史道颁世宗即位诏于李氏朝鲜,与朝鲜国领议政金诠、右议政李荇等倡和,朝鲜国王李怿特命书局编刊《皇华集》二卷、《续集》一卷,收有关诗文。所刊《(辛巳)皇华集》,首有南衮嘉靖元年(1522)序,是集杂记文外,共收诗四百六十八首,内唐皋一百零四首、史道八十五首。皋后以与修《武庙实录》,进侍讲学士,嘉靖五年卒于官,年五十八。《千顷堂书目》著录其《心庵文集》,未见传。陈有守等《徽郡诗》卷一录其拟乐府诗二首。《列朝诗集》丙集录其拟乐府《公莫舞》《杨白花》《明妃曲》,"小传"谓其"为文下笔立就,或求窜易字句,伸笔直书,不袭一字。人咸服其才,惜未究其用也"。《明诗综》卷三五录其诗《明妃曲》。《明诗纪事》戊签卷一二录其诗《杨白花》。生平见顾祖训《状元图考》卷二、《(乾隆)江南通志》卷一六七、清徐乾学《明史列传》卷六四。

唐寅(1470—1524)　字伯虎,一字子畏,号六如,自署六如居士、桃花庵主、逃禅逸史等。南直苏州府吴县(今江苏苏州)人。生于成化六年(1470)二月初四,逢寅年寅月寅日寅时,故名"寅"。家居市井,父为商贾,寅则自幼入学,十六成诸生。二十三四岁,父母及妻、妹相继亡故,心情悲苦而家境亦渐落,遂立志求取功名。弘治十一年(1498)二十九岁举应天乡试第一,得主考官梁储激赏。次年与同乡张经赴春闱,梁储将其荐于礼部右侍郎程敏政,程将其收为门生。礼部试发榜前,给事中华昶奏副主考程敏政与张、唐二人联通作弊,敏政及张、唐同下诏狱。后虽查无实证,敏政却在狱中患重疾,出狱数天即亡故,唐寅则以"夤缘求进"罚金除名,黜充吏役。或曰此为朝臣争攘纷争,意在攻敏政,而寅既遭此祸,遂绝意仕进。归苏州后,百无聊赖,乃于十三年春,治装出游镇江、扬州;又溯江过芜湖、九江,上庐山,再上溯游赤壁古战场;入湖南,登岳阳楼、泛洞庭湖、朝南岳;转福建武夷诸名山及仙游九鲤湖;由闽至浙返,经雁荡、天台,渡海拜普陀;又沿富春江抵安徽,上黄山、九华。数千里浪游,历时九月,以抒胸中郁积。回苏州后家愈贫,续妻吵闹离去,乃于临街小楼中卖文鬻画,以为生计。正德四年(1509),以所得于苏州城北宋人废园址上筑室名桃花坞,植桃花数百株绕茅屋数间,以为诸名士诗画

悠游之所。除正德九年(1514)曾受宁王宸濠所邀,短时间赴江西南昌外,余皆居于此。晚年生活再陷困顿,卒于嘉靖二年十二月初二(1524年1月7日),年五十五,身后仅存一女。寅少以才称,诗、书、画皆擅,先与同邑才子张灵交善,后与徐祯卿、祝允明、文征明游,称"吴中四才子"。科场案放归后益任放诞,至放浪于名教之外,又治"江南第一风流才子"印嵌于画,因更有狂名。唐寅之画著名于当时后世,山水、人物、花鸟俱佳,后世将其与沈周、文征明、仇英并称"吴门四家"。然寅之画并不全同于"吴门画派"。据王穉登言,寅曾入沈周之门,然寅也曾从周臣学画,而周臣画风远摹南宋之李唐、刘松年,故寅之画风与沈周、文征明等吴门画家多追攀元四家不尽相同,有融会南北之势,实为有明一代之巨匠矣。亦工书法,取法赵孟頫,奇峭俊秀。诗文创作早年颇崇六朝,所作《金粉福地赋》,错金镂彩,快意感官,为诗则跌宕融畅,俊丽佻达。弃落之后,更趋俚俗,托兴讽世,《桃花庵歌》不避凡庸,张扬性情,因得自成一格。顾璘《国宝新编》为其作传云:"弃落之余,殉情体物,务谐俚耳,罔辟俳文。"著述刊本甚多:嘉靖间袁褧序刊本《唐伯虎集》二卷;万历四十年(1612)云间曹元亮校刊本《唐伯虎集》四卷、《外

集》一卷、《纪事》一卷；万历四十二年吴郡何大成校刊本《唐伯虎先生集》二卷、《外编》五卷、《外编续刻》十二卷、《画谱》三卷；明末四美堂刊本《袁中郎先生批评唐伯虎汇集》四卷、《画谱》三卷、《传赞》一卷、《外集》一卷、《纪事》一卷；清嘉庆六年(1802)重刊本《六如居士全集》七卷、补遗一卷、《外集》六卷、《画谱》三卷、《制义》一卷、《墨亭新赋》一卷、《花坞联吟》四卷等。另日本有江户刊本《唐伯虎集》一卷。《盛明百家诗》录其诗十四首为《唐伯虎集》。顾起纶《续国雅》卷三录其诗一首。《皇明诗统》卷一三录其诗五首。《皇明诗选》录其诗一首。《列朝诗集》丙集录其诗七十五首，"小传"谓其"家无儋石，客常满座，文章风采，照曜江表……归心佛氏，取四句偈，自号六如。外虽颓放，中实沈玄，人莫得而知也。其于应世诗文，不甚措意，谓'后世知不在是，见我一斑已矣'……伯虎诗少喜秾丽，学初唐，长好刘、白，多凄怨之词。晚益自放，不计工拙，兴寄烂熳，时复斐然"。《明诗评选》录其诗七首。《明诗综》卷二七下录其诗九首。《御选宋金元明四朝诗》录其诗十七首。《明诗纪事》丁签卷一一上录其诗九首，按语云："子畏诗才烂熳，好为俚句，选家淘汰太过，并其有才情者不录，此君真面不见。"《明词综》

卷二录其词一首。近人赵尊岳《明词汇刊》辑录其词三十余首为《六如居士词》。张琦等《吴骚合编》、胡文焕《群音类选》尚存其佚曲，总计小令五十首、套数二十套。《明文海》录其文《娇女赋》等三篇，卷二〇〇评其《与文征明书》云："其自序诸书亦多凄惋，余文未足观也，颓然自放而已。"生平见祝允明《唐子畏寅墓志铭》(《国朝献征录》卷一一五)、王兆云《皇明词林人物考》卷四、(崇祯)吴县志》卷四七、《明史》卷二八六。

唐愚士(1350—1401) 名之淳，字愚士，以字行，号萍居。浙江绍兴府山阴(今绍兴)人。生于元至正十年(1350)十一月十三。唐肃子，父谪死临濠，愚士全力访求其遗文，时称孝子。年未二十已有声于时，与方孝孺为友，宋濂极许其才。洪武间为曹国公李景隆家西席，二十年(1387)曾随景隆北征。建文二年(1400)，用方孝孺荐，召为翰林侍读，与修《类要》及《鉴戒录》，与方孝孺同领书局，次年闰三月二十三卒于官，年五十二。卒后方孝孺为其作《墓志铭》云："愚士长身巨鼻，博闻多识，练达世故。为文蔚赡有俊气，长于诗而善笔札，每一篇出，人多传道之。洪武中屡欲有荐之者，谢不就。曹国李公好士，为勋戚第一，闻其名，走使者请至家，俾其子师焉，亦因与之讲切，待以宾友礼，征行四方，皆与俱。历燕、蓟、周、秦，过前代废都旧邑、名贤杰士之遗迹，援笔有赋，词旨超绝，必惊压一时。颇喜饮酒，酒酣谈辨古今，杂以诙谐，竟日夜不穷。"《千顷堂书目》著录其《文断》四卷、《息末斋集》又《寄我轩集》又《谷斋稿》又《萍居集》二十卷，未见传。有明蓝格抄本《唐愚士诗》不分卷，名曰诗集，实兼载诗文，编次颇无伦绪，疑为据手稿抄录，又仅收洪武二十、二十一年从李景隆北征时所作，诗四百余首、各体文二十余篇。又曾作《会稽怀古诗》三十首，后有长洲戴冠和之，现存明刊本亦附戴冠和诗。《皇明风雅》录其诗五首。《皇明诗统》卷三录其诗十首。《石仓十二代诗选·明诗选》录其诗三首，附于唐肃后。《列朝诗集》甲集录其诗十八首。《明诗评选》录其诗一首。《明诗综》卷一六录其诗六首。《四库全书》据抄本厘《唐愚士诗》为四卷，"提要"云："其诗虽未经简汰，金砾并存，而气格质实，无元季纤秾之习。其塞外诸作，山川物产尤足以资考核。"《明诗纪事》乙签卷二录其诗八首。生平见方孝孺《侍读唐君墓志铭》(《逊志斋集》卷二二)、佚名《唐愚士侍读传》(《国朝献征录》卷二〇)、《明史》卷二八五。

唐锦(1476—1554) 字士纲，号龙江居士。南直松江府上海人。生于成化十一年十二月二十八(1476年1月24日)。弘治八年(1495)中举，明年进士，授东明知县。迁兵科给事中，清理广东盐法，以忤刘瑾意，外放深州知州。瑾诛，迁南工部主事，历南刑部郎中，出为江西提学副使。十四年宁王宸濠之乱，集城中士民，激以大义，捕内官杜茂等四十二人，驰请王守仁入城，建首功。嘉靖初被劾落职致仕，卒于嘉靖三十三年(1554)四月十三，年七十九。《千顷堂书目》著录其《龙江集》十二卷、《龙江梦余录》四卷。现存唐氏听雨山房刊本《龙江集》十四卷，卷一收诗九十首，余卷为序、碑记、墓志、行状及杂著，卷一四收词十一首，卷端有顾名世隆庆三年(1569)序及朱希周所著墓志铭，盖刻于隆庆年也。《龙江梦余录》四卷，亦有明刊本，为其致仕后所作笔记，多录史传载籍之逸闻，所议则无甚高明。另，弘治间曾纂修《大名府志》十卷，有正德刊本。又曾首修《上海县志》。《石仓十二代诗选·明诗选》录其诗二十八首。《明诗综》卷二七下录其诗《近山》一首。清姚宏绪《松风余韵》卷三一录其诗二十五首。清王昶《青浦诗传》卷八录其诗五首。《明诗纪事》丁签卷七录其诗《赏梅》一首。近人严昌堉《海藻》卷六录其诗十一首。生平见徐献忠《江西提学副使唐公行状》

《长谷集》卷一三）、朱希周《唐公墓志铭》（《龙江集》卷首）、萧彦《掖垣人鉴》卷一二。

浦应麒（生卒年不详） 字道征，号后岩。南直常州府无锡（今属江苏）人。嘉靖十一年（1532）进士，选翰林院庶吉士，授编修。以修《实录》，进左春坊赞善，主二十二年京畿试，次年预校廷对策，以不中柄臣者意，乞归。归田后曾与乡梓缙绅所结碧山吟社，与俞宪称诗友。《千顷堂书目》著录其《后岩集》□卷，未见传。俞宪隆庆三年（1569）录其诗四十余首为《浦宫赞诗》，与其父浦瑾《浦丽水诗》合为《二浦诗集》，刊入《盛明百家诗》后编。顾起纶《续国雅》卷四录其诗二首。《皇明诗统》卷二五录其诗六首。《明诗综》卷四一录其诗一首。清顾光旭《梁溪诗钞》卷七录其诗四首。《明诗纪事》戊签卷一八录其诗一首。生平见《（光绪）无锡金匮县志》卷一九。

浦源（1344—1379） 字长源，号东海生。无锡（今属江苏）人。元末学画于倪云林，擅山水竹石，亦能诗。明洪武六年（1373）应求贤科，授晋王府引礼舍人。慕闽中诗人林鸿名，入闽访之，被邀入社，相与唱酬，引为同调，鸿因为之揄扬。十二年出使陕西，舟经淮河遇难，年三十六。《千顷堂书目》著录其《浦舍人集》十卷，现存崇祯十三年（1640）陈文炀刊本（六卷，残存四卷），后又有清抄本，亦六卷，计收诗一百三十六首。《皇明风雅》录其诗三首。《盛明百家诗》前编录其诗四十余首为《浦舍人集》一卷。顾起纶《国雅》卷三录其诗四首，《国雅品》谓其"词彩秀润"。《皇明诗统》卷一录其诗十八首。《石仓十二代诗选·明诗选》录其诗四十三首。《皇明诗选》录其诗一首。《列朝诗集》甲集录其诗三十六首。《明诗综》卷一三录其诗六首，"诗话"谓其佳句甚多，"诗虽与子羽（林鸿）同调，然才不逮林，当与二玄（周玄、黄玄）伯仲"。清沈德潜《明诗别裁集》录其诗一首。《御选宋金元明四朝诗》录其诗二十四首。清顾光旭《梁溪诗钞》卷三录其诗十七首。《明诗纪事》甲签卷一九录其诗五首，按语云："舍人非徒善诗，兼长于画。舍人游闽，以林子羽赏拔，得诗名。集中合作，不在子羽下。"生平见叶夑《毗陵人品记》卷六、王兆云《皇明词林人物考》卷一、《明史》卷二八六。

浦瑾（生卒年不详） 字文玉，号桂岩。南直常州府无锡（今属江苏）人。科举维艰，正德二年（1507）中举，至十六年举进士，已至暮年，陈丽水知县，到任三日病，三月卒。平生与同邑邵宝善，亦能诗。《千顷堂书目》著录其《桂岩集》，未见传。俞宪隆庆三年（1569）录其诗二十余首为《浦丽水诗》与其子浦应麒《浦宫赞诗》合为《二浦诗集》，刊入《盛明百家诗》后编。《皇明诗统》卷二五录其诗十一首。《列朝诗集》丙集录其诗五首，"小传"谓其"博赡有文。与邵文庄（邵宝）善，每有著述，多与商榷"。《明诗综》卷三七录其诗一首，"诗话"谓其"诗如'池萍涨雨青浮岸，邻树分阴绿过墙'、'林迥微风生木末，江空落日上帘钩'、'日斜天外初微雨，云薄楼西忽断虹'，颇与国贤（邵宝）同调"。清顾光旭《梁溪诗钞》卷六录诗二首。清周有壬《梁溪文钞》卷八、王史直《锡山文集》卷九录文一篇。《明诗纪事》戊签卷一四录诗一首。生平见《（康熙）常州府志》卷二五。

海瑞（1514—1587）　字汝贤，字国开，号刚峰。广东琼州府琼山（今海南海口）人。生于正德八年十二月二十七（1514年1月23日）。嘉靖二十八年（1549）举人，三十二年谒选福建南平教谕，三十七年迁浙江淳安知县，四十二年调兴国县。四十三年入觐，授户部云南司主事，以上《治安疏》触帝怒，下诏狱。穆宗立，诏复原官，寻改兵部武库司主事，进尚宝司丞，调大理丞。隆庆三年（1569）调通政司右通政，六月以右佥都御史总督粮储，巡抚应天十府，未几罢归。万历初，张居正当国，中外交荐，不召，居正卒，十三年

（1585）召为南京都察院右都御史，十五年十月十四卒于南京，年七十四，谥忠介。平生以刚正著。著述现存万历三十年海迈重刊本《备忘集》十卷；又有崇祯四年（1631）黄秉石刊《海忠介公文集》七卷，《明史·艺文志》著录其《文集》七卷，即此本。后又有清康熙五年（1666）其六世孙海廷芳补修本《备忘集》十卷。《四库全书》据康熙本收《备忘集》十卷，《总目》"提要"云："瑞生平学问以刚为主，故自号刚峰……其孤忠介节实人所难能。故平日虽不以文名，而所作劲气直达，侃侃而谈，有凛然不可犯之概。"清乾隆时焦映汉、贾棠、王赟等曾合编丘濬、海瑞著述为《丘、海二公文集合编》，内《海忠介公集》六卷。《明文海》录其文五篇。清屈大均《广东文选》录其文三篇。诗不多作，《滇南诗选》录其诗二十二首。清梁善长《广东诗粹》卷五录其诗一首。另有佚诗散见。生平见梁云龙《海公行状》（《备忘集》附录）、王弘海《海忠介公传》（《国朝献征录》卷六四）、黄秉石《海忠介公传》（《海忠介公文集》卷首）、何乔远《名山藏》卷七七、《明史》卷二二六。清王国宪有《海忠介公年谱》（清康熙刊《海忠介公文集》附）。

涂伯昌（？—1650）　字子期。江西建昌府新城（今黎川）人。少好学，闻杭州黄汝亨名，徒步涉江师事

之,已又之楚,师事郭子章。崇祯三年(1630)举于乡,屡上春官未第。清兵南下,南明隆武帝招为兵部主事,改监察御史,奉命至江西招集义旅,历新城、广昌至宁都。会清兵南下攻江西诸郡县,力守宁都一年,城陷,大书于壁曰:"读圣贤书,但知守经死,不知达权生",乃自缢,时庚寅(1650)二月初十。著述有《涂子一杯水》五卷,原为陈继儒所选,有崇祯十年(1637)陈继儒、陈际泰序及涂伯昌自序,又有伯昌崇祯十七年《后自序》,现存清康熙四十五年(1706)其子涂见春刊本,文四卷,收论、序、记等文一百四十余篇,第五卷收诸体诗二百余首。《四库全书总目》著录是集,"提要"云:"是集名'一杯水'者,自序云取澹然无味之义。集中多杂释、老之说,其《书唐武宗毁佛复僧后》一篇,以'三才''三教'并称;其《格物述》及《古本大学通序》数篇,颇以朱子为非。盖江右之学,多从陆氏,自宋元已然也。诗多染'竟陵'末派,惟五言律诗,间有可观。"生平见清江士琳《涂子期本传》(《涂子一杯水》卷首)、清西亭凌雪《南天痕》卷一六列传二十七《守土诸臣传》。

　　涂颖(生卒年不详)　字叔良,号清溪。进贤(今属江西)人。元末入京师,从余阙游,不遇而归。能诗,余阙《青阳集》卷六《题涂颖诗集后》云:"涂君叔良来京师,与余同寝处,凡两载,藜藜饭糗之余,相与论古今人诗,皆有造诣。尤长于五言,其精丽有谢宣城步骤,平淡闲适不减孟浩然。叔良年甚少,将来何可量耶?"后侨寓江南,曾与顾瑛等游,《草堂雅集》收其诗十首。韩林儿龙凤时,朱元璋为吴王,驻金陵,颖被征为中书典签、太常博士。明初与诸名士倡和,刘仔肩《雅颂正音》卷三录其诗七首。《皇明风雅》卷二四录其诗一首。《皇明诗统》卷三录其诗二首。《列朝诗集》甲集录其诗六首。《御选宋金元明四朝诗》录其诗四首。《江西诗征》卷四二录其诗十六首。《明诗纪事》甲签卷一三录其诗三首,按语云:"叔良七言断句,颇有风致。"生平见《(康熙)江西通志》卷三四、《(光绪)进贤县志》卷一四。

　　涂几(生卒年不详)　字守约,又字孟规。江西抚州府宜黄人。学于李存,究心陆象山之学。又以能诗文称,与邹矩齐名。《千顷堂书目》著录其《涂子类稿》十卷又《东游集》。《涂子类稿》十卷现存嘉靖十五年(1536)宜黄知县黄漳刊本,系其三世孙翰林编修涂忠编辑,有邹矩《涂子类稿旧序》及黄漳《书涂子类稿后》。内首三卷收诸体诗百首,卷四收楚歌二十四首、古赋十篇,卷五至卷一○收各体文,卷八有《进时务策上皇帝书》。是集又有万历十八年（1590）宜黄涂氏刊本。《皇明风雅》卷二二、《皇明诗统》卷六、《列朝诗集》甲集录其诗二首。《明诗综》卷一一录其诗《兵后述怀》一首，"诗话"云："涂君于文，高自矜许，集有《吊余文赋》云：'负子才之宏异兮，早卓偶而莫群。较锱铢于古人兮，又何数乎今之人。'而又云：'芰荷不可以为衣兮，女萝不可以为带'，则匪安于遁世者也。尝撰《时事策》十九篇，上书孝陵，自称：'臣平生苦学，见于文章。时辈妄推，谓当与汉唐诸文人略相先后。使居馆阁，纪述圣君贤臣之事业，足以载当世而垂无穷。'亦大言不怍矣。然其文颇牵率。乡人邹矩元方序之，谓'沉雄悲壮，佚宕奔逸'，此欺罔之言也。诗亦平平，乏警策。"《四库全书总目》著录《类稿》十卷，"提要"云："今观其集，亦不甚讲经世之学也。"《江西诗征》卷四三录其诗二首。《明诗纪事》甲签卷一三录其诗一首。生平见《（康熙）江西通志》卷三四。

诸万里（生卒年不详） 字继明，号来云居士、贲园居士。浙江绍兴府山阴（今绍兴）人。万历间布衣，著述现存万历间刻本《诸继明析理编》八卷，前有万历四十二年（1614）自序，该编旨在"借《学》《庸》《语》《孟》之言穷切近精实之理"。另有万历四十四年山阴诸氏原刊本《诸继明如缕编》六卷附《心经批注》一卷。内卷一"诗编文编启编"，收诗一百余首、文五篇；卷二"语编"，收《静林隐语》、论《周易》语；卷三"诗编书启编文编"，收诗八十余首、文六篇；卷四"语编"，收"论《庄子》语""论《列子》语"等五篇；卷五"诗编文启编"，收诗七十余首、文十篇；卷之六"语编"，收《丛林戏语》《与编事论释子》；附录《心经批注》附沈莲池讯释、评《儒佛配合论》。《千顷堂书目》著录其尚有《于越新编》四十五卷，注"万历戊午（四十六年）修"；《曹江孝女庙志》十卷，注"万历己未（四十七年）编"；《解老子悟道编》二卷；《庄子止朴编》二卷。

诸圣邻（生卒年不详） 别署澹园主人。浙江宁波府鄞县（今浙江宁波）人。明末刻《大唐秦王词话》八卷六十四回，卷一、卷二题《按史校正唐秦王本传》，卷三至卷八题《按史校正唐传演义》，每卷前均署"澹园主人编次"。卷端陆世科撰《唐秦王本传叙》云："吾友诸圣邻者，以风流命世，狎剑术纵横，雅意投戈，游情讲艺。羡秦封之雄烈，挥霍遗编，汇成巨丽。"因知"澹园主人"即诸圣邻。叙文后署"四明通家陆世科从先甫题"，故圣邻也应为四明人。陆为万历三十五年（1607）进士，圣邻亦当为其同时人也。是书演唐太宗李世民扫荡群雄、统一天下故事,自二十一至六十四回则突出描写尉迟敬德,情节跌宕,场面精彩,人物栩栩如生,民间气息很重,而文字韵散相间,韵文多为七字句或十字句,应据当时民间"说唱词话"编纂。明末袁于令小说《隋史遗文》六十回,突出对唐太宗另一开国功臣秦叔宝之描写,当亦据民间说唱结撰,然已全为散文体。后清康熙间褚人获《隋唐演义》一百回则主要剪裁改编万历间刊署名"罗贯中"之《隋唐两朝志传》一百二十二回、明末齐东野人《隋炀帝艳史》四十回及《隋史遗文》而成,而《隋唐两朝志传》主要取自民间讲史,《隋炀帝艳史》主要是作者采撷正史及文言小说《迷楼记》《海山记》《开河记》创作。在这一历史题材小说由民间演唱向文人创作演进之过程中,《大唐秦王词话》更多保留了民间讲唱文学风采。

谈迁(1594—1658) 原名以训,字仲木,明亡后改名迁,字孺木,号海若,又自署江左遗民。浙江杭州府海宁人。生于万历二十二年(1594)十月十二。世以耕读传家,父为诸生,科考未遂,读书自娱,有诗集《容膝轩稿》二卷,不传。谈迁弱冠入学,然不喜八股时艺,惟好子史百家言,数试不举,因弃科考。崇祯末,山西张道濬戍海宁卫,与谈迁交善,诗文赠答,又荐其拜识南吏部尚书张慎言。后南户部尚书高弘图聘其为府中记事,南明弘光初,弘图欲荐其入史馆,又欲荐其为中书舍人,坚辞。弘图辞官归,谈迁也随之寓居苏州。弘光元年(1644),清兵下扬州、镇江,曾随高由苏州赴杭州,说浙江巡抚张秉贞、总督张凤翔等抗清,事不果,回海宁家中,弃缛隐居。迁有志于史,自天启元年(1621)始,即以历朝《实录》为基础,参酌诸家撰述及地方志乘,撰写有明一代编年史,经六年六易其稿,完成《国榷》一百卷,缕述明初至天启朝之史事。明亡后,又续完崇祯、弘光两朝事十卷。清顺治四年(1647)八月,其书稿被人入室盗走,因发愤重写,复阅群书,询访故老,日稿十二纸,经五年,终成第二稿,后屡经修订,以抄本行世。顺治十年曾应聘为清弘文馆编修朱之锡记室,随其入京,寻访明朝降臣、遗民,结交吴伟业、曹溶、霍达,收集各种资料以修订《国榷》。十三年归乡后又西游山西平阳,十四年十二月十二(1658年1月15日)病卒于平阳旅舍,年六十五。《国榷》清代列为禁书,近人张宗祥据蒋氏衍芬草堂抄本、四明卢氏抱经楼藏抄本及崇祯一朝十卷本互相校补,辑编为一百零四卷。谈迁志在著书,虽家贫甚,而修身清节,与人交,不枉取一介。张慎言诗"一介贫无田十亩,三冬剩有史千年"(《赠谈孺木》),可为盖棺之语。所著除《国榷》外尚有《枣林杂俎》十二卷(现存清抄本),为其弘光时据南都内府书及所知弘光朝逸闻编辑而成。杂著另有明崇祯间刊本《枣林艺篑》一卷七十五则,多记文物掌故、诗人逸事,亦作考订辨伪。《千顷堂书目》另著录其《海昌外志》八卷,亦有抄本传世。又有抄本《北游录》,记述其顺治十年至十三年去北京期间经历见闻及期间所作诗文。诗集名《枣林集》,流传甚少,仅见于近人刊《古学汇刊》本《枣林集》三卷,收诗三百三十余首。《明诗综》卷八〇、清卓尔堪《明遗民诗》录其诗一首。《明诗纪事》辛签卷一六录其诗七首,按语云:"孺木博综旧典,诗亦长于咏古,多哀艳之音。"生平见清朱一是《谈孺木先生墓志铭》(《为可堂初集》卷二八)、清黄宗羲《谈孺木墓表》(《南雷文定》卷八)、清温睿临《南疆逸史》卷四三。

[一]

陶大年(1513—?)　字长卿。浙江绍兴府山阴(今绍兴)人。嘉靖十九年(1540)举于乡,明年进士,授南兵部主事,职督武学诸生。迁员外郎,进郎中,出守吉安府,迁山东副使,视海上师,调福建。倭寇骚扰福建,以福兴失守,降一级补四川参议,分守川南道,又晋江西右参政,

丁母忧归,以萤语落职。后卒于家。《千顷堂书目》著录其《读史日抄》《竹屏偶录》又《见闻琐录》又《宦暇私记》又《远记》。惟清抄本《陶氏贤奕书楼丛书》存《闻见琐录》。所著另有清抄本《新岑诗草》一卷《文草》一卷《制义》一卷,录诗一百十余首、各体文二十五篇。生平见陈所蕴《陶公大年墓志铭》(《国朝献征录》卷八六)、王兆云《皇明词林人物考》卷一〇。

陶允宜(1550—1613)　字懋中,号兰亭。浙江绍兴府会稽(今绍兴)人。隆庆四年(1570)举人,万历二年(1574)进士,丁父忧归。服阕除刑部主事,十年出任通州佐判,明年,移任常州。迁转南京刑部主事,十五年被劾罢,逾岁,起补两淮盐运司判官,寻改庐州同知,再改淮安通判。以六任佐贰,抑郁不乐,不久再罢归。归后恣情山水,在吼山构亭,乐以诗文。四十一年卒,年六十四。能诗,与屠隆等游。《千顷堂书目》著录其《镜心堂集》十六卷,又《陶驾部选稿》十五卷。现存明刊本《镜心堂集》十六卷附录一卷,其子陶崇政辑刻,王世贞序。内卷一收赋三篇、卷二收拟乐府诗九首、卷三至卷九收古近体诗二百四十余首,卷一〇至卷一六收各体文八十余篇,附录收其友人冯梦祯、吴国伦、郭正域等赠序等。顾起纶《国雅》卷一七录其

诗五十四首。《明诗综》卷五二录其诗六首。《御选宋金元明四朝诗》录其诗二首。《明文海》录其文《太白楼赋》一篇。

陶允嘉(1556—1622) 字幼美，号兰风，又号泽农。浙江绍兴府会稽(今绍兴)人。万历二十八年(1600)副贡，以父右副都御史陶大顺荫官至凤阳通判。卒于天启二年(1622)，年六十七。工书能文，所著有《东游草》《楼居草》《贺韬吟》《中都草》等，卒后其子陶崇道汇辑为《泽农吟》，《千顷堂书目》著录，现存天启四年陶崇道刊本《陶幼美先生集》七卷，即此本也。内卷一《东游草》，收诗四十三首、文七篇；卷二《园居草》，收诗六十二首、文二篇；卷三《北游草》，收诗二十二首、文二篇；卷四《楼居草》，收诗十三首、文十二篇；卷五《贺韬吟草》，收诗四十八首，又《续贺韬吟草》，收诗十七首；卷六《中都草上》，收诗八十二首、文二篇；卷七《中都草下》，收文十三篇。《明诗综》卷六二录其诗三首，"诗话"云："幼美体弱，然无尘坌之气。《符离怀古》一篇，惜不令淳熙诸君子见之。"《明文海》录其文《锦鸡赋》一篇。

陶安(1312—1368) 字主敬。当涂(今属安徽)人。少从耆儒李习游，元至正四年(1344)中江浙行省乡试，八年会试落第，奉檄至金陵，

授明道书院山长，十一年归省，十三年赴姚江为会稽高节书院山长，十四年去职归。十五年朱元璋自和州渡江至采石，率父老奉迎，陈王略曰："不杀人，不虏掠，不烧房屋，首取金陵，以图王业。"朱元璋克金陵，授兴国翼元帅府史令。十六年朱元璋称吴国公，置江南行中书省，任其为左司员外郎，进郎中。二十四年朱元璋称吴王，欲用刘基、宋濂、章溢、叶琛，问之陶安，力赞之。简放黄州知府，坐事谪桐城知县，迁饶州知府。朱元璋吴元年(1367)，初置翰林院，召陶安为学士，征诸儒议礼，以其为总裁官，与李善长、刘基等册定律令，议定礼制。明洪武元年(1368)迁江西参政，九月卒于官，年五十七，赠姑孰郡公。陶安于明初文名甚著，几与宋濂、朱升等相埒。所著有《辞达》《知新》《江行》《黄冈》《鹤渚》诸稿，后合为《陶学士集》二十卷，现存弘治十三年(1500)项经刻递修本，凡诗词歌赋十卷、文十卷，附《事迹》一卷，费宏序，张祐跋，《明史·艺文志》著录其《文集》二十卷，即此本也。后有清道光刊本、同治刊本等。《四库全书》收《陶学士集》二十卷，《总目》"提要"云："其义小十卷，而送人之序、引居其半。或以安文章宿望，人得其赠言以为荣，故求之者多耶……安声价亚于宋濂，然学术深醇，其词皆平正

典实,有先正遗风。一代开国之初,应运而生者,其气象固终不俟也。"刘仔肩《雅颂正音》卷一录其诗二首。《皇明风雅》卷二二、顾起纶《续国雅》卷一录其诗一首。《皇明诗统》卷一录其诗三首。《石仓十二代诗选·明诗选》录其诗一百零五首。《列朝诗集》甲集录其诗五十八首。《明诗评选》录其诗一首。《明诗综》卷三录其诗二首。《御选宋金元明四朝诗》录其诗四十二首。《明诗纪事》甲签卷三录其诗十首,按语谓其"诗亦清劲,不愧雅音"。清沈辰垣《御选历代诗余》录其词一首。近人赵尊岳《明词汇刊》录其词二十四首为《陶学士词》。程敏政《皇明文衡》、《明文海》录其文一篇。清陈元龙《御定历代赋汇》录其赋四篇。生平见徐纮《参政陶公传》(《皇明名臣琬琰录》卷九)、廖道南《殿阁词林记》卷四、王兆云《皇明词林人物考》卷一、何乔远《名山藏》卷五八、《明史》卷一三六。清夏炘有《陶主敬先生年谱》(清咸丰间刊同治间汇刻《景紫堂全书》本)。

陶凯(1304—1376)　字中立。临海(今属浙江)人。好学有识量,元末与张仲举、苏昌龄为文字交,有声于士林。至正七年(1347)领乡荐,授永丰教谕,辞不就。明洪武元年(1368)冬,召修《元史》,命宋濂、王祎为总裁,征山林隐逸之士汪克宽、胡翰、高启等十六人,凯亦与焉。书成,授翰林应奉。洪武三年与崔亮并为礼部尚书,定军礼及品官坟茔之制,又定科举式,亮卒,凯独任,四年,任会试主考官,六年出为湖广参政,致仕。八年召为国子祭酒,明年改授王府左相,再致仕。尝自号耐久道人,太祖闻而恶之,追论在礼部时遣使往高丽,主客曹误用符验事,论死,时年七十三。博学,工诗文,太祖尝厌前代乐章多谀辞,或未雅驯,命凯与詹同更撰,甚称旨。又与修《洪武正韵》《昭鉴录》。庙堂纪庆成,常命凯首唱,诸臣俱和,而宋濂为之序。一时诏令、封册、歌颂、碑志亦多出其手。《千顷堂书目》著录其《陶尚书集》,未传。刘仔肩《雅颂正音》录其诗五首。程敏政《皇明文衡》录其文一篇。《皇明诗统》卷六录其诗二首。李时渐《三台文献录》录其诗十四首、文二篇。《列朝诗集》甲集录其诗一首。《明诗综》卷五录其诗二首,"诗话"谓其"长歌特雄放可喜"。清沈德潜《明诗别裁集》录其诗一首。清戚学标《三台诗录词录》卷九录其诗八首。《明诗纪事》甲签卷六录其诗一首。生平见王兆云《皇明词林人物考》卷一、《明史》卷一三九。

陶宗仪(1320—?)　字九成,号南村。黄岩(今属浙江)人。少随父宦游,曾为松江胥吏。元至正间两应乡试不中,以避兵离乡,依松江都漕运粮万户费雄家,筑草堂于泗溪之南村,以教授乡塾自给,因以南村自号。时浙帅泰不华及张士诚等招其出,坚辞。明洪武四年(1371)朝廷诏征儒士,郡守荐之,谢不出。六年再举,至京,以病固辞,放归。据《明史》,晚年任教官,洪武二十九年曾率诸生赴礼部考试。约卒于永乐初,年逾八十。平生好读书,虽遭乱播迁,必以卷帙自随。元末师事张翥、李孝光、杜本等,博学能诗文,亦善书法。曾与顾瑛游,《玉山草堂雅集》载其诗。平生喜收罗典故遗闻,曾掇拾元朝野史旧事,纂《南村辍耕录》三十卷,流播甚广,现存成化、万历等刊本及《四库全书》本。又曾辑录旧籍,编辑类书《说郛》,现有明抄本一百卷,清顺治三年(1646)宛委山堂刊本一百二十卷及《四库全书》本等。另有《书史会要》九卷补遗一卷(有洪武九年刊本及崇祯刊本)、《草莽私乘》一卷(有清初抄本)、《古刻丛钞》一卷(《四库全书》政书类收)及《游志续编》等。诗文作品传播未广,至明末始有虞山毛氏汲古阁刊本《南村诗集》四卷,收诗四百五十余首、词五首。所收入明后所作占十之八九,顾瑛《玉山草堂雅集》所载《澄怀楼》《送殊上人》等皆不见收,编次年月亦颇为无序,殆后人杂收其遗稿而录之,未遑铨次。

《四库全书总目》另著录其《沧浪棹歌》一卷,存清嘉庆刻《读书斋丛书》本,诗词兼收,凡五十余首,有正德十二年(1517)松江唐锦序,谓为宗仪所自编,然诗仅数首不见于《南村诗集》。李时渐《三台文献录》录其诗六首。《列朝诗集》甲集录其诗十二首。《明诗评选》录其诗六首。《明诗综》卷一一录其诗四首。《御选宋金元明四朝诗》录其诗三十二首。《御选历代诗余》录其词三首。《四库全书》据汲古阁本收《南村诗集》,《总目》"提要"云:"毛晋品其诗'如疏林早秋',殊不甚似。然格力遒健,实虞、杨、范、揭之后劲,非元末靡靡之音,其在明初,固屹然一巨手矣。"清王昶《青浦诗传》卷六录其诗二十八首、卷三二录其词六首。《明诗纪事》甲签卷二三录其诗十七首。近人赵尊岳《明词汇刊》录其词六首为《沧浪棹歌》。生平见孙作《陶先生小传》(《沧螺集》卷四)、王世贞《陶氏五隐传》(《弇州四部稿续稿》卷七七)、何乔远《名山藏》卷九六、《明史》卷二八五。

陶振(生卒年不详) 字子昌,号癯叟,又自号钓鳌生。浙江嘉兴府嘉善人,后移居吴江(今属江苏)。少学于杨维桢,治《诗》《书》《春秋》,吐语豪俊,有神童之名。洪武二十三年(1390)举明经,授本县训导,坐佃居宦房,逮于京师,以上《紫金山》

《金水河》及《飞龙在天》三赋，改安化教谕。归后徙居华亭（今上海松江），隐于九峰间，授徒自给。以诗名于乡里，《千顷堂书目》著录其《钓鳌集》，现存清初叶氏小友堂抄本及金氏文瑞楼抄本《云涧清啸集》一卷，收赋二篇、七言古诗二十五首。钱谷《吴都文粹续集》录其《汾湖赋》及诗四首。《皇明诗统》卷六录其诗二首。《列朝诗集》甲集录其诗二首，"小传"记云："一夕，死于虎。王达善（王达）挽诗云：'昔为海上钓鳌客，今作山中饲虎人。'"《明诗综》卷一四录其诗一首，"诗话"云："子昌诗多率尔成篇，故选家恒置不录。"《御选宋金元明四朝诗》录其诗五首。清沈季友《槜李诗系》卷七录其赋一篇、诗六首。清王昶《青浦诗传》卷七录其诗六首。清陈元龙《御定历代赋汇》录其《汾湖赋》一篇。《明诗纪事》甲签卷二三录其诗一首。生平见王鏊《姑苏志》卷五四、《（乾隆）江南通志》卷一六五。

陶益（生卒年不详） 字允谦，号练江子、练江居士、江门迁客。广东广州府新会人。嘉靖三十五年（1556）选授江西永新训导，尝目聚诸生讲白沙之学于明伦堂，以目疾辞归，卒年八十。居家构樾墩书屋，著书其中，故所著名《练江子樾墩集》，有嘉靖四十三年王子充等刊本《樾墩集》，残存七卷，共收诗四百七十余首。张邦宪《岭南文献》卷二六有诗一首不见于集中；清顾嗣协《冈州遗稿》卷五录其诗七十七首，内有诗二十八首不见于集中。清梁善长《广东诗粹》卷四录其诗一首。生平见清温汝能《粤东诗海》卷二一。

陶谊（生卒年不详） 字汉生。浙江台州府天台人。洪武初官秘书监丞，进礼部员外郎。时与陶凯、黄肃、牛谅、吴云、刘崧、周子谅、张孟兼、吴从善等皆以能诗称。洪武五年（1372），曾与群臣陪太祖朱元璋祀方丘，共赋《郊禋庆成》诗，宋濂作序。刘仔肩《雅颂正音》卷五录其诗《送魏太守之官姑苏》等四首。《皇明风雅》卷二四录其诗一首。《皇明诗统》卷三录其诗四首。《列朝诗集》甲集录其诗二首。《明诗综》卷一二录其诗一首。《御选宋金元明四朝诗》录其诗二首。清戚学标《三台诗录词录》卷九录其诗三首。《明诗纪事》甲签卷二一录其诗一首。

陶辅（1441—？） 字廷弼，号夕川，又号海萍道人。南直凤阳府凤阳（今属安徽）人。世袭军籍，其父陶瑾因军功，官至后军都督府右都督，封大同伯。瑾天顺七年（1463）卒，辅袭应天卫昭勇之爵，官应天卫指挥佥事。后以不苟合于时，乞休致。卒年八十三以上。高儒《百川书志》小史类记其有文言小说集《花影集》四卷。现存正德时写刊本及朝鲜翻刊本。首正德十一年（1516）张孟敬序和嘉靖二年（1523）作者自撰《花影集引》，据自序，《花影集》创作于作者四五十岁时，至八十三岁始作序付刊。自序又称此集系《剪灯新话》《剪灯余话》《效颦集》后"校三家得失之端，约繁补略"而作，然所收二十四篇大多描写枯窘，议论迂腐，文学性不强。惟少数几篇如《心坚金石传》《刘方三义传》尚可读，且后为《燕居笔记》《绣谷春容》等通俗读物转载，略有影响。《千顷堂书目》另著录其《桑榆漫笔》一卷（清顺治时宛委山堂本《说郛续》收录，题为《桑榆漫志》）、《夕川愚特》二卷、《蚓窍清娱》二卷又《闾檐笑》一卷。生平见张孟敬《花影集序》（明刊《花影集》卷首）。

陶崇道（生卒年不详） 字路叔，号虎溪。浙江绍兴府会稽（今绍兴）人。万历三十七年（1609）举人，明年联捷进士，授即墨知县。有能声，四十年调掖县，四十四年迁南京户科给事中，未上，以丁忧归。崇祯元年（1628），召起兵科给事中，迁按察副使，备兵罗定，分守岭西，九年擢广东左参政，升福建右布政使，未任，去官归里。清顺治时继陶怿、陶望龄编《会稽陶氏族谱》十七卷。诗文著述现存崇祯刊本《拜环堂文集》六卷，内诗一卷（收诗二百余首、词一首）、杂文二卷、尺牍二卷、杂著一卷。又有《拜环堂庄子印》八卷。

陶望龄（1562—1609） 字周望，号石篑，又号歇庵居士。浙江绍兴府会稽（今绍兴）人。南礼部尚书陶承学之子，生于嘉靖四十一年（1562）七月二十二。万历十三年（1585）乡试第二，十七年春闱会试第一，廷试第三，授翰林编修。历中允、谕德，二十四年告归。三十三年起国子祭酒，以母老固辞不就，三十七年母丧，六月十七以哀毁卒，年四十八，谥文简。望龄在官以清正称，为人亦刚直笃信。辅臣沈一贯曾以妖书事构罪尚书郭正域，望龄奔走相救，郭冤始解。乡前辈徐渭，诗文书画俱有奇气，而命途多难，晚年贫甚，发狂疾而死，望龄为之编刊全集，又为其作传以揄扬。王守仁三传弟子，又喜李贽之书，与释子交，引禅入儒。在翰林多与同官焦竑、袁宗道、黄辉等讲性命之学，研读内典，家居则与弟奭龄同以讲学闻。有诗名，亦喜游历。二十四年南归，途经苏州拜会袁宏道，连日竟谈，成知己。次年宏道辞官，至绍兴访望龄，二人偕游雁荡，陟天目，穷五泄，所作诗、记为时所传。诗文著述现存主要有：万历三十八年山阴于应遴刊本《歇庵集》十六卷，黄汝亨、余懋孳、王应遴序（《明史·艺文志》著录其《歇庵集》十六卷当指此本）；万历三十九年乔山堂刘龙田刊《歇庵集》十卷，无序跋；万历间乔时敏、王应遴增刊本《歇庵集》二十卷（诗二卷、文十八卷）附录一卷，黄汝亨序、余懋孳《小引》；万历四十七年刊《歇庵先生集选》四卷；天启六年（1626）陶履中筠阳道院刊本《陶文简公集》十三卷附《功臣传草》一卷；清初吴之铨刊本《陶文简公集》十三卷、《佚集》五卷附录一卷。又有万历四十三年刘廷元刊本《老庄解》七卷（《解老》二卷、《解庄》五卷）及明刊本《徐文长传》一卷传世。《明史·艺文志》另著录其《宗镜广删》十卷。《列朝诗集》丁集录其诗五十首，"小传"云："周望于诗，好其乡人徐渭。作《洞庭山游记》，规摹柳州，近效蔡羽。万历年间，汰除王、李结习，以清新自持者，馆阁中平倩（黄辉）、周望为眉目。"《明诗综》卷五五录其诗四首，"诗话"云："周望早年诗格清越，超超似神仙中人。中岁讲学逃禅，兼惑'公安'之论，遂变芸夫荛竖面目。白沙在泥，与之俱黑，良可惜也。"清沈德潜《明诗别裁集》录其诗一首。《御选宋金元明四朝诗》录其诗二十三首。《明诗纪事》庚签卷一六录其诗五首。《明文海》录其文《平播州碑记》等十四篇，评语云："歇庵之文，昌明博大，一洗剿袭模仿之套，盖宗法阳明（王守仁）者也。但阳明出之无意，歇庵出之有意，所谓大而未化，累基至顶，正不易耳。"清陈元龙《御定历代赋汇》续编卷一录其《述志赋》一篇。生平见陶奭龄《先兄周望先生行略》（乔时敏等刊《歇庵集》二十卷附录）、清黄宗羲《明儒学案》卷三八、《明史》卷二一六。

陶谐（1474—1546）　字世和，号南川。浙江绍兴府会稽（今绍兴）人。弘治八年（1496）乡试解元，明年进士，选翰林院庶吉士，授工科给事中。正德间触瑾怒，逮讯，谪戍肃州。嘉靖初复官，未至，升江西按察司佥事。历河南副使，进参政，擢右布政使，转左，再擢右副都御史，提督南赣、汀漳等处军务。以平叛功，晋兵部左侍郎，总督两广。丁忧归，嘉靖十九年（1540）服阕，再任兵部左侍郎，明年以九庙灾，乞致仕。二十五年十一月卒于家，年七十三，赠兵部尚书，谥庄敏。能诗，所著嘉靖十二年初刻为《南川漫游稿》十卷，内《西行稿》《北上稿》《洪都稿》《中州稿》《再北上稿》《题赠稿》《行台稿》《草堂续稿》《北游稿》《归闲稿》各一卷，收其所作诗、词、赋，纪时而不分体。卒后其后人辑其所著，于天启四年（1624）刻为《陶庄敏公文集》八卷。内前六卷收赋六篇、五七言古近体诗三百余首、词二首，据原刊各集分体重编（亦有增删）；卷七杂著三篇，卷八奏疏十一篇，附录敕谕、行状等，则为刊行者所增，集末又附其孙陶允淳《兰渚先生遗稿》一卷。两本皆为《千顷堂书目》著录。《明诗综》卷二七下录其诗《晚宿峡石》一首，"诗话"云："南川诗未知津数，与空同（李梦阳）酬唱，吾服其胆。"《御选宋金元明四朝诗》据《明诗综》录。《四库全书总目》分别著录《南川稿》十二卷（嘉靖十二年《南川漫游稿》十卷增杂著、奏疏二卷）、《陶庄敏集》八卷附《兰渚遗稿》一卷，"提要"云："谐以风节震一世，诗文直抒胸臆，明白坦易，不甚熔铸剪裁，允淳诗亦浅弱。"生平见周文烛《陶公行状》（《陶庄敏公文集》附录）、日本《陶公谐墓志铭》（《国朝献征录》卷四〇）、萧彦《掖垣人鉴》卷一一、《明史》卷二〇三。

陶奭龄（1571—1640）　字君奭，一字公望，号石梁，晚自号柴桑老人。浙江绍兴府会稽（今绍兴）人。与兄陶望龄自相师友，学者称"二陶"。万历三十一年（1603）举于乡，谒选得建德教谕，改吴宁知县，历肇庆府推官，晋济宁知州。辞归，与兄讲学白马山。卒于崇祯十三年（1640），年七十。奭龄为王阳明三传弟子，学杂禅学，含因果说，已去王学日远。自称生平有"五不问"，"一不问朝政，二不问生计，三不问世间闲泛事，四不问他家是非长短，五不问生平亲知"。其讲学语辑为《小柴桑喃喃录》二卷，有崇祯八年（1635）李为芝刊本。又极喜吟咏，

《千顷堂书目》著录其《今是堂集》十一卷，现存崇祯刊本《赐曲园今是堂集》十一卷，卷首崇祯十五年刘宗周序云："《今是堂》者，先生取渊明《归去来辞》以名读书之所也。盖先生近托远裔，时时闻其风而悦之，晚更自号柴桑老人。"内《吹篪集》《泛海集》《敝裘集》《问影集》《吴宁集》《苕川集》《寓端集》《归来集》《闲居集》各一卷，计收诗九百余首；卷一一为词集，收词九首。生平见《（雍正）浙江通志》卷一七六。

桑贞白（生卒年不详）　字月姝，号月窗。浙江嘉兴府嘉兴人，嘉靖间处士周履靖继室。通文翰，长于吟咏。周履靖编万历二十五年（1597）金陵荆山书林刊本《夷门广牍》收其《香奁诗草》二卷，上卷收诗六十三首，下卷收诗四十八首，首茅坤序。末有桑贞白万历二十二年自跋云："妾本桑林中女，幼荷严母庭海，日究女训列传经史，以明古今。方识汉有曹大家，晋有窦滔妻，宋有朱淑真，明有朱静庵，俱各逞才巧思，异句奇章行世。心甚企慕。捧诵之余，欲追芳踪……时遇明月流天，芳菲映地。或风尘雨夕，辄烧水沉，烹雀舌，促膝吟哦，遂忘寝食。岁久慢成下里数十百言，录成一帙，少纪闺中满致，实非逾国之言也。佳人既远，比迹为难，时一展卷，徒增欢惘也。"托名钟惺《名媛诗归》卷

二八录其诗三首。《明诗综》卷八六录其诗二首，"诗话"云："周逸之处士作诗，不暇持择，宜其闺人亦然。然纸阁芦廉，倡予和女，偕隐太平之时，亦乐事也。"《御选宋金元明四朝诗》录其诗五首。清沈季友《槜李诗系》卷三四录其诗五首。清季娴编《闺秀集》录其诗五首。

桑绍良（生卒年不详）　字遂初，一字季子。山东东昌府濮州（今河南范县）人。嘉靖三十四年（1555）举人，选官河南潞州府黎城教谕，万历二年（1574）任山西岚县知县。曾与修《濮州志》，万历二十三年前后卒。研小学，有《声韵杂著》一卷、《文韵考衷六声会编》十二卷，现存万历间桑学夔刊本。作杂剧《独乐园》。祁彪佳《远山堂剧品》著录《独乐园（北四折）》，误署作者为"苏濬"，近人王季烈辑刊《孤本元明杂剧》收《独乐园司马入相》杂剧，署"明桑绍良"。据王季烈《孤本元明杂剧提要》，其《孤本元明杂剧》所据明抄本，"卷端题濮阳桑季子绍良撰，苏叔子潢校"，则《远山堂剧品》著录时误将校阅者当成作者，又误"苏潢"为"苏濬"。是剧演宋司马光故事。宋李格非《洛阳名园记》记司马光在洛阳自号迂叟，谓其园曰独乐园，此剧因此生发。题目为"独乐园学士著书，耆英会司徒结社"，正名为"宋天子擢用忠良，温国公超迁

僕射"，按元剧体制，以正末扮司马光独唱，剧以宋元丰五年（1082）洛社耆英会为核心事件，排场周密，曲律谨严，科白典雅，故《远山堂剧本》列其为"妙品"，谓其"妙在从君实口角中讨出神情。此移商换羽外，别具锤炉。即在元曲，亦称上乘"。然全剧以庆会祝寿为主要内容，殊少戏剧冲突，故实非场上之曲。亦能诗，《皇明诗统》卷三六录其诗十二首。清宋弼《山左明诗钞》卷一〇录其诗八首。生平见《（康熙）濮州志》卷二、《（乾隆）潞州府志》卷一五。

桑悦（1447—1503）　字民怿，号思玄居士。南直苏州府常熟（今属江苏）人。成化元年（1465）举人，三试春闱，以乙榜授泰和训导。迁长沙府通判，改柳州，丁外艰归，遂不复出。卒于弘治十六年（1503）六月初四，年五十七。少读书博览，负才名，以能词赋称，惟平生任诞狂易，读古人书，信口评议，敢为大言，其自作则颇遭人讥弹，王世贞《艺苑卮言》曾谓其诗"侠而浅"。《明史·艺文志》著录其《太仓州志》十一卷、《两都赋》二卷、《古赋》三卷、《文集》十六卷。其弘治时修《太仓州志》十卷附录一卷现存清宣统元年（1909）《汇刻太仓旧志五种》本。其文集当指弘治十八年原刊本《思玄集》十六卷，计宗道辑，今存，内卷一至卷八收各体文，卷九为赋，卷一〇至卷一

五为诗（二百六十八首），卷一六为诗余（十三首）。又有万历二年（1574）桑大协活字印本，后万历四十四年翁宪祥刊本增附录一卷。另，《学海类编》收其《桑子庸言》一卷。《皇明风雅》卷五录其诗六首。《盛明百家诗》前编录其诗一百余首为《桑思玄集》。顾起纶《国雅》卷三录其诗九首。《皇明诗统》卷一三录其诗十二首。《石仓十二代诗选·明诗选》录其诗四十一首。《列朝诗集》丙集录其诗七十五首，"小传"记云："民怿在燕市，见高丽使臣市本朝《两都赋》无有，心窃耻之，作《两都赋》。慕阮公《咏怀》，作《感怀》五十四章。居长沙，著《庸言》，自以为穷究天人之际，非儒者所知也。吴郡阎起山秀卿作《（吴郡）二科志》，以民怿首列狂简，曰：'狂者未尝无人，至如民怿，可与进取者也。'"《明诗评选》录其诗一首。《明诗综》卷二四录其诗六首。《御选宋金元明四朝诗》录其诗九首。《四库全书总目》著录《思玄集》十六卷，"提要"

云："史称悦为人怪妄，敢为大言以欺人……又自称其诗根于太极，则史所云怪妄，不虚也。所作《两都赋》有名于时，然去班固、张衡，实不可道里计，而夸诞如是，浅之乎其为人矣。"《海虞文征》录其诗三首。清陆烻《沙溪诗存》卷一录其诗十首。《明诗纪事》丙签卷四录其诗三首。《明词综》卷二录其词一首。近人赵尊岳《明词汇刊》录其词二十五首为《思玄词》。《明文海》录其文《北都赋》等二十九篇，黄百家《明文授读》卷二七记云："先夫子（黄宗羲）曰：'……（桑悦）不剿袭古文而自能为古文，可谓大作手矣。但怪其留心经学，不能有所独得，而沿习先儒成说，随他脚下盘旋，何也？'"《海虞文征》录其文四篇。《娄水文征》录其文十五篇。生平见杨循吉《故柳州府通判桑公墓志铭》（《松筹堂集》卷六）、佚名《桑悦传》（《国朝献征录》卷一〇一）、王兆云《皇明词林人物考》卷四、《明史》卷二八六。

十一画

[一]

理岜和（生卒年不详） 字卿云，号寒石。原姓李，称耻与李自成同姓而改。河南开封府西华县。少孤力学，崇祯十五年（1642）举人，值中原战乱，乃避地河朔。尝往来于太行、百泉之间，有所题咏，辄鸣咽悲哭。西安为李自成攻陷后，举家南下，被荐为苏州监纪。南都沦陷，追扈南迁，失道遇唐王，随之入闽，隆武初授兵部职方主事，奉命檄虔州兵，至而虔州城乱，自度不能济，坠楼而亡。能诗文，不刻意求工。卒后著述散佚，乾隆时期始由其从孙搜葺成帙，现存乾隆十七年（1752）张远览刊本《寒石先生文集》三卷附录一卷，内诗赋一卷，杂文二卷，计收赋二篇、诸体诗百首、杂文五十余篇。清光绪三十年（1904）鸿文局石印《续中州名贤文表》（邵松年辑）卷六五至卷六八收《寒石先生集》四卷，前三卷同乾隆刊本，末卷据写本补《寒石先生杂著》二十余篇。生平

见清陈鼎《东林列传》卷一〇《贺仲轼传》、清崔应阶《陈州府志寒石先生传》（《寒石先生文集》卷首）、《（雍正）河南通志》卷六〇。

堵胤锡（1601—1652） 字锡君，改字仲缄、牧子，号牧游。南直常州府武进（今江苏常州）人，曾以无锡籍补府学生员，故或称其为无锡人。生于万历二十九年（1601）十二月初八。出身寒素，六岁丧母，十一岁丧父，育于伯舅及岳父家。自幼附读于诸家家塾，为诸生后则以私家坐馆为生。嗜酒，放荡不羁，常借酒佯狂，谈兵论剑，冀立不世之功。天启元年（1621）游无锡，依族兄堵知白，师事马士奇。上万言书于常州知府何应瑞，至曰熊廷弼"非我佐之，事且败"，何嘱其"以诗书自辅"。崇祯六年（1633）举人，十年进士，观政大理寺，乞假归里。守父母墓三年，十二至京师除南户部主事，莅北新钞关分司，十四年迁南户部山东司郎中，旋简放长沙知府。因修武备，督乡兵斩杀萧相宇、草上飞等，成知

兵之名。福王立，任其为湖广布政司参政，分守武昌、黄州等地，寻分摄湖北巡抚事，驻常德。唐王立，以何腾蛟荐，拜右副都御史巡抚湖北，以招抚李过、高一功、李自成妻高夫人等，进兵部右侍郎，总制诸军。何腾蛟遇难，永历帝进其吏、兵二部尚书兼东阁大学士，又封光化伯，节制天下兵马。实所部军士皆叛将降卒，孙可望等皆骄横不受约束，又连丧子侄，因复发旧病，永历六年（1652）十一月二十六逝于浔州，年五十二，永历帝赠其上柱国、中极殿大学士兼太子太师、镇国公，谥文襄。堵胤锡文笔清超，于军中所著现存崇祯刊本《抚政纪略》四卷、《奏疏》一卷、《抚政八箴》一卷。《千顷堂书目》著录其《只可吟了》二卷，未详。后人辑其奏疏杂著诗文等为《堵文忠公集》十卷附张夏《堵文忠公年谱》一卷，刻于清道光二十八年（1848），又有光绪十三年（1887）重刊本，内诗二卷，收诗一百四十余首。清卓尔堪《明遗民诗》录其诗一首。《明诗综》卷六九录其诗一首。《御选宋金元明四朝诗》录其诗七首。清周有壬《梁溪文钞》卷一九录其文十一篇。清顾光旭《梁溪诗钞》卷五五"流寓"录其诗九首。《明诗纪事》辛签卷九下录其诗一首。生平见孙顺《堵胤锡墓表》、清张夏《堵文忠公年谱》（《堵文忠公

集》附录）及《明史》卷二七九。

黄九皋（？—1565）　字汝鸣，号竹山。浙江绍兴府萧山（今属杭州）人。嘉靖七年（1528）举人，十七年进士，授工部主事，以鲁王府长史致仕，四十四年卒。曾助萧山建城以御倭寇，又在乡治水建桥，民得其便。亦以诗文名于乡里，著述现存嘉靖刊本《黄竹山人集》十一卷，为其弟黄九川所编，内赋一卷，收赋二篇，诗四卷，收诗一百九十首，文六卷，收各体文六十余篇，首有嘉靖三十五年周文烛序。

黄子澄（1350—1402）　名湜，字子澄，以字行，改字伯渊。江西袁州府分宜人。洪武十七年（1384）乡试中举，明年第三人进士及第，授编修。进修撰，伴读东宫，累迁太常寺卿。惠帝即位，兼翰林学士，与齐泰同参国政，谋削藩王。燕王朱棣以诛齐、黄为名起兵，子澄主持军务，丧师败绩，力不能支，受密令外出募兵勤王。京师破，亡命嘉兴，建文四年（1402）被执，合族死难。少从邑人欧阳贞受《易》、周与学受《尚书》，又从清江梁寅受《春秋》，博学负俊声，尝赋《寒江把钓图》及《古梅诗》，人争传诵。身后诗文散佚。《列朝诗集》甲集、《明诗综》卷一六均录诗一首。《江西诗征》卷四四录诗十二首。《明诗纪事》乙签卷一录诗一首，按语

谓其"《赏芍药》一篇,尤清婉动人"。生平见郑晓《太常卿黄公子澄传》(《国朝献征录》卷七〇)、廖道南《殿阁词林记》卷六、《明史》卷一四一。

黄元吉(籍里及生平不详)　明初佚名《录鬼簿续编》著录《黄廷道夜走流星马》,列"失载名氏"目中。现存明万历间赵琦美脉望馆抄校《古今杂剧》有《黄廷道夜走流星马》,署"黄元吉撰"。近人王季烈刊《孤本元明杂剧》亦收此剧,其《孤本元明杂剧提要》云:"元吉亦由元入明之人,故《也是园目》称为'元明黄元吉',与贾仲明同。兹不将此本改列元剧中者,以末有'都庆贺一统江山大明国'句,可断定为明初所撰也。"其剧北曲四折,演唐初黄廷道奉命至塞外盗取番邦野驴万户"流星马"故事,题目为"房玄龄谋略施兵法,李道宗智退金戈甲",正名为"贤达妇舍命救儿夫,黄廷道夜走流星马",内亦掺入男女婚恋情节。事无所本,王季烈《孤本元明杂剧提要》谓其:"事本无稽,而关目生动,曲文质朴本色,尚有元人遗之风。且间有俊语,亦佳作也。"

黄元忠(生卒年不详)　字资睦,一作资穆,号整庵。浙江宁波府鄞县(今宁波)人。嘉靖三十八年(1559)贡生,隆庆末入国子监,万历初为岳州府通判。曾撰《岳郡图说》一卷,具述岳州郡城及所属一州七县三卫形胜,今佚。现存诗文集《槐稿》不分卷,前半收五七言诗七十余首,后半录其文七篇,为南海欧大任选其在国子监时所作而成,以国学旧名"槐市",故名之。首有万历五年(1577)平江丘万矶序,称"治生",知是集当刊于岳州通判任上。清胡文学《甬上耆旧诗》卷一四录其诗六首,其中如《独秀峰》等,均非作于其在国子监时,故不在《槐稿》集中。李邺嗣所撰小传称当时鄞县黄氏兄弟多能诗,"整庵更为独步"。生平见《(康熙)鄞县志》卷一六。

黄云(生卒年不详)　字应龙,号丹岩。南直苏州府昆山(今属江苏)人。弘治间以岁贡授瑞州训导,丁外艰归,遂不复出,卒年七十二。善书法,精鉴别,亦能诗文,与沈周为友,沈周集中多二人赠答之作。又与文征明等交善,为一时吴中名士。有嘉靖间常熟县令王朝用刊《丹岩先生集》,现残存前四卷,计收诗四百八十余首,卷首有嘉靖四年(1525)其门人巡按御史朱寔昌序。《千顷堂书目》著录其《丹岩集》十卷。《四库全书总目》亦著录《丹岩集》十卷,"提要"谓"是集凡诗四卷,文六卷",则所佚为文六卷矣。周复俊《玉峰诗纂》

卷三录其诗十四首。《列朝诗集》丙集录其诗十三首，"小传"谓其"性度疏豁，议论慷慨，不为随俗软美之态。家贫好学，博极群书，尤熟于典故。文宗东坡，书法山谷，皆为时所重"。《明诗综》卷二六录诗十一首，"诗话"云："丹岩怀才不遇，尝渡清淮，尽以文稿投诸水……诗虽未纯，胜林屋（蔡羽）十倍。"《御选宋金元明四朝诗》录诗十四首。《明诗纪事》丁签卷一二录诗五首。《明文海》录文一篇。生平见方鹏《昆山人物志》卷三、《（乾隆）江南通志》卷一六五。

黄中（1501—1566）　又名忠，字文卿，号西野。浙江处州府遂昌人。嘉靖十年（1531）举人，谒选铅山知县，擢贵州道监察御史，巡按云南。简放山东副使，转天津道兵备副使，四十五年卒，年六十六。能诗，与王养瑞、朱应钟齐名。《千顷堂书目》著录其《易经纪蒙》、《南窗纪窾集》四卷、《西野奏疏》二卷，未见传。其按滇时，巡守至临安府，尝与僚佐同游南明诸洞，互相倡和，临安知府章士元汇而刻为《南明纪游诗》一卷，现存嘉靖三十三年章士元刻蓝印本，内存黄中诗六首。《皇明诗统》卷二九录其诗十二首，谓其"为诗不泥法度，不主故常"。《列朝诗集》丁集录其诗三首，并引田汝成叙其集云："我朝括

苍诗派，倡自郁离子（刘基），郁离子殁，凡二百年无闻，而有黄西野出焉。"《明诗综》卷四八录其诗三首。《明诗纪事》戊签卷一七录其诗一首，按语谓其"诗意取轻脱，间伤粗率"。生平见《（光绪）遂昌县志》卷八。

黄凤翔（1539—1615）　字鸣周，号仪庭，晚号止庵，别署田亭山人。福建泉州府晋江（今泉州）人。弱冠以善《春秋》闻郡中，得王慎中所赏。嘉靖四十年（1561）乡试中举，隆庆二年（1568）进士第二，授翰林编修。万历初与修《世宗实录》，升修撰，充经筵讲官，十年（1582）进右中允，十二年迁南国子监祭酒，十六年转北，十七年晋礼部右侍郎，兼翰林院侍读学士，二十年转左侍郎，二十一年改吏部左侍郎，旋有诏拜南礼部尚书，疏乞养亲归，优诏许之，准在籍候用。里居二十载，匡坐小斋，不蓄古物书画，亦无园池台榭之观，用器无雕镂，居室不漆垩，庭可张罗，足迹罕及公门。四十二年十二月十四（1615年1月13日）卒，年七十六，赠太子少保，天启初谥文简。在朝屡官清要，有文名，曾修《泉州府志》，又辑《嘉靖大政类编》二卷（有万历三十七年自刊本）、《嘉靖大政编年纪》不分卷（有天启元年郑璧刊本）。泉州城东田亭山有其自选墓

圹，故以"田亭"名其文集。现存万历间甘雨刊《田亭草》二十卷、《诗》七卷，有万历三十九年(1611)甘雨序，四十年邹元标、李光缙序，又有凤翔三十八年《自序》，其集盖为其生前手定。《明文海》录其文《古陵坡吊古文》等九篇，卷八八谓其"碑板质无文采，小品有致"。亦能诗。《皇明诗统》卷二二录诗二首。《明诗综》卷五一录诗三首。《御选宋金元明四朝诗》录诗二十二首。清郭柏苍《全闽明诗传》卷二九录其诗十六首。《明诗纪事》庚签卷九录其诗六首，按语谓其"五言诗清警拔俗，称其为人"。生平见黄佐等《南雍志》卷一九、《明史》卷二一六。

黄文焕(生卒年不详)　字维章，一字坤五。福建福州府永福(今永泰)人。天启四年(1624)举人，明年进士，除海阳知县，改番禺、山阳，擢翰林编修。时黄道周以论杨嗣昌、陈新甲得罪逮问，词连文焕，遂同下诏狱。既释，乞归里。以学问名，所著《楚辞听直》八卷《合论》一卷，为其狱中所作，有崇祯十六年(1643)刻清顺治十四年(1657)续刊本，又为《四库全书》所收录。另《诗经考》十八卷，亦有明末刊本。别集称《赭留集》，诗文共为一卷，所收亦为其与黄道周同下诏狱时所作，故以"赭留"名。《四库全书总目》著录《赭留集》，"提要"谓其"词多感慨，而不能甚工，旧刻附《陶诗析义》后，以所注陶诗亦多借以寄意，此集若相发明也"。《(乾隆)福建通志》录其诗四首、文一篇。清郭柏苍《全闽明诗传》卷四五录其诗三首。《明诗纪事》辛签卷一八录其诗一首。生平见《(乾隆)福建通志》卷四三。

黄方儒(生卒年不详)　字仲坤，号醒狂、醒狂散人。载籍或误写其名作方厖、方印。南直应天府江宁(今江苏南京)人，黄甲子，黄祖儒弟。万历时在世，能词曲，与陈所闻、张四维、盛敏耕等交游。家有书斋题曰"陌花轩"，所署皆以之冠名。祁彪佳《远山堂剧品》于"具品"著录"醒狂散人"《柳浪杂剧(南北十折)》，谓云："以俗笔为之，虽极摹写，终非雅谑。惟《再醮》《督妓》二曲，少有余韵，《偷期》内数语可观。至若《娈童》《惧内》诸折，不如此曲远矣。"清焦循《剧说》卷五记云："黄醒狂有《陌花轩杂剧》，凡十折：曰《倚门》四折，《再醮》一折、《淫僧》一折、《偷期》一折、《督妓》一折、《娈童》一折、《惧内》一折，皆举市井猥俗，描摹出之。"因知《柳浪杂剧》实即《陌花轩杂剧》，明末已经有所流传，现存则为清初刻本。《陌花轩杂剧》七种，皆以晚明市井生活为描摹对象，或写都市中各种色情交易，或写市井男女、僧人等对种种欲望之追求。所叙七事题材、情节各不相同，人物亦无关联，然其以讽世为主旨，对晚明社会张扬人欲、物欲导致人性异化、道德沦丧之社会现象之描摹，在明代戏剧中可谓另备一格。另，顾起元《客座赘语》记其有《陌花轩小令》《曲庵词余》，《千顷堂书目》记其有《陌花轩小集》，《（康熙）江宁府志》记其有《陌花轩小词》，皆未见。

黄孔昭（1428—1491）　名曜，字孔昭，以字行，改字世显，号定轩，晚号洞山迁叟。浙江台州府黄岩人，其家所在洞黄村，成化五年（1469）划入新设之太平县，故又称其为太平（今温岭）人。景泰七年（1456）举人，天顺四年（1460）进士，授工部屯田主事。进员外郎，改吏部，成化间进郎中，擢右通政，迁南工部右侍郎。卒于弘治四年（1491）六月十七，年六十四，嘉靖间赠吏部尚书，谥文毅。尝与谢铎同辑台州人诗为《赤城集》六卷，许廷慎、李长民诸人诗皆赖以传，又与谢铎同辑方孝孺《逊志斋集》。《千顷堂书目》著录其《定轩存稿》，现存明乌丝栏抄本《定轩存稿》十六卷附录一卷，内卷一至卷五收诸体诗一百四十首，卷六题《唐县稿》、卷七题《江西湖北

稿》、卷八题《邓州稿》、卷九题《池州稿》，合收诗四十余首，以下数卷收奏稿、杂文等，卷一六题为《读通鉴续编》。李时渐《三台文献录》录其文四篇、诗九首。《明文海》录其文二篇。清李成经《方城遗献》卷五录其诗四首。清戚学标《三台诗录词录》卷一四录其诗六首。《明诗纪事》丙签卷四录其诗一首。生平见谢铎《黄公墓志铭》（《桃溪净稿》文稿卷一四）、吴宽《黄公传》（《匏翁家藏集》卷五九）、何乔远《名山藏》卷六九。

黄以升（生卒年不详）　字孝义。福建漳州府龙溪（今漳州）人。以贡入太学，崇祯间官云南布政司照磨。平生喜游历，多作游记。现存明末刊本《蟫窠集》十二卷，首崇祯四年（1631）沈长卿《黄孝翼游名胜记序》、黄居中《游名胜记序》、张国经《黄孝翼历游记序》、黄光若《游记叙》、杨文骢《历游记叙》、郑大益《历游记序》及李维桢《三都游草旧序》。计收游记四十五篇，内卷一收北畿游记两篇，卷二、卷三收南畿游记十八篇、卷四山东游记五篇，卷五浙江游记四篇，卷六、卷七收江西游记六篇，卷八、卷九收福建游记六篇，卷一〇收河南游记二篇，卷一一湖广游记一篇，卷一二广东游记一篇。疑《千顷堂书目》著录其《游名山记》六卷、《蟫巢集》

二十卷,皆指是集。《四库全书总目》另著录其笔记《史说萱苏》一卷,"提要"谓是书"取史事之相类者,随笔记载,间加评骘。自序谓皋苏释劳,萱草忘忧,故以'萱苏'为名,然阙漏殊甚"。亦未见存。

黄正色(1501—1576)　字士尚,号斗南。南直常州府无锡(今属江苏)人。嘉靖七年(1528)举人,八年进士,授仁和知县,改南海。征为南京监察御史。劾中官鲍忠、驸马都尉崔元等,反被诬下狱,戍辽东三十年。穆宗时召还,官至南京太仆卿,致仕归。万历四年(1576)七月初六卒于家,年七十六。著述有万历间其子黄学海原刊本及天启间续补本《斗南黄先生辽阳稿》二卷,收诗一百三十六首、词八首、文二篇,又《别稿》一卷,收诗四十一首、文一篇,另附录收疏稿一篇、文二篇,首有万历三十七年周炳谟《斗南先生辽阳诗序》及顾宪成、高攀龙等序。清顾光旭《梁溪诗钞》卷七录其诗十八首。清周有壬《梁溪文钞》卷九录其文四篇。清王直等《锡山文集》卷一九录其文二篇。《御选历代诗余》卷三三录其词一首。近人赵尊岳《明词汇刊》据《斗南黄先生辽阳稿》二卷录其词为《斗南先生辽阳诗余》。生平见万士和《黄公正色墓志》(《万文恭公摘集》卷八)、叶夔《毗陵人品记》卷九、《明

史》卷二〇七。

黄甲(?—1581)　字首卿,一字凤岩,自号蛰南山人,又号酒庵老人、縠斋主人。南直应天府上元(今江苏南京)人,南京兴武卫籍。嘉靖二十二年(1543)举人,二十九年进士,除吏部主事,谪泰州运判,旋罢归。为人兀傲使气,性好忤物,故不协于官场。万历九年(1581)卒。《千顷堂书目》著录其《凤岩山房全稿》又《编年稿》又《独鉴录》又《蛰南选稿》二十六卷。实所记为万历年刊《凤岩山房文草》二十六卷一书(现存残本二十四卷),或未见原书,故所记不甚确。是集首有万历元年(1573)其同年友张佳胤《黄首卿集序》,又有王好问《王凤岩先生文集序》、瞿景淳《凤岩黄先生诗序》等。卷端黄甲万历七年自撰《编年稿序》云:"予稿自《分余》迄《己卯》,凡二十四卷,并《独鉴录》《铨古录》,合二十六卷。"是集前四卷分题《分余稿》(收诗三十五首)、《视政稿》(收诗二十六首)、《司封稿》(收诗七十三首、文九篇)、《家食稿》(收诗七十八首、文二十三篇);以下各卷以干支题名,编年自丁巳(嘉靖三十六年)至戊寅(万历六年),共二十一年(内缺二年),计收诗一千一百余首、各体文二百四十余篇;《独鉴录》为诗文评,《铨古录》则为杂俎。顾起元《客座赘语》谓云:"蛰南诗颇饶独诣,所

著《独鉴录》,评诗文多前人所未发。《皇明诗统》卷二四录其诗一首。《列朝诗集》丁集录其诗十一首,"小传"谓其"岸然以文章自负,与'七子'同时而不相附丽。有《自赏文集》,诗高自位置,时人莫之许也"。《御选宋金元明四朝诗》录其诗三首。《金陵诗征》卷二一录其诗二首。《明诗纪事》己签卷一〇录其诗三首。生平见王兆云《皇明词林人物考》卷一二、《(道光)上元县志》卷一六《文苑》。

黄玄(生卒年不详) 字玄之。福建延平府将乐人,林鸿任将乐训导时弟子。"子羽雅重之,尝为诗称'青衿二十徒,达者惟黄玄'。"以岁贡入太学,官泉州儒学训导。后林鸿退居闽中,黄玄亦挈妻子从之,终身师事,故载籍又称黄玄为福州府侯官(今福州)人。诗与周玄齐名,称"二玄"。万历四年(1576),袁表、马荧选林鸿、郑定、王褒、唐泰、高棅、王恭、陈亮、王偁、周玄、黄玄十人诗,刊为《闽中十子诗》,黄玄亦因之被列为明初"闽中十子"之一。有集名《鸣秋集》,未见传。万历刊本《闽中十子诗》三十卷有其《黄博士诗》一卷,录诗二十六首。《皇明诗统》卷七、徐𤊹《晋安风雅》录其诗九首。《石仓十二代诗选·明诗选》录其诗十首。《列朝诗集》甲集录其诗六首。《明诗综》卷一〇录其诗一

首,"诗话"云:"林子羽倡风雅于八闽,从之游者颇众,而独矜许'二玄'为入室弟子……然二子诗太荏弱,句续字凑,不能成家,似非孟扬(王偁)、漫士(高棅)、皆山(王恭)之伍。"《御选宋金元明四朝诗》录其诗五首。清郭柏苍《全闽明诗传》卷七录其诗十四首。《明诗纪事》甲签卷一〇录其诗二首。生平见王兆云《皇明词林人物考》卷二、《明史》卷二八六。

黄训(1490—1540) 字尹言,号鉴塘,更字学古,号黄潭。南直徽州府歙县(今属安徽)人。嘉靖四年(1525)举人,八年进士,授嘉兴知县。升兵部主事,历郎中,十九年简放湖广按察司副使,舟至东昌安平镇,疾作而逝。胡宗宪为其文集作序,谓其"始为诸生时,即留心古文,每下笔必以韩子之文为师法"。在郎署时曾辑洪武至嘉靖九朝名臣经世之文五百八十九篇为《皇明名臣经济录》五十三卷,开明中后期辑编经世之文之前河,有嘉靖三十年汪云程刊本,后为《四库全书》所收。《四库全书总目》另著录《读书一得》四卷,多有议论,现存嘉靖四十一年黄子学校刊本。卒后,其子黄允周等辑其所著诗文为《黄潭先生文集》十卷,现存嘉靖三十八年新安黄氏家刊本,《千顷堂书目》著录之《黄潭集》十卷即为此本。内文七卷,收序

文一百十七、记九十一篇及其他各体文一百篇,诗三卷,收诸体诗一百九十五首,卷首有胡宗宪序。生平见《(嘉靖)歙县志》卷二五。

黄巩(1480—1522) 少名天佐。字伯固,号后峰。福建兴化府莆田人。弘治十四年(1501)中举,十八年进士,观政吏部,授德安府推官,代孝感知县。正德四年(1509)征为刑部主事,六年转兵部主事,九年进员外郎,充会试同考官,再进郎中,十年母丧归守制。十三年服阕复原官,十四年以谏武宗南巡及请诛江彬下诏狱,廷杖削籍归。嘉靖元年(1522),起南大理寺丞,九月九日卒于官,年四十三,赠大理少卿,天启初追谥忠裕。《千顷堂书目》著录其《后峰集》,现存崇祯十年(1637)曾缨刊本《黄忠裕公文集》八卷,曹惟才、彭汝楠序,内文六卷,收奏疏二、各体文百余篇,诗二卷,收诸体诗三百五十余首。又有明抄本《后峰集》不分卷。《皇明诗统》卷一五录其诗五首。《明诗综》卷二八录其诗七首。清郑王臣《莆风清籁集》卷一五录其诗十五首。清郭柏苍《全闽明诗传》卷一三录其诗十二首。《明诗纪事》丁签卷一〇录其诗一首。《明文海》录其文《拙修小传》一篇。清涂庆澜《莆阳文辑》录其文三篇。生平见林俊《后峰黄君墓碑》(《见素续集》卷一〇)、袁袠《大理少卿黄公巩传》(《国朝献征录》卷六九)、《明史》卷一八九。

黄廷用(1500—1566) 字汝行,一字慎卿,号少村,更号四素居士。福建兴化府莆田人。嘉靖十四年(1535)进士,选翰林院庶吉士,授检讨。二十四年进修撰,三十年迁为司经局洗马兼翰林侍讲。三十三年为御史所论,出为衡州府通判,稍迁太仆寺丞,改尚宝司丞,升本司少卿。三十六年进南太仆寺少卿,次年升本寺卿,三十八年转光禄寺卿,三十九年擢工部右侍郎,旋投劾,奉旨闲住。四十五年十月初十卒,年六十七。《千顷堂书目》著录其《少村漫稿》三卷。现存万历十三年(1585)序刊本《少村漫稿》四卷,内《黄少村先生诗》二卷附《黄少村先生诗续刻》,计收诗三百四十余首,又文集《少村漫稿》二卷,收文九十余篇,多为书简,有陈文烛序。《皇明诗统》卷二七录其诗五首。清郑王臣《莆风清籁集》卷一九录其诗二首。清郭柏苍《全闽明诗传》卷二一录其诗九首。生平见吕本《黄公廷用墓志铭》(《国朝献征录》卷五一)、《明史》卷二九四。

黄仲昭(1435—1508) 名潜,以字行,号未轩,晚号退岩居士。福建兴化府莆田人。天顺三年(1459)乡试中举,成化二年(1466)进士,选翰林院庶吉士,三年授编修。时宪宗将以元夕张灯，命词臣撰诗词进奉，仲昭与编修章懋、检讨庄㫤谏，乞将烟火停止，帝以元夕张灯，祖宗故事，仲昭等妄言，并杖之阙下，谪仲昭湘潭知县，时有"翰林三君子"之目。后迁南大理评事，进寺副，乞归。家居十七年，弘治元年（1488）起为江西提学佥事，八年再疏乞休。卒于正德三年（1508）十一月初一，年七十四。章懋、庄㫤后并以讲学著名，而仲昭独刻意著述，撰《（弘治）八闽通志》八十七卷，为福建通志之始。另，《延平府志》《邵武府志》《南平县志》《兴化府志》等，皆为其纂修。亦以诗文名，卒后林瀚为其作墓志，称其文章"浑厚典重，无艰深聱硙之语"，诗词亦以坦易称。《明史·艺文志》著录其《未轩集》十三卷，现存嘉靖三十四年（1555）其孙黄希白辑刻《未轩公文集》十二卷附录一卷，为其门人刘节辑编，有刘玉、罗伦、康太和等序。内文六卷，收奏疏四篇、各体文一百三十一篇，诗五卷，收五七言诗六百三十九首，词一卷，收词八首。后又有清雍正十三年（1735）增修本（增补遗二卷）、《四库全书》本及1927年重刊本等。《石仓十二代诗选·明诗选》录其诗七十余首。《明诗综》卷二四录其诗一首，"诗话"谓其"以词臣建言，宜有岩岩气象，而诗特和易近人"。清郑王臣《莆风清籁集》卷一二录其诗十五首，清郭柏苍《全闽明诗传》卷一〇据之录。《明诗纪事》丙签卷五录其诗一首。近人赵尊岳《明词汇刊》录其词八首为《未轩词》。清陈元龙《御定历代赋汇》补遗卷一录其《中秋赏月赋》。清涂庆澜《莆阳文辑》录其文三篇。生平见林瀚《黄公墓志铭》（《未轩公文集》附录）、何乔远《名山藏》卷六七、《明史》卷一七九。

黄汝亨（1558—1626） 字贞父，号寓庸子，又号寓林居士。浙江杭州府仁和（今杭州）人。万历十九年（1591）举人，二十六年进士，除进贤知县。征授南工部主事，改礼部，迁郎中，简放江西提学佥事，进参议，逾年谢病归。归后结庐南屏，题曰"寓林"，以著述自娱，卒于天启六年（1626），年六十九。善书法，能诗文。曾与茅国缙、范应宾等结"秋水社"。《明史·艺文志》著录其《寓林集》三十二卷，现存天启四年刻本《寓林集》三十二卷、《寓林诗》六卷，《寓林集》为文集，有顾起元、张师绎、陈继儒等序及汝亨自叙，《寓林诗》收诗约八百首，有李日华序。《千顷堂书目》另著录其《寓庸子游记》九卷、《天目游记》一卷（有万历绣水沈氏刻《宝颜堂秘笈》本）、《游云门山集》一卷、《江西学正申言》一卷、《廉吏传》（有万历刊本《廉吏传》十四卷，《四库全书》所收不分卷）。

《四库全书总目》另著录其《古奏议》不分卷(有万历二十九年吴德聚刊本)。贺复征《文章辨体汇选》录其文二十九篇。崇祯六年(1633)峥霄馆刻《皇明十六名家小品》选有《黄贞父先生小品》二卷。《明诗综》卷五八录其诗一首。《御选宋金元明四朝诗》录其诗十八首。《明诗纪事》庚签卷一九录其诗十首,按语云:"贞父诗刻意摹古,思清而词隽。"生平见清邹漪《启祯野乘》卷七、《(雍正)浙江通志》卷一七八。

黄汝良(1554—1647) 字名起,号毅庵,以喜读《易》,因改号易庵。福建泉州府晋江(今泉州)人,黄伯善孙。万历十三年(1585)中举,明年进士,选翰林院庶吉士,授编修。二十年起历南、北国子监司业,三十二年以少詹事知贡举,三十三年迁礼部右侍郎,三十五年会试总裁,以母丧归。家居十余年,天启元年(1621)起南礼部侍郎,改北吏部侍郎,迁南礼部尚书,乞回籍。五年复召为礼部尚书,兼掌詹事府,翌年五月入都就职,任《实录》总裁。崇祯元年(1628)加太子太傅,八年休退归里。南明永历元年(1647)卒,年九十四。能诗文,《千顷堂书目》著录其《河干集》十卷,现存天启四年刻本,首黄克缵、史继偕、顾起元等序,汝良自叙,内文八卷,收奏疏、表、论、策、序、记、书启、墓铭、祭文

等六百余篇,诗二卷,收赋二、诗四百五十首,附一卷收其所作楹联等。《千顷堂书目》另著录其《野纪蒙搜》十二卷、《冰署笔谈》十二卷(有崇祯刊本)。《明史·艺文志》著录其《乐律志》。彭孙贻《明诗钞》录其诗一首。陈济生《天启崇祯两朝遗诗》卷四录其诗九首。《明诗综》卷五五录其诗一首。清陈元龙《御定历代赋汇》卷一一四录其《玉壶赋》。清郭柏苍《全闽明诗传》卷三一录其诗一首。生平见《(乾隆)福建通志》卷四五。

黄约仲(生卒年不详) 名守,字约仲,以字行,号静斋。福建兴化府莆田人。少负才名,永乐初应诏至京,试《上林晓莺》及《天马歌》第一,官翰林典籍,与修《永乐大典》《四书五经大全》及《性理大全》诸书,进检讨。在翰苑二十年,疏乞终养归。精楷书,为诗清婉。《千顷堂书目》著录其《静斋集》四卷,现存嘉靖十七年(1538)莆田黄献可刊本《静斋诗集》六卷,收五七言古近体诗八十余首,黄献可序。《皇明风雅》卷二九录其诗一首。郑岳《莆阳文献》卷五录其诗二首。《列朝诗集》乙集、《明诗综》卷一七录其诗一首。《御选宋金元明四朝诗》录其诗二首。清郑王臣《莆风清籁集》卷九录其诗五首。清郭柏苍《全闽明诗传》卷八录其诗三首。《明诗纪事》乙签卷五

录其诗一首。生平见佚名《翰林院检讨黄约仲传》(《国朝献征录》卷二二)、郑岳《莆阳文献》列传第七一、朱谋垔《续书史会要》、《(乾隆)福建通志》卷五一。

黄克晦(1524—1590)　字孔昭,号吾野。福建泉州府惠安人。嘉靖三年(1524)八月二十七生于崇武卫城。少为画工,曾随父客于永春李姓,数年尽读李氏藏书,因能诗。嘉靖三十九年四月,倭寇攻占崇武城,克晦兄死,家财被抢,举家迁至泉州避难,得与张仲立、林登卿等结社唱酬。隆庆间离家出游,由两广入楚、吴,抵金陵,入“青溪社”,与诸诗友倡和。又历齐、鲁、燕、赵,登泰、恒、嵩、衡诸岳以及匡庐、武夷。足迹几遍全国,诗亦因之进,名与沈明臣、王穉登相颉颃。万历三年(1575)入京,后闻母病,自京师归,奉母之余,邀诗社旧侣,唱酬自乐。十三年母卒,十六年二次进京,寓京师两年,与友人再登泰、嵩二岳,十八年六月以病归泉州,八月二十八卒,年六十七。游踪所及,必有诗,据其五世孙黄象潜云:“其诗之在吴曰《金陵稿》者四卷,于楚曰《匡庐集》者十卷,入燕有《北游草》《蓟州吟》者,均六卷,入洛有《宛城集》者三卷,在粤有《五羊草》者四卷,又有《西山倡和集》及《观风录》者凡七卷,总有四十卷。”

(《吾野公诗集后序》)殁后二年,同邑黄克缵刻其遗诗六卷于聊城,《千顷堂书目》著录其《黄孔昭诗选》六卷当指此本。是集岁久散佚,至清康熙四十一年(1702)黄象潜摭家藏遗帙,哀而重锓。现存乾隆二十五年(1760)《黄吾野先生诗集》五卷,又系其六世孙据康熙本增刊,五卷计收诗一千一百余首。《皇明诗统》卷三八录其诗十首。《列朝诗集》丁集录其诗四十一首。《明诗综》卷六三录其诗八首,“诗话”云:“孔昭少为画工,壮岁以诗名,其《金陵游稿》则张仲立(张文柱)刊之,《西山倡和编》则李于美(李萌)定之,《金台诗》则林登卿(林云程)镂之。登卿称其古风天籁自鸣,近体森然纪律。青溪社集诸公,允当推为祭酒。”《四库全书总目》著录《吾野诗集》五卷,“提要”云:“其诗亦出历下(李攀龙)、太仓(王世贞)之门户,而渐染稍轻。”《御选宋金元明四朝诗》录诗十四首。清郭柏苍《全闽明诗传》卷四一录诗四十五首。《明诗纪事》庚签卷七上录诗五首。生平见周良寅《黄吾野先生墓志铭》(清乾隆刊《吾野诗集》卷首)、王兆云《皇明词林人物考》卷一二。

黄克缵(1550—1634)　字绍夫,号钟梅。福建泉州府晋江(今泉州)人。生于嘉靖二十八年十二月二十七(1550 年 1 月 14 日)。万历四年

（1576）举人，八年进士，除寿州知州。入为刑部员外郎，出知赣州府，累迁山东左布政使，二十九年以右副都御史巡抚山东。后拜兵部尚书，四十年诏参赞南京机务，未上被劾归。四十三年赴南京任，四十七年召理京营戎政，改刑部尚书，四十八年受神宗顾命，复受光宗顾命，天启元年（1621）冬，加太子太保，越年，再拜兵部尚书。时朝臣有"三案"之争，克缵持议与东林诸人异，攻击纷起，因移疾归。四年（1624），魏忠贤尽逐东林，召克缵为工部尚书，视事数月，又因事与忠贤忤，复引疾归。崇祯元年（1628），起南吏部尚书，复有劾之者，未就，七年卒于家，年八十五，谥襄惠。克缵历官中外，以能称，亦能著述。《明史·艺文志》著录其《（古今）疏治黄河全书》二卷，现存万历三十九年刊本。其子黄道敬等辑其奏疏及诗文为《数马集》五十一卷，内奏疏九卷、赋一卷（赋八篇）、诗八卷（诸体诗五百六十四首）、书启三卷、诸体文三十卷，杨景辰序，约刊于天启时。《千顷堂书目》著录《数马集》五十一卷即此本。《皇明诗统》卷三八录其诗十一首。《明诗综》卷五三录其诗一首。清郭柏苍《全闽明诗传》卷三〇录其诗一首。《明诗纪事》庚签卷一三录其诗一首。生平见《（乾隆）福建通志》四五、《明史》卷二五六。

黄体仁（1545—？） 字长卿，号谷城。南直松江府上海人。九岁随祖母及母亲避倭乱迁浦东，晚年始归浦西城内。曾从耿定向学，二十一岁为诸生，屡试不举，因以教授乡里为生，徐光启十六岁从之学。万历二十二年（1594）五十岁始中举，三十二年与徐光启同中进士，年已六十，当权者欲使其试馆职，以老辞，请以徐光启代，故光启入翰林，而体仁授刑部主事。后出为登州知府，擢山东右参议，转按察司副使，四十七年福王之国，请尽革迎谒诸费，民德之，当路不悦，罢归，未几卒于家。《千顷堂书目》著录其《四然斋藏稿》十卷，现存万历刊本，首万历三十六年徐光启序，末有门人王偕春跋。卷首《自叙》谓其读元李道纯《中和集》，以其所言"身心世事谓之四缘，委身寂然，委心洞然，委世混然，委事自然"之语，故以"四然"名斋，也因之名集。集为其自编，文九卷，收文一百五十八篇，末卷收诗一百六十余首，诗文多为应酬之作。清姚宏绪《松风余韵》卷三〇录其诗九首。《四库全书总目》著录其集，误"体仁"为"体元"，又误称其为"谷城人"。另曾纂《上海田赋志》，未见传。清冯金伯《海曲诗钞》卷四录其诗五首。近人严昌埰《海藻》卷六录其诗八首。生平见何三畏《黄副宪谷城公传》（《云间志略》卷二二）、

《(乾隆)江南通志》卷一四一。

黄佐(1490—1566)　字才伯,号希斋,又号太霞子,晚更号泰泉居士。广东广州府香山(今中山)人。生于弘治三年(1490)十一月十七。正德五年(1510)举乡试第一,十六年进士,选翰林院庶吉士,授编修。嘉靖七年(1528)出为江西按察金事,改督广西学校,官如故,弃官归养。十五年以翰林编修左春坊左司谏起于家,迁侍读,再迁左谕德。二十六年进少詹事兼侍读学士,与大学士夏言论河套事不合,罢归。卒于嘉靖四十五年七月二十六,年七十七,赠礼部侍郎,谥文裕。其学以程朱为宗,又博综今古,究心于经史学问,著书多达二十余种,有《诗经通解》二十五卷、《乐典》三十六卷、《明音类选》十二卷、《六艺流别》二十卷、《广州人物传》二十卷、《南雍志》二十四卷、《广东通志》七十卷、《泰泉庸言》十二卷,皆有嘉靖刊本传世。又《两京赋》二卷,有明刊本;《革除遗录》六卷,有明刻《国朝典故六十种》本;《翰林记》二十卷,有明抄本。《明史·艺文志》另著录其《礼典》四十卷、《小学古训》一卷、《论原》十卷、《论式》三卷、《通历》三十六卷、《广州府志》二十二卷、《香山志》八卷、《姆训》一卷等;《四库全书总目》收录其《泰泉乡礼》七卷。亦以诗文名,被奉为广东"南园五先生"后之一代文宗,一时文人如"南园后五先生"欧大任、梁有誉、黎民表、吴旦、李时行等皆曾以其为师。嘉靖二十一年其门人李时行首刻其诗赋为《泰泉集》十卷,屠应竣、林云同、薛应旂序,李时行后序,《四库全书》据之收录,《总目》"提要"谓其"在明人之中学问最有根柢,文章衍华佩实,亦足以雄视一时",又谓其诗"吐属冲和,颇见研练,于时茶陵(李东阳)之焰将燼,北地(李梦阳)之锋方锐,独能力存古格,可谓不失雅音"。万历元年(1573)其子黄在中、黄在素等辑刻其诗文为《泰泉集》六十卷,后又有清康熙二十一年(1682)黄逵卿刊本,是为其诗文著述全集,《明史·艺文志》亦著录。《盛明百家诗》前编录其诗一百二十余首为《黄泰泉集》。顾起纶《国雅》卷八录其诗二首。《皇明诗统》卷二四录其诗十四首。《皇明诗选》录其诗三首。《列朝诗集》丁集录其诗五十八首,"小传"谓其"究心于理学经济,而修词捄藻,杰然争雄艺苑。岭南人在词苑者,琼台(丘濬)、香山(黄佐),后先相望,而梁公实(梁有誉)、黎惟敬(黎民表)皆出才伯门下,于是南越文学彬彬然比于中土矣"。《明诗评选》录其诗十二首。《明文海》录其文《徐妙锦传》等十五篇。清屈大均《广东文选》录其文三十四篇、赋一篇、诗二十首。《明诗综》录其诗十一首,"诗话"云:"文裕撰体颇正,而取材太陈,故格虽耸高而气少奔逸。然岭表自'南园五先生'后,风雅中坠,文裕力为起衰……岭南诗派,文裕实为领袖,功不可泯也。"清梁善长《广东诗粹》卷四录其诗二十三首。《明诗纪事》戊签卷七录其诗二十一首。生平见郭棐《粤大记》卷二四、王兆云《皇明词林人物考》卷六、何乔远《名山藏》卷七五、清黄宗羲《明儒学案》卷五一、《明史》卷二八七。近人黄佛颐有《文裕公年谱》(清光绪《黄氏家乘续编》本)。

黄伯善(生卒年不详) 字达兼,号菊山。福建泉州府晋江(今泉州)人。嘉靖十九年(1540)举人,初选浙江昌化教谕,官至衢州府同知。平生喜为诗,以至无时不诗,无地不诗,无事不诗,无物不诗。或称其诗学少陵,与同郡庄一俊、王慎中善。卒年八十有六。《千顷堂书目》卷二三著录其《菊山诗稿》十五卷、《文稿》六卷、《联稿》四卷。清李清馥《闽中理学渊源考》记其"有《菊山文集》十卷、《菊山诗集》二十卷、《读书汇记》八卷、《连枝集》十卷、《词赋杂体》四卷藏于家"。现存万历二十五年(1597)跋刊本《菊山诗稿》十五卷,收诗三千余首,五七言律诗占十之九,首有冯时可、郑以伟序。生平见《(乾隆)泉州府志》卷四八。

黄枢(1318—1377) 字子运,号后圃。休宁(今属安徽)人。师事朱升、赵汸,隐居教授。元末浙东道元帅李克鲁尝聘其为塾宾。以品行及诗文名于乡里。明洪武初被征教官,以足躄免。又曾为徽州富商金如山西席。现存嘉靖二十九年(1550)休宁黄氏古林山房重刊本《后圃黄先生存集》四卷,内诗词三卷,收诗一百六十首,词七首,文一卷,收序、记、跋、说、颂、状等文二十四篇。首洪武十六年(1383)其门生李本立《后圃黄先生存集序》,谓其"平生构辞为文,发言为诗,皆合古人法度,绝不留稿,此嗣子则惠摭拾于亲朋间,百得一二,编录成帙,题曰《后圃存集》"。又有汪思、游震得嘉靖重刊序。集后附其裔孙黄维天《响明斋诗》一卷。另有清康熙二十一年(1682)黄怀玉刊本《绮石斋遗诗》一卷。程敏政《新安文献志》录其诗四首。陈有守等《徽郡诗》卷八录其诗一首。《皇明诗统》卷三录其诗三首。《明诗综》卷一一录其诗二首。生平见《(康熙)休宁县志》卷六《人物志·隐逸》。

黄尚质(1504—1577) 字子殷,号醒泉。浙江绍兴府余姚人。嘉靖二十八年(1549)举人,谒选河南息县令,迁河间府景州知州。卒于万历五年(1577),年七十四。工绘事,善山水人物。《千顷堂书目》记其别集《青园录》,未见传。清康熙四十一年(1702)黄炳刻《黄氏捃残集》(黄宗智辑)收其《景州诗》一卷九十八首。清黄宗羲《姚江逸诗》卷一一录其诗二十六首。《明诗综》卷四八、《御选宋金元明四朝诗》录其诗二首。生平见清黄宗羲《黄醒泉府君传》(《吾悔集》卷二)、《(雍正)浙江通志》卷一八〇、《(乾隆)绍兴府志》卷五四。

黄泽(生卒年不详) 字敷仲,号旍山。福建福州府闽县(今福州)人。永乐九年(1411)举人,十年进士,累迁至河南左参政,调湖广。宣德三年(1428)自山东右布政使迁浙江左布政使。在官有政绩,然性格暴躁易怒,盐运使丁镳不避道,挞之,为所奏,巡按御史马谨亦劾其九载秩满,自出行县,且越境过家,遂逮下狱,正统六年(1441)黜为民。家居三十年,时与文人韵士颉颃唱酬,年八十余卒。《千顷堂书目》著录《黄泽诗集》十四卷,未见传。现存清抄本《旍山翁文集》六卷、《黄旍山先生文稿》不分卷,所收诗文不尽相同,后集附有乾隆三十四年(1769)叶世昂《黄旍山先生闻略》。《皇明风雅》卷二九、《皇明诗统》卷九录其诗一首。徐𤊹《晋安风雅》录其诗二首。《石仓十二代诗选·明诗选》收其诗四十九首。清郑方坤《全闽诗话》卷六谓其诗:"间杂俚语,虽

未脱宋元习气,然清扬潇散,婉而多风,不作穷愁拂郁语。"清郭柏苍《全闽明诗传》卷七录其诗六首。《明诗纪事》乙签卷一〇录其诗二首。生平见《(乾隆)福建通志》卷四三、《明史》卷一六四。

黄学谦(生卒年不详) 字又谦,一字天益。湖广长沙府善化(今湖南长沙)人。拔贡,天启元年(1621)副榜,除广东乐昌教谕,迁陕西兴平知县。能诗文,兼工书法。晚年右手废,以左手作小楷行草,更显遒逸。诗文著录有《紫岩集》《照怀亭遗草》,另有《五经钞》《周易析象》《三礼辩疑》等,均未见传。清廖元度《楚风补》卷三七录其诗十二首。清邓显鹤《沅湘耆旧集》卷二五录其诗八十二首,"小传"云:"晚遭世乱,出入山谷榛莽间,栖窜无定所,遗草凡八卷,其曰《登甲余言》《焚余草》,大抵多乱离中作,冲和平澹,绝少噍杀之音,可以觇所蕴矣。"《湖南文征》录其文六篇。《明诗纪事》辛签卷一八录其诗五首。生平见《(雍正)湖广通志》卷五七。

黄宗昌(1588—1646) 字长倩,号鹤龄。山东莱州府即墨人。万历四十三年(1615)举人,天启二年(1622)进士,除雄县知县,改清苑。崇祯初,征授山西道监察御史,请斥矫旨伪官,列黄克缵、范济世、霍维华等六十一人,乞罢免,帝以列名

多,不听。寻劾罢逆党,尚书张我续、侍郎吕图南、通政使岳骏声等均在列,又劾周延儒贪秽,帝怒,停俸半年。既而劾温体仁,亦不纳。崇祯二年(1629)巡抚湖广,为政敌寻隙劾之,降四级候讯,因归乡,于崂山筑玉蕊楼,与张允伦等为友,寻胜探奇,吟诗抒怀。崇祯十五年,清兵初围即墨,宗昌率众拒守,城获全,而其次子黄基中矢殒命。来年有黄大夏、郭尔标等人倡众起兵,围攻即墨城,宗昌再次纠合士绅守城,后其婿杨遇吉引清兵击溃黄大夏军,城亦因之沦于清人。宗昌遂隐遁崂山,卒于清顺治三年(1646)。平生倡节义,结清流,被列入东林。亦能诗文,现存崇祯刊本《恒山游》一卷《和韵诗》不分卷,有崇祯十年(1637)《黄鹤龄侍御游恒山诗序》。清乾隆三十一年(1766)族人黄簪世刊《即墨黄氏诗钞》收其《于斯堂集》,录诗四十六首,后嘉庆间黄守中重辑《黄氏诗钞》,增抄二十七首。又有清初刊本《疏草》三卷附录一卷、清抄本《巡按湖广疏稿》不分卷。另,居家时曾纂修《崂山志》,后由其子黄坦续成,有顾炎武序。陈济生《天启崇祯两朝遗诗》卷六录其诗十一首。《明诗综》卷六六录其诗一首。清宋弼《山左明诗钞》卷二八录其诗六首。清周翕镶等《即墨诗乘》卷四录其诗二十七首。《明诗纪事》辛签卷一八录其诗二首。生平见陈济生《天启崇祯两朝遗诗·小传》、陈鼎《东林列传》卷二四《黄忠(宗)昌传》、《明史》卷二五八。

黄居中(1562—1644) 字立父,又字明立、坤吾,号海鹤。福建泉州府晋江(今泉州)人。万历十三年(1585)举人,除上海县学教谕。历南国子监丞,迁黄平知州,未赴,侨寓南京。崇祯十七年(1644)卒,年八十三。平生喜藏书,得异书必手自缮写,年八十余,犹篝灯诵读,达旦不倦,后其仲子黄虞稷继之,岁增月益,至清初终成《千顷堂书目》,著录图书凡八万余卷。《千顷堂书目》著录居中所著有《皇明文征论录》、《千顷斋藏书目》六卷、《千顷斋杂录》十卷、《二酉斋诗》六卷,又《千顷斋初集》二十五卷,又《二集》四十卷,又《三集》四卷。现存明末刊本《千顷斋初集》二十六卷,诗十卷,收诸体诗四百六十余首,文十六卷,收各体文二百五十余篇,有陈函辉崇祯十三年(1640)序,又有李维桢、陈继儒、罗大冠等序。《列朝诗集》丁集录其诗三首。陈济生《天启崇祯两朝遗诗》卷一〇录其诗七首。《明诗综》卷五五录其诗一首。清郭柏苍《全闽明诗传》卷三一录其诗一首。《金陵诗征》卷三九"寓贤"录其诗八首。《明诗纪事》庚签卷一四下录其诗二首。生平见《(乾隆)福建通志》卷五一、《(乾隆)江南通志》卷一五七。

黄肃(生卒年不详) 字子邕。江西新城(今黎川)人。元季官礼部主事,明初自北平归附,命仍原官。洪武三年(1370)擢礼部侍郎,降工部郎中,寻又迁工部侍郎,进尚书。六年谪广西参政,寻坐党祸死。与宋濂、王祎、危素、李质等以文学相友善,时与陶凯、牛谅、吴云、刘崧、周子谅、张孟兼等皆以能诗称。著有《醉梦稿》,王祎为之序云:"旴江黄子邕氏善为诗,其诗有曰《醉梦稿》者,皆古乐府、歌行、五言古体,总若干卷。其辞简质平实,壹本于汉魏,而绝去近代声律之弊,殆几于古矣……今子邕乃能斥漫衍以为简,屏华缛以为质,黜奇诡以为平,祛浮靡以为实,读其辞知其于天道、人事、世变、物理之际详矣。"(《王忠文集》卷七)集未见传。刘仔肩《雅颂正音》录其诗十一首。《皇明风雅》录其诗二首。顾起纶《续国雅》卷一录其诗一首。《皇明诗统》卷四录其诗六首。《列朝诗集》甲集录其诗十一首。《明诗评选》录其诗四首。《明诗综》卷四录其诗五首。《御选宋金元明四朝诗》录其诗六首。《江西诗征》卷四一录其诗十四首。《明诗纪事》甲签卷一二录其诗三首,按语云:"明初新城称诗者刘子宪(刘绍)、黄子邕二人,皆长于古

体。"生平见过庭训《本朝分省人物考》卷六一。

黄承玄(? —1619) 字履常,号与参。浙江嘉兴府秀水(今嘉兴)人,黄洪宪之子。万历十年(1582)举人,十四年进士,除工部主事,出理张秋河道,浚泇河以济运河。历员外郎、郎中,二十四年浚南旺等处运河。迁湖广参政,调山东,再补江西,迁按察使。进河南右布政使,转陕西,迁左政使,调应天府尹,以右副都御史巡抚福建。卒于万历四十七年十一月初五,赠工部右侍郎。《明史·艺文志》著录其《河漕通考》四十五卷(存清抄本二卷)、《安平镇志》十一卷、《北河纪略》十四卷。卒后所著奏疏、公移、书启、诗文等辑为《盟鸥堂集》三十卷,存崇祯元年(1628)序刊本,有陈懿典、贺万祚、陆应旸序,内卷一三收古近体诗一百八十余首。《千顷堂书目》著录《盟鸥堂集》十四卷,未详何故。《明文海》录其文二篇。《明诗综》卷五五、《御选宋金元明四朝诗》、清沈季友《檇李诗系》卷一六录其诗一首。生平见顾起元《应天府府尹黄公生祠记》(《懒真草堂文集》卷一九)、《(康熙)嘉兴府志》卷一四、《(康熙)秀水县志》卷五。

黄相(生卒年不详) 字弼甫,号一溪。福建兴化府莆田人。弘治二年(1489)举人,九年进士,授南户

部主事,榷淮关。历员外郎、郎中,以至京不谒刘瑾,瑾矫旨谪其为浙江市舶提举,瑾诛,迁九江知府,自免归。少喜吟咏,《千顷堂书目》著录其《一溪集》,未见传。《石仓十二代诗选·明诗选》录其诗二十七首。《明诗综》卷二七下录其诗一首。清郑王臣《莆风清籁集》卷一四录其诗三首。《兰陔诗话》谓其《槿树花歌》"得讽人比兴之旨"。清郭柏苍《全闽明诗传》卷一二录其诗五首。《明诗纪事》丁签卷七录其诗一首。生平见《(乾隆)福建通志》卷三六。

黄省曾(1490—1546) 字勉之,号五岳山人。南直苏州府长洲(今江苏苏州)人。少能诗文,与文征明、祝允明等集于王鏊门下。正德十二年(1517)游南京,为乔宇幕客,代撰《游山记》。正德十六年曾为王守仁《修道说》作注,嘉靖三年(1524)守仁于稽山书院讲学,遂拜于门下受教。湛若水任南国子监祭酒,又得从之学。嘉靖十年举乡试第一,后累上春官不第,遂弃举子业,以读书、刻书、著书终其身。卒于嘉靖二十五年,年五十七。平生好交游,其《临终自传》云"罗门请交者,约略二千余人"。亦醉心山川,自号五岳山人,以足迹遍五岳故也。喜杂学旁收,以详闻奥学称,又好谈经济,故诗文之外著述甚多,有《吴风录》《拟诗外传》《客问》《钟吕二仙

传》《西洋朝贡典录》《稻品》《艺菊书》《养鱼经》《蚕经》《兽经》《种芋法》等见于明清《百陵学山》《夷门广牍》《广百川学海》《别下斋丛书》等丛书。另《论语洙泗万一本旨》《老子玉略》《舆地经》《高士传颂》《会稽问道录》等则未见传。曾辑《嵇中散集》十卷,注汉荀悦之书成《申鉴注》五卷,又编《名家诗法》八卷(有嘉靖三十四年詹氏白云馆刊本),辑《骚苑》三卷(有万历二十六年张所敬补辑本)。尤以诗文著于当时,正德十四年即与李梦阳有诗往来,北面称弟子。又嘉靖初曾受戴冠托,刻何景明《大复集》。嘉靖七年至十一年,常客于金陵,与李梦阳、顾璘、边贡等往来甚密,倾心于复古格调之说。后科举不利,多交于僧、道,诗文又染仙禅色泽。诗文著述辑为《五岳山人集》三十八卷,凡诗赋十八卷杂文二十卷,有嘉靖间吴郡黄氏家刊本,皇甫汸、王世贞等序;后又有万历二十四年(1596)董汉儒修补本。《明史·艺文志》著录《五岳山人集》即为三十八卷本。另有嘉靖十六年刊本《广陵联句集》一卷。《盛明百家诗》前编录其诗为《黄五岳集》,与其子黄姬水诗合为《二黄集》,后编又另辑《续黄五岳集》。顾起纶《国雅》卷八录其诗三首。《皇明诗统》卷一八录其诗八首。《石仓十二代诗选·明诗选》录其诗四百余

首,辑为二卷。《列朝诗集》丙集录其诗二十八首。《明诗评选》录其诗四首。《明诗综》卷四八、清沈德潜《明诗别裁集》录其诗一首。《御选宋金元明四朝诗》录其诗五首。《四库全书总目》著录《五岳山人集》三十八卷,"提要"云:"王世贞序称其古今体诗皆出自六代三唐,于他文亦推许甚至。及其为《艺苑卮言》,则云:'勉之诗如假山,虽尔华整,大费人力。'《静志居诗话》亦谓其'诗品太庸,沙砾盈前,无金可采'。今观其集,两家之说不虚矣。"《海虞文征》卷二七录其诗六首。《明诗纪事》戊签卷一七录其诗四首。钱谷《吴都文粹续编》录其诗二首、文一篇。《明文海》录其文十三篇,卷九二评其文云:"五岳之文学六朝,然意思悠长,不仅以堆沓为工,则是阳明问道之力。牧斋(钱谦益)因其北学,訾毁过甚,其实五岳未尝染空同(李梦阳)一毫习气也。"清陈元龙《御定历代赋汇》录其赋四篇。生平见王兆云《皇明词林人物考》卷五、何乔远《名山藏》卷九六、清黄宗羲《明儒学案》卷二五、《明史》卷二八七。

黄钥(生卒年不详) 号月峰山人。江西抚州府临川(今抚州)人。初学制义,科考不遂,厌之,以吟咏为乐事。又恐所见限于一地,遂外出游历。囊琴箧书,过吴会,俯大江

之流,抵梁魏,临黄海之险,又游邹鲁,登泰岳,凡名胜之区,足迹殆遍,所至感事触物,辄操瓠染翰,摘而为诗,以求适志。其子黄纪,嘉靖三十二年(1553)进士,三十七年任长垣知县,因刻黄钥诗为《适志集》十卷,收五七言近体诗二百余首,卷首有嘉靖三十七年户部郎中长坦张愉《适志集序》,卷末有黄纪同年户部主事李从宜跋。

黄奂(生卒年不详) 一名允文,字玄龙。南直徽州府歙县(今属安徽)人。早习举子业,场屋之试屡不得,乃弃去为山人。诗为汪道昆所重,与潘之恒等人交游倡和。《千顷堂书目》著录其《岭上集》又《罗颖楼集》。现存明刊本《罗颖楼初稿》一卷《续稿》二卷。所著以清康熙十二年(1673)吴绮序刊本《黄玄龙诗集》十卷、《小品》四卷收辑最全:《诗集》分体收诗六百五十余首,其诗多写山水;《小品》收尺牍二卷,"醒言""偶载"各一卷,"醒言"为其读书之札记,"偶载"则记鬼神怪异之事。《四库全书总目》著录《黄元(玄)龙小品》二卷,"提要"云:"所见颇为迂阔,《偶载》则鬼神怪异之事,亦多不经。"又著录《黄元(玄)龙诗集》八卷附《尺牍》二卷,"提要"谓其"诗意主独造,而失之于生硬"。明末刊本《八公游戏丛谈》及清顺治李际期宛委山堂刊本《说郛续》收黄允文《杂

纂三续》一卷，或亦为其作。生平见《(1937)歙县志》卷一〇。

黄洪宪(1541—1600) 字懋忠，号葵旸，自称碧山学士、天籁居士。浙江嘉兴府秀水(今嘉兴)人，贵州按察副使黄錝之子。隆庆元年(1567)举乡试第一，五年进士第二，选翰林院庶吉士，万历元年(1573)授编修，与修《大明会典》，直起居注。十年以皇子诞，令洪宪为正使，工科右给事中王敬民为副使，颁诏于朝鲜，还撰《朝鲜国纪》一卷。十三年以九年考满进侍读，充经筵讲官，十五年与修《会典》成，升右春坊右庶子，迁少詹事兼侍读学士，掌翰林院事。十六年主顺天乡试，取王锡爵子王衡为榜首，另李鸿又为申时行婿，因为言者攻讦，朝命复试，虽文皆如格，然洪宪已意懒，遂上疏引疾归。二十八年八月初九卒于家，年六十。性严峻，好直言。尝受知于张居正，居正败，共诬以逆，洪宪独以为当顾其辅幼主功，因忤众人。以工制举文名，明末刻《国朝大家制义》收其《黄葵旸稿》一卷。其万历十年使朝鲜时与朝鲜文臣李珥等应答唱酬之诗文，次年收入朝鲜政府所刊刻之《(壬午)皇华集》，是集总收诗二百二十余首，内洪宪诗五十八首。《明史·艺文志》著录《碧山学士集》二十一卷，现存万历刊本《碧山学士集》十九卷、《承明应制稿》一卷、《中秘读书稿》二卷、《銮坡制草》四卷，又有清康熙五十一年刊本。是集首有陈懿典、贺灿然、王衡序，内卷一九《使朝鲜稿》(同《(壬午)皇华集》所收诗)、《使大梁稿》、《归田稿》为诗集，计收诗八十余首。所著另有万历刊本《春秋左传释》二十七卷；又曾与何大通辑《皇明翰阁文宗》十二卷(有万历五年金陵书坊刊本)。《明诗综》卷五一录其诗五首。清沈德潜《明诗别裁集》录其诗一首。《御选宋金元明四朝诗》录其诗二首。清沈季友《檇李诗系》卷一四录其诗五首。《明诗纪事》庚签卷一〇录其诗一首。《明文海》录其文《柬支华平》一篇。生平见冯梦祯《葵旸黄公行状》(《快雪堂集》卷一八)、申时行《黄公墓志铭》(《赐闲堂集》卷二四)、王兆云《皇明词林人物考》卷一二。

黄祖儒(生卒年不详) 字伯肇，一字叔初，号谏凤。南直应天府上元(今江苏南京)人，南京兴武卫籍，黄甲子。以能诗词，与陪都名士游，曾与盛敏耕、姚汝循、陈所闻等组白社。《千顷堂书目》著录其《谏凤呓觉集》。现存万历十三年(1585)林丘橚序刊本《呓觉草前集》十二卷，前十一卷诗不分体，收诗四百余首，卷一二收词四十六首；又《呓觉草后集》十三卷，诗词杂编，收诗六百余首、词十四首。另，陈所闻《北宫词纪》《南宫词纪》辑录其散曲小令七首、套数七套。《金陵诗征》卷二三录其诗一首。

黄哲（？—1376）　字庸之，号雪篷。广东广州府番禺（今广州）人。少读书刻苦，尝假人《文选》手抄之，沉玩究竟，遂能诗。性好山水，结庐蒲涧，往来罗浮、峡山、南华诸名胜，又辞家度庾岭，游吴楚齐燕，一时湖海英豪皆与游焉，因有名于南北。岭南无雪，始度岭而北，倚篷听雪，诧为天下奇音，归构一轩，名"听雪篷"，乡里遂称为雪篷先生。元至元二十六年（1366）朱元璋驻师金陵，称吴王，招徕名儒，以李善长、张昶、汪广洋荐，拜翰林待制，侍太子读书，寻兼翰林典签。洪武初，出知东阿县，四年（1571）迁东平府通判，罢归，九年坐事被杀。以诗名于岭南，《千顷堂书目》著录其《雪篷集》六卷，未见传。曾与孙蕡等结社广州之南园，后黄佐编《广州人物传》谈及南园诗社，称孙蕡、王佐、黄哲、李德、赵介为"五先生"，因以"南园五先生"名传之后世。现存嘉靖三十六年（1557）王国桢刊本《广中五先生诗集》及清康熙五十九年（1720）刊本《南园五先生诗选》皆收黄哲之《雪篷先生诗选》。因惟蕡有集流传，后有佚名辑黄哲与王佐、李德、赵介诗合刊为《广州四先生诗》，内收哲诗七十三首。《四库全书》收

《广州四先生诗》，《总目》"提要"云："虽网罗放失，篇帙无多，然如哲之五言古体，祖述齐梁，德（李德）之七言长篇，胎息温、李，俱可自名一家。"《盛明百家诗》后编选录黄哲诗五十余首为《黄庸之集》，与孙蕡、王佐、李德诗合为《广中四杰集》。《皇明风雅》卷二四录其诗一首。顾起纶《国雅》卷二录其诗七首。《皇明诗统》卷三录其诗二十七首。《石仓十二代诗选·明诗选》录其诗六十八首。《列朝诗集》甲集录其诗十六首。清屈大均《广东文选》录其诗七首。《明诗综》卷一〇录其诗十首，"诗话"云："其五言诗源本六代，七言亦具体，品当在仲衍（孙蕡）之下，彦举（王佐）之上。"清沈德潜《明诗别裁集》录其诗二首。《御选宋金元明四朝诗》录其诗十六首。清梁善长《广东诗粹》卷二录其诗十首。《明诗纪事》甲签卷九录其诗五首。生平见黄佐《黄哲传》《广东人物传》卷一二）、王兆云《皇明词林人物考》卷一、《明史》卷二八五。

黄峨（1498—1569）　名或写作"黄娥"，字秀眉。四川潼川州遂宁人，尚书黄珂次女。幼随父母居于京师，正德九年（1514）其父致仕，始归乡里。工笔札，通音律，能词曲，才名播于缙绅间，十四年嫁状元新都杨慎为继室。杨、黄两家世交，夫妻才情相得，吟咏倡和，一时传为佳

话。十五年随杨慎赴京,嘉靖三年(1524)慎因"大礼仪"遭廷杖,谪戍云南永昌金齿卫,峨回新都奉亲持家。五年杨慎回家探父病,获允与慎同赴云南戍所,八年奔父丧回乡,慎再回云南,峨则留于新都。后三十年,慎被锢于云南,仅回新都数次。又以峨不育,慎在外纳妾周氏、曹氏,峨独居新都,空怀相思,故多以韵语写离愁别恨。嘉靖三十八年七月初六杨慎卒于昆明,年七十二,又十年,隆庆三年(1569)黄峨病逝,年亦七十二。据传,峨生前所作向不存稿,"虽子弟不得见也",然其寄慎之篇什,亦常为艺林传诵。隆庆四年,俞宪辑得峨诗三首、散曲小令一首,名之《杨状元妻诗集》,刊入《盛明百家诗》后编。黄峨以散曲著名,然或因与杨慎作品混刻,或因好事者讹传,真伪归属多有争议,以至难以辨析。万历三十六年(1608)出现刊本《杨升庵先生夫人乐府词余》五卷,杨禹声所辑,收峨散曲套数八、小令九十七首;后不久又有托名徐渭辑《徐文长重订杨升庵夫人词曲》行世,所收又有所增益。然二本皆为书坊所为,所辑有与杨慎《陶情乐府》等相重者,亦有误收他人作品者,另有张琦等《吴骚合编》所录《秋夜有怀》一套等则未入辑。后人多有对峨作加以考订,1929年任中敏编校《杨夫人曲》三卷,收套数五、小

令六十三首。1940年黄嫒芳编校《黄夫人乐府》四卷,收词一首、套数一、小令五十七首。近人论及黄峨散曲,多以任中敏说为准,然任氏自谓尚多疑问,有待考证。前人所录黄峨词作,则或与其曲相混,如清乾隆间王昶辑《明词综》卷一一所录[巫山一段云·巫女朝朝艳],实为[南双调]小令,清周铭《女子绝妙好词》卷六所收[风入松·一丝雨气病襄王]实为[北双调]小令;或与杨慎作相混,如清胡胤瑷《皋兰明词选》卷六所录[满庭芳·旅思]实为慎作。黄峨《寄外》诗流传甚广,然诗传世甚少,顾起纶《国雅》卷一九、《皇明诗统》卷四一、《列朝诗集》闰集、《明诗综》卷八六、清沈德潜《明诗别裁集》、《御选宋金元明四朝诗》等所录其诗,均未出《盛明百家诗》所选。后有人自《遂宁县志》等辑其佚诗,总数似亦未超十首,皆为七言古近体诗。

黄玺(1468—1535) 字邦信,号东园居士,又号跳石山人。南直徽州府歙县(今属安徽)人。生于成化四年(1468)三月二十四。监生,嘉靖七年(1528)曾任新蔡知县,十四年五月初七卒,年六十八。卒后其子黄镛刻其遗稿为《东园遗稿》二卷,首有其从子黄沐嘉靖三十一年序,计收诗三百三十余首、词十首,末附《行状》及三十四年汪衍庆后

序。生平见其从弟黄祚《明故文林郎新蔡县尹黄公行状》(《东园遗稿》附录)。

黄卿 (1483—1540) 字时庸,号海亭、编苕,又自署朝僎山人。山东青州府益都(今青州)人。正德二年(1507)领乡荐,明年进士,授武进知县,改涉县。调应州知州,累迁至南刑部郎中。嘉靖初简放太原知府,历浙江右参政,仕至江西左布政使,嘉靖十九年(1540)入京,卒于途,年五十八。嘉靖十四年回乡省亲,曾入海岱诗社,与刘澄甫、冯裕、石存礼、陈经、刘渊甫、杨应奎、蓝田等倡和。后冯裕曾孙冯琦辑八人倡和诗为《海岱会集》十二卷,内收黄卿诗七十三首。《海岱会集》原以抄本流传,清乾隆时为纪昀所得,因辑入《四库全书》,《总目》"提要"云:"八人皆不以诗名,而其诗皆清雅可观,无三杨台阁之习,亦无'七子'模拟之弊,故王士禛称其各体皆入格,非苟作者。"黄卿所著嘉靖间刻为《编苕集》八卷,卷一收赋十三篇,卷二收拟乐府诗八十三首,卷三卷四收五七言古体诗一百三十六首,卷五至卷七收五七言近体诗二百三十首,卷八收序、记文三十五篇,有嘉靖二十一年苏佑序。是集为《丁顷堂书目》所著录,《千顷堂书目》另著录其《编苕诗话》八卷,则未见传。《皇明诗统》卷一九录其诗九首。

《明诗综》卷三三录其诗一首。清宋弼《山左明诗钞》卷六录诗二十五首。《明诗纪事》丁签卷一四录诗四首,按语云:"编苕诗特矜练,在《海岱会集》中别自一格。"《明文海》录其文《潍水赋》等七篇,卷一四评《海市赋》云:"(黄卿)长于作赋,皆婉转可诵,不堕方板填塞之习,其文则句法琐碎。"清陈元龙《御定历代赋汇》亦录《海市赋》。生平见《(雍正)山东通志》卷二十八之三。

黄衷 (1474—1553) 字子和,号矩洲,自署铁桥病叟。广东广州府南海(今广州)人。弘治八年(1495)举人,九年进士,授南户部主事,改北。正德元年(1506)晋户部员外郎,以父忧归,服阕,补南兵部员外郎,升礼部郎中,出知湖州。历福建都转运使,迁广西参政,十六年升云南右布政使,以征讨功,转左。嘉靖三年(1524)以右副都御史巡抚云南,改湖广,五年为营建仁寿宫及显陵,调升工部右侍郎兼金都御史,督运木材,工竣归家,有密报其潜入京师,帝怒,罢其官。三十二年卒,年八十。晚年家居,曾就通番海船询问外邦山川风土及海上风光,集录为《海语》三卷,叙海外诸邦之风俗、物产及海上荒忽奇谲之状,多出舟师舵卒之口述,有明刻《宝颜堂秘笈》本,为《四库全书》所收。在南都,与顾璘、朱应登、陈沂等交游。

擅诗名,宦游南北,所至皆有题咏,晚年谢事丘皋,仍寄兴吟咏不倦。《千顷堂书目》著录其《矩洲文集》十卷又《诗集》十卷及《铁桥奏议》十卷。现存嘉靖二十一年刊本《矩洲诗集》十卷,内《吴中稿》《南中稿》《闽中稿》《粤中稿》《湖中稿》《伐檀稿》,随宦而作,《草堂前稿》《草堂后稿》《草堂续稿》则家食所辑,计收诸体诗八百余首,又附其弟黄裘《樗亭集》一卷,有钟芳、徐九皋、王渐逵、黄学准序。《皇明诗统》卷一六录其诗二首。《列朝诗集》丙集录诗一首。清屈大均《广东文选》录其文三篇、诗一首。《明诗综》卷二七下录其诗三首,"诗话"云:"矩洲诗无根核,兴到笔酣,间与曩篇暗合。若'野练晴飞孤屿白,木棉春试小枝红''白酒河桥花底社,黄螺沙市蜑家儿'……状南中风景,历历在目。"《明诗纪事》丁签卷七录其诗一首。《明文海》录其文《伐檀集序》等二篇。生平见黄佐《兵部右侍郎黄公衷传》(《国朝献征录》卷四〇)、《(雍正)广东通志》卷四五。

黄润玉(1389—1477)　字孟清,号南山。浙江宁波府鄞县(今宁波)人。永乐改元,诏徙江南富民实北京,其父当行,润玉时年十三,诣官请代父往,有司不能夺其志而从之。至则筑室京师城北,垦圃鬻蔬以为生,作劳之余读书不辍。永乐十八年(1420)举京闱乡试,授建昌府学训导,改南昌。宣德时用荐召为交趾道监察御史,正统元年(1436)擢湖广按察司金事,劾藩臬郡县之不职者至百有二十人,风采凛然。景泰初,以杨士奇荐,迁广西提学金事,调湖广,论罢巡抚李实亲故二人,李实劾润玉不谙刑律,谪含山知县,以年老致仕。归里筑南山书院讲学。里居二十年,卒于成化十三年(1477)五月,年八十九。崇朱子学,尚知行,尝谓"明理务在读书,制行须贵谨独"。性刚介寡交,惟与李时勉、薛瑄等数人为友。也能诗文,卒后其孙黄溥录其平日言论辑为《海涵万象录》四卷,现存正德十六年(1521)刊本。又有天顺刊本《经书补注》一卷。另《道德经附注》二卷、《仪礼戴记附注》四卷《外卷》一卷、《宁波府简要志》五卷,皆存清抄本。《明史·艺文志》另著录其《考定深衣古制》一卷、《学庸通旨》一卷。《千顷堂书目》记其别集名《南山集》,现存明蓝格抄本《南山黄先生家传集》五十六卷,据卷首黄溥正德十二年题识,此集景泰元年(1450)由润玉手编,后经多次增订重辑,此本首有嘉靖二十二年(1543)文征明《像赞》,则又为后出之本也。是集首有润玉《自序》,卷一收辞、赋,卷二至卷二〇收诸体诗六百余首,卷二一收词十一首,卷二二至卷二四收《深衣古制（图）》《中庸图》等，以后各卷为杂著及各体文。近世张氏约园抄本据此本抄录。《四明风雅》卷一录其诗一首。清胡文学《甬上耆旧诗》卷四录其诗十三首。《四明文征》卷一二录其文一篇，《四明近体乐府》卷八录其词一首。生平见杨守陈《黄公墓志铭》（《国朝献征录》卷八八）、清黄宗羲《明儒学案》卷四五、《明史》卷一六四。

黄祯（生卒年不详） 字德兆，号北海野人，晚署中里老人。山东青州府安丘人。嘉靖二年（1523）进士，授工部主事。历兵部郎中，改吏部，十年以武库火下狱，免官归。复起为吏部文选司郎中，御史劾之，再下狱夺官。归后家居常独坐小楼，日事吟咏，因以诗名于乡里，与乐安李舜臣并称"李黄"。《四库全书总目》著录其《北海野人稿》一卷，"提要"谓仅抄有骚赋九首，五言古诗数十首，无序跋。现存明刊本《拟骚集》二卷、《二友传》一卷。《拟骚集》者，拟屈骚之作也，共十八篇，集有王世贞《拟骚序》。另有稿本《耘石诗稿》一卷。清宋弼《山左明诗钞》卷九录其诗十一首。清马良淑《渠风集略》卷一录诗二十一首。《明诗纪事》戊签卷 五录诗一首。近人赵愚轩《青州明诗钞》卷二录诗一百零五首。高叔嗣曾为其父作《墓表》（《苏门集》卷七），略言及其生平。

生平见《（咸丰）青州府志》卷四四。

黄姬水（1509—1574） 字淳甫，又字淳父，晚号质山。南直苏州府长洲（今江苏苏州）人，黄省曾之子。生于正德四年（1509）十月二十六。幼以才敏称，其父出入必携之俱，有所占属，每令同赋。省曾拙于书，因命其学书于祝允明，得其笔法。少为诸生，父母卒后弃举业，以楚服见达官长者，意自如也。侨栖金陵，逾六年而后归，尽斥其田产，以供子女婚嫁，衣食几不继，而所蓄鼎彝法帖名画甚富，一室之中，棐几莹洁，笔砚精良，焚香晏坐，欣然忘老。卒于万历二年（1574）五月初二，年六十六。平生以诗书为业，悠然一生，诗名出其父之上。王世贞为其《白下集》作序，称其早岁以清丽宏博自喜，中年游金陵，稍趋淡辞雅调，晚年益喜为工语。《明史·艺文志》著录其《贫士传》二卷、《淳父集》二十四卷。《贫士传》二卷见于万历三十四年《尚白斋镌陈眉公订正秘笈》等丛书。《黄淳父先生全集》二十四卷，为其婿顾九思万历十三年选《白下》《高素》二集及二集未刊者并梓之，凡赋颂赞诗十六卷、杂文八卷，内有诸体诗一千二百余首。其万历初年所刊《白下集》十一卷、《高素斋集》二十八卷，亦皆存世。《盛明百家诗》录其诗八首为《黄质山集》。顾起纶《国雅》卷一五录其诗十六首。《皇明诗统》卷一八录其诗七首。《列朝诗集》丁集录其诗五十二首。王夫之《明诗选评》录其诗六首。《明诗综》卷五〇、清沈德潜《明诗别裁集》录其诗一首。《御选宋金元明四朝诗》录其诗十七首。《金陵诗征》卷三九"寓贤"录其诗二首。《明诗纪事》己签卷二〇录其诗四首,按语云:"勉之(黄省曾)北面空同(李梦阳),致失故步,不如其子淳父为轻俊语,吴人而吴歟也。观其自序《白下集》云:'壮心不死,素发易生,云霞郁思,江山洒泣,昔吴人有游楚者,病且为吴吟,予悲予之游楚而吴吟也',可以知其指矣。"《明文海》录其文《刻唐诗二十六家序》等三篇。生平见《黄淳父先生全集》所附皇甫汸撰《墓志铭》、冯时可《黄姬水传》及王兆云《皇明词林人物考》卷一一、《明史》卷二八七。

黄培(1604—1669) 字孟坚,号封岳,又号卓叟。山东莱州府即墨人。兵部尚书黄嘉善孙,生于万历三十二年(1604)。其父黄宗宪早丧,万历末以祖父荫,袭锦衣卫指挥金事,授怀远将军,轻车都尉。历南镇抚司官司事金事、锦衣卫官卫事指挥同知、钦差提督街道都指挥同知、例授金吾将军、锦衣卫管卫事都指挥使。明社亡,扶母柩回乡家居。年五十始学诗,与姐丈宋继澄及同邑遗民张允伦等结诗社,聚会吟咏,以抒忧愤,即墨旧族诸老及子侄多与焉。清康熙元年(1662)黄培辑己作二百余首刻为《含章馆诗集》,宋继澄序,其侄黄贞麟跋。有邑人姜元衡,清顺治六年(1649)进士,历官编修、侍讲,时以贿卖童生被劾家居。姜元衡父曾为黄嘉善家仆,至姜元衡榜名仍为黄元衡,以曾为黄培鄙夷羞辱,因挟恨于康熙五年首告黄培,谓黄培等结诗社唱逆诗,《含章馆诗集》中如"一自蕉符纷海上,更无日月照山东"(《感怀次林寺韵》)、"野老不知星物换,纪年犹列汉春秋"(《山游次邻庭叔韵》)、"平沙一望无烟火,惟见哀鸿自北飞"(《汉塞》)、"重开新紫极,光复旧庭闱"(《远叹》)等语多悖逆,黄培等十四人因被捕入狱,涉案二百十七人,远及顾炎武等,成一时大案。至康熙八年二月结案,诸人或罪或免不等,惟黄培以大逆罪判绞刑,四月初一处死,年六十六。清乾隆三十一年(1766)族人黄簪世刊《即墨黄氏诗钞》未收黄培诗,至嘉庆间黄守中重辑《黄氏诗钞》,始据抄本《含章馆诗集》,录诗二百八十六首,又收刊本《含章馆诗集焚余》诗一百二十五首。清宋弼《山左明诗钞》卷三三录其诗十二首。清周翕镜等《即墨诗乘》录其诗二十首。生平见《即墨黄氏族谱》(增修版)所载宋琏《锦衣卫提督街道都指挥同知黄培墓志铭》。

　　黄辅（生卒年不详）　字弃公。南直扬州府如皋（今属江苏）人。明末诸生，与复社石夏宗、冒襄、佘天佑等交，将补贡而明亡，髡为僧，仍课塾授徒自赡。所著有《恕庵诗稿》四卷，未见传。清汪之珩《东皋诗存》卷四录其诗六十四首。清杨廷《五山耆旧集》卷一六录其诗三十五首。《明诗纪事》辛签卷三〇录其诗一首。

　　黄淮（1367—1449）　字宗豫，号介庵。永嘉（今温州）人。生于元至正二十七年（1367）五月初四。洪武二十八年（1395）以荐入南京国子监，二十九年举于应天府，三十年进士，除中书舍人。成祖即位，进翰林院编修，与解缙、胡广、金幼孜、胡俨、杨士奇、杨荣等同入直文渊阁，预机务，专掌制敕。旋进左春坊左庶子兼侍读，五年（1407）升右春坊大学士，辅东宫。成祖北征，受命佐太子监国，中蜚语，系诏狱十年。仁宗即位，复官入内阁，再迁通政使，又晋少保、户部尚书兼武英殿大学士。宣德元年（1426），汉王朱高煦反，宣宗亲征，佐郑王监国，次年以療疾乞休，家居二十年，卒于正统十四年（1449）六月初三，年八十三，赠太保，谥文简。淮为永乐、宣德时重臣，和平温厚，处事果断通达。与"三杨"（杨士奇、杨荣、杨溥）交善，诗文皆染台阁之风。曾与修《太宗实录》《仁宗实录》，又曾与解缙等奉敕撰《古今列女传》、修《文献大成》，与杨士奇合编《历代名臣奏议》三百五十卷，主修《温州府志》。所著诗文先后辑为《省愆集》《退直稿》《归田稿》《入覲稿》，皆诗文混编。《省愆集》二卷收其早年所作诗词及乐府，刊于正统间，有宣德七年（1432）杨溥序、宣德八年杨荣序，据正统八年（1443）王豫后序，此集黄淮曾寓目；《退直稿》三卷、《归田稿》六卷、《入覲稿》二卷，明季曾合刊为《黄文简公介庵集》十一卷，亦有清刊本，1941年永嘉黄氏排印《敬乡楼丛书》本又增补遗一卷。《明史·艺文志》著录其《省愆集》二卷、《词》一卷，《千顷堂书目》著录其《省愆集》二卷又《介庵集》六卷又《归田稿》及《省愆词》一卷，或皆未见原集也。《四库全书》收《省愆集》二卷，《总目》"提要"云："淮文章春容安雅，与三杨体格略同，故此集乃系狱时所作，集以'省愆'为名，当患难幽忧之日，而和平温厚，无所怨尤，可谓不失风人之旨。"程敏政《皇明文衡》录其文五篇。《明文海》录其文《四愁赋》等四篇。清陈元龙《御定历代赋汇》录其赋二篇。《皇明风雅》录其诗二首。《皇明诗统》卷八录其诗四首。《列朝诗集》乙集录其诗二首。《明诗综》卷一七录其诗一首。《东瓯诗存》卷一六录其诗二十五首。《明诗纪事》乙签卷四录其诗一首。近人赵尊岳《明词汇刊》据《省愆集》录词十首为《省愆词》一卷，实《介庵集》中亦有词七首。生平见陈敬宗《黄公墓志铭》《国朝献征录》卷一二）、王直《文简公神道碑铭》（《重编王文端公文集》卷二九）、廖道南《殿阁词林记》卷一、何乔远《名山藏》卷六一、《明史》卷一四七。

黄淳耀（1605—1645）　初名金耀，字蕴生，一字松崖，号陶庵，又号水镜居士。南直苏州府嘉定（今属上海）人。生于万历三十三年（1605）五月二十八。十七岁补博士弟子员，天启三年（1623）岁试第一，食廪饩，为武进士龚思默聘入家塾。崇祯二年入"复社"。崇祯六年（1633）为侯峒曾所聘，教授峒曾、岐曾诸子。十一年在金陵参加讨伐阮大铖。十二年钱谦益慕名敦请其教授其子。十四年在嘉定立"直言社"。十五年乡试中举，十六年进士，不谒选而归，家居研习经籍。明社亡，乙酉（1645）五月，清兵占南京，颁剃发令，闰六月传至嘉定，士绅皆愤恨，因于城郊举义兵数千人，推侯峒曾与黄淳耀为首，驱逐清廷县令，据嘉定城抵御清兵。至七月初四，城陷，侯峒曾偕二子赴水，为清兵引出杀害，淳耀与弟渊耀则于城西僧舍自缢死，时淳耀年四十一，渊耀年二十二。淳耀以学问、文章

名于乡里，文宗归有光，诗学太白。同邑及邻邑名士侯峒曾、张溥、夏允彝、归庄、程嘉燧、娄坚等皆对其推崇有加，钱谦益誉其为"今之韩子"（《黄蕴生经义序》）。其理学著述有天启四年作《知过录》，崇祯四年作《自监录》，又曾辑古人言行之可法者，作《吾师录》以自励。卒后其门生陆元辅以数年之力收罗其遗作，辑为《陶庵集》，《明史·艺文志》著录《陶庵集》八卷，现存清康熙十五年（1676）嘉定张懿实刻《陶庵诗集》八卷、《陶庵文集》七卷、《吾师录》一卷，吴伟业等序。是集又有康熙四十二年陆廷灿增修本。清乾隆二十六年（1761）所刻之《陶庵全集》则为文七卷补遗一卷、《吾师录》一卷、《自监录》四卷、诗八卷补遗一卷、附录一卷。后又有清光绪五年（1879）及光绪十八年重刻《陶庵全集》。又，1935年吴兴刘氏留余草堂曾刻《黄陶庵先生甲申日记》，收其就义前一年所作，今亦存。《千顷堂书目》另著录其《诗札》二卷、《史记杂论》四卷、《语录》二卷。陈济生《天启崇祯两朝遗诗》卷七录其诗九十八首。《明诗评选》录其诗一首。《明诗综》录其诗十二首。清沈德潜《明诗别裁集》录其诗三首。《御选宋金元明四朝诗》录其诗七首。《四库全书》收《陶庵全集》二十二卷，内文八卷、诗八卷、《吾师录》二卷、《自

监录》四卷,《总目》"提要"云:"淳耀湛深经术,刻意学古……能以躬行实践为务,毅然不为荣利所挠。如《吾师》《自监》诸录,皆其早年所订论学之语,趣向极其醇正,而平易可近,绝无党同伐异之风,足见其所得之远。文章和平温厚,矩矱先民。诗亦浑雅天成,绝无懦响。于王(王世贞)、李(李攀龙)、钟(钟惺)、谭(谭元春)余派,去之惟恐若浼,可谓矫然拔俗。"清王辅铭《明练音续集》卷六录其诗十四首。《明诗纪事》辛签卷五录其诗十九首。生平见侯元泓《黄公陶庵行状》(清光绪刊《陶庵集》附录)、陈济生《天启崇祯两朝遗诗·小传》、清陈鼎《东林列传》卷一一、《明史》卷二八二。清陈树德有《陶庵先生年谱》(清光绪刊《陶庵集》附录)。

黄谏(1412—?) 字廷臣,号兰坡。祖籍南直扬州府高邮,徙西北,遂为陕西临洮府兰州(今属甘肃)人。正统七年(1442)第三人进士及第,授编修。天顺初,迁侍讲学士兼尚宝卿,使安南,二年(1458)晋翰林学士。后坐与石亨交,谪广州府通判。博学多艺,研字学,能诗善书,精绘事,从学者甚众。有《书传集解》十二卷,明刊本残存八卷;《从古正文》五卷、《字原释义》一卷,有嘉靖十五年(1536)李宗枢石叠山房刊本。另著有《诗经集解》《使南集》《兰坡集》等,未见传。《石仓十二代

诗选·明诗选》录其诗十七首。《皇明诗统》卷一四录其诗五首。《(雍正)甘肃通志》录其赋一、序一、记一篇。《明诗纪事》乙签卷一七录其诗二首。近人王烜《皋兰明儒遗文集》录其诗二首、文九篇。生平见佚名《黄谏传》(《国朝献征录》卷二○)、廖道南《殿阁词林记》卷四、《(雍正)甘肃通志》卷三四。

黄维楫(生卒年不详) 字说仲。浙江台州府太平(今温岭)人。黄绾孙,万历间布衣,与兄维栋皆能文学,晚年客游燕赵,名噪公卿间。其诗沿袭"七子",多与王世贞、欧大任等唱酬。《千顷堂书目》著录其《黄说仲诗草》八卷,未见传。《列朝诗集》丁集录其诗一首,"小传"云:"金华胡应麟撰《皇明律范集》,录隆、万以来文章钜公及同时词客之作,多至二千余首,大率肥皮厚肉,涂抹叫呶,黄茅白草,弥望皆是……翻阅之余,心目愤闷,偶见黄生一诗,差为清拔。"《明诗综》卷六三录其诗二首。《御选宋金元明四朝诗》录其诗三首。清戚学标《三台诗录词录》卷二二录其诗四首。《明诗纪事》庚签卷八录其诗一首。维楫又曾据唐李朝威小说《洞庭灵姻传》柳毅传书故事作传奇《龙绡记》,祁彪佳《远山堂曲品》谓此剧为维楫在王阳明座上为阳明寿所作,三日而成,今仅凌虚子选《月露音》内存残曲。生平见

《(康熙)台州府志》卷一五。

黄绾(1480—1554)　字宗贤，一作叔贤，号久庵、石龙。浙江台州府太平(今温岭)人，南工部侍郎黄孔昭孙。生于成化十六年(1480)二月十一。正德五年(1510)以荫补后军都督府都事，因得拜识王守仁，称门人。寻告病归家，于紫霄山筑石龙书院，潜习阳明之学。嘉靖元年(1522)，以荐起南京都察院经历，三年，与张璁、桂萼等联名上疏争"大礼"，然未附何渊"世宗父母入太庙"之议，帝不悦，仅任其为南工部员外郎，因累疏乞休。六年，世宗议礼功，授绾光禄寺少卿，转大理寺，改少詹事兼侍讲学士，充讲官，与修《明伦大典》，典成，升詹事兼侍读学士，晋南京礼部右侍郎。时王守仁率军平定广西，殁于归途，遭桂等诬陷，绾两次上疏为守仁辩冤，言："昔议大礼，臣与萼合，臣遂直友以忠君，今萼毁臣师，臣不敢阿友以背师。"又以女妻阳明之子正亿，携之金陵，销其外侮。嘉靖十八年，任南礼部尚书兼翰林学士，安南内乱，帝命绾为使安抚，惧此行不测，称病不赴，因为帝斥退。卒于嘉靖三十三年九月初四，年七十五。绾初师谢铎，学宋儒，闻王守仁讲学，改习阳明"良知"之教。至晚年，对两造皆有所疑，谓"予始末之信，既而信之，又久而验之，方知空虚之弊，误人非

细"，因撰《久庵日录》八卷、《习业录》四卷，反对空谈理性，主张经世致用，嘉靖二十六年其子黄承德将二书合刻为《明道编》十二卷(今存六卷)。著述另有嘉靖刊本《知罪录》一卷，清康熙四十四年(1705)刊本《王静学先生传》二卷。《千顷堂书目》另著录其有《中庸古今注》《四书五经原古》《思古堂笔记》等。诗文著述卒后刊为《石龙集》二十八卷，诗词赋七卷，文二十一卷，王廷相序，《明史·艺文志》著录，今存。又有万历年间刊本《久庵先生文选》十六卷，诗赋四卷、文十六卷，汤聘尹序，盖为《石龙集》《石龙奏议》二集之选本，亦存。李时渐《三台文献录》录其赋一篇、文十九篇、诗二十四首。《明文海》录其文《少谷子传》等十八篇。清李成经《方城遗献》卷六录其诗五首。清戚学标《三台诗录词录》卷一七录其诗十首。生平见李一瀚《黄公行状》《国朝献征录》卷三四)、清黄宗羲《明儒学案》卷一三、《明史》卷一九七。

黄辉(1555—1612)　字平倩，一字昭素，号慎轩、铁庵，又号无知居士、云水道人。四川顺庆府南充人。万历元年(1573)举乡试第一，十七年中进士，选翰林院庶吉士，十九年散馆授编修。二十七年迁右春坊右中允兼编修，充皇长子讲官，明年进谕德，历庶子，升少詹事兼侍读

学士,引疾归。四十年(1612)卒,年五十八。与焦竑、吴道南、陶望龄、董其昌等同榜进士,同入翰林,时同馆诗文推陶望龄,书画推董其昌,而辉诗与画皆与之齐名。与袁宗道志同交厚,力排李攀龙、王世贞诗文复古、模拟之论。宗道卒,代理丧事,又与宏道、中道兄弟亦多有交往,所至游览山水,结诗社,寻访禅衲,多方外交,虽居华要,颇称云水之致。袁中道记云:"戊戌(万历二十六年)之冬,伯修(袁宗道)、中郎(袁宏道)皆官吴门,予亦入太学,慎轩自蜀中来,邸中聚首最密。中郎作诗,力破时人蹊径,多破胆险句,伯修诗稳而清,平倩诗奇而藻,两人皆为中郎意见所转,稍稍失其故步。"(《书方平弟藏慎轩居士卷末》)黄辉善书,尤以草书称,遒古柔美。曾教袁宏道"作字当学运腕",后中郎书果稍进。其诗则受宏道影响,转至简淡平易。《千顷堂书目》著录其《贻春堂集》六卷又《铁庵诗选》一卷。方志记其有《铁庵集》八十卷、《平倩逸稿》三十六卷则有疑。现存万历末黄氏家刊本《黄太史怡春堂藏逸》二卷;天启五年序刊本《黄太史怡春堂藏稿》六卷,文三卷、诗二卷、尺牍一卷附馆课一卷;天启七年王振奇选刊《黄慎轩先生文集》不分卷。《明文海》录其文十篇。《列朝诗集》丁集录其诗三十三首,"小传"记云:"尔时馆课

文字,皆沿袭格套,熟烂如举子程文,人目为翰林体,及王、李之学盛行,则词林又改步而从之,天下皆诮翰林无文。平倩入馆,乃刻意为古文,杰然自异,馆阁课试之文,颇取裁于韩、欧。后进稍知向往,古学之复,渐有端倪矣。"《明诗评选》录其诗二首。清费经虞《蜀诗》卷八录其诗三十八首。《明诗综》卷五五录其诗一首,"诗话"云:"平倩盛有诗名,而诸体未遒,所谓似是而非者。"《御选宋金元明四朝诗》录其诗十二首。清廖元度《楚风补》卷三六录其诗六首。《明诗纪事》庚签卷一六录其诗十一首,按语云:"平倩诗爽隽绝伦,惜为'公安'习气所染。"清陈元龙等《御定历代赋汇》录其赋二篇。生平见《(雍正)四川通志》卷八、《明史》卷二八八。

黄景昉(1596—1662) 字太稚,号东厓。福建泉州府晋江(今泉州)人。万历四十三年(1615)中举,天启五年(1625)进士,选翰林院庶吉士,崇祯元年(1628)授编修,与修《熹宗实录》。历中允、谕德、庶子、少詹事,十二年晋詹事。十五年擢礼部尚书兼东阁大学士,预机务,加太子太保,改户部尚书,进文渊阁大学上,在阁十阅月,告退,十六年九月归乡。唐王时,诏起原官,复告归。入清不仕,卒于清康熙元年(1662),年六十七。《千顷堂书目》

著录其《古今明堂记》六卷、《瓯安馆诗集》三十卷又《鹿鸣咏》二卷、《瓯安馆制草》十卷。《古今明堂记》六卷明刊本今存。明刊《瓯安馆诗集》三十卷亦存，内古体诗六卷，收诗一百七十余首，近体诗二十四卷，收诗一千二百余首；《鹿鸣咏》二卷则仅存明抄本，首黄景昉崇祯十一年序，收诗一百五十余首。著述另有清康熙三十年抄本《国史惟疑》十二卷、《馆阁旧事》二卷。《明诗综》卷六六录其诗三首，"诗话"云："相君务去陈言，专尚新警，其近体尤雕绘，如《侍楚王宴》云'隆准衣冠高帝后，羭颐宫阙大江滨'、《登太和绝顶》云'天野星躔包两戒，国朝岳渎视三公'……要不作沿袭语。"清郭柏苍《全闽明诗传》卷四四录其诗十一首。《明诗纪事》辛签卷一八录其诗五首，按语云："《瓯安馆诗》取法晚唐，轻俊鲜妍，于闽人成派，别开生面。"生平见《(乾隆)福建通志》卷四五、《明史》卷二五一。

黄鲁曾(1487—1561) 字得之，人称中南先生。南直苏州府长洲（今江苏苏州）人，五岳山人黄省曾之兄。生于成化二十三年(1487)三月初一。正德十一年(1516)乡试第一，后屡上春官不第，老于公车，闭门著述以终，卒于嘉靖四十年(1561)六月三十。卒后其中表皇甫汸为其作《墓志》，谓其著有《孔氏家

语》《两汉博闻》《汉唐晋四传》《唐诗二选》《仙家四书》《大咍小咍录》《诗说》等，现仅存嘉靖刊本《汉唐三传》十四卷。又曾续杨循吉《吴中往哲记》一卷，作续一卷补遗一卷。另曾编选同邑王宠之诗，附以己作，刊为《南华合璧集》五卷，现存嘉靖刊本残存前四卷。其首有鲁曾作《吴中二士集总序》，则其集原名《吴中二士集》，盖因王宠有才名而八试锁院不举，年四十而卒，鲁曾自比其人矣。其体例为各卷先录王宠诗，再录鲁曾之作，残存四卷计收鲁曾诗二百零八首。《列朝诗集》丁集录诗二首，"小传"记云："得之长身修髯，状貌类河朔大侠，父授产千金，悉以置书。其学无所不窥。勉之（黄省曾）北面事空同（李梦阳），重染北学。得之词必己出，不欲寄人篱下，亦往往希风李、何（何景明）。"《御选宋金元明四朝诗》录其诗一首。《四库全书总目》著录《南华合璧集》，"提要"云："是编选王宠之诗而附以己作，合为一集。宠所著《雅宜集》深为顾璘等所推，《静志居诗话》则谓宠亦中材，誉过其实。鲁曾诗更不逮宠，殆欲借宠以行，故有是刻。"生平见皇甫汸《黄先生墓志铭》(《皇甫司勋集》卷五四)、《(乾隆)江南通志》卷一六五。

黄尊素(1584—1626) 字真长，号白安。浙江绍兴府余姚人。生于

万历十二年(1584)十一月十三。万历四十三年举人,明年进士,除宁国府推官。天启二年(1622)征授山东道监察御史,次年冬疏请召还刘宗周等,弹劾通政使丁启睿等。后又上书力陈时政十失,劝帝"进贤退不肖",疏入,魏忠贤怒,谋廷杖治之,经人营救,夺俸一年。五年党祸大作,遭魏党劾罢,退居苏州城郊。魏党必欲杀之,次年以织监疏逮系,坐赃拷掠至死,时闰六月初一,年四十三。崇祯初,其子黄宗羲诣阙讼冤,赠太仆寺卿,福王时,追谥忠端。《千顷堂书目》著录其《黄忠端公集》六卷。现存清康熙十五年(1676)清远堂刊本《黄忠端公文略》三卷、《诗略》二卷、《说略》一卷,附《黄忠端公正气录》一卷,合称《黄忠端公集》六卷,首有许三礼、郑梁序。内《文略》收文三十余篇、尺牍十余篇;《诗略》收诗一百六十余首;《说略》一百三十二则。是集后又有清光绪十三年(1887)刊本。《明文海》录其文《浙江观潮赋》等三篇。《姚江逸诗》卷一三录其诗八十二首。《明诗综》卷六一录其诗一首。《御选宋金元明四朝诗》录其诗七首。《明诗纪事》庚签卷六录其诗一首。生平见《黄公墓志铭》(《牧斋初学集》卷五○)、陈济生《大启崇祯两朝遗诗·小传》、范景文《黄太仆传》(《范文忠公文集》卷七)、《明史》卷二四五。刘宗周有《黄忠端公年谱》(清光绪刊《黄忠端公集》附)。

黄道(生卒年不详)　字吉甫,号海南,又号伯子。南直常州府江阴(今属江苏)人,黄毓祺祖父。诸生,屡试不举,开塾馆教授乡里,遇事避难于齐鲁,改名赵更生,后事平归乡。曾输金献米助筑城防倭,年五十九卒于家。好古文,能诗,由其《与王百谷话旧》《焦山访郭五游山人》《朝天宫王仪部席上简袁考功》等诗,知其与王穉登、郭第等人多有交往。《(道光)江阴县志》著录其有《燕山》《白下》《寄润》《游鲁》《乐庵》《画眉》《折柳》诸集,未见传。《盛明百家诗》辑其诗二十首,刊为《黄赵客集》,卷前俞宪隆庆五年(1571)识语云:"江阴有庠士海南黄君,名道字吉甫。予不识其人。一日翟山人来视予脉,袖出一编,属予刻之。读之,盖君负重冤,潜游齐鲁间,游行时所得之作也。夫人微行遁迹之时而不废吟咏,盖亦难矣。"盖俞宪所见为其《游鲁集》也。万历元年(1573)顾起纶刊《国雅》,卷一八录黄道诗四首,未见俞宪所刊,或出别集矣。《皇明诗统》卷三五所收黄道诗四首则据《国雅》过录。后清抄本《江阴黄氏豪集》十六卷有《吉甫诗草》一卷补遗一卷附录一卷。近人顾季慈《江上诗钞》卷二三录其诗七十四首。

黄道周(1585—1646) 字幼玄，又字螭若、细遵，号石斋、大涤。福建漳州镇海卫(今漳州)人。生于万历十三年(1585)二月初九。万历四十六年中举，天启二年(1622)进士，选翰林院庶吉士，授编修，与修《国史》，充经筵展书官，以拒奉书膝行，罪于魏忠贤，五年告假归。崇祯二年(1629)起原职，主浙江乡试，以《神宗实录》书成，进右春坊右中允。三年以救钱龙锡贬秩三级，告病归，临行疏陈时政，语刺大学士周延儒、温体仁，斥为民。八年用荐起故官，十年迁少詹事兼侍读学士，兼经筵讲官，次年以劾杨嗣昌，谪江西布政使司照磨，未赴归乡。十三年逮下狱，遣戍辰阳，十五年赦罪还职，疏请致仕。明社亡，福王立于南京，召拜吏部左侍郎，进礼部尚书，掌詹事府事，至绍兴祭禹陵。福王败，拥立唐王在福州即位，拜吏部尚书、武英殿大学士，内阁首辅。隆武元年(1645)自募兵九千，出征抗清，至婺源兵溃被俘。次年押送江宁，三月初五以不降被杀，年六十二，隆武帝追赠其太师、文明伯，谥忠烈。为人严冷方刚，不谐流俗。能经术，通天文历算之学，亦擅诗文书画，以文章风节高天下。其学以人性至善为宗，深以宋儒气质之性为非，后为黄宗羲所讥。经学著述甚多，有《三易洞玑》十六卷(有明抄本)、《易本象》四卷(有清康熙三十八年刊本)、《春秋揆略》一卷(有清抄本)、《洪范明义》四卷(有崇祯十六年刊本)、《懿畜前编》四卷《后编》四卷(有清初抄本)、《孝经赞义》一卷(有清抄本)。《四库全书》收其《易象正》十六卷、《坊记集传》二卷附《春秋问业》一卷、《缁衣集传》四卷、《月令明义》四卷、《儒行集传》二卷、《表记集传》二卷、《洪范明义》四卷、《榕坛问业》十八卷、《孝经集传》四卷。诗文著述刊本也甚多。现存明末刊本有《续骚全集》七卷、《别集》一卷，《黄石斋先生诗草》二卷，《黄石斋先生大涤函书》五卷，《正命麟书》一卷，《咏业近集》四卷，《焦桐山诗集》二卷、《焦桐山文集》一卷，《明诚堂诗集》二卷、《浩然堂诗集》一卷，《骈枝别集》二十卷，《石斋行业》四卷。又有清康熙五十三年(1714)刊本《黄石斋先生文集》十三卷。清乾隆四十四年(1779)辑刻为《黄漳浦集》五十卷附《年谱》二卷，内文三十五卷、骚赋一卷、诗词十四卷，为其全集。是集又有清道光九年(1829)重刊本。传世另有清抄本《黄蔡(玉琴)合璧未刻稿》二卷、《西曹秋思》(与叶廷秀、董养河倡和)一卷。《明文海》录其文十八篇，评语曰："石斋之文，不规规于《史》、《汉》、欧、曾，取法在先秦，而精神自与《史》、《汉》、欧、曾相合，自是天壤之奇气。"陈济生《天启崇祯两朝遗诗》卷六录其诗一百二十余首。《明诗综》卷七四录其诗一首，"诗话"云："先生玑象之学，辞义深奥，后生或昧其指归。诗才亦未免踳驳，要其光焰不啻万丈也。"清郭柏苍《全闽明诗传》卷四四录其诗十一首。《明诗纪事》辛签卷四录其诗十八首，按语云："先生论诗，不薄李、王，而时蹈'竟陵'之习，有明末派如文太青（文翔凤）、倪鸿宝（倪元璐）皆堕落此趣，豪杰亦不免。"近人赵尊岳《明词汇刊》辑录其词［满江红］二首，题为《黄忠端公词》。生平见清黄宗羲《明儒学案》卷五六、清徐鼒《小腆纪传》卷二三、清温睿临《南疆逸史》卷八、《明史》卷二五五。清庄起俦有《黄漳浦先生年谱》二卷（清乾隆及道光本《黄漳浦集》附录）。

黄媛贞（生卒年不详） 字皆德。浙江嘉兴府秀水（今嘉兴）人。明末黄葵昀女，与妹黄媛介皆雅好文墨。媛贞嫁贵阳知府朱茂时（清朱彝尊之世父）为副室，媛介适杨世功。媛贞所著，现存清抄本《云卧斋诗稿》一卷、《诗余》一卷，收诗六百二十余首，词一百零八首，附《祭亡儿文》一篇。清沈季友《槜李诗系》卷三四录诗五首。《明诗综》卷八六录诗四首，并引俞右吉云："亡友黄鼎平立二妹，一字皆德，一字皆令（黄媛介），均有才名。皆德为贵阳朱太守房老，深自韬晦。世徒盛传皆令之

诗画，然皆令青绫步障，时时载笔朱门，微嫌近风尘之色，不若皆德之冰雪净聪明也。"《御选宋金元明四朝诗》录诗四首。《（雍正）浙江通志》卷二七八有其集外词一首。生平见清盛枫《嘉禾征献录》卷五○。

黄瑜（1426—1497） 字廷美，号友琴，晚自号双槐老人。广东广州府香山（今中山）人。生于宣德元年（1426）正月初六。景泰七年（1456）举人，成化五年（1469）选授惠州府长乐知县，八年致仕归。归后徙家会城番山下，手植双槐，构亭其中，因号双槐老人。弘治十年（1497）三月二十二卒，年七十二。所著《双槐岁钞》十卷，记洪武迄成化间事，四十年未削稿，其孙黄佐，官谕德，偶得朱元璋吴元年（1367）以来案牍，乃足而成之，现存嘉靖三十八年（1559）陆延枝刊本。《千顷堂书目》另著录其《书经旁通》十卷及《双槐集》。现存光绪三年香山黄氏宝书楼刊本《双槐集》四卷，又有近人黄佛颐刻本《双槐文集》二卷（文一卷诗一卷）。顾起纶《续国雅》卷三录其诗二首。《皇明诗统》卷一五录其诗十七首。《列朝诗集》丙集录其诗一首。《明诗综》卷二一录其诗二首。清梁善长《广东诗粹》卷三录其诗二首。《明诗纪事》乙签卷一九录其诗一首，按语云："廷美所著《双槐岁钞》，世称淹贯，诗亦不涉俗

韵。《四库全书总目》另著录其《书学会编》四卷,有明刊本。生平见《(康熙)香山县志》卷七。黄佛颐有《双槐公年谱》(清光绪香山黄氏纯渊堂刻《黄氏家乘续编》本)。

黄猷吉(生卒年不详) 字仕贞。浙江绍兴府山阴(今绍兴)人。隆庆元年(1567)山东乡试中举(署临清州人),二年进士,官营缮司主事。万历十三年(1585)升河南按察司金事,驻淮安治水。善书大字,能诗文。有《两高山人百尺千岩万壑楼藏稿》四卷,明万历三十二年序刊本,文三卷,收各体文百篇,诗一卷,收五七言古近体诗一百六十余首,有朱帾、王泮序。《明文海》录其文《假山赋》一篇。生平见《御定佩文斋书画谱》卷四三。

黄福(1363—1440) 字如锡,又字平度,号后乐翁。山东莱州府昌邑人。生于元至正二十三年(1363)十一月十三。洪武十七年(1384)以贡入太学,授项城主簿,转清源知县。历金吾前卫经历,以上书论事合太祖意,超升工部右侍郎。建文时,深见倚重,靖难兵起,朱棣列其入“奸党”二十九人中,兵入应天,以迎附任原官,旋进工部尚书。永乐三年(1405)改北平行部尚书,次年坐事下狱,未几复职。明军平安南,以尚书衔领交趾承宣布政使司布政使兼提刑按察使司按察使,

驻安南十九年。仁宗即位,召还,以工部尚书兼管詹事府事,辅太子。仁宗崩,督工献陵。宣德元年(1426经)安南乱,再以工部尚书领安南二司事,明军战败,被执,为安南人礼送出境。还以行在工部尚书总理漕运,改户部,七年以年迈改南户部,兼掌南兵部。正统初,加少保,参赞南京守备机务,五年(1440)正月初五卒于官,年七十八。成化初,赠太保,谥忠宣。杨士奇谓黄福“清廉公直,秉心端正”。为人礼仪修整,不妄言笑,为官六朝,多有建树。以政绩名,亦能诗文。《明史·艺文志》著录其《家集》三十卷、《使交文集》十七卷。现存正统刊本《黄忠宣公文集》十三卷,文八卷,收各体文二百余篇,诗四卷,收诸体诗五百余首,杨溥、杨荣序;附《别集》六卷,则收有关诏命及当时达官贵人杨士奇、杨荣、杨溥、解缙、陈琏等人为其所作传、行状、墓志铭、祭文、悼诗等。本集及《别集》均为其后人所辑刊。后又有嘉靖时冯时雍刊本,增冯序。《明史·艺文志》另著录其《安南事宜》一卷、《安南水程日记》二卷,实已在集中。《皇明诗统》卷九录其诗四首。《明诗综》卷一七录其诗二首。清汪森《粤西诗载》录其诗十首、《粤西丛载》录其《安南水程日记》。清宋弼《山左明诗钞》卷一录其诗十一首。《明诗纪事》乙签卷四

录其诗一首。生平见《黄忠宣公文集》附《别集》所收陈琏、杨溥分别作《传》、王钥作《行状》、陈敬宗作《墓志铭》等，又见《明史》卷一五四。

黄毓祺（1588—1649） 字介子，号大愚老人。南直常州府江阴（今属江苏）人。生于万历十六年（1588）二月十五。诸生，屡试不举，天启元年（1621）以贡入国子监，三年归。好释氏之学，亦以诗名于乡里。万历三十七年，曾与弟黄毓礽等九人创"江上九子社"，自为社长。崇祯二年（1629），与同邑徐时进、袁珍等五人入"复社"。又与李流芳、程嘉燧等倡和。明社亡，江南各地纷入清军之手，惟江阴誓不受抚归降，守城八十一天，城陷，清军屠城。在先，毓祺与门人徐趋举兵行塘，以应城内，及城陷逸去，避江北，逃于禅衲。后有人发其与门人募兵事，被捕入狱，顺治六年（1649）三月死于南京狱中，年六十二。《千顷堂书目》著录其《大愚老人遗集》，现存清抄本《大愚老人诗集》七卷，前四卷为诗，卷五为禅偈，卷六为"曹溪正脉源流颂"，先小传后为诗赞之，卷七为赞。又清末抄本《江阴黄氏家集》十六卷（清丁宝义辑）收《大愚老人集》二卷《遗集补》一卷，卷一为古诗，有《咏史》三十四首，卷二为近体诗，《遗集补》一卷，有文数篇，余为诗。近人刊《江阴先哲遗书》曾辑收《黄介子诗钞》四卷首一卷。陈济生《天启崇祯两朝遗诗》卷九录其诗三十九首。《明诗综》卷七三录其诗二首。近人顾季慈《江上诗钞》卷四六录其诗一卷八十余首。生平见清徐鼒《小腆纪传》卷四六、张其淦《明代千遗民诗咏》三编卷七。

黄端伯（1585—1645） 字元公，一作元功，号迎祥。江西建昌府新城（今黎川）人。天启四年（1624）中举，崇祯元年（1628）进士，除宁波府推官。五年以母忧归，服阕改杭州，又逢父丧，再归守制。疏奏益王朱慈㷆擅增兵甲、威福乡里，被诬离间亲藩，因弃官为僧，避居庐山，有诏勘问，始蓄发。明社亡，经礼部尚书姜曰广荐，福王召其为礼部郎中。弘光元年（1644）五月南京失守，被执不屈死。鲁王监国，赠太常卿，谥忠节；唐王赠礼部尚书，谥忠毅。所著《易说》五卷、《图说》一卷，有崇祯刊本。诗文著述原有《还乡》《庐山》《东海》诸集，崇祯间辑刊为《瑶光阁集》十三卷，内《文集》五卷、《诗集》四卷、《诗文新集》四卷。又有清乾隆四年（1739）黄佑重刊本《瑶光阁集》十二卷、《外集》二卷附《明夷集》一卷，嘉庆二十年（1815）企瑶山馆刊本《瑶光阁正集》十三卷、《外集》三卷附《明夷集》一卷、《瑶光阁余集》五卷。陈济生《天启崇祯两朝遗诗》卷七录其诗三十九首。《明诗综》卷七三录其诗五首，"诗话"云："元公近体浏亮，虽注意逃禅，都无蔬笋之气。"《四库全书总目》著录《瑶光阁集》十三卷，"提要"云："端伯平生好佛，尝镌私印曰'海岸道人'，取《楞严经》'引诸沉冥，出于苦海'之语。及晚年，磨去印文，改镌'忠孝廉节'四字。终以殉国流芳，可谓不负其志。是集古近体诗二卷，杂文十卷，为僧作者居其大半，其措词如偈如疏，如禅家语录，非欲以词章名世者，甚至《五经四书颂》亦以禅语阑入……盖其性癖如是。"《御选宋金元明四朝诗》录其诗四首。《明诗纪事》辛签卷六录其诗四首。《明文海》录其文一篇。生平见《（雍正）江西通志》卷八四、《明史》卷二七五。

黄德水（1538—1581）　初名河水，字清甫。南直苏州府吴县（今江苏苏州）人，黄鲁曾之子。诸生，不事生产，鲁曾卒，家益落，日坐空楼读书。又好游历，尝至都门，感时叹世，皆韵而为诗，及归，遍涉山川。万历九年（1581）卒，年四十三。其游都门，有《燕市集》，返归途遍涉山川，有《国华集》，又有《兰芬集》《豹变集》等，均未见传。现存万历刊本《碧鸡集》《弹铗集》《金陵游稿》各一卷，计收诗一百九十首，有皇甫汸《碧鸡集序》。《千顷堂书目》仅著录其《国华集》。《千顷堂书目》另著录其所辑《初唐诗纪》三十卷，现存万历十三年吴琯刊《唐诗纪》一百七十卷，内《初唐诗纪》六十卷、《盛唐诗纪》一百十卷，为德水卒后吴琯、陆弼等人以其原稿为基础增补而成。《列朝诗集》乙集录其诗四首。《御选宋金元明四朝诗》等录其诗一首。生平见陆明辅《黄生传》、顾治《黄生外传》（万历刊《碧鸡集》附）。

黄瓒（1455—1532）　字公献。南直扬州府仪真（今江苏仪征）人。成化二十年（1484）进士，授南户部主事。历员外、郎中，简放四川参议。历浙江参政，迁江西右布政使。后由湖广左布政使拜应天府尹，又以右都御史巡抚山东，迁南兵部侍郎。嘉靖元年（1522），致仕归，十一年卒，年七十八。《千顷堂书目》著录其《齐鲁通志》一百卷（为其巡抚山东时主纂）、《纪行录》八卷、《东宦录》四卷、《维扬人物志》八卷（后张棨增为十二卷），又《銮江人物志》及《雪洲文集》十二卷，又《雪洲续集》四卷。现存嘉靖九年其子黄襄辑刻《雪洲集》十二卷、《续集》二卷，《雪洲集》卷首有方鹏、唐龙、吕柟、伦以训等序，内卷一至卷五收诗百余首，卷六收联句二十三首，卷七至卷一二收奏疏及各体文五十八篇、书信六十余篇。《续集》收奏疏三篇、诗三首、杂文十一篇，盖补遗也。《四库全书总目》著录《雪洲文集》十四卷，"提要"云："诗多伉厉之响，文亦意境未深。"《明诗纪事》丙签卷八录其诗一首。生平见《(乾隆)江南通志》卷一四四。

萧仪(1384—1423) 字德容。山东青州府乐安(今广饶)人。生于洪武十七年(1584)正月十八。永乐十二年(1414)举人,明年进士,授吏部主事。初与主事陈鄮因建言同谪戍南交,以当道疏救,中途还职。十九年,三殿火灾,应诏陈言,又疏罢营缮、惜名器等事,触怒成祖,下狱,二十一年七月十九卒于狱,年四十。有文学,好节义,时论称之。卒后其子萧子超辑其著述为《袜线集》二十卷,现存清乾隆间《重刻袜线集》二十卷,有乾隆五年(1740)刘永锡重刻序及永乐十九年(1421)陈循序、正统五年(1440)曾鹤龄、萧镃序。内文十卷,收各体文八十余篇、赋四篇,诗十卷,收诸体诗三百四十余首;附《南行纪咏》二卷,收其与陈鄮谪戍南交行程中倡和之诗九十六首(人各四十八首),首邹缉序谓二人"出都门自潞河泛舟而南,由汶水逾彭城,渡淮,涉江而上,凡道途之所触及其朋友故旧之相遇,有感于心,皆于诗发之",后又附《赠言》四卷。《千顷堂书目》著录《袜线集》二十卷,《四库全书总目》著录《袜线集》十五卷,"提要"云:"其文有纡徐曲折之致,而意境不深,其诗为《明诗综》所不录,殆偶未见欤。"《江西诗

征》卷四九录其诗二首。清王琛《泰和诗征》卷一八录其诗二首。《明诗纪事》乙签卷一一录其诗三首。生平见《重刻袜线集》附陈鄮《墓志铭》、黄淮《墓表》及《(雍正)江西通志》卷八一、《明史》卷一四九。

萧执(生卒年不详) 字子所,一名雅言。江西吉安府泰和人。洪武四年(1371)举于乡,授国子监学录,分教公侯卿大夫子弟。有文名,与宋濂、刘崧、贝琼等交。太祖有事北郊,曾召吴琳、宋濂率文学士以从,萧执偕陶凯、黄肃等十二人因入斋宫赋诗。以亲老辞归,后不复仕。其集有刘崧序,未见传。刘仔肩《雅颂正音》录其诗二首。《皇明风雅》卷一七录其诗一首。《皇明诗统》卷五录其诗三首。《列朝诗集》甲签录其诗三首。《御选宋金元明四朝诗》录其诗二首。《江西诗征》卷四四录其诗十五首。清王琛《泰和诗征》卷八录其诗十六首。《明诗纪事》甲签卷二四录其诗三首,按云:"子所为国子学录三年,以父老乞归,家居太和甘竹里,后徙武山,连山还峙,澄溪分流,杂树千章,巨竹千个。其归也,贝廷琚(贝琼)作序送之,云:'高秋之夕,方春之辰,奉其父往来甘竹、武山之境,虽庙堂之贵,何其易其至乐哉?'子所与刘子高为诗友,诗亦清劲。"生平见朱国桢《皇明开国臣传》卷九、过庭训《本朝分省人

物考》卷六三、《明史》卷一三七。

萧师鲁（1602—?）　字鲁庵，号鲁鲁道人。浙江嘉兴府嘉兴人。布衣，喜诗词。现存明末刊本《古处堂集》，收诗八十余首；又崇祯九年（1636）刊本《古处堂诗二编》，收诗四百余首、词五首。又明刊本《渐宜堂诗》不分卷，内标目有《渐宜堂诗》《渐宜堂诗初刻剩草》《渐宜堂放言》《渐宜堂癸酉拟游草》，计收诗二百余首、词三首，有魏浣初序。

萧岐（1325—1396）　字尚仁，号正固。江西吉安府泰和人。以孝闻，有司累举不赴。洪武十七年（1384）诏征贤良，强赴之，上《十便书》万余言。诏授潭王府左长史，知潭王弗克终，力辞，至与太祖争于殿上，以忤旨，谪云南楚雄府儒学教授，改陕西平凉训导。召还，考定典籍，给驿归。洪武二十九年六月二十二卒于家，年七十二。尝辑《五经要义》，又作《刑统八韵赋》，引律令为之解。亦以能诗文称，著有《正固》《金华》《归来》《鄂渚》等稿，《千顷堂书目》著录其《正固先生集》一卷，现存清康熙十二年（1673）萧伯升刻《萧氏世集》本《正固先生诗集》一卷、《文集》一卷，收诗三十二首、序记等文三十一篇。《明诗综》卷一五下、《御选宋金元明四朝诗》录其诗一首，《江西诗征》卷四四录其诗二首。清王琨《泰和诗征》卷九录其

诗六首。《明诗纪事》甲签卷二五录其诗一首。生平见周是修《萧先生行述》（《刍荛集》卷四）、朱国桢《皇明开国臣传》卷九、清施闰章《萧正固先生家传》（《学余堂文集》卷一六）、《明史》卷一三九。

萧显（1431—1506）　字文明，号履庵，更号海钓。京师永平府抚宁（今河北秦皇岛）人，山海卫籍。天顺三年（1459）顺天举人，成化八年（1472）进士，授兵科给事中。十七年出为镇宁州同知，弘治元年（1488）迁衢州同知，四年迁福建按察金事。卒于正德元年（1506），年七十六。卒后杨士奇为其作墓志，记其所著有《海钓集》《镇宁行稿》《归田稿》等，谓其诗"清简有思致"，"为书尤沉著顿挫，自成一家"。又称"山海本用武地，举科举、攻词翰，皆自公始"。现存嘉靖二十六年（1547）序刊本《海钓遗风集》四卷，为卒后其子萧鸣凤辑刻，黄景夔序，高對跋。内卷一收诗一百三十余首、词八首，卷二收联句八十三首，卷三收友人寄赠之诗，卷四收序记等文，附李东阳等人所作墓铭、小传等。《四库全书总目》著录《海钓遗风集》，"提要"谓其"体例糅杂，编次殊为无法"。《石仓十二代诗选·明诗选》录其诗三十八首。《明诗纪事》丙签卷六录其诗一首。生平见李东阳《萧公墓志铭》（《怀麓堂文后

稿》卷二七)、萧彦《掖垣人鉴》卷一
〇、《明史》卷二三五。

萧晅(1397—1461) 字仰善，
号雪厓。江西吉安府泰和人，萧岐
孙。生于洪武二十九年十二月十六
(1397年1月11日)。永乐二十一
年(1423)举人，宣德二年(1427)进
士，授南吏部文选司主事。九年秩
满，迁吏部稽勋司郎中，寻改山西司
郎中，迁云南按察副使。景泰初
(1450)入觐，升右布政使，以忧去，
服阕，进湖广左布政使。以沉潜有
干局，天顺四年(1460)以礼部尚书
召入京，以不善奏对，帝不怿，改南
京礼部，是年知贡举。五年五月初
五卒于官，年六十六。清初萧伯生
辑刻其先世数人所著为《萧氏世
集》，内收萧晅《雪厓先生诗集》一卷
附录一卷，内诗六十余首，有熊文举
序，萧伯升跋。《江西诗征》卷四九
录其诗一首。清王琨《泰和诗征》卷
二〇录其诗十七首。生平见萧镃
《萧公墓志铭》、王直《萧公神道碑》、
吴节《大宗伯萧公小传》(《雪厓先生
诗集》附)，又见林尧俞等《礼部志
稿》卷五二。

萧翀(1339—1410) 字鹏举。
江西吉安府泰和人，萧镃父。少孤
好学，从刘崧游，以诗为宋濂、乌斯
道等赞。洪武间以贤良荐，应制赋
诗称旨，除苏州同知，官至山东盐运
副使，以勤谨廉介称。永乐八年
(1410)卒于官，年七十二。后以其
子萧镃显贵，赠太子太师。韩阳《皇
明西江诗选》卷四录其诗二十首。
《皇明诗统》卷一〇录其诗十四首。
《石仓十二代诗选·明诗选》录其诗
十五首。《列朝诗集》乙集录其诗六
首。《明诗综》卷一三录其诗一首，
"诗话"云："鹏举为刘子高弟子，编
其师集以传者也。诗格卑卑，不如
其师远甚。"清王琨《泰和诗征》卷九
录其诗十六首。《明诗纪事》甲签卷
二一录其诗一首。生平见杨士奇
《山东盐运司副使萧公碣铭》(《东
里文集》卷一七)、《(雍正)江西通
志》卷七七。

萧誉(生卒年不详) 字含誉。
湖广黄州府罗田(今属湖北)人。万
历元年(1573)举人，选授安阳教谕，
转国子监学正，迁吏部司务。后历
兵部主事、员外郎、郎中。致仕后设
义学、义仓、义冢以厚梓里。著述有
万历刊本《多云馆稿》八卷，首万历
十八年吴国伦、王泰、胡效华序各一
篇。卷一至卷七收赋三、乐府杂调
二十二及古近体诗五百九十余首，
卷八收碑一、墓志铭一、序八篇。又
有万历间萧氏家刊《邺下草》二十
卷，来斯行序，内诗六卷，收诸体诗
二百余首，各体文十二卷，除末三卷
为书启，所作序记墓铭等多注为
"代"。生平见《(光绪)罗田县志》
卷六。

萧镃（1393—1464）　字孟勤。江西吉安府泰和人，萧翀子。九岁学诗，十六岁从乡邦先达任敬敏学举业，又从梁本之习文章。永乐十五年（1417）领乡荐，宣德二年（1427）进士，选翰林院庶吉士，授编修。正统三年（1438）进侍读，久之，代李时勉为国子祭酒。景泰元年（1450）以老病辞官，监丞鲍相率六馆生连章乞留，帝命留任。明年以本官兼翰林学士，入直文渊阁，进户部右侍郎，再进户部尚书，加太子少师。景帝不豫，诸臣议复宪宗东宫，镃曰既退不可再也，夺门事件后，英宗复辟，镃因之削籍。返乡筑别墅于南皋，号曰尚约，天顺八年（1464）卒，年七十二。成化初有诏复官。《千顷堂书目》著录其《尚约集》二十卷，又《诗集》十卷。现存《尚约居士集》二十卷为文集，系其曾孙据弘治七年（1494）其子萧昉辑刻本旧版修补重印本，首门生丘濬序，后程敏政跋，谓"诗十卷，亦先梓行，不在集中"。《诗集》则未见传。另有《尚约文钞》十二卷补遗一卷，系清光绪三十一年（1905）萧氏趣园据嘉靖四十五年（1566）林炳章刻本重修本，前十一卷收奏疏六篇及各体文一百九十余篇，末卷收诗三十二首，后附钱溥所撰《墓志》等，盖为选录本。《四库全书总目》著录《尚约居士集》无卷数，"提要"云："镃为萧鹏举之子，鹏举学诗于刘崧，镃亦不坠其家法。史称其学问该博，文章尔雅。其门人丘濬序，称其文正大光明，不为浮诞奇崛，盖洪、宣间台阁之体大率如是也。"顾起纶《续国雅》卷二录其诗二首。《皇明诗统》卷一〇录其诗五首。《列朝诗集》乙集录其诗四首。《明诗综》卷二〇录其诗二首。清沈德潜《明诗别裁集》录其诗一首。《江西诗征》卷四九录其诗四首。清王琨《泰和诗征》卷二〇录诗三十首。《明诗纪事》乙签卷一六录诗三首，按语谓其"五言冲淡，有韦、柳遗意"。程敏政《皇明文衡》录文二篇。《明文海》录文二篇。生平见雷礼《尚约萧公镃传》（《国朝献征录》卷一三）、廖道南《殿阁词林记》卷三、《明史》卷一六八。

梅士劝（生卒年不详）　字勉叔。南直宁国府宣城（今属安徽）人。梅鼎祚从子，所居不远咫尺，少从鼎祚游，以才称，年仅三十而殁，时人惜之。有诗集《唾余集》四卷，收诗二百首，丘兆麟、潘之恒序，未见传。清陈允衡编顺治澄怀阁刊本《诗慰》初集选录六十八首为《唾余集选》一卷，丘、潘二序俱在。其集中有《哭禹金从父》六首，又《赴板桥庄再哭禹金伯》四首，则其卒在万历四十三年（1615）之后也。宣城《梅氏诗略》录其诗三十三首。清施闰章《宛雅二编》卷三录其诗三首。《明诗纪事》庚签卷二九录其诗一首。

梅之焕（1575—1641）　字彬甫，号长公，又号信天居士。湖广黄州府麻城（今属湖北）人，梅国桢从子，举人梅国森子。十岁丧父，年十四为诸生，万历二十二年（1594）中举，三十二年进士，选翰林院庶吉士，居七载，授吏科给事中。又六载，出为广东副使，分守惠州。天启元年（1621），召入为通政司参议，迁太常寺少卿，三年，擢都察院右佥都御史巡抚南赣，丁母忧归里。因友人杨涟案牵连削籍。崇祯初起原官巡抚甘肃，清兵薄都城，有诏入卫，率兵三千启行，抵京师，清兵已退，诏入朝，因与朝臣旧隙落职。崇祯十四年（1641）八月十三卒于家，年六十五。现存万历刊本《抚延疏稿》二卷。诗文集有清顺治间刊本《梅中丞遗稿》八卷，内文七卷，收录奏疏、揭议十四篇及各体文二百余篇，诗一卷，收诸体诗一百四十余首；附万延悼诗《西州泪》一卷。生平见万延《右副都御史梅公行状》、清《梅长公传》（《梅中丞遗稿》附）及清邹漪《启祯野乘》卷六、《明史》卷二四八。

梅守箕（生卒年不详）　字季豹，号文岳，一作文山。南直宁国府宣城（今属安徽）人。诸生，曾入太学。与子元祚，从子蕃祚、嘉祚、台祚、国祚、鼎祚等并以能文称。以久不第，遂思为不朽之业，因日以著述为事。游南京，与汤显祖、曹学佺、何白、潘之恒、屠隆等相倡和。平生重然诺，乐贫困之交，喜杯中物，饮饱不饭，年四十五卒于南京。曾以诗游于王世贞之门，世贞赞其五言诗有合于汉魏者。著述有万历刊本《梅季豹居诸集》八卷，内赋四卷，收赋十八篇，诗四卷，按编年收诗三百四十余首，有王世贞《梅季豹居诸集序》及万历十六年（1588）梅台祚《季豹居诸集评》。又有崇祯十五年（1642）杨昌祚等续刊本《梅季豹居诸二集》十四卷，有曹学佺等序，内卷一收赋十篇、拟古乐府四十篇，卷二至卷八收诸体诗一千余首，卷九至卷一四收序、记等文八十余篇，卷末有其孙梅士秀《述刻亡父季豹公集略》。《列朝诗集》丁集录其诗十一首，"小传"云："秀才不第，潦倒自放。与歌姬妮好，伺其登场，彷徨侍立，移日分夜，必尾其后而归。流寓十年，贫不能糊口，死于白下。诗不为今体。"清施闰章《宛雅二编》卷一录其诗三十首。《明诗综》卷六二录其诗九首，"诗话"云："梅氏一门群从，禹金（梅鼎祚）最负时名……季豹为禹金从父，誉虽稍逊禹金，然《咏怀》诸作，恐小阮亦当避席也。"《御选宋金元明四朝诗》录其诗三首。《明诗纪事》庚签卷二九录其诗五首。生平见《（乾隆）

江南通志》卷一六七。

梅守德(1510—1577)　字纯甫,号宛溪。南直宁国府宣城(今属安徽)人。生于正德五年(1510)六月初五。嘉靖十六年(1537)举人,二十年进士,授台州府推官。擢吏科给事中,出知绍兴府。迁山东副使,提督兵备,改提学副使,迁云南左参政,以母老不赴。归里后建书院,与沈宠讲学,称宛溪先生。万历五年(1577)十一月初九卒。能诗,现存隆庆六年(1572)梅鼎祚刻《宛溪先生沧州摘稿》二卷,许谷序,内又分《台州稿》(诗八十七首)、《徐州稿》(诗五十三首)、《越中稿》(诗十五首)、《东皋稿》(诗十四首)、《南行稿》(诗十七首)、《北行稿》(诗十四首)。又有万历六年其子梅鼎祚刻《沧州近稿》二卷,唐汝迪序,内收诗一百二十九首。明沧洲书屋刻《无文漫草》为其文集,现存卷三至卷一四,收其各体文一百九十余篇。《千顷堂书目》另著录《宁国府志》及《宛陵人物传》。清施闰章《宛雅二编》卷一录诗四首。生平见梅鼎祚《先府君宛溪先生行状》(《鹿裘石室集》文集卷二〇)、萧彦《掖垣人鉴》卷一四、((乾隆)江南通志》卷一四八。

梅孝己(生卒年不详)　号情痴。湖广黄州府黄冈(今属湖北)人。作有传奇《洒雪堂记》,后经冯梦龙改编,收于明末刻清初刊《墨憨斋定本十种传奇》,题《墨憨斋新订洒雪堂传奇》。是剧二卷四十出,写襄阳书生魏鹏与杭州已故贾平章女娉娉婚恋故事。据李昌祺《剪灯余话》中《贾云华还魂记》小说敷演,故内亦有娉娉病逝后借尸还魂情节,"洒雪堂"为娉娉还魂后二人相会之所。冯梦龙序本剧云:"是记情节关锁紧密无痕,标科亦俱雅致。"佚名《南词叙录》记明初南戏有《贾云华还魂记》,注"溧阳人作",已佚,未知本剧与其是否有关联。

梅国桢(1542—1605)　原名鼎,改名国桢,字克生,号衡湘。湖广黄州府麻城(今属湖北)人。生于嘉靖二十一年(1542)九月十九。少以雄杰称,善骑射。隆庆元年(1567)举于乡,再试落第,客居京师十余载,与徐渭、汤显祖、胡应麟、赵士祯、袁宏道交。万历十一年(1583)与弟国楼同中进士,除顺天府固安知县,十五年迁河南道御史。二十年宁夏哱拜反,诏遣李如松为提督往讨之,命国桢监军。如松用国桢谋破敌,二十一年论功擢太仆寺少卿,寻以右金都御史巡抚大同,二十六年迁官至兵部右侍郎兼右金都御史,总督宣府、大同、山西军务。二十九年以父丧解任归,三十三年五月十五卒,年六十四,赠右都御史。《千顷堂书目》著录其《西征奏议》二卷、《西征集》十卷又《燕台遗稿》二卷。《西征奏议》二卷有明刊本。其诗文著述两种皆存，《梅司马燕台遗稿》二卷存万历刊本；《西征集》十卷首一卷有崇祯十一年（1638）序刊本，吴应箕等序，共存文二十余篇、诗一百四十余首。清廖元度《楚风补》卷二四录其诗二首。清高士熙《湖北诗录》录其诗二首。《明诗纪事》庚签卷一四上录其诗一首。生平见袁中道《梅大中丞传》（《珂雪斋全集》卷一六）、清《梅公神道碑铭》（《牧斋初学集》卷六四）、《明史》卷二二八。

梅朗中（生卒年不详）　字朗三。南直宁国府宣城（今属安徽）人，梅鼎祚之孙。崇祯间诸生，少好学，发先世藏书，旁搜极览，又能诗文书画，籍之游吴越间，与冯元飙、周镳、陈子龙、侯方域等交。年三十七卒。《千顷堂书目》著录其《书带园集》十六卷，未见传。《皇明诗选》录其诗一首。清施闰章《宛雅二编》卷七录其诗六十二首。《明诗综》卷七六录其诗五首。《明诗纪事》辛签卷二二录其诗五首，按云："朗三诗仿颜、谢，而未能颖脱，五律便自潇洒。"生平见陈贞慧《山阳录·十子篇》。

梅鼎祚（1549—1615）　字禹金，号汝南，别署无求居士、十秋乡人、胜乐道人。南直宁国府宣城（今属安徽）人，云南左参政梅守德子。嘉靖二十八年（1549）正月初三生于北京，十六岁为府生员，郡守罗汝芳召致门下，与同郡沈懋学齐名。懋学万历五年（1577）以一甲头名中进士，而禹金则秋试屡不举，八年力辞副贡，再入秋闱仍不举，十八年以恩贡游北监，顺天秋试再失利，遂绝科举，归隐故里天带园，广收图书，以读书著述为生活，又虔心佛道。卒于万历四十三年八月二十四，年六十七。少即称诗，曾与王世贞、汪道昆等前辈游，得之揄扬，世贞将皇甫汸、莫如忠、许邦才、周天球、沈明臣等列为"四十子"，内亦列入鼎祚之名（《弇州四部稿续稿》卷三）。其诗万历十一年刻为《梅禹金诗草》二十卷，内《与玄草》八卷、《予宁草》八卷、《庚辛草》四卷，《四库全书总目》著录之《梅禹金集》二十卷即此本也。天启三年（1623）又辑刻诗文著述为《鹿裘石室集》六十五卷，内诗二十五卷，收诗一千七百余首、词二首，文二十五卷，收各体文三百五十篇，书牍十五卷，收书牍五百余篇，有李维桢、汤宾尹、吴伯与、高维岳、刘绍恤、朱孟震、梅守箕、沈懋学、王寅、田艺蘅、欧大任、周先镐所作序、引。《列朝诗集》丁集录其诗十六首，"小传"云："禹金于学，博而不精，其为诗宗法李（李梦阳）、何（何景明），虽游猎汉魏、三唐，终不出近代风调，七言今体，步趋李于麟（李攀龙），又其靡也。"《明诗评选》录其诗三首。清施闰章《宛雅二编》卷四、卷五录其诗九十余首。《明诗综》卷六二录其诗七首。《御选宋金元明四朝诗》录其诗八首。《明诗纪事》庚签卷八录其诗十五首。亦好词曲,与曲家屠隆、汤显祖、龙膺、佘翘等过从。撰杂剧《昆仑奴》(《昆仑奴剑侠成仙》),北曲四折,取材于唐人裴铏《昆仑奴》小说(《全唐五代小说》卷六四),祁彪佳《远山堂曲品》列其为"妙品",现存明万历山阴徐氏刊本。又撰传奇两种:《玉合记》一名《章台柳》,《远山堂曲品》列其为"艳品",有万历间金陵世德堂刻本、继志斋刻本等多种明刊本,四十出,据唐许尧佐小说《柳氏传》(《全唐五代小说》卷二二)增饰;《长命缕》存明崇祯间刊本,三十出,演单英符与邢春娘之离合故事,本事出宋王明清《摭青杂说·夫妻复旧约》。其剧作取材前人,关目冗杂散漫,但刻意追求曲词之雅致秾丽,王骥德《曲律》卷四云:"宛陵以词为曲,才情绮合,故是文人丽裁。"祁彪佳评《昆仑奴》时云:"阅梅叔诸曲,便觉有一种妩媚之致。虽此剧经文长删润,十分洒脱,终是女郎之唱'晓风残月'耳。"另,张琦等《吴骚合编》《吴骚集》等存其散曲小令七首、套数三套。著述以外,以编刊图书为好,所编有历代《文纪》二百八十一卷,又有《汉魏诗乘》二十卷、《八代诗乘》四十五卷、《古乐苑》五十二卷、《唐乐苑》二十卷、《李杜诗钞》十卷、《书记洞诠》一百二十卷、《宜乘翼宛雅》十卷等。又喜异闻杂说,曾编《三才灵记》(《才神记》《才鬼记》《才幻记》),多从诸小说采出,有万历三十三年蟫隐居刊本;又采撷历代载籍,包括小说、笔记中有关娼女之记载,分门辑编《青泥莲花记》十二卷。诸书皆刊行于世,流播甚广。又万历四十八年刊小说选集《风流十传》中有文言才子佳人小说《双双传》一篇,末有"此事汝南姬邦命识之,江都梅禹金撰之"之语,其原作或与鼎祚有关。生平见过庭训《本朝分省人物考》卷三八、《(乾隆)江南通志》卷一六七、《(嘉庆)宁国府志》卷二九。

曹于汴(1558—1634) 字自梁,号贞予。山西平阳府安邑(今运城)人。万历十九年(1591)乡试第一,二十年进士,授淮安府推官。二十五年征授吏科右给事中,转左,进都给事中。三十八年典外察,次年典京察,擢太常寺少卿,移疾归。光宗立,以太常少卿召,比则改大理寺少卿,迁左佥都御史,佐赵南星京察,事竣,进左副都御史。天启三年(1623),吏部缺右侍郎,廷推冯从吾,以于汴副,有旨特用于汴,于汴以从吾名位先己,义不可越,四辞不得,遂引疾归。明年,起南京右都御史,辞不拜。崇祯元年(1628)召拜左都御史,时朝廷党争,有劾于汴与尚书孙居相、侍郎程启南等山西籍官员为"西党",请皆放黜,又劾于汴朋奸六罪,因辞归。三年回乡,七年正月十九卒于家,年七十七,赠太子太保。史称于汴笃志励学,操履粹白,有古大臣风。尝从高攀龙、冯从吾讲学。著有《共发编》四卷(存天启间重刊本),记其在淮安任推官讲学安定祠,与门人问答之语。又有《曹门学则》四卷,明末马之骕刊本。《明史·艺文志》著录其诗文者述《仰节堂集》十四卷,现存天启四年刻本,首高攀龙、冯从吾及其弟子辛全序,内文十卷,收序记志铭祭文等一百二十余篇,尺牍二十余篇,诗四卷,收古近体诗三百七十余首。后又有清康熙二年(1663)弘运书院刊本及乾隆二年(1737)增修本。《四库全书》收《仰节堂集》十四卷,《总目》"提要"谓其"诗文亦在理学、举业之间,或似语录,或似八比。盖平生制行高洁,立朝风节凛然,震耀一世,远者大者志固有在,原不以笔札见长从吾《序》所谓'非沾沾以文章名者,为得其实'"。《明文海》录其文《四书疑问序》一篇。清范鄗《续重棘编》初集录其文三篇。生平见清《安邑曹公神道碑》(《牧斋初学集》卷六二)、清黄宗羲《明儒学案》卷五九、清邹漪《启祯野乘》卷二、

《明史》卷二五四。

曹大同(1508—1581) 字子贞,号于野,又号异庵。南直扬州府通州(今江苏南通)人。少补博士弟子员,八试不举,因以贡生入太学,除光禄寺署丞,秩满归。能诗文、书法,旁涉释道堪舆医卜之学。归后辟斋室购金石、字画,辑《艺林华烛》一百六十卷。又与乡人为诗社,交于名士沈明臣、黄克晦等,曾托沈明臣倩王世贞为之作传。卒于万历九年(1581),年七十四。《千顷堂书目》著录其《玉芝楼稿》十一卷,实《玉芝楼稿》多次刊行,现存明刊本有两种:一为《玉芝楼稿》九卷附录赠言一卷,按体收录赋、乐府、五古、五排、五古、五律、七律、五绝、七绝(附词九首)各一卷,附录则收友朋辈赠文十二篇、赠诗十二首,是集当为早刻本;又一为天启时刊《玉芝楼稿》十六卷,内赋一卷、乐府一卷、诗词八卷、文八卷。有林云程天启元年(1621)序及陈尧序,沈明臣、高永祉、汤有光跋。沈跋谓其"近体稍不逮",又谓其曾遗《玉芝楼稿》十卷、《续稿》七卷。汤跋则谓其"五七言近体出入初唐",原有《玉芝楼稿》正续凡二十四卷行世,此集系"汰出其酬应率易之作者十之三四","手自缮写成帙",盖为大同生前手定卒后所刻之定本。《盛明百家诗》后编录其诗七十余首为《曹于野集》一卷。

顾起纶《续国雅》卷四录其诗一首。《皇明诗统》卷二八录其诗七首。彭孙贻《明诗钞》、《明诗综》卷四八录其诗一首。《御选宋金元明四朝诗》录其诗三首。清杨廷《五山耆旧集》卷六录其诗十一首。《明诗纪事》己签卷一九录其诗一首。生平见王世贞《曹子贞传》《弇州四部稿续稿》卷七二)、《(乾隆)江南通志》卷一六六。

曹大章(1521—1575)　字一呈,号含斋。南直镇江府金坛(今属江苏)人。嘉靖三十二年(1553)会试第一,廷试第二,授翰林编修。以文思敏捷称,时严嵩直西苑醮坛,瑞牒应时而作,鹿表芝颂,倚以为办,后与嵩子世蕃互还过洽,时有龃龉,世蕃遂以废疾名,勒其致仕,时年方四十。归后留连秦楼楚馆,良辰令节,辄建戏车,聚倡优以为乐。王肯堂序其集,称其性躁动,每为文,必于语笑伎乐喧阗之时,始落笔如飞。卒于隆庆五年(1571),年五十五。《千顷堂书目》著录其《含斋稿》二十卷,实万历二十八年(1600)其子曹祖鹤刻《曹太史含斋先生文集》十五卷,增修本为十六卷,文十三卷,诗二卷(收诗二百首),末卷收赋一、词一。其集多庆祝哀挽之篇,应试策论亦悉载焉,王肯堂序。《四库全书总目》著录《曹太史含斋集》十六卷,即此本也。《明诗纪事》己签卷一一录其诗三首。陈所闻《南宫词纪》辑

其散曲小令一首,《北宫词纪》等辑其散曲套数一套。另,明末心远堂刊本《绿窗女史》所收之《燕都妓品》《莲台仙会品》及清顺治宛委山堂刊本《说郛续》所收之《广陵女士殿最》《秦淮士女表》俱署大章名,未详是否为其作。生平见李春芳《曹公行状》(《华阳洞稿》卷七)、《(雍正)江南通志》卷一六六。

曹义(1386—1461)　字子宜,号默庵。南直应天府句容(今属江苏)人。永乐九年(1411)以《书经》中顺天乡试,卒业太学。十三年进士,选翰林院庶吉士,十六年授编修,丁母忧,丧制未终,诏夺情莅职,秩满转礼部仪制司主事,仍值翰林。宣德十年(1435)升吏部文选司员外郎,正统九年(1444)升郎中,十一年晋吏部右侍郎,景泰改元(1450),迁南京吏部尚书,四年致仕。归后家居,悉屏世务,以与骚人墨客饮酒赋诗为乐,其诗称以唐人为法。卒于天顺五年(1461),年七十六,谥庄武。《千顷堂书目》著录其《默庵集》二卷。现存成化四年(1468)句容曹氏家刊本《默庵诗集》五卷,卷一、卷二收五七言古体诗五十五首,卷三至卷六收五七言近体诗五百二十余首,曹安序。是集又有清抄本。《金陵诗征》卷一二录其诗九首。生平见佚名《南京吏部尚书曹义传》《国朝献征录》卷二七)、林尧俞等《礼部

志稿》卷五六。

曹元方(1593—1674) 字介皇，号耘庵，晚自署樶李遗民。浙江嘉兴府海盐人。崇祯十五年(1642)举人，明年进士，未授官而明社亡。甲申(1644)鲁王立于南京，急赴，授常熟知县，兵败归乡。在先，其父曹履泰官吏科给事中，被诬下狱，论戍岭南，以祁彪佳疏救，时亦归家。父子相谓，于义不可晏然以居。元方乃变姓名，先间道入闽，至建宁，谒唐王，即授吏部主事，晋郎中。其父亦由海道至，授太常卿，晋兵部右侍郎。元方自请出视江上师，加御史衔，北上至浦城，江上溃兵接踵狼狈下，因滞于浦城。其父从唐王奔赣州，遇兵，投身崖下，绝复苏，辗转亦异至浦城。父以疾甚先归，旋卒于家，元方闻，乃讴归治丧。时家破人亡，因挈母及妻子寄食旅舍中，久之始卜居硖石村，葺东山草堂以居，不复出，卒于清康熙十三年(1674)，年八十二。诗有集，未传。近人赵尊岳《明词汇刊》据涉园张氏抄本录其《淳村词》二卷，凡三百五十五首，按云："音律多谬，而家国之感，间有流露，闲居之趣，辄以自娱，亦易代中高士也。"《硖川词钞》录其词六首。《西陵词选》所录[洛阳春·人隔一江芳草]一首则未在集中。生平见清汪琬《前明吏部验封司郎中曹公墓志铭》(《尧峰文钞》卷一二)。

曹玑(1604—1657) 字子玉，号兰皋。南直常州府江阴(今属江苏)人。天启四年(1624)举人，崇祯十年(1637)进士，授户部主事，督临清关。明亡后，黄毓祺以抗清入狱，竭力营救，家为落，原辟漫园于城南隅，至是屏迹园居。清顺治十四年(1657)卒，年六十四。能诗，现存明末刊本《曹子玉诗集》十卷，收诗四百二十六首，内又分《自娱集》(王铎序，收诗四十三首)、《天许集》(有徐遵汤《天许集引》，收诗七十三首)、《清啸集》(杜诏先序，收诗三十一首)、《珠尘集》(陈函辉校订，收诗三十五首)、《碎琴集》(叶培恕序，收诗三十六首)、《指水集》(收诗四十五首)、《青藁集》(曹玑自序，收诗四十九首)、《感遇集》(薛正平序，收诗三十首)、《饮冰集》(收诗四十六首)、《余醉集》(文震亨校订，收诗三十八首)。《(乾隆)江阴县志》卷一七所著录之《漫园集》《啸歌集》则未在《曹子玉诗集》内，疑为其晚年所作。生平见《(康熙)常州府志》卷二四。

曹臣(1582—1647) 字野臣、荩之，号文几山人。南直徽州府歙县(今属安徽)人。出身商家，少称有大志，不屑祖业，又耻为干禄之义，小习八股，因致力于古文辞，尽习之。早年放浪形骸，多留恋秦楼楚馆。又好游，出大江南北，收三楚两京之胜，历山左、海岱、吴会、百粤之区。惟所交多寒士、布衣。卒于清顺治四年(1647),年六十六。《四库全书总目》著录其《舌华录》九卷,现存万历刊本。是书取前人问答隽语,为十八门,亦《世说新语》之余波也。所录皆面谈之词,凡笔札不载,故曰"舌华",取佛经舌本莲华之意。上起汉魏,下逮明人,然多所润饰,非尽实录。《千顷堂书目》著录其《鬼订集》,现存清康熙三十五年(1696)曹度带存堂刻本《文几山人集》四卷,诗二卷,收五七言古近体诗二百三十余首,文二卷,收序、记等文十余篇,各卷皆有《自序》,附录诸人赠文及自撰《家传》。《列朝诗集》丁集录其诗二首,"小传"云:"崇祯戊寅(十一年,1638),余识之长安,角巾布袍,落落有逸气,知余有书癖,数为余访求古书,后殁于白下。野臣诗,冥搜苦索,不由康庄,转入僻径,自定其集曰'鬼订',以为非时人所知也。《哭友》二章,哀怨凄恻,善为苦语。"《明诗综》卷七一录其诗一首。《明文海》录其文《洗泉记》一篇。

曹学佺(1575—1646) 字能始,又字尊生,号雁泽,晚号西峰,又自署石仓居士。福建福州府侯官(今福州)人。生于万历二年闰十二月十五(1575年1月16日)。先世寒微,父为市贾。家贫力学,万历十九年领乡荐,二十年春闱下第,归娶殿元龚用卿之女为妻,二十三年中进士,二十五年授户部主事,旋以座师张位被逐,调南京,添注大理寺左寺正,进南户部郎中,三十七年调四川右参政,三十九年升按察使,四十一年坐事削官三级,遣送回乡。天启二年(1622),起为广西右参议。六年迁陕西副使,未行,刘廷元劾其所著《野史纪略》为私撰野史,淆乱国章,削籍归。崇祯初,诏起广西副使,称疾不就,家居近二十年。明社亡,乙酉(1645),唐王朱聿键称帝闽中,授其为太常卿,又进礼部右侍郎兼侍讲学士,迁礼部尚书加太子太保。丙戌(1646)九月十七清兵入福州城,次日自经死,年七十三。少聪慧好学,又美姿容、早登第,时人因称其为文章、科第、少年三绝。官南都近十年,官闲事少,遂专力于学,又结交南北诸名士,结社倡和,声望日隆。在蜀在黔,亦以治绩、文教,甚孚人望。削籍归里,则于妙峰山扩建石仓园,水木佳胜,声伎杂进,观剧弈棋,载酒濡翰,以文会友,故史称"万历中,闽中文风颇盛,自学佺倡之"。平生喜诗,转益多师,又特别留心文献,曾辑《石仓十二代诗选》(又称《历代诗选》),选录自古迄明历代诗,据清嘉庆间礼亲王昭梿《啸亭杂录》所记,计一千七百四十三卷,其中尤以《明诗选》收罗最广,现散于各处之抄本达八百一十一卷又未分卷八十七册,《四库全书》收录五百零六卷,称《石仓历代诗选》,所缺者则全为《明诗选》部分(海内外有分藏)。其在金陵,与臧懋循、陈邦瞻结金陵社,在杭与吴德符结秋社,在闽与赵世显、徐𤊺诸人结芝社,石仓社等,皆为诗社,所著亦颇为时人所称。诗文随时编刊,现存明季刊本有《曹大理集》八卷、《石仓文稿》四卷、《曹大理诗文集》不分卷、《浮山堂集》一卷、《石仓文稿》一卷、《春别篇》一卷、《金陵集》三卷、《石仓三稿西峰集诗》三卷、《石仓三稿》十九卷、《文稿》一卷、《林亭文稿》一卷、《林亭诗稿》一卷、《福庐游稿》二卷、《藤山看梅诗》一卷、《游太湖诗》一卷、《钱塘看春诗》一卷、《续游藤山诗》一卷、《石仓集》二十四卷、《石仓诗文集》二十一卷、《浮山堂集》一卷、《石仓文稿》一卷、《石仓文稿》五卷又二卷、《夜光堂近稿》一卷、《森轩诗稿》一卷、《听泉阁近稿》、《石仓文稿》十一卷、《石仓文稿》五卷、《巴草》一卷、《桂林集诗》三卷等。《明史·艺文志》著录《石仓诗文集》一百卷,现存明末刊本《曹能始先生石仓全集》六十一册,或即此本。是集未统一编目,实为诸集之合刊,所收有《金陵初稿》《石仓义稿》《夜光堂近稿》《听泉阁近稿》《森轩诗稿》《林亭诗稿》《钱塘看春诗》《游太湖诗》《藤山看梅诗》《续游藤山诗》《潞河集》《游房山诗》《浮山堂集》《芝社集》《武林稿》《苕上篇》《玉华篇》《天柱篇》《春别篇》《豫草游稿》《江上篇》《挂剑篇》《海色篇》《桂林集》《湘西纪行》《巴草》《蜀草》三卷《雪桂轩草》《两河行稿》《西峰集诗》《西峰集文》《更生篇》《赐环篇》《石仓三稿文》《西峰六一文》《六二诗稿》《西峰六二文》《六四诗集》《六四文集》《六三诗集》《六三文集》《西峰六五诗集》《西峰六五文集》《西峰六六诗集》《西峰六六文集》《西峰六七诗集》《西峰六七文集》《西峰六八文集》《西峰六九诗集》《西峰六九文集》《古稀集诗部》《古稀集文部》,疑为学佺七十岁时所辑刊。清乾隆十九年(1754)其后人曹岱华又辑其诗为《石仓诗稿》三十三卷。其藏书富而能读之,故诗文之外,又研习经史,亦读内典。经学著述总称《五经困学》,现存明末刊本《易经通论》十二卷、《周易可说》七卷、《书传会衷》十卷、《诗经质疑》十四卷、《诗经剖疑》二十四卷,又有《春秋阐义》十二卷、《春秋义略》三卷、《春秋传删》十卷、《礼记明训》二十七卷见于著录。又尝谓佛、道有藏,吾儒无藏,欲修《儒藏》与之鼎立,采撷诸书十有余年,而未能卒业也。又曾辑《西峰字说》三十三卷,有清顺治十二年佟国器刊本。史地著述有崇祯三年刊本《大明一统名胜志》二百零八卷。又明末刊《蜀中广记》一百零八卷,为《四库全书》所收。《四库全书总目》另著录其《舆地名胜志》一百九十三卷,另有《燕都名胜志稿》一卷。徐𤋮《晋安风雅》录其诗十五首。崇祯间刊《前八大家诗选》曾选其诗为《曹能始诗》六卷。陈济生《天启崇祯两朝遗诗》卷四录其诗五十三首。《列朝诗集》丁集录其诗八十三首,"小传"谓其"为诗以清丽为宗"。《明诗评选》录其诗十七首。《明诗综》卷七四录其诗四十二首,"诗话"云:"明三百年诗凡屡变……独闽粤风气始终不易……若曹能始、谢在杭(谢肇淛)、徐惟和(徐𤋮)辈,犹然'十才子'调也。"清沈德潜《明诗别裁集》录其诗八首。《御选宋金元明四朝诗》录其诗三十二首。清郭柏苍《全闽明诗传》卷三四、卷三五录其诗一百六十二首。《明诗纪事》辛签卷一录其诗三十二首。崇祯六年(1633)陆云龙编峥霄馆刻《皇明十六名家小品》有《翠娱阁评选曹能始先生小品》二卷。《明文海》录其文《峨眉山记》二篇。生平见清曹孟善《曹石仓行述》(近世蓝丝栏抄本)、《(乾隆)福建通志》卷四三、《明史》卷二八八。

曹勋(生卒年不详)　字允大,号峨雪,晚号东干钓叟。浙江嘉兴府嘉善人。为诸生时与高攀龙等游。天启元年(1621)举人,崇祯元年(1628)会试第一,廷试二甲,选翰林庶吉士。历官至翰林学士、礼部右侍郎。时朝中党争,遭谤,因以母丧乞归,隐于东干。入清不仕,与其弟曹炯等十余人创"小兰亭诗社"。卒于顺治十二年(1655)后,卒年六十七。《千顷堂书目》著录其《曹峨雪集》。现存清初刊《曹宗伯全集》十六卷,收赋五篇、各体文二百三十余篇,唐昌世序;又有清初刻本《南溪诗草》四卷,自序,收诗三百二十余首;又《东干诗草》一卷,曹学佺序,收诗二百余首。所著另有崇祯金陵书林唐振吾广庆堂刊本《戊辰科曹会元馆课试草》一卷。清沈季友《槜李诗系》卷二○录其诗八首,"小传"谓其"诗以情意为主,近似'公安',而就纪律者。同馆刘胤平、方肃之辈,同声共响,虽一时风气使然,实得诗人和平之旨"。《明诗评选》录其诗一首。清戈元颖、钱士贲等编选之《柳洲词选》录其词二首。清胡胤瑷等《兰皋明词汇选》录其词一首。生平见《(康熙)嘉兴府志》卷一四、《(光绪)嘉兴府志》卷五四。

曹嘉(生卒年不详)　字仲礼、茂礼。河南开封府扶沟人。正德十二年(1517)进士,选翰林院庶吉士,十四年春帝欲南巡,嘉与修撰舒芬上疏谏,帝怒予杖。嘉靖元年(1522)擢浙江道监察御史。后以言事为给事中毛玉所劾,谪昌邑知县,寻复官御史,再以事下狱,谪茂州判官,后复原职。嘉靖八年(1529)任凤阳知府,升山西提学副使,历参政、按察使,官终江西右布政使。曹嘉为李梦阳之甥,学诗于梦阳,嘉靖十一年于凤阳知府任上曾刻《空同先生集》,又与王廷陈、高叔嗣交。王世贞《艺苑卮言》云:"曹仲礼诗如公孙大娘弟子舞剑,颇见淋漓,见其师者,不觉怆然。"所著名《漫山集》,清黄虞稷《千顷堂书目》著录,未传。李梦阳《空同子集》明万历三十年(1602)邓云霄刻本附录收曹嘉同赋诗十七首并附笺。《皇明诗统》卷一八录其诗十首。《列朝诗集》丙集录其诗一首。《明诗综》卷三六录其诗一首,"诗话"云:"仲礼好宾客,所与游最密者,诗则谢茂秦(谢榛),书则徐子仁(徐霖),弈则阎子明(阎钦)。尝语茂秦云:'吾舅氏称,诗家练字不如练句,练句不如练意,练意不如练格。'盖墨守舅说若是。"《御选宋金元明四朝诗》录其诗二首。《明诗纪事》戊签卷一三录其诗一首。生平见《(道光)扶沟县志》卷一〇。

曹端(1376—1434)　字正夫。河南河南府渑池人。生于洪武九年(1376)正月十三。永乐六年(1408)举人,七年春试乙榜,授山西霍州儒学学正,二十年改蒲州。卒于宣德九年(1434)六月,年五十九。平生笃志性理,以修明圣学为己务,其学务躬行实践,以静存为要,学者称月川先生。著述万历间辑刻为《曹月川先生遗书》八种十一卷:《太极图解》《通书述解》《西铭述解》《夜行烛》《家规辑略》《录粹》各一卷,《理学印证要览》二卷。内《太极图解》《通书述解》《西铭述解》为《四库全书》收录。清咸丰十一年(1861)刊《曹月川先生遗书》,增《语录》一卷。另有《四书详说》《孝经述解》一卷等。诗文散佚,清初辑为《曹月川集》一卷,收杂著四篇、文七篇、诗十五首,有康熙四十九年(1710)张伯行正谊堂刻本,亦为《四库全书》所收,《总目》"提要"云:"明初理学,以端与薛瑄为最醇。瑄诗文集、读书录等皆传于世。而端之遗书散佚几尽,其集亦不复存。此本为国朝仪封张伯行衰辑而成……端诗皆《击壤集》派,殊不入格,文亦质直朴素,不以章句为工。然人品既已醇正,学问又复笃实,直抒所见,皆根理要,固未可绳以音律,求以藻采。况残编断帙,掇拾于放失之余,固宜以其人存之矣。"此集另有日本江户抄本。清邵松年辑《续中州名贤文表》卷一录其文二十余篇、语录若干并《太极图说述解序》等。生平见黄佐《山西霍州儒学学正曹公瑞传》《国朝献征录》卷九七)、清黄宗羲《明儒学案》卷四四、清孙奇逢《中州人物考》卷一、《明史》卷二八二。张信民有《(曹月川)年谱》(万历本《曹月川先生遗书》附录)。

曹履吉(?—1642)　字根遂,号玄甫。南直太平府当涂(今属安徽)人。万历三十四年(1606)举人,四十四年进士,天启二年(1622)授户部主事,督新泰、海运二仓。历员外郎、郎中,出为河南佥事,迁参议,以筑河堤功,擢光禄少卿。崇祯十五年(1642)卒。擅书画,能诗。朱谋垔《画史会要》卷四谓其"山水师倪元镇,笔力高雅,评者有玉洁冰清之语,真逸格中第一人也,诗、字亦有唐、晋逸韵"。《千顷堂书目》著录其《博望山人稿》十卷。现存崇祯十七年履吉子曹台望等刻《博望山人稿》二十卷,首陈继儒、宋珏序,内前六卷收五七言古近体诗四百三十余首,卷七至卷一七收各体文一百八十余篇,卷一八至卷二〇收尺牍八十余篇。《御选宋金元明四朝诗》录其诗一首。《明诗纪事》庚签卷七上录其诗二首。生平见其次子曹台岳《行略》(《博望山人稿》附录)、《(乾隆)江南通志》卷一四九。

曹履泰(?—1648)　字大来,号方城。浙江嘉兴府海盐人。万历三十四年(1605)举人,天启五年(1625)进士,知福建泉州府同安县。时同安遭海寇扰攘,无兵,履泰乃编渔民为伍,地方得以保全。迁吏科给事中,以疏得罪,被诬下狱,论成

岭南,应天巡抚祁彪佳疏讼其冤,救归,补行人司副,不赴。南都破,与子曹元方分路入闽,谒唐王,授太常卿,晋兵部右侍郎。从唐王趋赣州,遇兵,投身崖石下,绝复苏,昇至僧舍,辗转至浦城,以疾徙归家,戊子(1648)卒。著述有清康熙四十三年(1704)曹三才刻《浪吟》二卷,收赋二篇、诗一百八十余首,附说、启等杂文十余篇,首有梁士济、魏浣初、鲁化龙、陈熙韶、姜一洪序。又有清抄本《方城公尺牍》一卷《疏草》一卷。又清道光蒋氏别下斋刊本《别下斋丛书》初集十种收其《靖海纪略》四卷,彭期序、蒋光煦跋。生平见《(雍正)浙江通志》卷一六七。

龚用卿(1500—1563)　字鸣治,号云冈。福建福州府怀安(今福州)人。嘉靖元年(1522)领乡荐,五年进士第一,授翰林修撰。十七年进左春坊左谕德,明年兼侍读,直经筵,与修《明伦大典》《大明会典》,二十年晋南京国子监祭酒,寻以病乞归。四十二年卒,年六十四。嘉靖十六年春,以皇子生,曾与户部主事吴希孟为正、副使颁诏于朝鲜国,赐国王文绮、彩缎。归国后朝鲜刻《(丁酉)皇华集》五卷,收二人在朝鲜四十余天所作诗文及朝鲜官员金安老、郑士龙等人倡和之作,共计六百六十三首,内用卿诗二百二十首。用卿归国后又将其使朝鲜时日记刻

为《使朝鲜录》,亦录其使朝时所作诗,存嘉靖十六年刊本。诗文著述另曾单刻为《金台稿翰撰集》《玉堂稿山居集》《玉堂稿北征集》《玉堂稿使东集》《青坊稿宫谕集》《金陵稿成均集》《琼河稿卧痾集》《琼河稿山居集》等,现仅存嘉靖刊本《金台稿翰譔集》二十卷。卒后其子龚爖集其诗文,重新编次,于万历三十五年(1607)刊为《云冈选稿》二十卷,首谢杰序。内诗七卷,收赋一篇、古近体诗五百七十六首、词二十六首,文十三卷,按奏疏、记、序、志铭、碑、墓表等文体分卷,末卷为杂著。其在朝鲜所作诗文散见于各卷,然总数少于《(丁酉)皇华集》。《明史·艺文志》著录其《云冈集》二十卷,当即此本。《云冈选稿》另有清光绪间印本。徐𤊹《晋安风雅》录其诗十首。《列朝诗集》丁集录其诗四首。《明诗综》卷四〇录其诗二首。《御选宋金元明四朝诗》录诗五首。《四库全书总目》著录《云岗选稿》二十卷,"提要"谓其所作"亦大抵馆阁体也"。清郭柏苍《全闽明诗传》卷一九录诗十九首。《明诗纪事》戊签卷一六录诗一首。生平见林庭机《龚公用卿墓志铭》《国朝献征录》卷七四)、顾祖训《状元图考》卷三、《(乾隆)福建通志》卷四三。

龚秉德(生卒年不详) 字性之,号鸿洲、虹川。山东东昌府濮州(今河南范县)人。嘉靖十六年(1537)举人,二十年进士,除镇江府推官,征授南京监察御史,简放温州知府,迁湖广兵备副使。《千顷堂书目》著录其《三幻集》,未见传。《盛明百家诗》录其诗五十余首为《龚副使集》。《皇明诗统》卷三七录其诗十九首。《明诗综》卷四三录其诗三首,《御选宋金元明四朝诗》据之录。清宋弼《山左明诗钞》卷一三录其诗十八首。《明诗纪事》戊签卷二一录其诗十首,按云:"性之诗音亮词美,俞汝成《(盛明)百家诗》舍美而录瑕,几为所掩。"生平见《(康熙)濮州志》卷三。

龚诩(1382—1469) 字大章,号纯庵。苏州府昆山(今属江苏)人。洪武十五年(1382)十月十一生于岳州,时其父龚詧任岳州儒学教谕。十六年其父擢给事中,十七年以言事遣戍五开卫,诩遂与母归昆山,学于塾。父死戍所,二十八年诩十四岁补五开卫戍卒,驻辽阳,又调守南京金川门。建文四年(1402)六月,朱棣攻南京,守将李景隆开门迎降,诩逃匿常熟,改名王大章,以设塾授徒为生,宣宗时回祖籍昆山。巡抚周忱重其人,欲荐之,谢辞。无于,独与一老婢居破庐中,种豆植麻,歌咏自得,成化五年(1469)正月二十八卒,年八十八,门人私谥安节先生。《明史·艺文志》著录其《野古集》二卷,现存崇祯八年(1635)其八世从孙龚挺刻《龚安节公野古集》三卷附录一卷,卷首有龚挺所作《年谱》,内收诗三百五十余首,附录收龚诩《上周文襄公书》,又墓铭、谥议、传、像赞等。是集又有清康熙时重修本。《四库全书》收《野古集》三卷,《总目》"提要"云:"诩诗格调在《长庆集》《击壤集》间,其伤于鄙俚浅率者,继贞稍汰之也。要其性情深挚,直抒胸臆,律以选声配色,雕章琢句,诚不能与文士争工,律以纲常名教之旨,则不合于风人者鲜矣。"明周复俊编《玉峰诗纂》卷一录其诗三首。《列朝诗集》甲集录其诗十四首。《明诗评选》录其诗一首。《明诗综》卷一六录其诗二首。《御选宋金元明四朝诗》录其诗六首。《海虞文征》录其诗二十首。清陆烜《沙溪诗存》卷一录其诗十首。《明诗纪事》乙签卷二录其诗三首。《明文海》录其文二篇。《娄水文征》卷一〇录其文七篇。生平见龚挺《龚诩年谱》《野古集》卷首)、沈鲁《龚诩墓铭》《野古集》附录)、王鏊《姑苏志》卷五五、《(乾隆)江南通志》卷一五三。

龚勉(1536—1607) 字子勤,号毅所。南直常州府无锡(今属江苏)人。嘉靖四十三年(1564)举人,隆庆二年(1568)进士,除嘉兴知县,以忧归。补吴桥知县,迁南刑部主

事,改户部,历员外、郎中,简放嘉兴知府。迁浙江参政,进按察使,改山东,进浙江右布政使。卒于万历三十五年(1607),年七十二。《千顷堂书目》著录其《尚友堂集》九卷、《三过堂集》又《烟雨楼志》四卷。现存万历十二年自刊本《尚友堂诗集》十二卷,内分《游学稿》《令嘉稿》《里居稿》《吴川稿》《金陵前稿》《金陵后稿》《守嘉稿》《守嘉后稿》《守嘉续稿》《南归稿》《北游稿》《东鲁稿》,按其仕履经历编年,计收诗六百余首,有王世贞、茅坤等序。又有《尚友堂文集》五卷,万历十九年刊本,按序、记、传等分体,有汪道昆、陈用宾、郭子章、王逢年等序。《明诗综》卷五一录其诗一首。清沈季友《槜李诗系》卷四〇录其诗四首。清顾光旭《梁溪诗钞》卷九录其诗九首。《明诗纪事》庚签卷九录其诗二首。《明文海》录其文一篇。清周有壬《梁溪文钞》卷一〇录其文二篇。清王直等《锡山文集》卷一三录其文一篇。生平见邹迪光《龚方伯传》《石语斋集》卷二〇)、《(康熙)常州府志》卷二四。

龚黄(生卒年不详) "黄"又作"璜",字南华,又字文中。湖广承天府荆门人(今属湖北)。晚明布衣,喜游览,能诗文。曾编《六岳登临志》六卷,于五岳之外,又称湖广武当山为玄岳,故称"六岳"。各卷既

记其山形胜，亦录艺文。现存明执虚堂抄本，首有崇祯十五年（1642）龚黄自序，自谓是书愿为游历之指南。又存清抄本《古文奇字》一卷。《四库全书总目》著录其《古叶读》五卷，谓其"考究古韵，自屈原《离骚》及汉晋以后词赋，皆征引参证"。诗文著述名《龙潭集》，明刊本现残存卷四至卷二〇，内卷四至卷一〇收五七言近体诗八百十九首（所佚卷一至卷三所收当为古体诗），卷一一至卷二〇收各体文九十二篇。生平见《（乾隆）荆门州志》卷三〇、《（同治）荆门直隶州志》卷八。

龚勗（生卒年不详） 字克懋，一字懋卿。山东济南府章丘人。少贫，牧羊冢山中，书卷不释于手。既而小吏诬其逃租，受笞，益发愤力学。年三十补诸生，年六十以岁贡官江都训导，转威宁教谕，再转开平卫教授，归家五年卒。邑中李开先、袁崇冕等人方尚金元之曲，勗以为颇伤雅道，耻之，锐意学古文辞。年长李攀龙十余岁，曾从李攀龙游，较他人尤多往来，《沧溟集》中与龚勗往来诗文约十六篇，攀龙言"至其知我而信我，懋卿一人耳"（《报龚克懋》）。其诗也追攀边贡。《千顷堂书目》著录其《懋卿集》，未见。《皇明诗统》卷三七录其诗六首。《明诗综》卷六二、《御选宋金元明四朝诗》录其诗一首。清宋弼《山左明诗钞》卷二〇录其诗四首。清吴连周《绣水诗钞》录其诗四十五首。《明诗纪事》己签卷一九录其诗一首。生平见清王士禛《池北偶谈》卷一四。

龚辇（生卒年不详） 字中道。江西南昌府南昌人。宦官，弘治间官内官监左丞。能诗，《千顷堂书目》著录其《冲虚集》，未见传。《盛明百家诗》前编录其诗二十五首为《龚内监集》。《皇明诗统》卷三九侍中类录其诗九首。《明诗综》卷八七录其诗二首，并引俞汝成云："左丞雅事文墨，兼尚理学，《冲虚》一集，所谓空谷之音。"

龚斅（1324—1391） 字文达。江西广信府铅山人。洪武三年（1370）以明经任府学教授，辑朱子之说，补六经图。御史叶孟芳荐其学行，征入京。九年四月增置四辅官，与王本、杜佑被任为春官，杜教、赵民望、吴源为夏官，兼太子宾客，位列公侯都督之次，宠任特专。十四年罢四辅官，遣归，寻召回，授国子博士，迁左司业，二十三年迁祭酒，坐放诸生假不奏闻处死，年六十八。时称穷经笃学之士，诗文著述称《鹅湖集》，流传甚少，清乾隆间《四库》馆臣由《永乐大典》中辑出其诗文，依《经籍志》所记厘为六卷收入《四库全书》，内诗三卷收诗一百四十余首，文三卷收各体文十六篇。《总目》"提要"云："诗虽多沿元季余波，而清婉谐畅，亦自琅琅可诵；文则原本经术，结构谨严，实能不愧于作者者。"《江西诗征》卷四三录其诗六首。《明诗纪事》甲签卷一二录其诗二首，按语谓"《鹅湖集》中有佳句"。生平见《（雍正）江西通志》卷八六、《明史》卷一三七。

盛于斯（1597—1640）　字此公。初名钱，字铿侯，号错翁，复号休庵。南直宁国府南陵（今属安徽）人。晚明诸生。先世有义声，内多藏书，外多良田。少负异禀，善文辞，往来于金陵、维扬等地，与名士相结，风流游冶，有慷慨豪侠之气，视世事则无一当其意者。俄为广陵儿所绐，困而归。家贫目盲，侘傺愤郁，遂歌诗于破窗风雨中。卒于崇祯十三年（1640），年四十四。所作杂著《休庵影语》即为其退居家居时所作。诗文著述有《休庵前集》一卷《后集》一卷，为清顺治五年（1648）周亮工所刻，有佟国鼎《盛此公集序》、周亮工《南陵盛此公遗稿序》。内《前集》收赋四篇、古近体诗二百七十余首；《后集》收诗余五十五首，序、跋、赞等文二十三篇。另著有《毛诗物考》《休庵杂抄》《历法》《舆地考》《群书考索》《泪史》《宫诗》等。亦作传奇，祁彪佳《远山堂曲品》著录其传奇《鸣冤记》云："此记魏珰，而以胡给谏天岳为生者，韵律全疏，传事亦多未核，此记成而给谏已乘箕去，中之

以证仙结局者，岂先为之兆耶？"未见传。近人赵尊岳《明词汇刊》录其词为《休庵词》。生平见于清周亮工《盛此公休庵传》（《赖古堂集》卷一八）、《（雍正）南陵县志》卷八、《（乾隆）江南通志》卷一六七。

盛时泰（1529—1578）　字仲交，号云浦，晚号大城山樵。南直应天府上元（今江苏南京）人。嘉靖间贡生，卒业于国子监，屡试不举。万历六年（1578）卒，年五十。喜藏书，工书画，亦能诗文。万历初携所著《两都赋》谒王世贞于小祇园，王氏赠诗有"遂令陆平原，不敢赋《三都》"句。又于三日内遍和王世贞《拟古》诗七十章。《明史·艺文志》著录其《大城山堂集》六十八卷，未见传。现存嘉靖四十年（1561）刊本《秣陵盛氏族谱》一卷、万历三年自刊本《游燕杂记》二卷、万历刊本《牛首山志》二卷、清抄本《玄牍纪》十二卷续一卷、清抄本《苍润轩碑跋纪》一卷及清嘉庆二十四年（1819）甘福友恭堂刻《栖霞小志》一卷等。《千顷堂书目》另记其有《金陵纪胜》三卷、《祈泽寺志》一卷、《苍润轩集》等。《皇明诗统》卷二七录其诗四首。《列朝诗集》丁集录其诗三十七首，"小传"云："仲交才气横溢，每有撰述，舐笔伸纸，滚滚不休，纸尽则已。善画水墨竹石，居近西冶城，家有小轩，文征仲（文征明）题曰'苍润'。以仲交

画法倪迁,沈启南(沈周)有'笔踪要是存苍润,画法还应入有无'之句也。肮脏历落,不问家人生产,卜筑于大城山中,又爱方山、祈泽之胜,咸有结构,杖策跨驴,欣然独往,家人莫能迹也。"《明诗综》卷六三录其诗二首。《御选宋金元明四朝诗》录其诗十四首。清光绪朱绪曾《金陵诗征》卷二四录其诗十二首。《明诗纪事》庚签卷七上录其诗七首。生平见佚名《盛时泰传》(《国朝献征录》卷一一五)、王兆云《皇明词林人物考》卷一一。

盛鸣世(生卒年不详) 字太古,号空谷居士。南直凤阳府凤阳(今属安徽)人。万历间国子监生。《千顷堂书目》著录其《谷中集》三卷,未见传。《列朝诗集》丁集录其诗二十八首,"小传"云:"善弈棋,如唐人所谓居第二品。出游人间,福清相公(叶向高)雅与相善,亦喜其善弈而已。而太古雅自重其诗,借方罫以玩世,不屑以诗名混时流也。居福清邸中,福清将引为中翰,不果。归游金陵,卒于家。有《谷中集》三卷,不甚传于世。同时为诗者,皆未之称也。新安闵生辑明布衣诗,多载其五言今体。余观其剪刻鲜净,措置清稳,尽削常调,实为一时之俊。"《明诗评选》录其诗一首。《明诗综》卷六四录其诗六首,"诗话"云:"太古五言圆润贴妥,其源出于郎士

元。"清沈德潜《明诗别裁集》录其诗一首。《御选宋金元明四朝诗》录其诗十三首。《明诗纪事》庚签卷二六录其诗三首。生平见《(光绪)凤阳府志》卷一六。

戚元佐(生卒年不详) 字希仲。浙江嘉兴府秀水(今嘉兴)人。嘉靖二十八年(1549)举人,四十一年进士,除礼部主事。迁员外郎,会穆宗登基,诸典仪多所匡赞,迁尚宝少卿。隆庆三年(1569)五月上《宗藩七议疏》(明刊本名《礼部奏议宗藩事宜》),力主限制宗藩事宜,为时所称。又有《皇明帝后纪略》一卷(收入清顾炎武编《皇明修文备史》)。后以疾告归,家居撰《檇李往哲列传》,取嘉兴前贤自明初程本立以下共十四人,各为一传,王世贞序,后有清项玉笋续编,因称《檇李往哲前编》。善楷书,与文征明相颉颃,画祖巨然,笔力苍劲,皆有名于时。诗则学步"七子"。《千顷堂书目》著录其《青藜阁集》三卷,现存万历元年(1573)其门生程大约、胡日新校刊《青藜阁初稿》三卷,收赋二、拟乐府七十五、五七言古近体诗三百余首,王世贞序。《明诗综》卷四四录其诗一首,"诗话"云:"吾乡彭子殷(彭辂)论诗即尚'七子',然其诗不类也。至戚希仲,则全以'七子'为圭臬。弇州(王世贞)'四十子'不及希仲,何欤?"清沈季友《檇李诗系》卷

一三录其诗十一首。《明诗纪事》己签卷一四下录其诗四首。生平见过庭训《本朝分省人物考》卷四四、《(康熙)秀水县志》卷六。

戚继光(1528—1588)　字元敬，号南塘，晚号孟诸。其先定远(今属安徽)，以世袭登州卫指挥金事，因称山东登州府蓬莱人。生于嘉靖七年(1528)闰十月初一。好读书，通经史大义。嘉靖二十三年袭世官，二十八年中式山东武举乡试，更成蓟门。三十二年进署都指挥金事督山东备倭事，三十四年转浙江都司金书司屯局事，进分守宁绍台地方参将事。倭犯江西、福建，皆命率兵援击，战功显著，进署都督府金事，擢福建副总兵官，屡平巨寇，威镇南方，时号"戚家军"。会蓟门多警，晋都督同知、神机营副将，出总理蓟州、昌平、保定三镇练兵事，旋改为总兵官，叙福建功，晋右都督，又以功晋左都督。加太子太保，晋少保，改镇广东，谢病归。万历十五年十二月初八(1588年1月5日)卒，年六十一，谥武毅。继光为有明一代名将，晓经术，习兵法，偶为吟咏，亦超放自如。著述有万历刊本《纪效新书》，分十八卷、十四卷本两种，《四库全书》兵家类所收为十八卷；又《练兵实纪》九卷、《杂集》六卷，万历二十五年刊本，亦为《四库全书》所收。《四库全书总目》另著录其《武备新书》十四卷、《莅戎要略》一卷、《长子心钤》不分卷。王世贞为其诗文集作序云："少保师旅之什，发扬蹈厉；燕闲之章，清婉调畅。"(《弇州四部稿续稿》卷五一)所著辑为《止止堂集》五卷，内《横槊稿》三卷、《愚愚稿》二卷，计收诗二百余首、文百余篇，有万历刊本。《皇明诗统》卷三六录其诗七首。《列朝诗集》丁集中录其诗十四首，"小传"云："少保少折节为儒，通晓经术，军中篝灯读书，每至夜分，戎事少闲，登山临海，绶带赋诗……其诗多感激用壮、抑塞偾张之词，君子读而悲其志焉。"《明诗综》卷四九录其诗二首。清沈德潜《明诗别裁集》录其诗一首。《御选宋金元明四朝诗》录其诗七首。清宋弼《山左明诗钞》卷一九录其诗十八首。《明诗纪事》己签卷一八录其诗三首。生平见汪道昆《戚公墓志铭》(《太函集》卷五九)、张师绎《戚少保传》(《月鹿堂文集》卷五)、何乔远《名山藏》卷七九、《明史》卷二一二。戚祚国有《戚少保年谱》十二卷(清道光间刊本)。

[ㅣ]

常伦(1493—1526)　字明卿，号楼居子。山西泽州沁水人。正德五年(1510)举人，明年进士，除大理评事。十四年以酣狂谪寿州判官，又以庭詈御史罢归。嘉靖五年

(1526)起知宁羌州,未及赴,以跨马疾驰,马渴赴饮,堕水死,年三十四,同年友人平阳知府王溱为其殡葬。常伦少年登科,称才子,性疏狂,好楼居,好神仙,好声色,好饮酒,好骑射,好剑术,好书法,能诗词,尤善于曲。罢官家居,常纵情声伎,自度新声,以诗酒风流称于世。《千顷堂书目》著录其《评事集》二卷。现存嘉靖七年王溱辑刊《常评事集》四卷《写情集》二卷。《常评事集》收赋四篇、乐府二十一首、古近体诗一百五十四首,另赞、铭、传、引、杂著六篇,南大吉序;《写情集》收散曲小令一百七十首、套数九套。《盛明百家诗》前编录其诗七十余首为《常评事集》。顾起纶《国雅》卷七录其诗七首。《皇明诗统》卷一六录其诗九首。《皇明诗选》录其诗四首。《列朝诗集》丙集录其诗十首。《明诗综》卷三四录其诗五首。清沈德潜《明诗别裁集》录其诗二首。《御选宋金元明四朝诗》录其诗六首。《四库全书总目》著录《常评事集》一卷,"提要"云:"王世贞谓其诗如'沙苑儿驹,骄嘶自赏,未谐步骤',陈子龙则谓其'气骨高朗,颇能自运',今观是编,合二人之论乃为定评……汗血方新而筋骨未就,秀而不实,殊可惜也。"《明诗纪事》戊签卷一一录其诗四首,按云:"明卿豪纵,诗颇效太白,窘于篇幅,不称其为人。"其散曲

则直承元曲,多言情、抒怀及慕仙向道之作,时北曲已微,常伦所作可为遗响,故陈所闻《南宫词纪》、冯梦龙《太霞新奏》等多录之。生平见王溱《大理寺右评事常君墓志铭》(《常评事集》附录)、王兆云《皇明词林人物考》卷六、《(雍正)山西通志》卷一三八、《康熙沁水县志》卷一○。

眭石(生卒年不详) 字金卿,号东纯,一作东苏。南直镇江府丹阳(今属江苏)人。万历十九年(1591)举人,二十九年进士,官翰林院检讨。才思敏捷,能文词。《千顷堂书目》著录其《眭太史东苏集》十卷,现存其子眭明永万历四十六年辑刻《眭东苏先生集》十六卷,内前二卷收赋二、诗二百余首,后各体文十四卷,有李维桢、孙云翼、王志道序。是集崇祯增修本增《镇江府均赋辨》一卷,后又有清光绪二十四年(1898)重刊木活字本。清高舆《御定佩文斋咏物诗选》录其诗。生平见《(乾隆)江南通志》卷一六六、《(光绪)重修丹阳县志》卷二○。

崔世召(生卒年不详) 字征仲,自署西叟。福建漳州府宁德人。万历三十七年(1609)举人,天启间授巴陵知县,有为魏珰祠请颂德诗者,拒之,因逮入都下狱。崇祯初释还,补官桂东,迁浙江盐运同知,再迁连州知州,未几,致仕归。能诗。徐𤊸称其为"词坛射雕手"(《徐氏笔精》

卷四）。《千顷堂书目》著录其《半呓窝集》四卷又《问月楼稿》四卷又《秋谷集》二卷又《连啸》一卷又《湖隐草》二卷。现存崇祯刊本《秋谷集》二卷，收拟乐府诗二十七首、古近体诗四百四十余首，首自序署"岁在庚午（崇祯三年，1630）近重阳西叟崔世召书于桂署菊蘺边"，知其作于桂东。《明诗综》卷六〇录其诗二首，"诗话"云："诗颇清澈，无尘坌气。"清郭柏苍《全闽明诗传》卷三九录其诗四首。生平见《（乾隆）福建通志》卷四八。

崔廷槐（1499—1560） 字公桃，号楼溪。山东莱州府平度人。嘉靖元年（1522）举人，五年进士，授山西阳曲知县。谪陕西神木典史，调京师束鹿知县，迁户部主事，历郎中，出为四川提学佥事。《千顷堂书目》著录其《神木县志》、《楼溪集》三十六卷。现存万历间东莱胡来贡校刊《楼溪先生集》残本三十一卷，内前十五卷收诗三百二十余首，卷一六、卷一七收词十八首，卷一八至卷二九收各体文百余篇，卷三〇、卷三一收"杂志"五十四则。清宋弼《山左明诗钞》卷一〇录其诗二十首。《明诗纪事》戊签卷一六录其诗七首，按云："楼溪诗，清脆可诵。"近人赵尊岳《明词汇刊》据《楼溪先生集》录其词为《楼溪乐府》。生平见《（雍正）山东通志》卷二八之三。

崔桐（1479—1556） 字来凤，号东洲。南直扬州府海门（今属江苏）人。正德十一年（1516）领乡荐，明年进士第三，授翰林编修，以谏武宗南巡，受廷杖夺俸。历侍读，嘉靖三年（1524）以谏"大礼"，再被廷杖，下诏狱，出补湖广右参议，迁副使，转福建左参政，以督学考贡违例，降浙江副使。入为太常寺少卿，进南太仆寺卿，迁国子祭酒，晋南礼部右侍郎，中蜚语，请归。家居至嘉靖三十五年卒，年七十八。《明史·艺文志》著录其《东洲集》四十卷。现存嘉靖二十九年南通州知州曹金刻《崔东洲集》二十卷，首曹金序，内诗九卷，收诗五百二十五首，词一卷，收词三十二首，文十卷，收各体文一百三十一篇；又有嘉靖三十四年周希哲刻《续集》十一卷，诗六卷，收诸体诗一百四十八首，词一首，文五卷，收各体文四十六篇，周希哲跋。所著另有嘉靖刊《南览录》不分卷，收其嘉靖八年官湖广时所作诗七十首，为先刻之单行本。又曾纂《海门县志》六卷，今存。方志另著录其《经传类义》二十卷、《艺林会材》二十卷等。《皇明诗统》卷二〇录其诗十四首。《明诗综》卷三六、《御选宋金元明四朝诗》录其诗一首。清杨廷《五山耆旧集》卷三录其诗一百三十首。清王藻《崇川列朝诗选汇存》卷上录其诗十八首。清夏荃《海陵文征》附录卷二五录其诗四首。《明诗纪事》戊签卷一三录其诗一首。《明词综》卷三录其词一首。近人赵尊岳《明词汇刊》据《崔东洲集》录其词三十二首为《东洲词》。生平见王兆云《皇明词林人物考》卷六、《（乾隆）江南通志》卷一四五、《明史》卷一七九。

崔培元（生卒年不详）　字辰长，一字孟辰。浙江嘉兴府海盐人。万历四十三年（1615）举人，官青阳知县。《千顷堂书目》著录其《横山草堂集》又《音潮草堂集》。现存《横山草堂诗集》十一卷，崇祯间其子所刊，收古近体诗四百二十四首。清沈季友《欈李诗系》卷一七录其诗一首。《明诗综》卷六〇录其诗二首。生平见《（雍正）浙江通志》卷一四〇。

崔铣（1478—1541）　字子钟，一字仲凫，初号后渠，又号少石，洹野。河南彰德府安阳人。弘治十一年（1498）举于乡，入太学，十八年进士，选翰林院庶吉士，正德二年（1507）授编修，以忤刘瑾，改南吏部主事。五年瑾诛，复故官，历侍读，九年掌廷试卷，充经筵展书会讲官。世宗即位，擢南国子祭酒，"大礼议"起，以劾张璁、桂萼，致帝不悦，令致仕。又用荐起少詹事，兼侍读学士，以南京礼部右侍郎致仕。卒于嘉靖二十年（1541），年六十四，赠礼部尚书，谥文敏。在太学，与马理、秦伟、

吕柟、寇天叙等为友，相约明经修行，毋慕高虚，毋泥训诂。其学以程朱为师，力排王守仁之说，谓其不当舍"良能"而谈"良知"，故持论一归笃实。经学著述有嘉靖刊本《程志》十卷、《士翼》四卷等多种，后万历间崔氏家塾汇刻为《崔氏六种》二十三卷，内《士翼》三卷、《读易余言》五卷、《程志》十卷、《皇明理学名臣言行录》三卷、《大学全文通释》一卷、《中庸凡》一卷。后《四库全书》收《读易余言》五卷、《士翼》四卷。又有笔记杂著《后渠庸书》《松窗寱言》被收入《金声玉振》《纪录汇编》《说郛续》等丛书。《明史·艺文志》著录其别集《洹词》十二卷，是集先为赵府味经堂所刻，后有嘉靖间刊本及清乾隆修补本，内卷一、卷二称《馆集》，卷三称《退集》，卷四称《雍集》，卷五至卷十称《休集》，卷一一、卷一二为《三仕集》，以编年排次，杂著笔记亦参错其间。另有别本《崔氏洹词》十七卷附录四卷，为嘉靖三十三年池州知府周镐刻，王引年序。两种文集篇目同，且皆无诗。万历间于孔兼编刻《六子书》录其《后渠子》四卷，明末李宾编刻《八代文钞》选其文为《崔仲凫文钞》一卷。《明文海》录其文十二篇。清邵松年辑《续中州名贤文表》卷二九至卷四〇录文十一卷。其诗散见，《皇明诗统》卷一二录诗一首。《明诗综》卷二八

录诗一首,"诗话"云:"《洹词》不载诗篇,其见录于选家亦少,予得公手迹寄张子醇方伯者,有《上陵》《下陵》诸作……若云与李(李梦阳)、何(何景明)方驾,则未见其全,不敢臆定也。"《四库全书》收《洹词》十二卷,《总目》"提要"谓其"不以文章著,而文章自可传也"。《明诗纪事》丁签卷一三录诗一首。生平见郭朴《崔文敏公铦传》(《国朝献征录》卷三七)、清黄宗羲《明儒学案》卷四八、清孙奇逢《中州人物考》卷一、《明史》卷二八二。

崔涯(生卒年不详)　榜姓方,字若济,号笔山。南直宁国府太平(今安徽黄山)人。嘉靖八年(1529)进士,擢监察御史,巡按福建。以劾吏部尚书汪铉,忤旨罢官。归从湛若水游,晚筑室桐山,与县令吴元凯酬和赠答。《千顷堂书目》著录其《笔山崔先生文集》十卷,现存万历三十六年(1608)崔廷健刊本。集首有康太和、毕锵、崔师训、崔廷健等序,内卷一至卷七为奏疏及杂著,卷八为古近体诗一百四十余首,卷九为《虎异》,卷一〇为《鹊异》,两卷之末各附以颂德诗文。是集后又有清道光五年(1825)刊本。《四库全书总目》著录《崔笔山文集》十卷,"提要"云:"涯在当时有伉直声,而文章非其所长,诗尤不入格。"《明诗纪事》戊签卷一七录其诗一首。生平

见《(乾隆)江南通志》卷一四八。

崔澂(生卒年不详)　字渊甫。南直苏州府吴江(今属江苏)人。少为诸生,已厌场屋之学,成化二十年(1484)入太学,更绝意取进,后遂专攻诗,所得诗为吴中诸名士所赏,年二十九卒。《千顷堂书目》著录其《传响集》,现存嘉靖间松陵崔氏家刊本《传响集》十二卷,卒后家人辑刻,有吴惠、蔡羽等序,顾璘、文征明等跋,蔡羽序谓其诗"步盛唐格律,气味绝相似"。其集首四卷收诸体诗百余首,后八卷题《和唐诗》七卷,收诗二百七十余首,附录墓志铭及沈周等十数人书简、赠诗。《皇明诗统》卷二〇录其诗二首。《皇明诗选》录其诗一首。《列朝诗集》丙集录其诗一首。《明诗综》卷二六录其诗三首,"诗话"云:"渊甫年未三十而夭。当其存日,杨君谦(杨循吉)、吴原博(吴宽)、李贞伯(李应祯)、都玄敬(都穆)、沈启南(沈周)、周伯器(周鼎)、史明古(史鉴)诸君子,皆与订忘年之交。原博尤重之,呼为崔小先生云。集中和唐诗多至三百七十余首,恪守唐人矩矱,而未成变化,使假之以年,当不止此,此诸君重为悼惜也。"《明诗纪事》丁签卷一五录其诗一首。生平见《传响集》所附《太学生崔澂墓志铭》。

[J]

符观（1444—1528）　字衍观，号活溪。江西临江府新喻（今新余）人。弘治二年（1489）举人，明年进士，授溧阳知县，迁高州同知，丁父忧归。服除补辰州，正德四年（1509）擢广西按察司佥事，分巡左江，升浙江右参议，改山东，皆不赴，请老归。家居十八年，卒于嘉靖七年（1528）。《千顷堂书目》著录其《地理集奇》、《医家纂要》、《活溪存稿》六卷、《欧苏文选》、《唐诗正体》七卷又《宋诗正体》四卷又《元诗正体》四卷又《明诗正体》五卷。诗文现存嘉靖十八年刘节序刊本《活溪诗集》五卷，收诸体诗一百八十余首、词三首，又《文集》四卷，收各体文六十余篇。《江西诗征》卷五三录诗四首。清黄子晋《渝水诗观》卷一八录诗十八首。生平见严嵩《符公观墓志铭》（《钤山堂集》卷三〇）、《（雍正）江西通志》卷三四。

符锡（生卒年不详）　字宜臣。江西临江府新喻（今新余）人。弘治十四年（1501）举人，嘉靖三年（1524）谒选，授韶州判官。历太仆寺丞，十七年擢韶州知府，在韶州建城，多治绩，方志称其为名宦。锡为符观了，少承父风，力学苦吟，癖于结字，所作实超乃翁。著述存明刊本《颍江漫稿》十四卷，内诗七卷，收诸体诗六百余首、词十一首，文七卷，收各体文一百一十余篇；又《续编》一卷，收诗十一首。《明史·艺文志》著录其《韶州府志》十卷，未见。《明文海》录其文四篇。《江西诗征》卷五四录其诗十三首。清黄子晋《渝水诗观》卷一八录其诗四十三首、卷三〇录其词五首。《明诗纪事》丁签卷九录其诗二首。生平见《（雍正）广东通志》卷四〇。

偶桓（1339—1420）　字武孟，号海翁，以眇一目，又自署瞎牛、瞎翁。昆山（今属江苏）人。洪武二十四年（1391）举秀才，为崇安丛事，授桂林河泊大使。永乐初官荆门州吏目，引年归。永乐六年（1408）侨居金陵，十八年卒，年八十二。少与杨维桢、倪瓒等游，能书画，诗亦为诸老所赞。尝辑元诗为《乾坤清气集》，分体收诗，现存清康熙时抄本十五卷，《四库全书》所收十四卷。《千顷堂书目》著录其《江雨轩集》二十卷又《醉吟录》三卷，清钱大昕《十驾斋养新录》曾记所藏篆竹堂抄本《江雨轩稿》八卷；又《昆新两县续修合志》著录其有《凤台吟啸集》，皆未见传。《皇明风雅》卷二四录其诗一首。顾起纶《国雅》卷三录其诗四首。《皇明诗统》卷六录其诗六首。周复俊编《玉峰诗纂》卷二录其诗一首。《石仓十二代诗选·明诗选》录其诗三首。《列朝诗集》甲集录其诗

七首，"小传"云："性落拓嗜酒，年少
侠游，客于诸公。倪瓒爱之，劝令
学，日诵数千言。试令为诗，语多警
绝。瓒为延誉诸公间，名大起。"《明
诗综》卷十九录其诗九首，"诗话"
云："明初诗家操选政者，赖良直卿、
许中丽仲孚、刘仔肩汝弼、沈巽士
俱、王扬孟瓮，皆有所蔽，惟瞎牛《乾
坤清气》一编，能开生面。"《御选宋
金元明四朝诗》录其诗十首。清施
何牧《明诗去浮》卷一录其诗四首。
《明诗纪事》乙签卷一四录其诗六
首。生平见王鏊《姑苏志》卷五四、
王兆云《皇明词林人物考》卷三、张
昶《吴中人物志》卷四、方鹏《昆山人
物志》卷三、张大复《吴郡张大复先
生明人列传稿》。

［丶］

康太和（1507—1577）　字原中，
号砺峰。福建兴化府莆田人。嘉靖
十三年（1534）举人，明年进士，选翰
林院庶吉士，十六年授编修，丁忧
归。二十四年与修《会典》，三十年
迁右春坊右谕德，三十二年迁侍讲
学士，三十三年进南礼部右侍郎，四
十年迁南工部尚书，四十三年致仕
归。能诗文，归后与诸缙绅结社吟
咏，卒于万历五年（1577），年七十。
万历三年曾主修《兴化府志》。《千
顷堂书目》著录其《兴化府志》二十
六卷、《留省稿》二十卷又《停云馆摘

稿》十二卷又《禾城集》四卷又《编年
集》四卷又《砺峰集》。检林庭机为
其作墓志，谓其著述后萃为一帙，名
《砺峰集》，《明史·艺文志》著录其
《砺峰集》二十四卷，或有由也。惟
现存两种，一为嘉靖四十一年刊《停
云馆摘稿》十一卷，一为嘉靖四十四
年刊《留省稿》二十卷（残存卷一至
卷一五），未见《砺峰集》。《皇明诗
统》卷二二录其诗五首。《明诗综》
卷四二录其诗三首。《御选宋金元
明四朝诗》录其诗十二首。清郑王
臣《莆风清籁集》卷一九录其诗五
首，《兰陔诗话》云："砺峰在翰苑二
十年，闭户著书，屏迹权门，人讥其
拙，作《拙宦对》以述志，致仕时，值
闽中倭乱，寓嘉禾四年始归，其诗皆
凄婉可诵。"《明诗纪事》戊签卷一九
录其诗一首。清涂庆澜《莆阳文辑》
卷三录其文一篇。生平见林庭机
《砺峰康公太和墓志铭》（《国朝献征
录》卷五二）、《（乾隆）福建通志》
卷五一。

康从理（1524—1581）　字裕卿，
号晓山山人，又号二雁山人。浙江
温州府永嘉（今温州）人。布衣。生
于嘉靖三年（1524）三月十五。以能
诗交于江南缙绅，又好谈兵，曾依王
叔杲往来南北。倭寇骚扰东南，尝
入将军刘子高幕，后归故山。卒于
万历九年（1581）六月初六，年五十
八。胡应麟《诗薮》记云："裕卿诗尤

长近体,七律闳壮豪丽,翩翩布衣之雄。"所作多散佚,卒后,友人曹子念辑其遗诗刻为《二雁山人集》,《千顷堂书目》著录。现存清抄本《二雁山人诗集》二卷,卷首有王叔杲《康山人传》、沔阳陈文烛《康山人诗序》及侯一元《二雁山人集序》,收诗凡四百五十九首,附王叔杲所撰墓志及王世贞、王叔果、何白等所作赠诗、挽诗。是集后收入 1928 年刊行之《敬乡楼丛书》第一辑。《盛明百家诗》后编录其诗十六首为《康裕卿集》。顾起纶《国雅》卷一七录其诗九首。《皇明诗统》卷三五录其诗六首。《列朝诗集》丁集中录其诗九首。《明诗综》录其诗四首。《御选宋金元明四朝诗》录其诗七首。《东瓯诗存》卷二三录其诗三十二首。《明诗纪事》己签卷二〇录其诗二首。生平见王叔杲《康处士墓志铭》(《二雁山人诗集》附)、王兆云《皇明词林人物考》卷一一。

康阜(1458—1476)　字德瞻。陕西西安府乾州武功人。康海兄,诸生,卒于成化十二年(1476),年十九。少聪敏,能诗。《千顷堂书目》著录其《康德瞻集》,现存嘉靖九年(1530)李镛刊本《康德瞻集》四卷附录一卷,卷一收骚赋二篇,卷二至卷四收五七言占近体诗一百一十首,附录传、墓铭一篇。首正德二年(1507)康海序。又正德三年王九思序云:"武功康德瞻七岁能诗歌,十五为骚赋,十九岁死。其诗歌骚赋,典则不诡,曲尽情理,庶几乎金石之音,而菽粟之味焉。然世无知者,君子悼惜。弟太史德涵(康海)校刻以传。"《皇明诗统》卷一八录其诗一首。崇祯五年(1632)贾鸿洙《周雅续》卷五录其诗八首。《列朝诗集》丙集录其诗一首,"小传"云:"于时有神童之目,德涵生一年而阜卒,年十九。王浻陂《漫兴》诗云:'德瞻超悟世无伦,玉树凋伤十九春,若遣秋霜生两鬓,也应难弟避嶙峋。'"《御选宋金元明四朝诗》录其诗二首。

康海(1475—1541)　初名澍。字德涵,号对山,别署浒西子、浒西山人、沜东渔父、太白山人。陕西西安府乾州武功人。生于成化十一年(1475)六月二十,行五。弘治十一年(1498)举于乡,十三年就学国子监,十五年廷试进士第一,授翰林院修撰,充经筵讲官。正德三年(1508)八月,李梦阳以罪于权阉刘瑾,为瑾矫诏系于锦衣狱,康海以同乡名谒瑾救之。五年瑾败,言官奏其为瑾党,因削籍除名。一经放废,即放荡行志,傲睨物表,饮酒狎妓,愤世嫉俗,又远游四方,每临佳境,辄停骖命酒,歌其所制感慨之词。与王九思同里,皆以声乐相尚,又同被诬瑾党致仕,故交游最多,彼此酬和不辍。家居三十年,嘉靖十九年十二月十四(1541年1月10日)卒，年六十六。晚年习长生术，或以为其死为食用丹砂所致，似无据。以文学名籍于当时，与李梦阳、何景明、徐祯卿、边贡、朱应登、顾璘、陈沂、郑善夫、王九思号"弘治十才子"(《明史》卷二八六)。时诗文多承宋元余绪，艰精典而鲜超悟，馆阁之臣则倡浮靡流丽之作，康海入京后即与李梦阳、何景明、边贡、徐祯卿、王九思、王廷相等力起矫之，主文必秦汉、诗学盛唐之说，人称"七子"，后人将之与李攀龙、王世贞之"七子"相较，称"前七子"。"前七子"初以李梦阳、康海同持藻鉴，后康海罢黜，何景明始与李梦阳并称领袖。康海归山，与王九思诸人"每相聚沂东、鄠杜间，挟声伎酣饮，制乐造歌曲，自比俳优，以寄怫郁"，流播于外，遂更以曲称。所作散曲嘉靖三年刊为《沜东乐府》二卷，有正德八年康海自序，计收小令二百五十余首、套数三十二。后嘉靖十八年又刊《沜东乐府后录》二卷，收其后期所作小令一百八十五首、套数八十二，有嘉靖十八年闰七月康海自序。后陈所闻《北宫词纪》、胡文焕《群音类选》、许宇《词林逸响》等多选录其曲。康海《沜东乐府自序》云："北曲主慷慨，其变亦为朴实。"海所作多为北曲，上接元人，开明代北曲风气之先，故南人王世贞谓其不如王九思曲之"秀丽"(《曲藻》)，何良俊谓其不及王之"蕴籍"(《四友斋丛说》卷三七)，王骥德谓其曲"粗豪"(《曲律》卷四)。作杂剧《中山狼》(《东郭先生误救中山狼》)，四折，演东郭先生救狼故事，本为古代流传久远之寓言，康海所据当为其师马中锡之《中山狼传》，其剧见存于崇祯时沈泰辑刻《盛明杂剧》及孟称舜辑刻《新镌古今名剧·酹江集》，主旨为讥刺世之负义忘恩者。或曰康海此剧为影射李梦阳负恩而作，他人揣测之词也。祁彪佳《远山堂剧品》以为其剧"曲有浑灏之气，白多醒豁之语"，将其列为"逸品"。另有《王兰卿贞烈传》杂剧，旦本四折，有万历间脉望馆抄校《古今杂剧》本，演妓女王兰卿从良守贞故事，据梅鼎祚《青泥莲花记》卷六，其时实有其事，故康海剧中还引有王先生(或曰即王九思)挽王兰卿的[南吕·一支花]。康海之诗文著述见于记载者原有《沜西集》《纳凉余兴》《春游余录》《差差辞》等，未见单刊。卒后其友人张治道辑《对山集》十九卷，嘉靖二十四年首刻，现存重刊本，有嘉靖二十四年王九思、刘储秀、张治道序，吴孟祺识语、二十五年赵时春后序，内制第一卷、诗六卷、文十二卷。万历间其子康栐、孙甥张光孝等重新收罗其所著诗文，先后倩李维桢、朱震孟、王世懋选订，万历十年

(1582)刻为《康对山先生集》四十六卷，较嘉靖十九年本增南轩、朱震孟、王世懋三序，是集卷一为策论，卷二为赋(七篇)，卷三至卷一八收古近体诗，卷一九为族谱，卷二〇至卷四六收各体文。王世懋序谓是集系合十九卷本及康栐、张光孝所辑遗集而成，"旧集之削者十之二三，而遗集之入者十之三四"，故十九卷本所收多有被删落者。清康熙五十一年(1712)又有马逸姿《重刻康对山先生全集》四十五卷，较万历十年本略有增删。选本则有乾隆二十六年(1761)武功县刊本《康对山先生文集》十卷(清孙景烈选)，文八卷，诗二卷。《盛明百家诗》录其诗一百五十余首为《康状元集》。顾起纶《国雅》卷六录其诗十一首。《皇明诗统》卷一八录其诗十二首。崇祯五年(1632)贾鸿洙《周雅续》卷五录其诗四十七首。《石仓十二代诗选·明诗选》录其诗七十六首。《皇明诗选》录其诗一首。《列朝诗集》丙集录诗十首。《明诗综》卷三一录诗五首。《御选宋金元明四朝诗》录诗二十七首。《四库全书》收康海《武功县志》三卷，又据乾隆本收《对山集》十卷，《总目》"提要"云："明人论海集者，是非不一。要以俞汝成(俞宪)'文过于诗'语为不易之评。其《拟廷臣论宁夏事状》及《铸钱论》诸篇，尤颇切时弊。崔铣、吕柟皆以

司马迁比之，诚为太过，然其逸气往来，翛然自异，固在李梦阳等割剥秦汉者上也。"《明诗纪事》丁签卷三录诗九首，按云："惜其诗文不副盛名耳。"《明文海》录文四篇。生平见张治道《对山康先生状》(《太微后集》卷四)、马理《对山先生墓志铭》(乾隆刊《康对山先生文集》附录)、王九思《康公神道之碑》(《渼陂续集》卷中)、李开先《对山康修撰传》(《李中麓闲居集》卷一〇)、王兆云《皇明词林人物考》卷四、《明史》卷二八六。

鹿化麟(生卒年不详)　字石卿，京师保定府定兴(今属河北)人，其先乃蒙古宝格氏。天启元年(1621)乡试解元。崇祯九年(1636)，清兵略畿辅，其父太常少卿鹿善继休致在家，以缙绅倡守拒敌，七月二十七城陷战死，化麟伏阙上书，得旨优恤，以悲哀成疾，寻卒。所著现存崇祯十二年刊本《北海亭诗集》四卷《文集》四卷，有范士楫、孙奇逢、茅元仪序，内《诗集》收诸体诗二百一十八首，词七首，《文集》收各体文四十六篇。生平见《(雍正)畿辅通志》卷八〇。

鹿善继(1575—1636)　字伯顺，号乾岳，晚号江村渔隐。京师保定府定兴(今属河北)人，其先乃蒙古宝格氏。生于万历三年(1575)十月十三。万历三十四年举人，四十一年进士，授户部山东司主事。以议

事谪官，移疾去。光宗即位，复官，改兵部职方主事，天启间孙承宗督师辽东，随从军前赞画，在军四年，历员外、郎中，孙解兵权，亦以病告归。家居四年，崇祯初起尚宝司卿，进太常寺少卿，再请归。崇祯九年（1636），清兵略畿辅，以缙绅倡守拒敌，七月二十七城陷战死，年六十二，赠大理寺卿，谥忠节。少读王守仁书，不肯与俗沉浮。与孙奇逢为莫逆交，又与魏大中、周顺昌、左光斗、周宗建等为友，以节义相期勉。《明史·艺文志》记其有《文稿》四卷。现存崇祯刊文集《鹿伯顺先生十五种外一种》，内《认真草》三十六卷（《借发金花始末》二卷、《马房裁革本末》一卷、《折征籽粒本末》四卷、《扶孤始末》一卷、《箧余》一卷、《农曹草》二卷、《粤东盐法议》一卷、《读礼草》二卷、《待放草》三卷、《典饷草》二卷、《枢曹草》三卷、《榆关草》四卷、《再归草》四卷、《奉常草五卷》），又《广东司署事录》一卷。又有清乾隆刊本《鹿忠节公集》二十一卷，系《认真草》重新编次而成。诗集《无欲斋诗钞》一卷，收诗一百五十余首，有乾隆刊本及清抄本，《四库全书总目》著录，"提要"云："此乃所作诗稿，称《成云洞定本》。诗后间有评语，不知何人所选辑也。按李光地有《成云洞诗韵》，或光地所评欤。善继成仁取义，大节凛然，

诗笔亦有遒劲之气，而不耐苦吟，未免失之粗率。"《四库全书总目》另著录其《四书说约》不分卷，现存清道光二十四年（1844）刊本《四书说约》三十三卷。《明诗纪事》辛签卷二录其诗三首。生平见清《鹿公墓志铭》（《牧斋初学集》卷五○）、清黄宗羲《明儒学案》卷五四、《明史》卷二六七。清陈铉有《鹿忠节公年谱》二卷《碑铭》一卷《传》一卷（道光间寻乐堂刊本）。

章玄应（1443—1511）　字顺德，号曼亭，晚年又号雁荡山樵。浙江温州府乐清人。其父章纶先世为乐清北阁吴氏，后出继南阁章氏，遂以章为姓。玄应晚年认祖归宗，其《雁荡山樵诗集》即署吴玄应，然仍以"章玄应"名于世。少从父宦游，成化元年（1465）应天中举，其父时官南京，因为言官所论，还乡重为邑生员，七年再领乡荐，十一年进士，任南京礼科给事中。性慷慨，敢言事，有其父直风。孝宗即位初，上治国之本五事，内中弹劾中官汪直及其党户部尚书陈赞，又疏救边臣马文升，荐王恕、丘濬、杨宁等。弘治三年（1490），迁湖广左参议，十年，迁陕西右参政，十三年擢广东右布政使，旋以罪于太监，罢职归。归后屏迹林泉，结社赋诗，自处泰然，卒于正德六年（1511），年六十九。《千顷堂书目》著录其《雁荡山樵诗集》

十五卷，现存嘉靖三十五年（1556）乐清吴氏家刊本，前十四卷收诸体诗一千余首，卷一五收词二十三首。《东瓯诗存》卷一九录其诗四首。近人赵尊岳《明词汇刊》据《雁荡山樵诗集》录其词为《雁荡山樵词》。生平见《明史》卷二九〇、《（光绪）乐安县志》卷八。

章志宗（生卒年不详）　字清源，号逍遥子。福建建宁府松溪人。成化、弘治间文昌观道士，卒年八十余。《千顷堂书目》著录其《逍遥集》，未见传。《盛明百家诗》录其诗四十余首、词三首为《章羽士集》。顾起纶《国雅》卷二〇、《皇明诗统》卷四二、彭孙贻《明诗钞》录其诗一首。《石仓十二代诗选·明诗选》录"章志宗"诗十四首，又"章羽士"诗二十一首，多重复。《明诗综》卷八九、《御选宋金元明四朝诗》录其诗《闲述》。

章旷（生卒年不详）　字于野。南直松江府华亭（今上海松江）人。崇祯九年（1636）举乡试第一，十年（1637）进士，授沔阳知州。历湖广佥事，迁副使。福王时，进五省监军，唐王立，擢太仆卿，迁右佥都御史，提督军务，桂王时，进兵部侍郎，再进尚书，加太子少保、武英殿大学士。卒于永州，谥文毅，赠华亭伯。著述存清光绪二十九年（1903）章士荃刻本《章文毅公诗集》一卷，收诗

一百一十二首。《明诗综》卷六九、清卓尔堪《明遗民诗》录诗一首。《明诗纪事》辛签卷九下录诗三首。生平见钱邦芑《章文毅公传》、清王夫之《章文毅公传》（《章文毅公诗集》附）及《明史》卷二八〇。

章纶（1413—1483）　字大经。浙江温州府乐清人。生于永乐十一年（1413）八月初八。先世为乐清北阁吴氏，后出继南阁章氏，遂以章为姓。明正统四年（1439）进士，授南京礼部主事，景泰初擢仪制郎中，上太平十六策，因灾异，复陈修德弭灾十四事，疏入忤旨，下狱榜掠，逼引主使及交通南宫状，濒死无一语。英宗复辟，擢礼部右侍郎，为帝所重，而性亢直不能偕俗，调南京礼部，转南吏部，稍迁南礼部左侍郎，屡有直言，为当事者所不喜，二十年不得迁。成化十二年（1476）辞官归，建祖先祠及学校，筑藏书楼，十九年三月二十二卒，年七十一，谥恭毅。能诗文著述，《千顷堂书目》著录其《拙稿》又《困志集》。现存明成化十年乐清章氏家刊嘉靖三十七年（1558）增刊本《困志集》一卷，收其景泰间以直谏入狱三年所作《自悯赋》一篇，古近体诗一百九十三首，有钱唐倪、钱溥序。卒后，后人曾辑其所作为《明尚书章恭毅公诗集》十三卷，仅以抄本流传，近人 1935 年刊《敬乡楼丛书》第四辑所收《章恭

毅公集》十二卷,则为重辑本,黄群跋谓原集编辑零乱,其著又多有散佚,因并所辑遗文重辑为诗十一卷,文一卷。程敏政《皇明文衡》卷八录其《陈言修德弭灾》一文。《东瓯诗存》卷一八录其诗三十六首。生平见谢铎《章公墓志铭》(《桃溪净稿》卷一一)、何乔新《章恭毅公传》(《椒丘文集》卷二〇)、《明史》卷一六二。章玄应有《章恭毅公年谱》一卷(《敬乡楼丛书》第四辑所收《章恭毅公集》附)。

章珍(生卒年不详) 字文重。浙江宁波府鄞县(今宁波)人。少学文,善书法。天顺、成化间以布衣宿望为里中五经师。生平喜读《易》,有《易注》若干卷、《孤舟夜读》一卷,另《千顷堂书目》著录其《勾章小家言》二十卷,均未见传。好诗,天顺间刊《士林诗选》二卷(怀悦辑)录其诗十八首。《皇明风雅》卷一九录其诗二首。顾起纶《续国雅》卷二三录其诗一首。《四明风雅》卷一录其诗十首。《石仓十二代诗选·明诗选》录其诗九首。《皇明诗选》录其诗一首。清胡文学《甬上耆旧诗》卷五录其诗十首。《明诗综》卷二三录其诗一首。《明诗纪事》乙签卷二一录其诗二首。

章适(生卒年不详) 字景南,号道峰。浙江金华府兰溪人。嘉靖十六年(1537)举人,二十六年进士,

除行人,迁礼科给事中,以疏请景、裕二王出阁讲读忤旨,因称病告归,寻卒于家。所著有《道峰集》(一作《章景南集》)六卷,诗五卷文一卷,《千顷堂书目》著录,未见传。阮元声《金华诗粹》录其诗二十八首。《皇明诗统》卷二四录其诗一首。《明诗综》卷四三录其诗一首。清黄彬等《金华诗录》卷三二录其诗二十八首,"小传"云:"景南五古,步趋陶、韦,得其韵趣。"《四库全书总目》著录其《道峰集》六卷,"提要"云:"诗颇娟雅,而酝酿不深。王世贞序称其在陶、韦之间,过矣。"《明诗纪事》已签卷九录其诗一首。生平见徐栻《道峰章君适墓志铭》(《国朝献征录》卷八〇)、萧彦《掖垣人鉴》卷一四。

章美中(1516—1569) 字道华,号玄峰。南直苏州府吴县(今属江苏)人。生于正德十一年(1516)九月十四。嘉靖十九年(1540)举于乡,二十六年进士,除大理评事,升左寺副。寻迁为江西按察金事,凡五年,进广西布政司参议,四年,以感染瘴疠,求去,再迁四川按察副使,致仕归。隆庆三年(1569)九月二十七卒,年五十四。能诗,《千顷堂书目》著录其《章玄峰集》六卷,现存万历二十三年(1595)支如玉、钱象乾刊本《章玄峰先生诗集》六卷,首支大伦、王世贞、皇甫汸、刘凤、魏

学礼等序,六卷共收五七言古诗二十首、五七言近体诗三百四十二首,附墓铭、传。《列朝诗集》丁集中录其诗三首,"小传"云:"九岁能属文,身后衣不盈箧,钱不满镪,惟图书数卷,里人称之。"清沈德潜《明诗别裁集》录其诗三首。《御选宋金元明四朝诗》录其诗三首。《明诗纪事》己签卷九录其诗一首。近人汪正石《木渎诗存》卷一录其诗一首。生平见袁洪愈《玄峰章公墓志铭》、王世贞《四川按察副使章公传》(《章玄峰先生诗集》集附录)及王兆云《皇明词林人物考》卷九。

章衮(1504—?) 字汝明,号介庵。江西抚州府临川(今抚州)人。嘉靖元年(1522)乡试解元,次年中进士,授山东道御史。四年巡抚四川、贵州,督南直学政,十年以劾左道乱政及讥刺宰相,贬福建建宁推官,迁松江府同知。十五年入为南兵部职方员外郎,晋武库郎中,十七年改考功,十九年出为陕西副使,乞归卒。性狷介端严,讲求经济实学,痛黜词章之习。《千顷堂书目》著录其《介庵先生文集》,现存清乾隆十八年(1753)章文先刊本《章介庵文集》十一卷,内卷一《大学口义》,卷二《中庸口义》,皆训释章句之语,卷三至卷九收各体文,卷九末收诗十九首,卷一〇收诗一百六十余首,卷一一题《随笔琐言》,收所作语录。

康熙十九年(1680)胡亦堂编《临川文献》收《章介庵先生集》二卷。清应麟《江右古文选》卷二〇录其文三篇。生平见陈九川《章公衮墓志铭》(《国朝献征录》卷九四)、《(雍正)江西通志》卷八二。

章敞(1376—1437) 字尚文,号质庵。浙江绍兴府会稽(今绍兴)人。生于洪武九年(1376)十一月十四。永乐元年(1403)领乡荐,明年进士,选翰林庶吉士,与修《永乐大典》及《五经四书大全》。十年授刑部主事,十四年转员外郎,寻迁郎中,丁外艰。起复改吏部,又丁内艰归,服除,调验封。宣德五年(1430)摄行在礼部右侍郎,出使安南,八年再使安南,谕黎利父子,十年转行在礼部左侍郎。正统二年(1437)十二月初四卒于官,年六十二。能诗文,原有集四十卷藏于家,经倭乱散佚,万历间其六世孙章志清辑其遗文刊为《明永乐甲申会魁礼部左侍郎会稽质庵章公文集》不分卷,现传清抄本,收赋四、序一、记一及诗一百一十余首,《四库全书总目》著录《质庵文集》不分卷,即此本也。又有明末晓园刊本《章质庵先生集》四卷,卷首有诸大授序、杨溥《传》,内卷一《文渊历业》,收赋五、赞三、颂一、箴一及诗十四首,卷二《皇华三志》收诗文八十余篇,卷三《客笥诸咏》收诗一百二十余首,卷四《鉴湖杂著》

收诗六十余首。《皇明诗统》卷六录其诗二首。《列朝诗集》乙集录其诗一首。《明诗综》卷一八上录其诗二首，"诗话"云："侍郎两使南交，却金不受，以清德闻，其诗不费雕镂，间合矩度。"《御选宋金元明四朝诗》录其诗三首。《明诗纪事》乙签卷八录其诗一首。生平见杨士奇《礼部左侍郎章公墓碑铭》（《东里集续集》卷二八）、杨荣《礼部左侍郎章君墓铭》（《杨文敏公集》卷二四）、《明史》卷一五八。

章简（？—1645）　字次弓，一作次公，号坤能。南直松江府华亭（今上海松江）人。明末与弟章旷以文章气谊名于乡。天启四年（1624）举人，知罗源县，罢归，复授广东博罗知县，未赴。清兵南下，与李待问、陈子龙率兵守松江，城陷，不屈死，隆武中赠礼部郎中。存明刊本《视夜楼近草》三卷、《视夜楼赋草》卷一收赋五篇、《视夜楼诗草》卷上收诗七十首、《视夜楼诗草》卷下收诗四十二首，有蒋德璟、王锡衮、李建泰序。陈济生《天启崇祯两朝遗诗》卷八录诗八首。生平见屈大均《皇明四朝成仁录》卷六、凌雪《南天痕》卷一七、清王夫之《永历实录》卷七、《（光绪）重修华亭县志》卷一五。

章嘉祯（生卒年不详）　字元礼。浙江湖州府德清人。万历七年（1579）举人，明年进士，授蒲圻知

县，丁忧归。服除，补当涂知县，以治行迁兵部主事，二十一年调礼部，复调吏部。坐会推阁臣事，削郎中顾宪成籍，嘉祯则降罗定州同知，解职归。家居十余年，起南京刑部主事，迁尚宝司丞。再进右通政，四十五年京察，以名列东林，为御史刘廷元劾，再降级调用，天启元年（1621）补两淮运判，三迁至大理寺左丞，归卒。以清流称，清陈鼎《东林列传》称其为"东林之赤帜"。能诗文，《千顷堂书目》著录其《姑孰集》二卷又《南征集》二卷又《中林草》。现存万历二十九年序刊本《南征集》二卷，诗文并收，诗百余首、文二十余篇。《明诗综》卷五三录其诗四首。《御选宋金元明四朝诗》录其诗三首。《四库全书总目》著录《姑孰集》二卷，是集所收盖为其官当涂时所作诗文，"提要"谓所作"诗笔亦清隽，而多近率易"。《明诗纪事》庚签卷一三录其诗一首。生平见清陈鼎《东林列传》卷一四。

章懋（1436—1522）　字德懋，号闇然子，晚号瀫滨遗老。浙江金华府兰溪人。生于正统元年十二月初四（1436年1月10日）。天顺六年（1462）乡试解元，成化二年（1466）进士，选翰林庶吉士，三年授编修，十二月以论宫内鳌山烟火非是，谪临武知县。四年改南大理寺评事，迁福建按察金事，请归。家居

二十余年,弘治十四年(1501)召为南国子祭酒,致仕归。正德五年(1510)起南京太常寺卿,六年升南礼部右侍郎,再致仕。正德十六年五月即家迁南京礼部尚书,至除夕(1522年1月27日)卒,年八十六,赠太子太保,谥文懿。《明史·艺文志》记其有《文集》九卷。现存嘉靖九年(1530)常州张大纶刊本《枫山章先生文集》九卷,余祐序,内前八卷收其奏疏简牍杂文,卷九收赋一、像赞十、诗一百三十二首、词四首附《语录》一卷《实纪》八卷《年谱》二卷;又有嘉靖二十一年虞守愚刊本《枫山章先生文集》四卷,奏疏、书简、杂著各一卷,卷四收碑记及赋一、赞二、五七言诗六十四首,是为《四库全书》所收《枫山集》四卷之底本。《四库全书》又收其《枫山语录》一卷。阮元声《金华诗粹》录其诗五首。《皇明诗统》卷一六录其诗三首。《石仓十二代诗选·明诗选》录其诗四十二首。《列朝诗集》丙集录其诗一首。《明诗综》卷二四录其诗一首。《御选宋金元明四朝诗》录其诗十三首。清黄彬等《金华诗录》卷二七录诗五首。《明诗纪事》丙签卷五录诗一首,按云:“文懿以清望重一时,不欲以义藻见长,余检其集,未尝不清丽可诵也。”《明词综》卷二录其词一首。近人赵尊岳《明词汇刊》录词六首为《枫山先生词》。

《明文海》录其文《答罗一峰书》等六篇。生平见林俊《枫山章先生行状》(《见素集》卷二四)、罗钦顺《章公墓志铭》(《明文海》)、王兆云《皇明词林人物考》卷三、《明史》卷一七九。阮鹗有《章文懿公年谱》二卷(嘉靖刊《枫山章先生文集》附)。

商辂(1414—1486) 字弘载,号素庵。浙江严州府淳安人。生于永乐二年(1414)二月二十五。宣德十年(1435)举乡试第一,正统十年(1445)会试、殿试皆第一,授翰林修撰,侍经筵,升侍读。土木之变,朝廷大乱,徐珵倡迁都,辂力阻之,于谦等拥立朱祁钰登基,陈循等荐辂入参机务,晋侍读学士,奉命迎英宗回国。景泰三年,擢兵部左侍郎兼左春坊大学士,七年兼太常寺卿。英宗复辟,被劾下狱,斥为民。成化三年(1486),以故官入阁,四年拜兵部尚书,九年改户部,十一年兼文渊阁大学士,十二年加太子太保,进吏部尚书,十三年兼谨身殿大学士,旋因率诸大臣劾内臣汪直忤帝意,诏加少保赐归。二十二年七月十八卒,年七十三,赠太傅,谥文毅。为人平粹简重,宽厚有容,至临大事,决大议,毅然莫能夺。曾主修《续资治通鉴纲目》二十七卷,有成化、弘治、正德等刊本。又曾与修《寰宇通志》一百十九卷,有近人《玄览堂丛书》本。《明史·艺文志》著录其《奏议》一卷《文集》三十二卷,现存文集多种:正德十六年(1521)刻《商文毅公遗行集》一卷(商汝颐辑);隆庆六年(1572)淳安知县郑应龄编刊《商文毅公集》十一卷;又万历三十年(1602)淳安知县刘体元刻本十卷;以万历三十年吴韩敬校刊本《商文毅公全集》三十卷收罗最为完备,内赋一卷、古乐府一卷、古体诗三卷、近体诗七卷、词一卷,金学曾、刘体元序。《四库全书总目》著录《商文毅公集》(一名《素庵集》)十三卷,另著录《蔗山笔麈》一卷(有《学海类编》本)。《石仓十二代诗选·明诗选》录其诗三十一首。《明诗综》卷二○录其诗一首。《御选宋金元明四朝诗》录其诗十首。《明诗纪事》乙签卷一七录其诗一首。清卓回《古今词汇》录其词三首。清胡胤瑗等《兰皋明词汇选》、《明词综》卷二录其词一首。《明文海》录其文《午夜读书赋》等九篇,卷三六○评其《重建岳阳楼记》云:"素庵为文,大略悃愊无华,此是一时风气,守欧、曾之体裁,无欧、曾之风韵。"生平见尹直《商公墓志铭》(《国朝献征录》卷一三)、廖道南《殿阁词林记》卷二、顾祖训《状元图考》卷二、王兆云《皇明词林人物考》卷三、《明史》卷一七六。商振伦有《商文毅公年谱》四卷(万历元始堂刊本)。

商梅(?—1637)　初名家梅。字孟和,号那庵。福建福州府闽县(今福州)人。诸生。其父万历年间任竟陵县令,又随父游于南京,因得与钟惺交。三十八年(1610)钟举进士,商梅从之入京,得与京师文人社集。又与马之骏交厚,三十九年之骏榷浒墅关,从之至吴。以钟、马之故,得从钱谦益游。平生居闽、居吴时间各半。崇祯九年(1636),自闽入吴,冯尔赓备兵太仓,好其诗而刻之。明年,客死娄江之逆旅,友人冯元飏为其收殓,归葬福州。平生好诗,《千顷堂书目》著录其《那庵诗选》二十卷又《种雪园诗》十卷。现存崇祯九年序刊本《那庵诗选》四十卷,内卷八以后又标有集名,计有《涉江篇》《邃阁篇》《枫落篇》《种雪园》《吴吟》《虞山诗》《北园诗》《采隐篇》《得度诗》《檀余草》《登峰草》《送送诗》《归鸿草》《行吟》《秋气篇》《忍草》《寱言》《放言》《西怀草》《柳下亭》《明发诗》《庭草》《自陶诗》《遥寻草》《闻草》各一卷,《湖山草》《栖寻草》各二卷,《秀情居》四卷,有钟惺、李继贞序。《列朝诗集》丁集录其诗十三首,"小传"记云:"孟和少为诗,饶有才调,已而从伯敬(钟惺)游,一变为幽闲萧寂。不多读书,亦不事汲古,镵心役肾,取给腹笥,低眉俯躬,目笑手语,坐而书空,睡而梦噩,呻吟咳唾,无往非诗,殆古之诗人所谓苦吟者也。"《明诗综》卷六五录其诗一首。《御选宋金元明四朝诗》录其诗六首。清郭柏苍《全闽明诗传》卷四二录其诗十三首。《明诗纪事》庚签卷二六录其诗一首，按云："闽人之倾心钟、谭者，前有蔡敬夫，后有商孟和，孟和诗较有情致。"

商景兰(1605—1675) 字媚生。浙江绍兴府会稽(今绍兴)人。吏部尚书商周祚之女，祁彪佳妻。生于万历三十三年(1605)十月初八。少以才女称名于乡里，祁、商作配，乡里有金童玉女之目。伉俪相重，未尝有妾媵也。崇祯十五年(1642)，祁彪佳以御史巡按苏松，福王立，进大理寺丞，以右佥都御史巡抚江南，以不合于马士英，移疾归故里，南都失守，乙酉(1645)六月投池死。时景兰四十二，因领二子三女度日。卒于清康熙十四年(1675)，年七十一。与夫、子、女及子媳皆能文艺，一门风雅，以名德重于一时。景兰所作后辑为《商夫人锦囊集》(又名《香奁集》)。现存清道光十五年(1835)刻《祁忠惠公遗集》十卷附《锦囊集》一卷，凡诗七十首、词五十六首，又补遗诗三首、遗文《琴楼遗稿序》一篇，后附其女祁德渊诗一首、祁德茝诗六首，其媳朱德蓉诗十首，补其媳张德蕙诗一首。近人胡文楷《历代妇女著作考》著录《锦囊集》，记其集收诗六十七首、词九十四首，未见此本。《明诗综》卷八六录其诗三首。清沈德潜《明诗别裁集》录其诗一首。《御选宋金元明四朝诗》录其诗一首。《明词综》卷一一录其词一首。近人赵尊岳《明词汇刊》据《锦囊集》录其词为《锦囊诗余》。

阎尔梅(1603—1679) 字用卿，号古古，因两耳长大，白过于面，又自号白耷山人。南直徐州沛县(今属江苏)人。生于万历三十一年(1603)九月十二。天启三年(1623)游学江南，入复社。崇祯元年(1628)以恩贡入国子监，三年中顺天乡试，以复社魁首被罢公车，乃退居沛之野，与邑人起文社，率乡勇御土寇。明社亡，清兵南下，入史可法军幕，献策不用，因归里。清顺治四年(1647)，友人叶润山邀其入山东榆园抗清义军，因削发明志，号蹈东和尚，踊跃而去，踞河南嵩山以抗击清兵。九年兵败，与弟、侄均被执，押送济南监狱。后得友人救助，十年从济南监狱被移解宽候所，得脱逃回沛。旋遭追捕，妻妾自缢，乃变名翁深，携幼子西走河南，自此亡命天涯，足迹遍及豫、皖、晋、陕、川、鄂、赣、冀数省，虽为避难，然所交多各地反清志士，有图谋再起之意。康熙元年(1662)以无望回乡，三年为仇家所攀，山东狱案再起，因再次流亡。四年得故人疏通，案解，又北走数千里，考察三边要塞，预撰《边史》，至康熙十二年始归故里。家居六年，卒于康熙十八年十一月二十六，年七十七。清初以遗民著名，交游甚广。为人负气节，以忠君爱国为一生抱负。生性刚直傲岸，又好使酒骂座，故亦时罪于人。为诗文有奇气，倡真诗，直言诗可以怒，论诗又有以诗代史之说，故其诗虽以山水纪行为多，然多实境真情。一生著述甚多，现存诗文集两种：一为清康熙间豹韦堂刻《白耷山人集》诗十卷文两卷，《诗集》收诗一千六百余首，集为其晚年自定，凡有违碍之语之诗文均已删落；一为1922年张相文辑《阎古古全集》六卷，是集首卷年谱、序跋，次诗四卷，末文一卷，收诗二千二百余首，多有康熙《白耷山人集》所未收者。此外尚有清初刻本《白耷山人文集》不分卷；康熙五十二年静远堂刻《古古诗》三卷（汪观选）；清抄本《白耷山人诗选》四卷（鲁一同选）；清抄本《蹈东集》一卷；清光绪十九年（1893）冯煦辑《徐州二遗民集》中之《白耷山人集》诗四卷文二卷。另有清李少云辑抄《拟编次白耷山人文稿》，收文三十余篇。清卓尔堪《明遗民诗》选录其诗九十一首。清沈德潜《明诗别裁集》录其诗一首，按云："诗有奇数，每近粗豪。"生平见清鲁一同《白耷山人年谱》一卷附《寅宾录》一卷（《小方壶斋丛书》《嘉业堂丛书》）、

清查继佐《国寿录》卷一《举人阎尔梅传》。

阎梦夔（？—1644） 字侪益，号云章。河南归德府鹿邑人。万历四十六年（1618）举人，明年进士，授山西孝义知县。历礼部精膳司主事，迁陕西布政司参议、洮岷兵备副使、山西雁平道副使，进参政。崇祯十七年（1644）正月，李自成兵至，城陷被执，以不屈被杀。清康熙十八年（1679）修《鹿邑县志·艺文志》记其有《中隐园草》《中阳事纪》《春曹题稿》《天雄政略》《酒泉初政》《岷山政略》《雁门政略》等。现存崇祯九年刊本《中隐园草》二卷《嵩游草》一卷，首颜茂猷《云章阎先生诗稿题跋》，又阎梦夔《中隐园草自叙》。内卷上收说、序、记传、杂文等三十二篇，卷下收诗一百三十四首；《嵩游草》一卷则为其游华山时作，诗二十七首。生平见（（康熙））鹿邑县志》卷八。

清啸生（姓氏及生平不详） 金陵（今江苏南京）人。现存明崇祯间刻本《喜逢春》传奇，署"金陵桃叶渡清啸生隐括"；后又有清初玉夏斋刻《传奇十种》本。是剧凡二卷三十四出，演晚明无锡人刑科给事中毛士龙故事。谓其与杨涟、魏大中、高攀龙善，相与讲学于首善书院；逢魏忠贤专权乱政，杨涟、左光斗、魏大中等因疏劾魏忠贤死于狱中，士龙亦

谪戍平阳卫;后崇祯即位,士龙复原官,时杨涟已为城隍,乃摄士龙梦魂共审魏党。此为明末时事剧之一,盖据当时邸报及各种传闻稍加增饰而成。《明史》卷二四六有《毛士龙传》,记士龙在朝对抗魏忠贤之事,崇祯嗣位,魏忠贤伏诛,朝士为士龙称冤,诏尽赦其罪,复官致仕,竟不召用,至崇祯十四年(1641)士龙里人周延儒再相,始起其为漕储副使,明年冬,入为太仆少卿。此剧写到魏忠贤之死,却未言士龙起官之事,故其所作时间当在崇祯十四年前。清乾隆四十年(1775),金堡《遍行堂集》案发,于文集作序者韶州知州高纲之子高秉家查出《喜逢春》剧本,《喜逢春》遂被清廷定为禁书。

梁元柱(1588—1635) 字仲玉。广东广州府顺德(今佛山)人。万历四十六年(1618)举人,天启二年(1622)进士,选翰林院庶吉士,改陕西道御史。时副都御史杨涟首疏魏忠贤二十四大罪,元柱继之上疏,削职归。崇祯初,起福建道御史,以丁内艰归。再起陕西参议,未上,崇祯八年(1635)卒,年四十八。能诗文书画,与邝露、黎遂球等人为友。所著有清刊本《偶然堂集》三卷,奏疏杂文一卷,收奏疏二、各体文十六篇,乐府诸体诗二卷,收诗一百二十余首,附《年谱》一卷。清梁善长《广东诗粹》卷八录其诗二首。《明诗纪事》辛签卷一八录其诗一首。生平见《(雍正)广东通志》卷四五。

梁本之(1370—1434) 名混,字本之,以字行,晚号坦庵。江西吉安府泰和人,梁潜弟。洪武中为瑞州府学训导,迁溧阳教谕,改纳溪。蜀献王奏请其为王府纪善,供职十年之久,母丧,归守制。服满,补鲁府纪善,在鲁府五年,宣德九年(1434)七月初一卒,年六十五。《千顷堂书目》著录其《坦庵集》八卷,现存清康熙间刻《三梁文集》本《坦庵先生文集》八卷,收其启、表、赋及各体文,附宣德九年杨士奇撰《墓志铭》、陈循撰《传》。卷首正统十三年(1448)萧镃序谓梁潜之文"层澜迭波",而梁本之之文则"端重典则"。《四库全书总目》著录《坦庵集》八卷,"提要"谓其文为"庄人学者之文","规模与其兄相近,骨力根柢则皆不及其兄也"。所作诗则未收入集中。《江西诗征》卷四五录其诗九首。清王琨《泰和诗征》卷一二录其诗八首。《明诗纪事》乙签卷七录其诗一首。生平见杨士奇《梁纪善墓志铭》(《东里文集》卷二〇)、陈循《坦庵梁公传》(《芳洲文集》载其一〇)。

梁兰(1342—1409) 字庭秀,一字不移。江西吉安府泰和(今属江西)人。幼读书,能究文义,亦能诗,后教授于乡里。永乐初其子梁潜官翰林,曾随子就养官舍。后又重归田里,于邑西柳溪之上辟田亩,杂植花竹,引泉灌注,筑室其中,命酒赋诗,逍遥自得,因自号畦乐翁,作《畦乐》诗数篇。梁潜出《畦乐》诗索和于同僚,王洪、苏伯厚、王偁、高棅等皆有和章。卒于永乐八年(1410)七月二十六,年六十八。杨士奇曾从其学诗,故其卒后诗集《畦乐先生诗集》为杨士奇所编,卷首杨士奇序写于洪武三十一年(1398)。《畦乐先生诗集》现存清初刻《三梁文集》本,计收诗二百六十余首,附录一卷,收杨士奇等所作墓志、墓表,《千顷堂书目》著录《畦乐先生集》一卷附录一卷当指此本。《明诗综》卷一五上录其诗七首。《御选宋金元明四朝诗》录其诗十三首。《四库全书》收《畦乐诗集》一卷,《总目》"提要"云:"士奇序称其'志平而气和,识精而思巧,渢渢焉,穆穆焉,简寂者不失为舒徐,疏宕者必归于雅则,优柔而确,讥切而婉'。虽自重其师,过相推重,而于繁声曼调之中,独翛然存陶、韦之致,抑亦不愧于作者矣。"清王琨《泰和诗征》卷一〇录其诗二十九首。《明诗纪事》甲签卷二三录其诗五首。生平见杨士奇《梁先生墓志铭》、胡广《处士梁公墓表》(《畦乐诗集》附录)。

梁有誉(1519—1554)　字公实,号兰汀。广东广州府顺德(今佛山)人。生于正德十四年(1519)九月十六。弱冠补博士弟子员,嘉靖二十二年(1543)举于乡,二十九年进士,与宗臣、徐中行、吴国伦等同榜,授刑部主事。嘉靖三十一年,因思亲,称病归里,构拙清楼以居,奉母课弟,扃户吟哦,罕通宾客。三十三年,与黎民表等相约游罗浮,遇海飓大作,宿田舍者三夕,意尽赋诗而归,因中寒不起,十月十九日卒,年三十六。为诸生时厌训诂括帖语,与欧大任、黎民表、黎民衷、吴旦、陈绍文、梁柱臣等师事香山黄佐,以古诗文共相劘切,又结社南园。清乾隆间陈文藻等编《南园后五子诗集》二十八卷,录其诗五卷,后遂将其与欧大任、黎民表、吴旦、李时行称为"南园后五先生"。在京曾与李攀龙、王世贞、谢榛、宗臣、徐中行、吴国伦等共结诗社,先列名"五子",后又被列入"后七子"。《明史·艺文志》著录其《比部集》八卷。现存嘉靖四十四年刊本《兰汀存稿》八卷,曹天佑序,内诗五卷,收诗一百六十余首,文三卷,收文十七篇。后又有万历间增刊本、清康熙二十四年(1685)梁氏诒燕堂刊本。其诗刻意学杜,模仿有迹,注重词采,而笔力稍嫌纤弱。《盛明百家诗》录其诗一百一十余首为《梁比部集》。顾起纶《国雅》卷一六录其诗六首。《皇明诗选》录其诗九首。《列朝诗集》丁集录其诗三十六首,"小传"谓其"为诗词意婉约，殊有风人之致……甫入社即移病去，又捐馆舍最早，虽参预'五子'、'七子'之列，而于其叫嚣剽拟之习，熏染独未深也"。《明诗评选》录其诗十三首。《明诗综》卷四六录其诗九首，"诗话"云："兰汀学诗于泰泉（黄佐），又与乡人结社，号'南园后五子'，所得于师友者，深诵其古诗，犹循《选》体，五七律亦无叫嚣之状，四溟（谢榛）而下，庶几此人。度越徐（徐中行）、吴（吴国伦），奚啻十倍。"清沈德潜《明诗别裁集》录其诗二首。《御选宋金元明四朝诗》录其诗十六卷。清屈大均《广东文选》录其诗十六首、文一篇。清梁善长《广东诗粹》卷五录其诗二十四首。《明诗纪事》己签卷二录其诗十四首，按云："观其论述，颇有齐梁人标致，《兰汀》一集在'七子'派中，选词俪事，较为新警，又存诗不多，览之惟恐易尽，若夫词采既炳而树骨未遒，斯乃天限之也。"生平见梁有贞《梁比部行状》、王世贞《梁君公实墓表》、欧大任《梁比部传》（《兰汀存稿》附录），又见王兆云《皇明词林人物考》卷一〇、《明史》卷二八七。

梁辰鱼（1520—1592）　字伯龙，号少白，别署仇池外史、仇池道人。南直苏州府昆山（今属江苏）人。少为诸生，累试不举，以例贡入太学。早岁赖父祖所积产业，"行营华屋，招徕四方奇杰之彦"，"或鹖冠褐裘，拥美女，挟弹飞丝，骑行山石"，尽情行乐。精于音律，尤喜度曲。时魏良辅居太仓南关，作《南词引正》，改革昆腔，有张小泉、季敬坡等师之，"梁伯龙起而效之，考订元剧，自翻新调，作《江东白苎》《浣纱》诸曲"，"谱传藩邸戚畹金紫熠爚之家，取声必宗伯龙氏，谓之'昆腔'"（张大复《梅花草堂笔谈》卷一二）。一时"吴间白面冶游儿，争唱梁郎雪艳词"（王世贞《嘲梁伯龙》）。壮年以后，因藉名外出，投谒达官知己，名"游癖"，亦有生计之想。嘉靖三十二年（1553），南游至永嘉，两年后又溯江而上，泛鄂渚、过洞庭，至荆州。嘉靖三十七年四十岁，曾北上应顺天乡试，四十一年秋游杭州，至金华，欲入浙江总督胡宗宪幕未果。四十五年春寄居金陵，与诸名士结社于鹫峰禅寺，或出入青楼酒肆，纵酒狂歌，数年后始返乡，中间又曾北游青、兖诸州。晚年名益起，穷亦日甚，而仍不改积习，"斗酒清夜饮，白头拥吴姬。家无担石储，出外少年随"（王伯稠《赠梁伯龙》）。卒于万历二十年（1592），年七十三。平生踪迹甚广，交游几遍天下，与李攀龙、屠隆等文坛名流多有往来，尤与同郡王世贞、张献翼、王穉登、俞允文等交厚。以曲擅名，称一时曲家翘楚，曾设广床大案，教人度曲，所作梨园子弟争相传唱，"僮竖游女，皆能习而咏之"（王世贞《梁伯龙古乐府序》）。所撰散曲集名《江东白苎》二卷，又《续稿》二卷，有明刊本，计小令五十三首、套数三十九套。陈所闻《南宫词纪》另存其佚曲小令一首，张琦等《吴骚合编》、魏之皋《昔昔盐》尚存其套数各一套。又曾作《江东廿一史弹词》，亦传于世。作传奇两种：《浣纱记》演吴、越范蠡、西施故事，作于其二十五六岁时，为首次用新昆腔演唱之传奇剧本，开传奇文学借助生旦情爱婚姻抒发兴亡之感先例。据沈德符《顾曲杂言》所记，当时已流传海外，明清两代一直盛演不衰。吕天成《曲品》著录，列其为"上中品"。现存万历间金陵富春堂等多种明刊本。另一《鸳鸯记》，已佚。作传奇二种，内《红线女》（《红线女夜窃黄金盒》），北曲四折，据唐人袁郊小说《红线》（《全唐五代小说》卷六二）敷演，情节简洁，曲词优美，祁彪佳《远山堂剧品》列其为"雅品"现存崇祯间沈泰辑刻《盛明杂剧》本等。另有《红绡》（《红绡妓手语传情》），已佚。《远山堂剧品》另著录其《无双传补》，称为南曲一折，实补陆天池传奇《明珠记》，套曲收入《江东白苎》。亦能诗文，今存清初抄本《鹿城集》二十八卷，收其所作乐府及古近体诗逾千首，卷首有嘉靖三十三年文

征明《梁伯龙诗序》、隆庆六年王世贞《梁伯龙乐府序》及万历十年屠隆《梁伯龙鹿城集序》，此集当为梁辰鱼诸集之合编本，《千顷堂书目》著录其《远游稿》当为诸集之一种也。又有旧抄本《鹿城诗集》十卷，所收诗基本同于《鹿城集》，篇目略有脱漏，编排及题目稍有不同。《盛明百家诗》录其诗四十一首为《梁国子生集》。顾起纶《国雅》卷一七录其诗三首。《皇明诗统》卷三五录其诗九首。《列朝诗集》丁集中录其诗五首。《明诗综》卷五〇录其诗二首，"诗话"谓其"诗律犹未细，犰能骈赡而已"。《御选宋金元明四朝诗》录其诗四首。《明诗纪事》己签卷二〇录其诗一首。生平见王兆云《皇明词林人物考》卷一一、张大复《昆山人物传》卷八。

梁希渊（生卒年不详） 字君晋。陕西西安府三原人。布衣能诗。现存崇祯间刊本《瑞杏馆诗集》六卷，署"获中梁希渊君晋著"。卷首有其从兄梁尔升崇祯三年（1630）《君晋瑞杏馆诗序》，计收诗五百五十七首。三原梁氏成化年间以贩淮盐起家，渐成盐商世家，其于西北及扬州皆有住宅，赀雄两地。于是渐有族人转向读书、科第，晚明陆续出现举人、进士，亦有以诗文名者。为《瑞杏馆诗集》作序者梁尔升即为廪例太学生，有《元扈山房集》，崇祯五年

曾参与陕西学政贾鸿珠《周雅续》之编选。据南居益万历四十五年（1617）撰《梁君旭元扈山房集序》，梁尔升"为诗诸体，具非大历以前不述也"。故梁尔升于《君晋瑞杏馆诗序》反复讲此道理，似乎希渊所作，不尽符其意也。《瑞杏馆诗集》卷一有《赠阳伯丈擢进士第》，"阳伯丈"指来复，亦三原人，万历四十四年中进士，为梁家世交、姻亲，又有《广陵九日微雨》，因知希渊确属三原梁氏家族，或居于扬州，惟不详其生平，诗集亦仅存孤本矣。

梁孜（1509—1573）　字思伯，号浮山。广东广州府顺德（今佛山）人。嘉靖间大学士梁储之孙，以荫任内阁中书，迁礼部主事，进员外郎。万历元年（1573）卒，年六十五。以能书名，兼善绘事，亦能诗。《盛明百家诗》后编录其诗二十余首为《梁中舍集》。顾起纶《国雅》卷一七录其诗八首。《皇明诗统》卷三五录其诗八首。郭棐《岭南名胜记》卷一一、清梁善长《广东诗粹》卷四各有诗二首不见于其《盛明百家诗》集中。《明诗纪事》已签卷一七录其诗一首。生平见王世贞《浮山梁公暨配杨安人合葬志铭》（《弇州四部稿续稿》卷一〇三、朱谋垔《画史会要》）。

梁纲（生卒年不详）　字正夫，号承斋。山西平阳府绛州稷山人。与兄梁纪、弟梁维有文名于乡里，称

"河东三凤"。嘉靖三十一年（1552）乡试解元，四十四年进士，授户部主事，管天津易州仓，督密云饷，擢河南副使，迁湖广参政，请归侍母，不复出。喜临池，诸体俱精。既归，筑知止轩，读书其中，屡荐不赴。《千顷堂书目》著录其《当官三事录》三卷，方志记其有《高梁生集》十三种二百一十卷。现有明抄本《瓮九迁谈》二十三卷（存十九卷），又有清初河东梁氏家抄本《高梁生集》十卷（诗四卷文六卷）。《皇明诗统》卷三三录其诗六首。生平见《（雍正）山西通志》卷一四〇。

梁朝钟（1603—1646）　字未央，号喻园。广东广州府番禺（今广州）人。崇祯十五年（1642）举人。清顺治三年（1646）十一月，南明隆武帝被执，其属下两广总督丁魁楚、广西巡抚瞿式耜、巡按王化澄与旧臣吕大器等共推朱由榔监国，走梧州，又回肇庆，建元永历。而唐王弟朱聿鐭浮海至广州，旧臣苏观生撤兵广州，与布政使顾元镜、总兵林察等拥立聿鐭，建元绍武，与由榔相拒，朝钟与焉，除检讨，迁祭酒。会清兵由福建取广州，绍武帝被杀，苏观生自缢，朝钟亦死难，年四十四。《千顷堂书目》著录其《喻园集》，现存清顺治刻重修本《喻园集》四卷，收文五十四篇，诗百余首。其诗多感时语。清屈大均《广东文选》录其文二篇、

诗一首。《明诗综》卷七四录其诗三首。清沈德潜《明诗别裁集》录其诗一首。清梁善长《广东诗粹》卷九录其诗六首。《明诗纪事》辛签卷七录其诗三首。生平见《喻园集》附录其门生王鸣雷所撰《传》及清杨陆荣《三藩纪事本末》卷二。

梁储（1452—1528）　字叔厚，号厚斋，晚号郁洲。广东广州府顺德（今佛山）人。出身寒微，父曾以捕鱼为生，后经营米铺。储少从新会陈献章学，成化十年（1474）中举，十四年会试榜首，廷试二甲第一，选翰林院庶吉士，授编修。历侍讲、洗马、少詹事，擢吏部侍郎，进尚书，贬右侍郎，寻任南吏部尚书。正德五年（1510）以吏部尚书直文渊阁，入参机务，加太子少师、太子太师，进华盖殿大学士。十年首辅杨廷和回乡居丧，暂任内阁首辅。正德崩，朱厚熜以藩王入继大统，改元嘉靖，因争“大礼”，朝臣倾轧，梁储亦被劾，因乞归。致仕家居五年，嘉靖七年（1528）九月卒，年七十七，赠太师，谥文康。历事三朝，多充乡试、会试主考官，与修《会典》《实录》等，又尝出使安南。崇理学，勤王事，接人和易，有忠厚名，惟其三子梁次摅倚其位高权重，竟滥杀村邑民家所仇者，遭刑罚，为其污也。论文主张“约会文理，辞尚体要”（《郁洲遗稿》卷五《顺天府乡试录序》），平生著述不留

稿，后其长子梁次抳收集散佚编为一集，现存嘉靖四十五年刊本《梁文康公郁洲遗稿》十卷，内诗二卷，收诗一百五十余首，间有应制诗，余八卷为疏奏、序记等文，黄佐序。《明史·艺文志》著录其《郁洲集》九卷，或即此本也。《四库全书》收《郁洲遗稿》十卷，《总目》“提要”云：“集中诗文寥寥无几，体格亦不甚高。”又有1912年顺德梁氏丝纶堂重刊本《郁洲遗稿》十卷补遗一卷。《皇明诗统》卷二〇录其诗三首。《列朝诗集》丙集录其诗一首。清屈大均《广东文选》录其文五篇、诗五首。《明诗综》卷二五录其诗一首。清梁善长《广东诗粹》卷三录其诗三首。《明诗纪事》丙签卷七录其诗一首。生平见霍韬《赠太傅谥文康梁公储传》、黄佐《梁文康公传》（《国朝献征录》卷一五），又见何乔远《名山藏》卷六九、《明史》卷一九〇。

梁潜（1366—1418）　字用之，号泊庵。江西吉安府泰和人，梁兰子。洪武二十九年（1396）举于乡，授四川苍溪县儒学训导，三十一年用荐除广东四会知县，改阳江、阳春。永乐元年（1403），召修《太祖实录》，书成，擢翰林修撰，五年，兼右春坊右赞善，与修《永乐大典》，代郑赐为总裁，再迁侍读。永乐十五年北征，太子监国，帝亲择侍从、监国之臣，翰林留学士杨士奇，而以梁潜

为副,时有阴附汉王者,设计谗构监国之臣,梁潜与司谏周冕,十六年九月十七坐释陈千户事被杀,年五十三。有文名,称当代一作家。平生与杨士奇最为交契,盖梁、杨二家世为姻亲,杨士奇长梁潜一岁,又少学同业,长而同官,故也。后杨士奇为其作《墓碣铭》云:"用之之学通诸经,尤长于《诗》《易》,自十五六已用意周、程、朱、张之书,壮而益探其微。为文章驰骋司马子长、韩退之、苏子瞻,亦间出《庄》《骚》,为奇务去陈言,出新意,古诗高处逼晋宋。所著有史论若干篇、碑传记序铭颂赞述若干篇、五七言古近体诗若干篇,皆可传。"《明史·艺文志》著录其《泊庵集》十二卷。其子梁楘所编、正统九年(1444)刊《泊庵文集》十六卷,现残存十四卷(卷一至卷二、卷五至卷十六),清初刊本《泊庵先生文集》十六卷附录二卷全存。程敏政《皇明文衡》收其文九篇。《明文海》录其文《中秋宴集诗序》等八篇,评语云:"泊庵文在东里(杨士奇)伯仲之间,不可忽之也。"清光绪胡大鸿《江右文抄》录其文十九篇。诗集未传,惟清初刻《三梁文集》本《泊庵先生文集》十六卷后附《诗钞》一卷。《皇明风雅》录其诗二首。《皇明诗统》卷八录其诗十八首。韩阳《皇明西江诗选》卷六录其诗二十六首。《石仓十二代诗选·明诗选》录其诗十七首。《列朝诗集》乙集录其诗七首。《明诗综》卷一七录其诗一首。《御选宋金元明四朝诗》录其诗八首。《四库全书》据清初刊《泊庵先生文集》收《泊庵集》十六卷,《总目》"提要"云:"潜文格清隽而兼有浩瀚之气,在明初可自成一队。"《江西诗征》卷四五录其诗十三首。清王琨《泰和诗征》卷一二录其诗三十三首。《明诗纪事》乙签卷七录其诗二十三首。生平见杨士奇《梁用之墓碣铭》(《东里集》文集卷一七)、王兆云《皇明词林人物考》卷二、《明史》卷一五二。

寇天叙(1480—1533) 字子敦,号涂水。山西太原府榆次(今晋中)人。弘治十四年(1501)举人,入太学,与吕柟、崔铣同登正德三年(1508)进士,除南大理寺评事,进左寺副。简放宁波知府,擢应天府丞,摄尹事。嘉靖三年(1524)以右佥都御史巡抚宣府,改抚治郧阳,进右副都御史,巡抚陕、甘,入为刑部右侍郎,以忧归。起补兵部右侍郎,嘉靖十二年十一月二十六卒,年五十四。《千顷堂书目》著录其《涂水集》,现存嘉靖间寇阳刻蓝印本《涂水先生集》五卷附录一卷,首赵祖鹏序,内诗一卷,收五七言诗七十五首,余为各体文。《明诗综》卷三三录其诗一首,《御选宋金元明四朝诗》据之录。《四库全书总目》著录其《涂水集》八卷，"提要"谓其"力抗权倖，以风节著"，"又屡以战功显"，"词采则非所擅长"。生平见吕柟《涂水先生寇公墓志铭》、唐龙《少司马涂水先生传》（《涂水先生集》附录），又见《（雍正）山西通志》卷一〇七、《明史》卷二〇三。

寇学海（生卒年不详）　字巨源。湖广黄州府蕲州广济（今湖北武穴）人。嘉靖、万历时布衣。少业儒任侠，尝独往庐山白鹿洞数年，键门取魏晋、盛唐诸诗读之，因以能诗称，交于缙绅、名士，时称寇山人。陈文烛为其诗集作序，谓其诗名赫赫于晋楚，"才雄格老，尤长近体"（《《二酉园文集》卷五《寇山人诗叙》》序中亦言此集为汾上朱炳器刻，今未见传。又有桐城令刘胤昌搜罗其所遗成《二余斋诗集》，现存清刊本五卷。清廖元度《楚风补》卷二七、《御选宋金元明四朝诗》录其诗二首。《（康熙）广济县志》卷一七收其诗三首。《（光绪）黄州府志》卷三七录其诗四首。清夏槐《广济耆旧诗集》卷二录其诗一百一十余首。《明诗纪事》庚签卷三〇下录其诗四首。生平见王兆云《皇明词林人物考》卷一二、《（康熙）广济县志》卷一三、《（雍正）湖广通志》卷五八。

谌道行（1495—1539）　字用之，一字介夫，号瀼东。江西南昌府南昌人。曾习举子业，屡试不第，因以教授为业，游走四方。少取杜甫集读而酷爱之，遂有志于诗。曾从王守仁游，上庐山，访天池，皆有诗。壮岁游于维扬，有缙绅家开并蒂莲，邀客记之，道行即成数千言，名动一时。卒于嘉靖十八年（1539），年四十五。诗作辑为《瀼东漫稿》《瀼东别稿》，现存嘉靖间江西谌氏家刊本《重刊瀼东漫稿》残本二：一为四卷，首有嘉靖三十四年浙江按察副使同邑张鳌《瀼东稿引》及嘉靖十二年南刑部郎中陈言《瀼东漫稿序》，卷一收四言及五七言古诗，卷二收五绝、五律，卷三、卷四收五律、五言排律；又一残本存卷八至卷一五：卷八至卷一三皆为七言律诗，卷一四、卷一五为附录（收其所作序、记等文十五篇）。两者合之，知此集为十五卷，现中缺卷五至卷七。据陈言序，知其《瀼东漫稿》结集于广陵，刻于嘉靖十二年。现存十五卷本为嘉靖三十四年其子谌廷诏任英德知县时重编付梓，其《别稿》当已一并收入。道行诗多近体，尤喜作律诗，未出当时风气。其集流传未广。清汪森《粤西诗载》卷一八收其《赠柳州融痒甘思学》一诗。《江西诗征》卷五六录其诗二首。生平见阮文中《瀼东公传》（《重刊瀼东漫稿》卷首）。

［→］

逯昶（生卒年不详）　字光古，

号车轩。河南怀庆府修武人。明初谪戍云南，其戍地在大理，因与流寓大理的日本僧人天祥、大用、机先交厚。沐昂《挽逯先生》诗云："零落遐荒逾两纪，哀年攸尔值颠连。"释大用《挽逯光古》诗云："论交三十载，死别抱长悲。"其居滇时间当长达二三十年，后竟终老于斯。释机先《挽逯光古先生》云："旷达陶征士，萧条郑广文。"（《沧海遗珠》卷四）则其曾应征辟为官教职者。以能诗称，于明初谪滇诗人中最得沐昂敬重，昂《素轩集》中与其赠答诗最多，达四十余首，卷二有长诗云："覃怀老翁逯夫子，少习文章博经史。如今独步称诗豪……四方作者多虚声，有若瓦釜争雷鸣……"（《覃怀光古逯先生素以诗鸣……》）《千顷堂书目》著录逯昶《逯光古诗》五卷又《清华轩集》又《方外集》。沐昂集中有《题逯先生诗集序》（卷一一），谪于滇中的浙人胡粹中《挽光古逯先生》诗云："诗板刊成应自校，草书零落有谁收？"（《沧海遗珠》卷三）则其集或付刊，然未见存。《沧海遗珠》录其诗二十一首，《石仓十二代诗选·明诗选》据之录。《列朝诗集》乙集录七首，《明诗综》卷一一录其诗一首，《明诗纪事》甲签卷二〇选录八首，亦皆据《沧海遗珠》。明清时《云南通志》另有其诗三首不见于《沧海遗珠》。昶诗不晕铅华，瘦劲清淡，而重在锤字炼句，多模拟贾岛之迹，《静志居诗话》谓其"诗学晚唐……令贾岛佛见之，当亦点头也"，庶几近之。生平见《（乾隆）云南通志》卷二三。

屠大山（1500—1579）　字国望，号竹墟。浙江宁波府鄞县（今宁波）人。嘉靖元年（1522）举人，明年进士，知四川合州，捐俸筑堤，后称屠公堤。擢南刑部员外郎，外放吉安知府，升按察副史，备兵徐州。历福建布政使，累迁副都御史，巡抚湖广，加兵部右侍郎，总督湘、鄂、川、贵军务。三十三年受命巡抚南直兼提督军务，率军抗倭，半年以疾免，旋因部下兵败，为言官所劾，下诏狱论死，经救，褫为民。穆宗即位，复原官，未赴，家居二十余年，万历七年（1579）二月初二卒，年八十。能诗文，里居与张时彻、范钦投闲啸咏，嘉、隆间称"海东三司马"。所著称《竹墟集》，《千顷堂书目》又著录《司马诗》一卷，均未见传。清胡文学《甬上耆旧诗》卷八录其诗二十五首，李邺嗣撰小传记屠隆序其集曰："归田后与里中故人纵饮，酒酣以往事援笔为曼歌，了不求工，而往往神来，是为雄豪大人之章，固非隅曲所呕心枯影而得之者也。"《明诗综》卷三九录其诗二首。《明诗纪事》戊签卷一五录其诗一首。清陈元龙等《御定历代赋汇》录其赋一篇。《四明文征》卷三录其赋一篇。生平见余寅《竹墟屠公行状》(《农丈人文集》卷一一)、王世贞《屠公墓志铭》(《弇州四部稿续稿》卷九四)、汪道昆《少司马屠公传》(《太函集》卷一九)、《明史》卷二〇五。

屠中孚(生卒年不详)　字德胤,号敏澜,又自称啮指居士。浙江嘉兴府平湖人。屠应埈孙,诸生。《千顷堂书目》著录其《重晖堂集》□卷。现存万历刊本《屠德胤重晖堂集》二十五卷,首万历三十七年(1609)冬日焦竑序、朱之蕃叙及屠隆所作小传,内诗四卷,收赋一篇、诗二百一十首,文二十一卷,收各体文及杂著一百六十余篇。清沈季友《檇李诗系》卷一七录其《金陵怀古》诗一首。《明文海》录其文二篇。生平见屠隆《啮指居士小传》(《屠德胤重晖堂集》卷首。

屠本畯(1542—1622)　原名畯。字田叔、绍臧,号豳叟、汉陂,晚自称憨先生。浙江宁波府鄞县(今宁波)人,兵部侍郎屠大山之子,以父荫授刑部检校,迁太常典簿,历南京礼部郎中,出为两淮盐运司同知。万历二十三年(1595)改福建盐运司同知,迁辰州知府,以聚宾客宴丝竹罢归。卒于天启二年(1622),年八十一。平生好读书,至老不释,又好著书。其官太常,即撰《太常典录》,记国家郊祀大典;官福建,则作《闽中

荔枝谱》,又著《海味索隐》一卷、《闽中海错疏》三卷,详志闽海水族生物;罢官里居时意在"畅山林之趣""尽幽赏之致",因著《山林经济籍》二十四卷。此外所著尚有《毛诗郑笺纂疏补协》二十卷附《诗谱》一卷,《离骚草木疏补》四卷、《楚辞协韵》十卷、《读骚大旨》一卷、《茗笈》二卷、《韦玄佩》二卷、《憨士列传》、《楔堂憨语》、《屠田叔小品》七种八卷(《霞爽阁空言》《憨聋观》《聋政》《笑词黄莺儿》《状游翻》《状游廿三发》各一卷,《游舟山籍》二卷)等。亦能诗文词曲,在官在乡皆喜结社宴咏,风雅为一时之冠。倡声诗,曾辑历代诗之辞丽者为《情采编》三十六卷,刊于世。《千顷堂书目》著录其《屠田叔诗草》六卷又《老言》一卷,未见传。传世有《屠田叔诗集》十一卷,有温景明、徐𤊹万历二十四年序及本畯自序,当刊于其官福建盐运同知时。又《憨聋观》附诗论《茗盌谈》三十一则。《皇明诗统》卷三九录其诗十首。清胡文学《甬上耆旧诗》卷二〇录其诗五十七首。《列朝诗集》丁集录其诗三首。《明诗综》卷六二录其诗一首,"诗话"云:"田叔好诙谐,诗多不拘格律,晚节归田,爱客益甚,盐豉蒜果,觞客必尽欢……至今甬东言风流儒雅,辄首及之。"《御选宋金元明四朝诗》录其诗四首。《明诗纪事》庚签卷二八录

其诗一首。清袁钧《四明近体乐府》卷八录其［柳枝］一首。另，祁彪佳《远山堂剧品》记其曾补《西厢记》北曲四折，曰《出阁》《催妆》《迎奁》《归宁》，俱写合欢之境，"曲虽逼元人之神，而情致终逊于谱离别者"。今已不传。生平见《（雍正）浙江通志》卷三二、《（乾隆）鄞县志》卷一六。

屠应埈（1502—1546） 字文升，号渐山。浙江嘉兴府平湖人，尚书屠勋第六子。嘉靖四年（1525）领乡荐，明年进士，选翰林院庶吉士，改刑部主事。历礼部郎中，改翰林修撰，进侍读，升春坊谕德，以病乞归，二十五年卒，年四十三。工诗文，善属辞，喜奇行，有凌驾古人之思。著述有嘉靖三十一年屠仲律刊本《屠渐山兰晖堂集》十二卷，卷一收赋四、乐章六、颂一，卷二至卷五收古近体诗一百四十八首，后六卷收各体文。万历四十三年屠绳德刻《太史屠渐山文集》四卷（诗、文各二卷）附一卷，与其父《屠康僖公文集》六卷附一卷合为《屠氏家藏二集》。《盛明百家诗》录其诗五十余首为《屠渐山集》。顾起纶《国雅》卷九录其诗七首。《皇明诗统》卷三五录诗二十首。《皇明诗选》录诗六首。《列朝诗集》丁集录诗九首，"小传"云："嘉靖丙戌，吴士与馆选者四人：姑苏陆濬明、袁永之，锡山华子潜（华察），槜李则文升也，已而并除他

官，文升之才，长于永之，长歌纵横，翩翩自喜，顾其音节激昂，往往揣摩北地（李梦阳），而未必发源于古人也。"清沈季友《槜李诗系》卷一二录诗十二首。《明诗综》卷四〇录诗七首。《四库全书总目》著录《兰晖堂集》四卷，"提要"云："应埈为文，善比事属辞，诗法泛滥诸家，时有独造，一时名出其父右。然牵于华藻，蕴蓄未深。"《明诗纪事》戊签卷一六录其诗四首。《明文海》录其文《秋怀赋》等八篇。清朱壬林《当湖文系初编》卷一〇录其文十三篇。生平见袁袠《屠公行状》（《袁永之集》卷一七）、张治《屠君墓志铭》（《屠渐山文集》附录）、戚元佐《屠谕德应埈传》（《国朝献征录》卷一九）、王兆云《皇明词林人物考》卷七、《明史》卷二八七。

屠侨（1480—1555） 字安卿，号东洲。浙江宁波府鄞县（今宁波）人。正德六年（1511）进士，授监察御史，巡视居庸诸关，又巡江西。嘉靖改元，出知保定府，调延平，屡迁至广东布政使。进光禄卿，又数迁至刑部尚书，改左都御史，加太子太保。嘉靖三十四年（1555）正月十一卒于官，年七十六，赠少保，谥简肃。历官四十年，以清正闻，亦能诗文。《千顷堂书目》著录其《东洲杂稿》又《南雍集》。现存嘉靖四十四年鄞县屠氏家刊本《屠简肃公集》十四卷，

诗九卷,收古近体诗三百八十余首,文五卷,收各体文三十四篇,首有张时彻序。《四明风雅》卷三录其诗十首。《石仓十二代诗选·明诗选》录其诗九十首。清胡文学《甬上耆旧诗》卷八录其诗三十四首。《明诗综》录其诗二首。《明诗纪事》戊签卷一一录其诗三首,按云:"简肃不以诗名,特有风韵。"生平见程文德《屠公行状》(《皇明名臣墓铭》坤集)、吕本《东洲屠公侨墓志铭》(《国朝献征录》卷五四)、《明史》卷二〇二。

屠勋(1446—1516)　字元勋,号东湖。浙江嘉兴府平湖人。生于正统十一年(1446)正月初十。成化元年(1465)领乡荐,五年进士,授工部主事,改刑部。历员外郎、郎中,选南大理寺丞,进左少卿,擢右副都御史,巡抚顺天、永平,整饬蓟州诸路边备。召拜刑部右侍郎,进左,守内艰归。服阕,改左副都御史,复为刑部左侍郎,擢右都御史。正德改元,拜刑部尚书,以忤刘瑾,引疾求去,加太子太保致仕。正德十一年(1516)十月初四卒于家,年七十一,赠太保,谥康僖。有诗名,曾与李东阳、程敏政等倡和。《明史·艺文志》著录其《东湖稿》十二卷。现存万历四十三年屠绳德刻《屠康僖公文集》六卷附一卷,内诗四卷,收诗六百七十余首,文二卷,收奏疏十五篇、各体文三十七篇,末附志铭、神道碑

等。是集与其子屠应埈《太史屠渐山文集》四卷附一卷合刊为《屠氏家藏二集》,后又有清初重修印本。此外尚有清抄本《太保东湖屠公遗稿》七卷。《明诗综》卷二四录其诗二首,《御选宋金元明四朝诗》据之录。清朱壬林《当湖文系初编》录其文五篇。《明诗纪事》丙签卷六录其诗三首,按语谓其"诗亦雅饬"。生平见顾清《屠公行状》(《国朝献征录》卷四四)、杨一清《屠公墓志铭》(《屠康僖公文集》附录)、《(雍正)浙江通志》卷一五八。

屠隆(1543—1605)　字长卿,又字纬真,号赤水,别署为拳山人、一衲道人、蓬莱仙客、冥寥子、娑罗馆居士、娑罗主人、赤松侣等,晚号鸿苞居士。浙江宁波府鄞县(今宁波)人。父、祖皆为布衣,隆居兄弟六人之末,诸兄皆业儒未就,惟隆少时聪敏好学,得于嘉靖四十一年(1562)入学。家贫,为诸生当年即至衢州之龙游坐馆,以为生计。后屡应乡试,至万历四年(1576)中举,次年中沈懋学榜三甲进士,九月除颍上知县,五年到任,七年调青浦。时行新税法,清丈田亩,加征税赋,而隆按原田亩征收,得民拥戴。公余则延接吴越间名士沈明臣、冯梦祯等,游九峰三泖,饮酒赋诗,以"仙令"自许。十年冬迁礼部主事,十二年西宁侯宋世恩回京,宋亦好声诗,

因与隆定交，两家宴游甚欢，席间男女杂坐，诗酒酬畅，以致有绝缨灭烛之传闻。刑部主事俞显卿疏劾屠隆与世恩淫纵，至诬隆与世恩夫人有私，隆等上疏自辩，并列俞显卿挟仇诬陷状，十月屠、俞二人皆削职为民。隆既罢官，乃游于吴越，又登武夷，探八闽，啸咏山川，自矜出世。归里所居称"栖真馆"（后改"婆罗馆"），佳客辐辏，丝竹之声不绝。晚年沉湎仙道，信佞人扶乩之说，万历三十三年怅怏而卒，年六十三。屠隆尝学诗于沈明臣，又曾入里人张时彻"甬上诗社"及汪道昆"白榆社"。有异才，为诗尤擅长篇，谈笑间数百言脱口而出。时张时彻及族人屠大山为贵官，共相延誉，因以才名大噪于时。曾投书拜会王世贞，后世贞将其与赵用贤、李维桢、魏允中、胡应麟列为"末五子"（《弇州四部稿续稿》卷三）。世贞集中与屠隆书，谓其："诗语秀逸，有天造之致，的然大历以前人；文尤瑰奇，横逸诸子，《两都》。"（《弇州四部稿续稿》卷二〇〇）实屠隆非学步之徒，其为诗重性情，常谓"诗由性情生"，"只求自得，不必袭古"。所著诗文多次结集，传世主要有万历八年刻《由拳集》二十三卷，内赋一卷、诸体诗十卷、文十二卷；又万历刻《白榆集》二十八卷，内诗八卷、文二十卷；又万历十八年吕氏栖真馆刻《栖真馆集》三十一卷，内诗九卷、文二十二卷。另有明刊《屠长卿集》十九卷、《屠纬真先生集》四十二卷，皆别本也。家藏未刊《园居杂咏》一卷亦存世。《千顷堂书目》另著录其《横塘集》《南游集》《采真集》，当为未刊本，实已收入刊本。清胡文学《甬上耆旧诗》卷一九李邺嗣撰屠隆小传谓其"未行世诗文，名《绛雪楼集》，尚数十卷，藏于家"，未见传。诗文当时流播甚广，诸选本如《皇明诗统》《皇明诗选》等也均选录。《列朝诗集》丁集录其诗六十五首。《甬上耆旧诗》卷一九录其诗四十五首。《明诗评选》录其诗六首。《明诗综》卷四七录其诗九首。清沈季友《槜李诗系》卷四〇录其诗四首。《四库全书总目》著录其《白榆集》《由拳集》，"提要"云："隆为人放诞风流，文章亦才士之绮语。陈子龙《明诗选》谓其诗'如冲繁驿舍，陈列壶觞，顷刻办就，而少堪下箸'。文尤语多藻绘，而漫无持择，盖沿王、李之涂饰，而又兼涉三袁之纤佻也。"清王昶《青浦诗传》卷一录其诗十九首。《明诗纪事》己签卷六录其诗十五首，按语云："长卿才气纵横，长篇尤极恣肆，惟任情倾泻，不自检束，未免瑜不掩瑕。"其文亦如诗，信笔而为。《明文海》录其文《欢赋》十二篇，卷二〇五评其文曰："赤水之文才情舒卷，忽而波澜浩渺，有一段好处，但未经剪裁耳。而随逐时尚，持论荒谬，幸其工夫未深，不掩本色。"亦以小品著名，陆云龙选《皇明十六名家小品》首选《屠赤水先生小品》二卷，故清人将其与陈继儒并称，以为其文轻佻猥薄，为败坏文风之首。诗文之外，屠隆所作词曲当时亦颇动人耳目。所撰传奇三种：《昙花记》《彩毫记》《修文记》，总名《凤仪阁乐府》，皆作于罢官居乡后，各有明刊本数种。《彩毫记》二卷四十二出，演李白一生遭遇，而寄言仙道，当时论者云"此赤水自况也"（吕天成《曲品》）；《昙花记》二卷五十五出，演唐人木泰清寻仙访音而终被接引至西天净土；《修文记》二卷四十八出，演蒙曜一家成仙得道事。王骥德称屠隆剧作为"才士之曲"，"新采丰缛，下笔不休，然于此道，本无解处"（《曲律》卷四）。吕天成云："其词华美充畅，说世情极醒，但律以传奇局，则漫衍乏节奏耳。"（《曲品》）盖屠隆之剧以曲胜，故难成佳篇而间有佳曲。黄文华《词林一枝》、胡文焕《群音类选》、纪振伦《乐府红珊》等戏曲选本皆录其传奇散出。亦能散曲，张琦等《吴骚合编》、陈继儒《乐府先春》存其佚曲套数二套。其词逊于曲，卓人月、徐士俊《古今词统》录其[竹枝]四首。清袁钧《四明近体乐府》卷八录其词四首。《明词综》卷四录其词一首。文

学以外，隆尚有言禅讲道之著作《娑罗馆清言》《冥寥子游》等，晚年撰有《鸿苞》四十八卷，援佛、道之说入儒，其言驳杂无伦，以至四库馆臣将屠隆列于李贽之后，称其思想为异端之尤。此外尚作有考证文具、游具及文房清玩之《文具雅编》《文房器具笺》《考盘余事》等。另有《补陀洛伽山志》六卷。至于《篇海类编》《翰墨选注》《钜文》《缥缃对类》等则为坊贾托名，非隆作也。生平见何三畏《青浦令赤水屠侯传》《云间志略》（卷四）、《（康熙）青浦县志》卷七、《明史》卷二八八。

屠瑶瑟（1572—1600）　字湘灵。浙江宁波府鄞县（今宁波）人，屠隆女，士人黄振古之妻。生而秀淑，雅好书史，能诗词。屠隆为沈懋学榜进士，与懋学及冯梦祯交厚，后又共崇仙道。懋学第三女沈天孙（字七襄）年十七嫁屠隆长子大淳（字金枢）。天孙亦喜读书诵诗，因得与瑶瑟不时倡和。万历二十八年（1600）天孙卒，未几瑶瑟亦亡。两家兄弟遂汇刻二人诗为《留香草》，屠隆与虞淳熙为序，瑶瑟弟大诚（字玉衡）暨天孙兄有则（字士范）哀挽之词皆附见。《千顷堂书目》著录《留香草》，于天孙名下列四卷，瑶瑟名下列一卷，今未见传。沈宜修辑《伊人思》录瑶瑟诗五首。《列朝诗集》闰集录瑶瑟诗十三首，"小传"云："湘

灵既嫁，时时归宁，相与征事紬书，分题授简，纸墨横飞，朱墨狼籍，长卿夫人亦谐篇章，每有讽咏，就商订焉，长卿诗云：'封胡与遏末，妇总爱篇章，但有图书箧，都无针线箱。'又云：'姑妇欢相得，西园结伴行，分题花共笑，夺锦句先成。'信一家之盛事，亦一时之美谈也。"清胡文学《甬上耆旧诗》卷一九于屠隆诗后附录瑶瑟诗四首。《明诗综》卷八六录诗《子夜歌》一首。《御选宋金元明四朝诗》录诗十三首。生平见《（乾隆）江南通志》卷一六七。

屠爌（生卒年不详）　字闇伯，号勔斋。浙江嘉兴府嘉兴人。明末诸生。少孤，随母依舅氏，以孝行称。年十七为博士弟子员，为塾师，从之者众。能诗，与范路、朱一是、褚醇、吴拱辰、李镜、许志、王之梁等称"梅里八子"。《千顷堂书目》著录其《勔斋集》，未见传。清康熙间辑刻《梅会诗人遗集》收其《大经堂诗集》二卷，计录诗一百三十余首。《明诗综》卷八一录其诗二首，"诗话"云："闇伯言无枝叶，行有规矩，诗亦雅正，不以风华见长。"清沈德潜《明诗别裁集》录其诗一首。清李稻塍《梅会诗选》二集卷八录其诗二十五首。《明诗纪事》辛签卷三一录其诗一首。生平见李稻塍《梅会诗选》二集卷八附王庭所撰《传略》、《（雍正）浙江通志》卷一九二。

十二画

[一]

越其杰（？—1645） 字自兴，一字卓凡，又字汉房。贵州贵阳府新贵（今贵阳）人，杨文骢舅氏。万历三十四年（1606）举人，天启二年（1622）选为夔州府同知，值奢崇明、安邦彦反，以讨伐功，升四川按察佥事，寻监贵州军，与上官龃龉罢去。崇祯间起霸州兵备副使，复中谗论戍。崇祯末再起，监军凤阳。福王立，授右佥都御史，巡抚东莱，八月移抚河南，兼辖颍、亳二州，提督军务，后南京破，死于乱军中。性倜傥，能诗文，有《蓟门》《白门》《横槊》《知非》《屡非》等集，未见传。清莫友芝《黔诗纪略》卷一六录其古近体诗八十五首，卷一七录近体诗一百四十首，谓其"癖耽佳句，当放退多闲，其诗殆无日不作。就所诣而论，律诗胜于古诗，五言胜于七言"。《明诗纪事》庚签卷二一录其诗七首，按谓其"苦心吟事，存诗近万首，惜为钟（钟惺）、谭（谭元春）所束缚。

然其独诣处，亦彼法中之铮铮者"。生平见《（乾隆）贵州通志》卷二八。

揭轨（生卒年不详） 字孟同。江西抚州府临川（今抚州）人。元揭傒斯后人，明洪武初贡生，除清河主簿，迁知县，秩满归，以教授生徒为生。后又召其主江西乡试，校定《书传会选》。书成，赐金归，仍以教授为业。能诗。《千顷堂书目》著录其《新河集》及《光岳英华》十五卷，未见传。明韩阳《皇明西江诗选》卷九录其诗二首。《皇明诗统》卷四录其诗四首。《列朝诗集》甲集录其诗十六首。《明诗综》卷七录诗五首，并引沈山子（沈进）云："孟同诗以唐人为圭臬，斤斤不爽，方之高漫士（高棅）差优。"《御选宋金元明四朝诗》录诗四首。《江西诗征》卷四三录诗十三首。《明诗纪事》甲签卷一四录诗六首，按语云："孟同诗以律体见长，可肩随甘彦初（甘瑾），明初临川宗派如此。洪武二十七年（1762）召定《书传会选》，赐宴酒楼，诸儒献诗，惟孟同诗独传。"生平见《（雍正）

江西通志》卷八一。

揭重熙(?—1648) 字祝万,一字万年,号蒿庵,江西抚州府临川(今抚州)人。崇祯九年(1636)举人,十年进士,除福宁知州。京师陷,与福宁副总兵洪日升率军至南京,福王授其吏部主事,寻以父忧归。唐王立,往投,迁员外郎,兼兵科给事中,擢右佥都御史。桂王立,拜兵部尚书兼右副都御史,总督江西。永历五年(1651)四月,中箭被执,十一月初三于南宁被杀,同死者有朱国隆、陈师道等五人。早岁以文思敏赡称,与同邑陈际泰齐名。清胡亦堂辑《临川文献》收《揭蒿庵先生集》二卷。乾隆二十七年(1772)鹤玉斋刊《揭蒿庵先生文集》(重印本题《临川揭五经先生文集》)八卷首一卷附录一卷又《诗集》七卷《遗集》三卷附录一卷,则为后人重辑,明曹学佺、罗其鼎等原序及胡亦堂序均收于卷首。《文集》收各体文四十余篇,附录赠序、书启等;《诗集》收诗三百三十余首;《遗集》收诗二百余首,多为其追随唐王、桂王及狱中所作,附录收陈孝威《揭公殉难本末》、楚观渠《义士易紫生收蒿庵先生骸骨记》及挽诗、祭文等。陈济生《天启崇祯两朝遗诗》卷七录其诗二十一首。《明诗综》卷七四录其诗一首。清应麟《江右古文选》卷二七录其文二篇。《明诗纪事》辛签卷九上录其诗一首。生平见《(雍正)江西通志》卷八二、《明史》卷二七八。

彭大治(生卒年不详) 字宜定,号定轩。福建兴化府莆田人。正德九年(1514)进士,授南京户部主事,晋郎中。出知扬州府,调叙州,丁外归,服阕,改知韶州,诏迁长芦盐运使,未任,卒于韶州。著有《定轩集》,现存隆庆六年(1572)其子桂林知府彭文质刊蓝印本《定轩公存稿》一卷,内收赋一、歌二、诸体诗一百一十余首、各体文十二篇,有方攸跻序,彭文质、翟守谦跋。清郑王臣《莆风清籁集》卷一六录诗七首,《兰陔诗话》谓其"平生操节矜严,身后无尺寸田庐,诗亦清越"。清郭柏苍《全闽明诗传》卷一五录诗二首。《明诗纪事》戊签卷一二录诗一首。生平见《(乾隆)福建通志》卷四四。

彭友信(生卒年不详) 字以实。长沙府攸县(今属湖南)人。据王世贞《弇山堂别集》卷一〇等载,友信为洪武间贡士,召对称旨,以布衣授北平布政使,此当为明初朱元璋初定天下时事也。传其有《方伯集》,未见传。清廖元度《楚风补》卷一七录诗三首。清邓显鹤《沅湘耆旧集》明代卷三录诸体诗二十八首。《明诗纪事》甲签卷一五录诗一首。传世诗如《流民叹》《促织歌》《鸬鹚行》等多写民生艰苦,故《沅湘耆旧集》

谓其"不失风人之旨"。生平见过庭训《本朝分省人物考》卷八一。

彭孔坚（1418—?）　浙江处州府龙泉人。成化间贡入南国子监，屡试不举，后官县丞。著述现存弘治间龙泉彭氏原刊本《逸窝诗集》二卷，署"龙泉彭孔坚作"，收诗五百余首，孔坚弘治十年（1497）《逸窝自序》云："年已八旬，思无一善可取，妄意欲将谬作锓梓，以示子孙。且原稿多为人假去无考，所刊皆是陆续所记忆者。"其卒当在此年之后矣。又有明刊黑口本《逸窝文集》一卷，收其所作序、书、赞、祭文等三十余篇。

彭尧谕（1583—?）　字君宣，号幼邻，又号西园公子。河南归德府夏邑人。泰昌元年（1620）选贡，官南康府通判，约卒于崇祯末。喜诗，清初周亮工《书影》记其"工为诗，多读书，有气调。尝游京师，遇竟陵钟惺，与谈不合，奋拳殴之"。清王士禛《古夫于亭杂录》则谓其拳殴钟惺事不实。《千顷堂书目》著录其《西园公子集》，《（1920）夏邑县志》卷六著录其有《百一诗》《午勺篇》《沧州集》《出山集》《归田诗》《庐山诗》《韵事录》《经济录》等。其明末刻《西园前稿》现残存卷一，收拟乐府诗十八首、四言古诗十一首、五言古诗四十九首。又有明末刻《西园续稿》二十卷，缺卷一、卷一五，存十八卷，计收

古近体诗一千一百五十余首。另有明末刻《侯太史摘选黍丘文集》三卷《诗集》六卷，《文集》收各体文一百五篇，《诗集》卷一题《京路草》（收诗三十四首）、卷二题《花社草》（收诗一百零四首），卷三为《京路续草》（收诗五十一首），卷四为《浮篱小草》（收诗三十一首），卷五为《天一舟水仙集》（收诗四十一首），卷六为《锦屠苏偶然草》（收诗三十七首）。《明诗综》卷七〇录其诗一首。《明诗纪事》辛签卷三三录其诗一首。生平见清王士禛《彭西园》（《池北偶谈》卷一一）。

彭年（1505—1567）　字孔嘉，号隆池山樵。南直苏州府长洲（今江苏苏州）人。生于弘治十八年（1505）正月十三。其父昉中进士，曾为新会令。而彭年少即不乐举子业，喜读经史诸子，至南京乡试一次不举，后遂不再。从文征明游，后与王世贞等名士交，擅书法，工篆刻，亦能诗。卒于嘉靖四十五年十二月初十（1567年1月19日），年六十二。卒后王世贞为其作墓志，谓其"长于记传赞诔，诗大抵宗盛唐"。《千顷堂书目》著录其《隆池山樵集》二卷，现存明刊《隆池山樵诗集》二卷，收其五七言古近体诗三百三十余首，附词二首。其集前有王世贞《序》，谓彭年诗屡得文征明称道，又谓彭年卒后，所遗诗文散佚，经搜

寻,存者不能二三。又,明末刊本《广百川学海》收其《林水录》一卷。顾起纶《国雅》卷一三录其诗十首。《皇明诗统》卷三二录其诗十一首。《列朝诗集》丁集中录其诗二十五首。《明诗综》卷五〇录其诗一首。《御选宋金元明四朝诗》录其诗十首。《明诗纪事》己签卷一七录其诗一首。嘉靖刊《(和倪瓒)江南春词集》录其所作[江南春]词二首。《明词综》卷四录其词[风入松]一首。生平见王世贞《征士彭先生年墓志铭》(《国朝献征录》卷一一五)、文震孟《姑苏名贤小纪》卷下、王兆云《皇明词林人物考》卷九。

彭华(1432—1496)　字彦实,号素庵。江西吉安府安福人。景泰元年(1450)举人,五年进士,选翰林院庶吉士,与修《寰宇通志》,书成授编修。天顺五年(1461)丁艰归,八年宪宗即位,入侍经筵,明年主南畿乡试。成化三年(1467)以《英宗实录》成,迁侍读,进日讲,擢侍读学士,摄詹事府事,进翰林学士,超擢詹事,二十二年迁吏部左侍郎,入内阁参预机务。性深刻,与万安、李孜省相结,排除异己,大臣相继被逐。加太子少保,进礼部尚书,二十三年以风疾致仕。弘治九年(1496)卒,年六十五,赠太子少傅,谥文思。《明史·艺文志》记其有《文集》十卷。现存弘治十六年安福彭氏家刻本《彭文思公文集》十卷,杨一清序,卷一为经筵讲章,卷二至卷八收序记碑铭等各体文,卷九收诗九十首、词十九首、卷一〇附收像赞、墓铭、哀辞、祭文。万历四十年(1612)其六世孙彭笃福又曾刻《彭文思公文集》六卷附录一卷,内经筵讲章、颂一卷,诗词一卷,文四卷,与彭时《彭文宪公文集》四卷附录一卷合为《彭氏二文合集》,今亦存。顾起纶《续国雅》卷三录其诗一首。《皇明诗统》卷一三录其诗九首。《石仓十二代诗选·明诗选》录其诗九首。《列朝诗集》丙集、《明诗综》卷二一、《御选宋金元明四朝诗》皆录其诗一首。《江西诗征》卷五〇录其诗六首。《明诗纪事》乙签卷一九录其诗一首。《明文海》录其文《与吴鼎仪论韵学书》,评语云:"其文严整峭厉,然为人倾险,不足取也。"生平见林瀚《素庵彭先生行实》(《彭文思公集》附录)、李东阳《彭公华墓志铭》(《怀麓堂文后稿》卷二三)、廖道南《殿阁词林记》卷三、《明史》卷一六八。

彭汝谐(1571—1616)　字原乐,号蔚庵。南直苏州府吴县(今江苏苏州)人,卫籍。苏州府学生,万历二十八年(1600)举人,四上春官不第,选授丹徒县学教谕。四十四年中进士,观政兵部,未匝月卒于邸所,年四十六。善书法,能诗,《千顷堂书目》著录其《蔚庵遗草》,现存万历四十七年古吴彭氏家刊本《蔚庵逸草》一卷,收诗一百六十余首,陈元素序。《明诗综》卷六一录其诗二首。《御选宋金元明四朝诗》录其诗一首。

彭时(1416—1475)　字纯道,号可斋。江西吉安府安福人。生于永乐十四年(1416)六月十六。正统六年(1441)领乡荐,十三年会试第三、廷试第一,授翰林修撰。郕王监国,进侍读,以守制归。景泰七年(1456)迁太常少卿,天顺初简入内阁,兼翰林学士。成化初,进吏部右侍郎,再进兵部尚书,乞归省,三年(1467)加太子少保,兼文渊阁大学士,改吏部尚书,进少保,七年以疾致仕归。十一年三月二十二卒,年六十,赠太师,谥文宪。史称其立朝二十余年,持正有古大臣风。《明史·艺文志》著录其《可斋笔记》二卷、《奏疏》一卷《文集》四卷。现存成化十八年其子彭颐刊本《彭文宪公集》八卷,杨守陈序,内文六卷,收各体文六十六篇,诗二卷,收诗一百六十六首;又有明万历间重刊本《彭文宪公文集》十卷附一卷《殿试策》四卷。清康熙五年(1666)其后人又刻《彭文宪公文集》四卷,内奏疏一卷(十八篇)、诗一卷(收诸体诗一百零五首)、文二卷(收各体文二十五篇),与其族弟彭华之《彭文思公文集》六卷合刊为《彭氏二文合集》。

《四库全书总目》著录《彭文宪集》四卷,《总目》"提要"谓"此本乃其六世从孙笃福所刊,掇拾残剩,取盈卷帙,不足见所长矣"。又,嘉靖刻《顾氏明朝四十家小说》等丛书收其《彭文宪公笔记》二卷,万历刻《历代小史摘编》六卷等丛书收其《可斋杂记》一卷。程敏政《皇明文衡》录其文五篇。《明文海》录其文四篇。清胡大鸿《江右文抄》录其文三篇。《江西诗征》卷五〇录其诗一首。《明诗纪事》乙签卷一八录其诗二首。生平见彭华《彭公行状》(《彭文思公文集》卷八)、商辂《彭公神道碑铭》(《国朝献征录》卷一三)、廖道南《殿阁词林记》卷三、顾祖训《状元图考》卷二、《明史》卷一七六。

彭泽[1](生卒年不详)　字民望,号老葵。湖广长沙府攸县(今属湖南)人。景泰七年(1456)举人,天顺、成化间仕为应天府通判。以诗为平生之事,与李东阳交厚,东阳有《祭彭民望文》(《怀麓堂集》卷四二),言之恳切。集中亦多有赠答诗,二人把酒倡和诗则辑为《玉堂联句》一卷,见于清道光十年(1830)刊《攸舆诗钞》。东阳《怀麓堂诗话》记彭泽云:"吾楚人多不好吟,故少师授。彭民望少为诸生,偏好独解,得唐人家法……独不自贵重,诗不存稿,予辑而藏之,仅百余篇而已。惜哉。"所著《老葵集》,未见传。仅有

《老葵诗钞》一卷,亦见于清道光十年刊《攸舆诗钞》。《明诗综》卷二一录其诗一首。清廖元度《楚风补》卷一八录其诗二十七首。清邓显鹤《沅湘耆旧集》卷六录诗七十六首,"小传"云:"民望诗,宗法甚正,涯翁(李东阳)称其'清而腴,简而有余,见之而可亲,追之而不能及其所之',其倾倒如此。"《明诗纪事》乙签卷一九录其诗七首,按语云:"老葵风调遒上,七律尤推擅场,正统、景泰间不多见也。"生平见《(同治)攸县县志》卷三九。

彭泽[2](1459—1530) 初名郎,后改为泽,字济物,早年号敬修子,晚号幸庵。先世江西庐陵,徙湖南长沙,再徙陕西兰州卫(今甘肃兰州),遂为兰州人。生于天顺三年(1459)八月十七。幼从外祖段坚学,有志节。成化十九年(1483)陕西乡试中举,弘治三年(1490)进士,授工部主事。改刑部,升刑部贵州司郎中,弘治十三年简放徽州知府,以父丧归。正德元年(1506)起为真定知府,三年迁浙江副使,升左参政,改河南按察使,五年升都察院右金都御史,巡抚辽东,兼理军务。河南乱,朝廷命彭泽与咸宁伯仇钺提督军务以讨之,事平,升太子少保、右都御史,总制四川、湖广、陕西等军务。以平四川民乱,又升太子太保、左都御史,九年,总督陕西甘肃军务,平定土鲁番速檀满速儿叛乱。十一年瓦剌大举入侵,领兵边关御敌。在先,兵部缺尚书,廷臣共推泽,而王琼得之,且阴阻泽,言官多有劾琼者,由是有隙。十三年王琼以嘉峪之败劾泽,泽因被斥为民。嘉靖元年(1522),王琼得罪,彭泽出任兵部尚书、太子太保,次年引疾归,七年复以昔年夷情等事,奉旨革职,冠带闲住。九年二月二十卒于家,年七十二,隆庆元年(1567)昭雪复官,谥襄毅。泽为人清忠正直,性疏阔负气,有文武才,晚年家居,吟啸不绝。曾主修《徽州府志》十二卷,有弘治十五年刊本。又有正德刊本《段容思(段坚)先生年谱纪略》一卷。《千顷堂书目》著录其《幸庵集》一卷、《怀古集》一卷及《幸庵行稿》十二卷,均未见传。清邓显鹤《资江耆旧集》卷一录其诗一首,《沅湘耆旧集》卷一二所录同。近人王烜《皋兰明儒遗文集》卷下录其赋十篇、文十五篇、诗三十六首、词五首,又散曲小令二十五首、套数一套。生平见刘耕《彭公别传》《《国朝献征录》卷三九)、《明史》卷一九八。

彭宗因(生卒年不详) 字季亲。浙江嘉兴府嘉兴人,海宁卫指挥同知彭绍贤季子。生长世胄,髫髦年书,长而闭户,终岁呷呀,而独不受制举业之累,惟以诗为务,与高僧耆宿结社赋诗。现存清抄本《窬歌室诗集》不分卷,前有吴麟瑞序,收诗六百余首。清沈季友《槜李诗系》卷一七录其诗一首。生平见《(光绪)海盐县志》卷一九。

彭绍贤(生卒年不详)　字孔嘉,号对薇,晚号天全居士。浙江嘉兴府海盐人。万历间以世胄为苏松参将,仕海宁卫指挥同知。后以子彭宗孟贵,赠昭毅将军。性宽大简素,好山水吟咏,林居二十年,所得甚富,《千顷堂书目》著录《击壶编》,现存万历刊本六卷,内《关中杂咏》一卷,有万历四十五年(1617)《关中杂咏自叙》,收诗五十七首;《珠泉纪游》一卷,有万历二十九年马应图《珠泉纪游序》,收诗二十三首;又《闲居漫稿》二卷,有万历四十六年《闲居漫稿自叙》,收诗二百三十余首;又《雁山游草》一卷,有万历二十八年彭梦祖《雁山游草小引》、万历三十年沈士龙《雁山游草叙》,诗二十五首;后附《天台吟》,收诗十六首。清沈季友《槜李诗系》卷一六录诗五首。《明词综》卷五录词一首。生平见《(光绪)海盐县志》卷一五。

彭辂(1515—?)　字子殷。浙江嘉兴府嘉兴人。嘉靖十三年(1534)举人,二十六年进士,除江西布政司照磨,转新淦知县,寻左迁应天府儒学教授。进南国子监博士,迁南刑部主事,三十六年以典察罢归。生性简傲,以词翰自许,少与王

世贞交,后又遣二子至江西从汤显祖学。著述现存万历三十九年(1611)其子彭润宏刊本《冲溪先生集》二十二卷,有汤显祖《彭比部集序》及彭辂《诗集自序》《文集自叙》,文末有彭润宏跋。内赋一卷,收赋三篇,诗七卷,收五七言古近体诗四百六十余首,后十四卷收各体文。清沈季友《槜李诗系》卷一三录其诗六首,“小传”谓“其诗工《选》体,五七言律浸淫唐人风致”。于乡与范言齐名,《槜李诗系》卷一二于范言小传中云:“范尚体裁,彭尚才藻,两家各负气不相下,而时论左祖于范。予特以诗较,则彭有高调,范稍柔脆矣。”《明诗综》卷四三录其诗二首,“诗话”谓其早慧,“于诗文不甚敦琢。其持论取法中唐,谓神在象外,象在言外,言在意外。然率矢口肆笔而成,颇类解大绅(解缙)、卞华伯(卞荣)一流,昔人所以有才多之憾也”。《御选宋金元明四朝诗》据《明诗综》录其诗二首。《四库全书总目》著录《彭比部集》八卷,“提要”云:“焦竑称其于‘七子’盛时意气高简,不少贬以就俗,今观集中,多与王世贞酬答之作,体格亦近‘七子’,竑所言不尽然也。”《明诗纪事》己签卷九录其诗一首。《明文海》录其文十六篇。《(雍正)浙江通志》及清陈元龙《御定历代赋汇》均录其《烟雨楼赋》。生平见《(康熙)嘉兴府志》

卷一四。

彭教（1439—1480）　字敷五，号东泷。江西吉安府吉水人。生于正统四年（1439）十月十一。天顺三年（1459）举乡试第一，八年第一人进士及第，授翰林修撰，与修《英宗实录》。成化三年（1467）进侍讲，与李东阳同官翰林，八年会试同考官，十三年主顺天乡试，十五年侍经筵。博学强记，性气刚介，不为人喜，又丧其子，抑郁成疾，十六年七月初九卒于官，年四十二。《千顷堂书目》著录其《东泷集》，现存万历间孙之益刊本《彭东泷先生遗稿》四卷，有弘治十一年（1498）李东阳序及万历三十八年（1610）孙之益序、邹元标序，首为制策，以下文二卷，收序、记、行状、墓志、祭文等各体文六十余篇，卷三、卷四收诸体诗一百六十余首。又有清抄本《东泷遗稿》四卷《制策》一卷附录一卷。《四库全书总目》著录《东泷遗稿》四卷，"提要"云："集中诗文类多应制著作。李东阳序云：'敷五年仅四十余，编摩考校之外，无由自试，而文又不尽其蕴。'盖亦微词也。"清应麟《江右古文选》卷二〇录其文一篇。《江西诗征》卷五一录其诗八首。《明诗纪事》丙签卷四录其诗一首。《明文海》录其文《吉水忠节祠记》一篇。生平见傅瀚《故翰林侍讲彭先生行实》（《东泷遗稿》附录）、彭华《彭敷五墓志铭》（《彭文思公文集》卷六）、《（雍正）江西通志》卷七八。

彭韶（1430—1495）　字凤仪，号从吾。福建兴化府莆田人。景泰七年（1456）举于乡，明年天顺元年（1457）进士，授刑部主事。历员外郎、郎中，以上疏言事下诏狱，言官论救，释出为四川按察副使，迁按察使。成化十四年（1478）迁广东左布政使，以抗疏忤旨，改贵州，二十年（1484）擢右副都御史，巡抚应天、苏、松等处，改巡抚顺天、永平二府。孝宗即位，召为刑部右侍郎，寻兼金都御史巡视浙江，兼理盐法，进左。弘治二年（1489）还朝，改吏部，四年代何乔新为刑部尚书。莅部三年，史称其昌言正色，秉节无私，与王恕、何乔新称三大老，而为贵戚近习所疾，以志不能尽行，连章乞归。家居二年，至弘治八年卒，年六十六，赠太子少保，谥惠安。《明史·艺文志》著录其《奏议》五卷《文集》十二卷。现存嘉靖十八年（1539）四川按察使刘勋刊本《彭惠安公文集》八卷，收奏疏七篇，序、记、碑铭、志铭、祭文等五十一篇，末卷为附录；又万历十八年（1590）其玄孙彭继美刻增刊本《彭惠安公文集》十一卷，增各体文五十篇，又卷九收诗十余首，末卷仍为附录。著述另有成化十四年（1478）刊本《皇明名臣录赞》一卷，崇祯刊本《皇明名臣言行录绎》二卷。《明史·艺文志》另著录其《成都志》二十五卷。《石仓十二代诗选·明诗选》录其诗九首。《明诗综》卷二二录其诗九首。《御选宋金元明四朝诗》录其诗四首。清郑王臣《莆风清籁集》卷一一录其诗十五首。《四库全书》据万历本收《彭惠安集》十卷附录二卷,另著录《别本彭惠安公文集》七卷附录一卷(即嘉靖本),《总目》"提要"云:"韶正色立朝,岿然耆旧。其文虽沿台阁之体,而醇深雅正,具有根柢,不同于神瘠而貌腴。初名《从吾滞稿》,嘉靖中重刻,乃改题此名。然据郑岳原序,已有遗稿散佚之语,则似已非其旧本。故所收诗仅十余首,如《明诗综》载其《临江词》一篇,指斥东里,慷慨激烈,足起顽懦,而此集不载。又《莆风清籁集》载其诗十五首,亦半从他书录入,是掇拾散亡尚多,未尽特赖此一编。幸不至于全佚,是则校刊者之功耳。韶之风节,虽不藉文章以传,然文章亦足以不朽。"清郭柏苍《全闽明诗传》卷九录诗五首。清涂庆澜《莆阳文辑》录文三篇。《明诗纪事》丙签卷四录诗一首。生平见林俊《彭惠安公神道碑》(《见素集》卷一九)、郑岳《莆阳文献》列传第六一、何乔远《名山藏》卷六九、《明史》卷一八三。

葛一龙(1567—1640) 字震甫、震父。南直苏州府吴县(今江苏苏州)人。太湖洞庭山商家子,读书好古,思得一官以慰老母,因以国子生入赀为云南布政司理问,居无何,谢病归。卒于崇祯十三年(1640),年七十四。平生好诗,亦能书画,交游甚广,所著亦夥。《千顷堂书目》记其有《尺木斋》等集,现存崇祯间葛逢夏刻本《葛震甫诗集》,题"钟伯敬(钟惺)、陈眉公(陈继儒)、谭友夏(谭元春)三先生选",范景文等序。是集实为诸集之汇刊,各集原序亦皆列,内诗集十五种:《尺木斋诗选》(沈璜序)、《新诗》(孙昌裔序)、《索解草》(陈继儒序)、《独往篇》(张民表序)、《修竹篇》(李维桢序)、《新绿斋》(宋珏序)、《旅声》(袁祈年序)、《筑语》(谭元春序)、《弄闲草》(汪明际序)、《矫褐吟》(王思任序)、《鹪鹩集》(杨绳武序)、《佛客斋集》(于奕正《滇游草序》)、《滇茶百韵诗》《幽堂集》(胡演《蒸支集原序》)、《客雪吟》二卷(阮汉闻序),计收诗一千七百余首;词集一种:《艳雪篇》(周永年序),收词二十六首。另手稿本《葛震父修竹编》亦传世。《列朝诗集》丁集录其诗六十八首,"小传"云:"正、嘉之际,洞庭蔡九逵(蔡羽)为清绮之词,颇自异于文(文征明)、祝(祝允明)诸贤,以为独绝。震甫闻而说之,刊落靡刻,欲追配于百年之上。已而年渐长,笔渐放,楚人谭友夏之流相与尊奉之,浸淫征逐,时时降为楚调,可为一唱也。"《明诗综》卷七〇录其诗七首,"诗话"云:"包山林麓之胜,甲于三吴,而诗人产斯土者,前有蔡孔目(蔡羽),后有葛理问,一时均有盛名。"清卓尔堪《明遗民诗》录其诗五首。《御选宋金元明四朝诗》录其诗三十二首。《明诗纪事》庚签卷二五录其诗十一首。清邹祗谟、王士禛《倚声初集》卷二五录其词一首。《御选历代诗余》录其词十首。《明词综》卷六录其词一首。近人赵尊岳《明词汇刊》录其词为《艳雪篇》。生平见蒋应仔《葛子传》(《葛振甫诗集》卷首)、《(乾隆)江南通志》卷一六五。

葛幼元(1547—1573)　原名增,字士修,号元洲。南直扬州府通州(今江苏南通)人。出身盐户,十三为博士弟子员,嘉靖四十五年(1566)曾与江都陆弼等从广东欧大任学。屡试不举,后父、祖相继亡,又以多病,因弃举子业。万历元年(1573)病卒,年二十七。好诗,与陆弼、陈尧为诗友,隆庆三年(1569)曾与扬州竹西诗社。《(万历)通州志》著录其《海居集》二卷《浮槎集》一卷《行药集》一卷《倚剑集》二卷,皆未见传。清陈心颖等《明紫琅诗》录其诗十四首。清孙翔《崇川诗集》卷三录其诗十四首。清杨廷《五山耆旧集》卷八录诗一百零四首,《一经堂诗话》云:"士修薄游广陵,时南海欧

桢伯(欧大任)主竹西坛坫,士修奉之为师。其诗专讲声调,恪守师说,断断不失尺寸。"清王藻《崇川列朝诗选汇存》卷上录诗十五首。《明诗纪事》庚签卷三〇录诗四首。

葛守礼(1505—1578)　字舆立,号舆川。山东济南府德平(今德州)人。生于弘治十八年(1505)二月十二。嘉靖七年(1528)举山东乡试第一,八年进士,授彰德推官。迁兵部主事,历礼部郎中,简放河南提学副使,迁山西参政。历山西按察使,升陕西右布政,转左。擢右副都御史巡抚河南,寻入为户部右侍郎,督饷宣大、山西。改礼部右侍郎,三摄部事,改吏部,升南京礼部尚书,致仕。隆庆元年(1567)起户部尚书,时徐阶、高拱、张居正等辅臣交相倾轧,守礼周旋其间,人以为难。徙南工部尚书,以母老请归,母没,服阕起刑部尚书,万历初年以左都御史致仕。万历六年(1578)正月二十卒,年七十四,赠太子太保,谥端肃。《千顷堂书目》著录其《葛端肃公集》□卷。现存万历十年济南知府宋应昌编刊本《葛端肃公文集》,所传一为十卷本,文九卷诗一卷(收诗一百五十余首),邢侗序;一为十八卷本,前有奏疏六卷、表一卷、议一卷,郭宗皋、郑材等序,后十卷同于十卷本。后又有清乾隆五十六年(1791)重修十八卷本及嘉庆七年(1802)刊增刻本。清

宋弼《山左明诗钞》卷一一录其诗九首。生平见王家屏《葛公墓志铭》（《复宿山房集》卷二三）、李开先《葛端肃公神道碑》（《谷城山馆文集》卷二五）、何乔远《名山藏》卷八一、《明史》卷二一四。

葛应秋（1568—1624） 字万说，号石照。南直徽州府绩溪（今属安徽）人。生于隆庆二年（1568）七月十四。万历二十八年（1600）举人，后屡试不中，于乡教授生徒，沉酣林泉。天启二年（1622）授遂昌教谕，三年十二月二十一（1624 年 2 月 9 日）卒于官，年五十六。现存崇祯间葛道一刻本《石丈斋集》四卷，内卷一收诗五十余首，卷二收记、序、跋、引、祭文等十八篇，卷三收制义、文笺、尺牍、随笔等，卷四收冯梦祯《序葛万说时义引》、屠隆《葛万说制义叙》、《书葛万说师韦斋草》、董其昌《题葛万说石丈斋草》等友人赠文十余篇。生平见钱龙锡《乡进士石照葛公墓志铭》（《石丈斋集》卷四）。

葛昕（生卒年不详） 字幼明，号龙池。山东济南府德平（今德州）人。左都御史葛守礼孙，万历间以荫入仕，除中军都督府都事，历太仆寺丞、户部员外郎，迁工部屯田司郎中。议汰厂司内官五百六十一人，祸几不测，然连三疏争之，竟如议。官至尚宝少卿。著述卒后其子葛如龙辑为《集玉山房稿》十卷，内卷三

收诗三十余首，存清抄本，有万历四十二年（1614）焦竑序。《四库全书》据之收，《总目》"提要"云："其风节颇侃侃，不阿其他，文亦疏爽骏快，无婥婀龌龊之气，肖其为人。"其集另有清嘉庆九年（1804）德平葛氏树滋堂刊本。清宋弼《山左明诗钞》卷二三录其诗一首。生平见邢侗《德平龙池葛公行状》（《来禽馆集》卷一九）、《（道光）济南府志》卷五二、《（光绪）德平县志》卷七。

葛征奇（? —1645） 字无奇、轮以，号介龛。浙江杭州府海宁人。天启七年（1627）举人，崇祯元年（1628）进士，授中书舍人。迁湖广道御史，历四川副使，十四年升太仆寺少卿，以请立国储于南京遭斥。转光禄寺少卿，十六年调南光禄寺。明亡后追随福王，弘光元年（1645）死节。工书，擅山水，好吟咏。未仕时，曾与同乡余懋学、郭睿等结陶社，后又与潘陈忠、张次仲诸人结攻玉堂社。其侧室李因本为名妓，能吟咏，自崇祯初即随其宦游，多有倡和。征奇崇祯十年以御史巡抚广东时曾辑刻《南园五先生集》。《千顷堂书目》著录其《芜园集》十二卷附李因《竹笑轩吟草》，未见传。现仅清光绪间海昌羊氏粤东刻本《海昌丛载》收其《芜园诗集钞》一卷。《明诗综》卷六八录其诗三首，"诗话"云："光禄乐志林园，又得闺人倡和，

格虽未高,亦自超然拔俗。"《御选宋金元明四朝诗》据之录。《四库全书总目》著录《芜园诗集》六卷,"提要"谓其:"官至光禄寺少卿告归,遨游湖山间,故其诗颇有闲适之致。""集中多及其家姬是庵,是庵者,征奇妾李因之字,善画花卉禽鸟,亦颇能吟咏,征奇尝与酬和,其颇伤纤弱,或以此欤?"生平见许重熙《明季甲乙两年汇略》卷三、清徐鼒《小腆纪传》卷一六。

葛臬(生卒年不详) 字平甫,一字玉演,浙江绍兴府上虞人。南京御史葛浩季子,万历间山西参政葛木之弟。以荫受南京都察院照磨。家藏书甚富,书斋名"一哂"。为人磊落,不能与时俯仰。与徐渭、车任远、谢谠、杨秘图善。喜结社,常有七人聚会,"仿竹林逸事,结为社友"。性恬淡,山水为乐,奕琴自适,故有诗"日共渊明醉,无论与世违"(《喜秘图杨山人入社分得衣字》)。现存万历刊诗集《一哂斋漫稿》十卷,首万历二十七年(1599)车任远序,计收五七言古近体诗六百六十八首。清钱玫《历朝上虞诗集》卷一三录其诗十二首。清徐乾《上虞诗选》卷二录其诗一首。生平见清储家藻《上虞县志校续》卷九。

葛曦(1545—1592) 字仲明,号凤池。山东济南府德平(今德州)人,尚宝卿葛昕弟。生于嘉靖二十四年(1545)七月十五。万历四年(1576)乡试第一,十一年进士,选翰林院庶吉士,授检讨。十九年推南京国子监司业,以母病请归,未及行,罹疾,二十年九月三十卒于京邸,年四十八。卒后,友人冯时可等集其遗稿寄其家。崇祯九年(1636)其侄葛如麟始编为五卷,至清康熙二年(1663)初刻。康熙本未见传,现存清嘉庆八年(1803)德平葛周玉树堂刊本《葛太史公集》五卷,内诗一卷,收诗一百二十余首,文四卷,收赋一、各体文七十余篇,有葛如麟崇祯九年序及葛周玉清嘉庆八年序。《四库全书总目》著录《葛太史集》五卷,"提要"云:"其诗尚沿历下(李攀龙)余派,少精湛之思,而音响亦自琅琅可诵,较之'竟陵'、'公安'以后钩章棘句者,尚有间焉。"清陈元龙《御定历代赋汇》收其《拟北郊赋》。清宋弼《山左明诗钞》卷二三录其诗四首。《明诗纪事》庚签卷一四上录其诗一首。生平见葛如麟《太史公墓表》(嘉庆本《葛太史公集》卷首)、于慎行《祭葛太史凤池文》(《谷城山馆文集》卷三三)、邢侗《祭检讨葛仲明暨配任孺人文》(《来禽馆集》卷二〇)。

葛麟(1602—1645) 字苍公,号瞿庵。南直镇江府丹阳(今属江苏)人。生于万历三十年(1602)十一月十七。有膂力,貌类武夫。少以忠孝自励,曾作《孝乌赋》《山犬赋》以见志。崇祯十五年(1642)举人。明亡,福王于南京建国,募义勇三千投之,以祁彪佳荐,授中书舍人,与郑鸿逵协守京口。七上封事,又请练兵江北,皆不报。京口破,走海上,佐总兵吴志葵攻青浦,志葵败,领兵走太湖,乙酉(1645)八月二十九战死于泖湖小峒山。能诗文,在乡多与邑人结社。亡后其后人匿其所著于家,现存清光绪十六年(1890)编刊《葛中翰遗集》十二卷,卷首清葛培义、刘德麟、钱保衡等序,内卷七收赋五篇,卷八至卷一〇收诗二百余首,卷一二附录有关传记、序记等。生平见其子葛暾、葛暐所撰《年谱》《行状》(《葛中翰遗集》卷首)及温睿临《南疆逸史》卷二七。

董少玉(生卒年不详)　湖广黄州府麻城(今属湖北)人,尚宝少卿周弘禴继室。弘禴字元孚,万历二年(1574)进士,元配汪氏,生五子一女,少玉抚之如己出。弘禴官户部主事,以疏劾朝贵,谪无为州同知。十三年春,又上书劾宦官张学颜、张鲸等,再谪代州判官,量移处州府推官。其两遭贬谪,间关万里,少玉皆共之。居处州,以羸病亡,年二十九。弘禴因倩冯梦祯为其立传,辑其遗稿为《董少玉诗》,求序于王世贞,世贞序云:"元孚才高而气雄,间不胜其用壮。而少玉则清润婉秀,

往往发于情而止于义,有不尽为闺阁所束者。"(《弇州四部稿续稿》卷五五《西陵董媛少玉诗序》)少玉集已不存,《列朝诗集》闰集录少玉诗十七首,"小传"云:"……贬雁门,厄于灵丘、广昌间,三日不火食,僮仆皆悲泣,少玉哦诗自如。量移括苍,道彭蠡湖,舟将覆,口咏唐子方'平生仗忠信'之句,以慰元孚。"清王端淑《名媛诗纬初编》卷五录其诗五首。《明诗综》卷八六录其诗《忆别》二首。《御选宋金元明四朝诗》录其诗十三首。《(雍正)山西通志》录其诗《从夫赴雁门》《寄夫在岢岚》。清丁宿章《湖北诗征传略》卷一九录其诗三首。清季娴编《闺秀集》录其诗二首。

董光宏(生卒年不详)　字君谟。浙江宁波府鄞县(今宁波)人。父亡,以庶出,兄嫂不容,乃奉母别居,益自激厉。万历二十五年(1597)举人,二十九年进士,除刑部主事。历员外、郎中,简放河南按察金事。又历参议、副使、参政,升陕西按察使、江西布政使,入为顺天府尹。迁南大理寺卿,加兵部侍郎致仕。卒年七十二。《千顷堂书目》著录其《秋水阁墨副》九卷。现存晚明鄞县董氏刊本《秋水阁墨副》十卷,内序二卷、传志一卷、记一卷、杂著一卷、祭文一卷、书牍二卷、诗一卷(收诗九十余首),末卷收论策,有黄汝亨、陈

邦瞻、董德镐序。清胡文学《甬上耆旧诗》卷二七录诗五首。《明诗综》卷五九录诗二首。《明诗纪事》庚签卷二〇录诗一首。生平见《(康熙)鄞县志》卷一〇。

董传策（1530—1579） 字原汉，号幼海。南直松江府华亭（今上海松江）人。少有大志，身癯然不胜衣而若以天下为己任。嘉靖二十八年（1549）领乡荐，明年进士，除刑部主事。三十七年以偕同僚劾严嵩下诏狱，拷掠惨毒，谪戍南宁。穆宗立，起吏部主事，历郎中，隆庆五年（1571）迁南大理寺卿。万历初累迁南工部右侍郎，就改南礼部，以言官劾其受人贿赂罢归。生性峻峭，绳下恒急，有家奴白昼劫财且致人死，传策有闻，欲杖杀之，奴惧不免，遂寅夜伪为盗，持斧入室将其戕害，时万历七年（1579）五月初七，年五十。少习举业，至壮岁远窜遐方，始全力为诗古文，一时称作手。诗作现存隆、万间其弟董传文刊《采薇集》四册、《幽贞集》三册、《邕歈集》六卷，董其昌选，收其嘉靖三十七年遣戍到隆庆元年召还前后十年之诗八百余首：《采薇集》四册，以"元亨利贞"为序，收四言、乐府、长短句、绝句等三百四十余首，《幽贞集》上中下三册，收其五言古体一百六十余首；《邕歈稿》六卷，收其七言律三百六十余首。三集内又均有自撰标目，

如"乐府杂调辞""乐府近体杂篇""乐府放歌辞""长短调杂篇""古诗五言中代骨格体""古诗五言中代兴致体""古今咏史杂""后代纪事体"等。三集又分别有潘恩、陆树声、莫如忠序。所著另有万历云间董氏刻本《奇游漫记》八卷附录一卷、万历三十年其弟董传文刊本《董宗伯奏疏辑略》一卷。《千顷堂书目》记其尚有《廓然子稿》二卷、《蓬庐稿》七卷，未见。《四库全书总目》著录《采薇集》四卷、《幽贞集》二卷、《邕歈集》六卷，"提要"谓其诗"多激烈，如其为人"。清姚宏绪《松风余韵》卷三四录其诗四首。清汪森《粤西诗载》录其诗六十六首、《粤西文载》录其文四篇。《明诗纪事》己签卷一〇录其诗三首。近人严昌堉《海藻》卷七录其诗六首。《明文海》录其文《乌蛮泷夜谈记》等四篇。生平见何三畏《董宗伯幼海公传》《《云间志略》卷一四）、王兆云《皇明词林人物考》卷一〇、《明史》卷二一〇。

董份（1510—1595） 字用均，一字体化，号浔阳山人，又号泌园。浙江湖州府乌程（今湖州）人。嘉靖十六年（1537）举人，二十年进士，选翰林院庶吉士，授编修，与修《会典》，丁忧归。三十一年服阕，三十三年升右春坊右中允，管国子司业事，寻加太常少卿，擢礼部右侍郎，四十年迁吏部左侍郎兼翰林学士，

掌詹事府,四十一年进工部尚书,四十四年拜礼部尚书。言官劾其为严世蕃私人,斥为民,归里家居,卒于万历二十三年(1595)三月初五,年八十六。尝师事唐枢,潜心性命之学,又与钱镇、茅坤为挚友。黄景昉《国史惟疑》云:"董份、王材、唐汝楫、白启常,国史列为严世蕃私人。诸公或才学,或门第,均足自致通显,失足匪人,坐身名俱败,可为后鉴。"《千顷堂书目》著录其《泌园全集》三十七卷。现存万历三十四年其孙董嗣茂等辑录《董学士泌园集》三十七卷(附其子董道淳《董黄门稿》一卷),有董嗣茂序及董份弟子申时行序,内诗词七卷,收古近体诗五百七十余首、词四首。《四库全书总目》著录是集。明刻陆弘祚编《皇明十大家文选》录其文为《浔阳文选》二卷。《明文海》录其文十篇。《明诗综》卷四三录其诗一首。《御选宋金元明四朝诗》录其诗四十三首。清乾隆间辑刻《董氏诗萃》卷一录其诗四十六首。清陆心源《吴兴诗存》四集卷九录诗二十三首。《明诗纪事》戊签卷二一录诗五首,按云:"份诗五言有清致,为何元朗(何良俊)所推。"近人周庆云《浔溪诗征》卷一录诗一百零九首。生平见申时行《董公合葬墓志铭》(《赐闲堂集》卷二九)、《明史》卷二三三。

董守谕(1596—1664)　字次公,学者称长啸先生。浙江宁波府鄞县(今宁波)人。天启四年(1624)举人,七上公车不第,杜门读《易》,有得即录之,积以成帙。性不善治生,家本素封,用以待宾客,赈亲故,遂致日落,而当事者欲一面不可得,士论以此重之。卒于清康熙三年(1664),年六十九。负性耿介,不俯同流俗,为文章亦耻于循常袭故。经学著作有《读易一抄》《读易二抄》《卦变考略》《易韵补遗》《春秋简秀集》等。《四库全书》收其《卦变考略》二卷,又有稿本《读易一钞》十卷《易广》四卷及清抄本《春秋简秀集》三十四卷。《千顷堂书目》著录其别集《揽兰集》,未见传。《明诗综》卷六六录其诗一首,"诗话"云:"次公于诗,不屑寄人篱下,然与风雅尚远。"《御选宋金元明四朝诗》据之录。清全祖望《续甬上耆旧诗》,于陆春明家得其《揽兰集》,录其诗二百七十二首为一卷,卷前"小传"云:"明季遗民之盛,莫如甬上,甬上诸遗民诗笔之健,莫如先生……竹垞(朱彝尊)谓先生诗不肯寄人篱下,然于风雅尚稍远。予观其所录先生诗,乃甚不经意之作,疑未见本集者,以此知持论之难。"生平见《(雍正)浙江通志》卷一八〇。

董纪(1338—?)　字良史,曾以字行,更字述夫,号一槎。松江府上海人。善写梅竹,尤以草书名,亦能词翰,元季已有诗名,戴良辑《大雅集》录其诗六首。明洪武十五年(1382)举贤良方正,廷试对策称旨,授江西按察佥事,十七年引疾归,筑西郊草堂以居,因名其集为《西郊笑端集》。后卒于家,集未及锓板,稿藏其门人周鼎家,成化中周鼎之孙光禄寺少卿周庠始为刊印。现存成化四年(1468)刊本,不分卷,计收诸体诗四百六十余首、词六首、文三十篇。《千顷堂书目》著录其《西郊笑端集》一卷,或指此本也。《皇明风雅》录其诗二首。《皇明诗统》卷四录其诗五首。《皇明诗选》录其诗一首。《列朝诗集》甲前集录其诗四首。《明诗综》卷一三录其诗一首。《御选宋金元明四朝诗》录其诗二首。清姚宏绪《松风余韵》卷三四录其诗十九首。《四库全书》所收《西郊笑端集》则厘为二卷,《总目》"提要"云:"纪诗平易朴实,视袁凯诸人稍为不逮,故张汝弼(张弼)作是集序,谓其'漫尔而仕,漫尔而归,诗文亦漫尔而著,弗冀有传',颇致微词,而《静志居诗话》则举其《题海屋》诗'过桥云磬天台寺,泊岸风帆日本船'句,谓亦不为率漫。然纪集明世未经再刻,流播颇稀,《明史·艺文志》亦阙而不载,彝尊《明诗综》所录,但采之赖良《大雅集》中,未及见其全帙,故所摘佳句仅此。今观此集,过质伤俚之弊,诚所不免,然其

合作,往往得元、白、张、王遗意,汝弼以一格绳人,不足以尽诗体,彝尊执一二语以争之,亦未尽纪所长也。"《明诗纪事》甲签卷一九录其诗四首。近人严昌堉《海藻》卷七录其诗十二首。近人赵尊岳《明词汇刊》录其词六首为《西郊笑端词》。生平见徐泌《明画录》卷七、朱谋垩《续书史会要》《(同治)上海县志》卷一八。

董玘(1483—1546) 字文玉,号中峰。浙江绍兴府会稽(今绍兴)人。生于成化十九年(1483)八月十七。弘治十四年(1501)乡试第二,游太学,十八年会试第一,廷试第二,授翰林编修,与修《武宗实录》。忤刘瑾,出为成安知县,稍迁刑部主事,改吏部考功主事。瑾诛,复编修,正德九年(1514)满九载,迁侍读,充经筵讲官,寻迁左春坊左谕德兼侍读,十二年归省。嘉靖初起修《武宗实录》,升侍讲学士,迁詹事兼翰林学士,六年进吏部右侍郎仍兼学士,转左。七年以父忧归,为胡明善、汪铉论劾,遂不复出,后数载始白。二十五年(1546)六月二十六卒,年六十四,赠礼部尚书,谥文简。卒后嘉靖三十一年王国祯辑刻其文为《中峰文选》六卷《中峰应制稿》一卷,唐顺之序;嘉靖四十年王国祯又辑刻《董中峰先生文选》十一卷《廷试策》一卷,沈束序,王国祯跋,内诗赋二卷,收赋六篇、诗一百四十余

首。故《千顷堂书目》著录其《中峰文集》六卷又《中峰文选》十一卷。其集复有隆庆间修补本，清刊《董氏丛书》又刊有《会稽明董文简公中峰集》十二卷附三卷，现皆存。另明末陈氏石云居刊本《国朝大家制义》收其制义文《董中锋稿》一卷。《皇明诗统》卷一五录其诗五首。《明文海》录其文二篇。《明诗纪事》丁集卷一〇录其诗一首。生平见徐阶《董公墓志铭》《世经堂集》卷一八）、王兆云《皇明词林人物考》卷五、《（雍正）浙江通志》卷一六〇。

董谷（生卒年不详） 字硕甫，号碧里山樵、汉阳归叟。浙江嘉兴府海盐人，董沄子。正德十一年（1516）举人，嘉靖二十年（1541）选官安义知县，改汉阳，与大吏不合而归。后耕于海上，安贫乐志。每当过午未炊，散步澉湖，采白蘋以嗅，吟咏自若。《千顷堂书目》著录其《碧里四存稿》九卷。现存嘉靖四十四年董鲲刊本《董汉阳碧里后集》，首有其从侄嘉靖四十四年《碧里后集序》，内《碧里鸣存》《碧里疑存》各一卷，《碧里达存》《碧里杂存》各二卷。《鸣存》为诗集，收其所作五七言古近体诗，附赋颂曲；《达存》为文集，收各体文；《疑存》《杂存》则为其所作杂俎、笔记、评论，又附《豢龙子》一卷。少曾与父谒王守仁之门，而后所论则多失阳明学之意。《四库全书总目》小说家类著录《碧里杂存》一卷，"提要"谓其"杂记琐闻，多齐东之语"。另曾纂修《续澉浦志》九卷，有嘉靖三十六年刊本。《列朝诗集》丁集录其诗五首。清沈季友《檇李诗系》卷一一录其诗二十首。《明诗综》卷三七录其诗一首。《御选宋金元明四朝诗》录其诗三首。《明诗纪事》戊签卷一二录其诗二首。《明文海》录其文《九真山记》一篇。生平见过庭训《本朝分省人物考》卷四三、清黄宗羲《明儒学案》卷一四。

董应举（1557—1639） 字崇相，号见龙。福建福州府闽县（今福州）人。万历十九年（1591）中举，二十六年进士，除广州教授，以拒税监李凤占府学墙地有名。迁南国子监博士，历南吏部主事，改北，升考功郎中，告归。起南大理寺丞，天启改元，迁太常少卿，提督四夷馆，二年（1622）春上疏极言国事之危，陈急务数事，倡营屯以卫京师，因擢太仆寺卿兼河南道御史，经理天津至山海屯务。以屯田功升右副都御史，天启五年（1625）又进工部右侍郎，总督钱务，开局于荆州，寻兼户部侍郎，兼理两淮盐政。巡盐御史陆世科劾其损官利商，落职闲住。崇祯七年（1634）诏复原官，十二年卒于家，年八十三。应举居官勤勉用心，居家兴利捍患，既没，乡人立祠祀之。平生习理学,亦能诗文,少以陈第为诤友,与曹学佺为同年,又尝与钱谦益游。所著诗文存世最早者为万历四十八年叶向高序刊《崇相(文)集》八卷《崇相存素诗稿》二卷;又有别本《崇相(文)集》十一卷《崇相存素诗稿》二卷《崇相四六》一卷;又有天启三年刊《崇相集疏》二卷《书》四卷《议》二卷。另有崇祯刊《崇相集》,内疏、议、序、杂文各二卷,志记、传、志铭、表启、寿文、祭文各一卷,书启四卷,又诸体诗二百八十余首,不分卷,前有钟惺序。是集当编于应举生前,首有何如宠崇祯十二年序,故称十二年序刊本,然不累计卷数,传世本或有所缺,故书目著录有十六卷、十八卷、十九卷之别,《千顷堂书目》著录《董崇相集》即为十六卷。《明文海》录其文《皇都赋》九篇。《列朝诗集》丁集中录其诗八首。《明诗评选》录其诗一首。《明诗综》卷五八录其诗二首。《御选宋金元明四朝诗》录其诗四首。清郭柏苍《全闽明诗传》卷三六录其诗二十七首。《明诗纪事》庚签卷一九录其诗一首。生平见《(乾隆)福建通志》卷四三、《明史》卷二四二。

董应翰(里籍及生平不详)　作有传奇剧本《易鞋记》,现存明万历间金陵文林阁刻本,题《新刻全像易鞋记》,二卷四十五出。另有旧抄本。剧演南宋末年程鹏举、白玉娘夫妇于战乱中经历生离死别,终于团圆故事。本事出陶宗仪《南村辍耕录》卷四《贤妻致贵》,情节人物均有所增饰。冯梦龙《醒世恒言》卷一九《白玉娘忍苦成夫》,亦叙此事。明陆采、沈鲸均有《分鞋记》传奇敷演此事,祁彪佳《远山堂曲品》列董作《易鞋记》入“杂调”,论云:“大意与涅川(沈鲸)之《分鞋》不远,但音调既疏,构词转多俗语。”然此剧当时尚行之歌场,黄文华《词林一枝》《八能奏锦》及熊稔寰《徽池雅调》都收有此剧散出。

董沄(1458—1534)　字复宗,一字子涛,号萝石、从吾道人、白塔山人。浙江杭州府海宁人。布衣,少慷慨慕义,以能诗闻江湖间,交于沈周、孙一元、郑善夫等名士,更与其乡之业诗者数十辈为诗社,旦夕吟咏,至废寝食,遗业生,时俗共非笑之,不顾,以为是天下至乐也。嘉靖三年(1524)年六十七游会稽,闻王阳明良知之说,遂师事之,尽弃旧学。以年长于阳明为诗友所笑,则云“吾从吾所好尔”,因号从吾道人,阳明集有《从吾道人记》书其事。后又究心内典,与释法聚结社海门山寺。卒于嘉靖十三年,年七十七。《千顷堂书目》著录其《从吾道人诗稿》,现存清初抄本《从吾道人诗稿》二卷,收诗约二百首,有崇祯十五年(1642)姚士粦《合刻从吾道人集跋》。另有清抄本《湖海集》三卷，首王守仁嘉靖五年序，收董沄嘉靖五年前所作诗一百二十余首。《明诗综》卷二六录其诗四首。清沈季友《檇李诗系》卷一一录其诗七首。《御选宋金元明四朝诗》录其诗三首。《明诗纪事》丁签卷一五录其诗二首。生平见许相卿《董先生墓志铭》（《云村集》卷一三）、李贽《董萝石公传》（《续藏书》卷二二）、清黄绾《萝石翁董沄传》（《石龙集》卷二二）、清黄宗羲《明儒学案》卷一四。

董其昌（1555—1636）　字玄宰，号思白，又号思翁、香光、香光居士。原籍南直松江府上海，徙居华亭（今上海松江）。生于嘉靖三十四年（1555）正月十九，其父董汉儒为金山卫庠生，屡试不售，家益贫，遂以塾师为业。其昌隆庆元年（1567）入为府学庠生，师从原浙江布政使莫如忠，后就馆于礼部尚书陆树声家。万历七年（1579）、十三年两应乡试不举，十六年领顺天乡荐，明年春试入闱，廷试二甲第一，选翰林院庶吉士，二十一年授编修，皇长子出阁读书，充展书官。二十三年充会试同考官。二十七年坐失执政意，简放湖广提学副使，移疾归。三十二年起故官，迁湖广右参政，为势家所恶，明年谢事归。四十八年七月光宗立，召其为太常寺少卿，掌国子司业事，天启二年（1622）五月，刑科给事中傅槐以六年前"民抄董宦"一事弹劾董其昌"居乡贪纵，居官放诞，不宜在师表之地"，其昌引疾乞休，改以少卿兼翰林侍讲学士纂《光宗实录》。三年《实录》成，进礼部右侍郎兼侍读学士，协理詹事府事，又奉命修《神宗实录》。天启五年拜南礼部尚书，又连遭疏劾，屡乞休，任职不足一年，致仕归。崇祯四年（1631）起故官掌詹事府事，与修《熹宗实录》，晋礼部尚书，侍经筵讲官，七年致仕。九年九月二十八卒，赠太子太傅，福王时追谥文敏。董其昌一生居官时少，居家时多。明末党争激烈，其昌力避之，以求自保。居家数十年，则交通官府，放任家人横行，称霸乡里，敛怨于民。然于文艺则素负盛名于天下，书画皆称有明一代殿军，开清初之风气，传世作品亦甚夥。其书初学颜真卿、虞世南，转法钟繇、王羲之，称于率意中得秀色，分行布白，疏宕秀丽，自成一派，与邢侗、米万钟、张瑞图称明末四家。山水学董源、巨然，以黄公望、倪瓒为宗，又以禅论画，创"南北宗"之说，推崇南宗文人画，因成一代宗师。又精鉴赏，通禅理，诗文以自然流畅见长，然多率意之作。著述有崇祯三年董庭刻《容台集》十七卷，内《容台文集》九卷《诗集》四卷《别集》四卷，陈继儒序。其《别集》四卷，卷一为《随笔》《禅悦》《杂记》，卷二、卷三为《书品》，卷四为《画旨》。又有崇祯八年叶有声闽南刻本《容台集》二十卷，内《容台文集》十卷《诗集》四卷《别集》六卷。另有《画禅室随笔》四卷，卷一论用笔、评法书、跋自书、评古帖，卷二画诀、画源、题自画、评旧画，卷三记事、记游、评诗、评文，卷四杂言、《楚中随笔》《禅悦杂说》，有清康熙十七年（1678）汪汝禄刊本，为《四库全书》所收。《四库总目》另著录《学科考略》一卷，有《学海类编》本。《千顷堂书目》另著录其《南京翰林志》十二卷。陆云龙编崇祯六年峥霄馆刻《皇明十六名家小品》收《董思白先生小品》二卷。明末陈氏石云居刊本《国朝大家制义》收《董思白稿》一卷。《皇明诗选》录其诗四首。《列朝诗集》丁集录其诗三首。《明文海》录其文《兔柴记》一篇。《明诗综》卷五五录其诗六首。《御选宋金元明四朝诗》录其诗十四首。清姚宏绪《松风余韵》卷三四录其诗十八首。《四库全书总目》著录《容台文集》九卷《诗集》四卷《别集》四卷，"提要"云："其昌以书画擅名，论者比之赵孟𫖯，其诗文则多率尔而成，不暇研炼。词章之学，盖不及孟𫖯多矣。"《明诗纪事》庚签卷七上录其诗六首，按云："集中小诗题画，亦楚楚有致。"近人严昌堉《海藻》卷七录其诗十二首。陈继儒《乐府先春》辑

录其散曲套数一套。清邹祗谟、王士禛《倚声初集》卷一五录其词一首。生平见陈继儒《思白董公暨元配龚氏合葬状》（《陈眉公先生全集》卷三六）、清邹漪《启祯野乘》卷七、《明史》卷二八八。

董复亨（生卒年不详） 字元仲。京师大名府元城（今河北大名）人。万历四年（1576）顺天乡试中举，数上春官不第，二十年进士，授章丘知县。历史部主事、郎中，简放布政司参政，未上而卒。《千顷堂书目》著录其《繁露园集》二十二卷，现存万历四十年刊本，为其殁后同里张铨序而刻之，首李维桢、张铨序，内文十八卷，收其序、记、志铭、祭文等一百三十余篇，诗四卷，收其五七言古近体诗二百四十余首。《四库全书总目》著录是集，"提要"谓其文"喜剽掇辞藻"，"诗尤非所擅长"。另曾重修《章丘县志》三十四卷，万历刊本存。《皇明诗统》卷三八录其诗四首。清王崇简《畿辅明诗》录其诗四首。《明文海》录其文三篇。生平见《（康熙）元城县志》卷五、《（雍正）山东通志》卷二七。

董养河（？—1643） 字叔会。福建福州府闽县（今福州）人。诸生，崇祯间以岁贡授工部司务。在京曾从钱谦益游。《列朝诗集》丁集记云："丁丑岁（崇祯十年，1637），待诏长安，与黄孝翼、刘渔仲，偕游于

吾门。闽人而吴学者,三子也。"崇祯十三年黄道周以被劾钩党下狱,连累逮系者黄文焕等八人,养河亦在其中,狱中日与道周及户部主事叶廷秀倡和,道周狱解,养河亦官复原职,进户部主事,翌年,迁员外郎兼兵科给事中,十六年秋病卒。在先,其子董师吉曾随侍狱中,师吉编养河与黄道周、叶廷秀倡和之诗,刊为《西曹秋思》一卷,计七言律诗九十首,依上下平韵三人各为三十首,现存南明罗溪阁刊本及清抄本,《四库全书总目》著录。《四库全书总目》另著录《罗溪阁韵语》不分卷,则为养河自作诗,"提要"云:"集中《在狱对簿》诸诗,颇有气格,而粗豪则所不免。又多狭斜赠答之作,盖明季士大夫多以风流相尚,养河亦沿其习耳……中多阙落不可读,亦未分卷,盖残稿仅存,未及校正编次,故错乱如是矣。"当为未刊之诗稿,今未见传。《列朝诗集》丁集录其诗七首。《御选宋金元明四朝诗》录其诗一首。清郭柏苍《全闽明诗传》卷三八录其诗十四首。生平见《(乾隆)福建通志》卷四三。

董难(1498—1566) 字西羽。云南大理府太和(今大理)人。自幼警敏。既长,弃举子业而专吟咏。时杨慎谪金齿卫,董难从焉,游寓荡山楼,写韵汇集,转注古音,有《秋兴八首》为慎所取。卒于嘉靖四十五年(1566)正月初五,年六十九。著书十余种,所知者有《凤唱集》《转诂古音》《古音余奇字韵》《饷余枕蓑吟稿》《雪堂词彩》《芷碧乐府》等,然均未见传。清王士禛《居易录》卷二五记云:"升庵客滇游其门者,自'六学士'外,又有隐士董难……曾见其《题玉局寺》一诗极佳……风格宛似升庵。"《(乾隆)云南通志》卷二九之二录其诗《琼英仙洞》、文《百濮考》。清袁文典等《明滇南诗略》卷三录其诗五首、《滇南文略》卷一三录其文一篇。《明诗纪事》戊签卷二二录其诗四首,按云:"杨升庵谪滇,滇人与之倡和者有张禺山(张含)辈,称'杨门六学士',余谓皆不如西羽隐君也。升庵赠诗云:'隐节卢鸿一,诗名綦毋三。'可谓玄赏。惜其诗不传。"近人李根源《永昌府文征》"文录"卷六录其文一篇。生平见谢肇淛《滇略》卷六、《(乾隆)云南通志》卷二一之二。

董越(1431—1502) 字尚矩。江西赣州府宁都人。少孤贫。天顺三年(1459)领乡荐,成化五年(1469)第三人进士及第,授翰林编修。十八年升侍读,直经筵,为太子讲读。二十三年十二月以孝宗即位,升右春坊右庶子兼侍讲,与工科右给事中王敞充颁诏正副使出使朝鲜,回程后,朝鲜政府将二人所留诗文及朝鲜文臣许琮等人诗文一并刻印为《(戊申)皇华集》，收诗三百八十余首，内董越九十四首，王敞一百一十余首。弘治四年(1491)，与修《宪宗实录》成，升太常寺少卿，兼侍讲学士，寻升南礼部右侍郎，进南工部尚书。卒于弘治十五年五月初七，年七十二，赠太子少保，谥文僖。其颁诏归后所撰《朝鲜赋》，详记朝鲜地理风俗与山川人物，用谢灵运《山居赋》例，自为之注，有弘治三年刊本、正德十六年(1521)刊本、《四库全书》本及日本明治抄本等。另著《朝鲜杂志》，亦有《四库全书》本。《四库全书总目》另著录其《使东日录》一卷，载其往返朝鲜所作诗文，内收诗一百二十首，有正德九年刊本。《明史·艺文志》记其有《文集》四十二卷，则未详。《列朝诗集》丙集录其诗二首。《江西诗征》卷五二录其诗六首。《明诗纪事》丙签卷六录其诗三首。生平见李东阳《董公墓志铭》(《怀麓堂文后稿》卷二五)、廖道南《殿阁词林记》卷五。

董斯张(1587—1628)　原名嗣张，字然明，改名后字遐周，号借庵。以清羸多病，又自号瘦居士。浙江湖州府乌程(今湖州)人。生于万历十四年十二月二十七(1587年2月4日)。冢世以科举贵显，富冠一郡。十岁时，其父南京给事中董道醇、其祖原礼部尚书董份及其兄礼部员外郎董嗣成先后亡故，家因中

落。斯张少有隽才，年十五为诸生，后入国子监，再试不举。年十六即病肺，后药不少离，频频咯血，因拙于生计，独忧于书，泛览百家，旁涉佛道。与周永年、茅维、闵元衢为友，商榷著述，结社联吟，又多与海内名士冯梦龙、凌濛初、汤显祖等交契。卒于崇祯元年(1628)八月二十四，年四十三。所著诗万历四十二年(1614)曾刊为《静啸斋存草》十卷，王穉登、陈继儒序。崇祯间增刊为《静啸斋存草》十二卷《静啸斋遗文》四卷《吹景集》十四卷。《存草》为诗集，前十卷按《童牙稿》《客闽稿》《未焚稿》《留箧稿》《寒竽稿》排列，大体纪年，计收诗六百五十余首；卷一一为诗余，收词三十九首，卷一二为偈颂八十九章，附孙淳、韩曾驹、徐波、闵元衢等挽词、祭文。《遗文》四卷，收其所作序、传、祭文、书启、题跋等七十余篇。《吹景集》十四卷则为其所作文史杂记。又有别本诗文集《绪言》，所收诗、词、文有不见于《存草》《遗文》者。另曾辑《广博物志》五十卷(有《四库全书》本)、《吴兴备志》三十二卷(有清康熙抄本及《四库全书》本)、《吴兴艺文补》七十卷(有崇祯六年刊本)。陈济生《启祯遗诗》卷八录其诗十八首。《列朝诗集》丁集录其诗七首。《明诗评选》录其诗一首。《明诗综》卷六五录其诗十二首，"诗话"云：

"遐周初学诗于赵广业，及入闽，心折曹能始（曹学佺）。归与吴允兆（吴梦旸）、王亦房（王留）酬和。是时'公安''竟陵'派盛行，浙西风气，不尽移易。遐周洽闻周见，与吾郡沈景倩（沈德符）略同，诗亦相似。"《御选宋金元明四朝诗》录其诗八首。清乾隆十年（1745）刻《董氏诗萃》卷四、卷五收其诗一百四十九首。清陆心源《吴兴诗存》四集卷一六录其诗四十三首。《明诗纪事》庚签卷八录其诗八首，按云："遐周《童牙》《留箧》二稿，骨格尚未老苍。《寒筝》一集，自谓一变，冥心苦构，心血欲呕，颇參宋派。"卓人月《历代词统》录其词十六首。《御选历代诗余》录其词二首。《明词综》卷五录其词一首。近人朱祖谋《湖州词征》录其词七首。冯梦龙《太霞新奏》卷一〇辑录其散曲套数《赠王小史》一套。另，崇祯十四年刊小说《西游补》十五回，署"静啸斋主人著"，有静啸斋主人《西游补答问》，"静啸斋"为董斯张书室，斯张诗文集多以静啸斋命名，其评点冯梦龙散曲《怨离词》亦称"静啸斋"。其子董说清顺治七年（1650）《漫兴十首》诗云："《西游》曾补《虞初》笔，万镜楼空及第归。"自注曰："余十年前曾补《西游》，有万镜楼一则。"前人多据此以为《西游补》为董说撰。考董说崇祯十四年年仅二十二，而《西游补》不仅广涉诗歌、文辞、时文、平话、盲词、佛偈、戏曲等，且多社会人生之感慨，恐非董说所能胜任矣。或《西游补》原为斯张所著，后经董说增补润色问世。生平见董樵、董末《遐周先生言行略》（《静啸斋存草》附）、清汪曰桢《南浔镇志》卷三五。

董裕（1537—1606） 字惟益，号扩庵。江西抚州府乐安人。嘉靖四十四年（1565）中举，隆庆五年（1571）进士，授广东东莞县令。万历三年（1575）征为山东道御史，巡按陕西，丁内艰归。八年起补湖广道御史，九年巡抚滇南，十年调河南道御史，以忤中贵左迁，谪行人。十六年转尚宝司丞，转南光禄少卿，十八年改北，旋转太仆寺少卿。十九年晋大理寺左少卿，二十年以右佥都御史提督郧阳，二十二年晋大理寺卿，寻升南工部右侍郎，二十五年转南刑部，三十三年晋尚书，以年老辞归，次年夏五月卒，年七十，赠太子少保。与汤显祖同为罗洪先门生，交往甚笃。亦能著述。著述现存清乾隆元年（1736）宸翰阁刊本《董司寇文集》二十卷，卷一至卷一〇收序、记、传、墓铭、行状等一百四十五篇，卷一一收书启五十七篇，卷一二收杂著十五篇，卷一三"续刻"收文二十二篇；诗七卷，收古近体诗诗凡六百六十余首。集有万历三十六年门人赵捷序，又有陈儒、李维桢、胡汝焕、孙承宗等序,盖为旧序也。其奏疏清雍正十三年(1735)宸翰阁刻为《董司寇疏草》十五卷。《(雍正)江西通志》录其诗二首、文二篇。《江西诗征》卷五九录其诗一首。清应麟《江右古文选》卷二三录其文一篇。生平见吴道南《扩庵董公神道碑》(《吴文恪公文集》卷一六)、《(雍正)江西通志》卷八二。

董嗣成(1560—1595) 字伯念,号青芝。浙江湖州府乌程(今湖州)人,董斯张长兄。生于嘉靖三十九年(1560)六月初八。万历七年(1579)举人,明年进士,除礼部主事。历员外郎、郎中,二十年以疏救李献可削籍归,二十三年十月四日病卒,年三十六,天启初诏复官,赠光禄寺少卿。家世贵显,以重气节为士论所许,诗亦名于乡里。《千顷堂书目》著录其《青棠集》八卷又《光禄遗稿》。现存万历刊本《青棠诗集》八卷,卒后友人茅维所辑,首有谢肇淛《董伯念诗序》、茅国缙《董伯念传》,计收古近体六百九十余首。另近人《吴兴丛书》收《董礼部集》六卷《尺牍》二卷。《明诗综》卷五三录其诗六首。《御选宋金元明四朝诗》录其诗四首。《四库全书总目》著录《青棠诗集》八卷,"提要"云:"(谢肇淛序)称'嗣成古冼,宪章陶、谢;近体沐浴岑、王,如姑射仙人,飡风饮瀣',盖略举其近似。至云'使天假

以年,骎骎乎将立坛坫,与海内争雄',则已显言其学力尚浅矣。"乾隆年间刻《董氏诗萃》卷二、卷三收其诗一百八十七首。清陆心源《吴兴诗存》四集卷一〇录其诗六十七首。《明诗纪事》庚签卷八录其诗二首。生平见范允临《青芝董公行状》(《输寥馆集》卷五)、茅国缙《董伯念传》(《青棠诗集》卷首)、王兆云《皇明词林人物考》卷一二、《明史》卷二三三。

董暹(生卒年不详) 字长驭,号苏伯。湖广武昌府江夏(今湖北武汉)人。万历二十八年(1600)举人,三十二年进士,授宣城令,补建阳知县。历南吏部考功司主事,天启二年(1622)任礼部主事,迁员外郎、郎中,出为江西布政司参议,六年迁广东按察副使,提督学政。与郭正域、熊廷弼等有名于乡里,能诗,崇祯元年(1628)张萱辑其诗作,刻为《白社稿》十四卷,计收诸体诗一千二百余首,附铭四、偈二十七。是集卷首有陈玄藻《白社稿序》,卷末有张萱《白社稿跋语》,另有李维桢《蕉源诗稿题辞》及董暹《蚓鸣集自序》《壶园病草自序》《颟嘲自序》《垆头吟自序》《长安杂兴自序》《五石篇自序》,知其实为旧集之汇刻。生平见《(康熙)武昌府志》卷八、《(同治)江夏县志》卷六。

蒋山卿(1486—1548) 字子云,号南泠。南直扬州府仪真(今江苏

仪征)人。正德八年(1513)举人,明年进士,授工部主事。以顾璘等谏武宗南巡受杖,谪南京前府都事。嘉靖改元复原官,改刑部,历员外郎、郎中,出知河南府,改浔州府,再改南宁。以讨土官功进广西参政,坐蜚语罢归。回里后闭门谢事,独居休园,徜徉诗酒。嘉靖二十七年(1548)卒。据其诗集自序,髫年学诗,弱冠渡江,金陵顾璘、宝应朱应登教其读汉魏晋宋唐人之诗。举进士后始与同年亳州薛蕙研习古作。《明史·艺文志》著录其诗集《南泠集》十二卷,现存《蒋南泠集》十二卷收诸体诗八百余首,卷首有顾璘嘉靖二十一年序及蒋山卿自序,知是集刻于其生前。《盛明百家诗》前编录其诗一百四十余首为《蒋南泠集》。顾起纶《国雅》卷七录其诗八首,《国雅品》谓其"五言学杜,无幽闲奇语"。《皇明诗统》卷二〇录其诗十九首。《皇明诗选》录其诗二首。《列朝诗集》丙集录其诗五十二首,"小传"云:"以其时考之,子云之诗,发源于金陵,成就于亳州。主于学唐,不为剿杜,其亦生于北地(李梦阳)之后尔不随其云雾者与?"《明诗评选》录其诗一首。《明诗综》卷三五录其诗九首,"诗话"云:"子云诗如水精净域,尽扫游尘,微嫌太浅尔。"《御选宋金元明四朝诗》录诗十六首。《四库全书总目》著录《南泠集》十二卷,"提要"云:"顾璘序称其下笔千言,才情焕发,朋辈每为敛手,而王世贞又以不堪咀嚼渺之,持论互异。今观其集,正韩愈所谓无好无恶之诗耳。"《明诗纪事》戊签卷一二录诗十二首。生平见欧大任《十先生传》(清初刊《欧虞部集》)、王兆云《皇明词林人物考》卷六、《明史》卷一八九。

蒋之翘(生卒年不详)　字楚稚,号石林,又号雪樵。浙江嘉兴府秀水(今嘉兴)人。明末布衣,曾游焦竑之门,致力古学。好藏书刻书,曾刻《楚辞》《晋书》《韩昌黎集》《柳柳州集》等。清初又搜明人遗集数十种,辑为《甲申前后集》,辑刻乡邦人士诗为《樵李诗乘》四十卷。晚年无子,授徒自给,困益甚,乃出售所藏书于同里曹溶。顺治十六年(1659)朱彝尊犹访其于射襄城,卒年六十四。能诗。崇祯年间作《天启宫词》一百三十六首,有《学海类编》本及清抄本;又有《闻川怀古诗》一卷,有清雍正六年(1728)王明福刻本。光绪六年(1880)李道悠合二者刊为《蒋石林先生遗诗》三卷。《明诗综》卷八一录其诗一首。清沈季友《樵李诗系》卷二四录其诗十一首。清孟彬《闻湖诗钞》卷二录其诗七十六首。《明诗纪事》辛签卷三一录其诗三首。生平见清盛枫《嘉禾征献录》卷一五。

蒋主孝(1395—1472)　字宗伦，一字务本，号樵林居士。南直应天府句容(今属江苏)人，御医院判蒋用文三子。与四弟蒋忠(一名主忠)并有诗名。蒋忠后与刘溥、汤胤勣、苏平、苏正、沈愚、王淮、晏铎、邹亮、王贞庆并称"景泰十才子"(《明史》卷二八六)。或云主孝亦在"十才子"之列。《千顷堂书目》著录其《务本集》又《樵林摘稿》一卷，未见传。《石仓十二代诗选·明诗选》录其诗六十六首，编为一卷，卷末有附言："先君子所著有《务本斋集》若干卷，今《樵林摘稿》乃就其中所自选者也。第以平日议论甚远，故其去取甚严，尝谓谊曰：杨仲弘自言'作诗取才于汉魏，而音律则以唐人为宗'，其集也未必尽合，而斯言则可为法。谊故举此以为观是稿者之告。成化八年岁次壬辰(1472)冬十二月上澣男蒋谊泣血百拜，谨识。"此或其子蒋谊为《樵林摘稿》所作识语，则学佺之选所据当为是书矣。《列朝诗集》乙集录其诗十首。《明诗综》卷二一录其诗一首。《御选宋金元明四朝诗》录其诗六首。《金陵诗征》卷一四录其诗十三首。《明诗纪事》乙签卷七录其诗四首。生平见杨士奇《赠蒋主孝序》(《乐里文集》卷七)、《(道光)重修仪征县志》卷三六。

蒋忠(生卒年不详)　一名主忠，字存恕，号慎斋。南直应天府句容(今属江苏)人，御医院判蒋用文四子。曾寓于南京。与兄主孝并有诗名于时，忠与刘溥、汤胤勣、苏正、苏平、沈愚、王淮、晏铎、邹亮、王贞庆并称"景泰十才子"(《明史》卷二八六)，或云主孝亦在"十才子"之列。《千顷堂书目》著录蒋忠《慎斋集》七卷，有清刊《宛委别藏》(阮元辑)本四卷，计收诗二百六十余首。《(光绪)续纂句容县志》卷一八另著录其《金陵纪胜》《续貂小稿》《诗法勾玄》。《皇明风雅》卷三五录其诗一首。《皇明诗统》卷一一录其诗三首。《列朝诗集》乙集录其诗二首。《明诗综》卷二一录其诗一首。《御选宋金元明四朝诗》录其诗二首。《金陵诗征》卷一四录其诗三首。《明诗纪事》乙签卷二〇录其诗一首。生平见王兆云《皇明词林人物考》卷一一、《(道光)重修仪征县志》卷三六。

蒋孟育(1558—1619)　字道力，号恬庵。原为福建泉州府同安(今厦门)浯洲(今金门)人，随父居于漳州龙溪(今漳州)。生于嘉靖三十七年(1558)八月十五。万历十六年(1588)举人，明年进士，选翰林院庶吉士，寻疏乞终养。家居十余年，三十一年入朝，授检讨，分校礼闱，册鲁藩、江藩。累官至南国子监祭酒，四十五年进南户部右侍郎。四十七年十月二十八卒于龙溪家中，年六十二。有文名，家居与张燮、高克正、林茂桂、王志远、郑怀魁、陈翼飞等结霞中社于芝山之麓，称"七才子"。卒后诗文著述辑为《恬庵遗稿》三十八卷首一卷，有崇祯间刊本，首李康先、顾元贞、张燮序，内序八卷，记二卷，论一卷，策三卷，疏二卷，诰敕四卷，启二卷，尺牍十卷，传、墓铭、祭文等三卷，末二卷收诗百余首。《千顷堂书目》曾著录是集。清郭柏苍《全闽明诗传》卷三二录其诗一首。生平见张燮《蒋公行状》（《群玉楼集》卷五二）、顾起元《恬庵蒋公墓志铭》（《（崇祯）海澄县志》卷一三）、张维枢《恬庵蒋公传》（《恬庵遗稿》卷首）、《（光绪）金门志》卷一〇。

蒋信（1483—1560）　字卿实，号道林。湖广常德府武陵（今湖南常德）人。生于成化十九年（1483）八月二十七。王阳明谪龙场，寓郡西潮音阁，蒋信因得师事之。嘉靖二年（1523）以岁贡入京师，复师湛若水。九年再入太学，明年应天乡试中举，十一年举进士，授户部主事。十五年迁员外郎，升四川按察佥事，二十年至贵州按察副使，二十二年以病归。卒于三十八年十二月初三（1560年1月1日），年七十七。平生以讲学为务，践履笃实，湖南学者多宗之，称"正学先生"。《千顷堂

书目》著录其《道林集》九卷，现存万历四年（1576）刊本《蒋道林先生文粹》九卷，卒后门人姚世英等辑，收其所作各体文一百四十余篇、尺牍六十余篇。清廖元度《楚风补》卷二一录其诗六首。清邓显鹤《沅湘耆旧集》卷十七录诗七首。清应先烈《常德文征》录其诗十六首、文十篇。《湖南文征》录其文六篇。生平见柳东伯《蒋公信行状》《国朝献征录》卷一〇三）、清黄宗羲《明儒学案》卷二八、《明史》卷二八三。

蒋冕（1463—1532）　字敬之，又作敬所，号湘皋。广西桂林府全州人，南户部尚书蒋升异母弟。生于天顺七年（1463）二月十二。成化十三年（1477）乡试解元，二十三年进士，选翰林院庶吉士，授编修。弘治十三年（1500）兼司经局校书，侍东宫讲读，迁右春坊右中允。正德五年（1510）晋翰林侍读学士，历詹事府少詹事，擢吏部右侍郎，转左侍郎兼翰林学士，掌詹事府典诰敕，再迁礼部尚书仍兼府事，十一年兼文渊阁大学士，预机务，改武英殿大学士。十四年扈帝南征，还加少傅兼太子太傅、户部尚书、谨身殿大学士。正德崩，与杨廷和及诛江彬，拥世宗即位。嘉靖三年（1524）"大礼议"起，冕与首辅杨廷和等力争之，秋罢廷和，以冕为首辅，仍不屈于帝意，仅两月，抗疏乞去，继任首辅毛纪仅

三月也辞归,帝怒,诏下将诸人皆削籍。卒于嘉靖十一年七月十二,年七十,隆庆初诏复原官,赠少师,谥文定。冕为丘濬弟子,崇理学,为人持正,当正德之季,主昏政乱,冕屡谏不挠,嘉靖初上下扞格弥甚,冕持理不移,时称有古大臣风。其诗文犹存台阁之习,所著嘉靖三十三年广西按察使王宗沐辑刻为《湘皋集》三十三卷,内奏对四卷、奏疏三卷、附录召对及经筵讲章敕谕等稿一卷、诗八卷、词一卷、序记等杂文十六卷,有王宗沐等序。《明史·艺文志》著录其《湘皋集》三十三卷即此本也。后清嘉庆十一年(1816)俞廷举又刊《重刻蒋文定公湘皋集》四十卷,乃蒋氏宗人蒋肇书于雍正时所重辑,篇目略有所增,其中代帝所草之诏诰五篇,如《赐各王府讨宸濠诏》等未见嘉靖本。另,曾仿程、朱门人辑录师说之例,录其师丘濬诗论、诗谈,并摘其诗作,详加论列,编为《琼山诗话》,现存多种明刊本。《皇明诗统》卷一六录其诗二首。《石仓十二代诗选·明诗选》录其诗九十五首。《明诗综》卷二五录其诗一首。清汪森《粤西诗载》录其诗四十二首。《四库全书总目》著录《湘皋集》三十三卷,"提要"谓其"在当时不愧名臣,其诗文则未能挺出也"。清张鹏展《峤西诗钞》录其诗三十四首。《明诗纪事》丙签卷九录

其诗二首。《明词综》卷二录其词一首。近人赵尊岳《明词汇刊》录其词三十四首为《湘皋词》。《明文海》录其文七篇。生平见龙大有《蒋公敬所墓志略》(《重刻蒋文定公湘皋集》附录)、王世贞《内阁大学士蒋公传》(《国朝献征录》卷一五)、廖道南《殿阁词林记》卷二、《明史》卷一九〇。

蒋德璟(1593—1646) 字申葆,号若椰,又号八公。福建泉州府晋江(今泉州)人。万历三十七年(1609)举人,天启二年(1622)进士,选翰林院庶吉士,授编修。历侍讲、谕德、庶子、少詹,拜礼部侍郎。崇祯间累官至礼部尚书,兼东阁大学士,预机务,加太子少保。崇祯十七年(1644)三月,以议事忤帝意,辞朝,移寓外城。明社亡,归乡。福王时召入阁,固辞。唐王立,再召,以足疾辞。卒于清顺治三年(1646),年五十四。《千顷堂书目》著录其《敬日草》二卷、《悫书》十卷又《召对日记》一卷。现存崇祯四年刻隆武元年(1645)续刊本《蒋氏敬日草》十二卷《外集》十二卷。《蒋氏敬日草》卷一收奏疏三篇,卷二至卷九收各体文二百篇,末三卷收诸体诗六百二十首;《外集》十二卷所收多对、诰、策、揭、疏等应用之文,计三百多篇。《悫书》为记崇祯十四年至明亡史实之作,清息耕堂抄本十二卷,现残存十卷。另有杂著《蒋氏蕰经》十

二卷（万历刻本）。陈济生《天启崇祯两朝遗诗》卷六录其诗四十三首。《明诗综》卷六六录其诗一首。清郭柏苍《全闽明诗传》卷四四录其诗五首。《明诗纪事》辛签卷一八录其诗二首。《明文海》录其文十八篇。生平见清佚名《五十辅臣考》卷四、清李清馥《闽中理学渊源考》卷七七、《明史》卷二五一。

蒋曙（？—1527） 字景明，号竹塘。广西桂林府全州人。弘治五年（1492）举人，九年进士，授江西赣县令。征为南户部主事，改浙江道监察御史，出知保定府。迁山东按察副使，备兵天津，上《兴革利弊八事》，悉报可。调广东按察副使，升布政司左参政，擢江西右布政使，转湖广左布政使，以都察院右副都御史抚治郧阳，晋工部右侍郎，嘉靖六年（1527）卒于官。《千顷堂书目》著录其《竹堂遗稿》八卷。现存万历九年（1581）刊本《竹塘先生遗稿》八卷附二卷，高应芳序，马泗跋。内诗三卷（卷一《初稿》、卷二《西江稿》《觐回稿》《郧阳稿》、卷三《闲居稿》），收诗凡二百四十余首；文五卷，收奏疏四篇、各体文四十余篇附词六首。《皇明诗统》卷一五录其诗八首。生平见雷礼《国朝列卿纪》卷一一三、《（雍正）广西通志》卷七八。

韩上桂（1572—1644） 字孟郁，号月峰，别署罗浮天游子。广东广州府番禺（今广州）人。万历二十二年（1594）中举，两赴春官不售，遂放怀诗酒，游咏胜地，不复再试。四十四年选为定州学正，次年丁母忧去职。天启末，再起为南京国子博士，历助教、监丞，改永平府通判，迁建宁同知，留宁远饷边。崇祯十七年（1644）京师陷，悲愤不食，死于任所，年七十二。平生性豪放，怡情诗酒，好填南词，酒间曼声长歌，多操粤音。著有《蓬庐稿》《城坳集》《四衍詹书》《鸡肋篇》等，《千顷堂书目》著录其《韩孟郁稿》三卷。现存天启间刊本《蓬庐稿选》不分卷，首叶向高、区大相、萧云举序，末有天启七年（1627）薛冈后序。区大相序谓其"杂文近体，虽不专法一家，然皆不卑卑近调"。是集内分十三目，计收赋十四、古骚五、颂二、仿骚六、古体诗七十九、近体诗九十一首，又诗引四、序文十二、祭文五篇。著述存世又有清嘉庆刊本《朵云山房遗稿》不分卷。《列朝诗集》录其诗十四首，"小传"云："孟郁为诗赋多倚待急就……长于古诗歌行，于今体殊不经意。"清屈大均《广东文选》录其文一篇、诗十一首。《明诗综》卷五七录其诗一首。《御选宋金元明四朝诗》录其诗七首。清梁善长《广东诗粹》卷七录其诗五首。《明诗纪事》辛签卷六下录其诗四首，按语云："孟郁才笔挥霍，长篇动辄千言。"又曾撰传奇二种:《青莲记》佚,仅胡文焕《群音类选》卷一四录《御史调羹》等五出佚曲,凌虚子等《月露音》录二出佚曲;《凌云记》二卷二十出,晚明时有刊本,存1932年韩慈明手抄本及罗忼烈据手抄本整理本,是剧谱司马相如、卓文君故事。祁彪佳《远山堂曲品》列其入"能品",评云:"天游子力返于古,为司马长卿作北曲,词不易宫,宫不易调,入明以来,仅见于此。但其为词,有芜杂处,而流利觉少。且一折中用两人唱,亦非旧式。"(祁彪佳《远山堂曲品》)生平见《(雍正)广东通志》卷一六。

韩日缵(1578—1636)　字绪仲。广东惠州府博罗人。万历二十五年(1597)举人,三十五年进士,选翰林院庶吉士,授检讨,丁父忧归。后历官至礼部右侍郎,充两朝《实录》纂修总裁,经筵日讲官,拜南礼部尚书,丁母忧归里。崇祯五年(1632)复起为南礼部尚书,九年卒,年五十九,谥文恪。卒后其子宗骐、宗禄等辑其著述刻为《韩文恪公文集》二十一卷,又有《诗集》九卷,收古近体诗四百七十余首,有崇祯间刊本,又有清康熙刊本。清屈大均《广东文选》卷一一录其文一篇。清梁善长《广东诗粹》卷七录其诗一首。《明诗纪事》庚签卷二二录其诗 首。生平见《(雍正)广东通志》卷四六。

韩文(1441—1526)　字贯道,号质庵。山西平阳府洪洞人。成化二年(1466)进士,授工科给事中。以劾都御史王越语侵两宫被杖。出为湖广参议,历山东参政、云南布政使,擢右副都御史巡抚湖广,改河南。弘治间入拜户部侍郎,改吏部,进南兵部尚书,改户部。武宗立,刘瑾、马永成等用事,率同官疏论之,伺隙坐以罪,降级致仕,又罚米,致家业荡然。瑾诛复职,加太子太保致仕。卒于嘉靖四年(1525),年八十六,赠太傅,谥忠定。《明史・艺文志》著录其《质庵集》四卷。现存其孙廷伟等辑《韩忠定公集》四卷,有万历八年(1580)刻二十二年印本、崇祯元年(1628)刊本及清乾隆、道光刊本等。是集卷首有王嗣美、韩嗣祖序,卷一收墓志铭、小传等,卷二收《莝词记》、奏议,卷三收奏议、《韩忠定公自传》,卷四收诗二百二十余首。又曾纂修《洪洞韩氏家谱》三卷,清续修,存清咸丰抄本。《皇明诗统》卷一九录其诗一首。《明诗综》卷二四录其诗二首,"诗话"云:"忠定公余即事吟咏,集中十九皆七言近体,取自怡悦而已。"《御选宋金元明四朝诗》据之录。《明诗纪事》丙签卷五录其诗一首。生平见杨一清《韩公墓志铭》(《韩忠定公集》卷一)、乔宇《韩忠定公传》(《乔庄简公集》卷八、《韩忠定公集》卷一)、《明史》卷一八六。《韩忠定公集》卷三有《韩忠定公自传》。

韩世能（1528—1598）　字存良，号敬堂。南直苏州府长洲（今江苏苏州）人。生于嘉靖七年（1528）十月初七。隆庆元年（1567）领乡荐，明年进士，选翰林院庶吉士，四年授编修，与修《世宗实录》。六年五月穆宗崩，神宗朱翊钧嗣位，七月以世能充正使颁登基诏于朝鲜国，十月十一与副使陈三谟渡鸭绿江至朝鲜，十一月二十三渡鸭绿江归国，计在朝鲜停留四十天。归后与修《穆宗实录》，万历四年（1576）又与修《大明会典》，升侍讲，十二年升右春坊右谕德兼翰林侍讲。十三年升国子祭酒，十八年召补礼部右侍郎兼侍读学士，以疾归。二十六年七月二十七卒，年七十一。世能家富收藏，以博雅称。《四库全书》所收张丑撰《南阳法书表》一卷所列历代书法二十七人七十二件、历代绘画四十七人九十五图所据即为世能家所藏真迹。亦能诗文，《千顷堂书目》著录其诗文别集《云东拾草》十四卷，《四库全书总目》亦著录，"提要"谓世能"诗文不出王、李门径"，"是集为世能自编，殁后二十年其子逢祜乃刊行，附以诰敕谕祭葬文及碑铭传状"，未见传。惟世能赴朝鲜次年，朝鲜政府循例刊刻之《（癸酉）皇华集》，存世能诗五十三首（其集总收诗二百六十余首）。《明文海》录其文二篇。清陈元龙《御定历代赋汇》补遗卷一录其《拟日方升赋》。另《明诗综》卷五一、《御选宋金元明四朝诗》、清汪森《粤西诗载》录其诗一首。生平见徐显卿《敬堂韩公行状》（《天远楼集》卷一九）、申时行《韩公墓志铭》（《赐闲堂集》卷二四）、《明史》卷二一六。

韩邦奇（1479—1556）　字汝节，号苑洛。陕西西安府朝邑（今大荔）人，按察副使韩绍宗次子。弘治十七年（1504）乡试中举，正德三年（1508）与弟邦靖同中进士，除吏部考功司主事，进员外郎。六年冬，京师地震，上疏陈时政阙失，忤旨，会有劾臣僚不职者，并及邦奇，以前疏故，黜为平阳通判。九年迁浙江按察司佥事，时有中官王堂等至浙江，强征茶、鱼等物产，邦奇作歌《富春谣》以讽之，王堂等劾其怨谤，触帝怒，下诏狱，廷臣论救，斥为民。家居讲学八年，嘉靖初，起山东参议，谢辞，寻用荐，起山西参议，历四川提学副使，入为右春坊右庶子。七年（1528）偕方鹏主应天乡试，坐试录谬误，谪南太仆丞，复乞归。起山东按察副使，历大理寺丞，进少卿，以右佥都御史巡抚宣府，进右副都御史，巡抚辽东，改山西，居四年，引疾归。二十三年以故官督河道，迁刑部侍郎，改吏部，进南都察院右都御史,拜南兵部尚书,二十九年致仕归。三十四年十二月十二子时(1556年1月22日23时至23日1时)关中大地震,与王维桢、马理等同日死,年七十七,赠太子少保,谥恭简。邦奇以刚直尚节概称,又性嗜学,猎诸广涉,谭理学,负经济,其弟邦靖则以诗称,关中称"二韩子"。邦奇经学著述有《易学启蒙意见》五卷(有正德刊本、嘉靖刊本及《四库全书》本)、《洪范图解》二卷(有正德刊本)、《苑洛志乐》二十卷(有嘉靖刊本和《四库全书》本)、《易占经纬》四卷(有嘉靖刊本),又有《苑洛先生语录》六卷(有嘉靖刊本)、《禹贡详略》不分卷(有明末刊本)等。又有《乐律举要》一卷(有《四库全书》本、《学海类编》本)。诗文著述《明史·艺文志》著录《苑洛集》二十二卷,现存嘉靖三十一年刊本,孔天胤序,凡奏议五卷、序两卷、记一卷、志铭三卷、表一卷、传一卷、策问一卷、诗二卷(收诗一百七十余首)、词附南北曲一卷(收词三十八首、南北曲三十一首)及《见闻考随录》五卷。后又有清乾隆十六年(1751)重刻本,嘉庆七年(1802)补刊本。道光八年(1828)朝邑西河书院刻本则改题为《韩苑洛全集》。《四库全书》收《苑洛集》二十二卷,《总目》"提要"云:"当正、嘉之际,北地(李梦阳)、信阳(何景明)方用其学提倡海内,邦奇不相附和,以著书余事,发为文章,不必沾沾求合于古人,而记问淹通,凡天官、地理、律吕、数术、兵法之属,无不博览精思,得其要领。故其征引之富,议论之核一一具有根柢,不同掇拾浮华。"《皇明诗统》卷二二录其诗九首。崇祯五年(1632)贾鸿洙《周雅续》卷六录其诗二十二首。《明诗综》卷三三录其诗四首。《明诗纪事》丁签卷一六录其诗一首。《明词综》卷三录其词四首。近人赵尊岳《明词汇刊》录其词三十九首为《苑洛词》一卷。生平见冯从吾《苑洛韩先生传》(《冯少墟集》卷二二)、清黄宗羲《明儒学案》卷三、《明史》卷二〇一。

韩邦靖(1488—1523) 字汝庆,号五泉。陕西西安府朝邑(今大荔)人,按察副使韩绍宗三子。生于弘治元年(1488)闰正月初一。十四年乡试中举,年仅十五,有"神童"之称。正德三年(1508)二十一岁与仲兄韩邦奇同榜进士,次年授工部虞衡司主事。八年迁员外郎,九年乾清宫火灾,诏求直言,上疏以为朝政不修所致,帝怒,下锦衣卫狱,以给事中李铎等上书援救,夺职为民。家居八年,世宗即位,起故官,擢山西左参议,分守大同,嘉靖二年(1523),大同饥荒,力请发内帑赈济,不许,以病自劾归,四月二十一日卒,年三十六。以诗名于乡邦,又缘诗与何景明、李梦阳等结识。同邑王九思、康海略长于邦靖,对其尤加推崇。《千顷堂书目》著录其《朝邑县志》二卷、《五泉集》四卷。《朝邑县志》二卷后被收入《四库全书》。《五泉集》为其诗集,现存刊本数种:一为嘉靖十六年赵伯一刊本《韩五泉诗》四卷,首刘凤池、康海序,收诗一百六十六首,为其卒后邦奇所辑,附录二卷收入王九思、唐龙、樊得仁、韩邦奇等为邦靖所作墓志、墓表、记传等;二为嘉靖十九年樊得仁刊本《韩五泉诗》四卷附录二卷;另清刊数种《韩五泉诗》亦为四卷附录二卷,然皆与邦靖所修之《朝邑县志》二卷合刊,且附邦靖妻屈淑《韩安人遗诗》。《盛明百家诗》前编录邦靖诗五十余首为《韩参议集》。顾起纶《国雅》卷七录其诗八首。《皇明诗统》卷二二录其诗十九首。崇祯五年(1632)贾鸿洙《周雅续》卷六录其诗四十四首。《皇明诗选》录诗六首。《列朝诗集》录诗三十七首。《明诗综》卷三三录其诗六首。清沈德潜《明诗别裁集》录诗一首。《御选宋金元明四朝诗》录诗十首。《四库全书总目》著录《韩五泉诗集》四卷附录二卷,"提要"云:"邦靖兄负重名,时有'关中二韩'之目,而诗则不出当日之风气。王九思云'五泉子七言绝句诗绝类少陵,古歌词浸淫唐初,逼汉魏矣',标榜之词未免溢美。《静志居诗话》曰:'五泉心摹手追,乃在大复。比于西原(薛蕙)、南泠(蒋山卿)不足,方之孟有涯(孟洋)、李嵩渚(李濂),似胜一筹。'斯为平允之论矣。"《明诗纪事》丁签卷一六录诗六首。生平见王九思《五泉韩子墓志铭》(《渼陂集》卷一三)、韩邦奇《韩邦靖传》(《苑洛集》卷八)、王兆云《皇明词林人物考》卷五、《明史》卷二〇一。

韩贞(生卒年不详) 字以中,号乐吾。南直扬州府兴化(今属江苏)人。以陶瓦为业,时泰州朱恕,樵薪养母,从王艮讲学,贞慕其行,从之游,后师事王艮子王襞。贞有茅屋三间,以之偿债,遂处窑中。学有所得,遂以化俗为任,农隙则历各村,聚徒讲学,从游者甚众。粗识文字,略能诗。卒后兴化、宝应等后学许子桂等十余人辑其遗诗,刻为《乐吾韩先生遗稿》一卷《遗事》一卷,收其所作诗百余首,有万历二十六年(1598)王宗彝《刻韩乐吾先生诗集序》及余尚友、黄大成序。生平见清黄宗羲《明儒学案》卷三二、《(雍正)江南通志》卷一六三。

韩守益(生卒年不详) 字仲修,号樗寿。湖广荆州府石首(今属湖北)人。明初以儒士授宜都教谕,擢广西按察佥事,入为河南道御史。因直言忤朱元璋,贬国子膳夫供事。寻复御史,补重庆知府,坐贡举事,贬安庆府判。复取为御史,改右春坊右中允,有疾乞归,卒于家。守益耿介孤直,三历台谏,多犯险激帝怒,时以忠孝称。《千顷堂书目》著录其《樗寿稿》,未见传。《盛明百家诗》后编录其诗一百零五首为《韩中允集》,诗以五七言近体为主。顾起纶《续国雅》卷一录其诗三首。《皇明诗统》卷四录其诗四首。《石仓历代诗选·明诗选》录其诗十六首。清廖元度《楚风补》卷一七录诗三首。《明诗综》卷四录诗一首。清高士熙《湖北诗录》录诗一首。《明诗纪事》甲签卷一一录诗一首。清沈辰垣《御选历代诗余》《明词综》卷一均录其词[苏武慢]一首。生平见过庭训《本朝分省人物考》卷七九、《(康熙)荆州府志》卷二六、《(雍正)湖广通志》卷五七。

韩应嵩(1524—1598) 字仲甫,号定轩,又号太室山人。湖广襄阳府光化(今湖北老河口)人。万历十八年(1590)贡生,官宁都县丞,忤中官,告归。二十六年卒,年七十五。著述有《太室山人集》十六卷,万历三十二年韩光祜晋陵刊本,王穉登序,韩光祜跋,内诗六卷,收古近体诗四百五十余首,词二首,文十卷,收赋二篇,各体文一百五十余篇。《(雍正)湖广通志》卷一一〇录其《夫子像冢记》一篇。生平见李荫《韩太室先生墓志铭》(《太室山人集》附录)、《(光绪)襄阳府志》卷二四、《(光绪)光化县志》卷六。

韩经(生卒年不详) 字本常,号恒轩。浙江绍兴府山阴(今绍兴)人。以行谊名于乡里。洪武初,遇科举法行,乃刻苦为举子业,虽冬寒暑雨,手卷不释,废寝忘食,致成痼疾。后有司屡以经明行修荐,俱以病辞。家居教授,晚岁筑室一所,扁曰恒轩,陶情养性其间。生平吟咏甚富,卒后其子辑其遗诗为《恒轩集》六卷,凡近体诗四卷、古体诗二卷,有杨士奇正统四年(1439)序。传世正统间刊本《恒轩遗稿》仅存首三卷,内七言律二卷,二百五十二首,五言律一卷,五十二首。《四库全书总目》著录《恒轩集》六卷,"提要"谓其诗"语多质直,主于抒写己意而止,非屑屑以文字求工者也"。生平见杨士奇《恒轩韩先生诗集序》(《东里文集续集》卷一四)。

韩奕(1334—1406) 字公望,号蒙斋。苏州府吴县(今江苏苏州)人。少眚一目,筮得《蒙》卦,知目眚不可疗,遂匾其室曰"蒙斋",自以为号,亦因之绝科考之念。洪武中承父业悬壶吴中,又拜义乌名医朱震亨为师,因精医术。然喜游览山水,尤耽于诗词。王鏊《姑苏志》记云:"奕虽居廛市,而乐事游览,放浪山水间,褐衣芒屦,一童自随,往来山僧野客家,累月不去。或时藉草而坐，微吟长啸，人莫测其意。性颖敏博学，尤工于诗词。洪武中，与王宾俱隐于医。宾既为郡守姚善所礼，乃复因宾致奕，奕终不往。"卒于永乐四年（1406），年七十三。所著医书有《伤寒类法》《新效方》《本草歌括》等。万历刻《夷门广牍》收其《易牙遗意》二卷，《四库全书总目》以为出于伪托。韩奕卒后三年，其弟韩夷选其诗刊为《韩山人诗集》，收诗二百九十余首，有永乐七年（1409）御医蒋用文序及永乐六年御医赵友同撰《行状》；又二年，韩夷子韩友孙又裒韩奕未刊稿刻为《续集》，有永乐九年赵友同《韩山人续集序》，分体收诗四百二十余首、词二十八首。两集未见刊本，惟国内外藏明清抄本多种，各本详略及卷数不一，《千顷堂书目》著录其《蒙斋集》，约略记之，或未见其集也。《皇明风雅》卷二五录其诗一首。《皇明诗统》卷五录其诗二首。《列朝诗集》甲集录其诗三十六首。《明诗综》卷一一录其诗八首，"诗话"云："明初吴中高士三人：一为长洲王宾仲光，一为昆山王履安道，其一则公望也。三人皆隐于医，以公望为巨擘焉。"《四库全书总目》著录其《韩山人集》不分卷，"提要"云："其诗古体伤于浅率。近体如……一知半解，尚稍得宋人格律，其瓣香当在剑南。然如《桃源小隐》云‘山迴水转疑无路，树密花深

别有香’，则全袭陆游旧句，不免生吞活剥矣。"《海虞文征》录其诗三首。《明诗纪事》甲签卷二三录其诗四首。亦能词，近人朱孝臧《彊村丛书》曾辑其词二十八首称《韩山人词》。生平见赵友同《行状》（《韩山人诗集》附）、王鏊《姑苏志》卷五五、张昶《吴中人物志》卷九。

韩锡（生卒年不详）　又名廷锡，字晋之。福建福州府侯官（今福州）人，万历十四年（1586）进士韩邦域子。万历末诸生，科考不售，遂退居城郊乌石山北，筑室三榕树下，称榕庵，心无旁骛，惟读书学古。能书，尝谓字学坏于钟、王，故悉力于大小篆，虽朋友往来短札，无非篆书，终身不作行草，即真书，亦仅于应试时用之。诗文有名于乡里，与李时成、林蕙、邓景卿等结社邻霄，尤与李时成为终身友。著述有崇祯间刻《韩子》二十七卷，以编年分卷，首为《甲寅集》（万历四十二年），末为《癸酉集》（崇祯六年），跨二十年，所作各卷诗文不一，总计有赋十九篇、诸体诗四百三十余首、各体文三百八十余篇。又有崇祯刻本《榕庵集》三十一卷，内文十五卷、赋十五卷、诗一卷，与《韩子》所收不同。清郭柏苍《全闽明诗传》卷四三录其诗十七首，《柳湄诗传》引陈衎崇祯九年（1636）作《像赞》，知其卒于崇祯九年以前。生平见余飏《韩晋之传》

（郭柏苍等《全闽明诗传》卷四三引）、《（乾隆）福州府志》文苑传。

韩雍（1422—1478） 字永熙。南直苏州府长洲（今江苏苏州）人。父行役京师，永乐二十年（1422）十一月初九生雍于宛平，故其少为顺天府庠弟子员。正统六年（1441）举顺天乡试，明年进士，除湖广道监察御史，巡按江西。景泰间擢广东按察使，进右佥都御史，巡抚江西，以劾宁王下狱，夺官。天顺初起大理少卿，复为右佥都御史巡抚宣府、大同，入为兵部右侍郎。宪宗立，坐累贬浙江参政，擢左佥都御史，进右都御史，提督两广军务，丁忧归。起以右都御史莅故任，被劾致仕，归苏州。卒于弘治十一年（1478）十月十五，年五十七，正德间追谥襄毅。韩雍夙负才望，踔厉风发，犹以官两广时平定大藤峡之乱为朝野所称。诗文亦卓然一时，《明史·艺文志》著录其《韩襄毅公文集》十五卷。现存明莳溪草堂刊《韩襄毅公家藏文集》十五卷，内诗八卷、文九卷，又有明成化刊本《平蛮录》七卷。钱谷《吴都吴粹续集》录其诗三首、文一篇。《明诗综》卷二〇录其诗一首。清汪森《粤西诗载》录其诗三十二首、词一首，《粤西文载》录其文十篇。《四库全书》据明刊本收《襄毅集》十五卷，《总目》"提要"云："明自正统以后，正德以前，金华（宋濂）、青田（刘基）流风渐远，而茶陵（李东阳）、震泽（王鏊）犹未奋兴，数十年间惟相沿台阁之体，渐就庸肤。雍当其时，虽威行两广，以武略雄一世，不屑屑以雕章绘句为工……故虽未变体裁，而时饶风骨。其杂文亦高视阔步，气象迥殊。韩愈所谓'独得雄直气者'，殆于近之。《明诗综》但称雍有集，而不著集名，所录雍诗一篇，又非佳作。其《赐游西苑记》，《日下旧闻》亦不载。《静志居诗话》绝无一字及雍，殆偶未见斯集欤。"《海虞文征》卷一五录其文二篇、卷三〇录其诗四首。《明诗纪事》乙签卷一七录其诗二首。生平见刘珝《韩公雍墓志铭》（《古直先生文集》卷一四）、王鏊《姑苏志》卷五二、何乔远《名山藏》卷六六、《明史》卷一七八。

［］

景旸（1476—1524） 字伯时，号前溪。先世仪真人，父徙家金陵，遂为南直应天府上元（今江苏南京）人。弘治十一年（1498）应天中举，正德三年（1508）第二人进士及第，授翰林编修。十一年迁国子司业，以母病乞南补，改左春坊左中允，管南国子监事，十六年以母忧归。嘉靖三年（1524）终丧北上，道经仪真染疾卒，年四十九。善书，初工真行，后师周伯琦，小篆颇得风骨。又与邑人蒋山卿、赵鹤、朱应登并工诗文,号"江北四子"。《千顷堂书目》著录其《前溪集》十四卷,未见传。《列朝诗集》丙签录其诗一首,"小传"云:"好学无怠,文法左氏、司马,不尚枸棘。字顺语圆,具有绳准。诗主盛唐,萧散遗俗。"《明诗综》卷三三录其诗二首,"诗话"云:"《前溪集》久遂失传,从卢子明《广陵诗选》录得二首。其《与陈玉泉论诗》云:'辞取达意,若惟以模拟为工,尺尺寸寸,按古人之迹求肖似,何以达吾意乎?'盖亦矫北地(李梦阳)之弊者。"《金陵诗征》卷一八录其诗三首。《明诗纪事》戊签卷一〇录其诗一首。生平见顾璘《景伯时行略》(《国朝献征录》卷七四)、《景中允传》(《焦氏澹园集》卷二四)、欧大任《十先生传》(清初刊《欧虞部集》)、王兆云《皇明词林人物考》卷五。

景翩翩(生卒年不详)　原名遥,字三昧,改名后字惊鸿。据其诗"妾本吴中人,好就吴侬语"(《清溪曲》),则本为吴人,流落为江西建昌妓。以能文善歌名,诗有民歌风,多自寄身世情愫。《列朝诗集》闰集所载"小传"谓其"与梅生子庾以风流意气相许,有婚姻之约而不果。久之,穷困以死"。《明诗综》卷九八谓其"嫁丁长发,丁为人诬讼于官,景竟自经"。民间又传说其为建宁富商丁长发骗娶为妾,因不堪大妇虐待,自缢身亡。未详孰是。所著有《散花吟》,未见传。托名钟惺《名媛诗归》卷三一录其诗十八首。《列朝诗集》闰集录其诗五十二首,"小传"云:"诗名《散花吟》。王伯谷(王穉登)有诗曰:'闽中有女最能诗,寄我一部《散花词》。虽然未见天女面,快语堪当食荔枝。'翩翩本家旴江,时时出游建安,故伯谷以为闽中女子。"《明诗综》卷九八录其诗二首。《御选宋金元明四朝诗》录其诗二十九首。清季娴编《闺秀集》录其诗四首。《明词综》卷一二录其词一首。清徐树敏等《众香词》数集录其词三首。张梦征《青楼韵语》、王端淑《名媛诗纬雅集》各辑其散曲小令一首。

喻安性(1574—1654)　字仲卿,号养初。浙江绍兴府嵊县(今嵊州)人。万历二十六年(1598)进士,授南昌府推官。历礼部主事、吏科给事中、礼部郎中,三十六年任广东按察司金事。四十一年至澳门清查葡萄牙人蓄倭之事。后任辽东巡抚、蓟辽总督,天启四年(1624)与袁崇焕东巡广宁,天启五年九月以柳河兵败被罢免。崇祯时,曾拜兵部尚书兼右副都御史。清顺治十一年(1654)卒于家,年八十一。《千顷堂书目》著录其《易参》五卷、《养初集》。现存崇祯刊本《喻中卿稿》八卷(或题为《喻氏疏议诗文稿》),分题《铨垣疏稿》《抚蓟疏稿》《抚辽疏稿》《总督疏稿》《豫章建议》《粤东建议《蓟西建议》及《文稿》《书稿》《诗稿》，内前四卷奏疏，收疏文九十余篇，卷五至七收各体文一百五十余篇，卷八收诸体诗一百七十余首。各卷皆有目录。其中卷四"总督疏稿"纪事至崇祯二年（1629）。生平见《（乾隆）绍兴府志》卷四九。

喻均（生卒年不详） 字邦相，号枫谷。江西南昌府新建（今南昌）人。嘉靖四十三年（1564）举人，隆庆二年（1568）进士，除工部主事。以事谪官，寻迁兰溪知县。历处州、松江知府，进天津兵备副使，历官至山东按察副使。多与王世贞交往，世贞曾序其集，谓其诗文"气雄而调古"（《喻邦相杭州诸稿小序》）。又与胡应麟交厚，胡氏《诗薮》称其诗"高华雄迈"。后沈茂荣序其集直称其诗"兼总盛唐""无大历以下语"，则其未出当时摹古一派之藩篱。以诗为王世贞所赏，世贞曾将其与皇甫汸、莫如忠、许邦才、周天球、沈明臣等列为"四十子"（《弇州四部稿续稿》卷三）。著述原多单刻，现存明季单刊本有《虎林稿》四卷、《兰荫稿》五卷、《仙都稿》三卷。另有《三浙稿》《云间稿》等，未见传。诸集后由其门人沈茂荣辑刊为《山居诗稿》十五卷《山居文稿》十卷，卷首有万历二十九年（1601）沈茂荣序。《千顷堂书目》著录其《山居诗稿》十卷又《兰荫稿》五卷又《仙都稿》一卷又

《虎林稿》四卷，所记不全也。又尝与刘元卿同撰《江右名贤编》（有万历刊本）。《明诗综》卷五一录其诗四首。《明诗纪事》庚签卷九录其诗二首。生平见王世贞《松江太守喻邦相先生五十序》（《弇州四部稿续稿》卷三一）、《（乾隆）江南通志》卷一一四。

喻时（1507—1571） 字中甫，号吴皋、海上老人。河南汝宁府光州（今潢川）人。生于正德二年（1507）二月初五。嘉靖十年（1531）举于乡，十七年进士，授吴江知县。征拜御史，巡盐河东，升应天府丞，转南太仆寺卿，以右佥都御史巡抚保定，兼督紫荆等关。改南京右佥都御史，提督操江，升右副都御史总督漕运。寻总督陕西三边军务，入为兵部左侍郎，协理戎政，改南兵部侍郎，致仕归。隆庆四年（1569）诏起南户部侍郎于家，明年正月二十七卒于官，年六十五。《千顷堂书目》著录其《吴皋集》十二卷又《海上老人别集》二卷。现存嘉靖三十六年陈大宾刊本《吴皋先生文集》四卷，增修本五卷，赋、诗二卷，各体文三卷，康太和、王用康序；又有嘉靖四十五年安希尧刻隆庆增修本《吴皋先生续集》四卷；又有嘉靖四十五年安希尧刊本《海上老人别集》二卷。《皇明诗统》卷二九录其诗四首，"小传"云："海上老人诗思苦涩，

好用僻事及佛书,多斧凿痕。"《列朝诗集》丁集录其诗一首。"小传"云:"好为古文辞,追琢诘屈,中州人称为'喻氏学'云。"《明诗综》卷四二录其诗一首。《御选宋金元明四朝诗》录其诗五首。生平见张四维《吴皋喻公墓表》(《条麓堂集》卷二五)、王世贞《喻司徒传》(《弇州四部稿》卷八二)、王兆云《皇明词林人物考》卷八。

〔J〕

程九皋(生卒年不详)　字子方。南直徽州府歙县(今属安徽)人。嘉靖、万历时布衣,曾问道于湛若水、吕柟之门。喜为诗,至老不倦。所著有万历程元亮刻《潭西楼集》四卷,卷首有万历二十四年(1596)祝世禄、周汝登、李登各一篇,又万历二十五年邓启愚序一篇,末有有万历二十五年刘大纶、顾起元后序各一篇。祝世禄序云:"山人仲子侯封奉其诗谒诸名家,删而梓之。"四卷共收古近体诗二百五十三首。《明诗纪事》辛签卷三二录其诗二首。

程于古(生卒年不详)　字范卿,号谷帘。浙江嘉兴府秀水(今嘉兴)人。明末贡生,官肇庆府通判、沔阳知州。能诗,著述现存天启三年(1623)郭起凤刊本《落玄轩集选》十二卷,郭起凤、樊维城序。内卷一收

骚二、赋五、序十六篇,卷二收说、启、辞十八篇,古乐府五十首,卷三至卷一〇收古近体诗五百四十余首,卷一一收祭文四篇、传记三篇,卷一二则为笔记杂著。又有崇祯刊本《不赢集》一卷《天亩园唾海集》一卷《粤雪篇》六卷《郢雪篇》口卷(残存一卷),内有崇祯元年(1628)岳元声《不赢集序》。清沈季友《槜李诗系》卷二三录其诗一首,"小传"谓其"诗思峭刻,是欲效孟东野而去其诉穷叹屈者也"。

程士廉(生卒年不详)　字小泉。南直徽州府休宁(今属安徽)人。祁彪佳《远山堂剧品》"具品"著录其《小雅四纪(南北四折)》云:"四时之乐,何必在酒,乃每曲以醅饮绝胜乎?《访戴》一出,略有点缀,终不得为俊雅之词。"此《小雅四纪》实即清钱曾《述古堂书目》著录之《小雅乐府》,含杂剧四种,分别为《幸上苑帝妃游春》《泛西湖秦苏赏夏》《醉学士韩陶月宴》《忆故人戴王访雪》,借古人故事四时之乐。现仅明刻《古名家杂剧》(陈与郊辑编)内存《帝妃游春》一折,演唐明皇与杨贵妃上苑游春,赏名花,唱新词,又有安禄山赶来跳胡旋舞助兴,最后是老内臣表示对亡国之忧虑。另三剧之佚曲见于胡文焕之《群音类选》。

程大约(1541—?)　字幼博,号筱野,别署君房,又署玄居士、玄玄

子、独醒客、彰山方民。南直徽州府
歙县(今属安徽)人。十四岁随父经
商,遍走吴、越、江、湘。家以典当、
钱庄致富,因转攻举业。嘉靖四十
三年(1564)入太学,隆庆元年
(1567)卒业,其间又从戚元佐习诗
文。后屡试不举,万历十二年
(1584)选授鸿胪寺序班,以性直罢
归。少喜古墨,复专攻制造,创搜烟
和胶之法,所制墨选贡内廷,因成一
时名家。乡人方于鲁贫窭时曾依大
约,尽得大约制墨之法,后自立门户
与大约竞名。万历二十二年大约之
二侄为家事恨大约,先谋杀大约仆
人兴寿,再嫁祸于大约,于鲁竟也予
其事,大约因之入狱,至万历二十七
年其案剖白始被释。著述现存万历
二十七年潘之祥等序刊《闛中草》二
卷,所收诗文,即为大约入狱前后及
狱中所作。后大约又作《续中山狼
传》等诗文,怒斥程嘉士、程大德及
方于鲁等背德负恩。万历三十年又
增刊《闛中草》为三卷,《续中山狼
传》也收入。其著述另有万历间程
氏滋兰堂刻彩色印本《程氏墨苑》十
二卷《人文爵里》九卷《续中山狼传》
一卷(别本《程氏墨苑》为十四卷),
为《四库全书总目》著录。《总目》另
著录其《程幼博集》六卷,"提要"云:
"是集为于慎行所选,凡杂文二卷、
诗四卷,多畅所欲言,不拘格律,如
泛驾之马,不可以羁勒范之……则

大约固赋性刚毅,直情而径行者,宜
发于文章,亦肖其为人也。"未见传。
生平见李维桢《墨苑序》《大泌山房
集》卷一四)、顾起元《墨苑序》(《懒
真草堂文集》卷一三)。

程仑(生卒年不详) 字原仲,
号星海。南直徽州府歙县(今属安
徽)人。少习举子业,以婴病中断,
遂留心岐黄术以自治,悉心于历代
名医著述,自学七载而通其术。后
以医术游于吴、楚、梁、宋、燕、赵、
齐、鲁等地二十余载。万历四十七
年(1619)以国子生人为羽林参军,
是年明军与努尔哈赤战于辽阳败
绩,朝鲜助战之兵将也多有死伤,因
告急求援。翌年夏,程仑奉玺书赍
银二万两出使朝鲜,以抚恤其死者。
天启二年(1622)兵部尚书孙承宗督
辽东师,仑以羽林右卫经历参幕府
军事,主市马,曾随孙承宗度宁远厄
塞,抵渝关。后以辽东赞画、太医院
院使治粟海上,再度出塞。崇祯二
年(1629)请归。著述有《疏草》一卷
附论,有天启三年鲍钧序;又《辽画》
一卷,叙辽东兵败之事,有崇祯三年
潘维驹序;又诗集《渝吟》一卷《续渝
吟》一卷,《渝吟》收诗,多为赓和孙
承宗之作;又《医案》五卷附《验方》
一卷,其自序署天启元年,又有天启
五年张延登序。所著原非刻于一
时,归里后乃合旧刻与新刻为《寸补
四种》十种,有郑三俊、吕维祺、李遇

知等多人序，内卷一收疏一、论五篇（即《疏草》一卷附论），又《医案》五卷，又《渝吟》一卷（收诗一百九十余首）《续渝吟》一卷（收诗四十首），又《辽画》一卷。仑以医名，兼能诸科，每治验，必录而藏于箧，其医案以《程原仲医案》名盛行于世。生平见《(道光)徽州府志》卷一二。

程文德（1497—1559）　字舜敷，号松溪。浙江金华府永康人。生于弘治十年（1497）九月初三。正德十四年（1519）领乡荐，嘉靖八年（1529）第二人进士及第，授翰林编修。坐同官杨实卿封事下诏狱，谪信宜典史。十四年升安福知县，十五年迁南兵部职方司主事，十六年转车驾司员外郎，十七年升南礼部精膳司郎中，丁外艰归。二十年服阕，补车驾司郎中，二十三年升广东副使，提督学校，行次衢州，擢南国子监祭酒，丁内艰归。二十九年补国子祭酒，未赴寻升礼部右侍郎，转左，三十一年改吏部左侍郎，加兼翰林院学士，掌詹事府事，教庶吉士。以所撰青词有规讽，帝衔之，调南京工部左侍郎，又疏劝帝享安静和平之福，帝以为谤讪，除其名。罢官后聚徒讲学，卒于嘉靖三十八年十一月二十八，年六十三，万历初，追赠礼部尚书，谥文恭。初受业于章懋，后又从王守仁游，故其学讲"良知"之说，又以躬行实践为归。所著隆

庆元年（1567）刻为《程松溪先生文集》十卷，讲章奏疏杂文八卷、诗二卷，王崇序，冯熊谨跋。万历十二年（1584）又辑刻为《程文恭公遗稿》三十二卷，首黄凤翔序，内文二十二卷，卷二三至卷三二收赋三、颂一、古近体诗九百余首，诗文均较隆庆本有增益，《千顷堂书目》著录其《松溪集》三十二卷即此本也。《皇明诗统》卷二二录其诗九首。阮元声《金华诗粹》录其诗二首。《明诗综》卷四一录其诗一首，《御选宋金元明四朝诗》据之录。《四库全书总目》著录《松溪集》十卷、《程文恭公遗稿》三十二卷，"提要"谓"诗非所长"。清汪森《粤西诗载》录其诗九首，《粤西文载》录其文一篇。清黄彬等《金华诗录》卷三一录其诗三首。《明诗纪事》戊签卷一七录其诗三首。生平见罗洪先《程君文德墓志铭》（《石莲洞罗先生文集》卷二二）、清黄宗羲《明儒学案》卷一四、《明史》卷二八三。姜宝有《松溪程先生年谱》（清咸丰重刻《程文恭公遗稿》附）。

程正谊（1534—1612）　字叔明，号居左。浙江金华府永康人。隆庆元年（1567）举人，五年进士，授武昌府司理。入为刑部主事，万历十一年（1583）迁云南副使，十四年任广西左参政，二十年任河南按察使，二十六年任四川左布政使，二十八年擢顺天府尹，赴京途中闻以所贡蜀

扇不工,罚及僚属,因引罪自陈归。家居至万历四十年卒,年七十九。《千顷堂书目》著录其《播酉始末》一卷、《沈青霞戍死始末》一卷。诗文著述现存万历二十七年华阳知县张琏刊本《宸华堂集》十卷《续集》一卷,史旌贤序,张琏跋,内诗二卷,收诗二百十余首,文八卷,收各体文(含书启)百余篇;《续集》收文二篇。清黄彬等《金华诗录》卷五七补遗录其诗一首。生平见《(雍正)浙江通志》卷一六一、《明史》卷二八三。

程本(生卒年不详) 字子源,号权斋。湖广岳州府华容(今属湖南)人。生平未详,所著有《柿叶园集》,亦未见传。清廖元度《楚风补》卷三八录其诗六十九首。清邓显鹤《沅湘耆旧集》卷三十八录诗六十六首,仅遗三首,唯诗题略有异,"小传"云:"权斋名不见《通志》,事迹无可考。《楚风补》称为'华容明经'。检《通志》及《岳州府志选举门》,亦不载。《华容志》仅云:'其性好洁,虽在逆旅,地绝纤埃,门无宾客。与严濑园(严首升)交。严诗以清快胜,程诗以苍郁胜。'今取两家诗较之,严非程匹远矣……子源豪迈自喜,一洗'竟陵流派'。五古托兴无端,风格道上,近体整赡雅饬,尤多凄戾清怆、苍凉沉郁之音。"严首升为明末贡生,入清出家为僧,则程本也当为明末清初人也。《湖南文征》卷三三录其《赠文木生诗序》等序文三篇,实自《楚风补》《沅湘耆旧集》中摘出。生平见《(光绪)华容县志》卷一○。

程本立(? —1402) 字原道,号巽隐。浙江嘉兴府崇德(今桐乡)人。洪武九年(1376)举明经,除秦府引礼舍人,以母忧去官。服除,补周府礼官,进长史。从王入觐,王私至凤阳,本立坐累谪云南马龙他甸长官司吏目。土酋煽乱,西平侯沐英平之,属其守御,且抚且击,历行伍间凡九年。建文元年(1399),征入京为翰林修撰,与修《高祖实录》,未几擢左金都御史,三年坐郊祀失扈从,左迁江西按察副使,以纂修未竣,缓行,燕师入都,与吏部尚书张纨等俱自经死,籍其家,无遗赀。所著后百三十年,至嘉靖间,福建布政使吴昂始刻为《程巽隐文集》四卷,诗二卷文二卷,诗未分体而按纪行、送别、杂咏、怀古、游览等分类,计二百六十余首,末附[清平乐]词二阕,后又有万历元年(1573)重刊本,皆存。《明史·艺文志》著录其《巽隐集》四卷指是本也。清康熙五十八年(1719)金坛燕翼堂刊本题《巽隐程先生诗集》二卷《文集》二卷。《皇明风雅》卷一八录其诗一首。顾起纶《续国雅》卷二录其诗一首。《皇明诗统》卷六录其诗六首。《列朝诗集》甲集录其诗三十七首。《明诗综》卷一六录其诗三十二首，"诗话"云："建文诸臣，文莫过方希直（方孝孺），诗莫过程原道。希直之文，取法昌黎，下亦不失为苏子瞻；原道之诗，刻意杜陵，下亦不失为陈简斋也。"清沈德潜《明诗别裁集》录其诗二首。清沈季友《槜李诗系》卷八录其诗三十首。《四库全书》收其集，题为《巽隐集》四卷，《总目》"提要"云："本立文章典雅，诗亦深邃稳朴健，颇近唐音。不但节义为足重，即以词采而论，置于明初作者之间，亦无愧色。"《明诗纪事》乙签卷二录其诗十五首，按云："明初槜李诗人首推贝清江，次及巽隐。巽隐诗，格浑气遒，七律对仗整齐，固当与嶙峋大节并留天地。"《明词综》卷一录其词一首。近人赵尊岳《明词汇刊》录其词［清平乐］二首为《巽隐词》。《明文海》录其文二篇。生平见戚元佐《金都御史程本立传》《国朝献征录》卷五六）、《明史》卷一四三。

程可中（生卒年不详）　字仲权。南直徽州府休宁（今属安徽）人。家贫，为童子师，从人借古书，篝灯夜读，遂能为诗文。万历初入汪道昆白榆社，继与梅守箕、何白、潘之恒等游于京师，又裹粮幞被，遍历南北名山水，游缙绅间。遇贵人，多偃蹇不为下，狭斜饮博，留连匝月，人不知其所之。后入蜀、游吴，将卜筑南都雨花台下，未果而卒。《千顷堂书

目》著录其《汉上集》□卷。现存其子程胤万、程胤兆万历时所刻《程仲权先生集》二十六卷，有董复亨序，诗集十卷分体编排，收诗四百余首，文集十三卷亦分体而列，收赋一、颂一、各体文一百一十余篇，卷二四收诗余一首，卷二五、卷二六收南北曲套数十一、小令十七首。董复亨序谓其"为诗近三十年"，其诗"写情已耳，不共古人"。清陈允衡编顺治澄怀阁刊本《诗慰》初集选录其古近体诗一百二十七首为《汉上集选》。《列朝诗集》丁集录其诗二十二首。《明诗综》卷六四录其诗三首。《四库全书总目》著录《程仲权诗集》十卷《文集》十二卷，此本《续文献通考》亦著录，当为别本，未见传，"提要"谓其诗"亦'七子'之末派"。《明诗纪事》庚签卷二七录其诗一首。《明词综》卷八录其词一首。近人赵尊岳《明词汇刊》辑录其词二十二首为《程仲权词》一卷。《明文海》录其文三篇，其中《汤表背》一篇，颇出虚构，而又描写细切，实近小说也。生平见李维桢《程仲权诗序》《大泌山房集》卷二四）。

程良锡（生卒年不详）　南直徽州府休宁（今属安徽）人。原为商人，喜读书，"昼则与市人昂华贷殖，夜则焚膏翻书弗倦"。后入军伍，转战浙、闽沿海抗倭。著述现存隆庆三年（1569）至六年程宗颢、程宗颐

等刻《双柏草堂集》七卷，内《舟山稿》(又题《戊午集》)收诗五十八首，《使闽稿》(又题《丁巳集》)收诗七十一首，《北上稿》(又题《己未稿》)收诗六十四首，《复用稿》(又题《壬戌集》)收诗八十三首，《太仓稿》(又题《丙辰集》)收诗七十一首，《平倭稿》(又题《乙卯集》)收诗六十九首，附《名公寄赠庄居集》收诗十一首。其《舟山稿》有嘉靖乙丑(四十四年，1565)王寅《题程将军舟山稿》，故诸集所题"乙卯"当为嘉靖三十四年，"丙辰"当为三十五年，"丁巳"当为三十六年，"戊午"当为三十七年，"己未"当为三十八年，"壬戌"当为四十一年。知作者曾任军职，参预嘉靖后期浙、闽一带抗倭。又，良锡曾纂修《休宁率东程氏家谱》十二卷《上草市家谱》一卷，有万历元年(1573)刊本。祁彪佳《远山堂曲品》曾著录"程良锡《负剑》"，谓"作者不明音律，半用北调，效颦《西厢》，遂为衬字所误，虽运词骈丽，亦不足观也"。

程弥寿(生卒年不详) 字德坚，号仁山。南直徽州府祁门(今属安徽)人。明初从军下江西有功，授行枢密分院都事，辞召不赴，遁之淮西，终于家中。《千顷堂书目》著录其《仁山遗稿》，现存嘉靖四年(1525)其七世孙程钟刻《仁山遗稿》一卷，计收诗五十五首，附录收他人所赠诗、文，有许宗鲁序。程敏政

《新安文献录》卷五三录其诗《题景德镇东山寺》一首，《明诗纪事》甲签卷二七录其诗《寄钱公溥》一首。

程诰(生卒年不详) 字自邑，号霞城山人，沜溪山人。南直徽州府歙县(今属安徽)人。布衣，平生好游历，所至多吟咏，与郑玄抚等十五人结吟社于黄山天都峰下。曾以诗见赏于李梦阳。《千顷堂书目》著录其《霞城集》二十四卷，现存嘉靖间刊天启修补本，首有天启二年(1622)腊月其族侄程于廷序及嘉靖三十二年(1553)侯一麟为其所作小传，内卷一收赋十一、辞十篇，卷二收拟乐府诗八十四首，余二十二卷分体收古近诗一千七百余首、词四十七首。《皇明诗统》卷二二录其诗四十首。陈有守等《徽郡诗》录其诗五十五首。《列朝诗集》丙集录其诗二十七首，"小传"谓其"居于沜溪，自号沜溪山人，杖策游华山，从李献吉(李梦阳)游，酬和于繁、吹两台之间。黄勉之(黄省曾)诸人北学于空同者，皆以自邑为介，然其诗殊有风调。"《明诗评选》录其诗一首。《明诗综》卷三八录其诗十一首，"诗话"云："自邑好为汗漫之游，山川郡邑，凡所经历，必纪以诗。气格专学空同，第才情稍钝，色泽未鲜，五言庶称具体。"《御选宋金元明四朝诗》录其诗十九首。清陈元龙《御定历代赋汇》录其赋二篇。《四库全书总

目》著录《霞城集》二十四卷，"提要"谓其诗"卷帙虽多，亦瑕瑜互见"。《明诗纪事》丁签卷一七录其诗三首。生平见侯一麟《程山人传》《霞城集》卷首）。

程珤（1512—1597） 字子彬，号静泉。山东济南府德州人，卫籍，祖籍山东莱州府掖县。生于正德七年（1512）二月二十一。嘉靖十年（1531）举人，明年进士，授怀庆府推官。入为兵部武库司主事，累迁至尚宝寺卿，以忤严世蕃左迁户部主事。历四川参议、陕西副使、广东参政、山西按察使，官至江西右布政使。万历二十五年（1597）九月二十卒于家，年八十六。能诗，或谓其擅五律。著述现存万历间其孙程绍刻《程右丞稿》八卷，内诗四卷，收古近体诗二百余首，文四卷，收各体文四十余篇、诗文评六十余则，首林云程、张九一序，末有万历十九年（1591）程绍跋。《明文海》录其文《逍遥园记》等二篇。清宋弼《山左明诗钞》卷一二录其诗十八首。《明诗纪事》戊签卷一八录其诗三首。生平见程珤《自撰墓志铭》（《程右丞稿》卷八）、《（乾隆）德州志》卷八、《（道光）济南府志》卷五二。

程通（1364—1403） 字彦亨。徽州府绩溪（今属安徽）人。洪武二十三年（1390）应天乡试第一，授辽王府纪善，进左长史。燕兵起，从辽王浮海归朝，上《防御封事》数千言于建文帝，陈备御策。朱棣即帝位，通从辽王徙荆州，有言其上封事者，械至京，与二子俱论死，家属戍边。所著述凡百余卷，悉毁于官。后十年其弟赴荆州，辽王以所图程通像及遗稿授之。嘉靖中，党禁渐弛，其从孙程长等乃搜访佚篇，厘为六卷，文四卷，收各体文三十二篇，诗二卷，收诗二百二十四首，附以辽王并同时诸人赠言及行状、小传等，别为四卷，因成《贞白先生遗稿》十卷，贞白为程通斋名也。天启中，其裔孙程枢等又集前后建祠、请谥之文，编为《显忠录》二卷，附缀于末，因成《贞白遗稿》十卷附《显忠录》二卷，又增天启三年（1623）吴应宾序。《明史·艺文志》著录其《遗稿》十卷，当据以上两本。后又有清嘉庆十一年（1806）刊本题《明辽府左长史程节愍公贞白遗稿》十卷。另有旧抄本《贞白斋诗集》三卷，署程通撰，分体收诗三百八十余首，不同于《贞白先生遗稿》所收诗，或为前人辑其所佚诗。《四库全书》据天启本收《贞白遗稿》十卷附《显忠录》二卷，《总目》"提要"谓其诗文"俱醇朴有法"。《明诗纪事》乙签卷二录其诗一首。生平见程定《辽府左长史彦亨公行状》、程伯祥《长史公年谱》、程敏政《长史程公传》（《贞白先生遗稿》卷七）及《明史》卷一四三。

程钰（1469—1537） 字瑞卿，号方岩，更号十峰。浙江金华府永康人。弘治二年（1489）举人，十二年进士，授南大理寺评事，以忤权贵，十年未调，后迁四川按察佥事，进副使。致仕林下数十年卒。《千顷堂书目》著录其《十峰集》十卷，未见传。阮元声《金华诗粹》录其诗四首。《石仓十二代诗选·明诗选》录其诗五十六首。清黄彬等《金华诗录》卷二八录其诗三首。《明诗纪事》丁签卷八录其诗一首。生平见湛若水《程钰墓志铭》（《泉翁大全集》卷六○）、过庭训《本朝分省人物考》卷五三、《（光绪）永康县志》卷七。

程敏政（1445—1499） 字克勤，号篁墩，又号留暖道人。南直徽州府休宁（今属安徽）人。生于正统九年十二月初十（1445年1月17日）。景泰七年（1456）其父程信迁四川参政，随父入蜀，天顺改元（1457）其父奉表入贺，迁太常少卿，又随父寓京师。六年与李东阳同举顺天乡试，列第一。成化二年（1466）第二人进士及第，同榜中最为年少，授翰林编修。十年进翰林侍讲，二十二年主应天乡试，孝宗即位，擢詹事府少詹事兼侍讲学士。朝臣争攘纷争，敏政亦多遭攻讦。弘治元年（1488）与修《宪宗实录》，兼侍文华殿讲读，时有灾异，御史王嵩以暧昧之事弹劾礼部尚书周洪谟及敏政，诏致仕。五年昭雪，复旧官，历太常卿，迁詹事兼翰林学士，七年与李东阳同教授翰林院庶吉士，丁母忧归。十一年服除，进礼部右侍郎，仍兼翰林院学士，署詹事府。十二年春与李东阳主礼部会试，榜未发，给事中华昶弹劾敏政鬻题，举人徐经、唐寅以贿得之，敏政复屡奏自辩，孝宗怒，诸人先后下狱。此案牵涉多人，虽查得鬻题之事不实，然诸人各得处分，徐、唐二人以"夤缘求进"除名，黜充吏役，华昶以"言事不察实"调南京太仆寺主簿，敏政亦以"临财苟得"勒致仕。史官记其事，则言"盖当时有谋代其位者，命给事中华昶言之，遂成大狱，以致愤恨而死"。（《孝宗实录》卷一五○）盖敏政于狱中染重症，五月三十出狱，六月初四即以痈毒不治而卒，年五十五，诏赠礼部尚书。敏政早慧勤学，以学问称。《明史》本传称其为翰林院一时之选，有"学问该博称敏政，文章古雅称李东阳，性行真纯称陈音，各为一时冠"之语。其诗文与李东阳齐名，一生著述甚丰。经、史著作主要有：成化十三年作《宋纪受终考》三卷，有弘治四年戴铣刊本；十五年作《宋遗民录》十五卷，有嘉靖初程威刻本；十八年刻成《新安程氏统宗世谱》二十卷、《程氏贻范集》三十卷；弘治二年作《道一编》六卷，三年刊行（嘉靖三十一年刊本为五卷），以"和会朱、陆"；弘治四年，刊行《（弘治）休宁县志》三十八卷；弘治五年刊行《心经附注》四卷；弘治十年刊行《新安文献志》一百卷；卒后，弘治十五年，所修《（弘治）徽州府志》十二卷刊行；正德五年（1510），所辑《皇明文衡》一百卷刊行。正德元年其弟子戴铣等辑其所著，先刊为《篁墩程先生文粹》二十五卷，林瀚序、戴铣后序。明年，徽州知府何歆、休宁知县张九逵等刊其全集为《篁墩程先生文集》九十三卷拾遗一卷，李东阳序，何歆、李纳跋，内卷一至卷四为《青宫直讲》，卷五至卷八《经筵讲章》，卷九至卷一〇收制策、奏议、表、策问，卷一一至卷五九收各体文，卷六〇收赋、诔，卷六一收颂、歌曲、拟乐府，卷六二至卷九三收古近体诗（内有词十首）。后印本又增《外集》十二卷（内收《拾遗》《行素稿》及杂著《春闱纪事》《归省录》《北上录》《南归录》《家山笔记》等）、《别集》二卷《别录》二卷（收墓铭、像赞、挽诗、年谱等）。《千顷堂书目》另著录其《咏史诗选》十五卷，《四库全书总目》另著录其《咏史集解》七卷。以文著。《明文海》录其文十一篇，评语云："篁墩以博洽为文，动有根底，大约与王华川（王祎）相似，固是一时学者。"清陈元龙《御定历代赋汇》录其赋一篇。亦能诗。《皇明风雅》卷三二录其诗二首。顾起纶《续国雅》卷三录其诗一首。《皇明诗统》卷一三录其诗二十一首。陈有守等《徽郡诗》录其诗二十一首。《石仓十二代诗选·明诗选》录其诗二百余首。《皇明诗选》录其诗一首。《列朝诗集》丙集录其诗四十二首。《明诗综》卷二四录其诗九首，诗话云："篁墩数与西涯（李东阳）酬和，集中存诗数千，究乏警策。"《御选宋金元明四朝诗》录其诗四十八首。《四库全书》据正德本收《新安文献志》一百卷、《皇明文衡》九十八卷；又据正德二年原本收《篁墩文集》九十三卷，《总目》"提要"云："敏政学问淹通，著作具有根柢，非游谈无根者比。特以生于朱子之乡，又自称为程子之裔，故于汉儒、宋儒判如冰炭，于蜀党、洛党亦争若寇雠，门户之见既深，徇其私心，遂往往伤于偏驳……其文格亦颇颓唐，不出当时风气。诗歌多至数千篇，尤多率易，求其警策者殊稀。然明之中叶，士大夫侈谈性命，其病日流于空疏。敏政独以雄才博学，挺出一时，集中征引故实，恃其淹博，不加详检，舛误者固多，其考证精当者亦时有可取，要为一时之硕学，未可尽以芜杂废也。"《明诗纪事》丙签卷五录其诗三十二首，按云："诗以芜蔓不翦，为世訾议，亦可为存诗太多之诚。"生平见李汛《程学士传》(明刊《篁墩程先生文粹》卷首)、廖道南《殿阁词林记》卷六、王兆云《皇明词林人物考》卷三、《明史》卷二八六。

程维楩(生卒年不详)　"楩"或作"瑛",字简子。四川叙州府富顺人。万历二十五年(1597)举人,屡上春闱不第,四十六年谒诠,得景陵县令。天启七年(1627)正月任辽东宁远同知,时清兵攻宁远,协助袁崇焕守城,任诘奸之责,事见《明史》袁崇焕传。著述现存万历四十八年序刊本《尔是园集》九卷《彦筑后吟》一卷《之楚吟》一卷,李维桢、杜祝进、徐惕序。内《尔是园集》以编年系诗,始于己丑(万历十七年),迄于己未(万历四十七年),计收诗八百余首;《燕筑后吟》收诗十五首,《之楚吟》收诗二十九首,前者为其万历末赴京谒选时所作,后者为其赴任竟陵时所作。生平见《(乾隆)天门县志》卷一〇。

程嘉燧(1565—1643)　字孟阳,号松圆、偈庵。南直徽州府休宁(今属安徽)人,侨居南直苏州府嘉定(今属上海),后归老于徽州。少习制科不成,学击剑,又不成,乃折节读书,虽不务博涉,然能精研简练,禾掇菁英。又精音律,善画山水,兼工写生,龚贤曾将嘉燧与李永昌、方式玉、王玄度、渐江(释弘仁)、吴山涛、汪之瑞、孙逸、程邃、查士标等明

末清初能诗善画者称为"天都十子"(《题山水卷》),而以嘉燧为首。于文学则刻意于歌诗,三十而有成,所作甚夥。晚年与唐时升、娄坚称"练川三老"。卒于崇祯十六年(1643),年七十九。著述多有传本,崇祯初嘉定知县谢三宾曾合李流芳、唐时升、娄坚、程嘉燧诗刻为《嘉定四先生集》,后人因合称四人为"嘉定四先生"。《嘉定四先生集》收嘉燧《松圆浪淘集》十八卷,内《涉江》《春盘》《山楼》《蓬户》《空斋》《咏古》《溪堂》《移居》《雪浪》《遇琴》《春湖》《荆云》《春帆》《松寥》《雪江》《吴装》《易水》《尝甘》各一卷,计收诗九百四十余首,有谢三宾、娄坚、唐时升等序。《明史·艺文志》著录其《松圆浪淘集》十八卷即此本也。所著另有崇祯二年刻文集《松圆偈庵集》二卷,收其各体文一百三十余篇。清顺治十二年(1655)金献、金望又刻《耦耕堂诗》三卷《文》二卷,所收则为其《松圆浪淘集》《松圆偈庵集》集外佚作。另稿本《松圆居士浪淘集》六卷亦存。清陈允衡编顺治澄怀阁刊本《诗慰》选录其诗二百零三首为《松园浪淘集选》,又选录其诗二十六首为《耦耕堂集选》。康熙四十三年(1704)王士禛选程嘉燧与吴兆二人诗为《新安二布衣诗》八卷,前四卷为吴兆诗,后四卷为《程孟阳集》(收诗四百余首)有汪洪度刊本。嘉燧

另曾纂《常熟县破山兴福寺志》四卷,有崇祯十五年刊本。与钱谦益为友,《列朝诗集》丁集录其诗二百十五首,"小传"云:"孟阳诗以唐人为宗,精熟李、杜二家,深悟剽贼比拟之谬。七言今体,约而之随州(唐刘长卿);七言古体,放而之眉山(宋苏轼),此其大略也。晚年学益进,识益高,尽览《中州》、遗山(金元好问)、道园(元虞集),及国朝青田(刘基)、海叟(袁凯)、西涯(李东阳)之诗,老眼无花,照见古人心髓。于汗青漫漶、丹粉凋残之后,为之抉摘其所縣来,发明其所以合辙古人,而迥别于近代之俗学者。于是李(李攀龙)、王(王世贞)之云雾尽扫,后生之心眼一开,其功于斯道甚大,而世或未之知也。"清初王士祯《渔洋诗话》云:"明末七言律诗有两派,一为陈大樽(陈子龙),一为程松圆。大樽远宗李东川(唐李欣)、王右丞(唐王维),近学大复(何景明);松圆学刘文房(唐刘长卿)、韩君平(唐韩翃),又时时染指陆务观(宋陆游),此大略也。皆不愧古作者。"《明文海》录其文四篇。《明诗评选》录诗五首。《明诗综》卷六五录其诗八首,"诗话"云:"孟阳格调卑卑,才庸气弱。近体多于古风,七律多于五律。如此伎俩,令三家村夫子,诵百遍《兔园册》,即优为之,奚必读书破万卷乎?牧斋(钱谦益)尚书深惩何、李、王、李流派,乃于明代三百年中特尊之为'诗老'。"清沈德潜《明诗别裁集》录其诗四首,评语谓其艳词浮语,仅比于陈仲醇(陈继儒),识者以为皆因牧斋推崇太过所致。《御选宋金元明四朝诗》录其诗六十四首。清王辅铭《明练音续集》卷九"流寓"录其诗九首。《海虞文征》录其诗七律七首。《明诗纪事》庚签卷四录其诗三十二首,按云:"孟阳诗清丽温婉,诵之令人意消,在万、天间,可自成一家。"生平见清《程嘉燧传》(《新安二布衣诗》卷首)、《明史》卷二八八。

程德良(生卒年不详) 字凝之,号云连,又号三一子。湖广德安府云梦(今属湖北)人。万历四年(1576)举人,十一年进士,授重庆府推官。以事牵连,谪河南府检校,再任推官。丁父忧归,服满补江西抚州府推官,以事再谪河南光州州判。未几,迁陕西崇信知县,引疾归。居林下二十年,筑室城南,名"不波馆",研经著述,卒年七十二。《千顷堂书目》著录其《白莲沜集》十五卷。现存金陵书林徐松野万历四十四年刊本《新刻程凝之先生白莲沜集》十五卷,叶向高、何宗彦序,内文九卷,收各体文一百一十篇,诗六卷,收五七言古近体诗三百五十余首;又有四十六年徐松野刻《续集》五卷。另曾著《三一子》不分卷,有清光绪九年(1883)板桥书屋刊本,收文三篇,以立德、立功、立言为序,大旨欲合儒释为一,卷前有道光七年(1827)周之琦序、明万历二十八年(1600)程德良于不波馆自序,谓是书作于陕西崇信县任时。生平见《(道光)云梦县志》卷九、《(光绪)德安府志》卷一三。

傅一臣(生卒年不详)　字青眉,号无技,别署西泠野史。浙江杭州府仁和(今杭州)人。所著现存崇祯十五年(1642)敲月斋刊本《苏门啸》十二卷,首胡麒生《苏门啸小引》、金堡《序》、汪大年《序》、汪渐鸿《小引》等,内收剧本十二种。诸剧皆取材于凌濛初短篇小说集《拍案惊奇》《二刻拍案惊奇》:《买笑局金》(南北曲四折),所据为《二刻》卷八《沈将仕三千买笑钱,王朝仪一夜迷魂阵》;《卖情扎囤》,所据为《二刻》卷一四《赵县君乔送黄柑,吴宣教干偿白镪》;《没头疑案》,所据为《二刻》卷二八《程朝奉单遇无头妇,王通判双雪不明冤》;《截舌公招》,所据为《拍案惊奇》卷六《酒下酒赵尼媪迷花,机中机贾秀才报怨》;《智赚还珠》,所据为《二刻》卷二七《伪汉裔夺姜山中,假将军还珠江上》;《错调合璧》,所据为《二刻》卷二五《错调情假母骂女,误告状孙郎得妻》;《贤翁激婿》,所据为《二刻》卷二二《痴公子浪使噪脾钱,贤丈人巧赚回头

婿》;《死生冤报》,所据为《二刻》卷一一《满少卿饥附饱飏,焦文姬生仇死报》;《义妾存孤》,所据为《二刻》卷三二《张福娘一心贞守,朱天锡万里符名》;《人鬼夫妻》,所据为《二刻》卷二三《大姊魂游完宿愿,小姨病起续前缘》;《蟾蜍佳偶》,所据为《二刻》卷九《莽儿郎惊散新莺燕,侴梅香认合玉蟾蜍》;《钿盒奇姻》,所据为《二刻》卷三《权学士权认远方姑,白孺人白嫁亲生女》。《苏门啸》之剧名取阮籍苏门长啸以抒愤懑之典故。其十二剧除《蟾蜍佳偶》《钿盒奇姻》内容为男女情爱婚姻,其余全为反映当时世俗生活之故事。胡麒生《苏门啸小引》云:"青眉氏风刺啸歌十二剧……其可中风者少,而刺居多端。以淳风见远,古道日漓,变诈丛生,险巇百出,无非箴末流而贬颓俗,为狂澜之一柱耳。"一臣之创作实有感于晚明世态变化、人心浇漓之现状,以表达对世道人心之关注。此十二剧虽借鉴杂剧之形式,然南曲居多,曲词亦多柔媚婉丽,实应属晚明典丽派之短篇传奇。作者与当时不少未能深谙戏曲创作之文人一样,多注重曲词,而于戏剧结构、关目安排、人物性格、言谈口吻注意不够,故仍只能归于案头之曲。未详傅一臣生平,然已知胡麒生字圣游,浙江德清人,崇祯元年进士;金堡字道隐,杭州仁和人,崇祯

十三年进士；汪大年字未央，山东临清人，崇祯间贡生；另金堡序中又称傅一臣为"内姑丈"，则其为明末人无疑。

傅尔元（生卒年不详）　字澹方。贵州遵义军民府桐梓人。崇祯末拔贡，为四川提学钱邦芑所赏，并选其《居易堂诗钞》五卷。后两赴京华，讫无所遇，因归隐乡里。清初，钱邦芑随南明永历帝至云、贵，兵败隐于贵州山中，尔元曾从之游。尔元所著《居易堂集》，未见传。清莫友芝《黔诗纪略》卷三〇录其诗五十首，"小传"云："澹方少年英异，四川提学钱邦芑目为蜀才第二，邦芑隐余庆之蒲村，复负笈从之游。《居易堂集》涉笔生硬，情味消乏，而陵陵风骨，亦自不凡，惜未竟其才矣。"清郑珍《播雅》咸丰卷一录其诗一首。《明诗纪事》辛签卷三四录其诗一首。《（1930）桐梓县志》卷一九《艺文志》录其诗《杜鹃行》一首。生平见《（1930）桐梓县志》卷一六《人物志》。

傅光宅（1547—1604）　字伯俊，号金沙居士。山东东昌府聊城人。隆庆四年（1570）举人，入太学，万历五年（1577）进士，授灵宝知县，以父丧归。服除，补吴县，十三年召为河南道御史，出按山西，改行人司正，迁南兵部郎中，以母丧归。二十六年起补工部郎中，简放重庆知府，时总制李化龙莅郡平播乱，光宅督

理戎马军饷皆有方略，遵义守缺，当事者委任之，遂星驰安抚，寻擢遵义兵巡道副使，复迁四川提学副使。三十二年以大计归，抵家病，五月二十九卒，年五十八。书学黄庭坚，能诗文，与于慎行交，卒后慎行为其作墓志铭，谓其有《吴门》《燕市》《蚕丛》诸集，"凤慕方外之游，于内典玄宗无不深诣"。现存万历二十七年其子傅尔庚所刻《傅伯俊诗草》七卷，收其五七言古近体诗约五百首，谢肇淛为其集作序云："伯俊诗出于性情，而不出于豪举；求之酝酿，而不求之纤称。"《皇明诗统》卷三六录其诗七首。《列朝诗集》丁集录其诗一首，"小传"谓其"负意气，通禅理，为通人所称"。《御选宋金元明四朝诗》据之录。清宋弼《山左明诗钞》卷二四录其诗六十二首。《明诗纪事》庚签卷一二录其诗七首，按语谓其"播州改土归流后，伯俊知遵义府，安辑流亡，厥功为多。五言蕴藉，取法唐人"。生平见于慎行《傅公光宅墓志铭》（《谷城山馆文集》卷二二）、《（雍正）山东通志》卷二八之三。

傅伦（生卒年不详）　字天序，号素轩。湖广靖州（今属湖南）人。成化十三年（1477）被选入内廷，进学司礼监内书堂，从翰林学士李东阳、倪岳讲习课试，得晓经史大义，并工词翰，暇则习武事。迁尚宝监，供染翰之职。孝宗即位，命提督广

东珠池,自少监升太监。正德十一年(1516)以都知监太监镇守广西桂林,曾领兵进剿断藤峡。现存明刊本《素轩吟稿》十一卷,卷端题"镇守广西都知监太监湖南素轩傅伦撰",有嘉靖五年(1526)郭维藩《素轩吟稿序》,诗按体裁分卷,计收其诸体诗五百四十余首。《明诗综》卷八七录其诗一首。生平见郭维藩《素轩吟稿序》(《素轩吟稿》卷首)

傅汝舟[1](1476—?)一名丹,字木虚,号丁戊山人、磊老等。福建福州府侯官(今福州)人。好读佛、老之书,通堪舆等杂学。弱冠弃诸生,中岁好神仙,慕仙家服食之术,因改姓名,别妻子,棕鞋箬笠,舍匀井走四方以求仙访道,遍游闽广、吴会、荆湘、齐鲁、河洛,交于海内名流黎民表等。晚归乡里,卒年八十余。正德十年(1515)交于郑善夫,或曰与高瀨并游郑善夫之门学诗,合称"高傅",又与林钺、许天锡等倡和,于闽中称作者。诗风幽独怪异,初矜独造,晚遁荒诞,或佛或仙,亦作北里艳语。王世贞谓其诗"如言《法华》作风语,凡多圣少"(《艺苑卮言》)。郑善夫谓其诗"渊致潇散,多发之性情"(《前丘生行已外篇序》)。谢肇淛《小草斋诗话》谓汝舟与高瀨、林钺、许天锡诗"皆格卑语俚,不能自振,独傅差有尘外之语"。所著现存明刊《行己外篇》十二卷,收赋一篇、

诸体诗四百余首;又《吟粤稿》不分卷,收诗二百三十余首;又《嘐吚弃存》七卷,诗文杂收。《盛明百家诗》录其诗七十余首为《傅山人集》,又录三十余首为《续傅山人集》。顾起纶《国雅》卷一一录其诗八首。《皇明诗统》卷二七录其诗十首。徐𤊹《晋安风雅》录其诗二首。《石仓十二代诗选·明诗选》录其诗七十四首,与其弟汝楫诗合为一卷。《列朝诗集》丙集录其诗三十一首。《明诗综》卷三八录其诗三首。《四库全书总目》著录《傅山人集》三卷,"提要"云:"其诗刻意学郑善夫,喜为荒怪诡谲之语……然奇崛处亦颇能独造,特旁门曲径,不入正宗耳。"清郭柏苍《全闽明诗传》卷一四录其诗二十五首,然小传所叙多将其与江宁傅汝舟相混。《明诗纪事》丁签卷一六录其诗七首。卓人月、徐士俊《古今词统》卷一录其[阿那曲·少年]一首。生平见陈昌积《傅磊老刘抱一游仙内传》(《龙津原集》卷一)、蔡克廉《丁戊山人诗序》(《可泉先生文集》卷五)、《(乾隆)福建通志》卷五一。

傅汝舟[2](1587—?) 字远度,自署江东醉蛟、唾心道士、步天长、十幅庵主人等。南直应天府江宁(今江苏南京)人,颍国公傅友德之后,卫籍。幼孤,奇崛好古,读书能知其大意,即矢口辩驳,多有别解,又好

谈经济大略,矫尾厉角,人无以难也。自称"平生志庄、管",有将相之志而无可达,故退而吟咏,交于李维桢、袁宏道、茅元仪、文翔凤等,与艾容并称"金陵二奇士"。有诗文著述多种,万历至天启间陆续刊刻,诗集有《七幅庵集》一卷,《唾心集》《步天集》《英雄失路集》《箜篌集》各二卷,《拔剑集》三卷,刊于万历时;又《藏楼集》二卷,刊于天启时。诸集皆存。后因版片毁于火,茅元仪重刊其集为《傅子八集》八卷,《七幅庵集》《唾心集》《步天集》《英雄失路集》《拔剑集》《箜篌集》《藏楼集》及《鸳鸯回纹诗》各一卷,计收诗五百七十余首,有天启七年(1627)茅元仪《题傅子八集》,崇祯二年(1629)龚之祥《读八集诗》,李维桢、顾起元、张可仕等各集原序亦皆收入。文集有《庄管集》《歌哭集》《长短集》《吴游记》各一卷,崇祯初辑前三集合刊之,有崇祯元年(1628)张可仕《傅远度三集总序》,现仅存《庄管集》一卷,收其文二十四篇。《列朝诗集》丁集录其诗三首,"小传"谓其"为诗皆牛鬼蛇神,旁见侧出"。《金陵诗征》卷二八录其诗二首。按有明一代有多人名傅汝舟,能诗者在前有正德、嘉靖时福建布衣傅汝舟,字木虚。前人多有将二人相混者。如清郭柏苍《全闽明诗传》卷一四即将二人混淆。《明诗纪事》丁签卷一六亦将远度作品《七幅庵草》《唾心集》《步天集》《英雄失路集》《拔剑集》《箜篌集》误为木虚所作。

傅汝楫(生卒年不详)　字木剡,又字太和,号卧芝子。福建福州府侯官(今福州)人。贫而好学,府县辟为黉宫弟子,不就,一意诗歌,与从兄丁戊山人傅汝舟齐名,时称"二傅",汝舟长寿而汝楫早卒。《千顷堂书目》著录其《卧芝集》四卷,未见传。徐㶿《晋安风雅》录其诗三首。《石仓十二代诗选·明诗选》录其诗三十八首,与汝舟诗编为一卷。《列朝诗集》丙录录其诗六首,"小传"谓其"诗学晚唐"。《明诗综》卷三八录其诗一首,"诗话"谓其诗"颇饶韵致"。清郭柏苍《全闽明诗传》卷一五录其诗十七首。《明诗纪事》丁签卷一六录其诗一首。

傅国(1576—1644)　字鼎卿,号丹水,又号云黄山人。山东青州府临朐人。万历二十五(1597)年举人,四十一年进士,初任通许令,累官至户部郎中,曾两奉敕总领辽东兵饷,以明军辽阳战败,罢归,因隐于云黄山中,筑凝远楼,藏书万卷,以著述为事。崇祯十七年(1644)兵乱,人书尽毁,年六十九。著述有崇祯末刊本《云黄集》八十二卷,传本残存七十七卷(缺卷六六、七一、七七、七八、八一),所存赋一卷,收赋四篇,诗三十一卷,收诗一千二百余首,文四十卷,收各体文三百二十余篇、奏疏五篇。诗文俱按年编排,目录标其诗迄崇祯十七年,正文中则仅有崇祯十五年之诗。首有崇祯十三年季之骏《云黄集叙》。近人赵愚轩《青州明诗钞》卷四录其诗五首。生平见《(雍正)山东通志》卷一五。

傅冠(1595—1646) 字元甫,号寄庵,一作季庵,又号适园居士。江西南昌府进贤人。天启二年(1622)第二人进士及第,授翰林编修。历侍读、中允、谕德、祭酒、少詹事,掌翰林院。崇祯十年(1637)擢礼部尚书兼东阁大学士,十一年以误判帝下发章奏罢归。弘光元年(1645)隆武帝诏其以原官督师江西,以嗜酒被劾归。清兵攻陷江西,被执,押送至汀洲,不屈,丙戌(1646)十一月二十一被杀,年五十二。《千顷堂书目》著录其《宝纶楼集》。现存崇祯十七年其子傅练刊文集《宝纶楼集》六卷,收各体文一百三十余篇,艾南英序。陈济生《天启崇祯两朝遗诗》卷六录其诗七十七首。《明诗综》卷七四录其诗一首,"诗话"云:"傅公造格矜庄,润色闳丽,去台阁体不远。"《御选宋金元明四朝诗》据之录。《江西诗征》卷六二亦录其诗一首。近人赵尊岳《明词汇刊》辑录其词为《宝纶楼词》一卷。生平见清屈大均《皇明四朝成仁录》卷九、清邵廷采《东南纪事》

卷三、《明史》卷二六四。

傅珪(1459—1515) 字邦瑞,号北潭。京师保定府清苑(今河北保定)人。成化二十三年(1487)进士,选翰林院庶吉士,授编修,与修《明会典》及《孝宗实录》。历中允、谕德,降修撰,寻迁中允。历侍读学士、翰林学士,擢吏部侍郎。正德六年(1511)进礼部尚书。史称其貌类木讷,当大事,毅然不可夺。遇事敢言,正德八年(1513)陈时弊十事,语多斥权幸,因致仕归。归后杜门谢客,辟园城西,莳花木,日与亲旧饮酒赋诗为乐。卒于正德十年,年五十七。嘉靖初,追赠太子少保,谥文毅。《千顷堂书目》著录《北潭集》二卷又《文毅公集》八卷。现存嘉靖四十五年(1566)重刊本《北潭傅文毅公集》八卷附录一卷,内诗四卷,收诗二百六十余首、词一首、联句十一首,文四卷,收各体文五十余篇,陆深等序,王济跋,附录行状、墓铭、传记。《石仓十二代诗选·明诗选》录诗六十九首。《明诗综》卷二五、清王崇简《畿辅明诗》《明诗纪事》丙签卷九录诗一首。近人赵尊岳《明词汇刊》据《北潭傅文毅公集》录词一首为《北潭词》。生平见李时《傅文毅公行状》(《北潭傅文毅公集》附)、崔铣《傅尚书传》(《洹词》卷六)、廖道南《殿阁词林记》卷五、《明史》卷一八四。

傅振商(1573—1640)　字君雨，号星垣。河南汝宁府汝阳人。万历三十一年(1603)举人，三十五年进士，选翰林院庶吉士，散馆授江西道监察御史。天启中，累官至右佥都御史，丁父忧归，服除，诏令巡视茶马，又丁母忧归。起补大理寺丞，转右少卿，迁太常寺卿，巡抚南赣，升南兵部右侍郎，进尚书，引疾乞休。崇祯十三年(1640)卒，年六十八，赠太子太保，谥庄毅。好文艺，喜编刊书籍，曾撰《杜诗分类》五卷；又选顾起元、焦竑、郭正域、叶向高四人诗为《四家诗选》；选辑战国至唐宋之文为《古论玄箸》八卷(有万历四十年刊本)，选辑明人题咏所历山川诗为《缉玉录》五卷(有万历四十七年刊本)；选辑历代蜀人之作为《蜀藻幽胜集》四卷(有明刊本)。诗文著述有万历间刊本数种：《西征稿》八卷，《木天馆稿》二卷《恒南稿》三卷，《木天馆稿》二卷《恒南稿》八卷；又崇祯三年(1630)刻《南都稿》三卷。清顺治三年(1646)其孙傅鹭祥辑其所著刻为《爱鼎堂全集选》三十卷，内诗十卷，卷一收赋一篇、拟乐府六首，卷二至卷一〇收古近体诗八百余首；文二十卷，收奏疏十六篇、各体文一百七十余篇，有杨廷鉴、颜象龙、谢升、何乔远等序，林古度后序。《千顷堂书目》著录其《爱鼎堂集》二十卷又《诗集》十卷即此本也。是集后又有清乾隆五十五年(1790)存诚堂重刊本，名《爱鼎堂遗集》，诗称前集，文称后集，有清纪昀乾隆五十五年(1790)《三刻爱鼎堂遗集序》。《御选宋金元明四朝诗》录其诗三首。生平见清孙奇逢《中州人物考》卷五、《(雍正)河南通志》卷六〇。

傅起岩(生卒年不详)　初名洪，字晋卿，更名后字梦求。南直常州府无锡(今属江苏)人。正德、嘉靖间布衣。《千顷堂书目》著录其《正峰集》，未见传。《盛明百家诗》前编录其诗二十六首为《傅梦求集》，后编又辑五十三首为《续傅梦求集》。顾起纶《国雅》卷八录其诗三首。《皇明诗统》卷三二录其诗七首。《明诗综》卷三八、《御选宋金元明四朝诗》录其诗一首。清顾光旭《梁溪诗钞》卷七录其诗二首。《明诗纪事》戊签卷二二录其诗一首。

傅夏器(1509—1594)　字廷璜，号锦泉。福建泉州府南安人。嘉靖十年(1531)举人，屡踬春官，二十九年进士，除礼部仪制司主事。转光禄寺丞，迁吏部稽勋员郎中，以不偕于上官罢归。归乡后隐于故山，课家僮耕耘，夏雨秋云，陶然自足，万历二十二年(1594)卒于家，年八十六。《千顷堂书目》著录《锦泉集》六卷，现存万历二十五年南安傅氏家刊本《泉郡傅锦泉先生文集》五卷，为其卒后所辑,文四卷,收各体文一百四十余篇,诗一卷,收五七言古近体诗三百零九首,何乔远序,又有傅履阶《题叔祖锦泉先生文集后》,谓夏器诗文散佚十之五六。其集后又有清初补修本。《明文海》录其文《莲花石岩室记》等二篇,评语谓其文"多模仿昌黎"。《御选宋金元明四朝诗》录诗四首。清郭柏苍《全闽明诗传》卷二四录诗六首。生平见清李清馥《闽中理学渊源考》卷六一、《(乾隆)福建通志》卷五一。

傅梅(1565—1642)　字元鼎,号简斋。京师顺德府邢台(今属河北)人。少随父傅来鹏官山东、京师等地。万历十九年(1591)举人,三十五年谒选为登封知县。五载后入为刑部主事,与员外郎陆梦龙力争"梃击案",京察罢官。后起为台州知府,解职归。崇祯十五年(1642),清兵下顺德,捐金佐知府吉孔嘉守城,城破殉难,年七十八,赠太常寺少卿。其官登封时曾修《嵩书》二十二卷,万历刊本存。《千顷堂书目》著录其《简翁诗集》。现存万历三十一年刊本《雉园诗稿》二卷(收诗二百余首)、《文稿》二卷(收文二十篇),有朱应明、姚廷城序。《明诗综》卷六四录其诗二首。《御选宋金元明四朝诗》录其诗一首。清王崇简《畿辅明诗》录其诗十九首。《明诗纪事》辛签卷二录其诗二首。生

平见清孙奇逢《畿辅人物考》卷三《傅太常公梅》、《(雍正)畿辅通志》卷七七、《明史》卷二四一。

傅新德(1569—1611)　字明甫、元明,号汤铭、商盘。山西太原府定襄人。世为农家,至祖、父始为儒生。万历十六年(1588)领乡荐,明年进士,选翰林院庶吉士,三年请假归,二十二年授检讨。又六年迁南国子司业,进右春坊右中允,三十四年主试南京,迁右谕德兼翰林院侍讲,升右庶子兼翰林院侍读,又以太常寺卿管国子监祭酒事,三十九年(1611)七月十四卒于官,年四十三,赠礼部侍郎,谥文恪。钱谦益为其作《神道碑》,谓其"短小文弱,手足皆纤细异常人","在史馆,与南充黄昭素、会稽陶周望深研性命之学","内心宗,外修儒行,重规叠矩,不染狂禅气息"。《千顷堂书目》著录其《合傅文恪公集》七卷。现存天启五年(1625)其子傅庭诗刻本《傅文恪公初集》八卷,内卷一收诸体诗九十首,卷二至卷八收各体文,傅庭诗题识谓新德有文集数十卷,所刻仅为三分之一云。是集后又有清顺治十四年(1657)其婿冯如京重刊本,近人铅印本题《傅文恪公全集》十卷附录一卷。另《四库全书总目》儒家类著录其《南雍诚勖浅言》一卷,有明刊本。《明诗综》卷五五录其诗二首。清沈德潜《明诗别裁集》录其诗

一首。《御选宋金元明四朝诗》录其诗二首。《明诗纪事》庚签卷一六录其诗二首。生平见乔迁枢《傅文恪公行状》(《傅文恪公初集》卷首)、清《文恪傅公神道碑》(《牧斋初学集》卷六三)、《(雍正)山西通志》卷一三九。

焦竑(1540—1619)　字弱侯,又字从吾,号澹园、漪园。祖籍山东日照,明初其先人从太祖至金陵,封世袭副千户,遂为南直应天府江宁(今江苏南京)人,旗手卫籍。嘉靖四十三年(1564)举应天乡试,屡上春闱不售,为举子二十余年,至万历十七年(1589)以第一人进士及第,授翰林修撰,与修国史,充皇长子讲官。负盛名而性疏直,觉时事不可,辄形之言论,同官忌毁,当道恶之。二十五年任顺天乡试副主考,被劾试卷"文体险诞",降行人,再贬为福宁州同知。次年岁余大计,又有"浮躁"之评,因辞官归。归后,居于南京澹园,读书著述终生。万历四十七年冬卒,年八十,天启初,赠谕德,福王时,追谥文端。嘉靖四十一年耿定向督学南畿,以崇正卫道为号召,弘扬王守仁"良知"之学,焦竑入其门下,后遂终身以其为师,后又交于王襞、罗汝芳、史桂芳、李贽等,故清黄宗羲《明儒学案》谓其"师事耿天台,罗近溪,而又笃信卓吾(李贽)之学",平生既提倡心性之学,又博

极群书,倾心于考据、史学,即所谓"尊德性而道问学",故当时颇负通人之望,虽屏居,时有人不远数千里相就问学。所著之书有《养正图解》不分卷(存万历二十二年刊本)、《易筌》六卷附论一卷(存万历四十年刊本)、《俗书刊误》十二卷(有《四库全书》本等)、《焦氏类林》八卷(存《粤雅堂丛书》本等)、《国史经籍志》六卷(存万历三十年陈汝元刻本)、《熙朝名臣实录》二十七卷(存明末刊本)、《国朝献征录》一百二十卷(存万历四十四年徐象枟曼山馆刊本)、《玉堂丛语》八卷(存万历四十六年徐象枟曼山馆刊本)、《老子翼》三卷《庄子翼》八卷(有《四库全书》本)、《焦氏笔乘》六卷《续集》八卷(万历三十四年刊本)等。又有《禹贡解》一卷、《考工记解》二卷等见于著录,坊间又有多种托名之书。所撰诗文著述万历三十四年刊为《焦氏澹园集》四十九卷,内文三十五卷,诗十卷(收诗四百二十首)、词一卷(收词三十六首),耿定力、吴梦旸、陈懿典等序;万历三十九年又刻《澹园续集》二十七卷,文十八卷,诗八卷(收诗一百六十首)、词一卷(收词九首),金励、徐光启序。《列朝诗集》丁集录其诗七首。《明文海》录其文二十六篇,评语谓其"博极群书,其文皆有法度"。《明诗综》卷五五录其诗二首。《御选宋金元明四朝诗》

录其诗二十六首。《金陵诗征》卷二四录其诗三十首。《明诗纪事》庚签卷一六录其诗三首,按语谓其"小诗亦有清放之致"。《御选历代诗余》《明词综》卷四录其词二首。近人赵尊岳《明词汇刊》辑录其词四十三首为《澹园词》一卷。生平见过庭训《本朝分省人物考》卷一三、黄宗羲《明儒学案》卷三五、《明史》卷二八八。

焦源溥(1581—1643) 字逢源,一字涵一。陕西西安府三原人。万历三十七年(1609)举人,为袁中郎所赏,四十一年进士,历知沙河、潽县,招为四川道御史,会家艰归。天启四年(1624)起补江西道御史,迁颍州道副使,移疾归。崇祯二年(1629)起山西副使,分守河东道,迁参政,升按察使,七年擢右佥都御史巡抚大同。时边事日紧,请蠲赈,且增兵饷,当事不能应,逾年自劾归。十六年冬,李自成兵陷关中,被执不屈,被杀,年六十三。《千顷堂书目》著录其《逆旅集》,现存清初刊本《焦逢源先生逆旅集》二十卷,内诗九卷,收古近体诗三百余首,词一卷,收词四首,文十卷,收各体文一百一十余篇。又有道光十九年(1839)宏道书院刊本《逆旅集》二十卷《奏议》四卷。《明词综》卷五录其词一首。生平见李楷叔《涵一焦先生传》(道光本《逆旅集》卷首)、清陈鼎《东林列传》卷七、《明史》卷二六四。

储巏(1457—1513) 字静夫,号柴墟。南直扬州府泰州(今属江苏)人。家本经商,少失母,苦读不辍。成化十九年(1483)乡试第一,明年会试第一,廷试二甲第一,求便养,授南吏部考功司主事。寻升郎中,弘治七年(1494)改北,十年擢太仆少卿,丁母忧归。十四年起补旧职,十八年进本寺卿,迁都察院左佥都御史,总督南京粮储。正德元年(1506)拜户部右侍郎,以刘瑾用事,五年春引疾归。七年春起南户部左侍郎,八年改南吏部,寻卒于官,年五十七,嘉靖初,谥文懿。史称其淳行清修,介然自守,好推引名士,避远非类。与邵宝同出李东阳之门,并以名德见称。其诗文原出台阁一体,在郎署,又与李梦阳、何景明、徐祯卿、边贡、乔宇、都穆、秦金等倡和。《明史·艺文志》著录其《柴墟文集》十五卷,现存嘉靖四年(1525)储洄刻蓝印本,内诗五卷(有词)、序文三卷、墓志一卷、杂著二卷、奏疏一卷、书简三卷,邵宝序。后又有万历四十二年(1614)储耀重刊本及天启三年(1623)补修本。《皇明风雅》录其诗七首。顾起纶《续国雅》卷三录其诗二首。《皇明诗统》卷一六录其诗十四首。《石仓十二代诗选·明诗选》录其诗一百二十首。《列朝诗集》丙集录其诗六十二首。《明诗评选》录其诗一首。《明诗综》卷二五录其诗七首。《御选宋金元明四朝诗》录其诗二十三首。《四库全书总目》著录《柴墟斋集》十五卷,"提要"云:"其诗规仿陶韦,文亦恬雅,至于才力富健,则不及梦阳等也。"《明诗纪事》丙签卷八录其诗十四首。《明文海》录其文四篇,评语谓其"为文质实,然有家法"。清夏荃《海陵文征》录其文三十八篇。生平见顾璘《储公行状》(《息园存稿》文卷九)、乔宇《储公神道碑铭》(《乔庄简公集》卷一〇)、王兆云《皇明词林人物考》卷三、何乔远《名山藏》卷六九、《明史》卷二八六。

舒曰敬(1558—1636) 字元直,号碣石。江西南昌府南昌人。万历十九年(1591)乡试中举,明年进士,授泰兴知县。以杖毙疑犯,部议解绶,未几,左迁徽州府儒学教授,寻罢归。后据紫阳山、白鹿洞等教席。前后暨南北台省多奏荐,崇祯间尚书沈演复端疏荐用,奉旨条陈时务,因上七策十论进览,敕部议用,未赴。退居林下几五十年,崇祯九年(1636)卒,年七十九,门人万时华等私谥文侃先生。以时文称,明末陈氏石云居刊本《国朝大家制义》收其《舒碣石稿》一卷。另有《四书易经讲意》《诗经臆解》等见于著录。又曾辑《皇明豫章诗选》二十四卷,有崇祯九年刊本。已亦能诗,现存万历三十九年帅众等校刊本《舒碣石先生只立轩稿》七卷,收其古近体诗二百四十余首。又曾有《只立轩稿》续集,未见。《明文海》录其文《姬命文集序》一篇。生平见《(雍正)江西通志》卷七〇。

舒芬(1484—1527) 字国裳,号梓溪。江西南昌府进贤人。生于成化二十年(1484)三月十二。正德二年(1507)举人,十二年进士第一,授翰林修撰。以谏武宗南巡,命跪阙下五日,杖三十,谪福建市舶副提举。世宗即位,诏复故官,嘉靖三年(1524)以议"大礼",复下狱廷杖,四年遭母丧归,六年三月十四卒于家,年四十四,万历间追谥文节。平生负气峻厉,以昌明绝学为己任,学习群经,尤尚《周礼》,学者称梓溪先生。《明史·艺文志》著录其《易笺问》一卷、《书论》一卷、《士相见礼仪》一卷、《内外集》十八卷。《千顷堂书目》另著录其《诗稗说》三十篇、《周礼定本》十三卷、《太极通书释义》及《梓溪集》五卷、《东观录》等。现存嘉靖三十年张希举刻《梓溪文集》五卷;嘉靖三十二年万虞恺等刻《舒梓溪先生集》十卷;万历四年(1576)漆彬校刊《舒梓溪先生全集》二十卷;万历四十八年舒瓍校刊《梓溪文钞》内集八卷、外集十卷,又清乾隆七年(1742)修补本。所著奏疏、经学著作皆收录集中。亦能诗,集内有诗百余首、联句三十余首。

《皇明诗统》卷一八录其诗五首。《明诗综》卷三六录其诗一首，"诗话"谓其诗"颇涉理学语，五言皆蔼然有致"。《御选宋金元明四朝诗》录其诗七首。《江西诗征》卷五五录其诗三十首。《明诗纪事》戊签卷一三录其诗一首。近人赵尊岳《明词汇刊》辑录其词三首。《明文海》录其文八篇，评语云："梓溪不欲以词章名世，而识力高华，文有光芒不可掩处。"清陈元龙《御定历代赋汇》录其赋二篇。清应麟《江右古文选》卷一八录其文一篇。清胡大鸿《江右文抄》录其文十三篇。生平见其孙舒琛《先大父行实》（《梓溪文钞》卷首）、顾祖训《状元图考》卷二、王兆云《皇明词林人物考》卷六、清黄宗羲《明儒学案》卷五三、《明史》卷一七九。

舒忠谠（1599—1649） 字鲁直。江西南昌府进贤人，舒芬孙。崇祯三年（1630）与同里熊文举同举于乡，数上春闱不第。清兵南下，避走山中。后北上游大同，值顺治五年（1648）冬大同总兵姜瓖起兵反清，次年多尔衮亲征，姜瓖部将杨振威变节杀姜投降，清兵屠城，官吏兵民尽行诛之，忠谠亦未能幸免，年五十一。能翰墨诗画。所著有《褐塞轩集》，有诗五百余首，未见传。清顺治澄怀阁刊本《诗慰》二集自《褐塞轩集》选录其诗一百十首为《褐塞轩集选》一卷，熊文举序。《明诗综》卷

七六录其诗一首。《江西诗征》卷六三录其诗七首。《明诗纪事》辛签卷二四录其诗一首。生平见清吴山嘉《复社姓氏传略》卷六、《御定佩文斋书画谱》卷五八《舒忠谠》。

舒缨（生卒年不详） 字振伯，号东岗，又号梨洲山人。浙江宁波府鄞县（今宁波）人。嘉靖十三年（1534）举人，明年进士，授工部主事，后任王府长史。有诗名于乡里。著述现存明刊本《通川集》二卷，收诗一百六十八首、文二十七篇，首有包梧《叙》；又有嘉靖刊本《嘉南集》二卷，收诗九十一首。《四库全书总目》小说家类著录其游戏杂著《梨洲野乘》不分卷。《盛明百家诗》后编录其诗七十余首为《舒东冈集》。《皇明诗统》卷三二录其诗五首。清胡文学《甬上耆旧诗》卷一四录其诗三首。清袁钧《四明近体乐府》卷八录其词三首。生平见《（康熙）鄞县志》卷一○。

释大善（1571—?） 号虚闲道人。晚明杭州僧人。杭州西北之钦贤乡，溪流交错，风景秀丽，宋高宗时梵刹甚盛，宋人旧有《西溪百咏》，大善因作《和西溪百咏》二卷和之，《千顷堂书目》著录。现存崇祯刊本《和西溪百咏》二卷，每题七律一首，凡百首，拾遗五首，又附《福胜庵八咏》一卷《曲水庵八咏》一卷《梅花十咏》一卷，卷首崇祯十三年（1640）重

阳释大善《自序》云:"《西溪百咏》,宋人所作……余住西溪三十年,于其所咏皆足历而月订之,惜乎陵谷时迁、兴废莫纪,履今溯古,欣慨交心,溪山泉石洵惟白云明月为其常主也。余久欲属和,耽禅未暇,今年七十,谢参罢读,偶拈旧题,并为分注,或即事或怀古,拾遗补阙,斐俚登雅,共得百首,分上下卷,自谓无当风雅,庶几兹山鼓吹云。"《和西溪百咏》二卷,又有清光绪八年(1882)八千卷楼丁氏刊本。释正勉、释性涌《古今禅藻集》卷二三录其五言律诗一首。

释万金(1327—1373)　僧传或作"力金"。字西白,号白庵。吴县(今江苏苏州)人,俗姓姚。天台宗僧人,初入吴县宝积院,后从名僧释祖铭于径山,掌记室,分座后堂。元至正十七年(1357),住持苏州瑞光寺。洪武初主持大天界寺。自幼丧父,唯母存,乃去城一舍,筑孤云庵以奉养。明洪武三年(1370),与释妙声同被召入禁庭,奏对称旨。四年十二月,有诏集三宗名僧十人及其徒二千,建法会于钟山,命总持斋事,以母耄,举释宗泐自代,复还庵居。五年建会,御驾临幸,诏万金阐扬第一义谛。次年卒,年四十七。能诗文书画。《千顷堂书目》著录其《淡泊斋稿》,未见传。释正勉、释性涌《古今禅藻集》录其诗五首,毛晋《明僧弘秀集》卷四录其诗三首。《石仓十二代诗选·明诗选》录其诗五首。《列朝诗集》闰集录其诗四首。清沈季友《槜李诗系》卷三一录其诗四首。《明诗综》卷九〇录其诗一首。《御选宋金元明四朝诗》录其诗三首。生平见宋濂《白庵禅师万金碑铭》《《国朝献征录》卷一一八)、释自融《南宋元明僧宝传》卷一一、释明河《补续高僧传》卷一四。

释广润(生卒年不详)　字等慈。浙江湖州人,俗姓钱,名行道,字叔达。少负文藻,苦吟好客,名籍甚四方。耿介重气,与乡曲抵牾,以诖误下狱论死。讼系久之始得释,遂削发于云栖寺,后移居虞山拂水庵终老。《列朝诗集》闰集录其诗十七首,内剃染前作品十一首。"小传"谓其"长身疏眉,面如削瓜。剃染后,遇不可意事,时介介见眉睫,已而舍然。梵行精严,轨范高峻,每逢词人胜流,评诗鉴画,弈棋度曲,辄流连竟日。孟阳(程嘉燧)为诗悼之曰:'影堂月落泉鸣咽,无复疏帘看弈棋。'其风致盖可想见云。"《明诗综》卷九二录其诗二首。《御选宋金元明四朝诗》录其诗十首。生平见《(同治)湖州府志》卷九一。

释无愠(1309—1386)　字恕中,号灵山,又号空室。临海(今属浙江)人,俗姓陈。元末于径山出家,受度于释行端,多闻法要。后主明州灵岩寺,再主台州瑞岩寺,为当时著名禅僧。明初,日本怀良亲王遣使请其去日本传教,太祖因召其至金陵,以老病辞,赐归。洪武十九年(1386)圆寂,年七十八。《千顷堂书目》著录其《山庵杂录》,现存明刻本二卷,为其弟子玄极、韫中辑刻,苏伯衡序,被称为宗门七书之一,现存。释正勉、释性通《古今禅藻集》录诗二首,毛晋《明僧弘秀集》录诗四十六首。《列朝诗集》闰集录诗十一首。《明诗综》卷九一录诗《松岩杂言》一首。《御选宋金元明四朝诗》录诗四首。生平见释自融《南宋元明僧宝传》卷一二。

释文湛(生卒年不详) 字秋江。浙江嘉兴府海盐人,俗姓顾。弘治、正德间海盐天宁寺僧。能诗,多与海内高衲倡和,辑有《江海群英集》,《千顷堂书目》著录其《芦苇亭稿》,均未见传。释正勉、释性通《古今禅藻集》录其诗二十二首。《列朝诗集》闰集录其诗七首。清沈季友《槜李诗系》卷三一录其诗十首。《明诗综》卷九一录其诗四首,"诗话"云:"秋江诗亦清徹,可云笔非秋而垂露。"《御选宋金元明四朝诗》录其诗七首。

释方泽(1505—?) 字云望,又字冬溪,号无参。浙江嘉兴府嘉善人。原为任姓渔家子,十三岁出家,十六岁祝发于秀水精严寺,嘉靖七年(1528)二十四岁受具戒行。曾遍访两浙名山大寺,时称戒学俱高,又以能诗为唐顺之、张之象、方豪等文士礼敬。嘉靖末,与彭辂、戚元佐、项元淇及三塔寺释正念结诗社。商辂作《诗社四友传》谓其"资分奇隽,网罗浩博,贯穿驰骋于梵藏绛典、六经子史之间。诗方盛唐体格,而不喜剪刻藻绘"。隆庆三年(1569)偶病足,因不出,其门人真谧辑其所著,厘为外、内集,请序而刊之。《明史·艺文志》著录其《冬溪内外集》八卷。现存隆庆五年刻本《冬溪外集》二卷《续集》一卷收其所作诸体诗;《冬溪内集》二卷上卷收其所作杂著,下卷则为其所作之募劝疏、祈请文、赞、颂、偈语等,末附"诸友寿什",收其嘉靖四十三年六十岁时僧俗友人所赠诗。卷首有张之象、彭辂、曹大章序。《盛明百家诗》后编录其诗二十五首为《释方泽集》。顾起纶《国雅》卷二〇、《皇明诗统》卷四二录其诗五首。释正勉、释性通《古今禅藻集》录其诗二十三首。《列朝诗集》闰集录其诗八首,"小传"谓其"禀性颖拔,日诵万余言诗偈文字,下笔无碍"。《明诗综》卷九二录其诗六首,"诗话"对其有"诗格清纯,不杂偈语"之评。清沈季友《槜李诗系》卷三三选其诗七首。《四库全书总目》著录《冬溪集》二卷,"提要"谓其"集中文笔粗率,不出方丈语录之格,诗稍近雅,而亦不工"。《千顷堂书目》另著录其《华严要略》二卷。生平见商辂《诗社四友传》(《明文海》)、《(光绪)嘉善县志》卷二六。

释永瑛(生卒年不详) 字含章,号石林。浙江嘉兴府海盐人,出家为天宁寺僧。能诗。嘉靖中,襄阳知府徐咸致仕归海盐,筑园城闉,名小瀛洲,招同邑朱朴、钱琦、吴昂、陈鉴、刘锐、钟梁、陈瀛、徐鉴及其兄徐泰等人为社,饮酒赋诗,永瑛与焉,恰足十人之数。后孙咸之孙孺谷、钟梁之孙祖述辑十人之诗编为《小瀛洲社诗》六卷。内收永瑛诗四十四首。永瑛卒后,其法孙戒襄曾刻其遗稿为《石林集》一卷,《千顷堂书目》著录,未传。释正勉、释性通《古今禅藻集》录其诗三十三首。《列朝诗集》闰集录其诗六首。《明诗综》卷九一录其诗二首,并引释冬溪(释方泽)云:"石林禅余,景与意会,朗吟自若。其诗意到词发,类多率尔,而幽冲暇豫,自足陶写,盖适其适而不适人之适者。"清沈季友《槜李诗系》卷三一录其诗十二首。《御选宋金元明四朝诗》录其诗四首。

释行溥(生卒年不详) 字等可。江西南昌府新建(今南昌)西山吴原里人。少为僧,后游方二十余年,时与缙绅名士结社吟诗,崇祯六年(1633)春始还南昌,卓锡古泰定寺。著有《枣堂诗集》,有诗一百一十五首,未见传。清顺治澄怀阁刻《诗慰》(清陈允衡编)据《枣堂集》选诗五十首为《枣堂集选》,末附《啣刀铭并序》,首有刘不息原序及行溥自序。生平见《(雍正)江西通志》卷一○三。

释守仁(? —1391) 字一初,号梦观。富阳(今属浙江)人。少能歌诗,善书法,元季兵乱避于佛门。先为四明延庆寺僧,后住持杭州灵隐寺。尝与释如兰从杨维桢游。洪武十五年(1382),征授僧录司右讲经,三考升右善世,后主金陵天禧寺。曾以诗忤太祖,几不免。洪武二十四年于天禧寺示寂。与杭州天竺寺释如兰、径山释德祥等为诗友。卒后释如兰辑刻其诗为《梦观集》六卷,《千顷堂书目》著录,现仅存日本室町末期抄本,卷首有方孝孺序,末有四明延庆寺主执释祥彤作于建文二年(1400)之识语,盖原刻于建文时。据抄写者识语,是本系日本永禄十年(1567)抄于明刊本。《皇明风雅》录其诗六首。《盛明百家诗》后编录其诗二百余首为《释梦观集》。《皇明诗统》卷四二录其诗十首。释正勉、释性通《古今禅藻集》录其诗七首,毛晋《明僧弘秀集》录其诗一百二十余首。《列朝诗集》闰集录其诗七十一首,"小传"云:"铁崖《东维子集》有《送兰、仁二上人归三竺序》，兰即古春兰公（释如兰），仁即公也。其略云：'余在富春时，得山中两生，曰兰（如兰）、曰仁（守仁），皆用世之才。授之以《春秋》经史学。兵兴，潜于释。'"《明诗综》卷九〇录诗二十八首，"诗话"谓其诗"诸体皆合"。清沈德潜《明诗别裁集》录诗一首。《御选宋金元明四朝诗》录诗三十七首。《金陵诗征》卷四四"方外"录诗四首。生平见释明河《续补高僧传》卷二五、《（雍正）浙江通志》卷一九八。

释如兰（生卒年不详） 字古春，号支离。富阳（今属浙江）人。少与释守仁同游于杨维桢门，授以《春秋》经史之学，甚得赞誉。出家后曾住持杭州天竺寺，称一时大德。永乐初，征召四方名僧至京，校刻《藏经》，如兰居首位，锡赏优渥。《千顷堂书目》著录其《支离集》七卷，未见传。释正勉、释性㳦《古今禅藻集》录其诗二十五首，毛晋《明僧弘秀集》卷九录其诗三十六首。《皇明诗统》卷四二录其诗一首。《列朝诗集》闰集录其诗二十三首。《明诗综》卷九一录其诗三首。《御选宋金元明四朝诗》录其诗十首。生平见喻谦《新续高僧传四集》卷六。

释如愚（生卒年不详） 字蕴璞。湖广武昌府江夏（今湖北武汉）人。

少为诸生，踾跎负俗，削发为僧，居衡山之石头庵。后行脚四方，居金陵城南碧峰寺，遂号石头和尚。自负才藻，剃染后又思举子业，欲冠巾入俗，与时人角逐，已而复罢。入华严宗雪浪（释洪恩）之门为弟子，或谓其欲篡雪浪讲席，因与雪浪诸门人交恶，被逐于师门。后入北京，居七指庵，以病亡。为人才辩纵横，笔舌掉厉，摇笔数百千言，观者争呫舌相告，因得与宰官名士游。著述有《阴符经注》一卷（存万历二十八年刊本）、《妙法莲华经知音》七卷《弘传序知音》一卷（有天启四年释广明等刊本）等。《明史·艺文志》记其诗文著述有《空华集》二卷《饮河集》二卷《四悉集》四卷。现存万历刊本《空华集》二卷，署袁宏道选、潘之恒校，收诗二百二十余首，有万历二十五年袁宏道序、二十一年张民表序；又《饮河集》二卷，收诗二百六十余首，有万历二十九年周应宾序、二十五年阮自华序；又《石头庵集》五卷，万历四十三年（1615）刻于南京，诗三卷，收诗三百二十余首，文二卷，收序、说、祭文、书札等文六十余篇，有郭正域、傅新德、汤宾尹、曹学佺等序。学佺序谓其诗"古体有气力，五言律奇而险，顾多慷慨悲愤之句，不作禅语，所以为佳"。另有万历时刊文集《止啼斋集》一卷，亦署袁宏道选，收其序、跋、书札二十三篇及

《诗成》一篇。释正勉、释性涵《古今禅藻集》录其诗四十三首。《列朝诗集》闰集录其诗六首。清廖元度《楚风补》卷二七录其诗七首。《明诗综》卷九二录其诗一首。《御选宋金元明四朝诗》录其诗三首。《四库全书总目》著录其诸集，"提要"谓其"自许甚高，然材地粗疏，徒好为大言耳"。清丁宿章《湖北诗征传略》卷一录其诗三首。《金陵诗征》卷四四"方外"录其诗一首。生平见汤宾尹《石头庵诗集序》（《睡庵稿》文集卷一）、《（嘉庆）江宁府志》卷五一。

释克新（1322—？）　字仲铭，号江左外史，又称雪庐和尚。鄱阳（今属江西）人，俗姓余。始学制义，以元廷罢科考，更为学佛，因博通内外典，又好古文。尝出游庐山，下大江，览金陵六朝胜迹。以兵乱，留滞苏、杭。元末曾主嘉兴水西寺，与杨维桢、顾瑛等为友。明洪武初召至金陵，三年（1370）曾诏命克新等三僧经西域招抚吐蕃，未果。初著《雪庐南询稿》毁于兵，后有《雪庐集》行世，《明史·艺文志》著录，亦未传，现仅存清抄本《元释集》一卷，收古今体诗六十余首。元赖良辑《大雅集》收其《次铁崖先生送沈炼师韵》四首，此本无，另朱存理《珊瑚木难》、钱谷《吴都文粹续集》均有其遗诗、遗文。《四库全书总目》著录《元释集》一卷，"提要"称是集或为后人从《雪庐集》中"摘录抄存，非其全稿"。释正勉、释性涵《古今禅藻集》录其诗六十余首，毛晋《明僧弘秀集》卷八亦录其诗六十余首，皆从《元释集》出。《列朝诗集》闰集录其诗五首，"小传"谓其文"大率望庚申之中兴，美张氏（张士诚）之内附，而於圣朝多指斥之词，其为文自称江左外史，殆亦有微指与"！《明诗综》卷九〇录其诗三首。清沈季友《槜李诗系》卷三〇录其诗十八首。《海虞文征》卷二八录其诗二首。

释来复（1319—1391）　字见心，号竺昙叟、蒲庵。丰城（今属江西）人，俗姓黄。元至正二年（1342）出家为僧，礼释清潓为师。擅诗文书法，游燕都，与诸名士游，后航海至浙地，历主宁波天宁、杭州灵隐等大刹。明洪武初，与释宗泐并以高僧召至京，赐金襕袈裟。洪武十四年（1381）帝置僧箓司，设善事、阐教、讲经、觉义，左右各一员，掌天下禅教事，来复除左觉义，诏往凤阳槎芽山圆通院主持。二十四年，山西太原僧智聪供称其曾随宗泐、来复往来胡惟庸府，合谋举事，宗泐免死，来复坐凌迟死，年七十三。来复元末明初有大名于海内。元至正二十四年（1364）曾辑《澹游集》二卷，现存清抄本，上卷收缙绅名士赠诗，下卷收赠文，间有来复自作诗文，赠诗文者有虞集、揭傒斯、欧阳玄、张翥、贡师泰、月鲁不花、揭汯、古雅漠丁、答禄与权、张昱、高明、顾瑛、朱右、释妙声、释至仁等，达数十人。顾瑛《草堂雅集》亦收其诗。洪武十二年，其徒昙锽曾辑其诗文为《蒲庵集》十卷附释法住《幻庵诗》一卷，宋濂序。后正统五年（1440）孙以宁重刻其集，仅得六卷。现存《蒲庵集》六卷附《幻庵诗》一卷，为正统刊本，前三卷收五七言古近体诗六百余首，后三卷收序、记、铭等文九十二篇。至正刊《澹游集》中多有《蒲庵集》未收诗。另有明抄本《蒲庵集》三卷及多种清抄本《蒲庵诗》，则多未出《蒲庵集》六卷本所收。刘仔肩《雅颂正音》、徐泰《皇明风雅》、顾起纶《国雅》卷二〇均录其诗三首。《皇明诗统》卷四二衲子类录其诗三十七首。《石仓十二代诗选·明诗选》录其诗四首。释正勉、释性涌《古今禅藻集》录其诗二十九首。毛晋《明僧弘秀集》卷二录其诗九十一首。《列朝诗集》闰集录其诗九十四首。清王夫之《明诗选评》录其诗一首。《明诗综》卷九〇录其诗九首，"诗话"云："蒲庵与全室（释宗泐）齐名，然不及全室远甚，盖全室风骨戍削，而蒲庵未免痴肥也。"《御选宋金元明四朝诗》录其诗三十一首。生平见释明河《补续高僧传》卷二五。

释希复（生卒年不详） 号同石。南直苏州府吴江（今属江苏）人。祝发殊胜寺，后寓无锡，往来绿萝庵中。《盛明百家诗》前编录其诗八十二首，辑为《释同石集》。卷前俞宪嘉靖四十三年（1564）所作识语云："尝从仲山（王问）父子识余，余是以识其诗。其诗不离本色，时有悟语。作字遒润可爱，绝类儒者。年才三十余，它日所作不可量也。"顾起纶《国雅》卷二〇录其诗五首。《皇明诗统》卷四二衲子类录其诗三首。释正勉、释性涌《古今禅藻集》录诗九首。清顾光旭《梁溪诗钞》卷五七录其诗九首。

释妙声（1308—?） 字九皋。吴县（今江苏苏州）人。元末居景德寺，后居常熟慧日寺，又主平江北禅寺。明洪武三年（1370）与释万金同被召至天下释教所，掌天下僧教。卒于洪武十六年后。博综内外典，能诗文。《明史·艺文志》著录其《东皋录》七卷，洪武十七年其法孙释德珊辑，凡诗三卷杂文四卷，现存明刻黑口本残存卷一至卷五，内诗三卷，收诗二百余首。又有清抄本《东皋录》三卷，卷上为诸体诗百首，卷中、卷下存各体文一百零七篇，《四库全书》据之收录，《总目》"提要"云："妙声与袁桷、张翥、危素等俱相友善，故所作颇有士风。当元季扰攘之时，感事抒怀，往往激昂可诵。杂文体裁清整，四六俪语亦具有南宋遗风，在缊流之内，虽未能语带烟霞，固犹非气含蔬笋者也。"又，日本有明抄本亦三卷。妙声入明时年已六十余，诗文多元至正中所作，顾嗣立《元诗选》亦录是集。《皇明风雅》卷二五录其诗一首。顾起纶《国雅》卷二〇录其诗一首。《皇明诗统》卷四二录其诗二首。释正勉、释性通《古今禅藻集》录其诗八首。毛晋《明僧弘秀集》卷七录其诗五十首。《列朝诗集》闰集录其诗六十一首。《明诗综》卷九一录其诗十二首。《御选宋金元明四朝诗》录其诗二十一首。《海虞文征》录其文五篇、诗四首。清王鲲等编《盛湖诗萃》卷一一录其诗三首。《御选历代诗余》卷九录其词[菩萨蛮]一首。生平见《(乾隆)江南通志》卷二五。

释担当（1593—1673） 法名先为普荷，后改通荷，号担当，以号行。云南云南府晋宁人。俗姓唐，名泰，字大来。祖父唐尧官、父唐懋德均为举人，有文名。少习儒子业，十三补博士弟子员。又好书画文艺，曾北上游学，从董其昌习书画，执贽于李维桢之门，访陈继儒于云间，参湛然禅师于会稽。归滇后，奉母家居，徐霞客游滇曾得其资助。明社亡，清顺治四年（1647）弃家至大理，受戒于无住禅师，览经面壁十年。十六年南明永历帝逃往缅甸，担当托名云游访之，至腾冲遇阻返回。时南明大臣钱邦芑剃发称大错和尚，匿于大理，担当援之，并与其同至山中耕隐。晚居点苍山感通寺，不复再谈世事，与何蔚文、赵炳龙等遗民往来倡和于鸡足、点苍间。康熙十二年（1673）十月十九卒，年八十一。能诗善画，写意山水师法董其昌而笔墨更为减省，所存册页多集诗、书、画为一体，风格独具。诗逊于书画，虽间有佳句，"清而不薄，婉而不荡"，然语多近俚。著述现存明末刊本《橛园集》八卷，有李维桢《橛园集序》、陈继儒《橛园集序》、董其昌《橛园集引》；又有清康熙刊本《橛庵草》七卷，担当自跋。前者系其为儒生时所作所刻，后者则为其遁入空门后著述之刊本。其自跋《橛庵草》，谓其集"有类偈颂者不入，有类香奁、诗余者不入，有悲歌慷慨触时忌者不入"，则其诗非释门之诗也。又有清抄本《担公遗诗》一种，附其堂弟、长女诗作。清秦光玉《滇文丛录》录其序文三篇。清袁文典等《明滇南诗略》录其诗八十三首。清陈荣昌《滇诗拾遗》录其诗九十首。近人《云南丛书》收《担当遗诗》八卷，辑自《橛园集》残卷及《橛庵草》。近人方树梅《晋宁文征》录其文四篇，诗二十六首。生平见清冯苏《担当禅师塔铭》、近人李根源《腾冲普荷传》（《担当遗诗》附录）。

释昙英（籍里及生平不详） 现

存明末阆峰居刊本《昙英集》四卷，署"梁园释昙英氏普秀著，海鹤老人黄居中选定"；卷首有"大痴居士闪继迪"《题昙英集》、"法幢居士张民表"《昙英上人诗序》。黄居中为万历十三年（1585）举人，曾官南国子监丞，崇祯十七年（1644）年八十三卒；闪继迪亦万历十三年举人，亦曾官南京；张民表则为河南开封府中牟人，万历十九年举人。因知昙英应为晚明僧人，或籍于河南开封。是集共收诗近一千二百首。由其诗《哭慈圣皇太后二首》《上御皇极门召辅臣孙承宗行边》等，知其万历、天启时曾寓京师，且与朝野上下皆有往来，又曾广游两河、江浙、湖广等地。其诗或言及时事，又有《渡黄河》《宿紫柏寺》及《榆林》《雄石峡》等诗，记其"逃名违上国，隐迹向边城"（《逃名》）之行踪，其中颇多记录榆林一带边塞生活及西北风光之诗。内容及风格均大不同东南一带流行之僧诗也。

释果斌（生卒年不详） 号半峰。嘉靖初南京天界寺住持僧。曾与顾璘游，璘《与陈鲁南柬》云："今春长居墓舍，旧时草堂移入山中数舍，四面竹松，号曰松坞，前通古道，可步寻诸寺。有福全、古昙、果斌诸僧，谈禅和诗，皆有能事。"（《顾华玉集·息园存稿》卷九）《千顷堂书目》著录其《半峰集》，未见传。《盛明百家诗》前编

录其诗四十余首为《释半峰集》。顾起纶《国雅》卷二〇录其诗十首。《皇明诗统》卷四二录其诗十一首。释正勉、释性通《古今禅藻集》录其诗七首。《列朝诗集》闰集录其诗一首。《明诗综》卷九二录其诗一首，"诗话"云："半峰少从顾华玉游，而诗未得其一体。"

释明秀（？—1534） 字子昰，号雪江，又自号石门子，称石门禅师。浙江嘉兴府海盐人，俗姓王。成化二十三年（1487）于海盐天宁寺出家，晚习定于钱塘胜果山，复归于海盐，卒于嘉靖十三年（1534）。少时即好为诗，与孙一元、郑善夫、方豪、沈周诸人游，又与处士朱朴、陈鉴等结社，以雪江和尚名于世。《千顷堂书目》著录其《雪江集》三卷，现存清抄本《雪江诗稿》二卷，收诗四百余首。《盛明百家诗》前编录其诗一百余首为《释雪江集》。顾起纶《国雅》卷二〇录其诗十首。《皇明诗统》卷四二录其诗九首。释正勉、释性通《古今禅藻集》录其诗五十二首。毛晋《明僧弘秀集》卷一二录其诗七十七首。清沈季友《檇李诗系》录其诗三十一首。《石仓十二代诗选·明诗选》误明秀、雪江为二人，共录诗八十余首。《列朝诗集》闰集录诗三十五首。《明诗综》卷九一录诗十首，"诗话"云："观其遗集三卷，流转跌宕，不失清江（唐大历、贞元时诗

僧）、灵一（唐乾元时诗僧）之遗音。”清沈德潜《明诗别裁集》录诗一首。《御选宋金元明四朝诗》录诗十七首。生平见清沈季友《槜李诗系》卷三一。

释明河（生卒年不详）　字汰如，自号高松道者。南直扬州府通州（今江苏南通）人，俗姓陈。出家为释通润（一雨）弟子，释洪恩（雪浪）再传弟子。初主吴邑华山寺，后继席江宁大报恩寺，崇祯中卒。穷内外典，亦耽词翰。著有《补续高僧传》二十六卷，见存于《卍字续藏》。《千顷堂书目》另著录其《华严十门限》又《法华举要》《楞伽解》等。《列朝诗集》录其诗七首，“小传”云：“雪浪之后为巢（巢松）、雨（一雨），巢、雨之后为苍（释读彻，字苍雪）、汰，四公法门冢嫡，如两鼻孔同出一气，但有左右耳。汰如继雨公说法，自号高松道者。示寂于花山，行履具余所撰塔铭。”《明诗综》卷九二录其诗《绝句》一首。《御选宋金元明四朝诗》录其诗六首。《金陵诗征》卷四四“方外”录其诗五首。生平见清《汰如法师塔铭》《牧斋初学集》卷六九）、《（乾隆）江南通志》卷一七四、《（光绪）通州直隶州志》卷末《杂纪》。

释牧云（1599—1671）　字通门，号卧庵。南直苏州府常熟（今属江苏）人，俗姓张。年二十投虞山破山寺洞闻和尚出家，受具足戒后，即游方参学。初礼无异禅师，勤苦参究，若有所悟，后投天童山密云寺圆悟禅师座下请益，成圆悟禅师之法嗣，称名僧，朱一是等曾从其问道。清康熙十年（1671）十一月圆寂于常熟鹤林寺，年七十三。博通外学，能诗文，善绘画，与毛晋交善，所著《牧云和尚懒斋别集》十四卷《病游初草》一卷《病游后草》一卷《病游游刃》一卷《宗本投机颂》一卷，皆为清初虞山毛氏汲古阁所刻。《懒斋别集》有王庭言、朱一是序，内论、序、记、铭、说等三卷，书启二卷，杂牍一卷，颂、像赞等一卷，偈一卷；又诗六卷，收诗九百三十首，诗不分体，按“铜井时”“古南时”“栖真时”“兴福时”“兴化时”“鹤林时”“天童时”分列，盖以时地纪也；卷末有崇祯十三年（1640）牧云作于破山禅院西轩之自叙。《病游初草》收诗二百四十一首，《病游后草》收诗八十七首，《病游游刃》收诗九十二首。生平见喻谦《新续高僧传四集》卷一〇。

释净伦（1427—?）　字大巍，号竹室。云南云南府昆明人，俗姓康。正统五年（1440）出家，礼太华无极泰和尚受禅学。天顺八年（1464），得法于浮山释善学（古庭）。成化元年（1465），卓锡都城东隅，开建万福禅刹，十四年谢事退居西轩之竹室，因以为号。弘治三年（1490）赴京师显通寺，后示寂于此。与天童寺释怀让齐名，并阐宗风。《千顷堂书目》著录其《竹室集》。现存弘治刊本《竹室内集》一卷《外集》一卷，其徒道宗、道义编，有弘治九年李绅序。又有崇祯刻本《大巍禅师竹室内集》一卷。毛晋《明僧弘秀集》卷五录其诗四十九首。《列朝诗集》闰集录其诗《松阴小憩》一首。《明诗综》卷九一录诗二首，"诗话"云："竹室不以诗名，往往饶中晚唐风韵。"《御选宋金元明四朝诗》录诗三首。清徐璈《桐旧集》卷四二"衲子"录诗二首。清袁文典等《明滇南诗略补遗》附方外录其诗七首。生平见释明河《补续高僧传》卷一五、喻谦《新续高僧传四集》卷六二、《（光绪）续云南通志稿》卷一八八。

释法住（生卒年不详） 字昙锽，号幻庵，又号云峰。江西南昌府南昌人，俗姓魏。明初释来复法嗣。能诗，其弟子辑录其诗作九十三首，名《幻庵诗》一卷，附于正统五年（1440）刊释来复《浦庵集》后。毛晋《明僧弘秀集》卷一〇录其诗二十八首。《皇明诗统》卷四二衲子类录其诗一首。《列朝诗集》闰集于"蒲庵禅师复公"条下附录其诗三首。《金陵诗征》卷四四录其诗一首。

释法杲（生卒年不详） 字雪山。南直苏州府吴县（今江苏苏州）人。少年出家于云隐庵，后与释慧浸（巢松）、释一雨（通润）同拜师释洪恩（雪浪）于无锡之华藏寺，侍洪恩于金陵华山、镇江焦山等地往来栖息，历十余夏，相依如形影。万历三十六年（1608）洪恩坐化，法杲继其法席。与释慧浸、释一雨并以诗名。《千顷堂书目》著录其《雪山诗集》八卷，现存万历三十八年昭阳李思睿校刊《雪山草》九卷，释一雨所辑，潘之恒选，释慧秀、王穉登序，内诗八卷，收五七言古近体诗八百首，卷九收赞铭等杂文二十四篇。释正勉、释性通《古今禅藻集》录其诗六十首。《列朝诗集》录其诗五十七首，"小传"云："以诗言之，亦当为近代诗僧领袖，巢（巢松）、雨（一雨）辈远不逮矣。"《明诗综》录其诗二首，"诗话"谓其诗"均饶清韵"。《御选宋金元明四朝诗》录其诗三十首。清顾光旭《梁溪诗钞》卷五七录其诗三首。《海虞文征》卷二七录其诗一首。

释法聚（1492—1563） 字月泉，号玉芝。浙江嘉兴府嘉兴人，俗姓富。年十四，出家海盐资圣寺。曾与董沄同学于王守仁，又得梦居禅师启，称有悟，即入武康天池山，构精舍，颜曰"玉芝"，二十余年说法其中，俗称玉芝和尚。其学儒佛兼参，称发明心地会通儒释之旨。唐枢、王畿等尝往来山中与之论学。又好为韵语，与同时释正念、释祖福俱以诗名。嘉靖四十二年（1563）五月示寂,年七十二。《千顷堂书目》著录其《玉芝语录》六卷又《玉芝和尚内语》二卷、《玉芝内外集》又《龙南漫稿》。现存嘉靖四十三年释明源刻《天池玉芝和尚内集》二卷,罗汝芳序,收其所作偈、赞、箴、铭、法语及序、记、书部等一百五十余篇。释正勉、释性㳉《古今禅藻集》录其诗二十五首。《列朝诗集》闰集录其诗七首。清王夫之《明诗选评》录其诗一首。《明诗综》卷九二录其诗二首。《御选宋金元明四朝诗》录其诗二首。清沈季友《槜李诗系》卷三二录其诗六首。《金陵诗征》卷四四录其诗一首。生平见徐渭《玉芝大师法聚传》(《国朝献征录》卷一一八)、释明河《补续高僧传》卷二六、《(雍正)浙江通志》卷一九九。

释法藏(1573—1635)　字于密,号三峰,称汉月禅师。南直常州府无锡(今属江苏)人,俗姓苏。十五岁出家,从天童山释圆悟(密云)学禅法,后住虞山三峰寺,著《五宗原》一卷,反密云宗旨,主张圆相为万佛之祖,禅宗五支各出圆相之一面,而惟临济为正宗。其师密云因著《七辟》等加以驳斥,而其弟子弘忍又著《五宗救》支持其说。其说曾盛行一时,法藏主开元寺,开堂讲法,纵其机辩,以接四方学者。度僧百余,受戒万众,内最著者为释通门。法藏后居常熟乌目山禅院,崇祯八年

(1635)示寂,年六十三。所著《广录弘戒法仪》二卷、《于密渗提寂音尊者智证传》五卷及释济鸿等辑《三峰藏禅师长水真如寺语录》一卷等,皆传于世。亦能诗,《千顷堂书目》著录其《山居集》,现存万历、崇祯刊本《三峰藏禅师山居诗四十首》一卷《三峰三十景诗》一卷,有文震孟所作《汉月禅师山居诗叙》及钱谦益所作《山居诗引》。《明诗综》录其诗二首,《御选宋金元明四朝诗》录其诗一首。《海虞文征》录其诗九首。清顾光旭《梁溪诗钞》卷五七录其诗二首。生平见清纪萌《宗统编年》卷三一、卷三二及清邹漪《启祯野乘》卷一四。

释宗泐(1318—1391)　字季潭,号全室。临海(今属浙江)人,俗姓周。八岁入杭州中天竺学佛,二十受具,积久通佛经,称高僧。又以好儒术、能词章著,因与诸名公虞集、黄溍等为方外交。明洪武四年(1371)十二月,诏征江南高僧十人诣京师,次年建钟山法会,十高僧者,宗泐、来复、梵琦、守仁、万金、清濬、昙噩、慧日、居顶、夷简,而以宗泐为首。法会初奏《善世》,再奏《昭信》,三奏《延慈》,四奏《法喜》,五奏《禅悦》,六奏《遍应》,七奏《善成》,诸乐章皆出宗泐所撰。太祖屡驾临幸,召对内廷,赐膳无虚日。时宋濂好佛,帝目为"宋和尚",宗泐好儒,

帝呼以"渤秀才"。洪武十一年（1378），太祖以佛书有遗佚，命领徒三十余人往西域求之，十五年得《庄严》《宝王》《文殊》等经还。太祖开僧篆司，以释戒资为"左善世"，宗渤为"右善世"，掌天下禅教事，有"一百廿岁，永镇纲宗"之谕。屡主天界寺。后释智聪坐胡惟庸党，词连宗渤及释来复等，谓渤西域取经，惟庸令说土蕃举兵为外应。有司奏当大辟，诏免死，时僧徒坐胡党者六十四人，咸服上刑，惟宗渤得宥，令其至凤阳槎峰寺终老。二十四年行至江浦石佛寺坐化，年七十四。《明史·艺文志》著录其《心经注》一卷《金刚经注》一卷、《全室外集》十卷《西游记》一卷。现存永乐刊本《全室外集》九卷《续集》一卷，首二卷为应制诗及乐府供佛赞佛诸曲，三卷至八卷为古近体诗，九卷为疏及题跋，续集诗文合编。另日本宽文十三年（1673）曾刻《全室外集》二卷。《西游记》一卷为其使西域求经，往返道中之作，未见传。刘仔肩《雅颂正音》录其诗五首。《盛明百家诗》后编录其诗一百二十余首为《释全室集》。《皇明风雅》录其诗六首。《皇明诗统》卷四二录其诗三十五首。李时渐《三台文献录》录其诗二十首。《石仓十二代诗选·明诗选》录其诗九十六首。释正勉、释性通《古今禅藻集》录其诗四十八首，毛晋

《明僧弘秀集》卷一录其诗六十七首。《列朝诗集》闰集录其诗一百零八首。清王夫之《明诗选评》录其诗三首。《明诗综》卷九〇录其诗三十七首。清沈德潜《明诗别裁集》录诗二首。《御选宋金元明四朝诗》录诗六十二首。《四库全书》收《全室外集》九卷续集一卷，《总目》"提要"云："宗渤虽托迹缁流，而笃好儒术。故其诗风骨高骞，可抗行于作者之间。"清戚学标《三台诗录词录》卷三一录诗五首。《金陵诗征》卷四四录诗十首。生平见释明河《补续高僧传》卷一四。

释宗林（1471—?） 字太章，一字大风，号杇庵。浙江绍兴府余姚人。俗姓宋，年十三出家受具足戒，栖于杭州安隐、净慈等寺观。精戒行，起息必慎，不妄与人交。弘治中被征入京，命为登坛大戒主，后奉敕提督五台山。正德改元，赐紫衣玉带及大宗师之号，于西直门外大香山寺立宗师府居之，虽际荣盛，处之若无，淡如也。嘉靖初开万寿戒坛，诏选为十座首，说演毗尼。世宗皇帝奉道，曾上书规劝，请弘护佛法，帝不以为忤。能诗文，亦能书画。《明史·艺文志》著录其《寒灯衍义》二卷、《香山梦寐集》一卷，未见传。现存万历末释智寿刻《杇庵集》六卷《说破浮生梦幻集》一卷。《杇庵集》首有万历四十二年（1614）释智寿

序,内收五七言古近体诗一百七十二首;《说破浮生梦幻集》未署作者,仅收《浮生梦幻歌》等诗五首。又崇祯四年(1631)张如兰辑刊本《闲中八种》中亦辑有《朽庵集》二卷。《列朝诗集》闰集录其诗十五首,"小传"记云:"武庙初年,朝士有以郎官致仕者,朽庵取渊明《归去来兮辞》为题,赋《乐归田园十咏》送别,字画瘦劲,前有图似戴进笔法。"《御选宋金元明四朝诗》录其诗三首。生平见释明河《补续高僧传》卷二五。

释宗贤(生卒年不详) 字月堂。正德、嘉靖间浙江杭州僧人。现存清东武李氏研录山房抄本《偶寮集》二卷,收诗三百二十余首,无序跋。《四库全书总目》著录《偶寮集》一卷,"提要"云:"旧本题古杭月堂宗贤撰,不著时代。考之志乘,亦不载其名氏。据其题名,似乎衲子,故所与倡和者,亦衲子为多。集中有和沈石田(沈周)〔鹊桥仙〕词,知为正、嘉间人也。诗笔清旷,颇近自然,特边幅少狭,不免伤于寒瘦。"

释宗乘(?—1638) 字载之。南直苏州府常熟(今属江苏)人,俗姓邹。明末出家本邑东塔寺,崇祯十一年(1638)秋卒于嘉定。冯舒《怀旧集》卷下录其诗十六首,"小传"云:"少祝发,隶东塔吴王庵。性静僻,与众落落不合,遂弃去。兴有所之,辄为短章,亦不求人解。素清

羸善病,钱尚书牧斋招居山庄,不久亦去,从汰法师于华山。寻适嘉定,遂卒,年三十余。稿草散落,石林源公刻其存者若干首,汰法师为之序。"现存崇祯毛晋刊本《载之诗存》一卷,收诗四十五首,首陈宗之、徐波、释明河序。《列朝诗集》闰集、《御选宋金元明四朝诗》录其诗六首。清王辅铭《明练音续集》卷末"方外"录其诗一首。《金陵诗征》卷四四"方外"录其诗一首。生平见毛晋《载之诗纪略》(《载之诗存》)。

释居顶(1347—1404) 号玄极,又号圆庵。浙江台州府天台人。出身儒家,少为僧。洪武初与释宗泐等并召至京,奏对称旨,命为僧箓左讲经,升左阐教,兼住持灵谷寺,卒于永乐二年(1404)十二月初二,年五十八。能诗文,杨士奇为其集作序,称其诗文与释宗泐、释来复在伯仲之间。平生著述甚多,而多不存稿,示寂后,其徒崇远收粹散逸,得其诗赋杂文二百余篇,厘为十卷附录一卷,名《圆庵集》。有明刻黑口本,存残本两种,一种存卷一至卷六,一种存卷七至卷一〇,附录全,有杨士奇序。《千顷堂书目》著录其《圆庵集》十卷,即此本也。毛晋《明僧弘秀集》录其诗二首。《金陵诗征》卷四四"方外"录其诗一首。生平见宣德八年(1433)金寔《圆庵大禅师塔铭》(《圆庵集》附录)。

释函可(1612—1660) 俗姓韩，名宗骐，字犹龙，为僧后字祖心，号剩人、罪秃等。广东惠州府博罗人，崇祯时南礼部尚书韩日缵之子。生于万历三十九年十二月初四(1612年1月6日)。少通敏好学，与梁朝宗、黎遂球等诗酒唱酬，称豪士。崇祯十三年(1640)二十九岁皈依佛门，入庐山为僧，拜空隐老人道独为师，于广州城东创不是庵为静修之所，后为曹洞宗三十三代传人。弘光时赴南京，目睹清兵暴行，著《再变记》，记易代战乱之事，于守志不屈者，皆痛挽之。清顺治四年(1647)欲返粤，因被查出违禁诗文，押送北京，下狱遭拷掠，次年与其徒四人流沈阳，敕住慈恩寺。至关外，集众讲经，声名甚著。又与僧俗流人三十余结"冰天诗社"，相与唱酬。顺治十六年十一月二十七(1660年1月9日)示寂于金塔寺，年四十九，葬千山。曾主持关外七大寺宣扬佛法，引儒入佛。现存康熙二十九年(1690)其弟子所刻《千山剩人和尚语录》六卷。又有清抄本《剩祖心集》一卷。其诗风沉痛豪迈，《千顷堂书目》著录《剩人诗》，现存康熙四十二年刻《千山诗集》二十卷首一卷补遗一卷，为其弟子释今羞辑刊，内收诗一千五百余首，卷首有顾梦游、韩履泰序、函可自序及塔铭。是集乾隆间曾遭禁毁，后又有道光刊

本及清抄本。清卓尔堪《明遗民诗》录其诗四首。《明诗综》卷九二录其诗七首。《御选宋金元明四朝诗》录其诗二首。《金陵诗征》卷四四"方外"录其诗二首。生平见清郝浴《奉天辽阳千山剩人可禅师塔碑铭》、释函昰《千山剩人和尚塔铭》(《千山诗集》卷首)，又见《(光绪)惠州府志》卷四四。

释洪恩(1545—1608) 字三怀，号雪浪。南直应天府上元(今江苏南京)人，俗姓黄。年十二，出家长干寺，与憨山(释德清)同师事华严宗无极法师(释明信)，精读内外典。憨山北游，洪恩以弘法为己任，日据华座，讲演诸经。卒于万历三十六年(1608)，年六十四。说法三十年，秉法而传教者以千数，又以博通经史、攻习翰墨称，万历间江南名僧博通诗翰者，亦多以其为导师。《明史·艺文志》著录其《金刚经解义》一卷《心经说》一卷、《雪浪斋诗集》二卷。现存万历间其弟子释通泽刻本《雪浪集》二卷，上卷收诗二百六十余首，下卷收偈语、杂著等二十九篇，盖因其尝说法雪浪山中，故以名集。又有万历四十六年吴门刊本《雪浪续集》二卷，收古近体诗一百七十五首，沈灏序，当为其晚年所作。释正勉、释性通《古今禅藻集》录其诗三十四首。《列朝诗集》闰集录其诗四十四首。清王夫之《明诗选评》录其

诗五首。《明诗综》卷九二录其诗二首。《御选宋金元明四朝诗》录其诗二十四首。清沈季友《檇李诗系》卷四〇录其诗一首。《四库全书总目》著录《雪浪集》二卷，"提要"谓其"未离世法之僧，不能语带烟霞也"。清王辅铭《明练音续集》卷末"方外"录诗一首。清顾光旭《梁溪诗钞》卷五七"方外"录诗二首。清徐璈《桐旧集》卷四二"衲子"录诗十一首。《金陵诗征》卷四四"方外"录诗三首。生平见清《华山雪浪大师塔铭》《牧斋初学集》卷六九）、喻谦《新续高僧传四集》卷七、《(嘉庆)松江府志》卷六三。

释莲池(1535—1615) 名袾宏，字佛慧，号莲池，以号行，称莲池大师。浙江杭州府仁和（今杭州）人，俗姓沈。年十七，为诸生，二十七岁后四年内遭丧父丧母、失妻失儿痛，因于三十二岁辞家祝发，为遍融、笑岩二僧弟子。隆庆五年(1571)至杭州五云山结庵建寺，名云栖，居之三十余年，故人或称其为"云栖大师"或"云栖袾宏"。本属禅宗，教理之解又多用华严，重在传布持念佛之净土信仰，主张儒、释、道三教一致，定十约，僧徒奉为科律，多有名公巨卿倾心事之。与紫柏（释真可）、憨山（释德清）、蕅益（释智旭）并称为晚明四大高僧。万历四十三年(1615)示寂，年八十一，释憨山为

其作《古杭云栖莲池大师塔铭》。平生著述甚夥，多为训经、解经之作，崇祯十年(1637)释智瑛等刊为《云栖法汇》三十四卷，分释经、辑古、手著三题，以方册本行于世。另有万历刻崇祯续刻《竹窗随笔》一卷《二笔》一卷《三笔》一卷《直道录》一卷《正讹集》一卷《云栖大师遗稿》二卷；另曾作《皇明名僧辑略》一卷，亦传；又有日本元禄间和刊本《云栖莲池大师遗稿》三卷。《千顷堂书目》另著录其《云栖纪事》一卷、《阿弥陀经疏钞》四卷、《诸经日诵集要》二卷、《山房杂录》一卷又《杂录补》一卷等若干种。释正勉、释性涌《古今禅藻集》录其诗六首。《列朝诗集》闰集录其长诗《跋法师歌》一首，"小传"云："师所著述，多发挥戒净法门，不事辞藻，止录其诗一首。"近人周庆云《浔溪诗征》卷四〇录其诗六十五首。生平见释明河《补续高僧传》卷五、释幻轮《释氏稽古略续集》卷三、清彭希涑《净土圣贤录》卷五。

释圆复(生卒年不详) 字休远，自署天台乞士。浙江宁波府鄞县（今宁波）人。出家于本邑延庆寺。寺在县南三里，旧名保恩院，宋祥符间改名，因辑《延寿寺纪略》一卷以记其史。曾师事沈明臣，又与释弘灏、释佛引俱学诗于释朗初（释传慧），时有"一朗三支"之誉，称诗僧。《千顷堂书目》著录其《三支集》又

《一苇集》一卷。现存明刻本《一苇集》二卷《霞中吟》一卷,有社友汪其俊《刻一苇集小引》、徐乾孝《重刻一苇集叙》,故知其为重刊本。《一苇集》卷上收《清旭楼赋》一篇,卷下收诗一百五首;《霞中吟》收诗八首,附永嘉何白《和〈霞中吟〉八首》及书信二封。释正勉、释性通《古今禅藻集》录其诗四首。《列朝诗集》闰集录其诗四首,"小传"谓其"与同寺弘灏、空波、佛引、西来皆诗僧也……屠长卿(屠隆)以为足方魏之三支(魏时来华弘法之月氏高僧支谶、支亮、支谦),叙其诗为《三支集》"。《明诗综》卷九二录其诗二首。《御选宋金元明四朝诗》录其诗四首。

释宽悦(生卒年不详) "宽悦"又作"僧悦",号臞鹤。南直应天府江宁(今江苏南京)人,出家居普德寺。优于讲解,兼擅才笔,与长干寺释洪恩(释雪浪)、大报恩寺释钦义(释湛怀)齐名,与冯梦祯等交往,后遁居尧山。《千顷堂书目》著录其《尧山藏草》五卷。现存万历二十九年(1601)潘之恒编刊本《尧山藏草》三卷,署"黄曲释僧悦著",首虞淳熙《尧山藏草引》,内卷一题《长干集》,收诗一百零八首;卷二题《伊阕集》,有潘之恒《道德颂序》,谓其虽居普提,亦与同志结黄曲社,深研《道德五千言》,内收《道德颂》八十一首;卷三亦题《伊阕集》,收诗九十一首,

集后又有潘之恒跋。释正勉、释性通《古今禅藻集》录其诗二十首。《列朝诗集》闰集录其诗三首。《明诗综》卷九二录其诗一首。《御选宋金元明四朝诗》录其诗二首。《金陵诗征》卷四四"方外"录其诗一首。生平见《(嘉庆)重刊江宁府志》卷五一。

释通润(1565—1624) 字一雨。南直苏州府吴县(今江苏苏州)西洞庭山人,俗姓王。华严宗僧人,与释法杲(雪山)、释慧浸(巢松)同为释洪恩(雪浪)入室弟子,侍洪恩多年。洪恩化后,法杲继其衣钵,通润与慧浸则各立门户,大弘洪恩之道。慧浸善讲经,而通润以注著著称,所著《楞严经合辙》十卷、《成唯识论集解》十卷、《妙法莲华经大窾》七卷等,皆传于世。初置钵于虞山北秋水庵,后卜居铁山,面对太湖,眠云卧月,绝影人间者五载,《严》《伽》二经皆疏于此,故署此为二楞庵。后又移住花山、中峰。示寂于天启四年(1624)九月十八,年六十。承雪浪之学,亦能诗,多与方内名士游处,与程嘉燧、钟惺等交。《千顷堂书目》著录其《秋水庵集》,未见传。现存清初刊本《一楞庵诗卷》一卷,收诗二百六十余首,题华山僧通润著,虞山毛晋辑,有崇祯十七年(1644)释读彻序。释正勉、释性通《古今禅藻集》录其诗六首。《列朝

诗集》录诗五首,《明诗综》卷九二、清沈德潜《明诗别裁集》录诗一首,《御选宋金元明四朝诗》录诗五首。《金陵诗征》卷四四"方外"录诗二首。生平见清《一雨法师塔铭》(《牧斋初学集》卷六九)。

释梵琦(1296—1370) 字楚石,一字昙阳,号西斋。象山(今属浙江)人。俗姓朱,生于元元贞二年(1296)。年十六受戒于杭州昭庆寺,后居海盐天宁寺。明洪武初征至金陵,建法会于蒋山,赐座第一,诏居天界寺。洪武三年(1370)圆寂,年七十五,宋濂为撰《塔铭》,道衍(姚广孝)为撰《西斋和尚传》。以学识渊博闻名海内外,日本、朝鲜学者多有奔走其座下者。《明史·艺文志》著录其《楚石禅师语录》二十卷。诗词亦称一时作手,《千顷堂书目》著录其《西斋净土诗》二卷、《北游集》又《凤山集》又《西斋集》。现存清钱天树味梦轩抄本《北游诗》不分卷,又清抄本《北游诗》不分卷,又清眠云精舍抄本《楚石大师北游诗》一卷;又有《西斋净土诗》三卷附录一卷传世,内[娑婆渔家傲]十六首、[西方乐渔家傲]十六首,以诗余演说净土奥义。《皇明风雅》卷二五录其诗一首。《皇明诗统》卷四二录其诗二首。释正勉、释性通《古今禅藻集》录其诗二十六首,毛晋《明僧弘秀集》卷四录诗一百六十九首。《列

朝诗集》闰集录诗五十二首,内有《怀净土诗》八首及《怀净土百韵诗》,"小传"云:"师学行高一世,宗说兼通,禅寂之外,专志净业,作《西斋净土诗》数百首,皆于念佛三昧心中流出,历历与契经合。"《明诗综》卷九〇录诗三十首,"诗话"云:"楚石,僧中龙象,笔有慧刃。《净土诗》累百,可以无讥。和寒山、拾得、丰干韵,亦属游戏。读其《北游》一集,风土物候,毕写无遗,志在新奇,初无定则。假令唐代缁流见之,犹当瞠乎退舍,矧癞可、瘦权辈乎?"清沈德潜《明诗别裁集》录诗四首。《御选宋金元明四朝诗》录诗十七首。清沈季友《檇李诗系》卷三一录诗二十五首。生平见宋濂《慧辨禅师梵琦塔铭》(《国朝献征录》卷一一八)、何乔远《名山藏》卷一〇四、释明河《补续高僧传》卷一四、清彭希涑《净土圣贤录》卷五。

释清濬(生卒年不详) 字兰江。天台(今属浙江)人,俗姓刘。元末尝说法吴中,后居天界寺。明初诏至京师,召对称旨,太祖制《清濬歌》赐之,有《应制次钟山寺作》。晚主无锡东禅寺。《千顷堂书目》著录其《兰江望云集》二卷,未见传,另有《语录》《毗卢正印》等。毛晋《明僧弘秀集》卷八录其诗十七首。《皇明诗统》卷四二衲子类录其诗一首。许鸣远《天台诗选》卷六"方外"录其

诗二首。《列朝诗集》闰集录其诗二十首。《明诗综》卷九一录其诗《西湖晓行》。《御选宋金元明四朝诗》等录其诗八首。清高與《御定佩文斋咏物诗选》、清陈邦彦《御定历代题画诗类》等均录其诗。《金陵诗征》卷四四录其诗一首。

释斯学（？—1597） 字悦支，号庚山。浙江嘉兴府海盐人。万历间出家为本邑慈会寺僧，好行脚，曾南陟台、雁，北至岱、岳，晚年隐灵佑道林庵以终。能诗，与文士屠隆、姚士粦、王穉登、沈明臣等交善。卒于万历二十五年（1597）。卒后屠隆衰其遗稿，与姚士粦编刊为《幻华集》二卷，《千顷堂书目》著录，注"又有《昙华集》"。《四库全书总目》著录《幻华集》，"提要"云："斯学天分绝高，故吐词多自然秀拔。五言古体多用排偶，欲摹三谢而力所不逮，遂落中唐。《燕山述怀》其最也。七言古体如《赠钱参军诗》，落落有气，《敬亭山歌》即散漫颓唐。乐府如《任侠行》一篇，几成笑具，更非所长。五言律诗篇什颇夥。中间如'空林人打栗，深树鸟惊蝉'……之类，则多近四灵。如'薄衾寒入梦，深雨远沉钟'……之类，则颇近九僧。其七言律诗及绝句，皆不能及，盖所长在此体，然首格意略同，又多沾染'公安'、'竟陵'习气，故时有可采之句，而终不能自成一家也。"其集已不

传，释正勉、释性通《古今禅藻集》录其诗五十首。《列朝诗集》闰集录其诗二首。清沈季友《檇李诗系》卷三二录其诗十六首。《明诗综》卷九二录其诗五首，"诗话"谓其"诗格清圆"，句"有幽致"。《御选宋金元明四朝诗》录其诗五首。

释紫柏（1543—1603） 名真可，字达观，号紫柏，以行号。南直苏州府吴江（今属江苏）人，俗姓沈。少年时志气雄放，十七岁至苏州虎丘，闻僧人夜诵佛名，晨起即解腰金授僧，设斋剃发。二十岁受具足戒。后入庐山学法相之义，游五台得老宿指教，万历元年（1573）京师参禅僧遍融，与崂山憨山（释德清）相会成至交，遂共倡释、道、儒三教一致。以梵夹本《大藏经》不便，万历十七年（1589）于五台山以明官刻《北藏》为基础，校以《南藏》，创刻方册大藏经。因北方寒苦，移至余杭径山寂照庵续刻，后由其弟子完成，嘉兴楞严寺发行，因称《径山藏》，或称《嘉兴藏》。万历三十一年因"妖书案"被诬，逮系诏狱，拷掠至死，年六十一。与莲池（释袾宏）、憨山、蕅益（释智旭）并称明季四大高僧。能诗文，《明史·艺文志》著录其《紫柏语录》一卷、《紫柏老人集》十五卷。现存崇祯四年（1631）刻本《紫柏老人集》十五卷，内卷一四、卷一五收诗歌。又有明末刊本《紫柏老人集》二

十九卷卷首一卷，其卷一至卷一三收其所著法语、释经之作及偈赞等；卷一四至卷二四收书、题、跋、暂、记、序、偈、传、铭等各体文；卷二五至卷二九收诗歌。另清康熙二十三年（1684）刻《径山藏续藏》收其《紫柏尊者别集》四卷附录一卷。《四库全书总目》著录其《长松茹退》二卷（有万历绣水沈氏刻《宝颜堂秘笈》本）。日本有元禄五年（1692）木活字本《紫柏老人诗集》三卷。释正勉、释性涌《古今禅藻集》录其诗九首。《列朝诗集》闰集录其诗十首。《明诗综》录其诗一首。清沈季友《檇李诗系》录其诗五首。《御选宋金元明四朝诗》录其诗三首。《金陵诗征》卷四四"方外"录其诗一首。生平见释德清《达观大师塔铭》（明刻《紫柏老人集》附）、陆符《达观大师传略》（《明文海》）、《释氏稽古略续集》卷四。

释景隆（1393—1466）　字祖庭，号空谷。苏州（今属江苏）太湖洞庭山人，俗姓陈。生于洪武二十六年（1393）七月十二日。永乐十年（1412）从弁山懒云和尚受学参禅，虽家居，而湖海禅伯如古拙和尚辈，靡不参谒。十八年出家虎丘，宣德二年（1427），诣杭州昭庆寺受戒，依师住灵隐寺，七年往天目礼祖塔，驻锡一载。年五十二时自作塔铭于武林西湖之修吉山院，成化二年

（1466）示寂，年七十四。儒释通贯，能著述。卒后其徒释文盛辑其所著，刻为《空谷集》，现存明杭州广化禅寺刊六卷本，诗文、佛偈等混编，约二百二十余篇（首），卷六有其遗嘱，郑雍言、周叙、彭清序；又有明刻三卷本。所著又有明刊本《慈意方》一卷《慈济方》一卷。《千顷堂书目》另著录其《缁门警训》二卷又《尚直编》一卷又《尚理编》一卷、《大藏要略》五卷。释正勉、释性涌《古今禅藻集》卷一八录其诗四首，毛晋《明僧弘秀集》卷一二录其诗二十首。生平见吴之鲸《武林梵志》卷一一、清彭希涑《净土圣贤录》卷五。

释智及（1311—1378）　字以中，号广慧、愚庵、西麓。吴县（今江苏苏州）人，俗姓顾。元时入本邑海云院为童子，落发受戒后，不满于贤首宗讲华严法界观，因往南京，礼谒笑隐禅师，于其座下微露文采，又得与危素等名公声诗倡和。归海云，见秋叶吹坠于庭，豁然有省。因谒杭州径山元叟行端禅师为其印证，元叟传其衣钵，于径山开法，出世住两浙大刹。明洪武六年（1373），诏有道浮图十人集天界寺，智及居其首，以病不及召对，八年赐还，十一年九月示疾，书偈而逝，年六十八。所著有《四会语录》，未见。毛晋《明僧弘秀集》录诗三十一首。《列朝诗集》闰集录诗八首，"小传"："宋学士叙

《四会语录》及撰塔铭,以为姑苏山川清妍,人物敏慧,学禅那者据位称大师,犹以攻文翰、辨器物为尚。自宋季以迄于今,提唱达摩正传,追配先哲者,惟师一人而已。"《御选宋金元明四朝诗》录诗二首。生平见释明河《补续高僧传》卷一四、喻谦《新续高僧传四集》卷一八。

释智旭(1598—1654) 字素华,晚称蕅益老人,又名际明,字振之,号八不道人。南直苏州府吴县(江苏苏州)人,俗姓钟。少学儒,誓灭释老,著《辟佛论》,后读莲池(释袾宏)《自知录序》《竹窗随笔》,决意信佛,天启二年(1622)就憨山(释德清)弟子雪岭剃度出家。曾住九华山,晚年移居浙江孝丰(今安吉)灵峰寺。清顺治十一年(1654)正月二十一圆寂,年五十七。其广学法相、禅、律、华严、天台、净土诸宗教义,尤重天台宗,主张诸宗融合及佛、道、儒三教一致。被称明代天台宗最后一大家,又与莲池、憨山、紫柏(释真可)并称晚明四大高僧。著有《楞严玄义》二卷、《楞严经文句》十卷、《成唯识论观心法要》十卷等,多有刊本。又有清初刊本及释通瑞刊本《周易禅解》十卷、清康熙三年(1664)夏之鼎刻四十八年朱岸登补修本《阅藏知津》四十四卷等。所著诗文集有《净信堂初集》八卷,现存崇祯间刊本,首崇祯壬午(1642)智

旭自序,内卷一、卷二收愿文、香文、忏疏、起咒文,卷三法语,卷四答问、记述,卷五序跋、记、缘起,卷六书简,卷七收杂文、佛赞、佛偈,卷八收诗谒及诸体诗。又有崇祯间释普滋等刊本《绝余编》四卷,所收亦为愿文、法语、序记、题跋等,内有诗偈一百五十首。后其弟子释成实辑其遗文,编为《灵峰蕅益大师宗论》传世。生平见《灵峰蕅益大师宗论》所收年谱、清彭希涑《净土圣贤录》卷六、喻谦《新续高僧传四集》卷九。

释智舷(生卒年不详) 字苇如,号秋潭。浙江嘉兴府秀水(今嘉兴)人。万历间出家为秀水金明寺僧,晚构黄叶庵于西郊,自称黄叶老人、黄叶头陀。善书画,喜吟咏。其庵有修竹百竿,晨夕手自拂拭,客至,拾落叶煮茶,吴越士大夫及山人名士慕谒者接踵,尤与李日华、吴孺子、董其昌、陈继儒等交游。《明史·艺文志》著录其《黄山老人诗》六卷,《千顷堂书目》另著录其《黄叶庵诗集》二卷。现存崇祯十年(1637)吴家驹刊本《黄叶庵诗草》二卷,又有明末刊本《秋潭老人黄叶庵诗稿》一卷及清初刻《人琴集》本《黄叶庵遗稿》一卷,计存诗百余首。陈继儒为其集作序,称其"诗法清丽""清真苍老"。释正勉、释性㳫《古今禅藻集》录其诗八首。毛晋《明僧弘秀集》卷一二录其诗三首。《列朝诗

集》闰集录其诗二十一首。清沈季友《樵李诗系》卷三二录其诗二十五首。《明诗综》卷九二录其诗十三首,"诗话"云:"上人瓶锡旧地在金明寺湖天海月楼,东有老梅横窗,日吟咏其下。后移郊西之黄叶庵,村深水曲,物外萧然,而以善行草书,造请满户限,上人亦不惮烦,有求者必应也。诗不存稿,好事者就长笺横幅传抄,辑为上下卷刊行之。"《御选宋金元明四朝诗》录其诗二十首。《金陵诗征》卷四四"方外"录其诗三首。

释释禅(1577—1632)　字本无,又号普禅。云南云南府昆明人。俗姓张,行三。幼习儒业,年十九,因病悟人生无常,乃祝发于通海秀山涌金寺,拜妙空和尚为师,复受具足戒于大方和尚,得法于所庵法师。万历四十五年(1617),丽江土司木增于鸡足山建悉檀寺,延释禅开山,又请往京师奏请颁大内藏经,赐额"祝国悉檀寺",授其为六品僧录左赞善。卒于崇祯五年(1632),年五十六。释禅出儒入佛,所著佛家著述有《因名论随解标释》《禅宗颂古》《楞严忏法》《禅林佛事》等,另有《老子玄览》。诗文著述则有其卒后弟子辑《鸡足山悉檀寺本无禅师风响集》四卷,现存崇祯五年释法润、释道源刻南明永历印本,有崇祯九年陈继儒序及木增、陶珽、释普荷序。

其中卷二为"禅宗颂",收其所作禅诗,卷三收诸体诗一百五十首。又《徐霞客游记》记崇祯十二年憩于鸡足山悉檀寺时,释禅弟子出示其著述中尚有《碧云山房稿》一种,或为其未刊稿也。释禅诸体诗多写山林景物,然既抒文人情怀,也多释门弟子语。清袁文典等《明滇南诗略》补遗其诗三首。清陈荣昌《滇诗拾遗》录其诗一首。生平见蔡毅《本无禅师记》、陶珽《本无大师实行记》(《风响集》卷四附)。

释善启(1370—1443)　字东白,号晓庵。苏州府长洲(今江苏苏州)人,俗姓杨,累世住支铜山。初入无量寿院,永乐元年(1403)主苏州永定寺,六年主松江延庆寺,逾年擢本府僧纲司副都纲,住南禅寺。奉诏北上与修《永乐大典》,预校《大藏经》。通佛经,博习外典。又能书法,负诗名。一时名人,如王洪、王璲、钱溥等,皆与其为方外交。曾与瞿佑赋《牡丹诗》,用一韵赋百首。自京归吴,与释怀谨等舟中倡和,成《江行倡和诗》一卷,王汝玉序之,《千顷堂书目》著录,今已不传。正统八年(1443)示寂,年七十四。毛晋《明僧弘秀集》卷五录其诗十五首。《皇明诗统》卷四二录其诗二首。《列朝诗集》闰集录其诗十首。《明诗综》卷九一录其诗《十四日归舟分韵》一首。《御选宋金元明四朝诗》录其诗三首。生平见钱溥《故晓庵法师塔铭》《《国朝献征录》卷一一八)、释如惺《大明高僧传》卷三、释明河《补续高僧传》卷二五。

释道源(1586—1657) 号石林。南直苏州府太仓(今属江苏)人,俗姓许。九岁礼智林明公为师,十八薙染,二十二受具足戒,二十三岁起受《楞严》《法华》《唯识》诸经,后居苏州北禅寺。明末苏州著名禅僧,与钱曾、钱谦益、冯班等游,卒于清顺治十四年(1657)五月,年七十二。治通外典,亦好读儒书,尝类纂子史百家为《小碎集》。又尝注《李商隐诗》三卷,吴江朱长孺笺义山诗,多取其说,间驳其非。《千顷堂书目》著录其《寄巢诗集》,现存清顺治十八年毛表、陆贻典等刊本《寄巢诗》二卷,卷上收诗三百八十五首,卷下收诗四百十八首,又补诗二十五首,首陆贻典《小引》,末钱曾后序。《明诗综》卷九二录诗四首。清沈德潜《明诗别裁集》录诗一首。《御选宋金元明四朝诗》录诗二首。《明词综》卷一〇录词一首。生平见清《石林长老塔铭》《寄巢诗集》附)、《(乾隆)江南通志》卷一七四。

释湛然(?—1626) 法名圆澄,字湛然,以字行,号散木。浙江绍兴府会稽(今绍兴)人,俗姓夏。少时当补兵役,因投递羁迟,受责,遂投天荒寺妙峰和尚薙发为僧,逾年,受

戒于云溪寺,万历中聚徒说经。性无羁滞,以平易简亮受佛门推重,开绍兴云门山显圣道场,为曹洞宗名禅师,与地方缙绅名流陶望龄、叶宪祖、祁承爜等多有交游。卒于天启六年(1626)。好文艺,祁彪佳《远山堂曲品》于"具品"下著录"释湛然"传奇《妒妇记》云:"湛然大师以妇人悍妒,多入三塗,遂取房玄龄事,讳其名为白心室,虽大师一片婆心,亦未免老僧饶舌。"又于《远山堂剧品》"能品"下著录"散木湛然禅师"所著杂剧《地狱生天(南北五折)》云:"老僧说法,不作禅语而作趣语,正是其醒世苦心。词甚平,然无败笔。"两剧皆未见传,惟崇祯间沈泰刻《盛明杂剧二集》收《鱼儿佛》杂剧,署"湛然禅师原本,吴中袁凫公批点,寓山居士重编"。剧为四出(四折),正名为:"观自在解脱狮子铃,金渔翁证果鱼儿佛。"演会稽渔翁金婴夫妇信佛礼佛,终证善果事。其剧旨在劝世宣禅,实为湛然《地狱生天》杂剧之改本,而改定者则为自号"寓山居士"之祁彪佳。彪佳于崇祯二年(1629)致函《盛明杂剧》编者沈泰云:"湛然和尚偶作《地狱生天》一剧,《妒妇生天》一记,然词气卑下,不堪列于诸名家之后。弟偶欲为删改以存大师之名,而无可着笔者,遂尽易旧本,别为新声。"生平见《新续高僧传四集》卷七、《(道光)会稽县

志稿》卷二四。

释溥洽(1346—1426)　字南洲,晚号迁叟。山阴(今浙江绍兴)人,俗姓陆,称陆游后人。十二岁于本郡普济寺出家,数侍名师,至明初成名僧。洪武十六年(1383)居苏州北禅寺,又住杭州下天竺,二十二年召为僧箓司右讲经,二十五年代释梦观主天禧寺,又三年,由左阐教升右善世。成祖入南京,命道衍(姚广孝)主教事,改其为右善世,旋因事下诏狱,久之乃释,仍为右善世。仁宗即位,乞于南京报恩寺养老,宣德元年(1426)七月二十八示寂,年八十一,塔于长干西南之凤岭,杨士奇为撰塔铭。或言靖难兵入南京,建文出逃,成祖疑溥洽与闻其事,将其囚之十余年,至永乐十六年(1418),因姚广孝临终之请,始得释(郑晓《今言》)。熟释典,善讲经,旁通儒书,间以余力为诗文。《明史·艺文志》著录其《雨轩语录》五卷、《雨轩外集》八卷,《千顷堂书目》著录其《金刚经注解》附录二卷,均未见传。释正勉、释性㳙《古今禅藻集》录其诗三首。毛晋《明僧弘秀集》卷一〇录其诗六十九首。顾起纶《国雅》卷二〇、《皇明诗统》卷四二录其诗一首。《列朝诗集》闰集录其诗二十首。《明诗综》卷九一录其诗一首。《御选宋金元明四朝诗》录诗十三首。清王辅铭《明练音续集》卷末录

诗一首。《金陵诗征》卷四四“方外”录诗二首。生平见杨士奇《僧箓司右善世南洲法师塔铭》(《东里文集》卷二五)、王鏊《姑苏志》卷八、释明河《补续高僧传》卷二五。

释睿略(1335—1412)　字道权,号简庵。苏州(今属江苏)人。早岁出家于城南真庆院,投礼昱大铭为师,年近冠,受具足戒,投师于永定习天台教,转禅门,参径山愚庵和尚,潜修多年。洪武六年(1373)住持吴县延庆寺,又住持宝华寺,三十年被举住持上元县汤泉祥寺,声名日盛,建文四年(1402)被任为扬州府僧纲司都纲兼天宁寺主持。永乐十年(1412)十月初二圆寂,年七十九。尝以“松月”匾其轩,人呼为松月翁。《千顷堂书目》著录其《松月集》,现存永乐刊本《松月集》一卷,收诗二百七十余首,署“吴僧睿略”,前有洪武二十六年俞贞木序,后载姚广孝永乐十一年二月所撰《塔铭》,称其“每于大山深谷之间,茅屋茂林之下息焉游焉。日与幽人韵士吟咏适兴,其诗格高趣远,绝肖唐人,制作无一点尘俗气”。《四库全书总目》著录其集,“提要”云:“今观其集,大致承九僧、四灵之派,而陶冶之力则不及古人。故边幅浅狭,意言并尽。五首以外规格略同。广孝之言未为笃论也。”又有清抄本。《皇明诗统》卷四二衲子类录其

诗一首。生平见姚广孝《故扬州府
僧纲司都僧纲兼天宁寺住执简庵略
禅师塔铭》(《松月集》附录)。

释慧秀(生卒年不详) 字孤松,
又称秀道人。南直苏州府常熟(今
属江苏)人,俗姓蒋。出家于仙岩休
粮庵,出游峨眉、天台、雁宕,终归老
于虞山、阳羡之间。信苦修,曾刺舌
指血写《华严》《妙华》等经,凡一百
六十余卷。亦以能诗称,《千顷堂书
目》著录其《秀道人集》十三卷。现
存万历书林庞云衢刊本《谭友夏先
生评订秀野轩集》十二卷《岩栖集》
七卷《同波集》五卷,首有万历三十
年(1602)龙膺《秀道人诗集序》、万
历三十六年张纳陛《禅友秀公岩栖
集序》及汪道会《刻秀公诗集后跋》。
《秀野轩集》收赋五篇、诸体诗约六
百首,末卷收文二篇、书二篇、序四
篇、记一篇;《岩栖集》收诗百首;《同
波集》收诗五十七首。释正勉、释性
涵《古今禅藻集》录其诗十八首。
《列朝诗集》闰集录其诗十二首,"小
传"云:"上人富于辞藻,采撷六朝,
多所沾丐,小赋骈语,时足献酬,而
意象凡近,殊非衲子本色。昔人言
僧诗忌蔬笋气,如秀道人者,正惜其
少蔬笋气耳。"清王夫之《明诗选评》
录其诗一首。《御选宋金元明四朝
诗》录其诗四首。《海虞文征》卷二
九录其七律诗三首。

释德祥(? —1392) 字麟洲,号
止庵。钱塘(今浙江杭州)人。洪武
初主邑之净慈寺,以阐教弘法为职
事,名倾东南。寻征为僧录右善世,
主径山丈席。传其曾以《西园》诗忤
朱元璋,几不免。卒于洪武二十五
年(1392)。善书画,时人重之。亦
能诗,刻峻类贾岛。《千顷堂书目》
著录其《桐屿诗集》,未见传。《皇明
风雅》卷三八录其诗二首。《皇明诗
统》卷四二录其诗三首。释正勉、释
性涵《古今禅藻集》录其诗五首。毛
晋《明僧弘秀集》卷六录其诗一百余
首。《石仓十二代诗选·明诗选》录
其诗三首。《列朝诗集》闰集录其诗
一百七十二首,"小传"称其"书宗晋
人,擅名一时。诗刻苦,高逼郊、
岛"。清王夫之《明诗选评》录其诗
四首,谓其诗"去古人不远""从孟郊
入"。《明诗综》卷九一录其诗二十
五首,"诗话"云:"止庵诗原出东野,
意主倔奇而能敛才就格,足与楚石
(释梵琦)、季潭(释宗泐)巾瓶尘拂,
鼎立桑门,蒲庵(释来复)以下,要非
其敌。"清沈季友《槜李诗系》卷四〇
录其诗一首。《御选宋金元明四朝
诗》等录其诗五十七首。《四库全书
总目》著录《桐屿集》四卷,"提要"
云:"都穆《南濠诗话》曰:'国初诗僧
称宗泐、来复,同时有德祥者,亦工
于诗……'云云。穆之所品,殊属乖
方。《明诗综》于此集虽多所采录,
然气格薄弱,终不能与(宗)泐等并

驱也。"生平见释明河《补续高僧传》卷二五。

释德清(1546—1623) 字澄印，号憨山，以号行。南直滁州全椒(今属安徽)人，俗姓蔡。生于嘉靖二十五年(1546)十月十二。年十二出家，年十九至南京栖霞山从释法会受禅法，后与释洪恩(雪浪)并师事华严宗无极法师(释明信)，受具足戒。以江南习气软暖，宜入春冰夏雪苦寒之地磨砺，遂北游。万历元年(1573)偕妙峰游五台山，爱憨山奇秀，遂以为号。万历十一年住东海牢山(今青岛崂山)，十四年神宗敕将《大藏经》十五部颁天下名山，送牢山一部，并建海印寺，以憨山为主持。万历二十三年以私造寺庙罪，遣戍广东雷阳堡，五年始归。在粤曾住曹溪宝林寺，归后东游吴越，结庵庐山五乳峰，后复往曹溪。天启三年(1623)十月十一病逝，年七十八，肉身供奉于曹溪南华寺。于释学主张禅宗与华严宗融合，又倡释、道、儒三教一致。与莲池(释袾宏)、紫柏(释真可)、蕅益(释智旭)并称为晚明四大高僧。所著《妙法莲华经通义》七卷、《观楞伽阿跋多罗宝经记》四卷《略科》一卷、《老子道德经解》二卷、《庄子内篇注》七卷、《观老庄影响论》一卷、《重修曹溪通志》四卷等，皆有明刊本。《明史·艺文志》另著录其《楞伽通义》十

卷、《观楞伽记》四卷、《肇论略注》三卷、《长松茹退》二卷、《憨山绪言》一卷及《憨山梦游集》四十卷等。《憨山梦游集》初刻于天启元年，题为《憨山老人梦游集》，仅五卷。德清圆寂后，其门徒辑其著述刻为《憨山老人梦游集》四十卷，已成全集，现存清顺治十七年(1660)刊本，内法语五卷、书问四卷、序二卷、记二卷、塔铭二卷、传一卷、题跋二卷、赞二卷、颂箴铭二卷、说一卷、疏一卷，卷二五《楞严悬镜》、卷二六《法华击节》、卷二七《楞严补注》、卷二八《楞严补遗》、卷二九《大学决疑》、卷三十上《观老庄影响论》、卷三十下《道德经解发显》、卷三一《憨山绪言》、卷三二《化生仪轨》、卷三三《净土会语》、卷三五至三六《梦游诗集》、卷三七至卷三八《曹溪中兴录》、卷三九至卷四〇《自叙年谱》，又附塔铭、年谱等。后清光绪五年(1879)刊本则增至五十五卷。释正勉、释性通《古今禅藻集》录其诗三十七首。《列朝诗集》闰集录其诗四十六首。清王夫之《明诗选评》录其诗一首。《明诗综》卷九二录其诗四首。《御选宋金元明四朝诗》录其诗十八首。《海虞文征》卷一四录其文一篇。《金陵诗征》卷四四录其诗四首。生平见清《憨山大师庐山五乳峰塔铭》(《牧斋初学集》卷六九)、清邹漪《启祯野乘》卷一四、清彭希涑《净土圣

贤录》卷五。另有《憨山老人年谱》二卷（清顺治刊本《憨山老人梦游集》卷三九、卷四〇）。

鲁怀德（籍里及生卒年不详）祁彪佳《远山堂曲品》著录鲁怀德《藏珠记》传奇，列入"杂调"。《藏珠记》现存旧抄本，未署撰人，凡十出，不分卷。剧写申澶致仕林居，其妻冯氏不容怀孕之妾殷氏，妾生子申桂后被迫抱予别人收养，后妾子中进士，冯氏亦被冥府摄去严责，最终一家团圆云云。祁彪佳论其剧云："妒妻欲杀妾子，须写出一段毒肠，令人可以切齿，乃足警世之为悍妇者。此记差能敷衍，不及《清风亭》远矣。"《清风亭》又名《合钗记》，万历间秦鸣雷作，所叙故事中与《藏珠记》有相似情节，原剧本已佚，然在戈阳腔中盛演，亦成为各种地方剧种保留节目。疑抄本《藏珠记》亦非鲁怀德原本。万历中叶以后戏曲选本黄文华《词林一枝》卷一收《藏珠记》之《夫妻私会》《妒妾争宠》二出，《八能奏锦》卷一收《申夫妇私合》一出，殷启圣《尧天乐》卷一收《夫妇相怜》《夫妻私会》二出，刘君锡《乐府菁华》卷三收《申生赴约》一出。其内容有不见于抄本者，而现存抄本又首尾俱全，因疑抄本或为缩编演出本。

鲁铎（1458—1524）　字振之，号莲北。湖广承天府景陵（今湖北天门）人。成化二十二年（1486）举人，弘治十五年（1502）进士，选翰林院庶吉士，授编修。武宗登基，持节使安南。正德二年（1507）迁国子司业，十一年任南国子祭酒，改北京，乞归家居。嘉靖元年（1522）起故官，三年卒，年六十七，赠礼部侍郎，谥文恪。李东阳门生，清钱谦益将其与石珤、邵宝、顾青、罗玘、何孟春比之"苏门六君子"。平生以素行清德称，沉潜学问，杜门敛迹，屡起屡归，执持名节。所著有《莲北》《使交》《东厢》诸集，现存嘉靖二年李东刻《己有园小稿》一卷，五年周文伯等刻《己有园续稿》二卷及嘉靖刻《莲北鲁文恪公存集》五卷。后其子鲁彭嘉辑其遗作刻为《鲁文恪公存集》十卷，存隆庆元年（1567）刊本，首李维桢、李濂等序，内卷一收赋二篇，卷二至卷四收入诸体诗四百七十余首、词六首，卷五为《使交稿》，收诗九十首，卷六至卷一〇收杂文八十余篇。是集又有1922年校刊本。《皇明诗统》卷一五录其诗二首。《石仓十二代诗选·明诗选》录其诗一百一十余首。《列朝诗集》丙集录其诗四十七首。《明文海》录其文《己有园赋》一篇。清廖元度《楚风补》卷一九录其诗四十三首。《明诗综》卷二八录其诗三首。《御选宋金元明四朝诗》录其诗三十五首。《四库全书总目》著录《鲁文恪存集》

十卷,"提要"谓其"于诗文则皆不甚擅长,盖其平生志趣不在于斯耳"。清高士熙《湖北诗录》录其诗十首。清熊士鹏《竟陵文选》录其文五篇、诗七十八首。《明诗纪事》丁签卷九录其诗七首,按云:"文恪清节名德,为六馆师范。诗存朴质而时有风趣,譬之老树著花,亦饶姿致。"生平见黄佐《鲁公传》(《皇明名臣墓铭》巽集)、王兆云《皇明词林人物考》卷四、何乔远《名山藏》卷七五、《明史》卷一六三。

[丶]

童轩(1425—1498) 字士昂。先世鄱阳人,其父永乐初入钦天监,充天文生,又入文渊阁修天文诸书,侨寓南京,后遂为应天府江宁(今江苏南京)人。正统十二年(1447)举人,景泰二年(1451)进士,除南京吏科给事中,丁母忧归。天顺五年(1461)改户科给事中,宪宗登基,奉命招降四川盗,进都给事中,明年盗复猖獗,谪寿昌知县。成化五年(1469)入京,上疏辩前事,擢云南按察金事,提调云贵学校公务。十年召拜太常寺少卿,掌钦天监事,十三年进本寺卿,仍掌监事,十九年三载秩满,以疾乞休,归南京。弘治改元(1488),以原职起用,寻进右副都御史,提督松潘军务兼理巡抚,五年晋南京吏部右侍郎,七年夏署南京礼部尚书,十年致仕,次年二月十九卒,年七十四,赠太子少保。史称其为人寡合,不妄取,以廉介称。能诗,所著诗集有成化间刊本《清风亭稿》八卷,骚体、乐府、歌行、古近体诗俱全,近五百首,门人李澄所编,后有魏骥、杨守陈、沈周诸人题词。另有明刻《枕肱亭文集》二十卷附录一卷,诗文各十卷,为其门人金章等所辑之全集,《明史·艺文志》著录其《枕肱集》二十卷即此本。《皇明风雅》录其诗十六首。《皇明诗统》卷一二录其诗十三首。《石仓十二代诗选·明诗选》录其诗八十四首,与其父童瑄诗四首合为一卷。《列朝诗集》乙集录其诗十一首。《明诗综》卷二一录其诗一首。《御选宋金元明四朝诗》录其诗五十四首。《四库全书》收《清风亭稿》七卷,《总目》"提要"云:"其人品本为高洁,其诗亦雅淡绝俗,然在明代不以诗名,殆正德以后北地(李梦阳)、信阳(何景明)之说盛行,寥寥清音不偕俗尚故耶。《明诗综》仅录其《忆金陵》五言律诗一首,未尽所长。"《江西诗征》卷五○录其诗七十四首。《金陵诗征》卷一三录其诗五十一首。《明诗纪事》乙签卷一八录其诗十八首,按语谓其诗"在景泰间当首屈一指,刘钦谟(刘昌)、夏正夫(夏寅)及'十才子'辈,皆在下风"。《明文海》录其文十五篇。生平见倪岳《童公墓志铭》(《青溪漫稿》卷二三)、李东阳《童公神道碑铭》(《怀麓堂文后稿》卷一八)、王兆云《皇明词林人物考》卷三。

童承叙(1495—1543)　字士畴，一字汉臣，号内方。湖广承天府沔阳州(今湖北仙桃)人。生于弘治八年(1495)八月十四。正德十五年(1520)举人，十六年进士，选翰林院庶吉士，嘉靖元年(1522)授编修。历侍讲、中允、洗马，嘉靖十一年晋国子司业，与修《宝训》《实录》《会典》诸书，十四年充会试同考官，寻迁右春坊右中允管司业事，十八年进左春坊右庶子兼侍讲，二十一年以先墓历年弗扫，乞假归，二十二年十月二十八卒，年四十九。有文名，与修《沔阳志》，时与康海《武功志》、王九思《鄠县志》并称海内三名志。《明史·艺文志》另著录其《平汉录》一卷、《内方集》十卷。《平汉录》一卷系记太祖平陈友谅事之杂史，见于嘉靖刻《金声玉振集》等丛书。《内方先生集》十卷为其别集，有万历十七年(1589)沔阳童氏家刊本，诗五卷文五卷。后又有万历二十五年苏濆刻《内方文集》五卷，为其卒后所刊，卷首有张治所撰童承叙墓志铭等，内前两卷收诸休诗六百余首、赋八篇，后三卷收文一百一十余篇。另有1937年沔阳卢氏刊本《内方先生集》八卷附钞文一卷，前

五卷收诗七百余首、词七首，卷六收赋及骚体诗，卷八收其所作古文及进御文，所附为其所修《沔阳州志》文之摘抄。《皇明诗统》卷二一录其诗四首。《列朝诗集》丁集录其诗八首。《明诗综》卷三七录其诗一首，"诗话"谓其"与张文邦(张治)、廖鸣吾(廖道南)号'楚中三才'。永陵以从龙侍臣遇之，诗篇比廖差优，论者拟之'夏云秋水，不可方物'，失其伦矣"。《御选宋金元明四朝诗》、清高士熙《湖北诗录》《明诗纪事》戊签卷一四录其诗二首。生平见张治《童公墓志铭》(万历二十五年苏濆刻本《内方文集》卷首)、陈文烛《内方童先生传》(《二酉园文集》卷一一)、王兆云《皇明词林人物考》卷六。

童养中(籍里及生卒年不详)　祁彪佳《远山堂曲品》"杂调"著录童养中传奇《胭脂记》，现存万历间金陵文陵阁刊本，题《新刻全像胭脂记》；又有近人朱希祖迻录许之衡校本。是剧凡二卷四十一出，演郭华与王月英婚恋故事。其中心情节原出南朝宋刘义庆《幽明录·买粉儿》，宋皇都风月主人《绿窗新话》卷上有《郭华买脂慕粉郎》小说，即据《买粉儿》故事编撰。元杂剧有《王月英月夜留鞋记》(现存《元曲选》本等)，戏文有《王月英月下留鞋》(《九宫正始》等存其残曲)。养中之《胭脂记》

系据戏文编撰，而戏文则以杂剧为蓝本。万历中叶以后戏曲选本如黄文华《词林一枝》、胡文焕《群音类选》等皆录《胭脂记》散出，因知养中之《胭脂记》当作于万历中叶以前。

童珮（1524—1578）　字子鸣，一字少瑜。浙江衢州府龙游人。少未入学塾，从其父载书鬻吴越间，挟策问字，乃得识文晓义，后买一舫游四方，帆樯下皆贮书读之，藏书二万余卷，皆自校勘。尝游昆山，问学于归有光。久之，有诗名，又善考证书画、金石彝鼎。因得与王世贞、王穉登等名士游，恭靖王也遣人邀其至京师。为人笃于交谊而富同情。薄田数十亩，割其租以创村塾，龙游有溺女之俗，乃捐粟以给举女者，均为人所称。卒于万历六年（1578），年五十五。万历四年，曾与邑人余湘同修《龙游县志》十卷。诗文别集《童子鸣集》六卷，诗四卷文二卷，卒后由梁溪谈氏天籁堂刊行，有万历刊本。《盛明百家诗》录其诗八十余首为《童贾集》。顾起纶《国雅》卷一八录其诗二十一首。《皇明诗统》卷三五录其诗十二首。《列朝诗集》丁集中录其诗三十四首。《明诗评选》录其诗二首。清沈季友《槜李诗系》卷四〇录其诗一首。《四库全书总目》著录《童子鸣集》六卷，"提要"云其"诗格清越，不失古音，而时有累句"。清顾光旭《梁溪诗钞》卷五五"流寓"录其诗三首。生平见王穉登《童君子鸣墓志铭》《《童子鸣集》卷首）、王世贞《童子鸣传》（《弇州四部稿续稿》卷七二）、王兆云《皇明词林人物考》卷一二。

童琥（生卒年不详）　字廷瑞。原姓章，后改为童，六十岁后复姓章。浙江金华府兰溪人。成化十九年（1483）中举，弘治三年（1490）进士，授刑部主事。历员外郎、郎中，简放江西按察司副使。能诗，尤喜集句。《千顷堂书目》著录其《钓台拾遗》四卷、《梅花诗》二卷又《梅花集句》二卷又《写怀集》。现存弘治十五年沙壁等刊本《草窗梅花集句》三卷附录《红梅集句》一卷，有廖森序及童琥自叙。又有崇祯七年（1634）汪载德刊本，凡集句诗三百余首。又有崇祯十六年刊本《草窗梅花集句》四卷，与洪九畴、程起骏《竹浪亭集补梅花集句》一卷合刻，是集另有多种明清刊本、抄本。《列朝诗集》闰集录其集句诗六首。《四库全书总目》著录其《集古梅花诗》四卷，"提要"云："所采上及六代，下及明初，排比联贯，往往巧合。然非诗家正格，徒弊精神于无用之地耳。"清黄彬等《金华诗录》录其诗七首。《明诗纪事》丁签卷六录其诗一首。生平见《（万历）兰溪县志》卷五。

童冀（1324—？）　字中州。浙

江金华府金华人。有文名,洪武九年(1376)被征入朝修书,明年出为全州教官,迁湖州府教授,调北平,后坐罪死。《千顷堂书目》著录其《和陶诗》,未见传。所著《尚䌹斋集》存清初抄本,诗四卷文三卷,收诗三百余首、赋五篇、各体文六十余篇。四库馆臣以为原本当分《金华》《南行》《雪川》《北游》四集,惟《北游集》有诗无文,"后人不知古法,以诗归诗,以文归文,分为二集,而诗文之中,又不各归其类,前后复叠",因据之重新编集,内《金华集》厘为两卷,故得《尚䌹斋集》五卷,收入《四库全书》。《总目》"提要"云:"冀在明初与宋濂、张羽、姚广孝相倡和,词意清刚,不染元季绮靡之习,虽名不甚著,而在一时作者之中,固亦足相羽翼也。"阮元声《金华诗粹》录其诗四首。《皇明风雅》卷二录其诗四首。《列朝诗集》甲集录其诗三十一首。《明诗综》卷七录其诗四首。清朱琰《金华诗录》卷二三录其诗八首。《明诗纪事》甲签卷一三录其诗二首。程敏政《皇明文衡》《明文海》均录其文《金华城川十咏诗序》。生平见郑柏《金华贤达传》卷一一。

曾可前(1560—1611) 字退如,号长石。湖广荆州府石首(今属湖北)人。万历二十二年(1594)乡试中举,二十九年第三人进士及第,授翰林编修。三十二年任会试同考官,以父年迈,请归养,三年后复职,寻归。三十九年卒于家,年五十一。通籍十余年,强半告假。喜诗,曾辑刊《三袁先生集》,己作则学"公安"一派,尤与雷思霈同调。《千顷堂书目》著录其《石柟馆集》。现存万历刻蓝印本《石柟馆诗》一卷,苏惟霖、王启遵序,收诗一百六十六首。又有明刻蓝印本《石柟馆集》一卷《石柟馆草》一卷,内《石柟馆集》下又题《丁未草》,收诗八十九首,"丁未"当为万历三十五年,《石柟馆草》一卷,收其所作序十篇,引、内阁传、记、神道碑、墓表各一篇。清廖元度《楚风补》卷二四录诗一首。清高士熙《湖北诗录》录诗二首。《明诗纪事》庚签卷二〇录诗二首,按云:"退如与雷何思(雷思霈)步趋'公安',中郎(袁宏道)所谓函盖合而水乳契者也。"生平见过庭训《本朝分省人物考》卷七九、《(康熙)荆州府志》卷二六、《(光绪)荆州府志》卷五七。

曾仕鉴(生卒年不详) 字明吾,一字人倩。广东广州府南海(今广州)人。万历十三年(1585)举人,授中书舍人,迁户部主事。《千顷堂书目》著录其《皇明大政纂》《庆历集》二卷又《公车》一卷。现存清康熙四十四年(1705)刻诗集《庆历稿》,纪年分卷,存乙亥、丙子、丁丑、己卯、辛巳、壬午、癸未、甲申八卷,当为万历三年、四年、五年、七年、九年、十年、十一年、十二年，皆为其中举前所作。《明诗综》卷五五、《御选宋金元明四朝诗》录诗一首。《（雍正）广东通志》录诗七首，《（乾隆）福建通志》录诗一首。《明诗纪事》庚签卷一四下录诗四首。生平见《（道光）南海县志》卷三八。

曾同亨（1533—1607）　字于野，号见台。江西吉安府吉水人。生于嘉靖十二年（1533）二月二十五。嘉靖三十七年举人，明年进士，授刑部主事，改礼部、吏部。历员外郎，隆庆初任文选郎中，进太常少卿，以事归。万历初起大理寺少卿，历顺天府尹，以右副都御史巡抚贵州，移疾归。起南太常寺卿，万历十六年（1588）进为工部右侍郎，明年转左，又进尚书，加太子少保，乞归。再起南吏部尚书，引疾致仕，加太子太保。三十五年六月三十卒于家，年七十五，赠少保，谥恭端。《千顷堂书目》著录其《工部条例》十卷、《泉湖山房稿》三十卷及《历官奏议》。明刻本《泉湖山房稿》三十卷今存，首诗三卷（收诗三百九十余首），后序记志铭等各体文二十七卷。《明诗综》卷四四录其诗一首。《江西诗征》卷五八录其诗四首。《明诗纪事》己签卷一三录其诗一首。生平见叶向高《见台曾公墓志铭》（《苍霞草》卷一八）、《明史》卷二二〇。

曾异撰（1590—1643）　字弗人。福建福州府侯官（今福州）人。少孤，家贫好学，为诸生，留心经学，亦能诗。崇祯十二年（1639）举于乡，十六年卒，年五十四。《千顷堂书目》著录其《纺授堂集》二十七卷，现存崇祯十五年益有斋刊本《纺授堂集》，内诗八卷，收诸体诗七百余首，文八卷，收各体文一百余篇，卷首有其弟子李世熊《纺授堂集》序；又有《二集》十卷，收诗六百三十余首、词七首。《纺授堂集》又有清康熙五十七年（1718）曾天采重修本。《明诗综》卷六九录其诗三首。清卓尔堪《明遗民诗》录其诗二首。《御选宋金元明四朝诗》录其诗一首。清郭柏苍《全闽明诗传》卷四七录其诗十二首。《明诗纪事》辛签卷二〇录其诗一首。《明文海》录其文《谒李忠定公墓祠记》四篇。生平见清李清馥《闽中理学渊源考》卷七七、《（乾隆）福建通志》卷五一。

曾玙（1480—1558）　字东玉，号少岷。四川泸州人。生于成化十六年（1480）三月。正德二年（1507）领乡荐，明年进士，除户部江西司主事，榷税清源。转员外郎、郎中，十一年简放建昌知府，宁王宸濠之乱，闻警赴敌，曾领兵收复南康，为蜚语所中，十五年罢归。回乡后筑构茅屋数楹，藏书数万卷，以著述自娱，卒于嘉靖三十七年（1558）十一月。

能书法,得帖意,亦能诗文。原有著述名《少岷存稿》,隆庆五年(1571)其子曾士彦倩南京工部主事章懋选为《少岷拾存稿》四卷附《司徒大事记》一卷,刊行于世,《千顷堂书目》著录其《少岷存稿》四卷即此本。明刊本现残存前三卷,首有章懋序,卷一收古近体诗二百十三首、联句八首,卷二、卷三收序文七十二篇。《明诗综》卷三三录其诗一首,"诗话"谓其诗"虽未名家,亦清脱无尘气"。《御选宋金元明四朝诗》据之录。生平见张佳胤《少岷曾公玙墓志铭》(《国朝献征录》卷八七)、郭子章《曾少岷先生祠堂碑并序》(《蠙衣生蜀草》卷五)、过庭训《本朝分省人物考》卷一二。

曾应瑞(生卒年不详)　字征伯。江西抚州府临川(今抚州)人,万历四十年(1612)举人,四十四年进士,选官广东揭阳知县,秩满征为监察御史,巡抚广西,后历官至福建按察副使。著述有崇祯间刊本《华榕外集》一卷,首天启二年(1622)黄琮《华榕外集叙》、曾应瑞《华榕外集小引》,内收赋一、记一、赞一、序三、文三、疏二、檄一篇及诗四十首;又《西湖行吟》一卷,首崇祯六年(1633)易应昌《西湖行吟录序》,内收《拟九歌》九首、赋一篇、诗八十一首;又《牡骓剩语》一卷,首傅櫆《牡骓剩语叙》,内收序一、赋一、诗五首、书牍

十九篇;又《羊角逸言》一卷,首崇祯七年夏谢德溥《羊角逸言叙》,内收叙一、赋一、文六、记二、铭一、疏二篇及诗十九首。生平见《(雍正)抚州府志》卷二二、《(乾隆)揭阳县正续志》。

曾益(生卒年不详)　字予谦。浙江绍兴府山阴(今绍兴)人。能书画,喜诗文,天启间曾作《温飞卿集笺注》九卷,其子曾嗣立又重订之,后为《四库全书》所收。又曾注李贺诗《注昌谷集》四卷,《千顷堂书目》著录。又曾摘《左传》言兵事者五十六篇,各标以名目,成《左略》一卷,有天启元年(1621)刊本。己亦能诗赋,著述有明末刊本《坻场集》,残存前十九卷,内卷一至卷三为赋,收赋十八篇,卷四收招四篇,卷五收辞三篇,卷六操,收《名姬十二操》及离合体十二首,卷七至卷九收五七言古体诗一百三十余首,卷一〇至卷一九收五七言近体诗五百余首。祁彪佳《寓山题咏·寓山词》录其词四首。生平见《(乾隆)绍兴府志》卷五四、《(嘉庆)山阴县志》卷一四。

曾烜(1345—1407)　名又作"曾爟",字日章,以字行。苏州府吴江(今属江苏)人。博学有才智,受《春秋》于鲁道源。洪武间以岁贡授黄陂知县,秩满,以考最,擢翰林侍读。永乐初与修《永乐大典》,永乐四年(1406)奉使交趾,还陈黎氏篡

立本末,从张辅讨之,有赞画功。交趾平,六年复承命往谕。病卒于富良江,年六十三。能诗,沐昂编《沧海遗珠》录其诗十二首。《石仓十二代诗选·明诗选》录其诗十一首,《列朝诗集》乙集录其诗三首,《明诗综》卷一七、《御选宋金元明四朝诗》录其诗二首,《明诗纪事》乙签卷五录其诗一首,均未逾《沧海遗珠》所收。赵琦美《赵氏铁网珊瑚》另存其题画诗二首(一首见于倪瓒《清閟阁集》)。生平见王燧《曾公墓志铭》(《吴下冢墓遗文》卷三)、王鏊《姑苏志》卷五二、张昶《吴中人物志》卷四。

曾维伦(生卒年不详)　字惇吾。江西抚州府乐安人。嘉靖四十三年(1564)举人,隆庆五年(1571)进士,授黄州府推官,摄黄梅令,迁嘉兴府同知,休归。习阳明之学,与焦竑、罗汝芳、邹守益等共阐"良知"之说,至老不懈。曾修《黄梅县志》,《千顷堂书目》著录。能诗文,原有集未刊,清乾隆九年(1744),其六世孙曾廷试哀辑佚稿,刊为《来复堂遗集》二十五卷,首万历十五年(1587)黄洪宪原序,又有曾廷试后序。内卷一、卷二题《理学见解》,卷三至卷一九收各体文三百篇,卷二〇题《理学诗》,收七言论学诗八十一首,卷二一至卷二五收古近体诗六百余首。《四库全书总目》著录《来复堂遗集》二十五卷,"提要"谓其"文集十九卷,以《理学见解》三卷(实为二卷)为冠,诗集六卷,以理学诗六十一首(实为八十一首)为冠"。生平见《(雍正)江西通志》卷八二。

曾朝节(1535—1604)　字直卿,号直斋、植斋。湖广衡州府桂阳州临武(今属湖南)人。生于嘉靖十四年(1535)七月二十二。嘉靖三十七年举人,六上春闱,万历五年(1577)第三人进士及第,授翰林编修。十三年升侍讲,历谕德、侍读学士、少詹事,二十年升国子监祭酒,二十二年,再升南礼部右侍郎兼经筵讲官,寻改南吏部。北上授礼部右侍郎兼侍读学士,协理詹事府,二十六年迁吏部左侍郎,掌詹事府,三十年进本部尚书。三十二年春卒,年七十,赠太子太保,谥文恪。平生习经学,亦能诗文。诗文著述万历二十五年吴楷等刊为《紫园草》二十二卷,冯梦祯、吴楷序。其《紫园草引》自云:"余平日盖为学儒者也,所为诗若文,不能工,亦不期工。"内卷一至卷八收序、记等各体文一百一十余篇,卷九为殿试策、经筵讲章,卷一〇收尺牍,卷一一祭文,卷一二连珠等杂文及应制词曲,卷一三至卷二二收古近体诗六百七十余首、赋一篇。《明史·艺文志》著录其《紫园草》二十二卷,即此本也。《明史·艺文志》另著录其《易测》十卷(存万历刊本)、《臆言》八卷。《明诗综》卷五三录其诗一首。清廖元度《楚风补》卷二三录其诗三首。清邓显鹤《沅湘耆旧集》卷一九录诗八首。《明诗纪事》庚签卷一二录其诗二首。《明文海》录其文三篇。《湖南文征》录其文四篇。生平见顾起元《曾公墓志铭》(《懒真草堂文集》卷二一)、朱赓《曾公墓表》(《朱文懿公文集》卷八)、《(雍正)湖广通志》卷五〇。

曾棨(1372—1432)　字子棨,号西墅。江西吉安府永丰人。生于洪武五年(1372)八月二十四。永乐元年(1403)领乡荐,明年进士,殿试第一,授翰林修撰。时诏进士二十八人进学文渊阁,以曾棨居首,寻修《永乐大典》,充副总裁。五年擢侍讲,七年与修《太祖实录》,两次扈从成祖北巡,十六年迁侍读学士。洪熙元年(1425)擢左春坊大学士,进詹事府少詹事,仍兼侍读学士,与修《太宗实录》《仁宗实录》,直文渊阁,宣德七年(1432)正月二十一卒于官,年六十一,赠礼部侍郎,谥襄敏。工书法,尤以才思明敏著称,馆阁大制作,自解缙、胡广后,多出其手。诗集有成化七年(1471)张纲刊本《巢睫集》五卷行于世,收诗二百余首,吴琛序。万历十九年(1591)永丰知县吴期照辑其所著,刻为《曾西墅先生集》十卷,内卷一廷试策,卷二《应制百咏》,收咏梅诗七律百首,卷三《瑞应图》,收赋、颂七篇,卷四至卷九收诸体诗三百五十余首,卷一〇收记、序、志铭文二十五篇。《曾西墅先生集》十卷又有清乾隆十五年(1750)刊本,增为十二卷。卒后杨士奇为其撰神道碑,杨荣为其作墓志铭,对其诗文皆推崇有加,以为其作文"沛然奔放,一泻千里","赋诗之体,必律唐人"。《皇明风雅》卷四录其诗三首。《盛明百家诗》后编录其诗百余首为《曾状元集》。顾起纶《国雅》卷三录其诗十四首,《国雅品》谓其"长于七言,古遂切直,健捷为工,颇以繁靡为累,故永、成间多效其体"。王世贞《艺苑卮言》则谓其诗"如封节度募兵东征,鲜华杂沓,精骑殊少"。《皇明诗统》卷一一录其诗十七首。《石仓十二代诗选·明诗选》录其诗七十五首。《皇明诗选》录其诗五首。《列朝诗集》乙集录其诗三十三首。《明诗综》卷一八上录其诗八首,"诗话"谓其诗"下笔不休,不事推敲,偶合绳墨……不失唐人风格"。清沈德潜《明诗别裁集》录其诗三首。《御选宋金元明四朝诗》录其诗四十一首。《四库全书总目》著录《西墅集》十卷,"提要"云:"集中一题百首,往往才气用事,而按切肌理,不耐推敲,是亦速成之过也。此本……所录虽颇为简汰,而菁华终鲜。"《江西诗征》卷四七录其诗四十五首。《明诗纪事》乙签卷八录其诗七首，按云："子棨方第时，见赏于解大绅（解缙），为作《莲竹堂记》，其文章烂漫，亦颇似大绅。不甚持择，故遭讥议。然论才人于永乐时，终为轶群之骏也。"清陈元龙《御定历代赋汇》录其赋三篇。生平见杨士奇《曾公墓志铭》（《东里文集》卷一四）、袁衮《曾公传》（《国朝献征录》卷一）、顾祖训《状元图考》卷一、《明史》卷二〇一。

曾鹤龄（1383—1441）　字延年，一字延之，号松坡。江西吉安府泰和人。生于洪武十六年（1383）四月十八。永乐三年（1405）领乡荐，十九年第一人进士及第，授修撰。历侍读，正统三年（1438）与修《宣宗实录》，书成，进侍讲学士。正统六年三月二十一卒，年五十九。优游翰林二十年。所著有《松坡》《臞叟》二集，合为《松臞集》二十八卷，《明史·艺文志》仅著录三卷，亦未见传。《皇明风雅》卷四录其诗二首。《皇明诗统》卷一一录其诗三首。明韩阳《皇明西江诗选》卷六录其诗十五首。《明诗综》卷一八下、《御选宋金元明四朝诗》录其诗一首。《四库全书总目》著录《松臞集》二十八卷，"提要"云："诗多牵率之作，命意不深，而措词结局，往往为韵所窘，殆非所擅长。文则说理明畅，次序有法，大抵规模欧阳，颇近王直《抑庵

集》，而沉著则不及也。"《江西诗征》卷四九录其诗三首。清王琨《泰和诗征》卷一九录其诗三十首。《明诗纪事》乙签卷一一录其诗二首。程敏政《皇明文衡》录其文三篇。《明文海》录其文四篇。清应麟《江右古文选》卷一六录其文一篇。生平见刘球《曾君鹤龄行状》（《国朝献征录》卷二〇）、王直《曾君墓志铭》（《王文肃公集》卷三一）、顾祖训《状元图考》卷一、廖道南《殿阁词林记》卷四。

湛若水（1466—1560）　字元明，号甘泉。初名露，字民泽，改名雨，后定今名。广东广州府增城人。生于成化二年（1466）十月十三。父早丧，十四岁始入学，十六岁就读郡庠。弘治五年（1492）举乡荐，不入京应春官试而赴江门从陈献章游。数年日侍献章，究心性之学，献章视其为传人。十三年献章卒，庐墓三年，十七年始北上应试，就读于南京国子监。十八年张元祯、杨廷和主试春闱，置其二甲第三，选翰林院庶吉士，授编修。因得与王守仁、吕柟、王崇庆等人相与论道，声誉日隆，相从者甚众，学者称甘泉先生。正德七年（1512）奉使册封安南王，却其赠金，归作《南交赋》，便道奉母至京。母病卒，奉枢归葬，服满于西樵山建书院讲学。嘉靖元年（1522）回京复职，与修《武宗实录》，次年转

翰林院侍读,三年迁南京国子监祭酒,七年升南京吏部右侍郎,次年转左,升南礼部尚书,又转南吏部、南兵部尚书。十九年七十五岁致仕,归广州,于府第旁建书院,又不时到广东各地讲学。三十九年四月二十二卒于广州,年九十五,归葬增城,赠太子少保,谥文简。中晚明讲学之风盛,若水与王守仁为同时大家,各立门户。王主"致良知",湛主"随处体认天理"。平生著述甚富,刊本亦夥,择其要者有《三礼经传测》六十八卷《纂议》一卷、《诗厘正》二十卷、《古乐经传全书》二卷、《甘泉论》十卷、《遵道录》十卷、《问辨录》六卷、《樵风》十卷、《扬子折中》六卷等。《四库全书》经部收其《春秋正传》三十七卷,子部收其《格物通》一百卷。诗文著述主要有嘉靖八年刻《甘泉先生文录类选》二十一卷、嘉靖十四年刻《甘泉先生两都风咏》四卷,嘉靖十五年刻《甘泉先生文集》内编二十八卷外编十二卷,嘉靖十九年刻《泉翁大全集》八十五卷,嘉靖三十四年刻《甘泉先生续编大全》三十三卷,万历七年刻《湛甘泉先生文集》三十五卷等。文多语录,诗学陈献章、庄杲一派。《盛明百家诗》后编录其诗百余首为《湛甘泉集》。顾起纶为其弟子,《国雅》卷六录其诗十首。《皇明诗统》卷三二录其诗六首。《明诗综》卷二八录其诗二

首,"诗话"云:"甘泉论诗,推崇定山(庄杲)、白沙(陈献章),以定山为精金千练,谓'诗法如是,学者亦必出于是'。"清梁善长《广东诗粹》卷三录其诗十首。《明诗纪事》丁签卷一三录其诗三首,按云:"甘泉诗莫名其体,似道家演诀而非诀,似释家说偈而非偈,盖参合宋《击壤》、明定山诸派而成者也。"《明文海》录其文《南交赋》等二篇。清屈大均《广东文选》录其文二十二篇。生平见佚名《南京兵部尚书湛公若水传》(《国朝献征录》卷四二)、郭棐《粤大记》卷一四、王兆云《皇明词林人物考》卷五、何乔远《名山藏》卷七五、清黄宗羲《明儒学案》卷三七、《明史》卷二八三。

温纯(1539—1607) 字景文,一字叔文,号一斋,晚更亦斋,又称二园先生。陕西西安府三原人。生于嘉靖十八年(1539)六月二十五。嘉靖四十三年(1564)乡试第一,明年进士,除寿光知县。征为户科给事中,历吏科右给事中,迁兵科都给事中,外放湖广参议,引疾归。万历初,起河南参政,分部南阳,入为太仆寺少卿,改太常,提督四夷馆,晋大理寺左少卿,迁光禄寺卿,以失首辅张居正之意,移归。居正没,十二年(1584)起旧官,旋进大理寺卿,改兵部右侍郎兼右副都御史,巡抚浙江,入为户部右侍郎,转左,又以右

都御史总督仓场，以母忧去。起南吏部尚书，入为工部尚书，以终养归。守父丧，服除，起左都御史，掌都察院，与首辅沈一贯不合，遂力请致仕。卒于万历三十五年闰六月初三，年六十九，赠少保，谥恭毅。扬历中外凡四十年，称名臣。平生讲理学，论学语录大旨以程朱为本。卒后叶向高为其作《神道碑》，谓其"为人酷慕史迁，诗者模拟少陵，然自以为作绪也"。曾与王世贞、李维桢等倡和。著述原有单刊《二园学集》三卷等。卒后其子孙辑其遗著，崇祯十二年（1639）刻为《温恭毅公文集》三十卷，奏疏及序记铭传杂文以外，有诗七卷，收诗四百五十余首，末卷则为其论学语录，文翔凤序。后又有清乾隆十五年（1750）补刊本。1936 年刊《温氏丛书》收其《温毅公文集》二十九卷，又收《二园诗集》四卷，后者原为其长子温孚知所辑，收诗三百余首。崇祯五年贾鸿洙《周雅续》卷一〇录其诗五十三首。《四库全书》据崇祯本收《温恭毅公集》三十卷，《总目》"提要"谓其诗"大抵沿溯'七子'之派，而稍失之粗"。生平见叶向高《亦斋温公偕配……神道碑》（《苍霞续草》卷一四）、《明史》卷二二〇。

温新（生卒年不详）　字伯明，号大谷，又作太古。河南河南府洛阳人。嘉靖十七年（1538）进士，除

行人，迁户部主事。著有《大谷诗集》二卷，与其弟温秀《中谷诗集》二卷合刊为《二温诗集》，李应元序。《中谷诗集》佚，仅存嘉靖三十四年洛阳温氏家刊本《大谷诗集》二卷，收诗二百八十余首，王邦瑞序。《千顷堂书目》著录其《大谷集》二卷，即此本也。《盛明百家诗》后编录其诗四十余首编为《温太谷集》一卷。《皇明诗统》卷三六录其诗四首。《明诗综》卷四二录其诗三首。《御选宋金元明四朝诗》录其诗二首。《四库全书总目》著录《二温诗集》，"提要"谓其诗"刻意学杜，而仅得浮声，盖亦宗北地（李梦阳）之学者也"。《明诗纪事》戊签卷二〇录其诗一首。生平见王邦瑞《温大谷诗集序》（《王襄毅公集》卷一〇）、《（乾隆）河南府志》卷四三。

温璜（1585—1645）　初名以介，字于石，号石公，后改今名，字宝忠。浙江湖州府乌程（今湖州）人。少孤家贫，母陆孺人鞠之，苦读数十载，注名复社。崇祯九年（1636）中举，十六年进士，年已五十九，除徽州府推官。乙酉（1645）清兵下江南，徽州守令皆遁，璜尽摄其印，率兵守城，与金声相应。未几，声败，璜严兵自守，凡四阅月，郡中故御史黄澍以城献，璜趋归家，手刃其妻、女，自刭死，年六十一。《千顷堂书目》著录其《温宝忠贞石堂遗稿》十

二卷。现存清顺治十二年（1655）湖州董汉策等辑刻《温宝忠先生遗稿》十二卷，刻本仍署南明"永历八年"，首沈譔《贞石堂文集序》及其弟温润仁所作《宝忠公传》，内卷一序，卷二策，卷三碑铭传，卷四书，卷五论说，卷六至卷九为杂著，卷一〇祭文，卷一一收诗三十余首，卷一二《节孝家训述》。是集又有清乾隆三十九年（1774）重刊本。陈济生《天启崇祯两朝遗诗》卷七录其诗八首。《明诗综》卷七三、《御选宋金元明四朝诗》录其诗一首。《明诗纪事》辛签卷八下录其诗一首。生平见温润仁《先兄徽州府节推宝忠公传》（《温宝忠先生遗稿》卷首）、清全祖望《推官温公传》（《鲒埼亭集外编》卷一二、《明史》卷二七七。

游朴（1526—1599） 字太初，号少涧。福建福宁州柘洋巡检司（今柘荣）人。生于嘉靖五年（1526），十四为诸生，父丧家贫，教于乡塾。隆庆元年（1567）中举，万历二年（1574）进士，除成都府推官。八年入为大理评事，历右寺副、左寺正，十四年转刑部山西司郎中。十七年简放广东按察副使，二十一年进湖广布政司右参政，分守荆西，以发大豪不法事被劾罢归。二十七年卒于家，年七十四。万历七年曾与修《（万历）四川总志》四十三卷，晚年归乡主修《福宁州志》十卷。卒后其

孙游仲卿辑其诗文著述为《游参知藏山集》十二卷，刻于万历四十五年。是集拟古乐府二卷，二百五十余首，五七言古诗各一卷，计一百五十余首，五七言近体六卷，凡九百余首；文二卷，收各体文五十篇。首有张大光、陈鸣鹤、李维桢序。陈序谓其"与'七子'同时，而恶涉其颓波，及弃参知归山，诗文遂与身俱隐"，又谓其"乐府格高词峻……五言古及诸近体皆雅秀醇厚，正宗遗响……其文则以逮意，不事雕琢"。《千顷堂书目》著录其《藏山集》十二卷，即此本也。著述另有万历二十年刊本《诸夷考》三卷。《明诗综》卷五二录诗三首。清郭柏苍《全闽明诗传》卷三〇录诗二首。《明诗纪事》庚签卷一一录诗一首。生平见《（乾隆）福建通志》卷四八。

游潜（生卒年不详） 字用之，号几山。江西南昌府丰城人。弘治十四年（1501）举人，授官广西宾州知州。罢归经贵州，为巡抚奏留参赞军务。后以病还乡，于钟城山隙筑别业，专心文学，啸吟以终。著述称"梦蕉三种"，"梦蕉"为其别业中亭名。一为《梦蕉存稿》四卷，有嘉靖间家刊本，又有清康熙三十六年（1697）补修本。首有陈尧等序，内卷一、卷二收其所作五七言诗五百三十余首，卷三收其所作乐府古诗、和古韵诗六十余首，又赋三篇、诗余

二十二首,卷四收记、序、墓志等文二十余篇。《四库全书总目》著录《梦蕉存稿》四卷,"提要"谓"其诗工拙互见,七言如'蘼芜晓雨湿蝴蝶,杨柳晚风吹栗留','云深野岸客稀到,天阁斜阳鸦乱啼'等句,皆颇有作意;古诗则模拟温、李,而才力未至;散体不多作,仅二三十篇,亦未入格"。二为《梦蕉诗话》二卷,存万历二十八年(1600)修补本,又有清康熙三十六年补修《梦蕉三种》本。全书六十五则,涉及掌故、考证、辑佚、诗解和诗评等,以记诗事为主,尤以元末明初诗坛逸事为多,《四库全书总目》著录,"提要"谓其"所论诸诗,明人居其大半,率无深解,或借以自摅不平,尤为褊浅"。三为《博物志补》二卷,有清康熙三十六年补修《梦蕉三种》本。《四库全书总目》亦著录是书,"提要"以为其"猥杂冗滥,无一异闻"。《皇明诗统》卷三六录其诗十七首。《御选宋金元明四朝诗》录其诗一首。《明诗纪事》丁签卷九录其诗二十八首,按云:"用之古诗摹李长吉、温飞卿,袭调而窘于才。近体绝句颇近晚唐,兼杂宋调,于明人中又刻意学陈白沙。大约绝句工于律体,惟古诗近拙,选家多不见收。"

禄洪(生平不详)　字宵宾。云南临安府宁州(今华宁)人。世袭土知州。崇祯三年(1630),后金兵攻入关内,危及京师,云南巡抚王伉征调禄洪领兵北上勤王。禄洪领兵三千,三月出云南,六月抵京,其时后金已退兵,有诏命其驻防密云。时阿迷州土知州普明声乘机率众攻宁州,王伉再奏禄洪还军讨逆。五年七月,禄洪为普明声所败,只身逃往云南玉溪抚仙湖,次年归里,忧郁而卒。平生喜习诗文书画,交于董其昌、陈继儒等。陈继儒选其诗二百余首为《北征集》,近人陈荣昌据抄本再为精选,收入《云南丛书》。是本首董其昌《北征集序》,谓"宵宾于所过名山大川有纪游之什,所见战场古迹有凭吊之意,皆音出宫商,声出金石,命之曰《北征集》"。陈继儒《序》云:"其诗赋小令气骨沉雄,风华秀整,三河豪杰五陵俊人庶几足以当之。"内首收《砧声赋》《蝴蝶赋》《战场赋》,次收诗五十五首,所作如《冬日塞上》《师中见月》《塞上中秋》《边城无杜宇》《过平夷战场》,多涉军旅,末有《雪涛谷记》《醉心斋记》两篇。另有一抄本《北征集》,董其昌、陈继儒叙存,首赋四篇(较《云南丛书》本多《情痴赋》),后收五七言古近体诗二百二十余首,又有《浪语》七篇、疏一、记二,末有《杂咏词》,收散曲小令四首、散曲三套。此抄本或出于陈继儒原选本。清抄本《宁州志·艺文志》录其诗二首。清袁文典等《明滇南诗略补遗》卷九

录其诗一首。生平见清抄本《宁州志·人物志》）

谢一夔（1425—1487） 字大韶，又字襄虞，号约斋。江西南昌府新建（今南昌）人。祖谢永亨避仇冒王姓，及一夔贵显，请于朝，始复先姓。景泰七年（1456）举人，天顺四年（1460）进士第一，授翰林修撰。与修《英宗实录》，升左春坊左谕德，又与修续《资治通鉴纲目》，迁翰林学士，进礼部右侍郎，官至工部尚书。成化二十三年（1487）卒于官，年六十三，赠太子太保，正德中谥文庄。为文章不奇诡雕刻，所著有《文庄集》《力余稿》《东藩倡和诗》等，嘉靖四十一年（1562）刊为《谢文庄公集》（又名《古源文集》）六卷附录一卷，文五卷三十八篇，诗一卷，收诗六十首，首吴桂芳序。《明史·艺文志》著录其《文集》六卷，即此本。《明文海》录其文《杏园重会诗序》一篇。生平见何乔新《谢公一夔行状》（《椒丘文集》卷二〇）、廖道南《殿阁词林记》卷五、林尧俞等《礼部志稿》卷五六、《明史》卷一六五。

谢三秀（1550—1624） 字君采，一字玄瑞。贵州贵阳军民府（今贵阳）人，贵州前卫籍。其先从扬州兴化至黔为卫官，遂世隶戍籍。家贫，为诸生时，有令誉，巡抚郭子章、副使韩光曙等器之。万历三十四年（1606），以贡生三任教职，弃之后，

乃行万里路，历览山川，与东南诸名士吴国伦、汤显祖、王穉登、李维桢等游。卒于天启四年（1624）。能诗，有"正始遗音""天末才子"之称。《千顷堂书目》著录其《雪鸿集》，未见传。清顺治澄怀阁刊本《诗慰》初集自《雪鸿集》选录其诗七十四首为《谢君采诗选》，附李维桢原序。《明诗综》卷六二录其诗十三首，又从《诗慰》中录出，"诗话"云："君采诗甚清稳，由其生于天末，习染全无，黔人之轶伦超群者。"道光二十四年（1844），遵义郑珍得《远条堂稿》抄本二卷，其诗大多作于万历三十五年至四十四年之间，莫友芝据之编为《雪鸿堂诗集》三卷，清咸丰元年（1851）由王介臣刊行于世，计收诗一百二十首：前二卷作《远条堂草》，收诗一百一十二首，卷三收诗十八首，系辑自《明诗综》及《贵阳通志》等佚诗。同治间莫友芝等辑刊《黔诗纪略》，录谢三秀古今体诗一百八十首，则为谢三秀传世诗之总和也，较吴中蕃《雪鸿堂诗选序》谓三秀所存诗"不下千首"则不足五分之一。后近人《黔南丛书》所收《雪鸿堂诗搜逸》三卷附录一卷，所收诗亦未超过此数。莫友芝《黔诗纪略》卷一四为谢三秀作"小传"云："贵州自成祖开省，迄于神宗，阅二百年，人才之兴媲于上国，而专能风雅，隽永冲融，驰骋中原，卓然一队，虽前之文

恭（孙应鳌），后之龙友（杨文骢）、滋大（吴中蕃），未有先于君采者。"《明诗纪事》庚签卷一录诗二十二首，按语亦云："君采诗，逸宕超炼，绝去嚣尘。有明三百年来，黔中诗家，当推首出。"生平见《（乾隆）贵州通志》卷三〇。

谢士元（1425—1494）　字仲仁，号约庵，晚号拙庵。福建福州府长乐人。生于洪熙元年（1425）三月初五。景泰四年（1453）领乡荐，明年进士，授户部主事。数年进为建昌知府，以内艰去，改广信府，又改永平府，以外艰未赴。服阕，擢四川右参政，迁本省右布政使，寻以右副都御史巡抚四川，坐事下狱，事白致仕。弘治七年（1494）六月二十三卒，年七十。《千顷堂书目》著录其《咏古诗集》三卷，未见传。徐𤊹《晋安风雅》录诗一首。《石仓十二代诗选·明诗选》录诗八十首。清郭柏苍《全闽明诗传》卷九录诗十一首。生平见罗玘《谢公士元行状》（《国朝献征录》卷六〇）、李东阳《谢公墓志铭》（《明名臣琬琰续录》卷二一）、《明史》卷一七二。

谢士章（1581—1637）　榜姓陈。字含之，号石渠，又号石隐。万历九年（1581）九月十八生于江西赣州府宁都。庠生谢蒙恩第五子，蒙恩与知县陈时言交，陈为贵州普安州（今盘县）人，年五十尚无子，遂将襁褓中之士章过继，改姓陈。万历十三年时陈言还乡，携其回普安抚养。士章于万历四十年云贵乡试中举，四十四年进士，榜名皆为陈士章。四十五年授广东增城知县，天启二年（1622）迁南刑部主事，历员外郎、郎中，崇祯二年（1629）简放重庆知府。历广西副使，迁云南参政，七年，以其养父亲生之子有科名入仕，而宁都谢氏门第凋零，因上疏请复谢姓。卒于崇祯十年二月初五，年五十七。性平和，身在仕途，心存丘壑，无躁进之心。嗜游好诗，于衙斋构秋似亭，取唐人"秋光有似宦情薄"之意，政事之余即事吟咏。在南都则多与魏浣初等人倡和。其诗多写山水田园，平易浅淡，恬静清俊。有诗十余集，现存天启间刊本《谢石渠先生诗集》十三卷，内《秋似亭集》三卷，《笑玉轩集》《计偕集》《懒云集》《游罗浮集》《七星岩集》《粤闽漫集》《燕台集》《退食轩集》《郢中集》《巴音集》各一卷，各卷均有序，计收诗五百余首。惟所见本各卷收诗多寡差别甚大，少者仅三五首。清乾隆间禁毁书目中有谢士章《谢含之集》，或传世为抽毁本。《黔诗纪略补》收其诗六十八首，又《明诗纪事》庚签卷二三录其诗九首，按语云："明代黔中诗人以谢君采（谢三秀）称首，含之生于天末，不染当时气习，与君采同，诗品亦在君采之次。"生平见

《(乾隆)普安州志》卷一六、《(道光)宁都直隶州志》卷二二。

谢与思(生卒年不详) 字见齐，一字方壶。广东广州府番禺(今广州)人。万历七年(1579)举人，明年进士，授诸暨知县。调福建延平府大田知县，为蜚语所中，罢归。归后筑小楼于郊坰，卒年三十二。有诗集《抱膝居存稿》二卷，存清乾隆三十五年(1770)谢敦源重刊本，收诗二百三十余首，有万历二十一年洪有复序，二十四年王骥德序。清梁善长《广东诗粹》卷六录诗一首。生平见《(同治)番禺县志》卷四一。

谢天瑞(生卒年不详) 字起龙、思山，号复古生。浙江杭州府钱塘(今杭州)人。有书铺名复古斋。曾于万历二十六年(1598)刻宋魏庆之《诗人玉屑》，万历二十九年刻宋罗大经《鹤林玉露》。明刻《诗余图谱》有其所撰《新镌补遗诗余图谱序》云："予素潜心乐府，粗知音律，虽不能继往哲之万一，而将引初学之入门。"序末署万历二十七年秋，因知其为万历时人。另复古斋曾刻《诗法》十卷。前五卷收录杨成《诗法》，卷首冠以"武林思山谢天瑞甫校"字样；后五卷署"谢天瑞甫著"，实则杂抄《冰川诗式》诸书而成。祁彪佳《远山堂曲品》"具品"著录其传奇《剑丹记》，近人董康《曲海总目提要》卷三六记此剧有落场诗云："《剑

丹》传奇演分明，换羽移宫律调新。天瑞谢生因兴趣，撰成留寄与知音。"因知其为作者无误。现存明万历间金陵唐振吾刊本，题《新刻出相音释点板留伯仁八黑收精剑丹记》，已脱落场诗，署"秦淮墨客纂辑"，当经纪振伦校订。此剧上卷十六出，演书生留荣、留贵旅店遇狐精，玉帝派包拯、张飞、周仓、尉迟恭、钟馗、赵玄坛、郑因、焦赞等"八黑"下界擒之，下卷十七出(残存十三出)，演留荣、留贵大破来犯番兵，得和尚赠其宝剑、仙丹，服丹后遁入空门。其剧杂演鬼神，取其热闹以为为俚俗庆贺，祁彪佳评曰："画工画鬼魅易，若词家反难之。盖如元曲所称为'神头鬼脸'者，易涉于俚。至此记载'八黑'诛妖，以并宝剑之'七红'，尤为鄙俗可笑。"《远山堂曲品》另著录其传奇《分钗记》《忠烈记》《靖虏记》《狐裘记》《麦舟记》，并入"具品"，皆未见传。清佚名抄本《传奇汇考标目》别本另著录其《泣庭记》《覆鹿记》，亦未详。

谢少南(生卒年不详) 字应午，号与槐。南直应天府上元(今江苏南京)人。少以文才称，又好谈兵。时邑前辈顾璘家居，倡诗学于青溪之上，因与金大车、许谷、陈凤等从之游，相与讲艺谈诗，称"青溪社四子"。嘉靖七年(1528)举人，十一年进士，除南刑部主事。改大理寺评

事,转御史,巡抚长芦盐课,又督学畿辅。迁左春坊左司直,兼翰林院检讨,坐事降台州府推官。历广西提学佥事、陕西提学副使、河南右参议、浙江按察使,官至浙江左参政。室名有嘉堂,曾刻印《太平广记》《类说》等书。所著存嘉靖刊本《三辅黄图》六卷。《千顷堂书目》著录其《射礼纂要》《全州志》七卷及诗文集《河垣稿》一卷又《谪台稿》一卷又《粤台稿》二卷,皆未见传。《盛明百家诗》后编录其诗十首为《谢与槐集》,与其父谢承举之《谢野全集》合为《二谢诗集》。顾起纶《续国雅》卷三录其诗三首。《皇明诗统》卷二〇录其诗六首。《列朝诗集》丁集录其诗十二首。《明诗综》卷四一录其诗二首。《(雍正)广西通志》录其诗九首。清汪森《粤西诗载》录其诗四十三首。《四库全书总目》著录《粤台稿》二卷,《提要》谓其“诗尚不失清拔,文则未之逮也”。《金陵诗征》卷二〇录其诗十四首。《明诗纪事》戊签卷一八录其诗一首。生平见江以达《祭谢与槐方伯文》(《明善斋集》卷一〇)、清汪森《粤西诗载》卷六五、《(道光)上元县志》卷一六。

谢东山(生卒年不详) 字少安,自号高泉子。四川潼川州射洪人。嘉靖二十年(1541)进士,授兵部主事,历郎中,累迁贵州提学副使,以右副都御史巡抚山东。历仕中外二十余年,以慷慨负奇、博雅好事称。督学贵州时,取贵州宣慰司训导张道所辑《贵阳图经》删正之,厘为十二卷,倩杨升庵为序,题为《贵州通志》,有嘉靖三十二年刊本。又曾辑《皇明近体诗钞》二十九卷,有嘉靖四十五年刊本。《千顷堂书目》另著录其《中庸集说启蒙》一卷、《近峚轩诗话》四卷,未见。原有诗文别集《谢东山文集》《近峚轩集》四十卷,亦未见存。现存明刊《东游小稿》不分卷,收诗二十六首。《盛明百家诗》前编录其诗十首为《谢中丞集》。顾起纶《续国雅》卷四录其诗二首。费经虞《蜀诗》卷六录其诗二首。《皇明诗统》卷二五录其诗六首,“小传”谓其诗“冲雅可喜”。《明诗综》卷四三、《御选宋金元明四朝诗》录其诗《次云屏九日韵》一首。《明诗纪事》戊签卷二一录其诗《哭杨升庵》。生平见陈文烛《近峚轩稿序》(《二西园文集》卷三)、《(雍正)四川通志》卷九上。

谢贞(生卒年不详) 字仕复。江西吉安府安福人。元末尝北游,无所得而归。入明,以诗学倡导乡里,远近多有从其学者,约卒于永乐间。《千顷堂书目》著录《鹤鸣集》,谓其“隐居不仕,善为五言诗,有高、岑风,集称‘青山谢贞’。”现存旧抄本《鹤鸣集》十卷,诗按体分卷,卷首有谢涵序、谢贞自序及谢涵识,收其古近体诗四百三十首,又《后集》一卷,收诗四十五首。由谢涵识语知其原有刊本,后散佚。谢贞自序作于永乐五年(1407)孟秋,谓云:"余夙尚静泊,耻声利,惟攻文辞,又嗜为古淡,故落落卒不偶世,然白首无悔。或闲居胜日,登山临水,孤吟远望,虽无朋从,亦欣欣然与物狎,类得其情者。至交游内外,亦多记述,寓托微远,不必尽达,盖赏晤益寡而独诣益力焉。"由其诗知其与邑中名士李时勉等亦多有交游。《皇明风雅》卷一二、《皇明诗统》卷八、《列朝诗集》乙集录其诗一首。

谢廷柱(1458—1546) 字邦用,号双湖居士。福建福州府长乐人。成化二十二年(1486)举人,弘治十二年(1499)进士,除大理评事,历官至湖广按察佥事。正德十二年(1517)致仕,嘉靖二十五年(1546)卒,年八十九。能诗,善属文。《千顷堂书目》著录其《堪舆管见》二卷及《双湖集》,未见传。《石仓十二代诗选·明诗选》录其诗一百三十余首,与黄相诗合为一卷。《明诗综》卷二七下录其诗六首。《御选宋金元明四朝诗》录其诗五首。清郭柏苍《全闽明诗传》卷一二录其诗二十二首。《明诗纪事》丁签卷八录其诗二首,按云:"双湖诗饶清趣,微伤婉弱。"生平见张邦奇《赠金宪谢先生致仕序》(《张文定公纡玉楼集》卷

四)、《(乾隆)福建通志》卷四三。

谢廷谅(1551—?) 字友可,号九紫、九紫山人。江西抚州府金溪人。万历十年(1582)举人,二十三年进士,授南京刑部主事,历官至四川顺庆知府。与弟谢廷赞并有文名,与汤宾尹、区大相、朱之蕃等为诗友。《千顷堂书目》著录其《薄游草》二十四卷又《清晖馆集》二卷又《带欘编》又《起东草》又《逢掖集》。现存万历刊本《薄游草》二十四卷,首万历三十一年汤宾尹《薄游草序》,胡国鉴《题薄游草》,内诗十二卷,收诗古近体诗六百七十余首,文十二卷,收各体文九十余篇。又有万历间叶长坤刊本《逢掖集》十八卷,首万历三十五年郑怀魁《谢友可逢掖集序》,内缺卷二、卷三、卷四。《四库全书总目》著录《清晖馆集》二卷、《薄游草》十五卷,"提要"云:"前有万历戊子陈文烛序,称其学问日畜,变化无穷,与胡应麟并称。今观其所作,亦颇工丽自喜,而边幅太狭,犹在《少室山房集》下也。"《江西诗征》卷六一录其诗一首。亦喜词曲,与汤显祖、张凤翼、顾懋宏、梅鼎祚等有交往,曾为汤显祖《问棘邮草》作序。作传奇《纨扇记》,吕天成《曲品》卷下著录,谓其"才人笔,自绮丽,记中申伯湘事,似自况也。局段未见谨严"。祁彪佳《远山堂曲品》谓其"一意填词,虽绮丽可观,而

于阖辟离合之法,全是聭聭"。今亦无传,惟冲和居士辑《缠头百练》二集存其佚曲。《传奇汇考标目》著录其《诗囊记》《离魂记》二种,未详。《四库全书总目》另著录其与周孔教、姜宏范同辑之《千金堤志》八卷,千金堤在抚州府城东。生平见《(雍正)江西通志》卷八二、《明史》卷二三三、《(同治)金溪县志》卷二一。

谢廷赞(生卒年不详)　字曰可。江西抚州府金溪人。万历二十五年(1597)举人,明年进士,授刑部主事。时有诏于二十八年春举行皇长子册立冠婚之礼,将届期,廷赞上疏言阁员当补、台省当选、矿税当撤、冠婚册立当速、诏令当信,持疏跪伏文华门候命,帝震怒,褫职为民。遂侨寓维扬,授徒自给。光宗时,追赠尚宝卿。与兄廷谅并有文名,《千顷堂书目》著录其《绿屋游草》十五卷又《玉马轩集》又《步丘草》又《霞继亭集》。现存万历间刊《霞继亭集》三卷,首南居益序,卷上收诸体诗三百三十余首,卷中、卷下收各体文百余篇;又有万历四十二年刻《步丘草》(题为《谢曰可比部全集》)二十卷附骚赋一卷,李维桢序,内诗八卷,收诸体诗三百三十余首,词一卷收诗余三首,文十一卷,收各体文二百八十余篇,附骚赋一卷,收赋一篇、拟骚三篇。《明史·艺文志》另著录其《书经翼注》七卷。《皇明诗统》

卷三九录其诗六首。《江西诗征》卷六一录其诗一首。《明诗纪事》庚签卷一九录其诗一首。《明文海》录其文《墨佛论》一篇。清陈元龙《御定历代赋汇》卷二一录其《黄山赋》一篇。生平见《(雍正)江西通志》卷八二、《明史》卷二三三、《(同治)金溪县志》卷二一。

谢迁(1450—1531)　字于乔,号木溪,又号木斋。浙江绍兴府余姚人。生于正统十四年十二月二十八(1450 年 1 月 11 日)。成化十年(1474)乡试解元,明年会试第三,廷试第一,授翰林修撰。十七年会试同考官,十九年在翰林满九载,升右春坊右谕德,二十一年充经筵讲官。孝宗即位,进左春坊左庶子兼翰林侍讲,与修《宪宗实录》,弘治四年(1491)升詹事府少詹兼侍讲学士,丁忧归。服除赴京,升詹事,九年主会试,十一年皇太子出阁,升太子少保、兵部尚书兼东阁大学士。十六年升太子太保、礼部尚书、武英殿大学士,与刘健、李东阳同执政。武宗即位,加少傅兼太子太傅,以请诛刘瑾不纳,与刘健同致仕。瑾诛,起户部尚书兼谨身殿大学士,入相数月,以老病归。嘉靖六年(1527)复起为阁臣,时年七十九岁,至京张璁已入阁,次年以老辞归。十年二月十八卒,年八十三,赠太傅,谥文正。史称其在在翰林,声望仅亚于吴宽,在朝秉节直谅，见事明敏，为人有雅量，因称贤相。亦能诗文，归田后与同郡友人冯兰倡和无虚日，间书之以寄李东阳，成《湖山倡和》二卷，现存清抄本。《千顷堂书目》著录其《谢文正公集》四十卷又《木翁归田稿》十卷，盖前为其全集，惟嘉靖中毁于倭乱。现存万历十五年（1587）所刊《归田稿》八卷，内卷一收奏疏十四篇，卷二至卷三收各体文八十余篇附词二首，卷五至卷八收五七言古近体诗五百余首。集中奏疏多晚年陈谢之作，凡前在朝时嘉谟谠议，均已无存，诗文亦均为其致仕后及再召时所作。清康熙二十三年（1684）其七世孙复加厘辑，梓而再传。另清抄本《名家制义》存《谢木斋稿》一卷。《皇明诗统》卷一五录其诗七首。《列朝诗集》乙集录其诗二首。清黄宗羲《姚江逸诗》卷六录其诗五十四首。《明诗综》卷二五录其诗一首。《御选宋金元明四朝诗》录其诗三首。《四库全书》据康熙本收《归田稿》八卷，《总目》"提要"谓其"所作诗文大抵词旨和平，惟惓惓寄江湖魏阙之思，老臣忧国，退不忘君，读此一编，已足以知其忠悃矣"。《明诗纪事》丙签卷七录其诗一首。近人赵尊岳《明词汇刊》辑录其词二首为《归田词》。陈继儒《乐府先春》中有署名散曲套数一，未详是否其作。生平见费宏《谢公迁神道碑》（《费文宪公摘稿》卷一九）、顾祖训《状元图考》卷二、清毛奇龄《谢公传》（《西河合集》卷七四）、《明史》卷一八一。倪宗正有《费文正公年谱》（清康熙刊《归田稿》附录）。

谢兆申（生卒年不详） 字伯元，号耳伯，又号武夷石居士、太弋山樵。福建邵武府邵武人。万历间贡生。平生喜交异人，购异书，自坟典丘索、经纬流略、稗官琐语，靡不甄录，为之散尽家财。交游甚广，曾入闽中赵世显等"瑶华社"，又入佛徒之"净社"，又与名士汤显祖、钱谦益等交往。后客死于麻城。以不遇于时，故长斋学佛，为诗文则以法古为尚，所著有崇祯十三年（1640）其子所刊《谢耳伯先生初集》十六卷，另有刊本称《谢耳伯先生全集》八卷，两者皆为玉树轩所刻，版式同而字体不同。《初集》实为其文集，收各体文一百二十九篇；《全集》为诗集，内卷一收四言古诗五十七章、拟乐府诗三十首，卷二至卷八收五言古诗四百四十余首。二者即《明史·艺文志》所记谢兆申《诗文稿》二十四卷。《明诗综》录其诗一首，《御选宋金元明四朝诗》据之录。《四库全书总目》著录《谢耳伯诗集》八卷《文集》十六卷，"提要"云："兆申好深沉奥刻之思，又多杂以奇字。其文塞棘幽晦，至使人蜇口惨腹而不可句。其乡人曹能始（曹学佺）序，谓为远溯扬子《太玄》之脉以为文。黄居中序谓其平生喜交异人，购异书，摭异闻异见，盖好奇而过者也。诗稍可成诵，皆四言、五言古体，因不屑唐以后语，故不为律诗。昔欧阳修柄文斥刘畿为险怪，兆申险怪殆甚于畿。”清郭柏苍《全闽明诗传》卷四二录其诗一首。生平见汤显祖《耳伯麻姑游仙诗序》（《玉茗堂全集》卷四）、清《追荐亡友绥安谢耳伯疏》（《牧斋初学集》卷八一）。

谢汝韶（1537—1606）　字其盛，号天池。福建福州府长乐人。嘉靖三十七年（1558）举人，谒选杭州钱塘教谕，历武义、安仁知县，迁承天府同知。以忤当道，左迁吉王府长史，辞归，年方四十余。家居杜门著书，不问外事。《明史·艺文志》著录其《天池稿》十六卷，现存万历三十六年（1608）序刊本《天池先生存稿》十六卷，余翔宗序。集为其子谢肇淛辑编，诗八卷，收诸体诗一百八十余首，文八卷，收各体文八十余篇。另有传抄本《天池草》一册。清郭柏苍《全闽明诗传》卷二六录其诗一首。生平见《（乾隆）福建通志》卷四三。

谢诏（籍里及生平不详）　晚明书坊小说作家。万历四十年（1612）金陵大业堂本《重刻京本增评东汉十二帝通俗演义》（又名《东汉通俗演义》《东汉演义传》《东汉演义评》）十卷一百四十六则，序署陈继儒，题“金川西湖谢诏编集”，不详“谢诏”为何许人也。其书依熊大木《全汉志传》及万历三十一年书林詹秀闽梓《两汉开国中兴志传》之框架，稍作补缀而成，首叙王莽出身及篡夺帝位，后叙东汉十二帝之更替，而着意于光武中兴。是书于史实拘泥太过，缺乏构思刻画，实勉强成篇。又有明末刊《剑啸阁批评东西汉通俗演义》本，题《新刻剑啸阁批评东汉演义传》十卷一百二十五则，后清代翻刻本亦甚多。清刻《东汉演义评》八卷三十二回（清远道人编）则据金陵大业堂本《东汉十二帝通俗演义》改编。

谢杰（1537—1604）　字汉甫，号绎梅。福建福州府长乐人。生于嘉靖十六年（1537）三月二十四。隆庆四年（1570）举于乡，万历二年（1574）进士，除行人。四年以副使随户科左给事中萧崇业册封琉球，还朝擢光禄丞，晋少卿。十八年迁右通政，十九年转南光禄寺卿，二十年官顺天府尹，二十一年以右副都御史巡抚南赣。二十三年进南刑部右侍郎，二十六年转北，拜户部尚书，总督仓场，三十二年四月十四卒于官，年六十八。曾与萧崇业合撰《使疏球录》六卷，有万历七年序刻本。《千顷堂书目》著录其《杜律笺言》二卷、《天灵山人集》二卷又《棣尊北窗吟稿》十三卷又《白云编》二卷,《四库全书总目》另著录其《顺天府志》六卷。现存万历间刊本《棣尊北窗吟草》十三卷,收赋二篇、诸体诗一千余首,有于慎行、冯琦、李廷机、陈省、魏允贞等序。又有明万历刊本《天灵山人摘稿》八卷,清抄本《白云篇》七卷及《宫保绎梅公遗集》不分卷。《皇明诗统》卷三九录其诗十三首。徐㸅《晋安风雅》录其诗二十二首。《明诗综》卷五二录其诗二首。清郭柏苍《全闽明诗传》卷三〇录其诗八首。《明诗纪事》庚签卷一一录其诗三首。《明文海》录其文《后湖记》等三篇。生平见谢肇淛《叔祖绎梅公行状》(《小草斋文集》卷一七)、何乔远《闽书》卷七七、《(万历)福州府志》卷五四、《明史》卷二二七。

谢肃(1332—1385) 字原功,号密庵。上虞(今属浙江)人。元末从贡师泰学,博学负气,好论天下事。至正十九年(1359)张士诚据吴,欲白丞相,以献偃兵息民之谋,又欲荐名有司,入对大廷,皆无所遇,遂退居乡里。明洪武十六年(1383)举明经,授福建按察佥事,十八年以牵连入狱,为狱吏以布囊压死,年五十三。少与山阴唐肃齐名,时称"会稽二肃"。诗文皆擅,戴良为其《密庵集》作序,谓"原功之文,肖其为人,其立论闳有正,其书事简

以悉,其序记铭赞,雅健而奇警,其诗歌,彬蔚而秾丽,庶几杰出一时,流辈无敢与并者"。又序云:"原功之诗,五言古律则本之汉魏,歌行则遵李杜,近体则祖少陵,六朝、晚唐无论焉。"尤赞其纪行诗,推崇备至。肃所著《密庵集》,《国史经籍志》《明史·艺文志》俱著录十卷,有洪武三十一年刘翼南刊本《密庵诗稿》五卷《文稿》五卷,又隆庆三年(1569)、天启五年(1625)重刊本,传于世。首有戴良序,《诗集》收古体诗八十七首、近体诗三百十七首,《文集》收各体文八十七篇。清修《四库全书》,馆臣未见十卷本,乃从《永乐大典》中辑出肃之诗文,厘为《密庵集》八卷,诗四卷,收古体诗六十三首、近体诗一百九十七首,文四卷,收各体文五十五篇,均较原本有差。《皇明风雅》《皇明诗统》卷四录其诗三首。《列朝诗集》甲集录其诗五首。《明诗综》卷一三录其诗一首。《御选宋金元明四朝诗》录其诗三首。清钱玫《历朝上虞诗集》卷五录其诗一百五十首。清徐乾《上虞诗选》卷二录其诗十七首。《明诗纪事》甲签卷八录诗十四首。程敏政《皇明文衡》录文《樗舍记》等六篇。《明文海》录文《樗舍记》等三篇。生平见《(雍正)浙江通志》卷一八〇、《明史》卷二八八。

谢承举(1461—1524) 初名璿,字文卿,改字子象,更名承举,号野

全子。南直应天府上元(今江苏南京)人。生于天顺五年(1461)十月二十八。少有才名,兄弟四人皆善诗画,风流清迈,时拟谢庭诸郎。为诸生,累八举不第,乃退耕城南,自号野全子,以其美须髯,行九,又称曰髯九翁。卒于嘉靖三年(1524)三月十七,年六十九。卒后以子谢少南入仕为官,赠承德郎、刑部主事。有诗名,曾入檀园诗社,与诸文士联句,往往出奇绝众。卒后顾璘为其作墓志,称其与徐霖齐名,号"金陵二才子",又谓其诗学陈白沙。所著有《采毫录》《东村稿》《西游录》《在客稿》《日得录》《广陵杂录》《湘中漫录》等。现存嘉靖二十一年谢少南刻《谢子象诗集》十五卷附录一卷,张潮、许谷等序,少南《识语》谓是集计收诸体诗五百七十一首、词二十八首,《明史·艺文志》记承举《诗集》十五卷,即此本也。《盛明百家诗》后编录其诗为《谢野全集》,与少南之《谢与槐集》共编为《二谢诗集》。顾起纶《续国雅》卷三录其诗一首。《石仓十二代诗选·明诗选》录其诗一百一十六首。《列朝诗集》丙集录其诗二首。《明诗综》卷三八录其诗一首。《御选宋金元明四朝诗》录其诗四十七首。清陈邦彦《御定历代题画诗类》录其诗二十七首。《金陵诗征》卷一八录其诗三十七首。《明诗纪事》丁签卷一五录其诗六首。

《明词综》卷三录其词[卜算子]一首。生平见顾璘《野全谢先生同继室赠安人汤氏合葬墓志铭》(《息园存稿》文卷五)、王兆云《皇明词林人物考》卷三、《(乾隆)江南通志》卷一六五。

谢省(1420—1494)　字世修,号愚得,晚号台南逸老。浙江台州府黄岩人。景泰四年(1453)举人,明年进士,授南兵部车驾司主事,转武选司。迁员外郎,成化五年(1469)出知宝庆府,在官三年,称循良,以病告归。卒于弘治六年十二月初七(1494年1月13日),年七十四,学者私谥贞肃先生。《千顷堂书目》著录其《逸老堂净稿》十九卷,传世明刊本存卷一至卷一〇,有弘治三年张元桢序。李时渐《三台文献录》录其诗六首、文一篇。《皇明诗统》卷一四、《列朝诗集》丙集、《明诗综》卷二一录其诗一首。清李成经《方城遗献》卷五录诗六首。清戚学标《三台诗录词录》卷一四录诗五首。《明诗纪事》乙签卷一九录诗一首。生平见谢铎《贞肃先生墓志铭》(《桃溪净稿》文集卷一四)、张师绎《谢太守传》(《月鹿堂文集》卷五)、《(雍正)浙江通志》卷一六九。

谢矩(1356—1391)　字元规,号寻乐。鄞县(今浙江宁波)人。生于元至正十六年(1356)二月二十。明洪武初以父命过继为他人嗣,后兄谢员坐事谪戍凉州,矩裹粮匍匐走万里资送。又以例,籍父及妻子俱赴戍所,矩独以别籍免,乃力请与偕。至吴门,父病亡,以父枢权厝旅舍,携嫂侄抵京师,遇例以家属放还,遂复至吴门迎榇归葬。明年兄没戍所,矩又间关数千里奉函骨归祔先垄,抚其遗孤。里中缙绅高其行,扁其堂曰孝义。后以户役充浙江宪司吏,称疾求退,调临洮府,又坐事谪戍兴州卫。卒于洪武二十四年(1391)正月二十三,年三十六。能诗文,《千顷堂书目》著录其《鸣穷集》。现存嘉靖间其曾孙谢汝仪刻《自适诗集》十三卷,首丰熙序,卷一至卷一〇收古近体诗四百八十首,卷一一收杂文十篇,卷一二、卷一三附收其行实、小传、挽诗等。《四明风雅》卷二录其诗三首。《石仓十二代诗选·明诗选》录其诗三十二首。清胡文学《甬上耆旧诗》卷四录其诗三首。《明诗综》卷一九上录其诗一首。生平见嘉靖刊《自适诗集》所附《行实》《孝义处士传》。

谢复(1441—1505) 字一阳。南直徽州府祁门(今属安徽)人。少读书而不求仕进,与陈献章从吴与弼问学,身体力行,务求自得。居家孝友,冠婚丧祭,悉遵古礼。晚卜筑西山之麓,学者称西山先生。卒于弘治十八年(1505)正月初三,年六十五。《千顷堂书目》著录其《西山类稿》六卷,《四库全书总目》著录

《西山类稿》五卷,"提要"谓其"笃实胜于献章,故集中有《书献章诗后》一篇,颇诋其晚涉于佛老",又云"其诗文则不出讲学之门径,与谈艺家又别论云"。然集未见传。《皇明诗统》卷三录其诗三首。陈有守等《徽郡诗》卷四录其诗一首。《石仓十二代诗选·明诗选》录其诗百首,编为一卷。《列朝诗集》乙集录其诗二首。《明诗综》卷二六录其诗一首。《御选宋金元明四朝诗》录其诗二首。《明诗纪事》丁签卷一五录其诗一首。生平见王讽《谢西山先生复传》(《国朝献征录》卷一一四)、清黄宗羲《明儒学案》卷二、《明史》卷二八二。

谢桂芳(?—1602) 字性卿。福建建宁府瓯宁(今建瓯)人。万历元年(1573)举人,四上春官不第,谒选为广州府学教授。十四年晋龙泉令,改乐清令,因罪于势权勋戚,被论赋性严急,削籍。卒于万历三十年。以能诗赋词翰称,生前有《泰宕编》《浮翠楼》《应声子》三集刊于世,未见传。卒后其孙婿傅延吉辑其著述为《谢性卿先生集》八卷,刊于万历四十二年。内前四卷收诸体诗三百余首,卷五收其所作序、记、行状等文十四篇,卷八、卷七收书牍百篇,卷八为《应声子》。生平见《(乾隆)福建通志》卷五一。

谢铎(1435—1510) 字鸣治,号方山,更号方石,别署桃溪。祖居

浙江台州府黄岩,以高祖时迁太平县之桃溪,又于宣德十年(1435)二月生于斯,故为太平(今温岭)人。天顺三年(1459)举人,八年进士,选翰林院庶吉士,成化元年(1465)授编修。十一年迁侍讲,直经筵。十六年父、母双亡,守制归里,服除,谢病不出,与叔谢省扩建方岩书院,讲学其中。弘治初以原官召修《宪宗实录》,三年(1490)擢南国子监祭酒,次年谢病归。十二年特命起为礼部右侍郎,管祭酒事,十六年以病乞归。正德五年(1510)二月初二卒,年七十六,赠礼部尚书,谥文肃。平生崇理学,为人端直,称以义自处,不恋高名厚禄,入仕后多次辞官,出与处之际相半。又两为国子祭酒,严课程,杜请谒,周恤贫寒,颇浮人望。时国家承平,馆阁无事,遂以诗文为功课。与李东阳同年同官,交谊甚厚,相与切磋文艺,倡和诗曾辑为《同声集》二卷,东阳《怀麓堂集》亦多记二人交往事及倡和诗。为诗主张明道、重情、复古,然不择古人而学,不事模拟,语言流丽平易,成化间曾与李东阳并为一时诗宗。所著辑为《桃溪净稿》八十四卷,有正德十六年台州知府顾辇刊本,文三十九卷,收各体文三百四十余篇,诗四十五卷,收诸体诗一千五百余首,诗文曾经李东阳删芟,故称"净稿",有顾璘、李东阳序。另有嘉靖二十五年(1546)其曾孙谢适然刊本《桃溪类稿》六十卷附录一卷,残存五十一卷。又曾辑编《赤诚诗集》六卷(有成化十八年建阳书坊刊本)、《赤城论谏录》十卷(有清抄本)、《国子监续志》十一卷(有弘治十六年刊本)、《伊洛渊源续录》六卷(有嘉靖八年刊本)等。《千顷堂书目》另著其《赤城新志》二十三卷、《明朝名臣事略》二十卷及《元史本末》《四子择言》。《皇明风雅》录其诗十二首。《盛明百家诗》后编录其诗近三百首为《谢文肃公集》。顾起纶《续国雅》卷三录其诗二首。《皇明诗统》卷一三录其诗十六首。李时渐《三台文献录》其文十五篇、诗十八首。《石仓十二代诗选·明诗选》录其诗八十余首。《列朝诗集》丙集录其诗十二首。《明诗评选》录其诗一首。《明诗综》卷二二录其诗一首。《四库全书总目》著录《桃溪净稿》八十四卷,"提要"云:"李东阳因其旧本再取而芟之,故以《桃溪净稿》为名,然瑕瑜参半,犹不能悉为刊除也。"清李成经《方城遗献》卷五录其诗十首。清戚学标《三台诗录词录》录其诗十三首。《明诗纪事》丙签卷四录其诗四首。《明文海》录其文十一篇。生平见黄绾《谢文肃公行状》(《石龙集》卷二三)、王廷相《方石先生墓志铭》(《王氏家藏集》卷三一)、何乔远《名山藏》卷六九、

《明史》卷一六三。

谢常（生卒年不详）　字彦铭。苏州府吴江（今属江苏）人。少与陶振同师杨维桢。洪武十五年（1382）举秀才，召试《丹凤朝阳赋》称旨，欲官之，以养亲辞归，隐于笠泽东溪。《千顷堂书目》著录其《桂轩稿》又《东溪集》。现存数种清抄《桂轩诗集》，皆为一卷，存各体诗三百余首。《列朝诗集》乙集录其诗二首。《明诗综》卷一五下录其诗三首，"诗话"云："彦铭，杨廉夫（杨维桢）弟子，诗尚纤丽……集又有永乐元年八月陪祀县庠丁祭及乡饮分题之作，句'喜当时盛陪清列'，或者曾摄邑校耶？"钱谷《吴都文粹续集》卷三六录其诗一首。清陈邦彦《御定历代题画诗类》录其诗二首。《御选宋金元明四朝诗》录其诗六首。清陈元龙《御定历代赋汇》录其赋一篇。生平见《（乾隆）江南通志》卷一六八。

谢谠（1512—1569）　字正卿，又字献忠。浙江绍兴府上虞人。以其家西北有夏盖山，因自号盖山子，又以其居处可远望杭州湾赭、龛二山对峙，又号海门。嘉靖十六年（1537）举人，二十三年进士，授泰兴令，未及考，妻徐氏病卒，因弃官归。归里后傍盖湖筑白鸥庄于荷叶山中，朝夕惟读书、著述、吟咏为事，不入城市者二十余年。与徐渭交厚，渭精神失常杀续妻入狱，曾携酒食探监。以不问生产，家道中落。隆庆三年（1569）正月卒，年五十七。能词曲，所著传奇《四喜记》以北宋宋郊、宋祁兄弟故事演"久旱逢甘雨，他乡遇故知，洞房花烛夜，金榜题名时"所谓"四喜"，现存明末汲古阁原刻初印本、汲古阁刻《六十种曲》本，二卷四十二出。吕天成《曲品》"中中品"著录《四喜记》云："二宋事佳，词亦工美。上虞有曲派，此公最高。"祁彪佳《远山堂曲品》"能品"著录《四喜记》，谓"作手虽平，词亦明丽"。胡文焕《群音类选》卷九录此剧二十五出，周之标《吴歈萃雅》等亦录此剧散出。窦彦斌《词林白雪》有无题散曲套数（"东野翠烟消"），署谢海门作，或为其佚曲。尤能诗文，现存嘉靖末刻《谢海门集》二十二卷，卷一、卷二收赋十一篇，卷三至卷一〇收诸体诗六百余首，卷一一至于卷一二收各体文近二百篇，高应冕序。另有嘉靖二十五年刻《谢海门窗稿》一卷《谢进士墨卷》一卷。又曾辑洪武及隆庆间上虞人所作诗为《皇明古虞诗集》二卷，存。清钱玫《历朝上虞诗集》卷一二录其诗五十首。清光绪间徐乾《上虞诗选》卷二录其诗五首。

谢缙（生卒年不详）　名又作"谢晋"。字孔昭，号葵丘、兰庭生、深翠道人。明初苏州府吴县（今江苏苏州）人。工画山水，重叠烂漫，尝自称"谢叠山"。以绘事贡于京师，侨居金陵二十余年，以目眚归。其诗有署"永乐丁酉（十五年，1417）十月"者，当卒于其后。其诗集《兰庭集》，刊于永乐中，《千顷堂书目》著录，《四库全书》所收二卷，首有永乐元年汝南周传及浚仪张肯序，卷上有诗一百九十五首，卷下有诗三百零七首。《总目》"提要"云："传（周传）序谓'姑苏之诗，莫盛于杨孟载（杨基）、高季迪（高启），而孔昭得二君之旨趣'。肯（张肯）序亦谓其'得性情之正，而深于学问'。然则晋不特以绘事传矣。"另有多种清抄本，均未出《四库》本所收。《皇明风雅》卷二七、《皇明诗统》卷六录其诗二首。《列朝诗集》乙集录其诗六首。《明诗综》卷一九上录其诗五首。《金陵诗征》卷三八"寓贤"录其诗二首。《明诗纪事》乙签卷六录其诗十四首，按云："孔昭画流传甚少。诗特蕴藉，在宋人中似陆游一派。"生平见王鏊《姑苏志》卷五六、《（乾隆）江南通志》卷一六五。

谢榛（1499—1575）　字茂秦，号四溟山人、脱屣老人。山东东昌府临清人。生于弘治十二年（1499）三月初九。眇少右目，因无缘科举。年十六，作乐府商调，少年争歌之。有乡前辈谓艳曲"非词家本色"，因折节读书，刻意为诗。后以诗闻于时，遂奔走四方，称山人，干谒寄日。

初游河南怀庆（今河南沁阳）等地，寓何瑭、刘泾、刘思问等处。赵康王朱厚煜修梁王故事，嘉靖十三年（1534）延其为宾客，因移家安阳。三十九年康王殁后，客游山西，旅居潞安。隆庆元年（1567）复游彰德，依康王裔孙赵穆王朱常清。暮年游燕赵间，万历三年（1575）冬月卒于大名，年七十七，葬安阳城南。嘉靖中叶，谢榛时往来于京师，因其早负诗名，又以救援诗人卢枏出狱之义举，名动一时，因得与郎署李攀龙、吴维岳、靳学颜、李先芳、王世贞等结诗社，遂有"五子""六子"之名。榛长李十九岁，长王二十一岁，时李、王文名未彰，称诗选格，多取定于榛，诸人作《五子诗》，亦咸首谢榛。而榛喜交结权贵，于社中又以长者自据，倔强自许，未与李、王等倾心相交，渐为诸子不满。嘉靖三十一年春，李、王复倡作"五子诗"，以志情义，榛拒和之，离京赴晋。后又有菫语中伤李攀龙之事，三十三年李攀龙因作《戏为绝谢茂秦书》，诸子"咸右于鳞，交口排谢榛"，遂削其名于'五子''六子'之列。至三十五年谢榛携卢枏与李、王会于大名，两造之隙稍解。时梁有誉于三十四年病逝，吴国伦作《哭梁公实比部四首》，有句"七子中原散，千秋长夜过"（《甔甀洞稿》卷一六），以"七子"称李攀龙、王世贞、谢榛、徐中行、宗臣、梁有誉及吴国伦自己，"七子"之名渐为人所称，史称"后七子"。后王世贞论谢榛诗，仍多所推重，《艺苑卮言》云："谢茂秦……刻意吟咏，遂成一家……其排比声偶，为一时之最，第兴寄小薄，变化差少。仆尝谓其七言不如五言，绝句不如律，古体不如绝句。"榛诗明刻单本传世有《适晋稿》六卷。全集则有万历二十四年赵府刊本《四溟山人全集》二十四卷，内五七言古体三卷、五言律七卷、七言律五卷、五七言排律各一卷及绝句三卷，卷二一至卷二四为诗话《诗家直说》。万历三十二年赵府曾重刊此本。后又有万历四十年盛氏临清刊本《四溟山人诗》十卷。《盛明百家诗》前编录其诗一百五十余首为《谢茂秦集》。万历四十四年赵彦复复辑李梦阳、何景明、王廷相、孟洋、薛蕙、高叔嗣、刘绘、张九一、谢榛九人之诗并以己作附之刊《梁园风雅》二十七卷，内收谢榛诗五卷五百六十余首。日本有宝历十二年(1762)刻《谢茂秦山人诗集》五卷。顾起纶《国雅》卷一五录其诗十六首。《皇明诗统》卷二九录其诗十五首。《皇明诗选》录其诗六十九首。《列朝诗集》丁集录其诗一百五十四首，"小传"云："茂秦今体工力深厚，句响而字稳，'七子''五子'之流，皆不及

也。"彭孙贻《明诗钞》录其诗四十首。《明诗综》卷四六录其诗十四首。清沈德潜《明诗别裁集》录其诗二十六首。《御选宋金元明四朝诗》录其诗七十一首。《四库全书》据万历四十年盛氏临清刊本收《四溟集》十卷，《总目》"提要"谓其"虽终于布衣，而声价重一代。赵康王至辍侍姬以赠之，如姜夔、小红故事。其救卢柟一事，尤见气谊。攀龙送榛西游诗，所谓'明时抱病风尘下，短褐论交天地间'者，颇肖其实。其诗亦不失为作者，'七子'交口诋诃，乃一时恩怨之词，固不足据为定论矣"。清宋弼《山左明诗钞》卷一七录其诗一百二十首。《明诗纪事》己签卷二录其诗二十三首，按云："弇州《卮言》评'五子'诗，多有溢美，惟评茂秦诗至当不易。大抵声气合者语多假借，惟于茂秦始合终离，故公论出耳。"其论诗之作《诗家直说》亦著名，所传除《四溟山人全集》本四卷，又有清乾隆十九年(1754)耘雅堂校刊本，改题《四溟诗话》四卷，后人多有刊刻。《四库全书总目》著录二卷，"提要"谓其"论诗之语则多迂谬"，未公也。生平见王兆云《皇明词林人物考》卷九、《(康熙)安阳县志》卷七、《(乾隆)潞州府志》卷二四、《明史》卷二八七。

谢肇淛(1567—1624) 字在杭，

号武林。福建福州府长乐人。生于隆庆元年(1567)七月二十九。万历十六年(1588)举于乡,与徐𤊻同赴京应试,不第。二十年成进士,除湖州府推官,二十六年坐论当徙治,明年移东昌府推官。三十三年迁南刑部山西司主事,改南兵部职方司主事,守父丧归。三十七年服阕,补工部屯田司主事,转都水司郎中,督理北河,驻张秋。四十六年简放云南左参政兼佥事,分巡金沧道。天启元年(1621)擢广西按察使,三年迁右布政使,寻转左,四年入觐,行至萍乡患疾,十月二十三日卒于官舍,年五十八。家富藏书,喜博览,游宦南北,广交游。平生著述甚丰,尤以诗著。有明一代闽诗,初兴于林鸿、高棅等"十才子",中叶著名者有郑善夫等人,晚明谢肇淛、曹学佺及徐𤊻、徐熥兄弟出,称"风雅复振"。所著诗文,历年多次结集刊行:万历十七年有《游燕集》;十九年有《小草斋稿》;次年又有《游燕二集》;官湖州时刊《下菰集》六卷(明刊本今存,屠隆序);与袁中郎、江进之等客真州时有《銮江集》;官东昌时刊《居东集》六卷(诗文并收,邢侗序);在南京时有《乌衣集》(存旧抄本)、《谢在杭诗》《谢工部诗集》;以屯田郎归家,作《近游草》;至官云南时,将历年所作诗词辑刊为《小草斋集》三十卷(天启刊本,有李维桢、张献翼、屠

隆等序),分体编排,又以时间为序;卒后其弟谢肇湘、谢肇澍辑其入滇以后所作为《小草斋续集》三卷(有明末刊本),分题为《滇中稿》《过里稿》《粤西稿》;又刊《小草斋文集》二十八卷附一卷(有天启六年叶向高序)。另有《东方三大赋》(治河张秋时所作,刊本有万历四十二年朱延熙序,后收入《小草斋集》),《小草斋诗话》五卷(有清刊本)。其他著作存世尚有《北河记》八卷、《纪余》四卷(万历刊本、《四库全书》本)、《滇略》十卷(万历刊本、《四库全书》本)、《文海披沙》八卷(万历三十七年刊本)、《五杂俎》十六卷(万历四十四年刊本)、《史觿》十七卷《史测》一卷(崇祯三年黄氏景晋斋刊本)、《史考》九卷(明末刊本)、《麈余》四卷(万历刊本)、《西吴枝乘》二卷(万历刊本)、《鼓山志》十二卷(与徐熥同纂,万历刊本)、《太姥山志》三卷(万历刊本)、《方广岩志》四卷(清雍正三十三年刻光绪增补本)、《长溪琐语》一卷(有清抄本)、《百粤风土记》不分卷(清郑氏注韩居抄本)等。徐𤊻《晋安风雅》录其诗三十九首。《列朝诗集》丁集录其诗八首,"小传"云:"在杭故服膺王(王世贞)、李(李攀龙),已而醉心王伯谷(王穉登)。风调谐合,不染叫嚣之习,盖得之伯谷者为多。"《明诗评选》录其诗三首。《明诗综》卷五七录其诗四

十一首，"诗话"云："在杭格不肯高而诗律极细，其持论亦平。如于麟（李攀龙）、元美（王世贞）、敬美（王世懋）、子与（徐中行）、伯玉（汪道昆），皆所倾心……是时竟陵派已盛行，而在杭能距之。"清沈德潜《明诗别裁集》录其诗四首。《御选宋金元明四朝诗》录其诗三十首。清郭柏苍《全闽明诗传》卷三三录其诗八十首。《明诗纪事》庚签卷一录其诗十首。清初卓回编《古今词汇》二编录其词四首。清陈元龙《御定历代赋汇》录其赋十二篇。生平见徐㷸《武林谢公行状》、《武林谢公墓志铭》(《小草斋文集》附)及《明史》卷二八六。

［一］

强仕（生卒年不详） 字甫登，号绮塍。南直常州府无锡（今属江苏）人。嘉靖十年（1531）举人，选授江西广昌知县，迁德州知州。《千顷堂书目》著录其《考盘寤歌》《绮塍集》，未见传。《盛明百家诗》后编录其诗四十三首为《强德州集》，俞宪识语云："甫登夙嗜诗学，尝结会'碧山吟社'。"顾起纶《续国雅》卷四录其诗四首。《皇明诗统》卷三一录其诗六首。《明诗综》卷四八录其诗三首。清顾光旭《梁溪诗钞》卷七录其诗四首。《明诗纪事》戊签卷一七录其诗三首。

强晟（1452—?） 字景明。河南汝宁府汝阳人。成化二十二年（1486）举人，两上春闱不第，选授真宁教谕。弘治年间任秦王府伴读、纪善、左长史，曾为太祖五世孙秦简王朱诚泳编选《小鸣集》，正德十五年（1520）引归，卒在其后。著有《汝南小稿》及《井天录》等。现存《罗川蕲雪诗》一卷，收诗六十四首，皆七言八句咏史之作，弘治七年（1494）秦藩刊本，有宾竹道人（朱成泳）序及强晟自序。又有《汝南诗话》(《汝南诗评》)一卷，记作者父执及其友人诗语逸事、汝南乡俗趣事，以及任职秦府时于陕地之所见所闻，现存正德九年（1514）其弟子杨槮刊本，首缺页，自"赵子聪兄弟"起，共七十余则，末附强晟与朱应登、徐翊《赏花倡和诗》及联句。《(嘉靖)兰阳志》《(康熙)汝阳县志》均录其诗文。生平见朱诚泳《罗川蕲雪诗序》(《小鸣稿》卷九、《罗川蕲雪诗》卷首)、《(康熙)汝阳县志》卷九。

十三画以上

[一]

靳学颜（1514—1571） 字子愚，号两城。山东兖州府济宁人。嘉靖十三年（1534）乡试第一，明年进士，除南阳府推官。历吉安知府、山西副使、山西右布政、陕西左布政，入为太仆寺卿，改光禄寺卿，以右副都御史巡抚山西。召为工部右侍郎，晋吏部左侍郎，移疾归。卒于隆庆五年（1571），年五十八。所著现存明刻单行本《间存集》八卷。万历间东鲁靳氏家刊本《靳两城先生集》二十卷，卒后诸子辑刊，为其全集。是集首有万历十三年（1589）王圻《刻靳两城先生集序》、万历十七年于若瀛《两城先生全集序》，卷一收赋十四篇，卷二收四言古诗三十首，卷三收拟乐府诗三十六首，卷四至卷七收古体诗二百十六首，卷八至卷一三收近体诗五百首，卷一四至卷二〇收各体文近百篇。《千顷堂书目》著录其《两城集》二十卷即此本。《皇明诗统》卷三七录其诗二十四首。《列朝诗集》丁集录其诗六首。《明诗综》卷四二、《御选宋金元明四朝诗》录其诗二首。《四库全书总目》著录《两城集》二十卷，"提要"谓其诗"格律清整，而蹊径尚存，不脱历下（李攀龙）流派，文则偶然挥洒而已"。清宋弼《山左明诗钞》卷一三录其诗四十五首。《明诗纪事》戊签卷一九录其诗五首，按语云："子愚颇擅才华，集中有《七讽》《解嘲》等篇，类以作者自命。诗则古体袭前人，时有佳篇，近体率意颓唐。"《明文海》录其文七篇。清陈元龙《御定历代赋汇》录其赋五篇。生平见王兆云《皇明词林人物考》卷八、清王鸿绪《靳学颜传》《(雍正)山东通志》卷三五之一七)、《明史》卷二一四。

靳贵（1465—1520） 字充道、先遂，号戒庵。南直镇江府丹徒（今江苏镇江）人。生于天顺八年十二月二十（1465年1月17日）。少从丁元吉、杨一清学。弘治二年（1489）举应天乡试第一，明年会试第二、廷试第三人进士及第，授翰林编修,兼司经局校书。进右春坊右中允,十六年升左谕德,兼侍讲,进太常少卿,掌翰林院事。进吏部右侍郎,以忤刘瑾,左迁光禄卿,寻复官,改吏部,兼翰林学士,管诰敕,掌詹事府事。正德九年(1514)进礼部尚书,文渊阁大学士,预机务,又改户部尚书,进太子太保、武英殿大学士。正德十二年乞休归,十五年八月初七卒,年五十七,赠太傅,谥文僖。生性静默,居家简约,而在朝侃侃正言,深荷帝眷。《明史·艺文志》著录其《戒庵集》二十卷。现存嘉靖十九年(1540)其子靳懋仁刊本,凡文十八卷,诗二卷(收诗近百首),费宷序,蔡羽后序。《皇明诗统》卷一六录其诗四首。《石仓十二代诗选·明诗选》录其诗二十九首,与朱谏诗合为一卷。《明诗综》卷二七上录其诗一首。《四库全书总目》著录《戒庵集》,"提要"谓其诗文"大半皆应俗之作"。《明诗纪事》丁签卷六录其诗一首。生平见王鏊《靳公贵墓志铭》(《国朝献征录》卷一五)、廖道南《殿阁词林记》卷二、王兆云《皇明词林人物考》卷四。

蓝仁(1315—?) 字静之,自号蓝山拙者。福建建宁府崇安人。元末清江杜本隐丁武夷,崇尚古学,蓝仁与弟蓝智俱往师之,杜授以诗法,仁、智遂谢科举,一意为诗。后仁被辟为武夷书院山长,迁邵武尉,未赴。入明,例徙濠梁,数月放归。明初随例徙临濠者,多为曾仕张士诚者。其集中有《甲寅仲冬摄官》诗,甲寅为洪武七年(1374),其《述怀》诗又有"无才甘下位,有识笑庸人""何事渔矶弃,空烦鹊印随"等语,则放归后又尝仕宦,始末不可考矣。兄弟俱以诗名于闽省,开"闽中十子"先声。惟二蓝诗集绝少流传,徐煴辑《晋安风雅》未及二蓝,似亦未见。蓝仁所著,现仅存嘉靖五年(1526)其六世孙蓝鉅等重刊本《蓝山先生诗集》六卷,收诗凡六百八十余首,有洪武庚辰(建文二年,1400)倪伯文《武夷蓝静之先生诗集序》、正统二年(1437)陈瑢《武夷蓝静之先生诗序》。清人开《四库》馆,未得二蓝诗集之明刊本,因从《永乐大典》中辑出二蓝诗,依旧籍所载,厘订蓝仁诗为《蓝山集》六卷,收入《四库全书》。现乾隆翰林院辑抄本(《四库全书》底本)《蓝山集》六卷尚存,惟辑本仅收诗五百余首,少嘉靖刊本一百五十余首。内二蓝诗亦颇有混淆,《蓝山集》误收《蓝涧集》五十余首,《蓝涧集》误收《蓝山集》三十余首。《蓝山集》后有数种清抄本及清光绪四年(1878)侯官郭氏枕石堂刊《二蓝集》本,亦同于乾隆翰林院辑抄本及《四库》本。《皇明风雅》卷三四录其诗一首。《石仓十二代诗选·明诗选》录其诗五十四首。

《列朝诗集》甲集录其诗三十五首。《明诗综》卷一一录其诗二十四首，"诗话"云："二蓝学文于武夷杜清碧，学诗于四明任松卿。其体格专法唐人，间入中、晚。盖'十子'之先，闽中诗派，实其昆友倡之。"清沈德潜《明诗别裁集》录其诗三首。《御选宋金元明四朝诗》录其诗三十首。清郭柏苍《全闽明诗传》卷二录其诗七十二首。《明诗纪事》甲签卷一六录其诗十六首。生平见清王鸿绪《明史稿列传》卷一六一、《明史》卷二八五。

蓝田（1477—1555）　字玉甫，号北泉。山东莱州府即墨人。生于成化十三年（1477）二月初六。少随父蓝章入京，得程敏政、李东阳等称许。弘治五年（1492）十六岁领乡荐，后屡上不第。嘉靖二年（1523）四十七岁中进士，授河南道监察御史，时"大礼议"起，抗论，凡七上疏，受杖几殆，复纠劾给事中陈洸不法事，以直声震一时，以张璁掌都察院，落职归。归乡三十年不入公门，先后论荐三十余疏，终不起，卒于嘉靖三十四年，年七十九，后祀于乡贤祠。有诗名，嘉靖十四年曾客居其姻亲青州刘澄甫家，时澄甫倡海岱诗社，与冯裕、石存礼、黄卿等致仕赋闲寓官员诗酒倡和，因邀其与会，然后冯裕曾孙冯琦辑社友所作诗为《海岱会集》十二卷，则未收蓝田诗，至近人赵愚轩《青州明诗钞》方于"侨寓"中录其诗七十七首。蓝田所著诗文万历十五年（1587）由其后人在苏州刊为《蓝侍御集》十卷，署黄嘉善、张献翼选，内诗二卷，收诗一百八十余首，文八卷，收各体文六十篇、书启三十六篇，有吴中潘允端《蓝侍御集选序》，又有张献翼序、蓝思继跋。《千顷堂书目》著录《侍御集》十卷，即此本也。传世尚有清抄本《北泉草堂诗集》二卷《北泉文集》五卷，前有清康熙三十二年（1693）杨还吉序，谓是集取其原集及佚作重编，内收诗二百六十余首、文一百二十余篇及尺牍三十余篇，比刊本有增益。《四库全书总目》著录《北泉集》抄本不分卷，当为另一抄本矣。书目载其尚有稿本《蓝侍御集》二卷，未见。《千顷堂书目》另著录其《东归倡和》一卷，当已录入其集。清宋弼《山左明诗钞》卷八录其诗三十一首。清周龠镜等《即墨诗乘》卷一录其诗七十九首。生平见李开先《蓝公墓志铭》（《李中麓闲居集》卷七）、过庭训《本朝分省人物考》卷九八、《明史》卷二〇六。

蓝近任（?—1630）　字仲逊，号仁举。山东兖州府曹县人。家贫，为诸生时设私塾于开元寺，以教授为生。万历四十三年（1615）中举，四十七年进士，授兵部主事。历临洮知府，迁肃州兵备副使，升山西布政司参政,卒于崇祯三年(1630)。著述现存崇祯九年其子庚生辑刻《蓝亚中文集》十八卷,首李悦心《蓝仁举先生文集序》、张慎言《蓝仁举集序》,内卷一收赋一、歌八,卷二至卷六收诗二百五十余首,卷七至卷一八收奏疏四篇、各体文一百余篇。生平见《(光绪)曹县志》卷一三《人物》。

蓝智(1329—?) 字明之,一字性之。福建建宁府崇安人。元季曾从三山林泉生学《春秋》,从清江杜本学诗,从建阳蒋易学文。洪武三年(1370)以明经荐于朝,授陕西按察司佥事。晚年归里,卒于家。与兄蓝仁并以诗名于闽,开"闽中十子"先声。蓝智所著,现存嘉靖五年(1526)其六世孙蓝鉏等重刊本《蓝涧诗集》六卷,收诗五百余首,有元至正二十二年(1362)张昶《蓝涧诗集序》,后镌"时永乐元年癸未(1403)孟春蓝山书舍刊"。清人修《四库全书》,未得见二蓝诗集之明刊本,因从《永乐大典》中辑出二蓝诗,又依旧籍所载,厘订蓝智诗为《蓝涧集》六卷,收入《四库全书》。现乾隆翰林院辑抄本《四库全书》底本《蓝涧集》六卷尚存。惟辑本仅收诗三百五十余首,少明刊本一百五十余首,且二蓝诗亦颇有混淆,《蓝涧集》误收《蓝山集》三十余首,《蓝山集》误收《蓝涧集》五十余首。

后有数种清抄本及清光绪四年(1878)侯官郭氏枕石堂刊《二蓝集》本《蓝山集》六卷,亦同于乾隆翰林院辑抄本及《四库全书》本。《四库全书总目》"提要"云:"智诗清新婉约,足以肩随其兄。五言结体高雅,翛然尘外,虽雄快不足而隽逸有余。七言顿挫浏亮,亦无失唐人矩矱。与(蓝仁)《蓝山》一集,卓然可称二难。《静志居诗话》谓《蓝山》《蓝涧》集中诗,选家互有参错,殆亦因其格调相近,不能猝辨欤。"《皇明风雅》卷二四录其诗一首。《皇明诗统》卷四录其诗八首。《石仓十二代诗选·明诗选》录其诗一百一十八首。《皇明诗选》录其诗一首。《列朝诗集》甲集录其诗四十首。《明诗综》卷一三录其诗七首。清沈德潜《明诗别裁集》录其诗二首。《御选宋金元明四朝诗》录其诗三十二首。清汪森《粤西诗载》录其诗十六首。清郭柏苍《全闽明诗传》卷二录其诗七十三首。《明诗纪事》甲签卷一六录其诗三十八首。生平见过庭训《本朝分省人物考》卷七二、王兆云《皇明词林人物考》卷一、《(雍正)福建通志》卷五一、《明史》卷二八五。

蒲秉权(?—1644) 字度之,号平若。湖广永州府永明(今湖南江永)人。万历三十四年(1606)中举,四十一年进士,授江西建昌令。天启中擢吏科给事中,抗疏魏忠贤,责廷杖，叶向高秘救得免，以艰归。崇祯时起西宁兵备道，招抚蒙古部落，转肃州副使，谢病归。崇祯十七年（1644）李自成破北京，明社亡，于家绝食死。诗文著述现存天启、崇祯间刊本《硕葽园集》十卷，又有清光绪元年（1875）其后裔蒲荫枚守拙斋重刊本，名《硕葽园全集》十卷，卷前有徐日省、王振奇等序，内卷一、卷二收诗三百八十余首，卷三收奏疏十五卷，卷四收各体文三十篇，卷五至卷七收书启、尺牍二百八十余则，卷八为《西游日记》，卷九为《友四轩清话》，卷一〇收祭文十篇。曾修《建昌县志》十卷，现存万历四十六年刻本。《湖南文征》录其文二篇。生平见《（康熙）永州府志》卷二〇、《（康熙）永明县志》卷八。

蒲俊卿（籍里及生平不详）　别署江右散人。日本《舶载书目》著录传奇《新镌刘文叔云台记》，题“江右散人蒲俊卿编”。现存明万历间金陵文林阁刻本，题《新刻全像点板刘文叔云台记》，又有明金陵唐氏刻本，题《新刻全像汉刘秀云台记》二卷。剧凡二卷四十四出，叙西汉末年王莽篡得天下，刘秀得冯异等帮助起兵反莽，历经胜负，终至战胜登基，封邓禹、冯异等二十八将为侯，迎其妻阴氏入京为后，又建云台，列功臣姓名于台上。本篇杂采王莽、刘秀时史事，又不尽与史合，多有虚构情节，所写人物亦有错讹。祁彪佳《远山堂曲品》列此剧为“具品”，评论谓其“粗知腔调，终是庸笔”。

甄伟（生卒年不详）　号钟山居士。自称建邺（今江苏南京）人。晚明书坊小说作家。万历四十年（1612）金陵大业堂刊本《西汉通俗演义》（又名《西汉演义》《西汉演义传》《西汉演义评》）八卷一百零一则，题“钟山居士建邺甄伟演义”，首有甄伟自序。又有明末刊《剑啸阁批评东西汉通俗演义》本，题《新刻剑啸阁批评西汉演义传》八卷一百则。是书叙事从秦昭王派皇孙异人伐赵叙起，中经始皇统一中国，主要描述刘邦、项羽之楚汉相争，至吕后专权，汉惠帝坐享太平止。情节内容多沿袭元刊《平话前汉书续集》、明熊大木《全汉志传》及万历三十一年书林詹秀闽梓《两汉开国中兴志传》。

雷士桢（1545—1589）　初名士煌。字国柱。陕西西安府同州朝邑（今大荔）人。生于嘉靖二十四年（1545）正月初四。少从外祖韩邦奇学，长成以重风节称。隆庆四年（1570）举于乡，万历二年（1574）进士，初授太常寺博士，以母忧归。服阕，授御史，方三日，即疏罢潘晟，顷之，巡中城，宦戚皆相戒勿触禁。已而巡漕务，请托尽绝。以疾乞归，十七年十月初六卒，年四十五。《千顷堂书目》著录其《覆瓿集》,现存万历间刊本《覆瓿集》八卷,有万历二十四年张维新叙,内卷一收奏疏三篇,卷二至卷七收各体文六十一篇,卷八收近体诗七十余首、词三首。《(雍正)陕西通志》卷七四另著录其《太常考》八卷。生平见赵南星《雷公国柱墓碑》(《赵忠毅公文集》卷一一)、孙鑛《雷公墓志》(《国朝献征录》卷六五)、《(雍正)陕西通志》卷六〇。

雷礼(1505—1581) 字必进,号古和。江西南昌府丰城人。嘉靖七年(1528)中举,十一年进士,授兴化府推官,丁母忧归。服阕,补宁国府推官,又丁父忧。二十一年服除,补吏部考工司主事,改文选司,明年进稽勋郎中,忤权贵,谪大名府通判。迁南礼部员外郎,简放浙江按察副使,提督学政,二十九年擢南太仆寺少卿,三十一年改北太仆寺少卿,又改太常少卿,提督四夷馆,升顺天府尹。三十三年晋工部右侍郎,督天寿山工,二载转左,以都察院右都御史督三殿工,拜工部尚书。历加太子太保、太子太傅,四十五年加少保,又加少傅。隆庆初,抗章劾太监滕祥,致仕归。万历九年(1581)卒于家,年七十七。明习朝礼掌故,又以史学自任。尝纂《南京太仆寺志》十六卷,有嘉靖刊本;又《皇明大政记》二十五卷,有万历三十年秣陵周时泰博古堂刊本;又《国朝列卿纪》一百六十五卷,有万历间徐鉴刊本;又《国朝进士列卿表》二卷,有万历刊本(李维桢补);又《(嘉靖)真定府志》三十二卷等。诗文著述有明刊本《督学存稿》二卷,为其督学浙江时所著,收各体文十九篇。明刊本《镡墟堂摘稿》二十卷,则为其卒后家人所刊诗文别集,内卷一、卷二为奏疏,卷三至卷一七收各体文,卷一八收赋、辞,卷一九、卷二〇收诗二百三十余首。《明史·艺文志》著录其《镡墟堂稿》二十卷即此本也。《明文海》录其文五篇。生平见余寅《雷公行状》(《农丈人文集》卷一一)、潘季训《雷礼传》(《国朝献征录》卷五〇)、王兆云《皇明词林人物考》卷八。

雷鸣春(生卒年不详) 字肇元,号龙舒。南直安庆府怀宁(今属安徽)人。嘉靖三十八年(1559)进士,授湖广孝感知县,五年奏最,擢刑部郎中,转工部。简放南阳知府,升河南布政司右参议,致政归。宦游二十余载,日以讲学明理自任,亦以诗咏怀寄赠。著述现存隆庆五年(1571)唐藩刊本《雷氏白云楼诗集》三卷,首有欧大任与唐藩朱宙楈序,三卷计收诸体诗五百九十三首。生平见《(康熙)安庆府志》卷一七。

雷思霈(1565—1611) 字何思。湖广荆州府夷陵(今湖北宜昌)人。

万历二十五年（1597）举人，二十九年进士，选翰林院庶吉士，授检讨。三十七年曾主闽省乡试，次年为会试分考官，钟惺出其门。旋请告归，三十九年秋卒于家，年四十七。好学问，通禅理，讲经世出世之法，又以能诗称，与"公安三袁"交善，结社倡和，并为袁宏道《潇碧堂集》作序。为诗文反模古，以为"两汉之文，非我之文；盛唐之诗，非我之诗"，尚真而不避俗，力主"言人之所欲言，言人之所不能言，言人之所不敢言"（《潇碧堂集序》），与宏道"独抒性灵，不拘格套"之论相近。《千顷堂书目》卷二十六著录其《雷检讨文》一卷《诗》一卷《岁星堂集》四卷。现存万历刊《雷检讨诗》，内分《岁星堂》《百衲阁》《甘园》《勾将馆》《醉石斋》五帙，未标卷数，页次则各自独立起讫。据卷首钟惺万历四十五年《先师雷何思太史集》序，知是集系钟惺由五集中选录而成。又有袁宏道《雷太史诗集序》，系移录之旧序。又崇祯间张景良刊本《蓬池阁遗稿》诗四卷文十卷，则为汇刻之总集矣，内诗四卷收诗二百余首，文十卷收文一百五十篇，有崇祯元年（1628）王维章序。《列朝诗集》甲集录其诗十首，"小传"谓其为"公安之末流"。清廖元度《楚风补》卷二五录其诗十八首。《明诗综》卷五九录其诗一首。《御选宋金元明四朝诗》录其诗三首。清高士熙《湖北诗录》编录其诗二首。《明诗纪事》庚签卷二〇录其诗二首。《明文海》录其文一篇。《（雍正）湖广通志》亦多录其诗文。生平见《（康熙）荆州府志》卷二六、《（雍正）湖广通志》卷四九。

雷跃龙（1602—1661）　字伯麟，号石庵。云南澄江府新兴州（今玉溪）人。先世从沐国公征滇，留屯，遂家焉。万历四十六年（1618）十七岁领乡荐，次年联捷进士，选翰林院庶吉士，授检讨。进右春坊右赞善，迁少詹事，与修《实录》，充经筵日讲官。历翰林侍读学士，以不与阉党群而为清流所赞，升礼部右侍郎，转左，拜南礼部尚书兼翰林学士。明社亡，返乡。朱由榔即位于广东肇庆，建元永历，入云南，跃龙与沐天波迎之，遂侍于左右，任文渊阁大学士、礼部尚书。又侍永历逃亡缅甸，随永历被羁，押解途中卒，时永历十五年（1661）十月二十八，年五十九。少为词臣，能诗文。著有《葵谷草》《逸余集》等。清末，黄膺、李根源辑其残存遗著，与腾越胡璿遗著合编为《明雷石庵、胡二峰遗集》，收入近人刊《云南丛书》，刊行于世。《明雷石庵遗集》首录其《石淙杨文襄公传》《孔公重修学宫记》文二篇，次录佚诗十二首，再次录《葵谷吟草》残卷所存诗七十五首,词六首。所存诗词多为抒情咏怀,咏古遣兴,清闲幽淡,盖皆为明亡前所作也。又清袁文典等《明滇南诗略》卷七录其诗五首。清陈荣昌《滇诗拾遗》卷六、《明诗纪事》庚签卷二三录其诗一首。清秦光玉《滇文丛录》录其文五篇。清袁文典《滇南文略》卷三三录其文一篇。近人王灿《玉溪文征》录其诗八十首、文三篇。生平见《(乾隆)云南通志》卷二一之二。

雷鲤(生卒年不详) 字惟仙,一字白波,号半窗山人。福建建宁府建安(今建宁)人。府庠生,恬退不求仕进,以诗酒自娱。善画,山水人物皆能,以诗画游缙绅间。与沈周同时,人方之沈周。其诗多为题画诗,故不复立题。《皇明诗统》卷二五录其题画诗三十八首。《列朝诗集》录其题画诗九首。《明诗综》卷二六录其诗一首,"诗话"引汪良迪云:"半窗诗冲雅清婉,曲尽物情。"清陈邦彦《历代题画诗类》据《列朝诗集》录其题画诗九首。《御选宋金元明四朝诗》录诗三首。清郭柏苍《全闽明诗传》卷一三录诗三首。《明诗纪事》丁签卷一二录诗五首。生平见朱谋垔《画史会要》卷四、《(雍正)福建通志》卷八一。

雷燮(生卒年不详) "燮"亦作"爕"。号南谷。福建建宁府瓯宁(今建瓯)人。贡生,嘉靖元年(1522)任广西荔浦知县,曾招抚当地苗瑶乱民。《千顷堂书目》著录其《奇见异闻笔坡丛脞》一卷,现存书林梅轩刊本,无序跋目录,书末有弘治甲子(十七年,1504)书坊牌记,当为雷燮未仕前作品。内有《雪崖和尚东游记》《池蛙雪冤录》等二十四篇文言短篇小说,多叙民间各种矛盾斗争以及诉讼断案故事,又多取旧事传闻,叙事平淡简直,穿插诗词韵语,则颇类《剪灯新话》,惟笔力冗弱。另有《南谷诗话》三卷,似亦为燮所撰,未见。生平见《(雍正)福建通志》卷四七、清汪森《粤西文载》卷六五《名宦》。

蔡云程(1494—1567) 字亨之,号鹤田。浙江台州府临海人。正德十四年(1519)举人,嘉靖八年(1529)进士,授兵部主事。历广西右参政、云南按察使,迁广东右布政使,转左。三十三年任兵部右侍郎,三十四年转左,三十六年都察院右都御史,掌院事。三十八年迁南刑部尚书,四十年转北,四十一年致仕归。卒于隆庆元年(1567),年七十四,赠太子太保。喜吟咏,嘉靖三十四年曾于南京刻诗集《鹤田草堂集》二卷,有胡庭兰、王宗沐、张含序,收诗三百五十余首。又有别集《鹤田草堂集》十卷,诗三卷文七卷,为其孙蔡宸思于崇祯末辑刊,首有胡庭兰、王宗沐、张含旧序及蔡宸思崇祯十六年(1643)《小引》。《千顷堂书目》著录其《鹤田草堂集》十卷即此本也。现明刊本存卷四至卷一〇，又有清抄本缺卷三。其集内卷一、卷二收诗三百余首，其余七卷收各体文及奏疏、书简等。又曾辑《唐律类钞》。明李时渐《三台文献录》录其赋一篇、文二篇、诗十二首。《皇明诗统》卷三三录其诗七首。《明诗综》卷四一录其诗一首，《御选宋金元明四朝诗》据之录。《四库全书总目》著录《鹤田草堂集》十卷，"提要"云："云程当王(王世贞)、李(李攀龙)盛行之时，独无模拟剽窃之习，可谓不转移于风气，然根柢颇薄，亦不能自树一帜。"清戚学标《三台诗录词录》卷一八录其诗五首。《明诗纪事》戊签卷一七录其诗一首。生平见《(康熙)临海县志》卷八、《(1935)临海县志稿》卷一九。

蔡文范(生卒年不详)　字伯华，号青门。江西瑞州府新昌(今宜丰)人。嘉靖四十三年(1564)举人，隆庆二年(1568)进士，除刑部主事。万历五年(1577)张居正父死，夺情起复，同舍郎艾穆、沈思孝抗疏杖阙下，文范周旋护视之，因出为福建盐运副使。十年居正没，起兵部武库司员外郎，历福建金事，湖广提学副使，进广东参议。卒于家。《千顷堂书目》著录其《范青门先生文集》十八卷又《缙云斋稿》又《甘露堂集》，

未见。《列朝诗集》丁集录其诗十五首，"小传"谓其诗"亦沿袭'七子'之流风，而未极其窈越者"。《明诗综》卷五一录其诗十首，"诗话"云："青门近体，雄浑绝伦。"清沈德潜《明诗别裁集》录其诗二首。《御选宋金元明四朝诗》录其诗七首。《江西诗征》卷五九录其诗十六首。《明诗纪事》庚签卷九录其诗三首。生平见《(雍正)江西通志》卷七一、《(同治)瑞州府志》卷一三、《(同治)新昌县志》卷一六。

蔡可贤(1536—1602)　字思齐，号见庵，更号闻吾。京师广平府成安(今属河北)人。嘉靖三十七年(1558)举于乡，四十一年进士，授户部主事，理辽饷。后出知山西太原府，擢按察副使，备兵霸州，擢山东参政，备兵宁前，万历二十三年(1595)以内艰归，遂不复出。家居七年，三十年卒，年六十七。与其兄蔡可教、弟蔡可行诗合辑为《花萼堂吟稿》四卷，现存万历三十四年蔡可行刊本。《千顷堂书目》著录其另有《西征鼓吹》，未见。《皇明诗统》卷三六录其诗一首。《列朝诗集》丁集录其诗四首。《明诗综》卷四四录其诗一首。清王崇简《畿辅明诗》录其诗二首。《明诗纪事》己签卷一四下录其诗二首。生平见申时行《蔡公墓志铭》(《赐闲堂集》卷三一)、《(康熙)广平府志》卷一七。

蔡汝楠(1515—1565)　字子木，号白石。浙江湖州府德清人。生于正德十年(1515)十月初六。少颖敏，嘉靖十年(1531)领乡荐，明年进士，除行人。迁刑部员外郎，以母忧归，起复旧职，乞改南，简放归德知府，改衡州。历四川副使，改江西参政，以父忧归。起山东按察使、江西右布政使，以右副都御史巡抚河南。召拜兵部右侍郎，掌京营，理戎政，徙南工部右侍郎，四十四年七月三十卒于官，年五十。年少登第，好为诗，名于一时。中年后究心经学，知衡州时，日聚诸生讲经于石鼓书院，及参政江西，又与邹守益、罗洪先游。著述有嘉靖四十三年其门人朱炳如刻《自知堂集》七卷，收诗五百余首，有其同年王廷序，另有嘉靖二十三年侯一元序、三十三年赵维垣序、三十七年胡定叙，知是集为其历年所作诸体诗之辑刻也。卒后其门人朱炳如所刊《自知堂集》二十四卷，前七卷诗卷次编排与四十三年刻七卷本全同，八卷以后有文无诗。另有胡定刊《白石山人诗选后编》一卷，杨慎所选。著述另存有嘉靖刊本《舆地略》一卷、《天文略》一卷，嘉靖四十三年朱浠桂刊本《枢筦集》一卷附录一卷，天启二年(1623)蔡武刊本《说经札记》十卷。《盛明百家诗》录其诗为一百八十余首为《蔡白石集》，又选七十余首为《续蔡白石

集》。顾起纶《国雅》卷一二录其诗十九首，"小传"云："蔡司空子木声调渊雅，情兴高朗。其集为用修(杨慎)所选者，为艺林珍赏。晚岁率易应酬，如出二手。"《皇明诗统》卷二九录其诗八首。《皇明诗选》录其诗一首。《列朝诗集》丁集录其诗五十三首，"小传"云："嘉靖初，唐应德(唐顺之)、陈约之(陈束)反北郡之弊，变为初唐之体，后乃稍变为中唐。子木之风调，得之皇甫兄弟渐摩者居多。元美(王世贞)谓子木少年雅慕建安，晚始陶洗，攻钱、刘。"《明诗评选》录其诗十二首。《明诗综》卷四一录其诗三首。清沈德潜《明诗别裁集》录其诗一首。《御选宋金元明四朝诗》录其诗十六首。《四库全书总目》著录《自知堂集》二十四卷，《总目》"提要"云："《明史》称汝楠初喜文章，从王慎中、唐顺之、高叔嗣、顾璘、皇甫涍兄弟游。中年后好讲学，与邹守益、罗洪先相善，诗格遂颓唐，颇有寿陵余子失其故步之讥。然汝楠才地，本不足雁行王、唐诸人，亦不尽系于讲学之后荒废吟咏也。"清陆心源《吴兴诗存》四集卷七录其诗六十六首。《明诗纪事》戊签卷一八录其诗十首。《明文海》录其文三篇。生平见茅坤《蔡公汝楠行状》(《茅鹿门先生全集》卷二八)、董份《白石蔡公墓志铭》(《董学士泌园集》卷三六)、王兆云《皇明

词林人物考》卷八、清黄宗羲《明儒学案》卷四〇、《明史》卷二八七。

蔡羽（？—1541）　字九逵，号林屋山人，又自称左虚子。南直苏州府吴县（今江苏苏州）人，家住太湖洞庭西山。少习程文以应有司，四十年赴乡试凡十有四次，皆受挫。嘉靖二年（1523）以岁贡赴部选，十三年始除南翰林孔目，三载解职归。嘉靖二十年正月初三卒。曾究心《易》学，自为解，多以传注为谬。好诗文，与沈周、文征明交善。所著嘉靖八年刻为《林屋集》二十卷，内卷一收赋六篇，卷二至卷一〇收诸体诗六百首，后十卷收各体文一百四十三篇。又有嘉靖八年至二十二年王廷刻二十八年陈宏策合印本《南馆集》十三卷，内诗五卷，收诗二百八十五首，文八卷，收各体文六十八篇。另有崇祯间抄本《林屋集》不分卷及旧抄本《南馆集》九卷。又《四库全书总目》杂家类著录其《太薮外史》一卷（有嘉靖刻《金声玉振集》本）。嘉靖间黄鲁曾刻《王蔡青蓝集》四卷则为蔡羽与王宠之合集。嘉靖刊《（和倪瓒）江南春词集》录其所作［江南春］词一首。《盛明百家诗》前编录其诗六十余首为《蔡翰目集》。顾起纶《国雅》卷八录其诗九首。《皇明诗统》卷二三录其诗二十六首。《皇明诗选》录其诗一首。《列朝诗集》丙集录其诗一百二十一首，"小传"云："吾吴文章之盛，自昔为东南称首。成、弘之间，吴文定（吴宽）、王文恪（王鏊）遂持海内文柄，同时杨君谦（杨循吉）、都玄敬（都穆）、祝希哲（祝允明），仕不大显，而文章奕奕在人。九逵稍后出，自视甚高，自信甚笃。为文法先秦、两汉，洞庭诸记，欲与子厚争长，其隐然自负之意，殆不肯以瓣香属某氏……早岁诗微尚织缛，既而涤除靡曼，一归雅驯，晚更沉著，时出奇丽。"《明诗评选》录其诗十九首。《明诗综》卷三八录其诗三首，"诗话"云："孔目于诗文，高自标许，以少陵不足言，所著者建安、西京；以韩、柳不足言，所撰者先秦、两汉。今其集具在，篇无妍辞，句无警策，此犹淮南，帝前自称寡人，夜郎天末不知汉大，妄人也已……虽有诗赋八百余首、文二百首，恒河之沙，钩金安在？牧斋（钱谦益）纵曲为解嘲，其谁信诸？"清沈德潜《明诗别裁集》录其诗二卷。《御选宋金元明四朝诗》录其诗三十七首。《海虞文征》录其诗二首。《明诗纪事》丁签卷一二录其诗九首。《明文海》录其文八篇，黄百家《明文授读》卷二九记云："先夫子（黄宗羲）曰：'蔡羽……《洞庭》诸记渐已逼柳，他文读之，有枫落吴江冷之叹。'又评《南馆集》云：'文虽古拙而故为断续，无纤迴之致。'"另，羽有文言小说《辽阳海神传》见于《古今说海》,作于嘉靖十五年,篇幅漫长,内容新颖,后为《二刻拍案惊奇》所取。生平见文征明《蔡先生羽墓志》《(甫田集》卷三二)、王兆云《皇明词林人物考》卷七、《明史》卷二八七。

蔡克廉(1511—1560) 字道卿,号可泉。福建泉州府晋江(今泉州)人。嘉靖七年(1528)举人,明年进士,授户部主事,转刑部,坐宽张延龄狱事,谪广德州同知。移庐州,迁南礼部员外郎,进郎中,简放贵州提学佥事,丁外艰归。服阕,补江西提学佥事,迁广东副使,历浙江右参政、江西按察使,升江西右布政使,寻以佥都御史巡抚江西,又以都察院右副都御史总督漕运。入为户部右侍郎,转左,三十九年卒于官,年四十九。少以能文称,与王慎中齐名乡里。《千顷堂书目》著录其《可泉集》。现存万历七年(1579)晋江蔡氏家刊本《可泉先生文集》十五卷,内序五卷、记颂一卷、奏疏四卷、志铭一卷、祭文一卷、杂著一卷、诗一卷(收五七言诗五十余首)、公移一卷,苏濬序。《四库全书总目》著录《蔡可泉集》十五卷,"提要"云:"克廉少与乡人王慎中齐名,而其文乃远不及慎中。苏濬序称克廉秉枢执钺时,慎中已蛰伏故园,日寻欧、曾之绪,而克廉方锐意事功。论者谓慎中'阒寂丘园,故文独工'云云。

是当时已有定评矣。"清郭柏苍《全闽明诗传》卷二〇录其诗三首。生平见《(乾隆)福建通志》卷四五。

蔡国珍(1528—1611) 字汝聘,号见麓,别号虬阿。江西南昌府奉新人。嘉靖三十五年(1556)进士,时其乡人严嵩当国,欲罗致门下,不应,乞就南,授南刑部主事。改南吏部,进郎中,简放福建提学副使,以侍养归,遭母丧,遂不出。居家垂二十年,张居正卒,朝议大起废籍,万历十一年(1583)以故官莅福建,迁湖广右参政,分守辰沅。历浙江左布政使,以右佥都御史提督操江,进右副都御史,历吏部右侍郎,转左,擢南吏部尚书,二十五年任吏部尚书,屡疏乞休。万历三十九年(1611)卒于家,年八十四,赠太子太保,谥恭靖。平生以学行称,有清操之誉。著述现存清乾隆间其重侄孙蔡尚才刊本《蔡恭靖公遗稿》十卷,前五卷收五七言近体诗七百一十首,又附收其子蔡公辅、孙蔡若霖、蔡梦麟、蔡梦凤及曾孙蔡三才诗;以下卷五收奏疏,卷六收序、碑、记、说,卷七收历来封诰、敕命、谕祭文及他人赠序等,卷八收他人所作祭文、挽词、墓志铭、墓表,卷九收国珍所作词曲(套数二、小令八),卷一〇收启、书。是集卷首乾隆十六年(1751)蔡尚才序,谓从败簏中得其归田后所作诗一帙,分类编次,盖非国珍所作之全部也。《四库全书总目》著录名《怡云堂集》十卷，"提要"谓其集"编次殊为无绪"。清胡大鸿《江右文抄》录其文一篇。生平见邹元标《见麓蔡公墓志铭》、朱吾弼《蔡公见麓先生墓表》(《蔡恭靖公遗稿》卷八)及《明史》卷二二四。

蔡昂(1480—1540)　字衡仲，号鹤江。祖籍嘉定，隶淮安卫，遂为南直淮安府山阳(今江苏淮安)人。正德二年(1507)举人，九年第三人进士及第，授翰林编修。嘉靖元年(1522)与修《武宗实录》，四年《实录》成，进右春坊右赞善，八年与修《大明会典》，十一年迁侍讲学士，充日讲官，以谇误，谪湖州府通判，次年复职。十六年升礼部右侍郎兼翰林学士，十九年转左，兼翰林院学士如旧，八月二十三卒于京邸，年六十一，赠礼部尚书。在翰林近三十年，以应制诗赋著名。《千顷堂书目》著录其《颐贞堂稿》，现存明刊诗集《鹤江先生颐贞堂稿》六卷，许毂辑编，内收赋三篇、诗一百五十八首、词二首。《列朝诗集》丙集、《明诗综》卷三五、《御选宋金元明四朝诗》录其诗一首。清吴玉撂《山阳耆旧诗》录其诗十六首。清丁晏《山阳诗征》卷七录诗三十三首。清王辅铭《明练音续集》卷一录诗三首。《明诗纪事》戊签卷一二录诗二首。生平见林尧俞等《礼部志稿》卷五六、《(乾隆)江南通志》卷一六六。

蔡宗尧(生卒年不详)　字仲父，号东郭子。浙江台州府临海人。嘉靖十六年(1537)举人，选授松陵教谕，迁瑞金知县，改当涂。喜著述，能吟咏。《列朝诗集》丁集中录其诗四首，"小传"记云："松溪诸生刻其文曰《龟陵集》。多识古文奇字，诘曲取裁，殆亦圭峰(罗玘)之流亚，出于嘉靖中年，故知其蔑视李(李攀龙)、王(王世贞)矣。老死青毡，世不复知其氏名，可感也。集凡二十卷，诗止乐府一卷。"《千顷堂书目》则著录其《龟陵集》二十一卷，然现存嘉靖二十八年松溪叶呆校刊本《龟陵集》实为三十五卷，前二十一卷称《文集》，卷一收赋十五篇，卷二至卷一八收各体文一百六十余篇，卷一九琴操十五首，卷二〇收拟乐府二十一首，卷二一收诗余三十七首；后十四卷称《诗集》，卷一收古诗六首，楚辞八首，卷二至卷一四收古近体诗八百八十余首。盖钱谦益、黄虞稷所见实为《文集》也。《皇明诗统》卷二一录其诗九首。李时渐《三台文献录》录其诗四首。《明诗综》卷四八录其诗一首。《御选宋金元明四朝诗》录其诗二首。清戚学标《三台诗录词录》录诗三首、词三首。《明诗纪事》戊签卷一九录诗二首。《明词综》卷三录词一首。生平见《(康熙)临海县志》卷九、《(1935)

临海县志稿》卷二二。

蔡复一（1576—1625）　字敬夫，号遁庵，又号元履。福建泉州府同安（今厦门）人。万历二十二年（1594）举人，明年进士，授刑部主事。历员外郎，迁兵部郎中，居郎署十七年，简放湖广参政，分守湖北，进按察使，迁右布政使，以疾归。光宗立，起山西左布政使，天启二年（1622），以右副都御史抚治郧阳。奢崇明、安邦彦反，天启四年贵州巡抚王三善败殁，诏复一以兵部右侍郎总督贵州、云南、湖广军务，五年败绩，革职听勘，后任未到，仍领军与安邦彦战，十月卒于平越军中，年五十，赠兵部尚书，谥清宪。耿介负大节，既殁，囊无余赀。好古博学，喜诗，与钟惺、谭元春交。《明史·艺文志》著录其《遁庵集》十七卷，现存崇祯五年（1632）林文昌刻《遯庵诗集》十卷（收诸体诗九百余首）、《骈语》五卷《续骈语》二卷（收书启六百余篇），恰合十七卷之数。又有明绣佛斋抄本《遯庵蔡先生文集》不分卷，收序、记、志铭等各体文五十余篇。《明诗综》卷五八、《御选宋金元明四朝诗》录其诗二首。清郭柏苍《全闽明诗传》卷三五录其诗三首。《明诗纪事》庚签卷一八录其诗三首，按语云："敬夫醉心钟、谭，模拟酷肖，五言时有佳句。"生平见张燮《蔡公行状》（《群玉楼集》卷五三）、

清邹漪《启祯野乘》卷七、《明史》卷二四九。

蔡清（1453—1509）　字介夫，号虚斋。福建泉州府晋江（今泉州）人。生于景泰四年（1453）六月十八。成化十三年（1477）乡试解元，二十年进士，弘治元年（1488）授礼部主事。改吏部，四年丁忧，服除，补礼部祠祭员外郎，升南吏部文选郎中。正德元年（1506）简放江西提学副使，以忤宁王，致仕归。三年起南国子监祭酒，命未至，十二月二十三（1509年1月13日）卒，年五十六，万历间追谥文庄。其学以穷理为主，笃守朱子之说。初主静，后主虚，故以虚名斋。经学著作有嘉靖六年（1527）刊本《四书蒙引》十五卷，万历十八年（1590）刊本《易经蒙引》十二卷，皆为《四库全书》收录。明末宋兆禴重订本《蔡虚斋先生易经蒙引》则为二十四卷。《明史·艺文志》另著录其《性理要解》二卷，《千顷堂书目》另著录其《通鉴随笔》一卷、《密箴》一卷又《太极图说》一卷又《看河图洛书说》一卷。《明史·艺文志》著录其别集《虚斋文集》五卷，现存正德十六年（1521）葛志贞刊《虚斋蔡先生文集》五卷，林俊序，内卷一为诗（六十余首）、杂著，卷二书，卷三序，卷四字说、杂说、记，卷五哀辞、祭文、墓铭、传、赞。后又有递修本。是集亦为《四库全

书》所收。另有清乾隆七年（1742）泉州蔡氏家刊本《蔡文庄公集》八卷附《太极图说》一卷《河洛私见》一卷《艾庵密箴》一卷，所增仅为手简墨迹，而史乘传赞之作一概附入，故《四库全书总目》"提要"谓其"尤多冗滥，固不若原本之持择有要矣"。《明文海》录其文五篇。《石仓十二代诗选·明诗选》录其诗九首。《明诗综》卷二五、《御选宋金元明四朝诗》录其诗一首。清郭柏苍《全闽明诗传》卷一一录其诗三首。《明诗纪事》丙签卷八录其诗一首。生平见林俊《虚斋蔡先生清墓碑》（《见素集》卷一八）、何乔远《名山藏》卷八四、《明儒学案》卷四六、《明史》卷二八二。

蔡维宁（1597—1627）　字以宁，号旸坞山人。南直苏州府吴县（今江苏苏州）人。家居太湖西洞庭山。少读书好诗，年弱冠入京，为工部尚书临清柳佐所赏。天启初柳佐方董理光宗庆陵工，维宁佐之经画。会魏忠贤乱政，柳佐将上疏发其奸，以病不能起，因请维宁代笔，疏成而柳佐病革。魏败，天启七年（1627），维宁之清源拜祭柳墓，归家卒，年三十一。卒后其友人王倪、金俊明《吴县志》记其有《秋陵独响》。现存清康熙间刊《蔡山人诗集》（《旸坞山人诗集》）四卷，收诗二百五十余首，有康熙五十五年（1716）清蔡起莘序，又

有柳佐、周长吉、袁征、释明河、朱衮等原序，或明末曾有刊本。生平见清王士禛《居易录》卷二四。

蔡道宪（1615—1643）　字元白，号江门。福建泉州府晋江（今泉州）人。生于万历四十三年（1615）九月二十七。崇祯六年（1633）举于乡，十年进士，除大理府推官，未赴，丁父忧归。十四年服阕，补长沙府推官，十六年八月，张献忠攻长沙，城陷被执，二十六日被磔死，年二十九。事闻，赠太仆少卿，谥忠烈。《千顷堂书目》著录其《悔后集》一卷。现存清道光十六年（1836）邓显鹤刊本《蔡忠烈公遗集》一卷首一卷，收诗一百三十余首、词二首，又补遗诗一首、文四篇；又《遗集续编》二卷，收诗一百二十余首、词六首、赋一篇、文两篇。清道光二十六年蔡应魁又据之重刊为《蔡忠烈公遗集》六卷。《明诗综》卷七二录其诗二首，"诗话"云："江门自序《悔后集》云：'悔后者何？前日妄作诗，今而后悔也。悔而后复有集者何？吾但能焚前日之诗，今日之作且辑之以俟后日之再悔也。'其虚怀可见。诗虽音节未谐，而清婉越俗。"《御选宋金元明四朝诗》录其诗八首。清郭柏苍《全闽明诗传》卷四六录其诗五首。《明诗纪事》辛签卷二录其诗三首，按语云："集中诗潇洒出尘，不得以寻常声律绳之。"近人赵尊岳

《明词汇刊》辑录其词八首为《蔡忠烈公词》。生平见蔡知远《行状》（《蔡忠烈公遗集》卷首）、堵允锡《墓志铭》（《蔡忠烈公遗集》续编卷首）、陈济生《天启崇祯两朝遗诗·小传》、清邹漪《启祯野乘》卷一〇、《明史》卷二九四。清邓显鹤有《蔡忠烈公年谱》一卷（道光刊《蔡忠烈公遗集》续编）。

蔡瑷（生卒年不详） 字天章，号洨滨。京师真定府赵州宁晋（今属河北）人。嘉靖七年（1528）举人，明年进士，除行人。擢浙江道御史，巡按河南，以坐劾汪铉，廷杖为民。居家教授，讲学于洨滨书院，又修学庙，设义学，行乡约，乡里称洨滨先生。十八年以原官起用，丁忧归，二十一年改河南道，降山东按察司知事，隆庆初复职，致仕。曾从韩邦奇、湛若水游，讲理学，所著存嘉靖刊本《书经便注》十卷、《洨滨蔡先生语录》二十卷附录一卷。诗文著述嘉靖四十二年其门生李登云等刻为《洨滨蔡先生文集》十卷附录二卷，首李登云、吴三乐序。内文六卷，收各体文七十四篇，诗四卷，收古近体诗二百四十余首，附录其师长、友朋湛若水、马理、陈棐、李开先等所撰赠答之记、序、书信、赠诗等。《千顷堂书目》著录其《洨浽文集》十二卷即此本也。《四库全书总目》则分别著录其《语录》及《文集》，"提要"谓其"平居务讲学，立朝务气节，文章盖非所长"。清光绪四年（1878）曾将《语录》与《文集》合刻。《皇明诗统》卷三七录其诗十首。彭孙贻《明诗钞》、《明诗综》卷四一录其诗一首。《御选宋金元明四朝诗》录其诗十二首。清王崇简《畿辅明诗》录其诗二首。《明诗纪事》戊签卷一七录其诗一首。《明文海》录其文一篇。生平见李开先《洨滨书院记》（《李中麓闲居集》卷一二）、过庭训《本朝分省人物考》卷七、《（康熙）宁晋县志》卷五。

蔡潮（1467—1549） 字巨源，号霞山。浙江台州府临海人。弘治十四年（1501）举人，十八年进士，选翰林院庶吉士，正德二年（1507）改兵科给事中。历兵科右给事中，六年简放湖广提学佥事，十年转贵州右参议，进福建参政。嘉靖六年（1527）进河南右布政使，致仕，二十八年夏卒于家，年八十三。《千顷堂书目》著录其《湖湘学政》一卷又《判义》六卷、《编次名言》二卷、《对偶菁华》一卷及《霞山集》十卷。现存万历间刻《霞山文集》十卷，内卷一收赋十四篇，卷二题《芸窗诗稿》《京华诗稿》《湖湘诗稿》，卷三题《贵阳诗稿》《闽南诗稿》《大梁诗稿》，卷四题《归田诗稿》，三卷计收诗七百余首，后六卷收序、记、志、铭等各体文。李时渐《三台文献录》录其文五篇、诗十一首。《明文海》录其文二篇。清戚学标《三台诗录词录》卷一六录其诗七首。《明诗纪事》丁签卷一○录其诗一首。生平见其子蔡云程《蔡公潮行实》《国朝献征录》卷九二）、萧彦《掖垣人鉴》卷一二、过庭训《本朝分省人物考》卷五四、《(1935)临海县志稿》卷一九。

臧懋循(1550—1620)　字晋叔，号顾渚，或署顾渚山人。浙江湖州府长兴人。生于嘉靖二十九年(1550)二月初十。隆庆五年(1571)补邑庠生，万历元年(1573)中举，八年进士，观政大理寺，九年授荆州府学教授。次年应乡试同考官，改夷陵知县，十一年调南京国子博士。时与友朋欢宴出游，命题分赋。每出，必以棋局蹴球系于车后。十三年因被劾狎娈童罢归。回乡十年后，万历二十四年复举家迁南京，与友人曹学佺、吴梦旸等结诗社，流连山水，联吟歌唱。晚年挈家返里定居，间往返金陵。卒于泰昌元年(1620)二月二十一，年七十一。好刻书，曾辑刊《唐诗所》《古诗所》《古逸词》《金陵诗集》及弹词《仙游录》《侠游录》《梦游录》等。尤喜词曲，论曲主"情词稳称""关目紧凑""音律谐叶"。曾辑刻《元曲选》，收元人作品九十四种，明人作品六种，又改编、评点汤显祖《玉茗堂四梦》，裨有利于演出。亦能诗，与吴梦旸、吴稼

澄、茅维称"吴兴四子"，名于一时。《千顷堂书目》著录其《负苞堂集》十卷、《诗选》五卷、《文选》四卷。现存《负苞堂诗选》五卷(收古近体诗一百七十余首)、《负苞堂文选》四卷(收各体文百余篇)，天启元年(1621)其子臧尔炳所刻。《列朝诗集》丁集录其诗三首。《明诗评选》录其诗一首。《明诗综》卷五三录其诗四首，"诗话"云："何元朗(何良俊)、臧晋叔皆精曲律……诗亦不堕'七子'之习，故虽从元美燕游，不入'四十子'之目，亦磊落之士也。"《四库全书总目》著录《负苞堂稿》九卷，《总目》"提要"亦谓"懋循善顾曲，元明杂剧皆所梓行，故词曲序引，屡见集中，亦其结习之所在也"，又谓其诗"多绮罗脂粉语，未免近靡靡之响"。清陆心源《吴兴诗存》四集卷一一录其诗十二首。《明诗纪事》庚签卷一三录其诗一首，按语云："晋叔官南都时，入曹石仓(曹学佺)诗社，诗虽绮靡，亦有情致。"《明文海》录其文《元曲选序》等二篇。生平见章嘉祯《臧顾渚公暨配吴孺人合葬墓志铭》《(乾隆)长兴县志》卷八。

樊阜(生卒年不详)　字时登，号古厓。浙江处州府缙云人。成化四年(1468)举人，官福建延平儒学训导。能诗，曾辑缙云樊氏族人诗为《樊氏摘稿》，亦收己诗，未见传。《千顷堂书目》著录《樊氏摘稿》，注

云：“缙云樊氏门才颇盛，曰叙字公伦，有《用拙稿》；曰源字时济，有《竹轩稿》；曰昌字永盛，有《友菊诗》；曰甫字永美，有《碉栎集》；曰贵字永芳，有《桂冈集》；曰铎字伯广，有《畏斋存稿》；曰通，有《默庵集》；曰浚，有《云门集》；曰哲，有《凤山集》。”《石仓十二代诗选·明诗选》据《樊氏摘稿》录阜诗七十六首。《列朝诗集》乙集录其诗二十九首。《明诗综》卷二四录其诗三首，“诗话”云：“括苍山壤，风雅之士寥寥，独缙云樊氏门才颇盛……惜乎流传者寡矣。”《御选宋金元明四朝诗》录其诗二十三首。清汤成烈《缙云文征补编》卷三录其诗八首、卷一三录其文一篇。《明诗纪事》丙签卷一二录其诗八首，按云：“时登集樊氏诗为《樊氏集》，乞吴匏庵（吴宽）序，今不见传本。余阅曹氏《石仓十二代诗选·明诗选》，有《樊氏摘稿》一卷，时登最为杰出。”生平见《（康熙）缙云县志》卷八。

樊献科（1517—1578）　字文叔，号斗山。浙江处州府缙云人。嘉靖二十五年（1546）举人，明年进士，授行人，擢南台御史。丁母忧归，服阕，授御史，按察京畿南诸郡。其地多豪贵，素难治理。献科一治如律，谨守约束，豪贵敛手。又巡按闽省，首劾文武大吏若干，墨吏望风解印而去。三十八年倭寇由福宁犯福州

近郊，陷永福，攻福清，各地方官皆关门固守。献科劾巡抚都御史王询、参将黎鹏举等失律，夺俸待罪，诸将因点兵出，全歼倭寇。后历官福建参政、太仆寺少卿。解官归，悠游度日，自称“仙都下士”，不修边幅，兴至，则饮酒赋诗。万历六年（1578）卒，年六十二。曾重编《太师诚意伯刘文成公集》，修订《春秋四传》三十八卷。自著有《读史》《补遗诗》《韵音释》《樊山疏议》等，《千顷堂书目》著录其《旅游吟稿》又《山居吟稿》，均未见传，惟清汤成烈《缙云文征补编》卷四录其诗八十七首、卷一四录其文七篇。生平见《（康熙）缙云县志》卷八、《（乾隆）福建通志》卷四六。

樊鹏（生卒年不详）　字少南。河南汝宁府信阳人。嘉靖五年（1526）进士，授安州知州。迁南户部员外郎，十三年转工部郎中，以父早丧母老，因上疏乞终养，不可。简放陕西按察金事，兵备固原，以丁母忧归，服阕卒。与何景明同乡里，从其学诗，论诗亦遵其说，景明卒后，鹏为之作行状。又与孟洋、唐顺之等为诗友。所著有嘉靖间孔天胤陕西刊本《樊氏集》七卷，收赋五篇，诸体诗五百三十余首，首康海、赵时春、张诗、孔天胤序。又有嘉靖十三年孔天胤刻二十三年吴九经续刻本《樊氏集》十二卷，《千顷堂书目》著

录《樊氏集》十二卷即此本也。《盛明百家诗》前编录其诗八十余首为《樊南滇集》一卷。《皇明诗统》卷二八录其诗十三首。《皇明诗选》录其诗一首。《列朝诗集》丙集录其诗四首,"小传"云:"尝师事何仲默(何景明)……其论诗一以初唐为宗,亦原本于仲默也。"《明诗综》卷四〇录其诗六首,"诗话"云:"望之(孟洋)、少南,同为仲默乡井。絜短论长,少南差胜。"《御选宋金元明四朝诗》录其诗四首。《明诗纪事》戊签卷一六录其诗二首。《明文海》录其文《乞者赋》《编初唐诗叙》等六篇。生平见过庭训《本朝分省人物考》卷一三、王兆云《皇明词林人物考》卷七《樊少南》、《(雍正)河南通志》卷六五。

醉西湖心月主人(姓氏及籍里生平不详) 现存明末笔耕山堂刊白话短篇小说集《弁而钗》,卷首题"醉西湖心月主人著"。是书分《情贞记》《情侠记》《情烈记》《情奇记》四集,每集五回,叙一事,均以"龙阳小官"(娈童)为主角敷演成文,又分别以"情贞"、"情侠"、"情烈"、"情奇"赞许其人其事。又有明末笔耕山堂刊白话短篇小说集《宜春香质》,分风、花、雪、月四集,亦署"醉西湖心月主人著",亦每集五回叙一事,且同以"龙阳小官"为主人公。然是书立意与《弁而钗》截然相反。《弁而钗》谓余桃之爱、断袖之癖为

"佳话",《宜春香质》却欲说明"男窃女淫,深犯阴阳之忌;女鬟男效,大乱乾坤之纲"。甚或将龙阳小官与妓女相比,以其更为低下鄙劣。《弁而钗》曾提及天启二年(1622)辽阳失陷于后金及魏忠贤专权事,《宜春香质》亦提及辽阳失陷事,因知二者创作、刊刻时间相近。中国古代之好男色原非同性之恋,实与狎妓并无二致,历来为社会主流思想所斥责,《弁而钗》背驰于道,正与晚明"南风"流行、社会心理变化有关;《宜春香质》与之针锋相对,则是对传统道德观念之坚持。两书同时并出,反映了当时人们对此类社会问题之矛盾心态。然二书由同一书坊刊刻,版式相同,又同署作者为"醉西湖心月主人",则颇奇怪。另笔耕堂崇祯时所刻白话小说尚有《醋葫芦》四卷二十回,叙"妒妇"被下地狱严惩故事,署"西子湖伏雌教主编",卷首序署"笔耕山房醉西湖心月主人题"。据此,"醉西湖心月主人"或为明末杭州笔耕山房书肆之主人兼小说作者,至于"伏雌主人"是否另有其人,亦属可疑。

薛三才(1555—1619) 字仲孺,号青雷。浙江宁波府定海(今镇海)人。万历七年(1579)举人,十四年进士,选翰林院庶吉士,授兵科给事中。迁礼科,历户科左给事中、兵科都给事中。后历湖广右参政,分守

荆西道，累官至湖广左布政使，丁忧归。三十七年升都察院右副都御史，巡抚宣府，四十年迁兵部右侍郎兼右金都御史，总督蓟辽，四十四年拜兵部尚书，四十七年卒，赠太子太保，谥恭敏。现存清抄本《薛恭敏公奏疏》十四卷。《千顷堂书目》著录其《薛恭敏集》，未见传。《明诗综》卷五五、《御选宋金元明四朝诗》录诗一首。清姚燮《蛟川诗系》卷六录诗三十六首。生平见过庭训《本朝分省人物考》卷四八、《（雍正）浙江通志》卷一五九、清徐乾学《明史列传》卷七七。

薛三省（1558—1634）　字鲁叔，号天谷。浙江宁波府定海（今镇海）人，薛三才弟。万历二十八年（1600）举人，明年进士，授检讨，充东宫讲官。天启间历任礼部右侍郎兼侍读学士、礼部左侍郎、吏部左侍郎、礼部尚书，以忤魏忠贤归休。崇祯元年（1628）诏起南礼部尚书兼翰林学士，辞不赴，七年再召用，诏至已卒月余，年七十七，谥文介，赠太子太保。著述现存崇祯间甬东薛氏刊本《薛文介公文集》四卷，卷首凌义渠序，谓其文"言事者什之七，言理者什之三"。内收奏疏十五篇，序、记等杂文四十余篇。又有明末刊本《天谷山人集》十卷，内卷一收馆选、阁试、馆课、部诗四十八首，余九卷又分署"使集""露集""游集"

"邸集""客集""家集"，亦各有"自叙"，计收诗八百八十首、词四首。《明史·艺文志》另著录其《易蠡》二卷。清袁钧《四明近体乐府》卷八录其词一首。清姚燮《蛟川诗系》卷六录其诗一百一十六首。生平见《（雍正）浙江通志》卷一五九、清徐乾学《明史列传》卷七七。

薛冈（1561—?）　初字伯起，更字千仞。浙江宁波府鄞县（今宁波）人。生于嘉靖四十年（1561）七月初十。髫时习举子业，又能古文词，著有《削鐯录》。喜游，屐痕几半天下，以事避地，客居京师，以为新进士代作考馆文字，名于都下。晚年归乡，构居鉴湖之东，建阁览胜，自号天爵翁。崇祯十七年（1644）尚为张邦纪遗集作序，至年逾八十，卒于里中。一生布衣，勤于著述，现存笔记《天爵堂笔余》三卷，约刻于崇祯时，所记涉及"朝野之谋，经史之原，诗文之撰，古今之学，博识之能，以至技术之末，羽介之微"，颇为治史者所重。另辑有《甬东薛氏世风删》二卷（有明刊本）、《皇明鄞献表》二卷（有清抄本）。《千顷堂书目》著录其《天爵堂文集》二十卷。现存崇祯四年刊《天爵堂文集》十九卷，收其所作序、记、墓志、尺牍、杂著等，有李维桢天启四年（1624）序、米万钟天启五年序。诗则有崇祯刊《奉和陆郡公落花诗三十首》一卷；另，清陈允衡编顺治澄怀阁刊本《诗慰》二集录其诗四十五首为《天爵堂集选》，有林古度序。清胡文学《甬上耆旧集》卷二四录其诗五首。《明诗综》卷六五录其诗三首。《明诗纪事》庚签卷二六录其诗二首。

薛甲（1498—1572）　字应登，又字次公，号畏斋。南直常州府江阴（今属江苏）人。嘉靖元年（1522）举人，八年进士，除兵科给事中，以劾方士邵元节，降湖广布政司照磨。历宁波通判、保定同知、四川按察司佥事、江西按察司佥事，进江西按察司副使，以忤权相免归。卒于隆庆六年（1572），年七十五。笃信象山、阳明之学，所著有嘉靖四十年刊《易象大旨》八卷及隆庆间刊《畏斋薛先生绪言》四卷、《四书正义》十二卷。亦能诗词，《千顷堂书目》著录其《艺文类稿》十四卷。现存嘉靖四十五年至隆庆四年刊《畏斋薛先生艺文类稿》十四卷，内各体文十二卷、诗二卷（附词），有范钦隆庆四年序；又《续集》三卷，卷一杂收诗文，余两卷为文。《明文海》录其文十篇。《盛明百家诗》后编录其诗八十余首为《薛兵宪集》。《皇明诗统》卷二八录其诗八首。《明诗综》卷四一录其诗一首。生平见张时彻《薛次公甲传》（《国朝献征录》卷八六）、王兆云《皇明词林人物考》卷六、清黄宗羲《明儒学案》卷二五。

薛光瑜（1573—?）　字润甫，号华斗。福建福州府福清人。少习举子业，有志庙廊，然屡试不第，遂弃去。喜吟咏，与林古度等闽中名士多有交往，又游于四方，由闽入吴，师事云间陈继儒。现存诗集《薛润甫集》，内《枕上篇》（收诗一百六十余首）、《梦草》（收诗一百一十多首）、《续梦草》（收诗十八首）、《学步草》（收诗三十首）、《续学步草》（收诗十二首）、《和诸名公诗》（收诗七十二首）、《无题诗三十韵》各一卷，各卷均有多人序及光瑜自叙、自引，约于崇祯二年（1629）至六年分刻，后合刊。其于《自叙梦草》云："近来交接颇繁，触所闻，随所见，不拘工拙，且吟且咏，又成一帙，良自愉快。倘天假年，老怀觉愈壮。"《自叙痴狂篇》云："余以病牢，少破吟诗，益狂，日坠诗窖，不可制药，盖欲借此消块垒，却幽忧也。"盖其诗以怡悦性情为宗旨，不拘工拙，故虽于当时无诗名，确为喜吟咏者也。

薛廷宠（生卒年不详）　字汝承，号萃轩。福建福州府福清人。嘉靖七年（1528）举人，十一年进士，授行人。十四年迁刑科给事中，十五年迁工科左给事中。十八年世宗以加上皇谥号及册立皇太子、册封二王礼成，遣翰林修撰华察充正使，诏谕朝鲜国王李怿，以廷宠副之。归后擢吏科都给事中，卒于官。《千顷堂书目》著录其《谏垣奏议》四卷。廷宠与华察出使朝鲜时与朝鲜文臣苏世让等应和诗文后循例为朝鲜政府刊为《(己亥)皇华集》五卷附录一卷,其中除往返纪行以及赋、记、序、说等文,计收诗六百五十二首,内华察诗一百三十一首、廷宠诗一百四十五首。徐𤏳《晋安风雅》录其诗一首。清郭柏苍《全闽明诗传》卷二〇录其诗二首。生平见萧彦《掖垣人鉴》卷一三、《都给事中薛公廷宠传略》《国朝献征录》卷八二引府志志传)、《(乾隆)福建通志》卷四三。

薛论道(生卒年不详) 字谭德,号莲溪,别署莲溪居士。京师保定府定兴(今属河北)人。少婴沉疾,踦一足。未冠而孤,以家贫弟幼,遂辍儒而治生。喜读兵书,自负智囊,说剑都下公卿间,呼为“刖先生”。嘉靖三十八年(1559),兵部尚书许论督蓟、辽、保定军务,开府密云,辟其为参谋,以功授指挥金事。隆庆二年(1568)至万历初,戚继光总理蓟州、昌平、保定三镇军事,以论事失戚意,移疾归。后复起用,守大水谷,筑围城于关外,以神枢参将请老,加副将归田。约卒于万历二十八年(1600),年近八十。忭好散曲,南北兼作,著有散曲集《林石逸兴》十卷,存万历刊本,有万历十八年定兴龙川居士胡汝钦序及永兴俞钟跋。作者万历十六年自序云:“昼咏宵兴,措得千曲凡十种,一种百首,每百首析得一卷,共得十卷。”其所作小令达千首,然仅用[黄莺儿][山坡羊][玉抱肚][水仙子][桂枝香][朝天子][傍妆台][沉醉东风][朝元歌][步步娇]十支曲牌。其内容除叹世、怀古、咏物、抒怀、言情等外,尚有大量涉及军旅边塞之曲,为他人所未及者。惟作品流传未广,故当时治曲者罕言之。生平见胡汝钦《林泉逸兴序》《林泉逸兴》卷首)、《(康熙)保定府志》卷一六。

薛岗(生卒年不详) 字歧峰,号金山野人。山东青州府益都(今青州)人。万历元年(1573)举人,四上春官不第,遂弃举子业。卒于万历二十三年前后,年六十余。擅词曲,散曲集名《金山雅调南北小令》,今存万历四十四年抄本,计收小令一百零五首。其曲南北兼有,多以浅淡之语直抒其情愫。有人将其与同郡冯惟敏相比,有“冯君骚雅,薛君庄丽”之语。

薛近兖(生卒年不详) 字信余,号又损。南直常州府武进(今江苏常州)人,薛应旂四子。万历十九年(1591)举人,二十三年进士,授石门知县。累迁浙江按察使,又历浙江左参政、右布政使,以河南左布政使致仕,卒年五十三。工乐府,传时有郑若庸作传奇《玉玦记》,讥妓院之短,院中人恶之,备百金求近兖作

《绣襦记》以雪其事。现存《绣襦记》四十一出，取唐人小说《李娃传》故事(《全唐五代小说》卷二三)，又取元人杂剧关目，有万历间庆云萧腾鸿刊本、万历间文林阁刊本等多种明刊本传世。生平见清邹漪《启祯野乘》卷三、《(康熙)石门县志》卷四、《(光绪)武进阳湖县志》卷二一。

薛应旂(1500—1575)　字仲常，号方山。南直常州府武进(今江苏常州)人。嘉靖十四年(1535)进士，除慈溪知县，不协于府尹，请改教职，授九江府学教授。十八年入为南吏部考功主事，二十二年迁稽勋员外郎，二十三年转考功司，二十四年以奉例考察南京五品以下官员，罪于严嵩，谪建昌府通判，次年复旧职。二十六年丁母忧，二十九年起补礼部祠祭员外郎，简放浙江提学副使，三十二年罢归。三十四年起陕西副使，整饬延绥兵备兼分巡河西道，三十五年再罢归。隆庆间，疏奏陈情，恩诏改为致仕，其门生邹应龙请旨敕建牌楼，以旌其绩。家居二十年，万历三年(1575)卒，年七十六。应旂为人正直，然性自执，学不徇人，疾恶如仇，故常难容于人。其学出邵宝，后从欧阳德、吕柟游，以讲学名，出入于朱、陆之间。所著以时文帖括见长，与王鏊、唐顺之、瞿景淳称"时文四大家"，诗则不沿"七子"之习。所著多自刻成书，经史等著述现存嘉靖刊本《四书人物考》四十卷、《方山先生孙子说》二卷、《甲子会纪》五卷、《宋元通鉴》一百五十七卷，又万历刊本《我朝人物搜古奇编》二十八卷、《宪章录》四十七卷，隆庆刊本《高士传》四卷、《薛子庸语》十二卷、《明儒论宗》八卷。嘉靖三十三年东吴书林校刻其文为《方山先生文录》二十二卷，赵时春等序；后又辑刻诗文著述为《方山薛先生全集》六十八卷，试策疏表记论墓铭杂文等五十三卷，赋一卷，诗词十四卷，时约在嘉靖三十五年，今亦存。《明史·艺文志》另著录其《方山诗说》八卷、《考亭渊源录》二十四卷、《隐逸传》二卷、《浙江通志》七十二卷等。《盛明百家诗》前编著录其诗一百一十余首为《薛副宪集》一卷。顾起纶《国雅》卷一三录其诗七首。《皇明诗统》卷二一录其诗十四首。彭孙贻《明诗钞》录其诗三首。《明诗综》卷四二、《明诗纪事》戊签卷一九录其诗一首。近人赵尊岳《明词汇刊》辑录其词[水调歌头]一首，题为《方山先生词》。《明文海》录其文二十五篇。生平见叶夔《毗陵人品记》卷九、王兆云《皇明词林人物考》卷八、清黄宗羲《明儒学案》卷二五。

薛纲(生卒年不详)　字之纲。浙江绍兴府山阴(今绍兴)人。天顺三年(1459)举人，成化二年(1466)

进士,授御史,巡按陕西,历湖广副使、山西按察使,仕至云南左布政使。《千顷堂书目》著录其《三湘集》二卷又《榕阴蛙吹》,未见传。《皇明风雅》卷三〇、《皇明诗统》卷一二录其诗一首。《石仓十二代诗选·明诗选》录其诗四十首。生平见《(雍正)浙江通志》卷一八〇。

薛侃(1486—1545) 字尚谦,号中离。广东潮州府揭阳人。正德五年(1510)举人,十二年进士,未授官,以侍养归,师王守仁于赣州。十六年赴铨,授行人,寻服母丧归,结庐中离山,与士子讲习,人称中离先生。嘉靖七年(1528)补原官,请祀陆九渊、陈献章于文庙,未几又上疏请早定皇储,帝怒,下狱廷鞫究主使,侃惟引咎,落职归。归后于罗浮永福寺讲学,嘉靖二十四年卒,年六十。薛侃传阳明之学甚力,正德十三年首刻王阳明《传习录》于江西,后又予刻《阳明先生诗集》《阳明先生则言》,创办潮州宗山书院,为阳明学盛于岭南之始。其门人记录其讲学内容为《图书质疑》《研几录》,所论皆守姚江"良知"之说,二书均有明刊本。《千顷堂书目》著录其《中离集》四卷,现存清初抄本《中离先生文稿》十一卷。1915年曾彭年合《图书质疑》《研几录》及《中离先生文稿》,刊为《薛中离先生全集》二十卷,内卷一八有诗三十九首。清

屈大均《广东文选》录其文二篇。清冯奉初《潮州耆旧集》收《薛御史中离集》三卷,收其文六十余篇。近人翁辉东《潮州文概》卷二录其文三篇。生平见黄佐《薛公传》(《国朝献征录》卷八一)、清黄宗羲《明儒学案》卷三〇、《明史》卷二〇七。

薛素素(生卒年不详) 字润娘。吴(今江苏苏州)人,流为浙江嘉兴妓。能书画小诗,所著有《南游草》等,未见传。明末心远堂刊本秦淮寓客编《绿窗女史》收其所著《花琐事》。托名钟惺《名媛诗归》卷三一录其诗四首。《列朝诗集》闰集录其诗三首,"小传"谓其:"能画兰竹,作小诗,善弹走马,以女侠自命……少游燕中,与五陵年少挟弹出郊,连骑遨游,观者如堵……中年长斋礼佛,数嫁皆不终。晚归吴下富家翁,为房老以死。"《明诗综》卷九八录其诗《春日过茅山》诗一首,"诗话"云:"薛五校书有十能:诗、书、琴、弈、箫,而驰马、走索、射弹尤绝技也。予见其手写水墨大士甚工……至山水兰竹,下笔迅扫,无不意态入神。"清沈季友《檇李诗系》卷三四录其诗八首。《御选宋金元明四朝诗》录其诗三首。清陈邦彦《御定历代题画诗类》录其诗四首。清季娴编《闺秀集》下卷录其诗一首。《明词综》卷一二录其词一首。清徐树敏等《众香词》数集录其词六首。生平见《题

薛素素画册》(《曝书亭集》卷五四)、清倪涛《六艺之一录》卷三七三。

薛梦雷(1546—1611) 字汝奋,号鸣宇。福建福州府福清人。生于嘉靖二十五年(1546)八月初三。隆庆四年(1570)举人,明年进士,除江山知县。入为监察御史,出为广东佥事,迁参议,皆治海北,迁副使,以内艰归。服阕,复故官,又以外艰归。再补浙江副使,移云南按察使,晋右布政使,转左,坐累去职。归后,治别业于城西,以觞咏校书为事,万历三十九年(1611)八月初六卒,年六十六。以能吏称,诗其余事。《千顷堂书目》著录其《彩云编》二卷,现存明刊本,收诗二百五十余首,有叶向高序。谢肇淛《滇略》录诗一首。《明诗综》卷五一、《御选宋金元明四朝诗》录诗二首。清郭柏苍《全闽明诗传》卷二九录诗十一首。生平见叶向高《鸣宇薛公墓志铭》(《苍霞续草》卷一二)、董应举《薛鸣宇传》(《崇相集》卷四)、《(乾隆)福建通志》卷五三。

薛章宪(1455—1514) 字尧卿,号浮休居士。南直常州府江阴(今属江苏)人。诸生,屡试不举,乃弃举子业,专致于诗文。卒于正德九年(1514),年六十。都穆序其《鸿泥堂小稿》,谓其"少尝业进士,通《易》《书》《诗》三经,屡试有司不利,幡然弃去,一意古学。每有所作,日锻月炼弗已。其为人沈静寡欲,而性嗜山水,尝遍游吴越,以至齐鲁燕赵之墟,寻幽吊古,搜奇择怪,惟用资以为文。其在稠人广坐,众方高谈宏辩,较短争长,君独袖手默然,若无能者。及其操觚摇毫,篇章一出,如予前之所评测,而人未尝不惊且服"。《千顷堂书目》著录其《鸿泥堂集》八卷《续集》十卷。现存正德十二年刊本《鸿泥堂小稿》八卷,卷一有赋十三篇,卷二辞三十五首,卷三至卷五收古近体诗一百五十首、联句十一首、词十八首,卷六至卷八收序、记、志、颂、赞、铭、诔、碑等二十二篇;又有嘉靖三十九年(1560)刻《鸿泥堂续稿》十卷附录一卷,首有张衮、曾孔化序,内卷一收赋十六篇,卷二收铭、赞、颂等二十余篇,卷三收拟乐府二十九首,卷四至卷八收古近体诗近三百首,词三首,卷九收各体文二十一篇。《盛明百家诗》前编录其诗八十余首为《薛浮休集》。顾起纶《续国雅》卷三录其诗二首。钱谷《吴都文粹续集》录其文一篇,诗二首。《列朝诗集》丙集录其诗二首,"小传"谓其"与沈启南(沈周)、都玄敬(都穆)为文字交。玄敬序其集,以为可继王原吉(王逢)、张希尹(张端)之后尘"。《明诗综》卷二六录诗一首。《御选宋金元明四朝诗》录其诗二首。《四库全书总目》著录《鸿泥堂小稿》八卷《续稿》十卷，"提要"谓其"诗文皆乏神韵，盖摹古而仅得其貌也"。《明诗纪事》丁签卷一五录诗一首。近人顾季慈《江上诗钞》卷一四录其诗百首。《明文海》录文四篇。清陈元龙《御定历代赋汇》录其赋二篇。生平见叶奭《毗陵人品传》卷七、《(乾隆)江南通志》卷六八。

薛寀（1598—1663）　字谐孟，号岁星。南直常州府武进（今江苏常州）人，薛应旂玄孙。崇祯四年（1631）进士，除武学教授，迁国子助教，再迁南刑部主事。历郎中，简放开封知府，值民变，与大吏议剿抚不合，投劾归。明亡剃发，依山僧以居，自更其名曰米玄，又号米堆和尚，饮酒吟诗，康熙二年（1663）佯狂以终，年六十六。《(道光)武阳合志》卷三三记其所著有《岁星集》一百卷，内有《山阳录》《中山左草》《中山右草》《归田草》《入山草》等，未见传。现存明天启间刊本《诗经水月备考》四卷。诗文则有稿本《薛寀诗文稿》不分卷。又《常州先哲遗书》收其《堆山先生前集钞》一卷，有李兆洛序，后有清光绪二十三年（1897）六月盛宣怀跋，谓道光十一年（1831）其后裔掇拾其残编，甲申以前之作为前集不分卷，后集十四卷，则归后二十年所作，诗文半之，现存仅前集之文十三篇，名之曰《堆山先生前集钞》云云。另有 1939 年铅印本《薛谐孟笔记》二卷。《明诗综》卷六八录其诗一首。《金陵诗征》卷四〇录其诗十六首。《明诗纪事》辛签卷一九录其诗十一首。《明文海》录其文一篇。生平见清张有誉《岁星公传》(《薛堆山先生前集钞》卷首)。

薛瑄（1389—1464）　字德温，号敬轩。山西平阳府河津人。生于洪武二十二年（1389）八月初十。父薛贞为洪武十七年举人，永乐间历任诸县儒学教谕，十七年（1419）由玉田改鄢陵，瑄随侍，因补县学增广生，次年举河南乡试第一，二十年中进士，以省亲归。居父丧，宣德三年（1428）服除，授广东道监察御史，监湖广银场。正统初尚书郭琎举其为山东提学佥事，六年（1441）进大理寺左少卿，以忤王振，下狱论死，兵部尚书王伟等申救，免死放归。景泰初，用给事中程信荐，起大理寺丞，二年（1451）升南大理寺卿，改北。英宗复辟，迁礼部右侍郎兼翰林学士，入阁预机务，以王文、于谦下狱，石亨、曹吉祥乱政，疏乞骸骨，帝允之。居家讲学著述，天顺八年（1464）六月十五卒，年七十六，赠礼部尚书，成化初，谥文清。瑄以理学名家，学宗程朱，力主"复性"，重于躬行实践，世称其学为"河东派"，弟子遍山西、陕西、河南、湖北等地，时人呼其为"薛夫子"。隆庆六年

(1572)，允廷臣请，诏祀孔庙。理学著作有《读书录》，正德十五年(1520)刊本十卷，嘉靖、万历间诸刊本则为十一卷又《续录》十二卷，为《四库全书》收录。诗文著述弘治十六年(1503)辑刻为《敬轩薛先生文集》二十四卷，诗赋十卷文十四卷，后有嘉靖、万历、清雍正等多种刊本。又有明赵王府味经堂刊本《敬轩薛先生文集》二十四卷《薛文清公读书录》十一卷《读书续录》十二卷，称《薛文清公全录》四十七卷。又嘉靖三十四年及万历四十三年崔尔进刻《薛文清公全集》四十卷附一卷。又隆万间赵讷编刊本《薛文清先生全集》五十三卷。其于诗文，主张"凡作诗文，皆以真情为主"(《读书录》卷七)。喜为诗，所至观风览古，多所题咏。成化五年(1469)常州同知谢庭桂刊其诗为《河汾诗集》八卷，收诗一千一百三十首。《四库全书》著录是集，《总目》"提要"谓是集"所载诗赋，皆已编入《全集》中"，实此集有一百四十余首诗不见于《全集》。《皇明风雅》卷一二录其诗一首。《皇明诗统》卷一四录其诗九首。《列朝诗集》乙集录其诗二十四首。《明诗综》卷一八下录其诗二十一首。清沈德潜《明诗别裁集》录其诗一首。《御选宋金元明四朝诗》录其诗五十三首。《四库全书》收《敬轩文集》二十四卷，《总目》"提要"

云："明代醇儒，薛瑄第一，而其文章雅正，具有典型，绝不以俚词破格。其诗如《玩一斋》之类，亦间涉俚语，而大致冲淡，吐言天拔，往往有陶、韦之风。"《明诗纪事》乙签卷一二录其诗十六首，按云："文清古体淡远，律体雄阔，绝句极有风韵，非一时讲声律者所能及。"程敏政《皇明文衡》录其文四篇。《明文海》录其文二篇。清陈元龙《御定历代赋汇》录其《黄河赋》等五篇。生平见彭时《薛公墓志铭》(《明文海》)、清黄宗羲《明儒学案》卷七、《明史》卷二八七。张鼎有《薛文清公年谱》(《薛文清先生全集》附录)，清杨希闵有《明薛文清年谱》一卷(1934 年《燕京大学图书馆丛书》第三十九册)。

薛蕙(1489—1541)　字君采，号西原。南直凤阳府亳州(今属安徽)人，武平卫籍。正德八年(1513)领南京乡荐，明年进士，授刑部主事，改吏部。历员外郎、郎中，嘉靖初，以议"大礼"下诏狱，寻复职，未几罢归。家居十余年，嘉靖二十年(1541)正月初九卒，年五十三。少以诗闻，正德三年，王廷相以言事谪判亳州，赏其诗才，以为"可继何、李"，蕙遂师事廷相。入京后与何景明交厚，又与崔铣、顾璘、边贡、郑善夫等同游。与杨慎为诗同道，曾与慎同劝何景明不必"枕籍杜诗，不观余家"(《升庵诗话》)。故其诗既与"七子"派同道，又兼取六朝、初唐，于当时自成格调。后罢官家居，究心经学，读《老子》及佛书，得虚静慧寂之道，证之六经及濂洛、陆九渊诸说，因成"复性"之论。其经学著述有嘉靖刊本《老子集解》二卷《考异》一卷及《约言》一卷。讲学语录及晚年与友朋往还之书启后辑为《西原先生遗书》二卷，现存嘉靖四十三年扬州刊本。诗文著述辑为《薛考功集》十卷附录一卷，诗赋八卷文二卷，有嘉靖吴郡章简甫写刊本及万历刊本等。又有嘉靖刊本《薛西原集》二卷，旧抄本《薛诗拾遗》一卷等。《盛明百家诗》前编录其诗一百八十余首为《薛考功集》。万历刻赵南星编《明十二家诗选》录其诗为《薛西原集》二卷。顾起纶《国雅》卷七录其诗二十首。《皇明诗统》卷二〇录其诗十首。万历四十四年赵彦复辑李梦阳、何景明、王廷相、孟洋、薛蕙、高叔嗣、刘绘、张九一、谢榛等人诗刊为《梁园风雅》，内选薛蕙诗二卷。《皇明诗选》录其诗二十三首。《列朝诗集》丙集录诗一百十九首，"小传"云："君采为诗，温雅丽密，有王、孟之风。尝与杨用修论诗曰：'近日作者，模拟蹈袭，致有拆洗少陵、生吞子美之谑。求近性情，无若古调。'则君采之意，尚未肯肩随仲默(何景明)，而况献吉(李梦阳)乎？"《明诗评选》录其诗六首。

《明诗综》卷三五录诗四十四首，"诗话"谓其"晚年究心讲学，于诗不师《击壤》，尤人所难"。清沈德潜《明诗别裁集》录诗十一首。《四库全书》收录《考功集》十卷，《总目》"提要"云："正、嘉之际，文体初新，北地(李梦阳)、信阳(何景明)，声华方盛。蕙诗独以清削婉约，介乎其间。古体上挹晋宋，近体旁涉钱、郎，虽拟议多而变化少，然当其自得，觉笔墨之外，别有微情，非生吞汉魏、活剥盛唐者比。"《御选宋金元明四朝诗》录其诗八十八首。《明诗纪事》戊签卷三录诗三十八首，按语云："君采诗长于拟古，气馥兰茝，音振琼瑶。其论诗云：'神韵为胜，才学次之。'又云：'清远秀丽，深服康乐。'可以识其意境矣。其《论诗绝句》云：'海内论诗伏两雄，一时倡和未为公。俊逸终怜何大复，粗豪不解李空同。'薛之俊逸，与何为近，宜其不许空同也。"《明文海》录文十篇。生平见唐顺之《薛西原蕙墓志铭》(《国朝献征录》卷二六)、王兆云《皇明词林人物考》卷六、清黄宗羲《明儒学案》卷五三、《明史》卷一九一。

薄少君(？—1625)　字西真。南直苏州府太仓(今江苏太仓)人，晚明太仓诸生沈承妻。承字君烈，有才而早夭，少君因作《悼亡诗》吊之。君烈亡时，少君有孕七月，百日后举一男，天启五年（1625）值君烈周年忌日，少君大恸而卒。现存天启六年（1626）刊本沈承《毛孺初先生评选即山集》六卷附少君《悼亡诗》七言绝句八十一首，《千顷堂书目》著录之《婺泣集》一卷，即此也。托名钟惺《名媛诗归》卷三四全录少君之《悼亡诗》。《列朝诗集》闰集录其中之十首。《明诗综》卷八六录《哭夫》。清季娴编《闺秀集》下卷录四首。又清徐树敏等《众香词》御集录其词［望江南］二首。

霍与瑕（1531—?）　字勉衷，号勉斋。广东广州府南海（今广州）人，霍韬次子。嘉靖十九年（1540）中举，三十八年进士，授慈溪知县。时与海瑞齐名，称浙中二廉吏，俱为御史袁淳所排，士民赴阙诉留弗得。归栖西樵六年，隆庆初以廷臣荐，起知鄞县，迁南太仆寺丞，转兵部员外郎，寻简放广西按察司佥事，备兵左江，以忧去。服阕，补原官，旋为御史所劾，尚书谭纶重其才，力持之，逾年，又忤御史张简，遂罢归。能诗文，著述万历十七年（1589）刻为《霍勉斋集》十三卷。又有清乾隆十二年（1747）南海石头书院增修重刊本《霍勉斋集》二十二卷补遗一卷，内卷一收赋十四篇，卷二至卷九收诸体诗六百余首，卷一〇收词四十八首，卷一一至卷二二收其各体文、书启、公移等，欧大任、韦宪文序，清霍

世光、霍有光跋。《明文海》录其文《胡庄肃公遗稿序》一篇。清屈大均《广东文选》卷二六录其诗八首。清汪森《粤西诗载》录其诗一首。清梁善长《广东诗粹》卷五录其诗三首。生平见《（雍正）广东通志》卷四五、《明史》卷一九七。

霍韬（1487—1540）　字渭先，初号兀厓，更号渭厓。广东广州府南海（今广州）人。生于成化二十三年（1487）四月二十一。正德八年（1513）领乡荐，次年会试第一，廷试二甲第一，引例告归成婚，寻又丁忧，遂读书于西樵山中。世宗即位，除兵部职方主事，"大礼议"起，毛澄等力持尊孝宗，韬揣测帝意，力驳之，因骤贵，四年（1525）超擢少詹事兼侍讲学士，六年迁詹事兼翰林学士，"大礼"书成，又超拜礼部尚书，掌詹事府事。九年以净郊礼，为夏言弹劾，下都察院狱，寻还职，以母丧归。起吏部左侍郎，进南礼部尚书，加太子少保，嘉靖十九年十月初七卒于官，年五十四，赠太子太保，谥文敏。韬经史淹贯，学博才高，先后建白，亦颇涉国家大计，惟气量偏隘，所至与人争竞。能诗文，其为文亦博辩偏激。《明史·艺文志》记其有集十五卷，现存嘉靖十二年刊本《明良集》六种九卷、嘉靖三十一年南海霍氏家刊本《渭厓文集》十五卷、万历四年（1576）其子霍与瑕刊

本《渭厓文集》十卷。又有明抄本《渭厓西汉书议》十二卷、清隆庆刊本《渭厓疏要》二卷。另有《诗经解》《程朱训释》《象山学辨》《西汉笔评》《渭厓家训》等。《明文海》录其文九篇。清屈大均《广东文选》录其文十六篇、诗八首。《明诗综》卷三五录其诗一首。《四库全书总目》著录《渭厓文集》十卷，"提要"云："韬性强执谬戾，不顾是非。议尊兴献为皇考，则斥司马光不知忠孝，不当从祀孔庙；议合祀天地，则并诋及《周礼》，可谓无忌惮者。其他文亦争辨迫急，异乎有德者之言。"清梁善长《广东诗粹》卷四录其诗二首。《明诗纪事》戊签卷一二录其诗一首。生平见何世守《霍公行实》《国朝献征录》卷一八）、李开先《霍公墓志铭》（《李中麓闲居集》卷七）、王兆云《皇明词林人物考》卷六、何乔远《名山藏》卷七三、清黄宗羲《明儒学案》卷五三、《明史》卷一九七。

戴九玄（生卒年不详） 字玉汝，一字大圆。江西瑞州府新昌（今宜丰）人。万历三十二年（1604）进士，除枣强知县。改临安、会稽、文安，迁都察院经历，进工部员外郎，寻归。能诗文，所著有《工部稿》《酒人游》《饥驱阜》《陆沈吟》《落花吟》《听鹂亭稿》《怀玉集》等。《千顷堂书目》著录其《匡山社集》。现存崇祯八年（1635）刊本《匡山社集》十一

卷、《文集》十二卷。《御选宋金元明四朝诗》录其诗二首。《明诗纪事》庚签卷二一录其诗二首，按语云："玉汝诗音节殊亮，不染当时习气。"生平见《（雍正）江西通志》卷七一。

戴士琳（生卒年不详） 字伯玉。南直松江府上海人。万历七年（1579）举人，二十三年进士，授广东曲江知县，卒于官。现存明末刊本《剡山堂稿》十二卷，陈所蕴、陈继儒序，黄体仁跋。内诗五卷，收诗二百五十余首，文七卷，收各体文八十篇。其文有《李翠翘传》，记徐海、李翠翘故事，时另有徐学谟《王翘儿》及其增改之作余怀《王翠翘传》，清人青心才人据之演为小说《王翠翘传》，流传颇广。《明文海》录其文《李翠翘》等六篇。生平见《（光绪）崇明县志》卷九。

戴钦（1493—1526） 字时亮，号鹿园，自署玉溪子。广西柳州府马平（今柳州）人。正德五年（1510）举人，九年进士，授刑部浙江司主事。迁陕西司员外郎，进云南司郎中。嘉靖三年（1524）七月，以谏"大礼"受杖，五年卒于京邸，年三十四。或曰其信方士，学神仙术，饵金石，毒发而死（李文凤《月山丛谈》）。以文名重乡里，后人将其与佘勉学、佘立、徐养正、张翀、孙克恕、龙文光、周琦并称为"柳州八贤"，而以其为首。能诗文，著述嘉靖三十三年邑

人徐养正于云南首刊为《戴秋官集》二卷，未见传。三十四年邑人佘勉学又于闽中刊《玉溪存稿》八卷，收赋三篇，诸体诗三百九十余首，现存近世复刻本。后其侄戴希颜合辑二集，于山东刻《鹿园存稿》九卷，未见传。现存另有明抄本《鹿原集》，不标卷数，首赋三篇，次拟乐府六十二首，再次五七言古体四十八首、五七言近体三百四十余首，末为杂著《玄鸷子问答》，诗较《玉溪存稿》略有增益。顾起纶《续国雅》卷三录其诗三首。《皇明诗统》卷二一录其诗九首。《明诗综》卷三五、《御选宋金元明四朝诗》录其诗一首。《四库全书总目》著录《鹿原存稿》九卷，"提要"谓其"与何景明、李濂、薛蕙等同时友善，所作颇刻意摹古，然不越北地之余派"。《明诗纪事》戊签卷一二录其诗二首，按语云："时亮诗音节浏亮，粤西诗家在明中叶，此为翘楚。"《明文海》录其文一篇。生平见《（雍正）广西通志》卷七八、《明史》卷一九一。

戴重（1602—1646）　字敬夫，号蒿民，亦号蒿子，又称威道人。南直和州（今安徽和县）人。年十四为诸生。甲申（1644）明社亡，福王于南都建国，年号弘光，应天巡抚程世昌聘其入幕，又以选贡廷试第一，除湖州府推官，改廉州，未及官而清兵南下。乙酉（1645）四月，清兵下湖州，重与韩绎祖、王元震等集义军二千余人入太湖抗之，兵败，腰腹中箭，避于东林，创平后僧服遁归和州，栖马鞍寺。闻四方举义者日就俘戮，悲愤至极，丙戌（1646）作绝命词十五首，绝食死，年四十五。所著有《韩文编年》十五卷，《陶师考异》五卷。据清陈允衡编顺治澄怀阁刊本《诗慰》初集所记，其诗集有《陟岵》《吹篴》《钟山》《横望》《姑溪》《陶窳》《石臼》《苕雪间》《北山》《师陶》等，诸集共有诗四百七十余首，《诗慰》据之选录七十四首，题为《河村集选》。文集存清抄本《河邨文集》四卷附录一卷，收文近七十篇，卷首有张自烈《河村集序》及刘城《推官戴重传》。张序谓其诗文存者"感时讽俗为多"；刘传谓其"于文章好韩非子，诗宗杜少陵"。附录尚有戴重撰《和张不二绝命辞原韵四首》《戴河村和张不二诗摹本》等。清卓尔堪《明遗民诗》录其诗五首。《明诗综》卷七〇录其诗九首。《金陵诗征》卷四〇"寓贤"录其诗二首。《明诗纪事》辛签卷九下录其诗十首，按云："敬夫诗心苦语硬，《师陶》一集，稍觉和平，而艰苦之音，弥复满纸，是以柴桑心事，为西山痛哭者也。"生平见刘城《推官戴重传》（《河邨文集》附录）、清屈大均《皇明四朝成仁录》卷七《太湖死事传》。

戴洵（1533—?）　字汝诚，号愚斋。浙江宁波府奉化人。嘉靖三十七年（1558）举人，四十四年进士，选翰林院庶吉士，授编修。万历七年（1579）以右谕德掌院事，八年升南京国子监祭酒，以忤张居正乞归。梅鼎祚为其《戴司成集》作后序，谓其罢归后，朝议方拟急召，而洵"不幸以夭死"（《鹿裘石室集》文集卷三），则其卒或在万历十年前后。《千顷堂书目》著录其《戴司成集》二十五卷。现存万历三十四年焦竑序刊本《戴司成集》二十五卷，卒后其妻弟及岳父编刊，内文二十卷（卷一二为表，卷二〇为经筵讲章、大学讲章），诗五卷（收五七言古近体诗一百六十余首）。焦竑序谓洵"为词臣、为人认真排分，略无所矫饰……至于泚笔为文，纚纚洋洋，一道其中所欲言而止。所称文必秦汉、诗必六朝三唐、模拟蹈袭以相雄长者，公薄之不为"。《明文海》录其文四篇。清陈元龙《御定历代赋汇》录其赋一篇。《四明文征》录其文二篇。清舒顺方《剡川诗钞》卷一〇录其诗十六首。生平见梅鼎祚《戴司成集后序》（《鹿裘石室集》卷二四）、《（雍正）宁波府志》卷二二。

戴冠[1]（1442—1512）　字章甫，号濯缨子。南直苏州府长洲（今江苏苏州）人。好古笃学，以淹贯博雅称。少为诸生，八试皆黜，弘治四年（1491）以岁贡选授绍兴府儒学训导，坐事罢归。正德七年（1512）正月二十一卒，年七十一。所著有《濯缨亭笔记》十卷，现存嘉靖二十六年（1547）华察刊本，附《礼记集说辩疑》一卷。能诗，前贤唐愚士有《会稽怀古诗》三十首，冠和之，亦三十首，现存明刻本合二人诗为一集。《千顷堂书目》另著录其《绍兴府志》四十二卷、《濯缨子文集》，未见传。《列朝诗集》丙集录其诗三首。《明诗综》卷二六、《御选宋金元明四朝诗》《明诗纪事》丁签卷一五录其诗一首。生平见文征明《戴先生冠传》（《甫田集》卷二七）、《（乾隆）江南通志》卷一六五。

戴冠[2]（1485—1525）　字仲鹖，号邃谷。河南汝宁府信阳人，祖籍江西吉水。正德二年（1507）举河南乡试，明年进士，授户部主事。十年上疏痛陈时弊，激武宗怒，谪广东增城乌石驿丞，居七年，种蔬自给。嘉靖元年（1522）起户部员外郎，路迁知延平府，改苏州府，数月迁山东提学副使，未履任，以父丧归，四年卒于家，年四十一。平生喜聚书，尝学诗于何景明，又与王守仁、李梦阳及同里马录、樊鹏为诗文气节之交。《千顷堂书目》著录其《邃谷集》十二卷又《诗集》二卷，现存嘉靖二十七年信阳知府张鲁刊本《戴氏集》十二卷，首张鲁《续刻戴氏集引》、任良翰《戴氏诗集序》，内卷一收奏疏、启

（八篇），卷二叙（六篇）；卷三至卷九收古近体诗三百七十余首，卷一〇收《西湖联句》十七首，卷一一收词四十五首，卷一二收《天马歌》《环溪赋》及铭、赞、记、志、传、状、祭文、书简等四十余篇，末有其仲子戴川跋，记其集刊刻始末。《盛明百家诗》录其诗八十余首为《戴学宪集》一卷。《皇明诗统》卷一五录其诗十六首。《列朝诗集》丙集录其诗九首。《明诗综》卷三三录其诗七首，"诗话"云："仲鹖与仲默（何景明）同乡里，诗亦同调。谓之具体可尔，或言其五言律胜于仲默，岂笃论乎？"清沈德潜《明诗别裁集》录其诗一首。《御选宋金元明四朝诗》录其诗十五首。《四库全书总目》著录《邃谷集》十二卷，"提要"云："冠受业于乡人何景明，诗亦似之。然景明诗虽风姿俊逸，而酝酿犹深，冠才学皆逊于师，而徒守其格调，殆所谓'时女步春，终伤婉弱'者矣。"《江西诗征》卷五四录其诗七首。《明诗纪事》戊签卷一〇录其诗五首，按云："仲鹖诗宗何大复，天才虽逊，工力亦深。"近人赵尊岳《明词汇刊》据《戴氏集》录其词为《邃谷词》。生平见樊鹏《戴君冠墓志铭》（《国朝献征录》卷九五）、王兆云《皇明词林人物考》卷五、《明史》卷一八九。

戴澳（生卒年不详）　字有斐。浙江宁波府奉化人。万历三十四年

（1606）举人，四十一年进士，官至顺天府丞。《千顷堂书目》著录其《杜曲集》十一卷。现存崇祯间刊本，首崇祯七年（1634）韩敬《杜曲集序》、崇祯八年黄允交《评较戴斐君先生杜曲集序》，所列评校有潘之恒、薛冈、孙朝仪等多人，内诗四卷，收赋七篇、古近体诗八百四十余首、骚体诗三首、词二十七首，文七卷，收书启一百五十八篇、各体文一百六十余篇。清袁钧《四明近体乐府》卷八录其词二首。清舒顺方《剡川诗钞》卷一〇录其诗十九首。生平见《（雍正）宁波府志》卷二二、《（光绪）奉化县志》卷二四。

戴鲸（1490—1556）　字时重，号东石。浙江宁波府鄞县（今宁波）人。生于弘治三年（1490）八月十八。正德十一年（1516）举于乡，明年进士，除刑部主事。历员外郎，出为四川按察佥事，备兵安绵，以忤时宰夺职。家居八年，起河南佥事，历江西参议，复以事忤后相，坐罢。又四年再起广西兵备副使，迁山西按察使，历四川、江西布政使，以副都御史巡抚四川。因蜚语落职归。家居三年，卒于嘉靖三十五年（1556）三月十四，年六十七。精于吏事，而负气高亢，不畏权贵，故三起三黜。卒后其子戴士充辑其诗文为《戴中丞遗集》八卷附录一卷，有嘉靖三十九年戴氏家刊本，诗三卷，收诗凡一

百五十余首,文五卷,收文六十二篇,张时彻序。《千顷堂书目》另著录其《经济考略》二十卷又《策学会元》四十卷。《四明风雅》卷三录其诗十一首。清胡文学《甬上耆旧诗》卷八录其诗三十八首,李邺嗣所撰"小传"称其诗"老健苍凉","是一作手"。《明诗综》卷三六录其诗四首。《御选宋金元明四朝诗》录其诗二首。《四库全书总目》著录《戴中丞遗集》八卷,"提要"云:"张时彻序谓其负恢廓之才,不屑屑争雄铅椠,或有丐请,辄伸纸濡毫应之。故集中诸作,多伤率易,独《鄞水利三叙》及《海防策》以情形目击言之,较为确凿云。"《明文海》录其文三篇。《四明文征》录其文四篇。《明诗纪事》戊签卷一三录其诗一首。生平见张时彻《戴公墓志铭》(《戴中丞遗集》附)、《(雍正)宁波府志》卷二○。

[｜]

虞原璩(1367—1439) 字叔圆,号环庵。浙江温州府瑞安人。髫龀善属对,甫成童,赋诗语惊人,父奇之,多积书,延师以教,益笃志于学。家居濒海,承役输盐,号曰亭户,课重而期迫。既冠,父暨嫡母相继沦谢,原璩继厥事,酬应无少暇,夜则读书忘寝。永乐三年(1405)荐入朝,寻以艖役辞归,七年又以善书被荐,与修《永乐大典》于文渊阁,事

竣,例皆授官,以生母老,求归养。十二年九月,复被召修《高皇帝玉牒》,以足疾辞不赴,家居杜门著述授徒。卒于正统四年(1439)六月二十六日,年七十三。原璩一生不求功名,与季德基并称瑞安二隐君子。受乡前贤南宋永嘉学派陈傅良事功之学影响,关心家乡农桑水利,亦注重桑梓教育,同情民众疾苦,故颇负时望。宣德间何文渊知温州六年,常与之辩难经史,商榷时务。卒后,其同庚友人大学士黄淮为其作《墓志铭》,谓其"有诗文集凡十卷,藏于家"。《千顷堂书目》著录名《环庵集》,万历间有刊本,已佚,现存同治抄本《环庵先生遗稿》十卷,内收诗二百六十余首、诗余四首,卷首有万历十二年(1584)万梅《题环庵先生遗稿》、陈大训万历十一年《刻环庵先生遗稿引》。《东瓯诗存》卷一七录其诗七十四首。近人宋慈抱《瑞安诗征》卷三录其诗四十四首。生平见黄淮《虞先生墓志铭》(《环庵先生遗稿》附)、《(万历)温州府志》卷一二。

虞淳熙(1553—1621) 字长孺,号德园。浙江杭州府钱塘(今杭州)人。万历十一年(1583)进士,授兵部主事。历吏部员外郎、郎中,削籍归。家居三十年,天启元年(1621)卒,年六十九。少家贫无书,与弟淳贞搜奇猎秘,闭门抄写,方术阴符,

靡不通晓。《明史·艺文志》著录其《德园全集》六十卷。现存天启间钱塘虞氏刊本《虞德园先生文集》二十五卷,首有天启三年黄汝亨《虞长孺集序》、李日华《虞德园先生集序》,内卷一至卷二二收各体文四百余篇,卷二三至卷二五收书一百二十余篇;又《诗集》八卷,收赋一、古近体诗七百余首。《明史·艺文志》另著录其《孝经迩言》九卷、《孝经集灵》一卷,则见于崇祯刊《孝经大全》等类书。另《四库全书总目》著录《埙箎音》二卷,为淳熙与其弟淳贞"赋溪上落花诗一百五十首,又次韵沈嘉则杂咏一百二十首,又仿杜甫《同谷七歌》",未见传。明末陆云龙《皇明十六名家小品》录其《翠娱阁评选虞德园先生小品》二卷。《列朝诗集》丁集录其诗二十三首,"小传"云:"长孺少见知于李于麟(李攀龙)、王元美(王世贞),赋才奇谲,搜抉奇字僻句,务不经人弋获,以为绝出。于时贤颇心折汤若士(汤显祖)、屠长卿(屠隆),自诡以暴兀胜之,虽未免牛鬼蛇神之诮,可谓经奇者也。尝曰:'我文似古而不似古者,皆我胸中语耳。'"《明诗综》卷五四、《御选宋金元明四朝诗》录其诗一首。《明诗纪事》庚签卷一四上录其诗一首,按云:"万历中叶以后,诗道歧出。长孺学仙学佛,既无升天之资,又无广长之舌,二氏语言,一经运用,便成钝根,斯又'公安''竟陵'所不屑为者也。"生平见清邹漪《启祯野乘》卷三。

虞堪(生卒年不详)　字克用,一字胜伯,自署玉屏山小樵。苏州府长洲(今江苏苏州)人。称宋宰相虞允文七世孙,家富于财,所藏书多先祖所遗,又行重购,校雠日夜不休,自称癖焉。兼好吮朱设色,图画树石,因其好,尽费家产。元季隐居不仕,明洪武中,起为云南府学教授,卒于官。为诗清润,当时颇得令誉。诗集称《鼓枻稿》,又称《希澹园诗》,又称《虞山人诗》,有清抄本十余种,卷数不一,或为三卷,或为四卷,或为六卷,又有旧抄八卷、十卷本。《千顷堂书目》著录《鼓枻稿》四卷。《四库全书》据抄本收《希澹园诗》三卷,卷末元至正二十七年(1367)冬至前一日虞堪《希澹园诗集跋》称:"予十年前自江右还吴下……今年过海上,而从游襄阳丘晋氏,乃衰拾予诗,得三百三十三首,釐为三卷,以请识。"知是集所收三百余首诗均作于元季。诸种清抄本,与《四库》所收三卷本所收诗,篇数多寡略同,惟编次稍异。《总目》"提要"云:"相传堪殁后,所遗翰墨尚数箧,其子孙不读书,漫置屋中,久而亡之,则其散佚者固亦多矣。诗多题画之作,又丁元末造,时有忧时感事之言。古体气格颇高,近体亦音节谐婉。惟七言律诗刻意欲效黄庭坚,而才力浅薄,终不相近。然大致婉约秀逸,颇饶情韵,无当时秾艳之习,亦可谓娟娟独立矣。"钱谷《吴都文粹续集》录其诗四首、文一篇。《列朝诗集》甲前集录其诗二十五首。《明诗评选》录其诗一首。《明诗综》卷一四录其诗三首。《御选宋金元明四朝诗》录其诗十五首。《明诗纪事》甲签卷一九录其诗二首。生平见王鏊《姑苏志》卷五四、徐泌《明画录》卷二。

虞谦(1366—1427) 字伯益,号樵谷。镇江府金坛(今属江苏)人。生于元至正二十六年(1366)正月初二。明洪武二十八年(1395)由太学生授刑部山东司郎中,建文二年(1400)升杭州知府,永乐初召为大理寺左少卿,七年(1409)进都察院左副都御史,督两浙、苏、松诸府粮输南、北二京,未几巡抚浙江。仁宗即位,改大理寺卿,朝退得风疾,宣德二年(1427)三月二十四卒于官,年六十二。工诗画,善琴,能谱曲,负才望于一时。《千顷堂书目》著录其《玉雪斋诗集》二卷,现存宣德间刊《玉雪斋诗集》三卷,收诸体诗二百五十余首,杨士奇、晏璧、曾荣序;后清嘉庆时刊《玉雪斋诗集》改分二卷。《皇明风雅》卷二七录其诗一首。《皇明诗统》卷一三录其诗十三首。《石仓十二代诗选·明诗

选》录其诗六十三首。《列朝诗集》乙集录其诗二首。《明诗综》卷一七、《御选宋金元明四朝诗》录其诗一首。《明诗纪事》乙签卷六录其诗三首。生平见杨士奇《虞公墓志铭》(《东里文集》卷一四)、王兆云《皇明词林人物考》卷二、《明史》卷一五〇。

路迪(生卒年不详) 字惠期,号海来道人。南直常州府宜兴(今属江苏)人,浙江副使路文范子、山东左布政路进弟。喜骑射,明末多结交奇士,有志于为朝廷扫平天下乱象,入清散客,隐居不出。现存崇祯八年(1635)刻《鸳鸯绦传奇》,署"阳羡海来道人著"。是剧二卷三十八出,叙扬州举人杨直方偕二友人赴京会试,途经某地宝华寺,寺僧图财害命,杀二友人,杨生攀树越墙逃生,为张淑儿所救,淑儿赠杨生白玉鸳鸯绦以定婚盟;后杨生科考中式,二人因得完姻。此剧据冯梦龙《醒世恒言》卷二二《张淑儿七智脱杨生》小说增饰,惟添出奚友贤、胡平二人,一为贤能文臣,一为忠勇武将,并增加了夷虏犯边、勇将却敌等情节。其卷前《缘始》云:"堪嗟世事,但罄竹南山,无从屈指。文官爱钱,武官爱命,空自百年养士。虏骑纵横,满朝震恐,天下无一人义士。克剥民脂,奸蒙圣听,今古皆如此。若读《鸳鸯绦》院本,要识尽忠尽孝,劝惩俱至。"故此剧曲词虽平平,却

多表作者感慨时事之意。

裴邦奇(生卒年不详)　字庸甫,号巢云。山西平阳府解州闻喜人。嘉靖间布衣,读书而不事举子业。有诗名,与同邑孔天胤、王道行等结诗社,又与吕时、谢榛等倡和。《千顷堂书目》著录其《巢云集》八卷。现存明刊本及清悠然斋抄本《巢云诗集》八卷,收古近体诗六百二十余首。《皇明诗统》卷三六录其诗十首。《明诗综》卷六三录其诗《望岳》一首,《御选宋金元明四朝诗》据之录。《(雍正)山西通志》录其诗二首。《明诗纪事》庚签卷二七录其诗六首,按语云:"庸甫诗语新而调适,自是布衣之俊。"生平见《(雍正)山西通志》卷一四〇。

瞿式耜(1590—1651)　字伯略,又字起田,号稼轩。南直苏州府常熟(今属江苏)人。侍郎瞿景淳孙,广东参议瞿汝说之子。生于万历十八年(1590)八月初八。万历四十三年举人,明年进士,除吉安府永丰知县,改吉水。天启三年(1623)离任回乡丁父忧,与西洋传教士艾儒略(Aleni)往还,受洗入教,教名多默(Thomas),为艾氏所著《性学觕述》作序。崇祯元年(1628)起为户科给事中,以忤礼部尚书温体仁,罢归。家居集大儒隽语为《魄林漫录》,有崇祯九年瞿氏耕石斋刊本不分卷。时朝内党争激烈,瞿助其师钱谦益,谋沮周延儒,温体仁指使张汉儒罗列其罪劾之,九年被扭解来京,十年下狱,经刑部尚书郑三俊复查,事白,十一年释归。甲申(1644)三月明社亡,五月福王于南京称帝,起瞿式耜应天府丞,旋授右金都御史巡抚广西。隆武帝擢其为兵部右侍郎,协理戎政,以不愿入闽,退居广东肇庆。清兵破汀州,与丁魁楚等立桂王(永明王)于肇庆,拜吏部右侍郎、东阁大学士,寻拥桂王即位,年号永历。随永历帝由梧州逃桂林。及永历帝惧敌再逃,以大学士留守桂林,进太子少保兼兵部尚书。守桂林三年余,多与清军交战,永历四年十一月六日与总督张同敞同被执,不降,十二月十七日(1651年1月8日)被杀,年六十一,永历帝赠其为粤国公,谥文忠。被害后有旧给事中,后出家号性因者收其骨,义士杨硕辅藏其稿,其孙瞿昌文携之间关以归,以其诗与遗表刻之吴中,名《浩气吟》(存清初东日堂刊本)。后瞿昌文又辑其述为《虞山集》十二卷,有清宝恩堂抄本。又有清抄本《瞿中丞启稿》不分卷、手稿本《瞿忠宣公文稿》不分卷。刊本有清道光十五年(1835)蒋田培刊本《瞿忠宣公集》十卷,内《披垣疏草》二卷,《留守封事》四卷,《耕石斋诗》(二百二十首)、《桂林诗》(一百二十三首)、《浩气吟》(三十八首)及《杂文》

各一卷。陈济生《天启崇祯两朝遗诗》卷五录诗二十二首。《明诗综》卷七五录诗一首。《海虞文征》录诗四首、文一篇。《明诗纪事》辛签卷九上录诗一首。生平见温睿临《南疆逸史》卷二一《瞿式耜传》、清王夫之《永历实录》卷二《瞿严列传》、《明史》卷二八〇。

瞿汝稷(1548—1610) 字元立,号洞观、冏卿,又号太虚、那罗窟学人。南直苏州府常熟(今属江苏)人,侍郎瞿景淳之子。生于嘉靖二十七年(1548)四月初三。以荫入国子监,补官后三迁至刑部主事,历郎中,简放黄州知府,改邵武、辰州,迁长芦盐运使,加太仆寺少卿致仕。卒于万历三十八年(1610)三月十三,年六十三。好学,邃于内典,著《水月斋指月录》三十二卷,有万历至明末释通一、释弘礼、释开慧等多种刊本。亦能诗文,王世贞曾将其与皇甫汸、莫如忠、许邦才、周天球、沈明臣等列为"四十子"(《弇州四部稿续稿》卷三)。《千顷堂书目》著录其《冏卿集》十四卷。现存其卒后次年张养正刻《瞿冏卿集》十四卷附录一卷,首张养正、高攀龙、曹学佺序,内诗五卷,收赋四篇,古近体诗三百七十余首,词三十八首,文九卷,收各体文一百余篇,严澄跋。《明史·艺文志》另著录其《兵略纂闻》十二卷。张应遴《海虞文苑》卷八录其词

[西河]一首。《列朝诗集》丁集录其诗五首。《明诗综》卷六二录其诗一首。《四库全书总目》著录《瞿冏卿集》十四卷,"提要"云:"前有叶向高所作墓志铭,称汝稷最不喜温陵李贽,以为得罪名教……其诗文则未能跨越流辈也。"《海虞文征》录其文六篇、诗二首。《明诗纪事》庚签卷二八录其诗一首。《明文海》录其文十二篇。生平见叶向高《瞿公墓志铭》(《苍霞续草》卷九)、清《元立瞿公传》(《牧斋初学集》卷七二)、《明史》卷二一六。

瞿佑(1347—1433) 字宗吉,号存斋,晚号乐全叟。远祖汴梁人,先世靖康南渡时徙于鄞,后其曾祖又移居钱塘(今浙江杭州)。瞿佑元至正七年(1347)七月十四生于钱塘,居于吴山之阳,故其著述或署"山阳瞿佑"。值兵火,约十岁时随父母流寓鄞县,从王厚孙问学,至正二十二年归钱塘,次年父卒,二十六年奉母避乱苏州,寓吴江别业。朱元璋军克湖州、嘉兴,围困苏州,奉母归钱塘。入明,予洪武三年(1370)、五年乡试,未举。六年有诏废科考,十年以有司荐,秋赴金陵,十一年得仁和县学训导。历钱塘、临安县学训导,二十六年调河南宜阳训导,建文二年(1400)升国子监助教。成祖即位,授周王府右长史。永乐六年(1408)为周定王朱橚奉表

进京，被罪入锦衣卫狱，原因不明，佑仅言"诗祸"，实在前永乐三年朱橚因以王府长史司文颁州县及擅调官军被成祖斥，四年又作《元宫词》触怒内廷，佑或坐辅导失职等罪，事涉宫廷，故讳之莫深。十三年谪戍保安（今河北怀来），洪熙元年（1425）冬，英国公张辅奏请赦还，令教读于家塾。宣德三年（1428）以年老告归，至南京居停于长子瞿进处，次年寓松江次子瞿达所，五年回钱塘家中，八年卒，年八十七。少即称才子，得前辈张彦复、杨维桢、凌云翰等极赏，后任仁和、钱塘教职十余年，因多与当时诸名士诗酒倡和，田汝成谓其"风情丽逸，见之诗篇者，往往有歌扇舞裙之兴"（《西湖游览志余》卷一二）。尤以词著，乐府歌词，多沿元末习气，绮靡软熟，近于温、李，一时广为传诵。诗词之外，则治经评史，亦作小说以叙事言情。勤于写作，所成甚夥。永乐十九年佑在戍所作《重校剪灯新话后序》，曾自记其著述有"治经""阅史""作诗""攻文""填词"及"纂言记事"五类二十。后郎瑛《七修类稿》卷三三、徐伯龄《蟫精隽》卷四记其另有著述九种。然所著多散佚，全帙存者无多。诗集存三种，一为"香台集"节本，徐伯龄《蟫精隽》卷一五有《香台集序》，谓佑"尝咏女故事三百绝，名《香台集》"，现存抄本三卷，计

七言绝句百二十首，咏及神话、史传及小说、戏曲中之女子，与明刊本《新雕古今名姝香台集》三卷、《妙集吟堂诗话》三卷（即《千顷堂书目》著录之《吟堂诗话》）同。二为《咏物诗》一卷，佑早年曾效元谢宗可作《咏物诗》百首，稿佚，宣德四年在松江追忆旧作，又新制三十首，亦成百首之数，存天启二年（1622）朱之蕃《三家咏物诗》本及日本宽永七年（1630）等刊本。三为《乐全稿》（《乐全集》），有日本江户抄本，收诗一百二十首，为其宣德三年乘舟南归达南京时作，后附《东游诗》五十首，为其宣德四年由南京至松江时所作，又附《乐全续集》八十首，则为宣德五年自松江返钱塘时所作。词集存明影钞天顺间刊本《乐府遗音》一卷，词一百零三首附北曲十七首。又选录唐宋金元词之明抄本《天机余锦》载瞿佑词一百四十五首，内一百二十八首不见于《乐府遗音》。其洪熙元年所作弘治时刻《归田诗话》三卷百二十则今存。另，佑狱中所作《资治通鉴纲目集览镂误》亦有明刊本传世。至清初坊间署瞿佑名之《四时宜忌》《宣和牌谱》等，则出于假托。佑早年所作诗词，有散见于《蟫精隽》《西湖游览志余》等书者。明清诗词选集多录其作，《皇明风雅》录其诗六首。顾起纶《续国雅》卷二录其诗二首。《皇明诗统》卷六

录其诗十三首。《石仓十二代诗选·明诗选》录其诗六十余首。《列朝诗集》乙集录其诗四十首。《明诗综》卷一九录其诗十二首。清沈季友《檇李诗系》卷三九录其诗二首。《明诗纪事》乙签卷一三录其诗十三首。《御选历代诗余》录其词十七首,内有数十首即为佑所佚词。近人赵尊岳《明词汇刊》所录词则据《乐府遗音》。与早年所作诗词多散佚不同,其小说集《剪灯新话》则流播甚广。《剪灯新话》计收二十一篇文言短篇小说。编订于洪武十一年,两年后凌云翰序之刊行于世后,后又有永乐十九年重校本。是书有明一代多次翻刻,现存最早刊本为正德六年(1511)杨氏清江堂所刊四卷本,或以为古朝鲜刊《剪灯新话句解》文字最接近重校本。佑自谓其《剪灯新话》所叙故事皆"可喜可悲、可惊可怪者",而其事"远不出百年,近止在数载"。其述奇记异,又多写男女情恋,而著意于战乱所致民间苦难,叙事委蛇曲折,其文则多缀诗词,动盈篇幅,浓郁绝丽,较之唐宋文言小说,别具面貌,故颇中于当时人心士习。佑卒后九年,正统七年(1442)国子监祭酒李时勉上疏请禁《剪灯新话》等书,犹言"不惟市井轻浮之徒,争相颂习,至于经生儒士,必舍正学不讲,日夜记忆,以资谈论"。瞿佑去世之宣德八年,李昌祺仿《剪灯新话》创作之小说集《剪灯余话》刊行,而成书则早在永乐十七年。后《效颦集》《觅灯因话》等,皆为仿效《剪灯新话》之作。据《剪灯新话》故事改编的戏曲有十种,晚明凌濛初白话短篇小说《拍案惊奇》也有三篇据本书故事改写而成。越南古代小说发轫之作阮屿短篇小说集《传奇漫录》,模拟《剪灯新话》。朝鲜金时习短篇小说集《金鳌新话》为古代朝鲜小说创作成熟之标识,其范本亦为《剪灯新话》。日本江户初期"假名草子"作家浅井了意所著《御伽婢子》中故事袭自《剪灯新话》者十八篇,后"读本小说"代表作家上田秋成名著《雨月物语》九篇小说中有四篇借鉴《剪灯新话》,可见其小说盛名于域外。生平见徐象梅《两浙名贤录》卷四七《文苑》、王兆云《皇明词林人物考》卷二。

瞿俊(1437—1504) 字世用,号学古。南直苏州府常熟(今属江苏)人。天顺六年(1462)举人,成化五年(1469)进士,授崇仁县令。改清平,迁太仆寺丞,擢御史,出为广东按察副使,分巡海南。卒于弘治十七年(1504),年六十八。能诗画,《千顷堂书目》著录其《留余堂集》十卷。现存清嘉庆七年(1802)刻《学古斋诗集》二卷附录一卷,宣统二年(1910)铁琴铜剑楼刻《学古斋集》三卷附杂文一卷。生平见《(乾隆)江南通志》卷一四〇、《(雍正)广东通志》卷四〇。

瞿景淳(1507—1569)　字师道，号昆湖。南直苏州府常熟(今属江苏)人。生于正德二年(1507)五月十七。嘉靖二十二年(1543)乡试中举，明年会试第一，廷试第二，授翰林编修，典制诰。三十二年迁侍读，四十一年进侍读学士，总校《永乐大典》，寻以太常卿视南国子监事，四十四年就迁南吏部右侍郎。隆庆元年(1567)召拜礼部左侍郎兼翰林学士，行至扬州，病不能进，疏乞骸骨，不许，二年至京，累疏乞归。三年七月二十一卒于家，年六十三，赠礼部尚书，谥文懿。以时文著，与王鏊、唐顺之、薛应旂称"时文四大家"。《明史·艺文志》著录《内制集》一卷《文集》十六卷。现存万历间其子瞿汝稷刊本《瞿文懿公集》十六卷，首王世贞、王锡爵序，内文十五卷，收各体文一百二十余篇，诗一卷，收赋一篇、诗四十余首，又有《制敕稿》一卷《制科集》四卷。另，明末刊本《国朝大家制义》收《瞿昆湖稿》一卷。《明诗综》卷四三、《御选宋金元明四朝诗》《明诗纪事》己签卷八均录其诗一首。《明文海》录其文二篇。《海虞文征》录其文十篇。生平见李春芳《瞿文懿公墓志铭》(《贻安堂集》卷七)、王世贞《瞿文懿公景淳传》(《国朝献征录》卷三五)、王兆云

《皇明词林人物考》卷九、《明史》卷二一六。

［Ｊ］

詹同(生卒年不详)　初名书，字同文。南直徽州府婺源(今属江西)人。少颖异好学，元奎章阁学士虞集见之曰"才子也"，以其弟虞磐之女妻之。至正中举茂才异等，除郴州路儒学学正。元末遇乱家黄州，陈友谅以为翰林学士承旨兼御史。至正二十四年(1364)朱元璋下武昌，召为国子博士，赐名同。入内府教习功臣子弟，讲经最善，称于一时。迁考功郎中，直起居注，兼翰林待制。明洪武元年(1368)进翰林直学士，二年迁侍读学士，四年升吏部尚书，六年七月以其为学士承旨兼吏部尚书，与宋濂等修《日历》，充总裁官，七年书成，五月以老致仕，寻卒，谥文敏。以学识淹博、操行耿介为时所称，诗文皆名于一时。《明史·艺文志》记其有《文集》三卷，《千顷堂书目》著录其《天衢吟啸集》一卷《海岳涓埃集》二卷。现存清抄本《天衢舒啸集》二卷，首宋濂《詹学士文集序》，内卷上收五七言古体诗五十二首，卷下收五七言近体、杂体诗一百五十首，书后有万历十六年(1588)其族孙詹轸所撰跋。刘仔肩《雅颂正音》录其诗十二首。《皇明风雅》录其诗五首。顾起纶《国雅》

卷二录其诗七首。《皇明诗统》卷一录其诗十首。陈有守等《徽郡诗》录其诗八首。《石仓十二代诗选·明诗选》录其诗二十八首。《列朝诗集》录其诗二十一首。《明诗评选》录其诗三首。《明诗综》录其诗十二首，"诗话"云："同文与吴濬仲(吴沈)、乐致和(乐绍凤)、宋景濂(宋濂)齐名，号中朝四学士。吴、乐韵语寥寥，宋亦非其本色，于四子中遂为翘楚。"清沈德潜《明诗别裁集》录其诗一首。《御选宋金元明四朝诗》录其诗十六首。《明诗纪事》甲签卷五录其诗一首。生平见王景彰《吏部尚书詹公同传》《国朝献征录》卷二四)、廖道南《殿阁词林记》卷五、王兆云《皇明词林人物考》卷一、《明史》卷一三六。

詹孝达(生卒年不详) 字公成，号百拙。江西南昌府南昌人。万历元年(1573)中举，春闱不售，谒授金华县教谕。历广东乐昌县令、安庆府通判。原有诗集《口占》及读书史《漫录》梓行，未见传。万历三十六年，其弟詹孝德、子詹鼎年等辑刻其诗文为《百拙日录》十二卷，卷一即为《口占》，收诗一百三十七首，卷二《漫录》(题为《摅臆编》又题《读书史》)，卷三至卷九收其所作书启及序记、志铭、祭文等，末三卷则其所作公移、公牍等，首有黄鸣乔序。

詹莱(1522—1586) 字时殷，号范川。浙江衢州府常山人。嘉靖二十二年(1543)中举，二十六进士，授江西金溪知县。丁外艰归，起补福建长乐，调河南嵩县，迁池州府同知，再迁湖广金事，四十三年致仕。归后隆庆元年(1567)筑招摇池馆，以为定居之所，四年创范川书院。万历十三年(1585)修《常山县志》，十四年(1586)卒，年六十五。《千顷堂书目》著录其《春秋原经》十七卷、《七经思问》三卷、《招摇池馆集》十六卷，现存明福建书坊詹佛美活字印本《招摇池馆集》十卷。《明诗综》卷四三、《御选宋金元明四朝诗》录其诗一首。生平见《(光绪)常山县志》卷五〇。

鲍应鳌(生卒年不详) 字山甫。南直徽州府歙县(今属安徽)人。万历二十三年(1595)进士，授户部主事，转兵部，又调礼部，历员外郎，三十七年升礼部祠祭司郎中。《千顷堂书目》著录其《大礼始末》一卷、《皇明臣谥考》二卷、《词曹题疏稿》五卷，现仅《皇明臣谥汇考》二卷被收入《四库全书》，名《明臣谥汇考》。卒后其子鲍宇度辑其所著诗文，由其门人何应瑞、贾大儒刊为《瑞芝山房集》十四卷，现存崇祯间刊本，首有崇祯三年(1630)其同年刘一燝序，卷一至卷一二收各体文一百八十余篇，卷一三收诗一百一十余首，卷一四收祭文三十二篇。生平见

《(乾隆)江南通志》卷一四七。

解缙(1369—1415)　字大绅。江西吉安府吉水人。生于洪武二年(1369)十一月初七。幼颖敏,有神童之称。洪武二十年江西乡试解元,二十一年与兄解纶同登进士第,选翰林院庶吉士,授江西道监察御史,以其年少,令还家进业。太祖崩,奔丧入京,有司劾其非诏擅入,谪河州吏目,用荐召为翰林待诏。永乐初,进侍读,与胡广、黄淮、胡俨、金幼孜、杨士奇、杨荣同入直文渊阁,预机务,一时诏令制作,多出其手。与黄淮奉敕撰《古今列女传》三卷(有永乐元年内府刊本),又奉诏为《永乐大典》总裁之一,五年(1407)编竣,晋翰林学士兼右春坊大学士。以赞立太子,为汉王朱高煦所恶,数构谗言,又以谏讨交趾忤旨,贬为广西布政司右参议,即行,改贬交趾。八年入京奏事,会成祖北征,见太子后辞去。朱高煦潜之,以私见太子、无人臣礼下诏狱,妻子宗族徙辽东。十三年正月被害于狱中,年四十七。仁宗即位,诏归其妻子宗族,后谥文毅。书法称于当时,善狂草,尤以能文称,为文兴至,落笔数千言,未尝削稿,人皆以李太白拟之。与王偁、王璲、王洪、王达号"东南五才子"。尝应制《春雨诗》《养鹤赋》,操笔而成,造语奇崛。卒后,杨士奇为之作墓志,赞云:"解公文雄劲奇古,新意叠出,叙事高处逼司马子长、韩退之。诗豪宕丰赡,似李、杜。"著述传世刊本甚多,主要有:天顺元年(1457)黄谏刊本《解学士先生集》三十一卷;嘉靖四十一年(1562)遵化古松段刊本《解学士先生集》十卷;万历间晏良榮刊本《解学士全集》十二卷《年谱》二卷;清康熙五十七年(1718)解以静刊本《解学士文毅公全集》十卷;清乾隆三十二年(1767)解氏敦仁堂重刊本《解文毅公集》十六卷、《后集》六卷;另有明刊本《皇明大学士解春雨先生诗集》不分卷。程敏政《皇明文衡》录其文六篇。《明文海》录其文十四篇。清应麟《江右古文选》卷一三录其文五篇。《皇明风雅》录其诗十四首。《盛明百家诗》后编录其诗八十余首为《解学士集》一卷。顾起纶《续国雅》卷二录其诗二首。《皇明诗统》卷八录其诗十二首。韩阳《皇明西江诗选》卷二录其诗三十六首。《皇明诗选》录其诗二首。《列朝诗集》乙集录其诗十五首,"小传"谓其"才名烜赫,倾动海内。俗儒小夫,谰言长语,委巷流传,皆借口解学士。今其集存者,出自后人掇拾,往往潦草牵率,不经意匠,巧迟拙速,遂令学士蒙谤千古。"《明诗评选》录其诗二首。《明诗综》卷一七录其诗三首。清沈德潜《明诗别裁集》录其诗一首。《四库全书》收《文毅集》十六卷附录一卷,《总目》"提要"云:"缙才气放逸,下笔不能自休,当时有才子之目。迄今委巷流传其少年夙慧诸事,率多鄙诞不经,故李东阳《怀麓堂诗话》谓其诗无全稿,真伪相半。盖出于后人窜乱者为多,然其中佳句间存,亦复不减作者。"《江西诗征》卷四四录其诗三十首。《明诗纪事》乙签卷三录其诗十二首。《御选历代诗余》《明词综》卷一录其词［落梅风］一首。近人赵尊岳《明词汇刊》自《文毅集》辑词二首为《解学士诗余》。生平见曾棨《春雨解先生行状》(《解文毅公集》附录)、杨士奇《解公墓碣铭》(《东里文集》卷一七)、廖道南《殿阁词林记》卷三、王兆云《皇明词林人物考》卷二、《明史》卷一四七。解桐有《解学士年谱》二卷(《解学士全集》卷首)。

管大勋(生卒年不详) 字世臣,号慕云。浙江宁波府鄞县(今宁波)人。嘉靖三十七年(1558)举人,四十四年进士,选翰林院庶吉士,改礼科给事中。简放江西临江知府,迁四川按察副使。左迁延平知府,历湖广按察副使、广西右参政、广东按察使,迁广西右布政使,转左,调福建左布政使,官至南京光禄寺卿。好吟咏。现存万历五年(1577)刊诗集《焚余草》,又万历六年刊诗集《休休斋集》七卷、《剑溪漫语》七卷,前者收其古近体诗五百八十余首附词

七首,后者收诗一百二十余首,有余寅、郭子直、杨肇序;又有《光禄集》六卷,亦为历历时所刊,收其官南都时所作诗一百五十七首;又有万历间刊本《湖湘初集》一卷,为其官湖广时所作;所著另有万历间刊本《新编四书三说》三十卷。又曾主修《临江府志》十四卷,隆庆刊本存。清胡文学《甬上耆旧集》卷一七录其诗十一首,"小传"谓其"为诗长于五言"。《明诗综》卷四四录其诗《安庆渡李杨》一首,《御选宋金元明四朝诗》据之录。清汪森《粤西诗载》录其诗十首,《粤西文载》录其碑记二篇。《明诗纪事》己签卷一五录其诗《渡沙溪》一首。生平见萧彦《掖垣人鉴》卷一五、(雍正)《江西通志》卷六一。

管志道(1536—1608) 字登之,号东溟。南直苏州府太仓(今属江苏)人。生于嘉靖十五年(1536)正月初九。隆庆四年(1570)举于乡,五年进士,除南兵部职方主事,丁父忧归。服阕,补刑部贵州司主事,迁山西司员外郎,疏陈利弊九事,为张居正所恶,出为广东按察佥事,分巡南韶道。被劾,降一级,补盐课司提举,万历七年(1579)外计再被劾,因请以老疾辞官。张居正卒,起湖广佥事,分治辰沅,未赴,疏请休致,遂不复出。三十六年七月十五卒,年七十三。少笃信好学,喜研五经性理,确然以圣贤为己任。壮而从耿

定向游，与闻王守仁"良知"之旨。已而穷究性命，参稽儒释。所著本儒宗以课业，又资禅理以治心。卒后崇祯元年（1628）其门人钱谦益为其作《行状》，记其所著有《周易六龙解》一卷《剖疑》一卷、《石经大学测义》三卷《辩义》二卷、《订释》一卷、《中庸测义》一卷《订释》二卷、《论语测义》十卷《订释》十卷、《孟子订测》七卷、《刑曹疏议》四卷、《从先维俗议》五卷、《续原教论评》二卷、《问辩牍》四卷《续问辩》四卷、《觉迷蠡测》六卷等，多存世。另，《惕若斋集》四卷《续集》二卷为其文集，有万历二十四年刊本，前两卷收尺牍五十五篇，后两卷收各体文六十二篇，《续集》二卷收各体文四十四篇。另有万历间刊《管子宪章余集》二卷，收文八十六篇、诗十二首。《娄水文征》卷三二录其文一篇。生平见《管公墓志铭》（《国朝献征录》卷九九）。

管时敏（1338—1421）　名讷，字时敏，以字行，号竹涧。松江府华亭（今上海松江）人。元末曾师事杨维桢，与同邑袁凯为友，并有诗名。明洪武六年（1373）应乡试，至则以父丧归。九年征为楚王府纪善，三十一年升左长史，事王二十五年，年七十，乞致仕归里，王请命于朝，留居本国，禄之终身。永乐十九年（1421）卒，年八十四，葬郡武昌城东黄屯山。与丁鹤年交，其子延枝为鹤年门人，有诗见于《湖海耆英集》。时敏有诗集《蚓窍集》十卷，存永乐元年楚藩刊本，收其古近体诗三百一十二首，吴勤、胡粹中序。《皇明风雅》录其诗五首。顾起纶《续国雅》卷二录其诗一首。《皇明诗统》卷九录其诗二十三首。《石仓十二代诗选·明诗选》录其诗七十二首。《列朝诗集》甲集录其诗十五首。《明诗综》卷一三录其诗三十六首。清沈德潜《明诗别裁集》录其诗一首。清姚宏绪《松风余韵》卷三八录其诗一百五十首。《御选宋金元明四朝诗》录其诗五十余首。《四库全书》收《蚓窍集》十卷，《总目》"提要"云："时敏学诗于杨维桢，而不蹈袭维桢之体。所作春容淡雅，多近唐音。张汝弼（张弼）作《董纪集序》，历数松江诗人，独谓时敏诗清丽优柔，足与袁凯方驾，盖不诬也。时敏又有《秋香百咏》《还乡纪行》诸编在集外别行，见周子治所作《全庵记》中，今皆未见，殆久而佚矣。"清王昶《青浦诗传》卷七录其诗二十八首。《明诗纪事》甲签卷二二录其诗二十一首。生平见《（正德）松江府志》卷三〇、《（崇祯）松江府志》卷三八、《（乾隆）华亭县志》卷一二。

管绍宁（1583—1645）　字幼承，号诚斋。南直常州府武进（今江苏常州）人。生于万历十一年（1583）

十一月十六日。万历四十年中举，崇祯元年（1628）进士第三，授翰林院编修，充经筵日讲官。十一年迁右春坊右谕德兼翰林侍读，进南京国子监司业，掌祭酒事，十四年以詹事府少詹事掌南京翰林院事。福王监国南都，拜礼部右侍郎，行尚书事兼翰林侍读学士，因与钱谦益等意见不合，请致仕归养。南京破，乙酉（1645）清兵至常州，以拒不剃发，闰六月二十九遇害，年六十三，三子与其同死，惟一孙方数岁，为仆窃负以走，幸获免。著述现存清道光十一年（1831）读雪山堂刊本《诚诚堂文集》十六卷附录一卷，为其八世孙管绳莱编刊，内奏疏九卷、代言（所撰敕谕等）三卷、各体文三卷，末卷收诗三十余首。又有光绪三年（1877）刊本。生平见杨廷鉴《诚斋管公墓志铭》、清蒋金式《管宗伯传》、清潘震浦《诚斋先生父子兄弟殉难传》（《诚诚堂文集》十六卷卷首）。

管楫（生卒年不详）　字汝济，号平田，又号竹木山人。陕西西安府咸宁（今西安）人。弘治十一年（1498）举人，正德六年（1501）进士，授刑部主事。升吏部文选郎中，历官至右副都御史，巡抚山东。以治名，与权臣严嵩相忤，因托疾辞归，筑平田草堂，家居二十年，惟读书吟咏，与薛蕙、何景明、高叔嗣诸人相倡和，故诗颇沿"七子"之派。文征明尝画平田草堂、杜曲山房二图，为诗贻之。《千顷堂书目》著录其《平田稿》二卷，未见传。崇祯五年（1632）贾鸿洙《周雅续》卷六录其诗十四首。《（雍正）陕西通志》卷九六录其诗《含元殿故基》一首。《四库全书总目》著录清乾隆初管楫裔孙管锡绶所辑《平田集》二卷，"提要"云："集前有张治道序，称骊邑令刻诸县斋，楫不知也。又有楫自序，称再阅旧稿，又删其十分之三。然其本今皆不传，故朱彝尊作《明诗综》不列其名。"生平见《（雍正）陕西通志》卷五七。

管櫄（生卒年不详）　字无棘，称雪鸿山人。浙江宁波府鄞县（今宁波）人。诸生，万历、天启间有诗名于乡里，甬上社集无不预。屠本畯晚年结社于乡里，管櫄以山人与焉。喜作艳诗，本畯尝作《闺丽》诗三种，曰《雅丽》《韵丽》《幽丽》，多香艳之词，管櫄按目赓和，而以己意广之，于同时和者称最。清全祖望《续甬上耆旧诗》卷一八录其诗一百零八首，称《云屯吟稿选》，内选和屠本畯《闺丽》诗七十余首，另有《悲辽东》诗六首，写时事也。

黎民表（1515—1581）　字惟敬，号瑶石山人、罗浮山樵。广东广州府从化人。嘉靖十三年（1534）举于乡，屡试春官不第。三十八年诠选于吏部，除翰林院孔目，四十年升吏部司务，以能文用为制敕房中书，四十四年转南兵部员外郎，丁忧归。起补户部员外郎，与修《世宗实录》，晋郎中，又与修《穆宗实录》，升河南右参议。万历七年（1579）致仕归，九年卒，年六十七。性坦易，好读书，善画，工书法。少与梁有誉、欧大任、吴旦、陈绍文、梁柱臣及弟黎民表等师事黄佐，习古诗文。后以诗文书画交于文征明、王世贞、李攀龙、吴中行、胡应麟、安绍芳等，王世贞将其与王道行、石星、朱多煃、赵用贤列为"续五子"（《弇州四部稿》卷一四《续五子篇》）。清乾隆中山东陈文藻官广东，曾比附"南园五先生"，辑欧大任、梁有誉、黎民表、吴旦、李时行五人诗刊为《南园后五子诗集》二十八卷，内收民表诗七卷，后因称五人为"南园后五先生"。民表诗为时所称，胡应麟云："黎惟敬五七言律，深靓庄严，类梁公实（梁有誉），而老健过之。"（《诗薮续编》卷二）著述卒后万历十六年其子黎君华刻为《瑶石山人诗稿》十六卷，卷一赋三篇，余为诸体诗，卷首陈文烛序，卷末伍元征跋，存世。另有隆庆三年（1569）刊本《清泉精舍小志》一卷，为其居家倡和之诗，卷首嘉靖四十四年自序，称其与友人结社于粤山之麓，"讲德论义必以诗教为首，旦夕酬酢，可讽咏者至千余篇，

年祀浸远，散佚逾甚，暇日拾箧中，得古近体若干首，裒而录之"，计收诗一百五十余首，作者梁有誉、欧大任、吴国伦、彭年、傅汝舟、张鸣凤、陈绍文、王世贞及黎民表等二十余人，皆一时名士。《盛明百家诗》后编录民表诗三十余首为《黎瑶石集》。清康熙三十三年（1694）黎延祖刊陈恭尹辑《番禺黎氏存诗汇选》二十二卷录其诗为《瑶石山人诗稿》一卷，另日本有江户抄本《瑶石山房稿》二卷。顾起纶《国雅》卷一七录其诗三十三首。《皇明诗统》卷二六录其诗十四首。《皇明诗选》录其诗三首。《列朝诗集》丁集录其诗四十首。彭孙贻《明诗钞》录其诗三首。清屈大均《广东文选》录其文四篇、诗十六首。《明诗综》卷四七录其诗十六首，"诗话"云："瑶石诗，读之似质阙，而实沉著坚韧。元美所取'续五子'，无愧大小雅才者，仅此一人而已。"清沈德潜《明诗别裁集》录其诗三首。《四库全书》据万历本收《瑶石山人稿》十六卷，《总目》"提要"云："民表诗虽错采镂金，而风骨典重，无绮靡涂饰之习。"清梁善长《广东诗粹》卷四录其诗十七首。《明诗纪事》已签卷五录其诗三十五首，按语云："集中五律精深华妙，七律风调流美，五绝清微淡远。岭南当时诗家，梁、欧、黎三人工力悉敌。"生平见郭棐《粤大记》卷二四、

过庭训《本朝分省人物考》卷一一〇、王兆云《皇明词林人物考》卷八、《明史》卷一八一。

黎民衷（1508—1564）　字惟和，号云野。广东广州府从化人。嘉靖三十五年（1556）进士，除吏部验封司主事，历员外、郎中，简放广西参政。四十三年（1564）十二月，有山贼乘夜缒入府城，劫走布政司库银四万两，民衷时署府印，亦被杀，时年四十七。少随其兄黎民表从黄佐学古文辞，又因其兄得交文坛名士。隆庆三年（1569）黎民表刻《清泉精舍小志》一卷，收其居家与梁有誉、欧大任、吴国伦、彭年、傅汝舟、张鸣凤、陈绍文、王世贞倡和之诗，内亦有民衷之诗。清康熙三十三年（1694）陈恭尹辑黎延祖刻《番禺黎氏存诗汇选》二十二卷亦有民衷《司封集》一卷。郭棐《岭南名胜记》、张邦彦《岭南文献志》皆录其诗。《明诗综》卷四四录诗一首。清梁善长《广东诗粹》卷五录诗三首。《明诗纪事》己签卷一二录诗一首。生平见《（雍正）广东通志》卷四七。

黎扩（生卒年不详）　字大量，号雅斋。江西抚州府临川（今抚州）人。正统初授贵池训导，迁苏州府学教授，以能文知人称于吴中。《千顷堂书目》著录其《善鸣稿》，未见传。《皇明诗统》卷一一录其诗二首。明翟校辑、清王辅铭补辑《练音集补》附卷录其诗一首。《列朝诗集》甲前集录其诗十一首，"小传"云："在吴，与杜东原（杜琼）、徐用理（徐庸）为文字交。"《明诗综》卷二三录其诗二首。《御选宋金元明四朝诗》录其诗九首。《江西诗征》卷五〇录其诗十一首。《明诗纪事》乙签卷二一录其诗一首。生平见《（雍正）江西通志》卷八一。

黎贞（1358—1416）　字彦晦，号陶陶生，晚号秫坡。广东广州府新会人，洪武初入郡学，从孙蕡学，八年（1375）以明经荐入京，明年被任为新会训导，不就，筑钓台于所居宅前，自拟严光。十八年遇讼，远戍辽东，恰孙蕡亦戍于此，二十三年蕡因胡惟庸案牵连被杀，贞敛其尸，负其棺归葬，又收蕡之遗稿，辑刊于世。三十年赦归故里，在乡讲学十余年，远近学子皆闻风就读。陈献章尝从其弟子梁继灏（澹斋）学，记云："吾乡称先达以文行教后进，百余年间黎秫坡一人而已。"（《陈白沙集》卷一《澹斋先生挽诗序》）故献章之学也有受其影响处。卒于永乐十四年（1416），年五十九。《千顷堂书目》著录其《家礼举要》四卷、《古今一览》二卷及《秫坡集》。《秫坡集》初刻于嘉靖二十九年（1550），岁久散佚，至清康熙二十五年（1686）始有重刊本。嘉靖本无存，康熙刊本则仅见《重刻秫坡先生诗集》四卷。

清嘉庆本、光绪本《重刻秫坡先生文集》七卷附录一卷首一卷,据康熙本重刊,内诗词赋四卷,文三卷,附录一卷,集中诗以戍辽东时所作为多。清屈大均《广东文选》卷二八录其诗七首。《明诗综》卷一四录其诗《行路难》一首,"诗话"谓其诗"多庸实"。《四库全书总目》著录《秫坡诗稿》七卷附录一卷,"提要"云:"贞少从孙蕡学诗……虽所造未深,而风格尚为遒上。惜此本掇拾于残缺之余,其菁华已不概见矣。"清梁善长《广东诗粹》卷二录其诗十首。清顾嗣协《冈州遗稿》卷一录其诗七十三首。《明诗纪事》甲签卷二三录其诗三首,按语云:"竹垞(朱彝尊)评彦晦诗多'庸实'。余录七言断句三章,风韵独绝。"生平见黄佐《黎贞传》(《广州人物传》卷一三)及李承箕《秫坡先生传》、黄淳《秫坡先生传》(光绪刊《重刻秫坡先生文集》卷首)。

黎祖功(生卒年不详)　字耆尔。明末江西南昌府新建(今南昌)人。清初王士禛《古夫于亭杂录》卷三记云:"豫章黎祖功耆尔,前浙江提学博庵元宽之子,诗甚奇崛,意不可一世,亦十七岁江行死于盗。先是赋《吁嗟行》一篇,不数日遂死,若谶然……南城陈伯玑(陈允衡)取其遗集入《诗慰》。新建陈士业宏绪序之。"现存陈允衡编顺治澄怀阁刊本《诗慰》初集选其诗七十五首为《不已集选》,有陈弘绪序、祖功自序、来集之序。《明诗纪事》辛签卷二八录其诗二首。

黎淳(1423—1492)　字太朴,号朴庵。湖广岳州府华容(今属湖南)人。本姓杨,曾祖出继黎姓姑父,后遂为黎姓。生于永乐二十一年(1423)十月二十九。景泰七年(1456)举湖广乡试,天顺元年(1457)进士第一,授翰林院修撰,与修《大明一统志》。成化元年(1465)充经筵讲官,二年在翰林满九载,迁左春坊左谕德,三年与修《英宗实录》成,升左庶子。十三年修《续资治通鉴纲目》成,进詹事府少詹事兼侍读,再进吏部右侍郎,改南吏部,二十三年转左。弘治元年(1488)拜南工部尚书,寻改礼部,四年以疾致仕,五年四月十八卒,年七十,谥文僖。为人有狷介之称,能诗文,《千顷堂书目》著录其《龙峰集》十三卷。现存嘉靖三十五年(1556)陈甘雨刊本《黎文僖公集》十七卷,有其门生李东阳、杨一清序,门生刘大夏后序,内诗八卷,收古近体诗二百九十首,文九卷,收赋三篇、各体文一百二十余篇。《明文海》录其文《汉水赋》一篇。清廖元度《楚风补》卷一八、清邓显鹤《沅湘耆旧集》卷五录诗三首。生平见李东阳《黎公先生行状》(《怀麓堂集》卷四三)、倪岳

《黎文僖公传》(《青溪漫稿》卷二四)、顾祖训《状元图考》卷二、《明史》卷一六四。

黎密(生卒年不详)　字缜之，号柱流。广东广州府番禺(今广州)人。万历间诸生，南明时，以子黎遂球赠兵部尚书。《千顷堂书目》著录其《籁鸣集》。现存天启间自刊本《黎缜之游稿》一卷附《椒花初颂赠言》一卷，首有天启五年(1625)欧必元《黎缜之先生游稿序》。内《游稿》收诗二百零三首;《椒花初颂赠言》首为何吾驺《奉寿黎缜之六十又一初度叙》。康熙三十三年(1694)黎延祖刻陈恭尹辑《番禺黎氏存诗汇选》二十二卷有其《籁鸣集》一卷，有李孙宸《籁鸣集原序》，收诗一百二十四首。清梁善长《广东诗粹》卷六录其诗七首。《明诗纪事》庚签卷三〇录其诗一首。生平见王思任崇祯十五年(1642)撰《黎高士传》(《籁鸣集》附)。

黎遂球(1602—1646)　字美周。广东广州府番禺(今广州)人。生于万历三十年(1602)七月初五。天启七年(1627)举人，屡上春闱不第，遂肆力于诗文，亦能画山水。卓续明初南园五先生之遗风，与邑人欧必元、欧主遇、区怀瑞、区怀年、黎邦瑊、陈子壮、陈子升、黄圣年、黄季恒、徐棻、释通岸等倡和，号"南园十二子"。又雅好游历，足迹遍南北数省，与张溥、张采、徐汧、吴伟业、金声、王思任等交，入"复社"。崇祯十三年(1640)，下第过扬州，郑元勋集四方名士于影园，即席分赋黄牡丹诗，钱谦益推遂球所赋冠诸贤，一时声名籍甚，呼为"黄牡丹状元"。国变，唐王绍武元年(1646)，除其兵部职方司主事，提督两广水陆兵援赣州，十月初四城陷，与弟遂琪巷战死，年四十五。桂王时，赠兵部尚书，谥忠愍。《千顷堂书目》著录其推求《周易》卦爻象之著述《周易爻物当名》二卷及《易史》，现存崇祯刊本。又著录其《莲须阁文集》又《诗集》十卷又《燕台集》一卷又《黄牡丹诗》一卷。现存崇祯十七年四知堂居士抄本《迦陵集》一卷。清初其子黎延祖、黎彭祖集其诗文，倩徐世溥辑编，刻为《莲须阁集》二十六卷，赋一卷、诗九卷、文十六卷，有徐世溥、李模、何吾邹、冯苏、陈宏、王思任等序，传于世。后又有《粤十三家集》本《莲须阁集》二十六卷，清抄本《莲须阁集》二十八卷等。遂球以诗称名于岭南。清初陈允衡编顺治澄怀阁刊本《诗慰》初集录其诗一百七十一首于《莲须阁集选》。清屈大均康熙刻《广东文集》收《黎太仆集》三卷，谓"美周五古最佳……他体仿佛西昆，则伤于绮靡矣"(《广东新语》卷一二)。康熙三十三年(1694)黎延祖刻陈恭尹辑《番禺黎氏存诗汇选》二十二卷,选遂球《莲须阁集》一卷附一卷。陈济生《天启崇祯两朝遗诗》卷九录其诗五十七首。清屈大均《广东文选》录其诗三十七首、文七篇。《明诗综》卷七四录其诗五首,"诗话"云:"美周诗不为格律所缚,大都以才胜。徐巨源(徐世溥)谓太白以后一人,未免过实矣。"清卓尔堪《明遗民诗》录其诗四首。清梁善长《广东诗粹》卷八录其诗三十首。《明诗纪事》辛签卷七录其诗十二首,按云:"粤东诗派自南园五子,以逮黄才伯(黄佐)、梁公实(梁有誉)、黎瑶石(黎贞)、欧桢伯(欧大任)、区海目(区大相),皆讲风格,未及靡曼。至美周醉心六朝、初唐,乃为轻艳之词,歌行短曲,风致嫣然,然时有壮健之篇,此其超迈之性,不汩没于绮语冶词者也。"《明文海》录其文《槟榔赋》等十三篇,评语云:"其文秀美,居然小品名家。"清陈元龙《御定历代赋汇》录其赋三篇。生平见查继佐《黎忠愍公传》、李模《美周黎公墓志铭》(《莲须阁集》卷首)、屈大均《广东新语》卷一二、《明史》卷二七八。

滕毅(生卒年不详)　字仲弘。镇江(今属江苏)人。朱元璋征吴,以儒士见,后从事于徐达幕府,授起居注。朱元璋吴元年(1367),出为湖广按察使。明洪武元年(1368)初设六部,擢其为吏部尚书,九月,改

江西参政。刘仔肩《雅颂正音》《皇明诗统》卷四录其诗五首。《列朝诗集》甲集录其诗七首。《明诗综》卷四录其诗三首,"诗话"谓其"诗不多传,亦具风骨。《秋兴》二诗,仿佛宋文恪(宋讷)《过故宫》之作"。清沈德潜《明诗别裁集》录其诗一首。《明诗纪事》甲签卷一二录其诗一首。生平见《明史》卷一三八。

穆文熙(1528—1592)　字敬甫,号少春。京师大名府东明(今属山东)人。生于嘉靖七年(1528)正月十一。四十年领乡荐,明年连第进士,除行人,奉使齐鲁等地。进本司副,迁工部都水司员外郎。隆庆初吏科给事中石星以劾内臣受廷杖,文熙舍身护卫,亦受廷杖罢归,士论壮之。诏起礼部员外郎,迁尚宝司丞,改吏部员外郎,出为广东副使,寻罢归。卒于万历十九年十二月初三(1592年1月5日),年六十四。能诗,又好论诗,王世贞曾将其与皇甫汸、莫如忠、许邦才、周天球、沈明臣等列为"四十子"(《弇州四部稿续稿》卷三)。《明史·艺文志》著录其《逍遥园集》十卷。现存万历十五年刻本,内卷一收赋四篇,卷二至卷四收诗五百四十余首,卷五至卷九收各体文一百余篇,卷一〇收书七十余篇,首有石星、刘怀恕序;又有二十九年其子穆光胤重辑本《穆考功逍遥园集选》二十卷,内卷一收赋四

篇,卷二至卷一○收诗七百四十余首,卷一至卷一七收各体文八十一篇,卷一八至卷二○收书七十余篇,有赵士桢、余寅序,崔邦亮跋。后集较前集所收有增有减。所著另有万历十八年朱朝聘刊本《四史鸿裁》四十卷,万历二十一年周氏万卷楼刊本《诸家隽语》八卷及明末石渠阁刊本《石渠阁校刻庭训阅古随笔》二卷等。《明史·艺文志》另著录其《国概》六卷,《千顷堂书目》另著录其《明七言律》十二卷,《四库全书总目》另著录其《左传国语国策评苑》六十一卷、《七雄策纂》八卷。《皇明诗统》卷二七录其诗六首。《明诗综》卷四四录其诗二首,"诗话"云:"敬甫论诗,沾沾自喜,亦强作解事尔。"《御选宋金元明四朝诗》录其诗六首。清王崇简《畿辅明诗》录其诗十二首。《明诗纪事》己签卷一四上录其诗十二首,按云:"《逍遥园集》七律习气太甚,惟七绝一体,清婉动人,有往复不尽之致。"《明文海》录其文六篇,评语谓其"文有体裁,亦一能手"。生平见于若瀛《穆公行状》(《弗告堂集》卷二四)、李廷机《穆先生墓志铭》(《李文节集》卷二○)、(雍正)畿辅通志》卷七九。

穆孔晖(1479—1539) 字伯潜,号玄庵。山东东昌府堂邑(今聊城)人。生于成化十五年(1479)正月十六。弘治十七年(1504)山东乡试第一,明年进士,选翰林院庶吉士,正德二年(1507)授翰林检讨,与修《孝宗实录》。以忤刘瑾,调南礼部主事,瑾诛,复故官,七年迁南国子司业,丁继母忧归。服阕改翰林侍讲,充经筵讲官。嘉靖三年(1524)与修《武宗实录》,书成升左春坊左庶子兼侍讲学士,历尚宝卿,十一年转南太仆寺少卿,十二年迁南太常寺卿,十三年以病致仕。十八年八月卒于家,年六十一,赠礼部右侍郎,谥文简。以经学称,其学初宗王守仁,又浸淫释氏,复归于"心学"。能诗文,词林岁时会饮亦分韵唱酬。其经学著述现存嘉靖刊本《大学千虑》一卷。诗文著作现存明聊城朱延禧校刊本《穆文简公宦稿》二卷,卷上收文二十三篇,卷下收赋二篇,诗六十余首;又有清抄本《玄庵晚稿》二卷,卷一收诗九十首,卷二收文二十三篇。《千顷堂书目》另著录其《读易录》《尚书困学》《读史通编》《前汉通志》。《皇明诗统》卷一九录其诗一首。《石仓十二代诗选·明诗选》录其诗十七首。清宋弼《山左明诗钞》卷五录其诗八首。《明诗纪事》丁签卷一○录其诗一首。生平见王道《穆公墓志铭》(《国朝献征录》卷七○)、谢肇淛《穆孔晖传》(《居东集》卷五)、王兆云《皇明词林人物考》卷五、清黄宗羲《明儒学案》卷二九、《明史》卷二八三。

穆光胤（1564—?）　字仲裕。京师大名府东明（今属山东）人。穆文熙子，以荫官中书舍人。能书画，曾集王右军字，书其父诗，又曾临宋仲温《七姬帖》及书陶渊明、杜甫诗歌，皆为王世贞所赞。亦好诗，曾辑《明诗正声》十八卷，有万历陈素蕴刊本。又曾辑《明诗十二家类抄》八卷，有万历三十九年（1611）李氏聚奎楼刊本。《千顷堂书目》著录其《玄对楼集》。现存明刊本《玄对楼己集》七卷，题下标"丁巳岁"，当刊于万历四十五年。卷首有《江南游图》附诗八首，又有陈继儒、赵宧光、邹迪光、李维桢、朱之蕃、顾起元等赠诗、题词；又《仲裕小像》附张尔葆、董其昌、陈继儒、李维桢、黄汝亨、严澂、赵宧光、汪圣教像赞。内前三卷收游记十篇，后四卷收诗约三百首，附友朋赠和诗二十二首。另有《玄对楼近体诗集》五卷，亦为万历间刊本。生平见《（1933）东明县新志》卷一一穆文熙传。

魏大中（1575—1625）　字孔时，号廓园。浙江嘉兴府嘉善人。万历三十七年（1609）举人，四十四年进士，授行人。迁工科给事中，历礼科右给事中，进吏科都给事中。天启五年（1625）疏劾魏忠贤结党树威，又劾大学士魏广纳忠贤，表里为奸，魏广因嗾所亲陈九畴以他事劾大中，贬三秩，出外。梁梦环等复构陷之，诬其受杨镐、熊廷弼贿，矫诏下诏狱，酷刑拷讯，毙于狱中，年五十一。魏忠贤诛，追赠太常卿，谥忠节。时以忠节骨鲠称，平日亦颇留心风雅。《明史・艺文志》著录其《藏密斋集》二十五卷，现存崇祯刻本《藏密斋集》二十四卷，首钱士升、瞿式耜序，内卷一〇为《诗草》，收诗百余首，有天启五年所作《诗草自序》。清乾隆五年（1740）魏学濂合《藏密斋集》二十四卷及大中长子学洢《茅檐集》八卷为《魏氏忠孝全集》三十二卷，今亦存。陈济生《天启崇祯两朝遗诗》卷一录其诗二十一首。《明诗综》卷六一录其诗二首。清沈季友《檇李诗系》卷一七录其诗十一首。《明诗纪事》庚签卷六录其诗一首。《明词综》卷五录其词一首。生平见陈济生《天启崇祯两朝遗诗・小传》、清陈鼎《东林列传》卷三、清邹漪《启祯野乘》卷五、《明史》卷二四四。有《魏廓园先生自谱》载《藏密斋集》卷一。

魏文焲（生卒年不详）　字德章。福建福州府侯官（今福州）人。嘉靖十三年（1534）举人，二十三年进士，授户部主事。历郎中，出为雷州知府，迁四川副使、广东右参政，移四川右参政，备兵松潘，晋广西按察使，以母老乞终养归。《千顷堂书目》著录其《石室秘抄》四卷。现存万历间刊本《石室私抄》九卷，首有万历十四年(1586)五岳山人陈文烛《石室私抄序》,惟卷六收诗二百余首,余皆为各体文,内《征支罗记》《征龙洲记》《松潘备兵本末》,叙其战功颇详。后又有崇祯四年(1631)其孙魏贤切重辑刊本《石室私抄》五卷,内卷三收诗、赋,诗文均未增益。徐𤊹《晋安风雅》录其诗一首。《明诗综》卷四三、《御选宋金元明四朝诗》录其诗一首。清郭柏苍《全闽明诗传》卷二四录其诗十首。《明诗纪事》己签卷八录其诗,生平见《(乾隆)福建通志》卷四三。

魏允中(1544—1585) 字懋权,又字仲子。京师大名府南乐(今属河南)人。万历四年(1576)举顺天乡试第一,八年进士,除太常博士,迁吏部考功司主事,十三年卒于官,年四十二。允中与同榜顾宪成、刘应兰皆乡试第一,称"庚辰三解元",相约砥砺志节,以名世相期许。与兄允贞、弟允孚并负文名,称"南乐三魏",而允中犹著。为诸生时即以能诗为提学副使王世贞所赏,后世贞又将其与赵用贤、李维桢、屠隆、胡应麟列为"末五子"(《弇州四部稿续稿》卷三《末五子篇》)。《明史·艺文志》记其有《文集》八卷。现存万历十六年刻本《魏仲子集》八卷,内诗五卷,收诗五百三十余首,文三卷,收各体文百余篇(内书信居半)。卷首王世贞序其集云:"仲子于诗无所不工,五七言律尤其至者。大较情真而语遒,意高而调协,即其才何所不有,而实不欲以江左之浮藻,掩河朔之风骨。盖得少陵氏之髓,而略其肤者也。文尤典雅简劲,直写胸臆。"后又有万历间辛志登刻本《魏仲子集》十卷。《皇明诗统》卷三六录其诗七首。《列朝诗集》丁集录其诗七首。《明诗综》卷四七录其诗四首。《御选宋金元明四朝诗》录其诗十九首。清王崇简《畿辅明诗》录其诗二十九首。《明诗纪事》己签卷六录其诗六首,按云:"懋权五律疏爽,七律调高,尚多浮响。"生平见顾宪成《哭魏懋权文》(《顾端文公集》卷一八)、王兆云《皇明词林人物考》卷一二、《明史》卷二三二。

魏允贞(1542—1606) 字懋忠,号见泉。京师大名府南乐(今属河南)人。生于嘉靖二十一年(1542)六月初九。万历四年(1576)举人,五年进士,授荆州府推官。十年征为监察御史,因陈时弊,言辅臣侵部权以行私,为张四维、申时行所忌,诏责其言过当,谪许州判官。迁南兵部主事,历郎中,以父老及二弟新丧,乞归养亲。起顺天府丞,历光禄少卿,迁右通政,二十一年以右佥都御史巡抚山西,力陈张忠、孙朝等税使之暴,得民众拥戴。进右副都御史,兵部右侍郎,卒于万历三十四年正月十五,年六十五,天启初,赠右都御史,追谥介肃。允贞以敢言称,《明史》谓其"以卓荦宏伟之概,为众望所归"。又与弟允中、允孚并负才名,弟兄连科进士,乡里因称"三凤",以"南乐三魏"名于世。王世贞曾将其与皇甫汸、莫如忠、许邦才、周天球、沈明臣等列为"四十子"(《弇州四部稿续稿》卷三)。早年习古文辞,后又"浸浸乎入宋人境",渐有所悟,遂以因袭古调为非,主张师心独创,自叙其集云:"人之言曰:为诗必三唐,为文必两汉。吾不知唐人诗、汉人文,能自为耶?抑其心与遇之所为耶?唐人取于其心与所遇而为唐诗,汉人取于其心与所遇而为汉文,吾取于其心与所遇而为吾诗吾文,奚不可也?"所著结集多种,《明史·艺文志》记其有《文集》四卷,现存残本二卷,名《魏伯子稿存》,卷首有万历二十三年王道行序、万历十二年李化龙序、万历十三年邹元标序、允贞《自序》及万历二十六年自撰《拟宋人诗序》,又史思培、谢杰、冯琦、张献翼序。内卷一《司理稿》,收诗一百二十四首,又《西台稿》(《谪居稿》附后),收诗三十首;卷二《南铨稿》,收诗一百八十三首,又《光禄稿》,收诗一百五十二首。据卷端"诗草目录",则卷三应为《里居稿》《京兆稿》《银台稿》《抚晋稿》,疑卷四当为"文草"。《明诗综》卷五三录其诗一首,"诗话"云:"见泉以

直节闻……诗近牺疏,论者谓逊其弟懋权(魏允中)。"清王崇简《畿辅明诗》录其诗一首。《明诗纪事》庚签卷一二录其诗四首。生平见赵南星《见泉魏公碑》(《赵忠毅公文集》卷一一)、清孙奇逢《畿辅人物考》卷五、《明史》卷二三二。

魏观(?—1374)　字杞山。武昌府蒲圻(今属湖北)人。元末隐于蒲首山,朱元璋下武昌,聘其为平江州学正,迁国子助教,再迁浙江金事。朱元璋吴元年(1367),改两淮运使,入为起居注。洪武初,侍皇太子读书,三年(1370)转太常卿,升侍读学士,迁国子祭酒,坐考祀孔子礼不以时奏,谪龙南知县,未至,召为礼部主事。五年(1372)简放苏州知府,擢四川参知政事,以吴中父老请留,命还郡复知苏州府事。七年因修守邸及加浚苏城河道,御史劾其非时病民,危言动上,被杀。苏郡高启、王彝等亦因之牵连被害。帝寻悔之,命致祭归葬。能诗,《明史·艺文志》著录其《蒲山集》四卷。现存成化四年(1468)其曾孙魏铭刊本《蒲山牧唱》不分卷,首李贤、彭时等序,内有诗一百七十余首、词三首。刘仔肩《雅颂正音》录其诗二首。《皇明风雅》卷二四录其诗一首。《皇明诗统》卷三录其诗二首。《列朝诗集》甲集录其诗三十首。清廖元度《楚风补》卷一七录其诗十七

首。《明诗综》卷三录其诗七首。清沈德潜《明诗别裁集》录其诗一首。清高士熙《湖北诗录》录其诗三首。《明诗纪事》甲签卷五录其诗七首，按云："杞山五古，质悫有味，近体亦多佳联，皆可诵也。"近人赵尊岳《明词汇刊》辑录词三首为《蒲山渔唱》一卷。生平见廖道南《魏公传》(《国朝献征录》卷八三)、王鏊《姑苏志》卷四〇、过庭训《本朝分省人物考》卷七六、《明史》卷一四〇。

魏时敏(生卒年不详) 字愚仲，号竹溪。福建兴化府莆田人。成化间诸生，初辟为邑从事，后官无锡县丞，改桃源，未几，辞归。能山水，好诗，多与名流酬唱，有声于时。年八十余，犹未尝一日废吟事。《千顷堂书目》著录其《竹溪集》八卷，未见传。《石仓十二代诗选·明诗选》录其诗四十八首。《列朝诗集》丙集录其诗十六首。《明诗综》卷二三录其诗一首。《御选宋金元明四朝诗》录其诗十一首。清郑王臣《莆风清籁集》卷一三录其诗三十二首，《兰陔诗话》云："其诗雅练遒逸，无懦响弱调，品格当在开元、大历之间。"清郭柏苍《全闽明诗传》卷一〇录其诗十三首。《明诗纪事》乙签卷二一录其诗十七首，按语云："竹溪诗，炼句选声，步武唐人，有唐临晋帖之似。"生平见《(乾隆)福建通志》卷五一、《(乾隆)兴化府莆田县志》卷二二。

魏良弼(1492—1575) 字师说，号水洲。江西南昌府新建(今南昌)人。生于弘治五年(1492)八月初七。正德十一年(1516)领乡荐，嘉靖二年(1523)进士，授浙江松阳知县。迁刑科给事中，巡视京营，劾罢保定侯梁永福、太仆卿曾直等，因有直声。南京御史马扬等以劾吏部尚书王琼等被逮，良弼请释之，触帝怒，下诏狱，赎还职。迁礼科都给事中，劾罢大学士张璁，及璁再起柄权，修前隙，遂以考察削籍，隆庆初即家拜太常卿。万历三年(1575)六月二十七卒于家，年八十四。天启初追谥忠简。受学于王守仁之门，亦能诗文。《千顷堂书目》著录其《水洲文集》。现存万历三十五年熊剑化、徐良彦刊本《太常少卿魏水洲先生文集》六卷，首刘白宁、张鼎、熊剑化、王坼序，内卷一、卷二为奏议，卷三收书简、语录，卷四收各体文十一篇，卷五收各体文五篇、诗三十二首、赋一篇，卷六收同时人所赠序、书及后人所作《生祠记》《行略》等。清四库馆臣所见《魏水洲先生文集》为残本，故《四库全书总目》著录《水洲文集》为四卷。《明文海》录其文一篇。生平见《魏水洲先生行略》(《魏水洲先生文集》卷六)、《披垣人鉴》卷一三、清黄宗羲《明儒学案》卷一九、《明史》卷二〇六。

魏学礼(生卒年不详) 字季

朗。南直苏州府吴县（今江苏苏州）人。诸生，有才名。万历四年（1576）以岁贡除镇江儒学训导，御史邢侗荐于朝，迁国子学正。诏刻《十三经注疏》，委以校雠，升广平府同知，劾罢。依徐祯卿侨寓宜兴，卒年七十八。诗学刘凤，相与倡和，倡和之作辑为《比玉集》四卷，《千顷堂书目》著录，未见传。《明史·艺文志》著录其《魏学礼集》二十四卷，亦未见传。《盛明百家诗》后编录其诗六十余首为《魏季朗集》，与刘凤诗合为《刘魏比玉集》。顾起纶《国雅》卷一四录其诗五首。《皇明诗统》卷三一录其诗六首。《皇明诗选》录其诗二首。《列朝诗集》丁集中录其诗五首，"小传"云："刘子威（刘凤）以博学自负，一见心折，敦礼聘为子弟师，与共唱酬，合刻其诗曰《比玉集》。季朗诗名因子威而起，南皮李时远（李腾鹏）评《比玉集》云：'季朗词锋甚锐，当胜子威一筹。'识者以为知言。"《明诗综》卷四八录其诗一首。《御选宋金元明四朝诗》录其诗三首。《明诗纪事》己签卷一九录其诗三首，按云："季朗与刘子威倡和，学子威体，有《比玉集》六卷。钩字摘句，期与古会，如东施之效矉，令人齿冷。季朗清才，为习气汨没。"《明文海》录其《瑞莲赋》等五篇。生平见王兆云《皇明词林人物考》卷一二、《（乾隆）江南通志》卷一六五。

魏学洢（生卒年不详）　字子敬。浙江嘉兴府嘉善人。诸生。天启五年（1625），其父魏大中以珰祸入狱，学洢微服变姓名，匿定兴鹿善继家，万计营救不得。当年大中被害于狱中，学洢匍匐扶棺返里，寻以哀愤卒，乡人私谥"孝烈先生"，崇祯初诏旌为孝子。卒后崇祯元年（1628）钱棻刻其著述为《魏子敬遗集》八卷，内卷一收赋六篇，卷二、卷三收诗一百六十余首，卷四至卷八收各体文及书启等七十余篇，钱棻、陈梁、钱枘、钱继章序。《千顷堂书目》著录其《茅檐集》八卷即此本也。后清乾隆五年（1740）魏学濂又合大中、学洢父子二人集为《魏氏忠孝全集》三十二卷，今亦存。陈济生《天启崇祯两朝遗诗》卷一录其诗二十八首。《明诗综》卷六七录其诗十六首。《御选宋金元明四朝诗》录其诗八首。清沈季友《槜李诗系》卷一九录其诗六首，"小传"谓其"诗近淡古一派，时而诡异，又似锦囊中物"。清陈元龙《御定历代赋汇》录其赋四篇。清张潮《虞初新志》收其文《核舟记》一篇。《四库全书》收《茅檐集》八卷，《总目》"提要"云："今观集中《与潘茂庄书》曰：'追比方始，洢将就浙狱矣。'又《辞里中父老书》曰：'目今公差来捉，旦夕将死。家门倾覆，无复可言。'然则大中殁后，所谓坐受杨镐、熊廷弼贿三千三百两者,所司仍追呼于家。学洢积忧积瘁于前,积痛于后,又重以阉党之威虐,数者交迫,乃无生理……今诵其与人诸书,至性恻怛,足以感天地而动鬼神。而钱士升等作序,惟欲以陨身殉父称之,遂讳其追逮之事,浅之乎,知学洢矣?"《明诗纪事》辛签卷二八录其诗四首。生平见陈济生《天启崇祯两朝遗诗·小传》、清邹漪《启祯野乘》卷五、《(雍正)浙江通志》卷一八三、《明史》卷二四四。

魏校(1483—1543) 字子才,号庄渠。南直苏州府昆山(今属江苏)人。其先姓李,居于苏州葑门外之庄渠,因以为号。弘治十七年(1504)举人,十八年进士,授南刑部主事,进郎中,移疾归。召为兵部职方郎中,不赴。嘉靖初起为广东提学副使,以父忧归。服除,调江西副使,备兵赣州,再乞休。再起为河南副使,仍提督学校,入为大理少卿,改国子祭酒,以进讲忤旨,调太常少卿,进本寺卿,提督四夷馆,致仕归。中外交荐不起,嘉靖二十二年(1543)三月卒,年六十一,谥恭简。以理学名,私淑胡居仁"主敬"之学,又贯通诸儒之说。《明史·艺文志》著录其《庄渠文录》十六卷《诗》四卷。现存嘉靖四十年王道行刊本《庄渠先生遗书》七种二十六卷,门人归有光等辑,内《大学指归》二卷《考异》一卷、《周礼沿革传》四卷、

《春秋经世》一卷、《经世策》一卷、《官职会通》一卷、《庄渠文集》十六卷(收其奏疏、说、序、谱牒、公移、书牍等)。所著又有嘉靖十九年魏希明刊本《六书精蕴》六卷及清潘道根抄本《庄渠先生门下质疑录》二卷。《四库全书》别集类收《庄渠遗书》十二卷,"提要"云:"校欲行周礼于后世,其说颇为迂阔。所著《六书精蕴》,欲以古篆改小篆,而所列古篆又多杜撰,尤为纰缪。然校见闻较博,学术亦醇,故是集文律谨严,不失雅正。考据亦具有根柢,无忝于儒者之言。"周复俊编《玉峰诗纂》卷四录其诗二首。《明文海》录其文三篇。生平见陆鳌《魏公行状》(《皇明名臣墓铭》兑集)、徐中行《魏公墓碑》(《天目先生集》卷一五)、何乔远《名山藏》卷七五、清黄宗羲《明儒学案》卷三、《明史》卷二八二。

魏浣初(1580—1636) 字仲初,一字仲雪。南直苏州府常熟(今属江苏)人。万历四十三年(1615)举人,明年进士,授嘉兴府学教授。迁南户部主事,差榷芜湖,迁礼部员外郎,晋吏部郎中,出为广东佥事,分巡岭南。崇祯八年(1635)迁广东右参政,次年卒于官,年五十七。为人清臞自好,亦喜诗。所存有明末刊本《毛诗振雅》六卷、《魏仲雪先生诗经脉讲意》八卷。别集《仲雪诗文集》十二卷,则未见传。现存明抄本

《踽庵集》不分卷,收各体文一百八十余篇;又有清抄本《四留堂杂著》不分卷,收各体文九十余篇。冯舒《怀旧集》卷上录其诗十九首,"小传"谓其诗初学袁宏道,后学汤显祖,晚学白居易。陈济生《天启崇祯两朝遗诗》卷一〇录其诗八首。《明诗纪事》庚签卷二三录其诗一首。清邹祗谟、王士禛《倚声初集》卷一录其词一首。《御选历代诗余》《明词综》卷五录其词一首。《海虞文征》录其文七篇。生平见陈济生《天启崇祯两朝遗诗·小传》《(康熙)苏州府志》卷六六、《(康熙)常熟县志》卷一八。

魏偶(生卒年不详) 字达卿,号云松。浙江宁波府鄞县(今宁波)人。父魏安,以世勋为宁波卫指挥。偶少为诸生,弘治时以贡授石城训导。平生好诗,诸体皆临,尤喜学温庭筠、李商隐。秩满告归,与里人缙绅之好诗者屠滽、杨守随等以诗文相和答,前后二十年。其在石城时,诸生日诵其诗,后集赀刻为《云松诗略》八卷,《千顷堂书目》著录,现弘治七年(1494)刊本犹存,卷一至卷七收拟乐府、古今体诗二百三十余首,卷八收颂二、琴操二、骚体三、辞三、赋三。其归田后所作诗则不复得传。《千顷堂书目》另著录《读史编》,《四库全书总目》子部杂家类著录其《闻见类纂小史》十四卷,未见

传。《四明风雅》卷二录诗三十首。《石仓十二代诗选·明诗选》录其诗三十三首。清胡文学《甬上耆旧诗》卷六录诗四十八首。《明诗综》卷二六、《明诗纪事》丁签卷一五录诗二首。清袁钧《四明近体乐府》卷八录词二首。近人赵尊岳《明词汇刊》录词十二首为《云松近体乐府》。生平见《(雍正)浙江通志》卷一八〇。

魏靖国(? —1594) 字伯饶。江西抚州府东乡人。诸生,以孝友称于乡,与弟魏广国俱能文。屡试不举,厄于一第,因抑郁至病,万历二十二年(1594)壮岁而亡。卒后广国辑其遗稿,刊为《魏伯饶领袖堂集》十四卷,内文七卷,收赋三篇、各体文五十余篇,诗二卷,收诸体诗九十余首、幛词一首,末为尺牍四卷。卷首有万历二十一年福建按察副使杨际会及东乡县令伍文焕序。伍序云:"魏生好读书,经史百家之学无不贯串。甫壮而著述数十万言,为是抱优游之疾,疾骨立,犹手自批削,以朝闻夕死为无悔,用此不起。"又云其另有"《春秋三传异同》三十卷,羽翼圣经,以苦心十年而成,篇帙浩繁,莫克遽梓"云云。

魏裳(1519—1574) 字顺甫。湖广武昌府蒲圻(今属湖北)人。嘉靖二十五年(1546)举人,二十九年进士,除刑部主事。历员外郎、郎中,简放济南知府,迁山西按察副

使,分巡冀南道。以事罢官归籍,遂不复出。卒于万历二年(1574)。裳性沉静质直,笃于友,博学能诗文。与李攀龙、王世贞、吴国伦、汪道昆等交善,诗亦与"七子"同调,王世贞将其与余曰德、汪道昆、张佳胤、张九一并列为"后五子"(《弇州四部稿》卷一四)。《明史·艺文志》著录其《云山堂集》六卷,现存万历七年魏文可刊本,内诗三卷,收诗四百四十余首,文三卷,收各体文七十余篇。卷前有张佳胤序,多记其与李攀龙、王世贞交往,又有陈宗虞序,后有王世贞所撰《魏顺甫传》。《明史·艺文志》另著录其《湖广通志》九十八卷,《千顷堂书目》另著录其《楚史》七十六卷、《蒲圻县志》四卷。《皇明诗统》卷二三录其诗四首。《皇明诗选》录其诗一首。清廖元度《楚风补》卷二二录其诗八首。《明诗综》卷四七录其诗二首,"诗话"云:"顺甫差胜德甫(余曰德),尚非助甫(张九一)、肖甫(张佳胤)之伦。"《四库全书总目》著录《云山堂集》六卷,"提要"云:"当嘉、隆之际,李攀龙、王世贞方负盛名,而裳与南昌余曰德德甫、铜梁张佳胤肖甫、新蔡张九一助甫实左右之,当时称为'四甫'。裳才地稍弱,尤为墨守不变。集首佳允序,谓其文非左、国、两司马,诗非建安、大历则不以寓目,此即其力持王、李余论之证,故世贞《艺

苑巵言》亦称其不失门宗云。"清高士熙《湖北诗录》录诗二首。《明诗纪事》已签卷三录诗三首。生平见王世贞《魏顺甫传》(《弇州四部稿》卷八二)、王兆云《皇明词林人物考》卷一〇、过庭训《本朝分省人物考》卷七六、《明史》卷二九七。

魏骥(1374—1471)　字仲房,号南斋。浙江绍兴府萧山(今属杭州)人。永乐三年(1405)举人,明年试礼部,以副榜授松江府学训导,迁太常博士,与修《永乐大典》。宣德初,进吏部员外郎,历太常少卿,正统三年(1438)擢行在吏部左侍郎,改礼部,再改南吏部,进尚书。景泰元年(1450)致仕,成化七年(1471)九月卒,年九十八,谥文靖。性好吟咏,矢口适情,不求雕饰。《明史·艺文志》著录其《摘稿》十卷。现存弘治十一年(1498)其孙婿福建左布政使洪钟《南斋先生魏文靖公摘稿》十卷。内前四卷为其居官两京时之作,卷一至卷三收各体文七十四篇,卷四收古近体诗一百三十五首;后集六卷,为归田后,自景泰二年(1451)至成化八年之作,收各体文九十六篇,诗六百余首。《四库全书总目》著录《南斋摘稿》十卷,即此本。此本又有清康熙八年(1669)王余高重修本及清抄本。《千顷堂书目》另著录其《萧山水利事迹》《理学正义》。顾起纶《续国雅》卷二录其

诗一首。《皇明诗统》卷八录其诗二首。《列朝诗集》乙集录其诗一首。《明诗综》卷一八下录其诗一首,"诗话"谓"其文极醇雅,诗虽非专长,亦颇蕴藉"。《御选宋金元明四朝诗》录其诗三十一首。《明诗纪事》乙签卷一〇录其诗一首。生平见叶盛《魏公墓志铭》(《泾东小稿》卷七)、王兆云《皇明词林人物考》卷二、何乔远《名山藏》卷六二、《明史》卷一五八。

[、]

阙士琦(生卒年不详)　字褐公。湖广常德府桃源(今属湖南)人。天启四年(1624)举人,崇祯七年(1634)进士,除南安知县,甫数月,丁内艰归。福王时诏起编修,乘舟至维扬,遇悍兵强易其舟,以事不可为,遂归。有《蟛蜞馆》《阙山》《郎当》等集,未见传。清廖元度《楚风补》卷三一录其诗十七首。清邓显鹤《沅湘耆旧集》卷二〇三录诗十首。清应先烈《常德文征》录其诗二十四首、文二篇。《湖南文征》录文十二篇。《明诗纪事》辛签卷二〇录其诗二首。生平见《(雍正)湖广通志》卷四三、《(乾隆)桃源县志》卷一二。

廖孔说(生卒年不详)　字傅生。湖广衡州府衡阳(今属湖南)人。晚明从父宦南都,遂为应天府诸生,有才名。《列朝诗集》丁集录其诗二十七首,"小传"谓其"博学强记,为诗不经意,轻俊自喜。漉囊策蹇,日游溪山间,山僧道流无不相识,问以京雒贵人,都不记也。每入城过酒人及好事家,酣饮赋诗,不数日辄厌去。居山中,不数日又复来。以此为常。海昌许同生弃官隐华阳,招孔说偕隐,常往依焉。爱祈泽龙泉之胜,卒死其间。少跅弛纵酒,晚年戒酒持律,临终持佛号而绝。"《明诗评选》录其诗二首。清廖元度《楚风补》卷二六录其诗十六首。《御选宋金元明四朝诗》录其诗十四首。清邓显鹤《沅湘耆旧集》卷二六录诗二十五首。《明诗纪事》庚签卷三〇录其诗三首。生平见清陈作霖《明代金陵人物考》《(乾隆)衡州府志》卷二八、《(乾隆)衡阳县志》卷一〇。

廖希颜(1509—1548)　字叔愚。湖广长沙府茶陵(今属湖南)人。嘉靖十年(1531)举人,明年进士,除高安知县。迁工部主事,历郎中,出为山西提学副使,讲学河汾书院,迁浙江按察使。二十七年卒,年四十。其提学三晋时,曾修《三关志》十卷,现存嘉靖二十四年刊本,内《地理总考》三卷、《武备考》一卷、《兵食考》一卷、《马政考》一卷、《官师考》一卷。亦能诗文,《千顷堂书目》著录其《东云存稿》四卷,未见传。《皇明诗统》卷二四录其诗一首。《列朝诗集》丁集录其诗五首。《明诗综》卷四一录其诗三首。《御选宋金元明四朝诗》录其诗二首。清廖元度《楚风补》卷二一录其诗六首。清邓显鹤《沅湘耆旧集》卷十七录诗五十一首，"小传"云："近见其后裔所刻《思复堂稿》四卷，诗才俊爽，七言近体尤雅健有气力。评者谓其继西涯（李东阳）、龙湖（李贽）而起，殆不诬也。"《明诗纪事》戊签卷一八录其诗六首，按云："叔愚七律，气格轩举。"《湖南文征》录其文一篇。生平见《（雍正）湖广通志》卷五五。

廖道南（1494—1547）　字鸣吾，号玄素子。湖广武昌府蒲圻（今属湖北）人。正德八年（1513）举人，十六年进士，二甲第一，与张治、童承叙同年，称"楚中三才"，选翰林院庶吉士，授编修。嘉靖四年（1525）纂修《明伦大典》成，升中允，六年充日讲官，于经筵讲《洪范》及《大学衍义》，所撰应制诗及所献《泰神殿礼成感雪赋》《圜丘载祀庆成九章》《圣主光图阳翠岭赋》等，皆邀睿赏。十二年坐不代讲，谪徽州府通判，次年复原职。十八年世宗诏修《承天大志》，以彰明宗，道南亦修《楚纪》以求媚。是年世宗南幸承天府，道南献《圣皇南巡江汉赋》，上以付史馆，又上《瑞应颂》四篇，亦命留览。既而朝见，时道南居忧，以服绯忤帝

怒，十九年、二十年又多次献颂，终不起，二十六年卒于家，年五十四。平生喜著述，时称文章作手，然多歌功颂德，故诗文规矩严整而灵动不足。王世贞《艺苑卮言》卷五尝谓其诗"如新决渠，浮浊泥，一瞬皆下"。《明史·艺文志》记其有《文集》五十卷《诗》六卷。现存嘉靖十五年至二十二年汇刊本《玄素子集》五十六卷，内《玄素子（编年）集》二十一卷、《戴星集》二卷、《艺苑集》六卷、《词垣集》五卷、《讲幄集》三卷、《卿云文集》一卷、《疏牖集》十卷、《文华大训箴解》六卷、《拱极集》二卷，有黄省曾序。内《玄素子（编年）集》共收古近体诗近二千六百首；《词垣集》收赋、颂、乐章一百五十篇；《艺苑》《讲幄》《疏牖》三集共收文二百五十篇。所修《楚纪》六十卷，有万历三年（1575）刊本。又续黄泰泉《翰林记》为《殿阁词林记》二十二卷，有嘉靖刊本及《四库全书》本。顾起纶《国雅》卷八录其诗二首。《皇明诗统》卷二一录其诗四首。《皇明诗选》录其诗一首。《列朝诗集》未录其诗，仅于童承叙"小传"言及道南"才名甚著，其诗尤芜浅不及录"。清廖元度《楚风补》卷一〇录其诗七首。《明诗综》卷三七录其诗一首，"诗话"云："鸣吾诗，望之若精《选》体，然其质钝，辖句束字，易于滞涩。"清高士熙《湖北诗录》录其诗二首。

《明诗纪事》戊签卷一四录其诗一首。《明文海》录其文一篇。生平见胡直《廖中允道南传》(《国朝献征录》卷一九)、王兆云《皇明词林人物考》卷一二、过庭训《本朝分省人物考》卷七六、《(康熙)武昌府志》卷八。

端淑卿(生卒年不详)　南直太平府当涂(今属安徽)人。教谕端廷弼之女,适丹湖儒官芮某。《明史·艺文志》著录其《绿窗诗稿》四卷,《千顷堂书目》著录其《绿窗遗稿》又《续稿》,均未见传。托名钟惺《名媛诗归》卷三〇录其诗三十四首。《列朝诗集》闰集录其《采莲》《春》《隋柳》诗,"小传"云:"幼从父官邸,日读《毛诗》《列女传》《女范》诸篇。笄总后,博通群书,备有仪法。与其夫白首相庄,里党重之。"《明诗综》卷八六录其《隋柳》诗一首。《御选宋金元明四朝诗》录其诗三首。清季娴编《闺秀集》卷下录其诗一首。《御选历代诗余》录其词二首。《明词综》卷一一录其词[阮郎归]。清周铭《女子绝妙好词》卷八录其词四首。

谭元春(1586—1637)　字友夏。湖广承天府景陵(今湖北天门)人。少勤学,性孤迥,喜游览,好著述。困于诸生,屡试不举。天启四年(1624)以恩贡入京,无所得而归。至天启七年四十二岁,李明睿主湖广乡试,始拔置楚闱第一,旋丁母忧,居家守丧三年。服阕,上礼闱,不第。崇祯十年(1637)赴京再试,行至都门三十里,猝死于旅舍,年五十二。元春年十六学为诗,初无师承,后从伯舅魏良翰学律诗四声,始知近体。二十岁时与同邑钟惺缔交,遂为终身友。万历四十二年(1614)与钟惺同评选古诗,题为《诗归》。明年三审定稿,钟、谭各作一序,于万历四十五年刊《唐诗归》三十六卷《古诗归》十五卷于世,又多有翻刻、重订本,一时流播天下,以致"承学之士,家置一编",二人也因此骤得大名。然论者之褒贬则相去天壤,誉者谓其《诗归》一选,手辟蚕丛(高世泰《谭友夏先生乡贤檄》),至清初,毁之者谓其"寡陋无稽,错缪叠出","古今诗法于是尽亡"。钟、谭以选代论,其旨在于反诗文摹古,主张绝去町畦,自写性灵。元春诗文著述多刻于明末,约刻于泰昌、天启时之《岳归堂合集》十卷为现存最早刊本,收诗六百首,有元春万历四十七年《自序》、蔡复一《谭友夏诗序》、李维桢《谭友夏旧刻序》、朱之臣《寒河集序》、钟惺《简远堂近诗叙》、茅元仪《楚二岳集序》。朱序云:"谭友夏已行诗有《简远堂》《虎井》《秋寻》《西陵》《退寻》《客心》《游首》诸集,大半皆游览所作,而家刻止《简远》一种耳。余过寒河，问友夏读书处，尽发其藏，得诸集前后诗刻之，题以《寒河》。"则元春诗《岳归堂合集》前已有单刻本，而此集为诸集之汇辑也。是集后又有崇祯三年（1630）之重刊本。又，崇祯间刊《陟庵订定谭子诗归》十卷，收诗九百余首，为《岳归堂合集》之增刊本。元春之文称《鹄湾集》，有明末刊残本九卷，存各体文一百三十余篇，陈际泰序。崇祯六年徐汧、张泽编刊《新刻谭友夏合集》二十三卷，卷一至卷五题《岳归堂新诗》，计收诗三百余首；卷六至卷一四题《鹄湾文草》，收各体文一百三十余篇；卷一五至二二题《岳归堂已刻诗选》，收诗六百余首；卷二三收元春诸集《自序》十七篇。另有明末刊本及抄本《岳归堂未刻诗》，收诗二百九十首；《鹄湾未刻古文》，收各体文七十余篇。二集乃元春弟谭元声所辑，然其诗文散佚亦不在少数。清顺治三年（1646）夏官、郑星曾刊《钟谭诗选》不分卷。顺治澄怀阁刊本《诗慰》（陈允衡编）初集选元春诗一百六十九首为《岳归堂集选》；又选元春诗一百九十二首为《鹄湾集选》。自《诗归》刊行流播四方，"钟谭"一时名满天下。诗家或趋之若鹜，形成"竟陵"诗风，或称"竟陵一派"，至与复古格调一派鼎立骖靳，对峙三十余年。后始有人以为二人学殖不富，识见偏颇，对《诗归》及"竟陵一派"极力贬斥。其中以钱谦益攻之最烈。《列朝诗集》丁集中录元春诗五首，"小传"云："友夏之才力薄于钟，其学殖尤浅，谫劣弥甚，以俚率为清真，以僻涩为幽峭……原其初，岂无一知半解。浮光掠影，居然谓文外独绝，妙处不传，不自知其识之堕于魔而趣之沉于鬼也。"《明诗评选》录其诗一首。清廖元度《楚风补》卷二九录其诗三十一首。《明诗综》卷六六录其诗二首，"诗话"云："钟、谭并起，伯敬扬历仕涂，湖海之声气犹未广，藉友夏应和，派乃盛行。《诗归》既出，纸贵一时。正如摩登伽女之淫咒，闻者皆为所摄，正声微茫，蚓窍蝇鸣，镂肝鉥肾，几欲走入醋瓮，遁入溝丝。充其意不读一卷书便可臻于作者，此先文恪（朱国祚）斥为亡国之音也。"《御选宋金元明四朝诗》录其诗八首。《四库全书总目》著录《谭子诗归》十卷、《岳归堂集》十卷、《谭友夏合集》二十三卷，"提要"云："隆、万以后，'公安三袁'始攻击王、李派，以轻巧为工，风气一变。天门钟惺更标举尖新幽冷之词，与元春相倡和。评点《诗归》流布，天下相率而趋纤仄。有明一代之诗，遂至是而极弊。"清高士熙《湖北诗录》录其诗六首。清熊士鹏《竟陵文选》录其文七篇、《竟陵诗选》录其诗八十九首。《明诗纪事》庚签卷五录其诗二首,按语云:"友夏乐府,可谓刻画无盐。近体与钟同趣,而不如钟尚多隽句可采。"《明文海》录其文四篇,评语谓"其文铭辞、游记为工,书序亦有意致"。生平见李明睿《钟谭合传》《诗慰》初集《岳归堂集选》)、清邹漪《启祯野乘》卷七、《(康熙)安陆府志》卷二○、《明史》卷二八八。

谭纶(1520—1577)　字子理,号二华。江西抚州府宜黄人。生于正德十五年(1520)七月二十一。嘉靖二十二年(1543)举人,明年进士,授南礼部主事。以母丧归,服阕,补南兵部武库司,迁员外郎,以知兵名,三十五年迁为台州知府,以破海匪功,进浙江副使,升右参政,仍辖海事。寻以金都御史巡抚全闽,统领戚继光、俞大猷等,剿平境内倭寇,进右都御史。四十四年诏抚陕西,未至,明年改抚四川。隆庆元年(1567)升兵部右侍郎,总督两广军务,寻召还,以左侍郎总督蓟、辽、保定军务,与戚继光等训练军队,加固长城,五年进兵部尚书理戎政,寻告归。神宗即位,召为兵部尚书,加太子少保,万历五年(1577)四月初三卒于官,年五十八,谥襄敏。纶终始兵事,垂三十年,破倭寇,修屯堡,严守备,边徼帖然,称名将。所著有万历二十八年顾所有刊本《谭襄敏公奏议》十卷,被抽毁后收入《四库全书》。诗文著述现存清嘉庆间邹

庭芳木活字印本《谭襄敏公遗集》三卷,卷首嘉庆二十四年(1819)黄锡禋序,谓其卒后除奏疏外,诗文皆散佚,此本系据明季邹湜堂抄本《遗文汇集》辑刊,内卷一至卷二收书牍一百四十六篇,卷三收记四篇、传一篇、诗四首《说物寓武》二十八则。卷首收邹湜堂序、年谱及传记数篇,末附《荣哀录》及《逸事》。《江西诗征》卷五七录其诗一首。清应麟《江右古文选》卷一九录其文二篇。生平见余寅《谭公墓志铭》《农丈人文集》卷一三)、姜宝《谭襄敏公传》《谭襄敏公遗集》卷首)、何乔远《名山藏》卷八一、《明史》卷二二二。

谭昌言(1571—1625)　字圣俞,号凡同。浙江嘉兴府嘉兴人。万历二十二年(1594)乡试第一,二十九年进士,除常熟知县,改婺源,丁外艰归。服阕,补真定滦城知县,迁南兵部职方主事,入为兵部车驾司郎中,简放福建参议,以山东右参政为青、登、莱海防督饷监军,天启五年(1625)三月十四卒于官,年五十五。崇祯初,赠太仆寺卿。《千顷堂书目》著录其《狷石居遗稿》八卷,现存明末刊本《谭凡同先生狷石居遗稿》八卷,为其门人林向春及其子谭贞默所辑,内卷一收诗十九首,卷二至卷八收各体文一百十余篇。清沈季友《槜李诗系》卷一七录其诗一首。《明诗综》卷五九录其诗

一首,"诗话"谓其"在留都,结诗社、读史社,诗爱孟襄阳,第不多作"。《御选宋金元明四朝诗》录其诗一首。生平见清《谭公墓志铭》(《牧斋初学集》卷五三)、清邹漪《启祯野乘》卷九。

颜木(生卒年不详) 字惟乔,号淮汉。湖广德安府应山(今湖北广水)人。正德二年(1507)举人,明年春闱不第,游南雍。十二年进士,与黄冈王廷陈同年,除许州知州,移亳州,以州民诘奏免官。性嗜书,能文章,晚年好诗。退居二十年,任诞自放,踪迹亦略仿王廷陈,因交相得也,后有人将二人并称"楚二杰"。嘉靖十八年(1539)诏修《承天大志》,工部尚书顾璘总其事,聘颜木、王廷陈预之,俱高名被废者,欲借此为出山计。书成,不称旨,赐银币而已。《千顷堂书目》著录其《十朝小识》《随州志》《烬余稿》四卷。现存嘉靖刊本、万历刊本《淮汉烬余稿》四卷,内诗二卷,收诗二百四十余首,词九首,文二卷,收各体文五十三篇。又有明朱格抄本《烬余稿》六卷,卷一卷二收赋五篇、诸体诗二百五十余首,卷三至卷五收词二十首、各体文百余篇。刊本所收诗、文少于抄本,且均见于抄本,未详二者之关系。另有嘉靖十八年刘祚刊本《山陵赋》一卷(朱格抄本亦收)、明抄本《四礼略》四卷。又曾纂修《应山县志》三卷、《随州志》二卷,前者存嘉靖刊本,后者有旧抄本。《千顷堂书目》另著录其《十朝小识》。《皇明诗统》卷二〇录其诗九首。《列朝诗集》丙集录王廷陈诗而未录颜木诗,惟于廷陈"小传"言及颜木云:"惟乔诗质率,了无才情,而其名亚于穉钦(王廷陈),撰《随志》杂用史法,体例踳驳,而顾华玉(顾璘)推其有良史才,殆名过其实者也。"清高士熙《湖北诗录》录其诗一首。《明诗纪事》戊签卷一三录其诗五首,按语谓其诗"格调甚高"。生平见许宗鲁《亳州知州颜公木墓志铭》(《国朝献征录》卷八三)、《(嘉靖)应山县志》卷上、王兆云《皇明词林人物考》卷六。

颜廷榘(生卒年不详) 字范卿,号赘翁、陋巷生、桃源渔人、迁生。福建泉州府永春人。嘉靖三十七年(1558)岁贡,授九江通判,迁岷王府右长史。曾笺注杜诗,成《杜律意笺》二卷,现存明刻本及清康熙六年(1667)刻本。喜吟咏,年七十余纵游燕、蓟、吴、越间,所过辄留诗以纪,清初其孙颜尧揆、曾孙颜胤镰搜其所遗,刊为《丛桂堂全集》四卷《诗集》四卷,现存清初刻本。《四库全书总目》著录其是集,"提要"云:"其诗文挥洒千言,颇多率易。"生平见《(乾隆)福建通志》卷五一。

潘一桂(1592—1636) 字无隐,

一字木公。南直苏州府吴江（今属江苏）人。明末诸生。少曾随父贾于京口，年二十余归里，与卜舜年同习楚辞。有文名，时与沈自然、史元、徐白、俞南史齐名，称"松陵五才子"，尤以赋名。崇祯九年（1636）卒，年四十五。《千顷堂书目》著录其《潘木公集》六卷。现存泰昌元年（1620）序刊本《中清堂集》十七卷，内赋三卷，收赋十九篇，诗八卷，收诸体诗七百首，文六卷，收各体文四十五篇、书启一百零五篇，有李维桢、邹迪光、姚希孟、文翔凤、米万钟、张允登、方应祥、魏士前、陈继儒、卜舜年、钱玄、文震孟、吕纯如等序。《（乾隆）吴江县志》卷四六记其另有《枫叶社诗选》一卷、《古韵通考》二十卷。《列朝诗集》丁集录其诗九首，"小传"云："年未三十，有赋数十篇。卜居京口，览江山之胜，与友人钱玄密纬以辞赋相砥砺，作《东征》《昌言》诸赋，为时所称……无隐诗多弘丽，今集为焦弱侯（焦竑）所定，多取其肤立者。赋则为西极文太清（文翔凤）所推。太清以扬、马自负，目无一世，见无隐诸赋，曰：'我心折气涩矣。'"清陈元龙《御定历代赋汇补遗》卷二录其《金山赋》。陈济生《天启崇祯两朝遗诗》卷八录其诗二十八首。《明诗综》卷七六录其诗一首。《御选宋金元明四朝诗》录其诗五首。《明诗纪事》辛签卷二二录其诗二首。生平见《（乾隆）江南通志》卷一六五。

潘士藻（1537—1600）　字去华，号雪松。南直徽州府婺源（今属江西）人。生于嘉靖十六年（1537）八月二十五。万历十一年（1583）进士，官御史，以执法罪于东厂，后又以直言触帝怒，谪广东布政司照磨。进南吏部主事，迁尚宝丞，久之，进尚宝少卿，万历二十八年十月二十九卒于官，年六十四。《明史·艺文志》著录其《闇然堂集》六卷，现存万历间刻本名《闇然堂遗集》，首万历三十八年邹元标序，内卷一至卷四收奏疏及各体文一百一十余篇、诗五十六首，卷五至卷六收尺牍一百七十余篇。《明史·艺文志》另著录其《洗心斋读易述》十七卷，现存万历三十四年潘师鲁刊本及《四库全书》本。所著另有万历刊本《闇然堂类纂》六卷、万历三十七年刊本《闇然堂日录》八卷。生平见《潘君士藻墓志铭》《国朝献征录》卷七七）、袁中道《潘去华尚宝传》（《珂雪斋前集》卷一六）、清黄宗羲《明儒学案》卷三五、《明史》卷二三四。

潘之恒（1556—1622）　字景升，号鸾啸生、亘生、山史、庚生、冰华生、天都逸使等。南直徽州府歙县（今属安徽）人。生于嘉靖三十五年（1556）正月初八。其父、祖业盐兼典当，积资丰饶，因送其习举子业，求发达。以输赀入南国子监，万历十三年(1585)、十六年、十九年三应乡试不举，遂以游山水、交名士、诗酒游宴、征歌度曲为生活。又以"鸾啸轩"为堂号在南京刻书。多才艺，以风流慷慨自负，好结客，能急人难，因一时称名于东南。万历二十四年后父老弟亡，屡遭事故，经商不利，再应科考亦不举，因渐入窘境。五十岁后困顿日甚，六十岁后因再次僦居金陵，依故友新知接济生活。天启二年(1622)正月初七卒于青溪之旅馆，年六十七。一生恋情山水，至老不悔，壮岁曾遍游新安、越中、三吴等地名山，所游多记之，因著《江上山志》《蜀山志》《淮上杂志》《新安山水志》《越中山水志》等为《名山注》。晚年尤属意于黄山，于山下汤泉建有苫堂，广邀宾朋游之，辑有关文献成《黄海》六十卷(有明刊本不分卷)。又曾总其山水之记并合其他著述作《亘史》，未竟而逝，卒后五年由其子潘弼亮辑成《亘史》九十三卷传世。曾屡屡沉湎于秦楼楚馆、舞榭歌台，撰有《曲中志》《秦淮剧品》《曲艳品》《续艳品》《金陵妓品》《剧评》《叙曲》《吴剧》《曲派》等篇，记录隆、万间数十年昆山腔演出盛况，多评鉴，以致时人皆以赏音、独鉴称之，又喜为坊中女优作传，因被称为"姬之董狐"。有关戏曲之作及其他杂著《南陔六舟记》《太湖泉志》《宛陵二水评》《六博谱》《续叶子谱》等多收入崇祯二年(1629)刊《鸾啸小品》十二卷及《亘史》中，亦为明末清初《锦囊小史》《绿窗女史》《广百川学海》《雪堂韵史》《说郛续》等丛书所录。少能诗，称才敏词赡，因得从邑前辈汪道昆游，入白榆社，又师事王世贞。后渡江历浔阳、武昌，与袁宏道兄弟交善，其诗因又染"公安"声气。其诗总称《鸾啸集》，实为即作即刻，有《白榆社诗草初草》一卷、《黍谷诗草》二卷、《冶城诗草》一卷、《蒹葭馆诗草初草》一卷《续草》二卷、《东游诗草初草》一卷《续草》二卷、《涉江诗草》七卷、《金昌诗草》一卷、《漪游草》三卷等，单刊本多存于世。《四库全书总目》著录其诗集《涉江诗选》七卷，"提要"云："迹其生平，盖始终随人作计者也。"实万历后期，诗坛繁荣，诸流交汇，当时诗人不少已不守门户藩篱。之恒《涉江集》七卷有万历二十六年(1598)江盈科序、袁宏道序、王穉登序，二十七年屠隆序，二十八年梅守箕序，三十年冯时可序，所列"选阅《涉江诗》社友姓氏"，除作序者，另有汪道会、李梦、李维桢、虞淳熙、陶望龄、邹迪光、程可中、顾懋宏、张凤翼、谢肇淛、曹学佺等近百人，既可见其交游之广，亦可见时人并非全守门之见。《列朝诗集》丁集录其诗九首。清陈允衡编顺治澄怀阁刊本《诗慰》初集自其《涉江集》选诗七十七首为《涉江集选》，并录江盈科、屠隆原序。《明诗综》卷六五录其诗二首。《御选宋金元明四朝诗》录其诗九首。《明文海》录其文八篇。生平见《(康熙)歙县志》卷一〇、《(1937)歙县志》卷一五。

潘氏（生卒年不详） 号碧天道人。浙江台州府天台人。正德、嘉靖间山东提学潘祯女，贡生裴致中之妻。以能诗称于缙绅间，现存清叶氏荫玉阁木活字印本《碧天吟稿三卷》附录一卷，计收五言绝五首，七言绝三十二首，七言律诗四首。《盛明百家诗》后编录其诗二十九首为《潘氏诗集》一卷。顾起纶《国雅》卷一九录其诗八首。《皇明诗统》卷四一闺秀类录其诗十五首。许鸣远《天台诗选》卷六闺媛录其诗九首。托名钟惺《名媛诗归》卷二五录其诗二十一首。《石仓十二代诗选·明诗选》录其诗四首。《列朝诗集》闰集录其诗十一首，"小传"云："自署其稿曰'女郎碧天道人'。嘉靖甲申岁（1524），台人刻其存稿，称其诗温柔敦厚，守礼不放，可方之宋之谢希孟云。"《明诗综》卷八六录其诗二首。《御选宋金元明四朝诗》录其诗七首。《东瓯诗存》卷四六(闺秀)录其诗二十一首。清季娴编《闺秀集》录其诗四首。清戚学标《三台诗录词

录》卷三二闺阁录其诗六首。

潘希曾（1476—1532） 字仲鲁，号竹涧居士。浙江金华府金华人。弘治十四年（1501）举人，明年进士，选翰林院庶吉士，授兵科给事中。出复湖广、贵州军储，迁吏科右给事中。以不贿刘瑾，为瑾矫诏下狱，拷掠除名。瑾诛，起刑科右给事中，升礼科左给事中，再迁工科都给事中。正德十一年（1516）迁南太仆寺少卿，进本寺卿。嘉靖二年（1523）进南太常寺卿，改北，提督四夷馆，四年以右副都御史提督南赣、汀漳等处军务。召为工部右侍郎，管治河事，十年改兵部，转左，十一年五月初四卒于官，赠兵部尚书。《明史·艺文志》著录其《奏议》四卷《竹涧集》八卷。现存嘉靖二十年吴郡黄省曾校刊本《竹涧先生文集》八卷，张衮、苏佑序，内诗四卷，收诗四百五十七首，文四卷，收赋一、诸体文并书牍二百余篇，又《奏议》四卷附录一卷。《列朝诗集》丙集录其诗一首。阮元声《金华诗粹》录其诗二首。清汪森《粤西诗载》录其诗十三首、《粤西文载》录其文一篇。《御选宋金元明四朝诗》录其诗一首。《四库全书》据嘉靖本收《竹涧文集》八卷《竹涧奏议》四卷，《总目》"提要"云："今观集中章奏，语皆剀切真挚，不为粉饰而深中事理，不愧其名。其平时虽不以文章著，而直抒胸臆，

沛然有余,亦其刚正之气,有不可掩遏者欤。"清黄彬等《金华诗录》卷二八录诗九首。《明诗纪事》丁签卷九录其诗一首。《明文海》录其文《大礼问辩》一篇。生平见程文德《潘公希曾传》、崔铣《潘公墓志铭》(《竹涧集附录》)及萧彦《掖垣人鉴》卷一一、清徐乾学《明史列传》卷七一。

潘亨(1429—1486) 字从礼,号竹鹤道人,又号冰壑老人。南直淮安府山阳(今江苏淮安)人。生于宣德三年十二月初五(1429年1月9日)。家世业医,长入邑庠。景泰七年(1456)举人,试春闱不第,成化八年(1472)谒选,得四川顺庆府同知,补湖广武昌府同知。成化二十二年(1486)四月十六卒于家。性喜吟咏,以能诗称于乡里。《千顷堂书目》著录其《冰壑先生遗稿》。现存清经术堂刊本《冰壑先生诗集》四卷。《明诗综》卷一九下录诗四首,"诗话"云:"冰壑诗格高耸,比于'十才子',似觉轶伦。"《御选宋金元明四朝诗》据《明诗综》录诗。清吴玉搢《山阳耆旧诗》录诗二十八首,按云:"吾乡前朝诗人多无专集传世,故所录仅数首而已,至先生而后能满志也。"清丁晏《山阳诗征》卷四录诗四十四首,《柘塘脞录》云:"冰壑老人诗,才力富健,音节铿锵,歌行尤为擅场,在明代可称作手。"生平见金铣《潘公墓志》(《山阳诗征》卷

四引)、《(乾隆)淮安府志》卷二二。

潘纬(生卒年不详) 字象安,又字仲文。南直徽州府歙县(今属安徽)人。少有诗名,同邑王寅、江瓘召其入诗社。后以诸生入太学,试不第,因入赀为武英殿中书舍人,万历初告归。其年少在乡结曲水社,曾刻《三咏集》,后又有《南华》《北游》《燕山》诸集,归田以后,又有《养疴》《游淮》《园居》诸集。现存万历间刊本《潘象安诗集》四卷,即为诸集之汇刻。是集卷首有万历九年(1581)许国序、汪道昆序,又孙慎行、鲍应鳌为其所作传,内收赋二篇、五七言古体诗九十余首、五七言近体诗约四百首。《千顷堂书目》著录其《象安诗集》四卷,即此本也。《盛明百家诗》后编录其诗九十余首为《潘象安集》一卷。顾起纶《国雅》卷一七录其诗九首。《皇明诗统》卷三五录其诗六首。《列朝诗集》丁集中录其诗三十一首,"小传"谓其"垂髫能诗,家于白岳之下,隐居诵读,不妄交与。兴化李文定公(李春芳)在政地,延致门下凡十年。萧然布衣,无所干请"。《明诗评选》、《明诗综》卷四八、清沈德潜《明诗别裁集》录诗一首。《御选宋金元明四朝诗》录诗十六首。《四库全书总目》著录《潘象安诗集》四卷,"提要"谓其"五言古体多摹《文选》,七言古体学初唐,近体亦颇有大历诸人风调,然音

节畅而性情少,所谓得皮而未得髓者也"。生平见孙慎行《潘少逸先生传》(《潘象安诗集》卷首)、《(乾隆)江南通志》卷一六七。

潘季驯(1521—1595)　字时良,号印川。浙江湖州府乌程(今湖州)人。嘉靖二十九年(1550)进士,除九江府推官。擢监察御史,巡按广东,提督北畿学校,迁大理寺丞,历少卿,擢右金都御史,督理河道,以丁母忧归。即家拜右副都御史,总理河道,隆庆五年(1571)罢归。以荐起,巡抚江右,进刑部右侍郎,迁右都御史兼工部左侍郎,总理河道,进太子太保、工部尚书兼左副都御史。万历五年(1577)转南京兵部尚书,参赞机务,又改刑部尚书,十二年复罢。再以荐起工部尚书,兼右副都御史,总理河道、提督军务,二十三年卒于任。以治河名,其自嘉靖四十四年受命治河,先后四总河务,在工二十余年,习知地形险易,增筑设防,综理纤悉,功绩甚著。又著有《总理河漕奏疏初二任》三卷《三任》五卷《四任》六卷(有明刊本)及《四库全书》所收之《潘司空奏疏》七卷、《两河经略》四卷、《河防一览》十四卷,均叙治水之事。所言治水方略在筑堤束水,借水刷沙,后世治河,俱守其规划。亦能诗文,《明史·艺文志》著录其《文集》五卷,现存万历二十六年吴兴潘氏家刊本

《留余堂集》四卷,余寅序,卷一收诗一百二十余首,卷二至卷四收序、记、传、墓铭等文三十八篇。另有明刊本《留余堂尺牍》六卷。《明诗综》卷四四、《御选宋金元明四朝诗》、清陆心源《吴兴诗存》四集卷九均录诗一首。生平见王锡爵《印川潘公季驯墓志铭》(《王文肃公文草》卷八)、申时行《潘公传》(《赐闲堂集》卷一八)、《明史》卷二二三。

潘炳孚(1612—?)　字大文,号鹤湖。浙江嘉兴府嘉善人。生于万历四十年(1612)六月初三。庠生,崇祯三年(1630)应乡试以违格见遗,卒年未及三十。以词著,尤以艳词称于一时,论者称其属明末"柳洲词派"。钱继章编清初刻《人琴集》收其《珠尘遗稿》一卷,收诗十余首、词五十一首。近人赵尊岳辑刻《明词汇刊》据《珠尘遗稿》录其词为《珠尘词》。又清沈季友《檇李诗系》卷三五录其诗八首。

潘埙(1476—1562)　字伯和,号熙台,晚号平田野老。南直淮安府山阳(今淮安)人。世业医,至其祖潘亨以举人官武昌府同知,始修儒业。生于成化十二年(1476)十月初六。正德二年(1507)乡试中举,明年进士,授工科给事中。九年迁吏科右给事中,十年转工科左给事中,十一年升兵科都给事中。性刚决,弹劾无所避,以忤权贵,出为开

州同知。十五年正德帝崩,起南太常寺丞,嘉靖元年(1522)复为都给事中,又出为陕西右参政,晋山东右布政,转浙江左布政。七年以右副都御史巡抚河南,会大饥,给事中蔡经等劾其不以时赈,明年罢归。居乡三十年,四十一年六月初八卒,年八十七。以宦名于乡里,称地方缙绅之首,亦能诗文。曾编纂《淮郡文献志》二十六卷补遗一卷,有嘉靖三十四年刊本。又曾抄撮诸书异闻成《楮记室》十五卷,现存明潘蔓刊本。所著《抚台奏议》四卷,嘉靖刻本残存卷一,又有清刻《熙台先生奏议》八卷。其诗后人辑为《熙台先生诗集》十卷,按体分卷,每卷按时间顺序排列,清刊本残存八卷,据目录,缺卷九(五言联句七首、五言绝句五十六首、七言绝句一百三十五首)、卷一○(诗余三十九首)。《明文海》录其文三篇,又多有佚文见于郡志。清吴玉搢《山阳耆旧诗》录其诗二十八首。清丁晏《山阳诗征》卷六录其诗五十六首。生平见吴承恩《潘公神道碑》(《射阳先生存稿》卷三)、萧彦《披垣人鉴》卷一二、《明史》卷二〇三。

潘恩(1496—1582) 字子仁,号湛川,改号笠江。南直松江府上海人。生于弘治九年(1496)三月二十六。嘉靖元年(1522)举人,明年进士,授祁州知州,调钧州。擢南刑部员外郎,丁母忧归。服除得刑部

员外郎,十二年出为广西佥事,提调学校,十六年进四川左参议,分守川东北三道,二十一年迁山东副使,巡查海道,坐御史叶经以试录忤旨,下诏狱,谪广东河源典史。转南太仆寺丞,迁南礼部郎中,出为江西副使,进浙江左参政,守杭嘉湖道,晋云南按察使,未上,迁江西右布政,转浙江左布政,三十五年以右副都御史巡抚河南。三十六年迁刑部右侍郎,历工部左侍郎,拜南京工部尚书,三十九年转刑部尚书,四十年改左都御史,致仕。万历十年(1582)十月十六卒,赠太子少保,谥恭定。著述现存嘉靖三十四年聂叔颐编刊本《潘笠江先生集》十二卷,张时彻、徐献忠序,内卷一赋七篇、拟乐府诗五十一首,卷二至卷五收古近体诗四百九十余首,卷六至卷一二收各体文一百四十八篇。其生前又曾辑《笠江先生近稿》十二卷,内卷一、卷二收诗二百七十余首,卷三至卷一二收各体文一百五十余篇。卒后其子潘允哲、潘允端合二集刊之,增附录一卷,题为《潘恭定公全集》,卷首置陆树声《潘恭定公全集小引》及张时彻、徐献忠旧序。《明史·艺文志》记其有《笠江集》二十四卷,当指《全集》本。另有明活字本《玄览堂诗钞》四卷,收赋三、诸体诗三百一十三首。所著又有隆庆间刊本《诗韵辑略》五卷、万历十五年刊本《美芹

录》二卷。《明史·艺文志》另著录《诗经辑说》七卷、《诗韵辑略》五卷、《祁州志》六卷。《盛明百家诗》后编录诗六十余首为《潘尚书集》。顾起纶《续国雅》卷四录诗三首。《明诗综》卷三九录其诗四首，"诗话"谓其诗"凡风雅什、乐府、五言、杂体靡不拟，又与高子业（高叔嗣）、田叔禾（田汝成）相酬和，知其用力深而取友之善也"。《御选宋金元明四朝诗》录诗三首。清姚宏绪《松风余韵》卷一五录其诗三首。清汪森《粤西诗载》录诗四十六首，《粤西文载》录文九篇。《明诗纪事》戊签卷一五录诗二首。近人严昌堮《海藻》卷三录诗十首。生平见《潘恭定公全集》附王世贞《行状》、申时行《墓志铭》、徐学谟《神道碑》、陆树声《墓表》，又见《明史》卷二〇二。

潘铉（1489—1541）　字希举，号春崖、叠峰。南直徽州府婺源（今属江西）人。嘉靖七年（1528）举人，谒选高安知县，历官南户部主事、解州知府、湖广副使。卒于嘉靖二十年（1541），年五十三。著述有嘉靖间刊本《春崖存稿》十卷，所见本残存九卷，前八卷收各体文五十余篇，卷九收赋一、诗七十五首，所缺卷一〇亦应收诗。陈有守等辑《徽郡诗》卷五录其七言律诗二首。

潘润民（1572—1641）　字用霖，号朗陵。贵州前卫籍，贵州贵阳军民府新贵（今贵阳）人。先世自武陵徙黔，遂隶军籍。万历三十一年（1603）举乡试第一，三十五年进士，选翰林院庶吉士，散馆授礼部主事。四十年迁员外郎，四十三年出为广东副使，明年擢四川布政司参政，天启元年（1621）告归。家居遇水西安邦彦叛乱，贵阳被围，首以千金助饷，率乡官、儒生、民兵守城十月。四年起河南参政，分守河南道，擢广东按察使，历云南右布政使，转左，十四年三月卒于官。所著《味澹轩诗集》，于安邦彦乱中毁。清莫友芝《黔诗纪略》卷一二录诗七十首。《（乾隆）贵州通志》卷四五录诗一首。《明诗纪事》庚签卷二二录其诗一首。生平见《（乾隆）贵州通志》卷二八。

潘滋（生卒年不详）　字汝霖。南直徽州府婺源（今属江西）人。嘉靖七年（1528）举人，选授登州推官，调建宁通判。幼嗜古文，喜诗。嘉靖二十九年其官登州间，曾辑古来诗、赋、碑记之文为一编，刊《蓬莱观海亭集》十卷，收一百十七人作品。《千顷堂书目》著录《登州府志》十卷、《桴槎稿》十卷又《桃谷集》又《闻蛮集》。现存嘉靖三十年黄县知县黄廷言刊《浮槎稿》十二卷，周思兼序，黄廷言跋，内卷一收《蓬莱阁赋》《哀鸢赋》，卷二至卷六收诸体诗一百二十首，卷七至卷一二收各体文（含公移)八十篇。陈有守等《徽郡诗》录诗二首。清陈元龙《御定历代赋汇》卷一〇八、《(雍正)山东通志》卷三五之三亦收其《蓬莱阁赋》。生平见《(光绪)重修安徽通志》卷二二五。

潘榛（？—1632）　字茂昆。山东兖州府邹县人。万历十三年（1585）领乡荐，二十年进士，初授汝阳知县，调河间府青县。历刑部主事、庐州知府，迁山西右参议，进山西按察副使。以母病告归，卒于崇祯五年（1632）。现存万历刊本《随在集》十卷，收诗六百九十余首，首有万历三十五年于慎行、邢侗、于若瀛序。于若瀛序谓其平生为能吏而"不废诗歌"。惟其诗流传未广，《明诗纪事》庚签卷一七录其诗一首，并引姚旅《露书》云："邹邑潘茂昆诗十一卷。余爱其'人随山势高低住，门逐日光向背开'，'灵药近生衙舍下，好山多在郡城边'之句。"生平见《(康熙)邹县志》卷二。

潘镜若（籍里及生平不详）　号九华山士。明刊白话长篇小说《三教开迷归正演义》二十卷一百回，卷一题"九华潘镜若编次，兰嵎朱之蕃评订，白门万卷楼梓行"。卷首有《三教开迷演义叙》，著"金陵朱之蕃"，又有作者自序，署"九华山士潘镜若撰"，又《三教开迷传凡例》署"九华山士谨识"。书叙万历间林兆恩与弟子宗孔、僧宝光、道士袁灵明

倡三教合一之说，祛邪除妖，破除世人痴顽迷惘之事。林兆恩为福建兴化府莆田人，倡三教合一之说，卒于万历二十六年（1598）。书中第一回叙众人听林兆恩宣讲，内中一人"年近五旬，乃都城内一个武解元，姓潘，别号镜若。"其序中云"壮而孔门不遂，首为鹰扬拔，淹塞长安四十余载，小试锡山，郁郁未展，而马齿衰矣"，因知其约生于嘉靖中，少困于场屋，壮年改习武，曾中武举，为官无锡，甚不得志。朱之蕃为万历二十三年进士，天启六年（1626）卒，潘镜若之书创作及刊刻当在万历末。

［一］

熊人霖（1604—1666）　字伯甘。江西南昌府进贤人，熊明遇子。崇祯六年（1633）乡试中举，十一年进士，授义乌知县。历南工部主事、郎中，进太常少卿，入清后隐居山林，康熙五年（1666）卒。擅诗文，能著述。《千顷堂书目》著录其《华川集》二十四卷。现存崇祯四年刊《操缦草》十二卷，九年刊《笙南草》不分卷，十二年刊《星言草》不分卷，十五年刊《旦飔草》不分卷，十六年刊《南荣集诗选》十二卷《文选》二十三卷，清顺治十五年（1658）刊《鹤台先生熊山文选》二十一卷。另有崇祯刊本《律谐》不分卷、《义乌县志》二十卷（与虞国阶等同修）。清初书林友

于堂刊本《函宇通》二种四卷（清熊志学编）收其《地纬》二卷。《南荣集诗选》十二卷《文选》二十三卷虽名选集，实为其明季所作诗文之汇结。诗集前有作者自序，叙其学诗之经历，谓"学诗不尚尚学一先生之言"，然序及诸论诗之文屡言之谭元春，曾曰："于麟（李攀龙）娇宋元卑弱之弊，所选专取高华，而引绳太刻……钟伯敬（钟惺）矫之，而选《诗归》，立论专取穆远，弃实征虚，避喧寻寂……余雅善谭子友夏，壬寅（万历三十年）之秋，论诗龙沙，甲戌（崇祯七年）之春，论诗燕市，其要同归于深厚。"（《评笺唐诗选后》）则欲折中李攀龙、钟惺而调合之，此也晚明之诗坛之流行矣。清黄彬等《金华诗录》外集卷二"名宦"录诗三首。生平见《（康熙）进贤县志》卷一二。

熊大木（生卒年不详）　号钟谷，又自署鳌峰后人。或据清光绪元年（1875）刊《潭阳熊氏宗谱》，以为其名福镇，字大木，以字行。福建建宁府建阳人。书坊小说作手，或以为其亦为书坊主人，坊名忠正堂。嘉靖三十一年（1552）应姻亲清白堂书坊主人杨涌泉之请，编写《大宋中兴通俗演义》八卷八十则，由清白堂刊印行世。现存嘉靖原刊本题"鳌峰熊大木编辑"，首自序又署"建邑书林熊大木钟谷识"。是书演述南宋岳飞等抗金事迹，始于金人南侵，终于岳飞被杀。明代小说演此段历史者，以此书为最早，于明清两代有关岳飞题材之小说、戏曲创作，影响深远。其多种明清刻本及改编本又题为《大宋演义中兴英烈传》《武穆精忠传》《宋精忠传》《岳武穆王精忠传》《岳鄂武穆王精忠传》《精忠传》《精忠全传》《岳王志传》等。其他明清之际之通俗演义小说，如《隋唐演义》《隋史逸文》《说唐全传》《杨家将演义》等也皆有取材于此书者。后于《大宋中兴通俗演义》，熊大木又编写通俗演义小说数种：嘉靖三十二年杨氏清江堂刊《唐书志传通俗演义》八卷九十则，题"鳌峰熊钟谷编辑"（后有刊本又名《秦王演义》《唐传演义》《唐书志传》《唐史志传》）；万历十六年（1588）克勤斋余世腾刊《京本通俗演义按鉴全汉志传》十二卷一百十八则，题"鳌峰后人熊钟谷编次"；万历间建阳余氏三台馆刊本《按鉴演义南北两宋志传》二十卷一百回，分《南宋志传》（又名《南宋志传通俗演义》《南宋小飞龙传》）十卷五十回，《北宋志传》（又名《北宋志传通俗演义》《杨家将传》《杨家将演义全传》《北宋杨家将》《北宋金枪传》）十卷五十回，亦为大木所编写。大木编写之《大宋中兴通俗演义》，系以弘治刊《精忠录》为蓝本，参照《通鉴纲目》，又杂采民间讲史、说话之故事，嵌以奏章、檄文、诏旨等材料,插入注释、评点,敷凑而成。其余数种通俗演义之作,亦皆沿袭此套。其首开书坊作手以射利为目的,模仿《三国志演义》《水浒传》《西游记》等历代累积之经典小说,开通俗小说创作之先河,此后效尤者日众,蔚成风潮。此类作品,以白话演绎史书等载籍,又不拘泥于史,不避俚俗之说,以普通民众为主要读者对象,使通俗演义小说在明末清初影响巨大,致"市井粗解识字之徒,手挟一册",衍成一时通俗白话长篇小说创作、刊印、阅读之繁荣局面。惟此类书坊作手文字表达水平及识见有限,所作大多鄙俚少文,故虽流行一时,而终少有传世佳作。

熊开元(1599—1676) 字玄年,号鱼山。湖广武昌府嘉鱼(今属湖北)人。天启五年(1625)进士,除崇明知县,改吴江。崇祯四年(1631)征授吏科给事中,以忤中官调外,乞归。起山西按察司照磨,历光禄寺监事,十三年迁行人司副,十五年以劾首辅周延儒廷杖,削籍遣戍。南明福王召为吏科给事中,以丁母艰未赴。唐王起工科给事中,累擢太常卿、左金都御史、随征东阁大学士。丙戌(1646)汀州败,亡走苏州灵岩为僧,名正志,号檗庵,清康熙十五年(1676)卒,年七十七。《千顷堂书目》著录其《鱼山剩稿》七卷又《华山纪胜集》。现存康熙二十五年嘉鱼金敦澄刊本《鱼山剩稿》八卷,潘学礼序,收其崇祯四年至南明隆武二年间所作奏稿、序、记、书信、杂著等。又有光绪十年(1884)排印本《熊鱼山文集》二卷,卷上题"内阁奏章",收疏文十二篇,卷下题"檗庵别录",收序、书、传十三篇。又有清康熙刻本《檗庵别录》八卷,康熙七年(1668)张有誉序,收其各体文一百七十篇。另有套曲《击筑余音》(有1924年沔阳卢弼刻本),抒写明亡后悲怆失望之情,系开元为僧时所作。清廖元度《楚风补》卷二九录其诗一首。《明诗综》卷六六录其诗二首。清高士熙辑《湖北诗录》录其诗一首。清熊士鹏辑《竟陵文选》卷中录其文一篇,《竟陵诗选》卷六录其诗一首。《明诗纪事》辛签卷一八录其诗一首。生平见熊开元《自序罪状本末》(康熙本《鱼山剩稿》卷四)、温睿临《南疆绎史》卷一九、清邹漪《启祯野乘》卷四、《明史》卷二五八。

熊化(1576—1649) 字春碧,号仲龙,又号极峰。江西临江府清江(今樟树)人。万历二十八年(1600)举人,明年进士,授行人,三持使节,至广东、四川、山西册封藩室。三十七年二月神宗予故朝鲜国王李昖谥"昭敬",仍册封承袭国土李珲及柳氏诰命,命熊化持节出使朝鲜赍赐之。化四月初八率使团渡过鸭绿江,至五月十八渡江回,在朝鲜停留四十天。归后擢监察御史,上书言边事，又疏论首辅方从哲误国，不报。出为淮阳兵备副使，时朝士以东西植党，化独踽踽无所依，因投劾归。家居二十余年，诏起关西、川东参政，皆以疾辞。崇祯十七年(1644)京师陷，弘光保有金陵，起化太仆寺少卿，未赴。寻播迁避难，崎岖于闽粤丧乱间，仅以身免。清兵定江西，有强其入仕新朝，断然拒之，顺治六年五月十一闭户自经死。家世儒而贫，不喜帖括之学，惟好古文辞，与同郡杨廷麟、南昌熊明遇相劘切为古学，以诗文名于乡里。著述存崇祯年间刻本《静俭堂集》二十卷，首崇祯十四年熊明遇、秦镛序及熊化自序，内卷一至卷九收序、记等各体文一百二十一篇，卷一〇、卷一一收书、启一百二十九篇，卷一三收诗一百一十四首，卷一五至卷二〇为《西台奏议》(十五篇)、《屯台疏草》(五篇)、《城台疏草》(九篇)、《请告书草》(五篇)、《缺补川东道乞休存稿》(五篇)、《川东道调兵公移》(五篇)。另有清光绪二十年(1894)刊《静俭堂集》十卷，奏疏二卷、各体文八卷、诗一卷、附录一卷。是集所收篇什少于崇祯本八十余篇，然亦有文十六篇，诗十二首未见于崇祯本。其万历三十七年出使朝鲜时所作诗文依例收入朝鲜政府所刊《(己酉)皇华集》，是集计收熊化及朝鲜文臣柳根等诗一百零三首，内熊化作五十首。《江西诗征》卷六一录诗二首。生平见其子熊兆行《少宰熊公极峰行状》(光绪本《静俭堂集》卷首)、清施闰章《熊御史仲龙传略》(《学余堂文集》卷一六)、《(雍正)江西通志》卷七四。

熊过(1507—1581)　字叔仁，号南沙子。四川叙州府富顺人。嘉靖七年(1528)举人，明年进士，选翰林院庶吉士，改兵部主事。以嫡母丧归，十三年服除补原官，坐事入诏狱，以给事中王希文救，改礼部主事，明年以父丧归。再起原官，十九年擢郎中，二十年以太庙灾建议，为严嵩所恶，又忤帝意，贬云南白盐井副提举。量移常州府通判，擢福建按察佥事，调湖州通判，又坐事左迁安吉州同知，寻被诬辅臣唐龙党削籍，斥为民。贫不能归，吴兴刘麟酿钱具装，始归乡。念以逸废，归后杜门绝交游，惟以读书为事。后徐阶欲复其官，坚拒之。晚年失明，卒于万历九年(1581)。有文名，能著述。在部曹，与陈束、王慎中、唐顺之、赵时春、任瀚、李开先、吕高并称"嘉靖八才子"(《明史·文苑传》)，在蜀则又与杨慎、赵贞吉、任瀚合称"蜀中四大家"。卒后赵用贤为其作墓志，记其所著有《南沙文集》十二卷、《庙议》二卷、《六书订解》八卷、《先天历法考异》四卷、《土圭测景图论》二卷、《读史蠡测》四卷、《皇明大事纪》

十卷、《乐府琳琅》六卷、《冰厅摭言》二卷、《南中异物志》一卷。又有《三礼直解》十二卷，外家言尤多，遗命勿传。存世有嘉靖四十一年熊迥刊本《周易象旨决录》七卷、清抄本《春秋明志录》十二卷，均为《四库全书》所收。别集《南沙先生文集》八卷，有隆庆二年(1568)严清成都刊本与泰昌元年(1620)熊胤衡重刊本，内前四卷为疏、序、书、记，后四卷为题、跋、引、传、碑铭、祭文、杂著。又有明末刊本《熊南沙先生文集》不分卷，明王振奇辑。熊过有诗名，然其集有文无诗，《南沙先生文集》八卷后有其子熊敦朴隆庆二年《南沙文集跋》云："右家君集八卷，为文一百七十首。始，家君居馆中，有《秘书稿》；为郎署，有《兵曹稿》《祠曹稿》；谪滇，有《南中稿》；再谪吴兴，有《镇静堂稿》及先后家君集等……朴自丁巳(嘉靖三十六年)迄今十二年所遍加搜辑，得诗文千余篇，奈多脱误，虽家君不暇自厘正也。于是，择其不甚讹舛者，类而举之。诗名《存稿》者，已有别刻，余为外集，盖俟他访有得，并近稿通续其后，为全集也。"则其诗原有名《存稿》之刻，惟佚而不存矣。《明史·艺文志》亦仅记其《南沙集》八卷，未知其诗集矣。《明文海》录文十二篇。费经虞《蜀诗》卷六录诗六首。《明诗纪事》戊签卷九录其诗一首，按语云："嘉靖八子，惟叔仁诗罕见，选家多不及。余从费经虞《剑阁芳华集》获诗一首。"生平见赵用贤《熊南沙先生墓志铭》(《松石斋集》卷一七)、《明史》卷二八七。

熊廷弼(1569—1625)　字飞百，号芝冈。湖广武昌府江夏(今湖北武汉)人。万历二十五年(1597)举乡试第一，明年进士，除保定府推官。入为工部主事，擢御史，三十六年巡按辽东，筑城池、墩台、边墙，建粮仓，实行军屯，按劾将吏，以守为战。被劾归，寻起为大理寺丞。四十七年，杨镐十二万大军败于后金，廷议，擢廷弼为兵部右侍郎兼右金都御史，代杨镐为辽东经略，所至招流移，缮守具，分置兵马士卒，人心复固。泰昌元年(1620)努尔哈赤兵攻沈阳，为廷弼击退。熹宗立，杨渊等劾廷弼在边地假名增税，勒索小民，声言筑城御敌，实为误国欺君，诏令下狱，经杨涟等疏救，革职归。一年后辽东事急，诏廷弼以兵部尚书兼右副都御使，再任辽东经略，驻山海关。时辽东巡抚王化贞主战，廷弼主守，天启二年(1622)，王化贞兵败，廷弼负气，放弃辽东，退守山海关，因与王化贞同下狱论死，五年八月二十五被杀，传首九边。崇祯二年(1629)，以大学士韩爌上书，诏许其子持头归葬，谥襄愍。史称廷弼"有胆知兵，善左右射"，"性刚负气，好谩骂，不为人下，物情以故不甚附”，其经略辽东军事，有功在前，然放弃关外，过也大矣。所著多疏、牍，亦能诗文。其《辽中书牍》二卷，有万历三十九年刊本，《按辽疏稿》六卷亦有明刊本。又有明末广陵汪修能刊本《经略熊先生全集》十一卷，内收《疏稿》六卷《书牍》五卷。又有清嘉庆十八年（1813）刊本《熊襄愍公集》十卷，内《巡按辽东疏》二卷、《经略辽东疏》三卷、《揭牍》一卷、《书牍》二卷、《杂文》一卷、《诗钞》一卷（收诗五十余首），附录一卷则收悼词、辩冤书等。是集另有道光、同治重刊本。陈济生《天启崇祯两朝遗诗》卷四录诗九首。清廖元度《楚风补》卷二四录诗二首。《明诗综》卷五八录诗一首，《御选宋金元明四朝诗》据之录。清高士熙《湖北诗录》录其诗五首。《明诗纪事》庚签卷一九录诗一首。生平见清全祖望《明辽督熊襄愍公逸事略》（《鲒埼亭集》卷二六）、清邹漪《启祯野乘》卷六、《明史》卷二五九。

熊卓（1463—1509）　字士选，号东溪。江西南昌府丰城人。弘治八年（1495）领乡荐，明年进士，授平湖知县。征为监察御史，巡按广东，以忤刘瑾罢归。正德四年（1509）卒于家，年四十七。以诗鸣于当时，其诗拟杜，不敢失铢寸，后王世贞谓其诗“如寒蝉乍鸣，疏林蚤秋，非不清楚，恨乏他致”（《国朝诗评》）。卒后

再逾年，刘瑾诛，李梦阳过丰城，哭其墓，选其诗刊之。现存嘉靖二十二年（1543）范钦丰城刊本《熊士选集》一卷，收诸体诗六十余首，附墓志铭及祭文三篇，李梦阳序，陈德文跋，当为李梦阳选本也。《皇明风雅》卷六录其诗二首。《盛明百家诗》前编录其诗九十余首为《熊侍御集》一卷。顾起纶《国雅》卷四录其诗六首。《皇明诗统》卷一五录其诗十二首。《石仓十二代诗选·明诗选》录其诗四十一首。《皇明诗选》录其诗一首。《列朝诗集》丙集录其诗十四首。《明诗综》卷二七下录其诗三首，“诗话”云：“张光世（张凤翔）集为康德涵（康海）所定，熊士选诗为李献吉（李梦阳）所删。两君俱有才名，不应牵率若是，疑所汰者金，而所存者沙矣。”《御选宋金元明四朝诗》录其诗十二首。《江西诗征》卷五四录其诗七首。《明诗纪事》丁签卷七录其诗四首。生平见杨廉《丰城熊君墓志铭》（《熊士选集》附）、王兆云《皇明词林人物考》卷四、《（雍正）江西通志》卷六八。

熊明遇（1579—1649）　字良孺，号坛石。江西南昌府进贤人。万历二十八年（1600）举人，明年进士，除长兴知县。征为礼部主事，四十三年擢兵科给事中。出为福建佥事，迁陕西参议，天启元年（1621）以尚宝少卿进太仆少卿，寻擢南京右佥

都御史,提督操江。以近于东林,罪于魏忠贤,五年,给事中薛国观劾其党庇徇私,忠贤矫旨革其职,未几,坐事谪戍贵州平溪卫。崇祯元年(1628)起兵部右侍郎,明年转左,迁南刑部尚书。四年召拜兵部尚书,巡抚沈棨等与后金议和,帝恶棨专擅,明遇为沈棨辩,帝不悦,又为谏官连劾,因再疏乞罢,帝命解任候勘,寻以故官致仕。再用荐起为南兵部尚书,改工部,引疾归。卒于清顺治六年(1649)六月初九,年七十一。在朝多所论劾,疏陈时事,言极危切,故再谪再起。诗文有名于当时,《千顷堂书目》著录其奏疏《中枢集略》十卷、别集《绿雪楼集》十八卷又《驯雉集》四卷。其天启间刻《绿雪楼集》,首舒曰敬、沈演序,张蔚然跋,实为多集丛刊,现存九种:《则草》二卷,收论述之文;《素草》三卷(存二卷),一卷收记、序、碑记等,一卷收引、疏、策论、行状、墓铭及笔谈等;《掖草》二卷,收在宫掖时所撰公文;《台草》一卷,收其提督操江时所撰奏疏;《鹤草》三卷附集句一卷,收诸体诗及集句;《剑草》一卷附《握机经》一卷,随笔札记,摘取古今名将事迹,为之论断;《屐草》一卷《游札》一卷《屐游》一卷,收模山范水、纪胜之文;《琴草》,收记、序、传、疏之文;又《觳草》一卷,亦为诗集。清顺治十七年其子熊人霖重编刊其著述为《文直行书》诗十三卷文十七卷,又有乾隆十五年(1750)重修本。陈济生《天启崇祯两朝遗诗》卷五录其诗二十八首。《明诗综》卷五九录其诗一首。《御选宋金元明四朝诗》录其诗十一首。《明诗纪事》庚签卷二〇录其诗一首。生平见清章士鸿《文直先生传》(《文直行书》卷首)、《(雍正)江西通志》卷七〇、《明史》卷二五七。

熊鼎(1322—1376)　字伯颖。临川(今江西抚州)人。元至正七年(1347)举于乡,礼部试下第,十一年檄为吉安路龙溪书院山长。世乱,结乡兵自守。朱元璋遣邓愈镇江西,数延见,初留邓愈幕府赞军事,后任为德清县丞。朱元璋吴元年(1367)召议礼仪,授中书考功博士,迁起居注。洪武改元,新设浙江按察司,以其为佥事。改山东副使,拜晋王府右傅,坐累,左迁大同卫知事。召为刑部主事,八年,西部多尔济巴勒率众内附,改熊鼎岐宁卫经历。九年(1376)召还,行至西凉,遇叛被执,六月二十三日与知事杜寅同被杀,年五十五。所著《公子书》三卷,为教授功臣子弟教本,未见传。刘仔肩《雅颂正音》录其诗二首。《皇明风雅》录其诗二首。《皇明诗统》卷四录其诗十四首。韩阳《皇明西江诗选》卷九录其诗二首。《列朝诗集》甲集录其诗三首。《明诗综》卷一二录诗一首。《御选宋金元明四朝诗》录诗二首。《江西诗征》卷四二录诗二首。《明诗纪事》甲签卷二一录诗一首。生平见宋濂《故岐宁卫经历熊府君墓铭》(《文宪集》卷一九)、廖道南《殿阁词林记》卷八、《明史》卷二八九。

熊概（1385—1434）　字元节，号芝山居士。江西南昌府丰城人。其父熊直随母改适吉水胡姓，熊概为官后与父皆复本姓。生于洪武十八年(1385)正月初十。永乐六年(1408)领乡荐，九年进士，除御史，后以荐擢广西按察使，调广东，著能声。宣德即位，召拜大理寺卿，巡抚两浙及苏、松诸郡，升南都察院右都御史，掌院事，兼署刑部事，宣德九年(1434)十月十一卒于官。曾与李昌祺等游，能诗文，《明史·艺文志》著录其《芝山集》四十卷《公余集》三十卷，未见传。《皇明风雅》卷二八、《皇明诗统》卷一一一录诗一首。韩阳《皇明西江诗选》卷四录诗三十三首。《明诗综》卷一八下、《御选宋金元明四朝诗》、清汪森《粤西诗载》《江西诗征》卷四八录诗二首。《明诗纪事》乙签卷一〇录诗一首。生平见钱幹《都察院右都御史熊公墓志铭》(《皇明名臣琬琰录》卷二三)、杨荣《熊公神道碑铭》(《杨文敏公集》卷一八)、《明史》卷一五九。

缪昌期（1562—1626）　字当时，一字又元，号从野，又号西溪。南直常州府江阴(今属江苏)人。生于嘉靖四十一年(1562)七月十六。万历二十八年(1600)举人，四十一年进士，选翰林院庶吉士，授检讨。告假归里七年，熹宗初补原官，主湖广省试，天启二年(1622)升左春坊左赞善，迁左谕德。四年杨涟劾魏忠贤二十四罪，或谓其疏乃昌期所草，六年削职逮问，四月二十九死于狱中，年六十四。崇祯初追赠詹事，兼侍讲学士。福王时，追谥文贞。研经学，现存明末仙源堂刊本《新镌缪当时先生周易九鼎》十六卷首一卷。卒后十年，其长子缪虚白辑其诗文，刻为《从野堂存稿》八卷，现存崇祯十年(1637)刊本，首陈必谦序，内卷七有诗八十首，余所收为奏疏、杂文、尺牍等。又有清光绪间重刊本增补遗一卷附录一卷。另有清雍正六年(1728)耕学草堂刊本《缪文贞公文集》二卷。陈济生《天启崇祯两朝遗诗》卷一录其诗七首。《明诗综》卷六〇、《御选宋金元明四朝诗》录其诗四首。《明诗纪事》庚签卷六录其诗一首。近人顾季慈《江上诗钞》卷四一录其诗八十余首。生平见清《缪公行状》(《牧斋初学集》卷四八)、陈济生《天启崇祯两朝遗诗·小传》、清邹漪《启祯野乘》卷五、《明史》卷二四五。清缪之镕有《文贞公年谱》(清刻《从野堂存稿》附)。

作家姓名字号四角号码综合索引

一、本索引以《中国文学家大辞典·明代卷》所收条目中出现的作家姓名、字、号、别号、谥号及其他习惯称谓，姓名和相关称谓互见。

二、本索引以四角号码编排，首字取四角号码及附码，附码以右下角码列出，四角号码及附码单行、大字号列出，后列单字为同组号码中首次出现的称谓首字，以示例；次字取前两码，次字前两码相同者不重复列出。索引依号码从小到大的顺序排列，次字前两码相同者，按字的笔画数排序。

三、本索引四列，从左至右顺序依次为姓名等称谓次字四角号码的前两码、正文中出现过的姓名等称谓、参见条目和所在正文页码。

四、本索引后附姓名字号首字的汉语拼音与四角号码对照检字表，以方便快速查找相关字号的四角号码及相关条目在正文中的页码。

24	应魁	罗伦	917
	应德	唐顺之	1261
	应宁	杨一清	524
40	应大猷		640
	应奎	倪光	1171
43	应龙	黄云	1286
48	应乾	任环	336
64	应时	王凤灵	45
77	应尼	郑之文	971
80	应午	谢少南	1479

0022₂ 序

00	序庵	李时	484
	彦文	晏璧	1156
	彦亨	程通	1422
12	廖孔说		1554
15	彦翀	凌云翰	1221
30	彦实	彭华	1381
35	彦冲	陈所有	825
37	彦初	甘瑾	202
	彦通	周宣	963
38	彦谦	尹昌隆	189
	廖道南		1555
40	彦吉	邹迪光	634
	彦嘉	郑赐	988
	廖希颜		1554
43	彦式	伦以训	338
44	彦材	钟梁	1050
47	彦超	胡超	1038
50	彦夫	李汛	483
52	彦韬	许炯	420
53	彦成	徐培植	1202

60	彦昌	朱弘祖	300
67	彦昭	郑潜	992
68	彦晦	黎贞	1541
78	彦除	顾昉之	1142
87	彦铭	谢常	1489
90	彦举	王佐[1]	76
91	彦炳	刘彦昺	370
	彦恒	王弌	82
94	彦恢	高棅	1236

0022₄ 齐

14	齐琦名		391
22	齐鼎名		392
25	齐仲	吴怀贤	587
30	齐之	孙七政	428
	齐之鸾		390
40	齐东野人		391
44	齐莱名		391

0022₇ 方

00	方应选		178
	方斋	林文俊	885
	方豪		185
	育斋	高谷	1228
	高应玘		1228
	高应雷		1229
	高应冕		1229
02	方新		185
10	方于鲁		172
	方石	谢铎	1487
	方震	杨廉	552
	方震孺		186

	高石	郑之珍	972
	高石山人	郑之珍	972
	高霞居士	车以遵	152
	高吾	陈洪谟	836
12	方水	郑以伟	974
	方孔炤		174
	方弘静		175
	高弘图		1226
17	方承训		181
	方孟式		182
	高承埏		1233
18	席珍	陈汝场	815
20	方维仪		183
22	方山	金大车	933
	方山	谢铎	1487
	方山	薛应旂	1516
	方山子	郑作	979
	方山道民	邢侗	279
	方岩	程钰	1423
	高出		1225
23	高岱		1233
24	育德	王叔果	85
26	方泉	郭谏臣	1250
	高皇帝	朱元璋	294
	高泉子	谢东山	1480
	高得旸		1235
27	方向		176
	方叔	周婴	965
	方逢时		182

文简	黄凤翔	1287
文简	黄淮	1311
文简	董玘	1393
文简	湛若水	1472
文简	穆孔晖	1545
97 文恪	王鏊	141
文恪	朱国祚	311
文恪	朱善	327
文恪	刘楚先	386
文恪	孙升	428
文恪	杨道宾	550
文恪	杨廉	552
文恪	吴讷	580
文恪	吴道南	602
文恪	余继登	629
文恪	宋讷	686
文恪	张元祯	698
文恪	范谦	877
文恪	林燫	906
文恪	周子义	942
文恪	郑以伟	974
文恪	唐文献	1255
文恪	韩日缵	1407
文恪	傅新德	1433
文恪	鲁铎	1463
文恪	曾朝节	1470
文焕	杨应奎	540

0040₃ 率

27 率峰	余棻	630
38 率道人	吴玄	577

0040₆ 章

00 章玄应			1354
	章衮		1357
05 章靖	钱文		1158
11 章琥	童琥		1466
12 章敳	方鏓		186
18 章珍			1356
26 章皇帝	朱瞻基		332
27 章侯	陈洪绶		835
28 章纶			1355
32 章适			1356
40 章志宗			1355
	章嘉祯		1358
44 章懋			1358
53 章甫	周之夔		941
	章甫	万衣	16
	章甫	戴冠[1]	1525
60 章旷			1355
80 章美中			1356
88 章简			1358
	章敞		1357

0040₈ 交

30 交宇	苏光泰	454
40 交木	文林	163

0044₃ 弃

80 弃公	黄辅	1311

0060₁ 言

27 言尔	武图功	869

0073₂ 玄

00 玄子	程大约		1416
	玄言	顾起纶	1146
	玄度	邓云霄	194
	玄庵	穆孔晖	1545
	襄文	唐顺之	1261
07 襄毅	王邦瑞		57
	襄毅	王崇古	110
	襄毅	李化龙	473
	襄毅	杨博	548
	襄毅	项忠	1003
	襄毅	彭泽[2]	1383
	襄毅	韩雍	1413
10 玄玉	徐有贞		1182
12 玄孔	宋应升		687
	玄瑞	刘麟	389
	玄瑞	谢三秀	1477
15 玄珠	王心一		47
17 玄子	刘黄裳		379
20 玄受	刘康祉		381
21 玄贞道士	宋濂		691
	玄征	唐文献	1255
	襄虞	谢一夔	1477
22 玄儿	马湘兰		32
24 玄佑	许自昌		412
26 玄白	李养正		501
	玄白	李衷纯	504
26 衷白	恽厥初		1078
27 玄峰	章美中		1356
	玄御	汪膺	656
	襄侯	姚子翼	1087

30	玄之	黄玄	1291
	玄房	凌濛初	1223
	玄宰	董其昌	1396
	玄扈	徐光启	1184
32	玄洲	徐颖	1207
34	玄渚	王心一	47
37	玄通	耿汝愚	1117
38	襄裕	王宗沐	89
40	玄壶子	兰茂	272
	玄真子	宋濂	691
43	玄龙	黄奂	1303
44	玄若	高斗枢	1225
	玄著	张煌言	764
	襄懋	毛伯温	156
47	玄极	释居顶	1450
	玄超	张之象	696
	玄期	高道素	1237
48	玄敬	都穆	1116
50	玄丈	徐必达	1181
	玄素子	廖道南	1555
	襄惠	吴文华	572
	襄惠	邹守愚	633
	襄惠	张岳	731
	襄惠	黄克缵	1295
53	玄甫	曹履吉	1338
60	玄易	张循占	758
	玄旻	凌湛初	1222
67	玄晖	徐阳辉	1186
72	玄丘	余绍祉	628
	玄岳	查应光	1045

76	玄阳山人	王逢年	104
77	玄同	冒梦龄	1048
	玄居士	程大约	1416
78	襄愍	张经	740
	襄愍	熊廷弼	1571
80	玄年	熊开元	1569
	玄谷	华叔阳	340
85	玄钵	孟绍虞	998
	玄铁	吴孺子	605
88	襄敏	于若瀛	8
	襄敏	王以旂	47
	襄敏	王越	119
	襄敏	张佳胤	730
	襄敏	林文	885
	襄敏	周金	955
	襄敏	郑洛	985
	襄敏	顾养谦	1143
	襄敏	翁万达	1219
	襄敏	曾棨	1471
	襄敏	谭纶	1558

0077₂ 峦

27	峦稺	吴钟峦	592

0080₀ 六

00	六亭	陈宗虞	827
10	六雪主人	木公恕	147
12	六水山人	陈有守	810

24	六休	袁宏道	1107
	六休居士	张岱	732
42	六长	林铨	898
	六桥三竺主人	杨尔曾	532
44	六封	郭正域	1244
46	六如	唐寅	1265
	六如居士	唐寅	1265
47	六桐	叶宪祖	232
48	六榆居士	李培	506

0090₆ 京

00	京	秦镐	1101

0128₂ 颜

12	颜廷榘		1559
40	颜木		1559

0212₇ 端

00	端文	顾宪成	1144
05	端靖	沈节甫	660
07	端毅	王恕	107
	端毅	刘玉	354
27	端峰	孙鑨	445
32	端溪	王崇庆	110
34	端洁	杨时乔	539
35	端清	朱载堉	319
37	端淑	张养蒙	742
	端淑卿		1556
40	端木	顾咸正	1142
50	端肃	马文升	24

97 刘熠		388

0292₁ 新

10 新吾	吕坤	287
30 新之	汤沐	400
31 新渠	方九功	171
53 新甫	王宗沐	89

0512₇ 靖

30 靖之	成靖之	282
	靖之	张宁	708
50 靖夫	沈谧	675
	靖夫	林景清	902
72 靖质居士	陈山毓	
		800

0710₄ 望

30 望之	来俨然	563
	望之	余俨	628
	望之	宋仪望	685
	望之	孟洋	999
37 望湖	徐陟	1198
48 望梅	高鹤	1238

0722₇ 邝

10 邝露		255

0724₇ 毅

00 毅斋	王洪	96
	毅斋	孙承恩	435
	毅斋	陈叔绍	823
	毅斋	查铎	1046

	毅斋	林大钦	884
	毅庵	刘联声	383
	毅庵	黄汝良	1294
30 毅之	严果	449
72 毅所	龚勉	1340
88 毅敏	张养蒙	742

0733₉ 懿

00 懿庵	王竑	95

0742₇ 郭

00 郭文		1244
	郭廑		1252
	郭廑	郭廑	1252
10 郭正域		1244
11 郭棐		1251
12 郭廷序		1246
	郭登		1252
13 郭武		1247
17 郭子章		1242
20 郭维藩		1251
30 郭之奇		1241
34 郭汝霖		1246
	郭造卿		1249
35 郭谏臣		1250
40 郭奎		1248
43 郭朴		1246
47 郭都贤		1248
77 郭凤仪		1243
80 郭金台		1247
88 郭第		1250

0821₂ 施

14 施耐庵		1068
22 旃山	黄泽	1299
23 施峻		1070
27 施绍莘		1066
	施经		1067
32 施渐		1070
48 施敬		1071
57 施邦曜		1066

0823₃ 於

74 於陵孟公	陈子龙	
		801

0824₀ 放

00 放庵	陈启相	822
37 放鹇道者	李延昰	
		483
47 放鹤翁	杨琢	548

0828₁ 旗

27 旗峰	林春泽	894

0844₀ 敦

37 敦次	郑二阳	971
44 敦若	马朴	25
50 敦夫	夏尚朴	1130

0925₉ 麟

32 麟洲	释德祥	1461
	麟洲	王世懋	51

1020₁ 严

13	严武顺	449
22	严嵩	450
32	严澄	451
34	严讷	448
37	严调御	450
58	严敕	450
60	严果	449
93	严怡	449

1021₂ 元

00	元立	周廷鑨	949
	元立	瞿汝稷	1531
10	元一	徐贯	1194
	元玉	金琮	938
	元平	张鹤鸣	769
	元丽	刘熠	388
11	元孺	祁麟佳	408
12	元登	郭登	1252
	元瑞	胡应麟	1031
14	元功	黄端伯	1321
17	元子	张家玉	749
	元习	陈察	856
20	元秉	吴之甲	569
22	元山	席书	1253
	元鼎	傅梅	1433
23	元发	高宇泰	1227
24	元升	朱之蕃	293
	元岵	张次仲	716
	元侍	郑廷鹄	975
25	元仲	董复亨	1397

26	元白	蔡道宪	1508
	元白道人	王士性	39
27	元凯	陈勋	832
	元凯	林弼	903
	元峰	袁炜	1111
30	元之	陈朝锭	847
32	元礼	章嘉祯	1358
	元洲	张瀚	772
	元洲	陆师道	777
	元洲	葛幼元	1387
	元溪	陈銮	855
33	元治	李国槽	493
34	元达	包节	254
37	元朗	何良俊	614
38	元道人	吴孺子	605
40	元直	舒曰敬	1436
41	元桢	王兆云	67
42	元长	张大复	695
44	元节	熊概	1574
	元芝	项应祥	1003
	元喆	夏原吉	1131
	元韡	杜齐芳	461
48	元敬	戚继光	1344
	元翰	王圻	73
50	元夫	李仁	473
	元寿	沈龄	676
	元忠	张廷臣	715
	元忠	陈于陛	796
	元素	方太古	173
	元素	朱朴	301
	元素	马治	28

	元素	王玄度	55
52	元哲	赵邦彦	1009
	元韬	李昭祥	500
53	元成	冯时可	261
	元成	来集之	564
	元甫	刘伯燮	359
	元甫	傅冠	1431
57	元规	谢矩	1486
64	元时	于孔兼	8
	元勋	屠勋	1374
67	元明	湛若水	1472
	元明	傅新德	1433
	元晖	徐阳辉	1186
71	兀厓	霍韬	1522
72	元质	赵文华	1006
77	元驭	王锡爵	124
	元朋	陈翼飞	860
	元履	蔡复一	1507
80	元介	朱之蕃	293
	元公	黄端伯	1321
	元美	王世贞	48
	元美	祝彦	1081
	元善	南大吉	1042
88	元敏	冯时可	261
90	元举	陈凤[1]	805
	元常	吴大经	567

1021₅ 霍

21	霍与瑕		1522
22	霍山	洪孝先	1076
44	霍林	汤宾尹	403
52	霍韬		1522

無美　殷都　1218
無美　鄭如英　978
86 無知居士　任瀚336
無知居士　黃輝
1314
88 無從　陸弼　791
90 無學　費元祿　1082

1044₀ 开

00 开雍　顧天埈　1136
25 开仲　孔貞運　191
30 开之　馮夢禎　266
80 开美　王家彥　105
开美　殷都　1218
90 开少　錢邦芑　1159

1044₇ 聶

27 聶豹　1118
40 聶大年　1118

1048₂ 孩

30 孩之　高出　1225
50 孩未　方震孺　186

1050₆ 更

25 更生　范文若　871
更生　顧起綸　1146
更生　馬佶人　28
更生子　更生氏　560
更生氏　560

1060₁ 晋

00 晋充　劉方　353
晋庵　楊東明　531
晋庵　楊守陳　537
03 晋斌　徐明彬　1192
10 吾西　李仁　473
22 晋川　栗應麟　1123
26 雷鯉　1501
27 晋叔　楊旦　531
晋叔　臧懋循　1510
30 晋之　韓錫　1412
32 雷禮　1499
40 雷士楨　1498
雷士煌　雷士楨
1498
60 吾田　秦嘉禾　1101
雷思霈　1499
62 雷鳴春　1499
雷躍龍　1500
67 吾野　許炯　420
吾野　黃克晦　1295
72 吾丘瑞　560
77 晋卿　王道通　122
晋卿　傅起岩　1432
99 雷燮　1501
雷燮　雷燮　1501

1060₂ 石

00 石文器　206
石應岳　208
石亭　陳沂　819

石斋　楊廷和　534
石斋　陳獻章　851
石斋　黃道周　1318
石庵　雷躍龍　1500
石稟　王一鳴　36
10 石雲居士　孫楨438
石可璽　207
石西　汪子祜　643
石盂　汪坦　649
石雪　汪禮約　645
17 石矶　孫繼芳　439
百子山樵　阮大鋮
424
18 石珤　209
石聯　沈熵　684
21 石川　張寰　769
石川　殷雲霄　1216
22 石山　沈諡　675
石山農　呂潛　291
石巢　阮大鋮　424
百川　孫樓　442
26 百泉　皇甫汸　1055
百泉山人　皇甫汸
1055
30 石沆　208
石湾　沈翰卿　682
石窗　華愛　340
31 石江子　歐陽鐸911
石渠　吳炳　594
石渠　謝士章　1478
石渠　王恕　107

40 裴森　马森	31	
57 裴邦奇	1530	

1201₃ 飞

10 飞百　熊廷弼	1571	
26 飞泉道人　王同祖		
	61	

1210₈ 登

30 登之　丘禾实	247	
登之　陈有年	810	
登之　罗懋登	927	
登之　管志道	1537	

1211₀ 北

07 北郭生　徐贲	1194	
21 北虞　邵圭洁	862	
22 北山　晏良用	1156	
北山　李先芳	480	
26 北泉　蓝田	1496	
31 北渠　何邦渐	610	
北潭　傅珪	1431	
37 北湖　冯光浙	260	
38 北海野人　黄祯		
	1309	
41 北轩　余学夔	627	
60 北园　郑瓛	993	

1212₇ 瑞

10 瑞石　张邦纪	710	
22 瑞岩　万邦孚	15	
26 瑞泉　南大吉	1042	

27 瑞峰　卢维祯	218	
30 瑞之　齐之鸾	390	
40 瑞南　高濂	1238	
瑞南道士　高濂		
	1238	
77 瑞卿　王凤娴	46	
瑞卿　齐之鸾	390	
瑞卿　程钲	1423	
80 瑞谷　吴子玉	569	

1214₇ 瑷

80 瑷公　夏允彝	1126	

1217₂ 瑶

10 瑶石山人　黎民表		
	1539	
26 瑶泉　申时行	235	
47 瑶期　叶小鸾	224	

1220₀ 引

30 引之　施经	1067	
67 列明　江南锦	394	

1223₀ 弘

00 弘斋　邵经邦	864	
弘斋　林景旸	902	
22 弘山　杨士云	526	
30 弘济　杨溥	552	
40 弘吉　祁彪佳	407	
43 弘载　商辂	1359	
60 弘景　陈万言	798	
72 弘岳　王嘉谟	128	

1223₄ 张

00 张文柱		704
张应治		725
张应锡		725
张衮		748
张意		763
张瘦郎		767
02 张新		763
10 张一桂		693
张丁　张孟兼		738
张天复		699
张天赋		700
张天瑞		700
张元忭		697
张元凯		698
张元祯		698
张元谕		699
张无咎　冯梦龙		264
张五典		700
张正蒙		706
张可大		706
12 张弘至		710
张廷玉		714
张廷臣		715
张瑞图		760
张瑀		760
13 张城		747
张瑄　张宣		744
14 张琦[1]		755
张琦[2]		756
15 张玮		727

1510₆ 翈

80 翈人　王翊　102

1519₀ 珠

22 珠山　李奎　500
27 珠仍　李寅　510

1540₀ 建

10 建元　方于鲁　172
34 建斗　卢象升　217
37 建初　郭造卿　1249
77 建民　吴德修　604

1544₇ 聃

26 聃和　沈璟　680

1568₂ 碛

22 碛山　周天佐　942

1611₅ 理

22 理山　皇甫濂　1057
　　理鬯和　　1284

1623₆ 强

00 强斋　殷奎　1217
24 强仕　　　1493
60 强晟　　　1493

1660₂ 碧

10 碧天道人　潘氏　1562
　　碧玉老人　陈献章　851
　　碧玉堂下吏　丰坊　34
22 碧山学士　黄洪宪　1304
　　碧川　杨守阯　536
　　碧崖　张宽　749
32 碧溪子　张铁　740
44 碧麓　林如楚　889
60 碧里山樵　董谷　1394

1661₅ 醒

00 醒斋　朱拱榏　315
26 醒泉　黄尚质　1298
41 醒狂　黄方儒　1288
　　醒狂散人　黄方儒　1288
80 醒翁　陈尧　811
　　醒翁　龙膺　211

1662₇ 碣

10 碣石　舒曰敬　1436

1710₂ 孟

00 孟庄　施敬　1071
02 孟端　王绂　91
09 孟麟　郑邦祥　975
10 孟平　桂衡　1123
11 孟硕　卜舜年　7
　　孟璠　李孟璠　490
13 孟武　于承祖　9
17 卫承芳　20
24 孟升　高得旸　1235
　　孟化鲤　998
27 孟坚　黄培　1310
　　孟绍虞　998
29 孟秋　999
30 孟宣　郑定　984
　　孟淮　1000
31 孟河　马一龙　21
34 孟达　华善继　342
　　孟诸　戚继光　1344
35 孟清　黄润玉　1308
36 孟渢　陈于廷　796
38 孟洋　999
40 孟奇　张萱　757
42 孟长　姚希孟　1088
43 孟载　杨基　546
44 孟勤　萧镃　1326
　　孟蕴　1000
　　孟藻　刘琏　376
45 孟独　张治道　736
47 孟郁　韩上桂　1406
50 孟中　许孚远　415
52 孟哲　史杰　243
57 孟扬　王偁　111
　　孟规　涂畿　1271
　　孟静　赵贞吉　1009
60 孟思　999
64 孟时　柯潜　1044
67 孟旸　王偁　111
　　孟鸣　林兆珂　889
　　孟昭　李进　483

71 卫原　孟淮　1000
　孟辰　崔培元　1347
76 卫阳　周世选　944
　孟阳　程嘉燧　1425
　孟阳　吴琳　600
77 孟同　揭轨　1378
　孟熙　刘绩　383
80 孟复　江汜　393
88 孟简　周孟简　957
　孟箕　王演畴　129
90 孟光　刘璟　389
　孟常　陈懿典　861

1711₂ 现

37 现闻　姚希孟　1088

1712₀ 羽

10 羽王　张鸣凤　729
26 羽白　陈凤[1]　805
　羽伯　陈凤[2]　805
　羽伯　陈凤[1]　805
27 习经　习嘉言　20
30 习之　张翀[1]　750
34 习池　夏树芳　1131
40 习嘉言　20

1712₇ 弱

25 弱生　王志坚　72
27 弱侯　焦竑　1434
80 弱翁　史玄　242

1714₇ 珉

00 珉斋　陈叔刚　823

　珉斋　林环　893

1716₄ 珞

76 珞阳　赵秉忠　1017

1719₂ 琮

00 琮斋　叶春及　231
77 琮卿　郝锦　1027

1720₂ 予

38 予谦　曾益　1469

1720₇ 了

00 了庵　季科　930
60 了因　陈于朝　797
77 了凡　袁黄　1114

1722₇ 甬

22 甬川　张邦奇　711
23 胥台　袁袠　1114
40 甬东山人　吕时　286
　甬东野人　吕时　286
43 乃始　李光元　480
53 胥成　方问孝　176
　弼甫　黄相　1301

1723₂ 承

00 承斋　梁纲　1367
　承庵　胡松[1]　1033
　承庵　姚舜牧　1092
10 豫石　吕维祺　290
17 承孟　郑学醇　984

22 豫川　孟淮　1000
30 承之　胡侍　1034
31 豫源　张淮　753
32 聚洲　王元翰　43
38 承裕　李昆　493
60 承恩　王三接　38
67 豫瞻　侯峒曾　1059
72 聚所　邹德涵　639
76 豫阳　田汝成　239
80 承父　王叔承　86
　承美　顾彦夫　1143

1733₂ 忍

71 忍辱头陀　徐复祚
　　　　　　　　1197
80 忍公　严武顺　449

1734₇ 寻

72 寻乐　谢矩　1486
　寻乐翁　习嘉言　20

1740₇ 子

00 子文　朱豹　320
　子文　朱裒　320
　子文　张瀚　772
　子方　顾杲　1141
　子方　程九皋　1416
　子立　吴禃　600
　子玄　张道濬　758
　子玄　陆采　782
　子充　王祎　98
　子充　吴扩　577

	子安	李迁	482		子瀚	陆奎章	786		子期	涂伯昌	1270
	子良	莫如忠	1120	39	子逊	许獬	423		子馨	万惟檀	19
	子良	刘楚先	386	40	子才	魏校	1551	48	子敬	王交	67
	子启	王佑	78		子义	钱子义	1157		子敬	魏学洢	1550
	子宜	张适	741		子木	蔡汝楠	1503		子警	查铎	1046
	子宜	曹义	1332		子木	卢柟	216	50	子申	胡布	1029
	子实	李春芳	498		子本	骆问礼	1097		子由	王崇义	109
	子实	李腾芳	517		子有	金大车	933		子有	陈所蕴	826
	子宪	刘绍	366		子声	王一鸣	36		子寿	田九龄	237
	子宪	何御	620		子奇	顾存仁	1139		子忠	郭谏臣	1250
	子容	徐缙	1210	42	子长	王梃	108		子春	许应元	416
	子宿	汪应轸	648		子长	孙永祚	429		子春	周复元	960
31	子运	黄枢	1298		子长	孙光裕	430		子素	刘绘	371
	子源	程本	1419		子长	李孔修	474	51	子振	邓宗龄	198
32	子业	高叔嗣	1231		子彬	吴文华	572		子振	刘麟	389
	子礼	朱廷立	305		子彬	程珌	1422	53	子成	丘集	249
	子近	毕木	282	43	子朴	桂华	1122		子成	刘景韶	384
	子渊	陆深	789		子求	尹伸	188		子成	孟秋	999
	子澄	黄子澄	1285		子犹	冯梦龙	264		子成	秦梁	1100
33	子浚	皇甫冲	1054		子犹	高弘图	1226		子威	刘凤	352
35	子冲	苏澹	458		子辅	汤传楹	400		子威	张铁	740
	子进	王象晋	113	44	子艺	田艺蘅	238	57	子扬	王激	138
	子涛	董沄	1395		子英	袁华	1107		子静	邓定	198
	子清	王瀹	145		子英	王伟	65		子静	刘澄甫	388
	子潜	华察	342		子苌	张元忭	697		子静	沈渊	672
36	子温	孟蕴	1000		子莘	马明衡	28		子静	张渊¹	754
37	子将	闻启祥	1071		子莘	尹耕	189	60	子田	李蓘	515
	子将	林简	904		子植	王时槐	75		子呈	释明秀	1445
	子深	刘渊甫	382		子勤	龚勉	1340		子昌	陶振	1277
38	子道	吴中行	571	45	子坤	金大舆	934		子畏	唐寅	1265
	子棨	曾棨	1471	46	子相	宗臣	995		子愚	靳学颜	1494
	子裕	王问	68	47	子极	何栋如	617	65	子畴	余绍祉	628

66	子器	郑以伟	974
67	子明	卢纯学	215
	子明	张正蒙	706
	子明	徐陟	1198
	子鸣	童珮	1466
	子野	陆郊	783
	子野	陈芹	816
	子野	林埜	896
	子野	施绍莘	1066
	子野子	陈第	844
	子瞻	项元淇	1002
70	子难	王材	74
71	子愿	邢侗	279
	子愿	米万钟	392
72	子刚	沈炼	670
	子后	赵廷松	1011
	子所	萧执	1323
73	子骏	金声	935
77	子凤	方鹏	184
	子尾	季步骥	929
	子殷	黄尚质	1298
	子殷	彭辂	1384
	子留	方授	183
80	子公	徐济忠	1198
	子余	陆粲	792
	子益	亢思谦	171
	子兼	陈鎏	861
85	子钟	崔铣	1347
87	子钥	郑以伟	974
88	子籥	周复俊	960
90	子兴	南师仲	1042
	子举	赵啦	1016

	子常	赵汸	1014
	子惟	沈一贯	658
91	子惟	文元发	161
97	子忱	余棻	630

1740₈ 翠

27	翠峰	马思聪	29
31	翠渠	周瑛	966
46	翠娱阁主人	陆云龙	
			774
77	翠屏	邓原岳	199
	翠屏山人	张以宁	
			704

1742₇ 邢

10	邢云路	278
23	邢参	279
27	邢侗	279
30	邢宥	280
40	邢大道	278
80	邢慈静	280

1750₇ 尹

00	尹言	黄训	1291
	尹襄		190
23	尹台		187
25	尹伸		188
40	尹直		188
55	尹耕		189
60	尹昌隆		189

1752₇ 那

60	那罗窟学人	瞿汝稷
		1531

1760₂ 召

26	召和	张卤	721

1760₇ 君

00	君章	李本纬	475
10	君一	张以诚	705
	君玉	张琦[1]	755
	君雨	傅振商	1432
	君晋	梁希渊	1366
12	君烈	沈承	669
	君酬	汪国士	650
17	君翼	陆人龙	772
20	君采	谢三秀	1477
	君采	薛蕙	1520
	君禹	苏濬	459
21	君衡	王命璿	88
22	君山	姚廉敬	1093
	君彟	胡震亨	1039
24	君佐	朱谏	324
	君纳	刘尧海	357
27	君御	龙膺	211
30	君启	陆梦龙	788
	君实	李日华[2]	470
	君房	余寅	630
	君房	程大约	1416
	君宣	俞琬纶	1065
	君宣	彭尧谕	1380

32 君澄　范世彦　872
34 君谟　董光宏　1390
38 君遂　马邦良　25
　　君谦　杨循吉　549
40 君大　卫承芳　20
　　君奭　陶奭龄　1281
41 君嬺　袁九淑　1104
44 君梦　米云卿　392
48 君敬　方攸跻　178
52 君哲　邹守愚　633
55 君典　沈懋学　683
57 君静　方大镇　172
68 君晦　沈自炳　661
77 君服　沈自然　662
80 君美　何宗彦　615
　　君善　龙膺　211
86 君锡　姜恩　1074
90 君常　马世奇　25

1761_2 砚

00 砚亭居士　安绍芳　405
　　砭斋　高弘图　1226

1762_0 司

40 司直　于奕正　9
　　司直　刘忠　362
55 司典　卢维祯　218

1762_7 邵

00 邵廉　866
14 邵珪　865
17 邵璨　866
27 邵经邦　864
　　邵经济　865
30 邵宝　863
40 邵圭洁　862
55 邵捷春　865
60 邵景詹　866

1777_2 函

10 函三馆　陈汝元　814
　　函云头陀　吴道新　602
22 函山　刘天民　349
26 函伯　贺世寿　1094
80 函翁　汪道昆　654

1780_1 翼

00 翼斋　张吉　712
27 翼叔　陈佐才　818
41 翼轩　李维桢　511
60 翼邑　王畿²　134

1780_9 灵

22 灵山　释无愠　1438
31 灵源　周佑　952
41 灵墟　张凤翼¹　702
44 灵苑山人　祝以豳　1079
80 灵首　夏完淳　1129

1782_7 郟

27 郟邮　方承训　181

1790_4 柔

25 柔生主人　沈位　664

1812_0 玠

46 玠右　王光承　59

1814_0 致

21 致仁　龙霓　211
　　致行　杨中　529
26 致和　祁顺　407
38 致道　杜敩　462
51 政虹　李璋　518

1833_4 憨

22 憨山　释德清　1462

1862_0 砍

10 砍石　王光承　59

1865_1 群

10 群玉　齐琦名　391

1874_0 改

00 改亭　丁宾　5
　　改亭　方凤　174
30 改之　徐来复　1188

1940_0 孙

00 孙应奎　432
　　孙应鳌　432
10 孙一元　427

孙晋		438
12 孙瑁　孙原贞		438
17 孙羽侯		431
孙承宗		434
孙承恩		435
24 孙升		428
孙绪		441
25 孙伟		430
孙传庭		430
孙峡峰		437
27 孙玺		439
28 孙作		431
孙临		436
29 孙继芳		439
孙继皋		440
30 孙永祚		429
孙宜		433
31 孙源文		442
40 孙七政		428
孙存		429
41 孙桢		438
42 孙斯亿		441
44 孙艾		429
孙堪		442
孙蒉		443
45 孙柚		436
49 孙楼		442
58 孙鳌		445
71 孙原贞		438
80 孙镳		446
81 孙钰		439
84 孙镇		445
85 孙钟龄		437
90 孙光裕		430
孙炎		433
94 孙慎行		443

1948₀ 耿

10 耿西	周光镐	948
30 耿定向		1117
34 耿汝愚		1117
40 耿志炜		1117

2010₅ 重

30 重客	齐鼎名	392
53 重甫	李若讷	490
60 垂目山人	陈熙庠	854

2011₅ 维

00 维立	杨守阯	536
维章	黄文焕	1288
02 维新	杨守陈	537
维新	吴鼎	601
21 维贞	高有恒	1227
30 维之	毛纪	155
33 维诚	顾恂	1144
34 维斗	杨廷枢	534
37 维净	张时彻	722
40 维东	姚涞	1090
41 维桢	王廷乾	65
维桢	许国	416
52 维哲	夏原吉	1131
60 维曼	李长倩	472
72 维岳	倪峻	1174
77 维周	王希旦	79
维熙	洪载	1076
80 维善	王贞庆	59

2014₀ 纹

22 纹山	罗明祖	920

2021₈ 位

21 位行	李素甫	501

2022₄ 侪

47 侪鹤	赵南星	1018
80 侪益	阎梦夔	1362

2022₇ 秀

00 秀充	张达	712
20 禹秀	郑洛	985
25 禹绩	方九叙	171
37 禹门	丁继嗣	5
38 秀道人	释慧秀	1461
40 禹义	汪淮	652
50 秀夫	胡森	1038
77 秀眉	黄峨	1305
秀卿	陆坦	785
禹卿	冯皋谟	263
80 禹金	梅鼎祚	1329
86 禹锡	孙柚	436

2022₈ 乔

25 乔生	陈子升	800

53 化甫	叶春及	231
77 化卿	宋守一	686
化卿	洪云蒸	1075
80 仕复	谢贞	1480

2421₂ 佐

30 佐之	王佐⁵	78
38 先遂	靳贵	1494
77 先民	王醇	130

2421₇ 仇

34 仇池外史	梁辰鱼	1365
仇池道人	梁辰鱼	1365

2423₁ 德

00 德章	魏文焕	1546
02 德新	方新	185
10 德万	田一儁	237
17 德翼	吴昂	589
21 德征	王崇庆	110
22 德胤	屠中孚	1372
23 德俊	徐即登	1191
25 德纯	刘锡	386
27 德坚	程弥寿	1421
德修	袁达	1106
30 德安	徐渐	1203
德宏	张宽	749
德宣	陈如纶	815
德容	萧仪	1323
31 德远	陈邦瞻	809

32 德兆	黄祯	1309
36 德温	薛瑄	1519
37 德祖	杨承鲲	541
德润	吴溥	603
38 德遵	陈循	848
44 德英	陈达	810
德林	周元懋	943
德林	支如玉	149
德荣	叶国华	230
德树	夏喀	1132
德基	陈履	858
德懋	章懋	1358
50 德夫	沈良才	665
德夫	徐必达	1181
53 德甫	余日德	623
德甫	胡文焕	1029
58 德敷	林春泽	894
60 德中	徐应丰	1189
德园	虞淳熙	1527
67 德明	苏志皋	454
德瞻	康阜	1351
77 德卿	郑允璋	975
80 德父	胡文焕	1029
德全	庄天合	345
德美	柴奇	1154
88 德符	刘瑞	385
90 德举	丁之贤	1
97 德辉	邹维琏	636
德辉	陈暹	856

2424₁ 待

77 待用	林俊	894

2424₇ 伎

74 伎陵子	张凤翔	701

2426₀ 储

10 储玉	陈亮	834
24 储罐		1435

2426₁ 借

00 借庵	董斯张	1399

2429₀ 休

00 休庵	王竑	95
17 休那	姚康	1091
休承	文嘉	168
24 休休生	徐复祚	1197
休休居士	申时行	235
31 休远	释圆复	1452

2440₀ 升

00 升庵	杨慎	553
26 升伯	顾天埈	1136
30 升之	朱应登	309

2440₁ 华

10 华云		338
华玉	顾璘	1152
华平	支大纶	148
华夏		340
20 华爱		340

2519₄ 练

17 练子宁　　　　　1001
30 练安　练子宁　　1001
31 练江　刘永澄　　357
　　练江子　陶益　　1278
　　练江居士　陶益
　　　　　　　　　1278
32 练溪　凌震　　　1222
40 练塘渔者　沈龄　676

2520₆ 仲

00 仲文　姜士昌　1072
　　仲文　潘纬　　1563
　　仲方　顾正谊　1138
　　仲立　张文柱　704
　　仲交　盛时泰　1342
　　仲言　唐汝询　1258
　　仲京　戈镐　　153
　　仲章　万达甫　15
　　仲雍　顾懋弘　1153
07 仲韶　叶绍袁　230
10 仲开　朱永年　300
　　仲玉　梁元柱　1363
　　仲可　孙宜　　433
　　仲雪　魏浣初　1551
　　仲醇　陈继儒　841
11 仲孺　庄起元　346
　　仲孺　薛三才　1512
12 仲弘　滕毅　　1544
16 仲璟　刘璟　　389
17 仲及　左懋第　206

仲子　魏允中　1547
仲子　胡翰　　1040
仲子　高应玘　1228
仲子　孙宜　　433
17 仲弼　邓汝相　195
21 仲仁　谢士元　1478
　　仲贞　沈师昌　661
　　仲衍　孙蕡　　443
　　仲缙　王绅　　92
22 仲山　徐源　　1209
　　仲山　王问　　68
　　仲山　林烃　　897
23 仲缄　堵胤锡　1284
24 仲化　沈鲤　　680
　　仲德　邵经邦　864
25 仲纯　高应玘　1228
　　仲绅　张绅　　739
27 仲㟭　崔铣　　1347
　　仲约　陈体文　817
　　仲贤　方维仪　183
　　仲修　刘效祖　375
　　仲修　李德　　519
　　仲修　韩守益　1410
　　仲鹄　侯正鹄　1059
　　仲鲁　潘希曾　1562
28 仲微　平显　　212
30 仲安　汪坦　　649
　　仲宗　陈仲宗　812
　　仲良　马之骏　22
　　仲实　钟芳　　1049
　　仲实　唐桂芳　1264
　　仲房　马汝骥　26

仲房　王寅　　116
仲房　魏骥　　1553
仲宣　范之默　870
32 仲礼　曹嘉　　1336
33 仲心　丁元复　2
　　仲谊　郟经　　928
34 仲达　华善述　341
　　仲达　李应升　487
　　仲连　闻龙　　1071
　　仲淹　汪道贯　656
37 仲初　魏浣初　1551
　　仲诏　米万钟　392
　　仲深　丘濬　　250
38 仲裕　穆光胤　1546
39 仲逊　蓝近任　1496
40 仲才　邵经济　865
　　仲义　郟经　　928
　　仲木　吕柟　　287
　　仲木　谈迁　　1273
　　仲嘉　汪道会　654
42 仲彬　郭文　　1244
43 仲龙　熊化　　1569
44 仲芳　杨继盛　545
　　仲芳　钱棻　　1166
　　仲若　费经虞　1084
　　仲茅　俞彦　　1064
　　仲恭　顾大韶　1134
　　仲墙　孙桢　　438
　　仲蔚　俞允文　1062
45 仲坤　刘乾　　379
　　仲坤　黄方儒　1288
　　仲韩　顾斗英　1137

白川　刘景韶　384
白川　周用　945
22 白岩　乔宇　334
白岩　刘仑　352
白岩山人　柴惟道　1155
25 白生　叶甲　226
26 白泉　叶国华　230
白泉　汪文盛　644
30 白安　黄尊素　1316
31 自源　宋懋澄　693
33 自梁　曹于汴　1330
34 白波　雷鲤　1501
37 白鹇山人　徐渭　1204
白湖　文森　167
白湖小隐　赵迪　1015
白湖居士　郑汝美　977
37 自溟　徐奋鹏　1191
40 白贲道人　周瑛　966
白南金　252
白鸯山人　阎尔梅　1361
42 白长　胡宗仁　1035
43 白狼山人　卢枫　216
44 白世卿　252
白塔山人　董沄　1395
47 白鹤山人　余佑　625
49 白楼　吴一鹏　566
60 自邑　程诰　1421
67 白野　殷迈　1217
72 自乐　沈度　670
74 自慰道人　沈静专　677
76 白阳　毕自严　282
白阳　陈道复　849
白阳山人　陈道复　849
80 白谷　孙传庭　430
85 白铁道人　王济　97
90 自兴　越其杰　1378
98 白悦　252

2610_0 细

38 细遵　黄道周　1318

2610_4 皇

22 皇山樗老　姚咨　1089
27 皇象山人　姚咨　1089
40 皇士　陈济生　837
53 皇甫冲　1054
皇甫汸　1055
皇甫涍　1056
皇甫濂　1057

2611_2 鲲

37 鲲溟　郭谏臣　1250

2611_6 绳

00 绳斋　许维新　421
13 绳武　胡继先　1037
绳武　王同祖　61
80 绳念　高有恒　1227

2614_1 缉

77 缉熙　林光　888

2620_2 伯

00 伯文　李奎　500
伯序　刘秩　374
伯度　陈宪　837
伯康　陈仲进　812
伯鹰　徐如翰　1188
伯廔　冒愈昌　1048
09 伯麟　雷跃龙　1500
10 伯一　赵统　1020
伯元　谢兆申　1483
伯玉　汪道昆　654
伯玉　陈组绶　829
伯玉　金铉　937
伯玉　戴士琳　1523
伯石　王象艮　112
伯雨　王济　97
伯雨　沈霑　682
伯震　郑威　985
12 伯孔　周圣楷　947
14 伯功　张继孟　751
15 伯融　孙炎　433
17 伯子　南大吉　1042
伯子　何出图　610
伯子　黄道　1317
伯承　李先芳　480

2720₇ 伊

00 伊庵　陈组绶　829
60 多口洞天人　吴世美　574

2721₀ 佩

30 佩之　冯兰　259
80 佩兰　张原　747
　　佩兰子　袁达 1106
　　佩兰迁客　张原　747

2721₂ 倪

10 倪元璐　1170
17 倪珣　1173
23 倪峻　1174
25 徂徕　李之椿　466
　　徂徕山人　赵廷松　1011
30 倪宗正　1172
38 倪谦　1174
48 倪敬　1174
50 危素　343
72 倪岳　1172
80 倪复　1173
90 倪光　1171

2721₇ 兔

32 兔溪　钮仲玉　1053
77 兔隐居士　袁中道　1104

2722₀ 勿

00 勿斋　朱厚烨　315
　　勿斋　陈员韬　817
　　勿斋　徐泮　1190
　　侗庵　李桐　503
10 仰晋　林熙春　905
21 仰止　余象斗　629
24 豹先　郑之文　971
37 侗初　张蒲　767
38 御冷　钱士升　1156
41 侗轩　祝颢　1082
43 御龙子　范守己　872
44 向若　水佳胤　154
80 仰善　萧暄　1325

2722₂ 修

10 修吾　李三才　463
28 修微　王微　125
30 修之　许乐善　409
40 修吉　陆九洲　773
48 修敬　秦旭　1098

2722₇ 仍

30 仍启　李继佑　506
74 角陵里人　李维桢　511

2723₂ 象

12 象孔　陈组绶　829
19 象孙　陆之裘　774
24 象先　钱希言　1162
　　象先　高斗枢　1225
30 象安　潘纬　1563
37 象湖　马邦良　25
60 象员　周规　954
77 象冈　朱邦宪　300

2724₀ 仅

37 仅初　王懋明　139

2724₇ 假

00 假庵　归昌世　223
　　假庵　刘铉　373
10 殷云霄　1216
31 殷迈　1217
40 殷士儋　1215
40 殷奎　1217
47 殷都　1218
50 殷夫　徐学质　1192

2725₂ 觖

00 觖庵　顾咸正 1142
21 解缙　1536

2726₁ 詹

27 詹詹外史　冯梦龙　264
44 詹孝达　1535
　　詹莱　1535
53 詹书　詹同　1534
72 詹所　吴充　589
77 詹同　1534

3062₁ 寄

00	寄庐	吴德修	604
	寄庵	傅冠	1431

3073₂ 良

10	良玉	郑汝璧	977
11	良孺	熊明遇	1572
24	良佐	赵辅	1022
33	宏治	邵璨	866
44	良寄梦	张冐	718
50	良夫	徐达左	1183
	良夫	徐济忠	1198
	良史	董纪	1392
	良贵	袁仁	1105
53	宏甫	李贽	501
	良甫	王征	131
64	良时	叶朝荣	235
71	良臣	史迁	243
72	宏所	沈珣	672
77	良用	晏良用	1156
80	良会	陈逅	833

3077₂ 密

00	密庵	谢肃	1485
44	密林	朱吾弼	308

3077₇ 官

51	官抚辰		996

3080₁ 定

00	定斋	王应鹏	80

	定斋	周祚	964
	定庵	徐敷诏	1211
	定庵	沈瓒	684
	定庵	张悦	748
	定庵	陈履	858
	寋斋	尹直	188
10	宾王	查应光	1045
12	宾瑶	顾同应	1140
22	定山居士	庄㫤	345
	宾山	刘英	361
27	定叔	陈济生	837
30	定之	方弘静	175
	定宇	王象晋	112
	定宇	邓以赞	194
	定宇	赵用贤	1008
	宾之	李东阳	476
32	定溪	方新	185
41	定轩	姚福	1093
	定轩	黄孔昭	1289
	定轩	彭大治	1379
	定轩	韩应嵩	1411
	定轩	陈于廷	796
53	宾甫	李生寅	478
80	宾父	李生寅	478
	寋翁	杨应奎	540
88	宾竹道人	朱诚泳	312
90	定觉主人	朱之蕃	293

3080₄ 实

53	实甫	顾绍芳	1142

3080₆ 寅

25	寅生	李寅	510
26	寅伯	林章	899
27	寅候	邓士亮	192
35	寅清居士	习嘉言	20

3090₁ 宗

00	宗文	陈熙庠	854
	宗文	赵宗文	1017
10	宗一先生	吴应宾	584
	宗玉	沈章	674
	宗严	文森	167
17	宗子	张岱	732
	宗弼	刘承直	366
	宗豫	黄淮	1311
20	宗禹	陈洪谟	836
21	宗顺	王璧	143
	宗儒	文林	163
22	宗川	朱慎钟	330
	宗岩	陈一松	794
27	宗贤	黄绾	1314
	宗鲁	陈沂	819
	宗彝	杨彝	558
28	宗伦	蒋主孝	1403
30	宗良	朱多熿	306
31	宗让	罗泰	925
	宗远	朱灏	332
32	宗训		995

50 近夫　殷云霄 1216	心谷　陈有年　810	77 治卿　张四维² 708
60 近思子　陈东川 808	**3300₄ 必**	**3320₀ 补**
3230₄ 迁	21 必仁　林应麒　892	00 补庵　华云　338
30 迁之　项乔　1002	35 必进　雷礼　1499	补庵　胡直 1032
3230₆ 遁	40 必东　朱浰　323	30 补之　王衮　105
00 遁庵　蔡复一 1507	**3310₄ 泌**	补之　张衮　748
41 遁樗　王鏊　146	60 泌园　董份 1391	补之　袁衮 1113
60 适园居士　傅冠	**3311₂ 沱**	**3322₇ 黼**
1431	44 沱村　史褒善　246	00 黼庵　柴奇 1154
3276₂ 谐	**3312₇ 浦**	**3330₂ 逋**
17 谐孟　薛寀 1519	00 浦应麒　1269	80 逋人　顾杲 1141
77 谐卿　朱吾弼　308	14 浦瑾　1269	**3330₃ 遂**
3300₀ 心	31 浦源　1269	00 遂庵　杨一清　524
00 心庵　唐皋 1265	**3313₂ 浪**	80 遂谷　戴冠² 1525
10 心一山人　187	38 浪道人　宋珏　688	**3330₉ 述**
10 心吾　吕坤　287	**3314₇ 浚**	00 述斋　王体复　76
心吾　陈谟　850	22 浚川　王廷相　63	50 述夫　董纪 1392
25 心传　文祖尧　165	67 浚明　陆粲　792	80 述谷　陈启相　822
27 心叔　陈士元　797	80 浚谷　赵时春 1013	**3375₀ 诚**
心盘　刘遵宪　388	**3315₀ 浅**	00 诚斋　朱有燉　303
27 心逸道人　吴宗汉	31 浅源　万衣　16	诚斋　汪铉　653
589	**3316₀ 冶**	诚斋　管绍宁 1538
44 心葵　郑怀魁　980	00 冶斋　陆简　793	诚庵　朱英　310
46 心阳生　陈益祥 839	26 冶泉　冯惟健　269	诚意伯　刘基　377
60 心田　丁惟恕　5		30 诚之　张意　763
心易　支大纶　148		41 诚轩　郑材　979
80 心父　张士瀹　695		53 诚甫　王三省　38
心谷　华师召　339		

3411₅ 灌

53 灌甫　朱睦㮮　329

3411₈ 湛

00 湛六　刘理顺　377
10 湛雨　湛若水　1472
　　湛露　湛若水　1472
21 湛虚　徐月汀　1179
22 湛川　潘恩　1565
23 湛然　释湛然　1459
44 湛若　邝露　255
　　湛若水　　1472
54 湛持　文震孟　170
60 湛园　米万钟　392
80 湛翁　陈汝玚　815

3412₁ 漪

60 漪园　焦竑　1434

3412₇ 浠

37 浠湖老人　姜曰广
　　　　　　　1072

3413₀ 汰

32 汰沃　张燮　770
46 汰如　释明河　1446

3413₂ 法

00 法充　文在中　162
40 法幢　张民表　710

3414₀ 汝

00 汝立　吕本　285
　　汝庆　韩邦靖　1409
　　汝言　冯惟讷　268
　　汝高　邓原岳　199
　　汝席　郑之珍　972
　　汝斋　杨讷　538
　　汝廉　徐允禄　1180
02 汝新　倪复　1173
10 汝玉　王瑛　118
　　汝玉　王璲　134
　　汝平　王用章　53
　　汝霖　夏旸　1127
　　汝霖　潘滋　1566
12 汝登　季科　930
15 汝聘　蔡国珍　1505
16 汝强　冯惟健　269
17 汝承　薛廷宠　1514
　　汝珮　徐珊　1194
　　汝弼　刘仔肩　356
　　汝弼　张弼　759
　　汝翼　邹佐卿　344
20 汝秀　吴琬　595
　　汝重　石昆玉　209
21 汝止　王艮　71
　　汝止　文安之　162
　　汝师　赵用贤　1008
　　汝行　冯惟敏　269
　　汝行　黄廷用　1292
　　汝衡　白世卿　252
24 汝化　王格　101

汝化　张梦鲤　752
汝华　郑岳　983
汝德　邓以赞　194
汝德　张天赋　700
26 汝白　金贲亨　937
　　汝和　项应祥　1003
27 汝伊　洪朝选　1077
　　汝舟　邹济　636
　　汝贤　海瑞　1270
　　汝贤　吴希贤　583
28 汝临　张子翼　697
30 汝永　万邦孚　15
30 汝济　管楫　1539
31 汝迈　赵志皋　1012
32 汝渊　祝淇　1081
33 汝诚　戴洌　1524
38 汝海　邹德涵　639
40 汝九　冒梦龄　1048
　　汝奋　薛梦雷　1518
　　汝南　梅鼎祚　1329
　　汝南寓客　王琨　118
　　汝嘉　郑国宾　982
44 汝节　韩邦奇　1408
　　汝茂　胡松[2]　1033
　　汝英　林文俊　885
　　汝萃　马邦良　25
　　汝蕃　李宗城　496
47 汝极　邓元锡　193
48 汝敬　倪敬　1174
50 汝中　王畿[1]　133
　　汝忠　吴承恩　590
　　汝忠　陈棐　847

清敏先生　朱多煃
　　　　　　　　306
97 清懒居士　陈继儒
　　　　　　　　841

3516₈ 潜

00 潜斋　沈鲤　　680
　　潜庵　郑二阳　971
21 潜虚子　陆西星776
22 潜山居士　皇甫淓
　　　　　　　　1056
27 潜初子　岳元声930
32 潜溪　宋濂　　691
45 潜坤　姚咨　1089
50 潜夫　方孔炤　174
　　潜夫　苏惟霖　457
52 潜虬山人　佘育622
80 潜谷　邓元锡　193

3530₀ 进

30 进之　江盈科　395
　　进之　汪循　　653
　　进之　张志淳　720
77 进卿　叶向高　227
80 进父　朱敬鑛　326

3530₆ 迪

14 迪功　汤珍　　401
88 迪简　刘夏　　373

3530₈ 遗

40 遗直　左光斗　204

77 遗民　汪逸　　651

3579₆ 谏

77 谏凤　黄祖儒1304

3610₀ 湘

17 湘灵　屠瑶瑟1376
22 湘山　孙羽侯　431
26 湘皋　蒋冕　1404
30 湘客　王若之　82
32 湘洲　李腾芳　517
40 湘南　文元发　161
60 泗园翁　易恒　914
80 湘兰　马湘兰　32
　　湘兰子　马湘兰 32

3610₂ 泊

00 泊庵　梁潜　1368

3611₂ 温

00 温麻山农　陈第844
02 温新　　　1474
14 温璜　　　1474
25 温纯　　　1473
27 况叔祺　　639
28 温以介　温璜1474
74 温陵居士　李贽501
77 温卿　郑濂　993

3611₄ 涅

22 涅川　沈鲸　682

3611₆ 渑

34 渑池　杨应奎　540
80 渑谷　杨应奎　540

3612₇ 渭

22 渭川　东汉　213
24 渭先　霍韬　1522
40 渭友　徐颖　1207
71 渭厓　霍韬　1522

3614₇ 漫

40 漫士　高棅　1236

3619₉ 瀑

26 瀑泉　朱多煃　306

3621₂ 祝

00 祝彦　　　1081
10 祝万　揭重熙1379
23 祝允明　　1079
28 祝以幽　　1079
34 祝淇　　　1081
　　祝祺　　　1081
　　祝祺　祝淇1081
44 祝世禄　　1080
61 祝颢　　　1082
76 祝阳　刘士骥348

3622₇ 褐

80 褐公　阙士琦1554

汤铭　傅新德	1433	
88 冯从吾	258	
冯敏效	267	
90 冯小青	257	
冯光浙	260	
冯惟讷	268	
冯惟重	268	
冯惟健	269	
冯惟敏	269	

3714₀ 汉

00 汉章　汪应娄	649
17 汉孟　林敏	899
25 汉生　陶谊	1278
30 汉房　越其杰	1378
淑濂　钟羽正	1049
33 汉浦　周后叔	950
40 淑士　王志坚	72
44 汉英　王敞	120
汉英　苏元隽	452
汉恭　王光鲁	60
淑英　范壶贞	875
53 汉甫　谢杰	1484
67 汉昭　陈颢	860
71 汉臣　童承叙	1465
76 汉阳归叟　董谷	1394
77 汉月禅师　释法藏	1448
汉阴丈人　王志庆	72
87 汉翔　朱翰	330

3714₇ 潵

33 潵滨遗老　章懋	1358
76 浔阳山人　董份	1391
潵阳　赵志皋	1012

3715₄ 寓

10 泽西　杭济	908
23 浑然子　张翀²	750
23 泽外　高承埏	1233
30 泽宇　邢云路	278
40 泽农　陶允嘉	1275

3715₇ 净

27 净峰　张岳	731

3716₁ 澹

00 澹方　傅尔元	1428
澹斋　郑定	984
澹庵　朱英	310
澹庵　杨溥	552
澹庵　陈敬宗	846
25 澹生　高应雷	1229
澹生　王士骐	39
26 澹泉　郑晓	987
30 澹宇　阮自华	426
41 澹轩　马愉	32
澹轩　林文	885
55 澹慧居士　陈玉蟾	807

60 澹园　杨德周	555
澹园　焦竑	1434
澹园主人　诸圣邻	1272
77 澹居士　王澹	138
80 澹翁　王澹	138

3716₂ 洺

40 洺南　张成教	713

3716₄ 洛

22 洛川　范惟一	875
71 洛原　白悦	252

3716₇ 湄

72 湄丘道人　邢宥	280

3717₂ 涵

00 涵斋　林之蕃	885
10 涵一　焦源溥	1435
21 涵虚子　朱权	302
涵虚翁　刘节	355
60 涵园　王应熊	80

3718₁ 凝

00 凝斋　王鸿儒	114
凝斋　刘尧海	357
凝庵　陆钶¹	781
30 凝之　官抚辰	996
凝之　程德良	1426
80 凝父　吴鼎芳	601

3718₂ 次

00	次庄先生　杨德周	
		555
17	次弓　章简	1358
22	次山　杨本仁	530
	次崖　林希元	891
27	次经　陈公纶	804
28	次牧　冯元仲	257
41	次楩　卢柟	216
44	潄老人　徐渭	1204
53	次甫　马骐	29
	次甫　郭第	1250
60	次回　王彦泓	96
77	次见　李应升	487
	次尾　吴应箕	585
80	次公　董守谕	1392
	次公　章简	1358
	次公　薛甲	1514
	次公　方其义	180
86	次知　孙作	431

3718₄ 涣

00	涣亭　吴宗达	590
50	涣中　陈公纶	804

3719₄ 深

17	深翠道人　谢缙	
		1489
30	深之　张道濬	758
53	深甫　田汝耒	240

	深甫　高濂	1238

3719₉ 渌

31	渌江　徐一鸣	1175
32	渌溪　宋继澄	689
44	渌萝山长　江盈科	
		395

3721₂ 祖

00	祖庭　释景隆	1456
07	祖望　侯复	1060
33	祖心　释函可	1451

3721₄ 冠

22	冠岩　卢宁	214

3722₀ 初

00	初文　林章	899
	初庵　方扬	175
17	初孟谔　陈万言	798
27	初名家梅　商梅	
		1360
	初名澍　康海	1351
53	初成　凌濛初	1223
76	初阳　张天复	699

3722₇ 祁

09	祁麟佳	408
17	祁承爜	406
21	祁顺	407
22	祁彪佳	407

3729₉ 禄

34	禄洪	1476

3730₁ 逸

30	逸之　周履靖	968
60	逸园　耿志炜	1117

3730₂ 通

16	通理　沈愚	676
37	通门　释牧云	1446
38	迎祥　黄端伯	1321
44	通荷　释担当	1444

3730₃ 退

00	退斋　周岐凤	955
	退庵　邓林	197
	退庵　陆钰	786
	退庵　金幼孜	934
22	退山　钱肃图	1164
	退岩居士　黄仲昭	
		1292
41	退轩　张彻	724
46	退如　曾可前	1467
80	退谷　钟惺	1050
	退翁　王瀹	145

3730₄ 遏

88	遏篆　顾细	1150

3730₅ 逢

31	逢源　焦源溥	1435

40 逢吉 林大同 883
  逢吉 方大任 172
50 逢泰 杨应春 540
71 逢原 吕原 289

3730₈ 迟

00 迟庵 王臬 103

3730₉ 逯

36 逯昶 1370

3740₀ 闵

14 闵珪 641
28 闵龄 641
46 闵如霖 640

3740₁ 闻

10 闻吾 蔡可贤 1502
24 闻华 沈自炳 661
27 闻叔 孟绍虞 998
  闻修 华淑 341
  闻修 王志坚 72
30 闻启祥 1071
43 闻龙 1071
60 闻思 孙慎行 443

3748₂ 阙

40 阙士琦 1554

3760₆ 间

22 间山 冯裕 272

3760₈ 咨

26 咨伯 林尧俞 887

3772₀ 讱

00 讱庵 方沆 179
  讱庵 李万实 465
10 朗三 梅朗中 1329
30 调宇 齐鼎名 392
50 调夫 林邦蒲 887
74 朗陵 潘润民 1566
77 词隐 沈璟 680
  调卿 李一元 463
80 调父 刘元卿 351

3773₂ 阆

77 阆风山人 马朴 25

3777₇ 阎

27 阎尔梅 1361
44 阎梦夔 1362

3780₀ 冥

30 冥寥子 屠隆 1374

3780₂ 资

24 资德 李裕 515
26 资穆 黄元忠 1286
50 资中 万节 14
64 资睦 黄元忠 1286

3790₄ 闲

30 闲之 卢若腾 215
37 闲闲子 刘鹰 387

3810₄ 塗

40 塗士 沈鲸 682

3811₂ 沧

21 沧屿 左光斗 204
31 沧江 顾文渊 1137
32 沧洲 张泰 746
33 沧浪生 孙七政 428
37 沧溟 李攀龙 521

3813₂ 泠

23 泠然 杨师孔 533
  泠然居士 张凤翼[1]
            702
40 滋大 吴中蕃 572

3814₀ 澂

26 澂伯 沈淮 674
40 浒东 张卤 721
53 澂甫 卓明卿 913

3814₇ 游

35 游潜 1475
43 游朴 1475

3815₇ 海

00 海亭 黄卿 1307

40	海士　陈子龙	801	44 海萍道人　陶辅		1278

40 海士　陈子龙　801
10 海石　钱薇　1170
　海石　倪珣　1173
10 海雪　邝露　255
　海雪　杨基　546
12 海瑞　　1270
21 海上无无居士　高出
　　1225
　海上老人　喻时
　　1415
　海上病叟　宋继澄
　　689
23 海岱闲人　王琨 118
27 海峰　吴子孝　570
　海壑　赵完璧 1015
31 海运　卢若腾　215
31 海涯　顾磐　1151
32 海沂子　王文禄 46
　海浮　冯惟敏　269
33 海淀渔长　米万钟
　　392
　海滨逸史　张燮 770
37 海门　周汝登　950
39 海沙　陈完　820
40 海南　黄道　1317
　海幢　卓敬　914
　海樵　陈鹤　857
44 海村　刘锐　384
　海若　吴沛　586
　海若　汤显祖　401
　海若　谈迁　1273
　海若士　汤显祖　401

44 海萍道人　陶辅
　　1278
47 海鹤　黄居中 1300
49 海楼　凌儒　1223
50 海来道人　路迪
　　1529
51 海虹　张五典　700
60 海日先生　刘志选
　　358
　海目　区大相　149
72 海岳　罗鹿龄　926
　海岳　郭造卿 1249
77 海叟　袁凯　1110
　海桑先生　陈谟 850
80 海翁　宋登春　690
　海翁　偶桓　1349
87 海钓　萧显　1324
88 海笠　徐渭　1204

3818₄ 渼

74 渼陂　王九思　36

3819₄ 涂

12 涂水　寇天叙 1369
21 涂颖　　1271
22 涂畿　　1271
26 涂伯昌　　1270

3825₆ 禅

00 禅痴　车以遵　152
77 禅隐老人　车以遵
　　152

3826₈ 裕

77 裕卿　王好问　71
　裕卿　康从理 1350
78 裕愍　顾大章 1134

3830₃ 遂

37 遂初　桑绍良 1282
　遂初　孙柚　436
　遂初山人　孙柚　436
40 遂东　王思任　93
60 遂园　侯恪　1060

3830₄ 遵

22 遵岩　王慎中　126
43 遵甫　范路　877

3830₆ 道

00 道立　沈位　664
21 道行　杨于庭　528
　道行　顾大典 1133
21 道征　浦应麒 1269
　道衍　姚广孝 1086
22 道山　郑棠　988
24 道华　章美中 1356
25 道生　丰坊　34
27 道峰　章适　1356
30 道之　来斯行　564
　道安　王履　133
　道安先生　张世伟
　　706
　道济　范理　875

	太初	游朴	1475	26 士和	刘应秋	360	40 左车	卓发之	912
	太初	顾起元	1145	士和	严怡	449	44 左懋第		206
	太初	王士性	39	27 士贤	陈选	833	50 直夫	池显方	398
	太初	苏元㒞	452	士修	许继	420	60 左国玑		205
40	太古	王野	109	士修	葛幼元	1387	77 左民	林右	886
	太古	盛鸣世	1343	士鲁	王钝	94	直卿	刘虞夔	386
	太古	温新	1474	28 士伦	范理	875	直卿	胡敬辰	1038
	太真	方鏄	186	30 士安	李维桢	511	直卿	曾朝节	1470
43	太弋山樵 谢兆申		1483	士良	牛谅	155	壶隐翁	吴鹏	603
	太朴	危素	343	士宾	文俊德	165	90 左光斗		204
	太朴	黎淳	1542	士容	沈奎	669			

4010₄ 圭

27	圭峰	罗玘	919

44	太蒙	范凤翼	870	40 士奇	刘储秀	385
50	太青	文翔凤	167	士奇	杨士奇	526
72	太丘	丘兆麟	248	士垓	汪礼约	645
	太岳	张居正	737	士南	朱衡	331
80	太复	朱长春	296	44 士英	王伟	65

4010₆ 查

00	查应光	1045
20	查秉彝	1046
87	查铎	1046

4010₀ 土

00	土斋	陆吉	776
	士齐	邓林	197
	士亨	刘泰	372
	士斋	邹赛贞	638
	士廉	顾清	1148
02	士端	刘鹰	387
10	士元	张原	747
12	士登	邢云路	278
17	士珉	唐锦	1268
20	士峻	汪礼约	645
21	士贞	居节	997
	士行	张绅	739
24	士选	熊卓	1572

57	士抑	何三畏	606
	士招	王以旂	47
60	士昂	童轩	1464
65	士晙	汪礼约	645
	士畴	童承叙	1465
90	士尚	黄正色	1290

4016₁ 培

30	培之	李培	506

4016₅ 塘

40	塘南	王时槐	75

4010₂ 直

00	直斋	曾朝节	1470
	壶庵	李沂	489
21	左虚子	蔡羽	1504
	左虞	张元凯	698
24	左华山人	张光孝	713
	左赞		205
30	直之	方其义	180

4020₀ 才

26	才伯	黄佐	1297

4020₇ 声

26	声伯	陈霆	854

4021₂ 克

00	克庵	陈选	833

25	克生	梅国桢	1328	希斋	柯维骐	1043	南郢	杨瀹	560

25 克生　梅国桢　1328
27 克绍　陈鳞　861
　　克修　张吉　712
30 克之　杨守勤　538
　　克之　许邦才　410
　　克宽　邢宥　280
31 克让　倪谦　1174
32 克谐　李恺　501
36 克温　龙瑄　210
　　克温　吴俨　593
44 克恭　贺钦　1095
　　克勤　程敏政　1423
　　克懋　龚勖　1341
53 克咸　孙临　436
67 克明　杨训文　533
　　克明　邹亮　635
　　克明　耿汝愚　1117
　　克明　倪峻　1174
77 克用　虞堪　1528
90 克学　吴仕　576
　　克粹　朱纯　310

4021₄ 在

00 在六　金铉　937
28 在伦　耿定向　1117
30 在家僧　洪孝先　1076
40 在杭　谢肇淛　1491
80 在公　宗谊　996

4022₇ 内

00 内方　童承叙　1465

希斋　柯维骐　1043
希斋　黄佐　1297
希雍　顾允默　1138
南庄　李孟璿　490
南高　徐扬先　1183
南斋　魏骥　1553
07 南郭　王弼　122
南郭　张采　734
10 希玉　郑珞　986
南雪　陈子升　800
11 有斐　戴澳　1526
14 有功　张逊业　745
17 希尹　刘天民　349
20 有孚　王永光　55
南隽　汪必东　645
21 南师仲　1042
22 内山　张天复　699
南山　黄润玉　1308
南山道人　朱胤栘　317
南川　林光　888
南川　陶谐　1280
24 南华　龚黄　1340
南华　汪一中　642
南华山人　吴敏道　598
25 希仲　戚元佐　1343
南仲　杨德周　555
26 南泉　吴寅　599
南皋　邹元标　632
南皋子　周洪谟　963
27 希贤　吴希贤　583

南郢　杨瀹　560
南峰山人　杨循吉　549
30 有之　汪佃　648
南宫散吏　宋濂　691
南宪仲　1043
南濠居士　都穆　1116
31 有涯　孟洋　999
南江　王慎中　126
南江　冯恩　263
南渠　王燝　142
南渠　吕本　285
32 南州散人　吴还初　581
南洲　释溥洽　1460
南洲　边习　276
南溪　邓汝相　195
南溪　吴昂　589
37 南门　陆之裘　774
南涧　林廷玉　888
南湖　丁奉　3
南湖　张綖　745
南溟　汪道昆　654
38 南泠　蒋山卿　1401
39 南沙　莫止　1119
南沙子　熊过　1570
40 希大　乔宇　334
希大　郑汝美　977
希大　赵纲　1015
希古　方孝孺　177
希声　吴锁　605

		希声	钱肃乐	1163
		希直	方孝孺	177
		南大吉		1042
		南塘	戚继光	1344
41	南轩			1043
		南轩	郑之文	971
44	希节	东汉		213
		希范	王洪	96
		希董	茅大方	878
		南村	陶宗仪	1276
46	南坦	刘麟		389
47	南坞	贾咏		1125
48	内敬	王谊		107
50	希素	文洪		165
		南夫	吴一鹏	566
52	希哲	祝允明		1079
60	有量	江伯容		394
		南园	张志淳	720
		南园老翁	张志淳	720
		南园野人	张志淳	720
		南禹外史	丰坊	34
67	南野	欧阳德		911
71	南原	王韦		43
72	南岳山人	吴国伦		587
77	希周	江文盛		644
80	有年	田登		241
		希会	汪必东	645
		希翁	钱文	1158
		南公	孙源文	442

		南谷	雷燮	1501
		南翁	林光	888
90	希举	潘铉		1566
91	有恒	冒政		1047
98	内悦	王怿		89

4023₁ 赤

12	赤水	屠隆		1374
43	赤城	陈维新		845
		赤城	夏暚	1132
		赤城山人	方大任	172
		赤城山人	胡震亨	1039
48	赤松山农	金琮		938
		赤松山道人	吴孺子	605
		赤松侣等	屠隆	1374
70	赤壁	金声		935
77	赤冈	王兆云		67

4024₇ 存

00	存斋	陈辉		848
		存斋	瞿佑	1531
		存斋	徐阶	1186
		存庵	钱士鳌	1157
27	存约	王爌		142
		存叔	丰坊	34
30	存之	高攀龙		1240
		存良	韩世能	1408
		存宗	刘城	368

32	存礼	丰坊		34
33	存诚	顾宪		1147
37	存初	王乐善		54
40	存古	夏完淳		1129
46	存恕	蒋忠		1403
48	存敬	王弼		122
		存敬道人	周世选	944
53	存甫	王乐善		54
97	存忆	唐世济		1256

4033₁ 志

00	志高	孙升		428
17	志尹	饶相		1066
22	志川	朱敬鑨		326
25	志健	孙堪		442
26	志和	林熙春		905
38	志道	张以宁		704
43	志辅	俞大猷		1061
77	志周	孙桢		438
90	志学	吕敏		290

4040₁ 幸

| 00 | 幸庵 | 彭泽² | | 1383 |

4040₇ 支

00	支离	释如兰		1441
		支离子	吴鼎	601
			李文麟	474
			李言恭	487
			李应升	487
			李应征	488

4460₃ 蓄

| 30 蓄之 | 刘锐 | 384 |

4460₄ 若

10 若无	赵维寰	1024
21 若虚	李士实	464
28 若龄	高鹤	1238
30 若济	崔涯	1348
40 若士	汤显祖	401
若木	侯恪	1060
43 若朴	侯恪	1060
44 苦节先生	沈度	670
若菽	郭之奇	1241
若蒙	李养正	501
47 若椰	蒋德璟	1405
50 若素	唐文灿	1255
60 若思	胡俨	1036
80 若曾	贾惟孝	1125

4460₈ 蓉

22 蓉山	顾懋弘	1153
22 蓉川	齐之鸾	390
40 蓉塘	姜南	1074
90 蓉裳	范壶贞	875

4462₇ 蔀

| 00 蔀斋 | 郑关 | 977 |
| 蔀斋 | 林志 | 890 |

4471₂ 苍

10 苍雨	陈宏裔	821
12 苍水	张煌言	764
13 苍琅子	万道光	19
37 老迟	陈洪绶	835
37 苍门	李应策	489
41 老狂生	朱有燉	303
44 老莲	陈洪绶	835
老葵	彭泽[1]	1382
80 苍公	葛麟	1389
苍谷	王尚䌹	87

4471₇ 世

00 世文	张綖	745
世廉	王文禄	46
10 世于	吴奕	593
14 世琔	张珹	747
20 世乔	邓迁	195
22 世胤	赵大佑	1005
26 世和	陶谐	1280
27 世贤	李杰	491
世修	谢省	1486
37 世调	张蒲	767
世调	林围	906
40 世杰	叶子奇	224
世培	祁彪佳	407
44 世节	孙艾	429
世其	孙继芳	439
53 世成	王琨	118
世甫	胡缵宗	1041
60 世昌	王越	119
世昌	郑延	976
世昌	姚福	1093
世显	黄孔昭	1289
67 世明	沈燫	684
世昭	徐子熙	1177
71 世臣	管大勋	1537
77 世用	余继登	629
世用	高谷	1228
世用	瞿俊	1533
世周	王伯稠	79
世卿	李承箕	498
世卿	杭济	908
88 世第	徐袍	1202

4472₇ 葛

00 葛应秋		1388
09 葛麟		1389
10 葛一龙		1386
24 葛幼元		1387
26 葛臬		1389
30 葛守礼		1387
44 葛征奇		1388
48 葛增	葛幼元	1387
62 葛昕		1388
68 葛曦		1389

4474₁ 薛

00 薛应旂		1516
薛章宪		1518
10 薛三才		1512
薛三省		1513
12 薛廷宠		1514
13 薛瑄		1519
22 薛岗		1515
26 薛侃		1517

27 薛纲	1516
30 薛宷	1519
32 薛近兖	1515
38 薛论道	1515
44 薛梦雷	1518
薛蕙	1520
50 薛素素	1517
60 薛甲	1514
77 薛冈	1513
90 薛光瑜	1514

4477₀ 甘

14 甘瑾　　　　　202
26 甘白　张适　　741
　甘泉　湛若水　1472

4480₀ 赵

00 赵文　赵宗文　1017
　赵文华　　　　1006
　赵彦复　　　　1020
　赵康王　朱厚煜　316
11 赵珏　　　　　1018
12 赵廷松　　　　1011
17 赵弼　　　　　1025
20 赵秉忠　　　　1017
　赵重道　　　　1019
　赵统　　　　　1020
　赵维寰　　　　1024
21 赵贞吉　　　　1009
22 赵彩姬　　　　1023
27 赵尔圻　　　　1008
　赵伊　　　　　1011

赵纲　　　　　1015
赵峋　　　　　1023
30 赵汸　　　　1014
赵完璧　　　　1015
赵宗文　　　　1017
赵宽　　　　　1021
赵宧光　　　　1022
35 赵迪　　　　1015
37 赵汉　　　　1009
赵涣　　　　　1021
38 赵谦　　　　1024
40 赵士谔　　　1004
赵士喆　　　　1004
赵大佑　　　　1005
赵古则　赵谦　1024
赵志皋　　　　1012
赵南星　　　　1018
43 赵辅　　　　1022
44 赵世显　　　1006
赵燕　赵彩姬　1023
46 赵相如　　　1018
47 赵鹤　　　　1026
57 赵邦彦　　　1009
60 赵啦　　　　1016
64 赵时春　　　1013
77 赵用光　　　1007
赵用贤　　　　1008
赵同鲁　　　　1010
80 赵介　　　　1005
赵善鸣　　　　1024
91 赵怀玉　　　1015
赵炳龙　　　　1020

4480₁ 楚

00 楚庄王　朱孟烷　313
07 楚望　郝敬　1027
10 楚石　释梵琦　1454
21 楚屿　朱之瑜　292
27 楚叔　张琦[2]　756
　楚侗　耿定向　1117
　楚樨　蒋之翘　1402
30 共之　左光斗　204
　其永　江禹奠　395
38 其沧　　　　869
44 楚芳　秦征兰　1099
53 其盛　谢汝韶　1484
76 楚阳　石昆玉　209

4480₄ 莫

10 莫更生　莫叔明　1121
12 樊廷选　林廷选　888
20 莫秉清　　　　1121
21 莫止　　　　　1119
27 莫叔明　　　　1121
　樊阜　　　　　1510
33 葵心　王征　　131
40 葵南　江楫　　397
41 葵轩　朱佑　　308
43 樊献科　　　　1511
46 莫如忠　　　　1120
60 莫旦　　　　　1119
　莫是龙　　　　1122
　葵日　陆可教　775

67 葵旸	黄洪宪	1304	黄体仁	1296	41 黄枢	1298
72 葵丘	谢缙	1489	26 黄伯善	1298	黄姬水	1309
77 樊鹏		1511	27 黄约仲	1294	42 黄媛贞	1319

4480₅ 英

			黄奂	1303	43 黄辅	1311
10 英玉	顾琛	1150	黄玺	1306	46 黄相	1301

4480₆ 黄

			黄鲁曾	1316	47 黄鹤山农	杜濬 462
00 黄文焕		1288	28 黄以升	1289	黄鹤山农	沈朝焕
黄方儒		1288	30 黄守 黄约仲	1294		674
黄玄		1291	黄宗昌	1299	黄鹤山樵	王蒙 122
黄衷		1307	黄淮	1311	黄鹤先生	张所敬
02 黄端伯		1321	黄淳耀	1312		734
10 黄天佐 黄巩		1292	31 黄河水 黄德水		黄鹤道人	朱荣灭
黄元吉		1286		1322		315
黄元忠		1286	黄祯	1309	50 黄中	1287
黄云		1286	黄福	1320	黄忠 黄中	1287
黄正色		1290	32 黄训	1291	黄肃	1301
12 黄孔昭		1289	33 黄浦 朱邦宪	300	52 黄哲	1305
黄廷用		1292	34 黄汝亨	1293	60 黄甲	1290
14 黄瓒		1322	黄汝良	1294	黄景昉	1315
17 黄子澄		1285	黄洪宪	1304	67 黄曜 黄孔昭	1289
黄巩		1292	35 黄谏	1313	70 黄檗山人 胡维霖	
黄承玄		1301	黄潜 黄仲昭	1292		1037
18 黄瑜		1319	36 黄湜 黄子澄	1285	77 黄凤翔	1287
20 黄维楫		1313	37 黄泽	1299	黄居中	1300
23 黄发翁 毕木		282	黄祖儒	1304	黄卿	1307
黄峨		1305	黄润玉	1308	80 黄谷山人 李蓘 515	
黄绾		1314	38 黄道	1317	黄金耀 黄淳耀	
24 黄佐		1297	黄道周	1318		1312
黄德水		1322	40 黄九皋	1285	黄尊素	1316
25 黄仲昭		1292	黄克晦	1295	黄毓祺	1321
			黄克缵	1295	83 黄猷吉	1320
			黄培	1310	87 黄钥	1303

21 韩上桂　　1406
　韩贞　　　1410
27 韩经　　　1411
30 韩守益　　1410
　韩安人　屈淑　997
　韩宗騄　释函可
　　　　　　1451
44 韩世能　　1408
57 韩邦奇　　1408
　韩邦靖　　1409
60 韩日缵　　1407
86 韩锡　　　1412

4558₀ 轶

88 轶符　陈子龙　801

4599₆ 楝

40 楝塘　陈良谟[1]　821

4611₀ 坦

00 坦斋　叶砥　234
　坦斋　刘三吾　347
　坦庵　梁本之　1363
21 坦上翁　刘麟　389

4622₇ 狷

00 狷庵　单恂　994

4624₇ 幔

00 幔亭　徐𤊹　1210

4633₀ 恕

50 恕中　释无愠　1438
77 恕卿　木公恕　147

4640₀ 如

21 如须　姜垓　1073
22 如山　莫止　1119
68 如晦　高道素　1237
72 如刚　陈懿典　861
80 如美　郑如英　978
86 如锡　黄福　1320
97 如耀　方孟式　182

4680₂ 贺

44 贺世寿　　1094
53 贺甫　　　1094
87 贺钦　　　1095
92 贺灿然　　1094
93 贺烺　贺世寿　1094

4690₀ 相

28 相攸　叶宪祖　232
37 相湖渔隐　怀悦　685
40 相奎　郭子章　1242

4690₂ 柏

00 柏斋　何瑭　620
22 柏崖　张升　701
26 柏泉　胡松[2]　1033
31 柏源　王淮　115
　柏潭　孙继皋　440

41 柏轩　段坚　1054

4690₃ 絮

00 絮庵　吴文企　573

4690₄ 驾

10 驾五山人　项应祥
　　　　　　1003

4691₃ 槐

00 槐亭　李腾鹏　517
31 槐江　丁自申　3
32 槐溪　王三接　38
67 槐野　王维桢　117

4693₂ 椴

80 椴公　冯一第　256

4702₇ 鸠

00 鸠文孙　徐复祚
　　　　　　1197
44 鸠艾山人　伍瑞隆
　　　　　　335

4711₂ 觐

24 觐华　吴桂森　596

4712₇ 鄞

90 鄞堂田叟　王嗣奭
　　　　　　123

4721₂ 匏

00 匏庵　吴宽　596

	青屏	王荔	93		忠烈	杨涟	545	77 忠卿	冯敏效	267
	青眉	傅一臣	1427		忠烈	张铨	752	78 忠愍	刘球	376
	肃卿	万恭	18		忠烈	陆梦龙	788		忠愍	孙炎	433
	肃卿	高拱	1234		忠烈	黄道周	1318		忠愍	杨继盛	545
78	肃愍	于谦	10		忠烈	蔡道宪	1508		忠愍	汪一中	642
88	肃敏	王廷相	63	13	忠武	郭登	1252		忠愍	沈炼	670

5023₀ 本

				21	忠贞	卓敬	914		忠愍	陈邦彦	808
00	本充	徐灿	1186	26	忠伯	王家屏	106		忠愍	陈选	833
	本庵	方学渐	180	27	惠仍	单思恭	994		忠愍	周天佐	942
02	本端	倪宗正	1172	30	惠安	彭韶	1385		忠愍	黎遂球	1543
10	本无	释释禅	1458		忠定	韩文	1407	80	忠介	杨爵	556
27	本修	姚廉敬	1093		忠宣	刘大夏	349		忠介	邹元标	632
30	本之	梁本之	1363		忠宣	林熙春	905		忠介	周顺昌	961
	本宁	李维桢	511		忠宣	黄福	1320		忠介	施邦曜	1066
35	本清	金湜	939		忠宪	马理	31		忠介	钱肃乐	1163
46	本如	吴用先	577		忠宪	高攀龙	1240		忠介	海瑞	1270
90	本常	韩经	1411	34	忠洁	金铉	937	87	忠铭	王弘海	56

5033₃ 忠

				35	忠清	凌义渠	1220	88	惠敏	庞尚鹏	970
00	忠文	李时勉	486	38	忠裕	黄巩	1292		忠敏	祁彪佳	407
	忠斋	任瀚	336	40	惠东	郑元勋	973		忠简	张翀²	750
02	忠端	王家彦	105	43	忠献	卢宁	214		忠简	魏良弼	1549
	忠端	黄尊素	1316	44	忠节	吕维祺	290				

5034₀ 寿

					忠节	吴云	570	17	寿承	文彭	166
05	忠靖	史可法	241		忠节	吴甘来	574	77	寿卿	方良永	179
	忠靖	夏原吉	1131		忠节	吴麟征	606		寿卿	闵龄	641
07	忠毅	左光斗	204		忠节	金铉	937		寿卿	沈龄	676
	忠毅	李应升	487		忠节	黄端伯	1321		寿卿	聂大年	1118
	忠毅	赵南星	1018		忠节	鹿善继	1353				

5040₇ 麦

					忠节	魏大中	1546	84	麦斜山人	林大辂	
	忠毅	黄端伯	1321	47	惠期	路迪	1529				884
10	忠正	刘宗周	364	50	忠夫	陆钰	786				
12	忠烈	卢象升	217		忠襄	徐石麒	1180				

5060₀ 由

90 由拳山人　屠隆
1374

5060₈ 春

10 春石　王应熊　80
16 春碧　熊化　1569
22 春崖　潘铉　1566
24 春华　纪振伦　447
30 春宇　刘继善　375
　　春寰　郑明选　982
37 春涵　车大任　151
44 春草　乌斯道　160
67 春明　陆宇燝　778
77 春卿　王厈　52

5073₂ 囊

10 囊云　周齐曾　950

5080₂ 夷

00 夷度　祁承爜　406
10 夷玉　周朝俊　967
26 夷白　杨琏　544
夷白堂主人　杨尔曾
532
44 夷孝先生　卢熊　219
67 贵明　高璧　1240
77 贵朋　高璧　1240
　　贵卿　刘良弼　361
80 夷令　张灏　772

5090₀ 末

00 末斋　胡森　1038
10 来云居士　诸万里
1272
20 来集之　564
21 来俨然　563
22 来山　石存礼　207
24 来仪　张羽¹　718
25 来伟才　来集之　564
26 来皇　吴麟征　606
28 来临　562
29 来继韶　563
34 来汝贤　561
41 末轩　黄仲昭　1292
42 来斯行　564
44 末村居士　李舜臣
514
50 末央　袁祈年　1113
　　末央　梁朝钟　1367
　　末央　安绍芳　405
77 来凤　崔桐　1346
　　来卿　苏光泰　454
80 来复　563
83 来镕　来集之　564
86 来知德　562

5090₃ 素

00 素亭　方向　176
　　素庵　邹缉　637
　　素庵　商辂　1359
　　素庵　彭华　1381

素庵野人　周思得
959
24 素华　释智旭　1457
27 素修　马世奇　25
41 素轩　傅伦　1428
60 素园　方弘静　175
80 素兰　翁孺安　1220

5090₄ 泰

00 泰亨　张养蒙　742
07 秦望望中人　刘宗周
364
21 秦征兰　1099
24 泰华　孔贞时　191
26 泰泉居士　黄佐
1297
27 秦约　1098
30 秦淮居士　纪振伦
447
　　秦淮墨客　纪振伦
447
33 秦梁　1100
38 秦瀚　1102
40 秦嘉禾　1101
43 泰始　陈一元　794
44 秦懋德　1102
46 秦旭　1098
47 秦栟　1100
49 秦楼外史　王骥德
143
64 秦时雍　1099
78 泰阶　李春熙　499

40	景南	邓志谟	196
	景南	章适	1356
50	景素	于孔兼	8
52	景哲	赵迪	1015
61	景颙	沐昂	657
67	景旸		1413
	景旸	江晖	396
	景旸	秦旭	1098
67	景明	陈亮	834
	景明	蒋曙	1406
	景明	强晟	1493
	景鸣	罗玘	919
	景晖	柯暹	1044
77	景周	莫旦	1119
	景熙	李龄	516
80	景曾	毕自严	282
88	景从	袁表	1109

6107₂ 啮

52	啮指居士	屠中孚	1372

6111₀ 趾

00	趾庵	郑一麟	971

6201₅ 睡

00	睡庵	汤宾尹	403
20	睡乡祭酒	杜濬	462
33	睡心道士	傅汝舟²	1429
77	睡隐子	陈佐才	818

6204₉ 呼

00	呼文如		915
20	呼采	呼文如	915

6211₃ 跳

10	跳石山人	黄玺	1306

6240₀ 别

22	别山	张同敞	713

6302₇ 晡

63	晡谷	陈启相	822

6306₅ 瞎

25	瞎牛	偶桓	1349
80	瞎翁	偶桓	1349

6338₄ 默

00	默斋	许论	413
	默庵	曹义	1332
	默庵	张吉	712
17	默承	刘鸿训	381
19	默孙	顾简	1150
26	默泉	吴鹏	603
40	默农	华夏	340
63	默默子	陈言	819

6400₀ 叶

00	叶亭立	叶太叔	225
	时言	李默	520

	时亮	戴钦	1523
	时彦	王英	83
	时庸	黄卿	1307
	时雍	刘大夏	349
07	时翙	左赞	205
	时望	郭汝霖	1246
10	叶元玉		225
10	叶五叶	叶昼	233
10	叶不夜	叶昼	233
10	时正	夏寅	1132
12	叶廷秀		227
	叶砥		234
	时登	樊阜	1510
17	叶子奇		224
	时羽	王翘	119
20	时秀	杨荣²	543
	时秀	沈桐	673
	时季照		565
	时重	戴鍪	1526
21	时行	李循义	513
	时行	张弘至	710
24	时升	李堂	509
	时勉	李时勉	486
	时魁	王梅	108
25	叶纨纨		228
26	时泉	许潮	422
27	叶向高		227
	叶绍袁		230
	时叔	钟夏	1050
	时殷	詹莱	1535
28	叶份		227
	时俭	王直	83

6716₄ 路

27 路叔　陶崇道　1279
35 路迪　　　　1529

6722₀ 嗣

02 嗣端　陆澄原　793
37 嗣初　陈继　　840
90 嗣兴　谷继宗　631

6733₆ 照

00 照庵　杨时乔　539

6742₇ 鹪

00 鹪庵　张纨　　726

6778₂ 歇

00 歇庵　娄坚　　1075
　歇庵居士　陶望龄
　　　　　　1279

6802₁ 喻

30 喻安性　　　1414
47 喻均　　　　1415
60 喻园　梁朝钟　1367
64 喻时　　　　1415

6805₇ 晦

30 晦之　余光　　624

7021₅ 雅

00 雅言　萧执　　1323
　雅斋　黎扩　　1541

30 雅宜山人　王宠　90

7090₄ 檗

30 檗窗　江氾　　393

7121₂ 阮

26 阮自华　　　426
37 阮汉闻　　　425
40 阮大铖　　　424
44 陋巷生　颜廷榘
　　　　　　1559

7121₄ 屋

00 屋庵老人　吴文企
　　　　　　573

7121₅ 雁

27 雁峰　文肇祉　168
37 雁泽　曹学佺　1334
44 雁荡山樵　章玄应
　　　　　　1354

7123₂ 辰

10 辰玉　王衡　　136
22 辰山　李延昰　483
42 辰长　崔培元　1347

7123₉ 愿

30 愿之　杨师孔　533

7124₇ 厚

00 厚斋　纪坤　　446
　厚斋　梁储　　1368
24 厚德　李诩　　497

7128₂ 顾

00 顾文渊　　　1137
　顾言　　　　1140
　顾应祥　　　1140
　顾彦夫　　　1143
05 顾靖甫　顾懋弘
　　　　　　1153
10 顾开雍　　　1135
　顾天阶　　　1135
　顾天埈　　　1136
　顾天禄　顾禄　1149
　顾元庆　　　1136
　顾正谊　　　1138
　顾可久　　　1138
11 顾瑮　　　　1150
19 顾璘　　　　1152
22 顾鼎臣　　　1149
23 顾允成　　　1137
　顾允焘　顾懋弘
　　　　　　1153
　顾允默　　　1138
24 顾德基　　　1151
26 顾绀　　　　1150
27 顾绍芳　　　1142
　顾磐　　　　1151
30 顾宪成　　　1144
31 顾源　　　　1150
34 顾斗英　　　1137
　顾渚　臧懋循　1510
　顾渚山人　臧懋循
　　　　　　1510
35 顾清　　　　1148

	陶陶生　黎贞	1541	60 屏国　赵嵎	1023	

80 月人　龙膺	211	
月公　龙膺	211	
同人　刘侗	363	
周金	955	
周复元	960	
周复俊	960	
陶益	1278	
85 周铸　周鼎	967	
87 周叙	961	
90 月堂　释宗贤	1450	
用光　张含	724	
周光镐	948	
91 周炳谟	962	
93 周怡	956	
94 周忱	953	
95 陶情　易恒	914	

7722₇ 鹏

26 鹏程　高举	1234	
37 鹏初　孙羽侯	431	
90 鹏举　萧翀	1325	

7723₇ 隐

10 隐石山人　陈佐才		
	818	
29 隐鳞　闻龙	1071	
40 隐真子　朱翊鈏	322	
90 隐学　高宇泰	1227	

7724₁ 屏

22 屏山　张四维²	708	

7724₇ 履

00 履庵　万泰	18	
履庵　万士和	12	
履庵　萧显	1324	
21 履仁　王宠	90	
履贞　冒政	1047	
24 履德　沈行	662	
30 履之　钱谦贞	1167	
履安　万泰	18	
38 履道　叶砥	234	
40 履吉　陈益祥	839	
履吉　王宠	90	
50 履中　来复	563	
77 殿飏　林时对	890	
殿卿　许邦才	410	
90 履常　黄承玄	1301	

7726₄ 居

00 居庸山人　顾存仁		
	1139	
屠应埈	1373	
眉庵　杨基	546	
10 居一钤园　陈万言		
	798	
12 屠瑶瑟	1376	
21 居贞　郑居贞	985	
居衡　胡直	1032	
22 屠侨	1373	
25 眉生　沈寿民	663	
30 居之　姜曰广	1072	

38 眉道人　陈继儒	841	
40 居左　程正谊	1418	
屠大山	1371	
44 居节	997	
50 屠中孚	1372	
屠本畯	1372	
64 屠勋	1374	
77 屠隆	1374	
80 眉公　陈继儒	841	
90 屠燨	1377	

7727₂ 屈

37 屈淑	997	
42 屈瓠　高斗枢	1225	
77 屈安人　屈淑	997	

7728₂ 欣

77 欣欣客	933	

7733₁ 熙

00 熙文　陈缉	851	
熙亭　艾穆	204	
23 熙台　潘埙	1564	
30 熙宇　冯明期	262	
43 熙载　罗虞臣	926	
熙载　林应亮	892	
53 熙甫　归有光	221	

7740₀ 又

10 又于　吴玄	577	
又元　缪昌期	1574	
37 又汉　赵相如	1018	
38 又谦　黄学谦	1299	

67 公明	周启	954
公路	杨德遵	556
公路	张名由	716
77 公履	周规	954
86 公锡	钱如畿	1162
87 公叙	周叙	961
88 公敏	史谨	245

8080₄ 美

00 美度	叶宪祖	232
17 美承	唐世济	1256
30 美之	朱朝瑛	326
美之	贺甫	1094
50 美中	吴琁	598
77 美周	黎遂球	1543
80 美命	郭正域	1244

8081₅ 雉

21 雉衡山人	杨尔曾	
		532

8088₀ 众

53 众甫	方应选	178

8090₁ 佘

00 佘育	622
57 佘翘	622
87 佘翔	622

8090₄ 余

00 余庵	吴用先	577
10 余正垣		623

11 余棐	630
17 余邵鱼	626
余承恩	627
余孟麟	627
20 余季岳	626
21 余俨	628
24 余佑	625
27 余纫兰	625
27 余绍祉	628
余峰　张意	763
余象斗	629
29 余继登	629
30 余寅	630
40 余有丁	624
44 余懋孳	631
60 余曰德	623
77 余飏	625
90 余光	624
余学夔	627

8181₇ 矩

32 矩洲	黄衮	1307

8210₀ 剑

22 剑川	陈寰	859
27 剑峰	孙钰	439
34 剑池	王錂	138
35 剑津	邵捷春	865
剑津子	钟夏	1050

8271₅ 锺

33 锺诚	张永明	709

8282₈ 矫

00 矫亭	方鹏	184
60 矫园	赵尔坼	1008

8375₀ 钱

00 钱文		1158
钱文荐		1159
10 钱百川		1160
14 钱琦		1166
17 钱子义		1157
钱子正		1158
21 钱师义　钱子义		
		1157
23 钱允升　钱仲益		
		1160
24 钱德洪		1169
25 钱仲益		1160
29 钱继章		1165
钱继登		1166
30 钱良胤		1161
钱宽　钱德洪		1169
钱宰		1164
31 钱福		1168
33 钱溥		1168
38 钱谦贞		1167
40 钱士升		1156
钱士鳌		1157
钱希言		1162
钱塘散人　安遇时		
		405
44 钱棻		1166

53 惟成 陈赀 837
77 惟周 唐庠 1263
惟卿 洪贯 1076
80 惟介 林懋和 906
惟益 董裕 1400
惟善 姜宝 1073

9004_7 惇

10 惇吾 曾维伦 1470

9009_6 惊

37 惊鸿 景翩翩 1414

9010_4 尘

30 尘客 顾大章 1134

9017_7 当

44 当世 丘世望 247
64 当时 缪昌期 1574

9020_0 少

00 少文 赵涣 1021
少玄 皇甫涍 1056
少庄 李蓘 515
10 少石 陆钍[2] 781
少石 崔铣 1347
少雅 钮少雅 1053
17 少君 吴孺子 605
少翮 陈翼飞 860
18 少瑜 童垙 1466
21 少屿 唐尧官 1257
少虚 李万实 465
少虚 赵邦彦 1009
22 少偕 李时行 485
23 少岱 谷继宗 631
24 少华 许宗鲁 418
25 少传 王弘诲 56
26 少白 文在中 162
少白 郑允璋 975
少白 梁辰鱼 1365
少泉 王格 101
27 少岷 曾玙 1468
少峰 林应亮 892
少彝 刘世教 355
30 少安 谢东山 1480
少室山人 杨本仁 530
少室山人 胡应麟 1031
31 少江 莫是龙 1122
32 少洲 冯惟讷 268
少洲 李邦光 478
37 少初 徐良傅 1190
少涧 游朴 1475
少湖 费懋贤 1085
少湖 徐阶 1186
38 少海 任瀚 336
40 少南 庞尚鹏 970
少南 樊鹏 1511
少南 恽绍芳 1077
41 少梗 卢柟 216
少墟 冯从吾 258
44 少芝 李英 491
少村 黄廷用 1292
少林 沈懋学 683
47 少鹤 丁一中 1
少鹤 邢大道 278
50 少春 穆文熙 1544
72 少岳 项元淇 1002
少质 刘绘 371
77 少卿 徐鳞 1215
80 少谷 郑善夫 989
88 少从 卢龙云 214

9021_2 光

00 光庵 王宾 106
觉庵 查秉彝 1046
觉庵 徐陟 1198
11 觉非道人 罗泰 925
30 光宇 陈烨 840
40 光大 胡广 1028
光古 逯昶 1370
光世 张凤翔 701
光世 陈敬宗 846
光世 恽绍芳 1077

9022_7 尚

00 尚文 章敞 1357
常斋 王景 120
21 尚仁 萧岐 1324
22 肖山 何东序 608
肖岩 刘良弼 361
26 肖泉 林庭机 895
28 常伦 1344
30 尚之 吴应宾 584
常宗 王彝 142
38 尚谦 薛侃 1517

53 肖甫	张佳胤	730	77 半隐	吕潜	291
常甫	张邦奇	711	半隐	唐广	1254
81 尚矩	董越	1398	80 半谷	张含	724
90 尚默	林志	890	半翁	杜濬	462

9040₄ 类

27 娄坚		1075

9050₂ 掌

09 掌麟	张龙文	707
10 拳石	吴仕	576
掌霖	张龙文	707

9040₇ 学

40 学古	瞿俊	1533
学古黄潭	黄训	1291
43 学博	陆明扬	780
53 学甫	王崇古	110
60 学圃	佘翘	622
77 学卿	费元禄	1082

9050₈ 举

30 举之	陆钶²	781

9060₂ 省

00 省斋	陈吾德	817
省斋	郑瑗	991
省庵	范理	875
省庵	金铣	938
10 省吾	林富	903

9050₀ 半

00 半庵	王惟俭	116
10 半石	朱家法	321
18 半憨	王天性	41
27 半峰	释果斌	1445
30 半窗山人	雷鲤	1501
31 半江	邵珪	865
半江	赵宽	1021
32 半洲	张经	740
37 半闲居士	龙瑄	210
38 半禅野叟	王心一	47
41 半轩	王行	66
44 半村野人	姜南	1074

9080₁ 兴

27 兴叔	周诗²	957
30 兴之	许言诗	415
80 兴公	徐世	1208

9080₄ 类

41 类樗山人	秦镗	1101
类樗子	秦镗	1101

9090₄ 米

10 米万钟		392
米云卿		392

22 棠川	殷士儋	1215
棠川先生	殷士儋	1215
74 棠陵	方豪	185

9094₈ 粹

25 粹仲	陈全之	813
50 粹夫	王毓德	129
粹夫	何瑭	620
粹夫	林廷玉	888
50 粹中	胡粹中	1039

9101₆ 恒

27 恒叔	王士性	39
32 恒溪	杨承鲲	541
37 恒初	吴士奇	566
41 恒轩	韩经	1411
72 恒岳	顾大典	1133
88 恒简	林文	885

9106₁ 悟

00 悟斋	吴时来	581

9109₀ 怀

10 怀玉山人	顿锐	1154
32 怀洲	张焕	753
40 怀东	顾存仁	1139
77 怀月	陈益祥	839
98 怀悦		685

9182₀ 灯

26 灯巚道人	文德翼	170

9182$_7$ 炳

27 炳黎　王邵　82

9201$_7$ 恺

76 恺阳　孙承宗　434

9206$_4$ 恬

00 恬庵　蒋孟育　1403

9306$_0$ 怡

00 怡庵　陈继　840

30 怡窝　张吉　712

9383$_8$ 燃

44 燃藜仙客　陈汝元　814

9408$_1$ 慎

00 慎斋　王嘉言　128

　慎斋　蒋忠　1403

41 慎轩　黄辉　1314

46 慎娱居士　李流芳　505

72 慎所　丁元荐　2

77 慎卿　王良枢　81

　慎卿　黄廷用　1292

80 慎余　万元吉　13

9501$_0$ 性

26 性和　马愉　32

30 性之　邢大道　278

　性之　龚秉德　1339

　性之　蓝智　1497

53 性甫　朱存理　304

　性甫　孙存　429

　性甫　查秉彝　1046

77 性卿　谢桂芳　1487

9502$_7$ 情

00 情痴　梅孝己　1328

9508$_0$ 快

60 快园叟　徐霖[2]　1212

9601$_3$ 愧

00 愧斋　陈音　835

00 愧庵　刘天民　349

　愧庵　李光元　480

41 愧轩　王天性　41

9601$_5$ 悝

40 悝存　祝以豳　1079

72 悝所　王以悟　48

9602$_7$ 惕

00 惕斋　吴易　592

43 惕龙　陈龙正　807

9680$_0$ 烟

10 烟霞病叟　林廷玉　888

44 烟萍　陆天麟　774

9702$_0$ 恂

46 恂如　周忱　953

9705$_4$ 恽

22 恽巍　1078

27 恽绍芳　1077

71 恽厥初　1078

80 恽釜　1078

9708$_2$ 懒

10 懒蚕居士　季步骝　929

11 懒云翁　刘彦昺　370

21 懒仙　姚绶　1091

26 嫩和尚　吴孺子　605

80 懒翁　张成教　713

9801$_2$ 悦

40 悦支　释斯学　1455

9805$_7$ 悔

00 悔庵　万泰　18

　悔庵　沈泓　667

37 悔迟　陈洪绶　835

98 悔怍子　刘驷　366

姓名字号首字拼音与四角号码对照索引 *

A

艾 4440_0 1668
爱 2040_7 1611
安 3040_4 1635
闇 7760_1 1702
唵 6401_6 1690
坳 5402_7 1683
敖 5824_0 1684
鳌 5810_6 1684

B

八 8000_0 1702
白 2600_0 1623
百 1060_3 1595
柏 4690_2 1674
半 9050_0 1712
邦 5702_7 1684
包 2771_0 1629
庖 0021_7 1576
宝 3010_3 1634
保 2629_4 1626
抱 5701_2 1684
鲍 2711_2 1627
陂 7424_7 1694
杯 4199_0 1661
北 1211_1 1600
贝 7780_2 1702

备 2760_4 1629
被 3424_7 1643
贲 4080_2 1659
本 5023_0 1680
笨 8823_4 1710
比 2271_0 1616
笔 8871_4 1710
必 3300_4 1640
毕 2240_1 1616
愍 2233_4 1616
碧 1660_2 1604
边 3430_2 1643
编 2312_7 1617
扁 3022_7 1635
卞 0023_0 1578
别 6240_0 1689
彬 4292_2 1662
螶 5318_6 1682
冰 3219_0 1639
秉 2090_7 1612
炳 9182_7 1713
波 3414_7 1643
伯 2620_2 1624
泊 3610_2 1645
檗 7090_4 1692
逋 3330_2 1640
晡 6302_7 1689
卜 2300_0 1617

补 3320_0 1640
不 1090_0 1599
步 2120_1 1613
蔀 4462_7 1669

C

偬 2623_0 1626
才 4020_0 1653
采 2090_4 1612
蔡 4490_1 1672
参 2320_2 1617
餐 2773_2 1629
粲 2790_4 1630
沧 3811_2 1649
伧 2821_2 1632
苍 4471_2 1669
藏 4425_3 1666
曹 5560_6 1683
草 4440_6 1668
槎 4891_2 1677
侪 2022_4 1610
柴 2290_4 1617
禅 3825_6 1650
昌 6060_0 1685
长 4273_0 1661
超 4780_6 1676
巢 2290_4 1617
朝 4742_0 1675

车 4050_0 1657
尘 9010_4 1711
臣 7171_2 1693
辰 7123_2 1692
陈 7429_4 1695
谌 3471_8 1644
成 1220_0 1600
成 5320_0 1682
承 1723_2 1605
诚 3375_0 1640
程 2691_4 1626
澂 3814_0 1649
澄 3211_8 1639
痴 0016_0 1576
螭 5012_7 1679
迟 3730_8 1649
耻 1141_0 1599
赤 4023_1 1655
冲 3510_6 1644
充 0021_7 1576
翀 1510_6 1604
崇 2290_1 1616
仇 2421_7 1619
初 3722_6 1648
樗 4192_7 1617
储 2426_0 1619
楮 4496_0 1673
楚 4480_1 1670

处 2340_0 1618
川 2200_0 1615
垂 2010_5 1610
春 5060_8 1681
纯 2511_7 1620
淳 3014_7 1634
慈 8033_3 1704
此 2211_0 1615
次 3718_2 1648
从 8800_0 1709
徂 2721_2 1628
崔 2221_5 1615
萃 4440_8 1668
粹 9094_8 1713
翠 1740_8 1608
存 4024_7 1655

D

达 3430_8 1643
大 4080_0 1658
呆 6090_4 1688
岱 2377_2 1618
待 2424_1 1619
戴 4385_0 1663
单 8050_6 1705
担 5601_0 1683
聃 1544_7 1604

---

* 本索引中右栏页码为"作家姓名字号四角号码综合索引"中出现的页码。

洺 3716_2	1647	**O**		齐 0022_4	1577	顷 2178_2	1614	濡 3112_7	1638
茗 4460_2	1668			圻 4212_1	1661	琼 1019_6	1591	汝 3414_0	1642
冥 3780_0	1649	欧 7778_2	1702	其 4480_1	1670	丘 7210_2	1693	乳 2241_0	1616
缪 2712_2	1627	瓯 7171_7	1693	奇 4062_1	1658	秋 2998_2	1633	阮 7121_2	1692
末 5090_0	1681	**P**		歧 2414_7	1618	楸 4998_2	1678	蕊 4433_3	1667
莫 4480_4	1670			蓍 4460_1	1668	求 4390_9	1663	蕤 4490_4	1672
蓦 4412_7	1664	潘 3216_9	1639	旗 0828_1	1586	虬 5211_0	1682	瑞 1212_7	1600
墨 6010_4	1685	盘 2710_2	1627	启 3026_1	1635	区 7171_4	1693	润 3712_0	1646
默 6338_4	1689	磐 2760_2	1629	杞 4791_7	1676	屈 7727_2	1701	若 4460_4	1669
木 4090_0	1659	庞 0021_4	1576	起 4780_1	1675	劬 2462_7	1620	弱 1712_7	1605
沐 3419_0	1643	匏 4721_2	1674	绮 2412_1	1618	瞿 6621_5	1690	箬 8860_4	1710
牧 2854_0	1633	泡 3711_2	1646	弃 0044_3	1583	臞 7621_5	1697	**S**	
穆 2692_2	1626	培 4016_1	1653	契 2474_7	1620	癯 0011_5	1576		
N		裴 1173_2	1599	碛 1568_2	1604	衢 2122_1	1614	塞 3010_4	1634
		佩 2721_0	1628	器 6666_8	1690	去 4073_2	1658	三 1010_1	1587
那 1752_7	1608	彭 4212_2	1661	千 2040_0	1611	全 8010_4	1703	散 4824_0	1677
乃 1722_7	1605	鹏 7722_7	1700	迁 3230_4	1640	权 4794_2	1677	桑 7790_4	1702
耐 1420_7	1603	披 5404_7	1683	谦 3873_7	1651	泉 2690_2	1626	骚 7713_6	1698
男 6042_2	1686	瓢 1293_0	1603	钱 8375_0	1707	阙 3748_2	1649	僧 2826_6	1632
囊 5073_2	1681	平 1040_9	1594	乾 4841_7	1677	群 1865_1	1609	沙 3912_0	1651
讷 3472_7	1644	屏 7724_1	1700	潜 3516_8	1645	**R**		山 2277_0	1616
内 4022_2	1654	萍 4414_9	1665	浅 3315_0	1640			商 0022_7	1578
能 2221_2	1615	破 1464_7	1603	强 1623_6	1604	然 2333_8	1618	尚 9022_7	1712
泥 3711_2	1646	蒲 4412_7	1664	墙 4416_1	1665	燃 9383_8	1713	勺 2732_0	1629
倪 2721_2	1628	朴 4390_0	1663	乔 2022_8	1610	饶 2571_2	1622	少 9020_0	1711
楢 4192_2	1660	浦 3312_7	1640	侨 2222_8	1616	仁 2121_0	1613	邵 1762_7	1609
念 8033_2	1704	普 8060_1	1705	樵 4093_1	1660	忍 1733_2	1605	绍 2716_2	1627
鸟 2712_2	1627	瀑 3619_9	1645	钦 8778_2	1708	仞 3772_0	1649	余 8090_1	1706
聂 1044_7	1595	**Q**		芹 4422_1	1665	任 2221_4	1615	射 2420_0	1618
涅 3611_4	1645			秦 5090_4	1681	仍 2722_7	1628	深 3719_4	1648
嗫 6107_2	1689	七 4071_0	1658	琴 1120_7	1599	容 3060_8	1635	蔎 4414_7	1665
宁 3020_1	1634	栖 4196_1	1661	青 5022_7	1679	蓉 4460_8	1669	沈 3411_2	1641
凝 3718_1	1647	戚 5320_2	1682	卿 7772_0	1702	榕 4396_2	1663	慎 9408_1	1713
牛 2500_0	1620	期 4782_0	1676	清 3512_7	1644	柔 1790_4	1609	升 2440_0	1619
钮 8771_2	1708	漆 3419_9	1643	情 9502_2	1713	如 4640_0	1674	生 2510_0	1620
农 4073_2	1658	祁 3722_7	1648	晴 6502_7	1690	孺 1142_7	1599	声 4020_7	1653

字	码	页	字	码	页	字	码	页	字	码	页	字	码	页
夏	1040_7	1594	欣	7728_2	1701	谑	3171_4	1638	瑶	1217_2	1600	银	8773_2	1708
仙	2227_0	1616	莘	4440_1	1668	旬	2762_0	1629	药	4412_7	1664	鄞	4712_7	1674
先	2421_2	1619	新	0292_1	1586	寻	1734_7	1605	冶	3316_0	1640	尹	1750_7	1608
鲜	2815_1	1632	信	2026_1	1611	恂	9702_0	1714	野	6712_2	1691	引	1220_0	1600
闲	3790_4	1649	兴	9080_1	1712	循	2226_4	1616	叶	6400_0	1689	饮	2778_2	1630
贤	2780_2	1630	星	6010_5	1685	逊	3930_0	1651	掖	5004_7	1679	隐	7723_7	1700
现	1711_2	1605	惺	9601_1	1713				一	1000_0	1587	胤	2201_0	1615
宪	3021_2	1634	邢	1742_1	1608	**Y**			伊	2720_7	1628	应	0021_9	1576
羡	8018_2	1703	行	2122_2	1614	崖	2221_4	1615	医	7171_8	1693	英	4480_5	1671
献	4328_4	1663	醒	1661_5	1604	雅	7021_5	1692	猗	4422_1	1665	缨	2714_7	1627
相	4690_0	1674	杏	4060_9	1657	亚	1010_2	1588	漪	3412_1	1642	迎	3730_2	1648
香	2060_9	1612	幸	4040_1	1655	烟	9680_0	1714	仪	2420_3	1618	荥	4490_2	1672
湘	3610_0	1645	性	9501_1	1713	崦	2471_6	1620	夷	5080_2	1681	莹	4410_3	1663
襄	0073_2	1583	熊	2233_1	1616	延	1240_1	1602	怡	9306_0	1713	瀛	3011_7	1634
向	2722_0	1628	休	2429_1	1619	严	1020_1	1592	宜	3010_2	1633	颖	2198_2	1615
项	1118_2	1599	修	2722_2	1628	言	0060_1	1583	遗	3530_8	1645	映	6508_0	1690
象	2723_2	1628	朽	4192_7	1660	研	1164_0	1599	颐	7178_2	1693	雍	0021_5	1576
肖	9022_7	1712	秀	2022_7	1610	岩	2260_1	1616	疑	2788_1	1630	永	3090_1	1637
逍	3930_2	1651	岫	2576_0	1622	彦	0022_2	1577	彝	2744_9	1629	甬	1722_7	1605
宵	3022_7	1635	虚	2121_2	1613	俨	2120_1	1613	以	2870_0	1633	用	7700_2	1698
萧	4422_7	1665	徐	2829_4	1632	衍	2122_1	1614	矣	2380_4	1618	由	5060_0	1681
浟	3014_8	1634	许	3874_0	1651	阎	3777_7	1649	义	4000_3	1652	犹	4321_2	1662
小	9000_0	1710	序	0022_2	1577	颜	0128_2	1584	亦	0023_0	1578	游	3814_7	1649
晓	6501_2	1690	叙	8794_0	1709	弇	8044_6	1705	异	7744_1	1701	又	7740_0	1701
筱	8824_8	1710	胥	1722_7	1605	偃	2121_4	1614	抑	5702_0	1684	幼	2472_1	1620
篠	8829_4	1710	勖	6462_7	1690	砚	1761_2	1609	易	6022_7	1686	祐	3426_0	1643
孝	4440_7	1668	绪	2416_0	1618	晏	6040_4	1686	绎	2715_4	1627	迂	3130_4	1638
笑	8880_4	1710	絮	4690_3	1674	雁	7121_5	1692	轶	4558_0	1674	于	1040_2	1593
些	2210_1	1615	蓄	4460_3	1669	燕	4433_1	1667	益	8010_2	1703	予	1720_2	1605
歇	6778_2	1692	轩	4154_0	1660	鹔	6742_7	1692	埼	7422_1	1694	余	8090_4	1706
谐	3276_2	1640	宣	3010_6	1634	阳	7620_0	1697	逸	3730_1	1648	於	0823_3	1586
撷	5108_2	1682	玄	0073_2	1583	杨	4792_7	1676	旸	6602_7	1690	鱼	2710_6	1627
解	2725_2	1628	选	3430_1	1643	仰	2722_0	1628	毅	0724_7	1586	俞	8022_1	1704
谢	3470_0	1644	薛	4474_1	1669	养	8022_8	1704	翼	1780_1	1609	渔	3711_6	1646
潍	3711_1	1646	学	9040_7	1712	尧	5021_2	1679	殷	2722_2	1628	隅	7622_7	1697
心	3300_0	1640	雪	1017_7	1591	姚	4241_3	1661	寅	3080_6	1636	嵎	2672_7	1626

字	四角码	页码
愚	6033_2	1686
虞	2128_4	1614
舆	7780_1	1702
与	2112_7	1613
宇	3040_1	1635
羽	1712_0	1605
禹	2022_7	1610
庾	0028_4	1579
窳	3023_2	1635
玉	1010_3	1588
驭	7714_0	1698
聿	5000_7	1679
郁	4722_2	1675
育	0022_7	1577
淯	3012_7	1634
喻	6802_1	1692
寓	3022_7	1635
寓	3715_4	1647
裕	3826_1	1650
御	2722_2	1628
豫	1723_2	1605
鸳	2712_2	1627
元	1021_2	1592
原	7129_6	1693
圆	6080_2	1687
袁	4073_2	1658
源	3119_6	1638
远	3130_1	1638
瑗	1214_7	1600
苑	4421_2	1665
愿	7123_9	1692
曰	6010_0	1684
约	2712_0	1627
月	7722_2	1699
岳	7244_2	1694
悦	9801_2	1714
越	4380_5	1663
云	1073_2	1597
耘	5193_2	1682
允	2321_2	1617
筼	8880_2	1710
恽	9705_4	1714
韫	5601_2	1683
蕴	4411_2	1664

Z

字	四角码	页码
载	4355_0	1663
在	4021_1	1654
臧	2325_0	1618
藻	4419_4	1665
则	7280_0	1694
曾	8060_6	1705
查	4010_6	1653
詹	2726_1	1628
瞻	6706_1	1691
湛	3411_8	1642
张	1223_4	1600
章	0040_6	1583
漳	3014_6	1634
掌	9050_2	1712
昭	6706_2	1691
召	1760_2	1608
兆	3211_3	1639
赵	4480_0	1670
照	6733_6	1692
肇	3850_7	1651
折	5202_1	1682
哲	5260_2	1682
蛰	5513_6	1683
柘	4196_2	1661
贞	2180_2	1614
珍	1719_2	1605
桢	4198_2	1661
真	4080_1	1659
祯	3128_2	1638
甄	1111_7	1599
轸	4852_2	1677
缜	2418_1	1618
振	5103_2	1682
镇	8478_1	1707
震	1023_2	1593
征	2121_1	1613
整	5810_1	1684
正	1010_1	1587
郑	8782_2	1708
政	1814_0	1609
之	3030_2	1635
支	4040_7	1655
芝	4430_2	1666
知	8680_0	1708
执	5501_7	1683
直	4010_2	1653
植	4491_2	1672
止	2110_0	1612
芷	4410_1	1663
趾	6111_0	1689
志	4033_1	1655
庢	7121_4	1692
质	7228_2	1694
致	1814_0	1609
智	8660_0	1707
稚	2091_4	1612
雉	8081_5	1706
樨	4092_7	1660
樆	2795_9	1631
中	5000_6	1678
忠	5033_2	1680
终	2713_2	1627
钟	8570_6	1707
衷	0073_2	1583
锺	8271_5	1706
仲	2520_6	1621
众	8088_0	1706
重	2010_5	1610
州	3200_0	1638
周	7722_2	1698
洲	3210_0	1638
朱	2590_0	1622
邾	2792_2	1630
珠	1519_0	1604
诸	3476_0	1644
竹	8822_0	1709
竺	8810_1	1709
主	0010_4	1575
渚	3416_0	1643
煮	4433_6	1667
伫	2321_6	1617
助	7412_7	1694
苎	4410_6	1663
柱	4091_4	1660
祝	3621_2	1645
篆	8823_2	1710
庄	0021_4	1576
赘	5880_2	1684
准	3011_5	1634
卓	2140_6	1614
拙	5207_2	1682
琢	1113_2	1599
濯	3711_5	1646
咨	3760_8	1649
资	3780_2	1649
子	1740_2	1605
梓	4094_1	1660
紫	2290_3	1617
宗	3090_1	1636
椶	4294_7	1662
邹	2712_7	1627
祖	3721_2	1648
缵	2418_2	1618
罪	6011_1	1685
醉	1064_8	1597
尊	8034_6	1704
遵	3830_4	1650
左	4010_2	1653
佐	2421_2	1619

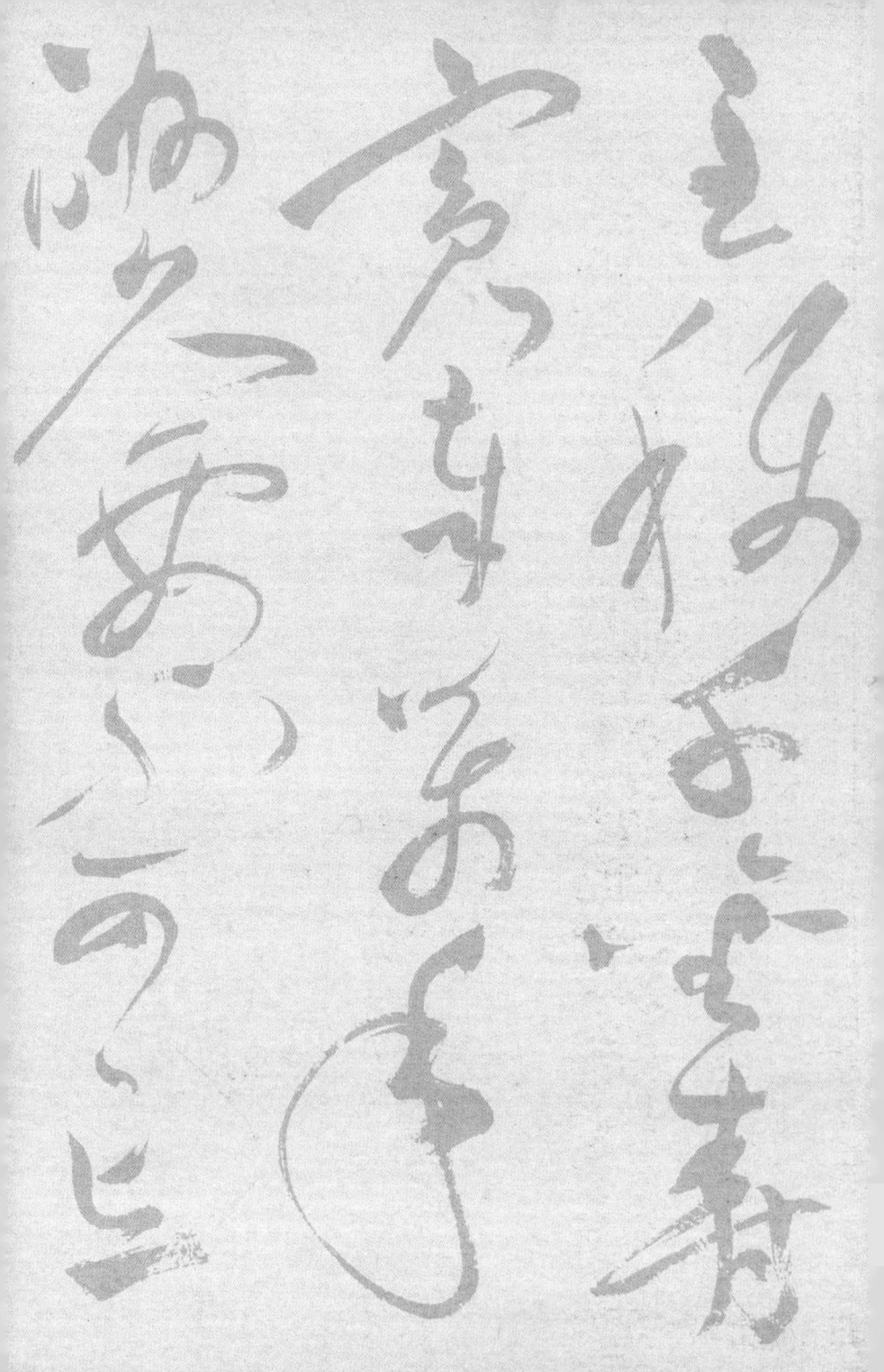